ISBN 978-0-428-54174-3
PIBN 11242780

SUMMA AUREA

DE LAUDIBUS

BEATISSIMÆ VIRGINIS MARIÆ,

DEI GENITRICIS SINE LABE CONCEPTÆ.

SUMMA AUREA

DE LAUDIBUS

BEATISSIMÆ VIRGINIS MARIÆ,

DEI GENITRICIS SINE LABE CONCEPTÆ.

OMNIA QUÆ DE GLORIOSISSIMA VIRGINE MARIA DEIPARA SCRIPTA PRÆCLARIORA REPERIUNTUR IN
SACRIS BIBLIIS, OPERIBUS SANCTORUM PATRUM, DECRETIS CONCILIORUM, CONSTITUTIONIBUS
ROMANORUM PONTIFICUM ET LIBRIS CELEBERRIMORUM DOCTORUM, HISTORICA
METHODO ET ORDINE TEMPORUM DIGESTA, COMPLECTENS;

NECNON

MONUMENTA HAGIOGRAPHICA, LITURGICA, THEOLOGICA, ASCETICA, ENCOMIASTICA, PARÆNETICA, ETC.,
QUIBUS ADSTRUITUR, ILLUSTRATUR, VINDICATUR DOGMA CATHOLICUM DE PRÆROGATIVIS,
VIRTUTIBUS, CULTU, INTERCESSIONE ET LAUDIBUS SANCTISSIMÆ VIRGINIS DEIPARÆ.

HOC OPUS VERE AUREUM

CUNCTIS B. MARIAE PIIS CULTORIBUS, DIVINI VERBI PRAECONIBUS, ANIMARUM PASTORIBUS,
THEOLOGIS, SACRAE SCRIPTURAE INTERPRETIBUS, CATECHISTIS, ETC., ETC.,
PERUTILE, IMO NECESSARIUM,

DEDICAVIT

EMINENTISSIMO S. R. E. CARDINALI F.-N. MORLOT,

PARISIENSI ARCHIEPISCOPO,

COLLEGIT, DISTINCTE ET ORDINATE DISPOSUIT, RECENSUIT, DISSERTATIONIBUS
AC NOTIS LOCUPLETAVIT, ATQUE IN V PARTES DISTRIBUIT

JOANNES JACOBUS BOURASSÉ,

CANONICUS ECCLESIÆ METROPOLITANÆ TURONENSIS.

Hocce opus, quod sub titulo : LIBER MARIÆ ET FILIORUM EJUS annuntiaverat,
nunc propriis sumptibus edit J.-P. MIGNE,

Bibliothecæ Cleri universæ,

SIVE

CURSUUM COMPLETORUM IN SINGULOS SCIENTIÆ ECCLESIASTICÆ RAMOS EDITOR.

TOMUS QUARTUS.

VENEUNT 12 VOLUMINA 80 FRANCIS GALLICIS.

EXCUDEBATUR ET VENIT APUD J.-P. MIGNE EDITOREM,
IN VIA DICTA D'AMBOISE, OLIM PROPE PORTAM LUTETIÆ PARISIORUM VULGO D'ENFER
NOMINATAM, SEU PETIT-MONTROUGE, NUNC VERO INTRA MŒNIA PARISINA.

1862

ELENCHUS

OPERUM QUÆ IN HOCCE VOLUMINE QUARTO *SUMMÆ AUREÆ* CONTINENTUR.

SUMMA AUREA DE LAUDIBUS B. VIRGINIS MARÏÆ.

LITURGIA MARIANA.

(*CONTINUATIO*)

—

V. DE CULTU PUBLICO

AB ECCLESIA BEATÆ MARIÆ EXHIBITO.

DE INTERCESSIONE BEATÆ VIRGINIS MARIÆ

ET DE CULTU, PRECIBUS ATQUE OFFICIIS IN EJUS HONOREM AB ECCLESIA INSTITUTIS,

DISQUISITIO GENERALIS ET COMPENDIOSA.

AUCTORE JOAN. CHRYSOST. TROMBELLI

BONONIENSI, CANONICORUM REGULARIUM CONGREGATIONIS RHENANÆ SS. SALVATORIS EX ABBATE GENERALI, SS. SALVATORIS BONONIÆ ABBATE.

DISSERTATIO PRIMA

VIRGINIS INTERCESSIO GENERATIM INSPECTA, ET ILLIUS ESSENTIA.

Expositis brevissime titulis, quibus ad Mariæ venerationem merito inducimur, illius intercessionem statim aggredimur. In limine porro ipso indicamus statum quæstionis, quam tractandam suscipimus ; tum reliqua in hac Dissertatione explananda summatim exponimus.

1. Duo sunt, quæ nos ad aliquem colendum inducunt : illius merita, et emolumentum, quod eum colendo consequimur, ideoque emolumentum, quod vel jam fuimus consecuti [et id grati animi munus est], vel quod consequi speramus, et ad id utilitas nostra nos urget. Porro merita Virginis plurima sunt, eaque tota fere priore hujus tractatus parte descripsimus. Revocantur autem ad illius dignitatem, qua nulla major in terris aut est, aut esse potest, et ad virtutes, quibus ornata illa est. Ad utrumque vero caput revocatur ea gratiæ ubertas Virgini collata, quam sæpe exposuimus ; data enim ea est, vel ut disponeretur, atque apte [quoad fieri id po-

test] præpararetur ad Dei maternitatem, vel ut ei jam receptæ, majori, qua fieri id posset, ratione responderet ; ideoque ea exsequeretur munia, quæ tam eximia dignitas exposcebat. Quis porro dum Virginem colit, ad illius virtutes et merita non respiciat? Sed indubitatum est etiam, moveri nos sæpe vel a grato animo erga Virginem propter recepta ab ea beneficia, vel a spe alia consequendi, quæ optamus. Id vero ad *intercessionem Virginis* pertinet, ideoque ad id, de quo primo loco disserere mihi in animo proposui ; qua occasione de virtutibus Deiparæ rursus, sed summatim agam (1).

2. Quanquam porro statuant veteres magistri in cujusque tractationis exordio id explicandum esse, de quo agere constituimus, tamen hic commode omittere possumus explicationem vocis hujus *intercessio* ; videtur enim perspicua per se esse : quisquis enim audita voce *intercessio*, statim intelligit

(1) Quando auctor noster remittit ad 1ᵃᵐ partem, *vid.* part. 1 hujus *Summæ aureæ*, quæ inscribitur *Historia Mariana.*

interventum significari, et opem, plerumque suffragationem, aut precem pro illo adhibitam, pro quo
intervenimus. Qua de re si quis dubitet, ea consulat volo, quæ *De cultu Sanctorum* agens tradidi (2).
Itaque hic quærimus, num Maria sanctissima suffragatione, ac precibus suis nobis opituletur, atque
impetret beneficia. En unica, quæstio, cui totam
Dissertationem assignabimus : cujus rei occasione
(quod jam dixi) Mariæ virtutes licet paucis, et veluti summatim exponemus.

*Num Maria sanctissima suffragatione, ac precibus
suis nobis opituletur, atque impetret beneficia.*

Quoniam vero expressissima Romanæ Ecclesiæ,
ideoque Catholicorum omnium sententia est Mariam sanctissimam suffragatione, ac precibus suis
nobis opitulari, atque impetrare beneficia (3), superest, ut hic tantummodo quæramus, quibus momentis ea sententia innitatur. Sunt vero tria : Mariæ virtutes, ac merita [etenim horum causa et
acceptissima Deo, dum viveret, fuit, et summam
inter cœlites dignitatem, ideoque majorem inter
creaturas omnes apud eum nos adjuvandi auctoritatem consecuta est]; illius amor ac pietas erga
nos ; testificationes ex probabili traditione desumptæ. Unumquodque horum examinabimus.
Exordiamur a primo.

CAPUT PRIMUM.

Mariæ virtutes ac merita.

1. Hæc de Mariæ virtutibus enuntiat Rivetus (4) :
« Agnoscimus Mariam virtutibus omnibus sexu suo
et conditione sua dignis excultam fuisse; non solum
acquisitis, sed maxime infusis, infracta et constanti
fide, spe certissima in divinas promissiones, et ardentissima charitate, quibus non obfuerunt, si quæ
aliquando infirmitatis indicia apparuerint in sua
peregrinatione, quæ in tanto virtutum choro harmoniam suavem non turbarunt, præsertim cum
levia fuerint et cito transeuntia, ut vix nubeculam
objecerint tot rutilantibus in ea luminibus, quæ
splendorem suum emiserunt in toto vitæ illius
cursu, » etc. Quod porro temere *labes* et *nubeculæ*
Mariæ virtutibus a Riveto offundantur, alibi ostendimus.

2. Quod ad virtutes attinet, Mariam virtutibus
omnibus fuisse instructam is facile fatebitur, qui
iis assensus fuerit, quæ de multigena et copiosissima gratia Mariæ tributa alibi disseruimus. Quis
enim virtutem aliquam illi defuisse dicet, qui eam
gratiæ ubertatem, quam jam in Maria descripsimus,
agnoscet fatebiturque ?

3. At eamdem virtutum copiam is quoque asse-
ret, qui ad dignitatem, ad quam elata Maria est, et
munus quod subiit, animum advertat. Annon enim
virtutes omnes exposcit illa, quæ ad concipiendum,

pariendum, alendum, et per annos plurimos educandum Unigenitum Dei electa est ; nec temere
et veluti imprudenter electa, sed *una ex millibus*,
ideoque ex iis cæteroquin præclarissimis feminis,
quas veteres summis laudibus commendarunt, Sara
scilicet, Rebecca, et reliquis omnibus pietate ac
sanctitate nobilibus ?

4. Adde exempla Christi, quo familiarissime utebatur, cujus contubernio per annos triginta, fortasse etiam amplius, frui potuit, ideoque sanctissima virtute, ac documenta illius excipere. Profecto virtutes, quibus antea ditata jam erat, augere
ea ratione potuit, quandoquidem Maria soror Lazari,
apostoli, ac turbæ ipsæ longe minori temporis spatio Christi exempla inspicientes et doctrinam audientes, eximiam sanctitatem virtutesque eminentes
edidicere.

5. Quod si persuasionis hujus suffragatores exposcis, proferam sane, eosque non minus vetustos quam præstantes ac nobiles. Horum agmen
præeat Ambrosius, cujus hæc monita sunt, (5) :
« Sit vobis tanquam in imagine descripta virginitas et vita beatæ Mariæ : de qua velut in speculo refulget species castitatis et forma virtutis.
Hinc sumatis licet exempla vivendi, ubi tanquam
in exemplari magisteria expressa probitatis, quid
corrigere, quid effingere (6), quid tenere debeatis,
ostendunt. Primus discendi ardor nobilitas est magistri. Quid nobilius Dei Matre ? quid splendidius
ea, quam splendor elegit ? quid castius ea, quæ
corpus sine corporis contagione generavit ? Nam
de cæteris ejus virtutibus quid loquar ? Virgo erat
non solum corpore, sed etiam mente, quæ nullo
doli ambitu sincerum adulteraret affectum : corde
humilis, verbis gravis, animi prudens, loquendi
parcior, legendi studiosior, non in incerto divitiarum, sed in prece pauperum spem reponens ; intenta operi, verecunda sermone, arbitrum mentis solita non hominem, sed Deum quærere ; nullum lædere, bene velle omnibus, assurgere majoribus natu, æqualibus non invidere, fugere jactantiam, rationem sequi, amare virtutem. Quando ista
vel vultu læsit parentes ? quando dissensit a propinquis ? quando fastidivit humilem ? quando derisit debilem ? quando vitavit inopem ? Eos solos solita cœtus virorum invisere, quos misericordia non
erubesceret, neque præteriret verecundia. Nihil
torvum in oculis, nihil in verbis procax, nihil in
actu inverecundum. Non gestus fractior, non incessus solutior, non vox petulantior : ut ipsa corporis species simulacrum fuerit mentis, figura probitatis. »

6. Eadem a Damasceno edocemur. Quid expressius his verbis ex Arabica lingua, Latinitate
donatis (7) ? « Adam creatori suo de progenie sua

---

(2) Dissert. 3, tota.
(3) Consule *Concil. Tridentin.*, sess. 25, *De invocatione*, etc.
(4) Cap. 1, lib. II, *Apolog. Virg. Mariæ.*

(5) Lib. II *De Virg.* (sub init.) cap. 2, n 6.
(6) Alii, *effugere.*
(7) Pag. 854, tom. II, edit. Venet.

templum ædificavit, in quo tectus habitaret, et quod redimeret : Mariam Virginem, pretiosam, benedictam, sanctam, puriorem naturæ Adamicæ partem, et humanæ stirpis Reginam ; puram, qua nulla usquam corpore purior invenietur in omni genere humano ; sanctam, qua nulla inter creaturas futura est intellectuales, quoad animam sanctior ; gloriam Israeliticæ gentis, ac stirpis Davidicæ lumen : de qua avus ipsius David exclamat, propheticam vocem attollendo : *Audi, filia, et vide, et inclina aurem tuam, et obliviscere populum tuum, et domum patris tui : et concupiscet Rex speciem tuam. (Psal. XLIV, 11.)* Hæc illa est, cujus puritatis pulchritudinem concupivit Rex cœlestis, misique ad eam ministrum suum Gabrielem, ut ipsam salutatione lætitiæ compellaret, certioremque faceret, esse se a Creatore electam dicendo : *Ave, gratia plena, Dominus tecum, benedicta tu in mulieribus (Luc. I, 28).* >

7. Hos imitatur Bernardus, nec imitatur tantum, dum Virginem virtutibus omnibus ornatam ait, verum id, quod ait, luculento et ingenioso sermone ostendere satagit, et compertissimum facere. Integrum fere sermonem eum, quem *Dominica infra Octavam Assumptionis* recitavit, exscribere oporteret, si ea, quæ affert, probationum momenta adducere hic vellem. Lector sermonem ipsum consulat, volo, idque quod dixi, exsecutioni mandatum inspiciet. Hæc tantum excerpo ex plurimis (num. 7) : ‹Invenire est in Maria prærogativas cœli, prærogativas carnis, prærogativas cordis : et si fuerit ternarius iste per quaternarium multiplicatus, habemus forte stellas duodecim, quibus Reginæ nostræ diadema præfulgeat universis..... Nihilominus etiam speciali quodam splendore in Maria coruscant mansuetudo pudoris, devotio humilitatis, magnanimitas credulitatis, martyrium cordis. ›

8. Hoc ipsum argumentum copiosissime exsequitur Amedeus Lausanensis in iis homiliis, quas *De laudibus Mariæ* inscripsit. Delibabo paucissima, lectorem ad homilias ipsas allegans, inventurum scilicet in iis dissertissime et copiosissime Virginis Mariæ virtutes descriptas et commendatas. Homilia prima hæc habet : ‹ Urna aurea beata es, Maria : aurea per excellentiam vitæ, aurea per integritatem et puritatem, aurea per plenitudinem gratiæ. Hæc urna manna reconditum habuit, quæ panem angelorum, qui de cœlo descendit, et dat vitam mundo, sacrosancto gessit in utero. Virga vero dicitur, utpote gratiosa et recta, subtilis, porrecta ; gratiosa per verecundiam et formositatem ; recta per judicium et æquitatem ; subtilis per contemplationis ingenium, porrecta per vitæ meritum, › etc. Ex homilia secunda hæc assequeris : ‹ Primo itaque omnium virtutum decore meruit ornari ; secundo, Spiritui sancto fœdere maritali copulata est, › etc.

(8) *Vide* tom. II Operum S. Anselmi, pag. 165 Appendicis Oper. S. Anselmi, quæ Appendix Opera Eadmeri complectitur

Et ut reliqua prætermittam, homilia septima hæc tradit, quibus id quod agimus, mirifice comprobatur : ‹ Illa residens in arce sublimissima virtutum, et pelago divinorum affluens charismatum, abyssum gratiarum, qua cunctos excesserat, credenti et sitienti populo largissima emanatione profundebat. Salutem namque corporibus, et animis medelam afferebat, potens suscitare a morte carnis et animæ, › etc.

9. Eadmerus hac ipsa de re luculenter disserit in tractatu, quem *De excellentia B. V. M.* inscripsit, diuque Anselmo Cantuariensi ascriptus est (8). Quin etiam peculiarem librum composuit, quem inscripsit *De quatuor virtutibus, quæ fuerunt in B. Maria, ejusque sublimitate* (9) ; in cujus quidem libri capite octavo de aliis etiam virtutibus, quibus Virgo Maria ornata est, luculentum sermonem habet, earumdemque virtutum non modo copiam et ubertatem, verum etiam sublimitatem describit. Fortasse hæc aliis præstant, quæ propterea refero : ‹ Quid illa ? Nonne tantis Filii beneficiis digno respondebat amore, plena Spiritu sancto, qui est amor Patris et prolis amor suavis et dulcis ; amor non volaticus, sed æternus ? Nonne eum amabat, qui eam fecit omnis creaturæ Dominam, cœli et terræ Reginam ; fertilitatem, ut dixi, tribuens, integritatem non minuens ? Imo vero totis medullis, totis viribus in ejus amorem suspensa erat, amoremque, quem pater et mater soboli suæ debent, sola ista dulcis et terrena Mater Domino et Filio suo impendebat. Nec est aliqua scientia quæ possit penetrare, nec eloquentia quæ possit prædicare, quanta dulcedinis sedulitate parvulum foverit, quanta obligatio, obsequioque adolescentem et in robur ætatis vadentem provexerit, quanta lætitia juvenem miracula facientem, et eorum gloria famosum audierit, viderit, quanta mœstitia patientem et morientem suspiraverit. › Reliqua, si vult, consulat lector ; copiose enim quod sibi proponit, exsequitur pius iste et doctus scriptor.

10. Auctor libri illius, qui *Vitis mystica*, seu *Tractatus de passione Domini* inscribitur, super verba illa : *Ego sum vitis vera (Joan. xv, 1)*, qui quidem liber inter Bernardi opera exstat (10), id quod agimus ingeniose diserteque pertractat. Nonnulla describo, lectorem deprecans, ut reliqua per se consulat (11). ‹ Bonus profecto flos viola, qui florem cœlestem Verbum æterni Patris in uterum terreni floris beatissimæ Virginis mirifica dulcedine sui odoris attraxit, ipsa attestante, quæ ait : *Exsultavit spiritus meus in Deo salutari meo, quia respexit humilitatem ancillæ suæ. (Luc. I, 47, 48.)* Quid dicis ? Nunquid non alios flores habes ? Habeo, inquam. Tota enim floreo, nullius floris expers, quia nulla virtute careo, cum tota speciosa sim, et macula non sit in me. Habeo lilium castitatis, quia prima

(9) *Ibid.*, pag. 176.
(10) Volum. III, pag. 479.
(11) Cap. 17, num. 56

votum conservandæ virginitatis vovi Domino. Habeo rosam charitatis, quia, si non usque adeo
dilexissem Dominum, unde mihi tanta fiducia, unde
tanta audacia, ut novum aliquid puellula tenera et
verecunda, et adhuc sub parentum jure, et præceptis legis constituta inchoarem? Sed ut verum fatear,
audacem faciebat amor : coegit rosa ardens servilem timorem devorans, ut facerem novum votum,
et singulare lilium, ut possem quandoque dicere
dilecto meo : *Candida tum, et rubicunda, sicut et
tu candidus et rubicundus. (Cant.* v, 10.) Habeo et
alios quoscunque flores, sed nullum horum tanta
dignatus prærogativa respexit ·in me Dominus, ut
florem *violæ meæ. Respexit* enim *humilitatem ancillæ suæ,* ▸ etc.

11. Sed quis eos omnes proferat, qui de Mariæ
virtutibus disseruere? quandoquidem constat Patres
propterea Mariam maxime prædicasse, quod virtutibus omnibus ornata esset? Sed adhuc alterum adjicia-
mus; nobilem sane scriptorem, eum scilicet, cui debemus sermones quatuor in Antiphonam *Salve, Regina,*
inter opera Bernardi (12) ; hunc enim finem ad Mariam conversus imponit sermoni quarto : ‹ Non
est dubium te benedictam intellectu et affectu, et
actu, hunc super omnes mortales decalogum habuisse, et observasse : unde prorsus merito *mille
clypei ex te* dicuntur *pendere. (Cant.* iv, 4.) Et non
solum clypei, sed et *omnis armatura fortium.* Nihil
est enim virtutis, quod ex te non resplendeat; et
quidquid singuli habuere sancti, tu sola possedisti.
Lectulus es Salomonis, de quo in Canticis : *En
lectulum Salomonis septuaginta fortes ambiunt ex
fortissimis Israel, omnes tenentes gladios, et ad bella
doctissimi (Cant.*iii, 7).▸ Adde, si vis, quæ de eodem
argumento disserit auctor explicationis Salutationis
angelicæ inter opuscula sancti Thomæ Aquinatis,
quisquis is est.

12. Nefas porro sit, dum de Mariæ virtutibus
sermonem habemus, eos præterire Patres, qui non
modo de earumdem virtutum numero, verum etiam
de eximia illarum præstantia, et (si loqui ita volumus) sublimitate atque eminentia describenda
fuere solliciti. Docet nos sane Bernardus, non communes fuisse nec ejusdem veluti generis Mariæ
virtutes cum virtutibus iis, quæ in cæteris sanctis
resident, sed multo iis præstantiores et prorsus
eximias, et veluti singulares, et Mariæ peculiares,
et proprias. Audite, quæ tam præclarus ac pius
doctor nos doceat (13) : ‹ Verumtamen non hoc
tantum, si diligenter attendas, sed cæteras quoque
virtutes singulares prorsus invenies in Maria, quæ
videbantur esse communes. Quæ enim vel angelica
puritas virginitati illi audeat comparari, quæ digna
fuit Spiritus sancti sacrarium fieri, et habitaculum
Filii Dei? Si rerum pretia de raritate pensamus,
quæ prima in terris angelicam proposuit ·ducere
vitam , super omnes est : *Quomodo,* inquit, *fiet*

istud ? *quoniam virum non cognosco.* Immobile propositum virginitatis, quod nec angelo Filium promit-
tente aliquatenus titubavit : *Quomodo,* inquit, *fiet istud?* Neque enim eo modo, quo fieri solet in cæteris.
Virum penitus non cognosco, nec filii desiderio, nec
spe prolis. Quanta vero, et quam pretiosa humilitatis
virtus cum tanta puritate, cum innocentia tanta ,
cum conscientia prorsus absque delicto, imo cum
tanta gratiæ plenitudine? Unde tibi humilitas et
tanta humilitas, o beata? Digna plane quam respiceret Dominus, cujus decorem concupisceret Rex,
cujus odore suavissimo ab æterno illo paterni sinus
attraheretur accubitu. Vide enim quam manifeste
sibi concinant Virginis nostræ canticum, et nuptiale
carmen : nimirum cujus uterus sponsi thalamus fuit.
Audi Mariam in Evangelio : *Respexit,* inquit, *humilitatem ancillæ suæ.* Audi eamdem in Epithalamio : *Cum
esset Rex,* inquit, *in accubitu suo, nardus mea dedit
odorem suum. (Cant.* i, 11.) Nardus quippe herba
humilis est, et pectus purgat : ut manifestum sit
humilitatem nardi nomine designari, cujus odor
et decor invenerit gratiam apud Deum. Sileat misericordiam tuam, Virgo beata, si quis est, qui invocatam te in necessitatibus suis sibi meminerit defuisse, ▸ etc.

13. Adde, si vis, quæ docet nos Idiota, seu Raymundus Jordanis crebro quidem allegatus, sed hic
procul dubio non omittendus ; sic porro ille Mariam
alloquitur (14) : ‹ Tota pulchra es, o plusquam
gloriosa Virgo Maria..... per virtutum et charismatum omnium perfectam plenitudinem..... Tot enim
habuisti pulchritudines quot virtutes, et singulas in
altiori gradu, quam concessus fuerit post Filium
tuum superbenedictum puræ creaturæ; in his
namque similem non habuisti, nec es habitura sequentem. In te omnes virtutes tam activæ quam
contemplativæ convenerunt, et præ cunctis creaturis te admirabilem reddiderunt. Per virtutes
activas habuisti voluntatem mundissimam : per
contemplativas, mentem purgatissimam. Non defuit
tibi puritas angelorum, non fides patriarcharum,
non scientia prophetarum, non zelus apostolorum,
non patientia martyrum, non sobrietas confessorum,
non innocentia aut humilitas virginum. In summa
nullo genere vacasti virtutum , o Virgo plusquam
beata. Quodcunque donum alicui sanctorum unquam datum fuit, tibi non fuit negatum, sed omnium sanctorum privilegia omnia habes in te congesta. Nemo æqualis est tibi, nemo major te, nisi
Deus : quia *Spiritus sanctus superveniens in te, et
virtus Altissimi obumbrans tibi,* quæ eras omni virtutum ornamento prædecorata, pulchritudinem ,
puritatem, sapientiam, et omnium virtutum gratiam adauxit, et splendorem miranda illa obumbratio Spiritus sancti, quæ te uno momento templum
Dei irradiavit, et decorem tuum manifestavit, et
auxit : sicut sol in semper ornatum thalamum

---

(12) Volum. III, colum. 815, edit. Venet. 1727.
(13) Serm. 4, *in Assumpt.,* num. 6.

(14) *De contemplat. B. M.,* cap 2.

incidens, gloriam ejus occultatam repente nobis ostendit, et illustriorem facit. Tota igitur pulchra es, Virgo gloriosissima, non in parte, sed in toto ; et macula peccati sive mortalis, sive venialis, sive originalis non est in te, nec unquam fuit, nec erit : sed adest tibi omnis gratia naturalium bonorum, spiritualium charismatum, et cœlestium donorum. Quantum enim distat inter odorem et gustum aromaticæ speciei, tanta est inter contemplationem tuam, et aliorum sanctorum distantia. Sicut enim singularem activam a Christo cœpisti vitam, videlicet ejus humanam, sed divinissimam naturam portare, lactare, lavare, pannis involvere, fovere, nutrire, lenire, amplecti, osculari, cæteraque eidem humanitatis officia exhibere, sic et dulcedinem suæ divinitatis tibi singulariter degustandam indulsit ; quia tota pulchra eras, et macula non erat in te. »

14. Alia hujus generis multa (quod jam dixi) a reliquis Patribus edoceberis, qui in laudanda Maria sanctissima non leve studium posuerunt. In quorum numero ii sane sunt collocandi, quorum lucubrationes Bernardi operibus in Mabillonii editione additæ sunt, postquam sæpe Bernardo tributæ et præposito ejus nomine editæ fuerant. Consule etiam, si vis, quæ Novatus cumulatissime hæc pertractans collegit (15). Superiora enim adduxisse satis instituto nostro sufficiat. Quibus positis facile (mea quidem sententia) ea solvitur quæstio, quam theologi hoc in loco proponere consueverunt : an scilicet *heroicæ* fuerint, seu, ut deinceps explicant, *eximiæ* et *summæ*, atque *eminentissimæ* Mariæ virtutes? An postquam eos, quos adduximus, Patres audivisti, ambigere ea de re poteris? Dum porro virtutes Mariæ extollimus et prædicamus, ab iis locutionibus cavendum monemus, quas in nonnullis nostrorum doctorum libris se invenisse docet, eas vehementer reprehendens Rivetus (16) : «Mariam pro Filio dulcissimas et saluberrimas suorum exemplorum aquas exhibuisse..... tantam oportuisse esse Mariæ humilitatem, ut Christus Dominus illam suis moribus exprimendo tam humilis evaderet, quam esse decreverat. » Atque has quidem, aliasque affines locutiones in rectissimum sensum deduci commode posse non pauci putant : sed ab iis cavendum censeo, ne suspicari quispiam possit, nos Mariam describere Filii magistram, cum procul dubio ipsa a Filio sanctitatis omnis origine ac fonte didicerit.

15. At dum superiores virtutes Virgini tribuo, non continuo eas adimo, quæ corporis afflictivæ a theologis appellantur ; ex ipsis enim Patrum monitis assequimur, sub temperantiæ aut fortitudinis nominibus fuisse quandoque comprehensas. Sed expressissime Jacobus Nisibenus vetustissimus idemque probatissimus doctor, cujus elucubrationes

sapientissimus cardinalis Nicolaus Antonellus ex Armenis Latinas fecit, nos docet adeo se jejunio afflixisse Mariam adhuc adolescentulam, ut non minus jejuniis quibus se afflixit, quam precibus ad Deum fusis, quas creberrimas et ferventissimas fuisse novimus, meruerit fieri Dei Mater. « Sed quomodo, inquit Jacobus Nisibenus (17), invenit illa (Maria) gratiam et misericordiam coram Deo, nisi per jejunia et preces? »

16. Cave tamen putes, has ipsas virtutes ideo Virgini tribui, ut vel in potestatem corpus suum redigeret, vel ut pœnitentiam ageret alicujus, tametsi levissimi erroris; caruit enim concupiscentiæ fomite Virgo, vel si eo caruisse non vis, ita alligatum devinctumque habuit, ut *legem repugnantem menti suæ in membris* suis non sentiret (Rom. vII, 23), nullam autem, tametsi levissimam admisit noxam : qua de re cum copiose alibi egerim, ad ea, quæ alibi tradidi, lectorem allego (18).

17. Jejunio itaque, aliisque corporis cruciatibus sese afflixit, vel ut Deum hoc etiam virtutum genere sibi impensius devinciret, ideoque etiam merita sua ea ratione augeret, vel quoniam Deum ab ingratis mortalibus offendi probe noverat, ea qua poterat ratione , justissimam illius iram leniret amoveretque. Atque ad hoc illustrandum cæteris Patrum dictis, quæ sæpissime theologi afferunt, ea Jacobi Nisibeni monita adjungere commode poteris, quæ paulo ante excitavi.

18. Ac de Mariæ virtutibus, quantum instituto nostro satis est, hactenus. Recole, si vis, quæ tota Dissert. 3 jam allegata trad di, quibus adjice, si vis, quæ quæst. 8 dissert. 11, non indiligenter docui.

19. Hæ porro virtutes, quibus a Deo ornata, Deique beneficiis ac donis cooperans se veluti disposuit ac præparavit, si loqui ita volumus, ad excelsam ac pene ineffabilem dignitatem, maternitatem scilicet Unigeniti Dei, vel tantum munus pro dignitate exsecuta est, id præstans, quod ab ea poscebat Deus, ut dignam se tanto munere, quoad fieri id poterat, fuisse ostenderet : hæ, inquam, virtutes, cum Deo gratissimam atque acceptissimam fecerint, fecerunt etiam, ut aliis adjuvandis ac beneficiis impetrandis aptissima fieret : idque non in vita tantummodo, quod in Cana Galilææ prodidit (neque enim exorata, sed tantum miserta alienæ indigentiæ a Filio impetravit, ut in vinum aquam converteret), sed multo copiosius ac liberalius præstitit, postquam in cœlos elata excelsa beatitudine potita est. Annon enim de sanctis omnibus cœlestem beatitudinem assecutis hæc Hieronymus protulit (19)? « Si apostoli et martyres adhuc in corpore constituti possunt orare pro cæteris, quando pro se adhuc debent esse solliciti , quanto magis

(15) *De eminentia Virginis*, part. II, cap. 3, quæst. 5 et 6.

(16) Cap. 5, lib. II *Apolog. pro sanctiss. Virg. Maria*, pag. 686, tom. III Oper. theolog.

(17) Serm. 3, § 10, pag. 60.
(18) Part. I, dissert. 3, quæst. 2, cap. 3-5.
(19) *Adv. Vigil.* cap. 3, alias n. 7.

post coronas, vi.torias et triumphos? Unus homo Moyses sexcentis millibus armatorum impetrat a Deo veniam; et Stephanus imitator Domini sui, et primus martyr in Christo, pro persecutoribus veniam deprecatur : et postquam cum Christo esse cœperint, minus valebunt? Paulus apostolus ducentas septuaginta sex sibi dicit in navi animas condonatas; et postquam resolutus, esse cœperit cum Christo, tunc ora clausurus est, et pro his, qui in toto orbe ad suum Evangelium crediderunt, mutire non poterit? »

20. Alia Patrum loca eadem argumentatione utentium alibi protuli (20), quæ consulat lector, volo. Quibus positis commode ac rectissime eruimus, Mariam sanctissimam multo efficacius apud Deum et Christum suas interponere preces, quoniam ad cœlos evecta virtutes perfecit suas ac merita; quibus tamen dum adhuc vita mortali potiebatur, apud Deum et Filium suum quod nobis impetrare cupiebat, certo ac protinus assequebatur. Pulchre Bernardus (21) : « Ascendens ergo in altum Virgo beata dabit ipsa quoque dona hominibus. Quidni daret? Si quidem nec facultas ei deesse poterit, nec voluntas. Regina cœlorum est, misericors est : denique Mater est unigeniti Filii Dei; nihil enim sic potest potestatis ejus, seu pietatis magnitudinem commendare, nisi forte aut non creditur (22) Filius ejus honorare Matrem, aut dubitare quis potest, omnino in affectum charitatis transiisse Mariæ viscera, in quibus ipsa, quæ ex Deo est, charitas, novem mensibus corporaliter recuievit. »

CAPUT II.

Amor ac pietas Deiparæ erga nos.

1. Quanquam postrema Bernardi verba nostri amantissimam Deiparam prædicant, operæ tamen pretium, meique muneris partes esse arbitror, ut copiosius hoc de argumento disseram. Sane a Maria nos amari juvarique, cum alia multa tunc obscure significent, ea quæ mox dicam, indubitate nobis persuadebunt. Vehementissima est erga Deum et proximum Mariæ charitas. An enim eximiam charitatem virtutum omnium principem (23) Mariæ demes, qui reliquas virtutes omnes illi inesse fateris? Porro si Deum ardentissime amat, eos etiam amet, oportet, quos ipse ideo condidit, ut post mortalis vitæ discrimina ad cœles'em patriam, perpetua beatitudine potituri perveniant : quam ut consequerentur, uberrimam gratiam Adamo parenti nostro dederat, illum illiusque posteros in summa felicitate collocaturus, si haud difficile obedientiæ erga liberalissimum Conditorem suum experimentum dedisset : quos etiam post Adami inobedientiam ac lapsum minime neglexit, sed ut redimeret, pro iis nasci, acerbissima perpeti, mortemque ignominiosissimam ac sævissimam subire non dubitavit.

2. Quod si proximum amat Virgo, illiusque misereatur, et illum adjuvat, nos amet, oportet, nostrique misereatur, et nos adjuvet; congeneres enim illius sumus, eumdem sortiti parentem primum, naturam eamdem et conditionem. Si itaque sæpe Patres nos certos faciunt adjumenti a sanctis adhibiti, propterea quia contribules non raro sunt, et procul dubio congeneres nostri, an verebimur ne nos Maria adjuvet, quam congenerem habemus, ejusdemque conditionis ac naturæ participem?

3. Mariæ quoque charitatem, pietatemque egestates excitant, atque ærumnæ nostræ. Videt scilicet nos ex Adamo peccatore progenitos innumeris propemodum, iisque maximis calamitatibus obnoxios esse. Videt dæmonum insidiis, et dolis malis expositos, sæpe etiam irretitos deprehensosque. Videt densis ignorantiæ tenebris quandoque ita obsitos et circumfusos, ut nostra ipsa mala inspicere nequeamus. Videt pariter peccatorum et pravarum occasionum laqueis ita aliquando detentos et impeditos, ut vincula nostra frangere, tametsi cupimus, non valeamus. An vero putas Virginem posse hæc inspicere, et nostri non misereri, eamque Filio annuente opem non porrigere, quam, si vis, non meremur, sed tamen plerumque exposcimus; et si non exposcimus, nostræ ipsæ calamitates et mala gravissima efflagitant? Quod si calamitates, si maximæ sunt, inimicos ipsos non raro ad miserationem inflexerunt, num miserationem suam a contribulibus, a fratribus suis pene deperditis et undique oppressis, Maria subtrahet? Minime vero.

4. Quid, quod, dum ad eximiam eam dignitatem, ad quam Dei beneficentia ac liberalitate elata est, respicit, ad eos etiam respicit, quorum redimendorum causa, æternum Patris Verbum carnem nostram ex ea assumpsit, ideoque suam voluit esse matrem, et creatura quavis excellentiorem?

5. Neque vero (quod suspicati nonnulli sunt) metuas, tum amandum a Virgine peccatum, cujus clendi causa carnem ex ea assumpsit divinum Verbum? Non amabit peccatum Virgo, sed divinam misericordiam diliget, et commendabit, quæ, ut peccatum deleret, incarnationis ministram adhibuit, eamque Unigeniti Dei Matrem elegit. An peccatum amet, oportet, quisquis divinam misericordiam et nostram pœnitentiam amat? Nihil minus. Imo peccatum odio, eoque vehementissimo habebit, tametsi peccatum (quod scilicet deleat aboleatque) miseratio divina, et nostra pœnitentia præcessisse postulet, et ex peccati· occasione originem sumant. Præcisiones hic suas scholasticus inducet, quas tametsi variis modis explicabit, prout varias hypotheses et opiniones in scholis celebres sequetur, ex his tamen ipsis variis explicationibus assequeris, minime necesse esse, ut si aliquid amas,

(22) Alii, *Dei Filius.*
(23) *Major autem est charitas.* (*1 Cor.* XIII, 13.)

ea omnia ames, quæ præcesserunt id, quod amas : quod exemplo divinæ miserationis et nostræ pœnitentiæ jam declaravi, cui innumera alia adjungere poteris, si tu vis. An filium sanctitate celebrem, aut reipublicæ valde utilem ex adulterio natum, si amat pater, et celebrat, adulterium ipsum amat et celebrat? Minime vero. Judæorum etiam idololatria, aliaque eorum crimina Deum impulerunt ut a patriis sedibus Judæos transferret ad Persas, cujus rei causa verus Deus innotuit Persis, et ab eorum rege aliisque etiam est cultus. An vero qui regis Persarum, aliorumque verum Deum a Judæis cultum agnoscentium et venerantium pietatem laudabit et diliget, Judæorum idololatriam aliaque eorum crimina laudabit et diliget? Cave id putes. Ex sævitia quoque tyrannorum virtus martyrum emicuit, et nostra religio gloriam et incrementum assecuta est; aliaque hujus generis valde proba et utilia vitiorum occasione enata sunt, quæ vitia minime amet, oportet, quisquis probitatem et utilitatem eorum quæ enata sunt, amat.

6. Nec temere porro dixi, dignitatem Virginis, illiusque excellentiam (electæ scilicet, ut redimendi humani generis causa divini Verbi Mater fieret) ad nostri miserationem ac pietatem eamdem Virginem permovere. Id a magno viro Anselmo Cantuariensi [si is est auctor precis quam allego] edoceor, qui Mariam sic commendat (24) : « Mira res, in quam sublimi contemplor Mariam locatam. Nihil est æquale Mariæ : nihil, nisi Deus, major Maria. Deus Filium suum, quem solum de corde suo æqualem sibi genitum, tanquam seipsum diligebat, ipsum dedit Mariæ : et ex Maria fecit sibi Filium, non alium, sed eumdem; ut naturaliter esset unus, idemque communis Filius Dei, et Mariæ. Omnis natura a Deo est creata, et Deus ex Maria est natus. Deus omnia creavit; et Maria Deum genuit. Deus qui omnia fecit, ipse se ex Maria fecit; et sic omnia, quæ fecerat, refecit. Qui potuit omnia de nihilo facere, noluit ea violata sine Maria reficere. Deus igitur est pater rerum creatarum, et Maria mater rerum recreatarum. Deus est pater constitutionis omnium, et Maria mater restitutionis omnium. Deus enim genuit illum, per quem omnia sunt facta; et Maria peperit illum, per quem omnia sunt salvata. Deus genuit illum, sine quo penitus nihil est; et Maria peperit illum, sine quo omnino nihil bene est. O vere Dominus tecum, cui dedit Dominus, ut omnis natura tantum tibi deberet secum. » Alia non pauca in eamdem sententiam Anselmus prosequitur, sed hæc ex eo protulisse satis erit; neque enim cuncta, quæ piissimus hic doctor profert, describere propositum nobis est.

7. Imitatur (quod sæpe solet) Anselmum Eadmerus, qui expressissime docet, Virginem, dum divini Verbi Mater effecta est, matrem etiam nostram effectam esse, fratremque nostrum Dominum Jesum. An vero filiorum, tametsi errantium, non miserebitur mater ? Miserebitur utique, fratrumque, perditorumque calamitates, et gemitus porriget supremo Fratri et Domino Jesu Christo. Sane ut Virginem ad nos adjuvandos Ecclesia moveat, eam orat, ut Matrem sua se pietate demonstret, precesque pro nobis sanctissimo Filio suo porrigat :

Monstra te esse matrem :
Sumat per te preces
Qui pro nobis natus
Tulit esse tuus.

Sed præstat ipsa Eadmeri verba describere. Hæc itaque ille ait (25) : « Qui etenim adhuc etiam in carne mortali per fidem ad amissam gratiam, seu patriam tendimus, in filiationem Dei per benedictum Filium benedictæ Matris Mariæ transimus, eumdemque Filium ejus nobis fratrem ipso auctore asciscimus. A morte enim resurgens nos *fratres suos* appellavit, et quod ad *Patrem suum, et Patrem nostrum, Deum suum, et Deum nostrum* foret ascensurus (*Joan.* xx, 17), familiari affatu nobis imitari præcepit. Quod igitur tantum Patrem, et tantum Fratrem sortiti sumus, utique beatæ Mariæ ascribere debemus, cujus integerrima fecunditate in tantam dignitatem surreximus, quam quidem dignitatem nostra natura nequaquam adepta fuisset, si illius fecunda virginitas Deum de sua substantia non genuisset. Cum igitur tam inæstimabili dignitatis honore, etiam in hujus mundi squaloribus degens, per piæ Matris Dei Mariæ merita, humana natura sit exaltata; vel advertat, qui potest, qua vel quali gloria decorabitur, cum hunc ipsum fratrem suum omnipotenti Patri ejus coæqualem, in sua majestate regnantem acceperit, ejusque regni cohærens existens, perpetua et incommutabili glorificatione vultui præsens astiterit ? »

8. Eadmerum præivit Augustinus; etenim expressissime nostram matrem Virginem Mariam esse tradit : tametsi vero in *charitatem* Virginis id referat, a plerisque tamen id ita accipitur, ut amore erga Deum et ardentissimo redemptionis humani generis desiderio meruerit, ut Mater efficeretur Unigeniti Dei Patris; ab aliquibus autem id ita accipitur, ut amore et obsequio erga Deum et charitatem erga humanum genus collapsum, et pene perditum paruerit angelo illius assensum exposcenti; ab aliis denique ita, ut ferventibus precibus suis acceleraverit Christi adventum, ideoque redemptionem humani generis : quod dum præstitit, ob illius charitatem et virtutes reliquas electa a Deo est, ut sui ideoque humani generis esset Mater. Utcunque sit, Augustini verba referamus oportet, ut id quod dixi, Augustino docente assequamur : « Maria ergo, inquit ille (26), faciens voluntatem Dei, corporaliter Christi tantummodo

---

(24) Orat. 52, quæ dirigitur ad sanctiss. Virg. Mar., pag. 393 et 394 tom. 1 edit. Venet. an. 1744.

(25) *De excellent. B. M. V.* cap. 9.
(26) *De sancta virginitate,* cap. et num. 5 et 6.

mater est, spiritualiter autem et soror, et mater. Ac per hoc illa una femina, non solum spiritu, verum etiam corpore et Mater est, et Virgo. Et Mater quidem spiritu, non capitis nostri, quod est ipse Salvator, ex quo magis illa spiritaliter nata est; quia omnes qui in eum crediderint, in quibus et ipsa est, recte filii Sponsi appellantur; sed plane mater membrorum ejus, quod nos sumus, quia cooperata est charitate, ut fideles in Ecclesia nascerentur, quæ illius capitis membra sunt; corpore vero ipsius capitis Mater. »

9. Id ipsum, quod dicimus, sed ex alio titulo repetunt, qui Mariam matrem nostram effectam fuisse tradunt, cum Christus, morti proximus, Mariæ filium sui loco subjecit Joannem apostolum : *Mulier, ecce filius tuus* (*Joan.* xix, 26) : a Joanne autem significatum genus humanum, aut certe illam humani generis portionem, quæ evangelicam legem receptura erat, affirmant (27). Non improbo quod hi tradunt; lectorem tamen monitum volo, non litteralem in hac explicatione sensum inesse, sed mysticum, aut certe mystico affinem : probationem autem validam ex litterali sensu rigidiores critici exposcunt. Augustinus et Eadmerus haud obscure significant, tum nostram matrem effectam esse Mariam, cum Dei Filius in sacratissimo ejus utero congener noster est factus. Declarata itaque, si tu vis, his Christi verbis : *Mulier, ecce filius tuus,* fuit humani generis mater Maria, quæ jamdudum ejusdem generis mater fuerat constituta.

CAPUT III.
Testificationes a probabili Ecclesiæ traditione desumptæ.

1. Favere vetustissimam ac valde probabilem Ecclesiæ traditionem dogmati, quod asserimus, id

est, Mariam sanctissimam suffragatione ac precibus suis nos adjuvare, is tantum in dubium vertet, qui Ecclesiæ et laudatissimorum magistrorum nostrorum scripta non legerit. Ea scilicet quæ tota dissert. 3 operis quod *De cultu Sanctorum* inscripsi, id apertissime ostendunt. Nimirum in ea dissertatione occurrunt non raro expressissima monumenta, ex quibus discimus Mariam suffragatione sua favere nobis, multaque exposcere atque impetrare beneficia ac dona; occurrunt quoque non pauca alia, quibus assequimur, angelorum, et sanctorum ope atque interventu, nobis a liberalissimo bonorum omnium largitore Deo conferri bona. Annon vero, si ea per angelos sanctosque beneficia ac dona recipimus, per Mariam non recipiemus, angelorum sanctorumque Reginam, et unigeniti Filii Dei Matrem illi charissimam ideoque super omnem creaturam exaltatam, eamdem quoque nostri amantissimam? Quid, quod ea quæ de efficacia intercessionis deinceps edisseram, id quod agimus perspicue comprobant? Quis enim id negabit, postquam compertissimum fiet efficacissime eam nobis opitulari? Ea pariter, quæ de invocatione docebo, huc pertinere commode possunt; ideo enim Mariam invocamus, quod persuasum sit nobis illius opem, si eam efflagitamus, adfuturam; idemque, aut certe affine commodum, eruere possumus ex aliis argumentis quibus Mariam colimus : eo enim fere diriguntur, ut vel illius adjumentum exposcamus, vel palam faciamus Mariam, nos adjuvante, beneficia quæ optabamus, obtinuisse. Minime itaque necesse est ut peculiare probationum caput ex traditione hic efformemus, quoniam, uti dixi, huc palam ea pertinent, quæ vel alibi tradidi, vel quæ deinceps copiose tradam. Et de prima dissertatione hactenus.

(27) Multa virorum doctissimorum loca profert clariss. Plazza, *Vindic. devot. Virg.* part. ii, cap. 6, num. 11 et seqq.

DISSERTATIO II.

PRÆCIPUÆ INTERCESSIONIS MARIÆ PARTES, SEU, SI LOQUI ITA MALUMUS, QUALITATES.

—

Sub hac inquisitione tria commode comprehenduntur : I. modus, quo Maria nos adjuvat; II. ejusdem intercessionis amplitudo; III. efficacia.

I.
Modus, ac ratio qua Maria sanctissima impetret.

1. Quatuor modis posse sanctos inclinare Deum ad impertienda nobis beneficia alibi ostendi (28) : nimirum precibus ad Deum, seu ad Christum fusis, objectu meritorum Christi, ipsi nempe repræ-

(28) *De cultu sanctor.* dissert. 3.

sentando sanguinem suum, cruciatus, dolores, aliaque hujus generis sane non pauca, quæ nostri causa is toleravit; hæc enim adhuc illum placare solent, et ad miserationem pietatemque nobis præbendam flectere : tertio sua ipsa merita Deo, seu Christo exhibendo, quorum intuitu flectatur ad pietatem Deus, et id nobis elargiatur, quod sancti nostrarum calamitatum miserti a Deo exposcunt. Addidi et quartum modum, quo interdum etiam utuntur, dum aliorum sanctorum operam ac veluti suffragationem exposcunt, ut certius, quæ nobis optant, beneficia impetrent.

2. Duobus prioribus modis Mariam nobis bene-ficia exposcere atque impetrare, indubitatum est : neque vero in re manifesta, et apud catholicos compertissima, copiosum me esse oportet. Quar-tum autem modum quis Virgini tribuat, cum procul dubio nullum habeat sanctum, quem illa immenso, pene dixerim, intervallo non superet ? Neque vero desunt, qui moneant plus illam apud Deum posse per se, quam possint reliqui omnes angeli et san-cti in unum veluti agmen juncti : qua de re, scho-lasticos consulas, rogo. Anselmus Cantuariensis, quem deinceps excitabo, id, quod agimus, aper-tissime tradit orat. 46 : « Quod omnes, inquit An-selmus, possunt isti tecum, tu sola potes sine il-lis omnibus. »

3. Superest ergo, ut si qua lis institui potest, ea de tertio modo institui possit, qui scilicet me-rita ipsa Virginis respicit ; neque enim desunt viri pietate ac doctrina præstantes, qui Mariam quidem beneficia nobis a Deo impetrare fatean-tur, sed vel prece tantummodo, vel objectu me-ritorum Christi. Ego tamen minime ab ea opinione recedo, quam de sanctis generatim agens proposui; scilicet sanctos merita etiam propria jungere precibus Christo fusis (29) ; ita enim propria san-ctorum merita sunt, ut a Christo ipso illiusque gratia proveniant, adeo ut dona Christi sint, quæ propterea Christo ipsi exhibere possunt, eum de-precantes, ut quoniam liberalis ac munificus fuit in iis elargiendis, liberalis quoque ac munifi-cus sit in iis remunerandis : adeo ut eorum etiam intuitu sanctorum precibus addito, magis moveatur Deus ad exercendam erga nos pietatem illam quam sancti, nostrum miserti, a Deo nobis exposcunt. Cur vero id a Virginis suffragatione repellemus, quan-doquidem cæteris sanctis probatissimi Patres tri-buunt ? An vero minora apud Deum et Christum merita habet Virgo, quam reliqui sancti ? Sed præ-stat hic rursus Chrysostomum afferre, quem de san-ctorum cultu disserens protuli. Hæc de SS. Berni-cé, Prosdoce, et Domnina habet Joannes Chry-sostomus probatissimus doctor, quibus quidem ad eas honorandas atque orandas auditores suos hor-tatur (30) : « Neque die tantum hujus festivitatis, sed aliis etiam diebus iis (reliquiis harum sanctarum) assideamus : eas (sanctas quas dixi) obsecre-mus, obtestemur, ut patronæ sint nostræ ; mul-tam enim fiduciam obtinent non viventes modo, sed et mortuæ ; multoque magis, cum sunt mortuæ, jam enim stigmata ferunt Christi : cum autem stigmata hæc ostenderint, omnia Regi possunt persuadere. Quando igitur tanta illæ virtute pollent, tantaque apud eum amicitia, cum continua velut obsessione, ac perpetua illarum visitatione in fa-miliaritatem nos illarum insinuaverimus, ipsarum opera Dei misericordiam impetremus, » etc.

4. Et sane Ecclesia sanctorum merita Deo exhi-bet, ut iis accedentibus eorumdem sanctorum precibus magis Deus ad pietatem nobis impertien-dam flectatur. Hoc modo in Missa, quam in hono-rem sancti Joachimi patris Mariæ Virginis cele-bramus, in ea prece, quam *Postcommunio* appel-lamus, jubente Ecclesia, ad hunc modum Deum rogamus : *Quæsumus, omnipotens Deus, ut per hæc sacramenta quæ sumpsimus, intercedentibus meritis et precibus beati Joachim patris Genitricis dilecti Filii tui Domini nostri Jesu Christi, tuæ gratiæ in præsenti, et æternæ gloriæ in futuro participes esse mereamur. Per eumdem Dominum.*

5. Quid, quod apertissime merita Virginis Deo commemoramus, et veluti offerimus, cum hæc, eadem Ecclesia jubente (31), dicimus : *Precibus et meritis beatæ Mariæ semper Virginis, et omnium sanctorum, perducat nos Dominus ad regna cœlorum.* An vero licebit nobis ab Ecclesia edocti, sancto-rum atque adeo Virginis ipsius, non modo pre-ces, verum etiam merita Deo memorare, et veluti exhibere atque offerre, ut nobis eorum respe-ctu cœlestem beatitudinem impertiat, et non licebit Virgini ad hoc sane maximum, aliaque beneficia nobis impetranda, eadem merita exhibere, atque offerre, cum hæc eadem, quod antea dixi, et ex meritis Christi proveniant, vereque fuerint dona sua ? Annon licet nobis, principi, cui accepti su-mus, largitatem suam liberalitatemque memorare quam in nos exercuit, ut eum ad liberalitatem pa-riter ac beneficentiam, pietatemque in alios, quo-rum miseremur, exercendam moveamus ?

6. Quod si expressissimum aliquem de veteribus magistris nostris, opinionis, quam asserimus, va-dem habere cupis, en tibi illum. Arnoldus ab-bas Bonævallis is est, sæculi XI scriptor, qui in tra-tactu *De laudibus Mariæ* hæc nos docet : « Securum accessum homo jam habet ad Deum, ubi mediato-rem causæ suæ Filium habet ante Patrem, et ante Filium Matrem. Christus nudato latere Patri ostendit latus et vulnera ; Mater, Christo pectus et ubera : nec potest ullo modo esse repulsa, ubi concurrunt et orant omni lingua disertius hæc clementiæ monumenta, et charitatis insignia. »

II

Amplitudo intercessionis Mariæ.

Multa comprehendit hic titulus, quæ tamen ad duo suprema capita revocari facile possunt. Sunt vero hæc : Quænam impetret ; quibus impetret. Ac sub primo quidem capite (id est, sub eo, in quo quærimus : Quænam impetret), cui sectionem pri-mam assignamus, potissimum agitur

---

(29) *Vide* num. 7 cap. 28, et caput 31 dis-sert. 3.

(30) Num. 7 Orationis panegyr. in has sanctas.

(31) In capitulo, seu *absolutione* Officii parvi B. M. V. in Matut.

SECT. I : — *Num Mariæ intercessio adeo se protendat, ut nulla tribuat Deus beneficia, quæ ipsa non impetret.*

Maxima nostris temporibus in titulo proposita controversia effecta est ; a negante parte stante Lamindo Pritanio (id est, præstantiss. Muratorio), ab affirmante clariss. Plazza, adjuvantibus utramque partem viris præclarissimis. Ego porro in hac quæstione [ne quempiam offendam] ita me geram, ut utriusque partis argumenta candide exponam ; quo peracto in lectoris arbitratu relinquam, ut quæ ei libuerit partem eligat.

CAPUT PRIMUM.

Negantis opinionis fundamenta producimus.

1. Perspecta ratione qua Maria nobis opituletur, suscipienda est quæstio altera, quæ scilicet amplitudinem intercessionis Mariæ sibi asciscit examinandam. Adeo porro non pauci divinam erga Mariam clementiam ac liberalitatem commendant exaggerantque, ut salutem nostram, atque adeo beneficia omnia, quæ Deus Christianis [quid non et toti generi humano ?]liberalissime impertit, per Mariam sanctissimam (illius scilicet suffragatione et meritis) provenire affirment. Itaque Domini *thesaurariam, cœlestium quoque ac terrenorum beneficiorum largitricem ac dispensatricem* appellant. En quid discimus ex Raynaudo *Dipt. Mar.* part. II, punct. 10, num. 13 : « Sunt, qui omne plane bonum, per eam nobis actualiter impetrari et conferri contendunt. Ita Salazar. in cap. VIII *Prov.* a num. 167 ; et in cap. XXXI, n. 118; et tract. *De concep.* cap. 21 ; et Benzo *in Psal.* LXXXVI, cap. 28 et 43 ; favetque sanctus Germanus, *Orat. de Assumpt.*, verbis illis : *Nemo donum ullum consecutus, nisi per te, Dilecta Deo.* Et *Orat. de zona et fasciis Deip.* : *Nullus est qui salvus fiat, nisi per te, o sanctissima ! Nullus est qui liberetur a malis, nisi per te, o purissima ! Nemo est, cui donum concedatur, nisi per te, o castissima ! Nemo est, cui misereatur gratia, nisi per te, o honestissima !* Fuse S. Bernardus *Serm. de aquæductu*, ubi contestatur sic esse voluntatem Dei, qui totum nos habere voluit per Mariam, idque esse voluntatem Ecclesiæ, per quod omnis a capite influxus dimanat. Et serm. 3, *in Vigil. Nativ. Dom.* in fine : *Quia indignus eras, cui donaretur, datum est Mariæ, ut per illam acciperes quidquid haberes, quæ per hoc quod Mater est, genuit tibi Deum ; per hoc quod Virgo est, exaudita est pro reverentia sua, in causa tua et totius generis humani. Si sola Mater esset, sufficeret ei ut salvaretur per filiorum generationem ; si sola Virgo, sufficeret sibi, nec benedictus fructus ventris ejus mundi pretium esset. Cum ergo in prima sit remedium, in secunda adjutorium est ; quia nihil nos Deus habere voluit, quod per Mariæ manus non transiret.* Idiota in *Contempl. de Deip.* in Prologo, et Richardus a S. Laurentio, lib. II *De Deip.* part. I,

causa 22, imitati Petrum Damian. serm. 1, *De Nativit. B. Virginis*, in fine, hoc sensu videntur nominasse Deiparam, *Thesaurariam Dei ac Christi.* A Rabbinis ex antiquo oraculo dictam *Mitraton*, id est, *principem facierum*, quod quotquot ad Deum accedunt, per eam admittantur, notat Franc. Georgius cant. I, tono 5. c. 6. Hincque ulterius infert Alarcon tract. *De prædest.* cap. 6, n. 3, B. Virginem meruisse *de congruo* prædestinationem omnium hominum, sicut Christus illam meruit *de condigno.* Nam si in tempore omnis gratia atque adeo omnis prædestinationis effectus datur per impetrationem et merita congrua Virginis ; necesse est ad æternam ejusdem doni prædestinationem, qua decretum est de conferendo eo dono, impetrationem et merita Virginis intervenisse.»

2. Horum theologorum pietatem, si appellare ita vis, ac dilectionem quam hæc sibi persuadendo Virgini exhibere se putant, minus approbant alii, qui ab iis, quos dixi, theologis valde dissident ; e quibus inter antiquiores allegatur a Theophilo Raynaudo Ruiz, in tract. *De prædest.* disp. 58, sect. 2, in quo quidem loco hæc inveni : « Dico quarto : purus homo de facto nullus fuit, qui meruerit alteri totam prædestinationem creatam, id est, omnes effectus prædestinationis ; aliquos tamen effectus etiam primam vocationem aliqui meruerunt ; sed non ea eminentia qua Christus Dominus. » Hanc autem postremam assertionem ad hunc modum num. 10 ostendit : « Tertium denique membrum probatur primo, quia Christus Dominus de condigno et rigorosa justitia meruit nobis omnes effectus nostræ prædestinationis ; sed nemo alius potest alteri mereri beneficium ullum, nisi tantum de congruo. Secundo probatur quia Christus Dominus, ut caput, membris ex certa et infallibili lege meruit omnes, et singulos effectus prædestinationis immediate et in particulari nec tantum in generali et virtualiter in radice. Nullus autem hominum omnia immediate meretur, sed quædam immediate, alia vero mediate, quæ virtualiter continentur in illis ; et hæc non ut caput membris nec ex certa et infallibili lege meretur. »

3. Adversatur procul dubio Theophilus Raynaudus ; quanquam enim affirmantem sententiam *piam esse* declarat, ab ea tamen recedit. Raynaudi verba hic prætereo, quod ea deinceps sim descripturus. Inter recentiores vero Muratorius sub Lamindi Pritanii vocabulo latens id pariter negat his verbis (32) : « Uffizio di Maria è il pregar Dio per noi, l'intercedere per noi, e non già il comandare. *Sancta Maria, ora pro nobis*, questo è quello che la Chiesa c'insegna, e lei dobbiamo ascoltare e non già le iperboli di qualche privato autore ancorchè santo. Parimente ci possiamo incontrare in chi asserisce, niuna grazia, niun bene a noi venire da Dio, se non per mano di Maria. Il che

(32) *De la regolata divozione de' Cristiani*, cap. 22.

va sanamente inteso, cioè che noi abbiamo ricevuto per mezzo di questa immacolata Vergine il Signor Gesù Cristo, per li cui infiniti meriti discendono sopra di noi tutti i doni ed ogni celeste benedizione. Altrimenti sarebbe errore il credere, che Dio e il suo benedetto Figliuolo non ci concedessero, nè potessero concedere grazie senza la mediazione e intercessione di Maria. *Noi,* dice l'Apostolo (*I Tim.* II, 5) *non riconosciamo se non un solo Dio e un solo Mediatore di Dio e de gli uomini, Cristo Gesù.* Senza l'interposizione di questo divin Mediatore sappiamo bensì non impetrarsi dà noi grazia alcuna da Dio ; ed egli è unico e solo per attestato del medesimo san Paolo, perch'egli solo ha potuto riconciliarsi con Dio e col suo proprio merito, indipendente da quello d'alcun altro, ha potuto e può ottenerci le grazie di cui abbiamo bisogno... Pero esagerazioni divote sarebbono quelle di chi pretendesse passare per Maria tutte le divine beneficenze ; e quanto si ottien da Dio, doversi riconoscere dall' intercessione sua. Niuno ha mai sognato e niuno c'è fra Cattolici credente, che implorando noi il soccorso e l'intercessione dei santi, essi abbiano a ricorrere alla mediazione della Vergine per ottenere quel che desideriamo da Dio. »

4. Exposcunt itaque hi a theologis quos priore loco allegavi, ut validissimas opinationis suæ probationes afferant : discimus scilicet ex Scriptura et vetustis omnibus Patribus Christum eum esse *in cujus manu omnia posuit cœlestis Pater* (33-34); at minime discimus Unigenitum Dei, participem (ut ita loquamur) hujusce amplissimæ auctoritatis fecisse Matrem ; neque ullum nobis præbent, qui secus sentiunt, argumentum, quo constet amplissima ea quam describunt auctoritate usam aliquando fuisse Virginem ; imo is Ecclesiam audimus, multo aliter se habet res. Describit scilicet Ecclesia Virginem orantem Patrem, ut nobis suam clementiam ostendat : describit orantem Filium ut nobis scilicet propitietur. An hæc ageret Virgo, si cœlestium beneficiorum largitrix ac munifica dispensatrix foret? Et num vera eloquar. In hymno ad Vesperas festivitatis Sanctorum omnium solemnes ,has preces Christo porrigit, in quibus Mariam exhibet Patris clementiam nobis exposcentem :

> *Placare, Christe, servulis*
> *Quibus Patris clementiam*
> *Tuæ ad tribunal gratiæ*
> *Patrona Virgo postulat.*

In Vesperis vero Officii S. Mariæ sic eam invocat :

> *Monstra te esse matrem :*
> *Sumat per te preces,*
> *Qui pro nobis natus*
> *Tulit esse tuus.*

(33 34) *Omnia mihi tradita sunt a Patre meo,* (*Matth.* XI, 27.)
(35) In celebri Antiphona, quæ a verbis, quibus incipit, vocatur : *Ave, Regina cœlorum.*

Annon etiam id ipsum agit, cum eamdem Virginem sic deprecatur (35) ?

Et pro nobis Christum exora.

5. Quid, quod idem ille Bernardus, qui Virginis dignitatem ac beneficentiam commendat maxime, expressissime nos docet consequi eam a Filio precibus suis quidquid nobis confert ? Quid enim aliud docet, cum ait piissimam *mediatricem* esse illam ad Filium ; quo quidem posito, nos hortatur ut ad eam confugiamus ? Ipsa Bernardi verba profero, ne videar interpretationem minus æquam Bernardi verbis tribuere : « Jam itaque [inquit ille (36)] nec ipsa mulier benedicta in mulieribus videbitur otiosa ; invenietur equidem locus ejus in hac reconciliatione. Opus est enim mediatore ad Mediatorem istum, nec alter nobis utilior quam Maria... Quod si [ut vere sunt] plena magis omnia᷍pietatis et gratiæ, plena mansuetudinis et misericordiæ, quæ ad eam pertinent inveneris, age gratias ei qui talem tibi mediatricem benignissima miseratione providit, in qua nihil possit esse suspectum. »

6. At has ipsas, quas modo attulimus, probationes adversus nos fortasse intorquebunt, monentes scilicet Ecclesiæ precibus quas allegavimus, et Bernardi loco, quem produximus, ostendi Virginem deprecantem Patrem et Filium, ut beneficia nobis conferat. Annon id est Virginem describere nobis beneficia a Patre et Filio exorantem eaque ratione largientem nobis ?

7. Sed si accuratius easdem probationes expendes, perspicue videbis id osten᷄ere quod nos optamus, scilicet Virginem non esse *dispensatricem,* atque uti appellant, *cœlestium ac terrestrium omnium beneficiorum thesaurariam ;* si enim obsecrat ut obtineat, ipsa per se non largitur, neque in manu sua ac potestate ea habet ut nobis conferat.

8. Sed adhuc non omnia, quæ consequimur, per illius preces a Deo nos consequi, eæ ostendunt, quibus utimur frequentes preces; deprecamur scilicet, Christo et Ecclesia præcipientibus, Patrem et Filium ipsum ad quos omnes fere diriguntur Ecclesiæ preces, nulla mentione facta suffragationis et precum Mariæ. Consule, obsecro, antiquissimas Romani Missalis preces, et, ut vetusto vocabulo utar, *collectas,* et manifesto assequeris me vera tradere. Atque illud ipsum quod allegavimus, Missale, et ecclesiasticarum precum libri aliud nobis subministrant argumentum quo ea quam dicimus opinio refellatur. Invocatio scilicet sanctorum in litaniis Sabbati sancti præcipitur ; in missa sancti Michaelis archangeli sic eum invocare jubemur : *Sancte Michael, archangele, defende nos*

(36) *Serm. infra Octav. Assumptionis,* n. 2, ad illa Apocalypsis verba (XII, 1) : *Signum magnum apparuit in cœlo.*

in prælio, ut non pereamus in tremendo judicio.
Similiter in missa sancti Joachimi : *O Joachim,
sancte conjux Annæ, pater almæ Virginis, hic famulis confer salutis opem.* An vero sanctos ipsos, et uti
nostris vocabulis utar, *immediate* et *per se* merito
invocaremus, ut Deum deprecentur, si non consequi possent ipsi quæ poscimus, sed ad Mariam
unicam dispensatricem, quæque sola obtineat nobis omnia quæ optamus, confugere deberent ?
Profecto dum Chrysostomus aliique Patres *recepta
dum viverent* pro Christo vulnera, ac vetusta merita Christo exhibentes, ut nobis, quæ poscimus,
impetrent, describunt sanctos, palam ostendunt
assequi posse illos per semetipsos quæ a Christo
poscunt.

CAPUT II.

*Afferuntur dissolvunturque potiora argumenta, quibus
affirmans opinio fidit ; qua occasione explicamus
quonam ratione Maria sanctissima* IMPERATRIX,
DOMINA *ac* REGINA *appelletur.*

1. At multo secus quam in superiore capite
propositum sit, theologi quos jam allegavi, se rem
habere putant, describuntque Deum Patrem ac
Dominum Jesum in cujus manu cuncta posuit
Pater, sic amantes Virginem, ut nulla beneficia
Christianis atque adeo humano generi impertiant,
nisi ea impetrante impertienteque. Porro ad id
evincendum proferunt primo celebratissimos titulos *Dominæ, Imperatricis* et *Reginæ,* quibus titulis
sæpissime honestata est Maria sanctissima a sanctis
Patribus atque adeo ab Ecclesia ipsa. Neque vero
Regina tantum aut *Domina* appellatur, sed expressissime *Regina mundi, Domina mundi, Imperatrix totius humani generis.* Paucissima e pluribus
profero. Ildephonsus in ipso initio tractatus quem
adversus Joviniani asseclas *ad perpetuam Mariæ
virginitatem vindicandam* edidit, hæc ait : « O Domina mea atque dominatrix mea, dominans mihi,
Mater Domini mei... Domina inter ancillas, Regina
inter sorores. » Dominam quoque appellant quicunque illius nomen (Mariam scilicet) *Dominam*
interpretantur. Hos porro non paucos fuisse, neque ignobiles scriptores ea nobis persuadent quæ
alibi producemus (37).

2. Præter eos, hos accipe : Ephræm Syrus sic
Virginem Christum alloquentem inducit (38) : « Quo
die Gabriel ad meam humilitatem venit, ex ancilla
Dominam fecit ; et quæ eram divinitatis tuæ famula,
repente Mater evasi humanitatis tuæ, Domine et
Fili : ancilla, exemplo facta sum Regis filia ; tu me
fecisti, qui es Filius Regis. »

3. Novimus sane haud immerito demi Athanasio
serm. *in Annuntiationem Deiparæ,* qui olim Athanasio tribuebatur ; at novimus etiam, non ignobi-
lem esse illius sermonis auctorem, ideoque merito

eum allegari posse ad promerendam dictorum fidem. En porro, quæ ille Latinitate donatus in rem
præsentem tradit (39) : « Siquidem ipse, qui ex
Virgine natus est, Rex est, et ipse Dominus Jesus :
ejusque gratia, quæ ipsum genuit, *Regina, Domina
et Deipara* proprie ac vere prædicatur ; hincque
docet nos eam respicientes, nec non ex ea genitum
carniferum Filium, dicere (*Psal.* XLIV, 10) : *Nunc
astitit (Regina) a dextris tuis in vestitu deaurato
circumamicta varietate.* Ut enim femina, *Regina*
est, atque *Domina,* et *Mater Dei* ; jamque ut *Regina,*
astans a dextris omnium Regis Filii sui in vestitu
deaurato incorruptionis et immortalitatis circumamicta varietate, circumdata sacris verbis celebratur. »

4. Indubitato creditur a Chrysologo elucubratus
sermo 142 in Sermonum serie, et procul dubio
stylum Chrysologi redolet ; sic porro post ea, quæ
alibi attuli, et repetere hic Jibet (hæc scilicet) :
« Ante causam, dignitas Virginis annuntiatur ex
nomine ; nam Mariam Hebræo sermone, Latino
Domina nuncupatur. » Hæc subjicit : « Vocat ergo
angelus Dominam , ut Dominatoris Genitricem
trepidatio deserat servitutis : quam nasci et vocari
Dominam, ipsa sui germinis fecit et impetravit
auctoritas. »

5. Joannes Damascenus in eo opere, quod nemo
illi demit, in libris scilicet *De fide orthodoxa,* ejusdem veritatis est testis. « Itaque gratia, [inquit ille
(40)], [nam hoc sonat Annæ vocabulum] Dominam
parit [id enim Mariæ nomine significatur], quæ
vere omnis creaturæ Domina facta sit, cum Creatoris Mater exstitit. » Et infra : « Profecto vere
et proprie Dei Genitrix est, et Domina, omnibusque
creatis imperat, quæ Ancilla Materque simul exstitit Creatoris. »

6. His adjiciendus Anselmus est ; nimirum sæpissime Mariam *Dominam* vocat, adeo ut si loca
omnia exscribere cuperem, in quibus eo titulo
afficit Virginem, innumera propemodum ejusdem
doctoris loca exscribere necesse foret ; aliqua tamen seligam. In oratione 46 sic eam invocat (41) :
« Tu autem Domina Mater ejus, Virgo in partu,
Virgo ante partum, et Virgo post partum . . . Tu,
Domina, mirabaris, et corporis tui integritatem,
et conceptus fecunditatem . . . . Hanc fidem sanctam, postquam suscepi, Domina, non semper
recto tramite tenui, quoniam præceptis ejus non
obedivi . . . Propterea, clementissima Regina et
Domina, ne contemnas me .'.. O mi Domina, quid
dicam, vel quid faciam ? In tenebris sum, *et lumen
cœli non video.* » Et rursus : « Sanctis omnibus,
etiam angelicis spiritibus , necnon regibus, et
potestatibus mundi, divitibus, pauperibus, dominis, servis, majoribus, et minoribus Domina es....

---

(37) Dissert. 22, cap. 2.
(38) Serm. 4, *in Natalem Domini,* pag. 414 tom.
II edit. Syriaco-Latinæ, Romæ 1740.
(39) Apud S. Athanasium, tomo II edit. Bene.

dictin., num. 13 et 14, pag. 400.
(40) *De fide orthodoxa* (lib. IV), cap. olim 15, in
edit. P. Lequien. cap. 14.
(41) Pag. 387 tom. I edit. Venet. 1744.

Fac, o felix Domina et omni laude dignissima, ut ego famulus tuus, qui in tota longævitate dierum meorum miserabiliter per abrupta peccatorum corrui, nunc in extremis positus diebus agam pœnitentiam. » Quibus positis, quid mirum si Eadmerus constans Anselmi discipulus, et consectator hæc tradat (42) ? « Sicut Deus sua potentia parando cuncta Pater est, et Dominus omnium, ita B. Maria suis meritis cuncta reparando, Mater est, et Domina rerum. »

7. Adeo vero ea de re certus erat Petrus abbas Cellensis (deinceps episcopus Carnotensis), ut Virginem ad hunc modum invocarit (43) : « O Domina, ego servus tuus non semel, sed iterum, non secundo tantum, sed tertio... A progenie in progenies ego servus tuus, ego mancipium, ego subsellium tuum, ego scabellum pedum tuorum... Tu mihi vera et sempiterna *Domina*, vindica me in tuum, excusa me ut tuum, libera ut tuum. »

8. Alios si addidero Patrum locos, rem supervacaneam videbor agere ; indubitatum est enim, subsequentes Patres et theologos id ipsum tradere atque inculcare; in quorum numero eminet Bernardinus Senensis eo vocabulo sæpissime Mariam sanctissimam invocans et compellans. Hic, si vis, eos recole Patrum locos, qui cap. 17, dissert. 4, *De cultu sanctorum* descripti sunt ad ostendendum : « Sanctos *dominos* fuisse a viris præclarissimis appellatos, et jure meritoque encomium illud et titulum consecutos. » Si enim *dominos*, et nostros *dominos* jure meritoque sanctos appellamus, an Dominam et nostram Dominam Mariam appellare recusabimus ?

9. Sed cur Patres et theologos affero, quandoquidem ipsius Ecclesiæ auctoritatem afferre possum ? In Liturgiis orientalibus *Domina, et gloriosa Domina* sæpe apppellatur Maria. Latini vero in hymno ad laudes B. M. V. sic eam invocabant, hodieque etiam monachi invocant :

O gloriosa Domina,
Excelsa super sidera.

10. Qua appellatione ne videantur temere uti magistri nostri, rationes nonnullas afferunt. Hanc quidem Bernardus (44) : « Merito facta est novissima prima, quæ cum prima esset, omnium se novissimam faciebat. Merito facta est omnium *Domina*, quæ se omnium exhibebat ancillam, » etc.

11. Subsequentem vero Arnoldus Carnotensis (45) : « Maria lingua Syriaca *Domina* dicitur. Christus, *Dominus* ; Maria, *Domina*. Et licet ipsa se Christi profiteatur ancillam, hoc servitutis genus omni regno sublimius esse intelligitur. Con-

stituta quippe est super omnem creaturam ; et quicunque Jesu curvat genu, Matri quoque pronus supplicat et acclinis. » Et post pauca : « Nec a dominatione, vel potentia Filii Mater potest esse sejuncta : una est Mariæ et Christi caro, unus spiritus, una charitas, » etc.

12. Eamdem rationem inculcat, et fusius explicat Gerson, cum hæc ait (46) : « Hodie Domina nostra altius nomen accepit, et perfectius, quod esse potest homini, post nomen Filii sui. Et est, quod Mater Dei dicitur. Melius eam appellare non possumus : quoniam per hoc habet veluti auctoritatem et naturale dominium ad totius mundi Dominum, et a fortiori ad omne id, quod huic subjectum est Domino ; ita quod in nomine suo omnia flectantur in cœlo, et in terra, et in inferno. »

13. Id ipsum tradunt ii, qui Mariam *Reginam* appellant. Hi porro et plurimi sunt, et dignitate, ac doctrina conspicui. Nonnullos antea attulimus, qui perinde *Dominam* ac *Reginam* appellant. Eos recole.

14. Hos etiam adde. Rupertus, abbas Tuitiensis, verba illa Cantici Salomonis cap. IV, vers. 8 explanans : *Veni, coronaberis*, ea ad Mariam hæc dicens refert (47) : « Ita coronaberis, ut et in cœlis Regina sanctorum, et in terris Regina sis regnorum. Ubicunque enim prædicatum fuerit de Dilecto dictum ... (*Psal.* VIII, 6, 7) : *Gloria et honore coronasti eum, et constituisti eum super opera manuum tuarum*, prædicabitur et de te, quod sis, o Dilecta, et Mater hujus coronati, ac proinde Regina cœlorum, totum jure possidens Filii regnum, atque his intuitu reges, atque imperatores coronis suis te coronabunt, » etc.

15. Anselmus, uti alibi sæpe in Virgine commendanda, sic in hoc titulo illi tribuendo plurimum eminet. In oratione 46 (48), quam etiam paulo ante allegavi, has ad Virginem dirigit preces : « Tu enim nosti, misericordissima Regina, quod ad hoc nata es, ut per te nasceretur idem Dominus Jesus Christus ; verus Deus, verus homo, in quem veracissime credo, et de cujus pietate non despero. » Et paucis interpositis : « Propterea, clementissima *Regina et Domina*, ne contemnas me. » Et rursus potestatem Virginis super omnes sanctos et angelos prædicans, hanc affert rationem, Virginem allocutus : « Quare hoc potes ? Quia Mater es Salvatoris nostri, Sponsa Dei, *Regina cœli, et terræ, et omnium elementorum*. Te ergo requiro, ad te confugio ; et ut me per omnia adjuves, suppliciter peto. Te tacente nullus orabit, nullus juvabit. Te orante omnes orabunt, omnes juvabunt. » Tum statim eamdem Virginem

(42) *De Excell. B. M.*, cap. 11.
(43) Serm. 3, *De Annunt. Domin.* pag. 667, col. 1, tom. XXII *Biblioth. M. PP.*
(44) Serm. *in Domin. infra Octav. Assumptionis*, ad ea Apocalypsis verba, XII; *Signum magnum*, non longe a fine, id est, num. 11.

(45) In tract. *De laudib. Mariæ*, pag. 1282, col. 1 tom. XXII *Biblioth. M. PP.*
(46) *Consid.* 2, col. 1366, tom. III, edit. Dupin.
(47) Lib. III *in Cant.* cap. IV, pag. 397, tom. II, edit. Venet. 1749.
(48) Pag. 387, tom. I.

ad hunc modum invocat : « Millia centena hominum, *Regina piissima*, ad te clamant, et omnes salvantur; et ego clamabo ad te, et non auxiliabor? » Alibi in eamdem sententiam (49) : « *Regina angelorum, Domina mundi*, Mater ejus, qui mundat mundum, confiteor, quia cor meum nimis est immundum ; ut merito erubescat in tam mundam intendere, nec digne possit tam mundam intendendo contingere. »

16. Eodem quoque titulo, eam decorant Ephræm (50), Raymundus Jordanes (51), aliique plurimi, quos hic referre supervacaneum est, quandoquidem Ecclesia ipsa eam non modo *Reginam* appellat, verum etiam per inductionem, omnis creaturæ Reginam esse evincit, dum eam *Reginam angelorum, patriarcharum, prophetarum, apostolorum, martyrum, confessorum, virginum, et sanctorum omnium*, imoque expressissime non modo Reginam cœli [*Regina cœli, lœtare, alleluia*], verum *mundi Reginam* etiam appellat. Sic enim in Antiphona ad Vesperas Officii parvi B. M. V. eam invocat: *Beata Mater, et intacta Virgo, gloriosa Regina mundi, intercede pro nobis.*

17. His positis, quis Mariæ potestatem amplissimam in distributione divinarum gratiarum, et cœlestium beneficiorum demat: quandoquidem id exposcit summa illius dignitas, et imperium? Recole id, quod modo ex Ruperto dixi. Rationem hanc, si expressius explicatam videre cupis, consule gravissimum theologum Vasquez hæc edocentem (52) : « Tametsi virtus, quæ sanctis exhibet reverentiam, non sit *dulia* proprie dicta... sed communi quadam ratione, qua [*dulia*] dicitur observantia erga omnes majores [nam *dulia* proprie videtur tantum convenire servis erga dominos...]: respectu tamen Virginis, *dulia* etiam in hac significatione, non inepte dici potest... eamque non soli Christo, sed B. Virgini etiam, convenire patet. Quia cum Christus jure redemptionis veram rationem dominii in redemptos habeat; Mater ejus jure etiam Dominæ et Reginæ gaudere debet. Servus enim eadem dulia, et dominum suum, et matrem illius colit : id quod sancti Patres... aperte indicant cum dicunt, B. Virginem, tanquam Dominam et Reginam esse adorandam. » Hæc ii, qui cuncta, quæ Deus mundo tribuit, per Mariam tribui docent.

18. Sic porro ea dissolvunt theologi, qui minus amplam esse censent Virginis auctoritatem. Titulos *Dominæ, Reginæ, Imperatricis*, et affines alios jure meritoque tribui Virgini animose aiunt contenduntque, et Protestantes vehementer redarguunt, qui his titulis Virginem honestare recusant. At non propterea se compelli aiunt, ut affirment omnes

divinæ omnipotentiæ thesauros in Virginis manu [si rigorose loquimur] esse positos, aut nihil nobis Deum impertire, quod per Virginem non impertiat. Plurimum apud cœlestem Patrem, plurimum apud Unigenitum ejusdem cœlestis Patris, eumdemque Unigenitum suum potest illa, prece scilicet, et meritorum suorum sublimium sane et præstantissimorum objectu; item fere ut Mater Regis, Regi Filio acceptissima, eamque ob causam throno ipsa quoque dignata, plurimum apud eum potest. Sed non propterea vel aliis adimit spem, ut ipsi per se obsecrantes impetrent, aut vetat, ne alius quispiam tametsi *amicus Regis regum*, et de eo præclare meritus aliquid suis clientibus petat obtineatque. Si copiosius argumentum hoc pertractatum cupis, Bernardinum consule in loco, quem in margine allego (53).

19. Quod pertinet ad dignitatem *Reginæ*, Mariæ tributam, id ego quoque libentissime et statim tribuo, eamque *Reginam* appello, præeuntibus sanctis Patribus et reliquis magistris nostris, adeoque ipsa Ecclesia. Tribus porro de causis Mariam appellari *Reginam* arbitror. Harum prima est sublimis ac maxima illius dignitas, quæ, ut monitis sancti Thomæ utar, habet quamdam *infinitatem*: potest autem eam ob rem *Domina ac Regina* dici. Nonne David, antequam regnum assequeretur, *rex terræ* (54) appellatus est, propterea quia filiæ regis connubio junctus, et virtutibus ac meritis suis, præsertim ob occisum Goliam, salvatumque ea ratione Israelem, regi, dum invidiæ spiritum adversus eum non conceperat, acceptissimus, summo in honore habebatur?

20. *Reginæ* et *Dominæ* titulus propterea etiam Mariæ convenit, quia plurimum meritis et precibus suis apud Deum Patrem et Filium potest; eamque ob causam preces Virginis *omnipotentes* a nonnullis theologis sunt appellatæ, hyperbole scilicet summam illarum efficaciam, et Mariæ potestatem indicante.

21. Tertia etiam adest nobis causa, ob quam Maria *Domina* ac *Regina* appellatur; quia scilicet creaturis omnibus prælata est, et Deo tantum inferior est. Bernardus hoc de argumento copiose disserit in iis sermonibus, quibus Virginis Assumptionem celebrat. Eos consule. Ecclesia ipsa Virgini his vocibus gratulatur : *Ecce exaltata es super choros angelorum ad cœlestia regna.* Alibi vero fideles ad celebrandam Virginis Nativitatem invitat ad hunc modum : *Nativitatem hodiernam perpetuæ Virginis Dei Genitricis celebremus, qua celsitudo throni processit.* Copiosissime id exsequitur Bernardinus, quem, rogo, consulas (55). Augustæ titulum

---

(49) Orat. 52 pag. 592.

(50) *In Laudibus Virginis.*

(51) In prologo *Meditationum Virginis*, in quo hæc ait : « Beatissima Virgo Maria sicut est omnium Regina, sic et omnium patrona et advocata. »

(52) In part. III, disput. 100, cap. 2, num. 8.

(53) Serm. 2, *De nomine Virginis Mariæ*, art. 1, pag. 79 tom. V ed. Venetæ an. 1745.

(54) 1 Reg. xxi, 11 : *Nunquid non iste est David rex terræ?*

(55) *Loc. cit.* art. 2 et 3.

non immerito assecutam Helenam Constantini Magni matrem, haud dissimilibus titulis ab eodem Constantino assecutam novimus.

22. Sed tametsi hæc libentissime tribuimus Virgini, non propterea eam amplissimam potestatem auctoritatemque tribuimus, quàm illi theologi tribuunt, a quibus discedimus. *Sedilia in circuitu divinæ sedis, et coronas aureas* tribuit Joannes apostolus viginti quatuor senioribus (*Apoc.* iv, 10) *Dominos* vocant *sanctos* Paulinus Nolanus aliique, quos alibi excitavi (56). Servitutem et famulatum appellant Augustinus (57) et Victricius (58) obsequium delatum sanctis. An propterea in illorum manibus omnia posuit Deus; aut sine illorum suffragatione et interventu nil assequimur? Ii, qui regiam Virginis dignitatem adhuc ultra evehunt exaltantque, hyperbole utuntur, quam ego quidem minime reprehendo. Sed quis me cogit, ut *rigorose* ea dicta sumam? Si quis alia desiderat, eum Theophili Raynaudi locum adeat, quem in margine allego (59).

CAPUT III.

Proferimus argumenta , quibus Andreas Rivetus Reginæ, Dominæ, *et* Imperatricis, *aliisque affinibus honestari Deiparam vetat.*

1. Hæc si admiseris, statim evitas aculeos et amarulenta scommata, quibus Andreas Rivetus Catholicos, seu, ut usitatissimo Protestantibus et nobis minime injurioso vocabulo utar, *Pontificios* distringit, propterea, quia *Reginam* et *Dominam* Mariam appellant : « Si quis in terris [inquit Rivetus (60)] ad regiam dignitatem evectus est, hæc est voluntas Dei qui eum constituit, ut ab iis, qui ejus imperio subjecti sunt-(61), præstitutum ejus observetur, sed pro ratione juramenti Dei. Ne quis festinet recedere a facie ejus, neque permanere in opere malo, quia omne quod voluerit, faciet ; et sermo ejus potestate plenus est : nec dicere ei quisquam potest : Cur ita facis? » Supremam itaque, et, ut ita loquamur, cuncta ex arbitratu disponentem Mariam efficimus, cum Reginam efficimus. An non porro id Deo et Christo injuriosum est maxime, quasi Christus non is esset, cui soli dedit Deus Pater *omnem potestatem in cœlo et in terra* (62)? Et non impius declaratus fuisset a Juda apostolo, qui solum *Do-*

minatorem, et Dominum Jesum Christum negat (63). An porro solum Dominatorem, et Dominum Jesum Christum affirmat: an omnem potestatem *in cœlo et in terra* illi collatam enuntiat, qui hæc tradit? (64) « Tantam enim auctoritatem habet [Maria] in cœlesti palatio, quod omnibus aliis sanctis intermediis omissis, ad ipsam licet ab omni gravamine appellare, tanquam ad Dominam et Augustam, sive quis gravetur a corpore proprio, sive a diabolo, sive *etiam ab ipso Deo.* Licet ipsam appellare, si quis a justitia Dei sentit se gravari. Hoc significatum est Esther, cum rex Assuerus cum Judæis esset iratus. Regina Esther ad eum placandum accessit, cui rex dixit : *Etiamsi dimidiam vartem regni mei petieris, dabo tibi.* (*Esther* v. 3.) Ita ergo Virgo Maria, cum qua regnum suum divisit. Cum enim Deús habeat justitiam et misericordiam, justitiam sibi retinuit, et Matri misericordiam concessit: et ideo, si quis sentit se gravari a foro justitiæ, appellet ad thronum misericordiæ Matris Dei. Si quis gravatur a throno justitiæ, appellet ad thronum misericordiæ (65) Dominæ et Augustæ. » Hæc ille. Quæ totidem fere verbis repetuntur a Bernardino de Bustis (66).

2. Item a Gabriele Biel (67) : « Confugimus, inquit, primo ad B. Virginem cœlorum Reginam, cui Rex regum, Pater cœlestis *dimidium regni sui dedit.* Quod significatum est in Esther, etc. Sic Pater cœlestis cum habeat justitiam et misericordiam, tanquam potiora regni sui bona, justitia sibi retenta, misericordiam Matri Virgini concessit. » Sic Gerson (68): « Principatum habet dimidii regni Dei [si sic dici potest] sub typo Esther et Assueri. Regnum quippe Dei consistit in potestate et misericordia... potestate... regno cessit quodammodo : misericordiæ pars Christi Matri, sponsæque regnanti. Hinc ab Ecclesia tota Regina misericordiæ salutatur. »

3. Antea etiam hæc Rivetus scripserat (69) : « Quod olim adulator poeta de Cæsare Octavio dixit :

Divisum imperium cum Jove Cæsar habet :

id de beata Virgine dicunt Mariolatræ. Viegas (70) totidem verbis : *B. Virginem habere divisum cum Deo imperium; idcirco Ecclesiam appellare eam*

---

(56) *De cultu SS.* iv, 17.

(57) *Enar. in Psal.* lxiii, num. 1.

(58) Serm. *De laude sanctor.*, quem sermonem in lucem protulit abbas Lebeuf tom. II collect., num. 2, pag. 19.

(59) *Diptyc. Marian.* part. ii, punct. 10, num. 24.

(60) Cap. 2, lib. ii *Apolog. pro Maria sanctiss.*, pag. 672, tom. III Oper. theolog.

(61) Eccl. viii, 1. In Vulgata, vers. 2 et seqq. ad hunc modum legimus: *Ego os regis observo, et præcepta juramenti Dei. Ne festines recedere a facie ejus, neque permaneas in opere malo: quia omne quod voluerit, faciet ; et sermo illius potestate plenus est; nec dicere ei quispiam potest : Quare ita facis?*

(62) Matth. xxviii, 18: *Et accedens Jesus locutus est eis dicens: Data est mihi omnis votestas in cœlo*

et in terra.

(63) Judas in Epist. vers. 4: *Impii... solum Dominatorem, et Dominum Jesum Christum negantes.*

(64) Rivetus pag. 673, tom. III, hæc ex serm. 18 Jacobi a Voragine adducit, notatque folium 10 et 11.

(65) Sic legendum puto ; cæterum Rivetus legit *justitiæ.*

(66) *Marialis,* serm. 3, *De nom. Mariæ,* ubi agit de quarta excellentia.

(67) In *Can. Missæ*, lect. 80.

(68) Part. iii super *Magnificat*, tract. 4, edit. Paris. 1521, apud J. Petri fol. 425.

(69) Pag. 673, col. 2. *Ibid.*

(70) *In Apoc.* cap. xii, sect. 2, num. 39 ex Gersone.

Matrem misericordiæ. Et in hac divisione regni Dei et Christi, eam partem assignant Virgini, quæ maxime facit ad conciliandam hominum erga eam devotionem, eam solam Deo et Christo relinquentes, quæ homines a Deo et Christo potest alienare et facere, ut illius conspectum refugiant. › Hactenus Rivetus, cujus etiam sunt subsequentia (71) : « Non alio tendunt, quæ profert ex suo sancto Bernardino (72) Pelbartus de Temeswar, qui etiam inter Deum et Virginem hunc instituit parallelum, quod sicut hæc propositio est vera : *Divino imperio omnia famulantur, et Virgo ; ita hæc etiam est vera : Imperio Virginis omnia famulantur, et Deus,* concludítque : *Vere ergo maximum dominium beatæ Virginis, quod non solum creaturis, verum etiam* ipsi deo, *velut Mater Filio principatur.* Item : *Prædicamus eam Dominam angelorum et omnium creaturarum, Reginam cœlorum, Imperatricem sæculorum, Matrem cunctorum, Monarcham universorum.* Annon etiam Deum ? Quidni ? sic enim Christus ad illam loquens inducitur a Guerrico (73) : *Communicasti mihi quod homo sum, communicabo tibi, quod Deus sum.*

4. « Costerus etiam post alios eam evehit in thronum unici nostri Mediatoris : *Data est,* [inquit] (Medit. xxxviii), *potestas in cœlo et in terra, ut sit Regina cœlorum, Domina angelorum, Patrona humani generis, Moderatrix orbis universi. Hujus autem tam novæ* [et vere novæ] *dignitatis insignia simul ei sunt addita. Nam Deus Pater, cujus virtute obumbrata, et confirmata contrivit caput serpentis, lunam illi posuit sub pedibus, hoc est universam creaturam, quæ vel Christi gratia illustratur, vel potentia majestateque, ne in nihilum abeat, conservatur. Omnis quippe creatura particeps est luminis divini, vel hoc ipso quod exsistit.* Accepit ergo Virgo admirabilem in omnes creaturas potestatem et auctoritatem, *ut ad Mariæ nomen contremiscant principes tenebrarum et exsultent animi justorum. Filius porro, quem ipsa carne vestierat, novemque mensibus utero suo continuerat, vicissim Matrem sole vestivit, admirabilique privilegio eam sibi arcte conjunxit.....* Ferdinandus de Salazar, Hispanus, quamvis negare non ausus sit, caput viii Proverbiorum Salomonis de æterna Dei sapientia increata esse intelligendum, ex quo etiam veteres solide argumentati sunt adversus Arianos pro deitate Domini nostri Jesu Christi : totum tamen ita detorquet ad Virginem,

ut quantum in ipso est, infringat vim eorum argumentorum, quæ inde sunt deducta pro æterna Filii Dei generatione et omnipotentia ; si enim omnia de Virgine Maria possunt intelligi, quæ tantum creatura est, vicerunt Ariani..... (74). Salazar tamen omnia etiam apertissime de increata Sapientia enuntiata ad Virginem trahit, ita ut inde argumenta desumat ad sua paradoxa confirmanda. Sic quæ ibi dicit Sapientia (Prov. viii, 15, 16) : *Per me reges regnant, et legum conditores justa decernunt : per me principes imperant, et potentes decernunt justitiam,* detorquet ad fictitium illud regnum quod beatæ Virgini vindicare conatur, et fuse ibi agit de titulo *Reginæ* Mariæ dato, et ejusdem jure regio. › His positis latriæ honore Papistæ Mariam afficiant oportet ; id enim ex superioribus consequitur. Sed præstat ipsismet Riveti verbis uti (75) : « Quod beatam Virginem spectat, quæ communiter a Papistis *Domina nostra* appellatur, et quam *cœli Reginam* indigitarunt, si hoc verum esset, ei certe deberetur servitus, non quæ *dominis secundum carnem,* sed multo major, non solum, quam *hyperduliam* novatores scholastici appellarunt, sine ullo antiquitatis exemplo (76), sed etiam ipsa λατρεία, et θεοσέβεια ; quandoquidem volunt, *Mariam spirituale regnum in omnes simul angelos atque homines, et in totam eorum universitatem in his, quæ spectant ad gratiam et gratiæ dona,* eam (77) *non solum in homines, et angelos, ac dæmones, jus, id est , potestatem jurisdictionis habere, sed etiam jus dominii, ratione cujus* vere et proprie *servi illi mancipati, vel mancipia sub ejus ditione constituta appellari debent. Nam cum illud de Filio fatendum sit, de Matre sane haud possumus inficiari. Omnes alias etiam irrationabiles creaturas, sub tantæ Reginæ dominio esse, nihilque ulli esse tam proprium, cujus Virgo quasi anticipatum dominium non habeat : non enim aliud de matre, quam de filio ejus Jesu Christo Domino judicium ferendum est.* Hæc si vera sint, quid obstat quominus vera et proprie dicta λατρεία colatur ? Nam si hæc sit latria, ut eam definit Martinus Peresius, episcopus Guidixiensium (78), *quæ debetur cum hac recognitione et existimatione universalis potestatis, providentiæ et dominii,* certe iis, qui hæc omnia Mariæ tribuunt, nullus scrupulus reliquus esse debet, quin eam divinis omnibus honoribus prosequantur, et ei sacrificia offerant (79). › Derivantur hæc, si Riveto credi-

(71) Pag. 677, col. 1, tom. III Oper. theolog.

(72) *Stellar. coron.* lib. xii, part. ii, cap. 6 et 7.

(73) Citatur a Mendoza, *Virid.* lib. ii, problem. 2. Fuit abbas Igniacensis. Vixit anno 1300 ; locus habetur serm. 2 *De Assumpt. Mariæ.*

(74) Notat etiam Rivetus Emmanuelem Sa, Theodorum Peltanum omnia in eo capite exposita ad solum Christum retulisse ; tradidisse etiam Bellarminum [tom. I *De Christo,* lib. i, cap. 8] ea « non posse intelligi de sapientia creata, quia nihil creatum est ab æterno. »

(75) Cap. 8, lib. ii *Apol ,* pag. 694 tomi III Oper. theol. col. 2.

(76) Salazar, *in Prov.* xxxi, num. 202.

(77) Idem, num. 140.

(78) Part. iii *De tradit. de cultu sanctor.* pag. 180.

(79) Rivetus, ut ostendat Pontificios Mariæ sacrificia offerre, hæc ex serm. 1 Jacobi de Voragine affert : « Illud, quod vanæ mulieres dixerunt de luna, nos exponamus de ista Regina. Jerem. xliv 19 : *Sacrificavimus reginæ cœli, et libavimus ei libamina, et fecimus ei placentas, et tunc saturati sumus panibus.....* Debemus quidem Reginæ nostræ sacrificare corpora nostra per mortificationem, et libare ei corda liquida per quamdam lacrymosam compassionem : et offerre sibi placentas, hoc est,

mus, ex amplissima potestate quam Mariæ tribuimus, dum illam Dominam ac Reginam universalem facimus, derivantur ex amplissima atque universali gratiarum largitate, et *privativa distributione* Mariæ concessa (80). En quid Jacobus a Voragine (serm. 18) nos docet : ‹ Thronus misericordiæ est Virgo Maria. Thronus Dei est Mater Dei, in quo ipse novem mensibus sedit, et est thronus gratiæ et misericordiæ, quia omnes gratias et misericordias sibi fiendas commisit. ›

5. Cave vero putes, id solum Jacobum a Voragine tradere (81) : ‹ Mari comparatur Maria, in quod omnia flumina intrent : *Dum omnia charismata intrant in eam, flumen gratiæ angelorum, flumen gratiæ patriarcharum et prophetarum, flumen gratiæ apostolorum, martyrum, confessorum, virginum, doctorum, id est omnia omnium gratiarum genera intrant in Mariam. Quid mirum, si omnis gratia in Mariam confluxit, per quam tanta gratia ad nos defluxit?* Hæc in suo *Speculo* speculatus est Bonaventura (cap. 5). Placuit eadem speculatio Bernardino de Bustis (82), qui Mariæ adaptat illud Ecclesiastis : *Sicut flumina intrant per mare, et exeunt ab ipso, ita omnes gratiæ divinæ intrant in beatam Virginem.* Oportet ergo etiam ab ea oriri, quemadmodum in eam redeunt. Unde concludit Salazar (83) : *Imperitissimorum hominum esse cum noverimus* OMNEM *gratiæ et auxilii defluxum, media Virgine, ceu luna ad nos deportari, aliquid vel suscipere, vel aggredi, nisi prius illam, et ipsius decreta observaverimus, eamdemque nobis propitiam obsequio aliquo nobis præstiterimus.* Addit (n. 193) totius negotii fundamentum, quod si verum sit, confecta res est : *Si quæras,* inquit, *quænam sit germana et proxima causa tantæ potestatis, qua Virginem pollere hactenus ostendimus, respondeo breviter, hujus rei immediatam et integram causam esse totius Trinitatis decretum absolutum, quo Pater filiæ, Spiritus sanctus sponsæ, et Filius parenti suæ plurimum tribuere volentes, sese quodammodo* OBSTRINXERUNT, *ut nihil unquam gratiæ et auxilii ab ipsis in homines proficisceretur quod Virginis oratio non impetraret.*

6. ‹ Sunt et ejusdem Salazar subsequentia (84) : *Accipe, quæ novus, sed locuples auctor de hac Virginis in temporalibus bonis erogandis aut expendendis potestate, meditatus est. Solent quidam generosi, et uxorum amantes, eisdemque plurimum fidentes, pecuniæ claves, et tutelam eis committere,*

et quidquid *domesticarum expensarum est, eis tradere : ipsi vero aliis gravioribus muneribus vacant. Ergo ad eumdem modum Deus Optimus Maximus sanctissimæ sponsæ suæ Mariæ tantumdem tribuit, ac fidit, ut ipsi temporalium bonorum tutelam, et claves dederit : adeo ut quidquid horum bonorum in hac magni mundi domo expenditur, id per Mariæ manus recensitum transeat, et illius arbitrio distribuatur.*

7. ‹ Quid de spiritualibus bonis? Etiam (n. 164). *certius est cuncta in Virginis potestate, et arbitrio esse.* Sic Cornelius de Snekis (85) : *Est divinarum gratiarum thesauraria, eo quod nihil nos Dominus habere voluit, quod per ejus manus non transiret.* (86) *Christus in ea totius boni plenitudinem posuit, qui et omne, quod nobis ad salutem necessarium viderit, per ejus manus transire statuit.* Eadem habet Pelbartus (87) : *A tempore, quo Virgo concepit Dei Verbum, [ut sic dicam] jurisdictionem et auctoritatem obtinuit in omni processione temporali Spiritus sancti ; ita quod nulla creatura aliquam gratiam, vel virtutem Spiritus sancti obtinuit, nisi secundum ipsius Matris dispensationem. Non timeo dicere, quod in omnium gratiarum effluxu, hæc Virgo quamdam jurisdictionem habuerit : de cujus utero virgineo, quasi de quodam divinitatis Oceano, rivi et flumina emanant omnium gratiarum.* Item : *Ex quo patet, quod omnis gratiæ fons in Maria est, ut ad ipsam recurramus in omni salute habenda : et spe, ac virtute, gratia, et veritate : vita et æterna gloria consequenda : quod ipsa est dispensatrix omnis gratiæ.*

8. ‹ Denique : *Eo ipso, quod Mater fontis gratiæ, id est Christi Filii Dei, exstitit, omnium bonorum et omnis gratiæ mater est effecta, eo quod fons gratiæ Christus ex ipsa et per ipsam in hunc mundum exivit, et venit. Ideo ipsa Virgo gloriosa tantam habet jurisdictionem et auctoritatem participatam a Filio, in defluxu et dispensatione gratiæ Spiritus sancti, quod omnia dona, omnes virtutes et gratiæ, et omnia bona, quibus vult, quando vult, quomodo vult et quantum vult, per manus ipsius administrentur.*

9. ‹ Sic Bernardinus de Bustis (88) : *In tantum eam Deus dilexit, ut nihil nos habere voluerit, quod per manus ejus non transiret. Ipsa autem non est avara, sed liberalis et larga. Deus fecit ipsam cellariam suam ; habet enim Deus cellam vinariam, id est Spiritus sancti abundantiam, in quam introduxit*

---

conscientias mundas, et tunc ab ipsa saturabimur pane, id est æterna refectione, nec videbimus malum pœnæ æternæ, quia acquirimus bonum gratiæ et gloriæ. › Addit Rivetus Pontificios in Missis in honorem Virginis celebrandis formare crustula ex similà, et in iis Virginis figuram exprimere, quæ postea adorant et comedunt. — Adjicit et hæc : Alexis de Salo (in Methodo sua admirabili) etiam sacrificium Virgini offert, illudque præcipuum. Sic enim ille, pag. 120, edit. Rothomagensis : ‹ Quod per eam habemus Deum ipsum fratrem, et Redemptorem nobis, arctissima est obligatio, ut nos omnes, et universi sacrificemus nosmetipsos

corpore et anima ad honorem cultus ejus. › Affinia affert, pag. 695 et 696.

(80) Rivetus, pag. 674, col. 1.
(81) Rivetus, pag. 685.
(82) *Marial.* part. III, *De nomine Mariæ,* serm. 2.
(85) *In Proverb.* cap. IX, num. 192.
(84) *In Proverb.* cap. VIII, vers. 18, num. 163.
(85) *Rosar.* serm. 4.
(86) Idem in Prologo.
(87) *Stell.* lib. II, part. II, cap. 8.
(88) *Marial.* part. III, *De nom. Mar.,* serm. 1, part. II.

B. Virginem, et fecit eam suam dispensatricem. De ista.autem cella propinat hæc sancta ministra vinum dulcissimum iis, qui sunt in via ad aliqualem satietatem, illis vero, qui sunt in patria, ad plenam ebrietatem.

10. , Salazaro etiam *pendenti* (89), quot quantasque delicias et emolumenta nobilis fluvius ingenti urbi afferre soleat, hæc omnia Virginem asportare Ecclesiæ, sic ostendit : *Per flumen fit mercium comparatio, per Mariam omnia dona e cœlo ad Ecclesiam deportantur. Ex flumine rivi deducuntur ad irrigandos omnes late campos : ex Mariæ plenitudine ducuntur etiam gratiarum rivi ad omnes Eccles·æ status fecundandos, ut de plenitudine ejus accipiant universi. Flumen dulces et salubres aquas præbet, et cum ipsis aquis mores infundit, ut docet Aristoteles. Maria non solum Filio, qui* DE TORRENTE IN VIA BIBIT, *sed etiam omnibus hominibus dulcissimas et saluberrimas suarum virtutum et exemplorum aquas exhibet, et cum his mores animis infundit.* Item (n. 362) : *Fideles quandiu agunt in mundo, utero suo bajulat Virgo, qui nihil boni spiritus, seu inspirationis hauriunt, quod non illis inspiret Maria, liceat sic dicere :* OMNES MARIÆ SPIRITU VIVUNT.

11. (Item (n. 505) : *Virgo Maria Deo libranti fontes aquarum, id est per suos ductus dirigenti, in promptu fuisse dicitur; quia in rudi illa fontium materia* DISCEBAT, *quomodo per Mariam tanquam per aquæductum* OMNEM GRATIÆ INFLUXUM *ad homines derivaturus erat.* Et paulo post : *Dicemus Deum in rudi illa materia prælusisse, ut nosset quomodo ex Maria, quæ omnium gratiarum amplissimum quoddam pelagus exsistit, ductas gratias ad aliorum sanctorum animas per suas venas derivare illum oporteret, ut fierent in singulis fontes aquæ vivæ, et in æternam vitam salientis. Hæc ille, qui* DEUM DISCENTEM *introducit, et præludentem, ut noscat, quod fieri oporteat.*)

12. Hactenus Rivetus, qui alia multa etiam adjicit, in quorum numero illud eminet, quod cap. 3, lib. II *Apolog.* pro *Virgin. Maria* (p. 667) urget, Catholicos Romanos, ut Mariæ dignitatem prædicent extollantque, Virgini Mariæ tribuere quod Ecclesiæ in sua Apocalypsi Joannes tribuit, dum eam describit (XII, 1, 2) amictam sole et luna, et in capite ejus *coronam* ponit *stellarum* duodecim. Hæc vero urget, ut ostendat nimio plus Mariæ dignitatem a Pontificiis extolli, qui ut Mariam *Reginam* et *Dominam* esse ostendant, regnum et dominationem illi tribuunt, quod ferri omnino non potest, nisi velis Christum e throno dejicere, ut in illius throno colloces Virginem, aut saltem prorsus illam Christo æques, nam in eodem throno collocant Christum et Virginem : aut certe in duobus prorsus

æqualibus; illud adjicientes : *Quo me vertam, nescio.*

CAPUT IV.

Iis occurrimus, quæ superiori capite allata sunt.

1. At non continuo eos demimus Mariæ titulos, quos cap. 2 Mariæ tribuimus. Recole ea, quæ in eo capite tradidi, nosque id jure meritoque agere fateberis. Quid, quod Rivetus Bernardum laudat (90), quod objicientibus *valde honorandam esse Matrem Domini,* ad hunc modum respondit (91) : (Bene admones, sed honor Reginæ judicium diligit. Virgo regia falso non eget honore, veris cumulata honorum titulis, infulis dignitatum?) Agnovit itaque Bernardus Reginæ, et regiæ Virginis titulis honestari Deiparam posse ab eo etiam, qui *falsos honores* illi non tribuit; eosque quos diximus titulos, iis accenseri *veris honorum titulis, et infulis dignitatum, quibus cumulata ea est.* Atque id, ut equidem puto, fateri non renuet, qui ad ea animum advertet, quæ cap. 2 tradidimus : quæque commode cum iis ipsis monitis convenire possunt, quæ statuit Rivetus. Scilicet nec *creaturam Deiparam* esse negamus Virginem, ideoque vetamus, ne quis eam Deam appellet, etiamsi improprie id diceret : non quo ignoremus, dixisse Deum ipsum (*Exod.* VII, 1) : *Constitui te deum Pharaonis;* dixisse quoque Jesum Christum respicientem scilicet ad Psalmum LXXXI, 6 : *Nonne dixi : Dii estis vos* (*Joan.* x, 34); et latiori etiam sensu Augustinum (92) : (Terram diligis, terra eris... Deum diligis, quid dicam? Deus eris :) sed quod caveamus maxime ab errore Collyridianorum; neve ansam demus Romanæ Ecclesiæ hostibus carpendi nos, quod creaturam Deo parem faciamus : negamus quoque transtulisse Deum jus dominii, quod habet ille in creaturas, transtulisse, inquam, in Virginem; negamus Deum et Christum regnantem in cœlis subjici Virgini, negamus divisisse Deum et Christum imperium, quod habet exercetque in creaturas, se inter et Virginem. Negamus nos esse *mancipia* Virginis, aliaque hujus generis, quæ Rivetus, et Riveti affines catholicæ Romanæ Ecclesiæ confessionem profitentibus exprobrant, repetimusque ea significatione a nobis dici Virginem, Reginam et Dominam, quæ explicata est cap. 2.

2. At cur, inquis, permittit Romana Ecclesia eos edi libros, in quibus ea traduntur quæ Rivetus aliique reprehendunt? Ideo permittit, quia scriptores ipsi suas opiniones, et dicta audaciora lenire student, et emollire. Hoc modo Gerson nobis objectus (93) : (Principatum habet dimidii regni Dei

(89) *In Prov.* VIII, num. 152.
(90) Cap. 6, lib. II *Apolog.,* pag. 688. col. 2 : (Idem accidit antea Bernardo, viro alioquin meliori sæculo digno, quod Bonaventuræ.) Noverat ille respondere objicienti valde *honorandam,* etc.

(91) Epist. 174, *Ad canon. Lugdun.*
(92) Tract. II, in cap. 2 Epistolæ S. Joan. ad Parthos.
(93) Part. III, super *Magnificat,* tract. 4.

(si dici sic potest.) » Pelbartus : « Ut sic dicam. » Idiota : « Quodammodo ausim, etc. » Quibus verbis emolliunt , quæ paulo liberius aiunt. Permittere aliquando videtur , quando revera non permittit, quandoquidem interdum judicio illius non subduntur hi libri. Cum vero dijudicandi deferuntur Ecclesiæ, eos vehementer redarguit condemnatque. In tribuendis Virgini laudibus , quas illa rejicit , visus est eminuisse Poza , quem deinceps secuti nonnulli sunt , tametsi nonnihil lenire studuerint incauta Pozæ dicta. En vero quam reprehensionem in Indice Romano subierint Pozæ libri (p. 216) : « Poza Joannes Baptista : Elucidarium Deiparæ. (Decr. 11 April. 1628.) Item Tractatus, Apologiæ, informationes, Libelli supplices, vel quovis alio nomine expressi pro defensione Elucidarii Deiparæ, sive doctrinæ præfati Joan. Baptistæ Pozæ tam editi , quam manuscripti , et cætera ejusdem opera omnia. » (Decret. 9 Septem. 1632.) Nonnulla queque Conceptionis Officia vetita in eodem indice invenies (94), aliaque a probis quidem plerumque viris edita, sed non eo prudentiæ salo condita, quo , sacros præsertim libros, condiri Ecclesia præcipit. Plura quoque in laudem Virginis effusissima exstant in iis laminis, quas Granatenses appellant. En tamen quid de eis Romana Ecclesia judicet (95) : « De laminis plumbeis Arabico sermone, et antiquis characteribus conscriptis, ac in cavernis montis Illipulitani , dicti sacri , prope Granatam repertis , et de scripturis in Turri Torpiana ejusdem civitatis inventis libri omnes, Tractatus , Responsa, Consulta , Commentarii , Glossæ , Additamenta , Annotationes, et quæcunque alia, sive manuscripta, sive typis impressa. Alii vero libri, sive tractatus, qui ad alia argumenta spectant, obiter vero de his laminis, vel de earum doctrina tractant, permittuntur, expunctis locis, quæ de his laminis agunt. »

3. Paragrapho etiam 3 (96) : « Imagines , numismata insculpta pro confraternitatibus mancipiorum Matris Dei, Italice Schiavi della Madre di Dio, sodales catenatos exprimentia. Item libelli , in quibus eisdem confraternitatibus regulæ præscribuntur. Confraternitates autem , quæ catenulas distribuunt confratribus et sororibus, brachiis et collo circumponendas atque gestandas , ut eo signo beatissimæ Virgini emancipatos se esse profiteantur, et quarum institutum in eo mancipatu præcipue versatur, damnantur et exstinguuntur. Societatibus vero , quæ ritum aliquem, aut quodcunque aliud ad mancipatum ejusmodi pertinens, adhibent, præcipitur ut id statim rejiciant. » Alibi etiam hæc occurrunt (p. 6): Allegrezze [sette] della Madonna, quarum initium : Ave, Maria, Vergine gloriosa : più ch' altre , etc. (p. 12). — Apologie des dévots de la S. Vierge, ou les Sentiments de Théotime sur le libelle intitulé : Les avis salutaires de la bienheureuse

Vierge à ses dévots indiscrets, etc. (p. 16.) — Athanasius Michael Angelus, Sanctissimæ Deiparæ laudes centum et quinquaginta Psalmorum prima verba exponentes David (p. 25). — La Benedizione della Madonna in ottava rima : cujus initium : A te colle mani giunte (p. 35). — Brigante Vittorio novelli fiori della Vergine Maria di Loreto, e santa casa sua. — Catena preziosa de' schiavi della santissima, ed immacolata Regina del cielo, Madre di Dio (p. 62). — Compendio della confederazion Mariana eretta sotto la protezione della beata Vergine Maria nella chiesa parrocchiale di S. Pietro della città elettorale di Munaco p. 64). — Il Confitemini della beata Vergine (p. 67). — Corona di dodici stelle da porsi in capo alla grande Imperatrice del cielo , divozione da praticarsi da' divoti di Maria in onore della Concezione della beata Vergine immacolata ; con l' aggiunta d' una novena da premettersi alla sua festa. — Corona d' oro a Maria Vergine contenente i dodici privilegi , che gode in cielo, etc. — Alios si addidero, inutilem operam videbor insumere : indubitatum est enim alios sane non paucos fuisse in eodem indice positos, quibus plus æquo Mariæ dignitas extollitur, illique immodicæ, et ab ipsa rejectæ laudes tribuuntur. Noscimus enim nos quoque quod Bernardus jamdudum docuit : « Honorem Reginæ judicium diligere ; et Virginem regiam falso non egere honore, veris cumulatam honorum titulis. » Annon etiam Theophilus Raynaudus in ipso libri titulo, quem Diptycha Mariana, appellavit, « inanes B. Mariæ Virginis prærogativas, plerisque novis scriptionibus vulgatas, a probatis et veris apud Patres theologosque receptis, solide et accurate » se secrevisse affirmat ? Solide et accurate secernuntur, Vide, obsecro, quæ tradit ille pag. 2 hujus, quem dixi, libri, scilicet : Diptycha Mariana (scopus noster in tractatione de Deipara , furfurum et farinæ probatæ secretio.) Vide pariter caput subsequens, quod inscribit : Quam multi de Virgine scripserint , nec pauci inepte et inconsulto. Vide denique, si libuerit, quæ toto fere hoc libro vir doctissimus scribit.

4. Immerito itaque Rivetus et Riveti similes nobis exprobrant immodicas laudes, quas nonnulli ex Romanæ Ecclesiæ doctoribus dedere Virgini : neque enim encomia, quæ nimio plus extollunt Virginem, aut aliquid detrahunt divinæ majestati auctoritatique, nos approbamus, atque adeo non approbant ii Pontificii theologi, quos Rivetus ipse allegat, Cajetanus , Bellarminus , Toletus, aliique multo doctiores Pelbarto, Cornelio de Snekis, Bernardino de Bustis, et similibus horum, quorum auctoritas non eo apud nos habetur in pretio, quo haberi Protestantes aiunt. Et his quidem rejiciuntur, diluunturque ea fere omnia, quæ Rivetus copiosissime et vehementissime adversus nos urget. Quod autem adjicit de latria a nobis Mariæ adhibita,

---

(94) Vide pag. 23 Indicis edit. an. 1758. (In octavo.) Etiam Bayardus Octavius, etc.
(95) Pag. 55 Decret., num. 10.

(96) Pag. 36 : Imagines et indulgentiæ prohibitæ, n. 3 et 4.

deque sacrificiis illi oblatis, hic merito omittimus, propterea quia satis dissoluta sint ista in tractatu dudum a n.e edito *De cultu sanctorum* (97), nec deinceps ea omittentur, cum *De Missis* in Mariæ honorem celebratis sermonem habebimus. Tantum adjicio minime evinci nos Virgini sacrificare, propterea quia in *hostiis*, seu, ut Riveti phrase utar, in crustulis ex simila confectis, et in missa oblatis Mariæ Virginis effigies imprimatur. Quanquam enim id mihi prorsus ignotum est, neque ullas viderim hostias, in quibus Virginis effigies impressæ sint, sed Jesu Christi e cruce pendentis imagines tantummodo impressas viderim, eæ imagines [si quæ Virginis impressæ aliquando fuerunt], latriam a nobis minime obtinent, cum ea tantummo.'o Deo et Christo in hostia consecrata existenti deferamus. Ii porro doctores, qui docent debere nos *sacrificare* in honorem Virginis, nos Virgini totos *offerre*, liberioribus locutionibus utuntur, ut doceant debere nos studium ac curam non levem impendere, ut Mariam honoremus, illiusque laudes, virtutes ac merita prædicemus. Si quid audacius intendunt, redarguendi ii sunt, et ab eorum monitis recedendum. Non tamen ab iis scriptoribus recedimus, qui copiosissimis gratiæ donis locupletatam Mariam aiunt. Recole dicta cap. 1, dissert. 1, nec eorum monita reprehendimus (quod facit Rivetus), qui Mariam beneficentissimam esse asseverant.

CAPUT V.

Ea Patrum loca producimus, quibus ostendi aiunt, quæcunque a Deo recipimus, per Mariam a nobis recipi, eaque explicamus illustramusque.

1. At, ut ad eos Catholicos revertar, qui cuncta beneficia per Mariam veluti Dei thesaurariam, ad nos deduci putant, sibi minime satisfactum fuisse aiunt iis solutionibus, quæ cap. 2 propositæ sunt. Validiora, si iis credimus, adhuc habent, quæ eludi [eorum quidem judicio] omnino non possunt. Sunt vero ea Patrum loca, in quibus expressissime edocemur, quidquid a nobis recipitur boni, per Mariam [suis scilicet precibus, et suffragatione adjuvantem] recipi. Ad duo capita, si tu vis, ea revocantur : quædam scilicet Patrum loca sunt, quibus traditur nihil a Deo recipi, quod sine Mariæ ope et adjumento non recipiatur ; alia vero sunt, in quibus adhuc expressius traditur quæcunque a Deo recipimus, per Mariam a nobis recipi. En primi generis argumenta.

2. Hæc a sancto Petro Chrysologo, de mirabili Lazari suscitatione loquente assequimur (98) :

‹ Ubi Martha confessa est Christo... mittitur ad Mariam, quia sine Maria nec fugari mors poterat, nec vita poterat reparari. Veniat Maria, veniat materni nominis bajula, ut videat homo, Christum virginalis uteri habitasse secretum, quatenus prodeant ab inferis mortui, exeant de sepulcris. ›

3. Hæc ait ad confirmandam eamdem sententiam Germanus patriarcha Constantinopolitanus (99) : ‹ Nemo redemptus, nisi per te, Dei Mater; nemo donum per misericordiam consecutus, nisi per te, o digna, quæ Deum caperes. ›

4. Eamdem Virginis auctoritatem potestatemque reliqui Patres commendant : ‹ Facit, de Deo loquitur Petrus Damiani (1), sermonem cum angelis de restauratione eorum, de redemptione hominum, etc. Et statim de thesauro divinitatis Mariæ nomen evolvitur : et per ipsam, et in ipsa, et de ipsa, et cum ipsa totum hoc faciendum decernitur : ut sicut sine illo nihil factum, ita sine illa nihil refectum sit. ›

5. Horum Patrum persuasionem sua suffragatione confirmat Anselmus, qui Virginem sic alloquitur (2) : ‹ Te tacente, nullus orabit, nullus juvabit : te orante, omnes orabunt, omnes juvabunt. › Et rursus : ‹ Ubi est, nisi in Deo et in te, spes mea ? Ergo sine te nihil pietatis est, nihilque bonitatis, quia mater virtutis, et virtutum es omnium. ›

6. Adest et Guillelmus Parisiensis similibus precibus compellans Virginem ; his scilicet (3) : ‹ Frustra clamabimus ad ipsum [Deum] te tacente : quoniam voces nostræ nullæ erunt coram eo, vel apud ipsum, si tuæ nobis defuerint, imo si tuis adjutæ non fuerint. ›

7. Adest pariter Bernardus hæc monens (4) : ‹ Nihil nos Deus habere voluit, quod per Mariæ manus non transiret. ›

8. Nec minus perspicuus est Raymundus Jordanes, seu Jordanis, *Idiotæ* nomine olim latens : ‹ Sicut, inquit ille (5), nemo venit ad tuum Filium superbenedictum, nisi Pater traxerit eum : sic etiam quodammodo ausim dicere, quod nemo venit ad Filium tuum gloriosissimum, nisi sanctissimis tuis subsidiis traxeris eum. ›

9. Amplissimam Mariæ potestatem commendat etiam sanctus Bernardinus Senensis, vir, quod nemo ignorat, doctrina non minus quam pietate celebris, dum, ut P. Plazzæ verbis utar, ‹ non solum enuntiat, verum etiam ex instituto probat, quod nulla gratia ad nos descendit, nisi per manus B. Virginis dispensetur. › En qua ratione ille disputet (6) :

---

(97) Dissert. 1, n. 2, 3, et rursus cap. 3; etiam dissert. 4, n. 23; dissert. 6, cap. 33.
(98) Serm. 64, *De Lazaro a morte suscitato.*
(99) Serm. 2, *in Dorm. Deip.* pag. 68, col. 2, tom. XIII *Bibl. Max. PP.*
(1) Serm. *de Annuntiat. M. B. V.* num. 11, pag. 28, tom. II, in editione Veneta, Parisiens. dicta respondet, pag. 24, 25 et seqq.
(2) Orat. 45 et 46 ad S. V. M. pag. 276 et 277,

col. 2. In Veneta editione orat. 46 et 47, pag. 387 et 388, tom. I.
(3) Lib. *De rhetor. divin.* cap. 18, pag. 543, col. 1.
(4) Serm. 3, *in Vigil. Nativit. Domini*, num. 10.
(5) *Contempl. de V. M.* cap. 1.
(6) Serm. 61, cap. 8, pag. 515, tom. I; et serm. 3, *De glorioso nomine Mariæ*, art. 3, cap. 2, pag. 31, tom. III.

« Tempore, a quo Virgo Mater concepit in utero Verbum Dei, quamdam [ut ita dicam] jurisdictionem, seu auctoritatem obtinuit in omni Spiritus sancti processione temporali : ita quod nulla creatura aliquam a Deo obtinuit gratiam, vel virtutem, nisi secundum ipsius piæ Matris dispensationem. » Hic quoque, si vis, allegari commode potest sanctus Thomas, quem deinceps excitabimus.

10. Sed jam producenda sunt expressiora Patrum loca, ea scilicet, in quibus apertissime monemur, cuncta quæ a Deo recipimus beneficia, per Mariam veluti dispensatricem ac ministram recipi. Sophronius, [ut monitis P. Plazzæ obsequar (7)], D. Hieronymi familiaris, hanc Mariæ laudem tribuit : « Hæc est Virgo.... sola post Deum, quæ nos confirmet in omni veritate, suisque commendet meritis, et precibus auxilietur. » Quibus exscriptis hæc adjicit P. Plazza (8) : « Dicitur vero B. Virgo sola post Deum [cujus nomine venit etiam Christus] suis meritis nos commendare, et precibus auxiliari ; non quod cæteri sancti nos non commendent, non auxilientur ; sed quia ea ipsa, quæ per sanctorum intercessionem impetramus, nonnisi per Mariam, tanquam per communem ad supremum Mediatorem mediatricem, obtinentur. »

11. Chrysologus id approbat, dum tantam fuisse ait plenitudinem gratiæ in Maria, « ut largo imbre totam funderet, et infunderet creaturam. »

12. Nec deest Petri Damiani suffragatio ; sic enim Virginem deprecatur (9) : « In manibus tuis sunt thesauri miserationum Domini, et sola electa es, cui gratia tanta concedatur [ut scilicet illos dispenses subjicit P. Plazza]. Absit ut cesset manus tua, cum occasionem quæras salvandi miseros, et misericordiam effundendi. »

13. Meretur etiam hic excitari Bernardus ; etenim non minus clare quam luculenter, eam quam dicimus Mariæ potestatem his verbis prædicat commendatque (10) : « Altius intueamini, quanto devotionis affectu a nobis eam voluerit honorari, qui totius boni plenitudinem posuit in Maria : ut proinde, si quid spei in nobis est, si quid gratiæ, si quid salutis, ab ea noverimus redundare. » Et nonnullis interjectis : « Tolle corpus hoc solare, quod illuminat mundum, ubi dies? Tolle Mariam hanc maris Stellam, maris utique magni et spatiosi : quid nisi caligo involvens, et umbra mortis, ac densissimæ tenebræ relinquuntur? Totis ergo medullis cordium, totis præcordiorum affectibus,

et votis omnibus Mariam hanc veneremur, quia sic est voluntas ejus, qui totum nos habere voluit per Mariam : hæc, inquam, voluntas ejus est, sed pro nobis. In omnibus siquidem, et per omnia providens miseris, trepidationem nostram solatur, fidem excitat, spem roborat, diffidentiam abigit, erigit pusillanimitatem, » etc. Rursus id ipsum [ne scilicet de ejus persuasione dubitare quis audeat] alibi inculcat, hoc generale monitum tradens (11) : « Quia indignus eras, cui donaretur, datum est Mariæ, ut per illam acciperes quidquid haberes : quæ per hoc quod Mater est, genuit tibi Deum : per hoc quod Virgo est, exaudita est pro reverentia sua in causa tua, et totius generis humani. »

14. Num ad locum hunc respiciat Bernardinus, num ad superiora jam allegata, incertum habeo, illud compertum habeo, tradidisse aliquando, Bernardino teste, Bernardum, omnes, qui salvantur, per Mariam salvari. Quod si salutem per eam consequimur, beneficiorum omnium maximum, quis dicere audeat, reliqua omnia per eam, atque adeo ab ea nos non recipere? Sed præstat ipsa Bernardini verba in quibus, quæ de Bernardo dixi, affirmat, adducere. En itaque illa (12) : « Et nota hic quod Bernardus refert, quod gloriosa Virgo vidit omnes salvandos per eam, et portas vitæ æternæ clausas reserari per eam. »

15. Atque hanc Bernardo inhæsisse sententiam, ut Mariam sanctissimam thesaurariam, ut ita loquamur, et dispensatricem divinorum munerum faceret, alii adhuc viri præclarissimi affirmant, e quibus Bonaventuram seligo, seu alium, quisquis is est, cui tribuis Speculum B. M. inter opera Bonaventuræ et Gersonis. Hæc ait Bonaventura (13) : « Oculi omnium ad manus Mariæ semper debent respicere, ut per manus ejus aliquid boni accipiamus... Per manus enim hujus Dominæ habemus quidquid boni possidemus, testante B. Bernardo, qui ait : Nihil nos Deus habere voluit, quod per Mariæ manus non transiret (14). »

16. Gerson vero id ipsum affirmat, dum Virginem Mariam sic invocat (15) : « Te matrem gratiæ, te Virginem inclytam, per cujus manus, teste Bernardo, datur nobis quidquid datur, quæ dives es in omnes invocantes nomen tuum, salutantes imploramus, et implorantes salutamus. »

17. Claudamus enumerationem hanc Patrum, auctoritate sancti Thomæ viri utique præclaris-

---

(7) Vindic. Devot. part. II, cap. 5, num. 12.
(8) Citat locum P. Plazza ad hunc modum, epist. 10 Ad Paulum (id est Paulam) et Eustochium, seu Serm. de Assumpt. B. V. pag. 39, col. 1, tom. IX Oper. S. Hieronymi. Sed in editione Vallarsii eumdem locum reperies tom. XI, pag. seu col. 94, cap. 3, ejusdem opusculi.
(9) Serm. 1, De Nativ. B. M. V. pag. 122, tom. II ; in Veneta editione anni 1743, pag. 106 et seqq. tom. II.
(10) Serm. in Nativ. B. M. V. De aquæductu, num. 6.

(11) Serm. 3, in Vigil. Nativit. Domin., num. 10.
(12) De flammis septem amoris, serm. 6, pag. 339, tom. III, edit. Venet. 1745.
(13) Allegatur in margine novæ editionis Venetæ, serm. 1, in Vigil. Natal. Domini, in fine.
(14) Lect. 5, pag. 455, col. 2, tom. VI Oper. S. Bonavent. In editione Veneta anni 1756, opusculum hoc exstat pag. 261, tom. XIII. Locus porro, qui hic allegatur, occurrit pag. 271.
(15) Serm. in Cœna Domini, sub initium, col. 196, tom. III ejus Operum.

simul (16). Etenim cum dixisset, « in Christo, et beata Virgine esse tantum de gratia, quod sufficiat ad salutem hominum omnium de mundo, » allegat pro B. Virgine illud Ecclesiastici (xxiv, 25) : *In me omnis spes vitæ, et virtutis.* Quo posito, ad hunc modum disputat : « Si autem omnis spes vitæ, et virtutis in B. Virgine, vita et virtus non obtinetur, nisi per ipsam. » Attulimus usque adhuc ea Patrum loca, quibus viri pii, simulque docti se ostendere posse sperant, per Mariam sanctissimam provenire omnia, quæ nobis proveniunt bona.

18. Nunc vero eædem loca expendunt critici, qui sub Theophili Raynaudi auctoritate ac præsidio se tutissimos esse prædicant. Nimirum Theophilus Raynaudus eximius criticus (17) non modo superiori sententiæ adversatur, verum etiam, ut totius ac firmius ei adversetur, alios eosque nobiles theologos in sui subsidium advocat. En Theophili monita (18) : « Hæc sententia [ea scilicet, quam hactenus exposui, quæque censet beneficia omnia per Mariam mortalibus tribui], hæc, inquam, sententia est satis pia, ab ea tamen dissentit Ruis, tom. II *De prædestinatione,* disp. 58, sect. 2 : [Nec sane video, ubi illud actuale meritum congruum Deiparæ, vel impetratio respectu omnium donorum, quæ nobis a Deo obtingunt, fundari satis possit. Nam quod Patres interdum videntur id dicere, cum docent omnia nobis bona per B. Virginem obtingere, facile exponitur de causalitate mediata; nempe ratione Christi, quem produxit. Aperte ita se exponit Adam de Perse, in *Allegor.* Tilm. ad Eccli. cap. xxiv : *Oliva,* inquit, *fructifera, Mater misericordiæ, Virgo Maria. De oliva profluit pinguedo olei. Fundit gratiæ plenitudinem, misericordiæ unctionem profert mater Christi. Quam jucundum, quam suave est illi cohærere! Quam salutiferum intra puerperæ diversorium demorari! Si infirmus es, de diversorio illo abundanter profluit oleum infirmorum. Si sanus es, et de testimonio conscientiæ arridet tibi justitiæ sanitas, oleum lætitiæ suscipis ex Maria. Species morum, operum decor, meritorum gloria, totum de gratia Mariæ suscipitur, cum amatur. Cum enim plena sit gratiæ, et tota misericordiæ deliciis affluens, nihil gratiæ omnino accipimus, quod non nobis conferat partus ejus.]* En cur dixerat, *ex B. Virgine profluere omnem gratiam.* Similiter creditus Bernardus serm. 1, in *Salve, Regina,* B. Virginem esse nobis vitam, docet; quia vitam Christum nobis peperit, et precibus infundit. Quæ item causa est, cur interdum B. Virgo vocetur *auctrix meriti,* ut apud Augustinum serm. 17, *De Nativ. Dom.,* et apud Hierony-

mum Epistola *de Assumpt.* (19) Alias autem vocatur *mediatrix nostra.* Loca varia signavi lib. v de Christo tractando titulum *Mediatoris.* » Præstantissimus porro de inclyta societate Jesu theologus est Theophilus Raynaudus, in veterum Patrum, et ecclesiasticorum auctorum lectione pæne detritus ; nam innumeros in suis scriptis ubique allegat, et multos recudit, et accurate typis edidit, in quorum numero fuit Raymundus Jordanes (seu Jordanis), eximius Mariæ cultor (20). Fuit is quoque eximius Mariæ laudator, quod manifesto ostendit *Nomenclator Marianus* ab eo evulgatus. Adde, si vis, *Diptycha Mariana,* in quibus quidem dum Mariæ gesta describit, virtutesque recenset, et merita egregia, in studiis criticis exercitatissimum se prodit. Illo adhuc vivente hæc scripsit Alegambe (21) : « Theophilus Raynaudus natione Gallus, patria Cespitellensis, ingressus societatem anno 1602 ætatis 16, vir præstanti ingenio, acri judicio, prompta facundia, et omni scientiarum genere excellens. » And. Saussaius cap. 20, *Appar. ad Martyrol. Gallicanum,* eum vocat, « præstantissimum theologum nitore eloquii, et consummatæ eruditionis copia plenum : maximam vitæ partem tradendis superioribus scientiis exegit, quibus hodieque Lugduni præfectus præest. »

19. Porro ii, quos dixi, critici objectis Patrum locis occurrunt : quod quidem peragunt eo ipso servato ordine, quo proposita illa sunt. Præeat objectus Chrysologi locus. Huic sic occurrunt. Negant piæ opinioni [sic enim appellant ii ipsi qui secus sentiunt, P. Plazzæ, eorumque, qui illi adhærent, opinionem], negant, inquam, piæ opinioni favere Chrysologum. Si ad *litteram* Chrysologi verba sumis, assequeris ideo Christum, non statim ac venerat turba, suscitasse a mortuis Lazarum, sed exspectasse Martham, ut ea per fidem suam mereretur, ut Lazarus a mortuis excitaretur ; voluit enim [et rectissime id voluit] Christus, ut mulier fide sua esset occasio, ideoque latiori quadam ratione, causa resurrectionis et salutis viro (22) [omnium autem virorum videtur Chrysologus typum facere Lazarum mox a Christo e mortuis excitandum], quæ fuerat causa excidii, et mortis primo homini, ideoque cum eo toti generi humano illatæ. At postquam etiam fide sua meruerat Martha Lazari resurrectionem, noluit Christus cum statim e morte excitare, sed accersivit Mariam Marthæ et Lazari sororem, *sine qua non poterat* (id est, *nolebat) Lazarum excitare.* At, si vis, Chrysologi verba accipe, non litteraliter, sed symbolice, et typice ; id enim

---

(16) In *Expos salut. angel.,* opusc 8, fol. 75, col. 4, tom. XVII.

(17) Recole, quæ num. 5 cap. superioris de Raynaudo diximus.

(18) *Diptych. Mar.* part. ii, punct. 10, num. 14.

(19) Nostris temporibus demum'ur hæc opuscula Augustino et Hieronymo.

(20) *Biblioth. script. societ. Jesu,* ad *Theoph m Raynaudum.*

(21) Consule Indicem scriptorum societatis Jesu, ad *Theophilum Raynaudum.*

(22) « Si ante ad virum Christus Dominus pervenisset, » etc. Vide adnot 2. in edit. Venet. an. 1750, huic sermoni appositam.

fieri posse indicant illa Chrysologi verba : *In his per-*
sonis non causæ currunt, sed sacramenta signantur;
quanquam procul dubio, si *rigorose* loqueris, hoc
in loco Maria sanctissima per Mariam Lazari sororem significari vix potest ; neque enim mulier ulla
Mariam præivit fide tam eximia, et virtutibus tam
præstantibus, ut genus humanum mereretur mortuis excitari : et tamen, Chrysologo teste, Marthæ
fides Mariæ fidem præivit. Accipe, inquam, Chrysologi verba, non litteraliter, sed symbolice et typice,
quid tandem assequeris, nisi Mariæ meritis ac precibus actum fuisse, ut genus humanum [Lazaro si-
gnificatum] excitaretur a mortuis ? Annon id promptissime fatemur, qui Mariæ meritis ac virtutibus
quodammodo excitatum dicimus Unigenitum Dei,
ut in ea carnem sumens humanum genus redimeret,
et in Adamo collapsum et gratiæ mortuum, eidem
gratiæ restitueret ? Annon alibi plurimos attulimus
Patres, ut ostenderemus, per Evam perditum humanum genus, per Mariam [dum scilicet meruit
congrue, ut Christi Mater efficeretur, uti revera
effecta est], reparatum, et vitæ immortali fuisse
restitutum ? Nonne etiam eorum sententiam appro-
bavimus, qui censent Mariæ precibus, ac meritis
acceleratum fuisse Redemptionis tempus ? At nonnulla Chrysologi ipsius verba describamus oportet,
ut videat lector vera a nobis fuisse proposita : « Mulier currit pro morte, quæ cucurrit ad mortem :
festinat ad veniam, quæ festinavit ad culpam ; ad
Redemptorem pium pervenit, seductor pessimus
quam prævenit ; resurrectionem quærit, quæ quæsivit ruinam, et ipsa quæ mortem viro attulit, ut
vitam viro referat, hæc anhelat. Hinc est quod in
loco Christus restitit, exspectavit Christus ; quod
non intravit turbas, quod non contendit ad domum, quod non ad sepulcrum divertit, quod non
ad Lazarum, propter quem venerat, festinavit ;
sed mulierem sustinet, mulierem remoratur, mulierem primam suscepit, quam primam suasor infecit ; a muliere perfidiam fugat, ad mulierem
revocat fidem : ut quæ fuit perditionis obsequium,
salutis eadem sit ministra, et sit tandem per
Deum viventium mater, quæ per diabolum diu
mater exstitit mortuorum. Et quia mulier fuerat
mali caput, causam mortis agit, ut ante crimen diluat, quam veniam largiatur, ante causam
tollat, quam sententiam solvat ; et cavet ne vir
mulierem, per quam semel deceptus est, participem
refugeret ad vitam ; ac ne multis periisset mulier,
si ante ad virum Christum Dominus pervenisset.
Hinc est, fratres, quod per mulierem nascitur
Christus : hinc est quod virum mulier semper (25)
ventris sui suscitat de sepulcro, ut doloribus revocet, quem depulit blandimentis : ut flendo reparet,
quem perdidit manducando. Denique ubi Martha
confessa est Christo, et quidquid fuit culpæ in persona mulieris pia confessione delevit, mittitur ad

Mariam, quia sine Maria nec fugari mors poterat,
nec vita poterat reparari. Veniat Maria, veniat materni
nominis bajula, ut videat homo Christum, virginalis uteri habitasse secretum : quatenus prodeant ab
inferis mortui, mortui exeant de sepulcris. » Quanquam, si vis, plurimos per Mariam adjuvari, ut a
peccatis exsiliant, et gratiæ restituantur, ideoque
etiam hac ratione Maria sit causa reparationis multorum, minime id negatur. Consule, quæ deinceps
tradentur de efficacia intercessionis Mariæ.

20. Germani verba dignitatem Matris Dei, quam
Maria assensum angelo præbens consecuta est, respiciunt : per quem assensum, Deum concipiens
Redemptorem nostrum, redemptionis ministra effecta est, et *misericordiam nobis consecuta, quia digna,*
ut Deum caperet, eaque apud Deum et Filium
auctoritate potita est, quam jam descripsimus : et
hic recolat, si vult, lector. Si aliter accipias Germani
verba, et *rigorose* prolata ea vis, non modo *thesau-*
rariam et largitricem beneficiorum Dei faciemus Virginem, sed *unicam redemptricem nostram,* unicam, ut
ita appellem, *fontem beneficiorum :* « Nemo redemptus, nisi per te, Dei Mater ; nemo donum per misericordiam consecutus, nisi per te, o digna, quæ
Deum caperes. » An hæc catholicus doctor excipiat,
et Christum contemnet, ut Virginem colat ? Cæterum
Germanum hunc plerique non multo habent in
pretio : aiunt enim vixisse illum sæculis minus
vetustis, ideoque iis sæculis, quibus a veterum
severitate, magna etiam ex parte, a pietate, Græci
defecerant. Neque desunt qui schismaticis illum
accenseant. Vide quæ de illo tradit Cave ad
an. 1222.

21. Eamdem explicationem exposcit allegatus Petri
Damiani locus, quem integrum referre placet, ut
assequatur lector, quo vere collimet : « Evocatur
statim cœlestis ille conventus, et juxta Prophetam
(*Psal.* LXXXI, 1) init Deus consilium, cogit concilium,
facit sermonem cum angelis de restauratione eorum,
de redemptione hominum, de elementorum renovatione, ac illis stupentibus, et mirantibus præ
gaudio, de modo redemptionis. Et statim de thesauro divinitatis Mariæ nomen evolvitur, et per
ipsam, et in ipsa, et cum ipsa totum hoc faciendum
decernitur, ut sicut sine illo nihil factum, ita sine
illa nihil refectum sit. Traditur epistola Gabrieli, in
qua salutatio Virginis, incarnatio Redemptoris,
modus redemptionis, plenitudo gratiæ, gloriæ
magnitudo, multitudo lætitiæ continetur. Missus
est ergo angelus Gabriel a Deo ad Virginem, quæ
postquam ei locutus est, sensit Deum suis illapsum
visceribus, majestatemque illius virginalis ventris
brevitate conclusam. »

22. Venio ad Anselmum. Prior sancti doctoris
locus, hic scilicet : « Te tacente nullus orabit, nullus juvabit : te orante omnes orabunt, omnes
juvabunt, » piam sententiam, si criticos audis, mi-

(25) Fortasse legendum est : *Semen ventris sui.*

nime juvat. Si sola in manu sua habet Mariæ thesauros divinorum beneficiorum, ea orante; aliorum
preces inutiles erunt. Cur ergo inducuntur alii
omnes orantes, et suffragatione sua Mariæ preces
adjuvantes? « Te orante, omnes orabunt, omnes
juvabunt. » Non itaque ea inest in solis Mariæ
precibus summa auctoritas et potestas , quam
optant. Efficaciam itaque summam video, fateorque
in Mariæ precibus inesse *auctoritatem*, ut ita loquar, *supremam*, et eam per se solam, dispensatricem cœ'estium beneficiorum minime video.

23. Locus alter, hic nempe : « Ubi est, nisi in
Deo et in te, spes mea ? Ergo sine te nihil pietatis
est, nihilque bonitatis, quia mater virtutis et virtutum es omnium, » hyperbolem exhibet in precibus pii viri, Virginemque vehementer amantis
laudabilem ; etenim maximam efficaciam in precibus Mariæ, et multo plus quam in reliquis sanctorum precibus inesse novi: : atque id est, quod
locutio hæc nos docet. At si *rigorose* et *privative*
de Maria verba hæc accipias, sensum illis a vero
alienum tribuis. Annon sanctos piissimos et maxime misericordes nobis describunt Patres, qui
illos sæpe invocant, et ut alii pariter invocent, auctores sunt? Recole, obsecro, quæ hoc de argumento copiose tradidi dissert. 5, *De cultu sanctorum*,
e qua tres e plurimis Patres seligo, quos hic proferam, Nazianzenum e Græcis, Paulinum Nolanum
et Prudentium e Latinis. Sic prior Cyprianum invocat (24) : « Tu vero nos benignus e cœlo aspice,
atque orationem nostram ac vitam guberna, sæ-
erumque hunc gregem pascentem adjuva cum in
cæteris rebus, tum pravos lupos, syllabarum et
verborum captatores amoliens, sanctæque Trinitatis,
cui nunc assistis, pleniorem clarioremque splendorem nobis impertiens, » etc.

24. Paulinus vero, quantum in pietate sancti
Celsi, quem cœlo potitum dixerat, confideret, haud
obscure indicat, dum eum sic invocat (25) :

Celse, juva fratrem socia pietate laborans,
Ut vestra nobis sit locus in requie.

Eamdem fiduciam in pietate sancti Felicis No-
lani positam exhibet, dum has ad eum preces
dirigit (26) :

O Pater, o Domine indignis licet annue servis,
Ut tandem, hanc fragili trahimus dum corpore vitam,
Sedibus optatis, et qua requiescis in aula
Hunc liceat celebrare diem.

Et rursus (27) :

.... nam te mihi semper ubique propinquum
Inter dura viæ, vitæque incerta vocavi.

An vero tam sæpe (28) invocasset, si pietatem illius
atque opem non fuisset expertus ?

25. Hanc vero, quam dicimus, sanctorum pietatem

ac misericordem opem eos invocantibus copiose collatam, cum alii Patres sæpe et perspicue commendent ; tum certe commendat Prudentius, dum in
hymno secundo libri *Peri stephanon* [id est, *De
coronis*] et communem morem confugiendi ad sanctos, et recepta per eos beneficia haud obscure
indicat; et eumdem communem morem sequitur
ipse, et sanctum Laurentium, cujus martyrium in
eo hymno describit, deprecatur, et invocat. En
Prudentii verba (vers. 561) :

> *Quæ sit potestas credita,*
> *Et muneris quantum datum,*
> *Probant Quiritum gaudia,*
> *Quibus roga'us annuis.*
> *Quod quisque supplex postulat,*
> *Fert impetratum prospere,*
> *Poscunt, litantur, indicant :*
> *Et tristis haud ullus redit.*
> *Ceu præsto semper adsies,*
> *Tuosque alumnos urbicos*
> *Lactante complexus sinu,*
> *Paterno amore nutrias.*

Tum ad Christum conversus eum deprecatur, ut
sanctorum pro se fusas preces, et suas ipsas exaudiat.

> *Hos inter, o Christi decus,*
> *Audi, et poetam rusticum*
> *Cordis fatentem crimina,*
> *Et facta prodentem sua.*

Indulgentiam vero, seu pietatem Vincentii martyris agnoscit et celebrat, dum eumdem sanctum
ad hunc modum rogat (29) :

> *Paulisper huc tu illabere,*
> *Christi favorem deferens,*
> *Sensu gravati ut sentiant*
> *Levamen indulgentiæ.*

26. Quod porro de Anselmi monitis diximus
(n. 23) , ad Guillielmi Parisiensis dicta, si rursus criticos audis, transferre commode potes.

27. Difficilior ad explicandum est objectus Bernardi locus, quem recolere hic placet : « Nihil nos
Deus habere voluit, quod per Mariæ manus non
transiret. » Sed tamen, si Bernardi metam, et
præcedentia monita attendas, minus difficilis ille
agnoscetur, quam primum appareat. Antea (n. 7)
hæc dixerat Bernardus : « Tria opera, tres misturas fecit omnipotens illa Majestas in assumptione nostræ carnis, ita singulariter mirabilia, et mirabiliter singularia, ut talia nec
facta sint, nec facienda sint amplius super terram. Conjuncta quippe sunt ad invicem Deus et
homo, mater et virgo, fides et cor humanum. Admirabiles istæ misturæ, et omni miraculo mirabilius, quomodo tam diversa, tamque divisa ad invicem, invicem potuere conjungi? » Postquam autem
diligenter et accurate duas priores misturas ex-
plicaverat, ubi venit ad tertiam , id est, ad eam
misturam, in qua conveniunt *fides et cor huma-*

(24) Orat. *in S. Cypr.* in fine ipso orat , pag. 286 ;
tom. I Oper. edit. Paris. anni 1609.
(25) In Panegyrico Celsi pueri, v. 611.
(26) Natali 1, vers. 11.

(27) Natali 2, vers. 11.
(28) « Semper ubique.... vocavi. »
(29) In libro *Peri stephanon* (seu *De coronis*)
hymno 5, v. 566.

num, hæc de ea habet (n. 10) : « Tertia in cor hominis ascendit, cum quod factum est, sicut factum est, creditum est : cum magis oraculo quam oculo credimus, cum quæ dicta, vel facta sunt, tenemus firmissime, nullatenus dubitantes. In prima vide quid, in secunda per quid, in tertia propter quid Deus dederit tibi. Dedit tibi Christum per Mariam propter sanitatem. In prima remedium est, quia ex Deo et homine cataplasma confectum est, quod sanaret omnes infirmitates tuas. Contusæ sunt autem et commistæ hæ duæ species in utero Virginis, tanquam in mortariolo; sancto Spiritu, tanquam pistillo, illas suaviter commiscente; sed quia indignus eras cui donaretur, datum est Mariæ, ut per illam acciperes, quidquid haberes : quæ per hoc quod mater est, genuit tibi Deum : per hoc quod virgo est, exaudita est pro reverentia sua in causa tua, et totius generis humani. Si sola mater esset, sufficeret ei ut salvaretur per filiorum generationem : si sola virgo, sufficeret tibi ; nec benedictus fructus ventris ejus, mundi pretium esset. Cum ergo in prima sit remedium, in secunda adjutorium est ; quia nihil nos Deus habere voluit, quod per Mariæ manus non transiret. In tertia autem meritum est, quia cum hæc firmiter credimus, jam meritum habemus : et in fide sanitas est, quia *qui crediderit, salvus erit* (*Marc.* xvi, 16). »

28. Porro hæc | me quidem judice | est superiorum verborum explanatio : *Tum fides et cor humanum conjunguntur*, cum firmissime amplectimur, tenemusque ea quæ ad credendum proponuntur, iisque indubitate et indivulse adhæremus. In iis autem, quæ nobis proponuntur ad credendum, et quibus firmissime adhæremus, et finis, propter quem tibi dederit Christum, seu incarnationem Unigeniti Dei, finis, inquam, fuit sanitas, id est, restauratio humani generis antea collapsi, et infirmitatibus, atque ægritudinibus undique obnoxii : « Dedit tibi Christum per Mariam propter sanitatem : in prima remedium est, quia ex Deo et homine cataplasma confectum est, quod sanaret omnes infirmitates tuas. » Sed quia indignus eras, ut tam præstans donum reciperes, Maria autem virtutibus, et meritis suis dignissima ut Christum conciperet, datus tibi est quidem Christus, sed tibi indigno per Mariam dignam datus est, ideoque data tibi sunt omnia, quæ recepisti amplissima et plurima beneficia, quæ Deus incarnatione in Virginis utero facta tibi, totique humano generi contulit : quæ quidem omnia per Virginem habes, quatenus per Virginem Christum habes, tuæ sanitatis, Redemptionis, reconciliationisque in Dei Patris gratiam, et reliquorum, quæ consecutus es , beneficiorum auctorem. Hæc, nisi plane fallor, est germana et litteralis verborum Bernardi explicatio. Si eam ampliaveris ad collationem beneficiorum, quæ nunc etiam consequimur, atque adeo univer-

sum humanum genus a Deo recipit, ad id profecto ampliabis, protendesque, ad quæ minime ampliavit, protenditque præclarissimus idemque piissimus scriptor, eritque *accommodatus*, ut theologorum locutionibus utar, non *litteralis* hujusmodi sensus.

29. Raymundus Jordanis, seu Idiota, se hyperbole usum prodit, cum quasi dubitans et pavidus adjicit : *Quodammodo ausim dicere;* quibus quidem verbis amplissimam propositionem coarctat, ita ut si recte eam intelligas, tantummodo amplitudinem indicet beneficiorum, quæ a Deo per Virginem obtinemus. An id negabit quispiam, qui ex animo Virginem colit, et illius dignitatem ac præstantiam plenissime novit ?

30. Verba, quæ ex sancto Bernardino producit, se desumpsisse ait Plazza ex serm. 61, cap. 8, pag. 515, tom. I ; et serm. 3 *De glorioso nomine Mariæ* art. 3, cap. 2, pag. 91, tom. III. Perquisivi priorem locum in Veneta editione anni 1747, quam editionem unice habeo, nullumque in priore tomo inveni serm. 61 ; desinit enim prior tomus in serm. 60 : quamvis porro diligenter perquisiverim verba adducta a Patre Plazza, ea minime inveni ; sed minime dubito, quin ea prolata fuerint a sancto Bernardino, eaque exstent in sermone a P. Plazza allegato, sermone scilicet aliquo, qui in veteribus editionibus locum 61 obtineat. Inveni tamen alia Bernardini monita, quæ commode in rem suam traducere possunt piæ sententiæ vindices, quæ propterea, ne evitare ea videar, profero. In serm. 10 edito in eo quadragesimali, quod tom. II (30) priore loco positum est, hæc occurrunt : « In solemnitatibus etiam beatæ Virginis Mariæ feriandum est propter summas perfectiones, quas in se habuit, et nobis, divino munere inspirante, participat et confert. Nam omnium gratiarum, quæ humano generi descendunt , sicut quod Deus generalis est dator, et Christus est generalis mediator, sic per gloriosam Virginem generaliter dispensantur. Nam ipsa est collum capitis nostri, per quod omnia spiritualia dona corpori ejus mystico communicantur. Ideo, Cant. vii, de ipsa dicitur : *Collum tuum sicut turris eburnea.* » In sermone etiam 6, inter extraordinarios, quem inscripsit *De flammis septem amoris* (31), explicans notissima Mariæ verba *Magnificat anima mea Dominum*, hæc tradit : « Et nota hic, quod Bernardus refert, quod gloriosa Virgo vidit omnes salvandos per eam, et portas vitæ æternæ clausas, reserari per eam. Et ideo dixit faciens secundum jubilum : *Et exsultavit spiritus meus in Deo salutari meo*, quia ipsa habebat tantam lætitiam in corde, quod non poterat ipsam abscondere, quin revelaret aliis, ad instar desiderantis habere filium, cui natus fuisset unus pulcher filius masculus, vel qui acquisivisset unum regnum ex insperato, quia jubilaret in eo, in quo exsulta-

(30) In editione Veneta anni 1745, art. 1, cap. 3, pag. 51, col. 1.
(31) Fiamma secunda, pag. 359, tom. III, col. 2.

ret.» Expressius autem et copiosius in eo Serm. *De glorioso nomine Virginis Mariæ*, quem merito allegavit P. Piazza (32). Quid enim clarius his verbis? « Secundo dominatur amicis, id est, spiritualibus et devotis; et in hoc est pulchra ut luna, quia dispensat eis divinæ sapientiæ lucem et cœlestis gratiæ rorem. Unde Bern. ait: Nulla gratia venit de cœlo ad terram, nisi transeat per manus Mariæ. Hinc Hieronymus in Serm. *De Assumptione*, ait: In Christo fuit plenitudo gratiæ, sicut in capite influente: in Maria vero sicut in collo transfundente. Propterea Cant. vii, 4, de Virgine ad Christum Salomon inquit: *Collum tuum sicut turris eburnea.* Nam sicut per collum spiritus vitales a capite diffunduntur per corpus: sic per Virginem a capite Christo vitales gratiæ in ejus mysticum corpus, et specialius in amicos atque devotos continue transfunduntur. Unde iste hierarchichus ordo, et defluxus cœlestium gratiarum, ut prius a Deo defluat in Christi animam benedictam; quia, ut dicitur Jac. i, 17 : *Omne donum perfectum desursum est, descendens a Patre luminum;* deinde defluat in animam Virginis, inde in seraphin, deinde in cherubin: et sic successive in alios ordines angelorum, atque sanctorum: demum in Ecclesiam militantem, et maxime in amicos Dei, et Virginis gloriosæ. »

31. Novi equidem non defuisse, qui diceret virum sanctum fuisse profecto Bernardinum, doctum pariter; at quædam interdum proposuisse, quæ theologis non displicent quidem, utpote pia, et ad devotionem in auditoribus excitandam fovendamque valde apta, sed quæ tamen a paucis excipiuntur, cujusmodi est id, quod de Virgine doloris gladio percussa, cum a populo insano audivit Barabbam præponi Jesu (33); pauci enim docent tum adfuisse Mariam. Rursus cum videtur excipere narrationem prorsus apocrypham [et eam sane minime rejicit] in qua traditur, velamen ad 'legendam Christi nuditatem in cruce fuisse a Virgine appositum (34): cum denique describit Virginem genibus flexis orantem milites, ne Christi mortui crura frangerent (35).

32. Minime tamen ad tam asperam solutionem compellimur. Etenim mitiores alias explicationes subministrant nobis alia sancti Bernardini monita. Significat enim piissimus hic scriptor quam efficaces sint sanctorum preces Deo porrectæ, quas quidem docet per Christum Deo offerri, nullam Ma-

riæ preces suas interponentis mentionem faciens, sed tantum monens efficaciores esse Mariæ preces sanctorum precibus; quod quidem nos ipsi docemus. Novimus enim multum præcellere sanctis Mariam, ideoque mirum non est, si ejus intercessio et preces sanctorum intercessione et precibus validiores sint. Præstat autem ipsa sancti Bernardini verba adducere, quæ sunt hujusmodi (36): Secundo oratio debet esse præsentata Deo. Sicut enim incensum, antequam approximetur igni, quasi mortuum apparet, igneque contactum, quasi spirituale fit, et in altum ascendit : sic meritum orationum nostrarum quasi mortuum est, nihilque valet, nisi dilectionis illius igne qua Christus pro nobis meruit, in thuribulo cordis ejus vivificetur. Tunc namque orationes nostræ cum Spiritu Dei ascendunt, cum suffragante merito Christi, Deo Patri in ejus nomine offeruntur. Ideo Ecclesia sancta, cujus orationes minime a Deo repelluntur, omnes suas preces in Jesu Christi nomine concludit, dicens : *Per Dominum nostrum Jesum Christum Filium tuum.* Sic enim ad omnia impetranda nos docuit, et Dominus Jesus Christus Joan. xvi, 23 : *Si quid petieritis Patrem in nomine meo, dabit vobis.* Et hoc est quod subjungit Joannes (Apoc. viii, 3) : *Ut daret de orationibus sanctorum omnium super altare aureum, quod est ante thronum Dei.* Non enim ait, ut daret *orationes sanctorum,* sed ut daret de orationibus sanctorum; eo quod non omnes orationes sanctorum repræsentet Christus Deo Patri, cum aliquando petant quod nequaquam petendum est; sicut patet in Paulo II Cor. xii, 7, cum petiit a se carnis stimulum amoveri; cui merito dictum est : *Sufficit tibi gratia mea* (Ibid. 9), in qua est salus; cum Christus nequaquam repræsentet Patri nisi orationes, quæ pertinent ad salutem. Notanter etiam dicit *sanctorum omnium,* non quia (sicut supra dictum est) non sint imperativæ orationes malorum, sed ut notet quanto sint præstantiores justorum orationes, quam peccatorum; simulque, ut monstret quantum preces et merita beatorum apud Christum desideria nostra juvent. Inter hos omnes præcellentior, et ad impetrandum efficacior et gloriosissima Virgo Maria, Mater Dei; in cujus mysterium, III Reg. ii, 20, dixit Salomon ad matrem suam, id est Christus ad Virginem : *Pete, mater mea; neque enim fas est ut avertam faciem meam;* ideo merito ei imputare possemus, si nollet eum

---

(32) Id est serm. 3, art. 3, cap. 2, pag. 81, tom. IV.

(33) » Auctorem vitæ petunt ad mortem, et virum homicidam seditiosumque latronem servant ad vitam... O quis exprimere posset quanto doloris gladio percussum est cor Virginis Mariæ! » (Serm. 51, *De passione Domini*, art. 3, cap. 3, pag. 248, col. 2, tom. I.)

(34) «Secundum quosdam Mater videns sic vituperose nudatum, velum capitis sui ad Christi pudibunda projicit : quodque ad solamen Virginis illis pudibundis locis miraculose adhæsit : quod si

verum fuerit, ignoratur. » (Part. ii ejusdem serm. 51, art. 1, cap. 1, pag. 253, col. 2.)

(35) «Venerunt ergo milites a Judæis petiti, a præside vero missi, et latronum crura fregerunt. Quod cum pia Mater vidisset, timens ne etiam confringerent Filii ejus crura, confestim surgens ante milites humiliter genu flexit, piis supplicationibus ipsos rogans, ne frangerentur Filii sui crura, cum manifeste jam exanimis appareret.» (Ibid. art. 2, cap. 2, pag. 263, col. 1.)

(36) Domin. in Quinquag. *De orig. charit.* serm. 1, art. 2, cap. 2, pag. 10, tom II.

placare nobis. Sed vere sperandum est in orationibus suis, aliorumque sanctorum omnium, teste
Bernardo, qui ait : *Securum habes, homo, accessum
ad Deum : ibi habes Matrem ante Filium, Filium
ante Patrem: Mater ostendit Filio pectus et ubera;
Filius ostendit Patri latus suum et vulnera ; nulla
ergo poterit esse repulsa , ubi sunt tot charitatis
insignia.* Hoc est dare *de orationibus sanctorum
omnium super altare aureum, quod est ante thronum
Dei* ; quia merito passionis Christi, quam *in corpore
suo pro nobis pertulit super lignum*, orationes nostræ
acceptabiles fiunt Deo. »

33. Secundo indicat ipsemet hyperbole se uti,
cum Mariam solam appellat dispensatricem beneficiorum Dei, et veluti thesaurariam illius; si
enim *maximæ in amicos Dei et Virginis gloriosæ*
descendere ait divina beneficia, quæ *Ecclesiam
militantem* alluunt, agnoscit ergo divina beneficia
iis etiam aliquando saltem tribui, qui *Mariæ amici*
non sunt. Neque vero cogimur , ut Mariæ preces
huc inducamus, cum in eo potissimum loco, quo
Mariæ beneficentiam ac potestatem auctoritatemque
commendat ac prædicet, minime doceat hæc quæ
diximus beneficia iis tantum tribui, pro quibus
Deum deprecatur et orat Virgo. Ad hæc , ipsemet
Bernardinus alibi declarat, qua significatione sua
monita intelligi velit; multitudinem scilicet innuit
beneficiorum, et consuetudinem misericordissimæ
Virginis, quæ nobis ea impetret, non aliud quodpiam. Nimirum passionem Domini describere
exorsus ad hunc modum auditores alloquitur (37) :
« Quem reperire valebimus intercessorem? Si enim
ad Virginem Matrem, quæ nobis solet omnes gratias impetrare, vellemus hodie habere recursum, »
etc. Consuetudinem autem facile excipimus, dum
universitatem arcemus. Tertio, haud obscure declarat, cum describit et prædicat beneficia omnia
per Virginem recipi, ad originem hujusce liberalitatis dispensationisque se respicere. Scilicet ad
assensum quem Virgo angelo præbuit : per quem
assensum peracta est in sanctissimo Virginis utero
incarnatio, ideoque Maria sanctissima facta est
Mater Dei, et origo omnium beneficiorum, quæ a
Deo recipimus, qua in significatione ea dicitur in
litaniis B. Virginis, *Causa nostræ lætitiæ.* Huc certe
respicit in Serm. *De flaminis septem amoris* inscripto, ex quo jam verba produximus et quæ hic
recolat volo lector. In eo vero sermone, quem *De
glorioso nomine Virginis Mariæ* inscripsit, exhibet
amplectiturque eam theologorum opinionem, quam
copiosissime Thomassinus (38), aliique explicant,
quæque plerisque Scotistis placet. Tradunt scilicet
in præordinatione divina fuisse Christum primum
electum, tum ejus causa Virginem ejus Matrem;

Christi autem causa (ideoque consequenter, et secundario, sed tamen conjunctissime, etiam Virgine ejus Matre et incarnationis ministra) electos
creatosque angelos hominesque ; et gratia ditatos
non modo homines, sed et angelos, quos diximus
Christi causa electos creatosque ; in quos proinde
descendit gratia non tantum ex Christo, sed ex
Matre quodammodo effluens ; ex angelis autem in
homines, tum quia primo creati sunt, et gratia
ditati angeli, postea homines ; tum etiam quia non
modo ad colendum Christum, verum etiam ad reparandum angelorum collapsorum numerum, electi
et creati sunt homines; tum denique quia cum
sint angeli *administratorii spiritus propter eos
missi, qui hæreditatem capiunt salutis* (Hebr. 1, 14),
per eorum administrationem in homines, et præsertim in amicos Christi, et Virginis divina gratia
et beneficentia descendunt.

34. Nonnihil a superiore explicatione et hypothesi distat ea, quam proponit Antoninus: quod
tamen attinet ad explicanda Bernardini verba, ea
quoque aptissima est. Eam ob causam Antonini
verba describo, quæ sic se habent (39): « Primo
[Maria] est mater universorum juxta illud Sap. vii,
12 : *Omnium est mater.* Quod Albertus super *Missus
est* exponit de Virgine Maria, subdens, quia mater
respectu filii habet quatuor proprietates, quæ
sunt genitura, cura, prioritas et dignitas. Et
genitura primo quidem *Mater est omnium*, quia
unum hominem genuit, scilicet Christum, et omnes
regeneravit. Peperit autem Filium suum primogenitum Christum corporaliter ; alios autem omnes
sanctos spiritualiter..... Nec obstat, si dicatur,
quod filius esse non potest ante matrem: sed
multi sancti fuerunt, antequam Virgo esset in
mundo concepta vel nata, ut patet de omnibus
Patribus veteris Testamenti ; ergo videtur, quod
respectu illorum non possit dici mater. Sed respondetur, quod hoc est verum in esse naturæ,
quod filius non possit esse ante patrem vel matrem in tempore; in esse autem gratiæ non repugnat. Omnes sancti qui fuerunt ante Christum
salvi fuerunt et gratiam receperunt per fidem Verbi
incarnandi de Virgine Maria, explicitam, vel saltem implicitam, de cujus plenitudine omnes sancti
receperunt. Sicut ergo regeneratio spiritualis, per
quam scilicet habetur esse gratiæ, quoad sanctos
novi Testamenti est per fidem vivam Verbi incarnati de Virgine : ita quoad sanctos veteris Testamenti erat regeneratio in esse spirituali per fidem
incarnandi de Virgine. Quæ incarnatio fuit de
Virgine. Horum igitur *omnium* regeneratorum spiritualiter per gratiam Virgo *Mater est.* Item et angeli cum recipiant illuminationem, perfectionem et

----

(37) Serm. 51, Quadrages. 1, pag. 237, tom. 1,
edit. Venet. anni 1547.

(38) *De Incarnat* Hic unum exhibeo Bernardum
serm. 1 *De circumcis.*, hæc proferentem : « Jesus
vocatur ab hominibus, quo nomine vocatus est ab

angelo priusquam in utero conciperetur : idem
quippe et angeli Salvator et hominis: sed hominis
ab incarnatione, angeli ab initio creaturæ. »

(39) Part. iv *Summæ*, tit. 15, cap. 14, § 3.

beatificationem a Jesu [nam ipse est, *in quem desiderant angeli prospicere* (*I Petr.* I, 12), et per ipsum omnia restaurantur in terra et in cœlo]. ergo et angeli recipiunt quoddam esse gloriæ a B. Virgine. Quidquid autem est causa causæ, est causa causati : sed B. Maria est causa Jesu, quia mater ejus; ergo et causa est aliquo modo gloriæ angelorum, ut apte dicatur mater eorum. Cum etiam ipsa dicatur ab Ecclesia *Mater gratiæ* et *Mater misericordiæ*, et gratia perducat ad gloriam, et causa sit ejus, sequitur, quod *omnium*, qui sunt in gloria, sanctorum etiam qui eam præcesserunt tempore, in gloria consequenda Mater est. » Si aliter Bernardini verba sumes, non explicabis sane, qua ratione per Mariam recipiant angeli gratiam, qui diu ante Mariam conditi sunt, et gratia ditati. Ad hæc, se Bernardum sequi affirmat sæpe Bernardinus; Bernardus autem, ut jam vidimus, et deinceps etiam videbimus, cum beneficia omnia nos per Virginem consequi docet, quatenus per eam Christum recipimus, aut certe hyperbole utitur, ab oratoribus crebro, idque cum laude, usurpata; aut si quid audet, audet dubitanter, et ut auditorum desideriis obsequatur. Qua de re postea.

35. Sed jam convertendus est sermo ad ea Patrum loca, in quibus, si piis viris credimus, expressissime docemur, cuncta, quæ a Deo recipimus beneficia, per Mariam, veluti dispensatricem ac ministram, recipi. Sophronius ille, quem primum omnium excitat P. Plazza, Hieronymi *familiaris non est*, nec illius æqualis, sed, si Vallarsio aliisque viris doctissimis fidem habemus, sæculo VIII vixit (40). Sed quisquis is est, si ad Virginem *solam* referat ea verba : *suisque commendet meritis, et precibus auxilietur*, hyperbole procul dubio utitur: exploratissimum est enim non modo sanctos in cœlis degentes nobis auxiliari, etenim Deum pro nobis rogant (quo de argumento satis antea egimus); verum etiam fideles, dum adhuc vivunt, plurimum precibus suis ad Deum ipsum, seu ut cum scholasticis loquar, *immediate ad Deum fusis* nos juvare; et id apertissime docent illa Scripturarum loca (*Jac.* v, 16) : *Rogate pro invicem, ut salvemini: multum enim valet deprecatio justi assidua.* Item (*Coloss.* IV, 3): *Orantes simul, et pro nobis, ut Deus aperiat nobis ostium sermonis ad loquendum mysterium Christi,* » etc. Et rursus (*Ephes.* VI, 18, 19) : *Orantes omni tempore... in obsecratione pro omnibus sanctis, et pro me, ut detur mihi sermo,* etc.

Et certe hyperbole exstat in proxime superioribus verbis : *Sola interimit universam hæreticam pravitatem.* Etenim hæreticam pravitatem, et interimunt doctores ii qui scriptis tradidere Christiana dogmata, et ii qui iisdem scriptis utuntur, ut hæreticos confodiant expugnentque : et utrumque horum doctorum genus nos *confirmat in omni veritate.* Dixi, nec temere dixi, si ad Virginem is referat ea verba : *Suisque commendet meritis, et precibus auxilietur.* Etenim vocem *sola* habet quidem, cum de hæresibus per Mariam exstinctis loquitur ; repetit quoque, cum ait eam post Deum nos confirmare in omni veritate ; at non repetit, cum de precibus ab ea fusis sermonem habet. Ex qua quidem re conjicere fortasse possumus, nolle scriptorem hunc Mariam solam suis meritis commendare, et precibus auxiliari, En integrum Sophronii hujus, quisquis is est, locum : « Quoniam hæc est Virgo, quæ sola interimit universam hæreticam pravitatem : sola post Deum, quæ nos confirmet in omni veritate, suisque commendet meritis, et precibus auxilietur, ut ea fusis digni inveniamur in ejus laudibus. »

36. Quod Chrysologus tradit , scilicet Virginem *largo imbre totam fundere, et infundere creaturam*, ad eum modum commode accipitur, quo accipienda ea diximus ea Bernardini verba, in quibus dixit *illuminari per Virginem angelos, et universum humanum genus.* Quod si ad gratiam et beneficia nobis tributa ea verba referas, et tu accipe, vel de beneficiis per Virginem collatis, dum Mater Dei, assensu adhibito nuntianti angelo, effecta est; vel de ubertate et copia beneficiorum, quæ nobis suis precibus impetrat. Quæ quidem cum antea explicaverimus, hic repetere non est necesse.

57. At piæ opinionis fautores [sic enim appellare commode possumus, qui beneficia cuncta per Mariæ largitionem a nobis accipi docent,] videntur maxime fidere in serm. 1 *De Nativitate*, Petro Damiani tributo. At duo hic notamus : scilicet Petro Damiani demendum esse sermonem hunc, tribuendumque Nicolao Claræ Vallis monacho, et sancti Bernardi notario (41), qui Nicolaus multum, uti dignitate, ita eruditione et scriptorum præstantia a Petro Damiani distat. Sermonem quoque hunc refertissimum esse liberioribus locutionibus, quas castigant severiores theologi, mitiores vero leniunt excusantque, frequentem hyperbolem in iis inesse docentes. Quis enim aliter excuset, quæ his verbis

---

(40) Admonit. in hoc Opusculum, tom. XI Oper. S. Hieronymi, in quo tomo continentur Opera perperam Hieronymo ascripta. Hæc ex ea admonitione exscribere operæ pretium reor : « Nihil itaque ad rem est conjectura illa de Sophronio, seu veteri, quod Canisius quoque probat, Hieronymi amico, qui Psalterium pluraque alia sancti doctoris opuscula ex Latino refudit in Græcum; seu recentiore alio, qui circa medium octavum sæculum, ut nos diximus, librum *De illustribus viris* Græce est interpretatus. Hujus auctor sermonis, quisquis ille fuerit, ætatem suam manifesto prodit ex ipso,

quod tractat, argumento, atque eo maxime quod ait, *solemnitatem Assumptionis B. Virginis celebrari in Ecclesiis;* compertum enim est, octavo demum sæculo hoc cœpisse festum institui, neque jam inde in Occidentis Ecclesiis obtinuisse, cum sub noni initium Carolus Magnus in Capitularibus lib. I, cap. 158, ita constitual: *Hæ sunt festivitates in anno*, etc. » (De Assumptione sanctæ Mariæ interrogandum relinquimus.)

(41) *Vide* Præfationem præpositam tomo I Operum Petri Damiani, editionis Venetæ anni 1743 num. 3.

tradit objectus scriptor ? ‹ Nil tibi impossibile est, cui possibile est desperatos in spem beatitudinis relevare. Quomodo enim illa potestas tuæ potentiæ poterit obviare, quæ de carne tua carnis suscepit originem? Accedis enim ante illud aureum humanæ reconciliationis altare, non solum rogans, sed imperans; Domina, non ancilla. › Haud longo autem intervallo distant, quæ profei unt piæ opinionis vindices, quæque propterea eadem orandi libertate, et excessu videntur dicta, qua dicta sunt superiora: ‹ Revertere quarto per singularitatem. In manibus tuis sunt thesauri miserationum Domini, et sola electa es, cui gratia tanta conceditur. ›

58. Majus, ut candide quod sentio eloquar, negotium lacessit Bernardus. In Serm. *De aquæductu*, revera piam opinionem sua auctoritate firmare videtur. Sed advertat volo lector non certo, et ex animo, sed hoc *dubitanter* tradere, et ut auditorum Virgini devotorum desideriis obsequatur, et veluti obsecundet, uti certo, et ex animi sententia tradiderat, in Mar ræ assensu posuisse Deum incarnationem, ideoque humani generis redemptionem, et fructum, et emolumenta ex ea derivata. Annon dubitanter, et ut auditorum Virgini devotorum desideriis obsequatur, se aliquid audere ait, cum hæc tradit? ‹ Piissimum sane consilium : sed latet forsitan aliud, nec totum hoc est (quod scilicet antea dixerat de Maria Evæ reparatrice). › Et mox : ‹ Elicietur forte, si fortius premimus. Verum id quidem, sed parum est, ni fallor, desideriis vestris. Dulcedo lactis, › etc. Ut autem assequatur lector germanam Bernardi sententiam, totum exscribo locum, in quo inest, si inest, difficultas (n. 6) : ‹ Intuere, o homo, consilium Dei, agnosce consilium sapientiæ, consilium pietatis. Cœlesti rore aream rigaturus totum vellus prius infudit: redempturus humanum genus, pretium universum contulit in Mariam. Ut quid hoc ? Forte, ut excusaretur Eva per filiam, et querela viri adversus feminam deinceps sopiretur. Ne dixeris ultra, o Adam (*Gen.* iii, 12) : *Mulier, quam dedisti mihi, dedit mihi de ligno vetito ;* dic potius : Mulier quam dedisti mihi, me cibavit fructu benedicto. Piissimum sane consilium. › Sed latet forsitan aliud, nec totum hoc est. Verum id quidem, sed parum est [ni fallor] desideriis vestris. Dulcedo lactis est; elicietur forte, si fortius premimus, et pinguedo butyri. ‹ Altius ergo intueamini, quanto devotionis affectu a nobis eam voluerit honorari, qui totius boni plenitudinem posuit in Maria : ut proinde si quid spei in nobis est, si quid gratiæ, si quid salutis, ab ea noverimus redundare, quæ *ascendit deliciis affluens* (*Cant.* viii, 5). Hortus plane deliciarum, quem non modo afflaverit veniens, sed et perflaverit superveniens auster ille divinus, ut undique fluant et effluant aromata ejus, charismata scilicet gratiarum. Tolle corpus hoc solare, quod illuminat mundum : ubi dies ? Tolle Mariam, hanc

maris Stellam, maris utique magni et spatiosi : quid, nisi caligo involvens, et umbra mortis, ac densissimæ tenebræ relinquuntur ? › Adjicit, posse nos ad Christum confugere ; excipiet enim nos ille, diffidentiam abigens et pusillanimitatem erigens. Si quis tamen adhuc trepidet, et vereatur ad Christum ipsum per semetipsum accedere, id poterit per Mariam, eam enim dedit nobis Deus veluti mediatricem ad Christum ipsum. At id non exposcit a quopiam, quod exposceret, si Virgo sola beneficia divina tribueret et dispensaret, sed tantum proposita Virginis benignitate trepidantem hortatur, ut ad eam confugiat, et per eam suas deprecationes Filio deferat. Totum hunc quoque Bernardi locum describo, ut agnoscat lector non eamdem adhæsisse Bernardo , ac piæ sententiæ vindicibus, opinionem (n. 7) : ‹ Totis ergo medullis cordium, totis præcordiorum affectibus et votis omnibus Mariam hanc veneremur, quia sic est voluntas ejus, qui totum nos habere voluit per Mariam. Hæc, inquam, voluntas ejus est, sed pro nobis. In omnibus siquidem, et per omnia providens miseris, trepidationem nostram solatur, fidem excitat, spem roborat, diffidentiam abigit, erigit pusillanimitatem. Ad Patrem verebaris accedere, solo auditu territus ad folia fugiebas : Jesum tibi dedit mediatorem. Quid non apud talem Patrem Filius talis obtineat? Exaudietur utique pro reverentia sua , *Pater enim diligit Filium* (*Joan.* v, 20). An vero trepidas et ad ipsum ? Frater tuus est, et caro tua, *tentatus per omnia absque peccato* (*Hebr.* iv, 15), ut misericors fieret. Hunc tibi fratrem Maria dedit. Sed forsitan et in ipso majestatem vereare divinam, quod licet factus sit homo, manserit tamen Deus. Advocatum habere vis et ad ipsum ? Ad Mariam recurre. Pura siquidem humanitas in Maria, non modo pura ab omni contaminatione , sed et pura singularitate naturæ. Nec dubius dixerim, exaudietur et ipsa pro reverentia sua. Exaudiet utique Matrem Filius, et exaudiet Filium Pater. Filioli, hæc peccatorum scala, hæc mea maxima fiducia est, hæc tota ratio spei meæ. Quid enim ? Potestne Filius aut repellere , aut sustinere repulsam; non audire aut non audiri Filius potest ? Neutrum plane. *Invenisti*, ait angelus, *gratiam apud Deum* (*Luc.* i, 30). Feliciter. Semper hæc inveniet gratiam, et sola est gratia, qua egemus. Prudens Virgo non sapientiam, sicut Salomon, non divitias, non honores, non potentiam, sed gratiam requirebat. Nimirum sola est gratia, qua salvamur. › Alterum Bernardi locum, eum scilicet, qui desumptus est ex num. 10 serm. 3 *in Vigilia Nativitatis Domini*, hic omitto, propterea quia satis de eo antea disputavi.

59. Quæ Bernardino sententia inhæreat , jam explicavimus, neque opus est ut ea hic repetamus quæ copiose antea disseruimus. Ea recolat lector. Mirum porro non est, si Bonaventura [si Bonaven-

tura is est quem (42) allegas] et Gerson sibi in animum induxerint, favisse Bernardum illorum opinioni qui Mariam dispensatricem beneficiorum Dei, cunctaque per eam effluere in nos docent ; nam revera tametsi multo minus faveat quam ii putent, aliquatenus tamen favet, quatenus ut *auditorum desideriis* indulgeat, et non animose, sed dubitanter, tradit id tamen, qua de re recole quæ antea diximus.

40. Atque hanc quidem opinionem, multorumque locorum ex SS. Patribus objectorum minime reprobare videntur nonnulli ex iis ipsis, qui cæteroqui proponunt beneficia omnia nobis per Virginem veluti per canalem provenire. Sane Joannes Crasset ex piissima societate Jesu ex eorum numero est, qui censent cuncta quæ a Deo assequimur, Mariæ precibus et interventu nos assequi (43) ; is tamen docet id tradi veluti consuetudinem quamdam, quam *ordinariam* appellat, minime vero veluti legem etiam latissime et minus rigorose acceptam sibi aliquando præscriptam, aut etiam consuetudinem, a qua recedere minime possit (44).

41. Sanctum Thomam Aquinatem indubitatum auctorem non habet Expositio *Salutationis angelicæ*, quæ inter ejus opuscula in omnibus editionibus exstat (45). Sed quemcunque ea expositio auctorem habeat, dum Virgini aptat ea Ecclesiastici verba (xxiv, 25) : *In me omnis spes vitæ et virtutis*, non eam statim approbat glossam, quam ei adhibent piæ opinionis vindices. In aliquibus Virginis festis ea verba recitare nos jubet in divinis officiis Ecclesia. An vero cuncta divina per Virginem in nos effluere Ecclesia contendit ad eum modum, quo contendunt piæ opinionis vindices ? Minime vero ; neque id, ut puto, nos docebunt iidem vindices, qui, utpote eruditi et docti, monebunt nos, verba ea ab Ecclesia in festis Virginis recitari, tum propter conjunctionem quam habet cum Filio Mater, tum etiam quia [quod millies diximus, sed inculcandum est sæpe], dum angelo Gabrieli assensum præbuit, omnis *spei nostræ et virtutis* initium fuit, et, ut ita loquar, bonis omnibus, quæ per Christum assequimur, januam antea clausam aperuit.

Jam dixi, et hic quoque dico, hanc ob rem, *causam lætitiæ nostræ* appellari ab Ecclesia Mariam. Cæterum noverit lector locum, quem hi allegant, esse valde obscurum, ideoque varias ei adhibitas fuisse explicationes, e quibus ea probabilior esse videtur, quæ putat censere scriptorem istum, tantam fuisse non modo in Christo, verum etiam in Virgine gratiæ ubertatem, ut si distribueretur in singulos homines, tanta in singulis adhuc foret, ut per eam gratissimi Deo fierent, et salutem consequi possent. Utcunque sit, ipsa ejusdem scriptoris verba profero, ex quibus assequetur lector, quænam fuerit hujusce scriptoris sententia (46) : « Tertio quantum ad refusionem in homines omnes. Magnum enim est in quolibet sancto, quando habet tantum de gratia, quod sufficit ad salutem multorum. Sed quando haberet tantum, quod sufficeret ad salutem omnium hominum de mundo, hoc esset maximum : et hoc est in Christo et in B. Virgine. Nam in omni periculo potes salutem obtinere ab ipsa Virgine gloriosa. Unde Cant. iv, 4 : *Mille clypei* (id est remedia contra pericula) *pendent*, etc. Item in omni opere virtutis, potes eam habere in adjutorium. Et ideo dicit ipsa Ecclesiastici xxiv, 25 : *In me omnis spes vitæ et virtutis*. Sic ergo plena est gratia : et excedit angelos in plenitudine gratiæ. Et propter hoc convenienter vocatur Maria, quæ interpretatur *illuminata in se.* Unde Isa. lviii, 11 : *Implebit splendoribus animam tuam.* »

CAPUT VI.

Scholasticos piæ sententiæ fautores adducimus.

1. Quoniam piæ sententiæ vindices Patrum monita aliter explicari a criticis, quam ii explicent, ideoque robur [ut ita appellem] probationum suarum dissolvi, aut certe eludi videri, animis minime concidunt, aliudque probationum agmen superiori substituunt, scholasticorum scilicet, et sacræ Scripturæ interpretum, quorum monita eludi non posse affirmant. Expressissime nimirum id ipsum docent, quod ii, quos dixi, piæ opinionis vindices docent ; sunt vero iidem scholastici, et interpretes probatissimi et plurimi. Theophilus

(42) Cum alia non pauca olim sancto doctori tributa opuscula illi abjudicet præclarissimus ille theologus, qui libros S. Bonaventuræ Venetiis anno 1751 et seqq. edidit, illi præsertim abjudicat *Psalterium B. Mariæ* et *Speculum B. M. V.* Consule quæ tradit ille num. 19 et 20, part. iii, Prælocutionis præpositæ Operibus sancti doctoris ; quæ pars tertia de supposititiis agit : pag. 131, 132 et 133.

(43) « *La vera divozione verso Maria Vergine*, part. i, trat. 1, quæst. 5, §2.—*Sentimenti di alcuni Padri sopra la necessità, che abbiamo delle preghiere della santissima Vergine,* pag. 60, edit. Ital. an. 1762. Affert vero pag. 63, præ cæteris Patribus Bernardum hæc serm. 2 *De Nativ. Mariæ Virg.* tradentem : « Intuere, o homo, consilium Dei ; agnosce consilium sapientiæ, consilium pietatis..... redempturus humanum genus pretium universum contulit in Mariam.

(44) Ibid. quæst. 4, pag. 41 et 42. Statuit enim, nullo præcepto nos adigi, ut sanctos, ideoque Virginem sanctissimam invocemus et deprecemur ; tum hæc rei nostræ aptissima adjicit : « Tuttavia : come il Figliuolo di Dio non fa d'ordinario alcuna grazia agli uomini, se non per l'intercession di sua Madre, e l'orazion è 'l canale, per cui Iddio fa scorrere quasi tutti i suoi doni, dobbiamo dire della divozione della Vergine, con qualche proporzione, ciò che S. Agostino dice dell'orazione in generale. » Constat Deum alia non orantibus sicut initium fidei, alia nonnisi orantibus præparasse, sicut usque in finem perseverantiam. »(August.lib. ii, *De bon. persev.* cap. 16.)

(45) *Vide,* quæ tradit cl. Joan. Franc. Bernard. de Rubeis in libro, quem inscripsit *De gestis, et scriptis, et doctrina S. Thomæ Aquitanis,* dissert. 8, cap. 1, pag. 87, etc.

(46) Opusc. 8, edit. Rom. 1570, fol. 75.

Raynaudus (quod jam vidimus) (47) pro ea sententia stare monet Salazar, et Benzonium, et Alarcon. Alios, eosque magni nominis, affert Crasset (48) : nimirum Poire, Vegam, Richembergerum et Ribadeneiram. Horum autem scholasticorum et interpretum monita tanto majori habenda in pretio sunt, quanto firmiores esse videntur probationes, quibus fidunt; neque enim Patres tantummodo allegant, verum etiam Scripturas, quibus iidem Patres innituntur : indicatam enim aiunt Mariæ auctoritatem, potestatemque in gratiis ac beneficiis elargiendis ab auctoritate, quam a Pharaone assecutus est Joseph, quem verbis his compellavit (*Gen.* x, 40-44) : *Tu eris super domum meam, et ad tui oris imperium cunctus populus obediet : uno tantum regni solio te præcedam. Ecce constitui te super universam terram Ægypti..... Ego sum Pharao : absque tuo imperio non movebit quisquam manum aut pedem,* etc. Cum auctoritate quoque, ac potestate, quam in Hebræos ab Assuero obtinuit Esther, cui scilicet indulsit, ut populum a morte indicta eriperet, et beneficiis atque honoribus augeret, et maximis locupletaret divitiis, idque ea liberalitate, ut quidquid boni consequerentur Hebræi, ab Esther, veluti largitrice, ac benefica dispensatrice consequerentur. Consule caput viii, et cap. ix libri Esther.

2. Quid vero ad hæc critici ? Nonnulla horum, quos allegarunt, scholasticorum atque interpretum monita emolliri posse, et in vulgatissimam sententiam deduci ; exponendo scilicet eorum dicta de causalitate mediata ; nempe ratione Christi, quem produxit. Hoc modo, Theophilo Raynaudo (n. 14) teste, aperte ita se exponit Adam de Perse in Allegor., Tiim. ad cap. xxiv *Ecclesiastici* : «Oliva,» inquit, etc. Iis vero, quæ emolliri non possunt, neque in vulgatissimam sententiam deduci, obsistere silentium veterum, quorum auctoritate destituuntur : « Nec sane video, » inquit Theophilus Raynaudus crebro allegatus, « ubi illud actuale meritum congruum Deiparæ, vel impetratio respectu omnium donorum, quæ nobis a Deo obtingunt, fundari satis possit (49), » etc. In his, autem quæstionibus definiendis veterum auctoritate nitendum est, quibus haud nituntur, qui sermones minime antiquos Gregorio Neocæsariensi, Athanasio, Ephræemo, Augustino ascribunt, et præposito præclarissimorum horum Patrum nomine allegant : quod pariter dicimus de Opusculis sancto Bonaventuræ ascriptis ; habent enim auctores minus nobiles sancto Bonaventura.

3. Venio ad comparationes, quibus iidem scholastici utuntur. Primum Scripturæ locum, desum-

ptum scilicet ex Gen. xli, variis modis explicatum vidi. Plerique monent hic exstare hyperbolem in Ægyptiaca lingua fortasse usitatam, qua indicatur amplissima, ac pene summa in Ægyptios auctoritas, ac potestas Josepho a Pharaone collata. Et sane rigorose non accipi possunt verba illa : *Absque tuo imperio non movebit quispiam manum aut pedem.* Hanc porro amplissimam, ac pene summam, quam dixi, collatam a Pharaone Josepho auctoritatem ac potestatem interpretes fere omnes coarctant ad eam, quam deinceps Josephus exercuit, auctoritatem : in colligendis scilicet, retinendis, ac distribuendis vendendisque etiam segetibus, non aliam quampiam. Similem auctoritatem si vis a Deo tributam Virgini, minus amplam tribues Virgini, ad unum scilicet coarctatam genus, item ut ad unum genus [segetum nempe] coarctata est Josephi auctoritas et jurisdictio. Ad hæc, non largitricem beneficiorum facies Virginem, sed vendentem, ac permutantem beneficia, recipientemque alia eorum loco [pecora (50), et prædia (*Gen.* xlvii, 20, 21), aut pecunias (51)].

4. Ab Esthere adumbratam indicatamque Virginem fateor, propterea quia sicut pulchritudine ac venustate corporea, ita placuit Esther Assuero, ut eam sponsam eligeret, ac reginam constitueret, ita Virgo Maria anima locupletissime virtutibus ornata ita placuit Deo, ut eam Unigeniti Filii Matrem eligeret, ac Spiritus sancti Sponsam, ideoque Reginam nostram. In eo etiam adumbratam fateor, ut sicut Assuerus Estheris rogatu atque interventu Amanum Judæorum hostem ab auctoritate quavis ac potestate dejecit, eumque protrivit, et cum eo omnes Amani consanguineos amicosque, Judæorum hostes, quorum spolia ac divitias Judæis tribuit, et Mardochæum in summo Amani loco ac dignitate collocavit, se quoque antea Judæis adversum mitem illis, ac beneficentissimum constanter præbuit, ita Deus Virginis, quæ assensum Gabrieli præbens Redemptorem mundi concepit, aluitque, interventu, dæmonem auctoritate quavis in humanum genus ac potestate dejecit, eumque depressit ac protrivit, nobis quoque reconciliatus ac beneficentissimus effectus est, nosque in dæmonum sedibus eorum defectione vacuis posuit, aliaque plurima, et ea maxima ipsius Virginis suffragatione atque interventu nobis contulit tam spiritualia quam temporalia dona. Alia si addideris, quæ ad hæc duo capita revocari non possint, vereor, ne ea addideris quæ veterum magistrorum præsidio careant, ac suffragio.

---

(47) *Dipt. Mar.* part. ii, punct. 10, num. 13.
(48) *Vera Divozione di Maria*, tract. 1, quæst. 5, pag. 68.
(49) Recole dicta num. 18, cap. 5, in quo allegatur Ruiz.

(50) *Adducite pecora vestra*, etc. (*Gen.* xlvii, 16, 17.) *Sustentavitque eos illo anno pro commutatione pecorum.*
(51) *Omnes provinciæ veniebant in Ægyptum, ut emerent escas.* (*Gen.* xli, 57 seqq.)

CAPUT VII.

Ea proferimus argumenta, quæ a conjecturis, et quæ a commodis ex pia sententia provenientibus deducunt; ea quoque, quæ a ratione; ea denique quæ ab exemplis desumunt : quibus omnibus cr.ticorum solutiones opponimus.

1. Non modo eruditione, et Patrum ac theologorum testimoniis, opinionem suam confirmant ac vindicant piæ sententiæ vindices ; conjecturas aliaque argumenta advocant in subsidium : quæ propterea, ut iis obsequamur, dissimulare non possumus. Ad hunc itaque modum disputant (52) : « Prima spiritualis gratia Christi Domini, venientis in hunc mundum, et adhuc in Virginis utero positi, fuit sanctificatio sui Præcursoris Joannis Baptistæ, quam exsultatione in ventre matris ipse significavit. Hanc porro gratiam, Maria interveniente, largitum esse Christum, non obscure indicavit, repleta Spiritu sancto Elisabeth, illis ad B. Virginem verbis (*Luc.* i, 44) : *Ecce enim, ut facta est vox salutationis tuæ in auribus meis, exsultavit in gaudio infans in utero meo,* quemadmodum tres gravissimi Patres luculenter explanant. » Adducunt autem Origenem, Gregorium Thaumaturgum, et Ambrosium Mediolanensem, docentes scilicet Mariam præsentia sua gratia ditasse Joannem, qui ea ratione dæmonis potestati ereptus est : quos quidem Patres merito adducunt, quanquam rigidior aliquis criticus immerito Gregorium Thaumaturgum allegari monebit ; vereor enim ne locus ille, qui allegatur, Gregorio Thaumaturgo abjudicandus sit.

2. Altera conjectura subsequens est (p. 297) : « Prima item corporalis gratia, quam fecit Christus Dominus suæ prædicationis initio, fuit mirabilis illa conversio aquæ in vinum, in nuptiis Canæ Galilææ : ut enim notat evangelista (*Joan.* ii, 11) : *Hoc fuit initium signorum Jesus in Cana Galilææ, et manifestavit gloriam suam,* etc. Et hanc quoque gratiam, seu miraculum, eodem evangelista testante, ob insinuationem Matris suæ (*Ibid.* 4), *Vinum non habent,* operatus est Jesus, cæterdqui non operaturus, saltem tam cito, nisi Matris preces intercessissent ; ut magni nominis Patres observant. »

3. Descriptis autem Chrysostomi, Cyrilli, et Ambrosii locis attestantium miraculum hoc, Virginis interventu, et obsecratione peractum esse a Jesu Christo ; ad hunc modum disputant : « Si ergo Christus, cum primum venit in mundum, et cum primum prædicationis officium adortus est, voluit, ut homines suarum gratiarum tam spiritualium quam corporalium primitias dilectissimæ Matris suæ interventioni referrent acceptas ; non est difficile creditu, quod Christus jam in cœlis regnans, cum Matre sua Maria, quam et Ec-

clesiæ matrem, et patronam constituit, nonnisi per ejus manus ad nos dona sua profluere destinaverit. Cujus providentiæ et ordinationis suæ specimen, ac veluti pignus in illis primis gratiis nobis præbuisse videtur. »

4. Exempla his adjungunt, atque hæc quidem iis ipsis verbis exhibere libet, quibus ea exhibet clar. Plazza (pag. 306): « Nec desunt ejusmodi ordinationis, et directionis ipsorummet exempla sanctorum. Angelicus juvenis, sanctus Stanislaus Kostka, cum maxime optaret, proximo Assumptionis B. Virginis festo die, ad cœlestem patriam migrare ; ut hanc gratiam obtineret, sanctum Laurentium martyrem (qui eo mense ipsi patronus obtigerat), deprecatorem ad B. Virginem interposuit (53). Legimus quoque in actis authenticis Inventionis corporis S. Rosaliæ virginis Panormitanæ (54), quod hæc sancta virgo, recens effossis in monte Erctæo [vulgo *Peregrino*] suis sacris lipsanis, Vincentio Bonelli illic venanti cœlitus apparens dixit, *sibi jam a gloriosa Virgine Matre Dei et Regina cœli ac terræ sponsionem factam, gratiæ* scilicet *liberandi suam patriam a contagio.* »

5. Theologicam rationem his addunt, quæ ad hunc modum se habet (55) : « Expositam sententiam probamus ex vindicato jam beatæ Virgini universali *Mediatricis* titulo ac munere. Nam sicuti munus et decus universalis et primarii Mediatoris, quod in Christo est, postulat, ut nemo prorsus aliquid obtineat a Deo, nisi per merita et intercessionem Christi, ita munus et decus universalis, sed secundariæ mediatricis (quod esse in B. Virgine ostendimus) postulare videtur , ut, licet ipsa nihil a Deo obtineat nisi per Christum, alii tamen, quidquid a Deo obtinent, per B. Virginem obtineant, tanquam per mediatricem secundariam ad primarium mediatorem Christum. »

6. Addunt et commoda opinionis piæ, et hæc sunt : Commendat opinio hæc extollitque Virginis dignitatem et excellentiam ; amorem Dei et Christi, et benevolentiam erga Virginem eximiam exhibet extollitque. Denique alit augetque pietatem nostram erga Virginem, quatenus nos deprecatores esse vult Virginis, ut beneficia per eam omnia consequamur, gratos vero nos esse jubet Virgini, postquam ea fuimus consecuti ; quod sæpe ac copiosissime diximus.

7. Quid vero ad hæc critici? Desumptis ex conjectura probationibus statim sic occurrunt : *Num prima spiritualis gratia Christi venientis in hunc mundum, et adhuc in utero Virginis positi, fuerit sanctificatio sui præcursoris Joannis,* disputari merito potest ; et certe eam, quam recenset P. Plazza, præivit altera præstantissima sane,

(52) *Vindic. devot.* part. ii, cap. 5, pag. 295.
(53) Refertur in ejus Vita, scripta a P. Daniele Bartoli, lib. i, cap. 12.

(54) Descriptis a P. Jordano Cascini S. J. lib. i, *De S. Rosalia Virgin.* cap. 13, pag. 105.
(55) Pag. 295, *Vindic. devot.*

quam describit Lucas, cum mirabilem Joannis conceptum, ejusdemque conceptus mirabilem pariter prædictionem narrat (*Luc.* ı, 5 seqq.); præivit pariter altera, quam exhibet his verbis Matthæus (ı, 19 seqq.): *Joseph autem vir ejus, cum esset justus, et nollet eam traducere, voluit occulte dimittere eam. Hæc autem eo cogitante, ecce angelus Domini apparuit in somnis ei dicens: Joseph fili David, noli timere accipere Mariam conjugem tuam: quod enim in ea natum est, de Spiritu sancto est..... Exsurgens autem Joseph a somno, fecit sicut præcepit ei angelus Domini, et accepit conjugem suam...* Simillimum quoque veri est propinquitate, nisi fallimur, diuturniore Mariæ, et Jesu in sanctissimo illius utero contenti, plurima gratiarum munera recepta fuisse a parentibus Mariæ, et socii itineris ad *montana* adeuntis, quisquis is fuerit. Sed fac verum id fuisse quod censes; quid tandem consequeris? Jesum propinquitate sua sanctificasse Joannem, eumque rationis usu donasse. Ad vocem quidem Mariæ *Exsultavit in gaudio* Joannes Elisabethæ ventre comprehensus(*Luc.* ı, 44), sed vox Mariæ *occasionalis* (ut cum scholasticis loquar) et *instrumentalis* hujus exsultationis et gaudii *causa* fuit, ideoque etiam gratiæ Joanni collatæ, sed efficiens fuit Dominus Jesus potestatem suam, et omnipotentiam ab ipsis vitæ suæ exordiis manifestans et prodens ; præveniens scilicet naturæ dispositiónem et ordinem, ornato amplissimis muneribus eo puero, quem sui elegerat præcursorem. Adventui sane et propinquitati Jesu, uti veræ et activæ causæ, non voci Mariæ subsultum Joannis, et si appellare ita vis, exsultationem et lætitiam tribuere videtur Ecclesia, cum hæc nos in sacris officiis canere jubet (56):

> *Enititur puerpera,*
> *Quem Gabriel prædixerat :*
> *Quem ventre matris gestiens*
> *Baptista clausum senserat.*

Et sane nullas Mariæ preces, nullum interventum, nullam suffragationem, sed vocem tantummodo memorat Lucas. An tantam inhæsisse vis in *materiali* [ut scholasticorum more loquar] Mariæ voce virtutem ac vires, ut per se sola homines sanctificaret?

8. Aquam in vinum in nuptiis Canæ Galilææ Maria deprecante conversam fateor; quis enim id neget, quandoquidem id expressissime Joannes docet (ıı, 1 seqq.)? At exemplum istud ad piam opinionem stabiliendam imbecillum est prorsus : tum quia verisimillima eorum est opinio, qui aiunt alia miracula, eaque fortasse non pauca peracta jam fuisse a Domino Jesu, cujus adhuc pueri transeuntis virtutem ac potestatem Ægyptia simulacra et arbores agnovisse dicuntur; adeo ut signum factum in Canæ Galilææ nuptiis præiverit quidem

(56) In hymno ad Laud. in die Nativit. Domin.

alia miracula a Christo coram *discipulis facta*, sed non omnium ab ipso factorum primum fuerit : tum etiam quia, si omnium primum fuisse dederim, non continuo id quod cupis, assequeris. An unico, an duobus, vel, si vis etiam, decem exemplis universalis propositio statui potest? Minime vero. Nos porro, inquiunt critici, dum piæ opinionis vindices duo adducunt ad opinionem suam statuendam exempla, mille allegabimus eidem sententiæ adversantia : reliqua scilicet omnia, quæ Christus, evangelistis testibus, peregit : nullum scilicet adducere ex his possumus, quod Mariæ suffragatione ac precibus factum fuisse noverimus : plurima vero quæ vel sponte fecit Jesus, vel deprecantibus apostolis : interdum etiam eo solo exposcente, qui aut sibi, aut alteri beneficum optabat Jesum.

9. Id porro quod superioribus duobus exemplis ex Evangelio desumptis reposuerunt, iis quoque reponunt, quæ ex sacra Historia repetunt, sanctorum Stanislai scilicet et sanctæ Rosaliæ; accipiunt scilicet, quæ in his traduntur, sed ea ad universalem assertionem statuendam satis esse, fateri recusant.

10. Quod vero ex commodis in pia opinione positis desumitur, sic dissolvunt. Virginis dignitatem et excellentiam satis extollimus, cum eam fatemur Dei Matrem, Deo Filio, quantum humana creatura esse potest, dignissimam. Vide, obsecro, quæ de hoc argumento tradit Theophilus Raynaudus in *Diptychis Marianis,* caution. 1, 2 et 3, atque in hac postrema ea præsertim, quæ docet sub hoc titulo : *Mensura perfectionum B. Virginis, maternitas Dei.*

11. Amorem Dei et Christi erga Virginem, illiusque benevolentiam satis commendamus, cum eam selectam dicimus, ut Dei mater esset [ad quam dignitatem eam veluti disposuit, cum virtutibus et gratiæ donis omnibus locupletissime auxit : vide quæ diximus dissert. 1]; commendamus quoque, propterea quia ejus virtutes ac merita remuneratus est maxime : recole, quæ tota fere part. ı diximus, ac præsertim dissert. 42; commendamus denique, dum beneficia plurima, eaque maxima per eam nos consequi voluit. Vide quæ de efficacia intercessionis Virginis deinceps trademus. Si quis alia addiderit, caveat ne Mariæ ea tribuat, quæ nec Scriptura, nec probata traditio nos tribuere jubet.

12. Pietatem nostram erga Virginem exhibemus, dum excellentiam illius prædicamus, dum deprecamur, illiusque interventum exposcimus, ut quæ nos sine illius ope ac subsidio minime a Deo consequi posse veremur, fatemur illius ope, interventu ac præsidio nos consequi posse, et sæpissime etiam reipsa consequi. Gratum vero animum prædicat attestatio beneficiorum per eam receptorum, et gratiarum actio : quæ quidem omnia adhuc perstant, tametsi non omnium beneficiorum humano

3

generi conferendorum thesaurariam Virginem faciamus, dummodo plurimorum, eorumque insignium, et maximorum consecutricem, ideoque eorumdem beneficiorum liberalissimam largitricem, et piissimam itemque potentissimam advocatam nostram fateamur. Recole quæ de hoc argumento sæpe ac copiosissime diximus. Sane *piæ*, ut sæpe appellavi, opinioni Theophilus Raynaudus vehementer obsistit, et tamen eximium se Virginis cultorem profitetur et edito libro, cui *Nomenclator Marianus* titulum imposuit; in quo libro titulos ac præcipua encomia illi a Patribus tributa recenset, et hæc scriptis mandans (57) : « Quia invidiosum falsas Deiparæ laudes deterendi opus capesso; periculum est, ne in multorum judicia incurram, perinde ac si minus congruenter de fundamento encomiorum Deiparæ sententiam feram, cujus laudes, supra justum ab aliis cumulatas et exaggeratas postulem. Mihi vero mens ac sententia sedit omnino alia; qui et a prima ætate addictum me sanctissimæ Matris cultui omni jure profitear, ejusque innumeris titulis beneficiarium ac astrictissimum clientem agnoscam; et a multis annis, ejus nominatim favore ac tutela, in eam societatem ascriptus sim, quæ se tantæ matris benevolentissimam sobolem, ejusdem Deiparæ honori promovendo addictissimam contestetur quibuscunque licet modis; scriptis, sermonibus, factis, quod eleganti opere exsecutus est noster Joannes Bourghesius, titulus illi est: *Societas Jesu, Mariæ Deiparæ Virgini sacra.* Quare ut hæc labes detritarum Deiparæ laudum [quæ quidem laudes sint et ad ejus decus vere pertineant] nullo modo mihi contra jus fasque affricetur, nonnulla duxi præcavenda et præmittenda, » etc.

13. Postremam probationem a theologica ratione depromptam in præsenti omittimus, copiosius scilicet subsequenti dissertatione expendendam : tantum in præsenti hæc monemus. Si *Universalis Mediatricis* nomine intelligis unicam Matrem Christi Redemptoris, statim consentimus; si intelligis unicam, ad quam confugias, et per quam a Deo et Christo beneficia exposcere, atque assequi possis, id minime excipimus. Consule dicta num. 7, cap. 1, et num. 23, 24, 25, cap. 5. Quid, quod tametsi universalis primarius Mediator sit Christus, tamen nos ipsi Patrem deprecari possumus? Hoc modo in Missa sic deprecamur : *Suscipe, sancte Pater omnipotens*, etc. *Te igitur, clementissime Pater*, etc. (Vide *Joan.* XVI, vers. 26 et 27.) Neque vero ullo præcepto adigimur, ut cum Christum deprecamur, Deiparæ merita, aut interventum commemoremus, tametsi id utilissimum esse fateamur.

14. Verum, ut tandem aliquando huic operosissimæ, et nostris temporibus, quod jam dixi, exagi-

tatissimæ quæstioni finem imponamus, lectorem obsecro, ut utriusque partis momenta expendat, et quæ ei libuerit partem eligat. *Piam* procul dubio, atque adeo *satis* [id est, *valde*] *piam* opinionem, quæ eorum omnium, quæ a Deo consequimur, beneficiorum *thesaurariam* ac *largitricem* Mariam facit, ii ipsi fatentur qui eidem opinioni obsistunt. (Recole dicta n. 18, cap. 6.) At eamdem opinionem ab iis reprehendi aiunt, quod veterum suffragio ac præsidio sit destituta (vide dicta eodem numero ac capite); quam° etiam ob causam a Romanæ Ecclesiæ communione alienis vehementer arguitur ac carpitur; atque adeo reprehenduntur Catholici omnes, quasi in re gravissima novas opiniones sine probatissimorum magistrorum exemplo, atque auctoritate temere in scholas inducant suas.

SECTIO II. — *Quibus Maria sanctissima ea conferat beneficia, quæ confert.*

1. Quænam conferat beneficia, superiori sectione vidimus; plurima scilicet confert, fortasse etiam omnia confert, si vera est pia sententia, de qua antea diligenter egimus : quatenus illius subsidio et rogatu consequimur, quæ consequimur. Expendendum nunc est, quibus conferat; id est, quænam a Deo rogatu suo et subsidio obtineat, ut nobis conferat.

2. Creaturas quaslibet rationales ita partitus est apostolus Paulus obsequium describens, quod nomini Jesu exhibent, ut aliæ cœlestes sint, terrestres aliæ, in inferno detentæ aliæ (*Philipp.* II, 10) : *In nomine Jesu omne genu flectatur cœlestium, terrestrium et infernorum.* Quæritur itaque, num unicuique harum creaturarum generi Maria, quam Dei largitate ac munere beneficentissimam diximus, beneficia impertiat : et quoniam et dignitate, et in ipsa Pauli partitione primum locum obtinent cœlites, quærimus :

QUÆSTIO I. — *Num beatis Maria sanctissima beneficia conferat.*

Qua soluta, quæstionem secundam proponimus, eamque pariter solvimus.

QUÆSTIO II. — *Num hominibus in terra adhuc degentibus beneficia conferat M. V.*

1. Cœlitibus superna beatitudine potitis beneficia, si rigorose loqui volumus, Maria sanctissima non impertitur. Etenim neque ipsi ullius rei egent, neque eorum beatitudo facto jam de eorum virtute experimento stabilita determinataque cujusquam precibus augeri potest. Quæri itaque tantummodo potest, num angeli et sancti, quos nostræ salutis cupidissimos ac sollicitos novimus (58), ad

precatione, fratrum tuorum martyrum coge chorum, et cum omnibus una deprecare... admone Petrum, excita Paulum, Joannem item Theologum ac discipulum dilectum, ut pro Ecclesiis, quas constituerunt, solliciti sint. » Orígenes hom. 1, *in Ezechie-*

---

(57) *Dypt. Marian.* Prolog. cant. 1, num. 1, etc.
(58) Vide quæ *De cultu sanctorum* agens tradidi dissert. 3, cap. 50. Gregorius Nyssenus num. 7, in sanctum martyrem Theodorum, sic eum deprecatur : « Si majori etiam opus fuerit advocatione ac de-

Mariam confugiant, ut nostri misereatur, opemque, quam a Deo se consequi non posse timent [obsistentibus scilicet vitiis, ac criminibus, ac negligentia hominum, quos adjuvare cupiunt], ab unigenito Filio suo obtineat, eaque ratione erga angelos ac coelites benefica sit.

2. Id porro affirmare minime vereor ; imo id valde probabile arbitror. An enim minus nos amat, quam coelites reliqui ; an minus eam amat Unigenitus suus ac Dominus noster, in cujus manu cuncta posuit coelestis Pater? An minus apud eum habet auctoritatis ac gratiæ? Minime vero. Argumento itaque, quod *a fortiori* appellare merito possumus, Mariam, deprecantibus angelis et sanctis, ut nobis opituletur, ac prosit, eam eisdem angelis, ac sanctis benevolam atque obsequentem, nobisque beneficentissimam haud temere assero.

3. Quæstionem porro alteram, num scilicet hominibus in terra degentibus, ideoque mortali vita fruentibus beneficia impertiat, facile solvimus, ea recolendo quæ tota priore dissertatione tradidimus ; etenim cuncta fere, quæ in ea protulimus, huc facile spectant : ea quoque, quæ de invocatione, deque variis Mariæ colendæ argumentis deinceps dicemus, transferri huc commode queunt ; ideo enim eam invocamus, ut nobis opituletur. Persuasum itaque est nobis, eam opem ferre, dum in hac vita degimus ; ideo vero eam colimus, vel ut beneficiis in nos ab ea collatis grati simus, vel ut ad ea nobis impertienda illam moveamus. Ea quoque quæ de cultu sanctorum agens copiose tradidi, argumentum non leve ad id, quod agimus, præbent ; scilicet argumentum quod a fortiori scholastici appellant, et ex iis commode facile eruimus Mariam reliquis sanctis multo elatiorem intercedere, nobisque conferre beneficia, si sancti intercedunt nobisque conferunt beneficia. Quanquam ea ipsa, quæ in eo tractatu protuli, non pauca comprehendunt, quæ ad Mariam ipsam pertinent, quæ propterea commode deduci huc possunt. Proderunt quoque ea, quæ quæstione subsequente ex veteribus Missalibus proferemus ; etenim magna pars eorum monumentorum expressissime ostendit, Mariam Virginem suffragatione sua nobis favere maxime. Ea itaque consulat lector.

—

QUÆSTIO III. — *An ad inferos Mariæ intercessio se protendat.*

Explicatis usitatioribus vocis *inferi* significationibus, quærimus, num ad mortem [seu sepulcrum], num ad sinum Abrahæ, num ad eum locum, quo detinentur animæ puerorum originali labe pollutorum ; num denique ad locum, in quo cruciantur animæ eorum, qui Deo minime invisi obierunt, labe tamen aliqua, quam adhuc habent, prohibentur ne ad superos avolent, Virginis intercessio sese protendat ; quidve in unaquaque quæstione sentiamus, subjicimus.

1. *Inferorum* nomine in sacræ Scripturæ et ecclesiasticorum doctorum libris significantur sepulcrum, ideoque per sinecdochen mors, cujus causa sepulcro inferimur (59), sinus Abrahæ, locus ille, qui pueris rationis expertibus, et originali labe pollutis a morte præreptis assignatur ; locus itidem ille, in quo degunt animæ, quæ lethali peccato minime fœdatæ, sed quæ tamen aut levibus noxis nonnihil pollutæ, aut pœnas, quas pro præteritis peccatis persolvere debebant, minime persolverunt, mortem obierunt ; locus denique ille, quo concluduntur animæ eorum, quos (*II Petr.* II, 4) cum *angelis peccantibus rudentibus inferni detractos in Tartarum tradidit* [Deus] *cruciandos*.

2. Porro quæritur, an ad hos locos sese Mariæ intercessio protendat. Id sic particulatim dissolvo. Si inferorum nomine intelligis mortem, cujus causa sepulcro infertur corpus mortis vi ab anima disjunctum, Mariæ, dum viveret, intercessione quempiam a temporali morte fuisse liberatum, nulla probabilis historia prodit ; multæ vero probabiles historiæ produnt, nonnullos Virginis intercessione fuisse a mortuis excitatos. Porro omnibus his historiis fidem is tantum demet, qui ea solum, quæ videt ipse, excipit, reliqua rejicit ; quod quidem hominum genus vel moderatis criticis displicet. Quod si sepulcri nomine sepulturam ipsam intelligis, qua ratione juventur in sacris ædibus, ideoque iis, quæ sanctorum, proptereaque etiam Mariæ nomine honestantur, habes dissertatione 68 operis quod *De cultu sanctorum* inscripsi, quem locum consule.

3. Sinus Abrahæ, si *proprie* et *rigorose* accipias, nullum a Maria adjumentum habuit, imo neque

---

lem : « Veni, angele, suscipe sermone conversum ab errore pristino .. advoca tibi alios socios ministerii tui, ut cuncti pariter eos, qui decepti sunt, erudiatis ad fidem. » Daniel x, vers. 13 : *Ecce Michael unus de principibus primis venit in adjutorium meum*, etc.

(59) Gen. XLII, 38 : *Deducetis canos meos cum dolore ad inferos ;* id est, prædolore mori me compelletis. — I Reg. II, 6 : *Deducit ad inferos, et reducit,* id est, proximos nos morti facit, et a morte nos revocat. — III Reg. II, 6 : *Non deduces canitiem ejus pacifice ad inferos ;* id est, Non sines pacifica et naturali morte eum mori ; et alibi sæpissime. Quod vero sinus Abrahæ, locus in quo purgantur animæ, ut prorsus impollutæ ad cœlum deferantur, locus itidem, in quo teterrimo carcere inclusæ crucian-

tur animæ a divina beatitudine perpetuo exclusæ *inferi* appellentur, docet expressissime Catechismus Romanus, ad quem lectorem allego. Vide quæ traduntur ad artic. 5 Symboli, cap. 6. Locum porro illum, in quo detinentur pueri baptismo minime abluti, *inferorum* vocabulo denotari etiam posse, ex eo liquet, quod procul dubio nobis infernus locus est, ubicunque tandem is sit. Vide quæ Bellarminus, tametsi brevissime, docet (lib. II *De Purgatorio*, cap. 6, paragrapho incipiente ad hunc modum : *Quod autem limbus puerorum*, etc.). Sed multo ante Bellarminum id docuit S. Thomas, *Sententiarum* librum IV explicans. Vide quæ tradit ille in distinct. 45, quæst. 1, art. 2. Vide præsertim paragraphum incipientem ad hunc modum : *Ad tertiam quæstionem.*

habere potuit : neque enim perstitit Abrahæ sinus, postquam Christus resurgens a mortuis *ascendens in altum captivam duxit captivitatem* (*Ephes.* IV, 8) : tamen si latius rem sumas, adjumentum, aut potius solamen aliquod accepisse, ostendere se posse confidit Mendoza (60) ad hunc modum disserens : « Quod attinet ad limbum patrum, tripliciter fingi potest animas inde liberari. — Primo, per propriam mutationem illius status in statum beatitudinis ; sed hæc liberatio est propria Redemptoris, ut de fide constat, ex communi theologorum doctrina, in III, dist. 18 ; et in IV, dist. 2 ; et III part. quæst. 49 et 52. Unde solus Christus habere dicitur *clavem abyssi* (*Apoc.* XX, 1), qui solus inferni postes reseravit : in quo sensu appellat D. Hieronymus in *Epistola ad Dardanum,* Christi sanguinem *clavem paradisi.* Et propterea dicit D. Thom. Christum Dominum appellatum fuisse *ostium* (*Joan.* X, 9), et *viam* (*Joan.* XIV, 6), quia ipse aperuit viam et ostium regni cœlorum : quod D. Paulus ad Hebr. X, 20, satis expressit, dum ait : *Initiavit nobis viam novam et viventem per velamen, id est, carnem suam ;* nam antea, ut D. Chrysostomus, Theophylactus, Ambrosius, et alii loquuntur, regnum cœlorum erat mortalibus inaccessibile. — Secundo, dicuntur animæ inde eripi solum metaphorice, quatenus ex illa afflictione, quam illis afferebat spes dilata, quæ non poterat non esse maxima, ut D. Gregorius, lib. XIII *Moralium,* cap. 16 ; D. Augustinus serm. 2 *De resurrectione ;* D. Thomas III part. quæst. 52, art. 2 ; Cajetanus *ibid.* aliique testantur : quatenus, inquam, ex illa afflictione aliqua ex parte relevabantur. Et hoc modo non est dubium, quin B. Virgo ab illa afflictione eas animas recrearit. Nam cum B. Virgo de congruo meruerit incarnationem, saltem quoad accelerationem mysterii, et condigne se disposuerit, ut esset Mater Dei, et consentiendo angelo incarnationem nuntianti, medium præbuerit humanæ redemptionis, et hæc omnia illis Patribus ex divina revelatione innotuerint ; non poterant non ingenti gaudio cumulari. — Tertio, dici possunt eripi e limbo, non quidem mutando statum, sed mutando locum saltem ad tempus ; et in hoc sensu non video utilitatem ullam, ratione cujus B. Virgo debuerit aliquam inde animam vindicare. Alioqui si aliqua utilitas occurrisset, plane vindicasset ; quod probo : quia licet de lege ordinaria animabus in limbo inclusis non pateret egressus ; nihilominus in ea lege, si oporteret, sanctissimæ Virginis precibus dispensaretur. Nam si in ea dispensatum est interventu unius pythonissæ, veram Samuelis animam inde evocantis, ut habetur I Reg. XXVIII, 7 seqq., et clarius Ecclesiastici XLVI, 23, ut ex antiquioribus egregie confirmant Josephus, Justinus, D. Augustinus, D. Ambrosius, D. Basilius, D. Hieronymus, D. Thomas, et ex recentioribus, Lyra, Abulensis,

Carthusianus, Cajetanus, Jansen., et ex nostris cardinalis Bellarminus, Suarez, Pererius, et alii, quis dubitet sanctissimæ Virginis oratu posse in eadem dispensari : quamvis de facto, quia necessitas nulla fuit, dispensatum non sit ? »

4. Ut aliquid de Mendozæ monitis dicam, pauci excipient quod de summa afflictione patrum in Abrahæ limbo detentorum is tradidit. *Requiei status* erat ille ; et quanquam hic nolo judicem me constituere inter viros clariss. Joannem Cadonicum Cremonensem canonicum et P. Liberatum Fassonium, ex ordine Scholarum Piarum theologum, benevolentiæ ac amicitiæ vinculis mihi conjunctissimum, quorum prior beatitudinem aliqua potitos fuisse asserit eos Patres, negat alter, quorum monita consulat volo lector ; in eo tamen conveniunt theologi omnes, quod summa afflictione carerent ; erat enim *requiei* status ille ; quamobrem non verentur nonnulli probatissimi Patres, sanctos ipsos post peractam a Christo redemptionem mortuos, ideoque cœlesti beatitudine potitos, in sinu Abrahæ degentes dicere (61).

5. Novi equidem nonnullos objicere verba illa Christi (*Joan.* VIII, 56) : *Abraham pater vester exsultavit* [id est cupiit], *ut videret diem hunc, vidit, et gavisus est.* Sed desiderium sine afflictione esse potest ; et si divinæ voluntati conforme est, sine ulla afflictione revera est. Optat Ecclesia, Christianos omnes cœlesti beatitudine potiri, suumque desiderium his precibus ad Deum fusis prodit (62) : *Deus, cui soli cognitus est numerus electorum in superna felicitate locandus ; tribue, quæsumus, ut intercedentibus omnibus sanctis tuis, universorum, quos in oratione commendatos suscepimus, et omnium fidelium nomina beatæ præstinationis liber ascripta retineat.* At non propterea affligitur, cum improbos Christianos, Dei voluntate juste pœnas de eorum criminibus exigente, ad inferos detrusos novit. Optabat angelus Persidis (*Dan.* X, 13), Hebræos in Perside moram ducere [eorum scilicet recta exempla, et pia monita juvabant Persas], optabat præses Judæis angelus, ut ii in Judæam reverterentur (*Ibid.* 4-8). Uterque ferventes et diutinas preces ad Deum fudit. Exauditus est præses Judæis angelus : at non continuo afflictus est angelus Persis præses ; neque enim, cum beatitudine, qua uterque angelus potiebatur, convenire afflictio potest. Voluntas porro Abrahæ et reliquorum veterum sanctorum divinæ voluntati prorsus congruebat. Quod vero gavisus sit Abraham ; postquam vel divina revelatione, vel angelorum, vel Josephi Christi nutritii, ad eum sinum advenientis monitu novit Christum Redemptorem jam venisse, rectissime gavisus est, et propter emolumenta toti generi humano ex ea re provenientia, et propter utilitatem sibimet ipsi, et sociis patribus provenientem. Angeli et homines sancti

<hr/>

(60) *Viridar. sacræ et prof. erudit.* lib. II, probl. 5.
(61) Murator. *De Parad.* cap. 12.

(62) In Secr. Missæ Dominicæ I Quadrages. et rursus Dominicæ II, III, IV Quadrages.

peracto Christi judicio gaudebunt propter bona
generi humano, et sibimet ipsis advenientia ;
horum enim corpora beatitudine potientur, qua
antea non potiebantur, ideoque in corpore ipso
explebuntur ubertate ; angeli autem ea ipsa de re
gaudebunt; *amant* enim angeli nunc etiam homines,
amant ferventius beatitudine jam potitos, ideoque
de eorum emolumentis gaudebunt. At non propterea vel beati, vel angeli nunc affliguntur.

6. Quod vero docet Mendoza de intercessione
Virginis adeo se protendente, ut e limbo potuisset
animas extrahere, sic accipe, ut si id vidisset
æquum, et divinæ voluntati conforme, egisset : sin
minus, minime egisset. Cæterum, Samuelem pythonissæ interventu fuisse excitatum, pauci dabunt ;
et quæstiones, quæ possibilitatem tantummodo respiciunt, theologi merito evitant, cum sua ingenia
et eruditionem exercere laudabilius in aliis quæstionibus possint.

7. Neminem fere inveni, qui Mariam pro animabus in limbo detentis suffragationem suam interponere, aut aliquando interpositura affirmet; quo
quidem argumento merito conjicimus persuasum
fuisse, esseque omnibus, nullam pro iis suffragationem Mariam interponere; quod mirum non est :
etenim Deo invisi et mortui, et peccato quidem non
ab iis actu admisso, sed tamen suo [scilicet ab
Adami lapsu sibi inusto et imputato] fœdatos, ab
iis nec detestatione, aut sacramento, aut alia ratione
deleto, ideoque permanente ; quamobrem eos Deo
alienos et ab Ecclesiæ communione remotos agnoscimus. Ob quam causam pro iis nunquam orat,
aut suffragationem aliquam interponit Ecclesia.
Quo posito, iis nullam opem conferet Virgo. An eos
juvare illa poterit, qui ab Ecclesia sejuncti sunt,
nec labem, quæ eos a cœlesti regno arcet, contractam non eluerunt, nec eluere possunt, utpote
gratiæ ubertate orbati, qua labem contractam abstergere queant ?

8. Libet porro hic exscribere, quæ in rem præsentem tradit sanctus Thomas (63) : « Dicendum
quod lymbus patrum, et lymbus puerorum absque
dubio differunt secundum qualitatem præmii, vel
pœnæ ; pueris enim non adest spes beatæ vitæ,
quæ patribus in lymbo aderat, in quibus etiam
lumen fidei et gratiæ refulgebat (64). In patrib us
originalis culpa expiata erat, secundum quod erat
infectiva personæ ; remanebat tamen impedimentum
ex parte naturæ, pro qua nondum fuit plenarie satisfactum : sed in pueris est impedimentum, et ex
parte naturæ : ideo pueris, et patribus diversa rece-
ptacula assignantur. »

9. Reliquum itaque est, ut quæstionem contrahamus ad animas, quæ piaculari igne crucientur, ut
ea pœna expiatæ, et veluti purgatæ labis cujusque
expertes efficiantur, et candidæ, ideoque dignæ, ut

Agni nuptiis intersint. Hæc autem statim ex Theo
philo Raynaudo crebro allegato proferre libet (65):
« Illud etiam verisimile proditur, B. Virginem
aliquos prævenisse, ne subirent purgatorium, suis
eos precibus muniendo. Quod de Alexandro III narrat Menologium Cisterciense 27 Augusti, et de aliis
alii. »

10. At si de iis ipsis animabus, quæ mortali vita
exutæ purgatorio.igne expiantur, quæstionem instituas, Virginem suffragationem suam pro hisce animabus interponere, is minime dubitabit, qui ad vulgatissimam, et fidelibus insitam persuasionem animum
advertet. Censent scilicet communi quadam consensione fideles, Mariam sanctissimam preces suas
pro iisdem animabus sæpe interponere, ac pro
iis præsertim, qui dum viverent, eamdem Virginem
peculiaribus obsequiis coluerunt. Atque hanc quidem fidelium persuasionem, cum alii præsertim
ecclesiastici libri prodant, eæ sane produnt preces,
quas in Missalibus et Breviariis recitare jubemur ad hunc modum : *Deus veniæ largitor, et huma-*
næ salutis amator, quæsumus clementiam tuam,
ut nostræ congregationis fratres, propinquos et be-
nefactores, qui ex hoc sæculo transierunt, beata Ma-
ria semper Virgine intercedente, cum omnibus sanctis
tuis, ad perpetuæ beatitudinis consortium perve-
nire concedas. Quas quidem preces antiquissimas
esse non dubito : et eæ fere sunt, quæ in Missali et
Rituali Veneto, aut fortasse Torcellano sæculo xɪ
conscripto in nostra Bibliotheca servato exstant. En
illas (66) : *Deus, veniæ largitor, et humanæ salutis*
amator, quæsumus clementiam tuam, ut nostræ con-
gregationis fratres, vel sorores, qui ex hoc sæculo trans-
ierunt, beata Maria semper Virgine intercedente cum
omnibus sanctis ad perpetuæ beatitudinis consortium
pervenire concedas, etc. Et deinceps. —Postcommu-
nɪo : *Deus, vita viventium, spes morientium, salus*
omnium in te sperantium, præsta propitius, ut ani-
mæ hujus congregationis nostræ mortalitatis tene-
bris absolutæ, beata Maria semper Virgine inter-
cedente, in perpetua cum omnibus sanctis tuis luce
lætentur, etc.

11. Quantum vero eodem Rituali preces eæ vetustiores sint, difficile invenies. Codices enim præsertim ecclesiastici, sæculo xɪ vetustiores, rarissimi
sunt, atque in iis ipsis, quos nobiliores servant bibliothecæ, magna pars deest ; absumpsit scilicet aut
longa ætas, aut possidentium negligentia, interdum
etiam nonnullorum pravitas, ac malitia non paucas, præsertim priores ac postremas chartulas,
adeo ut paucissimos inventurus sis veteres ecclesiasticos codices, qui prorsus integri sint.

12. Eamdem porro persuasionem fidelibus antea
inhærentem deinceps etiam inhæsisse, alii ecclesiastici libri manifesto produnt. Missale sæculo xɪɪ
conscriptum, quo olim monachi in insula Gorgo-

---

(63) In ɪv *Sent.* dist. 45, quæst. 1, art. 2, § incipiente ad hunc modum : *Ad tertiam quæstionem.*
(64) Ad primum, ergo.

(65) *Diptyc. Marian.* part. ɪɪ, punct. 10, num. 24.
(66) Missa pro congregatione, pag. 208.

nia degentes usi sunt, nostra possidet Bibliotheca. In eo porro illa ipsa prior oratio, quam modo protuli, exstat ; hæc scilicet (67) : *Missa pro congregatione : oratio : Deus, veniæ largitor, et humanæ salutis amator, quæsumus clementiam tuam, ut nostræ congregationis fratres, qui de hoc sæculo transierunt, beata Maria semper Virgine intercedente, cum omnibus sanctis tuis ad perpetuæ beatitudinis consortium pervenire concedas. Per., etc.*

13. Atque hunc ipsum pro fidelibus defunctis orandi modum reliqui ecclesiastici libri, tametsi in diversis regionibus conscripti retinent : ex quorum consensione ac concordia facile assequeris quod ab initio dixi ; fidelibus scilicet universis persuasum fuisse Virginem Deiparam fidelibus in purgatorio detentis opitulari.

14. Cave vero putes, in ea tantummodo prece, quam nuper protuli, persuasionem hanc fuisse propositam. Ex plurimis ad eam ostendendam argumentis ea tantummodo seligo, quæ duo nuper allegati codices nobis præbent.

15. Pagina 97 codicis Veneti, seu, si vis, Torcellani hæc occurrunt : ALIA MISSA. *Sanctæ Dei Genitricis Mariæ, et beatorum omnium cœlestium virtutum, sanctorum quoque patriarcharum, prophetarum, apostolorum, martyrum, confessorum et virginum, atque omnium simul sanctorum tuorum, quæsumus, omnipotens Deus, meritis ac precibus placatus, tribue nobis misericordiam tuam, et da populo tuo inviolabilem fidei firmitatem et pacem : repelle a nobis hostem, et famem, et pestem ; da nobis in tua virtute constantiam et fortitudinem, immitte hostibus nostris formidinem et invaliditatem, retribue omnibus nobis bona facientibus vitæ æternæ beatitudinem, da inimicis nostris, et persequentibus nos recognitionem ; et indulgentiam concede defunctis nostris, et omnibus in Christo quiescentibus remissionem peccatorum, et requiem sempiternam, etc.* —SECRET. *In conspectu divinæ majestatis tuæ, quæ-sumus, omnipotens Deus, intercedente sancta Dei Genitrice Maria, et omnibus sanctis tuis, oblationes nostræ et preces acceptabiles ascendant, et tua propitiatione veniam nobis, et pacem tribue, hostem et famem, et pestem a nobis repelle, fidem, spem et charitatem nobis largire, defensione tua nos semper circumtege, hostium nostrorum superbiam et virtutem contere, omnibus nobis bona facientibus gratiæ tuæ abundantiam tribue, discordantes ad pacem bonam converte, defunctis nostris requiem concede, et omnibus fidelibus tuis vitam sempiternam largire, etc.*— POSTCOM. *Per hujus sacramenti mysterium atque virtutem, quæsumus, Domine Deus noster omnipotens, beata Maria semper Virgine, et omnibus sanctis intercedentibus, vitiorum nostrorum maculæ deleantur, et preces nostræ in conspectu majestatis tuæ acceptabiles inveniantur. Populus tuus a peccatis, et hostibus liberetur, fide et rectitudine roboretur,*

hostium nostrorum superbia, et fortitudo prosternatur, pestilentiæ et fames procul pellantur, bona nobis facientibus gratiæ tuæ abundantia repleantur, discordantes in fraterna pace revocentur, defuncti nostri requiem consequantur, et omnes fideles tui vitam perpetuam adipisci mereantur, etc.

16. MISSA S. MARIÆ, ATQUE OMNIUM SIMUL SANCTORUM. — *Sanctæ Dei Genitricis Mariæ, ac beatorum apostolorum, martyrum, confessorum et virginum, atque omnium simul tuorum sanctorum, quæsumus, Domine, famulum tuum pontificem nostrum intercessionibus protege, pariterque familiaritate atque consanguinitate sibi conjunctos, et eos, qui se meis, nostrisque commendaverunt orationibus, et sua nobis confessi sunt peccata, et largiti sunt eleemosynas, et omnem populum Christianum ab omni pravitate defende, et commissum etiam sibi ad regendum gregem custodi : famem et mortalitatem a nobis procul repelle, hostes visibiles et invisibiles remove, et locum istum ab omni inimicorum impugnatione defende, et animabus famulorum famularumque tuarum, cunctorum fidelium defunctorum, requiem tribue benignus sempiternam, et sanctorum tuorum cœtibus consociare digneris, et pacem tuam nostris concede temporibus, etc.* — SECRET. *Oblationis hujus, quæsumus, Domine, placare muneribus, et intercedente beata Maria cum omnibus sanctis tuis, famulum tuum pontificem nostrum, et gregem sibi commissum, et omnem populum Christianum a cunctis defende periculis, et locum istum ab omni inimicorum impugnatione defende, et animabus famulorum famularumque tuarum, cunctorum fidelium defunctorum per hæc sancta sacrificia remissionem omnium tribue peccatorum, et pacem tuam nostris concede temporibus, etc.* — POSTCOM. *Purificet, quæsumus, Domine, famulum tuum pontificem nostrum divini sacramenti libatio, et gloriosæ sanctæ Dei Genitricis Mariæ, omniumque sanctorum tuorum oratio, et gregem sibi commissum, ac familiaritate et consanguinitate sibi conjunctos, et eos qui se meis nostrisque commendaverunt orationibus, et sua nobis confessi sunt peccata, et largiti sunt eleemosynas, omnique populo Christiano misericordiam tuam ubique protende, famem et mortalitatem a nobis procul repelle, hostes visibiles et invisibiles remove, et locum istum ab omni inimicorum impugnatione defende, et animabus famulorum famularumque tuarum cunctorum fidelium defunctorum remissionem omnium tribue peccatorum, et pacem tuam nostris concede temporibus, etc.*

17. In eo porro Missali, quod olim pertinuisse ad insulæ Gorgoniæ monachos dixi, subsequens Missa exstat, quæ ad hunc modum inscribitur : MISSA PRO SALUTE VIVORUM, SIVE MORTUORUM. *Pietate tua, Domine, quæsumus, nostrorum solve vincula omnium delictorum, et intercedente beata Maria, cum omnibus sanctis, nos famulos tuos, atque locum istum in omni sanctitate et religione custodi, omnesque*

affinitate et familiaritate nobis conjunctos, seu omnes Christianos a vitiis purga, virtutibus illustra, pacem et salutem nobis tribue, hostes visibiles et invisibiles remove, inimicis nostris charitatem largire, et omnibus fidelibus vivis et defunctis in terra viventium, vitam et requiem æternam concede. Per, etc.
— SECRET. *Deus qui singulari corporis tui hostia totius mundi solvisti peccata, intercedente beata Maria semper Virgine cum omnibus sanctis, per hanc oblationem maculas scelerum nostrorum absterge, et omnium fidelium vivorum et defunctorum peccata dimitte, eisque præmia vitæ æternæ concede. Per, etc.*
— POSTCOMMUNIO. *Sumpta sacramenta, quæsumus, Domine, omnia crimina nostra detergant, omnemque pravitatem et infirmitatem, seu hosticam rabiem, atque subitaneam mortem, meritis beatæ Mariæ, et omnium sanctorum a nobis procul repellantur, et omnibus fidelibus vivis, et defunctis prosint ad veniam, pro quorum tibi sunt oblata salute. Per Dominum, etc.*

18. Neque vero, si Patres audimus, dubitare ea de re possumus : docuit enim jam dudum Augustinus fideles mortuos a sanctorum suffragatione ac precibus juvari. Vide quæ tradit cap. 4, alias num. 6, libri *De cura gerenda pro mortuis.* An vero minus erga nos benevolam ac piam, aut minus apud Deum auctoritatis habentem, ut eosdem fideles mortuos juvet, Mariam dicere audebimus? An etiam cunctas vetustas sacras ædes martyribus tantum erectas dicemus, nullam Virgini, cum tamen aliunde noverimus, ab ipso Ecclesiæ exordio fuisse nobiles sacras ædes Virgini erectas? qua de re alibi. Et hæc quidem quantum ad institutum nostrum attinet, retulisse satis sit. Nonnulla de sanctorum erga animas in purgatorio igne cruciatas suffragatione innuit sanctus Thomas in IV, distinct. 45, quæst. 3, art. 3 ad 4, § *Sed contra,* etc., ad. 4. Si quis plura cupiat, ea consulat, quæ Theophilus Raynaudus *de Purgatorio* agens disserit (68).

19. Quod si ea minus probabunt critici, quibus adductæ hoc in loco a Theophilo Raynaudo probationes minus validæ esse videntur ; quam etiam ob causam iis non acquiescunt, quæ desumuntur ex opusculis 33 et 34 Petri Damiani, eos mone, hoc procul dubio ex monumentis ab hisce scriptoribus adductis consequi, ut assequamur, iis temporibus quibus ea quæ allegantur, conscripta sunt, persuasum fuisse fidelibus, a reliquis quidem sanctis, eas, quas diximus, animas, sed præsertim a Virgine sanctissima adjuvari ; atque hæc quidem persuasio probationem præbet non contemnendam.

20. Sed præter hæc adest nobis probatio ex scholasticorum omnium consensione desumpta; ii enim omnes, qui commentariis antea allegatum sancti Thomæ locum illustrant, multa etiam ad ipsum confirmandum illustrandumque afferunt : et vulgatissima ea est probatio, qua utitur Mendoza (69) : « Quamvis beati non impetrent gratuitam remissionem pœnæ : hoc enim minus congruit illi statui, saltem de lege ordinaria, ubi jam non gratia cernitur, sed justitia; quamvis item beati satisfacere non possint pro illis animabus, cum jam sint extra statum satisfaciendi, qui est proprius vivorum : nihilominus prodesse illi possunt, uno e tribus modis : 1° Impetrando a Christo Domino, ut de sua infinita satisfactione, illis animabus tantum applicet, quantum satis sit, ut a pœna liberentur : unde jam remissio gratuita non evadet. 2° Applicando suam propriam satisfactionem, si qua illis superfuit ex operibus, quæ in vita peregerunt; hæc enim in thesauro Ecclesiæ reservantur ab ipsis beatis, ad quos pertinent, pro suo arbitrio, his, vel illis personis applicanda. 3° Postulando a Deo, ut excitet viventes ad necessaria suffragia, et condignam satisfactionem exhibendam : et quolibet modo ex prædictis B. Virgo potentissima est ad illas animas e purgatorio vindicandas. » Alia in eamdem rem antea edocuerat : « In primis e purgatorio multos B. Virgo eripuit, » etc. Et hoc de argumento hactenus.

QUÆSTIO IV. — *Num ad eos etiam Mariæ intercessio ratione aliqua se protendat, aut certe protendere possit, qui Deo invisi morientes æterno igni cum dæmonibus cruciandi sunt destinati. Explicatis autem duobus sensibus, quibus quæstio hæc subest, statim quærimus num Mariæ intercessio animas ad inferos detrusas ab iis aliquando eripuerit, aut certe eripere possit.*

Haud difficilis superioribus quæstionibus accommodata solutio fuit. Superest multo ad dissolvendum difficilior postrema quæstio, quam in titulo proposui : *Num scilicet Mariæ intercessio ratione aliqua se ad eos ipsos protendat, qui Deo invisi morientes æterno igni cum dæmonibus cruciandi sunt destinati.* Porro duo complectitur quæstio hæc, an scilicet *Mariæ intercessio animas ad inferos detrusas ab iis aliquando eripuerit, aut certe eripere possit.* Quo repulso, adhuc quæritur : *Num solamen aliquod, et nonnullum infelicitatis levamen Mariæ suffragationibus æternis cruciatibus destinati aliquando percipiant, aut certe percipere possint.* A primo exordimur, quærimusque :

QUÆSTIUNCULA I. — *Num a loco, in quo cum dæmonibus torquentur animæ eorum, qui Deo invisi obierunt, quempiam interventu, et præsidio suo eripuerit, aut certe eripere possit Virgo.*

CAPUT PRIMUM.

Post allatam Riveti reprehensionem adversus Mendozam id opinantem, aut certe in affirmantem opinionem inclinantem, Mendozæ opinionem allatis ipsismet Mendozæ verbis describimus.

1. Summum in modum displicuisse Riveto studium eorum, qui Virginis præsidium ad eam infe-

---

(68) Heteroclita spiritualia de Purgat. punct. 2, q. 2, num. 9 (antea. num. 7 et 8, ostenderat, a sanctis adjuvari animas in purgatorio igne cru-

ciatas).
(69) Virtd. sacr. et prof. erudit. lib. II, probl. 5.

rorum partem protendunt, in qua cum dæmonibus cruciantur ii, qui Deo invisi obierunt, hæc ejusdem Riveti verba declarant (70) : « Nihilominus his impudentissimis fabulis motus Jesuita Mendoza [*Virid.*, lib. ii, probl. 5], inter alia problemata, illud agitavit : *Utrum B. Virgo suo patrocinio aliquem aliquando ab inferis liberaverit.* Et post allatas aliquas rationes pro parte negativa, tam ex Scripturis, quam ex Patribus ; et post distinctos infernos duos, unum perpetuum, alterum temporarium purgandorum, et parvulorum : controversiam coarctavit ad infernum perpetuum tam damnatorum, quam parvulorum : et concludit animas ab inferno B. Virginem liberare, primum protegendo, ne in illud labantur, deinde easdem, postquam lapsæ fuerint, extrahendo. » Affinia tradit idem Rivetus in Epist apologetica ad Constantinum Huygenium addita *Apologiæ pro sanctiss. Virg. Mar.* pag. 736, col. 2. Vide etiam, si libet, quæ docuerat pag. 733, cap. 10 ib. ii ejusdem *Apolog.*

2. Num recte exposuerit Rivetus Mendozæ sententias, ex parte tradidimus quæstione superiore n. 3 et 20, et deinceps quoque trademus : num easdem sententias nos approbemus, deinceps edisseremus. At Mendozam audite hæc tradentem : « Per anticipationem tenendo [liberas ab inferno animas], dubium non est quin B. Virgo multos ab inferno liberarit. Dubitari vero potest utrum hæc anticipatio, ne ruant in gehennam, sit solum ante mortem, impetrando illis congrua auxilia, quibus convertantur, an etiam post mortem, exorando judicem, ne extremiam in eos damnationis sententiam fulminet, sed in priorem vitæ statum, in quo agant pœnitentiam, reducat. Et quidem communior modus anticipandi hanc liberationem est ante mortem. Sic enim ordo divinæ Providentiæ suaviter procedit, et prædestinationis effectum infallibiliter consequuntur : et in hoc sensu dicit Bernardus sermone 98 a B. Virgine, cœlum impletum, infernum evacuatum ; et Germanus, *Serm. de zona Virginis,* plurimos sanctissimæ Deiparæ intercessionibus ab æterno supplicio liberatos ; et Cyrillus Alexandrinus homil. 6, *Contra Nestorium,* B. Virginis patrocinio multos ab æternæ damnationis sententia ereptos ; et similiter Chrysostomus, Anselmus, Fulgentius, cæterique Patres communiter loquuntur ; neque desunt in hujus rei confirmationem clarissima exempla, quale est illud celeberrimum Theophili, quod narrat Metaphrastes, Honorius, Antoninus et Eutychius patriarcha Constantinopolitanus, cujus se oculatum testem fuisse dicit, ubi B. Virginem appellat *pontem peccatorum ad Deum, et spem eorum, qui spes omnes abjecerunt.* Idem exemplum recognoscit Petrus Damianus serm. 1, *De Nativitate Virginis,* hisce verbis : *Quid tibi,* ait, *negabitur, Maria, cui negatum non est Theophilum de ipsis perditionis faucibus revocare* ? Itaque aliquando

mortem solet B. Virgo antevertere, ne peccatores condemnentur.

3. « Cæterum non dubito, multos etiam post mortem, ne in æternas pœnas truderentur, B. Virginis precibus fuisse liberatos, et in priorem vitæ statum, in quo pœnitentiam agerent, restitutos. Moveor primo, quia hoc aliorum sanctorum precibus concessum est ; nam apostoli, prophetæ, aliique insignes viri, multos in peccato mortali mortuos excitarunt ; proindeque ne æternis ignibus truderentur, suis precibus obtinuerunt : ergo idem obtinere sine dubio potuit, et de facto obtinuit B. Virgo. Respondet Soto in iv *Sententiarum,* d. 45, quæst. 2, art. 2, omnes illos in gratia decessisse. Sed contra, tum quia non est facilius hominem in gratia decedentem, proindeque omni periculo jam defuncto, iterum in aleam, in certamen et in periculum reducere, quam hominem decedentem in peccato, proindeque deploratæ salutis iterum in spem vitæ æternæ revocare ; ergo si illud fieri potuit, etiam et hoc ; tum etiam quia id, quod dicit Soto, videtur per se esse incredibile. Quis enim dicat ex tanta multitudine non solum fidelium, sed etiam infidelium, qui sanctorum intercessione ad vitam redierunt, omnes in gratia obiisse ? Præsertim cum ex Patrum historiis oppositum omnino colligatur. Nam D. Ambrosius, serm. 90, et D. Maximus, serm. 2, narrant D. Agnetem excitasse a mortuis juvenem idololatram, quem diabolus occiderat, cum actuali peccandi desiderio æstuaret. Et D. Gregorius lib. i *Dialogorum,* cap. 12, scribit a sancto Severo excitatum quemdam virum pessimum, qui a dæmonibus in infernum deduceretur. Item Egesippus lib iii, cap. 12, scribit B. Petrum a morte excitasse virum quemdam ethnicum affinem Cæsaris. Deinde Evodius, lib. iii *De miraculis sancti Stephani,* dicit puerum mortuum ante baptismum ad reliquias *sancti Stephani* excitatum. Itaque, si horum sanctorum patrocinio animæ illæ in peccato decedentes præservatæ sunt, ne in infernum mitterentur, quis jure negare queat, B. Virginis patrocinio aliquem similem casum evenisse ? Moveor secundo, quia multæ circumferuntur historiæ fide dignæ apud *Speculum exemplorum* d. 3, cap. 46, apud *Discipulum,* i part. *Serm. de B. Virgine,* et passim alibi, ex quibus constat impias animas e corpore exeuntes, ac diabolis jam tradendas, sanctissimæ Deiparæ precibus ab eorum laqueis expeditas, et suis corporibus ad agendam pœnitentiam restitutas.

4. « Superest ille alter sensus, an B. Virgo eripuerit animas de facto in inferno jam inclusas. In qua re, dico primo, quamvis *de fide* sit pœnam inferni esse æternam de lege ordinaria, ut patet ex ratione dubitandi initio proposita, tamen non esse *de fide,* nunquam in ea lege dispensatum, neque de facto dispensandum : quemadmodum licet de fide sit omnes de lege ordinaria mori, et actualiter

aliquando peccare, et cum originali culpa concipi, non est tamen de fide has leges excludere omnia privilegia ac dispensationes. Unde adhuc datur locus præsenti controversiæ.

5. « Dico secundo, probabilius multo esse ac certum, nullius precibus fuisse aliquam animam ab inferno ad cœlum immediate translatam. Probatur, quia illa anima non debuit transferri in cœlum cum peccato, et ante pœnitentiam ; hoc enim est impossibile. Pœnitentiam autem agere non debuit de lege ordinaria in inferno, quia est locus destinatus pœnis involuntariis ac minime satisfactoriis : neque ulla necessitas, aut utilitas apparet, cur in ea lege debeat dispensari ; ergo nunquam debuit ab inferno ad cœlum immediate transferri. Solum igitur quæri potest, an saltem mediate redeundo prius in statum viæ, et agendo ibi pœnitentiam , possit tandem in cœlo transferri.

6. « Dico tertio, asserere hoc absolute, et sine sufficienti fundamento contra generales regulas Scripturæ, est plane temerarium, ut theologi communiter concedunt. Nunc autem videamus, an sit aliquod sufficiens fundamentum, ut hoc privilegium sanctissimæ Virginis precibus tribuatur. Propono breviter fundamentum, et aliorum judicio expendendum relinquo. In primis ab auctoritate gravissimi et antiquissimi Patris Ephrem Syri, qui in Threno, seu lamentatione Virginis eam ita compellat : *O sacrosanctissima*, inquit, *desperantium spes, et damnatorum patrocinatrix*. Neque dicas loqui *de damnatis* ad purgatorium, nam hi non dicuntur simpliciter damnati, et multo minus desperantes, de quibus hic agit. Prætereo alia Patrum testimonia, quibus significant *beatissimæ Virginis precibus nihil omnino esse impossibile*. Nam Gregorius Nicomediensis B. Virginem appellat *omnipotentem*. D. Anselmus, *De laudibus Virginis* cap. 12 : *Te*, inquit, *Deus sic exaltavit, ut omnia tibi secum possibilia esse donarit*. Petrus Damianus , *De Nativitate Virginis* serm. 1 : *Data est*, inquit, *tibi omnis potestas in cœlo et in terra, et nihil tibi impossibile, cui possibile est, desperatos in spem salutis relevare*. Et ut magis hanc potestatem Virginis exaggeret, subdit : *Accedis ad illud aureum reconciliationis humanæ altare, non solum rogans, sed etiam imperans, Domina, non ancilla*.

7. « Deinde argumentor in hunc modum : Quæcunque privilegia alicui creaturarum a Deo collata sunt, ea omnia collata fuerunt B. Virgini, si modo capax illorum fuit, ut omittam potestatem ordinis, et similia quorum incapax erat propter sexum : sed privilegium eripiendi aliquam animam ab inferis, aliquibus collatum fuit : ergo et B. Virgini. Consequentia est evidens. Major est principium communissimum et receptissimum inter Patres ac theologos. Unde D. Bernardus, epist. 174, Quod *vel paucis*, inquit, *mortalium constat fuisse collatum, non est fas suspicari tantæ Virgini fuisse negatum*.

Unde tenet doctrina Idiotæ, tom. III *Biblioth.*, lib. *De contemplatione Virginis*, cap. 2 ; Bonavent., in *Speculo* c. 5, 6 et 7 ; August., serm. 21, *De tempore*; Damascenus, orat. 1, *De dormitione Virginis* ; Athanas., Cyprian., Chrysost., Ambros., Hieron., Methodius, D. Thomas, Cajet., Antoninus, Durand, et alii, quos citat, et sequitur Suarez, tom. II, d. 1, sect. 2. Minor autem, in qua sola est difficultas, suadetur primo ex cap. vii Isaiæ, ubi propheta ad Achaz : *Pete tibi signum a Domino, sive in profundum inferni, sive in excelsum supra*. Hoc est, pete quodcunque miraculum, sive in cœlo; sive in terra, do tibi optionem, seu, ut Lyra et Abulensis exponunt : Pete, ut quicunque mortuus, elige quem volueris, sive ex cœlo, hoc est sinu patrum ; sive ex inferno tam purgatorio, quam parvulorum, et damnatorum [hanc enim emphasim habet illud, *in profundum inferni*] suscitetur, plane suscitabitur. Nam, ut Abulensis advertit, manifestum est, inquit, quod Deus vellet illud agere, quod Achaz peteret : alias persuasio prophetæ esset delusoria. Itaque si Achaz peteret, ut excitaretur Cain, aut Saul, aut Pharao, quos omnes constat jam nunc esse in inferno, plane inde sceleratissimi regis Achaz intercessione extraherentur. Quis ergo dubitet de intercessione Virginis?

8. « Secundo, auctoritate Anastasii Antiocheni, qui in suo *Itinerario* refert Platonem, descendente Christo Domino ad inferos, inde extractum esse, quam historiam non solum refert, sed etiam approbare videtur Nicetas Nazianzeni interpres, orat. 2, *in Pascha*, monens, ne existimemus semper esse pœnitentiam in inferno : *Semel enim*, inquit, *hoc contigit, cum Christus descendit ad inferos*. Eidem historiæ fidem habet Salmeronius, tom. IV, in epist. d. 26. Deinde Damascenus *Serm. de defunctis*, refert orationibus B. Teclæ primæ martyris extractam ab inferis Falconillam feminam gentilem, et profanam cultricem idolorum ; et orationibus Gregorii Magni ereptum ab inferis Trajanum non solum idololatram, sed etiam multorum martyrum nefarium occisorem. Subditque Damascenus : *Testatur Oriens, et Occidens totum miraculum hoc germanum et irrefutabile*. Et quamvis multi dubitent de veritate hujus historiæ, eam tamen approbant Alfonsus Ciaconius, in Apologia de hac re ; Cordub. lib. I, quæst. 51 ; Rebuff. in *Concord.*; Altisiod. lib. iv; Medin. *De oratione;* Albert. p.1 *Summ.*, q. 77; Abul. IV Reg. q. 57 ; Ledesm. p. ii, q. 56, art. 13 ; Cassanæus in *Catal.* consid. 27 ; Navar. *De oratione* 22; Viguer. tit. *De pœnitentia*, cap. 16, et dicit esse communem. Eam etiam admittit D. Thomas in iv, d. 45, q. 2, art. 2 ad 5 ; Durand., Richard, Gabriel., Carthus., Orbellius, et alii, quos citat, et sequitur Henric. noster, lib. ix *De Missa* , cap. 16 ; et quamvis ex nostris Bellarm. et Soarius eam omnino non approbent, eam tamen omnino non excludunt, sed ea supposita, respondent fuisse quidem eam animam in inferno, non tamen finaliter damnatam, sed ad tempus secundum præsentem

justitiam, ne prædestinationis ratio deficiat. Quod mihi satis est. Neque enim volo animam finaliter damnatam B. Virginis precibus ereptam ab inferno unquam fuisse, hoc enim est omnino impossibile; sed animam quoquo modo apud inferos inclusam. Tandem confirmari potest hoc fundamentum 'ex multis historiis, quæ in hujus rei confirmationem circumferuntur, et quibus referendis tempus non suppetit. ›

9. Si quis Crasseti libros legerit (71), a Mendozæ sententia eum minime alienum dicet.

CAPUT II.
Nostra de Mendozæ opinione sententia tribus propositionibus exponitur.

1. Propositio prima hæc est : Si Mendozæ opinio coarctetur ad ereptionem antecedentem adeo, ut B. Virgo suis precibus ac suffragatione nonnullorum animas (multorum dic, si tu vis) cæteroqui perituras salvet, et ab infernorum pœnis eripiat, quod ereptionis genus theologi *antecedens et præservativum* appellant, antequam vitam claudant, valde probabilis a cunctis censebitur. Quot enim animas inferorum pœnæ torquerent, nisi pietas ac deprecatio Virginis iratum Judicem ad miserationem deflexisset , ut veram pœnitentiam iis inspiraret , eaque ratione ab inferni proxime eas excepturi faucibus eripuisset ? Novimus enim, et deinceps luculenter ostendemus, Virginem interventu suo ac suffragatione apud Filium judicem interposita improbis, perditisque sane non paucis pœnitentiam ac veniam exposcere, atque impetrare.

2. Altera propositio : Si idem Mendoza eo usque Virginis suffragationem protendere nititur, et ampliare, ut censeat Virginem animas infernorum rudentibus jam devinctas eripuisse, aut certe eripere posse, utrumque falsum id esse putamus, ideoque prorsus ab illius opinione absumus. Novimus scilicet reverti non posse ab inferis, exsolvique ab igneis illis, quibus detinetur compedibus, si quis semel *ad locum* illum *tormentorum* detrusus sit : neque solvi ulla ratione posse ea vincula, quæ indissolubilia esse statuit irati Judicis stabilis, immutabilisque sententia. Definitum id scilicet est generalis concilii decreto adversus Origenem lato, qui temporaneas fecit, licet valde diuturnas damnatorum pœnas.

3. Atque id procul dubio præsensit Mendoza ipse, dum in ipso problematis limine hæc statuit : ‹ Ratio dubitandi pro parte negativa est, quia *in inferno nulla est redemptio*, ut constat ex Scriptura multis locis: Matthæi xxv, 41 : *Ite in ignem æternum;* Isa. xxx, 33 : *Præparata est ab heri Topheth,* id est, gehenna › *flatus Domini sicut torrens sulphuris succendens eum.* Ex quo flatu, qui nunquam potest de-

ficere, illius ignis perpetuitas deprehenditur ; Ecclesiastæ xı, 3 : *Ubi ceciderit lignum, sive ad austrum, sive ad aquilonem, ibi erit;* hoc est sive in cœlum, sive in infernum, ut D. Hieronymus, Vatablus et Cajetanus interpretantur; Psalm. xlvi:i, 9 : *Laborabit in æternum, et vivet adhuc in finem ;* ubi labor et vita simul dicuntur esse in æternum. Et additur : *Sicut oves in inferno positi sunt, mors depascet eos.* Non dicitur, eradicabit, sed *depas:et,* ut iterum pullulent sæpius, in æternum depascendi. Isa. lxvi, 24 : *Vermis eorum non morietur, et ignis eorum non exstinguetur.* Quem locum de inferno ad litteram intelligendum esse, patet ex interpretatione Christi Domini Marc. ix, 45 ; Dan. xii, 2 : *Multi* [id est, omnes] *ex his, qui dormiunt, alii in vitam æternam, alii in opprobrium æternum.* Judith. xvi. 21 : *Dabit ignem, et vermem in carnes eorum, u: urantur et sentiant usque in sempiternum.* Mitto alia loca; et Job. x, 22 : *Ubi sempiternus horror inhabitat ;* et Psalm. vi, 6 : *In inferno autem quis confitebitur tibi ?* et similia, quæ cum in sensu allegorico de inferno exponantur, minus firma sunt, teste D. Dionysio, ad hanc veritatem confirmandam. Jam vero concilia et Patres passim hoc testantur. Nam conc. Brachar., cap. 34, et conc. Triburiense, cap. 31, statuunt ne pro his, qui in actuali peccato descendunt, ullum fiat suffragium, ac si de illorum salute desperent; ubi refertur illud Augustini : *Nemo,* inquit, *te post mortem tuam fideliter redimit, quia tu te redimere noluisti.* Hoc ipsum confirmat idem D. Augustinus lib. *De cura pro mortuis,* cap. 1 et 18; et lib. xxi, *De civitate Dei,* cap. 13 et seq.; et ante illum D. Dionysius, *De cœlesti hierarchia,* et Clemens, lib. viii *Constit.* cap. 43, in quem sensum dicit D. Jacobus cap. ii suæ Canonicæ Epistolæ, *Deum facere judicium sine misericordia, ill·, qui non fecit misericordiam.* Quia scilicet nunquam eum est a supplicio misericorditer erepturus. ›

4. Id etiam expressissime docent Patres, non ii modo, quos Mendoza attulit, sed alii plures, iique probatissimi, quorum loca si plura afferam, videbor in re notissima eruditionis laudem persequi. Paucissima itaque seligam. Hilarius (72) : ‹ Idcirco ait, *in sæculum sæculi* misericordiæ spes est : sed *confessio* tantum *in sæculo,* non etiam *in sæculum sæculi.* Non enim confessio peccatorum nisi in hujus sæculi tempore est : dum voluntati suæ unusquisque permissus est, et per vitæ licentiam habet confessionis arbitrium. Decedentes namque de vita simul est et de jure decedimus voluntatis. Tunc enim ex merito præteritæ voluntatis lex jam constituta, aut quietis aut pœnæ, excedentium ex corpore suscipit voluntatem. Cujus temporis non jam liberam, sed necessariam voluntatem ostendit propheta. cum dicit : *Non est mihi in diebus illis voluntas* (73)

---

(71) *Della Divozione verso M. V.* trat. i, quæst. 12.
(72) Comment. in Psal. li, num. 23.
(73) Suspicantur præclarissimi editores Benedi-

ctini indicari hic ab Hilario vers. 10 cap. ı Malachiæ, sed aliter expressum, atque habeat vulgatus interpres.

cessante enim voluntatis libertate, etiam voluntatis, si qua erit, cessabit effectus. Transire (*Luc.*
xvi, 26) namque ad Abraham volens dives, chao
medio non sinitur : cum tamen per libertatem voluntatis in Abrahæ sinibus esse potuisset. Inter-
clusa est ergo libertas voluntatis, quia confessio
nulla est mortuis, secundum id quod dictum est :
In inferno autem quis confitebitur tibi ?

5. Idem porro Hilarius alibi vehementer inculcat, nullum pœnitentiæ atque alienæ intercessioni
post mortem relinqui locum, addito ad id probandum exemplo virginum fatuarum, quibus sponsus,
qui prudentes virgines ad convivium introduxerat,
ait : *Nescio vos* (*Matth.* xxv, 12); tametsi ipsæ prudentes virgines sponsum deprecarentur, ut meritis
suis se adjuvarent. Ipsa Hilarii verba, utpote ad
rem præsentem aptissima profero ; quanquam enim
de judicio extremo loquatur, nihil vetat ne ad ju-
d'cium particulare, quod quisque subit in morte,
Hilarii monita referas : « Nuptiæ, inquit (74), immortalitatis assumptio est, et inter corruptionem
atque incorruptionem ex nova societate conjunctio.
Mora sponsi pœnitentiæ tempus est. Exspectantium
somnus, credentium quies est, et in pœnitentiæ tempore mors temporaria universorum. Nocte media
clamor, cunctis ignorantibus tubæ vox est, Domini
præcedentis adventus, et universos, ut obviam
sponso exeant, excitantis. Lampadum assumptio,
animarum est reditus in corpora : earumque lux,
conscientia boni operis elucens, quæ vasculis corporum continetur. Prudentes virgines hæ sunt,
quæ opportunum in corporibus operandi tempus
amplexæ, in primum se occursum adventus Dominici præparaverint. Fatuæ autem, quæ dissolutæ
ac negligentes præsentium tantum sollicitudinem
habuerint : et immemores promissorum Dei, in
nullam se spem resurrectionis extenderint. Et quia
prodire obviam fatuæ exstinctis lampadibus non
possunt, deprecantur eas, quæ prudentes erant, ut
oleum mutuentur. Quibus responderunt, non posse
se dare, quia non sit forte quod omnibus satis sit :
alienis scilicet operibus ac meritis neminem adjuvandum, quia unicuique lampadi suæ emere oleum
sit necesse. Quas hortantur ut redeant ad emen-
dum : si vel sero præceptis Dei obsequendo, cum
lampadum luce sponsi dignæ efficiantur occursu.
Quibus morantibus, sponsus ingressus est ; atque
una cum eo in nuptias, sapientes quæ comparato
lampadum lumine operiebantur, introeunt, id est,
in cœlestem gloriam sub ipso statim adventu Dominicæ claritatis incedunt. Et quia jam pœnitentiæ
nullum est tempus, fatuæ accurrunt, aperiri sibi
aditum rogant. Quibus respondetur a sponso,
quia *nescio vos.* Non enim in officio advenientis ad-
fuerant, neque ad vocem tubæ excitantis occurre-
rant, neque introeuntium comitatui adhæserant; sed

morantes et indignæ, introeundi ad nuptias tempus
amiserant. »

6. Quis porro in promovendo Virginis obsequio,
ac laudibus describendis Bernardum superet, aut
etiam æquet? Is tamen hæc tradit (75) : « I ergo
tu, et in medio gehennæ exspectato salutem, quæ
jam facta est in medio terræ. Quam tibi somnias
proventuram inter ardores sempiternos facultatem
veniam promerendi, cum jam transiit tempus miserendi? Non relinquitur tibi hostia pro peccatis
(*Hebr.* x, 26), mortuo in peccatis; non crucifigitur
iterum Filius Dei. Mortuus est semel, jam non moritur. Non descendit ad inferos sanguis, qui effusus
est super terram. Biberunt omnes peccatores terræ : non est quod sibi ex eo vindicent dæmones ad
restinguendos focos suos, sed neque omnes socii
dæmoniorum. »

7. Alia et Scripturarum et Patrum testimonia
si cupis, ea tibi præbebunt theologi dogmata nostra tradentes, e quibus hic unum allego Coccium
plurima Patrum loca proferentem (76), quæ, si
vult, lector consulat. Adde theologos in locis,
quos in margine allego (77), veluti Estium (78), et
probatissimos alios.

8. Propositio tertia. Nullum, nostra quidem sententia, exstat *sufficiens fundamentum, ut privilegium
hoc* [extrahendi scilicet animas ex inferis, in quibus
torquentur dæmones *rudentibus inferni detracti in
Tartarum,* ut terris restituti agant pœnitentiam]
Virgini tribuamus. En cur : Scripturarum et Patrum monita, quæ attulimus, adeo universalia et
expressa sunt in demendo quamlibet damnatis spem,
ut scholastici et interpretes qui ad ea respexerunt,
communi quadam ac vere mirabili consensione
statuerint, fieri omnino non posse ut qui ad eosdem inferos detractus fuerit, aliquando ex iis
exeat. Ea porro, quæ ad exceptionem aliquam statuendam adducit Mendoza, inenodabilia non sunt,
ideoque minime apta sunt, ut exceptionem hanc,
et, ut Mendozæ verbo utar, *privilegium hoc* firment ;
idque solutione argumentorum, quibus Mendoza
innititur, facile constabit. Cur ergo inducemus ?

9. Neque vero ad hæc eludenda aptum est Mendozæ effugium, monentis non esse per immutabi
lem divini Judicis sententiam perpetuis inferorum
pœnis damnatas eas animas, pro quibus Virgo
deprecaretur : sed eas per extraordinariam ejusdem
judicis sententiam, ac providentiam, veluti depo-
sitas *ad definitum aliquod tempus in inferno,* atque
inter damnatos, quorum pœnas atrocissimas subeunt, donec deprecatione Virginis exoratus Judex eas ab inferis extrahat, et mundo inferat de-
leturas pœnitentia veteres noxas ; non est, inquam,
ad hæc eludenda, aptum Mendozæ effugium. Neque
enim ullus conjecturæ superest locus, qua suspicari possimus ab inferis, ad quos detrusus sit, ex

(74) Comment. in Matth. cap. 27, num. 4 et 5.
(75) Serm. 75, *in Cant.* num. 5.
(76) *Thesaur. cathol.* tom. II, lib. x, art. 1, pag.

1113 et subseqq.
(77) In iv *Sentent.* dist. 46.
(78) Pariter in iv *Sentent.* dist. 46.

trahi quempiam aliquando posse : sed communi, uti diximus, Ecclesiæ, Patrumque consensione decernitur, veniæ locum in inferis non relinqui, neque ullum vestigium [si loqui ita volumus] habemus, aut levissimum indicium indulgentiæ alicujus in eo severissimo carcere concessæ. Non itaque inducere huc temere possumus decretum excipiens aliquos, pro quibus aliquando deprecatura sit Virgo. Sed jam tempus est iis occurrere, quæ Mendoza ad stabiliendam opinionem suam attulit.

CAPUT III.

Argumenta adducimus, quibus Mendoza adducitur, ut privilegium assertione tertia repulsum Virgini tribuat, et priora dissolvimus.

1. Si diligenter Mendozæ probationes expendimus, ad duo capita revocantur, scilicet ad monita Patrum affirmantium Virginem esse *desperantium spem, et damnatorum patrocinatricem*. Porro *damnatorum* nomine intelligendi ii sunt, qui Deo invisi obierunt, ideoque ii qui cum dæmonibus sævissimo igne torquentur : sed quanam ratione desperantium spes, et damnatorum patrocinatrix erit, si omnino adjuvare eos non potest ? Poterit ergo, et in hoc situm erit privilegium, quod dicimus. Secundo, edocemur Virgini nihil impossibile esse, illius preces omnipotentes esse ; accedere illam ad Jesum, non *rogantem*, sed *imperantem : Non rogans, sed imperans.*

2. Adjecit alter ejusdem sententiæ patronus hujusmodi argumentum. Novimus ex apostolo Petro, Christum Dominum, cum proxime post mortem anima ad inferos descendit, multos ex inferorum pœnis, antea tamen correptos reprehensosque liberasse, secumque, veluti liberalitatis ac summæ erga damnatos ipsos miserationis, atque adeo omnipotentiæ quam in dæmones exercuit, argumenta, et erepta ex dæmonibus spolia secum, inquam, in cœlos detulisse ; sic enim explicant locum illum I Epist. Petri [cap. III, vers 18]: *Mortificatus quidem carne, vivificatus autem spiritu : in quo, et his qui in carcere erant spiritibus veniens prædicavit : qui increduli fuerant aliquando, quando exspectabant Dei patientiam in diebus Noe, cum fabricaretur arca,* etc. Quo posito, ad hunc modum argumentantur : Nonne novimus fatum fuisse Virgini, ut quod illius Filius auctoritate sua ac potentia de se efficere potest [*dedit enim omnia illi Pater in manus (Joan. III, 35 seqq.)*], possit illa prece, supplicationibus et interventu ? atque huc respicit nobilis ille notissimusque versiculus :

Quod Deus imperio, tu prece, Virgo, potes;

3. Alterum probationum caput Mendozæ præbent exempla a sacra et ab ecclesiastica historia desumpta, quibus ille inducitur, ut putet, ex iis edoceri aliquas damnatorum animas potuisse eripi [veluti Cain optante Achaz], atque adeo sanctorum precibus fuisse ereptas, et corpori restitutas, ut pœnitentiam agerent, eaque peracta cœlo inferrentur. Quo constituto : argumentum a fortiori instruit ad hunc fere modum : Negari non potest Virgini potestas, ac si appellare ita vis, privilegium, quod alicui concessum est. Itaque si concessum est Achaz, ut si vellet, animam damnati ex inferis eriperet; imo si concessum aliquando est alicui sancto, ut animas ex inferis liberaret, et terris restitueret, in quibus corpori sociatæ agerent pœnitentiam, qua peracta cœlum consequerentur, id utique Virgini demi non poterit ; id enim statuunt sancti Patres, atque in primis Bernardus celeberrimo effato : « Quod vel paucis mortalium constat fuisse collatum, non est fas suspicari tantæ Virgini fuisse negatum. »

4. At, si quod mente sentio, libere proferre datur, hæ utique probationes minus firmæ sunt, quam putent Mendoza, quique illi adhærent. Ut a primo argumentorum capite exordiar, ea Patrum monita, quibus Maria dicitur *desperantium salus, et spes damnatorum*, procul dubio respiciunt ad peccatores fœdissima peccatorum labe pollutos, et gravissima pessimarum inclinationum mole veluti oppressos, quos monent Patres, ut ad Virginem confugiant, inventuri procul dubio in ea, et ab ea refugium et adjumentum, et opem, ut ab eo pessimo statu ad multo meliorem provehantur. Hæc sane, et affinia monita desumpta sunt ex precibus Anselmi, ex orationibus Eadmeri, aliorumque piissimorum Patrum in veritatis vadimonium Theophili exemplum plerumque adducentium, quorum verba dissertatione subsequenti excitabimus ; in qua scilicet de efficacia intercessionis Mariæ copiosissime disputabimus. Iidem Patres, cum preces Virginis *omnipotentes* esse aiunt, cum eam accedentem ad Christum non *rogantem*, sed *imperantem* describunt, hyperbole utuntur, ab eximia, eaque vehementissima dilectione procedentem, qua unice denotare volunt vires, et efficaciam precum Virginis. Cæterum sæpe monui verba illa : *Non rogans, sed imperans,* quæ Petro Damiani tribuuntur, ab ipso non fuisse prolata, sed a Nicolao sancti Bernardi notario, ideoque a scriptore, qui multum a Petro Damiani præstantia abest.

5. Aggrediamur autem oportet argumentum, quod super objectum Petri locum construunt. Sic illi occurro. Locus ille non eodem modo ab interpretibus explicatur. Sunt qui moneant aliter legendum esse, aut certe commode legi posse, ac legitur in Vulgata. Sunt qui versiculum hunc legunt quidem, ut legitur in Vulgata, sed vel non ad Christum eum versiculum referunt, et si ad Christum, non ad eum referunt paulo ante violenta morte sublatum, seu, ut expressius et clarius loquar, ad illius animam vi mortis a corpore separatam, et ad eam inferorum partem delapsam, in qua cruciantur dæmones, et eorum animæ, qui Deo invisi morte sublati sunt, sed ad eum referunt jam ad cœlos

elatum. Vide, obsecro, ea quæ in margine indico scriptorum loca (79).

6. Viri tamen probatissimi objectum Petri locum referunt ad animam Christi nuper in cruce mortui delapsam ad inferos; sed verba hæc *In quo et his, qui in carcere erant, spiritibus, veniens prædicavit, qui increduli fuerant aliquando, quando exspectabant Dei patientiam in diebus Noe*, ita explicant, ut prædicatio illa fuerit, si vis, commonitio, seu, si tibi hoc libuerit, benignissima prædicatio, qua eos commonuit de veritate promissionum Dei. Sicut enim in diebus Noe ipsis minime credentibus venit diluvium, quod per Noe justus Judex minitando promiserat, ita nunc eo resurgente venit liberatio humani generis, quam per prophetas piissimus Pater promiserat. Erant porro hi quibus prædicavit, in purgatorio pœnas adhuc luentes, et admissorum jam pridem scelerum [*Omnis quippe caro corruperat viam suam (Gen.* VI, 12)]; vide etiam, quæ docent versiculus 5 et 6 ejusdem capitis]; et præsertim incredulitatis et pervicaciæ, Noemi monitis obsistendo. Hæc quidem explicatio omnem removet difficultatem : jam enim diximus Virginem animas purgatorio igne cruciatas sæpissime et plurimum adjuvare. Hanc tamen explicationem viri gravissimi proponunt, et aut ipsissima est, atque ea quam exhibet, Calmeto referente, Dupinus, aut certe tam illi affinis, ut referri hic mereatur. En quid ex Calmeto in locum hunc discimus : « Aliam proponit [Dupinus] explicationem maxime simplicem. Descendit ad inferos Christus, suumque adventum nedum justis, tranquille præstolantibus, verum etiam animabus illorum, qui Noemo calamitatem imminentem prædicanti non credidere, nuntiavit. Verum hi Deum tametsi antea increduli, et timuerunt et adorarunt; effusoque demum in terras diluvio, pervicaciam exsecrati confugere ad Deum, partemque peccatorum in aquis terram obruentibus expiavere. Lapsus ad inferos Christus, ipsos incredulitatis pœnam a tam longa ætate luentes repetit, unaque cum priscis patriarchis e tenebricoso carcere eduxit. Hæc hujus loci interpretatio maxime proclivis est et probabilis. »

7. Alii tamen hæc Petri verba explicant de iis, qui Noemi tempore non crediderant, et perpetuis inferorum pœnis cum dæmonibus damnati erant : « Ac si sensus esset [inquit Græcos sequens Gagneius in locum hunc] : *In quo* spiritu veniens Christus *iis qui in carcere*, id est inferno, erant, *spiritibus* prædicavit, iis scilicet, qui tempore Noe tam diu *increduli fuerant;* prædicavit autem illis non proficiendi, sed exprobrandi gratia, quia prædicanti Noe, et per centum annos arcam fabricanti non crediderint, *quando exspectabant Dei patientiam.....* Græca scholia in loco cap. 4, *propter hoc et mortuis evangelizatum est*, confirmant hanc sententiam quod

(79) Titelmannus et Gagnæius in locum hunc, Calmet pariter in locum hunc, paragraphis ad hunc modum incipientibus : *Latini. — Clericus. — Aiunt*

Christus in inferno perversis illis constitutis prædicaverit, sed ad illorum condemnationem. Aiunt enim : *Cum superius dictum esset de iis, qui in inferno agunt, quod et illis in carcere constitutis spiritibus prædicatum est, hujusmodi prædicatio in judicium illis fuit.* » Hæc explicatio si excipiatur, evitat prorsus argumentationem adversariorum super Petri verbis constructam.

8. At alii hæc ipsa Petri verba de iis ipsis intelligunt, qui dum viverent [id est temporibus Noe], hujusce sancti patriarchæ monitis nullam præbuerunt fidem, ideoque in incredulitate mortui sunt, et damnationem cum dæmonibus subiere, quibus Christus Dominus, utpote omnium Dominus, nullisque subjectus legibus voluit singulare atque unicum bonitatis ac miserationis exemplum prodere, ab inferis eripere, et secum deducere in paradisum. Allegat Calmet pro hac sententia Clementem Alexandrinum, lib. VI *Strom.;* Epiph., hæres. 46; Ambrosiastrem in *Ephes.* IV ; Nazianz., orat. 42 sub finem , et Nicetam ad eumd. Addunt alii Bernardum, eum ipsum allegantes locum quem nos superiori quæstione allegavimus, et hic recolat, volo, lector. Explicationem hanc si excipias, argumentatio ea quom super hunc Petri locum construxerunt, ferri utcunque poterit. Sed audiant, quid de hac explicatione judicet Calmet : « Hæc tamen sententia pugnat cum Ecclesiæ fide, qua docemur nullam esse salutis spem apud inferos, hominemque semel damnatum nunquam e damnatione evasurum. Bonam certe in partem sumenda est Patrum interpretatio, ex eo profecta, quod ipsi mitissimum erga omnes animum, et amplissimam de misericordia Dei opinionem gererent. »

9. Adjice et hæc, quæ docet Nicetas a Mendoza allegatus, ex quibus facile disces, quænam sit verborum Nicetæ significatio. En itaque, quæ tradit ille adnot. 59, in orationem 42 Gregorii Nazianzeni, verbis Latinis sic explicatis : « *Si in infernum descendat* (Christus), *simul descende. Ea quoque mysteria cognosce, quæ Christus illic designavit ; quod duplicis descensus consilium, quæ ratio fuerit ; utrum omnes sine ulla exceptione adventu suo salvos fecerit, an illic quoque eos duntaxat, qui crediderunt,* hæc tradit : Enim vero Christus in infernum descendens, non omnes, verum eos solos, qui crediderunt, salvos fecit. Chrysostomus ipse affirmat neminem in inferno a Christo salutem accepisse, nisi qui salute dignus esset, cum ex hac vita discessisset. At fortasse qui tum crediderunt, salute digni habiti sunt : cujusmodi quiddam de ethnico Platone in Patrum historiis circumfertur. Nam cum diu antea vita functus a quodam Christiano maledictis conviciisque, ut improbus et impius laceratus esset, noctu ad conviciatorem suum venit, hominemque accusavit, ut inique ipsum maledictis insectantem. Ego

alii. — Aliis carcer, etc. *Geminam.* Grotius pariter in locum hunc.

enim, inquit, me peccatorem esse haudquaquam
inficias ivero : verum cum Christus in infernum
descendit, nemo ante me ad fidem accessit. Hoc de
Platone commemoratur : quod credendum sit,
necne, auditoribus judicandum relinquo. »

10 Quod porro ad Bernardum, qui hujusce sententiæ patronus asseritur, attinet, en quid adnotatio in editione Mabillonii huic Bernardi loco apposita admonet : « Porro hoc in loco Bernardus non
in ea fuit sententia [quod Horstio visum est in fu-
sioribus notis] ex damnatis quosdam ab inferis per
Christum liberatos fuisse, sed tantum Patres eductos
e limbo, quem *in ipso inferno* sanctus doctor collocat, tum serm. 1, *in die Paschæ*, num. 5, ubi *carcerem gehennalem* vocat, tum maxime serm. *4, in
festo Omnium sanctorum*, num. 1, ubi sinum Abrahæ
explicans ait, ante Christi adventum nulli omnino
sanctorum ad cœlum patuisse accessum, sed Deum
eis providisse in inferno ipso *locum quietis et refrigerii*, ita tamen, ut magnum chaos esset inter illos
et animas impiorum : *Quamvis enim*, inquit, *utræque
in tenebris essent, non utræque in pœnis erant..... In
hunc ergo locum Salvator descendens contrivit portas
æreas, et vectes ferreos confregit, eductosque vinctos
de domo carceris*, etc.; quæ mire hunc locum illustrant. »

11. Cæterum hujusmodi opinio, quæcunque ea
sit, si excipitur, nos minime jubet ea etiam excipere, quæ inde eruunt adversarii. Scilicet Christus,
utpote Deus, ideoque omnium Dominus, et *in cujus
manu omnia Pater posuit*, suam potestatem exercere potuit, eosque quibus prædicavit e dæmonis
potestate eripere. An non potest princeps sua uti
auctoritate, et e carcere, atque adeo e carnificis
gladio reos eripere, et in libertatem asciscere ? Hac
potestate usum Christum indicant, si vis, ii, quos
allegavimus Patres [si Bernardum, ut arbitror, ex-
cipias] qui id traditum a Petro censent. An potestatem hanc Virgini tribues ? An in illius manu
cuncta posuit Pater ? Versiculus porro objectus, qui
nullum, quem noverim, vetustum auctorem habet,
hyperbolem exhibet, quam si ad efficaciam precum
Virginis denotandam referes, a theologis excipitur,
si potestatem omnimodam, ab iisdem theologis rejicitur. Quanquam non desunt qui monent, quæstionem, quæ hoc de argumento instituitur, non potestatem meram respicere, sed usum aliquem. Porro
nullo constat exemplo Virginem sanctissimam hac
potestate, si ea potitam vis, fuisse usam.

CAPUT IV.

*Exempla, quæ Mendoza in rem suam adducit, aggre-
dimur ; et evasionem Theophili Raynaudi statim
rejertmus ; solvimus quoque quod de damnato,
Achazo petente, excitando, et de Platone, Christo
ad inferos descendente, ad cœlos deducto objicitur.*

1. Recolat, volo, lector ea quæ Mendoza attulit
exempla, quæque ad duo capita revocantur : ad ea,

(80) *Diptyc. Marian.* caut. 3, num. 11.

quæ aliorum sanctorum interventu et suffragatione
peracta sunt, ex quibus id quoque Mariæ Virginis
interventu ac suffragatione peractum, aut certe
peragi posse affirmat : et ad ea, quæ expressissime
id aliquando Mariæ suffragatione peractum fuisse,
ostendunt. En porro quanam ratione primam Mendozæ probationem evitet Theophilus Raynaudus (80) : « Non quæcunque sanctorum privilegia
Virgini concessa... Laxius quam par fuit axioma
propositum [Quod vel paucis mortalium constat
fuisse collatum, non est fas suspicari tantæ Virgini
fuisse negatum] usurpavit Christophorus Castro,
cap. 5 *Histor. Deip.* n. 15, cum existimavit, ex eo
quod Patres asserunt dona aliis sanctis collata,
beatæ item Virgini collata fuisse, inferri legitime,
omnia plane charismata et privilegia, sive angelis,
sive hominibus concessa, Deiparæ quoque esse
collata. Proferique præter cætera, exemplum ciba-
tionis per angelos, quod putat certo inferri esse
concessum B. Virgini, quia certum est tale privilegium aliquibus sanctis divino munere obtigisse.
Nec dissimiliter Mendoza, lib. II *Florum sacrorum*,
problem. 5, n. 36, ex eo principio similiter intel-
lecto, infert B. Virginem aliquos ab inferis ad agendam pœnitentiam eripuisse, quia hoc privilegium
legitur concessum aliquibus sanctis. Hæc nego inferri ex prædicto principio, sive verum sit, ita
quandoque acciderit, sive non sit verum ; de quo
ex probatis historiis pronuntiandum est, aut aliunde
quam ex proposito principio. Juxta quod fatendum
esset, omnia prodigia, quæ circa aliquos sanctos
acciderunt, locum multo magis habuisse in Deipara.
V. g. dicendum esset Deiparam, priusquam matris
utero funderetur, edidisse clamorem in Dei laudem,
quia ita contigit sancto Geraldo comiti, teste sancto
Odone in ejus Vita : vel latrasse intra matris uterum,
ut accidit sancto Vincentio Ferrerio, quod habent
ejus Acta apud Surium 5 April. certo præsagio quod
allaturaturus esset vitia. Nascente sancto Heriberto
lux magna, nec minor solari meridiana noctis
tenebras discussit, ut scribit in ejus Vita Rupertus,
cap. 1. Idipsum nascente B. Virgine contigisse fin-
gendum erit, si verum sit propositum principium.
Sancta Cunegundes, filia Belæ regis Ungariæ, conjux Boleslai Poloni et in conjugio virgo, nascens
non vagiit aut flevit, sed articulato et claro sermone Hungarico, protulit hæc verba, *Ave, Regina
cælorum, mater Regis angelorum*, ut scribit Wadin-
ghus tom. III *Annal.* 1522. De Philippo, Flan-
drorum piissimo comite, proditur quod tertio a
nativitate die contentissime clamaverit : *Evacuate
mihi domum*, et ita habet ejus epitaphium apud
Claram Vallem. Dicendum ergo erit Deiparam
nascentem salutasse Deum, aut angelos, vel Christum venturum, aut inclamasse evacuandam Satanæ
domum. Cunæ sancti Epiphanii Ticinensis, typica
luce fulgere sæpe sunt visæ ; ut scribit in ejus Vita

Ennodius, ut futuram [inquit] ejus claritatem, lustrans eum, et præcedens fulgor ostenderet. Idem ergo de B. Virgine asserendum erit ; nec omittendæ erunt apes, quæ sancti Ambrosii infantis labiis insederunt. Sexcenta hujusmodi proferri possent, quæ nemo non videt falsa esse, ac ablegauda ; ac proinde principium ex quo inferrentur, repudiandum est. »

2. Quod si tam præcisa solutio tibi aspera videatur, tu hanc adhibe. Effatum illud, quod decernitur, *tribuendum esse Virgini quidquid præstantiæ, aut privilegiorum concessum alicui creaturæ aliquando fuit, si capax ejusdem præstantiæ, aut privilegiorum fuit Virgo*, admitti utique potest. Neganda porro tum est minor propositio illius syllogismi, quo maxime nititur Mendoza : neque enim capax Virgo est facultatis, quam illi Mendoza tribuit ; nam ea facultas obsistit providentiæ a Deo statutæ, et decreto universali perinde atque immutabili, ac stabili constantique : atque eadem de causa ea, quam Mendoza jactat, facultas nulli sancto tributa est. Cæterum noverit quisquis hæc objicit, ita excipi a theologis effatum illud, ut doceat Virgini tribuendam esse præstantiam quamlibet, seu gratiam et spiritualem pulchritudinem, quæ eam ornet ; compertissimum enim cuique est, comparatam cum fulgido et splendidissimo sole fuisse Mariam ; universas quoque gratias, quas *gratis datas* appellant, Virgini fuisse tributas, omnes omnino affirmant ; at simul monent concessa sibi facultate, et divinis hujusce generis muneribus usam Virginem non fuisse ; inde communis constansque est scriptorum persuasio, ea Virginem fuisse humilitate, ut non modo caverit ab edendis prodigiis et operibus iis omnibus, quæ maxime mirantur homines, cujus generis est solem sistere, montes alio transferre, mortuos ad vitam excitare, et affinibus aliis, quæ tamen egisse novimus sanctos quosdam a Mariæ dignitate et præstantia valde remotos, verum etiam abstinuisse ab edendis quibusque miraculis. Et hæc quidem satis dicta sint ad majorem. Minorem nunc expendamus.

3. Cum Isaias hæc Achazo dixit (*Isa.* vii, 11): *Pete tibi signum a Domino, sive in profundum inferni, sive in excelsum supra*, nullum eorum, quæ Deus fieri non posse statuerat, Achazo obtulit ; indubitatum est porro statuisse Deum, ne quisquam eorum qui inferorum pœnis devinctus sit, ullo tempore, aut quavis ratione ab illis eripi possit. Docent itaque theologi, Patres et Scripturarum interpretes, verba illa : *Pete tibi signum a Domino sive in profundum inferni, sive in excelsum supra*, indicare prodigium aliquod in naturæ ordine, Achazo petente, edendum, veluti esset ignis e terræ hiatu repente erumpens, fulmina, aut ignis e cœlo veniens, sol stans, aut retrogradus, et id genus alia mirabilia sane et naturæ cursui atque ordini opposita. Sed fac excitationem a mortuis hisce verbis fuisse oblatam. Si mortuum optasset ab inferorum

pœnis suscitandum, quem scilicet alloqui posset Achaz, id nullis Achazi precibus tribuendum foret, sed promissioni divinæ et electioni Achazi efflagitantis hoc potius, quam aliud quodvis prodigium. Ita porro excitatus fuisset mortuus, quisquis fuisset, ut postquam eum allocutus fuisset Achaz, loco suo restituendus foret, item ut Samuel ad vitam excitatus, postquam cum Saule colloquium habuit, loco suo restitutus est. Reliqua , quæ adjungit ille ad confirmandam loci illius, quam ipse optat, explicationem, aut præoccupata jam sunt, aut certe peculiarem refutationem minime merentur ; neque vero aut Abulensis , aut alius quispiam, quem ego noverim, antequam hæc proponeret Mendoza, tradit, *precibus* Achazi mundo invehendum fore aut Cainum, aut alium quempiam inferorum pœnis obstrictum, et pœnitentiam acturum. Consule, si vis, quæ Capisuccus ad refellendam præposteram hanc Mendozæ interpretationem docet. Quod si forte id tradidisset aliquis probabilis scriptor Mendoza vetustior, ab eo discederemus, uti discedimus a Mendoza.

4. Quod ad id attinet, quod de Platone ab inferis excitato, dum Christus illuc descendit , Mendoza asserit, ad evincendum id quod is intendit, ineptissimum est. Etenim Dominus Jesus ea ab inferis ereptione se naturæ Dominum ostendisset ; salvantem scilicet et eripientem e dæmonis potestate eos quos ille vult ; neque ullum admittitur a theologis decretum, quo potestatem suam coarctare Deus velit, suæque, ut ita loquar, auctoritati compedes injicere. At nulla creatura , cui immutabile Dei decretum compertum est, obsistere illi potest, enitique, ut secus statuat, quam *immutabiliter* is statuit. Cæterum quamvis ea narratio Anastasio Antiocheno innitatur, nec refellatur a Niceta, Gregorii Nazianzeni interprete, sed lectoris judicio expendenda relinquatur, a plerisque tamen rejicitur ; quia scilicet , nemo nostris temporibus sibi persuadet [quod tamen ii, qui eamdem narrationem probabilem putant, sibi persuadere videntur], prædicasse Christum, dum nondum excitatus erat a mortuis in ea inferorum parte, in qua dæmones torquentur igne, et multas animas in eo detentas convertisse ad pœnitentiam : quo de argumento videat , obsecro , lector, quæ docet sæpe allegatus Calmet ad vers. 19 , cap. iii, I Epistolæ Petri ; id est ad verba ea : *In quo et his, qui in carcere erant, spiritibus veniens prædicavit.*

5. At non desunt, qui putent philosophos et gentiles, qui in Deum unum , eumque remuneratorem bonorum operum et malorum punitorem crediderant, ab idolorum quoque et dæmonum cultu abhorruerant, et rectum vitæ institutum egerant, in limbo cum reliquis fidelibus fuisse detentos, donec scilicet a Jesu Domino, dum ad inferos descendit, eo carcere exsoluti sunt, et ad cœlos evecti , cum excitatus a mortuis Jesus *cœlo intulit captivam* olim, et a se liberatam *captivitatem ;* quo de argumento valde laudabilem edidit disserta-

tionem idem ille Calmet, quem paulo ante allegavi, præposuitque commentariis Epistolæ ad Romanos (81). In horum numero si Platonem posueris, nonnullos fortasse præstantes viros consectatores habebis, qua de re judicent alii ; novi enim a multis etiam id rejici.

CAPUT V.

Dissolvimus reliqua, quæ Mendoza, Crasset, aliique [paucissimi tamen] ad rejectam opinionem stabiliendam afferunt; atque in hoc capite expendimus, quæ de viro ethnico Cæsaris consanguineo, Petri apostoli jussu, a morte, ideoque ab inferorum pœnis excitato; quæ de Falconilla Teclæ precibus morti et inferis erepta; quæ de Dinocrate a morte, quam temporalem et perpetuam subierat, Perpetua sorore orante, erepto, quæ de juvene ethnico antea perditissimo Agnetis amatore; quæ de pueris nondum baptizatis sancti Stephani, sancti Thomæ Aquinatis, atque adeo Mariæ ipsius intercessione vitæ restitutis, et postea baptizatis : quæ demum de Trajano Gregorii Magni precibus inferis erepto tradunt.

1. At animo non concidunt Mendoza, iique omnes qui illius opinioni adhærent, et cum majores vires inesse putent in exemplis a sacra Historia desumptis, ad ea nos provocant, monentque immerito nos huic opinioni obsistere, quam præclara exempla, et indubitata experimenta probabilibus historiarum monumentis tradita verissimam esse demonstrant. Quoniam vero plurima hæc sunt, in duo genera ea distribuam, quorum prius ea complectitur, quæ vel a viventibus sanctis, seu prece, seu jussu, vel utroque (prece scilicet et jussu) peracta sunt : vel etiam a mortuis, quos viventes exoraverint impetrarintque : ab his scilicet exemplis, argumento, quod a fortiori appellant, eruunt id pariter Mariæ sanctissimæ interventu et suffragatione fuisse peractum. Complectitur alterum ea exempla, quibus expressissime ostendi aiunt, revera a Maria sanctissima (id est illius interventu et suffragatione) fuisse peractum. A prioribus exordiamur. Novimus, inquiunt, ex Hegesippo (82) excitatum fuisse a mortuis Romæ, Petri prece et jussu, *adolescentem nobilem, propinquum Cæsaris ;* ideoque idolorum cultu infectum atque inferorum pœnis destinatum : « Erat quidam defunctus adolescens nobilis, propinquus Cæsaris..... Astitit Petrus a longe, et intra se orationi paulisper intentus, cum magna voce ait : Adolescens, tibi dico, surge, sanat te Dominus noster Jesus Christus. Et statim surrexit adolescens, et locutus est, et ambulavit, et dedit eum Petrus matri suæ. »

2. Quod Mendoza de Falconilla Teclæ precibus ab inferorum erepta affirmat , significatur primo in Actis S. Teclæ a Crabio in *Spicilegio primi sæculi* editis, nec id omisit Basilius Seleuciensis (83).

Ejusdem rei mentio fit in *Euchologio* (cap. 96), et in aliis Græcorum libris. Apertissime quoque id tradit Joannes Damascenus (84) his verbis Latina interpretatione donatis : « Annon quæ prima in feminis martyrium obiit, Falconillæ vita functæ salutem attulit? At fortasse dices, id eam consecutam esse, quod martyrum princeps erat, æquumque fuisse, ut preces ipsius exaudirentur. Recte, in.. quam ego, ais illam fuisse martyrum primam. Verum hoc, velim, rursus considera, pro quanam hæc postulabat? Nempe pro gentili, idolorum cultrice, profanaque prorsus, et quæ alieno domino operam locarat. »

3. Ad hæc, Dinocratem fuisse Perpetuæ sororis precibus ab inferis excitatum, ex Augustino discinius hæc cap. 10, num. 12, libri 1 inscripti *De anima et ejus origine* scribente, et quamvis id pro certo tradere non audeat, ita tamen sese explicat, ut id verum fuisse sibi suaserit. Sed præstat ipsa Augustini monita proferre : « De fratre autem sanctæ Perpetuæ Dinocrate, nec Scriptura ipsa canonica est, nec illa sic scripsit, vel quicunque illud scripsit, ut illum puerum qui septennis mortuus fuerat sine baptismo diceret fuisse defunctum : pro quo illa imminente martyrio creditur exaudita, uta pœnis transferretur ad requiem. Nam illius ætatis pueri, et mentiri, et verum loqui, et confiteri, et negare jam possunt. Et ideo cum baptizantur, jam et symbolum reddunt, et ipsi pro se ad interrogata respondent. Quis igitur scit utrum puer ille post baptismum persecutionis tempore a patre impio per idololatriam fuerit alienatus a Christo, propter quod in damnationem mortis ierit, nec inde nisi pro Christo morituræ sororis precibus donatus exierit ? »

4. Agnetem porro suffragatione sua ac meritis excitasse nobilem juvenem (præfecti filium fuisse aiunt) in infidelitate, et stupri cupiditate mortuum nos docent [quod Mendoza jam pridem monuit] sanctus Maximus serm. seu hom. *in S. Agnetem*, et sanctus Ambrosius serm. 90. En quid prior [Maximus scilicet] scriptum reliquit : « Remansit igitur juvenis, qui auctor hujus exstiterat probationis, qui se putabat defensorem virginis superare. Hic dum splendore cœlesti non cessit dans honorem, vitam quam habere videbatur, amisit, et mortem quam quærebat, invenit. Ridentibus lacrymæ succedunt et insultantibus finem gaudiorum imponunt. Attendit virgo lugentem judicem, et quem minantem ante contempserat, nunc deprecantem exaudit. Illico igitur ut cœpit orare pro mortuo, et a mortuis excitat salvum, qui morti fuerat deputatus, et ad gaudium evocat, qui fuerat præcipitatus ad luctum. Nam qui incestus fuerat mortuus, exsurgit

---

(81) « An gentiles, quibus neque de lege Moysis, neque de Evangelio aliquid innotuit, salutem obtinere potuerint. »

(82) Lib. III, *De excid. Hieros.* cap. 2. Id ipsum habes, cap. 16, *Apost. histor.* de S. Petro ; edente

Fabric.

(83) Lib. II *De mirac. S. Teclæ.*

(84) In Orat. *De defunctis*, seu, ut alii vertunt, *De iis qui in fide dormierunt*, pag. 587, tom. I editionis Venetæ P. Lequien, num. 9.

castus, et fit prædicator castimoniæ qui persecutor exstiterat castitatis. Ad hæc sacrilegi conturbantur in templis, et Christum hæc mirabilia facientem contremiscunt. ,

5. Id ipsum habemus in serm. *In S. Agnetem*, qui sancto Ambrosio olim tribuebatur, sed eum ipsum esse comperi, quem sancto Maximo alii tribuunt, eumque ipsum, quem modo allegavimus.

6. Porro sancti Stephani suffragatione puerum ante receptum baptisma, ideoque in damnatione mortuum, fuisse vitæ restitutum, ut baptisma reciperet ex Augustino discimus (85), et Evodio, si illi tribuis opusculum *De miraculis S. Stephani* (86). En quid in eo opusculo traditum legimus (lib. 1, cap. 15) : « Cujusdam mulieris filius parvulus mortuus catechumenus erat. Qui matris portatus manibus cum ingenti ejulatu et miserabili vociferatione, ante ipsam Memoriam gloriosi Stephani fuit projectus, tradente illa mortuum, ut ab eo reciperet vivum. Cumque ad aures amici Dei pulsaret fide pietatis, percussa duplici luctu orbitatis, quod et in præsenti vita filium perdidisset, et in futura, utpote sine gratia baptismi, salvum habere non posset, ecce interdiu lamentantis et vociferantis dolorem, et clamorem miseræ matris, repente parvulo spiritus redditur, vita tribuitur, vox viventi conceditur. Continuo presbyter accersitur, baptismus parvulo traditur, sacramenta complentur, atque ita a peccatorum lethali catena anima liberata, statim etiam mortalis carnis vinculo exuitur, et ad Dei spiritales amplexus summa celeritate liberata dimittitur. Ita, et matri non modica consolatione concessa gaudere de reddito filio datur, et parvulo salus vera conceditur. Qui profecto ob hoc ad modicum vitam recepit, ne in æternum moreretur ; ob hoc ad tempus mori meruit, ut vita perpetua frueretur. » Alia duo affinia exempla adjungunt. Unum desumptum ex Antonino, testante id sancti Thomæ Aquinatis interventu peractum , depromptum alterum ex Justo Lipsio, monente Mariæ sanctissimæ, cujus imago Hallis colitur, suffragatione actum. Ne quis autem animosum illud rigidiorum criticorum effugium in medium afferat, *fabellis hæc esse annumeranda, et piis quidem, sed non probatis narrationibus*, ecce quid nos edoceat Justus Lipsius, in critices studiis exercitatissimus, qui, uti dixi, *De diva Virgine Hallensi* disserens in ipso capitis 5 titulo, hæc statuit *vera esse hæc asserta, et discrimen triplex a falsis datum ;* tum cap. 10, hæc tradit : *Puer mersus in vitam revocatur.*

« Alia rei magnæ, sed brevicula, et sine tempore, aut persona, loco, narratio ; sed vetus et mihi fida. Puer domo egressus quæritur duas horas amplius, nec invenitur. Pater denique in lacuna lapsum reperit capite in limo fixum, pedibus su-

perne elatis. Educit, deponit in terram ; astat mœstus, et explorat, si quid adhuc animæ insit. Exspirasse videt, et hora tota jam lapsa ab eductione erat, cum interno quodam instinctu ad Virginem Hallensem impellitur, eique puerum et preces offert. Vix factum, vita redit, puer palpitat, et erigitur, cum læto patre domum abit. » Ab his autem et affinibus exemplis (87) eo argumenti genere, quod a *minori* ad *majus* appellant, facile inserunt, potuisse etiam et adhuc posse sanctos, atque adeo Virginem, sanctis reliquis multo præstantiorem et potentiorem, animas damnatorum ex inferis eripere, et terris restituere, in quibus pœnitentiam agant, eaque acta ad superos evehantur.

7. Sed jam deducendus est sermo ad potissimum, quo ii qui secus sentiunt, inniti solent, argumentum, Trajani scilicet animam, si his credimus, ab inferorum pœnis, quibus devincta ea fuerat Gregorii precibus exsolutam. Ea porro opinio his momentis innititur. Docent id Joannes diaconus, vetustus scriptor Vitæ Gregorii Magni (lib. 11, cap. 44) ; Euchologium (cap. 96), aliique ecclesiastici Græcorum libri. Docet quoque Joannes Damascenus, cujus auctoritas per se quidem magna, sed in re de qua agimus maxima est, quatenus eam narrationem toto Oriente atque Occidente celebrem fuisse affirmat. An totus Oriens atque Occidens in fabella adoptanda consentiunt ? En porro ipsa Damasceni verba in Latinum versa (88) : « Cæterum alias insuper historias commemorare oportet : atque in medium prodeat Gregorius Dialogus, senioris Romæ episcopus, vir, ut omnes norunt, tum sanctitate, tum doctrina celebris, quem cum sacris operaretur, cœlestem et divinum angelum sanctissimi muneris socium habuisse ferunt. Hic cum per stratam viam aliquando graderetur, dedita opera consistens intentissimas preces pro Trajani delictorum condonatione ad animarum amantem Dominum fudit, moxque hujusmodi vocem divinitus emissam audivit : *Preces tuas exaudivi, ac Trajano ignosco.* Tu vero posthac cave, ne preces mihi pro impiis offeras. Quodque hoc verum sit atque ab omni criminatione alienum, totus Oriens Occidensque testatur. »

8. Atque hæc ipsa Damasceni auctoritas tanto in pretio habita est a sancto Thoma, ut rationem excogitaverit, qua conciliari id posset cum universali decreto , perpetuas definiente damnatorum pœnas. Etenim cum (89) statuisset viventium suffragia minime prodesse iis, qui in infernum detrusi sunt, Damascenum deinceps sibi objicit ; narrat scilicet Gregorium Magnum pro Trajano orantem divinam vocem audivisse hæc sibi dicentem : Vocem tuam audivi, et veniam do Trajano ; tum ad

---

(85) Serm. 52 et 53, *De diversis ;* alias serm. 523 et 524, in serie sermonum in edit. Patr. Bened.
(86) *Vide* Præfat. præpositam a Patr. Bened.
(87) Cap. 16-21, ejusd. libri Virg. Hall.

(88) *Orat. de iis qui in fide dormierunt*, num. 16.
(89) *Sentent.* lib. 1v, distinct. 45, art. 2, quæst. 2, quæstiunc. 1 ad 5.

hunc modum objectionem hanc dissolvit : « Dicendum, quod de facto Trajani hoc modo potest probabiliter æstimari, quod precibus B. Gregorii ad vitam fuerit revocatus, et ibi gratiam consecutus sit, per quam remissionem peccatorum habuit, et per consequens immunitatem a pœna : sicut etiam apparet in omnibus illis, qui fuerunt miraculose a mortuis suscitati, quorum plures constat idololatras et damnatos fuisse. De omnibus enim similiter dici oportet, quod non erant in inferno finaliter deputati, sed secundum præsentem justitiam propriorum meritorum. Secundum autem superiores causas, quibus prævidebantur ad vitam revocandi, erat de eis aliter disponendum. » Id ipsum alibi tradit, quotiescunque hujusce narrationis incidit mentio. Ejusdem traditionis luculentus est testis scriptor ille, cujus meminere Ciacconius, aliique asserentes in Vaticana bibliotheca vetustum servari librum membraneis chartis descriptum, in quo id edocemur.

9. Quid, quod testem etiam Christum ipsum proferre possumus; etenim hæc revelasse B. Birgittæ dicitur (90) : « Si quis offerret regi pondus magni argenti, diceretur a circumstantibus, Hæc est magna præsentatio; si vero legeret unum *Pater noster* regi, derideretur; sic est e contra apud Deum. Quicumque enim offert pro anima alterius unum *Pater noster*, id acceptius est Deo pondere magno auri, sicut patuit in illo bono Gregorio, qui oratione sua etiam infidelem Cæsarem elevavit ad altiorem gradum. »

10. Addenda est denique auctoritas præclarissimorum virorum, qui eamdem narrationem referunt approbantque. Capisuccus (91), Consalvum Durantum, Feretranum episcopum, allegat (92), Alphonsum Ciacconium (93), Thomam Castaldum (94), Franciscum denique de Mendoza (95), quem etiam adjicit alios plures in rem eamdem allegasse. Et multos sane allegat Consalvus Durantus, cujus antea memini (96).

11. Antequam desumptæ ex hisce et affinibus aliis exemplis argumentationi aptam solutionem adhibeo, generatim moneo aut nulla, aut certe paucissima objecta apta esse ad id evincendum, cujus causa adducuntur. Docet Mendoza neminem posse ex inferis avolare ad cœlos, nisi prius peccatum, cujus causa ad inferos detrusus erat, detestatus in terris sit, ibique egerit pœnitentiam. Vide monita

(90) Lib. iv *Revel.* cap. 13.
(91) *Controv.* vii. quæst. 1, pag. 244.
(92) In notis ad *Revelat. S. Birgittæ.*
(93) In speciali Apolog. hujusce narrationis, art. 5.
(94) Tom. I, *De potest. angel.* dist. 2, quæst. 1, art. 5.
(95) *Virid.* lib. 1, probl. 6, num. 37.
(96) In notis ad superiorem Revelationum S. Birgittæ locum, id est, cap. 13, lib. iv.
(97) In sermone tributo Ambrosio de *sancta Agnete* n. 8, hæc exstant : « Illico igitur ut cœpit orantem... qui incestus fuerat mortuus, castus exsurgit; et fit prædicator castimonii, qui persecutor

Mendozæ. Sed quodnam hujusce detestationis, quodnam hujusce pœnitentiæ in terris actæ exemplum proferunt? Si paucissima exceperis [si tamen ea vera sint], in reliquis hujusmodi exemplum desideratur (97). Id tamen exquirunt critici, nec temere videntur exquirere ; tam singularis enim privilegii, neque a Scriptura, neque ab indubitata traditione firmati indubitatum videtur exquiri posse exemplum. An porro Trajanus, an Falconilla, an reliqui, quos sanctorum precibus ab inferis erutos putant, ut deinceps cœlo inferrentur, notam cuipiam pœnitentiam egerunt?

12. Sed jam adhibenda iisdem exemplis solutio est. Atque hic in primis monendus est lector, duas veluti generales solutiones inventas esse a theologis sane non contemnendis, quas unicuique superiorum exemplorum adhiberi posse affirmant. Harum prior tradit animas eorum, de quibus instituitur quæstio, non fuisse a corpore sejunctas, sed per miraculum, quod *æquivalens suscitationi e mortuis* esse tradunt, affixas adhuc corpori. Hi porro dici mortui possunt, quia nullas excercent viventis operationes, [et nullam certe earum, quæ vitæ æternæ conducunt, neque enim mereri quidpiam amplius possunt], aut certe tam exiles et tenues, ut rigorose loquendo vitales operationes appellari nequeant. Possunt itaque mortui, probabili, si non rigoroso sensu, appellari. Innititur hæc responsio divina potestate atque auctoritate, quæ dominium suum exercere pro libito potest non modo in vitam et mortem creaturarum, verum etiam in circumstantias vitæ et mortis earum, et modos, si ita volumus appellare, harum circumstantiarum : innititur in argumento desumpto ab exercitio prorsus extraordinario hujus auctoritatis et potestatis, quod quidem demonstrant exempla, quæ ex Pelbarto de Temiswar adducemus, cum de efficacia intercessionis Mariæ sermonem habemus; innititur in aliis etiam exemplis exercitii extraordinarii hujus auctoritatis et potestatis, quarum aliqua præbet in suis *Dialogis* Gregorius Magnus, sed certe præbet providentia quam Deus exercet in Enocho et Elia, quorum quidem vitam in locis remotissimis sustinet [nisi nos probabiles theologi fallunt], sine alimento et merito, ideoque ratione prorsus extraordinaria. Cur ergo nos dicere prohibemur, sustineri vitam eorum, quos sanctorum meritis ac prece a mortuis excitatos dicimus, modo exstiterat castitatis.» In Actis porro a Bollando editis n. 10, hæc occurrunt : « Prosternens se (Agnes) in faciem plorans, rogare cœpit Dominum, ut juvenem suscitaret. Orante autem illa, apparuit angelus Domini, qui elevavit eam flentem, et confortans animum ejus, juvenem suscitavit. Qui egressus foras, cœpit voce publica clamare, et dicere : Unus est Deus in cœlo, et in terra, et in mari, qui est Deus Christianorum. Nam omnia templa vana sunt; dii, qui coluntur, omnes vani sunt, et penitus nec sibi possunt, nec aliis aliquod auxilium exhibere. » Hæc tamen confessio abest ab Actis quæ edidit clariss. Assemannus, quæque sola sincera esse vult. Adde ea, quæ nn. 20 et 21 dicemus.

prorsus extraordinario, donec tempus advenerit, quo tempore eos communi vitæ restitui divina potestas et providentia jusserit.

13. At hæc evasio, tametsi ingeniosa, si generaliter adhibeatur, paucissimos habebit consectatores : neque enim aut vetustus aliquis theologus eam proponit, aut licet nobis pro lubito divinæ Providentiæ modos extraordinarios dimetiri ac disponere, adeo ut argumentari cum laude possimus *a simili*, ut scholasticorum locutionibus utar, aut *a pari*, aut *a fortiori*.

14. Vulgatissima itaque, et theologis acceptissima est solutio altera, quæ sancti Thomæ auctoritate videtur inniti et theologorum consensione et his verbis ab Estio proponitur (98) : « De cæteris omnibus (quatenus vera sunt exempla) dicendum eos non fuisse simpliciter damnatos, sed extraordinarie sententiam damnationis eorum a judice fuisse suspensam, sanctos autem divino quodam instinctu, quo etiam miracula faciebant, pro iis, ut ad vitam revocati per fidem et pœnitentiam salvarentur, orasse, ut qui vel revelationem haberent, vel fiduciam concepissent, eos pro quibus sic orarent, nondum irrevocabiliter inferni pœnis deputatos esse.

15. Sed si jubent, qui secus sentiunt, exempla objecta sigillatim expendam, et de uno quoque quid sentiam, proferam. Quod de excitato a Petro apostolo adolescente nobili Cæsaris [Neronis scilicet] consanguineo, in dubium vertitur a magno viro Tillemont, qui nos monet ab apocryphis eam narrationem fuisse desumptam (99), quamobrem hujusmodi narrationem in Acta Petri inserere non est ausus.

16. Levis est ad stabiliendam Falconillæ ex inferis ereptionem Actorum sanctæ Theclæ auctoritas; etenim multa iis addita fatentur omnes, quæ ad apocrypha sunt rejicienda, atque in horum numero ponere non vereor, quæ de Falconilla ex inferorum pœnis exsoluta narrantur. Quæ de Actis sanctæ Theclæ diximus, haud magnam scilicet esse eorum auctoritatem, ut de Basilio Seleuciensi dic, quem deceptum non pauci affirmant iis, quæ diximus, Actis sanctæ Theclæ.

17. Euchologio Græcorum nonnulla intermista, quæ emendationem exposcunt, docent omnes, qui idem Euchologium diligentius expenderunt : atque id ipsum de reliquis ecclesiasticis Græcorum libris affirmant. Audivi a viro valde laudabili, Romæ

aliquando horum librorum emendationem fuisse propositam, inchoatam quoque, nondum vero perfectam.

18. At multo majores vires in auctoritate sancti Joannis Damasceni inesse volunt, quibus quidem ego minime obsisto : sed hoc de argumento locupletissime, cum de anima Trajani ab inferis [si objicientibus credimus] Magni Gregorii precibus erepta disputabitur.

19. Ea ipsa objectio, quam ab exemplo Dinocratis ab inferis, sororis precibus erepti desumpserunt, responsionem pariter præbet : scilicet dubiam esse historiam eam, idque ex ipsismet Augustini verbis perspicuum fieri. Sed quis vetat ne Estii verbis hujusmodi objectionem dissolventis utamur? « De Dinocrate respondetur Augustinum non agnoscere veritatem historiæ, sed magis fidem ejus elevare, dum ad argumentum de eo sibi ab adversario objectum respondet. »

20. Quod de Agnete Maximus tradit, in dubium a criticis rigidioribus vertitur, monentibus scilicet id omitti ab aliis scriptoribus, qui martyrium Agnetis describunt; acta porro martyrii a Bollando edita, in quibus id ipsum describitur [*Vide* cap. 2, n. 10], authentica non esse, ex iis rationibus constat, quas approbavit Ruinart, dum ea abesse voluit ab eo libro, quem in fronte *Acta martyrum collecta, selecta, atque illustrata*, et deinceps in libro ipso, *Acta sincera et selecta* appellavit (1).

21. Quid, quod Prudentius dum Agnetis martyrium describit, oculis ab angelo læsum et morti proximum *seminecem*, minime vere mortuum impudentissimum quem dicimus, juvenem describit : innuit tamen, sed id expresse non tradit, scriptis mandatum fuisse ab aliquibus, vere vita functum eumdem juvenem fuisse et vitæ Agnetis precibus restitutum : at ab ea narratione versibus suis inserenda, ideoque excipienda abstinet. Utcunque sit, en quæ Prudentius, accuratissimus Actorum martyrum scriptor, hoc de argumento vers. 43 et seqq. hymni xiv libri *Peri Stephanon*, docet :

Intendit unus forte procaciter
Os in puellam, nec trepidat sacram
Spectare formam lumine lubrico.
En ales (2) ignis fulminis in modum
Vibratur ardens atque oculos ferit ;
Cæcus corusco lumine corruit ;
Atque in plateæ pulvere palpitat.
Tollunt sodales seminecem solo,
Verbisque deflent exsequialibus.
Ibat triumphans virgo Deum Patrem,

---

(98) In iv *Sentent.* dist. 45.
(99) Tom. I *Histor. Eccles.* (Notes sur saint Pierre, note 49) quam integram legas opto. Hæc tantum ex ea seligo, quæ hic referam : *Nous n'avons pas cru cependant nous devoir servir de ce que cet auteur dit de saint Pierre ; parce que, quand même il aurait vécu dans le ve siècle, comme nous le croyons sans l'assurer, il est à craindre qu'il n'ait tiré ce qu'il en dit de quelques-uns des livres apocryphes qui couraient alors : et il n'a pas l'autorité qu'a*

saint Ambroise, pour sanctifier en quelque sorte ce qui a passé par sa plume, et pour nous obliger de recevoir avec quelque respect ce qu'il nous dit, lors même qu'il ne peut nous le faire croire comme certain.
(1) Vide admonit. Ruinartii in Monumenta respicientia martyrium sanctæ Agnetis, pag. 402, edit. Veron.
(2) Sunt qui *angelum* eo nomine significatum aiunt : alii *fulmen* quod alis instructum veteres exprimebant.

Christumque sacro carmine concinens,
Quod sub profani labe periculi
Castum lupanar, nec violabile
Experta victrix virginitas foret.
Sunt qui rogatam retulerint, preces
Fudisse Christo, redderet ut reo
Lucem jacenti ; tum juveni halitum
Vitæ innovatum visibus integris.

22. Ego tamen minime veto ne hanc narrationem veluti veram excipias ; id enim habent etiam *Acta sanctorum martyrum Orientalium et Occidentalium* quæ cl. Stephanus Evodius, Assemanus, Apamæensis archiepiscopus, typis edidit. Vide pag. 161, tom. II. Qua veritate constituta, tu narrationi huic eam solutionem adhibe quam Estii verbis paulo ante exhibui. Vide n. 14.

23. Id ipsum dic de miraculo sancti Stephani cujus scilicet meritis ac suffragatione restitutus est vitæ puer nondum baptismate ablutus. Affinis solutio proponitur ab Alberto Magno deinceps allegando.

24. Veniendum est denique ad potissimum quo nituntur argumentum, quod scilicet desumunt ex Trajani anima, Gregorii Magni precibus [si Mendozæ aliisque Mendozæ faventibus credimus], erepta inferis et paradiso illata ; neque enim aliquo probabili monumento aut levi etiam conjectura assequimur fuisse terris restitutum Trajanum ut pœnitentiam ageret.

25. Non levis instituitur inter criticos quæstio, num oratio quæ allegata est Damascenum auctorem habeat annon. Eam Damasceno tribuunt Græci, quos allegat Leo Allatius (3) qui etiam hoc adjicit : « Et communis fere Græcorum sententia eam tradit Damasceno qui etiam in linguam eorum versam sub nomine Damasceni legunt. »

26. Inter probatissimos theologos Latini jure meritoque sanctum Thomam collocant ; hic tamen (4) liberati ab inferis Gregorii precibus Trajani memoriam faciens, eam narrationem nunquam ut falsam rejicit, veritus scilicet Damasceni auctoritatem qua potissimum inniti videtur eadem narratio, et quamvis aliquando adhibeat vocem hanc *forte,* ex qua quidem inducti nonnulli sunt ad credendum revocatam fuisse eam narrationem in dubium a sancto doctore, si diligentius tamen illius verba attenderis, manifesto perspicies vocem illam *forte* tempus respicere ac connotare quod Trajanum inter et Gregorium intercessit, quod forte *post trecentos* [id est trecentum *fere*, seu, si vis, *circiter*] *annos fuit* (5). « Idem est de Trajano, qui forte post trecentos annos suscitatus est et de aliis qui post unum diem suscitati sunt : de omnibus enim di-

cendum est quod non finaliter damnati erant, etc. » Nogarola quoque, dum orationem hanc Latinitate a se donatam Clementi VII inscripsit eam Damasceno apertissime his verbis tribuit : « Tametsi nolim quempiam suspicari hoc ipsum non vere fuisse Damasceno ascriptum, etc. » Baronius, qui cæteroqui alienus est a fide præbenda iis quæ in ea, quam dicimus, oratione de Falconilla et Trajano ex inferorum pœnis ereptis narrantur, orationem tamen ipsam Damasceno non admit, sed tantum monet a fallaci fama illusum fuisse Damascenum, cum Trajani animam, Gregorio deprecante, ex inferis sublatam putat : « Primum quidem, ait Baronius (6) ab omni imposturæ suspicione virum sanctissimum immunem reddimus ; nihilque ab ipso commentitium esse factum vel excogitatum constanter asserimus : sed quod ipse vere factum accepit ac credidit, hoc ipsum quomodo audivit scriptis suis bona fide mandavit ; at in his quæ ad rerum gestarum veritatem spectant, quam frequenter accidat, falli etiam prudentissimos non in antiquis tantummodo, sed et in his quæ facta dicuntur in eodem loco, quo ipsi sunt et quo vivunt tempore, cum usus doceat pluribus demonstrare super vacaneum esse putamus ; ob idque nihil est ut quantavis sive sanctitatis, sive doctrinæ cujuslibet prærogativa viri quod non factum sit unquam, ut factum asserentis, ipsi veritati præjudicium possit inferre : cum in his quæ sunt facti non dogmatis, potuerit quisque sanctissimus atque doctissimus fideique orthodoxæ professor atque defensor aliquando falli, » etc. His jungi poterit etiam Combefisius, magni nominis sane vir ; nam quamvis, ut deinceps videbimus, alienissimus antea fuerit a tribuendo orationem hanc Damasceno, cum tamen *Bibliothecam Patrum concionatoriam* edidit, visus est aliam habuisse sententiam et eam Damasceno dignam judicare : neque enim *se tanta dictionis vitia in ea deprehendere* ait *quanta Allatius se in ea deprehendisse ait* (in Præfat.) Bellarminus et Vossius in horum numero ponuntur de quibus deinceps.

27. Attamen viri etiam optimi et celeberrimi valde dubitarunt, num ea oratio Damasceno revera tribuenda sit, annon. E Græcis Gregorius Proto-Syncellus (7) orationem hanc ad hunc modum citat : « In Oratione quæ in Ecclesia legitur sub hac inscriptione, Joannis monachi, et presbyteri Damasceni. » Ad quæ verba Leo Allatius (8) : « Si genuinum Damasceni fetum existimasset, scripsisset utique Joannes monachus, et presbyter Damascenus in Oratione, » etc. Arcudius quoque (9)

nime inveni.

(3) De Joanne Damasceno ex opere ejusdem Leonis non antea edito : « Quam quidem Allatii elucubrationem præposuit Lequien editioni Damasceni a se elaboratæ, et *prolegomena* appellavit, num. 27, pag. 40, t. I editionis Venetæ.
(4) Affirmat Capisuc. *ter* id tradidisse : in IV *Sentent.* dist. 43, quæst. 2, art. 2 ad 5 : distinct. 45, art. 2, quæst. 2 ; quæst. 1 ad 5 : *De veritate,* quæst. 6, art. v ad 4. In primo tamen loco *id* minime inveni.
(5) In IV *Sentent.* dist. 43, quæst. 2, art. 2 ad 5.
(6) Tom. VIII, al. XI, ad an. Christi 604, num. 40.
(7) *Apolog. pro concil. Florent. contra Marci Ephes. epist.*
(8) *De Joan. Damasceno,* in prolog. præpositis editioni Damasceni a Lequien adornatæ, num. 28.
(9) In lib. *Contra Barlaam, de purgatorio,* p. 396.

ea de re dubitavit multaque argumenta congessit, ut dubitationem suam prudentem ostenderet.

28. E Latinis vero Gretserus dubitationem suam satis patefecit, cum hæc ait (10) : « Ut et Damascenus, seu quisque ille auctor est orationis *Pro fidelibus defunctis* inter opera Damasceni. » Joannes Lensæus etiam dubitationem suam prodidit, hæc scriptis tradens (11) : « Librum istum non esse Damasceni, non injuria videri potest. »

29. Alii tamen iique non minus superioribus præstantes viri orationem eam Damasceno palam abjudicant. Leo Allatius, vir sane præclarissimus et in Græcorum libris versatissimus, demit orationem hanc Damasceno (12) ; et in eamdem sententiam procul dubio inclinat maxime Arcudius, cujus, uti et Allatii deinceps verba referam. Et hi quidem e Græcis. E Latinis vero Suarez (13), Medina (14), Combefisius (15) et Estius (16), cujus hoc est de ea quam dicimus oratione judicium : « Sed neque sermoni qui titulum Damasceni falso gerit, fides adhibenda est, cum manifeste fallat in eo quod dicit totum Orientem et Occidentem illam de Trajano historiam pro indubitata recipere : nam et alia quædam in eodem sermone refert a fabulis non multum abhorrentia. » Lequien quoque (17).

30. Hi porro tria a ratione desumpta probationum genera, ut eamdem orationem Damasceno adimant, afferunt. Horum primum est hac in oratione eas afferri opiniones quas alibi apertissime Damascenus rejicit. In ea scilicet, veluti canonici allegantur libri Machabæorum, quos tamen alibi (18) canonicis minime ascribit. Secundo, Damascenus lib. ii, *De fide orthodoxa*, axioma hoc statuerat (19) : « Scire autem oportet quoniam quod hominibus mors, hoc angelis est lapsus; post lapsum enim non est illis pœnitentiæ locus, ut neque post mortem hominibus. » Tertio, quædam in ea narrantur tam absona et a verisimilitudine remota, ut indigna videantur homine gravi ac sapiente, qualis procul dubio Damascenus fuit.

31. At hæc ipsa argumenta non multi alii faciunt. Aiunt scilicet Machabæorum libros non hic afferri, ut canonicos, sed ut historicos, et veluti probabilem narrationem continentes. Aiunt quoque axioma a Damasceno propositum id indicare, quod *fere fit*, seu ut scholasticorum phrasibus utar, quod *de lege, et providentia ordinaria, non quod juxta extraordinariam providentiam fit*. Responsionem hanc diligenter et copiose prosequitur Allatius (*de Joan. Damascen.*), quem consulas opto.

32. Tertium reor non satis esse, ut orationem hanc Damasceno demas, quod quædam (judicio tuo) absona, et a verisimilitudine aliena in ea tradantur. Id nempe vetat præclarissimorum scriptorum auctoritas, videlicet sancti Thomæ, aliorumque qui orationem hanc legerunt, expenderuntque, et tamen Damasceno tribuerunt. Duos seligo præstantissimos viros Bellarminum et Vossium. Hæc scriptis reliquit Bellarminus (20) : « Oratio de his, qui *in fide migrarunt*, scrupulum injecit, quia narrat Falconillam precibus primæ martyris, et Trajani animam precibus sancti Gregorii ab inferni suppliciis liberatas, quæ narrationes falsæ esse videntur, et fabulis similiores quam historiæ. Sed fieri potest, ut sanctus Joannes Damascenus, quamvis alioquin doctus et prudens, istis narrationibus facilem fidem habuerit, neque de veritate earum investiganda sollicitus fuerit. »

33. Hæc porro tradit Vossius (21). « Etsi vero Damascenus vir foret egregie eruditus, ac magni nominis, tamen in plerisque credulus fuit plus satis. Hoc ostendunt historiæ ab eo relatæ in Sermonibus. Sane agnoscit etiam Baronius *in multis ejus scriptis fidem vacillare, et compluribus ipsum scatere mendaciis*. Quod ejus judicium Casaubonus firmat exercit. 13 adversus Baronium, sect. 38, ubi varios et spissos errores annotavit. Etiam aliis in scriptis judicium desideres : inter cætera, in narratione illa de anima Falconillæ (precibus B. Theclæ primæ martyris ab inferorum suppliciis liberatæ, etsi in gentili errore et idololatria obiisset. Item quod ait, animam Trajani imperatoris similiter pœnis inferni exemptam precibus Gregorii Magni, quorum utrumque legas apud Damascenum orat. *De his, qui in fide migraverunt*. » Quanquam ne quid dissimulem hæc statim adjicit : *Fortasse aliquis abjudicet propterea orationem illam Damasceno;* eamque ob causam aliquibus inter eos positus est Vossius, qui dubitant Damasceno tribuendam sit, annon, oratio quam dicimus : quibus etiam accensent Bellarminum, quod dixerit, uti jam videmus : *Oratio de his, qui in fide migraverunt, scrupulum injecit, quia narrat Falconillam*, etc., qua de re judicent alii.

34. Alio sane confugiunt Leo Allatius et Lequien diversitatem styli causantes, dissimilis scilicet illi, quem Damascenus consectatur. En quæ doceat Leo Allatius (22) : « Quod ipse alias de hac [eadem] oratione in Examine Græcorum librorum ecclesiasticorum enuntiavi, hic habeto. Post enim loca Damasceni tum in libris *De orthodoxa*, tum in hac

---

(10) In adnot. in tom. II, *De cruce*, in Orationem Germani patriarchæ.

(11) *De limbo*, lib. iii, cap. 12.

(12) *De Joan. Damasceno* num. 33, et dissert. 2, De libris Ecclesiasticis Græcorum.

(13) In part. iii, in Supplem. part. iii, quæst. 71, art. 5.

(14) In part. iii, quæst. 12, art. 6.

(15) Tom. II *Auct. bibl. PP. Græc.*

(16) In iv, dist. 46, § 2, *Ad postremum.*

(17) In admonitione præposita huic orationi in edit. Oper. S. Joan. Damasceni pag. 585, tom. I, lib. iv.

(18) *De fide orthodoxa*, lib. iv, cap. 17, De Scriptura.

(19) *De fide orthodoxa*, lib. ii, cap. 4.

(20) *De scriptorib. ecclesiast.* in Joan. Damasceno.

(21) *De histor. Græc.* lib. ii, cap. 24, fol. 145.

(22) *De Joan. Damascena*, Prolog. præpos. edit. P. Lequien, n. 32.

hac *De defunctis* oratione exposita hæc subdidit :
« Verumenimvero sermo ille nescio quid mihi
semper subolevit, et, ut verum fatear, nunquam
Damasceni fetum legitimum existimavi ; sed, ut
alias sæpe contingit, a nebulonibus, ut gratiam, ac
pondus orationi tanti Patris nomine adderent,
Damasceno fuisse appictum. Quod dummodo a
Damasceni operibus erro non es, facillimo negotio
persentisces. Levis est in primis ac nugax hic auctor, qui, de gravissimis rebus agens, quasi per sa-
turam ludens carmine et prosa, nullo dicendi fine
orationem omnem infarcit. Dictio illi ac modus, si
recte consideres, vilis, et e trivio, hiulca, languida,
affectata, puerilis, et a Damascenica, mirum quantum diversa ; quæ licet oratoriis flosculis et ac-
curata exponendi forma non luxuriet, fluit tamen in
offensa, sui facilitate decora, contemptu gravis,
sententiarum pondere clara, severa, æqualis, divina.
Versus Damasceni cum alias elegantissimi sint,
selectis semper verbis nitidi, quantitate syllabarum
semper commodi, erroribus semper innoxii ; hi,
qui in isto sermone leguntur, si numerum tantum
syllabarum demas, semper incompti ac rustici, in
ipsa tantum deformitate conformes. Ad hoc probandum, nullum argumentum erit validius ipsa lectione. Lege, si potes, sine fastidio : per te tantum
nullo alio duce, me vera fateri cognosces. »

35. Combefisius eadem styli diversitate innititur,
ut orationem hanc Damasceno demat : « Stylus
tamen, inquit (23), reliquis Damasceni vel dogma-
ticis, vel ἑορταστικοῖς (festalibus) collatus haud
leviter alterius suadeat. Videas certe rhythmice
magis quam oratorie, aliter quam pro χρυσάρρου
illis puritate dicentem. Nihil autem mirum, ut ita
Græcis imponi potuerit nomine Damasceni, quando
et nobis impositum fuerit in sermone Assumptionis
sanctæ Mariæ, nomine Hieronymi, etc.

36. Assentitur Lequienus (24), cujus hæc monita
sunt : Perpensis utriusque partis momentis, Leonis
mihi sententiam, quæ prima Combefisii fuit, magis
arridere fateor, quam et propugno in singulari
prolixiorique dissertatione *De precibus fundendis pro
defunctis secundum doctrinam Ecclesiæ Orientalis.*
Hic solum dicam, nullibi me Damasceni mei loquelam hoc in sermone agnoscere.

37. His positis, quæ diligentius et copiosius,
quam voluissem, exponenda mihi fuerunt, ut plene
argumentis propositis satisfacerem, si eorum sententiam amplecteris, qui Damasceno orationem
hanc tribuunt, dicere commode poteris, quod aiunt
Bellarminus, Baronius, et Vossius, falsas esse quidem eas narrationes, quæ orationi huic immiscen-
tur, at excusandum esse ejusdem orationis auctorem, quod ea tradiderit, quæ audierat ; earumdem
narrationum veritatem minime expendens, ideoque
non esse cogendum lectorem, ut quæcunque in

eadem oratione scripta sunt, amplectatur, tametsi
illius auctor, cæteroqui bonus et doctus, ea tradit ;
multi inter eos, quos allegat Capisuccus (25), re-
sponsioni huic favent.

38. Qui eam, quam dicimus, orationem Damasceno demunt, ii quoque qui de illius auctore dubia
movent suspicanturque, quisquis is est, multum a
dignitate et præstantia Damasceni eum abesse,
contemnunt orationem ipsam, et ea quæ in illa narrantur, ideoque se minime ab iis flecti aiunt, ut
putent eripi aliquando posse ab inferorum pœnis
iisdem pœnis devinctos. Et facile hac solutione,
quæ de Falconilla Theclæ precibus ab inferis et
damnatorum pœnis erepta dicuntur, enervant
prorsus et submovent.

39. Enervant pariter et submovent, quæ de Trajano Gregorii precibus ab inferis itidem erepto in
eadem oratione narrantur. Quæ quidem narratio
a Baronio, Capisucco, aliisque præstantibus viris
his etiam argumentis proscribitur. Virtutes habuit
quidem nonnullas Trajanus, sed et vitiis plurimis
fœdatus fuit, et Christianos non paucos neci tradidit. Quod si, Plinio auctore, ab iis insectandis
denique abstinuit, nullo tamen tempore eos dilexit ;
imo eam tulit legem, quæ iniquissima a Tertulliano
conclamata est, nullum scilicet perquirendum esse
Christianum ; si tamen accusaretur, accusationem
excipiendam fore, et puniendum Christianum. Secundo Gregorius alibi statuit, nemini post mortem
relinqui pœnitentiæ aut spei locum. Itaque si Deo
invisus mortuus fuerat Trajanus, nulla spes illius
ab inferis eripiendi relinquebatur, Gregorio ipso
judice. Et hoc quidem argumento motus est [quod
statim videbimus], Joannes diaconus, Vitæ Gregorii
scriptor, ut narrationi huic fidem demeret.

40. Tertio, si Joannem Diaconum excipias, [qui
hæsitanter tamen, et dubius de ea re loquitur] nullus veterum Latinorum hujusce miraculi meminit,
illudque propterea reticent Anastasius, aliique
omnes Gregorii gesta virtutesque describentes.
Neque vero Joannes Diaconus id affirmate docet,
sed dubius hæsitansque id narrat, idque adeo, ut
perspicue ostendat, se aliter arbitrari, quam ab
Anglis audierat : neque enim Romanos, qui ista,
qui Gregorii gesta recte noverant, sed Anglos allegat ab urbe Roma remotissimos et Saxones, quos
facile potuit illudere incertus rumor, et mendax
fama (26) : « Legitur etiam penes easdem Anglorum
Ecclesias, quod Gregorius per forum Trajani, quod
ipse quondam pulcherrimis ædificiis venustarat,
procedens, judicii ejus, quo viduam consolatus
fuerat, recordatus atque minatus sit : quod scilicet,
sicut a prioribus traditur, ita se habet. Quodam
tempore Trajano ad imminentis belli procinctum
festinanti vehementissime, vidua quædam processit
flebiliter dicens : *Filius meus innocens, te regnante,*

---

(23) Tom III, *Auct. Bibl. PP. Græc.*
(24) In admonit. præpos. huic orationi, pag. 583,
tom I.

(25) *Controv. selectæ,* et Romæ editæ anno 1677,
controv. 7, pag. 245, § 1.
(26) Lib. II Vitæ S. Gregor. *cap.* 44.

peremptus est, obsecro, ut, quia eum mihi reddere non vales, sanguinem ejus legaliter vindicare digneris. › ¡Tum dubitationem suam valde probabilem his verbis exprimit : « Sed cum de superioribus miraculis Romanorum sit nemo qui dubitet, de hoc, quod apud Saxones legitur, hujus precibus Trajani animam ab inferni cruciatibus liberatam, ob id vel maxime dubitari videtur, quod tantus doctor nequaquam præsumeret pro pagano prorsus orare, qui quarto *Dialogorum* suorum libro docuerit eamdem causam esse, cur non oretur a sanctis in futuro judicio pro peccatoribus æterno igne damnatis, quæ nunc etiam causa est, ut non orent sancti homines pro hominibus infidelibus impiisque defunctis; non advertentes, quia non legitur pro Trajano Gregorium exorasse, sed tantum flevisse. › Adjicit denique quod si quispiam narrationem eam ut veram excipiat, fateatur necesse est, Trajani animam inferorum pœnis non fuisse devinctam, sed tantummodo in inferis veluti depositam *ad tempus*, a quibus denique Gregorii precibus extracta sit : › Et notandum quia non legitur Gregorii precibus Trajani anima ab inferno liberata, et in paradiso reposita : quod omnino incredibile videtur propter illud, quod scriptum est : *Nisi quis renatus fuerit ex aqua et Spiritu sancto, non intrabit in regnum cœlorum (Joan.* iii, 3), sed simpliciter dicitur, ab inferni solummodo cruciatibus liberata. Quod videlicet potest videri credibile, quippe cum ita valeat anima in inferno exsistere, et inferni cruciatus per Dei misericordiam non sentire, sicuti unus gehennæ ignis valet omnes peccatores pariter detinere, sic per Dei justitiam cunctos non valet æqualiter exurere. Nam uniuscujusque, quantum meruit culpa, justo Dei judicio tantum sentietur et pœna. ›

41. His constitutis, facile tollitur quidquid ex antiquis libris ad narratiunculam hanc stabiliendam desumitur : neque enim Joanne diacono vetustiores hi libri erunt, aut probabiliora iis continebunt, quæ idem Joannes Diaconus litteris consignavit.

42. At stant adhuc fortiter, qui secus sentiunt, Birgittæ auctoritatem objicientes, attestantis scilicet sibi revelasse Christum, precibus Gregorii ereptum ab inferis fuisse Trajanum. Muratorius Lamindi Pritanii nomine latens, cum alia multa ad elevandam privatarum revelationum auctoritatem adducat, subsequentia apertissime tradit (27) : Veræ esse possunt : certæ penitus et Ecclesiæ Dei necessariæ esse non possunt. Idcirco, etsi revelationes quarumdam sanctarum mulierum, Birgittæ, Catharinæ Bononiensis, et Catharinæ Senensis, Angelæ Fulginatis, Hildegardis, Gertrudis, et aliarum, aut laudaverit, aut toleraverit Ecclesia, nemo

tamen theologiæ melioris conscius, huc usque fuit, qui certitudinem fidei catholicæ ipsis additam fuisse autumarit, imó non affirmarit, 'concilia et Ecclesiam universam auctoritate carere, simil'a decernendi tanquam indubitata, et certissima dogmata Christiano populo credenda

43. Porro de privatis revelationibus, iis præsertim, quæ mulieribus etiam piis factæ dicuntur, videat, obsecro, lector, quæ vir clarissimus, et quem honoris causa nomino, D. Eusebius Amort tradidit (28) ; neque enim eo de argumento mihi nunc est disputandum, sed id tantummodo dissolvendum, quod objecerunt.

44. Bellarminus (29) obscurum valde esse ait objectum Birgittæ locum, atque eo innotescere tantummodo, ad altiorem gradum elatam Trajani animam : minime vero ad cœlos elatam.

45. Baronius indicat, putare se ascripta hæc temere fuisse Birgittæ ; sed quemcunque habeant verba illa auctorem, alienum esse se ab iis excipiendis : « Veneror, inquit (30) , Sanctas ipsas, ac colo ; sed de revelationibus ipsis factis, vel potius ipsis ascriptis, ea duntaxat recipio, quæ Ecclesia recipit, quæ scimus non potuisse ista probare ; nam sunt inter se pugnantia. › Tum paucis interpositis, sic fere prosequitur, revelatio B. Mathildi facta esse dicitur, sic Mathildem alloquente Christo : « Quid ego statuerim mea´ liberalitate de anima Trajani, nolo ut homines sciant, › etc. De utraque porro, Birgittæ scilicet et Mathildis, revelatione hæc subdit Baronius : « Absit ut credam quid hujusmodi divinitus pronuntiatum ! Eloquia enim Domini casta, argento igne examinatum, probatum terræ, purgatum septuplum, quæ nec rubiginis quidquam admittant. Nec fiat, ut credam quid hujusmodi fuisse sanctissimis feminis revelatum, vel ab ipsis esse conscriptum, sed tantum ipsarum nomine ab aliis promulgatum. Abeant igitur vana commenta ; sileant prorsus inanes fabulæ, sepelianturque æterno silentio, data venia iis, qui quod factum acceperunt, verum putantes de eo scripserunt. Laudetur tamen zelus eorum, qui quod assertum invenerunt, quomodo se habere potuerit, scholastice discreuerunt : magis vero laude digni habeantur, qui emunctis naribus odorati falsitatem, errorem sunt detestati. ›

46. Neque vero ab eorum præclarissimorum virorum auctoritate moveor, qui secus sentiunt, et ab inferorum pœnis, Gregorio deprecante, exsolutum Trajanum docent. Multo major eorum numerus est, qui id pernegant, quorum sane auctoritas summo in pretio habenda est. Joannem Stephanum Durantum (31) id negasse fatetur Consalvus Durantus, Feretranus episcopus (32), Melchiorem Ca-

---

(27) *De ingeniorum moderatione*, lib. i, cap. 17.'
(28) *Controvers. de revelat. Agredanis*, part. vii, et rursus : *Nova demonstratio de falsitate revelationum Agredanarum.*
(29) *Controv.* tomo II, *De Purgat.* lib. ii, pag. 8.

(30) *Tom.* VIII, alias XI, ad an. Christi 604, num. 47.
(31) *De ritibus*, lib. ii, cap. 43, num. 12.
(32) In adnot. ad caput 13, lib. iv *Revel. S. Birgittæ.*

num adjicere potest (33), Dominicum Sotum, Raphaelem de Turre, Medinam, aliosque præstantissimos viros, quos allegat Capisuccus, loca etiam indicans, in quibus id tradunt.

47. Claudamus hoc caput auctoritate ac monitis nobilis, nec sane recentis scriptoris, Alberti scilicet Magni, qui hæc nos docet (34) : « Ad aliud dicendum, quod illud miraculum beati Gregorii non sufficienter probatum est, nec est auctorizatum, sed apocryphum. Unde non legitur postea, quid de Trajano acciderit, ubi pœnituerit, et qualiter salvatus sit; et ideo ego hoc fabulam reputo. Si autem aliud inveniatur, per quod confirmetur miraculum illud, tunc dico, quod Trajanus non fuit mortuus, ita quod finalem sententiam suæ condemnationis acciperet, sed potius, ut gloria Dei in meritis beati Gregorii manifestaretur : sicut Dominus dicit de Lazaro (*Joan*. II, 4), quod *infirmitas hæc non est ad mortem, sed ad gloriam Dei, ut glorificetur Filius Dei per ipsam ;* si enim ipse præstitum sibi tempus ad meritum implesset, et ita mortuus esset, etsi millesies suscitaretur, nunquam pœniteret, quia confirmatus esset in malo, et insusceptibilis pœnitentiæ. Sine pœnitentia autem peccator salvari non potest. Et tunc non sequitur, quod prosit damnatis, quia ille secundum hoc ultima sententia damnatus non fuit, sed a vita suspensus ad tempus, ut gloria Dei et bonitas per merita etiam Gregorii amplius exaltaretur. » Vide, quæ tradunt Cl. Fassonius (35) iique, quos ipse citat.

CAPUT VI.

Occurrimus aliis, quæ vel jam ex Mendoza attulimus, vel alii etiam adjungunt, exemplis, quibus ostendi putant, sanctorum precibus et suffragatione fuisse nonnullos ereptos ab inferis, quibus devincti erant; nec præterimus ea exempla, quibus expressissime demonstrari aiunt, Virginem Deiparam nonnullos ab inferis, quibus jam devincti erant, eripuisse.

1. Quoniam porro ea quæ hactenus protulerunt dissoluta conspiciunt, ad alia confugiunt. Sunt vero subsequentia. Docente Gregorio Magno, *Dialog.* lib. I, dialog. 12, novimus sancti Severi precibus fuisse excitatum a mortuis hominem peccatis pollutum, quique inferno damnatus fuerat. En ipsa Gregorii verba, quæ ideo proferimus, ne quispiam in dubium revocet id quod diximus : « Hunc [Severum sacerdotem sanctissimum] cum quidam paterfamilias ad extremum venisset diem, missis concite nuntiis rogavit, ut ad se quantocius veniret, suisque orationibus pro peccatis ejus intercederet, ut, acta de malis suis pœnitentia, solutus culpa ex corpore exiret. Qui videlicet sacerdos

inopinate contigit, ut ad putandam vineam esset occupatus, atque ad se venientibus diceret : Antecedite, ecce ego vos subsequor. Cumque videret sibi in eodem opere parum aliquid superesse, paululum moram fecit, ut opus, quod minimum restabat, expleret : quo expleto cœpit ad ægrum pergere. Eunti vero in itinere occurrentes, hi, qui prius venerant, obviam facti sunt, dicentes : Pater, quare tardasti? Noli fatigari, quia jam defunctus est. Quo audito, ille contremuit, magnisque vocibus se interfectorem illius clamare cœpit. Flens itaque pervenit ad corpus defuncti, seque coram lecto illius cum lacrymis in terram dedit. Cumque vehementer fleret, in terram caput tunderet, seque reum mortis illius clamaret, repente is qui defunctus fuerat, animam recepit. Quod dum multi, qui circumstabant, aspicerent, admirationis vocibus emissis, cœperunt amplius flere præ gaudio. Cumque eum requirerent ubi fuerit, vel quomodo rediisset, ait : Tetri valde erant homines, qui me ducebant, ex quorum ore et naribus ignis exibat, quem tolerare non poteram. Cumque per obscura loca me ducerent, subito pulchræ visionis juvenis cum aliis nobis euntibus obviam factus est, qui me trahentibus dixit : Reducite illum, quia Severus presbyter plangit, ejus enim lacrymis Dominus eum donavit. Qui scilicet Severus protinus de terra surrexit, eique pœnitentiam agenti opem suæ intercessionis præbuit. Et dum per dies septem de perpetratis culpis pœnitentiam æger redivivus ageret, octava die lætus de corpore exivit. »

2. Addunt et hæc. Arnulphus, Turonensis episcopus quemdam, quem ad inferos rapi conspexit, vitæ restituit, et tempus, quo pœniteret, obtinuit (36).

3. Similia in aliis libris occurrunt. Ex Vita sancti Nicolai a probato viro descripta assequimur, Judæum quemdam in perjurio mortuum sancti Nicolai prece vitæ fuisse restitutum.

4. Duo affinia scriptis prodidit Sulpicius Severus, quæ sancti Martini precibus tribuit. Catechumeni scilicet nondum baptismo abluti, ideoque in damnatione mortui, et alterius, qui vitam laqueo sibi præciderat (37). En ipsa Sulpicii Severi verba : « Cum jam Hilarius præteriisset, ita eum est vestigiis prosecutus : cumque ab eo gratissime fuisset susceptus, haud longe sibi ab oppido monasterium collocavit : quo tempore se ei quidam catechumenus junxit, cupiens sanctissimi viri in stitui disciplinis ; paucisque interpositis diebus languore correptus vi febrium laborabat, ac tum Martinus forte discesserat; et cum per triduum defuisset, regressus, corpus exanime invenit. Ita subita mors fuerat, ut absque baptismate humanis

(33) Lib. XI *Locor. Theol.* cap. 2, § *Certe quantum*.. « Nec vero historiam ego illam probo, » etc.
(34) In IV *Sentent.* distinct. 20, art. 18.
(35) *De prior. in sinu Abrahæ beat.* num. 67 et 68.
(36) Estius (in edit. Neapol.) inter objectiones his verbis id indicat : « Refert Gregorius Turonen-

sis S. Arnulphum episcopum Turonensem cuidam defuncto, quem viderat ad infernum rapi, vitam impetrasse. »
(37) Cap. 7, al. 5, in edit. cl. Hieronymi de Prato.

rebus excederet, corpus in medio positum tristi
mœrentium fratrum frequentabatur officio, cum
Martinus flens et ejulans accurrit, tum vero sanctum Spiritum tota mente concipiens, ægredi cellulam, in qua corpus jacebat, cæteros jubet; ac
foribus obseratis super exanimata defuncti fratris
membra prosternitur; et cum aliquándiu orationi
incubuisset, sensissetque per Spiritum Domini
adesse virtutem, erectus paululum, et in defuncti
ora defixus, orationis suæ ac misericordiæ Domini
intrepidus exspectabat eventum; vixque duarum
fere horarum spatium intercesserat, vidit defunctum paulatim membris omnibus commoveri, et
laxatis in usum videndi palpitare luminibus. Tum
vero magna ad Dominum voce conversus gratias
agens, cellulam clamore compleverat. Quo audito
qui pro foribus astiterant, statim irruunt. Mirum
spectaculum, quod videbant vivere, quem mortuum reliquissent! Ita redditus vitæ, statim baptisma consecutus, plures postea vixit annos; primusque apud nos Martini virtutum vel materia vel
.estimonium fuit. Idem tamen referre erat solitus,
se corpore exutum ad tribunal Judicis ductum,
deputatumque obscuris locis et vulgaribus turbis
tristem excepisse sententiam; tum per duos angelos judici fuisse suggestum, hunc esse pro quo
Martinus oraret : ita per eosdem angelos se jussum
reduci, et Martino redditum, vitæque pristinæ
restitutum. Ab hoc primum tempore beati viri nomen enituit, ut qui sanctus jam ab omnibus habebatur, potens etiam et vere apostolicus haberetur.
Nam multo post, dum agrum Lupicini cujusdam
honorati secundum sæculum viri præteriret, clamore et luctu turbæ plangentis excipitur, ad quam
sollicitus cum astitisset, et quis esset hic fletus,
inquireret, indicatur unum e familia servulum laqueo sibi vitam extorsisse; quo cognito cellulam,
in qua corpus jacebat, ingreditur, exclusisque
omnibus turbis, superstratus corpori aliquantisper
oravit. Mox viviscente vultu, marcescentibus oculis in ora illius defunctus erigitur; lentoque conamine enisus assurgere, apprehensa beati viri
dextera, in pedes constitit; atque ita cum eo usque ad vestibulum domus, turba omni inspectante,
processit. »

5. Ad hæc. sanctæ Otiliæ precibus fuisse patrem
illius ab inferis ereptum docet Argentina in IV,
dist. 45, § Quant. ad 4.

6. Notissimum vero illud est, et indubitatum,
quod ex narratione Gregorii Magni discimus Dialog. lib. II, dialog. 23, jussisse scilicet sanctum
Benedictum sacrificium offerri pro monialibus
Ecclesiæ communione, gravis peccati causa, privatis; quo oblato ab excommunicatione sunt absolutæ, et cœlo [nisi prorsus fallimur] illatæ.

7. Joannes vero Crasset, ne vetera tantum pro-

ferat, et inclytæ societati Jesu extranea, exempla
trium in infidelitate mortuorum, et sancti Francisci Xaverii precibus vitæ restitutorum producit,
e quibus alter totius diei spatio sepultus antea
jacuerat, ideoque pridem suprema divini Judicis
sententia inferorum pœnis devinctus. Vadem autem
trium harum suscitationum profert Urbanum VIII
in canonizationis sancti Francisci Xaverii Bulla id
attestantem (38). Ut alia afflnia hujusce generis
exempla addiscamus, idem Joannes Crasset amandat nos ad Raderum ad 24 Aprilis diem multa
scilicet proferentem.

8. His miraculis sanctorum suffragatione actis,
ex quibus, uti vidimus, argumentum a fortiori desumunt, ut nobis persuadeant id pariter Virginis
interventu fuisse aliquando peractum, expressissima ipsa exempla proferunt eorum, qui dum
peccatis mortalibus erant fœdati, mortui sunt, et
Virginis pietate ac prece vitæ sunt restituti, ideoque ab inferorum faucibus erepti, ut pœnitentiam
agerent, cœloque inferrentur.

9. Allegant vero in primis exempla desumpta ex
Speculo exemplorum, ex libro Apum Thomæ Cantipratensis, et ex sermonibus illius præclari scriptoris, qui Discipuli nomen suscepit, quibus illa
adjiciunt, quæ Justus Lipsius descripsit, et miraculis sanctæ Mariæ Hallensis inseruit.

10. Iisdem adjicit piissimus Joannes Crasset hujusce virginis pietatis exempla, quæ potestatis exempla, quæ
proferre operæ pretium reor. Desumitur primum
ex Flodoardo sæculi X scriptore, id narrante ad
hunc fere modum. Adelmanus, Verdunensis Ecclesiæ diaconus, gravissima ægritudine oppressus,
adeo ut mortuus censeretur, et jam ad sepulcrum
deferretur, Adelmanus, inquam, repente exconva-
luit, narravitque se horribilia supplicia con-
spexisse, quibus damnatus erat : sed Mariæ ac
sancti Martini precibus ab eis ereptum, ut suorum
criminum pœnitentiam, in terris restitutus, ageret.

11. Ex sancto Annone, celebratissimo Coloniæ
episcopo, secundum exemplum desumitur. Narrat
hic scilicet, virum nobilem, Andream nomine,
perditissimis licet moribus, sancti Cæsarii tamen
devotissimum exstitisse : cujus quidem devotionis,
atque in Cæsarium pietatis argumentum manifestum præbebat, dum ejusdem sancti Cæsarii basilicam frequentissime visitabat. Mortuus est porro
ille pœnitentia minime acta, et capsæ illatus, in
qua sepeliretur. Cum media nocte, dum preces
prope illius cadaver a circumstantibus funduntur,
excitatur ille, sedensque circumstantes monet, se
ad tremendum Domini Jesu tribunal fuisse deductum; tum a dæmonibus raptum, a quibus, dum
horrendo ululatu ad infernum traheretur, adest
repente sanctus Cæsarius, qui miserrimi hominis
pietate motus ad genua Domini Jesu provolvitur,

. (38) Divoz. vers. M, V. trat. 1, quest. 12, « Urbano VIII, nella Bolla della canonizazione di
S. Francesco Saverio riferisce in testimonianza

della di lui Santità tre idolatri morti, l'uno de'
quali era stato un giorno intero sotterrato, che da
questo santo erano stati risuscitati. »

eumque deprecatur, ut infelicis Andreæ misereatur. Accessere Cæsarii precibus Virginis sanctissimæ, apostolorum quoque, ac martyrum preces,
quibus ad pietatem commotus Jesus eum vitæ
restituit, ut pœnitentiam ageret.

12. His porro ad hunc modum occurro. Quod
a Gregorio Magno sumptum est, ad extraordina-
rium visionum genus facile revocatur : neque
enim historia ea esse potest, cum indubitatum
omnibus sit, eo ipso momento quo morimur, ir-
revocabilis judicis sententia eam sortem nos subire, quam nostra merita exposcunt, ideoque aut
mortis, aut vitæ æternæ : ac mortem quidem æternam statim excipiunt ad inferos detractæ animæ,
quas Deo invisas mors corripit, ad vitam autem
æternam provehuntur, animæ, quæ nulla labe
pollutæ sunt ; eæ vero quæ divina gratia ornatæ,
sed tamen aliquam labem antea contractam nondum detersere, ad purgatorium deferuntur, a quo
ad cœlos ascendunt, cum debitas Deo pœnas persolverunt. Cum itaque aspectus dæmonum, eorum fetor, deductio per loca obscura ; demum
pulcher angelus apparens, et e dæmonum potestate ereptio illius hominis, pro quo Severus
presbyter deprecatus fuerat, describuntur, ea describuntur, quibus assequamur, hominem illum
meruisse inferos, quos subiturus procul dubio
fuisset, nisi sanctus Severus suffragium suum
et preces interposuisset. Aut itaque alienatio a
sensibus tantum fuit illa visio, non vera mors,
licet vera mors appareret (59) ; vel si vera mors,
extraordinaria fuit separatio illa animæ, et, ut
scholasticorum locutionibus utar, *extraordinaria
animæ a corpore separatio, ab extraordinaria providentia proveniens,* quæ quidem providentia separationem illam constituerat non esse æternam,
sed temporaneam.

13. Quod de Arnulpho Turonensi narrant, diligentissime perquisivi in Gregorii Turonici libris, et minime inveni. Aut ergo id a Gregorio
Turonico scriptum non est, quod scriptum fuisse
aiunt, aut si scriptum id est, diligentiam meam
effugit. Utcunque sit, quis vetat ne Estii solutionem huic quoque exemplo, si exstat, adhibeamus, quæ quidem solutio hujusmodi est? « De
cæteris omnibus [quatenus vera sunt exempla]
dicendum eos non fuisse simpliciter damnatos,
sed extraordinarie sententiam damnationis eorum

a judice fuisse suspensam, sanctos autem divino.
quodam instinctu, quo etiam miracula faciebant,
pro iis, ut ad vitam revocati per fidem et pœnitentiam salvarentur, orasse, ut qui vel revelationem haberent, vel fiduciam concepissent, eos
pro quibus sic orarent nondum irrevocabiliter
inferni pœnis deputatos esse. » Sanctus Thomas,
De verit., lib. v, quæst. 16, art. 6, ad 4, et Damascenus ante allegatus solutioni huic favent.

14. Perquisivi in *Vita sancti Nicolai* a Leonardo
Justiniano sancti Laurentii Justiniani primi Venetiarum patriarchæ germani fratris conscripta, et
ab Aldo edita ; perquisivi, inquam, id quod de
Judæo in perjurio mortuo, et suffragatione sancti
Nicolai vitæ restituto narrant ; idque minime
inveni. Quamobrem minus probatam eam narrationem arbitror. Cæterum illi adhiberi commode
posset altera ex his solutionibus, quas *generales*
appellavi. (*Vide*, n. 12, 13 et 14, cap. 5.) Lectorem etiam obsecro, ut ea consulat quæ de
hoc celeberrimo sancto episcopo tradit Tillemont
(40). Nec multi sane approbant ea sancti Nicolai
Acta, quæ cl. Nicolaus Falconius an. 1751 evulgavit.

15. Multo majorem operam videntur exposcere
miracula, quæ a B. Martino peracta sunt. Primo.
ad hunc modum occurro. Nolo in dubium vertere, num catechumenus ille vere mortuus fuerit ; etenim *corpus illius exanime* fuisse narratur.
Tum vero huic exemplo ea solutio adhibetur,
quam paulo ante ex Estio retulimus; præsertim
cum nulla hic ereptionis ex inferis, nulla viso-
rum dæmonum mentio fiat. Ad hæc, quæstiuncula subsequente videbimus, valde probabilem
eorum esse sententiam, qui catechumenos recte
viventes et baptismo ablui optantes, qualis procul dubio erat is de quo agimus [*cupiebat* scilicet *Sanctissimi viri instrui disciplinis*], a cœlo.
minime arcent.

16. Quæ porro superiori exemplo adhibita ex
Estio responsio est, adhiberi commode potest
exemplo alteri, illi scilicet, in quo docemur servulum, qui sibi *laqueo vitam extorserat*, fuisse B.
Martini interventu suscitatum : in quo exemplo
referendo nulla hic fit dæmonum, nulla inferorum, ad quos ductus is fuerit, mentio.

17. Ab eo, quod de sancta Otilia traditur, eadem fere ratione te expedire facile poteris, si tu.

---

(39) Quæ Aug. cap. 17, alias n. 37, lib. xii *De
Gen. ad litt.* de puero sibi notissimo hujusmodi
exstasi, dum gravi morbo patiebatur, sæpe cor.
repto, et eo tempore visiones habente prorsus
extraordinarias narrat, ejusdem generis videntur
esse, atque ea quæ hic Gregorius describit. Le.
ctorem itaque ut ea legat, obsecro. Loca tantummodo indico, quæ lector in primis consulat,
num. 37 : « Fuit item apud nos puer, qui in
exordio pubertatis dolorem acerrimum genitalium
patiebatur... Deinde inter voces suas abripieba-
tur ab omnibus sensibus, et jacebat patentibus

oculis neminem circumstantium videns, ad nullam.
vellicationem se movens. Post aliquantum tanquam evigilans, nec jam dolens, quæ viderat, in-
dicabat. » Num. 38 : « Vidit quodam die chorum
piorum psallentium, lætantium in luce mirabili,
et impiorum in tenebris diversas et atrocissimas
pœnas, illis ducentibus et ostendentibus, et se
licitatis aliorum. aliorumque infelicitatis meritum
insinuantibus. Hoc autem vidit die Dominico Paschæ, » etc.

(40) *Eccles. histor.* tom. VI, pag. 688, edit. Venet.

vis. Cæterum advertat lector volo, integram sanctæ Otiliæ Vitam adhuc desiderari in probatis
libris, veluti in collectione Bollandiana, et similibus : verba autem, quæ scriptis mandavit Thomas ab Argentina, explicari commode posse de
éreptione ab inferis *præservativa, et antecedente.*
Quod si vis de subsequente ea intelligenda esse,
nos ea docebunt, ab inferis translatam fuisse ad
superos animam Patris sanctæ Otiliæ ; neque enim
ulla suscitationis, nulla pœnitentiæ in terris actæ
mentio fit. Id pridem advertit Estius, qui hæc
scriptis prodidit : « Similiter respondendum de
Otilia Virgine, nisi forte [quod apud Argentinam
non legitur] patri suo reditum ad hanc vitam
impetravit, ut sic per pœnitentiam salvari posset. »
An hæc excipies ?

18. Argumentum desumptum ex cap. 23, lib. ii
Dialog. sancti Gregorii sic dissolvit Estius (41) :
« Ad id, quod de sancto Benedicto narrat Gregorius, dicendum mulieres illas in statu gratiæ
discessisse, vel quia pœnitentiam peccati egerant
in fine vitæ, vel quia peccatum earum non erat
mortale, sed grande veniale : nam excommunica-
tio non erat proprie dicta, nec a judice ecclesiastico lata, sed tantum ex communicatione (42)
sancti Benedicti consecuta , quam tamen Deus
miraculo voluit declarare. »

19. Ea porro solutio, quam num. 12 retuli ex
Estio, aut alia quæpiam affinis reliquis, quæ attulerunt, facile accommodatur. Tamen (quod alibi
monui)' non desunt, qui libros inscriptos *Speculum exemplorum, Apum,* et sermones *Discipuli*
nomine editos, veluti collectaneos cujusque, tametsi non raro fallacis et infidæ mercis spernunt.
Quod quidem solutionis genus nimio plus audax
esse videtur, inurbanum etiam, et asperum a
multis dicitur. Tantum hic veluti coronidem addo,
iis duobus exemplis, quæ Crassetus attulit, accommodari facile posse eam explicationem, quam
simili exemplo ex cap. 12, lib. i *Dialogorum* Gregorii adhibui. Quibus quidem quæstiunculæ huic
finem impono ; ea enim, quæ hactenus tradidi,
illa omnia evitant, quæ non modo ex Radero Crasset desumit [quanquam si ea sint, quæ desumit
ex libro, quem Raderus *Viridarium sanctorum ex
Menæis Græcorum collectum, annotationibus, et similibus historiis illustratum* appellavit, in criticorum reprehensionem inciderunt ; monent enim
Menæa Græca iis redundare narrationibus, quæ

non admodum probata sunt], verum etiam ea
quæ ex probabilibus monumentis Bollandi consectatores eruerunt, et summo litteratorum plausu
evulgarunt.

QUÆSTIUNCULA II. — *Num solamen aliquod, et nonnullum infelicitatis levamen Mariæ suffragatione
æternis cruciatibus destinati aliquando saltem
percipiant. Qua occasione quæretur, num solamen aliquod damnati interdum percipiant, aut
certe percipere possint.*

CAPUT I.

Affirmantis opinionis fundamenta recensentur.

1. Huic quæstioni dedere occasionem quædam
probabilium scriptorum monita. Hæc scilicet docet Ildefonsus, seu alius, quisquis is est, cui tribuis serm. 5, *De Assumptione,* Ildephonsi nomine
inscriptum : « Dicam aliquid plus, si audeo, dicam
fideli præsumptione, dicam pia temeritate. Totus
mundus hodie condigna jubilatione lætatur et
gaudet ; Tartarus tantummodo ulular, fremit, et
submurmurat, quoniam gaudium et lætitia hujus
diei claustris infernalibus inclusis aliquod remedium et refrigerium præstat. Non audent, ut opinor, ministri tartarei hodie attingere suos captivos, quos recolunt redemptos illius sanguine, qui
pro mundi salute est dignatus nasci de Virgine. »

2. Hæc ipsa protulit sanctus Odilo, cujus verba,
tametsi alibi retulerim, hic tamen recolere operæ
pretium reor. En illa (*Serm. de Assumpt.*) : « Dicam
aliquid plus, si audeo, dicam fideli præsumptione,
dicam pia temeritate. Totus mundus hodie condigna jubilatione lætatur et gaudet. Tartarus tantummodo ulultat, fremit et submurmurat, quoniam
gaudium et lætitia hujus diei claustris infernalibus
inclusis aliquod remedium et refrigerium præstat.
Non audent , ut opinor, ministri tartarei hodie
attingere suos captivos, quos recolunt redemptos
illius sanguine, qui pro mundi salute est dignatus
nasci de Virgine. » Quæ quidem, uti et alia ejusdem sermonis verba non pauca cum ipsissima sint,
atque ea quæ habet serm. 5, *De Assumptione*,
Ildephonso tributus, locum dubitationi præbent,
quisnam horum scriptorum, alterius sermonem
exscripserit ; sed procul dubio uterque valde antiquus est, et sæculum xi aut certe xii anteivit.

3. Neque vero, ut ad levamentum aliquod damnatis divina pietate concessum revertar, mirum id
est ; persuasum enim habuere nonnulli vetustissimi

---

(41) In argumento duodecimo.
(42) Revera hæc habet Gregorius sancti Benedicti verba, et rem ab eo gestam referens : « Cor-
rigite linguam vestram, quia, si non emendaveri-
tis, excommunico vos: quam videlicet excommunicationis sententiam non proferendo intulit, sed
minando. » Ad hæc porro verba Patres S. Mauri
in editione ab iis adornata adnotationem hanc
apponunt : « Carnot. et Prat. *excommunicabo,* quod
prius in Germ. scriptum. De hac excommunica-

tione fuse disputat Gussanv. , asseritque genus esse
maledictionis, non vero censuram canonicam.
Consulendi sunt Regulæ S. P. Benedicti commen-
tatores, maxime ad cap. 23, 24, 25 et seqq. »
Profecto comminationem tantum excommunicationis indicendæ¹, minime vero excommunicatio-
nem indictam declarant subsequentia Gregorii
verba : « Eos quippe se communione privare dixerat eas, nisi mores suos et verba corrigerent. »

fideles in majoribus solemnitatibus quietem aliquam et nonnullum miseriarum solamen, Deo miserante, damnatis tribui. Hæc sub initium sæculi v de Paschatis solemnitate Prudentius docuit (43) :

> Sunt et spiritibus sæpe nocentibus
> Pœnarum celebres sub Styge feriæ.
> Illa nocte sacer, qua rediit Deus
> Stagnis ad superos ex Acheronticis.
> Non sicut tenebras de face fulgida
> Surgens Oceano Lucifer imbuit,
> Sed terris Domini de cruce tristibus
> Major sole novum restituens diem.
> Marcent suppliciis Tartara mitibus,
> Exsultatque sui carceris otio
> Umbrarum populus liber ab ignibus,
> Nec fervent solito flumina sulphure.

Cum itaque præcipuis Ecclesiæ solemnitatibus Virginis Assumptio accenseatur [et potissima certe est inter Mariæ Virginis solemnitates] mirum non est, si in ea levamen aliquod damnati recipiant.

4. Quanquam si Prudentii verba expendimus, necesse non est, ut præcipuis Ecclesiæ solemnitatibus has damnatorum [si loqui ita volumus] ferias destinemus. Annon frequentes easdem ferias esse affirmat Prudentius cum ait, sæpe nocentibus spiritibus has esse ?

> Sunt et spiritibus sæpe nocentibus
> Pœnarum celebres sub Styge feriæ.

Quis ergo vetat ne præcipuas Virginis festivitates, et si reliquas ab harum numero arces, Assumptionem saltem iis diebus annumeres, quibus

> spiritibus nocentibus sunt
> Pœnarum celebres sub Styge feriæ ?

5. Quid, quod non his tantum festivitatibus nonnulla damnatorum levamenta destinarunt veteres? Exstat in veteribus codicibus missa, ex qua merito inferimus, persuasum fuisse fidelibus, precibus nostris aliquam pœnarum lenitatem damnatis tribui. En illam exscriptam ex codice Ritualis, et Missalis Veneti sæculi xi, in nostra bibliotheca servati, quem sæpe citavi (p. 205) :

MISSA : PRO CUJUS ANIMA DUBITATUR.

Omnipotentem ac misericordem Deum, fratres charissimi, qui habet potestatem mortificare et vivificare, deducere ad inferos et reducere, et vocat ea quæ non sunt, tanquam ea quæ sunt, cujus potestas in cœlo et in terra, in mari et in inferis pleniter astat, humiliter deprecemur pro animabus famulorum tuorum (44), ut quos subito evocavit a præsenti sæculo absque pœnitentiæ spatio, et si forsitan ob gravitatem criminum non merentur surgere ad gloriam, per hæc sacrosancta oblationis libamina tolerabilia fiant ipsa tormenta. Præstante, etc.

SECR. Suscipe, Domine, clementissime Pater, pro commemoratione famulorum tuorum, hostiam placationis et laudis, ut sacrificii præsentis oblatio ad refrigerium animæ eorum, te miserante, proveniat.

POSTCOM. Miserator, et misericors, et patiens, et multum misericors, Domine, si iniquitatem observaveris, quis sustinebit? precamur ergo universam clementiam tuam pro animabus famulorum tuorum, ut quibus parva fiducia suppetit actionum, sola gratia tua copiose resplendeat, ut veniam operæ manuum tuarum consequantur in inferis, quas ad imaginem tuam creare dignatus es, etc.

6. Simillimæ Missæ in Missalibus recentioribus, iisque ipsis, quæ typis edita sunt, exstant. Eas seligo quas præbet Missale editum Venetiis apud Octavianum Scotum domini Amadei an. 1544, pag. 217, et Missale alterum Venetiis impressum in officina hæredum Lucæ Antonii Junctæ, ann. 1564, et hæ sunt.

MISSA : PRO CUJUS ANIMA DUBITATUR.

Omnipotens et misericors Deus, inclina, quæsumus, venerabiles aures tuas ad (45) preces nostras, quas ante conspectum majestatis tuæ pro anima famuli tui N. humiliter fundimus, ut quia de qualitate vitæ ejus diffidimus, de abundantia pietatis tuæ consolemur ; et si plenam veniam anima ipsius obtinere non potest, saltem vel inter ipsa tormenta, quæ forsitan patitur, refrigerium de abundantia miserationum tuarum sentiat. Per.

SECR. Suscipe, clementissime Pater, pro pia commemoratione famuli tui N. hostiam placationis et laudis, ut sacrificii præsentis oblatio ad refrigerium animæ ejus, te miserante, proveniat. Per, etc.

POSTCOM. Sumpsimus, Domine, corporis et sanguinis tui devota mysteria, obsecrantes majestatis tuæ clementiam, ut et viventibus sint tutela, et defuncto famulo tuo obtineant veniam. Qui vivis et regnas, etc.

7. Atque hæc quidem opinio cum aliis momentis, tum certe vetusta quadam narratione in Vitis Patrum posita innititur, qua docemur caput sacerdotis gentilis divina permissione Macario loquens, eum monuisse se aliosque etiam æternis cruciatibus damnatos Macarii precibus juvari : quam etiam narrationem si rejicias, adhuc eadem opinio persistit, stabilita scilicet auctoritate Augustini, scholasticorum, et certe juristarum et ratione probabili. Quod ad Augustinum attinet, en quid nos doceat Durandus De sancto Porciano, theologus valde nobilis (46) : « Videtur, quod sic [prodesse scilicet suffragia exsistentibus in inferno], quia B. Augustinus dicit, et habetur in littera [textu Petri Lombardi] quod quibus prosunt suffragia, ad hoc prosunt, ut plena sit remissio, vel tolerabilior fiat eorum

---

(43) In hymno Ad accensionem lucernæ; aliter, Ad incensum cerei Paschalis, vers. 129.
(44) Additur (vel famuli) et deinceps quem, etc.
(45) In Missali impresso an. 1564, additur exi-

guas.
(46) Lib. iv Sentent. dist. 45, quæst. 2, in ipso quæstionis limine.

damnatio; » quo posito hæc subjicit : « Sed damnati non dicuntur, nisi illi, qui sunt in inferno : ergo suffragia Ecclesiæ prosunt illis. »

8. Quod autem Augustinus id doceat, ex eo constat quod in Gratiani decreto hæc exstent (47) : quæ desumpta dicuntur ex cap. 109 et 110 *Enchiridii* Augustini : « Ante diem judicii sacrificiis et eleemosynis mortui juvantur. Tempus, quod inter hominis mortem et ultimam resurrectionem interpositum est, animas abditis receptaculis continet, sicut unaquæque digna est vel requie, vel ærumna, pro eo quod sortita est in carne, dum viveret. Neque negandum est defunctorum animas pietate suorum viventium relevari, cum pro illis sacrificium Mediatoris offertur, vel eleemosynæ in Ecclesia fiunt. Sed hæc eis prosunt, qui cum viverent, ut hæc sibi postea possent prodesse, meruerunt. Est enim quidam vivendi modus, nec tam bonus, ut non requirat ista post mortem, nec tam malus, ut ei non prosint ista post mortem. Est vero talis in bono, ut ista non requirat : et est rursus talis in malo, ut nec his valeat, cum hæc vita transierit, adjuvari. Quocirca hic omne meritum comparatur, quo possit post hanc vitam relevari quispiam, vel gravari. » Et post pauca : « Cum sacrificia altaris, sive quarumcunque eleemosynarum pro baptizatis defunctis omnibus offeruntur, pro valde bonis gratiarum actiones sunt ; pro non valde malis propitiationes sunt : pro valde malis, etsi nulla sint adjumenta mortuorum, qualescunque vivorum consolationes sunt. Quibus autem prosunt, aut ad hoc prosunt, ut sit plena remissio ; aut certe, ut tolerabilior fiat ipsa damnatio. » Expressius autem cap. 112 ejusdem libri [quæ tamen in decreto Gratiani non exstant] : « Pœnas damnatorum certis temporum intervallis existiment, si hoc eis placet, aliquatenus mitigari, dummodo intelligatur in eis manere ira Dei, hoc est ipsa damnatio pro valde malis, » etc.

9. Porro ad ea verba Augustini vetustus interpres, seu, ut dici mos est, glossator decreti Gratiani dnotat : « Hic Augustinus distinguit quatuor genera hominum, scilicet valde bonos et valde malos, mediocriter bonos et mediocriter malos; pro valde bonis non est orandum : injuriam enim facit martyri, qui orat pro martyre [ut ext. *De celebr. mis.* Cum Marthæ, § ult.]. Item nec valde malis prosunt, sed mediocriter bonis prosunt, ut citius liberentur ab igne purgatorio. Mediocriter malis prosunt ad hoc ut minus puniantur, nunquam tamen liberabuntur ; et secundam hoc etiam patet, quod oratio-

ne speciali oramus pro illis qui decesserunt in mortali ; dummodo non sint summe mali licet arg. contra'5, ead. pro obeuntibus. Sed pone, quod aliquis dat eleemosynam pro eo qui decessit in mortali peccato, qui est mediocriter malus, eleemosynæ, vel orationes prosunt talibus ad mitiorem pœnam, ut hic dicit, ergo aliquantulum de pœna sublatum est. » Eadem [aliqua ex parte] tradit Innocentius III, cap. Cum Marthæ extra, *De celebratione missarum* (48).

10. Sed glossatorum seu interpretum non egemus, qui alios Patres pro eadem sententia stantes proferre possumus. Præclarissimus Pater Chrysostomus est ; hæc tamen docet (49) : « Nam si multæ barbaræ gentes una cum defunctis res eorum cremare solent, quanto æquius tu, defuncto filio sua tradere potes, non ut in cinerem redigantur, sed ut gloriosum magis illum reddant. Putas eum maculis inquinatum abiisse ? da ipsi sua, ut illis se a maculis detergat : putas in justitia ipsum decessisse ? præbe ipsi tua ad mercedis et retributionis adjectionem. »

11. Rursus, quod orationes et oblationes aliquid refrigerii præstent his, qui sine pœnitentia decesserunt, idem Chrysostomus indicare videtur homilia tertia in Epistolam ad Philippenses, ubi eos, qui præter decorem mortuos lugent, sic alloquitur (50) : « Deplorato eos, qui in divitiis mortui sunt, et nihil consolationis suis ipsorum animabus ex divit.is suis procurarunt, qui cum potestatem diluendi peccata sua accepissent, noluerunt. Hos defleamus, sed cum modestiæ decore, defleamus istos, juvemus eos pro viribus, procuremus illis aliquid auxilii, modici quidem : attamen juvemus eos quo modo, quave ratione ? precantes adhortemur et alios, ut pro illis orent, pauperibusque indesinenter pro illis eleemosynas demus. Habet res ista nonnihil consolationis ; non enim frustra ab apostolis sancitum est, ut in celebratione venerandorum mysteriorum memoria fiat eorum, qui hinc decesserunt : noverunt illis multum hinc emolumenti fieri, multum utilitatis. Verum istud quidem de illis dicimus, qui in fide abscesserunt : catechumeni vero nec hac digni consolatione censentur, sed omni hujusmodi sunt auxilio destituti præter unum solum. Quod autem illud ? Pauperibus eorum nomine dare licet, unde eis nonnihil refrigerii accedit. »

12. Atque hæc quidem Chrysostomi opinio Gennadii auctoritate ac monitis roboratur ; etenim hæc ille scriptis prodidit (51) : « Baptizatis tantum iter esse salutis credimus, nullum catechumenum,

---

(47) Part. II, causa 13, quæst. 2, cap. 23.
(48) « Verum in hoc articulo locum habeat illa distinctio, qua docetur, quod defunctorum alii sunt valde boni, et alii sunt valde mali, alii mediocriter boni, alii mediocriter mali, unde suffra_gia, quæ fiunt a fidelibus in Ecclesia pro valde bonis, actiones sunt gratiarum, pro valde malis consolationes vivorum, expiationes vero pro mediocriter bonis, et propitiationes pro mediocriter

malis, tua discretio investigat. »
(49) Hom. 32, in Matth. ad illa verba Matth. IX, 24 : *Non est mortua puella, sed dormit.* In edit. Montfaucon. hom. 31, n. 4, in qua tamen editione nonnihil aliter Chrysostomi verba vertuntur.
(50) In edit. Montfaucon num. 4. Sed longe meliori interpretationi.
(51) *De Ecclesiast. dogm.* cap. 74.

quamvis in bonis operibus defunctum vitam æternam habere credimus, excepto martyrio, ubi tota baptismi (52) sacramenta complentur. » Quibus quidem tam Chrysostomi in Epistola ad Philippenses, quam Gennadii verbis aliud præbetur ad vindicandam eamdem opinionem argumentum. Sic enim, iis positis, disputare possumus. Extra Ecclesiam salus esse non potest. Porro catechumeni extra Ecclesiam sunt : in eam enim tantummodo per baptismum, quem catechumeni non receperunt, ingredimur ; hinc pro iis non orat Ecclesia : at eos quoque suffragatione aliqua [eleemosyna scilicet pro eorum animabus tributa] juvare viventes possunt ; juvari itaque viventium suffragatione eorum animæ possunt, qui extra Ecclesiam mortui sunt, ideoque inferorum pœnis damnati.

13. Neque vero interpretum, seu, uti ii appellari consueverunt, glossatorum tantummodo, aut canonistarum opinio ea fuit. Theologis quoque ea opinio minime displicuit. Quanquam enim, ut exemplo rem comprobem, Durandus a sancto Porciniano eam opinionem minime amplectitur, fatetur tamen liberum esse theologis eam amplecti, quatenus nihil in hac quæstione definitum est ab Ecclesia, nisi quod post finale judicium damnati a fidelium suffragiis non juvabuntur. Antequam ergo finale judicium fiat, censere possumus eos a fidelium suffragiis adjuvari (53). Sed præstat ipsa Durandi verba referre n. 5, posita : « Responsio. Quæstio ista non est dubia pro tempore quo damnati erunt in inferno post generale judicium, quia pro tunc non fient aliqua suffragia, quæ possint quoscunque juvare, sed finem habebunt civitates duæ, una Christi, altera diaboli, sed solum dubia est de his, quæ sunt in inferno ante diem judicii. »

14. Sed multo apertius huic opinioni favent Præpositivus, Leodiensis Ecclesiæ presbyter ; Gilbertus, Pictavorum episcopus ; Guillelmus, Antissiodorensis episcopus ; Rupertus, Linconiensis episcopus a Sixto Senensi allegati (54) ; tametsi enim variis modis eam opinionem explicent, pro ea tamen apertissime stant.

15. Atque ab hac ipsa opinione non fuere prorsus alieni alii viri eximii, ideoque merito a nobis ipsis in pretio habiti. Bellarminus sane ita explicat Birgittæ revelationem, quam non reprobat, ut M. Gregorii precibus efferri potuerit Trajanus ad altiorem gradum, id est ad minus profundum inferorum locum ; Albertus vero Magnus imminui posse putavit in damnatis, Vermem conscientiæ. Consule, quæ tradunt Bellarm. De purgat. cap. 18, et Albertus Magn. in IV Sentent. dissert. 20, art. 18, quæst. 3.

16. Sed cur ad Patrum glossatorum et theologorum auctoritatem confugimus, quando expres-

sissime id traditur in Scripturis ? Sane hæc merito sibi objicit sanctus Thomas (55) : « Videtur quod suffragia prosunt exsistentibus in inferno per hoc, quod habetur II Mach. XII, quod invenerunt sub tunicis interfectorum de donariis idolorum, a quibus lex prohibet Judæos, et tamen post subditur (Ibid. 43), quod Judas duodecim millia drachmas argenti misit Hierosolymam offerri pro peccatis mortuorum : constat autem illos mortaliter peccasse contra legem agentes, et ita in mortali peccato decessisse, et ita ad infernum esse translatos : ergo exsistentibus in inferno suffragia prosunt. »

17. Suffragium etiam eadem opinio a ratione obtinet, eaque tum positiva, tum negativa. Positivam exhibet Durandus ipse ad hunc modum : « Item sicut se habent beati ad gloriam, sic damnati ad pœnam, sed beatis saltem usque ad diem judicii possunt prodesse suffragia Ecclesiæ ad gloriam augmentandam ; ergo damnatis possunt prodesse ad pœnam minuendam. Minor probatur per illud, quod dicit Gregorius in collecta : Sicut sanctis suis prosunt ad gloriam, ita nobis proficiant ad medelam. »

18. Negativa vero probatio a ratione deprompta in solutione probationis potissimæ, cui severior opinio fidit, posita est. Duobus momentis hæc innititur : in iis Ecclesiæ definitionibus et Patrum monitis, quibus edocemur, damnatorum pœnas æternas esse, longe aliter atque opinabatur Origenes illiusque asseclæ. Etenim si æternæ sunt pœnæ, non modo sine fine, verum etiam sine aliquo intervallo et requie erunt ; illud enim, quod interrumpitur, æternum non est. En primum momentum. Alterum in iis innititur, quibus docemur nullam in inferis esse redemptionem ; esset porro redemptio aliqua, si levamentum aliquod admisceretur ; quod quidem momentum præstat iis ipsis verbis exponere, quibus illud exponit Durandus, egregius sententiæ severioris defensor ac vindex. In contrarium est, quia in inferno nulla est redemptio, secundum quod dicitur Job VII, 9 : Qui descendit ad inferos, non ascendet, nec revertetur ultra in domum suam. Et Dionysius dicit cap. 67 Ecclesiasticæ hierarchiæ : « Quod summus sacerdos pro immundis non orat, quia in hoc averteretur a divino ordine, » ubi dicit commentator, quod « pro peccatoribus non orat remissionem quia non audiretur pro illis. » Igitur suffragia Ecclesiæ non prosunt damnatis.

19. At hæc momenta levissima sunt. Primo ad hunc modum occurritur : Æternas fatemur pœnas, quibus damnati subduntur : etenim non interruptas fatemur damnatorum pœnas, sed imminutas : quanquam si interruptas diceremus per unius diei, aut si vis, duorum ac trium spatium singulis quibusque annis, tam breve esset hoc spatium cum æter-

(52) Alias : « Illic totum sacramentum baptismi completur. »
(53) Quæstio ista dubia est.

(54) Biblioth. sanct. lib. VII, adnot. 47.
(55) In IV Sentent. dist. 45, art. 2 quæst. 2, num. 2.

nitate comparatum, ut nullum, aut certe contemptibile dicendum foret. Ad hæc. Æternas adhuc dicere possumus easdem pœnas, si harum exordium facimus a finali judicio : etenim harum per totam æternitatem nulla erit interruptio, solamen nullum, « quoniam, ut verbis sancti Fulgentii utar (56), a corporibus impiorum non auferetur corruptio, et ignobilitas, et infirmitas, in quibus seminantur, quæ ob hoc morte non exstinguentur, ut illud juge tormentum corpori atque animæ sit mortis æternæ supplicium. »

20. Nec validius est alterum ; non aliud iis Ecclesiæ verbis edocemur : *In inferno nulla est redemptio,* nisi quod pariter edocemur iis, quæ statim allegantur in Durandi libris, Jobi scilicet VII, 9 : *Qui descendit ad inferos non revertetur,* id est, qui mortuus deducitur ad sepulcrum, non amplius redit ad vitam. Quis hoc vertit in dubium? distat vero id plurimum ab ea quæstione, de qua nunc agimus.

21. Quæ ex Dionysio Areopagita, et ejus interprete desumpta sunt, si excipimus (norunt enim omnes quot dissidia de iis libris inter criticos instituuntur), commode interpretamur de ampla suffragatione ; eaque, qua a pœnis eruuntur animæ eorum, pro quibus interponitur suffragatio ; neque enim quisquam e catholicis damnatorum animas a pœnis, quibus torquentur, precibus suis liberare se sperat, aut multum, et constans levamentum iis afferre.

CAPUT II.

Vulgatissima, et catholicis omnibus communis opinio asseritur, nullumque solamen damnatis, sive Dei indulgentia, sive Virginis Mariæ suffragatione, sive viventium precibus afferri pronuntiamus.

1. At vulgatissima, eademque indubitata fidelium sententia est, nullum solamen, levamentum nullum, non modo in ea damnationis parte, quæ pœnam damni, verum etiam in ea parte, quæ pœnam sensus respicit, assequi eos, qui æternis pœnis cum dæmonibus detrusi sunt in infernum. Atque id solemnibus et notissimis Ecclesiæ precibus tradi aiunt : *In inferno nulla est redemptio, miserere mei, Deus, et salva me* (57). *Deus, in nomine tuo salvum me fac, et in virtute tua libera me* ; id est, dum vivimus, Domine, nos adjuva, ut a peccatis, si quibus irretimur, eripiamur ; tuaque gratia assequamur, ut ab inferno eripiamur, in quo nulla est redemptio,

id est, solamen nullum, levamen pariter nullum. Porro sanctus Thomas (58) Gregorii Magni auctoritate ac verbis id roborat, hæc nos docens ; « Præterea Gregorius dicit in *Moral.* XXXIV : *Eadem causa est, cur non oretur tunc* [scilicet post diem judicii] *pro hominibus æterno igne damnatis, quæ nunc causa est, ut non oretur pro diabolo angelisque ejus æterno supplicio damnatis, quæ etiam nunc causa est, ut non orent sancti pro hominibus infidelibus ; quia de eis utique quos æterno damnatos supplicio jam noverunt, ante illum justi Judicis conspectum orationis suæ meritum cassari refugiunt.* Quibus Gregorii verbis recitatis, hæc statim infert sanctus Thomas : « Ergo suffragia damnatis in inferno non valent. » Hæc etiam adjicit : « In littera (id est in textu Magistri Sententiarum) habetur ex verbis Augustini. Qui sine fide operante per dilectionem, ejusque sacramentis a corpore exierunt, frustra illis a suis hujusmodi officia impenduntur : « Sed omnes damnati sunt hujusmodi, ergo suffragia damnatis in inferno non prosunt. » Revera verba hæc in textu Magistri Sententiarum exstant, sed locus non indicatur, in quo hæc doceat Augustinus : quamobrem non desunt, qui hæc verba ipsi Sententiarum Magistro tribuant, non Augustino. Utcunque sit, en Augustino ipso vetustiorem, eumque probatissimum vulgatissimæ sententiæ testem ac vindicem, Cyprianum scilicet, qui, in epistola *Ad Demetrianum* missa, de pœnis inferni loquens : « Nec erit (inquit) unde habere tormenta, vel requiem possint aliquando (59). »

2. Atque hujus quidem persuasionis, in quam theologi omnes, nemine prorsus obsistente, consentiunt, et vetusta traditio, et ratio hæc adducitur. Nulla cujuscunque criminis venia, nulla culpæ indulgentia a Deo tribuitur, nisi culpam oderis, cujus causa pœnas de te sumit Deus ; at qui inferorum pœnis cruciantur, nullo modo oderunt culpam : nullam itaque veniam, indulgentiam nullam a Deo assequuntur. Major certissima est, et millies inculcata in Scripturis (60). Minor pariter certissima est. Novimus enim damnatos Deum odio habere, et quanquam eis displicet pœna, qua cruciantur, culpam tamen, cujus causa pœnam subeunt, minime odisse ; imo eam vehementer amare. Nullam itaque veniam, indulgentiam nullam damnati assequuntur. Hæc omnia colligimus ex Ecclesiæ Patrumque monitis ; hic tantummodo Fulgentium profero hæc edocentem (61) : « Tempus vero ac-

---

(56) De fide ad Petrum, cap. seu num. 35.
(57) Respons. 1, Lect. 3, Noct. Mort.
(58) In IV, dist. 45, quæst. 2, art. 2, § 1. *Sed contra* num. 2.
(59) In lib. *Ad Demetrianum.*
(60) Isa. XXX, 15 seqq. : *Si revertamini et quiescatis, salvi eritis.* Isa. LV, 7 : *Derelinquat impius viam suam, et vir iniquus cogitationes suas, et revertatur ad Dominum, et miserebitur ejus.* Isa. XLVI, 8 : *Mementote istud, et confundamini; redite, prævaricatores, ad cor.* Jerem. XVIII, 8 : *Si pœnitentiam egerit gens illa a malo suo... agam et ego pœnitentiam*

super malo quod cogitavi ut facerem eis. Jerem. III, 12 : *Revertere, aversatrix Israel, ait Dominus : et non avertam faciem meam a vobis.* Et ibid. 22 : *Convertimini, filii revertentes, et sanabo aversiones vestras. Ecce nos venimus ad te,* etc. Ezech. XVIII, 30 : *Convertimini, et agite pœnitentiam ab omnibus iniquitatibus vestris : et non erit vobis in ruinam,* etc. Addite ea, quæ leguntur Sophon. II, 1; Zach. 1, 3; Eccli. XVII, 23, et hujus generis alia, quibus edocemur exquirere Deum pœnitentiam nostram, ut pœnas, quas pro peccatis nostris meremur, avertat.
(61) De fide ad Petrum, cap. seu num. 36.

quirendi vitam æternam, in ista tantum vita Deus hominibus dedit, ubi voluit esse etiam pœnitentiam fructuosam. Ideo autem hic pœnitentia fructuosa est, quia potest hic homo deposita malitia bene vivere, et mutata voluntate injusta, merita simul operaque mutare, et in timore Dei ea gerere, quæ placeant Deo. Quod qui in hac vita non fecerit, habebit quidem pœnitentiam in futuro sæculo de malis suis, sed indulgentiam in conspectu Dei non inveniet : quia, etsi erit ibi stimulus pœnitudinis, nulla tamen ibi erit amplius correctio voluntatis. A talibus enim ita culpabitur iniquitas sua, ut nullatenus ab eis possit vel diligi vel desiderari justitia. Voluntas enim eorum talis erit, ut habeat in se semper malignitatis suæ supplicium, nunquam tamen recipere possit bonitatis affectum. Quia sicut illi, qui cum Christo regnabunt, nullas in se malæ voluntatis reliquias habebunt, ita illi qui erunt in supplicio ignis æterni cum diabolo et ejus angelis deputati, sicut nullam ulterius habebunt requiem, sic bonam nullatenus habere potuerunt voluntatem. Et sicut cohæredibus Christi dabitur perfectio gratiæ ad æternam gloriam, sic consortibus diaboli cumulabit ipsa malignitas pœnam, quando exterioribus deputati tenebris, nullo illustrabuntur interiore lumine veritatis. »

3. In hac porro argumentatione me antecessit sanctus Thomas hæc tradens (62) : « Ista opinio (quæ scilicet levamen aliquod alieno suffragio in damnatorum pœnis admittit) videtur divinæ repugnare providentiæ, quæ nihil in rebus inordinatum relinquit : culpa autem ordinari non potest, nisi per pœnam; unde non potest esse, ut pœna tollatur, nisi prius culpa expietur, et ideo cum culpa continue maneat in damnatis, eorum pœna nullatenus interrumpetur. » Et deinceps, adversus Porretan. disputans : « Pœna diminui non potest, nisi diminuatur et culpa, sicut nec auferri, nisi ea ablata. »

4. Præcesserat sanctum Thomam magister illius Albertus Magnus, qui ideo celebrem narrationem ereptæ ab inferis animæ Trajani ut falsam rejecit, quia minime constat eum pœnitentiam egisse (63).

5. Quod si forte dixeris indulgentiam hanc, seu pœnæ mitigationem citra detestationem suorum criminum a damnatis factam per meram et extraordinariam divinam largitatem ac beneficentiam provenire, noveris nullum hujusce extraordinariæ largitatis exstare aut in Scripturis aut in traditione vestigium, nisi forte illud sit, quod objectiones superiori capite propositæ præbent, quasque deinceps dissolvemus. Novimus porro non consuevisse Deum extraordinaria illa pietate uti, quæ peccati detestationem minime exposcit; imo cum posset Adamo peccatum ab eo patratum, aliisque etiam crimina ab iis admissa gratis indulgere, noluit id tamen, et primum quidem Redemptorem Jesum

unigenitum suum esse voluit, qui ad delenda Adami, et nostra peccata, atrocissima passus est : tum ad nostra delenda peccata, eorum detestationem a nobis poposcit. Cur itaque non exposcet a damnatis, apertioribus et pervicacioribus sui hostibus?

CAPUT III.

Dissolvuntur ea quæ ad stabiliendam rejectam a theologis omnibus opinionem, capite 1 adducta sunt.

1. Sed jam tempus est ea dissolvere, quæ ad stabiliendam opinionem nimio plus mitem objecta sunt. Tam sanctus Ildephonsus [si Ildephonsus is est, quem allegarunt], quam sanctus Odilo se a vetusta traditione recedere, haud obscure indicant, dum *ab audacia, a præsumptione* (quam *fidelem,* id est constantem appellant) *et temeritate* (pia tamen, id est, a pietate erga Virginem proveniente) se ad id *opinandum* permotos affirmant : « Dicam aliquid plus, si audeo, dicam fideli præsumptione, dicam pia temeritate. Non audent, ut opinor, ministri Tartarei, » etc. An ad hunc modum loquetur is, qui veterum doctorum vestigiis insisteret

2. Objectum Prudentii locum ad hunc modum eludit egregius Bellarminus (64) : « Nihil aliud dico, nisi more poetico lusisse Prudentium. » Revera objectum locum proxime præcedunt versiculi isti :

Felices animæ prata per herbida
Concentu parili suave sonantibus
Hymnorum modulis dulce canunt melos :
Calcant et pedibus lilia candidis.

Quæ item ut præcedentes versiculos :

Illic purpureis tecta rosariis, etc.,

nonnulli ita interpretantur, ut nescio quid Elisiorum huc induxerit Prudentius. Revera ut lætitiam Paschalis diei celebrarent Christiani poetæ, nonnullæ licentiæ aliquando indulserunt. Consule, quæ 1 part. dissert. 14, cap. 3 tradidi. An etiam ignoras hæc *de Christi nativitate* poetica libertate docuisse Prudentium (65)?

Sparsisse tellurem reor
Rus omne densis floribus,
Ipsasque arenas syrtium
Fragrasse nardo et nectare.
Te cuncta nascentem, puer,
Sensere dura et barbara,
Victusque saxorum rigor
Obduxit herbam cotibus.
Jam mella de scopulis fluunt :
Jam stillat ilex arida,
Sudans amomum in stipite,
Jam sunt myricis balsama.

Quis ergo vetat, ne aliquod parili licentia, poetis etiam Christianis haud infrequente, huc invexerit Prudentius?

3. At alii explicationem hanc, quanquam a viris præclaris traditam, minime probant. Aiunt scilicet

---

(62) In IV *Sent.* dist. 45, quæst. 2, in corp.
(63) Consule num. 47, cap. 5.

(64) Lib. II *De Purgatorio,* cap. 18.
(65) In *Hymno de natali Christi,* vers. 63

Prudentium, tametsi metro scribentem, ab ethnicorum fabulis, atque adeo ab audaciori licentia (quam non exhibet hymnus in Natale Christi, sed paulo mitiorem) cavisse maxime. Quamobrem aiunt versiculos nuper adductos : Felices animæ, etc., choreas ab innocentibus pueris in celebrioribus Ecclesiæ festivitatibus actas indicare (66); quas propterea in pratis haud procul ab ecclesia positis ad sanctam hilaritatem, quas Paschalis festivitas inspirabat, indicandam, ducebant. Hæc quidem interpretatio simillima veri est. Si hæc non placeant, tum monendus est léctor ab antiqua traditione nonnihil recessisse Prudentium, cui proinde assentiri minime possumus : indulgendum est tamen illi, quia ea, qua vivebat, ætate Ecclesia tolerasse visa est eam, quam deinceps aperte rejecit, opinionem. Vide quæ deinceps ad 112 Enchiridii Augustini caput dicemus.

4. Atque hanc ipsam solutionem adhibere facile possumus Missæ descriptæ ex Rituali, et Missali Veneto sæculi xi, Missis quoque, quæ ex Missalibus typis editis objectæ sunt; quanquam viri egregii monent, Missas in postremis his Missalibus descriptas, exhibere posse preces pro animabus in purgatorio detentis, quarum pœnas mitiores fieri optamus. Monent vero alii, hæc non ex sententia ipsius Ecclesiæ ac theologorum fuisse proposita, sed ex sententia nonnullorum canonistarum et glossatorum, quorum opinio interpretationem aliquam excipere potest. Et sane ipsemet sanctus Thomas, tametsi eam sententiam reprobet, quæ levamentum aliquod damnatis tribuit, indulget tamen, ut eadem sententia aliqua ratione exhibeatur [quam ipse tamen non probat], et non indubitatam, sed tantummodo tutiorem esse ait rigidiorem, quam tamen et veram putat et vindicat En ipsa sancti doctoris verba (67) : « Sed tamen modus, qui a quibusdam ponitur, quod suffragia prosint damnatis, posset aliquo modo sustineri, ut dicatur, quod non prosunt, neque quantum ad diminutionem pœnæ, vel interruptionem, vel quantum ad diminutionem sensus pœnæ : sed quia ex hujusmodi suffragiis eis aliqua materia doloris subtrahitur, quæ eis esse posset, si se ita abjectos conspicerent, quod pro eis nullam curam haberent [viventes] : quæ materia doloris eis subtrahitur, dum suffragia pro eis fiunt. » Quod tamen levamen ne quid dissimulem non admodum ipse probat, dum hæc statim subjicit : « Sed istud etiam non potest esse secundum legem communem, quia, ut Augustinus dicit in lib. De cura pro mortuis agenda, quod præcipue de damnatis verum est : Ibi sunt spiritus defunctorum, ubi non vident quæcunque aguntur, aut eveniunt in ista vita hominibus. Et ita non cognoscunt quando pro eis suffragia

fiunt, nisi supra communem legem hoc remedium divinitus detur aliquibus damnatorum, quod est verbum omnino incertum. Unde tutius est simpliciter dicere, quod suffragia non prosunt damnatis, nec pro eis Ecclesia orare intendit, sicut et auctoritatibus inductis apparet. »

5. Objectioni, quæ ex Vitis Patrum desumitur, Macario scilicet dixisse caput sacerdotis gentilis, divina permissione eidem Macario loquens, animas damnatorum ex viventium precibus suffragationem aliquam levamenque percipere, ad hunc modum occurrit præstantissimus Bellarminus (68) : « Ad quartum B. Thomas in iv dist. 45, art. 2, quæst. 2, post refutatas ineptas solutiones Præpositivi, Porretani et aliorum, respondet animas damnatorum orationibus sanctorum non percipere veram aliquam pœnarum mitigationem, sed solum inane et fallax aliquod gaudium, quod nimirum videant se habere socios in pœnis, quale est gaudium dæmonum, cum aliquem decipiunt. At fortasse melius rejicerentur, ut falsa et apocrypha de illo cranio; non enim in libro Palladii tale aliquid invenitur; nec est verisimile sanctum Macarium orasse pro infidelibus. »

6. Venio ad Augustinum. Quæ objiciuntur ex cap. 109 et 110 Enchiridii, immerito objiciuntur; etenim expressissime damnatos indicat, cum hæc ait : « Est rursus talis in malo, ut nec his valeat, cum hæc vita transierit, adjuvari. » Igitur si adjuvari non possunt, temere dicitur eis aliquid adjumenti aut solaminis afferre viventium suffragationes et preces. Cum itaque hæc profert : « Quibus autem prosunt, aut ad hoc prosunt, ut sit plena remissio, aut certe tolerabilior fiat ipsa damnatio, » ad eos respicit, de quibus dixerat : « Sed hæc eis prosunt, qui cum viverent, ut hæc sibi postea prodesse possent, meruerunt. » Ideoque ad animas in purgatorio detentas, quibus viventium suffragatio tolerabilior fit ipsa damnatio, quatenus et revera in purgatorio detentorum damnatio quædam est; puniuntur enim cruciatu non levi, quoniam igne torquentur, et a Dei visione arcentur, ad quam aspirant, et tolerabilior ea fit, quatenus viventium suffragatione, quam diximus, aut lenior fit eorum pœna, aut tempus eorum damnationis brevius fit, nostris nimirum precibus et eleemosynis converso ad misericordiam Deo, qui pœnam iisdem animabus impositam et vere debitam mitefacit lenitque (69); damnati vero pœnis æternis ii sunt, qui tam mali fuerant, ut non prosint ista post mortem : et quorum mortuorum nulla sunt adjumenta, sed tantum consolationes vivorum, vel quatenus vivi, qui mortuorum statum nesciunt, solamen habent, utpote qui spe eos juvandi, preces et

---

(66) Vide quæ dissert. 6 De cultu SS., cap. 15, num. 1, diximus.
(67) In iv Sent. dist. 45, quæst. 2, art. 2, in corp.
(68) Lib. ii De Purg., cap. 18.
(69) Hæc fere est responsio sancti Thomæ in iv,

dist. 45, art. 2, quæst. 3 : « Ad secundum dicendum, quod damnatio in verbis illis largiter accipitur pro quacunque punitione, ut sic includat, et pœnam purgatorii, quæ quandoque totaliter per suffragia expiatur, quandoque autem non, sed diminuitur. »

eleemosynas Deo offerunt, vel etiam quia noverunt, quod eædem preces et eleemosynæ Deo oblatæ, si forte mortuos non juvant, viventes certe juvant. Hæc vulgatissima, sed non minus vera objectorum verborum Augustini explicatio est, quam certe non eludit interpretatio adhibita a glossatore : etenim non modo a vetusta traditione, verum etiam a verisimilitudine aliena ea est : neque enim id revera docet Augustinus, quod ab ipso tradi glossator iste affirmat, cujus etiam glossatoris auctoritas non multa est.

7. Quoniam vero eadem fere docere dicitur Innocentius III, scito nihil de mitigatione pœnarum quibus damnati torquentur, eum tradidisse. Consule ipsa Innocentii verba (70) : ad quæ tamen hæc subjicit Bellarminus (71) : « Suspicor Innocentium III memoria lapsum putasse divisionem, quæ est apud Augustinum trimembris, fuisse quadrimembrem : nam apud Augustinum iidem sunt mediocriter boni, et mediocriter mali. *Innocentius autem distinguit* hoc membrum in duo, *dicens : Alii sunt mediocriter boni, alii mediocriter mali.* Possumus tamen dicere mediocriter bonos dici, qui nullam habent culpam, sed tamen habent reatum pœnæ : mediocriter malos dici eos, qui habent aliquam, sed venialem tantum. » Solutio hæc (si quis optet) adhiberi commode potest monitis glossatoris, de quibus paulo ante diximus.

8. Multo difficiliora ad explicandum visa theologis sunt capitis 112 *Enchiridii* Augustini monita, quæ ut recte interpreteris, proxime præcedentia ejusdem sancti doctoris verba sunt proferenda : ex iis scilicet constat ea, quæ objecta sunt, non ex propria sententia tradere, sed tantum monere tolerabiliorem eorum esse opinionem, qui censent mitefieri aliquando posse damnatorum pœnas, quam sit eorum, qui censent damnatorum pœnas aliquando finem habituras : atque eorum quidem opinionem, qui censent mitefieri aliquando posse damnatorum pœnas, non approbat, sed palam non condemnat, atque adeo veluti connivet, et sinit, ut toleretur ; alteram damnat. En porro, quæ in eo capite is tradit, ex quibus quidem assequetur lector, veram esse explicationem, quam Augustini verbis adhibendam dixi : « Frustra itaque nonnulli, imo quamplurimi æternam damnatorum pœnam, et cruciatus sine intermissione perpetuos, humano miserantur affectu, atque ita futurum esse non credunt ; non quidem Scripturis adversando divinis, sed pro suo motu dura quæque molliendo, et in leniorem flectendo sententiam, quæ putant in eis terribilius esse dicta, quam verius. Non enim *obliviscetur,* inquiunt, *misereri Deus aut continebit in ira sua miserationes suas.* Hoc quidem in Psalmo legitur sancto (*Psal.* LXXVI, 10) : sed de his sine ullo scrupulo intelligitur, qui vasa misericord æ nuncupantur, quia et ipsi non pro meritis suis, sed Deo miserante ab miseria liberantur. Aut si hoc ad omnes existimant

pertinere, non ideo necesse est, ut damnationem opinentur posse finiri eorum, de quibus dictum est : *Et ibunt hi in supplicium æternum* (*Matth.* XXV, 46), ne isto modo putetur habitura finem quandoque felicitas etiam illorum. de quibus e contrario dictum est : *Justi autem in vitam æternam.* (*Ibid.*) Sed pœnas damnatorum certis temporum intervallis existiment, si hoc eis placet, aliquatenus mitigari : etiam sic quippe intelligi potest manere in illis ira Dei, hoc est ipsa damnatio. Hæc enim vocatur ira Dei, non divini animi perturbatio ; ut in ira sua, hoc est manente ira sua, non tamen contineat miserationes suas, non æterno supplicio finem dando, sed levamen adhibendo, vel interponendo cruciatibus. Quia nec Psalmus ait, ad finiendam iram suam, vel post iram suam, sed *in ira sua.* »

9. At Chrysostomi auctoritas nos ad se advocat. Porro non videtur, cur objiciatur Chrysostomus ; etenim *macularum* nomine *maculas* illas intelligit, quas peccata, etiam venialia, animabus nostris imprimunt, et quarum pars magna adhuc superest, cum mors nos abripit. Has igitur maculas purgatorius ignis absumere debet, ut ad illam sanctissimam ædem admittamur, quam non ingreditur quisquis aliqua etiam ex parte fœdatus sit. Atque hoc ipsum est, quod Catholici de purgatorio igne tradunt. Quod hæc Chrysostomi sententia sit, et ex ipsis objectis verbis constare arbitror, et ex recentiori interpretatione, quam de editione Montfauconii exhibeo : « Nam si Barbari una cum defunctis res ipsorum cremare solent ; multo magis te par est ad defunctum mittere ea, quæ ad ipsum pertinent, non ut in cinerem reducantur, ut illa, sed ut majorem illi gloriam pariant, et si peccator decessit, ut peccata eluantur ; si justus, ut illi mercedis ac retributionis augmentum accedat. At videre ipsum desideras ? Eamdem igitur, quam ipse vitam transige, et cito illa sacra visione frueris. Illud etiam cogita, te, si nos non audieris, in futuro id omnino experturum esse. » Et hæc quidem ad desumptum ex Commentariis in Matthæum a Chrysostomo elaboratis locum dicta sint satis.

10. Quæ ex Commentariis in Epistolam ad Philippenses ab eodem Chrysostomo compositis objecta sunt, responsionem hanc habent : Num ad Ecclesia i pertineant catechumeni, annon, magna inter theologos lis est, quam hic dirimere nostri instituti non est. Fortasse sic dirimi ea potest. Si rigorose loquimur, ad Ecclesiam catechumeni minime pertinent, quatenus baptismum non perceperunt, qui janua Ecclesiæ est, et per quem participes sacramentorum efficimur. Si cum aliqua vocis amplitudine loquimur, cum catechumeni Christum fateantur, illusque consectatores se prædicent et asseclas ; et per crucis signum, et nomen Christi, quem invocant, se a qualibet aliena secta sejunctos prodant, hac ratione ad Ecclesiam pertinere utcunque hi pos-

---

(70) Cap. *Cum Marthæ.*

(71) *De Purgat.* lib. II, cap. 18, § *Ad ultimum.*

sunt (72). Pulchre Augustinus (73) : « Si dixerimus catechumeno : *Credis in Christum?* respondet, *Credo*, et signat se. Jam crucem Christi portat in fronte, et non erubescit de cruce Domini sui : ecce credit in nomine ejus. Interrogemus eum : *Manducas carnem Filii hominis, et bibis sanguinem Filii hominis?* nescit quid dicimus, quia Jesus non se credidit ei. » Hinc catechumeni provectiores ad priorem Missæ portionem admittebantur, et ad omnem eam admonitionum partem, in qua vitæ recte efformandæ ratio proponebatur, ad eam quoque, in qua Christianæ religionis dignitas, et priora instituta exhibebantur; at ad eam, in qua sanctiora, et sublimiora sacramentorum mysteria peragebantur, minime admittebantur. Hujus enim, sicut soli baptismo initiati participes erant, ita iis tantummodo aperte explicabantur ea mysteria, quæ in ea peragebantur, et ad quæ ii, seclusis catechumenis, admittebantur. Porro in hac Missæ portione [scilicet post consecrationem, et ante Eucharistiæ sumptionem] publica quædam mentio fiebat fidelium defunctorum, ut pro iis non modo sacerdos, verum etiam populus rogaret. Cum itaque catechumeni fidelium albo ascripti non essent, horum expressa et publica mentio non fiebat, pro iis quoque solennes sacræ exsequiæ non peragebantur. En itaque quonam sensu dicitur, pro catechumenis Ecclesiam non rogare, id est, publicas et solennes preces pro iis non fundere. Atque hanc inesse Chrysostomi verbis significationem censemus : quod ut apertius assequaris, totum fere Chrysostomi locum ex editione clariss. Montfauconii recole, quem paulo ante allegavi. Hæc vulgatissima responsio est. Cæterum nunquam prohibitus est sacerdos, preces suas pro catechumenis mortuis fundere. Consule quæ ex Ambrosio deinceps afferemus Nec desunt, qui publicas etiam pro catechumenis piis, et infortunio aliquo mortuis, non mala quapiam voluntate, aut negligentia impeditis, ne baptismum sumerent, publicas etiam preces fundi posse asseverant, quatenus ii quoque *præsesserunt cum signo fidei;* id est, cruce, et professione Christianæ fidei. Sane Ambrosius, in *oblationibus*, ideoque in publicis precibus pro Valentiniano et Gratiano se oraturum affirmat (74). « Vos omnibus oblationibus frequentabo. Quis prohibebit innoxios nominare? Quis vetabit commendationis prosecutione complecti? *Si oblitus fuero te, sancta Jerusalem;* hoc est, sancta anima, pia, et pacifica germanitas, *obliviscatur me dextera mea : adhæreat lingua mea faucibus meis, si non meminero tui, si non meminero Jerusalem in principio meæ lætitiæ.* (*Psal.* cxxxvi, 5, 6.) Ipse me citius quam vos obliviscar, et si unquam sermo tacebit, loquetur affectus : et si vox deficiet, non deficiet gratia, quæ

meis est infixa præcordiis. Quomodo ceciderunt potentes?.... O mihi Gratiane, o Valentiniane speciosi, et charissimi, » etc.

11. Sed (ut ad Chrysostomum redeam) expressius denagatam, nostra etiam suffragatione, damnatis veniam, ideoque denegatam etiam refrigerii, et levamenti spem detegis in verbis positis n. 3 et 4 hom. 3 *in Epistol. ad Philipp.* quæ ex Montfauconii editione hic describo : « Peccatores ubi, ubi sunt? procul a Rege sunt, propterea lacrymis digni. Justi autem sive hic, sive ibi, cum Rege sunt ; atque ibi quidem multo magis, ac propius, non per speciem, non per fidem, sed *facie*, inquit, *ad faciem*. Non igitur omnes ploremus mortuos ; sed eos, qui in peccatis mortui sunt : hi lamentis digni, hi ejulatu, hi lacrymis. Quæ enim, dic mihi, spes est una cum peccatis eo discedere, ubi peccata exuere non licet? Donec enim hic erant, magna forsitan erat spes fore ut converterentur, ut meliores evaderent: at si in infernum abierint, ubi nihil lucri ex pœnitentia reportari potest : nam *In inferno*, inquit, *quis confitebitur tibi* (*Psal.* vi, 6)? quomodo non lamentis digni? Lugeamus eos, qui hoc modo decedunt, non id impedio ; lugeamus; sed non præter decorum, non vellentes capillos, non brachia nudantes, non lacerantes faciem, non pullas vestes induentes. Sed solum in anima lacrymas amaras quiete fundamus. Etenim sine hac etiam pompa licet amare flere, et non tantum ludere. Nam, quæ a nonnullis fiunt, a puerorum lusibus nihil differunt. Illi enim fletus forenses, non ex dolore, quem quidam naturæ consensus attulerit, proficiscuntur, sed ex ostentatione, et ambitione, et vanæ gloriæ studio : ideo multæ inveniuntur mulieres, quæ hujus rei artem exercent. Amare fleas, domi plores, nemine vidente, id misericordiæ fuerit ; id tibi etiam profuerit. Nam qui illum hoc modo luget, multo magis ipse studium adhibebit, ne in eadem incidat mala. Terrorem tibi posthac peccatum incutiet. Luge infideles, luge eos, qui nihil ab infidelibus differunt, qui sine illuminatione, sine signaculo decesserunt. Hi vere lamentis digni, hi lacrymis. Extra regiam sunt una cum iis qui pœnæ sunt obnoxii, una cum damnatis. *Amen dico vobis, nisi quis natus fuerit ex aqua, et Spiritu sancto, non introibit in regnum cœlorum.* (*Joan.* iii, 5.) Luge eos, qui in divitiis sunt mortui; cum ex divitiis nullum animabus suis solatium comparassent ; eos quibus abluendi peccata sua potestas facta erat, et noluerunt. Hos quidem hos omnes, et publice, et privatim lugeamus, sed ita, ut a decoro ne recedamus, ut gravitatem tueamur; ut ne nos ipsos ludibrio exponamus. Hos lugeamus, non unum, aut alterum diem, sed per omne vitæ nostræ tempus. Lacrymæ hæ non sunt amentis perturbationis, at veri ac germani amoris : illæ vero amen-

---

(72) Ambrosius sane *pignus*, id est (filium) *Ecclesiæ* vocavit adhuc catechumenum morte sublatum : « Flet igitur Ecclesia pignus suum, » etc. (*Consul. de*

obitu Valentin., num. 6.)
(73) Tract. xi, *in Joan.*, num. 3.
(74) *De obitu Valent.*, num. 78 et 79

iis plane affectionis, propterea etiam cito arescunt. Quæ enim ex Dei timore proficiscuntur, semper durant. »

12. Tametsi porro statim iisdem, quos dixerat, mortuis aliquid adjumenti a nobis afferri posse, illudque ipsum, qualecunque sit, adjumentum ab iis exposci innuat, tamen postea sic se explicat, ut hoc tantum iis prosit, qui in fide decesserunt. En ipsa Chrysostomi Latinitate donata verba : « Hos igitur lugeamus, opem pro viribus feramus, aliquod ipsis auxilium comparemus, exiguum illud quidem, sed quod tamen auxiliari queat. Quomodo, quave ratione? cum ipsi preces fundunt, tum alios, ut pro ipsis fundant, obsecrantes, ac pro ipsis frequenter dantes eleemosynas pauperibus. Affert hæc res aliquid solatii. Audi enim Deum ita dicentem (*IV Reg* xix, 31): *Protegam urbem hanc propter me, et propter David servum meum.* Si sola justi memoria tantum valuit, ubi opera præterea pro mortuo fiant, quid non poterunt ? Non frustra hæc ab apostolis sunt legibus constituta : ut in venerandis, inquam, atque horrificis mysteriis memoria eorum fiat, qui decesserunt. Noverant hinc multum ad illos lucri accedere, multum utilitatis. Eo enim tempore, quo universus populus stat manibus passis, ac cœtus sacerdotalis, et illud horrorem incutiens sacrificium ; quomodo Deum non placabimus pro istis orantes ? Atque id quidem de iis, qui in fide decesserunt. Catechumeni vero neque hac dignantur consolatione : sed omni auxilio sunt destituti, uno quodam excepto. Quale vero hoc ? licet pauperibus pro ipsis dare, atque hinc aliquid percipiunt refrigerationis. Vult enim Deus ut nobis mutuum auxilium afferamus. Ecquid enim aliud causæ sit, cur pro pace et bono mundi statu precari jusserit? cur pro omnibus hominibus ? Nam hic quidem inter omnes sunt etiam latrones, sepulcrorum effossores, fures, atque alii sexcentis scatentes malis : attamen pro omnibus precamur; erit enim fortasse quædam ipsorum conversio. Quemadmodum igitur pro viventibus istis precamur, qui nihil a cadaveribus differunt, ita pro illis etiam precari licet. »

13. Quanquam, si diligentius Chrysostomi verba expendas, facile assequeris velle eum non pro damnatis preces a nobis fundi, aut eleemosynas pauperibus tribui, sed tantum velle, ut generatim pro mortuis omnibus preces fundamus, et eleemosynas pauperibus elargiamur, ex quibus tamen aliqui nihil adjumenti sint recepturi, item fere ut generatim, Deo jubente, pro viventibus preces fundimus, quanquam eorum non pauci nullam opem ex nostris precibus et eleemosynis sint recepturi, uti sunt « latrones, sepulcrorum effossores, fures atque alii sexcentis scatentes malis... qui nihil a cadaveribus differunt. » Quod si nonnulla

asperiora Chrysostomi verba occurrent, quæ superiori explicatione emollire non possis, tu ad eam explicationem confuge, quam adhibet sanctus Thomas, et nos num. 4 protulimus.

14. Gennadii porro objecta verba sic explico. Docet Gennadius eam Christianæ legis professionem, quam Catechumeni publicam exhibebant, per se inspectam, eos a peccatis prioris vitæ minime exsolvere, neque eos mundos reddere, et cujusvis labis exsortes; id scilicet peculiare privilegium est baptismi, et martyrii, quibus scilicet peccata delentur, et prioris vitæ labes deterguntur. Sane præclarissimus, idemque valde antiquus doctor Ambrosius, non obscure nos monet catechumenos, si pie vixerint, et baptismum recipere enixe optarint [quod quidem desiderium *baptismi votum* theologi appellant], ab æterna beatitudine minime arceri : his quippe verbis sorores Valentiniani imperatoris interempti , dum adhuc catechumenus esset, in publica concione non est veritus compellare (75) : « Sed audio vos dolere, quod [Valentinianus] non acceperit sacramenta baptismatis : Dicite mihi, quid aliud in nobis est, nisi voluntas, nisi petitio ? Atqui etiam dudum hoc votum (76) habuit, ut, antequam in Italiam venisset, initiaretur, et proxime baptizari se a me velle significavit..... Non habet ergo gratiam quam desideravit ? non habet quam poposcit?.... Et unde illud est : *Justus quacunque morte præventus fuerit, anima ejus in requie erit (Sap.* iv, 7)? » Et paulo infra (num. 53) : « Aut si quia solemniter non sunt celebrata mysteria, hoc movet, ergo nec martyres, si catechumeni fuerint, coronentur, non enim coronantur si non initiantur ; quod si suo abluuntur sanguine, et hunc sua pietas abluit, et voluntas. » Et rursus tam de Gratiano quam de Valentiniano (num. 78) : « Beati ambo, si quid meæ orationes valebunt : nulla dies vos cum silentio præteribit, nulla inhonoratos vos mea transibit oratio : nulla nox non donatos aliqua precum mearum contextione transcurret ; omnibus vos oblationibus frequentabo. »

15. Theologi, si qui fuerunt, qui secus senserint, enumerantur et refelluntur a sancto Thoma commentariis illustrante distinctionem 45 lib. iv *Sententiarum* [art. 2, quæst. 2, in corp.], ad hunc modum : « Dicendum ad primam quæstionem, quod circa damnatos in inferno fuit duplex opinio. Quidam enim dixerunt in hoc distinguendum esse dupliciter. Uno modo quantum ad tempus, dicentes quod post diem judicii nullus in inferno exsistens aliquo suffragio juvabitur, sed ante diem judicii aliqui juvantur suffragiis Ecclesiæ. Alio modo distinguebant quantum ad personas in inferno detentas, inter quas quosdam dicebant esse valde malos, qui scilicet sine fide et sacramentis Ecclesiæ decesserunt, et talibus, qui de Ecclesia non fuerunt

---

(75) In Oratione, quam habuit in funere Valentiniani, num. 51.

(76) Al. *voti.*

nec merito, nec numero, suffragia Ecclesiæ prodesse non possunt. Alii vero sunt non valde mali, qui scilicet de Ecclesiæ fuerunt numero, et fidem habentes, et sacramentis imbuti, et aliqua opera de genere bonorum facientes, et talibus suffragia Ecclesiæ prodesse debent. Sed occurrebat eis quædam dubitatio eos perturbans, quia scilicet videbatur ex hoc sequi, cum pœna inferni sit finita secundum intensionem, quamvis duratione infinita exsistat, quod multiplicatis suffragiis pœna illa auferretur, quod est error Origenis; et ideo hoc inconveniens multipliciter evadere voluerunt. Præpositivus enim dixit, quod tantum possunt suf. agia pro damnatis multiplicari, quod a pœna tota reddantur immunes, non autem simpliciter, ut Origenes posuit, sed ad tempus, scilicet usque ad diem judicii; tunc enim animæ iterato corporibus conjunctæ in pœnas inferni sine spe veniæ retruduntur. Sed ista opinio videtur divinæ repugnare Providentiæ, quæ nihil in rebus inordinatum reiinquit. Culpa autem ordinari non potest, nisi per pœnam, unde non potest esse, ut pœna tollatur, nisi prius culpa expietur, et ideo cum culpa continue maneat in damnatis, eorum pœna nullatenus interrumpetur. Et ideo Porretani alium modum invenerunt dicentes, quod hoc modo proceditur in diminutione pœnarum per suffragia, sicut proceditur in divisione linearum, quæ cum sint finitæ, tamen in infinitum dividi possunt, et nunquam per divisionem consumuntur, dum fit subtractio, non secundum eamdem quantitatem, sed secundum eamdem proportionem, velut si primo auferatur pars quarta totius, et secundo quarta illius quartæ, et iterum quarta illius quartæ, et sic deinceps in infinitum. Et similiter dicunt, quod per primum suffragium diminuitur aliquota pars pœnæ, et per secundum pars aliqua remanentis secundum eamdem proportionem. Sed iste modus multipliciter defectivus invenitur. Primo, quia infinita divisio,

quæ congruit continuæ quantitati, non videtur posse ad quantitatem spiritualem transferri. Secundo, quia non est aliqua ratio, quare secundum suffragium minus de pœna diminuat, quam primum, si sit æqualis valoris. Tertio, quia pœna diminui non potest, nisi diminuatur et culpa, sicut nec auferri, nisi ea ablata. Quarto, quia in divisione lineæ tandem pervenitur ad hoc, quod non est sensibile, corpus enim sensibile non est in infinitum divisibile. Etiam sic sequeretur, quod post multa suffragia pœna remanens propter sui parvitatem non sentiretur, et ita non esset pœna. Et ideo alii invenerunt alium modum. Altisiodorensis enim dixit, quod suffragia prosunt damnatis, non quidem per diminutionem, vel per interruptionem, sed per confortationem patientis: sicut si homo portaret grave onus, et facies sua perfunderetur aqua, sic enim confortaretur ad melius portandum, cum tamen onus suum in nullo levius fieret. Sed hoc iterum esse non potest, quia aliquis plus vel minus æterno igne gravatur, ut Gregorius (77) dicit, secundum meritum culpæ, et inde est quod eodem igne quidam plus, quidam minus cruciantur; unde cum culpa damnati immutata remaneat, non potest esse quod levius pœnam ferant. Est nihilominus et prædicta opinio præsumptuosa, utpote sanctorum dictis contraria, et una nulla auctoritate fulta, et nihilominus irrationalis, tum quia damnati in inferno sunt extra vinculum charitatis, secundum quam opera vivorum continuantur defunctis; tum quia totaliter ad viæ terminum pervenerunt, recipientes ultimam pro meritis retributionem, sicut et sancti, qui sunt in patria. Quod enim adhuc restat de pœna, vel gloria corporis, hoc eis rationem viatoris non præbet, cum gloria essentialiter et radicaliter exsistat in anima, et similiter miseria damnatorum; et ideo non potest pœna eorum diminui, sicut nec gloria sanctorum augeri, quantum ad præmium essentiale: sed tamen modus, qui a

---

(77) In margine loci hujus sancti Thomæ hæc habentur: lib. xxxiv Moral. Sed revera verba hæc quamvis in libro xxxiv Moralium perquisierim, minime inveni; tamen inveni in cap. 47 vet. editionis, novæ vero num. 98 lib. ix Moralium subsequentia verba, quibus hæc sententia traditur et confirmatur: « Mirum valde est, quod dicitur: Ubi nullus ordo; neque enim omnipotens Deus, qui mala bene punit, inordinata esse ullo modo vel tormenta permittit, quia ipsa quoque supplicia, quæ ex lance justitiæ prodeunt, inferri sine ordine nequaquam possunt. Quomodo namque in suppliciis ordo non erit, dum damnatum quemque juxta modum criminis et retributio sequitur ultionis? Hinc quippe scriptum est: Potentes potenter tormenta patientur, et fortioribus fortior instat cruciatio. (Sap. vi, 7.) Hinc in Babylonis damnatione dicitur: Quantum exaltavit se, et in deliciis fuit, tantum date illi tormentum et luctum. (Apoc. xviii, 7.) Si igitur juxta modum culpæ pœna distinguitur, constat nimirum, quod in suppliciis ordo servatur. Et nisi tormentorum summam, meritorum acta dirimerent, nequaquam judex veniens dicturum se messoribus esse perhiberet: Colligite primum zizania, et ligate ea in fasciculos ad comburendum. (Matth. xiii, 30.)

Si enim nullus in suppliciis ordo servabitur, cur comburenda zizania in fasciculis ligantur? Sed nimirum fasciculos ad comburendum ligare, est hos, qui æterno igni tradendi sunt, pares paribus sociare: ut quos similis culpa inquinat, par etiam pœna constringat, et qui nequaquam dispari iniquitate polluti sunt, nequaquam dispari tormento crucientur: quatenus simul damnatio conterat, quos simul elatio sublevabat; quosque non dissimiliter dilatavit ambitio, non dissimilis angustet afflictio; et par cruciet flamma supplicii, quos in igne luxuriæ par succendit flamma peccati. Sicut enim in domo Patris mansiones multæ sunt (Joan. xiv, 2), pro diversitate virtutis; sic damnatos diverso supplicio gehennæ ignibus subjicit disparilitas criminis. Quæ scilicet gehenna quamvis cunctis una sit, non tamen cunctos una eademque qualitate succendit. Nam sicut uno sole omnes tangimur, nec tamen sub eo uno ordine omnes æstuamus, quia juxta qualitatem corporis sentitur etiam pondus caloris: sic damnatis et una est gehenna, quæ afficit, et tamen non una omnes qualitate comburit; quia quod hic agit dispar valetudo corporum, hoc illic exhibet dispar causa meritorum. »

quibusdam ponitur, quod suffragia prosunt damnatis, posset aliquo modo ;sustineri, ut si dicatur, quod non prosunt, neque quantum ad diminutionem pœnæ, vel interruptionem, vel quantum ad diminutionem sensus pœnæ; sed quia ex hujusmodi suffragiis eis aliqua materia doloris subtrahitur, quæ eis esse posset, si ita se abjectos conspicerent, quod pro eis nullam curam haberent, quæ materia doloris eis subtrahitur, dum suffragia pro eis fiunt. Sed istud etiam non potest esse secundum legem communem, quia, ut August. dicit in lib. *De cura pro mortuis agenda*, quod præcipue de damnatis verum est, *ibi sunt spiritus defunctorum, ubi non vident quæcunque aguntur aut eveniunt in ista vita hominibus;* et ita non cognoscunt quando pro eis suffragia fiunt, nisi supra communem legem hoc remedium divinitus detur aliquibus damnatorum, quod est verbum omnino incertum. Unde tutius est simpliciter dicere, quod suffragia non prosunt damnatis, nec pro eis Ecclesia orare intendit, sicut ex auctoritatibus inductis apparet. ›

16. Cæterum alterius etiam generis mitigationem damnatis indulget Albertus Magnus, cujus verba referre hic placet (78) : ‹ Ad aliud dicendum, quod sicut infra probabitur, suffragia Ecclesiæ non prosunt damnatis ad pœnæ mitigationem, vel absolutionem, vel suspensionem, nisi valde per accidens ad quamdam minutionem pœnæ, quæ dicitur vermis conscientiæ; et ideo ex hoc non infertur quod indulgentiæ prosint damnatis. Si autem dicas quod opinio est, dicendum videtur illam opinionem magis esse errorem quam aliquid probabilis continere. Et in ea præcipue verum est, quod dicit August., quia quod opinamur, debemus errori. › Alberti Magni sententiæ adhærent scholastici, nisi in eo quod docet Albertus de mitigata pœna quam adjicit damnatis vermis conscientiæ; docent enim omnes nulla ex parte leniri in damnatis illam ipsam pœnæ partem, quam illis infligit *vermis conscientiæ*, quo quidem perpetuo torqueri, atque affligi putant, perinde ac torqueantur pœna damni, quæ nullo prorsus tempore, aut iis demitur, aut imminuitur. Revera sanctus Thomas Albertum magistrum suum hac in re minime sequitur. Qua quidem animadversione, quæ num. 15 cap. 1 ex Alberto Magno objecta sunt, evitas.

17. Quod ex Bellarmino adductum est, sic facile evitas. Bellarminus tantum indicat, quænam judicio suo sit verborum sanctæ Birgittæ sententia, quam tamen minime approbat. Lege cap. 18 lib. *De Purgatorio*.

18. Venio jam denique ad objectum libri Machabæorum locum. Sic porro illi occurrit sanctus Thomas (79) : ‹ Ad primum ergo dicendum, quod donaria idolorum non fuerunt inventa apud illos mortuos, ut ex eis signum accipi posset, quod in reverentiam idolorum deferrent, sed ‹a acceperunt ut ,victores, quæ eis jure belli debebantur, et tamen per avaritiam venialiter peccaverunt; unde non fuerunt in inferno damnati, et sic suffragia eis prodesse poterant. Vel dicendum secundum quosdam, quod in ipsa pugna videntes sibi periculum imminere, de peccato pœnituerunt, secundum illud Psal. LXXVII, 34 : *Cum occideret eos, quærebant eum;* et hoc probabiliter potest æstimari, et ideo oblatio pro eis fuit facta. ›

19. Recentiores interpretes haud procul absunt ab interpretatione, quam exhibet sanctus Thomas. En quid in locum hunc nos doceat egregius Calmet, interprete clariss. Mansio : ‹ Ægre profecto asserendi locus est hos milites admissi adversus legem sacrilegii reos, superstitiosis rebus ablatis, cum pietate dormisse : at pie censere potuit Judas illos ante obitum criminis sui pœnituisse, Deumque veniam flagitasse; sive illos ita hæc donaria abstulisse, uti mera spolia, nullo superstitionis consilio; vel eo proposito abstulisse, ut post prælium ad Judam deferrent, igne liquanda, et militibus de ejus ætatis more distribuenda. Sapientissimus imperator ex ablatæ rei levitate, aliisve adjunctis fortasse censuit horum crimen ex iis non esse, quæ necem animæ parerent, omnemque veniæ spem mortuis adimerent. In fide, justoque pro libertate, patriisque legibus bello ceciderant; præceps belli furor, ignorantia, lucri cupiditas, magna profecto criminis causa fuerunt. Denique Deus illos in acie cadere idcirco jussit fortasse ut illata illis hac criminis pœna, veniam denique mortuis, suaque morte expiatis largiretur. Id reputari charitas jubet, dum certa in contraria argumenta deficiant. ›

20. Repulsis probationibus ex auctoritate desumptis, expendenda sunt ea, quæ ex ratione eruunt. Prima ratio ad hunc modum a sancto Thoma refellitur (80): ‹ Ad primum ergo dicendum, quod hujusmodi locutiones non sunt sic intelligendæ, quasi sancti in gloria proficiant quantum ad se, quod eorum festa recolimus, sed quia nobis proficit, qui eorum gloriam solemnius celebramus : sicut ex hoc, quod Deum cognoscimus, vel laudamus, sic quodammodo ejus gloria in nobis crescit, nihil Deo, sed nobis accrescit. ›

21. Sed nemo vetat, ne solutione etiam utamur Innocentii III (81), quam excipit Bellarminus hæc scriptis prodens (82): ‹ Respondet Innocentius, ubi supra, dupliciter. Primo cum Ecclesia petit gloriam sanctis, qui regnum cœlorum jam possident, non petere, ut illi in gloria crescant, sed ut apud nos gloria eorum crescat, id est, ut toti mundo gloria eorum innotescat, et illi ubique magis et

---

(78) In IV *Sentent* distinct. 20, art. 18, quæst. 3
(79) *Ibid*, dissert. 45, art. 2, quæst. 2.
(80) *Ibid*. ad quintam quæst. ad primum.

(81) Cap. *Cum Marthæ extr. de celebrat. Missar*.
(82) Lib. II, *De Purg*., cap. 18, § *Ad reliqua*.

magis glorificentur. Secundo dicit, non videri absurdum, si petamus illis augmentum gloriæ alicujus accidentalis (83). Adde tertio fortasse peti gloriam corporis, quam habebunt in die resurrectionis. Nam etiamsi gloriam illam certo consequentur, et debetur eorum meritis, tamen non est absurdum hoc illis desiderare et petere, ut pluribus modis debeatur. Cum ergo Aug. dicit, serm. 17 *De Verbis apostoli*, injuriam facere martyri, qui orat pro martyre, intelligitur de illis, qui martyri precantur remissionem peccati, vel gloriam essentialem, quasi illa careret. ›

22. Ab argumento negativo pariter a ratione deducto, id est a solutione probationum, quibus innitimur, sic te expedi. Æternitatem pœnarum ad eum modum, quo explicant adversarii, possemus et nos explicare, nisi nos ab ea explicatione retraherent Patrum monita, aliaque argumenta, quæ jam attulimus quæque nobis suadent, ut pœnarum, quibus damnati torquentur, æternitatem ita sumamus, ut nulla earum sit intermissio, levamen nullum. Consule jam dicta. Eadem quoque argumenta nos cogunt, ut verba illa ab Ecclesia in mortuorum officio adhibita : *In inferno nulla est redemptio*, sic accipiamus, ut nullæ sint in inferno *feriæ*, nulla quies, aut cruciatuum levis etiam aut brevis intermissio. Itaque, tametsi, si ea verba sejunctim, et ut scholasticorum more loquar, *præcise*, acciperes, ea aliter explicare posses, cum tamen iis Ecclesia utitur, ita utitur, ut nullum levamento locum in inferno exstare nos doceat ; neque necesse est ut ad ea explicanda, ad locum libri allegati *De ecclesiastica hierarchia* [quem tamen minime contemno] confugias.

QUÆSTIUNCULA III. — *Num saltem Maria possit pro damnatis preces fundere. Id negamus.*

Negans assertio momentis his innititur. Superiore quæstiuncula ostensum est nolle Deum quidquam iis indulgere, qui peccata sua non detestantur. At damnati peccata sua non detestantur. [Consule antea dicta.] Non vult itaque Deus quidquam iis indulgere. Non ergo poterit pro iis Maria preces fundere, suamque suffragationem interponere. An expressissimæ Dei voluntati obsistere illam posse arbitraris ?

III.

Efficacia intercessionis Mariæ sanctissimæ. Quid in hac disputatione inquiramus.

1. De tribus quæ in hac Dissertatione nobis proposuimus ad disputandum, duo priora expedivimus, modum scilicet et amplitudinem intercessionis, ac patrocinii Mariæ sanctissimæ ; tertium superest, scilicet efficacia. Irrident nos vero, sæpe etiam vehementer reprehendunt Protestantes, quasi in Mariæ patrocinio nimio plus

confidamus. Aiunt scilicet nos tam magnam in Mariæ patrocinio fiduciam, atque adeo . confidentiam collocare, ut Christum, illiusque passionem ac merita despiciamus. Falso id quidem traditur : unicum enim Redemptorem, ac Salvatorem nostrum agnoscimus Jesum, et illius tantummodo meritis ac passione nos in Dei Patris gratiam reconciliatos fatemur. Ad hæc : Quidquid a nobis tribuitur Virgini, propterea tribuitur, quia ab ea exoratus Christus Matri tribuit, quæ per illius intercessionem, ac merita poscimus, adeo ut eorum omnium, quæ per Mariam consequimur, auctorem, et largitorem beneficentissimum , ac primarium, imo unicum fateamur fontem, Deum, ac Christum unigenitum Dei ; Mariam vero deprecatricem tantum agnoscimus, ac, si vis ita loqui, canalem, per quem a primario, imo, uti apertissime dixi, unico fonte beneficia quæ per Virginem poscimus, impetremus. Hic ea de re copiosius dicere supersedeo, propterea quia *De sanctorum cultu* agens, de ea satis egi. Locum quem in margine indico, adeat. lector (84).

2. His itaque constitutis, præsentem disputationem subsequentia dubia complecti volo, quæ quæstiunculis totidem comprehendentur. I. Num efficax sit Mariæ intercessio. — II. Quo posito, inquiremus erga quos efficax sit : an scilicet ad probos tantum et pios, an etiam ad peccatores et improbos. — III. Quantum efficax sit, an nempe tantum habeat virium, ut a damnatione subtrahat improbos, dummodo Mariæ devotos, et obsequiosos (videlicet si preces aliquas in illius honorem quotidie recitent, si jejunium Sabbati, Mariæ colendæ causa, observent, eleemosynam egeno tribuant, et affinia alia honorificentiæ et obsequii argumenta illi præstent); atque in hac ipsa tractatione quæretur, num probabilibus prædestinationis argumentis accenseri debeat pietas erga Mariam, illiusque veneratio.

QUÆSTIUNCULA I. — *Num efficax sit Mariæ intercessio.*

1. Plurimum virium ac virtutis in Mariæ intercessione positum esse, facile fatebitur quisquis ad eam dignitatem quam in terris assecuta ea est, et gloriam quam in cœlis possidet, animum advertet. Mater Domini nostri est, et Mater non casu recepta, sed, quod crebro diximus, electa ex millibus, utpote reliquis omnibus præstantior atque excellentior: in cœlis vero ad eam gloriam elata est, ad quam nulla creaturarum aut hactenus provecta est, aut deinceps promovebitur, et uno inferior Deo reliquis creaturis omnibus præponitur præsidetque. An vero, his positis, illi deprecanti non annuet Deus, qui adeo illam dilexit et extulit? Sane efficacissimam Mariæ intercessionem, præsertim in morte cum alii quidem declarent, declarat Cyrillus Alexandrinus merito in concilio

siam interim sane posse augmentum glorificationis eorum optare. ›

(84) Dissert. 3, cap. 28, num. 6, etc.

(83) Hæc habet expressius Innocentius III : ‹ Licet plerique reputent non indignum, sanctorum gloriam usque ad judicium augmentari ; et ideo Eccle-

Hierosolymitano anno 1672, præside Dositheo Hierosolymorum patriarcha, celebrato allegatus (85). Hæc scilicet ex hujusce S. P. oratione *In Virginis dorm.* [in fine] proferuntur : « Ita et nos facere debemus, liberum ut vitæ exitum sortiamur : maxime vero, ut quod nobis opus est, agnoscamus, quo magnam perveniendi ad cœlum fiduciam consequamur. Quippe nostis accessum ad regiam eos habere; et quidquid optaverint, obtinere, quos regina su·ceperit. Et nos ut·que quodcunque volumus, obtinemus, sanctissimam Deiparam habentes auxiliatricem, mediatricem et patronam apud Regem, quem illa pro nobis obtestatur, dicens id quod in Cantico canticorum legitur : *Qui sedes in hortis, vocem tuam insinua mihi* (*Cant.* VIII, 13). Qui lumine perfusis ac virentibus in locis una cum sanctis omnibus commoraris, exaudi, et indulgentiam supplicantibus impende, eisque regni cœlorum aditum reserari concede. »

2. Utitur vero ea fere argumentatione, quam Cyrillus adhibuit, Fulbertus Carnotensis, ex cujus serm. 1 *in Deiparæ Nativitatem* nonnulla delibo verba : « Tali ergo tantæque personæ, quid tandem ad honoris cumulum potuit accedere majus, eo quod Dei Filium Virgo concepit, Virgo mater edidit? hac nempe dignitate venerabilis facta est ipsis quoque sanctorum ordinibus angelorum. Quod opere manifesto declaravit ille magnus atque fortis archangelus Gabriel, qui eam, antequam Dei Mater fieret, quia futuram noverat, tanta veneratione salutando prævenit : hac eadem dignitate facta est etiam imperiosa, secundum charitatem erga superos, ac super inferos per discretionem. Unde plurima scripta sunt exemplorum argumenta, de quibus ad præsens quædam sufficiat memorare. Illa igitur olim in auxilium magni Patris Basilii misit sanctum angelum, et mortuum suscitavit, qui male viventem pessumdedit persecutorem ejus Julianum Apostatam ; et hæc historia notissima est. » Tum copiose descripta pietate Virginis in Theophilum, qui se dæmoni dederat ; ad hunc modum prosequitur : « Talibus ergo factis approbatur, quia Domini Mater ubique imperiosa est, ubique magnifica, certe cui pronum est sanctos angelos in ministerium mittere, et ad beneplacitum suum inferorum pacta cassare; his quoque et aliis infiniti numeri beneficiis, quæ vel scripta sunt, vel passim jugi sentiuntur effectu, quod et justis, et peccatoribus fideliter invocantibus se præsto est, et nunquam eis opitulari desistit. Veniant igitur ad eam justi cum Basilio laudantes ac benedicentes, effectumque celerem suis sanctis desideriis postulantes sine dubio percepturi. Veniant peccatores cum Theophilo tundentes rea pectora cum interno fletu ; ipsi quoque si vere pœniteant, desideratam veniam adepturi, de quorum numero tibi

assistentibus nobis, ut subvenire jam et auxiliari digneris imploramus. »

3. Utitur porro et Bernardus, cujus propterea auctoritate argumentationem, quam proposui, comprobo (86) : « Præcessit, ait ille, nos Regina nostra, præcessit : et tam gloriose suscepta est, ut fiducialiter sequantur Dominam servuli clamantes (*Cant.* 1, 3) : *Trahe nos post te ; in odorem unguentorum tuorum curremus.* Advocatam præmisit peregrinatio nostra, quæ tanquam judicis Mater, et Mater misericordiæ, suppliciter et efficaciter salutis nostræ negotia pertractabit. Pretiosum hodie munus terra nostra direxit in cœlum, ut dando et accipiendo felici amicitiarum fœdere copulentur humana divinis, terrena cœlestibus, ima summis. Illo enim ascendit fructus terræ sublimis, unde data *optima et dona perfecta* descendunt. Ascendens ergo in altum Virgo beata, dabit ipsa quoque dona hominibus. Quidni daret? Siquidem nec facultas ei deesse poterit, nec voluntas. Regina cœlorum est, misericors est ; denique Mater est unigeniti Filii Dei. Nihil enim sic potest potestatis ejus, seu pietatis magnitudinem commendare, nisi forte aut non creditur Dei Filius honorare Matrem, aut dubitare quis potest omnino in affectum charitatis non transiisse Mariæ viscera, in quibus ipsa, quæ ex Deo est charitas, novem mensibus corporaliter requievit. »

4. Affinia iis, quæ tradit Bernardus, tradit etiam Goffridus Vindocinensis Bernardo pene æqualis et nobilissimus sæculi XI et XII scriptor. Seligo nonnulla ex celeberrimo serm. 8, qui inscribitur : *In omni festivitate beatæ Mariæ Matris Domini* (87) : « Cæteri siquidem sancti Dominum Deum orant, et orando impetrant : sed honorabilis Virgo Maria si illum, ex eo quod Deus et Dominus est, exorare merito creditur ; ex eo tamen quod homo est, et natus ex ea, quasi quodam matris imperio apud ipsum impetrare quidquid voluerit, pia fide non dubitatur. Nam si quilibet sanctus apud justum judicem Deum obtinet quidquid sibi jure debetur : hæc quæ est Mater Judicis, et omnium sanctorum Domina, jure matris nunquam fraudabitur. Hoc est enim materni juris apud filios dignitate sublimes, ut si eos matres eorum sæpius rogent, quia domini sunt, eis etiam aliquando quasi imperent, quia filii sunt. Bonum utique naturæ, quod Deus hominibus dedit, nunquam sibi, qui est summum bonum, et a quo bona cuncta procedunt, negabit. Et quod hæc beatissima Virgo Mater Domini fecisse legitur in terris, immerito facere dubitaretur et in cœlis? Nam vino deficiente nuptiarum in Cana Galilææ, dixit Mater Jesu ad Jesum, Virgo videlicet Maria ad Filium : *Vinum non habent* (*Joan.* II, 3) ; ac si ei ipsa præciperet, ut ipse faceret, quod

---

(85) Tom. XI *Concil.* Harduini pag. 99. Venetæ vero an. 1732. Colcti, et Albritii, tom. XXI, pag. 1075.

(86) Serm. 1 *in Assumpt.*, num. 1.
(87) Tom. III Oper. Sirmond. col. 633 et seqq.

qui non habebant vinum, haberent. Hoc bona
Mater pietate quidem præcepit, quod bonus Filius
pia obedientia complevit. Nihil in hujus Virginis
laudibus hæsitemus : honorat siquidem Filium qui
laudat Matrem : sine cujus laude Deo placere impossibile est, et cum laude ejus ei displicere nemo
potest. Hanc igitur sanctissimam et admirabilem
Virginem laudemus, quia Virginis Filio placere
sine Matris Virginis laude non possumus. »

5. Ea porro, quam dixi, dignitas Matris Dei,
quam Virgo in terris assecuta est, gloria quoque
et eximia beatitudo, qua in cœlis potitur, alios
etiam Patres moverunt, ut eadem, quæ Bernardus
et Goffridus, de efficacia intercessionis illius tra-
derent. Audite quomodo Deiparam alloquitur, sive
Anselmus Cantuariensis, sive alius quisquis is est,
Anselmi nomine latens probabilis scriptor (88) :
« Habet orbis apostolos , patriarchas, prophetas,
martyres, confessores, virgines, bonos et optimos
adjutores, quos ego supplex orare concupisco. Tu
vero, Domina, omnibus iis adjutoribus melior et
excelsior es... et quod possunt omnes isti tecum,
tu sola potes sine illis omnibus. Quare hoc potes ?
Quia Mater es Salvatoris nostri, Sponsa Dei, Regina
cœli et terræ, et omnium elementorum. »

6. Si Anselmum esse vis, quem modo allegavi
valde laudabilem, piumque scriptorem, Anselmum
hic quoque, quod fere solet, sequitur Eadmerus,
nisi quod dignitatem tantummodo, quam ex Christo concepto in terris obtinuit, prædicet, neque
ullam gloriæ, quam in cœlis est assecuta, mentionem faciat. En Eadmeri verba (89) : « Intende ergo,
Domina piissima, ut nobis ad effectum proveniat,
propter quod Deus noster ex tuo castissimo utero
factus homo inter homines venit ; nec sis, quæsumus, exorata difficilis : quia procul dubio idem
benignissimus Filius tuus erit ad concedendum quidquid voles, promptus et exaudibilis. Tantummodo
itaque velis salutem nostram, et vere nequaquam
salvi esse non poterimus. Quid igitur stringet larga
misericordiæ tuæ viscera, Domina, contra nos, ut
nolis salvari nos ? Certe Deus noster (teste propheta) *misericordia nostra est*, et tu ejusdem Domini nostri absque dubio Mater es. Si tu ergo,
quæ Dei Mater es, et eo revera misericordiæ Mater, denegas nobis effectum misericordiæ, cujus
tam mirabiliter facta es Mater : quid faciemus, cum
idem Filius tuus advenerit cunctos æquo judicaturus judicio ? Siquidem licet ipse Filius tuus super
te factus frater noster : utique tamen, ubi voluntatem tuam, sic videlicet dulcissimæ Matris magis

porrectam adverterit : illuc servata æquitatis ratione, a qua te nullatenus discrepare velle videbit,
et judicii sui sententiam, sive ad misericordiam
inflectendo, seu ad justitiam intendendo, promul-
gabit. »

7. Eadem porro, quæ Eadmerus, docent et alii
Patres, gravesque theologi ; imo vehementius et
efficacius Eadmero id inculcat Petrus Damianus, si
Petri Damiani est sermo primus *De nativitate B.
M. V.* inter Damiani opera (90), cujus verba, nisi
probabili aliqua explicatione lenias, exaggerata vi-
debuntur et aspera : « Fecit in te, inquit ille Mariam alloquens, magna qui potens est, et data est tibi
omnis potestas in cœlo et in terra. Quid tibi negabitur, cui negatum non est Theophilum de ipsis
perditionis faucibus revocare ? Infelicem animul-
lam, totum illud, quod in te factum est, proprio
charactere denegantem, de luto fæcis et miseriæ sublevasti. Nil tibi impossibile cui possibile est desperatos in spem beatitudinis relevare. Quomodo enim
illa potestas tuæ potentiæ poterit obviare, quæ de
carne tua carnis suscepit originem ? Accedis enim
ante illud aureum humanæ reconciliationis altare,
non solum rogans, sed et imperans ; Domina, non
ancilla. Moveat te natura, potentia moveat, quæ
quanto potentior, tanto misericordior esse debebis.
Potestati enim cedit ad gloriam, injurias ulcisci
nolle cum possit. »

8. Sanctum Antoninum deinceps allegandum hic,
si vis, excita.

9. Neque vero id Latinis tantummodo Patribus
edocemur. A Græcis id ipsum assequimur. Basilius Seleuciæ episcopus, aut certe Basilii Seleuciensis nomine latens auctor, cui dehemus orationem *in sanctam Dei Genitricem* (91) : « Videtis,
inquit, quantum per ipsam sit peractum mysterium, quod linguam omnem cogitationemque excedat. Quis ergo ingentem Deiparæ potentiam non
miretur, quamque illa universis sanctis emineat,
si quos honoramus : siquidem enim Deus tantam
servis impertitus est gratiam, ut non solum tactu
ægros sanarent, sed et umbræ ipsius projectu
idem præstarent... quantam putandus est Matri
concessisse virtutem ? Annon multo præ subditis
majorem ? »

10. Germano patriarchæ Constantinopolitano (92)
a plerisque tribuitur sermo ille, qui præposito
Germani nomine secundus *in Dormitionem sanctæ
Deiparæ* inscribitur, exstatque pag. 68, col. 2,
tom. XIII *Bibl. Max. PP.* In hoc porro hæc insunt
ad Mariam directa verba : « Non potes non exau-

---

(88) Orat. 46, pag. 587. Tom. I edit. Venet.
anni 1744.
(89) *De excellent. B. M. V.* cap. 12.
(90) Serm. 1 *in Nativ. B. M. V.*, pag. 106 tom.
II edit. Venet. anni 1741. Porro sermo iste, aliique
non pauci demuntur Petro Damiani in Præfatione,
typographi nomine, præposita operibus Petri Damiani editionis Venetæ anno 1743, adornatæ, tametsi Parisiis ea editio perfecta dicatur. Vide nu-

merum tertium ejusdem Præfationis.
(91) Orat. 39, pag. 484, col. 2, tom. VIII *Bibl.
Max. PP.*
(92) Dubitatur a criticis (nec immerito dubitatur) num priori, vetustiorique Germano, an minus
antiquo Constantinopolitano item patriarchæ serm.
iste sit tribuendus. Quisquis tamen illius auctor
sit, hic allegari meretur.

diri, cum Deus, ut veræ et intemeratæ Matri suæ, quoad omnia et per omnia, et in omnibus morem gerat. ›

11. Georgius metropolita Nicomediensis auctor creditur orationis quintæ in *Ingressum Deiparæ in templum* (93). In ea sic Deiparam deprecatur : ‹ Habes ut Mater indeprecabilem, ac nesciam repulsæ apud Filium fiduciam, habes vim expugnabilem. Ne, rogo, multa nostra peccata immensam tuæ miserationis vim superent... Nihil enim resistit tuæ potentiæ ; nihil repugnat tuæ virtuti ; cedunt omnia jussioni tuæ. ›

12. Neque porro [quod adversarii nostri sæpè Catholicis exprobrant] reponas, Patres hos a primis sæculis remotissimos esse, ideoque non multo habendos in pretio : excessisse quoque eos in his loquendi formulis, quod fatentur, vel inter Pontificios, severiores in loquendo theologi. Etenim sic primæ evasioni occurrimus. Ecclesiastica traditio temporum spatio, ac successione non perit. Errasse itaque minime puto eos, quos adduximus, Patres, propterea quia minus proximi vetustis temporibus sint, et hyperbole quadam tantummodo usi sint, de qua mox dicam.

13. Ad hæc : Ephrem Syro tribuuntur a multis piæ ad Virginem deprecationes, quæ et in vetustis editionibus, et in Romana recentiori evulgatæ sunt. Id si admittas, Basilii Magni æqualem, quem in rem nostram proferas, habes scriptorem. Utcunque sit, eas producamus oportet, quas dixi, deprecationes, aptissimas scilicet ad id, quod agimus , confirmandum : ‹ In te enim , inquit scriptor ille, quem Ephremum esse aiunt, Virginem compellans (94), spero, in te glorior : ne longe arceas a nobis tuum patrocinium, sed auxiliare, et protege, et adesto porro in perpetuum. Delectatur tuis precibus Unigenitus tuus Filius, et quanto magis ipse, qui inter servos adnumerari voluit, servabit gratiam , ac proprium decretum tibi, quæ sibi ministra fuisti inexplicabilis generationis. Quare etiam gaudet tuis intercessionibus, propriam existimans gloriam, et tuas veluti debitas petitiones adimplet. › Et alibi (95) : Domina, Dei Mater, quæ peperisti Christum Deum Salvatorem nostrum, in te repono spem meam totam, et in te confido sublimiorem omnibus cœlestibus potestatibus.... Habes enim cum voluntate potestatem, tanquam optima Mater Christi nostri... Tu sola Domina Dei Genitrix, et sublimissima super omnem terram. ›

14. Sed fac Ephremum istum quem allegamus, non esse vetustum illum et celeberrimum Basilii æqualem quem tota commendavit antiquitas, an

is, an reliqui quos attulimus, despiciendi ? Minime profecto : servarunt enim Patres [quod crebro dixi] vetustum depositum, quod a senioribus acceperunt et nobis tradi ere.

15. Jam vero secundæ occurrimus solutioni, monenti scilicet excessisse in his loquendi formul s Patres. Id enim statim fateor ; neque ullus doctorum nostrorum easdem loquendi formulas *ad rigorosum sensum* [ut cum scholasticis loquar] expendit. Sed non continuo eadem dicta contemno, imo plurimi facio ; etenim hic ipse loquendi modus haud obscure indicat, quantum virium in Virginis interventu hi situm esse crediderint ; neque enim ita locuti fuissent, nisi summæ efficaciæ arbitrati fuissent Virginis suffragationem. Minime porro veto, ne lenias, si quam invenire te putas, asperitatem, aut certe hyperbolem in his locutionibus inhærentem. Nonne theologi omnes et interpretes hyperbolem, imo asperitatem fortasse nonnullam se invenire fatentur in hac Scripturæ locutione ? *Non fuit antea, nec postea tam longa dies, obediente Domino voci hominis, et pugnante pro Israel* (Josue x, 4). An revera Deus voci hominis paruit ? Minime utique ; sed ea locutione significare voluit sacer scriptor, quantum apud Deum valuerit deprecatio, et fides Josue in divina omnipotentia confidentis, ideoque præcipientis soli, *ne contra Gabaon moveretur* : ut scilicet producta die compleret victoriam, quam de populis, regibusque Judaico populo adversantibus referre cœperat, gentemque sibi commissam in hostium urbibus metus omnis expertem collocaret. Eadem fere dices, cum ea Genesis verba expendes (*Gen.* xix, 22) : *Festina et salvare, quia non potero facere quidquam, donec ingrediaris illuc* [hoc est in oppidum *Segor*]. An prohibebatur Domini vices et legationem agens angelus, Sodomam et Gomorrham incendere, nisi prius tutum se in *Segor* Lot recepisset ? Minime vero ; sed ea dicens, monere Lot voluit, quantum cordi Deo esset ipsius Lot ereptio et tutela : scilicet tam pius et misericors erga probos est Deus, ut prius eamdem ereptionem perficere voluerit, tum se ad ultionem et improborum vindictam converteret. Sed hac de re multa cum laude Petavius, a quo etiam assequeris (quod crebro dixi) his, et affinibus locutionibus efficaciam intercedentis declarari, non aliud quodpiam (96).

16. Sane valde laudabiles theologi jure meritoque fuisse creduntur Gerson et sanctus Antoninus, nec tamen ab iis ipsis monitis, quæ tibi displicent, tradendis abhorruere. En quæ scriptis prodidit Gerson (97) : ‹ Per hoc, quod beata Virgo est Mater Dei , habet veluti auctoritatem, et na-

---

(93) Edita est col. 1, pag. 708, tom. XII Bibl. Max. PP.
(94) Precat. 2 *Ad Dei Matrem*, pag. 525 tom. III Græc. edit. Rom. ann. 1746.
(95) Orat. 5, pag. 544.
(96) *De Incarn.* xiv. 9, 14 : ‹ Est autem impe-

rium illic non proprie sumptum, quale Domini est jubentis, sed oratio, ac postulatio efficax, et certæ ex ingenii ac singulari fiducia, quæ omnino quodcunque vult, obtinet. ›
(97) Serm. *de Annunt. B. V. M.*; consid. 4, col. 1365 tom. III.

turale dominium ad totius mundi Dominum. »

17. Nec minus perspicue Antoninus; imo copiosius et luculentius id quod paucis Gersonius tradidit, explicat : ad hunc scilicet modum (98) :
« Oratio sanctorum non innititur alicui juri ex
parte sui; sed tantum misericordiæ ex parte Dei.
Oratio autem Virginis innititur gratiæ Dei jure
naturali et justitiæ Evangelii. Nam filius non tantum tenetur audire matrem, sed et obedire, juxta
illud Apostoli Ephes iv, 1 : *Filii, obedite parentibus vestris*, quod est de jure naturæ... Et sic oratio
ejus erat nobilissimus modus orandi, tum quia
habebat rationem jussionis et imperii; tum quia
impossibile erat, eam non exaudiri, juxta illud,
quod in figura ejus dixit Salomon matri suæ Ber-
sabeæ, cum aliquid petere vellet (*III Reg.* ii, 20):
Pete, inquit, *mater mea : neque enim fas est, ut
avertam faciem tuam.* »

QUÆSTIUNCULA II. — *Erga quos Mariæ interce-sio efficax sit; an scilicet ad probos tantum an, an
etiam ad peccatores, et improbos : et ad improbos
etiam sese protendere , probabilibus argumentis
ostendimus.*

CAPUT PRIMUM.

1. Ex unanimi Patrum consensione discimus,
non modo ad probos et pios, verum etiam ad peccatores et improbos, Mariæ pietatem, ideoque suffragationem et interventum, sese protendere. Ille
idem Ephrem, quisquis is est, quem capite superiori allegavi, hic rursus est allegandus : sæpe
enim Virginem deprecatur, ut peccatorum suorum
maculas eluat, ducatque, licet immeritum, ad
æternæ beatitudinis portum ; « Perveniat, inquit
ille (99), oratio mea ad templum sanctum tuum, et
ad habitaculum gloriæ tuæ. Distillent oculi mei
fontes lacrymarum, ut abluas me propriis lacrymis,
abstergasque fletuum meorum imbribus , expurgando me ab affectionum sordibus. Meorum deli-
·ctorum chirographum dele, dissipa nubes tristitiæ
mcæ, cogitationum nebulam, et perturbationem,
affectuum procellam, et turbinem procul remove a
me, et me custodi imperturbatum et hilarem. »

2. In eamdem sententiam Bernardus, sic auditores suos alloquens (1) : « Filioli, hæc peccatorum
scala, hæc mea maxima fiducia est, hæc tota ratio
spei meæ est. Quid enim? Potestne filius aut repellere, aut sustinere repulsam; non audire, aut non
audiri filius potest? Neutrum plane. »

3. Eadmerus non modo id quod agimus, tradit,
verum etiam rationem adducere studet, cur id tradat. En verba illius Virginem Mariam deprecan-
tis (2) : « Subveni ergo nobis, Domina , et non
considerata peccatorum nostrorum multitudine,
velle tuum ad miserendum nobis inflecte. Cogita,
quæso, et recogita apud te, quia non ad damnan-

(98) Part. iv *Summ.*, tit. 15, cap. 17, § 4.
(99) Precat. 3, pag. 527, tom. III.
(1) Serm. *in Nativ. B. M. V.* De aquæductu,
num. 7, col. 298.
(2) *De excellentia Virginis,* cap. 12.

dum, sed ad salvandum peccatorem Conditor noster
ex te factus est homo. Cur itaque non juvabis nos
peccatores, quando propter nos in tantam celsitudinem es elevata; ut te Dominam habeat, et veneretur omnis pariter creatura? »

4. Præcesserat Eadmerum Anselmus ; etenim
Anselmum plerique putant hujusce precis auctorem.
Is porro non modo a Maria juvari peccatores docet,
verum etiam exemplis adductis declarare id studet,
et demonstrare. Audite quomodo in rhythmo *Ad
sanctam Virginem Mariam, et ad omnes sanctos*,
Mariam deprecetur (3) :

> *Maria, lux ætherea,*
> *Ut meas preces deferas,*
> *Tuis stratus vestigiis*
> *Mente deposco supplici.*
> . . . .
> . . . .
> *Mater misericordiæ,*
> *Sic affectum contemnere*
> *Vales, quæ vocas impios,* .
> *Et non spernis incredulos.*
> *Quid in Maria gesseris,*
> *Illam dico Ægyptiam,*
> *Prorsus novit Ecclesia,*
> *Et exsultat in gratia.*
> *Theophilus diabolo*
> *Suo datus chirographo,*
> *Quasi a fundo baratri*
> *Per te reduci potuit.*
> *Sed quis verbis comprendere*
> *Vel scriptura dirigere,*
> *Quotidie quos liberas,*
> *Et Deo reconcilias ?*

5. Fulbertus Carnotensis quæstiuncula superiore
adductus, in eamdem sententiam conspirat plane,
cum ait (4) : « Ne desperetis, o viri, vel feminæ,
quocunque modo carnaliter corrupti, quoniam illa
cœlestis mansio, non de virgineo tantum ordine,
sed et de quibusdam non solum justis, sed et pu-
blicanis, et ante peccatoribus impletur : quantoque
vos conspicitis apud majestatem Domini noxios
exsistere, eo amplius respirate ad Genitricem Domini plenam misericordiæ : habetis apud Patrem
advocatum ipsum Filium Virginis, et ipse propi-
tiabitur peccatis vestris tantum, ut veniam de ipso
ac Matre ejus speretis. » Recole etiam, quæ num. 5
superioris quæstiunc. ex eodem Fulberto attuli.

6. An vero Goffridum Vindocinensem omitto
nobilissimum sæculi xi et xii scriptorem? Audite,
quæ docet ille in præstantissimo sermone quem *in
omni festivitate S. Mariæ Matris Domini* inscripsit (5). « Hæc est dulcissima Mater Virgo Maria,
quæ mortis peperit mortem, vitam hominis, diaboli
confusionem , absolutionem peccatorum, omnium
justorum beatitudinem. Res mira, sed cum gaudio
et fide miranda. Homo, qui est ex hac Virgine natus, non solum hominum Rex est, sed angelorum et
omnium cœlestium virtutum Creator et Dominus.

(3) Orat. 61, pag. 399 et 400, edit. Venet.
(4) Serm. 3, *in Nativ. almæ Virginis.* In edit. Car.
de Villiers exstant hæc pag. 147.
(5) Tom. III Oper. Sirmond. col. 633 et seqq.

Hæc est, cui angeli serviunt, archangeli famulan- tur ; omnis etiam militia cœlestis exercitus hanc Virginem laudat et veneratur : hæc sola post Deum super omnes creaturas obtinet principatum. O quam venerabilis, quam sublimis hæc beatissima Mater, cujus Filius, quamvis omnipotens Deus sit, ei tamen nihil unquam negare potuerit ! Hæc Virgo tam sancta, tam gloriosa, tam honorata, a Deo tam sublimata, ita est humilis, ita compatiens, ita mi- sericors et pia, quod propter animam peccatricem, et jam pœnis deputatam æternis, severitati districti judicis se opposuerit. » Et post narratam Theophili a dæmonis faucibus, Maria intercedente, ereptionem paucis interpositis ad hunc denique modum con- cludit : « Hæc post Filium suum est præcipuum refugium peccatoribus, quo post lapsum fugiant ; consilium, ut pœniteant ; auxilium, ut convertan- tur, ne pereant. Nulla tam gravis est peccati, vel criminis plaga, cujus non sit, si pius voluerit, me- dicina. Confessionem et pœnitentiam in hominibus desiderat peccatorum, ut pro illis occasionem ha- beat deprecandi. Huic igitur excellentissimæ ac piissimæ Matri Domini semper Virgini Mariæ humi- liter supplicantes, quod male fecimus, confiteri nulla occasione differamus, et per supplicabiles ipsius preces, nos et omnes actus nostros Domino commendemus, ut ad ipsum qui et peccantibus juste irascitur, et pœnitentibus misericorditer in- dulget, pervenire mereamur ; præstante eo qui pro nobis ex ea factus est homo Christus Dominus noster, qui cum Patre, et Spiritu sancto vivit et regnat Deus per omnia sæcula sæculorum. Amen. »

7. Affinia his sunt, quæ Ecbertus abbas Scho- naugiensis de Virgine tradit, hæc ad eam dirigens verba (6) : « Tu peccatorem quantumlibet fœtidum non horres, non despicis ; si ad te suspiraverit, tuumque interventum pœnitenti corde flagitaverit, tu illum a desperationis barathro pia manu retrahis, spei medicamen aspiras ; foves, nec deseris, quousque horrendo Judici miserum reconcilies. Famosum hujus tuæ benignitatis testimonium est per te restauratus gratiæ Theophilus, ac toti mundo despectum materno affectu amplecteris. »

8. His, si vis, ea adde Patrum et theologorum loca, quæ magno studio collegit Novatus in eo, quem in margine indico, loco (7). Mihi satis est Ecclesiæ auctoritatem hic memorare. Etenim Ec- clesia in litaniis Virginis, quas *Lauretanas* dicimus, *Refugium peccatorum* expressissime Mariam appellat ; eam vero celeberrimam antiphonam, quam solem- niter post Completorium non modico anni tempore canit, et a verbis, quibus incipit : *Alma Redemptoris* dicitur, hoc modo concludit : *Sumens illud ave*, *peccatorum miserere.* An vero eam *Refugium pecca- torum* appellaret, eamque deprecaretur, ut peccato-

rum misereretur, nisi probe nosset Mariam exi- miam pietatem suam erga peccatores protendere, illosque plurimum adjuvare ?

9. Neque vero Virginis pios oculos ac misera- tionem avertit criminum, quibus obruimur, moles ac gravitas ; imo vero quanto fœdiores videt Maria peccatores ad se confugientes, tanto magis ad miserationem inclinabitur, item fere ut pium me- dicum ad miserationem inclinat gravitas morbi, quo æger sibi traditus premitur obruiturque. An non miserebitur filiorum Mater piissima, cum eos in maxima calamitate viderit, a cunctis vero dere- lictos, ac pene perditos, interdum etiam calamita- tem non agnoscentes suam ? Amedeus, vir sane doctus, nos certos facit, atrocitatem criminis, quo se polluerunt carnifices Christi, nescientes quid facerent, non eam avertisse ut eorum misereretur, et Patrem cœlestem pro iis deprecaretur. Nec vero perperam eumdem cœlestem Patrem deprecata est, illius quippe preces exaudit, et veniam scelestissi- mis tribuit. Sed præstat ipsa Amedei verba pro- ferre (8) : « Nec vero quisquam opponat Judæos exosos Dei Genitrici, eo quod Filium suum morte turpissima condemnarunt. Quos enim morti æternæ appropiare videbat, nequaquam odio suo dignos existimavit et sugillatione, sed affectu plurimo, sed lacrymis multis, et magna miseratione. Unde tam particeps charitatis, quam crucis Jesu, assum- psit orationem pro eis, corde perfecto paternæ pietatis aures compulsans : *Pater, dimitte illis hanc noxam, quia nesciunt quid faciunt.* (*Luc.* xxiii, 34.) Hæc vox ejus, desiderium ejus fuit, quo melius aures Virginis pulsantur incircumscripti spiritus, replentis omnia, et ubique audientis. Cæterum quicunque diligitis Matrem Domini, advertite, et totis affectuum visceribus considerate, quantum et inimicos Unige- niti plangeret morientis. » An vero quispiam inter Christianos improbior est iis, qui Christum cruci affixerunt : an magis cæcus illis in improbitate sua agnoscenda ?

10. Hæc sane, et affinia alia, quæ deinceps etiam adjiciemus, tam a Patribus et theologis, quam a ratione desumpta haud obscure ostendunt, quan- tam fiduciam in Mariæ intercessione collocare om- nes debeant, et quam immerito ab ea invocanda avertantur nonnulli criminum suorum immanitate territi. Apage tam imprudentem suspicionem. Mise- retur nostri, quod crebro diximus, Maria, nostro- rumque criminum fœditas non avertit illius chári- tatem ; imitata scilicet Filii sui pietatem et exem- pla, nullum scilicet, tametsi peccatorum mole obrutum repellentis, imo ad se advocantis cele- bratissimis illis vocibus : *Venite ad me ; omnes qui laboratis et onerati estis, et ego reficiam vos* (*Matth.* xi, 28) ; attestantis quoque venisse se in mundum,

---

(6) *Sermone panegyrico ad Mariam Virginem* , pag. 762, volum. III, ed. Venet. Oper. S. Bernardi, ann. 1727, num. 2.

(7) *De eminent. Virain.* part. II, cap. 12, quæst. 1 et seqq.

(8) Hom. 5, *De laudibus Virginis.*

ut peccatores vocaret (9) [ad pœnitentiam scilicet, et ad suorum criminum detestationem] : merito itaque Ecclesia peccatorum nomine ad eam clamat ;

> Solve vincla reis,
> Profer lumen cæcis :
> Mala nostra pelle,
> Bona cuncta posce.

Et *Refugium peccatorum*, quod jam diximus, appellat in solemnibus iis precibus, qu.e *B. Mariæ Litaniæ* dicuntur.

CAPUT II.

Notissimæ adversus superiori capite proposita objectioni occurrimus, quam dum solvimus, explicamus etiam, quanam ratione Maria sanctissima peccatores adjuvat.

1. At si ita est, inquiunt nonnulli, peccatum a Christianis exsulabit. Nonne diximus validissimam esse Mariæ intercessionem, atque efficacissimum patrocinium ? Si peccatores itaque adjuvat, peccatum deponent procul dub.o, ideoque, quod diximus, nullus supererit inter Christianos peccator. At quis hæc, nisi plane desipiat, dicere audeat ? Peccatum nimio plus *in Ecclesiæ corpore regnat*, plurimosque prospicimus inter Christianos ipsos, atque adeo inter cultores Virginis, criminosos et iniquissimos. Superest itaque ut dicamus, a Maria peccatores non adjuvari.

2. Ut objectioni huic, aliisque affinibus occurras, recolere debes duo esse peccatorum genera : alii scilicet sunt, qui a suorum criminum cœno exsilire ex animo cupiunt, et in Dei gratiam reconciliari ; alii contra in suorum criminum cœno, et sordibus volutari, et quoad vixerint, permanere student, cupientes tamen, si plerosque audis [nonnulli enim nomine tantum Christiani cœlestia non curant], morte sanctorum scelestam vitam claudere : eamque ob rem Virgini precatiunculas quasdam recitare solent, jejunia interdum agunt, eleemosynam quandoque pauperibus distribuunt, aliaque his affinia præbent [plerumque levia] pietatis ac devotionis erga Virginem argumenta atque officia. Porro eos, qui ex animo ad Virginem confugiunt, ut e peccatorum sordibus emergant, procul dubio adjuvabit Virgo ; idque manifesto ostenditur iis rationum momentis, et Patrum monitis, quæ in hac ipsa quæstione paulo ante protulimus. At eos, qui impune peccare se posse sperant, quod nonnulla præbeant Virgini obsequia, vana spe illudi dicet quicunque sapit. Non peccatores adjuvaret tunc Virgo, sed eorum peccata protegeret, et pene impunita relinqui vellet ; quod nemo, nisi plane desipiat, sibi in animum inducet. An paucis precibus pœnitentiam salutarem adjunxit Deus ? Annon apertissime dixit (*Mat.h.* vii, 21):

Non omnis qui dicit mihi : Domine, Domine, intrabit in regnum cælorum ? quibus verbis palam nos docet, precatiunculas quaslibet, si alia contemnas, et peccatorum sordibus te polluas, te minime posse ab inferno eripere. Faciant igitur *voluntatem cælestis Patris* (10) : ab occasionibus se subtrahant, eleemosynas, si possunt, non parcas tribuant, carnem macerent, denique admitantur, ut possunt, et tum ad Virginem clament, et procul dubio præsentissimam experientur illius opem, et efficacissimum patrocinium.

3. Sicut vero quanto magis adnitetur peccator, quantoque validius ad Mariam clamabit, illius opem exposcens, efficacior erit, et probabilior peccatoris spes, ac fiducia ; ita levissima ac futilis illius peccatoris esset spes, qui paucissima Virgini præbens argumenta pietatis, iis confideret, quasi per ea potestatem dæmonis in morte evasurus foret. Unde hæc hausit ille ? Quis ex Patribus, aut cordatis theologis hæc scriptis tradidit ?

4. Non itaque erravit Muratorius cum hæc tradidit (11) : « Ma se mai taluno amplificasse sì fatta speranza, sino a promettere, che chi è suo devoto, non potrà dannarsi, non sarà preso da morte subitanea, e gli resterà tempo di riconciliarsi con Dio, ed anche promesse di beni temporali : sappiano i fedeli, che cotali insegnamenti (così generalmente parlando) non possono aver luogo nella pura religione di Cristo, cioè nella cattolica Romana. »

5. Adjice quæ docet Crassetus, quem sane inter eximios Virginis cultores merito recensebis. Eum porro allego ex libro notissimo inscripto *Della divozione di Maria Vergine* ex Gallica in Italicàm linguam converso. Inquirit ille (12) : « Se per esser salvo, basta esser divoto della Vergine ? » Propositæ quæstioni ad hunc modum respondet : « Questa proposizione non è da sostenersi , perchè è verità di fede, che per esser salvo non basta il servire alla S. Vergine, nè il portare il suo scapolare, nè l' esser di tutte le di lei confraternità. Ma bisogna an che far penitenza, ed osser\are i comandamenti di Dio ..... Dico lo stesso di que' falsi divoti, che, sotto pretesto di essere delle confraternità e delle congregazioni di Nostra Signora, trascurano i do\eri del Cristiano, e si lusingano di una vana speranza di esser salvi, mediante il di lei favore. Se non farete penitenza ; se non osserverete i comandamenti di Dio ; se non assisterete a i poveri ; se non perdonerete a i vostri nemici ; se non frequenterete i sacramenti, per quante orazioni recitiate in onore della Vergine, e per qualunque zelo abbiate per il suo culto, sarete infallibilmente dannati. In fatti non è ragionevole il credere, che la divozion della Vergine santa sia più potente per salvarci, che quella del suo Figliuolo .. Ma ..

---

(9) *Non enim veni vocare justos, sed peccatores.*
(*Matth.* ix, 13.)
(10) *Quicunque fecerit voluntatem Patris mei, ille*

intrabit in regnum cælorum. (Matth. xxvii, 21.)
(11) *Regol. Diroz.* cap. 22, pag. 319.
(12) Trat. 1, quæst. 14.

è cosa certa secondo tutte le regole della ragione, e della fede, che l'amor di Gesù Cristo è un mezzo più potente, e più infallibile per esser salvo, che l'amor di Maria ..,. Dall'altra parte è cosa certa, che la sola divozione verso il Figliuolo di Dio senza buone opere è una pura illusione, e non basta per salvarci. Chi può dunque dire, senza offendere la fede, che per andar al cielo basta esser divoto della Vergine ? E se la sua divozione non basta senza le buone opere, come salverà la coloro, che non ne fanno se non di cattive ? È cosa fuor di ogni dubbio, ch'ella si burlerà di essi nel giorno del giudizio ; e quando la chiameranno lor signora, e lor padrona, loro risponderà, come il Figliuolo : *Nescio vos .... discedite a me, operarii iniquitatis* (*Luc.* xiii, 27) .. Mi avete fatto servire alle vostre sregolate passioni ; mi avete voluto rendere complice de' vostri delitti ; avete screditata e disonorata la mia divozione ; ne avete fatto l'asilo delle vostre empietà, e 'l fondamento delle vostre dissolutezze. Andate, empi, allontanatevi, non so chi voi siate : *Nescio vos.* Non vi riconosco per miei figliuoli, e per miei servi, ma per miei più crudeli nemici : vi abbandono alla giustizia del mio Figliuolo, perchè vi siete abusati di sua misericordia. »

6. Adjice monita hæc Pauli Segneri, cujus erga Virginem pietas, ac devotio notissima est (13) : « Che è però divozione della Madonna ? È naturale a ciascuno il figurarsi le cose di quella foggia di cui vorrebbe .... e i peccatori, perchè nero hanno il cuore, nera si dipingono ancor quella divozione, che pur esaltano, come la più bella di tutte, la divozione alla Vergine : quasi che dir si possa di lei divoto ancora un'assassino, ancora un'adultero, ancora uno spirito lordo di tutte macchie, che sol vedute la commovono a sdegno .... Divozione, se credesi a San Tommaso, è quella prontezza di volontà, che uno pruova in tutto ciò che appartiene al divin servizio : *Voluntas quædam prompte tradendi se ad ea, quæ pertinent ad Dei famulatum* (14) :... Conforme a questa regola dunque, che sarà divozione della Madonna ? Sarà una pronta volontà di eseguire tutto ciò che torni in sua gloria, in suo gradimento : e i lunghi digiuni, i quali a sorte si osservino in onor d'essa, i lunghi prieghi, i lunghi pellegrinaggi, non saran propiamente la divozione alla gran Madre di Dio, ma o saranno effetti, s'essi procedano da questa pronta volontà di servirla, o saranno mezzi, se almeno a questa conducano. Qualor non sieno nè mezzi tali, nè effetti, rimarrà che sieno una larva di divozione ..... Or posto ciò, come dunque si possono riputar mai divoti di Maria Vergine quei fedeli, che in tante cose si mostrano a lei ritrosi, e che soddisfatti di

alcuni ossequii esteriori, che le professano, niegano frattanto a lei quello appunto, che a lei più piace, ch'è di abbandonare il peccato ? Questi hanno pronta volontà di servir la come è dovere ? Questi curano il suo gradimento ? Questi cercano la sua gloria ? Anzi non altro pare, che questi intendano, a mirar bene, che d'ingannarla, » etc.

7. Nolim tamen hæc ipsa, quæcunque tandem ea sint, pietatis in Virginem argumenta omitti negligique. Ab his fortasse via parabitur ad majora, a quibus flecti ad miserationem poterit Virgo, fortasse etiam ab his ipsis, licet levissimus sibi adhibitis obsequiis ad miserationem præstandam, illique opem præbendam movebitur, qui in peccatis sordescit adhuc, sicut sponte aliquando motam scimus ad miserendum iniquissimis (15). Sed quis, si sapit, in re tam gravi, et in qua si semel erremus, æternum errabimus , incertam, atque adeo minus probabilem opem exspectet ?

QUÆSTIUNCULA III. — *Quantum Mariæ intercessio efficax sit : an scilicet tantum habeat virium, ut a damnatione subtrahat improbos, dummodo devotos et sibi obsequiosos. Riveti affirmantem sententiam in Mendoza et Cornelio de Snekis acerrime reprehendentis, tum ipsa Mendozæ verba describimus : de quibus, aliisque affinibus judicium ferimus ; tum eorum qui probabilioribus prædestinationis indiciis pietatem in Virginem accensent, argumenta producimus.*

CAPUT PRIMUM.

1. Rivetus Catholicos redarguens, in eum invehitur (16), qui « salutationem illam [angelicam] frequenter usurpaverit, quantumvis in aliis pietatis et honestæ conversationis officiis segnis fuerit et incuriosus. Hanc enim , inquit , quæstionem [Pontifie i] agitant : (17) *Utrum B. Virginis cultorem in æternum damnari impossibile omnino sit.* Respondet Mendoza Jesuita, quod spectat modum loquendi, *locutionem non esse periculosam, sed securam :* quoad rem difficultatem esse, quomodo hæc impossibilitas cum libertate concilietur : *sed facilem esse solutionem : si dicatur B. Virginem impetrare suo patrocinio suis cultoribus auxilia gratiæ congruæ, quibus sui cultores alioqui pravi et scelerati ad Deum convertantur :* gratiam autem congruam non tollere libertatem. Hæc quorsum tendant, postea videbimus. Concludit ergo : *In hunc modum dici posse cultores Virginis esse indemnabiles, quia esto non sint impeccabiles, non perseverabunt tamen finaliter in peccato, B. Virgine illis impetrante congrua auxilia, quibus infallibiliter resipiscant, et tandem salventur.* » Hæc etiam ex serm. 2 Cornelii de Snekis Rivetus affert : « Nunquam malo fine periit, qui Genitrici Virgini devotus sedulusque fuerit. »

2. Ut germanam Mendozæ sententiam assequa-

---

(13) *Il divoto di Maria,* § 1.
(14) S. Thom. 2-2, quæst. 82, art. 1.
(15) Recole tradita ab Amedeo num. 9 cap. superioris.

(16) *Apolog. pro sanctiss. Virg. Maria,* lib. ii, cap. 11, pag. 111, col. 2, tom. III Oper. theolog.
(17) Mendoza, lib. ii *Viridarii* problem. 19.

tur lector, ipsa Mendozæ verba statim exhibeo ; et
hæc sunt (18) :

Problema ix. — *Utrum B. Virginis cultorem in
æternum damnari impossibile est.* « Ratio dubitandi
pro parte negativa est, quia impossibilitas damnationis æternæ infert necessitatem salutis. Necesse
enim est salvari eum, quem impossibile est damnari : atqui necessitas salutis non da'ur, quia salus
non acquiritur sine libertate, quam libertatem
necessitas illa excludit : ergo neque impossibilitas
illa æternæ damnationis dari potest. Proindeque
sicut contingens est, seu potius liberum unicuique
hominum salvari, et non salvari : ita damnari,
et non damnari. In hac quæstione duo sunt explicanda. Unum circa modum loquendi , alterum
circa rem ipsam. Quod attinet ad modum loquendi, dico periculosam non esse, sed securam
hujusmodi locutionem, Impossibile est damnari
eum, qui B. Virginem colit ; tum quia ita loquuntur
Patres, D. Anselmus : *Qui ad Mariam accesserit, impossibile est ut pereat,* et alibi : *ipsa velit, et nequaquam salvi esse non poterimus ;* et D. Bernardus,
Serm. de nativitate Virginis docet, *non posse sustinere repulsam qui quod Deo offerre vult, quantumvis modicum, gratissimis Mariæ manibus offerendum tradat,* et in *Missus est,* serm. 2 : *Ipsa,* inquit,
*tenente non corruis; ipsa protegente non metuis; ipsa
duce non fatigaris; ipsa propitia pervenis.*

3. « Petrus Damianus, serm. 1, *De nativitate Virginis,* Virginem allocutus : *Quomodo,* inquit, *illa
potestas potentiæ tuæ poterit obviare, quæ de carne
tua carnis suscepit originem ?* Quasi sentiat hoc esse
impossibile. Mitto plures alios similiter loquen-
tes : tum etiam, quia Scriptura similem impossibi-
litatem tribuit aliis rebus, quibus illa minus convenire videbatur, Lucæ xvii, 1 : *Impossibile est, ut
non veniant scandala.* Marc. x, 27, ubi sermo est
de divitum salvatione : *Apud homines impossibile est*
(scilicet), *divitem intrare in regnum cœlorum.* II
Mach. iv, 6 : *Videbat sine regali providentia impossibile esse pacem rebus dari, nec Simonem posse
cessare a stultitia sua.* Et II Mach. xiv, 10 : *Quandiu
superest Judas, impossibile est pacem esse negotiis.*
Hebr. vi, 4 : *Impossibile est eos qui semel illuminati sunt, gustaverunt etiam donum cœleste et participes facti sunt Spiritus sancti, et prolapsi sunt, rursus revocari ad pœnitentiam.* Similis est ille locus
I Joan. iii, 9 : *Omnis qui natus est ex Deo, peccatum non facit, quoniam semen ipsius in eo manet,
et non potest peccare.* Sicut igitur in his multisque
aliis Scripturæ locis, hæc impossibilitas non tollit
libertatem, proindeque absolute impossibile dicitur,
quod alioquin liberum est : ita nullum videtur
inconveniens, si absolute dicamus impossibile esse,
ut B. Virginis cultores damnentur, quamvis in
eorum libertate sit damnari, aut non damnari.

4. « Quod attinet ad rem, difficultas est, quo
pacto hæc impossibilitas cum libertate concilietur. '
Quod facile erit intelligere, si prius indicatur
unde oriatur hæc impossibilitas. Dico igitur oriri
ex eo quod B. Virgo suo patrocinio semper impetrat a Deo auxilia gratiæ congruæ, quibus ejus
cultores, etsi alioqui pravi ac scelerati, ad Deum
convertantur. Et cum gratia congrua libertatem
non tollat, et nihilominus effectum infallibiliter
consequatur, fit ut ratione hujus infallibilitatis
simpliciter dici possit, impossibile esse eos damnari. Sic enim Christus Dominus, B. Virgo, et
confirmati in gratia dicuntur impeccabiles, ratione
gratiæ congruæ, quæ ad omne peccatum infallibiliter evitandum illis confertur : licet non omnibus
eodem modo. Nam Christo Domino ea gratia congrua ex natura rei debetur, ratione unionis hypostaticæ, et visionis beatificæ, cum quibus peccatum
componi ex natura rei non potest, ut suis locis
probant theologi. B. Virgini etiam aliquo modo
ex natura rei talis gratia debetur, ratione maternitatis divinæ, quæ quodammodo ex natura rei
omne peccatum excludit : confirmatis autem in
gratia ex solo gratuito ac liberali Dei dono ea gratia confertur. In hunc igitur fere modum dicere possumus cultores B. Virginis esse indam-
nabiles, quia esto non sint impeccabiles, non perseverabunt tamen finaliter in peccato, B. Virgine
illis impetrante congrua auxilia, quibus infallibiliter resipiscant, ac tandem salventur. »

5. Theophilus porro Raynaudus postquam Mendozæ opinionem retulit, et præcipua argumenta
quibus fidit, refert, hæc etiam adjicit (19) : « Huc
etiam haud ægre accepit Richardus a S. Laur.,
lib. ii *De Deip.,* part iii, cum ait : *Si quis obligatus
esset multis debitis, et haberet unam petiam terræ,
quæ sine cultura, sine seminatione, in uno anno
tantam fructus afferret copiam, quod posset de fructu
illo solvere totum debitum, et semper vivere de
residuo, multum diligeret petiam illam terræ. Talem
fructum protulit nobis Maria, quæ est terra nostra,
id est, nobis data : quo scilicet fructu redempti sumus
ab obligatione gehennæ, et de quo abundanter vivere
possumus in æternum. Propter hoc dicitur Deut.
viii, 7 : « Benedicat Deo tuo pro terra optima, quam
dedit tibi. » Multum ergo debemus diligere Mariam,
quæ talis terra est, et fructum ejus, nec eam cambire
pro alia voluptate.* Denique nuperus quidam in
tract. *De Deipara,* pag. 655, ex *Pomœrio,* lib. iii,
p.. iv, n. 4, et ex *Kalendario B. Virginis,* 26 Decemb.,
hoc Christi ad B. Virginem promissum refert :
*Mater, quicunque te orabit per meos dolores, conte-
retur in fine vitæ.* Cum autem contritio advehat certo
gratiam sanctificantem, et possessio gratiæ sancti-
ficantis in fine vitæ inferat possidenti certitudinem
salutis, perspicuum est juxta istos, propositum

---

(18) Lib. ii, pag. 40, edit. Lugdum. .
(19) *Diptyc. Marian.* part. ii, punct. 10, num.

137, sub hoc titulo: *Certa salus cultorum Deiparæ
rejecta.*

cultum B. Virginis certa salute beare colentem. ›

6. Aliorum scriptorum, qui aut eamdem sententiam proponunt, aut illi certe favere videntur, hic non describo, quod id inutile censeam, præsertim cum paucissimi sint, qui tam expresse Mariæ sanctissimæ cultoribus faveant, ac favent modo allegati; at non inutile reor ea recensere, quibus opinio hæc innititur : cui quidem, si *tam ample*, et, ut scholasticorum locutionibus utar, *sine ulla limitatione* proponatur, ego quidem minime adhæreo, etenim ex iis quæ superiori quæstiuncula a tulimus, facile eruitur, eos decipi, qui Mariam vellent suorum criminum veluti patronam, et aliquibus illi adhibitis pietatis atque obsequii argumentis, impune peccare, vitamque improbam pia morte concludere. Neque vero opus est, ut ea hic recolam, quæ jam adduxi.

7. Dixi, si *tam ample et sine ulla limitatione* proponatur; nam si proponatur ita, ut doceamur Virginem peccatoribus ex animo resipiscere optantibus, et propterea eam colentibus, et invocantibus opem ferre, quis vetat ne eam opinionem excipias? Recole tradita quæstiuncula superiori.

8. At ad evertendam limitationem hanc, ideoque opinionem nostram, multa congerunt, qui secus sentiunt, quæ tamen revocari facile possunt ad alteram earum probationum, quas deinceps ex adversariorum sententia recensebimus. Aiunt itaque nam, quam nos superiori capite proposuimus, sententiam, aliis quidem titulis impeti, sed iis præsertim argumentis quibus theologi utique non contemnendi a sacra auctoritate et traditione inducti sunt ad credendum probabilioribus prædestinationis indiciis accensendam esse pietatem in Virginem (20); nec argumenta prætereunt a theologica ratione desumpta, quæ, ut potero, contraham, ita tamen ut eorum vires, et robur minime infringam. Sic itaque disputant.

9. Celebratissimi sunt duo Scripturæ loci, quos Ecclesia, dum eos in solemnitatibus Virginis Mariæ nos recitare jubet, eidem Virgini accommodat. Horum prior hic est : *Beatus homo, qui audit me, et vigilat ad fores meas quotidie, et observat ad postes ostii mei. Qui me invenerit, inveniet vitam, et hauriet salutem a Domino.* (Prov. viii, 34.) Alter vero hic : *Qui creavit me, requievit in tabernaculo meo; et dixit mihi : In Jacob inhabita, et in Israel hæreditare, et in electis meis mitte radices..... Et radicavi in populo honorificato, et in parte Dei mei hæreditas illius, et in plenitudine Sanctorum detentio mea..... Qui audit me, non confundetur, et qui operantur in me, non peccabunt : qui elucidant me, vitam æternam habebunt. (Eccli. xxiv, 12 seqq.)* Porro ex priore

loco assequeris, beatum esse qui vigilat ad fores Virginis, et observat ad postes ostii ejus; assequeris quoque vitam inveniendam, ac salutem [Domino illi impertiente] hauriendam ab illo, qui Mariam invenerit : *Qui me invenerit, inveniet vitam, et hauriet salutem a Domino.* Cultor itaque Virginis, quisquis is est, a prædestinatione non arcebitur. Quis enim a prædestinatione eum arceat, qui *vitam inveniet, et hauriet salutem a Domino?*

10. Huic explicationi robur ex eo additur, quod recitata verba hæc subsequantur : *Qui autem in me peccaverit, lædet animam suam;* quibus quidem haud obscure indicatur, Mariæ hostes, et dignitatis illius atque intercessionis osores et contemptores, reproborum numero accensendos. Sequitur ergo [si vim argumenti *a contrario* attendimus] Virgini devotos, illiusque dignitatis vindices et assertores prædestinatis esse annumerandos.

11. Alterum porro locum, id est : *Qui me creavit, requievit in tabernaculo meo, et dixit mihi : In Jacob inhabita,* etc , ad hunc modum explicant. Tabernaculi nomine Virginis uterus indicatur, id tradente Damasceno, *qui vivum, ac ratione præditum Dei tabernaculum* appellat Virginem; de qua etiam intelligit sanctus Thomas (21) verba illa Scripturæ : *Sanctificavit tabernaculum suum Altissimus.* Quis autem ignorat typum electorum esse Jacob, sicut Esau typus est reproborum? His positis, sic disserunt : ‹ Israel, juxta Augustinum (22), interpretatur : *Videns Deum : quod erit in fine præmium omnium sanctorum.* Electi ergo, et Deum visuri, sunt ii in quibus Dei Genitrix inhabitat per specialem protectionem, quique eidem mancipantur per singularem devotionem. › Tum sic prosequuntur : *Et in electis meis mitte radices :* quibus verbis aperte significatur, radicem electorum esse B. Virginem. Cum ergo radix sit causa et signum germinis, quicunque per devotionis affectum manserit in hac radice, signum habet, quod ex ea germinabit electus. Et ideo subjungit : *Et radicavi in populo honorificato,* scilicet in populo sanctorum, de quibus scriptum est (*Psal.* cxxxviii, 17) : *Nimis honorificati sunt amici tui, Deus.—Et in parte Dei mei hæreditas illius,* id est in parte, quæ inter tot reprobos obtigit Deo meo, et quæ est hæreditas illius. Ita fere hunc locum mystice interpretatur Cornelius; et ex eo hujus sententiæ vindices.

11. ‹ Pro verbis subsequentibus : *Et in plenitudine sanctorum detentio mea,* Hugonis primi ordinis Prædicatorum cardinalis explanationem audire præstat (23) : *Id est, ego detineo sanctos in plenitudine sua, ne minuantur : detineo Christum, ne eis peccantibus irascatur : detineo dæmones, ne noceant; deti-*

<hr>

(20) Novatus *De eminent. Deip.*, part. ii, cap. 12, quæst. 8. Crasset, *Div.* tract. 1, quæst. 6. Quin et cl. Plazza plurimos recenset theologos, et interpretes, qui id ipsum tradunt. Consule, obsecro, ea theologorum et interpretum loca, quæ ipse allegat, *Vindic. devot. Virg.*, part. ii, cap. 7, num. 10,

pag. 328.
(21) Part. iii, quæst. 17, art. 2, § *Sed contra.*
(22) Lib. xvi *De civit. Dei*, cap. 39.
(23) In hunc locum *Eccles*, fol. 217, col. 2, edit. Venet. 1600.

neo virtutes, ne fugiant; detineo merita, ne pereant.
Singularis est ipsa in tali detentione. Quicunque ergo
B. Virginem detinet per devotionem, salutariter
detinetur ab ipsa per protectionem. Demum : *Qui*
audit me, hoc est divinis inspirationibus, mea intercessione impetratis, obtemperat, *non confundetur,*
æterna scilicet confusione reproborum. *Qui operan-*
tur in me, id est, qui multa pietatis opera in mei
honorem, et cultum exercent, *non peccabunt;* quia
per me auxilia congrua obtinebunt, quibus a peccatis
præserventur, vel cito resurgant. *Qui elucidant me,*
qui scilicet verbis, scriptis, aut factis meas laudes,
et nomen illustrant, *vitam æternam habebunt;* quia
inter tot mortalis vitæ discrimina eos non deseram,
donec ad immortalem vitam perducam. »

13. His adjiciunt et hunc Psalmistæ locum (*Psal.*
LXXXV, 16, 17) : *Salvum fac filium ancillæ tuæ. Fac*
mecum signum in bonum, ut videant qui oderunt te,
et confundantur. Sic porro hoc loco posito, argumentantur : « Ancillæ nomen hoc loco Mariam designari merito censent divus Ambrosius, divus
Augustinus, Cerealis episc. Africanus, et alii apud
Lorinum in hunc locum. Ita namque B. Virgo seipsam non semel humillime cognominavit. Hujus
ancillæ Filius natura et secundum carnem est
solus Christus; at charitate et secundum spiritum
est quilibet fidelis [ut aiebat D. Augustinus], ille
præsertim, qui tantam Matrem filiali affectu colit
et veneratur. Petit ergo David a Deo salvari, quia
est filius Mariæ affectu, et secundum spiritum;
atque hujus salutis aliquod signum petit, ut illud
videant, qui *oderunt* eum; scilicet dæmones, et *con-*
fundantur. Hoc igitur titulo, quo quis per devotionem et affectum est peculiaris Mariæ filius, habetur
talus, et fit in eo *signum in bonum,* nempe signum prædestinationis, quæ est prima radix omnis
boni.

14. A Scripturis ad Patres transitum faciunt.
Coarctabo hic, quoad potero, horum quoque scriptorum argumentationes, nihil tamen [quod ante
promisi] virium illis detrahens; et ut claritati
atque ordini inserviam, ad certa capita eorumdem
Patrum loca revocabo. Primum eos Patres comple-
ctetur, qui docent Mariam cœlorum januam, et
fenestram esse, scalam quoque per quam ad Deum
ascendimus, et ad perennem beatitudinem evehi-
mur. His adjungentur celeberrimæ Ecclesiæ preces
id ipsum exhibentes. Secundum Patres illos com-
prehendet, ex quibus discimus, efficacissimam esse
Mariæ deprecationem : piissimam vero esse Mariam
sic, ut eos certo adjuvet, qui ad se confugiunt :
quibus positis facile eruitur, perire non posse, qui
ad illam per deprecationes quasdam et devotionis

argumenta confugerit. Etenim si pia est, pro
iis deprecabitur ; deprecans vero assequetur
[si efficacissima illius est deprecatio] id quod
cupit, ideoque æternam eorum salutem, quam,
utpote piissima, cupit, et a Deo obtinebit. Sub tertio capite illi recensebuntur Patres, qui monent
périre non posse eum, qui se Virgini aliquando dicaverit, devotionemque erga illam suam obsequii
ac pietatis operibus prodat : sub quo capite revelationes id tradentes, et miracula id ipsum compro-
bantia continebuntur.

15. A primo exordiamur. Ephrem Syrus his verbis
Mariam compellat (24) : « Ave, porta cœlorum, et
scala, ascensusque omnium. Ave, portarum cœlestis
paradisi reseramentum.... Ave, clavis regni cœlestis.... Ave, firma salus universorum Christianorum
ad te sincere ac vere recurrentium. »

16. Similiter Fulgentius (25) : « Facta est Maria
fenestra cœli, quia per ipsam Deus verum fudit
sæculis lumen ; facta est Maria scala cœlestis, quia
per ipsam Deus descendit ad terras, ut per ipsam
homines ascendere mereantur ad cœlos : ipsis enim
licebit ascendere illuc, qui Deum crediderint ad
terras per Virginem Mariam descendisse. »

17. Cave vero putes, hæc ab Ephræmo et Fulgentio quodam pietatis impetu fuisse tradita. Theophilus Raynaudus insignis sane theologus haud paucos allegat, et veluti aggerit Patres, qui *januam cœli*,
januam salutis, januam paradisi, portam cœlorum,
portam vitæ, clavem regni cœlestis, clavem regni Chri-
sti, scalam Jacob, scalam cœlestem, et his affinibus titulis Mariam afficiunt; quos titulos si recte expenderis, facile id ipsum, quod agimus, assequeris : inesse
scilicet in pietate erga Virginem non leve prædestinationis argumentum. Consule, obsecro, quæ
idem Theophilus Raynaudus collegit in eo libro,
quem *Nomenclator Marianus* inscripsit, et manifesto
conspicies, me vera tradere.

18. At nolo Patribus tantum fidas; Ecclesiam
ipsam opinionis, quam proponimus, vindicem volo
esse. Nonne eam approbat, dum hæc plenissima
fiduciæ in Virginem recitare nos jubet (26) ex Augustino desumpta verba (27)? « Per te speramus veniam delictorum, et in te, beatissima, nostrorum est
exspectatio præmiorum. » Quid, quod in publicis
ipsis precibus [ex quibus Ecclesiæ sensum indubitate erui docet Augustinus] *cœli fenestram* appellat
Virginem : etenim in hymno ad Laudes B. M. V.
(qui quidem hymnus Ambrosio Mediolanensi tribui
solet), antequam Urbani VIII emendationem subiret,
ad hunc modum Maria invocabatur, invocaturque
etiamnum ab iis, qui emendationem eam minime
receperunt :

(24) *Orat. de laud. B. M. V.*, pag. 707, vet. edit.
(25) *Serm. de laud. Virg. ex partu Salvatoris.* In
nova editione pag. 335. Exstat etiam in Appendice
Sermonum Augustini num. 123.
(26) Lection. secund. noctur. secundæ diei infra

Octavam Nativitatis beatæ Mariæ Virginis.
(27) Serm. 18, *De sanctis.* Nunc tamen in Appendicem rejectus est; demitur enim Augustino, et
vel Fulgentio tribuitur, vel alteri cæteroqui minime
ignobili auctori.

Quod Eva tristis abstulit,
Tu reddis almo germine :
Intrent ut astra flebiles,
Cœli fenestra facta es.

Ideo vero *cœli fenestra* appellari creditur, quod
sicut per fenestram ii domum ingrediuntur, qui
veluti furtive ingrediuntur, ita per Mariæ intercessionem cœlum ingrediuntur peccatores ad pœnitentiam seram quidem, sed tamen aptam adducti :
et en cur *flebiles* peccatores hic appellantur : flentes scilicet priora crimina.

19. In eumdem sensum *Mater gratiæ* , et *Mater
misericordiæ* appellatur Maria : ii enim qui *gratiam*
et *misericordiam* non fuissent consecuturi, ejus
precibus et suffragio consequuntur : a dæmonis,
ut ita loquamur, faucibus erepti, et criminum dolore illis Mariæ interventu a Deo tributo, eidem
Deo reconciliati. En quam tribuere commode possumus significationem celeberrimis iis, et ab Ecclesia sæpe adhibitis verbis :

Maria, Mater gratiæ,
Mater misericordiæ :
Tu nos ab hoste protege,
Et mortis hora suscipe,

quæ verba in hunc modum, sed qui in ipsissimum
sensum recidit, immutari jussit Urbanus VIII, ut
metro scilicet inserviret :

Maria, Mater gratiæ,
Dulcis parens clementiæ,
Tu nos ab hoste protege, etc.

20. Sed jam ad secundum caput sermo noster
est convertendus : ad illud scilicet, quod Patres
comprehendit edocentes, efficacissimam esse Mariæ deprecationem : Mariam vero piissimam, sic ut
certo eos adjuvet, qui ad eam confugiunt. Atque
hic quidem ea allegant, quæ nos hujusce dissertationis superioribus quæstiunculis adduximus, quæque hic recolenda sunt. Hæc etiam adde. Germanus
crebro allegatus hæc ad Mariam dirigit verba (28) :
« Plurimum igitur auxilium tuum pollet, Virgo, ad
salutem consequendam, nec apud Deum commen-
datitia alterius cujusque indiget ope; tu enim
revera es veræ vitæ Mater. »

21. Sed quid clarius iis, quæ ex sancto Laurentio
Justiniano discimus? Sic enim Christum e cruce
Matrem Virginem alloquentem inducit (29) : « Nemo
in tui invocatione nequetur, nullusque devotus
tibi a me efficietur alienus. »

22. Neque vero hæc temere exhibet piissimus

Justinianus ; didicerat ea scilicet a vetustis Patribus ; et ut reliquos prætermittam, a Bernardo et
Eadmero. Hæc habet Bernardus (30) : « Si ita de
manu feminæ (scilicet *Mariæ*) pendet et nostra, et
omnium salus, et innocentiæ restitutio, et de hoste
victoria ; fortis omnino necesse est , ut provideatur, quæ ad tantum opus possit esse idonea..... (31) Ipsa tenente, non corruis ; ipsa protegente non metuis ; ipsa duce non fatigaris ; ipsa
propitia pervenis »(scilicet ad salutis portum).

23. Imitatur, quod sæpe solet, Bernardum Ead -
merus , cujus monita præterire sit nefas; his scilicet Mariam alloquitur (32) : « Procul dubio idem
benignissimus Filius tuus erit ad concedendum
quidquid voles, promptus et exaudibilis. Tantummodo itaque velis salutem nostram, et vere nequaquam salvi esse non poterimus. Quid igitur
stringet larga misericordiæ tuæ viscera, Domina,
contra nos, ut nolis salvari nos ? »

24. Ad tertium genus hæc pertinent (33). Ambrosius in tribus illis apostolis, qui cum Christo
ascenderunt in montem Thabor electos agnoscit,
et hanc ascensus illorum rationem reddidit (34) :
« Petrus ascendit, qui claves regni cœlorum accep-
pit ; Joannes, cui committitur Domini Mater ; Jacobus, qui primus martyrium sustinuit. » Ilis
Ambrosii verbis recitatis , hæc subjiciunt : « Qui
ergo Matrem Domini sibi in matrem' delegit per
singularem devotionem, quoddam jus veluti habet
ad ascensum in beatam Sion. » Perire itaque,
mortemque æternam subire non potest, qui Mariam colit.

25. Joannes Damascenus sic Virginem deprecatur (35) : « Peccatoris orationem accipe, ardenter
tamen amantis, ac colentis, teque solam gaudii
spem habentis, vitæ antistitem, in gratiam cum
Filio me reducentem, firmamque salutis arrham. »

26. Nec minus perspicue Anselmus sic pariter
Mariam deprecans (36) : « Sicut enim, o beatissima,
omnis a te aversus et a te despectus, necesse est
ut intereat ; ita omnis ad te conversus et a te
respectus, impossibile est ut pereat. Sicut enim,
Domina, Dominus Deus genuit illum, in quo omnia
vivunt ; sic, o tu, flos virginitatis, genuisti eum,
per quem mortui reviviscunt. »

27. Sed efficacius cæteris mihi videtur locutus
Petrus Damjani ; hæc enim veluti ab angelis prolata verba refert (37) : « Nec ad æterni Judicis
poterit perire conspectum, qui Genitricis ejus sibi
providit auxilium. » Ipse vero B. Virginem sic

(28) Allegat hæc verba Maracius , pag. 125
et seqq. *Marialis* ex orat. 2 in Dormit. Dei Genitricis.
(29) Lib. De triumphali Christi agone, cap. 18.
(30) Hom. 2, super *Missus est*, num. 5.
(31) Num. 17 qui et postremus est.
(32) Lib. *De Excell. B. M. V.* cap. 12.
(33) Jam diximus tertium genus complecti eos
Patres, qui monent perire non posse eum, qui se
Virgini aliquando dicaverit, devotionemque erga

illam suam obsequii ac pietatis operibus prodat.
(34) Lib. VII, in Lucam, cap. 9, col. 121, tom. II.
(35) *Orat. in Nativit. B. Mariæ Virginis*, prope
finem, pag. 354, cap. 2 et fol. seqq Hos Patres
citavi ex cl. Piazza.
(36) Orat. 51 , *Ad sanct. Virg. Mar.*, pag 281 ,
col. 2.
(37) Lib. II Epistolar., epist. 14, in Parisien., seu
Veneta editione 1743 , opusc. XXXIII , pag. 287 ,
tom. III, cap. 2.

compellat (38) : « Nihil tibi impossibile, cui possibile est desperatos in spem beatitudinis relevare, » etc.

28. Horum Patrum monita imitatur Bonaventura, ex cujus opere, quod Psalterium Mariæ inscribitur, hæc excerpo. Psal. lxxi : *In manu tua salus et vita consistunt; lætitia sempiterna (39), et æternitas gloriosa.* Psal lxxxv : *Scire, et cognoscere te, est radix immortalitatis, et enarrare virtutes tuas est via salutis.* Psal. lxxxvi : *Qui sperat in te, inveniet thesauros pacis, et qui te non invocat in hac vita, non perveniet ad regnum Dei.* Psal. ciii : *Salus sempiterna in manu tua. Domina : qui te digne honorificaverit, suscipiet illam.* In imitatione Cantici prophetæ Habacuch cap. iii : *O benedicta, in manibus tuis est reposita nostra salus : quem vis, ipse salvus erit, et a quo averteris vultum tuum, vadit in interitum.*

29. Raymundus Jordanis sub Idiotæ nomine, quod sæpius diximus, olim latens, id quod contendimus, manifesto tradit, hæc scriptis mandans (40) : « Inventa Virgine Maria invenitur omne bonum..... Ipsa superbenedicto Filio suo irato potentissime reconciliat servos et amatores suos..... Et sæpe quos justitia Filii potest damnare, Matris misericordia liberat, quia thesaurus Domini est, et thesauraria gratiarum ipsius..... Et in futuro sæculo glorificabit servientes sibi, si eam glorificaverint in præsenti. » Alios si vis Patres adjicere, eos consule, quos antea sæpe allegavimus, ab his enim asseritur, *impossibile esse, ut pereat qui ad Mariam accesserit.*

30. Sed cur omittimus [adhuc inquiunt] piissimas revelationes, id quod agimus, indubitate tradentes ? Nonnullas seligo. Beata Gertrudis affirmat, cum caneretur post completorium Antiphona *Salve, Regina,* ad ea verba, *illos tuos misericordes oculos ad nos converte,* sic se affatam esse Virginem sanctissimam (41) : « Hi sunt misericordissimi oculi mei, quos fideli salubritate in omnes me invocantes inclinare valeo : unde uberem semper consequentur fructum æternæ salutis. »

31. Birgitta eadem de re nos certos facit, docens, animam filii sui Caroli militis fuisse a dæmonis potestate *per Mariam* ereptam his verbis (42) : « Dico tibi [dæmonem sic Maria compellavit] quod ad me pertinebat, potius quam ad te, ante Deum verum Judicem istam animam præsentare. Nam dum hæc anima in corpore erat, magnam charitatem habuit ad me, revolvens hos sæpius in corde suo, quod me Deus suam Matrem dignatus fuit facere, et quod super omnia creata me voluerit exaltare, » etc.

32. Exemplum aliud miserationis simul, et pietatis in subtrahendis ab inferorum pœnis sibi devotorum animabus, eadem Birgitta præbet ; Christum enim inducit rationem hanc adducentem, cur vir quidam pessimis cæteroquin moribus in vitæ termino pœnitentiam egerit, ideoque salutem sit consecutus (43) : « Hoc fecit dilectio mea, qui usque ad ultimum punctum exspecto hominis conversionem, et meritum Matris meæ. Nam licet ipse homo non dilexerit eam corde, tamen quia consuetudo sua fuit, compati dolori ejus, quoties eam considerabat, et audiebat nominari, ideo compendium salutis suæ invenit, et salvatus erit. »

33. Generatim porro Catharina Senensis affirmat, quemlibet devotum Virgini, tametsi peccatorem, in vitæ extremo salutem consequi; testatur enim hæc sibi a Deo Patre esse dicta (44) : « Datum est hoc a bonitate mea dulcissimæ Matri unigeniti Filii mei Mariæ, ob Verbi reverentiam, quod quicunque seu justus, seu peccator, debitam venerationem exhibuerit, non abripietur, nec devorabitur a diabolo. Ipsa est velut esca quædam a mea bonitate ad rationales creaturas capiendas præparata.»

34. Exempla, seu miracula id ipsum confirmantia adjungunt (45) : quæ si vult, ex piis libris facile assequetur lector ; ab his enim fusius describendis supersedeo, quod necesse non sit ad ea confugere, quoniam Patrum, atque adeo Ecclesiæ ipsius suffragatio jam descripta haud obscure innuit, devotionem Virginis per preces, et obsequia illi adhibita patefactam, indubitatam esse prædestinationis notam. Sed tamen quoniam omnia præterire nefas videri posset, ea seligo, quæ pariter seligit piissimus Crasset (46) ex Anselmo et Pelbarto, et hæc sunt (47) : « Refert Anselmus libro i *Miraculorum*, et hoc idem narratur etiam in libro, qui intitulatur *Scala cœli,* quod quidam fuit princeps latronum qui quodam Sabbato, cum venisset ad domum cujusdam mulieris pauperis, vidit jejunantes filias mulieris, et etiam ipsam mulierem ; et requisivit, cur die Sabbati jejunarent. At illa respondit : At didici, inquit, a quodam sancto viro prædicante, quod quicunque jejunat ob devotionem B. Mariæ in Sabbatis, merebitur confessionem facere in articulo mortis, et non decedet sine gratia veræ pœnitentiæ, atque damnationem evadet. Et sic ille latro ait : Et ego voveo B. Virgini, quod quandiu vixero, diem Sabbati jejunabo. Quod cum fecisset continue, accidit post multos annos, ut iste latro caperetur in scelere : et sine dilatione decapitatus est. Ecce mirum ; ipsum caput præcisum cœpit clamare continue, et dicere : *Confessionem , confessio-*

(38) Serm. 1, *De Nativ. B. V.* pag. 122, tom. II.
(39) In edit. Veneta *perpetua.*
(40) In Prologo ad *Contemplationes de B. M. V.*
(41) Lib. iv, cap. 53, pag. 393, edit. Venetæ 1603.
(42) Lib. vii *Revelationum,* cap. 13.
(43) *Ibid.,* cap. 97.
(44) Tract. iii, *De divina Providentia,* cap. 139,

pag. 251, tom. IV, ejus Operum, quæ ex scriptis originalibus edidit Hieronymus Gigli Senis. 1707.
(45) *Vindic. devot.* part. ii, cap. 7, num. 30, pag. 341.
(46) *Della divozione verso Maria Vergine,* tratt. i, quæst. 12.
(47) Pelbar. *Pomer.,* seu *Stellar.* lib. xii, part. ii, art. 1.

nem, confessionem. Stupefacti homines, qui aderant, ad villam miserunt pro sacerdote. Qui veniens caput ipsum univit corpori; et tunc latro ait : Hoc bonum ad reverentiam B. Virginis, inquit, feci in vita, ut jejunarem Sabbatis. Et dum facta decapitatione, diaboli vellent rapere animam meam, adfuit B. Virgo ; quæ animam meam non permisit exire de corpore meo, quousque contritus sim plene et confessus, ut damnationem evadere valeam. Et sic confessis omnibus peccatis suis, ac postulatis devote suffragiis mortuus est. Porro homines, vel videntes magnificaverunt Deum, et laudaverunt Christi clementiam in beata Maria Virgine. Sed idem facit miraculum descriptum de quodam Stephano judice lib. ix, part. ii, art. 4, § penult. Et similia habes multa, parte ultima hujus libri. Item miraculum de quodam sacerdote in pago Pallicano, quod scriptum est lib. iii, in parte i, art. 3, in fine, etc. Plura etiam alia miracula id ipsum attestantia referuntur a sanctis Patribus pristinis temporibus facta. Sed quoniam manus Domini non erat abbreviata, his etiam nostris temporibus certa acciderunt miracula ad id fidem facientia. Nimirum fide dignis viris, qui adfuerunt, et viderunt, referentibus didici, quod cum ad partes Transalpinas imperator Sigismundus bellando accessisset, contigit inibi quemdam militem cecidisse : post multos annos, cum iterato idem imperator partes ad illas cum exercitu accessisset, ecce omnibus audientibus, vox, quasi fletus scilicet, ac lugubris sibilationis cœpit insonare. Cumque cuncti, quodnam foret, mirarentur, de mandato imperatoris cœperunt inquirere inter vepres silvasque, et lucos circumadjacentes. Et ecce repererunt quoddam cadaver jacere in quodam rubo putrefactum adeo, quod increscentes junci, et spinæ veprium ipsum pertranseundo penetraverant ; et ex illo cadavere sonus ille flebilis audiebatur resonare. Unde clara voce ait astantibus, et quod foret, conquirentibus, dixit : Habetisne presbyterum, cui confitear ? afferte mihi, domini ; ego enim jam ante annos plures in bello Sigismundi imperatoris miles adfui, et in hoc loco pugnæ corrui. Sed quoniam B. Mariæ in vita mea semper devote servivi, ideo ejus meritis faventibus id mihi a Deo concessum est, et donatum misericorditer, ne anima mea a corpore isto jam pene consumpto, et tabefacto dissolveretur : ut damnationem æternam evaderem. Unde tota anima mea in me tenetur, nec mori possum, donec plene confitear, quia habeo damnabilia crimina, quæ commiseram. Et pro veritate hujus confirmanda, mox ut confessus fuero, a flebili sibilo hoc meum cadaver cessabit : et anima dissoluta, quæ usque modo miraculose est per Virginem beatam retenta. Tunc obtulerunt ei sacerdotem, et facta

confessione, ac absolutione, mox resoluta anima, vocis illius sonus cessavit. Et tunc tam imperator, quam omnes, qui aderant, Deum, et B. Mariam laudaverunt. Ecce ergo miraculum. »

35. Concludunt ratione, quæ tametsi crebro inculcata sit, hic tamen recolatur, oportet : id enim quod contendunt, ea se evincere posse confidunt. Maria validissimas habet ad nos, etsi improbos, per pœnitentiam morte imminenti factam, salvandos, vires ; potestate etiam, et miseratione eximia prædita est, et ad nos e dæmonis potestate eripiendos inclinatissima est. Ut ergo quod potest, et facere cupit, faciat, ideoque, ut nos salvet, nostra tantum cooperatio accedat, oportet. Accedit autem, dum preces aliquas illi constanter porrigimus, et obsequia adhibemus, ut nos aliquando, tametsi peccatores, et improbos, ideoque Dei et Mariæ pietate minime dignos, salvet tamen, per pœnitentiam [ut crebro diximus] in vitæ termino factam.

CAPUT II.

Expendimus ea, quæ superiori capite attulimus. Qua occasione inquirimus quænam GENERA, *seu, ut alii appellant, quinam sint* GRADUS DEVOTIONIS *nostræ erga Mariam : inquirimus deinceps, quas conditiones habere debeat ea, quam dicimus, devotio, ut jure meritoque prædestinationis notis, et probabilioribus indiciis accenseatur. Alia quoque argumento, quod agimus, valde convenientia quærimus, atque inter cætera, cur Maria* MATER GRATIÆ *et* MISERICORDIÆ *appelletur.*

1. Quanquam ea, quæ hactenus protulimus, et a theologis prudentibus cautisque (48) afferri solent, satis sint, ut assequamur, eis, qui non temere imprudenterque de Mariæ pietate et suffragatione confidunt, ideoque pro viribus Mariæ ipsi obsequuntur, nostram pœnitentiam mature exposcenti [etenim Virgo tum conatus nostros et studia adjuvat] Mariam opem ferre ; quia tamen his ipsis argumentis nonnulli abutuntur, ut incautis persuadeant, perire omnino non posse, qui Mariæ devotus sit, utcunque devotus is sit : etiamsi in adipiscenda æterna salute negligens sit et deses ; propterea superiora argumenta expendere operæ pretium duxi, ut discamus quantum roboris iis insit. Sequemur vero ordinem, quo proposita ea sunt, quem propterea hic recolat lector, oportet.

2. Theologorum, qui devotionem pietatemque erga Mariam inter valde probabilia prædestinationis argumenta recensent, auctoritatem magno habeo in pretio, dicta etiam et monita excipio, si ad eum id explicent modum, quo ego explicavi. Si secus sentiant, ab eorum monitis recedo. Quoniam vero rei propositæ gravitas se diligenter pertractari efflagitat, aio sapientissimos theologos docere, non qualemcunque devotionem pietatemque erga Virginem esse inter probabiliora prædestinationis

(48) Consulat lector, obsecro, quæ num. 57 et seqq. cap. 7, part. ii, affert P. Plazza, pag. 344 et seqq. Ea quoque, quæ affert piis. Crasset tract. 1,

part. i, quæst. 14 et toto fere tract. 2, aliique probabiles viri.

argumenta recensendam, sed eam tantummodo, quæ non fucata sit, et religionis devotionisque speciem tantummodo habens et larvam; revera autem a devotione ac religione valde remota est : ideoque eam, quæ vera sit erga Virginem pietas ac devotio (49).

3. Utar autem hac in re edisserenda monitis Pauli Segneri viri utique celebratissimi, quemque rigidioribus theologis nemo ascribet. Explicans scilicet (50) nobilem illum Proverbiorum [vIII, 34] locum : *Beatus homo, qui audit me et qui vigilat ad fores meas quotidie, et observat ad postes ostii mei. Qui me invenerit, inveniet vitam, et hauriet salutem a Domino*, illumque aptans ex vetusto Ecclesiæ instituto, Virgini, docet *verum Virginis cultum* tres veluti gradus habere, per quos totam erga Virginem devotionem complectimur.

4. Horum primum in vitiorum fuga statuimus, ut eidem Virgini gratificemur (51) : « Quod quidem agere si quis recuset, nullum præbere illi poterit honorem, qui acceptus eidem Virgini sit. » Exposcit alter, « ut addatur peculiare aliquod obsequium (52), veluti si Sabbato Virginis honorandæ causa jejunium agas, sacras ædes in ejus nomine dicatas pie invisas, coronam ejusdem Virginis recites, aut aliud his affine obsequium illi deferas. Tertium gradum eximiarum virtutum Virginis imitatio constituit. Atque ab hoc quidem gradu perficitur cultus illi adhibitus, et devotio, qua illi obstringeris (53). »

5. Hæc in eamdem fere sententiam tradiderat Pelbartus de Themeswar (54) : « Secunda conditio (55) dicitur puritatis : ut scilicet servitia exhibita B. Mariæ sint pura et munda a peccato mortali. Cum enim ipsa Virgo beata sit mundissima ab omni peccato, nonnisi mundorum amat servitia. Unde Psalmus (c, 6) : *Ambulans in via immaculata, hic ministrabat*, scilicet grato obsequio; propterea qui sunt in proposito vel actu peccandi, ponunt sibi obstaculum, ut B. Maria pro eis, sicut et alii sancti pro talibus non obtineant, juxta illud Jerem. xv, 1 : *Si steterint Moyses et Samuel coram me, non est anima mea ad populum istum*. Et Isa. LIX, 1, 2 : *Ecce non est abbreviata manus Domini; scilicet, ut salvare nequeat, neque aggravata est auris ejus, ut non exaudiat : sed iniquitates vestræ, et peccata vestra absconderunt faciem ejus a vobis, ne*

exaudiret. Hæc ibi. Desine ergo, o homo, peccare. »

Tertio dicitur veritatis; nam Gregorius, super illud Joannis vIII, 46 : *Quis ex vobis arguet*, etc., dicit sic : *Qui Deum nesciunt, Dei sanctos false honorant. Vera enim sanctorum veneratio est vera ipsorum imitatio.* Hæc ille. Proinde Hieronymus in sermone *De Assumptione*, dicit sic : *Igitur, dilectissimi, amate Mariam, quam colitis, et colite quam amatis; quia tunc eam vere colitis et amatis, si imitari velitis, ex toto corde, quam laudatis.* Hæc Hieronymus. Vere ergo debemus B. Mariæ servire imitando eam castitatem et humilitatem, atque cæteras virtutes. »

6. Nec omittit secundum a Segnero traditum gradum ; hæc enim in eo ipso, quod modo allegavimus capite, scripto tradit : « Quarta [conditio, ut Virgini placeat devotio nostra] dicitur conditio gratiositatis : ut scilicet servitia gratiosa exhibeamus. Charitas autem facit obsequia nostra gratiosa. Unde scilicet I Cor. xIII, 3 : *Si distribuero omnes facultates meas in cibos pauperum : et si tradidero corpus meum, ita ut ardeam, charitatem autem non habuero, nihil sum*, etc. : proinde orat Ecclesia : *Dignare me laudare te*, scilicet in gratia, *Virgo sacrata. Da mihi virtutem contra hostes tuos* ; id est, contra dæmones, qui nituntur in nobis charitatem gratuitam exstinguere. Sed quæritur quibus modis debeat homo beatæ Virgini deservire. Respondetur quod, licet sint multi, et varii modi colendi B. Mariam, et ei deserviendi, tamen propter simpliciores, hic notare possumus aliquos modos præcipuos, quibus leguntur plurimi, etiam miraculose, Virginis beatæ suffragia obtinuisse. Primus modus est, tempore pulsus, vel signi facti sero, et mane pro Salutatione angelica, quotidie beatam Virginem salutare genu flexo...... Secundus modus serviendi Mariæ est jejunare dies deputatos B. Mariæ Virgini, scilicet dies Sabbati, et vigilias festivitatum ipsius. ..... Tertius modus serviendi est quotidie salutare B. Virginem angelica Salutatione pro suis gaudiis, quæ habuit in terra, et nunc in cœlo gloriosa.... Quartus modus quotidie recolere compassiones Mariæ : et pro eis ipsam salutando exorare.... Quintus modus abstinere a peccato in diebus Mariæ, scilicet Sabbatis, et festis ejus (56). Nam legitur de quadam meretrice quod abstinebat se

---

(49) Hæc habe ex cl. Plazza *Vind. devot.* part. II, cap. 7, num. 57 : « Tandem, ne fideles passim de qualicunque Dei Genitricis cultu, tanquam de prædestinationis signo jam adepto, frustra sibi blandiantur, declarandum putamus, quænam et qualis sit *singularis* ista devotio in B. Virginem quæ in tantum decus, seu privilegium assurgat, » etc.

(50) Manna ad 5 Augusti diem : qua die festivitas B. Virgin. ad Nives.

(51) « Il primo si è abbandonar per amor di essa il peccato ; perchè chi le niega questo, quale onore mai le può fare, che le sia gradito? »

(52) « Il secondo è aggiugnere al primo qualche

ossequio speciale, come fan quei, che digiunano il Sabbato in onor di essa, visitano le sue chiese., recitano la sua corona, o fanno altra azione simile di suo culto. »

(53) « Il terzo è aggiugnere al secundo l'imitazione delle sue belle virtù : e questo è ciò, che costituisce alla fine una tal devozione in grado perfetto. »

(54) *Pomer.* seu *Stellar.* lib. xII, part. II, art 2 : « Qualiter homo debet recurrere ad beatam Mariam, et eidem servire studeat, ut securior, et certior de salute per B. Mariam impetranda fieri valeat. »

(55) Prima est catholicæ fidei professio.

(56) Multo acceptius Mariæ sanctissimæ erit, si

prædictis diebus ob devotionem Mariæ, et circa mortem, ipsius meritis obtinuit veram contritionem. Sextus modus est devotius insistere laudibus beatæ Mariæ, ut scilicet Missas et Officia, aut prædicationes de B. Virgine libenter dicat, vel audiat..... Septimus modus est nomen Mariæ honorare, ut cum nominatur, capite inclinato, vel genuflexo veneremur, et pro ejus nomine petentibus misericordiam impendamus. Octavus modus fabricam ecclesiæ, et ad ecclesiam pertinentia in honorem B. Virginis facere, scilicet altare, vel capellam ædificare, et imagines Virginis solemniter depingere, et ornare lucernas et lampades, atque vestes sacerdotales pro honore beatæ Virginis facere. »

7. Atque, ut revertar ad Segnerum, hos gradus la indicatos ait verbis illis : *Beatus homo, qui audit me.* Clamat scilicet Virgo, ut peccatum denique deseramus, nostrasque eluamus labes ; neque enim Filii hostem, et legis ab illo impositæ contemptorem amare poterit eadem Virgo. Alterum indicatum ait subsequentibus vocibus : *Et qui vigilat ad fores meas quotidie,* is enim ad fores Mariæ quotidie vigilat, qui excusso torpore, ac desidia, ad eam honorandam piis obsequiis jugiter vigilat. Postremis denique, his nempe : *Et observat ad postes ostii mei,* virtutum imitationem declaratam docet. Is scilicet ad postes Virginis observat, qui Mariæ exempla ac virtutes sedulo inspicit, ut ea imitetur, ac recolat ; atque cum qui hac ratione, se Virginem vere colere ostendit, Virgo procul dubio diliget, suoque fovebit patrocinio, ac præsidio juvabit ; assecutum scilicet apicem, ut ita loquamur, devotionis, et cultus Virginis. Hæc si quis luculenter copioseque explicata videre cupiat, allegatum Segneri librum consulat, cui alterum adjiciat, si vult, ejusdem Segneri in eo quem in margine indico loco (57). Cumulatum hoc, perfectumque devotionis erga Virginem genus, si quis inter probabiliora prædestinationis argumenta posuerit, me quidem judice, non errabit.

8. At ne in Segnero tametsi [me quidem judice] præstantissimo viro annitar, afferre placet ea, quæ hoc super argumento alii theologi afferunt. Quatuor, si virum celebratissimum audimus (58), conditiones exposcit *singularis* erga Virginem devotio. (Singularis autem devotio ea est, quam ipse probabilioribus prædestinationis argumentis accenset.) Primam conditionem in eo collocat, ut sit *ex animo,* seu *ex corde :* id est, ut is explicat, « ex magna Dei Genitricis æstimatione, et dilectione proveniens, conjuncta cum non minori fiducia in ejus bonitate, et potestate. Signa autem amoris erga Deiparam sunt : de ejus laudibus libenter loqui

et audire ; gaudere de immensa ipsius gloria ; compati doloribus ab ea toleratis ; optare et curare, ut ab aliis honoretur ; dolere vehementer, et indignari de injuriis ipsi illatis, » et id genus alia.

9. Secunda conditio [eod. viro celebratissimo judice] exposcit, *ut deses non sit, aut remissa :* ideoque frequentibus erga Dei Genitricem obsequiis iisque præstantibus exerceatur, quorum alia quotidiana, alia quæ semel in hebdomada fiant, alia statis anni diebus, alia denique data occasione. Præstantiora porro inter hæc obsequia ea sunt, quæ magis ardua novimus, veluti *injuriam condonare, ab illicitis, vel etiam licitis oblatis voluptatibus abstinere ;* absunt vero ab horum numero *tenuia, et levia, raraque* exempla.

10. Tertia conditio, devotionem, de qua agimus, « constantem, seu jugem, et perpetuam esse jubet, ita ut obsequia, quæ B. Virgini singulis diebus, vel hebdomadis, aliisve temporibus præstare semel constituimus [exempli gratia Rosarium, jejunium, Officium, etc.], non intermittantur qualibet ex causa, sed constanter exhibeantur, non obstante quavis difficultate vel impedimento alias superabili. Hanc enim in suo famulatu constantiam gratissima Virgo, ut confidimus, largissime remunerabitur. Contra, cum nihil magis opponatur finali perseverantiæ, quam inconstantia in bonis operibus ; levis et inconstans in B. Virginem devotio, signum prædestinationis esse non potest. »

11. Quarta conditio exposcit, ut devotio erga Virginem « potissimum tendat ad emendationem vitæ, vel spiritualem animæ profectum. Ea namque obsequia B. Virgini præ cæteris maxime placent, suntque propiora signa salutis, quæ in dictum scopum collineant. Cujusmodi sunt, in obsequium B. Virginis abstinere ab aliquo peccato, urgente præsertim tentatione, ad sacramenta pœnitentiæ, et Eucharistiæ in ejus festis reverenter accedere ; alicui Mariano sodalitio nomen dare, præscriptasque ibi regulas servare ; in honorem, et ad imitationem B. Virginis varios virtutum actus exercere, mortificationis, patientiæ, humilitatis, etc. Et si quis in peccatis fuerit, ad spem emendationis et veniæ sub B. Virginis tutela frequenter suspirare ; eam enixe deprecando, ut intercessione sua per veram et sinceram pœnitentiam in Dei gratiam reconcilietur : uti vidimus fecisse Theophilum et Mariam Ægyptiacam. »

12. Sed ut judicium de his ipsis conditionibus feram, primam et tertiam conditionem, si cum languore, ac tepore exerceantur, cum summam a peccato aversionem aut non efficiant, aut non exposcant, minime sufficere arbitror ; possunt enim

peccata pro viribus caveas, et diebus illius devotioni dicatis ab iis abstineas, quæ tibi placent, licet peccati expertia sint : veluti a gratis sonis, delicatioribus cibis, et affinibus aliis.

(57) *Cristiano instruito,* part. III, ragionam. 33, num. 13.
(58) *Vind. devot.* part. II, cap. 7. num, 57 et seqq., pag. 344 et seu.

cum peccato, et amore peccati consistere. Quartam porro conditionem, si ita remissa sit, ut *vel-
leitatibus* eam scholasticus accenseret, ego quidem
probabilibus præstinationis argumentis minime
accensere auderem. Si vero efficax, et conetur
hujusmodi peccator divinæ gratiæ, et Virginis
pietati obsequi, sperarem utique Virginem plissl-
mam se *Matrem misericordiæ* erga eumdem peccatorem præbituram. Recole, quæ cap. 2, quæst. 2,
ex Crasseto et Segnero attuli. Mihi sane terrorem non levem intulere Goffridi abbatis Vindocinensis, Virginis Deiparæ studiosissimi, monita,
quæ ad hunc modum se habent (59) : « Beata
autem Maria Mater Virgo, et Sponsa intacta, ibi
piissima apud piissimum Filium suum obtinebit,
ut nemo illorum pereat, pro quibus vel semel
oraverit : nec mirum, quia universum suis precibus mundum salvare potest, si ipsa voluerit. Et
ipsa quidem pro universo mundo paratissima esset ad precandum, totusque mundus salvaretur,
si precibus ejus se faceret dignum. Hæc veracissime apud omnipotentem Filium, ut diximus,
orando potest quidquid desiderat : sed pro illis,
qui semper peccare desiderant, nullatenus orat :
nam qui hujusmodi sunt, Deo placere ulla ratione non possunt. »

13. Atque id ipsum mihi tradere videtur Fulbertus, tametsi efficaciam intercessionis Mariæ sæpissime, et maxime commendet, dum hæc tradit (60) : « Veniant peccatores cum Theophilo tundentes rea pectora cum interno fletu, ipsi quoque, si vere pœniteant, desideratam veniam adepturi. » Exposcit illos, *ut vere pœniteant, ut
desideratam veniam adipiscantur.*

14. Sed jam tempus est, ea argumenta expendere, quibus viri piissimi et præclarissimi utuntur, ut inter probabilia præstinationis argumenta devotionem Virginis recenseant. Valde probabilem primi Scripturæ loci, ex capite scilicet
octavo Proverbiorum desumpti explicationem ex
Patre Segnero jam attulimus : eam recolat, obsecro, lector.

15 Secundum, desumptum scilicet ex cap. xxiv
Ecclésiastici, *Qui creavit me*, etc. , sic facile explico ; ut Maria sanctissima affirmet Creatorem
suum in se, seu in utero suo requievisse ; in
qua explicatione cum piissimis viris convenio.
Subsequentia, id est verba illa : *In Jacob inhabita*, etc. , Dei nomine Virgini prolata hunc commodum habent sensum : *Inhabita* in populo meo,

et *in* electis meis jugiter dege (61), tuamque excellentiam ac dignitatem constanter retine (62),
[ob quam etiam causam tuam potestatem pietatemque erga eosdem electos palam prodes]. Revera Virgo *radicavit in populo honorificato* ; illius
hæreditas (amplissima sane ac ditissima) fuit *in
parte Dei sui, et plenitudinem sanctorum* detinuit ;
ditata est enim (quod crebro diximus), ubertate
et copia gratiarum et donorum ; et quæ distributa inter reliquos sanctos sunt, ipsa sola possedit. Vide quæ tradit Antoninus parte iv *Summæ*,
tit. 15, cap. 15, et 16, præsertim vero § 2.

16. *Qui audit Virginem, non confundetur.* Sed
quid clamat illa ; nisi ut cœlestem Patrem, illiusque Unigenitum amemus, illiusque legi ac monitis
obsequamur? Ii porro, *qui operantur in ea, non peccant;* qui enim illius exempla et virtutes serio inspicit et contemplatur, a peccatis avertitur et ad
virtutes accenditur. Et ad hunc quoque modum
postrema verba explico, hæc scilicet : *Qui elucidant me, vitam æternam habebunt.* Annon a vitiis
avertetur, et virtutibus ornabitur is, qui ita expendet Mariæ virtutes et exempla, ut imitetur
ipse, aliis exhibeat, proponatque ad imitandum ?
Quanquam hic vetusta regula in Scripturis sacris
explanandis usitatissima locum habet ; negativas
scilicet minas et promissiones nullam conditionem,
ut impleantur, exposcere ; quis enim conditionem
aliquam addiderit his Christi verbis (*Marc.* xvi, 16) :
Qui vero non crediderit, condemnabitur? Affirmativas
vero propositiones exoscere, si alia non obstent,
seu nisi aliqua impedimenta occurrant, quæ vetent
ne promissionis fructum assequamur ; hoc modo
promissio illa (*Ibid.*) : *Qui crediderit, et baptizatus fuerit, salvus erit,* exposcit, ut is qui crediderit
et baptismum recepit, se vitiis non polluat. Pulchre Gregorius Magnus (63) : Unum enim sine altero nil prodesse valet, quia nec fides sine operibus,
nec opera adjuvant sine fide. » Et rursus (64) explicans verba illa : *Qui crediderit, et baptizatus
fuerit, salvus erit, qui vero non crediderit, condemnabitur,* hæc adjicit : « Fortasse unusquisque apud
semetipsum dicat : Ego jam credidi, salvus ero.
Verum dicit, si *fidem operibus* tenet. Vera etenim
fides est, quæ in hoc quod verbis dicit, moribus
non contradicit. Hinc est enim quod de quibusdam
falsis fidelibus Paulus dicit (*Tit.* i, 16) : *Qui confitentur se nosse Deum, factis autem negant.* Hinc
Joannes ait (*I Joan.* ii, 4) : *Qui dicit se nosse
Deum, et mandata ejus non custodit, mendax est* (65).

---

(59) Serm. 8, qui inscribitur : *In omni solemnitate B. Mariæ Matris Domini,* col. 633 et subseqq. tom. III Oper. Sirmond.
(60) Serm. 1, *De nativ. Mariæ.*
(61) *Inhabitatio,* si de Deo affirmetur, peculiarem
et dilectionem indicat. II Paral. vii, 16 : *Ut permaneant oculi mei, et cor meum ibi,* etc. Nihil
vero vetat, ne id Virgini accommodemus.
(62) Id est, *retinebis.*
(63) Hom. 9 *in Ezech.,* num. 6.

(64) Hom. *in Evang.* num. 3.
(65) Vide etiam, quæ tradit S. Pater num. 9.
hom. 39, *in Evang.* : « Sed quid prodest, quod eidem Redemptori nostro per fidem jungimur? » Quem
locum deinceps allegabimus. Et ne a Deipara absce-
dam, hæc affirmat S. Modestus in Encom. B. V.
ab egregio præsule Mich. Aug. Giacomello Latina
lingua donato, num. 10. pag. 41 : « Quotquot
te Dei Genitricem confitentur, eos revera ab omni
afflictione servat Deus, qui te ad se adduxit, ut

17. Verba illa Psalmi ᴌxxxv, 16 : *Salvum fac filium ancillæ tuæ*, si litteraliter accipiantur (litteralis porro sensus tantummodo probationem validam præbet), deprecantem inducunt Davidem, ut Deus se salvet, et manifesto, publicoque argumento sui hostes in pudorem et confusionem adducat. Si per sensum *accommodatum* ad cultores Virginis transferas, eorum vota exhibent, ut salutem assequantur, illorumque hostes vindicem, suique præsidem Deum agnoscant, ideoque confundantur. An in eis prædestinationis notam, de qua agimus, agnoscis? Annon a Domino ipso monemur, non quemlibet, qui dixerit, *Domine, Domine* (*Matth.* vii, 21), ingressurum regnum cœlorum, sed eum tantummodo, qui faciat voluntatem *Patris, qui in cœlis est ?* Si, quod Gregorius de fide sine operibus, nos de precibus ad Virginem porrectis, contempta lege Dei, dilataque ad vitæ finem pœnitentia dicamus; id sane dicemus, quod cordato theologo valde probabile videbitur : « Sed quid, inquit Gregorius (66), prodest, quod eidem Redemptori nostro per fidem jungimur, si ab eo moribus disjungamur? Ipse etenim dicit : *Non omnis, qui dicit mihi, Domine, Domine, intrabit in regnum cœlorum.* Recta ergo opera rectæ fidei jungenda sunt. Mala, quæ fecimus, per quotidiana lamenta diluamus, transactas nostras nequitias surgentia ab amore Dei et proximi recta opera superent ; nulla quæ possumus fratribus impendere bona recusemus. Neque enim aliter Redemptoris nostri membra efficimur, nisi inhærendo Deo, et compatiendo proximo. » Et ad argumenta ex Scripturis desumpta hactenus.

18. Veniamus ad Patres. Quæ ex Ephræmo Syro producuntur, libens excipio, eaque explico ad eum modum, quo dixi prædestinationis notam esse pietatis ac devotionis argumento Mariæ adhibita. Ea, quæ dixi, recole. Monendus est tamen hic lector, deprecationes eas, quæ sub Ephræmi nomine prodiere, fortasse non fuisse a magno illo, et Basilii æquali Ephræmo compositas ; ab illius enim stylo nonnihil remotæ esse videntur ; quamvis enim Syro sermone scripserit Ephræm, retinent tamen reliqua ejus opera in Græcam linguam etiam conversa quamdam styli æqualitatem, et si loqui ita volumus, convenientiam et uniformitatem : et hæc quidem magni viri Petavii opinio fuisse videtur (67) . Vel si eum auctorem habent, a Græcis posterioribus non-

nihil auctæ sunt preces illæ ; atque id fatentur, qui postremæ Ephræmi editioni Romæ elaboratæ præfuerunt, viri sane præstantes, et in Ephræmi lectione detriti (68).

᛬ 19. Jam vero quid reliqui Patres nos edoceant, inspiciamus. Fulgentio demendus est sermo ille, quem Fulgentio tribuunt. Quanto in pretio habendus sit, monet is præclarissimus theologus, cui recentiorem sancti Fulgentii editionem debemus. Hæc scilicet tradit (69) : « Subsequens sermo nec Fulgentii est, nec Augustini, et a theologis Lovaniensibus jam Augustino abjudicatus. Alterutrius horum nec mentem sapit, nec stylum implet. In edito Basileæ cum dicit infra, quod ideo omnes istos cursus naturæ Virgo Maria in Domino Jesu Christo suscepit, ut omnibus ad se confugientibus feminis subveniret, et sic restauraret omne genus feminarum ad se venientium nova Eva servando virginitatem, sicut omne genus virorum Adam novus recuperat, juxta postrema hæc verba in ora libri scribitur, hæc cum pietatis sale temperanda et corrigenda ; neque enim sincerum veritatis loc sapiunt. » Cæterum cujuscunque sit sermo ille, quonam sensu *cœli fenestram et scalam* Mariam appellet, ipsemet auctor ejusdem sermonis docet, dum titulos hos Mariæ tribuit, quatenus per ipsam descendit ad nos Verbum Dei et nos ad Deum ascendimus (70). Hæc Christiani omnes excipiunt ; et iis positis, quærimus adhuc, num Maria levibus obsequiis veluti delinita, et paucis precibus exorata beatitudinem impetret in fine vitæ illaudabiliter etiam ductæ, an non.

20. *Januam cœli, januam salutis, januam paradisi, cœlorum ac vitæ portam; clavem quoque regni cœlestis, et Christi; scalam Jacob, et scalam cœlestem* nos quoque Virginem appellamus. Quis hos titulos Virgini demet? Eos exposcit Virgo, quia Mater est Christi, qui nobis cœlum suo sanguine aperuit, efficacissimam quoque apud eumdem Christum obtinuit suffragationem, quam pro peccatoribus sæpissime exercet (71) : atque eorum pars non modica periret, nisi Virgo suas pro iis preces apud Filium interponeret. At his quoque positis, quæritur adhuc, num pro iis preces interponat, qui, si pauca excipias, et levia Virgini delata obsequia, vitam improbam agunt, ideoque iisdem obsequiis abutuntur, ut liberius peccent : Virginis præsidio

---

apud se esses intercedendi causa pro nobis.» An ab omni afflictione servat Deus Catholicos, atque adeo Græcos et schismaticos omnes, qui Dei Genitricem Mariam confitentur? Nihil minus. Hic rursus recole, quæ cap. 2, quæst. 2, ex Crasseto et Segnore attuli.

(66) Num. 9, hom. 39, *in Evang.*

(67) *De incarn.* lib. xiv, cap. 9, num. 9 : « Editus est inter Ephræmi opera sermo *De sanctissimæ Virginis laudibus*.... Sed an revera Ephræmi illius Syri, et æqualis Basilii Magni sit homilia ista, ut et pleraque scriptoris illius, dubitatur a . multis. Ideo satis habemus in auctorem istum, cujusque modi est, digitum intendere ; nec in ejus descri-

bendis verbis operæ pretium ponimus.

(68) In Præfat. tom. III Operum Ephræmi Græce edit. , in quo tomo has deprecationes invenies. Vide cap. 8.

(69) Pag. 335 (repet.), edit. Venet. an. 1742.

(70) « Facta est Maria fenestra cœli , quia per ipsam Deus verum fudit sæculi lumen. »

(71) Ille idem auctor sermonis, quem modo expendi, et Fulgentio tribuunt, hæc ait : « Facta est Maria scala cœlestis; quia per ipsam Deus descendit ad terras, ut per ipsam homines ascendere mereantur ad cœlos ; ipsis enim licebit ascendere illuc, qui Deum crediderint ad terras per Virginem Mariam descendisse. »

facile abusuri, si fucata pietate flecti illa posset, ut piam mortem illis obtineret, qui toto vitæ spatio prave viventes, de validissimo Virginis patrocinio, quo a dæmonis potestate in morte eripiantur, sibi blandiuntur. Tu id affirma, si vis; pernego ego, nec temere pernego.

21. Augustino demendus est sermo, quem allegant, et tribuendus auctori, qui ætate et merito valde ab Augustino remotus sit. Cuicunque tamen illum tribuas, non aliud ex eo discis, nisi sperasse scriptorem hunc, exoratam suis precibus Virginem illi ope sua adfuturam ita ut is peccatorum veniam (vivens scilicet) assequeretur et post mortem beatitudinem. Ipsa hujusce scriptoris verba expendat volo lector; iisque expensis judicet, an ex iis inferre possimus, num obsequia aliqua Virgini delata cæteris contemptis probabilibus prædestinationis argumentis accensenda sint, annon : « Admitte nostras preces intra sacrarium exauditionis, et reporta nobis antidotum reconciliationis; sit per te excusabile quod per te ingerimus, fiat impetrabile, quod fida mente poscimus : accipe, quod offerimus, redona quod rogamus, excusa quod timemus, quia tu es spes unica peccatorum : per te speramus veniam delictorum, et in te, beatissima, nostrorum est exspectatio præmiorum. *Sancta Maria, succurre miseris, juva pussillanimes, refove flebiles, ora pro populo, interveni pro clero,* etc. »

22. Quam dant suffragatores opinionis, cui non adhæremus, interpretationem hymno ad laudes Virginis ab Ecclesia præscripto, non omnes sane amplectentur. Vidimus quonam sensu scriptor sub Fulgentii nomine latens Mariam *cœli fenestram* appellet. Ejus verba repetere hic libet, ut videat lector posse Mariam *cœli fenestram* appellari ab eo etiam, qui tenuem erga eam pietatem inter probabilia prædestinationis argumenta minime enumeret. Facta est *Maria fenestra cœli, quia per ipsam Deus verum fudit sæculis lumen.* At dederim, si vis, ideo Mariam appellari *fenestram,* quia per eam peccatores salutem consequuntur. Tum adhuc obsecro, cujus generis peccatores salutem per Virginem consequi, Ecclesia innuat. Eos dum vocat *flebiles,* haud obscure significat, illius generis peccatores indicare, qui peccata sua lacrymis eluunt et pœnitentia; hos per Virginis suffragationem salutem consequi, facile assentior. Et hos quidem indicat eadem Ecclesia, dum in notissima Antiphona sic Virginem invocat :

*Alma Redemptoris Mater, quæ pervia cœli
Porta manes, et stella maris, succurre cadenti,
Surgere qui curat, populo,*

Theologi etiam non contemnendi ad id quod agimus, apertius evincendum, testantur Virginem ipsam sanctæ Birgittæ, cui apparuerat, hæc dixisse (72) : *Ego quasi sum Mater omnium peccatorum se emendare volentium,* etc. Ideo vero Virginem depre-

camur, ut nos in vitæ confiniis adjuvet misericordiæ et gratiæ Mater :

> *Tu nos ab hoste protege,
> Et mortis hora suscipe :*

quia tum potissimum Mariæ suffragatione ac præsidio egemus, ut scilicet vere et ex animo, et ex toto corde nostrorum criminum nos pœniteat, et dilectionis Dei, aliarumque virtutum subsidio præparemur ad terribile Dei judicium subeundum : neque morbi vi opprimamur, neque diabolicis fraudibus irretiamur, quominus nos ad mortem sanctorum ineundam rectissime disponamus.

23. Ad eumdem modum subsequentia Patrum monita explico. Si quid tamen aliquid animosius dictum offendat, mitefieri illud debet, si quid habent virium ea, quæ hactenus tradidimus. Quod si quis diligentius eadem testimonia expendet, videbit sane magnam eorum partem haud recte afferri. Ut exemplo id comprobem, minime aptus est Ambrosii locus ad id ostendendum, quod cupiunt. Scilicet magna dignitas ac virtus erat eorum discipulorum, qui Christum in monte Thabor aliquod beatitudinis specimen iis exhibentem conspexerunt. Contra ii, qui Virginem colunt, ut eos per brevem criminum pœnitentiam ad cœlos deducat, homines perditi plerumque sunt. Secundo brevis fuit illius gloriæ species : æterna beatitudo, quam per Virginem, paucis obsequiis illi adhibitis, delinitam, acquirere se posse hi sperant. Tertio, expressissima Christi voluntate Joanni *commissa est Domini Mater* [Joannes, *cui committitur Domini Mater*], hi contra se Virgini committunt : non eo tamen consilio se Virgini committunt, quo Christus Virginem Joanni commisit, imo prorsus alio, nec certe, ut Virginem alant, illique ut filii obsequiosi ministrent, quod Virgini Joannes præstitit.

24. Reliquos Patres omitto : superioribus enim monitis adducta eorum loca facile illustrantur. Placet hic tamen præstantissimi theologi, quem ii, qui secus sentiunt, allegare studuerunt, monita afferre. Theophilus Raynaudus is est; etenim hæc tradit (73) : « Sensus prædictorum Patrum [eorum scilicet qui adducuntur ab iis, qui *certam salutem* cultoribus Mariæ, qualescunque ii sint, pollicentur] longe alius est; tantum enim monstrare volunt quantum sit momenti in B. Virginis clientela, ita ut spes magna sit, neminem qui B. Virgini *pie* ac *perseveranter* famuletur, male periturum. Infallibilem tamen resipiscentiam a peccato, vel perseverantiam in gratia, nemini quantumvis erga B. Virginem religioso spondere possumus absque errore; cum perseverantia non cadat sub meritum, neque ullum suppetat cœleste diploma, quo piis Mariæ cultoribus auxilia congrua certo infallibiliter sint promissa. Unde nolim subnervari ullo modo affectum erga cultum sanctissimæ Virginis, quem tot exempla testatissimum faciunt, fructuosissimum esse, quam-

---

(72) Lib. IV *Revelationum,* cap. 158.

(73) *Dyptic. Mar.* part. II, punct. 10, num. 38.

vis ci:ra infallibilitatem æternæ salutis. Eum animum induerunt erga Deiparam electi omnes, sed cum timore et tremore salutem suam operantes : de protectione quidem et patrocinio tantæ Matris plurimum concipientes bonæ spei; at citra omnem infallibilitatem ac certitudinem. » Quia vero certitudinem promiserat is, quem *nuperum auctorem* appellat, iis qui Matrem Christi per *dolores* ipsius Christi *depi ecarentur*, idque Christi ipsius adductis verbis confirmaverat : præcise id rejicit Raynaudus his verbis : « Cæterum quia fides promissi illius vacillat, nec confirmatur satis locupletibus testibus, » etc.

25. Exempla, quibus nonnulli fidunt, sunt qui contemnant, tametsi a Pelbarto, aliisque viris eruditione et pietate (74), a feminis quoque sanctitate præstantibus proferantur. Equidem theologum adversus Protestantes, atque adversus rigidiores criticos, tametsi catholicæ Ecclesiæ addictos, decertantem hortor, ut ab his allegandis supersedeat, ne scilicet virorum cæteroqui doctorum, et piissimarum mulierum monita contemptui subdat, et irrisionibus Protestantium et criticorum. Dum tamen sic theologum hortor, ego haud invitus ea excipio. At meminerit volo is, qui his innititur, monuisse Paulum Segnerum, cujus hac in re auctoritate sæpius usus sum, quod nec severioribus theologis, nec criticis rigidioribus accenseri ille possit, etenim affirmat extraordinaria hæc esse pietatis et miserationis Virginis argumenta, quibus qui fidit, temere fidit. Nimirum, inquit ille, Mariæ suffragatione et precibus, Christus in nuptiis Canæ Galilææ in vinum aquam convertit. An aquam tibi ministrari jubebis, Mariæque adhibitis precibus, in vinum convertendam exspectabis? Argumentum hoc ingeniose et diserte prosequitur num. 14 sermonis 34 quem nuper allegavi : eum consule.

26. Sed quoniam in celebratissimis titulis *Matris gratiæ, Matris misericordiæ, Matris clementiæ*, quibus Mariam sæpe invocat Ecclesia ipsa, veterum Patrum exemplis et monitis edocta, hi potissimum confidunt, norint volo id rectissime facere Ecclesiam, sed temere sibi blandiri illos qui eam ob causam Mariam sibi in morte propitiam futuram censent, postquam per totum vitæ spatium sese criminibus polluerint, et pœnitentiam ad extrema vitæ momenta distulerint. Duabus nimirum de causis Mariam his et affinibus titulis honorat Ecclesia. Harum prior est, quia Maria [si plerisque theologis credimus] suis precibus, ut ita loquar, allexit, et pene deduxit e cœlo Unigenitum Dei. Virtutibus autem suis [*de congruo*, ut theologorum phrase utar] meruit, ut ejusdem Unigeniti ipsa fieret Mater. Dum autem angelo assensum exposcenti prudenter quidem, et caute, humillime quoque, sed non minus prompte dedit, causa dici potuit [remotiore scilicet, et latiore significatione

accepto nomine *causa*] misericordiæ et clementiæ: incarnationis scilicet, et adventus Christi, unde omnis boni, misericordiæ et gratiæ origo in nos emanavit. Hoc sensu dicitur ab Ecclesia ipsa *causa nostræ lætitiæ* Maria. Hanc porro explicationem (quod jam dixi) præbuit ille ipse auctor sermonis *De laudibus Virginis ex partu Salvatoris*, qui sermo, uti vidimus, haud recte, sed tamen a multis Fulgentio tribuitur, hæc enim ait : « Facta est Maria fenestra cœli, quia per ipsam Deus verum fudit sæculis lumen. Facta est Maria scala cœlestis, quia per ipsam Deus descendit ad terras. » Si quis hanc ob causam Virginem ab Ecclesia *Matrem divinæ gratiæ* in *Litaniis Lauretanis* appellatam dixerit, id procul dubio dicet, quod verisimillimum viri optimi judicant. Sed de hoc argumento copiose disseremus, cum de titulis Virgini tributis sermonem habebimus.

27. Altera causa est, quia Maria peccatores pœnitentiam agere cupientes præsidio suo juvat, et gratiam, quam hi non merentur, a Patre luminum et Unigenito suo iis impetrat; vetat quoque non raro dæmonibus, ne eos vehementius tentent, occasiones sæpe arcet, aut certe debilitat, ne vires, quas haberent, in eos exerceant, qui ejusdem Virginis præsidio potiuntur. An non vero his positis, eam *Matrem gratiæ*, *Matrem misericordiæ*, jure meritoque appellamus? Hic recole, si tu vis, quæ cap. 1 et 2, quæst. 2, protulimus; hic enim aptissimum locum habent.

28. Ratio, qua probationibus suis finem imposuerunt, si diligentius eam expendas, non aliud evincit, nisi quod hactenus diximus. Quibus stabilitis facile evitas quidquid acutulus argutator adjicere his vellet. Tantum hic notatum volo [quanquam facile ex superioribus id constat] minime pietati et auctoritati Virginis *cooperari* eum, qui vitam male actam recto fine se claudere posse sperat, quod preces aliquas, etiamsi quotidianas, Virgini recitet, aut aliqua obsequia illi adhibeat, dum fovet in corde peccatum, et dæmoni, non Unigenito Virginis, ipsique Virgini eum ad pœnitentiam obsequi renuit.

29. Porro ex hactenus dictis assequetur quisquis Pontificiis omnibus imputat opinionem, quam in Mendoza reprehendimus, quantum ab ea recedimus, et quales limites injiciamus certitudini prædestinationis ex B. Virginis devotione provenienti; et non solius Muratorii, sed probatissimorum theologorum esse sententiam, quam is subsequentibus verbis exponit (75) : « Certamente chi ha una vera interior divozione alla Madre di Dio, accompagnata da costumi corrispondenti a tal divozione, dee sperar molto dall'intercessione di chi tanto può presso Dio. Ma non s'ha già da spacciare una si larga promessa, che può divenire una lusinghiera speranza, per far'addormentare i cattivi con una sola

---

(74) Librum tamen *Exemplorum* Anselmo plerique demunt.
(75) *Regol. Divoz. de' Cristiani*, cap. 22, pag. 319.

esterior divozione alla Vergine ne i loro vizj, e far camminare con poca vigilanza i buoni. Eh che il Cristiano, secondochè abbiamo da San Paolo (*Philipp.* ii, 12), dee, sinchè vive, operar *con timore e tremore* l'eterna sua salute. Abbiamo in oltre per dogma di fede, che la perseveranza finale, non che il risorgimento da i peccati, è un dono gratuito di Dio, nè senza una chiara rivelazione del medesimo Dio (la quale chi può sperarla? anzi sarebbe più tosto da sospettare, che venisse dal diavolo ingannatore) noi non possiam essere sicuri di finire in bene Perciò la speranza suddetta, siccome nociva

a i Cristiani, e contraria a gl'Insegnamenti della Chiesa, ed anche superstiziosa, affatto si ha da rigettare. Contansi, è vero, alcuni miracoli, per far credere sussistere questo preteso privilegio de i divoti della Vergine. Ma racconti si fatti non sono insegnamenti di fede; nè il saggio Cristiano dee appoggiare il grande interesse dell' anima sua a dubbiose o finte leggende, ma bensi all'infallibil verità delle divine Scritture, che son contrarie a simili pretensioni, e a i santi Padri e theologi più assennati, che le ripruovano. »

DISSERTATIO III.

DE MORE INVOCANDI DEIPARAM.

—

Hic statim expendetur invocatio generatim sumpta, totamque illi Dissertationem assignabimus; qua expleta ad eas Virginem invocandi formulas descendemus, quas Ecclesia auctoritate atque exemplo suo approbat.

CAPUT PRIMUM

Antiquissimam esse apud Christianos Virginem invocandi consuetudinem, Patrum testimonio ostendimus.

1. Jecimus jam, ut ita appellem, fundamenta nostræ erga Virginem sanctissimam devotionis, et cultus. Restat nunc, ut varios eam colendi modos exhibeamus; et, si quando opus sit, a Protestantium obtrectationibus vindicemus. Exordium porro hujusce tractationis sumimus a consuetudine eam invocandi; hæc enim frequentior esse videtur apud fideles eam colendi ratio, in qua quidem obsequium nostrum, ac fiduciam erga piissimam Matrem ostendimus. Cur enim invocamus? nisi quia vehementer confidimus, nos ab ea fore adjuvandos. Id porro non temere a nobis fieri, ea quæ de virtute, ac vi suffragationis illius apud Deum copiose diximus, perspicue ostendunt : neque ea sane adversariorum cavilli, et acutulæ argumentationes infirmant.

2. Minime porro peculiarem instituo de antiquitate consuetudinis invocandi Virginem disputationem; trahi enim commode potest ad eum, de quo nunc agimus, morem id quod generatim de cultu Virgini adhibito docet præclarissimus cardinalis Bona (76) : scilicet « semper in Ecclesia viguisse, ut cætera desint argumenta, ex hoc potissimum conjicere licet, quod nullum ejus principium ostendi potest; nam nec pontificis alicujus decreto, aut concilii sanctione, nec consuetudine aliqua, cujus sciatur origo, introductus fuit, sed omni

ætate, omni tempore semper fideles cœli Reginam summo honore prosequi, et venerari consueverunt. »

3. Sed si quis expressa aliqua hujusce consuetudinis monumenta exposcat, statim obsequor. Si Nazianzeno fidimus [cur vero non fidemus viro sanctissimo, atque doctissimo?] Justina illa, quæ deinceps cum Cypriano Nicomediæ martyrium subiit, in eo discrimine, ad quod Cypriani tum magi venefica et incantationes adducere studebant, inter alia, quæ ad sui tutamen adhibuit, ad Virginem opis poscendæ causa confugit, eamque deprecata est, ut sibi præsidio esset : « Hæc, atque alia plura commemorans, Virginemque Mariam supplex obsecrans, ut periclitanti Virgini suppetias ferret (77).» Porro hoc Justinæ exemplum a Nazianzeno commemoratum tanti fecit præclarissimus Tillemont, ut illud Historiæ suæ inseruerit. Consule, obsecro, quæ tradit ille art. 7 Vitæ Mariæ sanctissimæ, pag. 70 et 71, tom. I *Histor. eccles.* edit. Venetæ; et rursus tom. V *Histor. eccles.* pag. 334, art. 3, Vitæ Cypriani et Justinæ, in paragraph. incipiente ad hunc modum : *Justine sentant, etc.*

4. At, quod alibi monui (78), huic Nazianzeni loco Protestantes vehementer obsistunt, monentque ad id quod agimus comprobandum, cum perperam afferri. Servat, inquiunt, Nazianzenus in hac narratione suorum temporum morem, non priscum illum, qui martyrum ætate vigebat. Quid, quod fidem sibi demit Nazianzenus, dum se indiligentem et desidem in hac ipsa oratione declarat? miscet enim duos Cyprianos, Carthaginensem et Nicomediensem, et ex duobus unicum, tota antiquitate adversante, coagmentat.

5. His ut occurram, ea fere repeto, quæ alibi dixi. Sanctitas probitasque Nazianzeni nos vetat, ne suspicemur ea, quæ de Justina Virginem Deipa-

(76) *De divin. psalmod.* cap. 12, § 3.
(77) Orat. 18, quæ inscribitur *In laudem S. Cypriani martyris*, pag. 279 edit. Paris, anni 1609;

rursus col. 1690.
(78) *De cultu sanctor.* dissert. 5, cap. 10.

ram deprecante monet, fuisse ab eo conficta. Cujus enim commodo id fecisset? Num porro Cypriano Carthaginensis, antequam Christianus fieret magiæ dederit operam, dubitatum est a nonnullis : plerique tamen censent eum a veneficiis jugiter fuisse alienissimum. Vide, quæ tradit Tillemont (79). Quamobrem facile assentiar iis, qui monent in eo errasse Nazianzenum, quod ex duobus Cyprianis unum effecerit; sed etsi iis assentior, non continuo id improbo, quod de Justina ad Mariam poscendæ opis causa confugiente Nazianzenus narrat; sive enim Nicomediæ, sive Carthagine id factum sit, factum fuisse arbitror : tibique incumbit, ut probes, conflctam esse narrationem, ex qua discimus Justinam efflagitasse præsidium a Virgine : neque sane conflctam probas, quod duos præclarissimos viros , eorumque gesta non sejunxerit Nazianzenus , et uni tribuerit , quod erat alteri tribuendum.

6. At ad consuetudinem hanc stabiliendam hoc tantum Nazianzeni loco non innitimur. Putant viri minime contemnendi, Gregorio Neocæsariensi eas homilias esse tribuendas, quæ hujusce sancti doctoris nomen in fronte præferunt. Id asserere ego quidem non audeo, aio tamen, contendoque orationes eas vetustas esse, et in pretio habendas, Cur itaque nobilem locum non adducemus ex eis? « Per te, inquit auctor iste (80), o gratia plena, Trinitas sancta et consubstantialis in mundo cognoscitur. Tecum et nos dignare participes efficere perfectæ tuæ gratiæ in Christo Jesu Domino nostro. »

7. Celeberrima est oratio De occursu Domini, seu De Simeone et Anna, ac De sancta Deipara præposito Methodii nomine edita. Antiquissimi Methodii esse eam ego quidem minime affirmo; scio enim multa ad opinionem hanc convellendam a viris sapientissimis fuisse allata; at pariter scio eamdem orationem haud recentem esse, ideoque allegari hic merito a nobis posse. Sic porro in ea Maria Virgo invocatur (81) : « Propterea te deprecamur omnium præstantissimam , maternisque honoribus fiducia gloriantem, ut indesinentem nostri memoriam Dei Mater sanctissima habeas : nostri, inquam, qui in te gloriamur augustioribus caniicis, perpetuo victuram, et nullis desituram temporibus, tui memoriam celebramus. »

8. Allegari hic solet ea oratio De Annuntiatione, quæ Athanasio olim tribuebatur; numero enim 14, Virgo Deipara invocatur; ac recte quidem ea allegatur, sed vobis auctor sum, ne sub Magni Athanasii nomine eam producatis.

9. Ephrem Syrus haud diu post Athanasium vi-

xit; æqualis scilicet Magni Basilii fuit. Sive porro sequimur Vossii editionem, sive eam, quæ paucos ante annos Romæ elaborata est, et sex tomis comprehensa, in orationibus huic sanctissimo viro tributis, haud raro Maria Virgo invocatur. Atque id quidem fatentur Protestantes, sed negant sermones illos (quod sæpe dixi) vetustum illum, ac Magni Basilii æqualem Ephræmum habere auctorem, faventibus [quod pariter dixi] e Catholicis summi nominis viris, atque in primis Petavio et Tillemontio (82), quorum suspiciones convellere valde difficile est. Producatur itaque, si libet, Ephræm ; et quoniam mos jam invaluit, Ephræm Syrus dicatur ille, qui orationes, quas dicimus, edidit; sed ita producatur, ut dubitandi supersit locus, num alter ab antiquissimo Ephræmo diversus producatur ; aut (quod alii conjiciunt) intermista fuerint orationibus illis a posterioribus orationibus nonnulla, quæ a primævis Ephræmi lucubrationibus aberant.

10. Epiphanius proferri pariter solet, adducique locus ex oratione in Mariæ Virginis laudem edita. At ea quoque oratio in criticorum censuras offendit. Aiunt scilicet multo recentiorem Epiphanio esse orationem illam, et ab aliquo, si tu vis, Epiphanio cognomine conditam, sed qui ab antiqui Salaminæ episcopi Epiphanii sanctitate et doctrina nobilis, ætate et meritis plurimum distet. Id porro non temere aiunt, sed freti judicio virorum clarissimorum, in quorum numero Petavius eminet ; tametsi enim a Catholicorum partibus stet, vetusto tamen Epiphanio orationem, quam dicimus, adimit. Petavii porro auctoritas , hac præsertim in re, summa est, quippe qui vetusti Epiphanii opera eximie novit, eaque Latinitate donavit. At quanquam hæc vera esse fateor, non propterea orationem eam contemptibilem arbitror, imo censeo haud immerito produci eam posse; præstantem enim, nec temporibus propinquum nostris ea habet auctorem, quisquis denique is sit.

11. At ne glorientur Protestantes, nos neminem proferre posse, qui concilium Ephesinum ætate præeat, Gregorium Nazianzenum rursus allego, non modo quia ex eo discimus, Justinam virginem, et deinceps martyrem Mariam invocasse (recole dicta num. 3), verum etiam quia haud obscure id approbat, accenset enim eam ipsam invocationem iis modis, quibus Justina supernam et poposcit, et obtinuit opem.

12. Sanctum Basilium Mariam Virginem fuisse deprecatum , ut Ecclesiæ a Juliano Apostata in summum discrimen adductæ opem ferret, atque ab

---

(79) Tom. V Histor. eccles., pag. 719. Adjice ea, quæ habentur cap. seu § 1 Vitæ S. Cypriani, in Baluzii edit. Operibus S. Cvpriani præpositæ.

(80) Orat. 2, tom. III Biblioth. PP., pag. 310, edit. Lugd.

(81) Pag. 396 Methodii Operum una cum Operibus SS. Amphilochii et Andreæ Cretensis edit. G. L. Paris. 1644, ex versione et recens. Combe-

(82) Petavii verba antea attulimus. Tillem. tom. VIII, not. sur S. Ephr., pag. 757, § 1 L'éloge de la sainte Vierge. Vide etiam pag. 752. Præclariss. tamen Joseph Assemanus veteri Ephræmo Sermones hos vindicare studet, cap. 8, Præf. in tom. III Græc. Rom. edit. 1746.

fisii.

ea fuisse exauditum, ex subsequentibus Damasceni monitis discimus (83) : « Scriptum est in Vita B. Basilii ab Helladio ejus discipulo, atque in sede episcopali successore scripta , virum sanctum quondam astitisse coram Dominæ nostræ imagine, in qua etiam Mercurii martyris laudatissimi figura depicta erat. Astabat porro supplicans, ut Julianus Apostata impius e medio tolleretur. Atque ex ea imagine, quid eventurum esset, didicit : vidit quippe martyrem, exiguum ad tempus ab oculis suis evanescentem, ac ne multo post cruentam hastam tenentem. » Atque ad hanc narrationem respexisse Fulbertum Carnotensem episcopum in serm. 1, *in Deipar. Nativit.* simile veri est. Etenim hæc ait : « Illa igitur [Maria] olim Inauxilium magni Patris Basilii misit sanctum angelum, et mortuum suscitavit [sanctum martyrem Mercurium, ut puto] qui male viventem pessumdedit persecutorem ejus Julianum Apostatam ; et hæc historia notissima est. »

13. Non me latet magnum virum Tillemont subdubitasse ea quæ ex Basilii Vita ab Helladio conscripta desumpta esse dicuntur, revera fuisse desumpta ex iis quæ de *Basilii Vita* ab *Amphilochio Iconiensi* episcopo scripta sunt (84), eidemque suspicioni ac dubiis adhæsisse Cave, aut si vis ingeniosum alium scriptorem, qui editionem Basileensem anni 1741 nonnullis additamentis locupletavit. Etenim hæc in ea editione exstant : « Helladius anno 378 Basilio Magno in sede Cæsariensi successit... scripsit Vitam sancti Basilii antecessoris sui, quæ citatur a Damasceno de Imag. orat. 1, prope finem. An vero ea, cujus fragmentum ibi habet Damascenus, justa est dubitandi ratio N. E. » Allegat autem in extremo paginæ margine *Tillemont. Memor.*, etc. Porro scripta hæc Amphilochio tributa perperam fuisse, omnes norunt (84*).

14. Verum noverit volo lector, multo aliter hæc narrâri in *Vita Basilii*, perperam Amphilochio tributa ; ex quorum quidem comparatione perspicies, valde diversa ea esse quæ ab Helladio scripta sunt et a Damasceno allegata, ab iis quæ ab Amphilochio scripta fuisse dicuntur, et tum in Bollandiano opere, tum etiam alibi sunt evulgata : et certe ab Amphilochio [quisquis is est] fuisse omissa, quæ de precibus ad Mariam fusis fuere ab Helladio prodita. Id porro ne suspicetur lector fuisse a me temere proditum, en quæ ementitus Amphilochius tradit (85) : « Mox ergo jubet, ut clerus, universusque civitatis populus, cum mulieribus et parvulis, in montem Didymi, ubi perquam venerabile Dei Genitricis templum honori habetur, et colitur, ascendant ; tresque dies jejuni orationi instent ; ac Deum,

ut scelesti imperatoris consilium dissipet, rogent. Illis itaque orantibus, et contrito corde pervigilibus, videt in somnis Basilius, multitudinem cœlestis militiæ, hic illic in monte ; mediamque illorum, in sede gloriosa, muliebri habitu feminam, sic affant m astantes illos viros magnificos : Vocate mihi Mercurium, ibitque, ut Julianum interficiat ; qui in Filium meum et Dominum Jesum inique egit. Sanctus vero, suis omnibus armis instructus, jubente illa, præsto adveniens, confestim ivit. Accersite autem Basilio, tradidit ei librum, quo tota creationis narratio scripta esset, postremumque hominis a Deo formatio. Porro libri initio hæc erat scriptio : *Dic*; in fine autem, ubi hominis formatio habebatur : *Parce*. Suscipiens autem librum legit coram illa, usque ad illam subscriptionem, *parce :* statimque metu pariter et gaudio actus, tomum decussit. Ejusdem porro rationis, etiam Libanius sophista, ipsa nocte somnium vidit, cum Juliano in Perside exsistens, ac quæstoris munus obiens. Basilius ergo ex visione stupens, soloque Eubulo excitato, descendit cum eo in civitatem, venitque ad sancti martyris Mercurii martyrium, in quo et ipse et arma ejus posita erant : cumque quæsisset, non sunt inventa. Advocato autem custode, percontabatur ubinam gentium essent Is vero sacramento respondit, fuisse vesperi, ubi pro more continuo servarentur. Certo igitur persuasus Basilius, veram esse visionem, Deoque data gloria, qui non despicit confidentes in ipsum, ardore multo, gaudioque inexplicabili, dormientibus adhuc omnibus, rediit quam citius ad montem ; excitansque quos illic reliquerat et ad preces hortatus, faustum in voce exsultationis factæ sibi divinitus revelationi nuntium attulit, quod nocte illa tyrannus sublatus fuisset : peractisque communibus omnium votis gratiarum actionibus, reversus est in civitatem ; jubens omnibus, ut in magna Ecclesia positi divinæ liturgiæ participes fierent. »

15. Sed adhuc nobilem tragœdiam, quæ *Christus patiens* inscripta est, in medium profero : quanquam enim illius auctor non est idem omnibus (86): in eo tamen eruditi conveniunt, quod illius auctor Ephesino vetustior sit. Neque vero te moveat, quod tragœdia illa a viris optimis (obsistentibus tamen aliis) Apollinari hæretico ascribatur : potest enim ab hæreticis, præsertim vetustis probabile testimonium sumi, si ea excipias, in quibus errarunt. Hoc modo Augustinus eximius sane doctor Cresconium Donatistam in rem suam quandoque adducit, aliique viri sanctissimi, iidemque doctissimi ab Origene non raro errante catholicas traditiones edidicere ex Iis scilicet desumptis locis, qui in repre-

---

(83) Orat. 1, *De imagin.* sub. fin. pag. 327, tom. I. ed. Ven. 1748.
(84) Tom. IX *Histor. eccles.* adnot. 82, in Basil. Vitam. (*Je ne sais si celle que saint Jean de Damas attribue à Hellade n'est point la même pièce.*)
(84*) Vide, quæ in Bollandiano Opere ad diem 14

Junii traduntur pag. 936 et seqq. tom. II Junii.
(85) Num. 36 et 37, pag. 944 allegati tomi Operis Bollandiani.
(86) Till., t. IX, Greg. Naz. art. 110, § *Beaucoup d'auteurs*, etc., G. Cav. etc.

hensionem veterum magistrorum minime inciderunt. Eamdem etiam ob causam Eusebium Cæsariensem sæpe allegamus, quamvis omnes fere consentiant eum semiariana labe fuisse infectum. Sed jam præstat scriptoris, quem dixi, verba describere ; postquam enim divinum Verbum invocavit, sic ad Mariam sanctissimam, eam deprecando convertitur (87) :

Veneranda, o Virgo, casta, felicissima,
Quando beata nunc beatorum in polo
Exuta quidquid fecis humanæ, sedes
Æternitatis pallio ornata, ut Dea
Habita, senectæ expers, supremo ex æthere
Benigna adesto vocibus meis : preces
Admitte, Virgo o inclyta, hic, quando tibi
Verbi parenti, sed supra modum tamen
Legemque, solus inter omnes contigit
Honor. Ego fretus his, tibi me audentius
In verba supplex offeram, et suavissimo
Contextam ab horto, qua tuum exornem caput,
Coronam , o Domina , proferam , ut quæ, gratia
Modum supra omnem me tua semper levans,
Me genere quovis casuum eruis omnium,
Hostes apertos, quodque longe majus est,
Ingentem opum vim, te tuum erga Filium
Mihi patronam sentiam acceptissimam.
Ne me ergo tradi tu sinas tanquam ad crucem,
Ludibrioqueillius exponi, omnium
Juratus hostis qui sit, et mortalium
Pestis ; tuere me, atque ab æterno assere
Igne, et tenebris, per fidem, qua justior
Sum factus,]et per gratiam tuam inclytam,
Qua nuspiam ulla notior nobis fuit.
Hoc propter, ecce, texo nunc tibi memor,
Gratusque, carmen. O puella, gratia
Æquanda nullis, Mater Virgo, et supra
Omnes decora virgines, et maxima,
Quæ vincis omnes cælitum jure ordines,
Regina, Domina, generis humani bonum,
Amica semper esto tu mortalibus,
Maximaque quovis in loco mihi salus.

16. Novi equidem, reponere ac hæc Protestantes, levi habendum in pretio scriptorem istum, quoniam in Virginis invocatione modum excedit; eam enim appellant *Deam* : quod utique ferri non potest. Annon [inquiunt] fidem sibi demit ille, qui titulum Virgini minime convenientem tribuit?

17. At leve est hoc effugium : tametsi enim faterer errasse scriptorem hunc, dum Mariam appellat *Deam*, non propterea fateri cogor in reliquis etiam errasse. Antea dixi Origenis, Eusebii Cæsariensis et Cresconii auctoritatem fuisse allegatam a viris sanctissimis doctissimisque, qui noverant etiam eorum, quos allegabant hæreses erroresque. At non continuo fateor ab eo quem excitavi scriptore, Virginem *proprie*, seu *rigorose*, et *stricte* *Deam* fuisse appellatam. *Deam* per quamdam similitudinem, id est propter participationem amplissimæbeatitudinis ; quam ob causam *divinæ particeps* [ut cum Petro loquar] *naturæ* est (88); ideoque hoc sensu dicit *Deam*, quam significationem metapho-

(87) Tom. II Oper. Nazianz., pag. 297, vers. 2590.

(88) *Per quem maxima et pretiosa nobis promissa donavit : ut per hæc efficiamini divinæ consortes naturæ.* (II *Petr.* i, 4.)

(89) *Constitui te deum Pharaonis.* (*Exod.* vii, 1.)

ricam prorsus, et remotissimam nemo vetat ne Virgini tribuamus. Nonne propter quamdam similitudinem, id est, propter auctoritatem, quam exerciturus erat in Pharaonem Moyses, a Deo ipso Pharaonis *deus* est appellatus (89)? Nonne etiam Christus Judæorum eum reprehendentium, quod se Deum faceret, accusationem hoc modo elevat (*Joan.* x, 34) : *Nonne scriptum est in lege vestra, quia ego dixi : Dii estis ? Si illos dixit deos, ad quos sermo Dei factus est, et non potest solvi Scriptura : quem Pater sanctificavit, et misit in mundum, vos dicitis, Quia blasphemas, quia dixi : Filius Dei sum.* Nonne etiam, ut ad Patres me convertam, dixit aliquando Augustinus (90) : « Talis est quisque qualis ejus dilectio est. Terram diligis ? 'erra eris. Deum diligis ? Quid dicam ? Deus eris.» Cur ergo crimini vertis a me excitato scriptori, quod ea *latissima*, quam dixi, atque adeo *impropria* et *metaphorica* significatione *Deam* Virginem appellarit? Quod ne temere a me dictum putes, recolas volo versiculos, quos jam allegavi, et hi sunt :

Quando beata nunc beatorum in polo
Exuta quidquid fecis humanæ, sedes
Æternitatis pallio ornata, ut dea
Habita, senectæ expers, supremo ex æthere
Benigna adesto vocibus meis.

18. Minus itaque recte nobis exprobrant Protestantes, quod ad testificandam consuetudinem, quam asserimus, invocandi scilicet Mariam, neminem vetustum proferre possumus. Sed ad refellendam accusationem hanc, eos hic recole, obsecro. Patres, quos dissertatione quinta tractatus *De cultu sanctorum* ad stabiliendam antiquitatem catholicæ consuetudinis, qua sanctos invocamus, allegavi, plures sane, et præclaros ; tum sic disputa. Annon simillimum veri est, eos Virginem invocasse angelorum, sanctorumque Reginam,

. . . . *supra*
Omnes decoram virgines, et maximam :
Quæ vincit omnes cælitum jure ord.nes,
Reginam, Dominam, generis humani bonum,

et cœlitibus omnibus multo elatiorem, eos, inquam, Mariam invocasse, qui angelus, ac martyres expressissime invocarunt? Quod si multa hujusce rei monumenta expressissima nobis non supersunt, id propterea evenit, quod plures veterum Patrum, aliique ecclesiastici libri, vel persecutorum studio, vel temporis edacitate interierint.

19. Quid, quod supersunt adhuc monumenta, quibus Patres longo temporis intervallo Ephesinam synodum præeuntes cœlites omnes invocant? An Deiparam e çœlitum numero arces? Plurium loco Victricius erit antistes sanctissimus, doctissimusque Ambrosii æqualis. Is (91) auditor s suis

(90) Tract. ii, *in I Epist Joan.* num. 14.
(91) Num. 12. Orationis illius, quæ inscribitur *De laude sanctorum*, primumque edita est a clariss. abbate Lebeuf, pag. 46.

hortatur, ut sanctos jam cœlis degentes invocent, quos etiam ipse his verbis invocat, ex quibus facile assequeris, quantum Victricio auctore in sanctorum patrocinio possimus confidere : « Sed nunc nobis, amantissimi, orandum est, non perorandum ; orandum, inquam, ut a nobis omnis diaboli impetus repellatur, qui clandestino lapsu nostrum pectus ingreditur. Firmate igitur, sancti, vestros firmate cultores, ac petra angulari nostrum pectus instruite. Periculosus ac fortis est hostis, omnes aditus, omnes explorat ingressus. Sed nihil est verendum, grandis est occurrentium multitudo sanctorum. Cum igitur nobis e cœlitum castris tantus militum et regum numerus advenerit, arripiamus arma justitiæ,» etc.

20. Quanquam, si fatear nullum nobis superesse consuetudinis quam propugnamus, ante Ephesinam synodum perspicuum, atque expressissimum testimonium, non propterea fatebor Ephesinæ synodi studio primum in Ecclesiam eam consuetudinem fuisse introductam. An novæ opiniones nullo obsistente universos occupare solent, et, ut Protestantium utar verbis, inficere ? Concludendum itaque est eas publicas ad Mariam directas preces, et celeberrimas solemnesque invocationes Ephesini ætate valde frequentes, tum non cœpisse, sed auctiores si vis, et frequentiores fuisse factas, ut scilicet vehementius et manifestius obsisterent fideles impietati Nestorii, qui præcipuam Mariæ laudem, quæque illius gloriæ atque auctoritatis fons est et origo, impetere conatus est : dignitatem scilicet Matris Dei. Hanc expressissime et enixissime statuerunt Patres Ephesini, universa plaudente Ecclesia, et corum studia approbante.

21. Si alia addidero ad antiquitatem hujusce consuetudinis asserendam, videbor fortasse inutilem navare operam : fatentur enim [quod jam innui] moderatiores hostes nostri, Ephesini concilii tempore, et deinceps etiam, Mariam sanctissimam in publicis Ecclesiæ conventibus fuisse invocatam.

22. Afferam tamen nonnullos Patres, ne videar eos, quos merito magistros nostros veneramur, et dicimus, spernere. In concilio ipso Ephesino plurimum sane, quod quisque novit, eminuit Cyrillus Alexandrinus, cujus orationes in concilio recitatæ, id quod agimus, non leviter juvant. Sed recolat etiam volo lector, alia Cyrilli monita, quæ jam retuli, et hæc sunt (92) : « Ita et nos facere debemus, liberum ut vitæ exitum sortiamur : maxime vero, ut quod nobis opus est, agnoscamus, quo magnam perveniendi ad cœlum fiduciam consequamur. Quippe nostis accessum ad regiam eos ha-

bere, et quidquid optaverint, obtinere, quos regina susceperit. Et nos utique quodcunque volumus, obtinemus, sanctissimam Deiparam habentes auxiliatricem, mediatricem et patronam apud Regem, quem illa pro nobis obtestatur, dicens id quod in Cantico canticorum legitur (viii, 13) : Qui sedes in hortis, vocem tuam insinua mihi. Qui lumine perfusis, ac virentibus in locis una cum sanctis omnibus commoraris, exaudi, et indulgentiam supplicantibus impende, eisque regni cœlorum aditum reserari concede. »

23. Basilio Seleuciensi, qui Chalcedonensi concilio interfuit, a plerisque tribuitur oratio in sanctam Dei Genitricem præposito Seleuciensis Basilii nomine evulgata. Porro hæ sunt in eadem oratione ad Virginem directæ preces (93) : O Virgo sanctissima, ut quis honesta quæque et gloriosa de te loquatur, haud quidem ille aberrabit a veritate; sed pro merito haud fecerit satis. Nos de supernis intuens, esto propitia, ut modo quidem regas in pace; in judicio autem, ac pro tribunali illo, sine pudore, ac fiducia plenos adducens, ejus nos stationis effice participes, quæ a dextris est, ut in cœlos rapiamur, etc. (94).

24. Theodorus Studites (95) Annam monacham hortatur, ut Mariam in primis invocet, tum reliquos sanctos.

25. Alcuinus, seu Albinus Flaccus, Caroli Magni ætate [quod quisque novit] theologorum omnium princeps habitus est : eruditione quoque non minus, quam pietate præstantissimus. Illius itaque auctoritas summo in pretio est. Stat vero ille pro dogmate, quod propugnamus, dum hæc profert (96) : « Rogo sanctam et beatissimam Matrem Mariam, rogo viginti quatuor seniores, omnes sanctos angelos deprecor, omnibus sanctis patriarchis et prophetis supplico. »

26. Alibi autem expressius (97) :

Femina præpollens, et sacra puerpera Virgo,
Audi clementer populorum vota precantum,
Marcida qui rigus humectant imbribus ora,
Ac genibus tundunt curvato poplite terram :
Dum veniam fuso lacrymarum fonte merentur,
Et crebris precibus delent peccamina vitæ.

Rursus alibi mentionem faciens altaris Virginis imagine, aut, si vis, reliquiis nobilis (98), hæc ait :

Virgo Dei Genitrix nostræ Regina salutis,
Hic precibus famulis auxiliare tuis.
Hoc altare tuis quoniam est venerabile votis,
Virginibus sacris laus, decus, atque salus.

27. Præclariss. præsul Michael Angelus Giacomellus, hortatu spectatissimi Petri Philippi Strozza, Liberianæ basilicæ canonici, e Græco Latinum

---

(92) Orat. in Virg. Dormit. (retuli porro dissert. 2, part. iii, quæst. 1).
(93) Orat. 59 in S. Dei Genitric. et De Incarn. Domini, pag. 481 et seqq. tom. VIII Biblioth. M. Patrum.
(94) Paulo aliter explicat Petavius lib. xiv De Incarnat. cap. 9, num. 12.

(95) Epist. 42, lib. i, Sirmondo interprete : His actis, invoca sanctam Deiparam, ut tui misereatur, sanctos angelos. etc.
(96) De usu Psal. pag. 158, edit. Paris. an. 1617.
(97) Poemat., seu Carm. ii, pag. 1675.
(98) Poem., seu Carm. lii, pag. 1688.

lecit sermonem S. Modesti Hierosolymitani patriarchæ, qui ut multa habet ad Deiparam commen
dandem, ita ad rem præsentem hæc exhibet,
n. 1 : « Ac piissima erga Dei Matrem, quæ nostram
vitam salutemque concepit, incitatus voluntate
fiduciaque roboratus, mediocre quidpiam de ea
misellus ego pro viribus mihi scribendum existimavi ; et ad eum modum, quo Deum invocavit latro, qui crucifixus est ad dexteram Salvatoris
Christi, petens ab eo, ut per sanctissimam ejus Matrem, magnam impetrem misericordiam : inde ad
ejus, Patris et Spiritus sancti gloriam exordiar. »

28. Ad id etiam, quod agimus, commode afferri
possunt, quæ ex eadem sancti Modesti oratione
depromuntur (n. 10, pag. 41) : « Ave, perpetuum
et divinum eorum auxilium, qui pie Deum colunt.
Quotquot enim te Dei Genitricem confitentur, eos
revera ab omni afflictione servat Deus; qui te ad
se adduxit, ut apud se esses intercedendi causa
pro nobis. »

29. Usitatissimum porro fuisse fidelibus, dum
sanctus Gregorius II Romanæ Ecclesiæ præerat,
invocare Mariam, ex ejusdem Gregorii testificatione discimus. Docet is scilicet, ita cultas fuisse a
Christianis sanctorum et Deiparæ imagines, ut ad
eorum prototypa nostra ferretur oratio. En quæ
scribit ille ad Leonem Isaurum (99) : « Et dicis nos
lapides, et parietes, ac tabellas adorare. Non ita
est, ut dicis, imperator, sed ut memoria nostra
excitetur, et ut stolida et imperita crassaque mens
nostra erigatur, et in altum provehatur per eos,
quorum hæc nomina, et quorum appellationes, et
quorum hæ sunt imagines ; et non tanquam deos,
ut tu inquis; absit! non enim spem in illis habemus. Ac siquidem imago sit Domini, dicimus : Domine Jesu Christe, Fili Dei, succurre et salva nos ;
sin autem sanctæ Matris ejus, dicimus : Sancta
Dei Genitrix, Domini Mater, intercede apud Filium
tuum verum Deum nostrum, ut salvas faciat animas
nostras. Sin vero martyris : Sancte Stephane, qui
pro Christo sanguinem tuum fudisti, qui ut proto-
martyr loquendi confidentiam habes, intercede pro
nobis. »

50. Sed cur omittimus generalis concilii nobilem
locum, Nicæni scilicet secundi, quod deprimant, ut
libet, catholicæ Ecclesiæ hostes, in honore tamen
habendum est; plurimi enim ad illud celebrandum
convenere episcopi pietate ac scientia præstantes?
Actione scilicet vi hæc occurrunt (1) : « Ergo cum
timore Dei omnia faciamus, expetentes etiam intercessiones intemeratæ Dominæ nostræ, et natura
Dei Genitricis semper Virginis Mariæ atque sanctorum angelorum. »

31. Quo sæculo vixerit Theophanes Cerameus,

incertum est; compertissimum est tamen haud
recentem esse theologum (2). Is tamen quantam in
pietate Mariæ, et illius suffragatione spem poneret,
haud obscure indicat, dum auditores suos ad hunc
modum alloquitur (3) : « Ploremus igitur et nos,
confiteamur propria unusquisque peccata, deprecatores ad Deum sanctos conciliatoresque asciscamus, cum alios, tum vero præ cæteris sanctissi
mam Dominam eligamus, velox et inexpugnabile
præsidium, provolvamur ejus genibus cum lacry
mis deprecantes : Domina nostra, quæ Verbum
Deum in utero tuo supra naturæ rationem concepisti, quæ naturam nostram tuo partu deificasti,
quæ inter Deum et hominem tua prole sequestra
es, miserere populo tuo et hæreditati tuæ; flecte
viscera misericordiæ tuæ erga hanc civitatem in
tuo nomine gloriantem; intercede pro nobis indignis servis tuis; pacem exposce, et exora unigenitum Filium tuum, ut tollat peccata nostra, et hanc
contra nos juste concitatam iracundiam ponat, imperet nubibus, ut consuetam nobis pluviam mit-
tant, et squalorem hunc eximant, et irrigent terræ
adustionem. Etiam, Domina mundi recuperatio, miserare lactentes infantes, senes defatiscentes, pauperes tabescentes : ne sinas nos nostris criminibus
interire. Peccavimus, injuste egimus, puram baptismi vestem commaculavimus, Domini præcepta
contempsimus : verum et si prolapsi sumus, alium
tamen non cognoscimus Deum, nisi Unigenitum
tuum, qui cum Patre, et Spiritu sancto glorificatur
in sæcula sæculorum. Amen. »

32. Quam crebro Joannes Damascenus, Andreas
Cretensis, Bernardus Claravallensis laudaverint et
invocaverint Virginem, ignorat nemo. Quod dic de
Petro Damiani, Anselmo, Eadmero, aliisque non
minus præstantibus, quam celebribus scriptoribus
sæculorum xi, xii et subsequentium. Eam ob causam hic eos omitto.

33. Minus notus, sed non minus nobilis est Hildebertus primum quidem Cœnomanensis episcopus, deinde Turonensis archiepiscopus, qui sub initium sæculi xii potissimum floruit. Docet porro
ille quantum Ecclesia de Virginis intercessione
confideret, dum suos auditores ad hunc modum
alloquitur (4) : « Nec frustra consuevit Ecclesia intercessionem beatæ Virginis affectuosius cæteris
implorare, ita quod audito ejus nomine genua
affigat, imo pro nominis reverentia, quasi mare
confragosum, sonant vota populorum. Quod quare
fiat, quia in alio sermone dictum est, hic præterimus. Prosternemur ergo singuli, prosternemur
universi ad pedes beatæ Virginis, quæ hodie facta
est splendidior astris, celsior angelis, ut ejus intercessione videamus Matrem cum prole, Filium, et

(99) Epist. 1. Verba hæc porro exstant pag. 658
tom. VIII Concil. edit. Albritianæ.
(1) In fine ejusdem actionis, pag. 1191, tom. VIII
Concil.
(2) Vide quæ de eo tradit Cave, alios viros præ-

claros de hoc argumento disserentes allegans (ad
an. 1040, pag. 152, tom. II, Basil. 1745.
(3) Hom. 62, De siccitate, pag. 427.
(4) In festo Assumptionis Dominicæ, serm. 1,
col. 528, edit. Paris. an. 1708.

Patrem, qui est benedictus in sæcula. Amen. »

34. Cur vero Goffridum Vindocinensem omittimus, non modo quia sermonem octavum, quem alibi produximus, et recolere hic commode possumus, concludit humili et efficacissima, auditorum etiam nomine, ad Virginem porrecta prece, verum etiam quia rhythmum integrum impendit in supplicando Virgini Mariæ ? Hunc rhythmum libentissime totum exscriberem, nisi metuerem, ne lectori molestus essem. Nonnulla tamen decerpo, argumento, de quo dissero, aptissima. Hæc itaque ex eo, quem dico, rhythmo habe (5) ⸴

> O Maria gloriosa,
> Jesse proles generosa,
> Per quam fuit mors damnata,
> Atque vita reparata.
>   Virgo semper pretiosa,
> Super omnes speciosa ;
> Stella maris, cœli porta,
> Ex qua mundo lux est orta . . .
>   De convalle lacrymarum,
> Pressus mole peccatorum,
> Ad te clamo, Virgo pia,
> Sis mihi dux atque via.
>   Quem tu, benedicta, regis,
> Observat præcepta legis,
> Deum amat, Deum credit,
> Nunquam ab illo recedit.
>   Rege, quæso, me miserum,
> Sanctissima mulierum,
> Ut divinæ memor legis
> Sim ad velle magni Regis . . . . .
>   Peccans corde, peccans ore,
> Recessi a Creatore :
> Sed succurre mihi reo,
> Mater ejus sancta Virgo.
>   Fac mihi propitium,
> Quem genuisti Filium !
> Pro me apud ipsum ora,
> Et succurre sine mora.
>   Qui assumpsit ex te carnem
> Exaudiet tuam precem :
> Nihil tibi denegabit,
> Quem mamilla tua pavit.
>   Et cui inter cunabula
> Chara dedisti oscula,
> Quidquid illum petieris,
> Impetrare poteris.

35. Sæpe Fulbertum Carnotensem allegavi. Hic rursus allegare libet. His enim verbis priorem De Mariæ Virginis Nativitate orationem concludit : « O præelecta ! o sancta ! o venerabilis et imperiosa ! o clemens et propitia Domina nostra, quo possimus recuperare et habere perpetuam gratiam Filii tui Jesu Christi Domini nostri, qui cum Patre et Spiritu sancto vivit, et regnat unus Deus in æternum. Amen. »

CAPUT II.

Ad morem eumdem comprobandum ac commendandum, Ecclesiæ testificationem adjungimus.

1. Potissima vero huic, quam vindicamus, consuetudini comprobandæ, commendandæque, laus

accedit ex Ecclesiæ testificatione, cujus exempla libenter omitterem, cum id vulgatissimum sit : quia tamen Protestantes, iique omnes, qui ab Ecclesia Romana defecerunt, antiquum in Ecclesia esse morem hunc sibi minime persuadent, nonnulli eorum id animose negant, operæ pretium me facturum arbitror, si in hoc argumento tantisper immorer. Ut a baptismo ducam exordium, vetustissimum esse morem, quo solemnem baptismi collationem sanctorum [ideoque in primis Mariæ, quod deinceps ostendam] invocatione præveniamus, aut certe comitemur, vetusti omnes ecclesiastici libri nos docent. Expressissimis utar exemplis. In Vita sancti Remigii ab Hinchmaro Rhemensi archiepiscopo conscripta, ritus baptismi ab hoc præclarissimo sancto episcopo Clodoveo Gallorum regi collati describitur : atque hæc in primis : « Præcedentibus sacrosanctis Evangeliis et crucibus, cum hymnis et canticis spiritualibus atque litaniis, sanctorumque nominibus acclamatis, sanctus pontifex manum tenens regis, a domo regia pergit ad baptisterium, subsequente regina ac populo. »

2. Morem porro hunc ecclesiastica sanctione fuisse præscriptum, Romanus Ordo nobis testatum facit, cum hæc tradit (*Sabbat. sancto*) : « Expletis autem lectionibus vigiliarum Paschæ per ordinem cum canticis ad ipsum diem pertinentibus, et cum reliquo officio, statim venientes duo acolythi, tenentes ampullas in manibus suis de chrismate et oleo sancto coopertas, et stantes in dextro cornu altaris, procedunt pontifici, sive presbytero obviam, pergenti ad fontes . . . . tunc deinde schola descendit ad fontes ad litaniam faciendam, exspectantes pontificem, et jussi faciunt litaniam septenam. Deinde procedit pontifex de ecclesia, benedicendo cum omni decore et ordine sacerdotum, cum litania quina, prosequente cum clero vel populo usque ad fontes, sustentatus a duobus diacombus, præcedentibus ante eum notariis cum duobus cereis ardentibus, qui ante fuerant illuminati, staturam hominis habentibus in altum, cum thuribulis et thymiamatibus. »

3. Ejusdem ritus in Latinis Ecclesiis constanter et universim adhibiti monumenta tibi præbebunt ecclesiasticorum rituum scriptores, ideoque Alcuinus, seu Albinus Flaccus, Amalarius, Fortunatus, Rabanus Maurus, Hugo a S. Victore, aliorumque etiam hujus generis notissimi libri, ex quibus ad eum de quo agimus morem testificandum monita profert Joseph Vicecomes (6) : quibus ea addantur, quæ præbet egregius Edmundus Martene in iis locis, quos in margine indico (7).

4. At non prætercat, volo, lector, eas litanias, quas ego ex vetustissimi Ritualis fragmento, viginti

---

(5) Tom. III Oper. Sirmond. col. 633 et seqq.
(6) *De antiquis baptismi ritibus ac cærem.* lib. IV, cap. 3.
(7) *De antiq. Eccles. ritib.* In edit. Antuerp., seu

potius Mediolanensi lib. I, cap. 1, art. 18, ord. 6, col. 184, ord. 19, col. 216. ord. 21, col. 222. Et lib. VI, cap. 24, col. 418, col. 452, 455, 466. Rursus in Vigil. Pent., cap. 28, col. 544.

fere ab hinc annis Venetiis edidi (8), quæque procul
dubio antiquissimæ sunt, et ante sæculum xɪ compositæ : recitàbantur autem Sabbato sancto proxime ante solemnem baptimi collationem (p. 238).
Suspicatus sum porro cum eas litanias edidi, ad
Ecclesiam Aretinam pertinuisse : quam quidem
suspicionem meam libri ab Aretinis eruditis viris
postea editi confirmarunt, ad quos lectorem allego.
Harum porro exordium hujusmodi est : *Christe,
audi nos, III. — Sancta Maria, ora. — Sancta
Mater Domini, ora. — Sancta Regina mundi.*

5. *Mitrale* Sicardi Cremonensis episcopi notissimum ac nobile opus est, tametsi nondum editum. In eo ad Sabbatum sanctum hæc exstant
(*Sabb. sanct.* lib. vɪ) : « Campanæ pulsantur secundum quosdam : et ad fontes itur cum triplici litania : et vide quod ante baptismum, et post, litaniæ
circa baptisterium peraguntur, quia legitur in
Apocalypsi (ɪv, 3), quia *iris erat in circuitu sedis.*
Iris significat intercessiones sanctorum. Senes
Ecclesiam præcedentem adventum Christi, et sequentes sancti devotissime oraverunt, et orant :
fit autem hæc litania circa fontes usque ad : *Sancte
Joannes, ora pro nobis,* eo quod primus fuit Baptista : deinde similiter cum tertia litania reditur
usque ad : *Omnes sancti, orate pro nobis,* ad ostendendum quod omnes sancti orant pro filio bapti-
zato qui, *mortuus fuerat et revixit, perierat et
inventus est,* ut in vera fide Trinitatis participet
sacramenta baptismatis. »

6. Cave vero putes, sanctorum, ideoque, ut deinceps dicemus, Mariæ sanctissimæ invocationem
fuisse omissam in minus solemni baptismi collatione. Rituale Venetum, seu, si vis, Torcellanum
a me sæpe allegatum, quod sæculo xɪ conscriptum
nostra servat Bibliotheca, sed temporibus multo
antiquioribus videtur fuisse compositum : Rituale,
inquam, Venetum a minime solemni baptismi collatione exordium ducit : at in eo non omittitur genus illud litaniarum, de quo agimus. En illud (p. 20) :

Ordo ad catechumenum faciendum (9).

« Facite signum in frontibus ejus ita dicendo : *In
nomine Patris, et Filii, et Spiritus sancti. Amen.
Catechumeni procedant. Si quis catechumenus est,
recedat. Omnes catechumeni exeant foras. Filii charissimi, revertimini in locis vestris exspectantes horam, qua possit circa vos Dei gratia baptismo operari, per.»
Postea subsequitur litan. « *Kyrie, III. — Christe,
exaudi, III. — Sancta Maria, ora. — Sancta
Dei Genitrix, ora. — Dei Mater et Virgo, ora.—
Sancte Michael, ora,* » etc.

7. Ordinem porro hunc (quod jam dixi) valde
antiquis Ecclesiæ temporibus fuisse compositum,
ex eo liquet, quod in eo præscribitur Eucharistiæ
sumptio proxime post baptismum, et Confirmatio-
nis sacramentum pueris (10) neophitis statim datum (pp. 21, 22). « Ut autem surrexerit à fonte,
faciat presbyter signum crucis de chrisma cum
pollice in vertice ejus, et dicat : *Deus omnipotens,
Pater Domini nostri Jesu Christi, qui te regeneravit
ex aqua et Spiritu sancto, quique dedit tibi remissionem omnium peccatorum, ipse te liniat chrismate
salutis in vitam æternam. Amen.* Inde vero communicet eum et deportet episcopo ad consignare. »

8. Atque ritum hunc vetustissimum esse et a
primis Ecclesiæ sæculis a Christianis adhibitum,
indubitatis monumentis ostendit Joseph vicecomes
in locis, quos in margine indico (11). Eum consulat, volo, lector. Jampridem vero minus frequenter
fuisse adhibitum eumdem ritum hunc, tum alia
ab eodem vicecomite mira eruditione collecta
ostendunt, tum hoc in primis, quod is verbis subsequentibus tradit (12) : « Aucto paulatim fidelium
numero et baptismo in singulas parochias invecto,
cum episcopi tantam hominum multitudinem uno
die confirmando sufficere non possent, commodior
ritus adhiberi cœpit ut illi statis per annum diebus diœcesim obeundo, eos, quibus spirituali incremento opus erat, sacrosancto chrismate confirmarent. Quod quo primum tempore fieri cœperit,
pro certo ponere non ausim, ne divinare potius
quam veritati inhærere dicar. Crediderim tamen
post tempora Caroli Magni incœpisse, quia tunc
etiam adultorum baptismus cessavit ; quorum præcipue causa confirmatio adhibebatur. » Quibus
positis, jam videtis quam vetustus sit ordo ille
quem allego, quemque, illius exsecutionem minus
curantibus multis, Veneti tamen vetustarum consuetudinum observantissimi diu retinuerunt.

9. Nolim vero putet lector, hujus generis litaniam, in qua scilicet expressissime invocantur
sancti atque in primis Maria sanctissima, in baptismo quidem fuisse usitatam, in reliquis vero sacramentis neglectam. Ut in Rituali Veneto, quod
modo allegavi, consistam, ex eo discimus in conferendo etiam pœnitentiæ sacramento fuisse eamdem litaniam adhibitam (pag. 103) : « *Incipit ordo ad
dandam pœnitentiam.* — (P. 106) Postea suscipiat
eum sacerdos in suas manus et dicat hunc versum :
*Suscepimus, Deus, misericordiam tuam in medio
templi tui... — Kyrie, III. — Christe, eleison, III. —
Christe, audi nos, III.—Pater de cœlis, miserere, etc.—
Fili, Redemptor mundi, miserere, etc. — Spiritus
sancte, Deus, miserere, etc. — Qui es trinus et unus*

(8) *Raccolta d'Opusc. scientif.* tom. XXXII, p. 238.
(9) Verba ipsa Codicis referimus, mutata tantum
orthographia.
(10) « In primis faciat presbyter crucem cum
pollice in fronte infantis ita dicendo : *In nomine
Patris, et Filii, et Spiritus sancti* (pag. 16). » Idque

(11) *De antiq. baptis. ritib.* lib. v, cap. 30 et subseq.
(12) Lib. v, cap. 52.

rursus præcipitur pag. 17 : « In primis presbyter
faciat crucem super caput infirmi infantuli, deinde, »
etc.

Deus, miserere, etc. — *Ipse idemque benigne Deus, miserere,* etc. — *Salvator mundi, Deus, miserere,* etc. — *Sancta Maria, ora pro nobis.* — *Sancta Dei Genitrix, ora,* etc.— *Dei Mater et Virgo, ora,* etc. — *S. Michael, ora,* etc.

10. In gravi etiam morbo, in quo prudenter metuebatur ne æger e vita decederet, fuisse illud ipsum, quod dicimus, litaniarum genus, post recitatos septem psalmos pœnitentiales usitatum ex eodem Rituali discimus. En quid post sacramentalem confessionem, post fidei professionem aliosque pios ac salutares religionis nostræ actus in eodem Rituali descriptos ac pœnitenti impositos, sacerdos jubetur facere (pp. 150, 151) : « Cantet hos VII Psalmos pœnitentiales si licuerit : *Domine, ne ira, I,* cum *Gloria Patri. Beati quorum.* — *Domine, ne ira, II.* — *Miserere mei, Deus.*—*Domine, exaudi orat., I.* — *De profundis.* — *Domine, exaudi or., II.* Postmodum faciat litanias : *Kyrie, III.* — *Christe, audi nos, III.* — *Sancta Maria, intercede pro eo* [*ea*]—*Sancta Dei Genitrix, intercede.* — *Sancta Virgo virginum, intercede.* — *Sancta Mater Domini, intercede.* — *Dei Mater et Virgo, intercede.* — *Sancte chorus Cherubin, intercede,* » etc.

11. Quem quidem ritum vetustissimum esse et a primis usque sæculis in Ecclesiam invectum et constanter servatum ex eo conjicimus, quod ille ipse *Ordo commendationis animæ,* qui in Romano Breviario exstat et procul dubio vetustissimus est [quod quidem ratio ipsa ac locutio adhibita in precibus et mentio sanctæ Theclæ (13) omissis reliquis Theclam subsequentibus sanctis plane demonstrat] : Ordo, inquam, commendationis animæ qui in Romano Breviario exstat exordium sumit ab hoc litaniarum genere : *Kyrie, eleison...* Sancta Maria, etc.

12. Usitatissimum quoque fuisse in Ecclesiis eumdem ritum ea comprobant sacra monumenta quæ alii ecclesiastici libri exhibent. Ad ea tantum digitum intendo quæ habent libri *De antiquis Ecclesiæ ritibus* a clariss. Edmundo Martene editi et a viro præstantissimo in editione Antuerpiensi [seu potius Mediolanensi, qua utor] aucti. Vide, obsecro, quæ exstant col. 859, 872, 883, 898 et 941, tom. I. His recense, si vis, quæ col. 722 operis quod *De antiquis monachorum ritibus* inscriptum est, ab eodem clariss. Martene edita sunt, quibus ea etiam adjicere potes quæ habet bibliothecæ nostræ Breviarium Carthusianum sæculo XIII, vel, si vis, sub initium XIV conscriptum ; in eo scilicet (pag. LXIII), describitur ordo ad visitandum infirmum... tum hæc adjiciuntur : « Cumque jam mori putabitur, ab his qui ei serviunt, signo dato postposita omni occasione, accurrunt cuncti... depositoque eo a laicis super benedictum cinerem, litaniam, prout res patitur, longam vel brevem faciunt, sacerdote

ipsum inchoante cum stola : *Kyrie, eleison...* — *Sancta Trinitas, unus Deus, miserere ei.* — *Sancta Maria, ora pro eo.* — *Sancta Dei Genitrix, ora pro eo.* — *Sancta Virgo virginum, ora pro eo.* Est pariter in nostra bibliotheca codex sub initium sæculi XV conscriptus in quo statuta et consuetudines Carthusianorum exstant ; etenim sub ipsum codicis finem traditur ordo administrandæ extremæ unctionis et commendationis animæ in quo hæc sunt : *Kyrie, eleison.* — *Christe, eleison.* — *Sancta Trinitas, miserere.* — *Sancta Maria, ora.* — *Sancta Dei Genitrix, ora.* — *Sancta Virgo virginum, ora.* »

13. At innumera proferam, si velim loca ea omnia recensere ac describere in quibus litanias canere aut recitare jubentur ministri Ecclesiæ. Vide, obsecro, quæ notantur in Indice operis quod sæpe allegavi, *De antiquis* scilicet *Ecclesiæ ritibus,* itemque illius quod *De antiquis monachorum ritibus* inscriptum est, habentque collectorem atque editorem Martene, quibus non pauca, si nos non decipit fama, adjecit Muratorius. Ut in iis consistam, quæ præbet Rituale Venetum sæculi XI, quod [uti crebro monui] nostra servat bibliotheca, repetitas litanias in extrema ægritudine ex subsequentibus monitis discimus (p. 166) : « Benedictio cineris et cilicii. In primis aspergatur aqua sancta super cilicium et incensum, canendo litanias cum septem Psalm. pœnitent. Deinde dicatur oratio super cinerem : *Deus, qui non mortem, sed pœnitentiam desideras peccatorum.* » etc. Pag. 180 : Post recitatam Passionem Domini descriptam ex Evangelio sancti Matthæi hæc occurrunt. « Postea sequitur litania... sequuntur preces : *Kyrie.* — *Christe.* — *Kyrie.* — *Pater noster.* Cap. *Ego dixi : Domine, miserere mei,* » etc. Et rursus pag. 183 : « Si vero supervixerit [post receptam scilicet sacram Eucharistiam et extremam unctionem], cantentur alii psalmi vel agantur litaniæ ; usquequo anima corpore terrenæ corruptionis absolvatur, in cujus egressu dicatur : *Læto animo pergo ad te ; suscipe me, Domine,* » etc.

14. Creberrime quoque usitatas litanias cum ex aliis quæ uti dixi Indices librorum Martene *De sacris ritibus,* aliique ecclesiastici libri (14) præbent, tum ex eo etiam constat quod habet libellus *Sacrarum precum ex Ms.* Floriacensi annorum circiter 900 (15) exscriptus (col. 663) : *Miserere nobis miseris, misericors Trinitas ...* Inde nomina beatorum apostolorum, martyrum quoque et confessorum, atque virginum quæ secundum ordinem a beatis Patribus constitutum tempore jejunii aut in aliis sanctis diebus recitantur, quando Missa celebratur, incipiunt : *Kyrie, eleison.*—*Christe, eleison.*—*Christe, audi nos.*—*Christe, miserere nobis.*—*Præsta mihi primum,*

---

(13) « Et sicut beatissimam Theclam virginem et martyrem tuam, de atrocissimis tormentis liberasti, » etc.

(14) Martyrol. Adonis. *Litan. indicendæ :* mensis Januar., etc.

(15) Martene, *De antiq. Eccles. ritib.* lib. IV, col. 655 et subseqq. tom. III.

ut te bene rogem, deinde ut me dignum facias exaudiri, deinde ut exaudias. — *Sancta Maria, ora pro nobis.* — *Sancta Maria, intercede pro me peccatore.* — *Sancta Maria, adjuva in die exitus mei.* — *Sancte Michael, ora pro nobis,* > etc.

15. Libentissime vero hujus generis monumenta allegavi, quod in litaniis, quas dixi, statim post invocationem sanctissimæ Trinitatis et Christi, omnium sanctorum prior Maria occurrat, quod quidem præstantiam illius ac dignitatem prodit ; quam etiam prodit frequens iteratio invocationis illius, vel repetito scilicet illius nomine, vel indicato titulo aliquo, in quo illius excellentia emineat : *Sancta Dei Genitrix.* — *Sancta Dei Mater et Virgo,* etc. — Consule jam dicta.

16. Cave vero putes in litaniis tantummodo invocari ab Ecclesia Deiparam : invocatur in antiphonis Completoriun et reliquas Horas subsequentibus : — *Alma Redemptoris.* — *Ave, Regina cœlorum.* — *Salve, Regina.* — *Regina cœli,* etc. ; invocatur in hymnis, qui in illius festivitatibus, et Officio parvo, et in Sanctorum Omnium solemnitate canuntur, in versiculis quoque et aliis precibus quibus in Missa et in sacris Officiis utitur ; invocatur in ea prece, quam *Salutationem angelicam* dicimus, quamque *Ave, Maria* appellamus [sumpta scilicet appellatione a verbis, quibus exordium ducit], atque id quidem tam frequens est, ut loca ipsa, in quibus id facit, indicare supervacaneum sit.

17. Olim frequentes erant in Missis preces illæ, quas *Sequentias* appellabant, canique consueverant. Porro in illis invocari solebat Maria : neque in illis tantum Missis quæ in illius honorem celebrabantur, verum etiam in illis quæ in die Nativitatis Domini, Circumcisionis, aliisque etiam, in quibus mysterii, cujus ea die memoria recolebatur, ministra aut certe cooperatrix Maria fuerat. Quis porro nescit Ecclesias, præsertim si præstantiores eæ sint, aut multæ, si in aliquam consuetudinem consenserint, maximam habere auctoritatem ? Recole, obsecro, quæ hoc de argumento alibi tradidi (16).

CAPUT III.

Ut notissimæ adversus cœlitum omnium, ideoque etiam Mariæ invocationem objectiones solvantur, amandatur lector ad ea loca, in quibus eas dissolutas reperiat. Peculiaris porro adversus Mariæ invocationem ex Nicephori historia desumpta convellitur.

1. At Protestantes, qui consuetudinem, quam propugnamus, ferre non possunt, eamque potissimis accensent causis, ob quas a Romana Ecclesia desciverunt, eamdem consuetudinem maxime redarguunt, eamque non modo inutilem, verum etiam Deo ac Christo injuriosam, superstitiosam, etiam impiam et idololatricam esse conclamant. Eorum querelas et injustissimas pessimæ defectionis causas *de*

sanctorum cultu disserens retuli, repulique tum sæpe alibi, tum potissimum dissert. 4 et 5, in quibus manifesto ostendi, piissimam, et a superstitionis suspicione, atque adeo a quavis probabili reprehensione remotissimam esse eam, de qua agimus, consuetudinem. Si ea hic repetam, quæ tum dixi, infinitus propemodum ero : hic tantum monebo lectorem a Kiestingio adversum me scribente nihil fuisse dictum [si dicteria et scommata excipias, sapienti ac cordato homine indigna] , quod ego non præoccupassem. Consulat itaque, quæ duabus modo allegatis dissertationibus luculenter tradidi, et nihil eorum verebitur, quæ hostes nostri magno, si vis, cum apparatu, in nos intorquent. Si vis, adjice, quæ sanctus Thomas, lib. IV *Sententiarum* Commentariis illustrans tradit [dist. 45, quæst. 3] ; adde pariter, quæ scholastici in hunc ipsum locum copiosissime docent. Unum tamen superest, quod speciatim ad Virginem directas preces et invocationem impetit, quod licet *de cultu sanctorum* agens pariter attigerim, hic tamen retractare operæ pretium duco. Et hoc est. Neque antiquitas, neque probitas hujusce consuetudinis consistere potest, si illius spectemus auctorem. Petrus *Cnaphæus,* seu *Fullo* is est ; hæreticus pessimus, et versutissimus, fraudum quoque machinator eximius, qui sæculo quinto Antiochenam Ecclesiam dolo malo occupavit, et pessime administravit. Hunc invocationis Mariæ auctorem affirmat Nicephorus historicus minime suspectus, is scilicet, quem Pontificii ad suas confirmandas opiniones et consuetudines sæpe allegant ; testatur enim scelestum hunc hominem (17), « quatuor nihilominus Ecclesiæ catholicæ commodissima reperisse, quorum unum fuit, ut in precatione omni Dei Genitrix nominaretur, et divinum ejus nomen invocaretur. »

2. Mirabile est porro, quod hæc Protestantes objiciant, perinde quasi Nicephori auctoritas ad rem tam gravem testificandam per se apta esset. Nonne ille idem Nicephorus est , quem quoties Catholici seu, ut Protestantium nomine utar, Pontificii allegant, ab iisdem Protestantibus irridetur, monentibus scilicet eum historicum esse Nicephorum, qui nimio plus a primis sæculis distat, quique facile fabellis, aut certe incertis narratiunculis aurem præbens, rebus dubiis, interdum etiam manifesto falsis quam infarcivit Historiam ? Cur ergo hic adducitur ? Silentibus præsertim hac de re veteribus omnibus, imo obsistentibus, ut reliquos antiquiores prætermittam, Patribus Ephesinis Cnaphæo anterioribus ? An quando a Pontificiis affertur, ineptissimus scriptor Nicephorus est; quando a Protestantibus adducitur, tam probabilis, ut fidem exposcat ? quam quidem illi præbere renuunt, qui haud infrequenter in sacris conventibus, præsertim vero solemnioribus diebus, Symbolum recitant

non asserentis, sed aliorum dicta referentis scriptoris est.

---

(16) *De cultu sanctorum,* dissert. 3, cap. 2.
(17) Lib. XV *Histor. eccles.,* cap. 28. At Langius non vertit *reperisse ;* sed *reperisse aiunt;* id porro

tum priscis ipsis Ecclesiæ sæculis monent; cum tamen a Nicephoro hæc recitatio in numero *quatuor* illorum ponatur, (quæ [Fullo] Ecclesiæ catholicæ commodissima reperit (seu potius reperisse fertur) : ut symbolum sanctum, quod semel tantum antea, magno et sancto Parasceves die dici solitum fuerat, in synaxi et conventu Ecclesiæ quovis decantaretur.)

3. Sed fac verum esse, quod tradit Nicephorus, quid tandem consequeris? Nihil omnino, quod causæ tuæ faveat. Duobus scilicet modis Nicephori verba explicari commode possunt, quorum alterutrum si excipias [cùr porro non excipies, cum probabilis uterque sit?] difficultatem quamlibet tolles. Aiunt itaque nonnulli, Cnaphæo jubente, in omni solemni prece [id est, in omni ecclesiastico conventu, in quo preces publicæ instituerentur], Deiparam invocari cœpisse, cum antea non in omnibus invocaretur, sed in aliquibus tantum, et si vis etiam, in paucis. Verum id utilitatem invocationis, et illius usum minime improbat. Ante sanctum Pium V, aut certe ante sæculum decimum sextum, quo cardinalis Quignonii Breviarium admissum est, in iis sacris precibus, quas *Officium divinum* dicimus, ea oratio, quam *Salutationem angelicam* appellamus, a paucis recitabatur, neque ab omnibus, qui idem Officium recitabant, concludebatur aliqua ex illis antiphonis, quas eodem sanctissimo pontifice jubente, in Officii termino recitamus; neque in Missis omnibus, aut aliis ecclesiasticis collectis ad Mariam dirigimus preces. Ergone invocationem Mariæ minime approbarunt ante sanctum Pium V, aut certe ante initium sæculi decimi sexti, fideles ? Minime vero ; frequentia etenim occurrunt ejusdem invocationis in Patrum orationibus et ecclesiasticis monumentis exempla. Disce itaque, aliud esse, *in precatione omni Genitricem invocari, seu nominari*, aliud esse, Deiparam omnino in nostris precibus non invocari ; et illaudabilem dici, si quando fiat, hanc de qua disserimus Mariæ invocationem.

4. Aiunt alii de Mariæ invocatione nihil hic a Nicephoro commemorari, sed tantum ab eo nos edoctos esse, titulum *Dei Genitricis*, quem antiquitus non adhibebant, in quamlibet precem, in qua ea nominaretur, fuisse adhibitum. Hæc postrema responsio priori illa, quam cæteroqui ego probabilem fateor , probabilior a plerisque censetur. Cum enim concilium Ephesinum solemniter statuisset Mariam Virginem *Dei Genitricem* esse, et appellari debere, quid mirum si adnitente homine quidem impio, sed vaferrimo, ideoque pietatem simulante, præclara hæc Mariæ laus in quamlibet precem induceretur ? Cæterum non a Petro Cnaphæo, sed a traditione, et præclarissimorum doctorum exemplo edoctam se catholica fatetur Ecclesia, dum in Latinorum etiam conventibus in solemnibus Litaniis sic Mariam invocamus : *Sancta Dei Genitrix*, — *S. Maria, Mater Dei, ora pro nobis.* — Consule antea dicta.

DISSERTATIO IV.

DE IIS PRECIBUS, SEU VIRGINEM INVOCANDI FORMULIS, QUAS AUCTORITATE ET EXEMPLO SUO ECCLESIA APPROBAT. — ATQUE HAC QUIDEM IN DISSERTATIONE DE EA SOLEMNI AC NOBILI PRECE AGERE INCIPIMUS, QUAM *Salutationem angelicam* DICIMUS.

Post expositos celebriores et ab Ecclesia receptos, usitatosque Mariam invocandi modos, de quibus drinceps agemus, ad Salutationem angelicam disputationem, quam hic explanandam suscipimus, coarctamus; quam quidem disputationem in tria capita, seu quæstiones dividimus.

1. Statuta jam antiquitate invocationis Deiparæ, eaque Ecclesiæ traditione et auctoritate firmata, ad eas descendendum est preces, seu Deiparam invocandi formulas, quas auctoritate sua et exemplo Ecclesia approbat. Has enim tantummodo asserere ac vindicare propositum nobis est, non alias quasvis, quas privata pietas adinvenit. Porro eæ, quas Ecclesia [uti dixi] exemplo suo et auctoritate approbat [præter nonnullas alias in Missis et divino Officio occurrentes , plerumque breves], nisi plane fallor, sunt : angelica Salutatio, confecta ex statuto earumdem salutationum numero Corona et Rosarium ; trina in die ter repetita eadem Salutatio, nonnullis ab Ecclesia præscriptis precibus, cuilibet salutationi adjunctis. — Officium parvum ejusdem Virginis. — Officium quoque quod appellatur *Sanctæ Mariæ in Sabbato*.—Quatuor eæ antiphonæ, quibus divinum Officium, Ecclesiæ jussione, concludimus : id est, uti eas a verbis, a quibus exordium ducunt, appellare consuevimus, *Salve, Regina*; *Alma Redemptoris Mater*; *Ave, Regina cælorum*; *Regina cæli, lætare*. — Denique preces eæ, quas *Virginis Litanias* dicimus.

2. Quoniam vero has omnes antiquitate, et dignitate, et universalitate antestat ea, quam vulgatissimo nomine, *Ave, Maria* [quia scilicet his verbis incipit], aut *Salutationem angelicam* dicimus, quia nempe in prima illius parte ea ipsa verba adhibentur, quibus usus est angelus Gabriel, cum Mariam docuit electam præ omnibus fuisse mulieribus, ut ea Unigenitus Dei, itemque Deus par Patri mundum redempturus carnem sumeret, ab illa exordium ducimus. De ea quærenda sunt

ista : — I. Num pia sit, ideoque laudabiliter a nobis adhibeatur. — II. Num vetusta sit eam adhibendi in Ecclesia consuetudo ; et constituta ejusdem consuetudinis vetustate, III. Num ea consuetudo ad priores duas illius partes sese protendat, an tertiam etiam complectatur.

QUÆSTIO I. — *Num pia sit, ideoque laudabiliter a nobis adhibita ea precatio, quam* AVE, MARIA, *seu* ANGELICAM SALUTATIONEM *dicimus.*

CAPUT PRIMUM.

Piam esse, ideoque laudabiliter a nobis adhibitam esse, affirmamus.

1. Quantum porro ea ad Mariam directa oratio, seu supplicatio, quam *Salutationem angelicam,* seu *Ave, Maria* dicimus, Calvino, aliisque sane non paucis Romanæ Ecclesiæ hostibus displiceat, ex Canisio discimus (18), ad quem lectorem allego ; neque enim eorum verba hic referre conveniens duco. Mihi satis est Pellicanum allegare ; complectitur animo potissima accusationum adversus Salutationem angelicam capita.

2. Hæc itaque docet Pellicanus commentariis illustrans hæc Lucæ verba (I, 28) : « *Et ingressus angelus ad eam* [Mariam] *dixit: Ave, gratia plena : Dominus tecum, benedicta tu in mulieribus.* Cum in suo conclavi Maria Virgo vacaret rerum cœlestium contemplationi, quemadmodum virginitas amat secretum, Gabriel angelus multa luce conspicuus ingressus est ad eam, et novo genere salutationis illam affatus est : *Ave,* inquit, *et gaude, Virgo gratiosa et favorabilis, Dominum habes tibi faventem...* Male autem instituti superstitiosi magis, quam religiosi interim docuerunt his verbis Salutationis angelicæ multoties repetitis contexere serta et coronas, quasi non sit blasphemia potius sine mente, sinceroque pietatis studio verba ista recitare sanctissima : meritorum quoque sibi, et aliis cumulos congerere, et decies repetere inanter, Dominica oratione nonies neglecta. Qui Christi Matrem grato officio salutare voluerit, angelus sit oportet Spiritu Dei præditus, nihil nisi Dei gloriam quærens. Amat ipsa super omnia Deum, unde nemo ei gratificabitur, nisi qui in primis fide vera Deo gratificari studuerit, et eum solum colere, quem ista Deo plena sancte profudit. »

3. Dixi, *non paucis Romanæ Ecclesiæ hostibus displicere, quod Salutationem angelicam recitemus :* neque enim omnes salutationem ipsam, illiusque in Ecclesia usum reprehendunt, sed quasdam veluti conditiones exposcunt, ne eam reprehendant. Audite, quid tradat Brentius, *in Luc.,* ad ea verba: « *Et ingressus angelus ad eam dixit : Ave, gratia plena ; Dominus tecum : benedicta tu in mulieribus.* Hæc est illa salutatio, quæ quanto est sanctior et observatione dignior, tanto majorem superstitionis.

materiam sumpserunt ex ipsa hypocritæ. Ac ipsa quidem salutatio per se optima est, sed a superstitiosis pessime tractata fuit : nam ut commendaretur, proprius ei pulsus'tum matutinus, tum vespertinus dicatus est. Et ipse quidem pulsus per se minime malus est, nec recitatio salutationis mala est, sed appendices superstitiosorum malæ sunt : primum enim existimant eam civitatem perituram, in qua non singulis diebus hæc salutatio pulsu suo commendetur. Sunt enim inter sophistas scriptores quidam, qui non verentur hoc mendacium publice docere. Deinde recitant hanc salutationem pro oratione, cum tamen nihil in ea petatur. Ad hæc : usurpant hanc salutationem, ut merito ejus operis, quod subinde sæpe enumerando repetitur, demereantur sibi beatam Mariam Virginem, et expient peccata sua, ac consequantur cœlum. Nam et huic salutationi certæ quædam indulgentiæ pontificum additæ sunt, ut omnino enumeratio hujus salutationis tantum valeat, opinione hypocritarum, quantum valet ipsa passio Domini nostri Jesu Christi, quo solo opere pro peccatis nostris satisfactum est. Postremo ex hac salutatione ita composita Rosaria, quæ vocant ; ut præ ea nullus pene locus relictus fuerit Orationi Dominicæ. Quid ergo, inquies ; damnasne hanc salutationem? Annon optimis verbis constat ? Cur ergo non liceret eam recitare? Ego vero minime omnium damno, sed abusum damno, superstitionem damno. Nam quod optimis verbis constat, sentiendum est eo exsecrabiliorem esse impium abusum, quo melioribus verbis constat. Annon et incantatores abutuntur ad incantationes suas divinis nominibus? Sed tanto magis impiæ sunt incantationes, quanto nomina Dei diviniora sunt. Initium Evangelii, quod scriptum est secundum Joannem, certe divinissimum est, sed tanto magis peccant, qui illud litteris exaratum, et in receptaculum aliquod inclusum a collo gestant adversus ictus gladiorum, aut aliam adversam fortunam : re enim optima abutuntur pessime. Nonne et vinum bona Dei creatura est? Sed quo melior est creatura, eo pejus peccant ebriosi bona creatura Dei male abutentes. Sic et angelica Salutatio, et optimis verbis constat, ita pessime peccant superstitiosi, qui abutuntur ea, non ad ædificationem fidei, sed ad superstitionem. Ergone non licebit mihi orare Ave, Maria? Quid vero tu mihi hic de oratione ingeris, quando non sit oratio, sed salutatio? Salutabo igitur et ego beatam Virginem hac brevi salutandi formula? Si absit superstitio, et impia opinio, non solum licebit, verum etiam valde utile est, hanc salutandi formam sæpe recensere. Est autem utile, non ut commemoratione hujus salutationis adoretur Virgo Maria, tanquam mediatrix inter Deum et hominem, et expiatrix peccatorum ; hæc enim majestas ad solum Jesum Christum Filium Mariæ pertinet, sed

(18) *De Maria Deipara,* lib. III, cap. 9, 10 et 11.

ut commemoratione ejus agnoscamus gratiam Dei, et pascamus fidem nostram... Maria dicitur gratia plena, non quod ipsa habeat plenitudinem gratiæ, de qua hominibus communicet, et qua homines reconciliet Deo Patri; remittat peccata, et servet in morte: hæc enim majestas ad Jesum Christum pertinet, de quo scriptum est (Joan. i, 16): De plenitudine ejus nos omnes accepimus, gratiam pro gratia; sed dicitur plena gratia, quod sit a Deo recepta in gratiam, quod Deus faveat ei, et quod multis donis a Domino jam ornata, et post etiam ornanda sit: sic et Stephanus dicitur plenus gratia, non quod ipse sit mediator inter Deum et homines, et expiator peccatorum, sed quod Deus faveat ei, et dederit ei multa genera spiritualium donorum. »

4. Ex his Brentii verbis liquido patet, non illi displicuisse, quod fideles Mariam his verbis salutent: Ave, Maria, gratia plena, Dominus tecum. Quod si illi id minime displicuit, multo minus displicuisse illi dicemus ea, quæ ex Elisabethæ verbis superioribus jungimus, id est, Benedicta tu in mulieribus, et benedictus fructus ventris tui; neque illi etiam displicuisse, quod ad Salutationem angelicam recitandam campanæ sonitu invitentur iidem fideles, sed tantum displicuisse, quod nimis terrentur, nisi is, quem dicimus, campanæ sonitus frequentetur: item displicuisse, quod ea verba adhibeantur veluti oratio, cum sint salutatio; displicuisse pariter quod nimias vires huic salutationi tribuimus [nemo tamen Christi passioni illam æquat]. Et hæc quidem angelicam ipsam Salutationem, seu, ut expressius et clarius dicam, ipsius recitationem respiciunt. Reliqua vero Rosarium, seu corollam ex earumdem salutationum numero compactam, indulgentias eidem Rosario et Coronæ concessas, vel alia his affinia a nostris jure ac merito in pretio habita, reprehensa vero (immerito tamen) a Protestantibus. Quæ quidem omnia suis locis apte expendentur. Interea satis sit superiora adnotasse.

5. Utcunque sit, precem, quam dicimus, piam esse, ideoque merito in Ecclesia usitatam quis negare poterit? Nihil enim continet illa, nisi laudes Mariæ in Evangelio illi tributas, et supplicationem illi adhibitam [ab Ecclesia scilicet adjectam] ut nobis opituletur? An aliquid habes quod in Evangelio reprehendas. An eas carpere potes laudes, quibus angelus Gabriel, et Elisabetha Mariam commendarunt, et adhuc commode aptantur Virgini? An invocatio displicet? Sed eam toties, et nisi plane fallimur, tam manifesto et fortiter vindicavimus, ut palam erret, qui eam condemnet et carpat.

6. Laudabiles sane duas illas priores partes

judicarunt doctissimi illi, et sanctissimi viri, qui crebro eas adhibuerunt, atque adeo verbis suis illustrarunt, et veluti commentariolis amplificarunt; quorum sermones hic non affero, propterea quia et notissimi sunt, et ex parte etiam deinceps afferentur. Adde Ecclesiæ exemplum; ea enim, ipsa, quæ veritatis columna est, et vetustæ traditionis conservatrix, eas partes in eo ipso adhibuit sensu, quo nos adhibemus. Atque id statim fatebitur ille qui vetustas preces cum iis contulerit, quas nunc private ac publice recitamus. Tertiam vero quis improbabit, nisi plane desipiat, cum non aliud contineat, nisi preces ad Virginem datas, quibus nos et in præsenti, et in maximo mortis discrimine commendamus? Annon in tot, quibus versamur periculis, proderit Virginis imploratæ auxilium, quod ostendimus efficacissimum, multoque amplius tum proderit, cum morti proximi, morbi vi pressi, etiam dæmonum tentationibus undique urgebimur, ut pereamus? Recole quæ ex probatissimo vetustissimoque doctore, Cyrillo scilicet Alexandrino, alibi protulimus (19). Sed hac de re copiose deinceps.

CAPUT II.

Afferimus, dissolvimusque objectiones quas intorquent adversus consuetudinem Romanæ Ecclesiæ Salutationem angelicam, et Elisabethæ verba ad laudandam Virginem adhibentis: jungentis quoque ex instituto sane non novo iisdem laudibus supplicationem.

1. Multa sane adversus hanc, de qua disserimus, consuetudinem ii afferunt, qui eam improbant; at quanquam multa sunt, ad tria summa capita [quod alibi dixi (20)] facile revocantur. Primum est, quod (eorum opinione) lepida quadam ratione Virginem salutamus: Ave, Maria. An salutanda nostris temporibus Virgo est, quæ cœlo jam fruitur? An alicujus legationis munere nos fungimur similis illius, qua functus est Gabriel? Annon potius deprecari eam volumus, cum tamen verbis prorsus absonis, et a supplicatione alienissimis utamur? illaudabiliter propterea et perridicule. Alterum, quod ex superiori capite consequitur, hoc est; verba a significatione nativa, ut ita loquamur, et propria, ad alienam et remotissimam, imo ut libere loquamur, impropriam transferimus. Attendatur scopus verborum angeli Gabrielis et Elisabethæ in Evangelio descriptorum, et cum eo comparetur, quem Pontificii sibi proponunt, dum Salutationem angelicam recitant, inspicieturque nihil primigeniæ significationis in iis verbis, dum ea adhibent Pontificii, retineri. Tertium est, componere nos, quasi chimæram, dum ex verbis angeli Mariæ assensum in divini Verbi incarnationem exposcentis, gratulationem quoque Elisabe-

(19) Dissert. 2, part. iii, quæst. 1, n. 1: « Ita et nos facere debemus, liberum ut vitæ exitum sortiamur : maxime vero, ut quod nobis opus est, agnoscamus, quo magnam perveniendi ad cœlum

fiduciam consequamur; quippe nostis accessum ad regiam eos habere, et quidquid optaverint obtinere quos Regina susceperit.»

(20) De cultu sanctorum, dissert. 5, cap. 26.

thæ Virgini factam, cum nostris supplicationibus jun
gimus, et ex membris tam dissitis unum veluti con
flamus monstrosum corpus. Annon hæc ipsa, ut
ita loquamur, informis coagmentatio illud ipsum
nobis exhibet, quod reprehendit maxime iis verbis
Horatius :

> *Humano capiti cervicem pictor equinam*
> *Jungere si velit.....*

Hæc adversarii. Sic porro nos eorum dicteriis
occurrimus.

2. Alibi dixi (21) vocem hanc *Ave* non ita adhi
beri ab Ecclesia , ut salutationem quasi fausta
precantem exprimat, sed ita ut potius exprimat
quamdam veluti gratulationem significatam Dei
paræ Virgini propter eum honorem maximum, quem
consecuta est.

3. Id non temere dixi; in eadem enim, nisi pla
ne fallor, significatione vocem *Salve* [quæ ejusdem
est vis, atque *Ave*] adhibuit Sedulius illustris per
inde ac antiquus poeta, Hieronymo scilicet anti
quior, atque ab eodem Hieronymo tam in honore
habitus, ut hos ipsos quos adducemus, versus alle
get : en quæ tradit ille (22) :

> *Salve, sancta Parens, enixa puerpera Regem,*
> *Qui cœlum terramque tenet per sæcula, cujus*
> *Numen, et æterno complectens omnia gyro*
> *Imperium sine fine manet, quæ ventre beato*
> *Gaudia matris habens cum virginitatis honore,*
> *Nec primam similem visa es, nec habere sequentem :*
> *Sola sine exemplo placuisti femina Christo.*

4. Sed cur non affero auctoritatem Antipatri
vetusti sane scriptoris, cujus sermonem pessima
Latinitate pridem donatum, quoad potui emendavi
et vulgavi. Is in fine sermonis, quem in Deiparæ
laudem composuit, sic auditores alloquitur (23) :
« Propterea cum Gabriele dicamus : *Ave, gratia plena, Dominus tecum...* Cum prophetis Simeone et
Anna laudemus, cum Elisabetha clamemus : *Benedicta tu in mulieribus, et benedictus fructus ventris
tui ;* cœlum Dei regale, lucidissimus thalamus. »

5. At præter hæc liceat etiam hic repetere ea,
quæ ad eamdem objectionem solvendam in nuper
allegato *De sanctorum cultu* loco tradidi ; ibi enim
hæc habentur : «Sane gratulationum salutationis
vocabulo indicatarum exempli non destituimur.
En statim unum, illudque perspicuum ; Martini
scilicet, qui, uti testatur Gregorius Turonicus (24),
*ad Vitalinæ tumulum veniens, dedit salutationem, et
illam ut sibi dignaretur benedicere flagitavit.* Quid
enim aliud erat illa salutatio, nisi, ut mox explicatur, gratulatio quædam Vitalinæ significata, propterea quia *post triduum majestati Dominicæ præsentanda foret ?*

6. « Quid, quod vox ista *saluto,* et reliquæ vel
huic affines, vel ab ea derivatæ, ad cultum venerationemque significandam non raro translatæ
sunt ? In concilio Nicæno secundo in ea significatione sæpius usurpatur ; etiam in cap. 67 *Historiæ
Lausiacæ* (25) id fit ; in collatione quoque S. Maximi cum Theodosio (26), et ne multa afferam, in
eumdem sensum adhibuit Paulinus Nolanus, vers.
197 Natalis VI S. Felicis hæc elocutus :

> *Cernere sæpe juvat variis spectacula formis*
> *Mira salutantum, et sibi quæque accommoda votis*
> *Poscentum,* etc.

7. « Ad hæc : in Ordine Romano primo (27) hæc
reperi : *Tenente eam* [ampullam chrismatis] *acolytho,
omnes per ordinem salutent, quam episcopus et diaconus prius nudam salutant* [id est venerantur].
Simillima in eodem Ordine occurrunt in Officio
feriæ VI (p. 23) : *Pontifex vero sedet, dum persalutet
populus crucem,* etc. Quando ergo Mariæ dicimus
Ave, aut *Salve,* aut aliud hujus generis verbum,
ecclesiasticorum auctorum morem secuti, nostrum
illi obsequium cultumque testatum facimus. Qua
in re si quis nos reprehendit, reprehendat etiam
est opus eos omnes, qui Dei Matrem veneratione
cultuque dignissimam, antiquorum more venerari-
tur et colunt. »

8. Quibus positis, jam vides nec alieno sensu
adhiberi vocem *Ave,* nec perridicule, uti blaterant
adversarii nostri, vocem eam usurpari ; tametsi
enim in significatione nonnihil diversa ab ea, quam
Mariam alloquens adhibuit angelus, eam adhibeamus ; nemo tamen nisi plane impudens sit, negare
poterit, recte etiam, et aptissima significatione a
nobis adhiberi. Annon licet a significatione olim
usurpata Latinam vocem ad aliam nonnihil a
priore diversam sine probro deflectere ? Vocem *personæ,* dum ad Trinitatem sanctissimam denotandam
adhibuit, ad remotissimam ab ea significatione,
quam olim apud Latinos ea vox habebat, transtulit
Ecclesia, nec tamen probro illi vertitur. Idem fere
dic de vocibus *homousion , hypostasis , angelus,*
aliisque non paucis. Hoc scilicet jus sibi sumit Ecclesia, ut quoties id aptum viderit, ab antiqua ad
aliam, quæ illi placuit, significationem voces transferret. Sancti ipsi Patres verba Scripturæ interdum ita adhibent, ut significationem latiorem illis
tribuant. Hoc modo sanctus Leo id, quod de evangelicæ legis tempore dixerat Paulus apostolus, ad
tempus jejuniorum Quadragesimæ deducit, sic sermonem quartum de Quadragesima (28) exorsus :
« Prædicaturus vobis, dilectissimi, sacratissimum
maximumque jejunium, quo aptius utar exordio,

---

(21) *De Cultu sanctorum*, cap. 26, num. 6.
(22) Lib. I, sub tit. *Virginem peperisse Christum.*
(23) Edidi jam pridem sermonem hunc inter
Opuscula scientifica collecta a doctiss. P. ab. Calogera, pag. 570 et subseqq. tom. XLIII.
(24) In lib. *De gloria confessorum*, cap. 5.

(25) Pag. 998, tom. XIII *Biblioth. PP.*
(26) Pag. 365, tom. III Oper. Sirmondi.
(27) In *Cœna Domini*, tom. II *Musæi Italici* a
Mabillonio editi, pag. 21, num. 31.
(28) In serie Sermonum, in editione Quesnelii 41.

quam ut verbis Apostoli, in quo Christus loquebatur, incipiam, dicamque quod lectum est : *Ecce
nunc tempus acceptabile, ecce nunc dies salutis ?* ›
Quod dum facit, imitatur Ecclesiam ipsam, quæ
Epistolam Pauli, in qua ea verba, quæ diximus,
exstant : *Ecce nunc tempus acceptabile,* etc., sub initium Quadragesimæ a sacris ministris legi jubet (29).

9. Sæpissime etiam verba Psalmorum ita adhibemus, ut a primigenia ad aliam ampliorem significationem transferamus ; quod infinitis exemplis
ostendere, si volumus, possumus, sed satis erit, si
vel sermones sanctorum Patrum hac in re volva-
mus, vel Ecclesiæ consuetudinem psalmos sæpissime, præsertim vero in solemnitatibus Christi et
sanctorum adhibentis, eaque occasione nonnihil
immutantis sensum ab auctore psalmi, primitus
saltem , intentum , vel certe transferentis , quod
crebro dixi, ad latiorem significationem. An quoties psalmum quinquagesimum recitamus, delictum
ad eum modum accipimus, quo accepit David, dum
psalmum illum composuit ? Quod dic de victimis,
aliisque veteris legis ritibus in eo psalmo comme-
moratis. Cujus quidem consuetudinis causam ex eo
desumptam vidi, quod melius loqui non possumus,
quam si eo sermone utamur, quo Spiritus sanctus
in *prophetis apostolis locutus est.*

10. His positis, id quod secundo loco objecerunt,
prorsus tollitur ; neque vero peculiarem animadversionem meretur.

11. Tertium facile repellitur ; unam enim bene
dispositam, et recte contextam ad Virginem allo-
quendam deprecandamque componimus oratiunculam, duabus quidem prioribus partibus ex evan-
gelicis verbis desumptis, tertia vero adjuncta ex
verbis ab Ecclesia approbatis. Annon id optimorum
magistrorum exemplo fit , illorumque ipsorum,
quos se vereri, multoque habere in pretio Protestantes ipsi fatentur ? Lege, obsecro, ut reliquorum
Patrum opera prætermittam, quæ scripserunt Cyprianus , Hilarius et Hiéronymus , videbisque
Scripturæ verba ita suis sermonibus eos jungere
intexereque atque aptare, ut unam veluti orationem , et sermonis seriem componant fluentem
undique, et recte contextam. Neque ea res repre-
hensâ a quopiam, quem ego noverim, scio, Quis
enim, nisi plane dixipiat, morem eum reprehendere
audebit ? Nulla scilicet edictione prohibemur, ne,
dum rei nostræ volumus Scripturæ verba accommodare, nostra quoque verba iis adjungamus, et veluti sermonem contexamus ex divino et humano
eloquio, quale fortasse eos decet, qui ita ad cœlestem Jerusalem spectant, ut *peregrini* adhuc sint,
et *incolæ in terra aliena.*

12. Miror vero cur eam, de qua disserimus,
precem, propterea condemnent, quod non cohæ-
reant eæ, quibus illam coagmentavimus, partes :

(29) Ea Epistola legitur Dominica prima Quadragesimæ ; idque ex antiquissimo instituto, quod
ipso sancti Leonis tempore viguisse putamus.

quandoquidem si recte expendantur, hunc laudatis-
simum sensum habent : ‹ Te colimus , tibique
gratulamur, Virgo, quod gratia plena sis, quod
Dominus tecum adeo fuerit, ut nullo unquam
tempore a te discesserit. Benedicimus tibi propterea, et præ mulieribus omnibus te beatam atque
excellentissimam prædicamus'. Fructui quoque
ventris tui Jesu benedicimus, expletam plane
agnoscentes laudatissimam illam prædicationem
tuam his verbis expressam : *Beatam me dicent omnes
generationes* (*Luc.* I, 48). Ad te, Maria, adeo sublimi
in honore positam, ad te, inquam, confugimus,
tuumque interventum et advocationem exposcimus,
Adesto itaque, opemque nunc nobis vitam plurimis incommodis malisque obnoxiam ducentibus
affer, sed tum porro maximam affer, cum morientes humani generis hostis tentabit, ut vincat, ›

13. En quales sensus habeat precatiuncula illa,
quam *Ave Maria* vocamus, quam si fusius explicatam cupis, Canisium consule (30). Num hæc Christianæ pietati adversentur, judicet is qui Mariæ
dignitatem, excellentiam et pietatem erga nos,
nostrasque indigentias expenderit. Ilis adjunge,
si vis, ea Patrum testimonia, in quibus aut ad
eumdem, quo Ecclesia adhibet, modum, adhibentur
verba Gabrielis angeli Virginem alloquentis, et sua
quædam , ut aptius fluat concordetque sermo,
addiderunt iidem Patres, aut post explicata verba
illa angeli alia adjunxerunt, vel exposcendi patrocinii, vel laudandæ Virginis causa. Huc sane pertinent illa verba liturgiæ, quæ *Jacobi fratris Domini* inscribitur ; quippe, si editionem Morellii sequeris, hæc in ea exstant : *Memento, Domine, secundum
multitudinem misericordiæ et miserationum tuarum...
ut inveniamus misericordiam et gratiam cum omnibus sanctis tuis qui ab æterno tibi placuerunt... Ave,
Maria, gratia plena, Dominus tecum, benedicta tu in
mulieribus, et benedictus fructus ventris tui, quia
Salvatorem peperisti animarum nostrarum... Præcipuæ, sanctissimæ, immaculatæ, super omnes benedictæ, gloriosæ Dominæ nostræ Deiparæ, semperque
Virginis Mariæ. Dignum est, ut te vere beatam dicamus Deiparam, semper beatam,* etc.

14. Etiam huc pertinent plurima in sermone
De laudibus Mariæ Virginis inter Epiphanii opera
posito (31), veluti illa : ‹ *Ave, gratia plena,* mare spirituale, habens gemmam cœlestem Christum. *Ave, gratia plena,* splendidum cœlum, quæ in cœlis incomprehensum continens Deum. *Ave, gratia plena,* quæ
cherubicum thronum divinitatis fulgore superas,
Ave, gratia plena, quæ cœli circulum habes, et Deum
incomprehensum, in te vero comprehensum, nec
arctatum contines. *Ave, gratia plena,* nubes columnæ
similis, quæ Deum habes, qui populum deduxit per
desertum. Quid dicam ? et quid proloquar ? quo
pacto beatam prædicabo gloriæ radicem ? solo enim

(30) *De Deip.* lib. III, cap. 3 et seqq.
(31) Pag. 293, tom. II Operum D. Epiphanii edit.
Petavii, col. 1682.

Deo excepto, .unctis superior exstitit ; natura formosior est ipsis Cherubim, Seraphim, et omni exercitu angelico : cui prædicandæ cœlestis ac terrena lingua minime sufficit, imo vero nec angelorum. Etenim ipsi quidem hymnum, laudem, honorem protulerunt :'non tamen eo modo eloqui pro dignitate potuerunt..... O beata Virgo, columba pura, et sponsa cœlestis Maria, cœlum, templum et thronus divinitatis, quæ coruscantem in cœlo, et in terra habes Solem Christum : nubes lucida, quæ fulgur de cœlo lucidissimum ad illuminandum mundum deduxisti Christum. Nubes cœlestis, quæ tonitruum Spiritus sancti in se ipsa reconditum deduxit in mundum et imbrem Spiritus sancti in universam terram ad producendum fidei fructum cum impetu demisit. »

15. Huc denique pertinent [neque vero singula referre opus est] non pauca verba serm. 3, ex eorum numero, quos Bernardus *De laudibus Virginis*, verba evangelica, *Missus est Gabriel angelus ad Mariam Virginem* explicans, edidit.

16. Alia, si vis, hujusce consuetudinis, aut certe affinia exempla, tibi præbebit Canisius (32), quibus tamen si uteris, cave ne omnia putes ab iis Patribus esse edita, quorum nomen in fronte præferunt; vetant enim (nec immerito vetant critici) ne Chrysippo Hierosolymitano presbytero, aut Methodio martyri ea tribuamus opuscula, quæ idem Canisius allegat.

Quæstio II. — *Num vetusta sit consuetudo Salutationem angelicam recitandi in Ecclesia. Vetustam affirmamus, et monumentis ad id ostendendum aptis evincimus.*

1. Ambigua visa est nonnullis proposita in titulo quæstio : *Num vetusta sit consuetudo Salutationem angelicam in Ecclesia recitandi.* Quam quidem sic dirimo. Si nomine *Ecclesiæ* sanctos Patres et fideles etiam privatim orantes intelligas, antiquissimus procul dubio mos est, Virginem iis verbis colere et obsecrare, quibus Gabriel et Elisabetha eam allocuti sunt. Quanquam enim auctore Liturgiæ Hierosolymitanæ, quæ præposito Jacobi apostoli nomine prodiit, et Epiphanio illo, quem ante allegavi, antiquiorem proferre non possum, simillimum tamen veri est hos minime fuisse omnium primos, qui hac ratione Deiparam sint venerati : Epiphanium quoque, quem excitavi, non induxisse in Ecclesiam, sed antiquam vulgatamque consuetudinem in publica concione expressisse : quod et ii præstiterunt,

quos deinceps ad eamdem consuetudinem testificandam adducam.

2. Quod si nomine *Ecclesiæ* publicas preces ab ea institutas, ut in solemnibus fidelium conventibus recitarentur, intelligis ; et hæc tantummodo Ecclesiæ monumenta tu efflagitas, aio non eamdem fuisse apud omnes Ecclesias consuetudinem. Ægyptii jamdudum in publicis conventibus ex solemni instituto eam recitant : quod palam facit *Libellus precum*, seu *exercitiorum Christianorum* (33), quem pro Ægyptiis composuit Severus Asmonæorum in Thebaide episcopus, qui sæculo x vixisse creditur (34) ; nec tamen hujusce precis auctor creditur, sed tantummodo vetustæ consuetudinis conservator et custos.

3. Græca Ecclesia vetusto more Virginem ad hunc modum salutare solet : *Ave, Maria, gratia plena, Dominus tecum. Benedicta tu in mulieribus, et benedictus fructus ventris tui, quia Salvatorem peperisti animarum nostrarum.* Quæ verba ipsa exstant in Liturgia Hierosolymitana, quæ etiam S. Jacobi Liturgia appellatur, in quibus quonam tempore inducta sit, cum ignoretur, jure meritoque conjicimus ab antiquissimis usque temporibus fuisse compositam. Quanquam vero nonnullæ Græcorum Ecclesiæ adjiciant nomini Mariæ, *Deipara Virgo*, aut alium affinem titulum pariter honorificentissimum, levis tamen hæc est varietas, et in jungendis angelicæ Salutationi *Ave*, [*Maria*], *gratia plena, Dominus tecum*, verbis iis, quibus Elisabetha Virgini benedixit, et illius Filio : *Benedicta tu in mulieribus, et benedictus fructus ventris tui*, omnes, quas novi, Ecclesiæ Græcæ conveniunt.

4. Quod ad Latinos attinet, nolo quidem lectorem detinere in iis quæ narrat Bartholomæus Chioccarellus, concessisse scilicet pontificem antiquissimum *indulgentiam decies mille, et sexcentorum dierum quocunque die aliquis ante ipsum illud marmor* [in nobili ecclesia Neapoli erecta] *Pater noster* et *Ave* recitaret ; hæc enim novi viris præstantissimis maxime displicuisse (35). At indubitata res est, eos jam dudum prece cônflata ex angeli salutatione, et Elisabethæ verbis Mariæ benedicentis fuisse usos ; quod ex Antiphonario Gregorii Magni innotescit. Dominica enim ante Vigiliam Nativitatis Domini hæc dicenda præscribuntur (36) : *Ave, Maria, gratia plena, Dominus tecum ; benedicta tu in mulieribus, Allel.* Quæ verba ipsa in aliis etiam vetustis antiphonariis occurrunt ; leguntur quoque in Offertorio Missæ votivæ Virginis, anti-

(32) *De Deipara*, lib. III, cap. 11.
(33) Exstant hæ preces, pag. 735 et seqq. tom I XII *Bibl. M. PP.*
(34) Vide, quæ traduntur in Catalogo codicum Mss. Orientalium bibliothecæ Mediceæ a cl. Stephano Evodio Assemano archiepiscopo Apameæ adornato ad codicem 339, pag. 411. Quanquam, ne quid dissimulem, putant viri etiam laudatissimi minus antiquum esse harum precum auctorem.

(35) In eo libro, quem Papebrochius edidit, hoc illi præposito titulo : *Responsio Danielis Papebrochii ex societate Jesu theologi ad exhibitionem errorum per P. Sebastianum a S. Paulo evulgat.* respons. ad artic. 14, num. 93. pagina pariter 93, copiosissime refutat quod Chioccarellus tradit.

(36) Antiph. post Evang. (In edit. PP. Bened. col. 738, tom. III.

quæ sane, quæque Alcuino tribuitur (37), in qua
etiam additur : *Et benedictus fructus ventris tui.*

5. Eumdem morem indicat, quod narratur in
Vita S. Hildephonsi Toletani : quæ quidem Vita
priscis sæculis elucubrata creditur (38). In ea enim
narratur Hildephonsum, dum in pervigilio Assumptionis B. M. V. ingrederetur ecclesiam, vidisse
Virginem in throno magna cum gloria residentem.
Tum hæc ejusdem Vitæ scriptor adjicit : « Genibus
flexis illum ei versum angelicæ Salutationis recolere
cœpit, multoties dicendo : *Ave, Maria, gratia plena,
Dominus tecum ; benedicta tu in mulieribus, et benedictus fructus ventris tui,* ipsumque versum finitum
assidue iterando repetebat, donec ante ejus præsentiam perveniret. » Porro valde probabilis eorum
conjectura est, qui putant morem jam in Ecclesiam
inductum, servatum fuisse ab Hildephonso : neque
enim illi deesse poterant preces aliæ, quibus pietatem suam erga Virginem patefaceret.

6. Petrus Damiani, sæculo xi Ecclesiam eruditione sua et vitæ sanctitate illustravit. Is inter sacras preces et pla carmina, quæ elucubravit,
rhythmo etiam edidit paraphrasem quamdam angelicæ Salutationis : qui Rhythmus lxiii locum occupat inter eas, quas dixi, preces et carmina. Quia
acceptum id lectori fore arbitror, totum exhibeo (39) ·

> Ave, *David filia, sancta mundo nata,*
>   *Virgo prudens, sobria, Joseph desponsata,*
>   *Ad salutem omnium in exemplum data,*
>   *Supernorum civium consors jam probata.*
> Maria, *miseria per te terminatur,*
>   *Et misericordia per te revocatur,*
>   *Per te navigantibus stella maris datur,*
>   *Lumen viæ panditur, portus demonstratur.*
> Gratia *te reddidit cunctis gratiosam,*
>   *Te vestivit lilio, sparsit in te rosam,*
>   *Te virtutum floribus fecit speciosam,*
>   *Intus, et exterius totam luminosam.*
> Plena, *medicamine, abundas unguentis,*
>   *Terge sordes criminum, plagam sana mentis*
>   *Hujus tui supplicis in te confidentis,*
>   *Et hos sacros rhythmos coram te psallentis.*
> Dominus *Rex omnium ex te sibi fecit*
>   *Cellam pigmentariam, quam cunctis præfecit :*
>   *In qua miras species Salvator confecit,*
>   *Quibus omnes dulciter electos refecit.*
> Tecum *tota Trinitas facit mansionem,*
>   *Pater, Verbum, Spiritus fixit sessionem ;*
>   *Propter quod nunc largius ad devotionem*
>   *Te ipsam fidelibus præbes lectionem.*
> Benedicta, *benedic te benedicentes,*
>   *Fac in tuis laudibus sint proficientes,*
>   *Infige dulcedinem in tuorum mentes,*
>   *Ut in bonis actibus semper sint ferventes.*
> Tu *in mulieribus optima figura,*
>   *Quæ Regis es gloriæ Mater, Virgo pura ;*
>   *Quo probaris dignior omni creatura,*
>   *Hoc agente Domino singulari cura.*
> Et benedictus *Deus, qui cuncta creavit,*

> *Qui matris in utero te sanctificavit ;*
> *Benedictus Filius, quem tuus portavit*
> *Virginalis uterus, quem ipse formavit.*
> Fructus *tuus, Domina, fructus est cœlorum,*
>   *Quo pascuntur angeli cœtusque sanctorum ;*
>   *Christi meditatio cibus est eorum,*
>   *Qui per viam ambulant ejus mandatorum.*
> Ventris *habitaculum Rex regum intravit :*
>   *Cujus tabernaculum sibi dedicavit :*
>   *Condens ibi gladium, per quem hostem stravit,*
>   *Et manna dulcissimum, quo fideles pavit.*
> Tui *sapor germinis nostrum est solamen :*
>   *Per te vitæ sumpsimus æternæ libamen :*
>   *Quam det nobis Dominus per tuum juvamen,*
>   *Qui vivit in sæcula sæculorum. Amen.*

7. *Corollam,* seu *Coronam* Virginis fuisse in
Ecclesiam sæculo xi inductam, valde probabilis
virorum laudatissimorum opinio est, auctore
scilicet Petro Eremita (40) : porro hanc fuisse ex
plurimis angelicis Salutationibus contextam indubitata res est,

8. Hoc ipso sæculo obsequium hoc erga Virginem adhibitum fuisse, et, nisi prorsus fallimur,
nonnihil ante quam Petri Eremitæ studio latissime
propagaretur, hæc, quæ ex Bollandi consectatoribus didici (41), ostendunt : « In Opere nostro ad
diem vii Aprilis occurrunt Acta S. Ayberti [Choquetius Albertum nominat] monachi reclusi in
Hunnonia, qui anno Christi 1140 obiit, in quibus
Robertus archidiaconus et biographus coævus tomo I istius mensis, pag. 677, inter alia orationis
exercitia hoc commemorat : « Centies in die fle
« ctebat genua, et quinquagesies prostrato cor
« pore, scilicet articulis et digitis sublevato, in
« unaquaque flectione dicens : *Ave, Maria, gratia*
« *plena, Dominus tecum, benedicta tu in mulieri*
« *bus, et benedictus fructus ventris tui.* » Ex his
sequitur sanctum Aybertum centies flexis genibus et quinquagesies prostrato corpore Salutationem angelicam recitasse, atque ita quotidie Deiparam honorasse *tribus quinquagenis,* ut Thomas
Cantipratensis lib. ii *Apum,* cap. 29, num. 6, loquitur occasione cujusdam juvenis, quem beatissima Virgo ob simile Salutationum angelicarum
pensum ad gloriam invitavit, ubi etiam num. 8,
narrat prodigium de altero juvene, *qui, quamvis
esset totaliter sæculo deditus, beatæ tamen Virgini
Mariæ devotus, quotidie tres dictas quinquagenas
in salutationibus exsolvebat.* »

9. Sæculo xii vixit Bernardus Claravallensis, cujus sermonem tertium super evangelica verba :
Missus est angelus Gabriel, si quis legerit, merito suspicabitur, ad consuetudinem, de qua agimus, eum respicere ; jungit enim explicationi
angelicorum verborum : *Ave, gratia plena, Dominus tecum,* explicationem verborum Elisabethæ :

---

(37) In Offertorio etiam Dominicæ iv Adventus,
in nonnullis vetustis codicibus legitur. Num Offertorium hoc Gregorium Magnum auctorem habeat
an non, alii videant.

(38) Vide *Act. Sanct. ord. S. Bened.* collecta ab
Acherio, et a Mabillonio illustrata, sæculo ii. Locus,
qui hic allegatur, respondet pag. 499 editionis
Venetæ 1733.

(39) In Veneta editione anno 1743 adornata,
tom. IV, pag. 12.

(40) Vide quæ dissert. 5, hoc de argumento
trademus.

(41) In *Actis SS.* ad diem 4 Augusti, de S. Dominico, num. 404, pag. 433, tom. I August.

Benedicta tu in mulieribus, et benedictus fructus ventris tui, et utraque pio commentariolo illustrat. Bernardi verba cum multa sint, ab iis afferendis supersedeo, ne æquo longior fiam : lectorem tamen deprecor, ut ea quæ numeris quarto, quinto, sexto et septimo ejusdem sermonis comprehenduntur, per se legat.

10. Edidit Lucas Wadingus, præposito Anselmi Lucensis nomine, quatuor opuscula ; hæc scilicet : *Meditationes in Orationem Dominicam ; in Ave, Maria ; super Salve, Regina*, et *de gestis Domini*. Num Anselmum Lucensem auctorem ea habeant, dubitatum deinceps est a non paucis ; at vetusta ea esse quæ dicimus opuscula, affirmant omnes (42).

11. Amadeus Lausanensis ad hunc modum homiliam 3 *De laudibus Virginis Mariæ* concludit : *Ave, gratia plena ; Dominus tecum : benedicta tu in mulieribus, et benedictus fructus ventris tui Jesus Christus, qui est super omnia benedictus Deus in sæcula sæculorum. Amen*. Annon vero id morem, de quo agimus, manifesto innuit ?

12. Sane sæculo xi consuevisse non paucos Coronam Virginis recitare, probabilibus monumentis deinceps ostendemus. Quo posito, rectissime dicimus ea ætate usitatam fuisse eam, de qua agimus, precem ; id enim evincit angelicæ Salutationis crebra repetitio, quam exposcit Corona Virginis.

13. Mabillonius nos etiam docet (43), Odonem, qui anno 1196 Parisiensis episcopus electus est, inter alias ecclesiasticas Constitutiones hanc edidisse : « Exhortentur populum semper presbyteri ad dicendam Orationem Dominicam, et *Credo in Deum*, et Salutationem B. Virginis. » His descriptis hæc statim subjicit idem clariss. Mabillon. : « Idem omnino totidem verbis anno 1246 præscribitur a decanis Ecclesiæ Rothomagensis apud nostrum Pomerayum. Deinde Salutationis angelicæ precatio. fere in legem evasit apud omnes. » Ea, quæ tradit Mabillon., approbat Papebrochius, ejusdem Mabillonii auctoritate id, quod tradit, confirmans (44).

14. Sane sub initium sæculi xiii originem sumpsisse Rosarium Virginis, studio sancti Dominici ordinis Prædicatorum institutoris, vulgatissima virorum doctissimorum opinio est. Adjiciunt quoque hoc pietatis erga Virginem genus fuisse ab eo maxime propagatum. Quo posito, negabitne quisquam iis temporibus viguisse consuetudinem.

recitandi in ecclesiasticis conventibus angelicam Salutationem, quandoquidem Rosarium ex Salutatione angelica certis decadibus repetita maxime constat ?

15. Hanc, aut potius affinem [neque enim intermissarum per decades orationum Dominicarum meminit] consuetudinem indicat F. Bartholomæus Tridentinus hæc scriptis prodens (45) : « Deo dicatæ feminæ, quæ Mariam optimam ter quinquagies cum devotione salutaret. » Quibus verbis, quamvis alia desint, quibus sensus compleatur, indicatur tamen mos ille, quem dicimus. Sed expressius et manifesto deinceps (46), hæc scribens : « Eulalia sanctimonialis beati Cado Werbardi Cestoniæ devotissima fuit gloriosissimæ Virginis Mariæ, et omni die cl *Ave, Maria* dicebat. Cui beata Mater visibiliter apparuit, eique dixit, quod valde delectabatur cum *Dominus tecum* morosius dicebatur : unde illa c dimisit, et cum mora l quotidie dixit. »

16. Salutationem angelicam a fidelibus sæculo xiii frequentatam, ex eodem Bartholomæo assequimur. Hæc ex codice eodem quem antea allegavi, exscribo : cap. 98 [*Assumptio B. Mariæ Virginis*] Mariam sanctissimam hæc loquentem inducit : « Licet illa [mulier adultera] sit despicabilis, mihi tamen in jejuniis, angelica Salutatione, et aliis est devota. » Cap. 105 : *Nativitas B. Mariæ Virginis*. — « Miles post multa scelera ad Dominum conversus devotissime Mariam angelica Salutatione assidue salubatat. » Cap. 133 : « Clericus de civitate Carconensi peccator erat, sed gloriosam Dominam in magna devotione habebat, et sæpe dicens, *Ave, Maria*, eam salutabat. » Cap. subseq. id est, 134 : « Miles quidam nequissimus pœnitentia ductus religionem intravit. , Magister ejus.. docuit eum *Ave, Maria*. » Cap. 143, pietatem eorum commendat, « qui ad honorem gaudii, quod Mater Dei in resurrectione Filii habuit, septies *Ave, Maria*, devote proferrent. » Salutationis angelicæ junctæ orationi Dominicæ meminit, cap. 230.

17. Cæsarius sæculo xiii pietatis laude celebris exstitit. Hic inter alia narrat (47), quod cum quidam conversus Cisterciensis sæpe a diabolo visibiliter apparente multis modis infestaretur, « suasum est ei a quodam viro religioso, ut angelicam Salutationem contra occurrentem proferret. Quod cum fecisset, malignus spiritus quasi turbine impulsus clamavit : *Diabolus dentes ei excu-*

---

(42) Opuscula hæc in libro, quem *Stimulum amoris* inscripsit illius auctor, invenies cap. 16 et seqq. partis iii. Librum hunc, quem multi S. Bonaventuræ tribuunt, eidem adimit is præclarus theologus, cui Venetam editionem anni 1751 debemus. Vide, quæ tradit ille de suppositiis Bonaventuræ tributis libris, part. iii, § 4, num. 2, pag. 112, tom. I.

(43) In Præf. ad A*t. SS. Ord. S. Bened.* sæculi v, num. 121, pag. lx editionis Venetæ. De hoc

libro (in fronte ejusdem libri) edocemur : eum « colligere cœpisse domnum Lucam d'Achery. D. Joannem Mabillon absolvisse, illustrasse, edidisseque cum necessariis Indicibus. »

(44) In libello *Respons. ad exhibit. error. per P. Sebastianum a S. Paulo evulgat*. num. 94.

(45) *Vitæ et Actus SS. per anni circulum*, cap. 105 : Nativitas B. Mariæ Virginis

(46) Inter mirac. adjecta, cap. 247.

(47) Lib. vii, cap. 26, pag. 498.

tiat, qui te docuit; sicque liberatus est ab eo. ›

18. Alia non pauca exempla idem Cæsarius narrat, quibus virtutem angelicæ Salutationis adversus dæmonem facile erues. Quanquam autem has et affines alias narrationes irrident Protestantes, nec multo in honore eas habent rigidiores e Catholicis ipsis critici, illud tamen certo ex iisdem narrationibus inferimus, celebrem fuisse et usitatam apud fideles Salutationis angelicæ recitandæ, Cæsarii tempore, consuetudinem. Eamdem angelicam Salutationem sæculo xiii fuisse in usu, tam Mabillon, quam Papebrochius eruunt ex Constitutionibus Cisterciensium sæculo xiii collectis ; etenim in iis præcipitur, ‹ ut nullus conversus habeat librum, nec discat aliquid, nisi tantum *Pater noster* et *Credo in Deum, Miserere,* et *Ave, Maria.* ›

19. Constitutiones Canonicorum regularium Nicosiæ eodem sæculo, id est xiii, compositas, et eodem etiam conscriptas apud me servo. Porro capite 16, part. ii earumdem Constitutionum hæc exstant : ‹ Qui dicit jurando simpliciter *per Deum*, *per fidem suam; sic Deus me adjuvet,* aut simili modo, audiente uno, vel pluribus, statim ubicunque sit, procumbens dicat semel *Ave, Maria,* › etc. Qui mos, me quidem judice, non modo ad pœnitentiam aliquam statim subeundam præscriptus est, verum etiam ad exposcendam B. Virginis opem, ut veniam a Deo commissi erroris obtineat.

20. Num sanctus Thomas illius opusculi auctor fuerit, in quo Salutatio angelica explicatur, et commentariolo illustratur, severiores critici dubitant. Pierique tamen sancto Thomæ tribuunt (48). Tametsi vero eam expositionem sancto Thomæ nonnulli abjudicant, fatentur tamen omnes antiquam illam esse, et nisi prorsus fallimur, sæculo xiii compositam.

21. Porro xiv sæculo theologi summi nominis laudem sibi promeruit Petrus Paludanus. Is autem, quantum ea ætate in pretio haberent angelicam Salutationem fideles, eamque frequentarent, haud-obscure significat, dum inter eas preces, quas Christiani discere debent, Salutationem angelicam collocat, item ut orationem Dominicam, et Symbolum fidei : cujus quidem rei rationem hanc affert (49) : ‹ ‹ Quia ista sunt fidei rudimenta, et quasi principia, quæ omnem discipulum habere oportet. ›

22. Annon vero subsequenti sæculo in fidelium cœtibus recitata est angelica Salutatio, quandoquidem novimus sacros oratores, qui concionem habebant ad populum, ea, quam dicimus, prece [totius populi nomine, nisi probabilis conjectura

nos decipit, recitata] Virginis opem implorasse (50) ? Id nos apertissime docent subsequentia Bernardini viri sanctissimi itemque doctissimi verba, quæ, licet multa sint, recitari tamen exposcunt, præsertim cum precem jam Elisabethæ verbis adjunctam habeant : *Sancta Maria, ora pro nobis peccatoribus,* et nostris in regionibus usitatam indicent, et prodant eum morem (invocandi scilicet in sanctissimis concionibus Mariam), quem morem sancto Vincentio Ferrerio Rodricus Mendez tribuit. En itaque Bernardini verba, quæ dicimus : ‹ Ad quem ergo confugiemus hodie pro tanta gratia impetranda ? Cujus precibus impetrare poterimus eam ? Quem reperire valebimus intercessorem ? Si enim ad Virginem Matrem, quæ nobis solet omnes gratias impetrare, vellemus hodie habere recursum, reperiemus eam sic Filio dilecto tam horribiliter conculcato et crucifixo totis visceribus, omnibus sensibus, et cunctis cogitationibus compati, ut sic in eam totaliter transformari, quod ad nihil aliud sentiendum mentem suam videretur posse transferre. Quid enim rememoratio gratiarum suarum atque nostrarum petitionum in ejus memoria aliud esset, nisi multiplicatio suorum dolorum ? Nam si dicerem *Ave,* respondere utique posset : Sed ne, quæso, dixeris mihi *Ave,* id est, sine *væ,* quæ jucunditatis salutatio est ; quia væ dolorum et afflictionum Filii mei dilecti in cruce pendentis sola compatiendo supporto : *Posuit me Dominus desolatam, tota die mœrore confectam.* (*Thren.* i, 13.) Si dicerem ei, *Maria,* respondere valeret : Ne dicas mihi *Maria,* hoc est *illuminata;* cum lumine oculorum meorum orbata sim : *Et lumen oculorum meorum et ipsum non est mecum.* Nec dici possum *Maria,* id est, *illuminatrix,* cum locata sim in tenebris, et in umbra mortis. Si etiam adderem ei, *Gratia plena;* et iterum responderet : Heu mihi ! filii Adæ : qualis mihi gratia, ante oculos meos videre Filium meum tot doloribus et confusionibus plenum inter latrones pendentem ? Si subderem, *Dominus tecum,* subito responderet : Quomodo Filius meus Dominus est, qui tanquam malefactor et latro pendet in patibulo crucis ? Nec etiam mecum illum dicere vales, quem nec tangere, nec insuper ei valeo appropinquare. Idcircó ego plorans, et oculus meus deducens lacrymas, quia *longe factus est a me consolator meus.* (*Thren.* i, 9.) Si dicerem : *Benedicta tu in mulieribus,* merito responderet : Quomodo benedicta sum super alias mulieres, quæ ab omnibus cum dilecto Filio meo sum crudeliter maledicta et blasphemata ? Unde Thren. i, 8 scriptum est : *Omnes persecutores ejus apprehenderunt eam inter angustias : omnes qui glorificabant*

---

(48) In lib. iv *Sentent.* distinct. 15, quæst. 5, art. 1, fol. 71, col. 3, edit. Paris. 1514.

(49) In *Hierolexico* Dominici Macri ad verbum, *Salutatio angelica,* pag. 539 : ‹ Gloriosus patriarcha S. Dominicus, sive, ut alii existimant, S. Vincentius Ferrerius Salutationem angelicam in principio prædicationis introduxit. Fr. Rodricus

Mendez Sylva in suo Catalogo reali sub anno 1423, refert S. Vincentium Ferrerium hujus devotionis introductorem fuisse. ›

(50) Tom. I, pag. 237, edit. Venet. 1745, serm. 51 (de passione Domini), in ipso fere sermonis initio.

eam, spreverunt illam, quia viderunt ignominiam cjus. Si subinferrem : *Et benedictus fructus ventris tui :* nonne dicere posset : Qua ratione benedictum fructum ventris mei nominas, qui continue a gente impia Judæorum est blasphemiis et improperiis maledictus ? Et in, eo verificatur, quod Deuteron. xxi, 23, scriptum est : *Maledictus omnis, qui pendet in ligno.* Si adderem quoque *Jesus,* qui *Salvator* interpretatur ; miraretur utique dicens : Quomodo Filium meum *Salvatorem* nominas, cum impia Judæorum turba ei improperando dicat : *Alios salvos fecit, se ipsum non potest salvum facere?* (Matth. xxvii, 42.) Nec insuper subdere possum : *Sancta Maria, ora pro nobis peccatoribus :* quia merito responderet posset : Quomodo pro vobis peccatoribus orare, debeo, quæ compati Filio meo dilecto in cruce pendenti non sufficio, sed præ dolore et lacrymis toto corde deficio ? *Dimitte ergo me, ut plangam paululum dolorem meum* (Job x, 20).

23. Morem hunc, quem superioribus verbis fuse explicavit Bernardinus, alibi tametsi minus perspicue innuit, his scilicet verbis (51) : « Quia non decet Virginem Matrem in tanta hodie mœstitia laborantem, advocatam pro nostra indigentia postulare : ne tanti beneficii, scilicet Dominicæ passionis, reperiamur ignari, et ingrati, tu sanctissima Crux, etc. »

24. Alia sancti Bernardini verba, quæ hujusce precis commendationem etiam et utilitatem exhibent, quæstione subsequenti producam.

25. Si alia his addidero, rem inutilem videbor agere; antiquitatem enim consuetudinis, de qua disserimus, ea quæ attulimus, apertissime evincunt. Prosecutos vero fuisse sæculo xvi, et sequentibus duobus acceptam a majoribus angelicam Salutationem recitandi consuetudinem, nemo vertere in dubium audet : adnitente præsertim piissimo Prædicatorum ordine, ut Rosarium in publicis Ecclesiæ conventibus a fidelibus recitaretur. Et si solemnem supplicationem excipias, in qua sanctissimum sacramentum defertur et colitur, in plerisque aliis solemnioribus sacris supplicationibus hoc pietatis obsequio Maria sanctissima honorari solet.

QUÆSTIO III. — *Num ea, de qua superiori quæstione egimus, invocandi Virginem formula duas priores partes tantummodo comprehenderit, an tertiam etiam. Qua occasione tradimus, quo tempore tertia hæc pars addi cœperit, et augmenta quæ habuit.*

1. Viris præclarissimis inhæsit olim opinio, consuevisse fideles ab Ephesino ipso concilio, duabus prioribus Salutationis angelicæ partibus tertiam adjungere, quæ precem Mariæ directam habet, in qua scilicet eam oramus ut nobis præsentem, et deinceps etiam, et præsertim in mortis discrimine, opem ferat. Opinio hæc, quam vulgus approbat, placuisse visa est viris doctissimis Baronio (52) et Bonæ (53). Adde, si vis, Menol. Carmelit. pag. 126.

2. At nostris temporibus eidem opinioni plerique obsistunt : et ex *Bibliotheca historica et critica scriptorum congregationis S. Mauri,* adornata a P. Philippo Le Cerf, (p. 342, 343) assequimur fuisse propositam in publicis thesibus propositionem hanc : «Angelica Salutatio duodecimo sæculo in usu esse cœpit ; at voces hæ, *Sancta Maria,* et subsequentes aliæ diu post sextum decimum sæculum adjunctæ esse videntur. » Assequimur quoque eamdem propositionem a Bajocensi episcopo fuisse acerrima censura notatam, a Patre vero Massuet luculenter docteque vindicatam.

3. Mabillon vir sane doctissimus (54) hæc tradit : « An tunc temporis [dum scilicet Romanam sedem teneret Leo X], jam addita esset precatio, quæ Salutationi subjecta est, merito dubitari potest. Et quidem sæculo xv nondum addita fuerat hæc appendix Salutationis, quæ, *Sancta Maria* incipit.

4. Leoni X superstes vixit Erasmus, qui, dum consuetudinem recitandi in ecclesiasticis conventibus frequentius Salutationem angelicam reprehendit (55), quia scilicet mos iste impediebat [eo judice], ne populus ad conciones sacras audiendas concurreret, camdem Salutationem ex angeli et Elisabethæ verbis tantummodo compositam indicat (56).

5. Nostris ipsis temporibus opinionem Mabillonii amplexus est P. Plazza (57), cui multi adhæserunt.

---

(51) Tom. III, edit. Venet. ann. 1745, pag. 148, in ipso fere initio sermonis 56, *De passione.*
(52) *Annal. Eccles.* ad an. 431, num. 179 : « Ecclesia.... ubique locorum Matrem Dei Mariam omnium ore cantans, laudans atque prædicans. Tunc et additamentum illud accepisse creditur angelica Salutatio : *Sancta Maria, Mater Dei, ora pro nobis,* etc. Quod omnium fidelium ore dici ac frequentius repeti, et tanquam prima quædam elementa a piis parentibus, una ferme cum lacte, infantibus propinari consuevit, » etc.
(53) *Divinæ Psalmod.* cap. 16, § 2, n. 1 et 2 : « At Ecclesia utrumque nomen et Matris et Filii merito expressit, ut dulcissimo Matris nomine prolato, ad reverentiam et devotionem excitemur ; nomine vero Filii ejusdem Matris erga nos benevolentiam conciliemus. Posterior pars his verbis

---

exprimitur : *Sancta Maria, Mater Dei, oro pro nobis peccatoribus, nunc et in hora mortis nostræ.* Hoc additamentum accepisse creditur magno totius Ecclesiæ gaudio angelica Salutatio in magna synodo Ephesina, quando beatissima Virgo vere Mater Dei, vere Θεοτόκος, summo Patrum consensu proclamata, et Nestorius portentosæ blasphemiæ auctor exauctoratus, et damnatus fuit. »
(54) Num. 123; præfat. in sæculum v Benedict., pag. 61, ed. Venet.
(55) *Eccles.* lib, 11, an. 1555 edit.
(56) « Adde his omnibus, quod isti admonito populo, ut invocet beatam Virginem, nihil petunt ab ea, sed tantum salutant verbis angeli et Elisabethæ. »
(57) *Vindicatæ devot.* part. 11, cap. 15, num. 10, pag. 452.

Nec temere vero opinio hæc viris etiam eruditione præstantibus valde probabilis visa est ; etenim his momentis innititur. Si veteres consulis, nemo unus hujus additionis meminit , ideoque nec Epiphanius , nec Hildephonsus , nec Petrus Damiani , nec Bernardus , nec Amedeus , quos jam allegavimus, nec deinceps alii sæculo xvi anteriores, ideoque nec Bonaventura (58) , nec Anselmus Lucensis [si his tribuimus explicationem Salutationis angelicæ], nec alius quispiam , qui Leonem X præcesserit. Novimus quidem arbitrari præstantes viros, addidisse Urbanum IV verbis : *Fructus ventris tui* [quibus antea deprecatiuncula, quam dicimus, concludi consueverat] hæc : *Jesus Christus. Amen* (59). At verba alia antiquitus fuisse addita , minime novimus. Imo si veteres interpretationes hujus precis consulimus, vel angeli verba tantummodo explicant, vel certe desinunt in voce *Jesus Christus. Amen.* Deest hæc additio in explicatione Salutationis angelicæ, quæ sancto Thomæ (nec immerito) tribuitur : etenim his verbis suum orditur opusculum sanctus Thomas : « *Ave, Maria, gratia plena, Dominus tecum.* In illa Salutatione continentur tria. Unam partem fecit angelus, scilicet, *Ave, gratia plena, Dominus tecum, benedicta tu in mulieribus.* Aliam partem fecit Elisabeth , mater Joannis Baptistæ , scilicet , *Benedictus fructus ventris tui.* Tertiam partem addidit Ecclesia, scilicet , *Maria :* nam angelus non dixit : *Ave, Maria ;* sed , *Ave, gratia plena.* » Hæc illa sunt verba, quæ Commentario suo Thomas illustrat ; neque ullum verbulum addit , quod indicet additamentum illud , *Sancta Maria, Mater Dei,* etc. Consule etiam , obsecro , eas Salutationis angelicæ paraphrases Italica lingua sæculis xiv et xv compositas, quæque deinceps editæ sunt ; omnes enim fere ea additione carent. Caret quoque ea quam in libello Mss. precum Gallica lingua compositarum in bibliotheca S. Salvatoris Bononiæ servamus, hæc enim exstat Salutationis angelicæ paraphrasis sæculo xv, nisi fallimur, edita :

> Ave *Royne de droiture ,*
>   *Virge pucelle nette et pure ,*
>   *Je te suppli per cest ave ,*
>   *Mon cuer soit de pechie lave.*
> Maria *estoille de mer*
>   *Apren mon cuer a toy amer ,*
>   *Et vueilles tellement conduire ,*
>   *Que l'anemi ne me puit nuire.*
> Gratia *se je lay perdue ,*
>   *Par ta bonte me soit rendue ,*
>   *Et les dons dou saint esperit ,*
>   *Que l'ame de moy ne perit.*
> Plena *sans fin et plus que plaine*
>   *De la grace Dieu souveraine ,*
>   *Donne moy aucune partie*
>   *Des vertus dont tu es ramplie.*
> Dominus tecum *volt descendre ,*
>   *Et en toy char humaine prendre ,*

> *Ii quelx per amour et per foy*
>   *Vuille descendre avec moy.*
> Benedicta tu *sainte dame ,*
>   *Ne vueilles soffrir que mon ame*
>   *Soit a la mort de Dieu maudite ,*
>   *Mais soit en paradis benite.*
> In mulieribus *premiere ,*
>   *A cui nulle ne se compere ,*
>   *Fay moy per ta sainte priere*
>   *Fuir d'enfer la grant misere.*
> Et Benedictus *sans mesure ,*
>   *Le Dieu de toute creature*
>   *Me doint ou ciel veoir so face ,*
>   *Per ton amour, et per ta grace.*
> Fructus ventris tui *sans pere ,*
>   *Ihesu fils de toy virge mere ,*
>   *Me doint user du fruit de vie*
>   *En paradis sans depertie. Amen.*

6. Idem mos in regionibus aliis eodem sæculo xv in usu erat. Joannes Cele canonicus regularis Windesemensis in recitanda hac prece verbis his, *Jesus Christus ,* addebat : *Qui est gloriosus Deus benedictus in sæcula* (60), non aliud quidquam.

7. Quis vero ea de re miretur ? Deest nempe additio illa in præcedentibus Joannem Cele sacris et historicis libris. Deest in Vita S. Ayberti [7 Aprilis, cap. 2, n. 14 , pag. 677 tomi I Operis Bollandiani] ; vixit autem sanctus Aybertus sub finem xi , et sub initium xii sæculi. Deest adhuc in Breviario Carthusiensi vetusto, quod nostra servat bibliotheca, quodque sæculo xiii , vel, si vis , sub initium xiv conscriptum est; nam pag. 48 , Salutationem angelicam ad hunc modum exhibet : *Ave, Maria, gratia plena, Dominus tecum ; benedicta tu in mulieribus, et benedictus fructus ventris tui.* Deest quoque in aliis sane non paucis ecclesiasticis Joannem Cele etiam subsequentibus libris. Exstat scilicet in nostra bibliotheca vetustum B. Mariæ Virginis Officium sub initium sæculi xvi Venetiis editum, cui preces aliæ adjunguntur. Inter has ea exstat, quæ in eodem libello *Rosarium deauratum B. M V.* appellatur, quod præit Salutatio angelica hoc modo proposita : *Ave, Maria, gratia plena ; Dominus tecum, benedicta tu in mulieribus, et benedictus fructus ventris tui Jesus Christus. Amen.* Id ipsum occurrit in libello inscripto , *Hortulus animæ,* edito Antuerpiæ anno 1568 , pag. 202. Salutatio enim angelica sic se habet : *Ave, Maria, gratia plena, Dominus tecum : benedicta tu in mulieribus, et benedictus fructus ventris tui, Jesus Christus.* Aliis in catholici orbis partibus eumdem morem iis ipsis temporibus invaluisse , ex eo discimus, quod Moguntiæ anno 1561 editus est libellus hac illi inscriptione præposita : *Brevis ad Christianam pietatem institutio composita a Michaele episcopo Mespurgensi superiori tempore suffraganeo Moguntinensi in puerorum usum conscripta.* In eo porro post explicatas duas priores Salutationis angelicæ partes, id est, eam , quæ ex

---

(58) *Stimulus amoris.* Vide quæ adnotavimus, num. 10, quæst. 2.
(59) Mabillon. Præf. in v Sæcul. ord. S. Bened. num. 123. Tamen recole quæ de S. Hildephonso

diximus, quæst. 2, num. 5.
(60) Mabillon. n. 123 , in v Sæcul. Præf. Ben. ex Chr. Wind. lib. i, c. 70.

angeli, cum quoque, quæ ex Elisabethæ verbis
constat, hæc adjiciuntur : « At ne in sequentibus
quidem laudibus quidquam admiscemus de nostris
verbis, sed Elisabeth feminam Deo plenam imitamur,
acclamantes Mariæ Virgini : *Benedicta tu inter mulieres, et benedictus fructus ventris tui.* Et merito
quidem hæc dicuntur : per ipsam enim damnato
orbi salus rediit, ex qua ille benedictionum omnium
uberrimus fons profluxit, fructus ventris ejus Jesus
Christus. » Quæ quidem monita apertissime declarant, desiisse iis temporibus in Germania, aut
saltem in Moguntina diœcesi Salutationem angelicam notissimis Elisabethæ vocibus : *Et benedictus
fructus ventris tui.*

8. At quamvis hæc vera sint, verum est etiam,
cœpisse jam dudum fideles addere superioribus
duabus hujusce precis partibus tertiam, supplicationem scilicet datam ad Virginem. Quod ne temere
dictum putes, quædam quasi primordia consuetudinis post duas priores partes tertiam adjungendi,
deprecationem scilicet aut generatim propositam,
qua nos Virgini commendamus, aut expressiorem,
in qua eam obsecramus ut in mortis discrimine
nobis opituletur, Patrum orationes, in quibus
id indicatur, primum afferam : tum expres-is-
sima ipsa hujusce consuetudinis exempla. Au i
quomodo Damascenus Salutationis angelicæ explicationem directis ad Virginem precibus concludat :
« Hodie Gabriel, inquit (61), festivissimæ hujus
celebritatis chororum princeps, Reginæ sursum
acclamet, et dicat, *Ave, gratia plena; Dominus
tecum.* Hodie nos etiam qui luteæ linguæ sumus,
clamemus, et gloriosissimæ ac luciferæ Dei Salvatorisque nostri Jesu Christi Matri verba quædam
gratiosa dicamus, vocibus istis jucunde gratulantes :
*Ave, gratia plena, Dominus tecum, benedicta tu in
mulieribus, et benedictus fructus ventris tui.* » Et
his tandem verbis orationi finem imponit : « Ave,
ave, quæ vere es super omnes benedicta ; ave,
propter quam nos hodie captivi laudatores quadruplicem hanc salutatoriarum compellationum pentacontadem contexuimus. Cæterum, optima Domina,
misericordiam extendas tuam in eos qui te noverunt, ac respice in servos tuos, et in opera tua, et
cunctos dirige in viam pacis : quoniam omnium
oculi in te sperant, teque sequestra, reconciliationem cum Filio, Deoque tuo, ac Deo nostro
nacti sumus, cui gloria, cui imperium, cui robur
cum ipsius experte principii, et ejusdem naturæ
Patre, et sancto Spiritu, nunc et semper, et in
infinita sæcula sæculorum. Amen. » Nonne hoc est
Virginem deprecari, ut tam validam nobis opem
ferat, ut ea adjutrice *in viam pacis* (æternæ scilicet)
abeamus ?

9. Idipsum præstitit Andreas Cretensis, vir apud

Græcos summi nominis. Imo salutis æternæ mentionem faciens, videtur auxilium Virginis *mortis
hora adfuturum* exposcere. Oratione enim quarta
breviore *in Annuntiationem* hæc habet(62): « Consons
Gabrieli vocibus ad Virginem clamemus : *Ave, gratia
plena : Dominus tecum,* ex qua salus Christus Deus
noster assumptam naturam hominum ad se revocavit. Obseçra, ut salutem consequamur animarum
nostrarum. »

10. Petrum Damiani recentibus scriptoribus minime ascribes. Is tamen in explicatione, seu paraphrasi Salutationis angelicæ, quam alibi totam
descripsi, duabus prioribus, angeli scilicet et
Elisabethæ commentariolo illustratis hæc adjungit,
quæ procul dubio deprecationem continent, et
affinia sunt iis quæ nunc adhibemus (63) :

> *Tui sapor germinis nostrum est solamen :*
> *Per te vitæ sumpsimus æternæ libamen :*
> *Quam det nobis Dominus per tuum juvamen ,*
> *Qui vivit in sæcula sæculorum. Amen.*

11. Idem dic de ea Salutationis angelicæ Gallica
explicatione, quam antea retuli.

12. Eadem tertia pars expressissime occurrit in
Breviario Carthusiano apud Thielmannum Ker-
ver (64) anno 1521 edito. Etenim ante parvum
Officium B. Mariæ ea de qua agimus, Salutatio complectitur notissimam supplicationem *Ora pro nobis
peccatoribus. Amen.*

13. Nec primum tamen in ea addita est. A Dante
Aligherio celeberrimo poeta, Italica lingua, et
Etrusco rhythmo elucubrata creditur explicatio, seu
paraphrasis angelicæ Salutationis adjecta prece ad
Virginem directa. Eam novi jam dudum typis editam, sed ego eam diligentissime ex vetere codice,
quem servat in nobili sua bibliotheca præclarissimus
Tarvisinus antistes Paulus Franciscus Justinianus,
exscripsi, eamque lectori, servata antiqua orthographia, exhibeo, quæ ad hunc modum incipit :

> *Ave Maria del Segnor nostro mare,*
> *El qual fo Ysù Xpô sì benegno*
> *Che morte, e passion fitto sul legno*
> *Per tutti i peccator volse portare.*

Hæc porro precatiuncula ad hunc modum concluditur :

> *Pregar te vopo fontana de gracia*
> *Che de pregar per noi la non ti gravi ;*
> *Benchè siamo tanto iniqui e pravi,*
> *Che del poco ben far tosto ne sacia :*
> *E dì, et ancor meyo, o fiuol mio,*
> *Avocata di peccator facta sun io.*

Huic autem codici ad quædam antiquitatis, et præstantiæ testificationem adjunguntur argumenta a
filio Dantis composita, et valde antiquo charactere
conscripta.

(61) Tom. II Oper. Damasc. editionis Lequien.
an. 1712, pag. 855.

(62) *B.blioth. PP. Lugdun.* an. 1677, tom. X,
pag. 629.

(63) In Rhythmo super Salutationem angelicam
num. 63. tom. IV edit. Venet. 1743.

(64) Mabillon. Præf. in Sæc. v Bened., num. 123

14. Quod si Danti eam abjudicas, codicis tamen, ex quo exscripsi, vetustas, orthographia, et stylus ipse sæculo xiv eam compositam fuisse perspicue ostendunt : quod ad id, quod ago, satis esse arbitror.

15. Ad hæc : In editione *Comœdiæ* Dantis cum CommentariisLambini anno 1529 Venetiis adornata per Jacobum a Burgo Franco, similis explicatio habetur, quæ ad huncmodum incipit :

Ave, Regina Vergine Maria,

et ad hunc modum desinit :

Vergine benedetta sempre tu,
Ora per noi a Dio che ci perdoni :
E che a viver ci dia si ben qua g i ù :
Ch' a nostra fin paradiso ci doni.

Quæ explicatio Danti tribuitur. Sitne Dantis, annon, alii viderint, sed procul dubio valde antiqua est.

16. Servat bibliotheca nostra vetustum codicem sæculo xv, nisi fallimur, Italico metro conscriptum, in quo multæ preces Italico item metro exaratæ exstant, atque inter cætera oratio ea, de qua agimus, id est, *Ave, Maria,* duobus metri generibus exposita. Prima ad hunc modum incipit :

Ave Maria, via del paradiso,
Motre di Christo Vergin Genitrice.

Concluditur autem prece ad Virginem directa :

Concedimi salute, etc.

Altera vero, quam non immerito magistro Antonio Ferrariensi vetustiori (65) tribuimus, sic se habet :

Ave, Regina Vergine Maria,
Piena di gratia : Dio sia sempre techo
Et più ch' altra Donna benedetta sia
El fructo del tuo ventre, el quale io prego
Che me perdoni Dio Christo Jehsù
Sia benedetto, e noi tiri con segho.
E Vergin benedetta sempre tu,
Ora per noi, che Dio sì ce perdoni.
E diace gratia a vincere sì guagni
Chel paradiso al nostro fine doni. Amen.

17. Hic recole, obsecro, quæ ex Bernardino Senensi, superiori quæstione (n. 22, et 23) produximus : apertissime enim ex sancti hujus oratoris verbis evincitur, in publicis sacris cœtibus consuevisse duabus prioribus Salutationis angelicæ partibus tertiam adjungi, in qua Virginem deprecabantur fideles, ut pro nobis peccatoribus oraret.

(65) P. g. 166 codicis, quem dixi, hæc occurrunt : Il Credo di mastro Antonio da Ferrara :

Io credo in Dio Padre Onnipotente, etc.

Eam expositionem proxime sequitur expositio sacramentorum Ecclesiæ, præceptorum tam Decalogi, quam Ecclesiæ, enumeratio vitiorum capitalium, Oratio Dominica, tum denique angelica Salutatio eo genere Italici rhythmi, quod *terza rima* appellamus. Porro horum omnium auctorem esse eum veterem magistrum Antonium Ferrariensem, quem Petrarchæ æqualem novimus, et Antonius a Lanio (Antonio dal Beccajo) appellatus est. (Vide pag 4, libri, qui inscriptus est ad hunc modum : *Rime*

SUMMA AUREA DE B. V. MARIA. IV.

18. Alium etiam sancti nujusce oratoris locum profero, ex quo et utilitas et egregia commendatio et frequentia adjungendi superioribus duabus tertiam partem, quam dicimus, seu deprecationem, eminet. Copiose id prosequitur Bernardinus ; sed ea ipsa, quæ adducam, tametsi pauca, id quod dixi manifesto demonstrant. En itaque illa (66) : «Hæreditas gloriosæ Virginis est salutatio sua, quam apud homines devotione hæreditavit, ut jam *Ave, Maria,* sicut *Pater noster* cuilibet Christiano libeat frequentare. Tertio commendatur ex gratitudine. Magna nempe ingratitudo est, tot suscipere beneficia a Domina nostra gloriosa Maria, et non recognoscere donatricem, nec illi salutando regratiari. Unde contra talem ingratum, Eccli. xli, 25, exprobrative scriptum est : *Erubescite a salutationis silentio.* Tertio ostenditur esse admirabilis salutationis, quia subditur : *Ista salutatio.* In tota namque serie hujus angelicæ Salutationis triplex principale mysterium per ordinem declaratur. Primum est salutationis : ibi, *Ave, Maria.* Secundum est commendationis : ibi, *Benedicta tu.* Tertium est supplicationis : ibi, *Sancta Maria, Mater Dei, ora pro nobis peccatoribus. Amen.*»

19. Servo apud me codicem sæculi xv, qui multa complectitur. Exordium ducit a tractatu *De restitutione* a sancto Antonino Florentino episcopo composito,cujus sanctissimi episcopi ætate videtur etiam is, quem dico, codex conscriptus. Inter hæc duæ exstant paraphrases Salutationis angelicæ, rhythmo non admodum eleganti compositæ. Prior simplici supplicatione Mariæ porrecta concluditur, altera [quam totam deinceps exscribam] expressissime opem Virginis in mortis hora exposcit.

20. Sæculo eodem, id est xv, edita est Collectio laudum Christianarum vario metro compositarum, magna ex parte, Leonardum Justinianum habentium auctorem, eum scilicet ipsum [nisi plane fallor] qui Laurenti Justiniani sanctissimi Venetiarum patriarchæ germanus frater erat. Ea porro, quam dico, Christianarum laudum Collectio edita est Vincentiæ anno 1477 (67). In hac laudum Collectione, paraphrasis seu explicatio Salutationis angelicæ non semel habetur : at in omnibus fere hisce explicationibus adjungitur deprecatio aliqua, qua Mariæ opem exposcimus : sicut autem alibi , ita hic quoque non habetur ubique est : vel scilicet tantummodo in ea poscimus, *ut pro nobis oret;* vel *scelte de' poeti Ferraresi,* Ferrara 1713). Ex eo liquet quod in explicatione Orationis Dominicæ, Dantis (a quo affinis explicatio edita est) se discipulum prodit :

Io non so meglio dire, nè più chiaro
Il Pater noster, che per Dante è decto
Chomo da mio Maestro grande, e charo.

(66) In ipso exordio serm. 6 *in Annunt. B. V.,* pag. 94. tom. IV, edit. Venet. an. 1745.

(67) *Laude dell' Excellentissimo Missier Lunardo Justiniano patricio Veneciano, e de altri sapientissimi homini.*

8

etiam expressius, *ut in mortis hora nobis opituletur.*
Illa, quæ incipit ad hunc modum (pag. 74) :

Ave, Maria, Verzene gloriosa,
Madre nostra advocata,

post explicatas duas priores partes, tertiam his
verbis exhibet :

Ora pro nobis, Madre santa, et pura,
El nostro redemptor Christo to Figlio.

. . . .
Non poi negar Maria che tu non sia
De questo popul conseglio e timone, etc.,

sed nullam mortis mentionem facit.

21. Id ipsum fere dicimus de alia paraphrasi,
quæ hoc habet initium (pag. 82) :

Maria del ciel uscita
Sola Rezina del' eterno regno,

sic enim ea concluditur,

Pregalo da tute hore
A nu deba perdonare ;
Questo pò fare, benigna Virgo pia.

22. Summam vero pietatem in ea additione positam esse judicarunt fideles, adeo ut illius originem
nonnulli a Maria ipsa sanctissima deduxerint. Pelbartus non raro a me allegatus, hæc piæ mulieri
præcipientem Virginem inducit (68) : « In fine denique [Salutationis, de qua disserimus] addas, et
dicas : *Sancta Maria, Mater Dei et Domini nostri Jesu,*
ora pro me, et pro omnibus peccatoribus. Et hoc si-
militer morose et devote : quia tantum mihi hæc
deprecatio placet, et tantum gaudet cor meum in
subveniendo peccatoribus, ac si iterato Filium
meum parerem. Narrationem hanc, ut puto,
rigidiores critici minime excipient ; at procul dubio
id excipient, quod ego intendo, nimirum jam pridem consuevisse fideles hac additione in Salutatione angelica uti, persuasumque iis esse valde
piam et nobis proficuam eamdem additionem esse.
Narrationem enim hanc Pelbartus hoc monito
præoccupat : « Referam pro ædificatione miraculum quoddam narratione dignissimum ; quod quidem a fide dignis relatum percepi, et publica a
plerisque prædicatione promulgatum.»

23. Verum expressissime opem a Maria sanctissima *in mortis hora* exposcunt aliæ ejusdem angelicæ
Salutationis sive paraphrases, sive simplices de-
scriptiones, e quibus nonnullas hic describere libet. In Breviario Romano XIV sæculo, aut, si vis,
sub initium XV conscripto, quod nostra servat
bibliotheca, integra ad eum fere modum, quo nunc
utimur [addita scilicet voce *Christus*, quæ nunc abest, et dempta voce *peccatoribus*, quam nunc ex-
primimus], occurrit angelica Salutatio, posita cum
paucis aliis precibus post Completorium ad hunc
modum : *Ave, Maria, gratia plena, Dominus tecum.*
Benedicta tu in mulieribus, et benedictus fructus ventris
tui Jesus Christus. Sancta Maria, Mater Dei, ora pro
nobis nunc, et in hora mortis nostræ. Amen.

(68) *Pom.*, seu *Stellar. Cor. B. M. V.* lib. I, part. IV
art. 3, cap 4.

24. En porro paraphrasis Salutationis angelicæ,
quam dixi scriptam in codice, cujus exordium
desumitur a tractatu *De restitutione* a sancto Antonino Florentino archiepiscopo edito.

Ave, Regina di superni celi,
Maria volesti parturire quel frutto
Gratia per dare a tutti nui fedeli,
Plena tu justi d' ogni don perfetto :
Dominus volse tutti noy salvare,
Tecum habitare nel tuo ventre elletto.
Benedicta sey sopra nui exaltata
Tu producesti el frutto benedetto :
In mulieribus melior non fo trovata
Et benedictus ben se po chiamare,
Fructus produtto senza alcun diffetto
Ventris tui volesti per nui portare.
Jesu superno el tuo dolce diletto
Sancta major fra le beate spere
Maria [nostra] advocata nel divin conspetto
Mater Dei : e filia benedetta
Ora pro nobis advocata de peccatori
Nunc et in hora mortis sempre a tuti li ori.

25. Aliæ etiam ejusdem angelicæ Salutationis
paraphrases, quæ exstant in collectione laudum
Christianarum Vicentiæ anno 1477 editarum expressissimam mentionem faciunt opis, quam a Virgine in mortis hora poscimus.

Illi, quæ ab his verbis ducit exordium [p g. 78] :

Ave, Rezina di superni cieli,

hic finis imponitur :

Maria advocata avanti il suo conspetto
Ora pro nobis dolce madre pia,
Nunc et in hora fin a la partita
Che de l' eterna vita ci mostri la via.

Ea vero, quæ hoc versiculo incipit (*Ibid*) :

Ave, de' cieli sancta Imperatrice

sic concluditur :

Jesus pro nobis sancta Maria adora,
Che ne soccora nunc et mortis hora.

26. Sed cur omitto explicationem alteram Salutationis angelicæ, quæ exstant in antiquissima collectione quarumdam precum Italico sermone, et
rhythmo [num laudabili locutione conscripto, alii
viderint] expositarum, et typis editarum, quæ ad
hunc modum se habet :

Ave, Maria piena di gratia sei ;
Teco è il Signor et di te si a concetto
Tu benedetta infra donne esser Dei.
Fie il frutto del tuo ventre benedetto
Jesu : santa Maria o Mater Dei
Ora per noi al tuo sposo diletto :
Per tutti i peccator nunc et di poi
Quando morte darà la morte a noi.

Idem mos servatur in altero libello itidem precum
Italico sermone elucubratarum, quas Venetiis anno
1519, Nicolaus Zoppinus, et Vincentius Compagni
typis suis edidere (69) ; tres enim sunt ejusdem
Salutationis paraphrases ; hæ porro omnes concluduntur deprecatione ad Mariam directa, ut nunc,
et in mortis hora nobis opituletur. Primam, quia
brevior est, totam exhibeo.

(69) Antonius Cornazanus, sæculi XVI poeta, creditur magna ex parte earum auctor.

Ave, Maria che portar meritasti
Piena di grat'e el summo Creatore
Benedecta si tu ; candido fiore
. *El fructo con el qual el ciel placasti.*
Ave, stella del mar, tu conservasti
Virginitade eterna, eterno honore
Per me prega el benigno redemptore
Ch'io non manche in servar tui sermon casti
Vergine immensa, gloriosa, eterna,
Guida mie conquassata et fragil barcha
Al porto di salute sempiterna.
Nunc et in hora mortis quando varcha
L'anima mia, Virgo in sua governa
Serai, di tua pietà non esser parca.

Alteri vero multa paraphrasi dilatatæ hic finis imponitur.

Ora pro nobis, vogline exaudire,
Che hormai le nostre prece poco vale
Perchè el tuo figlio non ce vol aldire.
Peccatoribus non voltar le spalle,
Che sol per quelli fosti madre eletta
Del verbo eterno alspireto el padre, el quale
Nunc te pregiamo vergine perfetta,
Nunc non tardar soccorri a tal ruine
Perchè el duo cresce quando più s'aspetta :
In hora mortis nauti alle confine
Defendi l'alma affitta in ogni lato,
Azo che poi ch' auri passato el fine
El spirto torna dove el fu creato.

Tertiam porro versiculi hi terminant :

Ora ti prego, el Salvator pio
Che ne conduca al porto di salute.
De peccator son mute
Le lingue : che ti lassan di presente
Pro omnibus peccatoribus sovente
Prega e ripriega, come ognun si spera :
Quel solo se despera
Che lontan vive da tue dolze braza.
Nunc in hora mortis nostræ traza
Degli adversarii rompi, e speza :
E così fuor di seza
Potremo pervenir al concistoro.
Amen che così sia, prego et oro.

27. Aliunde etiam vetustatem hujus additionis
assequimur. Hæc siquidem narrat Pelbartus de
Themeswar Sixto IV coævus, duos notissimos iis
temporibus libros : *Mariale magnum*, et alterum
qui *Scala cœli* inscriptus erat (70), allegans ; hæc,
inquam, Pelbartus narrat : « Fuit quædam nobilis
domina habens unicum filium, et erat devota Virgini benedictæ. Cum autem filius ejus crevisset, et
vellet eum ponere in curiam cujusdam principis,
de cujus famulis fuerat pater ejus, dum deberet
juvenis ille recedere, mater postulavit unum donum a filio, ut illud cum fidelitate compleret. Cui
cum annuisset filius, et promisisset se completurum
quod illa juberet ; tunc ait mater : Rogo, fili charissime, ut ad honorem B. Virginis quolibet die Salutationem ei angelicam dicas, et in fine sic concludas :*Virgo benedicta,esto mihi adjutrix in hora mortis.*
Recessit juvenis et optime complevit promissum. »
Describit deinceps, quantum hoc erga Virginem
obsequium illi profuerit, quave ratione mirabiliter
a morte, quam criminibus suis meruerat, ereptus

fuerit. Quod si forte aliquis intemperans criticus
miraculo, quod Pelbartus describit, fidem adhibere renuat, hoc saltem fateatur est opus, additionem illam, quæ hujusce miraculi causa fuisse
dicitur, apud fideles jam fuisse in usu. Quonam
porro sæculo scriptum sit *Mariale magnum*, quod
Pelbartus citat, ignorare me fateor, sed multo ante
Pelbartum conscriptum fuisse videtur : sæpe enim
illud, veluti notissimum librum citat : brevi porro
tempore, antequam typographia in usu esset, evulgari in multos non poterant libri.

28. Atque id rectissime quidem factum existimo : etenim magnam quidem opem nobis, dum
vita fruimur, affert Virginis suffragatio, sed non modicam affert etiam in vitæ exitu, si ad eam confugiamus. Recole, quæ ex Cyrillo Alexandrino alibi
attuli, et hic repetere commode possumus (71) :
« Ita et nos facere debemus, liberum ut vitæ exitum sortiamur ; maxime vero, ut quod nobis opus
est, agnoscamus, quo magnam perveniendi ad cœ
lum fiduciam consequamur. Quippe nostis accessum
ad regiam eos habere, et quidquid optaverint, obtinere quos regina susceperit. Et nos utique quodcunque volumus, obtinemus, sanctissimam Deiparam habentes auxiliatricem, mediatricem et
patronam apud Regem, quem illa pro nobis obtestatur, dicens id quod in Cantico canticorum
legitur (viii, 13) : *Qui sedes in hortis, vocem tuam insinua mihi.* Qui lumine perfusis, ac virentibus in
locis una cum sanctis omnibus commoraris, exaudi, et indulgentiam supplicantibus impende, atque regni cœlorum aditum reserari concede. »
Recole etiam, quæ cap. 1, dissert. 3, num. 23 ex
Basilio Seleuciensi adduxi, cui addas volo, quæ
cap 2 ejusdem dissertationis, num. 14, ex vetustissimo libello precum attuli ; expressissime enim
exposcitur a Maria, ut in hora mortis præsto adsit,
et nos adjuvet.

Sancta Maria, adjuva me in hora exitus mei
Jamdudum etiam, fortasse ab xi, aut xii sæculo
in Officium parvum B. M. Virginis invectus est hic
hymnus :

Memento, salutis auctor,
Quod nostri quondam corporis
Ex illibata Virgine
Nascendo formam sumpseris.
Maria, mater gratiæ,
Mater misericordiæ,
Tu nos ab hoste protege :
In hora mortis suscipe.

Quem hymnum, servata eadem verborum significatione, meliori metro donavit [quod quisque novit]
Urbanus VIII.

29. Neque vero recusaverunt morem eum ecclesiastici recipere. Servo apud me duo B. M. Officia parva, secundum ritum Carthusiensium edita,
de quibus vetustius ex officina Carthusiæ Papien-

---

(70) *Pom., seu Stellar. Cor. B. M. V.* lib. xii, part.
ult., cap. 12, mir. 2.

(71) *Orat. in Virg. dormit.*, tom. XI *Concil.* Har-
duin.; Venet. autem an. 1752, tom. XII, pag. 1675.

sis monachorum cura, die 1 mensis Martii anno Domini 1563 editum, fol. 14, hæc habet: « Ad Matutinas ter genibus flexis dicitur : *Ave, Maria, gratia plena, Dominus tecum, benedicta tu in mulieribus, et benedictus fructus ventris tui Jesus. Sancta Maria, Mater Dei, ora pro nobis peccatoribus, nunc et in hora mortis nostræ. Amen.* » Etiam ante Carthusianos referente egregio Mabillon (72) in Breviario religiosorum, qui *a Redemptione captivorum* nomen acceperunt, an. 1514 Paris. edito, et in Breviar. Franciscanorum an. 1525 pariter edito additio,illa opem Virginis in morte exposcens exstat. Exstat quoque in Breviario Camaldulensi anno 1514 Venetiis edito sub *Rev. Petro Delfino Veneto generali* (p. 246) : etenim in eo angelica Salutatio his ipsis verbis concluditur : *Sancta Maria, Mater Dei, ora pro nobis peccatoribus, nunc et in hora mortis. Amen.* Breviarium hoc sane rarissimum nostra servat bibliotheca. An simile veri est, tres tam instituto, quam locis dissitos religiosorum cœtus in eumdem Virginem deprecandi morem sponte, et quasi casu convenisse ? annon potius dicendum est, ideo in eum convenisse, quia vulgatus hic, et usitatus Virginem Deiparam orandi modus jam esse cœperat ?

30. Ex hactenus dictis, manifesto constat, diu antequam jussu S. Pii V in Romanum Breviarium inferretur angelica Salutatio, [in nostris saltem regionibus], fideles, non omnes quidem, nam id evincunt exempla, quæ Mabillon adducit, ea quoque, quæ nos iis adjunximus, sed procul dubio non paucos tertiam partem, precem scilicet ad Virginem directam, adjecisse, quæ licet variis modis exprimeretur, in eo tamen conveniebat, ut a Maria posceretur, ne nos et nunc, et deinceps validissima ope sua destitueret.

31. Dixi variis modis *tertiam partem, precem scilicet ad Virginem, fuisse expressam.* Et verum dixi ; nimirum tum antequam ederetur Breviarium a sancto Pio V emendatum, tum eo ipso quo evulgatum est anno, tum etiam post, in iis ipsis libris, qui deprecationem preci, quam dicimus, adjunctam habent, non raro desunt postrema, quibus nunc utimur, verba, id est, *nunc, et in hora mortis nostræ. Amen.* In Breviario Romano a cardinale Quignonio composito, editoque, *Dominica prima adventus* (73), in qua habentur Oratio Dominica, et angelica Salutatio, eadem angelica Salutatio desinit iis verbis : *Ora pro nobis peccatoribus. Amen.*

32. Id ipsum occurrit in aliis ecclesiasticis libris, qui tum in Italia, tum in Galliis editi sunt. Ut exemplo aliquo utar, Prosper a Roffeno nostræ congregationis canonicus, et a confessionibus sacrarum virginum monasterii S. Catharinæ Centi, anno 1557 libellum elegantissime lingua Italica scriptum edidit, quem *Speculum Christianum* [*Specchio Cri-*

stiano] inscripsit, in quo præcipua nostræ religionis erudimenta explicavit. Ita vero Salutatio angelica in eo proponitur, ut ad hunc modum desinat : *Sancta Maria, Mater Dei, ora pro nobis peccatoribus nunc, et semper.* Ad hæc : *Manuale orationum.....* per Patres societatis Jesu revisum, a magistro sacri Palatii anno 1571 approbatum, et Venetiis anno 1572 apud Juntas editum, ideoque eo ipso anno, quo sanctus Pius V mortalibus ereptus est, Salutationem angelicam sic exhibet : *Ave, Maria, gratia plena : Dominus tecum : benedicta tu in mulieribus, et benedictus fructus ventris tui Jesus. Sancta Maria, Mater Dei, ora pro nobis peccatoribus. Amen.* Quanquam enim hic invocatur Maria, nulla tamen mentio horæ mortis fit. *Institutiones Christianæ pietatis,* auctore præstantissimo Petro Canisio August. Taurin. an. 1583 editæ, preci, quam dicimus, finem hunc statuunt : *Sancta Maria, Mater Dei, ora pro nobis peccatoribus. Amen.* Quid, quod Carthusienses multo etiam post, id est, anno 1587 Breviarium suum rursus edidere, quod apud me servo? In eo porro Salutatio angelica verbis istis concluditur : *Ora pro nobis peccatoribus. Amen.*

33. Præclare itaque nobilissimus doctor Navarrus hæc ait (74) : « Verus et antiquus (75) [id est vulgatior ante sanctum Pium V] tenor prædictæ Salutationis angelicæ est hic : *Ave, Maria, gratia plena ; Dominus tecum ; benedicta tu in mulieribus, et benedictus fructus ventris tui Jesus. Sancta Maria, Mater Dei, ora pro nobis peccatoribus. Amen.* Ex quo tenore sequitur non esse genuinas hujus orationis partes ; illam : *Et tu, Domina, semper sis mecum ;* et illam : *Spiritus sanctus superveniet in te : et virtus Altissimi obumbrabit tibi,* et alias, quas nonnulli magis pia intentione, quam prudenti discretione de suo addunt : quod confirmatur ex infra proxime dicendis. » Cujus quidem rei hanc deinceps rationem affert (n. 130) : « Quandoquidem verba illa, *Et tu, Domina, sis semper mecum,* non composuit angelus, neque sancta Elisabeth, neque Ecclesia. Illa vero, quæ nonnulli addunt : *Spiritus sanctus superveniet in te, et virtus Altissimi obumbrabit tibi,* licet composuerit angelus, non tamen huic tempori conveniunt ; significant enim quod fiet id, quod factum est. Et si mutes duo illa futura, *superveniet* et *obumbrabit* in præterita, non erunt verba ab angelo prolata. »

34. At si quis ad ea, quæ antea attuli, adverterit animum, manifesto comperiet, morem eum, quem reprehendit Navarrus, in nostris regionibus minime invaluisse. Minime etiam invaluit [sint superis gratiæ] mutatio illa, quam nonnulli temere inducere conati sunt ; substituentes scilicet verbis his : *Sancta Maria, Mater Dei,* hæc alia : *Maria, Mater gratiæ, Mater misericordiæ.* Hæc didici ex Indice

(72) Præfat. in v sæcul. Benedict. num. 125.
(73) Fol. 49, edit. Antuerp., an. 1561.
(74) *De orat.,* etc., cap. 19 num. 128 et 129.
(75) Hæc non refert ad verba : *Nunc et in hora*

mortis ; nam hæc probatissima sunt, et ab Ecclesia præscripta, sed illa, quæ arbitratu suo nonnulli induxerunt.

Romano librorum prohibitorum pagina ipsa prima hæc habente : « A. B. C. Latino, vel Flandrico idiomate, ubi secunda pars Salutationis angelicæ mutata est, et omissis verbis : *Sancta Maria, Mater Dei*, substituta sunt hæc alia : *Maria, Mater gratiæ, Mater misericordiæ:* quasi puderet Mariam, *Matrem Dei* appellare.

35. Quamvis porro eam, quam dicimus, precem, Salutationis angelicæ vocabulo plerumque appellatam, omnes fere, postquam in Breviarium Romanum, sancto Pio V jubente, invecta est, ad eum modum recitare cœperint, quo in eodem Breviario Romano se habet, non apud omnes statim mos ille invaluit. Hæc scilicet tradidit præclarissimus doctor Navarrus (76) : « Verba illa : *Ave, gratia plena, Dominus tecum*, sanctus Gabriel composuit : *Benedictus fructus ventris tui*, sancta Elisabeth ; et illa : *Benedicta tu in mulieribus*, uterque. Illa vero : *Sancta Maria*, etc., Ecclesia addidit. Quæ tamen non videntur fuisse recepta a Belgis etiam piis, qui post præfatum Breviarium Pii V ab eis receptum, tenebuntur addere illam, saltem ecclesiastici Horis canonicis dicendis obnoxii, saltem cum in eis dicendis occurrerit. Dixi, *saltem*, etc., quia non facile auderem dicere, teneri ad id alios, nec etiam ipsos, cum causa indulgentiæ lucrifaciendæ, aut implendi voti, vel pœnitentiæ, aut alia, quam obligatione pronuntiandi Horas canonicas, tenerentur ad recitandum Psalterium, vel Rosarium Virginis Matris, vel aliud ejusmodi : non, inquam, auderem dicere hos non satisfacere, si recitaverint illa juxta suam antiquam consuetudinem, omissa illa particula prædicto modo inducta, cum jure humano inducta, si recepta non fuerint, vel consuetudine legitima sint

abrogata, non obligent. Quæ non in hoc addo, ut non percupiam has additiones ab omnibus recipi, sed ut mentes pias, et trepidas, sive timorosas a scrupulis liberem, a quibus eadem ratione liberandos censeo etiam Hispanos, qui particulam illam, *nunc, et in hora mortis*, ante præfatum Breviarium minime addere solebamus. »

36. Sed cum ea de re percontatus sim viros duos Bruxellenses ambos, eosque probos ac doctos, ideoque fide dignissimos, Joachimum Collignon monachum ac sacerdotem Carthusianum, famiiæque Carthusiæ Bononiensis ascriptum, et Ubertum Risach utriusque juris doctorem, præclarissimæ ac nobilissimæ matronæ Victoriæ Caprara ab epistolis, hi me monuerunt, Belgicis in regionibus jam dudum recitari consuevisse angelicam Salutationem ad eum modum, quo eam exhibet sancti Pii Breviarium, et Officium B. Virginis Mariæ ejusdem sancti Pontificis jussu evulgatum. Quoniam vero idem Navarrus, Belgarum mori Hispanos consentientes innuit: qua ratione Hispani angelicam Salutationem recitent, a D. Antonio Martinez, et de Pons sciscitatus sum, viro scilicet familiæ splendore, prudentia quoque et dignitate conspicuo, qui abdicato canonicatu Giennensi, rectoris titulo, ac munere præest majori S. Clementis collegio Bononiæ erecto. Is autem consultis præstantissimis collegis suis ex variis Hispaniarum provinciis delectis, certiorem me fecit, Hispanos omnes duabus prioribus precis, quam dicimus, partibus, jam dudum tertiam adjecisse, eaque nunc omnes uti precandi Virginem formula, quam sanctus Pius V in Romano Breviario recitandam statuit.

(76) *Loc. cit.*, num. 130.

DISSERTATIO V

DE CONFECTA EX DEFINITO QUODAM EARUMDEM SALUTATIONUM NUMERO CORONA, ET ROSARIO.

—

QUÆSTIO I. — *Quid disputandum nobis in hac dissertatione proponimus : tum statim de Corona ex definito numero angelicarum Salutationum, intermista Dominica prece, confecta agimus.*

1. Tam illud erga Virginem obsequii genus, quod *Virginis Coronam*, quam illud, quod *Rosarium*, seu *Psalterium Virginis* appellamus, ex definito angelicarum Salutationum numero, quamlibet earum decadem præeunte Dominica prece, constat. Utrumque in Deiparæ honorem institutum est : utrumque ab Ecclesia approbatum, utrique concessæ a summis Pontificibus ecclesiasticæ indulgentiæ : utrumque alteri affine, et simillimum. Merito itaque utrumque eadem dissertatione, sejunctis tamen titulis comprehendetur. Primus autem titu-

lus, cui priorem quæstionem assignamus, sibi *Coronam Virginis* asciscit. Tria porro de ea quæri solent : quid ea sit, num vetusta sit eam recitandi consuetudo, num proba.

QUÆSTIUNCULA I. — *Quid sit Virginis Corona, de qua hic agimus.*

1. Corona Virginis est numerus definitus quarumdam angelicarum Salutationum, seu, ut clarius dicam, est definita repetitio angelicæ Salutationis ita disposita, ut oratione Dominica præeunte, postquam decies eam recitaveris, rursus Dominica oratio interponatur : qui quidem numerus, si consuetudinem nostrorum temporum spectas, sexagesima secunda, aut tertia salutatione plerumque concluditur : eumdem numerum tamen nonnullis ad septuagesimam secundam augentibus : diversitate

hujusce numeri ex eo orta, quod eo numero recolere cupientes numerum annorum, quos Virgo duxit in terris, in eo stabiliendo plurimum dissidemus.

2. De ea, quam dicimus, precandi forma hæc habet doctor Navarrus (77) : « Ratio autem quare multi præfatum psalterium cœperunt vocare Coronam, forte fuit, quod repræsentat circulum 63 annorum, quibus ab aliquibus pie creditur, gloriosissimam illam omnium Reginam, et Matrem, totum suæ sanctissimæ vitæ curriculum peregisse : et consequenter repræsentat flores, et rosas omnium annorum sancte in hoc mundo post Christi Filii Dei et sui annos, actorum : non tamen est certum eam solis 63 annis vixisse, nec id meminit Baptista Mantuanus, qui Vitam ejus carmine pio et heroico tribus libris magna cura et studio scripsit »

3. Sane si vetusta tempora consulis, non eumdem servatum morem assequeris. Sexagies eamdem Salutationem repetebat Ada uxor Theodorici principis (78).

4. Alia matrona, cujus meminit Cæsarius (79), « Singulis diebus in honore B. Virginis quinquaginta *Ave Maria* cum totidem veniis dicere solebat : » erant autem *veniæ*, ut ex Glossario Ducange discimus, genuflexiones, aut humiles corporis inclinationes.

5. At hanc Coronam, veluti auctori, Petro Eremitæ tribuere visus est Polydorus Virgilius, dum hæc scripto tradidit (80) : « Cæterum ut rationem cum Deo habere possemus, quoties ipsam Dominicam precem cum angelica Salutatione recitaremus, est modus orandi postremo inventus, per calculos, ut ita dicam, ligneos, quos vulgus modo preculas, modo paternostros appellat. Ii numero quinquaginta quinque ita ordine distinguuntur, ut post denos, singuli majusculi affigantur filo, sunt enim perforati, et quot hi sunt, toties Dominicam precem, quot illi, toties angelicam Salutationem ter numerum ineundo recitent, terque symbolum brevius inferant. Et id Deiparæ Virginis psalterium nuncupant. Ejus rei auctor fertur Petrus Eremita, homo Gallus, civis Ambianensis, qui adhinc annos 430, hoc est, circiter annum salutis humanæ 1090, sanctitate floruit, egitque cum Urbano Romano pontifice, ut bellum Asiaticum a nostris sumptum

fuerit, quo Hierosolyma recepta sunt. Hodie tantus honor ejusmodi calculis accessit, ut non modo ex ligno, succino, et corallio, sed ex auro, argentoque fiant, sintque mulieribus instar ornamenti, et hypocritis præcipui fucosæ bonitatis instrumenti. » Id ipsum ferme approbat Crasset (81).

6. Huic tamen opinioni obsistere videntur alii, qui ex sexaginta tribus salutationibus, priscis ipsis temporibus, fuisse compositam innuunt. Card. Bona alibi allegatus (82) : « Corona [Virginis] ex sexaginta tribus salutationibus angelicis compacta, juxta numerum annorum, quibus B. Virgo in terris vixisse creditur, ut fert doctorum probabilior sententia. »

7. Joannes Bonifacius de incyta societate Jesu (83), allegans Chronicon abbatis Radensis (84) : « Inventor, inquit, coronæ quam vocant sexaginta trium Ave ad salutandam Deiparam, fuit Petrus ille Eremita, præcipuus ductor expeditionis sacræ in concilio Claromontano ab Urbano II constitutæ. » Hæc desumpsi ex ea Chronici Cassinensis editione, quæ anno 1616 Neapoli adornata est, in qua adnotationes [in quarum numero hæc est] additæ dicuntur a D. Matthæo Laureto Hispano Casinensi monacho, et abbate S. Salvatoris de Castellis, Vide pag. 472. Rursus hæc edidit Angelus a Nuce ad lib. iv Chronici Cassin. cap. 11, adnot. 5, tom. IV *Scriptor. rer. Italic.* pag. 498.

8. Sed utinam hi præclari scriptores verba ipsa Chronici abbatis Radensis, seu Stadensis allegassent! Tum fortasse assequeremur, num hæc ex conjectura a posterioribus scriptoribus dicta sint, an vero a priscis ipsis scriptoribus desumpta. Utcunque sit, antiquis temporibus alii alium servasse visi sunt numerum : etenim, ne cunctos referam, narrat Cæsarius (85) valde profuisse cuidam adolescenti, quem impura phantasmata vexabant, consilium, quod illi præbuit quidam eremita, illi præscribens, ut per annum integrum quotidie centies Salutationem angelicam recitaret; his que precibus totidem venias adjungeret. Obsecutus scilicet huic consilio adolescens, non levem ex eo Virgini adhibito obsequio retulit fructum. Quid, quod piissimus Joannes Croiset, multo uberiorem angelicarum salutationum numerum comprehensum docet a Corona, quam Petrus Eremita, quem dicimus, aut instituit, aut diffudit et propagavit (86).

(77) *Miscellanea.* De Psalt. et Rosar. Virg. Mar., tertio miscellaneo, n. 3, pag. 562, tom. III Oper. Navar. Lug. apud Hæred. Rovil. an. 1589.

(78) Narrat id Herimannus B. Odonis discipulus in lib. *De restaurat. eccles.* S. Martini Tornacensis apud Acherium tom. XII Spicil. num. 57. In recentiori Spicilegii editione (id est an. 1723) verba hæc reperies, pag. 905, tom. II, a Virg. Mar. prolata : « Vicies quidem prostrata, vicies genibus flexis, vicies autem stando... Ave, Maria, gratia plena, Dominus tecum, benedicta tu in mulieribus, et benedictus fructus ventris tui, mihi commemorat.» Vide socios Bollandianos in Append. ad Acta S. Uvaltrudis, tom. I April. die 9, pag. 842. Mabillon Præfat. ad sæcul. v Benedict. num. 127.

(79) Lib. vii, cap. 50, pag. 537 et seqq.
(80) *De rer. invent.* lib. v, cap. 9.
(81) *Della Divoz. verso Maria,* tratt. vi, part. iii: « Questa è la differenza fra il Rosario, e la Corona, che il Rosario è composto di quindici Pater noster, e di cento cinquanta Ave Maria, e la Corona non è, che la terza parte del Rosario. »
(82) In *Horol. ascet.* cap. 5, § 17.
(83) *De histor. Virg* , cap. 15.
(84) In edit. Laureti legitur *Stadensis.*
(85) Lib. vii, cap. 33.
(86) *Esercit. di pietà,* ottob. vii, pag. 162, edit. ital. an. 1737, typog. Balleon : « Dicesi per cosa certa, che Pietro l' Eremita volendo disporre i popoli alla guerra santa l' anno 1096, gli esortava a

Quæstiuncula II. — *Num vetusta sit precandi formula, quam* Coronam Virginis *dicimus.*

Solvitur quæstio. — 1. Sic porro quæstionem hanc dirimo. Si nomine *Coronæ Virginis*, eam precandi formam intelligis, quam nunc habet ea, quam dicimus *Coronam Virginis*, ut scilicet complectatur sexaginta duos, aut tres minores globulos indicantes numerum salutationum angelicarum , quas recitandas nobis proponimus, respondentes scilicet tot annorum numero, quot in terris vixisse putamus Virginem , interpositis per decades grandioribus globulis, quibus monemur tum Dominicam precem nobis esse recitandam, aio, nobis non suppetere probabile, quod proferamus, exemplum, antequam ad Hierosolymitanam expeditionem populos incitaret Petrus Eremita, atque adeo dux ejusdem expeditionis fieret. Argumento quidem negativo innititur nostra opinio, sed tam probabili, ut ab eadem opinione stent , quotquot noverim , viri eruditione præstantes, et in studiis critices exercitati.

2. Quod si nomine Coronæ Virginis intelligis numerum salutationum angelicarum respondentium globulis filo intextis , indicentibusque numerum, quem nobis proposuimus ad recitandum, aio, non occurrere exemplum antiquius eo quod profert sæculo xi Godiva nobilissima matrona , illudque ipsum nonnihil dubium, non contemnendam tamen habens probabilitatem. Prima pars hujusce assertionis argumento pariter negativo, sed eo probabili innititur : neque enim ecclesiasticæ Historiæ, aut sacri libri nobis proponunt eo, quod diximus, vetustius exemplum. Pars altera auctoritate præstantissimi Mabillonii innititur, et ratione, quam ille profert : novimus scilicet definitum aliquem precum numerum globulis circulo intextis usam fuisse Godivam ; at an eæ preces salutationes angelicæ essent, incompertum adhuc est. Sed præstat ipsa Mabillonii verba proferre : « Beltidum , inquit ille (87), ejusmodi specimen legimus apud Willelmum Malmesburiensem (88) in Anglia monachum, ubi de Conventriensis monasterii fundatoribus agit, nempe de comite Leofrico et de uxore ejus Godiva. *In ambabus porticibus Conventreiæ jacent ædificatores loci, præcellentissimi conjuges, quorum maxime prædicatur femina ; quæ cum thesauros vivens ibi totos conjecisset, jamjamque moritura circulum gemmarum, quem filo insuerat , ut singularum contactu singulas orationes incipiens, numerum non præter-*

mitteret ; *hunc ergo gemmarum circulum collo imaginis sanctæ Mariæ appendi jussit,* etc. Conditum est istud cœnobium (89) anno 1040, dicataque ecclesia in honorem Dei et sanctæ Mariæ, cui Godivam maxime devotam fuisse Rogerius Hovedenus testatur. An inter orationes illas, quas tactis singulis circuli gemmei globulis recitabat Godiva, censenda sit salutatio Deiparæ Virginis, non satis liquet. »

3. Dixi probabilitatem tamen aliquam exemplo illi inesse. Etenim cum *appendi* circulum illum jusserit *collo imaginis sanctæ Mariæ , cui maxime devota erat,* ex ea re merito conjicimus preces in Virginis honorem eo circulo globulos intextos complectente, fuisse ab ea recitatas, eamque ob causam statuisse, ut circulus ille, quo vivens Virginem precibus coluerat, Virginis imaginem post obitum suum ornaret. Atque id conjiciendo quidem, sed non sine multa verisimilitudine dicimus.

4. Quod si Coronæ nomine intelligis definitum precum numerum indicatum per globulos filo intextos, ideo vero filo intextos, ut earum numerum certo designemus, neque eum aut imminuamus, aut superemus, aio hujusce moris vetustissima nobis non succurrere exempla; quod enim piissimus Croiset adducit, Gertrudis scilicet anno 667 defunctæ (90), vellem antiquo aliquo vade innixum, cum tamen nullum is proferat; imo merito suspicamur, priscis Ecclesiæ temporibus id non fuisse usitatum : neque enim Paulus Ægyptius, cujus meminit Palladius (91), trecentas preces, quas quotidie recitabat, projectis in sinum totidem calculis numerasset, si in usu fuisset mos ille, quem dicimus, numerandi scilicet preces globulis filo intextis. Fuisse tamen an. 816 in Anglia ritum hunc in more, liquet ex verbis synodi Celichtensis coactæ vi Kal. Augusti. A. D. 816 (92). Etenim canone 10, de exsequiis episcoporum agens, statuit ut *singuli servorum Dei diem jejunent, et triginta diebus canonicis horis expleto* (93) *synaxeos, et sevtem beltidum* (94) Pater noster *pro eo cantetur.*

5. Quod si demum coronam Virginis componi vis a salutationibus angelicis sexagies repetitis, hic recole exemplum Adæ, quod quæstione superiore adduximus.

6. At vir pius et minime indoctus : Cur, inquit, non assentiris iis viris non minus pietate, quam eruditione præstantibus, qui a priscis ipsis Ecclesiæ sæculis consuetudinem hanc repetunt? Servatur [inquiebat vir ille, quem modo dicebam], servatur,

---

recitando ogni giorno un certo numero di Pater noster et cento cinquanta *Ave Maria*, per lo successo d'impressa tanto importante , asserendo d'aver imparata quella pratica da più solitari della Palestina, fra i quali era da gran tempo in uso. »

(87) Præfat. in v sæc Bened. num. 126.

(88) Willelm. Malmes lib. iv, *De Pont.* cap. 4.

(89) *Monastic. Anglic.*, tom. I, pag. 305, col. 1.

(90) Joan. Croiset *Esercisidi pietà* ottob. vii, pag. 165, edit. Ven. 1737 : « Allorchè si levò dal sepolcro di santa Gertrude, morita l'annon 667, si trovarono dentro la tomba de' grani infilzati,

che sembravan essere avanzi della corona, colla quale la santa avena voluto essere sotterrata. Tutto ciò fa vedere a sufficienza quanto l'uso della corona sia antico. »

(91) *Histor. Lausiac.* cap. 23, et Sozom. lib. vi, cap. 29.

(92) *Concil.* Labb. edit. Alb. tom. IX, pag. 578.

(93) Aut aliquid hic deest, aut certe in hæc verba error aliquis irrepsit.

(94) *Beltis, cingulum, seu circulus* complectens globulos perforatos ad preces numerandas.

inquam, Romæ in ædibus S. Mariæ Campitelli corona, qua Mariam ipsam Virginem usam iuisse, constanti traditione proditum est. Paucis etiam ab hinc annis vir cl. Romæ degens in lucerna fictili, procul dubio ad Christianorum usum adhibita, utpote cruce ornata, Coronam, aut si vis, Rosarium Virginis indicatum se reperisse censuit, globulos scilicet minores plures, majores vero nonnullos reperit: majoribus autem indicatam orationem Dominicam recitandam aiebat; minoribus vero angelicam Salutationem.

7. Quid vero suspicionibus his, seu, si appellare mavis, conjecturis reponendum? Laudandam esse virorum horum pietatem, laudandum studium, quo vetustatem piæ hujus consuetudinis evincere contendunt : at simul monendos, leves esse conjecturas, quibus nituntur. Corona, quam dicunt Virginis in æde S. Mariæ Campitelli servatam, nisi nos probabilis conjectura decipit, corona fuit alicujus sacræ imaginis Virginis a fidelibus in honore habitæ, quam jam pridem ita repræsentarunt, ut coronam, quæ deinceps servata est, cujusdam nonilis instar haberet, vel, si vis, manibus gestaret. Recole, quæ de Godiva antea dixi, præcepisse scilicet piam illam ac locupletem matronam, ut coronam ex pretiosis calculis contextam, qua utebatur, ut ad eorum calculorum numerum preces suas metiretur, B. Virginis collo appenderet. Quibus adde vetustam consuetudinem, ut in publicis sacris supplicationibus Mariæ imago deferatur, manibus Rosarium gestans, ut scilicet edoceamur, approbare Mariam illud pietatis genus, quod Rosarium dicimus, et conjecturam, ut arbitror, meam approbabis ; quam ut verisimiliorem reddas, consule, obsecro, quæ Ferrandus in loco, quem in margine cito (95), docet : qui sane Ferrandus, dum reliquias Virginis diligentissime recenset, corollam hanc omittit, non omissurus procul dubio, si aliquando ad Virginem, dum viveret, eam pertinuisse putasset. Et de corona Virginis, quam Romæ in sacra Mariæ Campitelli æde servatam aiunt, hactenus.

8. Secundam suspicionem paucissimi, dum Romæ aderam, exceperunt : neque multi, ut puto, deinceps viro clariss. pro ea contendente adhærebunt. Ornatus quidam ille est ex globulis confectus, item ut alia non pauca in veteribus, præsertim vero in fictilibus, lucernis exstantia. Quod si alii majores, plerique minores globuli apparent, id casu aliquo evenisse creditur, non arte ulla, aut consilio confectum. Sane nullum priscis Ecclesiæ monumentis exstat consuetudinis, pro qua vir iste clariss. decertat, vestigium. An vero tam levi conjectura ducti vetustissimis ipsis temporibus apud fideles exstitisse Virginis coronam dicemus?

9. Hoc constituto jam quæritur, quonam tempore ea, quam dicimus, Virginis corona in Eccle-

siam inducta sit, ideoque quonam tempore interjecta fuerit inter quamlibet angelicarum Salutationum decadem Oratio Dominica : incertum scilicet id est. Polydorus Virgilius iis verbis, quæ jam allegavi, haud obscure innuit cum ipsum Petrum Eremitam, quem laudat, inseruisse cuique angelicarum Salutationum decadi Dominicam Orationem. Recole verba superiori quæstiuncula adducta. Num vero ille idem fuerit eremita, cui revelatum fuerat quantum Virgini Deiparæ sexagies ab Ada repetita angelica Salutatio accepta esset, annon, critici disputant. Vide quæ tradit Mabillon n. 127 Præfat. in sæculum v Benedictin. Verisimillimum tamen esse videtur ab eo eremita, qui expeditionis in Mahumetanos sæculo xi factæ ductor fuit, Coronam Virginis fideles Occidentales accepisse.

10. Novi equidem clariss. Moneliam (96) hæc scripsisse : « Petro Ambianensi eremitæ sæculo xi Rosarium adjudicat Polydorus Virgilius, De invent. rer. lib. v, cap. 9. Descripto enim hoc orandi ritu, et enumeratis 150 angelicis Salutationibus ad illum spectantibus, cum 15 Orationibus Dominicis subdit, et id Deiparæ Virginis Psalterium nuncupant. Ejus rei auctor fertur Petrus Eremita, homo Gallus, civis Ambianensis, qui abhinc annos 430, hoc est circiter annum salutis humanæ 1090, sanctitate floruit, egitque cum Urbano Romano pontifice, ut bellum Asiaticum a nostris sumptum fuerit, quo Hierosolyma recepta sunt. Hæc ille ; sed ad fontes, ex quibus haurit hanc originem, digitum non intendit. Nos ei de veteri institutione loquenti post annos quadringentos sine ullo teste, tantum non deferimus, ut in ejus sententiam descendamus. Fucum fortasse fecit Polydoro alius tunc orandi ritus in honorem B. Virginis ab eodem Urbano II, Romano pontifice ejus instauratore, decreto probatus ann. 1095, atque præscriptus in concilio Claromontano, pro sacro bello coacto, ubi sancitum est, ut Horæ B. Mariæ quotidie dicerentur, Officiumque ejus diebus Sabbati fieret, ut ex Gaufrido priore Vosiensi refert cl. Mabillonius Præfatione sæpius laudata n. 117. Aliam deceptionis causam detegit idem n. 127 ; suspicatus confundi a Virgilio Petrum cum alio eremita, cui divina revelatione constitit, Deiparam intercessisse pro quodam Theoderico, eo quod uxor illius Ada angelicam illam Salutationem, singulis diebus, sexagies explicaret, ut narrat Herimannus abbas in libello De restauratione cœnobii S. Martini Tornacensis. Tandem imponere potuit Virgilio id, quod superius de Alberto monacho, ejusque angelicis Salutationibus adnotavimus, maxime cum ambo sub Urbano II pietate insignes exstiterint. At cum idem auctor Dominicas preces singulis decadibus in Rosario postulet, semetipsum jugulat ; nulla enim de illis mentio in consimili ritu occurrit sæculis xi et xii. Nil ejusmodi precibus vel Adæ uxoris Theoderici,

---

(95) Disq. reliq. lib. i, cap. 1, art. 2, toto.

(96) De orig. Rosar. num. 11.

vel Alberti cum Psalterio nostro commune, demptis angelicis Salutationibus. Merito itaque Mabillonius, atque Gravesonius Virgilii narrationem rejiciunt (97), maxime cum apud Wilelmum Tyri archiepiscopum sæculi xii scriptorem diligentissimum, in libris *De bello sacro*, quibus sacrarum expeditionum historiam complectitur, a concilio Claromontano ann. 1095, usque ad ann. 1180, altum sit ubique silentium de ea re, licet Petri Ambianensis sæpius meminerit. »

11. Sed si nonnullos non contemnendos scriptores audis, fortasse adhuc perstat Polydori narratio; scimus enim non desidem eum fuisse scriptorem. Scimus etiam opinionem ¹am dudum vulgatissimam esse, et omnium fere animis inhærentem : scimus quoque jam pridem fuisse in more, ut per beltides Orationes Dominicæ recitarentur. Etenim [ut ipsemet cl. Monelia n. 10 docet], « synodus Celichythensis coacta in Anglia vi Kal. Augusti, A. D. 816, canone 10 *De exsequiis episcoporum* agens, statuit, ut (98) *Singuli servorum Dei diem jejunent, et triginta diebus, canonicis horis expleto Synaxeos, et septem beltidum* PATER NOSTER *pro eo cantetur.* » Cur porro non potuit Petrus Eremita Coronæ Salutationum angelicarum a se institutæ Orationem Dominicam per decades earumdem Salutationum inserere? At scriptorum Petro Eremitæ æqualium id silentio prementium objicis. Ego quidem scriptores omnes eorum temporum minime evolvi. Sed certe Chronicon abbatis Radensis Polydoro vetustius attuli : in eo tamen, si viros præstantes audis, ipsissima corona Virginis exhibetur. Fac tamen, neminem id docuisse, sed fama tantum vulgatum esse. Si universalis, et omnium ore vulgata, omnium quoque animis inhærens ea fama est, non contemnendum in se continet argumentum : ad quod evellendum argumentum negativum non satis est : alioquin vereor, ne eo G. Cuperus, et Cupero faventes utantur, ut vulgatissimam et valde probabilem opinionem, quam de sanctissimo viro Rosarii inventore habemus, impetant.

12. Cæterum, si quis jubeat, ego minime obsistam opinioni eorum, qui affirmant a Leonis X ætate, aut ducendum esse hujus expressissimæ consuetudinis exordium, aut certe desumendam ejusdem consuetudinis restaurationem : frequentius enim adhiberi cæpit hujus pontificis tempore : quamobrem ab eodem pontifice adjectæ sunt coronæ Virginis indulgentiæ, dummodo eæ coronæ benedictionem accepissent a religiosis S. Birgittæ institutum servantibus, qui *Congregationis S. Salvatoris* titulo pariter gaudent.

13. Dum tamen hæc aio, non eo inficias, quædam ut ita loquar (quod antea etiam dixi), hujusce coronæ rudimenta in antiquioribus ecclesiasticis monumentis occurrere. Germanus patriarcha Constantinopolitanus in quinta oratione, viginti et amplius vicibus repetit angelicum *Ave*; explicat quoque angeli et Elisabethæ notissima verba; hæc scilicet : *Ave, gratia plena, Dominus tecum : benedicta tu inter mulieres, et benedictus fructus ventris tui.* Sæpe etiam repetit Chrysippus ille, quem Hierosolymitanum presbyterum putat Canisius (99). Modestus Hierosolymitanus antistes (1), Joannes Damascenus alibi allegatus, quadruplicem salutatoriarum compellationum pentacontadem Virgini Mariæ se recensuisse fatetur (2), laudes scilicet, et encomia Virginis : quas laudes et encomia constanter præit vox *Ave*. Sicut autem hæc encomia, et laudes præiverat celebris ac notissima angeli salutatio et Elisabethæ gratulatio, ita concluduntur hæc omnia prece ad Virginem directa, qua illam obsecrat Damascenus, ut misericordiam in eos exerceat, qui eam venerantur, item fere ut temporibus nostris precem, de qua agimus, iis notissimis vocibus concludimus : *Sancta Maria, Mater Dei, ora pro nobis peccatoribus,* etc.

14. Num porro a Damasceni verbis inducti sint solitarii illi Palæstinæ, quos [cl. Bottario referente, cujus verba deinde excitabo] imitari visus est Petrus ille Eremita, qui primæ sacræ expeditionis susceptæ a fidelibus ad eripiendam ex Mahumetanorum manibus Palæstinam auctor fuit, an non, judicaverit lector.

15. Minus a temporibus nostris, minus etiam a Corona Virginis, quam nunc adhibemus, abest id, quod de Ada Theodorici principis uxore antea diximus (n. 3), quæque hic recolat volo lector.

16. Et hæc quidem ad antiquitatem Coronæ Virginis stabiliendam satis esse videntur ; pauci enim nostris temporibus sunt qui, ut antiquissimam faciant consuetudinem recitandi *Coronam*, atque adeo Rosarium seu Psalterium Virginis, eam repetant, vel a sancto Benedicto, vel a Beda, aut etiam ab antiquioribus : et quidem opiniones repelluntur a Mabillonio num. 125 Præfationis ad *Acta SS.* sæculi v Benedictini. Facile etiam repelluntur, quæ de Corona quinquaginta globulis numerum Salutationum angelicarum designantibus confecta, et a sanctissimo Leone IV militibus adversus Saracenos pugnaturis data, eidemque precandi ritui a militibus persoluto victoriam tribuente, narrat piissimus Joannes Croiset (3) ; neque enim in Anastasii libris, aut veteribus ullis

(97) Grav. *Hist. eccl. sæc.* xiii *et* xiv, colloq. 6, tom. V, pag. 522.

(98) *Concil.* Labbei tom. VII, pag. 1484.

(99) Lib. ii *De Deipara*, cap. 11, § *Exstat Chrysippi presbyteri.*

(1) *Enc. Virg.* ab egregio præsule Giacomello Latinit. donato num. 10 et subseqq.

(2) Inscribitur hæc oratio *In annuntiationem*

sanctissimæ Dominæ nostræ Dei Genitricis; exstat porro in Veneta Damasceni, post Parisiensem P. Lequien, editionem, pag. 833, tom. II. Ea, quæ ex Damasceno hic citamus, recolat lector ex dissert. 4, quæst. 3, num. 8. Consule etiam num. 7 et subseqq. homiliæ subsequentis, id est 2, *In Nativit. B. M. V.*

(3) *Esercizi di pietà*, vii Ottobre, pag. 162, edit.

probabilibus monument's hujusce rei vestigium exstat : ideoque immerito ea est a recentioribus excepta , et scriptis tradita. Restat ut tertiam quoque dissolvamus : *Num scilicet probum sit hoc, quod dicimus, erga Virginem obsequium.*

QUÆSTIUNCULA III. — *Id asserimus. et ab objectionibus vindicamus.*

1. Quis vero probitatem hujusce consuetudinis in dubium vertet, quandoquidem [quod alibi dixi] si recte eam, de qua disserimus, precem expendis, gratulationem continet Virgini exhibitam, qua testamur gaudere nos de plenitudine gratiæ, quam a Deo consecuta est, illi quoque benedicimus, et fructui ventris illius Christo Jesu? Sane multo aliter, atque adversarii de præclaris his verbis sensit Damascenus, cujus monita allegavi, et hic recolat lector, volo: « Gloriosissimæ, ac luciferæ Dei, Salvatorisque nostri Jesu Christi Matri verba quædam gratiosa dicamus, vocibus illis jucunde gratulantes, *Ave, gratia plena.* » Nostras preces adjungimus eam deprecantes ut, quoniam a Deo tantam gratiam et dignitatem consecuta est, nobis miseris opituletur, atque a dæmonis insidiis nos tutetur, et protegat, nunc quidem primum, sed eo etiam terribili momento, quo probe noscens dæmon *se tempus non habere amplius*, artes suas fraudulentas, sævitiam quoque adversus nos exercebit maximam, ut nos scilicet devoret, secumque in æternam perniciem trahat. Quis, nisi plane desipiat, hæc mala esse suspicabitur? An vero improbam dices Dominicam orationem, a qua incipimus, et quam, per apta intervalla, angelicis Salutationibus intermiscemus ?

2. Accedit Ecclesiæ auctoritas ; hæc enim quæ *columna et firmamentum veritatis est* (*I Tim.* III, 15), non modo hoc deprecandi genus exemplo et auctoritate sua approbat, verum etiam spiritualibus additis beneficiis et indulgentiis, ad hoc idem pietatis genus veluti incitat, exstimulatque fideles (4).

3. Verum tametsi ea, quæ diximus, indubia sint, Protestantibus tamen displicent, quorum proinde reprehensiones tametsi alibi, ex parte saltem, attulerim, hic tamen recolere conveniens arbitror. Ac primo quidem, ne quid sine reprehensione relinquant, nomen ipsum *Coronæ* irrident. Quid habet, inquiunt, commune cum corona, atque adeo quid coronæ affine series calculorum filo intextorum, quorum quidem calculorum crassiores nonnulli sunt, parvi alii et minusculi? An apud priscos fideles, atque adeo apud Hebræos aliquid simile tibi occurret? An etiam apud ethnicos, nisi forte floreas corollas sponsis in conviviis lætitiæ causa impositas, aut eas, quæ victoribus imponebantur,

coronas tuas facis? Diversa quidem materia constabant illæ, sed certe non ligneæ, neque eburneæ erant. Sed fac, te aliquid hujus generis tibi proposuisse ad imitandum : an recens sponsa Virgo est, an nos convivæ? An forte triumphalem coronam illi imponere maluimus, perinde quasi nostri muneris sit triumphali serto donare Virginem? Quis ad hæc advertet animum, et risum teneat? Sed consuetudo, et res ipsa perridicula est. Nonne lepidum est, inquiunt, ac facetiarum plenissimum, non semel, aut bis, sed sexagies, et amplius eamdem repetere salutationem? quasi vero primum non audisset, aut audiens, se exorari non sineret Maria, nisi sexagies, et amplius salutaretur, et ita fausta boni Pontificii deprecarentur. Satis vero hi tum evincunt, se oblitos fuisse acutissimi illius et intuitus et auditus, quibus præditos sanctos volunt; imo oblitos etiam monitorum Christi Domini, qui paucis nos orare voluit, nec easdem preces pluries iterare ; quod gentes solebant (5).

4. Reprehendunt vero vehementius morem hunc, propterea quia, dum eam servas, Dominicam orationem contemnas, oportet. Annon contemnis, dum quinquies tantum eam recitas, ter autem et sexagies Salutationem angelicam ? perinde quasi minus ad flectendum Deum haberet virium Oratio Dominica, aut minorem nobis opem afferret illa, quam afferat angelica Salutatio? Reprehendunt pariter indulgentias recitantibus Salutationes angelicas ad numerum globulorum corollam hanc componentium , non modo, quia generatim indulgentias a Romano pontifice, et ab episcopis nostris concessas reprehendunt, verum etiam quia ridiculum esse aiunt globulis ligneis, aut eburneis indulgentias affigere. An hujusce moris exemplum aliquod ex antiquis descriptum habemus?

5. Reprehendunt quoque morem nostrum , quo Coronam Virginis recitamus , Salutationes scilicet angelicas ad numerum globorum filo contextorum, respondentium scilicet iis angelicis Salutationibus et orationibus Dominicis, quas nobis proposuimus recitandas. Puerilia sunt ista, inquiunt, et iis accensenda jocalibus, quæ pueri tractant. Tanto vero audacius id dicimus, quanto certius novimus, pretium non leve in iis globulis aliquando inesse, sive elegantiam eorum spectas, sive materiam, qua constant; eburneos scilicet elaboramus, ex iaspide, et achate conficimus, aureos interdum globulos interniscemus, adeo ut non pietas, sed vana quædam, ac futilis, et vere muliebris, interdum etiam hypocritarum jactantia in hisce coronis sese prodat. Recole, quæ ex Polydoro Virgilio antea diximus : quibus alia adjice, si tu vis, quæ a viro probo et doctissimo tradita sunt (6) : « Dalla pietà, e forse

Italicæ an. 1737, typog. Balleon : « Il Papa Lione IV, volle, che tutti i soldati, i quali discaceiarono i Saraceni dalle porte di Roma, avessero una corona di cinquanta *Ave Maria*, ed a questa orazione attribui la segnalata vittoria, che le truppe della Chiesa riportarono contro quegli infedeli. »

(4) Vide, quæ tradit Canisius, *De Deipara*, lib II. cap. 10, § *Jam vero Bucerus*, etc.
(5) Matth VI, 7 : *Orantes nolite multum loqui, sicut ethnici*, etc.
(6) Mura orius Lamindi Pritanii nomine latens is est : cap. 25 libri, quem de recta Christianorum

da qualche altro riguardo de gli Spagnuoli è venuto il costume in alcune città d'Italia, che le donne escono in publico colla corona, o sia col rosario in mano. Forse per distinguersi da gli Ebrei e da i non Cattolici? Ma in Italia eretici non ci sono, e tocca o gli Ebrei, e non a i Cristiani, il portare un distintivo della loro credenza. Forse per biasciare in cammino de i Pater nostri, e profittare ancor di quel tempo? Ma il Signor nostro ci ha avvisati, che volendo far'orazione, entriamo nel tempio, o ci ritiriamo nel segreto delle nostre case. »

6. Priora tamen temere redarguunt [de postremo deinceps dicam]. Ut objectionum ordinem sequamur, nomen ipsum *Coronæ* huic calculorum filo intextorum seriei impositum, qua scilicet utimur ad definiendum numerum angelicarum Salutationum et orationum Dominicarum, quas nobis ad recitandum proponimus, *Corona* appellari merito potest, alias quidem fortasse ob causas, quas piis hominibus, lectorique expendendas relinquimus, sed certe, quia jam dudum apud ecclesiasticos scriptores invaluit mos, ut *Coronam* appellaremus ordinate dispositas Virginis laudes, seu, si appellare ita vis, invocationes et preces. Hoc modo auctor tragœdiæ, quæ *Christus patiens* [de qua non indiligenter alibi], quæque tragœdia procul dubio antiquissima est, et Nazianzeno ab aliquibus ascripta est, ab aliis Apollinari, *Coronam* appellat laudes Virgini tributas, seu, si appellare ita vis, preces, quas ad eam dirigit.

> . . . .*Ego fretus his tibi me audentius*
> *In verba supplex offeram, et suavissimo*
> *Contextam ab horto, qua tuum exornem caput,*
> CORONAM, *o Domina, proferam, ut quæ gratia*
> *Modum supra omnem me tua semper levans,*
> . . . . *te tuum erga Filium*
> *Mihi patronam sentiam acceptissimam.*

Coronam itaque revera appellamus laudes, quas definitas et ordinatas Virgini tribuimus, seu, si vis, preces, quas illi porrigimus. Per synecdochen porro *Coronam* dicimus calculorum seriem ad easdem laudes et preces ordinate recitandas nos juvantem ac dirigentem. Quid in hac consuetudine si sapis, quod reprehendas, invenies? Et hanc quidem consuetudinem a vetustis temporibus repetimus [qua de re deinceps]; sed etiam si recens foret, non reprehendenda propterea foret : neque enim prohibemur consuetudines aliquas in Ecclesiam inducere, si rectæ illæ sint.

7. Sed rem ipsam aggrediamur : repetitionem scilicet Salutationis angelicæ, atque adeo etiam orationis Dominicæ, cuique Salutationum angelicarum decadi insertæ. Ad quam reprehensionem refellendam, liceat mihi, quod alibi tradidi, hic repetere (7). Si proba est precatiuncula, non video quanam ratione iteratio efficere improbam queat.

---

devotione (*Della regolata divozione de i Christiani*) scripsit (pag. 366).

(7) *De cultu sanctorum*, dissert. 5, cap. 27,

Sane in re præsenti uti illo fortasse possumus argumento, quod in Tullium olim intorsit Lactantius (8) : « Si semel facere optimum est, quanto magis sæpius? Si hora prima, ergo et tota die. Si una hostia placabilis, placabiliores utique hostiæ plures, quia multiplicata obsequia demerentur potius, quam offendunt. Non enim nobis odiosi videntur ii famuli, qui assidui, et frequentes ad obsequium fuerint, sed magis chari. » Quibus non absimilia tradit Hieronymus, n. 10 (9) libri adversus Vigilantium scripti : « Quod [inquiens] semel fecisse bonum est, non potest malum esse, si frequentius fiat. » Cæterum si quid aliena exempla juvare nos possunt, tu affer in purgationem hujusce consuetudinis orationem, quæ Epiphanio a multis tributa est, inscribiturque *De laudibus sanctæ Mariæ*. In ea quippe si non integra ea, de qua agimus, precatio, illius certe nonnulla portio plurie reperitur. Scriptoris porro istius exemplum alii non pauci secuti sunt.

8. Profecto, si angelicam Salutationem eo reperemus animo, quo repetere nos aut putant, aut se putare simulant nonnulli ex Protestantibus, ut scilicet facilius certiusque audiremur a Virgine, nos reprehensione dignos fateri. At longe meliori animo facimus; nempe ut iteratis gratulationibus eam honoremus, et iteratis precibus certius efficaciusque imploremus illius opem : neque vetuit Christus (*Matth.* vi, 7), ne eumdem sermonem iteraremus; quippe nos edocens, *Oportere nos semper orare, et non deficere* (*Luc.* xviii, 1), orationem tamen non multas formas tradidit nobis ; imo ipsemet repetitæ precis visus est dedisse exemplum in horto orans : eumdem nempe sermonem ter repetivit : *Et oravit tertio eumdem sermonem dicens.* (*Matth.* xxvi, 44.) Quis etiam ignorat, in Veteri Testamento non pauca exempla deprecationum exstare, in quibus populus repetebat hæc verba : *Quoniam in æternum misericordia ejus* (*II Paral.* v i, 6 ; *I Esdr.* iii, 11), et tres pueros canentes in Babylonicæ fornacis igne laudes Domino ad singulos versiculos repetiisse : *Laudate, et superexaltate eum in sæcula?* (*Dan.* iii, 57 seqq.) Quin etiam vocem *sanctus* a Seraphim, et quatuor animalibus Deum laudantibus sæpius repetitam discimus (*Isa.* vi, 3.) Vetuit ergo Christus tantummodo aut multiloquium et eloquentiam, aut si vis, affectatam sermonis elegantiam, quibus artibus se sua numina flectere gentes arbitrabantur : vel potius prætulit interiorem precem, ardentemque animi affectum exteriori petitioni. Ille enim semper optimus est, et a Deo auditur, tametsi voce non exprimatur ; exterior vero petitio, si a cordis affectu vires, atque efficaciam non sumit, minime apta est Deo flectendo. Sane hoc ex apostolo Paulo audivimus (*I Cor.* xiv, 14, 15) : *Nam si orem lingua, spiritus meus* [id est

---

num. 1.

(8) *De vera sapient.* cap. 28.

(9) Alias, cap. 4.

vox, seu halitus] *orat, mens autem mea sine fructu est. Quid ergo est: Orabo spiritu, orabo et mente; psallam spiritu, psallam et mente?* Novimus vero in more esse sacris auctoribus, ut comparationes positivis phrasibus et vocabulis exprimant. Sic in Psal. ι, vers. 18 : *Holocaustis non delectaberis: sacrificium Deo spiritus contribulatus : cor contritum et humiliatum, Deus, non despicies ;* hoc est, holocaustis multo minus delectaberis, quam corde contrito et humiliato. Jam reliqua prosequor.

9. Neque vero dum Coronam Virginis recitamus, contemnimus, aut minori habemus in pretio Dominicam orationem quam habeamus angelicam Salutationem, quam decies recitamus, dum semel orationem Dominicam recitamus. Non eam contemnimus, aut levi habemus in pretio, dum ab ea coronam ipsam exordium habere volumus , et non raro iisdem salutationibus eam intermiscemus. Nullus sane veterum contemptum ab auctore Tragœdiæ, quæ *Christus patiens* inscribitur, divinum Verbum dixit, propterea quia post brevem ad Verbum ipsum directam precem, ad precandam, laudandamque Virginem se totum convertit :

Miserere, o Servator Deus, mei, neve in meis
Perire sinito noxiis ; nam filius
Tuus ego sum, ancillæque filius tuæ.
Quin tu ipse, Verbum, gratia mei unius
Mortem tulisti : proinde ne ludibrium
Permitte me hosti, sed tua virga tamen
Humaniter me corripe : et Matrem tuam
Venerandam, o Verbum, admitte, et hos omnes, quibus
Ut vincla solverent, dedisti gratiam.
Veneranda o Virgo, casta, felicissima,
Quando beata nunc beatorum in polo
Exuta quidquid fecis humanæ sedes
Æternitatis pallio ornata, ut Dea, etc.

10. Cur vero reprehendi is posset? Quanam adigimur lege, ne copiose et luculenter Mariam invocemus, et in laudes ejus [si loqui ita liceat] effundamur. Multo minus reprehendemur nos, qui quanto orationem Dominicam habeamus in pretio, manifesto ostendimus, dum ab ea (quod sæpe dixi) etiam dum Coronam Virginis recitamus, ejusdem Coronæ exordium ducimus, et cuique salutationem decadi intermiscemus. Rursus etiam quanti Dominicam orationem æstimemus, ex eo constat, quod ab ea divinum Officium exordimur, unicuique Horæ canonicæ præponimus, inter preces Laudum Primæ et Completorii recitamus: eamque rursus, dicta post Completorium B. Virgini antiphona, dicimus. Sed aliunde id ipsum liquet. Nonne alteram sacram *Coronam* recitare consuevimus, quam *Domini coronam* dicimus? Constat ea 38 globulis filo, pariter intextis, at ea ratione, ut 33 respondeant annis, quibus D. Jesus vixisse creditur; quinque alii vero partim sint veluti intermisti, partim sint eidem adjuncti, ut Mariam non negligamus, quæ et redemptioni a Filio peractæ plurimum cooperata est : plurimum quo-

que cum Filio, præsertim postquam in crucem actus fuit, passa est. Recitamus itaque primum Salutationem angelicam, tum decies orationem Dominicam; rursus Salutationem angelicam, et rursus etiam decies Dominicam orationem, quod et tertio fit : tum quarta Salutatio angelica recitatur, cui ter adjicitur Dominica oratio, et rursus angelica Salutatio. Qua ratione recolitur numerus triginta trium annorum, quos insumpsisse creditur Christus Dominus, antequam se in ara crucis pro nostra salute Deo Patri offerret : tum ad complendum numerum quinarium Salutationum angelicarum postrema alia Salutatio angelica adjicitur, qua hujusmodi Coronæ finis imponitur. Hujus *Coronæ* auctor fuisse creditur Michael Eremita, priscus Romualdi discipulus : ideoque ætate præcedens et sanctum Dominicum, et Petrum Eremitam. Id ex peculiari libello hoc de argumento didici (9). Sed id quoque in Camaldulensibus Annalibus traditur, ex quibus hæc desumo (10) : « Ex ipsis autem abiegnis nodis globulos diametro perforatos torno Eremitæ ipsi, otii vitandi gratia, conficiunt, qui funiculo transfixi, connexique coronas, quas appellant, pulcherrimas in Domini nostri Jesu Christi, Matrisque suæ sanctissimæ honorem constituunt; per eas nempe Dominicæ orationes, et angelicæ Salutationes enumerantur, quæ maximo apud magnates, cæterosque omnes in pretio habentur, ac devoto pioque desiderio oblatæ accipiuntur ; eo etiam magis, quod Corona Dominica ab uno ex senioribus sanctissimæ vitæ eremitis, Michaele nomine, quondam excogitata ad commemorationem annorum vitæ Domini triginta tres orationes Dominicas , et pro commemoratione quinque vulnerum ejus, quinque Salutationes angelicas ex mente sanctissima continet. Quam pie religioseque persolventibus Leo X, pontifex maximus, magna ex pretiosissimo Ecclesiæ thesauro indulgentiarum munera concessit, ut ex impressis earum diplomatibus, ac scriptis late apparet. » Id multo copiosius traditur in eo libello, quem dixi : *Significazione et origine della Corona del Signore,* a quo etiam edocemur, qua ratione recitanda ea sit, quæ precis illi inferendæ et indulgentiæ, quæ fidelibus a Leone X, hanc quam dicimus, *Coronam* recitantibus concessæ fuerint quæque a Gregorio XIII, Sixto V et Clemente X additæ sunt.

11. At indulgentiæ iisdem globulis annexæ [ad hunc enim modum objectionem proponunt] Protestantibus displicent. Jam dixi, et rursus id aio, non esse indulgentias annexas globulis : potes enim quoto tibi libuerit tempore eos globulos deferre, aut manibus premere, terereque, nullamque indulgentiarum portionem assequeris : sed indulgentias esse concessas recitantibus orationem Dominicam et Salutationes angelicas ad eum numerum, quem præscribunt globuli filo infixi, ne scilicet sine ra-

(9) *Significazione et origine della Corona del Signore.*

(10) Andreæ Mugnotii Conchensis Hispani, *Descri-*

ptio eremi *Camald.* (In Append. *Annal. Camald.* pag. 323.)

tione [ut Polydori Virgilii verbis utar] sit nostra oratio, justo scilicet et ab Ecclesia præscripto numero ; vagationem etiam mentis nonnihil impediente studio, quod adhibeamus oportet, ne eumdem numerum aut minuamus, aut superemus : cur porro eæ indulgentiæ displicent ? An quia generatim, et, ut verbo dicam, omnes omnino ecclesiasticæ indulgentiæ tibi displicent ? Sed non sine Ecclesiæ injuria id facis. Sicut enim ea potest pœnitentias imponere, ita eas remittere potest et condonare. An oblitus es potestatis a Domino pastoribus Ecclesiæ concessæ (*Matth.* xviii, 18) : *Quodcunque alligaveritis super terram, erunt ligata et in cœlo : et quæcunque solveritis super terram, erunt soluta et in cœlo ?* Sicut itaque Ecclesia opera sane non levia ad remittenda peccata olim imponebat, et imponere adhuc potest, ita eam, ut ita dicam, priscam severitatem lenire, et permutare in multo leviora opera potest : in quorum numero procul dubio est recitatio nonnullarum precum, ideoque orationis Dominicæ et Salutationis angelicæ ad eum numerum, quem illa præcipit. Vide, ut cæteros de hoc argumento differentes omittam, ea quæ tradit cl. Virginius Valsecus in eo libro, quem peculiariter *De indulgentiis* conscripsit (11), eaque in primis, quæ cap. 4 (12) docet. Exposcere autem a fidelibus solet Ecclesia, ut si velint indulgentias in recitanda Corona, aut Rosario consequi, eas adhibeant *Coronas* et *Rosaria* quibus benedictionem impertit sacerdos ab eadem Ecclesia præscriptus : quam nulla prorsus recepta pecunia impertit, ut scilicet noscant fideles benedictione sacerdotis [quæ aptissimis precibus fit], eas indulgentias se consequi, quas ea recitatione obtinent.

12. At quoniam hujusce moris desumptum ex antiquis exemplum exquirunt, sic eorum petitionibus occurro. Si exemplum exquirunt indulgentiarum coronæ adjunctarum , nescio num certum adduci possit ante Rosarii et Coronæ, de qua agimus, institutionem : quod tamen causæ nostræ non obest. Habet enim Ecclesia facultatem, ut, quibus velit sacris ritibus, aut precibus, indulgentias adjungat. Si vero exemplum exquirunt moris conficiendi ex calculis rationem precum recitandarum, ad hunc modum tibi satisfacio : non est necesse ut vetustum exemplum afferatur moris, qui probus per se est ; probus autem est is, de quo disserimus, mos. Etenim si definitum numerum harum nobis proposuimus recitandum, cur globulos filo intextos a nobis adhibitos reprehendis, quandoquidem norum ope numerum, quem nobis proposuimus, certe attingimus, nec eum minuimus, aut superamus ? Propone [si aptior occurrat tibi] easdem Salutationes numerandi rationem. Sane Paulus Ægyptius eremita, referente Palladio (13), repre-

hensus a nemine est, quod trecentas preces sibi ad recitandum præstitutas calculis in sinu positis numeraret. Cur itaque nos reprehendis, cum multo commodiori preces nostras numerandi ratione utamur ? Cæterum vetusta exempla hujusce moris facile tibi præbebunt ea quæ quæstiuncula 2 attuli, ea pariter quæ quæstione subsequenti de monachis Orientalibus dicam.

13. At qualitatem, ut ita loquar, globulorum quos dicimus materiamque redarguis ; hos scilicet non pretiosos velle videris, sed viles et contemptibiles. At si in reliquis convenias, facile assentiar ut ligneis utaris aut osseis. Cæterum scito pietatem decori minime adversari, ideoque minime reprehendi posse nobilem et ditem feminam, si pretiosos adhibeat globulos ad preces suas numerandas. An nobilem clericum redargues si ecclesiasticos quibus utitur libros ornatos esse velit multoque cum decore compactos, quandoquidem sacros quibus Ecclesia usa est libros sæpe voluit ornatissimos ac nobilissimos ? Et ut in Corona de qua disserimus sistam, quis sane Godivam reprehendat Leofrici Herephordiæ comitis uxorem monasterii Conventriensis (quod alibi diximus) anno 1010 conditricem, quod *circulum gemmarum filo inseruit ut singularum contactu singulas orationes incipiens, numerum non præteriret* (14) ? Quod quidem ex Willelmo Malmesburiensi assecutus est Mabillon qui id refert (15). Quis reprehendet Romanum pontificem viris nobilibus hujusmodi corollas e globulis ex acathe et ametisto confectas, imaginibus etiam aliisque aureis ornamentis decoras donantem ? An hujusmodi corollis, propterea quia pretiosæ eæ sunt et ornamentis decoræ, uti illi non poterunt, cum tamen, ut iis utantur, easdem corollas dono det pontifex eamdemque ob causam iis indulgentias adjiciat ?

14. Postrema reprehensio superest, quæ morem respicit gestandi palamque recitandi ad globulorum quos dicimus numerum, orationem Dominicam et Salutationem angelicam. Tria reprehensa, aut certe reprehensioni, objicientium opinione, proxima in eo more aut insunt aut certe esse possunt, quæ, ut convellamus, morem ipsum, si objicientibus fidimus, convellamus oportet : hypocrisim, ostentationem, levitatem, ut ita loquar, harum precum : quæ tamen, dum monent, procul dubio non reprehendent consuetudinem, hoc precum genus in publicis supplicationibus, seu, ut eas appellare consuevimus, sacris processionibus recitandi ; id enim et instituit et approbat Ecclesia, quam nemo qui sapit reprehendet, quanquam nemo inficiari audet in sanctissime institutas sacras consuetudines et cæremonias posse, hominum vitio, illabi aliquando malum aliquem dæmonis dolum. Quæcunque alii putent, hæc

---

(11) *Delle indulgenze, e delle disposizioni.*
(12) *Dell'effeto, e beneficio delle Indulgenze.*
(13) In *Hist. Lausiaca*, cap. 23. Idem narrat Sozomenus, lib. vi *Histor. eccles.* cap. 29.

(14) Al. *prætermitteret.*
(15) In præf. ad v sæculum Benedictinum § 6 num. 126, pag. 61 edit. Venet.

meo est de ea consuetudine opinio. Non tollendam eam esse quod hypocritæ ea abutantur, sed submovendam hypocrisim si ea detegatur ; obsistendum illi, si prudenter timeas ne in morem hunc dolo aliquo aut fraude irrepat. Rectissime ages, si Augustini monito uteris (16) : « Qui simulant in professione Christianitatis inusitato squalore ac sordibus intentos in se oculos hominum facit, cum id voluntate facit, non necessitate patitur, cæteris ejus operibus potest conjici utrum hoc contemptu superflui cultus, an ambitione aliqua faciat, quia et sub ovina pelle cavendos lupos Dominus præcipit : *Sed ex fructibus eorum*, inquit, *cognoscetis eos...* (*Matth.* vii, 20.) Oves non debent pelles suas deponere, si aliquando eis lupi se contegant. »

15. Feminas vero, si generatim loquimur, in publicis etiam viis beatæ Virginis Coronam gestare eamque recitare non veto. Quanquam enim mos iste fortasse exordium duxit ut ex ea Christianæ professionis nota dignoscerentur ab Hebræis Christianæ mulieres, habet tamen adhuc non absimile commodum, ut scilicet in iis regionibus in quibus promiscue degunt Romanæ communionis et ab ea aversæ mulieres, primas illas ab his secernas ; in iis vero in quibus Romana communio tantummodo viget, eas statim noscas quæ hoc argumento se Virginis, cui hoc pietatis genus acceptum sciunt, devotas profitentur et produnt. Quid, quod hac ratione multiloquium evitant et quidquid ex multiloquio provenit, et in pietatis officio tempus illud impendunt, quod minus piæ in detractionibus et inofficiosis reprehensionibus impendere solent ?

16. Neque vero in viis orare prohibemur ; aliàs sacras supplicationes in viis agere prohiberemur : et commode, nisi fallor, adhibere hic Pauli monitum possumus (*I Tim.* ii, 8) : *Volo ergo viros orare in omni loco, levantes puras manus... similiter et mulieres in habitu ornato cum verecundia et sobrietate ornantes se, et non in tortis crinibus aut auro aut margaritis, vel veste pretiosa, sed quod decet mulieres promittentes pietatem per bona opera.* Id est, sino quidem mulieres, item ut viros, orare in omni loco, dummodo et voce et ornatu et vultu se pias prodant. Secus si agant, domi se contineant, ne ei scilicet mulieri similes appareant quæ Proverb. viii describitur et redarguitur hisce verbis : *Occurrit mulier ornatu meretricio præparata ad capiendas animas, garrula et vaga, quietis impatiens, nec valens in domo consistere pedibus suis.* Has scilicet a piis quibusque, ideoque ab ipsis publicis cœtibus abesse cupio.

Quæstio II. — *De Rosario Virginis.*

De eo item, uti de Corona Virginis, tria quæri solent. Quid Rosarium Virginis sit. — Num vetusta illud recitandi consuetudo. — Num proba.

(16) Lib. ii *De serm. Domini in monte,* cap. 12, alias num. 41.
(17) In Lectionibus secundi Nocturni in festivit. Rosarii Benedicti X.II jussu in Breviario Romano

Quæstiuncula I. — *Quid Rosarium Virginis sit.*

1. *Est Rosarium* [hæc discimus ex Romano Breviario (17)] *certa precandi formula, qua quindecim angelicarum Salutationum decades, oratione Dominica interjecta, distinguimus, et ad earum singulas totidem nostræ Reparationis mysteria pia meditatione recolimus.*

2. De hac appellatione hæc tradit Navarrus (18) : « Secundum fuerit, a quo cœpit præfatum Psalterium appellari *Rosarium*. Ad quod respondetur non videri dicendum sic esse appellatum a suo inventore sanctissimo Dominico : tum quia non invenitur unus classicus auctor qui hoc asserat, et de non exsistentibus et non apparentibus idem est judicandum ; tum quia constat ex præfatis litteris dicti Sixti IV fuisse appellatum ab eo simpliciter Psalterium sine ulla mentione Rosarii, etiam post institutam confratriam Rosarii, quæ fuit instituta anno 1476, ut patet ex litteris Alexandri legati in Miscellaneo sequenti referendis, et approbatio præfati generis orandi per *Psalterium* beatæ Mariæ fuit facta per Sixtum anno 1479, ut patet ex litteris ejus proxime relatis, ita quod prius pontifices maximi usi fuerunt nomine *Psalterii* quam *Rosarii*. Constat autem Psalterium appellari Rosarium, non quidem ex litteris Sixti IV, qui primus maximorum pontificum hoc genus orandi approbavit, sed ex litteris Alexandri legati in sequenti miscellaneo referendis, qui prius confratriam Rosarii confirmavit. Idem etiam colligitur ex statutis primis præfatæ confratriæ infra relatis in quibus sæpe ponitur Psalterium sive Rosarium, quod ipsum fit in litteris Clementis VII et Pauli III, in quibus tamen prius appellatur Psalterium quam Rosarium, per quod significatur nomen Psalteri' esse originarium, et sic antiquius et dignius quam nomen *Rosarium*, quia quæ præponuntur censentur digniora, et ita nomen *Rosarium* videtur ascititium et vulgari usu inductum, quemadmodum etiam a multis in multis terris appellatur *Corona*, ut infra dicemus.

3. « Tertium fuerit, qua ratione præfatum Psalterium appellatum est Rosarium. Respondetur quod nemo quem viderim eam reddit, sed reddi potest duplex. Altera, quod sicut Rosarium continet multitudinem fruticum gignentium rosas suaveolentes ac se tractantem consolantes et lætificantes, ita præfatum Psalterium continet multitudinem orationum Dominicarum et Salutationum angelicarum quæ frequenter repetitæ miram suaveolentiam suavemque lætitiam pariunt illis qui eis sic repetitis Patrem misericordiarum et Virginem Matrem quasi præsentes, attenta, humili et devota mente alloquuntur, salutant et orant.

4 « Altera ratio est illa, qua quidam opera sua positis.

(18) *Miscellan.* De Psalterio et Rosario Virginis Mariæ, secundo et tertio Miscellan. num. 1 et 2, pag. 262, tom. III.

nuncupant *Rosaria*, ut archidiaconus suam expositionem in decretum, et alii alia sua, *rosas* et *aureas
rosas*, quia in eis contenta sunt præcipua et pulcherrima eorum, quæ in illa materia traduntur,
sicut rosa est præcipua et pulcherrima florum.
Nam Psalterium hoc continet potissimas orandi
formas, cum oratio Dominica sit omnium potissima
secundum sancti Thomæ receptum; et Salutatio
angelica omnium ad Virginem Matrem directarum
gratiosissima, ut dictum est.› Hactenus præclarissimus Navarrus, quem tamen monentem priscis
temporibus non fuisse appellatum illud de quo
disserimus Virgini delatum obsequium, *Rosarium*,
is minime excipiet qui Moneliam *de origine Rosarii*
disputantem consulet: etenim n. 6, cap.5, duo
exempla præbet hujusce appellationis ex sæculo xiv desumpta, Scevolini scilicet, qui sub initium sæculi xiv vixit, et B. Claræ de Gambacurtis,
quæ anno 1362 orta, annum agens xii puellas alias
*nunc Dei laudes secum cantare jubebat, nunc flexis geni-
bus Rosarium dicere aut alias preces*. Consulat etiam,
volo, lector, quæ de hac quæstione traduntur in
primo Bullarii ordinis Prædicatorum tomo.

QUÆSTIUNCULA II. — *Num vetusta sit consuetudo
recitandi Rosarium.*

1. Sic propositam quæstiunculam dissolvo: si
Rosarium ita accipis, ut pluries repetita angelica
Salutatio, sed ad certum etiam numerum definita,
sit, illius antiquitatem Joannes Andreas Coppestein
ex claris. Prædicatorum ordine in eo libro, quem
B. F. Alani Redivii tractatum mirabilem inscripsit (19), a primis usque Ecclesiæ temporibus,
nonnulla saltem ex parte, repetit: etenim hæc tradit: ‹ Communitas autem fidelium, id est Ecclesia,
quo comprecandi in Synagoga imitaretur exemplum, quod et Psalterii Davidici Psalmos decantabat, eumdem sibi numerum orationum Domini re-
petitarum delegit, qualis in vicem Psalterii Deo abs
se recitatas offerrent Christi fideles..... Inde Psalterii Mariæ sic rarescentem usum popularem
SS. Patres in vastis eremi solitudinibus monasti-
cem colentes, exceperunt. Hisce desertas Orientis
complevit eremos sævientium primo necessitas persecutionum; deinde vero pia cujusque voluntas.
Quorum adumbrat vitam Apostolus, Hebr. ii: *Cir-
cumierunt in melotis, in pellibus caprinis, egentes,
angustiati, afflicti: quibus dignus non erat mundus;
in solitudinibus errantes, in montibus, et speluncis, et
cavernis terræ. Et hi omnes testimonio fidei probati*, etc..... Cumque aliquando nimium quam sæve
et pertinaciter infestarentur, communi omnes consilio irremissas ad Deum, Deiparamque preces con-
jecerunt, opem, tentationumque remedium orantes.
Exorarunt denique. Revelatur divinitus compre-
cantibus: ut, si a tentationibus se liberatos, contraque eas vindicatos vellent, intepescentem jam diu
per vulgus Christianum Psalterii Jesu, et Mariæ

usum ferventius exciperent, et constantius frequentarent. Ut factum haud secus ac dictum; continuo tentationum modus finisque est subsecutus,
simul cremitica illa monastice numero mirifice crevit et sanctitate, utroque in orbe toto viris et prodigiis celebrata. Postquam vero (ut rerum sese
dant omnium vicissitudines) etiam eremitici avitus
instituti fervor denique remississet: sensim devotionis, sanctimoniæ, exercitiorumque collapsæ
disciplina, et in iis Psalterii usus, tantam illam in
eremis asceticam monasticen, in parem secum ruinam pertraxerunt, devastatore Mahomete. Quorum
auctor fit Joannes quidam Græcus, qui plerasque
sanctorum Patrum Vitas conscripsit. ›

2. Paucos tamen asseclas opinio Coppesteini obtinuit: neque enim ullum veterem, probatumque
dictorum suorum vadem profert; aliunde vero
nulla occurrunt moris hujus tam vetusti temporibus adhibiti monumenta.

3. Cæterum ab Oriente manasse morem hunc in
Occidentem affirmat (in eodem capite 8) paulo
ante allegatus scriptor, Coppestein scilicet, eumque
usitatum fuisse affirmat a sancto Benedicto, a Venerabili Beda, a sancto Ottone, sancta Maria
Ogniacensi, Dominico Loricato et Bernardo, a quibus accepit sanctus Dominicus, qui sacrum hunc
precandi ritum et frequentavit et propagavit.
Piissimus Joann. Croiset (20) aliquid affine narrat:
desumpsisse scilicet Petrum Eremitam sacræ expeditionis adversus Mahometanos hortatorem, ducto-
remque, morem quem dicimus, quemque militibus
a se ductis inculcabat, ab Orientalibus. Revera filo
contextos calculos, ad denotandum nempe numerum precum, quas sibi recitandas proposuerant,
jam dudum in usu Orientales monachos habuisse,
ostendit pictura, quam clariss. præsul Bottarius
præposuit tomo III *Romæ subterraneæ*, quam sæculo xi elaboratam putat, quamque copiose illustrat
in limine ipso appendicis huic tomo III adjectæ:
a quoto autem tempore in Oriente mos ille cœperit, et num orationem Dominicam, an angelicam
Salutationem, an precem aliam repeterent ad eum
calculorum numerum, qui filo intexti erant, judicaverit lector. Breves sane fuerint, oportet, preces
illæ, quas calculis definiebant. Si enim multum sermonem poposcissent, necesse non erat ut earum
numerus calculorum numero designaretur; meminimus enim nos preces eas recitasse, quæ prolixam
orationem efflagitant.

4. Sed a quocunque tandem sacer iste ritus in
nostras regiones provenerit, provenit sane, et, uti
jam dixi, valde usitatus sæculo xii, et subsequentibus fuit: atque id iis ipsis monumentis constabit,
quibus Coronæ Virginis, seu potius rudimentorum
illius antiquitas evincitur. Recole itaque ea, quæ
ad vetustatem ejusdem Coronæ ostendendam superiori quæstione diximus.

(19) Cap. 8, *De ortu progressuque Psalt. Christi
et Mariæ.*

(20) *Eserciz. di pieta*, Ottob. vii giorno, pag. 162,
ed. Italicæ, an. 1757.

5. Quod si vetustatem consaetudinis recitandi centies, et quinquagies Salutationem Virginis exposcis, eam tibi præbebit sanctus Aybertus, de quo satis alibi (21) : si vis, ea adjice quæ quæst. 1, hujus ipsius dissertationis quæstiunc. 2 tradidi. Adjice etiam, quæ Cesarius narrat (22), consuevisse scilicet matronam quamdam « diebus singulis in honorem beatæ Virginis quinquaginta *Ave, Maria* cum totidem veniis dicere, quod dum peragebat, miram dulcedinem experiebatur. » Id autem evenisse dicit haud diu post « schisma, quod fuit inter Alexandrum et Pascalem, » ideoque sæculo xi.

6. At dum hæc narro, non continuo demo beato Dominico inclyti Prædicatorum ordinis fundatori laudem, quam illi summi pontifices et præclarissimi historici tribuunt, instituti scilicet ab eo, ac mirifice propagati Rosarii Virginis. Ea, quæ modo attuli exempla, primordia quædam fuere Rosarii Virginis, at non ipsissimum Rosarium sunt. Præter salutationes illas quas dixi, exposcit Rosarium ut singulas decades præeat Dominica oratio (23). Efflagitat quoque, ut definitæ quædam piæ meditationes ita in singulas decades distribuantur, ut initium ducatur ab angelica annuntiatione, excurratur deinde per potiora vitæ Christi mysteria, quibus expletis, addatur adventus Spiritus sancti in apostolos copiosissime in die Pentecostes effusi, Assumptio Mariæ ad cœlum, sublimis illius gloria, et merces amplissima a Deo illi tributa ; cujus rei occasione cœlestis beatitudo proponitur ad meditandum, eaque meditatione finis Rosario imponitur.

7. Definitam hanc Rosarii distribuendi, recitandique rationem sancto Dominico, ut dixi, pontifices, Romanum Breviarium, et viri egregii tribuunt. Nimirum certum non est, antequam sanctus Dominicus Ecclesiam meritis suis et prædicationibus illustrarit, fuisse decadibus angelicarum Salutationum insertam Dominicam orationem : multo minus certum est unicuique decadi fuisse adjunctam partem aliquam vitæ Domini Jesu, et Mariæ Virginis ad meditandum.

8. At nonnulla ea de re dubitandi momenta proposuere viri in litteraria republica nobiles, in quorum numero eminent Mabillon (24), et Cuperus (25) : quæ quidem dubia disjicere studuerunt litteratissimi Dominicani, atque in primis Monelia (26), iique præclarissimi viri, quibus debemus tomum I *Annalium* inclyti ordinis FF. Prædicatorum, quorum studiis favere alii non pauci eruditionis laude nobiles viri, quorum plerique in eo consentiunt, ut doceant, eam precandi formulam,

quæ exposcit, ut definitum Salutationum angelicarum numerum globulis [si vis filo intextis] indicatum observemus, Dominico antiquiorem esse ; at sancto Dominico tribuendam additam cuique Salutationum angelicarum decadi Dominicam orationem, et Meditationum vitæ Jesu per decem et tres priores decades distributam : addita assumpt'one Deiparæ, summaque gloria illi a Deo in cœlesti sede tributa, quam quidem meditationem duæ postremæ decades sibi vindicant. Atque hac ratione rectissime sancti Rosarii institutorem sanctum Dominicum appellatum volunt ; is enim ritus alicujus institutor dicitur, qui multo meliorem illi tribuit formam, et ea adjicit quæ perficiant : quanquam etiam aliunde sancti Rosarii institutor dici potest, quatenus non admodum usitatam precum rationem usitatissimam effecit et propagavit maxime.

9. Sane, quamvis ante sanctum Dominicum angelica Salutatio ad non minimum numerum, non raro per *beltides* definitum, recitari a fidelibus consueverit, per decades tamen, plerumque v, interdum etiam xv distributas, id fieri vix consuevit. Contra posset sanctum Dominicum id usitatissimum fuit ; quod facile is fatebitur, qui ad ea, quæ hactenus protulimus, advertet animum. Hic tantum a lectore exposco, ut ea consulat quæ ex F. Bartholomæo Tridentino sancti Dominici pene æquali protulimus (27). Neque enim verisimilitudini meæ conjecturæ quidquam demitur ex eo quod orationis Dominicæ ab eo mentio non fiat, potuit enim ea non exprimi, utpote minor Rosarii pars ; vel potius quia cum id aliunde notissimum foret, necesse non erat ut ea expresso nomine denotaretur. Affine argumentum eruere etiam potes ex iis Salutationum angelicarum *quinquagenis*, quarum non raro in libro *Apum* mentio fit. His addas, volo, consuetudinem aliam alibi expositam, ut scilicet jungerentur a fidelibus recitandæ oratio Dominica, et angelica Salutatio : qui quidem mos, si viros probabiles audimus, ex Rosario jam in fidelium cœtus inducto provenit, quanquam non eadem prorsus ratione. Variat enim in hoc pio obsequio peculiaris uniuscujusque devotio. Hic etiam afferas, volo, consuetudinem jungendi *verbali* [uti appellant] *orationem mentalem*, quæ iis temporibus aut cœpisse, aut certe maxime crevisse dicitur. Ex eo enim eam consuetudinem aut derivatam aut certe maxime diffusam credimus, quod adnitente sancto Dominico fideles in usu habere cœperint, jungere mysteriorum vitæ D. Jesu, et Mariæ meditationi sæpe repetitam angelicam Salutationem, et Domi-

---

(21) Dissert. 4, quæst. 2, num. 8.
(22) Lib. vii, cap. 50, pag. 557, et seqq.
(23) Num vetusta sit consuetudo, qua utimur, dum cuique decadi adjicimus vetustissimam, eamdemque religiosissimam precem : *Gloria Patri*, etc., interdum etiam ad expiandas animas purgatorio igne detentas precem alteram *Requiem æternam*, etc., incertum est : sed hæc veluti auctaria (laudatissima tamen) Rosarii sunt, minime vero pars (ut

ita loquamur) substantialis.
(24) Præfat. in *Act. SS.* sæculi v Benedictin. num. 128.
(25) In Vita S. Dominici ordinis Prædicat. institut. in opere Bollandiano 4 Aug. pag. 558 et subseqq., tom. I Aug.
(26) *De origine sacrarum precum Rosarii.*
(27) Dissert. 4, quæst. 2, num. 15.

nicam orationem unicuique decadi intermistam. Hæc fusius præclarissimi sacri ordinis Prædicatorum scriptores, atque inprimis cl. Monelia, et primi tomi *Annalium* scriptores. Hic tantum referram, quod a scriptore eidem ordini minime ascripto, ideoque nulli partium studio addicto didici, præsertim cum illum allegarit Mabillon, qui hæc in re non admodum huic opinioni favisse dicitur (28) : « Institutio itaque confraternitat's [quam vocant] Rosarii anno 1475 facta est in alma universitate Coloniensi per doctores sacræ paginæ Prædicatorum ordinis, imo potius, inquiunt, renovata est, quia per beatissimum Patrem Dominicum legitur prædicata, licet ad tempus fuerit neglecta ac oblivioni tradita. »

10. His tamen adhuc obsistunt ii, qui pias, quas dicimus meditationes, jam antea insertas ab ordine Præmonstratensi repetunt. Liceat mihi hic exscribere, quod in Bollandiano opere inveni (29) : « Verum tunc alia orietur quæstio, utrum hæc pia Psalterii, vel Rosarii meditatio ætatem sancti Dominici non præcesserit; siquidem R. D. Josephus Stephanus de Noriega in superius laudata Dissertatione historica, § 21, contendit illam Rosarii meditationem ante tempora sancti Dominici in ordine Præmonstratensi usitatam fuisse, et ibid. pag. 209, post aliquas hujus sententiæ suæ probationes ita concludit : *En quibus ducor fundamentis, ut credam, B. P. Dominici ætate jam in ordine Præmonstratensi Rosarium Virginis, per mysteria et gaudia distributum et ordinatum, recitari consuevisse : quandoquidem B. Joseph, ut liquet ex superius dictis num. 180, anno Domini 1163 candidum habitum duodennis suscepisse, certius asseritur. Quo tempore prælaudatus Albertus primus abbas et ultimus præpositus monasterii Steinfeldensis, libellum illum Gaudiorum Virginis composuerat, ut Præmonstratensium corda in cultum et obsequium patronæ ordinis inflammaret. Quibus B. Joseph nova Gaudia superaddens et Salutationes angelicas novo devotionis ordine, velut rosas intermiscens Marianam Coronam, sive Rosarium, quo Rosæ suæ charissimæ caput redimeret, intexuit. Atque adeo potuit quam optime S. P. Dominicus inter Marianos Vitenses canonicos [quorum aliquos, ea tempestate ex illis regionibus huc missos, Hispaniam appulisse, compertum est] Rosarii Mariani devotionem didicisse; quam postmodum sic, ut apud fideles modo in usu est, a se dispositam, et innumeris mirabilibus confirmatam, sui præclarissimi ordinis fratres per universum orbem disseminarunt, et in dies miro fervore, ac solemnissimo cultu promovere non desiunt.* »

11. Respondendum est tamen objectioni huic, repelli illam ab eodem viro clarissimo, qui eam

proposuit. Nimirum hæc in eodem paragrapho statim sequuntur a Guilielmo Cupero (30) Commentario in Vitam sancti Dominici inserta : « Quamvis de commemoratione sancti Dominici in Vitensi cœnobio dubitemus (hoc dubium nostrum infra in adnotatis ad Acta Theodorici Appoldiani non parum confirmabitur), et ea saltem usque ad annum Christi 1203 prorogari non possit, ut paragrapho undecimo ostendimus, tamen in ordine Præmonstratensi potuit usurpari hæc pia Rosarii praxis, de qua tamen nihil certi determinamus. » Hæc Cuperus. Multo vero minus determinabo ego, qui Præmonstratenses oro, obtestorque ut, si quid probabilis habent, in medium proferant; multum enim lucis quæstioni, quam pertractamus, afferre illa poterunt. Dum non afferunt, in suscepta sententia persisto. Atque hæc de Rosarii origine atque institutore dicta sint satis. Neque enim propositum meum est, eas lites dirimere, quæ hoc super argumento institutæ sunt : quas si dirimere lector vult, eos libros consulat, quos modo allegavi.

QUÆSTIUNCULA III. — *Probitas in hoc sacro ritu inhærens.*

1. Venio porro ad probitatem in obsequio hoc Virgini delato inhærentem. Sed quis non probum illud agnoscet, in quo oratio Dominica ubique præit, et toties repetitur, et intermiscetur ea arte, ut ea dividat singulas decades? In quo Trinitatis sanctissimæ laudes crebro repeti solent, aut certe pietas in defunctorum animas nostræ opis indigas exercetur (31)? In quo totam quidem meditando percurrimus vitam Christi, diutius tamen immorari solemus in eorum meditatione, quæ pro nostra salute acerbissima is pertulit? In quo cœlestis merces proponitur ad contemplandum, ideoque etiam proponitur ad nos excitandos ad Christi imitationem, et ad ea pietatis exercitia, quibus cœlestem beatitudinem promeremur? In quo vocales preces meditationi jungimus, ideoque, ut præcipit Paulus (*I Cor.* xiv, 15), *Oramus spiritu, oramus mente?* Ad hæc si animum adverterent Protestantes, manifesto conspicerent, temere nos ab iis redargui, perinde quasi dum Rosarium recitamus, ad Virginem, Christo neglecto, unice nos convertamus. An Christum negligimus, dum præcipua ejus vitæ gesta percolimus, proponimusque ad imitandum?

2. Sane probitatem hujus pii erga Virginem obsequii beneficia multa ejus recitatione a Deo et Virgine recepta comprobant, quæ B. Alanus ex inclyto Prædicatorum ordine inprimis, tum alii multi describunt, quibus quidem omnibus tametsi fidem præbere recusent non modo Protestantes, verum etiam severiores critici, aliqua tamen viden-

---

(28) *Chron. S. Agnetis*, auctore Thoma Kempensi, a Mabillonio allegatum num. 128 Præfat. in Sæc v Benedict.
(29) Tom. I Aug., die 4, de sancto Dominico, § 19, n. 361, pag. 427.

(30) In margine sinistro, pag. 358, a qua exordium ducit *Vita S. Dominici.*
(31) Unicuique decadi aut *Gloria Patri*, aut *Requiem æternam* ex probabili instituto adjungimus.

tur ita certa, atque indubitata, attestantibus, scilicet ea viris amplissimis, ut fidem nostram videantur efflagitare : satis est autem nobis, ut ad probitatem quam dicimus, comprobandam, aliqua recepta fuerint beneficia; neque enim Virgo ea, quæ minus proba sunt, munere aliquo, et beneficio afficit.

3. Porro adversus tam laudabilem consuetudinem

multa afferunt Protestantes; sed quæ aut ipsissima sunt, atque ea quæ adversus Coronam Virginis attulerunt, aut iis tam affinia, ut ea recensere, dissolvereque non sit necesse : is enim qui superiora dissolvet, facile etiam iis occurret, quæ affinia et contermina superioribus sunt.

DISSERTATIO VI.

DE ADJUNCTA DIVINO OFFICIO ANGELICA SALUTATIONE.

—

Quæritur, num vetusta sit consuetudo, quam nunc servamus, dum divinum Officium persolvimus, et preces illas, quas *Parvum Virginis Officium*, vel etiam *Virginis Horas* dicimus, angelicam Salutationem scilicet iis præponendi : qua occasione de ea aliis etiam officiis interdum intermista agimus. Ac statim quidem de eadem Salutatione divino Officio cum Dominica Oratione præposita disserimus.

1. Nostris temporibus [quod nemo ignorat] Orationem Dominicam, et angelicam Salutationem cuilibet Horæ canonicæ, si Completorium excipias, præponimus. Id vetustioribus Ecclesiæ temporibus in more non fuisse, ex his Durandi, qui sæculo XIII vixit, monitis plerique eruunt (52) : « Ut autem muscæ morientes abigantur, et mens orantis serenetur, ut digne cum Deo loquatur, et ut si mente non oraverit, Dominus in furore non irascatur, sed misereatur, ideo laudabili consuetudine inductum est, ut sacerdos ante canonicarum Horarum initia, et in fine, Dominicam Orationem; et ante Horas B. Mariæ, et in fine *Ave, Maria*, etc., voce submissa præmittat. Unde in concilio Gerund. *De Consecr.* dis. 5, id semper statutum est, ut etiam post singulas Horas dicatur [Oratio Dominica]. » — Quibus positis, plerique inferunt : Dominica quidem Oratio ecclesiasticis editionibus præponitur Horis canonicis, easque subsequitur ; at Salutatio angelica, dum vivebat Durandus, neque eas præibat, neque subsequebatur, sed tantum Horas Officii parvi B. Mariæ : quæ quidem ipsa consuetudo deinceps desiit; abest enim angelica Salutatio ab omnibus fere tum codicibus, tum typis editis libris, qui Officium B. M. Virginis continent, et sæculo XIV, et subsequentibus usque ad sanctum Pium V editi sunt.

2. At a multis jam sæculis consevisse monachos in Officio divino Salutationem angelicam recitare, nonnullis exemplis discimus. In opere quod *De antiquis monachorum ritibus* inscribitur, editumque est ab Edmundo Martene, et rursus cum additionibus a Muratorio, hæc occurrunt (53) : Quarto :

Rituale Corbeiensis monasterii præscribit, ut in die omnium Sanctorum ad quamlibet horam dici religiosi extra chorum dicant in principio horarum suarum *Ave, Maria*, et duos versus *Memento salutis*, et *Gloria tibi, Domine.* »

3. Quinetiam in nonnullis monasteriis Salutationem angelicam fuisse quotidie divino Officio adjunctam, ex subsequentibus monitis discimus (54). « Bursfeldenses, Ordin. cap. 9, nocturnis vigiliis ter Orationem Dominicam, totidemque Salutationem angelicam præmittunt, ita ut post primam orationem, Salutationemque angelicam præses chori subdat: *Pater de cælis Deus, miserere nobis;* post secundam : *Fili Redemptor mundi Deus, miserere nobis;* post tertiam : *Spiritus sancte Deus, miserere nobis :* in prima precatione fronti, in secunda ori, in tertia vero pectori signum crucis pollice dextræ manus imprimentes, idque nudis capitibus, prostrato, vel saltem habita temporis ratione, incurvato corpore. Idem præstabant in Gallia nostri Casalini. » etc. — Rursus (55) : « Absolutis denique Matutinis laudibus Bursfeldenses, Ord. cap. 10 : *Trinam omnes flexis genibus dicant Salutationem angelicam, et dato consueto signo a præsidente, surgentes exeant ordine suo bini, et bini, profunde inclinantes se ante gradum.* » — Item hæc (36) : « Denique finito beatæ Mariæ Completorio, Bursfeldenses statuunt, c. 13, *ut ab omnibus genuflexis, aut juxta tempus profunde incurvatis dicatur*, PATER NOSTER, AVE, MARIA, CREDO IN DEUM. Postmodum ad sonitum campanæ ter *Ave, Maria* a prostratis. »

4. Apud alios, ut puto, in nostris ipsis regionibus idem mos invaluit, sed vetustius sæculo XIII probabile monumentum, quo mos hic innotescat, nondum inveni. At certe inveni in Statutis seu Constitutionibus [canonicorum Regularium] monasterii S. Augustini de Nicosia, diœcesis Pisanæ [quod quidem monasterium deinceps congregationi nostræ unitum est], quæ constitutiones sæculo XIII compositæ sunt, et conscriptæ, easque servat nostra bibliotheca; nam cap. 2 primæ partis ad hunc

(52) *Rational. divin. Offic.* lib. v, cap. 2.
(53) Lib. IV, cap. 9, num. 4, col. 593, edit. Antuerp., seu potius Mediol.

(54) Lib. I, cap. 2, pag. 23, num. 32.
(55) Cap. 41 ejusdem libri I, num. 22, pag. 44.
(56) Lib. I, cap. 12, num. 18, pag. 111.

modum incipit : « Intrantes ecclesiam removemus caputia, et genu flectentes ad gradum altaris oramus *Pater noster*, et *Ave, Maria*. Et usque ad sedes nostras nudatis capitibus ambulamus. » In canonicis itaque Regularibus eximium hoc pietatis erga Virginem argumentum valde antiquum habet exemplum. Inveni pariter in Breviario, quod aut sæculo xiv, aut certe sub initium xv scriptum est; in eo enim (quod alibi monui) post Completorium descriptæ exstant Antiphonæ, quas ex vetusta consuetudine solemus divino Officio adjungere, nempe *Ave, Regina cœlorum*, *Alma Redemptoris*, *Salve, Regina;* quibus adjiciuntur notissimæ preces : *Interveniat pro nobis*, etc. *Gratiam tuam, quæsumus, Domine.* Subsequitur hymnus angelorum, seu *Gloria in excelsis*, postea Symbolum apostolorum; denique *Ave, Maria*, cui adjungitur versiculus iste : *Beata viscera Mariæ Virginis quæ portaverunt æterni Patris Filium.* Clauditur porro pars ista Breviarii litaniis et notissimis precibus, quæ jungi litaniis solent. Verisimile porro est, eos, qui Breviario hoc utebantur, hæc divino Officio adjunxisse.

5. Sed quis multa pervolvere se posse speret vetera hujus generis ecclesiastica monumenta, quandoquidem paucissima nostra ætate supersunt, et maxima eorum pars insumpta fuerit in obtegendis recentibus libris? Prior, quem noverim, a quo certo Salutatio angelica cuilibet Horæ canonicæ præposita sit, cardinalis Quignonius tituli S. Crucis fuit. Is enim in Breviario a se composito non modo Salutationem angelicam recitari jussit, verum etiam cuilibet Horæ canonicæ [quod alibi dixi], ideoque etiam Completorio præponi. En quæ in Dominica prima Adventus ad Matutinum is statuit : « Notandum quod *Pater noster*, et *Ave, Maria*, non tantum in Matutino, sed etiam in singulis aliis horis dicuntur semper in principio per totum annum. »

6. Licet porro superiori Breviario [cardinalis scilicet S. Crucis] clericos uti vetuerit sanctus Pius V, et veterem psallendi formam in Romana Ecclesia servari jusserit; quod ad Salutationem angelicam tamen attinet, eam in Breviario Romano retineri præcepit, et, si Completorium excipias (a cujus initio abest), cunctis horis præponi; Completorio quoque expleto, eam cum *Pater noster*, et *Credo* recitari voluit. Hæc enim habentur in initio Psalterii : « Ante Matutinum et omnes Horas dicitur secreto : *Pater noster*, et *Ave, Maria*. » Deinde : « In principio Matutini et Primæ ac in fine Completorii dicitur etiam Symbolum apostolorum. » Quibus postremis verbis jubet rursus Orationi Dominicæ Salutationem angelicam jungi, adjicit quoque Symbolum apostolorum; atque his tribus precibus ecclesiastico Officio finis imponitur.

7. Cave porro putes morem hunc primum a sancto Pio V in Officium fuisse inductum, aut certe non alio, quam cardinalis Quignonii exemplo inniti. Ea, quæ antea tradidi, perspicue ostendunt in alia Breviaria Salutationem angelicam, præter illud

ipsum, quod cardinalis Quignonius, edidit, fuisse inductam; ideoque excipiendum minime id esse, quod tradit celeb. Gavantus a cl. P. Merato (sect. 5, cap. 2) allegatus : « Ante Pium V in solo Breviario cardinalis S. Crucis legebatur, non in antiquioribus.» Profecto angelicam Salutationem Matutinis divini Officii precibus præponebant, antequam etiam in Romanum Breviarium sanctus Pius V eam intulerit, Carmelitani: atque id palam docent Rubricæ Breviarii Carmelitano Venetiis anno 1560 edito præpositæ. Hæc enim in ipso fere earumdem rubricarum exordio occurrunt : « Ante Matutinas vero et Primam et post Completorium finita oratione, *Exaudi nos* cum *Pater noster* et *Credo* dicatur. Dum tamen post Horam aliquam Officium defunctorum dicendum fuerit, illo finito, et non ante, *Pater noster* dicatur; et idem fiat de septem Psalmis in xl post Matutinum. Item quotiescunque ante Horas, vel post Horas dicitur : *Pater noster*, etiam addatur *Ave, Maria*. Sed in medio Horarum, dum ab officiante dicitur : *Et ne nos;* tunc non debet addi *Ave, Maria*, post *Pater noster*. » Sed quoto tempore ante hujusce Breviarii editionem Salutationem angelicam canonicis Horis præferre solerent Carmelitæ, ignorare me fateor; neque enim eo Breviario, quod citavi, vetustius aliud inspicere potui, tametsi id vehementer optarim.

8. In Diurno Carthusiano anno 1563, ex officina Carthusiæ Papien. monachorum cura, die 1 mensis Martii edito, pag. ipsa prima hæc occurrunt : « Dominicis diebus. Ad Primam : *Pater noster*, *Ave, Maria, Deus, in adjutorium meum intende.* »

9. Porro post sanctum Pium ab iis ipsis, qui illius Breviario minime utuntur, fuisse piam hanc consuetudinem exceptam facile assequeris ex Breviariis a Romano diversis, in quibus sæpe invenies Salutationem angelicam, aut præeuntem, aut certe subsequentem ejusdem Officii recitationem. Et ut nihil hic de more præveniendi Salutatione angelica divinum Officium hactenus dictis adjiciam, quod certe attinet ad morem addendi divino Officio jam completo angelicam Salutationem, ea consule, quæ tum deferam, cum de consuetudine monendi campanæ signo fideles ad Vespertinam angelicam Salutationem, sermonem habebimus.

10. Venio ad morem, quem nunc servamus, cum parvum Virginis Officium extra chorum recitamus. Scilicet sanctus Pius V, in Officio B. M. Virginis, quod Romæ an. 1571 editum est, cuilibet Horæ Salutationem angelicam præponi jussit: « Ad Matutinum, *Ave, Maria*, etc. Ad Primam, *Ave, Maria* etc. Ad Tertiam, *Ave, Maria*, etc.» Ut de eo more aliquid dicam : in illa precum serie, quas *Parvum Officium Virginis* appellare solemus, *Horas Virginis* alii dixere, quæque Breviario, veluti Appendix, statutis quibusdam diebus persolvenda adjungitur angelica Salutatio, ipsa tantummodo (ideoque solemnis, de qua nunc agimus, precis prior portio) recitanda indicitur in *Invitatorio* his tantum verbis comprehenso : *Ave, Maria, gratia plena, Dominus tecum, si*

In choro recitetur, cum post Horas divini Officii recitari soleat, et una quasi serie cum eodem divino Officio continuari, ideoque tunc nihil illi præponitur. Si seorsim, magna pars codicum quos consului, easdem preces exorditur a consueta Domini invocatione : *Domine, labia mea aperies*. Horas autem reliquas consueta pariter invocatione : *Deus, in adjutorium meum intende*, ideoque omittitur angelica Salutatio.

11. Attamen jam dudum B. Virginis Officium ab ea Salutatione exordium duxisse ex Guillelmo Durando ante allegato discimus; hæc enim docet (37): « Ut autem muscæ morientes abigantur.... ideo laudabili consuetudine inductum est, ut sacerdos ante canonicarum Horarum initia, et in fine Dominicam Orationem, et ante Horas B. Mariæ, et in fine *Ave, Maria*, etc , voce submissa præmittat,» etc.

12. Quid, quod eamdem angelicam Salutationem, seu, si expressius loqui me vis, duas priores illius portiones recitari jubent antiqui libri, in quibus preces in sacris sodalitiis festis diebus recitandæ præscribuntur: quos libros vulgus *Confraternitatum*, Italica lingua *da Compagnie* appellare consuevit?

13. In vetusto codice sæculo XIV, aut fortasse sub initium XV conscripto, quem privata mea possidet bibliotheca, estque in horum numero 1, hæc exstant (pag. 4): « El domadario diga : *Dignare, Domine, die isto*; el choro risponde : *Sine peccato nos custodire*..... Di poi dica in bona voce : *Ave, Maria gratia plena, Dominus tecum*; el choro risponda : *Benedicta tu in mulieribus, et benedictus fructus ventris tui*. Poi lo ebdomadario seguiti l'Officio, e dica il verso : *Domine, labia mea aperies*, » etc. Deinceps vero post recitatas Laudes et Antiphonam: *Ave, Regina cœlorum* etc., el orationem : *Interveniat pro nobis, quæsumus, Domine*, etc., hæc adjiciuntur : « A laude et gloria della sancta Trinitade se dica devotamente tre *Pater nostri*, e tre *Ave Marie* in secreto dando la pace. »

14. Alibi vero post recitatam antiphonam *Salve, Regina*, desinentem his verbis : *O dulcis Virgo Maria*, hos versiculos recitare jubentur fratres : ℣. *Ave. Maria, gratia plena, Dominus tecum*. ℟. *Benedicta tu in mulieribus, et benedictus fructus ventris tui*.

15. Eumdem morem servant alii tres ejusdem generis libri, ante emendationem sancti Pii V jussu elaboratam (38) evulgati, quos pariter privata mea possidet bibliotheca. Horum prior anno 1555 Boniæ typis Giaccarelli editus pag. 5 expresse præponit Matutinis Horis Salutationem angelicam; alter porro anno 1565, apud Peregrinum Bonardum, Vesperis ac Completorio Officii B. V. Salutationem angelicam præponit hoc modo (n. 297) : Ad Vesperas : *Ave,*

Maria, gratia plena, Dominus tecum. ℟. *Benedicta tu in mulieribus, et benedictus fructus ventris tui*. Et deinceps (n. 314) : Ad Completorium : *Ave, Maria, gratia plena, Dominus tecum*. ℟. *Benedicta tu in mulieribus, et benedictus fructus ventris tui*.

16. In tertio vero , qui Florentiæ eodem anno, id est 1563, editus est (39) , cuilibet beatæ Virginis Officii Horæ Salutatio angelica, seu, si loqui ita vis, priores duæ illius portiones præponuntur. Hoc modo pag. 3 : « Levati in pie , el governatore comincí il Matutino : dicendo prima piano, et inclinato *Pater noster*; poi in voce dica : *Ave, Maria, gratia plena, Dominus tecum*. Respondino nella medesima voce : *Benedicta tu in mulieribus, et benedictus fructus ventris tui Jesus*. Alzi alquanto la voce el governatore : *Domine, labia mea aperies*, » etc. Deinceps quoque (p. 14) : « Prima della Madonna : *Ave, Maria, gratia plena, Dominus tecum*. ℟. *Benedicta tu in mulieribus, et benedictus fructus ventris tui Jesus.*» Qui mos servatur in reliquis Horis, ideoque in Completorio ipso (p. 22).

17. At integram hanc precem [id est ad eum modum quo illam in Breviarium Romanum induxit S. Pius V] nonnullos annos, antequam in Breviarium Romanum S. Pius V illam inferret, piissimi Carthusienses in Officium Virginis quod recitant, jam intulerant: neque vero ante Matutinum tantummodo, ante quod ter *Ave, Maria*, integra recitanda præcipitur (40) , verum etiam ante reliquas Horas: etenim in eo ipso B. Virginis Officio, quod anno 1563 editum dixi, ante Horas præit monitum recitandæ *Ave, Maria*, (integræ). Ad Primam beatæ Mariæ: *Ave, Maria*. Ad Tertiam beatæ Mariæ: *Ave, Maria* semel, quod de reliquis Horis dic. Deinceps vero (quod alibi dixi) nonnihil eam precem illos imminuisse demonstrant *Horæ beatæ Mariæ Virginis secundum ordinem Carthusianum* Venetiis impressæ, cura et expensis monachorum Carthusiæ Venetiarum..., anno 1571 ; nam pag. ipsa prima hæc exstant : « Ad Matutinas ter genibus flexis dicitur : *Ave, Maria, gratia plena, Dominus tecum, benedicta tu in mulieribus, et benedictus fructus ventris tui Jesus. Sancta Maria, ora pro nobis peccatoribus. Amen.* »

18. Verumenimvero non in Officio, seu Horis beatæ Virginis Mariæ tantummodo Salutatio angelica olim recitabatur. Recitatam fuisse aliquando, nec semel, in aliis ecclesiasticis precibus ille ipse liber sacrarum fraternitatum usui Bononiæ apud Bonardum editus, quem paulo ante allegavi, ostendit: Etenim Dominicæ Passionis Officium hac ratione concludit, num. 296 : *Respice, quæsumus, omnipotens Deus, super hanc familiam tuam*, etc. « Et detta questa pato in Fiorenza appresso Giorgio Marescotti. MDLXIII. »

(40) Ad matutinum ter genibus flexis dicitur . *Ave, Maria..... Ora pro nobis peccatoribus, nunc et in hora mortis nostræ. Amen.*

---

(37) *Ration. div. Offic.* lib. V, cap. 2
(38) Breviar. Roman. Pii V jussu editum est anno 1568, Romæ. Officium vero B. M. Virginis sejunctum a Breviario Romano Romæ pariter in ædibus populi Romani ann. 1571.
(39) « Libro da Compagnia nuovamente ristam-

orazione si scoprano dui lumi avanti l'altare: nel megio del quale sia apparecchiato un crucifixo ; et uno delli fratelli inanci a quello dica qualche devoto capitolo ; e poi li basi le sante piaghe : e cosi facendo tutti di mano in mano tornino alli suoi luoghi; e l'Ordinario facci dire cinque *Pater' noster*, e cinque *Ave Maria* ad honore, e reverentia delle cinque piaghe ; poi a laude di Dio si faccia fine, e dia bona licenza alli fratelli. » Hic tamen postremus mos jam dudum in desuetudinem abiit.

DISSERTATIO VII.

DE TER REPETITA SINGULIS DIEBUS DEFINITO TEMPORIS INTERVALLO, MANE SCILICET, MERIDIE, ET VESPERE, ANGELICA SALUTATIONE, NONNULLIS A S. PIO V PRÆSCRIPTIS PRECIBUS CUILIBET SALUTATIONI ADJUNCTIS.

1. Solemus ter, diebus singulis, ex Ecclesiæ instituto, quæ campanas propterea ter singulis diebus pulsari jubet, mane scilicet, meridie, et vespere; solemus, inquam, ter singulis diebus Virginem venerari, recitando singulis vicibus ter angelicam Salutationem, adjungendo priori Salutationi hæc verba: *Angelus Domini nuntiavit Mariæ*, *et concepit de Spiritu sancto*. Secundæ : *Ecce ancilla Domini*, *fiat mihi secundum verbum tuum*. Tertiæ denique: *Verbum caro factum est*, *et habitavit in nobis ;* quibus quidem adjunctis precatiunculis, nobis in memoriam revocamus eximium incarnationis Dominicæ beneficium, ideoque si sapimus, non modo Virgini gratulamur, quod eam tam sublimis operis ministram, et veluti cooperatricem Deus elegerit, verum etiam Deo gratias agimus, qui per ineffabile Incarnationis mysterium plane perdito humano generi opem tulerit, illudque repararit. Verum etsi jam dudum Ecclesia campanas pulsari jusserit, ut angelica Salutatione recitata Virginem fideles venerarentur, non eadem tamen fuit ubique observata consuetudo, nec nota illius origo.

2. Pii hujusce ritus originem ad hunc modum d'scribunt Dominicus et Carolus fratres Macri (41): « Signum pulsationis, quod ter in die datur, admonendo Christianos ad recitandam hujusmodi Salutationem, institutum fuit, ut aliqui volunt, ab Urbano II, præcipue matutinum, et vespertinum signum, ut omnes fideles hac oratione pro recuperatione Terræ Sanctæ Deum precarentur, dum in ea dimicatione tunc persistebatur. Ita Ciacconius in Vita hujus pontificis, et clarius Arnoldus Wion in *Ligno Vitæ :* quæ pia commemoratio per annos 134 duraverat, sed neglecta denuo jussu Gregorii IX reassumpta fuit, addito etiam meridiano pulsationis signo ; ac idem Wion subjungit: quæ pulsatio vespertina gaudiosa, meridionalis dolorosa, et matutinalis gloriosa redemptionis nostræ mysteria significent. Alii signum hoc meridianum a Ludovico XI Galliarum rege fuisse institutum scribunt. Sed communior opinio est, Callixtum III pro victoria in favorem fidei tunc in Hungaria obtenta hoc signum pietatis ordinasse. Ita Platina, et Ciacconius in

Pontificum gestis ; licet verum sit, quod ritus hic majori universitate extensus fuerit a præfato Ludovico, qui Kalendis Maii præceperat, ut per Galliam exsequeretur. »

3. Revera hæc habet Wion lib. v *Ligni Vitæ* , de B. Urbano II, pag. 655, emblem. iii : « Sciens [Urban. II] impossibile esse, multorum preces a Deo non exaudiri.... in eodem concilio Claromontano, ut..... vespere et mane in omnibus orbis Christiani ecclesiis, tam cathedralibus, quam abbatialibus utriusque sexus, populus Christianus trino campanæ pulsu, ad orationem excitaretur, statuit.... Qui mos inviolabiliter servatus est per annos fere 134 usque ad tempora Gregor. pap. IX monachi Camaldulensis. Hic..... tandem [consuetudinem nempe inductam ab Urbano II orandi ut supra] in laudem divæ Virginis, adjuncto et meridiano pulsu, transmutavit ; scilicet ob triplicia mysteria, quibus illa a sibi devotis solet honorari.... Nonnullorum tamen est sententia, hunc meridianum pulsum non a Greg. IX , sed a Callisto III eadem de causa, qua matutinus et vespertinus ab Urb. II prius instituti fuerant, esse adinventum ; scilicet, ut eo excitatus populus Christianus, orare recordaretur pro exercitu Christiano in Hungaria contra Turcas decertante. Id refert Petrus Messias, quidamque alii Neoterici, quibus et ego libenter assentior. »

4. Tamen nonnulla ex parte ea narratio criticis displicuit. Exquirunt scilicet, ut ad statuendam tam priscam hujusce moris originem, vades quoque prisci adducantur, aut certe propiores ætati Urbani II, quam sint Wion, qui Petrum Messiam recentissimum, et minime probabilem scriptorem allegare non renuit, et Ciacconius [etenim hi sub finem xvi sæculi vixere]; Urbanus porro II, quod nemo ignorat, sæculo xi. Ad hæc : Leo Urbevetanus dum pietatis officia recenset, quibus Virginis opem ad debellandos infideles implorari jussit Urbanus II, hoc quod recensent fratres Macri, omittit: « Hic papa primum concilium apud Claramontem celebravit, in quo statutum est, ut Horæ B. Virginis quotidie dicantur, Officiumque ejus diebus Sabbati solemniter fiat. » Vide etiam, obsecro, quæ de hoc

(41) *Hierolex.*, ad vocem *Salutatio angelica*.

præclaro pontifice, adductis veterum scriptorum monitis, tradit præcl. Sandinus in hujus pontificis Vita.

5. Verum, dum hæc trado, liberaliter cum fratribus Macris ago; videor enim fateri, ea dici a Ciacconio, quæ ab eo dici docent iidem fratres; at ea perlegi, quæ de eodem Urbano II scriptis prodidit Ciacconius; neque ab eodem traditum vidi, quod de eadem angelica Salutatione iidem fratres Macri traditum aiunt, sed hæc tantum : « Preces B. Virginis et Præfationem ejus in Ecclesia Latina cantari instituit, Præfationibus novem antiquis adjungens decimam. *Et te in Veneratione B. Virginis collaudare :* Sabbatoque de ea commemorationem fieri præcepit. » Num vero aliam Ciacconii editionem iidem Macri consuluerint, quam ego minime perspexerim, incertus sum : certus sum tamen in Ciacconii libris, Romæ typis Vaticanis 1630 editis, ea non exstare, quæ tamen exstare ex Macris assequimur.

6. Quod porro de Gregorio IX narrant Macri, Bzovius pariter narrat; hæc enim tradit (ad ann. 1239) : « Interim cum et scriptis, et armis Frederici Gregorius exagitaretur, decrevit ut... laudes Virginis Mariæ speciali oratione in matutinalibus celebrarentur, et Salutatio ejusdem Dei Parentis tum diluculo, tum crepusculo, dato signo campanæ, ab omnibus genu flexo ter repeteretur. »

7. Fateor equidem nonnullos minime indoctos viros ea de re subdubitasse : neque enim [inquiunt] vetustus scriptor, et Gregorii IX æqualis adducitur, et id silentio premit Leo Urbevetanus, tametsi Gregorio IX posterior (42). Quid, quod summus vir Mabillon hujusce pii ritus visus est auctorem facere Joannem XXII, qui, ut efficacius ad recitandam eamdem Salutationem fideles excitaret, indulgentias addidit (43) ?

8. At temere ea protulisse Bzovium, quæ ex eo allegavi, asserere non audeo. Fortasse ex aliquo vetusto scriptore, sed qui in bibliotheca aliqua adhuc latet, id protulit Bzovius; Mabillon vero Joannem XXII hujusce pii ritus auctorem facit, quia illius hortatu, et indulgentiarum acquirendarum spe illecti fideles efficacius, et multo majori consensione eum exceperunt; neque statim desiit, ut fortasse desiit, cum Gregorius IX illum statuere studuit. Utcunque sit : ter repetiti per dies singulos campanæ sonitus non meminit Bzovius : neque enim meminit signi ad meridiem per campanam dati; cujus auctorem Callixtum III faciunt.

9. Alii porro, fortasse quia id ignorarunt, quod de Gregorio IX tradit Bzovius, aut etiam quia haud

diu post Gregorium IX pius iste mos in Ecclesia perstitit, perstitit autem post sanctum Bonaventuram; alii, inquam, originem sacri ritus [ex parte saltem] ad sanctum Bonaventuram referunt; etenim in illius Vita hæc leguntur (44) : «Congregato vero capitulo generali Pisis..... idem piissimus cultor gloriosæ Virginis Matris Jesu instituit, ut fratres populum hortarentur ad salutandum eamdem, signo campanæ audito, quod post Completorium datur, quod creditum sit, eamdem ea hora ab angelo salutatam. »

10. Num ea constitutio, quæ allegatur ab egregio viro Edmundo Martene antiquos monachorum ritus recensente, præcesserit sancti Bonaventuræ constitutionem, annon, ignorare me fateor : etenim in Præfatione secundæ editionis [Antuerpiensis scilicet, seu potius Mediolanensis] hæc habet : « Bursfeldenses (supple Constitutiones, seu consuetudines) in Ordinario, et Cæremoniali ante annos ducentos; Casalinorum item in Cæremoniali anno 1531 compilato habentur. » Sed quoto tempore, antequam typis eæ ederentur, compositæ fuerint, vir cl. silentio premit. Scio tamen in iis sacrum, de quo agimus, ritum expressissime denotari; etenim in iis statutis exstant, quæ antea quidem attuli, sed hic repetere (45) operæ pretium duco : « Denique finito B. Mariæ Completorio, Bursfeldenses statuunt, cap. 13, ut ab omnibus genuflexis... dicatur *Pater noster, Ave, Maria, Credo in Deum. Postmodum ad sonitum campanæ ter Ave, Maria* a prostratis. »

11. Morem hunc, qui in nonnullis Ecclesiis adhibebatur, procul dubio propagavit Joannes XXII. Etenim anno 1318, sui pontificatus tertio, ad Angelum episcopum Viterbiensem suum in Urbe vicarium litteras scripsit, ex quibus constat, quantum cordi esset huic pontifici, ut hoc erga Virginem obsequium a fidelibus frequentaretur. Eas quas dixi, pontificis litteras Odoricus Raynaldus nobis retulit, et hæ sunt (46) : « Salutiferum illud verbum, *Ave, Maria,* etc., pium quidem evangelicæ Salutationis eloquium, orationis loco, quadam a fidelibus veneratione præcipua est dicendum... dudum sane ad reddendam dictæ Virgini gloriam, et per intercessionis suæ præsidium, a divino Numine gratiam dictis fidelibus implorandam, quod in quolibet noctis crepusculo campanæ pulsentur, et ad sonum ejusdem ipsi fideles præmissæ Salutationis verbum dicerent, pie duximus ordinandum. Et ut prædicti fideles ad hoc, spirituali munere inducerentur avidius, omnibus, et singulis, prædicta hora hujusmodi verba devote dicentibus, de omni-

---

(42) Chronicon Pontificum a Leone Urbevetano exaratum habes inter *Delicias eruditorum* a clariss. Lamio Florentiæ editas.

(43) Eam (Salutationem angelicam) hora ignitegii sub concubium ter recitari Joannes XXII indulgentiis datis statuit. Admisit hoc decretum synodus Senonensis anno 1316, etc. Præf. in Sæc. v Bened., num. 122.

(44) Orat. quam in commendationem Bonaventuræ coram pontifice Xisto IV, habuit in consistorio Octavian. de Martinis Svessanus : quam tam Surius, quam J. B. Sallerius (in oper. Bolland.) exhibent, cap. 7.

(45) Dissert. 5, num. 3.

(46) In *Annalibus ecclesiast.* tom. V, ad an. Christ. 1527, num. 54.

potentis Dei misericordia, ac ejusdem gloriosæ Virginis, ac BB. AA. Petri et Pauli meritis, ac intercessionibus confidentes, decem dies de indulgentia duximus concedendas, » etc.

12. Viginti tamen dies a Joanne XXII concessos affirmat Pelbartus a Temeswar, qui causam etiam hujusce ritus narrat his verbis (47), quibus edocemur, non sero tantummodo, sed mane etiam campanæ sonitum fuisse præceptum : « Primus modus [colendi B. Mariam] est tempore pulsus vel signi facti sero, et mane pro Salutatione angelica, quotidie beatam Virginem salutare genu flexo. Ubi quæritur, quare Ecclesia consuevit sero quolibet et mane signare ad Ave, Maria. Respondetur quod hujus una ratio est : quia in sero dici putatur angelus Virginem salutasse. Et durante sancto dialogo inter Virginem et Gabrielem angelum nocte media Christum concepisse. Unde mane fit signum pro denuntiatione gaudii incarnationis divinæ jam factæ. Alia ratio, ut per beatæ Virginis merita die, et nocte custodiamur ab hoste, et misericordiam de peccatoribus consequamur : ut si eo die mori nos contigerit, ab ea suscipiamur. Unde canit Ecclesia : Maria, Mater gratiæ, Mater misericordiæ, tu nos, etc. Tertia ratio, ut si quod bonum die, vel nocte fecimus, per manus virgineas Filio acceptius reddatur. Quarta, ut ejus meritis a periculis cunctis liberemur. Unde in sero ad Completorium canit Ecclesia : Sub tuum præsidium confugimus, etc. Ad quod narrat magister Joannes Nider in serm. De Annuntiatione se vidisse in publico instrumento litteræ autenthicæ : quod scilicet in Avinione duo sunt judicati ad cremandum. Accenso igitur igne in vigilia Annuntiationis Mariæ, unus eorum crebro Virginem invocabat innuens obsequia sibi præstita. Et ecce ille (vinculis tantum ab igne consumptis) vestibus, et corpore illæsis solutus exsilivit : socio concremato totaliter. Rejectus in ignem, inultus exsilivit ut prius, sicque cum laude ad ecclesiam beatæ Virginis est ductus. Et tunc papa Joannes XXII statuit, sero ter fieri pulsum campanæ : et indulsit ut quicunque ad pulsum ter geniculando tria Ave, Maria, dixerit, viginti dies indulgentiæ habeat. »

13. Vir clariss. Mabillon (48) in rem præsentem hæc scriptis prodit : « Eam (angelicam Salutationem) hora ignitegii sub cenubium ter recitari Joannes XXII, indulgentiis datis, statuit. Admisit hoc decretum synodus Senonensis anno 1346 ; ita enim cap. 13 : Item auctoritate dicti concilii præcipimus, quod observetur inviolabiliter ordinatio facta per sanctæ memoriæ Joannem papam XXII de dicendo ter Ave, Maria, tempore, seu hora ignitegii : in qua ordinatione conceditur certa indulgentia, etc. Addit sy-

nodus triginta dies auctoritate sua, et suffraganeorum viginti dies pro iis qui tunc Pater noster, et Ave, Maria, persolverint pro Ecclesia, rege ac regia familia, regnique statu. Postea idem ritus inductus est ad matutinum tempus et mediam diem. In synodo Vaurensi anni 1368, rectoribus et curatis parochiarum sub pœna excommunicationis præcipitur (49) cap. 127 ut circa solis ortum pulsari faciant unam campanam eo modo, quo ad noctem pulsari solebat : et tunc iis qui in honorem quinque vulnerum Christi Domini quinquies Orationem Dominicam, atque septies angelicam Salutationem genibus flexis dixerint, triginta dies de injunctis pœnitentiis relaxantur. Postea vero hic numerus ad tres Salutationes redactus est. »

14. Neque vero in Galliis tantummodo mos, quem dicimus, invaluit. In Italia procul dubio vixit sanctus Antoninus, et Florentinam Ecclesiam medio XV sæculo sanctissime rexit. Is porro docet, non modo vespere, verum etiam summo mane consuevisse in nostris etiam regionibus ad excitandos fideles, ut angelicam Salutationem recitarent, pulsari campanas. Id ex eodem sancto Antonino discimus, hæc scriptis mandante (50) : « Statuit Ecclesia, singulis diebus pulsari ter campanas ecclesiarum de sero, et iterum de mane. Ad quid, nisi ut honoretur B. Maria, et laudetur ex Salutatione angelica ? »

15. Quanquam ex alio ejusdem Antonini libro innotescere videtur, additam angelicæ Salutationi Dominicam Orationem ; hæc scilicet legimus in confessionali Italica lingua descripto sub titulo : Carità (51) : « La sancta Chiesia ha ordinato la sera et la mattina de sonare l'Ave Maria azio ché ogni di almeno in quello breve tempo a Dio si faza oratione con lo Pater nostro, et ala sua madre con l'Ave Maria. »

16. Dum meridiem appellit sol, jam pridem eamdem ob causam pulsari campanæ solent : sed quonam tempore et a quibus id fuerit institutum, prorsus ignoratur. Mabillonius nos docet (52), in statuto quodam Francisci de Puteo, qui fuit prior Carthusiæ majoris ab ineunte sæculo XVI, id fuisse præscriptum. En verba illius, quod dixi, statuti, ex quibus etiam patet id ex Romani pontificis indulgentias adjungentis consensione, approbationeque fuisse institutum. En, inquam, quæ dixi, statuti verba : « In omnibus domibus ordinis, quæ sub ditione sunt domini regis Franciæ, singulis diebus hora meridici, ex ordinatione apostolica pulsetur campana pro Ave, Maria, pro pace dicti regni conservanda, eo modo, quo pulsatur hora Completorii : et singulæ personæ earundem domorum dicant tribus vicibus Ave, Maria, pro quibus, vice qualibet,

(47) Pom., seu Stell. Cor. B. V. lib. xii, part. ii, art. 2.
(48) Præf. præposita Actis sanctorum sæculi v Bened. num. 122.
(49) Baluz. Conc. Narbon. pag. 383.

(50) Summæ part. iv, tit. 15, cap. 23, § 3, fol. 1103.
(51) Pag. 71, edit. Bononiensi anno 1471.
(52) In Præfat. ad Acta SS ord. S. Bened. sæculi v, num. 122, pag. 60, edit. Venetæ.

trecentos dies de indulgentia ex indulto apostolico consequentur vere pœnitentes, et confessi.»

17. Porro ex eodem etiam Mabillonio assequimur (*Ibid*), Leonis pontificis edictione introductum fuisse morem ter pulsandi singulis diebus campanas, mane, meridie et sero, ut earum sonitu velut publico quodam monitu ad venerandam Virginem fideles excitentur. Allegat ad id quod diximus, comprobandum historiam monasterii S. Germani a Pratis non procul ab urbe Parisiensi, in qua docemur. « Leonem papam X (ab anno 1513) Guillelmo Briconetto episcopo Meldensi et Lutavensis civitatum, atque ejusdem monasterii abbati concessisse, ad spiritualem utilitatem utriusque diœcesis suæ, et suburbii S. Germani indigenarum atque adventantium, ut quicunque ad pulsum campanæ in aurora, meridie, et post solis occasum, Salutationem angelicam ter flexis genibus recitaret, mille et quingentos indulgentiarum dies, singulis vicibus consequeretur.»

18. Neque vero mireris, volo, cur neque Pelbartus neque sanctus Antoninus, neque denique Mabillon, neque alii viri eruditi ullam mentionem fecerint Calixti III, a quo rursus indictum putavere nonnulli, ut per campanæ signum populi ad angelicam Salutationem recitandam excitarentur. Consului Platinam, quem dictorum suorum vadem excitant. Hæc de Calixto III tradit Platina: « Apparente deinde per aliquot dies cometa crinito et rubeo, cum mathematici ingentem pestem, caritatem annonæ, magnam aliquam cladem futuram dicerent, ad avertendam iram Dei Calixtus aliquot dierum supplicationes decrevit: ut si quid hominibus immineret, totum id in Turcas Christiani nominis hostes converteret. Mandavit præterea, ut assiduo rogatu Deus flecteretur, in meridie campanis signum dari fidelibus omnibus, ut orationibus eos juvarent, qui contra Turcas continuo dimicabant.» In his porro verbis preces indictas video, at in eis nullam mentionem fieri video Salutationis angelicæ: sed tantum generatim jussos fideles Deum deprecari, ut iram suam a Christianis averteret et converteret in Turcas sævissimos Christianæ religionis hostes. Si tamen vis Romanos pontifices Calixtum subsecutos illius exemplum sibi proposuisse ad imitandum, dum in meridie etiam ad salutandam Virginem, campanam pulsari jusserunt, facile obsequar.

19. Ab iis porro populis, quibus eæ, quas dixi, indulgentiæ concessæ sunt, propagatus videtur, et pia quadam æmulatione ad proximorum primum tum ad remotiorum etiam oppidorum, et urbium incolas is, quem diximus, diffusus mos, donec denique ad universum Christianum orbem extensus est, et ab Ecclesia universa exceptus. Id sane

indicant Brent'i, quæ alibi adduxi verba (53): « Ut commendaretur [Deipara], proprius ei pulsus tum matutinus, tum vespertinus dicatus est (54). Et ipse quidem pulsus per se minime malus est, nec recitatio Salutationis mala est, sed appendices superstitiosorum malæ sunt: primum enim existimant eam civitatem perituram, in qua non singulis diebus hæc Salutatio pulsu suo commendetur. Sunt enim inter sophistas scriptores quidam, qui non verentur hoc mendacium publice docere.»

20. Et sane a fidelibus universim excultum id, de quo agimus, erga Virginem obsequium, indicat id quod in parvo Virginis Officio sancti Pii jussu edito, occurrit sub hoc titulo: *Exercitium quotidianum*; etenim pag. 224 hæc habes: « Cum mane, meridie et vesperi Salutationis angelicæ signum datur: *Angelus Domini nuntiavit Mariæ, et concepit de Spiritu sancto. Ave, Maria*, etc. *Ecce ancilla Domini, fiat mihi secundum verbum tuum. Ave, Maria,* etc. *Et Verbum caro factum est, et habitavit in nobis. Ave, Maria,* etc.»

Quibus additur hæc Oratio: *Gratiam tuam, quæsumus, Domine, mentibus nostris infunde, ut qui angelo nuntiante Christi Filii tui incarnationem cognovimus, per passionem ejus et crucem ad resurrectionis gloriam perducamur. Per eumdem Christum Dominum nostrum. Amen. Fidelium animæ per misericordiam Dei requiescant in pace. Amen.*

21. Norunt autem omnes concessisse S. Pium V recitantibus preces eidem Officio *adjunctas quindecim* indulgentiæ dies: « Qui aliquam (55) ex orationibus ibidem pariter insertis devote recitaverint, alios quindecim dies de injunctis sibi pœnitentiis misericorditer in Domino relaxamus.»

22. Paucis abhinc annis Benedictus XIII, ut apud fideles certius atque utilius retineretur mos ille, qui jam apud omnes fere invaluerat, spiritualia addidit beneficia; plenariam scilicet indulgentiam, illo, quem [semel in mense] eligerent, die, iis qui ad pulsum campanæ aut mane, aut meridie, aut vespere flexis genibus ter Salutationem angelicam recitarent, his additis precibus per intervalla ad singulas angelicas Salutationes, dispositis: *Angelus Domini nuntiavit Mariæ; et concepit de Spiritu sancto. Ecce ancilla Domini; fiat mihi secundum verbum tuum. Et Verbum caro factum est; et habitavit in nobis.* Ad hæc, indulsit pontifex, ut quoties quisquam eas recitaret, centum indulgentiæ dies obtineret; statuit autem, ut perpetuo edicto hæc perduraret. Hæc, quæ diximus, constant ex iis, quæ pontifex evulgari jussit eo edicto, quod die 26 Septembris anni 1724 editum est a Fabricio cardinali Paolucci vicario generali (56).

23. Benedictus vero XIV non modo, quas diximus, indulgentias confirmavit, verum etiam ad eumdem

---

(53) Dissert. 4, quæst. 1, cap. 1.
(54) Nondum in Germania meridianus pulsus invaluerat, qui Leone X pontifice (a quo Lutherus defecit) maxime invaluit.

(55) In Bulla S. Pii V.
(56) Tomo XI Bullarii Rom. noviss. part. II, pag. 356 et seqq.

morem fidelibus altius inculcandum, peculiari edicto a card. Joanne Antonio Guadagno pontificis vicario generali die 20 Aprilis anno 1742 evulgato næc etiam statuit : primo ut cædem deprecationes a Vesperis Sabbati, et tota Dominica stando recitarentur. Secundo, ut toto paschali tempore substituatur illi, de quo disserimus, in Virginem obsequio, alterum quod paschali tempori videtur aptius et convenientius, antiphona videlicet *Regina cœli*, quæ a stantibus recitetur, illis additis versiculis : *Gaude et lætare, Virgo Maria, alleluia. Quia surrexit Dominus vere, alleluia*, et paschali tempori congruens oratio : *Deus, qui per resurrectionem*, etc. Ii vero, qui postremas has recitaverint preces, easdem indulgentias assequuntur, quas recitantes ter Salutationem angelicam cum tribus illis, quas recensuimus precibus : *Angelus Domini*, etc., obtinent. Quod si antiphonam *Regina cœli*, et reliquas quas paschali tempore congruentes, et ter repetitæ Salutationi angelicæ substitutas diximus, memoriter minime teneas, tum consuetas Salutationes angelicas et preces quarum crebro meminimus, *Angelus Domini*, etc., si recitaveris, spiritualia beneficia, seu indulgentias quas a Benedicto XIII concessas dixi, pariter assequeris.

24. Pietas in Virginem, et indulgentiæ quas ii obtinent, qui descriptum obsequium Virgini deferunt, fideles adeo ad frequentationem harum precum moverunt, ut nemo jam sit, qui quoties sonitum campanæ ad preces crebro descriptas recitandas excitantem audierit, non statim genuflectat [si tempus id sinat], et argumentum hoc devotionis Virgini non exhibeat.

25. Jure porro meritoque id fit ; etenim prophetam David imitati (*Psal.* LIV, 18) : *Vespere, mane et meridie narramus et annuntiamus* mirabilem erga humanum genus miserationem in divini Verbi incarnatione manifestatam : quam ob causam [quod antea monui] angelicæ Salutationi intermiscemus preces illas, *Angelus Domini*, etc. *Ecce ancilla*, etc.

Et Verbum caro, etc. Etiam Virgini gratulamur, quod effecta sit Mater Dei, ideoque nostra etiam Mater, Domina et Advocata. Ter vero in dies singulos eas preces recitamus, quia gratiarum actiones Deo, Virgini gratulationes frequentare æquissimum ducimus, et nobis utile.

26. Alias autem hujusce piæ consuetudinis causas alii recensent. Mane scilicet, eas preces recitamus, ut diei initium ab obsequio piissimo exordiamur. Meridie, ut ad Deum et Virginem mentem humanis negotiis jam impeditam, occupatamque, et pene obrutam erigamus, illorumque opem imploremus ad reliquum diei tempus probe sancteque impendendum. Vespere vero imminente iterum Deum ac Virginem deprecamur, ut si quid peccavimus, nobis indulgeatur, et commemoratione nobis tributorum per incarnationem beneficiorum, et Virginis exoratæ ope nocturnum tempus pie transigamus

27. Alii vero hujusce consuetudinis rationem hanc afferunt. Cum ignoret Ecclesia, quonam diei tempore angelus Mariæ nuntiaverit divinam erga eam pietatem, qua Unigeniti Dei Mater eligebatur, tria diei tempora ad agendas Deo ea de re gratias, et ad exhibendas Virgini gratulationes elegit, substituto scilicet pro mediæ noctis tempore [quo plerique angeli adventum statuunt], vespertino, ne scilicet cogantur fideles tam incommoda, et, si vis, insalubri hora e somno surgere, ut erga Deum et Virginem se pios prodant. Aiunt denique alii, ideo vesperam, mane, meridiem constituta fuisse, ut Virginem Salutationibus angelicis et antiphonis quas dixi, oremus, ut hac precum distributione attestemur, esse eam *pulchram ut lunam, auroram consurgentem, electam denique ut solem*. Rationes has, tametsi Ecclesia minime referat, eas tamen minime rejicit, probabiles vero esse, ac pias plerique affirmant. Alias alii attulerunt, quas ex parte antea attulimus, et expendat, volo, lector.

DISSERTATIO VIII.

EOS SUMMATIM RECENSEMUS TITULOS, QUIBUS A FIDELIBUS ORNARI SOLET MARIA : PECULIARITER VERO EXPLICAMUS, QUONAM SENSU INTERDUM SIT APPELLATA *Mediatrix, Redemptrix, Reparatrix*, *Causa nostræ lætitiæ ;* ITEM *Advocata et Patrona nostra ;* *Spes et Refugium nostrum.*

1. Usitatiore prece quam ad Virginem dirigere solemus, variisque ritibus in ea recitandis adhibitis satis explicatis ac vindicatis, antequam venio ad reliquos quibus uti solemus, Mariam invocandi, deprecandique modos, propositum mihi est orationem convertere ad eos titulos quibus ornare Mariam solemus, iisque eam compellare, invocareque : cum enim in iis, quos aggredior, eam orandi modis, iisdem titulis sæpe utamur, rationi

consentaneum esse reor, ut probe noscat lector, quam recte iis utamur, paratusque monitis nostris sit ad repellenda dicteria ac scommata, quibus nos sæpe distringunt adversarii nostri , dum iis, quos referam, titulis Mariam sanctissimam a nobis honestari audiunt.

2. Porro, nisi ego fallor, ad hæc capita revocari possunt ii quos diximus, tituli ; ad eos qui figuras exhibent, quibus Virgo in Veteri Testamento signi-

ficabatur. Hujusmodi sunt *Iris*, reconciliati cum genere humano Dei index ; *Virga Aaron*, quæ sponte flores edidit ; *Fœderis arca*, quæ legis tabulas continebat, et in qua se Deus maxime glorificavit, et alia hujus generis propemodum infinita, de quibus alibi nonnihil diximus. Ad eos, in quibus merita Virginis, illiusque virtutes declarantur, atque ea præsertim, a quibus [si loqui ita possumus] permotus est Deus, ut in ea carnem sumeret. Ad eos, qui dignitatem Virginis jam Matris Dei constitutæ declarant : qui quidem cæteris omnibus speciosiores videntur esse ; huc enim spectant celebratissima encomia : *Causa nostræ lætitiæ*, sicut eam in Lauretanis litaniis vocat Ecclesia : *Mediatrix nostra*, *Reparatrix perditi orbis*, quo vocabulo eam afficit Eadmerus (57) : *Reparatrix sæculi*, ut eam appellavit Laurentius Justinianus (58) : et alii id genus. Ad eos, quos illi amplissima dignitas Matris Unigeniti Dei et gratiarum ubertas, quam propterea a Deo consecuta est, contulit. Ad eos, quos illi compararunt præmia, quæ recepit ad cœlos elata, et eximia potius beatitudine : in quorum quidem titulorum serie excellit eminentia ac sublimitas, qua creaturas omnes antestat, et iis veluti præest : quam ob causam .dicitur *Regina, ac Domina creaturarum :* auctoritas quoque, quam apud Filium et cœlestem Patrem obtinet : quamobrem *Advocata nostra et humani generis Patrona* sæpe appellata est ; *Spes quoque nostra et Refugium.* Atque hos quidem omnes titulos, si probe rem dijudico, ex eo assecuta est Virgo, quo Mater Unigeniti Dei, itemque Deo Patri consubstantialis, effecta est.

3. Primum itaque locum inter Mariæ titulos tribuendum censeo titulo *Matris Dei*, a quo ea omnia, quæ assecuta est Virgo Maria, promanant et derivantur : ideoque jure meritoque non modo eo utimur in ea prece, quam *Salutationem angelicam* appellamus ; si nempe eam integram recitamus, ad eum modum quo ab ecclesiasticis Romano Breviario utentibus recitari jussit sanctus Pius V, *Sancta Maria, Mater Dei, ora pro nobis*, etc., verum etiam in litaniis, tam iis, quas *Sanctorum* appellamus, quam in aliis, quas S. *Mariæ*, seu *Lauretanas* dicimus. *Sancta Maria, Sancta Dei Genitrix*, seu ut in aliquibus vetustioribus ritualibus exprimitur *Sancta Maria, Dei Mater et Virgo* (59).

4. Sane morem hunc vetustissimum esse, constans fidelium assertio est, et omnium animis insita persuasio : ut enim multa incommoda Ecclesiæ intulit Nestorii hæresis, negantis scilicet Matrem Unigeniti Dei, Patrique consubstantialis ac veri Dei esse Mariam, hoc commodum tamen peperit,

ut fideles, quo manifestius se ab ea hæresi alienissimos demonstrarent, Virginem Mariam Deiparæ, seu Matris Dei titulo sæpissime, atque in publicis precibus honestarent. A Nilo præclarissimo abbate, piissimoque scriptore, quem sub initium sæculi v Ecclesiam illustrasse aiunt, id discimus. En illius verba (60) : « Quanam ratione vates apud Isaiam (viii, 3) Maria Deipara nuncupatur, a nobis expostulasti. Videsis in Evangelio (*Luc.* i, 48) : *Respexit humilitatem ancillæ suæ : ecce enim ex hoc beatam me dicent omnes generationes.* Et si non compereris Mariam sanctissimam apud omnes nationes, et in omnibus linguis beatam dictam, quod Deum, qui carnem ex Spiritu sancto, et eadem assumpsit, in utero gestavit, et peperit absque corruptione et macula, ne fidem adhibeas Isaiæ : si vero apud .universum mundum beata dicitur, et laudibus extollitur, et præconiis, et benedictionibus honestatur hæc sine semine, et sine ulla cultura terra, et beatissimus illius, et sempiternus fructus ; quid ultra contendis postulasque Deiparam vatem fuisse ? »

5. Quod jure meritoque titulus hic Mariæ tribuatur, luculenter theologi ostendunt, ad quos lectorem rejicio (61) ; mihi satis est Damascenum hic allegare. Etenim hæc tradit (62) : « Sanctam porro Virginem Dei proprie et vere Genitricem prædicamus. Sicut enim verus est Deus qui ex ipsa natus est ; ita perinde Dei Mater est quæ verum Deum ex se incarnatum genuit. Deum porro ex ea natum esse dicimus, non quod Verbi divinitas exsistendi principium ex ipsa traxerit ; sed quia Verbum ipsum, quod ante sæcula citra ullum tempus genitum est, ac sine exordio et sempiterne una cum Patre et Spiritu sancto est, in extremis diebus salutis nostræ causa, in utero ipsius habitavit, et, assumpta carne, ex ea genitum est sine sui demutatione. Non enim hominem purum sancta Virgo genuit, sed Deum verum ; non nudum, sed carne vestitum ; nec ita ut corpore de cœlis allato, per eam velut per canalem transierit, sed ex ipsa carnem ejusdem ac nos substantiæ acceperit, quæ in seipso subsisteret. Nam, si corpus e cœlo devectum est, ac non ex natura nostra acceptum, quid tandem inhumanatione opus erat ? Etenim Dei Verbum humanitatem idcirco induit, ut ipsamet natura quæ peccaverat, cecideratque et corrupta erat, tyrannum qui se deceperat, superaret, sicque a corruptione vindicaretur, ut divinus Apostolus ait (*I Cor.* xv, 21) : *Quoniam per hominem mors, et per hominem resurrectio mortuorum.* Si primum illud vere exstitit, sane et secundum. » Adjice, quæ docet

---

(57) Lib. *De excellent. Virg. Mar.* cap. 9 : « Pura sanctitas et sanctissima puritas plissimi pectoris ejus omnem omnis creaturæ puritatem, sive sanctitatem transcendens incomparabili sublimitate hoc promeruit, ut reparatrix perditi orbis dignissime fieret. »

(58) *Serm. de Nativit. B. M. V.*

(59) *Sancta Dei Genitrix semper intemerata Virgo*

(Litan.),num. 34, inter preces Petri Damian. tom. IV, pag. 7.

(60) Epist. 180, lib. ii , pag. 212, edit. Leon. Allat.

(61) Petav. *De Incarn.* lib. i, 9, 9 ; ii, 2, 11 ; iii, 15, 1 ; iv, 9, 5 ; v, 14, 4. Rursus 15, i, et totis capitibus 16 et 17.

(62) *De fide orthodoxa*, lib. iii, cap. 12.

Ille cap. 14 lib. IV pariter *De fide orthodoxa*. quem locum consulas, volo.

6. At Protestantibus quidem ii non displicent tituli, qui Mariæ maternitatem et beatitudinis sublimitatem exhibent : at reliquos a nostris theologis usurpatos reprehendunt maxime illosque vehementer accusant, qui *redemptricem, humani generis reconciliatricem, aut mediatricem, causam quoque lætitiæ nostræ* Mariam appellant, eamque affinibus titulis afficiunt; eos quoque, qui Mariam *Reginam, et Dominam nostram, mundi* quoque, ac *creaturarum imperatricem* vocant ; eos pariter, qui *patronæ et advocatæ nostræ; spei* itidem et *refugii* nostri, et similibus aliis nominibus decorant. Scilicet, si iisdem Protestantibus credimus, dum hosce titulos tribuimus Virgini, eam æquamus Christo, et per summam injuriam, peractam a Christo redemptionem, dignitatem quoque ac munera ejus, ideoque auctoritatem, partimur cum Virgine ; quod sapiens theologus oderit maxime, et piæ aures utique ferre non possunt.

7. At falso id quidem traditur ; et catholici, qui Mariam, iis, quos dixi titulis ac vocabulis honestant, Redemptorem unicum, reconciliatorem pariter unicum, si *proprie et rigorose* hos titulos accipis, agnoscunt et prædicant Christum. Et ut primo de his, quos modo recensui, titulis sermonem habeam, moneo, hosce titulos *proprie, rigorose* ac stricte accipi pariter posse, non *stricte*, nec rigorose, nec proprie, sed cum aliqua latitudine, et, si vis, etiam *improprie*. Primo modo is accipit, qui redemptionem *proprie* accipit; id est, pro incarnatione divini Verbi in purissimo Virginis utero peracta, pro vita in laboribus ab eodem divino Verbo incarnato, et in instruendis hominibus per plures annos exacta, conclusa vero turpissima et atrocissima morte : quibus omnibus Unigenitus Dei, et Verbum Patris dedit se in pretium nostrum, et humanum genus in Patris gratiam reconciliavit. Hæc omnia Christo tribuimus, et Christo tantum tribuimus ; neque hæc munia Christum inter et Virginem partimur. Is vero hos titulos *late et non rigorose*

et, si vis, *minus etiam proprie* accipit, qui quidquid occasionem proximam et cooperationem redemptioni nostræ præbuit, hisce titulis ornat. Porro millies dixi, et hic repetere juvat, Mariam virtutibus ac precibus suis exorasse Deum ad reparandum humanum genus, mittendumque promissum Liberatorem. Cooperata est quoque, et maxime cooperata est eidem incarnationi, dum angelo illius assensum poscenti, prudentissimum quidem, sed non minus humilem, quam obsequiosum præbuit : quo posito, concepit et deinceps peperit Christum Redemptorem nostrum : quod satis est ad eam, *minus* quidem *proprie*, nec *rigorose* [ut repetere hic præstat] , sed tantum *late*, appellandam *redemptricem, et causam salutis, et lætitiæ nostræ*. An nescis occasionem proximam, non raro appellari causam? quam ut a vera et proprie sumpta causa distinguant scholastici, occasionem proximam dicere consueverunt *causam ex qua*, cooperativam *a qua*, causam vero *proprie et rigorose* talem, *causam quæ*. Sane in priore significatione Irenæus (63) *salvatum per Virginem genus humanum* docet : cuncta vero emolumenta, quæ Christi incarnationem sunt subsecuta, atque adeo ea etiam, quæ eam divino decreto jam stabilito, tempore quidem præcesserunt, sed *natura*, ut inquiunt scholastici, et *suppositione* sunt subsecuta, Cyrillus Alexandrinus Mariæ tribuit (64) : neque vero id Protestantes Irenæo, aut Cyrillo crimini vertunt.

8. Quod hac significatione, non alia quapiam redemptionem , et affinia munia tribuant Virgini ii qui tribuunt, declarant eorum monita. Seligo ex plurimis duos valde nobiles , Bernardinum et Antoninum. Horum prior hæc scriptis mandat (65) : « Septima stella ordinat et conciliat, scilicet orbem. Nam orbem inferiorem sublimat, et virtuti superiori pro sui stabilitate assimilat, et sic quodammodo reconciliat. Sic hæc mundi Domina et Regina Ecclesiam militantem tanquam inferiorem orbem, Ecclesiæ triumphanti tanquam orbi superiori reconciliavit : pacem iis qui prope, et pacem iis qui longe, id est Ecclesiæ triumphanti

---

(63) Lib. V *Advers. hæres*. cap. 19, num. 1.
(64) En, quæ docet Cyrillus, homilia Ephes. habita, quando septem ad sanctam Mariam descenderunt. Act. 1 *Concilii Ephes*. col. 1111 et subseqq. tom III, *Conc*. edit. Coleti, et Albritii : « Salve, quæ immensum, incomprehensumque in sancto virgineo utero comprehendisti, per quam sancta Trinitas glorificatur et adoratur , per quam pretiosa crux celebratur, et in universo orbe adoratur; per quam cœlum exsultat, per quam angeli et archangeli lætantur; per quam dæmones fugantur, per quam tentator diabolus cœlo decidit, per quam prolapsa creatura in cœlum assumitur; per quam universa creatura idolorum vesania detenta, ad veritatis agnitionem pervenit; per quam sanctum baptisma obtingit credentibus, per quam exsultationis oleum, per quam toto terrarum orbe fundatæ sunt Ecclesiæ, per quam gentes adducuntur ad pœnitentiam. Et quid plura dicam ? per quam unigenitus Dei Filius iis qui in tenebris et in umbra mortis sedebant, lux resplenduit; per quam prophe-

tæ prænuntiarunt, per quam apostoli salutem gentibus prædicarunt, per quam mortui exsuscitantur, per quam reges regnant per sanctam Trinitatem. Ecquis hominum laudabilissimam Mariam pro dignitate celebrare queat ? Uterus virgineus : o rem admirandam! Miraculum hoc me in stuporem rapit. Quis unquam audivit, ædificatorem prohiberi, ne proprium templum, quod ipse construxerit, inhabitaret? Quis ob id ignominiæ sit obnoxius, quod propriam famulam in matrem asciscat ? Ecce igitur omnia gaudent : mare conservos suos agnoscens, sese subdidit, sanctorumque transitus ferocium tripudia fluctuum in tranquillitatem convertit; meminit enim serva maris aqua, quamvis tumidi in insurgentis, vocis Salvatoris dicentis : *Tace, obmutesce* (*Marc*. IV, 39) ; terram vero, quam latrones quondam infestabant, sanctorum iter pacatam reddidit. »
(65) *De glor. nom. Virg. Mar*. sem. 1, art. 1, cap. 3, pag. 73, tom. IV edit. Venet. anni 1715.

et militanti annuntiavit. Profecto ipsa est arcus fœderis sempiterni positus in nubibus cœli, ut non interficiatur omnis caro (*Gen.* ix, 11). Nam ipsa nobis illum genuit, *qui fecit utraque unum : faciens pacem, ut reconciliet ambos in uno corpore* (*Ephes.* ii, 15, 16).»

9. Alter vero, id est Antoninus, in eamdem sententiam hæc scripsit (66) : « Et sic adjutrix facta est nostræ redemptionis, et mater nostræ spiritualis generationis. Et de hoc duplici partu Virginis dicitur (*Isa.* xlvi, 7, 8) : *Antequam parturiret, peperit, et antequam veniret partus ejus, peperit masculum. Quis audivit unquam tale ; aut quis vidit simile ?* Peperit primo beata Maria sine dolore, et peperit masculum suum primogenitum quem pannis involvit, parturivit postea juxta crucem, dolorem immensum sentiendo cum Filio in cruce, non unum, sed multos filios, qui redempti sunt a Domino, simul quantum ad virtutem causæ, non simul quantum ad esse, sed diversis temporibus quantum ad applicationem effectus ipsius passionis. »

10. Et deinceps (§ 3) : « Et genitura primo quidem mater est omnium, quia unum hominem genuit, scilicet Christum, et omnes regeneravit : peperit enim Filium suum primogenitum Christum corporaliter : alios autem omnes sanctos spiritualiter : ipse enim Jesus non confunditur electos suos apostolos vocare fratres : per Psalm. xvi, 23, dicens : *Narrabo nomen tuum fratribus meis ;* nam per conceptum ejus et partum ex ipsa Virgine caro, et *frater noster est :* ut sit *ipse primogenitus*, scilicet dignitate, *in multis fratribus :* scilicet omnibus sanctis quos sanctitate præcellit. »

11. Et paucis interpositis : « Horum igitur *omnium regeneratorum* spiritualiter per *gratiam Virgo Mater est.* Item et angeli, cum recipiant illuminationem... recipiunt quoddam esse gloriæ a beata Virgine. Quidquid autem est causa causæ est causa causati ; sed beata Maria est causa Jesu, qua Mater est ejus, ergo et causa est aliquo modo gloriæ angelorum, ut apte dicatur Mater eorum. Cum etiam ipsa dicatur ab Ecclesia *Mater gratiæ, Mater misericordiæ,* et gratia perducat ad gloriam, et causa sit ejus, sequitur quod *omnium,* qui sunt in gloria, *sanctorum,* etiam qui eam præcesserunt tempore, in gloria consequenda Mater est. »

12. Tum hæc adjicit : « Secundo est Mater nostra cura, quia in uno nobis genuit quidquid ad hanc vitam, vel futuram nobis necessarium fuit. Unde ipsa dicit Eccli. xxiv, 26 : *A generationibus meis adimplemini,* id est a bonis quæ generantur et profluunt a Filio a me genito ; et sicut de sapientia Dei dicitur (*Sap.* xii, 13) : *Ipsi est cura de omnibus;* ita de Virgine Matre Sapientiæ dici potest, quod *curam habet de omnibus.*

13. Quanquam porro nemo cogit nos, ut Mariam *mediatricem* appellemus ; neque enim Ecclesia, vel in precibus suis, vel sanctione aliqua, aut definitione Mariam *mediatricem,* aut sanctum aliquem *mediatorem* appellavit, tamen ea, quam modo exposui, significatione *mediatricem* appellare commode Mariam possumus. Alibi non indiligenter exposui munera *mediatoris :* et discrimina, æqualitatem eorumdem munerum : quibus clare explicatis sine ulla Christi injuria aliquod mediatoris genus, ideoque *mediatoris* ac *mediatricis* titulum non modo Mariæ, verum etiam sanctis reliquis jure meritoque tribuimus. Vide, quæ *De sanctorum cultu* agens cap. 26, dissert. 3, copiose tradidi ; quæ procul dubio minime enervavit Keislingius adversus me disputans. Consule, quæ ad cap. 1, dissert. 17, Keislingii, monui ; neque enim repetere hic juvat, quæ alibi tradidi.

14. Si quis itaque *mediatricem* Virginem sanctissimam appellaret, is quoque non sine præclarissimorum virorum exemplo appellaret. Theologos minus antiquos prætereo, in quorum numero Petavius eminet summi nominis sane theologus, et quem Protestantes ipsi in honore habent (67) ; et antiquissimos tantummodo produco, Gregorium scilicet Nazianzenum, Asterium, Venantium Fortunatum, Damascenum, Petrum Damiani, Theophanem, Cerameum et Bernardum, quorum loca jam protuli (68), qui sanctos omnes advocatos esse declarant. An Mariam ab horum numero arcebis? Nonnullos alios adjicit P. Plazza (69), quorum Patrum auctoritate innixi Mariam *mediatricem* possumus sine ulla reprehensione appellare, sumpto eo nomine, ad indicandam Virginis deprecationem suffragationemque apud Deum Patrem et Christum. Imo si quis *redemptricem* [in ea, quam dixi, significatione] Virginem appellaret, eam non sine exemplo antiqui et probabilis scriptoris appellaret. Theophanes Cerameus is est. Etenim homilia 62 (70), sic Virginem invocat : « Etiam Domina, mundi recuperatio, miserare lactentes, infantes, defatiscentes, » etc.: idem est enim esse mundi *recuperationem,* atque esse *redemptionem,* seu *redemptricem.*

15. Et hæc quidem ad refellendos Protestantes dicta. At clariss. P. Plazzæ, ea quæ modo dixi, satis non sunt ; vult scilicet Mariam non modo *mediatricem,* verum etiam *universalem mediatricem* appellandam, non quo partes aliquas in eo mediationis genere, quo mediator est Christus Dominus, Mariæ tribuat; Christus enim, ut millies diximus, *torcular calcavit solus* (*Isa.* lxiii, 3), solus scilicet sanguine suo nos redemit, sed quod cuncta, quæ a Deo obtinemus, per Virginis suffragationem, et preces obtineamus ; qua de causa cum eam *universalem mediatricem* appellat, adjungit etiam *mdiatricem*

(66) Part. iv *Sum.*, tit. 15, cap. 14, § 2.
(67) Lib. x.v *De Incarn.*, cap. 9.
(68) *De cultu sanctor.* dissert. 3, cap. 26, num. 4.

(69) Cap. 4, part. ii, *Vindicatæ devotionis.*
(70) *De siccitate,* p. 427.

secundariam facere se Mariam, non primariam: « Nam sicut, inquit ille (71), munus et decus universalis et primarii mediatoris, quod in Christo est, postulat, ut nemo prorsus aliquid obtineat a Deo, nisi per merita et intercessionem Christi, ita munus et decus universalis, sed secundariæ mediatricis [quod esse in beata Virgine ostendimus], postulare videtur, utlicetipsa nihil a Deo obtineat, nisi per Christum, alii tamen, quidquid a Deo obtinent, per beatam Virginem obtineant, tanquam per mediatricem secundariam ad primarium mediatorem Christum. » De qua quidem cl. Plazzæ opinione quid ego judicem, ex quæst. 2, dissert. 2, lector facile eruet. Omitto hic porro, quæ de titulis *Imperatricis, Reginæ, Dominæ* et affinibus aliis cap. 3 et 4 ejusdem quæst. 2 tradidi. Cur enim ea repetam, quæ facile lector, si vult, recolet : quæque sane Protestantium querelas prorsus amovent.

16. *Advocatam* nostram esse Mariam is fatebitur, qui ad ea advertat animum, quæ dissert. 2 tradidimus. Neque vero recens hæc est Ecclesiæ catholicæ et theologis nostris inhærens persuasio. Alibi attuli Irenæum (72) antiquissimum sane, et probatissimum scriptorem : etenim secundo sæculo Ecclesiam scriptis suis et sanguine illustravit: hic illius verba recolere operæ pretium reor : sunt enim ad id, quod agimus, comprobandum valde apta (73) : « Etsi ea (Eva) inobedierat Deo, sed hæc (Maria) suasa est obedire Deo ut virginis Evæ Virgo Maria fieret advocata ; et quemadmodum astrictum est morti genus humanum per virginem, salvatur per Virginem ; æqua lance disposita virginalis inobedientia per virginalem obedientiam. »

17. At perperam a nobis hunc Irenæi locum afferri contendunt Protestantes ; aiunt scilicet *consolatricem* potius verti debere eam Græcam vocem, qua usus est Irenæus, qui procul dubio legit παράκλητη. Quis porro negat consolatricem humani generis, ideoque nostram, esse Mariam? Ea scilicet aurora illa fuit, quæ divisit lucem a tenebris, et sanctos Patres diu Christi adventum exoptantes solata est, certo Christi in ea incarnati adventu. Hæc prior Protestantium est explicatio. Altera hæc est : detur advocatam in eo ipso sensu quo volunt Pontificii fuisse Mariam, id detur, inquam, comitatis cujusdam causa ; quid tandem obtines? Nihil plane. Nonne Pontificii ipsi docent, *reparatricem* humani generis et *causam nostræ lætitiæ* appellari posse Mariam, quod *instrumentalis*, aut certe *occasionalis causa* ea fuit incarnationis, ex qua scilicet advocatum habuimus Dominum Jesum Christum, unicum Reparatorem et Redemptorem nostrum? Tum vero Mariam appellare possumus *advocatam*, nec tamen cum Pontificiorum opinione in Mariæ advocatione convenire. Sed demus adhuc advocatam in eo ipso quo Pontificii volunt sensu,

ab Irenæo fuisse dictam, non propterea causa cadunt Protestantes. Scilicet advocata multorum, dum viveret fuit, si vis, Maria, et eorum certo, qui in nuptiis Canæ Galilææ vino destituti erant ; iis scilicet a Christo per miraculum vinum impetravit. Nemo porro ex Protestantibus negat, viventes precibus, et advocatione sua alios item viventes juvare. Altera ex his explicationibus Irenæi verbis procul dubio adhiberi debet ; etenim Irenæus translate loquitur et metaphorice, cum *Evæ advocatam* Mariam appellat. An Mariæ temporibus vivebat Eva ? Annon potius multis eam sæculis antecessit, adeo ut nullo prorsus modo Evæ Maria potuerit esse advocata ?

18. Illic commemorant [ut robur suis responsionibus adjiciant] injuriam, quæ, si Protestantibus credimus, Christo fieret, si humani generis advocata Maria fieret ; et id genus alia, quæ ad convellendum Virginis, aliorumque sanctorum patrocinium sæpissime iterant, quæque hic non recenseo, quod exposita ea sint et dissoluta dissertatione tertia *De cultu sanctorum.*

19. Hæc porro, et id genus alia diluimus de sanctorum cultu disserentes ; expressissime vero capite duodecimo dissertationis tertiæ, in quo hunc ipsum Irenæi locum et attulimus et vindicavimus. Neque sane ea, quæ ibi tradidi, convellere potuit Kieslingius, tametsi ad eum Irenæi locum enervandum, dissolvendumque multum studii ac laboris impenderit. Repetam tamen lectoris haud multum in hisce studiis periti, si quis forte sit, causa, ea fere, quæ in allegato cap. 12 tradidi.

20. Nimirum prima solutio minime subsistit. Qua ratione probas vocasse *consolatricem* Mariam, dum Græce scriberet Irenæus? Quid si negem? Vetustissima procul dubio est ea Latina Irenæi translatio, qua nunc utimur, adeo ut viri præclarissimi ejusdem translationis auctorem non teneantur Irenæum ipsum facere ; et tamen in ea translatione expressissime legitur *advocata.* Neque vero si dederim, Irenæum Græce loquentem Mariam appellasse, *paraclitis*, statim assentiar, *consolatricem* eam appellandam esse, non *advocatam.* Nempe didici ab Augustino vocem *paraclitos* id significare apud Græcos, quod apud Latinos *advocatus.* En Augustini verba (74) : « Quod vero ait : *Rogabo Patrem, et alium Paracletum dabit vobis (Joan.* XIV , 16), ostendit et seipsum esse Paracletum ; paracletus enim Latine dicitur *advocatus*, et dictum est de Christo *(I Joan.* II, 1) : *Advocatum habemus ad Patrem Jesum Christum justum.* » Itaque, tametsi per summam comitatem dederim exstitisse in Græcis Irenæi exemplaribus vocem affinem voci *paraclitis*, aut etiam ex ea derivatam, non propterea causa cadam , neque evinces vertendum esse *consolatrix*, non *advocata.*

---

(71) *Vind. devot.* part. II, cap. 5, num. 5, pag. 295.

(72) *De cultu sanctor.* Dissert. 3, 12, 5.

(73) Lib. v, cap. 19, num. 1.

(74) Tract. LXXIV *in Joan.*, num. 4.

21. Alteram Protestantium interpretationem tum demum accipiam, cum communem significationem vox *advocata* hoc in loco ferre non possit. At quis dicat, vocem *advocata*, si Mariæ tribuatur, a trita communique significatione transferendam esse ad paulo alieniorem, quæ occasionem tantum denotet redemptionis, ideoque advocationis Christi? Irenæus sane jam Mariam humanæ reparationis causam instrumentalem dixerat; cum ergo addidit, ut Evæ *fieret advocata*, aliud adjunxit, scilicet patrocinium, intercessionem, seu interventionem et preces.

22. Tertium porro, quod dicunt, Mariam tunc solam patronam advocatamque fuisse, cum in hac vita degeret; gratis dicunt, neque unquam probabunt, hanc Irenæo mentem inhæsisse, cujus verba cum facillime in sententiam nostram, et quasi sua sponte veniant, cur illa detorquebimus, et ad breve illud tempus referamus, quo Maria hunc mundum incoluit? Quod si connotationem hanc, et strictissimam, angustissimamque limitationem Irenæus in animo habuisset, eam profecto expressissimis verbis declarare non omisisset. Huic adde innumerabilia testimonia, quibus dudum ostendimus, hanc jam pridem apud Christianos persuasionem invaluisse, ut sanctos reliquos, et Mariam præcipue, patronos agnoscerent, quæ testimonia apertissime indicant, quam in partem Irenæi verba trahi debeant.

23. Evæ vero ideo meminit Irenæus, quia antithesis Mariam inter et Evam id videbatur exposcere; quæ antithesis minime constitisset, si Adami, aut alterius cujuspiam meminisset. Rectissime id utique egit ille; Eva enim peccatorum omnium typum gerere commode poterat [quorum scilicet advocata Maria est]; etenim prima peccavit, et exemplo, et hortatu suo virum nimis credulum ad peccandum, ideoque ad universum genus humanum perdendum illexit. Cæterum etiamsi darem [quod procul dubio minime do] locum hunc Irenæi id minime evincere, ad quod evincendum allatus est, non propterea causa caderem. Scilicet Patres alii id ipsum nos docent, quod ex allato Irenæi loco eruere studuimus. Ac primo hic afferendi ii sunt, qui martyres et sanctos reliquos *patronos nostros* appellant. Recole, obsecro, quæ num. 10, 11, 12, 13 crebro allegati cap. 26, dissert. 3, *De cultu sanctorum* protuli, in quibus quidem numeris Ambrosium, Paulinum, Valerianum attuli, Philonem Carpathium quoque, seu alium quemlibet, qui Philonis Carpathii nomine prodiit, estque auctor Commentariorum in *Cantica canticorum*, Prudentium, aliosque etiam, quos ibi consule. Mariamne ab eo munere arcebis, quod sanctis tribuis? Sed et advocatam, et patronam

nostram describunt ii omnes, qui pro nobis intercedere apud Deum tradunt, qui *refugium peccatorum*, et *spem nostram* eam appellant, ii qui nos hortantur ut eam invocemus et deprecemur, si nos necessitas aliqua aut tentatio premat, nos admonentes deprecationem nostram tum procul dubio exaudiendam esse. Annon id est Mariam *advocatam* et patronam nostram describere? Porro his moniti plenissimi sunt Patrum libri, et nos plurima jam protulimus, plurima quoque deinceps proferemus, quæ id, quod diximus, manifesto ostendunt.

24. Nos porro redarguant, ut iis libet, Protestantes, dum Mariam *spem nostram* appellare non veremur. Apud nos multo plus valet Ecclesiæ exemplum, *spem nostram* Mariam vocantis, quam illorum dicteria et objurgationes. Non ita spem nostram Mariam appellamus, uti Deum, et Christum; in Deo scilicet spes nostra desinit. Deus, ut scholasticorum phrase utar, *spei nostræ objectum est et complementum* ejusdem spei, quatenus ab eo consequi speramus æterna præmia ab eo proposita, et quidquid ad ea assequenda obtineamus est opus, alia quoque omnia, quæ in hac ipsa vita consequimur. Nonne expressissime in publicis precibus Ecclesia *fontem salutis*, ideoque omnium beneficiorum Deum, seu Trinitatem sanctissimam appellat (75)?

Te fons salutis, Trinitas,
Collaudet omnis spiritus, etc.

Itaque dum Mariam, et sanctos *spem nostram* dicimus, non aliud indicamus, nisi nos in eorum intercessione precibusque confidere, quod jure meritoque a nobis fieri is fatebitur, qui animum adverterit ad ea, quæ de efficacia intercessionis, et precum reliquorum quidem sanctorum, sed Mariæ Virginis præsertim, non indiligenter docuimus. Jam dudum sanctus Thomas, scholasticorum omnium facile princeps, nos docuit spem nostram collocari a nobis merito posse in eo, qui a principe impetrat beneficia quæ poscimus, ideoque ad hanc significationem coarctata voce *spes*, spem nostram cum dici posse. Quod dum monet, præoccupat Protestantium accusationes et querelas. Sed præstat ipsa sapientissimi viri verba producere (76): « Licet sperare de aliquo homine, vel de aliqua creatura, sicut de agente secundario instrumentali, per quod aliquis adjuvatur ad quæcunque bona consequenda in beatitudinem ordinata. » Integrum ipsum articulum quartum 17 quæst. legas, opto; quippe in eo prævenisse videtur, et sustulisse sanctus doctor eam, quam prægrandem heterodoxi se invenisse putant in Catholicorum precibus difficultatem.

25. Eadem tradunt Bellarminus (77), aliique

(75) In hymno ad Vesperas Exaltationis S. Crucis.
(76) 2-2, quæst. 17, art. 4.
(77) *De bonis operibus in particulari*, lib. 1, cap. 15, hæc ait: « Quinto, dicitur spes nostra, quoniam post Dominum in ipsius potissimum intercessione

confidimus: neque enim spes in auctore soli boni reponi debet, sed etiam in intercessoribus et ministris. Itaque Dominus, cum Judæis ait (*Joan.* v, 45): *Est qui vos accuset, Moyses, in quo speratis,* non illos reprehendit, quod sperarent in Mose, sed quod

Catholici, adeo ut perperam reprehendamur a Protestantibus, quod Mariam *spem nostram* appellantes,
in ea illud spei genus collocemus, quod collocare
debemus in Deo, et Salvatore nostro Domino Jesu.
Quæ quidem reprehensio uti vulgatissima et trita,
ita a veritate alienissima est : fatemur enim omnes,
non aliam ob causam *spem nostram* appellari Mariam, et sanctos reliquos, nisi quia nos peccatorum
mole obruti, ut animosius ad Christum accedamus, suffragationem Mariæ, aut sanctorum exposcimus (78). Atque in ea suffragatione multum
virium inesse scientes, hac de causa *spem nostram*
eos appellamus, quorum opem et interventum
efflagitamus. An tibi displicet, quod nostris criminibus territi aliorum, quos charos Deo novimus,
suffragia exquirimus ? Annon videmus Victorem
Vitensem in fine libri quinti Historiæ Vandalicæ ita
angelorum et sanctorum omnium suffragia, studia-
que apud Deum exposcere, ut singulos quosque
sanctorum choros percurrat, eosque enixe deprecetur, ut a Deo arduam sane, sed Deo certe haud
difficilem liberationem impetrent? Annon alte insi-
det nostris mentibus persuasio, multorum precibus
sæpe obtineri, quod uno deprecante minime obti-
neretur ? Etiam id interdum a sanctis fieri, indicare
videtur sanctus Basilius, dum num. 6 orationis *In
quadraginta martyres* eos *invicem suffragatores* appellat ; sic quippe commode accipi possunt ea
verba, ut alter alterum adjuvet suffragio suo. Id
quoque haud obscure indicare videtur Augustinus,
dum sæpe generatim docet, junctis multorum precibus facilius ad pietatem flecti Deum. Sed certe
palam traditur a Gregorio Nysseno, dum n. 7 orationis *In sanctum magnum martyrem Theodorum*,
sic eum alloquitur (79) : « Nos enim etiam, quod
incolumes et integri conservati sumus, tibi beneficium acceptum referimus ; petimus autem etiam
futuri temporis præsidium atque securitatem. Quod
si majori etiam opus fuerit advocatione ac deprecatione, fratrum tuorum martyrum coge chorum, et
cum omnibus una deprecare : multorum justorum
preces multitudinis ac populorum peccata luant.
Admone Petrum, excita Paulum, Joannem item
theologum ac discipulum dilectum, ut pro Ecclesiis quas constituerunt, solliciti sint, pro quibus
catenas gestaverunt, pro quibus pericula ac mortes
tulerunt. » In eamdem sententiam quædam haud
fortasse inopportuna tradunt Gregorius Turonensis (80), et Romana Ecclesia in precibus Missæ
sanctorum Processi et Martiniani (81). Origenem
quoque persuasum fuisse, angelos in ferenda nobis

ope ab aliis angelis adjuvari, ex notissimis illis
hom. 1 in Ezechielem verbis manifesto innotescit (82) : « Veni, angele, suscipe sermone conversum ab errore pristino, a doctrina dæmoniorum..... confove, atque institue.... advoca tibi alios
socios ministerii tui, ut cuncti pariter eos, qui
aliquando decepti sunt, erudiat s ad fidem. » Sed
et apertissime id declarare videtur Paulinus Nolanus, dum hæc ait (*Natalis* XIII, vers. 4) :

> ... *Gaudere serenis*
> *Mentibus, abstersa diri caligine belli,*
> *Suadet ovans Felix, quia pacis et ipse patronus*
> *Cum patribus Paulo atque Petro et cum fratribus*
>   [*almis*
> *Martyribus Regem regum exoravit amico*
> *Numine, Romani producere tempora regni.*
> *Instantesque Getas ipsis jam faucibus Urbis*
> *Pellere, et exitium, seu vincula vertere in ipsos,*
> *Qui minitabantur Romanis ultima regnis.*

Et mox vers. 25, seqq :

> *Sed quid ego hinc modo plura loquar, quod non*
>   [*speciale*
> *Esse mei Felicis opus respublica monstrat ?*
> *Pluribus hæc etenim causa est curata patronis*
> *Ut Romana salus, et publica vita maneret.*
> *Hic Petrus, hic Paulus proceres, hic martyres*
>   [*omnes,*
> *Quos simul innumeros magnæ tenet ambitus*
>   [*Urbis,*
> *Quosque per innumeras diffuso lumine gentes*
> *Intra Romuleos veneratur Eclesia fines,*
> *Sollicitas simul impenso duxere precatu*
> *Excubias. Felix meus his, velut unus eorum,*
> *In precibus pars magna fuit ; sed summa petiti*
> *Muneris ad cunctos, nulli privata refertur.*
> *Ergo pedem referam, sat enim mihi pauca lo-*
>   [*cutum,*
> *Unde nihil proprium meritis Felicis adesset ;*
> *Nec reticere tamen potui, quin portio laudis*
> *Hoc quoque Felici suberat, quod summa potestas,*
> *Rexque potens regum Christus Deus omnibus una*
> *Adnuerat sanctis, quibus in grege supplice mis-*
>   [*tum*
> *Felicem pari audivit pietate benignus.*

26. Quin etiam Scriptura ipsa non levem subministrat hujusce persuasionis probationem, dum
discimus ex Daniele (cap. x, v. 13) obsecranti
angelo pro reditu populi Israel ad patrias ædes,
successisse precum socium *Michaelem unum ex
principibus*, atque ita demum expugnatum, si loqui ita liceat, Dei animum, concessumque reditum
populo : *Ecce Michael unus de principibus primis
venit in adjutorium meum, et ego remansi ibi juxta
regem Persarum.*

27. Sed quoniam ea, quæ alibi tradidi, ad id,
de quo nunc agimus, conducentia citavi, alia quoque citare pergam, quæ ad præsentem persuasionem confirmandam pariter spectant (83) : Ne-

Mosi non crederent. Quod vero Jeremias ait (XVII,
5) : *Maledictus vir qui sperat in homine*, intelligendum est de iis qui potissimam spem suam
ponunt, quique ita confidunt in homine, ut in Deo
nulla ratione confidant : sic enim sequitur : *Et a
Domino recedit cor ejus.* At qui pie recteque in
Maria confidunt, potissimam spem habent in Deo. »
   (78) *De cultu sanctor.*, diss. 3, 50, 33, etc.
   (79) Pag. 1017, tom. II Oper. edit. Paris, anni

1615.
   (80) Lib. XII *Histor. Francor.*, num. 7.
   (81) « Suscipe, Domine, preces, et munera quæ,
ut tuo sint digna conspectu, Sanctorum tuorum
precibus adjuvemur. »
   (82) Num. 7, pag. 358, tom. III, Oper. Orig. PP.
Benedic.
   (83) *De cultu sanctor.* diss. 3, 52, 5.

scisne particulas illas, quas vulgatus interpres vertit *propter*, sere causam motivam, aut certe motivæ affinem, et conterminam designare? Il norunt omnes, adeo ut probatione non egeat. Porro si verum est, id cœlitum intercessionem manifesto insinuatam arbitror in notissimis illis Danielis cap. III, vers. 34 et 35 : *Ne, quæsumus, tradas nos in perpetuum propter nomen tuum, et ne dissipes testamentum tuum, neque auferas misericordiam tuam a nobis, propter Abraham dilectum tuum, et Isaac servum tuum, et Israel sanctum tuum.* Quanquam autem alibi etiam monui, hic tamen repetere opportuuum reor eadem monita. Dominus ipse id haud obscure innuit, dum ostensurus (*IV Reg.* XIX, 34), quantum apud ipsum valerent sanctorum vita functorum merita, virtutesque, hæc ait : *Protegam urbem hanc, et salvabo eam propter me, et David servum meum.* Quæ verba Chrysostomum impulerunt, ut hæc diceret (84) : « Sæpe, quando non inventus est in præsenti via justus, propter defunctorum virtutem, viventium miseretur Deus, et curam habet : unde clamat dicens : *Protegam civitatem hanc propter me, et propter David puerum meum.* Quasi diceret : Licet ipsi indigni sint, qui salventur, et nullam salutis habeant occasionem ; verum quia solitus sum misericorditer agere, et ad miserandum promptus sum, et ad eripiendum e calamitatibus, propter me ipsum, et propter puerum meum David protegam ; et qui ante tot annos e vita migravit, hic auctor est salutis iis, qui sua se perdiderant desidia. » Lege, quæ tradit idem Chrysostomus, seu alius, quisquis is est, cui tribuas hom. 2, *in Psal.* L. Hic si cites quoque ejusdem Chrysostomi homiliam quartam in caput primum Matthæi, et afferes monumenta quæ ad rem præsentem aptissima erunt. Quid ? annon id etiam edocet sanctus Maximus Taurinensis (85). de sancto Cypriano hæc elocutus : « Licet cum omnibus stolam splendidæ remunerationis acceperit, tamen fortasse eloqui minus cessat, quo plus se intelligit promereri ? »

28. Annon etiam id Hieronymus tradit, dum hæc ait (86)? « In multis regibus legimus de stirpe David, quod non suo merito, sed David patris virtutibus conservati sunt, qui fecerit placitum in conspectu Dei. » Et rursus (87) : « Sæpe legimus,

quod propter sanctos Patres filiorum misereatur Deus. » Denique ne multa ejusdem Patris loca referam, nonne alibi sic ille loquitur (88) ? « *Quare moriemini, domus Israel*, qui habetis Patres Abraham, Isaac, et Jacob, de quibus scriptum est : *Deus vivorum, et non mortuorum.* Cur vestro vitio moriemini, qui patrum merito, et mea debetis vivere misericordia ? » Cujus quidem rei, et affinium exemplorum (89). ea hic adduci ratio potest, quam capite decimo nono, ea quoque, quam capite vicesimo dissertat. 3 *De cultu Sanctorum* enucleate exposuimus : cui si addideris eam, quæ a majori sanctorum mortali vita functorum præstantia, ideoque apud Deum familiaritate, et si ita loqui sinis, auctoritate desumitur, probabilem rationem afferes, et quam jam pridem tradidere Hieronymus (90), aliique Patres, quorum dicta cum alibi allegaverimus (91), hic repetere non est necesse.

29. Neque vero sine virorum præclarissimorum exemplo spem nostram ea, qua dixi significatione, Mariam, et sanctos reliquos appellamus. Ut in Maria, de qua nunc agimus, consistimus spem suam appellavit Ephrem, quem *Syrum* dicimus, quisquis is denique est, an Syrus vetustissimus, an alius minus antiquus, sed non propterea contemnendus. Spem unicam peccatorum appellavit auctor sermonis 18 *De sanctis* inter Augustinianos [in Append. 194] (92). Nec minus perspicue Bernardus ; quid enim expressius his verbis (93) ? « Filioli, hæc peccatorum scala, hæc mea maxima fiducia est, hæc tota ratio spei meæ. Quid enim ? Potestne filius aut repellere matrem, aut sustinere repulsam ? Non audiri, aut non audire filius potest ? Neutrum plane. » Quanquam Clariss. Joannes Gaspari (94) nonnihil aliter titulum hunc, quem aliquando tribuimus Virgini, explicat. (Vide cap. 8 et 9.) Nec alius est scopus precum notissimarum ab Anselmo Virgini porrectarum (95) : « Ad quem ibo et apud quem deplorabo dolorem meum, aut quando aliunde sperem beneficia sanitatis ; si mihi claudat illud unicum reclinatorium æternæ pietatis ? »

30. Id ipsi significare volumus, dum *refugium nostrum*, seu *refugium peccatorum* [quo quidem vocabulo in Lauretanis Litaniis honestatur Virgo]

suetudinis ejus. *Propter David servum tuum non avertas faciem Christi tui.. et filii eorum usque in sæculum.* Adde IV Reg. cap. VIII, vers. 19 ; et cap. XIX ejusd. libri, vers. 34, et alios affines istis locos.

(81) Num. 5, homil. 42, *in Gen.*, quæ est in cap. 18.
(85) Serm. 9, qui sic inscribitur : *De natal. sanctorum, præcipue sancti Cypriani*, tom. IV *Anec dot.* Murat. pag. 72.
(86) Dialog. 2. *Adversus Pelag.*, cap. 8, num. 21.
(87) Lib. I Comment. in cap. II Jerem. vers. 4 et 5.
(88) Lib. VI Comment. in cap. XVIII Ezech. vers. 32.
(89) Exod. XXXII, 13 ; Dan. III, 34 et subs. Quod si putas a Salomone compositum Psalmum CXXXI, quæ probabilis multorum opinio est, perspicue assequeris, sperasse Salomonem meritis Davidis patris sui perstituram in sua familia regiam potestatem. *Memento, Domine, David, et omnis man-*
(90) *Advers. Vigilan.* cap. 3, alias num. 7.
(91) Consule, quæ in tota disserL. 3 *De cultu Sanctorum* tradidi.
(92) « Quia tu es spes unica peccatorum ; per te speramus veniam delictorum, » etc., n. 5.
(93) *Serm. in Nativit. B. M. V. De aquæductu*, num. 7.
(94) *Vindic. advers. Sycoph.*
(95) Orat. 49, pag. 309, tom. I edit. Venet. an. 1744.

Mariam appellamus. Neque aliud, ut puto, significavit Bernardus, cum *Mariam mediatricem ad Christum* dixit, adjecitque *opus esse mediatrice hac ad Christum :* non quo revera nobis opus sit suffragatione Virginis ut ad Christum confugiamus; possumus enim nosmetipsi ad Deum, et Christum confugere, sed quod, dum ad nostra peccata animum advertimus, eorum numerus, et multitudo avertere quodammodo potest nos, et trepidos facere, ne animose ad Deum nosmetipsi confugiamus. Formidinem porro hanc, quæcunque ea sit, a nobis abigit Mariæ suffragatio, quam promptissimam, perinde ac validissimam nobis describit Bernardus, qua suffragatione exoratus, quod cre-

bro diximus, Christus, quæ salutaria poscimus, elargitur.

51. Si quis plura adhuc hoc de argumento exposita habere cupiat, non modo Antoninum adeat in eo, quem in margine allego, loco (96), sed Patrum, præsertim Græcorum orationes, veluti SS. Modesti *Encomium* [num. 10 et seqq.], Joannis Damasceni orat. 1 et 2, *in Nativ. B. M. V.*, et alia hujus generis sane non pauca, quibus addas, volo, litanias B. V. jamdudum apud fideles usitatas, et librum quem præstantiss. Theophil. Raynaudus hoc de argumento edidit, inscripsitque : *Nomenclator Marianus*

(96) Part. IV *Summæ*, tit. xv, cap. 14 et 15.

DISSERTATIO IX.

DE OFFICIO PARVO BEATÆ MARIÆ VIRGINIS. DE OFFICIO QUOQUE, QUOD *S Mariæ in Sabbato* APPELLANT, AC PRIMUM QUIDEM *de Officio parvo beatæ Mariæ Virginis.*

Duo sibi valde affinia erga Virginem obsequia una complectitur dissertatio, in qua tamen, ut claritati rectoque ordini obsequamur, alterum ab altero sejunctum exponetur : ac primo quidem de primo agetur, id est, de *Officio parvo beatæ Mariæ Virginis.*

QUÆSTIO I. — *Perquiritur illius* ANTIQUITAS, *seu* INSTITUTIO, *continuatio quoque : denique illius vindiciæ adjicientur.*

QUÆSTIUNCULÆ I et II. — [*Officii parvi beatæ Mariæ Virginis antiquitas, seu institutio, continuatio quoque.*

1. Quid sit parvum B. M. V. Officium, necesse non est exponere ; norunt enim omnes imitationem quamdam esse precum illarum, quas ecclesiasticis recitandas præscribunt canones sacri ; breviores tamen esse preces eas, quas complectitur beatæ Virginis Officium, [quod *parvum* propterea dicimus] precibus illis, quas ab ecclesiasticis sacri canones recitari jubent, si tamen Laudes excipias, iisdem enim constant Psalmis, quos Dominicæ assignat Ecclesia ; idem quoque canticum est, nec multo brevior hymnus. Nonnulli *Horas beatæ Virginis* appellaverunt, propterea quia hæ, quas dicimus, preces eodem prorsus horarum numero constant, quo divinum Officium, a quo tamen, ut jam monui, brevitate differunt. Quod itaque expendendum remanet, est illius antiquitas, seu institutio, et continuatio ; aliqua quoque

dicenda sunt, ut eæ evellantur reprehensiones, quibus illud, quod dico, Officium nonnulli distringunt.

2. Quod ad primum attinet, plerique institutum aiunt a Petro Damiani, viro sanctitate ac dignitate eminentissimo; Ostiensem enim episcopatum summa cum laude medio undecimo sæculo rexit, multaque præclarissima gessit, quæ illius Vitæ scriptores narrant. Pro hac opinione allegatur Baronius (97), arbitratus scilicet jussisse Petrum Damiani Officium, quod dicimus, in suis recitari monasteriis, a quibus ad monachos reliquos, atque adeo ad cathedrales ipsas mos iste emanaverit. Ecclesiasticos porro sæculares imitati sunt, quorum pietatem spiritualibus præmiis, indulgentiis scilicet, affecit præ cæteris sanctus Pius V.

3. At alii non pauci antiquiorem Petro Damiani censent consuetudinem, de qua disserimus, et ii ipsi, qui Petri Damiani vitam ac gesta scriptis tradidere, sanctissimum virum hunc restauratorem potius, quam auctorem Officii Virginis nobis exhibent. Sane Joannes Flaminius Forocorneliensis hæc de Petro Damiani narrat (98): « Horarium B. Virginis Officium, et canonicos ritus, quorum desuetudo paulatim irrepserat, ad pristinam observantiam restituit. »

4. Augustinus quoque Fortunius ordinis Camaldulensis (99): « Petrus, inquit, a Gregorio VII, qui anno 1073 Cathedram Petri obtinuit, missus

(97) Ad annum 1056, num. 5 et 6. « Petrus, sicut auctor fuit, ut in monasterio suo officium Dei Genitricis dicendu n assumeretur, ita ex eodem fonte manasse dignoscitur, ut illud ipsum toto Christiano orbe Occidentalis Ecclesiæ non a monachis tantum, et clericis, sed etiam a laicis viris

atque mulieribus quotidianis pensis persolvatur, monente Urbano papa ut suo loco dicemus. »
(98) Pag. xxii tomi 1 Operum S. Petri Damiani, edit. Ven. an. 1743.
(99) *Ibidem*, pag. xxviii.

est legatus de latere per totam Italiam, ut promulgaret decreta de dicendo Officio beatæ Mariæ Virginis, quod ubique siluerat,» etc. Aliquod tamen Virginis Officium, quo nunc non utimur, procul dubio composuit, quod exstat inter preces, et carmina ejusdem Petri Damiani cap. 48 et seqq. tomi IV edita.

5. Monumenta quoque adhuc supersunt, ex quibus facile assequeris, antiquiorem Petro Damiani esse consuetudinem recitandi Officium Virginis. Si Græcos consulis, Joannes Damascenus describitur non indiligens cultor hujusce erga Virginem obsequii. Etenim, si qua fides Vincentio Bellovacensi (1), « Joannes Damascenus Reginæ virginum horas quotidie studiosissime decantabat; factus presbyter Missas devotissime ac frequentissime celebrabat. »

6. Si Latinos consulis, eamdem apud eos ante Petrum Damianum consuetudinem exstitisse nos pariter docent. Aut a Beda ipso, aut certe a viro docto, haud multum a Bedæ ætate remoto, compositi putantur sermones ii qui tomo VII Operum Bedæ exstant. Inter hos sermo exstat (2) inscriptus De sancta Maria, in quo mira quædam narrantur de quodam clerico « habente capellam vicinam domui suæ in honore B. Mariæ consecratam, in qua quotidie omnes Horas S. Mariæ decantabat. »

7. Egregius cardinalis Bona (3) Commentarium adhuc manuscriptum in Regulam S. Benedicti a Petro diacono Cassinensi elucubratum allegat in quo (cap. 64) edocemur Zachariam papam Cassinensibus præcepisse « ut totius anni tempore tam æstatis, quam hiemis, ante nocturnale, vel diurnale Officium, mox ut fratres in choro convenerint, incipiant Officium de S. Benedicto ; et eo expleto inchoent Officium, quod Regula præcipit, adjuncto etiam S. Dei Genitricis et V. Mariæ Officio. » Eumdem Petri Diaconi locum fusius allegat Martene (4), qui verba ea etiam refert, ex quibus discimus ante Zachariam id ipsum præcepisse Gregorium papam : « Hoc a Zacharia, et ejus antecessore Gregorio (III) statutum est. »

8. Chronicum Virdunense (5), alias Flaviacense, argumentum aliud antiquitatis ejus, de quo dicimus erga Virginem obsequii præbet : scilicet mentio in eo fit clerici, nomine « Bernerii præpositi eccle-

siæ S. Mariæ, qui solo prostratus Matutinarium B. Virginis decantabat cursum, et, ut post patuit, totus ad altiora penna devotionis subreptus in Matris Domini se extendebat laudibus. » Id accidisse creditur anno 960. Ejusdem rei meminit Mabillonius (6).

9. Porro ab eodem Mabillonio, qui generatim affirmat sæculo XI Parvum Officium Virginis fuisse in usu, alia duo exempla hujusce consuetudinis afferuntur (7). Primum præbet sanctus Uldalricus, seu Uldericus, episcopus Augustensis, qui eodem Mabillonio referente, præter quotidianum cursum divini Officii, tres alios cursus addebat, scilicet S. Mariæ, S. Crucis, et sanctorum omnium, et quasi hæc pauca essent, Psalterium integrum his adjiciebat (8). Id contigit anno circiter 924; Præbet alterum sanctus Gerardus, episcopus et martyr, qui constructa Conadii principe ecclesia, et in ea ara in honorem Virginis Mariæ erecta, ibidem singulis Sabbatis Officium celebrari voluit de beatissima Virgine Domina nostra (9). Sed postremum hoc exemplum ad Officium S. Mariæ in Sabbato pertinere alii volunt. Vide etiam, quæ tradit Martene, De antiquis monachorum ritibus, lib. I, cap. 2, num. 26.

10. Sæculo porro XI, Petri Damiani opera invaluisse in Ecclesia consuetudinem recitandi Officii Virginis, fatentur omnes (10), et in eo tantum dissident [quod jam monui] eruditi, num illud instituerit et evulgaverit; num potius antea institutum, et a plerisque neglectum, Ecclesiæ quodammodo restituerit, recitandumque inculcarit.

11. Subsequentibus Petrum Damiani temporibus, recitare consuevisse a fidelibus hoc, quod diximus, beatæ Virginis Officium, cum alia multa prodant, hæc manifesto declarant. In concilio Claramontano, cui præerat Urbanus II [idque assequimur ex Chronicis Gaufredi, seu Gaufridi (11)], « statutum est ut Horæ B. Virginis quotidie dicantur, Officiumque ejus diebus Sabbati fiat. Ex quo mos in quibusdam Ecclesiis inolevit, facere novem lectiones cum novem responsoriis et aliis necessariis, nisi in Quadragesima, vel nisi adsit festum duplex, » etc.

12. Hoc concilii Claramontani decretum refert etiam Baronius, sed paulo aliter ; ad hunc scilicet modum (12) : « Rogata sententia Patrum [in Claramont. concilio congregatorum] egit (Urbanus),

---

(1) In Speculo historiali, lib. XVII , cap. 103, pag. 235, edit. Nicolini 1591.
(2) Col. 570 et seq. tom. VII edit. Basileensis, et col. 364 et seq. tomi VII edit. Coloniæ Agripp.
(3) De divina Psalmodia, cap. 12, § 2.
(4) De antiquis monachorum rititus, lib. I, cap. 2, num. 17, edit. Antuerp. seu potius Mediol. col. 17.
(5) Pag. 135, tom. I, Novæ Bibliothecæ veterum manuscriptorum, editæ a P. Philippo Labbe, Parisiis, 1657.
(6) Præfat. in sæc. v ord. Ben., num. 117.
(7) Ibid. id est, num. 117.
(8) Annales ord. S. Benedicti, tom. III, lib. XLII,

num. 71, pag. 354, edit. Luceñ.
(9) Tomo IV, in fine libri LV, num, 102, pag. 301, edit. Luc.
(10) Mabillon. Præfat. II in sæcul. VI Bened., num. 95, hæc docet : « Eodem etiam tempore (dum scilicet viveret Petrus Damiani) horariæ B. Maræ preces non solum a clericis, sed etiam a laicis frequentari cœptæ ad sacram expeditionem Deo commendandam. »
(11) Tom. II Bibliothecæ veter. mss., sect. 1, cap. 27, Chronic. pag. 292.
(12) Annalium tom. II, ad annum Christi 1095, n. 51.

ut horariæ illæ preces et laudes, quæ vulgo *Dei
Genitricis* appellari consueverunt *Officium,* apud
monachos eremitas institutionis Petri Damiani, ut
superius vidimus, frequentari cœptæ, ex illis dedu-
cerentur ad clericos, a quibus digne ex animo
eidem sanctissimæ Virgini persolvi deberent. ....
Quod quidem tunc a sancta synodo, Urbano agente, ea occasione indictum, et a clericis pie susceptum, ad laicos quoque tam viros, quam
mulieres propagatum, et quidem cum magno fenore
gratiarum, » etc.

13. Sub finem sæculi undecimi sanctus Stephanus,
Grandimontensis ordinis institutor (13), « exceptis
ecclesiastici officii regularibus debitis, agenda
videlicet diei et beatæ Mariæ, ac fidelium defunctorum, a prima die qua venit in eremum usque
ad ultimum diem vitæ suæ, ordinem de S. Trinitate
cum novem lectionibus et horis canonicis singulis
diebus ac noctibus devotissime celebravit. »

14. Quo tempore compositus sit Ordo I, in quo
describitur *ritus electionis abbatis Cassinensis* (qui
Ordo exstat col. 410 et subseqq. tomi II operis
inscripti *De antiquis Ecclesiæ ritibus* edit. Ant. seu
potius Med. lib. ii, cap. 1), ignoratur, sed procul
dubio valde vetustus ille est. Etenim in eo describitur, *qualiter Cassinensis abbas a Romano pontifice
confirmandus sit,* cujus quidem ritus vetustatem
tum alia multa, tum certe subsequentia verba
declarant, *prout in scidulis majorum invenimus.* Porro hæc in eo Ordine ad rem, de qua agimus, spectant (pag. 422): « Eo die abbas nihil aliud, nisi
panem et aquam comedat, et canonica septem
Horarum in commemoratione B. Patris Benedicti
nunquam dimittat, salvo scilicet eo, quod in honore sanctæ Dei Genitricis persolvi consuetudo est. »

15. Atque hic quidem mos, quo omnes etiam
monachi Cassinenses obstringebantur, descriptus
creditur a Zacharia, seu, si vis, a Gregorio III, Zachariæ antecessore. En quid discimus a Martene (14):
« Cassinenses circa medium sæculum octavum tria
quotidie persolvebant officia, hoc est præter Regulæ
officium, parvum sancti Benedicti, et parvum item
B. Mariæ Virginis, si tamen Petro Diacono fides
sit; hic enim in suo super Regulam S. Benedicti
Commentario ad c. 64 ritum electionis ac benedictionis abbatis describens sic habet : *Hodie abbas
nihil aliud nisi panem et aquam comedat ; et canonica septem Horarum officia in commemoratione B.
P. Benedicti nunquam dimittat, salvo scilicet eo quod
in honore sanctæ Dei Genitricis persolvi consuetudo
est. Quod etiam sub districto præcepto Cassinensi
congregationi Zacharias papa observare præcepit,
constituens, ut omni tempore, tam æstatis quam
hiemis, antenocturnale vel diurnale Officium mox ut
fratres in choro convenerint, incipiant officium de
sancto Benedicto, et eo expleto inchoent officium*

quod *Regula præcipit, adjuncto etiam sanctæ Dei
Genitricis et Virginis Mariæ Officio.* Et infra : *Hoc a
Zacharia et ejus antecessore Gregorio papa statutum
est, et per apostolicam auctoritatem præfixum, ut
omni tempore tam æstatis quam hiemis, diebus et
noctibus, mox ut fratres in choro convenerint, incipiant officium in commemoratione sancti Benedicti, et
eo expleto,* etc. Porro officium illud sancti Benedicti constabat ex invitatorio, hymno, antiphona,
tribus psalmis, versu, tribus lectionibus et tribus
responsoriis. Laudes vero sicut in festo sancti Benedicti dicebantur. An vero reliquæ diei horæ
dicerentur, omnino me latet. Similiter Officium
beatæ Mariæ ad Vigilias, hymnum, antiphonam,
tres psalmos, versum, tres lectiones, totidemque
responsoria complectebatur. Laudes vero eodem
fere modo, quo nunc a nobis, persolvebantur ; in
quibus fiebat commemoratio sancti Laurentii,
sancti Benedicti, omnium sanctorum et de pace.
Ad Primam hymnus diversus a nostro, antiphona
eadem, Psal. *Deus, in nomine tuo ; Beati immaculati*
usque *Legem pone.* Lectio, resp. breve, versus,
oratio, comm. sancti Benedicti, et de omnibus
sanctis. Eodem ritu Tertia, Sexta, Nona cum
divisionibus Psal. cxviii, quas in canonico officio
nunc observat Romanum Breviarium. Lectione,
resp. brevi, versu, oratione, commemorationibus
sancti Benedicti et omnibus sanctis celebrabantur
Vesperæ cum duabus antiphonis, et quatuor
psalmis, lectione, resp. brevi, hymno, versu, antiphona, cantico *Magnificat,* oratione, comm. de
Sancto Laurentio, et de omnibus SS. Completorium cum antiphona, tribus psalmis, lectione, resp.
brevi. hymno, versu, cantico Simeonis, antiphona,
oratione, comm. sancti Benedicti, et omnium
sanctorum, antiph. *Salve Regina* et oratione *Omnipotens ;* quæ omnia fuse offendes in append. ad
novam editionem Chronici Cassin. pag. 20. »

16. Circa initium sæculi duodecimi primi discipuli sancti Stephani Obazinensis, postea abbatis,
ut assequimur ex ejus Vita (15), « Matutinorum
officiis, Vigiliis *B. Mariæ* et omnium SS. adjun-
gentes, necnon etiam *Ordinem defunctorum* cum
familiaribus psalmis non minimum noctis spatium
insumebant. »

17. Id ipsum ab aliis fere usitatum fuisse ostendit statutum sexagesimum Petri Venerabilis abbatis Cluniacensis, qui claruit anno 1130 ; et ad
hunc modum se habet (16) : « Ut sicut ex consuetudine aliæ Horæ sanctæ Virginis Matris Domini in
ecclesia infirmorum, quæ in honore ipsius consecrata est, quotidie decantantur, et ejusdem ibi Completorium cantaretur ; et in omnibus Horis ar te psalmos præmitteretur versus : *Memento salutis auctor
cum gloria sua.* » Cujusstatuti potissima ratio hæc ad-

tradit Martene.

---

(13) In ejus Vita ex Bollando. tom. II ad 8
Februarii diem (cap. 5, num. 17).
(14) Lib. i, *De monach. ritib.* cap. 2, n. 17 hæc

(15) Tom. IV, n. 7, Miscel. Baluz.
(16) Pag. 1140, tom. XXII *Bibl. Max. PP.*

ducitur: *Honor Matri Domini super omnem creatu-*
ram singulariter exhibendus.

18. Acta episcoporum Cenomanensium de Guillelmo episcopo, qui, peractis in episcopatu quadraginta et duobus annis, anno Domini 1186 obiit,
narrant (17): « Quod in Ecclesia sua divinum am-
plians cultum, gloriosæ Virgini Mariæ debita singulis horis officia, primus instituit celebrari. Ipse
omni die Sabbati in honore ejusdem Virginis Matutinas novem lectionum, et Missam solemnem in
capella sua celebrabat. »

19. Eodem sæculo, id est duodecimo, Cistercien-
ses in capitulo generali an. 1194 celebrato, statuerunt ut *Officium parvum B. M. V. quotidie in choro*
recitaretur; quod hodieque summa cum laude servant.

20. Eadem consuetudo exponitur in eo ritu,
quem servabat Romanus pontifex, dum abbatem
Cassinensem solemniter benedicebat, qui quidem
ritus exhibetur tom. II *Antiquorum Ecclesiæ ri-*
tuum (18). Etenim hæc in eo occurrunt: « Completo
evangelio, offerat abbas papæ duas oblationum
coronas, et duas faculas accensas. » Eo die abbas
septem horarum officia « in commemoratione beati
Patris Benedicti nunquam dimittat, salvo scilicet
eo, quod in honore sanctæ Dei Genitricis persolvi
consuetudo est. » Ritum hunc, de quo n. 14 et 15
egi, sæculis subsequentibus perdurasse aiunt multi.

21. Sæculis XIII, XIV, XV, recitatum fuisse *Cur-*
sum, id est *Officium B. Mariæ* a Benedictinis, ex
iis monumentis constat, quæ allegantur a cl. Martene *De antiquis monachorum ritibus,* lib. I, cap. 2,
num. 29 et 30. Hæc consule.

22. Neque vero putes consuetudinem hanc apud
monachos tantummodo invaluisse. Habeo apud
me *Ordinem Officiorum Ecclesiæ Senensis* sub initium sæculi XIII compositum, et diligentissime ab
exemplari in cathedrali Senensi servato exscriptum
[quem spero aliquando a me edendum], ex quo
manifesto discimus in Ecclesia Senensi, in qua iis
temporibus canonici regulares sacra officia persolvebant, *Officium B. M. V.* fuisse recitatum. Ex eo
hæc ad rem præsentem desumpsimus In cap. 561,
quod inscribitur : *De officio Matut. S. Mariæ, quod*
per totum annum dici consuevit in Ecclesia nostra,
hæc exstant : « Expletis psalmis gradualibus ad
Matutin. statim archipresbyter, vel presbyter
hebdomadarius canonicus, aliis etiam fratribus
erectis, vadit in medium chori, et cum reverentia
incipit Matutin. S. Mariæ hoc modo : *Domine, labia*
mea aperies. Deus, in adjutorium meum intende. Invitator. *Ave, Maria.* Psal. *Venite, exsult.* etc. »
Idemque argumentum continuatur quatuor subsequentibus capitibus, quibus ad finem perductis,
subsequitur caput quod inscribitur : *Quibus diebus*
in anno dimittimus officia S. Mariæ; ubi hæc ex-

stant : « Notandum quod hæc officia S. Mariæ dimittimus ab adventu Domini usque ad octavam
Epiphaniæ, et in Dominica de ramis Palmarum, et
a quinta feria majoris hebdomadæ in Quadragesima
usque octavam Pentecosten, et in solemnitate Omnium Sanctorum, et in festo Dedicationis nostræ
ecclesiæ usque octavam ipsius, et in festo Assumptionis B. Mariæ usque octavam ipsius. In omnibus
autem festivitatibus B. Mariæ facimus officia, ut
sunt in ordine prænotata, » etc.

23. Subsequitur autem aliud caput, quod hujusmodi est : *Quidam clericus* [hicque recitat celeberrimam narrationem, qua scilicet edocemur, clericum vitio carnis deditum, quotidie tamen *Officium*
Virginis recitantem sub vitæ finem per B. Virginem
peccatorum suorum veniam impetrasse] ; post quæ
statim hæc subjiciuntur : « Ex hoc procul dubio
novimus, quia quisquis quotidiana prædictis horis
officia in ejus laudibus frequentare studuerit, adjutricem sibimet, ac patrocinatoriam ipsius Judicis
Matrem in die necessitatis acquiret. Ideoque, fratres, Dei Genitricis Mariæ semper Virginis Officium
quotidie reverenter contrito et humili corde persolvamus, quatenus ejus interventu indulgentiam
peccatorum nostrorum apud suum Filium accipere
possimus. »

24. Quod in cathedrali Senensi canonici ii Virgini præstabant obsequium, ab aliis etiam canonicis
regularibus eidem Virgini adhibitum facile conjicimus ex ea ratione, quam ii afferunt. Scilicet facile
quisquis inducitur in spem obtinendæ eo obsequio
suorum criminum veniæ. Sed si quis expressum
hujusce rei monumentum exquirat in nostris provinciis, haud facile id erit. Etenim veteres ecclesiasticos libros vel edax tempus absumpsit, vel in
obtegendis recentioribus libris, quod sæpe dixi,
insumpti ii sunt, vel denique eos alio abstulit,
præsertim vero in Galliam et Angliam, perquiren-
tium diligentia ; præbebo tamen non contemnendum. Habemus in nostra bibliotheca (S. Salvatoris
Bononiæ) : *Ordinarium canonicorum regularium S.*
Andreæ de Musciano ; superstitem ex magno naufragio tabulam. Clauditur porro hic liber subsequenti capite, quod inscribitur : *De commemoratione*
B. Mariæ Virginis; in quo hæc exstant : « Beata
Dei Genitrix Virgo Maria in tanta processit eminentia sanctitatis, ut omnium Dominum proprio
gestare mereretur in utero, et sicut Christo primo
in corpore, ita nunc conjunctam esse credimus in
beatitudine ; ideoque non abs re nobis videtur, ut
quemadmodum Filio, ita et Matri jugiter celebremus Officium. Quidquid enim Matri defertur, hoc
sibi Filius ascribit, cum aliis fidelibus ipse dicat :
Qui vos honorat, me honorat. Et sicut Filius Patrem,
ita ipsa suum pro nobis interpellat Filium. Quod
quanquam de omnibus fidelibus, præcipue tamen

---

(17) Cap. 38, pag. 327 *Veterum Analectorum*
Mabillonii, edit. Paris. 1723 fol.

(18) Lib. II, cap. 1, col. 422, edit. Antuerp. seu
potius Mediol.

pro his illam facere credimus, qui ejus memoriam in suis officiis quotidie frequentant et colunt. Nam sicut venerabili viro, Petro videlicet Damiani, in suis scriptis referente cognovimus : *Quidam clericus multis erat peccatis obnoxius, et præcipue carnis illecebræ fetoribus inquinatus*, etc. » Eoque miraculo, cujus paulo ante mentionem fecimus, recitato, eodem modo, quo Senenses canonici, concludunt, id est : « Ideoque, fratres, Dei' Genitricis semperque Virginis Mariæ Officium quotidie reverenter contrito et humili corde persolvamus, » etc. Tum diligenter exponitur ratio, qua Officium illud recitandum sit, addita in fine capitis illius diversa ratione, qua illud tum in Adventu, tum eo tempore, quod a Nativitate ad Purificationem decurrit, celebratur. Hic autem liber in ipso fortasse initio instituti monasterii hujus conscriptus esse videtur, ideoque sæculo xii.

25. Àlia si addidero, ut ostendam, frequentatum fuisse a fidelibus Virginis Officium, inutilem fortasse operam videbor insumere ; quam enim diligens fuerit in eodem Officio recitando fidelium pietas, plurimi, qui etiamnum supersunt, sæculo xiii et subsequentibus conscripti libri declarant, in quorum numero nonnulli sunt elegantissimis coloribus, et auro ornati (19), qua quidem re palam fit, a principibus viris fuisse illos adhibitos. Si tamen publicum aliquod monumentum exquirat lector, illud exhibeo ex concilio Andegavensi a Simone Turonensi archiepiscopo cum suffraganeis anno 1365, dum Romanam cathedram Urbanus V moderaretur, celebrato. Hæc scilicet in eo statuuntur (20) : « Quod in singulis ecclesiis metropolitanis, cathedralibus, regularibus, collegiatis Matutinæ, et aliæ Horæ de B. Virgine singulis diebus decantentur ; nisi alias officium esset de B. Virgine, vel aliis majoribus festis anni, vel in Adventu Domini ; et ad hoc omnes volumus astringi sub præcepto. »

26. Denique, ne multa afferam, sanctus Pius V in Constitutione edita ad Breviarium Romanum reformandum, hæc de parvo B. V. Officio præscribit : « Nos propter varia hujus vitæ negotia, multorum occupationibus indulgentes, peccati quidem periculum ab ea præscriptione removendum duximus ; verum debito providentiæ pastoralis admoniti omnes vehementer in Domino cohortamur, ut remissionem nostram, quantum fieri poterit, sua devotione ac diligentia præcurrentes, illis etiam precibus, suffragiis et laudibus, suæ et aliorum saluti consulere studeant. » Tum ad retinendum, quantum fieri poterat, hoc adhibitum Virgini obsequium hæc statim adjicit : « Hoc autem concedimus sine præjudicio sanctæ consuetudinis illarum Ecclesiarum, in quibus Officium parvum B. Mariæ

semper Virginis in choro dici consueverat ; ita ut in prædictis Ecclesiis servetur ipsa laudabilis et sancta consuetudo celebrandi more solito prædictum Officium. »

27. Rursus in alia Constitutione, quam deinceps edidit, ut Officium B. M. V. suo jussu emendatum confirmaret, fidelibusque recitandum inculcaret, hæc etiam statuit : « Ac ut fidelium omnium voluntas, et studium magis ad· salutarem hujus nostri Officii beatæ Mariæ Virginis, et in orationum in eo reductarum lectionem et usum incitetur ; de omnipotentis Dei misericordia..... omnibus, et singulis, qui ad recitationem hujusmodi non tenentur, quoties istud sic de mandato nostro reformatum devote recitaverint, quinquaginta dies .... de injunctis sibi pœnitentiis misericorditer in Domino relaxamus. »

QUÆSTIUNCULA III.— *Probitas hujusce ritus, illiusque ab objectionibus vindiciæ.*

1. Piissimum porro esse delatum hoc Virgini obsequium, ex eo facile liquet, quod piissimus illius est finis ; illud enim recitamus, ut Virginem honoremus, illiusque opem efflagitemus : pia quoque sunt omnia, quibus illud constat. An psalmos reprehendes, quibus maxima ex parte componitur ? An antiphonas sane pias, vel ex sacra Historia desumptas, uti sunt illæ : *Assumpta est Maria*, etc. *Maria Virgo assumpta est*, etc., vel ex sacra Scriptura accommodatas Deiparæ significandæ, uti sunt illæ : *Dum esset Rex*, etc. *Læva ejus*, etc., et alias affines ; vel commendationem Virginis continentes, adjunctis precibus, ut nos adjuvet, uti sunt illæ : *Beata Mater intacta, Regina mundi, intercede*, etc. *Beata Dei Genitrix*, etc. : atque id ipsum de capitulis, quibus idem Officium constat, facile [si sapis] dices, ac de versiculis interjectis ; vel enim ex Scriptura desumpta hæc sunt, et Virgini rectissime accommodata, vel expressissimam invocationem continent, velut illud : *Ora pro nobis, sancta Dei Genitrix ; ut digni efficiamur· promissionibus Christi.* Quod si aliqua horum portio Protestantibus, aliisque paucis displicet, id terrere nos minime debet, quibus satis est, ut Ecclesiæ ea placeant.

2. Cæterum quoniam et hos ipsos non inurbane dimissos volo, statim quidem lectorem moneo, non eumdem in Ecclesiis omnibus fuisse parvi B. Virginis Officii recitandi ritum, neque easdem preces apud omnes illud etiam privatim recitantes in usu fuisse. Nonnihil diversum a Romano B. V. Officio parvo illud est, quo utuntur piissimi Carthusiani aliorumque etiam ordinum religiosi, qui Romano Breviario non utuntur : valde diversum fuit quoque illud, quod sanctus Petrus Damiani edidit, quodque habes num 48, inter preces et carmina (21) : illud quod sanctus Anselmus Cantuariensis

---

(19) Plurimos, et vetustate et scripturæ elegantia nobiles, auro quoque et picturis decoros nostra possidet bibliotheca.

(20) Cap. 15, col. 278, tom. XV *Concil.* edit.

Venetæ Coleti.

(21) *Ad honorem sanctæ Mariæ Virginis. Officium quotidianis diebus* ; ad Vesperas hymnus : *Sidus Maria splendidum*, pag. 9, tomi IV.

fortasse composuit (22), aliaque vetusta: adeo ut hæc scriptis tradiderit Mabillon (23) : « Adi librum, qui *Gemma animæ* inscribitur secundum, Consuetudines Cluniacenses, Petri Venerabilis statutum 60 et sequentia, Acta Cenomanensium episcoporum in Analectorum tom. III, cap. 38, et Matthæum Parisium in Willelmo abbate S. Albani vicesimo secundo, ubi B. Mariæ cultum, et Officium varie a diversis institutum invenies. » Idem dic de iis ipsis B. V. Officiis parvis, quæ vel in aliis Ecclesiis, vel privatim recitabantur. Horum omnium seriem texere non modo supervacaneum, verum etiam impossibile est. Et si quis forte non paucorum diversitatem inspicere cupiat, meæ privatæ bibliothecæ codices perlustrare poterit, et facile iis assentietur, quæ modo dixi.

3. Porro adversus Officium B. Mariæ Virginis generatim inspectum non alias objectiones factas vidi, nisi eas quas adversus sanctorum cultum, et peculiariter adversus Virginis invocationem et cultum Protestantes intorquent, quæ cum vel *De cultu sanctorum* agens præoccupaverim, vel in superioribus hujus tractatus partibus dissolverim, in iis adducendis repellendisque si immorer, jure meritoque reprehendar. Nondum vero ea repulsa vidi, quæ adversus parvum B. V. Officium a sancto Pio V editum intorquentur. Ea itaque hic tantum affero : atque inter hæc ipsa ea seligo, quæ in superioribus hujusce tractatus partibus, soluta minime sunt. Ea præbet cl. P. Plazza qui se desumpsisse illa affirmat ex Andrea Schurio, quem *Antonii Arnaldi, factionis Jansenianæ post Jansenium principis, discipulum addictissimum* fuisse affirmat, atque ex aliis eidem factioni deditis. Schurius scilicet, illiusque asseclæ, Officium parvum B. Virginis in Belgicam linguam vertentes non pauca immutarunt : atque eo quidem argumento, quantum sibi ea displicerent, patefecerunt. In Matutino (24) carpunt absolutionem lectiones præcedentem; hanc scilicet : *Precibus et meritis B. Mariæ semper Virginis... perducat nos Dominus ad regna cœlorum;* delent enim voces *meritis.* Carpunt quoque priorem benedictionem, primæ scilicet lectioni præpositam; hanc nimirum : *Nos cum prole pia, benedicat Virgo Maria,* substituendaque censent hæc verba : *Virgo Maria impetret nobis benedictionem a Filio,* quasi nefas esset, si nobis benediceret Virgo.

4. In oratione in Laudibus : *Deus, qui de B. M. Virginis utero,* etc., *præsta supplicibus tuis,* adjiciunt *filiis, sive justis :* ne scilicet approbare videantur sententiam eorum qui peccatoribus patrocinari Virginem affirmant. In versiculo Primæ, ubi legimus : *Dignare me laudare te, Virgo sacrata,* legendum volunt, *Virgo pura.* Precem, qua eamdem Primam concludimus : *Da, quæsumus..... ut sua nos defen-*

sione munitos emendari præcipiunt ad hunc modum : *intercessione suffultos.* Auctior est scilicet atque honorificentior intercessione defensio.

5. In hymno Horarum et Completorii reprehendunt integram strophen :

Maria, Mater gratiæ,
Dulcis parens clementiæ,
Tu nos ab hoste protege,
Et mortis hora suscipe.

Et substitui jubent hæc : *Maria, Mater, quæ nobis paris Largitorem gratiæ. Maria dulcis indole ora Filium tuum, ut ipse nos protegat et mortis hora suscipiat.*

6. In Vesperarum hymno, notissimo scilicet, quemque a verbis, a quibus exordium sumit : *Ave maris stella* appellamus, deletur versiculus : *Felix cœli porta.* Et verba hæc subjiciuntur : *quæ ad angeli Salutationem cœlum aperis, et paras viam quieti.* Versiculum hunc :

Monstra te esse Matrem

præeunt verba ista : *Flexis genibus ante thronum tui Filii;* quasi Virgo orare non posset stans. De antiphonis officium subsequentibus a Schurio reprehensis dicemus deinceps.

7. His sic occurrite; sanctos Deum nobis propitium reddere suorum meritorum objectu, cum alii quidem doceant, apertissime Chrysostomus tradit, cum his verbis suos auditores alloquitur (25) : « Neque die tantum hujus festivitatis, sed aliis etiam diebus iis assideamus, eas obsecremus, obtestemur, ut patronæ sint nostræ; multam enim fiduciam obtinent non viventes modo, sed et mortuæ. Multoque magis cum sunt mortuæ; jam enim stigmata ferunt Christi : cum autem stigmata hæc ostenderint, omnia Regi possunt persuadere. » Quod si solius Chrysostomi monita tibi id quod dicimus persuadere non possunt, tu ea recole, quæ quæst. 1. dissert. 2, hujus secundæ partis, n. 4 et 6, ea quoque quæ num. 16, dissert. 5, *De cultu sanctorum* agens, tradidi.

8. Dum porro vetat Schurius, ne putemus benedicere nobis posse Mariam, angelis procul dubio benedicendi facultatem demet. Et tamen, ut angelus Josephi pueris benediceret, optavit Jacob cum hæc protulit (Gen. XLVIII, 16) : *Angelus, qui eruit me de cunctis malis, benedicat pueris istis.* Angelus quoque fuisse putatur is, cujus benedictionem poposcerat idem Jacob, iis verbis (Gen. XXXII, 26) · *Non dimittam te, nisi benedixeris mihi :* votique factum compotem subsequentia verba declarant (vers. 29) : *Et benedixit ei in eodem loco.* Alia multa ad id, quod agimus, confirmandum, affert Cl. P. Plazza, quem consule (26).

9. Cum adjicit Schurius orationi *Concede,* voces *filiis, sive justis,* errorem suum prodit, nec quidquam

---

(22) *Hymni et Psalterium de S. Virgine Maria,* pag. 425 et subseqq. tom. I editionis Venet. 1744.
(23) Præfat. ad sæcul. v Benedictin., num. 117.
(24) P. Plazza *Vindic. devot.* part. II, Præludium,

pag. 226 et seqq.
(25) In *Hom. de sanct. Berenice et Prosdoce,* n. 7, pag. 645; tom. II, edit. Venetæ Montfaucon.
(26) *Vindic devot.,* part. I, cap. 7.

proficit. Porro Virginem peccatoribus veniam optantibus patrocinari luculenter dissertat. 2, *De efficacia Mariæ* disserens protuli. Dum Virginem *sacratam* Mariam appellamus, fortasse indicamus votum virginitatis ab ea emissum, quo scilicet se, suumque sanctissimum corpus Deo sacravit. Cæterum quis *sacratam* Deo Virginem negabit esse, quæ *Sacrarium Spiritus sancti* (27) non modo ab Ecclesia, verum etiam a Patribus omnibus appellata est, eam sacram etiam efficiente ubertate donorum Spiritus sancti, et divinorum charismatum.

10. Defendi nos a Virgine is fatebitur, qui validissimum illius patrocinium agnoscet, quo scilicet, nos a fraudibus et impetu dæmonum protegit tueturque. Ea, quæ de validissimo Virginis patrocinio dissert. 2 docui, recole, statimque vocem *defensione* retinendam dices. Eamdem responsionem, si sapis, adhibebis ineptissimæ emendationi verborum illorum : *Maria, Mater gratiæ*, etc.

11. Nescio vero cur Virginem jubeas genu flectere, cum Filium orat. Stantes nos [sæpe etiam Ecclesia id jubente, Paschali scilicet tempore, et Dominicis diebus] Deum et Christum Dominum oramus. An deterior nobis Maria est? Quis autem nescit ad flectendum Deum non situm corporis, sed obsecrantis merita, modumque ipsum et vim obsecrationis vires habere? Nemo sane minus Deo obsequiosam esse censuit eam, quam vidit Joannes apostolus (*Apoc.* VII, 9) *turbam magnam quam dinumerare nemo poterat, ex omnibus gentibus stantes ante thronum Dei;* sic ut immerito cogas Virginem genua flectere, ut Filium oret : ante quem [tua quidem sententia] perpetuo genibus flexis permaneat, oportebit, cum jugiter pro nobis, ac præsertim pro iis qui ad eam subsidii atque opis poscendæ causa confugiunt, Filium oret.

QUÆSTIO II. — *De Officio sanctæ Mariæ in Sabbato.*

1. Jamdudum Sabbato a fidelibus cultam fuisse Mariam cum alia multa declarent, illud certo demonstrat, quod de Alcuino novimus; composuisse scilicet illum *Missas votivas,* quas etiamnum in usu habemus, inter quas ea quæ de *Maria Virgine* est, Sabbato celebranda statuitur. Eamdem Missam solemniter etiam celebratam indicare videntur exemplum Gerardi, quod num. 1 et 2, attuli, et Petrus Damiani, cum Desiderio abbati Cassinensi scribens, hæc (28) : ‹ Pulcher etiam mos in nonnullis ecclesiis inolevit, ut specialiter ad ejus (sanctæ Mariæ) honorem per omne Sabbatum Missarum celebrentur Officia, nisi forte festivitas, vel feria quadragesimalis obsistat. › Expresse vero id discimus ex antiquo Ordinario Corbeiensis monasterii, tempore sancti Hugonis composito, quod allegatur a Martene (29), ubi hæc habentur : ‹ Sciendum quoque quod a domino Hugone totius religionis

præcipuo cultore in communi capitulo, rogatu et assensu fratrum sancitum est, ut ab octavis Pentecostes usque ad Adventum Domini, etiam per octavas S. Benedicti, et his similes, et ab octavis Epiphaniæ usque ad Septuagesimam cantetur Missa major *de intemerata et perpetua Virgine Maria Dei Genitrice,* spe nostra singulari post Filium suum in illis Sabbatis, quæ vacant a festivitatibus, vel a ferialibus Epistolis, vel Evangeliis, quæque quolibet modo in aliis feriis per hebdomadam dici potuerint, sive, a Dominicali Officio duabus vicibus, vel amplius dicto, etiamsi una vice ad Missam minorem dictum sit, et alia per hebdomadam ad majorem, et in octavis similiter dicto, scilicet ad minorem Missam in Dominica et in alia feria; quod etiamsi Sabbatum occupatum sit, in una aliarum feriarum, quæ a festivitatibus, vel ferialibus Epistolis, vel Evangeliis, seu Dominicali Officio, modo, quo supra dictum est, vacuæ fuerint, in toto jam dicto tempore eadem commemoratio celebretur. ›

2. Idipsum fuisse a Benignanis monachis, id pariter a monachis Dionysianis observatum discimus ex sæpe laudato Martene, producente scilicet consuetudinem sancti Benigni, et constitutionem Sugerii abbatis.

3. At totum Officium fuisse Sabbato in honorem Virginis ab aliquibus monachis celebratum declarat id, quod ex Vita sancti Stephani, postea abbatis Obazinensis assequimur, et refert idem Martene (loc. cit.) : ‹ Sabbato solemnizabant (discipuli sancti Stephani) ob honorem B. Mariæ Dominæ nostræ cum IX lect. et duabus Missis, quibusdam eas festivis decantationibus illustrantes ob honorem et reverentiam illius almæ Dei Genitricis. ›

4. Et ne ab iis, quæ a Martene adducuntur, discedamus, librum Institutionum Cisterciensium, et Rituale Beccensis monasterii si allegat, ex quibus manifesto constat Sabbata non impedita solemnitate aliqua, vel majori feria, cultui Virginis ita fuisse dedicata, ut Missa, imo Officium ipsum in honorem Mariæ Virginis impensum fuerit. Seligo hæc tantum ex Rituali Beccensi monasterii : ‹ Sciendum autem, quod infra omnes Oct. Sabbato totum fit de sancta Maria; commem. tamen fit ad Vesperas et ad Laudes de Octava, et ad majorem Missam; excipiuntur oct. Nativit. Domini, et Paschæ, et Pentecostes. Item in Sabbatis Adventus Domini, et a capite Jejunii usque ad Pascha nihil fit de sancta Maria, nisi tantum Missa matutinalis, non festiva, et tunc non fit commem. de ea ad majorem Missam, etc.

5. Porro hæc monachorum pietas incitamento clericis fuit, ut idem obsequium Virgini præstarent. Id, si viris præclaris fidimus, dudum antea factum erat : sed certe Urbano II pontifice factum est. Quando itaque Rodulphus Tungrensis nonnihil protrahit initium hujus obsequii, quod Virgini

---

(27) In Antiph. ad Benedict., *Sacrarium Spiritus sancti, sola sine exemplo placuisti Domino nostro Jesu Christo.*

(28) Epist., seu potius opusc. 33, cap. 3.
(29) *De antiq. monach. ritib.,* lib. II, cap. 12, n. 2; edit. Antuerp., seu potius Mediol., an 1738.

clerus præstiterit; etenim id ab Urbano II, qui antea Benedictinus monachus fuerat, in concilio Claramontensi anno 1196 statutum affirmat. *Quod Horæ B. Mariæ Virginis quotidie dicantur, Officium- que ejus diebus Sabbatorum fiat,* dicere commode poteris, statuisse pontificem, ut illud obsequium, quod a multis jam Ecclesiis Virgini adhibebatur, ab omnibus adhiberetur, quod, ut fleret, solemni decreto statutum voluit.

6. Quantum morem hunc Ecclesia approbaverit, ex diffusa ad omnes Ecclesias consuetudine, et constantia in eo, quod dicimus, Officio nostris ipsis temporibus recitando manifesto innotescit. Ad quod quidem permotam putamus Ecclesiam ab iis rationum momentis, quibus inducta ea est ad celebrandam peculiari pietate Virginis memoriam Sabbato; qua de re fuse alibi.

DISSERTATIO X.

In Breviario Romano editione sancti Pii edito jubemur, ad finem perducto Completorio, imo *in fine Matutini, quando discedendum sit a choro* (30), statim recitare alteram ex his antiphonis : *Salve, Regina; Alma Redemptoris Mater; Ave, Regina cœlorum; Regina cœli,* statuto unicuique harum antiphonarum tempore, quo recitari illa debeat : qua antiphona recitata, adduntur, ex veteri insti- tuto, Dominica Oratio, angelica Salutatio, et Symbolum apostolorum. Quæritur porro primum a quo tempore eæ, quas dicimus, Antiphonæ in ec- clesiasticum Officium sint inductæ ; qua occasione de additamentis agemus, quæ hisce antiphonis facta sunt. Quæritur etiam a quonam sint illæ compositæ : quæritur denique num justæ sint eæ reprehensiones, quibus eas distringunt Protestan- tes et Protestantium hac in re imitatores nonnulli audacissimi critici. A prima quæstione exor- diamur.

QUÆSTIO I. — *A quo tempore eæ, quas di- cimus, antiphonæ in ecclesiasticum Offi- cium inductæ sint.*

1. Antiquissimis Ecclesiæ temporibus constat sacras Horas consuevisse concludi versiculo : *Be- nedicamus Domino,* cui responderetur a choro : *Deo gratias :* quasi diceretur : Deum laudemus, quod nobis concesserit eum laudare, illiusque lau- des ab Ecclesia sacris ministris præscriptas ad finem deducere : eamque ob rem Deo chorus age- ret gratias.

2. Id discimus ex Amalario (31), qui monet etiam nos ea ratione imitari Christum, qui disce- dens a mundo ut ad cœlum ascenderet, salutavit discipulos illisque benedixit : « Orationem, inquit,

præcedit salutatio, et subsequitur benedictio, quæ et gratiarum actio [id est *Benedicamus Domino. Deo gratias],* sequitur. Post resurrectionem suam Do- minus salutavit discipulos, salutavit et iterum, benedixitque eos in monte Oliveti, et illi gratias referendo, adoraverunt in loco, ubi steterunt pedes ejus *(Psal.* cxxxi, 7). »

3. Nonnihil aliter Hugo a S. Victore hæc tra- dens (32) : « Post orationem autem sequitur : *Be- nedicamus Domino,* et *Deo gratias,* quia sicut Dominus postquam salutavit discipulos, iterum benedixit eis, et illi gratias referendo, adoraverunt eum : ita presbyter, qui vicarius ejus est, post iterum factam salutationem confratribus dicit : *Benedicamus Domino,* scilicet subaudiendo, cujus membra sumus, in quo benedicimus omnes : Et confratres gratias referunt dicentes : *Deo gratias.* » His addidit fidelium pietas brevem precem ad de- functorum suffragationem promovendam his verbis expressam : *Et fidelium animæ per misericordiam Dei requiescant in pace.* At quod ad antiphonas, in quibus laudes Virginis dicimus, attinet, in vetu- stissimis ecclesiarum codicibus divinum Officium continentibus, absunt illæ. Pervolvi Ordinarium canonicorum regularium S. Andreæ de Musciano, quod alibi allegavi; pervolvi pariter Ordinarium canonicorum regularium Ecclesiæ Senensis, quod alibi etiam allegavi; pervolvi quoque *Rationale divinorum officiorum* a Durando editum, nullumque hujusce moris vestigium inveni.

4. Quamvis tamen hæc vera sint, indubitatum est tamen, alios aliqua antiphona in laudem Virgi- nis composita aut solemni prece illi porrecta, ecclesiastico Officio finem imposuisse. Sane Mar-

(30) Consule Rubricas Completorium subse- quentes.

(31) Lib. iv, cap, 4.
(32) Lib. ii, *De offic.* cap. 4.

tene ex manu scriptis statutis capituli Floriacensis
abbatum Floriaci, et prioris ac conventus de
Regula, cap. 4, hæc allegat (33). « In fine Completorii loco· antiphonarum quæ dicuntur de B. Ma-
r·a, videlicet *Completi sunt*, etc., *Ecce completa
sunt* : debet alia antiphona, scilicet *Alma Redemptoris*, aut *Salve, Regina*, seu quælibet alia antiphona, ad libitum cantoris singulis diebus in
conventu solemniter decantari. »

5. In Cluniacensi cœnobio expleto Completorio
processionem fuisse factam, in qua *Salve, Regina*,
caneretur, ex iis, quæ refert crebro laudatus Martene (34), assequimur.

6. Jamdudum a Dominicanis *Salve, Regina*,
post Completorium fuisse cantatam, ex his Thomæ
Cantipratensis verbis assequimur (35) : « Vere
ergo digne et juste a fratribus Prædicatoribus Parisiis est sancitum, ut post Completorium omni die
cum processione et solemnitate cereorum *Salve,
Regina, Mater misericordiæ*, flexis initio genibus in
gloriam et laudem gloriosissimæ Virginis decantaretur. »

7. Bzovius ad an. 1239 docet, decrevisse Gregorium IX prædictam antiphonam [*Salve, Regina*],
recitandam certis divinæ rei horis ; quæ horæ
fuisse videntur Matutinæ et Vesperæ : « Interim
cum scriptis et armis Friderici Gregorius exagitaretur, decrevit ut illa præcellens et dulcis Her-
manni Contracti monachi antiphona, *Salve, Regina*,
certis divinæ rei horis adderetur, et laudes Virginis Mariæ speciali oratione in Matutinalibus celebrarentur. » Quod quidem erga Virginem pietatis
Officium, in Ecclesiis fortasse non paucis, fuisse
servatum, simillimum veri est : sed cum [quod
crebro dixi] omnia fere vetusta ecclesiastica Ritualia perierint, indubitatum sæculi XII et XIII monumentum, quo ostendere id possim, minime habeo.
Aliquas tamen antiphonas in honorem Virginis
fuisse post Completorium ab optimis monachis
cantatas, docet Martene, *De antiq. monach. ritib.*
agens [lib. I, cap. 12, n. 17].

8. Allegat Meratus (36) Breviarium Venetum,
in quo dicuntur quatuor illæ antiphonæ, quarum
memini, statutæ a Clemente VI anno 1350, earumque etiam meminisse ait Turrecremata (37). Monet
tamen idem Meratus, multo ante card. Turrecremata, atque adeo multo etiam ante Clementem VI
mentionem harum antiphonarum fuisse factam :
earum scilicet meminit Joannes Parmensis (58).
Hæc porro omnia, etsi facile excipiamus, non continuo fatemur ab Ecclesiis, et clericis omnibus

fuisse has antiphonas ecclesiastico Officio additas ;
multos enim [quod antea etiam dixi] consului
vetustos sacros libros, neque in iis antiphonas, de
quibus dicimus, inveni.

9. Cave tamen putes, minus antiquam hanc esse
consuetudinem. In vetustis Constitutionibus cano-
nic. Regul. monasterii Nicosiæ a B. Hugone Nico-
siensi archiepiscopo ædificati [quæ Constitutiones
sæculo XIII compositæ sunt et descriptæ in eo
codice, quem nostra servat bibliotheca] cap. 3,
part. I, hæc legimus : « Genua flectimus... quando
ad Vesperas incipitur *Salve, Regina*, et·*Ave, Regina
cœlorum*. » Incertum est tamen, num verba illa *ad
Vesperas*, nos doceant antiphonas eas intra Vesperas fuisse cantatas, loco hymni, aut, si vis, antiphonæ ad *Magnificat*, an statim post Vesperas :
tum enim dimitti consueverant ii, qui ad Vesperas
convenerant, et privatim, vel certe sine cantu
recitari Completorium.[1]

10. Utcunque sit, multo antiquior fuit mos recitandi, saltem post B. V. M. Officium, antiphonam
Ave, Regina cœlorum ; etenim ea, et altera quæ
incipiebat : *Gaude, Dei Genitrix* [de qua quidem
deinceps], concluduntur hymni, et Psalterium
Virginis (inter opuscula, et pias preces sancti
Anselmi Cantuariensis, pag. 425 et seqq. tom. I
Oper. sancti Anselmi editionis Venetæ an. 1744).
« Conclusio Salutationum : *Ave, gemma singularis*, etc., postea dicenda est antiphona *Ave, Regina
cœlorum*, etc. » Qui quidem hymni et Psalterium,
aut revera Anselmum Cantuariensem auctorem
habent, aut certe laudabilem scriptorem, haud
multum ab Anselmi ætate distantem. Servamus
quoque apud nos Breviarium Romanum, quod
sæculo XIV, aut si vis, sub initium xv, conscriptum est. In eo porro statim post Completorium
antiphonæ, de quibus agimus, hoc ordine ac
ratione conscriptæ occurrunt :

ANT.   *Ave, Regina cœlorum,
        Ave, Domina angelorum :
        Salve, radix sancta,
        Ex qua mundo lux est orta.
            Gaude, Virgo gloriosa
        Super omnes speciosa :
        Vale valde decora,
        Et pro nobis semper Christum exora.*

℣ *Ave, Maria gratia plena, Dominus tecum.*
℟ *Benedicta tu in mulieribus, et benedictus fructus
ventris tui.*

ORAT. *Omnipotens sempiterne Deus, qui gloriosæ
Virginis Matris ejus Mariæ corpus et animam, ut
dignum Filii tui habitaculum effici mereretur, Spi-*

---

(33) *De antiq. monach. ritib.* lib. I, cap. 12,
num. 17.

. (34) *De antiquis Ecclesiæ ritibus*, tom. III, lib. IV,
cap. 8, num. 11, pag. 60, edit. Antuerp., seu
potius Mediolan.
(35) Lib. II, *De apibus*, cap. 10, num. 21.
(36) Tom. II, sect. 5, cap. 22, num. 5.
(37) In Regul. S. Benedicti ad Completorium.
(38) In epist. data *ad Fratr. Minor.* an. 1249,

quam Epistolam exhibet Wadingus ad eumdem
annum : « Ut nihil omnino addatur in cantu, vel
littera, sub alicujus festi seu devotionis obtentu,
in hymnis, seu responsoriis, vel antiphonis, seu
prosis, aut lectionibus, vel aliis quibuslibet beatæ
Virginis antiphonis, videlicet : *Regina cœli, Alma
Redemptoris*, *Ave, Regina cœlorum*, et *Salve,
Regina*, quæ post Completorium diversis cantantur
temporibus. »

ritu sancto cooperante præparasti : da , ut cujus commemoratione lœtamur, ejus pia intercessione ab instantibus malis , et a morte perpetua liberemur. Per eumdem Christum Dominum nostrum. —
℞ *Amen.*

℣ *Fidelium animæ per misericordiam Dei requiescant in pace.* — ℞ *Amen.*

‹ Prædicta antiphona, scilicet *Ave, Regina*, dicitur ab Ascensione Domini usque ad Adventum.

ANTIPHONA.

‹ *Alma Redemptoris Mater, quæ pervia cœli*
‹ *Porta manes, et stella maris, succurre cadenti,*
‹ *Surgere qui curat, populo; tu quæ genuisti,*
‹ *Natura mirante, tuum sanctum Genitorem.*
‹ *Virgo prius ac posterius, Gabrielis ab ore*
‹ *Sumens illud ave, peccatorum miserere.*

℣ *Ave, Maria gratia plena : Dominus tecum, etc.*
‹ Et dicitur ab Adventu Domini usque ad Septuagesimam.

ANT. *Salve, Regina misericordiæ, vita, dulcedo, et spes nostra, salve. Ad te clamamus, exsules filii Evæ. Ad te suspiramus gementes et flentes in hac lacrymarum valle. Eia ergo, Advocata nostra, illos tuos misericordes oculos ad nos converte. Et Jesum benedictum fructum ventris tui nobis post hoc exsilium ostende. O clemens , o pia, o dulcis Virgo Maria.*

℣ *Ave, Maria gratia, etc.*
‹ Et dicitur a Septuagesima usque ad feriam quartam majoris hebdomadæ.

ANT. *Regina cœli, lætare, alleluia ;*
Quia quem meruisti portare, alleluia ;
Resurrexit sicut dixit, alleluia.
Ora pro nobis Deum, alleluia.

‹ Et dicitur a Pascha usque ad ascensionem Domini ad omnes horas diei.
‹ In aliis vero temporibus dicitur ad horas diei, Ant. *Salve, Regina.*

ORAT. *Interveniat pro nobis quæsumus, Domine Jesu Christe, apud tuam sanctissimam clementiam, nunc, et in hora mortis nostræ, gloriosa Virgo Maria dulcissima Mater tua, cujus sacratissimam animam in hora benedictæ passionis tuæ doloris gladius pertransivit. Qui vivis, et regnas in sæcula sæculorum.* — ℞ *Amen.*

ORAT. *Gratiam tuam, quæsumus, Domine, mentibus nostris infunde, ut qui angelo nuntiante Christi Filii tui incarnationem cognovimus, per passionem ejus, et crucem ad resurrectionis gloriam perducamur. Per eumdem Christum Dominum nostrum.* — ℞ *Amen.* ›

11. Nonnihil eo, quod dixi, Breviario recentius est Breviarium alterum, quod pariter servamus; antiquum est tamen, anno scilicet 1458 conscriptum. In eo porro eæ, de quibus dicimus, antiphonæ hoc ordine, et versiculis additis multum auctæ, in extrema codicis parte exstant; ad hunc scilicet modum :

Ista Salutatio dicitur a primo Sabbato de Adventu usque ad Vig. Epiph.

‹ *Alma Redemptoris mater, quæ pervia cœli*
‹ *Porta manes, et stella maris, succurre cadenti,*
‹ *Surgere, qui curat, populo, quæ tu genuisti,*
‹ *Natura mirante, tuum sanctum Genitorem ;*
‹ *Virgo prius, ac posterius, Gabrielis ab ore*
‹ *Sumens illud ave, peccatorum miserere.*

Mater summæ puritatis
Feta rege majestatis
Gabriele nuntiante
Virgo manens post et ante.

℞. *O clemens.*

Virgo gignens, Virgo paris,
Mater partu singularis :
Gaude vultu tanti Regis,
Cujus membra pannis tegis.

℞ *O pia.*

Alma, Virgo ferens fructum,
Qui delevit Ævæ luctum :
Te devote docessentes
In te via confidentes.

℞ *O dulcis Virgo Maria.*
℣ *Ave, Maria gratia plena, Dominus tecum.*
℞ *Benedicta tu in mulieribus, et benedictus fructus ventris tui.*

ORATIO. *Deus, qui de beatæ semper Virginis utero Verbum tuum angelo nuntiante carnem suscipere voluisti : præsta supplicibus tuis, ut qui vere eam Dei Genitricem credimus, ejus apud te intercessionibus adjuvemur. Per eumdem Christum Dominum nostrum.*
℞ *Amen.*

‹ Hæc salutatio dicitur a Vigilia Epiphaniæ usque ad Sabbatum sanctum.

12. *Salve, Regina misericordiæ ; vita, dulcedo, et spes nostra, salve. Ad te clamamus exsules filii Ævæ ; ad te suspiramus gementes et flentes in hac lacrymarum valle. Eia ergo, advocata nostra, illos tuos misericordes oculos ad nos converte. Et Jesum benedictum fructum ventris tui nobis post hoc exsilium ostende.*

Virgo Mater Ecclesiæ,
Æternæ porta gloriæ,
℞ *O clemens. Virgo clemens,*

Virgo pia,
Virgo dulcis, o Maria,
Exaudi preces omnium
Ad te pie clamantium.
Esto nobis refugium
Apud Patrem et Filium.

℞ *O pia. Gloriosa Dei Mater,*

Cujus natus est ac pater,
Ora pro nobis omnibus
Tibi laudes eanentibus.

℞ *O dulcis Virgo Maria.*
℣ *Dignare me laudare te, Virgo sacrata.*
℞ *Da mihi virtutem contra hostes tuos. Amen.*
ORATIO. *Omnipotens sempiterne Deus, qui gloriosæ Virginis Matris Mariæ corpus et animam, ut dignum Filii tui habitaculum effici mereretur, Spiritu sancto cooperante, præparasti : da, ut cujus commemoratione lætamur, ejus pia intercessione ab instantibus malis, et a morte perpetua liberemur. Per eumdem Christum Dominum nostrum.* ℞ *Amen.*

‹ Hæc Salutatio dicitur a Sabbato sancto usque ad Sabbatum post Pentecosten :

13.   *Regina cœli, lætare, alleluia.*
Quia quem meruisti portare, alleluia,
Resurrexit sicut dixit, alleluia:
Ora pro nobis Deum, alleluia.
    Virgo Mater resurgentis
    Vetustatem nostræ mentis
    Clementer evacua.

℞   *Resurrexit sicut dixit, alleluia.*

    Tu fermenti corrumpentis
    Mundi, carnis et serpentis
    Misturam attenua.

℞   *Ora pro nobis Deum, alleluia.*

    Veri lumen Orientis,
    Fac nos Pascha permanentis
    Possidere pascua.   ℞ *Alleluia.*
℣ *Benedicta tu in mulieribus, alleluia.*
℞ *Et benedictus fructis ventris tui, alleluia*

ORATIO. *Deus qui per resurrectionem Unigeniti Filii tui mundum lætificare dignatus es: præsta, quæsumus, ut per ejus venerabilem Virginem Mariam perpetuæ capiamus gaudia vitæ. Per eumdem Christum Dominum nostrum.*   ℞ *Amen.*

‹ Hæc Salutatio dicitur ab octava Pentecostes usque ad Adventum.

14.   *Ave, Regina cœlorum,*
    Ave, Domina angelorum,
    Salve radix sancta,
    Ex qua mundo lux est orta.
Gaude, Virgo gloriosa,   ·
    Super omnes speciosa :
    Vale valde decora,
    Et pro nobis semper Christum exora.
Septa choris angelorum
    Pia tenens jus cœlorum:
    Per te datur locus pacis
    Hostis frangens vim mordacis.

℞ *Gaude.*

℞ *Vale valde* (39)

℣ *Tu stas pulchra velut luna :*
    Per te nobis dies una
    Vere fiet tunc solemnis,
    Quando splendebit sol perennis.

℣ *Consolamen miserorum,*
    Fida salus infirmorum,
    Pelle turbas rebellium
    Pacem nostram turbantium.

℞ *Et pro nobis* (40).

℣ *Ora pro nobis, sancta Dei Genitrix.*
℞ *Ut digni efficiamur promissionibus Christi.*

ORATIO. *Concede, quæsumus, omnipotens et misericors Deus, fragilitati nostræ præsidium, ut qui sanctæ Dei Genitricis Virginis Mariæ memoriam agimus, intercessionis ejus auxilio a nostris iniquitatibus resurgamus. Per eumdem Christum Dominum nostrum.*   ℞ *Amen.*

‹ Finis coronatur. MCCCCLVIII die IX Februarii expletus est liber iste sub anno Domini. ›

15. Breviarium tamen anno 1462 scriptum a

(39) Supple, *decora.*
(40) Supple, *Christum exora.*

presbytero Nicolao Serchechi de Fuschis de Tauxignano, rectore Ecclesiarum Petri de Fonte Ilicis, et Jacobi Apostoli de Gagio [quod Breviarium nostra servat bibliotheca], hæc habet :

‹ Infrascripta antiphona dicitur a prima die de Adventu usque ad Purificationem beatæ Virginis Mariæ post Completorium,

Alma Redemptoris Mater, quæ pervia cœli
Porta manes, et stella maris, succurre cadenti,
Surgere qui curat, populo, quem tu genuisti
Natura mirante, tuum sanctum Genitorem
Virgo prius ac posterius Gabrielis ab ore,
Sumens illud ave peccatorum miserere.

℣ *Ave, Maria gratia plena ; Dominus tecum.*
℞ *Benedicta tu in mulieribus, et benedictus fructus ventris tui.*

‹ ORATIO, quæ competit de beata Maria Virgine.

‹ Infrascripta antiphona dicitur a Purificatione beatæ Virginis usque ad Resurrectionem Domini post Completorium.

ANTIPHONA. *Salve, Regina, mater misericordiæ : vita, dulcedo et spes nostra, salve. Ad te clamamus exsules filii Evæ :* usque ibi : *Et Jesum benedictum fructum ventris tui nobis post hoc exsilium ostende. Et prosequitur :*

    Virgo Mater Ecclesiæ,
    Et nostra porta gloriæ,
    Exaudi preces omnium
    Ad te pie clamantium.
O clemens Virgo pia,
    Virgo dulcis, o Maria.
    Esto nobis refugium
    Apud Patrem et Filium.
O pia, funde preces tuo Nato,
    Crucifixo, vulnerato,
    Pro nobis et flagellato,
    Spinis puncto, felle potato

‹ Et post antiphonam *Regina cœli,* cui nihil additur, hæc subjiciuntur :

‹ Infrascripta antiphona dicitur ab Ascensione usque ad Adventum post Completorium.

ANT. *Ave, Regina cœlorum :*
    Ave, Domina angelorum :
    Salve radix sancta,
    Ex qua mundo lux est orta.
Gaude, gaude gloriosa
    Super omnia speciosa :
    Vale valde decora,
    Et pro nobis semper Christum exora.

16. Hanc fuisse eorum temporum consuetudinem, alia horum æqualia monumenta indicant, e quibus seligo *Ordinarium,* seu *Cæremoniale* nostræ congregationis anno 1497 editum (41) ; etenim hæc in eo habentur (cap. 23) : ‹ De antiphonis beatæ Virginis cantandis post Completorium talis modus observetur. A prima Dominica de Adventu usque ad Vigiliam Purificationis exclusive cantetur *Alma Redemptoris Mater.* A Vigilia Purificationis usque ad

(41) Ordinarium fratrum, sive canonicorum regularium Sancti Salvatoris ordinis S. Augustini

quartam feriam majoris hebdomadæ inclusive dicitur *Salve, Regina.* A Sabbato sancto usque ad Vigiliam Ascensionis exclusive dicitur, *Regina cœli.* Ab
Ascensione usque ad Sabbatum ante primam Dominicam Adventus exclusive dicitur : *Ave, Regina
cœlorum,* Vers. *Ora pro nobis, sancta Dei Genitrix.*
Resp. *Ut digni efficiamur promissionibus Christi.*
Oratio. *Omnipotens sempiterne Deus, qui gloriosæ
Virginis Matris Mariæ,* etc. › Idem fere traditur in
subsequenti Congregationis nostræ Ordinario, edito
scilicet anno 1549.

17. Cardinalis Quignonius· in Breviario a se edito
duas tantum exhibuit antiphonas Virgini post Completorium recitandas : nimirum *Salve, Regina*; et
Regina cœli, lætare (42).

18. At sanctus Pius V rursus quatuor antiphonas
Romano Breviario restituit, easdem scilicet, quas
paulo ante memoravi, sed non eodem ordine recitandas. En quæ in Breviario ejus jussu Romæ
edito occurrunt (43) : « Deinde dicitur una ex in-
frascriptis antiphonis pro tempore. A Dominica
prima Adventus usque ad Purificationem antiphona.

*Alma Redemptoris Mater, quæ pervia cœli
Poita manes, et stella maris, succurre cadenti,
Surgere qui curat, populo, tu, quæ genuisti,
Natura mirante, tuum sanctum Genitorem.
Virgo prius, ac posterius. Gabrielis ab ore
Sumens illud ave, peccatorum miserere.*

« In Adventu ℣ *Angelus Domini.* Oratio : *Gratiam tuam, quæsumus, Domine,* etc. Post Nativitatem
℣ *Post partum,* etc. Oratio. *Deus, qui salutis æternæ,*
etc. A Purificatione usque ad feriam quintam in
Cœna Domini.

« Ant. *Ave, Regina cœlorum,
Ave, Domina angelorum.
Salve, radix sancta,
Ex qua mundo lux est orta.
Gaude Virgo gloriosa,
Super omnes speciosa,
Vale valde, decora,
Et pro nobis semper Christum exora.*

℣. *Dignare me,* etc.

« Oratio. *Concede, misericors Deus,* etc.

« Tempore paschali Antiphona :

*Regina cœli, lætare, alleluia.
Quia quem meruisti portare, alleluia,
Resurrexit, sicut dixit, alleluia.
Ora pro nobis Deum, alleluia.*
℣. *Gaude et lætare, Virgo Maria, alleluia,*
℞. *Quia surrexit Dominus, alleluia.*

(42) Domin. I Advent., pag. 58 edit. Paris. an.
1546.

(43) Anno 1568, pag. 121.

(44) Statuto 76, pag. 1142, tom. XXII *Biblioth.
Max. PP.* « Antiphona de sacra Domini Matre facta,
cujus principium est, *Salve, Regina misericordiæ*
in festo Assumptionis ipsius, dum processio fit, a
conventu cantetur, et insuper in processionibus,
quæ a principali ecclesia Apostolorum ad ejusdem
Matris Virginis ecclesiam ex more fiunt. » Id porro
aliis solemnioribus Virginis festivitatibus fieri consuevisse subsequentia verba declarant : « Exceptis

« Oratio. *Deus, qui per resurrectionem Filii tui
Domini nostri Jesu Christi familiam tuam lætificare
dignatus es; præsta, quæsumus, ut per ejus Genitricem Virginem Mariam perpetuæ capiamus, gaudia
vitæ. Per eumdem Christum Dominum nostrum.
Amen.*

« Ab Octava Pentecostes usque ad Adventum
antiphona : *Salve, Regina. Mater misericordiæ, vita,
dulcedo, et spes nostra, salve. Ad te clamamus exsules filii Evæ. Ad te suspiramus gementes, et flentes
in hac lacrymarum valle. Eia ergo advocata nostra,
illos tuos misericordes oculos ad nos converte. Et Jesum benedictum fructum ventris tui nobis post hoc
exsilium ostende. O clemens, o pia, o dulcis Virgo·
Maria.* ℣ *Ora pro nobis,* etc. ℞ *Ut digni,* etc.

Orat· *Omnipotens sempiterne Deus,* etc. »

19. Has preces, si cum iis comparaveris, quas ex
scripto sæculo xv Breviario retulimus, manifesto·
comperies, non ordinem tantum, sed et preces.
ipsas aliqua, licet modica, parte fuisse immutatas,
ac detractum a sancto Pio V quidquid erat addi-
titii : qua de re deinceps redibit sermo.

20. Hic porro ad argumenti coronidem addere·
libet, tanto in honore fuisse apud ecclesiasticos
viros, eas, de quibus agimus, antiphonas, ut ii ipsi,
qui eas post Completorium minime recitare·consue-
verant, eas divino officio interdum saltem recitandas insererent. Hoc modo in Breviario Metensis
Ecclesiæ sæculo xiv conscripto, quod Breviarium
nostra servat bibliotheca, in solemnibus secundis
Vesperis Assumptionis B. V. antiphona *Salve, Regina,* dempta in fine voce *Virgo,* ad *Magnificat* ponitur : ad hunc scilicet· modum : *Salve, Regina Mater
misericordiæ, vita dulcedo, et spes nostra, salve. Ad te
clamamus exsules filii Evæ. Ad te suspiramus gementes, et flentes in hac lacrymarum valle. Eia ergo
advocata nostra, illos tuos misericordes oculos ad nos
converte, et Jesum benedictum fructum ventris tui
nobis post hoc exsilium ostendens. O clemens, o pia,
o dulcis Maria.* In qua etiam solemnitate, et aliis
tribus B. Virginis celebrioribus diebus, in statutis
Petri Venerabilis (44) ea antiphona cani præscribitur. In vetusto autem Breviario Camaldulensi, anno
1514 Venetiis edito, antiphona, *Ave, Regina cœlorum,*
inter sanctorum suffragia pro beatæ Virginis commemoratione ponitur (pag. 2).

Quæstio II. — *A quonam compositæ sint
eæ, de quibus superiori quæstione egimus,
antiphonæ, ac primum quidem de* Salve,

illis sanctorum festivitatibus, in quibus mos antiquus exigit ad eosdem sanctos pertinentia decantari, etc. Hæc porro· adjiciuntur, quæ originem
hujus instituti exhibent. « Causa instituti fuit nulla
alia hujus, quam summus et maximus amor ab
omni rationabili creatura, quibuscunque modis rationabiliter fieri potest, exhibendus· post auctorem
omnium, Matri auctoris universorum. » Recole
etiam, quæ antea de Cassinensibus, tradita sunt.
Completorium cum antiphona... *Salve, Regina,* et
oratione *Omnipotens,* etc.

SECTIO I. — LITURGIA MARIANA.

REGINA, *qua occasione de iis agemus variationibus, atque additionibus, quibus ea antiphona obnoxia fuit.*

CAPUT I.

1. Non eadem omnium de hujusce antiphonæ auctore opinio est. Ab Hermanno Contracto compositam plerique putant. Claruit hic sæculo XI. Dictus est vero *Contractus*, quod morbo, f..rtasse podagra, illius membra contracta fuerint (45).

2. Alii sancto Anselmo Cantuariensi laudem hanc tribuunt. Porro Anselmus anno 1095 Cantuariensem Ecclesiam regendam suscepit. Et revera hoc præposito titulo : *Salutatio deprecatoria ante Psalterium B. Virginis dicenda*, hujusmodi oratio illi tribuitur (46) : *Salve, Regina, Mater misericordiæ, vita, dulcedo, et spes nostra, salve. Ad te clamamus exsules filii Evæ. Ad te suspiramus gementes et flentes in hac lacrymarum valle. Eia ergo advocata nostra, illos tuos misericordes oculos ad nos converte, et Jesum benedictum fructum ventris tui nobis post hoc exsilium ostende. O clemens! o pia ! o dulcis gloriosa Domina nostra, pro nobis intercede.*

3. A Petro Compostellano episcopo fuisse compositam antiphonam, de qua agimus, affirmat Guillelmus Durandus (47). In eadem sententia est Claudius a Rota (48).

4. Ii qui Bernardo archiepiscopo Toletano quatuor sermones in antiphonam *Salve, Regina* tribuunt, iis saltem temporibus, quibus scriptor hic vixit, antiphonam hanc compositam fuisse affirmabunt. Antiquiorem tamen auctore isto antiphonam, quam dicimus, sermones ipsi declarare videntur : neque enim sermonibus, et copiosis explicationibus illustramus æqualium nostrorum opera, sed eorum tantummodo, qui ante nos, libros et elucubrationes ediderunt. Floruit porro Bernardus Toletanus Gregorii VII tempore, ideoque sæculo XI.

5. Eodem sæculo Lucensem Ecclesiam rexit Anselmus, sanctitate, doctrina et rerum gestarum laude celebris. Huic nonnulli tribuunt sermonem illum, qui *Meditatio in Salve, Regina* inscribitur (49).

Si eum sermonem Anselmo Lucensi tribuis, valde antiquam antiphonam *Salve, Regina*, oportet dicas ; neque enim (quod paulo ante dixi) æqualium nostrorum, sed eorum qui ante nos eruditionis fama celebres exstitere, opera commentariis illustrare solemus.

6. Ab Haimero Podiensi episcopo fuisse antiphonam, de qua agimus, compositam, Albericus affirmat (50); narrat enim sanctum Bernardum Divione apud Sanctum Benignum aliquando hospitio exceptum : « Quam abbatiam [subdit] semper dilexit, eo quod mater sua ibi sit sepulta, audivisse ante horologium circa altare ab angelis antiphonam, *Salve, Regina*, dulci modulamine decantari, primoque credidisse fuisse conventum, ac dixisse abbati die sequenti : Optime decantastis antiphonam *de Podio* hac nocte circa altare B. Virginis. Dicebatur autem antiphona *de Podio*, eo quod Haimerus, episcopus Podiensis eam fecerit.... Unde in quodam capitulo generali Cisterciensi veniam suam accepit, qualiter hæc antiphona ab omni ordine reciperetur. » Quod et factum est. Haimerus porro, seu Aimarus, Ademarusve, episcopus, beatæ Virginis eximius cultor Urbani II tempore floruit.

7. At Joannes Eremita angelos videtur auctores hujusce antiphonæ facere, propagatorem vero Bernardum Clarævallensem : hæc enim de eodem Bernardo refert (51) : « Quadam nocte dormiens vir beatus monachis circumquaque dormientibus, audivit angelos in ecclesia voce clara et delectabili Deum collaudantes, et beatam Virginem Mariam. Quos cum audisset, occulte surrexit, et pedetentim profectus est ad ecclesiam ; ut in proximo constitutus videret manifestius quidnam esset. Vidit itaque sanctam Dei Genitricem in medio duorum angelorum, quorum unus in manu sua thuribulum aureum, alius incensum tenere videbatur. Horum altero eum deducente , vir sanctus quasi a dextris gloriosæ Virginis incedens , ad altare usque pervenit : ubi voce angelica audivit decantari antiphonam, *Salve, Regina* ex integro usque ad finem. Quam corde tenus retinens , et postea scripsisse , atque

(45) Wion in eo libro, quem *Lignum vitæ* appellat, lib. v, pag. 481, hæc de Hermanno tradit : « Inter omnia autem quæ scripsit et composuit, nihil ita respondet, ac sacrosanctæ Ecclesiæ matri utilius, et monastico ordini gloriosius fuit, antiphonis illis dulci et regulari melodia ab eo inventis et compositis, quibus ipsa Dei Mater toties salutatur et veneratur, videlicet : *Salve, Regina, Mater misericordiæ ; vita, dulcedo, et spes nostra, salve. Ad te clamamus exsules filii Evæ. Ad te suspiramus gementes et flentes in hac lacrymarum valle. Eia ergo advocata nostra, illos tuos misericordes oculos ad nos converte, et Jesum benedictum fructum ventris tui, nobis post hoc exsilium ostende.* Quod canticum... usque adeo probatum fuit, ut post multa, etc... Spirensis clerus... sanctissimum virum (Bernardum Clarævallensem abbatem) invitavit ad templum cathedrale... hoc carmen elata voce decantavit, ipso B. Bernardo ter positis genibus succinente : *O clemens, o pia, o dulcis Virgo Maria.* In cujus rei memoriam hæc ipsa verba æneis incisa laminis,

iisdem locis humi positis, etiamnum Spiræ visuntur... Greg. IX... auctoritate pontificia canticum illud approbavit, et quod tunc in Germania et Gallia tantum, certis divinæ rei horis, ut auctor est abbas Urspergensis, præsertim post Completorium, per omnes orbis totius Ecclesias decantari præcepit. Cui adjunctum et sequens, ab eodem Hermanno compositum, a prima Dominica Adventus, usque ad Purificationem decantandum, quod est hujusmodi : *Alma Redemptoris Mater... peccatorum miserere. Alleluia.* »

(46) Tom. I Oper. Ansel. pag. 426, edit. Ven. an. 1744.

(47) *Ration. divin. offic.* lib. IV, cap. 22.

(48) In adnotat. ad Pseudo-Luitprandum, p. 451.

(49) Exstat colum. 816, volum. III Oper. S. Bern. edit. Ven. an. 1727.

(50) In Chron. ad an. 1130.

(51) Lib. II Vitæ S. Bernardi, n. 7, pag. 1419, vol. III, edit. Ven. an. 1727.

Jomino papæ Eugenio transmisisse refertur, ut ex præcepto auctoritatis apostolicæ per Ecclesias solemnis haberetur in honore beatæ et gloriosæ Virginis Dei Genitricis Mariæ : quod et factum est, ut adhuc plerique testantur. » Porro si nota fuisset antea antiphona hæc, et in Ecclesia celebris, minime fuisset Bernardo opus, « ut eam corde tenus retineret, et postea scriberet, ut ex præcepto auctoritatis apostolicæ per Ecclesias solemnis haberetur. »

8. Hactenus celebriores recensuimus de hujus antiphonæ auctore sententias. Prima, seu ea, quæ ab Hermanno Contracto antiphonam hanc compositam censet, propterea a nonnullis rejicitur, quia Bernardus ille [quisquis is est], cui debemus quatuor sermones in antiphonam *Salve, Regina*, canticum [sic enim antiphonam hanc appellat] *a sanctis compositum, a sanctis institutum, digne etiam frequentatum a sanctis* affirmat. Hermannus porro Contractus sanctis ascriptus minime est.

9. At non continuo opinionem hanc improbo. Sumitur hic vox *Sancti* [ut scholasticorum locutionibus utar] *ampliative*, non *rigorose ;* paucis, sumitur ad indicandam probitatem ac pietatem eorum, qui antiphonam instituerunt et recitaverunt. An is qui quatuor hos sermones elucubravit, in quorum primo exstant objecta verba, se sanctorum numero accenseret, si vocem *sanctitatis* rigorose sumeret ?

10. Si Anselmum Cantuariensem episcopum auctorem habet ea, quam transcripsimus, deprecatio, seu uti eam appellat editio Veneta an. 1744, *Salutatio deprecatoria ante Psalterium B. V. dicenda*, minime vereor auctorem dicere antiphonæ, de qua agimus, Anselmum, aut saltem propagatorem illius dudum celebris, et in Ecclesia notissimæ. Neque enim levissimum illud discrimen, quod in ejusdem antiphonæ fine occurrit, illi demere laudem potest inventæ, aut certe propagatæ precis, quam dicimus. Putant enim præclari theologi antiphonam hanc primitus desiisse verbis illis, *exsilium ostende*, quasi responderet his : *Ora pro nobis peccatoribus nunc et in hora mortis nostræ. Amen,* quæ a nonnullis angelicæ Salutationi addi fortasse jam cœperant, aut, si aliorum opinionem sequimur, exemplo præire volebant, ut adderentur.

11. Quibus rationum momentis adductus fuerit Durandus, ut Petrum Compostellanum auctorem faceret antiphonæ, quam celebramus, ignorare me fateor : sed certe sine dubitatione id ille asseruit (52). An vir valde doctus, nec indiligens id temere tradidit ? Id affirmare non audeo. Durando [quod jam dixi] assentitur Claudius de Rota (53).

12. Quatuor ii sermones in *Salve, Regina*, qui olim Bernardo Toletano tribuebantur, nostris temporibus illi abjudicantur, ex eo præsertim, quia horum sermonum tertius quædam habet ex Ber-

nardo Clarævallensi desumpta : subsecutus est autem nonnullo tempore Toletanum Bernardus Clarævallensis. Quis porro hos sermones composuerit, nescire me fateor.

13. Si Anselmo Lucensi sermonem eum, qui *Meditatio in Salve, Regina* inscribitur, tribuimus, statim sequitur, antiquiorem Bernardo fuisse eum, qui antiphonam *Salve, Regina* composuit. At merito dubitamus, num revera sermo ille, seu *meditatio*, Anselmo tribui debeat. Sane antiphonam, de qua agimus additamentum aliquod a Bernardo Clarævallensi accepisse, plerique affirmant, cum primitus multo esset brevior. Porro in eo sermone, seu meditatione, quam dicimus, recensentur omnes, ideoque postremæ ejus partes : *O clemens, o pia, o dulcis Virgo Maria*, hæque paraphrasi illustrantur. Posterior ergo, non anterior Bernardo Clarævallensi, is est, cui meditationem illam tribuimus. Ad hæc : norunt omnes opusculum, quod dicimus, haberi etiam cap. 19, part. III *Stimuli amoris*, inter opuscula sancti Bonaventuræ.

14. Quid vero dicendum ad ea, quæ de hujus antiphonæ auctore tradit Albericus ? Probabilem scriptorem esse Albericum, ideoque aut vera esse, quæ de Haimero Podiensi episcopo tradit, aut certe eo, quo is scribebat tempore, evulgata et in ore hominum posita.

15. Quæ Joannes Eremita verbis jam descriptis narrat, sic a plerisque accipiuntur. Recitabatur primitus ea antiphona multo brevior : fortasse scilicet terminabatur his verbis : *Ad te clamamus exsules filii Evæ.* Id sane indicat auctor quatuor sermonum in *Salve Regina*, olim Bernardo tributorum : desinit enim sermo tertius ad ea verba : *Ad te suspiramus gementes, et flentes in hac lacrymarum valle.* Quartus vero sermo in Mariæ laudibus exponendis totus impenditur ; nec ulla portio precis, de qua agimus, aperte saltem in eo exhibetur. Vel, si vis, terminabatur his vocibus : *Misericordes oculos ad nos converte ;* aut subsequentibus istis : *Et Jesum benedictum fructum ventris tui, nobis post hoc exsilium ostende.* Porro Bernardus, postquam audiit angelos prioribus jam celebribus et notissimis alia verba adjicientes, hæc scilicet : *O clemens ! O pia ! o dulcis Maria !* seu, si vis. *O dulcis Virgo Maria,* ea memoriæ mandavit, et pontifici scripsit, eum deprecans ut auctoritate sua quoque eam juberet, et prioribus addi. Sane vulgatissima opinio est, postremas has voces Bernardi opera antiphonæ quam dicimus, adjectas.

16. Neque vero hæ tantum voces preci illi deinceps adjectæ sunt. Jam retuli additamentum multo longius, quod inveni in Breviario, quod a presbytero Nicolao Serchechi conscriptum dixi, et quod recolere poterit lector. Additamentum aliud eadem antiphona excepit, hoc nempe : *Dignare me lau-*

---

(52) « Petrus vero Compostellanus episcopus fecit illam (sequentiam) : *Salve, Regina Mater misericordiæ, vita, dulcedo, ac spes nostra salve ; ad te clama-*

mus, » etc.

(53) In notis ad Pseudo-Luitprandum, pag. 45

dare te, Virgo sacrata. Da mihi virtutem contra *hostes tuos.* De cujus additamenti auctore et origine cum ea circumferantur, quæ minus probabilia judicem, ab iis referendis supersedeo. Arbitror porro ab officio B. M. V., in quo ea, quæ nuper retuli, verba secundam tertii nocturni antiphonam componunt, huc irrepsisse, et velut aptissimo loco fuisse repetita. Utcunque sit, additio hæc valde vetusta est, et multis in B. V. M. officiis facile reperitur; in libello quoque Italica lingua conscripto, qui fidei nostræ erudimenta et usitatiores preces complectitur, locum est assecuta; ad hunc scilicet modum concluditur [nonnihil fateor rudis] paraphrasis, seu interpretatio Italico sermone illius, de qua agimus, antiphonæ.

> *Dignare me laudare te, sacrata*
> *Virgo casta, benigna, humil, et degna*
> *Saggia, honesta, gentil, perfetta nata.*
> *Tu fra le donne portasti l'insegna*
> *Di castita, d'ogni virtù, Maria :*
> *Donami possa contra colui, che regna*
> *Nel centro, che non habbia l'alma degna.*

Num porro adjecta sit, cum primum antiphona hæc in Ecclesia adhiberi cœpit, vox *dulcis* voci *virgo* [*o dulcis Virgo Maria*], definire non ausim. Metense Breviarium ms., quod sæpe citavi, fuitque sæculo XIII conscriptum, ea voce caret. Num a multis aliis ecclesiasticis vetustis libris ea absit, compertum minime habeo. Sane multos ecclesiasticos vetustiores libros ad dubium hoc repellendum consulere opus foret; sed (quod sæpe dixi) haud multi sunt hujus generis superstites libri, quos consulamus : in aliquibus certe abest. Carthusiani sane canunt : *O dulcis Maria.*

17. In dubium etiam vertitur, num antiquitus in ipso fere hujusce antiphonæ initio Maria sanctissima appellaretur *Regina misericordiæ;* num [quo vocabulo nunc appellamus] *Regina, Mater misericordiæ.* Paucissimi codices [et tamen plurimos consului sæculi etiam XV conscriptos] habent vocem *mater,* junguntque voci *Regina,* vocem *misericordiæ,* adeo ut Deipara *Regina misericordiæ* appelletur. Lectionem hanc, quam vetustiores Italicæ hujusce precis interpretationes etiam retinent (54), retinendam optarunt nonnulli haud ignobiles theologi (55). Innitebantur isti auctoritate veterum codicum, auctoritate quoque sermonum quatuor in *Salve, Regina ;* rursus auctoritate meditationis in *Salve, Regina* (56) ; nam in his *Regina miseri-*

cordiæ dicitur Virgo, non Regina Mater misericordiæ : auctoritate denique nonnullorum ordinum religiosorum, qui vetustarum consuetudinum observantissimi canunt : *Salve, Regina misericordiæ; vita, dulcedo,* aut etiam *vitæ dulcedo.... O clemens !* o *pia!* o *dulcis Maria* (57) ! Tamen *Matrem misericordiæ* in eadem antiphona appellatam fuisse Virginem (si nonnullos saltem manuscriptos libros sequeris) indicat Thomas Cantipratensis (58).

18. Neque vero ea vox a codicibus omnibus, et libris ecclesiasticis ante sanctum Pium V editis abest : *Regina, Mater misericordiæ* legitur in eleganti, eoque non recenti codice, quem possidet vir nobilis, itemque optimus amicus meus Lucius Malvetius. Legitur quoque in nonnullis antiquitus typis editis precum libris. Et ut cæteros præteream, vocem eam jamdudum usitatam declarat ille idem libellus sacrarum precum Italica lingua explicatarum, cujus nuper memini; sic enim in eo expositam legimus : *Salve, Regina.*

> *Salve, Virgo Maria del ciel Regina*
> *Madre, e fontana di misericordia,*
> *Sola speranza a nostra alma meschina.*

Jure vero meritoque ea vox addita est. Etenim procul dubio *misericordiæ Mater* Virgo sanctissima est (59), eamque hac expressissima appellatione affecere sanctus Bernardus (60), aliique Patres. Vide quæ hoc de argumento etiam tradit Theophilus Raynaudus (61).

19. Antequam caput hoc claudo, lectori gratum erit, ut puto, si subjiciam illi nonnullas varietates, quæ in antiphona hac recitanda occurrerunt, et ex parte etiam occurrunt. In Breviario Carthusiano anno 1587 Lugduni edito ad hunc modum, pag. 177 ea se habet : *Salve, Regina misericordiæ, vitæ dulcedo, et spes nostra, salve.... o clemens, o pia.... o dulcis Maria.* Atque ad hunc modum cani a Carthusianis antiphonam hanc affirmat clar. P. Joan. Michael Cavaleri; ita quoque proponi antiphonam hanc in libro *Apum* a Thoma Cantipratano edito. At procul dubio in antiquiori libro Carthusiano inscripto : *Diurnum, et Horæ B. Mar. Virg. sec. morem Cart.* an.1563, *in officina Carthusiæ Papien.* evulgato pag. 64, hæc antiphona sic se habet : *Salve, Regina misericordiæ, vita, dulcedo,* etc. , adeo ut liqueat minime apud Carthusianos constantem fuisse lectionem hanc : *Vitæ dulcedo.*

20. Inter opuscula sancto Bonaventuræ tributa

---

(54) In codice chartaceo, qui Passionem J. Chr. , Vitam Deiparæ, aliasque hujus generis sacras historias continet, quique sæculo XV conscriptus fuisse videtur, pag. 124.
> *Salve Regina di misericordia,*
> *Vita, dolcezza, di peccator speranza.*
(legendum puto, ut metrum etiam consistat : *Et nostra speranza, spes nostra.*)
(55) Theophil. Raynaud. *Nomenclator Mar.* ad tit. *Regina misericordiæ.*
(56) Inter Opera Bernardi, volum. III, col. 804 et seqq. edit. Venet. 1727.

(57) Diurn. Carthus ex Offic. Carthus. Papien. an. 1563. Breviar. Carth. Lugduni 1587.
(58) Lib. II *De apibus,* cap. 10, num. 21 : « Ut post Completorium omni die cum processione et solemnitate cereorum, *Salve, Regina, Mater misericordiæ,* flexis initio genibus... decantaretur. »
(59) Vide quæ dissert. 2, *De efficacia intercessionis Mariæ sanctissimæ,* quæst. 2 quæstiunc. 2, diximus.
(60) Num. 1, serm.1, *De Assumptione.*
(61) *Nomencl. Marian.* ad tit. *Mater misericordiæ.*

(62) exstat opusculum inscriptum ad hunc modum : *Carmina super canticum Salve, Regina :* in quo antiphona hæc sic se habet : *Salve, Regina misericordiæ; vita, dulcedo, et spes nostra salve. Ad te clamamus exsules filii Evæ. Ad te suspiramus gementes, et flentes in hac valle lacrymarum. Eia ergo advocata nostra, illos tuos misericordes oculos ad nos converte. Et Jesum benedictum fructum ventris tui nobis post hoc exsilium ostende. O clemens, o pia, o dulcis Maria.* In Breviario etiam Metensi, et in quibusdam aliis codicibus, quos nostra possidet bibliotheca, legitur : *Post hoc auxilium,* cum in vulgatis legatur *exsilium.* Hanc vero habent ea verba significationem : Postquam tu nobis auxiliata fueris, sic nos in morte adjuva, ut te protegente ad cœlos efferamur : quod quidem a Virgine efflagitamus, dum eam sic oramus :

> *Maria, Mater gratiæ*
> *Mater misericordiæ*
> *(Seu Dulcis parens clementiæ)*
> *Tu nos ab hoste protege,*
> *Et mortis hora suscipe.*

Itemque cum dicimus : *Sancta Maria, Mater Dei, ora pro nobis peccatoribus, nunc et in hora mortis nostræ. Amen.*

21. Minus antiquus, minus etiam fortasse diversus ab illo, quo antiphonam hanc cani jussit sanctus Pius V, est modus ille, quo eamdem antiphonam proposuit Navarrus, qui nonnullis post S. Pium V vixit annis : En illum (63) : *Salve, Regina, Mater misericordiæ : vita, dulcedo, spes nostra salve. Ad te clamamus exsules filii Evæ. Ad te suspiramus gementes, et flentes in hac lacrymarum valle. Eia ergo, advocata nostra, illos tuos misericordes oculos ad nos converte, et Jesum benedictum fructum ventris tui nobis post hoc exsilium ostende. O clemens, o pia, o dulcis Virgo semper Maria.*

CAPUT II.

De auctore reliquarum trium antiphonarum, nimirum ALMA REDEMPTORIS ; AVE, REGINA COELORUM ; REGINA COELI ; *deque varietatibus quibus illæ obnoxiæ fuerunt.*

1. Ab ea exordiamur, quæ primo loco posita est : scilicet ab *Alma Redemptoris.* Guillelmus Durandus (64) auctorem illius fuisse ait Hermannum Contractum, qui [si eidem Durando credimus] alias fortasse non paucas pias preces composuit, ut in Missis canerentur (65). « Sed et Hermannus Contractus, Theutonicus, inventor Astrolabii, composuit sequentias illas : *Rex omnipotens* et *Sancti Spiritus,* etc., et *Ave Maria gratia,* et antiphonam :

Alma Redemptoris Mater, et *Simon Barjona.* »
Eumdem Hermannum hujusce antiphonæ auctorem affirmat etiam Wion (66) : eamque opinionem approbare videtur Bellarminus (67).

2. Alibi vidimus consuevisse pios monachos post Completorium eam interdum canere, item ut *Salve, Regina,* et præstantes alias antiphonas, quæ Virginis laudes, et nostras ad eam preces complecterentur. Jamdudum Romano Breviario fuisse insertam, pariter vidimus, neque opus est, ut jam dicta repetamus.

3. A quo composita fuerit antiphona, quæ his verbis incipit : *Ave, Regina cœlorum,* ignoramus ; antiqua est tamen. Et si vera ea sunt, quæ antea tradidi, ab ipsis fere instituti ordinis exordiis, a Franciscanis canebatur. Eo sane tempore composita est, quo tempore rhythmi in honore erant apud ecclesiasticos viros , a quo honore sub initium sæculi xv et rhythmi et versus rhythmici, Latini deciderunt, perstititque tantummodo eorum pretium apud eos qui Italica et Gallica lingua versus edebant.

4. At cum rhythmi et rhythmici versus, per multa sæcula in pretio atque honore perstiterint, quæritur quonam ex his sæculis composita fuerit, aut certe cani cœperit in Ecclesia ; xiii sæculo consuevisse eam cani, facile assequimur ex iis quæ ex Constitutionibus Nicosiensibus antea retuli. At non continuo volo eo sæculo cani cœpisse in Ecclesia ; poterat enim jam pridem cani : multo minus volo, eo sæculo eam fuisse compositam. In eo hymno quem *Oratio ad Matrem Domini* inscripsit Goffridus (68) sæculi xi scriptor , secunda strophe sic se habet :

> *Virgo semper pretiosa :*
> *Super omnes speciosa :*
> *Stella maris, cœli porta*
> *Ex qua mundo lux est orta.*

An vero versiculi hi ?

> *Super omnes speciosa*
> *. . . . . . cœli porta*
> *Ex qua mundo lux est orta,*

ex rhythmo hoc in antiphonam, de qua sermonem habemus, illati fuerint, an e contrario ea antiphona in eum rhythmum, incertum habeo, idque exquirat, et judicet lector, volo.

5. Anselmo Cantuariensi si tribuis *hymnos et Psalterium B. Mariæ Virginis,* quorum auctorem plerique eumdem Anselmum faciunt, perspicue assequeris, et valde vetustam esse antiphonam hanc, valde quoque vetustum esse morem, quo prima Dominica Adventus usque ad Purificationem decantandum ; quod est hujusmodi : *Alma Redemptoris Mater,* etc. .peccatorum miserere, alleluia.....

(67) *De bonis operibus in partic.,* lib. 1. cap. 15 : « Hermannus Contractus qui hanc antiphonam *Salve, Regina,* et illam : *Alma Redemptoris* composuisse fertur. »

(68) Inter Opuscula num. xvii, hunc hymnum habes col. 603, tom. III Oper. Sirmondi.

---

(62) Pag. 350, tom. XIII, edit. Venetæ 1751, typis Joan. Baptistæ Albr.

(63) *De orat. et hor. canon.* cap. 19, concl. 17, num. 180.

(64) Rational. divin. Offic. lib. iv, cap. 22.

(65(*De sequentiis,* vide quæ tradit Durand. *ibid.* (id est lib. iv, cap. 22.)

(66) Lib. v *Ligni vitæ,* pag. 841 : « Adjunctum et sequens ab eodem Hermanno compositum a

utimur, dum officii recitationem ea aliquando concludimus. Ea, quæ in eo opusculo occurrunt (pag.
431 tom. I Operum sancti Anselmi editionis Venetæ an. 1744); id, quod agimus, videntur ostendere :

Conclusio salutationum.

*Postea dicenda est antiphona, Ave, Regina cœlo-
rum,* etc.

6. In Officio B. Mariæ Virginis Parisiis sub finem
sæculi xv, *per Dionysium Messier* edito, multo pro-
lixior est antiphona ista. Nonnulla decerpo ; si
enim vellem totam describere, vereor, ne lectori
molestus fierem. Ad hunc modum in exordio se
habet :

> *Ave, Virgo gloriosa*
>   *Ave, Mater* (Domini) *speciosa*
>   *Ave, Regina cœlorum,*
>   *Ave, Domina angelorum,*
>   *Ave, flos virginum,*
>   *Ave, candens lilium,*
>   *Ave, rosa sine spina,*
>   *Ave, mundi Regina.*

Hic autem illi finis imponitur :

> *O Regina poli,*
>   *Mater gratissima proli,*
>   *Spernere me noli.*
>   *Me commendo tibi soli.*

Sed hujusmodi additio sine Ecclesiæ approbatione
facta consectatoribus caruit

7. Jam dixi, ubi nostris temporibus legimus :
Salve, radix, Salve, porta, antiquitus fuisse lectum :
Salve, radix sancta ; satis enim ad rhythmum servandum arbitrati sunt, qui eam antiphonam composuerunt, ut eadem syllaba *ta* exstaret in medio
et in fine versiculi rhythmici. Nosse etiam juvabit,
non eodem modo recitatum antiquitus fuisse quintum versiculum. In aliquibus libris simpliciter legebatur : *Gaude, gloriosa.* In aliis (et hanc lectionem proponit Breviarium, quod anno 1462 a
presbytero Nicolao Serchechi conscriptum dixi)
ut aptius flueret versiculus, repetebatur vox *gaude ;*
ad hunc scilicet modum, *gaude, gaude, gloriosa.*
Nunc (quod quisque novit) legimus : *Gaude, Virgo
gloriosa ;* qua quidem lectione et rhythmo consulitur, et is titulus Deiparæ tribuitur, quo gaudet
maxime. Ea correctio Clementi VIII tribuitur.

8. Jam porro ad postremam ex propositis antiphonis vertendus est sermo, ad eam scilicet, quæ
a verbis, a quibus exordium ducit, *Regina cœli*
appellatur. Eamdem antiphonam tribus reliquis
vetustiorem faciunt, qui eam a Gregorii Magni
temporibus usque derivant ; aiunt enim Gregorium
Magnum, dum Romæ inguinaria lues dominabatur,
ad eam avertendam, solemnem supplicationem,
in qua præstantissima Mariæ imago delata est,

instituisse. Quæ processio dum ageretur, ab eo
loco, per quem Mariæ sanctissimæ deferebatur
imago, lues abigebatur. Id dum fieret, audivisse
Gregorium angelos eam, quam dicimus, antiphonam ad ea usque verba, *ora pro nobis* concinentes.
Ea porro verba, quibus expressissima Virginis
invocatio continetur (id est *ora pro nobis Deum,
alleluia*) addita fuisse a Gregorio. Id affirmant veteri, ut sibi persuadent, traditione innixi, Durandus (69), Sigonius (70), Canisius (71), aliique etiam,
qui processionem hanc describunt, docentque
inter cætera constitisse angelum supra molem
Adriani Tiberi adjacentem ; qui quidem angelus (72),
si clarissimo viro credimus, « nudatum gladium in
vaginam reposuit, eoque symbolo morbum cessasse,
significavit. »

9. At narratio hæc in criticorum offensionem
incidit, neque illorum tantummodo criticorum
generi ea displicuit, qui

Ut putentur sapere, cœlum vituperant,

sed etiam illorum, quos prudentes et mites dicimus. Sic eam porro rejicit doctissimus ille S.
Mauri monachus, qui Vitam sancti Gregorii papæ
conscripsit, adjecitque operibus ejusdem sancti
Patris a se editis (73) : « De supplicationibus sæpius habitis, et ultimo loco factis in basilica S. Petri contendere minime volumus, etsi de multiplici
aut etiam duplici processione tempore pestis habita scriptores omnes sileant. At quæ narrantur
de viso angelo et de sedata peste, dubiæ videntur
fidei. Si enim id contigit, quonam pacto Gregorius
Turonensis id a suo diacono non accepit ? Si vero
ipsum audierit tanta miracula referentem, quomodo ab ipsis commemorandis abstinuit, qui
aliquando levissima. nec ita certa referre delectatur ? Altum est quoque de istis Bedæ, Pauli et
Joannis silentium. » Ignotum itaque fateamur oportet hujusce antiphonæ auctorem, quem tamen
vetustum, ac pium si dicas, a veritate non aber-
rabis.

QUÆSTIO III. — *Probitas harum antiphonarum : qua occasione expenduntur ea, quæ
adversus antiphonas, de quibus hactenus
egimus, Protestantes et Protestantium hac
in re imitatores nonnulli intemperantes critici intorquent. Ac primo quidem ea adducuntur et dissolvuntur, quæ adversus antiphonam* SALVE, REGINA, *objiciuntur ; tum
ea dissolventur, quæ adversus tres reliquas
antiphonas adducuntur.*

1. Nunc denique dicendum est aliquid de iis objectionibus, quibus eas, de quibus disserimus,
preces nonnulli impetunt, ac primo quidem eæ sunt
referendæ, quæ adversus primam, seu *Salve, Regina,*
intorquent. Eæ ad tria capita revocari facile pos-

---

(69) Lib. vi *Divin. Offic.* cap. 89, num. 2.
(70) Lib. ii *De regno Italiæ.*
(71) *De Maria Virgine,* lib. postremo, id est v,
cap. 22.

(72) Baronius, ad an. 590, num. 18.
(73) Tom. IV, lib. i, cap. 7, pag. 217, edit.
Venet.

sunt : ad eas, quibus generatim invocationem cœlitum, ideoque etiam Virginis Deiparæ reprehendere student : ad eas, quibus titulos, quibus in hac prece honestamus Virginem, redarguunt ; ad eas denique, quibus irrident munia, quæ in hac prece tribuimus Virgini.

2 At quod ad primum objectionum genus attinet, ex iis, quæ alibi hoc de argumento disserui (74), manifesto assequeris, temere adversariis nostris displicere eam, quam dicimus, antiphonam, propterea quia invocationem Mariæ continet ; ostendimus enim nihil illaudabile esse in cœlitum invocatione, si iis fiat modis, quos Ecclesia approbat. Quod si de reliquis cœlitibus verum est, multo certius id de Virgine Maria dicendum erit cœlitum Regina ac Dei Matre.

3. Secundum objectionum genus adhibent non Calvinistæ tantummodo et Lutherani, verum etiam nonnulli ex iis, qui [ut ex cl. P. Plazza discimus (75)] se catholicos profitentur, et tamen æquissimis Ecclesiæ decretis obsequi recusant. Displicet itaque his, quod Mariam *Matrem misericordiæ* appellamus ; substituitque iis vocibus Schurius subsequentes : *Salvatorem genuisti, qui est Pater misericordiæ.* Displicent pariter tituli *vitæ, dulcedinis et spei nostræ : Vita, dulcedo, et spes nostra, salve :* quibus subsequentia verba substituit : *Virgo dulcis, quæ paris eum, in quo speramus.* In verbis illis : *Ad te clamamus, ad te suspiramus,* idem Schurius delevit voces *ad te,* quasi ad Virginem clamare, et suspirare minime possemus ; delet quoque vocem *advocata,* injuriosum enim [ut puto] id Christo arbitratur.

4. At hos et affines alios titulos, quibus et in hac prece et in aliis etiam ab Ecclesia adhibitis Virginem compellamus, alibi vindicavimus ; neque opus, ut ea quæ antea copiose tradidi, hic repetamus. Ea itaque recolat lector, volo, quæ de spe in Virgine merito collocata jam diximus (76) ; ea quoque quæ ad patrocinium Virginis stabiliendum pariter diximus : quibus quidem in locis manifesto ostendimus, quam recte *advocata* nostra Maria dicatur. *Vita* quoque nostra appellari Maria commode potest, vel quia angelo illius assensum exposcenti obsequens incarnationis, ideoque redemptionis nostræ et *vitæ* origo fuit : vel quia precibus suis et suffragatione gratiam, quam peccando amisimus, non raro obtinet. Plura hoc argumento præbent vetusti illi probabilesque scriptores, qui commentariis suis antiphonam, de qua disputamus, illustrant. Quibus positis, quis vetare nobis potest, ne Mariam *dulcedinem* nostram appellemus ? Vehemens quædam grati, et Mariam enixe diligentis animi significatio eo est, quam nemo, nisi temere imprudenterque redarguet.

(74) *De cultu sanctorum,* dissert. 5.
(75) *Vindicat devot.* part. II, præl. pag. 226, citat Schurium Arnaldi discipulum, uti alias multas Ecclesiæ preces, ita etiam antiphonam hanc arbitratu suo emendare studentem.

5. Tertium objectionum caput subsequentia complectitur. Cum hæc dicimus : *Et Jesum benedictum fructum ventris tui nobis post hoc exsilium ostende,* Virgini tribuimus provinciam, quam assequi minime potest. An cum ad cœlestem beatitudinem provehemur, velum aliquod Maria tollet, quo ablato, Jesum intueamur ? An janitricem cœlorum Mariam facimus, aut divino cubiculo præfectam, quæ nos ad Jesum in penetralibus quibusdam abditum introducat ? Puerilia sunt ista et perridicula : iis tamen, quæ reprehenduntur, verbis significantur.

6. At non continuo voces, quas adversarii nostri redarguunt, nos quoque redarguimus. Nimirum eamdem omnino habent significationem, atque eæ locutiones, in quibus Maria *cœlorum janua, paradisi porta,* seu *fenestra* appellatur et affines aliæ, sane non paucæ, quibus significamus Virginem Mariam precibus suis et suffragatione, vel nos in pietate atque innocentia servando, vel si peccavimus, criminum dolorem et pœnitentiam nobis impetrando, nos deducere ad regna cœlorum, et optatissimam beatitudinem posse. Quanquam, me quidem judice, is minime errabit, qui dicet, indicari his verbis, Virginem nos illius suffragatione atque ope ad cœlum deductos Christo exhibere, veluti sanguinis illius, et redemptionis, suarum quoque precum et suffragationis fructum. Annon id Maria merito faciet, quæ assensu suo redemptionis origo fuit, quæ conjunctissima Christo est, quæ sæpe sua intercessione nos cæteroqui perituros incolumes efficit et beatos ?

7. Haud procul a nostra interpretatione abest Costerus (77) nos monens « non hic peti a Deipara Virgine, quod Dei est proprium, nimirum, ut auctoritate sua donet nobis gloriam, quia *gratiam et gloriam dabit Dominus.* (*Psal.* LXXXII, 12) : vel ut meritis suis peccatori cœlos aperiat, quod ad Christi officium pertinet, sed hoc tantum, ut precibus suis Filium nobis conciliet, cujus..... ante mortem susceptis pie sacramentis, remissione peccatorum consecuti emigremus læti ad Christum, cui nos illa ut servos clientes, filiosque suos æterna gloria donandos offerat, negligentias excuset, et quod in nostris meritis desideratur, ipsa suis meritis, suaque, qua apud Filium judicem valet, auctoritate compenset. » Et de prima antiphona, id est *Salve, Regina* jam satis ; venio ad alteram, id est *Alma Redemptoris.*

8. Reprehenditur hæc antiphona a Protestantibus, quod invocationem contineat ; a Schurio vero, quod in ea appelletur Virgo *pervia cœli porta ;* rursus quod Virginem oremus, ut peccatorum misereatur : *Peccatorum miserere.* At temere utrumque reprehenditur. Virgo *pervia cœli porta* propterea dicitur, primo quia assensu suo redemptionis origo

(76) Dissert. 8, num. 24, 29 et 30. Vide etiam, quæ tota fere ea dissertatione tradidi et veterum loca, quæ in ea allegavi.
(77) Medit. 6, in *Cantic. Salve, Regina,* consid. 2.

facta reclusum nobis cœlum aperuit. Secundo, qu'a precibus suis et suffragatione sæpe impetrat perseverantiam innocentibus, peccatoribus pœnitentiam ac veniam. Quanquam autem eadem voce utimur, dum a Deo misericordiam poscimus, ac dum a Virgine poscimus, non idem tamen genus misericordiæ, neque eodem modo obtinendum poscimus; sed si peccatores sumus, a Deo poscimus, ut nos a malis eruat, quibus circumdamur et pene obruimur, veniamque criminum nobis tribuat; si vero innocentes sumus, deprecamur, ne in ea nos permittat incidere, quæ in perniciem nos trahant : paucis id a Deo poscimus, quod in oratione Dominica his verbis poscimus : *Sed libera nos a malo :* at cum Virginem deprecamur, ut nostri *misereatur ;* si peccatores sumus, non aliud ab ea petimus, nisi ut suffragatione et precibus suis pœnitentiam nobis impetret, et ut expressius dicam, ab ea poscimus, ut pro nobis impetret, *ut dignos pœnitentiæ fructus faciamus,* per quos ad cœlestem patriam perducamur. Si innocentes sumus, poscimus, ut perseverantiam in innocentia impetret. Neque vero novum est, ut eadem voce diversum rerum genus exposcamus. Profecto Jacob Josephi filiis Ephraim et Manasse a se adoptatis benedictionem a Deo, et ab angelo sui præside poposcit (78). An idem benedictionis genus a Deo et angelo sui præside poposcit ? Nihil minus.

9. Nunc vero exhibeo eas [ut sibi quidem temere persuadet Schurius] emendationes, quas is, referente Cl. Plazza, in quibusdam hujusce antiphonæ locis substitui vellet. Itaque ubi nos legimus : *Ave, Regina cœlorum,* legi optat : *Regina in cælis honorata.* Ubi porro legimus : *Ave, Domina angelorum,* legi jubet : *Inter angelos instar Dominæ ;* regnum enim cœlorum et dominium in angelos soli Deo servandum est, ait ille.

10. At paucos habent emendationes istæ fautores; regnum enim et dominium, quod Virgini tribuimus, plurimum distat [quod crebro dixi] ab eo quod Deo tribuimus. Supremum est, proprium quoque ac naturale quod Deo tribuimus : subjectum, dependens, et divina liberalitate concessum Virgini, quidquid nomine regni, et dominationis Virgini tributæ appellamus : quæ quidem verba, si clarius explicas, non aliud significare comperies, nisi amplissimam dignitatem, qua multum angelos, et cœlites quosque supereminet; suffragationem quoque, quam apud Deum non modicæ auctoritatis habet. Sed hoc de argumento cum alibi non indiligenter disseruerim ad ea lectorem amando.

APPENDIX, SEU AUCTARIUM AD HACTENUS TRADITA.

1. Vereor ne muneri meo aliqua ex parte de-

sim, si eas non exponam suspiciones, quæ non modo in meam, verum etiam in egregiorum virorum venerunt mentem. Nonnulla scilicet veterum scripta indicare videntur, aliis etiam antiphonis, seu precibus ad Virginem Mariam directis fuisse Officio, illi saltem, quod *Virginis* dicunt, finem impositum. Hæc scilicet occurrunt in fine illius opusculi, seu precis Anselmi, quod *Psalterium Dominæ nostræ* appellavit. *Laudate Dominum in tympano,* etc.

Conclusio Salutationum.

> *Ave, gemma singularis,*
> *Habens scripta mysteria*
> *In æterni pontificis*
> *Rationali posita.*
> *Ave, lamina aurea,*
> *In te ipsa circumscripta,*
> *Nomen propitiabile,*
> *Quod est indicibile.*
> *Ave, sola virginitas,*
> *Cujus Deus fecunditas,*
> *Nostrum superhumerale*
> *Divina fit ex virtute.*

Postea dicenda est antiphona
Ave, Regina cœlorum, etc.
Post quam est hæc altera :

> *Gaude Dei Genitrix, Virgo immaculata ;*
> *Gaude, quæ gaudium ab angelo suscepisti,*
> *Gaude, quæ genuisti æterni luminis charitatem,*
> *Gaude, Mater pietatis et misericordiæ :*
> *Gaude, sancta Dei Genitrix Virgo ;*
> *Tu sola Mater innupta ;*
> *Te laudat omnis factura*
> *Genitricem lucis ;*
> *Sis pro nobis, quæsumus, pia Interventrix.*

ORATIO : *Deus, qui de beatæ,* etc.

Porro ex superioribus dictis videtur posse colligi, antiphonæ *Regina cœlorum* additam fuisse alteram, quæ inciperet *Gaude :* quam integram jam descripsimus.

2. Pelbartus de Temeswar hæc etiam habet (79) : « Quarto ut ejus [Virginis Mariæ] meritis a periculis cunctis liberemur : unde in sero ad Completorium canit Ecclesia : *Sub tuum præsidium confugimus.* » Porro verba *in sero ad Completorium* ambigua sunt, et indicare commode possunt eam precem cantatam fuisse post Completorium [idque confirmare videtur cantus, qua illa dicebatur : *canit Ecclesia*]; indicare etiam fortasse possunt, illam prolatam fuisse cum cantu intra Completorium. Et revera in Completorio Officii parvi B. M. V. ad canticum : *Nunc dimittis,* dicimus antiphonæ loco : *Sub tuum præsidium.* Sed cum Completorium Virginis non soleret cum cantu dici, verisimilior esse creditur prior explicatio. Ne quid porro investigationi lectoris eripiam, duobus modis eam precem expressam in codicibus vidi. Alter ille ipse est, quo nunc utimur : *Sub tuum præsidium confugimus, sancta Dei Genitrix. Nostras deprecationes ne despicias, sed a periculis cun-*

_____

(78) *Benedixitque Jacob filiis Joseph et ait : Deus, in cujus conspectu ambulaverunt patres mei Abraham et Isaac : Deus, qui pascit me ab adolescentia mea usque in præsentem diem : Angelus, qui eruit me de*

cunctis malis, benedicat pueris istis, etc. (Gen. XLVIII, 15, 16.)

(79) *Pomer.* lib. XII, part. II, art. 2,

ctis libera nos semper, Virgo gloriosa et benedicta.
Alter hic est (80) : *Sub tuum præsidium confugimus, Dei Genitrix, nostras deprecationes ne despicias in necessitate, sed a periculis libera nos sola casta, benedicta.*

3. Alias antiphonas in Virginis honorem compositas, fuisse olim a monachis recitatas, et nisi prorsus fallimur, cantatas, ex aliis quidem monumentis discimus, sed mihi satis est hic recolere, quod alibi attigi desumptum ex libro i, cap. 12, n. 17, operis illius, quod *De antiquis monachorum ritibus* cl. Martene inscripsit, et hæc sunt : « In fine Completorii loco antiphonarum quæ dicuntur de B. Maria, videlicet : *Completi sunt*, et : *Ecce completa sunt*, debet alia antiphona, scilicet : *Alma Redemptoris*, aut : *Salve, Regina*, seu quælibet alia antiphona ad libitum cantoris singulis diebus in conventu solemniter decantari. » Desiere itaque monachi priores illas antiphonas canere, ut illis substituerent antiphonas *Alma Redemptoris*, et *Salve, Regina*, de quibus non indiligenter antea diximus.

4. Solemus etiam ecclesiasticum Officium concludere hac prece :

Sacrosanctæ et individuæ Trinitati, crucifixi Domini nostri Jesu Christi humanitati, beatissimæ, et gloriosissimæ semperque Virginis Mariæ fecundæ integritati, et omnium sanctorum universitati sit sempiterna

(80) In *Processionali* sæculi xiv, pag. 5.

laus, honor, virtus et gloria, ab omni creatura, nobisque remissio omnium peccatorum, per infinita sæcula sæculorum. — ℟ *Amen.*

℣ *Beata viscera Mariæ Virginis quæ portaverunt æterni Patris Filium.*

℟ *Et beata ubera quæ lactaverunt Christum Dominum.*

Pater noster. Ave Maria.

Ad precem hanc recitandam movemur, ut laudibus sanctissimam Trinitatem et Christum celebremus ; Virginem quoque commendemus, et sanctos, peccatorum etiam remissionem nobis fieri exoptemus, pietate scilicet Dei, et sanctorum etiam intercessione. Hinc merito precem hanc « devote post Officium recitantibus Leo papa X defectus et culpas in eo persolvendo ex humana fragilitate contractas indulsit. » Hujus porro precis portionem, id est, versiculum : *Beata*, etc.; inveni in Breviario procul dubio ante Leonis tempora conscripto ad hunc modum :

Beata viscera Mariæ Virginis quæ portaverunt æterni Patris Filium. Benedicite glorianter Dei misericordiam : sumus sumpti in laudem Domini nostri Jesu Christi. In nomine Patris, et Filii, et Spiritus sancti. Amen.

Qua tamen postrema prece nemo, quem noverim, deinceps usus est.

DISSERTATIO XI.

DE LITANIIS BEATÆ MARIÆ VIRGINIS.

—

1. In nullo precum genere expressius ac frequentius invocatur Maria, quam in iis quas *Virginis Litanias* appellamus. Continent illæ [quod quisque novit], non paucos honorificentissimos Virgini tributos titulos, et unoquoque eorum recitato, Virgini supplicamus, ut pro nobis oret :

Sancta Maria, ora pro nobis.
Sancta Dei Genitrix, ora pro nobis.
Sancta Virgo virginum, ora pro nobis, etc.

Quam antiquus sit ille mos, haud facile dixerim. Inter Bonaventuræ opuscula editum est *Psalterium B. M. V.*, cui subjiciuntur *Litaniæ M. V.* ita scilicet compositæ, ut B. V. accommodentur eæ Litaniæ quas *sanctorum* appellamus, et quas antiquissimas esse Protestantes ipsi negare non audent. Sed sicut *Psalterium* hoc reprehendit vehementer præstans ille theologus, cui debemus editionem Operum sancti Bonaventuræ Venetiis anno 1751 typis Albritii adornatam, ita irridet Litanias illi subjectas (81), adjicitque : « Psalterium hoc adeo laceratum ad simplicem hominem potius quam ad egregium doctorem pertinere. » Quæ

(81) Tom. I *De suppositiis*, num. 19, pag. 131 et 132.

censura æquissima esse videtur. Sed utinam etiam indicasset, quonam sæculo hoc tam contemptum opusculum elucubratum fuisse putat ; sed procul dubio recentius Bonaventura sapientissimo doctore est.

2. Habeo codicem sæculo [nisi fallor] xiv, aut certe xv, exaratum, in quo pariter in honorem Virginis accommodantur eæ preces, quibus in Litaniis, quas sanctorum dicimus, jam pridem uti consuevit Ecclesia. Sed multo aliter, ac certe aptius id fit, quam in superiore opusculo fiat.

3. In vetustis sacrarum precum libellis typis editis sæpe occurrunt B. Virginis Litaniæ, sed eæ non omnino cum iis conveniunt, quibus nunc utimur, et alios titulos tribuunt Virgini nonnihil diversos ab iis quos in hoc precum genere nunc tribuimus. Quanquam porro neque in Breviario Romano, neque in Officio parvo B. M. V. sancti Pii V jussu edito [ann. 1571] invenies eas, de quibus nunc agimus, Litanias, non propterea Ecclesiæ auctoritate eæ carent. Scilicet jam dudum in celebratissima Lauretana æde eæ solemniter

cani consuevere : canuntur etiam quolibet Sabbato in nobilissima S. Mariæ Majoris basilica, eoque pietatis causa non pauci S. R. E. cardinales, sæpe etiam ipsemet Romanus pontifex conveniunt ; canuntur solemniter a populo in iis sacris supplicationibus, seu, uti eas appellare solemus, processionibus quæ in Deiparæ honorem sunt institutæ : quin etiam dum aliquos titulos Virgini a quibusdam antiquis Litaniis tributos Ecclesia sustulit, veluti *Calandra sancta*, eos titulos, quos reliquit, non obscure approbare visa est. Hinc in *parvis* B. V. M. Officiis, quæ elapso sæculo typis edita sunt, in iis quoque, quæ nunc eduntur, atque adeo in omnibus fere sacrarum precum libellis invenies procul dubio eas, quas dicimus, Litanias.

4. Dixi in *quibusdam antiquis* Litaniis ; nam alias, quas in nonnullis codicibus sæculi xiv et xv Litanias inveni, sub oculos habuisse visi non sunt, qui Lauretanas Virginis Litanias, quibus tantummodo uti solemus, typis edidere ; longe enim ab iis diversæ sunt. Dixi etiam, *uti solemus*, nam valde vetustas, licet a Lauretanis, et ab iis etiam quas in nonnullis codicibus reperi, valde diversas habet libellus non admodum apud fideles frequens, qui ad hunc modum inscribitur : *Officium hebdomadæ sanctæ secundum consuetudinem ducalis Ecclesiæ S. Marci Venetiarum Venetiis* 1672 *typis Antonii Bosii,* easque pag. 203 et subseqq. invenies.

5. Nec immerito utrumque hoc, quod dixi, Litaniarum genus Ecclesia approbat; titulos enim continent quos merito tribuimus Virgini, eam quoque deprecamur ut pro nobis oret. Annon hæc Ecclesiæ approbatione dignissima sunt ? Neque vero suffragio illo, quod ecclesiasticis precibus vetustas tribuit, eædem Litaniæ carent. Si probe expenderis eam orationem, quam sanctus Modestus *in Dormitionem sanctissimæ Mariæ* edidit (82), eam, quam Damascenus *in Deiparæ Annuntiationem* (83), eam quoque, quam *in Natalitium diem* composuit (84), eam denique, quam rursus de eodem argumento conscripsit (85), si expenderis pariter extremam partem sermonis sancti Antipatri quem ego Venetiis typis evulgavi (86) : si rursus expenderis eam Epiphanii *De Virginis laudibus* orationem, quæ inter opera Magni Epiphanii exstat (87) : denique, ne cuncta afferam, si eam orationem pervolves, quam in Deiparæ laudem Cyrillus Alexandrinus in sacratissimo Ephesino conventu recitavit (88), manifesto conspicies, eum ipsum Virginem laudandi, deprecandique morem, quem in Virginis Litaniis servamus, jam dudum a præclarissimis Patribus nostris fuisse propositum ; ideoque eum esse virorum sanctissimorum, doctissimorumque exemplis atque auctoritate suffultum. Vide etiam, si libet, Virginis epitheta, quæ collegit et metro exposuit Philippus Menzelius (89).

---

(82) Egregio præsule, M. A. Giacommello interprete, num. 10 et subseqq.
(83) Tom. II, pag. 835, edit. Venetæ.
(84) Ibid. pag. 841, num. 11 et 12.
(85) Ibid. pag. 849, num. 7 et subseqq.
(86) In collectione Opusculorum scientificorum a P. Ab. Calogera, tom. XLIII. pag. 370, etc. lect. 46,: *Cœlum Dei regale ; lucidissimus thalamus,* etc.

(87) Tom. II. edit. Petav. Colon. pag. 291.
(88) Act. 1, tom. III *Concil.* col. 1111 et subseqq. edit. Venet. an. 1738 : *Venerandus totius orbis thesaurus, lampas inexstinguibilis, corona virginitatis, sceptrum rectæ doctrinæ templum indissolubile.*
(89) Ante caput 8, lib. v, *De Deipara,* Petri Canisii.

DISSERTATIO XII.

DE IIS SACRIS CANTILENIS, QUAS SEQUENTIAS PLERIQUE APPELLARUNT, QUASQUE, SICUT IN SOLEMNIORIBUS ALIIS, ITA IN PRÆCIPUIS VIRGINIS FESTIVITATIBUS INTRA MISSAM CANTARI MOS FUIT.

1. Fuisse esseque adhuc apud Græcos in præcipuis Ecclesiæ solemnitatibus laudem aliquam ejusdem solemnitatis, aut certe sancti illius cujus solemnitas celebrabatur, celebraturque etiamnum, cum cantu inter ipsa Missarum solemnia prolatam, ecclesiastici Græcorum hymni non obscure declarant. Quibus, si vis, ea adde quæ habet *Mariale S. Josephi hymnographi*. Eumdem morem fuisse a Latinis ser-

vatum, tum alia sacra monumenta, tum certe ii declarant libri quos nostra servat bibliotheca. Etenim Missale sæculi xi, quod possidemus, habet sacram precem quam in *Dominica Resurrectionis* canebant, dum conventus Eucharistiam recipiebat (90). *Venite... et immortale mysterium, et libamen agendum, cum timore et fide accedamus; manibus mundis pœnitentiæ munus communicemus, quoniam Agnus Dei*

---

(90) Martene, lib. iv, *De antiq. Eccles. ritib.* (cap. 12, num. 40.) hæc habet : « In Missali Ecclesiæ Lugdunensis an. 1524, pridie ad Eucharistiam legitur antiphona : *Venite, populi,* quam etiam habet Athanacensis Ecclesiæ Missale (quo quidem monito suppletur, quod lacerata pagina deest in nostro

Missali, id est vox *populi*). Hanc antiphonam olim cantabant ad invitandam plebem ad sacram communionem, eamque etiam retinuere illa Missalia veluti antiquæ disciplinæ certissimum monumentum.»

propter nos Patris sacrificium præpositum est, ipsum solum adoremus ; ipsum glorificemus, cum angelis clamantes : Alleluia.

2. Ne vero discedamus a festivitatibus Virginis Mariæ, in codice xi, seu si vis xii, sacras cantilenas continente, quæ ad Missas solemnes concinebantur quem codicem nostra pariter possidet bibliotheca : *In Assumptione B. M. V.* hæc cantabantur : *Congaudent angelorum chori gloriosæ Virgini, quæ sine virili commistione genuit Filium, qui suo mundo cruore medicat. Nam ipsa lætatur, quod cœli jam conspicatur principem, in terris cui quondam sugendas Virgo mamillas præbuit.* Quod et dic de aliis solemnitatibus.

3. At iis sæculis, quibus rhythmi et rhythmicæ cantiones tantummodo habebantur in pretio, inductæ eæ quoque sunt in Ecclesiam. Hæc discimus a Durando (91). «Nocherius abbas Sancti Galli in Theutonia primo sequentias pro pneumis ipsius alleluia composuit, et Nicolaus papa ad missas cantari concessit..... Petrus vero Compostellanus episcopus fecit illam : *Salve, Regina Misericordiæ* ; *vita, dulcedo et spes nostra, salve...* Sed et Hermannus Contractus Theutonicus inventor astrolabii composuit sequentias illas : *Rex omnipotens,* et *sancti Spiritus,* etc., et *Ave, Maria, gratia,* » etc. Hæc porro de sequentiis [quas et *prosas* nonnulli appellarunt] habet idem Durandus] (92) : « Et| nota, secundum Isidorum, quod prosa est producta ratio a lege metri resoluta, sic dicta, ex eo quod sit profusa ; sequentia vero dicta est quia pneumam jubili sequitur, et hic in Evangelio dicitur : *Sequentia sequentiæ,* in numero singulari. »

4. Non paucas in veteribus Missalibus hujus generis cantilenas, quas nonnulli etiam, uti dixi, *prosas* appellant, invenies. Et quoniam privata fidelium pietas multas elucubrarat, quas Missis inferri

(91) Lib. iv *Ration. divin. offic.* cap. 22.
(92) In eodem cap. num. 3.

cupit, plane diversæ in iisdem Missalibus occurrunt. Has recensere si velim, infinitus propemodum ero. Multas collegit is pius scriptor, cui debemus Parnassum sacrum, (93) multæ quoque occurrunt in veteri Missali Hierosolymitano, in Dominicano quoque, aliisque etiam. At sanctus Pius V, uti a Missali Romano [quatuor tantum relictis, in diebus scilicet solemnibus Paschatis, Pentecostes, et Corpus Domini canendis, seu recitandis, quibus addidit quartam in quibusdam mortuorum Missis canendam pariter, seu recitandam] reliquas omnes sustulit, ita eas sustulit, quæ in festivitatibus Virginis canebantur, vetustiores tantum preces retinens, quas sanctissimi doctissimique Patres composuerunt, multarumque Ecclesiarum consuetudo approbarat.

5. Tamen post sanctum Pium V in solemnitate sacratissimi Rosarii ex institutione domini Gregorii XIII Dominica 1 Octobris celebranda Missa *Sequentiam* olim habebat, cujus hæc est prima strophe :

Virginalis hortuli,
Verbi pubent surculi
Et efflorent pulluli
Fecunda propagine, etc.

[Quæ quidem *Sequentia* ex antiquiori Dominicanorum Missali desumpta est]. Atque id quidem liquet ex Missa Gregorii XIII tempore edita : sed cum postea subsequentium pontificum concessione ad plurimas ecclesias, tum denique ad Ecclesiam universam ea festivitas sese protendit, ea sequentia sublata est : retinet tamen aptam cantilenam, seu *Sequentiam* Missa in honorem dolorum Virginis quæ Romanorum pontificum edictione in Romanum Missale inducta est, quæ sequentia B. Jacobonum auctorem habuisse, constans scriptorum assertio est.

(9ℑ) Pag. 6, 8, 21, etc.

DISSERTATIO XIII.

PIIS OPERIBUS, QUIBUS AD SANCTIUS CELEBRANDAS MARIÆ FESTIVITATES NOS PRÆPARAMUS.

CAPUT I.

Loca quædam Ecclesiæ et Patrum adducuntur, in quibus generatim id traditur.

1. Consuevisse jam dudum fideles diebus, qui præcipuas solemnitates anteeunt, se piis operibus exercere, ut iis se disponerent ad devotius, sacratiusque easdem solemnitates celebrandas, fierent, que quodammodo aptiores ad ea recipienda beneficia, quæ in iisdem solemnitatibus liberalius ac largius tribuere solet Deus, is tantum vocare in dubium poterit, qui animum non advertet ad ve-

(94) Hymn. ad Matut. Domin. Quadrages.

tustissimas celebresque Ecclesiæ edictiones, quibus illa fidelibus præcepit, ut ad Dominicam nativitatem, et Paschalem solemnitatem jejuniis, eleemosynis, aliisque pietatis argumentis se prepararent. Ex his subsequentia seligo

Utamur ergo parcius
Verbis, cibis et potibus.
Somno, jocis et arctius
Perstemus in custodia.
Vitemus autem noxia,
Quæ subruunt mentes vagas (94), etc.

2. Leo Magnus, serm. 3, *De Quadragesima* ad

hunc modum incipit : « Semper quidem nos, dilectissimi, sapienter et sancte vivere decet, et in id
voluntates nostras actionesque dirigere, quod divinæ novimus placere justitiæ. Sed cum ii appropinquant dies, quos illustriores nobis salutis nostræ
sacramenta fecerunt, diligentiore sollicitudine corda
nostra sunt mundanda, et studiosius exercenda est
disciplina virtutum : ut sicut ipsa mysteria quadam
sui parte majora sunt, ita et nostra observantia
superet in aliquo consuetudinem suam : et cui
festivitas est celebranda sublimior, ipse quoque in
ea reperiatur ornatior. » Et capite 1, serm. subseq.
id est, 4, De Quadrages. « Debebatur quidem tantis
mysteriis ita incessabilis devotio et continuata reverentia, ut tales permaneremus in conspectu Dei,
quales nos in ipso Paschali festo dignum est inveniri. Sed quia hæc fortitudo paucorum est, et dum
carnis fragilitate austerior observantia relaxatur,
dumque per varias actiones vitæ hujus sollicitudo
distenditur, necesse est de mundano pulvere etiam
religiosa corda sordescere : magna divinæ institutionis salubritate provisum est, ut ad reparandam
mentium puritatem quadraginta nobis dierum exer-
citat'o mederetur , in quibus aliorum temporum
culpas et pia opera redimerent, et jejunia casta
decoquerent. Non enim in sola abstinentia cibi stat
nostri summa jejunii, aut fructuose corpori esca
subtrahitur, nisi mens ab iniquitate revocetur, et
ab obtrectationibus lingua cohibeatur. Sic ergo
nobis edendi est moderanda libertas, ut etiam aliæ
cupiditates eadem lege frenentur. Mansuetudinis et
patientiæ, pacis et tranquillitatis hoc tempus est :
in quo, exclusa omnium contaminatione vitiorum,
perpetuitas nobis est obtinenda virtutum. Nunc
piarum mentium fortitudo donare culpas, negligere
contumelias et oblivisci assuescat injurias. Nunc
fidelis animus per arma justitiæ a dextris se exerceat et sinistris : ut per gloriam et ignobilitatem,
per infamiam et bonam famam, securam conscien-
t am , constantemque probitatem, nec laudes
inflent, nec opprobria defatigent. Religiosorum modestia non sit mœsta, sed sancta : nec inveniantur
in eis ullarum murmura querelarum, quibus nunquam desunt sanctorum solatia gaudiorum. Non
timeatur inter opera misericordiæ terrenarum di-
minutio facultatum. Semper dives est Christiana
paupertas, quia plus est quod habet, quam quod non
habeat. Nec pavet in isto mundo indigentia laborare, cui donatum est, in omnium rerum Domino
omnia possidere. » Alia hujus generis monita habes
dissert. 6, De cultu sanctorum, cap. 21 et seqq., ac
præsertim, cap. 32.

3. Neque vero ad Paschalem solemnitatem, aut
Nativitatem Domini Jesu sanctius celebrandam, id
tantum a fidelibus poposcit Ecclesia. Id in sanctorum solemnitatibus etiam fieri voluit : qua de re
nos dubitare non sinunt ea, quæ de sanctorum cultu

disserens locis modo citatis tradidi. Quo posito, an
id omissum censebis in solemnitatibus iis, quæ in
Mariæ honorem sunt institutæ? Minime utique :
imo vero id maxime servatam dices in solemnioribus iis festivitatibus, quæ ad sanctorum Reginam
celebrandam, ejusque præclarissima gesta recolenda sunt institutæ. Cave vero putes id temere a
me dici, quasi eo tantummodo argumenti genere
uterer, quod a minori ad majus logici appellant.
[Quanquam si eo uterer, haud inepte sane dispu-
tarem.] Expressissime, si tu jubes, id quod contendo, facile evincam, et ea pietatis genera sermonem coarctans, de quibus De sanctorum cultu
agens, haud indiligenter disserui : sunt vero vigiliæ,
jejunium, eleemosynæ et affinia alia charitatis erga
proximum argumenta.

CAPUT II.

Sigillatim ostenditur, consuevisse fideles vigiliis se
ad B. M. V. festivitates præparare.

1. Vigilias hic non pro jejunio sumimus, quemadmodum sumpserunt ecclesiastici scriptores
post sæculum XII, aut si vis, sæculo ipso XII; sed in
rigoroso et *proprio* sensu sumimus, quatenus scilicet vox hæc somni privationem, seu noctem vigilando insumptam denotat. Sumere autem consueverunt ecclesiastici scriptores antiquiores vocem
hanc, ad significandam noctem precibus, hymnis
et psalmis et sacris canticis in Ecclesia insumptam.

2. Ea porro ratione fuisse vigilem ductam noctem,
quæ B. Mariæ Virginis Assumptionem præcederet,
ut ad eamdem festivitatem pie celebrandam se
præpararent fideles, ex his monumentis colligimus.
In Gregorii Magni Sacramentario expressissime
Missa in ea *Vigilia* recensetur ; edocemur quoque
a prima ejusdem Missæ prece eamdem Missam
fuisse institutam, ut eidem astantes fideles sese ad
celebrandam Virginis Assumptionem disponerent.
En illam : *Deus qui virginalem aulam beatæ Mariæ,*
in qua habitares, eligere dignatus es ; da, quæsumus,
ut sua nos defensione munitos, jucundos faciat suæ
interesse festivitati. Qui tecum vivit, etc.

3. Sæculo IX Romanam Sedem obtinuit vir
sanctissimus Leo IV. Eum porro, noctem præcedentem Assumptionem Virginis insomnem insumpsisse
in ecclesia, orando scilicet, et sacras preces canendo cum clero, ex iis eruimus, quæ de insomni ab
eo ducta nocte præeunte octavam Virginis deinceps
dicemus. An omisisse eum putas nocte proxime
præcedente Assumptionem ea Virginis obsequia, quæ
nocte anteeunte octavam ejusdem Assumptionis
Virgini detulit?

4. In præclaro illo libro, quem *De antiquis mona-*
chorum ritibus inscripsit Martene, et auctum edidit
præstantissimus Muratorius, edocemur, in nobilissimis monasteriis fuisse insumptam noctem, quæ

Virginis Assumptionem præcederet, in solemni Officii celebratione. Lector, qui ea de re certior fieri optat, ea consulat, quæ ad hunc diem habet liber ille, quem allegavi. Mihi satis sit priora tantummodo verba describere (96) : « XIX Kalendas Septembris Vigiliam Assumptionis gloriosissimæ Virginis Mariæ solemniter celebrabant antiqui non secus ac Vigiliam ipsius Natalis Domini, Paschæ, aut Pentecostes. »

5. Sæculo xi, aut si vis xii, editæ sunt Constitutiones et Cæremoniale [seu *Ordinarium*] canonicorum regularium S. Andreæ de Musciano. Ex iisdem porro Constitutionibus, quæ in nostra bibliotheca adhuc supersunt, discimus clerum quidem ejusdem Ecclesiæ in primis, tum reliquos fideles Ecclesiæ illi propinquos non modo Assumptionem Virginis, verum etiam reliquas in ejusdem Virginis honorem institutas festivitates sacris Vigiliis prævenisse. Audi quid tradat cap. 18, lib. vii : « Matutinales Missas certis diebus populo celebramus, et certis diebus intermittimus. Propter novitios itaque, vel potius sacristas, ipsos dies commemoramus, quibus eos celebramus. Omnibus diebus Dominicis, et feriis secundis, et feriis sextis, exceptis his qui suo loco prænotati sunt. In omnibus solemnitatibus Domini. Idem in Nativitate, Circumcisione et Epiphania ejus. A capite Jejunii quotidie usque ad Cœnam Domini. Per totam hebdomadam Paschæ. Per totam hebdomadam Pentecostes. In omnibus festivitatibus S. Mariæ, vel apostolorum, » etc.

6. Adeo vero cordi fidelibus erat, ut hæc ratione Assumptionem Virginis honorarent, ut octavam ejusdem solemnitatis eodem honoris genere nonnullis in locis afficerent. An id contemptum putas a minoribus Ecclesiis, quod jam dudum in omnium præstantissima, et matre Romana scilicet, peractum novimus ? Audi quid de Leone IV, qui sæculo ix sanctissime Romanam rexit Ecclesiam, novimus : « Octavam Assumptionis, inquit Anastasius Bibliothecarius (97), beatæ Dei Genitricis diem, quæ minime Romæ antea colebatur, Vigiliis sacris, Matutinisque cum omni clero pernoctans laudibus in basilica ejusdem semper Virginis Dominæ nostræ, quæ foris muros, juxta basilicam beati Laurentii martyris sita est, celebrari præcepit. »

7. Nolim vero putes, fideles sacras Vigilias tantummodo egisse nocte præeunte Assumptionem, aut, si vis, octavam illius. Noctibus præeuntibus reliquas Virginis festivitates egisse in Ecclesiis insomnes, pias scilicet preces hymnosque, et sacra cantica canendo recitandoque, ex aliis ecclesiasticis monumentis assequimur. Recole quæ ex Ordinario S. Andreæ de Musciano paulo ante attulimus. Sed alii etiam ad id ipsum evincendum adsunt

ecclesiastici libri. Ille ipse, quem pariter allegavi, liber *De antiquis monachorum ritibus* hæc nos docet (98) : « Vigiliæ Purificationis meminere maxime Dionysianæ, Compendiensesque consuetudines : Dionysianæ quidem in hæc verba : *In vigilia Purificationis B. Mariæ magna Missa festive celebretur...* Compendienses vero sic : *Tertio Nonas Februarii, Purificatio B. Mariæ in Vigilia ad Missam Officium*, etc. »

8. Festivitates porro Purificationis et Visitationis B. Mariæ Virginis pari obsequio præivisse fideles, ea nobis facile persuadebunt, quæ idem Martene ad festivitates Purificationis et Visitationis notat (99).

9. At (inquiet hic aliquis acutulus disputator) si ita se habet res, haud multum antiquus est mos anticipandi vigiliis solemniores Virginis festivitates ; neque enim Gelasianus codex ad eas statuendas affertur, neque vetusta Kalendaria et Martyrologia : imo eas prætereunt Kalendarium Romanum a claris. Frontone editum, et Martyrologia omnia Adonis Martyrologio vetustiora : quæ res manifesto declarat, Virginis festivitates hoc obsequii genere antiquitus caruisse : et tamen eo non carebant solemniores apostolorum et martyrum festivitates (1).

10. Vidimus Sacramentarium Gregorii Vigiliæ Assumptionis meminisse, et licet eam omittant nonnulli ejusdem Sacramentarii codices, eam tamen habent ii probatissimi, quibus ubi sunt viri præclarissimi, et in criticæ studiis exercitatissimi : quibus addas, velim, codicem eum quo usus est præclarissimus Muratorius, eum quoque valde vetustum, habentem tamen Missam in Vigilia Assumptionis, quam alibi ex parte exscripsimus. Habent quoque nonnulla valde vetusta Kalendaria et Martyrologia, qua de re consule, quæ Florentinius, Sollerius et Georgius docent (2). Habent denique affines libri, quos alibi allegavimus, et hic recolat, volo, lector. Hæc etiam adjunge ex *Ordine divinorum officiorum Senensis Ecclesiæ* nondum edito (3). « In Vigilia itaque Assumptionis ad Vesperum super psalmos, antiph. *Ecce tu pulchra*, et cæteræ cum psalmis : *Laudate, pueri*, et omnes antiph. ante psalmos ; et post, totæ cantantur... Quibus dictis omnes eodem ordine revertuntur in chorum, et tunc a domino episcopo, si fuerit præsens, solemni benedictione prolata, et dicto ibi *Benedicite*, honorifice ducantur ad potum. Ex antiqua enim consuetudine totus clerus civitatis in majori ecclesia tali sero Vesperis interesse consuevit.

« *De officio matutinali in festo Assumptionis*. — Ad Matutin. Invitator. *In honore beatissimæ*, et

---

(96) Lib. iv, cap. 7, pag. 576, tom. IV Oper.
(97) In Leone IV, pag. 503.
(98) Lib. iii, cap. 7, n. 3, pag. 298.
(99) Lib. ii *De antiq. eccl. rit.* cap. 15, pag. 127, et cap. 33, pag. 580.

(1) Vide quæ de cultu sanct. agens cap. 21, dissert. 6, tradidi.
(2) Ad diem 14 Augusti.
(3) *De officio Vesperi*, in Vigilia Assumptionis, cap. 447.

fiunt duo chori præcantando : *Venite*, et dicitur totum Invitatorium divisim a choris cum organo, et post æqualiter reiteratur a choro, et dicto *Venite*, hymnus *Quem terra*, ibidem incipitur, et totus primus versus ab eis dicitur, et semper cum organo. Quo dicto, veniunt ad manum episcopi, si fuerit præsens. In primo nocturno antiph. *Specialis*, quæ omnes ante psalmos, et post psalmos cantentur totæ, et cum organo quælibet, et tertia antiphona in nocturno finitur cum jubilo. Antiph. *Cæli Regina*. Antiph. *Virgo Creatoris*. ℣ *Assumpta est*. › Quæ quidem et reliqua omnia, quæ in eo capite subsequuntur, perspicue ostendunt, noctem præcedentem solemnitatem Assumptionis fuisse a fidelibus in sacris Vigiliis, hymnisque et psalmis et antiphonis in Virginis Mariæ laudem summa lætitia concinendis insumptam. Noctem pariter præcedentem festivitatem Nativitatis B. M. V. fuisse haud absimili, licet minus solemni sacra pompa a fidelibus actam, innuunt ea, quæ in eodem *divinorum officiorum Senensis Ecclesiæ Ordine*, cap. 469, exstant. Et in capite 536, cui hic præponitur titulus : *Quibus festis Vigiliam facimus*, etc., hæc habentur : ‹ Consuevimus autem in quibusdam festivitatibus, quibus antiphonas duplicamus, sero vigiliam in tribus lectionibus celebrare, sicut in festo sanctorum Fabiani et Sebastiani; Translationis sancti Ansani; in festo sancti Bartholomæi apostoli. › An Vigilias omisisse putas in festivitatibus M. V., si in festis martyrum eas agebant?

11. Sed fac eam, de qua agimus, Vigiliam in antiquis ecclesiasticis libris fuisse omissam, non propterea martyres, in quorum pervigilio pernoctabant in ecclesia fideles, hoc ipso obsequii genere Mariæ præponebant. Nimirum, dum solemnes Vigilias noctibus Nativitatem Dominicam, Circumcisionem et Epiphaniam præcedentibus agebant fideles, ad Virginem honorandam eas ipsas vigilias dirigebant. Eximiæ scilicet Virginis laudes in his solemnitatibus celebrantur, magnaque pars Matutinorum Officiorum harum solemnitatum in commendanda Virgine insumitur : adeo ut, non Jesus tantummodo, sed et Virginis festivitates eæ sint. Q od dicas etiam volo de festivitatibus Annuntiationis et Purificationis.

CAPUT III.
De jejunio Mariæ festivitatibus præposito.

1. A priscis usque temporibus hanc inhæsisse fidelium animis erga Deiparam pietatem, ut solemnitatem ad recolendam felicissimam illius Assumptionem institutam jejunio prævenirent, luculentissimus testis Nicolaus I, affirmat; Bulgarorum enim sciscitationibus respondens hæc scriptis prodidit (4) : Quadragesimale jejunium, quod est ante

Pascha, jejunium post Pentecosten et jejunium ante solemnitatem Assumptionis sanctæ Dei Genitricis, et jejunium ante Natalem Domini : quæ jejunia sancta Romana Ecclesia suscepit *antiquitus*, et tenet. ›

2. Auctor sermonum *Ad fratres in eremo* (qui quidem sermones sancto Augustino, licet perperam, ab aliquibus tributi sunt) sæculo xii vixisse creditur. Is porro antiquitatem jejunii quod dicimus, tradit, sic auditores alloquens suos (serm. 24) : ‹ Scitote fratres, quod antiquitus patres nostri fideles jejunare consueverunt in Vigiliis magnarum solemnitatum. › Concilii Enhamensis canonem 15, deinceps allegabimus, hic, si vis, pariter allega.

3. Ac jejunio quidem [ad plures dies fortasse producto], aut certe *abstinentia carnis et sanguinis* (5) consuevisse fideles Virginis Assumptionem prævenire, ex concilii Salegustandiensis edictione discimus, quæ ad hunc modum se habet (6) : ‹ Ut quatuordecim dies omnes Christiani ante festivitatem sancti Joannis Baptistæ in abstinentia sint carnis et sanguinis, nisi infirmitate impediente, aut alicujus festi solemnitate, quæ in illo episcopio celebris habeatur, intercedente, et ante Nativitatem Domini similiter, et in Vigilia Epiphaniæ, et in omnibus Vigiliis apostolorum, et in Vigilia Assumptionis sanctæ Mariæ.

4. Ex aliis etiam monumentis assequimur, hoc, de quo agimus, pietatis erga Virginem genus jamdudum invaluisse. Sæpe allegavi *Ordinarium*, seu, si appellare ita vis, *ecclesiasticas Constitutiones canonicorum reg. S. Andreæ de Musciano*, quas sæculo xi, aut xii conditas dixi. Sed hic quoque allegari merentur. Hæc scilicet in iis habentur (7) : ‹ In die sancto Assumptionis S. Mariæ Virginis. quem jejunio, et Missa devote prævenit omnis Ecclesia. ›

5. Atque id ipsum indicat etiam Innocentius III, dum Braccarensi archiepiscopo jejunia recensens, quæ Romana servabat Ecclesia, illius etiam meminit, quod Assumptionem Virginis proxime præcedit (8).

6. Alia si addidero, inutilem videbor in re notissima operam impendere; manifestum est scilicet et cuique compertum, Romanæ Ecclesiæ consuetudinem in eo de quo agimus obsequio erga Virginem, reliquas Latinas Ecclesias mira consensione excepisse.

7. Nolim tamen putes (apud aliquos saltem ecclesiasticos) mite hoc, ut ita loquar commune, et usitatum fuisse jejunium, quo ad festivitatem hanc se præparabant. En quid in Constitutionibus, seu Statutis canonicorum regularium monasterii Nicosiensis inveni (9) : ‹ Vigilias quoque Assumptionis, omnium sanctorum, et omnes sextas ferias Qua-

---

(4) Num. 4, pag. 1536, tom. IX *Concil.* Labbei ed. Venet Albrit. etc.
(5) Fortasse, *sagiminus*, legendum est.
(6) Cap. 1, pag. 1570, tom. XI *Concil.* Lab. ed.

Venet. Albrit. etc.
(7) Lib. vii, cap. 7.
(8) *Decret.* tit. xlvi, *De observant. jejun.* cap. 2.
(9) Part ii, cap. 10, *De jejuniis et cibis nostris.*

dragesimæ facimus in pane et aqua, fructibus et herbis crudis. ›

8 At magis etiam quam Latinorum, se prodidit Græcorum pietas in eluendis diuturniori jejunio animis iis diebus, quæ Virginis Assumptionem anteirent. Quadraginta scilicet diebus Assumptionem proxime præcedentibus jejunio se castigant, excepta tantummodo Transfigurationis Dominicæ die, quam scilicet diem, ut festivius et solemnius colant, jejunii expertem esse volunt.

9. At, ut ad Latinos revertar, dum jejunio Assumptionem Virginis prævenerunt, reliquas ejusdem Virginis festivitates hoc obsequii genere colere non omiserunt. Concilium Enhamense valde vetustum, anno scilicet 1009 celebratum (10), can. 15, hæc statuit : « Genitricis Domini hamque nostri, almæ videlicet Mariæ, festa solemnia primo cum jejuniis, et postea cum suavissima melodiarum cantilena honorifice ab omnibus celebrentur solemniter. › Dum generatim *Mariæ festa solemnia* ea synodus memorat, neque ullius speciatim meminit, haud obscure declarat, statuisse eos Patres, ut eas Virginis festivitates, quas iis temporibus celebrabat Ecclesia, jejunio præoccuparentur. Quod deinceps optasse Urbanum VI, alibi dixi (11).

10. Verum, ut sigillatim ad reliquas celebriores Virginis festivitates descendam, quod ad Nativitatem Virginis attinet, ea recolas, volo, quæst. 3 superioris dissertationis tradidi; notare hic tantum libet, quæ in Breviario Augustiniano an. 1462 conscripto, pag. 579, inveni : « Hæc sunt jejunia, quæ sancta Mater præcipit observanda. In primis jejunium Quadragesimæ majoris, Quatuor temporum, S. Mathiæ apostoli, S. Pentecostes... Nativitatis B. M. V., › etc.

11. Quod porro de Nativitate Virginis dixi, dicere merito possumus de Purificationis festivitate; licet enim revera nullo præcepto obligemur, ut jejunio festivitatem hanc præveniamus, indubitatum est tamen, plerosque fideles id peragere: Aliqua delibo ex veteribus monumentis, ne temere id tradidisse videar, quod modo tradidi. Tomo III operis inscripti De antiquis Ecclesiæ ritibus hæc occurrunt (12) : « Sunt etiam qui autumant alicubi jejunium olim fuisse per aliquot dies ante Purificationem ; verum ad id probandum auctores deficiunt: huic tamen opinioni asserendæ favere posset, quod in veteri Missali Bituricensi, in Parisiensi annorum 300, in veteri Breviario ordinis Fontebraldensis, et in Ordinario Silvanectensi notatur: *Vigilia Purificationis*, id quod ad jejunium proxime accedit. ›

12. De festo Visitationis agens dixi institutam fuisse illam apud Latinos ab Urbano VI, confirma-

tam deinceps a Bonifacio IX, a concilio Basileensi, et a Romanis pontificibus Basileense concilium subsequentibus. De ea et jejunio die proxime festivitatem hanc præcedente consule, quæ docet Martene loco, quem in margine allego (13). Hæc tantum ex eo afferre libet, quæ idem Martene majori ex parte se ex Scultingo desumpsisse ait : « Hæc festivitas cum Vigilia, jejunio et octava olim recolebatur... In Vigilia Visitationis Mariæ Epistola: *Signum magnum apparuit in cœlo* (Apoc. xii, 1); Evangelium: *Dum esset desponsata* (Matth. i, 18 seqq.) Treviris Moguntiæ monasterii Strigoniæ, et apud dominos Theutonicos introitus in Vigilia. *Rorate, cœli,* › etc. Quis autem ignorat iis, quibus hæc sunt scripta, temporibus, Officium vigiliæ in iis ecclesiis fuisse celebratum, in quibus jejunium servabatur.

13. Sed ad omnes Mariæ festivitates jejunio valde austero se præparasse sæculo xv malos ipsos Christianos, ex sancto Antonino assequimur (14) : « Sed et mali Christiani modo suo benedicunt Virginem ; nam et homicidæ, adulteri, incestuosi, blasphemi, proditores jejunantes in honorem ejus Sabbatis, vel totum annum die Anuntiationis, vel Vigilias festivitatum ejus in pane et aqua, › etc.

14. Neque vero in sæculo xv, cœpit hic mos. Sæculo xiii (quod crebro dixi) Dominicanorum ordinem pietate ac scientia nobilis frater Bartholomæus Tridentinus illustravit. Hæc porro scripsit (15) : « His nostris temporibus fuit in Gallia quidam vir sceleratus. Hic ob spem, ne impœnitens moreretur, ad honorem Christianorum spei, Matris Dei, Nativitatis, Annuntiationis, Purificationis et Assumptionis Vigilias arcto jejunio observabat, et in aliis Virginem honorabat. Tandem ab inimicis comprehensus diris vulneribus transfoditur, sed non poterat consummari. Ait ergo: Mori non potero, nisi confitear presbytero. Sic a Matre misericordiæ impetravi. Obstupefacti celeriter sacerdotem adducunt, confitetur et statim emittit spiritum. Quæ videntes qui aderant, Virgini nostræ se vovent devotos, et quem hostem prius habuerant, in devotione magistrum habuerunt. › Id ipsum antea narrarat, adjeceratque, *superesse adhuc, qui ea quæ narrabat, viderant* (16).

15. Quod porro antea ex sancto Antonino *De jejunio per totum annum die Annuntiationis* celebrato jam dudum in Ecclesia usitato discimus, [quo obsequio Annuntiationem Virginis, quæ in Quadragesimam incidit, copiosius honorarent] ex his ejusdem Bartholomæi Tridentini verbis assequimur (17): « Hæc dies (Annuntiationis) a domino Innocentio IV, et a dominis cardinalibus quibusdam, et a mul-

(10) Tom. XI *Concil.* Labbe pag. 1072, edit. Venetæ Albrit.
(11) Dissert. 13, sect. 2, quæst. 3.
(12) Lib. iv. cap. 15, num. 4, pag. 128.
(13) *De antiq*. *Eccles. ritib.* lib. iv. cap. 33.
(14) Part. iv *Summæ*, tit. xv, cap. 14, pag. 1099,

tom. IV editionis Veronensis, p. 3.
(15) In miraculis additis libro quem inscripsit: *Vitæ et Actus SS. per anni circulum,* cap. 135.
(16) Cap. 105, *Nativitas B. Mariæ Virginis.*
(17) Cap. 38, *Annuntiatio beatæ Mariæ Virginis.*

tis aliis discretis in tanta habetur reverentia, ut per totum annum, feriam, in quam venerit, jejunent. Et multa bona ex tali jejunio evenerunt. ,

CAPUT IV.

De eleemosynis, aliisque piis erga proximum operibus, quibus ad Mariæ festivitates se parabant fideles.

1, Luculenter alibi ostendi (18), priscis ipsis Ecclesiæ sæculis, eleemosynas jejuniis fuisse conjunctas : atque eum morem deinceps etiam fuisse servatum. Ea quæ loco, quem in margine allego, tradidi, recolat lector, volo; satis mihi est Leonis Magni verba, quæ cap. 1, hujus dissertationis allegavi, hic recolere, ea quoque, quæ cap. 32, dissert. 6, *De cultu sanctorum,* jam citatæ docui. Adjice, et hæc ex Alcuino, cap. 16, libri *De virtutib. et vitiis.* ‹ Perfectum est jejunium, quod in eleemosynis et oratione fit. Cœlum transit, et ad thronum altissimi Dei pervenit: tunc enim homo spiritualis effectus, angelis conjungitur. › Sed fortasse satis est hic Gregorium Magnum excitare, jubentem scilicet hæc in pervigilio martyrum canere, seu recitare sacerdotem (19): *Vere dignum et justum est, æquum et salutare, nos tibi semper, et ubique· gratias agere, Domine sancte, Pater omnipotens, æterne Deus: misericordiæ dator et totius bonitatis auctor, qui jejuniis, orationibus et eleemosynis peccatorum remedia, et virtutum omnium tribuis incrementa, te*

(18) *De cultu sanctorum,* dissert. 6, cap. 32.
(19) In Præfat. Missæ in Vigil. plurim. Martyr. pag. 163, edit. Paris. 1642, in edit. Oper. Gregor. M. Veneta an. 1744, pag. 158, tom. III.
(20) Vide, quæ Patres et interpretes docent ad verba illa Joannis evangelistæ (II, 3). *Vinum non habent.*
(21) Vide dissert. 1 et 2, hujusce II partis.
(22) ‹ Tria vero sunt (inquit ille cap. 4 serm. 11, *De jejunio decimi mensis et collectis),* quæ maxime ad religiosas pertinent actiones, oratio scilicet, jejunium et eleemosyna, quibus exercendis omne quidem tempus acceptum, sed illud est studiosius observandum, quod apostolicis accepimus traditio-

humili devotione precamur, ut *qui sanctis tuis, quorum festa prævenimus, martyrii dedisti coronam, intercessionibus eorum ad hæc agenda nobis tribuas indefessam efficaciam. Per Christum, etc.*

2. Annon vero id aptius de Maria, quam de martyribus, aut sanctis quibuslibet dices? Sæpissime a Patribus edocti sumus nullum pietatis genus magis placere sanctis, ideoque Mariæ, quam illud, quod in imitatione pietatis positum est. Quis vero dubitet, num in eleemosynarum largitione, aliisque operibus, quibus miseratio nostra erga proximum eminet, imitemur Mariam, quam, dum mortalem vitam ducebat, misericordem novimus (20): misericordiosissimam vero esse scimus, postquam in cœlum assumpta, advocata nostra, et piissima Mater effecta est (21)? Annon vero acceptissimum erit illi, ut conservorum ac fratrum nostrorum misereamur, quæ cum *Mater misericordiæ* sit, filios suos procul dubio misericordes exoptat? Expresse dixi : *Aliisque piis operibus,* nam etsi jejunium et eleemosynas maxime efflagitent Patres, dum ea recensent pia opera, quibus nos ad festivitates præparamus, orationem etiam exposcunt, ut utilitas jejunio non modica accrescat, et si ad præparationes ad Mariæ festivitates id transferas, quod cum jejunio ecclesiastico jungi, exposcit Leo, id sane trades, quod Patrum monitis, et Ecclesiæ desiderio consentaneum valde est (22).

nibus consecratum : sicut etiam decimus hic mensis morem refert veteris instituti, ut tria illa, de quibus locutus sum, diligentius exsequamur. Oratione enim propitiatio quæritur, jejunio concupiscentia carnis exstinguitur, eleemosynis peccata redimuntur; simulque per omnia Dei in nobis imago renovatur, si et in laudem ejus semper parati, et ad purificationem nostram sine cessatione solliciti, et ad sustentationem proximi indesinenter sumus intenti. Hæc triplex observantia, dilectissimi, omnium virtutum comprehendit effectus. › Vide, quæ tradit ille sermonibus reliquis ejusdem tituli, sed præsertim serm. 12, *De jejunio decimi mensis,* et collectis ejusdem.

DISSERTATIO XIV.

DE MISSIS QUÆ *S. Mariæ* APPELLANTUR. DE IIS QUOQUE, QUÆ IN ILLIUS HONOREM CELEBRARI DICUNTUR. DE IIS DENIQUE QUÆ *Votivæ sanctæ Mariæ* DICI SOLENT.

1 Si Missas alias quæ in sanctorum honorem celebrantur irrident, odioque habent Protestantes eas quæ *S. Mariæ* appellantur, eas quoque quæ in ejusdem *Virginis honorem* celebrari dicuntur, vehementius redarguunt, et, ut libere loquar, exsecrantur etiam. Aiunt scilicet nos hoc pietatis argumento cum sanctos reliquos æquo justius colamus, in celebrandis Mariæ Missis, reprehensionem adhuc majorem offendimus; etenim illi frequentiores Missas offerimus ; in festivitatibus scilicet in illius hono-

(23) Dissert. 6, cap. 12, 20, 23.

rem ab Ecclesia institutis, in illius Vigiliis, in Sabbatis pene omnibus illius honori dicatis. Annon vero tum deam veluti Mariam facimus, dum illi frequentiores Missas offerimus, in quibus Christianæ religionis sacrificium inesse dicimus ?

2. Irrideant porro, quantum eis libet, redarguant etiam et exsecrentur pietatem nostram Protestantes, modo noverint, id temere ab iis fieri. Recolat, rogo, lector, quæ de sanctorum cultu agens hoc de argumento luculenter dixi (23), et manifesto compe-

riet injustas esse, et a veritate ac prudentia alienissimas eorumdem Protestantium querelas. Neque enim
(quod luculenter pariter docui) sacrificium sanctis,
aut Mariæ offerimus, sed Deo ; occasione plerumque
sumpta a festivitate , quam in sanctorum, aut Deiparæ Virginis honorem celebramus ; interdum
etiam permoti a devotione et pietate in Virginem :
item fere ut *jejunii* Missam appellavere fideles
eam , cui jejunium occasionem dabat , seu
quæ jejunii tempore, Ecclesiæ jussu celebrabatur.
Hoc modo *Missam S. Mariæ* in Sacramentario Gallicano, quod Mabillonius evulgavit, appellari video
(24), quæ procul dubio *Missa est in sanctæ Mariæ
festivitate* celebranda ; et revera statim eam sequitur parilis Missa, quæ inscribitur : *Missa in S.
Mariæ solemnitate* (25).

3. Quod porro de Missa celebranda *in festivitate*
dixi , proportione dicere poteris de Missa, quam
devotione permotus celebrare statuo ; si enim
devotione, atque obsequio erga sanctissimam
Virginem Deiparam moveor , ut Missam illius
votivam celebrem, quis prohibere me poterit, ne
affini ratione ductus, eamdem quam celebro, *Missam sanctæ Mariæ* appellem ? Nonne Missa *sancti
Sigismundi* ea dicta est (26), ad quam celebrandam devotio urgebat, et desiderium impetrandæ
per Sigismundi suffragia sanitatis ? Diligenter perlego has Missas, et me vera locutum fuisse conspicies. Neque vero hæc tantummodo exempla adhibere possumus : aliud nobis præbet Agnelius Ravennas haud ignobilis historicus hæc de Maximiano
narrans (27) : « Edidit namque Missas per totum
circulum anni et Sanctorum Omnium. »

4. Quæ de Missis *sanctæ Mariæ* dixi, facile etiam
edisserent, quid sint Missæ in *Mariæ honorem celebratæ.* Sunt scilicet eæ Missæ, in quibus beneficia
a Deo Mariæ sanctissimæ collata recensemus, prædicamusque : neque enim alienum a vero est, quod
de Missis in *sanctorum honorem* celebratis alibi
tradidi (28) ; eas scilicet in *sanctorum honorem Missas*
fuisse appellatas, in quibus beneficia a Deo sanctis
collata, ideoque victorias a sanctis, Christi gratia
et virtute, relatas recensemus, commendamusque ;
quibus sane Missis refertissimi sunt libri ii, qui
Sacramentorum a veteribus sunt inscripti, ideoque
ii, qui Leonis Magni, Gelasii et Gregorii nomen
præferunt.

5. Eas etiam Missas in *Mariæ honorem* celebrari
aio, in quibus Mariæ intercessio et patrocinium
exprimitur, declaraturque a nobis, quantum de
illius meritis, atque interventu apud Christum
confidamus. Quibus quidem Missis eæ affines sunt
in quibus Deo gratias agimus, propterea quia Mariæ
interventu atque ope beneficium aliquod a Deo
receperimus : quis enim, nisi desipiat, neget hæc
honori Mariæ verti ?

(24) Tom. I *Musæi Italic.* pag. 298.
(25) *Ibid.*, pag. 299.
(26) *Ibid.* pag 544.

6. Neque vero hæc temere, et probabilibus exem
plis destitutus, dixi. Ut ea omittam, quæ in hodie
nis ecclesiasticis libris facile invenies, et huju
moris exempla a vetustioribus libris repetan
exstat *in* vetusto bibliothecæ nostræ codice, qu
multos veteres ecclesiasticos ritus, et Missas con
plectitur, et procul dubio sæculo xi exaratus es
ut eo uterentur clerici Ecclesiæ Venetæ, aut cert
diœcesis alterius Venetiis proximæ ; exstat , i
quam, in eo codice (pag. 44), *Missa in honorem S
Mariæ quotidianis diebus, vel die Sabbato,* in qu
prima oratio hæc est : *Concede 'nos famulos tuo.
quæsumus, Domine Deus, perpetua mentis et corpor
sanitate gaudere, et gloriosa beatæ Mariæ sempe
Virginis intercessione a præsenti liberare tristiti
et futura perfrui lætitia. Per Christum,* etc. — L
ctio libri Sapientiæ : *Ab initio et ante sæcula, et
—* Graduale : *Propter veritatem et mansuetudinen
etc. —℣ Audi, filia, et vide, et inclina aurem tuan
quia concupivit Rex speciem tuam. Alleluia. Assun
pta est Maria in cœlum, gaudent angeli, laudant
Deum et benedicentes Dominum.* —Evangelium s
cundum Lucam. *In illo tempore : Intravit Jesus i
quoddam castellum..... Maria optimam partem el
git quæ non auferetur ab ea.* —Offertorium. *Av
Maria, gratia plena, benedicta tu in mulieribus,
benedictus fructus ventris tui.*— Secreta. *Tua, D
mine, propitiatione, et beatæ Mariæ semper Virg
nis intercessione ad perpetuam atque præsentem ho
oblatio nobis proficiat prosperitatem.* — Præfati
*Æterne Deus, et præcipue pro meritis beatæ, glori
sæ, semperque Virginis Mariæ gratia plenæ tua
omnipotentiam collaudare : quæ et Unigenitum tuu
sancti Spiritus obumbratione concepit, et virginita
gloria permanente huic mundo lumen æternum ef
dit. Per quem,* etc.—Communio : *Diffusa est gratia
labiis tuis, propterea benedixit te Deus in æternun
—* Postcommunio : *Sumptis, Domine, salutis nost
subsidiis : da, quæsumus, ejus nos ubique patroci
protegi, in cujus veneratione hæc tuæ obtulimus m
jestati. Per,* etc. — Altera : *Omnipotens sempiter
Deus, famulos tuos dextera potentiæ tuæ a cun
protege periculis, et beata Maria semper Virgine
tercedente, fac eos præsenti gaudere prosperitate
futura. Per,* etc.

7. Quod de *Missis S. Mariæ,* et *In honorem S. M
riæ* dixi, pro portione dic de *Missis votivis S. Mar
etenim Missæ votivæ, vel eas significant in qui
vota nostra porrigimus Deo [suffragatione vis
lius sancti adjuti, cujus Missa votiva illa dicit
vel eas, in quibus vota facimus vel persolvimus,
si vis, eas, in quibus *vota,* seu nostra desideria
torum nomine expressa nota facimus. Quanq
porro prior significatio aptior videatur ad eas l
sas indicandas, quas hodierna Missalia hab
aliæ tamen priscis temporibus exstitere, in qu

(27) In *Vita Maximiani,* cap. 6, pag. 108 par
tom. II *Rer. Italic.*
(28) *De cultu sanctor.* Dissert. 6, cap. 33, n.

Missæ in sanctorum honorem celebratæ ita devotorum vota expresse memorant, ut indicare videantur vota quæ in Ecclesia fierent, dum quis Ecclesiæ, seu altaris, aut hospitalis, aut alterius pii, et
sacri operis servitio se devovebat. Cur vero in
Virginis honorem negabis, fuisse aliquando hujusmodi Missas celebratas, quandoquidem novimus,
et memoratam fuisse aliquando in votorum formula Virginem (29), et invocatam sæpissime a fidelibus, ut eam adjutricem in votorum exsecutione
haberent ? Sed præstat aliquam ex iis, quas dixi,
Missis, lectori exhibere, quam seligo ex eo ipso
sæculi xi codice, quem antea allegavi, et comprehendere dixi ecclesiasticos nonnullos ritus, et Missas. En illam (p. 88) : Missa pro devoto in commemoratione sanctorum, quales volueris. — *Ego autem cum justitia apparebo in conspectu tuo : satiabor
dum manifestabitur gloria tua.* — Psal. *Exaudi,
Domine.* — Oratio. *Omnipotens et misericors Deus,
cui redditur votum in Jerusalem, per merita et intercessionem beati* (ill.) *martyris tui, exaudi preces
famuli tui* (30), *pinguia fiant holocausta sua, tribue
et quæsumus divitias gratiæ tuæ, comple in bonis
desiderium suum, corona ei* (31) *in miseratione, et
misericordia, tibique Domino pia devotione jugiter famuletur ; ignosce ejus facinora, et ne lugenda com-
mittat, paterna pietate castiga. Per,* etc.

Lectio Isaiæ prophetæ.—*Hæc dicit Dominus : Defertur munus Domino exercituum : et Rex fortis do-
minabitur eorum. In die illa erit altare Domino in
medio terræ, et cognoscetur Dominus, et colent eum
in hostiis et muneribus, et vota vovebunt Domino,
et solvent. Et revertentur ad Dominum, et placabitur
eis, et sanabit eos. In die illa erit Israel benedictio
in medio terræ ; cui benedixit Dominus exercituum
dicens : Benedictus populus meus, et opus manuum
mearum, hæreditas mea Israel : dicit Dominus omnipotens.* — Graduale : *Dirigatur oratio mea sicut
incensum in conspectu tuo, Domine.* — ℣ *Elevatio
manuum mearum sacrificium vespertinum.*—Alleluia
℣ *Te decet hymnus Deus in Sion, et tibi reddetur votum in Jerusalem.* — Alius ℣. *Replebimur in bonis
domus tuæ : sanctum est templum tuum, mirabile in
æquitate.*

Evangelium secundum Marcum.— *In illo :* [sub-
stitue *tempore*] *Sedens Jesus contra gazophylacium
aspiciebat quomodo jactarent æs in gazophylacium,
et multi divites jactabant multa. Cum autem venisset
una vidua paupercula misit duo minuta, quod est
quadrans. Et convocans discipulos suos ait illis :
Amen dico vobis, quia vidua hæc paupercula plus omnibus misit, qui miserunt in gazophylacium. Omnes
enim ex eo, quod abundabat illis, miserunt : hæc
vero de penuria sua omnia quæ habuit, misit totum
victum suum.* — Offertorium. *Sicut in holocaustum
arietum et taurorum, et sicut in millibus agnorum*

(29) Ego... promitto Deo, et B. Mariæ Virgini.
(30) Alias, *famulorum tuorum,* etc
(31) Id est, *eum.*

*pinguium, sic fiat sacrificium nostrum in conspectu
tuo hodie, ut placeat tibi, quia non est confusio con-
fidentibus in te, Domine.* — Secreta : *Exaudi, omnipotens Deus, deprecationem nostram pro famulo tuo*
[ill.] *qui in honore beati martyris tui* [ill.] *oblationem tibi offert, et per ejus merita vota perficias,
petitiones ejus ascendant ad aures clementiæ tuæ, et
descendat per eum pia sanctificatio, atque protectio
tua, ut sub umbra alarum tuarum protegatur, et
orationes nostræ, te propitiante, non refutentur : sed in
omnibus eum auxiliare atque defendere digneris. Per,*
etc. — Præfatio : *Æterne Deus, cujus potentia de-
precanda est, misericordia adoranda, pietas amplectenda, opera magnificanda. Quis enim disputare
potest opus magnificentiæ tuæ ? Sed nos in quantum
possumus miseri, territi quidem de conscientia, sed
fisi de tua misericordia clementiam tuam suppliciter
deprecamur, ut famulo tuo* [ill.] *intercedente beato*
[ill.] *martyre tuo remissionem peccatorum tribuas,
opus ejus in bonum perficias, vota* [condones] *condo-
nas. Per Christum.* — Communio : *Vovete, et reddite
Domino Deo vestro omnes, qui in circuitu ejus affertis
munera: terribili, et ei qui aufert spiritum principum, terribili apud omnes reges terræ.* — Postcommunio :[*Munere divino percepto, quæsumus, Domine,
ut devotionem famuli tui ill.* [vel *famulorum tuorum
ill.*] *confirmes in bonum, et mittas ei* [vel *eis*] *auxilium de sancto et de Sion tuearis eum* [vel *eos*] *Per,*
etc.

8. Tres alias ejusdem generis Missas habet idem
ipse, quem dixi, sæculi xi codex; affines alias habent vetusta Missalia nondum edita. Sed ea, quam
descripsi, Missa ad instruendum lectorem de eo,
de quo agimus, more, satis ut puto, erit.

9. Sed antequam hoc, quod persequor, argumentum, relinquo, adjicere juvat eas quas dicimus [in
honorem scilicet *S. Mariæ*] Missas haud infrequen-
tes in Ecclesia fuisse : quod quidem (ut reliqua
monumenta prætereeam) declarant ea vetusta Missalia quæ ego consului. Scilicet hunc habent titulum : *Missa in honorem S. Mariæ quotidianis diebus,
vel die Sabbato.* Et sane in Sabbato solemniter in
celebrioribus monasteriis celebratam fuisse Missam
in honorem Virginis Mariæ demonstrant ea quæ in
margine indico (32). Sed dum solemniter celebratam dixi Sabbato in celebrioribus monasteriis Missam, nolim ita ea accipiat lector, ut omissam in
nonnullis, fortasse etiam in multis Ecclesiis velim
quotidianam in honorem Virginis Missam. Unam
seligo ex eo ipso, ex quo superiorem Missam exscripsi, codice, quem ad cathedralis, aut certe præcipuæ alicujus clericalis Ecclesiæ usum compositum
fuisse constat : tametsi enim sanctos alios memoret
ea Missa, potissimum, tamen S. Mariæ meminit,
quam priori loco constanter (honoris præcipui
causa) nominat. En illam, pag. 46 : *Missa sanctæ*

(32) Ea consule, quæ allegat Martene : *De antiq.
monach. ritib.,* lib. ii, cap. 12, *De consuetudinib.
sabb.*

Mariæ, sive omnium sanctorum quotidianis diebus.
Oratio : *Deus qui nos beatæ Mariæ semper Virginis,
et beatorum spirituum, apostolorum, martyrum, confessorum et virginum, atque omnium simul sanctorum continua lætificas commemoratione, præsta, quæsumus, ut quos quotidiano veneramur officio, etiam
piæ conversationis semper sequamur exemplo. Per, etc.*
— Secreta : *Munera tibi, Domine, nostræ devotionis
offerimus, quæ et pro tuorum tibi gratia sint honore
justorum, et nobis salutaria te miserante reddantur.
Per, etc.* — Postcommunio. *Fac nos, Domine Deus,
sanctæ Mariæ semper Virginis subsidiis attolli, et
gloriosa beatorum spirituum, apostolorum, martyrum,
confessorum, virginum, atque omnium simul sanctorum protectione defendi, ut, dum eorum pariter quotidie commemorationem agimus, eorum pariter quotidie
ab omnibus adversis protegamur, auxilio. Per, etc.*
Affines missas recole, quas quæst. 5, dissert. 2,
attuli.

10. Ab Alcuino, seu Albino valde celebri Caroli
Magni temporibus viro, compositas fuisse eas Missas, quas *Votivas* dicimus, easque per hebdomadam

fuisse dispositas, ideoque eam etiam, quæ *Votiva
S. Mariæ* inscribitur, constans scriptorum assertio
est, cui ego quidem minime obsisto. Noverit tamen
volo lector, me contulisse *Votivas* eas quibus nunc
utimur, Missas, cum iis quas vetusta Missalia,
sæculi xi scilicet et xii, in nostra bibliotheca servata
habent; et si eam excipias, quæ de *Sanctissima
Trinitate* inscribitur (ea enim ipsa est, quam recentia Missalia exhibent), votivæ reliquæ ab iis
quibus nunc utimur, differunt, atque aliquæ quidem nonnihil, plurimum vero aliæ. Eas hic describere, earumque notare discrimina, cum ab argumento, quod nunc pertractamus, alienum sit, id
libens omitto. Lectorem tamen monitum volo, eamdem tam in iis quas vetera Missalia habent,
quam in iis quas recentia, metam sibi ab Ecclesia
fuisse propositam ; scilicet, ut palam significet plurimum in pietate, interventu et suffragatione Mariæ
sanctissimæ inniti, ac confidere ; moneatque fideles,
ejusdem Mariæ ope eos a Deo obtenturos, quæ humiliter et recte poscunt.

DISSERTATIO XV.

DE MORE IMPONENDI MULIERIBUS, INTERDUM ETIAM VIRIS, *Mariæ* NOMEN.

*Vetustissimum esse morem hunc : cujus etiam causæ,
et utilitas recensentur.*

1. Joannes Michael Cavalieri editis libris litte-
riæ reipublicæ notissimus nos docet (33), abstinuisse olim fideles reverentiæ causa ab assumendo,
vel imponendo feminis Mariæ nomen ; quo monito
posito hæc adjicit : « Ita congruit, eadem secerna-
tur in nomine, ita ut Mariæ nomen absolute, et
simpliciter pronuntiatum Matri Christi duntaxat
adaptetur, quemadmodum olim feminis ob reverentiam Mariæ nomen non solebat imponi. »

2. At utinam monumenta indicasset, quibus ea,
quæ tradit, innituntur. Apud Polonos hanc quidem
consuetudinem vigere vir egregius Paulus Segneri
affirmat, adducitque hujusce rei vades scriptores
utique non improbandos (34). Id etiam discimus
ex cl. Plazza (35) ; at eam vigere apud nationes reliquas minime novi. Priscis sane Ecclesiæ temporibus eamdem consuetudinem minime invaluisse,
imo e contrario eam invaluisse, quæ nostris tem-

poribus valde communis est, ut scilicet Mariæ nomen fidelibus ac mulieribus præsertim, imponatur, subsequentibus monumentis, quæ seligo ex
plurimis, facile evincimus.

3. In Actis SS. Jacobi, Mariani et aliorum plurimorum martyrum in Numidia, quæ quidem *Acta
sincera* putant Ruinart, aliique viri præstantes in
criticæ studio exercitati, *Maria* Mariani martyris
mater memoratur, atque hanc ex suo ipso nomine
(Mariæ scilicet) eadem acta commendant. Hic porro
eorumdem Actorum verba describere operæ pretium reor (num. 13). « O te felicem merito Mariam
o te beatam, et Filio tuo Matrem, et nomine. Qui
in ea tanti vocabuli felicitatem credat errasse, quan
sic uteri sui fetus ornavit ? » Hæc comparet, obse
cro, lector, cum iis quæ de inclyta hac muliere tra
dit Augustinus (36). Martyres hi passi sunt, si Ru
narto credimus, anno 259.

4. *Maria sanctimonialis* in Actis SS. Saturnin
Dativi et aliorum plurimorum martyrum in Afric

<hr>

(33) In authent. sacr. Rit. congr. *Decr.*, part. ii,
cap. 330, n. 5, pag. 501.
(34) *Christiano instruito*, part. iii, pag. 34, n. 9.
(35) *Vindicat devot.*, part. ii, cap. 10, n. 16. En
illius verba : « Ad eximiam quoque Mariani nominis venerationem spectat, quod Casimirus Poloniæ
rex, et Alphonsus VI Castellæ rex, noluerint, regias
suas sponsas Mariæ nomen retinere, vel accipere ;
quod existimarent, nullum omnino mortalium, hoc
tam sancto et venerabili nomine dignum reperiri,
uti refert Marracius (in *Regibus Marianis*, cap. 3, etc.)

Idem refert de Vladislao Poloniæ rege Raynaud
(in *Diptychis Marianis*, punct. 2, n. 12, pag. 28).
ambo inde ortum habuisse putant piam Polonoru
consuetudinem, ne cui mulieri Mariæ nomen in to
Polonia fas sit imponere. »
(36) N. 2 sermonis 284 sic eam laudat : « Nom
non inane portabat : non frustra Maria vocabatu
mulier quidem illa non virgo, non intacta de Sp
ritu sancto, sed tamen pudica de marito.... O sanc
et tu Maria impar quidem merito, sed par voto.

inter eos recensetur præclarissimos fideles, qui Christi causa comprehensi sunt, et vehementissime cruciati (37) : quos martyres anno 304 passos fuisse affirmat Ruinart, qui horum martyrum acta sincera esse monet.

5. Sed et Romanum Martyrologium alia præbet hujusce moris exempla. Mariæ ancillæ martyris imperante Adriano meminit 1 Novembris die. Alterius Mariæ imperante Valeriano martyrium passæ memoria in eodem Martyrologio recolitur 2 Decembris.

6. Eumdem morem deinceps perstitisse, ostendit Mariæ nomen, quod et impositum erat celeberrimæ illi pœnitenti, quæ Maria Ægyptiaca appellata est, quæque vixisse creditur Justini senioris ætate, de ea agit Martyrologium ad 2 Aprilis diem. Mariæ pariter nomen habebat altera ex iis duabus martyribus, quæ post diuturnos carceres in persecutione Arabica gladio interemptæ sunt. Ejus, et Floræ memoriam recolit Martyrologium ad 24 Novembris diem. De his omnibus consule, obsecro, quæ Magnus Baronius in adnotationibus *ad Rom. Martyrolog.* tradit.

7. Quam late porro ea se consuetudo diffuderit, indicare videntur ea martyrum Persarum exempla, quæ claris. Stephanus Evodius Assemanus Apamensis episcopus edidit, quæque hic delibare juvat. Lector vero qui accuratius de iis instrui cupiat, Acta ipsa consulat, rogo. Maria virgo cum Jacobo fratre anno 346 martyrium passa describitur. (Part. 1, p. 122.) Maria, virgo et martyr cum quatuor sociabus, deinceps memoratur (*Ibid.*, p. 125,) e quibus Maria tertia virgo pariter et martyr recensetur. (*Ibid.*) Et ne suspicetur lector morem hunc abolitum subsequentibus temporibus fuisse, consulat opto, quæ de duabus aliis sanctissimis feminis Mariæ nomen assecutis, et martyrium post aliquod interjectum tempus in Perside passis (ann. 373), idem claris. Assemanus narrat. (P. 144 et subseqq.) Alia non addo ejusdem moris exempla : indubitatum est enim subsequentibus temporibus, consuevisse fideles Mariæ nomen feminis imponere, iis procul dubio de causis, quas deinceps recensebo. Et de puellis quidem, id facile, et, ut puto, fatebitur.

8. Num vero homines a *Mariæ* nomine desumendo arcerentur, annon, dubitari merito potest. Ut præteream, quæ de *Mariano* memorant. Acta modo allegata, sane nonnulli *Mariani* sunt appellati, quasi aut in defensione, et tutela Mariæ positi,

aut ab ea veluti provenientes et derivati. Marianus scilicet appellabatur sanctissimus ille martyr, cujus matrem Mariam fuisse dictam paulo ante monui. Alios Marianos nomine ecclesiastica monumenta memorant (58); at cuncta afferre non est necesse. Sed si quis diceret Marianos hos a Mario fuisse appellatos, qua ratione eum refelleres? Nolim itaque pro certo tradere quod adhuc incertum, probabile est tamen.

9. At certe maribus ipsis impositum fuisse Mariæ nomen, præter ea quæ paulo ante dixi, declarat consuetudo nostrorum temporum, quæ recens procul dubio non est; [nonnulla enim sæcula numerat] qua fit, ut primo nomini ex eorum quidem numero, quod maribus solemus imponere; veluti *Petrus, Joannes, Joseph; Mariæ* nomen adjungamus, jubeamusque puerum appellari *Petrum Mariam, Joannem Mariam, Joseph Mariam.*

10. Neque vero id temere fit. Cum de more disserui imponendi pueris, aut assumendi, dum baptizamur sanctorum nomina (39), causas exposui, a quibus moveri merito possumus ad imponenda pueris, seu, si adulti sumus, assumenda sanctorum nomina. Eas hic recolere operæ pretium reor. Quatuor, nisi ego fallor, hæ sunt. Honor, et grati animi erga sanctos significatio; amor et pietas; patrocinium quod exposcimus, seu commendatio et tutela ; desiderium imitationis, seu, si loqui ita vis, exemplar propositum ad imitandum.

11. Honoris et grati animi significandi causa [ut ab exteris etiam exempla desumam [Trajanus *Nervæ* nomen, seu, si vis, *prænomen* assumpsit, quod priori nomini adjunxit. Trajani eadem de causa nomen assumpsit, priorique addidit Adrianus: Adriani nomen assumpsit Antoninus, quod ex aliis, ut arbitror, monumentis constabit, sed certe constat ex nummo Ægyptio Antonini, quod servat nostrum Nummophilacium : et ne exterorum tantum exempla recenseam, *Cæcilii presbyteri* magistri sui nomen assumpsit Cyprianus sanctissimus, itemque præclarissimus Ecclesiæ doctor, episcopus et martyr.

12. Ut gratum animum erga Laurentium martyrem testificarentur Juliana, illiusque maritus, Laurentii nomen filio suo imposuerunt. Atque id quidem discimus ex Ambrosio, qui Julianam filium suum sic alloquentem inducit (40): « Considera quis te, ut nascereris, juverit : filius es votorum magis quam dolorum meorum. Considera, cui te muneri pater tali nomine designaverit, qui voca-

---

(37) N. 2. « Saturninus presbyter cum filiis quatuor, id est Saturnino juniore, et Felice lectoribus, Maria sanctimoniali, Hilarione infante, etc. »

(38) Marianus, ut exemplo aliquo utar, appellabatur ille « imperatoris (Constantini) notarius non mediocri dignitate præditus, qui Tyrum ingressus episcopis (in concilio congregatis) imperatoris porrexit epistolam. » (Sozomen. lib. II *Eccles. Histor.* cap. 26. Ante hunc, Marianum lectorem, et Decio imperante martyrem tibi Martyrol. Romanum ad

30 Aprilis diem exhibet. Marianum diaconum Romæ Numeriano imperante passum memorat pariter Romanum Martyrol. ad 1 Decembris diem. Marianum quoque martyrem memorat Rom. Martyrologium ad 17 Octob. diem. Mariani autem confessoris mentio fit in Rom. Martyrolog. ad 19 Augusti diem. Videat, obsecro, lector, quæ ad hæc Martyrologii loca docet egregius Baronius.

(39) Dissert. 6, *De cultu sanctorum*, cap. 34.

(40) *Exhortat. Virginit.* cap. 3, alias n 15.

vit Laurentium. Ibi vota deposuimus, ubi nomen assumpsimus. Vota effectus secutus est : redde martyri quod debes martyri. Ille te nobis impetravit ; tu restitue, quod de te hujusmodi nominis appellatione promisimus. »

13. Quod ab amore permoti fuerint aliquando fideles ad sanctorum nomina liberis suis imponenda, ut cætera missa faciam, hæc Chrysostomi de Meletio sanctissimo episcopo, cujus encomia prædicabat, verba declarant (41) : « Nam cum eum a principio in civitatem ingressum excepissetis, unusquisque filium suum ejus nomine appellabat : per appellationem existimans unusquisque in domum suam sanctum introducere, missisque patribus, avis et proavis, matres beati Meletii nomen imponebant liberis, quos pepererant : naturam enim vincebat amor pietatis, et deinceps qui nascebantur, non naturali solum benevolentia, sed etiam affectu erga illam appellationem erant chari parentibus : ipsum enim nomen, et ornamentum cognationis, et ædium tutelam, et ita vocatis salutem, et amoris solatium esse existimabant. »

14. Atque hæc postrema Chrysostomi verba id etiam ostendunt, quod tertio loco posui : scilicet præsidii, patrocinii et tutelæ exposcendæ causa, sanctorum nomina imponi, aut suscipi ; is enim velut vitæ nostræ patronus eligitur, cujus nomen assumitur. Atque hoc expressissime Theodoretus docet his verbis (42) : « Cum tamen martyrum nomina magis, quam familiarum cuncti mortales sciant : quin etiam nascentibus filiis ea imponi curant ; ita custodiam illis, tutelamque certissimam comparantes. »

15. Quod postremo loco dixi, sanctorum scilicet nomina imponi, aut suscipi, ut exemplar ad imitandum habeamus in iis sanctis, quorum nomina assumimus, indicant etiam ea Ambrosii, seu, si vis, Julianæ [referente Ambrosio] verba, quæ paulo ante retuli, et hic recolat lector, volo (43). Sed id quoque manifesto docent Procopii Gazæi vetusti, et probatissimi sciiptoris monita (44), quæ statim refero : « Atque id ipsum, aiunt, sæviente persecutionis tempore contigisse, quo ethnicos multos sanctorum hominum appellationes sibi arripere vidimus : se enim Jacobum alius, alius item Israelem, alii etiam Jeremiam, et Isaiam, et Danielem nuncupabant : quibus assumptis appellationibus, alacri et forti animo ad martyria accedebant. »

16. Luculentius autem id persequitur Chrysostomus, cujus verba hic describere operæ pretium reor (45) : « Et quomodo statim, et a principio erudiebant puerulos, qui ipsis nascebantur, admonentes per appellationes quas illis imposuerant, u virtutem exercerent ? non sicut nunc fortuito, et, ut

primum succurrit, nomina fiunt. Nomine, inquiunt, avi, vel proavi vocetur puer : at prisci non ita, sed omnem operam adhibebant, ut talia natis imponerent nomina, quæ non solum illos qui nomina sortiebantur, ·in virtutem adducerent, sed et alios omnes etiam, qui sequentibus sæculis futuri erant, omnimodæ philosophiæ doctrina essent : id quod sciemus, si sermo aliquanto amplius processerit. Igitur nos, neque quævis nomina pueris imponamus, neque avorum et proavorum, et eorum qui genere clari fuerunt, nomina imponamus, sed sanctorum virorum qui virtutibus fulserunt, plurimaque apud Deum fiducia valuerunt. »

17. Quibus positis, jam videtis quanto jure Mariæ nomen liberis nostris imponamus, aut suscipiamus, si baptizamur adulti. Quis honore (si Deum excipimus) dignior Maria est, quæ angelis ipsis sublimioribus præstat, et Mater Unigeniti Dei est? Quid illa præstantius, aut sublimius inter creaturas fingi potest? Cui certius debemus et manifestius, aut amplius grati animi argumentum, Maria, quæ angelo illius assensum exposcenti obsecuta, redemptionis nostræ (ut ita loquamur) primordia posuit, et origo est illius libertatis in quam nos Christus ascivit?

18. Annon vero diligenda illa est, et iis quibus possumus amoris, pietatisque significationibus afficienda ? Nonne Mater nostra illa est, fons misericordiæ, et dulcis clementiæ Mater ? Ea porro, quæ alibi luculenter diximus de præsidio ac patrocinio erga nos, tametsi peccatores simus, nobis facile persuadebunt, ut modos omnes exquiramus, quibus validissimum ejus patrocinium nobis asciscamus, conciliemusque ? Quænam vero virtutibus ornatior Maria est, in qua eminuerunt virtutes omnes, eæque præsertim, quæ præ cæteris nobis proponuntur ad imitandum, veluti religio, dilectio. Dei et proximi, humilitas et affines aliæ (46)?

19. Sed nostri muneris partes esse reor, scrupulos eos tollere, quos timidior theologus nobis proposuit. Aiebat itaque ille paucas in veteribus Ecclesiæ monumentis mulieres occurrere Mariæ cognomines : contra multas, quæ nominibus aliis a martyribus fere desumptis appellentur. Consuetudinem Polonorum pariter collaudabat, abstinentium ab assumendo, vel imponendo feminis Mariæ nomen, reverentiæ cujusdam causa, ne scilicet tam præstans nomen profanetur : quod facile fiet, si non ea, qua par est, pietate vivat mulier illa, quæ tam eximio nomine decorata est.

20. At hæc minime removent nos a collaudanda retinendaque illa, quam dicimus, consuetudine. Nempe ea quæ attulimus ex priscis ipsis sæculis desumpta exempla testatum faciunt, haud raras

(41) Tom. II, pag. 519, n. 1, *Hom. in S. Mele tium.*

(42) Serm. 8, inter eos qui *De curandis Græcorum affectionibus*, inscribi solent.

(43) « Redde martyri, quod debes martyri, » etc.

(44) *In Isa.* xliv, pag. 496, edit. Paris.

(45) Hom. 21, *in Gen.* n. 3, pag. 185, tom. IV.

(46) *Vide* cap. 1, dissert. 1 hujusce secundæ partis.

antiquitus etiam fuisse mulieres, quæ Mariæ nomine honestarentur. Quid, quod putant nonnulli, obscuriori quadam ratione fuisse *Mariæ* nomen priscis ipsis sæculis usurpatum; et vocem *Irenem, Innocentiam, Fulgentiam, Luciam* id ipsum denotare, quod Mariæ nomen denotat? Quis enim ambigat, num *Maria* per antonomasiam sit pacifera, seu Irene sit : num innocentiam vita sua ac virtutibus prætulerit : num præfulserit atque illuxerit maxime? Atque hæc quidem nomina frequentius usurpata dicuntur, quam expressissimum *Mariæ* nomen : ne scilicet eo audito, statim 'nossent infideles, Christianam esse mulierem illam, quæ Matris Christi nomine honestaretur, ideoque persecutionis tempore ad certam necem perquireretur; quanquam ut, quod sentio, candide eloquar, immerito ex hoc argumento potuissent dignosci Christiani : indubitatum est enim multas priscis ipsis temporibus feminas Marias appellatas, item ut multi homines Marii dicti, a familia scilicet Maria; Mariam autem posse vocari Mariam, ex iis quæ deinceps de Mariæ nomine dicam assequi facile possumus. Cæterum si ea, quæ paulo ante de Maria obscurioribus nominibus designata diximus, excipias, difficultatem omnem amovebis.

21. Polonorum consuetudinem et exemplum ego quidem minime improbo, video enim a pietate, atque obsequio erga Virginem proficisci. At non

ita probo, ut reliquis nationibus eamdem consuetudinem proponam ad imitandum. Si obsequium ac pietas erga Virginem, si metus ac formido ne profanetur tam præstans nomen fideles retinent, ne Mariæ nomen assumant, aut puellis imponant, retinere debebunt etiam obsequium ac pietas erga apostolos et sanctos reliquos, ne illorum nomen ab adultis assumatur, aut pueris imponatur, longe aliter, ac faciendum censuerint prisci ipsi Christiani, qui crebro apostolorum, prophetarum, ac martyrum nominibus appellari voluere (47): imo veriti non sunt aliquando ipsum Salvatoris nomen assumere (48).

22. Ad hæc : Si reverentia, ac metus, quem tu commendas, quidquam habet virium, nemo *Cælestius*, seu *Cælestinus*, nemo *Innocentius*, nemo *Angelus, Athanasius* nemo appellabitur. Quis enim cælestia tantummodo sapit? quis innocens prorsus est? quis angelica puritate ac sanctitate pollet? quis immortalis, aut immortalium tantummodo amator? Nemo tamen ab his, et affinibus aliis nominibus assumendis cavet; neque ea, qua tu angeris, formidine se angi aut præoccupari sinit : imo nomina hæc assumit, ut metam sibi præstantissimam statuat, ad quam respiciat, suosque conatus dirigat. Annon vero imitatio Mariæ præstantissima meta est, ad quam vota tua conatusque collineent?

(47) Vide quæ cap. 34, dissert. 6, *De cultu sanctorum* tradidi.

(48) *Soteres,* seu *Soter* appellatus est Romanus Pontifex, qui Aniceto an. 175 successit.

DISSERTATIO XVI.

DE PROMISSIS, SEU VOTIS S. MARIÆ FACTIS : DEQUE CONSUETUDINE APPENDENDI TABELLAS ALIAQUE AFFINIA ARGUMENTA AD ÆDES ATQUE IMAGINES VIRGINIS IN RECEPTI BENEFICII SIGNIFICATIONEM.

CAPUT PRIMUM.

Antiquum et probum utrumque morem ostendimus.

1. Si ea recolat lector, quæ cap. 35-39 dissert. 6, *De cultu sanctorum,* tradidi, statim comperiet, vetustissimum esse morem, qui nunc etiam viget, ut promissa, seu, uti frequentius appellamus, *vota* faciamus sanctis, ut scilicet eorum interventu et suffragio facilius certiusque ea quæ poscimus assequamur. Ea hic describere supervacaneum censeo ; facile enim, ut dixi, ea per se poterit consulere lector, quæ capitibus quæ allegavi, cumulatissime sum prosecutus.

2 His stabilitis, statim, ut puto, sibi quisque persuadebit id cum Deipara non fuisse neglectum, quod cum sanctis, quos dignitate ac merito Maria longissime superat, peractum est : tametsi expres-

sissima non habeamus hujusce consuetudinis vetustissima monumenta. Annon noverant prisci fideles eam esse Mariam, *Quæ,* ut verbis nostri Lebetii Levezolii utar (49),

... meritis alias (feminas) longe superaverit omnes
Quotquot fert præsens, vel quotquot deinde futura
Ætas usque feret, seu tempora lapsa tulere,
Ex quo res primum, mundique est conditus orbis.

Sane, tametsi ea, quæ citatis capitibus dissert. 6 attuli, vetusta monumenta, martyres et confessores majori ex parte respiciant, non propterea neglectos putamus apostolos, ad quos procul dubio respicit ea oratio, quæ in vetustissimo Sacramentario Gallicano a Mabillonio evulgato (50) hoc modo se habet : « Contestatio... Sed in quantum possumus miseri, territi quidem de conscientia, sed fidi de tua misericordia, veniam miserationis, et re-

(49) Carmin. in Deiparam semperque Virginem Mariam cognomento *a Gratiis.*
(50) Pag. 360, tom. I *Musæi Italici.*

lugium postulantes, atque in commemoratione sanctorum tuorum Petri et Pauli, per quorum suffragia sperantes veniam, precamur, ut famulo tuo (illi) remissionem tribuas peccatorum, opus ejus perhicias, vota condones. » Cur porro id ipsum de Virgine Deipara non dices, quod de apostolis dixisti? Ideoque, tametsi expressa votorum Deiparæ nuncupatorum mentio in vetustissimis Ecclesiæ libris non occurrat, non propterea affirmandum est minime consuevisse priscos fideles ad obtinenda, quæ optabant, Virgini promissa facere, votaque nuncupare. Quanquam fortasse non desunt multa, quæ ad hoc caput commode spectare possunt, quæ superioribus hujusce partis dissertationibus tradidimus : qua de re judicet, volo, lector.

3. An vero negabimus, ab iis fidelibus, qui Virginis interventu atque ope ea quæ poscebant receperunt, argumentum aliquod recepti beneficii fuisse relictum, ut scilicet in eo posteri aliquam grati animi testificationem, et ad Virginis opem voto aliquo implorandam excitamentum haberent? Recens inventum nemo profecto dicat, quod jamdudum usitatissimum novimus, ut scilicet sacras Virginis ædes tabellis aliisque affinibus monumentis ornemus, quibus quidem quantum Virgini voto exoratæ debeamus, ostendimus. Cur enim eam grati animi testificationem Virgini denegabis, quam martyribus veteres procul dubio dedere? Unum hic profero, sed valde antiquum. In inscriptionibus Muratorii (51) lapis effossus e cœmeterio Cyriacæ hæc habet :

PETRVS ET PANCLARA BOTV (52) POSVENT
MARTYRE FELICITATI.

Parietes ipsi templorum id manifesto declarant, contecti scilicet iis, de quibus disserimus, tabellis, fidelium pietatem fovente Ecclesia, quæ validissimum Virginis patrocinium et probat et prædicat. Recole, obsecro, quæ *de cultu sanctorum* copiose ac luculenter tradidi (53).

CAPUT II.

Tolluntur ea quæ adversus probitatem atque utilitatem hujusce consuetudinis Protestantes objiciunt.

1. At hæc quoque pro veteri more Protestantes irrident. Aiunt scilicet postremum, quem laudavimus, morem, si forte antiquus is sit, improbum certe esse : quippe qui ab ethnicis proficiscitur. Quis autem probum esse dixerit, quod ab ethnicis derivatur? Proficisci porro ab ethnicis eum, quem diximus, morem, ostendunt ea quæ apud veteres historicos sæpe legimus, missa a regibus et principibus viris fuisse Delphum, et ad alia loca, in quibus aut reddebantur oracula, aut certe falsa numina colebantur, ditissima anathemata, vel ob rempubl. cam servatam, vel ob receptam sanitatem, vel ob alia beneficia, quæ se obtinuisse a falsis diis arbitrabantur. Strabo hujusce moris luculentus est testis, cum de Epidauro agens hæc tradit (54) : « Hæc urbs obscura non est propter Æsculapium, qui ibi claret, crediturque omnis generis morbos depellere, semperque templum refertum habet ægrotantibus, ac tabellis, in quibus, quo quisque morbo liberatus fuerit, consignatum exstat, sicut et in Coo, et Tricca. »

2. Id ipsum ex aliis scriptoribus discimus : Horatius (55) hæc tradit :

. . . . Me tabula sacer
Votiva paries indicat humida
Suspendisse potenti
Vestimenta maris Deo.

Similiter quoque Virgilius (56) ·

Servati ex undis, ubi figere dona solebant.

Idem mos a Tibullo indicatur, cum ad hunc modum Isidem invocat (57) :

Nunc Dea, nunc succurre mihi, nam posse mederi,
Picta docet templis multa tabella tuis.

Celebre quoque est illud Ovidii (58) :

Et posita est meritæ multa tabella Deæ.

3. Ad quæ, sed præsertim ad id, quod ex Strabone allegavimus, cum respexisset Polydorus (59) morem eum, quem superiori capite laudavimus, ex gentilibus fuisse desumptum affirmat. An ex tam impuro fonte salubris aqua scaturiet? Præbent porro ea ipsa veterum monita, quæ allegavimus, hoc commodum Protestantibus, ut Pontificios moneant, immerito Mariæ tribui sanitatem, et reliqua multa, quæ appensis tabellis iidem Pontificii se Mariæ interventu, seu potius a Maria ipsa, se recepisse testantur. Quis tam stupidus hebesque erit, ut appensas Æsculapio, et reliquis falsis numinibus tabellas certa argumenta esse affirmet sanitatis receptæ eorumdem numinum dono? An non vero id ipsum dicere etiam possumus de tabellis, quas Mariæ ædibus, aut imaginibus, suspensas conspicimus ? Audi quid audeat Montacutius (60) : « Displicebant Casaubono, et cui non cordato ciebunt stomachum narrationes de domo Lauretana? Ridentur, et merito longi λόγοι, et γραώδεις μύθοι, quas Tursellinus, Lipsius, cæterique hujus furfuris pantomimi quidam ad risum succutiendum destinati, et compositi de Diva πολυωνύμᾳ, et ποικιλομεγάρᾳ Lauretana, Hallensi,

(51) Pag. 1925, tom. II.
(52) Id est, *votum posuerunt martyri,* seu *martyræ.*
(53) Dissert. 6, cap. 38 et 39.
(54) *Geograph.* lib. viii, pag. 744, edit. Cas.
(55) Lib. i Carm. ode v, vers. 13.

(56) *Æneid.* lib. xii, vers 768.
(57) Lib. i, eleg. iii, vers. 27.
(58) *Fast.* lib. iii, vers. 268.
(59) *De invent. rer.* lib. v, cap. 1.
(60) *Antidiatrib.* ad exercit. 7.

Sichemensi, aut quomodo te appellem, Diva? somniabant. Incredibiles videntur [et merito quidni ?] narrationes illæ, miracula illa, quæ Laureti, patrum nostrorum memoria, gerebantur : quæ hodie, et heri dicuntur facta et patrata. Præstigiæ sunt meræ, et figmenta, ut dicebat Augustinus : *Vel mendacium hominum, vel portenta fallacium spirituum.* Loci religio illa nupera, domus sanctitas illa novitia, nam parentum memoria heri, et hodie celebrari, et frequentari cœpta, affluentium eo vanitatem, incolentium fraudes, et imposturas, metum saltem et suspicionem apud eos efficiunt, qui meminerunt illum principem tenebrarum hisce artibus semper illusisse ad perniciem animarum. *Illi enim* [de diis gentium, hoc est de dæmonibus loquitur Chrysostomus] *multos multoties morbos per ipsorum præstigias artificiosas curatos profligarunt, et laborantes ægritudine, suæ sanitati restituerunt. Quid ergo? An communicandum nobis erit in ipsorum impietate? Deus meliora. Attende autem quid dicebat, et præscribebat Judæis Moses.* Citat locum satis notum ex Deut. xiii, quo cavere ab istis θαυματοποιοῖς, et mirabiliariis jubebantur. » Hactenus Montacutius.

4. Vos porro superiora ad hunc modum repellite. Multo antiquiora illis, quæ nobis objiciunt, ea sunt, quæ nobis præbet Scriptura, quibus discimus approbasse Deum ut receptorum ab eo beneficiorum monumenta superessent (*Exod.* xvi, 33) : *Dixitque Moyses ad Aaron : Sume vas unum, et mitte ibi Man, quantum potest capere Gomor, et repone coram Domino ad servandum in generationes vestras.* Quod quidem præceptum fuisse executioni mandatum ex his apostoli Pauli verbis assequimur (*Hebr.* ix, 5) : *Tabernaculum..... aureum habens thuribulum, et arcam testamenti circumtectam ex omni parte auro, in qua urna aurea habens manna, et virga Aaron,* etc.

5. David quoque suspendit in templo ensem illum, quo morti dederat gigantem Philisthæum. (*I Reg.* xxi, 9.) Cur vero suspendit, nisi ut ensis ille receptæ per Deum victoriæ perenne esset posteris monumentum? Aliud affine præbet liber Judith xvi, 23. Sed ante hos, Philisthæi memores divinæ ultionis, quam fuerant experti, cum arcam dimiserunt, eidem apposuerunt *capsellam, quæ habebat mures aureos, et similitudines anorum* (*I Reg.* vi, 5-11), quasi votivas Deo tabulas. Atque id quidem Deo fuisse acceptum ex eo assequimur, quod nulla deinceps divinæ manus eos percutientis (61) fiat mentio. Vides itaque originem illius, quem superiori capite laudavimus, moris, non ex consuetudine illorum gentilium, quos allegave-

runt, fuisse profectam, sed ex alia origine, quam nemo, qui sapit, reprehendere poterit. Non itaque gentiles sunt redarguendi, quod tabellas votivas appenderent, sed quod eas falsis diis, quique ipsissimi dæmones erant, appenderent : ideoque laudandi nos, qui cum sanctorum ædibus aut imaginibus appendimus, eorum ædibus et imaginibus appendimus, qui prece et interventu suo a vero Deo beneficia nobis impetrarunt. Merito itaque id ad refellendos Protestantium aculeos usurpamus, quod ad redarguendum Vigilantium olim scripsit Hieronymus (62) : « Illud fiebat idolis, et idcirco detestandum est : hoc fit martyribus, et idcirco recipiendum est. »

6. Quis autem, nisi plane desipiat, putet, beneficia et miracula, quorum ad servandam memoriam votivas tabulas appendimus, mera esse præstigia dæmonum, aut saltem hominum fraudes? Præstigia dæmonum certe non sunt, cum nulla horum præstigiorum suspicio se prodat. Hominum porro fraudes, si vis esse aliquas, universæ sane non sunt; cum viri probi, et a fraudibus texendis alienissimi se ea beneficia recepisse affirment.

7. Multo sane aliter de miraculis, quæ se recepisse sanctorum suffragatione Christiani affirmabant, eamque ob causam recepti beneficii memoriam superesse jubebant, veteres magistri nostri scripserunt, quorum monita hic non refero, propterea quia ea de sanctorum cultu disserens retulerim (63). Hic tantum recolo, docuisse Augustinum eos, qui sanitatem, aut aliud non leve beneficium, sanctorum interventu receperant, libellos dare consuevisse, ut iis publice recitatis jugis superesset hujusce rei memoria. Consulant, obsecro, si qui dubitant, sermones 29, 30, 31 et 32 *De diversis* (64). Novimus etiam ex eodem Augustino, consuevisse aliquando eos, qui beneficia sanctorum interventu receperant, sese coram populo exhibere, ut omnibus id innotesceret, deduceretur que ad posteros multorum testimonio, recepti beneficii memoria : « De miraculis Dei, inquit ille (65), per orationes beatissimi martyris Stephani libellos solemus audire. Libellus hujus aspectus est : pro scriptura, notitia, pro charta facies demonstratur. Qui nostis, quid in illo dolentes videre soleatis, in præsenti gaudentes legite quod videtis, ut Dominus Deus noster abundantius honoretur, et quod in libello conscriptum est, in vestram memoriam conscribatur. » An hæc scriberet Augustinus, si dæmonum præstigia esse crederet, aut malorum hominum fraudes ea beneficia et miracula, quorum memoriam tabellis aut aliis affinibus monumentis superesse volebant, qui eadem beneficia et mira-

---

(61) Antea hæc dicta fuerant, cap. 5, v. 12 : *Fiebat enim pavor mortis in singulis urbibus, et gravissima valde manus Dei, viri quoque qui mortui non fuerant, percutiebantur in secretiori parte natium : et ascendebat ululatus uniuscujusque civitatis in cælum.*

(62) In lib. *Contra Vigilant.* n. 8.
(63) Dissert. 6, cap. 38.
(64) In nova editione 320, 321, 322 et 323 in serie Sermonum.
(65) In serm. olim 29, *De diversis,* in nova editione 320.

cula receperant? Sed de miraculis sanctorum intercessione, et ad eorum sepulcra et sacras ædes factis cum sæpe alibi de sanctorum cultu disserens egerim, eoque de argumento persp:cua multa docentes Patres attulerim, ea seligat Lector, opto, quæ ex Hieronymi epistola olim 27, in Veronensi editione 108, ex numero præsertim 43 allegavi (66), planeque perspiciet, quantum desipiat Montacutius, cum fraudibus hominum aut præstigiis dæmonum tribuit ea miracula, quæ sanctorum intercessioni tribuimus nos. An vero sanctis reliquis miracula tribuemus, et Mariæ denegabimus?

8. Nolo tamen præterire Chrysostomum, quem Montacutius objecit. An dæmonum præstigiis, et fraudibus hominum, beneficia, quæ sanctorum in

terventu nos impetrasse dicimus, tribuit Chrysostomus, qui homiliam de sanctis Bernice, Prosdoce, et Domnina his verbis ad auditores directis concludit (67)? « Eas obsecremus, obtestemur, ut patronæ sint nostræ; multam enim fiduciam obtinent non viventes modo, sed et mortuæ, multoque ma gis cum sint mortuæ : jam enim stigmata ferunt Christi; cum autem stigmata hæc ostenderint, omnia regi possunt persuadere. Quando igitur tanta illæ virtute pollent, tantaque apud eum amicitia, cum continua velut obsessione ac perpetua illarum visitatione in familiaritatem nos illarum insinuaverimus, ipsarum opera Dei misericordiam impetremus. »

(66) « Multis (*Paula*) intremuit consternata mirabilibus; namque cernebat variis dæmones rugire cruciatibus, et ante sepulcra sanctorum ululare homines (*a dæmonibus obsessos*) more luporum, vo

cibus latrare canum, fremere leonum, sibilare serpentum, mugire taurorum, » etc. (*Hieron.* epist. 108, etc., n. 13.)

(67) Tom. III, pag. 645, edit. Montfaucon.

DISSERTATIO XVII.

DE SABBATO VIRGINIS HONORI DICATO; IDEOQUE DE OBSEQUIIS EA DIE VIRGINI DELATIS.

—

Quoniam propositum in hac dissertatione argumentum multa complectitur, in quatuor quæstiones dissertationem hanc dividam.

QUÆSTIO I. — *Paucis de antiquitate hujusce consuetudinis delibatis, rationes afferuntur et expenduntur, quibus fideles inductos nonnulli theologi putant, ut Sabbatum Virginis honori atque obsequiis dicatum sit.*

CAPUT I.

Eas, quas dixi, rationes describimus.

1. Postulat titulus, persuasionem quamdam fidelium animis inhærere, qua Virginem Sabbato potissimum colendam censeant. Id tamen non temere postulatur; etenim id testatum faciunt officium B. M. in Sabbato, Missæ votivæ B. V. Sabbato assignatæ, et affinia alia erga Virginem pietatis officia, quæ Sabbato exercemus. Quo constituto quæritur, quam antiqua sit ea consuetudo, et quibus momentis innititur. A primo exordiamur.

2 Benzonius (68) originem hujusce consuetudinis derivat a concilio Claromontano : « In concilio Claromontano, inquit, institutus est dies Sabbati in peculiarem Virginis memoriam et honorem. »

3. Ut aliquid de hoc monito eloquar, noverit lector canones concilii hujus in antiquis conciliorum editionibus non reperiri. In ea, qua ego utor, Labbeana Albritii et Coleti sumptibus et cura elaborata editione hos canones reperies colum. 829 et seqq. tomi XII, in quibus tamen canonibus nullum invenies, in quo statuatur Sabbatum honori

Virginis dicandum esse : tametsi conveniant omnes Officium [quod *parvum* appellant] B. Mariæ Virginis Claromontani concilii studio maxime frequentari Sabbato cœpisse; neque a clero tantummodo, verum etiam a sæcularibus : qua de re vide quæ dixi quæst. 1, dissert. 9 [quæstiunc. 1 et 2, n. 11 et 12]. Sed diu ante concilium *singulis Sabbatis* recitari consuetudo hoc, quod dicimus, Officium, ex n. 9 ejusdem quæstiunc. 1 et 2, assequimur. Quinetiam procul dubio antiquiores Claromontano concilio sunt Missæ votivæ, si Alcuinum auctorem habent; ideoque *Missa votiva Mariæ Virginis* diei Sabbati assignata. Et sane in vetustissimis Missalibus, quæ Claromontanum concilium ætate præeunt, Missæ in honorem Virginis Mariæ Sabbato recitandæ describuntur. Fortasse etiam Claromontano concilio nonnihil anterior est quorumdam monasteriorum consuetudo, qua Sabbato Missis aut peculiari alio obsequii argumento Virginem colebant. At non continuo iis obsisto, qui in Claramontano concilio fusius propagatam aiunt non paucorum fidelium consuetudinem, ut Virginem Sabbato impensius colerent. Et de antiquitate jam satis.

4. Plurima porro afferuntur ad stabiliendam eam, de qua disserimus, consuetudinem. Sunt qui candide fateantur se veram ignorare hujus consuetudinis originem et causam; scire se tamen eam Virgini acceptissimam esse, quod miraculo olim illa indicavit. Hæc accipe ex Beleto (69) : « Septima [die agitur] de beata Maria Virgine; quod u

(68) In *Magnificat* lib. 11, cap. 22, dub. 7, et allegatur a Novato tom. II, pag. 227.
(69) *Explic. divin. offic.* cap. 51.

mere ita constitutum accepimus : miraculosum enim habet initium. Nam cum olim Constantinopoli in quadam ecclesia imago B. Virginis haberetur, ante quam velum quoddam dependebat, quo tota ea cooperiebatur, contigit, ut sexta semper feria velum hoc a Vesperis ab imagine nullo movente decideret, et divino miraculo quasi deferretur in cœlum, ita ut jam plene et perfecte ab omnibus conspici posset, et deinde rursus in Sabbato, Vesperis absolutis, ad eamdem imaginem descenderet, ibique permaneret usque in proximum diem Veneris. Hoc ergo miraculo sæpius viso sancitum est, ut semper eo die de beata Maria in ecclesia caneretur. » Id ipsum narrant alii non pauci.

5. At nostris temporibus ratio hæc paucos admodum habet suffragatores. Fama fortasse mendaci nititur narratio illa, non scriptoris alicujus probabilis auctoritate. Quod si schismatis tempore id factum putas [quod verisimile faciunt tempora Belethum proxime præcedentia], minime vereor dicere fraudem aliquam in ea re inhæsisse : novimus enim Græcos schismaticos ad famam Ecclesiæ suæ conciliandam multa confixisse miracula, eaque in vulgus edidisse. Alio itaque confugiendum est.

6. Idem ille Belethus, quem modo allegavi, aliam rationem affert, quam ipsis hujusce scriptoris verbis exponere libet (*loc. cit.*) : « Potest tamen et aliam habere rationem, cur Sabbato die Officium cantetur de beata Maria. Nam cum ipsa nobis sit porta regni cœlorum, quod per diem Dominicam commodissime figuratur, certe ideo de illa solemnizamus eo die qui Dominicam proxime præcedit. »

7. Rationem aliam inveni in tractatu, seu opusculo XXXIII Petri Damiani, *De bono suffragiorum, et variis miraculis* (70), his verbis expositam : « Sabbatum enimvero quod *requies* interpretatur, quo videlicet die Deus requievisse legitur, satis congrue beatissimæ Virgini dedicatur. Quam nimirum sibi Sapientia domum ædificavit, atque in ea per humilitatis assumptæ mysterium, velut in sacratissimo lectulo, requievit. »

8. Aliam præbet auctor tractatus qui *Vitis mystica* seu *De passione Domini*, super verba, *Ego sum vitis vera*, inscribitur (71). En ipsa scriptoris, quem dixi, verba : « *Elegit enim Dominus infirma mundi, ut confunderet fortia.* Si vero fugam mentalem intelligimus, nec vir relictus est cum eo, nec mulier, præter illam, quæ sola benedicta est in mulieribus, quæ sola per illud triste Sabbatum stetit in fide, et salvata fuit Ecclesia in ipsa sola. Propter quod aptissime tota Ecclesia in laudem et gloriam ejusdem Virginis diem Sabbati per totius anni circulum celebrare consuevit. »

9. Alias pariter mysticas rationes nonnulli afferunt, quas non præterit Novatus, cujus verbis eam quam ipse vocat sextam rationem, exhibeo (72) : « Dies Sabbati erat Deo dicatus ob memoriam creationis mundi : sed modo, dum celebratur in honorem B. Virginis, simul etiam memoria creationis recolitur, tum quia Virgo Maria continet vel formaliter, vel eminenter, perfectiones omnium creaturarum : pro quo argumento plura eruditissime affert Salazarus in Prov. (VIII, 30), explicans illud, *Cum eo eram cuncta componens ;* tum quia post Christum Dominum ipsa est causa finalis omnium creaturarum, ut probavimus supra cap. 7, quæst. 14. » Hæc, uti dixi, Novatus.

10. Alia quoque, quam *quintam rationem* idem Novatus appellat, iis ipsis itidem verbis quibus ille utitur, exponere placet : « Dies Sabbati in antiqua lege fuit destinatus ad peculiarem cultum Domino exhibendum : nunc in evangelica lege placet Christo Servatori, ut hac etiam ratione Virgini sit dicatus, ut hac etiam ratione honorem, qui Matri suæ confertur, tanquam sibi collatum approbet. »

11. At aliæ adhuc supersunt rationes, quas non præterit ille ipse Novatus, quem crebro allegavi. Subsequentem adducit ille ex scriptore, qui sermones condidit præposito *discipuli* nomine (73) : monet autem idem Novatus rationem hanc exhiberi serm. 164. Docet itaque scriptor ille, celebrari Sabbato martyrium Virginis ; tametsi enim in passione Domini maximo dolore perculsa illa fuerit, non minorem tamen experta est mortuo Christo, ideoque iis paucis horis, quæ ex nona sextæ feriæ ad solis occasum supererant, et toto Sabbato. Insumpta itaque sexta feria ad recolendam Christi Domini passionem, tribuitur Sabbatum passioni et martyrio Virginis.

12. Monent alii Sabbatum assignari cultui Virginis, quia ea die nata est, et angelum nuntium Dominici adventus habuit : fortasse etiam eadem die in cœlos assumpta est.

13. Suspicati nonnulli sunt, originem cultus Mariæ die Sabbati adhibiti ex eo derivatam fuisse, quod Græci Sabbatum summo in honore habebant : eamque ob rem Latinos reprehendere non sunt veriti, quod diem Sabbati ab Orientalibus honorifice habitum negligerent, nulloque haberent in pretio. Ut ergo apud Latinos etiam in honore esset Sabbatum, Mariæ cultui illud consecrarunt.

14. Alii denique docent nescire se quidem, cur Sabbato colatur Virgo ; verisimillimum tamen esse id non sine probabili aliqua causa in Ecclesia fuisse institutum : item fere ut, quamvis comper-

---

(70) Cap. 4, pag. 253 (in Ven. edit. tom. III, pag. 190).
(71) Cap. 2, in Appendice Operum Bernardi, vol. III, pag. 482, edit. Venet. Pasinellii.

(72) Tom. II, pag. 428.
(73) Joan. Heroldus, ex inclyto Dominicanorum ordine is esse creditur.

tum nobis minime sit, cur Spiritui sancto Missa votiva feria v sit assignata : quod fortasse etiam dicere possumus de Missis Trinitatis-sanctissimæ, de votivis angelorum et apostolorum feria ii, iii et iv celebrandis [ea enim rationum momenta, quæ ab aliquibus afferuntur, non admodum probabilia visa sunt criticis]; dubitandum tamen minime est, quin laudabili aliqua ratione et causa mos hic in Ecclesiam inductus sit, et communi quadam conspiratione jamdudum invaluerit et adhuc permaneat.

CAPUT II.
Judicium de rationibus superiori capite allatis fertur.

1. Recensuimus hactenus rationes eas et causas, ob quas non contemnendi theologi et pii viri Virgini postremum hebdomadæ diem sacrum esse voluerunt. Nunc expendendæ eæ sunt : atque hic quidem nihil de ea dico, quam Belethus omnium primam adduxit, quæque, uti dixi, innititur miraculo veli ultro sese aperientis, Mariæque imaginem detegentis Sabbato : quanti enim rationem eam æstimemus, paulo ante exposuimus.

2. Mystica est prorsus altera, quam idem Belethus adducit : sed paucos admodum obtinuit illa fautores. Dies *requiei* Sabbatum constitutum a Deo fuit. An tamen illi obsistes, qui dicat in nova lege antiquæ diei requietis alteram, id est Dominicam diem, ab apostolis Dei luce illustratis nutuque directis fuisse substitutam? Scilicet die Dominica Dominus a mortuis resurgens Christianam fidem in splendorem et lucem maximam evexit: eadem die se mortis victorem præbuit, Dominum angelorum, et Ecclesiæ institutorem, ideoque mysteriorum et figurarum antiquæ legis consummatorem, et magni operis redemptionis nostræ : quod prodidit cum mulieres per angelos consolatus est, jussitque eas apostolos de Jesu a mortuis excitato certiores facere (*Marc.* xvi, 1-7), ideoque instituit eam religionem, in qua mansurus erat, et veluti requieturus usque ad sæculi consummationem : *Ecce ego vobiscum sum omnibus diebus usque ad consummationem sæculi.* (*Matth.* xxviii, 20.) Die dominica pariter Spiritum sanctum omnium charismatum datorem in apostolos misit, ideoque Dominica die Ecclesiam stabilivit, et confirmavit, ut scilicet dies hæc, ab operibus corporis soluta, operibus *spiritus* tota tribueretur. Quam ob causam *dominicam diem*, id est divino cultui specialiter addictam, et veluti illis servatam, diem hanc Joannes apostolus appellavit : *Fui in spiritu in Dominica die.* (*Apoc.* i, 10.) Ut reliqua porro in ea ratione proposita expendamus, indubitatam est veram et amplissimam cœli portam Christum esse; etenim cœli portam is tum reliquis operibus suis, tum præsertim passione sua nobis aperuit : passioni tamen recolendæ assignata

est feria sexta, quam inter et Dominicam diem interjacet Sabbatum. An inter merita Christi et gloriam, quam ille sanguine suo promeruit sibi et nobis, interponi vis merita Mariæ? Nihil minus.

3. Mystica est pariter ea qua Petrus Damianus innititur. At affini argumentatione facile ostendes, feriam secundam assignari debere Virgini : ipsa etenim post Christum, cui Dominica dies assignata est, *Initium viarum Domini est,* et cum Filio decreta est; neque enim decerni potuit Christus, quin decreta sit illius Mater, quæ propterea, si scholasticos non contemnendos audimus, *concomitanter cum Christo* decreta est. Ipsa quoque [si Christum excipis, qui tamen non simplex creatura est, sed Deus simul et homo] creaturarum omnium præstantissima est, earumdemque creaturarum Regina et princeps. Primæ itaque debebuntur illi, ideoque, uti dixi, tributa Christo, et recolendis vitæ illius mysteriis Dominica die, feria secunda honori Mariæ assignabitur. Quis tamen id dicat? Vides itaque mysticam hanc, et affines alias rationes, si exactius expendantur, tam probabiles non dignosci, ut earum causa statutum dicamus Sabbatum, ut in eo peculiariter Maria colatur.

4. Quæ affertur ab auctore tractatus, seu libri qui inscribitur *Vitis mystica,* dubio [ut Scholasticorum phrasibus utar], imo, nisi prorsus fallimur, *falso supposito* innititur : fidem scilicet, atque adeo Ecclesiam totam, triduo illo, quod a Christi morte ad illius resurrectionem fluxit, in sola Deipara fuisse superstitem. Recole, obsecro, quæ disserit. 38 (quæst. 2) primæ partis hoc de argumento tradidi, et manifesto comperies, fidem in aliis etiam permansisse.

5. Eam rationem, quam deinceps ex Novato retuli, facile refellimus, ex eo quod Sabbatum non creationis memoriam in nobis excitat, sed quietis et cessationis a creatione. Ea porro ratio, quæ a Novato adducitur, Christo potius competit quam Mariæ, cui si competit, *concomitanter* cum Christo, imo *consequenter* convenit; præit enim Christus, cujus causa electa Virgo est; et quidquid habet perfectionis et boni, propter Christum et per Christum habet. An porro Christo dicatum est Sabbatum, et non potius Dominica dies?

6. Num vero valida firmaque est ratio altera, quæ subsequitur? annon potius elumbis et languida? Eam profecto dum legi, animadverti in ea se prodere vitium illud quod logici appellant *thesis pro hypothesi.* Nimirum quod in ea traditur, id ipsum est, *de quo ambigitur :* quæritur nempe, an probabili aliquo argumento significaverit Christus, Sabbato peculiariter, et præ cæteris diebus aptius honorandam Virginem. Probandum id utique est : non asserendum aut supponendum tantummodo.

7. Ratio ea, quam ab auctore Sermonum *Discipuli* nomine evulgatorum desumptam protuli, non-

nullam probabilitatis speciem habet. An probabilis ipsa sit, judicaverit lector Displicet sane quod in Officio ac Missa quam Ecclesia Sabbato in Virginis honorem celebrat, nullam facit doloris, quem ex Filii morte passa est Virgo, mentionem, nullam quoque sepulturæ Christi. An vero, si hæc recoli Sabbato voluisset Ecclesia, in sacris Officiis prorsus omisisset ?

8. Vellem autem, ut id quod nonnulli pii theologi et Mariæ devoti ascetæ aiunt, Sabbato scilicet natam Virginem, Sabbato nuntium Dominicæ Incarnationis habuisse, Sabbato consecutam fuisse alia commendationis suæ, et glōriæ incrementa, Sabbato denique assumptam fuisse in cœlos: vellem, inquam, ut id, quod hi aiunt, aut verisimili aliqua ratione, aut vetusta et probabili traditione inniteretur; neutra porro, me quidem judice, affertur.

9. Qui originem specialis cultus Mariæ Sabbato assignati ex eo repetunt, quod ea ratione Latini Græcorum reprehensiones evitare studuerint, rem plausu dignam dicerent, si eorum sententia monumento aliquo inniteretur. At nullum affertur ab iis, qui ideo selectum Sabbatum ad specialiter colendam Virginem aiunt, ut Græcorum dicteriis Latini occurrerent. Quanquam vereor ne recte occurrissent; etenim in solemnitate aliqua Sabbatum Græci habent. At quæ solemnitas a nobis Sabbato agitur, dum in eo peculiari aliquo cultu Virginem honoramus ? veluti dum in illius honorem ea die jejunamus, aut certe a carnibus abstinemus ?

10. Eam ob rem, ob ea etiam momenta, quæ adversus superiores rationes allata sunt, facile adducor, ut id quod in postremum locum rejeci, minime alienum a verisimilitudine putem : id est, non sine aliqua probabili ratione institutum fuisse ab Ecclesia, ut Sabbato memoria Virginis Officio et Missa recoleretur; quia tamen rationem eam minime manifestavit Ecclesia, nihil certi de eo argumento statui a nobis posse : item fere ut non sine probabili ratione institutum novimus jejunium Sabbati in Ecclesia Romana : quia tamen rationem palam non manifestavit Ecclesia, nihil certi de illius origine statui a nobis potest. Consule, quæ subsequenti quæstione trademus.

11. Si tamen conjecturis fidimus, suspicari utique possumus Sabbatum sacratum Virgini, ut, quoniam novit Ecclesia libentissime a nobis Virginem coli, optavit, ut iis pietatis argumentis, quibus eam colimus, nos etiam ad Dominicam diem sanctissime agendam pararemus.

QUÆSTIO II. — *Sumpta occasione ex antea dictis, disserimus de jejunio Sabbato servato.*

Id ut aptius fiat in varia capita quæstionem hanc dividimus : atque hoc statim in capite illius antiquitas inquiritur.

CAPUT I.

Ab apostolicis usque temporibus commode derivari consuetudinem, quam Ecclesia Romana, aliæque servarunt et servant, ut Sabbato jejunium agerent, statuitur : cujus consuetudinis causam etiam inquirimus.

1. Multa quidem honoris ac pietatis erga Virginem præsertim Sabbato præbere fideles solent : atque, ut hic omittam Missam et Officium in memoriam et honorem Virginis Sabbato institutum, alia suo veluti impulsu devotionis obsequia addiderunt fideles. Rosarium recitare propterea consueverunt, atque in aliis se piis operibus exercere : quibus scilicet se magis devovent Virgini, illiusque patrocinium ac benevolentiam promerentur. Eminent inter hæc iter ad remotiores etiam Virgini sacras ædes susceptum, in quibus scilicet coactus populus cantu, aut saltem elatiori voce junctim laudes Virginis recitat, et litaniis in illius honorem institutis, aut antiphonis solemni Ecclesiæ consensione approbatis eam deprecantur. Horum exempla non affero ; adeo enim manifesta et frequentia hæc sunt, ut ea indicare non sit necesse. In iis porro, quæ quisque privatim edit, jejunium potissimum colloco, et abstinentiam a carnibus. De utroque more sigillatim agendum est. Addit autem jejunium abstinentiæ a carnibus unicam comestionem, atque, in multis Italiæ urbibus abstinentiam etiam a caseo, lacte, atque ovis : paucis, esum adjicit illorum tantummodo ciborum, quibus Quadragesima utimur.

2. Ut porro a jejunio Sabbato observato ducamus exordium, quatuor de eo quæremus : illius antiquitatem ; causas ob quas illud inductum sit ; loca in quibus ea consuetudo viguit, vigetque etiam nunc ; vim denique et, ut frequentius dicere solemus, *obligationem*, qua ad hujus jejunii observationem astringuntur fideles.

3. Ut de antiquitate ejusdem jejunii primum dicam, indubitata res est, Græcos cavere maxime, ne Sabbato jejunent, si illud tamen excipimus, quod *Sabbatum sanctum* vocamus : illud scilicet, quod proxime anteit sanctissimam resurrectionis diem, in quo Sabbato Domini sepultura recolitur. Atque hic quidem mos antiquissimus est, et expressissime traditus in iis *Constitutionibus* quas *apostolicas* appellare consuevimus. En quid in his præscribitur (74) : « Mandavit autem solvere jejunium septima die ad galli cantum, et per ipsum Sabbatum jejunare : non quod jejunandum sit Sabbato, die quo a creatione est cessatum ; sed quod illo solo jejunari oporteat, in quo scilicet Creator adhuc sub terra erat. » Ad Latinam itaque Ecclesiam tantummodo coarctatur quæstio hæc : et indubitatum atque exploratissimum est, observantiam hanc ex iis fuisse, quas maxime in Latinis Græci reprehenderunt.

4. Hujus jejunii origo in libro, quem *Pontificalem*

---

(74) Lib. v, cap. 18, edit. Cot. et Joan. clerici.

appellant, Innocentio I tribuitur : « Hic constituit
Sabbato jejunium celebrari, quia Sabbato Dominus
in sepulcro positus est, et discipuli ejus jejunave-
runt. » Quæ tamen verba sic interpretatur Binius
[in interpretationibus additis Epistolis ac Decretis
pontif.] ut ea sint intelligenda, « non quod Innocentius auctoritate hujus decreti primus jejunium
Sabbati instituerit, sed quod de his ad Decentium
episcopum Eugubinum rescripserit, qui datis ad
eum litteris causam hujus jejunii edoceri expetie-
rat. » (Baron. ann. 417, n. 6. Vide notas Can.
apost. 65.)

5. At hujusce instituti ratio non eadem a scriptoribus affertur. Nonnulli, si Cassiano credimus
(75), illam repetebant ex eo, quod Petrus apostolus Romanæ Ecclesiæ fundator die Dominico disputationem cum Simone Mago initurus, die proxime
præcedente [ideoque Sabbato] se ad tam grande
certamen jejunio, una cum discipulis suis [ut statim significat, et confirmat Augustinus] paraverit.
Quo constituto, morem hunc, aut saltem opinionem hanc reprehendit Cassianus (76), quia ad stabiliendam perpetui jejunii observantiam jejunium
tum a Petro observatum, minime aptum putat Cassianus. Id si admittes, antiquissimam eam esse
consuetudinem declarabis : etenim procul dubio
conflictum Petri cum Simone ad prisca Ecclesiæ
sæcula quisque amandat.

6. At pauci originem jejunii Sabbati ex eo conflictu repetunt : et Augustini ætate paucos inter
Romanos [tametsi plurimos extra Romanos] ea
opinio habebat suffragatores (77). Verisimilior itaque ea opinio visa est, quæ hujusce jejunii originem ex eo deducit, quod ea pietatis significatione
Domini sepulturam recolere statuerint fideles. Hanc
sane rationem adversus Græcos disputans attulit
Humbertus cardinalis, theologus utique præstantissimus, cujus verba referre hic placet (78) : « Non
ergo nos negamus sexta feria jejunandum, sed dicimus in Sabbato hoc agendum, quia ambo dies
tristitiam apostolis, qui Christum secuti sunt, indixerunt. » Sed et eamdem rationem multo antiquiores Humberto Augustinus et Innocentius ad-
duxere. Augustinus quidem, cum hæc scripsit (79) :
« Sequitur Sabbatum, quo die caro Christi in mo-

numento requievit... Alii propter humilitatem mortis Domini [mallent] jejunare, sicut Romana, et
nonnullæ Occidentis Ecclesiæ. »

7. Innocentius porro non modo, quia id testatur
liber qui *Pontificalis* inscribitur [quod modo vi-
dimus], verum etiam quia Decentio Eugubino episcopo hæc scripsit (80) : « Sabbato vero jejunandum esse, ratio evidentissima demonstrat : nam si
diem Dominicam ob venerabilem resurrectionem
Domini nostri Jesu Christi non solum in Pascha
celebramus, verum etiam per singulos circulos
hebdomadarum, ipsius diei imaginem frequenta-
mus, ac sexta feria propter passionem Domini jejunamus, Sabbatum prætermittere non debemus,
quod inter tristitiam atque lætitiam temporis illius videtur inclusum. Nam utique constat apostolos biduo isto, et in mœrore fuisse, et propter
metum Judæorum se occuluisse. Quod utique non
dubium est, in tantum eos jejunasse biduo memorato, ut traditio Ecclesiæ habeat isto biduo sacramenta penitus non celebrari. Quæ utique forma
per singulas tenenda est hebdomadas propter id,
quod commemoratio diei illius semper est celebranda. Quod si putant semel, atque uno Sabbato
jejunandum : ergo et Dominica et sexta feria semel
in Pascha erit utique celebranda. Si autem Dominici diei et sextæ feriæ per singulas hebdomadas
reparanda imago est ; dementis est bidui agere
consuetudinem, Sabbato prætermisso, cum non
disparem habeat causam : a sexta videlicet feria,
in qua Dominus passus est, quando et ad inferos
fuit, ut tertia die resurgens redderet lætitiam post
biduanam tristitiam præcedentem. Non ergo nos
negamus, sexta feria jejunandum : sed dicimus et
Sabbato hoc agendum, quia ambo dies (81) tristitiam apostolis, vel his qui Christum secuti sunt,
indixerunt, qui die Dominico liberati (82), non solum ipsum festivissimum esse voluerunt, verum
etiam per omnes hebdomadas frequentandum esse
duxerunt. »

8. Atque iis quidem verbis : *Ambo dies tristitiam
apostolis, vel his qui Christum secuti sunt, indixerunt,*
et subsequentibus : *Qui die Dominico,* etc., declarat
Innocentius ab apostolicis ipsis temporibus repe-
tendam eam, de qua agimus, consuetudinem, item

---

(75) *De instit. renunt.*, alias *Cœnobiorum*, lib. III,
cap. 18 : « Cujus moderaminis causam nonnulli in
quibusdam occidentalibus civitatibus ignorantes,
et maxime in Urbe, idcirco putant absolutionem
Sabbati (alias jejunii) minime debere præsumi :
quod apostolum Petrum in eodem die contra Simonem (Magum) conflictaturum asserant jejunasse. »

(76) « Ex quo magis apparet, hoc eum consuetudine canonica non fecisse, sed præsentis potius
necessitate conflictus : siquidem et ibi pro hac
eadem re non generale, sed speciale videatur Petrus discipulis suis jejunium indixisse : quod utique non fecisset, si scisset illud canonica consuetudine solere servari, » etc. (Ibid.)

(77) Epistola olim 86 (in nova serie 36) ad Casulanum n. 21, cap. 9 : « Est quidem et hæc opinio

plurimorum (quamvis eam perhibeant esse falsam
plerique Romani), quod apostolus Petrus cum Simone Mago die Dominico certaturus, propter ipsum
magnæ tentationis periculum pridie cum ejusdem
Urbis Ecclesia jejunaverit, et consecuto tam prospero, gloriosoque successu eumdem morem tenuerit, eumque imitatæ sint nonnullæ Occidentis
Ecclesiæ. »

(78) *Biblioth. Patr.* tom. IV, part. II, pag. 205,
206, edit. Paris.

(79) In epistola modo allegata Casulano scripta
num. 31, cap. 12.

(80) *Epist. Rom. Pontif.*, etc., tom. I, an. 1721,
epist. 25, num. 7, col. 859.

(81) Nonnullæ veteres editiones addunt *præcedentem*.

(82) Al. *hilarati*.

ut ab apostolicis ipsis temporibus jejunium feriæ sextæ in memoriam passionis Domini, et lætitia diei Dominicæ ad recolendam memoriam resurrectionis illius derivatur. Eamdem rationem , si S. Romualdo et aliis credimus, Sylvester papa refert (83), ac summam etiam antiquitatem in ea observatione agnoscunt.

9. Antiquitatem ejusdem moris confirmant concilium Eliberitanum, quod deinceps allegabimus et Socrates, dum *vetustam traditionem* appellat eam, quam a Romana et Alexandrina Ecclesia servari ait, ut scilicet Sabbato a celebrandis officiis abstineant ; in qua narratione quanquam errat Socrates, nam certe Sabbato ab antiquissimis ipsis temporibus divina Officia Romana Ecclesia celebrat, indulgendum id tamen est illi : arbitratus est enim Romæ fuisse servatum, quod ab aliquibus fortasse non paucis Ecclesiis servatum novimus, ut scilicet diebus, quibus jejunabant, a divinis mysteriis celebrandis abstinerent. En quæ tradat Socrates (84) : « Cum omnes ubique terrarum Ecclesiæ per singulas hebdomadas die Sabbati sacra mysteria celebrent, Alexandrini tamen et Romani, vetustam quamdam traditionem secuti, id facere detrectant (85). » Erat porro certum certum jejunii apud Orientales argumentum, si Ecclesia eo die a sacrificio offerendo abstineret. An vero *vetustam* appellare potuisset Socrates traditionem, de qua disserimus, si a priscis ipsis Ecclesiæ temporibus deducenda non foret ?

10. Antiquior et multo probabilior Socrate Hieronymus est. Is tamen traditionibus ecclesiàsticis, quæ a majoribus acceptæ sunt, hanc, de qua agimus, observantiam accenset (86). An vero traditionibus ecclesiasticis, quæ a majoribus traditæ sunt, Hieronymus jejunium Sabbati accensuisset, nisi id ab antiquissimis usque temporibus derivaretur ?

CAPUT II.

Occurrimus iis, quæ adversus capite superiori stabilitam antiquitatem objiciunt.

1. Novi equidem hujusce consuetudinis originem ad Sylvestri tempora referri a nonnullis, qui auctoritate Nicolai I, aliorumque præclarissimorum id attestantium, inniti se aiunt. Sic itaque disputant : Nicolaus I, quem ob præclara gesta *Magnum* appellavit antiquitas, hæc scriptis prodidit (87) :

« Cum de jejunio Sabbati, tempore sancti Sylvestri confessoris Christi sit satis discussum et disputatum, atque, ut celebraretur, per omnia definitum, nullusque post hæc ausu temerario contra illud statutum venire , aut saltem mutire præsumpserit, » etc.

2. Id ipsum assequimur ex Petro Damiani hæc docente (88) : « Post hæc autem Romualdus iterum legens, quia sanctus Sylvester urbis Romæ episcopus Sabbatorum diem jejunandum esse, ut revera sancti Paschatis vigilias, instituerit, mox remissionem Sabbati in quintam feriam commutavit, et sic infirmorum imbecillitatí consulens, longum jejunium discretione habita facilius reddidit. »

3. Alibi vero, ut ostendat (89) observandum esse in memoriam Dominicæ sepulturæ jejunium Sabbato, nonnulla verba ex eodem Sylvestro profert, quæ quidem tanti facit idem Petrus Damiani, ut *definitiva testimonia* appellare non vereatur. Sed præstat ipsum Petri Damiani locum producere, qui ad hunc modum se habet : « Præterea de Paschali quoque Sabbato, quod Dominicæ resurrectionis gloriam antecedit, perspicua ratio est, quia districte debeat jejunari ; nam si Auctori vitæ mortuo ac sepulto, ut revera ejus membra, compatimur, si in discipulorum collegio constituti una cum apostolis lamentamur, turpe est, si nos pleno ructemus ferculo, cum ille, quem flevimus, adhuc jaceat in sepulcro. Apostoli siquidem, Scriptura testante, tandiu mortuo Domino compatiuntur in luctu, quousque resurgens (90) post triduum novo lætificarentur aspectu. Sed nos, ut ab hujus controversiæ molestia feriemur, advocatum ventris ad B. Sylvestri *testimonia definitiva* transmittimus ; cujus utique verbis si fides adhibeatur, cuncta protinus inter nos jurgia conquiescunt : Sylvestri siquidem verba sunt : *Si omnis*, inquit, *dies Dominicus, causa resurrectionis Domini, tenetur et colitur, justum est ut omnis Sabbatorum dies, causa sepulturæ, jejunii suscipiatur instantia, ut flentes cum apostolis de morte Domini, gaudere cum eis de resurrectione mereamur.* Et rursus : *Si omnis Dominicus dies resurrectionis creditur gloria decoratus, omnis qui antecedit eum dies Sabbati, sepulturæ jejunio mancipandus est, ut merito gaudeat de resurrectione, qui de morte ploraverit.* Quibus pro-

(83) S. Sylvestrum Humbertus, aliique allegant.
(84) Valesio interprete, lib. v, cap. 22.
(85) Synodus Laodicena, can. 49 (pag. 1559, tom. I *Concil.* Labb. ed. Venet. Albritii : « Quod non oportet in Quadragesima panem offerre, nisi Sabbato et solis Dominicis. » (Quibus diebus scilicet solvebatur jejunium.) Et rursus can. 51 : « Quod non oportet in Quadragesima martyrum natales peragere (quia scilicet in natalibus, seu festivitatibus martyrum solvebatur jejunium) ; sed sanctorum martyrum facere commemorationes in Sabbatis et Dominicis. »
(86) In Epistola ad Lucinium, olim 28; in edit. PP. S. Mauri. 52 ; in Veron. 71, num. 6 :

« De Sabbato, quod quæris, utrum jejunandum sit, et de Eucharistia, an accipienda quotidie, quod Romana Ecclesia (*nonnulli* Romanæ Ecclesiæ) et Hispaniæ observare perhibentur..... Sed ego illud breviter te admonendum puto, traditiones ecclesiasticas (præsertim quæ fidei non officiant) ita observandas, ut a majoribus traditæ sunt, nec aliorum consuetudinem, aliorum contrario more subverti. »
(87) Epist. 70 *Ad Hincmarum et episcopos Galliæ*, pag. 1490. tom. IX, *Concil.* edit. Albritii.
(88) In *Vita S. Romualdi*, cap. 9.
(89) Opusc. LV, quod inscribitur : *De celebrandis vigiliis*, cap. 3.
(90) *Resurgente*, vel *resurgentis*, ut puto.

fecto verbis tam planis, et propter tardos multipliciter inculcatis, nihil a me adjiciendum aliud video, nisi hoc tantum : quia, si sanctus ille vir, propter illud unum Dominicæ sepulturæ Sabbatum, omnia totius anni Sabbata jejunio dicanda percenset, dum illud unum, quod principale est atque præcipuum, in epulas solvitur, qualiter ab eo in reliqua, forma, vel exemplar abstinentiæ transferetur? Constanter igitur asserendum est, quia sicut dies Parasceve sextas totius anni ferias districtionis censura præcedit, sicut Resurrectionis dies solemnitatis gloria reliquos dies Dominicos antecellit, ita quoque et Sabbatum, quod inter utrumque consistit, plusquam cætera Sabbata sub abstinentiæ rigore necesse est observari. Sicut enim Parasceve crucis dies doloris, sic et Sabbatum sepulturæ dies agnoscitur, et mœroris. »

4. Et sane Tertulliani, qui procul dubio sanctum Sylvestrum papam diu præcessit, tempore, Catholici utique non pauci [id enim omnibus exprobrat] Sabbato non jejunabant ; id enim facile constat ex iis, quæ idem Tertullianus jam Montanistis junctus adversus Romanos, atque adeo fideles omnes Romanæ Ecclesiæ adhærentes , scribit ; his scilicet (91) : « Cur stationibus quartam, et sextam Sabbati dicamus, et jejuniis Parasceven ? Quanquam vos etiam Sabbatum , si quando continuatis, nunquam , nisi in Pascha jejunandum secundum rationem alibi redditam. » Quibus verbis obscure quidem, ut solet Tertullianus, sed tamen docet Psychicos [Catholicos scilicet] in Paschate tantum Sabbato jejunare, id est, nisi plane fallimur, jejunare eo Sabbato, quod Pascha proxime præcederet : quod a nonnullis Paschali tempore comprehendebatur, quod feriam v in Cœna Domini, vel feriam vi in Parasceve subsequebatur, quæ a nonnullis Pascha appellabantur ; vel quod Sabbato sancto Paschalis solemnitas veluti inciperet (92).

5. At his haud difficilis est responsio. Quesnellius (93), quem hac in re minime reprehensum vidi, valde dubitat num Nicolaus I hæc vere scripsit [si ita vere scripsit Nicolaus]. Quod si ea, quæ adduximus, vere scripsit, non veretur idem Quesnellius affirmare, « ex apocryphorum commentariis ea hausisse, aut ex populari traditione. » Unde enim (subdit Quesnellius) discere potuit de Sylvestro, quod Ambrosio, Augustino, Cassiano, ipsique Innocentio primo ignotum fuit? Adjicit

vero alia non pauca, quibus opinioni huic suæ robur viresque adjungat. Ea, si vis, consule, Cæterum ea, quæ ex Sylvestro allegantur, si Sylvestri vis esse, et recte a Nicolao I adducta antiquitatem jejunii, de quo agimus, minime attenuant, neque enim in iis deprehenditur ejusdem jejunii auctor Sylvester , sed tantum edocemur, monumentis [antiquitatis hujusce consuetudinis, ut puto] adductis studuisse Sylvestrum, ut eadem consuetudo firmiores radices [ut ita loquar] in Ecclesia figeret, et, si vis, magis diffunderetur. Eo spectasse Sylvestrum in iis quæ ex eo Romualdus allegat, verbis, si quis dixerit, rem valde probabilem dicet. Ad confirmandam sane Romanorum consuetudinem quovis Sabbato jejunantium, multum ca juvant, nec minus ea habent virium, atque habeant Innocentii monita.

6. Tertullianus porro Catholicos generatim redarguit [quos quidem Psychicos, id est animales, seu carnales appellat], non Romanam tantummodo Ecclesiam. Videbimus autem deinceps multo plures fuisse Ecclesias, quæ jejunium Sabbato solverent, quam quæ illud observarent.

CAPUT III.

Auctoritate Petri Damiani postremam rationem capite 2 expositam confirmamus : alias etiam adjungimus hujusce consuetudinis (jejunii scilicet Sabbato observati) causas.

1. Duas capite 2 causas adduximus, ob quas jejunium Sabbato observatum est. Postremam, quæ verisimilior est, si confirmare adhuc vis, consule, obsecro, opusc. S. Petri Damiani, quod *De jejunio Sabbati* inscribitur (94). Præclarissimus cardinalis Humbertus adversus Græcos disputans aliam causam jejunii die Sabbati a Latinis observati adjicit, in eo sitam, quod Sabbatum in laboriosis operibus (si horum aliquid agendum occurrit) et jejunio insumentes a Judæorum ritibus ac consuetudinibus recedimus maxime : contra Græci Sabbatum festivum agentes cum Judæorum festivitatibus congruere videntur. Sed præstat ipsa Humberti verba describere (95) : « Illi (Judæi) Sabbato, otiosi et feriati, nec arant, nec metunt, nullumque opus ex more faciunt, sed festum habent et convivium : et requiescunt servi et ancillæ eorum, boves et jumenta. Nos vero nihil horum observamus, sed omne opus facimus, sicut et in præcedentibus quinque diebus, et jejunamus, sicut et in proxima sibi feria sexta jejunamus. Vos vero, si

<hr/>

(91) *De jejuniis*, cap. 14.
(92) Hæc fere est Rigaltii interpretatio, cujus adnotationem hic describere placet : « Et stationibus quidem dicatas fuisse ferias cujusque septimanæ quartam, et sextam, excepta feria sexta, quæ esset παρασκευὴ τοῦ Πάσχα, » septimanæ scilicet authenticæ, in quam incideret Pascha, sive dies Paschæ, Sabbatum Paschale, quo die Christus Ecclesiæ Sponsus ablatus est ; etenim eo die indicta fuisse jejunia, quæ non solum a Paracleticis, verum etiam a Psychicis in Sabbatum continuabantur.

Hic vero Tertullianus observat Sabbatum in Pascha jejunandum : hoc est, Sabbatum septimanæ, in quam incidisset dies Paschæ, sive passionis Dominicæ, quæ est νήστιμος ἡμέρα· cætera Sabbata nunquam jejunanda, ne Judaizare, aut Galaticari videamur.

(93) Dissert. 6, ad Opera S. Leonis, num. 2.
(94) Est ordine LIV.
(95) *Biblioth. Patrum*, tom. IV, part. II, pag. 203-206, edit. Paris.

non Judaizatis, dicite, cur Judæis in simili observantia Sabbati communicatis? Sabbatum certe
ipsi celebrant, et vos celebratis : epulantur ipsi,
et solvunt semper in Sabbato jejunium. Illi in sua
Quadragesima solvunt a jejunio omne Sabbatum,
præter unum, et vos in vera [al. vestra] Quadragesima solvitis a jejunio omne Sabbatum
præter unum. »

2. At quanquam hæc ratio jampridem notissima
Latinis erat, et a nonnullis adhibita, tamen antequam Græci schisma conficerent, ab ea adhibenda
iidem Latini cavebant, ne Græcos scilicet irrita-
rent, ostenderentque vinculo pacis utramque
Ecclesiam jungi, tametsi observationum et rituum
varietate distinctam. Revera Urbicum, qui ad jejunium Sabbati stabiliendum sic disputabat (96) :
« Si Judæus Sabbatum colendo Dominicum negat,
quomodo Christianus observat Sabbatum? aut simus Christiani, et Dominicum colamus, aut simus
Judæi, et Sabbatum observemus, » luculenter refutat Augustinus (loc. cit.), ad quem lectorem
allego : eumdem ritum refutat etiam Cassianus
his verbis (97) : « Non enim ad communionem festivitatis Judaicæ absolutio ista jejunii reputanda
est, his præsertim, qui ab omni Judaica superstitione alieni monstrantur, sed ad refectionem,
quam diximus lassi corporis pertinere : quod per
totas anni septimanas jugiter quinis diebus jejunans,
nisi duobus saltem interpositis refocillatum fuerit,
facile lassescit ac deficit. »

5. At hac etiam seposita ratione, quæ monachos
respicit, qui per totas anni septimanas jugiter quinis
diebus jejunabant, non alios quoslibet, minus se-
veros, nec jejuniis addictos, indubitatum est rationem hanc non admodum validam esse. Profecto
non se adeo adversam Hebræorum consuetudinibus exhibuit Ecclesia, ut omnes eorum consuetudines oderit refugiatque; aliquas enim excepit,
tametsi (ne videatur Judaizare) eas ipsas, quas
excepit, non modica ex parte immutaverit, vetustis
Judæorum ritibus novos substituens, sibi conve-
nientes et aptos. An vero eodem modo celebrant
Sabbatum Judæi et Græci? Annon potius utitur
unusquisque ritibus suis, quorum alter ab altero
differt maxime? An Judæus Sabbato Missam celebrat, aut audit, et incarnationis Dominicæ encomia
prædicat?

CAPUT IV.

Loca, in quibus ea consuetudo viguit, et viget nunc

1. Orientales omnes a jejunio Sabbati die agendo cavisse maxime, non pauci tradunt. Si ad Græcos id referunt, assentior libens : at si reliquas

Orientis nationes complecti etiam velint, easque
jejunii, de quo disserimus, osores describere op-
tent, ab eorum monitis dissentio maxime. Etenim
jam dixi (98) tradere Socratem, Alexandrinam
Ecclesiam in jejunio Sabbati observando cum Romana Ecclesia congruere. Id ipsum indicat Sozomenus (99) : sed expressissime id edocemur a Ra-
tramno, qui imperante Carolo Calvo scripsisse
dicitur. Hæc habet ille (1) : « Culpant (Græci) Romanos et Occidentales quod Sabbato jejunent,
quando quidem ipsi vel Orientales omni Sabbato
prandeant, nescientes, ut credimus, quod non omnes
Occidentales Ecclesiæ hac consuetudine teneantur,
sed Romana, vel aliæ quædam Occidentales Ecclesiæ : si quidem major numerus Occidentalium
in Sabbato non jejunat; nec tamen Romanos propterea jejunantes reprehendunt, vel a Romanis jeju-
nantibus ipsi reprehenduntur.... Alexandrina namque cum Romana, prisca jam traditione, super jejunio Sabbati consentit; etenim collectæ non fiunt
eo die Alexandriæ, sicuti nec Romæ. »

2. Quod si ad Latinos coarctes quæstionem, non
eadem fuit in omnibus, nec fortasse constans in
iisdem Ecclesiis consuetudo. Indicat haud obscure
Augustinus (2) ea, qua ipse vivebat ætate, multo
plures inter ipsas Ecclesias exstitisse, quæ a jejunio Sabbato abstinebant, quam quæ jejunarent,
dum hæc Casulano scribit : « Cum vero his opprobriis, atque maledictis insectatur Ecclesiam per
totum mundum fructificantem atque crescentem,
et die Sabbati pene ubique prandentem, » etc. Idque deinceps confirmat, cum nonnullas Occidentales Ecclesias Sabbato jejunantes, et paucas fuisse
ait, indicans scilicet esse numerum Sabbato non jejunantium, quam jejunantium Ecclesiarum. Sed præstat ipsa Augustini verba proferre,
n. 21 : « Cumque, inquit, (morem jejunandi Sabbati)
imitatæ sint nonnullæ, tametsi paucæ Ecclesiæ. »
Cæterum in distantibus etiam ab urbe Roma regionibus, fuisse Sabbato jejunium actum, hæc ejusdem Augustini verba declarant (3) : « Et de die quidem Sabbati facilior causa est, quia et Romana
jejunat Ecclesia, et aliæ nonnullæ, etiamsi paucæ,
sive illæ proximæ, sive longinquæ. » Quid vero
longinquarum Ecclesiarum vocabulo indicet, tradit
ille deinceps, dum Africanarum Ecclesiarum mentionem facit (4) : « Sed quoniam, inquit, contingit
maxime in Africa, ut una Ecclesia, vel unius regionis Ecclesiæ alios habeant Sabbato prandentes,
alios jejunantes, mos eorum mihi sequendus videtur, quibus eorum populorum congregatio commissa est. »

3. Hispanas Ecclesias Sabbato jejunasse nonnulli

---

(96) Inter epist. August. epist. ad Casulan. olim
86, in nova serie 36, n. 23.
(97) *De institut. renunt.* seu *cœnobior.* lib. III,
cap. 9.
(98) Cap. 2, num. 9.
(99) Lib. VII, cap. 19.

(1) Lib. IV, cap. 3. Exstat hoc pag. 63 et subseqq. tom. I *Spicileg.* d'Achery, Paris. an. 1723.
(2) Epist. olim 86, in nova edit. 36, num. 4.
(3) Eadem epistol., olim 86 nunc 36, cap. 12,
n. 27.
(4) *Ibid.* cap. 14, n. 32.

censent, afferuntque opinionis suæ vadem Hieronymum (5), cujus verba jam retulimus, sed hic repetere operæ pretium reor : « De Sabbato quod
quæris, utrum jejunandum sit, et de Eucharistia,
an accipienda quotidie, quod Romanæ Ecclesiæ
et Hispaniæ observare perhibentur. » Sed minime
movimus, num utrumque morem [jejunandi scilicet
Sabbato , et accipiendi quotidie Eucharistiam]
complectatur Hieronymus, dum hæc ait : quod *Romana Ecclesia, et Hispaniæ observare perhibentur* ;
neque enim desunt, qui postremum tantummodo
morem [sumendi scilicet quotidie Eucharistiam]
tum a Romanis, tum etiam ab Hispanis Ecclesiis
frequentatum aiunt, non item primum, jejunandi
scilicet Sabbato. Alii vero disjunctive accipienda
esse aiunt Hieronymi verba, ita scilicet ut jejunandi mos ad Romanam Ecclesiam respiciat, quotidianæ vero perceptionis Eucharistiæ Hispanas
Ecclesias. Neutra responsio ex Hieronymi verbis
refelli potest.

4. Utcunque sit, indubitatum est sane multas
Ecclesias, tametsi Latinas, minime observasse
jejunium Sabbato ; et in ipsa Italia Mediolanensem
Augustini tempore minime jejunasse ex eodem
Augustino assequimur (6). Fortasse multos ad jejunium Sabbato relaxandum ea movit ratio, quam
ipsis Augustini verbis referre libet (7) : « Propterea, sicut Judæi, Sabbatis non vacamus, etiamsi
ad significandam requiem, quæ illo die significata
est, Christiana sobrietate et frugalitate servata, jejunii vinculum relaxamus.» Et deinceps (num. 31):
« Sequitur Sabbatum, quo die caro Christi in monumento quievit, sicut in primis operibus mundi
requievit Deus die illo ab omnibus operibus suis.
Hinc exorta est ista in reginæ illius veste varietas, ut alii, sicut maxime populi Orientis, propter
requiem significandam, mallent relaxare jejunium,
alii propter humilitatem mortis Domini jejunare,
sicut Romana, et nonnullæ Occidentis Ecclesiæ.
Quod quidem uno die, quo Pascha celebratur·
propter renovandam rei gestæ memoriam, qua
discipuli humanitus mortem Domini doluerunt,
sic ab omnibus jejunatur, ut etiam illi Sabbati

jejunium devotissime celebrent, qui cæteris per
totum annum Sabbatis prandent utrumque videlicet significantes, et in uno anniversario die
luctum discipulorum, et cæteris Sabbatis quietis
bonum » Ratramnus sane, qui imperante Carolo
Calvo scripsisse creditur, a plerisque actum sine
jejunio Sabbatum docet (8).

5. Neque vero sæculares tantummodo a jejunio
Sabbato servando abstinuerunt. Monachi ipsi Sabbato prandere consueverant. Jam Cassiani verba
retulimus (9), quæ hic recolat lector volo. Ad hæc,
Romualdi tempore minime servatum jejunium Sabbati indicat Petrus Damianus, dum monet studuisse
Romualdum, ut Sabbati jejunium in sua monasteria
introduceret; idque, ut facilius assequeretur, monachis suis indulsisse, ut feria quinta pranderent :
« Post hæc autem Romualdus iterum legens, quia
sanctus Sylvester urbis Romæ episcopus Sabbatorum diem jejunandum esse , ut revera sancti
Paschatis vigilias instituerit, mox remissionem
Sabbati in quintam feriam commutavit, et sic infirmorum imbecillitati consulens, longum jejunium
discretione habita facilius reddidit (10). »

6. Non omnes tamen monachi jejunium illud
susceperunt. Guido [*al.* Guigo], quintus Magnæ Carthusiæ prior, dies recensens in quibus suis monachis jejunandum erat, secundam, quartam et sextam quidem feriam enumerat; at tertiam, et
quintam feriam, et Sabbatum præterit. Sabbato
itaque eos ad jejunandum minime astringit. Mabillon
etiam Baldricum abbatem sæculo xi, nisi fallor,
viventem, hæc scripsisse ait de quodam, qui Sabbato carnem edere recusaret (11) :

Sabbata custodis tanquam Judæus Apella,
   Cum tamen alterius legis iter teneas.

« Qua in re (subjicit Mabillon) non probandus Bal-
dricus, maxime quod ait id factum in conventu
fratrum, seu Burguliensium suorum, qui ex regulæ
præcepto abstinentiam a carnibus servare debebant. »

7. At quamvis hæc verissima sint, indubitatum
est tamen, et magnam fidelium partem Sabbato

---

(5) *Epist. ad Lucinium*, olim 28, n. 6 ; in Veron.
edit. 71, n. 6.
(6) « Sed quoniam non invenimus, ut jam supra
commemoravi, in Evangeliis et apostolicis litteris,
quæ ad Novi Testamenti revelationem proprie
pertinent, certis diebus aliquibus evidenter præceptum observanda esse jejunia, . . . indicabo
tibi, quid mihi de hoc requirenti responderit venerandus Ambrosius, a quo baptizatus sum, Medio-
lanensis episcopus. Nam cum in eadem civitate mater mea mecum esset, et nobis adhuc catechumenis
parum ista curantibus, illa sollicitudinem gereret utrum secundum morem nostræ civitatis, sibi
esset Sabbato jejunandum, an Ecclesiæ Mediola-
nensis more prandendum, ut hac eam cunctatione
liberarem, interrogavi hoc supradictum hominem
Dei. At ille : Quid possum, inquit, hinc docere amplius quam ipse facio? Ubi ego putaveram
nihil eum ista responsione præcepisse, nisi ut Sab-

bato pranderemus ; hoc quippe ipsum facere
sciebam ; sed ille secutus adjecit : Quando hic
sum, non jejuno Sabbato ; quando Romæ sum, jejuno Sabbato : et ad quamcunque Ecclesiam ve-
neritis, inquit, ejus morem servate, si pati scandalum non vultis, aut facere. » (*Ibid.* id est, epist.
36, n. 52, cap 14.)
(7) *Ibid.* cap. 10, n. 23.
(8) Lib. iv, cap. 3, hæc tradit : «Culpant Romanos
et Occidentales, quod Sabbato jejunent. . . . nescientes, ut credimus, quod non omnes Occidentales Ecclesiæ hac consuetudine teneantur , sed
Romana vel aliæ quædam Occidentales Ecclesiæ :
si quidem major numerus Occidentalium in Sabbato non jejunat. »
(9) Cap. 3, num. 2.
(10) In *Vita S. Romualdi*, cap. 9.
(11) Præfat. II in Sæc. vi Bened., num. 95.

jejunasse, et studuisse Ecclesiæ præsides, ut hoc pietatis argumentum in dies invalesceret. Seligo nonnulla ex plurimis. Isidorus Hispalensis [si illi tribuis librum *Officiorum*, qui præposito illius nomine prodiit] perspicue affirmat Sabbato jejunare plerosque consuevisse (12): « Sed et Sabbati dies a plerisque [jejunatur]. » Quanquam haud multo post Augustini verba alleget (13) in libertate fidelium relinquentis, ut quisque quod velit, agat, ideoque jejunet, aut prandeat Sabbato. In Capitularibus Caroli Magni hæc edocemur: « Præter hæc autem legitima tempora jejuniorum, omni sexta feria, propter passionem Domini jejunetur. Sed et Sabbati dies a plerisque, propter quod in eo Christus jacuit in sepulcro, jejunio consecratus habetur.» (Edit. Baluz. lib. vi, cap. 187.)

8. Atto Vercellensis episcopus (14) decimo sæculo floruit. Is, dies indicans quibus jejunandum esse censebat, Sabbatum inter eos recensuit (15): « Quarta vero, sexta et septima feria præ cæteris jejunandum est, quia quarta feria Judas de proditione Salvatoris cum Judæis statuit, sexta autem Christus crucifixus est. Sabbato quidem inter metum et spem apostoli tristem duxere diem, dubii aliquantulum de resurrectionis gloria permanentes. »

9. Subsequentibus tamen temporibus eæ ipsæ Ecclesiæ, quæ jejunio Sabbatum transigebant, piam illam consuetudinem dereliquisse sunt visæ, adeo ut omnes jure prandere inciperent, atque ii tantum vetustam jejunii observantiam retinuerint, qui cæteris religiosiores forent, quamvis a carnibu, omnes fere abstinentes, aliquam jejunii partem retinuerint, retineantque etiam nunc. Qua de re non indiligenter deinceps agemus.

QUÆSTIO III. — *Vis et ratio, qua ad hujus jejunii observantiam astricti fideles fuerint.*

1. Nulla universos Christi fideles afficiente lege, nulla itidem Christianos omnes complectente consuetudine fuisse olim astrictos ad jejunium Sabbato agendum, ex iis quæ hactenus dixi, perspicue assequimur; neque enim universalem legem id præcipientem afferre poterit quisquam, neque complectentem cunctos consuetudinem; imo e contrario Græca Ecclesia huic consuetudini constanter obstitit, obstatque etiam nunc. Plurimæ vero Latinæ Ecclesiæ Sabbato prandere consueverunt. Superest itaque, ut inquiramus, num Ecclesiæ, quæ jejunium Sabbati observarunt, fideles, quos subjectos habebant, ad jejunandum præcepto aliquo astrinxerint, an consuetudine tantummodo eos affici

voluerint. Consuetudinis tantummodo meminit Augustinus, dum hæc ait (16): « In his rebus, de quibus nihil certi statuit Scriptura divina, mos populi Dei, vel instituta majorum pro lege tenenda sunt. » Quæ verba tanti Gratianus fecit, ut Decreto a se elucubrato inseruerit (17), hæc illis adjiciens: « Et sicut prævaricatores divinarum legum, ita contemptores ecclesiasticarum consuetudinum coercendi sunt. » Quæ quidem postrema verba licet in allegata Augustini epistola non legantur, a Brochardo tamen et Ivone referuntur: vel scilicet desumpta ex aliis Augustini, aut, si vis, alterius vetusti doctoris monitis, vel (nonnullorum quidem judicio) ab aliis Ecclesiæ indictionibus, præceptisque ac consuetudine: coercet enim (quod quisque novit) Ecclesia suarum consuetudinum contemptores; hinc reus lethalis criminis censetur, qui in iis regionibus degens, in quibus mos invaluit ut Sabbato carnes non comedantur, temere eas comedit. En quid tradat de postremo hoc more sanctus Antoninus probatissimus, isque minime recens theologus (18): « In Italia in Sabbato abstinetur ab esu carnium, et qui tali die sine causa rationabili, puta infirmitatis, comederet carnes peccaret mortaliter, quia faceret contra consuetudinem talis patriæ. Extra Italiam in multis partibus, ut in Catalonia non est talis consuetudo abstinendi illa die a carnibus, unde comedentes ibi carnes non peccant. » Eamdem rem deinceps etiam inculcat.

QUÆSTIO IV. — *De abstinentia a carnibus die Sabbati apud Latinos servata.*

CAPUT I.
Duabus prioribus quæstiunculis satisfacimus.

1. Quinque dubia, seu quæstiunculæ de hoc argumento institui solent: I. Quodnam fuerit hujusce abstinentiæ apud Latinos exordium. — II. An Latini omnes in eamdem abstinentiam consenserint. — III. An ullum severum rigorosumque præceptum Latinos eamdem abstinentiam servantes astringat, an vero consuetudo tantummodo. — IV. Quod si consuetudine tantummodo ad eam servandam astringimur, an ita severe ad eam servandam astringamur, ut qui carnes, nulla ægritudine cogente, comedat, reus criminis fiat. — V. An denique, quam dicimus, abstinentia ad Virginem honorandam colendamque sit instituta; aut saltem ad illius honorem laudabiliter referri possit.

2. Ut ab eo, quod primo proposuimus, ducamus initium, quæritur a theologis, quodnam fuerit pia illius, de qua disserimus, abstinentiæ exordium. Si Mabillonium virum egregium audimus (19), eam,

---

(12) *De Eccl. offic.* lib. i, cap. 59, alias 42.
(13) Cap. subseq. « Alia vero, quæ varie per diversa loca observantur, sicut est, quod aliqui jejunant Sabbato, alii non,... ut eo modo agat, quo agere viderit Ecclesiam, ad quam forte devenerit. »
(14) « Atto Aldegarii vicecomitis filius episcopus Vercellensis fuit anno 945. » (Ughellius, pag 1060, tom. IV, edit. Roman.) Assentitur Acherius in *Spicileg.* pag. 401, tom. I.

(15) *Spicil.* Acherii, tom. VIII, pag. 26 antiquæ editionis; in nova Paris. an. 1723, pag. 401, tom. I, Capitulare, cap. 70.
(16) In *Epict. ad Casulanum*, olim 86, nunc. 56, cap. 1, num. 2.
(17) Part. i, distinct. 11, cap. 7.
(18) Part. i, tit. 16, cap. 1, § seu num. 4.
(19) Præfat. in Sæcul. v Bened., n. 116.

de qua agimus, abstinentiam « anno 1000 inductam fuisse tradit Glaber Rodulphus in lib. iv, cap. 5. » Revera hæc habet Glaber (20): « Plurima autem in eisdem conciliis constituta sunt, quæ per longum duximus referre. Illud sane memorandum, quod omnibus in commune placuit, qualiter omnibus hebdomadibus sanctione perpetua, sexta die abstineretur a vino, et carnibus septima: nisi forte gravis infirmitas compelleret, aut celeberrima solemnitas interveniret. Si vero affectio aliqua intercederet, ut hic tenor paululum laxaretur, tres proinde pauperes victu sustentarentur. »

3. Indicat porro haud obscure Gratianus, a Romano concilio Gregorii VII tempore celebrato, id ipsum fuisse inculcatum ; etenim hæc decreto suo consignavit (21): « Item Gregorius VII in synodo celebrata Romæ anno sui pontificatus vi, cap. 8... *Quia dies Sabbati apud sanctos Patres nostros in abstinentia celebris est habitus, nos eorumdem auctoritatem sequentes, salubriter admonemus, ut quicunque se Christianæ religionis participem esse desiderat, ab esu carnium eadem die (nisi majori festivitate interveniente, vel infirmitate impediente) abstineat.* » Quibus verbis manifesto significant pontifex, et synodus ab eo coacta, se vehementer optare, ut, quoniam veteres Sabbato jejunabant [*dies Sabbati in abstinentia celebris est habitus*], fideles deinceps eam saltem partem observarent, quæ ciborum delectum exposcit, ideoque abstinentiam a carnibus.

4. Eadem præcepisse aliarum provinciarum episcopos in synodis ab ipsis celebratis affirmat Rodulphus Glaber (22).

5. At non continuo Ecclesiæ omnes monitioni (23) pontificis, et Romanæ synodi, eorumque, quos Glaber memorat, episcoporum statutis sunt obsecutæ. Exposcenti archiepiscopo Braccarensi, qua ratione se gereret erga illos, qui Sabbato *propter debilitatem*, carnem ederent, respondit Innocentius III, eam consuetudinem observandam, quæ in ea regione invaluerat (24): « Respondemus, quod super hoc consuetudinem tuæ regionis facias observare : sic tamen quod debilibus et infirmis propter hoc periculum non emergat. » Noverat itaque pontifex, non eamdem ubique in Sabbato jejunando esse Ecclesiarum consuetudinem. Id vero mirum non est ; etenim non fuit perpetuo indicta carnium abstinentia Sabbato, sed ad tempus ; atque id pridem docuerunt Baronius (25), Thomassinus (26), et Franciscus Pagius (27), qui de Gregorio VIII hæc tradit : « Licet Gregorius VIII pauco tempore sederit, digna tamen pietatis suæ monumenta reliquit, imprimis pro Terræ sanctæ subsi-

dio ; statim post suam consecrationem, quarto scilicet Kalendas Novembris, encyclicas per totum orbem Christianum litteras doloris plenas ob amissam Hierosolymam, et exhortatorias pro recuperando sancto Sepulcro misit ; quibus indulgentiam plenariam concedit peregrinantibus ad liberationem sancti Sepulcri ; quas litteras recitant Rogerius Hovedenus, in *Annalibus*, et Neubrigensis, lib. iii, cap. 20. Eodem die alias adjecit Ferrariæ itidem, sicut priores, datas, quibus ad placandum offensum Numen, indixit omnibus jejunium quinquennale ; ita ut toto eo tempore, cuncti fideles, saltem per omnes sextas ferias, jejunium quadragesimale observarent ; feria autem quarta, et Sabbato a carnibus abstinerent ; ipse vero pontifex, et cardinales secunda quoque feria cum familiis similiter ab esu carnis cessarent ; hocque adeo statuit observandum, ut quicunque transgressor exsisteret [nisi forte infirmitas, aut magna solemnitas, vel alia evidens causa intercederet], quasi prævaricator quadragesimalis jejunii haberetur. » Vide etiam, quæ ad Baronium adnotat Antonius Pagius.

6. Attamen, quanquam plerique etiam sæculares Sabbato carnibus non uterentur, non in omnes provincias, neque in omnes ecclesiasticos cœtus tam pius mos se diffudit. Hic recole, si quæ antea ex Mabillonio de Baldrico abbate retuli « us, irridente scilicet eum, qui Sabbato jejunia agebat : *Sabbata custodis*, etc. , sed eo etiam exemplo neglecto, alia nobis præsto sunt momenta, quibus id quod agimus, evincamus.

7. Non admodum rigidi in abstinentia a carnibus Sabbato servanda fuere, si Petro Venerabili , viro probatissimo fidimus, Cluniacenses monachi, quos propterea is, quem laudavi, Petrus Venerabilis vehementer reprehendit: « Abstinent, inquit ille (28), causa Dei, mimi, vel lixæ a carnibus omni Sabbato ; Cluniacenses, abjecto pudore, totum, ut dicitur, annum, nulla, præter sextam, excepta feria, in absumendis carnibus continuant. »

8. Porro licentia hæc, si volumus ita loqui, neque aliis placuit, neque Cluniacenses ipsi deinceps eam approbarunt. Ugo, quintus abbas, exemplo sæcularium usus, id eis præcepit : « Nec volumus, ut quarta feria, vel Sabbato carnibus quis utatur, cum videamus his diebus etiam sæculares abstinere. »

9. Id subsequentibus etiam temporibus ejusdem Ordinis monachis impositum fuit : ab Henrico scilicet primo, qui anno 1508 electus fuit abbas, a Joanne Borbonio Cluniacensi itidem abbate, et a Joanne Borbonio Cluniacensi pariter abbate anno 1408 (29): « Omnes de Ordine diebus Mercurii, et

(20) Lib. iv, cap. 5, *De pace et abundantia anni millesimi a passione Domini*.
(21) Part. iii *de Consecr.* distinct. 5, cap. 31.
(22) Lib. iv, cap. 5 seqq.
(23) « Admonemus, ut quicunque, » etc.
(24) Decret. Greg. IX, lib. iii, tit. xlvi, cap. 2, *Observat. jejunii*.

(25) Ad an. Chr. 1187, § 12 et 17 , in quorum postremo verba ipsa Gregorii VIII refert.
(26) *De Jejun. Eccles.* part ii, cap. 16, n. 17.
(27) *Breviar. historic.*, etc., ad Greg. VIII, § 5.
(28) Lib. vi, epist. 25.
(29) *Biblioth. Cluniac.*, pag. 1463, 1549, 1599.

Sabbati, et Adventus Domini, et Septuagesimæ, et quinque principalibus festis ab esu carnium abstineant. »

10. Quod a Cluniacensibus monachis eorum abbates efflagitaverunt, efflagitaverunt pariter a Præmonstratensibus eorum præsides; adeo ut illos non sinerent, iis ipsis Sabbatis, quæ a Nativitate Domini ad Purificationem decurrebant, carnes comedere, nam in his quoque, item ut in reliquis anni Sabbatis, carnium esum interdictum esse jusserunt (30): « Et in Sabbatis post Nativitatem Domini usque ad Purificationem, vel in aliis Sabbatis per annum manducare præsumpserint. »

11. Cave tamen putes, cum sæcularium exemplum Sabbato a carnibus abstinentium Cluniacenses edictiones memorant, inculcantque, ita monita ea accipienda esse, ut sæculares omnes carnes Sabbato non comederent. Ut hic præteream, quod ex Eudo Sullæo Parisiensi sub initium sæculi XIII episcopo deinceps allegabo; quæque hic, si vis, afferri commode possunt, ut id, inquam, præteream, discimus ab iis, qui sancti Ludovici Francorum regis gesta descripserunt (31), præclarissimum hunc, et sanctissimum principem quarta, interdum etiam secunda feria a carnibus comedendis abstinuisse: nullam vero Sabbati mentionem faciunt; quo quidem silentio haud obscure indicant piissimum regem ab earum esu Sabbato minime abstinuisse.

12. Subsequenti sæculo, XIV scilicet, nimirum anno 1363, celebratum creditur a trium Galliarum provinciarum episcopis (32) Vaurense concilium, quod præit epistola Urbani P. P. V. ad Petrum Narbonensem archiepiscopum de celebrando concilio. Porro in eo [can. 90] jubentur quidem clerici Sabbato a carnibus abstinere, sed ea jussione sæculares non astringuntur; imo expressissime ab ea excipi videntur laici. En porro ipsamet laudati canonis verba : « Cum sacra Scriptura testante, plura recipientes a Domino versa vice ad plura reddenda ex gratitudinis debito teneantur; cumque deceat ecclesiasticos viros, præsertim sacris insignitos ordinibus, aut beneficia ecclesiastica obtinentes, in domo Domini, in cujus sortem ascripti sunt, in modo vivendi laicos excellere, ut laici eorum exem-

plo proficiant, non autem ex ipsorum corruptis moribus deformentur : statuimus, quod clerici beneficiati, aut in sacris ordinibus constituti, ex nunc singulis diebus Sabbati, ob reverentiam B. Mariæ Virginis gloriosæ, a carnium esu abstineant; nisi ex causa necessitatis, super qua comedentium conscientiæ relinquatur, vel nisi ea die festum Natalis occurrat. Statuti vero hujusmodi transgressores, pro quolibet die Sabbati, quo fecerint contra illud, per unum mensem ipso facto ab ingressu ecclesiæ sint suspensi. » Ante id ipsum habes can. 7 concilii Biterrensis, an. 1351 [pag. 700 tomi XV Conc.].

13. Quid, quod sæculo etiam quinto decimo non omnes omnino sæculares a carnibus comedendis abstinuisse ex sancto Antonino discimus? Nimirum pius hic, et doctissimus scriptor docet consuetudinem hac in re servandam esse, ideoque si hujus abstinentiæ consuetudo invaluit, abstinendum esse : sin minus, licere cuique carnes ea die comedere : « In Italia, inquit ille (33), in Sabbato abstinetur ab esu carnium; et qui tali die sine causa rationabili, puta infirmitatis, comederet carnes, peccaret mortaliter, quia faceret contra consuetudinem talis patriæ. Extra Italiam in multis partibus, ut in Catalonia, non est talis consuetudo abstinendi illa die a carnibus (34), unde comedentes ibi carnes, non peccant. » Et revera quod sanctus Antoninus de Hispaniarum incolis docet, Sabbato scilicet carnes edere, notissimum est. Narrat Mariana (35) jamdudum reprehensos fuisse ab Adriano I pontifice Hispanos, quod Græcorum morem secuti carnes Sabbato comederent. Thomassinus tamen (36) Marianam redarguit, quasi non intellexerit sinceram verborum Adriani significationem : qua de re judicet quisque, quod velit.

14. Ne prorsus tamen aliarum Latinarum Ecclesiarum consuetudinem contemnere viderentur Hispani, non omnes promiscue carnes Sabbato comederunt, sed aliquas tantum. Sic rem Mariana : « Unde temperamento quodam factum arbitror, ut intestina, et extremæ animalium partes hoc tempore in usu sint, et præcipuo iis diebus honore mensarum. »

15. Novimus tamen hanc, si qua inerat in ea

---

(30) *Biblioth. Præmonst.* pag. 797.
(31) Vide *Vitam S. Ludovici*, a J. Stillingo editam; *Vitam* a Gaufrido conscriptam (cap. 3, n. 1191, § 18, n. 26); *Vitam* alteram (cap. 12, num. 129). In Oper. Bolland. ad 25 August. diem.
(32) *Vide* quæ traduntur pag. 833 tomi XV *Concil.* edit. Albritii.
(33) Part. I, tit. 16, cap. 1, n. 4, paragrapho exordium ducente ab his verbis: *Secundum genus consuetudinis est*, etc.
(34) Utitur sanctus Antoninus locutione suis temporibus usitata. Solebant enim Itali *Catalanos* appellare Hispanos omnes. Cæterum monuit me nobilissimus atque humanissimus canonicus D. Antorius Martinez, et de Pons rectoris munere ac titulo Majoris S. Clementis Bononiæ erecti collegii præses, in tota Catalaunia Sabbato a carni-

bus abstinentiam servari. Contra vero carnes comedi in regnis Legionis, Castellæ, et Indiarum.
(35) *De rebus Hispaniæ*, lib. VII, cap. 6 : « Petro successit Cixila, is qui Ildephonsi Vitam scripsit : ad quem Adriani pontificis Romani litteræ exstant (tametsi Egilam eum vocat), diebus Sabbati carnibus vesci Hispanos, more scilicet e Græcia translato, increpantis. Unde temperamento quodam factum arbitror, ut intestina, et extremæ animalium partes hoc tempore in usu sint, et præcipuo iis diebus honore mensarum. Quod alii putant susceptum anno Christi millesimo ducentesimo duodecimo, cum ad saltum Castulonensem Mauri insigni prælio a nostris superati sunt, nullo neque auctore, neque argumento idoneo. » (*Vide* etiam, quæ idem Mariana docet lib. XI, cap. 24.)
(36) *De jejun. eccles.* part. II, cap. 16, § 10.

consuetudine, severitatem nostris temporibus prudenti Ben. XIV indulgentia fuisse sublatam : generatim enim per epistolam Henrico archiepiscopo Nazianzeno apud regem Catholicum apostolicæ sedis nuntio, 23 Februarii ann. 1745 datam, indulsit, ut in regnis Castellæ, Legionis, et Indiarum « die Sabbati per totius anni spatium, non tamen diebus Sabbati per Quadragesimam recurrentibus, carnes comedi possent. »

16. Thomassinus hanc fuisse docet (37) Ecclesiæ Parisiensis sæculo xvi consuetudinem, ut Sabbatis Nativitatem Dominicam inter et Purificationem Virginis decurrentibus, a carnibus non abstinerent. Affert porro ille Stephani Pontcherii Parisiensis episcopi constitutionem, quæ ad hunc modum se habet (38) : « Toleramus diebus Sabbatinis carnes comedere a festo Nativitatis Domini ad Purificationem B. Mariæ, aliis vero temporibus prohibemus. » Quam Constitutionem ab Eustachio du Bellay, qui postremis Tridentini concilii annis eidem concilio interfuerat, et Parisiensem Ecclesiam pariter rexit, iisdem fere vocibus innovatam idem Thomassinus affirmat. Citat vero synodos Parisienses (p. 230 et 360). Adjicit ex Bochelo constitutionem synodalem concilii Parisiensis anno 1557 celebrati superioribus simillimam. Testatus est etiam præclarissimus præsul Joannes Archintus [quem honoris causa nomino] morem hunc Parisiis, ubi diu moratus est, nostris temporibus servari.

17. Editionem aliam synodi Senonensis ex eodem Bochelo describit Thomassinus, quæ rigidior est : sinit scilicet carnes comedi die Purificationis, si in Sabbatum inciderit ; de reliquis Sabbatis prorsus silet, ideoque significat iis diebus consuevisse fideles a carnibus abstinere : « Declaramus autem ad tollendum quorumdam scrupulum bonarum mentium, quibus est timere culpam, ubi culpa non est, ex antiqua consuetudine observari in hac diœcesi, et provincia Senonensi consuetum esse ut carnibus quotiescunque dies Purificationis incidit et evenit die Sabbati, nisi aliter, ex pia et religiosa devotione, quis voluerit abstinere. » Quæ quidem [ut ita appellem] relaxatio non temere inducta est, sed innititur antiqua Ecclesiæ indulgentia, quam etiam allegat approbatque Nicolaus I, qua scilicet in fidelium potestate sinitur, ut solemnibus quibuslibet diebus carnibus vescantur : nititur quoque Gregorii VII, seu concilii Romani ab eo celebrati permissione, de qua meminit Gratianus his verbis (39) : « Item Gregorius VII in synodo celebrata Romæ, anno sui pontificatus vi, cap. 8 : Quia dies Sabbati apud sanctos Patres in abstinentia celebris

(37) De jejun. part. ii, cap. 16, n. 9.
(38) Synod. Paris. pag. 250, 560.
(39) Part. iii, De conseer dist. 5, cap. 31.
(40) Ita legendum esse docent nostri codices antiquissimi, et emendatissimi : licet in vulgatis editionibus per errorem substitutus sit sagimini, sangnis, a quo priscis temporibus major pars Ecclesiarum etiam Latinarum abhorrebat. Vide, quæ

est habitus, nos eorumdem auctoritatem sequentes, salubriter admonemus, ut quicunque se Christianæ religionis participem esse desiderat, ab esu carnium eadem die, nisi majori festivitate interveniente, vel infirmitate impediente abstineant. »

18. Aliud in hac a carnibus die Sabbati abstinendi consuetudine relaxationis genus jamdudum inductum novi, ut scilicet a carnibus vere et proprie appellatis abstinerent : at interdum sagimine in Sabbato uterentur, quod minus proprie carnem appellandam esse censebant. Magno in honore apud Italos fuit congregatio canonicorum Regularium Portuensium, quibus Constitutiones laudatissimas præscripsit vener. Petrus de Honestis, qui Petri Damiani fere æqualis fuit. Ex his porro discimus plerisque Sabbatis consuevisse canonicos illos a carnibus abstinere, in aliquibus tamen, quæ solemnioribus octavis comprehenderentur, carnes comedisse : ab iis vero abstinuisse quidem ab octava Nativitatis Dominicæ usque ad Epiphaniam, et ab octava Resurrectionis usque ad Pentecosten, et, nisi fallimur, a Pentecoste usque ad Nativitatem sancti Joannis ; at non item abstinuisse a sagimine, quæ crassior quædam, et hebetior animalis portio est, minime vero proprie et rigorose dicta caro (40): Sed præstat verba ipsa Constitutionum , quas dixi, describere, quæ sic se habent (41) : « Ab ipsa Dominicæ Nativitatis, Apparitionis, et Resurrectionis die usque in earumdem octavis omne jejunium exclusistis, sed et carnem fratribus comedendam nequaquam interdixistis, exceptis quarta, et sexta feria, in quibus tantum usum sagininis non abstulistis. Ab octava vero Resurrectionis, et Nativitatis usque ad Pentecosten, et Epiphaniam, omne itidem jejunium abstulistis, exceptis iis diebus, in quibus jejunandum fore, vel auctoritas præcipit, vel usus monstrat Ecclesiæ. Intra hos tamen Paschales, et natalitios dies quarta, et sexta feria, ac Sabbato carnis esum, ut in aliis temporibus abnegastis, sed sagiminis usum quarta feria, et Sabbato concessistis. Ab ipso die sancto Pentecostes usque ad Nativitatem sancti Joannis Baptistæ carnis usum, et sagininis dimisistis, et secunda, quarta, et sexta feria jejunandum proposuistis. A nativitate autem sancti Joannis Baptistæ usque ad festivitatem sancti Matthæi, carnis et saginimis usum quarta, et sexta feria, ac Sabbato interclusistis, et sexta feria jejunandum statuistis. »

CAPUT II.

QUÆSTIUNCULÆ III et IV. — An scilicet Latinos, quorum potissima pars Sabbato a carnibus abstinet, præceptum aliquod ad id faciendum astringat, an

dixi in Præfatione præposita Florilegio Prudentii Tricassini episcopi, pag. 185. part. ii, tom. II Analectorum ; atque eæ præsertim, quæ Græcorum consuetudines aliqua ex parte sequebantur : in quarum numero Ravenna collocanda est : in qua quidem urbe Portuenses Constitutiones editæ sunt.
(41) Lib. ii, cap. 1, 2, 3, 4.

consuetudo tantummodo. *Quod si consuetudo tantummodo, an ita severe ad eam servandam astringamur, ut qui carnes, nulla cogente ægritudine,
comedat, reus criminis fiat.*

1. Stephanus Poncherius, sub initium sæculi xvi
Parisiensis episcopus, a sacris canonibus præscriptum fuisse affirmat quartæ et sextæ feriæ, Sabbati
quoque jejunium (42) : « Cum sacri canones ordi-
naverint feriam quartam jejunare, et sextam feriam, et Sabbatum, » etc. At cum canones, qui
Sabbati jejunium agi jubent, perquirimus, facile
invenimus, vel eos esse, qui Sabbati jejunium in
Romana Ecclesia, et reliquis omnibus, in quibus
ea consuetudo invaluerat, laudant inculcantque;
vel peculiaris alicujus diœcesis, quæ clerum tantum afficeret, vel monasticam aliquam edictionem;
vel canonum nomine significantur hortationes
episcoporum, et præsidum Ecclesiarum ; vel, si
vis, ep stolam Adriani I Egilæ Hispalensi episcopo
datam, quæ inscribitur *pro jejunio sexta feria, et
Sabbato celebrando* (43) : aut potius decretum, quod
Gregorius VIII ad exposcendam peculiarem Christianis adversus Mahometanos in Oriente certantibus
a Deo opem anno 1187 edidisse fertur ; vel, si vis,
ad cum modum ea verba interpretare, ad quem
modum ea interpretat s est Thomassinus, ut scilicet vetustos canones pro Sabbato ab Ecclesia Romana latos indicet : cum vero meminit canonum
feriæ quartæ et sextæ jejunium præcipientium,
canones Ecclesiæ Orientalis jejunium feriæ quartæ
et sextæ præcipientes (44) : quanquam quod ad
jejunium feriæ tum iv, tum vi attinet, facile canones Latinarum Ecclesiarum id præcipientes invenies. Consule, obsecro, quæ Severinus Binius adnotat ad can. 68 inter eos, qui *Apostolici canones*
appellari consueverunt, Baronium allegans ad an.
Christi 57 [n. 199 et seq.], et Bellarmin. *De bonis
operibus* in part. lib. ii, cap. 17. Adde can. 15
Petri Alexandrini : « Non reprehendet nos quisquam quartam et sextam feriam observantes, » etc.

2. Quod porro attinet ad legem a Gregorio VIII
latam, in qua expressissime jubentur fideles Sabbato a carnium esu temperare, sunt qui moneant
optasse quidem pontificem, ut ea lex fidelibus
omnibus indiceretur, at per breve tempus, quo Ecclesiæ is præfuit, id minime fuisse consecutum :
diebus enim septem et quinquaginta tantummodo
Romanam Ecclesiam rexit ; nullus porro subsequentium pontificum, quem noverimus, camdem
generalem legem, aut indixit, aut confirmavit. Alii

fateri non renuunt legem illam fuisse latam, et
fidelibus omnibus etiam indictam, et ab iis observatam. At meminisse nos etiam jubent legem illam
quinquennio tantummodo jejunium feriæ sextæ,
abstinentiam quoque a carnibus quarta feria, et
Sabbato fidelibus præcepisse : quo tempore elapso
nulla eos lex, edictio nulla affecit (45) : « Statuimus,
ut omnes usque ad quinquennium saltem, per omnes sextas ferias in cibo quadragesimali jejunent...
feria vero quarta, et Sabbato omnes indifferenter
qui bene valent, a carnibus abstineant. » Revera
jamdudum fideles ova et lacticinia sexta feria
comedunt, prandent quoque, et, iis si libuerit, cœ-
nant etiam ; feria quarta carnes comedunt ; neque
aut pontifex, aut cardinales, eorumve familiæ ea
feriæ secundæ jejunia servant, quæ quinquennio
illo et sibi et cardinalibus, eorumque familiis imposuit idem Gregorius (46). Sane sanctus Antoninus, ut fideles ad abstinentiam a carnibus Sabbato
servandam astrictos ostendat, consuetudinis tantummodo meminit, non præcepti alicujus a Romano pontifice lati (47).

3. Enimvero Eudes Sullæus [de Sully] Parisiensis sub initium sæculi xiii, ideoque haud diu post
Gregorium VIII, episcopus, jejunia recensens, quæ
fideles observare jubebantur, abstinentiæ a carnibus quarta feria et Sabbato impositæ non meminit,
tametsi aptissimus videretur ejusdem abstinentiæ
inculcandæ locus esse, sed tantum jejunii Quadragesimæ, Quatuor temporum, et Vigiliarum (48) :
« Omnes præcipiant jejunia instituta servari : ut
jejunium Quadragesimæ, Quatuor temporum, Vigiliarum, et sextæ feriæ : ut (49) quantum possunt,
sine peccato mortali : ex debito enim tenentur facere talia jejunia. »

4. Quid, quod idem ille Stephanus Poncherius,
cujus verba objiciuntur, haud obscure indicat,
nosse se canones eos, quibus innititur [quodcun-
que tandem canonum vocabulo intelligat], nullo
fideles præcepto astringere, dum subditos suos
hortatur, ut diebus, quorum meminit, jejunent,
aut saltem a carnium esu abstineant (50)? An si
putasset canones, ad quos ille respexit, præceptum
verum et rigorosum imposuisse, hortatus tantummodo fuisset populum sibi subjectum, annon po
tius præceptum a canonibus impositum inculcasset?
Ad hæc : ad canonem cap. 31 distinct. 5 tertiæ
partis Decreti Gratiani *De consecratione*, quod antea
allegavi, hæc in margine adnotatio ponitur :
Admonemus, etc. : « Et ita consilium est, nisi ubi

<hr>

(42) *Synod. Paris.* pag. 245.
(43) Eam antea allegavimus.
(44) *De jejun. Eccles.* part. ii, cap, 15 : « Il che
bisogna intendere de' Sabbati a Roma, e de' Mer-
coledi, e Venerdi in Oriente. » (Pag. 347 edit. an.
1742 Lucæ.)
(45) Baron. an. 1187. § 17 : Pag. ad Greg. VIII.
(46) Consule loca quæ ex Baronio, et ex Pagio
antea allegavi.
(47) « In Sabbato abstinetur ab esu carnium, et

qui tali die sine causa rationabili infirmitatis, comederet carnes, peccaret mortaliter, quia faceret
contra consuetudinem patriæ. »
(48) *Synod. Paris.* cap. 9, Thomas., etc.
(49) *Fortasse legendum est, et quantum.*
(50) *Synod. Paris.* pag. 245 : « Vestigiis prædecessorum nostrorum inhærendo, hortamur diebus
prædictis jejunium non solvere, et ad minus ab
esu carnium abstinere, nisi festum Nativitatis Domini illis diebus eveniat. »

consuetudo est, quod abstineant; tunc enim est præceptum) *ext. de observat. jejun. consilium.* Dic. de illis, ut dixi supra, distinct. 3, *De esur.* et distinct. 12 illa. » Quibus verbis affertur etiam solutio quæstiunculæ IV : An scilicet consuetudo abstinentiæ a carnibus, de qua agimus, ita severe Latinos astringat, ut qui carnes, nulla ægritudine cogente, Sabbato comedat, reus criminis fiat. Sed hanc jamdudum diremit sanctus Antoninus semel atque iterum antea allegatus [quæst. 3 et 4], ad quem lectorem rejicio. Recolat etiam, volo, lector, ea quæ cap. 1, quæst. 2, tradidi.

CAPUT III.

QUÆSTIUNCULA V. — *An abstinentia a carnibus Sabbato observata ad Virginem honorandam instituta sit : aut saltem ad illius honorem referri laudabiliter possit.*

1. Hæc docet Mabillon (51) : « Etsi ab ineunte Christi Ecclesia beatissimæ Virginis Mariæ cultus receptus [ut decebat], propagatusque sit; subinde tamen incrementum accepit.... sæculo x pronior in ipsam fidelium devotio facta est. Tria quippe sub idem tempus instituta sunt, videlicet Sabbato ejus memoria, et abstinentia a carnibus illius extra jejunia : Officium parvum, et numeratæ preces, seu Salutationes angelicæ ad numerum dictæ, quod *Coronam,* vel *Rosarium* vocant. » Id ipsum alibi indicat (52). Revera jamdudum consuevit fidelium pietas inter alia obsequia Mariæ sanctissimæ exhibita, Sabbato in illius honorem jejunium servare : neque desunt, qui moneant ideo veluti communi quadam consensione conspirasse fideles omnes ad abstinendum a carnibus Sabbato, quod ea ratione Mariam sanctissimam se colere arbitrarentur. Recole, quæ ex concilio Vavrensi antea attulimus : scilicet abstinentiam a carnibus, quam Sabbato servamus, honorandæ Virginis causa servari palam docet. Sed illius monita repetere hic juvat (53) : « Statuimus, quod clerici beneficiati, aut in sacris ordinibus constituti ex nunc singulis diebus Sabbati ob reverentiam B. Mariæ Virginis gloriosæ a carnium esu abstineant, nisi ex causa necessitatis. »

2. At huic vulgatissimæ cæteroqui persuasioni obsistunt alii, aiuntque nulla Ecclesiæ sanctione, nulla veterum auctoritate inniti opinionem eorum qui a sæculis adeo remotis derivant consuetudinem agendi

in honorem Virginis jejunium, aut etiam abstinentiam a carnibus Sabbato ; imo quod ad jejunium attinet, huic obsistere valde laudabilem auctoritatem, et probabilem rationem. Id porro ne temere dixisse videantur, ad hunc modum disputant. Affer, si potes, aliquem veterum locum, quo edoceamur consuevisse fideles Sabbato jejunare, aut a carnibus abstinere, ut eo jejunio honoraretur Deipara. Id si præstas, manus victas dabimus ; sin minus, fateamur oportet, qui jejunium, aut abstinentiam Sabbato servant, ut Virginem honorent, in hac observatione veterum auctoritate destitui. Ut in Sabbato tantisper consistamus, omnium prior, qui ad asserendam, vindicandamque observationem hanc afferat, Cæsarius est, minime nobilis, neque diligens, credulus quoque, et recens scriptor. Sed is ipse temere affertur. Advertamus, obsecro, quid ille tradat. Primo (54), nonnullos, ut sanitatem consequerentur, vovisse Virgini se jejunium usque post solis occasum tribus Sabbatis observaturos : voto facto sanitatem fuisse consecutos. Secundo (55), cuidam famoso latroni, qui in locis Tridento proximis grassabatur, persuasisse quemdam Cisterciensem monachum, ut semel in hebdomada jejunaret, atque eo ipso die nihil improbum operaretur : paruisse porro illum, diemque Sabbati elegisse, quo et jejunium observaret et abstineret a quovis malo, adeo ut die Sabbati conquisitus a satellitibus, comprehendi se permiserit, ne satellites læderet. Oblata porro deinceps a judicibus facultate, ut quo vellet, pergeret, supplicium subire maluit, quo quidem præteritorum scelerum pœnas lueret. Adjicit porro Cæsarius, Mariam sanctissimam eo obsequio permotam non modo æternam salutem illi obtinuisse, verum etiam illius cadaveri honorificentissime sepeliendo dedisse operam : « Nam quinque matronæ corpus ejus effodientes, et caput corpori adaptantes posuerunt in feretro miræ texturæ purpura superjecta, ex quibus quatuor singulas candelas in manibus habentes per quatuor partes feretrum tollentes. Quinta, quæ clarissima omnium erat... dicebat : Dicite episcopo vestro, ut capellanum meum a vobis decollatum in tali loco ecclesiæ honorifice sepeliat. » Subjicit vero Cæsarius, quod « ab illo tempore usque hodie vix aliquis adultus in illa provincia invenitur, qui ejus exemplo dum

(51) Præfat. in Sæcul. v Bened. § 115.
(52) Id. in Sæcul. vi, part. ii, § 12, n. 93.
(53) Cap. 90, tom. XV, edit. Albrit. pag 885.
(54) Lib. vi *Illustr. mirac.* cap. 25, pag. 498 edit. Colon. Agrip. 1599. Hoc in loco Cæsarius Apollonium hæc loquentem inducit : « Nunquid non vides, quam celerem sanitatem consequantur febricitantes, jejunium trium Sabbatorum. usque post solis occasum, ipsi (S. *Mariæ*) voventes? Cui Apollonius : Video, inquit, et admiror. »
(55) Ibid. cap. 59, pag 547 et seqq. monachum inducit alloquentem latronem perditissimum, quique antea dixerat : « De anima nulla mihi quæstio est, eo quod perdita sit; » alloquentem, inquam,

his verbis : « Jejunate unum diem in hebdomada in honore S. Mariæ Genitricis Dei, et nullum in illa lædatis .. Elegitque ille diem Sabbati, nihil in illo mali operans, imo plurimos a sociorum manibus deprædandos, sive occidendos, ob honorem Mariæ Virginis eripiens. Eodem tempore Tridentum ab hostibus per circuitum infestabatur, et exeuntes satellites civitatis, cum hostes die Sabbati insequerentur, jam dictum latronem, inermem propter Sabbatum cum cæteris cœperunt, et cum esset fortissimus, non se defendebat... Veniens in civitatem, mox ut cognitus est, patibulo adjudicatus est, » etc.

Sabbati in honorem Dominæ nostræ non jejunet. ›

3. Sed quid tandem ex his narrationibus consequimur? Fac eas ita esse prorsus sinceras, et ex omni parte veras, quanquam viri in criticæ studiis exercitati de postrema saltem plurimum dubitant, nec temere sane dubitant : quis enim verisimile putet latronem eum recusasse oblatum sibi sacerdotem, cui peccata sua secreto confiteretur (id enim etiam in ea narratione edocemur), ut coram omnibus peccata sua confiteretur : ‹ Omnibus vobis peccata mea confiteor, › etc.? Quis etiam verisimile putet Deiparam [ea enim fuisse putatur, quæ custodes urbis allocuta est] appellasse latronem *capellanum* suum, propterea quia Sabbato jejunaverat, et a nefariis operibus sese temperaverat? Habebit profecto Deipara *capellanos* multos, si hæc tantum exposcit, ut in capellanorum numerum quempiam asciscat.

4. Sed fac, uti dixi, narrationes has sinceras esse, et ex omni parte veras : quid denique obtines ex prima narratione ? nisi vota Virgini commendata de tribus Sabbatis jejunio sanctificandis fuisse Virgini accepta. Sed si recte id expenderis, ad jejunium, de quo disserimus, asserendum minime aptum est. Votum quidem commendatum est Virgini, et hoc illius honori verti fateor : non tamen ex eo probas jejunium, de quo agimus, fuisse in illius honorem observatum, illique consecratum. Potuit jejunium illud in memoriam sepulturæ Christi servari, et adhuc Virgini commendari, seu, si loqui ita mavis, voveri et consecrari : item ut poterit quisquam votum elicere de tribus Missis audiendis die Resurrectionis Domini, idemque votum, ut Deo fiat acceptius et sanctius etiam persolvatur, Virgini commendare, et veluti nuncupare. An propterea dices Resurrectionis diem in Virginis honorem consecratum, et tres Missas, quas auditas, ut votum solvas, monui, in Virginis honorem auditas? Minime vero.

5. Ineptius vero ad id quod contendimus, ostendendum, est aliud. Casu veluti, et nullo viro cordato consulto, Sabbatum, quod jejunio sanctificaret, elegit latro ille, cum monachus illum consulens, in libertate illius reliquisset, ut quem vellet, diem eligeret. Illius quoque regionis incolæ inconsultis Ecclesiæ præsidibus, et viris doctis, Sabbatum ad jejunandum elegerunt; nisi forte velis, propterea Sabbatum, in quo jejunarent, elegisse, quia in iis regionibus jam invaluerat ut Sabbato a carnibus fideles abstinerent : quamobrem ut minus eis grave esset jejunium, diem elegerunt, in quo abstinentia a carnibus servabatur : vel scilicet, in aliquam opem adversus infideles exposcerent, vel affinem aliam ob causam, veluti ut Sabbato mœrore et jejunio acto, Dominicam recolerent sepulturam.

6. Hoc porro vetustissimum et vulgatissimum, celeberrimumque ad recolendam Christi sepulturam

institutum jejunium, se in honorem Virginis converti vetat. An ab honoranda Christi sepultura abstinebimus, ut Virginem honoremus? An malumus Virgini consecrari jejunium, quod ab Ecclesia, et antiquissimis Patribus Dominicæ sepulturæ recolendæ, honorandæque institutum est? Non ita se gessit præclarissimus Petrus Damianus, qui tametsi plissimus et Virgini addictissimus esset, ut tamen monachis suis Sabbato jejunandum persuaderet, ab ea ratione, quæ nunc ab aliquibus affertur, abstinuit; neque eo jejunio honorari Virginem dixit, se t memoriam recoli Dominicæ sepulturæ. Lege, obsecro, opusculum, quod *De jejunio Sabbati* inscribitur, et quinquagesimum quartum est (56) : et me vera tradere manifesto conspicies.

7. Quod porro de jejunio Sabbato servato dixi, dicere merito poteris de abstinentia a carnibus pariter servata. Antoninus sanctissimus Florentiæ episcopus, idemque præclarissimus scriptor, et eximius Virginis cultor, ut ad eamdem abstinentiam servandam fi leles horiaretur, Virginis omnino non meminit, quanquam aptissimus illius memorandæ incidisset locus, sed tantum consuetudinem allegavit, a quo fideles constringi docuit. Sed quænam est consuetudo, cujus meminit Antoninus? An, quam ex agrestibus Tridento conterminis desumit Cæsarius? Minime vero. Hæc enim non modo carnes edere, sed et prandere eos vetabat. Annon potius illa, quam Gregorii VIII, aliorumque præclarissimorum Ecclesiæ præsidum edictiones statuerunt, substituto scilicet rigidiori jejunio in Dominicæ sepulturæ memoriam instituto, minus rigida, sed tamen pia observantia, qua ad eamdem Dominicam sepulturam recolendam honorandamque, a carnibus abstinemus? Et de argumentis ab auctoritate desumptis hactenus.

8. Probabilis porro ratio ad eliminandam, quam dicimus, vulgatam, sed tamen minime verisimilem opinionem hæc præbet. Sabbatum in Virginis honorem dicatum, et veluti festum ejusdem Virginis diem viri doctissimi, iidemque piissimi asserunt, quorum sententiam et expressissime approbavit Vaurense concilium jam allegatum, et haud obscure Ecclesia approbat, dum Missas celebrari, et Officium Virginis Sabbato recitari a clero jubet. An porro Ecclesia jejunia in diebus festis acta, et abstinentiam approbat? Annon potius jejunia in iis solvi jubet, et relaxari abstinentiam, ut cum gaudio eadem festa a fidelibus celebrentur? Vide, quæ Nicolaus I ad Bulgaros scribens ea de re statuit : et manifestum hujusce relaxationis exemplum invenies : quod quidem exemplum habemus adhuc in vetito Dominicis diebus jejunio, et permisso in Dominicæ Nativitatis solemnitate carnium esu, tametsi in sextam feriam ea solemnitas incidat. Hæc qui secus sentiunt.

9. At quanquam hæc magnam habere videntur

---

(36) Tom. III, pag. 421, edit Venet cap. 3, etc.

speciem ad reprehendendum jejunium Sabbato in honorem Deiparæ celebratum, non continuo tamen id consequuntur, quod optant. Priscis Ecclesiæ sæculis Sabbato in memoriam sepulturæ jejunasse fideles, libens fateor; at non propterea recentem fateor eam, de qua disserimus, consuetudinem, servandi scilicet eadem die jejunii in honorem Virginis. Etenim quanquam expressissima jejunii in Virginis honorem Sabbato observati exempla non afferat Mabillon, longe tamen α verisimilitudine abest ea, quæ tradit eum temere tradidisse. Quid, quod et concilium Vaurense, quod jam allegavi, abstinentiam a carnibus Sabbato observari in Mariæ Virginis honorem jubet, et Cæsarius [quod ii ipsi fatentur, qui secus sentiunt], jejunii Sabbato in honorem B. Mariæ observati meminit : potuere autem Ecclesiæ præsides advertentes fidelium pietatem in jejunio Sabbati tepescere, putabant scilicet satis esse, si feriam vi ad recolendam proditionis Judæ, passionis quoque et sepulturæ Domini memoriam in mœrore, et jejunio transigerent, eamque ob rem priscam consuetudinem Sabbato jejunandi negligerent, potuere; inquam, Ecclesiæ præsides, ut in ea observantia, et pietatis officio fideles continerent, aliud momentum, seu finem, et scopum, seu ut scholasticorum vulgus appellat, *novum motivum* adjicere, proponereque, obsequium scilicet Virgini delatum, et cultum, atque honorem illius. Sane studuisse Ecclesiam Sabbati jejunium ex p rte saltem retinere, ex eo etiam assequimur, quod hoc jejunium lenivit quodammodo, et mitefecit; abstinentiam tantummodo a carnibus in eo relinquens, quæ abstinentia portio quædam est jejunii ecclesiastici, eaque fortasse mitior; rigidior autem vetitum prandium. Opinio hæc probabilis sane est, nec theologorum suffragio destituta.

10. Quid, si dixerim servare adhuc fideles Sabbato jejunium, seu, si vis, abstinentiam in memoriam Dominicæ sepulturæ, dum in honorem Virginis servant ? Nonne alibi dixi (57) scriptorem illum, qui sermones præposito *discipuli* nomine prodidit (58), docere, Sabbato martyrium Virginis celebrari, dolorem scilicet, quem ex passione superstitem habuit, dum Christo mortuo, sibique tradito ad sepeliendum, postrema pietatis officia præbuit, et sepulturam. Rationem hanc probabilem aiunt multi; et ad eam respicere fideles commode potuere; dum Sabbato jejunare, vel saltem a carnibus abstinere statuerunt. Eorum quoque non est improbanda ratio, qui ad hunc modum disserunt. Indubitatum est potissimum genus venerationis, ac cultus in imitatione positum esse. Cum ergo abstinentia a carnibus procul dubio instituta sit, ut aliquod pœnitentiæ, aut certe temperantiæ genus

exerceamus, et portionem aliquam jejunii servemus, instituta ergo erit abstinentia Sabbato acta, ut Virginis abstinentiam, ei temperantiam aliqua ratione imitemur, ideoque eam veneremur, colamusque. Annon Jacobus Nisibenus vetustissimus, idemque probatissimus auctor, cujus elucubrationes sapientissimus cardinalis Nicolaus Antonellus ex Armenis Latinas fecit, nos docet adeo se jejunio afflixisse Mariam adhuc adolescentulam, ut non minus jejuniis, quam precibus ad Deum fusis, quas creberrimas, et ferventissimas fuisse novimus, meruerit fieri Dei Mater? « Sed quomodo, inquit Jacobus Nisibenus (59), invenit illa (Maria) gratiam, et misericordiam coram Deo, nisi per jejunia, et preces? »

11. Quod porro Orientalibus tradidit Jacobus Nisibenus, Latinos docuit Ambrosius hæc scriptis de Virgine Maria mandans (60) : « Quid ego exsequar ciborum parcimoniam, officiorum redundantiam : alterum ultra naturam superfuisse, alterum pene ipsi naturæ defuisse? Illic nulla intermissa tempora, hic congeminatos jejunio dies? Et si quando reficiendi successisset voluntas, cibus plerumque obvius, qui mortem arceret, non delicias ministraret. »

12. Innuunt hujusmodi rationem Petrus Damiani, et Belethus de jejunio præcedente Mariæ sanctissimæ Assumptionem, et Nativitatem Joannis Baptistæ sermonem habentes; prior quidem, cum hæc tradit (61) : « Merito illis [Mariæ sanctissimæ, et Joanni Baptistæ] per jejunia pridiana [quis vetat ne jejunium hebdomadarium, aut Sabbatinum appellemus illud, de quo agimus?] compatimur, ut illucescentibus eorum solemniis, communi cum eis lætitia perfruamur : ut mœrore simul cum illis afflicti, simul epulemur, etiam gaudio feriati. » Belethus porro in eamdem sententiam de Joanne Baptista hæc prodit (62) : « Fuit namque quasi lapis angularis : hoc est, novum et vetus conjungens Testamentum. Quod autem hoc festo jejunamus, totum illud natum est ex sympathia quadam, et compassione qua ei compatimur, qui jejunaverit in deserto, atque istic vitam egerit admodum acerbam. »

13. Cum ergo Sabbati dies Virginis honori sacer sit [quæcumque tandem sacrando illum Virgini ratio fideles moverit], aliunde vero acceptum Virgini obsequium sit jejunium, et abstinentia, utpote imitatio quædam virtutum illius (63) : recte ergo Sabbato utrumque, aut certe alterutrum observamus. Neque vero ita sacrum Virgini Sabbatum est, ut festivum sit. Festivum scilicet Sabbatum non est, cum ritu *simplici* [sic enim appellant] Officium recitetur, iisque utamur Psalmis, quibus utimur, dum feriale Sabbati Officium recitamus : affine denique obsequium hoc sit illi, quod viri etiam præ-

---

(57) Cap. 1 hujusce dissertationis, num. 11.
(58) Joannes Heroldus de inclyto Prædicatorum ordine is esse creditur.
(59) Serm. 3, § 10, pag. 60.
(60) *De virginib.* lib. II, sub initium cap. 2,

num. 8.
(61) Opusc. LV, *De celebrandis Vigiliis,* cap 1.
(62) *Ibid.* cap. 137.
(63) *Vide* dicta dissert. hujus II part. cap. 1, n. 13.

stantes Virgini adhibent, dum abstinentiam servant per totum annum ea feria, in quam incidit B. Mariæ Annuntiatio : de quo quidem pietatis obsequio recole, quæ primæ part. dissert. 11 [quæst. 14, n. 12, cap. 3], dixi. Hinc utrumque obsequium jungit sanctus Antoninus, et utrumque Virgini a malis ipsis Christianis adhibitum iis quibus vivebat temporibus affirmat his verbis (64) : « Sed et mali Christiani modo suo benedicunt Virginem ; nam et homicidæ, adulteri, incestuosi, blasphemi, proditores, et omni vitiorum spurcitia infecti aliqui venerantur, et benedicunt B. Mariam, jejunantes in honorem ejus Sabbatis, vel per totum annum diem Annuntiationis, vel Vigilias festivitatum ejus in pane et aqua. »

14. Quo posito reliqua dissolvis, quæ opposuerunt. Perstat adhuc priscus honor Dominicæ sepulturæ, perstat adhuc memoria illius Sabbato culta, dum jejunium, seu abstinentiam a carnibus in honorem Virginis Sabbato agimus. Nonne duos fines sibi proponere potest is qui jejunat, adeo ut et simul memoriam recolat Dominicæ sepulturæ, cui eximia animi constantia, et summo dolore astitit, Virgo, et Virginem ipsam honoret? Nonne dum Nativitatem Christi Domini recolimus, Christum Dominum celebramus, et Virginem etiam ejus Matrem, cujus multa præconia continet ecclesiasticum illius solemnitatis officium?

15. Sunt tamen qui moneant, ideo ad honorem Virginis respicere jejunium, seu abstinentiam, de

qua disserimus, quia novimus Virgini gratissimum esse obsequium Filio suo delatum, et memoriam illius passionis, et sepulturæ. Refertur itaque primario jejunium et abstinentia, quam dicimus, ad Christum, et passionem, ac sepulturam illius ; secundario tamen ad honorem Virginis, quia is honoratur, cui ut placeamus et gratificemur, aliquid agimus, etiamsi aliam etiam ob causam id agamus. Profecto quis vetat, ne in honorem etiam Virginis Missam audiamus die Dominicæ Nativitatis, Purificationis, Annuntiationis, Nativitatis, et Assumptionis Virginis, cujus præconia hæ Missæ etiam celebrant, tametsi procul dubio audiamus, ut sacrificio Deum honoremus, et Ecclesiæ præcepto pareamus? Solutionem hanc probabilem reor, sed superior majorem suffragatorum numerum habet.

16. Quod postremo loco objecerunt responsionem hanc habet. In solemnioribus tantummodo et festivioribus diebus permittebat olim Ecclesia jejunium solvi ; nunc [si Nativitatem Dominicam exceperis], jejunium solvi vetat, quod in solemnitatem illius incidat. Sane in jejunium Quatuor Temporum incidit non raro festivitas S. Matthæi, et S. Thomæ, nec propterea jejunium solvitur. Ad hæc : quis dixerit solemne Officium Virginis celebrari, aut solemnitatem ejusdem Virginis agi, cum [ut ecclesiasticis vocabulis utar] recitare jubemur Officium de S. Maria in Sabbato? Jam dixi, et rursus id aio, Mariæ sanctissimæ festivum non esse Sabbatum, tametsi aliqua ratione illius honori sacrum sit.

(64) Part. IV *Summ.*, tit. 15, cap. 24, § 3, pag. 1099 edit. Veron.

DISSERTATIO XVIII.

DE MORE DENOMINANDI MARIÆ NOMINE TEMPLA ET ALTARIA. — ITEM DE MORE DEDICANDI EADEM TEMPLA ET ALTARIA IN ILLIUS NOMINE. — RURSUS DE MORE ERIGENDI IN EJUSDEM SS. VIRGINIS HONOREM ET MEMORIAM, CONSECRANDI QUOQUE NOMINE (*vel* NOMINI) ET VIRTUTIBUS MARIÆ EA, QUÆ DIXI, TEMPLA ET ALTARIA.

—

Multa complectitur superior titulus, quæ, ut perspicue nitideque procedat disputatio, ad tria suprema capita revocabimus. Quid scilicet denotent ii, quos recensuimus, ritus, seu, si vis, vocabula ritus, quos diximus, exprimentia ? num probi ii ritus sint ? num antiqui ? Significatio igitur eorum rituum, quos enumeravimus, eorum probitas, eorum antiquitas, erit hujusce disputationis materies et argumentum.

QUÆSTIO I. — *Quid denotent ii, quos in dissertationis titulo recensuimus, ritus.*

1. Quid ea significent, quæ ad examinandum hac in disputatione nobis proposuimus, perspicue, ac luculenter exposui (65) *de sanctorum cultu* disserens.

(65) Dissert. 6, cap. 40, 41 et seqq.

Ea recolat lector : hic tantum excerpam nonnulla ex iis quæ ibi copiosius exposui ; atque hæc in primis (66) : « Propterea templa sanctorum appellamus, quod eæ ædes, quæ basilicæ sanctorum sunt, quæque monumenta et reliquias eorum continent, templa etiam sunt. Nos vero, ut brevitati consulamus, templa sanctorum appellamus, quæ, si rigorose vellemus loqui, basilicæ, et conditoria sanctorum, seu, ut alii appellarunt, *Martyria* dici deberent, et templa Dei. Habent scilicet, ut ita loquar, plura munia sacræ illæ ædes, quas *ecclesias* appellamus. Continent procul dubio martyrum, et aliorum sanctorum tumulos, et hanc ob rationem *martyria* appellamus. Institutæ sunt ut in iis populus adunetur, et ideo *ecclesiæ* dicuntur ; ut ibi oret, et *oratorio-*

(66) *Ibid.* cap. 41, num. 2.

rum obtinent nomen ; denique ut sacrificia Deo offerantur, et propterea *templa* denominantur. Sed rari servant istum loquendi modum, et respicientes ad tria potissimâ munia, propter quæ tres etiam potiores denominationes obtinent : continendi scilicet in suo ambitu (fere subtus aras) sanctorum tumulos, continendi quoque collectum fidelium cœtum ; denique oblationes et sacrificia, in vulgato sermone hæc non exprimimus, nec strictissimam loquendi formulam adhibemus, sed hæc veluti permiscemus, dicimusque *ecclesiam*, aut *templum* sancti alicujus, cum si expressissimis verbis rem declarare vellemus, *basilica* tantum sancti alicujus dicenda foret. ›

2. Vindicavi porro, et Augustini monitis et theologica ratione confirmavi ea, quæ tum tradidi, et hic recolere placuit. Hic tantum addo denominari etiam commode posse sancti alicujus [ideoque Mariæ sanctissimæ] ædem, seu templum, aut aram, ædem eam, seu aram, quæ sumpta occasione a mora ibi facta a sanctis viris erecta est (67). Audivi sane in Oriente non paucas erectas fuisse *Mariæ nomine* ædes in locis iis quæ illa incoluit, in iis quoque in quibus, dum in Ægyptum sese cum puero Jesu et Josepho contulit, et inde Galilæam repetiit, moram fecisse fama est. Supplet scilicet [ut ita loquar] reliquiarum locum incolatus ille, et mora quam dixi, quoniam ad excitandam in nobis, recolendamque memoriam Virginis, satis est ; et abunde *sanctificatus* putatur locus ille incolatu, et mora ibi facta ab hospite tam præstanti.

3. Quod porro de incolatu et mora dixi, dic tu de miraculis, aut apparitionibus ; hæc enim satis in nobis memoriam illius excitant, qui miraculum ibi egit, aut apparuit. Qua de re satis disseruisse me memini, cum de sanctorum cultu disputavi. Atqui cum dicimus *dedicare in sanctorum nomine, et erigere in eorumdem sanctorum honorem, et memoriam* sacras ædes, seu templa, et ecclesias [nam nuper ostendi utroque vocabulo rem eamdem significari] et altaria, non aliud fortasse intelligimus, nisi illud commemorationis, aut potius commendationis genus, quod peculiariter fit sancti illius, cujus nomine ecclesia dedicatur. Nimirum pontifex Ecclesiam consecraturus, antequam primum in ea lapidem ponat, sic Deum deprecatur (68) : *Domine Deus, qui licet cœlo et terra non capiaris, domum tamen dignaris habere in terris, unde nomen tuum jugiter invocetur, locum hunc, quæsumus, B. Mariæ semper Virginis, et B.* (nominando sanctum, vel sanctam in cujus honorem ac nomen fundabitur Ecclesia) *omniumque sanctorum intercedentibus meritis, sereno pietatis tuæ intuitu visita, et per infusionem gratiæ tuæ*, etc.

4. Hæc alibi monuisse me memini (69), tum hæc adjecisse : ‹ His similis ea est oratio, quæ in libro

Sacramentorum Gregorii *Benedictio* appellatur et hæc est (70) : *Benedicat, et custodiat vos omnipotens Dominus, domumque hanc sui muneris præsentia illustrare, atque suæ pietatis oculos super eam die ac nocte dignetur aperire. Amen. Concedatque propitius, ut omnes qui ad dedicationem hujus basilicæ devote convenistis, intercedente beato* [illo] *et cæteris sanctis tuis, quorum reliquiæ hic pio venerantur amore*, etc.

5. Id porro clarius exprimitur in nuper allegato Pontificali Romano. Etenim in iis precibus, quæ pontifici in *Dedicatione*, et *Consecratione basilicæ* d'cendæ præscribuntur, plures sunt, ex quibus apertissime hac in re Ecclesiæ mens innotescat ; sciasque quid illa velit, cum ea jubente sic orat pontifex : *Ut ecclesiam et altare hoc ad honorem tuum, et nomen sancti N. consecranda benedicere digneris*, etc. Etenim has preces si diligentius inspexeris, videbis sane non alio eas dirigi, nisi ut poscamus a Deo meritis sanctorum, eorumque suffragio, atque intercessione gratiorem fieri nostram devotionem, precesque, et sacrificia, quæ a fidelibus Deo offeruntur. Nonne id palam indicant eæ ipsæ preces, a pontifice recitandæ in dedicatione ecclesiæ, in quibus sanctorum meminit : veluti in benedictione primi lapidis in æde sacra jaciendi ? Sic quippe Deum orat pontifex (*loc. cit.*) : *Locum hunc, quæsumus, B. Mariæ semper Virginis, et B. N. omniumque sanctorum intercedentibus meritis... visita, et per infusionem gratiæ tuæ ab omni inquinamento purifica*, etc. Cui preci simillima est illa, quæ in libro I Sacramentorum Gelasii sic se habet (n. 91, pag. 125) : *Omnipotentiam tuam, quæsumus, Domine, sanctus tuus* (ille) *interventor exoret, ut ejus meritis hanc ecclesiam deputatam clementer illustres ; quoniam quidquid sanctis honoris impenditur, tuæ respicit insignia majestatis*, et aliæ etiam recentis Pontificalis Romani. Id vero laudabile plane est, et Ecclesiæ usitatissimum : quippe creberrimæ in libris Sacramentorum Gelasii et Gregorii preces occurrunt, in quibus oratur Deus, ut accessione precum, et favore sanctorum gratiora fiant sacrificia nostra, et preces.

6. Ex his vero facile assequeris, nos non æquare Deo sanctos, cum et Dei, et sanctorum nomen in templorum dedicatione commemoramus ; nam certe invocationis divini nominis meminit, cum ex libro Sacramentorum Gelasii (n. 89, pag. 125) sic Deum orat pontifex : *Qui* [Deus] *cum ubique sis totus, et universa tua majestate contineas ; sacrari tamen tibi loca tuis mysteriis apta voluisti, ut ipsæ orationum domus supplicum mentes ad invocationem tui nominis incitarent*. Et alibi crebro. Aliter sanctorum nomen commemoratur. Nempe cum Dei nomen invocatur, seu commemoratur, vel erectum dicitur templum ad divini nominis invocationem, id fit tum ad ex-

---

(67) *Vide*, quæ dixi cap. 2 dissert. 7 *De cultu SS.*
(68) *Pont. Rom.* tit. *De bened. prim. lap. pro ecclesia ædificanda.*

(69) *De cultu sanctorum*, dissert. 6, cap. 42, num. 8.
(70) *Pont. Rom.* tit. cit.

poscendam a Deo, utpote auctore omnis boni, opem et gratiam'; tum ad testificandum supremum, quod illi debemus, obsequium et cultum. At sanctorum nomen ideo commemoratur, ut sancti intercedentes meritis suis, et favore preces nostras, et sacrificia acceptiora Deo efficiant, impetrentque, quæ poscimus (71). Hanc arbitror veram esse significationem locutionis illius : *Dedicare ecclesias, seu templa in nomine hujus, vel illius sancti;* nam quod aliqui moneant iis vocibus significari templi dedicationem alicujus sancti nomine factam, perinde quasi nos assumamus munus alicujus sancti qui cum non possit ipse per se templa dedicare Deo, nobis est auctor, ut in illius nomine dedicemus, præclara foret explicatio; si aut Ecclesiæ precibus, aut veterum Patrum dictis inniteretur. Tamen suspicatus sum aliquando id utcunque ex verbis iis comprobari posse, quibus, referente Agnello abbate (72), Singlediam, cui in visione apparuit, Zacharias allocutus est : « Construe mihi monasterium, sicut designatum inveneris, et ibi, ubi inveneris crucis similitudinem, sit ibi altarium consecratum, et impone meum Zachariæ vocabulum. Præcursoris Pater. » Num revera ex iis probetur, an non, alii viderint.

7. Sed tempus est etiam explicare quid sit, in *sanctorum honorem templa erigere.* Porro multa significari ea locutione poterunt, quæ fortasse omnia innuit Ecclesia, cum in honorem sanctorum erigi ait templa, et ædes sacras. Nonne potest tum ædes sacras, et templa sumere, non prout respiciunt sacrificia, sed prout respiciunt tumulum, et conditorium sacrarum reliquiarum? Quibus quidem positis, merito in sanctorum honorem templa, aut ædes sacræ dicuntur erigi, quia in iis summo cum honore, et tumulantur et servantur sanctorum reliquiæ. Potest etiam respicere ad conventus et cœtus qui in templis et sacris ædibus fiunt ; hi vero in sanctorum honorem sæpe coguntur. Nimirum ad agendas sanctorum festivitates in sacris ædibus conveniunt populi : ibi audiunt tum Missas in sanctorum honorem celebratas, tum panegyricas orationes, quibus nempe eorum virtutes celebrantur, ac laudes. Sæpe etiam conveniunt ad colendas sanctorum reliquias, ad exposcendam eorum opem, aut aliud id genus, quod sanctorum honori vertitur. Quanquam ergo in precibus, quas in templi dedicatione ad Deum fundit, testatur Ecclesia in Dei honorem erigi templa, non tamen vetat in honorem etiam sanctorum erigi, ea tamen significatione, quam proposuimus, cum de templis divino nomini dicatis locuti sumus. Nimirum non æque in Dei, ac sanctorum honorem ædificantur, dicanturque templa. Deo

quippe dicantur, veluti auctori, et ut ita loquar, fonti et origini beneficiorum, ideoque ut sacrificia illi in templis offerantur. Contra honor, qui ex templorum erectione sanctis provenit, Dei tantum amicos, et dispensatores magni Patrisfamilias illos innuit. Porro postremus hic honor infinito inter- vallo ab eo distat, quem Deo deferimus. Quicunque vero ille sit, potissimum quidem Deo, sed sanctis etiam honori vertitur ritus ille: ad Deum quippe potissimum dirigitur, utpote auctorem meritorum et virtutum, quarum causa colimus sanctos; ad sanctos vero dirigitur etiam, quia non leve honorificentiæ genius est eos deprecari et agnoscere, testarique plurima a nobis fiduciam in eorum intercessione, et suffragio collocari. Id certe mihi videor assequi ex oratione illa, quam in basilicæ dedicatione recitandam proponit Gelasius in primo Sacramentorum libro; et hæc est (n. 89 pag. 123) : *Magnificare, Domine Deus noster, in sanctis tuis, et hoc in templo ædificationis appare, ut qui omnia in filiis adoptionis operaris, ipse semper in tua hæreditate landeris.* Ex ea quoque, quæ num. 91 (pag. 125 et 126) legitur hoc modo : *Omnipotentiam tuam, quæsumus, Domine, sanctus tuus* (ille) *interventor exoret, ut ejus meritis hanc ecclesiam deputatam clementer illustres: quoniam quidquid sanctis honoris impenditur, tuæ respicit insignia majestatis. Per Dominum,* etc.

8. Quod de templis in sanctorum honorem erectis diximus, dicere fere possumus de templis in sanctorum memoriam erectis : quippe id innuit meritorum celebrationem, encomia et reliqua his affinia, quæ in templis fiunt in sanctorum memoriam dedicatis.

9. Quod attinet ad morem consecrandi nomine, seu nomini, et virtutibus alicujus sancti templa, apertissime cum exprimit Gregorius Turonicus, dum hæc eloquitur (73) : « Oratorium est ipsius (B. Martini) et nomine, et virtutibus consecratum. » Etiam nomini S. Stephani oratorium apud urbem Turonicam ab antiquis dedicatum alibi ait ille (74). Eodem spectare videntur illa Gelasii verba (75): *Præsta, quæsumus, ut quod beato apostolo tuo* [illi] *et sanctis martyribus* [illis] *famulus tuus* [ille] *in hoc ædificio deputavit, digno præparetur officio. Per,* etc. *Omnipotentiam tuam, quæsumus, Domine, sanctus tuus* [ille] *interventor exoret, ut ejus meritis hanc ecclesiam deputatam clementer illustres, quoniam quidquid sanctis honoris impenditur, tuæ respicit insignia majestatis.*

10. His, si vis, adjunge precem illam, quam ante evulgatum a Clemente VIII Pontificale, in consecratione altaris recitabat pontifex, et hæc erat (76) : *Omnipotens sempiterne Deus, altare hoc, quod in ho-*

---

(71) Simile quidpiam occurrit versic. 15 et 16 cap. xlviii Genesis; quippe Jacob optat, ut et Deus, et angelus benedicant filiis Joseph ; tamen optat, ut Deus veluti auctor beneficiorum illis benedicat, angelus vero veluti intercessor et Dei minister.
(72) Cap. 5 *Vitæ S. Joannis* (pag. 67 et 68).

(73) Lib. iii *Miraculorum S. Martini,* cap. 33.
(74) Lib. i *De gloria martyrum,* alias *Miraculorum* cap. 34.
(75) Lib. i *Sacramentorum,* n. 91, pag. 125.
(76) *Pont. Roman.* pag. 124, edit. Venetæ anni 1572.

nore tuo, et in memoria visitationis sancti tui [N.] *et omnium sanctorum tuorum indigni dicamus : virtute tuæ benedictionis sanctifica,* etc. Quid enim aliud est ea visitatio sanctorum, quæ ibi commemoratur, nisi eorum virtus, præsidium et alia his affinia ? Atqui hæc verba aut ipsissima exprimunt quæ superioribus numeris exposuimus, aut adeo affinia sunt illis, ut peculiarem animadversionem minime exposcant. Non defuere tamen qui paulo aliter explicarent, monerentque his vocabulis commendari templa tutelæ sanctorum illorum, quibus multam apud Deum auctoritatem, et miraculorum potestatem consecutis (id quippe indicari aiunt vocibus illis *nomini, et virtutibus*), veluti concreditur contra dæmonum et pravorum hominum insidias et vim defendenda ædes sacra. Audivi etiam qui diceret, *virtutum* nomine in his locis indicari reliquias, plurimarum virtutum, id est, miraculorum effectrices; his scilicet consecrabantur, et nunc etiam consecrantur templa et altaria. Consuevere autem veteres sanctorum reliquias his, et affinibus vocabulis designare. Sic Agnellus *merita* appellat sanctorum reliquias, hæc de Maximiano Ravennæ episcopo effatus : « Collocavit sanctum hic merita apostolorum et martyrum, id est, sancti Petri et sancti Pauli, » etc. (77). Imo Maximianus ipse sacras reliquias *meritorum* vocabulo fortasse appellavit versiculo illo :

Templa micant Stephani meritis, et nomine sacra.

11. Fortasse vero sic appellantur, quia promereri nos faciunt. At sive hæc, sive altera quæpiam harum locutionum explicatio afferatur, liquet sane nullam earum locutionum, quas hostes nostri in malam partem detorquere student, improbabilem esse : quippe serio animadverti eadem, quæ nos dicimus, jampridem a viris sanctissimis et doctissimis fuisse dicta; ideoque si in rectum sensum illorum verba trahuntur, in rectum similiter sensum trahenda esse quæ nos enuntiamus. Nempe testatum omnibus facimus, si in nomine, et in honorem sanctorum templa construimus, Deo illa construi a nobis ; imitamur quippe virtutem pietatemque præclarissimi Aredii, qui referente Gregorio Turonico (78) « construxit templa Dei in honore sanctorum, expetiitque eorum pignora (79). » Hæc, quæ tum dixi, cum generatim *de sanctorum cultu* disserui, rata hic volo et repetita, cum in Deiparæ *nomine dicata templa et altaria* appellamus, *consecrata quoque nomini, et virtutibus illius templa et altaria* ; neque aliud quidpiam iis locutionibus significare nos volumus.

12. Quod si id uberius explicatum exoptas, en quid jam dictis adjicere potes. Alcuinus poemate cxxiii hæc tradit (in edit. Paris. an. 1617) :

---

(77) *Vita Maximiani,* cap. 2, pag. 106, tom. II, pag. 1 *Rerum Italicarum.*
(78) *Hist. Francor.* lib. x, cap. 29.

Emserat hanc mensam Magnulf venerabilis abbas,
Atque emptam Patri Benedicto tradidit illam,
Ut foret emptori cum Patre in sæcula merces.
Hanc tamen ecclesiam sacrari jusserat ille
Clavigero cœli Petro cum principe magno,
Atque pii pariter Benedicti nomine Patris,
Illius ut regerent precibus per sæcula vitam,
Atque ambo requiem cogitassent ambo perennem.
Tu quoque, qui titulum recitas, rogitare memento,
Obsecro, pro patre Magnulfo, lector amice :

Ex quibus verbis, ac præsertim ex verbis his, *tradidit illam* [mensam, id est, altare], aperte assequimur veluti concreditam , commendatamque fuisse mensam illam, et ædem, ut Benedictus, et Petrus cui sacratam ait *ecclesiam* (*sacrari jusserat ille*), præsidium haberent ædificatoris et auctoris, adeo ut eorum precibus cœlum consequeretur.

13. Concreditas quoque, seu commendatas alias sacras ædes iis sanctis, quibus *sacræ*, seu *sacratæ*, et *dicatæ* dicuntur, ut earum pariter præsidium haberent, constat ex aliis Alcuini epigrammatis, e quibus nonnulla seligo, pag. 1675, poem. ii :

Hanc aulam Domini servat tutela Mariæ,
Cui veneranda rudis sacrantur culmina templi,
Et nova consurgunt sacris vexilla triumphis.
Hac celebratur honor sacræ Genitricis in aula,
Quæ verum genuit lumen de lumine Patris,
Quem clamant Titan almo spiramine vates.
Femina præpollens, ut sacra puerpera Virgo,
Audi clementer populorum vota precantum,
Marcida qui riguis humectant imbribus ora,
Ac genibus tundunt curvato poplite terram,
Dum veniam fuso lacrymarum fonte merentur,
Et crebris precibus delent peccamina vitæ.

Nec absimilis videtur esse epigrammatum vi, vii, ix et xi significatio. Ecce illa :

vi. *Hic simul Andreas templi tutabitur aram,*
    Petri germanus, qui quondam funera lethi
    Horrida perpessus sacrata carne pependit.

vii. *Hic quoque Jacobus cretus genitore vetusto*
     Delubrum sancto defendit tegmine celsum.

ix. *Hic Thomas Didymus nomen sortitus achivum,*
    Servat sacratum sarta testudine templum.

xvi. *Jam bis sena simul digessi nomina Patrum,*
     E quibus altithrono conversus credidit orbis,
     Hos precibus venera crebris, et pectore fulvo,
     Ut mihi clementer noxarum pondera laxent,
     Et veniam dantes commissa piacula solvant :
     Quatenus in requiem divino munere fretus,
     Ultimus ingrediar Christo pugnante per æthra.

Idem quoque creditur esse sensus epigrammatum lix, et lxxii, quæ propterea hic describo :

lix. *Martinus meritis Domini condignus amore,*
     Qui sibi sacratam hanc regit Ecclesiam :
     Egregius præsul toto præclarus in orbe,
     Torona pausans pastor in orbe pius.
     Hæc domus alma Deo prima est fundata Tonanti
     Ante alia et sacri septa monasterii.

---

(79) Id est, *reliquias,* ut sæpe explicat ide Gregorius.

Crevit honor horum, Domino donante. locorum,
Et major Domino est ædificata domus.
Dum sanctus præsul hic inhabitavit Amandus,
Crevit honor Patri, crevit et iste locus.

LXXII. *Gregorius præsul, doctorque Hieronymus almus,*
Ecclesiæ ille pater. iste magister erat.
Nostra ferant precibus pariter quoque vota To-
[nanti,
Ut nos conservet semper ubique Deus.

14. Placet hic quoque describere epigramma
LXXXIII ejusdem Alcuini in eamdem fere sententiam :

Martyris egregii Quintini altare triumphis
Hoc fulgor populo hic qui ferat auxilium,
Aligeros inter socios, summosque ministros
Michael princeps primus in arce poli,
Hæc loca conservet magna pietate Tonantis,
Et veniens veniam poscat et ipsa suam.

15 Sed quoniam valde apta ad id, quod agimus,
ostendendum, sunt alia duo Alcuini epigrammata,
addamus et illa. Sunt vero epigramma CXLII et CXLIV.
Horum primum, id est CXLII, ad hunc modum se
habet :

Petrus apostolicus princeps pius adjuvet hic nos,
Cujus honore sacro constant hæc tecta dicata :
Qui sibi commissum pastor conservat ovile,
Protegat, atque regat ovis cœlestibus illud,
Perpetuas nobis et portas pandat olympi.

Alterum vero (id est CXLIV) tale est :

Pontificalis apex præclarus in orbe sacerdos,
Virtutum meritis Martinus maximus auctor,
Hæc sacrata sibi defendat tecta patronus.

16. Quamobrem mirum non est, si idem Alcuinus epigrammate CLXXIV his versibus compellet
Virginem :

Virgo Maria, Dei Genitrix, castissima Virgo,
Lux et Stella maris, nostræ Regina salutis :
Hanc aram meritis semper vivacibus ornet,
Quæ sacrata suo condigno constat honore.

Atque eodem prorsus respicere videtur oratio,
quam recitamus in precibus secretis II Missæ
pro virgine et martyre (*Me exspectaverunt*) ; quæ
quidem oratio hujusmodi est : *Hostias tibi, Domine,*
beatæ N. virginis, et martyris tuæ dicatas meritis,
benignus assume, et ad perpetuum nobis tribue pro-
venire subsidium.

17. Porro, quod peculiariter attinet ad locutiones
has : *Consecrari, seu dedicari templa, et altaria vir-*
tutibus B. Mariæ, alias quidem explicationes fortasse eæ excipiunt, sed hanc certe, quæ mihi valde
probabilis visa est. *Virtutum* nomine reliquiæ non
raro denotantur. Id aliis quidem ecclesiasticis monumentis facile constat, sed iis certe exemplis, quæ
præbet Glossarium Ducangii, ad *Script. mediæ et*
infimæ Latinitatis, ab optimis S. Mauri monachis
auctum ad verb. *Virtutes* (80). Significabitur ergo
ea locutione reliquiis S. Mariæ consecratum, seu
dedicatum esse templum, seu altare, quod S. Ma-

(80) Col. 1578, tom. VI, edit. Venetæ, an. 1740 :
Virtutes pro *reliquiis sanctorum,* etc.
(81) In *Epist. ad Sever.* olim 12, nunc 52, n. 8.

riæ virtutibus consecratum, seu dedicatum dicimus.
Id porro difficile non est, si id excipias, quod de
cultu sanctorum disputans, cap. 4 et 38, dissert. 7,
tradidi ; scilicet sanctificatis virtutibus usos fuisse
fideles, adeoque ecclesiasticos etiam ministros ad
templa et altaria consecranda.

18. Alii tamen sic locutionem illam accipiunt,
ut veluti offeratur sacer ille locus S. Mariæ, ut
in eo virtutes suas (id est, miracula), peragat, seu,
si loqui ita malumus, peragi impetret a Deo. Novimus enim *virtutum* nomine miracula indicari, veluti in illo sancti Paulini loco (81) :

Spiritus et Domini medicis virtutibus instans
Per documenta sacros viva probant cineres.

Si primam explicationem excipis, *virtutum* vocabulo rectissime reliquiæ significantur, quia *reliquiæ*
sunt virtutum, id est, miraculorum effectrices. Si
alteram, locum illum veluti offers Virgini, eam
deprecando, ut nobis adeo propitietur, ut miracula
ea deprecante et intercedente fiant ; ut *quod no-*
stris meritis non valemus, ejus intercessione conse-
quamur.

QUÆSTIO II. — *Num ritus ii, quos superiori*
capite exposui, probi sint.

1. Probum esse primum ritum, id est, denomi-
nare sanctorum vocabulo templa, et altaria, facile
ostenditur. Quis scilicet probum esse negabit, ædem
vero Deo erigere, quæ ædes sacra etiam basilica
sit ? altare ædificare, quod condat reliquias, aut
aliud quidpiam, quo in memoriam revocemus sancti alicujus martyrium, et pia gesta : ideoque illius meritis menti objectis, pie, coque ritu, quem
Ecclesia approbat, colatur sanctus ille : et quoniam
de Maria hic agimus, rite colatur Maria ? Dum non
probas, rite institutum, et ab Ecclesia approbatum
sanctorum et Deiparæ cultum improbum esse, nos
merito pium cum, de quo agimus, ritum dicemus,
et probum, favente nobis Ecclesia Christi sponsa
et columna fidei. Jam superiori quæstione ostendimus, non æquare nos sanctos Deo, cum in eorum
nomine, in honorem quoque eorum, et memoriam
templa et altaria erigimus.

QUÆSTIO III. — *Antiquitas moris dedicandi*
Mariæ nomine sacras ædes.

CAPUT I.

Exponuntur hac de re potiores sententiæ.

1. Ad antiquitatem erectæ Mariæ nomine sacræ
ædis coarcto quæstionem ; hæc enim potissima est,
et de qua plurimum decertant historici et critici.
Cupit enim, repugnantibus interdum criticis,
unusquisque primitias [ut ita loquar] sacri hujus et
Mariæ honorificentissimi cultus asciscere cœtui
cui ipse ascribitur, aut certe provinciæ ex qua
trahit originem.

Adde exempla allegata a monachis S. Mauri loco
citato : *Virtus, Miraculum.*

2. Valde vetustum esse morem, quem hodieque servamus, dum Virgini beatissimæ sacras ædes esse volumus [ea ratione scilicet, quam superiori quæstione explicavi], ea ostendunt, quæ historiam chronologicam patriarcharum Alexandrinorum a Joanne Baptista Sollerio confectam, et tomo V Junii Bollandiani præpositam, consulens inveni. En illa (p. 29) : « XVI. S. Theonas. N. 175. Antistitis hujus pietatem enarrat poeta Habesinus, eumque alloquens ita canit : *Salutem dico patriarchæ Teunæ; qui Petrum, suum postea successorem, baptizavit; et preces singulis horis, a quolibet recitandas, instituit, ac turrim Mariæ Virginis nomini ædificavit,* » Hanc enim, quam scriptor iste *Turrim* appellat, sacram ædem fuisse aiunt Mariæ nomini erectam.

3. Sed minus vetusta æs fuit, atque optant non pauci, qui et antequam Virgo nasceretur, et certe dum ea adhuc cum mortalibus degebat, illi sacras ædes erectas fuisse affirmant. Optasse Gallos cæteris præferri ex his Florentinii verbis discimus (82) : « An in Galliis sanctæ Dei Genitricis prima templa constructa sint, ut recentiores illius regni scriptores astruunt, et ex illis, Benedictus Gononus in Deiparæ Chronico, » etc. Quis porro primas Gallis adimat, si id excipiat quod a multis traditum est : diu scilicet antequam oriretur Virgo, fuisse illi erectum in Galliis a Druidibus templum : hoc in fronte posito titulo : *Virgini parituræ ?* Doctiss. Bened. XIV [*De servor. Dei beatificatione,* lib. i, cap. 14, n. 11], hæc tradit : « Apud Carnotenses centum annis ante ejus [Virginis Mariæ] nativitatem, imaginem ferunt consecratam ad honorem Virginis parituræ juxta ea, quæ ad rem collecta habentur apud Dominicum a SS. Trinitate, in *Biblioth. Max. Pontific.* tomo X, pag. 488, et apud Lezanam [consult. 3, n. 118]. » Quod de Mariæ imagine hic dicitur, de æde illi erecta ab aliis traditur, titulo pariter adjecto *Virgini parituræ.* Affinia de Argonautis discimus ex Cedreno cujus verba alibi retuli (part. i, dissert. 11, quæst. 11, cap. 4). Idem sanctiss. ac doctiss. pontifex paulo ante monuerat, censuisse nonnullos in urbe Avenionensi erectam fuisse a sancta Martha ædem sacram Mariæ, dum adhuc Maria sanctissima viveret.

4. Sed Avenionensibus præferri volunt Hispani. Id fateatur oportet, qui primordia Christianæ religionis apud Hispanos nuntiatæ, et vetustis eorum scriptoribus litterarum monumentis consignata consulat; traditur in his scilicet, B. Jacobum apostolum, dum fidem Christianam Hispanis nuntiavit, sacellum Mariæ nomini erexisse, atque in eo ejusdem Virginis imaginem collocasse columnæ

impositam : quam ob causam ea imago *del Pilare,* seu *de Columna* appellata est.

5. Inter Italos primitias hujus erga Mariam obsequii Lucensibus tribui vult Florentinius; etenim sermonem habens de sacris ædibus a Paulino vetustissimo Lucæ episcopo erectis hæc tradit (83) : « In codice Paulinianæ Basilicæ expressas his verbis esse legimus : *In hac civitate septem ecclesias dedicavit Paulinus. Istam scilicet, in qua modo jacet et requiescit ejus gloriosum corpus in honorem sanctissimæ Trinitatis, Virginis gloriosæ, sanctæ Crucis, et B. Stephani protomartyris. Secundam in honorem Salvatoris. Tertiam in honorem Virginis gloriosæ. Quartam in honorem angelorum, et tres in honorem magistri sui beati Petri adhuc Romæ viventis in carne.* » Et rursus (84) : « Jam non minimus Christo famulantium numerus in prima Lucensis ecclesiæ pressura convincitur ex his, quæ antiqua monumenta his verbis narrant : *Quod audiens crudelissimus imperator* [Nero], *misit apparitores ad Lucensem civitatem, ut invenirent beatum Paulinum episcopum : qui cum venissent ad eamdem civitatem, invenerunt beatissimum Paulinum episcopum cum commilitonibus suis, scilicet B. Severo presbytero, et Luca diacono, atque Theobaldo milite, et multis aliis in Christo credentibus in hymnis, et laudibus insistentes in quadam cella Christianorum, quam idem sanctus episcopus ad honorem sanctæ et individuæ Trinitatis, et sanctæ et vivificæ Crucis, atque ad honorem intemeratæ Virginis Mariæ, et Domini nostri Jesu Christi; et sancti Stephani protomartyris dedicavit:* »

6. Ad laudem hanc sibi maxime vindicant Orientales, ut Virgini adhuc viventi sacras ædes erigerent. Plerique Carmelitæ id sibi cum primis asciscunt. Profecto in festivitate Commemorationis *B. Virginis de monte Carmelo* in secundi nocturni lectionibus scripta hæc sunt : « Viri plurimi, ut fertur, qui vestigiis sanctorum prophetarum Eliæ, ac Elisei institerant... peculiari quodam affectu beatissimam Virginem (cujus colloquiis, ac familiaritate feliciter frui potuere) adeo venerari cœperunt, ut primi omnium in eo montis Carmeli loco... eidem purissimæ Virgini sacellum construxerint. » Quia vero Papebrochius Carmelitarum traditioni minime obsecutus est, sed eam oppugnavit, vehementer in eum insurrexit P. Sebastianus a S. Paulo, cujus reprehensiones, et querelas idem Papebrochius deinceps recensuit et rejecit (85).

7. At alios Orientales populos propterea commendant historici alii. Nazarenæ ædi, in qua scilicet conceptus est Christus, eamdem laudem historici probatissimi tribuunt. Sed non soli huic ædi

---

(82) *Martyrol.* Exercit. xii, *De prima Romæ B. V. dedicata ecclesia,* pag. 726, etc.

(83) *De Etruscæ pietatis originibus, seu de prima Truscæ Christianitate,* cap. 10, pag. 135.

(84) Cap. 15, pag. 195.

(85) Vide, ne cuncta enumerem, *Responsionem*

Danielis Papebrochii *ad exhibitionem errorum per P. Sebastianum a S. Paulo eevlgatam,* part. ii, resp. ad art. 15, quæst. 9, pag. 492; volum. 1735 editi, inscriptique ad hunc modum : *Acta Sanctorum Bollandiana apologeticis libris vindicata.*

tribuunt. Jacobus de Vitriaco Latinus scriptor magnum sibi nomen in historiis Orientalibus conscribendis sibi ascivit. Atqui hæc enarrat ille (86) : « Inde Anteradensis civitas, sic dicta quasi ante Aradum sita : vulgari autem appellatione hodie dicitur Tortosa : in qua beatus Petrus Phœnicem circuiens, cum a partibus Hierosolymitanis transiret in Antiochiam, in honore beatæ Virginis Mariæ modicam fundavit ecclesiolam, in qua etiam divina celebravit mysteria, quæ usque hodie in magno habetur honore, et multorum populorum accessu frequentatur, eo, quod beata Virgo in illa sibi ab infantia ecclesiæ consecrata multa operatur miracula, et infirmis illuc venientibus grata confert subsidia sanitatum. Dicitur autem a multis, quod inter omnes beatæ Mariæ ecclesias ista fuerit prima : non solum autem a Christianis, sed etiam a Saracenis in magna habetur reverentia. »

8. Id ipsum fere, quod cardinalis de Vitriaco, narrat etiam Willibrordus ab Oldembourg Hisdes heimensis canonicus ad Loca sancta anno 1218 peregrinatus : in eo tantum a Petro de Vitriaco differens, quod Petro comitem jungit Paulum. Willibrordi verba describere hic juvat (87) : « Erat ecclesia parva maximæ venerationis, quam beati Petrus et Paulus, cum Antiochiam properarent ex angelica admonitione, propriis manibus ex incultis lapidibus S. Mariæ tunc composuerunt. Hæc erat prima ecclesia, quæ in honorem Dominæ nostræ, semperque Virginis Mariæ fuit ædificata. » Alii honorem hunc alteri ecclesiæ prope montem Sion sitæ tribuunt (88).

9. Quid, quod Indi ipsi ne hoc honore privenntur, studium nonnullorum fecit ?, Quoniam Crombachii id attestantis libris destituor, hic refero quod ex Crombachio nos docet Papebrochius, cujus propterea monitis utor (89) : « Crombachius noster in historia trium Magorum, vel hinc Indorum traditionem confirmat, quod unus ex tribus Magis passim Melchior dictus, fuerit rex Cranganoris, ex Brachmanum genere, et regressus ad suos, tertio demum anno assumpserit nomen Cleriper male, quod ex tribus unus, lingua istorum sonat. De hoc autem dicitur, quod ædem exstruxit, quam Mariæ nomine consecravit, in qua sanctissimæ Virginis imago cum Filio in ulnis collocata fuit, sanxitque, ut quoties æditui nomen hoc inclamarent, toties omnes qui adessent, in terram se prosternerent. Quin et unus ex primariis comitibus ejus Calecuti fundator, sacellum struxit sanctissimæ Virginis, et exemplum patroni secutus, statuit, ut ad nomen Mariæ, omnes se in terram prosternerent. Quod sacellum ingressus Lusitanus Gama, teste Osorio, in Vitis regum Lu-

sitaniæ, omnia sic repererit, ut dictum est, nisi quod imaginem intus non viderit propter malignum, seu potius nullum lumen loci. »

CAPUT II.

De opinionibus superiori quæstione expositis judicium ferimus.

1. Id quod de ara a Druidibus in Galliis erecta diu antequam Virgo Deipara nasceretur, et a multis vetustioribus traditum, et rursus a P. Sebastiano commemoratum, sic paucis refutat Papebrochius (90) : « Aram quoque *Virgini parituræ*, diu ante Christum natum erectam a Druidibus in Gallia, ad quam, veluti ad sacram anchoram confugis, ad fabulas ablegant Galli, qui sapiunt : nec magis id credunt, quam quod iidem sui Druides, æque ac Pythagoras cum suis in Græcia fuerint religiosi, Carmelitæ, uti suadere conatur auctor Thesium vestrarum Biterrensium, quibus pari jure potuisset adjungere Indorum Brachmanes, regium ac sacerdotale ibidem genus, de quibus Eusebius lib. vi *Præparat. evang.* cap. 8, quod *tam traditione Patrum, quam legibus, nec simulacra colunt, nec animantium quid comedunt, aut cervisiam non bibunt, ab omni demum malignitate absunt, soli Deo attendunt.* » Hæc Papebrochius.

2. Cæterum si citra Papebrochii monita, ea quæ de erecto in Galliis a priscis ipsis Ecclesiæ temporibus Virgini templo repellere vis, præsto adest Florentinus, qui opinionem eam propterea oppugnat, quia Galli, referente Sulpitio Severo, non statim evangelicam legem acceperunt, sed aliquanto serius. At si sententiam Natalis ab Alexandro, aliorumque laudatissimorum virorum excipias, qui Lazarum, Maximinum, Magdalenam et Martham Gallias appulisse affirmant, et aliquas fundasse ecclesias, et populos in fide Christi instruxisse, reprehensionem Florentinii evitas. Rejicerem itaque opinionem hanc silentio non modo veterum omnium, verum etiam Gregorii Turonici, aliorumque præstantium virorum, qui sæculo vi, vii et viii ecclesiastica monumenta, et veteres traditiones litteris consignarunt ; e quibus nemo ædis ab Ecclesiæ primordiis Mariæ nomine, et in illius honorem in Galliis erectæ meminit : quanquam sæpe honorificentissima facta fuit illius, et cultus illi adhibiti mentio.

3. Eodem porro argumenti genere id rejicis, quod de erecto a Druidibus diu antequam Virgo oriretur, templo, præposito illi titulo *Virgini parituræ* alii aiunt. Quis veterum historicorum id nos docuit ? Recolat, obsecro, lector, quæ hoc de argumento, de erecto etiam ab Argonautis Virgini templo alibi tradidi [part. I, dissert. 11, sermone de monte Sion, hæc scriptis tradidit : « Domus B. Mariæ Virginis, in qua post Filii sui mortem, cum Joanne apostolo habitavit.... quæ quidem domus deinde facta est ecclesia B. Mariæ totius mundi prima. » (Pag. 151, num. 10.)

(86) *Histor. Orient.* cap. 44, lib. 1, sub hoc titulo : *De civitatibus maritimis a Tyro usque ad Laodiciam Syriæ.*

(87) Describo ex Papebrochio respondente ad P. Sebastianum a S. Paulo ad art. 15. n. 163. Vide etiam, quæ tradit n. 178, 179 et 180.

(88) Adrichomius Terræ Sanctæ loca describens,

(89) Accusat. 10 et 12, num. 174, pag. 495.

(90) *Ibid.*, num. 175.

quæst. 11 , cap. 4]. Sane nec vetustis , nec probabilibus monumentis ea innituntur. An id præter-
lissent Gregorius Turonicus , aliique antiqui Galliarum scriptores, qui cuncta perquirunt , ut Galli-
cam gentem , a pietate etiam erga Christum et
sanctissimam illius Matrem commendent ?

4. At, inquiunt nonnulli, qui hæc vindicant : In
Commentario historico de sancta Martha virg.
Christi Salvatoris hospita a Joan. Baptista Sollerio
confecto, et Bollandiano operi inserto [tom. VII
Julii, pag. 4, 5, etc. n. 7] ad stabiliendam traditionem eorum, qui volunt ædem Virgini erectam
fuisse a Martha Avenione, hæc occurrunt : « In
bullato diplomate dato anno salutis 1475, die 20
Februarii, quo Sixtus IV pontifex, mutata regulari
forma, canonicos Dominæ, a Domnis in sæculares
traduxit, leguntur hæc verba : *Cum itaque, sicut
accepimus, licet Ecclesia Avenionensis ord. S. Augustini, quæ inter cæteras cathedrales ecclesias illarum
partium claret, et olim a beata Martha, Domini Jesu
Christi Redemptoris hospita, ad laudem ejus, et gloriosæ Virginis est fundata,* » etc..... Quibus verbis
apprime constat persuasum fuisse pontifici vere
ædem illam fuisse a B. Martha Avenione Virgini,
fortasse adhuc viventi erectam.

5. Quod porro de erecta Avenione a Martha Virgini
adhuc viventi sacra æde dictum est, dic tu de æde
quæ Tarascone ab eadem Martha erecta dicitur,
et vetusti Breviarii narratione innititur sic se habente : « Idem locus cum antea vocaretur Cherluth,
quod sonat *niger locus*, nunc vocatur Tharasconus.
In eodem loco Martha, obtenta licentia ab episcopo,
cum sorore remansit, et ecclesiam in honore S. Mariæ
construxit.... In illis diebus Maximinus Aquensis,
et Trophimus Arelatensis, et Eutropius Jaurisiacen-
sis eam visitarunt, et in honorem Christi et suæ
Matris Mariæ xvi Kal. ecclesiam consecraverunt. »

6. Quod ad eam traditionem attinet, qua Virgini
Deiparæ fortasse adhuc viventi a B. Martha Avenione sacram ædem constructam fuisse traditur,
idem Baptista Sollerius , quem antea laudavi, recitatis , quæ paulo ante attuli , Sixti IV verbis, hæc
subdit : « Quo autem hæc Sixti IV verba sensu
accipienda sint , docebit te Papebrochius in Propylæo, pag. 79 : quod hic obiter notasse sufficiat. »
En porro quid docuerit hoc de argumento Papebrochius (90*) : « De ecclesia cathedrali Avenionensi vulgo *S. Mariæ des Doms* dicta [quod Latine
rectius fortassis *de Domis*, vel *Dominorum*, quam
de donis verteretur] in qua sepultus Joannes [XXII]
fuit, multa agit in historia chronologica præsulum
Avenionensium Franciscus Nouguier, deque ejus
origine , ex bulla quadam Sixti IV anno 1475,
refert hæc verba : *Cum itaque, sicut accepimus,*

Ecclesia Avenionensis ordinis S. Augustini [si quidem
canonicorum regularium tunc erat, quos anno post
quinto idem Sixtus a votis religiosis absolutos
sæcularizari permisit], *quæ inter cæteras cathedrales
ecclesias illarum partium claret, a B. Martha, Jesu
Christi hospita, ad laudem ejus et gloriosæ Virginis
primum exstructa manu Dei* [ut fama est, et antiquorum habet relatio, et aliquorum Romanorum
pontificum litteræ attestantur] *consecrata exstitit.* »
Quibus relatis hæc subjicit Papebrochius : « Non
existimo quemquam esse , qui hujusmodi factis,
sicut ea hic a Sixto asseruntur et asserta dicuntur
a decessoribus ejus aliis , putet indubitatam fidem
adhibendam, quique velit ab ista Avenionensium
traditione, undequaque incertissima [quod probare
alterius loci, ac temporis est] consequentiam duci
ad similes alias , simili occasione aut modo , ab
eodem Sixto IV, aliisque Romanis pontificibus
attestatas. Nam ex talibus aliud ad quæstionem
facti sequitur nihil , quam Sixti ætate [dum nimis
tum enormiter neglectæ jacebant bonæ litteræ, et
sacrarum historiarum studia] ejusmodi narratiun-
culas, nemine illas discutiente , fidem habuisse
majorem, quam hodie impetrarent a viris eruditis,
aut saltem auditas patientius, et indulgentius fuisse
etiam a pontificibus Romanis receptas, quam nunc
audirentur, reciperenturque, si proponerentur con-
tradictorio judicio ventilandæ. »

7. Responsio hæc , quæ viris mitibus nonnihil
aspera visa est, criticis admodum placet , et illi
etiam narrationi adhibetur , quam Bartholomæus
Tridentinus refert. Utcunque sit , hujusmodi narratio tacite repulsa est a sancto Pio V , dum Breviario Romano reformato intulit quidem quæ de
Lazari, Maximini, Marthæ et Magdalenæ in Gallias
appulsu ex vetusta quidem, sed nonnihil incerta
traditione feruntur (91), at ea, quæ de sacra æde
S. Mariæ honori, ac nomini a Martha constructa
ferebantur, abesse voluit.

8. Quod ab Hispanis de erecta Virgini, dum adhuc
viveret, æde, et imagine illius in columna a priscis
usque temporibus exstante proditur , traditione
minime antiqua fundari, nonnulli rigidi critici
monent : quorum difficultates, earumque solutiones
recenset Guillelmus Cuperus (92), quem copiosissime hoc de argumento disserentem consulat,
opto, lector, inspecturus scilicet argumenta, quibus innititur, ea etiam, quibus impetitur narratio
hæc, ac præclarissimorum hac in re virorum opiniones, ac monita. Valde itaque laudanda est ejusdem Guillielmi Cuperi prudentia, qui in opere
Bollandiano (93) de Jacobo apostolo agens appendicem adjecit: *De Cæsar-Augustana Deiparæ imagine,
quam S. Jacobus erexisse traditur* , in qua monita

(90*) In Propylæo, *Acta papatus Joan.* XXII,
num. 25, pag. 403, editionis Venetæ Propyl.
(91) Vide quæ tradit , ut de cæteris sileam ,
Launovius (part. II, t. II, pag. 72 et subseqq. ; præsertim vero pag. 205 et subseqq.).

(92) Tom. VI Julii, ad 25 Julii diem in Appendice
ad Vitam S. Jacobi de Cæsar-Augustana Deiparæ
imagine.
(93) *Ibid.*, pag. 114, num. 557 et 558.

eximii cardinalis Aguirrii refert (94) : « Distinguit scilicet præstantissimus cardinalis inter apostolicas et ecclesiasticas traditiones, et in ipsis ecclesiasticis varios historicæ auctoritatis gradus ita assignat : *Adhuc intra limites traditionum pure ecclesiasticarum, quæ inferioris sunt conditionis, quædam inveniuntur magis fide dignæ, quam aliæ; et eo majori, quanto antiquioribus testimoniis innituntur. Porro adventus et prædicatio sancti Jacobi in Hispania, subindeque discipulorum ipsius, inter omnes traditiones ecclesiasticas nuper indicatas primum habet dignitatis locum; quoniam a duodecim saltem sæculis usque modo firmatur testimoniis Patrum, Breviario sancti Isidori, diplomatibus Romanorum pontificum, et continuata usque in diem hanc Ecclesiarum Hispaniæ persuasione, ut supra vidimus. Apparitio vero Deiparæ supra columnam facta Jacobo apud Cæsra-Augustam prædicanti, et erectio illius oratorii in honorem ejusdem adhuc viventis, licet non habeat tot certa et adeo antiqua veterum pro se testimonia, ac adventus Jacobi in Hispaniam, adhuc tamen est traditio valde antiqua, pontificum, ac regum privilegiis firmata a multis sæculis, et plurimorum gravium scriptorum libris a longo tempore comprobata quam proinde nemo refutare sine temeritate aut impietate aliqua possit.* » Momenta porro, quibus eadem traditio innititur, cum quisque in allegata Appendice consulere per se possit, ea per se ipse consulat lector, volo ; difficultates etiam (quod jam dixi) inspecturus quibus ea traditio subest (§ 4) : solutiones quoque, quas Hispanorum animis inhærentis traditionis vindices iisdem difficultatibus adhibuerunt.

9. Id porro, quod Florentinius de erectis Lucæ a sancto Paulino, Nerone imperante, *Mariæ* nomine sacris ædibus enarrat, si criticorum judicium attendimus, neque antiquis, neque probabilibus monumentis innititur. Eas sane, quas ipse *vetustas chartas* appellat, si diligentius examinabis, sæculis minus antiquis conscriptas fuisse assequeris, quibus sæculis facile conscribebatur, admittebaturque quidquid pium, quidquid honorificum, acceptumque iis putabatur futurum fore, quorum causa id scribebatur. Audivi ego sane, dum Lucæ morabar, sapientiores, ingeniosioresque cives optantes ut ea quæ Florentinius patriæ suæ decora scripserat, firmioribus momentis innixa scripsisset.

10. An vero exstant firmiora, validioraque momenta, opinionis illius, pro qua stat magna pars veterum Carmelitarum, putantium scilicet ab eorum majoribus ante alios omnes in honorem Mariæ adhuc viventis sacram ædem fuisse erectam ? At id pernegat Papebrochius (95), aitque quod de Agabo Baptista Mantuanus, et ex eo Lezana tradidit, hæc scilicet affirmantes :

(94) In Collect. max. *Concil. Hispaniæ*, tom 1, dissert. 9, excursu 7; num. 77, et num. 93 et 94.
(95) Respons. ad artic. 15, § 9, num. 160 et seqq.
(96) Dixerat scilicet P. Sebastianus adversus Pa-

Incola Carmeli vixit, tandemque voluto Tempore, cum magno fidei mysteria Paulo Edidicit, Mariæ primus cum Patribus ædem Vertice Carmeli posuit :

a vero alienissimum esse. Etenim si Tacito credimus, Vespasianus « Carmeli Dei oracula consulturus, nec simulacrum Deo, aut templum » in Carmeli vertice invenit, « sed aram tantum, ac reverentiam, » idque ab olim, et ab omni retro memoria sic « tradidere majores : » [Subjicit Papebrochius n. 162] « quæ ara [ut verbis ejusdem Papebrochii utar n. 160], vel ejus vestigium etiamnum in summo monte ostenditur, propter memoriam sacrificii istic ab Elia per ignem cœlitus devocatum oblati Saracenis ac Turcis etiamnum venerabilis.» Id quoque, quod alii Carmelitæ affirmant, erectum scilicet fuisse, quod dicimus templum Virgini, « juxta fontem Eliæ in situ illo, in quo Elias orans, viderat nubeculam illam quasi vestigium hominis ascendere in Carmelum, » rejicit ille (n. 161), his P. Sebastianum compellans verbis : « Scriptores, quorum tu auctoritatem magnifice extollis ego suppositionis convici, Josephum scilicet Antiochenum, Joannem Hierosolymitanum, atque Cyrillum priorem, quorum assertioni cum innitatur quidquid vel in aliis, quantumcunque multis, auctoribus legitur ; apparet quantopere hic te deceat sibilos ac risum continere, quoad nodos istos mihi dissolveris (96).»

11. Probabilitatem tamen [quod alibi dixi] plurimam etiam, si tu vis, Romani Breviarii auctoritas opinioni huic adjecit, dum eamdem opinionem in lectionibus secundi nocturni *in festivitate B. Mariæ de Monte Carmelo* exponi voluit Benedictus XIII.

12. Quod de Nazarena sacra æde affirmant, valde probabile est. Sed cum hoc de argumento alibi sim copiose disputaturus, eo lectorem allego.

13. De Antaradensi sacello hæc pronuntiat Papebrochius, P. Sebastianum hic quoque compellans (n. 163) : « Equidem Antaradense istud sacellum, puto sæculis multis antiquius esse, quam quod inter veterum ædium ruinas ædificavit primus vester Latinus prior, istic per revelationem prophetæ exorsus socios colligere : sed ægre credam ipsum id individuo esse, quod ibi apostoli ædificarunt, multoque minus, quod illud dedicaverint Deiparæ, quæ ex communiori sententia tunc adhuc vivebat. Satis mihi videtur, quod eo loco, ubi Petrus olim oratorium dedicavit nulli dedicatum sancto, surrexerit quarto, quintove sæculo aliud hactenus servatum, idque in honorem Deiparæ : quod tamen apostolis, ipsique Deiparæ ascribatur, ex more communi primorum conditorum, tempora, et posterius adscitorum patronorum nomina confun-

pebrochium disputans : « Sibilis potius et risu, quam refutatione dignum videri » ratiocinari potius ex Taciti, quam ex historicorum a P. Sebastiano allegatorum fide.

dente.› Hæc Papebrochius, qui idem argumentum deinceps ·retractat, numeris scilicet 178, et subsequentibus duobus. Eum, si vis, consule.

14. Quod de prima ecclesia S. Mariæ nomine Hierosolymis erecta tradit Adrichomius, si vetusta Orientalium traditione innititur, facile excipiam. Sin minus, antiquiorem Adrichomio vadem exposco. Id tamen verisimile putatur a multis, nec rejicitur a Papebrochio, cui procul dubio ignota non fuere hæc Adrichomii monita, quæ non viventi, sed jam mortuæ Deiparæ ædem illam erectam tradunt (97) : ‹ Domus B. Mariæ Virginis, in qua post Filii sui mortem cum Joanne apostolo habitavit · ubi et eam anno post Christi ascensionem decimo quarto mortis solvisse debitum, atque hinc in cœlum migrasse veterum traditiones, et scripta habent. Quæ quidem domus, deinde facta est ecclesia B. Mariæ, totius mundi prima. Qua per Romanos destructa, alia eodem in loco a Christianis exstructa fuit : quam decoram fuisse, ejus ruinæ hodie etiam probant, ipseque locus, ne ulla maculetur immunditie, stratis ordine lapidibus adhuc cingitur.›

15. Veniendum est tandem ad postremam opinionem, eam scilicet, quæ vivente adhuc Maria, erectam illi docet Cranganore sacram ædem. Quoniam porro Papebrochium antea sæpe allegavi, hic quoque allegare pergam. Hæc ille tradit (n. 175, p.495): ‹ Tota ista Indorum traditio non magis certa est, quam qua Habessinorum natio amplissima in Africa, reges suos ex Salomone, et regina Saba processisse gloriatur ; cum interim tam certum sit, Sabæam, unde regina illa venit, esse in Arabia Felice, quam Magorum disciplinam ad Persas proprie spectare : et fabulam sapiat quidquid longius protenditur. Ut tamen rex Cranganoris unus ex tribus Magis fuerit, ipseque et assecla ejus fundaverint templa prædicta vero Deo in suo quisque loco ; num inde consequens statim est ipsa a principio fuisse Deiparæ consecrata, simulque istic locatas ejusmodi statuas, et inductum Mariam invocandi cultum? Quam multa longissime dissita sæpissime confundit traditio popularis ! Novimus omnes, Lavanii haberi Castrum Cæsaris. Id si a Julio Cæsare esse neges apud hominum vulgus, haud feres impune, vulgo tamen sapientior Joannes Baptista Grammay, præpositus Arnhemensis, principumque ac provinciarum Belgicarum historiographus in suo Lovanio, relatis septem nationum nominibus, quæ successive secundum aliquos locum tenuerint, desertumque restaurarint : Nolim quis putet, ait, ita me stolidum esse, ut ista credam : sed sunt quibus placeat antiquitatis quomodolibet quæsita umbra; videlicet in ipsa arce, quam, ut postea narrat, vulgus Cæsaris opus esse credit; ipse vero tribuit Arnulfo imperatori, quem tradunt historiæ Lovanium pulsis Normannis muniisse, sub annum scilicet 896.

(97) Jerusal.... loci montis Sion (num. 10).

16. ‹ Idem dixerim de nomenclatura templorum Cranganore, et Caleruti ante omnem hominum memoriam erectorum, et de ætate ac veneratione collocatarum in eis statuarum Marianarum. Longe scilicet posteriora esse omnia ætate sancti Thomæ apostoli : cœpisse autem per apostolicos missionarios ex Syria ad restaurandam apud Indos religionem collapsam subinde missos, quales per ipsosmet Indos non semel in Sinas usque transiisse, ac nominatim an. 656 et 745, testatur lapis, ibidem Sinicis et Syriacis characteribus exaratus, ac positus anno 782, atque repertus an. 1624, qui lapis, qua Sinicus erat, ab omnibus ejus gentis litteris intellectus ; qua Syriacus, explicatus fuit à Patribus nostris : ad summam admirationem nationis totius, et novorum Christianorum solatium : de quo obiter ex Kircheri nostri China egi tomo VII Maii, pag. 698. › Hæc Papebrochius.

17. His constitutis, si a me exposcat lector, quodnam ego omnium primum censeam Virgini erectum templum ; id ignorare me fatebor. Etenim multa a veteribus Christianis litteris consignata non sunt : ea ipsa, quæ litteris consignata sunt, deinceps dispersa sunt, et amissa : quæ vero amissis monumentis substituta sunt a minus antiquis, nonnulla habent immista, quæ populari non admodum probata, explorataque traditione innixa, et a vero deficientia, aut certe non admodum verisimilia agnita deinceps sunt. Quis vero his fidet? Cæterum jam dixi, ædem eam, quæ prope montem Sion, Mariæ Virgini erecta est, nisi nos probabilis c njecturâ, et traditio etiam fallit, antiquissimam esse : num omnium prima, judicaverit lector. Rigidiores tamen critici, nullam sacram ædem Mariæ nomine ante Constantini tempora fuisse ædificatam, fateri renuunt. Vide quæ docet hoc de argumento Papebrochius sæpe allegatus. An his assentiris?

18. Novi equidem hæc tradidisse Anastasium (98) : ‹ Fecit [Calixtus] ecclesiam S. Mariæ Trans Tiberim, › quibus verbis manifesto docet, multo ante Constantini tempora [quibus data facultas est erigendi publice templa, et sacras ædes, et si Papebrochio credimus, eas sanctorum nomine denominandi], erectam Mariæ nomine Trans-Tiberim sacram ædem. At novi etiam, difficultatem hanc evitari ab iis qui Papebrochii vestigiis insistunt. Respondent scilicet, Calixtum eam sacram ædem erexisse, quæ postea (pacata scilicet, tranquillaque Ecclesia) Mariæ nomine appellata est; quæ cum Trans-Tiberim esset, propterea, ut a reliquis, quæ in Mariæ honorem erectæ fuerant, et ejus nomine appellabantur, S. Mariæ Trans-Tiberim dicta est. Novi pariter monere alios Anastasium Bibliothecarium, cui librum eum debemus, qui pontificum Vitas continet, plurium sæculorum intervallo distasse ab eorum pontificum tempore, qui martyrio vitam compleverunt : in quorum

(98) In Vita Calixti.

numero procul dubio Calixtus eminet, ideoque in iis quæ proxima suis temporibus describit. Cæterum valde probabilem esse opinionem, quæ inter Romanas basilicas S. Mariæ nomini erectas primam omnium eam esse censet, quæ *S. Mariæ*

(99) Vide præ cæteris cap. 5.

Trans-Tiberim, aut *S. Calixti* basilica appellata est, ea comprobant quæ de hoc argumento copiose multaque eruditionis copia collegit, et Romæ evulgavit Petrus Moretus S. Mariæ Trans-Tiberim canonicus, quem consulas opto (99).

DISSERTATIO XIX.

DE PEREGRINATIONIBUS AD SACRAS ÆDES IN MARIÆ HONOREM ERECTAS.

—

1. De sanctorum cultu agens (1) antiquissimam esse ostendi eam fidelium consuetudinem, quam hodieque servamus, ut ædes in sanctorum honorem erectas visitemus. Probum esse eum ritum deinceps etiam ostendi (2). Ea, quæ copiose, luculenterque tum edisserui, hic recolat, volo, lector. Quibus constitutis, argumentum ad hunc modum instituo. An negabimus peregrinationes ad ædes in Mariæ honorem erectas a fidelibus fuisse susceptas, quandoquidem ex manifestis ecclesiasticis, et plurimis monumentis assequimur ad sanctorum ædes, basilicasque fidelium peregrinationes fuisse directas? An minus efficax Mariæ patrocinium martyrum patrocinio, quod per peregrinationibus ad eorum basilicas susceptis perquirebant fideles, dicere audebimus? An vero censebis eosdem fideles minus erga Mariam obsequiosos et pios, quam erga sanctos reliquos? Is qui in ea opinione sit, sibi persuadeat oportet minori apud Deum esse auctoritate Mariam, quam cæteros sanctos, ideoque minori in honore habendam. An hæc in fidelis alicujus animum irrepere opinio poterit?

2. At, inquies, si vetera ecclesiastica monumenta perquirimus, apostolorum ac martyrum basilicas sacris peregrinationibus cultas legimus, atque honestatas, non item ædes Mariæ nomine, aut in illius honorem ædificatas.

3. Multum fallitur qui hæc objicit, primo, quia novimus a priscis usque temporibus perrexisse devotionis ac pietatis causa fideles ad ea loca, in quibus Maria angelum Incarnationis nuntium suscepit, in quibus Dominum peperit, aliaque his similia, in quibus aut miraculo (ut in Cana urbe Galilææ) aut mysterio alicui religioni nostræ cooperata Maria est, adeo ut iter ad ea loca a fidelibus initum, pietatis, devotionisque ac cultus erga Dominum causa initum quidem sit, sed simul etiam pietatis, devotionisque ac cultus erga Virginem causa. An porro is qui Bethlemiticum antrum, in quo Christus editus in lucem est, religionis ergo invisebat, oblivisci poterat parientis, Christumque natum ulnis suscipientis,

fasciis involventis, et sacro ubere lactantis Virginis? Si meminerat, an non etiam eam coluisse dicemus? Quod de Bethlemitico antro diximus, fatebitur quisquis sapit, de reliquis locis, in quibus Maria aliquod pietatis opus edidit, aut [quod paulo ante dixi] alicui mysterio vitæ Christi cooperata est.

4. Cæterum in veteribus ipsis ecclesiasticis monumentis occurrunt exempla peregrinationum ad Virginis ædes antiquitus susceptarum. Si qua fides Jacobo de Vitriaco, qui procul dubio vetustam traditionem incolarum consuluit, adhibenda est, jamdudum et priscis ipsis Ecclesiæ sæculis visitata fuit Antadarensis ecclesia, quæ a Petro apostolo Virginis nomine erecta putabatur. Quod si minus antiquam eam ædem esse censes, antiqua est tamen, et adeo antiqua, ut ab ipsomet Petro apostolo ædificata credatur: et antiquior procul dubio fuisse videtur iis quæ postea apostolis et martyribus erectæ sunt. Sed præstat hic recolere ea ipsa Jacobi de Vitriaco verba, quæ paulo ante retuli (dissert. superiori), sed hic se repeti exposcunt: « In honore beatæ Virginis Mariæ modicam fundavit (Petrus) ecclesiolam, in qua etiam divina celebravit mysteria, quæ usque hodie in magno habetur honore, et multorum populorum accessu frequentatur, eo quod beata Virgo in illa sibi ab infantia primitivæ Ecclesiæ consecrata, multa operatur miracula, et infirmis illuc venientibus grata confert subsidia sanitatum. Dicitur autem a multis, quod inter omnes beatæ Mariæ ecclesias ista fuerit prima. » Si *ab infantia ipsa primitivæ Ecclesiæ multa operabatur Virgo sanctissima in ea æde miracula, et infirmis illuc venientibus grata conferebat subsidia sanitatis*, quis neglectam eam dicet, et a nemine frequentatam?

5. Quod porro de sacra hac æde diximus, de aliis ab antiquissimis Ecclesiæ temporibus erectis ædibus jure, ac merito dicere possumus: neque enim simile veri est, aut ad eas non convenisse, subsidii causa, fideles, aut minus munificam, piamque erga eos, qui illuc opis poscendæ

(1) Dissert. 6, cap. 44 et seqq.

(2) *Ibid.* cap. 51.

causa conveniebant, se exhibuisse Mariam, quam liberalissimam, ac piissimam esse novimus.

6. Quamvis itaque plurimæ apostolis ac martyribus sacræ ædes ac basilicæ priscis temporibus erectæ fuerint, excitante fideles ad eas construendas, frequentandasque aut sepulcro in eorum urbibus posito, aut cadavere illuc translato, aut saltem memoria aliqua eorumdem apostolorum et martyrum illic posita, non propterea tamen eo honore [si appellare ita vis] caruit Virgo. Ut probabilia præteream, sed non æque comperta, indubitatum est, vetustissimam eam esse basilicam, quæ Trans-Tiberim Romæ in illius honorem erecta est, indubitatum est quoque a priscis usque temporibus Virginis Mariæ nomine eam fuisse nobilitatam (tametsi aliqua sit inter eruditos controversia circa tempus quo eo nomine nobilitata est), indubitatum est itidem frequentia incolarum et advenarum eam fuisse excultam. Ad hæc : eam pariter sacram ædem, quæ Mariæ Majoris nomen consecuta est, et antiquam esse et a priscis usque Ecclesiæ sæculis tum ab incolis, tum a peregrinis, et exteris, devotionis et pietatis erga Virginem causa frequentatam fuisse edocti novimus. Et de proposito argumento hactenus, si enim ex minus remotis ecclesiasticis monumentis testimonia ad id quod agimus, comprobandum, attulero, inutilem operam vide-

lior in ea re insumere. Norunt enim omnes jam dudum consuevisse, solere pariter etiam nunc fideles, tum alias celebres basilicas, et sacras ædes, tum eas maxime invisere ac frequentare, quæ Virginis nomine et in illius honorem erectæ sunt: habetque, ex vetustissimo, et veluti nationibus omnibus communi instituto unaquæque provincia, atque adeo unaquæque civitas aliquam sacram ædem Virginis Mariæ nomine et in illius honorem erectam, ad quam ex remotis etiam et dissitis locis, obsequii, devotionisque et recipiendorum beneficiorum causa Christiani conveniunt.

7. Supersedeo porro ab utilitate hujusce consuetudinis commendanda ; supersedeo quoque ab asserenda illius probitate, vindicandaque a Protestantium dicteriis, et irrisionibus. Beneficia quæ quisque recipit, utilissimum ostendunt ritum hunc : probum vero et laudabilem esse luculenter copioseque probavi, cum de sanctorum cultu disserens de eodem ritu egi. Ea adeat lector, volo, quæ in margine allego (3). Adjice, si vis, quæ præclariss. pontifex Bened. XIV docet, De servor. Dei beatific., etc., lib. III, cap. 37, n. 13, in quo etiam tradit canones quosdam, quos servent, oportet, qui cum laude et sine periculo sacras peregrinationes suscipere volunt.

(3) Disseit. 6, cap. 52, et seqq.

DISSERTATIO XX.

DE MORE ELIGENDI IN SACRIS BASILICIS MARIÆ NOMINE ATQUE IN ILLIUS HONOREM ERECTIS SEPULTURÆ LOCUM.

1. In apostolorum et martyrum basilicis et sacris ædibus elegisse fideles sepulturæ locum, ea manifesto evincunt, quæ de sanctorum cultu agens capite 58 et sequentibus dissert. 7 copiose adduxi. An vero neglectas ad hoc ipsum munus basilicas et sacras ædes Mariæ nomine, et in illius honorem erectas dicemus, quandoquidem novimus fideles aliis quidem de causis in sanctorum basilicis sepulturæ locum elegisse, sed præsertim, quia se honorare ea etiam ratione, et colere arbitrabantur sanctum illum, cujus nomini ea basilica erecta erat et se quodammodo illius patrocinio commendare? An vero magis fideles arbitraberis in apostolorum ac martyrum, quam in Mariæ patrocinio ac præsidio spem collocasse? Minime vero. Et luculenter, ut puto, alibi ostendi majorem fiduciam posuisse fideles in Virgine, quam in reliquis sanctis. Nec temere sane : summam enim [quod sæpe dixi] apud Filium habet auctoritatem, nec minorem erga

nos misericordiam, excipitque libentissime eos omnes qui ad illam confugiunt, exposcendæ opis causa. Hanc ob rem sacræ ædes Mariæ nomini erectæ a priscis usque temporibus, fidelium tumulis plenæ sunt, et ne Roma discedam, in æde S. Mariæ Majoris et in basilica S. Mariæ Trans-Tiberim, viri dignitate ac pietate præstantes sepulcra sibi pararunt, etiamnum magna ex parte exstantia, tametsi multa abstulerit eorum vetustas, multa quoque nostris ipsis temporibus ademerint ii qui sacram ædem S. Mariæ Majoris renovare cupientes, plurima vetera, eaque præclarissima monumenta vel effregerunt, vel alio transtulerunt.

2. Illis ea adde, quæ ex auctore Vitæ sancti Cæsarii discimus, quæque ipsis scriptoris allegati verbis exponere placet (3) : « Quam sibi paraverat [S. Cæsarius], condiderunt sepulturam.... Sepultus est in basilica S. Mariæ semper Virginis, quam ipse condidit, ubi sacra Virginum corpora de monasterio

(3) Lib. II, cap. ult., num. 35, edit. Joannis Stiltingii in Bolland ano opere, pag. 83, tom. VI Augusti ; in Vita sancti Cæsarii, Arelatensis episcopi.

suo condiuntur. » Et de his satis. Si quis plura hoc de argumento tradita cupiat, ea adeat, quæ de sanctorum cultu agens (uti jam dixi), copiose disserui.

<hr>

DISSERTATIO XXI.

MARIÆ NOMEN, CULTUSQUE ILLI ADHIBITUS.

—

Dissertationem hanc claritatis causa in tres quæstiones dividam : prima erit de etymologia hujusce nominis ; erit altera de præcedentibus impositionem ejusdem nominis, quo Virgo sanctissima honestata est ; quam quidem quæstionem in duas quæstiunculas dividam : primam assignabimus prophetiis ac prædictionibus præcedentibus hanc, de qua agimus, nominis impositionem ; alteram præcepto Mariæ parentibus dato, de imponendo hoc nomine puellæ, quæ ex iis genita fuerat et Dei Genitrix electa erat. Tertiam quæstionem tribuemus cultui ejusdem nominis imposili electæ Dei Genitrici, quatenus illam determinate denotat exprimitque.

QUÆSTIO I. — *De etymologia hujusce nominis (id est nominis* MARIÆ*).*

CAPUT PRIMUM.

Nominis MARIÆ *etymologiæ a scriptoribus ecclesiasticis allatæ.*

1. Jure porro ac merito *Mariæ* nomen assecuta Deipara est ; continet enim, omnium catholicorum consensione, nomen istud splendidas et magnificas significationes plenasque mysteriis, tametsi non eodem modo illud omnes legant aut interpretentur. Ut in Latinis scriptoribus ne contineam, non eodem modo hi pronuntiarunt nomen *Mariæ :* plerique in nomine *Maria* secundam syllabam producunt, leguntque *Mariam :* at alii brevem eamdem syllabam pronuntiant. Duo alios exempla. In Martyrologio Romano ad 25 Decembris diem jubemur legere versiculum hunc de Unigenito Dei Filio :

Nascitur ex Maria Virgine factus homo, etc.

Ennodius etiam, sæculi vi scriptor (4), affinia habet (5). Qua de re minime miremur oportet : cum enim [quod quisque novit] careat vocalibus Hebraica scriptio, huic incommodo traditione plerumque occurritur, quæ doceat, qua ratione legendum sit, et quænam substituendæ vocales, seu puncta interlinearia, quæ vicem vocalium supplent et locum earum tenent.

(4) Sub initium fere sexti sæculi eum mortuum affirmat Sirmondus in *Vita* illius *Operibus præposita,* pag. 800, tom. I.
(5) Lib. I *Carmin.,* num. 19, hymn. 10, *De S. Maria :*

    Ut Virginem fetam loquar,
    Quid laude dignum Mariæ ?
    Det partus, ornet, etc.

(6) Cornel. a Lapide in dictum capitis xv Exodi locum.

2. Atque hæc vocalia puncta, ne scilicet quisque pro libito vocales apponeret, sensusque perverteret a veteribus traditos, ab Hebræis Tiberiade coactis [sancto Hieronymo jam certe defuncto] stabilita, decretaque fuisse, valde probabilis eruditorum opinio est : post quod tempus ipsis Hebræorum doctissimis vetitum fuisse videtur, nc aliter legerent quam magistri illi præceperunt. Porro iis libuit *Mariam* Moysis sororem *Mirjàm* appellare, legentibus scilicet Mariæ nomen (*Exod.* xv, 20; *Num.* xx, 1) [quod quidem ea habuit commune Deiparæ], ner מְרְיָם, atque id deinceps constanter faciunt, cum Mariæ nomen scribunt. Id alii non pauci vel inter Christianos [veriti scilicet horum magistrorum auctoritatem] præstitere. In horum numero eminet sanctes Pagninus sic superiora duo loca vertens : *Et tulit Miriam, prophetissa soror Aaron tympanum,* etc. *Et mortua est ibi Miriam et sepulta est ibi,* eumque morem deinceps servat.

3. At id alii ægre ferunt (6), monentque Masorethas, qui Bibliis Hebraicis stabiliendæ lectionis gratia puncta addidere, nomen hoc corrupisse, ideoque retinendam veterem lectionem a Septuaginta Interpretibus, ab Hieronymo (7) et interprete Syro propositam, quæ scilicet Mariam per מִרְיָם effert.

4. Nostrum non est hic decernere, quænam ex his duabus lectionibus alteri sit præferenda : sequatur unusquisque eam, quæ illi libuerit. Quamobrem nos convertimus ad eas exhibendas hujusce nominis etymologias, quas viri doctissimi tradidere, in quorum numero locum non contemnendum auctor *Speculi B. M. V.,* quisquis is est, sive Bonaventura, sive alius quispiam (8), obtinet, proponit quoque Bernardinus Senensis : etenim is non modo multis in locis de his, quas dicimus, etymologiis sermonem habet, verum etiam tractatum utique non brevem eo de argumento composuit (9) : quem tractatum consulat opto, qui copiosius institutam disputationem conspicere cupit : nobis satis ea hic

(7) In *Nominibus,* de Exodo et de Matthæo, quæ loca deinceps allegabimus.
(8) Lect.5, pag. 267, tom. XIII, editionis Venetæ, an. 1756. Vide censuram, quam de hoc Opusculo fert is præclarissimus scriptor, qui editionem hanc adornavit, præfatione præposita tomo I *De suppositis,* part. III, § 20, pag. 153.
(9) Tractatum hunc in postrema Operum sancti Bernardini editione (Veneta scilicet, anni 1745) habes, pag. 71, tom. IV, serm. 1, *Pro festivit. SS. et Immaculatæ Virginis Mariæ.*

exscribere, quæ is sibi fusius explanda proponit. Itaque hæc ait : « Prout nostra possibilitas se extendit, per has tres interpretationes in unum nomen ejus benedictum tendamus; primo enim sonat in illuminationem : nam interpretatur *Stella maris*, quæ est illuminata et illuminatrix; secundo sonat in amaricationem, quia interpretatur *Amarum mare;* tertio vero sonat in dominationem, quia *Domina* interpretatur : fuit quippe stella maris in ejus nativitate propter in utero sanctificationem, seu præservationem ; fuit amarum mare in ejus conversatione..... propter in penuria conversationem (10) ; fuit Domina in ejus morte propter in gloria assumptionem. Vel fuit stella maris propter integritatem virginalem : Domina propter honorem et reverentiam conjugalem : amarum mare propter sollicitudinem vidualem. Quia igitur stella, a Deo fuit illuminata et illuminativa : quia amarum mare, fuit amaricata, et per compassionem ad amaritudinem incitativa : quia Domina, fuit consummata et consummativa. » Hactenus Bernardinus, qui hæc non temere proponit : habent enim ex probabili ratione, ex laudabili antiquitate, et ex Hebraicæ linguæ proprietate suffragium. Quod si alia affinia de hujusce nominis etymologia et præstantia scire cupis, Antoninum consule (11).

5. Hæc porro nos Hieronymus docet (12) : « Maria *Illuminatrix mea*, vel *Illuminans eos : aut Smyrna maris*, vel *Stella maris.* » Et alibi (13) : « Mariam plerique æstimant interpretari : *Illuminant me justi*, vel *Illuminatrix*, vel *Smyrna maris*, sed mihi nequaquam videtur. Melius autem est, ut dicamus sonare eam *Stellam maris*, sive *Amarum mare;* sciendumque quod Maria sermone Syro *Domina* nuncupatur. »

6. Priori tamen interpretationi, quæ scilicet a *lumine* etymologiam nominis *Mariæ* sumit, favet vetusta Hebraicorum nominum in Græcam linguam interpretatio, cujus quidem operis fragmenta recentioribus operum sancti Hieronymi editionibus addita sunt ; in his scilicet Maria vertitur φωτιζομένη, *illuminata*: φωτίζουσα, *illuminans* (14). Favet etiam Epiphanius ille, cui tribuimus orationem *De laudibus Virginis Mariæ;* etenim inter alias, quas affert hujusce nominis etymologias, ea etiam exstat, quæ a lumine, seu splendore idem nomen de-

sumit. Præstat ipsa Epiphanii verba referre (15) : « *Mariam* interpretari solemus *Dominam* , atque etiam *Spem;* peperit enim Dominum, qui est spes totius mundi, nempe Christum. Rursum nomen illud *Maria* interpretatur *myrrha maris.* Myrrham vero aliquis dicet (quod ego etiam aio) de immortalitate, eo quod paritura esset gemmam immortalem in mari, hoc est in mundo. Mare autem dicet universum mundum, cui Virgo serenitatem et tranquillitatem contulit, dum portum peperit Christum. Rursum itaque præclaræ puellæ Mariæ beatum nomen interpretatur *illustrata*, utpote quæ illustrata sit a Filio Dei, et cunctos usque ad terminos terræ credentes Trinitati illuminaverit. » Placuit eadem etymologia Gersoni ; nam Mariam hæc loquentem inducit (16) : « Illuminata simul, et illuminatrix secundum nomen meum, debeo cohæredibus meis illuminationem. » Placuit quoque Bernardino Senensi , quem jam allegavimus : nam propterea *stellam maris* eam appellari vult, quia *est illuminata et illuminatrix.*

7. At non omnes, qui *stellam maris* Mariæ nomen interpretantur, hanc tantummodo hujusce denominationis causam afferunt. Copiosissime sane Bernardus nominis Mariæ etymologiam hanc *stella maris* exponit, neque sua dicta ad eam restringit causam, quam ex Bernardino Senensi attuli. Præstat porro ipsa Bernardi verba, tametsi notissima et plurima describere : hæc scilicet sunt (17) : « *Et nomen*, inquit, *Virginis Maria.* Loquamur pauca, et super hoc nomine, quod interpretatum *maris stella* dicitur, et Matri Virgini valde convenienter aptatur. Ipsa namque aptissime sideri comparatur, quia sicut sine sui corruptione sidus suum emittit radium, sic absque sui læsione Virgo parturit (18) Filium. Nec sideri radius suam minuit claritatem, nec Virgini Filius suam integritatem. Ipsa est igitur nobilis illa stella ex Jacob orta, cujus radius universum orbem illuminat : cujus splendor et præfulget in supernis, et inferos penetrat, terras etiam perlustrans, et calefaciens magis mentes quam corpora : fovet virtutes, excoquit vitia. Ipsa, inquam, est præclara et eximia stella super hoc mare magnum et spatiosum necessario sublevata, micans meritis, illustrans exemplis. O quisquis te intelligis in hujus sæculi profluvio magis inter pro-

---

(10) Uterque hic locus procul dubio corruptus est, et nonnulla hic desunt.

(11) Tom. IV, tit. 15, cap. 14.

(12) In *Nominibus*, de Exodo.

(13) In *Nominibus*, de Matthæo.

(14) *Vide* fragmentum quartum, col. 571 et 572, tom. III editionis Veronensis. Exscribo hic Latinam Hieronymi interpretationem : « Mariam plerique æstimant interpretari : *Illuminant me justi*, vel *Illuminatrix*; vel *Smyrna maris*; sed mihi nequaquam videtur. Melius autem, ut dicamus sonare eam : *Stellam maris.* (Rivetus putat Hieronymum scripsisse *stillam* (id est, *guttam maris*), vel *Amarum mare.* » Vide etiam *Lexicon Græcum*, pag. 4 seu col. 646 ejusdem tom. III : « Maria, *Domina ser-*

mone Syro ; Mariam Amarum mare,» etc., quanquam interpretatio Latina, quæ columnam sinistram occupat, vertit : « Maria, *Domina nostra*, aut *de invisibilibus*, quæ quidem postrema etymologia, a quo scriptore proposita sit, nescio; quod dicere non vereor de altera, quæ haud multo post subjicitur : « Mariam, *Dominus ex generatione mea*, » etc.

(15) Tom. II Oper. Epiphan. Petavio interprete, pag. 291 et 292 editionis Colon. : sed hæc, quæ allegamus, exstant pag. 292 et subseqq.

(16) Tract. xii, super *Magnificat*, not.1, pag. 1004, tom. III Operum, edit. Paris., an. 1606.

(17) Homil. 2, super *Missus est*, circa finem, num. scilicet 17.

(18) Al. *varturivit*.

cellas et tempestates fluctuare quam per terram ambulare, ne avertas oculos a fulgore hujus sideris, si non vis obrui procellis. Si insurgant venti tentationum, si incurras scopulos tentationum, respice stellam, voca Mariam. Si iracundia, aut avaritia, aut carnis illecebra naviculam concusserit mentis, respice ad Mariam. Si criminum immanitate turbatus, conscientiæ fœditate confusus, judicii horrore perterritus, barathro incipias absorberi tristitiæ, desperationis abysso, cogita Mariam. In periculis, in angustiis, in rebus dubiis, Mariam cogita, Mariam invoca. Non recedat ab ore, non recedat a corde : et ut impetres ejus orationis suffragium, non deseras conversationis exemplum. Ipsam sequens non devias, ipsam rogans non desperas, ipsam cogitans non erras : ipsa tenente non corruis, ipsa protegente non metuis, ipsa duce non fatigaris, ipsa propitia pervenis, et sic in temetipso experiris, quam merito dictum sit : *Et nomen Virginis Maria.* »

8. Id ipsum, sed paucioribus verbis, docet auctor *Expositionis angelicæ,* inter opuscula sancti Thomæ, hæc scilicet tradens : « Convenit ei nomen Maria, quod interpretatur *stella maris,* quia sicut per stellam maris navigantes diriguntur ad portum, ita Christiani diriguntur per Mariam ad gloriam. » Luculentissime autem (quod jam dixi) sanctus Antoninus (19), quem, rogo, consulas. Etymologia hæc maxime Riveto displicet, qui propterea eam (obsistentibus tamen nostris) vehementer redarguit (20).

9. Haud multum a priori interpretatione, quæ, uti diximus, Mariæ nomen deducit a luce, seu illuminatione, distat ea, quæ a Leonardo Mario adducitur, vultque Mariæ nomen significare *doctricem* et *magistram,* ideoque alienum intellectum illuminantem. Id autem ex eo probat Marius (21) : « Quod multi dicunt צ esse heemanticum , ejusque loco substituunt, ac tertio loco addunt ה, ut radix sit ידה, quod est *docere ,* unde verbale תורה *thora lex,* et מורה *more,* vel *mora,* Doctor, vel Doctrix, Magistra, Domina exponitur. »

10. Præcesserat Marium olim sub *Idiotæ* nomine latens, Raymundus Jordanes canonicorum Regularium præpositus; hæc enim tradit (22) : « Sic etiam dicere tibi possumus *Lucerna Dominæ,* id est Maria, quæ doctrix et magistra maris interpretaris. » Hæc porro Jordanis verba tametsi magistram, seu doctricem, aut, si vis, illuminatricem Mariam exhi-

beant, non simpliciter tamen *illuminatricem,* seu *magistram* referunt, sed *maris illuminatricem,* seu *magistram.* Ita ii etiam quos jam allegavimus, censere videntur, qui *stellam maris* Mariam interpretantes, docent hanc vocem compositam esse, ac conflatam ex voce מאור *meor, lumen, luminare,* quod a radice אור *illucere* deducunt, et ex voce *jam* ים, qua mare significatur. Etymologiam hanc, excepit, quod jam dixi, Raymundus Jordanes, quem præcessit Hieronymus paulo ante allegatus. Eam pariter amplectitur sub Hieronymi nomine latens vetustus scriptor, cui debemus Commentaria *in Psalmos* Hieronymo aliquando ascripta : « Maria, inquiens (23), interpretatur *stella maris.* » Cui quidem interpretationi favere creditur Ecclesia ipsa, dum in notissimis et vulgatissimis precibus sic Mariam orat :

    Alma Redemptoris Mater, quæ pervia cœli
    Porta manes, et stella maris , etc.

olim etiam orabat in aliis precibus, quibus nunc minime utimur : hæc enim ex Antonino (24) assequimur : « In festo Nativitatis ejus Mariæ, canit Ecclesia,

Stella Maria maris hodie processit ad ortum (25).

11. Sed apertissime ei favet Fulbertus Carnotensis hæc scriptis mandans (26) : « Hæc itaque electa, et insignis inter filias, non fortuito quidem, aut solo placito parentum, ut plerique, sed divina dispensatione nomen accepit, ita ut ipsa quoque vocabuli sui figura magnum quiddam innueret : interpretatur enim *maris Stella.* »

12. Rodulphus Ardens, præclarissimus ipse quoque sæculi XI scriptor (27) (etenim Fabricius *Biblioth. Latin. med. et infimæ ætatis* hæc de Radulpho Ardente habet : Floruit] tempore Philippi I Francorum regis ab anno 1040 usque ad 1100) : « Merito quippe, ait, ipsa beatissima Virgo Maria nuncupatur, quæ *Stella maris* interpretatur. Est enim quasi quædam lux, et quasi quædam stella prævia nobis in magno et periculoso hujus mundi pelago navigantibus, suo exemplo nos ducens, suis virtutibus nos illuminans, suis intercessionibus nobis auxilians. Si ergo, fratres mei, malignus spiritus nos infestat, si caro nos tentat, mundus nos oppugnat, ad Mariam respiciamus, ad Mariam confugiamus, ad Mariam conclamemus. »

13. Plurimi Deiparæ dignitatem præ oculis habentes, ejus nominis significationem derivarunt a

---

(19) Part. IV *Summæ,* tit. 15, cap. 14, § 1 : « Convenientius autem dicitur Virgo Maria , *Stella maris,* » etc.

(20) Tom. III *Oper. Theolog.,* pag. 622 : « Quamvis autem ex omnibus etymis nullum sit insulsius eo , quo *stella mar.s* dicitur, nullum est tamen, quod magis placuerit, et sæpius usurpatum fuerit, » etc.

(21) Allegatur a Novato *De eminent. Deiparæ,* part. I, cap. 4, quæst. 11, ex quo hæc, quæ describimus, desumpta sunt.

(22) *Contempl. de Virg. Maria,* cap. 5.

(23) *In Psal.* XVIII, ad ea verba ; *In sole posuit*

.abernaculum suum, etc. In Append. ad tom. VII, ed. Veron. Verba, quæ allegamus, exstant col. 47.

(24) Part. IV, tit. 15, cap. 14, in ipso fere capitis initio.

(25) Versiculum hunc invenies inter versus Fulberti Carnotensis, quorum versuum hoc est exordium :

    Solem justitiæ Regem paritura supremum
    Stella Maria maris hodie processit ad ortum,
    Cernere divinum lumen gaudete, fideles.

(26) Serm. 1, *in Nativit. B. M. V.*

(27) *Serm. in Auvunt.*

Chaldæo, vel Syro, et dixerunt *Dominam*: Syriace enim et Chaldaice Dominus מָרֵא *mare* dicitur, quæ vox in Daniele aliquoties occurrit. Hieronymus paulo ante allegatus (28) : « Sciendumque, quod Maria sermone Syro *Domina* nuncupatur. » Epiphanius ille, quem pariter citavi, etymologiam hanc approbat, « Mariam, dicens, interpretari solemus *Dominam*. » Damascenus quoque (29). In eamdem sententiam Chrysologus (30) : « Maria Hebræo sermone, Latine *Domina* nuncupatur. Vocat ergo angelus Dominam, ut Dominatoris Genitricem trepidatio deserat servitutis, quam nasci et vocari Dominam ipsa sui germinis fecit et imperavit auctoritas. »

14. Si etymologiam ipsam spectas, abest plurimum ; si vero Mariæ dignitatem eo nomine significatam, parum ab hac etymologia distat ea, quam proponit Angelus Caninius. Quoniam vero librum ipsum Caninii inspicere minime potui, illamque pag. 622 tom. III Operum theologicorum Andreæ Riveti reperi : « Angelus Caninius in libro Lovanii edito (31), et a Gaspare Bellero dicato, et commendato Balthassari Suningæ regis catholici in Belgio oratori, *Mariam*, inquit, *compositum esse nomen quidam* putant, et *mare salsum*, vel *stellam maris* interpretantur : sed ridicule primum, tum contra Hebraicæ linguæ analogiam ; cum enim scribatur מרים *Miriam*, et *bisyllabum sit, omnes Hebraice docti fatebuntur heemanticum esse, et simplex. Cum enim præter mem, tres thematicæ appareant, necessario mem cum chirec heemanticum est. Thema igitur est* רם *ram, eminuit, in quo media quiescit, quæ in derivato movetur, ut a* קם *fit* קום *at Syriace* קרם. *Mariam ergo, sic enim dicitur Syriace, est excelsa, sublimis, atque eminens, quod etymon optime, tam ex linguæ ratione, quam ex merito per gratiam, sanctissimæ Virgini convenit.* » Hæc ille. Tum statim Rivetus : « Hanc interpretationem omnibus aliis ideo præferendam censeo, quia et rei convenit, et facta est juxta linguæ etymologiam. Cui calculum suum adjecit Joannes Drusius (32), cujus etiam opinio est apud Hieronymum legendum esse vel *stillam maris*, vel *fel maris*, quia ארם *mara* fel, et amarum : *stellam* nunquam significat. »

15. Proponit hanc ipsam etymologiam Antoninus hæc tradens (33) : « Quantum ad primum [de interpretatione nominis Maria loquitur] sciendum quod Maria interpretatur *Domina*, vel *illuminata* ..... Ipsa enim Domina omnium, cum Filius ejus sit Dominus universorum. »

16. Approbat etymologiam hanc doctus ille vir, qui ad paulo ante allegatum Petri Chrysologi locum, adnotationem hanc in editione Veneta an. 1750

apud Thomam Bettinelli addidit : « Mariæ nomen alii a voce Syriaca, quæ *Dominam* significat, alii ab Hebræo *marum*, quod est *excellens* et *sublime*, deductum volunt. *Vide* Suicerum *Thes. Eccles.* tom. II, pag. 303. »

17. At non simplicem vocem hanc alii putant, ideoque non simpliciter *Dominam* interpretantur, sed compositam esse aiunt. Omitto, quæ paulo ante ex Jordane retuli, explicante nimirum Mariæ nomen *lucerna Dominæ*, quæ quidem etymologia a paucis excipitur : putatur scilicet minus verisimilis. Sed certe compositum faciunt nomen istud, qui Mariam *maris Dominam* interpretantur, priores tres litteras [id est *mar*] dominam explicantes, postremas vero tres [id est *jam*], mare. Paulus Segneri summi nominis orator et theologus non contemnendus etymologiam hanc copiose exhibet, eaque utitur ad exponendas Mariæ laudes dignitatemque explicandam, illiusque erga nos pietatem ac beneficentiam commendandam (34). Eum, si vult, lector consulat.

18. Posito porro eo, quod crebro diximus, voce *jam* denotari mare, aliæ multæ etymologiæ derivantur. Omnium sane interpretationum potissima ea esse videtur, quæ vertit *amarum mare*, vel *amaritudo maris* : descenditque ab מַר *mar* [*amarum*] dictione hac *amaritudo* e verbo מָרַר *marar* (*amarum esse*) proveniente, et memorato יָם *jam* (*mare*). Victorinus (referente Novato) affirmat nomen Mariæ indicare *amaram* [ideoque afflictam], nam מַר significat *amaram*, et vox יָם *jam* significat aquas [quarum potissima congregatio mare est]. Vox porro מַר *mar* duplicatur, ut ipse ait, et dicitur מַרְמָר *marmar*, quod significat esse amarum : nam verbale מָרָא *mara* idem est ac amaritudo. Etymologiam hanc placuisse veteribus Hieronymus tradit ; cujus verba, etsi jam retulerim, hic tamen recolere libet, præsertim cum eamdem etymologiam (*amarum mare*) ipse approbet (35) : « Mariam plerique æstimant interpretari, *Illuminant me justi*, vel *Illuminatrix*, vel *Smyrna maris*. Sed mihi nequaquam videtur : melius est autem *Stella maris*, sive *Amarum mare*. »

19. Placuisse etymologiam hanc Ambrosio, præclarissimo doctori, hæc verba ab eo tradita declaran (36) : « Dictæ sunt et ante Mariæ multæ : nam e Maria soror Aaron dicta fuit : sed illa Maria *amari iudo* maris vocabatur. Venit ergo Dominus in amaritudinem fragilitatis humanæ, ut conditioni amaritudo dulcesceret Verbi cœlestis suavitate gratia temperata. »

20. Eamdem etymologiam sequitur sanctus A

(28) In *Nomin. Hebraic*, de Matthæo.
(29) *Orthod. fidei* lib. IV, cap. 15 : « Parit ergo gratia (id enim significat Anna) *Dominam;* quod profecto indicat Mariæ nomen. »
(30) Serm. 142, qui est *De annuntiat.*
(31) Canin. *De locis Scriptur. Hebraicis*, cap 13.
(32) Comment. poster. ad voces N. T., cap. 15.
(33) Loco ante allegato.
(34) Manna, 17 Septembr. num. 1, *Domina m ris*, etc.
(35) In *Nominibus*, de Matthæo.
(36) *De institut. virgin.* cap. 5, num. 34

toninus hæc scribens (37) : « *Mare* autem quasi *amarum :* fuit autem B. Maria mare amarum in conversatione amara, scilicet perfecta sensuum mortificatione. Nulla enim pura creatura mortifi. cavit ita sensus suos ab omni vanitate, et curiosi. tate ut ipsa..... Maria vero mare amarissimum fuit in passione *Filii*..... Nam ipsius animam pertrans. ivit gladius doloris immensi excedentis omnem martyrum dolorem, ut ait beatus Bernardus. »

21. Etymologiam, quæ amaritudinem in Mariæ nomine invenit, alii etiam approbant, sed paulo aliter rem explicant. Volunt scilicet myrrham eo vocabulo denotari, et sic rem exhibent. Vox מרים Hebraice quatuor litteris scribitur, et tertio quidem loco eam addunt, ut fiat מור *mor*, quæ idem est ac *myrrha*, quæ procul dubio amara est. Hi itaque neque *Miriam*, neque *Mariam* prorsus scribunt, sed, nisi fallimur, *Moriam*, aut aliud affine, ideo- que recedunt a communi opinione, quæ *Mariam*, seu *Miriam* legit : quanquam hoc [si quod est] incommodum in ea etiam etymologia occurrit, quæ מורה *moreh*, seu pluviam temporaneam in eo nomine invenit : quæ tamen etymologia nonnullis placet minime indoctis viris, qui hac in re vete- rum vestigiis insistere renuunt; quorum quidem vestigiis se insistere aiunt, qui Mariæ nomen interpretantur *myrrha maris*. Etenim id expres- sissime affirmat Hieronymus iis, quæ modo alle- gavi verbis : « *Mariam* plerique æstimant inter- pretari *Illuminant me justi*, vel *Illuminatrix*, vel *Smyrna maris*. » Smyrna etenim non modo apud Græc s, verum etiam apud Latinos idem est ac *myrrha* : in qua significatione Lucretius eam vo- cem adhibet, cum hæc ait (38) :

Hinc (39) *contemptus odor smyrnæ* (40), *mellisque*
　　　　　　　　　　　　　　　　　　　[*sapores.*

Et poema Cinnæ vatis de Myrrha puella, quæ cum patre concubuit, *Smyrna* dictum est De eo Catul- lus (41) :

Smyrna mei Cinnæ nonam post denique messem
Quam cœpta est, nonamque edita post hiemem.

Approbat hanc ipsam etymologiam S. Antoninus hæc docens (42): « Unde et B. Maria assimilatur myrrhæ amaræ, quæ præservat a corruptione : *Quasi myrrha electa* [ait ipsa, *Eccli.* xxiv, 20], *dedi suavi- tatem odoris.*»

22. Hactenus quidem eæ etymologiæ, quæ a recentioribus theologis commendationem sunt as- secutæ. Eas adjungere hic libet, quæ ab antiquis quibusdam cæteroqui probabilibus magistris inter- dum allatæ sunt, sed nostris temporibus non ad- modum placent. Epiphanius ille, cujus verba jam retuli, *spem*, aut certe spei rationem aliquam, et veluti originem invenit in Mariæ nomine. Ejus

verba repetere hic juvat : « Mariam interpretari solemus *Dominam*, atque etiam *spem;* peperit enim Dominum, qui est spes totius mundi, nempe Chri- stum. » Sed fortasse potius ad dignitatem, ad quam elata Maria est, quam ad etymologiam nominis illius animum intendit, aut si ad etymologiam ejus- dem nominis respexit, Orientalem aliquam nostris temporibus ignotam linguam, quæ id referret, consuluit.

23. Etymologiam ex Græca lingua desumptam placuit Damasceno proponere. Etenim sic Mariam ipsam alloquitur (43): « Ave, Maria, quasi μυρία, *infinita*, ob infinitam laudationum copiam. Quam- vis innumera quis de te dixerit, nunquam tamen argumenti dignitatem assecutus erit. »

24. Unde etymologiam, quam exhibet Ambro- sius, is sumpserit, nescio, scio tantum hæc tradi- disse (44) : « Unde speciale Maria Domini hoc nomen invenit, quod significat *Deus ex genere meo.* » Sed fortasse vel ex aliqua Orientali lingua nobis ignota, id quod tradidit, sumpsit; vel ad eum modum ex Græco transtulit, quo transtulere ii, qui in Lexico Græco, quod ante allegavi, trans- tulere : *Dominus ex generatione mea.*

CAPUT II.

Quid de iis etymologiis, quas superiori capite recen- sui, verisimilius judicemus.

1. De iis etymologiis, quas postremo loco memo- ravi, de iis quoque, quæ Mariæ nomen interpre- tantur, *Spem*, aut *de invisibilibus : Dominus de generatione mea*, quæ affinis, uti dixi, est illi, quam proponit Ambrosius, *Deus ex genere meo*, indicavi quid sentiam. Pauci porro eas recipiunt. Sane ut hunc Ambrosii locum hæc adnotat præclarissimus editor monachus S. Mauri : « Non admodum felix vocabuli *Maria* interpretatio ; sed cum moris esset, ut sæpe vidimus, Ambrosio nostro sermonis He- braici peritos in re simili consulere, illi a sciolo aliquo, quem falso doctum existimarat, impositum esse, credendum est. » De aliis vero, quæ ab He- bræorum, vel Syrorum lingua deducuntur, quid viri eruditi judicent, ex iis quæ dixi, facile inno- tescit: nullam scilicet horum etymologiarum tam manifesto in Mariæ nomine eminere, ut aliqua earum cæteras propulset, rejiciatque. Probabili- tatem quoque nonnullam unicuique earum adji- ciunt fautorum suffragia, qui si attenderis, nescias sane quænam earum sit probabilior ; habet enim unaquæque viros amplissimos, qui pro ea fortiter dimicent, atque ii præsertim, qui *Miriam*, sed *Ma- riam* legunt, atque in iis vocabulis etymologias Deiparæ laudibus plenas contineri aiunt. Hac de re judicet quisque quod vult ; neque vero ego tam

---

(37) Part. iv *Summæ*, tit. 15. cap. 14, § 2.
(38) Lib. ii, vers. 502.
(39) Legunt alii : *Et.*
(40) Tamen legunt alii *myrrhæ*, sed vetustæ edi- tiones et codices habent *smyrnæ.*

(41) Carm. 92, alias 94.
(42) Loco ante allegato.
(43) Homil. 2, *in Nativ. B. M. V.*, num. 7, pag. 853, tom II, edit. Venet.
(44) *De institut. virg.* cap. 5, num. 35.

arrogans sum, ut quæstionem implicatissimam expedire dissolvereque me posse confidam. Ea porro, quæ a Damasceno (45) profertur, et ex nulla Orientali dialecto, sed tantum ex Græca desumitur, nempe a voce μυρία, id est, infinita, seu innumera, rejici solet ex eo quod Mariæ nomen antiquissima origine Hebraicum, non Græcum sit. Cæterum quis negabit, *infinitarum laudum* cumulum, seu fontem, et originem Mariam esse: illiusque nomini innumeras adhibendas esse laudes, et commendationem amplissimam?

Quæstio II. — *Præcedentia ëam, de qua agimus, nominis impositionem.*

1. Duæ, ut alibi dixi, in hoc argumento quæstiunculæ scholasticos exercent. Instituitur prima de prophetiis, ac prædictionibus præcedentibus hanc collationem nominis (*Maria* scilicet) puellæ, quæ Dei Mater electa fuerat, impositi. Instituitur altera de præcepto Mariæ parentibus dato, quo puellæ, quæ ex iis genita fuerat, Mariæ nomen imponere jussi sunt.

Quæstiuncula I. — *De prophetiis et prædictionibus præcedentibus collationem nominis* Mariæ *Matri Dei electæ.*

Quod ad hanc quæstiunculam attinet, noverit lector, putare viros, utique doctos, non modo prophetiis ex Scriptura desumptis, verum etiam prædictionibus a gentilibus ipsis provenientibus fuisse prænuntiatum nomen Deiparæ imponendum, Mariæ scilicet, quod crebro diximus.

CAPUT PRIMUM.

De prophetiis.

Eusebius Cæsariensis, in *Commentariis in Psalmos* ab eo compositis, et a præclariss. Montfaucon Latinitate donatis et evulgatis, ad v. 4 (in Hebr., 3) Psal. cix, hæc tradit (46) : ‹ *Tecum principium in die virtutis tuæ in splendoribus sanctorum ex utero ante luciferum genui te.* Aquila : *Ab utero diluculo excitato tibi ros pueritiæ tuæ.* Symmachus: *Velut diluculo tibi ros juventutis tuæ;* quinta autem editio, *Ex utero diluculo tibi ros juventutis tuæ.* Hisque videtur generationis ejus carnalis œconomiam significare. Ab utero enim, ait, erit ros matutinus pueritiæ tuæ; sive ex utero fiet tibi ros tuus diluculo in juventute tua. Hisque arbitror declarari, non ex semine viri, sed ex Spiritu sancto, carnalem generationem constitui. Nam quemadmodum superne de cœlo defluens, sic in utero prægnantis matris ejus, carnis constitutio factâ est in

infantia ipsius. Pro illo autem *ex ventre,* sive *ex utero,* Hebraicum habet *Mariam.* Aliquo autem narrante novi Hebraicam vocem hic *Mariam* meminisse : num illud, *Mariam,* Mariæ nomen significat; ita ut his nominatim Deipara commemoretur. › Hæc ubi legi, statim adii Psalterium Hebraicum, perspexique vocem מרחם, quam vulgatus interpres vertit *ex utero,* si paulo attentius inspexeris, recte verti non posse *Mariam.* Quamobrem arbitror multo aliter fuisse ab aliquibus lectam vocem illam : aliis scilicet punctis, seu vocalibus interpositis, seu intellectis, quam nunc ponantur, seu intelligantur (47). Id porro duobus modis fieri potuit; vel enim locus hic in Hebræo textu olim legebatur מרים *Miriam,* seu *Mariam* per variam lectionem, littera Heth in Jod fortasse mutata, vel stante eadem lectione מרחם *Meraham, e puella;* ista voce composita ex præpositione *mem,* et רחם *Raham puella,* ita ut versio sit *e puella,* hoc est Maria, *genui te.* Fatebor itaque, si vis, hic indicari Mariam, non nomine quidem expresso, sed dignitate et prærogativa virginei partus; nam virgineum partum posse hic indicari, interpretes probabiles docent; quatenus indicât Christum e matrice virgine fuisse eductum. Quo constituto, an negabis Virginem Mariam hic fuisse significatam? Atque id fortasse tantummodo voluere ii, qui in Hebraico textu vocibus, quas nostri verterunt *ex utero,* Mariam expressam cum Eusebio Cæsariensi significavere. Utcunque sit, ecce tibi explicationem versiculi hujus, quam tibi præbet egregius noster M. Marinus, Hebraici textus, ejusque significationis experientissimus. Primum quidem versiculum, de quo dicimus, Hebraici textus, uti eum nunc proponunt Hebræi, lectionem secutus vertit ad hunc modum: *Populus tuus* [erit] *tibi promptitudines, in die exercitus tui, in decoribus sanctitatis, ex utero nigro tibi ros infantiæ tuæ;* tum ad hunc modum eumdem versiculum interpretatur : ‹ *Ex utero auroræ,* vel ab aurora, id est, ab auroræ ortu, quando scilicet auroræ stella, quam Luciferum appellamus, producta est. Verum quid sibi velit, *ex utero auroræ,* alii videant. Aliorum sensus patet, nam Deum loquentem inducunt : *Ex utero* [meo, *e mea substantia*]: ab aurora, *quando aurora creata fuit, ante productionem auroræ,* etsi vix hunc loquendi tropum admitterem. Hebræis autem, ut diximus, מִשְׁחָר est forma nominis propria, et *nigrum, obscurum* significat. Hinc etiam aurora שָׁחָר dicitur, quod illud tempus claritatem omnem diei nondum sit assecutum. Consule *Thesaurum.* — *Ex utero nigro, ex matrice obscura.* Idio-

(45) Orat. 2, *in Nativ. B. M.,* n. 7.
(46) Collectio nova, tom. I, pag. 703.
(47) Hæc ad locum hunc habet egregius Calmet, Interprete Cl. Mansio : ‹ Consule criticos et interpretes, si varias aliorum de hoc loco sententias cupis : nullus enim fortasse locus est, qui eruditos magis exercuerit. Optime autem demonstrat Mui-

sius, mutatis Massoreticis punctis vocalibus, nullo negotio eam ex Hebræo sententiam elici, quam Septuaginta et Vulgata præferunt, nobilissimam et sublimissimam. › Sane ii, qui *Mariæ* nomen interpretati sunt *ex generatione mea,* aut *de invisibilibus,* ad locum hunc aliter lectum, ac nunc legatur, respexisse visi sunt.

tismus. Sic Latini, *ab ortu, ab incunabulis, a teneris unguiculis,* et hujusmodi. Matricem Virginis innuit, ex qua licet obscura, gratias, et dotes plurimas contraxit Christus. *Genui te.* Nostri procul dubio facillimo vocis transitu, punctis immutatis legerunt יְלַדְךָּ, quod nunc Hebræis est nomen, qui addunt etiam duo alia verba, quæ a nostris suppressa sunt, nempe לְךָ טַל יַלְדֻךָּ. *Tibi ros infantiæ tuæ.* Idiotismus. Id est, *suavitatem et hilaritatem infantiæ ex matrice materna contraxisti, ut mirum non sit populum tam promptum te habere.* Ros metaphorice usurpatur pro *suavitate, hilaritate, dulcedine,* et hujusmodi. Nostri ad generationem paternam ; ad maternam vero Hebræi referunt. » Vide, quæ dissert. 11 cap. 5 et subseq. quæst. 11, part. i, tradidi.

CAPUT II.

Num ab exteris prædictionibus prænuntiatum sit MARIÆ *nomen Deiparæ imponendum.*

1. Dedere huic quæstioni occasionem duæ celeberrimæ prædictiones, quarum altera a Sibylla [Erithræam plerique appellant] proveniens dicitur, altera ab Apolline Delphico. Utramque profero. Inter Sibyllæ Erithrææ versus hi præstantissimo loco habentur (48) :

> *Et brevis egressus Mariæ de Virginis alvo*
> *Exorta est nova lux.*

Alteram vero prædictionem ab Apolline Delphico profectam tibi exhibet Vita Procopii martyris, in qua describitur præclarissimus hic sanctus rationem fidei suæ Flaviano judici reddens; inter alia vero hæc ad comprobandam vindicandamque religionem nostram adducens (49) : « Quod si etiam vis quædam audire oracula Pythici Apollinis..... attende, et scies Christum Filium Dei Altissimi ab eis fuisse prædictum, venturum esse ad salutem et renovationem humani generis. Nam cum Jason princeps eorum, qui dicuntur Argonautæ, in templo, quod Athenis primum constructum est in arce, sciscitatus esset Delphicum Apollinem, et dixisset : Prædic nobis, propheta Phœbe Apollo, cujusnam erit hæc ædes, et ad quid futura sit in posterum, sic respondit : Quæcunque ad virtutem quidem et honestatem vos incitant, facite. Ego autem tres cupio', Deum unum regnantem apud superos, cujus Verbum ab interitu alienum, conce-

ptum in simplice Virgine, qui tanquam ignitus arcus percurrens mundi medium, omnes capiens, eos adducet donum Patri. Hujus erit hæc ædes. Maria autem erit nomen ejus. »

2. At quod ad prædictionem ex Sibylla prolatam attinet, eam pauci temporibus nostris veluti genuinam excipiunt. Aiunt scilicet valde suspectas esse prædictiones, quæ in allegato libro viii exstant ; veluti, ut exemplo rem conficiam, illa est :

> *Sed postquam decimum sub terras iverit ævum,*
> *Femineum imperium erit, et mala multa*
> *Afferet ipse Deus, quando regale decorum*
> *Femina compta caput,* etc.,

quæ videntur desumpta ex capite xvii Apocalypsis, in quo describitur sævities, ac dira tyrannis Babylonis, seu mulieris fornicariæ : et ut reliquas objectiones præteream, quæ adversus hujus generis prædictiones instituuntur, in iis oraculis, quæ Sibyllina a Christianis sunt appellata, nostra mysteria et nonnullæ exteræ historiæ (50) adeo sunt expressæ, ut merito censeamus hæc conficta fuisse a Christiano aliquo, non malo quidem, si vis, dolo, sed certe minime laudando ; neque enim his artibus sustinetur religio nostra, sed veritate.

3. Ad hæc : nemo unus ex veteribus versiculos, quos antea allegavi, et a Sibylla, uti sibi persuadent, Erithræa compositos putant, eitat. An vero, si ab Erithræa Sibylla editos novissent, eos adversus infideles religionis Christianæ contemptores adducere neglexissent? Recole quæ cap. 4, quæst. 11, dissert. 11, part. i, hoc ipso de argumento tradidi.

4. Ut ad alteram prædictionem deveniam, Apollinis scilicet Delphici, cujus oraculum allegant Acta sancti Procopii a Surio ex Metaphraste conscripta, noverit primum lector generatim monuisse Joannem Pinium ex præcipuis Bollandi consectatoribus esse « Acta Græco-Latina S. Procopii ducis, fabulositatis suspecta (51) ; » paulo ante etiam monuerat (52) « apparere ad oculum multum S. Procopii ducis *Acta* in genuino sinceritatis candore deficere. » Vide etiam, obsecro, quæ § 1 et 2, ad Acta sancti Procopii docet, pag. 511-555, etc. Legat præ cæteris lector num. 17, § 2. Noverit etiam in his ipsis Actis, quæ Joannes Pinius Latinitate donavit, et Bollandiano operi inseruit, illa deesse, quæ ex Metaphraste habent Acta a Surio descripta. Consule, obsecro, num. 63, 64, et subsequentes Actorum sancti Procopii a Pinio descriptorum, planeque conspicies fuisse ea, quæ ex iis

---

(48) Lib. 8, pag. 66, tom. XIV *Biblioth. Patr. Paris.* Hunc integrum locum retuli cap. 4, quæst. 11, dissert. 11.

(49) Julii 8 die, cap. 24, pag. 127, tom. IV Surii.

(50) Consule librum v totum. Hæc seligo. quæ aut conficta sunt temere, aut ad Neronem pertinere creduntur :

Sub lunæ finem postremo tempore bellum
Ingruet insanum, fallax ac insidiosum.
Matris et occisor quidam de finibus orbis,
Vir fugiens veniet, spirans immane, fremensque,
Omnes qui terras vastabit, et omnia vincet,
Ante hominesque omnes prudenter cuncta videbit.

(51) Ad 18 Julii diem, pag. 556.

(52) Annotata ad passionem S. Procopii lectoris.

adducta sunt, temere prorsus iis assuta, adeo ut nullam omnino habeant auctoritatem, ideoque nullam omnino mereantur fidem. Idem dic de narratione altera, quam ex Lyreo refert P. Virgilius Sedlmayr (53), et hæc est : « Cum anno 1574 Christiani artifices obtenta licentia a Soldano in valle Josaphat altius terram foderint, et tumulum ex lateribus constructum invenerint, in qua cadaver miræ magnitudinis cum prolixa barba, et capillis erat repositum, et ovina pelle involutum, ad cujus caput aderat tabella cum hac inscriptione litteris Hebraicis facta : *Ego Seth tertio genitus filius Adæ credo in Jesum Christum Filium Dei, et in Mariam Matrem ejus de lumbis meis venturos.* Adeoque nomen Maria jampridem fuerat prænuntiatum, nec erat inventione vel consilio humano, sed divino impositum. » Hæc enim mera fabula est, lepida adeo, ut eam refellere non sit opus. Et de prima quæstiuncula hactenus.

QUÆSTIUNCULA II. — *An Mariæ parentibus indictum ab angelo sit, ut puellæ ex iis orituræ* MARIÆ *nomen imponerent.*

1. Cum de miraculis Mariæ ortum præcedentibus disputavi (54), eam quæstionem attigi, quam modo proposui : Num scilicet Mariæ parentibus indictum ab angelo sit, ut puellæ ex eis orituræ *Mariæ* nomen imponerent (55). Tum porro nonnullos allegavi Patres docentes angelum, qui Joachimo et Annæ sterilibus, et ætate provectis Mariæ nativitatem prædixit, nuntiasse etiam eximiam puellæ ex eis orituræ præstantiam, illisque præcepisse, ut ei Mariæ nomen imponerent (56). Eos hic recole : nec omittas, volo, quæ de hoc argumento Petrus Damianus, seu potius Nicolaus Clarævallensis tradit : « Init [inquit ille] (57), Deus consilium, cogit concilium, facit sermonem cum angelis de restauratione eorum, de redemptione hominum, de elementorum renovatione, ac illis stupentibus..... statim de thesauro divinitatis suæ Mariæ nomen evolvitur. » An porro ignotum Mariæ parentibus arbitraberis nomen, quod angelis revelaverat ?

2. Antoninum adjice præclare sane theologum; etenim hæc de Maria docet (58) : « Die, qua nata

est, impositum est ei nomen Maria a parentibus, secundum angelicam revelationem. »

3. Antoninum præisse dicitur Bonaventura, seu alius quisquis is est, cui tribuis *Psalterium* Bonaventuræ ascriptum : « Benedictum [inquit ille Mariam alloquens] (59), sit gloriosum nomen tuum, quod os Domini mirabiliter nominavit. » Propterea porro os, Domini *mirabiliter* nominasse Mariæ nomen dicendum est, quod angelo Mariæ parentibus nuntiandum indixit. Præivit certe Fulbertus (60) monens *divina dispensatione nomen accepisse* Mariam, et Bartholomæus Tridentinus (61).

4. At non moventur his critici. Bonaventuram, seu alium haud multum nobilem scriptorem, qui Bonaventuræ nomen ementitur, aiunt temere allegari, *Os enim Domini mirabiliter nominavit Mariam,* tametsi angelo Mariæ parentibus nuntiandum minime indixerit. Annon Christus Mariam sæpe nominavit ? Quis vero non mirabile os, Christi os dicet ? Quandoquidem Verbum Patris sine matre ab æternitate ipsa ineffabiliter genitum Mariam honorificentissima *Matris* appellatione nominavit. Sed fac id tradidisse Bonaventuram, seu potius alium Bonaventura multo deteriorem scriptorem. An propterea illi assentiendum, haud antiquo scilicet, et pio quidem, si vis, sed minus probato scriptori ? Id ipsum de Antonino aliisque auctoribus, qui in rem hanc allegantur, affirmare non verentur.

5. Quod si probabiles conjecturas persequimur, ab iis se minime flecti sinunt, adjiciuntque conjecturis non esse fidendum, cum quæritur, *an aliquid evenerit, annon.* Si conjecturas persequimur, plurima vera esse credemus, quæ tamen falsa esse novimus.

6. An ergo temere, et veluti casu hoc honorificentissimo nomine honestatam dicemus Mariam ? Minime vero. Itaque quidquid rigidiores critici obloquantur, asserere minime vereor, aut angelo monente, *Mariam* fuisse appellatam puellam, quæ Dei Mater electa jam fuerat, aut alio sapientissimo, tametsi nobis abdito Dei consilio, peractum id esse : « Habent hoc merita sanctorum [inquit Ambrosius] (62), ut a Deo nomen accipiant. » An præstantiores Maria Ismaelem (*Gen.* xvi, 11), Isaacum (*Gen.* xviii, 19), et Joannem (*Luc.* i, 13) censes, ut illi

honorem eum deneges, quem tributum us novimus ?
Annon a Bernardo traditus hic canon est? « Quod
paucis mortalium constat fuisse collatum , fas
certe non est suspicari tantæ Virgini fuisse negatum (63). »

7. Neque porro contemnendi ii scriptores sunt,
quos'antea produximus : tametsi enim vetustissimi
non sint, nec præcipua Ecclesiæ lumina, laudabiles
tamen [si auctorem Mariani Psalterii excipias, de
quo consule, quæ nuper ex Veneta novissima editione allegavimus] ii sunt, et doctrina ac sanctitaté
Ecclesiam tempore quo vixere illustrarunt, adeo ut
eorum auctoritate probabilitas non modica huic·
opinioni accedat.

QUÆSTIO III. — *De cultu adhibito nomini*
MARIA, *quatenus designat incarnati Verbi*
Dei Genitricem.

1. Jam vero venerationis nomini *Maria*, quatenus,
uti dixi, designat electam incarnati in ea Verbi Dei
Genitricem, argumenta exhibeamus, oportet. Sunt
vero : illius invocatio ; Officium in illius honorem
institutum ; recitatio quinque angelicarum Salutationum, aut Psalmorum Latinitate donatorum, et
hac lingua incipientium iis litteris quibus Mariæ
nomen scribitur ; genuflexio, aut saltem capitis inclinatio eo nomine audito. His adjungenda est quæstiuncula alia, quæ rationem hujusce cultus respicit : An scilicet illud veneremur propter aliquam
præstantiam eidem nomini inhærentem, et ut fere
aiunt, *ex opere operato*, an quia tantum nomen illud
a nobis sumitur quatenus designat illam determinatam mulierem, *quæ Unigeniti Dei Mater electa*
est, quam honoramus, dum illius nomen honoramus. Statim autem primum aggredimur.

QUÆSTIUNCULA I. — *Invocatio nominis* MARIA, *et*
emolumenta ex ea consuetudine derivantia.

1. Duo in hac quæstiuncula comprehenduntur,
consuetudo scilicet invocandi Mariam, et emolumenta ex ea invocatione provenientia. Ut a consuetudine exordiamur, ea ipsa Patrum et ecclesiasticorum scriptorum loca, quæ ad ostendenda emolumenta ex ea invocatione provenientia proferemus:
ea, inquam, consuetudinem, de qua agimus, comprobant ; neque enim ea emolumenta experiremur,
nisi Virginem invocaremus. Cæterum si expressissima afferri a me vis hujusce consuetudinis monumenta, ea consulas volo, quæ dissert. 3, cap. 1, n. 3,
4 et subseq.; et rursus num. 14, cap. 2 attuli.
Adjice frequentes preces, quibus Ecclesiæ præcepto moniti utimur ; præsertim vero cum Salutationem angelicam recitamus : *Ave, Maria, gratia*
plena, etc.

2. Emolumenta nec pauca, nec levia nobis provenire ex invocato Mariæ nomine, is facile fatebitur, qui ad ea Bernardi verba, quæ ex hom. 2, super
evangelica verba *Missus est*, ad commendationem
nominis Virginis Maria alibi protuli ; protulit quoque ante me sanctus Antoninus (64). Ea recolas,
volo, verba. Adjice porro hæc ex Commentariis in
cap. I Luc. ab Alberto Magno exaratis : « Si illecebræ carnis te trahant, et superantes jam ad illicitas delectationes te propellant, baptiza te in amaritudine maris, et invoca intercessionem Dei Matris,
et nomina *Mariam*. Tandem etiam si adversitates
tribulationum te jactent, etiam superantes te quasi
prosternant : leva oculos ad Dominam, et invoca
Mariam. Et sic pro certo in te experieris, quam
juste vocatum est nomen Virginis Maria. » Nec
præterea, opto, quæ Petrus Blesensis in eamdem
sententiam ait (65) : « Audito hoc nomine pericula
diffugiunt, commoda redeunt, et inferna pertime-
scunt, perimuntur blasphemi, desperati concilian-
tur, nullique difficultas recuperare{ gratiam, qui
votorum suorum adjutricem habuerit Mariam. »

3. Alia ad id ipsum asserendum Novatus (66), et
Plazza (67) Patrum et theologorum loca proferunt,
quæ, si vult, lector consulat. Vidi hoc in argumento
cum laude allegatum Germanum Juniorem a Græcis sæpe laudatum (68) : « Quomodo enim, ait ille
(69), corpus nostrum vitalis signum operationis
habet respirationem, ita et sanctissimum nomen
tuum, quod in ore servorum tuorum versatur
assidue, in omni tempore, loco, et modo, vitæ lætitiæ, et auxilii non solum est signum, sed ea etiam
procurat et conciliat. »

4. Præstantior Germano, et nisi fallimur, antiquior est Bernardus, quem tametsi crebro protu-
lerim, hic tamen rursus excitare operæ pretium
duco. Ad hunc scilicet modum sermonem 4 *De As-*
sumptione concludit : « In hac quoque die solemnitatis, et lætitiæ, dulcissimum Mariæ nomen cum
laude invocantibus servulis per te, Regina clemens,
gratiæ suæ munera largiatur Jesus Christus Filius
tuus Dominus noster, qui est super omnia Deus benedictus in sæcula. Amen. »

5. Nec mirum id est; Mariæ enim nomen invocatum, procul dubio fideles juvat : neque enim, cum
nomen Mariæ pronuntiamus, ut ex eo opem assequamur aliud id est, nisi Mariam ipsam invocare,
et illius opem exposcere. An vero id præsidium,
juvamenque non tribuet, cum Maria plurimum
valeat , eademque inclinatissima sit ad juvandum ?

6. Horrent quoque dæmones Mariam, ideoque
illius nomen, quod illis Mariæ præstantiam, ac

---

(63) In *Epist. ad can. Lugdun.* in ordine 174,
num. 5.

(64) Part. IV *Summæ*, tit. 15, cap. 14, § 1.

(65) *Serm. de Assumpt. Mar. Virg.* in serie serm.
28, sub finem pag. 1430, tom. XXIV *Biblioth. Max.*
PP.

(66) *De eminent. Virg.* part. I, cap. 4. quæst. 12.

(67) *Christianorum in Sanct. sanctor. Reginam*
propensa devotio, part. II, cap. 10.

(68) Creditur hic floruisse anno 1220.

(69) *Orat. in vener. zonam Deip.* pag. 139 et seqq.
in *Marial.* Maracii, etc.

vires in memoriam revocat. Quibus positis, nemo, ut arbitror, revocabit in dubium quin plurimum emolumenti ex invocato Mariæ nomine nobis proveniat. Hæc omnia attingit, breviterque complectitur Raymundus Jordanis, olim sub *Idiotæ* nomine latens : etenim sic angelum Mariam alloquentem inducit (70) : « *Ne timeas, Maria :* dedit enim tibi Virgini Mariæ tota supersancta Trinitas nomen, quod post nomen superbenedicti Filii tui est super omne nomen, *ut in nomine tuo omne genu flectatur*, [uti manifesto patet] *cœlestium, terrestrium et infernorum*, *et omnis lingua confitentur* hujus sanctissimi nominis gratiam, gloriam et virtutem. Non enim est in ullo alio nomine post nomen superbenedicti Filii tui tam potens adjutorium, nec est ullum aliud nomen datum sub cœlo hominibus post dulce nomen Jesu, ex quo tanta salus hominibus refundatur ; quia super omnia sanctorum nomina reficit lassos, sanat languidos, illuminat cæcos, penetrat duros, recreat fessos, ungit agonistas, et jugum diaboli extrudit... Tantæ virtutis, et excellentiæ est tuum sanctissimum nomen, beatissima Virgo, quod ad invocationem ipsius cœlum ridet, terra lætatur, angeli congaudent, dæmones contremiscunt, et infernus conturbatur. Tanta est virtus tui sacratissimi nominis, o semper benedicta Virgo Maria, quod mirabiliter emollit, et penetrat duritiam cordis humani. Ideo scribitur, Prov. xx, 27 : *Lucerna Domini spiraculum hominis, quæ investigat omnia secreta mentis.* Sic etiam dicere tibi possumus : *Lucerna Dominæ,* id est, Mariæ [quæ *doctrix* et *magistra maris* interpretaris], *spiraculum hominis,* quia peccator per te respirat in spe veniæ et gratiæ ; *quæ investigat* [id est, investigare facit] *omnia secreta mentis* [id est, abscondita cordis]. »

7. At licet hæc animose pronuntiemus, ab ea tamen opinione longissime absumus, quam nonnulli Catholici nominis hostes nobis exprobrant, ut scilicet Mariæ nomen sanctissimo nomini Jesu æquemus, nonnihil etiam præponamus. Fallitur si quis hæc putat. Nomen Jesu illud unum esse novimus (*Act.* iv, 12), *in quo nos oportet salvos fieri;* illud. *Cui omne genu cœlestium, terrestrium et infernorum flectitur* (*Philipp.* ii, 10), adeo ut Mariæ nomen tametsi venerandum, ac sanctum, tantum nomini Jesu in dignitate concedat, quantum Virgo ipsa in dignitate concedit Filio : quod antea adductis Raymundi Jordanis verbis compertissimum esse volui.

8. Novi equidem docere nonnullos posse veluti *per accidens* nobis utiliorem esse invocationem nominis Mariæ invocatione nominis Jesu : si quis scilicet segniter, atque aliud agens nomen Jesu invocet, Mariæ vero pie, et summo studio, atque obsequio. Novi quoque tradi ab aliis, in invocatione nominis Mariæ eminere humilitatem nostram, nostræque vilitatis confessionem aper-

tissimam ; Mariam scilicet invocamus, quia nostrorum criminum notitia territi, trepidique Judicis nostri nomen invocare veremur ; ideoque per Mariam a nobis invocatam, illiusque nomen, ac merita ad Christum accedere nitimur. In quam sententiam hæc Anselmi, seu potius Eadmeri verba allegata vidi (71) : « Velocior est nonnunquam salus memorato nomine ejus [Mariæ], quam invocato nomine Domini Jesu unici Filii ejus. Et id quidem non ideo fit, quod ipsa major, aut potentior eo sit ; nec enim ipse magnus, aut potens est per eam, sed illa per ipsum. Quare ergo promptior salus in recordatione ejus, quam Filii sui, sæpe percipitur? Dicam quid sentio : Filius ejus Dominus est, et Judex omnium, discernens merita singulorum : dum igitur ipse a quovis suo nomine invocatus non statim exaudit, profecto id justo judicio facit. Invocato autem nomine Matris suæ, etsi merita invocantis non merentur; merita tamen Matris intercedunt, ut exaudiatur. »

9. Verum etiam novi dimetiri nos non posse præstantiam, ac vim alicujus rei ex eo quod *interdum*, et veluti *per accidens*, sed ex eo quod, ut scholasticorum verbis utar, *per se*, et veluti *naturaliter* et *ordinate* consequitur. An prætuleris maxillam asini acutissimo gladio, propterea quod maxilla asini plurimos Philisthæos contriverit Samson (*Judic.* xv, 15 seqq.) ; puer vero, aut æger, ac debilis homo stricto gladio inimicum confodere minime valeat? Fac itaque nomen *Jesu* negligenter ac segniter invocatum non eas interdum habuisse vires, quas habuisset, si pie ac naviter invocatum fuisset, annon reprehendenda tum est negligentia, ac desidia nostra, non anteferendum illi Mariæ nomen? etenim nomen Jesu rite recteque invocatum, statim quod optamus, præsidium præbet.

10. Si quis Mariam eo consilio invocaverit, quod Eadmerus exhibet, facile adjuvandum arbitror ; humilitas quippe, et propriæ vilitatis confessio Deum nobis placabilem reddit. Adde suffragium Virginis, quod procul dubio validissimum est. Sed hoc Virginis suffragium illius nomen Jesu nomini non præponit. Quod si forte invocans *omnipotens nomen Jesu* non exauditur, memineris non quemlibet exaudiri qui dixerit *Domine, Domine,* sed eum tantum exaudiri, qui eas conditiones in *Domini* invocatione non præteriit, quas recensent Patres et interpretes, qui explicant vers. 21 cap. vii Matthæi : *Non omnis, qui dicit mihi : Domine, Domine, intrabit in regnum cœlorum,* quos quidem Patres et interpretes ad vers. etiam 11 et 12 Matth. xxv consulas, volo.

Quæstiuncula II. — *Officium in honorem nominis* Maria *recitatum.*

1. Inter potissima sacri honoris argumenta merito recensetur institutio divini Officii, quod et determinatam quamdam, eamque notissimam precum recitationem præscribit, et Missam comple-

---

(70) *Contemplat. de Virg. Mar.* cap. 5.

(71) *De excellentia B. M. V.* cap. 6.

ctitur ea festivitate celebrandam. Docet hæc porro cl. Plazza (72) : Cœpit hoc festum solemni pompa celebrari in Hispania, primum in Ecclesia Conchensi ab anno 1587 facultate Sixti V, quam Petrus Deza cardinalis impetravit ; ut constat ex ejus litteris ad Joannem de Pozo ejusdem Ecclesiæ canonicum, quas recitat Marraccius. Subinde ad totam Hispaniam extensum est, ex concessione Gregorii XV, ad enixas preces piissimi regis catholici Philippi IV porrectas per suum oratorem Emmanuelem de Fonseca, comitem Montis Regii. Postea Clemens X, constitutione edita anno Domini 1671, plenariam indulgentiam largitus est iis omnibus, qui Missæ de Nomine B. Virginis Mariæ, die 17 Septembris, in Ecclesiis provinciarum, et regnorum regis Hispaniarum celebrandæ, interessent. De magna celebritate, qua tunc peractum est in Hispania festum SS. Nominis Mariæ, videri potest Fr. M. Franciscus de Arcos in Vita ven. Fratris Simonis de Roxa. Solemnis autem institutio istius festi pro tota Ecclesia debetur sanctissimo pontifici Innocentio XI, qui [ut in Officio festi legimus], *hoc venerabile nomen, jampridem in quibusdam Christiani orbis partibus speciali ritu cultum, ob insignem victoriam sub ejusdem Virginis Mariæ præsidio, de immanissimo Turcarum tyranno, cervicibus populi Christiani insultante, Viennæ in Austria partam, et in perènne tanti beneficii monumentum, in Ecclesia universali, singulis annis, Dominica infra octavam Nativitatis B.V. Mariæ, celebrari præcepit.*›

2. Nonnihil aliter de institutione hujusce festivitatis rem exhibet, J. Michael Cavalieri, cujus monita referre libet, quod nonnulla de hujusce etiam progressu adjungat, quæ nosse, lectori fortasse acceptum erit. En illa (73): ‹ Noscimus in ejusdem honorem ab anno usque 1513, Conchæ festum, apostolica interveniente approbatione, sub ritu duplici celebratum fuisse magna devotione et solemnitate. Pius V, in sua reformatione et hoc sustulit festum, inibi propterea deinceps sub una commemoratione excultum, quod postea procurante Petro Deza cardinali a Sixto V litteris sub datum 16 Januarii 1587, ab Hippolyto Marraccio in *Purpura Mariana,* cap, 14, § 14, per extensum relatis, sub ritu duplici, ac proprio Officio, ad novam precandi formam accommodato, restitutum fuit pro die 17 Septembris, tanquam prima non impedita post octavam Nativitatis Deiparæ, haud idonea reputata die ipsa octava Nativitatis, in qua Conchæ præfatum festum celebrabatur. Ad Toletanam exinde transiit Ecclesiam, postea ad ditiones Hispaniarum regis, et hinc ad plura alia loca, et religiones, sed in postremis his coli consueverat die 22 ejusdem mensis, attenta opinione eorum qui a Judæis nomen feminis censebant imponi consuetum die quinto decimo ab earumdem nativitate. Ab Augustiniensibus tamen ex indulto Clementis X, die 20

Octobris colebatur, utraque ex memoratis diebus per Officia sanctorum indigenarum occupata. Innocentius denique XI, in memoriam insignis victoriæ ab armis Christianis sub ejusdem Virginis præsidio de Turcis reportatæ, et civitatis Viennæ in Austria ab arctissima eorumdem obsidione solutæ, præfatum festum pro Dominica infra octavam Nativitatis ejusdem sub ritu duplici majori extendendum esse censuit ad Ecclesiam universalem die 20 Novemb. 1683, sacra Rituum congregatione Missam et Officium approbante die 5 Februarii 1684, super cujus festi celebrationem, quoad diem, qualitatem Officii, et indulgentias, cum quibus Hispaniarum regnis fuerat concessum, cum apud præcedentes indultarios exortum fuisset dubium, a sacra eadem congregatione et diremptum fuit, ut in decreto 1, cap. 12. ›

. 3. Addere etiam libet ad vindicandam eam, de qua agimus, festivitatem, quæ clariss. hic scriptor adjicit : ‹ Non defuere tamen, qui Innocentianæ Constitutioni oblocuti sunt, quasi nomen Mariæ æquaret nomini Jesus, illique decerneret latriæ cultum, qui solus (Dei) nominibus præstari posse videtur, solique Deo debitus est, creaturis, earumque nominibus penitus incommunicabilis, cum *nullum aliud nomen,* quam ;Jesus, *sit sub cœlo datum hominibus, in quo oporteat nos salvos fieri.* (*Act.* IV, 12.). Verum has oblocutiones dissiparunt statim responsiones validæ, per quas invicte demonstratum exstitit, rationes omnes illas, quæ sanctorum invocationem et cultum licitum, nobisque faciunt proficuum, etiam venerabile efficere Mariæ nomen, non quidem vi Divinitatis aut operatæ redemptionis, cujusmodi venerabile est nomen Jesus, et nullam creaturæ esse potest, sed vi validioris intercessionis præ cæteris sanctis, vi cujus præ istis et institui decuit speciale festum in honorem ejusdem sanctissimi nominis. Hac de re agunt egregie Battaglini, t. IV Annal. ad an. 1684, et Baillet, ad diem 3 Sept.›

4. Ne vero sæculares in operibus conditioni illorum convenientibus occupati affini pietatis obsequio privarentur, a viris piis brevissimum Officium compositum est, quod pariter *Officium SS. Nominis Mariæ* appellatum est, cujus Matutinum hic tantum exhibeo, quod hujusmodi est : *Ave, Maria, gratia plena ; Dominus tecum. Domine, labia mea aperies. Et os meum annuntiabit laudem tuam. Deus, in adjutorium meum intende. Domine, ad ad juvandum me festina. Gloria Patri et Filio,* etc

HYMNUS :

> *Maria, lux purissima,*
> *Repelle mentis nubila,*
> *Possimus ut in patria*
> *Solem videre gloriæ.*
> *Gloria tibi, Domine,*
> *Qui natus es de Virgine,*
> *Cum Patre, et sancto Spiritu*
> *In sempiterna sæcula. Amen.*

(72) *Vindic. devot.* part. II, cap. 10, num. 23.
(73) In authentica sacræ Rituum congreg. decre-

ta, part. II, cap. 25, decret. 3, cap. 199 (in Ordine 199), pag. 297, edit. Brix. 1745.

ANT. *Labia mea laudabunt te in matutinis, o Maria, quia dulce est Nomen tuum super mel ori meo.* — ℣. *Magnificate Mariam Virginem mecum.* ℟. *Et exaltemus Nomen ejus in idipsum.* — ORATIO. *Deus, qui gloriosam Matrem tuam, nominari Mariam voluisti, concede, quæsumus, ut qui dulce Mariæ Nomen implorant, perpetuum sentiant tuæ benedictionis effectum. Qui vivis,* etc. Quod breve Officium aliis in locis editum puto; sed certe editum est Bononiæ in typographia Lælii a Vulpe an. 1751.

QUÆSTIUNCULA III. — *Recitatio quinque Angelicarum Salutationum, aut quinque Psalmorum Latinitate donatorum, quorum exordium respondet quinque litteris efformantibus nomen Mariæ.*

1. F. Bartholomæus Tridentinus miracula quædam describens, quæ in codice meo adjuncta sunt libro, quem inscripsit: *Vitæ et actus sanctorum per anni circulum,* cap. 198, meminit militis, qui « ad honorem quinque litterarum nominis semper nominandæ Virginis Mariæ quinquies *Ave, Maria* dicebat. » Alibi vero hæc tradit (cap. 213): « Quod nostræ Dominæ placeat, ut nominis ejus memoria habeatur pro nostra salute, ex multis potest perpendi. Sed et ex hoc quod legitur: ipsam quosdam Psalmos initia sui nominis continentes cuidam sibi devoto obtulisse: quos fratrem Jordanem sanctæ memoriæ secundum magistrum ordinis Prædicatorum novi frequentasse: et ego de consilio fratris Joannis episcopi nunc, tunc magistri ordinis Prædicatorum antiphonas, versus, collectas litteris Psalmorum similes addidi: et sunt aliqui (74) usque nunc frequentant. Hi sunt Psalmi: *Magnificat.* — *Ad te, Domine, levavi.* — *Retribue.* — *In te, Domine, speravi* (II). — *Ad te levavi oculos meos.* » Id porro ad imitationem similis pii obsequii ad honorandum nomen Jesu institutum, ex subsequentibus ejusdem fratris Bartholomæi verbis constat: « Sic et de nomine Jesu, in quo nos oportet salvari: *Inclina.* — *Exsultabo* (II). — *Salvum me fac, Deus.* — *Voce mea* (II). — *Sæpe expugnaverunt.* »

2. Hoc pietatis Officium erga Virginem nostris temporibus præstant ii, qui primum recitant Canticum Virginis, quod a priori illius voce *Magnificat* appellare consuevimus, tum eidem cantico adjiciunt quatuor Psalmos, qui Latinitate donati initium sumunt a reliquis quatuor litteris, quibus Mariæ nomen constat; id est A. R. I. A.: sunt vero Psalmus CXIX: *Ad Dominum cum tribularer;* portio Psal. CXVIII, id est, ea quæ exorditur a verbo *Retribue;* Psal. CXXV, *In convertendo Dominus captivitatem Sion.* Denique Psal. CXXII, *Ad te levavi oculos meos.* Et quod ad Canticum attinet, indubitatum est in Mariæ honorem illud aptissime recitari; continet enim Mariæ laudes ab ea ipsa, licet humillime, indicatas, et in eo aptissime aguntur

(74) Deest *qui.*
(75) Eos edidit veluti Appendicem libri quem inscripsit: *Del modo di contemplar Dio in Venezia*

Deo gratiæ, quod carnem sumere ad nos redimendos voluerit, atque ut id exsequeretur, Mariam elegerit; ideo vero quatuor, quos diximus, adduntur Psalmi, quia hi non modo aliquam in nostris mentibus excitant memoriam nominis Mariæ, verum etiam, quia antiquæ Synagogæ Christum exposcentis voces [nonnullorum opinione] exhibet prior Psalmus, id est: *Ad Dominum cum tribularer, clamavi,* qui certe in tribulatione positi preces continet; et procul dubio ab his quatuor Psalmis excitamur ad Deum deprecandum, illique gratias, quas possumus, agimus, quod nos carne ex Virgine sumpta e dæmonis captivitate eripuerit et divinæ hæreditatis participes effecerit: atque eam hæreditatem ut merito commendemus, eamque, ut consequamur, a terrenis ad cœlestia oculos, mentemque, ac voces nostras extollimus. Annon enim valde consentanea ad gratias propter tam eximium beneficium Deo agendas sunt verba illa: *In convertendo Dominus captivitatem Sion, facti sumus sicut consolati. Tunc repletum est gaudium os nostrum, et lingua nostra exsultatione,* et reliqua, quæ subsequuntur in eo psalmo? Promissam vero cœlestem hæreditatem commendant, atque, ut terrenis despectis ad eam convertamur, efficiunt verba psalmi postremo loco memorati: *Ad te levavi oculos meos, qui habitas in cœlis. Ecce sicut oculi servorum in manibus dominorum suorum; sicut oculi ancillæ in manibus dominæ suæ: ita oculi nostri ad Dominum Deum nostrum, donec misereatur nostri,* et reliqua, quæ his subjiciuntur.

3. Utrumque porro obsequium decimo quinto sæculo fuisse apud probos viros in usu, ex iis, quæ habet codex nostræ bibliothecæ Sancti Salvatoris eo, quod dixi, xv sæculo conscriptus assequimur: in eo enim inducitur archiepiscopus Cantuariensis monachos S. Bertini ad hoc pietatis Officium frequentandum exhortans, « indicans eis, quod cum esset Benevento, audivit a quodam viro religioso, qui de Patribus Hierosolymitanis erat, quod in terra multi consueverant frequentare quinque Psalmos incipientes a singulis litteris Nominis B. Mariæ, in honore et memoria ipsius: scilicet *Magnificat; Ad Dominum cum tribularer; Retribue; In convertendo; Ad te levavi oculos,* etc. In singulis *Ave, Maria* præmittendo. »

4. Paulus Veronensis Congregationis Lateranensis canonicus in Mariæ laudem nonnullos composuit (75) cantico *Magnificat,* et *Psalmis* Davidicis similes Psalmos, qui a litteris iidem exordium ducerent. Sed neminem, ut equidem arbitror, habuit suffragatorem.

5. Nostris temporibus ii, qui Psalmos, quos dixi, in honorem nominis *Mariæ* recitant, ut aliud pietatis additamentum huic erga Virginem obsequio accederet, preces alias, velut coronidem,

per Zuanantonio, e fradelli da Sabbio 1521 *del mese di Lujo.*

addidere, quæ ad hunc modum se habent : *Psalmum dicite nomini ejus.* (*Psal.* LXVII, 5.) — *Sub tuum præsidium confugimus, sancta Dei Genitrix, nostras deprecationes ne despicias in necessitatibus nostris, sed a periculis cunctis libera nos semper, Virgo gloriosa et benedicta. Ave, Maria,* etc. — ANTIPH. *Mariæ nomen cunctas illustrat Ecclesias, cui fecit magna qui potens est, et sanctum nomen ejus.* — CANT. B. M. *Magnificat,* etc. *Ave,* etc. *Gloria Patri,* etc. - ANT. *A solis ortu usque ad occasum laudabile nomen Domini, et Mariæ Matris ejus.* PSAL. *Ad Dominum,* etc. — ANT. *Refugium est in tribulationibus Mariæ nomen omnibus illud invocantibus.* — PSAL. *Retribue servo,* etc. *Ave,* etc. — ANT. *In universa terra admirabile est nomen tuum, Maria.* — PSAL. *In convertendo,* etc. *Ave,* etc. — ANT. *Annuntiaverunt cœli nomen Mariæ, et viderunt omnes populi gloriam ejus.* — PSAL. *Ad te levavi,* etc. — ANT. *Refugium est in tribulationibus Mariæ nomen omnibus illud invocantibus.* ℣. *Sit nomen Virginis Mariæ benedictum.* ℟. *Ex hoc nunc, et usque in sæculum.* — OREMUS. *Deus, qui beatissimam Mariam Matrem tuam glorioso ac dulcissimo Nomine Mariæ appellari voluisti, concede propitius, ut cujus Nomen veneramur in terris, ipsius patrocinium sentiamus in cœlis. Per Christum,* etc. ℟. *Amen.*

6. Licet porro hoc, quod dicimus, erga Virginem obsequium usitatius eo sit, in quo quinquies Salutationem angelicam in honorem quinque litterarum nomen *Maria* componentium recitamus, hoc tamen ipsum minime neglectum est, et, ut monumenta vetustiora prætermittam, descriptum est illud, et nonnullis precibus auctum in eo libello, qui Bononiæ typis Lælii a Vulpe an. 1751 editus de est : cujus specimen in paginæ calcem rejicio (76). Et proposito in hac quæstiuncula argumento hactenus

QUÆSTIUNCULA IV. — *Genu flexio, aut saltem capitis inclinatio audito Mariæ nomine.*

1. Genu flexionem et capitis inclinationem inter obsequii honorisque argumenta enumerandas esse, nemo est qui vertat in dubium. Ut honoraretur ab Ægyptiis Joseph, præcepit Pharao, ut omnes genua flecterent coram illo (77) ; ut honoraretur Aman, jubente rege Assuero, omnes illi flectebant genua. (*Esther* III, 1-5.) Capitis porro inclinationem esse argumentum honoris docemur Gen. XXVII, 29 ; XXXIII, 6 ; XLIII, 28 ; Exod. XII, 27.

2. Obsequium hoc Virgini sanctissimæ ab ipsis Ecclesiæ exordiis fuisse a fidelibus delatum nonnulli viri pii asseverant, id referentes, quod in *Historia trium Magorum* a Crombachio conscripta legitur : scilicet Melchiorem unum ex tribus Ma-

gis qui Christum Dominum in cunabulis adoraverunt, cum reversus fuisset ad suos, « ædem exstruxisse, quam Mariæ nomine consecravit ; in qua etiam sanctissimæ Virginis imago, cum Filio in ulnis, collocata fuit : sanxisseque ut quoties æditui nomen hoc inclamarent, toties omnes qui adessent, in terram se prosternerent ; » quin et unum ex primariis comitibus ejus Calecuti fundatorem, « sacellum struxisse sanctissimæ Virgini, et exemplum patroni secutum, statuisse, ut ad Mariæ nomen omnes se in terram prosternerent. »

Sed probationem hanc viri critici respuunt, et, ut de reliquis sileam, refero quod acutissimus Papebrochius hac de re docet (78) : « Idem dixerim de nomenclatura templorum Cranganore et Calecuti ante omnem hominum memoriam erectorum, et de ætate ac veneratione collocatarum in eis statuarum Marianarum. Longe scilicet posteriora esse omnia ætate sancti Thomæ apostoli ; cœpisse autem per apostolicos missionarios, ex Syria, ad restaurandam apud Indos religionem collapsam, subinde missos ; quales per ipsosmet Indos non semel in Sinas usque transiisse, ac nominatim anno 636 et 745, testatur lapis, ibidem Sinicis et Syriacis characteribus exaratus ac positus anno 782, atque repertus an. 1624, qui lapis, qua Sinicus erat, ab omnibus gentis litteratis intellectus ; qua Syriacus, explicatus fuit a Patribus nostris, ad summam admirationem nationis totius, et novorum Christianorum solatium ; de quo obiter, ex Kircheri nostri China egi tomo VII Maii, p. 698. »

3. Itaque hoc argumento seposito ad alia convertimur. Sane obsequium, quod dicimus, nomini Mariæ fuisse a fidelibus delatum, indubitata, monumenta nobilia testantur : sed ego in paucis consistam. Hildebertus, Turonensis archiepiscopus, quem ad XI et XII sæculum referunt, hæc in fine sermonis 1 *De Assumptione* habet (col. 528) : « Nec frustra consuevit Ecclesia intercessionem beatæ Virginis affectuosius cæteris implorare, ita quod audito ejus nomine genua terræ affigat, imo pro nominis reverentia, quasi mare confragosum, sonant vota populorum. » Eadem prorsus monita occurrunt in sermone *De Assumptione B. Mariæ Virginis,* qui ab aliquibus Petro Blesensi, ab aliis Petro Comestori, *Historiæ ecclesiasticæ* scriptori, tribuitur, exstatque pag. 1430 tom. XXIV *Biblioth. Max. Patr.*

4. In eamdem sententiam Raymundus Jordanis can. reg. et præpositus, qui diu sub *Idiotæ* nomine latuit, merito adducitur ; sic enim Virginem sanctissimam alloquitur (79) : « Dedit enim tibi Vir-

---

(76) *Ossequio al nome santissimo di Maria di cinque lodi, e ad ogni lode altrettante angeliche Salutazioni. Per ogni* AVE, MARIA : *Magnificato e lodato sempre sia il Nome SS. di Maria. Consule* libellum ipsum.

(77) *Fecitque (Pharao) eum (Josephum) ascendere* super currum suum secundum, clamante præcone, ut omnes coram eo genu flecterent, et præpositum esse scirent universæ terræ Ægypti. (GEN. XLI, 43.)

(78) Respons. ad exhibition. errorum P. Sabastiani a S. Paulo, § 10 et 12 n. 177, pag. 495.

(79) *Contempl. de Virg. Mar.* cap. 5.

gini Mariæ tota supersancta Trinitas nomen, quod
post nomen superbenedicti Filii tui est super
omne nomen, ut in nomine tuo omne genu flectatur [uti manifeste patet] cœlestium, terrestrium et infernorum, » etc.

5. Id exsecuti sunt procul dubio canonici regulares monasterii Nicosiensis, quorum Constitutiones
(quod alibi monui) sæculo xiii conscriptas nostra servat bibliotheca. En quid cap. 5 part. i
[quod caput inscribitur *De genu flexionibus et
inclinationibus*] occurrit : « Genua flectimus... ad
Matutinas Invitatorium *Ave, Maria*... cum ad Mis·
sam incipitur offerenda *Ave, Maria*. » Capite
porro 2 proxime superiori hæc exstant : « Similiter genu flectimus, quando in litania Paschæ
et Pentecostes pronuntiatur, *Sancta Trinitas*;
nec surgimus donec dictum sit : *Sancta Maria,
ora pro nobis*. » Nomen itaque *Mariæ*, quam
post sanctissimam Trinitatem ex more invocabant, genibus flexis pronuntiabatur : « Nec surgimus, donec dictum sit : *Sancta Maria, ora pro nobis*. »

6. Affine superiori est obsequium, quod Virginis nomini adhibemus, dum illo audito caput
inclinamus. Hujus moris monumenta recêntia
multa non affero, quoniam compertissima cuique
sunt, et in rubricis ipsis Missalis hæc exstant (80):
« Cum in oratione nominatur nomen Virginis beatæ Mariæ... caput inclinat (sacerdos). » Sed me
continere non possum, quin vetustum scriptorem hujusce moris vadem, hortatorem et vindicem proferam. Is est Albertus Magnus, sive ut
aliis placet, Richardus a S. Laurentio, auctor libri, qui *De laudibus B. Mariæ Virginis* inscribitur. Etenim cap. 4, lib. ii, hæc tradit : « Viso de
servitiis, quæ debemus ex corde, videndum est
de illis, quæ debemus ei ex membris et sensibus. Debemus enim ei de capite, et vultu adorationem, demissionem, et inclinationem. Unde
Isa. in fine (lxvi, 23), videtur ipsa dicere cum
Filio : *Veniet omnis caro, ut adoret coram facie
mea*. Videtur etiam de illa dicere Filio servus
ejus, Psal. v, 8 : *Adorabo ad templum sanctum
tuum*. Item Isa. xlix, 23, videtur ei Filius promittere : *Vultu in terram demisso adorabunt te*.
Si quidem ex quo ad eam inclinati sunt cœli,
et Rex cœlestis ad eam descendit humiliatus,
quod innuebat angelus dicens :· *Dominus tecum*,
bene debemus nos miseri visa ejus imagine, vel
audito nomine inclinari ad eam : ipsam enim
adorantes, Filium ejus adoramus in ipsa, et cum
ipsa. Unde Psal. xcviii, 9 : *Adorate Dominum in
aula sancta ejus*. Aula Domini, imo regale palatium, beata Virgo, etc. »

QUÆSTIUNCULA V. — *Qualitas, et ratio cultus delati
nomini* MARIA : *an scilicet illud colimus, propterea quod aliqua præstantia in eo nomine inhæreat, quod aliqui locutione hac explicant.* EX OPERE

OPERATO ; *an tantummodo, quia Virginem Mariam eo nomine denotatam exprimit.*

1. Hæc tradit Novatus (81) : « Dico secundo,
pium quibusdam videri posse, ex divina institutione nomen Mariæ devote prolatum non solum
ex opere operantis, sed etiam ex opere operato
valere in iis, quæ nostram vel aliorum salutem
concernunt, sicut valent aliqua alia sacramenta-
lia. Ducor auctoritate Patrum, qui virtutem aliquam in talis nominis prolatione, ultra opus
operantis, agnoscere satis expresse videntur. Methodius in oratione in Hypapantem : *Tuum, Dei
Genitrix, nomen divinis benedictionibus et gratiis
omni ex parte refertum*. Ponderandum ly : *Omni
ex parte refertum benedictionibus et gratiis*; hæc
enim verba indicant aliquam virtutem divinitus
concessam tali nomini. Petr. Chrysologus serm.156,
appellat hoc nomen Mariæ, *Dei sacrificium:* hoc
autem innuit, in aliquo convenire cum sacrificio
Dei, quod valet ex opere operato. Chrysost. hom.
8, *in Epist. ad Rom. cap.* iv : *Sunt nobis incantationes spirituales, ipsum nomen Mariæ: hujusmodi incantatio non solum draconem a speluncis
abigit, atque ita in ignem conjicit, sed et vulneribus quoque medetur. Hoc igitur ornemur ipsi, hoc
tanquam muro nos muniamus.* D. Bonaventura *in
Cant.* post Psalterium : *Domina nostra omnipotens ; post Dominum nomen ejus.* Idiota in lib.
Contemplat. Mariæ, cap. 5 : *Dedit tibi Trinitas nomen, ut in nomine tuo, post nomen Filii tui, omne
genu flectatur cœlestium, terrestrium, et infernorum.
Hoc nomen super omnia sanctorum nomina reficit
lassos, sanat languidos, illuminat cæcos, penetrat
duros, ungit agonistas, jugum diaboli excutit; tantæ
virtutis est et excellentiæ, ut ad invocationem ipsius
cœlum rideat, terra lætetur, angeli congaudeant, dæmones contremiscant, et infernus conturbetur: tanta
est virtus tui sanctissimi nominis, o semper benedicta
Maria, quod mirabiliter emollit et penetrat duritiem
cordis humani.* Nota, *ungit agonistas*, id est in
agone pugnantes. Sicut enim athletæ ungebantur
oleo, ne dum luctabantur ab adversariorum manibus detinerentur, ita qui devote Mariam invocant tempore tentationis et in mortis agone, divinæ gratiæ perfusione unguntur, ut ex infernorum hostium manibus se facillime subtrahere possint. Unde rursus sanctus Bonaventura in Psalterio : *Gloriosum, et admirabile nomen tuum : qui
illud retinent, non expavescent iu puncto mortis.*
Nota etiam ad rem nostram : *Tantæ virtutis et
excellentiæ*, etc. Nota insuper, quod habet virtutem emolliendi et penetrandi duritiem cordis
humani: hæc enim virtus videtur aliquid distinctum ab opere operantis. Probatur ratione : cum
enim hoc nomen Mariæ a sanctissima Trinitate
Virgini tributum sit, ut supra vidimus, credibile
etiam videtur, cum tali privilegio concessum ili

esse, ut ex opere operato valeat. Confirmatur, quia hoc in honórem Virginis redundat, et divinam liberalitatem commendat.» Affinia docet piissimus Sedlmayr (82). !

2. Sic porro quæstionem hanc dissolvendam reor. Citra dubium esse, vocem hanc *Maria*, ex se, et, ut cum scholasticis loquar, *materialiter*, *per se*, *et ex extrinsecis suis*, non habere vim ullam ad refellendos dæmones, et ad ea conferenda beneficia, quæ ex illius invocatione aut prolatione obtinemus ; nomen enim hoc per se indifferens est, et eo utuntur frequenter nostris etiam temporibus Hebrææ mulieres, quas si quis nominet, aut in subsidium advocet, neque inferi contremiscunt, neque ulla beneficia ex ea invocatione, aut appellatione, et prece assequetur.

3. Superest ergo, ut quæstionem contrahamus ad nomen hoc, quatenus Deiparam denotat, ideoque Reginam nostram, et inter creaturas præstantissimam. Dico vero, nomen hoc tremendum esse dæmonibus, non quidem per se, sed quatenus illam dæmonibus memorat, quibus dignitate sua terribilis facta est. Dico etiam nobis esse beneficum ; neque id quidem per se, sed quatenus per illius nominis mentionem invocationemque, ideoque precem Virgini sanctissimæ delatam eadem Virgo exorata movetur ad nobis opitulandum. Atque id tantummodo mihi videtur

(82) *Theol. Mariana*, part. ɪ, quæst. 12, art. 5, num. 804.

tradere scriptores illi, quos Novatus, aliique Novati asseclæ adducunt, quanquam inter eos Patres, quos ille allegat, Methodius longe abest a dignitate veteris Methodii. Locus autem Chrysostomi ab ipso adductus, multum distat ab eo, quem in Chrysostomi homilia ab ipso citata [octava scilicet *in Epistolam ad Romanos*] inveni : scilicet num. 6, ejusdem homiliæ in editione Montfauconii elaboratissima, locus ille sic se habet : « Sunt enim nobis, sunt, inquam, incantationes spirituales, nomen Domini nostri Jesu Christi, crucis potentia. Hæc incantatio non modo draconem a cubiculo ejicit, et in ignem conjicit, sed etiam vulneribus medetur. » An quidpiam in his verbis, quod Mariæ nomen commendet, aut Novati sententiæ faveat ?

4. Quod ex Chrysologo adducit, in eo quem allegat, sermone, id est 156, minime inveni. Quanquam si invenissem, causam de qua agimus non adjuvaret ; potest enim simile esse nomen *Mariæ* sacramento in alio quopiam, non in eo quod, sicut sacramenta, operetur in nobis *ex opere operato*.

5. Bonaventuræ demendum est *Psalterium Virginis*, tribuendumque auctori multum a Bonaventuræ doctrina remoto. Consule monita præposita editioni postremæ Operum Bonaventuræ Venetiis elaboratæ, an. 1751.

SECTIO SECUNDA.

CULTUS MARIANUS.

—

I. ANNUS MARIANUS

SIVE

CORONA ANNI MARIANI

EX SS. PATRUM SENTENTIIS, REGINÆ COELI PRÆCONIA SPIRANTIBUS, CONTEXTA,

AUCTORE

R. P. F. JOANNE THOMA A SANCTO CYRILLO,

CARMELITA DISCALCEATO.

—

CANTICUM DIVI BONAVENTURÆ

INSTAR CANTICI MOYSIS (*Deut.* XXXII).

Audite, Cœli, quæ loquar de MARIA : audiat terra verba oris mei.

Magnificate ipsam mecum semper ; et exaltemus nomen ejus in sæculum sæculi.

Generatio prava atque perversa, agnosce Dominam nostram Salvatricem tuam.

Nunquid non ipsa est Mater tua, quæ possedit te, et in fide generavit te?

Si hanc dimittis, non es amicus summi Cæsaris : quoniam ipse sine ea non salvabit te.

Utinam saperes et intelligeres, ac novissima provideres!

Quemadmodum infans sine nutrice non potest vivere , ita nec sine Domina nostra potes habere salutem.

Sitiat ergo anima tua ad ipsam; tene eam, nec dimitte, donec benedixerit tibi.

Repleatur os tuum laude sua : decanta tota die magnificentiam ejus. Gloria Patri , etc.

Augustissimæ cœlorum Reginæ, eminentissimæ mundi Dominæ, clementissimæ mortalium Patronæ, optimæ, maximæ, illibatæ, immaculatæ Virgini, piissimæ, dulcissimæ, sanctissimæ Dei Genitrici Mariæ, ad sacratissimorum pedum oscula procumbens, hanc Coronam honoris, amoris, servitutis, pietatis, devotionis, minutam tesseram religioso hyperduliæ affectu venerabundus offero, dico, consecro, ex merito, ex debito, professione cliens, voto mancipium,

Fr. Joan. Thom. A S. C.

—

SACRATISSIMA VIRGO,

Sacro tibi Librum, ut liber a peccatorum vinculis per te fiam, o Maria! dignare me in servum tuum acceptare, in filium adoptare; assumere in tui amatorem castissimum, in cultorem devotissimum. Sim unus ex tuis electis et dilectis, quos pectori tuo Virgineo inscriptos familiarissime tibi signasti; me illis adnumera, qui ab infelici æternitate se per te servatos æternum gloriantur, ut cum illis et omnibus tibi devotis te amem, te laudem in sæcula sæculorum. Amen. Sic credo, sic spero, sic in te confido, o clemens, o pia, o dulcis Virgo Maria!

PRÆMONITIO AD LECTOREM.

Candide Lector, est, quod te hujus Libri vestibulo præmoneam, priusquam ulteriori ejusdem ac seriæ lectioni te committas. Cum pleraque sanctorum Patrum scripta, ex novissimis editionibus recensita, cum veteribus exemplaribus discrepare videantur; dum juxta varias editiones quantum ad modum varient, ut quæ alias tomo primo continebantur, modo inverso ordine in tomum alterum transmigrarint, ac præterea libri etiam penes veterem editionem, cum per capita distincti forent, nunc aliis titulis prænotantur : sic, verbi gratia, *Speculum B. V.* apud D. Bonaventuram, antiqua exemplaria per capita distinguebant, novissima vero per lectiones distinguunt, pariformiter Alberti Magni *Mariale*, sive *Tractatus* super *Missus est*, olim capitibus, jam autem quæstionibus discernitur ; item, ut plura sileam, S. Bernardini Senensis de beatissima Virgine *Sermones*, in antiquis exemplaribus per diversos tomos sparsi, novissima vero editione Lugdunensi collecti, et in tomum quartum rejecti, titulis quoque solemnitati consonantibus, quibus olim caruerant, prænotati sunt : quamobrem ut omnem sinistræ suspicionis notam, super sinceram SS. Patrum in hoc opere relationem, evaderem, scire te volui ac præmonere, me ubique novissimis editionibus inhæsisse ; atque ita juxta earumdem seriem ac contextum citationes sententiarum adaptasse.

PROLOQUIUM PARÆNETICUM

AD LECTOREM MARIOPHILUM

DE CULTU REGINÆ COELI, ET USU CORONÆ ANNI MARIANI.

—

Siquidem mundus nonnisi carcer et exsilium, cœlum vero patria nostra et felix futura mansio, cives namque, ut innuit Apostolus (*Hebr.* xii, 22), decreti sumus cœlestis Jerusalem : at inde nostra culpa excidimus infelices, hinc in hac longinqua mundi regione exsulare cogimur, et in hac Babylone misera captivi detinemur : et eheu ! quod acerbius, unde facile excidimus, nonnisi ægre admodum et improbo cum labore pedem referre possumus. Frustra ergo hic vitam terimus, et stolide multos vitæ annos computamus, nisi pro cœlo strenue desudamus ; fallimur, ah ! et toto (ut aiunt) erramus cœlo, si non æternitati, cui nati, sollicite providemus. Sensim enim furtimque nobis etiam invitis vita diffluit, et nos non aliter, quam velut aquæ, quæ non revertuntur, dilabimur ; et simul nobiscum omnis rei nostræ ultra bene gerendæ elabitur occasio. Nunc igitur serio calcanda virtutis semita, et usque dum spirat vita, viriliter tenenda : nunc nunc, dum cœlitus adhuc spirant favonii, divinæ gratiæ avide captanda aura : nunc, quibus felix æternitas secure redeat, sunt inquirenda media. Felix quisquis ita sapit, ut, dum licet, sibi mature consulat, et dum tempus favet, æternitatis mansioni provide disponat : felix qui modo, dum favent Superi, Superis studet lucrandis amicis, quorum gratia et potentia avitæ, cui excidit infelix, felicitati postliminio restitui possit.

At, quærant et inquirant alii, quidquid saluti eorum magis congruit et expedit ; eligant et seligant quidquid devotioni plus sapit ac proficit ; de salutis mediis atque præsidiis sibi prospiciant ; studeant quibuslibet patronis lucrandis, et amicis cœlitibus conciliandis ; trahat sua quemque devota voluptas : mihi autem post Jesum Salvatorem meum omni jure prior et melior pars eligenda venit, ipsa Mater gratiarum, Mater salutis, piissima scilicet Deipara Virgo Maria. Ad hanc velut mysticum Altissimi propitiatorium sub gravi peccatorum mole altum ingemiscens medullitus respiro : ejus mihi patrocinium fiducialiter usurpo : dominium illius super me in testimonium quæro ; devotionem appeto : ac tandem unicum post Deum salutis meæ portum et asylum, clementissimam, inquam, Patronam et Advocatam apud districtum olim futurum Judicem, reus desolabundus constituo. Quidni ? « Hæc enim, uti mellifluus animat Bernardus (1), peccatorum scala, hæc mea maxima fiducia est, hæc tota ratio spei meæ. » Hoc ipsum ut mecum mature sentias ac sapias, amice lector quisquis es, amice te invito ; scilicet totus quantus Marianus esse velis, Mariam medullitus amare, Mariam jugiter versare ore, fovere corde, et qui in album Mariæ unice devotorum referaris, omni cura dignus esse adnitaris. Hic namque communis Sanctorum Patrum sensus, hic omnium pie viventium salutaris usus, serius nisus et trita praxis, Mariam fovere amicam, Mariæ ambire gratiam, captare benevolentiam, sollicitare clientelam et tutelam. Nec enim securior aut compendiosior ad patriam, unde excidimus infelices, remeandi via, quam per Mariam :

hoc ipsum tibi dulciter accinente suavissimo illo et vere regio Mariæ psalte (2) : « Per Mariam habes viam, quæ ducit ad patriam. » Quod si veritatis hujus altius humano requiris testimonium : ecce tibi Catharina Senensis divini oraculi integerrima internuntia, hæc ex ore Patris æterni se accepisse refert (3) : « Mariæ unigeniti Filii mei Genitrici gloriosæ concessum est a bonitate mea propter incarnati Verbi reverentiam, quod quicunque justus vel peccator, qui recurrit ad eam cum devota reverentia, nullo modo diripietur vel devorabitur ab infernali dæmone ; nam ipsa est a me electa, parata et posita velut esca dulcissima, ad capiendum homines ac potissimum peccatores. » Hoc oraculo etsi incomparabiliter minor, nulli alteri tamen facile inferior testis accedit divus Anselmus, affirmans (4), « Nihil utilius post Deum memoria Matris ejus. »

Enimvero, lector amice, si forte devotionis hujus necessitas et utilitatis ratio non moveat, voluptas saltem et suavitas, animorum et affectuum illex, trahat et alliciat. Nihil enim jucundius, nec dulcius, nec salubrius, nec quidquam felicius esse, quam de B. Virgine loqui, de Maria Virgine cogitare, ingenue affirmat (5) Basilius Seleucius. Quod quam verissimum esse innumerus pene Mariophilorum numerus dulcedinis hujus felicissima experientia captus et inescatus, testari gaudet ac gestit. Quam enim dulcis Mariæ amor, quam sapida ejus devotio, quam delicatus ac deliciosus gustus jugis ejus recordatio, Bernardus, qui vel ex ipso degustatæ hujus dulcedinis excessu *Melliflui* nomen meruit, clarissimus testis exclamat (6) : « O dulcis Maria, cujus sola memoria affectum dulcorat, cujus magnitudinis meditatio mentem elevat, cujus pulchritudo oculum interiorem exhilarat, cujus amœnitatis immensitas cor meditantis inebriat (7) ! Tu nec nominari potes, quin accendas, nec cogitari, quin recrees affectus diligentium te. Tu nunquam sine dulcedine divinitus tibi insita piæ memoriæ portas ingrederis. » Hinc illi admirandi et pene incredibiles quorumdam devotionis affectus et amoris impetus, mirabiles praxes et instinctus : quorum alter dulcissimum Mariæ nomen, ut jam ante cordi alte impressum eo firmius ac tenacius hæreret (o generosum amantis facinus!) cruenta etiam scapelli cuspide pectori incidere non abhorruit : alter, ad venerandi hujus nominis pronuntiationem corde capiteque reverenter inclinato. Salutationem angelicam cum intimo devotionis gustu decurrebat : alius, ad auditum suavissimum Mariæ nomen in pia suspiria, in gemitus et dulces lacrymas præ devotionis teneritudine totus solvebatur, ac in humillimæ reverentiæ et affectus signum sic prostratus, quam creberrima oscula terræ re-

---

(1) *Serm. de Nat. B. V.*
(2) S. Casimirus in hymno : *Omni die.*
(3) Apud Blosium in *Monili spir.* c. 1.
(4) *De excell. B. V.* cap. 6.

(5) S. Basil. Seleuc. relatus apud Carthag. lib. *de arc. B. V*, homil. 10.
(6) In *Medit.* super *Salve, Regina.*
(7) In *Deprecat. ad B. V.*

plicabat. Taceo sexcentos alios affectus et effectus, heroicos ausus et impetus, quibus passim superioribus sæculis Mariana devotio efferbuisse perhibetur. Sed quid multis? Te ipsum, Mariophile, testem advoco et compello, si vere Marianus es, si non inani aut vacuo Mariani clientis titulo gloriaris; edissere, fatere candide et vel sic da Mariæ gloriam: an non toties specialis percellit consolatio, quoties mentem Mariæ pia subit recordatio? nec de ea devote meditaris, quin reciproco charitatis jaculo suaviter feriaris, ut possis revera expertus, quod Propheta regius, edicere (*Psal.* xxxviii, 4) : *Concaluit cor meum intra me: et in meditatione mea exardescet ignis.* Nunquid etiam quoties hoc nomen ter sanctum et delectabile vel ipse ore proferas, aut aliunde prolatum auribus excipias, toties præcordiis tuis melleam quamdam dulcedinem instillari persentiscis ? Utique cum Bernardo promptissime fateberis (8) « Mariam nec nominari posse, quin accendat, nec cogitari, quin recreet affectus diligentium se : ut quæ nunquam sine dulcedine divinitus sibi insita piæ memoriæ portas ingreditur : — Spiritus enim ejus super mel dulcis, ait B. Damianus (9), in quam dulcis Dominus cum omni sua dulcedine supervenit : — dulcis plane est et dicitur, addit Richardus a S. Laur.(10), quia specialis apothaca ipsius Spiritus sancti exstitit, qui dulcedo Patris et Filii proprie nominatur. — Vere Maria dulcedo est, instat Bernardus (11), quæ amaritudinem peccati expellit impetrando gratiam, quæ nobis gratiæ dulcedinem acquirit ; quæ ad suavitatem patriæ cœlestis contemplantes introducit. » Quæ etiam misericordiæ suæ dulcedine miseros relevat, et Filio suo reconciliat peccatores. Hinc Ecclesia juxta pium institutum suum, inter vitæ hujus amarulenta fastidia ex hoc mundi exsilio, velut amarissimo absinthii deserto, quotidie suspirabunda ad illam exclamat : O clemens, o pia, o dulcis Virgo Maria ! « Clemens scilicet (juxta mellei abbatis stylum) consolando, pia blandiendo, dulcis osculando : clemens est subjectis, pia jam 'correctis, dulcis prædilectis. » Nihil siquidem austerum in Maria, nihil terribile, tota suavis est, omnibus offerens lac et lanam. « Ipsa etiam est illud mel (ut loquitur Richardus a S. Laur. [12]), quo gustato illuminantur oculi Jonathæ, id est justi,» clientis Mariani. Denique, ut ait August., dulcius dilectione nihil est, sed dilectioni Mariæ, nulla dilectio creaturæ comparabilis est. Ergo (infert Richardus) nihil Maria dulcius est. Quibus etiam tenerrimus Virginis amator D. Bonaventura festivus testis accedit, dum de ea ita cecinit (ex *Psal.* lxxv) : «Dulcis est memoria ejus super mel et favum, et amor ejus super omnia aromata. » Quidni ergo dulcis foret? in quam montes æterni-

tatis dulcedinem distillarunt, imo ipse, qui omnis dulcedinis fons et plenitudo descendit, et corporaliter novem mensibus inhabitavit ? Quidni dulcis foret, quæ est Mater pulchræ dilectionis, in qua omnis gratia ; utpote quidquid natura et naturæ Opifex gratiarum habuit, in eam confertim congessit et effudit ?

Quam vero benefica et profusa in electos et prædilectos suos clientes, quam suavis et comis, quamque aulica et urbana in servos sibi vere devotos ; ille nomine tenus Idiota, re tamen sapientissimus, favoris hujus et amoris Mariani minime ignarus scite et diserte his verbis expressit (13) : « Inventa Maria invenitur omne bonum. Ipsa namque diligit diligentes se, imo (ad quod serio adverte) sibi servientibus servit. Ipsa superbenedicto Filio suo irato potissime reconciliat servos et amatores suos. » Annon comis et suavis, quæ totius universitatis Domina, vilissimis terræ vermiculis, abjectis Adæ filiis servire non dedignatur ? Annon tibi aulica et urbana videtur illa majestatis heroina, quam quoties, etiamsi vel millies in die devote salutaveris, te tamen toties resalutandum secure noveris ? Hujus tibi fidem præstat Bernardinus Senensis, comitatis Marianæ haud dubie expertissimus testis, dum te ita monet, ita instruit(14) : «Disce, inquiens, ab angelo salutare Mariam, et considera mirificum lucrum, quia, cum homo devote salutat Virginem, resalutatur ab illa. Est enim urbanissima Regina gloriosa Virgo Maria, nec potest salutari sine salutatione miranda. Si mille Ave, Maria, dicis in die devote, millies a Virgine in die resalutaris. »

Imo vero, si ullibi, tritæ illius, Si vis amari, ama, parœmiæ veritatem, profecto vel in Maria secure experiri licet : nullus enim illam gratis amavit, nemo unquam gratis salutavit, quin obsequium et amor eidem impensus insigni et incomparabili cum fenore reciprocus mutuusque redierit. Adeo namque redamare nata facilis, adeo gratificare et benefacere prona et propensa, ut etiam maxima pro minimis, exilia devotionis studia, summis quibusvis favoribus ac beneficiis remunerare festinet : nec clientem deserat, donec tandem meritis plenum, et virtutibus absolutum, terminata feliciter miseræ hujus peregrinationis catastrophe, ad jucundissimam æternitatis festivitatem secure perducat. Felix, qui mentem suam sanctissimam memoriæ Marianæ promptuarium effecert, qui cor et viscera animæ suæ Mariæ ex integro mancipaverit, qui se totum quantum castissimum Virginis amasium consecraverit ! O quam charus ac pretiosus cliens ille, qui totus est Mariæ! Ah ! lector, quam fortunata sors inter hos censeri, quam his adnumerari felix et beatum ! Quocirca his excitatus, ut etiam horum e numero,

(8) In *Deprecat. ad B. V.*
(9) *Serm. de Annunt. B. V.*
(10) Lib. iv, *De laudib. B. V.*
(11) In *Meditat.* super *Salve, Regina.*

(12) Lib. iv, *De laud. B. V.*
(13) In Prologo *De contempl. B. V.*
(14) *Serm. de Annunt. B. V.*

felicissimæ sortis hujus, felicior consors esse merear, me totum quantum amori, cultui et obsequio Mariæ impendere et litare satagens, sanctorum Patrum de Maria Deipara cœlesti eloquentia prolata, et a Spiritu sancto eloquiis dulcissimis instillata dictataque præconia mihi selegi, et
in singulos anni dies ordine ruminanda disposui,
ut ruminata tanto dulcius afficerent, quanto magis
a sanctiori calamo procederent. Molliti namque
sunt sermones et oracula sanctorum super oleum,
et ipsa sunt jacula, ut simul delectent, vulnerent,
illuminent. Sane Spiritus sanctus dexteræ Dei digitus, sanctorum genium et calamum ita per omnia instruxit ac direxit, ut nonnisi digna de Digna
scriberent, et selecta de Electa eructarent.

Porro de hujus Coronæ usu hoc attinet monere,
ut simul hujus tantillæ lucubrationis scopum et
intentionem tibi, pie lector, explicem. Titulum imprimis *Corona anni Mariani* præfixi, nimirum ut
totus annus, menses omnes, dies singuli Mariæ laudibus decurrerent, et coronam gloriæ contexerent.
Ex sanctorum vero Patrum peramplis viridariis
Coronæ hujus floridus apparatus colligitur, quasi
omnes et singuli sancti *Augustam cœli* totius anni
decursu, quotidie novis laudibus, aliis et aliis sententiis, ceu quibusdam recentibus et selectissimis
flosculis certatim coronare et ornare festinent. Duodecim quoque mensibus totidem singularia respondent privilegia : et ad numerum dierum PP. selectiores sententias ceu flosculos (ut dixi) Augustæ
cœli laudes et præconia suave redolentes, ac ipsius tituli mensi præfixi emphasim fecundius exprimentes et illustrantes, adaptavi.

Hæc namque privilegia duodena sunt ceu duodecim sidera et velut orbis cœlestis lucidissimi adamantes, qui augustissimum illud Augustæ caput
ambiendo æmula splendoris concertatione mirifice
ornant, decorant et illustrant. Hæc sunt duodecim miracula, et admiranda divinæ potentiæ prodigia et ostenta, quæ unquam Deus opifex in
ulla pura creatura pro incomprehensibili sua sapientia concinnavit et expressit. Hæc privilegia
sunt velut uberrimi gratiarum et misericordiarum
rivuli, ex ipso limpidissimo divinæ bonitatis fonte
scaturientes, et ad nos per eamdem ubertim defluentes. Hoc nimirum privilegiorum augustissimum
diadema, quale in nulla vel Regum aut Cæsarum augusta cæsarie rutilare visum : verbo, tale est, quo
pretiosius et augustius nec natura, nec gratia
fingere, nedum efficere aut efformare potuit : cui
minime comparandum venit illud, quod fabulosæ
atque obcæcatæ gentilitatis præcipua numina emen-
titæ Pandoræ adornarunt.

Cæterum sententias omnino puras, quales ab ipso
sanctorum Patrum fonte calamo venerunt, produco:
etsi easdem nonnullis piis aspiriis et affectibus
condire excitabar, ab hac tamen pia simplicitate

mea (ne forte inter olores zingrire, aut inter suaves sanctarum philomelarum modulos crocitare
notarer), consulto abstinere malui. Tu interim, fa-
cunde lector, cui haud dubie vena genii facundior
et fecundior, et sinus piarum aspirationum et
affectuum amplior et latior, quod mihi non licuit,
animose supple, ut ubi lecta probeque ruminata
diei sententia tuus incaluerit affectus, etiam acua-
tur et genius : dilatare spiritu, erumpe in anagogi-
cos mentis excessus, erga Matrem pulchræ dilectionis totus inardesce : et si qua insignis ejusdem
virtutis, eamdem æmulari, si vero præcellentis privilegii subierit mentio, eidem medullitus congratulari gestias, juxta id, quod divinus ille Spiritus tibi
sanctius suggesserit, aut tuus ipse pius affectus
religiosius dictaverit. Sic nempe tanquam strenuus
Mariæ cultor revera facies, ut quovis die novum ac
recentem laudis flosculum Mariæ pie delibando,
sensim honoris ejus serto insigne adjicias incrementum.

Interea sancti illius Patris, cujus inciderit sententia, imbibere cura affectum et pietatem, æmulare
devotionem, ac vel solus omnium Mariam amantium atque laudantium corda, voces et opera possidere exopta, quo eam solus tot cordibus diligeres,
tot linguis et vocibus prædicares, tot piis operibus
glorificares, solus tot aris atque templis, tot sacellis ac basilicis honorares, quot singuli et simul
universi. Imo vero vel in sexcentos facundissimos
Augustinos, mellifluos Bernardos, aut seraphicos
Bonaventuras, aut genios cœlestes paranymphos
Gabrieles abire desidera, ut vel millies millies, et
usque iterumque millesies millies Ave Mariæ
dicere, aut pro tantæ majestatis amplitudine dignum
quid concipere, et concepta facundiori suada elo-
quiet perorare posses. Eia macte animo, lector Mariophile, tunc gustabis et videbis, quam suavis et
dulcis sit Mariæ spiritus, si videlicet, ut monet Bernardus (15) « non recedat ab ore, non recedat a
corde. »

Sed pluribus fortasse (prout humanus ad censu-
randum pene natus est genius) liber hic et labor
haud operæ pretium mereri videbitur : at nequaquam otiosum aut inane censendum, quidquid ad
Mariæ laudem et gloriam pie congestum dignoscitur;
si enim serio pius, si vere Marianus es, nec vel
unicum iota ob ejus amorem et honorem in vanum
prolatum aut scriptum facile ac temere censura-
bis. Nam esto, his pleni sint libri, plena sint volumina, non tamen omnibus omnia sunt obvia,
nedum venalla, nec cujusvis hæc omnia et singula percurrere opus aut labor est : quocirca quæ
apud alios fuere dispersa aut diffusa in unum fasciculum conflandum esse duxi, ut quo Mariæ devoti et devotionem proritarent, et irritatam alerent
foverentque, ad manum et ad usum haberent
promptiora. Tu igitur, pie lector, juxta scopum

<hr>

(15) Hom. 2 super *Missus est.*

meum et votum tuum, iis gaude, utere, fruere et delectare.

Cæterum noveris me succum ac ipsam medullam tulisse ex omnibus, et quidquid venustius, nitidius, aut elegantius floridus ac fecundissimus sanctorum Patrum campus, in laudem augustæ Virginis exhibet, ceu selectiores flosculos delibasse, atque huic *Coronæ Marianæ* gnaviter inserere studuisse; ut vel sic Mariæ laudes ac præconia quo selectius, quo enucleatius contracta, hoc fortius, fragrantius et suavius perfecta redolerent. De veritate vero et puritate sententiarum omnino securus esto ; germanæ sunt et genuinæ, non spuriæ, aut ullo modo vitiatæ, sed prout ex ipsis sanctorum Patrum limpidissimis venerunt fontibus, excerptæ.

Tandem, o lector Mariophile! si salus tua tibi est in pretio, si cœlum unice in voto, *si* felix æternitas in desiderio : tota mente, totis viribus, toto affectu, totisque cordis visceribus et medullis post Deum in Mariam feraris et abeas, imo totus transeas : quoniam, ut intonat Bernardus (16), « Non venit ad veniam, qui nescit amare Mariam. » Ama igitur et adama quantum vales, ut a tali amata amari et redamari dignus inveniaris. O quanta est felicitas, Mariæ charum, Mariæ dilectum esse clientem, Mariæ esse in oculis, esse in cordis visceribus! quam beata sors, cui venit a Maria protegi : felix ille iterumque felix, cujus illa subit curam ut Ma-

ter, cujus suscipit tutelam ut Advocata ; felix, in quam, ille, cui Mater misericordiæ cor suum apponit misericors, et supra quem suos figit et firmat oculos benignos. Is profecto vel inde de sua salute bene sperare poterit, cum prædestinatæ animæ sit amari a Maria. Et aliunde non casu, nec fortuito, divino divi Damasceni calamo illud excidit(17): «Devotum esse Mariæ arrha est salutis, quam Deus iis dat, quos vult salvos fieri.» Eia ergo, lector Mariophile, quantum possumus, quantum valemus, affectus cordis nostri intendamus, et in Mariam exseramus ; Mariam sonemus ore, Mariam foveamus corde ; ut hanc in tanta futurorum incertitudine pene certam et securam felicitatis æternæ potiundæ tesseram circumferamus. Qua tandem per dubios et difficiles viæ et vitæ hujus anfractus, æxpertissima duce, per mille casuum et rerum discrimina fidissima comite, destinatum peregrinationis hujus ærumnosæ stadium feliciter emensi, ad avitam et desideratam patriæ nostræ cœlestis felicitatem secure transire valeamus. Claudo et obsigno hoc divi Anselmi epiphonemate (18) : « Sicut, o Beatissima, omnis a te aversus, et a te despectus necesse est ut intereat, ita omnis ad te conversus, et a te respectus impossibile est ut pereat. Tantummodo itaque velis salutem nostram, et vere nequaquam salvi esse non poterimus.»

(16) S. Bernardus relatus apud Bernardin. de Busto in *Mariali* part. XII, serm. 1, p. 3.
(17) S. Joan. Damasc. citatus in *Tessera salutis*

R. P. Steph. Bineti.
(18) In *Orat. ad B. V.*

CORONA ANNI MARIANI.

JANUARIUS.

S. MARIA MATER DEI.

I Januarii.

Bernardinus Senensis : Non est facultatis humanæ, dilectissimi fratres, quandiu in hoc mortali corpore vivitur, plene pertingere ad laudem gloriosæ Virginis Matris Dei, quæ omnium hominum et voces excellit, et superat intellectum. Quis enim mortalium nisi divino illustratus oraculo, de unica Dei et hominis Genitrice quidquam modicum seu grande præsumat edicere : imo non timeat hanc pollutis labiis nominare, quam Pater misericordiarum et ante sæcula Deus, perpetuam prædestinavit in Virginem dignissimam, Filius præelegit in Matrem, Spiritus sanctus novæ gratiæ domicilium præparavit ? Quibus laudibus servitus hominum Reginam efferat angelorum ? Quæ præconia dilatet mortalis angustia, vel officia subministret, cui cœlestia parent et famulantur obsequia? Qui dignam honoribus plausus hominum acclamabit in terris, quam spirituum agmina beatorum jugiter vene-

rantur in cœlis. (Serm. 2, *De SS. nomine Mariæ.*)

S. Antoninus (*Hist.*, part. III, tit. 18, cap. 8, ex Petro Comest. Magistro *Hist. scholast.*) :

Si fieri posset, quot arenæ pulvis et undæ,
Undarum guttæ, rosa, gemmæ, lilia, flammæ.
Æthera, cœlicolæ, nix, grando, sexus uterque.
Ventorum pennæ, volucrum et pecudum genus omne;
Silvarum rami, frondes, avium quoque pennæ.
Gramina, ros, stellæ, pisces, angues, et aristæ,
Et lapides, montes, convalles, terra, dracones :
Linguæ cuncta forent, minime depromere possent
Quæ sit, vel quanta Virgo Regina Maria :
Quæ tua sit pietas, nec littera, nec dabit ætas.

II Januarii.

Dionysius Carthusianus : Verbum mihi ad te o incomparabilis Deiformisque Maria. Effundam instar aquæ cor meum ante conspectum tuum, Domina : laudabo et exaltabo te, amabilis, decora puella : confitebor nomini tuo, pudicissima turtur, columba castissima. Lætabor et exsultabo in te, singularis et celeberrima Dei Sponsa. Mirabor et contemplabor te, honestissima Maria. Diligibilis mihi es, semperque desideranda, o Maria, quæ bonitate plena es, etc. Amabilis enim es, o Domina, quam Deus dilexit, cujusque speciem concupivit. (Lib. I, *De præconio et dignitate Mariæ*, art. 9.)

S. Bernardus : Si linguæ centum resonarent, oraque centum, ferrea vox mihi, Maria, nil dignum tibi dicere possum, Stella maris, quæ Virgo Beata vocaris. O quam te memorem, Virgo, quibus laudibus efferam ? Infandissima lingua mea, quæ coinquinata est cum mortuis, incircumcisa labiis, nec purgata igne altaris ; inquietum malum, habens in naribus spiritum, rimis effluens undique, quid dignum laudibus tuis poterit immolare? Elevata est magnificentia tua super cœlos, et super omnem terram gloria tua, ita ut nec in cœlo inveniatur creatura, quæ tuam digne laudare queat magnificentiam, nec in terra sit, quæ gloriam tuam exprimere valeat. Nemo enim nec in cœlo, nec in terra inventus est dignus aperire librum prærogativarum tuarum, et digne solvere septem signacula ejus. Plenitudinem gratiæ, adventum Spiritus sancti in te, virtutis Altissimi obumbrationem, Verbi conceptionem, quod sine gravamine gravida, sine dolore puerpera, virgo pariter et fecunda, quis enarrabit? Viri divitiarum multi de civitate Domini virtutum miserunt manus suas ad hæc fortia, et tamen altitudinem divitiarum harum ad liquidum comprehendere non potuerunt, quia investigabiles viæ istæ, et inscrutabilia universa. (Serm. 2, super *Salve, Regina*.)

Joannes Baptista Mantuanus :

Nulli adeo vivax animi solertia, nulli
Tam felix aderit florentis gloria linguæ,
Ut Mariæ possit laudes æquare loquendo,
Quæ data sunt illi nunquam mortalibus ullis
Antea concessit, nec post concedet Olympus.

III Januarii.

S. Joan. Damascenus : Quid ergo? an quia eam pro dignitate laudare minime possumus, idcirco metu reprehensi conticescemus? Minime sane. Quin potius temperata metu cupiditate, contextaque una ex utroque corolla cum sacra reverentia, tremente manu, ac cupido animo viles ingenii nostri primitias regiæ Matri de universa natura bene meritæ, grato candidoque animo tanquam debitum quoddam persolvemus. (Orat. 1, *De dormitione B. V.*)

S. Bernardinus Senensis : Dignare me laudare te, Virgo sacrata : nec modicam despicias tui famuli servitutem, cujus non modicam in tuis laudibus devotionem attendis. (Tom. IV, Serm. *De Visitatione B. V.*)

S. Augustinus : O felix Maria, et omni laude dignissima ! o Virgo Dei Genitrix gloriosa ! o sublimis puerpera ! cujus visceribus Auctor cœli terræque committitur. O felicia oscula lactentis labiis impressa ! cum inter crebra indicia reptantis infantiæ, utpote verus ex te filius tibi Matri alluderet, cum verus ex Patre Dominus imperaret. Nam

Auctorem tuum ipsa concipiens edidisti in tempore puberem, quem habebas ante tempora conditorem. O felix puerperium lætabile angelis, optabile sanctis, necessarium perditis, congruum profligatis! Qui post multas assumptæ carnis injurias, et ad ultimum verberatus flagris, potatus felle, affixus patibulo, ut te veram matrem ostenderet, verum se hominem patiendo monstravit. Sed quid dicam pauper ingenio, cum de te quidquid dixero minor laus est, quam dignitas tua meretur? (Tom. X, In Append. Serm. *de diversis*, serm. 83.)

Dionysius Carthusianus : O quam incomparabilis et indicibilis est excellentia, beatitudo et gloria tua! quam propinquissima et familiarissima facta es Deo! Certe in quantum es Mater veri Dei, es dignitatis quodammodo infinitæ, et quanta fuit et est eminentia tuæ dignitatis, tanta et bonitatis, tanta quoque et felicitatis. Omnem ergo admirationem et capacitatem nostram transcendit beatitudo et gloria tua. (In cap. II *Cant.*, art. 8.)

IV Januarii.

S. Proclus : Nihil in mundo cum Dei Genitrice comparandum est. Res omnes conditas, o homo, cogitatione peragra, ac perspice an quidquam sit quod sanctam Dei Genitricem æquet vel superet. Terram undique lustra, mare circumspice, aerem investiga, homines animo perscrutare, virtutes omnes ab oculorum sensu remotas cogitatione complectere, ac vide, an in omnibus rebus conditis sit ejusmodi miraculum. (Apud S. Joannem Damascen. in *Epist. de Trisagio*.)

S. Germanus patriarcha Constant. : Omnia tua sunt admirabilia, o Deipara, omnia supra naturam, omnia ingentia, et aliorum vires excedentia. (Orat. 2, *De Zona B. V.*)

Isidorus archiepisc. Thessalon. : Ita sane Virgo Maria est miraculorum miraculum, et excepto Deo, nihil illa magnificentius. (In *Mariali* a Hippol. Maratio edito, orat. 2.)

B. Petrus Damianus : Quid grandius Virgine Maria, quæ magnitudinem summæ Divinitatis intra sui ventris conclusit arcanum! Attende Seraphim, et in illius superioris naturæ supervola dignitatem, et videbis quidquid majus est, minus est Virgine, solumque Opificem opus istud supergredi. (Serm. 1, *De Nat. B. Virg.*)

S. Petrus Chrysologus : Quantus sit Deus, satis ignorat ille, qui hujus Virginis mentem non stupet, animum non miratur, pavet cœlum, tremunt angeli, creatura non sustinet, natura non sufficit, et una puella sic Deum in sui pectoris capit, recipit, oblectat hospitio, ut pacem terris, cœlis gloriam, salutem perditis, vitam mortuis, terrenis cum cœlestibus parentelam, ipsius Dei cum carne commercium, pro ipsa domus exigat pensione, pro ipsius uteri mercede conquirat, et impleat illud Prophetæ, Psal. CXXVI, 3 : *Ecce hæreditas Domini, filii merces, fructus ventris.* (Serm. 140.)

V Januarii.

S. Bernardus : Magnum est angelo ut minister sit Domini, sed Maria sublimis quiddam meruit ut sit Mater. Fecunditas itaque Virginis supereminens gloria est, tantoque excellentior angelis facta munere singulari , quanto differentius præ ministris nomen Matris accepit. (Sermon. *De Nativ. B. Virg.*)

S. Leo Papa : Virgo regia Davidicæ stirpis eligitur, quæ sacro gravidanda fetu, divinam humanamque prolem prius conciperet mente quam corpore. (Serm. 1, *De Nat. Salvat.*)

S. Bernardus : Annon Deum et Dominum angelorum Maria suum audacter appellat Filium, dicens, Luc. ii, 48 : *Fili, quid fecisti nobis sic?* Quis hoc audeat angelorum? Sufficit eis et pro magno habent, quod cum sint spiritus ex conditione, ex gratia facti sunt et vocati angeli, testante David Psal. ciii, 4 : *Qui facis angelos tuos spiritus.* Maria vero Matrem se agnoscens, majestatem illam, cui illi cum reverentia serviunt, cum fiducia suum nuncupat filium. (Hom. 1, super *Missus est.*)

Petrus Cellensis : Et quid amplius ei assignare possumus divini muneris et honoris, quam (ut quod verum est, fateamur) Genitricem eam Dei esse et hominis? Infra hoc dicitur, quidquid in ejus commendatione offertur. Si cœli Reginam, si angelorum Dominam, vel quodlibet aliud excellentissimum, tam ab humano corde, quam ore excogitatum protuleris, non assurget ad hunc superindicibilem honorem, quo creditur et prædicatur Dei Genitrix. (Lib. *De panibus*, cap. 21.)

VI Januarii.

S. Anselmus : Quamvis igitur hoc solum de sancta Virgine prædicari, quod Dei Mater sit, excedat omnem altitudinem, quæ post Deum dici, vel cogitari potest, et altissimum quod habeat ad contemplandum et ruminandum mens humana. (*De Excellent. B. V.* cap. 2.)

S. Bernardinus Senensis : Tanta est laus quam B. Virgini tribuimus, cum dicimus, Mater Dei, quod nec in personis creatis, angelis vel hominibus, nec in personis increatis reperitur hæc incogitabilis dignitas, scilicet quod habeat Dei Filium, nisi in una persona divina, quæ est Patris : et in una persona humana, quæ est Matris. (Tom. IV, Serm. *De Annuntiat. B. V.*, art. 3, cap. 2.)

S. Bernardus : Ipsa est Virginis nostræ gloria singularis et excellens prærogativa Mariæ, quod filium unum eumdemque cum Deo Patre meruit habere communem. (Serm. *De Annunt.*)

Richardus a S. Laurent. : In hujus enim prærogativa dignitatis non communicat ei homo, non angelus, non aliqua creatura, sed sola cum Deo Patre dicere potest Dei Filio, Psal. ii, 1 : *Filius meus es tu.* Ipsa etiam sola potest dicere de Christo homine illud, Gen. ii, 23 : *Hoc nunc os ex ossibus meis, et caro de carne mea.* Unde et dicit ei Filius, Job. x,

11 : *Pelle et carnibus vestisti me, ossibus et nervis compegisti me.* (Lib. iii, *De laud. B. V.*)

VII Januarii.

Dionysius Carthusianus : Dignitas creaturæ est assimilari suo Creatori pro posse : et quo Creatori excellentius conformatur, eo Deiformior digniorque efficitur. Cum ergo beatissima Virgo Maria eumdem conceperit, pepererit, et indefectibiliter habeat filium quem Pater æternus, constat quod ei comparentalis exsistat atque simillima : nempe quem ille genuit ab æterno sine Matre, ipsa optime Virgo genuit in tempore absque Patre. O quam incomprehensibilis est dignitas et excellentia ista, illum habere filium, quem tota indesinenter adorat subtilitas angelicorum spirituum, omnisque civium exercitus supernorum, quem polus, tellus pontusque contremunt, ac ipsa numina perhorrescunt, a quo totum universum incessanter dependet ! (*De laud. B. V.*, lib. i, art. 15.)

S. Bonaventura : Maria Virgo quoad conceptionem prolis, sic quia fuit Mater Dei, quo nihil nobilius cogitari potest, sic tantam habuit bonitatis dignitatem, quod nulla mulier amplius capere potuit : si enim omnes creaturæ (quantumcunque ascenderent in gradibus nobilitatis) essent præsentes, omnes deberent reverentiam Matri Dei. (Lib. i *Sent.* dist. 44, in Exposit. textus.)

S. Thomas : Nulli enim creaturæ hoc concessum est, nec homini, nec angelo, ut esset Pater et Mater Dei, sed hoc fuit privilegium gratiæ singularis, ut non solum hominis, sed Dei Mater fieret. Et ideo in Apocalypsi dicitur, xii, 1 : *Mulier amicta sole ,* quasi tota repleta divinitate. (*In cap.* i *Matth.*)

S. Bernardinus Senensis : Quod femina conciperet et pareret Deum, est et fuit miraculum miraculorum. Oportebat enim, ut sic dicam, feminam elevari ad quamdam æqualitatem divinam, per quamdam quasi infinitatem perfectionum et gratiarum, quam æqualitatem nunquam creatura experta est. (Tom. IV, *Serm. de Nat. B. V,* cap. 12.)

VIII Januarii.

Albertus Magnus : Maria est opus admirationis tam angelorum quam hominum. Joan. vii, 21 : *Unum opus feci,* id est, Mariam, quæ una et singularis est, *et omnes admiramini* ejus naturam, ejus gratiam, ejus gloriam. (In *Bibl. Marian.* Evang. Joan. num. 11.)

S. Thomas : Humanitas Christi ex hoc quod es' unita Deo, et beatitudo creata ex hoc quod est fruitio Dei : et beata Virgo ex hoc quod est Mater Dei , habent quamdam dignitatem infinitam ex bono infinito quod est Deus : et ex hac parte non potest aliquid fieri melius eis : sicut non potest aliquid melius esse Deo. (P. i, quæst. 25, art 6, ad 4.)

S. Thomas a Villanova : Sed qualis est hæc dignitas? utique habet quamdam infinitatem esse Matrem Infiniti et Omnipotentis. Quæ autem excellentia, quæ perfectio, quæ magnitudo decuit eam, ut esset idonea Mater Dei ? (Conc. 3, *De Nat. B V.*)

S. Bonaventura : Mater Domini Mater et Virgo, Mater est dignissima. Ipsa est Mater, quæ tali Filio est decentissima. Ipsa Mater est, cui talis Filius decentissimus fuit. Ipsa est, qua majorem Deus facere non posset. Majorem mundum posset facere Deus; majus cœlum posset facere Deus ; majorem Matrem quam Matrem Dei non posset facere Deus. Unde Bernardus ait : Nec enim decebat Deum alia Mater quam Virgo, nec Virginem alius Filius quam Deus : quia nec major inter Matres, nec major inter Filios nasci potuit. (In *Speculo B. V.* lect. 10.)

IX Januarii.

B. Petrus Damianus : Quæ enim lingua explicare sufficiat, vel quæ ratio humana non obstupescat, cum cogitare cœperit, quia Creator oritur ex creatura, Factor fit ex factura ? Quod in virginea puellæ vulva concipitur, qui vastissima totius mundi amplitudine non tenetur. Jacet intra materna viscera parvulus, qui cum coæterno Patre rerum omnium jura gubernat Immensus. O beata ubera, quæ dum tenue lac puerilibus labris infundunt, angelorum cibum, et hominum pascunt. Exiguum exprimunt liquorem, et mundi reficiunt Creatorem. Qui suæ virtutis imperio marium procellas mitigat, qui fluminibus indeficientem aquarum impetum subministrat, qui aridam terram innumeris ubique fontibus irrigat, raras de Virgineo pectore guttas lactis exspectat. Manat liquor ex uberibus Virginis, et in carnem vertitur Salvatoris. (Serm. 2, *de Nat. B. V.*)

B. Laurent. Justinianus : O honor feminæ, o excellentia Mariæ! cujus meritorum celsitudine et gratiarum opulentia stupet cœlum, natura miratur, et sancta beatorum spirituum venerantur agmina. Non enim capit polus, non concludit orbis, neque attingit creatura, quod Maria suscepit mente, concepit in corpore, gestavit in utero, nutrivit lacte, portavit brachiis, fovit in gremio, et est amplexata in carne. (Serm. *in festo Purific. B. V.*)

Bernardinus de Busto : O ineffabile gaudium Mariæ, cum vidit se peperisse Regem angelorum, Salvatorem mundi, Creatorem omnium, et Deum deorum ac Dominum dominantium, radios suæ Divinitatis a toto corpore emittentem ! Cum oculis corporeis cernebat Messiam a sanctis Patribus tam anxie desideratum ! Cumque illum in brachiis suis suscipiens dulciter ad pectus stringebat, et suaviter illi lac suum virgineum propinabat! (In *Mariali,* part. x, serm. 2.)

X Januarii.

S. Anselmus : Hic se suberigat intentio mentis humanæ, et pro posse paucis intendat : quanti penderit omnipotens Deus merita hujus beatissimæ Virginis. Intendat, inquam, et contempletur, videat et admiretur : unum Filium sibi consubstantialem, coæternun., omnipotentem, ex sua natura sine initio Deus Pater genuit, et per eum omnes creaturas visibiles et invisibiles ex nihilo fecit. Hunc igitur sibi tam unicum quam dilectissimum : et in omnibus omnino æqualem, non passus est remanere solummodo suum, sed eumdem ipsum voluit in rei veritate esse beatæ Mariæ unicum et dilectissimum et naturalem Filium, nec ita ut duo essent, unus videlicet Filius Dei, alius Filius sanctæ Mariæ Virginis, sed unus idem ipse qui Filius Dei, in una persona esset Filius sanctæ Mariæ Virginis, et qui Filius sanctæ Mariæ, unus et idem ipse esset in una persona Filius Dei. Quis hæc audiens non obstupescat? (*De excell. B. V.* cap. 3.)

S. Antoninus : Maria est illa fortis mulier, de qua Proverb. ultimo, cujus pretium de ultimis finibus, id est, de Divinitate et humanitate conjunctis. (Parte iv, tit. 15, cap. 44, § 3.)

S. Proclus : Ipsa est novæ creaturæ cœlestis globus : in qua Sol justitiæ, qui nunquam occidit, omnem ab omni anima peccatorum noctem fugat. (*Orat. de laud. B. V.*)

S. Ignatius Martyr : Sicut nobis a fide dignis narratur, in Maria Matre Jesu, humanæ naturæ, natura sanctitatis angelicæ sociatur. Et hæc talia excitaverunt viscera nostra, et cogunt valde desiderare aspectum hujus (si fas sit fari) cœlestis prodigii et sacratissimi spectaculi. (*Epist. ad Joan.* Exstat tomo I *Biblioth. PP.* edit. Colon.)

XI Januarii.

S. Thomas a Villanova : O miram puellam sui Creatoris Matrem, o stupendam dignitatem, ut femina habeat cum Deo communem Filium, cui dicat, ut Pater (*Psal.* ii, 7), *Filius meus es tu,* et sit puella Mater ejus, cujus Deus Pater est ! Sed Filius ad dexteram Patris sedet, Mater ad dexteram Filii, mutuoque communem Filium beatis oculis medium conspiciunt. Videt Pater in Filio personam quam ab æterno genuit : videt Mater in eo naturam humanam, quam in suis visceribus assumpsit in tempore. Complacet Pater in Filio, gaudet Mater in Filio : ait Pater Filio, Ibid.: *Ex utero ante Luciferum genui te;* ait Mater eidem Filio, Ex utero Virgo genui te. Stupet de sua gloria, neque suam valet ipsa comprehendere celsitudinem : eo enim ipso quod Mater Creatoris effecta est, omnium creaturarum jure optimo Domina Reginaque constituta est. Vere *fecit tibi magna, qui potens est,* o Maria : vere ex hoc quod Matrem suam te constituit, *Beatam te dicent omnes generationes.* (Conc. 2, *De Nat. B. V.*)

B. Petrus Damianus : Hinc, fratres, hinc rogo, perpendite, quibus laudibus digna sit beata et gloriosa Virgo Maria, quæ illum nobis de castissimis suis visceribus genuit, qui nos de tam profundo gutture avidissimi draconis eripuit. Ad ejus namque digne efferenda præconia non rhetoricorum

diserta facundia, *non dialecticorum subtilia argumenta, non acutissima philosophorum apta reperiuntur ingenia.* (Serm. 3, *De Nat. B. V.*)

XII Januarii.

S. Augustinus : Quæ tibi magna fecit, Domina :
quæ, gloriosa Virgo, ut dici beata merearis? Puto
enim, imo veraciter credo, ut creatura ederes Creatorem , famula Dominum generares, ut per te
Deus mundum redimeret, per te illuminaret,
per te ad vitam reduceret. (Tom. X, in Append.
serm. 85.)

Dionysius Carthusianus : O incomparabilis gloria,
laus item ineffabilis virgineæ carnis sanctæ Puellæ :
cujus pars modica assumpta omnium erat idonea
sæculorum relaxare delicta! Dum, o beata et benigna Maria, gloriam corporis tui contemplor, miror
p.o viribus : sed mirari non sufficio. Venit equidem
Deus, et mansionem sibi in carne tua elegit : ibi
habitavit, illic re,uievit, eam induit atque assumpsit : ab ea denique nutriri, eamque contrectare,
osculari et amplexari dignatus est. (Lib. I, *De præconio et dignitate Mariæ*, art. 26.)

S Joannes Damascenus: Sane res omnes conditas
dignitate antecelluisti. Ex te enim sola summus ille
Opifex partem assumpsit, hoc est massæ nostræ
primitias. Caro ipsius ex carne tua : et sanguis ex
sanguine tuo : et lac ex mamillis tuis suxit Deus :
ac labia tua Dei labiis unita sunt. O miracula mentis captum, atque orationis facultatem excedentia !
Te rerum omnium Deus dignam prænoscens amavit, amatam prædestinavit, atque extremis tempori-
lus in ortum produxit, ac Dei Matrem suique Filii
et Verbi nutritiam effecit. (Orat. *De Nat. B. V.*)

S. Cyrillus episc. Alexand. : Sit tibi, sancta Dei
Mater, laus. Tu enim es pretiosa margarita orbis
terrarum : tu lampas inexstinguibilis, corona virginitatis, sceptrum orthodoxæ fidei, templum indissolubile, continens eum, qui nusquam contineri
potest, Mater et Virgo. (*Hom. cont. Nestorium.*)

XIII Januarii.

S. Augustinus : Talis eligitur Virgo de toto scilicet mundo, quæ tantum haberet meritum, ut Dei
Filium in semetIpsam susciperet, et post partum
omnimodo virgo permaneret. *Ave*, inquit (*Luc.* I, 28
seqq.), *Maria, gratia plena, Dominus tecum : benedicta
tu inter mulieres :* quia, *Ecce concipies, et paries
filium*, etc. Virginitatis jura servabis, Filium habebis, et nomen Virginis non amittes. Tanta est
enim divina illa potentia, ut et Matrem reddat fecundam, et Virginitatem servet illæsam. Ideo *benedicta
inter mulieres*, quia ex Spiritu sancto concipies, ubi
non est carnalis maritus, sed divina dignoscitur
virtus. (Serm. 10, *De Nat. Christi.*)

S. Bernardus : Aperi, Virgo, sinum, expande gremium, præpara uterum, quia ecce facturus est tibi
magna qui potens est, in tantum, ut pro maledictione Israel, beatam te dicant omnes generationes. Nec suspectam habeas prudens Virgo fecundi-

tatem, quia non auferet integritatem. Concipies,
sed sine peccato : gravida eris, sed non gravata :
paries, sed non cum tristitia : nescies virum, et gi-
gnes filium. Qualem filium? illius eris Mater, cujus
Deus est Pater. (Hom. 3, super *Missus est.*)

Dionysius Carthusianus : Amare est alicui bonum
velle, et amor ipse efficit unionem. Quanto itaque
majora singulariaque bona contulit Deus Mariæ,
et quanto vicinius ac specialius se ei conjunxat,
tanto plus cæteris ipsam amavit. Jam ergo pense-
mus, quid Mariæ Deus contulit in hac vita. Certe
contulit se ei in Filium verum ac naturalem, et in
specialissimum sponsum. (Serm. *de Assumpt. B.V.*)

XIV Januarii.

Origenes : Mater immaculata, Mater incorrupta,
Mater intacta. *Mater ejus.* Cujus ejus? Mater Dei
unigeniti Domini et Regis omnium, Plasmatoris et
Creatoris cunctorum. Illius, qui in excelsis sine
Matre, et in terra est sine Patre. Ipsius, qui in cœlis secundum Deitatem in sinu est Patris, et in
terris secundum corporis susceptionem in sinu est
Matris. O magnæ admirationis gratia ! o inenarrabilis suavitas ! o ineffabile magnumque Sacramentum ! Ipsa eademque Virgo, ipsa et Mater Domini, ipsa et Genitrix, ipsa ejus Ancilla, plasmatio
ejus, ipsa quæ genuit, etc. Hujus itaque unigeniti
Dei dicitur hæc Mater Virgo Maria, digna digni,
immaculata Sancti ac immaculati, una unius,
unica unici. (Part. II, hom. 1, in diversos.)

B. Laurentius Justinianus : Erat profecto ipsa
talis et tanta, ut illi minime reperiretur similis.
Erat, inquam, corpore virgo, carne incorrupta,
prole fecunda, virtute perfecta, moribus composita,
sanctitate redimita, honestate conspicua, mente
pura, corde ignita, animo suspensa, gratia plena,
sapientia perfusa, Deo conjuncta, Verbo propinqua,
mysteriis divinis imbuta, angelorum consortio custodita, et a Spiritu sancto absque temporis intervallo possessa, sibi namque ipsam in Sponsam delegerat, Sapientia in Matrem, in suam interventri-
cem mundus, angeli in Dominam, et æternus Pater
in Filiam. (Serm. *de Purif. B. V.*)

S. Bernardus : Hæc igitur Sapientia quæ Dei erat,
et Deus erat, de sinu Patris ad nos veniens, ædificavit sibi domum, ipsam scilicet Matrem suam Virginem Mariam, in qua septem columnas excidit :
quid est in ea septem columnas excidere, nisi
ipsam dignum habitaculum fide et operibus præparare? (Serm. 9, ex parvis.)

B. Petrus Damianus : Septem namque virginalis
hæc domus suffulta columnis exstitit, quia venerabilis Mater Domini septem sancti Spiritus donis,
id est sapientiæ et intellectus, consilii et fortitudinis, scientiæ et pietatis, atque timoris Dei dotata
fuit. Quam utique æterna Sapientia, quæ attingit
a fine usque ad finem fortiter, et disponit omnia
suaviter, talem construxit quæ digna fieret illum
suscipere et de intemeratæ carnis suæ visceribus
procreare. (Serm. 2, *De Nat. B. V.*)

XV Januarii.

Gerson : Vis brevi compendio Mariæ beatitudinem nctam tibi fieri? da illi per eminentiam, quidquid in creaturis videris melius ipsum quam non ipsum, et si non formaliter, tamen eminenter, quanquam distanter a Deo. (Tract. 3, super *Magnif.*)

S. Petrus Chrysologus : Vere benedicta, quæ fuit major cœlo, fortior terra, orbe latior : nam Deum, quem mundus non capit, sola cepit, portavit eum, qui portat orbem, genuit Genitorem suum, nutriit omnium viventium Nutritorem. (Serm. 134.)

Dionysius Carthusianus : Intuere pro viribus, quanta sit hujus gloriosissimæ Mariæ auctoritas et potestas, excellentia et dignitas, quæ Mater ejus est, et maternam habet auctoritatem in illum, a quo omnis profluxit potentia, omnis processit auctoritas et dignitas universa. (Lib. i *De laud. B. V* , art. 15.) Idem, art. 23 : O delectabilis Maria! liberrimus Deus nulli penitus obligatus, tibi sese obligavit, cujus carnem induit, cujus ubera suxit.

Bernardinus de Busto : O grandis dignitas! o magna sublimitas! o ineffabile privilegium! o inenarrabilis prærogativa! quod ipsa B. Virgo, ut sic dixerim, fecerit de Deo hominem, et de homine Deum. (In *Mariali.* part. xii, serm. 2.)

XVI Januarii.

S. Bernardus : Cum Deus sit cum omnibus sanctis, specialiter tamen cum Maria, cum qua utique tanta ei consensio fuit, ut illius non solum voluntatem, sed etiam carnem sibi conjungeret, ac sic de sua Virginisque substantia unum Christum efficeret, vel potius unus Christus fieret : qui etsi nec totus de Deo, nec totus de Virgine, totus tamen Dei, et totus Virginis esset : nec duo filii, sed unus utriusque filius. (Serm. 3, sup r *Missus est.*)

B. Petrus Damianus : Deus inest uni creaturæ, id est, Mariæ Virgini identitate ; quia idem est quod illa ; hinc taceat et contremiscat omnis creatura, et vix audeat aspicere tantæ dignitatis et dignationis immensitatem. (Serm. 1, *De Nativit. B. V.*)

Divus Antoninus : Deus dicitur esse in omnibus rebus creatis tripliciter : scilicet per essentiam, præsentiam et potentiam. Et in sanctis quarto modo, scilicet per inhabitantem gratiam. Omnibus his modis erat Dominus Deus in B. Maria perfectius, quam in cæteris omnibus. Dicitur enim Deus esse in creaturis per essentiam, in quantum per suum continuum influxum conservat creata in esse, etc. Quanto autem aliqua creatura vel in specie, vel in individuo habet perfectius esse : tanto magis potest aliquo modo dici, Deum ibi magis inesse per essentiam, unde magis in homine quam in brutis. Et quia B. Mariæ dedit nobilissimum esse . quia optime formata et complexionata super omnes ; ideo *Dominus tecum.* Per præsentiam dicitur Deus in omnibus esse : quia novit omnia intima creaturæ : Hebr. iv, 13 : *Omnia nuda et aperta oculis ejus,*

Sed in B. Virgine fuit per præsentiam : non solum quia vidit omnia secreta ejus affectus et cogitationes oculo cognitionis : sed et oculo approbationis omnes actus ejus interiores et exteriores ut sanctissimos approbavit. Per potentiam dicitur esse in rebus ; quia omnibus dat virtutem operandi. Unde Joan. xv, 5 : *Sine me nihil potestis facere.* Et quia virtutem dedit operandi B. Mariæ perfectius quam alteri puræ creaturæ, ideo et perfectius quam in aliis: *Dominus tecum.* Per gratiam est in sanctis, ideo I Joan. iv, 16 : *Qui manet in charitate, in Deo manet, et Deus in eo.* Sed certe nullus potest æquari B. Mariæ in charitate : Cant. i, 3 : *Introduxit me Rex in cellam vinariam*, scilicet, gratiæ suæ abundantissimæ : *et ordinavit in me charitatem.* Sed ultra dictos modos essendi, fuit modo inaudito a sæculis stupendissimo , scilicet per præsentiam corporalem ; quando *Verbum caro factum est*, de qua nisi de B. Virgine Maria. (Part. iv, tit. 15, cap. 21.)

XVII Januarii.

S. Bonaventura : Dominus ergo tecum, o Maria, tanquam cum Ancilla devotissima. Dominus Pater tecum, Dominus Filius tecum, et Dominus Spiritus sanctus tecum. Unde Bernardus : Pater, inquit, tecum, qui suum Filium facit et tuum. Filius tecum, qui ad condendum in te mirabile Sacramentum, miro modo et sibi reserat genitale secretum, et tibi servat virginale signaculum. Spiritus sanctus tecum, qui cum Patre et Filio tuum sanctificat uterum. Dominus ergo tecum. Dominus certe cujus filia es, qua nulla nobilior ; Dominus cujus Mater es, qua nulla mirabilior ; Dominus cujus Sponsa es, qua nulla amabilior ; Dominus cujus Ancilla es, qua nulla humilior unquam fuit, nec est, nec erit in æternum. Eia ergo Domina, quia Dominus tantus ac talis, tantum ac taliter est tecum, fac ut etiam ipse per gratiam sit nobiscum. (In *Speculo B. V.* lect. 10.)

S. Augustinus : Ideo Dominus noster virgineum sibi requisivit hospitium habitandi, ut nobis ostenderet in casto corpore Deum portari debere ; ad hoc enim Deus hominem suscepit in se, ut et nos Deum suscipiamus in nobis, sicut ipse dicit : *Manete in me, et ego in vobis.* O sacrum et cœleste mysterium in nativitate Domini ! concepit Virgo, antequam sponsum haberet, parit, antequam nubat, et quod ad laudem pertinet nominis Domini, et Mater et Virgo cœpit esse post partum, etc. Sed quare Deus noster nascendo per Virginem, nos sic voluit reformare ad vitam? ut, quia per mulierem in hunc mundum mors intravit, salus per Virginem redderetur. (*Serm. in Nat. Dom.* qui tom. X, inter *Serm. de temp.* est 13.)

XVIII Januarii.

Richardus a S. Laurent. : Magnum et laudabile fuit Mariæ, fuisse Virginem, sed majus per omnem modum et mirabilius, in virginitate fuisse fecundam, et post evacuationem uteri, habuisse uterum sigillatum, et hæc fuit gratia super gratiam, maximum autem et ineffabile fuisse Matrem Dei. (Lib. III, *De laud. B. V.*)

S. Bernardus : Unum est in quo nec primam similem visa est nec habere sequentem, gaudia Matris habens cum virginitatis honore. Optimam partem elegit sibi Maria, optimam plane, quia bona fecunditas conjugalis, melior autem castitas virginalis, prorsus autem optima est fecunditas virginea, seu fecunda virginitas. Mariæ privilegium est, non dabitur alteri, quia non auferetur ab ea. Singulare est, sed continuo etiam indicibile invenitur, ut nemo assequi possit; sic nec eloqui quidem. Quid si et illud adjicias, cujus Mater? Quæ jam poterit lingua, etiam si angelica sit, dignis extollere laudibus Virginem Matrem, Matrem autem non cujuscunque, sed Dei? Duplex novitas, duplex prærogativa, duplex miraculum, sed digne prorsus amplissimeque conveniens. Neque enim filius alius Virginem, nec Deum decuit partus alter. Verumtamen non hoc tantum, si diligenter attendas, sed cæteras quoque virtutes singulares prorsus invenies in Maria, quæ videbantur esse communes. Quæ enim vel angelica puritas virginitati illi audeat comparari, quæ digna fuit Spiritus sancti sacrarium fieri, et habitaculum Filii Dei? (Serm. 4, *in Assumpt. B. V.*)

XIX Januarii.

Dionysius Carthusianus : Quam inæstimabilis ergo est dignitas ejus, quæ tam infinitæ dignitatis peperit prolem! Certe non irrationabiliter asserunt quidam magni theologi, quod ratione hujusmodi maternæ fecunditatis, maternitatisque Dei, beatissima Virgo Maria sit dignitatis quodammodo infinitæ. Cum omni ergo reverentia honoranda, nominanda, et cogitanda est nobis, atque post Deum ferventissime diligenda. (Serm. *de Concept. B. V.*)

S. Thomas a Villanova : Cujuslibet enim civis matrem esse, dignitatis est : equitis matrem esse, majoris, regis, majoris : angeli si matrem habere possit, majoris : archangeli, majoris : Seraphim multo majoris ; Filii Dei Matrem esse ita omnes has superat dignitate, sicut et Deus his omnibus major est. (Conc. 2, *De B. Maria V.*)

Dionysius Carthusianus : Si magnum est esse servum Dei, majusque esse amicum, utique maximum est esse Matrem Dei. Verumtamen quia maternitas Dei est dignitas quædam et donum gratiæ gratis datæ, non sufficeret Virgini gloriosæ esse Matrem Dei, nisi et dona gratiæ gratum facientis haberet. Et quoniam omnia ordinatissima fuerunt in ea utpote in Matre Sapientiæ summæ ac sempiternæ, a qua ordinatio omnis profluxit : idcirco secundum excellentiam præfatæ dignitatis, videlicet maternitatis Dei, fuit in Virgine benedicta excellentia gratiæ gratificantis et virtutum infusarum atque donorum Spiritus sancti. Unde quantum Virgo beatissima per maternitatem Dei fuit omni

dignior creatura, tantum per excellentiam gratiæ suæ ac virtutum fuit sanctior universis. (Serm. *de Assumpt. B. V.*)

XX Januarii.

S. Ambrosius : Quid nobilius Dei Matre? Quid splendidius ea quam splendor elegit? Quid castius ea quæ corpus sine corporis contagione generavit? Nam de cæteris ejus virtutibus quid loquar ? Virgo erat non solum corpore, sed etiam mente, quæ nullo doli ambitu sincerum adulteraret affectum, corde humilis, verbis gravis, animo prudens, loquendi parcior, legendi studiosior. (Lib. II, *De virginibus.*)

S. Ildephonsus : De propagine carnis nulla nobilior Dei Matre refulsit, nulla splendidior ea processit, quam splendor Paternæ gloriæ ineffabiliter divinitus illustravit, quam virtus Altissimi obumbravit, ut Virgo pareret, quam divina gratia replevit, ut Virgo conciperet, quam sapientia Dei Patris præ omnibus elegit, ut placeret; quæ corpus Christi sine contagione sui corporis generavit, etc. Cujus caro et sanguis origo fuit benignissimi Salvatoris, cujus anima templum exstitit, in quo factum commercium nostræ redemptionis est. (Serm. 3, *De Assumpt. B. V.*)

B. Albertus Magnus : Ipsa etiam post Deum est principium omnis gratiæ in nobis : Gen. VII, 11 : *Ingresso Noe*, id est, Christo, *in arcam*, id est, in uterum Virginis Mariæ, quod factum est in Incarnatione, *rupti sunt omnes fontes*, id est, gratiarum *abyssi* magnæ, quando gratiarum diluvium Mariæ inundavit, et diabolus est submersus, et peccata deleta. (In *Bibl. Maria.* lib. Gen. n. 12.)

Item ipsa est illud vas, de quo dicit Spiritus sanctus Eccli. XLIII, 2 : *Vas admirabile, opus Excelsi:* mirabile, quia majus seipso continet, scilicet Deum; quem totus orbis non bajulat, gestant puellæ viscera. (*Ibid.* lib. Prophet. Jerem. n. 12.)

XXI Januarii.

S. Epiphanius : Ipsa est ager, quæ verbum velut granum frumenti suscipiens, etiam manipulum germinavit, etc.

Ovis immaculata, quæ peperit Agnum Christum. Juvenca nunquam jugum experta, quæ Vitulum genuit. Fidei Mensa intellectualis, quæ panem vitæ mundo suppeditavit, etc.

O Virgo sanctissima, quæ exercitus angelorum in stuporem deduxisti ! Stupendum enim est miraculum in cœlis, mulier amicta sole, stupendum miraculum in cœlis, mulier gestans lucem in ulnis, etc.

O candelabrum virgineum, quod illustravit tenebris involutos! (*Serm. de laud. B. V.*)

S. Germanus patriarcha Constant. : O Mensa per quam esurientes nos panem vitæ abunde adepti sumus ! O Lucerna, per quam, qui sedebamus in tenebris, magna luce illuminati sumus ! (*Orat. de Zona B. V.*)

S. Andreas Cretensis : Salve, lætitiæ organum, per quod delicti nostri condemnatio expiata est, ac veri gaudii plena facta compensatio est. Salve, vera benedicta : salve, illuminata : salve, magnificum divinæ gloriæ templum : Salve, consecratum Regis Palatium. Salve Thalame, in quo Christo Humanitas desponsata est : salve, electa Deo, antequam nata fueris. Salve, divina cum hominibus reconciliatio. (*Orat. de Annunt. B. V.*)

XXII Januarii.

S. Birgitta : Benedicta sis tu, Maria Mater Dei, Templum Salomonis, cujus parietes fuerunt deaurati, cujus tectum præfulgens, cujus pavimentum pretiosissimis stratum lapidibus, cujus compositio tota effulgens, cujus interiora omnia redolentia, et delectabilia ad intuendum. Denique per omnem modum similaris tu templo Salomonis, in quo verus Salomon spatiabatur, et sedit, in quod deduxit arcam gloriæ, et candelabrum ad lucendum. Sic tu, benedicta Virgo, templum es Salomonis illius, qui fecit inter Deum et hominem pacem, qui reconciliavit reos, qui vitam dedit mortuis, et pauperes ab exactore liberavit. Corpus quippe tuum et anima, facta sunt Deitatis templum, in quibus erat tectum divinæ charitatis, sub quo Filius Dei egressus a Patre ad te, gaudenter habitavit tecum. Pavimentum vero templi fuit composita vita tua, et exercitatio virtutum assidua. Nulla enim tibi defuit honestas, quia totum in te fuit stabile, totum humile, totum devotum, totumque perfectum. Parietes vero templi fuerunt quadrianguli, quia nullo perturbabaris opprobrio, de nullo superbiebas honore, nulla inquietabaris impatientia, nihilque nisi honorem et amorem Dei affectabas. Picturæ vero templi tui fuerunt, inflammatio continua Spiritus sancti, qua in tantum elevabatur anima tua, ut nulla esset virtus, quæ non amplior et perfectior esset in te, quam in aliqua alia creatura. Itaque in hoc templo spatiabatur Deus, quando membris tuis infudit suæ visitationis dulcedinem. Requievit vero, quando Deitas sociabatur humanitati. Benedicta sis igitur tu, Beatissima Virgo, in qua Deus magnus factus est Puer parvus. (Lib. III *Revel.*, cap. 29.)

XXIII Januarii.

S. Bernardus : Proinde factor hominum ut homo fieret, nasciturus de homine talem sibi ex omnibus debuit deligere, imo condere Matrem, qualem et se decere sciebat, et sibi noverat placituram. Voluit itaque esse Virginem, de qua immaculata immaculatus procederet omnium maculas purgaturus. Voluit et humilem, de qua mitis et humilis corde prodiret, harum in se virtutum necessarium omnibus saluberrimumque exemplum ostensurus. Dedit Virgini partum, qui ei jam ante et Virginitatis inspiraverat votum, et humilitatis prærogaverat meritum. Alioquin quomodo angelus eam in sequen-

tibus gratia plenam pronuntiat, si quidpiam vel parum boni, quod ex gratia non esset, habebat? Ut igitur quæ Sanctum sanctorum conceptura erat pariter et paritura, sancta esset corpore, accepit donum Virginitatis : ut esset et mente, accepit et humilitatis. His nimirum Virgo Regia gemmis ornata virtutum, geminoque mentis pariter et corporis decore præfulgida, specie sua et pulchritudine sua in cœlestibus cognita, cœli civium in se provocavit aspectus, ita ut et Regis animum in sui concupiscentiam inclinaret. (Hom. 2, super *Missus est.*)

XXIV Januarii.

Blosius : Nil sub Deo cogitari potest divinius Dei Matre. Væ miseris et infelicibus hæreticis, qui tantæ Virgini iniquiores sunt, qui ejus gloriam et splendorem offuscare nituntur : væ, inquam, his, quibus tantæ Imperatricis cultus jam viluit. Indignantur, frendent, quod eam appellemus spem vitæ, conciliatricem salutis. Quid (inquiunt) Mariam habetis pro Dea? Siccine spem vestram in homine ponitis? Non quidem adoramus Mariam ut Deam : sed ut Dei Matrem, Deo proximam veneramur : quamvis non immerito Dea dici queat, cum sancti in Scriptura vocentur Dii. (In *Canone vitæ Spirit.* cap. 18.)

S. Thomas a Villanova : Quid amplius quæris? quid ultra requiris in Virgine? sufficit tibi quod Mater Dei est. Quænam, obsecro, pulchritudo, quænam virtus, quæ perfectio, quæ gratia, quæ gloria Matri Dei non congruit? Solve cogitationibus habenas, dilata intellectui fimbrias, et describe apud te in animo Virginem quamdam purissimam, prudentissimam, pulcherrimam, devotissimam, humillimam, mitissimam, omni gratia plenam, omni sanctitate pollentem, omnibus virtutibus ornatam, omnibus charismatibus decoratam, Deo gratissimam : quantum potes, tantum auge, quantum vales, tantum adde, major est ista Virgo, excellentior est hæc Virgo, superior est Virgo ista. (Conc. 2, de *Nat. B. V.*)

Idem ibidem *in persona Virginis* ait : Nihil me ita delectat audire, quam cum dicitur mihi, *De qua natus est Jesus :* et hoc verbum sæpius replicetur in Laudibus, sæpius iteretur in Canticis ; audi, piissima, audi clementissima, *de qua natus est Jesus.* Hoc est enim nomen super omne nomen puræ creaturæ, in quo nemo tecum participat, o Virgo. Cui enim aliquando non dicam hominum, sed etiam angelorum dixit : Mater mea es tu, Filius tuus sum ego?

XXV Januarii.

Chrysippus Hierosolymitanus : Mariam Virgam Jesse semper florentem, quæ humano generi vitam pro fructu attulit, omni quidem tempore Beatam prædicare, admirari, et laudibus extollere convenit. (Serm. *De Deip.*)

S. Basilius Seleucius : Si Petrus beatus appellatus

est, clavesque regni cœlorum concreditas habuit, quod Christum Dei Filium palam confessus esset, quomodo ea super omnes Beata prædicanda non est, quæ illum parere promeruit, quem ille confessus fuerat? Si Paulus electionis vas cognominatus est, propterea quod venerabile Christi nomen ubique terrarum circumferret, et promulgaret, qualenam vas censenda est Deipara Virgo, quæ non manna ut urna illa aurea, sed cœlestem panem, qui fidelibus in cibum et potum exhibetur, utero complexa est? (*Orat. de Annunt. B. V.*)

S. Bonaventura : Pensate, charissimi, quomodo vere benedicta sit Maria propter celsitudinem suæ benedictæ prolis, propter benedictum fructum sui ventris : merito enim terra illa benedicta est, quæ tam benedictum fructum profert. Unde Psalmus (LXXXIV, 2) : *Benedixisti, Domine, terram tuam.* Terra illa est Maria. (*Spec. B.V.* lect. 14.)

Richardus a S. Laur. : B. Virgo dicta est *Benedicta in mulieribus*, non tantum quia sola sine concupiscentia concepit, et sine dolore peperit, sed quia præ omnibus in prole multiplicata est. Etsi enim carnaliter unicum genuit Filium, in eo tamen spiritualis Mater effecta est magnæ multitudinis filiorum, quorum Christus primogenitus est : unde signanter dictum est Lucæ II, 7, quod *peperit Filium suum primogenitum.* Et ad Rom. VIII, 29 : *Ut sit ipse primogenitus in multis fratribus.* (*Lib.* I *De laud. B. V.* cap. 6.)

XXVI Januarii.

S. Antonius de Padua · Beatus dicitur venter Virginis gloriosæ, quia omne bonum, summum bonum, angelorum beatitudinem, peccatorum reconciliationem, novem mensibus portare meruit. Ideo Filius loquens ei dicit illud Cantic. VII, 2 : *Venter tuus sicut acervus tritici vallatus liliis.* Venter gloriosæ Virginis fuit sicut acervus tritici. Acervus, quia in eo acervatæ fuerunt omnes prærogativæ meritorum et præmiorum. Tritici, quia in eo quasi in cellario industria veri Joseph repositum fuit triticum, ne tota Ægyptus fame periret. Triticum dictum, eo quod purissimum horreo conditur, vel quia granum ejus commolitur, ac teritur. Album interius ac rubicundum exterius, Jesum Christum significat, qui in cellario beati ventris gloriosæ Virginis novem mensibus fuit reconditus. Qui in mola crucis pro nobis fuit attritus, candidus vitæ innocentia, rubicundus sanguinis effusione. Hic beatus venter fuit vallatus liliis. Lilium dictum quasi lacteum, beatæ Mariæ Virginis propter sui candorem virginitatem significat, cujus uterus fuit vallatus, id est, valle humilitatis munitus, liliis scilicet utriusque virginitatis, interioris et exterioris. (*Serm. in Dom.* III *Quadrag.*)

S. Epiphanius : O Uterum impollutum, habentem circulum cœlorum, qui Deum incomprehensum, in te vero comprehensum portasti ! O uterum cœlo ampliorem, qui Deum in te non coarctasti ! O uterum, qui cœlum es septem circulis constans, et capacior illis existis ! O uterum septem cœlis sublimiorem atque latiorem ! O uterum, qui es octavum cœlum, septem firmamentis celsiorem ! (*Serm. de laud. B. V.*)

XXVII Januarii.

Rupertus abbas : Quis enim est lectus vere et veri pacifici Regis Salomonis, qui inter nos et Dominum pacem composuit? nisi ille in quo divina natura humanam sibi naturam conjunxit? et quis ille est, nisi uterus tuus, o dilecta dilecti, uterus virginalis? ibi namque divinitas Verbi Dei, Verbum Dei sese conclusit, et humanam naturam de tua carne formatam, sibimet in unitate personæ inseparabiliter conjunxit. (*Lib.* III *in Cant.*)

Richardus a S. Laurent. : De hoc lectulo, id est virginali utero, exponitur illud Cant. I, 15 : *Lectulus noster floridus.* Lectulus hic uterus virginalis, in quo Sponsus beatissimam copulam celebravit, qua humanæ naturæ dignatus est copulari. *Lectulus* autem dicitur, et non lectus, propter humilitatem et quanto lectulus fuit humilior, tanto amplexus jucundior, et societas inseparabilior, et ipsa unio unior, ut ita dicam, fuit. *Floridus* fuit lectulus iste omnium virtutum velut florum varietate ; ibi rosa excellentissimæ charitatis, ibi lilium singularissimæ castitatis, ibi viola omnimodæ humilitatis, et quid dicam ? ibi ortus est ille, qui dicit (*Cant.* II, 1) : *Ego flos campi.* (*Lib.* X *De laud. B. V.*)

S. Bernardus : Jam ergo uterum tuum, Domina, velut sacratissimum Dei vivi templum totus mundus veneratur. In eo salus mundi initiata est, ibi decorem indutus est Dei Filius, ac præelectæ Sponsæ suæ Ecclesiæ formosus in stola candida exsultanter occurrit, desideratum diu osculum præelegit, ac prædestinatas a sæculo nuptias, Virgo cum Virgine prælibavit. Ibi ruptus est paries inimicitiarum, quem inter cœlum et terram protoplastorum inobedientia construxerat. (*In Deprecat. ad B. V.*)

XXVIII Januarii.

S. Augustinus : Deus qui omnia fecit, ipse se ex Maria fecit, et sic omnia, quæ fecerat, refecit. Qui potuit omnia ex nihilo facere, noluit ea violata sine Maria reficere. (*Tom. X, in Append. Serm. de divers.*, serm. 59.)

B. Petrus Damianus : De thesauro divinitatis Mariæ nomen evolvitur, et per ipsam, et in ipsa, et de ipsa, et cum ipsa totum hoc faciendum decernitur, ut sicut sine illo nihil factum, ita sine illa nihil refectum sit. (*Serm. de Annunt. B. V.*)

Idiota : Inter omnia opera æterni Artificis post operationem illam qua naturæ nostræ unitus est Filius tuus, speciale opus fuisti, o beatissima Virgo Maria, qui ad hoc te fecit, ut quod de primo opificio fuerat deformatum, per te reformaretur. Hic enim summus Opifex primo considerat angelicam naturam, quæ in parte ceciderat; et humanam, quæ corrupta erat; et corpoream inferiorem, quæ peccato hominis fuerat deterior effecta : sed ad hæc omnia fecit te Deus, Virgo Maria, sanctissimam, ut ex tuo superbenedicto fructu angelica natura repararetur, humana renovaretur, inferior a servitute liberaretur. (*De Contempl. B. V.* cap. 10.)

S. Bernardus : Merito in te respiciunt oculi totius creaturæ, quia in te, et per te, et de te benigna manus Omnipotentis, quidquid creaverat recreavit. (Serm. 2, *in Pentec.*)

XXIX Januarii.

B. Albertus Magnus : Quæ mulier habens drachmas decem, si perdiderit unam, nonne accendit lucernam, et evertit domum, et quærit diligenter donec inveniat? Mulier hæc est B. Virgo, habens in se omnem imaginem novem beatitudinibus angelorum, et una beatitudine hominis insignitam. Perdita est una culpa parentum. Ipsa autem accensa lucerna flammæ Deitatis in testa humanitatis, evertit totam domum, suprema infimis in utero suo sociando , nova veteribus commiscendo , æterna temporalibus ingerendo, incorruptibilia mortalibus uniendo, pretiosa vilibus imponendo : et sic quæsivit diligenter, donec drachmam perditam invenit, et regnum cœlorum redintegravit. (*In Luc.* cap. x.)

S. Birgitta : Sed quid de te dicam, o benedicta Maria, mundi tota salus ? Tu es illi similis, qui amico dolenti de perdita re, subito fecit videri quod perditum erat, quo mitigabatur dolor, creavit gaudium, et mens tota reaccendebatur lætitia. Sic tu, dulcissima Mater, ostendisti mundo Deum suum, quem homines perdiderant, genuistique eum in tempore, qui ante tempora genitus est, ex cujus nativitate cœlestia et terrestria sunt gavisa. Lib. IV *Revelat.* cap 75.)

S. Anselmus : Per fecunditatem tuam, Domina, mundus peccator est justificatus, damnatus, salvatus, exsul reductus. Partus tuus, Domina, mundum captivum redemit, ægrum sanavit, mortuum resuscitavit. (In *Orat. ad B. V.*)

XXX Januarii.

S. Bernardus : Quid dicebas, o Adam ? *Mulier, quam dedisti mihi, dedit mihi de ligno et comedi.* Verba malitiæ sunt hæc, quibus magis augeas quam deleas culpam. Verumtamen *Sapientia vicit malitiam* , cum occasionem veniæ, quam a Deus interrogando elicere tentavit, sed non potuit, in thesauro indeficientis pietatis suæ invenit. Redditur nempe femina pro femina, prudens pro fatua, humilis pro superba, quæ pro ligno mortis gustum tibi porrigat vitæ, et pro venenoso cibo illo amaritudinis dulcedinem pariat fructus æterni. Muta ergo iniquæ excusationis verbum in vocem gratiarum actionis, et dic : Domine, mulier, quam dedisti mihi, dedit mihi de ligno vitæ, et comedi : et dulce

factum est super mel ori meo, quia in ipso vivificasti me. O admirandam et omni honore dignissimam Virginem; o feminam singulariter venerandam, super omnes feminas admirabilem, parentum reparatricem, posterorum vivificatricem ! (Hom. 2 super *Missus est.*)

B. Albertus Magnus : Beatissima Domina, secundum Evangelium Joannis, dicitur Mater restitutionis omnium. Joan. 1 3, dicitur de ejus Filio : *Omnia per ipsum facta sunt.* Sic dicitur de ipsa : Omnia per ipsam refecta sunt, ut dicit Anselmus. Item ipsa est lux nostra, quæ post Deum *illuminat omnem hominem venientem in hunc mundum.* Item ipsa est claustrum humanitatis Filii Dei, in qua ut dicitur Joan. 1, 14, *Verbum caro factum est, et habitavit in nobis,* in quo Deus angelorum factus est, frater peccatoris. (In *B.bl. Marian.* Evang. secund. Joan. n. 1.)

S. Anselmus : O femina mirabiliter singularis, et singulariter mirabilis ! per quam elementa renovantur, inferna remediantur, dæmones conculcantur, homines salvantur, angeli reintegrantur. O femina plena et superplena gratia, de cujus plenitudinis exundantia respersa sic convirescit omnis creatura. (In *Orat. ad B. V.*)

XXXI Januarii.

S. Augustinus : His igitur præmissis, loquamur aliquid in laudibus sacratissimæ Virginis. Sed quid nos tantilli, quid actione pusilli, quid in ejus laudibus referemus, cum etsi omnium nostrum membra verterentur in linguas, eam laudare sufficeret nullus ? Altior cœlo est, de qua loquimur, abysso profundior, cui laudes dicere conamur. Hæc est enim quæ sola meruit Mater et Sponsa vocari : hæc primæ matris damna resolvit : hæc homini perdito redemptionem adduxit. Mater enim generis nostri pœnam intulit mundo, Genitrix Domini nostri salutem edidit mundo. Auctrix peccati Evæ, auctrix meriti Maria ; Eva occidendo obfuit, Maria vivificando profuit. Illa percussit, ista sanavit. Hæc enim mirabili atque inæstimabili modo omnium rerum et suum peperit Salvatorem. (Tom. X, serm. 85, in Append. *Serm. de divers.*)

S. Epiphanius : Hæc est quæ per Evam significatur, quæ per ænigma accepit, Mater viventium vocetur, etc. Ab illa Eva omnis hominum generatio genita est in terra. Hic vero vere a Maria hæc vita mundo genita est, ut viventem gigneret. Et facta est Maria Mater viventium. (*Hæres.*, 78.)

S. Anselmus : Genitrix meæ vitæ, animæ altrix, reparatrix carnis meæ, lactatrix Salvatoris totius substantiæ meæ ; sed quid dicam ? lingua mihi deficit, quia mens non sufficit : Domina, Domina, omnia intima mea sollicita sunt, ut tantorum beneficiorum tibi gratias exsolvant, etc. Quid, inquam, referam Genetrici Dei et Domini mei, per cujus fecunditatem captivus sum redemptus ; per cujus partum, de morte æterna sum exemptus ; per cujus prolem perditus sum restitutus, et de exsilio miseriæ in patriam beatitudinis reductus ? Benedicta tu in mulieribus. Hæc omnia mihi dedit benedictus fructus ventris tui. (In *Orat. ad B. V.*)

FEBRUARIUS.

S. MARIA VIRGO HUMILLIMA.

I Februarii.

S. Bonaventura : Mariæ humilitas non solum in verbo, sed etiam in facto declaratur : non solum in verbo regalis responsionis, sed in facto legalis purgationis : non solum in verbo, quo se humiliavit tanquam ancillam servitricem, sed etiam in facto, quo se humiliavit tanquam ream et peccatricem. Ipsa enim est Maria, de qua dicitur in Luca II, 22 : *Postquam impleti sunt dies*, etc. O dura et infelix superbia ! o superba et infelix duritia peccatoris ! ecce Maria absque omni peccato legem subiit purgationis, et tu miser plenus peccatis non vis legem subire satisfactionis ! (In *Spec. B. V.* lect. 4.)

Guarricus : Suscepit tamen Mater totius puritatis, purgationis legitimæ speciem : ut simul et obedientissimæ humilitatis virtutem, et Evangelicæ purificationis insinuaret veritatem. Ubi nunc ille qui tam fallaciter quam contumaciter præsumens de sanctitate, detrectat purgatoria pœnitentium remedia subire ? Esto quod sanctus sit : nunquid sicut sanctarum sanctissima, quæ Sanctum sanctorum peperit Maria ? Utinam, fratres mei, utinam nos illam haberemus humilitatem in peccatis nostris, quam sancti habuerunt in virtutibus suis ! (Serm. 1, *De Purif. B. V.*)

II Februarii.

S. Vincentius Ferrerius : Nota magnam humilitatem in Virgine Maria, quia dicit Evangelium hodiernum : *Ut facerent secundum legis consuetudinem pro eo ;* consuetudo enim legis erat, ut patet Levit. XII, quod quando post partum in quadragesimo die mulier veniebat ad templum, flexis genibus coram sacerdote dicebat : Ecce oblationem, offeratis pro me sacrificium, ut Deus remittat mihi peccata, quæ commisi concipiendo, etc., istam consuetudinem voluit Virgo Maria hodie servare, veniens ad templum dicens sacerdoti, etc., ut oraret pro ea. O maxima humilitas ! Sanctissima dicebat peccatori : Ora pro me. (*Serm. de Purific. B. V.*)

S. Ildephonsus : Intemerata Dei Genitrix quæ se noverat nihil legi debere, humilitatis tamen gratia legale voluit exsequi præceptum, adimplens illud Eccli. III, 20 : *Quanto major es, humilia te in omnibus.* (*Serm. de Purif. B. V.*)

B. Laurentius Justinianus : Supra legem illam fecerat gratia, sed sub lege humilitas : virile in se minime susceperat semen, et tamen veluti immunda legi voluit esse subjecta. (*Serm. de Purif. B. V.*)

III Februarii.

Guarricus abbas : O Mater immaculata, Mater

intacta, nonne tuæ tibi conscia es puritatis ? quia scilicet integritatem tuam, nec conceptus, nec partus violavit, sed sacravit ? Quare ergo tanquam muliebre aliquid in concipiendo vel pariendo sis passa, sic mundationis quæ muliebri provisa est infirmitati quæris remedia ? Sic, inquit (*Matth.* III, 15), *decet nos implere omnem justitiam :* ut quæ summæ Mater electa sum justitiæ, speculum quoque sim et totius exemplar justitiæ. Novi ego superbiam filiorum Evæ, quæ promptior est ad excusandum quam ad expurgandum commissa. Necessarium arbitror, ut vitiis originis antiquæ statim in initiis omnia novæ generationis occurrant exempla. Mater prævaricationis peccavit et excusat procaciter : Mater redemptoris non peccat, et satisfacit humiliter : ut filii hominum, qui de Matre vetustatis traducunt necessitatem peccandi, de Matre saltem novitatis trahant humilitatem purgandi. O filii hominum, tempus purgationis advenit, quando Mater summæ puritatis, de cujus purgatione dies festus est nobis, pariter et fontem edidit, et exemplum dedit nobis, quo debeamus purgari. Satius est, o fratres, et suavius fonte purgari quam igne. Prorsus qui fonte non fuerint modo purgati, igne habent purgari, si tamen purgari meruerint : quando scilicet Judex ipse quasi ignis conflans sedebit, conflans, et emundans argentum, et purgabit filios Levi. Nunc Christus aqua diluens, tunc ignis consumens. Modo fons patens in ablutionem peccatoris, et menstruatæ : tunc flamma sæviens, et ignis vorans usque ad medullas animæ. (Serm. 4, *De Purif. B. V.*)

IV Februarii.

S. Bruno : Multis ornamentis induta erat Virgo nostra : convenientius dicere potui Domina nostra, et Regina nostra, sed hoc unum præ cæteris rutilabat, quod Deum et Dominum respexisse dixit. Et hoc est fortassis quod in Canticis cantic. IV, 9, ad ipsam specialiter Dominus ait : *Vulnerasti cor meum, soror mea, sponsa ; vulnerasti cor meum in uno crine colli tui, et in uno oculorum tuorum.* Nusquam enim humilitas tam facile reprehendi potest, quomodo in collo et in oculis. Hoc enim humilium proprium est, ut inclinato collo et oculis ad terram deflexis incedant. Sicut e contra, superbi semper erecta cervice et superciliis elevatis gradiuntur. Unde et Moyses præcepit de turture et columba, quando immolantur, ut caput ad collum retorqueatur. Non recipit Deus sacrificia superborum : *Excelsus est, et humilia respicit, et alta a longe cognoscit.* (*Psal.* CXII, 6.) Quid sunt alta, nisi erecta et superba ? Et hæc quidem cognoscit Deus, sed quia per superbiam longe fiunt ab eo, respicere dedignatur. Unus igitur crinis, qui non erectus stat, sed humilis jacet, ipsa humilitas est, qua collum Virginis decoratur. Unum vero oculorum dixit, quia non de pluribus, sed de una virtute loquebatur. (*De ornat. Eccl.* cap. 5.)

V Februarii.

B. Albertus Magnus : Quælibet stella major est, quam esse videatur : ita etiam B. Virgo licet magni meriti esset apud Deum, per humilitatem tamen parva erat apud semetipsam. Unde legitur Luc. ı, quod cum angelus dixisset : *Ave, gratia plena ; Dominus tecum*, ipsa hæc audiens suadente humilitate turbata est, quasi diceret : Ego non sum digna quod sim vel dicar gratia plena, et quod Dominus sit mecum, et quia appeller inter mulieres benedicta. Hinc etiam cum angelus postmodum insinuaret ei, quod conceptura et paritura esset Dei Filium : ipsa tamen ab humilitate sua non recessit. Sed cum angelus omnem legationem suam adimplesset, respondit ei : *Ecce ancilla Domini.* Non dicit, ecce sponsa Patris, ecce Mater Filii, ecce sacrarium Spiritus sancti. Quod si dixisset, mentita non fuisset. Debemus etiam et nos imitari humilitatem B. Mariæ : ut videlicet per humilitatem parvi simus in oculis nostris, et sic magni erimus in oculis Dei. Unde dixit Samuel ad Saulem, I Reg. xv, 17 : *Nonne cum parvulus esses in oculis tuis, caput in tribubus Israel factus es, unxitque te Deus in regem super Israel ?* (*Serm De Nat. B. V.*)

VI Februarii.

S. Bonaventura : O mira et profunda humilitas Mariæ ! Ecce Mariam archangelus alloquitur ; Maria gratia plena dicitur, superventio Spiritus sancti promittitur, Maria in Matrem Domini assumitur, Maria jam omnibus creaturis anteponitur, Maria jam Domina cœli et terræ efficitur, et pro his omnibus non extollitur, sed in his omnibus mira humilitate deprimitur, dicens : *Ecce ancilla Domini.* Propter hoc bene ait Beda sic : Maria nequaquam se donis cœlestibus, quasi a se hæc essent, extulit : sed ut magis magisque donis apta esset divinis, in custodia humilitatis gressum mentis fixit. Hoc est contra multos, qui in prosperis et honoribus, qui in gratiis et virtutibus non humiliantur cum Maria et cum Christo, sed intumescunt cum Eva et Lucifero. (In *Spec. B. V.* lect. 4.)

S. Petrus Chrysologus : Ecce quam vocavit angelus Dominam, ipsa se recognoscit et confitetur ancillam, quia devotus animus infusis beneficiis ad obsequium crescit, et augetur ad gratiam, non ad superbiam intumescit, nec ad arrogantiam prosilit. (Serm. 142.)

VII Februarii.

S. Bernardus : Semper solet esse gratiæ divinæ familiaris virtus humilitas, Jac. ıv, 6 : *Deus enim superbis resistit, humilibus autem dat gratiam.* Humiliter ergo respondet, ut sedes gratiæ præparetur. *Ecce* (inquit) *ancilla Domini.* Quæ est hæc tam sublimis humilitas, quæ cedere non novit honoribus, insolescere gloria nescit ? Mater Dei eligitur, et ancillam se nominat. Non mediocris revera humilita-

tis insigne, nec oblata tanta gloria oblivisci humilitatem. Non magnum est esse humilem in abjectione ; magna prorsus et rara virtus, humilitas honorata. (Ser. 4. super *Missus est.*)

Dionysius Carthusianus : Sicut lilium est flos crescens in altum, et tamen repanda ac dependentia folia granaque aurea habens : sic amabilissima Virgo Maria crevit in omnium arcem virtutum, et nihilominus excellentiam suarum virtutum per humilitatem depressit : fide quoque, spe et charitate ac donis Spiritus sancti, tanquam aureis granis ornatissima exstitit. (*In cap.* ıı *Cantic.*)

VIII Februarii.

S. Ambrosius : Vide humilitatem, vide devotionem. Ancillam se dicit Domini, quæ Mater eligitur, nec repentino exaltata promisso est, etc.; mitem enim humilemque paritura, humilitatem debuit etiam ipsa præferre. (*In Lucæ cap.* ı, lib. ıı.)

S. Ildephonsus : Noverat enim B. Virgo, quia humilitas Deo semper placet : et ideo ex nuntio, cum salutatur, nihil altum de se sapit, nihil præsumit : sed tota humilis ad Deum intendit, cui totum deputat quod est, et quod audit. Quapropter et nos discamus Deo deferre : discamus de nobis humilia sentire semper in omnibus. Discamus humiliari, quia auctor vitæ ideo ad nos, cum esset Altissimus, humilis venit, ut nos humilitatem de se doceret magister veritatis. Quia si quis sine humilitate virtutes congregat, quasi qui in vento pulverem portat. Unde ait ipse in Evangelio, Matth. xı, 29 : *Discite a me, quia mitis sum et humilis corde.* Nec sine causa igitur præcipue mortales et fragiles humilitatem discere jubet, qui etiam in cœlis, ubi immortalis regnat, inter angelos humilia requirit. Unde David propheta ait, Psal. cxxxvıı, 6 : *Quis sicut Dominus Deus noster, qui in altis hab tat, et humilia respicit in cælo et in terra ?* (Serm. 3, *De Assumpt. B. V.*)

IX Februarii.

S Ildephonsus : B. Virgo in nullo de se præsumpsit, in nullo aliquid de se altum sapit, sed tota in Deo exsultat : totusque spiritus ejus in Deo gaudet, et tota ejus anima Dominum magnificat et collaudat. Nihil sibi attribuit meritorum. Nihil sibi de se applaudit, sed solummodo ea, quæ Dei sunt, requirit et sapit. Idcirco in illo tota exsultat, tota gaudet et lætatur, solam sibi vindicat humilitatem ancillæ. (Serm. 2, *De Assumpt: B. V.*)

S. Antoninus : Psalles ergo gloriosa B. Maria præcise Dei laudes canere studet, et hic ejus omnis finis et intentio. Et ideo dicit : *Magnificat anima mea Dominum.* Et nota quod non dicit Deum, non Sponsum, non Patrem, non Filium : quamvis quodlibet eorum dicere potuerit vere. Sed tantum dicit, *Dominum*, ut omni via proprias laudes fugeret, et divinis tantum intenderet. Si enim dixisset Deum, suam humilitatem tacuisset, quod fieri non poterat, cum ea usque ad redundantiam plena esset, et omni verbo, actu gestuque se humilem, id est, vilem prædicaret pro posse. Qui enim dicit Deum sui dicentis nullam conditionem exprimit, cum Deus non dicatur relative. Si dixisset Sponsum, multum se laudasset, si dixisset Patrem, vel Filium, æque laudis esset. Sed dicit Dominum, quod est relativum ad servum et ancillam. Et hoc nomen servus et ancilla, est nomen vilitatis, quamvis sit summa ingenuitas, in qua servitus Christi comprobatur, cui servire regnare est, reservans verbum angelo dictum : *Ecce* (scilicet) *ancilla Domini*, Dominum dixit. *Magnificat anima mea Dominum.* Et ex his duobus redditur famosa, quia tantum laudes Domini cecinit, et quia suæ humilitati semper studuit. (Part. iv, tit. 15, cap. 28, § 3.)

B. Albertus Magnus : Maria non tantum pro eo quod erat mundissima, sed potius pro eo quod erat humillima, meruit concipere Filium Dei, sicut per semetipsam testatur : *Respexit*, inquit, *humilitatem ancillæ suæ :* non ait castitatem, licet esset castissima, sed humilitatem. (Serm. 2, *De Nat. Dom.*)

X Februarii.

S. Hieronymus : Quid nobilius Matre Domini? quid splendidius ea, quam splendor elegit Paternæ gloriæ? quid castius ea, quæ Corpus Christi sine contagione corporis generavit? et tamen in ea solum humilitatem respexisse Dominum profitetur, quæ custos est cæterarum virtutum. (Epist. 10, *De Assumpt. B. V.*)

S. Bernardus : Quæ est ista Virgo tam venerabilis, ut salutetur ab angelo, tam humilis, ut desponsata sit fabro? pulchra permistio virginitatis et humilitatis : nec mediocriter placet Deo illa anima, in qua et humilitas commendat virginitatem? et virginitas exornat humilitatem. Sed quanta putas veneratione digna est, in qua humilitatem exaltat fecunditas, et partus consecrat virginitatem. Audis virginem, audis humilem ; si non potes virginitatem humilis, imitare humilitatem Virginis. Laudabilis virtus virginitas, sed magis necessaria humilitas. Illa consulitur : ista præcipitur. Ad illam invitaris, ad istam cogeris. De illa dicitur, Matth. xix, 12 : *Qui potest capere capiat ;* de ista dicitur, Matth. xviii, 3 : *Nisi quis efficiatur sicut parvulus iste, non intrabit in regnum cælorum.* Illa ergo remuneratur, ista exigitur. Potes denique sine virginitate salvari, sine humilitate non potes. Potest, inquam, placere humilitas sine virginitatem deplorat amissam : sine humilitate autem (audeo dicere) nec virginitas Mariæ placuisset. Isa. lxvi, 2 : *Super quem*, inquit, *requiescet Spiritus meus, nisi super humilem et quietum?* Super humilem dixit, non super virginem. Si igitur Maria humilis non fuisset, super eam Spiritus sanctus non requievisset, nec imprægnasset. Quomodo enim de ipso sine ipso conciperet? Patet itaque, quia ut de Spiritu sancto conciperet, sicut ipsa perhibet, *Respexit humilitatem ancillæ suæ* Deus, potius quam virginita-

tem. Etsi placuit ex virginitate, tamen ex humilitate concepit. (Serm. 1, super *Missus est.*)

XI Februarii.

S. Augustinus : O vere beata humilitas, quæ Deum hominibus peperit, vitam mortalibus edidit, cœlos innovavit, mundum purificavit, paradisum aperuit, et hominum animas ab inferis liberavit! o, inquam, vere gloriosa Mariæ humilitas, quæ porta paradisi efficitur, scala cœli constituitur! Facta est certe humilitas Mariæ scala cœlestis, per quam descendit Deus ad terras. *Quia respexit*, inquit, *humilitatem ancillæ suæ*, etc. Et quid est dicere *respexit*, nisi, comprobavit, placuit ei humilitas mea ? (Tom. X, in Append. serm. 83, *De divers.*)

S. Bernardus : Spiritus sanctus magnificavit in te facere duo opera, o Maria ! unum erat, dum dignam te fecit, quæ Dei Filium concipere posses et parere ; alterum, quando ex tua carne sancta et digna, carnem Filii Dei formavit : fecit proinde te magnam et castam : magnam plane fecit, ut Immensum caperes ; castam, quatenus digne contineres. Magnam te fecit humilitate, castam virginitate. Itaque tu sancta, tu es castellum, in quod Jesus intravit, habens turrim humilitatis (qui enim se humiliat, exaltabitur) et murum virginitatis. Murum certe fortissimum, quippe qui nec ante partum, nec in partu, nec post partum potuit violari. Lapides muri disciplina tua fuerunt et continentia, sine quibus nunquam constans est virginitatis murus, etc. Tu, Domina, virginitate et humilitate tua de cœlo eduxisti Filium Dei. (Serm. 4, super *Salve, Regina.*)

XII Februarii.

Richardus a S. Laurentio : Beata Virgo in tantum humilitate plena fuit, quod, quanto magis a Deo, ab angelis, et ab hominibus extollebatur, tanto magis a seipsa dejiciebatur. Nam cum in humani generis tota universitate singulariter a hoc eligeretur, ut fieret angelorum Domina, cœlorum Regina, hominum Advocata, mundi Imperatrix, Creatoris Mater et nutrix ; tamen in tantu se deposuit et dejecit, ut se nihil aliud dicere quam Dei ancillam. Volebat siquidem libere trans ire per foramen acus angustam, per quod n magnum transire potest. (Lib. iv, *De laudib. B. V*

S. Antoninus : Sicut omnia flumina intrant i mare, et mare non redundat; ita in Maria omn aquæ gratiarum, quæ fuerunt in aliis sanctis fluviis intraverunt in Mariam Virginem : et tam istud mare plenum omni gratia non redundav excedens limites in aliquam elationem vel jacta tiam. (P. iv, tit. 15, cap. 14, § 2.)

Guarricus abbas : O humilitas angusta sibi, a pla Divinitati, pauper et insufficiens sibi, sufficie ei, quem non capit orbis, copiose ac delici reficiens illum, qui et angelos pascit! *Super que* inquit. *requiescam nisi super humilem ?* In omni requiem quæsivi, sed apud humilem ancillam

veni ; non est inventa similis illi in gratia humilitatis, ideo in plenitudine humilitatis requievit
etiam corporaliter omnis plenitudo Divinitatis.
(Serm. 5, *De Assumpt. B. V.*)

XIII Februarii.

Hugo cardinalis : *Veritas de terra orta est.*
Veritas, id est, Christus, qui dicit, Joan. xiv, 6 :
Ego sum via, veritas et vita, de terra orta est, id
est, de beata Virgine, quæ dicitur terra propter
suam humilitatem. Terra enim est humilius elementum. Unde de ipsa dicitur Isaiæ xlv, 8 : *Aperiatur terra et germinet Salvatorem*, id est, appareat humilitas beatæ Virginis humiliter consen-
tientis verbis angelicis et dicentis, Luc. i, 38 ; *Ecce
ancilla Domini, fiat mihi secundum verbum tuum*, et
sic concipiat Salvatorem. (*In Psalm.* lxxxiv.)

S. Isidorus : Terra autem Mater Domini Virgo
Maria rectissime accipitur : de qua scriptum est :
Aperiatur terra et germinet Salvatorem. Quam ter-
ram irrigavit Spiritus sanctus, qui fontis et aquæ
nomine in Evangelio significatur. (*Commentar. in
Gen.* cap. iii)

Richardus a S. Laurent. : Hæc est terra promissionis, promissa Judæis, reddita Christianis, cujus
fructus ficus, uva et malogranatum. Per ficum
dulcedo Mariæ, per uvam dilectio ejus lætificans
ineffabiliter cor sibi devotorum, vel virtus orationum ejus, quæ Christum inebriant, et faciunt
oblivisci peccatorum nostrorum. Malogranatum
diversitas gratiarum, quibus facit nos socialiter et
charitative conversari. (Lib. viii, *De laud. B. V.*)

S. Bonaventura : Quid terra humilius? quid
terra utilius? Terram omnes sub pedibus habemus,
et de terra omnes vitam fovemus. Unde enim
victum et vestitum, panem et vinum, lanam et
linum, et hujus vitæ necessaria nisi de terra, et de
plenitudine terræ habemus? Quid ergo humilius,
quid utilius terra? Similiter quid humilius, quid
utilius Maria? Ipsa denique humilitate sua omnium
est infima. Ipsa plenitudine sua omnium est utilissima. (In *Spec. B. V.* lect. 7.)

XIV Februarii.

S. Antoninus : *Dum esset Rex* Dominus omnium
in accubitu suo, id est, in requie sua quasi dormire videretur, et non curare de salute humana,
omnes enim ad inferos descendebant, *nardus mea
dedit odorem suum.* Nardus est herba parva sed
multum medicinalis , et significat B. Virginem
humilem , quæ permaxime dedit odorem suæ
humilitatis, quando totam se Deo committens et
subjiciens ait : *Ecce ancilla Domini.* Qui odor usque
ad cœlum ascendit : et in cœlo accumbentem
quasi evigilare fecit, et in utero suo quiescere.
(Part. iv, tit. 15, cap. 21, § 2.)

Rupertus abbas : Quid enim est vel erat accubitus Regis, nisi cor vel sinus Patris, etc.? Dum ita
esset, nardus humilitatis meæ dedit odorem suum,
cujus odore delectatus descendit in uterum meum.

Summa aurea de B. V. Maria. IV.

Olim in Eva malo superbiæ fœtore offensus, et ob
hoc ab humano genere aversus fuerat : nunc autem
delectatus bono odore nardo humilitatis meæ sic
ad genus humanum conversus est. Propterea nardum meam, dico humilitatem meam, quia sicut
nardus herba aromatica, parvo quidem frutice vel
parva spica, nequaquam in altum se subrigit, sed
comosa atque odoratissima , flore optimi odoris
atque radicula suavi, multis usibus probatur utilis :
sic humilitas mea, suo quidem arbitrio vel judicio
parva res est, nimiumve exilis, sed judicio Regis
pretiosior est cunctis operibus legis. (Lib. i, *in
Cant.*)

XV Februarii.

S. Thomas a Villanova : Unicornis, Isidoro teste,
cum sit animal ferocissimum, et agile, nulla arte,
nulla industria capi potest, sed hac eum venatores
arte deludunt : opponunt ei virginem decoram ,
modo venusto ornatam, cujus decore ex natura
sua, ita capitur oculis, ut deposita feritate, velut
mansuetissimus agnus apud virginis pedes advolva-
tur, et se tractandum illi ludens, et benevolus
exhibeat : quæ dum leniter illi blanditur , collo
ejus laqueum furtive immittit, et a venatoribus
prope latentibus fortiter retinetur. Mira naturæ
vis, quæ feroci bruto puellarum gratiam sic conciliat. Quid mirum, si fortes viros enervet femina,
quæ ferocissimos unicornes sola pulchritudine
domat ? Quid enim Filio Dei similius quam filius
unicornium ? captus est et ipse amore Virginis, et
majestatis oblitus carneis vinculis irretitur. Unde
in Canticis quasi capturam suam prævidens, ex
amore ad Virginem clamat cap. vi, vers. 4 : *Averte
oculos tuos a me, quia ipsi me avolare fecerunt :*
avolare, inquam, a sinu Patris in uterum Matris,
a summo cœlo ad infimum limum. Et iterum
Cant. iv, 9 : *Vulnerasti cor meum, soror mea sponsa,
in uno oculorum tuorum, et in uno crine colli tui.*
Licet enim omnis hujus Puellæ venustas ei grata
fuerit, oculi tamen et crinis maxime se pulchritudine teneri vulnerarique fatetur : quia fides et
humilitas incarnationis opus in ea præcipue perfecerunt. Unde et a beata Elisabeth protinus de fide
laudata est ; et ipsa in cantico suam præcipue humilitatem commendat, dicens , Luc. i, 48 : *Quia
respexit humilitatem ancillæ suæ.* Oculus ergo fidem,
capillus humilitatem designat : quibus potentis Dei
Filio, Virgo maxime complacuit, illumque uno
capillo colli sui, licet fortissimum et potentissimum, fortiter alligavit. (Concio 4, in *Nativ. Domini.*)

XVI Februarii.

S Bernardinus Senensis : O ineffabilis humilitas
Creatoris ! o incogitabilis virtus Virginis Matris !
o incomprehensibilis altitudo mysteriorum Dei !
Una mulier Hebræa fecit invasionem in domo Regis
æterni, una puella, nescio quibus blanditiis, nescio
quibus violentiis decepit, et (ut ita dicam) vulne-

16

ravit et rapuit divinum cor et divinam sapientiam. Propterea conqueritur Dominus de B. Virgine, dicens : *Vulnerasti cor meum, soror mea sponsa, vulnerasti cor meum.* Ubi Gloss : Pro amore tuo carnem assumpsi, et vulneribus primis in cruce vulnerasti cor meum. Nam primogenita Filii sui fuit : plusque pro ea redimenda in mundum venit, quam pro omni alia creatura. Ex Virginis igitur carne Deus, flens dico, summam altitudinem vestivit humilitate , summam lætitiam vestivit pœnalitate, summam opulentiam vestivit paupertate, summam lucem vestivit tenebris, summum honorem vestivit opprobriis, summum amabile vestivit flagellis. (*Serm. de Nat. B. V.* art. unic., cap. 4.)

S. Thomas a Villanova : Hæc Virgo suis eum precibus traxit e cœlo ; hæc suis meritis et virtutibus, ut inquit Bernardus, cœlum invasit, et in sui amorem prophetæ cœlestis animum inclinavit, quem in sui uteri domicilium novem mensibus hospitavit. (*Concio de Partu Virginis.*)

XVII Februarii.

B. Albertus Magnus : Commendat eam etiam Salomon a fortitudine. Proverb. ult. : *Mulierem fortem quis inveniet,* sicut Mariam ? Tria sunt quibus fortitudo maxima appropriatur , scilicet Deus , mors et diabolus. Deum per humilitatem quodammodo superavit. Unde Gregorius , lib. xxxiv *Moral.* cap. 18 : « Quanta ergo humilitatis virtus est, propter quam solam veraciter edocendam, is qui sine æstimatione magnus est , factus est parvus usque ad passionem? » Item mortem, cui nemo mortalium resistere potest , superavit : quia per eam vita rediit. Item diabolum in nihilum cum omni ejus potestate redegit. Unde, Gen. iii, 15 : *Ipsa conteret caput tuum.* (In *Bibl. Marian.* Parabol. Salomon. n. 8.)

Rupertus abbas : *Vulnerasti cor meum in uno crine colli tui,* id est, in nimia humilitate cordis tui, quem videlicet crinem semper unum vidi, quam humilitatem semper uniformem et indeficientem esse conspexi. Quid uno crine gracilius, et quid humilitate subtilius? Quid crine flexibilius, et quid humilitate contractius? Crinis unus vix comparet, humilitas tua vix consentit quod computari possis inter homines. (Lib. iii, in *Cant.*)

XVIII Februarii.

S. virgo et mater Theresia : Humilitas e cœlo Filium Dei in purissimæ Virginis uterum descendere fecit, ut per eamdem, ipsum in animas nostras alliciemus. (In *Via perfect.* cap. 16.)

Richardus a S. Laurent. : Humilitas Mariæ Regem cœli attraxit ad terram , et, velut aquilam odore prædæ concupitæ illectam, carni immaculatissimæ copulavit. (Lib. i, *De laud. B. V.,* c. 5.)

B. Albertus Magnus : Ipsa est scala ascensionis de culpa ad gratiam , de mundo ad cœlum. Gen. xxviii, 12 : *Vidit Jacob in somnis scalam,* id

est, Mariam. Per eam enim descendit Filius Dei ad nos, et nos per eam ad eum. *Stantem super terram :* licet sedeat in throno, ad proficiendum tamen peccatoribus vicina est : *Et cacumen illius tangens cœlum* · quia, licet humillima sit, subtilissima tamen est in ipsam Trinitatem attingens. *Et angelos Dei ascendentes et descendentes per eam, et Dominum innixum scalæ,* ex ea carnem sumendo, nos per eam ad se trahendo. (In *Bibl. Marion.* Genes. n. 21.)

S. Proclus : Hæc sola pons est, per quem Deus ad hominem descendit. (*Serm. de Nativ. Dom.*)

S. Bernardus : Studeamus et nos, dilectissimi, ad ipsum per eam ascendere, qui per ipsam ad nos descendit : per eam venire in gratiam ipsius, qui per eam in nostram miseriam venit. (Serm. 2, *De Adventu Domini.*)

XIX Februarii.

S. Thomas a Villanova : Vide nunc, o anima devota, inspice Samsonem illum potentissimum, infirmatum, ligatum, et tonsum, in dilectæ suæ Dalilæ gremio recumbentem. Ubi nunc capilli, qui de capite ejus, id est, Divinitate profluunt ab æterno, in quibus virtus ejus tota consistit? ubi æternitas, immensitas, immutabilitas, infinitas et virtutes aliæ divinæ, quibus sacrum illud caput inundat? Tonsus est noster Samson, tondente se Dalila : non ejus crines evulsi sunt, sed detonsi : intus in capite radices manent, sed aliquando prodibunt. Sophon. iii, 8 : *Exspecta me,* inquit, *in die resurrectionis meæ.* Exspecta modicum, ut noster Samson adjungatur ad templi columnam, id est, fortissimam crucem : si enim exaltatus fuerit a terra, omnia trahet ad seipsum, et morietur Samson, et simul omnis æmulatio dissolvetur : plures enim moriendo, quam vivendo prosternet, et in morte quam in vita potentior apparebit. O sacram Dalilam! o felicissimam Virginem, quæ fortissimum alligasti, et omnipotentem Deum, nostris commodis infirmasti : quam læta, quam jucunda de Samsone triumphas? quis tuam valeat explicare lætitiam? quis tuos possit gaudiorum fluctus exprimere, cum Deum ac Creatorem gremio foves, pannis involvis, uberibus pascis, osculis et amplexibus lenis. (Conc. 4, *in Natali Domini.*)

XX Februarii.

S. Bonaventura : Si omnis humilis est quædam Dei vallis, juxta illud Isaiæ, xl, 4 : *Omnis vallis exaltabitur :* quanto magis vallis fuit Maria, quæ tanta fuit humilitate profunda? Quid mirum, si ipsa fuit vallis vallium, quæ fuit humillima humilium? O quantis hæc vallis benedicta benedictionibus est exaltata pro humilitate sua tam profunda ! etc. Vallis quanto humilior, tanto receptibilior est aquarum : sic et Maria gratiarum. (In *Specul. B. V.* lect. 15.)

Dionysius Carthus. : Maria est lilium convallium, id est , proles fecundissima suorum parentum humilium, a quibus velut speciosissimum lilium est exorta. (*In Cant.* cap. ii.)

Divus Antoninus : De Maria figurate dicitur sub nomine Esther reginæ, quæ *humilis* interpretatur : *Fons parvus crevit in flumen maximum.* (*Esth.* x, 6.) Fons dicitur propter abundantem gratiam et ori̩nem ejus, quia ex ea Christus, unde nobis omnibus misericordia et gratia influxit. Parvus dicitur propter humilitatem, propter quam crevit in flumen maximum, quando scilicet nobis genuit Dominum Jesum Christum. (P. iv, tit. 15, cap. 15, § 1.)

S. Maximus : Illum inspiciamus versiculum, in quo ait, Psal. xxi, 7 : *Ego sum vermis, et non homo.* Cur totius Dominus creaturæ vermiculo se voluerit comparari ? Possumus hoc quidem humilitati primitus assignare, quæ sanctorum virtus est maxima, sicut sanctus Moyses ante Deum animal se irrationabile profitetur ; David pulicem se sæpe commemorat : sed magis illud accipiendum puto, quoniam vermis nulla extrinsecus admistione alieni corporis, sed de sola et pura terra procreatur, ideo illum comparatum Domino, quoniam et ipse Salvator de sola et pura Maria generatur. Legimus etiam in libris Moysi, de manna vermiculos procreatos : digna plane et justa comparatio : siquidem de manna vermiculus gignitur, et Dominus Christus de Virgine procreatur : quin potius ipsam Mariam manna dixerim. (*Hom. Dominica in ramis Palmarum.*)

XXI Februarii.

S. Bernardinus Senensis : Non est credendum, quod ad recipiendum Filium Dei in carne sua existimaret se dignam. Nam gratia sanctificationis prædictæ, quæ eam omni virtute replevit, sic a principio mentem ejus in abysso humilitatis fundavit, quod sicut nulla post Filium Dei creatura tantum ascendit in gratiæ dignitatem, sic nec tantum descendit in abyssum humilitatis profundæ : nec insuper alicui pure creaturæ in hoc sæculo est datum, tantum degustare nihilum creaturæ : nec tantum se humiliare et annihilare sub volito Majestatis divinæ, sicut ipsi Virgini benedictæ. (*Serm. de Conc. B. V.* art. 1, cap. 3.)

S. Bernardus : O Virgo virga sublimis, in quam sublime verticem sanctum erigis, usque ad sedentem in throno, usque ad Dominum Majestatis. Neque enim id mirum, quoniam in altum mittis radices humilitatis. (Serm. 2, *De Adventu Dom.*)

Idem, in *Deprecat. ad B. V.* : Nunquam enim super omnes angelos glorificata ascendisses, nisi prius infra omnes homines humiliata descendisses.

XXII Februarii.

B. Albertus Magnus : Ad commoditatem domus pertinent cœnaculum et lectus, mensa, sella et candelabrum : quæ præ omnibus domibus in utero sunt beatæ Virginis. Et hoc significatum est IV Reg. iv, ubi dicitur, quod mulier magna recepit Eliseum prophetam : et cum frequenter transiret

per eam , fecit ei cœnaculum parvum, et posuit in eo lectum, et mensam, et sellam, et candelabrum : ut veniens requiesceret ibi et reficeretur. Hæc mulier magna dignitate, beata Virgo est. Eliseus propheta potens in opere et sermone, Dominus prophetarum Christus est. Mulier ergo hæc magna ad recipiendum istum in utero prophetam cœnaculum fecit : apothecam videlicet sancti corporis sui, in qua omnium cibus inveniretur sanctorum repositus. Psal. cxliii : *Promptuaria* enim ejus *plena, eructantia ex hoc in illud.* Gen. vi : Collegit *ex omnibus quæ* esu spirituali *mandi possunt :* ut sint tam *sibi* quam *aliis in cibum :* et reposuit in hac arca apud se. Hoc autem cœnaculum licet omnium contineat gratiarum et virtutum abundantiam et Verbi Dei : tamen parvulum est per humilitatem, et intrare per ostium ejus non potest nisi humilis. (*In Luc.* cap. x.)

XXIII Februarii.

S. Augustinus : Eva propter superbiam creaturam Dei se esse et opus Dei non considerans, Deo parificari voluit : Maria autem suo Factori humiliter se subdens, ancillam se nominavit. Et idcirco illa abjecta, et hæc electa est. Superbam despexit, et humilem respexit. Id quod superba perdidit, humilis recepit. (Expos. super *Magnific.*)

S. Irenæus : Maria Virgo obediens invenitur. dicens, Luc. i, 58 : *Ecce ancilla Domini, fiat mihi secundum verbum tuum.* Eva vero inobediens : non obaudivit enim adhuc cum esset virgo, etc. Sicut Eva inobediens facta, et sibi et universo generi humano causa facta est mortis, sic et Maria Virgo obediens, et sibi et universo generi humano causa facta est salutis. (*Adversus Hæreses,* lib. iii, cap. 35.)

Idem, *ibid.* lib. v, cap. 10 : Et sicut illa seducta est ut effugeret Deum, sic hæc suasa est obedire Deo, uti virgini Evæ Virgo Maria fieret advocata.

B. Laurentius Justinianus : O præclara sanctissimæ mulieris hujus constantia ! o fides inconcussa super humilitatis petram fundata ! Plenam oraculo angelico Maria præbuit fidem, sciens omnia Deum posse, cum vult. (*Serm. de Annunt. B. V.*)

Theophylactus : *Fiat mihi secundum verbum tuum.* Tabula sum pictoria, pingat pictor quod voluerit, faciat Deus quod voluerit. (*In Luc.* cap. i.)

S. Augustinus : O felix obedientia, o insignis gratia, quæ dum fidem humiliter dedit, cœli in se Opificem incorporavit ! (Tom. X, serm. 2, *De Annunt.*)

XXIV Februarii.

S. Bernardus : Decor animæ est humilitas, etc.: verum in eo, qui graviter peccavit, etsi amanda, non tamen adeo admiranda humilitas : at si quis innocentiam retinet et nihilominus humilitatem jungit, nonne is tibi videtur geminum animæ possidere decorem ? Sancta Maria sanctimoniam non amisit, et humilitate non caruit : et ideo concupivit

Rex decorem ejus, quia humilitatem innocentiæ sociavit. (Serm. 45, in Cant.)

B. Thomas a Villanova : Ecce qualis et quanta sit Maria, quam sibi in Matrem, et cunctis sæculis in exemplum elegit Altissimus. Sed cum talis ac tanta esset, nunquid superbiæ vel modicum in ea unquam vestigium repertum est? Imo quo cæteris dignitate et gratia sublimior, eo propria æstimatione humilior invenia est. Prodigiosa humilitas, tantæ agglomerata virtuti ! Cum enim peccator pondere peccatorum oppressus humiliat se, hæc non tam humilitas, quam veritas dicenda est : sed gratia super gratiam, decor super decorem, humilitas in virtute. Unde in Canticis, 1, 14 : Ecce tu pulchra es, amica mea, ecce tu pulchra. Geminata pulchritudo, humilitas in puritate, puritas cum humilitate. (Conc. 2, De Annunt. B. Virginis.)

S. Joannes, 44 episc. Hierosol. : Per hoc namque quod puer Eliæ vidit de mari nubeculam parvam oriri, revelavit Deus Eliæ, quod quædam infantula, scilicet B. Maria, per illam nubeculam significata, et instar illius nubeculæ per humilitatem parva nasceretur de humana natura peccatrice, designata per mare. Quæ infantula jam suo ortu esset munda ab omni peccatorum sorde : quemadmodum nubecula illa fuit de mari amaro, sine tamen aliqua amaritudine. (De instit. monach. cap. 52.)

XXV Februarii.

S. Bonaventura : O vere admiranda humilitas! Ecce non solum Domini ancilla, sed etiam servorum Domini ancilla quodammodo dignatur esse Maria. Ipsa namque signata est per illam Abigail, pro qua adducenda cum David nuntios misisset, respondit, I Reg. xxv, 41 : Ecce famula tua sit in ancillam, ut lavet pedes servorum domini mei. Per benedictam ancillam Mariam quasi tot servi Domini loti sunt, quot fideles ejus suffragiis a peccatis mundati sunt. Ipsa enim quasi tot servorum Domini pedibus aquam obtulit, quot pœnitentibus lacrymas compunctionis obtinuit. (In Specul. B. V. lect. 10.)

S. Antoninus : Quia decebat B. Virg nem excellentissime cunctas habere virtutes, et in ipsis transcendere cunctos etiam angelos, se humilem fatetur, et ancillam, dicens : Respexit humilitatem, etc. Tanta denique humilitate nullus usus est angelorum. Interrogantibus enim quod esset nomen ipsius, respondit unus ex illis, Judic. xIII, 18 : Cur quæritis nomen meum : quod est Admirabile ? neque ille qui dixit, Tob. v, 18 : Sum Azarias Ananiæ Magni filius : qui sui magnum conceptum in mentis conceptu formavit. Non simili usi sunt Abraham dicens, Gen. xvIII, 27 : Sum pulvis et cinis ; aut Job aiens cap. vII, vers. 7 : Ventus est vita mea ; vel David protestans (I Reg. xxiv, 15) quod esset canis mortuus et unus pulex ; sive Baptista, qui fassus est se esse labilem vocem. Nam hi omnes dixerunt id quod erant et non minus : hæc autem multo minus quam sit. Quantum enim distat inter se Regina cœlorum et ancilla? (Part. III, tit 51, cap. 3.)

XXVI Februarii.

S. Augustinus : Non est prætereunda, fratres, tam sancta modestia Virginis Mariæ, etc. Meruerat parere Filium Altissimi, et erat humillima : nec se marito, nec in ordine nominis præferebat : ut diceret, Ego et pater tuus : sed, Pater tuus, inquit, et ego. Non attendit sui uteri dignitatem ; sed attendit ordinem conjugalem. (Serm. 63, De diversis, cap. 11.)

S. Bernardus : O si scires, Maria, quantum tua humilitas Altissimo placeat, quanta te apud ipsum sublimitas maneat, angelico te indignam nec alloquio judicares nec obsequio. Ad quid enim indebitam tibi dixeris gratiam apud Deum? Invenisti quod quærebas, invenisti quod nemo ante te potuit invenire, invenisti gratiam apud Deum : quam gratiam? Dei et hominum pacem, mortis destructionem, vitæ reparationem. Hæc est ergo gratia, quam invenisti apud Deum, et hoc tibi signum : Ecce concipies et paries filium, et vocabis nomen ejus Jesum. Intellige, prudens Virgo, ex nomine Filii promissi, quantam et quam specialem gratiam inveneris apud Deum. (Hom. 3, super Missus est.)

Richardus a S. Laurent. : Gratia plena, merito humilitatis, quæ erat quasi vas vacuum, et ideo meruit impleri, etc. Humilitas enim sensus est propriæ vacuitatis, sicut dicit Augustinus, vasa vero vacua replet oleo gratiæ verus Eliseus, IV Reg. iv, et ideo Maria, quæ vas vacuum exhibuit, illud plenum meruit reportare. (Lib. 1, De laud. B. V.)

XXVII Februarii.

S. Bernardus : Cum Maria, quanto major erat, humiliaret se non modo de omnibus, sed et præ omnibus, merito facta est novissima prima, quæ prima cum esset omnium, sese novissimam faciebat. Merito facta est omnium Domina, quæ se omnium exhibebat ancillam. Merito denique super angelos exaltata est, quæ et infra viduas et pœnitentes, infra eam, de qua ejecta fuerunt septem dæmonia, ineffabili sese mansuetudine inclinabat. Obsecro vos, filioli, æmulamini hanc virtutem. Si Mariam diligitis, si contenditis ei placere, æmulamini modestiam ejus, nihil enim tam idoneum homini, nihil tam congruum Christiano, maximeque monachum nihil adeo decet. Et quidem manifesta satis in Virgine, ex hac ipsa mansuetudine virtus humilitatis elucet. Nimirum collectaneæ sunt humilitas et mansuetudo, in eo confœderatæ germanius, qui dicebat, Matth. xi, 29 : Discite a me, quia mitis sum et humilis corde. (Serm. super Sign. magnum.)

S. Ildephonsus : Humilitas custos reliquarum virtutum est : et ideo venerabilis Virgo, quia virtutes multas aggregaverat, custodem earum humilitatem in animo ferebat. (Serm. 37 De Assumpt. B. V.)

XXVIII Februarii.

B. Albertus Magnus : Maria est, quam super omnem creaturam Deus allocutus est, Cant. vIII, 8 : Soror *nostra*, scilicet Maria, *parvula est*, scilicet per humilitatem , sed maxima per dignitatem. *Ubera non habet*, scilicet concupiscentiæ et luxuriæ, sed gratiæ et misericordiæ. Ergo, *quid faciemus sorori nostræ*, fidelissimæ, verecundissimæ, in die annuntiationis, *quando alloquenda est ?* per angelum exterius, ac per annuntiationem a tota Trinitate interius ad Filii Dei receptionem , ad hominum reconciliationem, ad inferni clausionem, ad cœli reserationem, ad æternam diaboli conculcationem. (In *Bibl. Marian.* lib. Cant. n. 15.)

S. Bernardus : Pudibunda fuit Maria, ex Evangelio id probamus ; ubi enim aliquando loquax, ubi præsumptuosa fuisse videtur ? Foris stabat quærens loqui Filio, nec materna auctoritate aut sermonem interrupit, aut in habitationem irruit, in qua Filius loquebatur ; in omni denique textu Evangel orum nonnisi quater Maria loquens auditur. (Serm. super *Sign. magn.*)

Idem, Serm. 4, *De Assumpt. B. V.*: Quanta vero et quam pretiosa humilitatis virtus cum tanta puritate, cum innocentia tanta, cum conscientia prorsus absque delicto, imo cum tantæ gratiæ plenitudine ! Unde tibi humilitas et tanta humilitas, o beata ? Digna plane quam respiceret Dominus, cujus decorem concupisceret Rex, cujus odore suavissimo ab æterno illo Paterni sinus attraheretur accubitu.

XXIX Februarii.

Joan. Lanspergius : Eia, beatissima Virgo, desiderabilissima, et quam post Deum amare cupit anima mea. Eia, potentissima ad impetrandum, cui nihil negatur ; impetra mihi illuminationem cordis mei, ad vere cognoscendam, et detestandam omnem pravitatem , vilitatem , et nihileitatem meam : ut ex animo meipsum despiciam, odiam, et ab omnibus despici, confundi, conculcari, et vilissimus reputari cupiam, et absque ulla perturbatione sustineam, et diligam. O Mater piissima, impetra mihi profundissimam humilitatem : obsecro te per omnem cordis tui pietatem, impetra mihi perfectam paupertatem spiritus, qua meipsum , et omnia extra Deum contemnam, illi soli placere gestiam. Ah ! misericordissime Jesu, audi, quæso, et exaudi me per humilitatem Matris tuæ. Amen. (Theoria 18.)

MARTIUS.

S. MARIA MARTYRUM REGINA.

I Martii.

S. Bernardus : Martyrium sane Virginis tam in Simeonis prophetia, quam in ipsa Dominicæ passionis historia commendatur : *Positus est hic* (ait sanctus senex de parvulo Jesu [*Luc.* II, 34]) *in signum ui contradicetur, et tuam ipsius animam* (ad Mariam autem dicebat) *pertransibit gladius*. Vere uam, o beata Mater, animam gladius pertransivit. Alioquin nonnisi eam pertransiens, carnem Filii tui enetraret. Et quidem postea quam emisit spiritum

tuus ille Jesus (omnium quidem sed specialiter tuus), ipsius plane non attigit animam crudelis lancea, quæ ipsius (nec mortuo parcens, cui nocere non posset) aperuit latus, sed tuam utique animam pertransivit. Ipsius nimirum anima jam ibi non erat, sed tua plane inde nequibat avelli. Tuam ergo pertransivit animam vis doloris, ut pius quam martyrem non immerito prædicemus, in qua nimirum corporeæ sensum passionis excesserit compassionis affectus. Annon tibi plus quam gladius fuit, sermo ille revera pertransiens animam, et pertingens usque ad divisionem animæ et spiritus, Joan. xix, 26 : *Mulier , ecce filius tuus?* (Serm. sup. *Sign. magn.*)

S. Anselmus : Vere pertransivit animam tuam gladius doloris, qui tibi amarior fuit omnibus doloribus cujusvis passionis corporeæ : quidquid enim crudelitatis inflictum est corporibus martyrum leve fuit, aut potius nihil comparatione tuæ passionis, quæ nimirum sua immensitate transfixit cuncta penetralia tua, tuique benignissimi cordis intima. (*De excellent. B. V.* cap. 5.)

II Martii.

S. Hieronymus : Alii sancti etsi passi sunt pro Christo in carne, tamen in anima (quia immortalis est) pati non potuerunt. Beata vero Dei Genitrix quia in ea parte passa est, quæ impassibilis habetur, ideo (ut ita fatear) quia spiritualiter et atrocius passa est gladio passionis Christi, plus quam martyr fuit : unde constat, quia plus omnibus dilexit ; propterea et plus doluit, in tantum, ut animam ejus totam pertransiret et possideret vis doloris, ad testimonium eximiæ dilectionis. Quæ quia mente passa est, plus quam martyr fuit, nimirum et ejus dilectio amplius fortis quam mors fuit, quia mortem Christi suam fecit. (Epist. 10, *Ad Paulam et Eustoch. De Assumpt. B. V.*)

Richardus a S. Laurentio : Ipsa fuit martyr in anima, et gladius doloris, qui pertransivit animam ejus in Unigeniti passione, pro amarissimo ei martyrio computatur. Voluit siquidem Filius, ut omni sanctorum speciositati participaret Mater sua, imo universam sanctorum pulchritudinem excederet. Et sicut appellatur Virgo virginum, ita et martyr martyrum debet appellari, quia quidquid in Virgine operabatur , novum erat, etc. Placuit Filio, ut gloriosior martyr exsisteret, et mirabiliter appareret, ut novo et inaudito genere martyrii decoraretur. (Lib. III, *De laud. B. V.*)

III Martii.

S. Ildephonsus : B. Virgo clarissima inter virgines, candidior inter martyres. Quia, etsi illi martyrio coronati, dealbarunt stolas suas, et candidas eas fecerunt in sanguine Agni , nihilominus hæc beata et venerabilis Virgo candidior digne prædicatur : eo quod etsi corpora martyrum pro Domino supplicia pertulerunt, nihilominus hæc admirabilis Virgo in anima passa teste Domino comprobatur. Ait enim Simeon, vel Dominus ad eam, Luc. II, 35 : *Et tuam ipsius animam pertransibit gladius.* Quod si gladius usque ad animam pervenit, quando ad crucem stetit, fugientibus apostolis, cum videret Dominum pendentem, etiam plus quam martyr fuit : quia in animo non minus amoris quam mœroris est intus gladio vulnerata. Parata enim stetit, si non deesset manus percussoris. (Serm. 2, *De Assumpt. B. Virginis.*)

B. Amedeus : Sciendum itaque duo esse genera martyrii, unum in manifesto , aliud in occulto. unum patens, aliud latens, unum in carne, aliud in spiritu, etc. Puto advertimus ex his quod mentis martyrium, carnis tormenta excedat. Hoc itaque patiendi genere Gloriosa triumphans, quanto cunctis vicinior, tanto cunctis gloriosior, venerandæque cruci Dominicæ Passionis inhæsit, hausit calicem, bibit sanguinem, et torrente doloris potata, nulli unquam similem potuit perferre dolorem. Currit post Jesum non tantum in odore unguentorum, sed in multitudine dolorum. Non solum in gaudio consolationum , verum et in abundantia passionum. (Hom. 5, *De laudib. B. V.*)

IV Martii.

Rupertus abbas : Nolite solam attendere horam, vel diem illam, in qua vidi talem dilectum ab impiis comprehensum male tractari, scilicet illudi, spinis coronari, flagellari, crucifigi, felle et aceto potari, lanceari, mori et sepeliri. Nam tunc quidem gladius animam meam pertransivit : sed antequam pertransiret, longum per me transitum fecit. Prophetissa namque eram, et ex quo Mater ejus facta sum, scivi eum ista passurum. Cum igitur carne mea taliter progenitum, talem filium sinu meo foverem, ulnis gestarem, uberibus lactarem, et talem ejus futuram mortem semper præ oculis haberem, et prophetica mente præviderem, qualem, quantam, quam prolixam me putatis materni doloris pertulisse passionem? Hoc est quod dico: *Fasciculus myrrhæ dilectus meus mihi.* (In I Cant.)

Richardus a S. Laurentio : *Fasciculus myrrhæ,* id est multarum amaritudinum congregatio, colligata vinculo tenacis memoriæ. Et iste fasciculus *commorabitur inter ubera mea,* id est in corde meo quod est inter ubera conclusum, quia non possum ei non compati, non possum ei non commori quem genui, quem lactavi, qui pro me tot amaritudines toleravit (Lib. IV, *De laud. B. Virginis.*)

Hailgrinus : Mens tua, o Maria, et cogitationes tuæ, tinctæ in sanguine Dominicæ passionis, sic effectæ semper fuere, quasi recenter viderent sanguinem de vulneribus profluentem. (*In cap. VII Cant.*)

V Martii.

S. Birgitta : Verissime credendum est, quod quando Virgo Dei Filium, postquam eum peperit, primo suis manibus tractare cœpit, subito ipsius menti occurrit, qualiter ipse prophetarum Scripturas adimplere debebat. Recolligens quoque Virgo

sui Filii parvuli manus, et pedes leniter in fascia, recordabatur quam duriter ferreis clavis debebant perforari in cruce. Aspiciens quippe faciem ejusdem Filii sui speciosi forma præ filiis hominum, meditabatur quam irreverenter ipsam impiorum labia suo sputo debebant maculare. Revolvebat etiam ipsa Mater sæpius in animo, quantis alapis maxillæ ejusdem sui Filii cæderentur, quantisque opprobriis et contumeliis ejus benedictæ aures replerentur. Modo considerans qualiter ipsius oculi, ex proprii cruoris influxu caligarent, modo qualiter ipsius ori acetum felle admistum infunderetur. Modo ad mentem reducens, qualiter ipsius brachia funibus ligari oportebat, nervos etiam et venas, omnes compagines, quomodo immisericorditer in cruce debebant extendi; præcordia ejus in ipsa morte contrahi, totumque ipsius corpus gloriosum, qualiter intus et foris omni amaritudine et angustia usque ad mortem oportebat cruciari. Sciebat enim Virgo, quod exhalato in cruce spiritu, ipsius Filii latus lancea acutissima perforaret, et ipsius cor per medium transfigeret. Unde sicut omnium matrum erat lætissima, quando Dei Filium jam de se natum videbat, quem vere sciebat verum Deum, et hominem exsistere, mortalem quidem in humanitate, sed in Deitate æternaliter immortalem, ita etiam omnium matrum mœstissima, ex ipsius amarissimæ Passionis præsentia. Per talem enim modum ejus maximam lætitiam supergravissima comitabatur mœstitia, ac si alicui mulieri parturienti ita diceretur : Filium peperisti vivum et omnibus membris sanum, sed pœna illa, quam in partu habuisti, usque ad mortem perdurabit. Et illa hæc audiens de suæ prolis vita, et sospitate gauderet, de passione vero et morte propria tristaretur. (In *Serm. Angel.* cap. 18.)

VI Martii.

S. Bernardus : B. Virgo amaro corde opprobriosam Passionem dilecti Filii sui revolvebat, modo sputa, modo ludibria, modo colaphos, modo alapas et flagella, modo crucis angariam, mod[o] dira clavorum vulnera, modo lanceam, modo co[ro]nam spineam, modo aceti et fellis pocula, ver[ber]a, et improperia, modo mortem, mortem au[tem] crucis. Hæc autem cogitando plorabat. (*D[e] lament. B. V.*)

B. Laurentius Justinianus : Clarissimum Pa[s]sionis Christi speculum effectum erat cor Virgin[is] necnon et perfecta mortis imago. In illo agnosc[e]bantur sputa, convicia, verbera, et Redempto[ris] vulnera. Conversum erat gaudium in luctum, qu[æ] in mœstitiam lætitia salutaris. Jam juxta [Si]meonis vaticinium Passionis gladius ipsius p[er] transierat animam. Jamque cum exstincto F[ilii] corpore spiritualiter exspiraverat. Supererant [in] ... men lacrymæ ac mœror : quatenus mortua vi[ve]ret, et vivendo moreretur. Talis erat tunc Ma[triss] sanctæ status : talis Passionis illius conflict[us]

Sicut cæteros præcellebat gratia, sanctitate et merito, ita dolore, cruciatu et pœna. (*De triumphali Christi agone*, cap. 21.)

VII Martii.

Hailgrinus Mariam ita loquentem inducit : Pontifices, Scribæ et Pharisæi, qui ex officio debebant custodire civitatem, apprehenso vero custode Filio meo, invenerunt me in ipso ; percutientes eum percusserunt me, et vulnerantes eum vulneraverunt me. (*In Cant.* cap. v.)

S. Bernardus : Vulnera Christi morientis, erant vulnera Matris dolentis. Dolores sævi fuerunt tortores in anima Matris. Mater erat laniata morte chari pignoris. Mente Mater erat percussa cuspide teli, quo membra Christi, servi foderunt iniqui. (*De lament. B. V.*)

B. Albertus Magnus : In luna, id est, in beata Virgine factum est signum miserabile, quia scilicet conversa fuit ·in sanguinem. Hoc etiam prædixit Joel, II, 31 : *Luna*, inquit, *convertetur in sanguinem*. Tunc autem beata Virgo conversa fuit in sanguinem, quando intellexit dulcissimum Filium suum traditum, et captum, et colaphizatum, et consputum, et ad crucis martyrium postulatum. Tunc vero tota luna facta est ut sanguis, quando assistens cruci vidit Filium caput spinis laceratum, et dorsum, et omne corpus sanguine cruentatum. Cum etiam vidit manus ejus crudeli lancea transfigi ; et postremo latus ejus crudeli lancea transfigi ; quis sufficienter explicare poterit, quantos dolores tunc sustinuit Virgo Maria? (*Serm. in Dominica* II *Advent.*)

VIII Martii.

S. Birgitta : Videns Mater Filium corona spinea derisum, suamque faciem sanguine rubricatam, et ejus maxillas ex magnis alapis rubicundas, gravissimo dolore ingenuit, tunc suæ maxillæ præ dolorum magnitudine cœperunt pallescere. Sanguine quippe Filii in ejus flagellatione per totum ipsius corpus defluente, innumerabilium aqua lacrymarum de Virginis oculis decurrebat. Videns deinde Mater suum Filium in cruce crudeliter extendi, in omnibus sui corporis viribus cœpit tabescere. Audiens vero malleorum sonitum quando Filii manus et pedes ferreis clavis perforabantur, tunc omnibus Virginis sensibus deficientibus ipsam in terram velut mortuam doloris magnitudo prostravit. Judæis autem felle et aceto ipsum potantibus, anxietas cordis, ita linguam et palatum Virginis exsiccavit, quod labia sua benedicta ad loquendum tunc movere non valuit. Audiens quoque postmodum illam flebilem Filii vocem, in mortis agone dicentem, Matth. XXVII, 46 : *Deus meus, Deus meus, utquid me dereliquisti ?* videns deinde, quod omnia ejus membra obriguerunt, et inclinato jam capite spiritum exhalabat, tunc doloris acerbitas ita cor Virginis suffocavit, quod nullus sui corporis articulus moveri videbatur. (In *Serm. Angel.* cap. 18.)

IX Martii.

S. Bernardinus Senensis : Maria interpretatur *amarum mare*. Maris quippe amaritudo ad litteram est per solis fervidam in ipso incidentiam partes subtiliores sublevantis et extrahentis : necnon et partes terrestres relictas adurentis, et per consequens amaricantis. Proinde in amaritudine maris tria notari possunt : primum, dulcis ab amaro separatio ; secundum, partium relictarum adustio; tertium, adustarum ad invicem permistio. Profecto beata Virgo fuit in Passione Filii sui amarum mare, quia ibi fuit dulcissimi Filii subtractio, relictæ partis adustio, omnium amaritudinum admistio. (Serm. 2, *De SS. nomine Mariæ*.)

S. Antoninus : Maria mare amarissimum fuit in Passione Filii. Nam, ut ait Damascenus, partus dolores fuerunt ei reservati. In partu igitur naturali peperit sine dolore Salvatorem, imo cum summo gaudio. Sed in partu spirituali, cum scilicet parturivit nos Deo, *Attendite et videte*, ait (*Thren.* I, 12), *si est dolor sicut dolor meus !* Sicut ergo primo partu dicitur Maria quasi stella maris : quia sicut sidus radium profert, Virgo Filium pari forma sine dolore, sine corruptione : sic in secundo partu dicitur Maria mare amarum, ubi scilicet Mater misericordiæ adfuit Patri misericordiarum in opere summæ misericordiæ : et dolorem passionis secum sustinuit. Nam ipsius animam pertransivit gladius doloris immensi excedentis omnem martyrum dolorem, ut ait S. Bernardus. Et sic adjutrix facta est nostræ redemptionis, et Mater nostræ spiritualis generationis. ‚ (Part. IV, tit. 15, cap. 14, § 2)

X Martii.

Joan. Lanspergius : Voluit Christus astare sibi Matrem, quo et sua Passio sibi gravior ex compassione et præsentia Matris fieret, et nostri redemptio copiosior esset. Voluit tandem sibi adesse in doloribus Matrem, ut ex iis, quæ oculis foris cerneret, intus animo vulneraretur, et quod Filius pateretur foris, ipsa intus pateretur, ut sic Christi Passionis, Redemptionis quoque nostræ fieret particeps et cooperatrix, quomodo Incarnationis fuerat divinæ, etc. Voluit enim eam Christus cooperatricem nostræ redemptionis sibi astare, quam futuram nobis constituerat dare misericordiæ Matrem. Debebat enim piissima Christi Mater sub cruce nos parere filios adoptionis, ut quæ naturalis (hoc est corporalis) esset Mater Christi, esset adoptione atque spiritualiter omnium quoque nostra Mater : ut quomodo nos Christo sumus incorporati, unde mystica ejus vocamur membra : ita Mariæ sumus quoque propterea filii, non carne, sed adoptione. Christo enim pro nobis patiente, nos quotquot credimus in eum, quotquot in baptismo ei incorporamur, efficimur ejus fratres, atque cum eodem, tanquam cum capite multa membra, unum corpus, eam ob rem quomodo caput Christus, ita nos corporis ejus membra, et filii sumus Mariæ. Hujus spiritualis partus ut dolores sustineret, astitit Maria Mater nostra sub cruce. Ili autem dolores, quomodo partus, spirituales quoque erant. Neque enim gladio corporali sed spirituali, animam ejus perfodiendam Simeon prædixit, quandoquidem eadem quæ in corpore passus est Christus, ipsa pertulit in animo. (Hom. 48, *De Passione Domini*.)

XI Martii.

Guillelmus : Ubi ad hoc ventum est, ut bajulans sibi crucem Jesus, exiret in eum qui dicitur Calvariæ locum, tollebat et ipsa (Maria) crucem suam, crucem interioris hominis sui, et sequebatur eum, crucifigenda cum eo. (*In Cant.*, cap. vii.)

S. Bernardinus Senensis : Virgo Mater non solum juxta crucem stabat, verum etiam in cruce pendebat : de se enim in se nihil remanserat. Tota commigraverat in dilectum, et dum ille corpus, ista spiritum immolabat. Sed qua parte stabat Virgo Maria juxta crucem? utique ad sinistram Christi, secundum Alexandrum de Ales : scilicet ut pro peccatoribus Filium exoraret, qui a sinistris Domini sunt. Aliter non verificaretur quod in persona Christi pendentis in cruce propheta ait (*Psal.*cxli, 5): *Considerabam ad dexteram et videbam, et non erat qui cognosceret me.* (Tom. 1, serm. 51.)

Hugo cardinalis : *Inclinato capite, tradidit spiritum*, ex parte Matris suæ, quasi diceret : Per ipsam veniam petite, ipsa est oraculum misericordiæ. (*In Joan.*, cap. xix.)

S. Bernardus : Sepulto itaque Domino Mater ejus sepulcrum amplectitur, et voce qua poterat, suum benedicebat Filium jam sepultum, ingemiscensque vocabat. O singularis Virgo et Mater, jam dicere poteras : *Anima mea liquefacta est*, ut dilectus locutus est in cruce quando dixit, Matth. xix, 26 : *Mulier, ecce filius tuus.* Nunc dicere potes, Cant. v, 6 : *Quæsivi, et non inveni illum :* vocavi, *et non respondit mihi*, scilicet ad sepulcrum. Ibi sedens innixo capite manus extendebat desuper illud osculans, amarissimisque singultibus suum Filium deplorabat. (*De lament. B. V.*)

XII Martii.

Guarricus : *Stabat, inquit, juxta crucem Jesu Maria Mater ejus.* Plane Mater, quæ nec in terrore mortis Filium deserebat. Quomodo enim morte terreri poterat, cujus charitas fortis ut mors, imo fortior quam mors erat? Plane juxta crucem Jesu stabat, cujus mentem dolor crucis simul crucifigebat, suamque ipsius animam tam multiplex pertransibat gladius, quantis confossum corpus Filii cernebat vulneribus. Merito igitur ibi Mater agnita est, et cura ipsius, idoneo tutori delegata est, ubi maxime probata est et Matris ad Filium sincera charitas, et Filii de Matre vera humanitas. (Serm. 4, *De Assumpt. B. V.*)

Guillelmus : *Statura tua assimilata est palmæ* (*Cant.* vii, 7) : hoc est, crucis ligno, quod per palmam triumphalem insinuatur, cui nimirum (ait

e' angelista) staturam piæ Matris assimilatam insinuans, *Stabat*, inquit, *juxta crucem Jesu Mater ejus.* Quis non tam piam Matrem dulcissimo Filio in cruce morienti astantem, acerrimi doloris ambigat crucem intus tolerasse? plane ille foris, et illa intus patiebatur crucem. Stabat illa juxta crucem sui Jesu, atque eo ipso sibimet quodammodo erat in crucem erecta stando juxta crucem Filii : ipsa sibi quodammodo per affectum maternum facta erat crux. (*In Cant.* cap. vii.)

XIII Martii.

S. Bernardinus Senensis : Christus videbat Matrem suam, dum penderet in cruce, totam transformatam, et esse ita crucifixam, sicut erat ipse Christus, quia erat unita cum Christo, et e contra, adeo quod totus dolor Virginis Mariæ reverberabat in Christo, et e contra juxta illud : *Ipsius animam pertransivit gladius :* unde ipsius Virginis dolor erat major, et plus quam omnes creaturæ mundi possent portare, in tantum, quod si ille dolor foret partitus et divisus inter omnes creaturas mundi vitales, caderent mortuæ, quia quanto plus amabat Christum Virgo beata, tanto plus dolebat, et amor suus, quem ipsa portabat Christo ejus unigenito Filio, erat infinitus : ergo ejus dolor erat infinitus.

N. B. Advertat sapiens lector, quo sensu hic amorem et dolorem Mariæ dirus Bernardinus infinitum fuisse nuncupet : quibus verbis prudentiæ moderamen adjungat, quæ quidem per quamdam sermonis amplificationem dicta videntur ; ut sensus sit, adeo summam et pene immensam fuisse Deiparæ amoris perfectionem et intensionem, quæ ex innumerabilibus et intensissimis actibus oriebatur, ut pene immensum et incomprehensibile sit tale augmentum, atque hoc sensu infinitus et inexplicabilis amor et charitas ejus. Similiter ratiocinandum de dolore ; quippe secundum intensionem amoris intensio est doloris : unde mox subjungit Pater dicens : Omnes dolores mundi si essent simul conjuncti, non essent tot et tanti, quantus fuit dolor gloriosæ Mariæ. (Tom. III, serm. 45, per. 2.)

Richardus a S. Victore : Super hæc martyrio decorata fuit. Ipsius enim animam pertransivit gladius, non materialis, sed doloris. Quo martyrio gravius passa fuit quam ferro. Quanto enim incomparabiliter amavit, tanto vehementius doluit. Unde non fuit amor sicut amor ejus, ita nec fuit dolor similis dolori ejus. In martyribus magnitudo amoris dolorem lenivit passionis, sed beata Virgo quanto plus amavit, tanto plus doluit, tantoque ipsius martyrium gravius fuit. (Cap. 23, *in Cant.*)

XIV Martii.

S. Bernardus : Nec lingua poterit loqui, nec mens cogitare valebit, quanto dolore afficiebantur pia viscera Mariæ. Nunc solvis, Virgo, cum usura, quod in partu non habuisti a natura. Dolorem pariendo Filium non sensisti, quem millies replica

tum Filio moriente passa fuisti. Juxta crucem stabat emortua Mater, quæ ipsum ex Spiritu sancto
concepit. Vox illi non erat, quia dolore attrita jacens pallebat. Quasi mortua vivens, vivebat moriens, moriebatur vivens, nec mori poterat, quæ
vivens mortua erat. In illius anima dolor sæve sæviebat, etc. Dicat nunc qui potest, cogitet quantum potest, meditetur si potest, quæ doloris immensitas tunc maternam animam cruciabat. Non
credo plene enarrari vel meditari posse dolorem
Virginis, nisi tantum fuisse credamus, quantum
unquam dolere potuit de tali Filio talis Mater.
Verumtamen rectum erat amoris et mœroris continens modum. Non desperabat, sed pie et juste
dolebat. (*De lamentat. B. V.*)

B. Albertus Magnus : Beata Virgo tantum dolorem passa fuit; respiciens tormenta Filii, ac si
cor ejus et omnes medullæ ossium ipsius in patella
super ignem frigerentur. (Serm. 2, *Domin. infra
Octav. Nat. Domini.*)

S. Bernardus : Stabat ad caput exstincti Filii
mœstissima Mater, et ejus regalem faciem mortis
obfuscatam palloribus, magna rigabat affluentia
lacrymarum. Aspiciebat illud reverendissimum
caput coronæ spineæ diris aculeis perforatum,
manus illas et pedes sacros clavis ferreis crudelissime perforatos, latusque suffossum lancea, cum
cæteris membris laceratis, et amarissime suspirans
ac flens dicebat : O Fili mi dulcissime, quid fecisti ?
Quare crudelissimi Judæi te crucifixerunt ? Quæ
causa mortis tuæ ? commisistine scelus, ut tali
morte damnareris ? (*De Lamentat. B. V.*)

XV Martii.

S. Bonaventura : Ipsa cum Filio pendebat in
cruce, et potius elegit mori cum ipso, quam amplius vivere, undique sunt angustiæ, et tormenta
sentiri poterant, narrari vero nullatenus poterant.
(In *Meditat. vitæ Christi*, cap. 78) Idem, cap. 80 :
Vides quoties mortua est hodie? toties certe, quoties contra Filium videbat fieri novitatem tormentorum.

Arnoldus Carnotensis : Omnino tunc erat (in
cruce) una Christi et Mariæ voluntas, unumque
holocaustum ambo pariter offerebant Deo ; hæc in
sanguine cordis, hic in sanguine carnis. (Tract. *De
laud. B. V.*)

Deipara Virgo S. Birgittam alloquens dixit : Audacter dico quod dolor ejus erat dolor meus, quia
cor ejus erat cor meum ; sicut enim Adam et Eva
vendiderunt mundum pro uno pomo, sic Filius
meus et ego redemimus mundum quasi uno corde.
(S. Birgitt. *Revel.*, lib. ı, c. 35.)

Arnoldus Carnotensis : Dividunt coram Patre
inter sese Mater et Filius pietatis officia, et miris
allegationibus muniunt redemptionis humanæ negotium, et condunt inter se reconciliationis nostræ
inviolabile testamentum. Maria se Christo spiritu
immolat, et pro mundi salute obsecrat : Filius impetrat, Pater condonat. (*De laud. B. V.*)

XVI Martii.

Richardus a S. Laurentio : Elephas viso sanguine
non timet mori, sed magis acuitur in prælium ,
sicut legitur I Machab. vı. Et beata Virgo viso sanguine Filii effuso in cruce mori cum ipso non timuit, sed magis optavit ; et si animam pro ipso non
posuit, exposuit tamen, et quod potuit fecit. (Lib. x,
De laud. B. V.)

S. Bonaventura : Nullo modo est dubitandum,
quin virilis Mariæ animus, et ratio constantissima,
vellet etiam tradere Filium suum pro salute generis
humani, ut Mater per omnia conformis esset Patri.
Et in hoc miro modo debet laudari et amari, quod
placuit ei, quod Unigenitus suus pro salute generis
humani offerretur. Et tamen etiam compassa est,
ut si fieri potuisset, omnia tormenta quæ Filius
pertulit, ipsa multo libentius sustinuisset. Vere
ergo fuit fortis et pia, dulcis pariter et severa, sibi
parca et nobis largissima. Hæc ergo præcipue est
amanda et veneranda, post Trinitatem summam et
ejus prolem beatissimam Dominum nostrum Jesum
Christum. (In ı *Sentent.* dist. 48, art. 2, q. 2)

XVII Martii.

Divus Amedeus : Pallidus vultus Jesu exsanguem
reddidit vultum Genitricis. Ille carne, illa corde
passa est. Denique contumeliæ et opprobria impiorum in capite materno redundabant. Mors Domini
illi amarior morte fuit. Et licet edocta spiritu resurrecturum non ambigeret, necesse illi tamen fuit
Paternum calicem bibere, et horam suæ Passionis
non ignorare. De hoc illi prophetavit Simeon dicens : *Tuam ipsius animam pertransibit gladius.*
O Domine Jesu ! terribilis in consiliis super filios
hominum, nec Matri tuæ pepercisti, quin gladius
animam suam pertransiret. Hac nobis per igneum
gladium atque versatilem transeundum omnibus in
communi ad lignum vitæ, quod est in medio paradisi. Poterat ergo B. Maria illud, quod specialiter
Christo convenit, exc'amare : *O vos omnes qui transitis per viam, attendite et videte si est dolor similis
sicut dolor meus !* (*Thren.* ı, 12.) O quantus et qualis
dolor ! o quæ et qualis in illo dolore Maria ! (Homil.
5, *De laud. B. Virginis.*)

B. Petrus Damianus : Studeamus et nos, dilectissimi, sæculi hujus blandimenta despicere, etc.
crucem Christi assidue in mente portare, quatenus
cum nunc anima nostra gladio Mariæ transfigitur,
cum ipsa postmodum de æternæ felicitatis dulcedine
satietur. (Serm. 2 , *De Nat. B. Virginis.*)

XVIII Martii.

Divus Antoninus : Quod fuerit in B. Virgine
summus dolor probatur sic : Omnis dolor ex amore
creatur. Est autem triplex amor, scilicet naturalis,
acquisitus et gratuitus. Naturalis fuit in summo,
quia quanto natura nobilior, tanto habet nobiliores
affectiones et operationes. Ipsa autem habuit naturam nobilissimam, unde et amorem naturalem

summe. Item amor acquisitus fuit in ea in summo, nam omnes causæ accidentales, quæ inducunt matrem ad diligendum filium, fuerunt in ea in summo. Nunquam enim filius aliquis tantum dilexit matrem, tantum honoravit, tantum pro ea sustinuit, tantum ei dedit, sicut Christus pro Matre ; et sic de aliis causis accidentalibus amoris acquisiti : ergo in ea amor fuit in summo. Item amor gratuitus. Nunquam enim aliquis habuit tantam charitatem ad filium, sicut ipsa ad Jesum : ergo et hic in summo. Si ergo hi tres habitus amoris, scilicet naturalis, acquisiti et gratuiti, eliciant unum actum amoris, erit ille in summo : illa ergo erit dilectio intensissima, et dolor ex amore hujusmodi erit intensissimus; sicut enim summe diligit vitam in dilecto, ita et summe dolet de morte dilecti. Summum ergo dolorem habuit in passione Christi. (P. IV, tit. 15, cap. 20, § 14.)

XIX Martii.

S. Bernardinus Senensis : Secundum intensionem amoris intensio est doloris. Proinde, Joan. XI, 5ö, Judæi comprehenderunt erga Lazarum amorem Christi ex dolore et fletu ; unde et dixerunt de illo : *Ecce quomodo amabat eum.* Sed Christus a Matre sua summe fuit dilectus: igitur subtractio sua, summa fuit ei amaritudo. Similitudo quippe, dilectionis causa est. Propterea Eccli. XIII, 19, inquit : *Omne animal diligit simile sibi, sic et omnis homo proximum suum.* Christus enim beatæ Virgini simillimus fuit, quia totus de substantia Matris genitus est, propterea ab ea fuit summe dilectus. Profecto in eo fuerunt omnes conditiones propter quas mater diligit filium, et habuit eas in summo. Erat quippe Dominus Jesus Christus præ cæteris omnibus potentior, sapientior, generosior, formosior atque melior. Ista sunt propter quæ matres maxime diligunt filios suos. Primo quidem erat cæteris potentior. II Mach. XV, 4 : *Est Dominus unus, ipse est in cælo potens,* etc. Secundo autem erat cæteris sapientior. Ipse est qui sedet in cathedra David, mystice, id est in cruce, sapientissimus, ut dicitur II Reg. XXIII, 8. Tertio erat cæteris generosior quia, ut dicitur Isa. LIII, 8 : *Generationem ejus quis enarrabit.* Quarto erat cæteris formosior, quia, sicut Propheta ait, Psal. LIV, 3 : *Speciosus forma præ filiis hominum.* Quinto erat cæteris melior, quia, ut dicitur Sap. VII, 14 : *Infinitus enim thesaurus est hominibus.* Propter hæc omnia et consimilia fuit Matris ad Filium dilectio summa, et per consequens summa doloris amaritudo. (Serm. 2, *De nomine Mariæ,* art. 1, cap. 3.)

XX Martii.

Divus Amedeus : Igitur pro Nati morte ineffabili dolore Gloriosæ pectus urebatur, et altissimo pietatis jaculo confossum, extremas spirabat inter angustias, hausit poculum amarius ipsa morte; et quod hominum genus ferre non posset, adjuta divino munere femina valuit sustinere. Vicit sexum, vicit hominem, et passa est ultra humanitatem, Torquebatur namque magis, quam si torqueretur ex se, quoniam supra se incomparabiliter diligebat id unde dolebat, etc. Effugit omnem sensum, humanos intellectus exsuperat concepta de passione Nati tristitia, nulla huic similitudo, nulla ad tantam mœroris acerbitatem accedit comparatio. Quæ enim mater dilexit filium suum ut ista ? (Hom. 5, *De laud. B. Virginis.*)

S. Bernardus : O quam male tunc illi erat ! gravius illi erat vita vivere tali, quam diro gladio sæve necari ab impiis. Tanquam mortis pallor ejus vultum perfuderat, genis et ore tantum cruore Christi rubentibus, cadentes guttas sanguinis ore sacro tangebat, terram deosculans sæpissime, quam cruoris unda rigabat. O grave martyrium ! o frequens suspirium ! o languens pectus virgineum ! anima ejus tota liquefacta est, facies pallet rosea, sed pretioso Filii sanguine rubet respersa. (*De lamentat. B. Virginis.*)

XXI Martii.

S. Bernardinus Senensis : Vere igitur amarum mare Maria, in quo tot fluctus et flumina amarissima intraverunt. Singula quidem circumstantia passionis quasi flumen singulum est doloris, et per consequens amaritudinis. Propterea ad eam merito dici potest illud, Thren. II, 13 : *Magna velut mare contritio tua.* Et hoc mare per impatientiam non redundabat, sed omnia ista flumina in se per sustinentiam absorbebat, sicut, Eccle. I, 7, mystice scriptum est : *Omnia flumina intrant in mare, id est, in Mariam, et mare non redundat,* scilicet per impatientiam. (Serm. 2, *De nom. Mariæ,* art. 3, cap. 4.)

B. Albertus Magnus : Omnem enim myrrham, id est omnes amaritudines passionis, quas Filius Dei bibit, bibit et ipsa, et quodammodo plus ipsa. Lancea quippe, quæ perforavit latus Salvatoris, dolorem non dedit Filio, sed Matri ; quod etiam post mortem seductor appellatus, dolorem Filii non aggravavit, sed Genitricis ipsius. (Serm. 3, *De Assumpt. B. Virginis.*)

Divus Amedeus : Propterea in tanta posita adversitate, nec resolvit pudorem verecundiæ, nec amisit vigorem constantiæ, ad cujus rei probationem ait de ea B. Ambrosius : « Lego stantem juxta crucem Domini, non lego plorantem. » Stare namque in illa cordis amaritudine magnæ ascribitur constantiæ, abstinere a lacrymis summæ verecundiæ annotatur. (Hom. 5, *De laud. B. Virginis.*)

N.B. *Nota hic, prudens lector, ex communiori Patrum sententia beatissimam Virginem in Filii sui passione lacrymas fudisse, quod ipsum approbat Ecclesia in hymno :* « *Stabat Mater dolorosa, juxta crucem lacrymosa,* etc. » *Quanquam divus Amedeus hic sentiat eam abstinuisse a lacrymis, et ex Ambrosio dicat :* « *Juxta crucem stantem lego, non vero plorantem,* » *intellige, inordinate, prout plorare significat ejulare cum immoderata animi perturbatione : nam modeste flere vel illacrymari, non videtur contra verecundiam Vir-*

ginis nec contra virtutem fortitudinis (quia et Christum aliquoties flevisse habemus ex sacro Evangel.o), sed significat teneritudinem affectus, qui bene circumstan·tionatus, est virtuosus ; non admittitur autem in Virgine ejulatus, eo quod sit contra bonos mores et virtutem, nihil autem in Maria contra virtutem admittendum est, quia virtuosissima fuit.

XXII Martii.

S. Bonaventura : *Stabat juxta crucem Jesu Mater ejus.* O Domina mea, ubi stabas? nunquid tantum juxta crucem? Imo certe in cruce cum Filio, ibi crucifixa eras secum. Sed hoc distat, quia ipse in corpore, tu autem in corde. Necnon et ejus vulnera per corpus ejus dispersa, sunt in corde tuo unita. Ibi, Domina, lanceatum est cor tuum, ibi spinis coronatum, ibi illusum, exprobratum, et contumeliis plenum, aceto et felle potatum. O Domina, cur ivisti immolari pro nobis? Nunquid non sufficiebat Filii Passio nobis, nisi crucifigeretur et Mater? o cor amoris, cur conversum es in globum doloris? Aspicio, Domina, cor tuum, et id non cor, sed myrrham, et absynthium, et fel video. Quæro Matrem Dei, et ecce invenio sputa, flagella et vulnera, quia tota conversa es in ista, etc. O mira res, tota es in vulneribus Christi, totus Christus crucifixus est in intimis visceribus cordis tui. Quomodo est hoc, quod continens sit in contento? O homo, vulnera cor tuum, si vis hanc intelligere quæstionem. Aperi cor tuum clavis et lancea, et veritas subintrabit. Non enim intrabit Sol justitiæ in cor clausum. Sed, o vulnerata Domina, vulnera corda nostra, et in cordibus nostris tuam et Filii renova Passionem. Cor tuum vulneratum conjunge cordi nostro, ut tecum tuis vulneribus pariter vulneremur. Cur hoc tuum cor saltem, Domina, non habeo, ut quocunque pergam, semper tuo Filio videam te confixam? (In *Stim. amor.* part. I, cap. 3.)

XXIII Martii.

S. Antoninus : Doctores dicunt B. V. consecutam fuisse aureolam martyrii in persecutione mortis Filii, etc. Probatur autem sic. Dationi animæ debetur aureola martyrii, ergo dationi pretiosissimæ animæ et dilectissimæ, debetur pretiosissima aureola martyrii. Sed pretiosissima Virgo Maria dedit pretiosissimam et dilectissimam animam, ergo habebit pretiosissimam aureolam. Medium probatur : dedit enim dilectissimam animam, id est vitam Filii, ipsa enim in infinitum plus dilexit animam, id est, vitam Filii quam beatus Petrus animam, id est vitam sui ipsius. Quod dedit pretiosissimam, patet quia datio hujus animæ, id est vitæ Filii, fuit pretium totius mundi, et redimibilis creaturæ, et sic dedit animam in infinitum plus dilectam : ergo et habet pretiosissimam aureolam martyrii. Item dolor causatur ex amore, ut quantum quis plus aliquid amet, tanto plus doleat de amissione ejus. Dolor autem sanctorum in martyriis eorum causabatur a natura, propter separationem animæ a corpore. Dolor au-

tem beatæ Mariæ a natura et gratia, sed major erat a gratia. Sed fortior et perfectior est causatus a gratia quam a natura, ergo improportionabiliter major fuit dolor ejus in passione Filii, quam martyris cujusquam in sua passione. (Part. IV, tit. 15, cap. 24, § 1.)

S. Bernardus : Verumtamen tu, Domina, gaude gaudio magno valde, ab ipso nunc glorificata in cœlis, quæ in mente tantis clavis amarissimis fuisti confixa suæ piissimæ mortis. (*De lament. B. V.*)

Guillelmus *In Cantic.* cap. II, sic Christum Matri loquentem inducit : Surge, commortua mihi per affectum, surge mecum. Ego moriebar, tu mœrebas. Clavi mei ferrei fodiebant mihi manus et pedes, sed maternum pectus tuum transfigebant, et pertingebant in te usque ad divisionem animæ et spiritus, compagum quoque ac medullarum. Surrexi a morte, surge et tu a mœrore : ut sicut similis facta es morti meæ, ita fias similis resurrectioni meæ. (Relatus a Martino Delrio, *In Cant.* cap. II, sect. 4.)

XXIV Martii.

S. Bernardinus Senensis : Causa amaritudinis et doloris in B. V. fuerunt ea, quæ vidit in Filio. Vidit quippe in eo pretium mundi, pretio vili distractum ; fortitudinem sanctorum in agonia factam ; speciosum forma præ filiis hominum sudore sanguineum ; Dominum mundi ut latronem comprehensum. Virtutem cœlorum arctioribus vinculis constrictam ; columnas cœli contremiscere facientem ad columnam vinctum ; orbis Conditorem ictibus lividum ; in cujus manu vita ·et mors flagellis diruptum et laniatum ; Judicem sæculi coram impiis ut judicetur adductum ; in cœlis glorificatum et honoratum, a sceleratissimis spretum ; cœlorum Regem a sceleratis illusum ; caput omnium principum et potestatum arundine percussum, et sic rivulis sanguineis cruentatum ; spinis coronatum ; et tandem injusto judicio morti adjudicatum. Vidit summam altitudinem abjectam vilitate ; summas delicias afflictas pœnalitate ; summam lucem obscuratam tenebris ; summum honorem confusum opprobriis ; summum amabile afflictum improperiis. Vidit insuper quod candet nudatum pectus ; rubet, cruentatum latus ; quod tensa arent viscera, quod decora languent lumina, quod regia pallent ora, quod procera rigent brachia, quod crura pendent marmorea, quod rigat terebratos pedes beati sanguinis unda. Vere igitur in amaritudine erat anima Mariæ, spectans hæc et contemplans omnia, ut dicere possit illud, Thren. III, 15 : *Replevit me amaritudinibus et inebriavit me absynthio.* (Serm. 2, *De nom. Mariæ,* art. 3, cap. 1.)

Dionysius Carthusianus : Nunc igitur, o summe Christe, o bone Jesu, o hominum amator Mariæque Fili, quoniam tuæ, heu ! sanctæ passioni, cruci et sanguini, tam ingratissimus improbus ego exstiti, non tibi condolui, neque patienti conformatus sum, nec crucifixo confixus, atque propterea prorsus relinqui perireque merui, præstantissimæ tuæ, quæso, Matris merito compassionis me salva : ipsi me trado : et tu, o bona, me suscipe, et sacratissimæ tuæ compassionis merito in æternum conserva. (Lib. III, *De præconio et dignitate Mariæ*, art. 25.)

XXV Martii.

B. Albertus Magnus : Beatissima Domina vocatur Mater pulchritudinis; sed mihi in passione Filii sui fuit amaritudinis et mœroris. Ruth I, 19 seqq., *Dicebant mulieres*, in adventu Noemi in Bethleem, quod potest respicere duplicem adventum B. Virginis, vel adventum in mundum per nativitatem, vel adventum quando in Bethleem ad pariendum : *Hæc est illa Noemi :* hæc est illa, in qua macula etiam venialis peccati non est, quæ in utero portat candidum et rubicundum. Sed quod sequitur respicit statum Passionis Christi. *Quibus ait : Ne vocetis me Noemi, id est , pulchram : sed vocate me nunc in passione Filii mei, Mara, id est, amaram, quia amaritudine valde replevit me Omnipotens* Dominus, qui replevit me in Annuntiatione gaudio et lætitia, in Passione vero mœrore et tristitia. *Egressa sum plena* in Annuntiatione, quando dictum est mihi, Lucæ II, 28 : *Ave, gratia plena : et vacuam reduxit me Dominus,* cum sola rediens Filium meum reliqui in sepulcro. Non igitur *vocetis me Noemi, quam Dominus humiliavit, et afflixit Omnipotens.* (In *Bibl. Marian.* lib. Ruth, num. 1.)

S. Bonaventura : Considera, charissime, quod Maria in Passione Filii sui valde amara fuit, quando suam ipsius animam gladius pertransivit. Unde ipsa bene potuit dicere illud Ruth : *Non vocetis me Noemi, id est, pulchram. Sed vocate me Mara, id est, amaram, quia amaritudine valde replevit me Omnipotens.* Amara fuit Noemi , quia duo filii sui fuerunt mortui. Noemi pulchra et amara, signat Mariam pulchram quidem per Spiritus sancti sanctificationem, amaram vero per Filii sui Passionem. (In *Speculo B. V.* lect. 3.)

XXVI Martii.

S. Bernardinus Senensis : Nec dubium hoc erat amoris in Virgine benedicta, ut infinities si fieri potuisset, se morti pro Filio tradidisset. Si enim hoc voluit David pro filio suo, quanto magis hæc pro suo, ut magis conveniat ei vox illa (*II Reg.* XVIII, 33) : *Quis mihi det, ut ego moriar pro te, fili mi ?* Quippe quasi animam suam diligebat eum. Cur e go non est mortua B. Virgo, si tanto dolore repleta fuit? siquidem hoc audivimus de uxore Phinees, I Reg. IV, quod in captione arcæ et viri sui, morte præ dolore mortua est. Ad hoc respondet Anselmus, quod mortua fuisset, si Spiritus sanctus eam non confortasset. Unde ait : Pia Domina, non crediderim te ullo puncto potuisse stimulos tanti cruciatus, quin vitam amitteres, sustinere : nisi

ipse Spiritus vitæ, Spiritus consolationis, Spiritus dulcedinis Filii tui, pro quo moriente tantopere torquebaris, te confortaret, te consolaretur, te intus doceret non esse mortem eum absumentem, sed magis triumphum omnia ei subjicientem, quod in ipso fieri coram te moribunda videbas. Patet igitur quantos affectus mors Filii in Maria habebat, quæ tot amaritudinibus eam replebat. Unde figurata est per Sunamitidem (*IV Reg.* IV, 27), de qua mortuo filio Eliseus dicit : *Dimitte illam, anima enim ejus in amaritudine est.* (Serm. 2, *De nom. Mariæ*, art. 2, cap. 1.)

XXVII Martii.

S. Birgitta : Non parvum miraculum in hoc Deus tunc fecisse dignoscitur, cum Virgo Mater tot et tantis doloribus intrinsecus sauciata suum spiritum non emisit, quando tam dilectum Filium nudum et cruentatum, vivum et mortuum atque lancea transfixum, omnibus eum deridentibus, inter latrones pendere prospexit, illis pene omnibus quibus notus exstiterat ab eo fugientibus, et multis eorum a rectitudine fidei enormiter exorbitantibus. Igitur quemadmodum suus Filius super omnes in hoc mundo viventes amarissimam mortem sustinuit, ita ipsius Mater in sua benedicta anima amarissimos dolores sufferendo portavit. Commemorat etiam sacra Pagina, quod uxor Phinees, arcam Dei ab ejus inimicis captam esse percipiens, præ dolorum vehementia protinus exspiravit : cujus mulieris dolores Mariæ Virginis doloribus comparari non possent, quæ sui benedicti Filii corpus, quod arca prædicta figurabat, inter clavos et lignum captum detineri videbat. Majori namque charitate Virgo suum Filium, Deum verum et hominem peramabat, quam aliquis a viro et muliere genitus seipsum aut alium posset diligere. Unde quid mirabile cernitur, quod illa uxor Phinees a doloribus mortua fuit, quæ minoribus doloribus urgebatur, et Maria revixit, quæ gravioribus mœstitiis exstitit lacessita. (In *Sermone angel.* cap. 18.)

XXVIII Martii.

Hugo cardinalis : Sicut lumen solis nunquam deficit : sic sola Virgo sola stetit in fide, in passione ; unde Cant. VII, 7 : *Statura tua,* qua scilicet in fide stetisti, *assimilata est palmæ,* quæ virorum foliorum nunquam amittit. Sic nec tu fidei virtutem. (*In Psalm.* XVIII.)

S. Bernardus : Si vero fugam mentalem intelligimus, nec vir relictus est cum eo, nec mulier, præter illam quæ sola benedicta est in mulieribus, quæ sola per illud triste Sabbatum stetit in fide et salvata fuit Ecclesia in ipsa sola : propter quod aptissime tota Ecclesia in laudem et gloriam ejusdem Virginis diem Sabbati per totius anni circulum celebrare consuevit. Vere et singulariter benedictus palmes, qui a sua vite nullo potuit timore præcidi. Abscissi sunt viri qui dicunt, Luc. XXIV, 21 : *Nos autem sperabamus, quod ipse redempturus esset Israel.*

Abscissæ sunt mulieres, quæ quamvis pie præveniunt mortuo humanitatis servitium exhibere, tamen illum resurrecturum nequaquam credebant, etc. Vere fortis hæc mulier, et præ cunctis post Filium honoranda. Vere et virago dici potest, quæ a viro Christo per animi fortitudinem separata non est, sed eum, quem morientem et mortuum vidit, credidit immortalitatis gloria sublimatum. (*De Passione Dom.* cap. 2.)

S. Bonaventura : Unde ipsa est illa petra, super quam domus fundata et firmata, quam etsi flumina ventique percutiant, tamen immobilis perseverat. *Mons Sion non commovebitur in æternum* (*Psal.* cxxiv, 1). Unde ei potuit dicere Christus illud Matthæi : *Super hanc petram ædificabo Ecclesiam meam;* quia in passione Dominica tota deficiente Ecclesia primitivorum in fide, sola Domina nostra firma in fide permansit, ut petra. (Serm. 1, *De B. Virg.*)

XXIX Martii.

Divus Antoninus : Quod dicitur de Patre æterno, ita et de Matre Christi temporali dici potest illud, Rom. viii, 52 : *Proprio Filio suo non pepercit, sed pro nobis tradidit illum,* scilicet passum voluntate et affectu. Et *quomodo non etiam cum illo omnia nobis donavit,* pertinentia ad recreationem nostram ? (Part. iv, tit. 15, cap. 20, § 11.)

S. Bernardinus Senensis : Quid igitur agendum est, nisi cum Gregorio exclamandum atque dicendum ! O mira circa nos utriusque parentis Jesu Christi pietatis dignatio ! o inæstimabilis Dei et Virginis dilectio charitatis, qui ut servum redimerent, communem Filium tradiderunt propter nimiam charitatem, qua Deus et Virgo nos miseros peccatores dilexerunt ! (*Serm. De Nat. B. V.* cap. 4.)

Joann. Gerson : Erige cordis aures ad voces spiritus sui, dum proprium Filium, dum dilectum oris sui, viscerum quoque suorum, et votorum consensit crucifigi pro redemptione nostri, dans nobis illum utique cum gaudio et exsultatione, quæ summam superabant carnis angustiam, etc. Exhilaresce ad hæc et spera tu, qui perieras, miserande homo. Quid ultra negare tibi Mater misericordiæ poteris, si proprium pro te Filium consensit offerri tantæ miseriæ ? quid non concedet beatifica in cœlis, quæ talia dabat in terris afflicta ? *De Canticordo,* tom. III.

XXX Martii.

Divus Antoninus : Sciebat B. Virgo, quod Dei voluntas erat Filium suum pati : et propter hoc in mundum venerat, et Scripturæ, quæ sibi satis notæ erant, hoc prænuntiabant, quæ falli non poterant, etc. Ideo stabat, non murmurabat, quod Filius innocentissimus pateretur : non blasphemabat Judæos, quod ab eis, quibus tot fecerat beneficia, tam crudeliter tractaretur. Non vindictam a Deo petebat, quod illi a terra vivi absorberentur ut merebantur : non capillos vel vultum scindebat :

quia vidua et sine Filio consolatore remanebat : sed stabat verecunda, modesta, lacrymis plena, doloribus immersa. Anselmus : O Domina, quos fontes lacrymarum dicam erupisse de pudicissimis oculis tuis, cum attenderes unicum tuum innocentem coram te flagellari, ligari, mactari, et carnem de carne tua ab impiis crudeliter dissecari ! Et tamen ita divinæ voluntati conformis fuisti, ut salutis humani generis avidissima esses, ut dicere audeam quod, si nullus fuisset repertus, qui Filium crucifigeret : ad hoc ut sequeretur salus hominum, et adimpleretur voluntas Dei secundum rationem, si oportuisset, ipsa posuisses in crucem. Neque enim credendum est, minoris fuisse perfectionis et obedientiæ ad Deum quam Abraham, qui proprium filium obtulit Deo in sacrificium manibus propriis occidendum et comburendum. (P. iv, tit. 15, c. 41, § 1.)

XXXI Martii.

S. Birgitta : Congrue itaque hæc Virgo nuncupari potest florens rosa ; nam sicut rosa crescere solet inter spinas, ita hæc venerabilis Virgo in hoc mundo crevit inter tribulationes. Et quemadmodum quanto rosa in crescendo se plus dilatat, tanto fortior et acutior spina efficitur, ita et hæc electissima rosa Maria, quanto plus ætate crescebat, tanto fortiorum tribulationum spinis acutius pungebatur. Transcursa denique juvenili ætate, timor Domini exstitit ei prima tribulatio, quia non solum maximo timore tribulabatur in disponendo se ad fugiendum peccata, verum etiam tremore non modico urgebatur in considerando, quomodo rationabiliter perficeret opera bona. Et quamvis omni vigilantia cogitationes, verba et opera ad Dei honorem ordinabat, timebat tamen defectum aliquem in eis existere, etc. Vere indubitanter credendum est, quod sicut rosa constanter in suo loco stare cernitur, quamvis spinæ circumstantes. fortiores et acutiores effectæ fuerint, ita hæc benedicta rosa Maria tam constanter gerebat animum, quod, quantumcunque tribulationum spinæ cor ipsius stimulabant, voluntatem tamen suam nequaquam variabat, sed ad sufferendum ac faciendum, quidquid Deo placeret, se promptissimam exhibebat. Florenti ergo rosæ dignissimæ comparatur, et revera rosæ in Jericho, nam sicut rosa illius loci pulchritudine sua cæteris floribus legitur præpollere, ita Maria universos in hoc mundo viventes, solo excepto suo benedicto Filio, honestatis et morum pulchritudine excellebat. (In *Serm. angel.*, cap. 16.)

APRILIS.

S. MARIA MUNDI DOMINA ET REGINA.

I Aprilis.

Augustinus : Sufficere debet tantum notitiæ humanæ hanc (B. V.) vere fateri Reginam cœlorum, pro eo quod Regem peperit angelorum. (Tom. X, in Append. *Serm. de diversis,* serm. 83.)

S. Bernardus : Interim sane ingredimini magis, et videte Reginam in diademate, quo coronavit eam Filius suus. *In capite*, inquit, *ejus corona stellarum duodecim.* Dignum plane stellis coronari caput, quod et ipsis longe clarius micans, ornet eas potius, quam ornetur ab eis. Quidni coronent sidera, quam sol vestit? sicut dies verni circumdabant eam flores rosarum, et lilia convallium. Nimirum leva Sponsi sub capite ejus, et jam dextera illius amplexatur eam. Quis illas æstimet gemmas? quis stellas nominet, quibus Mariæ regium diadema compactum est? supra hominem est coronæ hujus rationem exponere, indicare compositionem. Nos tamen pro modulo nostræ exiguitatis abstinentes a periculoso scrutinio secretorum, non incongrue forsitan duodecim stellas istas, duodecim prærogativas gratiarum intelligere videmur, quibus Maria singulariter adornatur. (Serm. super *Sign. magn.*)

II Aprilis.

B. Albertus Magnus : Ipsa est Regina duodecim prærogativis coronata, Apocalyps. xii, 18 : *Signum magnum apparuit in cælo* : Glossa : id est, in Ecclesia : *Mulier amicta sole*, id est Maria Christo, qui induit Christum, qui eam illuminat. *Et luna sub pedibus ejus.* Glossa : Id est omnia terrena. (*Bibl. Marian.* Apocalyps., n. 3.)

S. Athanasius : Quandoquidem ipse Rex est, qui natus est de Virgine, idemque et Dominus et Deus, capropter et Mater, quæ eum genuit, et Regina, et Domina, et Deipara proprie et vere censetur, licebitque nobis ita congruenter dicere, dum ad ipsam et ad eum, qui ex ea genitus est, carniferum Filium respicimus. Nunc scilicet adest *Regina a dextris tuis in vestitu deaurato, circumamicta varietate*, eo quod secundum sexum femineum, Regina, et Domina, et Mater Dei appellari debeat. (*Serm. de Deipara Virg.*)

S. Epiphanius : Si Christus Dominus leoni assimilatur, non secundum naturam, sed propter ænigma, et eo quod regium animal, inter omnia animantia violentissimum ac fortissimum, et alias per omnia gratiosissimum : profecto etiam Genitricem ipsius leænam dixerim. Unde enim gignitur omnino leo, si non leæna mater vocabitur? (Hæres. 78.)

Hugo Victorinus : Maria est Sponsa fide, Amica dilectione, Mater fecunditate, Virgo integritate, Domina dignitate, Regina majestate. (Serm. 34, *De institut. monastic.*)

III Aprilis.

S. Bonaventura: Considerandum est quod Maria interpretatur *Domina*. Hoc optime competit tantæ Imperatrici, quæ revera Domina est cœlestium, terrestrium et infernorum. Domina, inquam, angelorum, Domina hominum, Domina dæmonum, etc.

Primo considera, charissime, quod Maria est Domina angelorum, ipsa enim signata est in domina Esther regina, de qua legitur, quod super unam famulam suam deliciose innitebatur, altera autem famularum sequebatur dominam, defluentia in humum vestimenta sustentans. Per dominam Esther reginam intellige Mariam Reginam : duæ famulæ, quarum Domina est Regina Maria, sunt angelica et humana creatura. O quantum gaudendum est nobis miseris hominibus, quod angeli Dominum et Dominam habent ex hominibus ! Verissime enim angelorum Domina est Maria. Unde Augustinus ipsam alloquens ait : Si te cœlum vocem, altior es. Si Matrem gentium dicam, præcedis. Si Dominam angelorum nominem, per omnia esse comprobaris. Si formam Dei appellem, digna exsistis, anima vero humana est famula, quæ Dominam suam Mariam sequitur in mundo. Sequitur certe colligens vestimenta Dominæ, scilicet colligens virtutes et exempla Mariæ. Intelligentia vero angelica est famula, super quam Domina sua Maria innititur in cœlo. Innititur certe tanquam familiarissima se angelicis sociando : innititur etiam tanquam delicatissima in angelis deliciando, etc., innititur insuper tanquam potentissima, angelis imperando. (In *Speculo B. V.* lect. 3.)

IV Aprilis.

S Gregorius Nazianz. : Nulli æquanda Mater et Virgo, supra omnes decora virgines, vincens omnes cœlitum ordines, Regina, Domina, generis humani bonum. (Tragœd. *De Christo patiente.*)

S. Anselmus : Maria, tu illa magna Maria, tu illa major beatarum Mariarum, tu illa maxima feminarum. Te, Domina magna et valde magna, te vult cor meum amare, te cupit os meum laudare, te desiderat venerari mens mea, te affectat exorare anima mea, quia tuitioni tuæ se commendat tota substantia mea. Enitimini, viscera animæ meæ, enitimini quantum potestis, si quid potestis, interiora mea, ut ejus merita laudetis, ut ejus beatitudinem ametis, ut ejus celsitudinem admiremini, ut ejus benignitatem deprecemini, cujus patrocinio indigetis quotidie, indigendo desideratis, desiderando imploratis, implorando impetratis, etsi non secundum desiderium vestrum, tamen supra vel citra certe meritum vestrum. Regina angelorum, Domina mundi, Mater ejus, qui mundat mundum, confiteor quia cor meum nimis est immundum, ut merito erubescat in tam mundam intendere, nec digne possit tam mundam intueri. Te igitur, Mater illuminationis cordis mei; te, Nutrix salutis mentis meæ; te obsecrant, quantum possunt, cuncta præcordia mea; exaudi, Domina, adesto propitia, adjuva, potentissima, ut mundentur sordes mentis meæ, ut illuminentur tenebræ meæ, ut accendatur tepor meus, ut expergiscatur torpor meus. (*Orat. ad B. V.*)

V Aprilis.

S. Bernardus : Levemus ergo, fratres, cor nostrum cum manibus ad eam, et appropinquemus ei passibus amoris, immolantes ei hostiam laudis, reddentes ei vota nostra de die in diem, de hora in horam, dicentes assidue : Salve, Regina misericordiæ, etc. Juste Regina mundi et Regina cœli dicitur, per quam utriusque Creator et Rector generatur, etc. Regina, gloriæ nomen et honoris, magnificentiæ et decoris, dulcedinis ac pietatis, amoris et honorificentiæ, sublimitatis et potentiæ, gubernationis et justitiæ, defensionis et gratiæ, Sancta sanctorum hæc omnia nobis, et pro omnibus nobis, cui decantamus assidue: Salve, Regina misericordiæ. (Serm. 1, super *Salve, Regina*.)

S. Bernardinus Senensis : Disce ab angelo salutare Mariam, et considera mirificum lucrum, quia, cum homo devote salutat Virginem, resalutatur ab illa. Est enim urbanissima Regina gloriosa Virgo Maria, nec potest salutari sine salutatione miranda. Si mille *Ave Maria* dicis in die devote, millies a Virgine in die resalutaris. (*Serm. de Annuntiat. B. V.*)

S. Bonaventura : O Maria, digneris nos per gra tiam tuam salutare. Et certe ipsa nos libenter salutat beneficio et consolatione, si nos eam frequenter saluta mus servitio et oratione. Libenter nos salutat cum gratia, si libenter eam salutamus cum *Ave, Maria.* (In *Specul. B. V. lect. 4.*)

VI Aprilis.

B. Albertus Magnus : Commendatur etiam Regina nostra a maxima fidelitate, bonitate et misericordia, quæ consideratur in hoc, quod fere tota ejus supplicatio est pro nobis coram Deo, ut ab hostibus liberemur. Unde Esther v, 1: *Induta est Esther regalibus vestibus.* Glossa : Fide, spe et cæteris virtutibus, quibus induta regi dignius societur. *Et stetit,* ut precatrix, advocatrix, adjutrix, postquam assumpta est, *in atrio domus regiæ. Et sedebat rex super solium. Cumque vidisset Esther reginam,* natura, gratia, gloria, largitate, dignitate, nobilitate, miseratione, præ omnibus præcipuam, *stantem,* non ut superbum Luciferum sedere volentem, sed *stantem* mirabiliter juxta crucem, Joan. xix ; et misericorditer et fideliter in cœlo pro peccatoribus : *placuit oculis ejus et extendit contra eam virgam auream,* id est potestatem, quam vult Matrem suam habere in cœlo, et in terra, et sub terra. *Dixitque ad eam rex : Quid vis, Esther regina ? quæ est petitio tua? Etiamsi dimidiam partem regni mei petieris, imo totum dabitur tibi. At illa respondit : Si inveni gratiam in oculis tuis, o rex, dona mihi populum meum. (Esther* vii, 2, 3.) Glossa : Fide meum, devotione meum, ipsius affectuosa veneratione meum, tota devotione meum, et tua commissione, pro quo obsecro, stans quandoque apud crucem miserabiliter, sed nunc apud te in cœlo lætanter. *Quomodo enim sustinere potero necem et interfectionem populi mei?* Cum possim, et sciam, et velim ipsos liberare per te, et per tuos, et per me. (In *Bibl. Marian.* lib. Esther, n. 6.)

VII Aprilis.

Richardus a S. Laurent. : (Maria est) Regina, de

quadicitur Christo per Psalmistam (*Psal* xliv, 10): *Astitit Regina a dextris tuis, in vestitu deaurato, circumdata varietate.* Commendatur autem hæc Regina a multis.

Primo, a promptitudine serviendi vel ministrandi, quia astare ministrantis est, ubi dicitur : *Astitit.* Dan. vii, 10 : *Millia millium ministrabant ei, et decies centena millia assistebant ei,* etc.

Secundo, a promptitudine auxiliandi, quia astare auxiliantis est. Unde Stephanus vidit Jesum stantem, scilicet quasi juvare paratum, etc.

Tertio, a promptitudine contradicendi adversariis nostris, accusantibus nos in curia Unigeniti sui, quia astare contradicentis est, et ideo ipsa dicitur Advocata nostra, quia in conspectu Dei bonum pro nobis loquitur, et contradicit adversariis nostris, quæ sunt duo officia advocati.

Quarto, a perseverantia in supradictis, quia astare perseverantis est. Unde Eccli. ii, 1 : *Fili, accedens ad servitutem Dei, sta in justitia et timore,* id est, persevera in hac duplici virtute, ipsa enim indesinenter et perseveranter opitulatur servis suis, nec unquam deserit hominem, nisi prius ab homine deseratur, etc.

Quinto, a regia dignitate, auctoritate, potestate, majestate, et hujusmodi. Unde Regina. (Lib. vi, *De laud. B. Virginis.*)

VIII Aprilis.

S. Bernardinus Senensis : Mater Domini omnis creaturæ, effecta est Domina omnis creaturæ ; igitur quia genuit Creatorem, Domina facta est omnis creaturæ. Unde merito dici potest ad quamlibet creaturam illud Gen. xvi, 9 : *Revertere ad Dominam tuam, et humiliare sub manu ipsius.* Ad litteram dicitur ad Agar de Sara. Quippe ipsa est vere Sara, quæ *princeps* interpretatur : quæ verum genuit Isaac, scilicet Filium Dei, in cujus semine benedicentur omnes gentes, per quem omnis creatura principatum habuit. Proinde Eccli. xxiv, 10, in persona Virginis Mariæ ait : *In omni gente et populo primatum habui,* imo si fas est dicere, non tantum facta est Domina omnis creaturæ, verum etiam ipsius Creatoris, sicut Lucæ ii, 51, scriptum est : *Et erat subditus illis.* Proinde hæc est vera : Deo subdita est omnis creatura et beata Virgo ; beatæ Virgini subdita est omnis creatura et Deus. (Serm. 3, *De glorioso nom. Mariæ,* art. 1, cap. 1.)

Pelbartus Temeswar : O igitur miser homuncio, qui non vis honorare et revereri beatissimam Virginem, quam honorant omnes angeli, et sancti, et ipse Deus ! quid dicturus es in judicio ? Quanta, miser, damnatione dignus es, qui contemnis servire Mariæ : cui etiam Deus servivit tanquam filius matri ? (In *Stellario* lib. v, part. iii, art. 3.)

IX Aprilis.

S. Joannes Damascenus : Oportebat Dei Matrem ea, quæ Filii erant, possidere, atque ab omnibus rebus conditis ut Dei Matrem adorari ; quanquam enim semper ita comparatum est, ut hæreditas a parentibus ad filios devolvatur : nunc autem sursum sacrorum fluminum fontes fluunt. Etenim Filius Matri res omnes conditas in servitutem addixit. (Orat. 2, *De Assumpt. B. V.*)

Arnoldus Carnotensis : Nec a dominatione vel potentia Filii Mater potest esse sejuncta : una est Mariæ et Christo caro, unus spiritus, una charitas ; ex quo dictum est ei : *Dominus tecum,* inseparabiliter perseveravit promissum et donum, unitas divisionem non recipit, nec secatur in partes, et si ex duobus factum sit unum, illud tamen ultra scindi non potest, et Filii gloriam cum Matre, non tam communem judico quam eamdem. (Tract. *De laud. B. V.*)

S. Bernardus : Non est dubium quidquid in laudibus Matris proferimus ad Filium pertinere, et rursum cum Filium honoramus, a gloria Matris non recedimus. (Hom. 4, super *Missus est.*)

S. Bonaventura : Ad laudem enim et gloriam pertinet Salvatoris, quidquid honorificum suæ impensum fuerit Genitrici. (*Psal. B. V.* lvii.)

S. Hieronymus : Nulli dubium quin totum ad gloriam laudis ejus pertineat, quidquid digne Genitrici suæ impensum fuerit, atque solemniter attributum. (Tom. IX, epist. 10, *De Assumpt.*)

X Aprilis.

S. Bernardinus Senensis : Quamvis autem benedicta Virgo fuerit nobilior persona, quæ fuerit vel futura sit in orbe terrarum, tantæque perfectionis, quod etiamsi non fuisset Mater Dei, non minus debuisset esse Domina mundi : tamen secundum leges, quibus regitur mundus, jure hæreditario omnem hujus mundi meruit principatum et regnum, quia Filius ejus in primo instanti suæ conceptionis monarchiam totius promeruit et obtinuit universi, sicut Propheta testatur dicens, Psal. xxiii, 1 : *Domini est terra et plenitudo ejus, orbis terrarum, et universi qui habitant in eo.* Ex jure ergo conceptionis Filii Dei Virgini incumbebat totum illud procurare et administrare, quod ex tunc Filio datum est usque ad legitimam ætatem Filii sui, sicut ipsius diligens nutrix et auctrix, secundum quod volunt jura : nec tamen est mirum, si tam generosa Regina administrandi orbem curam omiserit : primo, quia femina ; secundo, quia puella ; tertio, quia Virgo verecunda ; quarto, quia paupercula ; quinto, quia curæ Filii Dei et sui erat totaliter dedicata ; sexto, quia non credebatur Mater Dei, nec recipiebatur ut orbis Domina. (*Serm. de Nativ. B. V.* cap. 7.)

XI Aprilis.

S. Bonaventura : Omnibus angelis Maria innititur suo imperio. Unde Augustinus ait : Michael dux et princeps militiæ cœlestis, cum omnibus spiritibus administratoriis, tuis, Virgo, paret præceptis in defendendis in corpore, et in suscipiendis de corpore animabus fidelium, specialiter tibi, Do-

mina, et die et nocte se tibi commendantium. (In *Spec B. V.* lect. 3.)

Idiota : (B. V.) post Filium suum Domina est universæ creaturæ, et in futuro sæculo glorificabit servientes sibi, si eam honorificaverint in præsenti. Et ideo juxta consilium cujusdam devoti servi ejus, Mariam semper cogita, Mariam semper invoca, non recedat ab ore, non recedat a corde. Et ut impetres ejus orationis suffragium, non deseras conversationis exemplum. Cæteri enim sancti, jure quodam patrocinii, pro sibi specialiter commissis plus possunt prodesse in curia Altissimi, quam pro aliis. Beatissima vero Virgo Maria sicut est omnium Regina, sic et omnium Patrona et Advocata, et cura est illi de omnibus. Longe enim positos illuminat radiis misericordiæ suæ: sibi propinquos per specialem devotionem consolationis suavitate : præsentes sibi in patria excellentia gloriæ. Et sic non est, qui se abscondat a calore ejus, id est charitate et dilectione ipsius. (In Prologo *De contempl. B. V.*)

XII Aprilis.

S. Birgitta refert sanctos apparuisse et dixisse B Virgini : O Domina benedicta, tu portasti Dominum in te, et tu Domina omnium es, quid est quod non poteris? quod enim tu vis, hoc factum est, voluntas tua semper est nostra. Tu merito Mater charitatis es, quia omnes visitas charitate. (Lib. iv *Revelat.* cap. 74.)

B. Albertus Magnus : Maria est Mater et Domina salvationis : quod signatum est in Abiathar sacerdote, qui offenderat regem Salomonem, cui dixit rex, III Reg. ii, 26: *Equidem vir mortis tu es; sed te non interficiam, quia portasti arcam,* id est Mariam, ipsam honorando, te ei subjiciendo, et in ejus fidelitatem et misericordiam commitendo, *coram David patre meo.* (In Bibl. Marian. lib. III Reg. n. 3.)

Pelbartus Temeswar : Cultus honoris et servitium devote exhibitum beatæ Mariæ, quamvis securari hominem non habeat de salute, invariabili necessitate et absoluta cognitione: tamen spem certam et maximam fiduciam infert indubitanter de consequenda beatitudine, probabilis et experimentalis signi conditione. (In *Stellar.* lib. xii, part. 1, art. 1.)

Richardus a S. Laurent.: Servus autem Mariæ si ceciderit, non collidetur, quia Domina misericorditer supponit manum suam. (*De laud. B. V.* lib. ii, part. 1.)

Blosius : Fieri non potest ut pereat, qui Mariæ sedulus et humilis cultor fuerit. Tu igitur facito illam tibi unice familiarem. (In *Canone vitæ spirit.* cap. 18.)

XIII Aprilis.

S. Bernardinus Senensis : B. V. in regno purgatorii dominium tenet, propterea inquit : *Et in fluctibus maris ambulavi.* Pœna siquidem purgatorii ideo dicitur *fluctus*, quia transitoria est: sed additur *maris*, quia nimium est amara. Unde (25 dist: c) qui in aliud sæculum distulit fructum conversionis, prius purgabitur igne purgationis ; hic ignis, etsi non sit æternus, miro tamen modo gravis est. Superat enim omnem pœnam, quam unquam passus est aliquis in hac vita, vel pati potest. Idem quoque ponitur *De pœnitent.* d. ult. in fine, ubi etiam subinfertur : Nunquam in carne inventa est tanta pœna, licet mirabilia martyres passi sint tormenta, et multi nequam quanta sæpe sustinuerunt supplicia. Et ab iis tormentis liberat beata Virgo maxime devotos suos. Et hoc est quod ait : *Et in fluctibus maris ambulavi*, scilicet visitans et subveniens necessitatibus et tormentis devotorum meorum : imo et omnium qui ibi exsistunt, quia filii ejus sunt, cum sint filii gratiæ, et in gratia confirmati, atque de gloria certificati. (Serm. 3, *De nomine Mariæ*, art. 2, cap. 3.)

Deipara Virgo S. Birgittæ dixit : Sum Mater omnium qui sunt in purgatorio, quia omnes pœnæ quæ debentur purgandis pro peccatis suis, in qualibet hora propter preces meas mitigantur. (Lib. IV *Revelat* , cap. 158.)

XIV Aprilis.

Richardus a S. Laurent.: Aquila est regina volucrum et Maria Regina angelorum, contemplativorum et virginum, quæ in nido suo, corde videlicet, posuit fidei amethystum, quo concepit Filium Dei. Et per excellentiam sui conceptus induta est veste purpurea, id est, dignitate regali, etc. Hæc Aquila *in arduis posuit nidum suum*, id est in excelsis virtutibus conversationem suam, et cor suum *in præruptis silicibus*, id est in angelis, de quibus prærupti fuerunt superbientes angeli, quia conversatio ejus semper fuit in cœlis. Et inde contemplabatur escam suam, id est, refectionem mentis suæ, scilicet ipsum Deum ut eo frueretur. Et ideo de hac aquila dicitur, quod *oculi ejus de longe prospiciunt. Et ad præceptum Domini elevata est* (Job XXXIX, 27-29), hæc Aquila in sua assumptione, quando scilicet ascendit super cherubim, id est, super choros angelorum, etc.

Aquila cæteras aves præcellit in volatu, et solis aspectu, et ipsa sanctos in volatu contemplationis et aspectu Solis justitiæ, id est, Filii sui, etc. Aquila hæc misericorditer ad cadaverosos peccatores ipsam humiliter invocantes respiciens, advolat duabus alis, pietate et compassione, ut patet in Theophilo. Quem quasi rostro orationis, quam pro eo fudit ad Filium, et quasi unguibus justitiæ a diaboli faucibus potenter eripuit. (Lib. XII, *De laud. B. V.*)

XV Aprilis.

Gerson : Beata Virgo et Regina cœli, imo et mundi jure vocatur, habens præeminentiam et virtutem influxivam super omnes. Principatum habet

dimidii regni Dei, si sic dici potest, sub typo Esther et Assueri. Regnum quippe Dei consistit in potestate et misericordia : *Semel locutus est Deus ; duo hæc audivi, quia potestas Dei est, et tibi, Domine, misericordia.* Potestate Domino remanente cessit quodammodo misericordiæ pars Christi Matri, Sponsæque regnanti. Hinc ab Ecclesia tota Regina misericordiæ salutatur. (Super *Magnif.* tract. 4.)

Richardus a S. Laurentio : Regnum Dei consistit in duobus, scilicet in misericordia et justitia, et Filius Dei sibi quasi retinuit justitiam, veluti dimidiam partem regni. Matri concessit misericordiam, quasi dimidiam aliam partem. Unde et dicitur Regina misericordiæ, et Filius Sol justitiæ, et hæc quasi participatio figurata est Esther VII, 2, ubi dicit ei Assuerus : *Quid vis, Esther, et quæ est petitio tua? etiamsi dimidiam partem regni mei petieris, impetrabis.* Decenter etiam moderata est Matris petitio in his verbis. Quamvis enim regnet Assuerus, id est, Christus in misericordia et justitia, tamen ante beatam Virginem non erat dimidiatum regnum, nec erat dimidiata misericordia cum justitia : quando major sentiebatur severitas justitiæ, quam clementia misericordiæ. (Lib. VI, *De laud. B. V.*)

XVI Aprilis.

B. Albertus Magnus : Commendatur beatissima Domina a suprema potentia, quam post Deum habet super omnes creaturas. Esther II, 7: *Esther erat formosa valde, et decora facie.* Glossa : Circumdata varietate virtutum, *et incredibili pulchritudine omnium oculis gratiosa et amabilis.* Omnibus enim placet, Deo, angelis, justis, peccatoribus. *Ibid.* 17: *Et adamavit eam rex Assuerus,* id est Christus, *plusquam omnes mulieres, et posuit diadema regni in capite ejus.* Glossa : Consortem eam regni fecit. Ecce potentia. *Fecitque eam regnare potenter, æternaliter :* potenter regnat quia ditissima, et tribuit cui vult ; quantum et quando vult, et quotiescunque vult : æternaliter, quia *regni ejus non erit finis.* (Luc. I, 33.) Dicitur ergo merito Regina potentissima, largissima et æterna. Hæc tria in nulla regina, nisi in ea concurrunt. (In *Bibl. Marian.* lib. *Esther*, n. I.)

V. Beda : Serviamus semper tali Reginæ Mariæ, quæ non derelinquit sperantes in se, cum diligat Christus sanctorum orationes et exaudiat, multo magis Matrem suam exaudit pro peccatoribus orantem. (*Serm. de S. Maria.*)

S. Germanus patriarch. Constantinop. : Introduc in cœlorum regnum, o Domina universorum, confitentes tibi, qui te pro Dei Matre vere ac proprie habent, et corda sua hoc animi affectu fide sanctificant, et linguam suam hoc nomine consecrant, quique auxilio tuo gloriantur, et anchoram spei suæ, in tuo patrocinio post Deum collocant. (In *Mariali* a Maracio edito, orat. de *Annunt.*)

XVII Aprilis.

S. Bernardinus Senensis : Omnes angelici spiritus sunt hujus gloriosæ Virginis ministri, atque servi. Quomodo enim non essent servi illius, per quam eorum quantum ad numeri integritatem reparatio facta est, per cujus Filium eorumdem facta est purgatio, illuminatio et consummatio, id est gloriæ consummatæ perfectio? Vere igitur Domina dici potest, atque merito habent de illa omnes cœlestes spiritus confiteri et dicere illud IV Reg. x : *Servi tui sumus, quæcunque jusseris faciemus*. Merito ergo competit ei nominis etymologia : quia secundum Papiam, Dominus vel Domina dicitur, eo quod domui præsit ; ipsa quippe præest domui Dei, id est empyreo cœlo, Ecclesiastico teste, qui cap. xxvi, vers. 21, de ipsa ait: *Sicut sol oriens mundo in altissimis Dei, sic mulieris bonæ species in ornamentum domus suæ.* (Serm. 3, *De nom. Mariæ*, art. 3, cap. 3.)

Idem. In *Ser. de Assumpt.* art. 3, cap. 3 : Tota Trinitas uniformi et voluntate concordi hanc inæstimabilem Virginem ostendit esse suam Sponsam incommunicabilis charitatis, cœli Reginam inattingibilis dignitatis, mundi Dominam imparticipabilis potestatis, electorum omnium Genitricem piam inexsiccabilis pietatis.

XVIII Aprilis.

Sanctus Anselmus : Sicut Deus sua potentia parando cuncta, Pater est et Deus omnium ; ita beata Dei Genitrix Maria suis meritis cuncta reparando Mater est et Domina rerum : Deus enim est Dominus omnium, singula in sua natura propria jussione constituendo, et Maria est Domina rerum singula congenitæ dignitati per illam quam meruit gratiam restituendo. (*De excell. B. V.* cap. 11.)

Rupertus abbas : Ita coronaberis (o Maria), ut in cœlis et in terris Regina sine regnorum : ubicunque enim prædicatum fuerit illud de Dilecto dictum (*Hebr.* ii, 7) : *Minuisti eum paulo minus ab angelis, gloria et honore coronasti eum et constituisti eum super opera manuum tuarum ;* prædicabitur et de te, quod sis, o dilecta, et Mater hujus coronati ; ac proinde Regina cœlorum totum jure possidens Filii regnum. Atque hoc intuitu reges et imperatores te coronis suis coronabunt, palatia sua nomini tuo sacrabunt, et honori tuo dedicabunt. (Lib. iii, *in Cant.*)

Richardus a S. Laur. : Quandiu enim mater habet filium, cui debetur regnum, et filius non recedit ab obedientia matris, ipsa ést domina. Beata autem Virgo habet Filium, cui tanquam hæredi debetur regnum cœlorum, et nullo modo recedit ab obedientia sua : ergo ipsa est Domina. (Lib. iv, *De laud. B. V.*)

XIX Aprilis.

S. Bernardinus Senensis : Tot creaturæ serviunt gloriosæ Virgini, quot serviunt Trinitati. Omnes nempe creaturæ, quemcunque gradum teneant in creatis, sive spirituales ut angeli, sive rationales ut homines, sive corporales ut corpora cœlestia, vel elementa, et omnia quæ sunt in cœlo et in terra, sive damnati sive beati, quæ omnia sunt divino imperio subjugata, gloriosæ Virgini sunt subjecta. Ille enim qui Filius Dei est, et Virginis benedictæ, volens (ut sic dicam) paterno principatui, quodammodo principatum æquiparare maternum, ipse, qui Deus erat, Matri famulabatur in terra, unde Luc. ii, 15, scriptum est de Virigine et glorioso Joseph : *Et erat subditus illis.* Præterea hæc est vera. Divino imperio omnia famulantur et Virgo. Et iterum hæc est vera. Imperio Virginis omnia famulantur et Deus. (*Serm. de Nat. B. V.* cap. 6.)

Bernardinus de Busto : O ineffabilis dignitas Mariæ, quæ imperatori omnium meruit imperari ! (*Marialis*, per. 12, serm. 2.)

Dionysius Carthusianus : Jure ac merito tibi, o præstantissima ac speciosissima Domina, subjicitur ac obedit omnis creatura cœlestis, terrestris ac intermedia, quoniam omnium conditor Deus tibi ut Matri fuit subjectus. (*De laud. B. V.* lib. iii, art. 18.)

XX Aprilis.

S. Bernardus : *Et erat subditus illis.* Quis, quibus? Deus hominibus. Deus, inquam, cui angeli subditi sunt, cui principatus et potestates obediunt, subditus erat Mariæ. Nec tantum Mariæ, sed etiam Joseph propter Mariam. Mirare utrumlibet, et elige quid amplius mireris, sive Filii benignissimam dignationem, sive Matris excellentissimam dignitatem. Utrinque stupor, utrinque miraculum. Et quod Deus feminæ obtemperat, humilitas absque exemplo ; et quod Deo femina principetur, sublimitas sine socio. In laudibus virginum singulariter canitur, quod *sequuntur Agnum quocunque ierit.* (*Apoc.* xiv, 4.) Quibus ergo laudibus judicas dignam, quæ etiam præit ? Disce, homo, obedire ; disce, terra, subdi ; disce, pulvis, obtemperare. De auctore tuo loquens evangelista, *Et erat*, inquit, *subditus illis*, haud dubium quin Mariæ et Joseph. Erubesce, superbe cinis : Deus se humiliat, et tu te exaltas? Deus se hominibus subdit, et tu dominari gestiens hominibus, tuo te præponis auctori? Utinam mihi aliquando, tale aliquid cogitanti, Deus respondere dignetur, quod et suo increpando respondit apostolo (*Matth.* xvi, 23) : *Vade*, inquit, *post me, Satana ; non sapis ea quæ Dei sunt !* Quoties enim hominibus præesse desidero, toties Deum meum præire contendo, et tunc vere non sapio ea quæ Dei sunt. (Hom. 1, super *Missus est.*)

XXI Aprilis.

Divus Antoninus : Licet Virgo Maria ex parte generationis fuerit Mater Christi : tamen sciens quia Filius ejus erat genitor ejus, et universorum Deus et Dominus, non se exhibebat ut Matrem, sed ut ancillam : quanquam ille verus Filius eam reverereretur ut Matrem, hæc reverentiam non requirebat sed exhibitam renuntiabat, et exhibebat repulsam. Quam pium erat videre istud certamen in secretis duorum Filii et Matris : illa prævenire volebat genuflexionibus sibi genuflectentem ; sed iste cui futura erant præsentia, præoccupat reverentia tali prævenire volentem. Illa genu flexo Filium adorabat : sed ille ante adoratricem se humiliter inclinabat. Illa dicebat : Deus meus, non decet Deum feminæ inclinare : sed ipse respondebat : Tamen istud decens est, Matri Filium subdi ; aiebat illa : Sine me, Fili, præceptum implere, quod dixisti, (*Deut.* vi, 13 ; *Matth.* vi, 10): *Dominum Deum tuum adorabis.* etc. Ipse vero inferebat : Sine et tu, Mater, Filium tuum suum mandatum implere, quo dixit præscius Incarnationis suæ (*Exod.* xx, 12 ; *Matth.* xv, 4) : *Honora patrem et matrem.* Ne videant te angeli, quem adorant coram muliercula prostratum, surge, Dilecte, personabat Maria. Et ne filii hominum coram Filio videant Matrem inclinatam : Charissima, sursum te eleva, intonabat Jesus Filius ejus. Me itaque Deus et angeli arguent si te non adoravero et sustinuero quasi adorantem. Et ego coram Domino, angelis et hominibus reprehensibilis essem, si reverentiam non servarem maternam. Talia profundioraque, et omni spiritus mellita dulcedine versabantur inter Filium Matremque. (Part. iii, tit. 31, cap. 3.)

XXII Aprilis.

B. Thomas a Villanova : Licet pauperem et humilem Matrem elegerit Deus, sed tamen genere illustrissimam, nobilissimam, generosissimamque multo amplius secundum carnem, quam sit modo quæcunque illustris femina : namque ab antiquo, multis sæculis, longa progenie, a patriarchis et regibus et sacerdotibus originem traxit. Recense nunc, in toto orbe quænam sit, quæ tot regibus, et principibus polleat in origine. Nobilissima igitur fuit Virgo Maria secundum progeniem et illustrissima, qualem decuit esse Matrem Dei futuram : neque enim decuit rusticam esse aut vulgarem, ne aliqua obscuritatis et ignobilitatis nota redundaret in Filium. Nam etsi in hominibus non sit illa generum varietas, quam exclusimus, nonnihil tamen a bonis parentibus filii per generationem accipiunt : a bonis enim parentibus bonos nasci filios, id est bene inclinatos, ut in pluribus videmus. (Conc. 2, *De Nativit. B. V.*)

Guarricus : Regali siquidem ex progenie Virgo electa est, generositatis quidem regiæ nobilis proles, sed virtutis regiæ nobilior indoles : ut æterno Regi Filio Regis materna quoque nobilitas regium honorem defenderet, et venientem a regali sede Patris regalis etiam thronus in aula virginali Reginæ susciperet Matris. (Serm. 1, *De Annuntiatione.*)

S. Bernardus : Quid ergo sidereum micat in generatione Mariæ? plane quod ex regibus orta, quod ex semine Abrahæ progenita, quod generosa ex stirpe David. (Serm. super [*Apoc.* xii, 1] *Signum magnum.*)

S. Petrus Damianus : B. Maria, licet de generosa sit patrum stirpe progenita, ab illo tamen trahit excellentissimæ nobilitatis genus, qui de illa est novo nascendi genere procreatus, et per clarissimam sobolem omnem humani stemmatis excedit nobilitatem. Clara proavorum titulis, sed incomparabiliter clarior generositate prolis. Filia siquidem regum, sed Mater Regis regum. (Serm. 3, *In Nat. B. V.*)

XXIII Aprilis.

S. Bernardinus Senensis : Fuit beata Virgo nobilius individuum, seu nobilior creatura omnibus individuis, seu creaturis quæ in humana natura fuerunt, aut possunt, aut potuerunt generari. Equidem *Matth.* c. i. in fine, ponens tres quaterdenas generationes ab Abraham usque ad Christum, describit eam fuisse natam de 40 patriarchis, de 14 regibus, et de 11 ducibus, secundum quod distinguunt et enumerant quidam. Lucas quoque capite i describens nobilitatem originis suæ, exordiens ab Adam et Eva, ultimo usque ad Christum Deum generationem suam protraxit. Habemus namque quod Dominus Jesus Christus, qui sine matre fuit in cœlis, et sine patre in terris, totam a Virgine humanitatem recepit ; et dignitates quæ ad humanitatem sequuntur, scilicet cognationis, ut diceretur filius David, et consanguinitatis, ut diceretur habere fratres ex nobili prosapia : totum hoc a sua benedicta Matre suscepit, etc. Quia igitur omnes præclaritates, ingenuitates, præfecturas, dignitates et nobilitates, quæ possunt esse in aliquo individuo humano secundum originem sanguinis, describunt Evangelistæ in hac puella : oportet nos eorum testimonio eam præferre omnibus principibus et principissis, regibus et reginis, imperatoribus et imperatricibus et omnibus potestatibus, tribubus et linguis totius universi. (*Serm. de Nat. B. V.*, cap. 1.)

XXIV Aprilis.

Thomas a Kempis : (Maria) est revera attestatione sanctarum Scripturarum, omnium virginum Virgo prudentissima, omnium feminarum pudicissima, omnium puellarum speciosissima, omnium matronarum honestissima, omnium domicellarum venustissima, omnium reginarum Regina nobilissima, in qua omnis decor virginalis, omnis virtus moralis, omnis speculatio theologalis, omnis devotio affectualis, omnis operatio virtutis, omnis perfectio sanctitatis pariter conveniunt, inhabitant, et perfectissime elucent; quæ nec ante se similem, nec post se æqualem habet, nec habuit, nec habebit. Et sicut olim materiale templum Salomonis præ omnibus terrarum templis decoratum fuit, et latissime nominatum, ac copiosissime ditatum, magnifice a regibus et populis honorabatur : ita spirituale Dei templum, quod est beata Virgo

Maria, ab omni labe pura, super omnia templa sanctorum prænitet, et ideo amplius honorari debet et amari. 'O vere inclyta proles ex insigni patriarcharum prosapia nobiliter procreata, ex sacerdotali genere generose producta, ex pontificali dignitate dignissime derivata, ex prophetali choro verissime prænuntiata, ex regali stirpe illustrissime edita, ex Davidica linea rectissime originata, ex nobilissima tribu Juda clarissime prolata, ex Israelitica plebe felicissime progenita, ex electo populo Dei singulariter præelecta, ex sanctis et religiosis ac Deo placitis parentibus, divina præordinatione in lucem mundi serenissime exorta! (Part. III, serm. 25, Ad Novit.)

XXV Aprilis.

B. Albertus Magnus : Domina evangelistarum, Virgo Maria, comparatur grano sinapis de quo dicitur (Marc. IV, 31) quod minus est omnibus seminibus, et hoc per humilitatem : et cum seminatum fuerit, scilicet in mundo apparendo, ascendit in arborem, quæ altitudine, amplitudine, annositate transcendat herbarum naturam. Alta est, quia ad cœlestia attollitur : ampla, quia totum mundum occupat : annosa, quia non potest finiri. Hæc tria sunt in arbore scilicet Maria, quæ est major gloria et charitate omnibus oleribus, id est, angelis et hominibus, et facit ramos : Glossa : Misericordiæ et compassionis, magnos, ita ut possint sub umbra protectionis ejus aves cœli, id est, sancti Dei, imo et peccatores habitare, fiducialiter propter securitatem : gaudenter, propter umbrositatem : utiliter, propter fructuositatem. (In Bibl. Marian. Evang. Marci. n. 1.)

S. Bonaventura : Bene, nobis charissimi, bene nobis, quod talem Dominam habemus, quæ manus tam liberales habet ad nos, et tam præpotens est apud Filium super nos, ut securi ad ipsam confugere possimus omnes nos. Unde Anselmus ait : Domina magna, cui gratias agit concio læta justorum, ad quam territa fugit turba reorum : ad te, præpotens et misericors Domina, ego peccator anxius confugio. (In Spec. B. V. lect. 5.)

XXVI Aprilis.

Pelbartus Temeswar : O vere admirabilis gratiæ et excellentiæ Virgo! o vere vas admirabile opus Excelsi! quis unquam a sæculo vidit talia, ut una puella, una Virgo regia sit tam excellentissime creata : tam nobilissima pulchritudine decorata, tamque ineffabilibus donis gratiarum sublimata. O dignissime Virgo! o præcellentissima Domina! o gloriosissima Regina : vere te sol et luna, cœlum et terra mirantur : vere te omnis creatura digne veneratur : vere felix es et omni laude dignissima, quia ex te ortus est Sol justitiæ Christus Deus noster. O dulcissima Mater nostra Maria, unica spes et refugium animæ nostræ! ad te nos filii Evæ; nos miseri et peccatis pleni, nos damnatione digni,

merito clamamus, suspiramus, et flebili voce supplicando accedimus; te invocamus nostram Dominam, nostram Advocatam, nostram Reginam gloriosam, Matrem dulcissimam Domini Jesu; Matrem piissimam gratiæ et misericordiæ. Te in quam solatium cordis nostri Matrem nostram adoptatam : quam imploramus clementiam, dulcis spes et vita nostra : quatenus digneris recordari, quia pro nobis peccatoribus es electa, pro nobis ad tantam dignitatem provecta, et idcirco nos tuo Filio recommenda : dulci Jesu Deo nostro nos reconcilia : et da ipso frui in cœlesti patria. Amen. (In Stellario, lib. V, part. III, art. 3.)

XXVII Aprilis.

B. Thomas a Villanova : Beata Virgo quo dignitate et gratia cæteris sublimior, eo propria æstimatione humilior inventa est. (Conc. 2, De Annunt. B. V.)

B. Albertus Magnus : Quanto plus est aliquid elevatum sursum, tanto plus potest deprimi in deorsum, quanto enim mons altior, tanto vallis profundior : ergo quanto aliquid magis elevatum est sursum per nobilitatem et dignitatem, tanto magis potest descendere per humilitatem. Sed beatissima Virgo fuit profundissimæ humilitatis : ergo debuit esse supremæ dignitat's et nobilitatis. Unde Augustinus : Nunquam fuisset super omnes choros angelorum exaltata, nisi fuisset super omnes homines humiliata. (Super Missus est, quæst. 25, § 1.)

S. Ildephonsus : Quapropter discite, charissimi, humiliari, discite mites esse, quoniam hæc est sola virtus, quam in se Dominum respexisse præcipue gloriatur, ut et vos ex eadem humilitate gloriari possitis. Nam et ipsa Regina nostri orbis dicitur. Agite cum ea, ut regnare valeatis, ubi exaltantur humiles. (Serm. 1, de Assumpt. B. V.)

S. Hieronymus : Idcirco, dilectissimæ, amate (Mariam) quam colitis, et colite quam amatis : quia tunc eam vere colitis et amatis, si imitari velitis de toto corde quam laudatis, etc. ... Et ideo si placet vobis, charissimæ, talis ac tanta Virgo, placeat et opus virtutis : cujus vita omnium est disciplina, cujus mores instituta sunt ecclesiarum, quæ præcellit cunctos, supereminet universis Propterea quæcunque virgo sibi ab ea optat præmium, et implorat auxilium, debet imitari exemplum. (Tom. IX, epist. 10, Ad Paulam et Eustochium.)

XXVIII Aprilis.

S. Joannes Damascenus : Itaque Gratia (nam hoc sonat Annæ vocabulum) Dominam parit, id enim Mariæ nomine significatur. Vere etenim rerum omnium conditarum Domina facta est, cum Creatoris Mater exstitit. (Lib. IV De fide orth., cap. 15.)

Richardus a S. Laurentio : Maria siquidem interpretatur Syro nomine Domina : nec solum potens est ad muniendum confugientes ad eam tanquam turris, sed et hostes insequentes potens est expugnare. Unde super illud Cant. vi, 3 : *Terribilis ut castrorum acies ordinata*, dicit beatus Bernardus : Non ita metuunt hostes visibiles quamlibet castrorum multitudinem copiosam, sicut aereæ potestates Mariæ vocabulum, patrocinium et exemplum : cedunt et pereunt sicut cera a facie ignis, ubicunque invenerint hujus nominis crebram recordationem, devotam invocationem, sollicitam imitationem. Roganda est igitur assidue Maria, ut nomen suum, quod est *Domina*, interpretetur in nobis, tentatores nostros expugnando, et se turrim fortitudinis nobis exhibendo a facie inimici : et ut hoc nobis præstare dignetur, nomen ejus et memoriale in desiderio animæ, et jugi memoria teneatur. (Lib. 1 *De laud. B. V.*, cap. 2.)

XXIX Aprilis.

Idiota : Dedit tibi Virgini Mariæ tota supersancta Trinitas nomen, quod post nomen superbenedicti Filii tui est super omne nomen, ut in nomine tuo omne genu flectatur, cœlestium, terrestrium et infernorum; et omnis lingua confiteatur hujus sanctissimi nominis gratiam, gloriam et virtutem. Non enim est in ullo alio nomine post nomen superbenedicti Filii tui, tam potens adjutorium, nec est ullum aliud nomen datum sub cœlo hominibus, post dulce nomen Jesu, ex quo tanta salus hominibus refundatur ; quia super omnia sanctorum nomina reficit lassos, sanat languidos, illuminat cæcos, penetrat duros, recreat fessos, ungit agonistas , et jugum diaboli extrudit, etc. Tantæ virtutis et excellentiæ est tuum sanctissimum nomen, beatissima Virgo, quod ad invocationem ipsius cœlum ridet, terra lætatur, angeli congaudent, dæmones contremiscunt. (*De contempt. B. Virg.* cap. 5.)

Pelbartus Temeswar : O fidelis anima, utinam saperes et intelligeres dulcedinem et fructum hujus nominis, et ipsum semper in corde et ore haberes ! Hoc te moneo, hoc exhortor, ut descriptum habeas in domo vel ostio tuo : quo frequentius viso recorderis. Felix certe illa domus, ubi semper memoria tenetur Mariæ. O Christiane, recognosce nomen tuæ Matris Virginis benedictæ, quæ sola est spes et refugium animæ tuæ, vita, spes et dulcis consolatio cordis tui ! ipsum invoca, ipsum flexis genibus inclama ; ipsum nomen exora ut Maria sit tibi Maria, id est, maris stella in hujus sæculi procella, qua dirigaris ad cœlestia regna. (In *Stellar.* lib. vi, part. 1, art. 3.)

B. Alanus : Auscultet sancti tui nominis amator, o Maria. Cœlum gaudet, omnis terra stupet, cum dico, *Ave, Maria*. Mundus vilescit, cor in amore liquescit, cum dico, *Ave, Maria*. Torpor evanescit, caro marcescit, cum dico, *Ave, Maria*. Abscedit tristitia, venit nova lætitia, cum dico, *Ave, Maria*. Crescit devotio, oritur compunctio, cum dico, *Ave,*

Maria. Spes proficit, augetur consolatio, cum dico *Ave, Maria*. Recreatur animus et in bono confortatur æger affectus, cum dico, *Ave, Maria*. (In *Psalterio B. V.*)

XXX Aprilis.

B. Albertus Magnus : Mariæ nomen interpretatur *illuminatrix stella, amarum mare*, et Syriaca lingua Maria interpretatur *Domina*. Illuminatrix quidem, quia illuminat in dubiis ; stella poli, quia ducit in deviis ; amarum mare, quia compungit in illecebris ; Domina autem, quia protegit in adversis. Sic ergo tenebras nostras illuminatrix illuminat, fluctuationes tentationum nostrarum in hoc magno mari stella tranquillat, noxias delectationes nostras ut amarum mare abundanter amaricat, adversitates nostras ut Domina comprimit et sedat. Si ergo circumdatus es tenebris, et abscondita est tibi vita tua (*Job* iii, 24), respice illuminatricem, invoca Dei Genitricem, et nomina Mariam. Si autem surgunt venti suggestionum malarum, eleventur procellæ tentationum : respice ad stellam, et nomina Mariam. Quod si illecebræ carnis te trahant, et superantes jam ad illicitas delectationes te propellant, baptiza te in amaritudine maris, et invoca intercessionem Dei Matris, et nomina Mariam. Tandem etiam si adversitates tribulationum te jactent, et jam superantes te quasi prosternant : leva oculos ad Dominam, et invoca Mariam. Et sic pro certo in te ipso experieris, quam juste vocatum est nomen Virginis Maria. (*In Luc.* 1.)

S. Bonaventura : Oremus (igitur), charissimi, oremus devotissime, oremus Mariam et dicamus : Eia mare amarum Maria, adjuva nos, ut in vera pœnitentia totaliter amaricemur. Eia stella maris Maria, adjuva nos, ut per mare sæculi spiritualiter rectificemur. Eia illuminatrix Maria, adjuva nos, ut in gloria æternaliter illuminemur. Eia Domina Maria, adjuva nos, ut tua gubernatione et dominatione filialiter gubernemur. (In *Specul. B. V.* lect. 3.)

MAIUS.

S. MARIA SUPER OMNES SPECIOSA.

I Maii.

Richardus a S. Laurentio : Si quis autem quærat de pulchritudine corporali divæ Virginis, congruentissime mihi videtur posse dici et credi, eam præ filiabus hominum speciosam, quæ speciosum forma non solum præ filiis hominum, sed etiam præ millibus angelorum, suæ carnis substantia vestivit, Unigenitum Dei. Non enim convenienter tota pulchra, et sine macula appellaretur, nisi secundum dispositionem et figuram corporis , et colorem faciei pulcherrima et sine macula appareret. (Lib. v, *De laud. B. V.*)

Alanus de Insulis : Credimus sanctam et gloriosam Virginem, et exteriori facie fuisse pulchram :

sed maxime specie virtutum fuisse decoratam. (*In Cantic.* cap. ii.)

S. Joannes Chrysostomus : Maria speciosior et dignior facta est, quam totus mundus ; nam quem totus mundus capere non poterat, nec merebatur, quasi in angustum cubiculum uteri sui sola suscepit. (*In Matth.* cap. i. *Oper. imperf.*)

B. Albertus Magnus : De pulchritudine Virginis nostræ sciendum, quod sicut Filius *speciosissimus forma præ filiis hominum* (*Psal.* xLIV, 3), ita ipsa pulcherrima inter filias et filios hominum. Habuit enim pulchritudinem, quæ potuit esse in mortali corpore. Quod autem Evangelium nihil scribit de pulchritudine ejus, una potest esse causa, quod cum Domina nostra nobis posita sit in exemplum, et in speculum salvos faciendi, non vult eam a talibus laudari, quorum inordinatus appetitus, vel usus fuit multis, et est hodie causa pereundi. (In *Bibl. Marian.* lib. *Cantic.* n. 2.)

II Maii.

Dionysius Carthusianus : Providit nempe Pater æternus, præparavitque Unigenito suo convenientem proportionatamque Genitricem, et ut speciosissimum illius dulcissimumque vultum, non utique nisi pulcherrima atque suavissima oscularetur puella, materque mundissima. Congruentissime itaque de te, o præclara decoraque Mater, Sponsus profatur, Cant. iv, 7 : *Tota pulchra es, amica mea, et macula non est in te.* Etenim a planta pedis usque ad verticem capitis, nil penitus in te exstitit, nec in mente, neque in carne indecorum, indecens aut inamœnum : quinimo quidquid in te est, divinæque sagacitatis industria, æternæque sapientiæ circino, speciosissime ac gracillime est formatum, totumque dulce ac amabile, eximium et delectabile. (Lib. i *De præconio et dignitate Mariæ,* art. 39. Exstat tomo II Opusculorum Dionysii Carthus. Et notandum hoc opusculum esse diversum ab illo, quod auctor inscripsit *De laudibus, B.V.,* et habetur tom. I Operum minorum ejusdem.)

S. Joan. Damascenus : Saluto te, Maria, dulcissimum Annæ pignus. Nam me rursum ad te amor pertrahit. Quonam modo gravissimum tuum incessum exprimam ? Quonam modo amictum ? Quonam modo oris tui venustatem, senilem in juvenili corpore prudentiam ? Honestus vestitus, mollitiem omnem ac luxum fugiens. Gressus gravis ac sedatus, atque ab omni mollitie remotus. Mores severi atque hilaritate temperati. Ita comparata eras, ut ad te nullus viris accessus pateret. Testis est metus ille, in quem ex inusitato angeli alloquio incidisti. Parentibus morigera et dicto audiens. Animus humilis in sublimissimis contemplationibus. Sermo jucundus, ex leni anima progrediens. Denique quid aliud quam Dei domicilium ? Merito te beatam prædicant omnes generationes, ut eximium humani generis decus. (Orat. 1, *De Nat. B. V.*)

Bernardinus de Busto : Dicite mihi, o devoti

Christiani, si quis ex vobis possit formare illam quam sibi vellet eligere in Sponsam, nonne ipsam omni decore ac formositate relucentem facere conaretur ? Deus ergo qui istam sanctissimam puellam ante sæcula sibi in Sponsam elegit, profecto omni speciositate fulgentissimam fecit, et ideo illi inquit cœlestis Sponsus, Cant. i, 9 : *O pulcherrima inter mulieres, pulchræ sunt genæ tuæ, collum tuum sicut monile.* (In *Mariali.* per. 2. ser. 4.)

III Maii.

S. Antoninus : Si anima beatæ Virginis fuit nobilissima post animam Filii, igitur et corpus ejus fuit nobilissimum et pulcherrimum post corpus Filii. Corpus enim Filii quia unitum Deitati, ideo perfectissimum in pulchritudine. Unde corpus immediate ordinatum ad ipsum, erit secundo loco pulcherrimum : sed illud fuit corpus Matris, unde assumebat id, quod uniebatur Divinitati : propter quod sequitur, quod fuit pulcherrimum corpus B. Mariæ. (Part. iv, tit. 15, cap. 10, § 2.)

Pelbartus Temeswar : Sicut B. Maria fuit nobilissima et optima in anima præ omni creatura ; ita fuit et debuit esse in corporali perfectione præ aliis optima. Et declaratur secundum Albertum, super *Missus est,* pluribus rationibus. Prima ratio, quia nobiliori animæ debetur nobilius corpus ; forma enim et materia debent esse propotionata secundum philosophum, lib. ii *De Anima.* Unde videtur quod corpus humanum est nobilius et perfectius omnibus corporibus brutorum propter unionem ad animam nobilissimam, scilicet rationalem. Sed quia anima B. Virginis fuit nobilissima post animam Filii Dei : ergo et corpus nobilissimæ perfectionis et pulcherrimi decoris post corpus Filii : ut merito de ipsa possit dici illud Judith xi, 19 : *Non est talis mulier super terram in aspectu, et pulchritudine ac sensu verborum.* Secunda ratio, quia natura est vis insita rebus similia vel similibus procreans (lib. ii *Physic*). Nisi ergo natura erret vel impediatur, Filius similis est Patri, vel Matri : quia ergo in conceptione Christi errare non potuit aut impediri Spiritus sanctus, quo operante Virgo concepit ; ideo sequitur, quod sicut corpus Christi Divinitati unitum fuit perfectissimum et nobilissimum ac pulcherrimum super omnes perfectiones corporum aliorum viatorum hominum, juxta illud, *Psal.* xLIV, 3 : *Speciosus forma præ filiis hominum ;* ita post Christum et corpus Matris ejus. (In *Stellario,* lib. v, part. iii, art. 2, cap. 1.)

IV Maii.

Divus Antoninus : Quatuor inveniuntur in Veteri Testamento mulieres beatam Mariam expressissime figurantes : scilicet Esther conjugata, Judith vidua, Rebecca et Rachel virgines. Nam de Rebecca dicitur (*Gen.* xxiv, 16), quod fuit *puella decora nimis, virgoque pulcherrima et incognita viro ;* de Rachel vero (*Gen.* xxix, 17), quod erat *venusta facie, et decoro aspectu ;* de Judith dicitur (viii, 7 ; x, 7), quod erat eleganti aspectu nimis, et quod erat stupor in oculis eorum, qui ejus pulchritudinem mirabantur nimis. Et iterum, Judith xı, 19 : *Non est talis mulier super terram in aspectu, pulchritudine et sensu verborum.* De Esther autem conjugata Assuero regi scribitur (*Esther* ıı, 15), quod erat *pulchra valde, et incredibili pulchritudine omnium oculis gratiosa et amabilis videbatur.* Signum autem et figura debet assimilari significato, et potior est veritas quam figura. Ex quo sequitur, quod beata Maria figurata per istas tam pulchras, multo pulchrior fuerit. (Part. ıv, tit. 15, cap. 10, § 2.)

Richardus a S. Laurentio : Propter hoc etiam figuratur ipsa fere per universas mulieres, quæ de corporali pulchritudine commendantur in Bibliis, ut fuerunt Sara, Rebecca, Rachel, tres filiæ Job, Noemi, Abisag, Abigail, Betsabee, Susanna, Judith, Esther et cæteræ multæ. (*De laud. B. V.* lib. v.)

V Maii.

B. Albertus Magnus : Esther interpretatur *præparata in tempore*, et signat B. Virginem, quam Deus Pater ad hoc præparavit, ut Filius suus Unigenitus ex ea conciperetur et nasceretur, quando advenit tempus miserendi ejus : Assuerus interpretatur *beatitudo*, et signat Filium Dei, a quo tanquam a fonte beatitudinis lucidissimo profluit omne bonum. Esther itaque, id est, beata Virgo, formosa erat per immaculatam virginitatem, erat etiam incredibilis pulchritudinis per virtutum omnium venustatem. Omnes siquidem virtutes in ea aggregatæ mirabiliter venustaverant eam. Omnium quoque et angelorum et hominum oculis gratiosa et amabilis videbatur per viscerosam charitatem. Hæc itaque Virgo in Assumptione angelorum comitatu, ad cubiculum Regis æterni solemniter est adducta : et quoniam gratiam apud Deum invenerat, super omnes mulieres, id est, super omnes fideles animas est amata, et diademate regni cœlestis honorifice coronata. (Serm. 2, *De Annunt. B. V.*)

Gerson : Conabimur inaniter, si verbis æquare volumus pulchritudinem ejus, qua sub Deo major nequit intelligi, colligens in se omnes pulchritudines sparsas in creaturis, ita ut sit vere una speciosa unius Sponsi, una perfecta sua, una Matri suæ, electa Genitrici suæ, quæ Genitrix est gratuita Dei bonitas, quæ pulcherrima pulcherrimam sibi fecit. (Tract. ıiı, super *Magnificat.*)

VII Maii.

S. Bonaventura : Hæc est illa Rebecca, de qua dicitur, Gen. xxıv, 16 : *Puella decora nimis, virgoque pulcherrima et incognita viro.* Unde ei dicitur, Cant. ıv, 7 : *Tota pulchra es, amica mea. Tota* dicit : quia in carne et in mente pulcherrima fuit, ut nunquam sibi similis fuerit. Unde Bernardus super illo verbo : *Tota pulchra es*, ait : Facie quidem pulcherrima, mente integerrima, et spiritu sanctissima. Hiero-

nymus : Si diligenter inspicias, nihil est omnino virtutis, nihilque speciositatis, nihil candoris et gloriæ, quod non ex ea resplendeat. Erat enim multis candidata meritorum virtutibus, et dealbata nive candidius : simplicitatem columbinam in omnibus repræsentans. (Serm. 2, *De beata Virgine.*)

Divus Antoninus : Sicut de sapientia Dei dicitur, Sap. xıı, 13 : *Ipsi est cura de omnibus ;* ita de Virgine Matre sapientiæ dici potest, quod curam habet de omnibus. In cujus figuram Eliezer procurator Abrahæ postularat a Rebecca virgine pulcherrima, ut potum sibi daret. Non solum ei obtulit potum aquæ, sed et camelis suis. Sic Maria Virgo pulcherrima mente et corpore, non solum curam habet de electis ratione utentibus, ut sitientibus procuret aquam gratiarum, sed etiam de peccatoribus curam habet, ut animalibus irrationalibus, non petentibus, nec desiderantibus aquam gratiarum procuret. (Part. ıv, tit. 15, cap. 14, § 3.)

VII Maii.

B. Albertus Magnus : Ipsa est fontis vitæ nausorium, et animarum sitibundarum refocillatrix. Gen. xxıv, 15 seqq. *Rebecca*, quæ interpretatur *patientia*, id est Maria, *egrediebatur*, scilicet in Nativitate, quando nata est, *habens hydriam in scapula sua :* Glossa : Verbum Dei humiliter susceptura : *puella decora nimis, virgoque pulcherrima, et incognita viro. Descenderat autem ad fontem,* Glossa : Vitæ, ad quem se inclinaverat hauriendum, *et impleverat hydriam,* cordis, gratia, venia, gloria. *Dixitque servus ei : Pauxillum aquæ mihi ad bibendum,* Glossa : De salute animæ, præbe *de hydria tua :* quia de mundi hydria hausi vanitatem, de hydria diaboli iniquitatem. *Quæ respondit : Bibe, domine; celeriterque ei dedit potum, et adjecit : Quin et camelis tuis hauriam aquam,* gratiæ, veniæ, lætitiæ, *donec cuncti bibant.* Cant. v, 1 : *Bibite et inebriamini, charissimi.* Haustum igitur omnibus camelis dedit, unde et largissima est. (In *Bibl. Marian.* lib. Genes. n. 10.)

P. Canisius : Hæc est illa Rebecca vere alma, hoc est, adolescentula abscondita, viro incognita, eximie speciosa, inter plurimas electa, q magno Patre conquisita, pretiosis dotata monilibus, et singulari pudore cohonestata virgo, solaque digne reperta, cui verus Isaac, Omnipotentis nempe Patris risus, idemque omnis veræ lætitiæ nostræ fons, beatissimo spiritualium nuptiarum vinculo conjungeretur. (*De Deipara V.* lib. ı, cap. 2.)

VIII Maii.

Richardus a S. Laurentio : Hæc est una mulier Hebræa, quæ fecit confusionem in domo Nabuchodonosor. Una, id est, discreta ab omnibus aliis mulieribus Hebræis. *Ecce enim Holophernes jacet in terra, et caput ejus non est in illo.* (Judith. xıv, 16.) Istud ad litteram legitur de Judith, in figura Mariæ, quæ est *mulier una*, id est, singularis dignitate, potestate, charitate et præsidio ; etc... *Una* scilicet *mulier*, sola et privilegiata, speciali virtutum et operum eminentia supergressa universas Ecclesiæ filias. (*De laudibus B. V.* lib. vi.)

S. Bonaventura : Tanta fuit gratia labiorum in Maria, ut ipsa optime per Judith signari possit, de qua dicitur in libro Judith (xi, 19) : *Non est mulier talis super terram, in aspectu, in pulchritudine, et in sensu verborum.* Revera non est, non fuit, non erit mulier talis super terram, qualis Maria fuit in aspectu clarissimæ vitæ, in pulchritudine mundissimæ conscientiæ, et in sensu verborum disertissimæ linguæ. (In *Speculo B. V.* lect. 6.)

B. Albertus Magnus : In nostra Judith, id est, in Virgine Maria, commendatur pulchritudo admiranda, et sapientia præ cunctis mortalibus veneranda. Judith. loc. cit. : *Dixerunt servi Holophernis :* non solum servi Dei ipsam admirantur, sed etiam servi mundi et diaboli, *alter ad alterum : Non est talis mulier super terram,* imo nec supra cœlum, *in aspectu,* quia etiam maculå peccati caruit venialis. *In pulchritudine* exteriori, credimus eam pulcherrimam fuisse. (In *Bib. Marian. Lib. Judith.* n. 1.)

IX Maii.

Rupertus abbas : *Quam pulchra es, amica mea, quam pulchra es,* etc. O pulchritudo admirabilis, quam sic admiratur et collaudat pulcherrimus auctor ipse pulchritudinis septem præconiis. Consideravit oculos, capillos, dentes, labia, genas, collum et ubera, et pro singulis dilectus singula decantavit dignæ collaudationis capitula, etc... Quid in te, o dilectissima dilectarum ? Virgo virginum laudatur e dilecto laudabili, quem laudat omnis chorus angelorum ? Laudatur simplicitas, munditia, innocentia, doctrina, verecundia, humilitas, mentis et carnis integritas, sive incorrupta virginitas. In oculis simplicitas, in capillis cogitationum tuarum munditia, in dentibus innocentia, in labiis doctrina, in genis verecundia, in collo humilitas, in uberibus tuis admiranda et speciabilis est cum fecunditate virginitas. Simplicitas tua prudentia tua est : munditia tua supernorum desiderium est : innocentia tua religiositas est. Virginitas tua, matrum sive matronarum decus est. (Lib. iii in *Cant.*)

D. Antoninus : Sic beatissima ista Maria pulcherrima corpore, pulchrior anima, et admirabilis oculis omnium. (Part. iv, tit. 15, cap. 45, § 5.)

Richardus a S. Laurent.: Unde dicit ei Sponsus, Cant. iv, 4 : *Quam pulchra es, amica mea, absque eo,* id est, præter illud *quod intrinsecus latet* soli Deo cognitum, nemini manifestum. Vel, *absque eo quod intrinsecus latet,* id est, absque interna virtutum pulchritudine, quæ omnes homines latuit, etiam semetipsam. Per internam enim pulchritudinem, alia pulchra et commendabilia sunt. (*De laud. B. V.* lib. xii.)

A Maii.

Pelbartus Temeswar ; Quod Virgo gloriosissima fuerit in omnibus et singulis membris proportionatissima, formosissima et decorissima, clarescit ex descriptione historiali, quia, ut ferunt historiæ, et præcipue Epiphanius de ejus pulchritudine scribit, quod ipsa erat in corpore omni pulchritudine venustata. Erat, inquit, Virgo decora facie et elegantis formæ, statura optima, caro ejus coloris lactei cum rubedine, et desiderabilis aspectu. Item caput ejus erat aliquantulum oblongum, et frons non lata sed plana, quadrata et moderatæ magnitudinis ac decens ; humilis et demissa. Hæc enim secundum doctores physionomicæ artis optima est dispositio capitis et frontis : indicans hominem circumspectum, providum, et magnæ sapientiæ ac verecundum. Item oculi erant pulchri et clare lucentes, aspectu delectabiles ; visus mitis et benignus, humilis et mansuetus ; pupilla oculorum nigra et valde lucida, supercilia nigra ; non nimis densa sed decentia. Item nasus rectus et mediocris æquali linea descendens, quod signum est constantiæ et prudentiæ secundum physionomicos. Item genæ ejus sacræ erant nec nimis pingues, nec nimis macilentæ, sed formosæ nimis : albæ et rubicundæ, tanquam lactei et rosei coloris. Item os sacratissimum erat delectabile et amœnum omnique suavitate plenum. Labia rubicunda, sed modicum tumentia : et aliquantulum inferius labium erat exsuperans, vel plenius labio superiori, et hoc decentissime. Hoc quippe secundum physionomicos magnanimitatis et fortitudinis est indicium. Dentes quoque ejus erant candidi et recti, æquales et mundissimi. Item mentum ejus erat decens, commensuratum, secundum aliquid ad quadraturam tendens : et erat convalliculatum per medium, secundum Epiphanium. Item collum candidum, non carnosum nimis neque macilentum, sed decens. Manus mundæ et decentes, digiti tornatiles, longi, recti et graciles : et totius corporis statu, manibus sapientiæ Dei mirifice formato. Vestes habens proprii coloris, et mantellum æthérei coloris. Ejus gressus planus et compositus, incedens modeste, et decenter caput inclinans in ambulando, tanquam Virgo pudica et humillima. Ejus vox pudicissima et sonorosa, dulcis et jucunda ; silentium semper amabat, raro loquebatur ; erat miræ patientiæ, nunquam visa est irasci ; nunquam risit, nunquam otiosum verbum protulit, erat optimis moribus et dulcissima omnibus. Insuper erat magni ingenii : ita quod totum opus muliebre citissime didicit ; et adhuc in ætate juvenili omnes libros prophetales, sapientiales, et totum Vetus Testamentum perfectissime scivit. Erat omnibus virginibus in templo devotior et humilior, reputans se minorem omnibus, et proferens singulis honorem,. plena exsistens omni, virtute, omnium bonorum morum honestate, et omni fulgens gratia. Unde omnes eam venerabantur singulari affectu, et laus ejus diffundebatur utique. (In *Stellario*, lib. v, part. iii, art. 2, cap. 3.)

XI Maii.

Dionysius Carthusianus : Corporalem Mariæ speciositatem mirabiliter venustabat pulchritudo moralis in compositione atque facetia morum et actuum, apparatuque vultus, et exteriori maturitate consistens ; in quibus omnibus divinissima Virgo Maria maxime præfulgebat. Interior quoque pulchritudo mentis suæ gratuita et supernaturalis fuit ita exuberans quod miro modo radiavit in facie ejus, incessu, actu, moribusque forinsecus. (*De laud. B. V.* lib. i, art. 34.)

Richardus a S. Laurentio : Ad membrorum beatæ Virginis excellentiam singularem laudes humanas addere necesse non est, cum ex vita illius sanctissima et totius virtutis forma resplendeat. Ejus quippe in terris conversatio et omnibus sanctis imitanda proponitur, et etiam angelis admiranda efficitur, quæ siquidem non solum delectabat, sed et divinos provocabat aspectus. Quid enim aliud membra illius erant, nisi quædam spirituales linguæ, quas Spiritus sanctus sui plectro temperans modulaminis suæ digitis præsentiæ movebat in harmoniam angelicæ similitudinis. Idem namque Spiritus, qui ejus animam sui fervore coloris accenderat, membrorum quoque officia in eamdem habitudinem suspendebat, unde nihil aliud in suis motibus resonabat, nisi nectar divinæ humanæque sapientiæ, expressum de illa ineffabili suavitate, quam in Trinitate Patris, et Filii, et Spiritus sancti majestatis divinæ essentia Patri communicat, vel concordia. (*De laud. B. V.* lib. v.)

XII Maii.

S. Birgitta : O Domina mea, vita mea, Regina cœli, Mater Dei ! Quamvis ego certa sum quod tuum corpus gloriosum a tota cœlesti curia cum canoro jubilo incessanter laudatur in cœlis, tamen ego, licet indigna persona sim, toto corde meo desidero omnibus tuis membris pretiosis laudes et gratias, quas valeo reddere in terris. Idcirco, o Domina mea Virgo Maria, laudetur cæsaries tua cum capillis tuis diademate gloriæ decorata, quia solis jubare clariores sunt. Nam sicut crines capitis computari nequeunt, ita virtutes tuæ innumerabiles exsistunt. O Domina mea Virgo Maria, frons et facies tua honestissima super lunæ albedinem collaudentur, quia nullus fidelis in hoc tenebroso mundo te aspiciebat, qui non aliquam consolationem spiritualem a tua visione sibi infundi sentiebat. Benedicta sis tu, o Domina mea Virgo Maria, cujus supercilia cum palpebris claritatis nitore radios solares excedunt. Benedicti

sint oculi tui pudicissimi, o Domina mea Virgo Maria, qui nihil concupiebant de rebus transitoriis, quas in hoc mundo videbant, quia quotiescunque oculos tuos levabas, eorum aspectus stellarum excellebat nitorem coram tota cœlesti curia. O Domina mea Virgo Maria, collaudentur maxillæ tuæ beatissimæ super auroræ pulchritudinem, quæ pulcherrime cum colore rubeo et candido exoritur. Sic et maxillæ tuæ speciosæ, dum in hoc mundo fuisti, coram Deo et angelis claritatis nitore fulgebant, quia illas nunquam pro mundana pompa vel vana gloria ostendisti. O Domina mea Virgo Maria, venerentur et honorentur aures tuæ honestissimæ super omnes vires maris et omnium aquarum motum, quia contra omnem fluxum immunditiæ mundani auditus, semper ipsæ aures tuæ viriliter militabant. O Virgo Maria Dominatrix mea, glorietur nasus tuus suavissimus, qui ex virtute Spiritus sancti nunquam anhelitum attraxit vel emisit, quin tota cogitatio tua semper esset apud Altissimum, etc. O Domina mea Virgo Maria, laudetur lingua tua Deo et angelis gratissima super omnes arbores fructiferas. Nam omne verbum, quod lingua tua protulit, nulli personæ unquam nocuit, sed in alicujus commodum semper venit. Erat enim ipsa lingua tua prudentissima, omnibus dulcior ad audiendum, quam aliquis dulcissimus fructus ad gustandum. O Regina et Domina mea Virgo Maria, laudetur os tuum benedictum cum labiis tuis super rosarum et omnium florum amœnitatem, et specialiter pro illo tuo benedicto verbo humillimo, quod eodem ore tuo pretioso angelo Dei respondisti, etc... O Virgo Maria Domina et consolatio mea, honoretur perpetuo collum tuum cum humeris tuis super omnium liliorum venustatem, quia nunquam dicta membra tua inclinasti, nisi propter aliquid utile, vel honoris Dei, nec etiam erexisti. Nam sicut lilium ad flatum ventorum motum facit et inclinationem, ita omnia membra tua movebantur ad Spiritus sancti infusionem. O Domina mea et dulcedo mea, benedicantur brachia tua sanctissima cum manibus et digitis tuis, et æternaliter honorentur super omnes gemmas pretiosas, quæ tuis virtuosis operibus comparantur, quia sicut virtuosa opera tua Filium Dei ad te alliciebant, sic et brachia et manus tuæ ipsum materno amoris dulciter stringebant. O Domina mea et illuminatio mea, benedicta sint ubera tua sacratissima supra omnes dulcissimos fontes aquarum, quia sicut aqua ipsorum scaturiens præbet solamen, et sitientibus refectionem, sic tua sacra ubera Filium Dei lactando, præbuerunt nobis indigentibus medicinam et consolationem. O Domina mea, Virgo Maria, benedictum sit pectus tuum pretiosissimum super aurum purissimum, quia, quando sub cruce Filii tui dolorosa stetisti, tunc gloriosum pectus tuum ex sonitu malleorum quasi in duro prelo acer-

rime stringi sensisti, etc. O Domina mea, lætitia
cordis mei Virgo Maria, glorificetur et venerctur
cor tuum reverendissimum, quod ad Dei honorem ita ardentissimum erat super omnes creaturas cœli et terræ, quod flamma charitatis ejus
in cœlorum celsitudinem ad Deum Patrem conscendit, propter quod Dei Filius a Patre cum
Spiritus sancti fervore in uterum tuum gloriosum
descendit. O Domina mea fecundissima Virgo
Mariâ, benedictus sit venter tuus beatissimus super omnes agros fructuose germinantes. Quia
sicut semen, quod cecidit in terram bonam, de
se fructum affert possessori centesimum, sic venter tuus, Virgo, et fecundissimus, benedictum
fructum Deo Patri attulit plusquam millesimum,
etc... O Domina mea Virgo prudentissima, lau-
dentur æternaliter pedes tui sacratissimi super
omnes radices incessanter fructum afferentes, etc.
O quam honeste incedebant pedes tui sacratissimi! Vere de quolibet eorum vestigio Rex cœlestis
consolatus exstitit, et tota cœlestis curia gavisa
et jucundissima fuit. (In *Revelat.*, orat. 4, S. Birgittæ revelata.)

XIII Maii.

S. Dionysius Areopagita : Confiteor coram Deo,
princeps mi, ab hominibus non posse percipi,
quam ego oculis non tantum mentis, sed corporis
vidi, perspexi, atque propriis oculis intuitus sum
Deiformem, atque supra omnes cœlicos spiritus
sanctissimam Matrem Christi Jesu Domini nostri,
quam mihi benignitas Dei, et clementia Salvatoris,
et gloria Majestatis Deiformis Virginis Matris ejus
ostendere dignata est: quoniam cum a Joanne
vertice Evangelii et prophetarum, qui corpore
habitans quasi sol fulget in cœlo, ductus fui ad
Deiformem præsentiam altissimæ Virginis, tantus
me immensus divinus splendor circumfulsit exterius et plenius irradiavit interius, tanta enim in
me omnium odoramentorum superabundavit fragrantia, ut nec corpus infelix, nec spiritus posset
totius ac tantæ felicitatis insignia sustinere. Defecit cor meum, defecit spiritus meus tantæ gloriæ
majestate oppressus. Testor, qui aderat in Virgine
Deum, si tua divina doctrina non me docuisset,
hanc verum Deum esse credidissem, quoniam
nulla videri posset major gloria beatorum, quam
felicitas illa, quam ego infelix nunc, tunc vero
felicissimus degustavi. (In Epistola ad S. Paulum
apost. quam referunt Ferreolus, *De Maria augusta,*
lib. v, cap. 6; Dionysius Richelius, in *Elucid.* III,
c. *De div. nom.* Carthag. *Hom. de Arcan. B. V.* libri, hom. 5 et alii plures.)

Richardus de S. Victore : Talem Rex cœlestis
concupivit, tam decoræ, sic vestitæ Sol justitiæ se
infudit, et in ea se carne vestivit. Nec mirum si
lucida fuit, quam splendor gloriæ implevit, si pulchra fuerit, quæ splendorem lucis in se suscepit.
Non quoque dubitandum, amoris ignem et interio-

rem candorem exterius etiam in ea lucere, ut quæ
puritatem angelicam habuit, vultum etiam angelicum habuerit. Tota ergo pulchra merito dicitur,
quia pulchra facie fuit, pulchra mente et corpore.
(Cap. 26, *in Cant.*)

XIV Maii.

Dionysius Carthusianus : B. Mariæ Virgini Sponsus et Filius ait: *Quam pulchra es, amica mea,
quam pulchra es!* Tanto plane pulchrior cæteris
universis, quanto in omni gratia, virtute, dono,
beatitudine, fructu perfectior, quanto purior, in-
nocentior, et ab omni culpa immunior, quanto
fonti totius pulchritudinis ac decoris propinquior,
utpote vera Mater illius. Imo tam pulchra, quod
fons ille superpulcherrimus concupivit decorem
istius, tamque delectabilis et jucunda fuit super-
speciosissimo Unigenito Patris æterni, ad intuendum, ad convivendum, ad diligendum, quod in ea
et cum ea præ cunctis commorari et conversari
elegit in terris: et sicut ille speciosus forma præ
filiis hominum, sic ista est speciosa præ filiabus.
(*In Cant.* cap. IV, art. 15.)

Hugo a S. Victore : O digna digni, formosa pulchri, munda incorrupti, excelsa Altissimi, Mater
Dei, Sponsa Regis æterni! Quam pulchra et quam suavis es, quam scrutator renum probat, quam inspector
cordium laudat, quam diligit auctor pulchritudinis,
cui testimonium perhibet Magister veritatis! (*Serm.
de Assumpt. B. V.*)

Petrus Cellensis : Quemdam exhortans inquit :
Versa et commuta desideria tua, formosam delec-
tabiliter aspicere solebas meretricem, aspice nunc
Dei Genitricem. (*De panibus,* cap. 7.)

XV Maii.

V. P. Joannes a Jesu Maria : Mariæ pulchritudo
cordium magnes est, quo summa cum voluptate
trahuntur cœlites, et, quod excelsius est! ipse cœlitum Rex, nam, ut canit Ecclesia : *Ornatam monilibus filiam Jersalem Dominus concupivit.* (Tract. *De
amore Reginæ cœli,* part. I, cap. 1.)

S. Bonaventura : B. Virgo ex multa pulchritudine vitæ virtutem habuit adamantis, quia sicut
adamas ad se ferrum trahit, sic Virgo sancta ad se
deduxit de supernis Verbum Dei. Unde Bernardus:
Virgo regia, gemmis ornata virtutum, geminoque
mentis et corporis candore præfulgida, et decore,
specie sua et pulchritudine in cœlestibus cognita :
cœlorum civium in se provocavit affectum et aspectum : ita ut Regis animum ad se inclinaret, cœlestem nuntium ad se de supernis educeret. (Serm. 2,
De B. Virgine.)

Gerson : Pulchritudo B. Mariæ tam grata, tam
incredibili formositate refulgens inventa est, ut
concupisceret Rex speciem ejus, et de sublimi solio Deitatis descenderet ad infima nostra mortalitatis, accipiens servi formam. Quanta qualisque
putanda pulchritudo totius, quando in uno oculorum suorum dicit se speciosus forma præ filiis

hominum, corde vulneratum? *Vulnerasti*, ait (*Cant.* iv, 9), *cor meum in uno oculorum tuorum*, et quod minus videtur, *in uno crine colli tui*. Denique primum nomen, quo Maria legitur in Canticis nominata per Sponsum, fuit (*Cant.* i, 7) : *O pulcherrima mulierum*. Vere pulcherrima, quæ pro superba mystica Vasthi, Eva, superno Regi, non Assuero, sed Deo meruit copulari, gratiam inveniens in oculis ejus, quam adamavit super omnes mulieres. (Tract. iii, super *Magnif.*)

XVI Maii.

Hailgrinus, ad illud Cant. *Vulnerasti cor meum, soror mea Sponsa, in uno oculorum tuorum* . Mariæ speciem Dominus sic concupivit, et ipsa ejus desiderium in tantum superduxit, hoc est, ad tantum excessum perduxit, ut ad nostram humilitatem humiliatus sit omnipotens.

V. P. Joannes a Jesu Maria : O sponsa innixa super dilectum tuum, o speculum sine macula, in quo semetipsum contemplatur Filius Altissimi ! Quis cogitando assequi valeat magnitudinem decoris tui, quo sauciasti cor ipsius Dei ? Quæ lingua exprimere queat verbis ornatum interiorem animæ tuæ, vel describere illud aureum reclinatorium in quo suavissime discubuit unigenitus Filius tuus ? Adamavit enim Dominus filiam Jerusalem cultam monilibus pretiosis, et incensus dilectione multa nimis, se immisit in castissima viscera tua, ut opertus amictu quem illi dedisses, procederet quasi sponsus de thalamo suo, ad visitandam in plenitudine divitiarum suarum plebem suam. Tom. IV, *in Epist. ad B. V.*)

Pelbartus Temeswar : Ex his adverte, o anima devota, quam pulcherrima, quam gratiosissima sit Maria Mater Domini Jesu. O quam felices, qui eam intuentur facie ad faciem ! O quam miseri sunt, qui ejus visionem per peccatum amittunt ! ut enim Anselmus in *Meditationibus* suis dicit : Pulchra est Maria ad intuendum, amabilis ad conregnandum, delectabilis ad videndum. Summa enim lætitia post Deum est eam intueri, et in ejus laudibus delectari. (In *Stellario*, lib. v, part. iii, art. 2, cap. 3.)

XVII Maii.

S. Bonaventura : Quidquid post Deum pulchrius, quidquid dulcius, quidquid jucundius in gloria est, hoc Maria, hoc in Maria, hoc per Mariam est. Gloriosum omnino gloriæ Mariæ privilegium est, quod post Deum major gloria nostra, majus nostrum gaudium de Maria est. (In *Specul. B. V.* lect. 6.)

Gerson : O felices, qui te talem, o Maria, genuere parentes ! O vere felix Joseph sponsus tuus virginalis, qui tui custos cum puero Jesu fidelis, sedulus, prudens atque charissimus, audire videreque te cum Filio tanto tempore dignus fuit ! (Tract. 3, super *Magnif.*)

V. P. Joannes a Jesu Maria : Quis poterit, o Regina formosior cœlo, cogitare vim formæ tuæ? Quibus oculis intuetur te civitas sancta Jerusalem ? Omnia corda feruntur in te, trahit enim sua quemque voluptas. (Tom. II, *in Epist. ad B. V.*)

S. Augustinus : Tu tota pulchra, tota formosa, tota delectabilis, et tota gloriosa, tu macula nulla fuscaris, tu omni decore vestiris, tu omni sanctitate ditaris. Tu super omnes virtutes sancta in carne, tu cunctas feminas vincis pulchritudine carnis, et omnes angelicos spiritus excellentia sanctitatis. (*Serm. de Incarnatione.*)

Idiota : Tota pulchra es, o plusquam gloriosa Virgo Maria, etc... Tot enim habuisti pulchritudines, quot virtutes ; et singulas in altiori gradu, quam concessum fuerit post Filium tuum superbènedictum puræ creaturæ ; in his namque similem non habuisti, nec es habitura sequentem. (*De contemplat. B. V.* cap. 2.)

XVIII Maii.

S. Thomas a Villanova : In poetarum figmentis legimus, Pandoram quamdam, mira sui pulchritudine etiam suis factoribus stupori fuisse . Hæc nostra Pandora Deo suo non stupori, sed amori magis fuit ; placuit virginitate, placuit puritate, placuit humilitate placuit denique omnigena morum virtute. (Conc. 2, *De Annuntiatione B. V.*)

S. Andreas Cretensis : Hæc est eximia pulchritudo, a Deo sculpta statua, recte descripta divini Archetypi imago. (*Orat. de dormit. B. V.*)

S. Thomas : Hanc, Domine, fecisti imaginem bonitatis tuæ, in ea valde artifex ostendens magisterium pietatis tuæ. (Opusculo *De dilectione Dei et proximi*. gradu 10 amoris.)

S. Bernardus : Altissimus sibi Mariam quasi mundum specialissimum creavit, quam in justitia et sanctitate coram ipso fundaret, et fluentis sapientiæ irrigaret, et cœlestibus desideriis instar scilicet aeris sublimaret et igne dilectionis accendendo illustraret. Hinc in ejus mente tanquam in quodam firmamento solem posuit rationis, et lunam scientiæ, et virtutes tanquam stellas speciei omnimodæ: solem, qui lucem divinæ cognitionis faceret ; lunam, quæ cum stellis noctem actionis splendidam redderet ; et merito Domini est terra, quia sic super maria fundavit eam. (*Serm. de B. V. M.*)

Idem, Serm. 4, super *Salve Regina :* De hac, et ob hanc, et propter hanc omnis Scriptura facta est ; propter hanc totus mundus factus est, et hæc gratia Dei plena est, et per hanc homo redemptus est, Verbum Dei caro factum est, Deus humilis et homo sublimis. *Ad te* ergo tantam ac talem, Domina rerum, Sancta sanctorum, Regina cœlorum, *suspiramus gementes et flentes in hac lacrymarum valle.*

XIX Maii.

Rupertus abbas : Simplicitas columbarum septem habet insignia virtutum naturalium. Hæc namque avicula primum sine felle est, deinde nihil vivum comedit, pullos alienos nutrit, grana semper candidiora colligit, in petris nidificat, gemitum pro cantu habet; libenter juxta fluenta residet, ut ve- nientem accipitrem ex umbra præcognitum effu- giat perniciter. Tu maxime, o misericordiæ Mater, sine felle es, nihil enim unquam habuisti invidiæ, nihil odii, quod familiare est rapacibus corvis. Nihil vivum columba comedit, et tu longe ab illis es, de quibus scriptum est, Psal. LII, 5 : *Qui devo- rant plebem meam sicut escam panis*. Pullos alienos columba nutrit, et nos, qui eramus alieni secundum carnem a genere tuo, ecce vivimus tuis meritis. Grana candidiora columba colligit, et tu conferens in corde tuo testimonia de Scripturis, creditum tibi conservabas secretum Dei. Columba in petris nidificat, et tu in solitudine fidei permanens, eva- sisti serpentis antiqui venena. Columba gemitum pro cantu habet, et tibi gemere dulce fuit, eo quod præ cunctis mortalibus mente vulnerata esses. Columba juxta fluenta residet, tibi autem vel tuo pectori omne fluentum Scripturarum, quam conti- guum est. Nunquam adventus spiritualis accipi- tris tibi esse improvisus, aut te consequi, imo nec tibi appropinquare potuit. Igitur oculi tui colum- barum, et hæc vera pulchritudo est, absque eo quod intrinsecus latet, quod solus in te Deus videt : nobis autem quia inexpertum, idcirco ineffabile est. (Lib. III, *in Cant.*)

XX Maii.

Dionysius Carthusianus : Sunt qui clementissimæ Virginis fervore succensi, non solum ipsi natura- lem pulchritudinem complexionisque bonitatem attribuunt, sed divinum quoque quemdam splendo- rem in ipsa refulsisse, atque supernaturalem ali- quam odoris fragrantiam in sancta ipsius carne fuisse edisserunt, eo quod fontanum illud æterna- leque lumen ipsa concepit atque peperit, totiusque suavitatis causalem originem tot mensibus in utero gestaverit, itemque nutrierit. Adducunt quoque de Moyse exemplum. Verumtamen quid- quid sit de isto, seu qualitercunque hæc ipsi intel- ligi cupiant, hoc credibile, imo utique certum prorsus est, excellentissimam illam gratiæ mentis suæ plenitudinem in corpus redundasse, præser- timque in vultu resplenduisse. (Lib. I, *De præconio et dignitate Mariæ*, art. 40.)

Idem, in alio opusculo, quod vocatur, *De laud. B. V. Mariæ*, lib. I, art. 56 : Verumtamen mode- ratione divina reor radiationem hujusmodi fuisse temperatam, ut conversationi hominum esset por- tabilis, et ne excellentia ejus ante tempus oppor- tunum nimium panderetur.

Idem, *in Cant.* cap. IV, art. 15 : Nec dubium, quin et genæ ejus corporeæ ex optima complexione convenienti colore, et frequenti deosculatione adorandi sui Filii velut fragmen mali punici tem- perate rubescebant ac dulces erant.

Richardus a S. Laurentio : Dicit Chrysostomus, ut quidam asserunt, quod in Evangelio Nazaræo- rum legitur, quod Joseph Mariam videre non po-

terat de facie ad faciem, quoniam Spiritus sanctus eam a conceptione Filii Dei penitus impleverat. Itaque non cognoscebat eam propter splendorem vultus ejus. De isto decore eleganter dicit ei qui- dam prosaice :

> *Tu decorem induisti,*
> *Tu, plus sole refulsisti,*
> *Cum beata membra Christi*
> *Tuæ carnis protexisti*
> *Polymita tunica.*

Alii dicunt, quod ex quo Joseph cognovit et credidit Mariam de Spiritu sancto concepisse, in tanta eam habebat reverentia, quod nunquam au- debat contemplari faciem ejus, unde non cognosce- bat, cujusmodi esset vultus ejus. (*De laud. B. Virg.* lib. V.)

XXI Maii.

S. Vincentius Ferrerius : Dicunt aliqui sancti doctores, quod ex quo Virgo fuit gravida, radii splendoris procedebant de facie sua, et maxime quando fuit juxta partum : hoc potest probari tri- pliciter, per philosophiam, per theologiam, et per experientiam ; quantum ad primum, dicit Philoso- phus, quod omne agens naturale, quantum dat de forma substantiali tantum etiam de accidentibus consequentibus formam, ut qui dat ignem, dat etiam calorem et splendorem. Ita Deus Pater de sua forma substantiali dedit Filium suum Virgini Mariæ. Quod autem Filius Dei dicatur forma, auctoritas ad Philippenses II, 6 : *Qui cum in forma Dei esset, exinanivit semetipsum, formam servi acci- piens*. Neque mirum ergo si dedit splendorem sibi in facie, etc. Ideo gravida exsistens Virgo erat pulchrior et clarior. Secundo probatur theologice. Legitur Exodi XXXIV, quod quia Moyses locutus fuerat cum Deo in monte, propter hoc radii splen- doris procedebant de facie ejus, in tantum, quod populus non poterat eum respicere. Fiat ergo ratio, si facies erat ita resplendens ex sola Dei locutione, quanto ergo magis facies Virginis Ma- riæ ex Filii Dei conceptione, etc. Tertio probatur per experientiam de laterna crystalli, quæ de se est pulchra et clara, sed si intus mittatur lucerna accensa, pulchrior erit et clarior. Idem de Virgine Maria cogitate, ejus corpus pulchrum et mundum ad instar laternæ, et lucerna intus illuminans totum mundum est Filius Dei. Nimirum ergo sic Virgo erat tunc clarior et pulchrior, in tantum quod dicit textus, Matth. I, 25, quod Joseph *non cognoscebat eam*, ex illis radiis splendoris, quia lux æterna erat in ea. (*Serm. in vigil. Nativ. Domini.*)

XXII Maii.

S. Thomas : Gratia sanctificationis non solum repressit in Virgine motus illicitos, sed etiam in aliis efficaciam habuit, ita ut, quamvis esset pul- chra corpore, a nullo concupisci potuerit. (In III *Sent.* dist. 3, quæst. 1, art. 2.)

Alexander Alensis : Tanta fuit illa sanctificatio,

ut etiam extenderetur ad alios, et quod extingueret omnem concupiscentiam carnalem in alio. (Part. iii, quæst. 9, memb. 3, art. 1.)

Richardus a S. Laurentio : Sicut testantur Judæi, Maria pulcherrima virginum fuit, nec unquam aliquis eam intuens ipsam male concupivit, licet multæ aliæ bonæ mulieres male fuerint concupitæ, ut Sara, Rebecca, Susanna. Judith, Agnes, Lucia, et hujusmodi. Et hæc gratia transfusa est in eam in sua singulari sanctificatione, quasi quædam respiratio, vel quoddam spiramentum Cedrini odoris ad occidendum in intuentibus eam carnales concupiscentias et motus, qui quasi venenosi serpentes in carne serpunt. Et ideo dicit ipsa se quasi Cedrum in Libano exaltatam. Et nota quod multum vellet fervens amator, quod nullus concupisceret amicam suam : ideo forte Christus, qui se vocat zelotem (Exod. xx, 5), decorem Mariæ concupiscebat, sicut prædixerat Psalmista Mariæ (Psal. xliv, 12) : Et concupiscet Rex decorem tuum, in sanctificatione sua ei contulerat privilegium istud ; quia quidquid operatus est in ea, novum fuit super terram (Jerem. xxxi, 22). (De laud. B. V. lib. xii.)

XXIII Maii.

Bernardinus de Bustis : Mariæ Virginitas in alios transfundebatur. Nam quamvis pulcherrima fuerit, tamen a nullo unquam potuit concupisci, quia ejus puritas corda omnium penetrabat, et omnes motus illicitos in eis exstinguebat. Unde de illa dicere possumus, id quod de Filio ejus dicitur, Luc. vi, 19 : Virtus de illa exibat et sanabat omnes ; et ideo comparatur myrrhæ et cedro, quia sicut odor myrrhæ fugat vermes, et odor cedri fugat serpentes, sic et odor suæ Virginitatis de aliorum cordibus exstinguebat motus brutales. (Serm. 4, De B. Virgine.)

S. Bernardinus Senensis : Primo quidem potuit hoc fieri propter impressionem, quia omnibus, qui inclinati erant ad concupiscendum eam, ut carnaliter concupiscibilis non apparebat. Sicut et mulier valde pulchra propter aliquod maleficium factum viro suo, non potest ei ut concupiscibilis apparere. Et sic Deus in bonum apertæ gratiæ hoc potuit operari. Secundo autem hoc potuit fieri propter conversationem, quæ utique admirabilem honestatem, et morum atque gestuum gravitatem in facie et in toto corpore eam intuentibus ostendebat, in tantum, quod per extrinseca signa apparebat apertius quod nullatenus posset ad fœdum aliquid inclinari ; imo quod erat tota Deo dicata, et singularissimum habitaculum Dei effecta, sicut contingeret de sanctissima muliere, quæ esset continue quasi rapta. (Serm. de Concept. B. V. art. 2, cap. 1.)

XXIV Maii.

Gerson : Pertinebat ad Dominam nostram habere pulchritudinem corporalem, Deus enim principaliter corpus formavit, et Dei perfecta sunt

opera. Et debebat portare speciosiorem inter homines. Psal. xliv, 3 : Speciosus forma, etc. Ideo virtus erat gratior, sicut dicit Virgilius v Æneidos :

Gratior est pulchro veniens in corpore virtus.

Et Aristoteles :

Non omnino felix est qui specie turpissimus est.

Sed dico ulterius, quod hæc pulchritudo et physionomia talis fuit temperantiæ et naturalis harmoniæ, taliterque compacta ac disposita, quod non movebat ullo pacto aspectantes ad iniquam vel dissolutam delectationem, imo ad castam et devotam, ut dicit Bonaventura in iii Sentent., etc. In operibus naturæ videmus, quod basiliscus solo aspectu occidit hominem ; quare non potuit Domina nostra aspectu suo exstinguere malum et carnalem motum, et incitare ad castitatem, sicut Syren secundum quosdam, vel animal dictum Gallice Sainnier, vel sicut videmus in lapidibus pretiosis, quod aliqui naturaliter movent ad gaudium ? (Part. iv, Serm. de Concept. B. V.)

Dionysius Carthusianus : Quamvis enim fuerint multæ virgines sanctæ, quarum quædam martyrii gloriam sunt adeptæ : tamen in respectu hujus unicæ Virginis singularis amicæ Sponsi, quasi spinæ fuisse videntur in quantum aliquid culpæ habebant : et quamvis in se fuerint mundæ, non tamen fuit in eis fomes prorsus exstinctus ; fuerunt et aliis spinæ, qui ex earum intuitu mucrone concupiscentiæ pungebantur ; quamvis ipsæ virgines sanctæ non fuerunt in hoc ipso culpabiles. Porro hæc unica Dei delectabilissima Virgo, totius superbeatissimæ Trinitatis media, et amica ac socia, ab omni culpa fuit prorsus immunis : fuit in ea fomes plene exstinctus, et tam intentissima castitate erat repleta, quod intuentium corda sic penetravit sua inæstimabili castitate virginea, quod a nullo potuit concupisci, imo potius exstinxit ad horam illorum libidinem. (In Cant. cap. ii, art. 8.)

XXV Maii.

S. Birgitta : O dulcis Maria pulchritudo nova, pulchritudo clarissima : veni in adjutorium mihi tu, ut deformitas mea depuretur, charitasque accendatur. Tria enim dat pulchritudo tua capiti. Purgat primo memoriam, ut verba Dei suaviter ingrediantur. Secundo, ut audita delectabiliter teneantur. Tertio, ut ad proximum ardenter diffundantur. Tria etiam pulchritudo tua præstat cordi. Primo aufert onus durissimum acediæ, si tua consideretur charitas et humilitas. Secundo dat oculis lacrymas, si tua attendatur paupertas et patientia. Tertio dat cordi internum fervorem dulcedinis, si sinceriter recolatur memoria tuæ pietatis. Vere, Domina, tu es pulchritudo pretiosissima, pulchritudo desideratissima, quia infirmis data es in auxilium, tribulatis in solatium, omnibus in mediatricem. Ergo omnes qui audierunt te nascituram, et qui sciunt te jam natam, bene clamare possunt : Veni, pulchritudo clarissima, et illumina tenebras nostras. Veni, pulchritudo pretiosissima, et aufer opprobrium nostrum. Veni, pulchritudo suavissima , et mitiga amaritudinem nostram. Veni, pulchritudo potentissima, et dissolve captivitatem nostram. Veni, pulchritudo honestissima, et dele fœditatem nostram. Ergo benedicta et venerabilis sit talis et tanta pulchritudo, quam omnes videre optabant patriarchæ, de qua omnes cecinerunt prophetæ , de qua omnes electi gaudent. (Lib. iv *Revelat.* cap. 19.)

S. Joan. Damascenus : O divinum ac vivum simulacrum, ad quod opifex Deus inventus est, mentem quidem divinitus gubernatam habens, ac Deo soli operam dantem ! (Orat. 1, *De Nat. B. V.*)

XXVI Maii.

S. Ildephonsus : (S. Maria) Virgo prudens, Virgo pudicissima, Virgo pulcherrima et fecunda, corpore decora atque integra , animo fulgida , fide perspicua, vita præclara, amore virginitatis devota, in obedientia virtutum parata. (Serm. 1, *De Assumpt. B. V.*)

S. Anselmus : Virgo itaque et tenera et delicata, regali stirpe progenita et speciosissima, totam intentionem suam, totum amorem suum, totum studium suum ad hoc intendit, ut corpus et animam suam Deo virginitate perpetua consecraret. (*De excellent. B. V.* cap. 4.)

Divus Antoninus : B. Maria est Mater omnium in virginitate, quia prima sine præcepto, consilio, vel exemplo gloriosum virginitatis munus Deo obtulit, et per votum virginitatis, ut dicit Augustinus, ab ea emissum, opprobrium virginitatis abstulit ; quia maledicta in lege dicebatur sterilis, et eam in se consecravit, et sic omnes virgines per imitationem sui genuit. (Part. iv, tit. 15, cap. 20, § 10.)

S. Bernardus : O Virgo prudens, o Virgo devota, quis te docuit Deo placere virginitatem ? Quæ lex, quæ justitia, quæ pagina Veteris Testamenti vel præcipit, vel consulit, vel hortatur in carne non carnaliter vivere, et in terris angelicam ducere vitam ? Ubi legeras, beata Virgo : *Sapientia carnis mors est?* (*Rom.* viii, 6.) Et : *Curam carnis ne perfeceritis in desiderio.* (*Rom.* xiii, 14.) Ubi legeras de virginibus, quia *Cantant canticum novum, quod nemo alius cantare potest, et sequuntur Agnum quocumque ierit ?* (*Apoc.* xiv, 14.) Ubi legeras laudatos esse, *qui se castraverunt propter regnum cælorum?* (*Matth.* xix, 12.) Ubi legeras : *In carne enim ambulantes non secundum carnem militamus?* (*II Cor.* x, 3.) Et : *Qui matrimonio jungit virginem suam, bene facit, et qui non jungit, melius facit ?* (*I Cor.* vii, 58.) Ubi audieras : *Volo vos esse sicut et meipsum ?* (*Ibid.*7.) Et : *Bonum est homini, si sic permaneat secundum meum consilium ?* (*Ibid.* 40.) *De Virginibus,* inquit (*ibid.* 25), *præceptum non habeo, consilium autem do.* Tu vero non dicam præceptum, sed nec consilium,

nec exemplum, nisi quod unctio docebat te de omnibus, ac sermo Dei vivus et efficax ante tibi factus est magister quam Filius, prius instruxerit mentem quam induerit carnem. (Hom. 3, super *Missus est.*)

XXVII Maii.

B. Albertus Magnus : Hæc est enim Maria, quæ, Exod. xv, tympano assumpto mortificatione carnis, per votum castitatis præcinuit : et infinitæ mulieres in choris Deo psallentium egressæ sunt post eam : quibus ipsa præcinuit, ut cantent Deo, qui in eis gloriose honorificatus, equum effrenem impetum concupiscentiæ, et ascensorem ejus sensum libidinis projecit in mare amaræ pœnitentiæ et religionis. Illæ sunt juvenculæ tympanistriæ : in quarum medio Benjamin *Filius dexteræ Dei* adolescentulus adhuc in carnis integritate gaudet in mentis excessu seipsum excedens ut interius appareat. (*In Luc.* cap. x.)

S. Ambrosius : Egregia igitur Maria, quæ signum sacræ virginitatis extulit, et intemeratæ virginitatis pium Christo vexillum levavit : et omnes ad cultum virginitatis sanctæ Mariæ advocantur exemplo. (*De institut. virginis,* cap. 5.)

Abulensis : De Domina nostra dicitur : *Sola sine exemplo placuisti Domino ;* id est, non fuit aliqua, quæ emisisset votum virginitatis propter Deum, ante Dominam nostram. (*IV Reg.* xviii, q. 19)

Gulielmus : Turtur avis univira castæ viduitatis typus est. Olim lex maledictum pronuntiarat qui non faceret semen in Israel ; sic vox turturis in Israel non erat audita, sed vox columbæ tantum prolificationi deditæ. Donec turtur nostra Maria, vere vidua, quia unum tantum novit conjugium ; sed vidua incorrupta ; vidua, sed alma, nupta sed nulli cognita, nisi a Spiritu sancto, prima sustulit signum cœlibatus et castitatis. Turturis audita est vox, quando cecinit, Luc. i, 34 : *Quoniam virum non cognosco.* (*In Cant.* cap. ii.)

XXVIII Maii.

Dionysius Carthusianus : Amplius (ut ait Philosophus) ad hoc quod homo sit corporaliter pulcher, tria requiruntur. Primum est, quod sit elegantis staturæ ; ideo homines parvi non dicuntur proprie pulchri, quamvis valeant dici formosi aut speciosi. Secundum est congrua membrorum comproportionatio et habitudo ad invicem. Tertium est superficies vividi et congruentis coloris. Conformiter ad hoc, quod aliqua persona sit spiritualiter pulchra, primo requiritur quod ad eminentem quamdam virtutum proceritatem altitudinemve pervenerit. Secundo, quod sit in ea virtutum quædam proportio, et congrua habitudo in actibus earumdem. Tertio, quod omnibus sit superfusa discretio seu sapientialis directio aut charitatis floritio : ex quibus probatur electissima Virgo esse pulcherrima : quippe ad tam præeminentem universarum perfectionem virtutum devenerat, in qua virtutes sibi invicem tam comproportionatæ fuerunt, et præclarissima discretione jugiter regebantur, sapientissima directione fulgebant, ferventissimo formabantur amore divino, imo quotidie recentiori innovatione decorabantur. (*In Cant.* cap. IV, art. 15.)

Richardus a S. Laurentio : *Tota pulchra es.* In corpore scilicet et anima. In corpore per incorruptionis integritatem, et omnium sensuum illibatam puritatem. In anima non solum tota pulchra per humilitatem, sed perpulchra, sive pulcherrima per virtutum omnium perfectam plenitudinem. Unde et dicitur (*Cant.* v, 9) : *Pulcherrima mulierum.* Et hoc his dicitur ibi. Dicitur etiam (*Cant.* VI, 9) : *Pulchra ut luna*, id est universalis Ecclesia, quia quidquid alii sancti pulchritudinis habent in parte, habet ista in toto. (Lib. V, *De laudib. B. V.*)

XXIX Maii.

B. Albertus Magnus : B. Virgo est speculum totius pulchritudinis post Deum. Cant. II, 14 : *Ostende mihi faciem tuam*, scilicet faciem humilitatis, quam ostendisti in Incarnatione dicens, Luc I, 38 : *Ecce ancilla Domini.* Faciem palloris quam ostendisti in mea passione ; faciem summi decoris, quam ostendisti in tua Assumptione. Cant. II, 14 : *Sonet vox tua in auribus meis.* Vox pietatis, quando dixisti, Joan. II, 3 : *Vinum non habent.* Vox fidelitatis, quando consuluisti, Ibid. 5 : *Quæcunque dixerit vobis, facite.* Vox doloris, quando dixisti, Luc. II, 48 : *Fili, quid fecisti nobis sic ?* Vox invitationis, ad famelicos peccatores invitandum, Prov. IX, 5 : *Venite, comedite panem meum*, etc. Eccli. XXIV, 26 : *Transite ad me, omnes qui concupiscitis me.* Hæ voces dulciter sonant in auribus meis. Vox enim tua dulcis, et sermo tuus decorus. (In *Bibl. Marian.* lib. *Cantic.* n. 6 et 7.)

S. Birgitta : Vere procul dubio est credendum, quod sicut ipsius anima coram Deo et angelis erat pucherrima, ita et ejus corpus in cunctorum oculis eam intuentium fuit gratissimum. Et quemadmodum Deus et angeli de ejus animæ venustate gratulabantur in cœlis, ita etiam gratissima ejus corporis pulchritudo omnibus eam cernere cupientibus utilis fuit et consolatoria in terris. Videntes autem devoti, in quanto fervore illa Deo famulabatur, ad Dei honorem ferventiores efficiebantur. In his autem, qui ad peccandum pronissimi erant, ex ejus verborum et gestuum honestate statim peccati fervor exstinguebatur, quandiu ipsam conspiciebant. (In *Serm. angelico*, cap. 13.)

XXX Maii.

Gerson : Cum tempus venisset, ut incarnatio compleri deberet ac celebrari, Deus elegit facere et formare Dominam secundum sapientiam suam infinitam, talem, qualis pertinebat ad eum, qui erat tam sublimis et generosi generis, quæ in his inferioribus illi esset Mater, qui in cœlis Deum habet Patrem, etc... Possum per figuram et imaginationem rationabiliter fundatam dicere, quod domina

natura, quam magnus describit Alanus libro suo *De complanctu naturæ*, in principio, accessit mox cum suis ancillis, quæ sunt influentiæ et causæ naturales, se offerens ad formationem hujus Dominæ et pulchræ Dei amicæ. Et coram divina majestate admodum humiliter reverenterque se inclinavit. Deus meus, inquit ipsa, Magister meus et imperator meus, non omnino ignara sum pulchri incepti, quod facturus es, et excellentis Dominæ, quam proposuisti formare. Et quamvis tua potentia, bene scio, tua sapientia et magnificentia in nullo meo egeat servitio, me tamen humiliter offero, quod tibi placitum est præcipe, libenter enim obediam. Hocque tibi notum sit, nec me, nec ancillas meas ulla usuras fictione, quo minus omnia demus, et plantemus in hac Domina omnem corporalem pulchritudinem. Nam super animam ejus nil habemus potestatis, sed quoad corpus conferemus ei omnem delectationem, omnem sanitatem, harmoniam et temperantiam complexionis, etc... Expandam et inspirabo per faciem ejus luciditatem : quamdam pulchritudinem, dulcedinem plenam simplicitatis, honoris et benignitatis. Et taliter componam castum ejus aspectum, dicta sua, facta et mores, quod omnibus eam aspicientibus erit exemplar, liber et speculum pulchritudinis, nobilitatis, boni amoris et honestatis. Et sicut formavi et figuravi corpus regis magni Priami taliter, ut sola specie et aspectu ejus dicebatur esse dignus imperio : *Species Priami digna est imperio :* excellentius faciam de illa, ita quod omnes quantumvis etiam invidi dicent : Ecce Dominam dignam quæ sit Imperatrix coronataque Regina. Potest hic applicari de Hectore, qui non videbatur viri mortalis puer esse, sed Dei, ut patet in *Ethicis :* sic Virgo illa beatissima. (Part. IV, *Serm. de Concept. B. V.*)

XXXI Maii

S. Bernardinus Senensis : Captus sum amore beatissimæ Virginis et Matris Dei Mariæ, quam semper amavi, in qua post Deum omnes meæ spes collocatæ sunt ; illam unice diligo, illam inquiro, illam videre concupisco, hæc est amica illa mea, et spes mea piissima Virgo Maria. (In *Vita* ejusdem.)

Richardus a S. Laurentio : Diligenda est Maria, quia diligit diligentes se ; unde dicit cum Filio, Prov. VIII, 17 : *Ego diligentes me diligo*, ut amator ejus de ea dicere valeat illud, Sap. VIII, 2 : *Hanc amavi et exquisivi a juventute mea, et quæsivi Sponsam eam mihi assumere, et amator factus sum formæ illius.* — *Hanc amavi corde et exquisivi*, id est, ex toto me quæsivi, studendo in Scripturis, quæ de ea loquuntur, investigando diligenter magnalia ejus, de ea meditando, ipsam jugiter exorando, ad ejus honorem operando, ut honeste ei deserviam, a meretriciis voluptatibus meipsum sollicite observando : *Et quæsivi Sponsam mihi eam assumere*, id est, illam amore casto, fructuoso et individuo mihi copulari. (*De laud. B. V.* lib. II, part. III.)

V. P. Joannes a Jesu Maria : Cupio, o speciosissima Virgo et purissima, voluptas animæ meæ, te medullitus amare, et in tuis optatissimis amplexibus a labore mundi quiescere; ut Filius tuus, quem exorare desidero, te mihi propitiam esse cognoscens, oculis illis, quibus corda vulnerat, me leniter aspiciat , et ad vitam meliorem amoris sui vulneribus interficiat. Tu certe, o formosissima, illum vulnerasti, et tam arcte astrinxisti tibi, ut paulo minus non possit non implere petitionem cordis tui. Propter hoc anima mea trahitur a te, et cupit vehementer adhærere tibi, sciens etiam in corde Dei te regnare specie tua et pulchritudine tua. (Tom. II, in Epist. ad B. V.)

S. Georgius Nicomed. : O pulcherrima pulchritudo omnium pulchritudinum ! o Dei Genitrix, pulchrorum omnium summum ornamentum ! (Orat. de Oblat. B. V.)

JUNIUS.

S. MARIA MATER MISERICORDIÆ.

I Junii.

S. Bernardus : Sileat misericordiam tuam, Virgo beata, si quis est qui invocatam te in necessitatibus suis sibi meminerit defuisse. Nos quidem servuli tui cæteris in virtutibus congaudemus tibi, sed in hac potius nobis ipsis. Laudamus virginitatem, humilitatem miramur, sed misericordia miseris sapit dulcius, misericordiam amplectimur charius, recordamur sæpius, crebrius invocamus. Hæc est enim, quæ totius mundi reparationem obtinuit , salutem omnium impetravit. Constat enim pro universo genere humano fuisse sollicitam, cui dictum est, Luc. 1, 30 : Ne timeas, Maria, invenisti gratiam , utique quam quærebas. Quis ergo misericordiæ tuæ, o benedicta, longitudinem et latitudinem, sublimitatem et profundum queat investigare ? Nam longitudo ejus usque in diem novissimum invocantibus eam subvenit universis. Latitudo ejus replet orbem terrarum, ut tua quoque misericordia plena sit omnis terra. Sic et sublimitas ejus civitatis supernæ invenit restaurationem, et profundum ejus sedentibus in tenebris et in umbra mortis obtinuit redemptionem. Per te enim cœlum repletum, infernus evacuatus est, instauratæ ruinæ cœlestis Jerusalem ; exspectantibus miseris vita perdita data. Sic potentissima et piissima charitas et affectu compatiendi, et subveniendi abundat effectu, æque locuples in utroque. Ad hunc igitur fontem sitibunda properet anima nostra. Ad hunc misericordiæ cumulum tota sollicitudine miseria nostra recurrat. (Serm. 4, De Assumpt. B. V.)

II Junii.

S. Bonaventura : Exsultans ergo et admirans magnitudinem Matris nostræ, devote et reverenter ad ipsam accedens dicito : Salve. Hoc dicto statim in tuam resilias parvitatem, et magnificentiam

Matris Dei, et dic : Patientiam habe in me, Domina, quod ego vilissimus hominum audeo assistere tantæ Dominæ, et salutare præsumo Reginam cœlorum, Dominam angelorum et Matrem Dei mei Sed de tua benignitate humili et humilitate benigna confido, quod me indignissimum sustinebis. Et quamvis sis arca veteris Testamenti, et ego multo ignobilior, tamen cum te tetigero corde, et salutavero ore, non credo percuti, sed tuo amore potius inflammari, et tua pietate largissima in omnibus exaudiri. Ergo, Salve, Regina. Sub tuo regimine, Domina, volo de cætero militare, et me totaliter tuæ dominationi committo, ut me plenarie regas et gubernes. Non mihi me relinquas, quia sum mihi ipsi contrarius nimis. Quidquid ergo mihi dimiseris, noveris miserrime deserviendum. Sed cum plenus sim miseria, et a planta pedis usque ad verticem putrefactus gerens horrorem fetoris, quomodo me regere dignaberis, tam nobilissima creatura? Certe, quia tu es Regina misericordiæ, et qui misericordiæ subditi sunt, nisi miseri? Sed Regina misericordiæ es, et ego miserrimus peccatorum. Quomodo ergo, Domina, non exercebis in memetipsum tuæ miserationis affectum? Vere, Domina, Regina es misericordiæ, quia non est in hac vita sic desperatus, sic miser, cui non impetres misericordiam salutarem, si ad tuum declinaverit regimen. (In Stimulo amoris, part. III, cap. 19.)

Idem , in Cantico instar illius Habacuc III, et habetur post Psalterium B. Virginis : O Benedicta, in manibus tuis est reposita nostra salus ; recordare, pia, paupertatis nostræ. Quem vis, ipse salvus erit, et a quo avertis vultum tuum, vadit ad interitum.

Henricus Suso : O quam innumeris peccatis dediti jam Deum deseruerant, omnemque cœlestis patriæ cœtum, Deumque ipsum abjurarant ac negarant, et in desperationis voraginem sese præcipites dederant, atque a Deo misere separati erant, qui tamen tibi innitentes, atque ad te confugientes, a te benignissime servati sunt, donec te intercedente apud Deum in gratiam restituerentur ! (In Dialogo, cap. 16.)

III Junii.

Bernardinus de Busto : O peccator, o peccatrix, etiamsi omnia peccata perpetrasses, quæ committi vel excogitari possunt, et quæcunque omnes mundi, homines ac mulieres, commiserunt; etsi tua scelera numerum stellarum in cœlo, numerum arenæ maris excederent, multoque plura essent, quam frondes arborum, quam folia herbarum, noli in desperationem prolabi, ad Virginem statim recurre, et iniquitas tua ad instar nebulæ hujusce Solis radiis dissolvetur atque fugabitur. (In Mariali, part. IX, serm. 2.)

Deipara Virgo dixit ad sanctam Birgittam : Quantuncunque homo peccat, si ex toto corde et vera emendatione ad me reversus fuerit, statim parata sum recipere revertentem. Nec attendo quantum peccaverit, sed cum quali intentione · et voluntate redit. Ego vocor ab omnibus Mater misericordiæ, vere Filia, misericordia Filii mei fecit me misericordem et misericordia ejus visa compatientem. Ideo miser erit, qui ad misericordiam, cum possit, non accedit. (Lib ıı *Revel.*, cap. 25.)

S. Anselmus : Sicut enim, o beatissima, omnis a te aversus et a te despectus, necesse est ut intereat; ita omnis ad te conversus et a te respectus, impossibile est ut pereat. (In *Orat. ad B. V.*)

V. P. Joan. a Jesu Maria : Hæc ego advertens, o sublimis valde cœlitum Regina, prosterno ante te memetipsum, desiderio desiderans acutis gemitibus summa cœlorum penetrare, quatenus pertingant suspiria mea usque ad cor tuum, o Maria! Quando enim latrones, homicidæ, aliique sceleratissimi peccatorum, de quorum æterna salute merito conclamatum videbatur, in te, o unica spes nostra, præsidium illico invenere, ac ad te valide clamaverunt, et de faucibus mortis·respiraverunt ad vitam; spero etiam ego, tametsi infixus sum in limo profundi, quod mihi ipse defodi, dum ad te clamavero, emergere rursus, veniam consequi, et accipere consolationem. *Eia ergo, Advocata nostra, illos tuos misericordes oculos ad nos converte,* ac vel unius benignioris aspectus indulgentia, fac nascatur in me firma spes vitæ, ac præsentiæ tuæ, desiderabilis super aurum et lapidem pretiosum multum. (Tom IV, *Epistola ad B. V.*)

IV Junii.

. Germanus, patriarch. Constantinop. : Certe Domina Dei parens, certe meum refugium, vita et defensio, arma et gloriatio, spes et robur meum. Concede mihi, ut et ego quoque fruar inenarrabilibus quæ comprehendi non possunt tuis bonis in cœlesti perseverantia. Habes enim, sat scio, cum tua voluntate concurrentem potentiam, ut quæ sis Mater Altissimi, et propterea audeo : ne ergo priver mea exspectatione, o Domina intemerata. (*Orat. de oblat. Deiparæ.*)

S. Bernardus : Tu peccatorem quantumlibet fœtidum non abhorres, non despicis, si ad te suspiraverit, tuumque interventum pœnitenti corde flagitaverit. Tu illum a desperationis barathro, pia Mater, retrahis, spei medicamen aspiras, foves : non despicis quousque horrendo judici miserum reconcilies. Famosum hujus tuæ benignitatis testimonium est per te Theophilus restauratus gratiæ. Nec mirum, o Domina, si tam copioso oleo misericordiæ tui cordis perfusum est solatium : cum illud inæstimabile opus misericordiæ, quod prædestinavit Deus ante sæcula in redemptionem nostram, primum in te a mundi artifice sit fabricatum. (In *Deprecat. ad B. V.*)

S. Sabas abbas : Non abscondo infelix gravitatem ærumnarum mearum ; quippe in quidquid

Deus odio habet, devenisse me sentio. Carnem non minus quam animam, et in anima voluntatem præsertim, cogitationibus nefandis, pudendis quoque sermonibus factisque fœdavi : delinquentes item lingua mea ut reos traduxi, longe deterioribus ipse commissis inquinatus. Quare, o Deipara, horum mihi omnium malorum emendationem largire, ut per donum hoc tuum a pessima consuetudine resipiscens, supplex meipsum prosternam, atque quod vitæ reliquum fuerit, in gravibus meis facinoribus deplorandis consumam. (Ex *Menæis Græcorum*, 31 Januar. apud Simon. Vagnereck. in *Piet. Marian. Græc.* num. 194.)

V Junii.

Richardus a S. Laurent. : Maria dicitur Mater misericordiæ, id est, Christi, qui antonomastice dicitur misericordia. Unde Psal. CXLIII, 2 : *Misericordia mea, et refugium meum*, etc. Ideo dicit quidam de' hac Matre : Ad quem refugient filii miseriæ, si eos repellat Mater misericordiæ ? Mater enim ista omnia bona nobis vult, sicut mater filiis. Unde et dicere videtur Christianis illud Philip. ı, 8 : *Testis enim mihi est Deus, quomodo vos cupiam in visceribus Christi* Filii mei. Ipsa enim est fons misericordiæ, quia sicut fons per subterraneos meatus semper recipit aquam, et semper refundit, sic beata Virgo fons et puteus est aquarum viventium, quæ a Christo ad ipsam, et ab ipsa ad n/s fluunt impetu de Libano, id est, de candore benignitatis utriusque. Non enim Mater hæc dedignatur peccatores, sicut nec bona mater filium scabiosum, quia propter peccatores factam se recolit misericordiæ Genitricem, ubi enim non est miseria, misericordia non habet locum. (Gregor.) Quia semper sumus in miseria, semper indigemus misericordia. Ideo etiam comparatur lunæ, quæ inter omnes planetas terræ propinquior est, sic Maria inter omnes sanctos magis peccatoribus condescendit, qui designantur per terram. Nam sicut terra vilissimum est elementum, sic peccator vilissima creaturarum : ideo etiam possunt ei dicere peccatores, quod propter ipsos facta est ipsa Mater misericordiæ. Nisi enim homo peccasset, non incarnaretur Filius Dei, nec ipsa fieret Mater Dei. Propter quod curialiter dicit ei quidam versificator :

> *Festina miseris misereri, Virgo beata.*
> *Nam te si recolis miseri fecere beatam.*
> *Ergo bea miseros, quorum te causa beavit.*

Et illud :

> *Nec abhorres peccatores*
> *Sine quibus nunquam fores*
> *Tanto digna Filio.*
> *Si non essent redimendⁱ*
> *Nulla tibi pariendi*
> *Redemptionem ratio*

(*De laudibus B. Virginis*, lib. ıv.)

VI Junii.

S. Bonaventura : Certe, Domina, cum te aspicio, nihil nisi misericordiam cerno : nam pro miseriⁱ

Mater Dei facta es, misericordiam insuper genuisti, et demum tibi miserendi est officium commissum. Undique sollicita de miseris, undique misericordia vallaris, solum misereri tu videris appetere. Multum sollicita es miseros hos in tuos filios adoptare, hos regere, Domina, voluisti, et ideo et Regina misericordiæ vocaris. Quid ergo de cætero formidamus? quid timemus? et quis a te quod petierit, non habebit? Certe nullus, nisi qui se miserum non recognoscit : quia non subest tuo regimini nisi miser; aut etiam si se cognoscit miserum, de tua misericordia non confidit. Illi ergo paveant soli, qui se existimant esse justos; et superbi præsumptuosi, qui tuo regimini non subsistunt; et illi miseri, qui tuam misericordiam non requirunt. Nos ergo miseri tecum de cætero consolemur, tecum amodo, Domina, habitemus, demum totis visceribus amplectamur, quia tu es vita. Vita vere, quæ mortem superbiæ vicisti, quæ nobis vitam gratiæ impetrasti, vitam gloriæ genuisti. Et non est dubium, quod vitam naturæ multis reddidisti. O vita mirabilis, quæ mortuos vivificare conaris! Per te, o Domina, a privatione est homo regressus ad habitum. (In *Stimul. amor.* part. III, cap. 19.)

S. Cyrillus Alexandrinus : Per te exsultat cœlum, lætantur angeli et archangeli, fugantur dæmones, et homo ipse ad cœlum revocatur. Per te omnis creatura idolorum errore detenta, conversa est ad agnitionem veritatis, et fideles homines ad sanctum baptisma pervenerunt, atque in toto orbe terrarum constructæ sunt Ecclesiæ. Te adjutrice gentes veniunt ad pœnitentiam. (In *Hom. contra Nestorium.*)

VII Junii.

S. Bernardus : Convenienter vocatur Regina misericordiæ, quod divinæ pietatis abyssum, cui vult et quando vult, et quomodo vult, creditur aperire, ut quivis enormis peccator non pereat, cui Sancta sanctorum patrocinii sui suffragia præstat. Eapropter dicamus omnes, dicamus singuli, dicamus assidue : *Salve, Regina misericordiæ.* (Serm. 1, super *Salve Regina.*)

Richardus a S. Lauren. : Beata Virgo pro salute famulantium sibi, non solum potest Filio supplicare sicut alii sancti, sed etiam potest auctoritate materna eidem imperare : unde sic oramus eam : *Monstra te esse Matrem,* id est, quasi imperiose et materna auctoritate supplica pro nobis Filio. (Lib. II *De laud. B. V.*)

S. Bernardus Senensis : Videamus a quo donata, seu data est misericordia nobis. Et quidem a Regina cœlorum, gloriosa Virgine Maria. Nam Deus Pater dedit Filium Virgini, quæ inde ipsum proprium Filium nobis obtulit, ut per ejus misericordiam salvaremur. (Serm. 2, *De Purif. Beatæ Virginis,* art. 5.)

B. Albertus Magnus : Quidquid est causa causæ, est causa causati. At beata Virgo est causa Filii,

Filius autem totius boni causa omnisque misericordiæ. Ergo et Mater erit totius misericordiæ causa, etc... Quidquid igitur misericordiæ Filius exhibuit, totum hoc nobis Mater contulit, quæ Filium genuit in quo nobis omnia donavit. Ex his patet beatissimam Virginem in misericordia omnem excellere creaturam, quia nimirum ipsius mundi misericordiæ causa exstitit. (Tract. super *Missus est,* quæst. 75.)

VIII Junii.

Idiota : Inventa Virgine Maria invenitur omne bonum, ipsa namque diligit diligentes se, imo sibi servientibus servit. Ipsa superbenedicto Filio suo irato potissime reconciliat servos et amatores suos. Tanta quoque est ejus benignitas, quod nulli formidandum est ad eam accedere, tantaque misericordia, quod ab ea nemo repellitur. Imo donis et charismatibus ædificat servos suos, ut superbenedicti Filii sui et Spiritus sancti digna fiant habitatio. Ipsa preces et sacrificia servorum suorum, et maxime, quæ sibi exhibentur, repræsentat in conspectu divinæ Majestatis. (In Prologo *De contemplat. B. Virginis.*)

S. Bernardus : Agnoscit certe et diligit diligentes se, et prope est in veritate invocantibus se : præsertim his, quos vidit sibi conformes factos in castitate et humilitate, si tamen charitatem adjecerint, et totam spem suam (post Filium suum) in ea posuerint, et toto corde quæsierint, orantes et frequenter dicentes : *Subveni, Domina, clamantibus ad te jugiter.* Non aspernatur affectum prædulcem, ingens desiderium, inundationem lacrymarum, assiduitatem precum quorumlibet, quamvis peccatorum. Si tamen laverint a malitia cor, dissolverint colligationes impietatis, solverint fasciculos deprimentes, dimiserint qui fracti sunt, liberos et omne onus diripuerint. Data est ei potestas in cœlo et in terra, quæ posse potestas est, et in manibus ejus vita et spiritus nostri : et oculi omnium Christianorum in eam sperant, et ipsa dat eis escam gratiæ (qua plena est) in tempore opportuno. (Serm. 1, super *Salve Regina.*)

S. Birgittæ dixit sanctus Joannes Baptista : In quacunque necessitate fuerit homo, si cœli Reginam Matrem Dei tota corde invocaverit, salvabitur. (Lib. I *Revel.* cap. 31.)

IX Junii.

Adam abbas Persenæ : O quam flexibilis, quam fortis, et quam fertilis directionis Virga, Mater misericordiæ, Regina virtutum, Genitrix Salvatoris! Flexibilem te facit immensa pietas; fortem incorrupta potestas; fertilem divini partus fecunditas. Tanta est pietas tua, quanta potestas. Tam pia es ad parcendum miseris, quam potens ad impetrandum quod postularis. Quando enim non compateris filiis miseris, Mater misericordiæ? Aut, quando illis opem ferre non poteris, cum sis ipsius Mater omnipotentiæ? Eadem procul dubio facilitate

obtines apud Omnipotentem quodcunque vis, qua
facilitate nostra innotescit miseria tuæ visceribus
pietatis. O quanta fiducia nobis per te ad Deum
esse potest ! Sicut non potes non sentire per compassionem passiones nostras , cum non possis
odisse filios, misericordissima Mater, sic non potes
non obtinere eis remedium, si petas, cum ad hoc
et nonnisi propter hoc ex te nasci volueris misericordiarum omnipotentis Patris Filius. (Serm. *De
Annunt. B. V.* in *Mariali* a Maratio edito.)

S. Bonaventura : Magna fuit erga miseros misericordia Mariæ adhuc exsulantis in mundo, sed
multo major erga miseros est misericordia ejus
jam regnantis in cœlo. Majorem per beneficia innumerabilia nunc ostendit hominibus misericordiam,quia magis nunc videt innumerabilem hominum
miseriam. Unde pro splendore prioris misericordiæ
fuit Maria pulchra ut luna : pro splendore vero
posterioris misericordiæ est electa ut sol. Nam quemadmodum sol lunam superat magnitudine splendoris, sic priorem Mariæ misericordiam superat
magnitudo posterioris. Quis est super quem sol et
luna non luceat? Quis est super quem misericordia
Mariæ non resplendeat? Audi quid de hoc B. Bernardus sentiat; ait enim sic : Quemadmodum sol
oritur super bonos et malos indifferenter, sic Maria
præterita non discutit merita, sed omnibus sese
exorabilem , omnibus clementissimam præbet ,
omnium denique necessitatibus amplissimo mise-
ratur affectu. (In *Spec. B. V.* lect. 10.)

Richardus a S. Laurent. : Sol, ex quo mane
surrexerit, præstolatur tota die ad ostium, paratus
intrare domum si aperiatur ei : similiter et Maria,
ex quo ascendit in cœlum, videtur dicere cum Filio,
Joan. x, 9 : *Ego sto ad ostium et pulso.* (Lib. vii
De laud. B. V.)

X Junii.

B. Albertus Magnus : Beata Maria stellæ comparatur; sicut per stellam nox illuminatur, ita et per
beatam Virginem tota Ecclesia est illustrata. Unde
quilibet Christianus debet dicere de beata Virgine
hoc, quod dicitur, Sap. vii, 10 : *Super salutem et
speciem dilexi eam,* id est, Mariam, *et proposui pro
luce habere illam, quoniam inexstinguibile est lumen
illius.* Multum diligenda est beata Virgo a quolibet
Christiano, propter hoc, quod est inexstinguibile
lumen ejus. Nunquam enim aliquis in tantum
peccat, si vult per veram pœnitentiam recurrere
ad ipsam, quin ipsa sit statim lucerna pedibus suis
et reducat eum in vitam salutis æternæ, etc.....
Comparatur autem stellæ maris : sicut enim versus
stellam illam , quæ stella maris vocatur, semper
nautæ portum et viam considerant navigandi, sic
etiam B. Virgo nobis in mari hujus mundi constitutis ostendit viam navigandi et portum cœli. Unde
et ipsa dicit in Eccli. xxiv, 26 : *Transite ad me omnes
qui concupiscitis me, et generationibus meis adimplemini.* Hæc stella invitat nos ad bonum hospitium :

promittit enim nobis, quod nos per generationem
suam, id est, per dilectum Filium suum Jesum
Christum omni gaudio nos implebit. Ostendit nobis
etiam hæc stella viam, quæ ducit ad portam paradisi,
ita dicens, Psal. xxxiii, 12 : *Venite, filii, audite me;
timorem Domini docebo vos.* Quasi diceret : Hæc est
via ad portam paradisi, timor Domini.(Serm. 3 *De
Nativit. B. V.*)

XI Junii.

S. Bernardus : Ipsa est præclara et eximia stella
super hoc mare magnum et spatiosum necessario
sublevata, micans meritis, illustrans exemplis. O
quisquis te intelligis hujus sæculi profluvio magis
inter procellas et tempestates fluctuare, quam per
terram ambulare : ne avertas oculos a fulgore
hujus sideris, si non vis obrui procellis. Si insurgant venti tentationum, si incurras scopulos tribulationum, respice stellam, voca Mariam. Si jactaris
superbiæ undis, si ambitionis, si detractionis, si
æmulationis, respice stellam, voca Mariam. Si
iracundia, aut avaritia, aut carnis illecebra naviculam concusserit mentis, respice ad Mariam. Si
criminum immanitate turbatus, conscientiæ fœditate
confusus, judicii horrore perterritus, barathro incipias absorberi tristitiæ, desperationis abysso,
cogita Mariam. In periculis, in angustiis, in rebus
dubiis, Mariam cogita, Mariam invoca. Non recedat
ab ore, non recedat a corde; et ut impetres ejus
orationis suffragium, non deseras conversationis
exemplum. Ipsam sequens non devias, ipsam rogans
non desperas, ipsam cogitans non erras. Ipsa tenente non corrui, ipsa protegente non metuis,
ipsa duce non fatigaris, ipsa propitia pervenis; et
sic in temetipso experiris, quam merito dictum sit,
Luc. i, 27 : *Et nomen Virginis Maria.* (Hom. 2, super
Missus est.)

XII Junii.

S. Thomas : Et ideo convenit ei nomen *Maria*,
quæ interpretatur *Stella maris :* quia sicut per
stellam maris navigantes diriguntur ad portum,
ita Christiani diriguntur per Mariam ad gloriam
(*Opusculo* viii.)

S. Bonaventura : Tale certe officium est stellæ
nostræ Mariæ, quæ navigantes per mare mundi in
navi innocentiæ, vel pœnitentiæ, dirigit ad littus
cœlestis patriæ. Propter hoc bene Innocentius ait
sic : Quibus auxiliis possunt naves inter tot pericula pertransire usque ad littus patriæ? Certe,
inquit, per duo, scilicet per lignum et stellam, id
est, per fidem crucis, et per virtutem lucis, quam
peperit nobis Maria maris stella. (In *Speculo,*
lect. 3.)

Idem, in *Stimulo amoris*, part. iii, cap. 16 : O
gloriosa Virgo, si es stella maris, semper volo in
hac vita esse in mari : ut sis semper mea stella,
semper in mari sim perfectæ amaritudinis de peccatis meis gemendo, Christo crucifixo intime compatiendo, proximorum miseriis et vitiis condolendo.

Semper volo in hoc triplici pelago navigare, ut habeam hujus stellæ ducatum. Væ illis qui sunt in deliciis et nolunt in hoc mare intrare :·quia hac dulcissima stella carebunt, etc... Me peccatorem nequissimum et omni malo dignissimum impugnet et stimulet, obsecro, tota mundi machina, ut mecum sit hæc stella maris Maria! O felix, cum fuero ab omnibus exprobratus et conculcatus, et ab hac stella susceptus! Stella est maris, et in amaritudine positis ipsa relucet. O quam dulce et delectabile oculis videre hanc lucem!

XIII Junii.

Richardus a S. Laurent. : Maria naturaliter clemens et misericors est, et ejus pietas semper suscipit incrementum; unde et ei specialissime convenit illud Job XXXI, 18 : *Ab infantia crevit mecum miseratio, et de utero matris meæ egressa est mecum.* Et nota, crevit. Ipsa etiam, quantum in se est, miseretur omnium, Sap. XI, 24, *Quia omnia potest, et dissimulat peccata hominum propter pœnitentiam.* Item, Eccli. XXXV, 26 : *Speciosa est misericordia ejus, in tempore tribulationis, sicut pluviæ in tempore siccitatis.* Et comparatur misericordia ejus nubi, quia, velut nubes, misericorditer abscondit peccatores ab ardore solis, id est, ab ira Filii; et quia obumbrat eis, et ipsos refrigerat ab æstu concupiscentiarum; et velut pluvia quædam gratiæ fecundat eos ad bene operandum. Item ratione misericordiæ appellatur ipsa Stella maris, quia lucem consolationis et gratiæ subministrat in amaritudine constitutis. Ubi enim est miseria, ibi solummodo misericordia habet locum. Nec mirum si de peccatoribus sollicita est, cum pro illorum salute eum concepit, Matth. IX, 13 : *Qui non venit vocare justos, sed peccatores ad pœnitentiam.* (*De laud. B. V.* lib. IV.)

Adam abbas Perseniæ : Per virgam emendatur reus, ne pereat ; per baculum sustentatur justus, ne cadat. Uterque indiget Matre Domini, et reus, et justus. Ipsa enim, et in virga misericordiæ corrigit devios, et in baculo justitiæ suæ sustentat correctos. Ipsa est in virga flexibilis, et in baculo fortis. Virgæ percussio servum emendat in filium, baculi sustentatio filium perducit ad regnum. Unde, qui hujusmodi est, exclamat et dicit, gratias agens Deo, Psal. XXII, 4 : *Virga tua, et baculus tuus, ipsa me consolata sunt.* Mater enim Domini utrumque habet a Deo, ut et per misericordiam virga sit, reum corrigens et reducens ad gratiam : et per rectitudinem sit baculus justum deducens, et perducens ad patriam. (*Serm. de Annuntiat. B. V.* in *Mariali* ab Hippolyto Maratio edito.)

XIV Junii.

B. Albertus Magnus : B. V. Maria per fontem intelligitur, et hoc propter quinque fontis proprietates. Per fontem quippe sordes lavantur, æstuantes refrigerantur, sitientes refocillantur, horti irrigantur, et vultus repræsentantur. Primo igitur B:Virgo, tanquam fons sordida lavat. Ipsa quippe per efficacissimam intercessionem suam peccatoribus compunctionem infundit et contritionem, per quam a peccatorum suorum sordibus emundantur. De hoc fonte dicitur, Zachar. XIII, 1 : *In die illa erit fons patens domui David, et habitantibus Jerusalem in ablutionem peccatoris et menstruatæ.* Per domum David intelligitur sancta Ecclesia : per habitantes autem in Jerusalem figurantur omnes fideles, qui sunt de regno Ecclesiæ. B. Virgo Maria patet per misericordiam et compassionem, ut quicunque Christianus ex intimo corde ipsam imploraverit, ejus meritis ac intercessione suorum peccatorum veniam consequetur. Secundo, beata Virgo sicut fons refrigerat piis consolationibus omnes tribulationum et adversitatum æstum patientes: si tamen ex omni corde ipsius imploraverint subsidium. Unde et ipsa figurata est per illam columnam nubis, quæ sicut in Exod. XIII, 21, legimus, *Præcedens filios Israel contra solis ardorem obumbravit castra eorum.* Necessarium ergo nobis est ut, quemadmodum cervus desiderat ad fontes aquarum, ita et anima nostra desideret ad Virginem benedictam. (*Serm. 2, De Nat. B. V.*)

XV Junii.

Innocentius Tertius : Maria est *Aurora consurgens, pulchra ut luna, electa ut sol, terribilis ut castrorum acies ordinata.* (*Cant.* VI, 9.) Luna lucet in nocte, aurora in diluculo, sol in die. Nox autem est culpa, diluculum pœnitentia, dies gratia. Qui ergo jacet in nocte culpæ, respiciat Lunam, deprecetur Mariam : ut ipsa per Filium ejus ad compunctionem illustret. Quis enim de nocte invocavit eam, et non est exauditus ab ea? Ipsa est *Mater pulchræ dilectionis et sanctæ spei.* (*Eccli.* XXIV, 24.) Qui vero ad diluculum pœnitentiæ surgit, respiciat Auroram, deprecetur Mariam, ut ipsa per Filium cor ejus ad satisfactionem illuminet. Quis enim devote invocavit eam, et non est exauditus ab ea? Ipsa est *Mater pulchræ dilectionis et sanctæ spei.* Quia vero *militia est vita hominis super terram* (*Job.* VII, 1) [nam *mundus positus est in maligno* (*I Joan.* V, 19), *caro concupiscit adversus spiritum* (*Galat.* V, 17), *oculus deprædatur animam* (*Thren.* III, 51), *mors ingreditur per fenestras* (*Jer.* IX, 21) : *nec est nobis colluctatio tantum adversus carnem et sanguinem, sed adversus spiritualia nequitiæ in cœlestibus, adversus rectores tenebrarum harum* (*Ephes.* VI, 12) ; *adversarius enim noster diabolus tanquam leo rugiens circuit quærens quem devoret* (*I Petr.* V, 8)] : quicunque sentit impugnationem ad hostibus, vel a mundo, vel a carne, vel a dæmone, respiciat castrorum aciem ordinatam, deprecetur Mariam, ut ipsa per Filium mittat auxilium de Sancto, et de Sion tueatur. (*Serm. 2, in Assumpt. B. V.*)

XVI Junii.

Richardus a S. Laurent. : De misericordia et

pietate Mariæ dicit ei Filius ipsam commendans, Cant. iv, 5 : *Duo ubera tua sicut duo hinnuli capreæ gemelli, qui pascuntur in liliis*, etc. Duo ubera B. Mariæ Virginis, de quibus velut lac piæ subventionis, dulcedo sugitur, sunt affectus pietatis et misericordiæ, qui velut capreæ acuto lumine considerant, quis, et quanta indigeat ope, et per talem considerationem accurrunt velociter, ut hinnuli, et propter varios subventionum modos per hinnulos signantur, qui pulchra sunt varietate distincti. (*De laud. B. V.* lib. iv.)

Richardus de S. Victore : Merito ergo misericordia B. Virginis cursui hinnulorum comparatur ; per mundum currit, mundum irrigat et infundit. Hinnulorum velocitati comparatur, quia velocius occurrit ejus pietas quam invocetur, et causas miserorum anticipat. (Cap. 23, *in Cant.*)

Baptista Mantuanus, lib. i *Parthenices Marianæ* :

Ipsa est adversis commune in rebus asylum.
Ante preces etiam necdum obsecrata, favorem
Donat ; et ad miseros maternas explicat ulnas.

S. Bonaventura : Gratia Mariæ colligit ad misericordiam, colligit ad Ecclesiam malos. Hoc bene signatum est in gratia, quam in colligendis spicis a messoribus derelictis Ruth invenerat, quando dixit ad Booz, Ruth ii, 13 : *Inveni gratiam in oculis domini mei.* Ruth interpretatur *videns*, vel *festinans* ; et signat beatam Virginem, quæ vere videns in contemplatione, et bene festinans fuit in actione. Videns etiam nostram miseriam est, et festinans ad impendendam suam misericordiam. (In *Speculo B. V.* lect. 5.)

Idem, Psalmo xi : Salvum me fac, Mater pulchræ dilectionis, fons clementiæ, et dulcor pietatis. Gyrum terræ sola circuis, ut subvenias invocantibus te.

XVII Junii.

Bernardinus de Busto : Legitur quod quædam devota juvencula docuit quamdam aviculam dicere *Ave, Maria*, ita quod garriendo vix aliud proferebat. Quadam autem die volucris rapax illam rapuit et asportavit. Quæ cum clamaret *Ave, Maria*, statim illa avis rapax mortua cecidit, et avicula ad gremium juvenculæ est reversa. (In *Mariali*, p. 12, serm. 1, part. iii.)

S. Thomas a Villanova sic Matrem misericordiæ alloquitur : Sicut pulli volantibus desuper milvis ad gallinæ alas accurrunt, ita nos sub velamento alarum tuarum abscondimur. Nescimus aliud refugium nisi te ; tu sola es unica spes nostra in qua confidimus ; tu sola es Patrona nostra, ad quam omnes aspicimus. (Serm. 3, *De Nat. B. V.*)

S. Bernardus : Denique omnibus omnia facta est, sapientibus et insipientibus, copiosissima charitate debitricem se fecit, omnibus misericordiæ sinum aperuit, ut de plenitudine ejus accipiant universi, captivus redemptionem, æger curationem, tristis consolationem, peccator veniam, justus gra-

tiam, angelus lætitiam, denique tota Trinitas gloriam. (Serm. super *Signum magnum*.)

Richardus a S. Laurent. : Maria est Fons, quantum ad communia beneficia, quæ exhibet omnibus; Puteus, quantum ad profundas et spirituales devotiones, quas suis spiritualibus subministrat. Hæc est *Cisterna Bethleem*, II Reg. xxiii, 15, juxta portam, quia omnes transeuntes vult, quantum in se est, satiare. Unde clamat, Eccli. xxiv, 26 : *Transite ad me omnes.* Hujus cisternæ aqua Christus Dominus est, qui est *Fons aquæ salientis in vitam æternam.* (*Joan.* iv, 14.) Hanc aquam concupivit David. (Lib. i *De laud. B. V.*)

XVIII Junii.

B. Albertus Magnus : Ipsa est solium misericordiæ, ad quod peccatores misericorditer congregantur. Jerem. iii, 17 : *Vocabunt Jerusalem*, id est, Mariam, *in tempore illo*, id est, gratiæ, *solium Domini*, in quo Deus sedit per misericordiam, se incarnando, *et congregabunt ad eam omnes gentes*, id est, peccatores, qui ibi absolvuntur, et non secundum merita puniuntur.

Idem : Ipsa est civitas et domus Salvationis. Jerem. viii, 14 : *Convenite celeriter, et ingrediamur civitatem munitam*, id est, Mariam, *munitam* in natura, in gratia, in gloria, *et sileamus ibi*, Glossa : Quia non audemus deprecari Dominum, quem offendimus, sed ipsa deprecetur et roget : *quia Dominus silere nos fecit*. Glossa. Quia eum offendimus : *et potum dedit nobis aquam fellis.* Glossa. Id est, dulcem Deum amarum nobis fecimus. Ipsa etiam est oliva totius misericordiæ et bonitatis. (In *Bibl. Marian.* lib. Jerem. prophetæ, n. 2.)

S. Bonaventura : Solium divinæ misericordiæ est Maria Mater misericordiæ, in quo omnes inveniunt solatia misericordiæ. Nam sicut misericordissimum Dominum, ita misericordissimam Dominam habemus. (In *Speculo*, lect. 9.)

Hailgrinus : Beata Virgo ostium est in Ecclesia, quæ malignis obsistit spiritibus, ne ad devotos suos intrent et accedant sicut volunt, et hoc ostium tot tabulis est compactum a SS. Trinitate, quot in ea sunt virtutes, et privilegia dignitatum. (*In Cant.* cap. viii.)

XIX Junii.

Gerson : Terret te, o anima, Deus ultionum Dominus, Deus justus et justitias diligens, alliciat misericors in essentia, et miserator in efficacia, Dominus suavis et multum misericors. Damnat te thronus justitiæ, adi cum fiducia thronum misericordiæ, dum licet appellare, dum adhuc dies est comparitionis, dum misericordia sedet in throno suo, quæ exsuperat judicium. Cave ne differas, quousque Dominus accipiat tempus a te, tunc utique justitias judicabit, nec appellare licebit. Ecce confugit ad thronum misericordiæ reus iste, o beatissima Virgo Regina misericordiæ, defende jura curiæ regni tui cum Filio tuo, dum sedes a dextris in ea, tum tempus est miserendi. Defer appellationi meæ suscipiens eam ad te. Non remittas ad sedem justitiæ quoniam terribilis est nimis et aggravans, et insustentabilis ira ejus. Horrendum est denique incidere in manus ejus. (Tract. vi, super *Magnif.*)

S. Anselmus : Fugiat ergo reus justi Dei ad piam Matrem misericordis Dei; refugiatque reus offensæ Matris ad pium Filium benignæ Matris. Ingerat se reus utriusque inter utrumque, injiciat se inter pium Filium et piam Matrem. Pie Domine, parce servo Matris tuæ : pia Domina, parce servo Filii tui. (In *Orat. ad B. V. et ejus Filium.*)

XX Junii.

S. Gertrudis : Vidi per visionem accurrere sub chlamydem dulcissimæ Genitricis Dei Mariæ veluti bestiolas quasdam diversi generis, per quas significabantur peccatores specialem devotionem ad illam habentes. Has omnes Mater misericordiæ benigne recipiens et quasi sub pallio suo protegens, delicata manu sua singulas contrectabat deliniebatque, et ipsis amicabiliter blandiebatur, quemadmodum quis blandiri solet catulo suo. Ac per hoc manifeste insinuabat, quam misericorditer suscipiat omnes invocantes se, et quam materna pietate defendat sperantes in se, etiam eos qui peccatis adhuc impliciti sunt, donec illos Filio suo reconciliet. (Blosius in *Monili spirit.* cap. 1.)

Richardus a S. Laurent. : Sol tantæ liberalitatis est, quod a nulla creatura quantumcunque fœtente et sordida, si sit ei exposita, radios suos avertit, etc. Similiter nec Maria a quantumcunque vilissimo peccatore ipsam fideliter invocante avertit respectum pietatis suæ. (*De laud. B. V.* cap. 7.)

Gerson : Erras, si miserationem ullo tempore vel loco credideris in Maria defuisse, quæ Mater ideo dicitur misericordiæ, quia quodammodo sibi proprium est misereri miseris. (Tractat. vi, in *Magnif.*)

Richardus a S. Victore : Maria facta est Mater Dei propter misericordiam ; hanc quoque credo, quod indesinenter exercet pro humano genere coram Patre et Filio. (Cap. 39, in *Cant.*)

XXI Junii.

S. Bonaventura : Quid mirum, si Maria de tantis millibus misericordiæ suæ beneficiis famosa [in mundo, quæ tam famosa est de unico beneficio suo circa Theophilum exhibito ? ait beatus Bernardus ; famosum summæ tuæ benignitatis testimonium est, per te restauratus Theophilus, o Maria. (In *speculo,* lect. 9.)

S. Fulgentius : Cœlum et terra jamdudum ruissent, si non Maria precibus sustentasset, (Lib. iv, *Mythol.*)

S. Birgittæ dixit Christus Dominus : Vere Ecclesia mea nimis longe recessit a me, in tantum quod nisi preces Matris meæ intervenirent, non esset spes misericordiæ. (Lib. *Revel.* cap. 26.)

Galatinus : Non solum totus mundus amore beatissimæ Virginis conditus est, sed etiam sustenta-

tur, mundus enim ipse ob nostras pravas actiones nullo pacto consistere posset, nisi ipsa gloriosa Virgo eum sua misericordia et clementia pro nobis orando sustentaret. (Lib. viii, *De arcan. cathol. verit.* cap. 2.)

S. Mechtildi dixit Deipara Virgo : Deus me, et super omnem creaturam suam in tantum dilexit, ut amore mei multoties pepercit mundo, etiam antequam nata essem. Ipsa etiam ex amore nimio anticipavit aliquantulum nativitatem meam , et prævenit me sua gratia in utero matris meæ. (In *Speculo spiritualis gratiæ ac revelat.* lib. i, cap. 28.)

XXII Junii.

S. Bernardinus Senensis : Ex propria transgressione Adam et Eva non solum mortis, sed et annihilationis exterminium meruerunt, et divina ultio, quæ personarum acceptionem ignorat, sicut nec culpam angelicam, sic nec etiam humanam dimisisset impunem. Sed propter præcipuam reverentiam et singularissimam dilectionem, quam habebat ad Virginem, præservavit : quia eam ab æterno super omnes creaturas Deo non unienda, quæ creandæ erant, superexcessive dilexit ; proptĕrea præservati sunt protoplasti, nec, ut merebantur, in nihilum sunt redacti. Ratio hujus est, quia hæc benedicta puella in lumbis erat Adæ secundum seminalem rationem, potentiaque producendæ puellæ in primis parentibus impressa erat, donec educeretur in actum. De ipsa namque nasci debebat Dei Filius Jesus Christus, qui secundum corpulentam substantiam in Adam exsistens erat, solum de Virgine et de nulla alia educendus. Indulsit ergo misericors Deus primis parentibus, nec eos annihilavit ; quia sic non fuisset exorta B. Virgo, nec per consequens Christus. Ergo propter istam nobilem creaturam Deus salvavit parentes primos de prima eorum transgressione, Noe a diluvio inundante, Abraham de cæde regis Chodorlahomor, Isaac de Ismaele, Jacob de Esau, Judaicum populum de Ægypto et de impia Pharaonis manu, et de mari Rubro, etc. ; David de leone et urso, de Golia, de Saule : et ut brevi sermone cuncta comprehendam, omnes liberationes et indulgentias factas in Veteri Testamento non ambigo Deum fecisse propter hujus benedictæ puellæ reverentiam et amorem. (*Serm. de Nat. B. V.* cap. 2.)

XXIII Junii.

Adam abbas Persenïæ : Si Virginem Deiparam olivam dixerimus, erit oleum partus ejus, Virgo sane nostra est oliva speciosa in campis, quia gratia ejus et misericordia omnibus est communis. In campis pugna florem campi protulit, etc. De oliva profluit pinguedo olei, fundit gratiæ plenitudinem, misericordiæ unctionem profert Mater Christi. Quam jucundum, quam suave est illi cohærere, quam salutiferum intra puerperæ diversorium remorari ! Si infirmus es , de diversorio illo abundanter profluit oleum infirmorum. Si sanus es et de testimonio conscientiæ arridet tibi justitiæ sanitas, oleum lætitiæ suscipis ex Maria. (In *Mariali* a Maratio edito, Fragmento VII.)

S. Bernardus : Altius ergo intuemini, quanto devotionis affectu a nobis eam voluerit honorari, qui totius boni plenitudinem posuit in Maria, ut proinde si quid spei in nobis est, si quid gratiæ, si quid salutis, ab ea noverimus redundare, quæ ascendit deliciis affluens. Hortus plane deliciarum, quem non modo afflaverit veniens, sed et perflaverit superveniens Auster ille divinus , ut undique fluant et affluant aromata ejus ; charismata scilicet gratiarum. Tolle corpus hoc solare, quod illuminat mundum, ubi dies ? Tolle Mariam hanc maris Stellam, maris utique magni et spatiosi : quid nisi caligo involvens, et umbra mortis ac densissimæ tenebræ relinquuntur ? Totis ergo medullis cordium, totis præcordiorum affectibus, et votis omnibus Mariam hanc veneremur, quia sic est voluntas ejus, qui totum nos habere voluit per Mariam, hæc, inquam, voluntatis ejus est, sed pro nobis. In omnibus siquidem et per omnia providens miseris diffidentiam abigit, erigit pusillanimitatem. (*Serm. de Nat. B. Virginis.*)

XXIV Junii.

S. Bonaventura : Considera, quod Maria est illuminatrix per beneficia lucidissimæ misericordiæ suæ : per quam multi in nocte hujus sæculi illuminati sunt spiritualiter, sicut quandoque filii Israel per columnam ignis illuminati fuerunt corporaliter juxta illud Psalmi LXXVII, 14 : *Deduxit eos in nube*, etc. Maria est nobis columna nubis, quia tanquam nubes protegit ab æstu divinæ indignationis : protegit etiam ab æstu diabolicæ tentationis, sicut iterum dicitur in Psalmo CIV, 39 : *Expandit nubem*, etc. Maria quoque columna ignis est illuminans nos, imo illuminans mundum multis misericordiæ suæ beneficiis. Quid nos miseri, nos obtenebrati, quid in nocte hujus sæculi faceremus, si tam lucidam lucernam, si tam luminosam columnam non haberemus? (In *Spec. B. V.* lect. 3.)

S. Bernardinus Senensis : De hac legitur Exod. XIV, quod populum deducebat, defendebat et obumbrabat. Nam aliquando præcedebat, aliquando sequebatur, aliquando superferebatur, ut mystice patrocinia multiplicia beatæ Virginis indicentur erga populum electorum et omnium Christianorum. (*Serm. de Assumpt. B. V.* art. 1, cap. 3.)

S Andreas Cretensis : O columna vivifica, non quæ extorrem carnalem Israelem illuminet, sed quæ spiritalem illum, ceu accenso ex specula igne divinitus prælucens ad scientiæ veritatem deducat. O nubes tota lucida, et mons umbrosus, non quæ improbum ingratumque Judaicum populum obumbres, sed quæ electo illi populo, genti illi sanctæ maternis tuis prælatis facibus illuceas. (Serm. 2, *De Dormit. B. V.*)

Dionysius Carthusianus : Maria interpretatur *Mare*, quia sicut nullus valet guttas maris dinumerare, sic misericordiam, gratiæ excellentiam, gloriamque Mariæ nullus valet exprimere. (Lib. III, *De laud. B. V.* art. 30.)

Incognitus : Per mare in Scriptura aliquando intelligitur Virgo Maria. Unde ipsa a mari Maria nuncupatur. Nec mirum, quoniam ipsa ad modum maris est magnæ puritatis, capacitatis et utilitatis. Patet primum, quia nihil immundum retinere potest : sic nec Virgo aliquam peccati contraxit immunditiam. Unde de ipsa dicitur, Apoc. IV, 6 : *In conspectu sedis* (scilicet Dei) *tanquam mare vitreum simile crystallo.* Crystallus enim et vitrum habent claritatem et frigiditatem : quæ puritati congruunt Virginis Mariæ. Secundum patet , quia omnia flumina intrant in mare : sic in beata Virgine omnes gratiæ congregatæ fuerunt, etc. Tertium patet, quia non est terra sterilis, quæ (supra mare situata) non abundet omnibus bonis : sic et beata Virgo omnibus peccatoribus juxta ipsam per devotionem positis gratiarum copiam confert. (*Exposit. in Psal.* LXXI, v. 8.)

Richardus a S. Laurent. : Per Mariam tanquam per mare venit Christus in mundum, et per eam tanquam per mare transeunt veri Israelitæ ad portum felicitatis æternæ, submersis Ægyptiis, id est, dæmonibus et vitiis. (Lib. I *De Laud. beatæ Virginis*, cap. 3.)

B. Albertus Magnus : Mater misericordiæ est mare, quod nunquam per desideria et suspirationes quiescere potuit, donec verus Jonas, id est, Dei Filius in ipsum per incarnationem missus fuit Jonæ, I, 11 seqq. : *Dixerunt viri ad Jonam:* Glossa : Jona, qui interpretatur *columba*, Christus est : *Quid faciemus tibi,'et cessabit mare a nobis? Et dixit ad eos : Tollite me*, et mittite me in mare, id est, in Mariam, ditissimam in pauperrimam, sublimissimum in humillimam, Dominum in ancillam. *Et tulerunt Jonam*, id est, Christum : Glossa : non repugnantem sed voluntati Patris voluntarie obedientem : *et miserunt in mare*, id est, in uterum Mariæ cum angelico honore et obsequio. (In *Bibl. Marian.* lib. Jonæ proph.)

XXVI Junii.

S. Antoninus, Virginem Deiparam ita loquentem angelis introducit : Decet me in glorificatione esse juxta Filium meum, per intercessionem continuam pro humano genere, ut cum Deus peccatis hominum diluvio flagellorum minatus fuerit terram subvertere : ego ut arcus appaream in conspectu ejus, indeque recordatus fœderis sui repropitietur eisdem, ne dissipet mundum. (Part. IV, tit. 15, cap. 44, § 9.)

Hailgrinus : Ista enim est arcus, de quo dicit Eccli. XLIII, 12 : *Vide arcum et benedic qui fecit illum, valde enim speciosus est in splendore suo.*

Resplendet enim duobus coloribus, quorum uterque est alteri ad decorem': habet enim virorem aquæ, quæ Mater est multorum animantium; habet et ruborem ignis, qui Virgo est, quia nullum animal parit. His duobus coloribus B. Virgo velut arcus cœli speciosa refulget. De hoc arcu dicitur ad Noe, Gen. ix, 15 : *Ponam arcum meum in nubibus cœli, et recordabor fœderis mei, quod pepigi tecum.* Ipsa enim in cœlestibus assumpta, ut recordetur Dominus misericordiæ, quam humano generi repromisit. (*In Cant.* cap. vii.)

S. Bernardinus Senensis : Profecto ipsa est arcus fœderis sempiterni positus in nubibus cœli, ut non interficiatur omnis caro. (Serm. 1, *De glorioso nom. Mariæ,* art. 1, cap. 3.)

B. Albertus Magnus : Ipsa etiam altare propitiationis est et placationis Dei. Genes. viii, 20 : *Ædificavit Noe altare Domino,* id est, Mariam, *et obtulit holocausta super altare, odoratusque est Dominus odorem suavitatis, et ait : Nequaquam ultra maledicam terræ propter homines.* Non igitur ultra percutiam, Glossa, temporali judicio, *omnem animam viventem sicut feci;* sed Maria precante parcam omni veniam quærenti. (In *Bibl. Marian.* lib. Genes., n. 14.)

XXVII Junii.

S. Bonaventura : Dico, charissimi, quod Maria benedicta est, quia per eam Deus homini placabilis est, sicut signatum est in Abigail, de qua legitur, quod cum David offensus occidere vellet Nabal stultum, Abigail occurrens offenso, placavit eum. Qui placatus dixit, 1 Reg. xxv, 32 : *Benedictum eloquium tuum, et benedicta tu, quæ prohibuisti, ne irem hodie ad sanguinem, et ulciscerer me manu mea.* Nabal stultus signat peccatorem. Omnis enim peccator stultus est. Sed heu! sicut dicitur in Ecclesiaste 1, 15 : *Stultorum infinitus est numerus.* Abigail Mariam signat, interpretatur enim *Patris exsultatio.* O quanta Patris cœlestis in Maria, et Mariæ in Patre cœlesti fuit exsultatio, cum ipsa dicit, Luc. 1, 47 : *Exsultavit spiritus meus in Deo salutari meo!* Sicut enim Abigail Dominam nostram, sic David Dominum nostrum signat. David autem offensus est stulto Nabal, quando Dominus offensus est homini impio: David Nabal stulto per Abigail placatur, quando Dominus impio per Mariam reconciliatur. Abigail placavit David verbis et muneribus: Maria placat Dominum precibus et meritis. Abigail ultionem temporalem, Maria vero æternalem convertit, dum illa humanum, ista vero divinum gladium avertit. Propter hoc bene ait Bernardus : Nemo tam idoneus, Domina, qui gladio Domini pro nobis manum objiciat, ut tu, Dei amantissima, per quam primum suscepimus misericordiam de manu Domini Dei nostri. (In *Speculo B. V.* lect. 14.)

XXVIII Junii.

Richardus a S. Laurent. : Maria est virga Moysis, quæ percussit petram, Exod. xvii et Num. xx, 11, et fluxerunt aquæ, ita ut biberet populus et jumenta. Petra Christus, 1 Cor. x, 4 : *Petra autem erat Christus.* Duritia hujus petræ, rigor, sive severitas justitiæ divinæ. Ipse autem nunquam ita severus aut durus est erga peccatores, quin effundat aquas gratiarum vel indulgentiæ, si hæc virga ipsam tetigerit pia oratione. (Lib. xii, *De laud. B. V.*)

S. Antoninus : Dicitur autem B. Maria virga, quia semper recta fuit, nunquam inclinata ad terrena, sed semper erecta ad cœlum. Hæc virga est multipliciter benedicta in figuris sacræ Paginæ. Virga Joseph, cujus fastigium adoravit Jacob moriens, Mariam designat quam debet revereri quilibet moriens, ut ab ea tueatur. Ipsa enim est virga, de qua Isaias cecinit xxx, 31 : *Pavebit Assur,* id est, diabolus, *virga percussus,* suffragii scilicet virginalis. Hæc est virga Moysis, quæ versa in serpentem summæ prudentiæ, in mysterio Incarnationis Filii sui et instructionis apostolorum devoravit serpentes Magorum, id est, confutavit sapientiam sapientum hujus mundi, prudentiam prudentum reprobavit, ac hæreses cunctas interemit, etc. Hac virga percussa petra, cor scilicet durum et obstinatum, precibus et meritis ejus aquas lacrymarum affluenter emittit, etc. Hæc est virga regis Assueri, qui interpretatur *beatitudo,* qua extensa super illum qui ingrediebatur ad eum, salvus erat : et qui non tangebatur ab ea, occidendus ejiciebatur. Accedentes enim ad Deum per orationem in morte, tot sunt demeriti nostra, quod nisi interveniant preces Virginis, reprobantur ut præsumptuosæ orationes nostræ, et rei mortis judicamur, nisi ipsa subveniat. Mandavit quoque Dominus Jesus discipulis suis, in via portare virgam, scilicet spem suffragii Virginis gloriosæ. (Part. iv, tit. 15, cap. 24, § 4.)

XXIX Junii.

B. Albertus Magnus : Ipsa est Advocata nostra, contra Judicem sapientem, contra callidissimum hostem, et hoc in causa desperata. Jerem. xv, 1 : *Dixit Dominus ad me : Si steterit Moyses et Samuel coram me,* Glossa, orantes pro populo, *non est anima mea ad populum istum.* Sed quid, o bone Jesu, si steterit coram te Mater misericordiæ, nunquid iratus dices ad eam de peccatoribus, ut ad Jeremiam : *Ejice illos, a facie tua, et egrediantur ad gladium, famem, captivitatem et mortem?* Non sic dices ad Matrem. Clama ergo voce Mariæ placatus, reduc miseros ad pacem contra gladium, ad saturitatem contra famem, ad libertatem contra captivitatem, ad vitam contra mortem : desperatorum causam sola assumet, quam nullus aliorum assumere apte permittitur, dicente Domino ad peccatorem desperatum, Ibid. 5 : *Quis miserebitur tui, Jerusalem?* Id est, anima desperata, quæ fuisti prius visio pacis, nunc autem visio infernalis. Quis contristabitur pro te? cum mortis sententia feretur contra te? cum dicetur tibi, Matth. xxv, 41 : *Ite, maledicti,* etc. Ibi omnibus derelinquentibus nos, non derelinquet illa. Illa enim miserebitur, et illa compatietur : illa ibit *ad rogandum pro pace nostra*, quam benevolentius impetrabit. (In *Bibl. Marian.* lib. Jerem. proph. n. 6.)

Hugo cardinalis : Luc. i, 30 : *Ne timeas, Maria, invenisti enim gratiam apud Deum;* quam nemo ante te potuit invenire. *Invenisti* quod Eva amiserat; *invenisti*, quia quæsivisti ubi erat,`scilicet apud Deum, qui est locus gratiarum, etc. Sed quam gratiam invenit B. Virgo? B. Bern. : Dei, et hominum pacem, mortis destructionem, vitæ reparationem. Nec dicit angelus, habes gratiam apud Deum, sed, *invenisti*, quia res habita ut propria custoditur, res inventa restituitur illis, qui amiserant. Quia igitur non sibi soli retentura erat gratiam, sed omnibus, qui eam amiserant restitutura, ideo dixit angelus, *invenisti*. Quasi diceret : Non debes tibi abscondere, quia non est tua, sed in aperto in communi ponere, ut cujuscunque fuerit rem suam possideat, sicut justum est. Ideo plena gratia dicta est, quia gratiam omnium invenit. Currant igitur peccatores ad Virginem, qui gratiam amiserunt peccando, et eam invenient apud eam humiliter salutando, et secure dicant : Redde nobis rem nostram quam invenisti. (*In Luc.* cap. i.)

XXX· Junii.

Richardus de S. Victore : Ad te ergo Matrem misericordiæ, Matrem miserorum, clamant exsules filii Evæ, clamant ipsæ miseriæ. Habet enim miseria clamorem, et vallis hæc lacrymas : vallis est enim lacrymarum ; adeo ut si ipsi miseri non clament, ista auribus tuis non insonent. Non possunt hæc ante te silere, nec auditum tuum latere, eo quod aures audiendi miserias habeas, et te has scire sit eas audire. Sicut enim ubicunque fuerit corpus congregantur et aquilæ, ita ubicunque fuerit miseria, tua currit et succurrit misericordia. Adeo pietate replentur aliquæ matris tua, ut alicujus miseriæ notitia tacta lac fundant misericordiæ, nec possis miserias scire, et non subvenire. Et quid mirum, si misericordia affluis : quæ ipsam misericordiam peperisti? Carnalia in te Christus ubera suxit, ut per te nobis spiritualia fluerent. Cum enim misericordiam lactasti, ab eadem misericordiæ ubera accepisti. Et sicut carnem nostram in te sumpsti, et Spiritum sanctum suum nobis dedit. Cum materiale lac ex te Deus suxit, spirituale pariter filiis Dei per te fluere cœpit. Ex eo miserorum Mater facta es, et miseros alere misericordiæ lacte cœpisti. (Cap. 23, *in Cant.*)

S. Birgitta refert Christum Dominum Matri suæ dixisse hæc verba : Benedicta sis tu a me benedicto Filio tuo. Propterea nulla erit petitio tua ad me, quæ non exaudiatur, et per te omnes, qui petunt misericordiam cum voluntate emendandi se, gratiam habebunt. Quia sicut calor procedit a sole, sic per te omnis misericordia dabitur. Tu enim es quasi fons largifluus, de quo misericordia miseris

fluit, etc. Omnis quicunque invocaverit nomen tuum, et spem habet in te cum proposito emendandi commissa, ei dabitur contritio de peccatis et fortitudo ad faciendum bona, insuper et regnum cœleste. Tanta enim est mihi dulcedo in verbis tuis, ut non possim negare quæ petis, quia nihil aliud vis, nisi quod ego. (Lib. : *Revelat.*, cap. 50.)

JULIUS.

S. MARIA CHARITATE ARDENTISSIMA.

I Julii.

S. Bernardinus Senensis : Anima phiolocapta in Deo conatur communicare illum amorem omnibus aliis per opera charitatis et aliarum virtutum; sicut ignis communicat flammam et calorem suum omnibus circumstantibus, et sicut sol communicat radios suos et splendorem suæ lucis per universum orbem , sic in amante Deum, qui communicat suum amorem etiam non · amanti ipsum. Et sic fecit benedicta Virgo Maria, quæ cum fuit obumbrata virtute Altissimi post Annuntiationem angelicam, plena amore divino, subito *consurgens abiit in montana*, etc. (*Luc.* i, 39.) Et primo communicavit flammam ardentis sui divini amoris Joanni Baptistæ, tanquam jam sanctificato in utero matris, et magis capaci participationibus illius divini amoris, quia debebat esse præco fidei Christi. Joan. i, 23 : *Ego sum vox clamantis in deserto : Parate viam Domini;* et interpretatur *gratia*. Secundo communicavit illum suum ardorem amoris divini cum Elisabeth salutando eam. Sed qualiter salutavit eam Evangelium non dicit. Sed credendum est, quod ipsa dixerit : Christus sit tecum. Et subito *repleta est Elisabeth Spiritu sancto* (*Luc.* i, 41). (Tomo III, serm. 6 extraord. *De septem flammis amoris.*)

II Julii.

S. Bonaventura : Vide, charissime, quod Maria affectuosa fuit per charitatem. Ipsa enim est Maria, de qua dicitur in Luca : *Exsurgens Maria abiit in montana cum festinatione*, etc. Abiit, inquam. ut visitaret, ut salutaret, ut ministraret Elisabeth. Vide quomodo illa visitatio Mariæ plena fuit charitate. In descriptione enim illius visitationis Maria quater nominatur, in quo charitas Mariæ ad Deum et ad proximum plenius declaratur. Charitas proximi debet haberi, et foveri corde, ore et opere. Maria autem charitatem proximi habebat in corde, et propter hoc *exsurgens Maria, abiit in montana cum festinatione.* Quid enim eam ad officium charitatis festinare cogebat, nisi charitas, quæ in corde ejus fervebat ? etc. Item Maria charitatem proximi ore fovebat. Ipsa enim est, de qua ibidem dicitur : *Et factum est, ut audivit salutationem Mariæ Elisabeth,* etc. Charitas, inquam, proximi salutationibus et aliis charitativis locutionibus fovenda est, etc. Item Maria charitatem non solum corde habebat, non solum ore fovebat, sed etiam opere exercebat. Ipsa enim est Maria, de qua ibi dicitur, Luc. i, 56 :

Mansit autem Maria cum illa quasi mensibus tribus.
Mansit videlicet pro ministerio et consolatione
Elisabeth. Unde Ambrosius : Quæ propter officium
venerat, officio inhærebat. Item Maria sicut in omnibus charitatem habuit ad proximum, ita super
omnia charitatem habuit ad Deum. Ipsa enim est
Maria, de qua ibidem dicitur, Luc. I, 47 : *Magnificat anima mea Dominum.* Anima quod amat hoc
magnificat, et in hoc exsultat. (In *Speculo B. Virginis*, lect. 4.)

III Julii.

S. Ambrosius : Tanta erat (Mariæ Virginis)
gratia, ut non solum in se gratiam virginitatis servaret, sed etiam his, quos inviseret, integritatis
insigne conferret. Visitavit Joannem Baptistam,
qui in utero, priusquam nasceretur, exsultavit. Ad
vocem Mariæ exsultavit infantulus, obsequatus antequam genitus. Nec immerito mansit integer corpore, quem in tribus mensibus oleo quodam suæ
præsentiæ, et integritatis unguento Domini Mater
exercuit. (*De inst. virg.* cap. 7.)

V. Beda : Aperiente os ad salutandum B. Maria,
repleta est mox Spiritu sancto Elisabeth, repletus
est et Joannes : atque uno eodemque Spiritu
ambo edocti, illa salutantem quæ esset agnovit, et
ut Matrem Domini sui debita cum benedictione
venerata est ; ille ipsum Dominum esse, qui in
utero Virginis portaretur, intellexit, et quia lingua
necdum valuit, animo exsultante salutavit. (*Hom. de
Visitat. B. V.*)

S. Gregorius Thaumaturgus : Vox itaque Mariæ
efficax fuit et Spiritu sancto replevit Elisabeth, ac
veluti ex perenni quodam fonte instrumento linguæ flumen charismatum per prophetiam cognatæ
suæ emisit, et pedibus infantis in utero colligatis
saltum et exsultationem suppeditavit ; quod quidem miraculosi tripudii symbolum signumque
erat. Nam ubi gratia plena advenit, gaudio cuncta
repleta sunt. (Serm. 2, *De Annuntiat. B. Virginis.*)

IV Julii.

S. Hieronymus : Quæso, si quæ sunt in vobis
viscera pietatis, considerate, quo cruciabatur
amore, quove desiderio æstuabat hæc Virgo, dum
revolveret animo cuncta quæ audierat, quæ viderat,
quæ cognoverat. Puto quod quidquid cordis est,
quidquid mentis, quidquid virtutis humanæ, si
totum adhibeas, non sufficiat ut cogitare valeas,
quanto indesinenter cremabatur ardore pii amoris : quantis movebatur repleta Spiritu sancto
cœlestium secretorum incitamentis ; quia, etsi diligebat Christum ex toto corde, et ex tota anima, et
ex tota virtute, novis tamen quotidie inflammaba-
tur præsentia absens desiderorum affectibus :
tanto siquidem validius quanto divinius illustrabatur intus visitationibus, quam totam repleverat
Spiritus sancti gratia, quam totam incanduerat divinus amor, ita ut in ea nihil esset mundanus

quod violaret affectus, sed ardor continuus et
ebrietas perfusi amoris. Nam et Christus ab omnibus est amandus ex toto corde, et ex tota
anima, atque ex tota virtute quærendus, maxime
tamen ab ea ardentius, cujus et Dominus erat, et
Filius. Fortassis ergo præ nimio amore in loco,
quo sepultus dicitur, interdum habitasse credimus,
quatenus piis pasceretur internus amor obtutibus.
Sic namque locus medius est hinc inde constitutus, ut adire posset ascensionis ejus vestigia, et
locum sepulturæ, ac resurrectionis, et omnia in
quibus passus est, loca invisere, non quod jam viventem quæreret cum mortuis, sed ut suis consolaretur affectibus. Hoc quippe habet impatiens amor,
ut quæ desiderat, semper invenire se credat.
Ignorat siquidem judicium, ratione multoties caret, modum nescit, nec aliud cogitare potest, quam
quod diligit. Amor non accipit de impossibilitate
solatium, neque ex difficultate remedium. Quæ
scilicet B. Virgo Maria, quamvis jam in spiritu
esset, tamen dum in carne vixit, carnalibus movebatur sensibus, et ideo quam sæpe locorum recreabatur visitationibus, et quem genuerat, mentis
complectebatur amplexibus. Denique amor Christi
desiderium pariebat, desiderium vero gliscens
quasi novis reparabatur ardoribus, in tantum, ut
credam nonnunquam, quod omnia etiam et semetipsum transcenderet, quia omnino amor impatiens
quod amat, non potest non videre. (Tom. X, *Ep.
de Ass. B. V. ad Paul. et Eust.*)

V Julii.

S. Birgitta dixit de se V. Deipara : Paravi me
ad exitum, circuiens omnia loca more meo, in
quibus Filius meus passus fuerat, cumque quadam
die animus meus suspensus esset in admiratione
divinæ charitatis, tunc anima mea in ipsa contemplatione repleta fuit tanta exsultatione, quod vix
se capere poterat, et in ipsa consideratione anima
mea a corpore fuit soluta. Lib. VI *Revelat*,
cap. 62.)

B. Albertus Magnus : Quidquid aptum natum est
inducere languorem, si continuetur et intendatur,
potest inducere mortem : sed amor potest inducere
languorem : ergo et mortem. Minor patet. Cant.
II, 5 : *Quia amore langueo,* Glossa : Præ amoris
magnitudine omnia temporalia fastidio. Ex his patet, quod beatissima Virgo præ amore et sine dolore mortua fuerit. (Super *Missus est*, quæst. 131.)

B. Laurentius Justinianus : Nullus ut arbitror
ardorem Virginis sufficit explicare, quanto desideriorum cremabatur incendio, quam crebris suspiriis angebatur, quamve suavissimis cogitationibus
exercebatur ; detinebatur tantum in sæculo corpore, affectu autem et mente commorabatur in
cœlo, etc. Quamobrem resolutionis carnis imminente articulo, sicut ab omni mentis et corporis
corruptione exstitit libera, ita et a mortis dolore
aliena. (*Serm. in Assumpt. B. V.*)

VI Julii.

D. Amedeus : Ergo divinis ignita colloquiis tota effecta es velut ignis, teque holocaustum Deo suavissimum obtulisti. O Phœnix aromatizans gratius cinnamomo et balsamo, et nardo suavius Regem in aspectu tuo delectans ! Phœnix congregans omnes species, et igne circumfusa superessentiali, ut cœlum cœlorum et cœli potestates angelicas mirifico repleas suavitatis incenso. Hoc incensum suavissimum est, hoc thymiama bene compositum procedit de thuribulo cordis Mariæ, et universa suaviter olentia excedit (Hom. 6, *De B. Virgine.*)

Idiota : Species ignis consistit in ardore et splendore, in te autem, o beatissima Virgo Maria, fuit ignis charitatis ardens, et splendens ante Deum, et nos miseros peccatores protegens. Et sicut tu Regina Virginum nominaris, sic charitas illa tua, regina virtutum appellatur, quia virtus nomen amittit, quæ charitati non famulatur. (*De Contempl. B. V.* cap. 3.)

VII Julii.

S. Bernardus : Est sagitta electa amor Christi, qui Mariæ animam non modo confixit, sed etiam pertransivit, ut nullam in pectore virginali particulam vacuam reliquerit, sed toto corde, tota anima, tota virtute diligeret, et esset gratia plena. (Serm. 29, *in Cant.*)

Bernardinus de Busto : Amabat Virgo virginum Christum amore naturæ, ut mater filium; amore amicitiæ, ut creatura Creatorem; amore gratiæ, ut præservata et redempta Salvatorem suum; tam intimus autem amor fuit Matris ad Filium quod ipsa tota erat in amorem conversa, sicut ferrum missum in ignem totum efficitur ignis. (In *Mariali*, part. IV, serm. 2.)

Guilhelmus : Tanta virtute Christum dilexit, ut ad titulum suæ laudis sufficiat, quod mentem ejus tanta vis amoris occupaverit, ut fugientibus discipulis oblita sexus fragilis, ipsa cum lacrymis astans cruci et condolens morienti, animam suam pro Filio suo, etsi minime posuit patiendo, tamen exposuit compatiendo. (*In Cant.* cap. I.)

VIII Julii.

B. Anselmus : Superat ergo omnes omnium rerum creatarum amores et dulcedines, magnitudo amoris istius Virginis in Filium suum, et dulcedinis immensitas, qua exsultabat et liquefiebat anima ejus in eumdem Dominum Deum suum, etc. Sed quid dicam ? Si tantus fuerit amor ejus, et vere amor erga hunc dilectissimum Filium suum, quo, quæso, vel quali gaudio replebatur tota substantia ejus, quando eum, quem tantopere diligebat, quem Creatorem ac Dominatorem omnium rerum esse sciebat, secum agentem, secum edentem, se quæcunque nosse volebat dulci affatu docentem haberet. (*De excell. B. V.* cap. 4.)

Dionysius Carthusianus : O omnium electissima ac beatissima creaturarum ! qualiter ex ea hora qua Filium Patris æterni ex te inviolatissima ac integerrima Mater vidisti, et ipsum maternaliter contrectare, lactare, amplecti, deosculari, deferre cœpisti, in ipsius accendebaris et proficiebas amore ! (Lib. III *De laud. B. V.* art. 3.)

Idem, lib. I, art. 18 : O beatissima Mater ac Virgo purissima, quam sancta, suavia, puraque oscula tenellis genis, ac labiis, atque clarissimis Christi infantuli oculis hilariter ac reverentissime impressisti ! O felices purissimique amplexus, quibus Sanctus sanctorum, sanctitas ipsa immensa, et Mater sanctitatis ac pulchræ dilectionis se invicem amplectebantur !

IX Julii.

B. Thomas a Villanova : Dicite quo ardore ardet (Maria) quando Filium jam triennem vel quadriennem coram se ludentem conspicit, sibique placito vultu arridentem, pioque lepore applaudentem, alludentemque videt, et in gremio suo pectoris sui lacte potatum, ac de sua substantia pastum cernit ? O cor Virgineum amoris igne succensum, o sacra viscera velut clibanus candentia, et ardentia velut Seraphim ! o sacrum pectus, quo ardore intus inflammaris ! o tenerrimum corpus, quomodo tanto calore non dirumperis? Quis tuos, o Virgo, cordis ardores, mentis excessus digno sufficiat explanare eloquio, aut comprehendere cogitatu ? *Nolite*, inquit, Cant. I, 4, 5, *me considerate quod fusca sim, quia decoloravit me sol.* Sol ille flagrantissimus intus et foris ita me totam irradiavit, ut fusca appaream præ calore : *fusca sum, fateor, sed formosa, fil.æ Jerusalem, ideo dilexit me Rex.* Unde angelus hujus flagrantissimi ardoris præscius ad Virginem ait, Luc. I, 35 : *Spiritus sanctus superveniet in te, et virtus Altissimi obumbrabit tibi.* Noli ergo timere, filia Jerusalem, noli expavescere, nam Spiritus sanctus aderit, et virtus Altissimi obumbrabit tibi, ut tanti Solis ardorem valeas sustinere, et qui alios solet illuminare, tibi obumbrabit, ut divini luminis ardorem temperet et fulgorem. Hoc itaque Matris honore sola Virgo gaudes, sola dotaris, tibi soli cum superno Parente communis est Filius, et quantum creaturæ fas est simillimus amor. Amat angelus, sed ut Dominum ; amat Virgo, sed ut Filium ac proinde angelus ab ipso redamatur ut servus, sed Virgo redamatur ut Mater. (Conc. 2, *De Nat B. Virg.*)

X Julii.

S. Thomas : B. Virgo excelluit angelos in familiaritate divina, et ideo hoc designans angelus dixit: *Dominus tecum ;* quasi dicat : Ideo exhibeo tibi reverentiam, quia tu familiarior es Deo, quam ego, nam Dominus est tecum. Dominus, inquit, Pater cum eodem Filio, quod nullus angelus nec aliqua creatura habuit, Luc I, 35 : *Quod enim nascetur ex te sanctum, vocabitur Filius Dei.* Deus Filius in utero, Isa. xii, 6 : *Exsulta et lauda, habitatio Sion, quia magnus in medio tui sanctus Israel.* Aliter est ergo Dominus cum B. Virgine quam cum angelo, quia cum ea ut Filius, cum angelo ut Dominus, Spiritus sicut in templo, unde dicitur, *Templum Domini, sacrarium Spiritus sancti,* quia concepit ex Spiritu sancto : *Spiritus sanctus superveniet in te.* Sic ergo familiarior est cum Deo B. Virgo, quam angelus, quia cum ipsa Dominus Pater, Dominus Filius, Dominus Spiritus sanctus, scilicet tota Trinitas. Unde cantatur de ea : *Totius Trinitatis nobile triclinium.* Hoc autem verbum *Dominus tecum,* est nobilius verbum, quod sibi dici possit. (Opusculo viii.)

S. Bernardus : Quam familiaris ei facta es, Domina ! quam proxima, imo quam intima fieri meruisti ! quantam invenisti gratiam apud Deum ! (Serm. super. *Sign. magnum.*)

XI Julii.

Hugo de S. Victore : Beata Dei Genitrix quasi vitis fructificavit, quia Christum verum botrum, qui nos vino gratiæ et gloriæ inebriare non desinit, generavit. (Serm. 55.)

S. Antonius de Padua : Vitis dicta eo quod vim habeat citius radicandi, vel quod invicem se innectit, est beata Maria, quæ præ cæteris citius et rectius in Dei amore fuit radicata, et veræ viti, id est, Filio suo, qui dixit, Joan. xv, 1 : *Ego sum vitis vera,* inseparabiliter se innexuit. Et de semetipsa dixit, Eccli. xxiv, 23 : *Ego quasi vitis fructificavi suavitatem odoris.* (Serm. in Domin. iii Quadrag.)

S. Bernardinus Senensis : Tanta enim fuit dilectio, qua beata Virgo etiam in vita præsenti dilexit Christum, quod omnes amores præsentis vitæ præteriti, præsentes atque futuri, respectu hujus sunt quasi luna sub pedibus ejus. Unde Eccli. xxiv, 24, beata Virgo merito de se ait : *Ego Mater pulchræ dilectionis.* Quasi diceret : Quia sum Mater Dei, habeo dilectionem tanta pulchritudine eminentem ab omni alia, quantum eminet sol a luna. (*Serm. De exaltatione B. V. in gloria,* art. 2, cap. 1.)

XII Julii.

S. Thomas a Villanova : Summa humanæ creaturæ perfectio vitæ hujus, tota in amore Dei est : omnium autem amorum vitæ præsentis nullus est tantus, quantus matris ad filium ; solent enim matres etiam deformes filios tam ardenter amare, ut etiam severæ matronæ, dum lactentibus in gremio infantibus garriunt, videantur sensum penitus amisisse præ amore. Quid non dicunt ? quid non faciunt ? aut quis scurra levior est, quam mater ad infantulum ? Siquidem divina Providentia, quæ operibus suis nunquam deest, matrum præcordiis naturalem hanc amoris inseruit vim, ne pignoribus teneris et difficilis educationis longi laboris tædio quid deesset ad vitam. Alias enim quis infantum molestias, vagitus, ægritudines, varias frequentesque immunditias, tamque assiduas molestias et

tam longas, æquo animo tolerare posset ? Neque solum hominibus, sed cæteris etiam animantibus hujus amoris vis a naturæ Conditore inserta est. Nonne gallinam vides pro pullis suis aquilam fieri ? et mitissimam equam pro pullo suo equino in ferocissimam verti leænam ? seque ipsam lupis animose objicere pro filio ? vitamque suam pro nihilo reputare et parvipendere, ut filium defendat, qui ab ipsa est ? Mira res amoris, et quæ nisi cerneretur, penitus esset incredibilis. Si igitur, ut diximus, tanta est vis amoris matrum erga filios etiam viris communes, ut etiam deformes et inertes filios tam ardenter diligant : considerate, quo amore Mater (Maria) diligit Filium suum unigenitum et soligenitum, Filium [inquam] tam speciosum , tam decorum, tam nobilem et potentem, tam generosum et gloriosum, cujus pulchritudinem sol et luna mirantur, cujus decor et gloria angelicos etiam retundit obtutus; Filium *in quem desiderant angeli prospicere* (I Petr. i, 12). De quo apertissime noverat, quia Deus et Creator suus est. (Conc. 2, *De Nat. B. V.*

XIII Julii.

Richardus a S. Laurentio : Viso de charitate Mariæ ad Unigenitum, videndum restat de dilectione ejus ad proximum, Matth. xxii, 39 : *Diliges proximum tuum sicut teipsum,* id est, ad fruendum Deo, ad videndum Deum, ad vitam æternam possidendam. Vel sic : *sicut teipsum,* id est, gratis, non simoniace ; seipsum enim diligit homo gratis, non propter aliquam utilitatem, quam inde consequi existimet. Similiter et gratis debes diligere proximum sine spe alicujus emolumenti temporalis. Sic enim diligit nos Maria, quæ bonorum nostrorum non eget, etc. Item tribus modis diligendus est proximus, voto, verbo et beneficio, scilicet corde, ore et opere. In *voto* notatur bonum desiderium, ut scilicet ei desideres quidquid boni tibi desideras. In *verbo* notatur instructio, correctio, oratio et hujusmodi. In *beneficio,* consilii, auxilii et operum misericordiæ exhibitio, etc. Tribus istis modis diligit nos Maria ; omne bonum nobis desiderando, pro nobis jugiter exorando, tam pro justis ne cadant, quam pro peccatoribus ut resurgant, misericordia autem et beneficiis ejus pleni sunt cœli et terra, nec est qui se abscondat a calore ejus. (Lib. iv, *De laud. B. V.*)

XIV Julii.

B. Albertus Magnus : Significatur Virgo Maria per Abisag Sunamitidem, III Reg. i, quæ interpretatur *Pater meus abundans,* vel *Patris mei rugitus,* de cujus laude dicitur : *Dixerunt servi David,* id est, sancti Patres : *Quæramus* in omni terra creaturam rationalem, quæ sub cœlo est, *Domino nostro Reg* *adolescentulam Virginem,* dignam, quæ *stet coram Rege, et foveat eum, dormiatque in sinu suo* Rex regum, *et foveat eum* per incarnationem in gremio ventris sui, *dormiatque in sinu suo*, apud mundissimam mundissimus, in creatura Creator, in filia Pater, in ancilla Dominus. *Quæramus* etiam Virginem sapientissimam, charitate ardentissimam, quæ ipsum Deum ad liberationem et miserationem inflammet : habetur enim ibi : *Et calefaciat Dominum nostrum regem.* Quæramus et Virginem sápientissimam, quæ sciat, velit et possit *stare* ut interpellatrix coram Rege ad refrenandum, ad excusandum, ad judicandum, ad placandum. *Et invenerunt, licet difficillime, adolescentulam speciosam in omnibus finibus Israel, Abisag Sunamitidem*, id est, Mariam. Hanc omnes eligamus secundum illud poetæ :

Elige, cui dicas : Tu mihi sola places.

Quæsita fuit in lege et prophetis, tempore patriarcharum et prophetarum, sed inventa in Nazareth ab archangelo Gabriele, in tempore gratiæ in Annuntiatione. (In *Bibl. Marian.* lib. III *Regum*, num. 1.)

XV Julii.

S. Bonaventura : Quia igitur (Maria) tota ardens fuit, omnes se amantes, eamque tangentes incendit: unde dici potest similis cuidam lapidi pretioso, qui manus se tangentis adurit. Est etiam similis carboni inflammato, quem quanto plus strinxeris, tanto amplius tibi manum urit. O quam felices, qui huic igni cœlesti approximant, ut ejus incendium ad se trahant ! (Serm. 1, *De B. V.*, tom. III.)

Bernardinus de Busto : Sicut motu solis genera·tur calor et inflammatio in corpore ei exposito, unde ut dicitur in perspectiva, et ad experientiam videtur, si contra speculum concavum stuppa ponatur, et soli exponatur, a calore generatio incenditur : ita beata Virgo mentes puras et sibi devotas, quæ sunt ut specula munda, inflammat ad Dei dilectionem. Unde ipsa Mater pulchræ dilectionis appellatur. (In *Mariali*, pag. 9, serm. 2, assimil. 6.)

XVI Julii.

B. Albertus Magnus : B. Virgo est soror nostræ professionis, defensionis, fidelitatis et exaltationis. Gen. xxiv, 59 : *Dimiserunt ergo eam*, scilicet quando assumpta est 'a nobis in cœlum, imprecantes prospera sorori suæ, dicentes, Ibid. 60 : *Soror nostra es*, ex humanitate, fidelitate et dignitate, *crescas in mille millia* , ultra omnes choros angelorum ascendendo, *et possideat semen tuum*, id est, nos vermiculi, *portas* empyrei , *inimicorum suorum*, dæmonum, qui inde ejecti sunt. (In *Bibl. Marian*, lib. *Gen.* num. 22.)

Idiota : Tu benedicta Virgo Maria, soror es populi Christiani per naturam, quæ summa gloria est populo Christiano. Si esset qui adverteret, habere scilicet sororem Reginam angelorum et hominum, imo, quod plus est, habere sororem Sponsam Patris, Matrem Filii, Amicam Spiritus sancti, et Reginam cœlestis regni , ubi plenariam habes potestatem

quoscunque volueris introducere, quidquid volueris impetrare, quidquid a benedicto Filio tuo petieris, obtinere ! (Part. xiv, *De B. V.* contempl. 3.)

S. Bonaventura : Et ideo obsecrare possumus Mariam, sicut Abraham obsecravit Saram, dicens, Gen. xii, 13 : *Dic, obsecro, quod soror mea sis, ut bene mihi sit propter te, et vivat anima mea ob gratiam tui.* O ergo Maria ! o Sara nostra, dic quod sis soror nostra, et propter te bene nobis sit a Deo, et ob gratiam tui vivant animæ nostræ in Deo. Dic, inquam, charissima Sara nostra, quod sis soror nostra, ut propter talem sororem Ægyptii, id est, dæmones, nos revereantur, ut etiam propter talem sororem angeli nobis in acie conjungantur, ut insuper propter talem sororem, Pater, et Filius, et Spiritus sanctus nostri misereantur. (In *Speculo B. V.* lect. 6.)

Richardus a S. Laurent.: Largitur nobis B. Virgo vestem *polymitam*, id est, diversis virtutibus vel filis distinctam. Est enim polymitus , secundum Isidorum, idem quod multicolor (vestis enim cujuscunque vita illius est) de purpura disciplinæ , de bysso castimoniæ, de hyacintho cœlestis conversationis, de cocco geminæ dilectionis. (Lib. ii, *De laud. B. V.*)

XVII Julii.

B. Petrus Damianus : Scio, Domina, quia benignissima es, et amas nos amore invincibili, quos in te et per te Filius tuus, et Deus tuus summa dilectione dilexit. Quis scit quoties refrigeras iram judicis cum justitiæ virtus a præsentia Deitatis egreditur. In manibus tuis sunt thesauri miserationum Domini, et sola electa es, cui gratia tanta conceditur. (Serm. 1, *De Nat. B. V.*)

Richardus a S. Laurentio : Charitas B. Virginis ad nos apparuit, quando ipsum Natum noluit sibi quasi proprium retinere, sed quem sciebat natum pro salute mundi communiter, pannis involutum, velut panem in mappa , reclinavit in præsepio, quasi diceret bovi et asino : Ecce pabulum vestrum, fenum scilicet carnis Filii mei. Unde et designatur per illam mulierem, quæ (IV. *Reg.* vi, 26 seqq.) dedit filium ad comedendum. (*De laud. B. Virginis*, lib. iv.)

Idem, lib. ii : Maria dicitur civitas Jerusalem, nam Jerusalem interpretatur *pacifica*, *visio pacis*, et hoc convenit Mariæ. Fuit enim pacifica, quia genuit pacem nostram, quæ Christus est ; ipsa etiam *fecit utraque unum.* (*Ephes.* ii, 14.) Quia Deum univit homini, et hominem Deo in unitate personæ, uniens cœlum terræ, ima summis, etc. Ipsa etiam est pacifica nostra, Filio reconcilians peccatores, designata per columbam Noe, quæ attulit ei olivæ ramum, dum esset in arca, Deum humano generi reconciliatum demonstrans.

XVIII Julii.

S. Bernardinus Senensis : Tertius Virginis splendor fuit charitas, scilicet quantum ad voluntatem, in quam tanta plenitudine divinus amor infusus est, quod nihil elicere vellet, nisi quod Dei sapientia præmonstrabat. Proinde hac sapientia illustrata tantum Deum diligebat, quantum ad se diligendum illum intelligebat. Quis igitur exprimere posset, quanto ardore diligebat eum ex toto corde, id est, super omnia temporalia mundi : ex tota anima, id est, super corpus et animam suam : et ex omni mente sua, hoc est, super omnia superiora, scilicet spiritualia et cœlestia ? Unde in persona illius Psal. LXXI, 21, ait : *Inflammatum est cor meum, et renes mei commutati sunt,* scilicet per transformationem divini amoris. Ex charitatis quoque ardore etiam humanæ salutationis, toto effectu desiderabat Incarnationem Filii Dei. Nam et totus impetus primæ sanctificationis mentem hujus sacratissimæ Virginis impellebat ad hoc desiderandum pro salute omnium electorum. Proinde omnes virtutes ejus ardentissimæ mentis, in id quod postea factum fuit in ea, toto conamine inflammabant animam ejus. Ipsa siquidem fuit felix clausula totius exspectationis, et desiderii, ac postulationis adventus Filii Dei, in qua sicut in cono, id est in angulo, omnia desideria præcedentium electorum atque sanctorum consummata et terminata fuerunt : ideo nobis inexpressibile est illud fervidum desiderium, et languentis orationis suspirium, quo suspirabat ad Deum, ut Filium suum mittere dignaretur ad nostram assumendam naturam. (Serm. *De Concept. B. V.* art. 1, cap. 3, tom. IV.

XIX Julii.

Richardus a S. Laurent. : Tanta etiam fuit charitas B. Virginis ad nos, quod ex quo Filium concepit, ipsum pro mundi salute pati desideravit, sicut videtur velle Ambrosius. Unde secure dici potest et credi, quod sicut dicitur de Patre, Joan. III, 16 : *Sic Deus dilexit mundum, ut Filium suum unigenitum daret pro mundo,* etc., sic et dici potest de ea : Sic Maria dilexit mundum, id est, peccatores, ut Filium suum unigenitum daret pro salute mundi. (*De laud. B. V.* lib. IV.

B. Petrus Damianus : Hic, fratres mei, hic rogo, perpendite, quam debitores sumus huic beatissimæ Dei Genitrici, quantasque illi post Deum de nostra redemptione gratias agere debeamus. Illud siquidem corpus Christi, quod B. Virgo genuit, quod in gremio fovit, quod fasciis cinxit, quod materna cura nutrivit : illud, inquam, absque ulla dubietate, non aliud, nunc de sacro altari percipimus, et ejus sanguinem in sacramentum nostræ redemptionis haurimus, etc. Nullus ergo humanus sermo in laude ejus invenitur idoneus, de qua Mediator Dei et hominum cognoscitur incarnatus. Impar est illi omne humanæ linguæ præconium, quæ de intemeratæ carnis suæ visceribus cibum nobis protulit animarum ; illum videlicet, qui de seipso perhibet,

dicens, Joan. VI, 41 : *Ego sum panis vivus, qui de cœlo descendi,* etc. (*Serm. De Nativit. B. Virginis.*)

Dionysius Carthusianus : Charissimi, diligamus Mariam, quoniam ipsa prior dilexit nos, et post Deum maxime amat nos, etc. Certe post Deum eam unice, præcipue ac devotissime debemus diligere, venerari, laudare et colere, atque universa motiva ac incitamenta amandi venerandique eam, in unum colligere pariterque pensare, quatenus ex eorum consideratione amabilissimam ac venerabilissimam illam ferventius, puriusque amemus ac perfectius honoremus. (Lib. III *De laud. B. V.,* art. 20.)

XX Julii.

Pelbartus : Si quis hæsitando quæreret, utrum beatissima Virgo Maria, dum fuit in vita, habuerit excellentiorem charitatem divinam, quam omnis creatura pura angelica sive humana, responderetur quod sic. Et probari potest primo argumento summæ puritatis, quia ubi major et maxima est puritas, ibi major et summa est charitas, quoniam Apostolo teste, I Tim. 1, 5 : *Charitas est de corde puro et conscientia bona ;* sed gloriosa Virgo Maria habuit puritatem in summo, qua sub Deo nequit major intelligi, ut dicit Anselmus, lib. *De conceptu virginali,* cap. 18. Ergo et charitatem habuit in summo super omnem creaturam post Christum. Secundo argumento maternitatis, quia nullus tenetur tantum diligere, sicut pater et mater, cum, ut ait Aristoteles VIII *Ethic.,* generantis ad generatum naturalis est amicitia. Unde contra legem est naturæ, si mater aliqua impias manus injiciat in filium : sicut quandoque faciunt, heu ! crudelissimæ et sceleratissimæ mulieres, sibi abortivum procurando. Cum igitur mater tenetur summe diligere filium, et quia inter creaturas sola Virgo benedicta sit Mater Dei, ergo nulla creatura tantum tenebatur Deum diligere sicut ipsa ; sed quantum tenebatur, tantum dilexit. (*In Stellario,* lib. IX, part. 1, art. 1.)

XXI Julii.

S. Antoninus : Charitas beatæ Mariæ nunquam potuit cessare ; quod ostenditur per hoc, quia charitas non potest cessare, nisi per mortale peccatum : sed ipsa nunquam potuit peccare mortaliter, quia in utero sanctificata antequam posset peccare, per ipsam sanctificationem ita fuit confirmata in gratia et charitate, quod postea peccare non potuit etiam venialiter, unde nec amittere charitatem. (Part. IV, tit. 15, cap. 44, § 9.)

Dionysius Carthusianus : In somno corporali cor Mariæ pervigil fuit, et ex assidua assuefactione perfecte insistendi divinis ex ardentissima et exercitatissima charitate, et splendidissima et exuberantissima sapientia sibi infusa, et contemplatione in vigiliis pene aut prorsus continue etiam tempore somni vigili corde Deo fuit conjuncta. (In cap. v Cant.

S. Bernardinus Senensis : B. Virgo ad tantam contemplationem sublimita est, ut perfectius etiam in ventre matris contemplaretur Deum, quam unquam fuit contemplatus aliquis in perfecta ætate : magisque in contemplatione Dei excessit dormiendo, quam aliquis alius vigilando, sicut ipsa (Cant. v) testatur, dicens : Ego dormio et cor meum vigilat. (Tom. IV, Serm. de Exaltatione B. V. art. 2, cap. 3.)

S. Ambrosius : Dormire non prius cupiditas, quam necessitas fuit. Et tamen cum quiesceret corpus, vigilaret animus ; qui frequenter in somnis, aut somno interrupta continuat, aut disposita gerit, aut gerenda pronuntiat. (Lib. II De virginibus.)

XXII Julii.

S. Bernardinus Senensis : Beata Virgo etiam dum erat in utero matris, habuit usum liberi arbitrii, atque lumen perfectum in intellectu et ratione. Proinde secundum quosdam fuit tunc in sublimiori contemplationis statu, quam unquam fuerit aliqua creatura humana in perfecta ætate. Et licet in utero matris suæ sicut et cæteri infantes dormiret, attamen somnus, qui sepelit in nobis rationis et liberi arbitrii actus, et per consequens actum merendi, non credo quod talia in ipsa fuerit operatus, sed anima sua libere, ac meritorio actu tunc tendebat in Deum. Unde illo tempore erat perfectior contemplatrix, quam unquam fuerit aliquis alius dum vigilavit. Unde et Cantic. v, 21, ipsa ait : Ego dormio, et cor meum vigilat, scilicet contemplatione perfecta, a nulla actione debilitata. Hoc tamen secundum alios fuit post secundam sanctificationem, quod forte verius est. Nec miretur quisquam, si Mater Dei ante debitam ætatem habuerit usum liberi arbitrii, et fulsit tanto lumine rationis : cum et plerique alii sancti in pueritia eorum ante debitam ætatem habuerunt virtutem, gratiam atque lumen. (Serm. de Concept. B. V. art. 1, cap. 2.)

XXIII Julii.

S. Birgitta : Mundo itaque et creaturis omnibus præter solum hominem perfectis, et divino aspectui cum pulchritudine reverenter assistentibus, adhuc unus minor mundus coram Deo cum omni venustate increatus astabat, a quo major gloria Deo, et angelis major lætitia, atque omni homini ejus bonitate frui volenti major utilitas, quam de hoc majori mundo provenire debebat. O prædulcis Domina Virgo Maria, omnibus amabilis, omnibus utilis, per hunc minorem mundum non incongrue tu intelligeris. Ex Scriptura etiam colligitur, quod placuit Deo lucem a tenebris in hoc majori mundo divisisse, sicut et vere illa lucis ac tenebrarum divisio quæ in te post tuam creationem fieri debebat, multo magis ei placuit, quando scilicet tenerioris infantiæ ignorantia, quæ tenebris comparatur, a

te penitus debebat abscedere, et Dei cognitio cum voluntate et intelligentia vivendi secundum ejus velle, quæ luci assimilatur, cum ferventissima charitate in te debebant plenissime remanere. (In Serm angelic. c. 5.) Credibile etiam fore dignoscitur, quod sicut Mariæ Filius statim perfectum sensum habuit, quando in ejus utero humanatus exstitit, sic et Maria post suam Nativitatem in juniori ætate sensum et intellectum adepta fuit. (In eodem. Serm. angelic. cap. 12.)

XXIV Julii.

Rupertus abbas : Si quispiam dixit, et teste Deo vel conscio non mentiens dixit (II Cor. XII, 2 seqq.), raptum se fuisse in paradisum, sive ad tertium cœlum, ita ut nesciat, sive in corpore sive extra corpus raptus fuerit, et audivisse arcana verba, quæ non licet homini loqui ; quanto magis tu, Regina cœlorum, persæpe cœlestibus interfuisti ; quippe quam et circumsteterunt obstetricum vice, gloriam Deo concinentes angeli, et inter hæc didicisti, vel assecuta es aliquid, quod latet et latere nos debet? Lib. III, in Cant.)

S. Bernardinus Senensis : Merito gratia plena in contemplando Deum, et cuncta creata, plusquam Paulus apostolus raptus, sine comparatione, quia si essent tot Pauli quot sunt creaturæ, non attingerent suum contemplari. Nam Paulus (Act. IX, 15), fuit vas electionis, Virgo vero Maria fuit vas divinitatis, quia nulla creatura tantum amat, nec tantum timet Deum, quantum Virgo gloriosa. (Tom. III, Serm. 36, part. III.)

Gerson : Si erat ut mulier amicta Sole justitiæ, cujus sub pedibus luna totius mutabilitatis creaturarum, et in capite ejus pulcherrima spiritualium siderum in æternitate splendentium corona : quid inde colligi potest, si vales considera. Nonne lumen illud immensum scintillabat aliquoties ad oculum mentis intuendum se inde præbens, qualiter in via vidisse Moyses et Paulus æstimantur ? (Tract. III, super Magnif.)

S. Antoninus : Forte etiam in ipso conceptu vel partu (B. Virgini) datum est ad horam, ut videret clare mysterium hujus (scilicet Incarnationis) ut in patria. (Part. IV, tit. 15, c. 17, § 1.)

XXV Julii.

Dionysius Carthusianus : Dicendum reor, quod præelectissima Virgo, quandiu vixit adhuc in corpore mortali, fuit viatrix : quamvis certissime credatur interdum rapta in divitias gloriæ Dei usque ad summæ Trinitatis visionem, per speciem, multo unique clarius, et ut puto, multo frequentius ac diuturnius, quam Paulus aut Moyses. Reducta tamen ab hujusmodi contemplatu ambulabat per fidem, et fuit viatrix : atque promeruit in exercitiis actibusque virtutum, et sic crevit in gratia. (Lib. I Sent., dist. 16, quæst. 2.)

Petrus Galatinus : Omnia B. Virginis membra a vertice capitis ad ungues usque pedum, omnesque sensus et cogitationes, animæ imperio absque ulla repugnantia obtemperabant. Usque adeo quidem, ut ejus oculi nihil inhonesti, nihil illiciti unquam aspexerint ; imo ut nunquam vel oculos elevaverit, sicut cæteri homines facere solent, sed semper humi defixos tenuerit, nisi dum Deum oraret. A quo inter cæteras perfectiones eo spiritu prophetiæ donata est : ut si forte aliquod inconcessum, seu illicitum, vel auditura vel visura esset, illico ejus aures et oculi clauderentur : ita ut nonnisi voluntati divinæ deservire viderentur. (Lib. vii, *De arcan. cathol.*, cap. 5.)

S. Basilius : Quod Maria prophetissa fuerit ad quam proxime accessit Isaias per prænotionem Spiritus, nemo contradixerit, qui sit memor verborum Mariæ, quæ prophetico afflata Spiritu elocuta est. Quid enim ait ? *Magnificat anima mea Dominum, et exsultavit Spiritus meus in Deo salutari meo. Quia respexit humilitatem ancillæ suæ : ecce enim ex hoc beatam me dicent omnes generationes. (In Isa.* cap. viii.)

Richardus a S. Laurent. : Ubera Mariæ botris assimilantur ; in quo mirabilis prærogativa merendi demonstratur in Virgine, quæ non minus meruit fundendo lac ex uberibus suis ad nutrimentum Filii, quam meruerunt martyres, qui per botros figurantur, fundendo sanguinem suum per martyrium. Omnium enim operum merces secundum radicem charitatis pensatur. (Lib. v, *De laud. B. Virginis.*)

XXVI Julii.

S. Birgitta : Quemadmodum apis arva florida circumvolans universa mellifera gramina diligentius perscrutatur, quia ex naturali scientia novit discernere, ubi pullulat flos amœnior, quem si forte ex folliculo adhuc erumpere non viderit, nihilominus tamen ejus ortum cum desiderio delectabiliter præstolatur, ut ad suum placitum ipsius dulcedine perfruatur : simili modo cœlestis Deus, quia omnia oculis suæ Majestatis clarissime intuetur, quando B. Mariam in secreto materni uteri adhuc latitare prospiciebat, cui in æterna sua præscientia nullum hominem totius mundi in omni virtute similem novit debere exsistere, cum omni consolatione et gaudio ipsius ortum exspectabat, ut per ipsius Virginis charitatis dulcedinem sua superabundans divina bonitas penderetur. O quam clare emicuit in Annæ utero Aurora consurgens, quando in ea Mariæ corpusculum per adventum animæ vivificatum exstitit, cujus ortum videre angeli et homines tanto desiderio anhelabant. (In *Serm. angelico*, cap. 11.)

Ibidem, cap. 10 : O Anna, mater reverenda, quam pretiosum thesaurum in tuo bajulasti utero, quando Maria, quæ Mater Dei fieri debebat, in ipso quievit ! Vere sine omni ambiguitate credendum est, quod materiam illam statim, quando in Annæ utero concepta et collecta fuit, de qua Maria formari debebat, ipse Deus plus diligebat,

quam omnia humana corpora a viro et muliere generata et generanda per mundum universum. Unde venerabilis Anna nuncupari potest omnipotentis Dei gazophylacium, quia ipsius thesaurum super omnia sibi amabilem in suo utero recond ebat. O quam prope erat jugiter cor Dei huic thesauro ! O quam pie et alacriter huic thesauro oculos suæ Majestatis infixit, qui postmodum in Evangelio suo sic ait, Matth. vi, 21 : *Ubi est thesaurus tuus, ibi est et cor tuum !* Et ideo vere credibile est angelos ex hoc thesauro non modicum exsultasse, quando Conditorem suum, quem plus seipsis diligebant, ita illum thesaurum diligere cognoscebant.

XXVII Julii.

Richardus a S. Laurentio : B. Virgo quanto magis Deo, qui ignis est, proximavit, tanto magis inflammata est charitate, quia ipse *Deus charitas est* (*I Joan.* iv, 8). Ideo dicit B. Bernardus : Maria quia plus omnibus dilexit, singulare miraculum Deus Pater in ea perpetravit. Ideo etiam dicit ipsa. Cant. v, 6 : *Anima mea liquefacta est*, per incendium charitatis, sicut metalla liquefiunt per vehementiam ignis. (Lib. iv *De laud. B. V.*)

Dionysius Carthusianus : Interim cor purissimæ admirabilisque Mariæ ad amandum sincero tuta aptissimum, ut puta intensissima affectu dotatum, ab omni inquietudine passionum ac vitiorum liberrimum, a fomite purgatissimum, ab omni distractione et inordinatione penitus alienum, imo et plenitudine donorum gratuitorum incomparabiliter plenum. Jam ergo ex his elucescit, quam incomparabiliter et omnino ineffabiliter mitissima et vere dulcissima Virgo Maria præfulsit et arsit, abundavit, exuberavit, efferbuit, ebulluit in sincerissimo Deitatis ac superessentialis Trinitatis amore. (*De laud. B. Virg.* lib. iii, art. 3.)

B. Albertus Magnus : Propter quod unumquodque tale, et illud magis, ut propter quod amamus, ipsum magis diligimus. Ita dicit Phisophus : Sed proximum amamus propter Deum, ergo qui plus amat Deum, plus amat proximum. Eadem charitas est, qua diligitur Deus et proximus : ergo qui habet summam charitatem ad Deum, summam habet et ad proximum : sed beata Virgo summam charitatem habet ad Deum, ergo ad proximum. (Super *Missus est*, quæst. 49.)

XXVIII Julii.

Joan. Rusbochius : Intemerata Dei Genitrix semper Virgo Maria, quam nos vitalem dicimus paradisum, gratiam, quam Adam perdidit, etiam cumulatiorem multo invenit. Est enim Mater pulchræ dilectionis ; ipsa se active ferventissima charitate ad Deum convertit ; ipsa Christum humilitate concepit, eumdemque Patri cum cunctis illius virtutibus, ingenti obtulit liberalitate. (*De ornatu spiritual. nuptiar.* cap. 77.)

S. Ildephonsus : Quæso vos, o filii, imitamini signaculum fidei vestræ beatam Mariam, quam, velut ignis ferrum, Spiritus sanctus totam decoxit, incanduit et ignivit, ita ut in ea Spiritus sancti flamma videatur, nec sentiatur nisi tantum ignis amoris Dei. Hæc namque est hortus conclusus, ille deliciarum fons signatus, puteus aquarum viventium, reparatio vitæ, janua cœli, decus mulierum, fastigium omnium virginum ? (Serm. 1, *De Assumpt. beatæ Virginis.*)

S. Joannes Damascenus : Quid ? Annon te fornax illa designavit, quæ ignem simul et refrigerantem et inflammantem ostendebat, divinique illius ignis in te habitantis typum gerebat ? (*Orat. de Dormit. B. V.*)

Rupertus abbas : O beata Maria ! Inundatio gaudii, vis amoris, torrens voluptatis, totam te operuit, totam obtinuit penitusque inebriavit, et sensisti quod oculus non vidit, et auris non audivit, et in cor hominis non ascendit, et dixisti, Cant. I, 1 : *Osculetur me osculo oris sui*, etc. Deus Pater te osculatus est osculo oris sui. Quis oculus hoc vidit ? quæ auris audivit ? cujus in cor hominis ascendit ? Tibi autem, o Maria, semetipsum revelavit, et osculans, et osculum, et os osculantis. (Lib. I *in Cant.*)

XXIX Julii.

B. Albertus Magnus : B. Virgo est templum charitatis, in cujus laude dicitur, III Reg. VI, 22 : *Nil erat in templo*, id est Maria, *quod non auro tegeretur.* Glossa : Sola enim charitas regnat. *Duo ostiola* in templo, *de lignis olivarum.* Glossa : Dilectio Dei et proximi. (In *Bibl. Marian.* lib. *III Reg.* n. 4.)

B. Petrus Damianus : *Sicut lilium inter spinas*, sic beatissima Virgo Maria enituit inter filias : quæ de spinosa propagine Judæorum nata, candescebat munditie virgineæ castitatis in corpore, flammescebat autem ardore geminæ charitatis in mente, flagrabat passim odore boni operis, tendebat ad sublimia intentione continua cordis. (Serm. 3, *De Nat. B. V.*)

S. Bonaventura : Fuit B. Virgo cœlum igneum propter ardentissimam charitatem. Sicut enim ignis est in summo calidus, sic Domina nostra fuit charitate in summo ardentissima, quæ nec primam similem visa est nec habere sequentem. Unde Hugo dixit, quod in ea amor Spiritus sancti singulariter ardebat : ideo in carne ejus mirabilia faciebat.(Tom. III, serm. 1, *De B. V.*)

Richardus de S. Victore : Talis fuit B. Virgo in virtutibus, tanta quoque fuit ejus charitas, ut non solum ad ejus gentem (Judæos videlicet) extenderetur, sed ad ignotas et notas, ad omnes denique homines, sed ad hos omnes charitas ejus dilata fuit, pro his sollicita fuit, pro his indesinenter oravit, pro his orando exaudita fuit, dicente ad eam angelo Gabriele (*Luc.* I, 30) : *Invenisti gratiam apud Deum*, scilicet, quam quærebas. (*In Cant.* cap. 26.)

XXX Julii.

S. Birgitta : O omnium consolatio Virgo (Maria),

hoc ipsum tu es, ad quod angeli principio suæ creationis tanta arserunt charitate, quod licet ex suavitate et claritate, quam ipsi in Dei visione et appropinquatione habel ant, ineffabiliter lætabantur, plurimum tamen ex eo gavisi sunt, quod tu ipsi Deo eis propinquior fieri debebas, et ex eo quod majorem charitatem majoremque suavitatem, quam ipsi habebant, tibi noverunt reservari. Videbant enim super sedem illam coronam quamdam tantæ pulchritudinis tantæque dignitatis, quod nullius majestatis, nisi solius Dei, ipsam debebat excellere. Unde quamvis noverunt Deum magnum honorem et gaudium ex hoc veraciter habere, quod ipsos creasset, majorem tamen honorem et majus gaudium ex hoc Deo debere provenire videbant, quod tu ad tam sublimem coronam creari debebas. Et ideo ipsi angeli de hoc magis exsultabant quod te Deus creare volebat, quam ex eo quod ipsos creaverat. Et sic tu, o Virgo sanctissima, angelis, mox ut creati fuerunt, gaudium fuisti, quæ ipsi Deo sine principio summa delectatio exstitisti. Et sic vere Deus cum angelis, et angeli cum Deo, de te, o Virgo creaturarum omnium dignissima, antequam creareris, intime congaudebant. (*Serm. angel.* cap. 4.)

S. Epiphanius : Per te enim, o sancta Virgo, medius obstructionis paries inimicitias dissolvit, per te pax cœlestis donata est mundo, per te homines facti sunt angeli ; per te homines appellati sunt amici, servi et filii Dei ; per te homines meruerunt esse conservi angelorum, et cum eis familiariter conversari, etc. ; per te mors concuicatur, et spoliatur infernus ; per te ceciderunt idola, et excitata est notitia cœlestis ; per te cognovimus unigenitum Filium Dei, quem, sanctissima Virgo, peperisti Dominum nostrum Jesum Christum. (*Serm. De laud. B. V.*)

XXXI Julii.

Joan. Lansper : Admoneo te nunc, o benedicta inter mulieres, illius gaudii illiusque consolationis, quibus novem mensibus exsultabat spiritus tuus in Deo salutari tuo, quod sine labore sub virgineo corde in utero portasti. Admoneo te grandis hujus mysterii divinæ Incarnationis, qua Deus ipse factus est homo. Admoneo te admirabilis fecunditatis tuæ qua tu, permanens virgo, facta es mater. Per hæc omnia obsecro te, o suavissima Domina, Virgo singularis, Mater admirabilis, ut mihi peculiariter te dones in matrem, me adoptes in filium. Omnium es Mater generalis : quippe quæ mundo genuisti vitam et salutem, per quam factum est, ut Christum, scilicet Dei Filium, in carne vocemus fratrem ; sed ego te opto, cupio, et votis omnibus precor, ut eo magis digneris mihi mater esse singularis, quanto ego cura materna tua magis indignus sum. Suscipias me in amorem tuum, et in gratiam tuam ; ita mecum agas, talem me facias, qui gratia et amore tuo dignus habear, et qui secundum pudıcissimi cordis tuı beneplacitum tibi et Filio tuo sim acceptissimus. O dulcissima Domina, vulnera, accende, reple cor meum amore tui castissimo, ardentissimo, fidelissimo, charitateque perfectissima ad Deum et proximum! Portem te semper in corde meo, simque semper ac indelebiliter scriptus in corde tuo. Exaudi me, Domina, potes enim hæc; quia quidquid a Filio vis impetrabis. Amen. (Theoria 20.)

AUGUSTUS.

S. MARIA VIRGO GLORIOSA SUPER OMNES EXALTATA.

I Augusti.

·S. Bonaventura : (Mariæ) Deus præparavit grandem gloriam in cœlo, ut sicut fuit grandis in merito, ita etiam grandis esset in præmio. Unde ipsa est thronus ille grandis, de quo dicitur, III Reg. x, 18: Fecit rex Salomon thronum de ebore grandem. Thronus vero Salomonis est Maria, grandis omnino in gratia et gloria, etc. Ita ut nullus angelus, nullus sanctorum ei æquari possit in multitudine et congregatione bonorum cœlestium, juxta illud Proverbiorum xxxi, 29: Multæ filiæ congregaverunt divitias, tu sola supergressa universas. Si filias istas intelligamus sanctas animas, vel intelligentias angelicas, nunquid non supergressa est divitias virginum, confessorum, martyrum, apostolorum, prophetarum, patriarcharum et angelorum, cum ipsa sit Primitiva virginum, Speculum confessorum, Rosa martyrum, Registrum apostolorum, Oraculum prophetarum, Filia patriarcharum, Regina angelorum? (In Speculo B. Virg. lect. 2.)

S. Joannes Damascenus : Ipsa namque Cherubinos superans, ac supra Seraphinos evecta, propinqua Deo exstitit. O miraculum omnium miraculorum maxime novum! Mulier Seraphinis sublimior effecta est. (Orat. 1, De Nat. B. V.)

II Augusti.

S. Ephrem : Intemerata, integra, planeque pura ac casta, Virgo Dei Genitrix Maria, Regina omnium, Spes desperantium, Domina nostra gloriosissima, eademque optima ac præcellentissima : sublimior cœlitibus, candidior solis radiis atque fulgoribus, honoratior Cherubim, sanctior Seraphim, et incomparabiliter reliquis omnibus supernis exercitibus gloriosior, etc., omniumque sanctorum ac virginum Corona, ob immensum fulgorem atque splendorem inaccessa. (In Serm. de laud. B. V.)

S. Simon Stock : Flos Carmeli, vitis florigera. Splendor cœli, Virgo puerpera singularis, sed viri nescia, Carmelitis da privilegia, Stella maris. (In ejus Vita.)

S. Anselmus : O nimis exaltata, quam sequi conatur affectus animæ meæ, quo aufugis aciem mentis meæ? O pulchra ad intuendum, amabilis ad contemplandum, delectabilis ad amandum, quo evadis capacitatem cordis mei? Præstolare, Domina, infirmam animam te sequentem ; ne abscondas te, Domina, parum videnti animæ te quærenti ; miserere, Domina, animam post te anhelando languentem. Mira res in quam sublimi contemplor Mariam locatam : nihil æquale Mariæ, nihil nisi Deus major Maria. (Orat. ad B. V. quæ habetur post Richardi a S. Laur. tract. De laud. B. V.)

III Augusti.

B. Laurent. Justinianus : Nullus plane mortalium, quamvis donorum cœlestium numerositate sit præditus, huic valet Virgini coæquari. Patriarcharum utique, prophetarum, apostolorum, martyrum, omniumque sanctorum merita Maria beata transcendit. Hanc universa supernorum civium multitudo veneratur, colit et laudat. (Serm. de Assumpt. B. V.)

B. Petrus Damianus : Et quid mirum, si hæc ineffabilis Virgo in suis laudibus modum humanæ vocis exsuperat, cum et ipsam generis humani naturam excellentium meritorum dignitate transcendat? Non denique excellentissimus ille patriarcharum chorus, non providus prophetarum numerus, non judex apostolorum senatus, non martyrum victor exercitus, non aliquis antiquorum, non quisquam sequentium Patrum huic beatissimæ Virgini poterit comparari. Quid enim sanctitatis, quid justitiæ, quid religionis, quid perfectionis singulari huic Virgini deesse potuit, quæ totius divinæ gratiæ charismate plena fuit? Sic namque ab angelo, dum salutaretur, audivit, Luc. 1, 28 : Ave, gratia olena, Dominus tecum. Quod, rogo, vitium in ejus mente vel corpore vindicare sibi potuit locum : quæ ad instar cœli, plenitudinis totius Divinitatis meruit esse sacrarium? In Christo enim, sicut per Paulum dicitur, Coloss. II, 9, habitat omnis plenitudo Divinitatis corporaliter. Nec mirum, si cunctorum merita transcendat mortalium, quæ et ipsam superexcedit celsitudinem angelorum. (Serm. 3, De Nativ. B. Virg.)

IV Augusti.

S. Bonaventura : Vere (Mariæ) dici possit illud Proverbiorum, xxxi, 29 : Multæ filiæ congregaverunt divitias, supergressa es universas. Filia Agnes, filia Lucia, filia Cæcilia, filia Agatha, filia Catharina, et multæ aliæ filiæ, et multæ aliæ virgines sanctæ, multæ animæ justæ congregaverunt divitias virtutum et gratiarum, divitias meritorum et præmiorum : sed Maria universis divitiis supergressa est excellentissime universas. O quam dives est Maria in gloria, quæ tam dives fuit in miseria ! O quam dives est in cœlo, quæ tam dives fuit in mundo ! O quam dives est in anima sua, quæ tam dives fuit in carne sua, ut etiam beatus Bernardus exclamans, dicat : O dives in omnes et super omnes, Maria, de cujus substantia modica pars assumpta, totius mundi suffecit solvere delicta ! Dominus ergo tecum, o Maria opulentissima. (In *Speculo B. Virg.* lect. 8.)

B. Albertus Magnus : Ipsa est solium Incarnationis Filii Dei. Isa. vi, 1 : *Vidi Dominum sedentem super solium excelsum et elevatum*, id est Virginem Mariam excelsam quantum ad animam, et elevatam quantum ad corpus, *et plena erat omnis terra*, id est domus, *gloria ejus :* Glossa : Id est, omni gratia ; *a majestate ejus.* Glossa : Regnantis. (In *Bibl. Marian.* lib. Isaiæ proph. n. 3.)

V Augusti.

S. Andreas Cretensis : O Virgo, Regina omnis humanæ naturæ, quæ habes non comparabilem cum aliis appellationem, excepto Deo solo tu es omnibus altior. (*Orat. de Dormit. B. Virg.*)

S. Anselmus : Nihil tibi, Domina, æquale, nihil comparabile est; omne enim quod est, aut supra te est, aut infra te est; quod supra te est solus Deus est : quod infra te est, omne quod Deus non est. Ad tuam tantam excellentiam quis aspiciet ? quis attinget ? (Relatus a Bernardino de Busto in *Mariali*, serm. 4 *De Concept. B. V. ;* a Salazar, *De Concept. B. V.* cap. 42, sæculo xi, et aliis pluribus.)

S. Joannes Damascenus : O præclarissimum excelsum, qui hoc tibi affert, ut cum Deo præsens sis! Nam cum omnibus quoque aliis numine divino afflatis Dei famulis istud divino munere concessum sit, at infinitum tamen Dei servorum ac Matris discrimen est. (Orat. 1, *De Dorm. B.V.*)

S. Anselmus : Excitemus ergo mentem nostram, o fratres, et enitemur quantum possumus ut in celsitudinem tantæ Virginis attendamus, et quæ nobis miseratio Filii ejus revelare dignata fuerit, pro laude ejus prolata ruminemus. Erit enim fortassis hoc ipsum optatæ nobis causa non parva salutis, et sauciatis ex vitiorum punctionibus animis medicina salubris. Quomodo namque fieri potest ut ex memoria laudis ejus salus non proveniat peccatorum : cujus uterus factus est via ad sanandum peccatores venienti Salvatori? (*De excellent. B. V.* cap. 1.)

VI Augusti.

S. Gregorius Magnus : Potest montis nomine beatissima semper Virgo Maria, Dei Genitrix, designari. Mons quippe fuit, quæ omnem electæ creaturæ altitudinem electionis suæ dignitate transcendit. Annon mons sublimis Maria, quæ, ut ad conceptionem æterni Verbi pertingeret, meritorum verticem supra omnes angelorum choros usque ad solium Deitatis erexit ? Hujus enim montis præcellentissimam dignitatem Isaias vaticinans ait, ii, 2 : *Erit in novissimis diebus præparatus mons domus Domini in vertice montium.* Mons quippe in vertice montium fuit ; quia altitudo Mariæ supra omnes sanctos refulsit. (*In I Reg.* cap. 1.)

Richardus a S. Laurent. : Mariæ prærogativa attenditur in corona gloriæ ineffabilis : qua coronata est in cœlis in sua Assumptione, quando verus Assuerus, qui interpretatur *beatus*, sive *beatitudo*, et

signat Christum, dixit Esther reginæ, quæ interpretatur *elevata in populis*, et signat Mariam, quæ exaltata est etiam super choros angelorum et omnium beatorum ad cœlestia regna ; dixit, inquam, ei, sicut legitur Esther xv, 14 : *Accede huc et tange sceptrum*, accede huc et tene sceptrum, accipe regiam dignitatem, esto Domina cœli et terræ, esto Regina et Imperatrix angelorum et hominum, sede a dextris meis in gloria. (Lib. iii *De laud. B. Virg.*)

VII Augusti.

S. Bonaventura : Consideremus, charissimi, quomodo plena sit Maria fruitione lætitiæ æternæ. Quis enim nesciat eam ab his non exclusam, quibus Filius ejus dixit, Joan. xvi, 24 : *Petite et accipietis, ut gaudium vestrum plenum sit ?* Si ergo omnium apostolorum, imo omnium cum Deo regnantium gaudium plenum est, quanto Matris Dei gaudium plenissime est plenum ? De hac plenitudine beatus Hieronymus inquit : Plena siquidem gratia, plena Deo, plena virtutibus, non potest non possidere pleniter gloriam claritatis æternæ. Quid mirum, si lætitiam et gloriam plenam et superplenam habeat in regno, quæ gratiam plenam et superplenam habuit in exsilio ? Quid certe mirum, si tam in cœlo quam in mundo ejus plenitudo super omnem creaturam sit, de cujus plenitudine omnis creatura virescit ? Unde Anselmus ait : O femina plena et superplena gratia, de cujus plenitudinis exundantia respersa reviviscit omnis creatura, etc. Eia ergo, plenissima Virgo Maria, nos tam inanes, tam vacuos, sic participes plenitudinis tuæ facias, ut tandem ad æternam plenitudinem pertingere valeamus. (In *Speculo B. Virg.* lect. 7.)

Adam abbas Perseniæ : Ecce Maria nos præcessit ad gloriam ; præcedentem sequentes, quid de præcedente nisi dorsum videmus ? Posteriora dorsi ejus nos sumus, quicunque post dorsum ejus relicti, aliquatenus imitari conamur : faciem ejus in meritis, dorsum intellige in exemplis. Illa præmisit ; ista nobis reliquit, ut ad humilitatis virtutem et munditiam castitatis informemur. (Frag. iii *in Mariali* a Maraccio edito.)

B. Petrus Damianus : Reliquit nobis Maria exemplum, ut sequamur vestigia ejus, ut tales simus qualis ipsa fuit. (*Serm. in Epiphania.*)

VIII Augusti.

B. Albertus Magnus : B. Virgo exaltata est in gloria et gratia super omnem creaturam. Eccli. xxiv, 17 : *Quasi cedrus*, scilicet ad fugandum, *exaltata sum in Libano*, cujus odor diabolum, serpentem antiquum, fugat. Vel ad sustentandum onera totius generis humani, ibi : *Quasi cypressus in monte Sion*, quæ nunquam cedit oneribus : sic ipsa nunquam aliquibus tribulationibus. Vel ad defendendum, ut ibi, vers. 18 : *Quasi palma exaltata sum in Cades*, quæ expansis ramis in modum manus hominis habet folia. Vel ad pacificandum, ut ibi : *Quasi oliva, speciosa*, quæ est arbor pacis. Vel ad adumbrandum contra calorem tentationum, ut ibi : *Quasi platanus exaltata sum*, quæ alta est, et habet lata folia, et per ramos diffusa. Sic et Regina cœli. (In *Libl. Mar.* lib. Ecclesiast. n. 6.)

S. Thomas : Per sex arbores, quibus comparatur exaltatio B. Virginis, intelligi possunt sex ordines beatorum. Cedrus significat angelos propter naturæ sublimitatem, etc. Cypressus significat patriarchas et prophetas per odoris suavitatem, etc. Palma significat apostolos propter gloriosum de uni verso mundo triumphum, etc. Rosa significat martyres per effusionem sanguinis, quæ habet colorem rubeum, etc. Oliva significat confessores propter oleum, etc. Platanus significat virgines, etc. Est ergo sensus, quod Virgo est exaltata sicut angeli, patriarchæ et prophetæ, apostoli, martyres, confessores et virgines, etc. Fuit enim exaltata super choros angelorum, et super omnes sanctos. Nec mirum, si est exaltata sicut angeli, patriarchæ, etc.; habuit enim meritum angelorum, angelice vivendo, etc. Et sicut habuit meritum omnium et amplius, ita congruum fuit ut super omnes ponatur. (*Serm. in Assumpt. B. Virginis.*)

IX Augusti.

B. Petrus Damianus : (Maria) *pulchra ut luna.* Quid luna pulchrius, cum stellis coruscantibus in signifero limite reliquorum siderum splendorem excedit? Considera quam stellaris et serena vibratio, quam luminosus fulgor circularem orbem tanti sideris superfundat, ut aliorum luminum claritatem non mediocriter obfuscet. Sic et Virgo inter animas sanctorum et angelorum choros supereminens, et evecta, merita singulorum et omnium titulos antecedit. Quantumlibet aliæ stellæ reluceant, luna tamen et magnitudine præeminet et splendore. Sic utramque naturam Virgo singularis exsuperat, et immensitate gratiæ et fulgore virtutum. *Electa ut sol.* Hanc attende similitudinem, qua nulla in rebus mundi potest esse sublimior. Nil enim habuit spiritus in visibilibus creaturis excellentius, cui excellentiam Virginis compararet. Multo enim altius aliquid habet claritas solis quam lunæ ; quia, etsi illa minores stellas obscurat, non tamen penitus occultat; hic vero lucidius incandescens, ita sibi siderum et lunæ rapit positionem, ut sint quasi non sint, et videri non possint. Similiter et virga Jesse, veri prævia luminis, in illa inaccessibili luce prælucens, sic utrorumque spirituum habet dignitatem, ut in comparatione Virginis nec possint nec debeant apparere. (*Serm. de Assumpt. B. V.*)

X Augusti.

S. Bernardus : Tu pulchra ut luna diceris, eique non immerito compararis. Illa enim omnium astrorum sola soli simillima comparatione, et candore venusta argenteo, cæteris in cœlo præmicat sideribus : tu vero solis imago expressissima inter millia astrorum Deo assistentium virginali puritate in

cœlo gloriosa præfulges. Illa enim transfuso in se solari lumine noctem nostram illuminat : tu virtutum tibi a Deo inditarum magnificis exemplis ad imitationem tui provocas, sicque noctem nostram illuminas. Qui enim vias tuas consectatus fuerit, non ambulabit in tenebris : sed lumen vitæ inveniet. Tu ergo pulchra es ut luna : imo et pulchrior luna, quia *Tota pulchra es, et macula non est in te*, neque vicissitudinis obumbratio. Tu electa es ut sol, ille, inquam, Sol solis conditor. Ille enim electus est ex millibus virorum ; tu electa ex millibus feminarum. Ille electus ex omnibus quæ sunt; tu electa ex omnibus quæ per illum sunt. (*In Deprecat. ad B. Virginem*)

S. Bernardus : Maria Verbum ex ipso Patris corde suscepit, ut scriptum est Psal. xviii, 3 : *Dies diei eructat verbum.* Utique dies Pater : siquidem dies ex die salutare Dei. Annon etiam Virgo dies? Et præclara. Rutilans plane dies, quæ procedit sicut aurora consurgens, pulchra ut luna, electa ut sol. Intuere igitur quemadmodum usque ad angelos plenitudine gratiæ, supra angelos superveniente Spiritu sancto, pervenit. Est in angelis charitas, est puritas, est humilitas. Quid horum non enituit in Maria? (*Serm. de Nativ. B. Virg.*)

XI Augusti.

S. Antoninus : Beata Maria, quamvis et ipsa stella maris illustretur a sole, non tamen hic dicitur illuminata a sole, sed vestita ipso sole, ut ostendatur præmium ejus excellentissimum ; ut sicut nihil propinquius et conjunctius corpori quam vestitus ejus: ita nil propinquius gloriæ Christi, quam gloria et præmium B. Mariæ, et apte, ut sicut ipsa vestivit Solem ipsum in mundo Dei Filium carne sua, secundum illud Ezech. xxxii, 7 : *Solem nube tegam*, sic ipse eam in cœlo vestiat sole excessivæ gloriæ, ut dicere de ea valeat illud : *Te mecum assumam, et regnabis mecum.* (Part. iv, tit. 15, cap. 20, § 1.)

Pelbartus de Temeswar : O ergo tu, devota mens, potes cogitare quam ineffabile gaudium sit Mariæ juxta Dei Filium sedere; et ipsum, quoties vult, dulciter amplexari et osculari. O quanta suavitate divina ibi videt, quomodo Pater gignit Filium, et uterque Spiritum sanctum spirat! Nam Deus non potest videri sine maximæ suavitatis fruitione. (In *Stellario* lib. xx, part. iv, art. 5.)

S. Bonaventura : O vere felix Maria, quæ tam magna in mundo, tam magna in cœlo ! Nulla pura creatura tantam gratiam in mundo, nulla tantam gloriam in cœlo invenit. (In *Speculo B. V.* lect. 5.)

S. Bernardus : Eva spina fuit; Maria rosa exstitit. Eva spina vulnerando ; Maria rosa omnium affectus mulcendo. Eva spina infigens omnibus mortem ; Maria rosa reddens salutiferam omnibus sortem. (*Serm. de B. V. Maria.*)

XII Augusti.

Guarricus Christum Dominum sic Matri loquentem inducit : Ego sum, qui patrem et matrem filiis honorandos commendavi ; ego ut facerem quod docui, et exemplo essem aliis, ut Patrem honorarem in terram descendi : nihilominus ut Matrem honorarem in cœlum reascendi. Ascendi et præparavi ei locum, thronum gloriæ, ut a dextris Regis Regina coronata consideat, *in vestitu deaurato, circumdata varietate.* (*Psal.* XLIV, 10.) Neque hoc dico, quod in parte thronus ei collocetur, quin potius ipsa erit thronus meus. *Veni* igitur, *Electa mea, et ponam in te thronum meum.* In te mihi quamdam regni sedem constituam, de te judicia decernam, per te preces exaudiam. Nullus mihi plus ministravit in humilitate mea. Nulli abundantius ministrare volo in gloria mea. Communicasti mihi præter alia quod homo sum : communicabo tibi quod Deus sum. Flagitabas osculum oris, quinimo tota de toto osculaberis. Non imprimam labia labiis, sed spiritum spiritui osculo perpetuo et indissolubili : quia concupivi speciem tuam, etiam desiderantius quam tu meam, nec satis glorificatus videbor mihi, donec tu conglorificeris. (Serm. 2, *De Assumpt. B. Virg.*)

B. Petrus Damianus : *Ascendit* autem *de deserto,* id est de mundo, ad regalis throni celsitudinem sublimata, *deliciis affluens.* Vere affluens, quia *multæ filiæ congregaverunt divitias, hæc supergressa est universas.* Deliciarum autem ejus non est numerus, quia, dum Spiritum sanctum suscipit, concipit Dei Filium, Regem gloriæ generat, penetrat cœlos, cumulata divitiis et deliciis affluens, ad regnum evolat sempiternum suum. *Innixa super dilectum suum.* Rex virtutum dilecti Pater est, in quo sibi bene complacuit. Super hunc innititur Mater illa felicior, et in aureo reclinatorio divinæ Majestatis incumbens, intra Sponsi, imo Filii sui, brachia requiescit. O quanta dignitas, quam specialis potentia inniti super illum, quem angelicæ potestates reverentur aspicere ! (*Serm. de Assumpt. B. Virg.*)

XIII Augusti.

S. Thomas a Villanova : Quid de tuis deliciis dicam, o Maria ? Si *oculus non vidit, neque auris audivit, neque in cor hominis ascendit, quæ præparavit Deus diligentibus se* (*Isa.* LXIV, 4 ; *I Cor.* II, 9), quod præparavit gignenti se, et procul dubio præ omnibus diligenti, quis loquatur ? Hanc deliciarum et gaudiorum affluentiam inter alia cœlorum cives mirantur in Virgine. Admirantur quoque dignitatem et sublimitatem ejus nimiam ; cum enim cæteris quisque, quantumvis dilectis et sanctis ad honoris et dignitatis culmen satis sit, quod angelorum aut archangelorum manibus deferantur ad gloriam ; hæc Regina potens non Angeli aut Archangeli, non etiam Cherubim aut Seraphim alicujus manibus, sed innixa super Filium Dei, et principem cœli dilectum suum, cum incredibili pompa et triumpho, supernam civitatem ovanter ingreditur. Quantus honor, quanta celsitudo, quanta majestas ! Omnis militia cœle-

stis, omnis Angelorum candidus et decorus senatus, omnis illa Potestatum et Dominationum cœlestium celsitudo, cum Dei Filio Virgini Deiparæ obviam venit, et coram Arca Testamenti tripudiat, cum in templum deducitur, Dei sui aspectibus præsentanda, etc. Quis ibi fuerit angelorum jubilantium concentus, quis etiam cœlestium instrumentorum et citharædorum strepitus, quis jubilus, quæ harmonia, dicere quis sufficiat ? Sed ex ipsa figura conjectari fas est. (Conc. 2, *De Assumpt. B. Virg.*)

XIV Augusti.

S. Bernardinus Senensis : O quis exprimere posset cœlestis curiæ jucunditatem atque solemnitatem, quando surrexit Rex gloriosus Jesus, festinus et lætus, et regali decore laureatus, et totam beatorum civitatem commovit, ut omnes cœli cives occurrerent Virgini Matri ascendenti ! Tunc quippe impletum fuit quod II Reg. VI, de David dictum est, quod adduxit arcam Domini cum gaudio, et erant cum David septem chori, scilicet spirituum beatorum, prophetarum, apostolorum, qui jam transierant, martyrum, confessorum atque virginum, ut impleatur in Virgine gloriosa, quod, Eccli. XXIV, 16, scriptum est : *In plenitudine sanctorum detentio mea.* O solemnitas gloriosa ! O jubilus inexpressibilis, qui nec exprimi potest, nec taceri, dum David et omnis Israel deducunt in jubilo arcam fœderis, id est Virginem gloriosam. (Tom. IV, *Serm. De Assumpt. B. Virg. art. 2.*)

B. Albertus Magnus : B. Virgo tanquam arca fœderis præcessit nos in cœlum ad parandum nobis locum. Num. X, 33 : *Arca fœderis Domini,* id est Maria, *præcedebat eos,* quod factum est in Assumptione. (*In Bibl. Marian.* lib. Num.)

Bernardinus de Busto : B. Virgo fuit illa nix, quæ a Deo missa est in mundum, ut sua cooperatione vestiret et impinguaret terram humanæ generationis. Unde de Deo inquit Propheta, Psal. LVII, 16 : *Qui dat nivem sicut lanam.* Hæc est illa quæ quemlibet suum devotum impinguat consolationibus divinis, etc. Nix etiam sua præsentia loca fœtida et fimalia et sterquilinia tegit et occultat. Et similiter beatissima Virgo occultat turpitudinem delictorum, dum ejus interventu, vestimur indumento innocentiæ et sanctitatis. (In *Mariali,* part. IX, Serm. 2, *De festo Nivis.*)

XV Augusti.

S. Joannes Damascenus : Hodie sacra et animata Arca Dei viventis quæ suum in utero concepit Creatorem, requiescit in templo Domini, quod nullis est exstructum manibus ; et David exsultat ejus parens, et cum eo choros ducunt Angeli, celebrant Archangeli, et Virtutes glorificant, Principatus exsultant, Potestates collætantur, gaudent Dominationes, Throni festum diem agunt, laudant Cherubim, gloriam ejus prædicant Seraphim. (Orat. 2, *De Dormit. B. V.*)

S. Ildephonsus : Et quia hodie introducta est

Arca testamenti Dei in Jerusalem illam cœlestem cum gaudio exsultationis; quæso, cum hymnis et canticis devotissime agite diem festum cum omni frequentia populi. Quod si David una cum omni populo dignum duxit arcam Veteris Testamenti cum tanto honore prosequi, ut Scriptura testatur, multo religiosius est hanc dignis laudibus commendari. (Serm. 1, *De Assumpt. B. Virg.*)

B. Petrus Damianus : Sublimis ista dies et splendidiore sole refulgurans, in qua Virgo regalis ad thronum Dei Patris evehitur, et in ipsius Trinitatis sede reposita, naturam etiam angelicam sollicitat ad videndum. Tota conglomeratur angelorum frequentia, ut videat Reginam sedentem a dextris Domini virtutum, in vestitu deaurato, in corpore semper immaculato, circumdatam varietate, virtutum multiplicitate distinctam. Hæc est illa dies, quæ cœlorum officinas subliniori gaudio cumulavit, annua mundo, angelis continua. (*Serm. de Assumpt. B. Virg.*)

Dionysius Carthus. : Ecce præcessit nos hodie Domina nostra, et advocatam præmisit in cœlum Ecclesia. Eam ergo toto cordis affectu sequamur, ejus beatitudini præcordialiter congratulemur, et sacrum hunc diem in sanctis operibus expendamus, dulcissimam Virginem invocantes et collaudantes, nec unquam aliquis nos prætereat dies, in quo non speciale obsequium impendamus eidem. (Serm. 1, *De Assumpt. B. Virg.*)

XVI Augusti.

B. Albertus Magnus : Sancta Theotocos Virgo et Mater Dei honoratur a Deo in gloriosa Assumptione sua in hoc, quod propter honorem ejus Dominus peccata reis dimittit, gratiam aridis infundit, et justis gloriam promittit. II Reg. vi, 2 seqq.: *Abiit David*, id est Christus, *et adduxit Arcam Dei*, id est Mariam. *de domo Obededom*, scilicet in Assumptione, *in civitatem David*, hoc est in cœlum empyreum, *cum gaudio. Et erant cum David septem chori.* Quorum primus est chorus angelorum; secundus, patriarcharum; tertius, prophetarum; quartus, apostolorum ; quintus, martyrum; sextus, confessorum; septimus, omnium sanctarum virginum. Ab his omnibus honorata est Regina cœli in Assumptione ejus. *Et benedixit David*, id est Christus, *populo*, reis peccata dimittens, aridis gratiam infundens, et justis gloriam promittens. *Et partitus est omnibus collyridam panis unam, et assaturam bubulæ similam frixam oleo lætitiæ*, in resurrectione propter honorem suæ Matris. (In *Bibl. Marian.* lib. II Reg. n. 1.)

Divus Amedeus : Exinde humano generi charitate inenarrabili condescendens, et illos misericordissimos oculos, quibus cœlum illustratur, ad nos convertens, communem pro clero, populo, et utroque sexu, pro vivis quoque ac defunctis levat orationem. Adest huc de cœlo gloriosissima, et prece potentissima, propellens omne quod nocivum, et conferens omne quod bonum est, cunctis ex corde rogantibus se munimen præsentis vitæ tribuit et futuræ. (Hom. 7, *De B. Virg.*)

XVII Augusti.

S. Bernardus : Sed et illud quis cogitare sufficiat, quam gloriosa hodie mundi Domina processerit, et quanto devotionis affectu tota in ejus occursum cœlestium legionum prodierit multitudo, quibus ad thronum gloriæ canticis sit deducta, quam placido vultu, quam serena facie, quam divinis amplexibus suscepta a Filio, et super omnem exaltata creaturam, cum eo honore, quo tanta Mater digna fuit, cum ea gloria, quæ tantum decuit Filium? Felicia prorsus oscula labiis impressa lactentis, cui virgineo Mater applaudebat in gremio. Verum nunquid non feliciora censebis, quæ ab ore sedentis in dextra Patris hodie in beata salutatione excepit, cum ascenderet ad thronum gloriæ, epithalamium canens et dicens (*Cant.* 1, 1) : *Osculetur me osculo oris sui?* (*Serm. de Assumptione B. Virg.*)

S. Ildephonsus : Mater illa cœlestis hodie advenit obviam, ornata monilibus suis, de qua dicitur : Vidi Jerusalem descendentem de cœlo a Deo ornatam auro mundo, et lapidibus pretiosis intextam. Quo profecto hodie decorata ideo descendit, ut Reginam mundi beatam, scilicet Mariam, secum eveheret ad sublimia, et collocaret in throno regni. (Serm. 1, *De Assumpt. B. Virg.*)

XVIII Augusti.

S. Anselmus : O dies tanti occursus gloriosa et felix! Dies tam præclaræ exsultationis, beata et celebris dies tam sublimis glorificationis festiva, et omni sæculo admirabilis! Dies enim illa non solum te, Domina, ineffabiliter sublimavit, sed cœlum ipsum, quod penetrasti, necnon cuncta quæ in eo sunt, nova et ineffabili gloria decoravit. Nova quidem cœlum gloria decoravit : quia priorem gloriam ejus ex præsentia tui, ultra quam dici possit aut cogitari, magnificavit. Nam cum tu, Domina, illuc ascendis, nova illud et præcellenti virtutum tuarum dignitate irradias, immensaque miserationum tuarum et gratiarum luce perlustras. Eadem quoque dies ascensus tui eorum, qui cives ejus ab initio creaturæ esse meruerunt, solito festiviori exsultationis gaudio induit, quia per gloriosum fecundæ virginitatis tuæ fructum semiruptam vident civitatem suam redintegrari. Vere in tuo adventu, per quam tantum bonum meruerunt, gaudii sui magnitudo jure debuit augmentari. Terram etiam dies exsultationis tuæ, o beatissima feminarum, mira gratia irrigavit; quia, dum te, quam de se et in se aliorum hominum lege progenitam cognovit, usque ad Creatoris omnium thronum exaltatum cognoscit, ac antiquam maledictionis pœnam, quam in peccato primorum suorum filiorum merito excepisse sciebat, jam per tantæ benedictionis tuæ abundantiam sese evadere indubitanter credebat. Quid amplius dicere possum, Domina? Immensitatem quippe gratiæ, et gloriæ, et felicitatis tuæ considerare cupienti sensus deficit, lingua fatiscit. (*De excellent. B. V.* cap. 8.)

XIX Augusti.

Pelbartus de Temeswar : Omnes beati et angeli circumdant jucundantes B. Mariam in cœlesti patria, delectantes in ejus gloria et beatitudine. Sed dices : Quomodo hoc? Respondetur : quod beata Maria præcipue tripliciter delectat totam cœlestem patriam sua gloria. Primo per radium illustrativum, quia sicut sol illustrat suo radio replendo totum orbem, a quo omnia sidera capiunt lumen, ut ait Plato in *Timæo*, sic gloria Mariæ totam cœlestem patriam illustrat et decorat. Unde Augustinus in quodam sermone *De Nativitate Virginis*, ait : Ipsum cœlum, quod penetrasti, o Maria ; necnon quæ in eo sunt contenta, nova et ineffabili gloria decorasti, prioremque ejus gloriam ultra quam dici potest, tua præsentia magnificasti ; nova illic ac præcellenti dignitate irradias, immensaque luce perlustras. Hæc ille. — Secundo delectat per aspectum præsentiæ et alloquium dulcissimum. Unde Bernardus, in serm. *De Assumpt.*, ait : Si parvuli necdum nati Joannis anima liquefacta est, ut Maria locuta est, quanta fuit illa exsultatio civium cœlestium, cum et ejus vocem audire et faciem videre, ejusque præsentia beata frui meruerunt in cœlo! Hæc ille. — Tertio per odorem suavissimum ; unde de ea canit Ecclesia : *Vidi Speciosam sicut columbam ascendentem desuper rivos aquarum*, id est angelorum et beatorum ordines, sequitur : *Cujus inæstimabilis odor erat nimis in vestimentis*, id est, in corpore glorificato ; quia, secundum doctores, corpora gloriosa erunt fragrantia odoribus suavissimis : juxta illud, Apoc. v, 8 : *Habentes phialas plenas odoramentorum*. Ergo multo magis corpus gloriosum Mariæ, in cujus odore sancti exsultantes dicunt illud Cant. I, 3 : *In odorem unguentorum tuorum curremus*, o Maria. (In *Stellar.* lib. x, part. II, art. 2.)

XX Augusti.

S. Bernardus : Christi generationem et Mariæ assumptionem quis enarrabit? quantum enim gratiæ in terris adepta est præ cæteris, tantum et in cœlis obtinet gloriæ singularis. Quod si oculus non vidit, nec auris audivit, nec in cor hominis ascenderunt, quæ præparavit Deus diligentibus se (*I Cor.* II, 9), quod præparavit gignenti se, et (quod omnibus est certum) diligenti præ omnibus, quis eloquatur? Felix plane Maria et multipliciter felix, sive cum excipit Salvatorem, sive cum a Salvatore suscipitur. Utrobique mira dignitas Virginis Matris, utrobique amplectenda dignatio Majestatis. (*Serm. De Assumpt. B. Virg.*)

Divus Amedeus : Igitur cum Virgo virginum a Deo et Filio suo Rege regum, exsultantibus angelis, collætantibus archangelis, et cœlo laudibus acclamante, deduceretur, impleta est prophetia David dicentis ad Dominum, Psal. XLIV, 10 : *Asti-*

tit *Regina a dextris tuis, in vestitu deaurato, circumdata varietate.* Tunc juxta Salomonis vocem surrexerunt filiæ et beatissimam prædicaverunt, et reginæ pariter laudaverunt illam. *Quæ est ista*, aiunt supernæ Virtutes, *quæ ascendit dealbata, innixa super dilectum suum?* (Homil. 7.)

S. Stephanus rex Hungariæ : Regina cœli, mundi inclyta reparatrix, tuo patrocinio sanctam Ecclesiam cum clero et episcopis, regnumque cum primatibus et populo, tuis precibus commendo : quibus ego nunc ultimum vale dicens, animam quoque meam tuis manibus committo. (Ex Vita ejusdem apud Surium.)

XXI Augusti.

B. Petrus Damianus : Intuere mentalibus oculis Filium ascendentem et Matrem assumptam, et videbis aliquid excellentius in Ascensione Filii exhiberi, et aliquid gloriosius in Assumptione Virginis demonstrari. Ascendit enim Salvator in cœlum potestativæ virtutis imperio sicut Dominus et Creator, angelorum comitatus obsequio, non auxilio fultus. Assumpta est Maria in cœlum, sed gratiæ sublevantis indicio, comitantibus et auxiliantibus angelis, quam sublevabat gratia, non natura. Ideo dies hæc Assumptio, Ascensio illa vocatur, etc. Sed si diligenter attendamus Ascensionem Filii, et Matris Assumptionem, inveniemus profecto aliquid, quod nos invenisse gaudebimus. Ascendenti quippe Domino egressa est obviam omnis illa beatorum spirituum gloriosa societas, quando naturæ superiori prætulit inferiorem, et inconvertibili sacramento susceptum hominem in ipsa Divinitatis clausit identitate. Occurrentibus autem angelis electorum animas, quas secum educebat, adjunxit, et sic utrorumque triumphali pompa deductus ad Patrem, sedet ad dexteram majestatis. Attolle jam oculos ad Assumptionem Virginis, et, salva Filii majestate, invenies occursum hujus pompæ non mediocriter digniorem. Soli quippe angeli Redemptori occurrere potuerunt; Matri vero cœlorum palatia penetranti Filius ipse, cum tota curia, tam angelorum quam justorum solemniter occurrens, evexit ad beatæ consistorium sessionis. (*Serm. de Assumpt. B. V.*)

XXII Augusti.

S. Anselmus · Sed, o bone Jesu! istius tuæ dulcissimæ Matris Fili, quomodo potuisti pati ut, te in regnum tuæ gloriæ remeante, illam quasi orbatam in miseriis mundi relinqueres, et non eam statim tecum regnaturam assumeres? Fortassis, Domine, ne tuæ cœlesti curiæ veniret in dubium, cui potius occurreret, tibi videlicet Domino suo, cum post regnum tuum in assumpta carne petenti, an ipsi Dominæ suæ ipsum regnum jam suum materno jure effectum ascendenti. Nam ut in partes suo occursu divideretur, quatenus pars tibi et pars illi in primo adventu obsequeretur, non deceret, æstimo, præsertim cum tota sit tua, totaque per te eadem cœlestis curia sua. Prudentiori ergo et digniori consilio usus, præcedere illam volebas, quatenus ei locum immortalitatis in regno tuo præparares, ac sic co. mitatus tota curia tua festivius ei occurreres, eamque sublimius, s'cut decebat tuam Matrem, ad te ipsum exaltares. Equidem non est ab re credere, ipsum his de causis Matrem suam præcessisse, cum ipse idem Unigenitus hujus beatissimæ Virginis promiserit suis discipulis se, si abierit, eis locum in cœlesti sede præparaturum. Si ergo locus ab eo præparabatur ad gloriam et honorem discipulorum, quomodo non præpararetur ad honorem et gloriam Matris suæ, Dominæ scilicet et Reginæ angelorum? (*De Excellent. B. Virg.* cap. 7.)

Divus Amedeus : Quæritur cur, ascendente in cœlum Domino, Mater ejus, quæ tanto cum amplectebatur affectu, non statim secuta est, etc. Quoniam ista dilatio discipulorum Christi non minima consolatio fuit. Ista dilatio Matri nil minuit, et mundo contulit remedia salutis. Voluit enim Dominus Jesus ut, ipso ad Patrem revertente, apostoli materno solatio et eruditione fruerentur, etc. Mira denique pietate primitivæ Ecclesiæ provisum est, ut quæ Deum in carne hac præsentem jam minime cerneret, Matrem ejus visu jucundissimo recreata videret. (Hom. 7, *De B. Virg.*)

XXIII Augusti.

S. Bonaventura : Maria signata est per Reginam Saba, de qua dicitur (*III Reg.* x, 2) : *Et ingressa Jerusalem multo cum comitatu et divitiis, camelis portantibus aromata, et aurum infinitum nimis, et gemmas pretiosas.* Considera in his verbis gloriam Ingredientis Mariæ in cœlestem Jerusalem, etc. Attulit namque secum aurum infinitum dilectionis Dei et proximi, gemmas pretiosas virtutum et donorum, aromata bonorum operum et exemplorum. Parum est enim, quod de thesauris Mariæ dico, respectu ejus, quod B. Bernardus Mariam alloquens dixit : In manibus, inquit, tu's sunt omnes thesauri miserationum Domini. Absit ut cesset manus tua, neque enim gloria tua minuitur, sed augetur, cum pœnitentes ad veniam, justificati ad gloriam, assumuntur ! Ingressa igitur est Mater Domini ad gloriam, tanquam Regina cœlorum, ingressa est cum multo comitatu angelorum, ingressa est cum divitiis innumerabilium meritorum. (In *Speculo B. V.* lect. 13.)

S. Paschasius Radbertus : Novi igitur quod B. Virginem plurimum diligatis Mariam, cujus cultui vos mancipastis. Unde sit vobis tanquam in imaginem, ipsa ejus descripta virginitas, sit in exemplum ejus humilitas, omnesque virtutes ejus forma pulchritudinis, etc. Quam tunc vere diligitis, si eam sequimini moribus et vita ex toto, quæ nihil aliud quam Deum dilexit. (Exposit. in Psal. xliv.)

XXIV Augusti.

Richardus a S. Laurent. : Sol dicitur quasi solus lucens, id est, præ cæteris luminaribus; sicut enim cæteris sideribus claritate luminis et majestate præfertur, sic in cœlesti gloria Maria sanctis omnibus honore et gloria superponitur ; ideo in figura Mariæ dictum est de Judith, ii, 19 : *Non est talis mulier super terram.* Sicut enim sol pulcherrimum luminarium cœli, sic Maria dignissima creaturarum Dei post animam Christi. Unde canitur in Sequentia : *Sol luna lucidior, et luna sideribus, sic Maria dignior creaturis omnibus.* Ideo etiam dicitur ipsa, Eccli. xliv, 5, *Primogenita ante omnem creaturam,* id est, dignior omni pura creatura. In mundo enim est unus sol, et Maria una sola est mater et virgo; unde et comparatur phœnici, quæ est unica avis sine patre. Unde Sedulius : « Nec primam similem visa est, nec habere sequentem. » (Lib. vii, *De laud. B. Virg.*)

S Bernardinus Senensis : Tantum enim differt gloria Virginis a gloria aliorum beatorum, quantum sol a cæteris luminaribus cœli : et quodammodo sicut cætera luminaria irradiantur a sole, sic tota cœlestis curia a gloriosa Virgine lætificatur et decoratur. (*Serm. de Exaltatione B. V. in gloria*, art. 1, cap. 3.)

S. Bernardus : Mariæ præsentia totus illustratur orbis, adeo ut et ipsa jam cœlestis patria clarius rutilet, virgineæ lampadis irradiata fulgore, etc. Nec in terris locus dignior uteri virginalis templo, in quo Filium Dei Maria suscepit, nec in cœlis regali solio in quo Mariam hodie Mariæ Filius sublimavit. Felix nimirum utraque susceptio : ineffabilis utraque, quia utraque inexcogitabilis est. (Serm. 1, *De Assumpt. B. Virg.*)

Sanctus Ildephonsus : Quia etsi impertit præmia justus Judex Christus Dominus secundum Apostolum unicuique juxta opera sua, huic tamen sacratissimæ Virgini Genitrici suæ, sicut incomparabile est quod gessit, et ineffabile donum quod percepit, ita inæstimabile atque incomprehensibile præmium et gloria, non dico inter cæteras sacras Virgines, verum etiam ultra omnes sanctos, quam promeruit. Pervenit namque ad cœli palatium beata et gloriosa, ubi Christus Sponsus Ecclesiæ intra thalamum collocavit eam, in dextera Majestatis. Ibi siquidem eam assumpsit præcellentissimam inter primos, ubi juxta David vocem, Psal. xliv, 10 : *Stat Regina a dextris Dei in vestitu deaurato, circumdata varietate.* (Serm. 2, *De Assumpt. B. Virg.*)

XXV Augusti.

Divus Amedeus : Igitur cœli Reginam, Matrem vitæ, fontem misericordiæ, deliciis affluentem et innixam super dilectum suum, sedulo celebremus officio, et laude licet impari prædicemus. Fe ramus animos in sublime, intuentes diligentissime quod virga elegantissima orta de radice Jesse, ra morum suorum mirabili extensione sese ubiqu terrarum expandit, ut dispersos filios Adæ ab æstu a turbine, et a pluvia umbra desiderabili protege ret, fructuque saluberrimo aleret esurientes. Subli mata itaque super omnia ligna paradisi, et super altissimorum montium præcelsos vertices exaltata, ipsos cœlos inæstimabili magnitudine penetravit, cœlestium ordinum stipata choris, et Virginum choris adornata. O decus, o gloria, o magnificentia arboris hujus, cujus fructu indeficienti, cujus pastu immortali, cœligenis atque terrigenis sit jugis epulatio, continua exsultatio, felix et sempiterna laudatio. (Homilia 8.)

S. Bernardinus Senensis: Proinde mystice figuratur, Dan. IV, 7, in arbore, de qua inquit : *Ecce arbor in medio terræ*, id est, Maria in medio omnis creaturæ. *Altitudo ejus nimia*, quia incomprehensibilis est omni puræ creaturæ. (Serm. 1, *De nomine Mariæ*, art. 1, cap. 2.)

XXVI Augusti.

S. Bonaventura : Sicut gloriosissima Maria omnes sanctos excedit in gratia viæ et in gratia meritorum, ita omnes sanctos excedit in gratia gloriæ et in gratia præmiorum. Unde bene ipsa signata est per Esther reginam, de qua legitur quod ducta ad cubiculum regis Assueri habuit gratiam et misericordiam coram eo super omnes mulieres, et posuit d adema regni in capite ejus. Esther interpretatur *evacuata* et *elevata*. Hoc optime convenit Mariæ, de qua B Hieronymus ait : Elevatur super choros angelorum, ut possit speciem vultumque videre Salvatoris, quem amaverat, quem concupierat ex toto desiderio cordis. Ista Esther regina B. Virgo Maria ducta est in ejus Assumptione in cubiculum regis Assueri, Regis æterni, in cubiculum utique de quo Augustinus Mariam alloquens ait : Tu in cubiculi regii beatitudine gemmis ac margaritis ornata consistis. Ducta itaque in hoc cubiculum quietis æternæ Regina Maria, gratiam regis Assueri, id est, gratiam veri Regis habet super omnes mulieres, id est super omnes intelligentias angelicas, et super omnes beatas animas, ut sit in Maria gratia super gratiam omnium beatorum. Nam revera in capite ejus Rex regum diadema regni posuit. Diadema certe tam impretiabile, diadema tam delectabile, diadema tam mirabile, quod hoc omni linguæ inenarrabile, omni ingenio inscrutabile est. (In *Speculo B. Virg.* lect. 6.)

XXVII Augusti.

S. Bernardus Senensis : B. Virgo invitatur intrare in Deum, id est, suscipere ab eo gloriam sempiternam, quasi dicatur : Veni, dilectissima Sponsa, Mater et Filia, ingredere in hortum deliciarum, ad inaccessibile secretum, et ad delectamentum divinarum Personarum, in medio Trinitatis beatissimæ introducta. Unde, Cant. V, 1, ait Sponsus ad eam : *Veni in hortum meum, soror mea sponsa, messui myrrham meam cum aromatibus meis. Comedi favum meum cum melle meo.* Hic est hortus ille Assueri beati Dei, qui regia manu et cultu consitus erat, Esther I. In hoc horto factum est convivium grande pro nuptiis et conjunctione Es-

ther ; *quam adamavit Rex Deus super omnes mulieres*, id est, super omnes creaturas : *Et posuit diadema regni super caput suum*, et voluit eam esse reginam. (*Esther*, II, 17.) Istud est diadema speciei et corona gloriæ, qua Virgo super angelos coronatur, ut intra Trinitatis gloriam ipsa sola amplius sit evecta, ac plus beatissimæ Trinitatis diligat gloriam, capiat, sentiat et fruatur, quam omnis alia pura creatura simul sumpta, de cujus gloria post Filium participant universi. (*Serm. de exaltatione B. Virginis*, art. 2, cap. 3.)

XXVIII Augusti.

S. Ildephonsus : Magna promeruit præmia æternæ remunerationis, quia multum se humiliavit inter immensa dona, inter Divinitatis commercia. Hodie a Domino multum exaltatur gloriosa. Denique ideo Christus humilis ad humilem Virginem vénit, quam elegit, ut de tam profunda humilitate triumphum erigeret salutis, et exaltaret eam, ut cantavimus, etiam super choros angelorum. (Serm. 5, *De Assumpt. B. Virg.*)

S. Birgitta : Et quia inter omnes angelos et homines ipsa inventa est humillima, ideo super omnia, quæ creata sunt, facta est sublimissima, omniumque pulcherrima, atque ipsi Deo super omnes simillima. (In *Serm. angel.* cap. 20.)

Divus Amedeus : Virgo gloriosissima, viventium mitissima, quo cunctis humilior et sanctior exstitit, eo super omnes elevata, et in cœlum a cœli civibus honorificentissime, et ex more imperiali suscepta a Patre supremo, in regno claritatis æternæ, et in throno excellentissimæ gloriæ, prima post Filium, quem ex se genuit incarnatum, jussa est residere. Magne Deus terribilis et fortis, bonitate ineffabilis, humilem ancillam erigis et exaltas, unde hostem æmulum olim expuleras ! Triumphet humilitas augmentis gratiarum, et corona inclyta a te decorata; superbia vero inanis et tenebrosa dehiscat. Astat ergo beatissima singulari merito præcipua vultui Conditoris, prece potentissima semper interpellans pro nobis. (Hom. 8.)

S. Antoninus : B. Virgo sapientiam habuit in supremo gradu. Nam, ut dicit Salomon : *Ubi humilitas, ibi et sapientia*. Et Ptolomæus ait, quod inter sapientes ille sapientior, qui et humilior, sed beata Maria fuit humillima super omnes, et secundum regulam datam a Filio, Matth. XXIII, 12 : *Qui se humiliat exaltabitur*, et quanto magis humiliat, tanto magis exaltatur. Sed B. Maria exaltata fuit super omnes choros angelorum, ergo ipsa fuit humillima, unde et sapientissima (Part. IV, tit. 13, cap. 18, § 1.)

XXIX Augusti.

S. Bernardus : Ecce jam quibus potuimus votis ascendentem te ad Filium deduximus, et prosecuti sumus saltem a longe, Virgo benedicta ; sit pietatis tuæ, ipsam quam apud Deum gratiam invenisti, notam facere mundo; reis veniam, periclitantibus adjutorium, et liberationem sanctis tuis precibus obtinendo. (Serm. 4, *De Assumpt. B. Virg.*)

B. Albertus Magnus : Ipsa est interventrix et revocatrix desperatorum. Ideo enim Dominus eam creavit in Nativitate, et assumpsit in Matrem in Incarnatione, et exaltavit super omnes choros angelorum in Assumptione, ut pro peccatoribus intercedat. Esther. IV, 13 : *In domo regis es.* Glossa : In interiori Regis sinu. *Præ cunctis Judæis, imo præ omnibus angelis, et omnibus sanctis. Si enim nunc,* hoc est, in tempore angustiæ nostræ, *silueris,* id est, non intercesseris pro nobis, quod absit a te! quia Dominus desiderat audire te, dicens illud Cantic. II, 14 : *Sonet vox tua in auribus meis,* etc. *Et quis novit, utrum idcirco ad regnum veneris,* a Deo præordinata, a patriarchis præfigurata, a prophetis prænuntiata, a peccatoribus postulata, a tota Trinitate electa et præelecta, *ut in tali tempore,* iracundiæ Dei, tribulationis et mœroris omnium filiorum Adam, *parareris?* Glossa : Ideo rex te fecit reginam, ut nobis in persecutione auxiliareris. (In *Bibl. Marian.,* lib. Esther, n. 5.)

S. Bonaventura : Esther nostra B. Maria tantam gratiam coram Rege æterno impetravit, quod per hanc non solum ipsa ad coronam pervenit, sed etiam generi humano morti addicto subvenit. (In *Speculo,* lect. 5.)

XXX Augusti.

Divus Amedeus : Quo enim (B. Virgo) sublimius immensi Regis cor aspicit, eo profundius divinæ gratia pietatis afflictorum misereri, et miseris succurrere novit. Unde Maria, id est, maris Stella, provido Dei consilio vocata est, ut nomine declararet, quod re ipsa clarius manifestat. Nam ex quo cœlos cum Filio suo regnatura conscendit, induta decore, induta pariter fortitudine præcinxit se, mirabiles elationes maris solo nutu compescitura. Mare quippe præsentis sæculi navigantes, seque plena fide invocantes, ab impetu procellæ et ventorum rabie eruit, eosque secum ovantes ad littus felicissimæ patriæ perducit. Dici non potest, charissimi, quomodo hi asperrimis scopulis naufragaturi offenderent, illi in syrtes pessimas non reversuri inciderent, hos scyllæa vorago hiatu horribili mergeret, illos sirenarum cantus in exitium dulces detinerent, nisi stella maris perpetua Virgo Maria ope validissima obstitisset, suosque jam fracto gubernaculo et rate conquassata, omni humano consilio destitutos, cœlesti ducatu ad portum æternæ pacis applicandos evereret. (Hom. 8.)

B. Albertus Magnus : Maria dicitur porta cœli. Et primo propter hoc, quia ipsa porta exportat et importat. Sic et ipsa dicitur porta, quia per ipsam exivit quidquid unquam gratiæ, creatum vel increatum, in mundum venit, etc.; vel ideo, quia per ipsam intravit quidquid boni ad cœlos ascendit. Unde Filius dicit de ipsa illud Sap. VII, 11 : *Venerunt mihi omnia bona pariter cum illa.* (In *Bibl. Marian* lib. Apocal.)

XXXI Augusti.

Richardus a S. Laurent.: (B. Virgo) non solum gratiam impetrat, sed et impetratam conservat, et hoc necesse est, quia, sicut dicit Gregorius : Cito bonum perditur, quod a largiente non custoditur : » propter hoc illi convenit illud Eccli. XVII, 18 : *Gratiam hominis quasi pupillam conservabit.* Gratia comparatur pupillæ, quia sicut pupilla cito læditur, sic gratia de facili amittitur. Item quia sicut pupilla diligentissime conservatur, sic et gratia Dei omni studio et omni diligentia debet conservari. Item quia sicut subtracta pupilla nihil valet oculus, sic nihil valet homo sine gratia Dei. (Lib. II, *De laud. B. Virg.* part. I.)

B. Albertus Magnus : Thronus gratiæ est B. Virgo Maria; Luc. I, 28, legitur : *Ave, Maria, gratia plena.* Unde Apostolus, Hebr. IV, 16 : *Adeamus cum fiducia ad thronum gratiæ,* scilicet Mariæ, quæ est thronus Salomonis eburneus; *cum fiducia,* quia propter nos Regina facta est. (*Serm. de Dedicat. Eccles.*)

S. Bernardus : Quæramus igitur gratiam, et per Mariam quæramus, quia quod quærit invenit, et frustrari non potest.(*Serm. de Nat. B. Virg.*)

S. Anselmus : Maria, obsecro te, per gratiam qua sic Dominus esse tecum et te voluit esse socum, fac propter ipsam eamdem gratiam misericordiam mecum. Fac ut amor tui semper sit mecum, et cura mei semper sit tecum. Fac ut clamor necessitatis meæ, quandiu ipsa persistit, semper sit tecum, et respectus pietatis tuæ, quandiu ego persisto, semper sit mecum. Fac ut congratulatio beatitudinis tuæ sit semper mecum, et compassio miseriæ meæ, quantum mihi expedit, sit semper tecum. (In *Orat. ad B. Virg.*)

SEPTEMBER.

S. MARIA GRATIA PLENA.

I Septembris.

B. Laurentius Justinianus : Quoties intemeratæ Virginis Mariæ prærogativam sanctitatis facundia humana conatur edicere, quoniam longe ab illius exsistit meritis, necesse est ut succumbat. Melius quippe silentio, quam locutione disseritur, cum omnis laus eadem inferior sit. Quis (oro) hujus Virginis gratiam sufficit enarrare ? Ab ipsa namque sui conceptione in benedictionibus præventa dulcedinis, atque a damnationis aliena chirographo prius est sanctificata quam nata. In ipso enim utero materno jam posita, super illam gratia sanctificationis effulsit, utpote ei, quæ electa erat, ut pareret Deum. Noverat opus suum ille qui fecerat, et quale futurum erat certissime agnoscebat. Hinc est quod Virginem ipsam tam largo imbre Spiritus irroravit. (*Serm. De Annunt. B. Virg.*)

S. Athanasius : Spiritus sanctus in Virginem descendit cum omnibus suis essentialibus virtutibus, quæ illi per rationem divini principatus adsunt, imbuens eam gratia, ut in omnibus esset gratiosa, atque idcirco gratia plena cognominata est, eo quod ab impletione Spiritus sancti omnibus gratiis abundaret et virtute Altissimi obumbraretur. (*Serm. de Deipara Virg.*)

   S. Epiphanius : Ave, gratia plena, quæ es splendidum cœlum. Ave, gratia plena, quæ habes radium de cœlo lucidis facibus coruscantem, utpote solem Christum. Virgo plurium nominum et multocula effecta est, etc. Virgo sublimior angelis facta est, superior ipsis Cherubim et Seraphim, placens Christo Regi, a Deo in honore habita, tanquam ancilla digna et Mater. (*Serm. de laud. B. Virg.*)

II Septembris.

   S. Epiphanius : Sancta puella Virgo Maria est Sponsa Trinitatis, et thesaurus desponsationis plane arcanus, cui Gabriel inquit : *Ave, gratia plena, Dominus tecum.* Et Pater misit arrhabonem de cœlo Spiritum sanctum, præparavit Virginem unigenito Filio cœlesti Sponso, quam Pater dilexit, Filius inhabitavit, Spiritus sanctus percupivit. Ipsa est enim Sponsa et thalamus, et ex eo Sponsus procedit Christus, etc. Quomodo Virgo invenitur esse cœlestis Sponsa et Mater, quæ donorum antenuptialium nomine Spiritum sanctum accepit, dotis vero gratia, cœlum una cum Paradiso ? (*Serm. de laud. Virginis.*)

   S. Antoninus : Hæc fuit a Patre vocata per angelum in Spónsam, ut Rebecca per Eliezer procuratorem Abrahæ in conjugium Isaac; a Spiritu sancto sanctificata ab omni titillatione possibili quantumcunque minima. A Filio suo magnificata, sic ut altior diceretur omni ente finito : hæc est ab angelo venerata, desiderata a patriarchis, a prophetis prænuntiata, quæsita a regibus, a sacerdotibus figurata, exaltata ab apostolis, martyribus admiranda. Lux confessoribus, a virginibus imitanda, et invocanda a cunctis nationibus quæ sub cœlo sunt. (Part. iv, tit. 15, cap. 22, § 8.)

III Septembris.

   S. Hieronymus : Qualis et quanta esset (B. Virgo), ab angelo divinitus declaratur, cum dicitur : *Ave, gratia plena, Dominus tecum, benedicta tu in mulieribus.* Talibus namque decebat Virginem oppignorare muneribus, ut esset gratia plena, quæ dedit cœlis gloriam, terris Dominum, pacemque r.fudit, fidem gentibus, finem vitiis, vitæ ordinem, moribus disciplinam. (Epistola 10, *De Assumpt. B. Virg.*, tom. IX.)

   S. Thomas : Quanto aliquid magis appropinquat principio in quolibet genere, tanto magis participat effectum illius principii ; unde Dionysius dicit, cap. 4 *Cœlest. Hier.*, quod angeli, qui sunt Deo propinquiores, magis participant de bonitatibus divinis, quam homines. Christus autem est principium gratiæ, secundum divinitatem quidem auctoritative; secundum humanitatem vero instrumentaliter. Unde et Joan. i, 17, dicitur : *Gratia et*

veritas per Jesum Christum facta est. Beata autem Virgo Maria propinquissima Christo fuit secundum humanitatem : quia ex ea accepit humanam naturam. Et ideo præ cæteris majorem debuit a Christo gratiæ plenitudinem obtinere. (Part. iii, quæst. 27, art. 5, in corp.)

   S. Ambrosius : Bene sola gratia plena dicitur, quæ sola gratiam, quam nulla alia meruerat, consecuta est, ut gratiæ repleretur Auctore. (Super Lucam, lib. ii, cap. 1.)

   Adam, abbas Perseniæ : Tanta Dei Mater est gratia cumulata, ut vere beatificatam super omnes, beatam dicant omnes generationes ; ubique prædicatur Mariæ gloria ; ubique excellentia Mariæ attollitur; cujus memoria nil est dulcius, gratia nil salubrius, pietate nil efficacius, patrocinio nil tutius invenitur. Ipsa est Porta cœli, Portus naufragii, Hortus paradisi, Baculus, quo mundus debilis sustentatur. (Fragmento iii, in *Mariali* a Marracio edito.)

IV Septembris.

   S. Antoninus : Sola Virgo Maria plena gratia fuit inter puras creaturas, quia majorem gratiam habere non potuit. Nisi enim ipsa Deitati uniretur, major gratia non potuit intelligi, quam quod de ipsa acciperetur, quod uniretur : hoc est quod nisi ipsa esset Deus, major gratia intelligi non potest, quam quod esset Mater Dei. (Part. iv, tit. 15, cap. 15, § 1.)

   S. Georgius Thaumaturgus : Convenienter igitur angelus sanctæ Mariæ Virgini primo omnium illud *Ave, gratia plena,* præsignavit, quoniam cum ipsa totus gratiæ thesaurus reconditus erat. Ex omnibus enim generationibus hæc sola Virgo sancta et corpore et spiritu exstitit, solaque fert eum qui verbo omnia portat, et non solum admirationem nobis parit sanctissima illius in corpore pulchritudo, sed et virtutes animæ ipsius. (Serm. 1, *De Annunt. B. Virg.*)

   Eusebius Emissenus : Sed quis unquam tantam gratiam habuit, quantam Virgo Maria ? Aliis enim ad mensuram gratiæ dantur, hæc autem gratia plena dicitur. Considera modo quantæ ante eam, quantæ post eam mulieres et virgines fuerunt : hæc tamen sola Mater Domini fieri meruit. Magna enim et ineffabilis gratia est, ut una ex tantis millibus eligatur. (Hom. feriæ iv post Dominic. iv Adventus.)

   B. Albertus Magnus : B. Virgo quatuor modis fuit gratia plena. Primo, quia omnes gratias generales et speciales in summo habuit, a quibus omnis alia creatura vacua fuit. Secundo, quia sua gratia tanta fuit, quod pura creatura majoris gratiæ capax non fuit. Tertio, quia omnem gratiam increatam in se totam continuit, et sic per omnem modum gratiæ gratia plena fuit. (In *Bibl. Marian.* Evang. secundum Lucam. n. 13.)

   S. Hieronymus : *Ave,* inquit, *gratia plena, et*

bene plena, quia cæteris per partes præstatur, Mariæ vero simul se tota infudit plenitudo gratiæ. (Epist. 10, *Ad Paulam et Eustoch.*)

S. Bernardus : Legimus in Actibus apostolorum, et Stephanum plenum gratia, et apostolos repletos fuisse Spiritu sancto, sed longe dissimiliter a Maria. Alioquin nec in illo habitavit plenitudo Divinitatis corporaliter, quemadmodum in Maria, nec illi conceperunt de Spiritu sancto quomodo Maria. *Ave*, inquit, *gratia plena, Dominus tecum.* Quid mirum, si gratia plena erat cum qua Dominus erat? (Serm. 3, super *Missus est.*)

V Septembris.

S. Bonaventura : Immensa certe fuit gratia qua (B. Virgo) fuit plena. Immensum enim vas non potest esse plenum, nisi immensum sit istud, quo est plenum. Maria autem vas immensissimum fuit, ex quo illum, qui cœlo major est, continere potuit. Quis est cœlo major? certe ille, de quo Salomon ait : Si cœlum et cœli cœlorum te capere non possunt, quanto magis domus hæc, quam ædificavi ? Non utique domus per Salomonem ædificata, sed domus per illam significata Deum capere potuit. Tu ergo, immensissima Maria, capacior es cœlo, quia quem cœli capere non poterant, tuo gremio contulisti. Tu capacior es mundo : quia quem totus non capit orbis, in tua se clausit viscera factus homo. Si ergo Maria tam capacissima fuit ventre, quanto magis mente, et si capacitas tam immensa fuit gratia plena, oportuit utique quod gratia illa, quæ tantam implere potuit capacitatem, esset immensa. (In *Speculo B. Virg.* lect. 5.)

Idiota : Tu, Virgo Maria, es illa vidua designata per illam viduam evangelicam, Marc. xii, 41, quæ tantum duo minuta misit in gazophylacium, et plus cunctis divitibus posuit, juxta dominicam sententiam. Virgo prudentissima Maria, unum minutum, quod obtulisti, fuit tua admirabilis humilitas, quæ in reputatione tui ipsius summe minutam te fecit. Aliud minutum fuit tua fides, comparata grano sinapis. Hæc duo minuta, dulcissima Virgo Maria, posuisti, quia in gazophylacio, id est Christo, in quo sunt omnes thesauri sapientiæ et scientiæ Dei (*Coloss.* ii, 3), hæc abscondisti; primum minutum fuit cum dixisti : *Ecce Ancilla Domini* ; secundum minutum fuit cum dixisti : *Fiat mihi secundum verbum tuum*, et quia plus cæteris obtulisti, benedicta fuisti ; nam omnibus aliis humilior et fidelior fuisti ; et ideo plus meruisti. (Part. xiv, *De B. Virg.* contemplat. 6.)

S. Thomas : B. Virgo Maria tantam gratiæ obtinuit plenitudinem, ut esset propinquissima Auctori gratiæ, ita quod Deum, qui est plenus omni gratia, in se reciperet, et eum pariendo, quodammodo gratiam ad omnes derivaret. (Part. iii, quæst. 27, art. 5, ad 1)

Richardus de S. Victore : Et quia humilitas locus est gratiæ Dei, adeo ut tantum gratiæ capax

sit aliquis, quantum fuerit humilis ; sicut B. Virgo virtutem hanc perfecte, et totam possedit, ita totam eam gratia implevit, totamque decoravit. (Cap. 26, *In Cant.*)

VI Septembris.

S. Antoninus : Deus infundit suam bonitatem unicuique secundum suam virtutem et capacitatem, ut patet, Matth. xxv, de domino, qui tradidit servis suis bona sua, unicuique secundum propriam virtutem. Ergo quæcumque creatura est capax omnis gratiæ, cujus est capax pura creatura, illa erit plena omni gratia. Talis autem creatura fuit beatissima Virgo Maria : ergo ipsa est plena omni gratia, cujus particeps potest esse omnis pura creatura. Ubi sciendum est, quod triplex est genus gratiarum. Est enim gratia gratum Deo faciens propter sui sanctitatem. Est gratia gratis a Deo data propter aliorum utilitatem. Est gratia privilegiorum a Deo collata ad singularem sublimitatem. Omnibus his plena fuit Virgo Maria, ut dicere valeat illud, Eccli. xxiv, 25, 26 : *In me omnis gratia.* Et ideo *transite ad me, omnes qui concupiscitis me.* (Part. v, tit. 15, cap. 16.)

S. Bernardus : Quis enim vacuam dixerit, quam salutat angelus gratia plenam? Neque hoc solum, sed adhuc quoque in eam superventurum asserit Spiritum sanctum. Ad quid putas, nisi ut etiam superimpleat eam? Ad quid, nisi ut adveniente jam Spiritu plena, sibi eodem superveniente, nobis quoque superplena et supereffluens fiat ? Utinam fluant in nos aromata illa, charismata scilicet gratiarum : ut de plenitudine tanta omnes accipiamus! ipsa nempe mediatrix nostra, ipsa est, per quam suscepimus misericordiam tuam; Deus; ipsa, per quam et nos Dominum Jesum in domos nostras excipimus. (Serm. 2, *in Assumpt. B. Virg*)

VII Septembris.

Richardus a S. Laurent. : Maria dicitur magnificentia Dei, quia magnificata est a Deo, et magnificavit Deum, passive scilicet et active. Passive, quia Deus magnificavit eam Filium suum ei dando, unde ipsa dixit Lucæ i, 49: *Fecit mihi magna qui potens est.* Tria enim magna fecit ei Deus. Primum magnum, ipsam in utero sanctificando. Secundum majus, ipsam gratia adimplendo. Tertium maximum, ex ea carnem assumendo. Active, quia ipsum magnificavit, se tantum sub eo humiliando, sicut quod in se non movetur, alterius humiliatione exaltatur. Ideo dixit ipsa, Luc. i, 47 : *Magnificat anima mea Dominum.* (De laud. B. Virg. lib. iv.)

B. Laurent. Justin.: Quidquid honoris, quidquid dignitatis, quidquid meriti, quidquid gratiæ, quidquid est gloriæ, totum fuit in Maria. Magna cum nascitur, major cum concipit. Ubique sancta, ubique plena, ubique immaculata, sancta quidem mente et corpore, plena gratia et virtute. (*De casto connubio*, cap. 9.)

S. Bernardinus Senensis : Merito dici potest gratia plena, a qua omnes gratiæ manant in Ecclesiam militantem. Figurata in fonte illo, de quo Gen. II, 6 : *Qui de terra ascendens irrigabat universam superficiem terræ*. Et iterum Psal. XLV, 5, ait : *Fluminis impetus lætificat civitatem Dei*, id est, Ecclesiam militantem. (*Serm. de Annunt. B. Virg.* art. 1, cap. 2.)

VIII Septembris.

B. Albertus Magnus : B. Virgo per suum ortum et Nativitatem, totam Ecclesiam luce gaudii immensi perfudit, Esther. VIII, 16 : *Judæis*, id est, Christianis, *nova lux*, id est Maria, *oriri visa est*, quando scilicet nata est. Ipsa enim est *gaudium mæstorum*, et *tripudium omnium beatorum*. (In *Bibl. Marian.* lib. Esther, n. 7.)

Bernardinus de Busto : O igitur beata Anna, quæ hanc benedictam puellam peperisti, dic, quæso, quantum dulcedinis in ejus parturitione percepisti, et sensisti. Si enim tanta in matre Joannis fecit Dominus, profecto plura in matre Matris suæ peregit. Nonne Maria plena gratia te amplius gratificavit, sanctificata te sanctificavit, illuminata te illuminavit, in gratiam confirmata te in bono roboravit, ad bonum inclinata te ad virtutes inclinavit, tot agminibus angelorum vallata te delectavit, divina dulcedine recreata consolationibus replevit, et mentem tuam ad cœlestia elevavit? Si Maria suo adventu et Filii, exsultare fecit Joannem : quanto magis tuam animam gaudio replevit. O quantum intellectus tuus illuminatus fuit, atque inflammatus affectus, non solum cum illam in utero gestabas : sed etiam post ejus ortum, cum illam in brachiis gestabas, amplexibusque fovebas, atque lacte tuo nutriebas ! Si Sara de Isaac, Lia de filiis, Annaque de Samuele gaudebant, profecto excellentiori jubilatione tu exsultasti de filia tua meliore ac sanctiore, et inter omnes puellas benedicta : quæ, Spiritu sancto repleta, te quoque Matrem suam replevit. (Part. II *Marial.* serm. 4, *De Nativ. B. Virg.*)

B. Petrus Damianus : Gaudeamus itaque et exsultemus in Nativitate beatissimæ Genitricis Mariæ, quæ novum mundo nuntiavit gaudium et totius exstitit humanæ salutis exordium. Exsultemus, inquam, et sicut gaudere solemus in Nativitate Christi, ita etiam nihilominus gaudeamus in Nativitate Matris Christi. Hodie nata est Regina mundi, Fenestra cœli, Janua paradisi, Tabernaculum Dei, Stella maris, Scala cœlestis per quam supernus Rex humiliatus ad ima descendit, et homo, qui prostratus jacebat, ad superna exaltatus ascendit. Hodie apparuit stella mundo, per quam Sol justitiæ illuxit mundo, illa videlicet, de qua per prophetam dicitur, Num. XXIV, 17 : *Orietur stella ex Jacob, et exsurget homo de Israel*. (Serm. 5, *De Nat. B. Virg.*)

Sergius Hieropolita : Venite, fideles omnes, cursu quodam ad Virginem contendamus. En illa nascitur, quæ antequam nasceretur, Dei Mater futura designata est. Nascitur singulare virginitatis decus et ornamentum ; nascitur Aaronis virga, de radice Jesse germinans ; nascitur prophetarum præconium, et justorum Joachim et Annæ germen. Hæc jam nascitur, et una cum ipsa mundus renascitur ac renovatur. (In *Orat. De Nativ. Mariæ.*)

S. Thomas a Villanova : O Virgo, in hoc tuo Natali mundum illuminasti, cœlos lætificasti, infernum exterruisti, lapsos sublevasti, infirmos et tristes in salutem et lætitiam erexisti. Dicite, obsecro, o astrologi sapientes, qui cœlestia contemplamini, dicite nobis, o prophetæ, quænam puella ista erit, quæ talis et tam clara prodiit in orbem : et annuntiate nobis ejus nativitatem. O Propheta regalis, dicito, quid tibi videtur de hac Filia tua ? quænam puella ista erit ? *Erit*, inquit, Psal. LXXI, 16, *firmamentum in terra, superextolletur super Libanum fructus ejus, et florebunt*, scilicet ejus meritis ditabitur Ecclesia, *sicut fenum terræ*. Dic quoque tu, Isaia, quid sentis de hac Virgine, qualis erit ista Virgo ? *Super omnem*, inquit Isa. IV, 5, *gloriam protectio, et tabernaculum erit in absconsionem a turbine et pluvia*. Id est, justorum erit custodia, et peccatorum suffugium. (Conc. 3, *De Nativ. B. Virg.*)

Isidorus archiep. Thessal. : Edita porro hac lucidissima, divinaque imagine, desiit quoque Anna liberos parere. Non enim opus habebat hæc mater, ut alia proles adderetur, tanquam suppletura, quod primogenitæ deesset ; nam ea, quæ nata fuit, cunctis pollebat virtutibus. Similem vero purissimæ non poterat parere. Quod si et secundam peperisset, dubitari de ea potuisset, utrius puellæ esset mater : fieri quippe non poterat alium fetum prope accedere ad Virginis virtutes ; nam ex eo magnum pateretur damnum gloriæ, quam modo habet ex unigena : sed nec homines, nec angeli, nec alia creatura optabat, ut secunda proles e tam *Pulchripara Matre* nasceretur. Satis enim fuit magnipotens, et natura sublimior puella unica ad decorem universæ creaturæ. In ipsa enim sunt, ut loquar juxta eximium Paulum (*Coloss.* II, 3), *Omnes thesauri sapientiæ et scientiæ absconditi*. (*Orat. de Nat. B. V.* in *Mariali* a Marracio edito.)

S. Joannes Damascenus : O Deo digna filia, humanæ naturæ venustas, primogenæ matris Evæ correctio ! Etenim per partum tuum, ea quæ ceciderat, excitata atque erecta est. O sanctissima filia, mulierum ornamentum ! etc. Certabant inter se sæcula, quodnam ortu tuo gloriaretur, etc. O Joachim et Annæ Filia, ac Domina, peccatoris orationem suscipe, ardenter tamen amantis ac colentis, teque solam gaudii spem habentis, vitæ antistitem, in gratiam cum Filio me reducentem,

firmamque salutis arrham. (Orat. 1, *De Nativit.*
B. Virg.)

IX Septembris.

S. Antoninus : *Congregatis igitur omnibus gratiis sanctorum in unum locum, scilicet in animam
Virginis, appellavit eam Mariam, quasi mare gratiarum. Omnia enim flumina intrant in mare* (*Eccle.* 1, 7), id est, omnes gratiæ in Mariam. (Part. iv,
tit. 15, cap. 4, § 2.)

S. Bonaventura : Maria dicitur mare propter
affluentiam et copiam gratiarum. Unde scriptum
est in Ecclesiaste : *Omnia flumina intrant in
mare.* Flumina sunt charismata Spiritus sancti.
Unde Joannes dicit, Joan. vii, 38, 39 : *Qui credit in me, sicut dicit Scriptura, flumina de ventre
ejus fluent aquæ vivæ. Hoc autem dixit de Spiritu, quem accepturi erant credentes in eum.* Omnia ergo flumina intrant in mare, dum omnia charismata sanctorum intrant in Mariam. Flumen enim
gratiæ angelorum intrat in Mariam ; et flumen
gratiæ patriarcharum et prophetarum intrat in
Mariam ; et flumen gratiæ apostolorum intrat in
Mariam ; et flumen gratiæ martyrum intrat in
Mariam ; et flumen gratiæ confessorum intrat in
Mariam ; flumen gratiæ virginum intrat in Mariam. *Omnia flumina intrant in mare*, id est, omnes gratiæ intrant in Mariam. (In *Speculo B. Virg.*
lect. 3.)

S. Bernardus : Quod itaque vel paucis mortalium
constat fuisse collatum, fas certe non est suspicari tantæ Virgini esse negatum, per quam omnis mortalitas emersit ad vitam. Fuit procul dubio
et Mater Domini ante sancta, quam nata. (Epistola 174.)

X Septembris.

Bernardinus de Bustis : In tantùm fuit Maria
præ maxima gratiæ plenitudine ponderosa, quod
si ipsa sola in una statera poneretur ex una parte,
et cæteri omnes sancti, tam novi quam veteris
Testamenti, et omnes angeli in alia, ipsa amplius
ponderaret. (In *Mariali*, serm. 7, *De Annuntiat.*)

Hailgrinus : Maria propter inscrutabilem profunditatem gratiarum, quæ in ipsa congesta sunt,
dicitur *puteus aquarum*, non simpliciter, sed *viventium*, hoc est salientium in vitam æternam. (*In
Cant.* cap. iv.)

Richardus a S. Laurent. : Ideo etiam vocatur
ipsa, Cant. iv, 15 : *Fons hortorum et puteus aquarum viventium, quæ fluunt impetu de Libano.* Si
ergo aridum est cor tuum, si rigari indiget, curre
ad fontem hortorum, qui omnes hortos irrigat,
curre ad puteum aquarum viventium, et ne timeas laborem extrahendi, quia fluunt cum impetu propter vivacitatem et feracitatem. (*De laud.
B. V.* lib. 1.)

S. Bernardus : Superius dicta est gratia plena,
et nunc quomodo dicitur, Luc. 1, 52 : *Spiritus sanctus superveniet in te*, *et virtus Altissimi obumbrabit tibi?* Nunquid potuit repleri gratia, et needum

habere Spiritum sanctum, cum ipse sit dator gratiarum ? Si autem jam Spiritus sanctus in ea erat,
quomodo adhuc tanquam noviter superventurus
repromittitur? An forte ideo non dixit simpliciter
veniet in te, sed addidit *super*, quia et prius quidem in ea fuit per multam gratiam, sed nunc supervenire nuntiatur, propter abundantioris gratiæ
plenitudinem, quam effusurus est super illam. At
vero cum plena jam sit, illud amplius quomodo
capere poterit? Si autem plus aliquid capere
potest, quomodo et ante plena fuisse intelligenda
est? An prior quidem gratia ejus tantum repleverat mentem, sequens vero etiam ventrem perfun-
dere debet, quatenus scilicet plenitudo Divinitatis, quæ ante in illa, sicut et in multis sanctorum
spiritualiter habitabat, etiam sicut in nullo sanctorum corporaliter in ipsa habitare incipiat? Ait
itaque : *Spiritus sanctus superveniet in te, et virtus
Altissimi obumbrabit tibi.* Quid est, *et virtus Altissimi obumbrabit tibi?* Qui potest capere capiat.
(Serm. 4, super *Missus est.*)

XI Septembris.

Divus Amedeus : *Spiritus sanctus superveniet in
te.* In alios sanctorum venit, in alios veniet, sed
in te superveniet, quia præ omnibus et super
omnes elegit te, ut superes universos, qui ante te
fuere, vel post te futuri sunt plenitudine gratiæ.
Implevit quidem Abel tanta innocentia, ut innocens manibus et mitis corde de manu fratris necem
susciperet. Tua vero innocentia millia nocentium
innocentiæ reddidit et saluti. Transtulit Enoch;
sed caro quam generabis, cum assumpta fuerit de
terra, omnia trahet ad se. Implevit Abraham
fide, et obedientia profutura posteritati; sed fide
tua et obedientia mundus salvatus gratias agit.
Implevit Moysen, et legis non gratiæ latorem instituit, tibi autem tribuens non solum legislatorem,
sed gratiæ et gloriæ largitorem. Ascivit David in
prophetam et regem, sed ille tibi scribit, et Filium
tuum Dominum suum nominat. Quid plura memorem? Omnes superas, præis universis non solum
hominibus, sed et summis cœlorum virtutibus.
(Hom. 3.)

Idiota : Non defuit tibi puritas angelorum, non
fides patriarcharum, non scientia prophetarum,
non zelus apostolorum, non patientia martyrum,
non sobrietas confessorum, non innocentia aut
humilitas virginum, in summa, nullo genere va-
ca-ti virtutum, o Virgo plusquam beata. (*De contempl. B. Virg.* cap. 5.)

S. Bernardus : Nihil est enim virtutis, quod
ex te non resplendeat : et quidquid singuli habuere
sancti, tu sola possedisti. (Serm. 4, super *Salve
Regina.*)

XII Septembris.

S. Hieronymus : Sicut in comparatione De
nemo bonus est, sic in comparatione Matris De
nulla invenitur perfecta, quamvis virtutibus ex

mia compróbetur. (Tom. IX, epi t. 10, *De Assumpt.*, ad Paul. et Eustochium.)

Richardus a S. Laurent.: Sap. VII, 9 : *Nec comparavi illi lapidem pretiosum*, id est, quemlibet sanctum, *quoniam omne aurum comparatione ejus arena est exigua*, id est, omnis sanctus respectu Mariæ est sicut arena respectu auri. (*De laud. B. Virg.* lib. II, part. III.)

S. Bernardinus Senensis : Tanta igitur fuit perfectio ejus, ut soli Deo cognoscenda reservetur, juxta illud Eccli. I, 9 : *Ipse creavit illam in Spiritu sancto, vidit, dinumeravit, et mensus est*, scilicet ipse Deus. (T. IV, *Serm. de Concept.* art. 5, cap. 1.)

S. Joannes Chrysostomus : Magnum revera miraculum fuit beata semper Virgo Maria. Quid namque illa majus aut illustrius ullo unquam tempore inventum est, seu aliquando inveniri poterit? Hæc sola cœlum ac terram amplitudine superavit. Quidnam illa sanctius? Non prophetæ, non apostoli, non martyres, non patriarchæ, non angeli, etc., non denique aliud quidquam inter creatas res visibiles aut invisibiles, majus aut excellentius inveniri potest. (In *Serm. de B. Virg.* apud Metaphrastem.)

Richardus a S. Laurent. : Sancta sanctorum locus templi secretior, ad quem nullius erat accessus, nisi tantum sacerdotis. Dicta autem Sancta sanctorum, quia cæteriori oraculo sanctiora, sicut Cantica canticorum, quia cantica universa præcellunt. Maria vero recte dicitur Sancta sanctorum, quia summum Sacerdotem, qui dicitur Sanctus sanctorum, Dan. IX, 24, solum in se suscepit. (Lib. x, *De laud. B. Virg.*)

XIII Septembris.

S. Bonaventura : Quis immensitatem Mariæ potest mensurare? Ecce quod dicitur in Eccli. I, 2 : *Altitudinem cœli, latitudinem terræ, et profundum abyssi quis dimensus est?* Cœlum est Maria, tum quia cœlesti puritate, cœlesti claritate, cœlestibus aliis virtutibus abundavit; tum quia sedes Dei altissima fuit, teste Propheta, qui dicit, Psal. CII, 19 : *Dominus in cœlo paravit sedem suam*. Terra quoque Maria fuit, quæ fructum illum nobis protulit, de quo idem Propheta ait, Psal. LXVI, 7 : *Terra dedit fructum suum*. Abyssus etiam est Maria, in bonitate et misericordia profundissima : unde etiam profundissimam misericordiam Filii sui pro nobis interpellat, quasi abyssus abyssum invocat. Cœlum ergo est Maria, terra est Maria, abyssus est Maria. Quis hujus cœli altitudinem, quis hujus terræ latitudinem, quis hujus abyssi profunditatem, quis, inquam, Mariæ immensitatem dimensus est, nisi ille solus, qui ipsam non solum in gratia et in gloria, sed etiam in misericordia tam altissimam, tam latissimam, tam profundam operatus est? (In *Specul. B. Virg.* lect. 5.)

Hugo cardinalis : *Quid faciemus sorori nostræ?* (*Cant.* VIII, 8.) Hoc quærit non dubitans, sed quod

facturus est exaggerans, quasi dicat : Magna faciemus ei, secundum quod ipsamet dicit, Luc. I, 48 : *Quia fecit mihi magna*, etc. *In die quando alloquenda est*, a Gabriele scilicet, qui ingressus ad eam dixit : *Ave, gratia plena*. (In *Cant.* cap. VIII.)

XIV Septembris.

S. Bernardinus Senensis : (B. Virgo) elevata fuit per eminentiam sanctitatis; proinde Gen VII, 17, scriptum est : *Multiplicatæ sunt aquæ*, scilicet propter exuberantiam gratiæ, sublimitatis et sanctitatis. Multiplicatio enim aquarum in arca denotat gratiarum plenitudinem in Maria. Ipsa est enim *Fons hortorum, et puteus aquarum viventium*, ut scribitur Cant. IV, 15 ; *Hortus irriguus et fons aquarum, cujus non deficiunt aquæ*, ut dicitur Isa. LVIII, 11. Hæ autem aquæ elevaverunt arcam, in qua salvatum est universum semen generationis, electæ in sublime a terra, id est ab omni terrenitate et amore infecto : dixit autem in sublime, quia ad hanc puritatem et munditiam nulla pura creatura ascendit, nec angeli nec virgines Nam angeli habent munditiam tantum in mente, virgines in mente et carne : sed gloriosa Virgo Maria cum quadam utriusque perfectione super omnem creaturam elevata est in sublime. (*Serm. de Assumpt.* art. 1, cap. 1.)

Joan. Damascenus : Rubus Dei Genitricis imago erat, apud quem Moyses cum esset accessurus, audivit a Deo, Exod. III, 5 : *Solve calceamentum pedum tuorum, locus enim in quo constitisti, terra sancta est*. Quod si locus in quo imago Dei Matris a Moyse perspecta fuit, terra sancta est, quanto magis imago ipsa non modo sancta, sed ausim dicere sancta sanctorum est! (Orat. 2, *De imaginibus*.)

Richardus a S. Laurent. : Ipsa etiam est concha, quam Gedeon, Judic. VI, expresso vellere, rore implevit : quia Christus Mariam replevit gratia, quam retraxit a Synagoga. (*De laud. B. Virg.* lib. IX)

XV Septembris.

S. Epiphanius : Gratia sanctæ Virginis est immensa : *Ave, gratia plena*, multis virtutibus exornata Virgo, in lampade gestans lucem inexstinguibilem, sole splendidiorem. *Ave, gratia plena*, hami esca spiritualis, in te siquidem hamus divinitas. *Ave, gratia plena*, gloriæ spiritualis. *Ave, gratia plena*, quæ es urna aurea continens manna cœleste. *Ave, gratia plena*, quæ sitientes perennis fontis dulcedine satias. *Ave, gratia plena*, mare spirituale, habens gemmam cœlestem Christum. *Ave, gratia plena*, splendidum cœlum, quæ in cœlis incomprehensum contines Deum. *Ave, gratia plena*, quæ Cherubicum thronum Divinitatis fulgore superas. *Ave, gratia plena*, quæ cœli circulum habes, et Deum incomprehensum angusto potissimum loco in te ipsa contines. *Ave, gratia plena*, nubes columnæ similis, quæ Deum habes, qui populum deduxit per desertum. Quid dico? et quid proloquar? quo pacto beatam prædicabo gloriæ radicem? Solo enim Deo excepto cunctis superior exsistis : natura formosior es ipsis Cherubim, Seraphim, et omni exercitu angelico, cui prædicandæ cœlestis ac terrena lingua minime sufficit, imo vero nec angelorum. (*Serm. de laud. B. Virg.*)

Idiota : Quodcunque donum alicui sanctorum unquam datum fuit, tibi non fuit negatum, sed sanctorum omnium privilegia omnia habes in te congesta, nemo æqualis est tibi, nemo major te nisi Deus. (*De contempl. B. Virg.* cap. 2.)

XVI Septembris.

Richardus a S. Laurent. : Maria est thesaurus, quia in ea ut in gazophylacio reposuit Dominus omnia dona gratiarum, meritorum, virtutum, et prærogativarum, donorum et charismatum, et de hoc thesauro largitur ipse larga stipendia suis militibus et operariis. (*De laud. B. Virginis,* lib. iv.)

S. Andreas Cretensis : O sancta et sanctis sanctior et omnis sanctitatis sanctissime thesaure! (O. at. 3, *De Dormit. B. Virg.*)

B. Albertus Magnus : Ipsa est locus thesaurorum Dei, Matth. xii, 35 : *Bonus homo, id est, Christus Deus et homo, de bono thesauro suo, id est,* Virgine Maria, *profert bona,* scilicet misericordiæ, gratiæ et gloriæ. (In *Bibl. Marian.* Evangel. Matth. n. 22.)

Jacobus de Voragine : Eleemosynaria Dei est Virgo Maria ; omnes enim eleemosynas et gratias, quas Deus de cœlo in terram mittit, Matri suæ fiendas commisit, etc. In tantum enim eam Deus dilexit, ut nihil nos habere voluerit, quod per manus ejus non transiret. (In *Mariali,* serm. 4, littera. E.)

V. P. Joan. a Jesu Maria : O Maria, de qua natus est Jesus! o munificentissima dispensatrix, et optatissimum refugium meum! Anima mea nihil usquequaque prosperum sibi promittit absque te ; imo persuasum sibi habet, quidquid demum boni optat ac sperat, id omne debere per te obtinere, o invicta spes cordis mei! Nempe penes te sunt claves thesaurorum dilectissimi Filii tui, potesque ut libuit aperire, ditareque inopes Adæ filios, qui prostrati ante te altis valde gemitibus implorant misericordiam tuam, quæ non habet finem. (Tom. IV, in *Epist. ad B. Virg.*)

XVII Septembris.

S. Bernardus : Quidquid illud est , quod Deo offerre paras, Mariæ commendare memento, ut eodem alveo ad largitorem gratiæ gratia redeat, quo influxit. Neque enim impotens erat Deus, et sine hoc aquæductu infundere gratiam prout vellet, sed tibi vehiculum voluit providere. Forte enim manus tuæ aut sanguine plenæ, aut infectæ muneribus, quod non eas ab omni munere excussisti. Ideoque modicum istud quod offerre desideras, gratissimis illis, et omni acceptione dignissimis Mariæ manibus offerendum tradere cura, si

non vis sustinere repulsam. (*Serm. de Nativ. B. Virg.*)

Dionysius Carthus. : Dulcis Dominus , dulcis Domina ; quoniam ille Dominus meus misericordia mea : hæc Domina mea misericordiæ porta. Ille nihil gratiæ et virtutis, nihil spiritalis lætitiæ internæ habere nos voluit, nec dare decrevit, nisi per manus Mariæ, in qua nihil unquam fuit distortum, nihil indignabundum, nihil reprehensibili amaritudine mistum. Tu, suavissima Virgo, Mater es floris misericordiæ, Mater Solis justitiæ, Mater fontis sapientiæ, Mater Regis gloriæ, Genitrix dulcedinis summæ suavitatisque universæ. (*De laud. B. Virg.* lib. iii, art. 21.)

S. Bernardus : O vere cœlestis planta, pretiosior cunctis, sanctior universis ! O vere lignum vitæ, quod solum fuit dignum portare fructum salutis. (Serm. 2, *De Adventu.*)

S. Ephræm : Ave, præstantissimum universi orbis terræ miraculum. Ave, terrigenarum omnium oblectamentum. Ave, paradise deliciarum totiusque amœnitatis et immortalitatis. Ave, lignum vitæ, gaudium et voluptas. Ave, lilium convallium et vallum fidelium mundique salus. Ave, portus tranquillissime, et a fluctibus procellisque agitatorum liberatrix desideratissima. (*Serm. de laud. B. Virg.*)

XVIII Septembris.

Richardus a S. Laurent. : Hæc est beata plenitudo, et plena beatitudo Dominæ nostræ, quæ fons est et origo totius nostræ beatitudinis, quidquid beatitudinis ab illo magno mari, id est ab illa infinita bonitate Dei Trinitatis, ad genus humanum pervenit, totum per eam venam defluxit, et id o quidquid nobis mittitur de supernis, per gratiarum actionem ad eam referendum est, per quam Mediatricem habemus, procul dubio quidquid gratiæ obtinemus. (Lib. i, *De laud. B. Virg.* cap. 6.)

S. Bernardinus Senensis : Virgo beata in conceptionis Filii Dei consensu plus meruit, quam omnes creaturæ, tam angeli, quam homines in cunctis actibus, motibus et cogitationibus suis. Nempe omnes, qui meruerunt, nihil aliud potuerunt mereri, nisi secundum varios status et gradus gloriam sempiternam. Hæc autem Virgo in illo admirando consensu meruit totalem fomitis extinctionem, dominium et primatum totius orbis, plenitudinem omnium gratiarum, omnium virtutum, omnium donorum, omnium beatitudinum, omnium fructuum spiritus, cunctarum scientiarum, interpretationis sermonum, spiritus prophetiæ, discretionis spirituum, operationis virtutum. Meruit fecunditatem in virginitate, maternitatem Filii Dei. Meruit quod sit Stella maris, Porta cœli, et super omnia, quod Regina misericordiæ nuncupetur, ac talis nominis consequatur effectum. (*Serm. de Concept. B. Virg.* art. 3, cap. 1.)

XIX Septembris.

Richardus a S. Laurentio : (B. Virgo) universas

et singulas virtutes, et dona gratiarum habuit in superlativo gradu ; cum alii sancti singuli singulas. Unde Noe dicitur justus, Abraham fidelis, Joseph castus, Moyses mansuetus, Job patiens, David humilis, Salomon sapiens, Elias zelator legis, et hujusmodi. Unde de quolibet sancto confessore canitur illud Eccli. xliv, 20 : *Non est inventus similis illi*, etc., quia, quilibet illorum præcellebat alios sanctos sui temporis in aliqua speciali virtute. Nota quod istud dicitur de sanctis temporaliter et particulariter : tempore enim suo non habuit Abraham parem in fide ; nec Isaac in obedientia ; nec Joseph in castitate ; nec Moyses in mansuetudine ; nec Job in patientia ; nec David in humilitate ; nec Elias in zelo. Apostoli vero Domini excesserunt omnes in virtutibus istis et aliis. Sed beata Virgo omnes sanctos Veteris et Novi Testamenti supergressa est, non in quibusdam, sed in singulis virtutibus. Unde dicit Cant. vii, 13 : *Omnia poma nova et vetera, dilecte mi, servavi tibi*. Virtutes et opera virtutum appellantur poma propter refectionem, quia sunt cibus animarum propter sanitatem, cibus enim sunt infirmitatum ; propter odorem, quia delectant, confortant et refovent audientes, currentes in odoribus hujusmodi unguentorum. Unde Job ix, 26 : *Dies mei transierunt sicut naves poma portantes*, etc. Dicit ergo : *Omnia poma nova et vetera*, id est omnia privilegia sanctorum Novi et Veteris Testamenti in me conjecta et commassata, *servavi tibi*, custodivi scilicet in me, tibi attribuens quidquid boni habeo, et non meritis meis, quia *gratia Dei sum id quod sum*. (*De laud. B. Virg.* lib. iii.)

S. Thomas : B. Virgo omnium virtutum opera exercuit, alii autem sancti specialia quædam ; quia alius fuit humilis, alius castus, alius misericors, et ideo ipsi dantur in exemplum specialium virtutum, sicut beatus Nicolaus in exemplum misericordiæ, etc. Sed beata Virgo in exemplum omnium virtutum : quia in ea reperis exemplum humilitatis, Luc. i, 38 : *Ecce ancilla*. Et post : *Respexit humilitatem ancillæ suæ*. Castitatis, *quoniam virum non cognosco* ; et omnium virtutum, ut satis patet. (Opuscul. viii.)

XX Septembris.

S. Thomas a Villanova : Sicut in creatione mundi in homine collecta est omnis creatura, ideo microcosmus, sic in reformatione mundi in Virgine collecta est omnis Ecclesia et sanctorum perfectio, unde microcosmus Ecclesiæ dici potest. Quidquid in quolibet sancto fuit illustre, in illa fuit ; in illa patientiâ Job, mansuetudo Moysi, fides Abrahæ, castitas Joseph, humilitas David ; sapientia Salomonis, zelus Eliæ ; in illa puritas virginum, fortitudo martyrum, devotio confessorum, sapientia doctorum, contemptus mundi anachoretarum ; in illa *donum sapientiæ, scientiæ et intellectus, donum pietatis et fortitudinis* (*Isa.* xi, 2, 3), et omnia dona

Spiritus, et omnis gratia gratis data quam ponit Apostolus I Cor. xii, 7 seqq. *Mille clypei pendent ex ea, omnis armatura fortium* (*Cant.* iv, 4), id est, omnis virtus sanctorum, quâ armati sunt contra vitia. Unde Dominus, Eccli. xxiv, 16 : *In plenitudine sanctorum detentio mea*. Propter quod bene eam vidit Joannes Apoc. xii, 1, sole amictam, et lunam sub pedibus habentem, et duodecim stellis coronatam. Propter quod in Canticis, vii, 17 : *Quid*, inquit, *videbitis in Sunamitide, nisi choros castrorum ?* Talis est dilecta nostra, talis est Mater Domini nostri ; imo nihil diximus, multo illustrior est, *absque eo quod intrinsecus latet*. Nam quales fuerint in ea revelationum radii, ab illo Sole quem gestabat in utero, quæ inflammationes Spiritus, qui gustus, qui sensus, quæ dulcedines, sola novit ipsa, et qui dedit Deus ; major enim gloria Filiæ Regis et Matris Regis ab intus. (Conc. 3' *de Nat. B. Virg.*)

XXI Septembris.

Hugo a S. Victore : Beata igitur Virgo Maria vere Aurora clarissima fuit, quæ suo magnifico jubare præcedentium Patrum claritatem minoravit. Sane quæcunque in Scripturis vel in creaturis sunt laudabilia, ejus sunt laudi convenientia. Sicut ergo est Aurora veræ lucis præventione, sic est Flos pulchritudine, Favus dulcedine, Viola humilitate, Rosa charitate vel compassione, suavitate Lilium, Vitis fructificatione, quodlibet aroma bona opinione ; Castrum securitate, Murus vel Turris fortitudine, Clypeus aut propugnaculum defensione, Columna rectitudine, Sponsa fide, Amica dilectione, Mater fecunditate, Virgo integritate, Domina dignitate, Regina majestate ; Ovis innocentia, Agna munditia, Columba simplicitate, Turtur castitate, quodlibet mundum et domesticum animal munda et mansueta conversatione ; Nubes protectione, Stella cujuslibet virtutis aut boni operis inchoatione, Luna ejusdem augmentatione, Sol consummatione, denique Paradisus cœlestis boni plenitudine. (Serm. 34, *De institutione monastica.*)

Petrus Blesensis : Probatica Piscina beatam Virginem significavit : ipsa enim non solum Ovina propter simplicitatem et innocentiam dici potuit, sed etiam Ovis. Agnum enim peperit, qui tolli peccata mundi. Probabile vero fuit, si agnum peperit, quod ovis fuit. Descendit in eam magni consilii Angelus, et mota est triplici motione, scilicet in separatione carnis, in remotione fomitis, in virtute benedictionis. (Serm. 1.)

S. Ignatius, martyr : Quidam notificavere Mariam Matrem Dei omnium gratiarum esse abundantem, et omnium virtutum more Virginis, virtutis, et gratiæ fecundam, quæ (ut dicunt) in persecutionibus et afflictionibus est hilaris, in penuriis et indigentiis non querula, injuriantibus grata, et modesta in re læta. Miseris et afflictis condolet coafflicta, et subvenire non pigrescit. (Epist. 1, *Ad Joannem.*)

XXII Septembris.

S. Bernardinus Senensis: Credo quod ad illam abyssum imperscrutabilem omnium charismatum Spiritus sancti, quæ in beatam Virginem descenderunt in hora divinæ Conceptionis, intellectus humanus vel angelicus nunquam potuit attingere. Quod declarans angelus Gabriel, Luc. 1, 34, 35, cum ab eo quæreret beata Virgo ac diceret: *Quomodo fiet istud, quoniam virum non cognosco?* respondit angelus, se tantum mysterium ignorare, dicens: *Spiritus sanctus superveniet in te, et virtus Altissimi obumbrabit tibi;* quasi dicat: Quod a me quæris ignoro, sed æternæ sapientiæ Doctor, qui sibi soli hoc altissimum mysterium reservavit, te per illuminatissimam experientiam edocebit. (Serm. *De Nativ. B. Virg.*, cap. 12.)

S. Augustinus: Statim adveniente Spiritu sancto in Virginem, omni gratia virtutum sacrosanctum habitaculum in adventu Dei implente: dubium non est, cœlestium gaudiorum et æternæ dulcedinis quam miram atque inenarrabilem suavitatem Virgo ipsa concepit, quando illud æternum lumen cum toto majestatis suæ fulgore in eam descendit, et quem non capit mundus, totum se intra viscera Virginis collocavit: audacter pronúntio, quod nec ipsa plene explicare potuit, quod capere potuit, sed Spiritu sancto docente didicerat; sic sua per humilitatem tegere. (Tract. super *Magnificat.*)

Petrus Cellensis: Credo et confiteor plura esse apud nos ignota de Virgine sacrosancta quam nota, quia conforiata est et gratia, et gloria, et non possumus ad eam. (Lib. ix, Epist. 10.)

XXIII Septembris.

Dionysius Carthusianus: Post præcellentissima ac excellentissima gratiæ dona et opera, assumptæ humanitati a Verbo æterno ac adorando collata, primum excellentiæ gradum sortita sunt munera gratiarum, sacrosanctæ Virgini desuper condonata, quæ tam in donis gratiæ gratis datæ, quam in muneribus, habitibus atque operibus gratiæ gratum facientis, in donis gloriæ ac salutis æternæ, post unigenitum Filium suum, gloriose ineffabiliterque refulget? Quemadmodum enim decentissimum fuit ut illam naturam quam Creator sublimis ac infinitus voluit suæ personæ ac Deitati personali conjunctione immediate unire, omni charismate gratiæ et gloriæ, omni virtute perfecta, ac dono sancti Spiritus summe et incomparabiliter decoraret, eodem instanti quo eam assumpsit: ita omnino condecens fuit ut Virginem illam, quam sibi ab æterno in Matrem elegit, ex cujus substantia purissimisque sanguinibus naturam humanam assumere decrevit, post ipsam assumptam humanitatem, universis gratiæ et gloriæ donis inenarrabiliter excellentius munificentiusque ornaret, quantum sine dubio decuit Matrem Dei præ ministris ornari,

exaltari atque deificari. (*De laud. B. V.*, lib. 1, ante art. 1.)

Idem. lib. 1, *De præconio et dignitate Mariæ*, art. 14: Sanctitas ergo Mariæ major sub creata Filii ejus sanctitate intelligi esseque nequit: tum quia nec in præsenti vita, ejus sanctitatis magnitudo ad plenum comprehendi valet, etiam quam in terris adepta est: Incomprehensibilis enim, quemadmodum optime ab Ambrosio introductum est, incomprehensibiliter operabatur in Matre. Tum quia post assumptionem hominis a Deo nil præstantius conferri potest homini quam ut Dei parens consistat, tum quia ampliorem alicui impertiri nec decet neque contingit.

XXIV Septembris.

B. Laurentius Justinianus: Sanctificationis quidem privilegio, virtutum meritis, virginitatis honore, prolis fecunditate, humilitatis decore, atque donorum plenitudine mortales supereminet universos. Omnium quippe referta cumulo gratiarum, cunctis in se Deum fecit esse laudabilem. Quis Deum non honoret in Virgine, qui Virginem Dei voluit fieri Genitricem, reparatricem sæculi, lucem mundi, speculum sanctitatis, fidei magisterium, peregrinationis solatium, immaculatum templum, et fœderis arcam divinis manibus fabricatam? Annon Maria Testamenti arca verissima, quæ, auro vestita mundissimo, virtutum gemmis ornata, ac imputribilibus lignis spiritualiter facta, Testamenti tabulas, frondentem virgam et suavissimum in se manna continuit. (Serm. *De Nat. B. Virg.*)

S. Ambrosius: Arcam autem quid nisi sanctam Mariam dixerimus? siquidem arca intrinsecus portabat Testamenti tabulas, Maria autem ipsius Testamenti gestabat Hæredem. Illa intra semetipsam legem, hæc Evangelium retinebat; illa Dei vocem habebat, hæc Verbum. Verumtamen arca intus forisque auri nitore radiabat, sed et sancta Maria intus forisque virginitatis splendore fulgebat, illa terreno ornabatur auro, ista cœlesti. (Serm. 2, 5.)

Richardus a S. Laurent.: Et dicitur arca ab arcano, et Maria secretum Dei est. Unde dicit de ea per Isaiam xxiv, 16; Apoc. iii, 7: *Secretum meum mihi*, quia hanc arcam clausit ille (*Apocal.* iii, 7) *Qui claudit et nemo aperit.* (*De laud. B. V.*, lib. x.)

XXV Septembris.

S. Bernardus: Hortus deliciarum nobis sacratissimus tuus uterus, o Maria! quia ex eo multiplice gaudii flores colligimus, quoties mente recolimus quam magna multitudo dulcedinis toto orbi ind affulsit. Hortus conclusus tu es, Dei Genitrix, a quem deflorandum manus peccatoris nunquam introivit. Tu sanctorum areola aromatum a cœles consita pigmentario, virtutum omnium species floribus delectabiliter vernas: inter quos pulche rimos flores, tres miramur in te, o excellentissim Hi sunt quorum odore suavissimo totam domu

Domini reples, o Maria, Viola humilitatis, Lilium castitatis, Rosa charitatis. Merito de Dei areola flos ille speciosus præ filiis paradisi electus est, super quem requievit Spiritus Domini. Et cui te assimilabimus, Mater pulchritudinis? Vere paradisus Dei tu es, quia Lignum vitæ mundo protulisti, de quo qui manducaverit, vivet in æternum. Fons vitæ, qui ex ore Altissimi prodiit, de medio ventris tui exsilivit, atque in te in quatuor capita sese dispergens ad irrigandam faciem arentis mundi emanavit lætificans civitatem Dei. Omnis enim qui biberit ex eo, non sitiet in æternum (Joan. IV, 13), etc. O quanta mundo contulisti, quæ tam salubris aquæ ductus esse meruisti! (In Deprecat. ad B. Virginem

Richardus a S. Laurent. : Per Mariam quasi canalem quemdam divina gratia ad universitatem humani generis redundavit. Si igitur, o fidelis anima, gratia tibi defuerit, ad ipsam plenitudinem gratiæ confugere et currere necesse est tibi. (De laud. B. Virg., lib. I, cap. 4.)

XXVI Septembris.

S. Bonaventura : Tu enim, Maria, es virga Aaron, recta, florida et fructifera. Recta, imo rectissima per justitiam et æquitatem; florida per virginitatem; fructifera per fecunditatem. Quæ enim esset virga recta, si non virga Aaron esset recta? Quæ anima esset justa, si non Maria esset justa? Hoc est, quod B. Bernardus dicit : Quis justus, si non Maria justa, de qua ortus est Sol justitiæ? (In Specul. B. Virg., lect. 9.)

S. Fulbertus Carnotensis : Quis enim non videat ac videndo miretur justitiam ejus, qua sic universa præcepta divinæ legis satagebat implere, ut nec ad se pertinentia inexpleta relinqueret? verbi gratia, post partum enim purificatione legali, quam agebat, non egebat, quia virum in concipiendo non noverat, de temperantia quoque ipsius superius dictum est, quæ Deo virginitatis lilium in humilitatis valle produxit. Cum ergo virtutibus supradictis facta ejus plena sunt atque dicta, manifestum est non solum attestatione angelica, sed etiam rerum argumento, nullum virtutis beatissimæ Virgini defuisse. (Serm. 1, De Nat. B. Virg.)

S. Ambrosius : Sit vobis tanquam in imagine descripta virginitas vitaque B. Mariæ, de qua velut in speculo refulget species castitatis et forma virtutis, hinc sumatis licet exempla vivendi, ubi tanquam in exemplari magisteria expressa probitatis, quid corrigere, quid effugere, quid tenere debeatis, ostendunt, etc. Talis enim fuit Maria, ut ejus unius vita omnium sit disciplina. (Lib. II, De Virginibus.)

Divus Amedeus : Effecti morum similitudine similes Genitrici Dei, post eam adducemur in templum Regis et Filii sui. (Hom. 5, De laud. B. Virg.)

Hugo de S. Victore : Imitemur B. Mariam sub brevitate temporis, ut cum ipsa gloriari mereamur in diuturnitate æternitatis. (Serm. 55.)

XXVII Septembris.

S. Bernardus Senensis : A tempore quo Virgo Mater concepit in utero Verbum Dei, quamdam (ut sic dicam) jurisdictionem, seu auctoritatem obtinuit in omni Spiritus sancti processione temporali; ita quod nulla creatura aliquam a Deo obtinuit gratiam vel virtutem, nisi secundum ipsius piæ Matris dispensationem. Hinc Bernardus devotissimus ait : Nulla gratia venit de cœlo ad terram, nisi transeat per manus Mariæ. Hinc Hieronymus, in Serm. De Assumpt., inquit : In Christo fuit plenitudo gratiæ sicut in capite influente; in Maria vero sicut in collo transfundente. Unde Cant. VII, 4, de Virgine ad Christum Salomon ait : Collum tuum sicut turris eburnea. Nam sicut per collum vitales spiritus a capite descendunt in corpus, sic per Virginem a capite Christi vitales gratiæ in ejus corpus mysticum transfunduntur, etc. Unde Cant. tota natura divina, totum esse, posse, scire et velle divinum intra Virginis uterum exstiterit clausum : non timeo dicere, quod in omnium gratiarum effluxus quamdam jurisdictionem habuerit hæc Virgo, de cujus utero, quasi de quodam divinitatis oceano rivi et flumina emanabant omnium gratiarum. Revera maternitas Dei hanc in mundo naturali jure obtinuit dignitatem, ut Regina misericordiæ merito nuncupetur : et hoc propter Filii magnificentiam, qui est Rex regum et Dominus dominantium. (Serm. De Nat. B. Virg., cap. 8.)

Gerson : Tu collum Ecclesiæ firmissimum et candidum tanquam turris eburnea, et suavissimum quasi vinum. Tu connectis Ecclesiæ membra suo capiti Christo Filio tuo, tu sustentas, tu vitales haustus prima suscipis et refluis, tu suspiras et respiras in Ecclesiæ corpus universum. (Tract, IX, super Magnific.)

XXVIII Septembris.

S. Antonius de Padua : Licet nobis remedia quamplurima (Deus) contulerit, illud tamen quod habemus de Virgine gloriosa, opportunum remedium præparavit, sicut verba proposita protestantur, cum dicit : Duxit illos, etc. In quibus utique verbis nobis ostenditur actus magnæ confidentiæ, quia videlicet Salvator ad salutis remedium nos inducit. Duxit illos. Statuitur situs, sive gradus summæ pietatis et affluentiæ, scilicet Virgo Maria per montem figurata : In montem excelsum. Exprimitur gustus miræ patientiæ, quia Deus transformavit seipsum in hoc monte, scilicet B. Virgine, ut peccatoribus humiliter se conformet : Et transfiguratus est ante eos. Ponamus enim, quod Dei Filius in hoc monte fuerit transfiguratus, quando formam servi accepit, ut dicit Apostolus : Exinanivit se formam servi, etc., tamen Deus transfiguratur continue in conspectu peccatorum, quando scilicet ille, qui in se contra peccatores concitatur furore, in hoc monte efficitur mansuetus. Nota : beata Virgo est mons, quia, sicut montes sunt superius luminosi, inferius spatiosi, interius onerosi, exterius pascuosi ; sic beata Virgo fuit superius luminosa puritate quam cum angelis participat, inferius spatiosa charitate qua tantum ad humanum genus afficitur, interius onerosa pietate quæ continue scaturit in ejus corde, exterius pascuosa sanctitate, qua ibi poteris pasci omni fructu virtutum, omni flore honestatis et reverentiæ. (Serm. 1, in Dominica II Quadrages. *De transfigur. Dom.* quadragesimali secundo.)

Deipara Virgo dixit S. Elisabethæ ; Filia, tu credis quod omnem gratiam quam habui, habuerim sine labore ; sed non est ita. Imo, dico tibi quod nullam gratiam, donum, vel virtutem habui a Deo sine magno labore, continua oratione, ardenti desiderio, profunda devotione, multis lacrymis, et multa afflictione, dicendo, cogitando semper placita sibi, sicut sciebam et poteram, excepta sanctificationis gratia, qua sanctificata fui in utero matris. Et addidit : Pro firmo scias quod nulla gratia descendit in animam, nisi per orationem et corporis afflictionem. (Apud S. Bonavent. in *Medit. Vitæ Christi*, cap. 3.)

XXIX Septembris.

S. Antoninus : (B. Virgo) potest dici civitas illa, de qua Joan. in Apoc. xxi, 2 : *Vidi civitatem sanctam Jerusalem descendentem de cœlo a Deo paratam ut sponsam ornatam.* Hæc est beatissima Virgo Maria civitas sancta, quia munda Deo dedicata et firmata. *Et sic Sion firmata sum.* (Eccli. xxiv, 15.) Jerusalem dicitur *visio pacis* in ea; unde ipse ait : *In omnibus requiem quæsivi,* descendentem de cœlo ut a Deo ædificatam et datam in civitatem refugii peccatoribus, a Deo paratam virtutibus ut suam possessionem, ut sponsam ornatam omni gratia, ut Sponsa esset Dei Patris, ex qua virtute Spiritus sancti Filium generaret. Dicitur ergo *Civitas Dei,* unde gloriosa dicta sunt de ea triplici modo seu causa, videlicet : primo, quia Deus eam fundavit ; secundo, quia Deus ejus possessionem continuavit ; tertio, quia Deus eam inhabitavit. Primo dicitur B. Maria *Civitas Dei,* quia ipsam fundavit, sicut Alexandria sic dicta est, quia Alexander eam fundavit; ut urbs Roma dicta est, quia Romulus primus eam fundavit. Sicut audivimus, scilicet ex Veteri Testamento figuratum, *sic audimus* impletum in *civitate Dei nostri,* scilicet Virgine Maria. *Deus fundavit eam in æternum.* (Psal. xlvii, 9.) Unde ipsa ait Eccli. xxiv, 14 : *Ab initio,* scilicet Deo, qui est initium omnis creaturæ, *et ante sæcula* temporalia *creata sum,* scilicet prædestinatione in mente divina. (Part. iv, tit. 15, cap. 3, § 2.)

S. Joan. Damascenus, in persona Deiparæ loquens ait : Ego. civitas refugii ad me confugientibus.

S. Bonaventura : Fugiamus ergo et confugiamus ad auxilium Matris Domini in omnibus. (In *Specul. B. V.* lect. 14.)

XXX Septembris.

. V. P. Joan. a Jesu Maria : O Maria, o Virgo una ac præcipua de numero prudentum l o scrinium sapientiæ Altissimi, et infinitarum gazarum Dei ! despicio præ te, o Imperatrix gratia plena, filias Tyri et Sidonis, et quidquid demum pulchrum aut spectabile ducunt mortis damnati filii Evæ ; adnitarque pro virili parte mea censeri inter familiares tuos, quo vel sic digneris pascere me, ac protegere sub umbra alarum tuarum, etc. O collum Ecclesiæ sanctæ, ebore puro amœnius, quo mediante jungitur illa capiti et sponso suo ! ah ! junge me summo illi ac sempiterno bono, *et Jesum benedictum fructum ventris tui mihi post hoc exsilium ostende.* O gaudium supernæ Jerusalem, quæ ebria a præsentia tua ardentissime affectibus pro validis brachiis complecteris te sedentem super Cherubim, lætifica animam servi tui. Expedias me a laqueis culparum, ut conversis ad te oculis mentis meæ, invadam desideratissimam prædam meam , quæ es tu , o eximium universi orbis terrarum decus, suavissimumque refrigerium cordis mei. (Tom. IV, *Epist., ad B. Virg.*)

S. Anselmus : Rogamus ergo te, Domina, per ipsam gratiam qua te pius et omnipotens Deus sic exaltavit, et omnia tibi secum possibilia esse donavit, quatenus id apud ipsum nobis impetres et obtineas, ut plenitudo gratiæ, quam meruisti, in nobis sicut operetur, quo participium beati præmii nobis misericorditer quandoque condonetur, etc. Benignissimus Filius tuus Dominus noster Jesus Christus erit ad concedendum, quidquid voles promptissimus et exaudibilis. Tantummodo itaque velis salutem nostram, et vere nequaquam salvi esse non poterimus. (*De Excellent. B. Virg.* cap. 12.)

Idiota : Species solis consistit in splendentium radiorum emissione, et significat in te Advocata nostra Virgine Maria largam gratiarum effusionem in omnes qui se convertunt ad te, quæ es sole speciosior et emissione gratiarum fecundior. Tua ergo species, Virgo Maria, fuit in corporis castitate, in conscientiæ puritate, in exteriori conversatione, et in divinorum contemplatione. Munda igitur cor meum immundum et inquinatum, o piissima Virgo Maria, et tuis precibus mihi obtine speciem spiritualem, per quam in servitio tuo et superbenedicti Filii tui placeam tibi in vitam sempiternam. Amen. (*De Contemplat. B. Virginis,* cap. 3.)

OCTOBER.

S. MARIA PIA PATRONA ET ADVOCATA.

1 Octobris.

Bernardinus de Busto : O Christiane, bona nova tibi annuntio : sicut Maria apud Deum omnibus sanctis est potentior, ita pro nobis apud Deum diligentius intercedit et ferventius. Ideoque, o peccator, ne te desperationis barathro immergi sinas, sed confidenter ad potentissimam hanc clementissimamque Advocatam recurre; ipsa tibi succurret sine dubio, quia potest. Si enim potuit Deum facere hominem, et Creatorem creaturam, impassibilem mortalem, immensum parvulum, æternum temporalem, divinamque majestatem sub forma servi; et si, blanditiis et virtutibus, potuit Deum trahere de cœlo in terram ; multo majori facilitate poterit nos de terra ad cœlum pertrahere. (In *Mariali*, part. xii, serm. 2, *De coron. B. Virg.*)

Adam abbas Perseniæ : Non incongrue sanctitas Virginis dici potest via virtutis, per quam Dei virtus, et Dei Sapientia Christus ad infirmos et fatuos venit. In tantum autem de torrente nostræ mortalitatis et passibilitatis hac in via bibit ; in tantum hanc viam arctam Dominus Majestatis invenit, ut necessitas patiendi et moriendi, quam voluntarie suscepit ex Virgine, et Verbum omuipotens in puerum breviaret, et Dominum gloriæ usque ad formam servi exinaniret. Verumtamen hanc viam, per quam venit, facit æquitas rectam, veritas certam, virginitas mundam , fecunditas fructuosam, pietas accessibilem, charitas communem, humilitas facilem, singularitas admirabilem, pax amabilem, æternitas tutam. Hæc omnia in Virgine nostra singulariter mirabilia, et mirabiliter singularia inveniuntur. Felix via, quam qui tenuerit, non errabit : felix Maria, quam qui perseveranter amaverit , non peribit. (Serm. *De partu B. Virg.* in *Mariali* a Marracio edito.)

B. Laurentius Justinianus : Maria effecta est Mater Dei, paradisi Scala, Janua cœli, Interventrix mundi, dæmonum Fuga, peccatorum Spes, naufragantium Portus, maris Stella, Confugium periclitantium, Solamen laborantium, fluctuantium Robur, Dei et hominum verissima Mediatrix. (Serm. *De Annunt. B. Virg.*)

Idem, *De casto connubio*, cap. 9 : Ipsa est Tabernaculum Testamenti, Arca fœderis, templi Propitiatorium, Thronus Dei, Virga florida, Nubecula levis, Hortus conclusus, signatus Fons, Porta clausa, Columba immaculata, Rosa redolens, Lilium candens, Flos nitens, Virgula fumans, Oliva virens, Vitis fructificans, Cupressus se attollens, Palma frondens, Terebinthus se expandens, Campus germinans.

II Octobris.

Idiota : Maria est Advocata nostra apud Filium, sicut Filius apud Patrem : imo apud Patrem et Filium procurat negotia et petitiones nostras ; et sæpe quos justitia Filii potest damnare, Matris misericordia liberat, quia thesaurus Domini est, et thesauraria gratiarum ipsius. Donis spiritualibus ditat copiosissime servientes sibi et potentissime protegit eos a triplici adversario, mundo, carne et diabolo : quia salus nostra in manu illius est. (In Prologo *De Contempl. B. Virg.*)

Blosius : Non ita confidimus in Maria, quasi ipsa id quod est, id quod habet, id quod potest, non acceperit a Deo : sed confitemur eam accepisse omnia ab eo a quo creata electaque est, et eam posse omnia in eo quem enixa est. Dedit Creator creaturæ, Filius Matri ineffabilem quamdam

potestatem, et eam singulari privilegio honorare voluit : ob idque salutis spem in illa collocamus : non quidem ante Dominum, sed post Dominum. (In *Canon. vitæ spirit* , cap. 18.)

Richardus a S. Laurentio : Sæpe quos Filii justitia damnat, Matris misericordia liberat; quæ scilicet justitia Filii et misericordia Matris videntur sic altercari, Deut. xxxii, 39, quasi dicat justitia Filii : *Ego occidam et percutiam* ; misericordia Matris respondeat : Et *Ego vivere faciam et sanabo.* Dicit etiam misericordia Matris illud quod sequitur : *Et non est, qui de manu mea possit eruere.* Fugias igitur sub protectione manus ejus, sicut fecit Theophilus , et nihil timendum est. Ipsa enim dicit, Eccli. xxiv, 6 ? *Sicut nebula texi omnem carnem*, ab ira scilicet Dei, quasi ab ardore solis. Ideo etiam dicit de Filio, Cant. iii, 4 : *Tenui eum*, ne scilicet percuteret peccatores, *nec dimittam*, sed continua precum instantia furorem ipsius retinebo. (Lib. ii, part. i, *De laud. B. Virginis.*)

III Octobris.

S. Anselmus : Velocior est nonnunquam salus memorato nomine Virginis Mariæ, quam invocato nomine Domini Jesu salvi Filii sui. Et id quidem non ideo fit, quod ipsa major et potentior eo sit; nec enim ipse magnus et potens est per eam, sed illa per ipsum. Quare ergo propitior salus in recordatione ejus, quam Filii sui sæpe percipitur ? Dicam quid sentio. Filius ejus Dominus est et judex omnium, discernens merita singulorum ; dum igitur a quovis suo nomine invocatus non statim exaudit, profecto id juste facit. Invocato autem nomine Matris, etsi merita invocantis non merentur ut exaudiatur : merita tamen Matris intercedunt ut exaudiatur. Hoc denique usus humanus quotidie probat, cum quis proposito dominico nomine efficaciter ab alio aliquid impetrat, quod simpliciter sua prece nequaquam impetrare potest. Itaque si tam utilis aliquando in subveniendo memoria nominis Matris Dei exsistit, non mirum si magnæ salutis afferat fructum frequens meditatio amoris ejus, si plenam jucunditatem dabit dulci studio cogitata et recogitata immensitas gaudii ejus. (*De Excellent. B. Virg.*, cap. 6.)

S. Ildephonsus : Unde jam veni mecum ad hanc Virginem, ne sine hac properes ad gehennam. Veni, abscondamur sub velamento virtutis ejus : ne induaris confusione, sicut diploide. Veni, confiteamur, ego delicta juventutis et ignorantiæ meæ ; et tu delicta sacrilegii et sceleris tui, ne revelent cœli iniquitates tuas. Veni, humiliemur in veritate confessionis et laudis ejus, ne terra consurgat adversum te, asserens tanti sceleris se tuam perfidiam sustentasse. (Lib. *De virginitate B. Virg* , c. 4.)

IV Octobris.

S. Bernardus : Fidelis plane et potens Mediator Dei et hominum homo Christus Jesus, sed divinam in eo reverentur homines majestatem. Absorpta videtur in Deitatem humanitas, non quod mutata sit substantia, sed affectio deificata. Non sola illi cantatur misericordia, cantatur pariter et judicium : qui, etsi didicit ex his quæ passus est compassionem, ut misericors fieret, habet tamen et judiciariam potestatem. Denique *Deus noster ignis consumens est. (Hebr.* xii, 29.) Quidni vereatur peccator accedere, ne, quemadmodum fluit cera a facie ignis, sic pereat ipse a facie Dei? Jam itaque nec ipsa mulier benedicta in mulieribus videbitur otiosa : invenietur equidem locus ejus in hac reconciliatione. Opus est enim Mediatore ad Mediatorem istum, nec alter nobis utilior quam Maria. Crudelis nimirum Eva, per quam serpens antiquus pestiferum etiam ipsi viro virus infudit : sed fidelis Maria, quæ salutis antidotum et viris et mulieribus propinavit. Illa enim ministra seductionis, hæc propitiationis : illa suggessit prævaricationem, hæc injecit redemptionem. (Serm. super *Signum magnum.)*

Hugo a S. Victore : Si pertimescis supplicaturus ad Deum accedere, respice ad Mariam, non illic invenies quod timeas, genus tuum vides. (In *Sententiis.)*

Bernardinus de Busto : B. Virgo assimilatur gallinæ propter magnam sollicitudinem quam de nobis habet in pascendo et custodiendo ; nam dum esset in præsenti vita, nos pascebat cibo doctrinæ, etc.; habet etiam sollicitudinem in custodiendo, quia sub alis suis nos custodit, et ab insidiis diaboli nos protegit. Ipsa enim est illa mulier, cui datæ sunt duæ alæ magnæ, Apoc. xii, 14 : una ala misericordiæ, sub qua peccatores confugiunt, ut Deo reconcilientur : alia est ala gratiæ, sub qua justi consistunt, ut in gratia conserventur. (In *Marial.* part. ix, serm. 2, assimil. 14.)

V Octobris.

Richardus a S. Laurentio : Sicut Filius Dei est *Mediator Dei et hominum (I Tim.* ii, 5), sic et ipsa nostra ad Filium est Mediatrix, qua scilicet mediante, venit ad nos Filius Dei , et qua Mediatrice ad Filium pervenitur. Ad quod innuendum, Christus moriens ipsam habuit ab aquilone, quo significantur peccatores, quasi hoc ipse diceret, quod ipsa mediante dextram suæ propitiationis extenderet peccatoribus congelatis ; quod et ipse facit adhuc nobis peccatoribus, prout significat imago Crucifixi. Et nota, quod non solum ex ea parte dexteram extendit, sed et caput spinis coronatum inclinavit, quasi diceret · O vos peccatores, precibus Matris meæ vobis dexteram porrigo, et caput meum confixum spinis ostendo, etc. — *Et infra.* Tertius Advocatus est B. Virgo præcipue coram Filio suo, et nobis generaliter impetrat omne bonum, siquidem deerat nobis advocatus apud Filium, antequam Maria nasceretur ; dixit autem Pater, Genes. ii, 18: *Non est bonum hominem esse solum,* id est, non sufficit unicus advocatus, aut mediator, aut intercessor humano generi in cœlo, cum tot et tam periculosas habeat causas coram me. *Faciamus ei adjutorium,*

id est, B. Virginem, quæ alleget pro genere humano coram Filio, sicut Filius coram me. Propter hoc dicitur de ipsa in Psalm lxxxviii, 38 : *Testis in cœlo fidelis.* (Lib. ii, *De laud. B. Virg.,* part. i.)

VI Octobris.

S. Antoninus : B. Virgo jura civilia et canonica, quæ scientia spectat ad advocatos et judices, optime scivit, quod patet per effectum. Sapientia enim advocati et eloquentia manifestatur ex tribus : scilicet, quod obtineat apud justum et sapientem judicem ; secundo, contra adversarium astutum et sagacem ; tertio, quod in causa desperata. Sed Virgo Maria, Advocata nostra, obtinuit contra sapientissimum et justum Judicem Deum ; contra astutissimum adversarium diabolum ; in causa desperatissima inter Deum et hominem, in qua nullus hominum loqui audebat. (Part. iv, tit. 15, cap. 19, § 2.)

B. Albertus Magnus : B. Virgo est, quæ nos defendit ab ira Dei. Ezech. xxii, 50 : *Hæc dicit Dominus : Quæsivi de eis virum qui interponeret sepem,* Glossa, id est intercessionem ; *et staret oppositus contra me, pro terra,* id est peccatore, *ne dissiparem eam celeriter, et non inveni,* quia hoc reservatum est Virgini Mariæ. (*Bibl. Marian.* lib. Ezechiel. proph., num. 6.)

S. Methodius : O sanctissima Deipara, quæ reliquis omnibus et benignior es, et materno honore, ac cum Deo colloquendi libertate gloriosior, te obnixe rogamus, ut nostri jugem ac perpetuam habere memoriam velis. (Orat. *De Purific. B. Virginis.)*

S. Germanus patriarcha Constantinop. : Tu cum habeas maternam apud Filium tuum fiduciam et potentiam ; nos qui sumus condemnati, et non audemus intueri cœli amplitudinem, tuis interpellationibus et intercessionibus Deo nos efficis familiares, das salutem, et ab æterno liberas supplicio. (Orat. *De zona B. Virginis.)*

VII Octobris.

S. Bernardus : Advocatam præmisit peregrinatio nostra ; quæ tanquam Judicis Mater et Mater misericordiæ, simpliciter et efficaciter salutis nostr negotia pertractabit. Pretiosum hodie munus terr nostra direxit in cœlum, ut dando et accipiend felici amicitiarum fœdere copulentur humana divi nis, terrena cœlestibus, ima summis. Illo enim ascen dit fructus terræ sublimis, unde data optima et don perfecta descendunt. Ascendens ergo in altum Virg beata, dabit ipsa quoque dona hominibus. Quidn daret ? Siquidem nec facultas ei deesse poterit, n voluntas. Regina cœlorum est, misericors es Denique Mater est unigeniti Filii Dei. Nihil eni sic potest potestatis ejus seu pietatis magnitudine commendare, nisi forte aut non creditur Dei Fili honorare Matrem ; aut dubitare quis potest, omni in affectum charitatis transisse Mariæ viscera, quibus ipsa quæ ex Deo est charitas, novem me sibus corporaliter requievit. (Serm. 1, *De Assumpt. B. Virg.*)

Gerson : Quid concedet beatifica in cœlis, quæ talia dabat in terris afflicta ? Perdidit miseriam, nunquid et misericordiam ? perdidit passionem, sed nunquid et compassionem ? Perdidit profecto compassionem afflictivam, sed retinet compassionem electivam atque succursivam. (*De Cantichordo*, tom. III.)

B. Petrus Damianus : Absit ut cesset manus tua (o beata) cum occasionem quæras salvandi miseros, et misericordiam effundendi : neque enim tua gloria minuitur, sed augetur, cum pœnitentes ad veniam, justificati ad gloriam assumuntur. (Serm. 1, *De Nat. B. Virg.*)

VIII Octobris.

B. Albertus Magnus : Maria est peccatorum Advocata, habens tria, scilicet sapientiam, facundiam et fidelitatem, quæ debet habere advocata. Unde significatur per Bethsabee, III Reg. II, 18 seqq.: *Dixit Bethsabee*, id est, Maria, *ad Adoniam*, id est, ad peccatorem : *Bene ego loquar*, prudenter, humiliter, instanter et perseveranter, *pro te*, misero, egeno et desperato. Sed cui ? certe Regi magno, forti et glorioso. *Et venit Bethsabee ad regem Salomonem :* quod factum est in Assumptione, *ut loqueretur ei pro Adonia*, id est, peccatore. *Et surrexit Rex*, id est, Christus, *in occursum ejus*, hilariter, totaliter, et solemniter. *Et positus est thronus* gloriæ *Matri Regis*. In Annuntiatione posita fuit Domina mundi in throno gratiæ, in passione Filii, in throno miseriæ, in nostra causa in judicio, in throno misericordiæ, in Assumptione vero sua ad cœlos in throno gloriæ. Unde sequitur : *Quæ sedit ad dextram ejus*, ut imperatrix, ut gratiarum distributrix. *Et dixit ei Rex : Pete* fiducialiter pro omnibus, *Mater mea* mundissima, mihi obsequiosissima, et super omnem creaturam charissima . *Neque enim fas est*, nec coram me , nec coram angelis ac omnibus sanctis, *ut avertam faciem tuam*, te pro quacunque re postulantem non exaudiendo. (*Bibl. Marian.* lib. III Reg. n. 2.)

Guilhelmus : Si ergo nuncupativus ille Salomon, ei quæ fuit Uriæ, pro eo quod esset mater, tantum honorem exhibuit, quantum putas intemeratæ Matri suæ verus Salomon honorem impendit ? Cum illam ad se de terris accivit, dubitandum non est ipsum filialiter surrexisse in occursum ejus, positumque ei esse, ministrantibus angelis, thronum juxta thronum Filii, eamque perpetuo sedere ad dexteram ejus. Quod si illa ducat aliquid pro aliquo petendum, num verum pacificum piæ Matri minus clementer, sive reverenter, responsurum putas, quam suæ quondam Matri, cum peteret, nuncupativus ille respondit ? Imo vero multo favorabilius multoque suavius pia Mater a Salomone suo, quod olim a suo Bersabee audivit. *Pete, mater mea, neque enim fas est, ut avertam faciem tuam.* Norunt hoc

Christiani, atque ideo familiare est eis, piæ Matris meritis se commendare, piæ Matris suffragia sedulo postulare. (*In Cant.* VIII, *relatus a Martino Delrio*, sect. 2, ad cap. VIII Cant)

IX Octobris.

Richardus a S. Laurent.: B. Virgo est mulier *Chananæa*, egressa de finibus Tyri et Sidonis, Matth. xv, id est, de profundo sæcularis conversationis, quæ clamat ad Deum pro filia, id est, peccatrice anima, cujus etiam personam misericorditer in se transformat, dicens : *Miserere mei, Fili David*, et cui misericorditer respondet Filius, *O mulier, magna est fides tua, fiat tibi sicut vis.* (Lib. VI *De laud. B. Virg.*)

Idem, lib. IV, *De laud. B. Virg.* : Cum enim Maria misericordiam genuerit, quid aliud est ejus uterus quam ipse misericordiarum thesaurus, et ideo dicitur Mater misericordiæ.

B. Albertus Magnus : Item ipsa est sapientissima advocata, veniam et gratiam obtinens, et illud allegans, Jerem. XVIII, 20 : *Recordare, o Fili, quod steterim*, tempore mortis tuæ, *in conspectu tuo*, apud crucem miserabiliter, et nunc tecum in cœlo potentialiter, *in vestitu deaurato.* (Psal. XLIV, 10.) *Ut loquerer pro eis*, qui digni sunt morte æterna, *bonum, et averterem indignationem tuam ab eis.* (In *Bibl. Marian.*, lib. prophet. Jerem. n.8.)

B. Thomas a Villanova : Licet advocatum habemus Filium , ut ait Joannes, opus etiam fuit habere Matrem advocatam ad Filium. Nam peccatis nostris non solum Deus offenditur, cujus præcepta violamus, sed et Filius Dei, cujus sanguinem peccando conculcamus, rursus crucifigentes Filium Dei. (Conc. 3, *De Nat. B. Virg.*)

X Octobris.

B. Albertus Magnus : B. Virgo est Mater justitiæ. Primo, quia peperit judicium et justitiam, scilicet Jesum Christum, qui est justitia et sanctificatio nostra. (*I Cor.* I, 30.) Secundo, quia ipsa oculos suos nunquam levavit ad aliquod malum. Tertio, quia nullum contristavit, sed omnes lætificavit. Quarto, quia per vim nihil rapuit : quod Eva non fecit, quæ Divinitatem rapere voluit, et felicitatem amisit. Quinto, quia panem suum, id est, corpus Filii, tribuit in altari quotidie esurienti. Sexto, quia nudum peccatorem operit vestimento veniæ, justum gratiæ, electum gloriæ, Filium Dei, humanæ substantiæ. (In *Biblia Marian.*, lib. proph. Ezechiel , n 4.)

S. Antoninus : *Advocatum habemus apud Patrem Jesum Christum justum.* (I *Joan.* II, 1.) *Qui etiam interpellat pro nobis*, ait Apostolus ad Rom. VIII, 34. Sed quia non solum Advocatus, sed et Judex est constitutus vivorum et mortuorum, cuncta utique discussurus ; itaque nil inultum remanebit. Poterat forte humana fragilitas et præcipue peccator, cum vix justus ante eum sit securus, ad eum accedere tanquam advocatum. Et ideo piissimus Deus providit nobis de Advocata, quæ tota mitis et suavis est. Nihil in ea invenitur asperum, nunquam ex ea verbum processit durum. Hæc est figurate prudentissima illa mulier Thecuitis : quæ ita sapienter advocavit apud regem David in causa Absalonis vani, superbi, et fratricidæ, exsulis facti, propter tantum scelus in Jerusalem, quod induxit patrem David ad misericordiam erga filium et ab exsilio revocandum. Sic Virgo Maria pro mundo rebelli ipsi Deo, et occisore fratris sui, id est, animi sui, propter quod exsul constituitur a superna Jerusalem : ita advocat et interpellat, ut Deum Patrem placet, et conversum ad pœnitentiam, ad gloriam inducat. (Part. iv, tom. XV, cap. 14, § 7.)

XI Octobris.

S. Bernardus : Ecce coram tremendo judice peccatores assistimus, cujus manus terribilis gladium iræ suæ vibrat super nos. Et quis avertet eam ? Nemo, Domina, tam idoneus, ut gladio Domini manum pro nobis objiciat, ut tu, Dei amantissima, per quam primum in terris suscepimus misericordiam de manu Domini Dei nostri. Aperi itaque tu, Mater misericordiæ, benignissimi cordis tui januam suspiriosis precatibus filiorum Adam. Ex omnibus finibus terræ ad tuæ protectionis umbraculum confugimus a facie formidinis fortitudinis Dei. Ad te, Domina mea, stillant oculi nostri ; te devotionis clamore valido obsecramus, ut Filii tui Domini nostri iram, quam graviter peccando succendimus, erga nos mitiges : ejusque gratiam, a qua ingrati excidimus, nobis tua concilíet, cujus livore sanati sumus, ejus iterum medelam deposcimus, quia putruerunt et corruptæ sunt cicatrices nostræ, et non est in nobis sanitas. Attende, Domina, et vide dolores vulnerum animarum nostrarum, quia tibi revelamus causam nostram cum fiducia. (In Deprecat. ad B. Virg.)

Adam abbas Perseniæ : Tu Mater exsulis, tu Mater Regis, Tu Mater rei, tu Mater Judicis, Tu Mater Dei, tu Mater hominis. Per te ergo factus est reus frater judicis, per te facta est una hæreditas Regis et exsulis. Cum enim utriusque Mater, utrumque habes filium , et per te efficitur frater unigenitus adoptati ; quid igitur reo timendum est, cui in causa sua idem est frater qui et judex et talis judex, cui proprium est misereri semper, et parcere, et qui misericordiam superexaltet judicio ? Timerene debeat, ut pereat, cui misericordissima Mater clementissimi fratris, et judicis se piissimam Matrem exhibet, et potentissimam advocatam ? Tu, misericordiæ Mater, non rogabis pro filio Filium, pro adoptato Unigenitum, pro servo Dominum, pro reo Judicem, pro creatura Creatorem, pro redempto Redemptorem? Rogabis plane, quia qui Filium tuum inter Deum et homines posuit Mediatorem, te quoque inter reum et Judicem posuit Mediatricem. (Serm. De Annunt. B. Virg. in Mariali ab Hippolyto Marracio edito.)

XII Octobris.

S. Bonaventura : Tu enim es illa fidelissima columba Noe, quæ inter summum Deum et mundum diluvio spirituali submersum Mediatrix fidelissima exstitisti. Corvus infidelis, columba fidelis fuit. Sic et Eva infidelis, Maria vero fidelissima inventa est. Eva infidelissima mediatrix perditionis, Maria vero fidelissima Mediatrix salutis fuit. (In Spec. B. Virg., lect. 9.)

S. Germanus patriarch. Constantinop. : Non est revera finis tuæ magnitudinis, non est numerus tuorum beneficiorum. Nullus enim est qui salvus fiat, o Sanctissima, nisi per te. Nemo est qui liberetur a malis, nisi per te, o Purissima. Nemo est cui donum concedatur, nisi per te, o Castissima. Nemo est cujus misereatur gratia, nisi per te, o Honestissima. Quamobrem quis non te beatam pronuntiabit ? etc. Quis post tuum Filium ita generis humani curam gerit, sicut tu? Quis ita nos defendit in nostris afflictionibus? Quis tam cito prævenions nos ab irruentibus liberat tentationibus ? Quis in supplicationibus adeo pugnat pro peccatoribus ? Quis ea quæ corrigi non possunt adeo repugnando excusat? (Oratione De zona B. Virg.)

S. Carolus Borromæus : O Virgo sanctissima, misericordia plena, ostende pro nobis dulcissimo Filio tuo sacrum pectus ac beatissima ubera, quibus eum lactasti, ut ipse ostendat Patri gloriosum latus, et sacratissima vulnera, quibus redempti sumus. (Citatus apud Hippol. Marracium in Purpura Mariana, cap. 3, § 3)

XIII Octobris.

Guilhelmus : Ego murus (Cant. viii, 9) ad protegendum, murus inexpugnabilis, circumcingens eos qui ad me confugiunt, plane qui hoc muro circumdatur tutus est ab his qui in circuitu ambulant impii (Psal. xi, 9), et a capite eorum, qui tanquam leo rugiens circuit quærens quem devoret. (I Petr. v, 8.) Et ubera mea sicut turris. (Cant. viii, 10.) Ego murus simul et Mater, murus ad protegendum, Mater ad nutriendum ; murus infirmis, Mater parvulis. Propter insufficientiam virium campum times? murus sum, intra me abscondere a facie inimici. De parvitate tua confunderis, et crescere vis? Mater sum, meo lacte nutrire; murus sum per fortitudinem , et Mater per pietatem. Ego murus inexpugnabilis, et excelsa habens propugnacula : Ego Mater amabilis, et grandia habens ubera : quam grandia ! sicut turris. Ubera mea non tantum sunt ubera, sed etiam turris : non tantum nutriendi, sed et protegendi vim habent. (In Cant. cap. viii.)

B. Albertus Magnus : B. Virgo est murus defensionis. Ego murus firmissimus, et ubera mea, sicut turris, salvans et exaltans : Ex quo facta sum coram eo, quasi pacem reperiens (Cant. viii, 10), quam nullus poterat reperire. Ego sum columba Noe, Ecclesiæ ramum olivæ, et pacis deferens universalis. (In Bibl. Marian. lib. Cant. n. 16)

XIV Octobris.

Hailgrinus : B. Virgo murus est nostræ defensionis, et super eam ædificavit tota Trinitas propugnacula argentea, ut precibus suis bene sonantibus inimicum repellat, et hoc signatur in argento, quod cæteris metallis dulcius sonat. Subjunxit : *Et ubera mea sicut turris.* Quasi dicat, misericordia mea et pietas mea, quibus quasi uberibus suffragiorum dulcedine lacto filios Ecclesiæ, sunt turris, munimentum scilicet, refugium et securitas peccatorum. (*In Cant.* cap. VIII.)

Richardus a S. Laurent. : Turris fortissima nomen Dominæ, ad ipsam fugiet peccator et liberabitur, hæc defendit quoslibet, et quantumlibet peccatores. (Lib. II, *De laud. B. Virg.*)

S. Antonius de Padua : Confuge ad ipsam, peccator, quia ipsa est Civitas refugii. Sicut enim quondam Deus (ut dicitur Num. XXXV), separavit civitates seu urbes refugii, ad quas confugerent, qui nolentes homicidium perpetrarent, sic nunc misericordia Domini refugium misericordiæ providit etiam voluntariis homicidis. Turris fortissima nomen Domini, ad ipsam confugiet peccator, et salvabitur. Unde dulce nomen confortans peccatorem, et beatæ spei, Domine, nomen tuum in desiderio animæ. Et nomen, inquit, Virginis Maria : *Oleum effusum nomen tuum* (*Cant.* I, 2) : nomen Mariæ jubilus in corde, mel in ore, melos in aure. (*Serm. in Domin.* III *Quadrag.* Quadragesimali 2.)

XV Octobris.

Richardus a S. Laurent. : Maria est centrum mundi, quia ex omni parte mundi omnes habent ad eam recurrere in omnibus suis necessitatibus, sicut omnes circumferentiæ recurrunt ad centrum. (Lib. VIII *De laud. B. Virg.*)

S. Bernardus : Ad Mariam enim sicut ad medium, sicut ad arcam Dei, sicut ad rerum causam, sicut ad negotium sæculorum respiciunt, et qui in cœlo habitant, et qui in inferno, et qui nos præcesserunt, et nos qui sumus, et qui sequentur, et nati natorum, et qui nascentur ab illis. Illi qui sunt in cœlo, ut resarciantur ; et qui in inferno, ut eripiantur ; qui præcesserunt, ut prophetæ fideles inveniantur ; qui sequuntur, ut glorificentur. (*Serm.* 2, *De festo Pentec.*)

B. Albertus Magnus : Ipsa est etiam adjutrix nostræ redemptionis, Gen. II, 20 : *Adæ vero non inveniebatur adjutor similis ejus,* quia, Psal. XIII, 3, *Omnes declinaverunt, simul inutiles facti sunt.* Dixit ergo Dominus Deus, Gen. II, 18 : *Non est bonum esse hominem solum,* id est Christum. *Faciamus ei,* creando, et in mundum producendo *adjutorium simile sibi,* id est, Mariam. (In *Bibl. Marian.,* lib. Genes. n. 8.)

S. Bernardus : Intuere, o homo, consilium Dei, agnosce consilium sapientiæ, consilium pietatis. Cœlesti rore arcam rigaturus totum vellus prius infudit. Redempturus humanum genus, pretium universum contulit in Mariam.

XVI Octobris.

S. Thomas : Magnum est in quolibet sancto, quando habet tantum de gratia, quod sufficit ad salutem multorum. Sed quando haberet tantum quod sufficeret ad salutem hominum de mundo, hoc est maximum, et hoc est in Christo et in beata Virgine. Nam in omni periculo potes salutem obtinere ab ipsa Virgine gloriosa. Unde Cant. IV, 4, dicitur : *Mille clypei,* id est, remedia contra pericula, *pendent ex ea.* Item in omni opere virtutis potes eam habere in adjutricem, et ideo dicit ipsa Eccli. XXIV, 25 : *In me omnis spes vitæ et virtutis.* (*Opuscul.* VIII.)

S. Antoninus : Actus latriæ in ore, scilicet laus et oratio, excellentissime fuit in Maria, ut dicere valeret illud Psal. XXXIII, 2 : *Semper laus ejus in ore meo.* Et oratio quidem sanctorum non innititur alicui juri ex parte sui, sed tantum misericordiæ ex parte Dei : oratio autem Virginis innititur gratiæ Dei, juri naturali, et justitiæ Evangelii. Nam Filius non tantum tenetur audire Matrem, sed et obedire : juxta illud Apostoli, Ephes. VI, 1 : *Filii, obedite parentibus vestris,* quod etiam est de jure naturæ : quod ipsa videtur innuere in modo orandi, non enim usa est obsecratione simplici, sed insinuatione, dicens, Joan. II, 3 : *Vinum non habent.* Dicit autem Hugo de S. Victore, quod nobilissima species orationis est insinuatio, exemplificans in dicto verbo *Vinum non habent.* Et sic oratio ejus erat nobilissimus modus orandi, tum quia habebat rationem jussionis et imperii, tum quia impossibile erat eam non exaudiri, juxta illud quod in figura hujus dixit Salomon matri suæ Bethsabee, cum aliquid petere vellet, III Reg. II, 20 : *Pete,* inquit, *mater mea, neque enim fas est ut avertam faciem tuam.* (Part. IV, tit. 15, cap. 17, § 4.)

XVII Octobris.

S. Bernardinus Senensis : Noverat Virgo Mater omnem creaturam subjacere defectui, ab inopia expugnari, debitam non habere lætitiam, turpissimis subjacere pudoribus, atque ex defectu veri boni confundi, dum in perfunctoriis mundi quasi in nuptiis delectatur, quamobrem intercessit ad Filium Dei : *Vinum non habent.* Non faciens ipsarum memoriem quo omnia novit : sed interpellans Virgo Mater locuta est, ac si ad eam cura omnium pertineret, et omnium hominum Advocatam se sentiens, quæ pro omnibus creaturis cunctorum facta fuerat Virgo Mater, officium advocationis, et piæ auxiliatricis assumpsit, cum videret inopiam, ac si opus non sit eam precibus excitare, quæ omnem oculum pietatis suæ in nos direxit, ac præsciens indigentiam nostram, et se cunctorum hominum Matrem pietatis agnoscens, sollicita pro filiis irrequisita etiam ad Dei Filium intercessit, dicens : *Vinum non habent.* Si hoc non rogata perfecit : si hoc vtatrix exsistens, quid cum regnat in patria? (Tom. IV, *Serm. de Visitat. B. Virg.*, art. 3, cap 2.)

S. Justinianus martyr : Illud Joan. ii, 4 : *Quid mihi et tibi est, mulier?* non objurgandæ Matris'causa a Conservatore dictum est, sed ut hoc declaret, ne nos dicant eos esse, qui nobis vinum in nuptiis consumptum curæ esse polliciti simus : tamen abundantia amoris, si vis ne eos vinum deficiat, die ministris ut ea quæ jubeo faciant : tumque experiere vinum eis non defuturum; quod etiam factum est. Non igitur verbo Matrem objurgavit aut castigavit, quam re honoravit. (Explicatione quæst. 136, a gent. Christ. posit)

S. Bonaventura : Verbum compassionis ad Deum habuit Maria, quando in nuptiis Filio dixit : *Vinum non habent*, etc. Eia nunc, Advocata nostra Maria, ecce adhuc necesse est nobis ut Filio tuo suggeras pro nobis quoniam vinum non habent multi ex nobis, vinum utique gratiæ Spiritus sancti, vinum compunctionis, vinum spiritualis consolationis. (In *Specul. B. Virg*, lect. 6.)

XVIII Octobris.

S. Bernardus. : Hic ergo nonnunquam vinum deficit, gratia scilicet devotionis et fervor charitatis. Quoties mihi necesse est, fratres, post lacrymosas querimonias vestras exorare Matrem misericordiæ, ut suggerat suo benignissimo Filio quoniam vinum non habeatis? Et ipsa, dico vobis, charissimi, si pie a nobis pulsata fuerit, non deerit necessitati nostræ : quoniam misericors est et Mater misericordæ. Nam si compassa est verecundiæ illorum a quibus fuerat invitata, multo magis compatietur nobis, si pie fuerit invocata. (Serm. in *Dominic. post Octavam Epiphaniæ.*)

Idem, *ibid. serm.* 1 : Deficiente vino, dixit Mater Jesu ad eum : *Vinum non habent*. Compassa est enim eorum verecundiæ, sicut misericors, sicut benignissima. Quid de fonte pietatis procederet nisi pietas? Quid, inquam, mirum, si pietatem exhibent viscera pietatis? Nonne qui pomum in manu sua tenuerit dimidia die, reliqua diei parte pomi servabit odorem? Quantum igitur viscera illa virtus pietatis affecit, in quibus novem mensibus requievit? Nam et ante mentem replevit quam ventrem : et cum processit ex utero, ab animo non recessit.

Dionysius Carthusianus : Benedictam vero sincerissimamque Mariam omnipotens Deus ab æterno elegit in Matrem et Advocatam, in Custodem et Mediatricem universorum fidelium ac totius Ecclesiæ. Matrem autem et Advocatam potissimum pietas et misericordia decent. (Lib. iii *De laud. B. Virg* art. 13.)

XIX Octobris.

B. Albertus Magnus : Item ipsa est Mater vitæ. Ezech. xviii, 31 : *Hæc dicit Dominus*, scilicet ad peccatores desperatos : *Quare moriemini, domus Israel?* id est, peccatores, qui estis filii Abraham, Isaac et Jacob, qui patrum meritis, merito vivere

debetis. Ex hoc arguitur : Si meritis Abraham, etc., vivere possimus, qui fuerunt servi Dei : ergo per eam, quæ major est, scilicet Matrem vitæ, vivere debemus, quia omne *judicium* misericordiæ *dedit* Matri suæ, ut *omnes honorificent* Matrem, sicut honorificant *Filium.* (*Joan.* v, 23.) Et quia non ejus misericordiæ filii sumus, clamat Dominus illud, quod statim sequitur Ezech. xxxiii, 11 : *Nolo mortem peccatoris, sed ut* magis *vivat.* Glossa : vita gratiæ, precibus Virginis Mariæ. (In *Bibl. Marian.* lib. Ezech., proph. n. 5.)

S. Bonaventura : Sextum Mariæ privilegium est, quod ipsa super omnem creaturam apud Deum potentissima est. Unde Augustinus : Ipsa meruisti exsistere Mater ejusdem Redemptoris. — Idem : Impetra quod rogamus, excusa quod timemus : quia nec potentiorem meritis invenimus quam te, quæ meruisti exsistere Mater ejusdem Redemptoris et Judicis. — Grande privilegium est, quod ipsa præ omnibus sanctis apud Deum tam potentissima est, sicut illud Augustinus declarat, dicens : Neque enim dubium, quæ meruit pro liberandis proferre pretium, posse plus omnibus sanctis libertatis impendere suffragium. — Sed quid tanta·Mariæ potentia prodesset nobis, si ipsa nihil curaret de nobis? Propter hoc, charissimi, sciamus indubitanter, et pro hac gratias agamus incessanter, quia, sicut ipsa apud Deum omnibus sanctis est potentior, ita quoque pro nobis apud Deum omnibus sanctis est sollicitior, testante eodem doctore Augustino qui sic ait : Te solam, o Maria, pro sancta Ecclesia sollicitam præ omnibus sanctis scimus, quæ impetras inducias transgressoribus, ut renuntient suis erroribus. (In *Spec. B. Virg.*, lect. 6.)

Richardus a S. Laurentio : Tornatiles dicuntur manus Mariæ, quia sicut ars tornandi promptior est aliis artibus, sic Maria ad benefaciendum promptior omnibus sanctis. (Lib. v *De laud. B. Virg.*)

XX Octobris.

B. Petrus Damianus : Etsi multa magna facta sunt in creaturis mundi, nihil tamen tam excellens, tam magnificum fecerunt opera digitorum Dei, Virgo Dei Genitrix, cujus pulchritudinem sol et luna mirantur, subveni, Domina, clamantibus ad te jugiter, etc. *Fecit* in te *magna qui potens est.* (*Luc.* i, 49.) *Et data est tibi omnis potestas in cœlo et in terra* (*Matth.*xxviii, 18.) Quid tibi negabitur, cui negatum non est Theophilum de ipsis perditionis faucibus revocare? Infelicem animulam, totum illud quod in te factum est proprio charactere denegantem de luto fæcis et miseriæ sublevasti. (Serm. *De Nativ. beatæ Virginis.*)

S. Fulbertus Carnotensis : Veniant igitur ad eam peccatores cum Theophilo tundentes rea pectora cum interno fletu, ipsi quoque si vere pœniteant, desideratam veniam adepturi, de quorum numero tibi assistentibus nobis ut subvenire jam et auxiliari digneris, imploramus. O præelecta! o sancta! o venerabilis et imperiosa! o clemens et propitia Domina nostra! quo possumus recuperare et habere

perpetuam gratiam Filii tui Jesu Christi Domini
nostri. (Serm. 1, *De Nativ. B. Virg.*)

S. Bernardus: Amplectamur Mariæ vestigia, fratres mei, et devotissima supplicatione beatis illius
pedibus provolvamur. Teneamus eam, nec dimit-
tamus, donec benedixerit nobis : potens est enim.
(Serm. super *Sign. magn.*)

XXI Octobris.

Richardus a S. Laurent. : Maria Regina est illius civitatis, cujus Filius suus Rex, et eisdem
privilegiis secundum leges gaudent Rex et Regina.
Cum autem eadem sit potestas et communis Matris
et Filii, quæ ab omnipotente Filio omnipotens est
effecta, *quia non est potestas nisi a Deo* (Rom. xiii,
1), unde dicit cum Filio, Matth. xxviii, 18 : *Data
est mihi omnis potestas in cælo et in terra :* tam excellenter potens est in Ecclesia triumphante ; unde
dicit Eccli. iv, 15 : *In Jerusalem superna potestas
mea*, imperandi scilicet quod volo virtutibus angelicis, et animabus sanctis, et faciendi ad beneplacitum meum, et quos volo introducendi, etc. ; in
hoc manifestissime apparet omnipotentia Mariæ,
quod, sicut legitur in miraculis ejus, multos de sua
damnatione jam certos, multos aquis præfocatos,
multos ex improviso mortuos liberavit; qui dum
viverent, ipsius patrocinio se commendaverant,
multos qui sine pœnitentia decesserant in mortali,
ab ipsis diaboli faucibus potenter eripuit, et ut
possent agere pœnitentiam, ad vitam reduxit. Ita
namque ingeniosa est et subtilis ad salvationem
peccatorum, sicut diabolus ingeniosus est et subtilis ad damnationem eorum. Qua autem justitia,
vel quo jure ipsa salvet damnabiles, et sine pœnitentia defunctos in mortali, quis sufficiat enarrare ?
Constat autem, quod et ita facit, et quod salva justitia facit, et ad hujus rei evidentiam dicitur ipsa
Cant. iv, 12 : *Fons signatus.* Nam sic exuberans est
iste Fons misericordiæ, quod semper fluunt miserationes ejus, integro tamen et illibato sigillo justitiæ, quia sic ingeniose scit facere misericordiam
quod non frangit justitiam. (Lib. iv *De laud. B.
Virg.*)

B. Petrus Damianus : Nec ad æterni Judicis poterit perire conspectum, qui Genitricis ejus sibi pro-
viderit auxilium. (Opusculo xxxiii, cap. 2.)

Richardus a S. Laurent. : Servire Dei Genitrici
debes, dum vivis, post mortem vivere si vis.'(Lib.
ii *De laud. B. Virg.*)

XXII Octobris.

B. Petrus Damianus : Nil tibi impossibile cui
possibile est desperatos in spem beatitudinis relevare. Quomodo enim illa potestas tuæ potentiæ
poterit obviare, quæ de carne tua carnis suscepit
originem? Accedis enim ante illud aureum humanæ reconciliationis Altare, non solum rogans,
sed imperans; Domina, non ancilla. Moveat te natura, potentia moneat; quia quanto potentior,
tanto misericordior. esse debebis. Potestati enim

cedit ad gloriam, injurias ulcisci nolle cum possit.
(Serm. 1, *De Nativ. B. Virg.*)

S. Georgius Nicomediensis : Habes ut Mater in
Filium, quæ recusari non potest, fiduciam. Habes
vires insuperabiles, robur inexpugnabile, ne immensam tuam clementiam superet multitudo peccatorum. Nil tuæ resistit potentiæ, nihil tuis repugnat viribus : omnia cedunt tuo jussui, omnia tuo
obediunt imperio, omnia tuæ potestati serviunt.
Te omnibus suis operibus reddit excelsiorem, qui
est ex te natus, etc. Tuam enim gloriam Creator
existimat esse propriam : et tanquam Filius in ea
exsultans, quasi exsolvens} debitum, implet petitiones tuas. (*Orat. de oblat. Deip. Virg.*)

Richardus a S. Laurent. : Maria potens est ad
protegendum. Unde ipsi potest secure dicere servus ejus illud Job xvii, 3 : *Pone me juxta te, et
cujusvis manus pugnet contra me.* (Lib. ii, part. i,
De laud. B. Virg.)

XXIII Octobris.

B. Albertus Magnus : *Terribilis ut castrorum acies
ordinata.* (*Cant.* vi, 3.) Hic innuitur, quod B. Virgo fidelium contra dæmones, et septiformem tur-
mam vitiorum dimicantium est fortis auxiliatrix.
Unde de ipsa dicitur, Cant. iv, 4 : *Sicut turris David collum tuum, quæ ædificata est cum propugnaculis : mille clypei pendent ex ea, omnis armatura
fortium.* Nota, quod per collum intelligitur beata
Virgo, per ipsam enim quasi excellentissimam totum corpus Ecclesiæ unitur capiti Christo. Hæc est
sicut *Turris David*, id est, manu fortis ; quia fideles
in ea forte refugium inveniunt. Et hæc est *ædificata
cum propugnaculis*, id est, adjutorium habet a Patre,
et Filio, et Spiritu sancto. *Mil'e etiam clypei*, id est,
omnium angelorum præsidia *pendent ex ea*, ad
defensionem ipsorum qui confugerunt ad ipsam.
Omnis etiam armatura fortium pendet ex ipsa, quia
omnes electi eum, quem ipsa adjuvare voluerit,
adjuvabunt. (Serm. ii, *De Assumpt. B. Virg.*)

S. Thomas a Villanova : Facta est hæc Turris
Ecclesiæ propugnaculum et peccatorum unicum
refugium, ut ad ipsum confugiant omnes rei, omnes mœsti, omnes afflicti, et ea protegente liberentur ab hoste. O homo, in quacunque tribulatione ad
Mariam fuge; sive peccatis afflictus, sive persecutionibus attritus, sive tentationibus turbatus, hanc turrim petito, ad Mariam confugito : *Mille enim clypei pendent ex ea.* (Conc. 1, *De Assumpt. B. Virg*)

XXIV Octobris.

V. P. Joan. a Jesu Maria : O Turris David, ex
qua pendet omnis armatura fortium, arma me inermem famulum tuum, supplicantem tibi in angore
spiritus mei ; quatenus auxilio tuo fortior, felicior
dimicem adversus Philistæos istos, crudelissimos
animæ meæ hostes, qui quasi totidem gigantes obsident me. Nam et virtus cordis mei attrita est a diuturnitate terribilis prœlii, tremuntque omnia interiora mea, non modo quia canes multi obsederunt

me, verum etiam quia sagittæ Domini ebibunt spiritum meum, et terrores ejus militant adversum me. Proinde ad te confugio, o potentissima reginarum, quæ contrivisti caput serpentis, ut sub umbra protectionis tuæ certem bonum certamen, faciamque tandem victoriam magnam, ac postremo cantem in æternum inæstimabiles misericordias tuas. (Tom. IV, Epist. ad B. Virg.)

Ecclesia Græca : In lectulo negligentiæ recubo, et ignavam plane transigo vitam, ideoque formido horam exitus mei; ne scilicet tunc, serpens ille ac veterator vaferrimus, vilem animam meam rabie leonina discerpat. Quare solo bonitatis tuæ impulsu, o inculpatissima! extremi hanc articuli mei necessitatem præcurre, meque ad agendam pœnitentiam suscita. (Ex Menæis Græc. 19 Mart. citat. apud Simeon. Vagnereck. in Pietas Marian. Græc. num. 275.)

Idiota : Trahe me post te (Cant. I, 3), o benedicta Virgo Maria, etc., quia retinet me peccatorum ponderositas. Trahe me post te, quia me colligat carnalis concupiscentiæ voluptas. Trahe me post te, quia decipit me hostium perversorum maligna calliditas. Trahe me post te, ut perveniendi ad te augeatur mihi celeritas. : sicut enim Nemo venit ad tuum Filium superbenedictum, nisi Pater traxerit eum (Joan. VI, 44) : sic etiam quodammodo ausim dicere, quod nemo venit ad Filium tuum gloriosissimum, nisi tuis sanctissimis subsidiis traxeris eum. Trahe igitur me torpentem, ut me reddas currentem. Trahe me peccantem, ut me reddas pœnitentem. Trahe me ignorantem, ut me reddas scientem, ut curram in odorem unguentorum tuorum. (De contempl. B. Virg., cap. 1.)

XXV Octobris.

S. Antoninus : Et quia ipsa Virgo gloriosa misericors est ad omnes, comparat se olivæ dicens, Eccli. xxiv, 19 : Quasi oliva speciosa in campis. Oliva significat misericordiam, quia oleum fructus est linitivum et dulce. Ad olivam, quæ est speciosa in campis, omnes possunt accedere, et accipere fructum ejus : sicut ad Mariam et justi et peccatores accedere possunt, ut inde misericordiam accipiant. Ipsa est illa sancta Judith, quæ ex magna misericordia ad populum suum cum magna providentia et fortitudine occidit Holophernem ferocissimum obsidentem et captivare et exterminare volentem populum Dei, id est, diabolum infernalem. Unde et in ejus laudem dixerunt Joachim summus sacerdos cum omni populo benedicentes, Judith xv, 10, 11 : Tu gloria Jerusalem, tu lætitia Israel : tu honorificentia populi nostri : quia fecisti viriliter, et confortatum est cor tuum, eo quod castitatem amaveris, et benedicta eris in æternum. O quot sententias terribilium flagellorum, quæ meruit mundus propter peccata sua, hæc sanctissima Virgo misericorditer revocavit! Nonne in visione ostensum est beato Dominico et aliis, quod Dei Filius

mundum exterminare volebat tribus lanceis, sed beatissima Mater misericordiæ pro eo intercedens ipsum placavit : asserens se duos servos habere, scilicet Dominicum et Franciscum, quos mittens per orbem cum filiis homines ad pœnitentiam reducerent. (Part. III, tit. 31, cap. 4.)

S. Sabas abbas : Omne tempus meum in vita profligata consumpsi, ut qui animam lascivia sordidam, atque corpus omni genere impuritatis fœdatum gero : ipsa quoque vis cogitandi mea turpitudinibus infecta est, et omnes actiones meæ summis sunt nequitiis profanatæ : ad extremum quantus quantus sum : decretoriam damnationis sententiam merui. Quo igitur fugiam, aut ubi quæram asylum, præter te, Domina? Commoveantur, obsecro, viscera tua, atque ad me salvandum accurre. (Ex Menæis, Græc. 17 Febr. apud Simon. Vagnereck, Pietas Marian. Græc. n. 227.)

Idiota : O vas misericordiæ, ad te recurro ego vas contumeliæ. Plenum luto fœtidissimo diversorum vitiorum; sed, piissima Virgo Maria, scio te habere tantam misericordiam, ex qua qui plus haurit, plus de ea in te inveniet. Digneris mihi eam dare, per quam mundare possim vas meum immundum, ut de vase contumeliæ, fiat vas gratiæ, et in fine cum omnibus sanctis gloriam obtineam sempiternam. Amen. (De B. Virgine, part. XIV, contempl. 57.)

XXVI Octobris.

Richardus a S. Laurent. : Maria suos protegit etiam ab accusationibus dæmonum, qui accusant justos in conspectu Dei die ac nocte, id est, assidue, etc. Quis enim apud Filium illum accusare audeat, cui Matrem viderit patrocinantem ? Et si Maria pro nobis, quis contra nos? et si ipsa est quæ justificat, quis est qui condemnet ? Et hujusmodi multa in veniuntur in libro miraculorum ejus. (Lib. II, part. I, De laud. B. Virg.)

B. Albertus Magnus : Item ipsa est virga aurea, signum vitæ æternæ. Esther. IV, 11 seqq. : Vir, sive mulier, quicunque interius atrium regis non vocatus intraverit. Glossa : Non habens vestem nuptialem: statim interficiatur, morte æterna : nisi forte rex auream virgam, id est, Mariam, ad eum tetenderit pro signo clementiæ, ut sit in propitiatricem, atque ita possit vivere (In Bibl. Marian lib., Esther., num. 4.)

S. Bonaventura : O Maria, virga aurea perfectis, virga ferrea duris, virga aurea hominibus, virga ferrea et dura dæmonibus, arceas dæmones a nobis. Hoc, Domina, petimus, et devote petimus, cum In nocentio petente ac dicente sic : Ave, Dei Mater alma, quæ ex dignitate, qua Dei Mater es, imperare potes dæmonibus, compesce dæmones, ne nobis noceant, præcipe angelis ut nos custodiant. (In Specul. B. Virg., lect. 12.)

Gerson : Maria comparatur equitatui Dei in curribus Pharaonis. Jam non propter se, sed propter nos viatores, quos a diabolico Pharaonis defendit incursu. Confugiamus ad ejus opem, quoniam submergit Pharaonem istum regem super omnes filios superbiæ, et hoc cum curribus et equitibus amarissimæ pœnitentiæ lacrymosæ. (Tract. iv, super *Magnific.*)

S. Bonaventura : B. Virgo per Jahel signata esse potest, quæ clavo Sisaram interfecit, etc. Sisara exclusio gaudii interpretatur, et bene diabolum signat, qui a gaudio cœlesti exclusus, etiam alios excludere festinat, etc. Benedicta itaque Jahel caput Sisaræ clavo interficiente confixit, quando benedicta Maria virtutem Satanæ rigore disciplinæ in se exstinxit. (In *Specul. B. Virg.* lect. 15.)

XXVII *Octobris.*

S. Bernardus : Ad Patrem verebaris accedere, solo auditu territus ad folia fugiebas. Jesum tibi dedit Mediatorem. Quid non apud talem Patrem Filius talis obtineat ? exaudietur utique pro reverentia sua : *Pater enim diligit Filium.* (Joan. iii, 35.) An vero trepidas et ad ipsum ? Frater tuus est et caro tua, tentatus per omnia absque peccato, ut misericors fieret. Hunc tibi Fratrem Maria dedit. Sed forsitan et in ipso majestatem vereare divinam, quod licet factus sit homo, mansit tamen Deus. Advocatum habere vis et ad ipsum ? ad Mariam recurre. Pura siquidem humanitas in Maria, non modo pura ab omni contaminatione, sed et pura singularitate naturæ. Nec dubius dixerim, exaudietur et ipsa pro reverentia sua. Exaudiet utique Matrem Filius, et exaudiet Filium Pater. Filioli, hæc peccatorum scala, hæc mea maxima fiducia est, hæc tota ratio spei meæ. Quid enim ? Potestne Filius aut repellere, aut sustinere repulsam? Non audire, aut non audiri Filius potest ? Neutrum plane. *Invenisti* (ait angelus, Luc. i, 30) *gratiam apud Deum.* Feliciter. Semper hæc inveniet gratiam, et sola est gratia qua egemus. (Serm. *De Nat. B. Virg.*)

S. Bonaventura : Aurora est beatissima Virgo Maria, quæ inter noctem et solem, inter hominem et Deum, inter hominem injustum, et Deum justum est optima Mediatrix, optima iræ Dei refrigeratrix. Testatur B. Bernardus, dicens : Securum jam habet homo accessum ad Deum, ubi Mediatorem causæ suæ Filium habet ante Patrem, et ante Filium Matrem. Filius nudato corpore Patri ostendit latus et vulnera ; Maria Filio pectus et ubera. Non potest ullo modo fieri repulsa, ubi concurrunt et perorant tanta charitatis insignia (In *Spec. B. Virg.*, lect. 11.)

S. Bernardinus Senensis : Oremus igitur, dilectissimi fratres, Dominam nostram Virginem benedictam, ut quæ Mater esse meruit Judicis sæculorum, pro reatibus nostris Filio satisfaciat Advocata. Quid enim in causa potest esse periculi, ubi causas hominum illa perorat, quæ habet unde apud Deum pro filiis hominum orare præsumatur, quia Mater est Dei. (Serm. 3, *De nomine Mariæ*, **art. 3, cap. 4.**)

XXVIII *Octobris.*

S. Anselmus : O beata fiducia! o tutum refugium! Mater Dei est Mater nostra, Mater ejus in quo solo speramus, et quem solum timemus, est Mater nostra ; Mater, inquam, ejus, qui solus salvat, solus damnat, est Mater nostra, etc. Ergo Judex noster, est Frater noster, Salvator mundi est Frater noster , denique Deus noster est factus per Mariam Frater noster. Qua igitur certitudine debemus sperare, qua consolatione possumus nos timere, quorum sive salus, sive damnatio, de boni Fratris et piæ Matris pendet arbitrio? quo etiam affectu hunc Fratrem et hanc Matrem amare debemus, qua familiaritate nos illis committemus, qua securitate ad illos confugiemus, qua dulcedine fugientes suscipiemur? Bonus ergo Frater noster nobis dimittat, quod delinquimus ; ipse avertat, quod delinquentes meruimus ; ipse donet, quod pœnitentes petimus. Bona Mater oret, et exoret pro nobis ; ipsa postulet et impetret quod expedit nobis; ipsa roget Filium pro filiis, Unigenitum pro adoptatis, Dominum pro servis. (In *Orat. ad B. Virg.*)

S. Bonaventura : Duo autem Filii Mariæ sunt homo Deus, et homo purus, unius enim corporaliter, alterius spiritualiter Mater est Maria. Unde B. Bernardus ait : Tu Mater Regis, tu Mater exsulis, tu Mater Dei, tu Mater Judicis, et tu Mater Dei et hominis, cum Mater sis utriusque, discordiam inter filios tuos nequis sustinere. (In *Speculo B. Virg.*, lect. 3.)

Guilhelmus : In uno Salvatore omnium Jesu plurimos Maria peperit ad salutem ; pariendo vitam multos peperit ad vitam. Eo ipso quod Mater est Capitis, multorum membrorum Mater est. Mater Christi Mater est membrorum Christi. (Apud Martinum Delrium, *in Cant.* cap. iv, sect. 1.)

XXIX *Octobris.*

B. Albertus Magnus : B. Virgo sedens in dextera Dei Filii nostra videns pericula clamat, Eccli. xxiv, 26 : *Transite ad me, omnes qui,* etc.

Nota, a quo, ad quem, et quos ad transeundum invitat. A quo, quia a mundo decipiente, a peccato inficiente, a diabolo devorante. Vel aliter, quasi diceret : Transite de mundo, quia *mundus transit et concupiscentia ejus* (I Joan. ii, 17) ; ideo vos ad me transite. Vel transite quandiu potestis, de culpa ad gratiam, quia postea non valebitis. Sed ad quem ? Ad me, quæ sum peccatorum illuminatrix. Job xxix, 15 : *Oculus fui cæco.* Item ad me, quæ sum peccatorum reconciliatrix, ut patet II Reg. xxv, de Nabal et Abigail. Vel ad me, quæ sum omnium peregrinorum Christi generalis receptrix, Job xxxi, 32 : *Ostium meum viatori patuit.* Sed quos invitas ad transeundum ad te? *Omnes qui concupiscitis me,* me honorantes et diligentes etiam per teneram devotionem. Sed quare transire debemus ? *Ut a generationibus meis adimpleamini,* quia vacui : ut salvemini, quia perditi : ut dulces efficiamini, quia amari. Unde, *Spiritus enim meus super mel dulcis,* omnium amaritudinem peccati repellens Et ad hoc transite, ut saturemini, ut ibi : *Qui edunt me, adhuc esurient,* etc. Glossa : per desiderium et devotionem. Vel propter hoc ut instruamini, ut ibi : *Qui audit me, non confundetur; qui operantur in me,* mihi serviendo, *non peccabunt.* Et *qui elucidant me,* aliis prædicando, fideliter, veraciter, et devote, *vitam æternam habebunt* (*Eccli.* XXIV, 26-30), per me et per meum Filium. (In *Bibl. Marian.,* lib. Ecclesiastici, num. 10.)

Richardus a S. Laurent. : Ipsa etiam beata Maria nostra est susceptio, nam in mari mundi submerguntur omnes illi, quos non suscipit navis ista, et quos non sublevat a naufragio peccatorum. Unde Sap. XIV, 5 : *Transeuntes mare,* id est, mundum, *per ratem,* id est, Mariam *liberati sunt* (Lib. II, *De laud. B. Virg.*)

S. Anselmus : Tibi ergo nos commendamus, tu procura ne pereamus, effice potius ut salus nostra de die in diem multiplicetur, et Filio tuo, Domino nostro Jesu Christo, vita nostra jugi devotione famuletur. (In Orat. *ad B. Virg.*)

XXX Octobris.

S. Bonaventura : Ruth in oculis Booz, Maria in oculis Domini hanc gratiam invenit, ut ipsa spicas, id est, animas a messoribus derelictas, colligere ad veniam possit. Qui sunt messores nisi doctores et rectores? O vere magna Mariæ gratia, qua multi ex eis ad misericordiam colliguntur, qui a doctoribus et rectoribus tanquam incorrigibiles relinquuntur! etc. O quis æstimare valeat quam multæ animæ, opitulante gratia Mariæ, sint per gratiam impinguatæ? imo certe quis æstimare valeat quanta in ipsa Maria fuit impinguatio gratiarum, cujus gratia impinguata sunt tot millia animarum? etc. O ergo Mater gratiæ, fac nos filios gratiæ, fac ut per gratiam tuam verissimam colligamur ad veniam remissionis, impinguemur per gratiam devotionis, liberemur a morte damnationis. (In *Spec. B. Virg.* lect. 5.)

Idiota : O benignissima Virgo Maria; ego perversus et iniquus peccator, me tentatum sentio, et prostratum ab inimicis, quibus in multis peccatis consensum præbui, et eumdem opere complevi. Adjuva ergo me, clementissima Virgo Maria, perditæ gratiæ reparatrix; et da mihi patientiam in tribulationibus, victoriam in tentationibus et pœnitentiam de commissis. Impetra veniam de præteritis, tribue in præsentibus cautionem, præsta in futuris adversus omne malum fortissimam resistentiam; ut sic reliquum vitæ meæ in præsenti sæculo transigam, quo tandem adipiscar tuas et superlaudabilis Filii tui perpetuas laudes, in vitam æternam. (*De contempl. B. Virg.,* cap. 6.)

XXXI Octobris.

S. Bernardus : Jam te, Mater misericordiæ, per ipsum sincerissimæ tuæ mentis affectum, tuis ja-

cens provoluta pedibus luna, mediatricem sibi apud Solem justitiæ constitutam devotis supplicationibus interpellat, ut in lumine tuo videat lumen, et Solis gratiam tuo mereatur obtentu, quam vere amavit præ omnibus, et ornavit stola gloriæ induens, et coronam pulchritudinis ponens in capite tuo. (Serm. super *Signum magn.*)

Cardinalis Pazmanii : O Virgo benedicta, o benigna regni Hungariæ Domina, converte oculos in multa, quæ nobis desunt : miserere nostrarum prægrandium ruinarum. Ecce jam prope mortuum est quod amasti, regnum : jam prope exinanitum est regnum tuum, nobilissima Domina nostra. Quocirca prodi coram Filio tuo in medium. Dic illi : Fili, in regno meo defecit vera religio, procul abest justitia, procul castus Dei amor, procul prisca pietas. In aquam abiit vinum illius ; potissima ex parte, fides transiit in errorem : templum desertum, vires collapsæ, libertas jugo ethnico mancipata. (*Conc. in Dom.* II *post Epiph.*, doctrina 2.)

S. Bernardus : Per te accessum habeamus ad Filium, o benedicta inventrix gratiæ, Genitrix vitæ, Mater salutis : ut per te nos suscipiat, qui per te datus est nobis. Excuset apud ipsum integritas tua culpam nostræ corruptionis, et humilitas Deo grata, nostræ veniam impetret vanitati. Copiosa charitas tua nostrorum cooperiat multitudinem peccatorum, et fecunditas gloriosa fecunditatem nobis conferat meritorum. Domina nostra, Mediatrix nostra, Advocata nostra, tuo Filio nos reconcilia, tuo Filio nos commenda, tuo nos Filio repræsenta. Fac, o benedicta, per gratiam quam invenisti, per prærogativam quam meruisti, per misericordiam quam percepisti, ut qui te mediante fieri dignatus est particeps infirmitatis et miseriæ nostræ, te quoque intercedente participes faciat nos gloriæ et beatitudinis suæ Jesus Christus, Filius tuus Dominus noster, qui est super omnia Deus benedictus in sæcula. Amen.(Serm. II, *De Adventu.*)

NOVEMBER.

S. MARIA VIRGO DULCISSIMA, TOTA SUAVISSIMA.

1 Novembris.

V. P. Joan. a Jesu Maria : Clementissima Regina solita semper afflictos, qui ex hac lacrymarum valle ad te suspirant, suavissime consolari, simulque rigare cœlesti refrigerio, tanquam rore matutino corda arentia : en ad te, dulce valde solatium meum, ex ima abysso vilissime sordenti cordis mei exclamo : hancque epistolam per internuntium desideriorum meorum ad te dirigo, o solidissima spes, et amabilissima vita mea. Novi scilicet certissime solutum iri interventu tuo ea vincula, quæ me olim captivum tenent in terra Chaldæorum, ubi langueo, sedens super flumina Babylonis, sensimque absumor in mœrore exsilii mei. Porro inter suspiria ac lacrymas frequenter reminiscor tui, o dulcissima Regina illius Sionis, quæ post periculosos agones, parta jam pace, tua præsentia potitur, stupetque mirabiliter ad perfectiones vultus tui, necnon suavissimæ gratiæ tuæ. (Tom. IV, *Epist. ad B. Virg.*)

Dionysius Carthus. : O dulcis, delectabilis, et amœna, o redolentissima præamabilisque Maria, in te ipsa omni tranquillitate, bonitate, pietate, charitate, jucunditate plenissima, merito dulcis vocaris, quæ in te ipsa tam suavis et gaudiosa consistis, omnique menti bene dispositæ tam dulciter ac consolatorie sapis, quæ desolatos lætificas, miseros foves, animas ungis, imo universam triumphantem ac militantem Ecclesiam dulcedine tua mira ac magna, magnifice ac clementer reficis, exhilaras et perfundis. (*De laud. B. Virg.*, lib. III, art. 21.)

II Novembris.

S. Bernardus · Quid ad Mariam accedere trepidat humana fragilitas ? nihil austerum in ea, nihil terribile, tota suavis est, omnibus offerens lac et lanam. Revolve diligentius evangelicæ historiæ seriem universam, et si quid forte increpatorium, si quid durum, si quod denique signum vel tenuis indignationis occurrerit in Maria, de cætero suspectam habeas, et accedere verearis. Quod si (ut vere sunt) plena magis omnia pietatis et gratiæ, plena mansuetudinis et misericordiæ, quæ ad eam pertinent, inveneris, age gratias ei qui talem tibi Mediatricem benignissima miseratione providit, in qua nihil possit esse suspectum. (*Serm. super Sign. magn.*)

Dionysius Carthus. : Ideo quicunque mœrore deprimeris, desolatione affligeris, adversitatibus prægravaris, hanc piissimam prorsusque suavissimam accede, implora, contemplare Mariam, et cito senties ejus opem : persevera invocare ejus misericordiam, et celebriter experieris consolationem mentalem. (*De laud. B. Virg.*, lib. III, art. 21.)

S. Basilius Seleuc. : Quid dulcius, fratres charissimi, quid jucundius, quid salubrius, quid felicius, quam de B. Virgine loqui, de Virgine cogitare ! (Relatus apud Carthag. lib. I *De arc. B. Virg.*, hom. 19.)

S. Bonaventura : Quis enim non te diligit (o Maria) reparatricem omnium, amoris caminum, pulchriorem · sole, dulciorem melle, bonitatis thesaurum, honestatis speculum, omnis sanctitatis exemplum ? Omnibus es amabilis, omnibus es affabilis, omnibus delectabilis.(In *Stimul. amor.* part.III, cap. 19.

III Novembris

Richardus a S. Laurent. : Sicut nomen Jesu me! In ore, in aure melos, in corde jubilus, sic et nomen Mariæ et etiam amplius si dicere audeamus. Jesus enim, quasi superbum nomen est, et nimium potens : nostros humilius nomen affe-

ctus decet, unde si in Jesu aut Deitatis, aut sexus virilis, austeritatem aliquis vereatur, recurrat ad Mariam, in qua nihil horum suspectum est. Maria enim nomen muliebre est, et mansuetudinem præferens et commendans (Lib. I *De laud. B. Virg.*, cap. 2.)

S. Birgittæ dixit Deipara : Nomen meum est Maria, sicut legitur in Evangelio. Hoc nomen cum angeli audiunt, gaudent in conscientia sua, et regratiantur Deo, qui per me, et mecum talem gratiam fecit, et quod vident ipsi humanitatem Filii mei in Deitate glorificatam. Illi qui in purgatorio sunt, ultra modum gaudent tanquam æger in lecto jacens, si audierit ab aliquibus verbum solatii, et quod ei placet in animo, quod statim exsultat. Angeli etiam boni audito hoc nomine, statim appropinquant magis justis, quibus dati sunt ad custodiam, et gaudent de profectu eorum, quia omnibus hominibus angeli boni dati sunt ad custodiam, et angeli mali ad probationem, etc. Omnes etiam dæmones verentur hoc nomen et timent. Qui audientes hoc nomen Maria, statim relinquunt animam de unguibus, quibus tenebant eam. (Lib. I, cap. 9, *Revel. S. Birgitt.*)

S. Germanus patriar. Constantinop. : Nomen Dei Matris ore et corde, et anima tota complector : Quod utinam in ore habere tunc possem, cum mors ad ultimum reddendum spiritum me compellet. Mihi enim omnino persuadeo futurum ut crudeles aeris exactores, hominumque hostes illud timeant, et meum exitum a tributo immunem esse patiantur. Idem Dei Matris nomen, sit mihi ultimus linguæ loquentis motus, ut illud veluti olivæ ramum in ore ferens, avolem, et requiescam, quem admodum columba, in salutari arca paradisi. (*Orat. de Annunt. B. Virg.*)

S. Bernardus : Sicut Christus quinque vulneribus suis contulit plene remedia mundo : sic Maria suo sanctissimo nomine, quod quinque litteris constat, confert quotidie veniam peccatoribus in hoc mundo. (Citatus apud Pelbartum in *Stellario*, lib. VI, part. I, art. 2, et Bensonium super *Magnif.*)

IV Novembris.

Idiota : Tanta est virtus tui sacratissimi nominis, o semper benedicta Virgo Maria, quod mirabiliter emollit et penetrat duritiam cordis humani. (*De contempl. B. Virg*, cap. 5.)

V. P. Joan. a Jesu Maria : Eia, per cor tenerrimum Unigeniti tui rogo te, imprime intimo animæ meæ centro, dulce Mariæ nomen ac favum nomen tuum, quod scilicet ibi ego conservem, robur que ex illo desumam : meque insuper dignare regali sigillo Mariæ, quod undique circumferens, dignoscar emptitium mancipium tuum, nec proinde cogitem, loquar, aut agam quidpiam, quod non protinus in te dirigam, o sublimissima Regina, invicta fortitudo, et cordialis consolatio mea. Ita liber de manu hostili quærentium animam meam, potiar pace, quam hoc bello inquiro, et quietis jam passionibus meis contemplabor te amictam sole, et stellis duodecim coronatam. Captusque in decore tuo immenso, dicabo tibi viscera mea, ac multiplicabo instar arenæ maris suspiria cordis mei solliciti propter te. Meditabor in te die ac nocte, purissimis te affectibus diligendo super omnes filias Sion, quæ induuntur purpura et bysso : pendamque ultroneum tributum tibi, certus insumere totam, quanta est virtus mea in obsequium Mariæ. (T. IV, *Epistola ad B. Virg.*)

S. Bonaventura : Ecce quam bonum et quam jucundum, Maria, diligere nomen tuum ! Unguentum effusum et aromaticum est nomen tuum , diligentibus ipsum. Quoniam magna multitudo dulcedinis tuæ, Domina, quam præparasti diligentibus, et sperantibus in te. (Psal. cxxxii.)

Idem. Part. iii, in *Stim. amoris*, cap. 16 : Ergo, ave, Domina mea, Mater mea, imo cor meum, et anima mea, Virgo Maria, et Maria mea, ave. O nomen suavissimum, nomen jucundissimum et nomen dulcissimum, nomen Mariæ ! Quid feci, quid præsumpsi, quomodo excessi, quod nominare te audeo ? Quis unquam talia audivit, ut perditionis filius, peccatorum sacculus, dæmonum famulus te nominare præsumat ? O amor mei, nomen Matris Dei reverere nescit amor, mihi parce, Domina, quod me amare dicam te. Etenim si non sum dignus, non es indigna amari.

V Novembris.

S. Bernardus : O dulcis Domina : cujus sola memoria affectum dulcorat : cujus magnitudinis meditatio mentem elevat : cujus pulchritudo oculum interiorem exhilarat : cujus amœnitatis immensitas cor meditantis inebriat ! O Domina, quæ rapis corda hominum dulcore, nonne cor meum, Domina, rapuisti ? ubi, quæso, posuisti illud, ut ipsum valeam invenire? O raptrix cordium, quando mihi restitues cor meum ? Quare sic corda simplicium rapis ? Quare violentias facis amicis? Nunquid ipsum semper vis tenere ? cum illud postulo, mihi arrides : et statim tua dulcedine consopitus quiesco. Cum in me reversus iterum illud postulo, me complecteris, dulcissima, et statim inebrior tui amore ; tunc cor meum non discerno a tuo, nec aliud scio petere, nisi tuum. Sed ex quo est cor meum tuo dulcore sic inebriatum, guberna illud cum tuo et in sanguine Filii conserva, in latere Filii colloca : tunc assequar quod intendo, et possidebo quod spero, quia tu es *Spes nostra*. *Sperent ergo in te, qui noverunt nomen tuum, quoniam non dereliquisti quærentes te* , Domina. (*Psal.* ix, 11.) Certe qui sperant in te, mutabunt fortitudinem : assument pennas, ut aquilæ volabunt, et non deficient. Quis non sperabit in te, quæ etiam adjuvas desperatos ? (In Medit. super *Salve, Regina.*)

VI Novembris.

S. Germanus, patriarch. Constantinop. : Si tu nos deseris, quonam confugiemus? Quidnam de nobis fiet, o sanctissima Deipara, spiritus et vita Christianorum : quomodo enim corpus nostrum, vitalis signum operationis habet respirationem, ita etiam sanctissimum tuum nomen quod in ore servorum tuorum versatur assidue, in omni tempore, loco, et modo, vitæ, lætitiæ, et auxilii non solum est signum, sed ea etiam procurat et conciliat. (Orat. *De zona Virginis.*)

Richardus a S. Laurent. : Maria est terra, quia nobis interponitur et abysso, qua subtracta, sicut Core, Dathan et Abiron, Num. xvi, 30, *Statim descenderunt in infernum viventes;* sic subtracto nobis adjutorio Mariæ, statim labimur in peccatum, et inde in infernum. Quia fere quidquid vivit, vivit de terra, sic et quidquid vivit per gratiam, per Mariam vivit, quæ genuit vitam, ideo ipsa dicit, Eccli. xxiv, 25 : *In me gratia omnis vitæ.* (Lib. viii, *De laud. B. Virg.*)

S. Bernardus : Maria est terra repromissionis lacte et melle manans. (Serm. 3, super *Salve, Regina.*)

S. Augustinus : Quomodo autem B. Maria non fuit terra promissionis, quæ per prophetam multo ante promissa est. Nam per B. Isaiam Dominus eam ante multa annorum spatia repromisit. (Serm. 100, *De tempore.*)

VII Novembris.

B. Petrus Damianus : Exsultate, fratres, in Domino, quia de Domina illa sermo succedit, quæ singularem in cordibus vestris sibi vindicat principatum. Hæc est, ad cujus nomen corpus humiliter inclinatis, cujus horis reverenter assistitis, cujus memoriam jugiter frequentatis. Hæc est, quæ vestris affectibus suaviter indulcescit, quia magna multitudo dulcedinis ejus. Spiritus enim ejus super me dulcis, in qua dulcis Dominus cum omni sua dulcedine supervenit. (*Serm. de Annunt. B. Virg.*)

Richardus a S. Laurent. : Ipsa enim favus melleus est, cui dicitur, Cant. iv, 11 : *Favus distillans labia tua,* qui si bene compressus fuerit tactu labiorum devote orantis, dulcedinem melleam facile distillabit. Ipsa vellus Gedeonis, Judic. vi, madefactum rore gratiarum, quod compressione levissima devotæ salutationis et orationis larga distillabit stillicidia super terram cordis humani. (*De laud. B. Virg* , lib. i, cap. 8.)

S. Anselmus : Nihil enim utilius post Deum memoria Matris ejus ; nihil salubrius meditatione pii amoris quo fervebat in memoria et contemplatione Filii sui ; nihil jucundius sapore pertractati gaudii ejus, quo multipliciter pascebatur in eodem et per eumdem Filium suum. (*De excellent. B. Virg.*, cap. 6.)

Guilhelmus : In quantis agebat sanctæ jucunditatis deliciis, cum Deum Verbum maternis amplexibus stringeret, et sacra illi oscula materni oris imprimeret, cum illum, qui in cœlo de se pascebat angelos, maternis uberibus aleret, et cætera maternæ pietatis officia ministraret. (*In Cant.* cap. VII, relatus a Martino Delrio, sect. 4, ad cap. VII Cant.)

VIII Novembris.

B. Thomas a Villanova : Edissere nobis, o Virgo beata, dulcissimos illos dialogos, familiares locutiones, et arcana colloquia, quæ habuisti cum Filio, quando, in gremio tuo recumbens, cœlestia tibi secreta pandebat, et dulcia illi in doctrinæ præmium oscula referebas. Quid tunc disserebat? quid docebat? quid illum percontabaris? quid tibi respondebat? Noveras enim optime eum quis esset : noveras divinæ sapientiæ in eo latere thesauros ; noveras abyssum luminis profundissimam intra tenerrimi pectoris angustias latitantem, omniaque ejus verba sicuti Dei omnipotentis oracula conservabas. O felicem feminam, quæ nectareo illo divinæ sapientiæ poculo tam diu potata es! Cur nos, obsecro, Virgo, his tantis divitiis defraudasti? cur thesauros istos desiderabiles a tuis servitoribus abscondisti? cur dialogos illos dulcissimos ad eruditionem et consolationem nostram scripturæ non mandasti? Quid nobis nunc gratius, quid dulcius, quid utilius dari posset, quam ut colloquiorum hujusmodi sapientissimo et salutari pabulo frueremur? interrogantem Matrem, et Filium respondentem de cœlestibus audiremus? Sed non decuit margaritas pretiosas omnibus palam fieri, et sacramenta cœlestia, quæ non licet homini loqui, coram omnibus publicari, ac propterea non edita sunt. (Conc. 3, *De Assumpt. B. Virg.*)

IX Novembris.

S. Gregorius Thaumaturgus : *Ave, gratia plena.* Tu enim quæ revera gaudio sunt digna agis : quoniam immaculatam induta es vestem, et cingulo continentiæ ac pudicitiæ cincta es. *Ave, gratia plena,* quæ super cœlestis lætitiæ vas es utique receptaculum. *Ave, gratia plena :* nam per te gaudium dispensatur omni creaturæ, genusque humanum antiquam dignitatem recuperat. (*Serm.* 2, *De Annunt. B. Virg.*)

Dionysius Carthusianus : Diligibilis mihi es, semperque desideranda, o Maria, quæ bonitate plena es : cujus ab initio vitæ ope destitutus non sum : quæ adolescentulo adhuc et inter bonum malumque nondum discernere valenti, nominis tui contulisti affectum. Amabilis enim es, o Domina, quam Deus dilexit, cujusque speciem concupivit. In qua aliud prorsus, quam benignitatem atque dulcedinem, quam misericordiam et mititatem, quam charitatem ac honestatem invenire nequeo. (Lib. I, *De præconio et dignitate Mariæ,* art. 9.)

S. Joannes Damascenus : Sufficit certe iis, qui tui memoriam pie usurpant, pretiosissimum memoriæ tuæ donum : quippe quæ ejusmodi lætitiam pariat, quam nullus eripere possit. Quanam enim voluptate, quibus bonis non impletur, qui mentem

suam sanctissimæ memoriæ promptuarium effecit. (Orat. *De dorm. B. Virg.*)

S. Bonaventura : Beatus vir qui diligit nomen tuum, Maria Virgo ; gratia tua animam ejus confortabit. Tanquam aquarum fontibus irrigatum : uberem in eo justitiæ fructum propagabis. (*Psal.* I.)

Thom. de Kempis : Omnia enim amara dulcia fiunt, omnia gravia lævigantur, cum amor Jesu et piæ Matris ejus memoria ad cordis intima penetrant. Si quis hæc probare voluerit, frequenter de eis cogitet, loquatur, legat, cantet et oret. (Serm. 25, *ad Nov.*)

S. Anselmus : Itaque cui saltem ita concessum fuerit sæpe dulci studio posse cogitare de Virgine Maria, magnum promerendæ salutis indicium esse conjecto. (*De excell. B. Virg.,* cap. 4.)

X Novembris.

S. Bernardus : O pia, o magna, o multum amabilis Maria. Tu nec nominari potes, quin accendas, nec cogitari, quin recrees affectus diligentium te. Tu unquam sine dulcedine divinitus tibi insita piæ memoriæ portas ingrederis. (In *Deprecat. ad B. Virg.*)

Divus Amedeus : Mariæ præsentia gratam veris temperiem exhibebat, et quo favens se verteret, Paradisus erat. (Hom. 7, *De laud. B. Virg.*)

S. Bernardinus Senensis : Testis est conscientiæ Deus, quod si quando cœlesti gratia largiente exterioribus curis exemptus, laudibus Virginis valeo totus vel per horulam occupari, tanta mentis lætitia saucior, tanta interius suavitate perfundor, ut cunctis vanitatibus et concupiscentiis conculcatis, nil malim aut appetam, quam cum ipso lætitiæ spiritu, si daretur exsilire statim ad Dominum, antequam illud gaudii spiritualis curis iterum redeuntibus auferatur : et stimulante memoria delictorum cithara mihi vertatur in luctum : et jubilus, proh dolor ! in lamentum. Vide igitur quantæ sit felicitatis et gloriæ in illa patria Dei Genitricem et Virginem benedictam stipatam ordinibus angelorum, choris virginum comitatam, vultu pienissimo gratiarum, in suæ dignitatis solio præsidentem revelata jam facie contemplari : quandoquidem in sordibus carnis adhuc et mundi luto degentibus tam læta contingit in ejus nominis contemplatione sentire. (Serm. 5, *De glorioso nom. Mariæ.*)

XI Novembris.

B. Petrus Damianus : Felices angelici spiritus, qui beatæ Virginis habent præsentiam ! Nos interim memoriam abundantiæ suavitatis tuæ eructamus ; illi præsentiam, nos memoriam. Si sic dulcis est memoria, quid est præsentia ? Et illi quidem abundantiori rore divinitatis infusi, Genitum et Genitricem visione mirabili contuentur, Regis et Reginæ gloria cumulati. Nos vero, quos carceriæ mortalitatis ærumna contorquet, memoria pascimur, Scripturis relevamur : et quod illi vident, nos legimus. Utinam veniat, qui nos in lucem reponat, dies ubi non legere liceat, sed videre. Interim consolemur nos suavitate memoriæ donec dulcedine præsentiæ satiemur. (Serm. 1, *De Nativ. B. Virg.*)

S. Bernardus : Hæc est enim cujus salutationis vox, et ipsos exsultare facit in gaudio, quos materna adhuc viscera claudunt. Quod si parvuli necdum noti anima liquefacta est, ut Maria locuta est, quid putamus, quænam fuerit cœlestium exsultatio, cum et vocem audire et videre faciem, et beata ejus frui præsentia meruerunt? (Serm. 1, *De Assumpt. B. Virg.*)

XII Novembris.

Joan. Trithemius : Maria est pomum granatum odoriferum ; totum sua dulcedine reficit mundum. (Lib. I, *De miracul. B. Virg.*)

S. Ambrosius : Quin potius ipsam Mariam manna dixerim, quia est subtilis et splendida, suavis et Virgo, quæ veluti cœlitus veniens cunctis Ecclesiarum populis cibum dulciorem melle defluxit. (In *Psal.* XXI.)

Richardus a S. Laurent. : Christus etiam *manna* est, id est, panis cœlestis, habens in se omne delectamentum et omnis saporis suavitatem (*Sap.* XVI, 2). Panis scilicet angelorum, quem manducavit homo (*Psal.* LXXVII, 25). Quem panem petebant parvuli (*Thren.* IV, 4), ante adventum et ortum Mariæ, nec erat qui frangeret eis. Sed Maria confecit hunc panem, qui fractus est in cruce. Adhuc etiam debemus ei clamare assidue : Mater noster, quæ es in cœlis, panem nostrum quotidianum da nobis hodie de arca tua, id est, arca, quæ tu es. Ipsa enim cum sit Mater, libentissime dat hunc panem filiis, id est, imitatoribus suis, etc. Item Maria arca ratione continentiæ. Manna vel manhu admirabilis dulcedo consolationis, quam infundit amatoribus et specialibus suis, et iis, quos visitare dignantur, quam qui gustat, potest dicere Manhu, id est, quid est hoc? præ admiratione. Ideo dicit ipsa, Eccli. XXIV, 27 : *Spiritus meus super mel dulcis.* (Lib. X, *De laud. B. Virg.*)

XIII Novembris.

B. Albertus Magnus : Ipsa est cellaria totius Trinitatis, quæ de vino Spiritus sancti dat et propinat cui vult, et quantum vult. (In *Bibl. Marian.*, lib. Cantic.)

Richardus a S. Laurent. : Item cum ipsa sit dispensatrix et pincerna gratiarum, imo vitis et cella vinaria. Unde dicit Cant. II, 4 : *Introduxit me Rex in cellam vinariam*, vel in cellaria sua, ubi non solum potatur a dilecto suo, quin et amicis suis hauriens refundit, qui de ejus plenitudine omnes recipiunt gratiam pro gratia, dilectores suos et convivas potat vino et potu multiplici, et largitur differentias potuum, secundum differentias potatorum. (Lib. XII, *De laud. B. Virg.*)

B. Albertus Magnus : Ipsa est ad quam omnes confluunt per devotionem. Isa. LX, 4 : *Leva, o Maria, in circuitu tuo, oculos tuos*, scilicet miseri-

cordiæ et bonitatis, et *vide* hilariter : omnes isti congregati sunt. Glossa : Ex omni natione, quæ sub cœlo est, peccatores pro venia, justi pro gratia, tristes pro gaudio ; *venerunt tibi*, id est, ad honorem tuum et misericordiam clamantes : Subveni, Domina, clamantibus ad te jugiter, quia, quamvis simus peccatores, tamen misericordiæ tuæ sumus filii et filiæ. Unde sequitur, ibid. : *Filii tui, o Maria, de longe venient*, Glossa : De longinqua regione peccati, *Et filiæ tuæ de latere surgent*. (In *Bibl. Marian* , lib. proph. Isaiæ, num. 49.)

Richardus de S. Victore : Maria omnium salutem desideravit, quæsivit, et obtinuit ; imo salus omnium per ipsam facta est ; unde et mundi salus dicta est. (Cap. 20 in *Cant.*)

XIV Novembris.

S. Birgitta refert, Deiparam hæc verba Filio suo dixisse : Benedictus sis tu, Fili mi, Deus meus, et Dominus meus. Rogo te ut, quia tu mihi fuisti dulcissimus, alii participes fiant dulcedinis meæ. Cui respondit Filius : Benedicta sis tu, charissima Mater; verba tua sunt dulcia et charitate plena. Ideo quicunque de dulcedine tua in os suum receperit, et perfecte tenuerit, proficiet ei. (Lib. I, cap. 58.)

S. Bonaventura : Exsultate, justi, in Virgine Maria, et in rectitudine cordis collaudate eam. Accedite ad eam cum reverentia et devotione, et delectetur cor vestrum in salutatione ejus. Impendite illi sacrificium laudis, et inebriamini ab uberibus dulcoris illius. Influit enim vobis radios suæ pietatis : et clarificabit vos fulgoribus misericordiæ suæ. Suavissimus est fructus illius; in ore et in corde sapientis dulcescit. (*Psal.* XXXII.)

S. Ildephonsus : At nunc venio ad te, sola Virgo Mater Dei ; procido coram te, solum opus Incarnationis Dei mei : humilior coram te, sola invento Mater Domini mei : rogo te, sola inventa ancilla Filii tui, ut obtineas deleri facta peccati mei, ut jubeas mundari me ab iniquitatibus operis mei, ut facias me diligere gloriam virtutis tuæ, ut reveles mihi multitudinem dulcedinis Filii tui, ut des mihi loqui et defendere fidei sinceritatem Filii tui, concedas etiam mihi adhærere Deo et tibi, servire Filio tuo et tibi, famulari Domino et tibi, illi sicut Factori meo, tibi sicut Genitrici Factoris mei. (Lib. *De Virginit. B. Virg.* cap. 42.)

S. Ephræm : Ave, porta cœlorum, et scala as censusque omnium. Ave, portarum cœlestis paradisi reseramentum. Ave, nostra consolatrix, quæ maerores sedasti, et oppressorum molestias leniisti, cunctasque oppressiones sustulisti. Ave, clavis regni cœlestis. (Serm. *De laud. B. Virg.*)

XV Novembris.

Thomas de Kempis : Si consolari in omni tribulatione quæritis, accedite ad Mariam Matrem Jesu, et omnia gravamina vestra, aut cito recedent aut leviora fient. Eligite hanc benignissimam

Matrem Jesu præ cunctis parentibus et amicis vestris in .Matrem specialem, et Advocatam ante mortem, et salutate eam angelica Salutatione frequenter, quia hanc vocem audit valde libenter. Si malignus hostis vos tentat, et a laude Dei et Mariæ vos impedit, non curetis, nec laudare, nec orare cessetis, sed eo ardentius Mariam invocate, Mariam salutate, Mariam cogitate, Mariam nominate, Mariam honorate, Mariam semper glorificate, Mariæ vos inclinate, Mariæ vos commendate ; cum Maria in cella manete, cum Maria tacete, cum Maria gaudete, cum Maria dolete, cum Maria laborate, cum Maria vigilate, cum Maria orate, cum Maria ambulate, cum Maria sedete, cum Maria Jesum quærite, cum Maria Jesum in ulnis portate, cum Maria et Jesu in Nazareth habitate, cum Maria in Jerusalem ite, cum Maria juxta crucem Jesu state, cum Maria Jesum plorate, cum Maria Jesum sepelite, cum Maria et Jesu resurgite, cum Maria et Jesu cœlos ascendite, cum Maria et Jesu vivere et mori desiderate. Fratres, si ista bene cogitatis et exercetis, diabolus fugiet a vobis et in spirituali vita proficietis ; Maria libenter pro vobis orabit pro sua clementia, et Jesus libenter Matrem suam exaudiet pro sua reverentia. (Serm. 21, *Ad Novitios*, p. 3.)

XVI Novembris.

S. Catharina Senensis hæc verba ex ore Patris æterni accepit : Mariæ, Unigeniti Filii mei gloriosæ Genitrici a bonitate mea concessum est, propter incarnati Verbi reverentiam, ut quicunque, etiam peccator, ad eam cum devota veneratione recurrit, nullo modo diripiatur a dæmone infernali. Hæc enim est a me electa, parata et posita, tanquam esca dulcissima, ad capiendum homines, et præcipue animas peccatorum.(Blosius, in *Moniti spirit*, cap. 1.)

S. Bonaventura : Qui acquirit gratiam ejus agnoscetur a civibus paradisi. Et qui habuerit characterem nominis ejus annotabitur in libro vitæ. (In *Psalterio B. Virg.* Psal. xci.)

S. Birgitta : B. Virgo sic pia et misericors fuit et est, quod maluit omnes tribulationes sufferre, quam quod animæ non redimerentur. Nunc autem conjuncta Filio non obliviscitur innatæ bonitatis suæ, sed ad omnes extendit misericordiam suam, etiam ad pessimos, ut sicut sole illuminantur et inflammantur cœlestia, sic ex dulcedine Mariæ nullus est, qui non per eam, si petit, sentiat pietatem. (Lib. iii *Revel.*, cap. 50.)

S. Bonaventura : In te, Domina, speravi, non confundar in æternum : in gratia tua suscipe me. Tu es fortitudo mea et refugium meum, consolatio mea et protectio mea. Ad te, Domina, clamavi, dum tribularetur cor meum, et exaudisti me de vertice collium æternorum. Educas me de laqueo, quem absconderunt mihi : quoniam tu es adjutrix mea. In manus tuas, Domina, commendo spiritum meum, totam vitam meam, et diem ultimum meum. (*Psalter. B. Virg.*, Psal. xxx.)

XVII Novembris.

Hailgrinus : Melioris, potentioris et uberioris efficaciæ sunt ubera B. Virginis quam vinum ; nam vinum inebriare potest hominem, ut præteritarum sit immemor offensarum, et sit facilis ad condonandum, et largus ad donandum. Ubera vero Virginis Deum quasi inebriare potuerunt ; nam postquam de Matris uberibus bibit, ac si cum lactis dulcedine dulcedinem bibisset misericordiæ, projecit ab oculis suis peccata nostra post tergum, et factus largus ad dandam peccatorum veniam. (In illa verba Cantic. i, 1 : *Meliora sunt ubera tua vino.*)

Richardus a S. Laurent. : Comparantur ubera B. Virginis botris vineæ ; ex uberibus enim exprimitur lac, et ex botris vinum, quod hominem lætificat et inebriat, et facit obliviosum et facilem ad condonandum irrogatas sibi injurias, et largum ad danda grandia. Omnino siquidem in hunc modum lac, quod sancta labia Domini expresserunt et traxerunt a maternis uberibus, ipsum delectavit, et quadam inenarrabili dulcedine inebriavit, ne recordaretur de cætero, sed facile nobis condonaret irrogatas sibi injurias, et largiter nobis daret gratias et virtutes in præsenti, et in futuro gloriam sempiternam. (Lib. v, *De laud. B. Virg.*)

XVIII Novembris.

Guilhelmus : Maria quotidie materna sollicitudine parturiens membra Christi, donec plenius Christus informetur in eis, neminem a suæ pietatis sinu repellit, sed potius invitat et attrahit universos. Omnes, ait, pusillanimes, venite ad ubera mea, et sugite absque argento et absque ulla cummutatione vinum et lac, ut non tantum refocillemini, sed etiam usque ad sobriam jucunditatem inebriemini. Et primum quidem de uberibus ejus sugitur lac consolationis, deinde ubera ejus assimilantur botris, ut bibatur ex eis etiam vinum inebrians sanctæ exsultationis. Multi siquidem de peccatis gravioribus emergentes, et adhuc pro recentibus plagis ægram habentes conscientiam, ad ubera piæ Matris, opem ejus flagitando confugiunt : ac primo quidem ne abundantiori tristitia absorbeantur, pia interventione consolationis munus suscipientes, de uberibus pietatis ejus, quasi lac sugant, et nondum ubera ejus assimilantur botris. Postea vero, sanata paulatim conscientia per fructus dignos pœnitentiæ, meritis et intercessione ejus, de certitudine veniæ exhilarantur, et tunc de uberibus piæ Matris, usque ad oblivionem veterum delictorum sanctæ consolationis vino inebriantur, sicque facta sunt ubera ejus quasi botri vineæ. Item plurimi pressuris tribulationum laborantes ad ubera piæ Matris properant, id est, opem Genitricis Dei et Domini nostri implorant, et primo quidem interventione ejus refocillantur, ne malis frangantur : postea vero ab ipsis tribulationibus, illa eripiente, feliciter emergentes, sancta jucunditate inebriantur. (In cap. vii Cant.)

XIX Novembris.

Richardus a S. Laurent. : Fasciculus fuit Christus in veteri lege, sed inter ubera Mariæ factus est dilectus, et suavis, et dulcis. Sicut enim sanguis, in se horribilis, in uberibus efficitur lac, quod dulce est et delectabile ad bibendum, sic Filius, qui in lege erat terribilis, inter ubera Mariæ factus est mitis. (Lib. iv, De laud. B. Virg.)

S. Antoninus : Dicit Isidorus in lib. Etymol. quod taurus quantumcunque ferus, si alligetur ficui, mansuescit : ita Dei Filius, alligatus Virgini dulcissimæ vinculo charitatis, ex qua incarnatus, factus est mansuetus : juxta illud, quod prædixerat Zacharias propheta, ix, 9 : Ecce Rex tuus venit tibi mansuetus. (Part. iii, tit. 31, cap. 2.)

B. Albertus Magnus : Ipsa est, quæ æstatem gratiæ attulit, et depulit hiemem vitiorum. Luc. xxi, 29 : Videte ficulneam, id est, Mariam, cum producit ex se fructum, id est, Christum, quod factum est in Nativitate, scitis quoniam prope est æstas gratiæ, nobis per Matrem misericordiæ fructuosa. (In Bibl. Marian., Evangel. secundum Luc. n. 33.)

Richardus de S. Victore : Est enim beata Virgo Paradisus, de qua egreditur fons iste, qui deinde dividitur in quatuor capita, quia de corpore Christi, quod de ipsa processit, profluxit fons sanguinis, qui sacramentaliter inde fluxit in quatuor mundi partes, ad abluendum pariter a peccatis, et infundendam gratiam suis. (Cap. 23, in Cant.)

XX Novembris.

S. Ambrosius : Recte Maria velleri comparatur, de cujus fructu salutari a populis vestimenta texuntur. Vellus plane Maria est, siquidem de molli sinu ejus agnus egressus est, qui et ipse Matris lanicinium, hoc est, carnem gestans, molli vellere cunctorum operit vulnera populorum. Omne enim peccati vulnus Christi lana suffunditur. Christi fovetur sanguine, et ut sanitatem recipiat, Christi indumento vestitur. (Serm. 9, § 3, De Nativ. Dom.)

B. Alcuinus : B. Virgo fuit lana mundissima, et virginitate clarissima, et incomparabilis universis, quæ erant sub cœlo, virginibus, eratque talis ac tanta, ut sola digna fieret divinitatem in se recipere Filii Dei; sicut enim conchilii sanguinem lana suscipit, ut purpura ex eadem lana imperiali majestati tantummodo digna fiat, qua nullus alius induitur, nisi augusta præditus dignitate, ita Spiritus sanctus superveniens in beatam Virginem,

virtus Altissimi obumbravit eam, ut lana fieret Divinitate purpurata solummodo æterno Imperatori indui dignissima. (De fide SS. Trinitatis., lib. iii, cap. 14.)

Rupertus abbas : Quando nata es, o Virgo beata, tunc vera nobis aurora surrexit. Aurora prænuntia diei sempiterni ; quia sicut aurora quotidiana finis præteritæ noctis et initium diei sequentis, sic nativitas tua ex semine Abrahæ clara ex stirpe David, finis dolorum et initium consolationis fuit, finis tristitiæ et lætitiæ nobis exstitit principium. (Lib. vi, in Cant.)

S. Bernardus : Sicut aurora valde rutilans in mundo progressa es, o Maria, quando veri Solis splendorem tantæ sanctitatis jubare præcurristi, ut vere diem salutis dixerim, diem probationis, diem quem fecit Dominus, quem tuæ charitati initiari dignum fuit. Felix aurora felicis diei exstitisti nuntia. Talis dies talem auroram diei decuit : et recte quidem auroræ implesti officium. Ipse enim Sol justitiæ de te processurus, ortum suum quadam matutina irradiatione præveniens, in te lucis suæ radios copiose transfudit, quibus potestates tenebrarum, quas Eva produxerat, in fugam convertisti, atque ita desideratum cunctis gentibus Solem mundo invexisti. (In Deprecat. ad B. Virg.)

XXI Novembris.

S. Joannes Damascenus : B. Virgo ad templum adducitur, ac deinde in domo Dei plantata atque per Spiritum sanctum saginata, instar olivæ frugiferæ virtutum omnium domicilium efficitur, ut quæ videlicet ab omni hujusce vitæ et carnis concupiscentia mentem abstraxisset, atque ita virginem una cum corpore animam conservasset, ut eam decebat, quæ Deum sinu suo exceptura erat : sanctus enim ipse cum sit, in sanctis requiescit (Lib. iv, De fide orthod., cap. 15.)

S. Germanus patriarcha Constantinop. : Beati vos hujusmodi puellæ parentes. Beati vos, qui munus adeo benedictum obtulistis Domino. Beata ubera, e quibus lac illa suxit, et venter qui eam portavit. (Orat. i, De Præsent. B. Virg.)

S. Gregorius Thaumaturgus : Quibus igitur encomiorum verbis dignitatem virginalem describemus ? Quibus laudum significationibus atque præconiis immaculatam ejus formam celebremus ? Quibus spiritualibus canticis atque elocutionibus gloriosissimam inter angelos glorificemus ? Hæc in domo Dei instar fructiferæ olivæ plantata, cui Spiritus sanctus obumbravit, per quam nos filios et hæredes regni Christi vocavit. Hæc semper vigens immortalitatis paradisus , in qua lignum vitæ plantatum, cunctis immortalitatis fructus suppeditat. Hæc, virginum gloriatio, et matrum jubilatio. Hæc credentium firmamentum, et piorum perfectum exemplum. Hæc, lucis indumentum, et virtutis domicilium. Hæc, fons perennis, in quo aqua viva scaturivit, atque produxit Domini in carne adventum. Hæc justitiæ munimentum : et quicunque ejus, ac virginalis ingenuitatis, puritatisque amatores fuerint, angelica gratia perfruentur. (Serm. 2, *De Annunt. B. Virg.*)

S. Bonaventura : Quanta, quæso, erga talem Virginem deberet cor nostrum devotione diffundi, per quam talem ad nos meruimus diffusionem divinam, per quam certe meruimus Deo esse fratres et cohæredes in regno ? Mira deberet dulcedine os nostrum abundare, cum tam dulcem Dominam et benignam salutamus. (Part. III, *Stim. amor.*, cap. 16.)

XXII Novembris.

Richardus a S. Laurent. : Est naturale unicorni vel rhinoceroti, quod visa virgine in sinum illius se reclinat, et suæ ferocitatis oblitus mansuetissime requiescit. Rhinoceros iste Christus est, cujus potestati, quæ designatur per cornu, nemo resistit, de quo dicit Psal. XXVIII, 6, quod ipse est dilectus, quemadmodum filius unicornium, de quo legitur Nahum XLIII, quod fortitudo ejus ut fortitudo rhinocerotis. Unicornes Judæi, singulariter gloriantes in lege, a quibus descendit Maria cujus Filius unigenitus Dei, de quo dicit Pater, Matth. III, 17 : *Hic est Filius meus dilectus.* Sævus et indomitus videbatur iste Rhinoceros, quando pro sola cogitatione superbiæ, Luciferum cum suis de cœlo, pro morsu pomi Adam et Evam expulit de paradiso, originalem mundum delevit diluvio, Sodomitas igne complutos et sulphure demersit in inferno. Sic in cœlo, sic in terra iste Unicornis sæviebat, donec gloriosa Virgo nostra ipsum in hujus mundi castellum intrantem suscepit in domum suam, hoc est, in gremium uteri virginalis, velut unicornem in sinu, et ipsum vestivit carne virginea. In qua incomprehensibilis secundum Deitatem , capi dignatus est a venatoribus, gentilibus scilicet et Judæis, et adductus spontaneæ occisioni se passus est crucifigi. (Lib. VI, *De laud. B. Virg.*)

Dionysius Carthusianus : O Virgo prorsus mundissima, in cujus gremium omnipotens ille Rhinoceros caput suum ac verticem reclinavit, seque a te, o potentissima, capi permisit. (Lib. III, *De laud. B. Virg.*, art. 22.)

S. Germanus patriar. Constant : Ave, aureum revera thuribulum intelligibilium aromatum, in quo spirituale thymiama compositum, Christus ex divinitate et humanitate, in Deitatis igne, diffudit odorem animatæ suæ carnis inconfuse, inseparabiliter. Ave, tabernaculum non manufactum, sed a Deo fabricatum, in quod solus Deus, Verbum, et primus Pontifex in fine sæculorum semel ingressus est sacris mysteriis occulte operaturus in te pro salute omnium. (Orat. *De Nativit. Virg.*)

XXIII Novembris.

S. Antoninus : Sol materialis per zodiacum discurrens in signo Leonis est ardentissimus , et animalium corpora nimio calore languida reddit,

sed ingrediens signum Virginis mitigatur. Ita Sol justitiæ Deus noster in Veteri Testamento erat ut leo rugiens, Deus ultionum, puniens terribiliter peccatores, ut patet per exempla in Scripturis : sed ex ferventissimo amoris calore intrans in uterum Virginis, totus factus est benignus, et suavis, et humanus. Unde et fructus tunc maturescunt et suaves fiunt. (Part. IV, tit. 15, cap. 21, § 2.)

B. Albertus Magnus : Ipsa est clypeus defensionis quantum ad nos, et clypeus interfectionis quantum ad dæmones, Josue VIII, 18 : *Dixit Dominus*, scilicet Pater, *ad Josue*, Christum Filium suum : *Leva* super omnem creaturam puram in sanctitate, dignitate, pietate, utilitate, *clypeum*, id est, Mariam, peccatorum defensatricem, dæmonum impugnatricem, *qui in manu tua est contra Hai.* Glossa : *Hai* interpretatur chaos, vel habitaculum eorum, id est, dæmonum, qui in abysso regnant. *Cumque elevasset clypeum*, id est, Mariam, in Annuntiatione ipsam in Matrem assumendo, et in Assumptione secum in throno collocando , *non contraxit manum, quam in sublime porrexerat, tenens clypeum*, id est, Mariam, nobis in consolationem, diabolo in occisionem, et peccatis in deletionem, *donec interficerentur omnes habitatores Hai.* Glossa : De quibus nullum debemus relinquere, sed omnes interimere. (In *Bibl. Marian.*, lib. Josue, n. 5.)

XXIV Novembris.

Bernardinus de Busto : Luna dicitur quasi luminum una, hoc est, principalis, et maxima, quia corpori solari in magnitudine, et pulchritudine est simillima. Hæc eadem est pulchritudo noctis. Quæ omnia tibi, o beatissima feminarum, conveniunt. Unde appellaris in Canticis, VI, 9 : *Pulchra ut luna.* Sicut enim luna noctem illuminat, fugat tenebras, ambulantibus in nocte iter ostendit, sic tu tenebrosam hanc lacrymarum vallem , mundum videlicet, silvamque feris plenam illuminas ; errantes reducis, peccatoribus iter, per quod ad cœlestem patriam pervenire possint , ostendis. Quemadmodum etiam luna lumen a sole recipit, receptumque reflectit in terram, ita tu a Sole justitiæ, tuo dilectissimo Filio, illuminaris (nam revera lucerna tua est Agnus (*Apoc.* XXI, 23), lumenque receptum in mundum reflectis. Tu enim es lumen ad revelationem gentium, et gloriam plebis tuæ Israel. (In *Mariali*, part. II, serm. 2.)

B. Albertus Magnus : Item ipsa est Luna, quæ nobis indicat festa æternæ jucunditatis, Eccli. XLIII, 7 : *Luna signum diei festi.* (In *Bibl. Marian.*, num. 15.)

XXV Novembris.

S. Bernardinus Senensis : B. Virgo convenienter comparatur nubi, quia sicut nubes ex aquis falsis et amaris per quamdam evaporationem oritur, aquæ continens dulcedinem, sic Virgo oritur ex utero matris munda, plena gratia et dulcore.

Et omnino mirabilis in partu propter illibatam integritatem ; fuit enim Virgo ante partum, et Virgo post partum. Et ideo nubi proprie comparatur, quia quemadmodum nubes in se splendorem solis recipit, et emittit sine sui corruptione, sic Virgo Mater Filium suum, qui est splendor illustrativus gloriæ, concepit sine libidine, et peperit sine sui contaminatione, de quo potest intelligi illud Matth. xvii, 5 : *Ecce nubecula obumbravit eos.* Ter tio, quia amabilis succursu propter sui benignitatem, sicut nubes modico vento agitata velociter movetur, et imbrem fundit, sic enim Virgo Maria modicum pulsata, precibus pro peccatoribus intercedit. Unde signatur per illam nubeculam, de qua dicitur III Reg. xviii, 44 : *Nubecula parva quasi vestigium hominis ascendebat de mari.* Quarto, quia laudabilis et perfecta per virtutum sublimitatem ; unde quemadmodum nubes naturaliter expetit altum, quamvis ex ponderosis contrahat originem, sic Virgo Maria semper ascendit de virtute in virtutem, tanquam aurora consurgens, terrenam substantiam deserens, de qua Isa. xix, 1 : *Ascendet Dominus super nubem levem, et ingreditur Ægyptum.* (In *Apocalyp.* cap. xiv.)

XXVI Novembris.

S. Birgitta Deiparam Virginem dicentem refert : Ego sum Regina et Mater misericordiæ, Filius meus Creator omnium. tanta circa me dulcedine affectus est, quod omnium, quæ creata sunt, spiritualem dedit mihi intelligentiam. Ideo ego simillima sum flori, de quo apes maxime trahunt dulcedinem. A quo quantumcunque colligitur , nihilominus ei dulcedo remanet. Sic ego omnibus gratiam impetrare possum, et ego superabundo. Verum etiam electi mei similes sunt apibus, qui tota devotione circa honorem meum afficiuntur. Ipsi enim quasi apes habent duos pedes, scilicet continuum desiderium augendi honorem meum ; secundo, laborant in hoc sollicite operando quæ possunt. Habent etiam duas alas, scilicet reputando se indignos laudare me ; secundo, obediendo in omnibus, quæ sunt ad honorem meum. Habent etiam aculeum, qui si defecerit eis, moriuntur. Sic amici Dei habent tribulationes mundi, quæ ante finem vitæ propter virtutum custodiam non auferuntur ab eis, sed ego abundans consolatione consolabor eos. (Lib. iv *Revel.*, cap. 86.)

S. Bonaventura : Inclina, Domina, aurem tuam, et exaudi me : converte vultum et miserere mei. Distillatio dulcoris tui oblectat animas sanctorum, et infusio charitatis tuæ super mel dulcissimum. Irradiatio gloriæ tuæ dilucidat intellectum, et lux miserationum tuarum perducit ad salutem. Fons bonitatis tuæ inebriat sitientes, et aspectus faciei tuæ retrahit a peccato. Scire et cognoscere te, est radix immortalitatis : et enarrare virtutes tuas est via salutis. (*Psal.* lxxxv.)

XXVII Novembris.

B. Albertus Magnus : Maria est fons irrigationis peccatorum, per peccatum aridorum. Genes. ii, 6 : *Fons,* id est, Maria, ascendebat in Nativitate, quando nata fuit, vel in Assumptione, *de terra* miseriæ et tenebrárum, *irrigans* gratia, venia, gloria, *universam superficiem terræ.* Ipsa est etiam paradisus plantationis, Genes. ii, 8 : *Plantaverat Dominus Deus paradisum voluptatis,* id est, Mariam, *a principio, in quo posuit hominem,* id est, Christum, quem formaverat, in quantum est homo, in Incarnatione. Glossa : Paradisus est hortus deliciarum, qui factus est remotis aquis a superficie terræ, et est altus locus, quia aquæ diluvii illic ncn pervenerunt. Ipsa est fluvius jucunditatis. Genes. ii, 10 : *Fluvius,* id est, affluentia æternæ jucunditatis, *egrediebatur,* scilicet in Nativitate, *de loco voluptatis,* Glossa : A paterno fonte : *ad irrigandum paradisum,* Glossa : id est, Ecclesiam. (In *Bibl. Marian.,* lib. Genes.)

S. Hieronymus : Canitur in Canticis, Cant. iv, 12, de ea : *Hortus conclusus, fons signatus, emissiones tuæ paradisus.* Vere hortus deliciarum, in quo consita sunt universa florum genera et odoramenta virtutum, sicque conclusus, ut nesciat violari neque corrumpi ullis insidiarum fraudibus. Fons itaque signatus sigillo totius Trinitatis, ex quo fons vitæ manat, in cujus lumine omnes videbimus lumen ; quia juxta Joannem i, 9 : *Ipse est, qui illuminat omnem hominem venientem in hunc mundum.* Cujus profecto emissio uteri, supernorum civium omnium est paradisus. (Tom. IX, epist. 19, *De Assumptione.*)

Richardus a S. Laur. : Ipsa etiam est illud mel, quo gustato illuminantur oculi Jonathæ, id est, justi. (Lib. iv, *De laud. B. Virg.*)

XXVIII Novembris.

S. Bonaventura : Sponsa Spiritus sancti Maria sicut formosissima fuit et est in conversatione, it etiam dulcissima est in allocutione, sicut dicitur i Canticis, iv, 11 : *Favus distillans labia tua, sponso mel et lac sub lingua tua.* O quam melliflua verb sæpius distillaverunt dulcissima Mariæ labia! Qu etiam lac et mel sub lingua habuit in duobus ve bis, quæ ipsa Gabrieli respondit. Nonne Maria l sub lingua habuit, quando lacteum illud cont nentiæ verbum respondit, Luc. i, 34 : *Quomo fiet istud, quoniam virum non cognosco ?* Non etiam mel sub lingua habuit, quando mellifluu illud dulcedinis verbum respondit, *Ibid.* 58 : *Ec ancilla Domini, fiat mihi secundum verbum tuun* De mellifluentia namque hujus melliflui verbi, p totum mundum melliflui facti sunt cœli. Maria i super mel sub lingua habuit, in mellifluis o tionibus ad Deum : lac vero sub lingua hab in lacteis collationibus ad proximum. (In *Sp B. Virg.* lect. 10.)

Bernardinus de Bustis : Omnia verba Mariæ f

runt sancta et ædificatoria. Unde eam loqui audientes poterant ei dicere, quod postea Filio ejus dictum est, Joan. vi, 69 : *Verba vitæ æternæ habes.* (In *Mariali,* part. ii, serm. 5, p. 7.)

Richardus a S. Laurent. : Septem verba B. Virginis in Evangelio continentur, quæ dicuntur, Prov. xvi, 24, *Favus mellis :* quia sicut in favo est cera luminis instrumentum, et dulcedo mellis reficiens gustum, sic in verbis ejus et sacræ Scripturæ, scientia est veritatis illuminans intellectum, et omnimoda bonitas reficiens affectum. Medicinalia etiam sunt et conservativa more mellis, quia sanant languores animæ et præservant a peccato. (Lib. iv, *De laud. B. Virg.*)

XXIX Novembris.

B. Albertus Magnus : Quanto arbor altior, tanto fructus ejus dulcior ; sed fructus beatissimæ Virginis fuit altissimus, ergo fuit dulcissimus : quia ipse solus dulcissimus. Sed si fructus fuit dulcissimus, ergo et rami, juxta illud Jac. iii, 11 : *Nunquid fons de eodem foramine emanat dulcem et amaram aquam ?* Quasi diceret : Qualis intra, talis et extra ; cum ex beatissima Virgine summa dulcedo exivit, patet, quod dulcissima fuit. Patet igitur quod dulcissima Virgo bonitatem et dulcedinem animi habuit in summo super omnes viatores. (Super *Missus est,* quæst. 88.)

Richardus a S. Laurent. : Maria dulcis fructu, id est, Filio, a quo potissima dulcedo ipsius, quia a Filio traxit omnem dulcorem. De quo videlicet fructu dicit fidelis anima, Cant. ii, 3 : *Fructus ejus,* scilicet Mariæ, *dulcis gutturi meo,* etc. Sicut enim pixis contenti electuarii odorem retinet et saporem, sic spiritus B. Virginis Christi dulcedinem, qui in ejus ventre novem mensibus requievit, et licet ex ejus utero nasceretur, nunquam tamen a spiritu ejus vel mente recessit. Vel, ideo spiritus ejus dulcis, quia specialis apotheca ipsius Spiritus sancti, qui dulcedo Patris et Filii proprie nominatur. (Lib. iv, *De laud. B. Virg.*)

Bernardinus de Bustis : Apis in sacra Scriptura dicitur B. Virgo, quæ brevis fuit per humilitatem, volatilis per supernorum contemplationem, mellificans per cœlestis fructus productionem ; de hac, Eccli. xi, 3 : *Brevis in volatilibus apis, et initium dulcoris habet fructus ejus.* De ista dicit Ambrosius, lib. *De Virginib.* « Apis rore pascitur, concubitus nescit, mella componit. » Sic B. Virgo rore cœlesti, id est, gratia Spiritus sancti pasta fuit, Virgo permansit, et paradisi dulcedinem generavit. (*Marial..* part. iii, serm. 4.)

XXX Novembris.

Dionys. Carthusianus : O tota mitissima, dulcissima, et misericordissima Virgo Maria! Genitrix Filii Dei, comparentalis æterno Patri, Templum atque Sacrarium Spiritus sancti, laudabo te et invocabo assidue. Exsultabit cor meum, laudando te, exaltabo et magnificabo te in sempiternum, Geni-

trix vitæ, impetratrix veniæ, recuperatrix gratiæ, quæ misericordiam tuam nunquam abstulisti a me, nec errantem, aversum, ingratum descruisti, imo adolescentulo adhuc vel potius puerulo, et inter bonum et malum discernere nondum valenti, præveniente pietate dulcissima contulisti nominis tui affectum ac tui ipsius amorem. Hanc, precor, o optima Domina, misericordiam tuam continuare et conservare digneris in me usque in finem. (Lib. iii, *De laud. B. Virg.,* art. 20.)

S. Bonaventura : Quemadmodum desiderat cervus ad fontes aquarum, ita ad amorem tuum anhelat anima mea ; quia tu es Genitrix vitæ meæ, et altrix Reparatoris carnis meæ ; quia tu es lactatrix Salvatoris animæ meæ, initium et finis totius salutis meæ. Exaudi me, Domina, ut mundentur sordes meæ ; illumina me, Domina, ut illustrentur tenebræ meæ. Accendatur amore tuo tepor meus : gratia tua expellatur torpor meus. (Psal. xli *Psalterii B. Virg.*)

Joan. Lanspergius : O utinam in gratiam tuam, in amorem tuum, o dulcissima amatrix, me suscipias. O utinam cor meum amoris vulnere perfodias, ut te semper cogitem, te salutem, te diligam, te sequar veneratione devotissima, affectione castissima, et imitatione fidelissima. Jesu Christe Fili Dei, per omnes miserationes te obtestor et obsecro, impera Matri tuæ, ut in curam suam et gratiam me suscipiat, me regat et dirigat, charitatem perfectissimam, et quidquid tibi placuerit, mihi impetret, mihi se donet, me sibi accipiat, faciatque suis apud te precibus, ut tibi semper placeam : sine væ, hoc est, sine offensione tui vivam, inseparabiliterque tibi inhæream. Amen. (Theoria 17.)

DECEMBER.

S. MARIA, MATER PURISSIMA.

1 Decembris.

S. Thomas : Simpliciter fatendum est quod B. Virgo nullum actuale peccatum commisit , nec mortale , nec veniale, ut sic in ea impleatur, quod dicitur Cantic. iv, 7 : *Tota pulchra es, amica mea, et macula non est in te.* (iii part. quæst. 27, art. 4, in corp.)

Idiota : *Tota pulchra es* , o plusquam gloriosa Virgo Maria : *tota pulchra es, et macula non est in te* ; *tota pulchra es* in anima , per virtutum et charismatum omnium perfectam pulchritudinem. *Tota pulchra es* in tua conceptione, ad hoc solum effecta, ut templum esses Dei Altissimi : *tota pulchra es,* ex generatione Verbi divini, qui est splendor paternæ gloriæ, qui est candor lucis æternæ, et speculum sine macula, etc. *Tota* igitur *pulchra es,* Virgo gloriosissima, non in parte, sed in toto : et macula peccati sive mortalis, sive venialis, sive originalis, non est in te, nec unquam fuit, nec erit : sed adest tibi omnis gratia naturalium bonorum, spiritualium charismatum, et cœlestium donorum. (*De contempl. B. Virg.,* cap. 2.)

Alanus de Insulis : *Tota pulchra*, id est, anima et corpore, *amica mea*, per gratiam et per opera; *et macula non est in te*; quia nullum credimus in Virgine ante et post conceptum fuisse peccatum. (In *Cant.* cap. 4.)

II Decembris.

S. Anselmus : Decens erat, ut ea puritate qua major sub Deo nequit intelligi, Virgo illa niteret, cui Deus Pater unicum Filium suum, quem de corde suo æqualem sibi genitum, tanquam seipsum diligebat, ita dare disponebat, ut naturaliter esset unus idemque communis Dei Patris et Virginis Filius, et quam ipse Filius substantialiter facere sibi Matrem eligebat, et de qua Spiritus sanctus volebat, et operaturus erat, ut conciperetur et nasceretur ille, de quo procedebat. (*De Concept. B. Virginis*, cap. 18.)

B. Laurentius Justinianus : Quæ enim sanctificata in utero ac ab omni culpæ originalis fuerat l.berata contagio, gratiæ plenitudinem, quam mente]erceperat, portendebat exterius. Illam profecto adhuc in matris utero decubantem adamavit Verbum sibique in Genitricem elegit, utpote superabundanti jam benedictione præventam, jamque sancti Spiritus magisterio deputatam. Ipsam idem Spiritus custodivit a carnis colluvione immunem, à libidinis delectatione expertem, a sæculi amore alienam, atque ab universorum criminum contagione immaculatam. Tota pulchra absque delicto, sine mentis et corporis deformitate Deo et hominibus amabilis habetur. (Serm. *De Nat. B. Virg.*)

Bernardinus de Busto : Per albedinem nivis figuratur innocentia et puritas immaculatæ Virginis, quæ nunquam fuit maculata vel denigrata per aliquod peccatum, juxta illud, Cant. iv, 7 : *Et macula non est in ea.* Erubescant ergo illi qui hanc nivem candidissimam, nigram quandoque fuisse ostendere conantur.(In *Mariali*, part. ix, serm. 2, in festo Nivis.)

III Decembris.

S. Cyprillus Alexandrinus : Temerarium est in Maria Virgine propter Filium ponere culpam aliquam vel peccatum. (Lib. *Contra Nestorium.*)

S. Augustinus : Excepta itaque sancta Virgine Maria, de qua propter honorem Domini nullam prorsus, cum de peccatis agitur, habere volo quæstionem (inde enim scimus, quod ei plus gratiæ collatum fuerit ad vincendum omni ex parte peccatum, quæ concipere ac parere meruit eum, quem constat nullum habuisse peccatum); hac ergo Virgine exceptá, si omnes illos sanctos et sanctas, cum hic viverent, congregare possemus, et interrogare utrum essent sine peccato, quid fuisse responsuros putamus, etc., nonne una voce clamassent, 1 Joan. i, 8 : *Si dixerimus, quia peccatum non habemus, nos ipsos seducimus, et veri-*

tas in nobis non est. (Lib. *De natura et gratia,* cap. 36.)

Richardus a S. Victore ; In certis sanctis magnificum habetur, quod a vitiis non possunt expugnari : in ista mirificum videtur, quod a vitiis non potest ipsa vel in modico impugnari. Cæteris sanctis in commune præcipitur, ut in mortali eorum corpore peccatum non regnet ; soli isti singulariter datur, ut mortale corpus ejus peccatum non inhabitet. (Lib. ii, *De Emmanuele,* cap. 31.)

Richardus de S. Victore : Divinus amor in ea adeo convaluit, adeo eam ipsam in omni bono solidavit, ut de cætero spiritualis qualiscunque defectus in eam incidere omnino non posset, nec aliquid quod qualicunque excusationi subjaceret. Videtur itaque juxta hoc ab hora supervenientis Spiritus sancti, ab hora superobumbrantis virtutis Altissimi, videtur, inquam, B. Virgo Maria non solum in omni gratia consummata, verum etiam in omni bono, et dono, quod acceperat, confirmata. (Lib. ii, *De Emmanuele,* c. 30.)

IV Decembris.

S. Bernardus : Ego puto quod et copiosior sanctificationis benedictio in eam descenderit, quæ ipsius non solum sanctificaret ortum, sed et vitam ab omni deinceps peccato custodiret immunem, quod nemini alteri in natis quidem mulierum creditur esse donatum. Decuit nimirum Reginam virginum singularis privilegio sanctitatis, absque omni peccato ducere vitam, quæ dum peccati mortisque pareret peremptorem, munus vitæ et justitiæ omnibus obtineret. (Epist. 174.)

B. Laurentius Justinianus : Erat plane sicut a carnis colluvione immunis, ita et ab omni peccati labe extranea : degebat quidem in carne, conversabatur supra carnem carnisque molestias nesciebat. Talis profecto erat, ut nulli usui servaretur nisi divino. (Serm. *De Annunt. B. Virg.*)

S. Hieronymus : Erat enim candida multis meritorum virtutibus, et dealbata nive candidior Spiritus sancti muneribus, simplicitatem columbæ in omnibus repræsentans : quoniam quidquid in ea gestum est, totum puritas et simplicitas, totum veritas et gratia fuit, totum misericordia et justitia, quæ de cœlo prospexit : et ideo immaculata, quia in nullo corrupta. (Tom. IX, epist. 10, *De Assumpt. B. V.,* ad Paulam et Eustoch.)

V Decembris.

S. Bonaventura : Congruebat Advocatam generis humani, ut nullum haberet peccatum quod suam conscientiam remorderet. Unde audivi narrari quod ipsa cuidam personæ revelavit, quod non reprehendebat eam cor suum in omni vita sua. Congruum erat ut B. Virgo Maria, per quam aufertur nobis opprobrium, ita vinceret diabolum, ut nec ei succumberet ad modicum. Unde de ipsa exponit tam Bernardus quam Augustinus, illud Gen. iii, 15 : *Ipsa conteret caput tuum : si*

ergo suggestio est caput diaboli, nulla suggestio
ingressum vel locum habuit in mentem Virginis,
et ita tam a mortali immunis fuit, quam a veniali.
Congruum etiam fuit, ut illa, quæ placuit Altissimo,
adeo ut fieret ejus Sponsa et Mater Filii Dei unigeniti, sic esset immaculata mente, sicut intemerata
carne. Quoniam ergo B. Virgo Maria advocata
est peccatorum, gloria et corona justorum, Sponsa
Dei, et totius Trinitatis triclinium, et specialissimum Filii reclinatorium, hinc est quod speciali
gratia Dei nullum in ea peccatum habuit locum.
(In 3 Sentent. dist. 3, art. 2, quæst. 1.)

Guarricus : B. Virgo Maria Petræ nomine censetur. Annon recte vocatur Petra, quæ et in amore
integritatis proposito firma, affectu solida, sensu
quoque ipso adversus illecebram peccati tota
insensibilis erat et lapidea. (Serm. 2, De Annunt.
B. Virg.)

VI Decembris.

Richardus a S. Victore : Nisi ab omni vitiorum contagione penitus purgata fuisset, Deum
Dei Filium generare non posset. Ut enim virgo
conciperet, virgo pareret, summa sanctitate, summa puritate opus habebat. (Lib. II, De Emmanuele,
cap. 6.)

S. Bernardinus Senensis : Sane Deus ipse æternus, sicut mira sua sapientia creavit omnia, sic
illam benedictam Matrem suam talem condidit et
sanctificavit in tempore, qualem eam sanctam
elegit in sua æternitate. Et talem tam nobilitate
naturæ quam perfectione gratiæ condidit Matrem,
qualem eam decebat habere suam gloriosissimam
majestatem; quia in ea et de ea debebat sumere,
quod in æternum sibi erat unitum unitate personæ,
de quo exiret pretium totius liberationis, justificationis, et beatificationis humanæ. (Tom. IV, Serm.
De Concept. B. V., art. 1, cap. 1.)

S. Methodius martyr : Qui dixit, Exod. xx, 12 :
Honora patrem et matrem, ut decretum a se promulgatum observaret, atque adeo in hac parte alios
excederet, omnem Matri gratiam et honorem
impendit. (Orat. De Purific. B. Virg.)

Rupertus abbas : Non dubium quin ipse honoret, et ab omnibus amicis suis, suam velit honorari
Matrem. (Lib. VI in Cantic.)

VII Decembris.

S. Hieronymus : Hæc est Hortus conclusus, Fons
signatus, Puteus aquarum viventium, ad quam nulli
potuerunt doli irrumpere, nec prævaluit fraus inimici, sed permansit sancta mente et corpore,
multis donorum privilegiis sublimata. (Tom. IX,
epist. 10, De Assumpt., ad Paul. et Eustoch.)

Richardus a S. Victore : Angelicam denique in
terra adepta est puritatem, et Dei similitudinem
in virtutibus et sanctitate ac morum perfectione,
justa, pia, prudens, modesta, misericors, sancta
mente et corpore. Merito ergo prædicatur pulchra,
quæ et divinam et angelicam similitudinem in ter-

ris est adepta. Et quia humilitas locus est gratiæ
Dei, adeo ut tantum gratiæ capax sit aliquis, quantum fuerit humilis, sicut virtutem hanc perfecte et
totam possedit, ita totam ea gratia implevit totamque decoravit. (In Cant., cap. 26.)

Psellus : Inter tot animas omnium hominum qui
salvantur, ut electa columba est una illa sola, quæ
Christum genuit Virgo Mater, Puella Maria, quæ
puritate profecto Cherubim et Seraphim antecellit.
(Relatus e Theodoreto, lib. III in Cant.)

VIII Decembris.

S. Germanus, patriarcha Constantinop. : Hodie in
visceribus castæ Annæ concipitur Maria, Dei Filia,
præparata in habitationem universalis Regis sæculorum, et in reformationem generis nostri. (Fra-
gment. XIII, in Mariali a Marracio edito.)

Joannes Trithemius : O quanto honore dignus
Annæ venter credendus est, qui Dei gazophylacium
factus inæstimabilis pretii thesaurum bajulavit! Non
est dubitandum B. Annam ineffabili gaudio tunc
repletam fuisse, quando Matrem Dei futuram, sancto
Spiritu a sua conceptione dignam et mundam ab
omni macula præservatam in suo beatissimo utero
novem mensibus portavit. O quis enarret illa sanctissimæ Matris Annæ gaudia, quæ ex præsentia
sancti Spiritus in suo pectore sensibiliter percepit!
Quæ vox exprimere poterit, quæ lingua reserare,
quæ mens mortalis viatoris capere, quanta lætitia
et exsultatione beatissimæ Annæ viscera impleta
fuerint, quando gratiam Spiritus sancti in filiæ
nondum natæ præcordiis meruit sentire? (Lib. De
laud. sanctæ Annæ, cap. 5.)

S. Andreas Cretens. : Ubi castam utero Columbam
Anna concepisset, spirituali impleta gaudio, vere
grato pectore Deo cantica offert. (In Cant. de concept. divæ Annæ, ode 6.)

Deipara Virgo S. Birgittæ dixit : Cum anima mea
sanctificaretur et corpori conjungeretur, tanta
matri meæ advenit lætitia, ut impossibile esset
dictu. (Lib. I, cap. 9.)

S. Joannes Damascenus : Quoniam itaque futurum erat ut Dei Genitrix ac Virgo ex Anna oriretur,
naturæ gratiæ fetum antevertere minime ausa est :
verum tantisper exspectavit, dum gratia fructum
suum produxisset, etc. O beatos Joachimi lumbos,
ex quibus prorsus immaculatum semen fluxit! O
præclaram Annæ vulvam, in qua tacitis incrementis
ex ea auctus atque formatus fuit fetus sanctissimus!
(Orat. 1, De Nativ. B. Virg.)

S. Vincentius Ferreri : Lux dicitur benedicta generatio Virginis Mariæ; quia sine tenebris culpæ
facta est. Modo autem in generatione filiorum sunt
multæ tenebræ, propter intentionem carnalem et
corruptam parentum. Sed generatio Virginis Mariæ
fuit sit lux. De ista luce habetur, II Reg. xxiii, 4 :
Sicut lux auroræ, oriente sole, mane absque nubibus
rutilat, sic ista conjunctio Joachim et Annæ luminosa fuit. (Serm. 2, De Nativ. B. Virg.)

Deipara Virgo sanctam Birgittam alloquens dixit : Veritas est, quod ego concepta fui sine peccato originali, et non in peccato ; quia sicut Filius meus et ego nunquam peccavimus, ita nullum conjugium fuit, quod honestius esset, quam illud, de quo ego processi. (In *Revelat.*, lib. vi, cap. 49.)

Angelus Dei : Quapropter bene esset conveniens et dignum, quod dies illa ab omnibus in magna reverentia haberetur, qua materia illa Annæ utero concepta et collecta fuit, ex qua benedictum corpus Matris Dei formari debebat, quam ipse Deus et omnes ejus angeli in tanta charitate peramabant. (In *Revelat.* S. Birgittæ, *Serm. angelic.*, cap. 10.)

S. Joan. Damascenus : O sanctissima Joachim et Annæ filia, quæ Principatus ac Potestates fefellisti, atque ignea maligni tela exstinxisti, quæ in Spiritus thalamo versata es, atque immaculata conservata in Dei Sponsam. (Orat. 1, *De Nativ. B. Virg.*)

Lanspergius : O excellentissimæ puritatis Virgo, Christo præ omnibus vicina, sola inter omnes immaculata, sola omnium ab omni peccato præservata. O Flos pulcherrime! o Lilium candidissimum in conspectu summæ Trinitatis nitidum ; tota enim tu pulchra es, o beatissima, Templum Spiritus sancti, Thalamus Filii Dei, Patris Triclinium, sanctæ Trinitatis Palatium, quam sibi præparavit, ædificavit, et consecravit Altissimus. (Theoria 7.)

IX Decembris.

S. Bernardinus Senensis : Magis pium est credere quod B. Virgo non fuerit in peccato concepta, quam credere quod sit. (Tom. III, serm. 49, part. i, princip.)

S. Anselmus : Si quid originalis peccati in propagatione Matris Dei exstitit, illud certe propagantium, non propagatæ fuit ; Deus enim, qui castaneæ confert, ut inter spinas, et a spinis remota concipiatur, alatur, formetur, nonne potuit hoc facere Matri suæ? Plane potuit et voluit, quod si voluit et fecit. (In libro *De Concept. B. Virg.* cujus initium est : Principium quo salus mundi processit, etc., cap. 4.) Locum istum et librum citant Joannes Bachon, in iv, dist. 2, q. 3, art. 3; et Bernardinus de Bustis in *Mariali* serm. 4, *De Concept ;* et alii plures apud Salazar, *De Concept.*, c. 42, sæculo undecimo. Nec fas est de libri hujus auctore dubitare, quanquam non exstet modo inter alia D. Anselmi opera ; de quo sic præfatus Bachon. : Hunc librum vidi in multis locis, et ponitur in libro, qui est de vita B. Mariæ, qui vocatur Magnum Mariale. Et ex eodem libro sancti Anselmi, cap. 6, hæc verba subnectit Bernardinus de Busto : Insciane fuit et impotens sapientia Dei et virtus mundum sibi habitaculum condere remota labe conditionis humanæ? Angelos, aliis peccantibus, bonos a peccato servavit, et feminam Matrem suam mox futuram ab aliorum peccatis exsortem servare non valuit? In æternitate consilii sui fixum statuit eam Dominatricem et Reginam fore angelorum et nunc

inferiorem natam, in consortium acceptam esse credamus omnium peccatorum? Existimet hoc, et argumentis suis probet, qui vult. Ego donec ostendat mihi Deus aliquid dignius excellentiæ Dominæ meæ posse dici, quod dixi, dico, quod scripsi, non muto. Cæterum me et intentionem meam Filio ejus et illi committo. — Et tandem S. Pater eodem libro, cap. 9, post multa præclare dicta concludit : Ego, piissima Domina, qualiscunque servulus credo et fateor, quod tu ex radice Jesse pulcherrima ac per hoc ab omni, quod te decoloret, peccati vulnere aliena, integerrima permanens florem purissimum protulisti, etc.

S. Ildephonsus : Constat eam ab omni originali peccato immunem fuisse, per quam non solum maledictio matris Evæ soluta est, verum etiam et benedictio omnibus condonatur. (*Lib. de perpetua Virginit. et parturitione B. Virg.*)

X Decembris.

S. Anselmus : Omnes itaque mortui sunt in peccatis, nemine prorsus excepto, dempta Matre Dei, sive originalibus, sive etiam voluntate additis, vel ignorando, vel sciendo. (In Comment. ad cap. v II Epist. ad Cor.)

Concilium Tridentin. : Declarat tamen hæc ipsa sancta synodus, non esse suæ intentionis comprehendere in hoc decreto, ubi de peccato originali agitur, beatam et immaculatam Virginem Mariam Dei Genitricem. (Sess. 5.)

S. Cyprianus : Nec sustinebat justitia, ut illud vas electionis communibus lassaretur injuriis, quoniam plurimum a cæteris differens, natura communicabat non culpa. Eratque ei proprium privilegium, quod nulla mulierum nec ante nec deinceps meruit obtinere, quod erat simul Mater et Virgo singulis titulis insignita. Unde et Matri plenitudo gratiæ debebatur, et Virgini abundantior gloria. (Serm. *De Nativ. Christi.*)

Joan. Gerson. : Christus præservando Matrem suam ab originali, non ob hoc dedit dignitatem æqualem sibi ipsi, etiam secundum humanitatem viatricem. Ratio, quia nunquam Christus habuit necessitatem originale peccatum contrahendi, quia non descendit per naturalem propagationem, etc. Nec valet Apostoli (*II Cor.* v, 14) consequentia. *Christus pro omnibus mortuus est, ergo omnes mortui sunt;* hoc, inquam, argumentum potius est ad oppositum, quia, si Christus fuit omnium perfectissimus Redemptor, mortem pro omnibus sustinens, decuit quod Matrem perfectissime redimeret ; hoc autem non potuit convenientius fieri, quam præservando ne caderet, potius quam jam lapsam relevaret. (Part. i in Epist. de susceptione humanitatis Christi allegor. et tropolog.)

XI Decembris.

B. Laurentius Justinianus : Hæc est originalis pœna delicti, a qua nemo, quamvis eximia polleat sanctitate, liber exsistit. Quotquot enim ex ipsa nati sunt propagine (exceptis duntaxat Mediatore Dei et hominum homine Jesu et ipsius Matre) sub hac peccati lege sunt conditi ; unde Propheta voce omnium gemens, ait, Psal. L, 7 : *Ecce enim in iniquitatibus conceptus sum, et in peccatis concepit me mater mea.* (*De casto connubio*, cap. 7.) Idem in *Fasciculo amor.*, cap. 7 : Nemo ab ipso mundi initio usque ad temporis plenitudinem (duntaxat Mediatore ejusque Genitrice exceptis) jugum dominationis ejus evasit.

B. Petrus Damianus : Adam se cum posteritate sua perpetuæ morti destinavit ac tenebris ; ab illa hora tenebræ factæ sunt super universam terram usque ad Virginem, etc. Caro enim Virginis ex Adam assumpta maculas Adæ non admisit, sed singularis continentiæ puritas in candorem lucis æternæ conversa est. (Serm. *De Assumpt. B. Virg.*)

Joan. Taulerus : Hinc illi accessit decor, quod culpæ originalis perpetuo expers fuit : a qua præservarat illam Filius ejus, ita ut ne momento quidem temporis, vel iræ filia, vel vas immundum, vel diabolico (sicut nos alii omnes) subjecta dominio fuerit. Prævenit hoc enim Sapientia æterna, nolens electissimum templum suum aliqua labe aspergi. (Serm. *in festo Purificat. B. Virg.*)

Sophronius patriarcha Hierosolymit. : Ideo Virgo sancta accipitur, et anima corpusque sanctificatur, quæ ita ministravit in Incarnatione Creatoris, ut munda erat, et casta, atque incontaminata. (*In Epistola synodica in* VI *synodo*, act. 11.)

B. Thomas a Villanova: Ecce castellum fortissimum, ecce turrim inexpugnabilem, quæ nunquam diabolo præstitit tributum aut fidem. Hanc intravit Jesus, quando Verbum caro factum est et habitavit in nobis. (Conc. 1, *De Assumpt. B. Virg.*)

XII Decembris.

S. Bernardinus Senensis : Certum est quod Deus creavit Adam sine peccato originali ex limo terræ, deinde ex costa ejus creavit Evam et sine peccato. Et certum est quod Christus incarnatus fuerit Deus et homo, et fuit major quam Adam et Eva, et majoris dignitatis. Et tantum interest inter eos quantum inter Creatorem et creaturam ; modo non est credendum quod ipse Filius Dei voluerit nasci ex Virgine et sumere ejus carnem, quæ esset maculata ex aliquo peccato originali. Imo credendum est quod voluit sumere carnem ex carne purissima, et quod ejus Mater fuerit plusquam Eva et Adam, qui creati fuerunt sine peccato originali. ' (Tom. III, serm. 49, part. prima principali.)

S. Andreas apostolus : Sicut primus Adam formatus fuit ex terra, antequam esset maledicta, ita secundus Adam formatus fuit ex terra Virgine nunquam maledicta. (In ejus *Vita.*)

S. Andreas Cretensis : Sicut olim e terra virgine et intacta lutum formavit in Adam, ita nunc quoque suæ Incarnationis materiam præparans, loco alterius, ut ita dicam, terræ, puram hanc Virginem, et ab omni prorsus labe vacuam e tota natura delegit Deus. (Orat. *De Nativ. B. Virg.*)

S. Bruno : Hæc est enim incorrupta terra illa, cui benedixit Dominus, ab omni propterea peccati contagione libera, per quam vitæ viam agnovimus, et promissam veritatem accepimus. (In Psal. CI.)

B. Thomas a Villanova : Decuit Matrem Dei esse purissimam, sine labe, sine peccato. Unde non solum quando puella, sed quando parvula, sanctissima ; et in utero sanctissima, et in conceptione sanctissima. Non enim decebat Sanctuarium Dei, Domum Sapientiæ, Reliquarium Spiritus, Urnam mannæ cœlestis, aliquam in se labem habere, propter quod, antequam anima illa sanctissima infunderetur, plene fuit caro illa mundata ab omni fæce et labe, et anima, cum infusa est, nullam habuit ex carne, neque contraxit labem peccati. (Cant. III, *De Nativit. B. Virg.*)

S. Bernardus : Absit ut proprii quidquam inquinamenti domus hæc aliquando habuisse dicatur, ut in ea proinde scopa Lazari quæreretur ! (Serm. II, *De Assumpt. B. Virg.*)

Abulensis : Beatam Virginem sine macula originali conceptam fuisse, quod quidem nullo modo nego, sed toto animo confiteor. (Super Prologum S. Hieronymi, cap. 6.)

XIII Decembris.

Galatinus : Unicuique homini appetitus quidam a natura insitus est, ut ejus mater perfectior sit in cunctis mundi perfectionibus. Et hoc ideo quia ex ejus sanguine genitus est. Nam si mater ex materia munda et optima constabit, filius quoque eadem ex materia conficietur. Quare filius semper matris perfectionem cupit, oditque imperfectionem. Si igitur Filius Dei, qui virtutes ac perfectiones summopere diligit, vitia vero et peccata atque imperfectiones maxime detestatur, Matrem suam nobiliorem ac perfectiorem in bonitate, justitia, sanctitate, cæterisque perfectionibus futuram non optasset, profecto in voluntate et appetitu inordinatus fuisset. Quippe qui desiderium suum potius ad res viles et imperfectas, quam ad nobiliores et perfectiores inclinasset. Sequeretur præterea eum viliorem habuisse appetitum, quam pura quævis creatura humana, cum materiam et humanitatem suam imperfectam fore voluisset. Hoc autem manifeste falsum est ac omnem prorsus contra rationem. Cum ergo Deus sit summa perfectione perfectus, perfecti autem sit amare perfecta potius quam imperfecta, debuit sane Matrem suam perfectam omni perfectione possibili, et cupere et facere ; quare absque originali peccato ipsam concipi fecit. (*De arcanis cathol. verit.*, lib. VII, cap. 7.)

XIV Decembris.

Peibartus : Congruebat ut Deus præservaret B.

Virginem a peccato originali in sua conceptione naturali ; quia congruum est ut nihil ponatur in Christo Jesu Dei Filio, quod notet ignominiam, cum ipse sit *Candor lucis æternæ* et *Speculum sine macula,* ac *Imago bonitatis Dei* (*Sap.* vii, 26). Sed si ponitur beata Virgo concepta in peccato originali, tunc ponitur ignominia in Christo, scilicet quod Mater ejus fuerit aliquando in peccato, et sic macula erit dedecoris in Christo quoad originem : quia redundant in ipsum, juxta illud Eccli. iii, 13 : *Dedecus filii pater* sive *mater sine honore.* Secundo ostenditur ex ratione legali, quia secundum omnes leges, valde iniquus · reputatur filius, qui cum possit præcavere, matrem dilectam in manus inimici permittat cadere, nec a periculo velit præservare ; quia est contra legem divinam, Exod. xx, 12 : *Honora patrem et matrem;* et contra legem naturalem, quia, teste Philosopho, lib. viii *Ethic.*, parentibus non possumus reddere æquivalens, etc. Ergo per contrarium multum congruebat Filio Dei non permittere Matrem in manus diaboli per originale peccatum in conceptione incidi, sed decebat præservare eam : quod optime poterat. Tertio, ostenditur ex ratione physicali, quia secundum regulam topicam Boetii, lib. ii *Topicorum,* « Si de quo minus videtur inesse inest, etiam de quo magis. » Exemplum : Si congruum est ut rex honoret et exaltet famulum, multo magis matrem. Si ergo congruebat, ut Deus Adam et Evam atque angelos faceret in principio sine omni peccato, multo fortius Matrem præelectam, quæ exaltanda foret super omnes angelos. (In *Stellario,* lib. iv, part. i, art. 2.)

XV *Decembris.*

Lanspergius : O Virgo ab initio et ante sæcula creata, in Deo ab æterno præparata, a parentibus vero sanctis, solo timore Dei et propter obedientiam convenientibus, in tempore sanctissima es concepta. O præclara puella ac lucidissima creatura, a Sole justitiæ de te progressuro matutina quadam irradiatione præventa. Qui enim fabricatus est auroram et solem, te multo puriorem fabricavit suam Matrem. Talem te condidit in tempore, qualem te elegit et habere voluit in sua æternitate : quia in te et ex te statuit assumere, quod sibi perpetuo unitum foret in unitate personæ, de quo exiret pretium redemptionis, justificationis, et beatificationis humanæ. O candida, o rubicunda, o electa ex millibus, imo post Deum electissima ex omnibus, quæso, ne despicias me sordidum, vilem ac miserrimum, in peccato conceptum et enutritum, dum adhuc infantula es, dum in utero es; te 'desidero, te amare concupisco, gratiam tuam ambio, me tibi commendo et dono ; fac sim tuus, et talis, cujusmodi tu in oculis Dei esse voluisti, et qualem me esse velis, aut esse debeo ; imo cujusmodi tibi placerem maxime. O dulcis, generosa, et præelecta puella, sacrosancta

Virgo Maria, respice, et suscipe me tibi donatum. Amen. (Theoria 6.)

XVI *Decembris.*

S. Bonaventura : Verbum bonum et suave personemus illud *Ave,* quo initiata est nostra redemptio ab æterno *Væ.* Personemus, inquam, singuli, personemus devotissime universi, dicentes : *Ave, Maria, Ave, et Ave,* et iterum *Ave,* et millies *Ave.* Ecce, charissimi , sanctissimæ · Virgini Mariæ propter omnimodam culpæ carentiam et immunitatem, propter omnimodam vitæ innocentiam, et puritatem, merito in principio Salutationis, *Ave,* dicitur ; *Ave* utique absque *Væ.* Considerandum autem est quod triplex est *Væ,* a quo immunissima fuit ista, cui dictum est : *Ave.* Est autem *Væ* culpæ, *Væ* miseriæ et *Væ* gehennæ. Est autem *Væ* culpæ actualis, *Væ* miseriæ originalis, et *Væ* pœnæ gehennalis. De his tribus *Væ,* non incongrue intelligimus quod in Apocalypsi legimus, viii, 13 : *Audivi,* inquit Joannes, *vocem unius aquilæ volantis per medium cælum dicentis voce magna : Væ, væ, væ habitantibus in terra.* Sed ecce quodlibet istorum trium *Væ,* multiplicatur, heu per tria *Væ,* ut sic simul sint novem *Væ,* contra quæ Mariæ recte dicitur : *Ave.* Nam tria culpæ, tria miseriæ, tria gehennæ sunt *Væ,* pro quorum carentia, ipsa merito salutatur per *Ave,* etc. Nota, nec corde, nec ore, nec opere maculam peccati habuit, nec contraxit, ut vere ei Dominus dicere posset, Cant. iv, 7 : *Tota pulchra es, amica mea, et macula non est in te.* Sic ergo innocentissima et sanctissima Maria corde fuit absque *Væ,* ore absque *Væ,* opere absque *Væ,* et ideo dictum est ei : *Ave.* (In *Spec. B. Virg.,* lect. 2.)

S. Joan. Damascenus : Tanquam thuribulum aureum carbone divino refertum, cordis mei fetorem, in suavem fragrantiam muta ; o quæ etiam in puerperio sola semper es Virgo. (Ex *Menæis Græc.* 14 Febr. apud Simon. Vagnereck in *Piet. Marian. Græcor.* num. 259.)

XVII *Decembris.*

S. Anselmus : Nulli dubium castissimum corpus et sanctissimam animam ejus funditus ab omni fuisse macula peccati jugi angelorum custodia protectam, utpote aulam, quam suus et omnium Creator Deus corporaliter inhabitaturus, et ex qua hominem in suæ personæ unitate ineffabili fuerat operatione suscepturus. (*De Excell. B. Virg.* cap. 3.)

S. Bernardus : Innumerabilium beatorum Spirituum militiam, ad ministerium tantæ principis delegatam fuisse nullatenus ambigimus, utpote qui custodirent lectulum Salomonis gratissimum, ac providerent ne præparaturum æterno Regi hospitium alienus hospes invaderet. (In *Deprecat. ad B. Virg.*)

Richardus a S. Laurent. : Lectulus Salomonis, id est, veri pacifici, beata Virgo dicitur, in qua Deitatis inclinato capite, Dei Filius requievit velut in lectulo. Unde et ipsa dicit, Eccli. xxiv, 13 : *Et qui creavit me, requievit in tabernaculo meo.* Cum autem, sicut dicit Apostolus, Hebr. i, 14, *Omnes Spiritus* cœlestes, *administratorii sint, et mittantur in ministerium propter eos, qui hæreditatem capiunt salutis,* et non solum ad ministerium hominum minores mittantur spiritus, sed etiam superiores, et de ordine Seraphim, qui propter charitatis ardorem dicuntur flamma ignis, vel ignis urens. Unde Psal. ciii, 4 : *Qui facit angelos suos flammam ignis, vel ignem urentem;* ostenditur in hoc loco, quod ad custodiam et obsequium beatæ Virginis non inferioris, sed superioris dignitatis angeli deputati sunt, cum dicitur, quod hunc *lectulum ambiunt sexaginta fortes de fortissimis Israel;* nam beatam Virginem ambiebant diligenti custodia et reverentia obsequiosa angelici spiritus, fortes inter fortissimos spirituum, qui pro eo quod assidua contemplatione Deum conspiciunt, Israel nomine designantur. (Lib. x, *De laud. B. Virg.*)

XVIII Decembris.

S. Bernardinus Senensis : Assistebant beatæ Virgini innumerabiles multitudines angelorum in ejus protectionem. Et de hoc Propheta ad Virginem ait, Psal. xc, 11 : *Angelis suis Deus mandavit de te, ut custodiant te in omnibus viis tuis.* Pie etenim credo, quod plurimas legiones habuit angelorum ad custodiam et protectionem suam, cum et Elisæus, ut legitur IV Reg. vi, angelorum multitudinem habuit ad sui defensionem. Secundo adfuit ei dæmonum repulsio. Sicut enim magnus ignis effugat muscas, sic a sua ardentissima mente et inflammatissima charitate dæmones effugabantur et pellebantur, in tantum, quod solum in modico non erant ausi respicere mentem ejus, nec de magno spatio illi appropinquare. (Tom. IV, Serm. *De Concept. B. Virg.*, art. 3, cap. 2.)

Richardus a S. Victore : Quæ etiam ipsis principibus tenebrarum terribilis fuit, ut ad eam accedere eamque tentare non præsumpserint. Deterrebat enim eos flamma charitatis, incendebant orationes et fervor devotionis, stupebant immunem a peccatis. Nemo enim tam sanctus, qui maculam non habuerit et defectum, præter ipsam. Luna enim, quæ nocte splendet, et stellæ non sunt mundæ in ejus comparatione, id est, hi qui vitæ sanctitate lucent ut luna, vel stellæ in nocte hujus vitæ obtenebrantur in ejus comparatione. Obtenebrantur enim stellæ, id est, sancti caligine humanæ culpæ; sed beata Virgo tota pulchra fuit, quam totam illustravit et perfudit Sol justitiæ, ut nec maculam habuerit, nec tenebras culpæ. (*In Cant.* cap. 26.)

XIX Decembris.

S. Anselmus : Castellum, in quod intravit Jesus, singularem intemeratam Virginem ejusdem Jesu Genitricem, salva Scripturarum regula, per similitudinem accipimus. Castellum enim dicitur quæli-

bet turris et murus in circuitu ejus. Quæ duo sese invicem defendunt, ita ut hostes per muros ab arce, et a muro per arcem arceantur. Hujusmodi castello non incongrue Virgo Maria assimilatur, quam virginitas mentis et corporis quasi murus ita undique vallavit, ut nullus unquam libidini ad eam esset accessus, nec sensus ejus aliqua corrumperentur illecebra. (Homilia super illud Luc. x, 38 : *Intravit Jesus in quoddam castellum.*)

Honorius Augustodunensis : In castello est turris alta, in qua contra hostes propugnacula : murus vero exterius, qui est tutela civibus interius. Hoc castellum fuit illud sancti Spiritus sacellum, scilicet gloriosa Dei Genitrix Virgo Maria, quæ jugi angelorum custodia fuit undique munita. In qua turris alta videlicet humilitas, pertingens usque ad cœli culmina, unde dicitur, Luc. i, 48 : *Respexit humilitatem ancillæ suæ.* Murus vero exterius, ejus castitas fuit, quæ cæteris virtutibus munimen præbuit. Hoc castellum Dominus intravit, quando in utero Virginis humanam naturam sibi copulavit, Luc. x, 38, 39 : *Et mulier quædam, Martha nomine, excepit illum in domum suam; et huic erat soror, nomine Maria.* Per Martham activa vita; per Mariam contemplativa designatur, quam utramque perpetua Virgo Maria in Christo excellentius excoluisse prædicatur. (In *Sigillo S. Mariæ.*)

XX Decembris.

S. Bruno : Solet civitas vocari quælibet magna hominum collectio, munita undique muro et turribus, ut illius munitionibus hostes repellant, et se per illas defendant. Non incongrue ergo Virgo Maria civitas Dei appellatur, quam virginitas mentis et corporis quasi murus ita ex omni parte vallavit, ut nullus unquam libidinis accessus adesset, et omnis inimicus a suæ virginitatis corruptione deesset. Unde et in laude ipsius Salomon applaudit dicens, Cant. vi, 3 : *Pulchra es et decora, Filia Jerusalem; terribilis ut castrorum acies ordinata.* Virgo quippe Maria merito Filia Jerusalem vocatur, quia ipsa fuit Filia visionis pacis, id est, Filia et Mater illius, qui fecit pacem iis qui erant longe a Deo, id est, gentilibus idololatris; et iis qui prope, scilicet Judæis, qui propinqui erant Deo per cognitionem legis. Unde in Nativitate ejus ab angelis canitur, Gen. ii, 14 : *Gloria in altissimis Deo, et in terra pax hominibus bonæ voluntatis.* Hæc Filia Jerusalem pulchra est per internarum decorem virtutum, et decora est per exemplum virginitatis, quod toti exhibuit mundo. Est etiam terribilis ut acies castrorum ordinata, ad quam omni virtute circummunitam non audet aliquis hostis recedere : quæ Spiritus sancti protegitur adumbratione. Unde et de hac civitate, jure gloriosa et magnalia dicuntur, non solum ab hodiernis, sed etiam ab antiquis Patribus et angelis. Nonne enim valde gloriosum est, quod de ea ipse David pater ejus in hoc eodem Psalmo dicit (lxxxvi,

5) : *Homo natus est in ea, et ipse fundavit eam Altissimus.* (Serm. 1, *De laudibus B. Mariæ.*)

XXI Decembris.

S. Ambrosius : Dicit propheta vidisse se in monte alto ædificationem civitatis, cujus portæ plurimæ significant, una tamen clausa describitur, de qua sic ait Ezech., XLIV, 1, 2 : *Et convertit me secundum viam portæ sanctorum exterioris, quæ respicit ad orientem, et hæc erat clausa. Et ait ad me Dominus : Porta hæc clausa erit, et non ·aperietur, et nemo transibit per eam : quoniam Dominus Deus Israel transibit per eam,* etc. Quæ est hæc porta, nisi Maria? Ideo clausa, quia virgo. Porta igitur Maria, per quam Christus intravit in hunc mundum, quando virginali fusus est partu, et genitalia virginitatis claustra non solvit. Mansit intemeratum septum pudoris, et inviolata integritatis duravere signacula, cum exiret ex Virgine, cujus altitudinem mundus sustinere non posset. (Lib. *De institut. Virginis,* cap. 7.)

Divus Amedeus : Hæc est illa janua de qua in Ezechielis volumine legimus : *Porta ista clausa erit Principi, et per eam Princeps egredietur.* Per hanc nimirum Princeps regum terræ Christus egressus est, quam sicut in ingressu non aperuit, sic in egressu non patefecit. Pertransiit in pace, et semita ejus non apparuit. Et si miraris clauso utero Mariæ, signataque virginali pudicitia Deum natum, mirare quod clauso obseratoque aditu sepulcri ad superos rediit, et clausis januis ad discipulos introivit. (Hom. 4.)

Theodoretus : Christus *descendit sicut pluvia in vellus,* etc. Vellus hic beatam Virginem nominavit quemadmodum enim pluvia in vellus sine strepitu descendit, sic beatus ille fetus omnibus hominibus ignorantibus natus est. (Lib. II, in *Cant.*)

· XXII Decembris.

S. Ildephonsus : Uterus beatæ Virginis per arcam figuratur, quæ cuncta sacramentorum arcana in se habuit. Habuit enim panem vivum illum, qui de cœlo descendit. Habuit et legem Testamenti Novi, quia legislatorem genuit, *in quo sunt omnes thesauri sapientiæ atque scientiæ.* Et ideo recte Arca Sacramentorum Dei Virgo Maria fuit, supra quam sane propitiatorium et Cherubim hinc inde obumbrantia figurantur, quia Mariæ nullum extrinsecus obrepsit peccati contagium, sed intus omnis custodia legis et manna fuit, quod est mirabile sacramentum ac propitiatio humanæ salutis. Supra quidem propitiatorium recte positum est, quia ipse propitiatio nostra super omnia est benedictus Deus. (Serm. 1, *De Assumpt. B. Virg.*)

S. Gregorius Thaumaturgus : Adeste igitur vos quoque, charissimi, et dulcia verba illa ex spirituali David cithara nobis repræsentata decantemus, dicentes, Psal. CXXXI, 8 : *Surge, Domine, in requiem tuam : tu et Arca sanctificationis tuæ.* Vere enim arca est sanctissima Virgo, intrinsecus et extrinsecus deaurata, quæ universum sanctificationis thesaurum suscepit. Surge, Domine, in requiem tuam. Surge, Domine, ex sinu Patris, ut collapsum primi parentis genus erigas. (Serm. 1, *De Annunt. B. Virg.*)

Richardus a S. Laurent. : Dicitur ergo : *Surge, Domine, in requiem tuam,* post laborem passionis, tu per Ascensionem, *et Arca sanctificationis tuæ* per Assumptionem. Hæc enim Arca, quando assumpta est, surrexit in requiem Domini, et impletum est illud Genes. VIII, 4 : *Requievit arca supra montes Armeniæ. (De laud. B. Virg. lib. X.)*

Hesychius : B. Virginem esse Arcam, arca Noe latiorem, longiorem, illustriorem. Illa erat animalium arca, hæc autem Arca vitæ ; illa corruptibilium animalium, ista vero vitæ incorruptibilis ; illa ipsum Noe, hæc vero ipsius Noe Factorem portavit ; illa duas et tres contignationes et mansiones habebat, hæc autem universam Trinitatis complementum. (Hom. *De Deipara.*)

XXIII Decembris.

S. Bernardus : Vehementer quidem nobis, dilectissimi, vir unus et mulier una nocuere : sed gratias Deo, per unum nihilominus virum et mulierem unam omnia restaurantur, nec sine magno fenore gratiarum. Neque enim sicut delictum, ita et donum, sed excedit damni æstimationem beneficii magnitudo. Sic nimirum prudentissimus et clementissimus artifex, quod quassatum fuerat, non confregit, sed utilius omnino refecit, ut videlicet nobis novum formaret Adam ex veteri, Evam transfunderet in Mariam. Et quidem sufficere poterat Christus, siquidem et nunc omnis sufficientia nostra ex eo est, sed nobis bonum non erat esse hominem solum. Congruum magis ut adesset nostræ reparationi sexus uterque, quorum corruptioni neuter defuisset. (Serm. super *Sign. magn.*)

S. Fulgentius : Facta est Maria fenestra cœli, quia per ipsam Deus verum fudit sæculis lumen. Facta est Maria scala cœlestis, quia per ipsam Deus descendit ad terras, ut per ipsam homines ascendere mercantur ad cœlos. Ipsis enim licebit ascendere illuc, qui Deum crediderint ad terras per Virginem Mariam descendisse. Facta est Maria restauratrix feminarum, quia per ipsam a ruina primæ maledictionis probantur esse subtractæ. (Serm. *De laud. B. Virg. Mariæ.*)

Richardus a S. Laurent. : Ipsa est etiam civitas Bethleem quod interpretatur *domus panis,* vel *domus refectionis,* ubi ipsa peperit Panem vivum, qui de cœlo descendit, quo reficimur in altari, et qui nostra erit refectio in æternitate. In hac etiam civitate inventus est panis vitæ, quem nobis attulit de cœlo. (Lib. XI, *De laud. B. Virg.*)

XXIV Decembris.

S. Anselmus : Quas itaque laudes, quasve gratiarum actiones, non solum humana natura, sed omnis creatura huic sanctissimæ Virgini debet? Pura enim sanctitas et sanctissima puritas piissimi pectoris ejus, omnem omnis creaturæ puritatem, sive sanctitatem transcendens, incomparabili sublimitate hoc promeruit, ut Reparatrix perditi orbis benignissime fieret. Unde quid laudis pro tam ineffabili bono ipse per eam reparatus mundus, ei jure debeat, æstimare nullatenus sufficit, etc.

Nota igitur omni sæculo loquar, et de quo ad quid provecti sumus hujus Dominæ meritis pro posse edicam. Itaque natura mea ad similitudinem Dei in principio creata fuit, quatenus indesinenter ipso Deo frueretur, et ejus gloria sine omni corruptione et mutabilitate aliquando potiretur. Hoc tam grande bonum natura statim in primis hominibus perdidit, et in hujus mundi miserias infelix et·præceps ruit, dehinc in æternas miserias decurso vitæ labentis articulo multo infelicius ruitura. Transierunt multa sæcula, et damnationis istius immanitas super omnes filios hominum semper est in deterius roborata. Nec enim Dei summi sapientia summa, ullam in massa creationis humanæ viam invenit, per quam, ut disposuerat, in mundum veniens tam luctuosæ perditioni subveniret, donec ad istam, de qua loquimur, Virginem ventum esset. Sed hæc mox, ubi in mundum per humanæ generationis lineam venit, tanta omnis boni virtute et substantia perfecte resplenduit, ut eam ipsa Sapientia Dei vere dignam judicaret, per quam in homine veniens non modo reatum primorum hominum, sed et totius mundi peccata deleret, et diabolum sui operis inimicum cum suis eluderet ; nec non damna cœlestis patriæ, illuc hominem deducendo reintegraret. Quis igitur ista' perpendens æstimare queat, qua laude digna sit, quæ tantorum beneficiorum sola præ cunctis effici meruit Mediatrix ? (De excell. B V., c. 9.)

Idiota : O piissima Virgo Maria, ego pravissimus peccator, ingratissimus fui tibi : quia de immensis beneficiis tuis, quæ jam suscepi, et jugiter suscipio, gratias tibi non retuli, neque tibi compiacere volui : sed potius displicui propter innumerabilia peccata quæ commisi, et adhuc non desino committere. Succurre mihi, clementissima Virgo Maria, indulgendo mihi, et orando tuum Filium benedictum, ut ingratitudinem istam auferat, et me effectualiter disponat ad serviendum utrique, ut regnum in fine obtineam sempiternum. Amen. (De B. Virg. part. xiv, contempl. 10.)

XXV Decembris.

B. Thomas a Villanova : Aderat jam hora illa sacra, hora aurea, hora rutilans, super omnia tempora benedicta, hora mundi solatio ab initio destinata, Et nox in suo cursu medium iter habebat, cum ecce virgineus undique vultus immutatur, rubent genæ coloribus, candidaque alioquin facies tota purpuratur, ita ut liliis candidis assimilare il-

lam posses purpureis mistis rosis ; fervido agitatur spiritu, insuetisque ardoribus beatissima illius anima inflammatur ; æstuabat intus deliciis, inundantesque gaudiorum impetus, tenerum pectus portare nequibat. O Virgo benedicta, nonne isti sunt sacri partus dolores? Istæ puerperii intolerabiles anxietates, hæ torsiones, quas solent tali tempore sustinere prægnantes ? Prænovit alma Puerpera sui partus indicia et Spiritu Dei plena, devotione fervida, manibus oculisque in cœlum levatis, flexisque genibus totam se Deo devovens ipsius beneplacitum exspectabat. Aderat et sanctus Joseph rerum novitate perterritus, oransque et ipse silentio rei exitum attendebat : cum ecce virgineo elapsus utero decorus Infans, nuda terra coram eis ejulans palpitabat, Infans omnipotens, mirandus Infans, in quo sunt omnes thesauri sapientiæ et scientiæ Dei ; Infans parvulus, et Deus immensus. (Conc. 1, De Natali Domini.)

Landspergius : O Virgo sublimis et nimium venerabilis, admoneo te nunc noctis illius sanctissimæ claro tunc lumine coruscantis, qua tu Virgo candida, Lumen æternum genuisti, habens gaudium Matris cum honore virginitatis. Recordare nunc, quæso, illius horæ illiusque gaudii, quod habuisti tunc, quando Dei Filius in te homo factus, de virginali utero tuo, tanquam sponsus de thalamo processit : quando tu mundi enixa es Salvatorem, quando vere facta es Dei Genitrix, quando sine dolore facta es puerpera, quando denique eum te vidisti habere Filium, quem habueras Creatorem. O dignissima Dei Mater, quid in illo partu gaudii, quid exsultationis tota in Deum absorpta sensisti, quando subito Parvulum, Dei Filium, gratia et veritate plenum, ex te editum ante te jacere vidisti ? (Theoria 24.)

S. Hilarius : Dei igitur imago invisibilis putorem humani exordii non recusavit, et per conceptionem, partum, vagitum et cunas, omnes naturæ contumelias transcurrit ! Quid tandem dignum a nobis tantæ dignationis affectui rependetur ? (Lib. II, De Trinitate.)

Dionysius Carthus. : Beatissima Virgo Maria, singulis annis in festo Nativitatis Christi ad purgatorii loca cum multitudine angelorum descendit, et multas inde animas eripit, quoniam in nocte solemnitatis illius Christum Regem gloriæ peperit, etc. Etiam nocte Dominicæ Resurrectionis solet descendere ad purgatorium pro eductione animarum, eo quod Christus nocte illa sanctos de limbo eduxit. (Serm. 2, De Assumpt. B. Virg.)

XXVI Decembris.

S. Antonius de Padua : Nota quod cerva (ut dicitur in naturalibus) parit in via trita, sciens quod lupus viam tritam evitat propter homines. Cerva charissima est beata Maria, quæ in via trita, id est, in diversorio, Hinnulum gratissimum, quia gratis ex grato tempore datum nobis parvulum Filium peperit. Unde Lucæ ii, 7 : *Peperit Filium suum et pannis eum involvit*, ut stolam immortalitatis reciperemus, *et reclinavit eum in præsepio, quia non erat ei locus in diversorio*. Glossa ibi : In diversorio eget loco, ut nos plures in cœlis habeamus mansiones. Hujus Cervæ toti mundo charissimæ ubera inebrient te, o Christiane, omni tempore, ut omnium temporalium oblitus, tanquam ebrius·ad ea, quæ ante te fuerunt et sunt, te extendas. (Serm. *in Domin.* iii *Quadrag.* quadragesimali secundo quoad Dominicas.)

S. Cyprianus : Tale elegit Fabricator mundi hospitium, hujusmodi habuit delicias sacræ Virginis puerperium. Panniculi pro purpura, pro bysso in ornatu regio laciniæ congeruntur, genitrix est et obstetrix, et devotam dilectæ soboli exhibet clientelam, attrectat, amplectitur, jungit oscula, porrigit mammam, totum negotium plenum gaudio, nullus dolor, nulla naturæ contumelia in puerperio. (*De Nativ. Christi.*)

S. Hieronymus : Nulla obstetrix, nulla muliercularum sedulitas intercessit ; ipsa pannis involvit Infantem, ipsa et mater et obstetrix fuit. (*Contra Helvidium.*)

S. Augustinus : Igitur cum gaudio dicamus sanctæ Virgini Mariæ Matri Domini nostri Jesu Christi ; dicamus et non confundamur : Lacta, Mater, Christum, et Dominum nostrum et cibum. Lacta Panem de cœlo venientem, et in præsepi positum velut piorum cibaria jumentorum, etc. Lacta eum, qui talem fecit te, ut ipse fieret in te, qui tibi et munus fecunditatis attulit conceptus, et donum Virginitatis non abstulit natus : qui sibi antequam nasceretur, et uterum de quo nasceretur, et civitatem in qua nasceretur, et diem in quo nasceretur, elegit. (Tom. X, serm. 13, *De tempore*, est serm. 19, *De Nativit.*)

XXVII Decembris.

S. Gregorius Nyssenus : O rem admirandam, Virgo Mater efficitur et permanet Virgo ; cernis novum naturæ ordinem. In aliis mulieribus, quandiu aliqua est virgo, non est mater ; nam posteaquam est facta mater, virginitatem non habet ; hic autem utrumque nomen in idem concurrit, eadem enim et mater et virgo est. Nec virginitas partum ad-emit, nec partus virginitatem solvit. (Orat. *in Natali Domini.*)

S. Zeno : O magnum sacramentum ! Maria Virgo incorrupta concepit, post conceptum virgo peperit, post partum virgo permansit. (Serm. 2, *De Nativ. Christi.*)

Richardus a S. Victore : Pensa, si potes, quæ vel quanta sit ista mirificentia. Virginem concipere, virginem parere, et post partum virginem permanere. Æstima, si vales, quæ vel qualis sit ista magnificentia, partum virginis ab hora conceptionis suæ omnem plenitudinem accipere, et in humanitatis veritate plenitudinem Divinitatis obtinere.

Singularis gloria, specialis et gratia beatæ Virginis Mariæ, quæ cum virginitatis honore genuit, et peperit Filium, nec qualemcunque, sed Deum. (Lib. ii, *De Emmanuele*, cap. 25.)

S. Thomas a Villanova : O magnum latens sacramentum ! Rubum enim, quem viderat Moyses incombustum, conservatam agnovisti tuam laudabilem virginitatem, sancta Dei Genitrix. Tu, Virgo beata, tu es ille rubus ardens et inconsumptus, tui typum umbra illa gerebat, tuam partu non violatam sed sacratam virginitatem rubus ille signabat, te demonstrabat illa figura. O igitur quisquis non jam ad umbram, sed ad ipsam veritatem passibus cordis accedis, vide ne procaciter irruas, accede reverenter, accede devote ; si enim umbra sic colitur, si ab umbra sanctus arcetur, tu peccator et sordidus ad veritatem ipsam qua audacia properabis ? Accede ergo, sed cum timore multo et reverentia ; et si vis intelligere mysterium, solve calceamentum ; calceatis pedibus non acceditur ad sacra. (Conc. 2, *De Nativ. Dom.*)

XXVIII Decembris.

S. Fulgentius : Hoc splendore concipitur Dei Filius, hac munditia generatur. Nulla fieri gravedo potuit concipienti, nulla tristitia parturienti. Qui enim venerat triste lætificare sæculum, ventris non contristavit hospitium. De cœlis Medicus transiens per Virginem, post transitum suum, illæsam fecit Virginem permanere. Qui enim disrupta corporum membra in aliis poterant integrare tangendo, quanto magis in sua Matre, quod invenit integrum, potuit non violare nascendo. Crevit enim ejus partu integritas corporis potius quam decrevit. Et virginitas ampliata est potius quam fugata. In angusto corporis membro sustinuit , quidquid sustinent cœli. (Serm. *De laud. B. Virg.*)

S. Cyprianus : Nec locus ibi erat lavacris, quæ solent puerperis præparari, quippe nec aliqua naturæ injuria Matrem Domini læserat ; quoniam sine tormento peperit, quæ in conceptione caruit voluptate, etc. ; ultro maturus ab arbore bajula fructus elapsus est : nec oportuit vellicari, quod sponte prodibat. Nihil in hac re petiit ultio, nec præcedens delectatio aliquam expetiit pœnarum usuram. Spiritu sancto obumbrante incendium originale exstinctum est ; ideoque innoxiam affligi non decuit.(Serm. *De Nativit. Domin.*)

S. Ildephonsus : Idcirco cessent a talibus deliramentis, et confiteantur cum sanctis Patribus, sic eum esse natum de Virgine Maria, ut dignatus est, et, ut decuit Deum, nullas ascribant sacratissimæ Matri contumelias intulisse , non gemitus, non dolores, non ærumnas, non ullas viscerum vexationes, non ullas diræ tristitiæ corruptiones : quia hæc omnia, sicut sæpe dictum est, in prima origine illatæ sunt vindictæ, et retributiones justissimæ primæ prævaricationis. A quibus omnibus B. Virgo Maria, quantum est aliena a culpa, tantum procul dubio

libera fuit a doloribus et a pœna. (Lib. *De perpetua virginitate S. Mariœ et parturitione.*)

S. Zeno : Non Mater ejus tanti partus ˙pondere
exhausta totis pallens jacuit resoluta visceribus,
non Filius Matris, aut suis est ullis sordibus delibutus; neque enim revera aliquid circa se habere
posset immundum, qui humani generis peccata,
sordes, et maculas venerat mundaturus. (Serm. 2,
De Nat. Christi.)

XXIX Decembris.

S. Bernardinus Senensis : Plus potest facere
beata Virgo de Deo, quam Deus de seipso. Quædam
enim contraria videbantur inter Deum et Virginem,
quæ, dum accessit Deus ad Virginem, concordata
sunt : puta, primo, impossibile erat Deum non generare : impossibile videbatur, Virginem generare.
Item, secundo, impossibile erat Deum generare nisi Deum : impossibile videbatur Virginem generare
Deum. Amplius tertio, impossibile erat Deum cum
alia persona generare ; accessit ergo Deus ad
Virginem, et necesse fuit Virginem generare, et
non alium quam Deum : et non de alio quam de
Deo. Sed Deus non potuit generare, nisi Deum de
se, et tamen Virgo Deum fecit hominem ; Deus non
potuit generare nisi infinitum, immortalem, æternum, insensibilem, impalpabilem, invisibilem sub
forma Dei ; sed Virgo fecit eum finitum, mortalem,
modicum, temporalem, palpabilem, sensibilem, vi-
sibilem sub forma servi, suppositum sub natura
creata. (T. IV, Serm. *De Nativ. B. Virg.* cap. 4.)

S. Methodius : Qui cœlum et terram implet,
cujus præterea sunt omnia quæcunque moventur
atque subs˙stunt, is tui, o Maria, factus est indi-
gus. Tu enim admirabilem Incarnationem, quam
aliquando non habuit, Deo mutuam dedisti ; tu
potentem illum corpore tanquam decenti quadam
panoplia induisti , etc. Euge, euge, Mater Dei et
ancilla, quæ debitorem illum habes, qui omnibus
mutuo dat, Deo namque universi debemus, tibi
vero ipse debet. (Orat. *De Purificat. B. Virg.*)

S. Bernardinus Senensis : O stupendum prodigium! et inauditæ altitudinis fastigium, ut a muliere Dei Filius quodammodo recognoscere videatur suum esse humanum. (T. IV, *Serm. De Assumpt.
B. Virg.*, art. 2, cap. 2.)

·XXX Decembris.

B. Albertus Magnus : Maria est thronus totius
Trinitatis. III Reg. x, 18 seqq. : *Fecit rex Salomon
thronum,* id est, Virginem gloriosam , et hoc in
tempore gratiæ, quando Mater misericordiæ in mundo est nata, *de ebòre* castitatis, puritatis, innocentiæ, *grandem*, in natura, in gratia, in gloria, in misericordia, in humilitate, in bonitate, in largitate, et
in pulchritudine. Unde sequitur : *Et vestivit eum,*
totaliter, regaliter, plus quam omnem creaturam
puram, *auro fulvo nimis*, id est, charitate suprema, imo et seipso. *Qui habebat sex gradus.* Primus
est humilitas ; sècundus, virginitas ; tertius, pau-

pertas ; quartus, erubescentia ; quintus, patientia ;
sextus, temperantia. *Et summitas throni rotunda*
erat spe cœlestium. *Et duæ manus tenentes sedile ,*
id est, Mariam, id est timor, et reverentia.
Habebat enim ad Filium timorem et reverentiam;
quia, licet esset ejus Filius, tamen erat Dominus et
Deus. *Et duo leones stabant juxta manus singulas,
et duodecim leunculi stantes super sex gradus hinc et
inde. Non est factum tale opus*, mirabilitate, utilitate, pretiositate, dignitate, pulchritudine, in universis
regnis cœli atque terræ. (In *Bibl.Marian.* III Reg.n.5.)

S. Antoninus : Ipsa est sedes Seraphina, quam
vidit Ezechiel, cap. i, etc. Sedes enim defert Regem sibi sedentem hinc inde : et per sua judicia
in diversis locis, gentibus, et modis, quodammodo
Deus refertur circumquaque. Et beata Virgo
verus thronus Salomonis detulit eum de cœlo in
mundum, et in mundo de loco ad locum, quia de
Nazareth ubi conceptus, in Bethleem ubi natus est,
de Bethleem in Jerusalem in templo præsentatus.
(Part. iv, tit. 15, cap. 44, § 7.)

XXXI Decembris.

S. Antoninus : Dicitur beata Maria Liber, quia
continuit in se divinam Sapientiam, id est, Filium
Dei. In libris enim continetur sapientia descripta.
Et ex hoc innuitur totalis ejus puritas, scilicet in
anima, et corpore; quia, ut dicitur Sap. i, 4 : *In
malevolam animam non intrabit sapientia, neque
habitabit in corpore subdito peccatis.* Et ideo oportuit eam esse puram ab omni peccato. Joan. Damasc. ait : « Sanctus enim Deus nonnisi in sanctis
requiescit.» (Part. iv, tit. 15, cap. 5, § 1.)

Richardus a S. Laurent. : Liber iste Maria dicitur grandis dignitate, scientiæ profunditate, mul-
timoda difficultate, scientiarum inscrutabilitate, et
omnimoda utilitate, etc. Hic est Liber, quem vidit
Joan. Apoc. v,7 : *In dextera sedentis in throno, signatum cum sigillis septem.* In hoc enim Libro
continetur omnis scientia quæ pertinet ad salutem.
Quem tenet Christus in dextera, non in sinistra,
quia spiritualem scientiam, quæ in eo latet, bonis
aperit, malis claudit. Bonis aperit, ideo dicitur teneri in dextera Dei, quasi ad aperiendum ; malis
claudit, ideo dicitur signatus. Et nota, quod Joannes flebat multum, quia nullus dignus inventus est
solvere signacula Libri , nisi solus Agnus, quia
nemo novit Matrem nisi Filius, et cui Filius voluerit revelare, etc. Et felix ille, qui de Libro isto
quantulamcunque lectionem quotidie memoriæ
commendabit. (Lib. xii, *De laud. B. Virg* , serm.
2, *De Nativ.*)

Bernardinus de Busto : Cupientes ergo ad vitam
æternam pervenire, studeant in Libro isto die ac
nocte, et in eo se faciant ascribi per devotionem.
(*Marialis*, part. ix, serm. 2.)

Cardinalis Palmany : O benedicta Virgo ! o
principis sacerdotum virga florens! o scala sanctissima, per quam non angeli, verum Dei Filius

22

descendit ad nos ! o cœlestis aquæductus, cana-
lis, et fluvius benedictionum ! o Rosa nullius
peccati flamma afflata ! o Arca testamenti, in qua
non lapis, virga, vel manna, verum cœlestis opulentiæ thesaurus est ! Te coram humi provolutus,
non solum susceptos in Verbi divini prædicatione
labores per tuas manus porrigo Deo meo ; verum
etiam, primum quidem reo huic capiti, deinde
huic tuo regno Hungariæ universo, per te misericordiam imploro. Chara Domina nostra, monstra te esse Matrem, Matrem Christi. Filius tuus
non minus te honorat, quam Salomon matrem
suam, III Reg. II, 20 : *Pete, Mater*, pete a Filio tuo,
ut sopitam in gente Hungarica erga te excitet pietatem, hæreses eradicet, blasphemos freno coer-
ceat, peccato mersos illuminet, ut omnes uno corde, Creatori fideliter serviamus. Amen. (Conc. *De
immacul. Concept. B. Virginis.*)

PERORATIO AD B. VIRGINEM.

B. Albertus Magnus : O Regina misericordiæ,
gratiæ et gloriæ, Imperatrix universorum, hunc libellum ad honorem tuum qualitercunque compilatum benigne suscipias, et omnia peccata mea di-
luas, gratiam gratum facientem finaliter tribuas,
et ad gloriam sempiternam, me indignissimum
tuum famulum perducas. Amen. (In *Bibl. Marian.*
lib. Apocal. in fine.)

S. Bonaventura : Eia ergo, benignissima Domina
mea Maria, illud exiguum munus, quod dat tibi
pauper amicus, accipito placide. Te enim cum hoc
munusculo, te cum hoc opusculo Salutationis tuæ
saluto, te genibus flexis, te capite inclinato, te
corde et ore saluto, salutemque dico. *Ave, Maria*,
etc. (In Prologo ad *Speculum B. Virg.*)

Dionysius Carthusianus : Nunc igitur, o præstantissima creaturarum Dei, o felix Maria, parce
servo tuo et imperfecto meo ignosce. Noli, o Sancta,
peccatoris laudem juste contemnere, nec præsum-
ptionis me judices, sed juxta insitam tibi incredibilem pietatem, suscipe hoc opus : non enim sic
orsus sum aut proscutus, tanquam me, sicut laudabilis et magna es, te laudare putaverim dignum
vel idoneum : sed ut ego quoque te pro viribus
laudarem, quæ Dei mei et Creatoris mei Mater es,
et quam laudat omnis cœtus sanctorum. Fateor
autem, o Unica, quia, si quid dignum aptumque
conscripsi; hoc tui muneris est : porro, quidquid
inefficaciæ et insufficientiæ exsistit, mihi attribuo.
Denique te quoque precor, o Jesu benigne, o Rex
Messia, o adorande Christe, ne mihi, quod tam
immunda mente pollutoque ore, serenissimam
sanctissimamque tuam Matrem laudare præsumpsi,
indigneris : sed per eam ignosce, per eam me suscipe, conserva et posside, qui propter me ejus esse
Filius elegisti, qui omnium Princeps exsistis, et
cuncta gubernas Deus sublimis et benedictus.
Amen. (Lib. IV *De præconio et dignitate B. Mariæ*,
art. 11.)

S. Bernardus : Gloriosa dicta sunt de te, civitas
Dei Genitrix. Sed adhuc locus est tuæ laudi, adhuc
in tuis laudibus omnis lingua balbutit. Non enim
sunt loquelæ, neque sermones in natione, quæ sub
cœlo est, quibus amplitudo gloriæ tuæ ad plenum
valeat explicari. O pia, o magna, o multum amabilis Maria ! (In *Deprecat. ad B. Virg.*)

AFFECTUOSA SUSPIRIA

EX PSALTERIO VIRGINALI D. BONAVENTURÆ SPARSIM
COLLECTA , AD AUGUSTISSIMAM COELI REGINAM,
QUÆ EJUSDEM DEVOTORUM CLIENTUM UTILITATI PRO
FELICI IMPETRANDA MORTE PIE DESERVIRE POS-
SUNT.

Quemadmodum desiderat cervus ad fontes aquarum, ita ad amorem tuum (o Maria) anhelat anima
mea.

Quia tu es Genitrix vitæ meæ, et Altrix Reparatoris carnis meæ.

Quia tu es Lactatrix Salvatoris animæ meæ : initium et finis totius salutis meæ.

Tu es Mater illuminationis cordis mei; tu es
Nutrix refovens mentem meam.

Te cupit os meum collaudare ; te affectat mens
mea affectuosissime venerari.

Te desiderat anima mea exorare ; quia tuitioni
tuæ se commendat tota substantia mea.

In manus tuas, Domina, ex nunc commendo spiritum meum, totam vitam meam et diem ultimum
meum.

Non avertas sacrum aspectum tuum a me, neque
abomineris me propter immunditiam meam.

Allectus sum gratia et bonitate tua; oro, ne frau-
der a spe et confidentia bona.

Libera me ab omni tribulatione mala, et ab omni
peccato custodi animam meam.

Dirumpe vincula peccatorum meorum, et de virtutibus exorna faciem animæ meæ.

Fac me digne et laudabiliter pœnitere, ut beato
fine ad Deum perveniam.

In exitu animæ meæ de hoc mundo, occurre illi,
Domina, et suscipe eam.

Consolare eam vultu sancto tuo, aspectus dæmonis non conturbet eam.

Gratiosus vultus tuus mihi appareat in extremis, formositas faciei tuæ lætificet animam meam
egredientem.

Educ de carcere animam meam, ut confiteatur
tibi et psallat Deo forti in perpetuum.

Cum exierit spiritus meus , Domina , sit tibi
commendatus, et in terra ignota præsta illi ducatum.

Non conturbent eum culpæ prius commissæ
nec inquietent ipsum occursus malignantis.

Tunc, o Domina mea, ne in furore Dei sinas me
corripi, neque in ira ejus judicari.

In judicio pro me assiste, coram eo suscipe
causam meam, et mea sis Advocata.

Q. Domina charissima mea, velut gallina tege me mirabili protectione tua.

A porta inferi et de ventre abyssi tuis sanctis precibus libera me.

Aperiantur mihi januæ sempiternæ, ut enarrem in æternum mirabilia tua.

Quia non mortui, neque qui in inferno sunt, laudabunt te, Domina, sed qui tua gratia vitam æternam obtinebunt.

Sic, Domina, nobis infunde clementiam, ut devote in Domino moriamur.

Benedicamus Deum, qui te creavit, benedictus uterque parens, qui te generavit.

Gratias Deo, et tibi, Mater pia, de omnibus, quæ assecutus sum, de pietate et misericordia tua.

Gloria Patri, et Filio, et Spiritui sancto, etc.

MODUS SALUTANDI DEIPARAM VIRGINEM
COELITUS REVELATUS.

Pro coronide et supremo hujus coronæ Marianæ ornamento, brevem sed eximiæ Marianæ laudis ac titulorum illustrium compendiosam, et inde cumprimis augustæ Virgini gratam salutationis formam (quam B. Henricum Calcariensem olim sacræ Carthusiæ Coloniensis priorem cœlitus edoctum, Hermannus Crombach S. J. *Historiæ Ursulanæ*, tom. II, lib. ix, cap. 31, ex Dorlando inclytæ Carthusianæ familiæ chronologo, fideliter refert) placuit subtexere. Cum enim Henricus post augustis simam cœli Reginam speciali et impensiori sanctæ

Ursulæ et ejusdem gloriosissimæ societatis teneretur devotione, meruit ut frequentiori earum frueretur visione. Contigit igitur, ut aliquando nocte intempesta una ex eodem glorioso virginum choro ipsi apparens, altumque quo demersus soporem excutiens, eum his dignata fuerit verbis : « Misit me divus virginum chorus, cujus cultui præcipuo quodam affectu deditus es, ut brevem quamdam sed Virgini Deiparæ perquam gratam tibique proficuam futuram, quotidie eamdem salutandi methodum suggererem. » Felices ille quantocius adhæc præbuit aures, sequentem ab ea excipiens Salutationem : *O Virgo Regina virginum, summum Trinitatis Sacrarium, angelorum Speculum, Scala sanctorum omnium, tutum peccatorum Refugium, cerne, o Pia, nostrum periculum, in morte placatum tuum nobis ostende Filium, et tuum vultum gratiosum.* Huic orationi talem adjecit promissionem : « Hanc precem si assidue dixeris, D. V. Mariæ et omnium nostrum gratiam consequeris. » Cœpit is exinde hoc breve pensum Virgini quotidie quam fidelissime persolvere : quo in cultu ut virgines Ursulanæ clientem magis confirmarent, visæ sunt omnes in unum collectæ, coram cœli Regina Dei Matre mellitissimis vocibus cœlesti quadam harmonia in ejus auribus concinere. Ecce quantus cœlestium incolarum circa Reginæ suæ cultum strenue promovendum sit zelus atque sollicitudo, et hoc clientum suorum bono; nam perire nequit, quisquis Dei Matrem in dies ardenter invocaverit.

II. MENSIS MARIANUS.

—

I. DE VITA ET LAUDIBUS

DEIPARÆ MARIÆ VIRGINIS,

MEDITATIONES QUINQUAGINTA.

AUCTORE R. P. **FRANCISCO COSTERO** D. THEOLOGO, SOCIETATIS JESU.

—

SODALITATI B. V. MARIÆ

IN AQUICINCTENSI COLLEGIO ACADEMIÆ DUACENSIS.

Quantos irarum fluctus Apocalypticus ille draco in Christi catholicam Ecclesiam evomuerit, variæ semper calamitates ærumnæque declarant. Ex cordibus multorum orthodoxam fidem exstirpavit ; charitatem penitus exstinxit ; proque vera spe salutis, incertissimam certitudinem introduxit :

ne quid vero deesset malis, divorum omnem cultum abolendum curavit, tum vel maxime sacratissimæ Virginis Dei Matris Mariæ honorem obscurare conatur penitusque convellere. Novit enim tantæ cœlorum Reginæ quanta sit, et apud Deum Filium auctoritas, et in homines quanta commiseratio

quæ invocata nunquam non exaudit, miserisque
opitulatur, et hostis frangit malitiam, et conterit
caput serpentis. Igitur ministros suos calamitosi
nostri ævi hæreticos commovit, ut non modo
sanctorum Dei, maximeque Virginis Deiparæ invocationem carperent, conviciisque proscinderent,
sed eximiæ quoque vitæ privarent laudibus, gloriamque offuscarent. Cum enim impuræ Lutheri,
Calvini, cæterorumque sectariorum hæreses omnia
sua dogmata eo referant, ut carnalem libertatem,
et instar pecudum, unam voluptatem studiose con-
sectentur, huc omnia sanctorum exempla detorquent atque depravant, ut nihil minus quam ra-
ram, austeram, admirabilemque, sed communem,
sed facilem, sed ipsis similem vitam duxisse videantur, ne videlicet magis nobis sit miranda Dei Mater
quam Epicurei hæretici. Redigunt itaque hanc Dei
Genitricem in cæterarum muliercularum ordinem,
neque verentur improbissimi homines, illam obnoxiam fuisse peccatis, vitiosis animi perturba-
tionibus et iræ divinæ, impuris linguis et calamis
blasphemare; ignorantes Dei Matris majestatem,
Reginæ cœlorum potentiam, et intemeratæ Virginis
sanctitatem. Quam utique si nossent, non scriptis
eam perstringerent, sed orationibus ei votisque
supplicarent. Quæ enim major dignitas, quam Matris Dei? Quis ex universis creaturis, plus auctoritatis obtinuit in cœlo et in terra, quam Regina
cœli, Porta paradisi, Domina mundi? Quæ unquam
pluribus est exornata virtutibus? Quid sanctius,
quid illa divinius, quæ digna fuit portare Regem
cœlorum et Dominum, et quæ Creatoris sui
Deique Mater esse meruit? Sic enim angelicis verbis de hac Virgine canit Ecclesia : *Regina cœli,
lætare. Alleluia. Quia quem meruisti portare. Alleluia. Resurrexit sicut dixit. Alleluia.* Hic quasi ignorantiam nostram rident hæretici, quod tantam Mariæ tribuamus potentiam, ut conterat caput serpentis, cum hæc Scriptura Geneseos non de muliere,
sed de semine mulieris dicat, legendumque sit non,
ipsa conteret caput tuum, sed vel *ipsum,* vel *ipse
conteret caput tuum* (Gen. III, 15), sicut transtulerunt Septuaginta, et beatus Hieronymus in Quæstionibus super Genesim agnoscit. Calumniantur
quoque quod meruisse dicatur portare Christum,
esseque Dei Mater, cum nullius creaturæ merito,
sed divinæ tantum charitati ascribenda sit incarnatio Filii Dei. Quibus sciolis pro Virginis Matris
honore respondemus. Et priorem quidem objectionem sic convincimus, nusquam in Ecclesia reprehendi hanc lectionem, *ipse conteret caput tuum,*
quomodo post beatum Hieronymum legit B. Leo
pontifex (Serm. 2, *De Natali Domini*), vel *ipsum
conteret caput tuum,* sicut nonnulla Latina exemplaria etiamnum habent. Et vere legendum esse
non solum ex pronomine אוה discimus, sed ex verbis et affixis masculinis ךפרשו conteret tibi, ךבושת
conteres. ei; sic enim ad verbum habent Hebræa : *Ipse conteret tibi caput, et tu conteres ei cal.*

caneum. Non improbatur tamen etiam alia lectio,
tanquam a Catholico sensu alinea , *ipsa conteret
caput tuum,* quam lectionem veteres non pauci
usurparunt; et quidem etiam ad Hebraicam veritatem recte (*Vide* Joseph. lib. I *Antiq. Judaic.*) :
Christus enim contrivit caput serpentis, ut semen
mulieris; quamobrem etiam mulier idem caput
dici potest contrivisse per semen suum, sicut ar-
bori attribuitur illud, quod ab ejus fructu in corpore humano efficitur. Patriarcha Jacob de prædio
suo in Sichimis loquens, aiebat Josepho filio : *Do
tibi partem unam extra fratres tuos, quam tuli de
manu Amorrhæi in gladio et arcu meo* (Gen. XLVIII,
22); cum tamen eam partem, non suo, sed filiorum
suorum Simeonis et Levi gladiis sibi vel tulisset,
vel conservavisset post Dinæ stuprum. Nam filiorum
certamen non veretur sibi ascribere. Multo igitur
magis illa quæ Christus ea carne gessit, quam ut
ea gereret, a Virgine Matre accepit, recte attribuun-
tur Matri, quæ cooperata est in hoc Filii cum
diabolo certamine, sicut Eva cooperabatur Adamo,
cui pomum ad generis humani perniciem obtulit,
aut sicut ille qui gladium porrigit ad alterius necem, est particeps homicidii. Ex quibus intelligimus quoque illius Antiphonæ sensum, quo Ecclesia
his verbis cantat : *Gaude, Maria Virgo, cunctas hæreses sola interemisti in universo mundo.* Sola, inquam, quia nulla creaturarum quidquam cooperata est ad Filii Dei incarnationem, circa quam hæreses fere omnes occupantur, præter solam Dei
Matrem Mariam. Sunt porro etiam aliæ adhuc rationes, quare Virgo Mater contrivisse dicatur caput
serpentis. Una , quia ab omni prorsus peccato
aliena, omnibusque inordinatis animi perturba-
tionibus vacua, dæmonis vires confregit. Etenim
apostolis si Christus (*Luc.* x, 19) dedit potestatem
calcandi super serpentes et scorpiones , et si
Christus conterit Satanam sub pedibus nostris
(*Rom.* XVI, 20) : utique virtute Filii contrivit Virgo
Mater serpentem, qui nihil in ea suum unquam
agnovit. Altera, quia omnibus se invocantibus
præsto est in tentationibus, et in omni cum diabolo
certamine, ad cujus præsentiam non aliter diffugit
Satanas, atque noctuæ pelluntur adventante solis
lumine, vel sicut latrunculi quærunt latebras viso
eminus judice stipato militibus. Non enim sine
causa similis est Virgo Maria castrorum aciei bene
ordinatæ, aut stellæ maris, ad quam in hoc æstuoso
mari jactatus respicias atque confugias , juxta
B. Bernardi admonitionem : *Respice stellam, voca
Mariam.*

Quod porro ad alteram calumniam attinet, de nomine meriti, intelligendum est variis modis illud
usurpari. Siquidem 1° meretur qui opus edit, mercede æquali. 2° Is quoque cui propter conventio-
nem merces redditur, etiamsi opere ipso sit multis modis præstantior. 3° Improprie dicitur mereri
cui neque propter operis æqualitatem, neque ex
conventione datur merces, sed quia opus placuit.

Quo modo Herodes saltanti puellæ, tanquam mercedem addixit, quidquid esset petitura, etiamsi dimidium regni postularet. 4° Quando opus gratum est, et persona propter opus accepta quidem, non tamen meretur, ut novum aliquid ejus nomine aggrediar, sed hoc solum, ut quod alioquin facere institueram, per illam faciam, veluti si pauperculus quispiam faber murarius exiguum mihi officium exhibuisset, non meretur ille quidem ut ejus occupandi gratia novum ædificium exstruam, in quo ille perficiendo victum paret ; sed hoc tamen mereri videtur, ut si ædificium excitare constituissem, ipsius potius opera quam alterius utar. In hoc ergo B. Mariæ merito certum est, neque primam, neque secundam meriti significationem habere locum. Neque enim ullius creaturæ opus censeri potest æquale beneficio incarnationis, neque ulli operi vel merito promissa est in mercedem Filii Dei incarnatio. Tertia quoque significatione nemo illam meritus dicitur, quia non propter ullius officium aut virtutem, sed propter solam charitatem suam Deus misit Filium suum Redemptorem mundi, incarnatum de Spiritu sancto ex divino amore, et commiseratione generis humani. Quarta igitur significatione dici potest Virgo meruisse ut Mater esset Filii Dei, nempe quia per internam Spiritus sancti gratiam piaque opera sic Deo placuit, ut qui humanam carnem assumere statuerat, non aliam eligeret in matrem a qua carne vestiretur, quam hanc sanctissimam Virginem Mariam, cui hoc tanquam in mercedem sanctitatis redditum dici potest, ut esset Dei Mater. Et hoc genus meriti non tantum in hac Virgine cernitur, sed in aliis quoque Christi proavis. Nam propter excellentem suam obedientiam electus est Abraham, in cujus semine Christo omnes benedicerentur. David propter religionem et mansuetudinem suam audire meruit : De fructu ventris tui ponam super sedem tuam. (Psal. cxxxi, 11.) Zorobabel filius Salathiel, quia magno animo aggressus fuit ædificium domus Domini, hanc a Deo promissionem accepit : Assumam te, Zorobabel fili Salathiel serve meus, dicit Dóminus ; et ponam te quasi signaculum, quia te elegi, dicit Dominus exercituum (Agg. ii, 24), hoc est, De te mihi carnem assumám, teque in genealogia mèa honestissimo loco collocabo. Eadem significatione beatus apostolus Petrus dicitur a divo Epiphanio dignus fuisse primo loco, et esse dux discipulorum : non quod hoc beneficium meruerit, ut Ecclesiæ Catholicæ vice Christi pastor aliquis præficeretur : sed quod charitatis ipsius fervori ac merito Christus tribuendum putavit, ut cum Ecclesiæ suæ aliquem præficere decrevisset, eam illi præter cæteros primo commendaret. Illud porro ex B. Bonaventura (Sentent. lib. iii) notandum est : « Virginem Mariam, quæ merito congrui (sic theologi vocant imperfectum hoc meritum de quo jam locuti sumus) digna fuit, ut præ cæteris in Dei Matrem eligeretur, postquam jam electa atque ab archangelo

Gabriele, de futuro mysterio instructa assensum dedisset, superveniente divino spiritu, talem in animam ornatam recepisse ut digne mereretur Mater esse Filii Dei, non quidem operum suorum meritis, sed naturam excedentis divinæ gratiæ dignitate atque præstantia; quæ quidem gratia tanto hospiti digne recipiendo hospitium ipsum exornabat. Sic enim in Ecclesia precamur : Omnipotens sempiterne Deus, qui gloriosæ Virginis Matris Mariæ corpus et animam, ut dignum Filii tui habitaculum effici mereretur, Spiritu sancto cooperante, præparasti, etc. Est porro quinta significatio meriti admodum impropria, et prorsus passiva, quæ ad nullam mercedem potest referri : qua illa res dicitur mereri aut digna esse cui gratis beneficium alicujus dignatione præstatur, aut quispiam conferre dignatur. Sic de ligno crucis canit Ecclesia : Sola digna fuisti portare talentum mundi, etc. Sola digna fuisti ferre sæculi pretium. In ligno enim nec dignitas, nec meritum invenitur. Similis est acceptio in alio Ecclesiæ cantico : O felix culpa, quæ talem ac tantum meruit habere Redemptorem, hoc est, cujus solius pretium dignatus est Christus Dei Filius persolvere, angelorum culpa peccatoque relicto.. Eadem significatione dicitur in precibus ecclesiasticis, ut ipsam pro nobis intercedere sentiamus, per quam meruimus Auctorem vitæ suscipere. Et hæc quidem quæ de Virginis Matris potentia præstantiaque diximus, quia ignorant, hæretici blasphemant, sed qui agnoscunt catholici, pie Dei Matrem ac religiose venerantur : ad eum fere modum quo regis gloriam ac majestatem comprobant aulici, rustici calumniantur. »

Cæterum ut in agnitionem Virginis Matris veniamus, conferet imprimis serio frequenter ejus mores, vitamque tum ex sacris Litteris, tum ex Patrum scriptis contemplari, sanctaque meditatione animum ad hanc Virginem attollere, qua meditatione non hoc consequemur tantum, ut Virginis sanctitatem, majestatem et potentiam agnoscamus, admiremur, veneremur : sed primo quidem, ut, illius memoriam innovantes, simus ipsi gratiores. Sicut enim, dum in humanis nobiscum ageret, omnem suam laudem profundissime humilis Virgo abhorrebat : ita, jam in gloria, clementi gratoque animo suscipit honores et laudes, eo nimirum loco constituta, qui gloria et laudibus sanctorum est consecratus. Secundo vero, ut adversus hæreticos Deiparæ Virginis osores, semenque serpentis, honorem Matris Christi omnibus viribus tueamur et propagemus. Tertio, ut sanctos ejus mores imitari vitamque studeamus. Ipsum enim Christum licet imitationi nobis datum sciamus, excusat se tamen socordia nostra, quod divinam ejus naturam atque potentiam assequi non possit. At Virginis saltem cur sanctitatem non imitemur, nulla prætendi potest excusatio, quæ et homo tantum fuit, non Deus; et sexu mulier, et conditione pauper. Quarto, ut ejus preces imploremus, quibus Christi gratiam, favorem, auxiliumque obtineamus, et Virginis ope in rebus omnibus nostris juvemur, ac felici demum exitu hanc vitam claudamus. Tria enim sunt præcipue ab hac Virgine petenda et exspectanda : 1° Ut pro nobis Filium roget, quam ille utique exaudiet in omnibus pro sua reverentia; 2° ut non solis orationibus, sed ope quoque sua nobis subveniat tanquam cœli Regina et mundi Domina. Videmus infirmitate circumdatos mortales et precibus multa posse, rebus quoque ipsis sibi a Deo concessis aliis opitulari, divites opibus, principes potentia, viros doctos scientia. Quid ergo mirandum, si sanctos, et in felicitate sua sauctos, adeoque regnantes in cœlis, non solum precari, sed vere etiam adjuvare, et pro data sibi gloria nostris rebus succurrere, necessitatibusque fateamur? Affligant enim reges in compedibus. et nobiles in manicis ferreis (*Psal.* cxlix, 8); 3° ut in mortis hora ne desit. Sicut namque per Virginem Matrem suscepimus Filium, ita per eamdem nos suscipiet Filius. Gaudet Virgo, utique felix cœli Porta, nos ad Christum transmittere ; gaudet nos suis manibus Filio offerre, quos tam charo sanguinis, dolorum, mortisque pretio redemit ; gaudet se gaudium afferre Domino nostro, qui sanguinem suum lætatur in nobis non periisse. Denique meditationes quæ de suavissima Virgine suscipiuntur, admirabilem solent animi suavitatem procreare. Ut enim est Virgo dulcis et dulcedo nostra, ita dulcis est ipsius recordatio, dulce de ipsa colloquium, dulce omnino quidquid ad eam refertur et pertinet. Observarunt plerique hymnos, et antiphonas, cæteraque quæ in Ecclesia ad Virginis laudem decantantur, singulari quadam suavitate aures catholicorum et mentes oblectare. B. Bernardus, qui dictionis suavitate melliflui nomen invenit, dum nusquam a Mariæ præconiis abstinet, ex castis uberibus dicendi suavitatem meditando quasi suxisse perhibetur. Et quisquis denique frequens est cum Virgine dulcissima, contrahit sibi aliquid ex Virginis dulcedine, ex placidis moribus, ex interna suavitate.

Jam vero, sicut permultum refert, quomodo externis oculis pictam tabulam intuearis, leviter an fixe; oblique an directe, attente an aliud cogitans ; ut movearis, an ut artem admireris : ita ad utilitatem nostram multum interest, ut certa methodo hasce de Virgine meditationes instituamus, affectusque in nobis varios excitemus ; si namque meditemur tantum, ut sciamus, ut alios doceamus, ut morum ejus pulchritudine oblectemur, parva ad nosipsos redundabit utilitas : sed tunc demum utiliter in hac contemplatione versabimur : 1° si ex vita et gloria Virginis in Dei exsurgamus admirationem, amorem, et gratiarum actionem, qui tanta charitate humanum genus est complexus, ut non solum ipse humana carne vestiretur, sed ex hominibus sibi eligeret Matrem Virginem, omnibus virtutibus adornatam, misericordem, nostrique

amantissimam, cui tantam in seipsum daret auctoritatem, ut matri in filium, utpote quæ Deo auderet dicere, Luc. ii, 48 : *Fili, quid fecisti nobis sic ?* tantam conferret in omnes creaturas potentiam, ut esset Regina cœlorum, Domina angelorum, orbis Moderatrix ; tantam charitatem erga homines infunderet, ut se nobis Matrem exhiberet, patronamque, advocatam et mediatricem apud Filium. 2° Si mores nostros ad Virginis Matris vitam componamus, ejus profundam humilitatem, ardentem charitatem, internam animi quietem imitemur, totumque externum et internum hominem recte constitutum habeamus. Dum enim Mariam contemplamur, ob oculos nobis ponenda est Virgo castissima, gravis moribus, amans silentii, mente in Dei voluntatem intenta, vacua perturbatione, suavis et affabilis, sed non levis ; modesta, sed non morosa ; in verbis factisque suis prudens et attenta, humilis corde, contemptrix sui, mansueta et mitis, fortis in difficultatibus, patiens in adversis, non dejecta ; moderata in prosperis, non effusa ; sollicita in officiis, non anxia ; fide in Deum firmissima, spe securissima , charitate ardentissima , obedientiæ studiosissima , tota in Dei nutum resignata ; denique in exteriori homine sic composita , ut omnibus reverenda esset atque amabilis ; in interiori vero homine sic constituta , ut nihil pravum, nihil insolens, nihil inordinatum esset in Virgine, sed cogitationes animi , naturalesque affectiones et propensiones perfecte parerent rationi ; ratio in omnibus subdita esset Deo ; voluntas nihil nisi ex judicio rectæ rationis cæteris membris et potentiis imperaret. 3° Si ad varios affectus ejus etiam in nobis aliquos motus concitemus, gaudenti congaudeamus , dolenti compatiamur, gloriosæ congratulemur. Habuit in hac vita intensissimos frequentesque animi dolores, ex Filii incommodis, malis, passione. Gavisa est non raro, *et exsultavit lætitia inenarrabili, et glorificata (I Petr.* i, 8), ex Filii sui charitate, præsentia et gloria. Sed neque doloribus concidit animus, neque inaniter gaudio exsultavit, neque gloria efferbuit insolenter. 4° Si qua par est devotione, ad ejus cultum venerationemque excitemur, et 1° quidem Matris Dei perspecta dignitate, Virginis humilitate, Reginæ gloria, admiremur ; 2° immensis ei a Deo collatis beneficiis congratulemur; 3° eam Deo dilectissimam, nostrique amantissimam vicissim amemus ; 4° nobis qui talem nacti sumus in cœlis Dominam, Patronam et Advocatam, gaudeamus ; 5° ejus laudes et in animis nostris et aliis palam prædicemus ; 6° eam reverenter angelicis verbis, aliisque orationibus consalutemus ; 7° ei pro continuis suis in nos beneficiis, pro materna cura, pro tutela, pro favore gratias agamus ; 8° ejus preces et auxilium pro nobis proximisque nostris vivis et vita functis humiliter postulemus ; 9° Deo nosipsos nostraque omnia per eam consecremus, dedicemus et offeramus ; 10° venerationem ,

SECTIO II. — CULTUS MARIANUS.

honorem, cultum internum et externum, qualemcunque in Ecclesia docemur, ei devote exhibeamus. His modis si de Virgine meditemur, et ipsi augebimur virtutibus, et Dei Matrem nobis propitiam reddemus, et Filium ejus Christum, qui Matris suæ honore delectatur, nobis conciliabimus.

Ad hæc porro præstanda commodius, *Meditationes* istas *de vita et laudibus Deiparæ Virginis* conscripsi, ut in materia conquirenda non laboretur ; quibus *Meditationibus* nihil me inseruisse existimo, quod non vel ex sacris Litteris sit petitum, vel a sanctis Patribus et orthodoxis scriptoribus traditum, vel cum recta ratione sit consentaneum. Placuit autem vobis hunc libellum dedicare, propter collegii vestri celebritatem, sodalitiique frequentiam, notamque pietatem. Cum enim reverendus in Christo Pater Joannes Lentailleur B. M. insignis et religiosi monasterii Aquicinctensis abbas, annuente conventu, animum ad hoc collegium excitandum adjecisset, nihil prius habuit, quam ut juventus pietatem cum litteris conjungeret. Ascivit igitur nostræ societatis viros, qui ut sibi creditos, suavius efficaciusque excolerent, existimarunt non sola humana industria, severis legibus, minis, verberibusque sibi utendum : quibus illud quidem fortassis assequerentur, ut externa a discipulis honestas metu servaretur ; illud vero non obtinerent, quod caput est ac fundamentum solidæ virtutis, ut animis ipsis pietas Deique metus instillaretur, quo non foris tantum aliquam virtutis speciem præ se ferrent adolescentes, sed domi quoque et soli darent operam virtutibus. Cogitarunt porro sibi commissis Deum ipsum cordibus infigere, ut Dei timore confixi, a judiciis divinis timerent. Quod cum pro instituti nostri ratione, frequenti sacramentorum usu, sanctisque legibus, quibus per universum orbem societatis nostræ discipuli uniformiter reguntur, instituuntur et in officio continentur, utilissime præstetur : visum fuit sodalitatem instituere, sub auspiciis et patrocinio beatissimæ Virginis, quæ non solum probos adolescentes magis ad pietatem colendam excitaret, sed dyscolos etiam aliorum exemplis auxilioque ad honestatem revocaret. Itaque instituta est sodalitas Virginis Matris in Aquicinctensi collegio ; et primo quidem a reverendiss. præsule Atrebatensi Francisco Richardoto diplomate confirmata : postea vero etiam auctoritate Sedis apostolicæ a reverendo P. Claudio Aquaviva, præposito generali societatis Jesu, cum Romana sodalitate Virginis Annuntiatæ conjuncta, variisque gratiis donata , per quam Virginis sodalitatem, quanta sit statim morum subsecuta mutatio, quanta ad omnem pietatem facta accessio, quanta adhibita studiis diligentia, quantum aucta eruditio, quantum celebratum utique Aquicinctense gymnasium, res ipsa palam non sine multorum admiratione loquitur. Quis enim non admiretur in tanta juventute ex tam

variis nationibus et linguis, in tam variis ingeniis, et moribus, tantam pacem, tantam animorum unionem, tantam charitatem mutuam, tantam observantiam præceptorum, tantam in Deum pietatem ? Octavo die de peccatis confiteri jam omnibus fere discipulis commune est, ad Christi mensam accedere Dominicis quibusque diebus, majori parti est familiare , proximorum salutem procurare omnibus est cordi. Non desunt qui arctioribus legibus sponte vel ad ecclesiasticos ordines, vel ad religiosa instituta se parent : alii ad ista non vocati, quomodo civilia negotia sine jactura animarum suarum curent serio dispiciunt. Non enim deest in hoc gymnasio pro quolibet vitæ genere vel diligendo, vel conservando insignis commoditas, et ad quemlibet statum pia institutio. Qua institutione hoc Dei gratia, Virginis Deiparæ favore effectum est, ut permulti, qui ex hoc nobili gymnasio, et Dei Matris sodalitate prodierunt, magnam utilitatem in rempublicam Christianam jam afferant : quorum aliqui rerum publicarum gubernacula dirigunt ; alii præsunt Ecclesiis ; alii religiosorum familias vel sua cura moderantur, vel sua vita exornant ; alii in canonicorum collegiis prælucent exemplo vivendi. Et hæc non in Belgio tantum, sed in remotis quoque provinciis. Scio enim ad ipsos etiam Germanos hujus collegii sodalitiique non odorem modo penetrasse, sed uberes etiam pervenisse fructus. Beatum igitur Joannem Lentailleur, abbatem Aquicinctinum, tantorum bonorum auctorem, quorum jam et in cœlis amplissimam mercedem reportat, et in terris perpetuam gloriosamque sui nominis memoriam reliquit ! Felix etiam reverenda Aquicinctensis monasterii familia, cujus ope, tam illustre gymnasium excitatum, tanta præsidia affert afflictissimis temporibus, omni hominum ordini, omni conditioni, omni ætati. Deus utique justus bonorum omnium retributor, non exiguam mercedem cum toti eorum cœtui, tum singulis rependet, qui non erunt alieni a mercede bonorum operum, quæ per gymnasii hujus alumnos ubivis colligentur. Quamobrem precor, adhortorque ex animo reverendum Patrem Aquicinctensis domus abbatem, cæterosque religiosos, ut quod tanto animo, tanta gloria, tanta mercedis exspectatione inchoatum est, et hucusque feliciter utiliterque perductum, eodem animo promovere ne graventur. Sicut enim hactenus nihil temporalis detrimenti ex hoc collegio passa est eorum familia, sed emolumentum potius ; sicut magna laude nomen Aquicinctense per orbem hujus gymnasii occasione celebratur ; sicut ex magna in rempublicam utilitate magna jam reddita sunt fundatori Joanni præmia, et illis qui tantum opus suo favore et ope promoverunt : ita perget Deus illis benefacere, quos in servando et augendo hoc opere sedulos animadverterit.

Vos autem, sodales, quibus tanta pie vivendi, bonisque litteris mentem exornandi commoditas oblata est, hoc tempus ne negligite, et occasionem ne prætermittite. Cum enim inter homines agenti, animarumque auxiliis operam danti duo hæc necessaria sint, integritas vitæ, et eruditio, quorum alterum si desit, parum ad aliorum utilitatem promovebit, vel homo eruditus, sed improbus, vel homo pius, sed indoctus ; multum ex re vestra erit atque ad Christianæ reipublicæ commodum faciet, si hac ætate vestra, hoc loco, hac commoditate facilitateque utrumque vobis paretis , Virginisque Matris auxilio virtutibus simul et litteris studeatis. Cujus Virginis patrocinium ut alacrius imploretis, has vobis offero de vita laudibusque ejus quinquaginta Meditationes : ut pro hebdomadarum totius anni numero, eis si placet utamini. Precorque Deiparam Virginem, Dominam, Patronam et Advocatam nostram, hunc meum qualemcunque laborem, ut nobis multisque utilem faciat, sui amorem in vobis excitet, suam gloriam

per vos augeat, vosque et alios qui in his Meditationibus versabuntur, gratiarum donis, virtutibus et meritis cumulet. Hoc enim efficiet precibus apud Filium, si qua par est devotione eam cogitetis, veneremini, et serio rogetis.

Cæterum quia inter eas preces, quibus Virginem Patronam suam sodales colunt, repetita quinquies Oratio Dominica, et quinquagies Salutatio angelica, quod Rosarium recepto jam nomine dicitur, primum locum tenet, præmittendas cogitavi viginti propositiones, ex Moguntinensis nostri collegii sodalitate Parthenica ad me missas, ut hoc orandi genus et devotius usurpetis, et adversus hostes Dominæ nostræ tueamini. Quæso ut vestris me precibus Deo Virginique Matri commendetis. Valete.

Antuerpiæ 17 Aprilis, anno 1587.

Vester in Christo servus,
Franciscus Costerus.

PROPOSITIONES XX

PRO CATHOLICO RITU ORANDI B. VIRGINIS ROSARIUM.

I. Ritum precandi Rosarium beatissimæ Virginis Mariæ jam olim a Christianis catholicis receptum, non esse vel blasphemum et satanicum, vel superstitiosum, ut fabulantur sectarii, sed pium et religiosum, brevi hoc epicheremate demonstramus. In Rosario quinque sunt : nomen, orationes, repetitio, numerusque earumdem, et calculi precari ; quæ constat omni superstitione vacare. Ritus igitur precandi Rosarium, non est superstitiosus.

II. Nomen Rosarii suavissimum est; nec enim aliud significat, uti vox quoque Germanica Rosenkrantz indicat, quam sertum quoddam spirituale, mysticis vocibus ex Evangelio depromptis, tanquam rosis contextum, quod Virgini virginum Dei Matri offerimus. Serta enim virginum capitibus ornandis proprie adhibentur.

III. Orationes vero sine controversia sunt sanctissimæ. Nam Dominicæ Orationis auctor est Christus; Salutationis angelicæ , Gabriel angelus et sancta Elizabeth. Quam Ecclesia catholica, ut formam quoque precandi haberet, hac clausit oratiuncula a veteribus usurpata: Sancta Maria, Mater Dei, ora pro nobis peccatoribus, nunc et in hora mortis nostræ. Amen.

IV. Repetitio quoque orationum, quia maxime valet ad excitandum inflammandumque precantis affectum, non potest non esse religiosissima. Legimus tres pueros in fornace hemystichium quoddam singulis in collaudando Deo repetivisse versibus. Et religiosissimus orator David in Psalmis suis sæpe repetit, nunc verbum unum, nunc plura, nunc versum integrum. Certe in Psal. cxviii, qui 176 carminibus absolvitur, et quotidie in Ec-

clesia legitur, verbis tantum immutatis idem fere repetivit.

V. Dominus quoque alicubi non obscure hanc repetitionem in orante postulavit. Nam Luc. ii, cum orandi modum suis traderet, parabolam mox subjecit de eo, qui ab amico tres panes extorquere non potuit, nisi identidem ejus fores pulsando. Et in cap. xviii, cum docuisset suos oportere semper orare, et non deficere, aliam parabolam addidit de vidua, quæ quoniam idem sæpius petendo etiam molesta fuerat, judicem tandem in suam sententiam traxit.

VI. Dices parabolas illas non aliud efficere, quam perseverantiam in oratione imprimis esse necessariam. Non diffiteor. At efficiunt quoque illud, repetitione fieri, ut perseveremus et non deficiamus. Si enim cum orandum est, Oratio Dominica dicenda est : Cum oratis, inquit Christus, Matth. vi, 9, dicite : Pater, sanctificetur nomen tuum : quomodo in tam brevi orandi formula perseverare possumus, nisi Orationem Dominicam identidem iteremus?

VII. Rursum dices Dominum in ea ipsa institutione, Matth. vi , 7, monuisse, ne orantes multum loquerentur ; ubi Græca vox est βαττολογεῖν, inaniter idem repetentium propria. Respondeo Christum ibi tantum reprehendere vanam loquacitatem ethnicorum, qui existimabant Deum æque ac homines capi verborum copia et lenociniis; nam addit : Sicut ethnici faciunt ; putant enim quod in multiloquio suo exaudiantur.

VIII. Locus illustris pro vindicanda hac repetitione ab omni superstitione est apud Lactantium in lib. iv Div. instit. cap. 28, ubi discrimen inter superstitiosos et religiosos (quod illi totos dies precarentur deos, hi moderate id facerent) a M. Tullio allatum, his verbis refellit: « Quid causæ est, inquit, cur precari pro salute filiorum semel religiosi, et idem decies facere sit superstitiosi? Si enim semel facere optimum est, quanto magis sæpius? Si hora prima, ergo et toto die. Si una hostia placabilis, placabiliores utique hostiæ plures, quia multiplicata obsequia demerentur potius, quam offendunt. Non enim nobis odiosi videntur ii famuli, qui assidui et frequentes ad obsequium fuerint, sed magis chari. » Et iterum: « Quod argumentum etiam ex contrario valet. Si enim totos dies precari et immolare criminis est, ergo et semel. Aut cur vitii nomen sit ex eo tractum, quo nihil honestius, nihil justius optari potest? Nam quod ait Cicero, religiosos a relegendo appellatos, qui retractent ea diligenter, quæ ad cultum deorum pertineant: cur ergo illi qui hoc in die sæpe faciunt, religiosorum nomen amittant? Cum multo utique diligentius ex assiduitate ipsa relegant ea quibus dii coluntur. » Hæc ille.

IX. Ex qua oratione perspicue efficitur, non modo superstitiosos non esse, qui crebrius easdem preces in Rosario iterant, verum etiam melius esse, Deoque gratius, sæpius quam semel eas iterare. Ad hæc, repetitione ea nihil esse justius aut honestius. Denique Rosarii oratores proprie esse religiosos, ut qui diligentissime ex assiduitate relegant retractentque ea quæ ad cultum Dei pertinent.

X. Numerus sequitur orationum Rosarii ab eadem nota superstitionis immunis. Nam angeli apud Isaiam, et in Apocalypsi animalia, quæ requiem non habebant, nec nocte nec die, tertio eamdem vocem in laudibus Dei iterant: Sanctus, Sanctus, Sanctus Dominus Deus Sabaoth. David Propheta septies in die laudem Deo dixit. Cujus exemplum secuta Ecclesia divinum Officium septem diurnis nocturnisque horis absolvit. Christus in horto orans, tertio eumdem sermonem repetivit. Paulus ter Dominum rogavit, ut angelus Satanæ ab eo discederet. D. Bartholomæum nixum genibus centies noctu diuque orasse, testis est ejus auditor Abdias Babylonius. Ex vetustissimis anachoretis apud Palladium et Socratem, sanctus Macarius centum, Paulus Ægyptius trecentas, virgo quædam septingentas quotidie fundebat ad Deum orationes.

XI. Jam si pia mysticave significatio a numero non absit, ut certe non abest, nec in numero Rosarii, nec in allatis exemplis (ternarius enim SS. Trinitatis, septenarius donorum Spiritus sancti symbolum est); nihil erit in numero quod probari non possit. Nam quinquies Orationem Dominicam repetimus, ut quinque Christi vulnerum memoriam refricemus. Salutationem vero angelicam cuique orationi decies subjicimus, ut in mentem nobis veniat decem Dei mandatorum; eamdem quinquagies toto Rosario iteramus, ut plenam peccatorum re-

missionem, quæ quinquagenario numero Jubilæi in Scripturis divinis significatur, intercessione beatissimæ Virginis per merita passionis Dominicæ consequamur.

XII. Calculi precarii restant, in quibus aliquid superstitionis hærere imperitis fortasse videatur, sed revera nihil hæret. Licet enim illis Christi fideles nunc laudabiliter utantur, tanquam symbolo manifesto Romanæ religionis, usus tamen eorum Patrum memoria in Ecclesiam non alia de causa primum inductus est, quam ut ne in numero orationum persolvendo sensili tactu aspectuque calculorum facile aberraremus.

XIII. Scribunt veteres historici, Palladius, Sozomenus, Cassiodorus, celeberrimum anachoretam Paulum de Libya quingentorum monachorum patrem, solitum in dies 300 orationes Deo quasi tributum persolvere; et, ne numero delinqueret, lapillum ad singulas orationes in sinum jactare. Claram quoque sanctissimam feminam Orationes Dominicas congerie lapillorum Domino annumerasse, res ab ea gestæ testantur. Breviter quam vetus calculorum sit usus, saxa sepulcrorum antiquissima loquuntur.

XIV. Non alio igitur fine primum usurpati videntur calculi illi, quam ab oratoribus olim loci et imagines ad retinendam verborum rerumque memoriam; quam a mercatoribus nummi ærei ad adnumerandas ingentes pecuniarum summas; quam ab Ecclesia catholica cruces imaginesque Christi et sanctorum, ad conservandam vitæ Christi sanctorumque recordationem.

XV. Quod autem postea in certum numerum sint redacti ad commonefaciendum, quod pontificis summi benedictio cum amplissimis indulgentiis accesserit; quod nummis crucibusve argenteis, æreis, ligneis ornentur, ea non superstitionem, ut quidam calumniantur, auxerunt, sed religionem.

XVI. Nam sicut Josua sacri dux exercitus, filiis Israel Jordanem sicco vestigio transeuntibus, duodecim lapides grandes ex alveo in castra pie et religiose deferri mandavit, ut nempe apud posteros percontantes: Quid sibi velint lapides isti (Josue IV, 6)? perpetua miraculosi transitus exstaret memoria: sic majores nostri pie et religiose quinque grandiores calculos Rosariis inseruerunt, ut hæreticis ea ridentibus, percontantibusque, Quid sibi velint quinque calculi isti? quid Rosarium totum? respondeatur esse symbola quinque vulnerum, quæ Christo pro nostra ipsorumque salute sunt inflicta; Rosarium vero esse compendium quoddam Novi Testamenti doctrinæque Christianæ.

XVII. Nam qui multiplicem Rosarii usum norunt, sciunt eumdem calculorum numerum servire ad renovandam memoriam omnium mysteriorum vitæ Christi, et beatæ Virginis, capitumque præcipuorum fidei catholicæ, ut SS. Trinitatis, Incarnationis Passionisque Christi, cultus Dei et sancto rum, præceptorum Decalogi, justificationis et vitæ æternæ. Quod sane compendium hoc utilius est in vulgus, quo latius ejus usus patet quam librorum. Legi enim potest etiam ab litterarum imperitis, a cæcis, in equis et curribus, in tenebris densissimis.

XVIII. Benedictio vero pontificis calculos alioquin profanos solemnibus precationis verbis in pium et salutarem usum fidelium destinat : sicut ritu Ecclesiæ pervetusto, aqua, sal, calices, cerei, herbæ, templa ipsa, benedictiones sacerdotis ad sacrum usum destinantur : *Sanctificatur enim, inquit Apostolus (I Tim. iv, 5), omnis creatura per verbum Dei et orationem.*

XIX. Indulgentias benedictioni conjunctas fructum afferre maximum, certum est : his enim allecta plebs fidelis ; numero majore, studio ardentiore ad orandum Deum concurrit, pro rebus maximis, pro Ecclesiæ catholicæ incremento, pro concordia Christianorum principum, pro exstirpatione hæresum. Horum enim capitum fere, indulgentiarum formulæ meminerunt.

XX. Imagines vero aureæ, argenteæ, ligneæ, Rosariis appensæ, nec mysticum significatum, nec usum habent alium, quam imagines in templis, ut videlicet memoriam nobis renovent rerum a Christo sanctisque gestarum, et ut in, vel coram illis prototypum veneremur et invocemus.

AD LECTOREM.

Lector, habes isto comprensum ex ordine libro
Thesaurum eximium veræ pietatis, opimas
Relligionis opes, benedictæ Virginis ortum,
Et vitam, et mores, et splendida gesta Mariæ ·
Ut pura attigerit vitæ primordia, ut ipso
Numine plena, gradus templi conscenderit altos,
Illam ubi Rex superum visit creberrimus, illam
Noctes atque dies divino ubi compluit imbre.
Præside quo servata malis, fecunda bonorum,
Nunc animo volvens latebrosa oracula vatum,
Nunc cœli peragrans aditus, nunc tota recondens
Mente Deum exegit cœlestem in corpore vitam.
Hæc, et plura tibi præsens monumenta libellus

Objiciet, miraque animum dulcedine pascet.
Tu bonus interea sanctæ Genitricis Iesu
Usque fave cœptis, tu magnum illius honorem
Mille modis celebra, servatricemque vocato
Post Christum humani generis ; cui regia parct
Ætheris immensi, cui quidquid ubique creatum est
Sub pedibus longe jacet, et sua jussa facessit.
Nec te lucifugi quidquam, illætabile semen,
Hæretici moveant, qui fœdo gutture laudes,
Proh scelus! ausi ejus frustra temerare beatas.
Nos potius majorem, ut cuique est copia, cultum
Exhibeamus ei, centum illi suavibus aræ,
Centum illi delubra rosis, et thure vaporent.

MEDITATIONES.

MEDITATIO I.

DE CONCEPTIONE B. VIRGINIS.

I. — De his quæ Conceptionem præcesserunt.

Opus quodcunque magnum ac nobile, ceu magnificum palatium aggressuri, multum ac diu secum ipsi meditantur; cum aliis deinde sua communicant consilia ; variis denique picturis ac lineamentis ipsius ædificii futuri simulacrum adumbrare student, quibus vel externam speciem exprimunt, vel ornatum interiorem indicant, vel tecti, vel contignationum, vel cubiculorum ac cæterorum constitutionem ob oculos ponunt: quoque majus opus, magisque varium futurum est, eo omnino simulacra plura, pluresque formæ finguntur. Quæ quidem tria Deus Pater Filio suo unigenito domum, in qua novem quiesceret mensibus, fabricaturus sibi servanda existimavit. Nam 1º ante infinita sæcula ab æterno sacratissimam Virginem in Matrem Filio suo elegit et prædestinavit, de eaque multis dotibus ornanda cogitavit. Ad quam non immerito ab Ecclesia referuntur, quæ de æterna Sapientia Scriptura commemorat, Prov. viii, 23 : *Ab æterno ordinata sum, et ex antiquis antequam terra*

fieret ; quia ab æterno designabatur a Deo Virgo præstantissima Mater Creatoris et Regina omnium creaturarum. 2º De eadem statim a mundi exordio, primis parentibus ad eorum totiusque posteritatis solatium locutus est Deus in maledictione serpentis, Gen. iii, 15 : *Inimicitias ponam inter te et inter mulierem, et inter semen tuum et semen illius, ipsa conteret caput tuum, et tu insidiaberis calcaneo ejus.* Postea quoque cum prophetis consilium suum de condendo hoc tabernaculo communicavit, cum diceret per Isaiam (vii, 14) : *Ecce Virgo concipiet, et pariet filium;* et (xi, 1) : *Egredietur virga de radice Jesse.* Præterea (viii, 3) : *Accessi ad prophetissam, et concepit, et peperit Filium.* Et per Jeremiam (xxxi, 22) : *Novum fecit Dominus super terram, femina circumdabit virum.* 3º Variis figuris hanc Virginem Matrem, tanquam diversis picturis et formis adumbravit, partim in variis mulieribus, quarum nulla quidem plene hanc Virginem expressit ; singulæ tamen de ea aliquid præsignificaverunt ; Judith ejus castam et plusquam muliebrem animi constantiam ; Esther amorem populi, mundique contemptum ; Rebecca maternam pro filiorum divina benedictione sollicitudinem ; Jael insignem ad hostem fallendum prudentiam. Partim etiam in aliis rebus designata fuit. Hanc enim sacerdotis Aaron virga, quæ sine radice floruit; hanc Gedeonis vellus dum in medio siccæ areæ maduit; hanc in Ezechielis visione orientalis Porta, quæ nulli unquam patuit, significavit sine viri opera, non violata castitate parituram, et tanquam hortum conclusum fontemque signatum in se Deum, solum opera Spiritus sancti concepturam. Hanc denique arca Moysis, in qua Deus residens responsa dabat, declaravit, et cum Deo fore conjunctissimam, et inter Deum atque homines mediatricem. Singula expendens, cogita, quanti hanc Virginem facere debeas, cujus ortum tam multa præsignificaverunt.

II. — De parentibus ejus.

Considera primo Dominæ nostræ Virginis Mariæ parentes Joachim et Annam fuisse ex nobili progenie Davidis. Illi quippe promissio facta erat Messiæ de se nascituri. 2. Divites, primo quidem, ut scias beatam Virginem postmodum non necessitate ad paupertatem adactam, sed sponte eam sua, opibus in pauperes erogatis, elegisse: deinde vero ne nobiles et divites Christum tanquam se indignum repudient. 3. Probos et justos. Tales enim decebat esse eos, ex quibus justitiæ Mater nasceretur. 4. Facultates suas in tres partes sic distribuebant, ut una templo, sacerdotibusque daretur; secunda pauperibus; tertiam in suos usus sibi reservarent, nempe in Deum pii et in egenos misericordes. Erant enim futuri parentes Dei, qui pro afflicto miseroque humano genere misericor diter sua omnia, atque adeo animam suam daret. 5. Steriles, ne partus Virginis esset naturalis, sed singularis: sicut enim qui olim de sterilibus matribus nascebantur, Isaac, Joseph, Samuel, Joannes Baptista, singulari suo ortu, eximium aliquid, quod postmodum secutum est, præ se tulerunt; ita beata Virgo admirabili exordio, qualis futura esset, præsignificavit.

Considera secundo, historiam conceptionis hujus. 1. Joachim cæteris civibus ad Paschæ solemnitatem Hierosolyma profectus ex patria sua Bethleem, offerens munus suum, a summo sacerdote cum sterilitatis exprobratione repulsam est passus. 2. Hac publica ignominia contristatus, ad ovium suarum pastores se contulit, Deum toto corde pro amovenda sterilitate precaturus. 3. Post paucorum dierum orationem ab angelo, tam ipse apud caulas edoctus de filiæ nascituræ qualitate, quæ veteres omnes mulieres dignitate vinceret, quam uxor ejus Anna domi, animum uterque resumit, atque in spem erigitur, ut discas: 1° Virginis nostræ vitam ab ignominia mundique contemptu duxisse exordium, quia nascitura erat Domina mundi, quæ mundi vanitates pedibus calcaret. 2° Filiam hanc orationibus datam, qua nulla unquam creatura cum Deo familiarius egit. 3° Angelum de cœlis hunc

partum nuntiasse, quia utique conveniebat illam esse singularem, quæ Mater futura sine patre filium gigneret hominem: sicut ille est Pater singularis, qui eumdem gignit sine matre Deum.

Considera tertio sanctorum istorum parentum Virgini nostræ gravissimas fuisse conditiones et mores, quos ipsa conata est imitari et perficere. Tu ergo, si a Domina tua commendari cupis et diligi, parentum ejus vitam moresque imitare. Esto 1° nobilis filius Dei; 2° dives multarum opum quæ in cœlis tibi recondantur; 3° probus et virtute præditus; 4° Dei cultor amansque pauperum; 5° mundo sterilis et inutilis; 6° mundi contemptor; 7° Deo crebra oratione meditationeque conjunctus, ad quem solum in necessitatibus tuis confugias; 8° familiaris angelis sanctisque cœlestibus ut tua conversatio sit in cœlis.

III. — De ipsa Conceptione Virginis.

Considera primo, si in tua foret potestate matrem vel eligere vel efficere, anne eam ejusmodi formares, quæ et prorsus aliena esset ab illo malo, quod tu detestaris: et ornata illis bonis quibus tu delectaris: siquidem ad honorem filii pertinet matris honos, neque aliquid matre sua charius habet in orbe homo. Christus igitur, qui sibi Matrem et ab æterno elegit, et in tempore manibus ipse suis formavit, utique talem fecit, quæ a peccato, quod ipse vel maxime detestatur, esset alienissima: quæque omni genere virtutum, quibus unice gaudet, esset ornatissima. Concepta est ergo sine originali peccato, sola inter mortales hoc affecta privilegio. Non enim decebat Matrem purissimi Dei, quæ contereret caput serpentis, mancipium aliquando fuisse diaboli, Dei inimicam, et ream gehennæ; sed sicut primus Adam ex virgine mundaque terra prodiit, nulli adhuc maledictioni obnoxia; ita Christus, secundus Adam, ex Virgine Matre carnem sumpsit ab omni prorsus macula peccati aliena.

Considera tertio nobilitatem arcæ fœderis, quæ ex lignis sethim imputribilibus constructa, et purissimo auro undique tecta fuit, ut tabulas Decalogi, virgam Aaron quæ fronduerat, et mannæ ephi mensuram conservaret. Quanto itaque ornatu excultam voluit Deus Virginem illam, ex cujus purissimo sanguine Deus totius majestatis sibi corpus formaret, in cujus utero novem commoraretur mensibus, cujus ubera sugeret, cum qua totis triginta annis continuus esset? Hanc Virginem tu admirare, venerare et dilige, ejus laudes adversus blasphemas hæreticorum insanias prædicare stude, eamque precare, ut per immaculatam hanc suam conceptionem tibi a charissimo Filio omnium peccatorum repurgationem impetret, teque ab omni sorde peccati in posterum immunem conservet.

MEDITATIO II.

DE NATIVITATE B. VIRGINIS.

I. — *Liber generationis Jesu Christi filii David, filii Abraham.*

Considera primo, in hac genealogia Christi Matrisque ejus, tanquam primarios familiæ duces nominari Abrahamum atque Davidem. 1. Quia his præter cæteros facta est peculiaris nascituri ex ipsis Messiæ promissio. 2. Propter singulares quæ ad beatæ Virginis commendationem faciunt, istorum proprietates. Abraham totius populi Israelitici caput, eximia fide et obedientia; David propheta, primus ex tribu Juda rex Israel, insignis Dei cultor, innumera mala perpessus; significarunt Filiam suam Christi Matrem Christianorum omnium caput fore et Principem; orbisque Reginam et Dominam; Prophetissam, quæ insigni cantico futura prædixit; obedientiæ speculum, cujus fidem inspirata Spiritu sancto Elisabeth commendavit; Filii sui sedula cultrix et ancilla, cujus animam doloris pertransivit gladius. Tu easdem virtutes sectaberis, si hanc Virginem tibi cupis esse propitiam.

Considera secundo nullam sanctarum mulierum in hac genealogia nominari, sed vel infames, vel peccatrices; ut discas mulierum peccata per fructum hujus Virginis deleri.

Considera tertio tres ordines hominum in eadem hac genealogia, quorum primi ad patriarchas pertinuerunt; secundi fuerunt reges; tertii demum nobiles illi quidem ex regum prosapia, sed obscuri tamen, et historiis minus celebres. Quia omne hominum genus, nobiles, ignobiles, divites et pauperes, per sacratissimam Matrem Dei commodissime ad Christum deveniunt, sicut hi omnes, nonnisi per Mariam Jesum susceperunt.

Considera quarto eum ordinem viciniorem esse beatæ Virgini, qui his obscurioribus nominibus constat; quia non raro Deum sanctissimamque Matrem venerantur magis obscuri, quam illustres. Videmus siquidem plebeis hominibus monasteria referta; principes autem viri et nobiles occupant terrenas dignitates. Tu Dominam tuam ora, ut tibi semper quam proxime assistat.

II. — *Nativitas tua, Dei Genitrix Virgo, gaudium annuntiavit universo mundo.*

Considera primo gaudium eorum omnium, qui hujus tantæ nativitatis conscii fuerunt: 1. Gaudebant angeli, tum quia per hujus Virginis Filium reparandæ erant ruinæ cœlorum; tum quia hæc Virgo super omnes angelorum choros evehenda novo splendore cœlum ipsum illustraret. 2. Gaudebant in limbo sancti Patres jam certo vicinum Christi adventum, a quo de carcere educendi erant, exspectantes; et jam tum primam omnium Christianarum solemnitatum celebrantes (B. Bern. serm. 1, *De Assumpt. B. Virg.*): quia nativitas Virginis, quæ, quasi aurora consurgens, Christum

justitiæ Solem adduxit, initium quoddam esse cœpit Novi Testamenti, sicut aurora principium est diei. 3. Sancti viri in hoc mundo viventes, pauci tamen illi, qui sacræ istius nativitatis mysteria vel revelatione, ut Joachim et Anna, vel horum narratione didicerant, gaudebant jam natam esse Virginem, quæ Emmanuelem mundi Salvatorem ederet, et noctem tot errorum atque peccatorum sua luce depelleret. Igitur si multi in Joannis Baptistæ nativitate gaudebant, sicut prædixerat Gabriel angelus, tanto potiori jure multi in hac Virginis nativitate gavisi sunt, quanto plus commodi attulit nativitas Matris, quam famuli et Præcursoris, quantoque magis necessarium erat ut Deus de Matre nasceretur, quam ut a Joanne venturus prædicaretur.

Considera secundo, quanta et nobis et orbi universo data est hac nativitate occasio gaudiorum: 1. Quia per hanc Virginem Deus homo factus, summum humano generi beneficium contulit, nempe ut naturam humanam in divinam personam cum natura divina assumeret, et hominem efficeret Deum. 2. Quia illa inter homines nata est, cujus auctoritas tanta esset apud omnipotentem Deum, quanta matris esse solet apud unicum amantissimumque filium. Sicut igitur gaudendum esset fratribus, si sororem rex in uxorem duceret, eamque charissimam haberet; ita multo magis gaudendum est humano generi, cujus Filia ad eam est evecta dignitatem, ut ei Deus ipse illum qui matri a filio debeatur, deferat honorem. Gaudendum est (inquam) nobis, quia tantum potest apud Deum soror nostra, ut si illa sit nobis propitia, omnia nobis a Deo polliceri audeamus. Igitur sicut in dedicatione templi Hierosolymitani magna fuit universo populo Israelitæ lætitia: ita lætandum est veris Israelitis, nobis, inquam, Christianis, dedicato hoc divino templo, sancta hac Virginis nativitate. Plura enim nobis per hoc sacrarium conferuntur, quam per vetus illud templum collata sint Judæis, estque hoc templum sacratius, in quo Deus tot mensibus quievit, Virginisque mentem instruxit et ornavit, quam templum Salomonis, immolandis bestiarum carnibus deputatum.

III. — *Cum jucunditate Nativitatem beatæ Mariæ celebremus, ut ipsa pro nobis intercedat ad Dominum Jesum Christum.*

Considera primo, quo tempore nata sit Domina tua. 1. Non amplius quindecim annis ante Christum Filium suum. (Niceph. libro II, cap. 3.) Est enim antiqua traditio ab Evodio temporibus apostolorum proximo scriptis mandata, sacratissimam Virginem quintodecimo ætatis suæ anno Dei Filium peperisse. Non enim debebat Stella matutina Solem multo tempore antevertere; neque aurora diem post se diu relinquere. Est quippe hujus Virginis officium ad Christum nos adducere, et Christum nobis offerre. 2. Sub iisdem principibus orbis et Judææ, Augusto et Herode, quorum temporibus natus est Dominus, ut scias eamdem ob causam, natam esse hanc Virginem, propter quam natus est Christus : nimirum, ut princeps mundi diabolus, qui corda hominum jam occupaverat, foras ejiceretur. Et illum quidem ejecit, et fregit passione sua Dominus : Domina vero nostra Filio corpus dedit de suo corpore, quo ipse diabolum superavit. Atque hoc sensu dicitur rectissime Mater hæc caput contrivisse serpentis, omnesque interemisse hæreses in universo mundo , quia humana carne vestivit Dei Verbum, ut per eam diabolus hæresesque omnes prosternerentur. 3. Quo tempore Herodes alienigena, occupato regno Judææ, totam Davidis stirpem nitebatur exstinguere. Tunc enim conveniebat nasci Reginam Judæorum , orbisque universi Dominam, quando juxta prophetiam patriarchæ Jacob, sceptrum de Juda ablatum fuerat, et ad gentes translatum ; cumque diabolus in pios maxime sæviret. Est namque hæc Virgo Consolatrix afflictorum, et miserorum Refugium, nulli opem subtrahens, qui sincere ejus auxilium implorarit. 4. Mense Septembri, tum quod eo mense, ut Hebræi tradunt, Eva de latere Adami educta fuerit, prima mater omnium viventium moriturorum : quam sequi debebat Mater veræ Vitæ, omniumque viventium in æternum, tum ut significetur mysterium Incarnationis Filii Dei, ad quod Virginis hujus nativitas referebatur ; nempe quod verus Sol Deus ipse in utero Matris carne humana velut nube obtegendus ad hiberna hæc loca, ad gelidos, inquam, homines venturus esset, nobis quidem vicinior (nam solem aiunt hieme quam æstate nobis esse propinquiorem), sed mentibus tamen elongatior ; juxta illud, Joan. I, 11 : *In propria venit, et sui eum non receperunt.* Roga sanctissimam Matrem, ut per quam Christus ad hiberna signa pertransiit, te frigidum, summoque rigentem gelu, per eamdem sua præsentia et amore succendat.

Considera secundo, quibus modis beatæ Virginis nativitas juxta Ecclesiæ admonitionem sit tibi celebranda, ut 1. admireris Virginis hujus pulchritudinem, quæ omnium omnino creaturarum vicit ornatum, splendoremque superavit. Si enim (ut theologi affirmant) gloriæ cœlestis magnitudo, magnitudini gratiæ divinæ respondet, qua in hoc mundo sancti donantur : utique illa in hac vita excessit omnes gratia et pulchritudine interna animæ, quæ jam exaltata est super choros angelorum in cœlestibus regnis. 2. Ut gratias agas Deo, qui de carne et ossibus tuis, Matrem sibi efformarit, cui tantam auctoritatem esse voluit, ut quidquid omnino velit, hoc etiam possit. 3. Ut ejus puritatem virtutesque imiteris. Sicut enim ipsa non tam propterea accepta fuit, grataque Deo, quia electa erat in Matrem Dei, quam quod virtutibus ornata esset, quibus merebatur, ut præter cæteras omnes mulieres in Matrem Dei assumeretur : *Respexit* enim *humilitatem ancillæ suæ* : ita nihil æque te faciet

Deo vicinum, atque solidarum virtutum studium. 4. Ut Matrem hanc ceu Dominam venereris, et ut Patronam atque Advocatam invoces atque preceris. Quia enim Domina tua est, nullus tibi unquam dies elabetur, quo non aliquod peculiare officium vel humilitatis, vel cultus divini, vel auxilii proximorum, vel alicujus virtutis, in ejus honorem exhibeas : quia Advocata est, ejus continenter preces apud Filium postulabis ; quia demum Patrona est, ejus adversus hostes omnes implorabis auxilium.

MEDITATIO III.

DE PRÆSENTATIONE BEATÆ VIRGINIS.

I. — *De educatione Virginis apud parentes ante Præsentationem.*

Considera primo sanctos hujus Virginis parentes, cum non ignorarent ad quantam esset evehenda dignitatem, omni studio conatuque laborasse, ut ab ineunte ætate Deo sacratium præpararetur. Sicut enim futuri reges a pædagogis suis ad eam dignitatem instituuntur , ita sancti isti parentes solliciti fuerunt, ne quid ab ipsis prætermitteretur, quod filiæ sanctitatem promovere posset. Eam itaque erudierunt secundum legem Moysis, et multo quidem accuratius, quam Susannam Helcias pater ejus (*Dan.* XIII, 2), mores ejus ad omnem modestiam et honestatem conformarunt ; et quæ de Messia in prophetarum oraculis prædicta erant, qua poterant diligentia exposuerunt.

Considera secundo pueriles infantulæ Virginis mores: 1. Statim capiebat divina, quæ a parentibus audiebat. Non enim minus capax erat quam plerique infantes, quos legimus a prima statim infantia percepisse, quæ de divinis rebus dicebantur. 2. Mire afficiebatur auditis, atque in amorem Dei omniumque virtutum incendebatur. 3. Levitates, petulantiam, et garrulitatem illius ætatis devitabat, et admirabili morum gravitate, tum parentum, tum aliorum oculos oblectabat. 4. Humilitate et obedientia singulari colebat parentes, et omnibus se submittebat ; nunquam vel facto, vel verbulo quemquam etiam leviter offendebat, ut jam ex utero matris gratia plena et esset et agnosci posset. Tu infantiæ tuæ pueritiæque mores, cum his moribus Virginis conferes, ac deplorabis, et peccata tua quæ cum lacte materno suxisti, vitiososque habitus quibuscum adolevisti et hucusque perseverasti, detestaberis ac depones : orabisque hanc Virginem ut delictorum juventutis tuæ tibi a Filio suo veniam impetrare diguetur.

II. — *De ipsa Præsentatione Virginis.*

Considera primo, sacram hanc puellam, ut intellexit se a parentibus Deo ad instar Samuelis consecratam, ardenti desiderio flagrasse ad sui in templo Dei oblationem. Quia enim nihil cum mundo commune habebat, sed tota in Deum ferebatur, nihil quærebat aliud quam illo in loco esse, cum illisque hominibus consuesse, ubi arctius cum Deo conjungeretur. Si namque virgines nonnullas videmus, ita ad monasticam vitam anhelare, ut nihil grave, quod hoc earum desiderium promovere possit, suscipere vereantur ; multo magis hæc Virgo, jam ab incunabilis plena Spiritu sancto, vehementi suavique ardore ad deserendum mundum suique plenam Deo oblationem faciendam ferebatur, sæpe illa Davidis verba secum tacita repetebat : *Lætata sum in his quæ dicta sunt mihi, In domum Domini ibimus. (Psal.* cxxi, 1.) *Quam dilecta tabernacula tua, Domine virtutum ! concupiscit et deficit anima mea in atria Domini (Psal* LXXXIII, 2) ; et : *Sitivit anima mea ad Deum fontem vivum , quando veniam et apparebo ante faciem Dei ? (Psal.* xLi, 3.) Si enim David Dei solum famulus tanto desiderio tenebatur commorandi in atriis Domini ; quanto magis Virgo illa, quam Deus sibi in Matrem parabat ?

Considera secundo, ut puella jam trima a parentibus in templum deducta, magna et supra ætatem alacritate gradus quindecim templi conscenderit, nam ardens amor addebat vires ; parentes et admirabantur, et gaudebant, de tanto filiolæ affectu, taciticque eam Deo offerebant et commendabant.

Considera tertio, ut Filius Dei, de propitiatorio et tabernaculo fœderis Virginem hanc, quam sibi in Matrem ab æterno elegerat, contemplatus, dulciter internæ charitatis quasi funiculis traxerit, ad conscendendum vires addiderit, atque ad cor ejus suaviter locutus fuerit : *Veni in hortum meum, soror mea sponsa, veni, electa mea, et ponam in te thronum meum. (Cant.* v, 1.)

Considera quarto angelos, qui dignitatem Virginis non ignorabant, de cœlis non sine admiratione aspexisse purissimam hanc animam sole ipso splendidiorem, et inter se verbis Scripturæ quæsivisse : *Quæ est ista, quæ ascendit sicut virgula fumi, ex aromatibus myrrhæ, et thuris, et universi pulveris pigmentarii? (Cant.* iii, 6.) Obscura quidem est mundo et fumus ; mundi, et ornatus mundani contemptrix ; sed virgula rectissima, nullis peccatis obliqua vel incurva ; odorifera ex aromatibus virtutum quidem omnium, sed præcipuæ myrrhæ, quæ carnis mortificationem significat , et thuris, quæ orationis devotionem. Jam enim ab infantia Virgo beatissima in corpus suum durior esse incipiebat, non minus quam beatus Nicolaus, qui ab uberibus pendens jejunium colebat quartæ et sextæ feriæ. Tu hic ascendenti Virgini negotia tua cum Christo tractanda commendabis. Nihil enim negare poterit Dominus purissimæ orationi innocentissimæ puellæ , sibi ab æterno super omnes creaturas dilectæ.

III. — De gestis in templo.

Considera primo parentes cum filia in templum ingressos , oblato pro more sacrificio, Virginem hanc suam Deo in hostiam purissimam obtulisse ; cum summo sacerdote, de retinenda ea in templo cum cæteris virginibus egisse ; eamque ab eo admissam fuisse. Nullis illa parentum discessum lacrymis prosecuta est, nullam molestiæ aut doloris significationem dedit, nihil externarum convictum timuit. Erant juxta templum mulierum quædam habitacula, velut sanctimonialium monasteria, quæ templi rebus operam dabant, et sub sancta disciplina, jejuniis, vigiliis et orationibus vacabant , de quibus multa in Scripturis, apud quas etiam virgines nonnullæ conclusæ in pietate erudiebantur. Ad hunc virginum cœtum adducta puella Maria, omnium in se oculos convertit, omnibus amabilis et chara fuit. Aderat cum cæteris castis mulieribus Anna vidua Phanuelis , quæ spiritu prophetico mysterium Virginis hujus intelligebat. Eam igitur ipsa præter cæteras fovebat, venerabatur, et erudiebat, subinde hoc Davidicum, de hac potissimum Virgine prædictum repetens, Psal. xLiv, 11 : *Audi, filia, et vide, et inclina aurem tuam, et obliviscere populum tuum, et domum patris tui. Audi* divina verba, majorum exhortationes, internas Dei suggestiones. *Vide,* non leviter percurre, sed audita revolve. *Inclina aurem tuam,* ut voluntati consiliisque divinis morem geras. Denique mundum hunc et parentes Deo postponens, tota in Deum intenta, nulla externarum rerum cogitatione a Deo distraharis.

Considera secundo, quid in hoc virginum collegio Virgo nostra egerit. 1. Ad res divinas attentissima, sine evagatione Deo in orationibus vacabat ; magna reverentia templum ac divina frequentabat ; denique devotione atque in Deum affectu cæteros omnes homines, qui vel exstiterunt unquam, vel aliquando futuri sunt, superabat. Magna fuit attentio et fervor orationis beati Francisci, qui ne minima quidem aliena cogitatione orans tangebatur, quique in oratione totus in Deum absorptus, stigmata passionis accepit. Magna fuit Moysis cum Deo conjunctio, qui totis 40 diebus cum Deo collocutus nullo cibi potusque desiderio jejunus permansit : magnæ aliorum quorumdam sanctorum devotiones, qui a mente alienati et abducti, nihil externis sensibus percipiebant. Jam vero tantum orationis donum qui contulit servis, quam familiarem eum Matri fuisse putabimus? Si Samuel puer audivit loquentem Deum, utique frequenter audiverit et senserit etiam castissima hæc Virgo, super omnes dilecta. Si Paulus ut in vas electionis pararetur ad portandum nomen Dei coram gentibus, et regibus, et filiis Israel, evectus est in tertium cœlum, audivitque verba quæ non licet homini loqui; quibus tandem modis et divinis colloquiis præparabatur Virgo Maria, ut non jam nomen Dei, sed Deum ipsum carne vestitum, novem mensibus utero gestaret, et triginta continuis annis ministraret, totique orbi proponeret adorandum? Dubium nullum est, quin angelica Virgo crebro angelorum

præsentia frueretur, et divinis colloquiis instruere-
tur. 2. Ut humillima omnem illam internam cum
Deo consuetudinem apud alios dissimulabat, et
apud se illud prophetæ cogitabat : *Secretum meum
mihi, secretum meum mihi (Isa.* xxiv, 16) ; et, *Ego
dilecto meo, et dilectus meus mihi (Cant.* vi, 2).
Majoribus igitur ad nutum obediebat ; paribus potiores partes deferebat ; inferiorem se neminem
agnoscebat. 3. Puellares artes discebat, legere (inquam), scribere, texere, fusum ducere. Nam et Hebraicas litteras noverat, etiam ante patris Joachimi
decessum (D. Ambr. lib. ii, *De virginib, ; In Matth.*
xxvii), ut auctor est Georgius Cedrenus, et manibus suis, teste Euthymio, inconsutilem Filii sui
tunicam (sicut Treviris ubi religiose asservatur,
videre est) magna arte postea contexuit. In officiis
omnibus istis nunquam otiosa aut indiligens, ad
annum pervenit undecimum, quo tempore ex hac
vita migravit Joachimus pater octogenarius, et
Anna mater annos nata septuaginta novem, sicut
idem Cedrenus in Historiæ compendio scriptum
reliquit. Tunc sancta Virguncula, quæ pridem
omnem affectum a parentibus ad Deum converterat,
nihil insolenter egit ; sed utroque parente orbata
Deum sibi patris loco et matris, rerumque omnium elegit ; semperque ad anteriora contendens,
nullam omnino virtutem præteriit, cujus non conaretur assequi perfectionem. Huic tu Virgini te-
porem tuum commenda, ut ejus favore adjutus, in
Dei amorem incalescas.

MEDITATIO IV.

DE DESPONSATIONE B. VIRGINIS.

I. — *De his quæ præcesserunt.*

Considera primo Virginis Mariæ infantiles annos
egressæ, occupationes, quas veteres Latini et Græci Patres nobis tradiderunt. Adhuc in templo cum
cæteris virginibus degens, virorum consortia decli-
nabat, silentium colebat, solitudinem amabat, frequens in oratione, lectioni Scripturarum addictis-
sima, mentem divinis colloquiis oblectabat, suum
deinde tempus externo manuum operi tribuebat, ut
utriusque et contemplativæ et activæ vitæ culmen
attingeret.

Considera secundo, quos fructus ex Scripturarum lectione, et divinorum verborum meditatione
collegerit ; nempe ut, tota Dei amore succensa, nihil
æque charum haberet quam ut se suaque omnia
divino honori consecraret. Didicit namque virtutum
illarum præstantiam, quas in illud usque tempus
mundus ignorarat ; virginitatis (inquam) et paupertatis. Igitur emisso voto consecravit Deo corporis
et animæ virginitatem ; et distributis in pauperum
usus facultatibus a parentibus acceptis, vovit paupertatem, non minus in Deum liberalis, quam
apostoli, qui, teste beato Augustino, cum Christo
adhuc agentes, voto paupertatis se obstrinxerunt.
(Lib. xvi, *De civit. Dei,* cap. 4.) Et quia absolutis-
s mæ fuit humilitatis, avebat virtute obedientiæ,

quæ est humilitatis germana filia, alicui superiori
loco Dei subjici, Deoque integrum holocaustum
animi et corporis immolare, sed hujus rei commoditatem nullam videbat, quoad ab angelo edocta
fuit, ineundum sibi ex Dei voluntate matrimonium
cum viro quodam sanctissimo atque castissimo,
qui virginitatis ejus non violaret decus, sed conservaret. Huic igitur ipsa tanquam superiori in omnibus pareret, perfectæque obedientiæ meritum
præmiumque exspectaret. Tu Virgini castissimæ,
omnibusque virtutibus instructissimæ te commendaret, serioque rogabis, ut perfectionis desiderium
ipsius precibus auxilio a Deo consequi merearis.

II. — *De Desponsatione B. Virginis.*

Considera primo, cum annum ætatis decimum
quartum Virgo explesset, et corporis habitu procerior jam nubilis videretur, sacerdotes quibus
virginum cura incumbebat, de marito huic virgini
tradendo, viro optimo, qui a sanctis ejus moribus
non esset alienus, inter se deliberasse : atque præter cæteros placuisse Josephum ex eadem tribu, et
progenie David, nobilem quidem virum, sed tenuem,
qui arte fabrili vitæ necessaria parabat ; gravem
quoque et modestum, ætatis non quidem senilis,
ut nonnulli arbitrantur, sed maturæ, qui et labores educandæ familiæ, et variarum profectionum
molestias ferre posset. Hunc igitur conveniunt,
eique Virginem sanctissimam quibus possunt et
decuit nominibus commendant.

Considera secundo Virginem beatam ad Josephi
vocatam colloquium, ei propositum suum votum-
que servandæ virginitatis secreto exposuisse, atque
ad similem castitatis voluntatem cohortatam esse.
Josephum autem, virum utique justum, Virginis
commotum oratione, suam etiam virginitatem,
quam hactenus conservaverat inviolatam, Deo
consecrasse, Virginemque in sponsam et uxorem,
non attingendam, sed conservandam consuetis
ritibus palam accepisse. Fuit enim verum Mariæ
et Josephi matrimonium, sed castum, virginale,
angelicum : ad cujus imitationem multi deinde
conjuges castitatem in matrimonio coluerunt, Cæcilia et Valerianus ; Ursula et Etherius ; Henricus
II imperator et Chunegundis, aliique permulti,
quorum institutum beatus Augustinus (Epist. 45)
in voto castitatis Armentarii et Paulinæ conjugum
vehementer commendat.

Considera tertio Dominum elegisse quidem
nasci ex Virgine, ut virginitatis excellentiam commendaret, quam ipse quoque sanctissime coluit,
omnibusque qui eam colere vellent, tanquam tutis-
simam proposuit atque consuluit ; sed variis de
causis voluisse Matrem esse conjugem. 1. Ne pateret Judæorum calumniis, si extra matrimonium
peperisset ; 2. ut conservatorem haberet suæ pudicitiæ, testemque virginitatis ; 3. ut Filius Dei infantulus, viri labore et industria educaretur, et
variis periculis eriperetur ; 4° ut diabolum lateret

partus Virginis inviolatæ; 5° ut Mater Domini consequeretur merita præmiaque triplicis status, virginum, conjugum et viduarum. Nam Josephus (ut auctor est beatus Epiphanius, hæres. 78) decessit non multo post annum ætatis Christi duodecimum.

Considera quarto, cur fabro lignario nupta sit Mater Dei; nempe quia Mater futura erat illius magni Fabri, qui cœlum terramque verbo perfecit. Tibi hic cavendum ne cum hæreticis de castissima Mariæ virginitate per hoc matrimonium quidquam detractum esse putes, sed ejus angelicam admiratus puritatem, quantum tibi Dominus dederit, imitari contendes.

III. — Post initum matrimonium.

Considera primo, per istud sanctissimorum conjugium, nuptiis pro more celebratis in Nazareth, ubi Josephus domicilium habebat, abiisse, et mutua sibi castaque officia exhibuisse. Josephus enim vir simplex, justus, prudens, conjugis suæ per quam de nobilitate virginitatis edoctus fuerat, sanctitatem admiratus, venerari eam cœpit ut Dominam. Contra, Virgo memor virtutis obedientiæ, ad nutum obsequebatur marito. Magna erat animorum conjunctio, magnusque thesaurus sanctitatis in hac domo occultus latebat.

Considera secundo domum hanc Matris Dei singulari privilegio ita vallatam angelis in custodiam Virginis deputatis, ut inimico humani generis nullus patuerit in hanc familiam accessus. Nullæ igitur hic unquam rixæ, nulla animorum alienatio, nullæ diabolicæ tentationes; sed charitas, gaudium, et pax in Spiritu sancto. Notandæ enim sunt Scripturæ quæ de custodia hac sanctissimæ Virginis loquuntur : En lectulum Salomonis sexaginta fortes ambiunt, de fortissimis Israel, omnes tenentes gladios, et ad bella doctissimi, uniuscujusque ensis super femur suum, propter timores nocturnos. (Cant. III, 7, 8.) Et iterum : Quid videbis in Sunamite; hoc est, in Virgine Maria, quæ verum Eliscæum Christum suscepit hospitio (IV Reg. IV, 12), nisi choros castrorum? (Cant. VII, 1) hoc est, angelorum multitudinem, inter quos media incedit, dæmonibus terribilis ut castrorum acies ordinata. Si enim Elisæo prophetæ circumfusi erant innumeri angeli, qui sanctum virum ab hostium omnium tuerentur insultu; quot putas Matris et tutelæ, et honori designatos a Filio Dei angelos, qui tantam Virginem tuerentur, ac ministrarent, et eam quocunque euntem, honoris causa, ut Dominam suam prosequerentur? Tu itaque hanc Dominam tuam venerare; ejus honorem adversus insaniam hæreticorum tuere, ejus laudes apud omnes prædicare stude. Etenim ut Josephus quidquid gloriæ habet, illud ex Virgine hac est consecutus; ita tibi a Deo cumulatissime scias restituendum, quidquid ad honorem Matris Christi contuleris.

MEDITATIO V.

DE PRIMO GAUDIO B. VIRGINIS IN ANNUNTIATIONE INCARNATIONIS FILII DEI.

I. — De ingressu angeli ad Virginem.

Considera primo insignem illam legationem, quam ad Virginem Mariam angelus Gabriel obeundam suscepit. Deus, totius orbis conditor et monarcha, in causa maxime nobili nobilissimum nuntium designavit; ut Virginis agnoscas dignitatem, cui tantus Dominus tanti legati ministerio, sua tam gravia et arcana consilia communicavit; neque communicavit modo, aut cum ea contulit, sed consensum et quodammodo auxilium quæsivit. Statuerat humanam naturam in divinam personam assumere, per eamque humanum genus redimere, quam rem tanti momenti sine Virginis istius assensu et voluntate aggredi noluit.

Considera secundo angelum hunc de primis nobilissimisque cœlestis aulæ fuisse principibus. Si enim omnes sunt administratórii spiritus in ministerium missi (Hebr. I, 14), et si Raphael unum se fatetur de septem qui astant coram Deo; fuit utique Gabriel unus de præcipuis, qui ad summum totius orbis negotium in terras mittebatur. Diciturque Gabriel, hoc est, fortitudo Dei; quia opus summæ potentiæ nuntiabat. Alii interpretantur Gabriel, quasi homo Deus, quia divinæ incarnationis legatus.

Considera tertio Gabrielem, humana juvenili specie, splendidoque et radiante vultu (ut ait B. Augustinus) Virgini apparuisse, tum quia lætus ipse lætissima nuntiabat, tum quia Dominam suam salutaturus erat, quam non conveniebat ab angelo glorioso, nisi cum gloriæ et lætitiæ significatione conveniri. Gaudebat enim angelus, non invidebat Virgini tantam dignitatem, ut Mater Dei, Regina angelorum, mundique Domina diceretur et esset, quæ tamen naturæ conditione angelis esset inferior.

Considera quarto locum hujus legationis. Non enim sine causa singula commemorat evangelista (Luc. I, 26, 27): Missus est angelus Gabriel a Deo in civitatem Galilæ, cui nomen Nazareth. His enim significatur : 1. Rem summæ dignitatis tractari, quando sigillatim nomina locorum exprimuntur : quæ loca non exiguam sanctitatem ex tantorum mysteriorum præsentia ad utilitatem fidelium contraxerunt. Si enim dæmonum præstigiis infesta loca incutiunt horrorem, multo utique magis afferent nobis salutem loca pia divino numine illustrata et repleta. Testatur hoc Virginis sacrum illud cubiculum, in quo incarnatio hæc Dominica est perfecta; illud enim angelicis manibus in Italiam translatum, et in monte Lauretano collocatum, quotidianis illustribusque miraculis quanti Deus et locum et Virginem et incarnationis beneficium fecerit, palam docet. 2. Nomina ipsa indicant mysteria. Galilæa quippe significat transmigrationem : Nazareth floridum. Indicavit ergo Spiritus sanctus hac divina Verbi incarnatione admirabilem transmigrationem et mutationem, quando qui hactenus similes fuissent jumentis insipientibus, nunc efficerentur filii Dei, divinæ consortes naturæ (*II Petr.* i, 4) ; non amplius aridi, sed virtutibus florentes, copiosumque et utilem fructum bonorum operum producturi ex flore Christo, cujus virtute, opera Christianorum vim suam efficaciamque consequuntur.

Considera quinto, ubi inventam Mariam angelus salutavit, non foris, non per vicinorum ædes vagam ac discurrentem, non inaniter garrientem, sed solam in conclavi, ostio clauso, de Scripturis meditantem, cum solo Deo in oratione sua colloquentem, et fortassis (ut arbitrantur nonnulli) ea verba Isaiæ mente pertractantem, cap. vii, vers. 14 : *Ecce virgo concipiet, et pariet filium, et vocabitur nomen ejus Emmanuel.* Admirabatur Dei bonitatem, qui ad homines sese promitteret descensurum : et quia ex Danielis prophetia non ignorabat instare jam tempus Messiæ venturi, vehementer exoptabat humillime famulari Virgini illi, quæ Deum esset paritura. Quibus cogitationibus ac desideriis dum tota occupatur, ecce ingreditur clausis januis angelus, angelicam virginem reverenter divinis verbis salutaturus. Quo illa viso nihil terretur aspectu, sicut olim Manue parens Samsonis, Daniel, Zacharias, et Tobias uterque, tum quod angelorum consortio assuevisset, tum quod in terris vitam omnino angelicam sanctissime exercuisset. Tu similiter angelis similem vitam ducas, eorumque castitatem, puritatem, et obedientiam imiteris, ut eorum familiaritate dignus habearis. Oraque Dominam angelorum, ut tibi angelicos mores et gratiam impetret.

II. — *De colloquio angelico.*

Considera primo, in angeli verbis : 1. Magnam reverentiæ significationem, tum quod proprio nomine suppresso eximiis titulis honorum, nobilium virorum ritu salutet, tum quod, non suis, sed divinis eam verbis compellet. 2. Varias rationes quibus ad consensum hanc sacram Virginem conatur inducere : Dei voluntate, magnitudine rei, castitatis non violanda integritate, totius denique rei gerendæ facilitate, quippe cum Deo nihil sit impossibile, dummodo suum ipsa consensum præbeat voluntatem.

Considera secundo, et expende angeli verba. Nam post tres honoris titulos : *Gratia plena, Dominus tecum, benedicta tu in mulieribus ;* de quibus in sequenti meditatione de Salutatione angelica, singulos videtur explicare,. et suis rationibus ponderare ac momentis. Ne mireris, ait, quod te salutem gratia plenam : *Nam invenisti gratiam apud Deum,* cui gratum esse, est interna gratia donari ; tu grata es non ut serva, sed ut mater ; cujus et anima, et corpus singulari gratia abundant. Dixi *Dominum esse tecum,* quia qui ad hoc usque tempus Spiritu suo tecum fuit, jam etiam corpore tecum est futurus, corpusque tuum suo corpore replebit : *Concipies en m in utero, et paries Filium, quem vocabis*

Jesum, utpote mundi Salvatorem. *Hic erit magnus,* nempe in eadem persona Homo et Deus. *Et Filius Altissimi vocabitur :* germanus verusque Filius Dei non solum erit, sed palam cognoscetur, et per universum orbem prædicabitur. *Et dabit illi Dominus Deus sedem David patris ejus,* thronum regni stabilem, non in quo sedit David, sed qui promissus fuerat Messiæ semini David. *Et regnabit in domo Jacob in æternum.* Hoc est, in Ecclesia supplantantium, eorum qui, superato diabolo, ad finem usque in pietate perseverant. *Et regni ejus non erit finis.* Siquidem post mundi istius et sæculi consummationem, perget Filius iste tuus regnare in æternum. Et hæc sane cum nulli unquam mulierum vel mortalium evenerint, jure te optimo benedictam in mulieribus salutavi.

Considera tertio, Virginem ipsam, viso angelo (est enim Græce, *quæ cum vidisset*), non territam quidem, sed turbatam fuisse, non ex angeli jamdudum sibi noti intuitu, verum in sermone ejus, tam insol·tæ nimirum salutationis occasione, quæ humillimam Virginem, nihil tale in se agnoscentem, non parùm percellebat. Tu umbris dignitatum et inanibus titulis gaudes honorum, quia superbus et ambitiosus ; ista ne veris quidem delectatur, adeoque turbatur.

Considera quarto, in Virginis moribus et responsis insignem prudentiam, gratiam, modestiam, profundam humilitatem, promptam obedientiam, fidem immotam, spem erectam, et ardentem charitatem. Pauca loquebatur quidem, sed graviter, sapienter, præmeditate : *Quomodo,* inquit, *fiet istud, quoniam virum non cognosco?* Mihi per votum virginitatis consecratæ Deo non licet operam dare officio conjugali : quo igitur modo in hac conceptione utetur Dominus? Scio nihil impossibile omnipotenti Deo, sed voluntatem ejus exquiro, meque tumori ejus committo ac voluntati. Tu similiter te in Dei voluntatem renuntia. Qui enim majorem tui curam gerit, quam possis ipse tui ipsius, ad salutem utique tuam te gubernabit, tantum ei te committas informandum. Roga Dominam tuam, ut hanc voluntatis tibi a Deo resignationem impetrare dignetur.

III. — *De incarnatione Verbi.*

Considera primo, non prius incarnationis Verbi mysterium in utero Virginis perfectum esse, quam ipsa Virgo internum assensum externis verbis contestaretur, diceretque : *Ecce ancilla Domini, fiat mihi secundum verbum tuum. Ecce,* indicat desiderium, *ancilla Domini,* humilitatem. Indignam me agnosco (ait) quæ sim Mater Domini, ancillam igitur me sedulamque ministram, etiam post partum exhibebo. *Fiat mihi secundum verbum tuum,* declarat animi promptitudinem, resignatamque voluntatem. Vides quibus virtutibus sanctissima Virgo locum parabat venturo Deo, et profunda quidem humilitate stravit quasi reclinatorium regi Salo-

23

moni ; desiderium ardens, erat quasi purpureus ascensus ; prompta voluntas cum cæteris virtutibus perfecit hanc gerulam sive hoc ferculum de quo in Canticis : *Ferculum fecit sibi rex Salomon de lignis Libani ; columnas ejus fecit argenteas*, nobiles, inquam, et splendidas virtutes, *reclinatorium aureum, ascensum purpureum media charitate constravit.* (*Cant.* III, 9, 10.)

Considera secundo, modum hujus incarnationis, quem aliquo modo, quantum humanæ aures capere poterant, exposuit angelus : *Spiritus sanctus superveniet in te, et virtus Altissimi obumbrabit tibi ; ideoque et quod nascetur ex te Sanctum, vocabitur Filius Dei.* Castissima, inquit, futura sunt omnia, nihil hic fœdum menti occurrat. Nam singulæ sanctissimæ Trinitatis Personæ cooperabuntur. Res ista non humanis, nec angelicis, sed divinis manibus est conficienda. Et primo quidem Spiritus sanctus tanquam incentor istius operis (nam charitas sola humani generis, Dei Filium in Virginis uterum detraxit) superveniet de cœlis in te ; non minuet vel lædet virginitatem, sed superveniens aliis eam virtutibus ornabit, et de purissimo sanguine tuo nobilissimum corpus efformabit, cui immittet spiraculum vitæ, animam, inquam, suis potentiis omnibus perfectam, teque charitate divina replebit, atque succendet. Pater autem cœlestis, cui attribuitur potentia, omnipotenti sua virtute humanam naturam cum divina conjunget, tuque illum ut contineas utero quem cœli capere non possunt, vires tibi subministrabit, addetque animi constantiam et robur, quo et malis omnibus evadas superior, et hostibus sis terrori. Filius demum in uterum tuum ingressus, humanam naturam induet, atque in unam personam Verbi Dei ita assumet, ut nominum sit communio, et quidquid Deus fecit, illud dicatur fecisse homo ; quidquid etiam passus fuerit homo, id passus quoque dicatur Deus : te autem instruet admirabili sapientia is qui est Sapientia Patris (*I Cor.* I, 24), ut tui similem non viderit orbis. Itaque Deus reformaturus mundum, a Virgine Matre initium fecit, quam bonis omnibus auxit, et dotibus cumulavit.

Considera tertio, quanta hic subito in mente Virginis sit consecuta mutatio. Si enim Saul ex Samuelis unctione in virum est alium mutatus (*I Reg.* x, 6) ; si Moyses ex divino colloquio vultu totus coruscabat, et quosdam quasi radios emittebat (*Exod.* XXXIV, 29) ; utique et Virgo Mater jam repleta Deo, nihil præter sanctitatem vultu, oculis, ore spirabat ; et sicut Salomonis templum totum ita ex Dei præsentia nebula occupabatur (*III Reg.* VIII, 10), ut non possent sacerdotes ministeriis suis operari ; ita Virginis corpus, et anima, novo quodam modo et ritu templum Dei consecrata nihil externum admittebat, et quod de Anna Samuelis matre commemorat Scriptura, vultus ejus non sunt in diversa mutati. Tu roga Deum, ut ope auxilioque hujus Virginis efficiaris sacratius tem-

plum Spiritus sancti. Et quidem baptismo aliisque sacramentis Domino in templum es consecratus ; roga autem ut in honorem sanctissimæ Virginis hoc templum tuum Deo consecretur, ut sicut in externis templis quæ nomine et patrocinio beatæ Mariæ sunt Deo dicata, omnia in Deum per Virginis patrocinium et honorem referuntur ; ita omnia tua dicta factaque Deus per Matrem suscipiat ; per eamque tibi charismata demittat, per quam se tibi donavit.

Considera quarto, gaudia Virginis Matris ut cætera omnia, ita et hoc non ex inani rerum felicitate, aut temporali prosperitate manasse, sed orta esse ex gloria Dei, animarum salute, et spirituali Virginis utilitate, ut discas Christianorum gaudia unde potissimum oriri debeant ; eorum enim est non oblectari nugis et externis commodis, sed sublimioribus, divinisque rebus. Gaudebat igitur Virgo beatissima, 1° quod intelligeret summum Deum ipsius in cœlis meminisse, ipsam amare, ipsi bene velle ; 2° quod tanto esset apud Deum loco, ut non per prophetam, vel alium quempiam hominem, sed per angelum, eumque eximium, suam ipsi denuntiaret voluntatem ; 3° quod a Deo sollicitaretur ad amorem, atque consensum ; 4° quod præter cæteras omnes creaturas ipsa potissimum in Matrem Dei esset electa, ut Deum carne vestiret, Deum corpore gestaret, cum Deo tam arcta necessitudine conjungeretur, quanta est inter matrem et filium. Tibi porro similes gaudiorum causæ non desunt. Nam 1. Tui perpetuo recordatur in cœlis Filius Dei, qui in manibus suis descripsit te. 2. Tibi loquitur et per superiores tuos, vicarios suos, et per angelum tutelarem, qui auctor tibi esse solet bonarum cogitationum, adeoque per seipsum, quoties in animum tuum suaviter illabitur. 3. Nihil præter amorem tuum ambit Dominus. 4. Sacro corpore suo per Eucharistiam in corpus tuum ingreditur, et non quidem de carne tua sibi corpus efformat, sed corpus tuum suo corpore reformat, suisque illud qualitatibus in suum transformat, ut sicut ciborum quibus vescimur corpus nostrum retinet conditiones, ita Christi corpore in sanctas ejus affectiones mutemur, simusque per hanc sacram Dominici corporis communionem cum Christo ipso et cum omnibus Christianis unum corpus, et unus panis, quotquot de uno pane participamus. Hæc si mediteris attentius, et Christo condignas gratias agas, precibusque Virginis Matris, supplex deposcas auxilium, sperandum omnino quod tantis beneficiis dignam exiges vitam.

MEDITATIO VI.
DE SALUTATIONE ANGELICA.
I. *Ave, gratia plena.*

Considera primo, hanc Salutationem non leviter ab angelo prolatam, sed a Dei Filio in cœlis esse confectam, totidemque verbis angelo Gabrieli traditam, qui non tam suo Virginem, quam Filii Dei nomine consalutat. Nam et verba ipsa suavitatem spirant, et ordo ipse divinum quid indicat, et tota oratio est plusquam angelica. Etenim Deus, qui interna cordis rimatur, solus noverat, quam esset Virgo gratia plena, quam conjuncta Deo, quam benedicta inter mulieres. Nunquam ejusmodi salutatio est in terris audita, quia in nullam unquam creaturam tantum est a Deo collatum beneficium, atque in Mariam. Nihil ergo mirum, si turbetur Virgo beata, atque ad tam novam Salutationem attonita conticescat.

Considera secundo, quo affectu, quaque animi alacritate a summo Deo hanc salutationem Dominæ suæ angelus attulerit, lætissimumque nuntium dixerit. Sicut enim gaudemus læta certaque nuntiare, ita angelus hilari animo lætoque vultu ea nuntiavit, quibus non jam unus peccator diceretur agere pœnitentiam, sed quibus divini Verbi incarnatio nuntiaretur, quæ omnibus prorsus hominibus offerret salutem : ut discas quo affectu hac eadem Salutatione tibi existimes sacratissimam Virginem esse salutandam. Etenim admirandæ illius Incarnationis ne unquam tibi obrepat oblivio, hæc Salutatio ex cœlis est transmissa, et tibi ad salutandam Dei Matrem commendata; estque et Virgini gratissima, quod tanti beneficii memoriam ei quodammodo renovemus; et nobis vicissim utilissima, quod per Incarnationis mysterium atque virtutem hac Salutatione divina munera postulemus. Nam Salutatio hæc, si eam demisso animo recitemus, vim habet admodum piæ orationis, quia Filium per Matrem rogamus, et Matrem, ut nos beneficio et gratia aliqua resalutet, priores salutamus.

Considera tertio, verba angeli non precantis esse, sed affirmantis et prænuntiantis. Affirmantis quidem quæ in Virgine jam tum inveniebat, prænuntiantis vero et prædicentis quod paulo post Filii Dei præsentia longe plura cumulatissime esset acceptura. Nam quæ prius gratiæ dono repleta fuerat, jam etiam fontem ipsum gratiarum in se contineret, et cum qua Dominus fuerat spiritu, jam quoque corpore erat futurus : denique quæ ob singularem favorem divinum benedicta erat in mulieribus, paulo post eamdem benedictionem multis aliis nominibus consequeretur. Tu porro quando his ipsis verbis salutas Virginem, nihil prænuntias quidem, sed congratulando et laudando tantæ Matris virtutes te agnoscere confiteris.

Considera quarto, Ave, hoc est, Gaude. Initium legationis a salutatione, et comprecatione gaudii fuit, finis autem consensus Virginis : ut sicut serpens falsa commiserationis significatione ad respondendum, sibique deinde consentiendum induxit Evam; ita angelus congratulatione Virginis sermonem et consensum obtineret. Tu quoque si quid a Virgine hac impetrare contendis, eadem hac Salutatione repete ejusdem gaudii memoriam. Illud enim apud Matrem Dei tanti est momenti, ut hujus gaudii memor, mœrorem tuum non patiatur esse diuturnum.

Considera quinto, angelum merito imprecari gaudium illi, quæ gaudii auctorem paritura esset. Si enim per Filium gaudent servi; utique gaudere per eumdem debet Mater, cui tamen ex Filio multum sæpe tristitiæ accessit, nullo quidem errore Filii aut vitio, sed peccatorum nostrorum gravitate. Sola enim peccata nostra et Filio et Matri doloris causas attulerunt. Igitur si Virginem salutas, et gaudium precaris verbis, cave ne factis des tristitiæ occasionem.

Considera sexto, nomen Mariæ ab angelo non proferri 1. ad reverentiam Dominæ suæ. Consuevimus enim superiores nostros principesque viros, non propriis nominibus, sed honorum titulis compellare, ut tu sacrum istud nomen nunquam nisi reverenter vel proferas, vel audias. 2. Ut scias tria epitheta in illam solam competere, quibus sine expresso nomine ab omnibus agnoscatur. Ipsum autem nomen, Maria, diligenter expende, quod Hebræis quidem sonat Stellam maris, Syris vero Dominam, ut secutus Philonem indicat B. Hieronymus (lib. De nominibus Hebraicis), quod utrumque etymon in Virginem hanc pulchre convenit, quæ et stella est, verumque lumen accipit a Sole justitiæ Christo; et Stella maris est, in hoc æstuoso nobis mari lumen præferens, et spem præbens vere lucis divinæ, ut in afflictionibus, tentationibus, calamitatibusque tuis hanc respicias Stellam, et voces Mariam. (B. Bern. serm. 2, super Missus.) Est etiam Domina non unius aut alterius regni, sed Domina universæ creaturæ, cujus etiam Christus, hujus Virginis Filius, vere est Dominus. Quod nomen tam vere proprieque de Maria dicitur, ut omnibus linguis Christianorum Domina nostra vocetur : « Merito, inquit Damascenus, lib. IV, cap. 15, creaturarum omnium declarata est Domina, quæ illum enixa est, per quem condita sunt universa, » et luna sub pedibus non obscure significat creaturas omnes Mariæ subjectas.

Considera septimo, Gratia plena, vel, ut Græcis est κεχαριτωμένη, quod interpretantur gratiosa; sed multo rectius gratia plena, tum quia nemo apud Deum, qui cordis pulchritudine delectatur, gratiosus est, nisi interna gratia justitiaque ornatus, tum quia nonnulli sanctorum pleni gratia et Spiritu sancto fuisse scribantur, ut Joannes Baptista, Elisabeth, Stephanus, sed hac tamen Virgine multo inferiores.

Considera octavo, tres in Scripturis nominari gratia plenos : Christum, Mariam, et sanctos, magno tamen discrimine. Christus enim plenus est gratiæ et veritatis; non ab alio acceptæ, sed a seipso naturæque suæ, ut fons et origo omnis gratiæ, ex quo et ad Matrem et ad sanctos, quidquid est in illis gratiæ, derivatur. Veritate plenus dicitur, quia nullam unquam veritatem ignoravit. Maria gratiam accepit a Filio ut luna a sole lumen, et aquæductus a fonte aquam, excellentius tamen quam sanctorum quisquam. 1. Quia singulis sanctis portio sua est ex Dei gratia communicata, in Virgine autem est omnis gratia vitæ et virtutis; quidquid enim in sanctis reperitur, idipsum Mariæ cumulatissime est donatum. 2. Quia in sanctis omnibus peccatum etiam veniale nonnihil gratiæ saltem fervorem impedivit. Caruit autem omni peccato semper Maria. 5· Quia sancti fuerint illi quidem pleni gratia, sed ut vasa minora, Virgo autem beatissima vas fuit capacissimum atque amplissimum, quæ et gratiam copiosissimam continuit, et gratiæ totius utero suo conclusit auctorem. 4. Quia sancti gratiam obtinuerunt sibi. Maria etiam accepit nobis. Sicut enim ex fonte repleta concha effundit aquam in canalem, ita per Matrem suam sanctissimam Christus nobis dona et charismata clargitur. Et hoc sane nihil detrahit de gloria Christi, sed anget eam; redditque illustriorem, qui tantam gratiam Matri communicavit, ut illa quoque in nos redundet; sicut solis lucem commendat lux lunæ quæ a sole illustrata illuminat terram. Tu Virginem ora, ut divinæ gratiæ per eam particeps efficiaris. Et quidem cupit te Dominus replere sua gratia; tu porro te oneras et reples peccatis, nec divinæ gratiæ in te locum esse pateris.

II. — Dominus tecum.

Considera primo, sicut maledictione Evæ tria mala in orbem invecta sunt, tristitia, dolor, et servitus : Multiplicabo, inquit, ærumnas tuas, in dolore paries, et sub viri potestate eris (Gen. iii, 16) : ita tria bona nobis per Mariam attulit hæc angelica Salutatio : gaudium, consolationem, et libertatem. Et quidem primis verbis, Ave, gratia plena, jussit Virginem, et nos per Virginem discussa tristitia gaudere : hic vero annuntiat libertatem, ut jam non amplius serviamus peccato, sed uni Deo, cui servire regnare est. Hoc enim per Christum consecuti sumus, ut sit nobiscum Dominus, cujus si nos voluntatem facere conabimur, ipse potius voluntatem timentium se faciet. Considera secundo, cum omnibus quidem justis esse Dominum, sed multis omnino modis Matri esse conjunctiorem : 1. Quia magis dilecta. 2. Quia ex ejus corpore sibi corpus formavit. 3. Quia nonnisi per Matrem datus est nobis. 4. Quia sicut Christus (ut ait Nicephorus) per omnia corpore similis fuit suæ Genitrici ; ita valde concordant voluntate. Virgo Mater quandiu in terris vivebat, intenta semper fuit in Filii sui voluntatem. Jam porro Filius in cœlis, omnem suæ Matris voluntatem perficit. 5. Quia sicut mater refertur ad filium (sunt enim relata non minus quam pater et filius), ita ne cogitari quidem debet hæc Virgo Mater sine pia Filii memoria, ut discas : 1. Honorem memoriamque Matris ad Filium referri, cui in Matre de incarnationis beneficio gratias agimus, et in Matre redemptionem humani generis recordamur. 2. Gratissimum esse Filio honorem omnem qui a nobis Matri defer-

tur. Neque enim alio nomine, quàm quod tanti sit Filii Mater, a Christianis honoratur. Tu operam dabis ne unquam procul absis a Matre Domini, eamque rogabis, ut serenum Filii sui vultum tibi exhibere dignetur.

III. — Benedicta tu in mulieribus.

Considera primo, dolorem et maledictionem Evæ in consolationem et benedictionem commutari. Quæ benedictio primo quidem copiosissime descendit in Virginem ; deinde vero per illam delabitur etiam ad cunctos Christianos, quo olim modo ab Eva in omnes ejus et Adami posteros maledictio est derivata.

Considera secundo, non dici, Benedicta tu in hominibus, sed, in mulieribus. 1. Quia vir unus hanc Virginem benedictione vincebat, nimirum Christus, qui est super omnia Deus benedictus in sæcula. 2. Quia benedictio hæc potissimum refertur ad prolis generationem, quæ est mulierum propria. Est itaque Maria præ cæteris mulieribus benedicta. 1. Quia sine viri congressu concepit. 2. Quia sine dolore peperit. 3. Quia Virgo incorrupta etiam post partum permansit. 4. Quia ejusdem Filii est verissima Mater, cujus omnipotens Deus est verissimus Pater ; qui Filius quoties Patrem compellat et Matrem, Deum utique et sanctam hanc Virginem, nec alios compellat. 5. Quia per Filium hunc suum, simul effecta est Mater omnium Christianorum.

Considera tertio, corporalem benedictionem et fecunditatem hac angelica Salutatione transire in benedictionem, et fecunditatem spiritualem, ut in posterum virgines, quæ bonis operibus et animarum lucro fecundæ fuerint, præferantur in Ecclesia conjugibus, juxta vaticinium Isaiæ lvi, 4, 5 : Hæc dicit Dominus eunuchis : Qui custodierint Sabbata mea, et elegerint quæ ego volui, et tenuerint fœdus meum, dabo eis in domo mea, et in muris meis locum, et nomen melius a filiis et filiabus.

Considera quarto, cæteros quidem sanctos non in hac vita, sed post hanc vitam titulum et nomen benedicti assecuturos, quando novo nomine audient a judice Filio Dei, Matth. xxv, 41 : Venite, benedicti Patris mei. Virginem autem beatam etiam in hac vita benedicti nomine honorari ; tum quia tot annis Dei familiaritate est usa ; tum quia in amicitia et gratia Dei confirmata nullum patiebatur peccandi periculum.

Considera quinto, pulchram in angelicis verbis gradationem, primo, Gratia plena, tum, Dominus tecum, demum, Benedicta tu in mulieribus. Quia enim gratia et omni virtutum genere ornata fuit, evecta est præ cæteris mulieribus in Matrem Domini ; unde postmodum etiam hoc est consecuta, ut super omnem creaturam exaltata esset Regina angelorum, Porta cœli, Domina mundi. Disce igitur quibus mediis ad beatitudinem per-

venire debeas. Nam primo danda est opera virtutibus, ut divina gratia replearis ; deinde fre-
quentanda Christi Sacramenta, per quæ Dominus
et passionis suæ nobis merita communicat, et
ipsemet in animas et corpora nostra descendit ;
postremo donabimur benedictione et gloria cœlesti, cum Christo regnaturi in sæcula. Tu hic a
Virgine benedicta demisso animo benedictionem
pete et Filii et Matris.

MEDITATIO VII.

DE SECUNDO GAUDIO B. VIRGINIS IN VISITATIONE ELISA-
BETHÆ.

I. — *Exsurgens Maria abiit in montana cum festinatione in civitatem Juda, et intravit in domum
Zachariæ, et salutavit Elisabeth.* (*Luc.* I, 39.)

Considera primo, Virginem beatissimam, di-
gresso angelo, ejus verba serio mente repetivisse,
tum toto corde Deo gratias egisse, et de visenda
vetula Elisabeth cognata sua constituisse, ut in
sancta illa Zachariæ familia Deo laudes diceret,
et gravidæ cognatæ officia sua deferret.

Considera secundo, Virginem Deo plenam, omnibusque virtutibus ornatam, præsertim humilitate
et charitate, statim exsurrexisse ad charitatis et
humilitatis opera. Sicut enim res quæpiam igne
repleta, ignis inclusi motu agitatur et discurrit :
ita sanctissima Mater impulsu Filii quem gestabat utero, festinavit in montana per vias difficiles.
Nescit enim tarda molimina Spiritus sancti gratia.

Considera tertio, veræ humilisque charitatis
proprietates : 1. Non otiari. 2. Magna celeritate
ad proximorum auxilium accurrere. 3. Difficultates magno animo superare. 4. Interna suavitate in
utilitatem proximorum laborare. Tu observa, an
his conditionibus aliorum commoda quæras.

Considera quarto, prolixum et difficile iter. Sive
enim Zacharias habitarit Hierosolymis, ut vult
Beda, sive alibi, constat superandos fuisse montes, et fuisse iter circiter tridui, nimirum 19 aut
20 millium. Hoc iter ingressa est alacriter Virgo
Matèr, Christum utero gestans, non more aliarum mulierum post conceptum nauseabunda, et
cum fastidio gravida ; sed vivida et alacris. (B.
Bern. *De verbis Apoc.* XII.) Sicut enim ignis for-
naci inclusus, omnes plane fornacis angulos et
rimas pervagatur et afflicit; ita Filius Dei, qui
est ignis charitatis, omnes Virginis potentias in
ternas externasque sic replevit, ut ad omnium
virtutum officia esset agilis atque promptissima.
Totius porro itineris minuebat difficultatem, tum
interna mentis cum Filio oblectatio ; tum sanctorum comitatus angelorum. Si enim Elias in fortitudine panis subcinericii ambulavit quadraginta
diebus et quadraginta noctibus (*III Reg.* XIX, 8), et
Tobias junior angelico colloquio gavisus est in profectione multorum dierum in Rages Medorum (*Tob.* VI):
quale et quantum putas habuisse solatium hanc
Virginem, cui et ob suam puritatem Deo gratissi-

mam, et ob Filii Dei in utero præsentiam decesse
non poterant obsequia et colloquia angelorum.

Considera quinto, Virginem Deo plenam ascendere in montana : quia illud omne quod a divina charitate proficiscitur, evehit hominem ad
altiora perfectioraque. Tu cum Virgine Matre as-
cendes, eamque rogabis, ut trahat te post se,
desidemque ad humilitatis officia et charitatis impellat.

II. — *Unde hoc mihi, ut veniat Mater Domini mei
ad me? Beata quæ credidisti, quia perficientur
ea quæ dicta sunt tibi a Domino.* (*Luc.* I, 43, 44.)

Considera primo, ad ingressum Matris Dei insigne allatum gaudium in totam Zachariæ domum :
et tunc maxime quando aperto sacro ore cognatam
Maria salutans, qua plena erat gratiam eructabat.
Sicut enim vas amplum vino plenum, aperto epi-
stomio per omnem locum diffundit vini odorem ;
ita Virginis Matris verba, intima domesticorum
omnium corda penetrabant. Igitur Elisabeth replebatur Spiritu sancto, nec ipsa solum, sed Zacharias sacerdos, totaque familia, infans etiam
Joannes præter naturæ ordinem eodem Spiritu
sancto plenus, adhuc in matris utero, et agnovit
præsentem Christum in utero Virginis, et a peccato originali purgatus est, et præcursor Domini
designatus ; ut sicut suam ipse matrem Elisabetham, Christumque ejusque Matrem esse præsentes ex utero docuit, ita in adulta ætate eumdem Christum Judaico populo digito monstraret.

Considera secundo, Elisabetham duo in hac
Virgine admiratam : 1. Tantam Virginis dignitatem, quam Deus in Matrem elegisset; 2. tantum
ejusdem studium humilitatis, quod tanta Mater
ad exhibenda illi sua obsequia venisset. Quamobrem sic cum admiratione interrogat : *Unde
hoc mihi, ut veniat Mater Domini mei ad me?* Em-
phasis enim est in, *Mater Domini mei*, et, *ad me.*
Si igitur Elisabeth tanta matrona, Virginis cognata,
sacerdotis uxor, plena Spiritu sancto, et admirata est Virginis dignitatem, eximiasque virtutes,
et venerata ; eam utique etiam tu venerari debes,
indignumque te reputare ut te in servum suscipiat, et clientem, quæ jam super omnes cœlos
evecta, angelos habet administros, sanctos, cultores, Virgines et matronas beatas in pedisse-
quas.

Considera tertio, Virginis fidem commendari,
quæ in eo posita fuit, non ut crederet solum,
sed ut mandatis quoque divinis obsequeretur. Tu
igitur optime credes, si ad fidei doctrinam et
præcepta vitam tuam studeas conformare.

Considera quarto, hoc sacro matrum colloquio
effectum esse : 1. Ut eorum verba ad infantes
penetrarent. Etenim ipsa foris loquebantur, et infantuli intus operabantur : Christus enim in Virginis utero non more fetuum aliorum multis
post conceptionem diebus, anima rationali vixit,

sed statim a Virginis consensu perfectus, ple-
nusque homo, omni scientia veritateque et gratia
instructus fuit. Joannes etiam supra naturam infantium singulari privilegio ex Christi præsentia,
et rationis usu viguit, et spiritum prophetiæ accepit, et arcana cœlestia didicit, et corde suo
cor Christi loquentis audivit. 2. Ut matres ipsæ-
met divino succenderentur amore, usque adeo ut
Virgo beata, audito Elisabethæ sermone de Deo,
quasi extra se in exstasim abrepta insolitum proferret produceretque sermonem. Discis qualia
debeant esse colloquia tua, non ut iis ad vitia
quemquam inducas, sed ut ad Dei amorem virtutisque studium auditores permoveantur.

Considera quinto, gaudia sanctissimæ Matris in
hac Zachariæ familia. 1. Quod intelligeret a Filio suo commoveri infantem necdum natum ; unde
colligebat valde commoturum esse hominum corda
jam adultum, et cum hominibus palam loquentem,
si tacens et ex utero matris permovit animam
infantis. 2. Quod nemine adhuc prædicante, Filii
sui ad hanc familiam notitia pervenisset. 3. Quod
omnes videret gaudio exsultare, et Spiritu sancto
repleri : qua ex re non dubitabat quin, prædicantibus apostolis, Filii notitia pervagatura esset
orbem : et magno gaudio eos omnes affectura,
qui eam admitterent et sequerentur, Tu disce
internum conscientiæ gaudium fovere, et nulli
occasionem afferre tristitiæ ; rogaque Dominam
tuam, ut præsentia favoreque suo te consoletur.

III. — *Mansit autem Maria cum illa quasi mensibus
tribus, et reversa est in domum suam.* (*Luc.* 1, 56.)

Considera primo, quid totis his tribus mensibus
Virgo beatissima in hac familia egerit : panem
utique otiosa non comedit. Igitur gravidæ vetulæ
ministravit ; eam piis colloquiis est consolata ;
familiam verbo et exemplo ad omnem sanctitatem
commovit. Si enim ad primum Virginis Matris
ingressum atque sermonem repleta est Spiritu sancto Elisabeth ; quid totis tribus mensibus factum
putas apud homines justos, Deique amantes ? Et, si
Jacob patriarcha benedictionem attulit familiæ
avunculi sui Laban idolorum cultoris ; si Elias
atque Elisæus hospitibus suis magno commodo
fuerunt; denique si arca fœderis domui Obededom
benedixit : quam insigni benedictione affectam esse
Zachariæ domum existimabimus, in quam tam
diuturna Dei Matris consuetudine et colloquiis
Christus ipse continenter gratiam et benedictionem
spirabat?

Considera secundo, quod Virgo Mater non quidem cum Zacharia, sed cum Elisabetha mansisse
dicatur mensibus tribus, ut ejus castitas commendetur.

Considera tertio, Virginis et Christi præsentia
non esse restitutum Zachariæ officium linguæ : ut
discas : 1. Temporales pœnas in hoc mundo utilius
quandoque relinqui, quam tolli ; 2. Culpam quidem a

peccatoribus, quando in gratiam cum Deo redeunt,
auferri : obligationem tamen ad pœnæ alicujus
satisfactionem manere ; 3. Joannis Baptistæ nativitati et circumcisioni hoc novum miraculum reservatum esse ; ut qui in reliqua vita signum fecit
nullum, saltem nativitate sua vitæ secuturæ sanctitatem miraculo indicaret ; verumque Verbum
nasciturum vox prænuntiaret ; nimirum Joannes
parenti vocem restituens, se esse Christi vocem
declararet. Et tamen dubium non est quin tanto
majori intus gratia æstuaret Zacharias præsentia
Dei Matris, quominus illi licuit verbis internum
gaudium effundere : sicut fornax est calidissima,
sic undique conclusa, ut nullus calori pateat exitus.

Considera quarto, Virginem beatam, quæ ante
expletum mensem sextum visitarat Elisabetham
(sic enim dixerat angelus : *Hic mensis est sextus*;
hoc est, agitur nondum perfectus) et non amplius
tribus mensibus cum illa manserat, ante Joannis
nativitatem revertisse, Non enim decebat castissimam Virginem adesse partui mulieris, ut tu Vir-
g'nis castam verecundiam et venereris et imiteris s
eamque roges, ne ulli unquam impuritati locum
præbeas vel occasionem.

MEDITATIO VIII,
QUÆ EST PRIMA DE CANTICO BEATÆ MARIÆ.
I. — *Magnificat anima mea Dominum.*
(*Luc.* 1, 46 seqq.)

Considera primo, sanctissimam Virginem quoties
cum hominibus locuta legitur, semper et brevissime absolvisse sermonem, et ea dixisse quæ possent auditores instruere, quæque ad Dei laudem
proximorumque salutem pertinerent : loquentem
porro cum Deo producere colloquia, sicut hoc divino cantico. Ex quo facile intelligimus, quo fervore et mora in oratione se habuerit ; et ubinam
ejus fuerit animus, etiam tunc cum externa tractanda accidissent. Discis Virginis exemplo cum
hominibus quidem colloquiis prolixis abstinere,
Deo autem libere prolixeque cor tuum effundere ;
discis iterum Deum, futuraque tibi semper ob
oculos ponere ; sicut enim mercator accepto nuntio maximi lucri ; aut reus accepta mortis sententia, quidquid agant, nihil aliud quam quod in
exspectatione est cogitant, propter vehementem impressionem in mentibus eorum factam : ita convenit animo tuo impressam esse Dei, et rerum futu-
rarum memoriam , ut semper tibi versentur ob
oculos mentis.

Considera secundo, hujus cantici dignitatem ex
eo cognosci : 1. Quod tria hæc contineat, Dei
laudes, Christianorum instructionem, et prædictionem futurorum , unde etiam Virgo nostra jure
dicitur apud Isaiam (cap. VIII) prophetissa. 2. Quod
in tantæ Virginis honorem quotidie majori quam
alii Psalmi in vespertinis precibus solemnitate ab
Ecclesia decantetur, quia advesperascente jam
mundo, Dei nostri Mater, et Ecclesiæ Patrona,

summo animi gaudio hoc canticum edidit a Spiritu sancto edocta, sæpiusque in posterum repetivit, memoriæque sic infixit, ut beato Lucæ evangelistæ multis post Filii ascensionem annis ad verbum dictarit. Tu ergo hoc canticum diligenter meditare, ejusque singula verba expende.

Considera tertio, *Magnificat.* Deus revera ab hominibus non potest vel magnus fieri, vel aliquid utilitatis accipere : variis tamen modis magnus fit a nobis metaphorice. 1. Si cum verbis, factisve laudemus, et extollamus, magnificis templis colamus, cæremoniis honoremus, externo insigni sacratoque apparatu ei ministremus. 2. Si servis ejus deferamus honorem, et illis præsertim qui Deum expressius repræsentant, quales sunt pauperes, legati Dei, superiores, Christi vicarii, sancti tum in terra viventes, tum in cœlis cum Christo regnantes, in quibus Spiritus sanctus inhabitat. 3. Si ejus nomen et gloriam ad multos diffundamus : quod illi faciunt, qui proximorum sese impendunt saluti, populos erudiunt, filios instituunt, fidem propagant. 4. Magnus fit in anima nostra Deus, si ipsamet anima fiat magna. Sicut enim magna alicujus hominis imago, hominem illum exhibet magnum ; ita anima quæ est imago Dei, virtutibus et divino splendore magna, magnum facit Deum. 5. Magnus est nobis Deus si animi demissione parvi simus, vilesque in oculis nostris. Sicut enim puerulo ob corporis brevitatem videntur omnia majora, quam his qui justam attigerunt staturam ; ita humiles animi Dei admirantur magnitudinem, potentiam, sapientiam, bonitatem, quam superbi inflatique homines, ac nominatim hæretici suis disputationibus elevant, atque extenuant. 6. Magnum facimus Deum, si magno amore cæteris rebus eum præferamus, quo modo nobilem gemmam majorem ducimus atque præferimus auro, si auro eam redimamus. Hoc etiam modo magni nos fecit Deus, qui ut nos redimeret, effudit ad instar aquæ sanguinem suum, discerpsit carnem suam, dedit animam suam. Tu vero quam parvi facis Deum, cui vel meretriculam, vel vini haustulum, vel honorum fumos, vel exiguos nummulos præferre non dubitas?

Considera quarto, *Anima mea,* quo significatur : 1. Beatam Virginem non externis modo verbis, aut gesticulationibus, sed intimis animi sensibus, totoque corde Deum amasse ; non more eorum de quibus queritur Dominus : *Populus hic labiis me honorat, cor autem eorum longe est a me.* (*Isa.* xxix, 13.) 2. Tale donum esse a Deo consecutam, ut illud quidem anima aliquo modo cogitare et magnificare, lingua autem eloqui omnino non posset. Sicut beatus Paulus fatetur se divina audisse verba, quæ non licet homini loqui (*II Cor.* xii, 4); ob linguæ balbutientis impedimentum, reique ipsius magnitudinem. 3. Quod a vitiis internisque animæ imperfectionibus prorsus libera fuerit Virgo beata : ψυχή enim significat, non spiritum aut

mentem, sed animam animalem quæ corpus informat. Illa igitur Deum magnificabat, in qua nulla prorsus erat vitiositas, nulla imperfectio, nulla macula.

Considera quinto *Dominum.* Non dixit filium meum, sponsum meum, patrem meum, sed, *Dominum :* 1. Ut ejus imiteris humilitatem, quæ te docet nihil de teipso altius sapere, si ad altiora eveharis. Idem enim es, sive altius, sive humilius sedeas. 2. Ut discas eos qui familiarius Deo utuntur, cum magis revereri et colere. Quod igitur tu divina leviter irreverenterque tractes, argumento est, te neque nosse Deum, neque cum eo familiariter versari. Non ait : Dominum meum ; tum ut magnitudinem beneficii ostendat, quod a totius creaturæ Domino accepit ; tum ut scias non alium esse ipsius, quam tuum Dominum, quem merito colere et magnificare debes, si eum magnificavit anima tantæ Virginis Dei Matris. Tu socordiam tuam deplorabis, et gratiarum actionibus Dominum magnificabis.

II. — *Et exsultavit spiritus meus in Deo salutari meo.*

Considera primo, magnum interesse discrimen inter humilem et superbum ; iste commendatus extollitur, in seipso exsultat et elevatur instar felis, quæ suaviter dorsum confricata sese erigit. Humilis nihil sibi, totum Deo tribuit.

Considera secundo, hunc versiculum pulchre cum primo convenire. Illic, *Magnificat,* hic, *exsultavit;* illic, *anima,* hic, *spiritus;* illic, *Dominum,* hic, *in Deo salutari meo.* Etenim in Deo sancti duo potissimum contemplantur : majestatem et bonitatem ; eorumque consideratione diversis affectibus commoventur. Ad illam pertinent omnipotentia, sapientia, justitia ; ad hanc charitas, misericordia, benignitas referuntur. Illa parit in animis timorem, reverentiam ; ista gaudium inserit et amorem. De illa egit prior versiculus ; de hac iste secundus.

Considera tertio, *Exsultavit.* 1. Non ait, exsultat, sed *exsultavit,* quia non in ore formatum est spiritus gaudium, sed prius erat in corde. Illa etenim est laus optima, quæ ex abundantia cordis promanat. 2. Non dicit, gavisus est ; sed, *exsultavit,* hoc est, præ gaudio exsilivit. Sicut enim Deus amore nostri exsilivit de cœlis in hanc terram, ut se luto nostro, et terra, hoc est, humana carne obtegeret ; ita spiritus justorum, de terris exsiliunt in cœlum, ex hominibus facti divinæ consortes naturæ (*II Petr.* i, 4). Tu humi perpetuo repis, neque vel affectus tuos, vel oculos tuos, attollis in Deum.

Considera quarto, *Spiritus meus :* non est ψυχή, sed πνεῦμα. Si enim anima magnificare Deum studeat, si nullis laboribus ad Dei laudem parcat, si pravas cupiditates mortificet, spiritus utique hoc est, superior animi pars gaudio abundabit : quo namque in Deum liberaliores sumus, eo dona sua internamque lætitiam Deus animis nostris largius communicabit; juxta illud Apostoli : *Sicut abundant passiones Christi in nobis, ita et per Christum abundat et consolatio nostra.* (*II Cor.* 1, 5.)

Considera quinto, *In Deo salutari :* quod iisdem fere verbis dixit Habacuc (iii, 18) : *Exsultabo in Deo Jesu meo*, hoc est, in Salvatore. Discis quæ tibi esse debeat materia gaudii : non honores, non opes, non vanitates, quibus delectantur qui exsultant in rebus pessimis ; sed in Deo Salvatore, hoc est, quia æternam salutem nobis attulit Deus, nobisque dedit. Quod beneficium quia parum agnoscis, parum etiam in Salvatore exsultas.

Considera sexto, *meo.* In priore versiculo subticuerat illud, *meo ;* ut Domini totius orbis majestatem expendas, hic addidit, ut discas : 1. Deum esse quidem Dominum omnium, quia omnia de nihilo creavit ; non esse tamen omnium Salvatorem, quia non dæmonibus attulit salutem Deus, non iis qui salutis suæ pretium contemnunt. 2. Tam plenam esse Dei nostri salutem, tam copiosam redemptionem, ejus singuli non aliter ut participes simus, quam si pro singulis data esset. Sicut sol iste sic lucet singulis, quasi pro singulis sit creatus. 3. Christum omnium hominum Salvatorem, singulari modo Salvatorem fuisse Virginis, quam sanguine suo a peccatis non quidem lavavit, sed mundam præservavit. Quod enim nullo peccato vitiata fuit, quod omnibus bonis ornata, quod super angelorum choros evecta, quod Mediatrix inter Filium et peccatores interposita, quod sole vestiatur, exornetur stellis, quod lunam, universam [inquam] Ecclesiam, subjectam habeat, id totum Mater Filii passioni, sanguini mortique refert acceptum. Tu a Filio intercessione Matris verum cordis gaudium impetrare contende.

III. — *Quia respexit humilitatem ancillæ suæ : ecce enim ex hoc beatam me dicent omnes generationes.*

Considera primo, hoc versiculo explicari causam tanti gaudii, nempe quia Deus tot sæculis ad ostendendam populis misericordiam suam a prophetis invocatus jam tandem de cœlo prospiciens super filios hominum, oculos misericordiæ suæ in hanc Virginem fixit, cujus humilitate delectatus, eam sibi in Matrem delegit.

Considera secundo, humilitatem, ταπείνωσιν, quæ vox significat vel humilitatis virtutem vel utilitatem. Priori significatione (quam sequitur beatus Bernardus (serm. 41 et 45, in *Cant.*) aperit nobis beatissima Virgo, quid potissimum in se Deo placuerit, ut in Matrem se eligere dignaretur ; nimirum non generis splendor, non fluxæ divitiæ, non quidquid mundus admiratur et suspicit, sed cum virtutes cæteræ, tum maxime humilitas, quæ est fundamentum et gloria decusque virtutum. Sicut enim Eva per superbiam displicuit, ita Maria placuit per humilita-

tem. Atque hæc de se dicens Virgo sanctissima, non se jactavit (absit enim ut de humilitate loquens superbiat), sed Mater, Advocata et Patrona nostra, filios suos clientesque erudivit, ut suo exemplo hanc humilitatis virtutem, tanquam certissimam ad Deum viam ingrederemur. Posteriori significatione, quam alii, multi amplectuntur, non jam humilitatis suæ merita prædicat, sed reipsa insignem exhibet humilitatem, et qualis in oculis suis fuerit, propalam ostendit. Dignatus est [inquit] me vilem, nihilque minus quam divino favore dignam respicere. Non ait porro, *Respexit* me humilem, sed *humilitatem*, ut magis se demittat. Utimur enim his abstractis vocabulis, vel ad augendam dignitatem, ut *Tua* reverentia, majestas, celsitudo ; vel ad deprimendam personam, ut mea tenuitas, parvitas. Nec dixit, Humilitatem meam, sed *Humilitatem ancillæ suæ :* ut quæ se agnoscat inter ancillas abjectissimam. Sunt namque ancillæ aliæ honestiores, quæ a cubiculo sunt et pedissequæ : aliæ viliores, quæ in abjectioribus officiis occupantur. Ego [ait] me agnosco ancillarum omnium vilissimam ; ut intelligas merito supra creaturas omnes exaltari, quæ infra creaturas se demisit.

Considera tertio, *Ecce enim.* Nihil minus (ait) cogitabam, quam quæ mihi intelligo divina benignitate concessa. Discis de Dei bonitate non desperandum, qui sane haud negliget tempus quo tibi succurrat.

Considera quarto, *Ex hoc*, id est, ex hoc tempore, quo Mater Dei Filium concepi. Ideo enim laudes mihi decantabunt omnes, quia nunc ad summam totius orbis dignitatem evecta sum.

Considera quinto, *Beatam.* Non quovis modo beatam, neque beatam Mariam tantum, sed absolute beatam prædicabunt : ut sicut poetæ nomine apud Latinos Virgilium, apud Græcos Homerum intelligis : ita apud Christianos omnibus linguis beata Virgo, sanctissimam Mariam significet.

Considera sexto, *Me dicent.* Non, Facient. Tanta enim futura est felicitas mea, ut laudibus hominum nihil mihi honoris accedere possit, eritque constans felicitas, quam nullæ impiorum blasphemiæ obliterare possint vel obscurare. Discis sanctissimam Virginem non egere laudibus tuis, sed eo laudandam magis, ne commodis ipse tuis deesse videaris.

Considera septimo, *Omnes generationes.* Sunt generationes cœli et terræ (inquit Bernardus serm. 2 *De Pentecost.*) ; est Pater spirituum, ex quo omnis paternitas in cœlo et in terra nominatur. Beatam ergo eam dicent omnes generationes, quæ omnibus generationibus vitam et gloriam genuit. In hac enim angeli lætitiam, justi gratiam, peccatores veniam invenerunt.

Considera octavo, quomodo tibi colenda sit beatissima Virgo. Non ut colendam volunt hæretici, sed ut eam coluerunt hactenus, et etiamnum colunt omnes generationes ; Ecclesia, inquam, Christi per universum orbem diffusa. Omnes eam beatam prædicant ut Dei Matrem, ut angelorum Dominam, ut orbis Reginam. 2. Omnes ad eam ut ad portum salutis confugiunt, ad eam ut ad vitam, dulcedinem et spem suam respiciunt; quia per eam sibi reddi Christum propitium petunt. 3. Omnes angelica Salutatione frequenter utuntur, qua et angeli in cœlis ascendentem (ut auctor est beatus Athanasius) eamdem sunt prosecuti, et nos ei necessitates nostras obnixe commendamus. 4. Omnes ejus venerantur imagines; peregrinationes vovent, et suscipiunt; cereos accendunt; nomen honorant; templa et altaria Deo in ejus memoriam erigunt. Disce ex his non esse generationes veras, germanas, et Spiritui sancto notas : sed pravas, atque adulteras eas omnes, quæ non prædicant laudes beatæ Mariæ. Siquidem divino Spiritu prædixit Virgo : *Beatam me dicent omnes generationes.* Tu ergo in hujus Virginis laudibus continuus esto, ut in vera generatione habearis.

MEDITATIO IX,
QUÆ EST SECUNDA DE CANTICO BEATÆ VIRGINIS.

I.—*Quia fecit mihi magna qui potens est, et sanctum nomen ejus.*

Considera primo, hunc versum referri posse vel ad præcedentem, vel ad duos primos, ut causa afferatur cur anima ejus magnificet Dominum, spiritusque exsultet : vel cur beatam eam dicturæ sint omnes generationes. Discis non ex alia causa tibi gaudendum esse, quam ex beneficiis a Deo acceptis, et omnem honorem qui Matri Dei tribuitur, ad Deum ipsum referendum, cujus sola beneficia, in ipsa et agnoscimus et veneramur.

Considera secundo, quæ magna, seu, ut Græcis est, μεγαλεῖα, magnalia, fecerit Dominus huic Virgini : utique multa, qualia sicut in nullam contulit creaturam, ita merito hæc Mater cæteris creaturis præstat dignitate. Duo sunt porro gratiarum genera : quædam gratum faciunt Deo, ut justitia, charitas, et interna animæ gratia ; aliæ gratis dantur ad personæ commendationem, proximorumque utilitatem, ut donum linguarum, scientiæ, artes, officia, nobilitas. Utraque gratia excelluit in Maria qua nemo fuit Deo charior, nemo dignitate sublimior : quia omnem dignitatem excedit, esse Dei Matrem, quam Deus audiat, et revereatur ut Filius, quæ quamdam quasi auctoritatem habeat in Deum, sicut vera mater in germanum filium. Hac ex causa docent theologi triplicem esse cultum ; unum latriæ, quo Deum solum veneramur, tanquam summum omnium rerum Creatorem ; alterum duliæ, quem sanctis impendimus, qui tanquam conservi pro nobis conservis Deum precantur ; tertium porro hyperduliæ, qui debetur Virgini Matri, quæ tanti est apud Filium, ut eam non patiatur sollicite precari, sed ejus se voluntati, nempe charissimæ prudentissimæque Matris semper accommodat. Disce quatam tu in magnis habere debeas. Non externa

bona, honores, cæterasque inanitates, quas suspicit mundus inanis ; sed quæ te Deo gratum faciunt, Deoque conjungunt, nempe, justitiam, gratiam, atque hoc summum beneficium, quo in filium Dei es adoptatus.

Considera tertio, *Qui potens est.* Sicut Virgo ab angelo tribus illustribus honoris titulis jussu Dei salutata fuit, sic illa vicissim Deum tribus titulis honorat : nimirum potentiæ, sanctitatis, misericordiæ, ut tu similiter gratiarum actione, et laude, Dei singula beneficia studeas compensare. Hoc porro titulo potentiæ Virgo Mater : 1. Docet opera Dei nunquam discutienda nobis vel examinanda ; nunquam in fide hæsitandum, nunquam de Matris dignitate, præstantia, gloria, honore dubitandum. Potens est enim Deus, qui magna illi fecit. 2. Ostendit magnalia hæc sibi a Deo concessa tanta esse, tamque eximia, ut ad ea præstanda opus fuerit omnipotentia Dei. Intellige porro beneficia tibi a Deo concessa nonnisi per Dei omnipotentiam præstari potuisse, nempe ut te impium peccatorem in Dei filium transmutaret. 3. Solatur pauperes et afflictos, qui nusquam vident miserarum suarum exitum ; hos jubet Deo confidere, qui tempora juvandi novit et modum.

Considera quarto, *Et sanctum nomen ejus.* Cujus est duplex expositio : una, ut sanctum Dei nomen dicatur magna fecisse Virgini ; altera, quod ejus qui potens est, sit sanctum nomen, phrasi Hebraica, pro *Cujus nomen est sanctum.* Est autem Dei nomen sanctum, quia sanctus est Deus qui per nomen suum ad aures nostras mentemque defertur. Sanctus, inquam, hoc est, purissimus, castissimus, ab omni compositione alienus, summe colendus et venerandus. Nam sicut potentiam admiramur, ita veneramur sanctitatem, ita misericordiam diligimus. Tu disce non leviter Dei sanctum nomen ad vanitates proferre, resque divinas nonnisi reverenter tractare, sed ad acquirendam sanctitatem laborare, ut cum sancto Deo sancte loquaris et agas.

II. — *Et misericordia ejus a progenie in progenies timentibus eum.*

Considera primo, admirabilem Dei misericordiam per Virginem Matrem exhibitam humano generi, quod infinitæ majestatis Deus, ut gravissimis tormentis morteque sua humanum genus a diabolica servitute in libertatem assereret, conditionem carnemque nostram in utero Virginis assumpsit, unde merito Virgo beata *Mater misericordiæ,* quæ misericordiam peperit, dici et esse meruit.

Considera secundo, *a progenie in progenies :* hujus triplex est sensus. Unus Theophylacti, ex hujus mundi progenie in progeniem alterius vitæ. Divina etenim misericordia initium sumit in hac vita, in qua centuplum reddit : perficitur autem in vita æterna, in qua supra omne meritum redduntur præmia. Alter est, a parentibus in posteros. Sic enim

Deus misericordiam in parentes effundit, ut in eamdem filii succedant, si modo a parentum probitate non degenerent, sed paternas virtutes quam proxime imitentur. Quin potius Deus improbis subinde filiis exhibet misericordiam propter merita bonorum parentum, juxta illud : *Protegam civitatem hanc propter me, et propter David servum meum.* (*Isa.* xxxvii, 35.) Tertius significat misericordiam Domini ad finem usque sæculorum non auferendam ab Ecclesia, sicut ablata est a populo Judaico ; sed locum semper misericordiæ futurum, quibuscunque tandem peccatis obruamur, dummodo in hac vita serio resipiscamus. Sicut enim cœlum est locus gloriæ, infernus justitiæ, ita hic noster mundus est locus misericordiæ.

Considera tertio, *Timentibus eum.* Tametsi misericordia Domini sit super omnia opera ejus, neque ulla sit prorsus creatura expers misericordiæ divinæ; illa tamen vera, perfecta, atque excellens misericordia, quæ in utero Virginis incarnata est, solis timentibus eum plene prodesse potest : quos solos et a summis malis liberavit, et summis æternisque bonis donavit.

Considera quarto, non dici, credentibus in eum, fidentibus ei, laudantibus eum, sed , *timentibus eum*, hoc est , ex intimo corde reverentibus eum ; quia sicut initium sapientiæ est timor Domini , ita plenitudo sapientiæ est timere Deum. Ad hunc porro verum sanctumque timorem Domini ut pertingas, multa requiruntur : fides , qua in eum credas; spes, qua confidas; charitas, qua diligas; pœnitentia , qua ex amore de Deo offenso doleas; reverentia, qua colas ; sollicitudo, ne peccatis amittas ; studium virtutum, ut retineas. Tu discute conscientiam tuam, an his modis timeas Deum, ipsumque precare, ut sibi configet timore carnes tuas.

III. —*Fecit potentiam in brachio suo, dispersit superbos mente cordis sui.*

Considera primo, hunc et sequentes duos versiculos, duobus modis intelligi posse. Prior indicat quid hac incarnatione Deus cœperit facere ; posterior ostendit quid faciat communiter. Uterque versus est, quia, si unquam vel potentiam exhibuit, vel misericordiam, vel sanctitatem, eam per incarnationem Christi, perque Virginis Matris partum experimur.

Considera secundo , *Fecit potentiam* , hoc est, opera magna, quæ utique a sola Dei omnipotentia dimanant. Disce 1. A magno Deo nonnisi magna proficisci. Itaque etiam illud quod tibi leve apparet, si recte intuearis , magnum erit. Atque in ipsis minimis vermiculis, magnum est divinæ potentiæ opus ; minima illa animalia, quæ visum nostrum prope effugiunt, quod suis membris, potentiis et partibus vitaque constent, potentiam omnino Dei infinitam demonstrant. Huic summo Deo tu credas; illi confidas, illi te committas, qui

potens est omnia facere superabundanter quam petimus, aut intelligimus. 2. Per Christi incarnationem Dei nobis innotuisse potentiam , tum quod infinitus Deus sibi in eamdem personam limum nostrum (ut ait beatus Bernardus), hoc est carnem hanc vilem conjunxerit ; tum quod potentem adversarium moriendo superarit, prostrarit, ac fregerit ; tum denique quod meritis suis infinitis peccatorum omnium lytron ipse persolverit. Tu in omnibus dæmonum insultibus hac te potentia tuere , quia tibi fecit potentiam , omniaque sua opera tibi donavit.

Considera tertio, *In brachio suo*, hoc est, per Christum , de quo Isaias (LIII, 1) : *Brachium Domini cui revelatum est?* Per Dei sapientiam condita sunt universa : *Verbo* enim *Domini cœli firmati sunt* (*Psal.* xxxii, 6); per eamdem iterum mundus est reformatus. Deus membris corporeis non componitur ; sed Filius Dei dicitur brachium Domini , quia est potentia Patris, per quam facta sunt et conservantur omnia, *splendor gloriæ, et figura substantiæ* Patris : *portans omnia verbo virtutis suæ* (*Hebr.* i, 3). Disce ex magnitudine Filii dignitatem Matris , quæ est Mater non hominis tantum, sed illius omnino personæ, quæ est homo et Deus.

Considera quarto, *Dispersit superbos :* Deum, qui maxime detestatur superbos, certamen suum a dispersione superborum ordiri, quia *Initium omnis peccati superbia.* (*Eccli.* x, 15.) Est autem superbus, qui in suis, non autem in Domino gloriatur, qui magni seipsum existimat, qui de se suisque commodis sollicite cogitat; is dicitur superbus mente cordis sui, hoc est cogitatione sua magnus; sed vilis mente cordis Dei, atque hominum ; quia qui sibi est aliquid , Deo est nihil , hominibus est parum : honor enim sequentem fugit , et *Deus superbis resistit.* (*Jac.* iv, 6.)

Considera quinto, superborum punitionem esse ut dispergantur, atque ad instar aquæ effundantur. Sicut enim sparsa in terram aqua : 1° colligi nequit ; 2° a sitiente terra absorbetur ; 3° in vapores evanescit : ita nullum est vitium quod difficilius curationem admittat, quam superbia, quæ præcipitat hominem in profundum peccatorum, mentem absorbet ut ad cœlestia respicere non libeat; in nihilum denique redigit , et studia cogitationesque et hominem ipsum, cujus *perit memoria cum sonitu* (*Psal.* ix, 7), et sicut fumus a facie venti (*Sap.* v, 15).

Considera sexto modum hujus dispersionis, nempe : *Dispersit mente cordis sui*, vel cogitatione ipsorum (est enim Græcis αὐτῶν), id est, ne id assequantur quod serio cogitant , quia superborum conatus retundit Deus. 2. Merito , *Cogitationum suarum*, dum enim ad alta aspirant, superbis suis cogitationibus merentur dispergi. 3. His ipsis suis cogitationibus mediisque ambitionis disperguntur et deturbantur : sicut Aman patibulo affixus , quod

superbe erexerat Mardochæo. Tu omnem devita
superbiam, sectare vero humilitatem, quæ in Dei
Matre super omnes evecta est creaturas.

MEDITATIO X,

QUÆ EST TERTIA DE CANTICO B. VIRGINIS.

I. — *Deposuit potentes de sede, et exaltavit humiles. Esurientes implevit bonis, et divites dimisit
inanes.*

Considera primo, duo genera superborum, qui
Deo ingrati sunt, et per Christi adventum præcipue, sunt quasi de sede depositi, prostrati, atque dispersi; nempe : 1. Potentes, quia auctoritatem
in alios exercebant, ut principes, reges, imperatores, adeoque dæmones ipsi, potestates aeris hujus, et principes hujus mundi. 2. Divites, qui non
quidem aliis imperabant, sed sibi ipsis opibusque
suis fidebant et contenti vivebant.

Considera secundo, potentes de sede deponi :
nimirum illos qui magna securitate exercebant
tyrannidem, tum de suis regnis plerumque deturbari, cum nihil minus verentur, omniaque paca-
tissima arbitrantur. Nam, 1. Princeps mundi diabolus ejectus est foras, obliterata omni memoria
veterum idolorum. 2. Regnum a gentilibus, et
sacerdotium a Judæis translatum ad Christianos.
3. Quotidie hanc mutationem videmus, ut alii in
superborum locum succedant.

Considera tertio, *Deposuit.* Non ait, dejecit,
deturbavit, ne magnum laborem aut difficultatem
imagineris, sed *deposuit*, hoc est, tanta facilitate
privavit eos omnes dignitatibus suis, atque infantulus de sede deponitur.

Considera quarto, *Exaltavit humiles.* Deus non
relinquit vacuas sedes, sed superborum loco solet
meliores sufficere. Patitur quidem impios nonnunquam ad dignitates ascendere propter peccata populi, sed eos ipse neque mittit, neque constituit :
ut discas de Dei quidem misericordia bene sperare, quando a bonis prælatis principibusque Ecclesia
gubernatur; timere vero iram, si impii Ecclesiam
administrent.

Considera quinto, diversa Christi et mundi judicia. Iste admiratur potentes, nobiles, sapientes,
opulentos : ille contra delectatur simplicibus, infirmis, pauperibus. Relictis tot nobilibus matronis,
tot sapientibus, tot regibus, elegit sibi in Matrem
virginem pauperculam; in apostolos et principes
orbis, duodecim piscatores ignobiles. Intellige
porro non hic omnes dici potentes, qui auctoritate
in alios pollent; neque divites, qui divitias possident; sed qui in potentia divitiisque confidunt.
Nam humiles sunt et esurientes etiam illi, qui
cum ex voluntate Dei præsunt, et opibus abundant, omnia tamen sua Deo referunt accepta, in
illiusque voluntatem et manum omnia resi-
gnant.

Considera sexto, generales has verissimas esse
sententias : Omnes potentes de sede deponendos;

omnes humiles a Deo exaltandos; omnes divites
inanes dimittendos; omnes esurientes bonis re-
plendos. Ut enim ista non semper in hac vita per-
ficiantur, fiunt tamen semper in altera vita, ubi
dives epulo ne guttam quidem aquæ impetrat, et
Lazarus mendicus affluit bonis, et ubi nihil inveniunt omnes viri divitiarum in manibus suis. Tu
hic esto humilis, nempe vilis in oculis tuis, esu-
rias sitiasque justitiam, menteque sis ab omni divitiarum honorumque affectu libera. Rogoque Dominum, ut te exaltet in tempore novissimo, satiet
que cœlestibus bonis.

II. — *Suscepit Israel puerum suum, recordatus
misericordiæ suæ.*

Considera primo, beneficia collata humano generi per Virginem Matrem, et primum quidem Israelitico populo, deinde omnibus per orbem hominibus. Suscepit Israelem, hoc est, Israelitas : 1.
Quia ex ipsis in Virginis utero carnem assumpsit.
2. Quia ex ipsis duodecim sibi apostolos delegit.
3. Quia per se quidem solis ipsis, per apostolos
autem et ipsis primum, et deinde aliis Evangelium
prædicavit. Dignitas sane magna Judaicæ nationis,
summa in Judæos Dei munificentia; præstantissima nobilissimaque familia, quæ eo tamen per peccatum redacta est miseriarum, ut nulla sub sole
gens vilior abjectiorque possit reperiri. Ne glorieris
igitur in majorum vel sanctitate, vel virtutibus.
Nisi enim imiteris virtutes, nihil ad veram gloriam
conferet aut nominis majestas, aut amplitudo dignitatis.

Considera secundo, quosnam suscipiat Deus,
nempe Israelem puerum suum. Puer sonat duo, nimirum ætate parvulum et servum. Talem igitur te
exhibebis. 1. Esto puer, innocens, humilis, sine
dolo, ut præter Patris Dei matrisque Ecclesiæ voluntatem nihil cogites, ab illis pendeas, illis te
prorsus committas, iram non serves, paucis contentus, vilioribus gaudeas, denique parvulorum
mores imiteris, memor sententiæ Dominicæ : *Nisi
efficiamini sicut parvuli, non intrabitis in regnum
cœlorum.* (Matth. XVIII, 3.) 2. Sis Dei servus, nihil
tuum habeas, tuus ipse non sis, sed Domini : neque tibi aliquid quæras, sed Dei solius gloriæ studeas et honori. 3. Sis Israel, hoc est, fortis cum
Deo, firmum propositum concipias; quæ conceperis, magno animo aggrediaris, fortiter et constanter prosequaris, constantissime ad finem deducas :
*Qui enim perseveraverit usque in finem, hic
salvus erit.* (Matth. X, 22.)

Considera tertio, quomodo nos suscipiat Deus :
1. Labentem et jam in Tartara peccatis ruentem,
ab interitu retinet. 2. Ex peccatis educit. 3. Gratia
sua portat, et quasi brachiis sustentat. 4. Dat bene
operandi suavitatem et facilitatem, et instar optimi patris itinere quidem plano nos manu trahens,
pedibus nostris ire patitur, via autem aspera aut
difficili gestat ulnis, hoc est in rebus levioribus,
nostris nos viribus subinde relinquit, ut commu-

ni ejus gratia et auxilio, spiritualis lucri aliquid faciamus. Ubi vero res gravior est subeunda ; ubi vitæ mutatione relinquendum sæculum ; ubi sustinendum martyrium, tum ille gratia sua uberiore infantes suos portat, alacrioresque quam in levioribus molestiis reddit.

Considera quarto, hæc suis ut præstet Deus, misericordiæ suæ recordari, neminemque suis meritis a Deo suscipi, aut in finem conservari. Hanc porro misericordiam tametsi semper nobis exhibeat Dominus, videri tamen solet nonnullis aliquando ejus oblivisci, quando in peccata nostra animadvertit, graviterque iniquitates nostras castigat : eo autem tempore recurrendum est ad sacratissimam Matrem ejus, totoque corde orandum, ut meritis amoreque Matris, recordetur misericordiæ suæ.

III. — *Sicut locutus est ad patres nostros, Abraham et semini ejus in sæcula.*

Considera primo, bonitatem Dei, qui ad animos hominum in spem erigendos et consolandos dignatur multo ante promittere beneficia, eaque suis temporibus certissime præstare, ut discas ex his promissionibus, quas tandem vides impletas, de aliis non dubitare, quæ adhuc supersunt perficiendæ. Sicut enim omnia quæ de Christo nascituro, morituro, resurrecturo prædicta fuerant, jam evenerunt : ita certissime futura sunt, quæ de districto Dei judicio, de gloria beatorum, de pœnis inferni, de corporum resurrectione, de totius orbis post judicii diem transmutatione, Scripturæ tradiderunt. Hæc igitur tu exspectans, terrenis his rebus ne nimium immergaris.

Considera secundo, promissionem Messiæ factam Abrahæ, viro sancto, non esse posterorum impietate violatam, ut discas. 1º Deum, quando res magnas præstare constituit, eligere quidem viros bonos per quos auspicetur, non tamen ab instituto desistere propter malos eorum successores. Ita Davidi posterisque ejus tradidit regnum Juda. Sic beatum Petrum elegit in Ecclesia pastorem, et apostolos in primos Ecclesiæ sacerdotes et episcopos, quorum officium perseveravit hactenus in successoribus, licet eorum non pauci ab apostolorum vita et sanctitate multum degenerarunt. Discis 2º, in magna ponendum esse felicitate, si habeamus communionem cum sanctis, quorum gratia bene fit etiam aliis. Discis 3º, si malis successoribus non negetur promissio facta sanctis majoribus, utique augendam benedictionem bonis posteris, qui majorum suorum sanctitatem imitantur.

Considera tertio, promissam misericordiam Abrahæ et semini ejus. Si igitur velis particeps esse divinæ misericordiæ, esto ex semine Abrahæ, non quidem corporali ortu, sed membrum esto Christi, cujus corpori quando per sacramenta unitus fueris, ejusque corpus per sanctissimum Eucha-

ristiæ sacramentum corpore tuo gestaveris, verus censeberis filius Abrahæ, ex quo Dominus Jesus hoc suum corpus accepit.

Considera quarto, *In sæcula*, hoc est, quandiu subsistet hic mundus, offeretur concedeturque semini Abrahæ, toties per prophetas prædicta promissaque misericordia. Admirare inexhaustam Dei bonitatem, qui tot peccatis tanto tempore offensus viscera non claudit suæ misericordiæ, sed omnibus offert gratiam et justitiam. Tu accurre ad hunc fontem misericordiæ, dum ad hoc sæculum pertines. In futuro enim sæculo non tam misericordia quam justitia vigebit. Disce demum exemplo misericordissimi Dei nostri, misericordiam exhibere proximis tuis, quandiu in hujus mundi sæculo vives. Tam enim pætiendi tempus est et miscrendi : postea autem cum sanctis omnibus judicium exercebis in impios, faciesque vindictam in nationibus, increpationes in populis. Hæc quippe gloria est omnibus sanctis Dei. Ora Virginem Matrem, ut ejus meritis precibusque ad verum semen Abrahæ pertineas.

MEDITATIO XI.

DE HÆSITATIONE JOSEPHI.

I. — *Cum desponsata esset Mater Jesu Maria Joseph, antequam convenirent, inventa est in utero habens de Spiritu sancto. Joseph autem vir ejus, cum esset justus, et nollet eam traducere, voluit occulte dimittere eam.* (Matth. i, 18, 19).

Considera primo, Virginem beatam ex Zachariæ domo revertisse, utero nonnihil tumente, ad sponsum maritumque suum Josephum, cui cum nihil de angelico nuntio incarnationis Filii Dei retulisset, tum ex humilitate, tum quod is fortassis non adhibuisset insolitæ et nunquam auditæ rei fidem, tum quod non dubitaret ab eodem Spiritu sancto ei revelatum iri, qui Elisabethæ inspiraverat, Josephus, vir justus, hoc est, omni virtutum genere instructus, ut vidit et certo cognovit gravidam, nihil insolenter egit, nihil exprobravit, nihil apud affines est questus, nihil cuiquam indicavit, multa secum ipse cogitavit, et valde anxius quid esset acturus hæsit. Oculi, qui videbant uterum, judicabant adulteram, cum qua manere putabatur consortem esse peccati : contra, Virginis ab ineunte ætate nota sanctitas, et angelica puritas animum remorabatur ne judicium firmaret. Itaque elegit quod videbatur tutissimum, nempe, ut occulte dato libello repudii dimitteret Virginem, quam ante tres quidem menses uxorem duxerat, nuptiasque celebrarat, sed corporum conjunctione non consummaverat matrimonium, unde licet uxor esset, poterat adhuc dici sponsa, faciliusque dimitti. Discis 1º permissam esse hanc dubitationem in Josepho, ad fidem nostram confirmandam. Si enim marito qui custos est castitatis uxoris, et cujus detrimento injuriaque violatur a conjuge castitas, satisfactum est de inviolata uxoris virginitate, nobis

mienti, adjunctam tamen habent certitudinem, qua
nihil de visione dubites aut veritate. Tu nocte
quando ad quietem accedis, omni honestate te
compones, ut habeas astantes et custodientes angelos, qui ab illusionibus dæmonis corpus tuum mentemque conservent.

Considera secundo, ante conceptionem non fuisse
ab angelo admonitum Josephum, ut dubitatio ten-
tatioque tam insignem revelationem præcederet :
tuque ejus dubitatione in fide confirmareris, et
simul tentationis disceres utilitatem, quæ sicut
Josephum instruxit de Filii Dei incarnatione; ita
non sine magno emolumento spirituali immittitur
Christianis.

Considera tertio, et expende angeli verba plena
suavitatis et sapientiæ. 1. Nomen Josephi exprimit,
quia justorum nomina nota sunt angelis in cœlo, a
quibus injusti ignorantur. 2. Addit nobilem Davidis
familiam; ut meminisset Messiam ex ea familia
nasciturum, ex qua sibi Mariam duxerat uxorem.
3. Depellit metum. Hoc enim proprium est boni
Spiritus, consolari, et timorem auferre, scrupulos-
que excutere. Metus enim Josephi erat non de infamia, aut de incommodo temporali, sed ne eam servaret uxorem, quam adulteram timebat, sicque Dei
præceptum peccato violaret. 4 Docet incarnationis
modum, qui a Spiritu sancto profectus esset. 5. Imponit ei curatoris Filii Matrisque officium, dum
jubet ut Virginem non dimittat, sed uxorem accipiat, hoc est, retineat, Filioque nascituro, tanquam
pater putativus, nomen Jesu imponat. 6. Indicat
Pueri munus et conditionem, qui salvum faceret
populum suum a peccatis eorum; quod cum a
nemine præstari posse sciret quam a solo Deo
[nemo enim remittit peccata, nisi solus Deus
(*Matth.* ix, 6)] simul intelligeret hunc puerum et
hominem esse et Deum. Ex his discis sancti Josephi
dignitatem, qui et de tantis mysteriis ab angelo
docetur, et ad tantum munus curatoris Dei, Matrisque evehitur. Tu singulari pietate hunc Virginis
Sponsum colis, utque te Virgini, apud quam plurimum omnino valet, commendare dignetur, precaberis.

III. — *Hoc autem totum factum est, ut adimpleretur
quod dictum est a Domino per prophetam dicentem : Ecce Virgo in utero habebit, et pariet Filium,
et vocabunt nomen ejus Emmanuel, quod est interpretatum, Nobiscum Deus. Exsurgens autem Joseph
a somno, fecit sicut præcepit ei angelus Domini, et
accepit conjugem suam, et non cognoscebat eam
donec peperit filium suum primogenitum et vocavit
nomen ejus Jesum. (Matth.* i, 22-25.)

Considera primo, hanc Isaiæ prophetiam, sive ab
angelo ad Josephi instructionem recitata fuerit, ut
volunt nonnulli; sive ab evangelista pro suo more
allata, valde confirmare tum Virginis inviolatam
integritatem, tum incarnati Verbi divini mysterium.
Siquidem 1° pro signo miraculoque dictum est
Achab quod virgo concipiet. Nullum est autem
miraculum, si juvencula pariat tradita viro. Deinde

vox עלמה *Alma*, seu ut est apud Isaiam cum ה
demonstrativo העלמה *Haalma*, significat singularem
juvenculam absconsam, quæ adhuc in puellaribus
annis in cura est custodiaque parentum; quæ vox
pulchre convenit Virgini Mariæ, quæ utroque
parente destituta, sanctissimi viri Josephi custodia
servabatur, adhuc puella, nondum plene decimum
quintum ætatis annum egressa, ut ait Evodius.
Nomen porro *Emmanuel*, id est, *Nobiscum Deus*,
indicat Deum per hunc infantem singulari quodam
modo futurum nobiscum, quali modo nunquam
antea cum humano genere fuerat, nimirum ut in
terris humana carne videretur, et cum hominibus
Deus homo conversaretur. Hoc nomine autem dicitur vocandus Christus, non quia sic compellandus,
sed quia reipsa talis futurus. Ita enim dicitur quoque appellandus Deus, Fortis, Admirabilis, etc.,
quia futurus erat Deus, et qualis cæteris nominibus
designabatur.

Considera secundo, Josephum nihil hæsitasse,
statimque angelicis verbis obtemperasse, ut discas
1° viri sancti obedientiam; 2° angelicorum verborum efficaciam quibus tantam Deus virtutem addi-
derat, ut nullo negotio viro sancto persuaderent.
Hoc enim est peculiare verbo Dei, ut afficiat hominum corda, seseque insinuet, ac suaviter inducat
voluntatis assensum. Retinuit igitur conjugem suam
Josephus, quam dicitur accepisse, hoc est, ad ejus
curam, quam voluntate saltem deposuisse videbatur, revertisse.

Considera tertio, *Et non cognoscebat eam donec
peperit Filium suum*, non significari quod postea
cognoverit, sed quid prius non fecerit. Necessarium
enim erat Christianos probe institui de fide virginitatis Matris Dei, ut Christum scirent, non ab
homine patre, sed a sola Matre hominem natum,
sicut genitus est ex Deo Patre Deus. Proinde affirmat evangelista intactam a viro Virginem peperisse, quæ tamen post partum virgo mansit intacta.
Sicut Christus post hostes debellatos pergit sedere
ad dexteram Patris, de quo tamen dicitur : *Sede a
dextris meis*, *donec ponam inimicos tuos scabellum
pedum tuorum.* (*Psal.* cix, 1, 2.) Josephus sane qui
Virginem ante partum veneratus est ex angelica
admonitione, eamdem utique multo magis post
partum coluit et observavit, intactamque reliquit,
quando Virginis sanctitatem præstantiamque testatam vidit a pastoribus, ab Anna prophetissa, a
Simeone sene, a Magis regibus, adeoque a nato
Infantulo, quem revelante angelo Filium Dei jam
esse cognoverat. Itaque eam in posterum non ut
conjugem, qua se agnoscebat indignum, sed ut
Dominam, Dei Matrem, suamque apud Deum Filium
Advocatam, Patronam et Mediatricem habuit et
coluit. Tu eamdem Dominam venerare, et diligenter cave, ne quid committas purissimis ejus oculis
indignum.

II. — *Factum est autem cum essent ibi, impleti sunt dies ejus ut pareret, et peperit Filium suum primogenitum.* (*Luc.* ii, 6, 7.)

Considera primo, Virginem cum Josepho in civitate patria sua, amicos aut consanguineos, ad quos diverterent, vel non habuisse, vel ab illis, ut pauperes, agnitos non fuisse; in publicis autem diversoriis propter adventantium multitudinem non fuisse locum : itaque consilium iniisse, ut ad commune stabulum male materiatum et tectum diverterent, ubi juxta civitatis portas, rusticorum, qui ad mercatum convenire solerent, alligabantur jumenta, ut discas, Dominum in se Matreque sua tres præcipuas Christianorum virtutes hac ipsa Nativitate sua consecrasse : obedientiam, paupertatem et castitatem. Nam et in officio obedientiæ natus est, professione, inquam, a Cæsare Augusto imperata ; et paupertatem amavit, qui peregre hospitium publicum non tam hominum quam jumentorum delegit, et castitatem sibi gratissimam indicavit, qui de Virgine nasci voluit.

Considera secundo, *Cum essent ibi;* cur Dominus in Bethleem nasci voluerit ; nimirum non ob hanc tantummodo causam, ut Michææ prophetia impleretur, sed præcipue ut in domo panis (hoc enim sonat Bethleem) verus nasceretur panis angelorum et hominum, quem in hac domo porrigit humano generi Virgo sanctissima Mater. Ejus enim officium est, tibi porrigere Christum. Huic ergo Matri si placere studeas, frequens adito domum panis, Ecclesiam dico Catholicorum, in eaque panem hunc cœlestem participa, reverenterque in Eucharistia suscipe, adora, et manduca, quem illa nobis in utero suo novem mensibus coxit et paravit.

Considera tertio, *Impleti sunt dies ejus ut pareret,* ut scias Christum verum esse hominem, qui more cæterorum hominum gestatus fuerit utero materno novem mensibus; hancque Matrem singulari cultu venereris, quæ Dei Filium tot mensibus habuerit in corpore suo hospitem.

Considera quarto, modum hujus partus, quem, licet evangelista non exprimat, ex moribus tamen ac Virginis sanctitate, meditantes facile assequemur. Virgo igitur non ignara partus jam instantis, sola orationibus intenta, in Dei contemplatione quasi abrepta, noctem insomnem duxit, Josepho interim fortasse alicubi quiescente. Mediæ autem noctis silentio, intacta virginalis claustri janua, matre vel non advertente, vel magna consolatione affluente, et prorsus dolorem nullum sentiente, egressus Infantulus, fletu infantili Matrem admonuit sui egressus. Illa Filii voce in se revocata, cum uterum sentiret levatum onere, vagientem Filium in ulnas suscepit, venerabundaque et plena charitate, dulcia præbuit oscula, omniaque materna officia exhibuit. Filius autem corpore suo de corpore Matris egressus, spiritum suum in hospitii mercedem Matri reliquit. Hic tu cogita ingens Virginis Matris gaudium longe majus, quam si quemvis nobilissi-

mum reperisset thesaurum, quia omni thesauro est thesaurus iste præstantior.

Considera quinto, *Peperit filium suum primogenitum;* sive ut Græcis est; τὸν πρωτότοκον, hoc est, illum primogenitum, qui unigenitus est, et primogenitus Dei Patris et Virginis Matris. Dei quidem Patris, quia ante omnia sæcula genitus Deus de Deo, primogenitus omnis creaturæ, et primus ex resurrectione mortuorum, Virginis vero Matris, tum quia ante eum nemo alius virgini natus est, tum vero quia consecratus Deo, ad quem omnes primogeniti ex lege pertinebant. Tu Virginem ora ut tanti sui gaudii te efficiat participem, illo præsertim tempore, quando hunc eumdem Christum Dominum in sacra Eucharistia vel corpore suscipis, vel coram adoras et veneraris.

III. — *Et pannis eum involvit, et reclinavit eum in præsepio, quia non erat eis locus in diversorio.* (*Luc.* ii, 7.)

Considera primo, nullam hic adfuisse obstetricem, nam Virgo Mater quæ sine dolore pepererat, sola præstitit officia omnia. Ipsa igitur fasciis panniculisque, quos secum attulerat, infantem involvit, ipsa rexit, ipsa durissima hieme cum infantiles deessent cunæ, inter jumenta filiolum in præsepio reclinavit; *Agnovitque bos possessorem suum, et asinus præsepe domini sui* (*Isa.* i, 3), quem calore suo foverunt, officio hoc suo indicantes futurum, ut Judæi atque gentiles, mundaque animalia et immunda, boni et mali, huic Infanti sua conversione ministrarent, cultumque exhiberent, et de præsepi Ecclesiæ Christum jam factum cibum jumentorum magna devotione sumerent.

Considera secundo, *Quia non erat eis locus in diversorio.* Christus *in propria venit, et sui eum non receperunt* (*Joan.* i, 11), quia non eo cultu apparatuque venit, qui videretur recipientibus esse honori. Venit enim ut infans pauperculus, cum Josepho fabro, Matre inope. Discis : 1° cæcum mundi judicium, qui ex externo habitu æstimat hominum dignitatem; 2° non fastidire pauperes et mendicos, quia sæpe in veste pannosa latet eximius thesaurus; quin potius venerare pauperes, quos hac sua paupertate suos Christus ministros atque legatos designavit.

Considera tertio, Christum in itinere transituque natum, quæsivisse in diversorio locum, sed non obtinuisse, ut tu in hoc mundo tibi non putes hærendum, sed ad Christum locum non invenit. Transi igitur ad alterius vitæ quietem, patriamque cœlestem, quia terrestris ista patria non recipit nisi terrestres, sitque vita tua transitus, hoc est, progressus ad virtutum perfectionem, vitamque æternam beatorum.

Considera quarto, quem homines excluserunt ædibus suis, admissum esse hospitio jumentorum, ut tu jumentum sis Dei ; si Christum apud te velis nasci, careas voluntate, judicio, libertate, proprietate. Tibi pro his omnibus sit Christus; quem unum velis, intelligas, cogites, cui unico servias, cujus unius sis tu, tuaque omnia. Talis erat apud hæc jumenta Virgo Maria, quæ Filio obsequia sua læta exhibebat, seseque totam libens impendebat. Tu porro quoties Christo locum domi tuæ præclusisti? Quoties pulsantem repulisti? Quoties pias suggestiones excussisti? Quoties pauperes abjecisti? Quoties admissum semel Dominum turpiter expulisti? De hac tua ingratitudine precare veniam, oraque Dominam tuam ut cum infantulo suo ad te divertat, cui in corde tuo præsepe ad quietem sternat.

MEDITATIO XIII.

DE PASTORIBUS.

I. — *Et pastores erant in regione eadem vigilantes, et custodientes vigilias noctis super gregem suum : et ecce angelus Domini stetit juxta illos, et claritas Dei circumfulsit eos*, etc. (*Luc.* II, 8, 9.)

Considera primo, Christum humili loco nasci, a paupercula matre lactari, in vili stabulo præsepioque reponi, a bestiis calore foveri; mirabilia tamen statim alibi præstare. Nam in Judæa pastoribus magna claritate, divinaque luce apparent et loquuntur angeli, Deique laudes angelico concentu canunt. In Oriente stella nova apparet Magis. In Occidente Romæ fons olei trans Tiberim toto die fluit, ut testatur Orosius (lib. VI, cap. 18, 20), ut toti mundo innotesceret quis quantusque ille esset quem Virgo Mater peperit, nempe Lux mundi, Gaudium angelorum, Fons misericordiæ; et qui Orientalibus quidem prius illuxit atque innotuit : in Occidentalem tamen Romanam Ecclesiam uberiorem et perennem misericordiam effudit, constantemque ad finem usque sæculi gratiam fidei veræque religionis dedit.

Considera secundo, quibus innotescat Christus. Ante omnes Matri suæ sanctissimæ, et Josepho viro justo; tum pastoribus pauperibus, in hieme ad ovium custodiam excubantibus, viris simplicibus. Quia simplicium, castorum, justorum, et vigilantium consuetudine delectatur Dominus.

Considera tertio pastoribus apparere angelum, cujus verba singula vim habent ad nostram consolationem : *Nolite timere;* quia per natum hunc Infantem, omnis occasio timoris sublata est. *Ecce*, attendite ad rem magnam. *Evangelizo;* novum lætumque et certissimum nuntium de cœlis in terras apporto. *Vobis.* Omnibus quidem hominibus, sed illis maxime qui vestros pios simplicesque mores imitabuntur. *Gaudium.* Hactenus enim tristitia occupavit justos, quandiu prævaluit impietas iniquorum. *Magnum*, quo nullum majus afferri possit; nempe redemptionis humanæ. *Quod erit omni populo.* Non uni tantum Judæorum nationi, sed universo mundo; non omnibus tamen hominibus, quia multi impii cum Herode ob natum Messiam turbabuntur. *Quia natus est.* Non solum in terris appa-

ruit, sed humana carne assumpta factus est frater vester. *Vobis*, hominibus quotquot receperint eum, non nobis angelis, neque dæmonibus. *Hodie.* Non igitur differetur adventus ejus. *Salvator*, qui veram affert mundo salutem, qui non uno malo, sed omnibus omnino miseriis liberabit vos. *Qui est Christus :* Messias tot sæculis promissus, tantopere exspectatus. *Dominus* universorum, qui jam nunc liberare vos incipit corporis, hiemisque molestiis, cui vos secure et sine metu serviatis, vosque totos committatis. *In civitate David.* In Bethleem Davidis patria, ubi prophetæ nasciturum prædixerunt Christum. Addit postea indicium nati pueri, ne incerti de persona Messiæ fluctuarent. Deus enim certissima dat veritatis testimonia, ut fidelibus constet, quos audire debeant et sequi. Signa vero hujus infantis sunt panniculi et præsepe; ut humiles pauperesque pastores humilitate et paupertate Messiæ solatium accipiant. Tu Christum in paupertate, humilitatateque quæras, neque ullas desideres opes nisi cœlestes.

Considera quarto, exercitus cœlestis divinum Canticum, quod et insigni harmonia pastorum aures mulcebat, et corda sacris verbis afficiebat. *Gloria in altissimis Deo.* Nostra quidem res agebatur, sed quia homines ingrati ad tanta beneficia obmutescebant, et quia hominum laudes tantis rebus non sufficiebant, succurrere nobis debuerunt voces angelorum. *Et in terra pax hominibus.* Tametsi Græca nonnihil varient, servanda tamen est ista lectio, quam beatus Cyprianus (Serm. *De Nativ. Dom.*), Hieronymus (*Epitaph. Paulæ et Lucinii*), Augustinus (*De civit. Dei*, lib. XIV, cap. 8), et plerique alii veteres retinuerunt, et Ecclesia tot annis et sæculis in Missæ sacrificio usurpavit. Significatur autem per hunc Messiam reddi Deo honorem, quem illi primus parens inobedientiæ peccato ademit, et hominibus conciliari pacem cum Deo suaque conscientia, his tamen qui deposito peccato vitam suam in melius serio commutare statuunt ; hoc enim est esse bonæ voluntatis.

Considera quinto, si pastoribus hoc gaudium magnum allatum est internuntiis angelis, quantum gaudium attulerit Virgini Matri nativitate sua ipsemet Filius Christus, qui est angelorum gaudium ? Utique mens ejus gaudio abundabat, et consolatione, quam tu orabis ut spiritualis istius lætitiæ te reddat participem.

II. — *Pastores loquebantur ad invicem : Transeamus usque Bethleem, et videamus hoc verbum quod factum est, quod fecit Dominus et ostendit nobis.* (*Luc.* II, 15.)

Considera primo, ut pastores loquentibus angelis admirabili consolatione perfusi, steterint obstupefacti, et rei novitate attoniti. Post angelorum vero discessum inter se de illis quæ audierant perficiendis, Christoque in Bethleem quærendo, consultarint. Discis verbum Dei devote attenteque auscultare, ejusque adimplendi modos omnes rationesque investigare, et quidem non fuerant ab angelo jussi adire Bethleem, sed humili, atque ad suam salutem attento sufficit intellexisse ubi salus inveniatur.

Considera secundo, et verba singula expende : *Transeamus usque Bethleem*, hoc est, nato Messia, oblataque salute, quiescendum non est vel otiandum, neque exspectandum ut ad nos Christus veniat : sat esto quod de cœlis lapsus in terras nobis sit vicinus, quibus sui visendi dedit potestatem. Nos in hac terra vel passus duos progrediamur, Dominumque manifesto signo indicatum adeamus. A peccato ad Ecclesiam, veri cœlestisque panis domum transeamus : *Videamus hoc verbum quod factum est, quod ostendit Dominus*. Phrasi Hebraica verbum pro re gesta accipitur. Tu itaque cum hisce pastoribus sæpe de admirabili hoc verbo cogitabis, huncque Verbi Dei Nativitatem serio contemplatus, varios in te concitabis affectus. In hoc enim præsepio omne bonum reperies ; et si quid forte stupiditas tua minus advertet, præsens Virgo Mater a te invocata auxilio erit. Eam igitur tu orabis, ut tibi cum pastoribus Infantulum suum exhibeat.

III. — *Et venerunt festinantes, et invenerunt Mariam et Joseph, et infantem positum in præsepio. Videntes autem cognoverunt de verbo quod dictum erat illis de puero hoc, et omnes qui audierant, mirati sunt, et de his quæ dicta erant a pastoribus ad ipsos. Maria autem conservabat omnia verba hæc conferens in corde suo. (Luc. II, 16-19.)*

Considera primo, pastores nullam nectere moram, sed media nocte relictis ovibus divinæ custodiæ ad præsepe festinare. Nomen enim præsepis nullius hospitii vel hominis addito nomine, significabat eis publicum illud communis stabuli præsepe, ubi rusticorum jumenta quiescebant.

Considera secundo, ingressos novi Regis paupertatem admiratos, cui pro aula esset publicum stabulum, pro throno præsepe, pro ministrorum turba Joseph et Maria, duo pauperes, quibus in ipsa sua patria locus nullus esset, vel in amicorum ædibus, vel in diversorio.

Considera tertio, prius a pastoribus inveniri Mariam et Joseph, quam infantem positum in præsepio : ut discas 1° per Virginem Matrem, quasi commodissima via ad Christum aditum patere. Siquidem in Christo reveremur divinam majestatem, ut opus sit mediatore ad mediatorem istum, nec commodior occurrit, quam Maria, sed prætereundus non est Joseph, nempe sancti, quos Deus quoque pro ipsorum reverentia exaudit pro nobis orantes ; discas 2° Deum nostra curare per homines quos nobis præficit superiores, constituit doctores, dat animarum curatores et peccatorum judices ; ne tu arbitrere sat esse, si Deum solum adeas, nihilque tibi velis cum hominibus esse negotii.

Considera quarto, intrantibus intempesta nocte in stabulum pastoribus, Josephum quidem magna

admiratione, Virginem vero gaudio affectam, quod Filii sui nomen et gloriam videret celebrari, et ad homines propagari. Hac re unica tu gaudeas, si Dei honor augeatur, tristeris ex eo solum si peccato lædatur.

Considera quinto, Virginis modestam gravitatem ; nihil quidem locutam evangelista commemorat, sed conservasse omnia verba pastorum, et in corde suo contulisse. Tu prætermissis divinis verbis, ea solum conservare et ruminare consuevisti, quæ tibi vel ad laudem, vel ad vituperium dicta audisti, ut vel superbia infleris, vel indignatione movearis. Igitur imitatus beatissimam Virginem, sanctis cogitationibus mentem tuam occupabis. Felix est enim et valde pacata anima illa quæ piis cogitationibus abundat. Roga Dominam, ut tibi Christum in corde conservet.

MEDITATIO XIV.

DE PRIMO DOLORE BEATÆ VIRGINIS IN CIRCUMCISIONE CHRISTI.

I. — *Postquam consummati sunt dies octo ut circumcideretur puer. (Luc. II, 21.)*

Considera primo, octavo post Nativitatem die sanctissimam Matrem obtulisse Infantem hunc suum more aliorum puerorum circumcidendum, cum quidem non ignoraret, hac eum circumcisione non indigere. Duabus enim de causis circumcidebantur Judæorum infantes mandato Dei ; tum ut hoc sacramento liberarentur originali peccato ; tum ut externo hoc signo a cæteris nationibus separati Israelitico populo Dei adnumerarentur. Sciebat sane Virgo Mater has causas in Christo locum non habere, a quo procul aberat omne peccatum, et qui Judaicæ nationis adeoque totius humani generis Deus ac Dominus, istiusque legis verus conditor et legislator, communi lege non tenebatur ; voluit tamen circumcidi Filium : 1°, ut insigni humilitate, insignem illam suam Matris Dei occultaret dignitatem ; 2° ne Judæis Messiæ sui non recipiendi præberet occasionem ; 3° quia hanc noverat divinam esse voluntatem, ut Filius victurus inter homines, communem hominum legem subiret, solo peccato non teneretur.

Considera secundo, Filium infantulum ad animæ tuæ curandam salutem Patris Matrisque in admittenda circumcisione paruisse voluntati : 1° Ut tibi insignis obedientiæ speculum proponeret, dum qui legi subjectus non esset, tam difficilem tamen legem adimpleret ; licet enim infantilibus fuerit membris, præter morem tamen aliorum infantum plena ratione vigebat, ut non solum dolorem sentiret, quemadmodum alii infantes, sed eum quoque se pati dolorem ac sentire intelligeret : quod aliis infantibus non convenit. 2° Ut ardentem suam charitatem tibi exhiberet, pro quo, quam primum per ætatem licuit, molestias doloresque pertulit, et sanguinem dedit. Hoc quidem octiduo multa incommoda infantiæ hiemisque perpessus fuerat ;

nunc autem propinat sanguinis primitias, et quasi delibandum hoc poculum offert, totum tibi postea sanguinem fusurus, totamque vitam suam in commodum tuum consecraturus. 3° Ut eximium tibi præbeat humilitatis exemplum, qui sine vulnere dignatus est alligari, et sine peccato infame signum gestare peccatoris. Sicut enim auribus carere est furis indicium, ita circumcisio indicium est peccatoris. Has in Filio suo virtutes observavit, et serio imitata est sanctissima Mater : ad cujus exemplum tu quoque disce : 1° fidere Christo, qui vix dum natus cœpit operari salutem tuam ; 2° universam vitam ejus obsequio dicare, qui omnes annos suos tibi dedit ; 3° sectari humilitatem. Si enim purissimus Deus in tui gratiam non est dedignatus haberi peccator, tu, qui vere es impurus peccator, non indigneris, si qualis es talis ab aliis habearis ; intolerabilis namque est ea tua superbia, ut cum malus esse velis, malus tamen nolis haberi.

Considera tertio, Virginem Matrem, quæ prima Filium infantem ad sanguinem pro nobis hac circumcisione fundendum dedit, primam omnium cruentum Filii sacrificium pro nobis Deo Patri obtulisse : ut eam tu venereris, quæ id unum semper studuit, ut tibi per Filium suum Dei Patris gratiam conciliaret. Roga igitur eam, ut quæ tibi Filium suum ad subeundam aliquando pro te mortem peperit, ab ejus sanguine nunquam te patiatur alienum.

II. — De dolore Virginis.

Considera primo, sine maximo Virginis dolore Dei Filium non potuisse circumcidi. Causam autem doloris videntur tria attulisse : Primum, peccata hominum quorum tantam intelligebat esse malitiam, ut nisi effuso sanguine Filii Dei expiari non possent. Dolebat igitur illis divinam Majestatem offendi ; dolebat tot hominum myriades ad inferos deturbari ; dolebat denique suum Deique Filium ad tollenda peccata sanguinem fundere, acerba pati, mortemque oppetere debere. Hunc dolorem renovabat suavissimus dilectissimi Filii aspectus, cujus quoties contemplabatur manus cruci affigendas, pedes perforandos, caput spinis pungendum, et (ut Tertullianus ait, lib. De corona militis), lancinandum, cæteraque corporis membra flagellis diverberanda, sputis deformanda, pugnis contundenda, interno dolore cruciabatur. Non enim verisimile est Matrem Dei, nobilem illam Prophetissam, prophetarum Reginam, hæc secreta Filii sui ignoravisse, quæ prophetæ priores hujus Filii Spiritu afflati scriptis mandaverant. Et hac quidem causa doloris ad mortem usque Filii sui nunquam caruit. Secundum erat ex tua cæterorumque hominum ingratitudine, pro quibus tam acerba subire videbat, pluraque subiturum sciebat Filium Dei. Dolebat siquidem quod tam pretiosum sanguinis Dei thesaurum, tanto dolore fusum, tanta charitate datum, tu ita parvipenderes, tam parum recogi-

tares, tam facile abjiceres. Tertium demum fuit ex magnitudine dolorum, quos præter cæteros homines Filium, propter corporis teneritudinem, nobilissimamque complexionem, sustinere - non ignorabant. Et quidem in hac circumcisione, quæ cultro lapideo fiebat, in hac tenella ætate dolor erat acerbissimus, illi præsertim, cujus ratio more aliorum infantium non sopiebatur.

Considera secundo, tametsi gravissimo dolore Mater angeretur Filiique dolores faceret suos, nihil tamen insolentius verbis gestibusque egisse, non questam esse, nullam impatientiæ significationem dedisse, sed apud se dolorem pressisse, ut tu molestias omnes doloresque patienti magnoque et grato animo feras.

Considera tertio, magna cura a Virgine Matre hoc Christi præputium collectum, asservatumque fuisse, adeoque sanguinem ipsum pro te effusum, cujus ipsa pretium noverat, exceptum esse ; quod quidem sacrum præputium Antuerpia multis annis pie retinuit, devoteque coluit, donec anno Domini MDLXVI, hæreticorum illud furor abstulit. Tu Virginem ora, ut pretiosi istius sanguinis guttulam unam, ad purgandas animæ tuæ sordes, tibi adhibeat.

III.— Vocatum est nomen ejus, Jesus, quod vocatum est ab angelo, priusquam in utero conciperetur. (Luc. II, 21.)

Considera primo hoc sanctissimum nomen, Jesus, de cœlo quidem allatum, et ab ipsomet Filio Dei præ cæteris omnibus nominibus electum, hac circumcisione primo vocatum esse, non ab aliis quam a Virgine et a Josepho, quia utrique imperatum fuerat ab angelo : Vocabis nomen ejus Jesum, ut magni facias hanc Dei Matrem, quæ nobis et Salvatorem peperit, et nomen Salvatoris attulit.

Considera secundo, non obiter Virginem hoc nomen ab angelo auditum memoriæ mandasse, sed sicut alia quæ aliunde de Filio narrabantur, ita multo magis hoc sanctum nomen ab angelo indicatum corde conservasse et contulisse, tantoque hujus nominis mysteria expendisse attentius, quanto præ cæteris hominibus plura de Filii sui Incarnatione, vita, Passioneque noverat.

Considera igitur tertio, cum Virgine Matre hujus nominis dignitatem, quo significatur 1. Filii Dei potentia, qui nos ut salvaret, de manu fortissimi hostis diaboli eripuit. 2. Sapientia, quæ hostem circumvenit, dextreque divinitatem tegens, humanamque naturam objiciens, hostem ad conserendum invitavit. 3. Charitas, qua nullo suo commodo nostram salutem magno labore paravit. 4. Sanctitas, et ab omni prorsus peccati sorde puritas ; si quidem peccator peccatorem a peccatis salvare non poterat. 5. Divinitas, solus enim Dei est infinitum pretium peccati solvere. 6. Dominium in omnes prorsus homines, quos sibi caro sanguinis pretio redemit. Hæc omnia istius nominis beneficia tibi expendenda essent, ut ejus memoria his gratiis affluas. Siquidem oleum effusum (*Cant.* 1, 2) est nomen Jesus, copiosa (inquam) misericordia, quæ per Salvatorem Jesum offertur.

Considera quarto hoc nomen vocari in circumcisione, quia nonnisi sanguine suo inscribit nomen suum Jesus in cordibus nostris; et *nemo potest dicere Dominus Jesus, nisi in Spiritu sancto.* (*I Cor.* xii, 3.) Tu Virginem Filii sui Jesu amantissimam roga, ut amorem nominis Jesu salutisque tibi impetrare dignetur. Diligis quidem salutem commodaqe corporis, sed animæ salutem attulit tibi et offert Jesus.

MEDITATIO XV.

DE QUARTO GAUDIO BEATÆ VIRGINIS IN ADVENTU REGUM.

II. — *Ecce Magi ab Oriente venerunt Hierosolymam dicentes : Ubi est qui natus est Rex Judæorum ? vidimus enim stellam ejus in Oriente, et venimus adorare eum,* etc. (*Matth.* ii, 1, 2.)

Considera primo, nato Salvatore ex Virgine, novam exortam in Oriente stellam, cæteris sideribus fulgentiorem, quæ gentiles nati Judæorum Messiæ admonebat ex vetere prophetia Balaam ; Christus enim infantulus, qui Virginis ulnis gestabatur, non solum moderabatur cœlos, sed ipsa quoque sapientissimorum regum corda ad investigandum, palam confitendum, adorandum, muneribus donandum, permovebat. Magi isti erant Persarum reges (ut affirmat B. Chrysostomus, hom. 7 *in Matth.*) qui sub Persidis monarcha regnis in Chaldæa vicinisque locis cum potestate præfuisse videntur.

Considera secundo, prius accessisse pauperes rudesque pastores, quam nobiles sapientesque reges. Christo enim sunt viciniores miseri et afflicti, quam divitiis commodisque suis affluentes, non solum quia in minoribus peccandi occasionibus, sed ideo quoque, 1° quia afflictio misericordem Deum per se ipsa movet ; 2° quia et peccata commissa purgat, et committendis non præbet otium vel locum.

Considera tertio, venisse hos Magos ab Oriente, in quo paradisus, unde exclusi sumus, conditus fuit, quia *visitavit nos Oriens ex alto* (*Luc* i, 78), Christus Dominus, cui est Oriens nomen (*Zachar.* iii, 8 ; vi, 12) ; ut ex oriente per peccatum ejectos, per aliam viam virtutum illos remitteret in regionem suam, hoc est, paradisum cœlestem, qui ipsum prius cum sanctissima Matre agnovissent et visitassent.

Considera quarto : *Ubi est qui natus est Rex Judæorum ?* Regem hunc tuum, qui vitam tuam regat, et ad salutem æternam dirigat, ut invenias sane necesse est ut quæras. Quærebatur in civitate sancta, utpote templo, sacrificiis et sacerdotio sanctificata, atque ex regia dignitate nobili, sed non inveniebatur, quia, tametsi a Christianis non ignoretur quo in loco quibusque in rebus inveniri possit Dominus, qui tamen humilitate, charitate, obedientia, cæterarumque virtutum offi-

ciis, quibus maxime bonis delectatur Christus, destituti sunt, ii sane quam longissime a Domino absunt. Inquire eum in anima tua, in corde tuo, in potentiis tuis, an alicubi tecum Christus habitet, an vero diabolus sibi in te nidum fabricet.

Considera quinto, titulum Messiæ, ut sit Rex Judæorum, qui titulus etiam illi morituro in cruce est positus, et hic dicitur natus Rex Judæorum, illic mori Rex Judæorum : quia solus Christus ante nativitatem in utero Virginis Rex fuit Judæorum, et ante omnia sæcula fuit Rex et Dominus creaturarum omnium quæ aliquando futuræ erant : et moriens homo omnem in cœlo et in terra meritus est et accepit potestatem. Tu ut in hujus Regis regnum admittaris, esto Judæus, hoc est, confitens; faterisque peccata tua, laudesque Dei deprædica, hoc est, *declina a malo et fac bonum* (*Psal.* xxvi 27), et auxilium sanctissimæ Virginis ad ista consequenda implora.

II. — *Et intrantes domum invenerunt puerum cum Maria Matre ejus, et procidentes adoraverunt eum, et apertis thesauris suis obtulerunt ei munera, aurum, thus et myrrham.* (*Matth.* ii, 11.)

Considera primo, stellam in Oriente visam, Hierosolymis non apparuisse, quia divina inspiratio quæ mentem tuam illustrat, atque ad vitæ emendationem tibi prælucet, mundi consuetudine obscuratur, et humanam si adhibeas sapientiam, minus lucebit ; stultum igitur est humana inquirere indicia, quando stella sua Christus tibi lumen præfert ; vel humana desiderare consilia, quando vocat magni consilii Angelus. (*Isa.* ix, 6 sec. LXX.)

Considera secundo, reges hos in tugurium ingressos, nihil quidem vidisse terreno rege dignum, nec ob id tamen ab officio adorandi Regis cessasse; jam enim intellexerant regnum ejus non esse de hoc mundo ; ut tu externum splendorem nullum admireris, neque humilitate Christiana offendaris.

Considera tertio, inventum esse puerum cum Maria Matre ejus. Nulla fit Josephi mentio, qui forte aberat ; ut in negotio divinæ incarnationis intelligerent Christiani solius Virginis Matris habendam rationem, quæ sicut sola Filium Dei sine mariti opera peperit, ita merito omnibus exhibet adorandum. Tu cum Magis adorabis Christum in Matris ulnis et gremio, nec minorem existima deferendum honorem huic Dominæ tuæ Filium adorandum gestanti, quam olim habebatur arcæ fœderis Moyseos, de cujus propitiatorio, tanquam de sede, Deus dabat responsa.

Considera quarto, munera regia a Magis oblata, aurum, thus et myrrham ; primo quidem ad pueruli necessitatem, ut auro paupertati subveniretur ; thure stabuli graveolentia tolleretur, myrrha infantile corpusculum foveretur : deinde vero ad fidei suæ declarationem, quia Regi aurum, thus Deo, myrrham Homini morituro offerebant.

Considera quinto, hæc munera non suis infantem manibus, sed per Virginem Matrem accepisse; ut scias acceptissima esse Deo, si quæ per Matrem ei commendes aut offeras. Quia namque nullam creaturam tenerius diligit Matre sua; utique gratissimum est ipsi, quidquid puris Matris manibus accipit. Tu igitur imitatus primos istos ex gentibus Christianos, quotidie Deo in Matris honorem tria hæc munera offerre studeas. 1. Orationem, quæ tanquam incensum ascendat in cœlum; quam Virgini Matri promovendam commendabis, ad eum modum quo libellum supplicem regi per matrem aut amicum regis porrigimus. 2. Aurum, hoc est, charitatis aliquod officium, quod in honorem Virginis pauperi impendas, vel eleemosyna corporali, vel spirituali auxilio. 3. Myrrham, quæ est corporis tui amara quæpiam afflictio, sensuumque et cupiditatis mortificatio, quam in gratiam Dominæ tuæ sanctissimæ Virginis ad Dei gloriam suscipias. His enim tribus muneribus si per Virginis manus Christum colas et adores; futurum est ut uberem eorum mercedem Virginis opera recipias; et Herodis quidem tyrannidem, hoc est, diaboli servitutem evadas, per aliam vero viam in regionem tuam, cœlestem dico patriam, revertaris. Ora sanctissimam Matrem, ut opera bona a te in Dei gloriam facta, dignetur manibus suis et offerre Filio, et commendare.

III. — De gaudio beatæ Virginis.

Considera primo, quibus ex rebus beatissima Mater hac regum præsentia gaudii occasionem habuerit. Gaudebat enim : 1. Quod ita mature infantulus Christus hominum salutem operari dignaretur, atque ex remotis partibus homines per externam quidem novamque stellam advocaret, per internam vero gratiam admirabilier traheret. 2 Quia gentium populi hactenus neglecti, Judæisque abominabiles, veræ religionis participes reddebantur. 3. Quia non pauci ex plebe, sed Magi, hoc est, sapientes et reges, ad fidem adducebantur, quorum conversio magnam vim ad multorum salutem videbatur habitura. Et tres quidem numero (ut testatur beatus Leo Pontifex Serm. de Epiph.), qui tria statim regna ad Christi fidem præpararent. 4. Quia Judæi, qui ex Michææ prophetia locum nativitatis patriamque Messiæ indicaverant, tametsi non accederent, de nato tamen Christo jam certiores facti erant. Quia tanti reges tam demissione Infantulum verbis, factis, muneribus venerabantur. Non enim offendebantur paupertate Matris, loci contemptu, Regis infantia : sed Spiritu sancto afflati, mentis oculis penitius intuebantur divina mysteria. 6. Quia ex his primitiis præsagiebat, quales futuri essent qui ex gentium natione in Christum crederent; nimirum humiles, benigni, constantes, omnisque virtutis studiosi. 7. Quia sibi quoque prævidebat ab universa gentium Ecclesia, ut Matri Dei gloriam deferendam a qua peteretur exhiberi Filius. Ita enim clamamus exsules filii

Evæ ad Virginem Matrem : Et Jesum benedictum fructum ventris tui nobis post hoc exsilium ostende. 8. Quod Deus hos reges in benevolentiæ signum susceptorumque munerum testimonium, angelica visitatione solari dignatus fuerit, deque alia via docere. Denique totus hic dies fuit Virgini lætissimus, tum propter Dei gloriam; tum propter spem magnam et exspectationem salutis plurimorum.

Considera secundo, ut in his tantis gaudiis Virgo juvencula nihil præter decorum gesserit, omnem Deo gloriam retulerit, graviter, humiliter, u oderateque cum regibus egerit, sanctaque modestia omnes in sui admirationem, venerationemque adduxerit. Ora sanctam Dominam, ut hanc tibi perennem impetret animi æquabilitatem, ut neque in adversis dejiciaris, neque effundaris in prosperis.

MEDITATIO XVI.

DE PURIFICATIONE BEATÆ VIRGINIS.

I. — Postquam impleti sunt dies purgationis Mariæ secundum legem Moysi, tulerunt puerum Jesum in Jerusalem, ut sisterent eum Domino, sicut scriptum est in lege Domini, etc. (Luc. 11, 22.)

Considera primo, quadragesimo post Natalem Christi die, duplici de causa Mariam Dei Matrem ad Hierosolymitanum templum ascendisse, ut duobus legis mandatis faceret satis; quorum alterum erat de primogenitis Deo offerendis, alterum de ritu purgationis puerperæ, et revera quidem neutra lege tenebatur hæc Virgo Mater, cujus verbis clare eximebatur. Quia primogeniti illi offerri jubebantur, qui Matris claustrum aperuerant. Christus autem ex Matris utero egressus, virginitatis claustrum reliquit intactum. Illæ quoque puerperæ purgari debebant, quæ concepto semine peperissent : sed Virgo castissima de Spiritu sancto, sine viri opera, conceperat. Voluit tamen communi lege mulierum utrumque mandatum adimplere, ut humillima Virgo, nihil præ se ferens singulare, humilitatis exemplo omnibus prælucer et.

Considera secundo, quanta animi lætitia, quantaque alacritate, ad hoc templum ex ulnis infantulum bajulans properavit. Si enim David sitiebat Dei tabernaculum; si ipsamet Virgo nostra, cum festinatione læta ibat in domum Zachariæ; majori utique desiderio festinavit in Dei templum, in quo educata fuerat, et nunc Deo Patri communem Filium offerre statuerat. In ipso vero templo exsultavit spiritus ejus in Deo salutari suo, multo sane amplius, quam in ædibus Elisabethæ, ubi præsentia sua Joannem sanctificavit, et Elisabethæ salutationem læta audivit.

Considera tertio, infantulum Jesum nihil repugnasse huic Matris oblationi, ut te doceat a puero servire Deo, jactisque in infantia virtutum fundamentis, præsertim humilitatis, obedientiæ, divinique cultus, in reliqua vita ædificium perficere sanctitatis.

Considera quarto, Deum velle primogenita ma-sculini sexus; exigit nempe a te Deus actionum, verborum, cogitationum, rerumque cæterarum principia. Cum enim initia fervere soleant, vult ea Dominus magno fervore consecrari sibi. Sit igitur in cogitationibus, verbisque tuis quotidie primus Dominus Deus, sepositis negotiis curisque, quæ non raro primitias sibi cogitationum sermonisoue furantur.

Considera quinto, Virginem Matrem in templo primam omnium Filium suum pro humano genere Deo Patri oblationem mundissimam obtu-lisse; atque ex eo tempore nunquam offerre de-siisse. Sciebat enim ad quid in mundum hunc Filius venerat; nempe ut se in lytron et redem-ptionem pro hominibus daret. Rogabat igitur Mater, ut eum Deus Pater pro nobis susciperet; et quod tunc pro universis hominibus precabatur, illud nunc orat pro singulis nobis assistens vultui Dei in cœlis, Filiumque communem Patris et suum semel mortuum pro nobis exhibens. Tu preces tuas Matris jungito precibus, et pro te suscipi Christi merita precare.

II. — *Et ut darent hostiam, secundum quod di-ctum est in lege Domini, par turturum, aut duos pullos columbarum. (Luc. II, 24.)*

Considera primo, legis mandatum fuisse, ut pu-rificanda puerpera agnum offerret, et turturem vel pullum columbæ, nisi forte paupertas ea esset, ut pro oblatione agni non sufficerent facultates; tunc enim pro agno turturem alterum, vel pullum co-lumbarum esse sufficiendum. Hic nulla facta agni mentione lex recitatur duorum turturum, hoc est, lex pauperum, tanquam notæ esset paupertatis Mater. Et quidem sanctissima Virgo, si quid in pecuniis fuisset, id totum ex animo consecrasset Deo, cui se totam sciebat debere; sed tantum fuit paupertatis studium in hac familia, ut præter ne-cessaria vitæ, quæ Josephi mariti labore paranda erant, nihil suppeteret. Et tu studes opibus, quando cœli Regina delectatur paupertate? Disce veras divitias, quæ cœli Regem constituunt et ornant, non esse in luteis istis nummis, terra, inquam, alba et flava, sed in opibus spiritualibus, quibus animus spiritusque incorporei ditantur.

Considera secundo, a dandis Deo muneribus nec ipsos excusari pauperes : 1. Ut tanto in Deum liberaliores sint divites, quod videant etiam ab egentibus munera postulari. 2. Ut Deo fidant om-nes; qui enim exigit dona, largiturus est dona quæ offerantur, et rediturus est dona pro donis obla-tis. 3. Ut omnes Deum Creatorem nostrum, bono-rumque omnium Largitorem agnoscamus. Quia sicut vectigal aut tributum est protestatio agniti Domini, ita muneribus profitemur Deum Creato-rem. 4. Ut omnes intelligant se totos esse Dei, et pro suo cuique talento ad Dei gloriam esse labo-randum. 5. Ut sacerdotes, qui pro omnibus labo-

rant, omnibusque præsunt, omnium studio et facultatibus foveantur et defendantur.

Considera tertio, quæ potissimum munera velit a nobis Deus, turtures, pullos columbarum, et agnum. Avium istarum vox est gemebunda, ut tu instar avis animo in cœlis versans, mundi istius defleas miserias. Castitas ac solitudo turturis commendatur, et simplicitas ac mansuetudo co-lumbæ. Innocentia quoque agni, utilitasque, quam omnibus suis membris partibusque affert homini-bus. Quas conditiones sicut admiramur ac venera-mur in sanctissima Domina nostra Matre Christi, ita merito imitari debemus, eamque rogare, ut depulsis omnibus vitiis, has nobis impetret a Filio suo virtutes.

III. — *Et ecce homo erat in Jerusalem cui nomen Si-meon, et homo iste justus et timoratus, exspectans consolationem Israel, et Spiritus sanctus erat in eo. Et responsum acceperat a Spiritu sancto, non visurum se mortem, nisi prius videret Christum Domini, et venit in spiritu in templum. Et cum inducerent puerum Jesum parentes ejus, ut fa-cerent secundum consuetudinem legis pro eo, et ipse accepit eum in ulnas suas, et benedixit Deum. (Luc. II, 25-28.)*

Considera primo, divina Providentia factum esse, ut quo tempore ingrediebatur sanctissima Virgo in templum, simul etiam eodem convenirent multi viri justi, sicut ex sequentibus hujus historiæ verbis collegit beatus Ildephonsus (serm. *De purif. B. Virginis*), qui Messiam tot sæculis exspectabant et oculis aspicerent, et manibus tractarent, et a prophetis audirent commendari. Erat inter cæteros vir grandævus sacerdos (teste beato Epiphanio, lib. *De prophetis*), propheta Deoque familiaris, qui in-terno admonitu Spiritus sancti ingressus in tem-plum, cum huc illucque oculos convertisset (ut auctor est Timotheus presbyter Hierosolymitanus (orat. *De S. Simeone*) vidit divinam nostram Virgi-nem in hominum turba instar stellæ lucentem, edoctusque a Spiritu adesse promissum Messiam festinus accurrit, summaque veneratione infantem a Matre petit, eum ulnis excipit, ei figit oscula, eum palam prædicat omnibus ad rem novam ac-currentibus, mirantibus, gaudentibus, sibique gra-tulantibus. Tu Virginis Matris gaudium hic perscru-tare, quæ jam Filii notitiam videbat late diffundi, ejus laudes prædicari, eum a sanctis excipi et adorari.

Considera secundo, qualis iste vir fuerit, quem Deus hoc dignatus est honore, ut a Matre Dei, Fi-lium Dei primus in templo ulnis susciperet: 1. *Homo habitans in Jerusalem*, hoc est, in visione pacis, cujus cor, et conscientia interna pace ab omni per-turbatione abundabat. 2. *Nomen ei erat Simeon*, quod sonat *obedientem*, quod ad obtemperandum alteriusque perficiendam voluntatem, quam ad imperandum paratior esset. 3. *Homo justus*, proxi-mis æquitatem servabat, reddens majoribus hono-rem, inferioribus sollicitudinem, æqualibus auxilium, omnibus charitatem. 4. *Timoratus*, metuens Deum, cujus voluntatem rebus omnibus anteferebat. 5. *Exspectans consolationem Israel*, animo ab omni re terrena alieno, solum desiderabat suam proximorumque internam mentis consolationem, ut præter Deum nemo aliquid appeteret. 6. *Et spiritus sanctus erat in eo*, plenus divina gratia, qua gratus erat acceptusque Deo; quas si virtutes tibi comparàris, nihil dubites a Virgine Matre Filium Dei tibi exhibendum.

Considera tertio, venerandi istius senis fervorem, qui infantem magna animi consolatione et gestabat, et amplexabatur, et aliis exhibebat, omneque officium devotionis, cultus et reverentiæ præstabat. Tu porro eumdem hunc Dominum in sanctissima Eucharistia non jam ulnis, sed ore suscipis, et non retines manibus, sed in viscera tua corpusque et animam transmittis, exiguo fervore, magna ariditate, frequenti mentis distractione.

Considera quarto, quidnam sit spiritu venire in templum, nempe ad Dei cultum accedere non coactum, non ex consuetudine, non quæstus, aut alterius commodi gratia, sed interna devotione, desiderioque serviendi Deo : quem Spiritus sancti ductum tu si sequaris, Mariam invenies, et Infantem Jesum, æternam salutem et consolationem in templo cœlesti, cui præsidet Rex Jesus, et Regina Maria. Tu Virginem roga, ut hoc tibi obtingat.

MEDITATIO XVII.

DE CANTICO SIMEONIS.

I. — *Nunc dimittis servum tuum, Domine, secundum verbum tuum in pace*. (*Luc.* II, 29.)

Considera primo, cygneas hujus sancti senis divinasque voces, quas Spiritu sancto afflatus et plenus, audiente congaudenteque Virgine Matre edidit, quando infantulum Filium Dei magna fide ulnis gestabat, cujus fidem gaudiumque tu quidem semper, sed tunc maxime debes imitari, quando in hoc Purificationis beatæ Virginis festo, ex Ecclesiæ Matris præcepto et traditione, accensum et sacris verbis benedictum cereum manibus gestas, in quo Christum juberis considerare, cujus animus corpore ceu lychnus cera tectus, divinitatis luce et gloria miraculis lucebat; et corpus ipsum de Virgine sumptum, dolorem non attulit Matri, sicut apes virgines sine dolore pariunt.

Considera secundo, magnum hujus beati senis desiderium ut dissolveretur, atque ex hoc mundo abesset : *Nunc*, ait, *dimittis*, hoc est, videor mihi in hoc corpore non aliter atque in carcere ligatus; jam tempus est resolutionis, postquam viso Christo nihil est quod hic præterea desiderem. Tu porro an eodem teneris dissolutionis desiderio? Suntne multa quæ te in hoc mundo retinent? Illis vero omnibus si te expediveris, nihilque tibi cum mundo commune reliqueris, lætissima eris conscientia, quando nihil præter Christum desiderabis.

Considera tertio, *Dimittis in pace*, hoc est, dimittis lætum, quia lætus jam moriar, viso Christo Salvatore meo. Item dimittis ad pacem, ut ea post hanc vitam fruar pace, quam mundus dare nemini unquam potuit. Multiplex est etenim in hoc mundo bellum, quod viros justos affligit, atque ad dissolutionis suæ desiderium urget : 1. Interna cum passionibus lucta, quæ nos perpetuo sollicitos tenet, ne succumbamus, atque a Dei gratia ne excidamus. 2. Continuum illud bellum, quod justis infertur ab impiis. 3. Gravissima peccata, quibus divina bonitas, majestasque læditur. Nulla siquidem re magis vir bonus, quam suis aliorumque peccatis affligitur. Tu porro perpende anne temporalibus potius malis, quam divina offensa movearis.

Considera quarto, hoc Simeonis canticum quotidie, et quidem sub noctem in Ecclesia decantari. 1. Ut totus dies a nobis transigatur, quasi ea nocte morituris, quia somnus ut est imago mortis, ita non raro desinit in mortem. 2. Quo discas sic vitam tuam interdiu componere, ut vesperi non anxia conscientia, sed lætus incumbas. 3. Ut lecto quietique ubi te committes, sanctas quietasque cogitationes suscipias, curas omnes excludas, Christum Matremque Virginem assistere tibi ea nocte roges.

II. — *Quia viderunt oculi mei Salutare tuum, quod parasti ante faciem omnium populorum*. (*Luc.* II, 50, 51.)

Considera primo, causam desiderii dissolutionis, quia viderat Salvatorem oculis suis, qui plenam afferret salutem a peccatis in hac vita, et animas post hanc vitam inferni carcere liberaret. Gaudebat igitur sibi dandam per Christum peccatorum omnium remissionem, avehatque sanctis Patribus in limbo Messiæ Salvatoris incarnationem et adventum nuntiare. Discis hic nulla re magis gaudendum, quam adventum Salvatoris : sicut reus qui in carcere vinculis tenetur constrictus, tum demum exsultat, aliisque est gaudii nuntius, si quando filium regis videt ad vinctos dimittendos carceris gradus conscendere.

Considera secundo, *Oculi mei*. Non sola fide video, inquit, sicut prophetæ priores, sed his ipsis meis oculis video Salvatorem : et quidem Christus Salvator, quem senex oculis contemplabatur, infantulus erat; nihil loquebatur, nulla dabat sapientiæ, potentiæ, divinitatis signa, plorabat aliorum infantum more; nihilque quod in aliis pueris non esset, externis oculis objiciebatur. Fides sola Deum intus videbat, et Salvatorem agnoscebat : ut tuam tu agnoscas felicitatem, qui non uno tantum die, sed quotidie, nec in senectute tantum, sed per omnem omnino vitam intueris oculis Salvatorem tuum, specie quidem panis vestitum, vere tamen corpore sic præsentem, ut præter Christi Domini corpus nullum adsit vel cernatur corpus aut substantia. Sicut igitur Simeon fide Deum credidit, quem oculis Infantulum vidit, fideque exsultavit, astantesque exhilaravit; ita tu exsulta spiritu , Deique laudes decanta, quod in panis imagine Deum verum suscipias.

Considera tertio, Salvatorem hunc datum omnibus omnino populis, adeoque hominibus singulis, ut quisquis voluerit, illi sit parata salus.

Considera quarto , *Parasti* , quo significatur Christum non solum datum nobis, sed etiam paratum et natum, juxta illud Isaiæ (IX, 6) : *Parvulus natus est nobis, et Filius datus est nobis.* Sicut igitur vestis non negatur illi cui parata est, ita nec tibi negabitur Christus pro te incarnatus, si demisso cum animo petas, adeoque tanta est benignitas Dei nostri, ut qui non petentibus paratus est et incarnatus ; non petentibus etiam sese offerat, nihilque desideret magis, quam ut admittas oblatum. Hoc est enim quod Christus dixit : *Ego sto ad ostium, et pulso ; si quis audierit vocem meam, et aperuerit mihi januam, intrabo ad illum* (Apoc. III, 20).

Considera quinto, *Ante faciem,* hoc est, palam ; Christus enim ubique innotuit mundo, neque unquam (ut nugantur hæretici) occultata, aut exstincta fuit per orbem universum religio et Ecclesia Christiana. Disce igitur, 1° illam retinere fidem, quæ ante faciem omnium populorum, hoc est, per omnes populos, jam inde ab apostolorum temporibus est palam prædicata ; 2° eamdem fidem palam atque intrepide verbis et vita profiteri ; oraque sanctissimam Matrem Dei, ut veræ fidei lumen tibi conservet, animique constantiam, ad eam libere profitendum a Filio dilectissimo impetret.

III. — *Lumen ad revelationem gentium, et gloriam plebis tuæ Israel.* (*Luc.* II, 32.)

Considera primo, Christum duobus nominibus in hoc cantico appellari, nempe, *Salutare Dei,* qui a Deo missus est Salvator, et *Lumen,* quia ratio modusque quo dat nobis salutem, non in sola peccatorum remissione, vel (ut hæretici loquuntur) in non imputatione eorum consistit, sed in vera luce interna gratiæ, quæ in animam ingressa, tenebras omnes peccatorum discutit, sordes abluit, et animam insigni claritate illustrat, ut tu non ingratus Deo, acceptum beneficium agnoscas.

Considera secundo, duplex luminis officium , pro diversa conditione earum rerum quæ illustrantur. Quædam namque res opacæ exterius solum admittunt lumen quod tenebras depellat, et res ipsas exhibeat videndas , ut parietes , picturæ, colores. Aliæ res diaphanæ etiam intus sic illustrantur, ut vi luminis suscepti rebus quoque aliis lumen a se diffundant, ut vitrum, luna, stellæ, et quidem quidquid spiritualis luminis est in homine, id totum a Christo tribuitur. Quia autem non omnes æquales in virtutibus fecerunt progressus, fit etiam ut non eodem omnes modo divinam gratiam accipiant. Aliqui enim illuminantur ad revelationem, hoc est, 1° ut discussis errorum tenebris,

veritatem fide intueantur ; 2° ut adventu internæ gratiæ depulsis peccatis, a Deo ut filii agnoscantur, animique claritate et pulchritudine ornentur. Et hæc illuminatio communis est bonis omnibus atque ad salutem necessaria. Aliis vero plus splendoris divino lumine accedit, qui hic dicuntur illuminari ad gloriam, quia tantam suis meritis sibi gratiam cumularunt, ut sint cæteris illustriores, quod et meritis suis opitulari possint aliis, et toti mundo sint conspicui. Ejusmodi sunt sancti apostoli, martyres, et toto orbe celebres confessores, Ambrosius, Hieronymus, Augustinus, Benedictus, Dominicus, Franciscus, qui gloria sua cœlis ipsis addunt splendorem, et in hoc mundo gloriam regum et principum omnium sua claritate obscurant. Admiraberis hic ergo beatæ Virginis claritatem, quæ supra sanctos omnes claritate Filii sui illustrata subinde Luna vocatur, quia lumen a Christo accepit; nunc Sol, quia plus quam cæteri omnes illuminata.

Considera tertio, ad gloriam illuminari Israelem, Dei plebem, hoc est, humiles, et cum plebe in oculis suis abjectos, fortesque, et divina gratia in virtutibus constantes ; quas virtutes quanto perfectius assequeris , tanto plus divinæ gratiæ impetrabis. Roga beatissimam Dominam tuam, ut verum cordi tuo lumen gratiæ accendatur, quod potentias tuas omnes veritate illuminet, charitate inflammet, et externis moribus, verbisque tuis ad proximorum ædificationem, claritatem addat et fervorem.

MEDITATIO XVIII.

DE TESTIMONIO SIMEONIS ET ANNÆ.

I.— *Et benedixit illis Simeon, et dixit ad Mariam Matrem ejus : Ecce hic positus est in ruinam, et in resurrectionem multorum in Israel, et in signum cui contradicetur, et tuam ipsius animam pertransibit gladius, ut revelentur ex multis cordibus cogitationes.* (*Luc.* II, 34, 35.)

Considera primo, sanctissimæ Virginis gaudia permista fuisse doloribus ; lætabatur enim ex Filii sui laude, sed tristitiam afferebant hæc Simeonis verba, quæ et futuram Infantis Passionem, et Matris acerbos dolores prædicebant. Disce tu nunquam ita dissolvi lætitia, ut memoriam Dominicæ Passionis ex animo tuo abjicias. Hæc namque Simeonis verba sic impressa fuere animo Matris Christi, ut semper se cogitaret electam Matrem Dei, non ad gaudia hujus vitæ, sed ad gloriam æternam.

Considera secundo, sanctissimam Dominam a Simeone sacerdote benedici, majorem quidem a minore, nempe Matrem Dei a ministro Dei : sed quia Dei vices personamque gerebat sacerdos, magna se illi humilitate submisise humillimam Virginem, ut tu in his quæ Dei sunt non personam intuearis vel sacerdotis vel superioris, sed officium quod sustinetur, et Christum qui in vicariis suis loquitur et operatur.

Considera tertio, ab hoc sancto sene quinque de

Christo prophetico spiritu prædici, præmisso admirationis aut attentionis signo, *Ecce*, quia singula attentionem requirunt, quædam etiam videntur admiranda : 1. Est, Christum positum, seu mundo datum esse in multorum ruinam, quia multi occasione morum doctrinæque ejus in vitia lapsi sunt, et demum in infernum corruerunt. Et quidem Christo vivente, multi ejus verbis scandalum acceperunt ; multi tantam ejus humilitatem paupertatemque ferre non potuerunt ; et Judas ipse causam sibi sumpsit ejus prodendi. In Ecclesia vero, post Christi in cœlos ascensum, non pauci Christiani occasione Christianismi gravius corruerunt. Quotquot enim sana Christi verba ad alienos sensus et errores detorquent, labuntur in hæresim : quotquot Catholici agnita per fidem divina voluntate, vitam suam non conformant acceptæ fidei atque doctrinæ, gravissime cadunt ; quotquot ad ecclesiasticas dignitates eveeti, aut ad religionem vocati, suæ vocationi non respondent, altissime ruunt ; quotquot Christiani nominis occasione, aut divini honoris prætextu, vel ambitioni student, vel operibus inhiant, vel aliud committunt, enormiter peccant ; denique quotquot Christiani ex hac vita in peccato Deique indignatione migrant, profundius in inferna præcipitantur : *Melius enim erat illis non cognoscere viam justitiæ, quam post agnitionem retrorsum converti ab eo, quod illis traditum est sancto mandato.* (II Petr. ii, 21.) — 2. Estque quod positus sit in resurrectionem multorum. Plurimis enim attulit Christi vita, doctrina, et passio causam æternæ salutis. 3. Quod positus sit in signum cui contradicetur, Græcis ἀντιλεγόμενον, quod Tertullianus vertit *contradicibile.* (Lib. *De carne Christi.*) Signum, hoc est, vel miraculum et res. nova, qualis tota Christi vita fuit, vel vexillum. Nam Christus crucifixus omnibus est propositus in hac militia sequendus. Admirabile signum, grande miraculum, stupenda res et Messias, quem qui capere non potuerunt, variis ei modis contradixerunt ; hi ad crucem postularunt ; alii martyres variis tormentis peremerunt, alii hæresibus mundum repleverunt. Non enim intelligebant Christum eumdem et Deum esse Patrique consubstantialem, et verum nihilominus hominem eumdem Matris suæ et Filium esse et Creatorem ; Deum passum, mortuum, sepultum ; hominem æternum totius orbis Conditorem ; verum Dei corpus sub specie panis et vini revera adesse et exhiberi, aliaque innumera, quæ nec lingua potest eloqui, neque mens comprehendere. Jam vero crucis vexillo quis non adversatur ? Cum omnes quidem Christiani se Crucifixi dicant sectatores, omnes tamen fere subterfugiant crucem, reipsa inimici crucis Christi. 4. Quod dolorem allaturus sit Matri, et quidem acutissimum, cujus animam doloris gladio penetraret. Filii enim dolor afflixit Matrem, propter insignem amoris

conjunctionem. 5. Quod positus sit ad revelandas ex multis cordibus cogitationes. Quod in hac vita tunc factum est : partim quidem cum illi, qui vitæ sanctitatem præ se ferebant, in apertum Christi odium ex piis ejus concionibus eruperunt, et occultam impietatem prodiderunt ; partim quando Christus ipse vel bonitatem latentem, vel malitiam quorumdam fecit manifestam. Post hanc vitam autem in judicii die,. quidquid unquam in mundo cogitatum a quoquam fuerit, illud divina Christi potentia propalam aperietur. Tu Matrem hujus Judicis ora, ut suo auxilio nullam te ex Christo ruinæ occasionem accipere patiatur, talesque solum immittat cogitationes, quæ sine ullo tuo pudore, universo mundo in extremo judicii die manifestentur.

II. — *Et erat Anna prophetissa filia Phanuel, de tribu Aser : hæc processerat in diebus multis et vixerat cum viro suo annis septem a virginitate sua. Et hæc vidua usque ad annos octoginta quatuor, quæ non discedebat de templo, jejuniis et obsecrationibus serviens die ac nocte ; et hæc, ipsa hora superveniens, confitebatur Domino, et loquebatur de illo omnibus, qui exspectabant redemptionem Israel.* (Luc. ii, 36-38.)

Considera primo, sanctæ istius matronæ singula opera recenseri ; ut discas omnia justorum opera, omnesque eorum circumstantias accurate a Deo observari atque notari.

Considera secundo, Magos quidem stella ad Christum adductos fuisse ; pastores vero angelica admonitione ; hos autem senes Simeonem et Annam solo interno Spiritus sancti instinctu : quia ad Christum tribus modis homines convertuntur : 1. Sola divini verbi prædicatione, qua fere commoventur simpliciores, qui concionatorum verba sibi dicta existimant. 2. Adhibitis etiam signis. Nam plerumque divites, eruditi, et sibi plus æquo sapientes, nisi vel signa viderint, vel casu aliquo aut infortunio a Deo cum beato Paulo tanguntur, ægre ad vitæ commutationem inducuntur. 3. Piis hominibus sufficit sola interna inspiratio.

Considera tertio, qualibus virtutibus ornata fuerit sancta ista matrona, quam Christus in testem sui adventus elegit ut eas imitatus, Christo vita verbisque testimonium reddas : 1. *Anna* quod sonat *gratiosam*, ut gratia divina replearis. 2. *Prophetissa*, cui Deus mysteria sua revelaret. 3. *Filia Phanuel*, quod nomen significat *faciem Dei*, ut semper tibi ob oculos versetur Deus, a cujus vultu non aliter gratia, atque a sole lumen emanat. 4. *De tribu Aser*, quod idem valet atque *beatum*. Significatur parentum pietas, et bona filiæ educatio. 5. Commendatur a castitate ante matrimonium, in matrimonio, et in plurimorum annorum viduitate. Nec obscure indicatur, quod ad matrimonium sola legis consuetudine inducta fuit, quæ post tam immaturam mortem mariti, castitatem vidua usque ad ætatis annum 84 servavit. 6. Assidua erat in templo, uti cum sanctis mulieribus, velut in monasterio communiter vivens, Deo serviebat. 7. Jejuniis vacabat, et orationibus atque vigiliis ; quia oratio in cœlos elevatur jejunio, vigiliis autem, hoc est, importunitate et perseverantia Deum flectit. Nulla fit eleemosynarum mentio, ut intelligas in hoc sacro mulierum collegio omnia fuisse communia, eleemosynarumque distributionem ad superiorem familiæ pertinuisse.

Considera quarto, *Confitebatur Domino*, hoc est, hunc Puerum agnoscebat Dominum, atque ut universorum Dominum prædicabat, eique pro adventu ad nos suo gratias agebat. *Et loquebatur de illo omnibus, qui exspectabant redemptionem Israel.* Discis magnam hominum justorum turbam (sicut notavit beatus Ildephonsus serm. *De Purif. B. Virginis*) hoc tempore ad templum divino instinctu venisse, atque ex conspectu Messiæ Virginisque Matris ejus, admirabilem hausisse consolationem, quam auxerunt Simeon, qui viris, et Anna quæ mulieribus veritatem prophetico spiritu denuntiabant. Tu ut istius gaudii reddaris particeps, esto inter exspectantes ! redemptionem Israel ; gravis sit tibi mundus atque molestus, nihilque desideres ardentius, quam *dissolvi, et esse cum Christo.* (*Philipp.* I, 23.) Roga sanctissimam Matrem Dei, ut hoc tibi a Christo Filio desiderium impetret, afferatque tædium istius vitæ.

III. — *Et ut perfecerunt omnia secundum legem Moysi, reversi sunt.* (*Luc.* II, 39.)

Considera primo, reversos quidem esse prius in Bethleem, unde postea jussi sunt fugere in Ægyptum ; post reditum vero ex Ægypto rediisse in Nazareth. Delectabatur namque sanctissima Mater stabulo illo, præsepioque, quod susceperat natum Dominum, ut tu Christi humilitate gaudeas et delecteris.

Considera secundo, non rediisse domum nisi perfectis rite omnibus quæ lege Dei præcipiebantur, ut tibi ante omnia curæ sit divinorum mandatorum adimpletio et voluntas superiorum.

Considera tertio, quam sancta inter se Maria et Joseph toto itinere miscuerint, de his quæ Hierosolymis audierant et viderant, colloquia ; quibus colloquentibus infantulus Jesus, quem vicissim gestabant, suaviter instillabat in animos occultum suavissimumque suæ gratiæ rorem.

Considera quarto, non improbabiliter dici Josephum cum Matre Dei serio secum deliberasse, relicta civitate sua Nazareth sedem figere in Bethleem (hoc enim non obscure indicasse videtur, quando revocatus ex Ægypto illuc redire statuerat, ut viciniores templo Hierosolymitano, frequentius eo convenirent adoraturi Dominum. Tota enim hujus sanctæ familiæ cogitatio erat in cultu Dei, rebusque divinis. Tu sanctissimam Matrem obnixe roga, ut eamdem tibi mentem impetret a Filio suo.

MEDITATIO XIX.

I. — *Angelus Domini apparuit in somnis Joseph, dicens : Surge et accipe puerum et matrem ejus, et fuge in Ægyptum, et esto ibi usque dum dicam tibi.* (*Matth.* II, 13.)

Considera primo, cum Josephus nihil mali suspicatus, cogitaret de habitatione in patria sua Bethleem, ut puerulus Messias tanquam filius Davidis in Bethleem, juxta Michææ vaticinium (v, 2), natus et educatus susciperetur : aliud visum esse divinæ Providentiæ, quæ alibi voluit Filium Dei nasci, et alibi educari, ut plura loca ejus ornaret præsentia, et ut in obscuris locis viveret obscurius, sed in clarissimo loco palam moreretur.

Considera secundo, angelum non Mariæ apparuisse, sed Josepho, dignitate quidem inferiori, sed officio marito : ut discas Deum dirigere superiores, licet minus dignos, ad subditorum utilitatem, propter officium, quod non ad suum, sed ad aliorum commodum administrant. Tu igitur venerare superiores tuos, per quos te Deus moderari dignatur. Illis enim dictum est : *Qui vos audit, me audit* (*Luc.* x, 16), ut tu securus eos audias.

Considera tertio, angelum apparere in somnis, quia non solum interdiu vigilantibus, sed noctu quoque dormientibus assistunt angeli ; ut tu incubiturus examine conscientiæ, doloreque peccatorum quæ illo die a te mala commissa fuerint, deleas, et angelica te præsentia dignum exhibeas, nocteque evigilans ad Deum astantemque angelum primas cogitationes tuas convertas, quia nocturnæ cogitationes sunt vehementiores seu in bonum seu in malum.

Considera quarto, *Surge et accipe puerum.* Exigit a superioribus diligentiam, ab inferioribus promptam, cæcam, constantem obedientiam. Res molesta præcipiebatur, nempe ut media nocte cum familia surgeret, et per tenebras ignotaque loca fugeret, obtemperandum tamen erat ad nutum.

Considera quinto, Dominum cum Matre sanctissima non alio quam in Ægyptum abiisse. 1. Ut non minus se pro inimicorum salute natum esse declararet, quam pro amicis et justis. Ægyptii autem erant hostes populi Dei, quem olim sub Pharaone, gravi servitute oppresserant. 2. Ut tibi significaret se et ab infantia diabolo (quem Pharao rex Ægypti præfiguravit) bellum indixisse, et nullam vitæ suæ ætatem, sine labore utilitateque tua transmisisse.

Considera sexto, juberi eos ab Ægypto non abire injussu angeli. 1° quidem ut securissimam eorum ducas esse vitam, qui in rebus omnibus a majorum voluntate dependent. Illi namque ne errent, diriguntur, et ut ab imperante Deo laboris mercedem accipiant, nihil judicio suo, sed aliorum mandato aggrediuntur. 2° vero, quia nunquam abesse possunt angeli Dei ministri, ubi præsens adest Christus. Si igitur tecum habeas Dominum tuum Jesum, vel in communione sacra, vel in collegio virorum justorum, in quorum medio se affirmavit perpetuo futurum, ne dubites adesse protectores angelos, qui tui curam suscipiant. Ora igitur sanctissimam Matrem, ne te unquam cum suo Filio deserat, sed tecum Christo et angelorum exercitu muniat, dirigat, periculisque eripiat.

II. — *Futurum est enim ut Herodes quærat puerum ad perdendum eum.* (*Matth.* ii, 13.)

Considera primo, diabolum, tametsi mysterium divinæ incarnationis ignorarit, Matris tamen puerique interitum optasse, ut ex Apocalypsi (cap. xii) intelligitur : vel quod sibi ab illis metueret, vel quod sicut cæteros justos odisset. Utebatur autem opera Herodis hominis impiissimi, qui et tanquam fidelis minister dæmonis obsequebatur voluntati, et dæmonem ipsum non obscure repræsentabat, ut qui alienigena cum esset a populo Dei, regnum tamen Israeliticum impie invasisset.

Considera secundo, diabolo ejusque ministris quæri puerum ad necem, ut scias : 1. Nullis majores ad interitum animæ strui insidias, quam pueris, qui quod semel imbiberunt, illud diutissime retinent, sive bonum sive malum. 2. Dæmonem maxime initiis bonorum operum insidiari, priusquam firmiores radices miserint. Tu igitur *accedens ad servitutem Dei, sta in justitia et timore, et præpara animam tuam ad tentationem.* (*Eccli.* ii, 1.) Neque de Christi diffidas auxilio, qui multo ardentius salutem tuam desiderat quam tu ipse.

Considera tertio, malitiam hominis peccatoris, qui ut desideriis suis serviat, ipsi etiam Deo insidias ponit, interitumque procurat. Omnis enim peccator (ut præclare scripsit beatus Bernardus, serm. 3 *De Paschate*) vellet Deum non esse, quem vellet peccata aut ignorare, aut punire non posse, aut castigare non velle; quod est, optare Deum ignorantem, aut impotentem, aut injustum esse : hoc autem est non esse Deum. Si porro tanta est peccati malitia, ut sæviat in Deum ipsum, quomodo sæviet in peccatorem quem ad inferos deturbabit?

Considera quarto, anne etiam tu subinde quæsieris Christum ad perdendum eum, quando res sacras non quo oportebat modo desiderasti, ut sacerdotium, bona ecclesiastica, munus docendi, concionandi, etc. ; quando sacramenta frequentasti, vel ex consuetudine, vel ne deterior cæteris habeare; quando ad aliorum scandalum laborasti; quando denique animam tuam peccandi periculis exposuisti. Ab his omnibus similibusque perdendi Christi modis in posterum abstinebis, sanctissimamque Christi Matrem ut eum tibi in corde tuo conservet, rogabis.

III. — *Qui consurgens accepit puerum et Matrem ejus nocte, et secessit in Ægyptum, et erat ibi usque ad obitum Herodis.*

Considera primo, varias doloris in Virgine sacratissima causas : 1. Ex consideratione malitiæ Herodis, ministrorumque ejus, quorum salutem Dominus procuraturus venerat. 2. Quod totius orbis Domino ne in patria quidem sua, aut inter suos, quos tot olim beneficiis cumulaverat, locus ullus ad educandum relinqueretur. 3. Quod infantulum Deum persequerentur reges, subditosque ab ejus cultu et agnitione illi abducerent, quorum erat divinum honorem promovere. 4. Quod in exsilio, in terra aliena et gentili, puerum hunc suum, Deique Filium commode fovere non posset. 5. Quod inter infideles agendum esset procul a Dei templo fideliumque consuetudine ; tametsi enim sanctissimæ Virgini omne solatium, omnis devotio, omneque bonum fuerit in Filio, optabat tamen cum sancto Filio in loco sancto apud homines pios versari.

Considera secundo, familiæ istius paupertatem. Non sunt diu immorati in convasanda supellectili, non onerarunt jumenta, non impleverunt sarcinas, statim media nocte pauperes omnibus bonis terrenis expediti ad iter se accinxerunt.

Considera tertio, Christum tametsi aliis potuisset modis furorem Herodis declinare, elegisse tamen exsilium : 1° ne quis in periculum vocaretur apud quem latuisset ; 2° ut doceret nos terrenis hominibus cedere terram, dummodo cœlum retineamus ; 3° ut scias non esse sectatoribus Christi manentem in hoc mundo civitatem, sed futuram inquirendam ; 4° ut tibi omne solum sit patria, nec ullo loco affixus hæreas.

Considera quarto, Herodem, qui sanus Christum exclusit, in mortis hora, Jesum, veramque salutem non invenisse, quia hæc est ordinaria divinæ justitiæ regula, ut quomodo vitam suam traduxit homo, eodem etiam modo moriatur. Ne tu fallaris, existimans tibi magis piam fore mentem in hora mortis, quam fuerit sano in consuetudine peccandi. Roga igitur sanctissimam Dominam tuam, ne a te vel vivente vel moriente Filium suum abesse patiatur.

MEDITATIO XX.

DE GESTIS TEMPORE EXSILII.

I. — *Mansit autem ibi (in Ægypto) usque ad obitum Herodis.* (*Matth.* ii, 15.)

Considera primo, Deum Patrem suo Filio vitam injunxisse laboribus plenam, tum ut tota vita sua operaretur salutem tuam, tum ut scires laborum et molestiarum utilitatem. Sicut enim Deus Pater imposuit Filio suo incommoda : ita amoris erga te sui indicium est, quando dura, carnique minus grata immittit : non quod malis tuis delectetur, sed quod optet tibi ea bona, quæ patientiæ et laborum meritis parantur. Solemus enim mercenariis, illis potius quibus bene volumus, opera committere et labores imponere, quam aliis, propter quæstum et mercedem quæ erit persolvenda.

Considera secundo, quid in Ægypto egerit sanctissima Virgo cum sponso suo Josepho toto isto triennio, quo teste Nicephoro, vixerunt exsules, aut, ut alii volunt, toto quinquennio. Aurum quidem oblatum fuerat a Magis, idque divina Providentia, ut paupertati nonnihil succurreretur; quia tamen Virgo Mater (quæ absente ut apparet Josepho, munera Magorum receperat) pro virginali verecundia et studio paupertatis moderatissima fuit in eleemosyna admittenda, verisimile est non defuisse exercitium paupertatis, et utrumque nempe Virginem et Josephum labore manuum vitæ necessaria paravisse. Tu illos laborantes contemplare, modumque disce, quem in actionibus, studiis, laboribusque tuis observes. Erant quippe seduli, non otiosi, solliciti sed non anxii, animo pacato, magna inter se charitate, nihil levitatis aderat, nulla garrulitas, nulla morositas : mens in Deum vel semper intendebatur, vel frequentibus jaculatoriis orationibus emittebatur. Ante opus præcedebat oratio, et post labores sequebatur. Denique nihil admittebatur ab illis, quod Filii Dei præsentis oculos quoquo modo offenderet.

Considera tertio, quid egerit infantulus Jesus, et quidem corpore externisque modis Josephum, quantum puerilis ætas permitteret, juvabat : Matremque verbis et præsentia gratissima solabatur, et (sicut pie imaginari licet) cum illa domesticis rebus subinde vacabat, pii namque pueri quod matres vident agere, hoc non ducunt a se alienum. Divinitate vero paulatim præparabat Ægyptum ad conversionem. Neque videtur absurdum, quod teste beato Hieronymo, quidam tradiderunt, hoc Christi adventu dæmones in Ægypto contremuisse, et idola corruisse, quod Dei præsentiam non sustinerent. Si enim ad arcam fœderis corruit Dagon in templo suo ; si admiranda facta sunt in terra Philistinorum per arcæ præsentiam ; si multa millia Bethsamitarum ad aspectum arcæ occisa sunt, quid mirum corruisse idola Ægypti ? Quod tamen utut se habuerit, illud utique non videtur in dubium vocandum, præclara aliqua ad populi illius salutem gesta fuisse a Domino. Quod enim loci illius, in quo versata est cum Filio Dei sanctissima Virgo, etiamnum hodie retinetur memoria, et colitur sanctitas, est argumentum Christum infantem cum Virgine quædam ibi gessisse, propter quæ majores locum notarunt, et in venerationc habuerunt, posterisque ejus venerationem per manus tradiderunt.

Considera quarto, Dei misericordiam, qui statim in infantia de adjuvanda Ægypto, et Babylone cogitavit ; juxta illud Davidis : Memor ero Raab (id est, Ægypti) et Babylonis, scientium me (Psal. LXXXVI, 4). Quia enim in his duobus regnis plusquam alibi vigebant innumera peccata, et dæmonis potestas, visum est Christo ab illis cum diabolo pugnam exordiri. Nam ex Babylone evocavit Magos, Ægyptum per se ipse visitavit. Et Moyses quidem legislator olim ex Ægypto fugerat in Palæstinam. Christus vero contra ex Palæstina fugit in Ægyptum,

ut doceret in Ecclesia Dei non fore Judæorum et gentium distinctionem. Tu roga Dominam, ut præsentia Filii sui cor tuum semper ad Deum convertat.

II. — *Tunc Herodes videns quoniam illusus esset a Magis, iratus est valde, et mittens occidit omnes pueros qui erant in Bethleem, et in omnibus finibus ejus, a bimatu, et infra, secundum tempus quod exquisierat a Magis. (Matth. II, 16).*

Considera primo, post fugam Virginis in Ægyptum, inauditam persecutionem excitatam esse in terra Juda ab impio et ambitioso rege Herode, cujus fama si Romam pervenit ad Augustum, qui se Herodis porcum diceret esse malle, quam filium (Macrob. lib. II Saturnal*um*), utique non potuit latere Virginem Matrem in Ægypto, quæ hac tyrannide valde indoluit.

Considera secundo, quam sit misera conditio illius hominis qui in alia re, quam in uno Deo, spem suam collocandam putat ; omnia enim metuit, omnia habet suspecta, multa facit et dicit suo ordine indigna. Felices porro sunt illi, qui in Deo solo spem suam posuerunt.

Considera tertio, Magos non esse veritos illudere Herodi regi, ejusque mandatum de reditu violare ; ut tu, agnito semel Christo, non vercaris irridere mundum, et ludibrio habere omnes ejus minas ; mundus enim nihil obesse poterit tibi : sibi soli est contrarius ; sicut Herodes nihil nocuit vel Christo vel Magis.

Considera quarto, si superbus indigne ferat hujus mundi illusionem humanam, quam graviter laturus est in inferno creaturarum omnium illusionem perpetuam ? Humilis non timet, sed optat rideri, ut cum Christo perpetuam a Deo obtineat gloriam et applausum.

Considera quinto, crudele impii hominis mandatum, et carnificum sævitiem, qui in gratiam humani favoris, et lucri causa, omnem impietatem superaverunt, Deoque et naturæ repugnaverunt. Cum enim paucos ante dies ex Magis de tempore apparentis stellæ percontatus, illam decimo tertio ab illo die ipsis visam esse didicisset, hoc est, die natalis Domini, nece infantum, qui sub illud tempus nati fuerant, non contentus, in omnes etiam bimulos desæviit, suspicatus stellam Magis forte tardius apparuisse, illisque solis pepercit, qui post visam primo stellam nati erant ; quod non existimaret post apparitionem stellæ Regem Judæorum fuisse natum. Atque hoc est quod dicitur : A bimatu et infra, secundum tempus quod exquisierat a Magis. Disce malitiam peccati ; contemplare matrum planctus, et infantium ploratus. Siquidem verisimile est Virginem Matrem in Ægypto non sine uberrimis lacrymis has mulierum lamentationes mente pertractasse, quarum forsitan aliquas familiariter noverat.

Considera sexto, cur tantam immanitatem Deus ferre voluerit : 1. Ut disceres malitiam hominum, quos Dei gratia destituit, et dæmonum, qui per ministros suos etiam in innocentes sæviunt, tibique ab eorum ira caveas in regno ipsorum, qui tanta possunt in regno alieno. 2. Ut scias nullam cujusquam impietatem aliquid posse in eum, cujus Deu patrocinium suscepit, nam et infantulus Jesus, qui unus quærebatur, servatus est; et innocentes pueri hoc mortis supplicio, etiam præmia gloriamque meruerunt. 3. Ut ab infantibus Dominus Christus testimonium acciperet. 4. Ut quantopere innocentes pueros diligat, nobis testatum faceret; hos enim primos ad se per martyrii coronam evocavit, et quasi primo solis ortu, suo rosas purpuravit rubore, foliisque nondum explicatis, quasi gemmas ipsas decerpsit : ut tu puerilem imiteris innocentiam, qui soles abundare vel calliditate vulpina, vel diabolica astutia. Roga beatissimam parvuli Jesu Matrem Mariam, ut parvulum te faciat malitia, veramque puerorum impetret simplicitatem et innocentiam.

III. — *Tunc impletum est quod dictum est per Jeremiam prophetam dicentem : Vox in Rama audita est, ploratus et ululatus multus. Rachel plorans filios suos, et noluit consolari, quia non sunt.* (*Matth.* II, 17, 18.)

Considera primo, multo ante prævideri a Deo p'orum afflictiones quam immittantur, ut hoc tibi sit solatio in omnibus, atque molestiis, quod Deus nihil vel agat, vel permittat, nisi maturo prudentique consilio.

Considera secundo, vocem auditam esse in Rama, hoc est, in excelso, tum quia matrum et infantum ploratu omnia personuerunt, tum quia in excelsa cœlorum ad aures divinas delatus est hic planctus eorum. Nam et infantibus insignis merces reddita est, et matribus hæc facta est gratia, quod earum infantuli mundi periculis erepti fuerint, et ad æternam quietem matres suas exspectaturi, præmissi sint, et ipsæ matres a nece filiorum omnem mundi consolationem fastidiverint. Herodi quoque vox ista in cœlum clamans, vindictam et horribile in hoc mundo supplicium attulit, et æternas pœnas inferni : siquidem, ut testatur Josephus (*Antiquit. Jud.* l. XVII, c. 10; *Bellum Jud.* l. II, c. 21), variis morbis interiit, a vermibus corrosus, insatiabili fame cruciatus, fœtore intolerabili et sibi et aliis gravis, in filiis suis infelix, quos vel ipse adhuc vivens de medio sustulit, vel varii casus interemerunt. Cum enim illi esset numerosa progenies, paucis annis Dei justo judicio tota fere est exstincta, juxta illud : *In generatione una deleatur nomen ejus* (*Psal.* CVIII, 13). Discis Dei longanimitatem eo gravius punire, quo diutius peccatorem toleravit.

Considera tertio, Rachelem, hoc est, mulieres Bethleemiticas, apud quas olim sepulta est Rachel, non admisisse consolationem, *quia non sunt;* id est, quia infantes non supersunt. Mundus iste nullam dat consolationis materiam; ideo tu nullum hic vel exspecta vel exopta solatium. Sit omne

tuum gaudium in Christo Domino; in quo solo Virgo Mater foris afflicta intus exsultabat. Roga eam, ut hoc solum gaudium tibi afferat consolationem.

MEDITATIO XXI.

DE REDITU EX ÆGYPTO.

I. — *Defuncto Herode, ecce angelus Domini apparuit in somnis Joseph, dicens : Surge et accipe Puerum et Matrem ejus, et vade in terram Israel. Defuncti sunt enim qui quærebant animam Pueri.* (*Matth.* II, 19, 20.)

Considera primo, hanc frequentem angelicam admonitionem, ut discas tunc optime dirigi hominem, quando ab angelis, qui sunt natura superiores, regitur. Sicut enim terrena omnia a cœlestibus corporibus, sole, luna, sideribus, in fructibus suis producendis, et operationibus pendent : ita homines a Deo, sanctisque Dei angelis, qui sunt administratorii spiritus (*Hebr.* I, 14), in omnibus dirigi merito deberent. Indignum quippe est, ut omnes quidem irrationabiles creaturæ sequantur cœlestium influxum; at vero homo, qui ut cœlo tandem ascribatur, solus creatus est ; solus a terra, cupiditatibus, inquam, terrenis regatur. Tu divinum influxum admitte divinarum inspirationum, admonitionum, obedientiæ.

Considera secundo, jam tertio in somnis admoneri Josephum, ut tu ad viri hujus sancti exemplum bonis te cogitationibus et officiis interdiu occupes, quæ noctu loco maiorum somniorum suaviter recurrant. Sicut enim ex nocturna quiete fere pendet hominis diurna constitutio, ita ex diurnis actionibus nocturna quies somniorum accipit causas.

Considera tertio, *Surge et accipe.* Excitat ad surgendum et agendum. Nam sicut ignis nunquam otiosus calorem suum etiam ad externa remotioraque diffundit, ita Spiritus sanctus cum quem semel suo calore replevit, excitare solet ad aliorum salutem et perfectionem procurandam.

Considera quarto, *Accipe Puerum et Matrem;* non amplius dicit conjugem tuam, ut pius maritus sanctissimam Virginem non jam pro conjuge haberet, sed pro Domina sua, et Matre omnipotentis Dei : Tuque eam hoc titulo honoris, nempe Matris Dei agnoscas et venereris, quo titulo nullus alius vel major est in universa creatura, vel gratior Virgini. Præponitur autem Puer Matri, tanquam Deus creaturæ, sed cum Matre conjungitur, ut scias : 1. Gratissimum esse Christo honorem illum, qui cum Matris suæ honore conjunctus est ; tum quia ille honor memoriam habet incarnationis suæ, qua delectatur; tum quia per Matrem suam gaudet a nobis honorem et laudem accipere, per quam ad nos omnia hauc tulit. 2. Non habiturum Christum Patrem, qui vel Ecclesiam, vel sanctissimam Virginem noluerit habere Matrem.

Considera quinto, non dici ab angelo ad quam civitatem abire debeat, ut occasio daretur in dubiis Deum orationibus consulendi. Deus enim (cujus sunt deliciæ, esse cum filiis hominum (*Prov.* vɪɪɪ, 31), delectatur frequentibus nostris orationibus.

Considera sexto, Christum voluisse in Israeliticam regionem reverti, atque in infantia inter Judæos educari, ut a puero notus Israelitis, non abjiceretur tanquam alienigena. Tu ab infantia assuesce Christo, ut adulto non sit tibi novus et ignotus.

Considera septimo, rediisse Dominum mortuo Herode Judæorum rege, post quem nullus fuit a Romanis rex præfectus terræ Judæorum, ut scires Christum esse verum Judæorum Regem : qui licet externam administrationem non admiserit, vere tamen animas a diaboli servitute, ut rex, incipiebat eripere.

Considera octavo, *Defuncti sunt enim qui quærebant animam Pueri.* Spes namque peccatorum statim perit ; et quisquis animam hujus pueri quærit ad mortem (quod omnes peccatores machinantur), aliquando defungetur cum impio Herode vita humana, et ejus commodis privabitur, et anima corporeque morietur, in vita superstite puero : et qui Ecclesiam, hujus pueri corpus mysticum, cum Herode persequitur, interibit ille quidem cum Herode, sed perseverabit Ecclesia, adversus quam portæ inferi prævalere non possunt. Tu Virginem Matrem ora, ut pueri anima tibi animæ vitam conservet.

II. — *Qui consurgens accepit Puerum et Matrem ejus, et venit in terram Israel. Audiens autem quod Archelaus regnaret in Judæa pro Herode patre ejus, timuit eo ire* (*Matth.* ɪɪ, 21, 22).

Considera primo, Josephum cum infante et Virgine statim consurrexisse : 1. Ut promptam te doceret obedientiam, quæ mandatum non procrastinat, sed parat aures auditui, oculos visui, manus operi, pedes itineri, totumque componit hominem ad mandatum exsequendum imperantis. 2. Ut non solum diei tempus, sed partem etiam noctis Deo tribuas, nec sit tibi grave mane surgere ante lucem, quia promisit Dominus coronam vigilantibus. 3. Ut scias Dominum tuum continenter die nocteque pro te esse sollicitum ; hoc est enim quod per prophetas sæpius inculcat : *Misi ad vos servos meos prophetas de nocte consurgens,* etc. (*Jerem.* xxv, 4.)

Considera secundo, insignem obedientiæ subordinationem, dum Josephus paret angelo, Virgo Mater Josepho, Infantulus Matri, ut tu ad Christi Dei tui imitationem libens pareas superioribus non modo supremis, sed etiam subordinatis atque immediatis, sæpe namque plus meriti in ejusmodi obedientia cernitur, quam si supremis obedias.

Considera tertio, tres orbis totius præstantissimos homines, Dei Filium, Dei Matrem, Dei nutritium, pauperum more ex Ægypto reverti ; contemplare quid egerint, quos inter se contulerint sermones, quibus hospitiis vesperi excepti fuerint, quomodo victitarint, quam prompte Dei jussu hoc iter confecerint, nulla animi molestia aut cunctatione ; perfecti enim viri ad omnem Dei voluntatem æquabiles sunt.

Considera quarto, *Quod Archelaus regnaret ;* hoc est, præesset, non regia auctoritate, sed toparchæ. Mali in hac vita imperant quandoque bonis, quo boni exerceantur, eorumque commodis provideatur ; post hanc autem vitam ipsi miserrimi coguntur parere dæmonibus, ad æternam peccatorum suorum vindictam. Ubi porro mali habent imperium, ibi nullus est locus Christo. Tu ergo cave ne regnet peccatum in mortali corpore tuo.

Considera quinto, Christo Domino, cum sanctissima Matre nusquam locum, non in diversorio, non in Bethleem, non in universa terra Juda, adeoque non esse illi ubi caput suum reclinet : ut tu non ambias in terris locorum spatia, sed inquiras patriam cœlestem. Orabis igitur beatam Virginem, ut ejus precibus meritisque nihil terrenum desideres, sed animum ad cœlestia convertas.

III. — *Et admonitus in somnis secessit in partes Galilææ, et veniens habitavit in civitate quæ vocatur Nazareth, ut adimpleretur quod dictum est per prophetas : Quoniam Nazaræus vocabitur.* (*Matth.* ɪɪ, 22, 23.)

Considera primo, rursus Josephum admoneri ab angelo, ut discas nunquam deesse posse vel cœlestes inspirationes, vel angelicas consolationes, vel sana divinaque consilia ubi adest Christus.

Considera secundo, cur Dominus secedere voluerit in civitatem Nazareth, et non adolescere in terra Juda. Cujus rei causæ sunt : 1. Ut in loco remotiore et obscuro quietior esset ab insidiis hostium. 2. Ut patria videretur esse ignobili : ne tu in externa hac mundana patriæ aut generis nobilitate glorieris. 3. Ut sacrum illud cubiculum, in quo humanam carnem susceperat, educatione sua, continuaque præsentia honoraret, quod deinde cubiculum piis Christianis ad auxilium consolationemque commendaret. Hoc enim angelicis manibus in Italiam in montem Lauretanum translatum, solatio est piis fidelibus, qui magna veneratione illos parietes exosculantur, quos infantulus Jesus infantili more manibus contrectavit, et præsentia sanctificavit. 4. Ut Nazaræus vocaretur, hoc est, *floridus,* omnique virtutum genere ornatus.

Considera tertio, Christi Domini non solum vitam et mores, sed ipsum quoque cognomen a prophetis esse prædictum : 1. Ut tu singula quæ Christum quoquo modo attingunt, veneiere ; quandoquidem res tam exigua, quale est Christi cognomen, tot sæculis a prophetis variis est prænuntiatum. 2. Ut de Dei in te bonitate bene speres, cui omnia tua etiam minutissima curæ sunt, juxta illud : *Capillus de capite vestro non peribit* (*Luc.* xxɪ, 18). Roga sanctissimam Dei Matrem, ut virtutum floribus cum Christo orneris.

—

MEDITATIO XXII.

DE INFANTIA CHRISTI.

I. — *Puer autem crescebat et confortabatur, plenus sapientia. (Luc. ii, 40.)*

Considera primo, sanctissimam Matrem summa animi consolatione totam hanc Christi infantiam observasse et coluisse, singulosque ejus sermones et gestus memoriæ commendasse. Nunquam enim visus est infantulus tanta suavitate, tam tractabilis, tam obediens, modestus, mansuetus, atque iste puerulus Jesus, qui mire recreabat Matrem et Nutritium, eosque in sui admirationem venerationemque excitabat. Hanc sanctam itaque familiam adi, in qua Josephus quidem arte fabrili vitæ necessaria parabat, Maria vero Mater, nunc texturæ, aliique muliebri operi vacabat, nunc domestica curabat; puerulus autem Jesus utrumque sua præsentia, sanctisque alloquiis instruebat. Magna hic vigebat sanctitas, ubi cum Matre sua versabatur Sanctus sanctorum; optime servabatur domesticus ordo, horarumque omnium distinctio, et distributio actionum, ut et corpus occuparetur externis officiis, et mens Deo vacaret. Ad exemplum hujus familiæ tu tuam familiam compone, et officia tua actionesque distingue.

Considera secundo, *Puer crescebat*, hoc addi ut scias : 1. Hunc puerum fuisse verum hominem, qui more aliorum hominum sicut ætate, ita etiam corporis statura cresceret. 2. Hunc puerum, qui omnes ætates pertransiit, omnibus ætatibus benedixisse, certamque salutem comparasse.

Considera tertio, *Et confortabatur*. Græce additur, *spiritu*, ut sicut corpore augebatur, ita quoque spiritu videretur augere, nimirum internis Spiritus sancti donis. Christus quidem ab ipsa conceptione plenus fuit omnibus divini Spiritus charismatis, neque ullum accepit in anima horum donorum incrementum, ut recte dixerit Jeremias propheta (xxxi, 22) : *Novum fecit Dominus super terram : Femina circumdabit virum*; paulatim tamen cum ætate prodidit interna dona; et quod cuique ætati convenire sciret, illud opportune exercebat. Docuit igitur quomodo in singulis ætatibus tuis habere te debeas. In infantia erat non difficilis, non morosus, non querulus, in pueritia non lascivus, non garrulus, non levis, non ineptus; sed gratus, modestus, omnibusque amabilis.

Considera quarto, *Plenus sapientia*. Non erat isti puero opus ludimagistro, aut scholis; erat enim ex utero matris plenus sapientia : 1. Quod anima ejus cum Divinitate unita ipsam divinam essentiam perpetuo contemplaretur, ideoque longe amplius pleniusque res omnes in ea quam quivis angelorum cognosceret. 2. Quod præter hanc divinam scientiam repleretur etiam infusa scientia rerum omnium, non minus quam angeli, qui magna scientia creati fuerunt; aut primus parens Adamus, cui Deus scientiam omnium cum creatione infude-

rat. Roga sacratissimam Matrem Dei, ut tu cum annis virtutibus crescas, divinaque sapientia : quia non rari sunt, qui in puerilibus quidem et teneris annis Deum coluerunt et pie reveriti sunt, cum ætate vero pietatem omnem vel prorsus abjiciunt, vel paulatim amittunt.

II. — *Et gratia Dei erat in illo. (Luc. ii, 40.*

Considera primo, puerulum hunc qui propter insignem sapientiam erat admirabilis omnibus, propter gratiam fuisse quoque amabilem. Nam et prudentissimus erat et suavissimus, jucundus Matri, gratissimus omnibus.

Considera secundo, gratiam hic intelligi posse : 1. Justitiam internam, animæque pulchritudinem, qua anima Christi fuit accepta grataque Deo. 2. Donorum omnium Spiritus sancti abundantiam; atque ista plenitudo multo fuit copiosior in Filio Dei, quam in ullis sanctorum; tum quia nemo illorum habuit maximam gratiam quæ in hac vita haberi potest; tum quod singuli acceperint dona ad mensuram, et licet quidam in aliquibus, nemo tamen in omnibus simul excelluerit; tum quod Christus fons gratiarum in nos plenitudinem suam derivat : juxta illud : *De plenitudine ejus nos omnes accepimus. (Joan.* i, 16.)

Considera tertio, *Gratia Dei*, ad distinctionem humanæ gratiæ. Tu favorem ambis hominum, moresque imitaris hujus mundi, hocque agis unice, ut placeas hominibus : Christus porro, qui tibi ad imitandum est propositus, solius Dei gratiæ studuit, cujus moribus et doctrina sanctissima Virgo insigniter instructa, nihil ad mundum, omnia ad Deum retulit. Tu Virginem orabis, ut aliquid gratiæ tibi ex Filii sui plenitudine impetrare dignetur.

III. — *Et ibant parentes ejus per omnes annos in Jerusalem in die solemni Paschæ. (Luc. ii, 41.)*

Considera primo, sanctorum parentum Christi insignem pietatem, studiumque divinæ legis observandæ. Tametsi namque Hierosolymitana civitas itinere tridui abesset a Nazareth, quamvis paupertate premerentur, et licet Infantulus ab ulnis gestandus esset, graviaque suscipienda incommoda, prætulerunt tamen mandatum divinum molestiis omnibus suis.

Considera secundo, mandatum quidem fuisse, ut viri quotannis ter coram Deo sisterentur, qua lege tamen non tenebantur mulieres; nihilominus sanctissima Virgo Mater, pro sua in Deum pietate, cum nulla lege obligaretur, semel quotannis cum marito et infantulo hoc iter ingrediebatur, Deoque Patri Filium pro se totoque humano genere pie ac devote offerebat.

Considera tertio legem istam de visitando tabernaculo Domini, variis de causis a Deo latam fuisse : ut in eadem omnes fide ac religione retinerentur, cujus origo et caput erat Hierosolymis. 2. Ut eum locum ubi moriturus erat Messias, pie colerent. 3. Ut ex sacrificiorum ritu paulatim ad Messiæ passionem mortemque cogitandam oraculis prophetarum erudirentur. Virgo igitur sanctissima non ignara eorum quæ Filio suo eventura erant, magna devotione multisque lacrymis, et locum sanctum et sacrificia prosequebatur. Atque utinam tu aliqua devotione sacro Missæ sacrificio adsis in templis Christianorum, quando non in imagine et figura, sed revera Filius Dei æterno Patri sub speciebus panis et vini incruente nulla sui læsione offertur et immolatur! Hoc ipsum ut tibi dignetur impetrare, a Virgine Matre contende precibus.

MEDITATIO XXIII.

DE TERTIO DOLORE BEATÆ VIRGINIS, AMISSO PER TRIDUUM FILIO.

I. — *Cum factus esset Jesus annorum duodecim, ascendentibus illis Hierosolymam, secundum consuetudinem diei festi, consummatisque diebus, cum redirent, remansit puer Jesus in Jerusalem,* etc. (*Luc.* II, 42.)

Considera primo, quod totis duodecim annis nihil legatur Dominus Jesus fecisse, sed multa incommoda passus esse, ut tu docturus alios non temere hoc munus suscipias, nisi prius studiorum laboribus aliquid sis perpessus; et prius tacere quam loqui didiceris. Voluit porro Dominus auspicari hoc duodecimo ætatis anno, quo incipit vigere rationis usus; tum ne videretur hactenus communi quadam ignoratione siluisse; tum ut nos doceret ab ineunte ætate de Deo verba facere, et divinis potius quam profanis litteris operam impendere.

Considera secundo, puerum Jesum cum parentibus quidem Hierosolymam adiisse, et in templo adorasse, sed illis discedentibus, in templo remansisse illis non rogatis : 1. Ne parentibus metu quodam recusantibus parum obediens fuisse videretur. 2. Ut qui hactenus tanquam homo obtemperasset ad nutum Matri, nunc palam declararet se etiam in cœlis alterius naturæ et conditionis habere Patrem; simulque te doceret, ut divinum imperium semper mandato parentum præferre memineris.

Considera tertio, nulla beatæ Virginis Matris aut Josephi nutritii culpa puerum Jesum relictum in templo : variis enim modis potuit se Dominus parentum conspectibus subducere, et qui forte in civitate visus esset comitatu, Hierosolymis nemine advertente manere. Dubium enim non est quin magnus fuerit hominum comitatus, et puer libenter se etiam junxerit aliis, quibus propter morum suavitatem atque prudentiam erat gratissimus; patiebaturque beata Virgo alios ejus frui colloquiis et eruditione, ut pietatis aliquid a Filio haurirent. Discis beatæ Virginis liberalem charitatem, quæ Filium suum ex animo communicabat aliis, cum interim ipsa maneret Filii Mater; tum ut ab ea et per eam, Filium Jesum petas, tum ut dona tibi a Deo collata libenter in aliorum utilitatem conferas; quantumcunque enim communicas aliis, tibi omnium fructus manebit. Nam sicut Virgo Mater se non sibi soli, sed nobis quoque noverat Filium peperisse, ita tu non tibi, sed Ecclesiæ dona Dei accepisti.

Considera quarto, quid toto triduo Christus Dominus egerit, ubi victitaverit, ubi cubaverit, quæ incommoda puer duodennis, sine pecunia pertulerit, tum quid parentes eodem triduo fecerint : 1° enim nihil solliciti, arbitrabantur eum esse inter cognatos et notos, et apud ipsos cibum oblatum sumere. Vesperi autem diligenter requisitum non invenientes, non parum fuere perculsi, Mater præsertim, cui omnis Filii absentia molestissima erat. Doluerunt igitur, et obortis haud dubie lacrymis de reditu cogitaverunt, nullam impatientiæ, iracundiæ, impotentiæque dederunt significationem, sed cum non ignorarent Filium esse Dei, sapientia gratiaque repletum, certo sciebant, non sine magno consilio, se dimissis, remanere voluisse. Doluerunt tamen, quod metuerent. 1. Aliquam a se datam esse causam istius occulti discessus. 2. Ne se relictis tanquam indignis, aliorum securæ committeret. Sancti enim homines seipsos semper suspectos habent. 3. Ne quid puerulo incommodi accideret; tametsi enim non ignorarent esse Deum, sciebant tamen humanam assumpsisse naturam, ut instar aliorum hominum communibus incommodis subjectus esset.

Considera quinto, Dominum Jesum non inveniri inter cognatos et notos, non in viis, non in diversorio, sed in Jerusalem, *visione pacis*, in conscientia pacata, quæ nulla inquietudine perturbatur. In templo, in corde Dei cultui consecrato, ubi orationum incensa et mortificationum sacrificia offeruntur. Tu illic cum Virgine Matre Christum quære; eumque roga, ut sapientia sua tuum instituat mentem.

II. — *Et factum est post triduum, invenerunt illum in templo, sedentem in medio doctorum, audientem illos, et interrogantem eos. Stupebant autem omnes qui cum audiebant super prudentia et responsis ejus, et videntes admirati sunt. Et dixit Mater ejus ad illum : Fili, quid fecisti nobis sic? Ecce pater tuus et ego dolentes quærebamus te.* (*Luc.* II, 46-48.)

Considera primo, cum prima die Hierosolymis abiissent, secunda die eodem revertissent, tertia die non alibi quæsivisse puerum, quam in templo, ibique non inter pueros ludentem, sed inter viros doctos de rebus gravibus disserentem, proponentem, audientem, et respondentem invenisse. Et quia Dominus voluit hoc actu quasi radium emittere divinæ suæ sapientiæ, et aliquam sui notitiam aperire, nemini dubium esse debet, admirabilia a puero et proposita fuisse et responsa, tantaque prudentia, gravitate atque modestia, quæ pueri ætatem excederet et conditionem.

Considera secundo, Virginem sacram, ut verisimile est, non se ingessisse in hominum turbam, præsertim virorum gravium atque doctorum, sed pro virginali verecundia finem disputationis exspectasse, ut animarum salus, quam videbat a Filio procurari, per se non impediretur.

Considera tertio, tacuisse Josephum tanquam qui sibi conscius esset hunc puerum ad se non pertinere, ut tu scias sanctissimæ Matris cam auctoritatem in suum Deique Filium, quam nemo sanctorum sibi audeat arrogare.

Considera quarto, verba singula, *Fili.* Magna dignitas. Audet homo Deum appellare Filium. Tu hanc Matrem tantæ dignitatis Dominam ex animo venerare. *Quid fecisti nobis sic?* non est objurgatio, non querela, non indignatio, sed humilis modestaque pro materna in Filium libertate interrogatio, cum doloris præteriti significatione. Scio, inquit, Fili mi, te justa de causa a nobis ad tempus recessisse, sed cur, quæso, me hujus rei consciam esse noluisti? Alia mecum secreta tua communicare consuevisti, multa de passione tua, de morte, de humani generis redemptione, aliisque mysteriis ex Scripturis me docuisti; secretum autem hoc tuum consilium cur me celare voluisti? Ita olim quasi admirans dicebat Eliseus de muliere Sunamitide : *Anima ejus in amaritudine est, et Dominus celavit a me, et non indicavit mihi* (*IV Reg.* IV, 27). *Ecce pater tuus.* Joseph erat pater, non quia genitor, sed quia maritus Matris. *Et ego.* Magna Virginis humilitas, quæ sibi præponit Josephum. *Dolentes quærebamus te.* Disce etiam Matrem Virginem cum dolore quæsisse absentem Filium, et quidem nulla sua culpa amissum, ut non mireris si tibi subinde divina consolatio subtrahatur, quo ardentius quæras Deum virtutique inhæreseas. Sed a te frequenter tua culpa recedit Dominus, vel peccatis vel negligentia fugatus. Roga Virginem Matrem, ut quem ipsa hoc triduo percepit dolorem, illum tu quoque divini Spiritus recessu persentiscas, cumque pro virili recuperare studeas, etiam desertis amicis, omnibusque rebus posthabitis.

III. — *Et ait illis : Quid est quod me quærebatis? nesciebatis quia in his quæ Patris mei sunt oportet me esse? Et ipsi non intellexerunt verbum quod locutus est ad eos, et descendit cum eis, et venit Nazareth : et erat subditus illis.* (*Luc.* II, 49-50.)

Considera primo, cujusmodi fuerit Christi Domini verbum ab evangelistis primo loco scriptum. Graviter sane istud protulit, eoque non se hominem modo, sed et Deum indicavit. Non reprehendit parentes, quod se hoc triduo quærerent; sed docet se non quærendum instar pueri, qui a via et a parentibus aberrasset. Vult sane a te quæri Dominus, vult a te audire: Domine, quid fecisti mihi sic? multa in me beneficia tua contulisti; cur igitur abscondis vultum tuum a me, et ponis me quasi contrarium tibi?

Considera secundo, primam a Christo lectionem institui de obedientiæ virtute, tanquam nobilissima, omnibusque Christianis maxime commendanda. Qui

namque superioribus suis obedit, is utique in negotiis versatur Patris cœlestis. Tu igitur tentationibus omnibus, quæ officia obedientiæ impedire conantur, his Christi verbis occurre : Quid me quæritis, mihique molesti estis? negotium ago Dei; exsequor Dei mandata; et in his quæ Patris mei sunt oportet me esse. *Oportet me esse,* hoc est, totus esse dei eo, ut nihil loquar, nihil agam, nihil cogitem, nisi de perficienda cœlestis Patris voluntate.

Considera tertio, neque parentes plene, neque astantes prorsus intellexisse Christi verbum Et quidem sanctissima Virgo non ignorabat quis esset ille Pater, in cujus negotiis oporteret ipsum esse : nondum tamen statim plene intelligebat, quæ essent illa negotia, quia disputationem Filii cum doctoribus non audierat. Alii vero, inter quos te quoque ipsum inveniri putes, verbum hoc Christi de obedientia non capiebant; nihil enim difficilius ab hominibus intelligitur, quam cæca obedientia.

Considera quarto, Dominum, qui prius Deo Patri per se imperanti obedientiam præstiterat, nunc parentibus Dei loco jubentibus, obtemperavisse. Perfectissima fuit autem etiam hæc obedientia, qua æterna Dei sapientia, summa potentia, infinita majestas, ad nutum Virgini Mariæ ejusque marito Josepho obedientem sese exhibuit, hominibus, inquam, simplicibus, pauperibus, mundoque contemptis, ut tu non intueare quis ille sit cui obedias, sed quis ille propter quem obedias qui est Deus creator et moderator omnium, cujus auctoritate, voluntate et loco superiores tui te gubernant.

Considera quinto, Christum descendere cum illis, qui ascendere nondum poterant cum ipso; frequenter enim ad te descendit misertus infirmitatis tuæ. 1. Non poteras cum capere in majestate sua; descendit itaque ad naturam factus homo. 2. Oppressus peccatis ad cœlum oculos attollere non valebas, venit ad te sub familiari specie panis. 3. Difficile tibi erat molestumque, de Deo rebusque divinis meditari; facilem tibi viam demonstrat divinæ voluntatis intelligendæ, quam stravit in obedientia. Tu igitur qui vides tot modis se Deum accommodasse tibi; æquum est, ut te vicissim ejus moribus accommodes ac voluntati, rogesque sacratissimam Dei Matrem, ut quæ optime novit, quibus Filius gaudeat rebus, quibusque delectetur, te ad ejus voluntatem efformare dignetur.

MEDITATIO XXIV.

DE CONVERSATIONE SACRATISSIMÆ VIRGINIS USQUE AD ANNUM CHRISTI TRICESIMUM.

I. — *Mater ejus conservabat omnia verba hæc in corde suo.* (*Luc.* I, 51.)

Considera primo, quanta veneratione Mater et Josephus prosecuti sunt hunc Puerum toto hoc tempore quo apud parentes adolevit. Nam postquam in templo respondisset Matri : *Nesciebatis quia in his quæ Patris mei sunt, oportet me esse?* magna humilitate siluerunt, neque aliquid amplius addiderunt. Et quia cum ætate paulatim magis magisque declarabat se plus esse quam hominem, ipsi quotidie in verba moresque ejus intenti singula admirabantur, et in omnibus gratias Deo referebant, præcipue Virgo Mater : quæ sicut plura de Filio noverat, ita nihil patiebatur sibi e mente excidere.

Considera secundo, duos hos conjuges, cum scirent sibi a Deo hoc munus unice commendatum, ut Filius iste ipsorum opera et ministerio educaretur, nihil prætermisisse officiorum, quod ipsi impenderent. Igitur Virgo se Filio sedulam in omnibus exhibebat ministram, et primo quidem diligenter investigabat et observabat, quid ei esset acceptissimum. Deinde vero hoc ipsum exsequebatur omni promptitudine et constantia. Tu observa sanctissimæ Virginis in omni obsequio humilitatem, qua non tam Matrem, quam ancillam sese existimabat, charitatem plus quam maternam, qua agnoscebat se Matrem sui Creatoris; prudentiam ne quid divinos Filii oculos offenderet; sedulam pietatem, qua Filio nihil deesse patiebatur.

Considera tertio, quid in hac sancta familia singulis temporibus locisque factum sit, præsertim a Dei Filio et Virgine Matre; contemplare ut diebus sacris Deum in Synagoga domique coluerint, diebus profanis etiam externis operibus vacaverint; præterea ut hieme frigoris incommoda, æstate solis calores cœlique injurias patienter tulerint; tum quid mane, vesperi, noctu et interdiu fecerint; demum quomodo domi et foris, quomodo soli et cum aliis se habuerint. Hæc diligenter in Filio observavit Mater, ut ad Filii mores suam quoque vitam ipsa componeret, tuque ipsius prudentiam imitatus, utriusque virtutes moribus tuis exprimeres.

II. — *Et Jesus proficiebat sapientia et ætate, et gratia apud Deum et homines.* (Luc. II, 52.)

Considera primo istud denuo ab evangelista repeti, quod superius de infantia Domini dixerat, ut scires quidnam ab anno ætatis duodecimo usque ad tricesimum egerit. Licet enim post annos triginta serio aggressus sit prædicationem verbi divini, intermedio tamen tempore non fecit nihil ad hominum salutem. Nam 1. Cum ætate proficiebat gratia apud Deum, propter bonorum operum merita, quibus licet ipsi non augeretur internum gratiæ donum, quo redderetur gratior Patri, cui fuit ab incarnatione gratissimus, illis tamen grati animi significationem Deo Patri quotidie magis magisque exhibebat, et officia grata præstabat, quibus magnam gratiæ copiam, multaque merita nobis cumularet. Apud homines quoque proficiebat gratia, quos morum suavitate et excellentia virtutum in sui amorem trahebat atque ad secuturam prædicationem præparabat. 2. Crescebat sapientia, quam (ut ait beatus Athanasius orat. 4, *in Arian.*) sensim manifestabat sanctisque colloquiis multos erudiebat.

Considera secundo si apud alios creverit grati et sapientia, apud Matrem utique suam multo magis crevisse, cujus ut amor in Filium quotidie inardescebat magis, ita divinarum rerum cognitio quam a Filio percipiebat, in dies augebatur. Dubium enim nulli esse debet, quin et Filius cum sola solus frequentius egerit, eamque de cœlestibus rebus instruxerit, multaque arcana mysteria revelaverit; et ipsa docentem attentissime auscultaverit, et qua erat docilitate cito dicta perceperit memoriæque infixerit, maxime sub tali præceptore, qui dum foris doceret, etiam intus unctione Spiritus sancti informabat mentem. Si igitur rudes apostoli Christo magistro usi solo triennio, multum profecerunt, quantam putas hanc Virginem habuisse sapientiam rerum divinarum, quam solam Filius triginta annis instituit. Roga sanctissimam Matrem, ut hujus divinæ Sapientiæ amore capiaris : illa siquidem et desiderata clarius agnoscitur, et agnita voluntatem in sui desiderium inflammat ardentius.

III. — *Nonne hic est faber, filius Mariæ ?* (Marc. VI, 3.)

Considera primo, Christum Dominum in juventute non dedisse litteris operam, sicut cognoscebant Judæi, cum de eo dicerent : *Quomodo hic litteras scit, cum non didicerit ?* (Joan. VII, 15.) Neque tamen munus prædicationis ante annum ætatis tricesimum obiisse, licet privatis subinde colloquiis cives suos instruere niteretur; neque etiam otio fuisse deditum, quia sciebat hominem ad laborem esse natum. Exercuit igitur cum nutritio Josepho artem fabrilem ; unde etiam a suis audiebat, *Nonne hic est faber ?* Hac autem arte et sibi et Matri victum parabat. B. Justinus scribit, Christum solere aratra jugaque fabricare, ut per has figuras justitiam doceret, et reipsa fugam otii. Tu disce otium omne vitare laboribusque ea parare, quibus et pauperum subveniatur necessitati, et tibi merita bonorum in cœlis crescant.

Considera secundo, Christum Dominum tuum manibus laborantem, sudore madentem, suo confecta labore vendentem, pecuniam vel Matri vel Josepho reddentem. Nihil hic ab eo indecorum, nihil ad quæstum, nihil fraudulenter gerebatur, ut exemplo præiret omnes operarios et negotiatores, quorum labores et negotia his suis officiis consecravit.

Considera tertio, provectiore jam ætate Christo Domino ut nutritii opera jam amplius non indigeret, Josephum Virginis sponsum atque maritum ex hac vita (ut ait B. Epiphanius *hæres.* 78) migrasse. Itaque Christus Matrem educabat, viduam solabatur, pleniusque de rebus cœlestibus docebat, eaque omnia præstabat Matri, quæ Christi commendatione ei postea exhibebat discipulus Joannes, de

quo scribitur : *Et ex illa hora accepit eam discipulus in sua. (Joan* xix, 27.) Qui enim docere voluit discipulos suos atque fideles, quomodo ho-
norandi ipsis essent parentes ; nempe non verbis
tantum externaque reverentiæ cæremonia, sed
subsidio corporali ; hoc utique manuum suarum
laboribus agere voluit, ut charissimæ Matri nihil
deesset.

Considera quarto, cur usque ad annum ætatis
tricesimum Christus Dominus palam non docuerit,
vel miracula ediderit ; cujus causæ plures afferuntur. 1. Ut tanto diutius præsentia sua Matrem
solaretur, quanto illam sciret majori dolore passionis tempore affligendam. 2. Ut hominum repri-
meret superbiam, qui ad docendum proniores sunt
quam ad discendum. 3. Ut scias ad hominum conversionem plus momenti habere sanctam *et*
inculpatam vitam, quam multorum annorum prædicationem : brevi enim tempore multa dici possunt, sed ut ea præstentur, juvant multi temporis bonæ vitæ exempla. 4. Quia Christiana doctrina
in praxi potius quam in contemplatione consistit.
5. Quia Deus qui simul intus docet quod foris
loquitur, non multo tempore indiget. Hoc enim
doctore latro in cruce brevissimo tempore ad culmen
hujus Christianæ scientiæ pervenit. Tu a Christo
per Matrem hanc divinam institutionem impetrabis.

MEDITATIO XXV.

DE NUPTIIS IN CANA GALILÆÆ.

1.— *Die tertia nuptiæ factæ sunt in Cana Galilææ.
Et erat Mater Jesu ibi ; vocatus est autem et Jesus
et discipuli ejus ad nuptias. (Joan.* ii, 1.)

Considera primo, sanctissimam Dominam nostram cum Filio ejusque discipulis vocatam ad
nuptias pauperum, non recusasse : 1. Ut nuptiarum sacramentum istorum sanctitate præsentiaque
commendaretur et sanctificaretur ; docerenturque
sponsi et conjuges ita nuptias inire, ut Jesus
cum Matre ab iis non arceatur levitate, petulantia,
libidine ; sed connubium sit honorabile et thorus
immaculatus *(Hebr.* xiii, 4), per quem filii nascan-
tur, qui benedictione Domini Jesu Matrisque ejus,
et ipsi salventur, et parentibus sint auxilio ad
salutem, juxta illud quod de muliere scripsit Apostolus *(I Tim.* ii, 15): *Salvabitur per filiorum generationem.* 2. Ut facilitatem doceret religionis Christianæ, in qua promiscue monachi, cœlibes, petulantia,
gratia Dei donantur, et Christi ejusque Matris
præsentiam merentur, dummodo statum quique
suum pie ac religiose tueantur. 3. Ut tu paupera-
tem si non reipsa, saltem voluntate secteris. Is
enim etiam est pauper, qui licet divitias possideat,
eas tamen Christi Matrisque ejus permittit voluntati, animo ab omni cupiditate liber.

Considera secundo, prius affuisse in nuptiis
Matrem, fortassis ut sponsis in curando convivio
nuptiali rebusque domesticis esset auxilio. Ait

enim Beda post B. Augustinum, has fuisse nuptias
B. Joannis evangelistæ Virginis Mariæ consanguinei
cui Christus Dominus celebrato sed nondum in
summato matrimonio virginitatem persuaserit.
Discis igitur Virginis Matris studium esse, ut cultores suos offerat Christo ad virtutum perfectionem
instituendos.

Considera tertio, die tertia celebratas nuptias,
quasi Dominus biduo præcedenti aliis rebus occupatus fuisset, nempe in docenda virginitate et
cœlibum statu. Hi enim duo ordines hominum sunt
Christo conjunctiores. Nam et ipse virginitatem
coluit et Virginem Matrem elegit. Apostolos vero
suos vel virgines vel continentes esse voluit ; denique neminem ad nuptias hortatus legitur, sed
consilium dedit castitatis, cum diceret : *Qui potest
capere, capiat.* (*Matth.* xix, 12.) Satis multi enim
sunt qui passim suadent matrimonium ; pauci qui
virginitatem.

Considera quarto, cum Domino Jesu et Matre
affuisse his nuptiis discipulos Domini, ut discas : 1.
Illi homini non posse non esse amicos sanctos
omnes, qui Christum habeat Patronum cum Matre.
2. Eos qui Christum sequuntur, non ad tetricam
molestamque et plenam miseriis vitam vocari, sed
ad lætam et suavem. Nihil enim suavius est jugo
Christi, nihil jucundius bona conscientia. Tu Virginem roga, ut ejus favore præsentiaque ineas
spirituales cum Christo Filio ejus nuptias, quibus
illa impetret vini suavitatem, et vinculum indissolubile.

II. — *Et deficiente vino, dicit Mater Jesu ad eum :
Vinum non habent. Dicit ei Jesus : Quid mihi et
tibi est, mulier ? nondum venit hora mea. (Joan.*
ii, 3, 4.)

Considera primo, sanctissimæ Matris' charitatem
quæ pauperum necessitatem inspexit, et ad subveniendum induxit. Cum igitur nunc in cœlis majori
sit in nos charitate, utique et spiritualia et temporalia nostra procurabat.

Considera secundo, orandi modum : *Vinum non
habent.* Sciebat Filii sui teneritudinem et amorem,
cui proprium est misereri et opem ferre, suosque
nusquam deserere. Tu ergo per Virginem Matrem
benignissimo Domino miserias tuas repræsentes,
quia exaudiet te misericordia si misericordiæ
Mater pro te rogarit, causamque susceperit.

Considera tertio, Christi Domini duriusculum
responsum : *Quid mihi et tibi est, mulier ?* Hoc est
quid mihi tecum est negotii ? Quo verbo adeo
non deprimit Matrem, ut eam vehementer quoque
extollat. Significat enim se Virginis quidem esse
Filium, sed creaturarum etiam Dominum, hominem,
inquam, et Deum ; et ut hominem quidem agnoscere
venerarique Matrem ; ut Deum autem dependere
a cœlesti Patre. Quod igitur hic dicit, tale est :
Mater mea, humanam a te carnem accepi : potestatem autem miraculorum edendorum mihi
dedit Pater cœlestis. In his non teneor (ut scis)

parere tibi, sed Patri æterno, qui mihi tempus constituit, quando velit ut miraculis innotescam mundo. Hæc sententia Virginis indicat dignitatem, quæ illius est vera Mater, cujus Deus est item verus germanusque Pater.

Considera quarto, Christum omnia suo tempore facere, nihil temere, nihil inordinate, ut tu tempus a divina ipsius providentia determinatum patienter exspectes, memor verbi Salomonis (*Eccle.* II, 1): *Omnia tempus habent;* neque de divina bonitate diffidas.

III. — *Dicit Mater ejus ministris: Quæcunque dixerit vobis, facite. (Joan.* II, 5.)

Considera primo, Virginem Matrem hoc duriusculo responso nihil turbari: intelligebat namque charissimi Filii mentem non eam esse, ut eam confunderet, sed ut nos ab humana natura ad divinitatis cogitationem abduceret. Sicut enim necessum erat, Christum agnoscere hominem, ita quoque necessum fuit, eumdem venerari Deum, et homo quidem externis oculis videbatur, divinitas vero ejus difficilius intelligebatur.

Considera secundo, magnam Virginis fiduciam, quæ Filii mores probe compertos habebat, ejusque in se amorem cognoscebat, qui differre quidem solet, sed Matri tamen roganti nihil unquam recusare.

Considera tertio, admonitionem datam ministris: *Quodcunque dixerit vobis, facite.* Qua 1°, declarat animi sui humilem modestiam, qua Filium non urget, sed tempus opitulandi ejus committit voluntati; 2°, pulchre monet, nunquam esse de auxilio Christi dubitandum, dummodo ejus perficiamus voluntatem. Tu igitur si Christi opem per Matrem imploras, hanc Matris audi admonitionem: *Quodcunque dixerit vobis, facite.*

Considera quarto, Christum Dominum Matris suæ precibus antevertisse miraculorum tempus, ut scias quanti ponderis sint Matris preces apud Filium. Tu ejus orationibus roga, tibi insipidas malarum passionum vanarumque cogitationum tuarum aquas in sapidum divinæ charitatis vinum converti, tibique ad id obtinendum impetrari, ut non modo præcepta divina, sed quæcunque etiam tibi dixerit Christus, vel consiliis, vel superiorum admonitionibus, vel sancti Spiritus suggestionibus, observes atque perficias.

MEDITATIO XXVI.

I. — *Loquente Jesu ad turbas, ecce Mater ejus et fratres stabant foris quærentes loqui ei, et non potuerunt adire eum præ turba. (Matth.* XII, 46; *Marc.* III, 31 ; *Luc.* VIII, 19.)

Considera primo, sanctissimam Virginem ægre quidem a Filio potuisse divelli; non iniquo tamen tulisse animo, ut se præsentia corporis destituta, in animarum lucrum incumberet.

Considera secundo hujus accessus causam non fuisse vel commodum suum, vel aliquid levioris momenti. Ea namque erat fide beatissima Virgo, ut sciret Filium non minus nosse absentia quam noverat Elizæus (*IV Reg.* v, 6), qui absens vidit Naaman de curru suo occurrentem Giezi, et secretissima regis Syriæ consilia indicavit regi Israel; nec ignorabat absentia curare posse, sicut sanavit centurionis servum, et reguli filium, et filiam Syrophœnissæ; denique sciebat Filium intueri et movere absentium corda, sicut postmodum Petrum spiritu respexit et commovit in atrio Pontificis. Reverentia etiam in Filium et Verbum Dei non permisisset sermonem cœptum interpellare. Tu porro causas imaginare, quas licet evangelistæ non expresserint, varias tamen varii attulerunt, quarum una esse potest, et forte præcipua, ut fratres isti (hoc est, cognati, phrasi Hebraica) qui, teste beato Joanne, necdum in Christum crediderant, cum essent homines ambitiosi mundique vanitatibus dediti, ad Christi concionem adducti mentem mutarent: quo etiam consilio beatus Joannes Baptista discipulos suos ex vinculis ad Christum miserat. Alii addunt piissimam Matrem tot Filii sui laborum misertam, ob id accessisse ut materna auctoritate et precibus ad quietis nonnihil induceret. Nam paulo ante affirmat Marcus, tantam confluxisse hominum multitudinem, ut non possent neque panem manducare; tantoque fervore prædicasse Dominum, et in salutem aliorum incubuisse, ut sui exirent tenere eum, quod dicerent in furorem versum esse. Et tametsi nihil ejusmodi metueret prudentissima Mater, cognatorum tamen hortatu fortassis accessit, ut sibi nonnihil a tantis laboribus indulgeret rogatura.

Considera tertio, Matrem foris stare; non enim decebat virginalem pudorem ut in turbam se ingereret. Patienter igitur et humiliter exspectabat, forisque corde suo ad cor Filii sui loquebatur, qui sicut nunquam a corde aberat, sic ad omnes Matris quæstiones et orationes suavissimo divini sui Spiritus susurro respondebat. Tu hanc Virginem Matrem ora, ut cum his cognatis te offerat Filio instituendum, pleneque ab omnibus erroribus vitiisque curandum.

II. — *Et miserunt ad eum vocantes eum. Dixit autem ei quidam : Ecce Mater tua et fratres tui foris stant volentes te videre, et quærentes te alloqui. (Marc.* III, 31 ; *Matth.* XII, 47; *Luc.* VIII, 20.)

Considera primo, non improbabiliter nonnullis videri hunc nuntium non tam a Matre quam a fratribus missum esse, quorum importunitate cesserit beatissima Virgo; et, si forte etiam ipsa misisse dicatur, id omni modestia reverentiaque factum intelligi debet, non ut cursus sermonis interrumperetur, sed ut eo finito nuntiaretur Matris præsentia, quam tamen modestiam non videtur nuntius observasse, qui loquentem Dominum insolenter interpellavit.

Considera secundo, Matrem foris stantem indigere mediatore et nuntio ad Filium, ut nunc in æterna gloria sit ipsa mediatrix humani generis ad eumdem.

Considera tertio, in mundo hoc nonnunquam sanctos, qui ex animo quærant desiderantque Christum, foris stare ; eos vero, qui Christum rideant, vel saltem non quærant, intus versari ; ne tibi blandiaris in ecclesiasticos aut sacerdotali munere, quod non arguit in te sanctitatem, sed requirit. Cavendum porro tibi, ne qui hic foris præstolantur cum Virgine Dominum in altera vita cum eadem Virgine tui judices inveniantur.

Considera quarto, hoc nuntio honorari Virginem Matrem ; tum quod palam prædicaretur tanti Prophetæ verissima Mater ; tum quod internuntius ille a Christo Matri honorem deberi existimarit, quorum neutrum Dominus recusavit : ut intelligas multo magis nunc honorari in cœlis ubi nec facultas Filio deest, nec voluntas, neque ulla subest causa non deferendi quantum Matri Filius debet honorem. Tu Virginem venerare eamque precare, ut dignum te efficiat laudis suæ prædicandæ.

III. — *At ipse respondens dicenti sibi ait : Quæ est mater mea, et qui sunt fratres mei? Et extendens manus in discipulos suos, dixit : Ecce mater mea et fratres mei. Quicunque enim fecerit voluntatem Patris mei qui in cœlis est, ipse meus frater, et soror, et mater est, (Matth. XII, 48-50.)*

Considera primo, Christum Dominum duriuscule (ut apparet) locutum internuntio, partim quod importune divinum sermonem impediret, ne tu Deum in te loquentem, teque piis suggestionibus consolantem, alienis cogitationibus, licet in speciem necessariis, interpelles ; partim quod irreverentius de se et Matre loqueretur ; de se quidem quasi homine solo, cujus parentes homines tenues non essent ignoti : de Matre vero tanquam muliere plebeia, et una de numero vulgi.

Considera secundo, non rejici aut negari, aut pudore affici sanctissimam Matrem. Non enim ait Dominus : Non est Mater mea ; pudet me hujus Matris ; indigna est quam pro Matre agnoscam ; sed primo quidem in discipulos manum extendens, viros notæ sanctitatis et miraculis claros, indicare palam voluit Matrem triginta jam annis a se institutam his inferiorem nòn esse. Deinde vero adjuncta sententia, ejus exposuit dignitatem, quæ non ex eo solo commendanda esset, quod corpore Mater esset ; sed ex eo vel maxime, quod etiam spiritu Soror et Mater esset : ut tu in Virgine non tantum Dei Matris venereris dignitatem, sed animæ quoque ornatum, et vitæ morumque sanctitatem.

Considera tertio, cur Christus subinde de Matre

sua duriuscule videatur locutus, cujus causæ afferri possunt : 1. Ut intelligerent auditores divinam in ipso naturam, qua sicut aliis creaturis omnibus, ita Matre quoque esset superior. 2. Ut plenum perfectumque honorem Matri post hanc vitam reservaret. 3. Ut illam virtutum præcipuarum humilitatis, obedientiæ, fiduciæque summis meritis cumularet. 4. Ut in religionis et divinis negotiis nullam carnis rationem habendam doceret, et hæc non ignorans beatissima Mater nihil moleste ferebat, se a Filio verbis deprimi. Sciebat enim hac se depressione altius attolli. Nam quia omnis sua gloria a gloria Filii dependebat, utique quo Filius magis illustrabatur, magis etiam clarescebat gloria Virginis, quæ tanti Filii Mater esset. Tu nullam nisi ex Christi gloria tibi gloriam quære.

Considera quarto, magnam sanctæ animæ cum Christo conjunctionem et cognationem, ut frater sit, soror et mater Domini. Soror quidem ob communem parentem et internum spiritum ; frater vero ob communes ad gloriam cœlestis Patris labores ; mater autem quia Christum bonis desideriis et propositis concipit, bonis operibus parit, studio perfectionis format, in pauperibus autem proximusque juvandis fovet. Tu si hic te Christo exhibeas matrem, futurum est, ut eumdem postea habeas in danda hæreditate Patrem.

Considera quinto, quanta facilitate ad hanc dignitatem pertingatur, nempe si Dei Patris perfeceris voluntatem. Excita in te hujus dignitatis amorem, quam præferas dignitatibus omnibus istius orbis ; oraque Virginem beatissimam, ut quæ germana est Mater Domini, et spiritu Mater, Frater, et Soror, te doceat verum matris officium, tibique adsit, ut Christum perpetuo concipias, parias, et formes in te proximisque tuis.

MEDITATIO XXVII.

DE PRÆDICATA SANCTISSIMÆ VIRGINIS MATRIS LAUDE A MULIERE EX TURBA

I. *Loquente Jesu ad turbas, extollens vocem quædam mulier de turba, dixit illi. (Luc. XI, 27.)*

Considera primo, cur Dominus hoc tempore Matrem suam laudibus efferri voluerit, nimirum : 1. Ut intelligas in Filium redundare omnem Matris laudem, cujus felicitas ex dignitate Filii æstimatur. 2. Quia sancta est ubertas bonorum Christi, ut ex iis et Mater et sancti omnes commendentur ; ne tu existimes sanctorum laudibus aliquid de Christi laudibus detrahi.

Considera secundo, laudandæ Matris occasionem ex Christi concione acceptam esse, quia Dei verbum adeo non prohibet, ut promoveat quoque laudes et venerationem Virginis Matris atque sanctorum.

Considera tertio, ubi hæc laus Virginis sit prædicata, nimirum in frequentissimo populo, nemine prorsus vel contradicente, vel interturbante. Omnes namque apud se fateri cogebantur merito tanti Filii Matrem prædicari; ut tu non verearis palam colere Virginem Matrem receptis in Ecclesia cæremoniis et precibus.

Considera quarto, quando sint dictæ laudes Virginis; nimirum concionante ad populum Domino, qui alias quidem nonnunquam interturbatus visus est moleste ferre sermonem interruptum. Has autem sanctissimæ Matris suæ laudes, adeo non tulit moleste, ut eas quoque gravissimis verbis auxerit.

Considera quinto, quomodo prædicatæ sint laudes istæ, scilicet cum clamore et elata voce, ut discas: 1. Vim verbi divini, quod totum replet hominem, magnaque energia foras erumpit. 2. Sanctissimam Matrem in Filii gloriam magno affectu esse colendam.

Considera sexto, quis Virginem his modis laudarit, nempe post Elisabetham alia mulier, ut scias muliebri sexui per Domini Matrem concessum: 1. Ut qui in Eva maledictionem incurrerat, per istam benediceretur. 2. Ut qui per garrulam Evam linguæ incontinentia laborabat, per Mariam linguæ officio ad Dei gloriam uteretur. 3. Ut Mariæ auxilio sexus femineus devotus et esset et palam ubique diceretur.

Considera septimo, mulierem hanc fuisse de turba, hoc est, non nobilem, sed plebeiam ex vulgo; ut discas sanctissimam Virginem non fastidire pauperes, sed gratiori affectu ab illis suscipere laudes, quominus superbia, voluptatibus aliisque passionibus et vitiis laudum puritas contaminatur. Tu igitur toto cordis affectu Dominæ tuæ laudes decanta, et contra serpentis semen, hæreticos (inquam) omnes, ejus tuere honorem, et Ecclesiæ verbis dicito: *Dignare me laudare te, Virgo sacrata : da mihi virtutem contra hostes tuos.*

II. — *Beatus venter qui te portavit, et ubera quæ suxisti.* (*Luc.* XI, 27.)

Considera primo, quod mulier ista implere incipiat sanctissimæ Virginis vaticinium: *Beatam me dicent omnes generationes.* (*Luc.* I, 48.) Quod postea plenius perfecit, et etiamnum perficit, per universum terrarum orbem Ecclesia, quæ et multis hymnis orationibusque laudes Virginis palam decantat, et his ipsis mulieris istius verbis ubique utitur: *Beata viscera Mariæ Virginis, quæ portaverunt æterni Patris Filium.* Et : *Beata ubera quæ lactaverunt Christum Dominum.*

Considera secundo, non dici a muliere: Beati parentes qui te genuerunt, ut singulariter Virginem Matrem intelligas benedictam, ex cujus utero sibi Dominus supernaturali modo corpus efformavit. Parentibus quidem Virginis sua manet quoque beatitudo, sed super omnes est excellentissime beata Mater, quæ Deum corpore vestivit.

Considera tertio, hanc mulierem ex parte aliqua interpretari quod Elisabetha post angelum Gabrie-

lem dixerat: *Benedicta tu in mulieribus;* nempe quia beatus venter qui Dominum portavit Creatorem mundi, et ubera quæ lactaverunt illum, per quem nec ales esurit. His namque verbis satis aperte nobis indicatur, primo quidem Christi humana natura, quæ gestata est utero et ubera suxit. Deinde vero ejusdem divinitas, quæ post annos triginta ex sola novem mensium præsentia uterum Matris Dei adhuc beatum reddidit. Non enim dicit: Beatus fuit venter cum te portaret, et ubera cum illa sugeres, sed perpetuo manere beatum, quem Deus semel occupavit. Ut enim Christus ventrem Matris corpore reliquerit, gratia tamen Spiritus in eo perpetuo perseverat.

Considera quarto, magnam hic indicari commendationem Christi, qui Matris corpori tantam sanctitatem reliquit; magnas etiam significari laudes Matris, cujus singula pene membra sacrum Dominicum corpus tam familiariter attigerunt. Et uterus quidem de purissimo sanguine illi dedit corpus, ubera vero lacte de cœlo plena nutrierunt, brachia gestarunt, fovit sinus, os oscula præbuit, manus abluerunt, curarunt, ministrarunt. Denique totum Virginis corpus divino corpori Filii obsequium præbuit ; si igitur secundum Judæorum templum juxta Aggæi prophetiam (II, 8) majori gloria fulsit, quam nobilissimum illud Salomonis templum auro vestitum, totoque orbe celeberrimum propter Christi Domini præsentiam, qui in eo et paulo ipse, et miracula edidit, et Infans oblatus est Deo Patri, quanto sanctius erit Virginis Matris corpus divino corpori conjunctissimum? ex quo cum Filius Dei, tanquam ex nobilissima purissimaque totius orbis materia, sibi corpus formasset, omni virtutum illud genere instruxit, ad omnem honestatem composuit, inordinatis passionibus vacuum reddidit, sicque nobilitavit, ut illud mundus post ipsius obitum Virginis retinere non mereretur, sed cœlum illud exceperit ejusque claritate quasi nova luce illustraretur. Tu igitur hanc Virginem commenda et precare, ut de sanctitatis ejus plenitudine tu aliquid accipias.

III. — *At ille dixit : Quinimo beati qui audiunt verbum Dei, et custodiunt illud.* (*Luc.* XI, 28.)

Considera primo, non reprehendi vel corrigi verba mulieris a Christo, sicut impie blasphemant hæretici. Eodem namque Spiritu dicta sunt hæc verba, quo prius locuta fuerat Elisabeth : *Benedicta tu in mulieribus.* (*Luc.* I, 42.) Non enim ait Christus : Nequaquam est beata quod utero me gestarit, sed : *Quinimo,* quod sane imo vero, ut sit confirmantis, sed majori laude. Fateor, inquit, te vera dicere, sed quod laudis hujus caput est, non attingis. Tu corporis quidem prædicas felicitatem, animæ vero laudes, quæ sunt potiores, prætermittis.

Considera secundo, Matrem a Filio non speciali, sed generali sententia commendari. Non enim tixit : Beata est quia verbum Dei audit illudque custodit; sed : *Beati qui audiunt verbum Dei, et custodiunt illud.* 1. Ut laus Matris esset cum aliorum utilitate conjuncta ; solent namque homines alienam commendare felicitatem, ad quam se non existimant posse attingere : sicut mulier hæc Virginem Matrem prædicavit, quod Mater esset tanti prophetæ. Docet igitur Christus, Matris suæ præcipuam felicitatem in eo non esse positam, quod Mater esset corporis sui, sed in eo vel maxime, quod animo conciperet retineretque Dei verbum, quod in omnium esset potestate imitari, ut de facilitate tantæ beatitudinis Deo gratias agamus. 2. Ut ex aliorum beatitudine intelligatur præstantia beatitudinis Matris. Si enim illi sunt beati qui verbum Dei audiunt et custodiunt, omnibus sane modis erit beatissima, quæ totis triginta annis ipsum Verbum Patris, hoc est, Filium Dei partim utero gestavit, partim audivit, vidit, manibusque tractavit, ejusque singula dicta factaque conservavit, conferens in corde suo, ad eaque vitam moresque suos conformavit.

Considera tertio, non dici beatos qui audierunt, sed qui audiunt et custodiunt ; hoc est, qui audire perseverant, quod in eo felicitas Christiana consistat, si continenter ob oculos cordis habeat Dei verbum, cujus intuitu, actiones omnes suas componat. Tu hic agnoscens felicitatem tuam, cui tam copiose externum Dei verbum denuntiatur, et tam liberaliter administratur in Eucharistia incarnatum Dei Verbum, in laudes Dei erumpe, precibusque sanctissimæ Matris obtinere stude, ut utrumque verbum et devote suscipias, et firmiter retineas, et utiliter perficias.

MEDITATIO XXVIII.

DE QUARTO DOLORE BEATÆ VIRGINIS , DISCEDENTE FILIO AD PASSIONEM.

I. — ANTE DISCESSUM. — *Fasciculus myrrhæ dilectus meus mihi, inter ubera mea commorabitur.* (*Cant.* I, 12.)

Considera primo , sanctissimam Matrem non ignoravisse causam incarnationis Filii Dei eam fuisse, ut acerbissimis cruciatibus, sanguinis effusione, opprobriis, et morte humanum genus redimeret. Hoc enim cognovit primo quidem diligenti lectione et meditatione prophetarum ; deinde vero sanctissimi Filii sui narratione, qui ei non minus sensum aperuit intelligendi Scripturas : atque in omnibus Scripturis exposuit Christum pati debere, et sic intrare in gloriam suam, quam apostolis et discipulis, quibus post resurrectionem eadem præstitit, et sæpius adhuc cum ipsis agens futuram suam Passionem mortemque prædixit. Igitur beatissima Mater frequens erat in futuræ istius Passionis meditatione, qua intelligebat se et gratam esse Filio et conformem, utpote qui semper mente Passionem suam versabat, juxta illud : *Baptismo habeo baptizari, et quomodo coarctor usque dum perficiatur?* (*Luc.* XII, 50.)

Considera secundo, ut hac meditatione excitata fuerit in Dei Filiique sui primo quidem magnam admirationem, deinde vero ardentissimum amorem. Intelligebat quippe Dei majestatem, hominum utilitatem, pœnarum acerbitatem, et beneficii magnitudinem, quod tam in se quam in alios omnes homines conferebatur.

Considera tertio, ex hac contemplatione divini erga homines amoris excitatam fuisse in Virgine vehementem quamdam charitatem hominum , quos tanti æstimavit Deus, ut Filium suum pro ipsis daret in mortem ignominiosissimam et acerbissimam. Compassa est ergo miseris peccatoribus, et se totam pro sua conditione in proximorum auxilium expendit.

Considera quarto, tametsi hominum salutem ardenter Virgo sitierit, magno tamen dolore affectam fuisse, quoties de Filii sui Passione cogitaret ; sæpius enim repetebat illud Simeonis : *Tuam ipsius animam pertransibit gladius.* (*Luc.* II, 35.) Et quoties dulcissimi Filii corpus contemplabatur, semper illi recurrebant quæ illis esset membris tormenta passurus. Quamobrem perfecte ab ea observatum fuit illud Sapientis mandatum : *In die bonorum ne immemor sis malorum.* (*Eccli* XI, 27.) Recteque illud ex Canticis usurpare potuit ; *Fasciculus myrrhæ dilectus meus mihi, inter ubera mea commorabitur.* Ubera Sponsæ sunt Dei proximique dilectio , quæ licet suavitatem afferat diligenti , myrrhæ tamen amaritudo temperat gaudium , et tot ramusculi myrrhæ quasi in fascem colligati addunt dolorem, nempe tot pœnarum genera in unum Christum coacervata, affligunt amantissimam Sponsam et Matrem Dei. Tu illam obnixe precare, ut ex ejus Filiique doloribus salutarem dolorem percipias, hujusque mundi voluptates ne appetas.

II. — IN DISCESSU. —- *Fili mi, quis mihi tribuat ut ego moriar pro te?* (*II Reg.* XVIII, 33.)

Considera primo, Christum Dominum quando Hierosolymam jam passurus proficiscebatur, sic dixisse apostolis suis : *Ecce ascendimus Hierosolymam, et Filius hominis tradetur principibus sacerdotum, et Scribis; et condemnabunt eum morte, et tradent eum gentibus ad illudendum, et flagellandum, et crucifigendum.* (*Matth.* XX, 18, 19.) Et postea iterum : *Quia post biduum Pascha fiet, Filius hominis tradetur, ut crucifigatur.* (*Matth.* XXVI, 2.) Prædixerat sæpius, se passurum, sed instante tempore non tacuit quid jamjam futurum esset. Id autem quod noluit latere discipulos, utique dilectissimam Matrem non celavit ; sed quam aliarum rerum consciam esse voluit, illi etiam discessus sui diem et horam indicavit. Et sane non decebat Filii observantiam insalutata Matre ad deliberatam mortem proficisci. Itaque ad Passionem suam abiturus pridie Parasceves feria quinta, iturusque in domum ad esum agni, Matri charissimæ, quæ tum pro more diei festi Paschatis erat

Hierosolymis, vale ultimum dixit. Tu Matris vultum contemplare, uberrimas considera lacrymas ex oculis instar rivuli in sacras genas ad terram defluentes. Quæ enim fuit unquam homini in hac vita major causa tristitiæ? Tantus Filius, Matri suæ unigenitus, solatium unicum, qui cum triginta tribus annis magna pace vixerat, jam avellitur passurus postridie, quantum mortalis homo nullus in orbe sustinuit. Amor naturalis maternus adjutus amore supernaturali divino, admirabiliter augebat dolorem in ea Virgine, quæ et intellectus bonitate, et affectus teneritudine facillime apprehendebat, et percipiebat Filii mala. Filius porro ipse etiam tenerrimus ad Matris lacrymas motus, lacrymas tenere non potuit. Quomodo enim flente ubertim matre non fleret, qui suscitaturus Lazarum, ejusque sorores tanto miraculo exhilaraturus, lacrymante Magdalena cum astantibus, lacrymas nequivit cohibere? Expende lacrymas Davidis, quando a dulcissimo Jonatha Saulis malitia avellebatur. Cogita lacrymas matris Tobiæ junioris, quæ filium suum magno dolore præstolabatur; denique considera fletum illarum matrum, quarum infantulos innocentes crudelitas Herodis necavit: *Rachel*, ait (*Jerem.* xxxi, 15, *Matth.* ii, 18) *plorans filios suos, et noluit consolari.* Quoties Mater Filio illud Davidis dixit (*II Reg.* xviii, 33) : *Fili mi, quis mihi tribuat ut ego moriar pro te?* Et illud Sponsæ (*Cant.* viii, 6) : *Pone me ut signaculum super cor tuum, et super brachium tuum.* Hoc est, ut revera corde et corpore tecum patiar.

Considera secundo, insignem Matris resignationem, tum propter voluntatem Dei Patris, tum propter generis humani liberationem, ut tu in Dominam hanc tuam, magno amore et veneratione feraris, quæ liberali animo tibi Filium suum ad Passionem dedit. Contemplare interim, ut Filium abeuntem oblique respiciat, et lacrymantibus oculis, quoad potest, prosequatur. Tu utrique et Filio et Matri compatiaris, totoque corde gratias agas, quod tantis lacrymis pro te auspicati sint passionem.

III. — Post discessum

Considera primo, quid a discessu Filii sanctissima Mater sit agressa. Nihil indecorum præ se tulit, nullam immortificati animi significationem dedit, nihil impatienter dixit; dolore plena lacrymisque perfusa, quæsivit secretiora, ut illic plangeret dolorem suum. Tota fuit hic contemplationi dedita, repetivit lecta in prophetis, et audita a Filio. Si plerique Christiani in Ecclesia, peracta jam multis annis Dominica Passione, ejus meditatione variis affectibus admirationis, tristitiæ, compassionis, amoris commoventur; quanto magis amantissima Mater eo ipso tempore quo ad patiendum dilectissimus Filius jam aberat, quæcunque de futura Passione cognoverat, mente volvebat, seseque variis modis in Deum afficiebat?

Considera secundo, Christum Filium a Matre recedentem, materni vultus, dolorisque et lacrymarum oblivisci non potuisse. Abiit ergo secum maternas lacrymas cogitans, quas Patri æterno cum suis obtulit in felix auspicium instantis passionis.

Considera tertio, noctem illam a Matre non esse datam vel epulis, vel quieti, sed contemplationi, qua illa quæ singulis diei horis Filio suo eventura cognoverat, illis ipsis horis meditabatur. Tu Virginem beatissimam ora, ut ejus auxilio Dominicam Passionem utiliter contempleris.

MEDITATIO XXIX.

DE QUINTO DOLORE BEATÆ VIRGINIS.

I. — *In occursu Filii bajulantis crucem.*

Considera primo, tametsi Scriptura nullam mentionem faciat, quid egerit, vel ubi fuerit beatissima Mater, priusquam Filius esset actus in crucem, nihil tamen repugnans Scripturæ, sed veteribus sanctis Patribus conforme, rationique consentaneum faciet, qui Virginem Matrem affirmabit per internuntios, quæ circa Filium gererentur cognovisse, et gestantem humeris crucem spectare et prosequi voluisse. Hæc enim et ad sanctæ hujus Matris officium, et ad amorem quo Filium prosequebatur testandum videntur.

Considera secundo, nocte, cum Virgo non indulgeret somno, sed in oratione, pro Filio suo sollicita esset, ingenti pavore accurrisse ex fuga Joannem cum aliis forte aliquot apostolis, animoque consternato quidquid in horto gestum viderat, nuntiasse. Tu hic Matris vultum contemplare, et corculum palpitans cogita, summasque angustias meditare.

Considera tertio, ut alii deinceps accesserint, vel apostoli, vel amici, qui ea quæ de Christo intellexerant, referrent, et hæc quidem tota fere nocte, in horam diei quasi sextam, hoc est, post undecimam, juxta rationem nostram. Tunc enim fuit Dominus productus populo, ad mortem postulatus, et morti adjudicatus. Itaque venit qui Virgini Deiparæ narraret Petri tam fœde negantis lapsum; alius verbera, sputa, irrisiones tota nocte in Caiphæ domo toleratas; alius mortis sententiam in eadem domo a principibus latam; alius dira vincula, quibus ex ædibus Caiphæ ad prætorium Pilati raptabatur; alius Judæ desperatam mortem; alius irrisoriam vestem albam ab Herode injectam; alius Barrabam ad vitam, Christum ad crucem postulatum; alius denique flagellis immaniter cæsum, et pungentibus spinis capite oppletum, sanguine, sputo, sordibus eo opertum, purpuraque indutum, arundinem vinctis manibus gestantem ad furentem populum prodiisse, jamque nihil præter mortis sententiam exspectari. Tu perpende, quem tunc animum tenerrimæ Virgini fuisse existimes, cui singula hæc singulos cordi gladios inflixerunt : contemplare vultus pallorem, oculorum lacrymas, totiusque corporis gelidum rigorem. Propheta Job olim quatuor infaustis nuntiis consternatus scidit vestimenta, et caput totondit. Hæc Virgo fortissima, nihil ejusmodi egit, sed magno animo internum pressit dolorem. Quantum in te fuerit solare Matrem; tum quia ad tantam totius generis humani salutem hosce cruciatus Filius toleravit; tum quia Dei Patris voluntate eosdem suscepit; tum denique, quia post triduum immensa redivivi corporis gloria omnes hosce dolores abunde compensabit : maximum porro afferetur a te Virgini solatium, si serio tecum constitus, nunquam in posterum novis peccatis huic Passioni causam aliquam afferre, sed ejus finem et fructum consequi, qui est in peccatorum remissione, bona sanctaque vita, actione gratiarum, et diligenti studio proximos adjuvandi.

II. — De bajulatione crucis.

Considera primo, sanctissimam Matrem intellecta mortis Filii sui sententia, illico surrexisse, et cum Joanne evangelista paucisque mulieribus ad locum properasse supplicii. Dedisse tamen operam, ut Filium transeuntem aliquo loco conspiceret; substitit igitur ad latus viæ, qua transeundum erat : et primo vidit lictores scalis, malleis, clavis, funibus, cæterisque tormentorum instrumentis præcurrentes. Deinde maximam hominum catervam, ut fieri assolet, ad commoda spectandi loca occupanda celeriter sequentem, quorum hi cachinnos edebant, alii clamoribus perstrepebant, multique multa in Christi irrisionem evomebant. Postea militum sequebatur cohors, et in eorum medio duo latrones funibus vincti, ac post eos Filius Jesus, lignea crucis trabe graviter onustus, qui a lictoribus immaniter cædebatur, funibus raptabatur, verberibus cogebatur, et pedibus, pugnis, fustibus, loris, huc illuc impellebatur, et subinde in terram dejiciebatur; facies erat livida, flegmatis, sputo, sanguine, sordibus cooperta, manus pedesque nihil præter roseum sanguinem, et quasi nudam sanguinolentam carnem præ se ferebant; spinea corona caput pungebat, vultumque obtegebat. Hunc, ut aspexit Mater Virgo : Hiccine, ait, est Filius meus et Deus meus, Jesus? Tunicam agnosco, faciem sordibus tectam non video; vere dolores nostros ipse portat, et instar leprosi absconditus est vultus ejus. Heu lacrymabile spectaculum! Non latebat Filium vicina a latere plateæ mœstissima Mater. Et licet ore inter se nihil conferre possent, cordis tamen intima colloquebantur. Tu colloquia illorum quæ fuerint contemplare, et Matrem doloris plenissimam quibus potes solare modis.

Considera secundo, ut transivit Dominus, subsecutam cum cæteris mulieribus Matrem humi spectasse sanguinis guttas, quæ de sacro Filii sui corpore defluxerant, cumque se ad mulieres Christus converteret, et anhela

voce gravissima illa plena terroribus verba diceret : Filiæ Jerusalem, nolite flere super me (Luc. xxiii, 28.), etc., intellexit quidem Virgo hic aliquam spectari a Filio Matris consolationem, quam desideraret temperare lacrymas, propter certissimam corporis instantem resurrectionem; sed tota tamen contremuit, audita dulcissima sibique nota voce, jam nimia lassitudine tremula, et magna ariditate obscuriore et quasi rauca.

Considera tertio, ubi pauca sua verba finiisset, crudelitate impulsum Dominum, ut moram tantillam majore velocitate compensaret. Timebant namque ne nimia debilitate jam exhaustus, ante infame et durissimum supplicium crucis exspiraret. Aderat tum forte nobilis matrona Veronica, quæ conspectis tot sordibus in vultu Salvatoris, miserata Dominum, linteo faciem ejus tersit, et cum sordibus sanguinem, et aliquam figuram vultus accepit. Hoc linteum haud dubie Matri exhibuit, cujus cura diligenter asservatum, etiamnum Romæ in Vaticano, in ecclesia Principis apostolorum, magna devotione visitur. Tu Virgini Matri jungaris, ex ejusque summis doloribus, tibi impetra dolorum omnium tuorum solatium.

III. De ascensu in montem Calvariæ. — Vadam ad montem myrrhæ, et ad collem thuris. (Cant. iv, 76)

Considera primo, ut ascendit Christus cum turba montem, conscendisse eumdem etiam Virginem Matrem, montem, inquam, myrrhæ, plenum amaritudinis, ubi myrrhatum vinum Deo propinabatur : et collem thuris, in quo suavissimi odoris sacrificium in crucis altari offerendum jam erat. Voluit enim oculis contemplari quibus modis Deus infinitam suam in homines charitatem effunderet, ut ipsa tanto ardentius et in Dei amorem accenderetur, et generis humani misereretur.

Considera secundo, ut ventum est in montem, eminus constitisse Virginem, et licet præ turba nihil eorum quæ gerebantur oculis videre poterat, ex vocibus tamen clamoribusque carnificum omnia satis intellexisse, atque ad singula graviter indoluisse. Cum vero dejecto jam in crucem humi jacentem Domino, manus pedesque malleorum ictibus ligno crucis clavis affigerentur, quomodo hi ictus Matris cor et animam penetrarint, tu tecum expende. Illa enim Filio suo conjunctissima, dolores istos Filii acutius sentiebat, quam si clavos ipsos suis ipsa manibus pedibusque excepisset.

Considera tertio, cum in altum crux Christi corpore jam affixo attolleretur, et instar vexilli elevaretur, quibus oculis suspexerit Mater Filium. Sanguinis rivi de membris Filii, et rivi lacrymarum ab oculis Matris defluebant. Collacrymabantur omnes amici, mulieres, et noti ejus, suisque lacrymis augebant dolorem Matris. Meditare quæ cogitationes ascenderint in cor sacræ Virginis, quando mundum illud sacrumque corpus Filii vidit flagellis dilaniatum, discerptum, deformatum; quando aspexit cum patibulo crucis in altum moveri, concuti, magnaque vi in paratam fossulam demitti, et subinde carnificum vel manibus vel fustibus pulsari. Nullam audiebat Filii vocem, qui ad omnia tormenta mansuetissimus, corde Patrem pro crucifixoribus orabat. Tu precare Matrem, ut ipsius lacrymæ et defluens sanguis Filii sui, cor tuum emolliat ad compassionem, quia admirabilis est durities tua, quæ neque tanto sanguinis calore liquescit, neque tanto liquore mollescit lacrymarum.

MEDITATIO XXX.

DE SEXTO DOLORE BEATÆ VIRGINIS ASTANTIS FILIO SUO CRUCI AFFIXO.

I. — De his quæ vidit.

Considera primo, sanctissimam Matrem erecta cruce cum Joanne, et sorore, ac Maria Magdalena per circumstantem turbam, quanta poterat modestia, ad crucem penetrasse, ut si quid posset Filio vel solatii præstaret, vel obsequii. Altitudo crucis omne obsequium impediebat; dolor et lacrymæ omne solatium excludebant. Aspiciebat igitur Filium, et aspiciebatur a Filio; loqui tentabat, sed dolor vocem intercludebat : et tametsi nihil posset Filio opitulari, mansit tamen erecta juxta crucem.

Considera secundo, ut singula Filii vulnera contemplata, vulneraretur corde suo, animam ipsam pertranseunte gladio doloris. Martyrum enim Regina non suas, sed Filii pœnas acutissime percipiebat. Et si in testimonium amoris Christus nonnullos sanctos vulneribus suis insignivit, utique hoc effecit, ut eadem sua vulnera Mater corde animoque persentisceret. Contemplabatur igitur grave corporis pondus a duobus clavis manuum pendere; brachia distenta, totumque corpus violenter expansum, caput spinis terebratum, faciem verberibus lividam, corpus vulneribus apertum; denique nihil intactum oculis relinquebat, in quo non summos Filii dolores ponderaret. Quas tunc fuderit lacrymas, tu tecum expende. Si enim nonnulli Christi fideles ex anteactæ illius Passionis recordatione, in lacrymas resolvuntur, quid evenisse arbitraberis Matri, et talis quidem Filii amantissimæ Matri Virginique tenerrimæ, quæ jam non præteritos passionis dolores meditabatur, sed præsentes acerbissimosque oculis ipsa suis intuebatur?

Considera tertio, Matris auctos dolores ex iis quæ fiebant ab impiis vel carnificibus, vel Judæis, quorum hi ad irrisionem capita movebant, illi vestes divisas, et tunicam inconsutilem (quam suis ipsa manibus desuper per totum contexuerat) sorte inter se distribuebant. Alii acetum petulanter offerentes, pectus Christi, apertaque vulnera acido illo liquore perfundebant; reliqui nihil prætermittebant, quod vel ad pœnam faceret, vel ad irrisionem, Tu Matrem adibis, eamque demisse precaberis, ut compassionis ejus sensum aliquem accipias,

eaque et ad Dei amorem, et ad peccati detestationem commovearis.

II. — De his quæ audivit.

Considera primo, quam graviter perculerint Virginis animum tot blasphemiæ, convicia, irrisiones, calumniæ Pharisæorum, Judæorum, militum, latronum. Hi miracula criminabantur, atque in diabolum auctorem referebant; isti doctrinam calumniabantur; alii irridebant mores; denique nemo non petulanter insultabat mansuetissimo Agno; et forte non deerant qui ipsam Virginem conviciis et contumeliis afficerent, quas illa tamen præ Filii irrisionibus modestissime tulit.

Considera secundo, Filii crucifixi paucula et brevissima verba Matris animum penetrasse, tum propter laborem loquendi, tum propter loquentis affectum. Miscebat verba singultibus, et linguæ fauciumque ariditas difficultatem sermonis augebat. Ita namque de Christo prædictum erat : Adhæsit lingua mea faucibus meis. (Psal. XXI, 16.)

Considera tertio, quid in singulis Filii verbis affecerit Matrem; nempe in primo admirabilis et inaudita Dei charitas. Hactenus enim in veteri lege insolitum erat orare pro inimicis. Elizæus irridentibus pueris male precatus fuit. David pepercit, quidem Semei quandiu supervixit, de injuria tamen vindicanda moriturus dedit Salomoni filio mandatum. Christus autem maledicentibus non ignovit modo, sed bene precatus est. Olim Deus leviorem suæ majestatis injuriam morte vindicavit, cum Oza irreverentius arcam fœderis attigisset, Bethsamitæ eamdem curiosius aspexissent, pauperculus quidam die Sabbati paucula ligna collegisset. Jam Deus non modo irreverenter oculis visus, aut manibus contrectatus, sed innumeris malis, pœnis, suppliciis affectus, verberatus, dilaniatus, non tantum nihil refert mali, sed ne a Deo Patre quidquam inferatur, non rogatus ardenter precatur. In secundo admirabatur facilitatem misericordissimi Filii, qui latroni tot peccatis latrociniisque infami, oranti brevissime, omnia peccata ignovit, et aditum secum in paradisum promisit. Tertium porro verbum uberrimas excussit lacrymas Matri, tum propter pietatem in parentem, cujus in tantis tormentis meminisset, tum propter inæqualem commutationem sanctissimi Filii Dei, cum peccatore filio piscatoris. Ex quarto verbo gravissimas intellexit Filii etiam internas animi afflictiones, cui a cœlesti Patre, nulla spirituali consolatione subveniretur, qui tanquam Abraham gladium vibraret in Filium. Ex quinto didicit totius corporis ariditatem, exhaustos humores naturales, effusum sanguinem, omniumque membrorum gravissimas pœnas. Sextum verbum illam docuit perfectam Filii resignationem in omnem Patris voluntatem, et nutum, promptissimumque pro humano genere plura adhuc, si opus foret, sustinendi affectum. Hæc ultima Filii verba firmiter defigebat animo, repetebat, admirabatur, amabat ; et licet mœstissima assisteret cruci, mentem tamen suam Filii sui exemplo, verbis, doctrinaque erudiebat. Rogabis hanc Dominam tuam, ne ulla te unquam tristitia sic a mente abducat, ut honestatis mandatorumque Dei tibi unquam obrepat oblivio.

III. — De morte Filii.

Considera primo, sacratissimam Matrem audito postremo Filii sui verbo, statim intellexisse emigrationem ejus a se Matre ad Deum Patrem, multaque ista de re in animo volvisse, quibus partim consolationem acciperet in tantis angoribus, partim tristaretur. Solabatur quippe Matrem mors Filii, tum quod jam per illam pretium redemptionis humanæ esset persolutum, tum quod finis esset malorum, et initium omnis boni. Affligebat vero Filii absentia, quicum triginta tribus annis suavissime vixerat : suam igitur dolebat vicem, Filio congratulabatur.

Considera secundo, cum inclinato capite, inspectante Matre, spiritum Christus redderet, quis fuerit Matri animus : Siccine, inquiebat, separat amara mors ? (I Reg. xv, 52.) Heu me ! Fili mi, et Deus meus, quo proficiscitur anima tua ? Cur me dilectissima hic relicta, omnique solatio destituta, et vere viduata, solus abis ? Imo vero cur latronem unico verbo in extremis te confitentem, tecum assumis : Matrem quæ socia fuit tot annorum laboris, tuo privas aspectu, et solam deseris : Hæc forte similiaque tacita plangebat, in omnem nihilominus Filii voluntatem resignata. Si enim Apostolus unice cupiebat dissolvi, et esse cum Christo (Philipp. i, 23) , quomodo non magis id totis visceribus concupisset Mater, tanto charior Filio, quanto Mater est illi conjunctior quam servus ? Tibi sit idem desiderium Dei, et tædium vitæ.

Considera tertio, terræ motum, scissuras petrarum, monumentorum apertionem, cæteraque, quæ patiente morienteque Domino mirabilia cernebantur, sicut permoverunt centurionem, milites, astantesque Judæos : ita multo magis affecisse Christi Matrem, non metu aut pavore, sicut illos, sed tristitia, amore, et reverentia. Dolebat siquidem illum a Judæis tam immaniter fuisse tractatum, ad cujus adventum contremisceret mundus, luna cursum suum mutaret, sol occultaret splendorem : in amorem accendebatur Domini, qui cum tantus esset, pro ipsa tamen aliisque abjectis hominibus, extrema supplicia et ignominiam susceperit. Hinc summa demissione et reverentia Deo gratias, tam suo quam humani generis nomine, referebat.

Considera quarto, nihil usque adeo Matri doluisse, quam quod intelligeret non defuturos multos Christianos, qui hunc sanguinem tam liberaliter effusum, mortemque tam fortiter susceptam magno contemptu proculcarent et spernerent. Tua peccata illi tunc subministrabant materiam doloris, ingratitudo tua lacrymas illi exprimebat. Accurre

igitur et supplex veniam pete ; Matremque roga, ut et a crucifixo mortuoque Filio tibi peccatorum condonationem obtineat, et te Filii sui Passionis, suæque compassionis participem reddat ; et stultum illud, quo abundas, mundi gaudium, in doloris lacrymas commiserationisque convertat.

MEDITATIO XXXI.

DE SEPTIMO BEATÆ VIRGINIS DOLORE, IN CONTEMPLATIONE MORTUI CORPORIS FILII SUI.

I. — De vulnere lateris.

Considera primo, ut Virgo Mater non parum sollicita de Filii sepultura, metuerit ne sacro corpori irreverenter aliquid ab impiis accideret. Tametsi enim legisset apud Isaiam (xi, 10) : Erit sepulcrum ejus gloriosum , poterat tamen omnem adhibere diligentiam ut quod prædictum erat, perficeretur , quia prædictiones divinæ , humanam etiam requirunt operam. Tu simili studio labora, ut Christus in sacro Missæ sacrificio pro te immolatus, non irreverenter in fœtidam conscientiam tuam peccatis conspurcatam projiciatur, sed in munda conscientia virtutibus ornata sepeliatur.

Considera secundo, carnifices Judæorum rogatu a Pilato remissos, scalis suis, malleis, securibusque, et aliis tortorum instrumentis ad frangenda crucifixorum crura revertisse. Sanctissima igitur Mater illis visis tota contremuit, atque in lacrymas resoluta, Filium tacita precabatur mente, ne quid ejusmodi sacro suo corpori evenire pateretur. Tu vultum ejus intuere, animumque dolore anxium, meritoque tristare, quod ex parva in Deum charitate, tu ex divinis injuriis vel nihil, vel parum commovearis.

Considera tertio, carnifices quidem in confringendis latronum cruribus illisque crudeliter enecandis occupatos fuisse, Longinum vero centurionem, cui [ut ait Metaphrastes] Christi custodiendi cura commissa fuerat, ad Christum propius accessisse, ejusque latus lancea non tam pupugisse aut perforasse, quam aperuisse, atque ad intimum cor ipsum penetrasse, unde statim non sine miraculo defluxerit sanguis et aqua. Hoc immane vulnus nullo quidem Christum jam mortuum affecit dolore, sed Virginis Matris astantis et oculis suis contemplantis cor vulneravit et læsit, quæ tanto amplius hoc vulnere indoluit, quod sola dolorem sentiret, cum reliqua natura ipse Christus persentiens Matris quodammodo dolorem levarit. Tu sanctissimæ Matri compatiens roga, ut ejus meritis precibusque, Christus amore suo dignetur vulnerare cor tuum.

I. — In depositione corporis de cruce.

Considera primo , recedentibus militibus duos adventasse nobiles viros et venerandos senatores, Josephum ab Arimathia, decurionem, et Nicodemum Pharisæum , onustos partim scalis, clavis, malleis, aliisque instrumentis ad corpus sacrum de cruce deponendum necessariis ; partim linteo et aromatibus ad involvendum sepulturæque mandandum. Et fortassis initio Virgo Mater illis visis percelli potuit, vererique aliquid sinistri priusquam de personis instructa esset, illis tamen agnitis resumpto animo, de sepultura sacri corporis cum illis egit.

Considera secundo, totam illam depositi de ligno corporis actionem. Quia enim ab Isaia prædictum legimus : *Et erit sepulcrum ejus gloriosum*, nihil hic humile aut vile cogitationi occurrat. Nullus carnificum, nullus militum, nullus ministrorum, aut servorum, manus admovit, sed honorati isti senatores, quibus haud dubie auxilio fuit Joannes, neque abstinuit ab officio Mater, quin ejus ultima hujus vitæ obsequia illa curaret, quæ prima in hanc vitam venienti ministravit. Contemplari igitur poteris magnam in his omnibus gravemque modestiam ac reverentiam, qua primum quidem de capite ademerunt spineam coronam, capillis Domini jam implicatam, et sanguine sordibusque oppletam ; tum vero evulserunt clavos pedum, deinde unius, postremo alterius manus, quos fortassis cum spinea corona sanctissimæ Matris custodiæ commendaverunt. Sacrum porro corpus clavis solutum linteo paulatim demiserunt, et in terra ulnis suis reverenter susceperunt. Cogita multas stillantis liquoris guttas necdum concretas, tum linteo, tum eorum adhæsisse vestibus, qui corpus excipiebant, qui pro sua in Christum devotione unice cum Virgine Matre caverunt, ne quid in terram laberetur aut periret. Hic tu affectus tibi excitabis compassionis et amoris, et serio allaborabis, ne qua sanguinis gutta pro te effusa effluat, quæ non ad tuam salūtem mysticique corporis Ecclesiæ utilitatem colligatur.

III. — De contemplatione corporis mortui.

Considera primo, sanctissimam Matrem dilectissimi Filii corpus de cruce depositum, et in sinu suo collocatum magno dolore contemplatam esse, singula vulnera considerasse, livores, vibices, tunsiones, puncturas notasse, sputa, sordes, sanguinis grumos admiratam esse ; sed præcipue vulnus illud lateris inspexisse, quo interiora viscera patebant, et cor ipsum apertum conspiciebatur. Tu hic expende intensissimos dolores Matris. Jacob patriarcha olim nullam consolationem admittere potuit, ob filii sui Joseph vestem, quam vidit sanguine tinctam, cujus tamen dolorem lenire poterant undecim alii superstites filii cum filia Dina : *Tunica*, inquit, *filii mei est, fera pessima comedit eum, bestia devoravit Joseph : scissisque vestibus, indutus est cilicio, lugens filium suum multo tempore. Congregatisque cunctis liberis ejus, ut lenirent dolorem patris, noluit consolationem accipere, sed ait : Descendam ad filium meum lugens in infernum. (Gen.* xxxvii, 33-35.) Virgo igitur sanctissima non ex pluribus unum, sed prorsus unigenitum suum Deique Filium vi-

dens ; nec vestem modo sanguine tinctam, sed corpus ipsum diriter vulneratum, conspurcatum, sanguinolentum aspiciens, annue potiori jure doluit Filii mortem, suamque deflevit orbitatem ? Fera, inquit, pessima devoravit Filium meum, invidia Judæorum, furor populi, peccata universi orbis. Tu expende verba ejus quæ vel ore, vel corde est locuta.

Considera secundo, ut etiam spineam coronam, et ferreos illos clavos aspexerit, et attonita consideraverit, eorumque contemplatione memoriam repetiverit dolorum, quos Filius ex illis perceperit. Hæc vero omnia haud dubie sanctissimæ Matris diligentia asservata sunt, posterisque fidelibus tradita. Quia enim nemo mortalium melius perspectam habebat Filii dignitatem, nemo utique etiam melius, quanta his Passionis instrumentis veneratio cultusque deberetur, intellexit. Tu ad hoc spectaculum accede, et lacrymis Matris, quæ in sacrum Filii corpus defluunt, tuas lacrymas admisce ; et quia tibi apertum est hoc latus Domini, et tibi transfixum est cor Matris, ora per hoc ostium lateris in arcam admitti, ut in corde Domini tui quiescas, nihilque velis, nihil sapias, nihil cogites, nihil desideres, nisi Jesum Christum, et hunc crucifixum.

MEDITATIO XXXII.

DE SEPULTURA DOMINI.

I. — De lotione sacri corporis.

Considera primo, declinante jam paulatim sole ad occasum, honorabiles illos viros Nicodemum et Josephum, sacrum Christi corpus de sinu Matris abstulisse, et ad ablutionem more recepto composuisse. Tradidit illud eis Mater honore afficiendum. Non enim alia ex causa nobis Christum peperit vel offert, nisi ut summa devotione venerationeque a nobis colatur. Omnis quippe honor et cultus est Matri ingratus, qui non refertur in Filium.

Considera secundo, sacri corporis lotionem ab his sanctis hominibus perfectam, qui hoc diligenter laborarunt, ut et corpus ipsum redderetur mundissimum, et nihil sacrarum sordium periret, quas Dominus noster velut instrumenta redemptionis nostræ pro nobis susceperat. Sicut enim corona spinea, clavi, et lignum crucis operata sunt Dominicam Passionem, ita quoque ad eamdem cooperata sunt sputa, phlegmata, et sordes, quibus sacra facies et corpus deformabatur et opplebatur. Tu hic disce non solum crucis lignum in Christi honorem venerari, sed omnem etiam ignominiam, sordes et contumelias pro Christi nomine, quando inferuntur suscipere.

Considera tertio magno studio Matris et sanctorum omnia illa reservata esse : 1. Ne tu quidquam perire sinas, quod aliquo modo Christum Dominum tuum attingit. 2. Ut discas Christianorum divitias etiam in sordibus reperiri, et rebus mundo abjectis.

Considera quarto, cur sacrum corpus ablutum

fuerit, cujus rei sunt rationes duplices, quarum priores in omnium quoque fidelium lotionem conveniunt, nimirum, 1. Ut corpus illud honoretur, quod fuit habitaculum Spiritus sancti. 2. Ut signi-. ficetur mundities animæ, quæ speratur in Dei gratia emigrasse. 3. Ad indicandam futuram resurrectionem, qua corpus sine macula restituetur vitæ. 4. Ut sicut in consortium animarum sanctarum non admittitur, nisi anima a peccatis purisssima, ita in loco sacro cum sanctorum corporibus, non conatur corpus nisi mundum et sanctum. 5. Quia per mortem omnis calamitas et miseria vitæ deposita est, et homo nullis in posterum vel malis afficiendus, vel peccatorum sordibus inquinandus. Aliæ porro rationes solum Christum Dei Filium concernebant. 1. Quia per mortem suam maculas omnes et sordes peccatorum a corpore suo abluit, quod est Ecclesia. 2. Ut tu nullis peccatis, scandalis, pravis exemplis, aut quibuscunque modis Christi membra (in quibus etiam annumeranda est anima tua) commacules. 3. Ut Christi pauperes in paupertatis suæ sordibus et miseriis subleves. 4. Ut sacrum Christi corpus in Eucharistia, ab omnium tam hæreticorum quam impiorum Catholicorum calumniis vindices, neque illud unquam nisi purissimis manibus et corde suscipias. Hæc ut a Filio suo impetret tibi, Dominam tuam rogabis.

II. — De aromatibus adhibitis.

Considera primo, ut iidem illi venerabiles viri lotum jamjam corpus Matre inspectante, et omnia comprobante, pretiosis unguentis condierint, vulneraque et plagas his aromatibus repleverint, fideliterque et magna veneratione his modis justa Domino suo persolverint.

Considera secundo, hujus unctionis apud Judæos varias causas : 1° ad corporis honorem ; 2° ad corporis resurrectionem indicandam ; 3° ad significandum odorem virtutum, quibuscum anima ex vita migravit.

Considera tertio, unctionis Dominici corporis etiam alias causas : 1. Quia mortis Christi odor suavissimus per universum orbem diffunderetur. 2. Quia hæc mors attulit mundo nobilissima dona. 3. Quia Ecclesia Christi corpus, sacro Spiritus sancti unguento gratiaque perfusa, doctrinam vitæque sanctimoniam, tanquam odorem gratissimum spargeret per universas nationes. 4. Ut tu Christi pauperes eleemosynis ungas, totamque Ecclesiam, quantum in te fuerit, precibus et bonorum operum meritis juves. 5. Ut Christi Domini corpus in Eucharistia tum foris externo et pretioso ornatu honores, tum a te susceptum internis virtutibus colas.

Considera quarto, Domini corpus tantæ aromatum copiæ quasi immersum (erant enim libræ centum) mundissimo linteo involvi, ut tu illud lacrymis pœnitentiæ lotum, bonisque desideriis et divino amore unctum, conscientiæ tuæ mundissimo linteo

tegas, atque in cordis tui secreto cubiculo tanquam in sepulcro concludas, ejusque contemplatione tibi vilescant exteriora ista omnia. Hoc precibus Matris a Christo flagitabis.

III. — De sepultura.

Considera primo, sacrum funus deferri sanctorum virorum manibus ad sepulcrum, prosequentibus illud comitatu suo et lacrymis sanctissima Matre, paucisque quæ aderant mulieribus et amicis. Tu cogita lacrymas viduæ illius, quæ filium suum extra portas Naim ad tumulum efferebat ; et lacrymas Magdalenæ, quibus fratrem Lazarum deflebat sepultum. Illæ siquidem tantam habuerunt vim apud Christum Deminum, ut et cor ejus commoverint, et lacrymari coegerint, et vitam defunctis illis impetraverint. Si itaque his mulierculis tanto affectu compassus est Dominus, nonne decebit te compati huic sanctæ Dominæ tuæ, supra quam verbis explicari possit, afflictæ ?

Considera secundo, Domini corpus terræ mandari, aspectibus astantium auferri, sepulcrum lapide tegi, atque ad os speluncæ grande saxum advolvi, omnesque per occidentem jam solem in domos suas ex legis instituto revocari. Hic Virgo beatissima noctes diesque insomnes libenter traduxisset ad tumulum , nisi religione prohiberetur. Abiit igitur cum Joanne domum, non suam, quam nullam possidebat, sed amici, aut matronæ cujuspiam Christianæ, aut ipsius Joannis (ut putat Nicephorus lib. II, cap. 3), mœstissima quod a Filio dulcissimo avelli cogeretur.

Considera tertio, quid hoc triduo in his suis doloribus Virgo Mater egerit ; somno, cibo, cæterisque corporis necessitatibus vix indulsit ; perpetuo quæ gesta erant, quæ audierat, quæ viderat, mente repetivit ; semper illi ob oculos versabatur Filii sui species vel crucem hajulantis, vel cruci affixi, vel mortui, atque de cruce depositi ; qua tamen meditatione in nullam indignationem, in nullius odium, in nullum vindictæ desiderium acuebatur, sed in admirationem divinæ bonitatis, in amorem Filii sui, atque in charitatem humani generis accendebatur. Etenim natura in hac diva Virgine nullo peccato aut vitio corrupta fuit, sed per infusam in ipsa conceptione divinam gratiam in perfecta sanctitate conservata. Tu summis precibus ab hac Christi Matre contende, ut Filio ejus consepeliaris, alienus a mundo soli Christo vivas, tuaque defleas peccata, quibus et mortem Filio et Matri lacrymas procreasti.

MEDITATIO XXXII.
DE QUINTO GAUDIO SANCTISSIMÆ VIRGINIS.
I. — In Resurrectione Christi.

Considera primo, apud omnes evangelistas altissimum esse silentium de apparitione ulla a Christo Filio post resurrectionem suam facta dilectissimæ Matri, imo nullam fieri mentionem Matris a morte

Christi ad Ascensionem usque Domini, quando dicuntur Apostoli simul convenisse *cum mulieribus, et Maria Matre Jesu, et fratribus ejus* (*Act.* 1, 14) ; non quod Filius totis illis quadraginta diebus non sit visus Matri ; sed variis ex causis : 1. Quia evangelistæ aliorum quam Matris testimonio Christi resurrectionem confirmare maluerunt, ne quid eorum quæ dicerentur in dubium vocari posset. Nam Matris de Filio videtur suspectum testimonium. 2. Quia satis esse putaverunt Christi resurrectionem describere, quam si hominibus persuasissent, neminem Christianum existimarunt dubitare posse, an apparuisset Matri. Sicut enim in hominibus cæteris gratia non destruit, sed perficit naturam· et naturalem dilectionem , ita divinitas Christi laudabiles humanæ naturæ inclinationes et amorem maternum in Christo non sustulit, sed perfecit. Ex quo consequitur, id omne quod laudabiliter atque ex Dei voluntate debuit potuitque Filius præstare Matri, illud totum esse a Christo Matri suæ exhibitum. Est autem boni filii solari matrem afflictam, imo ante omnes alios consolari eam, quæ plus cæteris doluit. Dolor utique Matris hujus tantus fuit, ut eum triginta tribus annis Simeon senex in Spiritu præviderit, palamque prædixerit. Evangelistæ igitur ad omnia cognoscenda quæ inter Filium et Matrem contigerunt, sufficere putaverunt : 1° Quod gratia esset plena, sine peccato, et periculo metuque peccandi, quo opus non esset, ut Filii austeritate a peccatis cohiberetur. 2° Quod Dominus cum illa esset, qui nunquam a Matre abesset, ad ejus utilitatem et consolationem. 3° Quod inter mulieres esset benedicta, nunquam a Filio Deo in ullo contristanda. 4° Quod annis triginta Matri Filius convixisset, admirandaque eam, et secretissima docuisset. 5° Quod eam in mortis hora dilectissimo discipulo commendasset. Cætera, non dubitaverunt ex his principiis quin Christiani colligere possent, quia Christus paternum de honorandis parentibus mandatum non venit solvere, sed adimplere. 3. Causa fuit, humilitas ; quia licet fortassis de apparitione resurgentis Filii sibi facta aliquid alicui dixerit, modum tamen et ordinem, propterea quod esset cum sua laude conjunctus, aperiendum non putavit. Parcissima quippe fuit in illis explicandis, quæ aliquo modo cum sua commendatione implicata essent ; atque ideo de tota infantia paucissima, de pueritia unicum, de adolescentia usque ad annum tricesimum nihil prorsus exposuit, quod toto illo tempore Filius Matri studuerit. 4. Causa, quod fuerit admirabilis et fidem omnem excedens apparitio. Non enim corpore obscuro, sicut aliis minus perfectis, visus est Matri Dominus, sed splendente et glorioso : quia perfectissima in omni virtutum genere Virgo beata cœlestibus visionibus et angelicis apparitionibus jam inde a puellaribus annis assueverat. Igitur evangelistarum de his apparitionibus Matri factis silentium, est apertissima earumdem narra-

tio ; neque obstat a beato Marco dici Jesum primo apparuisse Mariæ, de qua septem dæmonia ejecerat (*Marc.* xvi, 9) ; non enim vult ante omnes omnino illi visum esse Dominum, sed ante illos tantum quos evangelistæ resurrectionis testes suis libris produxerunt.

Considera secundo, toto hoc triduo Virginem Matrem in fide instructissimam nihil de reditu Filii sui dubitasse, ideoque ad ejus adventum se suaque omnia præparasse ; et primo quidem sanctis meditationibus operam dedisse, deinde vero ferventissimis precibus Deo Patri peractam communis Filii Passionem pro humano genere obtulisse ; præterea mente per contemplationem cum Filio in limbo Patrum versatam esse, atque ex Scripturis illisque quæ a Filio didicerat, quid illic jam ageret Filius meditatam esse. Tu Virginem precare, ut similibus modis ad Christum excipiendum comparare te possis.

II. — *De apparitione Christi.*

Considera primo, instante jam resurrectionis hora, quam ipsa non ignorabat, non dormitasse sanctissimam Matrem, sed in oratione illud subinde ingeminasse : *Exsurge, gloria mea, exsurge, psalterium et cithara* (*Psal.* LVI, 9), magnoque desiderio Filii sui gloriosum reditum præstolatam esse. Si enim David sitiebat ad Deum fontem vivum, *quemadmodum desiderat cervus ad fontes aquarum* (*Psal.* XLI, 2), utique supra quam verbis explicari possit, sitiebat Mater desideratissimum Filium.

Considera secundo, summo diluculo insigne lumen in conclavi resplenduisse, Filiumque incredibili gloria astitisse Matri, quam et illustri sua præsentia, et dulcissimis verbis consolabatur. Tu gaudium illud expende, quo tam insolito aspectu sanctissimum cor Matris repletum fuit. Jacob patriarcha accepto nuntio de filio Joseph superstite, vix apud se fuit, visusque est quasi ex gravi somno evigilasse. Mater Tobiæ junioris viso eminus filio, gestientis animi et exsultantis impetum continere non potuit. Hanc igitur Virginem Matrem post tantos dolores, post tantum contemptum, post tantas irrisiones , post tantas angustias aliaque mala, quæ paulo ante in hoc sacro Filii corpore viderat, nunc tantam lucem, tantam gloriam, tantam felicitatem, divitias et bona Filii sui contemplatam, quanta lætitia perfusam putemus ? Si enim omnis mater gaudet de filii sui dignitate, quale fuit gaudium hujus Matris, de tanta tantique Filii gloria.

Considera tertio, non male opinari illos qui dicunt cum Christo Domino simul ad hanc Dei Matrem accessisse sanctissimos illos veteris legis Patres, Adamum, Abrahamum, cum cæteris patriarchis ; Davidem, Zorobabel, cum prophetis et justis, ut filiam suam illam intuerentur ac venerarentur, quæ Deum humani generis peperisset Redemptorem. Virgo sanctissima eorum aspectu mire recreata, de Filio gloria lætabatur, quem tot ministris et sanctorum exercitu vidit circumseptum. Si enim aliis nonnullis Hierosolymitanis apparuerunt sancti post Domini resurrectionem, ut evangelista testatur (*Matth.* xxvii, 52) : quidni apparuerint etiam Virgini Matri.

Considera quarto, quænam fuerint colloquia Filii et Matris, quis utriusque affectus; quæ secreta mysteria Matrem Filius edocuerit. Narravit quæ in domibus pontificum et aliorum tyrannorum ante biduum perpessus fuit; sigillatim ei dolores suos exposuit; retulit modum egressus animæ de corpore; tum quæ in inferno a se gesta et constituta essent, explicavit; multaque de gloria sua disseruit, quibus mœstitiam omnem charissimæ Matris mitigavit penitusque detersit. Roga Dominam tuam, ut per vitæ sanctitatem cum Christo resurgens, spirituali gaudio in animo fruaris.

III. — *De gestis toto tempore resurrectionis.*

Considera primo, quid totis hisce quadraginta diebus sanctissima Mater egerit, quibus Filius in terris redivivus apparuit. Dubium enim nulli esse debet quin Filius qui toties se apostolis, discipulis, cæterisque Christianis videndum exhibuit, frequens affuerit Matri, eam multis de rebus instruxerit, et pro Filii in talem Matrem amore mirifice consolatus fuerit. Si enim jam in cœlum profectus, nonnullos sanctos frequenti sua præsentia dignatus fuit, sicut historiæ referunt; si beatam Mariam Magdalenam septies per dies singulos in cœlos ad angelorum concentum evexit; si sanctum Franciscum admirabili consolatione sacrorum stigmatum participem fecit; si denique in veteri lege Moysem ad colloquium suum quadraginta diebus admisit; utique adhuc in terris post resurrectionem apparens et degens, dilectissimæ Matri suæ continuum solatium his quadraginta diebus attulit; multaque illi de Ecclesia sua, de fidei propagatione, de Martyrum tormentis et coronis, de sua et beatorum gloria, deque aliis multis prædixit, quæ et Matris spiritum oblectarent, et Filium decerent; commendavitque illi Ecclesiam dilectam, sponsam suam, omnesque Christianos, quibus illam constituit et præfecit patronam et advocatam, et inter se genusque humanum singularem mediatricem. Videtur igitur his quadraginta diebus beatissima Mater domi hæsisse. Non enim sine causa evangelistæ qui aliarum mulierum profectionem ad monumentum descripserunt, et de præsentia Matris apud crucem Dominicam non tacuerunt, nullam hic Virginis diligentiam attingunt, quasi foris hoc tempore visa non esset, nimirum domi cum Filio suo in rebus cœlestibus occupata.

Considera secundo, sanctos apostolos, nominatimque beatum Joannem ea retulisse Virgini Matri, quæcunque a Christo Domino, quoties se ipsis exhibebat videndum, audierant, velut de insufflato in eos Spiritu sancto, de concessa potestate remittendi

peccata, de Petro apostolis cæteris adeoque Christianis omnibus in pastorem et pontificem dato; quibus Virgo et sancte recreabatur, et apostolos ipsos, cæterosque fideles consolabatur. Cum enim ipsa plenius a Filio de omnibus atque ipsimet apostoli esset instituta, eosdem ipsa erudiebat, quæque a Filio ad Christianorum utilitatem cognoverat, materna charitate communicabat. Tu eamdem Christi Matrem precare, ut te perpetuo consoletur atque erudiat.

MEDITATIO XXXIV.

DE SEXTO GAUDIO VIRGINIS, IN ASCENSIONE FILII SUI.

I. — *Ante Ascensionem.*

Considera primo, Christum Dominum totis quadraginta diebus ante suam in cœlos ascensionem in hac terra nostra versatum, fortasse in paradiso terrestri, cum sanctis Patribus Enoch et Elia fuisse, sæpius tamen et apostolos et Matrem charissimam frequentasse, multaque cum illis de nova republica sua Ecclesia sancta contulisse; Mater interim gloriosi corporis Filii sui aspectu longe amplius oblectabatur, quam Petrus, Jacobus et Joannes, quibus illud nuper in monte Thabor transfiguratum apparuerat. Vidit siquidem cum totum corpus mira gloria fulgere, tum vulnera omnia, vibices et cicatrices majori splendore micare, et ingentes radios lucis emittere.

Considera secundo, Christum Dominum sub tempus ascensionis ad Patrem, dilectissimæ Matri valedixisse, majori tamen gloria, et utriusque lætitia, quam dum ad acerbissimos Passionis dolores discederet; et ne Matri hic ejus discessus videretur acerbus, simul ei rationes aperuisse ascensionis : futurumque addixisse, ut tempore a Deo Patre præfinito, ipse ad Matrem reversus, secum illam in præparatam gloriam eveheret, atque in sublimi solio super omnes angelorum choros collocaret.

Considera tertio, quas causas hujus sui in cœlum discessus Filius Matri attulerit, nempe. 1. Quia corpori suo glorioso, nonnisi gloriosus locus cœlorum conveniret. 2. Ut ingressu suo cœli portas reseraret, quas peccatum observaverat. 3. Ut veteres patriarchas, prophetas, et justos, quos ex inferni carcere eripuerat, ad beatorum sedes transferret. 4. Ut justis omnibus loca pararet. 5. Ut æterno Patri legationis suæ, quasi rationem redderet. 6. Ut oblatum semel in ara crucis sui corporis sacrificium, divinis oculis pro humano genere perpetuo exhiberet. 7. Ut Spiritum sanctum paracletum, hoc est, advocatum et consolatorem pro se in terras mitteret. 8. Ut ex sublimi cœlorum throno humanas necessitates inspiceret, eis provideret, omnes curaret, mundum regeret. His similibusque rationibus sicut Virgo Mater gavisa est de ascensione Filii, ita tu tibi congratulare, quod tantum Dominum Patronumque habeas in cœlis; Matremque precare, ut Filio discessuro, negotia salutis tuæ commendet.

II. — *De ascensione Filii.*

Considera primo, ex mandato Christi convenisse fideles ad montem Oliveti prope Bethaniam, ibique illis apparuisse Dominum. Aderat cum cæteris Mater beatissima, sicut ex Actis apostolicis videtur posse colligi, ut ultima Filii sui verba exciperet. Voluit enim Dominus ex hoc monte ad Patrem reverti. 1. Ut, quia ex illo ad Passionem discesserat, ex eodem ascenderet ad gloriam. 2. Ut perpetuo meminisset misericordiæ apud Patrem, qui ex loco Olivarum, hoc est, misericordiæ ad ipsum venisset. 3. Ut te doceret nullum esse directius iter ad beatitudinem quam misericordiam et eleemosynarum largitionem.

Considera secundo, Christum Salvatorem jamjam ad Patrem ascensurum : 1. Cum suis sumpsisse cibum, ut scirent eamdem nostram naturam, et non phantasticum, seu aerium corpus, cœlos penetrare. 2. Exprobrasse incredulitatem, ut nobis sinceram fidem firmamque fiduciam commendaret. 3. Aperuisse illis sensum ut intelligerent Scripturas, hoc est, dedisse Ecclesiæ suæ genuinum Scripturarum intellectum, ne quis vel apud Judæos, quibus est impositum velamen, vel apud hæreticos, vel extra Ecclesiam, intelligentiam quærat Scripturarum. 4. Elevatis manibus benedixisse eis, omniaque bona nobis precatum.

Considera tertio, his peractis assumptum esse non aliena, sed sua virtute, hoc est, humanitatem a divina natura elevatam. Quibus hic lacrymis, cum Christiani reliqui, tum Mater Jesu Filium unicum prosequebatur ? Quæ quidem spiritualibus oculis plura quam cæteri fideles vidisse credenda est, nimirum sanctos Patres et justos simili cum Domino in triumpho procedentes, juxta illud : *Ascendens Christus in altum, captivam duxit captivitatem.* (*Ephes.* IV, 8.) Tum angelorum choros de cœlis Christo Filio occurrentes, summaque gloria in cœlos deducentes; Filium quoque cœlos ipsos glorioso corpore non dividentem neque secantem, sed penetrantem; et fortassis eminus, in Matrem oculis conversis, eam suaviter valere jubentem, quam etiam reliqui sancti ex aere ut Dominam suam benigne humaniterque consalutaverunt. Tu Matris gaudium tecum expendes illamque precaberis, ut præter Christum in cœlis regnantem animus tuus nihil exoptet.

III. — *Post Ascensionem.*

Considera primo, angelos duos de cœlis missos in media Christianorum turba astitisse, qui et Christi Domini adventum in cœlum nuntiarent, et omnes bono animo esse juberent; quo nuntio recreati fideles, et præsertim Virgo Mater, ex monte Olivarum domum se Hierosolymam contulerunt, gaudio perfusi, et misericordia ex gestis in monte Oliveti, seu misericordiæ, repleti. Jam enim omnes spirabant animarum lucrum, quarum Patronum viderant penetrasse cœlos ad Judicem Deum.

Considera secundo, Christi Domini ascendentis vestigia in monte ipso ita impressa mansisse, ut nulla arenæ ademptione possent deleri, sicut post beatum Paulinum (Epist. 11, *Ad Severum*) narrat Sulpitius (Lib. II, *Hist. sacr.*), ut ejus memoria cordibus nostris imprimeretur, indeque nullius industria tolleretur.

Considera tertio, quæ fuerint sanctorum apostolorum cum beatissima Matre de hac Domini ascensione colloquia. Illa omnes serio ut Mater et Domina omnium, adhortabatur ad fidem, et in religione constantiam; suas vero cogitationes non alio quam ad Filii sui vitam et mores meditandos convertebat, et huic rei unice operam dabat, ut Filii vitam suis moribus quam proxime exprimeret. Tu illam precaberis, ut tuam quoque vitam ad Filii sui mores componere digneris, quo in adventu Domini secundo, Christianis virtutibus illi occurras.

MEDITATIO XXXV.

DE SEPTIMO GAUDIO BEATÆ VIRGINIS.

I. — *De Missione Spiritus sancti.*

Considera primo, sanctissimam Domini Matrem post Filii sui in cœlos abitum, cum sanctis apostolis aliisque Christianis in eadem domo vixisse, ut cum illis omnibus particeps fieret donorum Spiritus sancti, ad quem Spiritum sanctum copiosius suscipiendum, tum aliarum virtutum officiis, tum maxime humilitatis et devotionis se comparabat. Sciebat enim capacius esse vas quod humilitate quasi excavetur; et fortius attrahere, quod majori devotione, majorique sugit desiderio. Igitur beatissima Virgo in hac familia omnibus se submisit apostolis, quos sciebat a Christo Filio principes super omnem terram esse constitutos. Alias etiam mulieres summa modestia sibi præferri voluit, et inter postremas vere humilis ancilla Christi se collocavit. Neque enim mysterio vacare putandum est, in Actis apostolicis, quod enumeratis apostolorum nominibus, omnibus deinde Virginis nomen subjiciatur. Ait enim ibi Scriptura (*Act.* II, 42) : *Omnes erant unanimiter perseverantes in oratione et obsecratione cum mulieribus, et Maria Matre Jesu, et fratribus ejus.* Experiebatur quippe sanctissima Virgo humilitatis verissimum fructum, qui est in pace veraque lætitia cordis, quia ad valles et profundiora humilioraque loca defluunt aquæ.

Considera secundo, quantus hic fervor, quantaque devotio fuerit, ubi cum apostolis sanctisque mulieribus simul orabat Mater Domini. Precabatur illa quidem etiam in conclavi sola, amantissima solitudinis; sed ad communes Christianorum preces accessit, quas præsentia precibusque suis accendebat. Tu Virginem roga, ut tuas preces cum suis offerat Filio easque charitatis suæ fervore succendat.

Considera tertio, dum exspectatur adventus Spiritus sancti, Matthiam ex discipulorum numero partim electione, partim sorte, hoc est, divino aliquo munere aut indicio (ut beatus Dionysius Areopagita interpretatur, *Eccles. hierarch.* cap. 5) ad collegium apostolorum accessisse, quæ ejus promotio Virginem Matrem non parum exhilaravit, quod in locum Judæ successisset alius, qui duodenarium numerum perficeret legationemque Filii ad orbem terrarum susciperet. Gaudet utique Mater Dei, siquidem arctius cum Filio conjungi cognoscat, qui se fidelem ministrum ejus ac religionis doctrinæque Christianæ propugnatorem offerat, et consecret. Tu Dominam tuam precaberis, ut te Filio suo fidelem ministrum perficere et offerre dignetur.

II. — *De adventu Spiritus sancti.*

Considera primo, quod decimo post Ascensionem Salvatoris die, ipsa Pentecostes solemnitate missus sit a Virginis Filio de cœlis Spiritus sanctus, qui Matrem replevit cæterosque, qui cum ipsa aderant in oratione fideles. Non carent mysterio numeri isti dierum. Dominus enim quadraginta diebus post Resurrectionem discipulis apparuit, ut significaret se per omnem vitam nostram (quæ numero quadragenario recte designatur) futurum nobiscum, juxta illud : *Ego vobiscum sum omnibus diebus usque ad consummationem sæculi.* (*Matth.* xxviii, 20.) Quinquagesimo vero post camdem resurrectionem die, Spiritum sanctum de cœlis demisit, qui fuit decimus ab Ascensione, et celebritas legalis ac Mosaicæ Pentecostes, quam in memoriam datæ legis tabulisque lapideis insculptæ, Deus olim celebrari jusserat. Iis enim significatum est, quos in nobis præsentia Spiritus sancti operetur effectus : nimirum dat peccatorum remissionem veramque libertatem, quam designat quinquagenarius, jubilæi numerus ; largitur gratiam decem mandata Domini adimplendi ; divinam et evangelicam legem cordibus nostris inscribit, et longe quidem suavius firmiusque, quam Decalogus fuerat insculptus lapideis tabulis. Septem hebdomadæ a Paschate evolutæ, indicant septem dona gratiarum, quæ hac solemnitate effundebantur. Nicephorus (lib. 1, cap. 38) testatur quosdam arbitrari propterea non ante decimum diem emissum Spiritum sanctum, quod novem angelorum chori suo quisque die Christo Domino in cœlos profecto regni cœlestis possessionem adeunti venerationem et adorationem prius exhiberent, cui solemnitati beatissima Virgo mente contemplationeque interfuisse potuit, non minus quam vel beatus Paulus raptus in tertium cœlum audivit arcana Dei, vel beata Maria Magdalena ad angelorum concentum fuit elevata et admissa, vel Moysi quadraginta diebus concessum cum Deo colloquium.

Considera secundo, modum adventus Spiritus sancti. 1. Omnes erant in eadem domo (quam Nicephorus affirmat fuisse beati Joannis apostoli (lib. ii, cap. 5), non ejus quidem propriam, sed communibus Christianorum usibus datam, in qua beatissima Virgo reliquum vitæ duxerit : alii tamen arbitrantur fuisse alterius Joannis, cui cognomen erat Marcus) quia Spiritus sanctus nonnisi in Ecclesia datur, quæ est apostolorum domus, et beatæ Virginis familia. 2. Hora erat diei tertia, recipiendæ divinæ gratiæ aptissima, qua eadem Passionis tempore flagellis cæsus, et spinis coronatus, pretiosum suum sanguinem ad hoc donum Spiritus sancti nobis promerendum Dominus effuderat. 3. Repente demissus est Spiritus ; quia pro sua voluntate venit ad nos Deus, non pro nostro arbitratu, ut semper parati exspectemur, advenientemque observemus ac retineamus. 4. Vehemens sonus excitatus est, ad instar venti, quia divini Spiritus munus est, animum illum quem occupavit, ad suam proximorumque salutem et perfectionem impellere. 5. Venit de cœlo, ut scias multum interesse inter zelum bonorum et impetum malorum, nempe quantum inter ventum et terræ motum. Boni aguntur, sed animo pacato ; mali agitantur, sed mente turbata, et quodam quasi furore rapiuntur. 6. Ventus iste replevit totam domum ; hoc est, uniuscujusque mens plena fuit Spiritu sancto ; tum quia gratia Spiritus ad singulas animi potentias sua dona diffuderat ; tum quia tanta vehementia totum hominem occupaverat, ut nihil præter hunc Spiritum mente cogitationeque ab ipso perciperetur, sicut vehemens aliquis sonitus prohibet omnem alterius rei auditum. 7. Apparuerunt dispertitæ linguæ igneæ, quia Spiritus sanctus, qui cor hominis replevit, etiam linguam ejus accendit, ut suo sermone, qui ex abundantia cordis ignitus est, aliorum corda inflammet. Dispertitæ autem erant linguæ, quia viri sancti non cum omnibus modo de rebus divinis et vitæ conversione tractant, sed hominum ingeniis sese accommodant, sicque omnia omnibus efficiuntur.

Considera tertio, beatissimam Virginem ex his charismatis Spiritus sancti tantum percepisse solam, quantum acceperunt simul omnes ; nec immerito : 1. Quia hoc debebatur a Filio opulentissimo dilectissimæ Matri. 2. Quia hoc merebatur capacitas Virginis, quam et Filius triginta tribus annis, ut tantis hisce donis digna haberetur, aptaverat, et ipsa diligenti humilitatis virtutumque aliarum studio tanto usa Magistro, iisdem se donis compararat.

Considera quarto, immensum Virginis gaudium, quo fuit perfusa visis apostolis cæterisque Christianis, qui Spiritus sancti participes fuerant, in alios plane viros mutatis, ut qui prius ad ancillæ vocem trepidarant, nunc intrepidi divino zelo, nec carceres, nec mortem metuerent, sed toti in proximorum ferrentur auxilium, et in eorum salutem se totos effunderent. Tu Virginem Dominam tuam precaberis, ut ejus precibus et favore, Spiritu sancto repletus in Dei proximorumque amorem inardescas, et pace lætitiaque interna perfruaris.

III. — *De reliquo tempore vitæ Matris Dei.*

Considera primo, Christi sanctissimam Matrem, post Filii sui ascensionem quindecim annis (ut habet communior opinio) superstitem fuisse, atque ad annum sexagesimum tertium vixisse, ut Christianis esset solatio, auxilio, et exemplo; eos de multis instrueret, et initium videret, atque aliquem progressum Ecclesiæ, denique, ut sua apud Deum merita cumularet.

Considera secundo, his annis non defuisse illi materiam tristitiæ, ex tot mortibus, tormentisque martyrum; ex scandalo pusillorum, ex defectione et lapsu multorum. Si enim Apostolus dixit : *Quis scandalizatur et ego non uror? Quis infirmatur et ego non infirmor?* (*II Cor.* 11, 29.) Quanto potiori jure hæc potuit dicere misericordiæ Mater, quæ suis utique visceribus tantam misericordiam retinuit, ut ab ea Matris misericordiæ nomen invenerit?

Considera tertio, in sancta hac anima abundasse rivos consolationis longe copiosius, quam vel in apostolo Paulo, qui de magnitudine revelationum internæque suavitatis gloriatur (*II Cor.* XII, 1 seqq.), vel in alio quopiam sanctorum utriusque Testamenti, quorum admirandæ dulcedines spirituales a Scripturis sacris et historicis referuntur.

Considera quarto, quænam beatus Ignatius, episcopus, martyr, Joannis apostoli discipulus, in Epistolis suis (epist. 1) (quas agnoscit hujus esse auctoris etiam beatus Bernardus, serm. 7, *in Psal.* QUI HABITAT), de hac Virgine scripserit. Sic enim ait ad beatum Joannem evangelistam : « Sunt hic multæ de mulieribus nostris, Mariam Jesu videre cupientes, et quotidie a nobis ad vos discurrere volentes, ut eam contingant, et ubera ejus tractent, quæ Dominum Jesum aluerunt, et quædam ejus secretiora percontentur ipsam Mariam Jesu. Et quidam notificavere eamdem Matrem Dei omnium gratiarum esse abundantem, et omnium virtutum more Virginis, virtutis et gratiæ fecundam, quæ (ut dicunt) in persecutionibus et afflictionibus est hilaris, in penuriis et indigentiis non querula; injurantibus grata, et modesta in re læta; miseris et afflictis condolet coafflicta, et subvenire non pigrescit, contra vitiorum autem pestiferos conflictus in pugna fidei disceptans enitescit; nostræ novæ religionis et pœnitentiæ est magistra, et apud fideles omnium operum pietatis ministra; humilibus quidem est devota, et devotis devotius humiliatur, et mirum ab omnibus magnificatur, cum a Scribis et Pharisæis ei detrahatur : et sicut nobis a fide dignis narratur, in Maria Jesu humanæ naturæ, natura sanctitatis angelicæ sociatur, et hæc talia excitaverunt viscera nostra, et cogunt valde desiderare aspectum hujus (si fas sit fari) cœlestis prodigii et sacratissimi spectaculi. » Et Epistola se-

quenti ('epist. 2) : « Mariam Jesu, dicunt universis admirandam, et cunctis desiderabilem. Quem non delectet videre eam et alloqui, quæ verum Deum de se peperit, si nostra sit fides et religionis amicus? » Hactenus beatus Ignatius, cujus verba si expendas, nihil sanctitate Virginis hujus indignum cogitabis, accenderisque in ejus amorem quæ ad tantam dignitatem Matris Dei, tantam humilitatem, modestia », cæterarumque virtutum splendorem adjunxit. Roga eam, ut suas te virtutes doceat, suoque te in mortis hora dignetur aspectu.

MEDITATIO XXXVI.
DE OBITU BEATÆ VIRGINIS.
I. — *Ante obitum.*

Considera primo, his quindecim reliquis vitæ suæ annis beatissimam Virginem vel continenter Hierosolymis mansisse, vel cum beato Joanne evangelista Ephesum aliquando profectam esse, sicut Patres Ephesini concilii scripserint (Tom. II *Actorum concilii Ephesini*); atque etiam Antiochiam ad beatum Ignatium, sicut eidem sua epistola addixerat (epist. 4), venisse : (Veniam, ait, cum Joanne, te et qui tecum sunt videre), revertisse tamen Hierosolymam, ne a locis abesset charissimi Filii sui, sanguine morteque nobilitatis, quæ loca frequens invisebat, Christianosque ad sanctas ejusmodi peregrinationes verbo et exemplo commonebat. Nec desunt, qui proximum Dominico sepulcro domicilium eam elegisse arbitrentur, ut sacra illa loca commodius frequentaret, quia juxta Calvariæ montem Domini sepulcrum fuisse constat. (Sophron. *serm. de Assumpt. Virginis.*) Tu Dominæ tuæ sedulam pietatem ac devotionem admirare et imitare.

Considera secundo, voluisse Christum Virginem Matrem suam, licet innocentissimam, et ab omni prorsus labe peccati aliena esset, mortem quoque gustare, non quidem in pœnam ullam proprii peccati, sed, 1. Quia mors per peccatum Adami sic invasit universum genus humanum, ut jam generale debitum naturæ nostræ censeatur. Sicut enim ante peccatum primorum parentum naturæ humanæ dabatur immortalitas, ut omnes possent non mori, ita post peccatum inflicta est naturæ mortalitas et patibilitas, ut omnes, etiam qui alienissimi sunt ab omni peccato, teneantur mori, atque in vita hac multa mala et incommoda patiuntur. Etenim Apostolo teste : *Statutum est omnibus hominibus semel mori.* (*Hebr.* IX, 27.) 2. Ut Filium imitaretur, qui mortem gustavit. 3. Ut nos mortem non metuamus, quam Filius Dei voluit etiam sustinere dilectissimam Matrem. 4. Ut ipsa morientibus Christianis compatiatur in cœlis, adsitque in animæ egressu, sicut Ecclesia precatur.

> *Tu nos ab hoste protege,*
> *Et hora mortis suscipe.*

Considera tertio, non alibi quam Hierosolymis

mori debuisse : 1. Quia illic obierat Filius . 2. Ut ex Jerusalem terrestri recta deferretur ad Jerusalem cœlestem.

Considera quarto, aliquot ante mortem diebus, cum Virgo Mater nihil magis in votis haberet, quam dissolvi et esse cum Christo, venisse de cœlis magna claritate Gabrielem archangelum, qui, ut prius fuerat internuntius adventus Dei a Virginem, ita nunc mittitur nuntius adventus Matris ad Filium, secumque fert palmæ ramum in signum victoriæ, superatique peccati et mortis. Hoc nuntio diu exspectato exhilarata Mater, sæpius hæc secum concinebat : *Lætata sum in his quæ dicta sunt mihi, in domum Domini ibimus. (Psal.* cxxi, 1.) Angeloque exsultans respondit : *Ecce ancilla Domini, fiat mihi secundum verbum tuum. (Luc.* i, 38.) Tu ad Dominæ tuæ imitationem excita in te dissolutionis desiderium ; sanctaque vita hoc effice, ut pretiosa sit in conspectu Domini mors et emigratio tua.

II. — *In obitu.*

Considera primo, ex veterum et historicorum narratione, B. Dionysii Areopagitæ (*De div. nom.* cap. 3) ; Damasceni (*Serm. de Dormitione B. Virginis*) ; Metaphrastis, Juvenalis Hierosolymitani, Nicephori (lib. ii, cap. 21, 22, 23) et aliorum, instante jam mortis die Virginem ad Filii sui, quem certo præstolabatur adventum, rite thalamum suum adornasse, et corpore paulatim debilitato, viribusque dissolutis, lecto se commisisse, vestes vero suas pauperculæ cuidam viduæ legasse, a qua obsequia præter cæteras acceperat : neque aliud donasse quidquam, quæ nihil possidere didicerat.

Considera secundo, sacrum apostolorum chorum ad lectum beatissimæ Virginis convenisse, qui vel per aera miraculo vecti fuerunt, ut scripsit Juvenalis patriarcha, ad instar Habacuc, et Philippi Diaconi ; vel alio modo accesserunt, quod aliis magis probatur. Glycas putat etiam adfuisse septuaginta duos Christi discipulos ; qui omnibus cœtus Virginis Matris animum mirifice recreavit, tum ex narratione copiosi fructus Evangelii, qui per universum terrarum orbem colligebatur, tum ex singulari Christi beneficio, qui principum Ecclesiæ ministerio dilectissimam Matrem honorandam putavit. Multi quoque Christiani, Metaphraste auctore, ad hanc Virginis emigrationem accesserunt. Omnes utique lacrymis perfusi deflebant orbitatem suam, Virginisque precibus, patrocinio et auxilio, tum communem Ecclesiæ statum, tum suas quisque necessitates commendabat ; hocque erat omnibus in isto luctu solatium, quod judicis Mater plena misericordiæ, ad Filium proficisceretur, salutis nostræ negotia sério curatura, et susceptura patrocinium. Tu singulorum gestus observabis, audies voces, tuasque preces sanctorum precibus admiscere ne vereais.

Considera tertio, Virginem quidem pro conditione humanæ naturæ destitui viribus ; privilegio

tamen singulari neque dolores ullos sustinuisse morborum, neque mortis angores percepisse, quod satis superque in morte Filii crucifixi passa vide retur. Procul etiam ab hac domo fuit omnis dæmonum terror ; quia dæmon non tam terrere poterat Dei Matrem, ad quam non est ei datus accessus, quam ab ejus majestate ac sanctitate terreri. Considera quarto, Christum Dominum, instante jam exitu, magno sanctorum angelorum et justorum comitatu, de cœlis ad Matrem descendisse. Quod enim sanctis apostolis se facturum prædixerat : *Si abiero et præparavero vobis locum, iterum veniam, et accipiam vos ad meipsum. (Joan.* xiv, 2.) Æquum omnino fuit, ut illud præstaret Matri, multoque amplius quam præstiterit vel beato Stephano protomartyri, qui vidit cœlos apertos, et Jesum stantem a dextris virtutis Dei ; vel aliis plerisque sanctis, quos morituros sua præsentia legitur consolatus. (*Vide* B. Greg. *lib.* iv *Dialog.* cap. 16.) Christus igitur accedens, charissimam Matrem immenso gaudio perfudit ; et comites omnes cœlestes, suæ Dominæ Domini Dei sui Matri honorem detulerunt ; conclave replebatur cœlesti lumine, et Dominus Jesus dulcissimis vocibus sanctissimam animam ad egressum de corpore, atque ad divinos amplexus suos invitabat : *Veni* (inquiens), *electa mea, veni de Libano Sponsa mea : veni : coronaberis.* (*Cant.* iv, 8.) *Jam hiems transiit, imber abiit, et recessit.* (*Cant.* ii, 11.) Tum illa præsentibus omnibus bene precata, pro illisque a Filio benedictione postulata, perfusa gaudio, sic dicens, teste Damasceno : *In manus tuas, Fili, commendo spiritum meum*, sanctissimam animam in amplexus Filii suaviter emisit ; omnesque qui aderant, ubertate gratiæ, qua sacrum illud conclave ex Christi sanctorumque præsentia refertum erat, mire affecit. Tu Virgini cum Christo in cœlos abeunti negotia tua commendabis , atque ad eamdem cum his sanctis Christianis aspirabis.

III. — *De sepultura Virginis.*

Considera primo, ex iisdem auctoribus statim ab obitu Virginis innumera ad sacrum corpus edita fuisse miracula, variisque restitutam corporum membrorumque integritatem. Nam quæ in vita hac mortali per insignem humilitatem a miraculis abstinere visa fuit, nunc profecta ad gloriam, quanti apud Deum illa sua humilitate fuerit, signorum magnitudine declaravit.

Considera secundo, sanctos apostolos suis manibus curasse funus, justaque celebrasse. Omnes enim cecinerunt divinos hymnos tum ex Litteris sacris, tum ex Spiritu sancto, qui Virginis laudes singulis suggerebat. Eos deinde imitati sunt plerique alii apostolici viri, neque quisquam erat, qui in tanta laudum materia posset reticere ; funus adornant, prout tantam decebat Virginem Dei Matrem, flores spargunt, quia Mater Jesu Nazareni, hoc est, floridi, virtutum floribus abundabat, scavissimumque ad omnes fideles odorem probitatis diffundebat ; faces accensas manibus suis apostoli, atque discipuli præferret ; quia Mater Dei lux mundi dum viveret, nunc cœlum ipsum nova claritate illustrat, atque inferiorem hunc mundum gloria sua et majestate illuminat, per universum orbem celeberrima et gloriosa. Hic tu officium aliquod exhibebis huic funeri tam sancto, laudibusque Dominam tuam prosequeris.

Considera tertio, in ipso ad sepulcrum progressu Judæorum turbam in sacrum corpus fecisse impetum, eorumque unum petulanter injecisse manus, ut de apostolorum humeris sacrum funus deturbaret. Cujus insolens factum sua extemplo vindicta est consecuta. Nam manus divinitus a brachiis avulsæ funeri adhæserunt; quo miraculo cum a mentem rediisset tam is qui peccaverat, quam criminis socii, benignitate sanctissimæ Matris restitutæ sunt manus. Noluit enim eo die cuiquam causam afferre tristitiæ, quo tantum ipsa gaudium gloriamque divinitus accepisset.

Considera quarto, corpus virgineum depositum esse in agro Gethzemani, loco quem ipsa sibi delegerat; ubi toto triduo auditi angelici concentus testes fuerunt sanctitatis loci ex præsentia corporis sacri. Tu inter sanctos angelos ad hoc mausoleum excubabis; Virginemque rogabis, ut te neque vivum deserat, neque defunctum.

MEDITATIO XXXVII.

I. — *De Assumptione beatissimæ Virginis.*

Considera primo, sanctissimæ Virginis Matris animam, simul atque de corpore exivit, a Christo Filio benigne susceptam esse, summaque gratulatione salutatam, quam osculatus est Dominus osculo oris sui, et abstersit omnem lacrymam ab oculis ejus, ulnisque exceptam omni charitatis officio recreavit. Memor enim fuit sibi infantulo ab hac sua Matre frequenter data amoris oscula, detersas pueriles lacrymas, seque ulnis delatum ab ejus collo pependisse, ejus ubera suxisse, in ejus gremio quievisse, multisque officiis adjutum, fotum, purgatum, educatum. Tempus igitur postulare videbatur, ut Matri vices rependeret. Tu hic Matris gaudium contemplare. Si enim Raguel viso Tobiæ filio, a lacrymis sibi cum uxore non potuit temperare; si Tobias enim, nihil moratus impedimentum cæcitatis, Filio lætus occurrit, et ejus adventu præ gaudio lacrymatus est, quale putas fuisse gaudium in anima Matris viso jam Filio glorioso, qui de cœlis in terras tanto sanctorum comitatu descenderat, Matrem suam ad thronum gloriæ perducturus ?

Considera secundo, quam gloriosus fuerit hic Virginis in cœlum ingressus, et quam admirabilis triumphus. Vehiculi loco erant, non angeli, sed manus Filii Dei, cui innixa Mater longe plura suavioraque hauriebat de sacro pectore, quam olim Joannes in Dominica Cœna recumbens super idem

pectus acceperat. Salomon matri suæ Bethsabeæ occurrens, eam adoravit, et juxta se in throno collocavit. Christus nobiliorem hanc Matrem ad cœleste solium per seipsum evexit. Jam vero qui fuerint angelorum concentus, æstimare quis possit? Partem tamen aliquam ex illo concentu, quo nonnullorum sanctorum animæ delatæ sunt in cœlum, assequemur. Sicut de servulo paralytico scribit beatus Gregorius. (Lib. IV *Dialog.* cap. 14.) Etenim sancti apostoli, teste D. Dionysio, ut sacrum Virginis corpus laudibus quam poterant maximis prosequebantur : ita sancti angeli cœlestibus hymnis sanctissimam ejus animam comitabantur. Itaque beatus Athanasius affirmare non dubitavit, omnes angelorum hierarchias angelicam Salutationem, qua nulla est Virgini gratior, decantavisse : *Ave, gratia plena, Dominus tecum, benedicta tu in mulieribus.*

Considera tertio, sanctissimam Matrem in ipsos cœlorum aditus a Filio introductam, Filii sui gloriam, loci majestatem, angelorum ordines, omnem illius beatissimæ regionis dignitatem longe majori gaudio admiratam fuisse, quam olim regina Saba Salomonis gloriam suspiciebat, vel Jacob patriarcha honores filii sui Joseph. Admirabantur vicissim angelorum principes tantam Virginem cum Deo familiaritatem, honoremque et reverentiam a Deo tantam homini delatam. Itaque admirabundi clamabant : *Quæ est ista quæ ascendit de deserto, deliciis affluens, innixa super dilectum suum ?* (*Cant.* III, 5.) Admirantur, 1° tantam gloriam de hujus mundi deserto ac sterilitate; 2° tantas spirituales delicias in homine; 3° tantos honores Matris, quæ a Deo in cœlos veheretur. Tu cogitabis, quæ fuerint Filii Matrisque, tota hac profectione, colloquia, quorum nemo præter duos illos totius orbis moderatores conscius fuit. Alii cum admiratione quærebant : *Quæ est ista quæ progreditur, sicut aurora consurgens* (*Cant* VI, 9), Mediatrix inter noctem mundi, et Solem justitiæ Christum; *Pulchra ut luna,* quæ a Christo copiosissime illustratur; *Electa ut sol,* quæ nec primam similem visa est, nec habere sequentem, supra quam solus est Deus, infra quam quidquid non est Deus, sola supra omnes angelorum choros perficiens chorum suum; *Terribilis ut castrorum acies ordinata,* terribilis dæmonibus conterens caput serpentis? Tu aliquid ad tantæ Virginis laudem afferre memento, eamque rogare, ne tui in hac tam illustri gloria ullo unquam tempore obliviscatur.

II. — *De assumptione corporis.*

Postquam Ecclesia Christi nullum de resuscitato atque in cœlos assumpto Virginis corpore dubium movet, tu cum veteribus ecclesiasticis scriptoribus Græcis atque Latinis tuto in his te meditationibus occupabis.

Et considera primo, cur Christus sanctissimæ Virginis corpus peculiari privilegio ante communem resurrectionem ad vitam redire voluerit, cujus multas poteris meditari causas : 1. Quia decebat ut corpus illud, quod nullum unquam peccatum agnoverat, a communi illa maledictione eximeretur, quæ solis peccatoribus inflicta est : *Quia pulvis es, et in pulverem rev rteris.* (*Gen.* III, 19.) 2. Quia honorandum erat corpus illud, ex quo Filius Dei sibi corpus efformarat. Si enim honorantur auroque vestiuntur sanctorum reliquiæ, tanquam sancti Spiritus instrumenta; si asservatur et colitur Lauretanum Virginis cubiculum propter Filii Dei in eo perfectam incarnationem; quanto majori honore dignum est corpus illud quod Deum carne vestivit, novem mensibus retinuit, lacte pavit, multisque laboribus, curis et molestiis educavit? 3. Quia Filius debebat omne dilectissimæ Matris implere desiderium. Cum ergo natura sit animæ, appetere corpus in quo creata est, et cui naturaliter inhæret, non erat æquum ut anima Matris hoc desiderio teneretur, et cum cæterorum justorum animabus ad gloriæ suæ anhelaret perfectionem. 4. Ut duo luminaria magna perfecte cœlum illustrarent, et uterque sexus universum orbem moderaretur, vir, inquam, unus, et mulier una. 5. Ut nobis spes major daretur nostræ resurrectionis, postquam non solus Deus corpus resumpsit, sed homo etiam aliquis purus resurrexit. 6. Ut figura impleretur arcæ fœderis Moyseos, quæ ex imputribilibus lignis composita cœleste manna continebat, de qua sic cecinit David : *Surge, Domine, in requiem tuam, tu et arca sanctificationis tuæ.* (*Psal.* CXXXI, 8.) Hæc enim arca, quæ maxima solemnitate primum a Davide in arcem Sion, a Salomone postmodum in templum Domini est delata, immensam illam gloriam designavit, qua sacra hæc arca Domini, corpus [inquam] Virginis, translatum est in tabernaculum templumque cœleste.

Considera igitur secundo, post elapsum triduum sacrum corpus Matris Dei jussu Filii ab angelis magna celeritate ac reverentia ex sepulcro in cœlos transferri, in quod anima beatissima, virtute divina ingressa, novo splendore et corpus, et universum cœlum illustravit. Nova hic fuerunt gaudia, quando Virgo Maria resurgens a mortuis jam non moritur. Gaudebat Mater de novo et insolito beneficio Filii. Gaudebant sancti, quod humanam naturam cernerent supra cœlos evectam. Nec angelis novorum gaudiorum causæ defuerunt ; tum quod Dominam suam, Dei Dominique sui Matrem, summa viderent gloria coronatam ; tum quod non dubitarent præsentia hac precibusque gloriosæ Matris futurum, ut ruinæ cœlestis Jerusalem brevi repararentur ; tum quod nova gloria per Virginis corpus cœlum ipsum, regio, inquam, angelorum, refulgeret. Tu cum cœlestibus omnibus gaude, quod Advocatam præmiseris ad Deum, eamque, precare, ut tui patrocinium nunquam deponat.

III. — *De corpore non invento.*

Considera primo, divina Providentia factum esse,

ut beatus Thomas apostolus, cum cæteri apostoli adfuerint, a Virginis dormitione et exsequiis abfuerit, quemadmodum ex majorum traditione scripsit Juvenalis patriarcha ad imperatorem Martianum. Hic igitur apostolus, quod moleste ferret sacrum hoc Dei Tabernaculum a se neque visum, neque honore affectum, terræ esse mandatum, a collegis suis apostolis cæteris obtinuit, ut corpus Virginis exhumaretur, verum aperto sepulcro, nihil repertum est præter pannos sepulcrales, quales etiam Christus Dominus a mortuis resurgens in monumento suo reliquerat. Sacrum enim Virginis corpus jam angelorum ministerio ad cœlos translatum fuerat. Magna fuit tunc in Christianorum animis exsultatio ; magna erga Virginem veneratio ; magna Dei laus et gratiarum actio, quod in cœlis esset Patrona generis humani, quæ jam nihil desiderans sibi, sese totam ad impetranda, donandaque nobis bona conferret.

Considera secundo, hoc assumptionis sanctissimæ Virginis miraculo, Christianos tum institutos esse, tum excitatos ad peculiarem cultum venerationemque Dei Matri exhibendam, quam non dubitarunt super omnes evectam choros angelorum, vicinamque assistere Filio, omni laude, gloria, honore dignam. Tu igitur hanc Dei Matrem singulari devotione prosequeris, eique teipsum committes.

MEDITATIO XXXVIII.
I.— *De gloria Virginis.*

Considera primo, ut Christus Matrem suam ad Patrem suum æternum introduxerit, a quo quanta sit excepta charitate, quantoque honore affecta, nemo cogitatione assequitur, nedum explicet verbis. Si enim illud omne est Patri acceptissimum, quidquid a tali offertur Filio, quam grata fuit Filii Mater, et talis Mater, ab omni prorsus peccato alienissima, omni virtute instructissima, omni gratia plenissima ?

Considera secundo, sanctissimam Trinitatem quæ in angelica Salutatione Dei Filium huic Virgini præsentia sua commendaverat, et quasi arrham futuræ plenioris mercedis dederat, nunc mensuram bonam, et confertam, et coagitatam, et superaffluentem effundere in Virginis sinum; et primo quidem admissa est ad clarissimum conspectum divinæ naturæ, recepta in animam divinitate, quam longe plenius, perfectius, clariusque possideret et intueretur, quam quisquam sanctorum : deinde vero data est ei potestas in cœlo et in terra, ut sit Regina cœlorum, Domina angelorum, Patrona humani generis, Moderatrix orbis universi. Hujus autem tam novæ dignitatis insignia simul ei sunt addita. Nam Deus Pater, cujus virtute obumbrata et confirmata, contrivit caput serpentis, lunam illi posuit sub pedibus, hoc est, universam creaturam, quæ Christi vel gratia illustratur, vel potentia majestateque ne in nihilum abeat, conservatur. Omnis quippe creatura particeps est luminis divini, vel hoc ipso quod exsistit. Accepit igitur Virgo admirabilem in omnes creaturas potestatem et auctoritatem, ut ad Mariæ nomen contremiscant principes tenebrarum, et exsultent animi justorum. Filius porro quem ipsa carne vestiverat, novemque mensibus utero suo continuerat, vicissim Matrem Sole vestivit, admirabilique privilegio eam sibi tam arcte conjunxit : 1. Ut nunquam Mater sit sine Filio. 2. Ut quidquid exhibetur Matri, id simul omne ad Filium referatur; nunquam nisi per Filium vel laudetur Mater, vel lædatur, sicut nihil pertingit ad corpus vestitum nisi per vestem. 3. Ut Filii voluntas semper sit eadem cum voluntate desiderioque Matris. 4. Ut gloria Filii in Matrem redundet, sicut vestis addit homini pulchritudinem et ornatum. Jam vero Spiritus sanctus, cujus gratiis Virgo repleta, omnibus virtutum abundarat officiis, eidem coronam stellarum duodecim lucidissimis distinctam gemmis imposuit. Si enim de Luciferi gloria, priusquam in peccatum laberetur, scripsit propheta : *Omnis lapis pretiosus operimentum tuum* (*Ezech.* xxviii, 13), qualibus gemmis Dei Mater est redimita, post tot jam merita et labores sancita in gloria ? Hac tam nobili corona, tot stellis ornata significari videtur omnis gloria sanctorum, quam in beatissima Virgine cumulatissimam esse cognoscimus, ut sicut luna plus luminis præbet terræ, quam omnia astra; ita gloria Virginis Matris gloriam excedit sanctorum, quorum nemo quidquam accepit, quod non sit concessum Virgini, hæc autem multa habeat sibi sola donata. Quamobrem recte dixit beatus Bonaventura (*Specul. B. M.*) : « Gloriosum Mariæ privilegium est, quod quidquid post Deum pulchrius, quidquid dulcius, quidquid jucundius in gloria est, hoc Maria, hoc in Maria, hoc per Mariam est. »

Considera tertio, his Virginem a Deo ornatam insignibus, apprehensa reverenter manu juxta Filium in sublimi solio collocari, multo gloriosius quam olim Bethsabee consedit pone Salomonem filium. Ita impleta est Scriptura Davidis : *Astitit Regina a dextris tuis in vestitu deaurato, circumdata varietate.* (*Psal.* xLiv, 10.) Cui varietati tanta gloriæ copia, quæ Virgo in singulis suis abundat potentiis, præbet causam. Hæc tamen gloria longe aliter in Virgine, atque in nobis originem habet. Nos enim ab externa gloria et honore in hac vita illustres dicimur, a nobilitate, divitiis, vestiumque splendore. At vero beatissima Virgo ab interno lumine animæ etiam foris resplendet in corpore, quia : *Omnis gloria filiæ Regis ab intus* (*Ibid.* 14).

Considera quarto, quo gaudio, qua humilitate, qua charitate, hoc tantum munus moderandi orbis Virgo Domina nostra susceperit, quantaque hactenus cura administrarit, quamque nihil præter commodum salutemque tuam curaverit. Tu tantam Reginam veneraberis, tantæ Dominæ fideliter servies, tantæque Patronæ teipsum ex animo totum committes.

II. — *De honore a beatis exhibito Virgini.*

Considera primo, angelos omnes sanctissimæ Virgini congratulatos, prompto, humili, et alacri animo officia illi omnia sua, et venerationem addixisse. Cumque sint tres angelorum hierarchiæ, suprema, media et infima, atque in singulis tres chori seu ordines, singuli Dominam suam, Dei sui Matrem, et reverenter susceperunt, et dignam tanta gloria censuerunt. Suprema igitur hierarchia quæ Deo proxima est, eique per se assistit et ministrat, prima ad Dei Matrem accessit. Seraphim divino amore flagrantes, ferventiorem tamen in Virgine charitatem admirati sunt. Cherubim plenissimi quidem divina sapientia, majorem tamen divinarum rerum notitiam in eadem Virgine agnoverunt; Throni in quibus Deus quasi residet, venerati sunt majorem Virginis cum Deo conjunctionem, utpote quæ Deum novem mensibus corporaliter utero continuit ; quæ ipsum Infantulum lacte nutrivit, gremio fovit, gestavit ulnis, quæ nunc excellentius creaturis omnibus vestita est sole, et repleta divinitate. Media hierarchia, quæ de creaturarum gubernatione generatim disponit, eamdem suam Dominam venerata est : et quidem. Dominationes, quarum est de agendis disponere, in omnibus quæ ordinaturæ essent, hujus Virginis se arbitrium secuturas receperunt. Principatus vero, qui in bonos spiritus auctoritatem habent, nihil se suis nisi ex ejus voluntate imperaturos constituerunt. Potestates autem, quæ dæmonum conatus reprimunt, se omnem Virginis injuriam vindicaturos addixerunt. Denique infimus ordo, qui exsequitur superiorum ordinum decreta, eidem Dominæ suæ officia sua obtulerunt. Et Virtutes quæ miracula edunt, Archangeli qui vel magna nuntiant vel ditionibus, regnis et civitatibus præsident ; Angeli quoque qui et minorum rerum internuntii sunt, et singulorum hominum custodes tutelares Virginis gloriam inter homines propagandam susceperunt et amplificandam. Virgo beatissima his officiis recreata angelis omnibus humani generis curam patrociniumque commendavit.

Considera secundo, sanctos illos, qui ex hac terra nostra jam ad cœlos conscenderant, majori etiam lætitia quam beatos angelorum spiritus exhilaratos minore quidem numero, sed affectu non minori Virgini Matri omnem reverentiam detulisse ; receperunt igitur illam communibus votis in Reginam patriarchæ, prophetæ, apostoli, martyres, episcopi, doctores, confessores, virgines, et totus sanctorum omnium chorus. Tibi, inquiebant, o Domina nostra, quia omni vitio et macula caruisti, omnis debetur pulchritudo; quia omnes angustias sustinuisti, omnis consolatio; quia hostes omnes superasti, omnis triumphus; quia omnia bonorum operum officia coluisti, omnis merces æterna; quia omni virtutum gratiarumque genere instructa fuisti, omnis gloria. His sanctis blandissime respondit et annuit Regina. Virgo, fratrumque suorum adhuc in terris pugnantium curam imposuit. Tu cum sanctis omnibus admirare Virginis cœlorum Reginæ majestatem, supplexque precare, ne in tanta gloria orationes tuas despiciat.

III.— De honore qui Virgini ab Ecclesia defertur.

Considera primo, universam Christi per orbem Ecclesiam hanc Dei Matrem peculiari devotione et cultu venerari, juxta verissimam ipsius prædictionem, Luc. 1, 48 : *Beatam me dicent omnes generationes*. Causæ autem sunt : 1. Quia Mater est omnipotentis, summique Dei, cui honor et gloria ab omni debetur creatura. 2. Quia virtutibus et donis omnibus est instructissima, quæ honorem laudemque mereantur. 3. Quia est Domina et Regina universi orbis, cui Deus omnia subjecit sub pedibus. 4. Quia omnes bonum nobis a capite Christo per Mariam donatur, sicut per collum demittuntur a capite cibi et bona in corpus. Est namque Virgo beata in hoc mystico corpore, quod collum in corpore naturali, Mediatrix inter Filium Dei et Ecclesiam. 5. Quia per eam quæ perpetuas cum serpente diabolo malorum omnium incentore, inimicitias suscepit, mala omnia nobis propulsantur. 6. Quia a summo Rege Deo, cujus ipsa sit Mater, facilius quidvis pro nobis solet obtinere.

Considera secundo, variis modis hanc Virginem ab Ecclesia coli, non quidem ut Deum, sed ut Dei Matrem. Recte enim distinguitur triplex cultus : quorum unum vocant λατρείαν, quo Deum rerum omnium Creatorem mente adoramus, ei nos totos ut summo bono finique nostro, veroque Domino subjiciemus, prosternimus et consecramus, et hac mente cultum externum exhibemus. Alterum appellant δουλείαν quo veneramur sanctos Dei cum Christo in cœlo regnantes, quorum vel orationes postulamus, vel imploramus auxilium. Alius porro est medius, primo inferior, superior tertio, quem recepto jam vocabulo dicunt ὑπερδουλείαν quasi majorem δουλείᾳ· eamque venerationem attribuimus illis creaturis, quæ propter insignem cum Deo veramque conjunctionem, ampliorem omnino, quam communem illum aliorum sanctorum cultum merentur. Virgo utique beatissima, quæ de carne sua Dei Filio carnem dedit, cujus deificam carnem ipsa lacte suo nutrivit, quæ verum Deum revera genuit, propter admirabilem hanc cum Deo cognationem, sicut plerisque aliis donata est prærogativis, ut quod sine peccati macula conciperetur, nasceretur, vitam traduceret ; quod gratia plena inter mulieres benedicta esset, quod sine opera viri conciperet, sine dolore pareret ; quod virginitatis decus post partum retineret, ita hoc privilegio digna censeri debet, ut proximis divinitati honos ei a creaturis omnibus habeatur. Igitur primo, quicunque cultus defertur sanctis reliquis, ille præstantius quasi ex hyperdulia defertur Matri ; quidquid etiam exhibetur honoris et reverentiæ hominibus in terra adhuc viventibus, illud potiori

jure debetur Mariæ. Mortales sane variis excipiuntur honoribus, filii supplices fiunt parentibus, rei judicibus, subditi regibus, statuæ eriguntur principibus, eæque honesto constituuntur loco. Nota est tragœdia Antiochiæ excitata tempore beati Chrysostomi ob imperatricis eversam imaginem. Ad principis nomen aperimus caput in honoris indicium ; cereis facibusque accensis reges adventantes etiam media luce prosequimur ; piorum hominum orationes petimus; aliorum auxilium in necessitatibus imploramus ; flagitamus a divitibus satiari famem, a principibus arceri aut propulsari hostem , a medicis restitui sanitatem ; a doctis consilium ; ab aliis denique petimus alia nobis præstari. Hæc igitur eadem merito sanctissimæ Virgini exhibemus, et sine Divinitatis injuria ab ea devote postulamus. Sancti vero cœlorum cives variis coluntur modis ; nam eis statuuntur dies festi, in eorum honorem atque memoriam Deo templa consecrantur, eriguntur altaria, offeruntur sacrificia, nuncupantur vota ; religiosorum familiæ instituuntur ipsi patronos, vitæ nostræ directores et custodes a nobis assumuntur, atque a Deo constituuntur, suntque hominum privatorum, civitatum, ditionum, regnorumque protectores ; nulla sane majori injuria Dei quam angelus dictus est princeps regni Persarum vel Michael archangelus princeps populi Judaici. Hæc, inquam, omnia sublimiori cultu tribuuntur per hyperduliam Deiparæ Mariæ cujus memoria, laus, gloria per universum orbem celebratur, quam beatam dicunt omnes generationes, ut nulla jam sit ditio Christianorum , quæ non aliquo loco solemnem colat Virginis memoriam, habeatque ejus miraculis claram effigiem; vix ullam rempublicam invenias, quæ non habeat templum in Virginis honorem dedicatum; vix ulla est ecclesia, quæ non vel oratorio, vel altari Virginis honoretur. Multa regna, ditiones, civitates hac patrona erectæ sunt, subsistunt et florent. Multæ religiones Virginis patrocinio introductæ, vota castitatis Virginis gratissima, ad ejus honorem Deo nuncupantur, sacrificia non Virgini, sed Deo in Virginis memoriam offeruntur, peregrinationes suscipiuntur ; denique alia religiose præstantur, quæ tot annis ad ejus gloriam nostramque utilitatem usurpavit Ecclesia. 2. Peculiaria quædam divinæ huic Matri ab Ecclesia tribuuntur, tanquam digniori et præstantiori Dominæ. Salutatur, *Mater gratiæ*, *Mater misericordiæ*, *Vita*, *Dulcedo*, *et Spes nostra*, *Regina cœlorum*, *Domina angelorum* , *Radix sancta* , *Advocata humani generis*, aliisque epithetis, quæ in Dei Matrem solam possunt recte competere. Celebratur multis festivitatibus ejus memoria. Totum Dominici Adventus tempus refert ipsam gestantem uterum, et tempus Dominicæ Nativitatis usque ad Purificationem eam celebrat lactantem Infantulum. Resurrectionis vero quinquaginta dies eamdem nobis repræsentant, de gloriosa Filii tum resurrectione, tum in

cœlos ascensione gaudentem. Æquum etiam censuit Ecclesia qualibet hebdomade diem septimum
Virginis cultui deputare, tum ut quia gentilibus
dicatus erat patri falsorum deorum, impio Saturno,
nunc dicaretur Matri verissimi Dei, piissimæ Mariæ : tum ut ipsa dolorum suorum memor, quos
eo die passo jam mortuoque et sepulto Filio sustinuit, nobis sit in angustiis nostris solatio. Tu
igitur non verearis omnem Virgini cultum exhibere, quemcunque sub Deo creaturæ cuicunque
præstari posse existimabis.

Considera tertio, Deiparam Virginem multis modis quam ipsi sit grata hæc Christianorum devota
veneratio, fuisse testatam. Nam et frequentibus
miraculis, invocantium se necessitati succurrit,
et afflictos consolatur, et peccatoribus veniam impetrat a Filio delictorum, et vota precesque suscipit, et non raro morientibus visibili etiam
specie assistit, et neminem denique a se vacuum
remittit, ut verissime de ipsa canat Ecclesia :
*Causa nostræ lætitiæ, Salus infirmorum, Refugium
peccatorum, Consolatrix afflictorum, Auxilium Christianorum.* His miraculis auxiliisque pleni sunt
veterum Patrum libri, et omnium temporum historiæ, neque ullam ætatem vel ullam regionem
illis vacuam esse cognoscimus. Tu igitur secure
magnaque fiducia tantæ Dominæ in omnibus afflictionibus et necessitatibus tuis, implorabis auxilium, et frequenter hanc orationem usurpa-
bis.

*Memorare, o piissima Virgo Maria, non esse
auditum a sæculo 'quemquam ad tua currentem
præsidia, tua implorantem auxilia, aut tua petentem
suffragia, a te derelictum. Ego tali animatus fiducia,
ad te, Virgo virginum Maria, Mater Jesu Christi,
confugio; ad te venio, ad te curro, coram te gemens
peccator et tremens assisto. Noli, Mater Verbi, verba
mea despicere, sed audi propitius, et exaudi verba
mea.*

MEDITATIO XXXIX.

DE PRIMA STELLA CORONÆ VIRGINIS, EX GLORIA PATRIARCHARUM.

I. — *Fides.*

Considera primo, ex sacra Scriptura manifeste,
juxta Patrum expositionem, constare beatissimam
Virginem Dei Matrem amictam sole, et lunam sub
pedibus habentem, capite gestare diadema nobilissimum, seu coronam stellis duodecim exornatam,
quæ Virginis admirabilem variamque gloriam videntur designasse ex omnibus præmiis constantem,
quæ omnium sanctorum ordinibus a Deo donantur.
Nihil enim gloriæ, honoris aut præmii datum est
alicui sanctorum, quod Christus Deus non concesserit charissimæ Matri suæ. Duodenarius numerus
universos significat electos, et sanctos utriusque
Testamenti quod veterum capita censcantur
duodecim patriarchæ ; sanctorum vero Novi Testamenti, duodecim apostoli, Ecclesiæ principes et

fundamenta. Sunt quoque duodecim hominum justorum ordines, quibus constat Ecclesia, in quibus
tametsi virtutes omnes viguerint, in singulis tamen statibus, et gradibus peculiares aliquæ eminuerunt. Igitur cum singulis virtutibus sua pro-
mittantur in cœlis præmia; utique beatissima Dei
Genitrix, quæ excellentissime his omnibus fuit in
hac vita mortali ornata virtutibus, jam in cœlis
singulorum etiam coronas et glorias obtinuit.

Considera secundo, primum justorum ordinem,
qui fuit patriarcharum, quo nomine significantur
proprie quidem tres illi tribuum Israelitarum parentes, Abraham, Isaac et Jacob, ex quibus Christus Dominus tanquam ex patribus humanam
sumpsit carnem. Deinde vero etiam alii ante Mo-
saicam legem, veteres horum trium tam progenitores quam posteri, a quibus Dominus cum sanctissima Matre sua juxta naturam humanam duxit
originem. Tertio eodem nomine appellantur duodecim filii Jacob, duodecim familiarum Israeliticarum
parentes.

Consdera tertio, in patriarchis commendari præcipue fidem ab apostolo Paulo, non istam quidem
novam et informem, nudamque hæreticorum cre-
dulitatem, sed efficacem, et operatricem, ad quam
illi vitam suam composuerunt, juxta illud : *Justus
ex fide vivit.* (*Hebr.* x, 58.)

Considera quarto, hanc fidem in Virgine sanctissima fuisse illustrissimam, ut quæ post conceptum
in utero Dei Filium, primam laudem a fide meruerit:
sic enim dicebat Elisabeth : *Beata quæ credidisti.*
(*Luc.* I, 45.) Declaravit porro Virgo fidem suam :
1. Quando angelo rem novam, inauditam, et humanis angelicisque viribus impossibilem narranti
fidem præstitit. Quis enim credat Virginem non
violata integritate parituram, Deum humana carne
vestiendum, Conditorem orbis futurum hominis
Filium ? 2. Insigne fidei suæ specimen dedit,
quando natum jam infantulum, et flentem, et esurientem, et frigentem, cæteraque illius ætatis vidit
sustinentem incommoda, nihil tamen de divinitate
ejus aut majestate dubitavit, tametsi nihil ab eo
gereretur divina natura dignum. 3. Quando passionis tempore discipulis fuga dilapsis, scandalum
patientibus, et latitantibus ipsa immobilis in viva
fide, et erecta juxta crucem stabat, qua fide ipsa
Ecclesiam sustentabat et repræsentabat. Jam enim
apostoli omnes scandalo lapsi erant, et mulieres
cæteris constantiores, exigua fide lamentabantur
Christum bajulantem crucem tanquam ad extremam redactum miseriam. Proinde quæ in Canticis
Salomonis de Ecclesia scribuntur, recte attribuun-
tur Virgini Mariæ, non solum ut præcipuo Ecclesiæ
et nobilissimo membro, lectissimæque Sponsæ
Christi, sed etiam quia patiente et moriente Domino
in ipsa consistebat viva fides Ecclesiæ Dei. Hanc
ob causam in ecclesiasticis cæremoniis, divinisque
Officiis hebdomadis sanctæ unicus cereus asservatur accensus exstinctis cæteris. Tu Virginem ora,

ut tibi fidei constantiam impetret, te in religione avita conservet, et nunquam vel in minimo nutare patiatur.

II. — De fiducia.

Considera primo, fidei inniti fiduciam, cujus fundamentum quidem est promissio Dei; conditio vero, opera nostra a charitate facta, juxta illud : *Spes non confundit, quia charitas Dei diffusa est in cordibus nostris per Spiritum sanctum qui datus est nobis.* (Rom. v. 5.)

Considera secundo, hanc virtutem in patriarchis viguisse, qui soli divinæ promissioni innixi, habitarunt in tentoriis, peregrinationes prolixas susceperunt, patriam deseruerunt, et sicut de Abraham scripsit Apostolus : *Contra spem in spem crediderunt.* (Rom. iv, 18.)

Considera tertio, in Virgine excelluisse fiduciam cujus fides erat vivacior et constantior. Hac fiducia jussit ministris nuptiarum in Cana Galilææ obtemperare Christo. Per eamdem astitit cruci intrepida, nihil dubitans de imperio Filii, quo in hortulo jusserat : *Sinite hos abire.* (Joan. xviii, 8.) Eadem exspectavit resurrecturum domi præstolans; et ad sepulcrum cum cæteris mulieribus non profecta.

Considera quarto, ut ad fiduciam confirmandam Virgo sanctissima vitam suam juxta fidei normam composuerit, atque ex divinæ charitatis, justitiæ, majestatis sanctæque voluntatis consideratione mores suos formaverit, vitamque egerit tanta Dei Matre dignam. Ora hanc Dominam tuam, ut ejus patrocinio, orationibusque, tu juxta fidei præscriptum vivas, mores tuos ad Dei legem conformes; et qui tot beneficiis es auctus, qui fide illustratus novisti quæ et quanta peccatoribus supplicia debeantur, qui exspectas promissa justis præmia, scias perficiasque quæcunque a te requirit Dominus.

III. — De præmiis patriarcharum.

Considera primo, omnibus quidem justis idem promitti post hanc vitam æternæ salutis præmium, peculiaria tamen bona etiam nonnullis virtutibus et personis addici. Patriarchis itaque multa olim Deus promisit. Abrahæ : *In te benedicentur omnes gentes. Tibi dabo terram hanc.* (Gen. xiii, 14 ; xxii, 18.) *Multiplicabo semen tuum sicut stellas cœli.* (Gen. xxii, 17.) Jacobo vero dixit Deus per Isaac parentem : *Eris dominus fratrum tuorum.* (Gen. xxvii, 29.) Evæ porro matri omnium promissum est in maledictione serpentis : *Ipsa conteret caput tuum.* (Gen. iii, 15.) Nunc vero in cœlis Christus proavis suis peculiare aliquod gaudium concedit ex tanta Nepotis majestate et gloria.

Considera secundo, hæc longe præstantius et promissa a Deo et perfecta dulcissimæ Matri. Nam, 1. Beatam eam dicunt omnes generationes; et in ipsa benedicuntur quotquot in semine ejus, qui est Christus, censentur, quibus ipsa salutem et

sanctitatem procurat a Filio. 2. Ejus tanquam Reginæ orbis est terra et cœlum 3. Ipsa est Domina hominum et angelorum, universæque creaturæ. 4. Christiani maximo numero ad Virginis pertinent semen, eamque invocant Matrem. 5 Nemo verius post Christum Filium calcat conteritque caput serpentis, quam Mater Maria. Ut enim diabolus semper adversetur Virgini, ejus insidietur calcaneo, ejus nomini, honori, gloriæ, per se suosque ministros hæreticos et impios detrahat, convicietur, blasphemet, conteritur tamen a Virgine, quæ et suos clientes a dæmonis insidiis eripit, et hæreses per universum orbem interimit, et gloriam suam illustribus miraculis vindicat. 6. In æterna vita, de Filii sui gloria impensissime gaudet Virgo Mater, quam Christus etiam veneratur, ut optimus filius dilectissimam parentem. Roga eam, ut te in suo semine agnoscat, atque ut clientem ac filium protegat et conservet.

MEDITATIO XL.

I. — Contemplatio.

Considera primo, prophetas cum omnibus virtutibus conspicuos fuisse, quibus magnam sibi apud eos conciliabant auctoritatem, quos verbo et exemplo ad morum emendationem admonebant, tum maxime deditos fuisse meditationi, et rerum divinarum contemplationi, de qua David : *In meditatione mea exardescit ignis* (Psal. xxxi, 4), in qua meditatione, incerta et occulta sapientiæ divinæ manifestabantur ei. (Psal. l, 8.) Huic contemplationi ut commodius toti vacarent, alii deserta petebant loca, ut Elias, Eliseus, filii prophetarum ; alii rerum omnium necessariarum curam deponebant. Quamobrem hoc videntur assecuti, ut non pauca mysteria Vitæ, Passionis, Mortisque Dominicæ et agnoverint ipsi, et nobis scripto reliquerint, atque eorum quædam etiam clarius nobis, quam ipsimet evangelistæ tradiderint.

Considera secundo, quantum in hac virtute beatissima Mater valuerit, cujus universa vita, tota conversatio, omnis cogitatio, continua quædam fuit meditatio, et cœlestium rerum contemplatio. Adhuc in puellaribus annis sacras Litteras didicit, et quæ de venturo Messia vel legerat vel audiverat, sæpe secum repetiit ; concepto autem jam Domino, non potuit, nisi de eo quo cor plenum erat et corpus, perpetuo meditari ; et nato Deo continuam ex visis auditisque habuit contemplationis materiam. Nam etiam sermones omnes Virginis cum Filio, erant colloquia hominis cum Deo, qui unus est fructus, et finis contemplationis. Itaque non temere repetitur aliquoties a beato Evangelista: *Maria autem conservabat omnia verba hæc, conferens in corde suo.* (Luc. ii, 9.) Nihil enim prætermittebat dictorum vel factorum Domini totis triginta tribus annis; quod mente retineret, et frequens animo volveret. Tu ipsam precare, ut discussis omnibus evaga-

tionibus externisque cog tationibus, attente, devote, ardenterque med.teris.

II. — De prophetiæ dono.

Considera primo, sanctos prophetas, hoc meditationibus, vitæ sanctitate, et peculiari gratia
divina obtinuisse, ut multa tum de Christo, tum
aliis de rebus vaticinarentur, verbisque et scriptis
prædicerent; in quo officio, non tam locuti sunt
ipsi, quam per ipsos Spiritus sanctus, cujus se
præbuerunt membra et instrumenta : *Lingua mea*
(inquit David) *calamus scribæ velociter scribentis.*
(*Psal.* XLIV, 2.) *Et Spiritu sancto inspirati, locuti
sunt sancti Dei homines.* (*II Petr.* 1, 21.) Magna
utique fuit eorum cum Deo conjunctio, quibus
Deus usus est instrumentis, et res procul absentes
tanquam præsentes eorum oculis objecit, ut sicut
de Abrahamo dixit Christus : *Abraham exsultavit ut
videret diem meum, vidit et gravisus est.* (*Joan.* VIII,
56.) Ita illi Christi vitam, Passionem et mortem,
quasi coram intuerentur, diceretque Isaïas : *Vidimus
eum, et non erat aspectus.* (*Isa.* LIII, 3.) Cæterum
Joanni Baptistæ multo amplius datum fuit, qui filius
prophetæ, sed plus quam propheta, non in spiritu,
sed in seipso Christum Dominum digito suo videndum demonstravi'.

Considera secundo, longe sublimius in sacra
Virgine prophetiæ donum, arctioremque cum Deo
conjunctionem, quam instrumenti cum eo qui
utitur. Nam primo quidem tanta fuit hæc prophetissa, ut multis retro sæculis alii prophetæ
venturam prænuntiaverint : *Accessi* (inquit Isaias)
ad prophetissam, et concepit et peperit filium,
nimirum prophetissa erat quia non solum Spiritu
sancto inspirata, sed vere plena Deo, qui in ea
inhabitabat corporaliter. Deinde vero canticum
illud virgineum, *Magnificat*, plenum est prædictionibus, quibus certo denuntiat diabolum cum sectatoribus suis de sede potestateque deturbandum,
pauperes in Ecclesia evehendos, Christum humilitate, infirmitate, passione superaturum, et de
diabolo triumphaturum. Præterea Virgo hæc prophetissa verbis suis ignitis Elizabethæ et Joanni
infantulo necdum nato prophetiæ spiritum communicavit. Nam et infans sine voce Matri nuntiavit presentiam Dei, et mater Elisabetha Virginem
inter omnes mulieres benedictam prædicavit.
Denique si Joannes fuit plus quam propheta, qui
digito monstravit Méssiam, quantam fuisse tandem prophetissam putemus, quæ Messiam infantem
multo ante ulnis gestavit, Simeoni seni salutandum
porrexit, Magis adorandum obtulit? Roga Dominam,
ut ejus auxilio Spiritus sanctus cor tuum repleat,
verbisque et vita tua aliorum corda ad meliorem
vitæ rationem permoveat, divinoque et te et alios
amore succendat.

III. — De præmio prophetarum.

Considera primo, quam gloriam obtineant jam
prophetæ apud Deum in cœlis, ex peculiaribus

eorum privilegiis aliquo modo conjectàri posse.
Nam David ab ovibus ad regnum assumptus, electus est in parentem Messiæ, Elias igneo curru
translatus, mortem non vidit; Elizæus et vivus
et mortuus, insignibus miraculis claruit, Moyses
admissus est ad visionem et colloquium Dei;
Jeremias etiam defunctus, tanquam mediator
Judæorum, multum orat pro populo suo. (*II Mach.*
XV, 14. 15.) Denique prophetarum memoria toti
orbi est venerabilis et perpetua.

Considera secundo, Virgini Matri eadem esse concessa, multo tamen cumulatius, nobiliusque; nam
electa in Dei Genitricem, ad summum totius orbis
conscendit imperium; in cœlos non igneo curru,
sed innixa super dilectum suum est translata, qui
loco igniti fuit vehiculi, ardentissima charitate
succensus; miraculis innumeris per universum or
bem coruscat; Dei hominis vultum et prima vidit,
et sæpius lacrymis madentem tersit, et caste sua-
viterque est osculata. Nunc porro in cœlis divinam essentiam plenius quam quisquam sanctorum,
perfectiusque intuetur : Mediatricem agit inter solem et lunam, Christum atque Ecclesiam, ut non
solum nos precibus, juvet, sed auctoritate quoque
sua et potestate opituletur. Denique memoria ejus
per orbem universum, ita celebratur, ut nemo
norit Christum, qui Mariam ignoret; nemo colat
Christum, qui non veneretur Mariam. Tu Virginem precare, ut pro magnitudine gloriæ et misericordiæ suæ, tibi in omnibus anxietatibus tuis et
necessitatibus adesse dignetur.

MEDITATIO XLI.

DE TERTIA STELLA, EX GLORIA APOSTOLORUM.

I. — Charitas.

Considera primo, apostolos qui tribus annis
præceptori Christo operam dederant; quos Spiritus sanctus in die Pentecostes omni gratia repleverat; quos Christus Dominus principes super
omnem terram præfecerat; et tanquam solida fundamenta Ecclesiæ sustinendæ fixerat, nobisque; ut
Patres, primosque fidei et religionis auctores ad
imitandum dederat, in omni quidem virtutum
genere fuisse absolutos, in suprema tamen virtute,
quæ est charitas, excelluisse, ad eum fere modum
quo supremus angelorum chorus Seraphim ab hac
virtute nomen accepit et ordinem.

Considera secundo, quantam dum in terris
viverent apostoli, charitatis in Deum dederint
significationem. Petrus se paratum affirmabat pro
Christo ire in mortem : idem secundo in mare
se dedit, ut Domino suo frueretur. Thomas vero :
Eamus (inquit) *et moriamur cum ipso.* (*Joan.* II,
16.) Post effusum Spiritum sanctum, non solum
*ibant apostoli gaudentes a conspectu concilii, quia
digni habiti sunt pro nomine Jesu contumeliam pati*
(*Act.* V, 41), honoris loco reponentes injurias pro
Christo illatas; sed post multos labores, Christi
susceptos nomine, sanguinem quoque suum vitam-

que hilariter profuderunt. Siquidem arbitrabantur omnia tanquam stercora, ut Christum lucrifacerent, et animam suam odio habebant, præ Domini sui Salvatoris amore. Christus hanc eorum charitatem omnibus notam volens, in eos extendens manus aiebat : *Ecce mater mea , et fratres mei.* Nulla est utique dilectio major, quam matris in filium.

Considera tertio, ardentissimam in Virgine Matre dilectionem , quæ sicut nunc in gloria præcedit Seraphinos, vehementissima charitate flagrantes, sic in mortali hac vita nulli fuit secunda in amore divino, quam quidem magnitudinem amoris ex hisce perspicies : 1. Quia plus habuit divinæ gratiæ, cujus individuus comes, adeoque primarius effectus est charitas, ut tanto amet impensius, cui plus gratiæ est donatum. 2. Quia majorem habuit notitiam Dei, qui tanto amplius diligitur, quanto amplius cognoscitur. 3. Quia matris naturalis affectus imperat amorem filii non vulgarem sed summum. Tametsi enim filiis sit peculiari lege mandatus amor parentum ; parentibus tamen aliud nullum est præceptum de amore filiorum impositum a Deo, quam legis naturæ. Gratia autem qua Mater Christi abundabat, non destruxit hunc naturalem amorem, sed auxit atque perfecit. 4. Quia Virgo affectui hunc in Filium sola habuit, non divisum, aut communem cum patre, quod sola esset ejus sine patre Genitrix. In aliis namque parentibus sicut cura filiorum, ita et amor in duos parentes dividi videtur, unde poeta :

..... *Serva nati communis amorem.*

Hæc igitur sola dilexit quantum simul duo aliorum parentes ; eoque impensius et castius , quo admirabilius et Matrem simul et Virginem se esse cognovit. 5. Quia ex se genuit Dei Filium, qui sicut a Matre corporis qualitates accepit, ita ei vicissim animæ suæ proprietates communicavit, inter quas præcipuum locum tenet charitas, quam ei largitus est flagrantissimam. 6. Ex divinæ charitatis conditione, quæ laboribus atque officiis pro amato susceptis non intepescit, ad instar amoris humani atque mundani, sed contra inardescit, sicut lapides confricati incalescunt. Labores porro, molestias, anxietates et dolores nullus graviores pro Christo. quam dilectissima hæc Mater pro Filio sustinuit, cujus omnes dolores crucis, et passionis per Filii corpus in ipsam Matris animam penetrarunt. Alii sancti in propriis doloribus, Christi sensere dolores. Mater autem Domini ipsissimos dolores Filii, sine propriis doloribus purissime excepit.

Considera quarto, quibus rebus testata sit Virgo charitatem : Quod prima mortalium voverit Deo virgineam castitatem ; quod in voluntatem Dei perfecte se totam resignaverit ; quod multis laboribus, exsiliis, molestiis, incommodis Filium educaverit, foverit, ministraverit ; quod a Filio nunquam avelli

potuerit : quod in acerbissimis crucis doloribus Filio ad mortem usque astiterit ; quod alios nullos, quam Filii senserit dolores ; nullum aliud gaudium, quam de Filii honore commodis et gloria admiserit. Tu Virginem roga, ut scintillam divini hujus amoris tibi impetrare dignetur.

II. — *De dilectione proximi.*

Considera primo, charitatem quia sancti apostoli salutem ardebant proximorum. Beatus Paulus optat esse anathema pro fratribus suis (*Rom.* ix, 3) ; beatus Joannes nihil præter charitatem in scriptis spirat, cujus perpetua vox erat et velut symbolum, Filioli, diligite alterutrum ; de cujus sententiæ causa interrogatus respondit : Præceptum Domini est, et si solum fiat sufficit. Jacobus de templo præcipitatus ad Domini sui exemplum pro interfectoribus suis oravit. Denique apostoli omnes magnis laboribus pœnis, tormentis, sanguine, vitaque Ecclesiam plantaverunt, hominum animos fide imbuerunt, et salutem procuraverunt.

Considera secundo, Virginis Matris in genus humanum ardentissimam charitatem, quæ amicta sole, hoc est, divina charitate succensa, nihil aliud quam hominum calorem salutemque desideravit, et curavit. Neque id mirum, 1. Quia divinum amorem novem mensibus utero gestaverat. 2. Quia totis triginta annis a charitate ipsa de charitate, in schola charitatis edocta fuerat. 3. Quia studium Filii sui in proximos continuum semper viderat. 4. Quia mandatum de diligendis hominibus a Filio sibi unice commendatum, sæpiusque inculcatum acceperat.

Considera tertio, hujus charitatis a Virgine datam esse significationem, quando festina abiit in montana. ministratura Elisabethæ jam grandævæ uterum gestanti ; quando in nuptiis pro sponsi honore sollicita, impetravit ante præstitutum tempus miraculum ; quando fratres Domini, cognatos suos incredulos ad Christi concionem adduxit ; quando omnibus vitæ sanctimonia exemploque præluxit. Quæ enim charitas in Matre charitatis desiderari possit ? Tu ejus amorem si qua convenit diligentia implores, charitatem tibi proximorum impetraveris.

III. — *De præmio apostolorum.*

Considera primo, quanta promissa sint apostolis in Scriptura utriusque Testamenti. David de illis sic vaticinatus est : Constitues eos principes *super omnem terram.* (*Psal.* xliv, 17.) In Apocalypsi (xxi, 14) vocantur Ecclesiæ fundamenta, et portæ cœlestis Jerusalem. Christus porro sic illis dixit : *Vos qui secuti estis me, in regeneratione, cum sederit Filius hominis in sede majestatis suæ, sedebitis et vos super sedes duodecim, judicantes duodecim tribus Israel.* (*Matth.* xix, 28.) Ad apostolorum igitur gloriam pertinet moderari orbem, Ecclesiam sustentare, piis regni cœlestis aditum aperire, de præmiis justorum et impiorum judicium cum Christo judice decernere.

Considera secundo, eadem hæc beatissimæ Matri Christi a Filio non immerito concedi, quam constituit mundi Dominam, præfecit Reginam angelis, universæque creaturæ dedit moderatricem ; cujus precibus, meritis, et beneficentia veniunt nobis de cœlis dona omnia, quæ sub Filio suo Ecclesiam sustinet, curat, gubernat, quæ bonos conservat, punit impios ; per quam ceu per felicem portam paradisi in cœlos admittamur. Hoc enim titulo in ecclesiasticis canticis et orationibus honoratur : *Felix cœli Porta, Regina cœli, Porta paradisi, Domina mundi.* Denique si judicium mundi credit Christus discipulis, aliud ipsum haud dubie credet et Matri, quæ non minus quam apostoli relictis omnibus, fideliter secuta est Dominum. Judicabit igitur orbem in æquitate, assidens Filio, ut summi Regis Mater. Roga eam ut te fulciat, moderetur, et æternæ gloriæ adjudicet.

MEDITATIO XLII.

DE QUARTA STELLA, EX GLORIA MARTYRUM.

I. — *Fortitudo.*

Considera primo, in martyribus commendari virtutem fortitudinis, cujus primarius actus est martyrium : martyres utique fortissimo et invicto animo aggressi sunt magna, pœnas sustinuerunt, et magnanimiter mala superarunt.

Considera secundo, hanc esse martyrum mulierum laudem, quod non solum mortem, sed gravissimos etiam cruciatus alacriter pertulerint, Beatus Laurentius de craticula irrisit tyrannum : « Assatum est, inquit, jam, versa, et manduca » Alios etiam ex eo commendari, quod in tenella ætate subierint martyrium. Beata Agnes et sancta Prisca non multo duodecimum ætatis annum excesserant. Magna est vis divinæ gratiæ, quæ tum in sexu fragili, tum in ætate puerili tam fortiter operatur.

Considera tertio, insignem in Virginis Mariæ animo fortitudinem invictamque constantiam. 1. Rem arduam est aggressa, ut nihil verita odium Judæorum cruci assisteret intrepida. Non ignorabat apostolorum metum ; sciebatque adolescentem, qui excitatus strepitu, de strato surrexerat, relicta sindone effugisse. 2. Gravissimas sustinuit non sui, sed Filii corporis in animo suo pœnas, quæ pœnas sunt graviores in animo, quantum animus corpore præstat. 3. Sexus femineus, status virgineus, conditio matris, animus tenerrimus, et augebant dolores, et fortitudinem Virginis admirabiliorem reddebant. 4. Stabat juxta crucem erecta, nihil muliebre, nihil insolens, nihil pusillanimiter vel dixit, vel fecit, non est questa, vel evulsit capillos, non jacuit exanimis, sed constanter pertulit omnia.

Considera quarto, universam fere vitam Vir-

ginis [Matris speciem quamdam habuisse martyrii ex tot Filii sui persecutionibus, minis, Irrisionibus, in quibus ipsa semper æquabilis, sui similis, amabilis, nunquam ab animi æquitate discessit, semper Deum ob oculos habuit. Apocalypticus ille draco persequens mulierem, atque ad eam absorbendam fluvium persecutionum et malorum ex ore ejiciens (*Apoc.* XII, 3 seqq.), argumento esse poterit multarum afflictionum ejus. Tu obnixe precare, ut fortiter ea quæ Dei promovent gloriam aggrediaris, magnoque animo perrumpas difficultates, et in malis perferendis sis invictus.

II. — *De desiderio patiendi.*

Considera primo, in nonnullis sanctis ardens patiendi desiderium, in illis etiam quos Deus violenta morte vitam finire noluit. Beatus Ignatius multis egit, ut sibi bestiæ ad devorandum servarentur : « Quas ego (inquit) urgebo, et vim faciam, si venire noluerint. » (*Epist. ad Rom.*) Beata Apollonia in ignem sponte insiliit. Janitor detractis sibi vestibus in locum quadragesimi militis, qui in gelida palude defecerat, ad reliquos triginta novem alacer accessit. Beatus Dominicus optavit sibi pro Christi amore singula membra in partes minutissimas dissecari. Sanctus Franciscus ardenti patiendi desiderio, ad Solymanum Turcarum tyrannum est profectus. Beatus Bonaventura noluit sine vulnere vivere, quia videbat Dominum vulneratum. Quam hæc procul absunt a te qui cum pro mundi amore multa subinde sustines, omnem tamen pro Christo dolorem atque molestiam recusas et refugis ?

Considera secundo, sanctissimam Matrem, cum cruci astaret Filii sui, nihil desiderasse ardentius, quam simul configi, corporisque dolores sustinere Filii et Domini sui. Nihil enim illi grave accidere potuit quolibet tormento. Tu Virginem roga, ut divina gratia adjutus, et ad peccatorum tuorum satisfactionem lubens aliquid sustineas, et pro Dei gloria pati nunquam recuses.

III. — *De præmio martyrum.*

Considera primo, varia in Scripturis præmia martyribus esse promissa. Nam, 1. Inter beatitudines sic dicitur : *Beati qui persecutionem patiuntur propter justitiam, quoniam ipsorum est regnum cœlorum.* (*Matth.* v, 12.) In Apocalypsi leguntur (VII, 9) martyres amicti stolis albis, cum palmis in manibus suis, stare ante thronum Dei, eique die et nocte in templo deservire. 3. Affirmat eodem loco B. Joannes, martyres esse sub altari Dei, nimirum in peculiari protectione Christi. 4. Ait Christus : *Qui vicerit, dabo ei sedere mecum in throno meo.* (*Apoc.* III, 22.) Quibus omnibus aliisque permultis, quæ de martyrum gloria passim in Scripturis sparsa sunt, significatur insigne præmium, quod præter sanctos omnes martyribus repromittitur. Docent enim theologi aureolam quamdam martyribus deberi, propter illustrem adversus mundum victoriam. Habebunt utique corpora omni sole splendidiora, in quibus ea membra summo decore fulgebunt præ cæteris, quæ plus incommodi susceperunt. Illis Christus singularem exhibebit favorem, propter vehementiorem charitatem tot pœnis declaratam; ipsi dominabuntur terræ atque tyrannis a quibus fuerunt inflicta tormenta.

Considera secundo, has coronas martyrum Reginæ martyrum non negatas; cujus sacrum corpus et ante alios et supra alios nunc fulget in gloria; sacerque uterus qui Deum gestavit, ubera quæ lactaverunt, manus quæ tractaverunt, sinus in quo Christus quievit, collum a quo pependit, brachia et ulnæ quæ sustinuerunt, os quod suave osculum præbuit, oculi denique, aures, vultus, cæteraque membra quæ ministraverunt Deo, omnem excedunt claritatem. Residet porro Regina in sublimi solio proxima Christo, solaque suum ipsa chorum constituit et illustrat. Denique ipsa, cujus est conterere caput serpentis, alligat impios reges in compedibus, sumitque vindictam de hostibus Ecclesiæ. Tu eam precare, ut auxilio Filii ab hostibus omnibus eripiaris.

MEDITATIO XLIII.

DE QUINTA STELLA, EX GLORIA DOCTORUM.

I. — Sapientia.

Considera primo, doctorum Ecclesiæ insignem divinarum rerum notitiam, veramque sapientiam, qui et sacræ Scripturæ reconditos sensus penetraverunt, et fidei nostræ mysteria intellexerunt.

Considera secundo, quibus modis et rationibus tantam sibi paraverunt scientiam; nimirum non solum indefesso studio et labore, sed potissimum oratione continua, qua sibi mentem divinitus illustrari continuo precabantur. Ita beatus Hieronymus, Bernardus, Thomas Aquinas, ad tantam tamque eximiam, et divinam sapientiam pervenerunt. Et beatus Basilius cum D. Gregorio Nazianzeno post tredecim in solitudine exactos magna sanctitate, jejuniis, orationibus, annos, omni sapientia clari prodierunt.

Considera tertio, quanta humilitate illustria illa omnium doctorum ingenia, Ecclesiæ catholicæ sese submiserint judicio. Omnia namque dicta scriptaque sua summa demissione Ecclesiæ judicio tradiderunt. Certabat sane in sanctis illis cum summa eruditione, summa humilitas atque modestia.

Considera quarto, in singulis fere Ecclesiæ doctoribus peculiarem emicuisse virtutem. Nam beatus Ambrosius justitiæ laude emicuit; Hieronymus austeritate vitæ excelluit; Augustinus humilitate conspicuum sese præbuit; Gregorius devotione, Bernardus contemplatione, Thomas Aqui-

nas angelica virginitate, aliique aliis virtutibus claruerunt.

Considera quinto, Virginis Matris divinam sapientiam, et sanctas cum illa conjunctas virtutes. Hæc enim cum insigni polleret ingenio, tenacique memoria, totis illis triginta annis, quibus sola Filium suum docentem audivit, multo amplius profecit, quam quisquam apostolorum vel doctorum. Cum porro descenderet Spiritus sanctus in apostolos, ut eos omnem doceret veritatem, hanc utique Dei Matrem prius eruditam, etiam multo amplius sapientia replevit. Beata Catharina martyr quinquaginta philosophos sua sapientia vicit. Paula vidua, Eustochii mater, beatum Hieronymum avidissime audivit. Catharina Senensis, multæque aliæ tum virgines, tum sanctæ matronæ a Deo doctæ, multa de cœlestibus rebus agnoverunt. Sed Virgo Christi Mater et viros omnes et feminas sapientia divina superavit, ad quam ejus sapientiam cum cæteræ virtutes, maximeque humilitas, qua se omnium ministram et postremam exhibebat, accederet, valde admirabilis fuit, omnibusque veneranda. Tu illam precare, ut veram tibi sapientiam, qua Deum agnoscas et diligas, impetrare digneris.

II. — De doctrina.

Considera primo, quomodo sancti isti Ecclesiæ doctores sapientia sibi communicata sint usi. Non enim sciverunt tantum ut scirent, quod curiosum est, teste beato Bernardo; neque ut scirentur, quod est vanum; neque ut aliquid commodi ad se referrent; sed primo quidem ut Dei gloriam propagarent; deinde vero, ut proximis auxilium afferrent. Igitur multos ad Christi fidem et religionem perduxerunt; Ecclesiam Dei illustraverunt: Scripturæ arcanos sensus aperuerunt; mysteria fidei Christianæ declaraverunt; peccatores multos ad saniorem vitam converterunt; hæreticos expugnarunt; idque unum sacri doctores semper studuerunt, ut Ecclesiani ædificarent, erroresque convellerent. Tu expende, quonam studia tua referas.

Considera secundo, beatissimam Christi Matrem nullo quidem modo officium sibi, munusque palam docendi arrogasse, quod sciebat creditum apostolis et eorum successoribus; multa tamen docuisse apostolos ipsos et evangelistas, tum illa, quorum ipsa sola de infantia, vita et moribus Christi conscia erat, tum alia de quibus ab apostolis aliisque sanctis consulebatur. Non enim existimandum est Matthæum et Lucam, quæcunque de Christi nativitate et pueritia litteris mandarunt, ab alio quam a Christi Matre didicisse, Joannes quoque, qui divinam sapientiam ex pectore Christi suxerat, ab hac Virgine sibi a Domino commendata non pauca accepit. Denique apostoli et apostolici viri in dubiis et quæstionibus religionis Christianæ ad hanc Dei Matrem, a qua omnium dissolutionem intelligerent, confugiebant. Erat enim omnibus venerationi et admirationi tanquam divinorum conscia secretorum. Hæreses porro, quas non ignorabat Christiani populi esse pestem, multorumque malorum seminarium, usque adeo est detestata, ut de ipsa jure canat Ecclesia : *Gaude, Maria Virgo, cunctas hæreses sola interemisti in universo mundo.* Precare eam, ut te veritate imbuat, et ab hæresibus, erroribusque conservet.

III.— *De præmio doctorum.*

Considera primo, quæ et quanta doctoribus sacræ Litteræ præmia laborum promiserunt. Daniel inquit : *Qui docti fuerint, fulgebunt quasi splendor firmamenti; et qui ad justitiam erudiunt multos, quasi stellæ in perpetuas æternitates. (Dan.* xii, 3 .) Et beatus Jacobus apostolus : *Qui converti fecerit impium ab errore viæ suæ, salvabit animam ejus a morte, et operiet multitudinem peccatorum. (Jac.* v, 20.) Itaque doctores sancti, qui ad aliorum salutem usi sunt sua eruditione, dæmonemque, Christiani nominis hostem, ex hominum mentibus ejecerunt, primo quidem ipsi clarius fulgebunt, Deumque ac divina pluribus rationibus cognoscent non solum intuitu, sed eadem ipsa quoque sapientia, quam sibi in hoc mundo pepererunt, mercedemque accipient, quæ omnem creaturarum superet æstimationem. Siquidem anima hominis, cum sit nobilissima, suoque pretio vincat creaturas omnes ac dignitate, qui animam Christo lucratus fuerit, dæmonique eripuerit, ille pretium obtinebit a Domino, majus cœlo ipso et corporali creatura. Unde docent theologi aureolam doctoribus in cœlis servari, et de hoste diabolo insignem triumphum. Tu diligenter in salutem et perfectionem proximorum tuorum incumbes, ut tantam coronam gloriæ assequaris.

Considera secundo, Virginem Matrem, apostolorum Magistram, hoc etiam a Domino ad omnem suam gloriam obtinuisse, ut patrona esset doctrixque doctorum, et directrix studiosorum. Beatus Hieronymus ad Christi præsepe hac magistra sacras Litteras exposuit : Bernardus ex Virginis lacte summam sapientiam hausit: Gregorius Magnus de cœlis Virginis laudes angelicis vocibus didicit, quando juxta Adriani molem audivit in aere Paschalem hanc antiphonam :

Regina cœli, lætare, Alleluia,
Quia quem meruisti portare, Alleluia,
Resurrexit sicut dixit, Alleluia.

Quam deinde ipse hac precatione conclusit :

Ora pro nobis Deum, Alleluia.

Ambrosius, laudum hujus Virginis præco singularis, ejus auxilio laudes ejus conscripsit : Augustinus non sine ejusdem Virginis ope, ab omni suspicione peccati eam liberavit, dum scriberet; quando de peccatis agitur, semper excludendam esse Virginem Matrem. Magnus Athanasius, Epiphanius, et alii, qui in laudibus beatæ Mariæ Virginis versati

fuerunt ab ea laudum et copiam, et modum didicerunt. Damascenus, Hildephonsus, Anselmus, Bonaventura, singulares Virginis clientes et discipuli, ejus hortatu, instinctu, et doctrina multa ejusdem encomia docuerunt, et conscripserunt. Denique quisquis peculiari affectu Dei Matrem coluit, ejus expertus est in studiis humanis atque divinis singularem favorem. Tu eam precaberis, ut studiis tuis faveat, affectumque succendat zelo animarum.

MEDITATIO XLIV.

I. — *Patientia.*

Considera primo, nomen confessoris duobus modis usurpari. Proprie, quando illi intelliguntur qui in persecutionibus Christi fidem palam quidem in judicio confessi sunt, morte vero violenta non finierunt hanc vitam : generalius significat idem nomen illos omnes, qui vitæ sanctitate Christum confitentur coram hominibus, et strenue cum tribus hostibus decertant, mundo, carne, et diabolo.

Considera secundo, in his omnibus maxime commendari patientiam, quæ virtus moderatur tristitiam, quæ ex doloribus atque molestiis hominis animum contendit obruere. Ita beatus Apostolus his confessoribus scribens : *Nam et vinctis* (ait) *compassi estis, et rapinam bonorum vestrorum cum gaudio suscepistis. Nolite itaque amittere confidentiam vestram, quæ magnam habet remunerationem, patientia enim vobis necessaria est. (Hebr.* x, 33, 34 .) Sancti igitur proprii nominis confessores multa patientissime pro Christo toleravere, alii carceres et vincula, alii exsilia, alii verbera, alii direptionem bonorum, alii infamiam , alii alia mala atque incommoda, non a gentilibus modo propter fidem Christi, sed ab hæreticis quoque propter catholicam religionem, et ab improbis Christianis propter vitæ integritatem, aut increpationes peccatorum, vel exhortationes ad virtutes, sicut enim non illi solum sunt martyres, qui propter fidem moriuntur, sed illi quoque qui propter veritatem, aut quamlibet virtutis actionem; ita quoque confessores sunt qui pro Christi nomine, fide, veritate, aut virtute patiuntur. Alii autem qui generaliori nomine confessores appellantur, non sine molestiis, irrisionibus, multisque incommodis virtutes coluerunt. Tu expende an Christum aliquando palam Christianis moribus sis confessus, anne potius inter malos erubescens, eorum te moribus accommodaveris.

Considera tertio, quibus mediis insignem hanc patientiæ virtutem sibi comparârint : nempe 1. Sera meditatione vitæ Passionisque Christi, qui fuit illustre speculum patientiæ. Ea enim inardescebant in Domini sui amorem, ut nulla incommoda moleste ferrent. 2. Quia nihil lucri per impatientiam advenit homini, sed detrimentum potius, graveque incommodum. Neque enim per impatientiam vel tolluntur, vel mitigantur, sed augentur, mala, dum ad ea quæ ab aliis inferuntur foris, nos ipsi interna mala accersimus, animæ inquietudinem, perturbationem, indignationem. 3. Quia multa secum bona afferre solet patientia : conscientiæ pacem, amicitiam Dei, illustre præmium vitæ æternæ.

Considera quarto, in hac virtute excelluisse Dominam tuam, Virginem beatam, cujus injuria fuit indignior, et pœna gravior : quo nobilior erat persona quæ sustinebat; et viliores illi qui inferebant ; et graviora mala quæ irrogabantur. Patiebatur Regina cœlorum, et Domina mundi, Dei creatoris Mater, et quidem a vilissimis Judæis et improbissimis hominibus. Pertulit porro exsilium, paupertatem, contemptum, irrisionem, et hæc omnia patienti animo, qui sui semper similis, nec malis dejiciebatur, nec prosperis efferebatur. Tu a Virgine similem animum impetrabis, et patientiæ virtutem tibi orationibus malorumque frequenti tolerantia comparabis.

II. — De mansuetudine.

Considera primo, mansuetudinem patientiæ comitem, iræ impetus moderari, ne quid immoderatius gestu fiat, vel voce erumpat. Huic virtuti dederunt operam sancti confessores omnes, qui a magistro suo audiverant : *Discite a me, quia mitis sum, et humilis corde. (Matth.* 11, 29 .) Omne enim studium sanctorum in eo quidem fuit, ut inordinatos animi motus sub rationis dictamine cohiberent, sed maxime ut ne quid lingua intemperantius effunderet. Tu porro quam facile ad iracundiam commoveris? quam cito erumpis in convicia, perturbatique animi præbes significationem ? quasi inglorium sit ad injurias tacere, et non potius turpe sit et fœdum, intus latens vitium exterius indecenter prodere.

Considera secundo , Virginem Christi Matrem hanc mansuetudinis virtutem in Filii sui schola tot annis perfectissime didicisse. Nunquam igitur iram ostendit ; nunquam asperius locuta est ; nunquam animo commota fuit; semper placida, amabilis, suavis. Patiebatur illa quod alii, imo plus quam alii Christiani (si enim alii pro Christo affligebantur, quomodo non magis Christi Mater ?) sed orabat pro persequentibus et calumniantibus. Quia enim sine originali peccato concepta erat, caruit etiam vitiis originis, membraque omnia prorsus rationi obtemperarunt. Quam ejus animi ἀπάθειαν alii Christiani imitari studuerunt, vitiaque sua et concupiscentias mortificare, et crucifigere ; sibique ipsis vim inferre, talique lucta, continuum quasi totius vitæ martyrium sustinere, ut pro veri essent Christi testes et confessores sub magistra confessorum Virgine Maria, quæ omnibus in virtutum studio præluxit. Tu ipsam precaberis, virtutibus ut omnibus ornet animam tuam, verumque efficiat confessorem Christi.

III. — De præmio confessorum.

Considera primo, quænam sint Christi confes-

soribus in cœlo reposita præmia : *Qui* (inquit) *confitebitur me coram hominibus, confitebor et ego eum coram Patre meo, et coram angelis Dei. (Matth.* x, 32 ; *Luc.* xii, 8) ; hoc est, agnoscam eum, et honorificis titulis æterno Patri commendabo, angelisque honorandum exhibebo : *Beati qui persecutionem patiuntur propter justitiam, quoniam ipsorum est regnum cœlorum. (Matth.* v, 10 .) *In patientia vestra possidebitis animas vestras. (Luc.* xxi, 19.) *Beati mites, quoniam ipsi possidebunt terram. (Matth.* v, 4.) Hi igitur sunt reges cœlorum, sui ipsorum magna libertate domini, apud Deum magno loco, tanquam a Christo singulariter commendati. Tu his præmiis ad studium virtutum exciteris Sicut enim nullum est peccatum, quod non in hac vita suum habet malum, suosque post hanc vitam cruciatus; ita nulla est virtus, quæ præter communia omnium virtutum bona, non etiam habent in hac vita commoda sua, et post hanc vitam peculiarem gloriam. Hoc enim te docet Christus, qui in octo beatitudinibus sua virtutibus præmia conjungit.

Considera secundo , Reginam confessorum, quæ omnibus virtutibus fuit adornata, nunc omnium gloria insigniter coronari. Illam Christus Filius confitetur coram Deo Patre , Matrem sibi esse purissimam , fidelissimam , charissimam , talemque eam exhibet universo orbi non verbis modo , sed singulari honore, et gloria. Illa jam tum tantum animam possidet, sed Christianorum omnium, et illorum maxime , qui se ei commiserunt gubernandos. Recte etenim etiam ipsa dicere potest : *Quod dedit mihi Filius, majus omnibus est, et nemo potest rapere de manu mea. (Joan.* x , 29.) Denique Regina cœli , et Domina mundi universam possidet terram , in qua fidelibus omnibus est venerabile nomen Mariæ , quam omnes colunt ut Dominam, amant ut Matrem, venerantur ut Reginam ; cui statuas erigunt , peregrinationes decernunt , supplicationes instituunt , preces fundunt, lumina accendunt ; denique ut Dei Matri, Patronæque et Advocatæ nostræ se suaque omnia committunt. Tu rogabis eam, ut te possidere dignetur. de tuis rebus omnibus pro suo arbitratu statuere, te tanquam rem suam ornare, polire, dignumque tanta Domina efficere.

MEDITATIO XLV.
DE SEPTIMA STELLA , EX GLORIA SACERDOTUM.

I. — De officio sacerdotum.

Considera primo, quale sit munus sacerdotum, totiusque cleri ; nempe ut in hoc mundo et angelicum , et plus quam angelicum officium colant. Angelicum quidem , dum in continua Dei laude occupantur ; plusquam angelicum vero, dum Christi corpus ore conficiunt, sacrificium Deo offerunt, sacramenta ministrant. Est igitur sacerdotum , ea apud populum curare quæ Dei sunt ; mediatores esse inter Deum atque homines ; horum preces supplicationesque Deo offerre ; Dei gratiam, justi-

ficationém, cœlestiaque dona per sacramenta hominibus reférre, Christi corpus divinis verbis
consecrare, manibus contrectare, populo distribuere; denique animas regere, si,ue ad æternam
salutem sanctis legibus, monitis, præceptis dirigere. Vere excellens dignitas sacerdotis, tum propter Dei infinitam majestatem, cum quo eis est
continenter agendum, quam majestatem ipsi etiam
supremi angelorum Seraphin velantes faciem, et
pedes, reverentur; tum propter animarum nobilitatem, quas ex officio attrectant et regunt. Tu
qui in clero es ascriptus, expende quam exigua
sollicitudine in his muniis verseris; anne majore
cura pecunias, honores, delicias, voluptates, vanitates, et nugas cogites, desideres, loquaris, con-
secteris. Attende tuæ magnitudinem dignitatis.
Non enim in mortis hora a te pecuniæ repetentur,
sed animæ et divini honoris sacramentorumque
rite per te administratorum ratio.

Considera secundo, beatissimam Dei Matrem
nullum quidem sacerdotii munus obivisse, quia
non in Dei sacerdotem, sed in Dei Matrem electa
fuerat; multa tamen sacerdotibus similia ex officio
Matris fecisse. Non consecravit illa Christi corpus,
sed beatis illis verbis: *Ecce ancilla Domini, fiat
mihi secundum verbum tuum. (Luc. 38.)* Dei Filium
humana carne in utero vestivit. Hoc sacrum corpus, suo sancto corpore novem mensibus, velut
in nobilissima theca aut ciborio circumgestavit;
natum postea manibus tractavit, omnibus videndum, tenendum, osculandum, venerandum exhibuit. Tu contemplare, qua reverentia, gravitate,
et devotione, cum hoc Filio suo semper egerit : et
quia Mater erat Dei agnoscebat se mediatricem
inter Deum Filium et homines. Nemo enim commodior mediator, quam Mater : igitur sæpe pro
hominit us Filium in hac vita rogavit, multos ad
Filium curandos, adjuvandosque adduxit. Si enim
alii hoc præstiterunt infirmis, quos ad Christum
attulerunt ; si apostoli pro muliere Chananæa in-
tercesserunt ; si primores Judæorum pro centurionis famulo rogarunt ; si ipsa Virgo Mater temporale beneficium vini impetravit sponsis in Cana
Galilææ, quidni etiam putaverit sui esse officii,
pro peccatorum conversione, et omnium spirituali
auxilio apud Deum intercedere? Non dubium quin
totis illis triginta annis, quibus familiariter Filio
quasi sola utebatur, sæpius illi humani generis
necessitates proposuerit, pro nobis rogaverit, et
Deo Patri præsentem communem Filium religiose
obtulerit : quæ oblatio tanto erat cœlesti Patri
gratior quo dignior erat et purior Mater quæ
offerebat. Rogabis itaque Dominam tuam, ut pro
mediatricis officio te reconciliet Filio, pro te Filium offerat Patri, te ad Filium adducat.

II. — Sanctitas.

Considera primo, sacerdotum ordini, qui a sacris nomen invenerunt, potissimum convenire

sanctitatem, sicut de illis dixit Dominus : *Eritis
mihi sancti, quoniam sanctus sum, ego Dominus,
et separavi vos a cæteris populis, ut essetis mei.
(Levit. xx, 26.)* Sanctum porro significat separatum
Deoque consecratum, ut sicut functione distinguitur
sacerdos a populo, ita differat præstantia vitæ.
Universus quidem Christianus populus, baptismate
aliisque sacramentis sanctificatus, ab infidelibus
religione divinisque præceptis segregatur, purio-
remque vitam degere præcipitur, ut *fornicatio et
omnis immunditia aut avaritia, nec nominetur in
eis, sicut decet sanctos. (Ephes. v, 3.)* Sacerdotes
vero ex hoc etiam populo separati majori sanctitate prædii esse debent, ut sicut in veteri lege
sacerdotes primo quidem possessionem cum cæteris tribubus non partiebantur, sed de oblationibus et sorte Domini vivebant, ne externis occupationibus distraherentur et curis. Deinde vero
ab omni potu qui inebriare potest, et a congres u
uxoris prohibebantur tempore ministerii sui ; et
denique tanta ab eis vitæ integritas exigebatur, ut
ex eorum sanctitate Dei ipsius sanctitas atque majestas agnosceretur : ita sacerdotes evangelicæ
legis majori etiam sanctimonia aliis prælucere
debent, et sublimiori conversatione alios præire.
Unde a sacerdotibus exigit apostolus Paulus
(I Tim. iii, 2 seqq.; Tit. i, 7-9), ut sint irre-
prehensibiles, sobrii, prudentes, benigni, justi,
sancti, continentes, omnibus virtutibus ornati,
hospitales, doctores, amplectentes eum qui secundum doctrinam est fidelem sermonem, ut potentes
sint exhortari in doctrina sana, et eos qui contradicunt, arguere.

Considera secundo, multorum sacerdotum, et
sanctorum episcoporum vitam inculpatam : Ambrosii gravitatem, Hieronymi austeritatem, Gregorii abstinentiam, Augustini labores indefessos :
tuosque metus confer cum illis, et tantæ tuæ so-
cordiæ non parum metue. Si enim sancti esse jubentur, qui ferunt vasa Domini : si sacrificiorum
calices, vestes, lintea, aliaque sacra instrumenta,
consecratione opus habent ; quantam puritatem
et sanctitatem requiret Deus a lingua et ab ore
tuo, quod Christi corpus consecrat et sumit ; a
manibus tuis, quæ tangunt et offerunt ; a corde,
quod sumit et retinet ? Curabis igitur totus sanctitatem inducere, et episcopalem consecrationem vita
exprimere.

Considera tertio, sanctitatem Dominæ tuæ Matris
Dei nostri, quæ ut tanto Filio digna haberetur,
ab omni etiam originali peccato est præservata.
Contemplare igitur puritatem cordis, munditiem
oris, gravitatem morum, humilitatem, modestiam,
prudentiam, cæterasque virtutes, eamque roga, ut
digne in posterum ambules vocatione tua.

III. — De præmio sacerdotum.

Considera primo, bonis sacerdotibus in cœlis
præmia esse promissa : *Intra in gaudium Domini*

tui. (Matth. xxv, 21.) Et : *Super omnia bona sua constituet eum. (Matth.* xxiv, 47.) Qui enim fideliter Christi Domini corpus in hac vita tractarunt, arctius et am cum eo post hanc vitam conjungentur : *Qui bene ministraverint* (inquit), *gradum bonum acquirent (I Tim.* iii, 13), altiusque evehentur in cœlis, sicut sublimiori sunt loco in terris. Et qui populi animas pro data sibi potestate diligentius curaverint, majoribus divitiis præponentur, eruntque potestatem habentes super multas civitates. (*Luc.* xix, 19.)

Considera secundo, gloriam Virginis Matris, quam constituit Dominus super familiam suam, universam, inquam, Ecclesiam, adeoque mundum universum. Quæ namque in hac vita ad tantam evecta fuit dignitatem, ut Mater esset Dei, Deumque ipsum foveret infantem, regeret puerum, moneret adultum : multo utique magis nunc Regina cœlorum imperat universæ creaturæ, amicta sole, repleta Deo. Tu huic te Matri ex animo submitte, eamque precare, ut te tueri et regere dignetur.

MEDITATIO XLVI.

DE OCTAVA STELLA, EX GLORIA ANACHORETARUM.

I. — *Solitudo.*

Considera primo, eorum vitam qui solitudinem amplexati sunt. Sancti eremitæ et anachoretæ ab omni humana conversatione alieni fuerunt. Sanctus Paulus ex Thebaide ab anno ætatis decimo quinto, usque ad centesimum decimum tertium hominibus incognitus vixit. Simeon Stilites in altissima quadraginta cubitorum columna solus sub dio multis annis perseveravit; et infiniti alii in solitudine angelicam duxerunt vitam.

Considera secundo, causas quibus ejusmodi vitæ rationem adducti fuerint; nempe, 1. Ut peccata devitarent, sine quibus inter homines vix vivitur : vel enim sermone offendimus, vel levi judicio, vel inani gloria, etc. 2. Ut mens liberius cum solo Deo versaretur, aliena ab omni externa distractione. 3. Ut Christi exempla imitaretur, veterumque sanctorum Joannis Baptistæ, Magdalenæ, Eliæ, qui in hoc vivendi genere Deo placuerunt. 4. Ut sibi studerent, perfectionique suæ. Nam qui cum hominibus agit, minus ad seipsum convertitur. 5. Ut varias sibi virtutes compararent, silentium, orationis et contemplationis studium, mundi contemptum, cognitionem sui, aliasque id genus plures, quæ solitudine magis, quam inter homines discuntur.

Considera tertio, Virginem Christi Matrem ab hominum quidem consuetudine, in solitudinem non abiisse, ut Christum Filium imitata, nobis vitæ exempla relinqueret; fuisse tamen solitudinis perquam amantem, sicut fuit et Filius, qui post quadraginta dierum in solitudine jejunium, frequens noctes integras duxit insomnes in oratione, et quidem in monte, tum quia solitaria quietaque meditatio mentem a terrenis ad cœlestia attollit, tum quod ejusmodi oratio res omnes terrenas extenuat

et obscurat, sicut ex alto monte res inferiores videntur exiguæ; et in nocte, tenebris opertæ ne quidem videntur. Virgo igitur Domina nostra solitudinem sectabatur, in conclavi cum Deo versabatur, raro et breviter loquebatur, multum silebat, quæ etiam una est ex causis, quare de Virgine Matre paucissima nobis evangelistæ scripto tradiderunt, nimirum quod raro in conspectum prodiret, domique suæ conclusa maneret, respondens nomini suo העלמה quod sonat *absconditam Virginem*, quam Isaias scripsit concepturam et parituram Emmanuelem. (*Isa.* vii, 14.)

Considera quarto, quæ, quamque sublimia habuerit in hac sua quiete beata Virgo cum Deo colloquia. Per Oseam dixerat Deus : *Ducam illam in solitudinem, et loquar ad cor ejus.* (*Osee* ii, 14.) Introducta fuit utique in cellam vinariam, repleta consolatione, quam ipsa sola noverat, servans secretum suum sibi. Tu Virginem imitaberis, et ab omni strepitu hominum separatus, subinde in cor tuum intrabis, ibique cum Christo Domino solus colloqueris, quem orabis, ut ad cor etiam tibi loqui dignetur, doceat te cum ratione silere, et nonnisi utiliter ad Dei gloriam præmeditata loqui.

II. — *De paupertate.*

Considera primo, in sanctis anachoretis, amorem studiumque paupertatis, eorumque quæ paupertatem sequuntur, ut sunt vitæ incommoda, labores, jejunia, victus tenuitas, vestis asperitas, lecti durities, etc. Joannes Baptista locustas comedebat, et mel silvestre, vestitus cilicina tunica ex pilis camelorum : Paulus primus eremita ex palmæ foliis sibi vestem contexuerat : Hilarion paucas caricas post solis occasum sumere solitus erat : Simeon Stilites, ad dies quadraginta quotannis continuabat jejunium, alii post diem tertium, alii post septimum panis nonnihil et modicum aquæ sumebant; dura humus fessos artus recipiebat. (Theodoret. in *Philotheo.*)

Considera secundo, cur tanto paupertatis amore sancti isti viri tenerentur : 1. Quia Christus et exemplo suo paupertatem consecraverat, et verbo suo beatitudinem in ea constituerat : *Beati*, in quiens, *pauperes.* (*Luc.* vi, 20.) 2. Propter divitiarum et proprietatis gravia pericula : *Qui*, ait Apostolus, *volunt divites fieri, incidunt in tentationem, et in laqueum diaboli, et desideria multa inutilia, et nociva, quæ mergunt hominem in interitum.* (*I Tim.* vi, 9.) 3. Quia omnis proprietas tametsi peccato careat, præingravat tamen animam hominis, deprimitque, ne expedita in Deum feratur, sordes venialium peccatorum affert, vitia nutrit, inquietudinem curarum auget, ad eum fere modum quo simia vestita gravatur veste, nutritque vermes et sordes. Magna est utique agilitas et consolatio animæ præter Deum nihil possidentis, vel desiderantis. 4. Quia divitias cœlestes his nostris divitiis multo præstantiores solidioresque magno animi conatu quærebant; quas ut assequerentur, in Dei gratiam sordidas istas, quæ præter terram albam et fulvam nihil sunt, pauperibus erogabant; sciebant enim Deum Regem ditissimum atque largissimum multo copiosius omnia refundere quam fuerunt effusa. 5. Propter metum districti judicii Christi, in quo si reddenda est ratio de omni verbo otioso (*Matth.* xii, 36), erit utique etiam reddenda de omni illa re, quæ verbo otioso major est, qualis est non solum coronatus, sed exiguus etiam quadrans.

Considera tertio, studium paupertatis in Virgine Maria, quæ didicerat a Filio non habere ubi caput suum reclinaret. Si enim ejusmodi quid habuisset Mater, non potuisset deesse Filio : quia Matris bona etiam pertinent ad Filium.

Considera quarto, multa hujus paupertatis in Virgine incommoda; in Filii nativitate honestissimus conclavis locus erat præsepe bestiarum. Virgo humi cubabat : in fuga atque exsilio sæpius vitæ commoditates defuerunt. Et si de Christo dicit Scriptura : *Ego autem mendicus sum et pauper* (*Psal.* xxxix, 18), mirum videri non debet, si etiam Virgo Mater eleemosynam ostiatim subinde collegisse dicatur. Jam cum paupertatis et mendicitatis comes sit contemptus atque neglectus, non videtur alienum a ratione Virginem hanc etiam opprobria et irrisiones ab improbis sustinuisse. Tu Christi Virginisque imitator cœlestes divitias præferto terrenis.

III. — *De præmio anachoretarum.*

Considera primo, quæ præmia maneant eos qui ut Deo quietius toti vacarent, terrenas omnes deseruerunt consolationes. Christus de his frequenter locutus, sic aliquando dixit : *Beati pauperes spiritu*, hoc est, voluntate a divino Spiritu excitata, et nullo terrenarum rerum desiderio inquinata, *quoniam ipsorum est regnum cælorum.* (*Matth.* v, 3) In quo non jam contempti, miseri, solitarii, neglecti, sed divites erunt multis stipati ministris, omnibus rebus circumfluentes. Item : *Qui reliquerit domum, vel patrem, aut matrem,* etc., *centuplum accipiet.* (*Matth.* xix, 29.) In hac quidem vita consolationem, quæ omnium creaturarum æstimationem excedit, in altera vero vita, omnia multo quam fuerant relicta, tum præstantiora, tum copiosiora. Petro denique quærenti : *Ecce nos reliquimus omnia, et secuti sumus te, quid ergo erit nobis* (*Ibid.* 27)? respondit Dominus : *In regeneratione cum sederit Filius hominis in sede majestatis suæ, sedebitis et vos, super sedes duodecim, judicantes duodecim tribus Israel.* (*Ibid.* 28.) Magna gloria 1° aliis stantibus sedere; 2° tunc sedere, quando Christus sedet gloriosus; 3° aliis quasi anxiis, securitatem habere; 4° cæteros homines in re tanti momenti, qualis est perpetua salus aut miseria, judicare. Beatum te, si his Christi promissis certissimis motus exemplo sanctorum, nudum Jesum nudus sequaris.

Considera secundo, quo loco sessura sit Judicis

SUMMA AUREA DE B. V. MARIA. IV.

Mater in extremo illo judicio; utique proxima Filio. Quæ enim nunc etiam angelos judicat, et conteret caput serpentis; quæ ante apostolos reliquerat omnia, quæ Christum multo quam alii diutius secuta fuerat, majori etiam gloria et nunc fulget ut Regina cœlorum, et cum Judice ad judicandum veniet, Christi Judicis Mater et Domina mundi. Rogabis eam, ut benignum tibi exhibeat vultum Judicis, gratamque sententiam impetret, et liberet te a verbo maledictionis aspero

MEDITATIO XLVII.
DE NONA STELLA, EX GLORIA CŒNOBITARUM.

I. — *Obedientia.*

Considera primo, in sanctis cœnobiis, qui sub uno prælato communem vitam ducunt, præcipue commendari obedientiæ virtutem, quæ in eo est posita, ut superiori obtemperemus, tanquam Christi Domini vicario. Consistit autem hujus virtutis perfectio in quatuor istis : 1. Ut non solum Deo morem geramus per Scripturas præcipienti aut consulenti, vel per internas inspirationes monenti atque trahenti; sed homini etiam nobis in superiorem dato cuicunque, propter Deum. 2. Ut illi homini obtemperemus, non ob nobilitatem, divitias, prudentiam, eruditionem, sanctitatem, aliasve naturæ dotes; sed hoc solum nomine, quia vices gerit Christi, et quia est superior. Quamobrem imperfecta est obedientia, si uni superiori facilius quam alteri pareamus; vel ægrius immediato, qui ab alio potestatem accepit, quam mediato et sublimiori, quia Christus considerandus est, qui nos per eos omnes dirigit, non homo qui videtur. 3. Ut obediamus toti, nimirum opere, seu externa mandati exsecutione; voluntate, ut libenter præstemus quæ jubentur; intellectu, ut superioris mandatum judicio nostro approbemus. Itaque minus perfecte obedit, qui vel invitus facit, vel judicio a superiore dissentit. 4. Ut toti in Dei voluntatem resignati omnibus in rebus a superiore nostro pendeamus, neque imperium exspectemus; sed ad omnem ejus nutum et qualemcunque voluntatis significationem alacriter, prompte, fortiter, constanter moveamur.

Considera secundo, insignem multorum religiosorum obedientiam : non enim defuerunt qui se ad imitationem insignis illius obedientiæ patriarchæ Abrahæ filios suos vel in aquam præcipitare, vel in accensam fornacem injicere, si id Dei voluntas tulisset, paratos exhibebant; alius lignum aridum rigavit; alius arborem inversam plantavit; alius socium in aqua demersum adducere jussus, cæcæ istius obedientiæ suæ merito, ad instar Petri apostoli, super aquas ambulavit.

Considera tertio, multa eaque præclara istius virtutis commoda : 1. Significatur subdito Dei ipsius per superiorem voluntas, juxta illud : *Qui vos audit, me audit.* (*Luc.* x, 16.) Unde efficitur hominem vere obedientem nihil ambigere an Deo

27

probetur quod agit. Sicut enim olim patriarchis et prophetis per oracula et responsa Deus voluntatem suam manifestam faciebat, ita modo idem præstat per mandata superiorum. 2. Magna ex eo nascitur in hominis animo pax, serenitas atque securitas, qui intelligit officia sua et opera placere Deo, et se errare non posse utut accidat quod majorum suorum jussu facit. 3 Obediens utiliter cum proximis laborat, quia non a se motus, sed ut Dei instrumentum, a Deo, cujus voluntas est efficax, impulsus operatur. 4. Multis a Deo ornatur virtutibus, tanquam nobile Dei instrumentum, et res ad Deum pertinens. Sicut enim equi regii, eaque omnia quibus reges utuntur, externo aliquo nitore cultuque splendescunt, ita Deus spiritualibus donis auget, quos tanquam instrumenta adhibet ad suisque operibus adhibet conficiendis. 5. Humilis promptusque obediens, acceptus est omnibus, tum superioribus qui ejus opera sine molestia utuntur, tum aliis quibuscum pacem tuetur.

Considera quarto, hanc obedientiæ virtutem, sicut maximo studio eam Christus Dominus excoluit, ita etiam a Virgine Matre diligenter observatam, quæ ne Cæsaris quidem Augusti mandatum in orbis descriptione etiam prægnans negligendum putavit ; in purificatione legi non obnoxia, legem tamen perfecit ; Josephi mariti admonitione in Ægyptum abiit, inde rediit, et in Nazareth transiit. Denique illud semper in corde gestavit : *Ecce ancilla Domini, fiat mihi secundum verbum tuum* (*Luc.* i, 38) ; et quod ex cordis abundantia studioque obedientiæ dicebat ministris nuptiarum : *Quodcunque dixerit vobis, facite.* (*Joan.* ii, 5.) Tu Virginem ora, ut hac virtute actiones tuas, voluntatem, et intellectum perficiat.

II. — *De vita communi.*

Considera primo, in cœnobitarum vita non parum laudabilem semper fuisse communem vivendi rationem, qua nihil sibi quisquam servat, vel præstat, sed in communem omnia confert utilitatem, quam vitam ante peccatum in paradiso parentes coluerunt, eamdem Ecclesia primitiva, quasi vetustate collapsam repetivit. Multis deinde annis, ut ait Urbanus Pontifex, eam clerus coluit, et apud pios verosque religiosos hactenus permansit.

Considera secundo, hujus vitæ perfectionem in eo consistere, ut sicut in humano corpore singula membra non suo quodque judicio, sed capitis arbitrio, ad commune corporis commodum officia sua peragunt ; ita in religione singuli tam seipsos quam sua omnia, superioris penitus relinquant dispositioni, nihilque vel apud se retineant, vel ex semetipsis agant, nisi superioris voluntate, cujus sit cuique necessaria distribuere, superflua rescindere, officia, ministeria, occupationesque decernere atque imponere. Felix admodum vita ejusmodi, et sanctum religiosorum collegium, quod ab uno Christi vicario, ex Christi voluntate, ad salutem perfectionemque dirigitur.

Considera tertio, beatissimam Virginem Christi Matrem cum cæteris Christianis hanc vitam observasse, atque ex eleemosynis, quas apostoli dividebant, prout cuique opus erat, vixisse. Erat enim inter illos pauperes Christianos, quibus beatus Paulus apostolus a diversis Ecclesiis curabat eleemosynas. Contemplare ergo Matris Dei humilitatem insignemque obedientiam in mulierum sanctarum cœtu. Non enim se ut superiorem præferebat aliis, sed ut ministram exemplo Filii sui, qui non *venerat ministrari, sed ministrare.* (*Matth.* xx, 28.) Ideoque fortassis inter postremas nominatur in Actis apostolicis, ubi dicitur : *Cum mulieribus et Maria Matre Jesu.* (*Act.* i, 14.) Tu Virginem precare, ut ejus demissam obedientiam et perfectam resignationem imiteris, animumque semper retineas placidum et in omnibus æquabilem.

III. — *De præmio cœnobitarum.*

Considera primo, præmia quibus veri religiosi in cœlis donantur. Nam 1. Sicut mercenarius mercede conductus, omnium illarum rerum exspectat mercedem, quas jussus præstitit, ita qui ex obedientia actiones suas instituit, singularum a Deo præmium obtinebit. 2. Opus adiaphorum ex obedientia susceptum propter obedientiæ virtutem mercedem accipiet. Illud igitur opus quod ex se bonum est, ut jejunare, orare, etc. , si per obedientiam fiat, duplicem mercedem meretur, ex sua bonitate et ex obedientia. 3. Christus peculiaria obedientibus præmia repromisit, *Ubi* (inquiens) *ego sum, illic et minister meus erit.* (*Joan.* xii, 26.) Et in Apocalypsi (ii, 26, 27) : *Qui custodierit usque in finem opera mea, dabo illi potestatem super gentes, et reget eos in virga ferrea, et tanquam vas figuli confringentur, sicut et ego accepi a Patre meo, et dabo illi stellam matutinam.* Hoc est, clarissimam lucem, nunquam exstinguendam, qua admirabiliter splendeat magnamque habeat divinarum rerum notitiam. Æquum quippe est, ut qui aliis humiliter paruerunt in hoc mundo, post hanc vitam præsint cum potestate aliis.

Considera secundo, Virginis Matris excellentem gloriam, quæ nihil nisi ex obedientia facere didicerat. Sicut igitur Christus per obedientiam, quam in omnibus totius vitæ suæ actionibus religiose semper coluit, accepit nomen quod est super omne nomen, ita post Christum Virgo Mater obedientissima proximum nomen et locum obtinet a Filio, regitque gentes et præest regnis, in universo mundo celebris et venerabilis. Tu illam orabis, u' a te propriam auferat voluntatem, quæ sola in inferno cruciatur. (B. Bern. serm. 3, *De resurrectione Dom.*)

MEDITATIO XLVIII.

DE DECIMA STELLA, EX GLORIA VIRGINUM.

I. — *Virginitas.*

Considera primo , virgines Christo virginitate desponsari, cujus perfectio in eo consistit, quando

nulla unquam vel menti vel affectui occurrit turpi-
tudo, ne in somnis quidem, votoque est Deo consecrata corporis animique pudicitia; quam sanctæ
virgines jam in cœlis cum Christo sponso regnantes, sollicite coluerunt perpetuamque observarunt,
et omnem fœditatem a se repulerunt, ut se *uni
viro virgines castas exhiberent Christo*. (*II Cor*. xi, 2.)

Considera secundo, ab hac puritate virginea procul abesse, non illos solum qui impuris actibus
animum corpusque violant; sed illos etiam omnes,
qui servata corporis integritate, sensuali aut carnali amore tanguntur; quem amorem quia non raro
diabolus aliqua boni specie velare consuevit, tu
ejus disces proprietates. 1. Est, in quieto animo
ferre absentiam ejus quem diligis. 2. Mutuas manus, vel alias corporis partes contrectare, aut cum
affectu intueri. 3. Verba proferre amoris indicia.
4. Munuscula transmittere. Nihil enim horum tolerat castus amor.

Considera tertio, varias utilitates virginitatis :
1. Vita quiete sine cura ducitur, ut testatur Apostolus. (*I Cor*. vii, 26.) 2. Animus ad orandum
Deum et divinas res contemplandas efficitur idoneus, juxta illud : *Beati mundo corde, quoniam ipsi
Deum videbunt*. (*Matth*. v, 8.) Proinde Joannes et
Paulus apostoli virgines sublimiora nobis quam
cæteri apostoli, divinioraque tradiderunt. 3. Singularis quædam mentis oblectatio virginibus commu-
nicatur a Deo, quia carnis omnem delectationem
pro Christi nomine repudiarunt. 4. Angeli castis-
simi virginum castarum consuetudine gaudent, ut
mirum non sit Elisæum prophetam castum angelorum agmine septum fuisse.

Considera quarto, sanctissimæ Matris Dei angelicam puritatem, quæ prima virginitatem Deo per
votum consecravit, et oculis, ore, vultu, totoque
corporis habitu castitatem spiravit. Speciosissima
fuit illa quidem, sed cujus forma venerationem et
castitatis amorem excitaret. Ejus virginitatem singulari præconio prædixerunt prophetæ veteresque
figuræ adumbrarunt. Nam ex terra virgine sumptus
est primus Adam, et porta orientalis Deo clausa
servata est, et Virgo peperit Emmanuelem. Ecclesia quoque multis laudibus et epithetis hanc admirabilem virginitatem extollit. Ait enim diversis
hymnis et canticis ecclesiasticis, *Virgo singularis,
Virgo admirabilis, Virgo virginum*, atque *semper
Virgo, inviolata, intacta, et casta, Tu singularis
pura es Virgo*. Summa enim in hac Virgine puritas fuit, quæ purissimum Deum attraxit in uterum.
Tu castissimis precibus a Virgine donum castitatis
impetrare conaberis.

II. — *De comitibus virginitatis*.

Considera primo, virginitatis comites quæ in
castis sanctisque virginibus commendantur, ut
sunt verecundia, modestia, sobrietas. Verecundia
non illa intelligenda est, quæ ex aliqua fœditate
nascitur, sed reverentia, quæ oritur ex humilitate,

et metus quem producit amor castitatis. Ex hac
verecundia procedit omnis interna externaque modestia verborum et gestuum. Cavet ergo virgo ne
in sermone excedat, ne clamores edat, ne aliorum
verba interrumpat, ne præcipitet, ne impræmedi-
tate quid effutiat : *In ore quippe fatuorum cor illorum, et in corde sapientium os illorum*. (*Eccli*. xxi, 29.)
Præmeditatur an utiliter sit locutura, an se deceat
sermo, an Dei promoveat gloriam. Sobrietas est
custos pudicitiæ, quia « venter vino æstuans, cito
spumat in libidinem. » His virtutibus sanctæ Christi
virgines imprimis claruerunt, quarum modestam
gravitatem puramque verecundiam Christus comprimis dilexit.

Considera secundo, easdem in Virgine Maria virtutum omnium speculo. Ad angeli se laudantis vocem verecunda expavit, domi se continuit, raro in
plateis visa, raro cum viris, raro in sermone. Quinquies locuta legitur, angelo, Elisabethæ, Christo,
ministris nuptiarum, sed verecunde, modeste, et
breviter. Tu pone custodiam linguæ tuæ, omnem
levitatem devita, modestiam præfer in gestu; Virginemque precare, ut ejus imiteris virtutes.

III. — *De præmio virginum*.

Considera primo, quæ præmia sint virginibus
promissa in sacris Litteris. Apud Isaiam dicit Dominus : *Dabo eunuchis locum in domo mea, et in
muris meis, et nomen melius a filiis et filiabus*.
(*Isa*. lvi, 4.) Sicut namque in Ecclesia altiori sacerdotum gradui est conjuncta castitas, ita in cœlis
virgines, tanquam Christi peculiares sponsæ, sublimi loco residebunt. In Apocalypsi (xiv, 4) *virgines
sequuntur Agnum quocunque ierit;* et canunt canticum, quod nulli præterquam illis canere datum est.
Utique singularis cum Christo virginum familiari-
tas designatur, et nobilis aureola, quam ex superato tertio inimicissimo hoste carne nostra mortali
reportant. Tu amore hujus præmii in amorem
castitatis accendaris, brevemque voluptatem tantæ
gloriæ posthabeas. Nam et hostis ille internus nullo
negotio, sola, inquam, fuga occasionum, et ferventi
oratione superatur, et Christus sponsam suam deliciis spiritualibus sustentare et erigere solet.

Considera secundo, Virginis Matris excellentissimam gloriam, quæ cum et ante partum, et in partu,
et post partum conservaverit purissimam corporis
animique integritatem, jure in hoc virginum choro
primas tenet, ut Regina virginum, cujus pulchritudinem sol et luna mirantur, et jubilant omnes filii
Dei. Canticum qualenam illa nunc cantat? Si nobile hoc canticum, *Magnificat*, quod gravida cecinit,
cæteris canticis dignitate præstat, quales laudes
nunc canit Deo in tanta gloria, perfectioneque charitatis? Aliæ virgines sequuntur Agnum quocunque
ierit : sed Virgo Mater proxima semper est Filioque conjuncta. Illam itaque precaberis, ut Filium
tibi exhibeat, in hac vita quidem gratiæ largitorem,
in futura vero vita datorem gloriæ.

MEDITATIO XLIX.

DE UNDECIMA STELLA, EX GLORIA VIDUARUM.

I. — Humilitas.

Considera primo, omnium quidem Christianorum esse sectari humilitatem, virtutum omnium fundamentum, in viduis tamen præcipue relucere, quæ et insigni illa virginitatis gloria destitutæ sunt, et a mundo viris suis orbatæ negliguntur.

Considera secundo, perfectam humilitatem in eo solo reperiri, qui est vilis abjectusque semper in oculis suis, talisque ab omnibus desiderat et gaudet haberi. Non velle videri humilem, sed vilem, humilitatis indicium est. Tu quam procul ab hac virtutis perfectione adhuc absis, ex tui ipsius quo abundas amore, diligenter expendes. Neque enim humilis seipsum diligit, sed Deum; neque sua quærit, sed Dei; neque suis gaudet, sed Dei. Cassianus ista refert veræ humilitatis indicia : 1. Si in te mortificatas habeas omnes proprias voluntates. 2. Si intimas quoque animi cogitationes propensionesque Patri spirituali manifestes. 3. Si superiorum monita patienter audias. 4. Si tuum judicium suspectum habeas. 5. Si illatam injuriam tanquam ea dignus cum gaudio suscipias. 6. Si novi nihil, quod majorum exemplo aut instituto probatum non sit, inducere velis. 7. Si vilibus gaudeas. 8. Si ad omnia te quasi inutilem reputes. 9. Si cunctis te arbitreris inferiorem. Ab his proprietatibus quia longe es remotus, inflaris superbia, neque retines Dei gratiam, quæ ad demissa decurrit.

Considera tertio, sanctissimæ Dominæ tuæ humilitatem, non ex amissa virginitate, aut ex alicujus mali occasione, sed ex interna virtute, sinceraque animi demissione. Hæc igitur electa in Matrem Dei, non nisi pro famula se gessit, tum Dei, tum hominum Elisabethæ vetulæ ministravit; Josepho marito servivit; in vili stabulo peperit, cubavit, et mansit; in ordine pauperum munera in templo obtulit; Christi crucem non erubuit, nunquam ad sua merita, quod Mater esset Dei, sed ad Dei misericordiam semper retulit. Denique postremum ubique locum inter Christianos dilexit, maluitque latere quam agnosci. Tu Virginem precare, ut profundissimam tibi impetret humilitatem.

II. — De orbitate.

Considera primo, proprium esse viduarum destitui solatio : Viduas honora (inquit Apostolus), quæ veræ viduæ sunt, hoc est, desolatæ. (I Tim. v, 3.) Mortuo enim marito, instar turturis lugent orbitatem suam. Cumque sine tutela passim vel deserantur, vel opprimantur, certissimum consilium ineunt, quæcunque cum sanctis viduis Judith, et Anna prophetissa in Deo spem omnem suam constituunt.

Considera secundo, beatissimam Dominam tuam non tam de morte Josephi mariti sponsique sui, a cujus non pendebat solatio, indoluisse, atque de crudelissima nece Filii sui, quem unicum habebat, spem suam atque refugium. Gaudebat illa quidem de resuscitato post triduum Filio, sed eodem in cœlos ascendente ad Patrem, ad ejus præsentiam perpetuo anhelabat. Joannes evangelista in locum Filii testamento donatus, non tam minuit, quam auxit dolorem, quod eo conspecto sanctissima Mater et dolorum Filii crucisque meminisset, cui Dominus affixus hoc testamentum condiderat, et dignitatem Filii memoria repeteret, et iniquam defleret commutationem. Nam a Christo Filio Mater vitæ exempla, documenta, solatia, et omne bonum accipiebat : at vero hunc adoptivum filium Joannem ipsa potius præire, instituere, formare debebat.

Considera tertio, magnas viduæ Matri persecutiones excitatas a dæmonibus, dæmonumque membris. Cum enim hujus Matris officium esset, caput serpentis conterere, in nullam creaturam tantum concepit odium diabolus, quam in Matrem Dei Creatoris; in quam effudisset omnem indignationem suam et fluvium omnium malorum, nisi Christus Matrem suam tutatus esset, dæmonisque vires confregisset, et terra aperiens os suum aquas illas omnes absorbuisset. Tu cum Ecclesia sic Matrem precare : In omni tribulatione et angustia nostra, succurre nobis, piissima Virgo Maria.

III. — De præmio viduarum.

Considera primo, viduarum humilium et desolatarum præmia. Certissimum Scripturæ axioma est : Omnis qui se humiliat, exaltabitur. (Luc. xiv, 11.) Nam si in hac vita honor sequitur fugientem; et divina gratia replet animos humilitate profundos; utique tanto quisque erit in cœlis sublimior, quanto se amplius in hac vita demiserit; quia juxta magnitudinem gratiæ datur et gloriæ copia, sicut illud ædificium altius erigitur, cui altiora fundamenta sunt collocata. Rursus quod dicit Scriptura : Beati qui lugent, quoniam ipsi consolabuntur (Matth. v, 5), non incommode ad lugentes viduas accommodari potest, quæ consolationem de cœlo præstolantur.

Considera secundo, gloriam sanctissimæ Matris, quæ sicut animo se infra omnes homines dejecit, ita nunc exsultata est super omnes angelorum choros ad cœlestia regna. De Christo dixit beatus Apostolus : Quod autem ascendit, quid est, nisi quia et descendit primum in inferiores partes terræ? Qui descendit, ipse est et qui ascendit supra omnes cœlos. (Ephes. iv, 9.) Hoc est, qui profundissime se humiliavit, ad summam evasit dignitatem. Hoc idem post Christum Dominum in Virginem Matrem convenit, quæ supra novem angelorum choros, ipsa sola decimum chorum sua majestate replet, tanto utique illustriorem cæteris, quanto ipsa Deo vicinior, perfectius in se recipit divinam gloriam. Jam vero si pro magnitudine luctus, datur in cœlis consolatio, ipsa plus cæteris gaudet ex Filii præsentia, ex contemplatione Dei, ex abundantia satietateque bonorum omnium, quæ plus luctus habuit; et quæ multis contemptui fuit, nunc omnibus est admirationi. Quare ejus auxilium sedulo in plorabis.

MEDITATIO L.

DE DUODECIMA STELLA, EX GLORIA CONJUGUM.

I. — De bonis matrimonii.

Considera primo, virtutes eas quæ in matrimonio præcipue commendantur, ad tria matrimonii bona revocari, quæ sunt, fides, proles et sacramentum. Fides seu fidelitas servatur conjugi, proles ad Ecclesiæ augmentum suscipitur, sacramentum a Deo indissolubili nexu sanctificatur.

Considera secundo, inter Virginem Mariam et castissimum Josephum, non sola intervenisse sponsalia, sed verum matrimonii sacramentum, nunquam tamen corporum conjunctione consummatum; unde veri fuerunt conjuges, et veri etiam sponsi, quo nomine vocantur, qui post contractum matrimonium conjugii opus non perfecerunt.

Considera tertio, tria matrimonii bona in hoc conjugio. Nam uterque fidem servavit, solique Deo virginitatem consecravit. Indissolubile mansit vinculum, sola Josephi morte solutum, significavitque Christi conjugium cum Ecclesia, non quidem per carnalem copulam, sed per spiritualem sanctioremque rationem; quia sicut Maria Virgo virgini Josepho conjuncta fuit, ita Christus virgo sibi Ecclesiam virginem castissimis nuptiis conjunxit; proles non defuit, qui est finis fructusque matrimonii, quæ proles in matrimonio quidem nata est, non tamen ex matrimonio suscepta, verum ex fecunditate Virginis, ne maledictione legis virgo conjux teneretur. Cæterum admirabilis fuit fecunditas, sicut admirabilis fuit proles. Virgo concepit hominem Deum, non per intervalla temporum, sed uno momento hominem omnibus membris perfectum, usu rationis pollentem, plenum gratia et veritate. Mirabilis Mater, quæ parentem suum genuit, Deum suum lactavit, quæ nec primam similem visa est, nec habere sequentem. Tu has Virginis fecundas nuptias imitari poteris, si Christo conjunctus, multos ei verbo atque exemplo spirituales generes filios, quos suavitate lactis foveas, atque in viros perfectos juxta ætatem plenitudinis Christi nutrias. Rogabis Virginis Matris auxilium, ut in ejusmodi animarum lucro tibi opem ferat.

II. — Sedula pietas.

Considera primo, hanc virtutem sedulæ pietatis vitio acediæ adversari, et optime convenire conjugibus. Beatus Apostolus jubet uxores esse matresfamilias, domusque curam gerere, viros suos amare, filios diligere, prudentes esse, sobrias, benignas, subditas viris suis. Ad eas enim pertinet observare viros et revereri, sicut Sara Abrahamum maritum, quem dominum suum vocabat, filios educare, et eis cum lacte fidei religionisque rudimenta et pietatem instillare.

Considera secundo, quam sedulo hæc omnia præstiterit Virgo Mater, quæ ut Christianis conjugibus formam vivendi exemplo suo præscriberet, sanctitate vitæ matrimonium suum sanctificavit; Josephum venerata est et observavit : filium lactando, fovendo, ministrando educavit. Cæterum cum alii mariti uxores suas doceant, et matres instituant filios, hic longe aliter usu venit, ut maritus veneraretur audiretque uxorem, et mater filium. Puer enim Matrem erudiebat, ejusque maritum, et utrique præcepta dabat vivendi. Tu audi docentem Filium, et simul observa sedulitatem Virginis sine distractione, occupationes sine perturbatione, negotia domestica sine impedimento orationis : et eam precare, ut tibi Deoque semper sit præsens in occupationibus omnibus tuis.

III. — De præmio conjugum.

Considera primo conjugibus matribusque promitti salutem per filiorum generationem. Sicut enim in hac vita frequenter parentum felicitas pendet a filiis, qui ad dignitates evecti familiam promovent, et parentes ditant, quemadmodum Josephus patriarcha patris familiæque curam suscepit, sic qui sancta educatione, filiis auctores fuerunt insignis pietatis, et vitæ sanctioris, in illos utique post hanc vitam filiorum gloria redundabit. Sancta Monica ex beato Augustino erit gloriosior, et Anna, mater Samuelis, ex filio. Disce igitur non ad mundi vanitatem educare filios, nec a pietatis studio eos avertere, sed Dei timorem, mundi contemptum, peccati horrorem, gehennæ metum ab infantia animis filiorum commendare.

Considera secundo, excellentem Matris gloriam ex gloria Filii. Filius Deus, monarcha orbis, ad cujus nomen flectitur omne genu, magnam addit gloriam Virgini, quæ tanti Filii Mater est. Cumque tantus sit Filius, ut in manu ejus sit omnis honor et gloria, Matrem utique suam summæ gloriæ participem esse velit, præsertim cum non ignoret naturalem divinamque legem, quæ filios jubet honorare parentes. Quamobrem Christus Deus Matri suæ nobilissimum diadema imposuit, nimirum gloriam virginum, viduarum et conjugum, coronamque sanctorum omnium, et honorem, decus, majestatem omnis creaturæ. Ad illam itaque sic loquitur Filius in Canticis Salomonis (IV, 8) : *Veni de Libano, sponsa mea, veni de Libano, veni, coronaberis de capite Amana, de vertice Sanir et Hermon, de cubilibus leonum, de montibus pardorum.* Libanus mons ab arboribus thuriferis hoc nomen habet. Amana est fluvius Damasci significans *fidem* et *veritatem.* Hermon et Sanir montes sunt ad orientem Terræ sanctæ. Hermon idem valet, quod *Deo consecratum,* Sanir *mutationem.* Indicat igitur Christus Dominus Matrem de Libano venientem, nimirum ex hoc mundo, in quo suavissimis virtutum et orationis odoribus fragravit, ad cœlos ascendentem, recepturam omnium gentium gloriam, etiam earum, quæ instar leonum fortes, et pardorum sævi, pro amplificanda gloria sua, cum potentissimis regibus bella suscipiebant, quales fuerunt Romani et priores monarchæ. Omnes siquidem gentes illæ Christi Matrem nunc proni adorant ; ab ejus pendent auxilio; ei munera deferunt; ejus preces opemque implorant. Has tu imitaberis, et Virginis laudes sanctumque nomen in sæcula benedictum coles, et propagare studebis.

Et ego qui tuo favore, o Domina, Patrona, et Advocata mea, hunc qualemcunque scribendi labore, ad nominis tui gloriam meorum superiorum voluntate suscepi, precor, ut libellum istum clementer suscipias, ei benedictionem tuam adjungas, et favore illum prosequaris. Nihil quidem majestate tua dignum offertur ; sed quia Filius tuus etiam duo viduæ minuta benigne admisit, obsecro per misericordiam quam peperisti, per gratiam qua plena fuisti, per gloriam qua admirabilis es in sanctis Dei, ut hoc opusculum a te benedictum, non solum manibus multorum teratur, sed per te ad intimos penetret animorum recessus ; multos in tui amorem, cultum venerationemque accendat, et plurimis tuum præsidium et favorem impetret. Scimus enim nunquam ulli vel homini, vel reipublicæ, vel nationi male cessisse, quæ te sibi Dominam, Patronam, Advocatamque delegerit. Tu me, Virgo Dei Mater, in hac vita dirige, in morte solare, egredientem animam suscipe, Filioque manibus tuis ad obtinendam misericordiam præsenta, et oratione commenda.

II. PIÆ LECTIONES

SEU

CONTEMPLATIONES DE BEATA VIRGINE,

AUCTORE R. P. RAYMUNDO JORDANO.

Canonico regulari ordinis S. Augustini, ex præposito Uticensi, cellensium apud Bituricas abbate, qui diu *Idiotæ* nomen prætulit.

—

PROŒMIUM CONTEMPLATIONUM

SUPER VITA ET LAUDIBUS GLORIOSÆ VIRGINIS MARIÆ.

O peccator, misericordia Domini nostri Jesu Christi indiges, sine qua salvari non potes. Attende igitur per devotam mentis contemplationem ad gloriosam Virginem Mariam Matrem ipsius : quia per ipsam, et in ipsa, et cum ipsa habet mundus, habuit, et habiturus est omne bonum, scilicet ejus benedictum Filium Jesum Christum ; qui est omne bonum, et summum bonum, et sine quo nihil bonum est, quia est solus bonus. Et inventa Virgine Maria, invenitur omne bonum, ipsaque diligit diligentes se ; imo servit sibi servientibus, ipsa benedicto Filio suo irato potentissime reconciliat servos et amatores suos. Et tanta est ejus benignitas, quod nulli formidandum est accedere ad eam : et tanta est ejus misericordia, quod ab ea nullus repellitur. Imo donis et charismatibus ædificat servos suos, ut benedicti Filii sui et Spiritus sancti digna fiant habitatio : ipsa preces et servitia servorum suorum, et sacrificia, et maxime quæ ei exhibentur, offert in conspectu divinæ Majestatis. Quia ipsa est Advocata nostra ad Filium, sicut Filius ad Patrem. Imo apud Patrem et Filium procurat negotia et petitiones nostras ; et sæpe, quos justitia Filii potest damnare, Matris misericordia liberat : quia Thesaurus Domini est, et Thesauraria gratiarum ipsius ; et donis spiritualibus ditat copiosissime servientes sibi : et potentissime protegit eos a triplici adversario, scilicet mundo, carne, et diabolo : quia salus nostra in manu ipsius est, et post Filium ejus Domina est universæ creaturæ : quæ glorificabit in futuro servientes sibi, si eam honorificent in præsenti. Et ideo, juxta consilium beati Bernardi, « Mariam semper cogita ; Mariam semper invoca ; non recedat ab ore ; non recedat a corde ; et ut impetres ejus orationis suffragium, ne deseras conversationis exemplum. » (Serm. 2 super *Missus est*.) Cæteri enim sancti jure quodam patronatus sibi commissis specialiter plus possunt prodesse in curia Altissimi, quam alienis. Beata Virgo, sicut est omnium Regina, sic est omnium Patrona et Advocata : et cura est sibi de omnibus. Longe enim positos illuminat radiis misericordiæ suæ, sibi propinquos per specialem devotionem consolationis suavitate : secum existentes in patria excellentia gloriæ. Et sic non est, qui se abscondat a calore ejus, id est a charitate et dilectione ipsius. Ut autem a memoria tua non recedat, subsequens tractatus describitur, ut in ipso assidue contemplando legas hinc inde, ne tua fragilitas in lectura unius materiæ fatigetur, prout devotio tibi dictaverit ; quia hoc tibi melius ostendet devotio quam sermo, et melius gratia, quam scriptura. Et cum sacratissima Virgo Maria cor tuum illuminabit ad devotionem, memento ex debito charitatis illam jugiter et devote exorare pro me miserabili peccatore, ut mihi indulgentiam obtineat peccatorum meorum : ut ne iste labor inutilis reputetur, quem texui ex alienis filis. Matrem misericordiæ, ad cujus honorem ista scripsi, humiliter deprecor, ut gratiam legenti impetret in præsenti, et in futuro gloriam æternam.

CONTEMPLATIONES DE B. VIRGINE [1].

Cupiens contemplari aliqua in præsenti Tractatu, præmittat semper sequentem contemplationem ad devotionem, ut piissima Virgo Maria ipsum trahat ad se ; ut devotius valeat, quæ voluerit, contemplari.

Trahe me post te, Virgo Maria, trahe me post te, *ut curram in odorem unguentorum tuorum*, (*Cant.* I, 3.) Trahe me post te, quia retinet me peccatorum ponderositas. Trahe me post te, quia me ligat carnalis concupiscentiæ voluptas. Trahe me post te, quia decipit me hostium perversorum maligna calliditas. Trahe me post te, ut perveniendi ad te augeatur celeritas : sicut enim nemo venit ad tuum Filium benedictum, nisi Pater traxerit illum (*Joan.* VI, 44), sic etiam quodammodo possum dicere, Nemo venit ad Filium tuum gloriosum, nisi tuis sanctissimis precibus traxeris eum. Trahe me igitur torpentem, ut me reddas currentem ; trahe me peccantem, ut me reddas pœnitentem ; trahe me ignorantem, ut me reddas scientem.

2. *Ut curram in odorem unguentorum tuorum*, id est, in fragrantiam virtutum tuarum quæ velut unguentum redolent, et fragrant, dolores mitigant; vulnera sanant ; tua unguenta fragrantissima sunt, scilicet, cœlestis sapientia, spiritualis gratia, et immarcescibilis gloria ; verbis enim tuis et exemplis doces veram sapientiam, quia doctrix es sapientiæ Dei ; peccatoribus impetras gratiam, et honorantibus te promittis gloriam ; impetra igitur tuis assiduis deprecationibus, ut te laudem, te glorificem, te benedicam, tuas virtutes enarrem, tua mirabilia nuntiem, tuam sanctam et exemplarem vitam prædicem, scripta de te eluciderm, ut habeam vitam æternam : quia scriptum est de te : *Qui elucidant me, vitam æternam habebunt.* (*Eccli.* XXIV, 31.)

PRIMA PARS.

CIRCA SACRATISSIMA MEMBRA SINGULARITER GLORIOSÆ VIRGINIS MARIÆ.

CONTEMPLATIO PRIMA.
De capite Virginis Mariæ.

Caput tuum ut Carmelus (*Cant.* VII, 5), misericordissima Virgo Maria, quia Carmelus est mons altus et pinguis : unde caput tuum, id est intellectus, qui consistit in capite, fuit altus propter eminentiam contemplationis ; quia tuus intellectus semper fuit elevatus ad Deum propter tuam contemplationem continuam : et limpidius contemplabaris præ omnibus aliis sanctis Deum, cœlestia et æterna, quia cœlos attingebas stans in terra : et, ut a multis creditur pie, et jam viatrix beata anima tua, frequentius comprehendebat et fruebatur. Et licet vitæ activæ omnia opera Filio tuo benedicto exhiberes, interius tamen a divina contemplatione nullatenus recedebas, in hoc possidens angelicam perfectionem. Nam angeli, cum ad nos mittuntur, sic ministrant exterius, quod tamen interius a Dei contemplatione non recedunt.

2. Caput tuum benedictum humiliasti ad Deum ; caput tuum Carmelus, id est, propter largissimam pinguedinem gratiarum singulorum membrorum tuorum regimen præcedebat ; sicuti per caput regitur totum corpus. Ex hoc multiplex fructus honorum operum subsecutus fuit ; quia ex tua substantia virginali summus Pontifex assumpsit hostiam suæ carnis, quam in ara crucis pro mundi salute elevatis in cruce manibus sacrificium obtulit vespertinum : cujus suavissimus odor delinivit iracundiam Dei Patris, et ex te traxit, non fervorem vulneris, sed materiam medicaminis.

3. Ego vero miserrimus peccator, et omni miseria plenus, omnique pœna dignus, præmissa non contemplando, neque aliqualiter gratias referendo, non adhæsi capiti meo benignissimo Domino Jesu Christo, caput meum humiliando sibi, per devotam contritionem, confessionem, et veram ac condignam satisfactionem ; sed caput meum iniquum erexi per superbiam de me præsumendo, tuum benedictum Filium et te non cognoscendo,

---

(1) Tractatus iste *De Vita et laudibus gloriosæ Virginis Mariæ*, procedit per Contemplationes breves, ne legens in prolixa lectura valeat fatigari.

Sed si ad eam lector devotus recurrat, docebitur in paucis verbis multa contemplari. Et Tractatus iste dividitur in decem et septem partes.

gratias mihi datas vilipendendo, peccata plurima committendo, proximum lædendo, seu voluntatem nocendi habendo. Heu ! clementissima Virgo Maria, compati mihi digneris misero, inclina caput tuum Filio tuo benedicto ; et ora, ut caput meum superbum et ingratum, humiliare dignetur ; ut ipsum et te diligendo cognoscam, peccata emendem, proximum non lædam, sed diligam ; in bonis operibus perseverem ; et cursu præsentis vitæ finito, cum gloriosissimo capite meo Jesu Christo requiescam per infinita sæculorum sæcula. Amen.

CONTEMPLATIO II.
De capillis Virginis Mariæ.

1. *Comæ tuæ*, gloriosissima Virgo Maria, *sicut elatæ palmæ*. (*Cant.* v, 11.) Per comam seu capillos, intelliguntur sanctæ cogitationes tuæ ; quia, sicut capilli adhærent capiti, sic cogitationes tuæ, Virgo benedicta, adhærent capiti tuo, id est Jesu Christo Filio tuo per amorem. Sunt elatæ sicut folia palmarum ; quæ ideo dicuntur *elatæ*, quia erectæ et sublime tendentes, meditando jugiter de cœlestibus, parum autem, aut nihil de terrenis. Fuerunt etiam elatæ cogitationes tuæ per charitatem et pietatem, cogitando de salute humani generis : fuerunt acutæ sicut folia palmarum, propter cogitandi subtilitatem et libertatem ; quia non molestabant te cogitationes phantasticæ. Cogitabas enim quidquid volebas, et nihil nisi quod volebas ; sic igitur fuerunt tuæ cogitationes amplæ charitate, libertate dilatatæ, acutæ subtilitate, et sublimes rectitudine.

2. Capilli tui, id est, cogitationes, fuerunt molles pietate et benignitate, flexibiles obedientia et compassione, longi perseverantiæ longanimitate ; insensibiles, patientiæ veritate ; extenuati, voluntaria paupertate ; continue crescentes, jugi melioratione ; subtiles, ineffabili Deitatis contemplatione ; sæpius abluti, lacrymosa et devota Filii recordatione, maxime post Ascensionem ; in capite radicati, id est Christo, qui est caput nostrum, fide, spe et charitate ; ipsi capiti adhærentes, sincera dilectione ; ab ipso capite incrementum recipientes, jugis gratiæ subministratione ; ab ipso capite inferius descendentes, vera humiliatione ; ipsum caput, a quo oriuntur, calefacientes ab omni frigore infidelitatis ; qui te etiam ab omni æstu cujuslibet concupiscentiæ protegebant : et horum gratia ipsi Deo Trinitati, et sanctis angelis amabilis, appetibilis, et admirabilis eras : quia tu, Virgo Maria, subtilius quam universi alii contemplativi oculo summæ contemplationis, Divinitatis penetrabas arcana.

3. Sed heu ! benedicta Virgo Maria, ego miserrimus peccator capillos non habeo ; scilicet cogitationes bonas ; sed habui calvitium, quod est carere hujusmodi cogitationibus sanctis ; et sicut calvitium deturpat et dehonestat caput, sic carentia sanctarum cogitationum et meditationum deturpat

et dehonestat caput animæ meæ, id est, mentem meam, quæ semper de cœlestibus utilitatibus animæ cogitare debebat. Adjuvare me digneris, Domina, peccatorum Advocata ; non permittas me amplius decalvari, ne desint mihi capilli sanctarum cogitationum, ut terrenis affectibus spretis, cœlestia cogitem, ad quæ perveniam, et illa possideam per infinita sæcula sæculorum. Amen.

CONTEMPLATIO III.
De fronte Virginis Mariæ.

1. Singulariter benedicta, et omni laude dignissima, gloriosa Virgo Maria, frons tua designat in te verecundiam virginalem, et discretam simplicitatem ; nam in frontis planitie et candore, qui superfunditur quasi quodam roseo rubore, designatur verecundia virginalis. Planities se ad simplicitatem habet, candor ad munditiam, rubor ad charitatem. Frons igitur tua verecundiam in te ostendebat, quæ est custos virginitatis. Et ideo cum audisses angelum te salutantem, præ verecundia turbata fuisti in sermone ejus, tanta rei novitate suspensa, et ingenti admiratione permota.

2. Audiens autem novam formam salutationis, ignorabas quid significare volebat angelus, qualis esset ista salutatio, perpendens : in hoc verbo *Ave*, nominis *Eva* conversionem, et ipsius mutationis perscrutans sacramentum. Videlicet sicut Eva fuit causa maledictionis, sic tu esses causa benedictionis : quia enim Virgo eras, ad inopinatum eventum, ut verecunda, pavere cœpisti : sed quia Virgo prudentissima, subito pavore superari non potuisti ; sed consilium regente Spiritu sancto, cogitabas qualis, id est quam nova, quam inaudita, quam perutilis, quam admirabilis, quam dulcis, et quam suavis esset ista salutatio. Audieras enim angelos locutos mulieribus et viris ; audieras etiam benedictiones legis, sed salutationem talem, et benedictionem, nunquam legeras, vel audiveras : ideo turbata fuisti, sed non locuta, in hoc imitando David dicentem : *Turbatus sum, et non sum locutus* (*Psal.* lxxvi, 5) ; hæc enim turbatio Virginis, pudoris erat. Rubor igitur tuæ frontis verecundiam et pudorem ostendit, ne scilicet audires, sicut nec posses, præsertim post conceptum virgineum, cogitare, loqui, audire, vel facere aliquid inhonestum, aut nutu, aut signo, aut gestu, aut risu.

3. Sed, beatissima Virgo Maria, ego sceleratissimus peccator, frontem meam durissimam erigendo, verecundiam postposui in peccando : nam peccare non erubui, sed de peccatis me jactavi, et illa publice frequenter commisi, præsumens ex iis humanas laudes exquirere ; et sic ego miserabilis peccator, graviora peccata feci illa committendo et superbiendo de ipsis, et malum exemplum proximis ostendendo, et ad peccatum inducendo verbo et opere. Auxiliari mihi digneris, dulcissima Virgo Maria, ut mollificetur et humilietur frons mea durissima et superba, et offensiones nequissime per-

petratas agnoscam, et agnitas defleam et emendem, ut regnum æternum acquiram et possideam, per infinita sæculorum sæcula. Amen.

CONTEMPLATIO IV.

De oculis Virginis Mariæ.

1. *Ecce tu pulchra es,* dulcissima Virgo Maria, *ecce tu pulchra es; oculi tui columbarum (Cant.* i, 15), per veram simplicitatem; quia columba avis simplex est; sicut oculi tui, Virgo benedicta, simplices fuerunt, non simplicitate ficta, quæ est hypocritarum, qui se componunt secundum exteriorem hominem in vultu, gestu, habitu et vestibus, ut credantur boni : non simplicitate indiscreta, quæ est stultorum, sed simplicitate vera et discreta, quæ est justorum ; quam præcepit habere benedictus Filius tuus, dicens : *Estote simplices sicut columbæ. (Matth.* x, 10.) Hanc autem simplicitatem tu, Virgo, habuisti super omnes creaturas, per quam tria incommoda evasisti, quæ solent sequi simplicitatem. Primum est temeritas ; quia de facili simplices decipiuntur : sed tu, Virgo Maria, loco temeritatis, habuisti prudentiam spiritus in distinguendo angelum, cui consentire debebas. Secundum est debilitas ; simplices enim de facili credunt, quia resistere nesciunt; tu vero, Virgo benedicta, sic prudens et fortis fuisti quod caput antiqui serpentis contrivisti. Tertium est timiditas, quia simplices non audent ardua aggredi : sed tu, Virgo felicissima, audacter aggressa es summe ardua, credendo Dei Filium de te incarnari, et respondendo : *Ecce ancilla Domini, fiat mihi secundum verbum tuum (Luc.* i, 38), quia oculus tuus, Virgo Maria, fuit simplex, totum corpus tuum fuit lucidum, non habens partem aliquam tenebrarum. (*Luc.* xi, 36.)

2. Oculi tui, Virgo Maria sacratissima, sunt sicut flamma ignis ; quia illuminant et calefaciunt, exterrent et exurunt. Illuminant enim amatores suos luce sapientiæ ad cognitionem veri, et eos inflammant amore justitiæ, ad delectationem boni ; adversarios vero terrent ferocitate comminationis, et exurunt incendio damnationis. Et sicut oculi Domini super justos, sic oculi tui, Virgo præclarissima, super peccatores : et sicut bonæ matris oculi sunt super puerum, ne cadat; vel, si ceciderit, ut eum relevet : sic oculi tui, Virgo præclarissima, misericordes sunt super servos tuos, ne per peccatum cadant; et, si ceciderint, ut a peccatis resurgant. Ideo clamas servis tuis : *In via, qua gradieris, firmabo super te oculos meos.* (*Psal.* xxxi, 8.)

3. O gloriosissima Virgo Maria, oculi tui benedicti in pauperem respiciant ; ego enim sum pauper et inops, carens omni virtute, et abundans vitiis et peccatis ; oculos habeo fixos ad terram et terrena per concupiscentias malas et iniquas. Respicere me digneris, benignissima Virgo Maria, oculis

pietatis et misericordiæ ; ut a peccatis resurgam, et oculos elevem ad misericordiam tui Filii benedicti. *Eia ergo, Advocata nostra , illos tuos misericordes oculos ad nos converte.* Impetra mihi miserrimo peccatori gratiam hic bene vivendi, ut in fine hujus ergastuli possim cernere oculo ad oculum tuum Filium benedictum, et frui gloria sua per infinita sæcula sæculorum. Amen.

CONTEMPLATIO V.

De genis Virginis Mariæ·

1. *Pulchræ sunt genæ tuæ, sicut turturis (Cant.* i, 9), sacratissima Virgo Maria ; in genis namque pulchritudo maxime notatur, ad quarum pulchritudinem est necessarius candor et rubor. Per candorem designatur puritas, et per ruborem charitas. Tu, Virgo gloriosissima, candidissima fuisti per candorem purissimæ virginitatis ; quia candor es lucis æternæ, quia per te videbitur lux æterna. id est, Filius tuus benedictus, quem tu peperisti lucem veram, quæ illuminat omnem hominem venientem in hunc mundum. Fuit etiam in te rubor charitatis et dilectionis ; quia byssus et purpura indumentum tuum : byssus candoris, et purpura charitatis ; ideo sunt pulchræ genæ tuæ per candorem et ruborem.

2. Pulchræ sunt, sicut turturis ; turtur enim castissima avis est, et sic denotat candorem puritatis ; nec rostro, nec unguibus lædit etiam minimas aviculas, et sic denotat innocentiam. Habet etiam rutilantiam plumarum circa genas, et sic denotat ruborem charitatis : et ideo hæc avis primo nominatur in Canticis, quia istæ tuæ virtutes, scilicet castitas, innocentia, et charitas, omne bonum inchoarunt et consummarunt. Istæ namque virtutes pulchrificarunt, et pulchras genas, Virgo intemerata, tibi fecerunt, ut bonum faceres, nullum læderes, Deum et proximum diligeres. angelos lætificares, vitia abhorreres, virtutes in te continue augeres, vita et moribus Deo placeres : et opera misericordiæ exerceres, terrena despiceres, cœlestia cogitares et appeteres, peccatores a peccatis revocares, ac eis veniam impetrares, dæmones terreres, ad te venientes conservares, iram Dei mitigares, pacem faceres, et per te juste viventes, adjuvares; ut per te benedicerentur omnes gentes : pulchræ igitur sunt genæ tuæ.

3. In genis etiam denotatur masticatio ciborum ; tu vero, sanctissima Virgo, masticasti cibum Evangelii sanctis apostolis, et evangelistis, imo et omnibus sequacibus eorum ; cujus Evangelii veritatem verba et ordinem conservaveras in corde tuo. Pulchræ igitur sunt genæ tuæ, absque eo quod intrinsecus latet, soli Deo cognitum, nemini alteri manifestum : nam quanta sit tua species, ille solus novit, qui dedit.

4. Sed, Virgo sanctissima, audi, et exaudi me miserum peccatorem genas habentem, non can-

lidas per puritatem, sed denigratas per crimina et peccata ; non innocentes, sed iniquitate plenas ; in quibus rubor apparet, non charitatis, sed vindictæ et malignitatis. Ora tuum Filium benedictum, ut genas meas faciat candidas per peccatorum recordationem, et condignam satisfactionem ; conferat misericorditer ruborem perfectæ charitatis sui et proximi , ut illum, qui candor, et charitas est, videre valeam placatum, facie ad faciem, per infinita sæcula sæculorum. Amen.

CONTEMPLATIO VI.

De coloratione Virginis Mariæ.

1. Non est, nec fuit tibi similis, gloriosissima Virgo Maria, pulchritudine coloris. Filius tuus gloriosissimus bis coloravit te, bis decoloravit te, et bis recoloravit. Coloravit te in tua beatissima sanctificatione, gratiam conferendo ; quia ante fuisti sancta, quam nata. Coloravit te in tua sancta et felicissima Conceptione , per infusionem gratiæ amplioris ; contulit enim tibi gratiam fecunditatis, et illibatum conservavit candorem virginitatis ; et tunc ampliatus est in te decor ferventioris charitatis.

2. Decoloravit te in opinione hominum, qui videntes te gravidam, reputabant te corruptam ; et tunc dicere poteras : Nigra sum, sed formosa. Nigra sum, judicio hominum, qui reputant me corruptam ; sed formosa, quia Virgo purissima. Nigra sum, id est, notata crimine adulterii mihi falso objecto ; sed formosa sum interius, quia carens omni macula et adornata omni virtute. Decoloravit te in sua acerbissima Passione, quadam doloris nigredine, cum tuam animam gladius, id est, Passio Filii tui, pertransivit ; et ideo dicere poteras : Nigra sum, sed formosa. (Cant. I, 4.) Nigra exterius, pressuris tribulationum ; formosa interius, decore virtutum ; nigra tribulatione, formosa charitate ; nigra in terris, formosa in cœlis ; nigra in oculis insipientium, formosa intellectui sapientium ; nigra corporalibus miseriis, sed formosa cœlestibus desideriis.

3. Recoloravit te benedictus Filius tuus in sua gloriosa resurrectione, quando iterum ortus est Sol, qui oriens omnibus rebus reddidit proprios colores : quoniam gaudium, quod habuisti de resurrectione Filii tui, abstersit ab anima tua nubilum totius tristitiæ. Recoloravit etiam te in apostolorum prædicatione, quando ipsis prædicantibus toti mundo innotuit Jesum Christum fuisse natum ex tuo utero virginali.

4. Sed, purissima Virgo Maria, gloriosus Filius tuus me creaturam suam coloravit in susceptione lavacri sacri fontis per infusionem gratiarum, et post etiam me coloravit diversas gratias conferendo, et inspirationes salubres ad bene operandum largiendo ; sed ego iniquissimus peccator me decoloravi , peccata nequissima multipliciter perpetrando, et in eis perseverando : et licet benedictus

Filius tuus frequenter me recolorarit per dolorem, et confessionem, ac satisfactionem de ipsis, tamen ego ingratissimus per reversionem ad peccata me iterum atque iterum decolorabam, et in ista decoloratione perseveravi et persevero. Auxiliari mihi digneris, Virgo benignissima, tua clementia, orando Filium tuum benedictum, ut me dignetur in præsenti sic colorare, sordes peccatorum meorum abluendo, et animam meam bonis operibus colorando, ut mundata appareat in conspectu ejus, et vivat per gloriam sempiternam. Amen.

CONTEMPLATIO VII.

De auribus Virginis Mariæ.

1. Beatissima Virgo Maria, quis digne tibi potest summa gratiarum et laudum præconia impendere, quæ per aures piissimas tuas mundum lapsum sublevasti, et de morte ad vitam reduxisti ? Sicut enim mors per fenestras aurium intraverat in orbem terrarum, sic per aures tuas humillimas vita intravit ; et auditu tuo simplici suscepisti ad nostram salutem nuntium Gabrielem. A tuo piissimo auditu initium sumpsit reparatio nostra, ut inde intraret remedium, unde morbus irrepserat : et eisdem vestigiis sequeretur vita mortem, lux tenebras, veritatis antidotum serpentis antiqui mendacium venenatum ; et vitæ janua foret auditus, per quem intraverat mors in mundum, et sic per auditum tuum benignissimum auditui meo gaudium et lætitia promittuntur, audivisti et auribus intentis percepisti nuntium humilem archangelum Gabrielem, nova toti mundo gaudia nuntiantem.

2. Tuæ benedictæ aures sunt intellectus et affectus : sensum retinendi et intelligendi habuisti, et affectum diligendi et promerendi ea, quæ tibi promittebantur ; ille autem quodammodo auribus caret, qui de cœlestibus donis, quæ sibi promittuntur, curam non habet. Sed tu, gloriosa Virgo Maria, non negligenter promissa per angelum, auribus percepisti, sed intelligendo et credendo promissa, fideliter aures pias aperuisti ; et ideo dicere poteras : Dominus Deus aperuit mihi aurem ; ego autem non contradixi, neque retrorsum abii. (Isa. L, 5.) Mansueta fuisti ad audiendum verbum, quia in mansuetudine suscepisti insitum Verbum Dei ; per te autem, gloriosa Virgo Maria, exaudit Filius tuus pauperes spiritu ; et ideo dicitur tibi : Præparationem cordis eorum (scilicet humilium) audivit auris tua (Psal. x, 17), id est, tu, Virgo Maria, quia te mediante pauperes exauditi sunt, sicut homo audit mediante aure sua.

3. Sacratissima Virgo Maria, ego impiissimus obturavi aures meas more aspidis, nolens exaudire voces incantantium, id est prædicantium, aut medici medicantis sapienter : sed eas aperui fæcibus verborum inutilium, detractoribus et detractionibus, mendaciis et injuriis, iniquitatibus et peccatis : per ipsas enim mors intravit in animam meam. O Virgo misericordissima, inclina aurem tuam ad

me, et exáudi verba mea ! Ora Filium tuum benedictum, ut det mihi purgatorium confessionis humilis, quo purgem aurem cordis mei ; ut mundatus a fæcibus peccatorum, gloriam cœlestem assequar in æternum. Amen.

CONTEMPLATIO VIII.

De naso Virginis Mariæ.

1. *Nasus tuus,* speciosissima Virgo Maria, *sicut turris Libani, quæ respicit contra Damascum.* (*Cant.* vii, 4.) Nasus tenet in facie eminentissimum locum, et sïgnificat discretionem. Tua igitur discretio, Virgo Maria gloriosa, est nobis turris Libani, quæ respicit contra Damascum, qui interpretatur *sanguinem bibens* ; et figurat diabolum qui sitit jugiter bibens sanguinem animarum. Tua autem discretio præsentiens diaboli malitiam, velut fœtorem quemdam, pro peccatoribus jugiter respicit contra ipsum, et pro ipsis te viriliter ei opponis, velut quædam turris : et virtuoso castitatis candore, quæ figuratur in Libano, qui interpretatur *candidatio*, conteris carnalem concupiscentiam velut caput serpentis.

2. Ministerio nasi purgantur humores capitis, et adjutorio tuo, Virgo gloriosa, purgantur vitia et pravi humores mentis, quæ est caput animæ. Nasus discernit inter fœtorem et odorem : et tu, Virgo benedicta, ad virginitatem te ipsam velut ad aromata convertisti, et carnis corruptionem, velut fœtorem longe a te projecisti. In naso attenditur motus indignationis : et tu, Virgo sanctissima, quidquid vile est et sordidum, detestabaris, et omnem mundanam altitudinem extollentem se adversus Deum, abominabaris. Per nasum attrahitur et emittitur spiritus : et tu, Virgo sacratissima, attrahis spiritum, et eumdem ad alios emittis, exemplo Domini, qui in faciem hominis *inspiravit spiraculum vitæ, et factus est homo in animam viventem.* (*Gen.* ii, 7.) *Insufflavit etiam, et dixit : Accipite Spiritum sanctum.* (*Joan.* xx, 22.) Sic tu, dulcissima Virgo Maria, dicendo, monendo, consulendo, pro peccatoribus orando, inspiras spiraculum vitæ, quo reviviscant a morte peccati.

3. Tuus nasus non fuit parvus, quia non defuit tibi discretio : non fuit grandis, quia non adfuit tibi præsumptio ; non fuit tortus, quia nulla occasione declinavit a recto ; et ideo fuisti idonea ministrare Domino, ut dicere valeres, *In habitatione sancta coram ipso ministravi.* (*Eccli.* xxiv, 14.) Nasus tuus fuit sicut turris Libani, propter fortitudinem constántiæ, et altitudinem virtutum, et candorem continentiæ : quia Libanus dicitur *candor*. Non declinasti ad dextram, per prospera, nec ad sinistram, per adversa ; sed in rectum, sicut turris, versus cœlum protendebaris.

4. Ego vero nequissimus habui interdum, nasum quidem longum, per præsumptionem et superbiam, præsumendo de me et actibus meis : quandoque habui nasum parvum, per defectum di-

scretionis ; quia circa gubernationem animæ meæ valde indiscretus fui : habui etiam quandoque nasum tortum, non incedendo per viam rectam mandatorum Dei, sed per viam indirectam virtutum et errorum diversorum. Ora benedictum Filium tuum, benignissima Virgo Maria, ut me a devio revocet ; ut per viam rectam incedam, discretionem teneam, et fortitudinem, ad resistendum peccatis, ut per viam virtutum incedendo, gloriam obtineam sempiternam. Amen.

CONTEMPLATIO IX.

De labiis Virginis Mariæ.

1. *Favus distillans labia tua* (*Cant.* iv, 11), dulcissima Virgo Maria. Juste comparantur favo distillanti labia tua gloriosa, propter dulcedinem mellifluam, in quibus Spiritus sanctus singulorum charismatum diffudit abundantiam. Labia tua, sanctissima Virgo Maria, benedicto Filio Dei et tuo, divini fœderis et humani dulcia oscula propinarunt : habito enim respectu ad illud responsum dulcissimum et omni suavitate plenum : *Ecce ancilla Domini , fiat mihi secundum verbum tuum* (*Luc.* i, 38) , dictum est tibi in Psalmo, *Diffusa est gratia in labiis tuis* (*Psal.* xliv, 3) : id est, universitas gratiarum diffusa est, totique mundo abundanter distributa per te. Diffusa est igitur in labiis tuis, hoc est, in responsione tua dulcissima et gratissima , qua Deo Trinitati reconciliatus est mundus. Prius perversi homines, ad Deum conversi ; et qui prius sordescebant, a peccatis mundantur : propterea benedixit te Deus, non sinistra, qua temporalia, sed dextera, qua dantur æterna ; ideo dixit, *in æternum*, id est, benedictione ducente ad æternitatem : longitudo enim dierum in dextera tua.

2. Labiis tuis, Virgo Maria Mater, sæpe osculata es gloriosissimum Filium tuum , quem tantum , diligebas, et gloriosus Filius tuus sæpissime osculatus est te Matrem suam dilectissimam. O felicissima oscula ! omni puritate plenissima, dilectione non vacua , omni pace et concordia abundanter repleta , omni suavitate redolentia ! quæ nova fuerunt scilicet inter cœlum et terram, inter divinam naturam et humanam, inter virginitatem et fecunditatem, inter cor humanum et fidem, inter Deum et creaturam, inter angelum et hominem : quæ omnia maxime discordabant, et sancto illo osculo, omnia sunt osculata. Ideo appellaris columba, quæ inter omnes aves sola osculum novit.

3. Labia tua, Virgo Maria, dicuntur *vitta coccinea* (*Cant.* iv, 3), quia sicut per vittam restringuntur capilli, sic per labia tua restringuntur capilli, id est, cogitationes tuæ ; quas vagari, fluere, dispergi, aut a Christo elongari non permittis. Dicuntur labia tua *coccinea*, quia habent colorem flammeum , quo ad amorem Dei et proximi inflammantur : quibus etiam labiis dulcifluas orationes tuas pro peccatoribus formas in

conspectu Unigeniti tui. Labia tua *coccinea* per memoriam et recordationem Passionis Filii tui, quæ docuerunt ipsius Passionem sanctos evangelistas. et maxime sanctum Lucam. *Favus ergo distillans labia tua.*

4 Sed, Virgo piïssima, labia mea iniqua, non disillant dulcedinem, sed amaritudinem; non utilia, sed inutilia; non bona, sed turpia; non colloquia decentia, sed prava et dolosa; non ad meritum, sed ad animæ damnum; non ad ædificationem proximi, sed ad destructionem. O piissima Virgo Maria, exora dulcissimum Natum tuum, qui labia mea ab omni inquinamento mundet, ut cum et te laudem, et glorificem in æternum. Amen.

CONTEMPLATIO X.
De dentibus Virginis Mariæ.

1. *Dentes tui eburnei* (*Ezech.* xxvii, 15), speciosissima Virgo Maria : quia ad oris pulchritudinem multum faciunt dentes mundi, candidi, et absconsi, moderatæ quantitatis, et quasi per gyrum ordinate dispositi. Ideo, gloriosa Virgo Maria, dicuntur dentes tui *eburnei;* quia candidi et mundi. Tui candidissimi dentes masticarunt (ut pie creditur) parvulo tuo Filio Jesu Christo cibum suum, prout mos est nutricibus. Sensus autem tuus et studiositas, quæ duo significantur per dentes, masticarunt, attriverunt, manderunt, et animæ tuæ incorporarunt veluti viventes herbas, divinarum Scripturarum sententias : et postea ostendisti studentibus multa ambigua divinæ sapientiæ in verbis tuis et gestis. Unde promittis quod dicit Scriptura (*Eccli.* xxiv, 46) : *Doctrinam, quasi prophetiam, effundam et relinquam illam quærentibus sapientiam.*

2. Ad hanc igitur doctrinam, scilicet, paupertatis, humilitatis, et castitatis, quasi prophetiam, id est, signum futuri addidisti. Doctrinam istam, Virgo Maria benedicta, effudisti abundantius quando ordines fuerunt instituti ad honorem tuum, ubi lucet doctrina virginitatis per votum, contra luxuriam : paupertatis, per abrenuntiationem proprietatis, contra avaritiam; humilitatis, per votum obedientiæ, contra superbiam. Effudisti igitur doctrinam, quasi prophetiam, id est, notitiam figurarum, quas revelas per gratiam tuam, cui vis, et quantum vis; quasi prophetiam, id est, sine falsitate, et cum omni veritate : siquidem quia prius bibisti de fonte æternæ sapientiæ, revelare potes, cui vis, arcana secretorum Dei, qui te cibavit pane vitæ et intellectus, et aqua sapientiæ salutaris potavit te. Relinquis illam insuper quærentibus sapientiam. *Quærentibus* dicit, non *Invenientibus :* id est, illis, qui sunt in studio quærendi, non in præsumptione habendi : quia *Deus superbis resistit.* (*Jac.* iv, 6; *I Petr.* v, 5.) Relinquis ergo quærentibus, sapientiam, non mundi, sed Dei, quæ desursum est.

3. Hanc ego miserabilis peccator non merui, nec mereor, propter innumerabilia peccata mea, et infinitas negligentias, et iniquitates meas, quas hactenus commisi, et adhuc committere non desino. Sed tu, misericordissima et benignissima Virgo Maria, effunde cum effectu in me servulo tuo hanc salubrem doctrinam, per quam peccata relinquam, virtutes acquiram, tuo benedicto Filio placeam, vitam meam miserabilem in bonam et tibi placentem commutem, ut labili vita ista finita, vitam stabilem consequar sine fine. Amen.

CONTEMPLATIO XI.
De lingua Virginis Mariæ.

1. Lingua tua, pretiosissima Virgo Maria, lingua est eucharis (*Eccli.* vi, 5), id est, bene gratiosa : quia calamus fuit scribæ velociter scribentis (*Psal.* xliv, 2), scilicet Spiritus sancti : ipso namque scriba movente calamum, emisisti illud verbum bonum et mellifluum : *Ecce ancilla Domini, fiat mihi secundum verbum tuum.* (*Luc.* i, 38.) Hoc autem verbo nectareo in tantum exhilarasti de salute humani generis sollicitum Regem cœli, quod quasi factus immemor injuriæ primorum parentum, a sede regali statim descenderet, velut deposito diademate gloriæ, et cœlum divina potentia disrumpens, exsiliret eodem momento de sinu paterno in tuum uterum virginalem, vociferans illud : *Deliciæ meæ esse cum filiis hominum.* (*Prov.* viii, 31.)

2. In isto etiam verbo fuit lingua tua, lingua curationis, lingua mitigationis, lingua misericordiæ : nam respondens humiliter et obedienter, curasti ægritudinem responsionis Evæ. Lingua enim Evæ diabolo sub dubio respondentis et gustum ligni vetiti viro suo suadentis, et peccatum suum serpenti attribuentis, totam progeniem ex se nascituram lethaliter vulneravit, paradisi portam cunctis clausit, et Dei iracundiam ad vindictam provocavit. Lingua vero tua dulcissima et melliflua, Virgo intemerata, fuit lingua curationis et remedii; quia in ipsa sonuit humilitas, cum dixisti : *Ecce ancilla Domini,* contra superbiam Evæ; in tua benedicta lingua sonuit obedientia, cum subjunxisti : *Fiat mihi secundum verbum tuum,* contra inobedientiam Evæ : et ideo tua gloriosa lingua fuit mitigationis et misericordiæ, quia Dei iracundiam mitigavit, et ejus misericordiam humano generi impetravit, infirmos curavit, portas paradisi aperuit, et ad paradisi gaudia genus humanum traxit.

3. O lingua salvifica, salutem humano generi afferens ! lingua melliflua, Jesum Christum ad terram trahens ! lingua Deifica, de cœlestibus loquens ! lingua benevola, malum dicere nesciens ! lingua propitia, cuncta bona peccatoribus a Deo obtinens ! lingua veridica, omni mendacio carens !

4. Sed, humillima Virgo Maria, ego iniquitatibus plenus; sub lingua mea misera labor et dolor :

prompta est ad loquendum vana et otiosa, ad blasphemandum, detrahendum, mendacia proferenda, pejerandum, discordias movendum, adulandum, decipiendum, et alia multa dicenda. O Regina misericordiæ, dele iniquitatem linguæ meæ beatissima lingua tua apud gloriosum Filium tuum, ipsum humiliter exorando, ut linguam meam sibi et tibi placentem faciat, quæ ipsum et te laudet, et benedicat nunc et in perpetuum. Amen.

CONTEMPLATIO XII.
De gutture Virginis Mariæ.

1. *Guttur tuum sicut vinum optimum* (*Cant.* VII, 9), singularissima Virgo Maria. Guttur tuum, id est, preces ex gutture procedentes, sicut vinum optimum quod consolatur et relevat dolores afflictorum. Guttur tuum, benedicta Virgo Maria, id est, verba de gutture procedentia, sicut vinum optimum Jesu Christo Filio tuo, scilicet per devotionem sapida in precibus, et pungunt cor ejus, ut in de miseris eliciant misericordiam : et sic ipsum inebriant, ut eum faciant oblivisci omnium delictorum. Guttur tuum, gloriosa Virgo Maria, id est, verba ex gutture procedentia, more optimi vini mentes multorum alienant a sensu carnali, suaviter pungunt et stimulant bene facere pigritantes, ad currendam viam mandatorum Dei, ad amandum, et orandum

2. Guttur tuum, piissima Virgo Maria, id est, doctrina, quæ continetur in verbis tuis, est sicut vinum optimum; quia devotos delectant, et a sollicitudinibus mundanis elongant, et sic inebriant, ut sobrios reddant, non amentes faciant. Guttur tuum, benignissima Virgo Maria, id est, verba dulcissima ex gutture procedentia, sicut vinum optimum : quia sunt ipsa verba omni dulciora melle per intrinsecam consolationem, qua cor hominis lætificant; ut tibi, sicut Filio, dici possit : *Quam dulcia faucibus meis eloquia tua.* (*Psal.* CXVII, 103.)

3. Guttur escas dijudicat, bonas retinet, et evomit malas, hoc est, virtus discernendi spirituales preces quæ more optimi vini, suo calore fæces expellit, ut remaneat vinum optimum, eliquatum, et defæcatum. Tu, Virgo prudentissima, discretionem habuisti in tuis precibus; quia hoc solum petebas quod discretum erat, quod bonum, quod pium, et ab omni malo defæcatum. Et ideo, sicut vinum optimum sine difficultate, et cum delectatione bibitur, sic petitiones tuas cum omni facilitate et delectatione tuus benedictus Filius, admittebat, et admittit, et quia ejus quod bibitur, gustus cito præterit, ejus vero quod amatur, diu remanet, ideo in petitionibus tuis perseverasti, ut sic aliis ostenderes, quod non perfunctoria, sed longa et placida dulcedine justarum petitionum tuus benignissimus Filius delectatur.

4. O felicissima Virgo Maria, quid faciam ego iniquissimus peccator? qui discretionem habui a

Deo mihi misericorditer datam discernendi inter bonum et malum; et tamen malitia mea, relicto bono, malum suscepi, peccata plurima committendo, et virtutes, et inspirationes bonas in me totaliter suffocando : adjuvet me, Virgo piissima, tua sancta deprecatio, ut malum meum convertatur in bonum, et tristitia mentis meæ in consolationem spiritalem, ut tandem consolari valeam per infinita sæcula sæculorum. Amen.

CONTEMPLATIO XIII.
De collo Virginis Mariæ.

1. *Collum tuum, sicut turris eburnea* (*Cant.* VII, 4), sacratissima Virgo Maria : et hoc propter constantiam et fortitudinem; quia turris non agitatur, nec circumfertur a vento; eburnea, propter refrigerium abstinentiæ, et candorem castitatis, et innocent æ. Ebur enim frigidum est et candidum. Tu, Virgo Maria, es collum Ecclesiæ, propter conjunctionem Divinitatis quæ per caput, et humanitatis, quæ per corpus significatur : quia in utero tuo virginali facta est conjunctio divinæ et humanæ naturæ, et unitum genus humanum Christo capiti suo, ut in natura humana simus unum cum eo.

2. Collum est rigidum, et rotundum, et caput supportat : s c tu, Virgo gloriosissima, nunquam inclinata fuisti per peccatum, sed semper recta; quia cœlos attingebas stans in terra, per contemplationem cœlestium, et quasi rotunda, per æternorum desiderium; et novem mens bus portasti in tuo utero Christum caput nostrum. Collum conjungit caput corpori : sic tu, Virgo sanctissima, conjungis Christum, qui est caput, Ecclesiæ, quæ est corpus; scilicet corporaliter Christum gignendo, et spiritaliter ipsum peccatoribus reconciliando; collum universis membris post caput supereminet in corpore : et tu, Virgo dulcissima, post Christum, qui caput est nostrum, excellentissimum membrum es Ecclesiæ.

3. Sicut per collum interior aer emittitur, exterior vero intus attrahitur, sic per te peccatorum devotio Deo præsentatur, et ab ipso peccatoribus misericordia redonatur. Sicut saliva ab ipso capite, mediante collo, in corpus trahitur, sic per te humano generi a Deo Trinitate gratia impetratur. Sicut collo mediante descendit in corpus quidquid est ei necessarium, cibi, potus, potiones, medicinæ, et hujusmodi, sic per te, Virgo Maria, descendit Filius Dei, qui vera est medicina, cujus caro et sanguis vere est cibus et potus; quia per te, Virgo Maria, manducavit homo panem angelorum in sacramento altari; collo etiam verba proferuntur; et tu, Virgo benignissima, pro nobis bonum loqueris in conspectu Dei; quoniam nostra es Advocata, et precibus tuis bene sonantibus disjunctos a Filio tuo benedicto per peccatum, quoties pœnitemus, reconjungis : nec fraudare te vult unigenitus Filius tuus voluntate labiorum tuorum.

4. Sed, misericordissima Virgo Maria, ego im-

piissimus peccator collum habeo, non constans, sed variabile; non forte, sed debile; non erectum ad cœlum, sed inclinatum ad terram, variatur quotidie per diversas et noxias cogitationes, debilitatur per varias et diversas tentationes, inclinatur per malas operationes. Flecte collum tuum, gloriosissima Virgo Maria, Filio tuo per humilitatem pro me misero peccatore, et ora eum, ut collum mentis meæ erigatur ad Deum assidue : ut exclusis inclinationibus et operationibus malis, regnum consequar semp.ternum. Amen.

CONTEMPLATIO XIV.

De humeris Virginis Mariæ.

1. Fortitudo humerorum tuorum, beatissima Virgo Maria, onus infirmitatis humanæ piissime suporiavit, et supportat quotidie, illud adimplendo, *Alter alterius onera portate, et sic adimplebitis legem Christi*. (*Galat.* vi, 2.) Christus portavit in humeris suis cruci affixis peccata nostra, id est, pœnam peccatorum nostrorum; et tu, Virgo Maria, peccata nostra super humeros tuos portas, orando Filium tuum benedictum pro remissione peccatorum nostrorum. Christus ovem perditam et errantem super humeros suos portavit; et tu, Virgo sanctissima, onus custodiæ ovis, id est animæ, ne perdatur, aut erret, super humeros tuos portas. Factus est principatus tuus super humerum tuum (*Isa.* ix, 6), in deprecando.

2. Super humeros tuos, benignissima Virgo Maria, suscepisti onus defensionis humani generis. Defendis etiam peccatores a multitudine et vehementia tentationum; quia in nobis non est tanta fortitudo, ut possimus huic multitudini resistere, quæ irruit super nos; sed cum ignoremus quid agere debeamus, hoc solum habemus residui, ut oculos nostros dirigamus ad te. (*I Paral.* xx, 12.) Defendis etiam ab accusationibus dæmonum, qui bonum in malum convertentes insidiantur, ut ponant malitiam. Sed quis, Virgo Maria, apud Filium tuum accusare audebit, cum te matrem viderit patrocinantem? et si tu pro nobis, quis contra nos? Certe nullus. Et si tu, Virgo pia, justificas coram Filio tuo benedicto, quis est qui condemnet? nullus. Defendis etiam ab accusationibus detractorum, et conventu malignantium et operantium iniquitatem, et a corporalibus inimicis exterioribus et manifestis, et a seductoribus animarum, id est occulte insidiantibus, scilicet mundo, carne et dæmonibus; quorum primus pietatem, per avaritiam; secundus castitatem, per luxuriam; tertius humilitatem, per superbiam, conantur auferre. Isti sunt atrocissimi inimici. Sed est etiam alter inimicus, per quem omnes alii pugnant, et sine quo non prævalent, scilicet propria voluntas; sed tu, Virgo piissima, in fraude circumvenientium, ades nobis, humeris tuis portans onus totius defensionis.

3. Sed heu! ego miser peccator humeros habeo debiles et fragiles ad sustinendum onus defensio-

nis animæ meæ; sed illos flecto, deprimo, et sub. jugo totaliter voluntati inimicorum meorum; imo, quod mihi damnabilius est, illos voluntarie offero ipsis ad eorum omnimodam voluntatem, et multis modis invito, et occasionem præbeo, ut illos onerent vitiis et peccatis. Adjuva me, gloriosa Virgo Maria, tuis sanctissimis deprecationibus ad deponendum talia onera damnabilia, et animæ meæ importabilia; et tribue humeros fortes ad laborem divinum, ut divina gratia præveniente, opera virtuosa hic agam, per quæ vitam obtineam sempiternam. Amen.

CONTEMPLATIO XV.

De brachiis Virginis Mariæ.

1. O superlaudabilis et amabilis Virgo Maria! brachia tua gloriosissima longitudinem habent, fortitudinem et flexibilitatem. Longa enim sunt ad trahendum peccatores ad confessionem et emendationem malæ vitæ, quia scriptum est : *Longe est a peccatoribus salus* (*Psal.* cxviii, 115); ideo sunt longa brachia tua, attingentia a fine usque ad finem, ut peccatores elongatos trahas ad salutem. Tua brachia, Virgo Maria, habent fortitudinem ad defendendum peccatores contra impetus pravos et iniquos hostium antiquorum, qui assidue quærunt quem devorent. Sed tu, mitissima Virgo Maria, in brachio forti et extento, defendis peccatores, inimicis viriliter resistendo, et eos in virtute et fortitudine brachii tui prosternendo. Et sic peccatores ipsi redeunt ad veniam, et adipiscuntur gratiam et gloriam. Tua beata brachia flexibilitatem habent, ut prostratos et elisos brachiorum tuorum flexibilitate subleves, et sublevatos astringis, ne iterum cadant.

2. O misericordissima Virgo Maria! tu es fons pietatis erga miseros peccatores, ad quos fluunt miserationes tuæ. Tu pia, tu amabilis, tu nominari non potes, quin accendas corda nominantium et audientium te nominari; nec potes recogitari, quin cogitantium affectus reseres. Tu nunquam sine dulcedine divinitus tibi insita, memoriam hominum subintras. Si enim vulnus oleo perungatur, oleum non permittit cicatricem obduci, donec sanies sit educta; sic tua benignitas, Virgo Maria, peccatores in te confidentes non permittis in peccati deficere morte, sed tuis brachiis humilibus astringis, donec Filio tuo benedicto eos reconcilies per veram pœnitentiam; quia per te, et in te, peccatores habent et habituri sunt omne bonum; et sic facta es omnibus omnia, ut omnes peccatores quantum in te est, salvos facias. (*I Cor.* ix, 22.)

3. Sed, beatissima Virgo Maria, ego sceleratissimus peccator brachia mentis meæ habeo longa per internas cogitationes peccata de longe educentes, brachia fortia ad deducendum ad effectum peccata; brachia habeo flexibilia ad amplexandum peccata per perseverantiam ipsorum. Hæc fuit vita mea, hoc studium meum, in quo studui, in quo

laboravi, in quo tempus meum expendi, non solum peccando, sed et multos alios inducendo ad peccandum. Intercessio tua assidua ad tuum benedictum Filium, Virgo Maria, non me relinquat; sed veniam impetret de commissis, et brachia fortia ad resistendum tribuens clementer, et gloriam mihi in fine æternam concedat. Amen.

CONTEMPLATIO XVI.
De manibus Virginis Mariæ.

1. *Manus tuæ distillaverunt myrrham, et digiti tui pleni sunt myrrha probatissima* (*Cant.* v, 5), beatissima Virgo Maria. Per manus denotantur opera, et per digitos operum discretio. Myrrha est perfectissima carnis et carnalium voluptatum mortificatio, quæ omnia ostendunt, Virgo gloriosa, impletum esse quod tibi promiserat Angelus, dicens: *Spiritus sanctus superveniet in te.* (*Luc.* i, 35.) Nam Spiritus sanctus superveniens in te, sic te vestivit desuper, quod totum quod erat in te carnale absorptum est; et solus in te dominabatur spiritalis affectus: sic quod in te nihil carnalis concupiscentiæ vel mundanæ fuerit.

2. Manus tuæ et digiti tui, id est, operatio tua, et operum tuorum discretio distincta, perfectæ mortificationis testimonium præferebat: ideo *quasi myrrha electa dedisti suavitatem odoris.* (*Eccli.* xxiv, 20.) Illa myrrha electa est, quæ sine vulnere et incisione corticis, manat ab arbore; quæ illam amaram carnis mortificationem designat, quam profert anima nullo peccati vulnere sauciata. Talem myrrham messuisti, sacratissima Virgo Maria, quia, licet vulnus peccati non haberes, tamen te ipsam 'multipliciter mortificare curasti, et opera virtuosissima cæteris abundantius omni promptitudine et celeritate faciebas, nec tamen a justitiæ regula declinabas. Manus tuæ, gloriosa Virgo Maria, candidissimæ fuerunt, quibus diligenter et humiliter benedicto Filio tuo servivisti, et eum nutrivisti. Fuerunt etiam candidissimæ, quia peccatum non fecerunt; sed apertæ et extensæ fuerunt ad opera misericordiæ; manum tuam aperuisti inopi, et palmas tuas extendisti ad pauperem. (*Prov.* xxxi, 20.

3. Ad manuum tuarum pulchritudinem multum conferebat digitorum decens conjunctio seu junctura; quia *digitus* dicitur, quasi *decenter junctus*, et digitis designantur discreta opera. Fuerunt etiam recti per intentionem, flexibiles per compassionem, graciles per mortificationem, candidi per innocentiam, longi per perseverantiam, articulariter distincti per discretionem. Manus igitur tuæ fuerunt, Virgo benedicta, aureæ per sapientiam et charitatem, quæ deaurant opera omnia et ea faciunt discreta et amabilia.

4. Sed, o Virgo sanctissima, manus meæ non distillaverunt myrrham per mortificationem carnalium voluptatum, sed distillaverunt venenum peccati. Non sunt candidissimæ, sed fuerunt sor-

didissimæ fæcibus peccatorum; et apertæ ac extensæ ad malum committendum. Extende, Virgo benignissima, manum tuam mihi inopi et pauperi; et eleva me, quia sum prostratus in luto peccati. Teneat me manus tua, ne iterum damnabiliter cadam: sed sicut manus Filii tui benedicti fecerunt me, sic dicam quod manus tuæ refecerunt me per tuam deprecationem, ut hic manus tuæ virtuose operando bonum efficiant, ut manus tua suscipiat me in tua gloria sempiterna. Amen.

CONTEMPLATIO XVII.
De uberibus Virginis Mariæ.

1. O præclarissima mulierum, beatissima Virgo Maria, super omnem creaturam post benedictum Filium tuum, honor, laus et gloria tibi digne debetur. Scriptum est de te: *Meliora sunt ubera tua vino, fragrantia unguentis optimis.* (*Cant.* i, 1.) Melioris enim, potentioris, et utilioris efficaciæ sunt ubera tua, sanctissima Virgo Maria, quam vinum. Nam vinum inebriare potest hominem, ut præteritarum sit immemor offensarum, et sit facilis ad condonandum, et largus ad donandum. Ubera tua, dulcissima Virgo Maria, Deum quasi inebriare potuerunt: nam postquam de tuis sacris uberibus lac bibit ac si cum lactis dulcedine dulcedinem potasset misericordiæ, projecit ab oculis suis peccata mea post tergum, et factus est largus ad dandam veniam peccatorum, largus ad dandam gratiam et uberem justitiam. Ubera tua, gloriosissima Virgo Maria, sunt *fragrantia unguentis optimis.* Nam in beatissimis uberibus tuis, fragrat odor suavissimus sugentis ubera: qui delibutus unguentis optimis. cum plenitudine charismatum et medicinalium gratiarum, venit ad animas peccatrices, ut eas ab omni lepra peccati sanaret, quas sacra sibi conjunctione copularet.

2. Ubera tua, Virgo Maria, quoad Deum, sunt, intellectus, ad ipsum cognoscendum, et affectus, ad ipsum diligendum. Ubera tua, Virgo Maria, quoad proximum, sunt compassio et gratulatio: quia flebas cum flentibus, et gaudebas cum gaudentibus: compatiebaris alienis malis, et congratulabaris alienis bonis. Sine istis uberibus, parvula est anima, et ubera non habet; et ideo non est nubilis, et idonea Christo conjungi, nec potest habere lac efficacis doctrinæ. Non minus, Virgo sanctissima, meruisti fundendo lac de uberibus tuis piissimis ad nutriendum tuum Filium benedictum, quam meruerunt martyres fundendo sanguinem suum per martyrium. Omnium namque operum merces, secundum charitatis radicem pensatur.

3. Sed, beatissima Virgo Maria, ubera mentis meæ lac dulcedinis non effundunt, sed venenum amaritudinis peccati. Ora igitur, piissima Virgo Maria, quem inenarrabili dulcedine lactis tuorum uberum inebriasti, ne recordetur cum justitia de cætero de peccatis meis, sed misericorditer con-

donet irrogatas sibi per me miserum injurias, et largiter mihi donet gratias et virtutes in præsenti, et in futuro gloriam sempiternam. Amen.

CONTEMPLATIO XVIII.
De ventre Virginis Mariæ.

1. Virgo virginum sanctissima, *venter tuus sicut acervus tritici (Cant.* vii, 2), id est, plenus Filio Dei, qui se appellat *Granum frumenti. (Joan.* xii, 24.) Granum enim illud tritici, potentialiter erat acervus tritici, de quo scilicet grano, spiritalis seges, fructificante Deo, multiplicata est, ex quo cecidit granum istud in terram fertilem et bene excultam exercitio Spiritus sancti, in quam nisi prius cecidisset per Incarnationem, et post in cruce mortuum fuisset, ipsum solum mansisset. Sed per ista duo, granum unicum factus est acervus magnus, *vallatus liliis,* ex omni parte scilicet mirabilem habens candorem; quia Virgo ante partum, Virgo in partu, et Virgo post partum. Uterus tuus, Virgo castissima, conservatum in se habuit triticum, quo nutriebatur columba, id est, fidelis anima; quando, quem totus non capit orbis, in tua virginea se clausit viscera, factus homo : et vallabatur undique liliis, id est, candore et redolentia mundit æ virginalis.

2. In tuo utero virginali, sanctissima Virgo Maria, Creator tuus sibi construxit pausatorium spiritale, ut dicere possis : *Qui creavit me, requievit in tabernaculo meo. (Eccli.* xxiv, 12.) Uterum tuum virginalem, sanctus Spiritus sibi sacravit sanctuarium singulare, in quod Dei Filius a regalibus sedibus veniens, ibi primam mansionem inter filios hominum præelegit. Ibi præterea decorem induit, stola candida se cooperuit ; id est mundissima humanitate, cujus decor est immunis a peccato.

3. Venter tuus eburneus est, per virginitatem, quæ soror est angelorum ; in angelis enim est virginitas, et virginitatis incorruptibilitas ; quia in angelis omnis motus divinæ voluntati subjectus est. Hoc itaque decore multiplici signatus est venter tuus sanctissimus, et ab omni alio ventre puræ creaturæ distinctus. Nam in ventre tuo fuit virginitas incorruptibilis ; et nullus fuit ibi motus, qui a Dei beneplacito discordaret. Venter tuus sacratissimus, sicut pyxis eburnea, in qua humano generi Deus Pater transmisit illud medicinale unguentum scilicet, Unigenitum tuum, qui curavit genus humanum.

4. Sed, beatissima Virgo Maria, venter meus miserrimus, non fuit sicut acervus tritici, sed acervus peccati. Non fuit eburneus per munditiam virginalem, sed fuit nigerrimus per malitiam et iniquitatem : non fuit vallatus liliis per candorem, sed fuit vallatus spinis peccatorum, per fœtorem et errorem ; qui me adducet non ad angelorum consortium, sed ad societatem miserabilem antiquorum hostium, nisi tua pietas me adjuvare dignetur, Virgo misericordissima, per tuam piissimam inter-

cessionem. Aperi mihi viscera misericordiæ, oramo tuum Filium benedictum, qui ventrem animæ meæ mundet a fæcibus peccatorum, et mundatum custodiat, ut in fine gaudium obtineam beatorum. Amen.

CONTEMPLATIO XIX.
De cruribus et tibiis Virginis Mariæ.

1. Da mihi virtutem et fortitudinem, benignissima Virgo Maria, ut te laudem et magnificem, et scripta de te elucidem divina gratia aspirante : *Crura tua, et tibiæ tuæ, sicut columnæ marmoreæ, quæ fundatæ sunt super bases aureas (Cant.* v, 15), pretiosissima Virgo Maria. Crura tua sunt, temperantia in prosperis, et patientia in adversis ; quæ duo totum ædificium virtutum sustinent et supportant. Ista duo, gloriosissima Virgo Maria, perfectissime habuisti. Temperantia namque in magna prosperitate tibi fuit. Licet enim in tota humani generis adversitate singulariter ad hoc esses electa, ut fieres angelorum Domina, cœlorum Regina, hominum Advocata, mundi Imperatrix, sæculi Dominatrix, Creatoris tui Mater et Nutrix, tamen in hac sublimi prosperitate, te aliqualiter non extulisti, nec verba alta dixisti ; sed solum te Dei ancillam nominasti, quamvis ejusdem Genitricem Domini fieri te videns. Habuisti etiam, Virgo, patientiam in adversis ; quia, licet gladius doloris tuam animam pertransisset in Unigeniti tui Passione, tamen magnam patientiam ostendisti : ideo dixit Simeon : *Gladius pertransibit (Luc.* ii, 35), et non dixit, *manebit* ; scilicet lucem rationis obnubilando ; sed *pertransibit,* sicut rem immobiliter stantem, nec resistentem, aut in aliquo per impatientiam vacillantem.

2. Tibiæ autem, quæ fortes sunt velut columnæ marmoreæ, et totam corporis compactionem portant, sunt fortitudo et perseverantia, quæ omnium virtutum et sanctorum operum compagem portant et sustentant. Tu, Virgo Maria, fortitudinem habuisti, resistendo inimicis viriliter, et perseverantiam in omnibus operibus virtuosis. Sed, ut columnæ marmoreæ possint portare ædificium, oportet quod sint fundatæ super bases aureas, scilicet charitatem et sapientiam, quæ significantur auro. Fortitudo enim debet fundari in sapientia, ne se præcipitet ; perseverantia in charitate, alioqui deficiet, et non stabit.

3. O beatissima Virgo Maria, ædificium cordis mei non stetit, sed corruit, quia fundamentum firmum non habuit. Nam in prosperitate me extuli, in adversitate impatiens fui ; non habui fortitudinem in resistendo vitiis, sed debilitatem in consentiendo tentationibus quibuscunque ; et in iis perseveravi, non in bonis, in quibus ad tempus credidi, et tempore tentationis cecidi ; quia fundatus super bases aureas, scilicet super charitatem et sapientiam, non fui. Ideo ad tuam misericordiam, Virgo Maria piissima, humiliter venio, ut me peccatorem

suscipias, veniam obtineas mihi de peccatis; ac crura et tibias cordis mei firmas et stabiles facias; ne ædificium animæ meæ corruat, neque ruinam minetur, sed solidum maneat per infinita sæcula sæculorum. Amen.

CONTEMPLATIO XX.

De pedibus Virginis Mariæ.

1. In sempiternum benedicta singulari benedictione Virgo Maria, quam pulchri sunt pedes tui, quibus stando, sedendo et incedendo, conculcasti terram, id est, terrena, accepta corporis tui mediocri necessitate. Pedes mundissimi, significant affectus: quia affectibus accedit mens ad se, et ad Deum, et recedit a se, et a Deo, sed pedes tui fuerunt duo affectus. Nam pes tuus dexter fuit desiderium tuum placendi Filio tuo, et sollicitudo quomodo ei placere posses; quia ipsum tanta devotione, tanto studio fovisti et nutrivisti, ut amorem ipsius ab amore tuo proprio, imo omnis carnis, suspensa, necessitatibus vagientis, esurientis, lactentis, crescentis, et ejusmodi, omnis cordis tui affectionem substerneres.

2. Pes tuus sinister fuit studium quo modo posses proficere proximis, quia lucem consolationis et gratiæ ministrabas in amaritudine constitutis. Ubi enim erat miseria, ibi locum tua misericordia habebat. Nec mirum si de peccatoribus sollicita eras, cum pro illorum salute illum concepisses, qui non venit vocare justos, sed peccatores ad pœnitentiam. (Matth. ix,13.) Tantus est iste pes affectionis, quod a te nullus repellitur, nullus excluditur, nullus, qui tibi serviat, oblivioni traditur. Omnes, quantum in te est, colligis, omnes, ad te confugientes recipis. Ji duo pedes te portaverunt in cœlum. Isti fuerunt pedes animæ tuæ, quibus ivisti non de loco ad locum, sed de virtute in virtutem; ambulat enim anima non pedibus, sed moribus: quia, sicut pedes corporales portant exteriorem hominem, sic affectus, interiorem.

3. Sed mei pedes nihil aliud fuerunt, nec sunt, quam proprius sensus, et propria voluntas, qui me portant et ducunt (nisi tu, pia Virgo, me adjuves) ad infernum. Pedes mei cordis, quandoque calore exuruntur, scilicet odio, ira, invidia; quandoque frigore dissolvuntur, scilicet torpore negligentiæ; quandoque lapide colliduntur, scilicet fidei hæsitatione; licet scriptum sit: Cave, ne offendas ad lapidem pedem tuum (Psal. xc, 12); quandoque luto inquinantur, scilicet carnis voluptate, quæ lutum est et cœnum; quandoque pulvere sordidantur, scilicet vana gloria: et sic, gloriosa Virgo Maria, non ambulo ad cœlum, sed ad infernum; non ad gloriam, sed ad pœnam; non ad Deum, sed ad inimicum. Adjuva me, benignissima Virgo Maria, tuis sanctis deprecationibus. Pedes mei stando in via recta, transeant libere per foramen acus, quod longum est et angustum; nihil enim magnum vel grossum potest transire per il-

lud; nec sufficit in illud intrare, sed necesse est per illud transire; qui enim intrat et non transit, nihil proficit. Intrat et transit quisquis bene incipit, et melius consummat. Quisquis transire habet per ostium parvissimum, quanto magis se humiliat et astringit, tanto facilius intrat. Fac me, pia Virgo, sic humiliare, ut transeundo per strictum foramen pœnitentiæ, ad gloriam perveniam sempiternam. Amen.

CONTEMPLATIO XXI.

De statura Virginis Mariæ.

1. Statura tua assimilata est palmæ (Cant. vii, 7), speciosissima Virgo Maria, statura namque tua, id est, rectitudo bonæ intentionis, et sanctæ operationis directio, assimilata est palmæ. Nam sicut palma, id est, arbor triumphalis crucis Dominicæ, terribilis est malignis spiritibus: sic tu, benedicta Virgo Maria, merito tuæ rectitudinis, malignos spiritus terres et expellis. Ideo appellaris, terribilis ut castrorum acies ordinata (Cant. vi, 9). Non enim sic timent hostes visibiles quamlibet castrorum aciem ordinatam sicut aereæ potestates tuum nomen, patrocinium et exemplum; fluunt namque et pereunt, sicut cera a facie ignis, ubicunque invenerint tui nominis crebram recordationem, devotam invocationem, et sollicitam imitationem. Statura tua, gloriosissima Virgo Maria, assimilata est palmæ; quia, sicut signum crucis, quæ per palmam designatur, armatura spiritalis contra diabolum est, sic est etiam invocatio tua benedicta.

2. Statura tua, Virgo Maria, id est, recta intentio tua ad cœlum directa, et bona operatio tua, assimilata est palmæ, quia ad terrena noluisti incurvari, sed in cœlestibus voluisti conversari; et illud bravium obtinere affectasti, quod dat benedictus Filius tuus animæ vitiorum victrici; de quo scriptum est: Vincenti dabo manna absconditum (Apoc. ii, 17); quia, oculus non vidit, nec auris audivit, nec in cor hominis ascendit (I Cor. ii, 9), quæ præparavit benedictus Filius tuus tibi, Virgo Maria. Statura tua, dulcissima Virgo Maria, assimilata est palmæ; nam, sicut fructus palmæ immensam dulcedinem in se habet, sic fructus uteri tui virginalis, scilicet benedictus Filius tuus, dulcis est in verbo, dulcis est in exemplo, dulcis est in promisso, dulcis in jugo imponendo, dulcis in operatione, dulcis in peccatorum remissione, dulcis in flagellatione filiorum, et tandem sentietur dulcissimus in præmii retributione; quando cibabit nos se ipso, qui est manna absconditum, et potabit nos torrente voluptatis suæ. O quam magna multitudo dulcedinis ipsius, quam abscondit timentibus eum! (Psal. xxx, 20.)

3. O benignissima Virgo Maria, quid dicam de statura mea? Zachæus sum statura pusillus, quia statura, id est, rectitudo bonæ intentionis et sanctæ operationis directio, non fuerunt in me; nec sum assimilatus palmæ, quæ est arbor alta, sed sum

28

statura pusillus, carens omni virtute se erigente ad cœlum. Non est rectitudo in me, sicut est in palma, sed sum totus incurvatus pondere peccatorum. Erige me, Virgo piissima, tuis sanctis intercessionibus; ut rectam intentionem et bonam operationem habeam ; ut dulcedinem fructus ventris tui pretiosissimi sentiam, per infinita sæculorum sæcula. Amen.

PARS II.

DE SANCTIFICATIONE GLORIOSÆ VIRGINIS MARIÆ.

—

CONTEMPLATIO I.

De sanctificatione gloriosæ Virginis Mariæ.

1. *Sanctificavit tabernaculum suum Altissimus (Psal.* xLv, 5), humillima Virgo Maria. Istud tabernaculum est uterus tuus virginalis, qui proprie *tabernaculum* dicitur; sicut, benedicta Virgo Maria, dicit Sapiens in persona tui : *Qui creavit me, requievit in tabernaculo meo (Eccli.* xxiv, 12). *Qui creavit me,* secundum quod Dei Filius, per quem omnia facta sunt, *requievit* secundum quod homo, *in tabernaculo meo,* id est, in corpore. Requievit ibi, Virgo piissima, quia ibi non invenit quod eum molestaret ; nec enim erant ibi pravi motus, non fumus superbiæ, non stillicidium diabolicarum tentationum, neque caro concupiscens adversus spiritum, nec e contra : quia sanctificaverat *tabernaculum suum,* id est, uterum tuum, *Altissimus.*

2. Primo enim sanctificata fuisti, Virgo gloriosa, in utero matris tuæ, ita quod non remansit in te fomes, et si mansit quantum ad essentiam, saltem non quantum ad virtutem ad malum inclinantem : in nobis autem utroque modo remanet post baptismum, in quo sanctificamur. Unde hæc fuit visio magna, quam vidit Moyses, scilicet quod rubus ardebat, sed non comburebatur (*Exod.* iii, 3); sicut enim in rubo erat ignis secundum essentiam, non secundum virtutem combustivam, sic in te, beatissima Virgo Maria, erat fomes secundum essentiam, non secundum virtutem ad peccatum inclinantem.

3. In nativitate autem tua purgata fuisti a peccandi pronitate per hostias legales pro te oblatas, saltem ut mortaliter peccare non posses. Specialissime autem Spiritus sancti obumbratione, et Filii Dei conceptione purgata fuisti ab omni possibilitate peccandi; et sic omnino sancta, et sanctificata fuisti ; per quam sanctificationem quasi per canalem quemdam, fons divinæ gratiæ ad universitatem generis humani redundavit. Ideo ad te recurrendum est, et ad te confugiendum, ut de plenitudine gratiarum tuarum in sanctificatione tua tibi concessarum, recurrens recreetur ; nec minuetur plenitudo, si aliquid defluxerit. Talis enim naturæ est ejusmodi plenitudo, quod quanto amplius de illa effluxerit, tanto amplius abundabit. Ex ista siquidem plenitudine, nobis venit pretium redemptionis, aqua ablutionis, panis refectionis, medicina

curationis, armatura pugnationis, et pretium renumerationis.

4. O benedicta Virgo Maria fluat in me plenitudo tuæ gratiæ, qui non sum sanctificatus, sed multis peccatis contaminatus ; emundet et sanctificet me fons tuæ misericordiæ et pietatis, ut vitiis procul pulsis, et virtutibus intromissis, tibi placita faciam opera, per quæ obtineam gloriam et retributionem æternam. Amen.

CONTEMPLATIO II.

De mundissima carne Virginis Mariæ.

1. Caro tua, pretiosissima Virgo Maria, dicitur a *carendo ;* quia multiplex gloriosa carentia, seu gloriosus defectus, fuit in carne tua; quoniam caruit fomite, et pravis motibus in charismatum infusione, qua *sanctificavit Tabernaculum suum Altissimus.* Caro tua benedicta caruit omni defectu, qui esset ad culpam in gratiæ adimpletione, quia dictum est tibi, *Gratia plena.* (*Luc.* i, 28.) Caro tua gloriosa caruit rebellione adversus spiritum, quia nec caro tua concupivit adversus spiritum, nec spiritus adversus carnem (*Galat.* v, 17). Caro tua pretiosa caruit opprobrio sterilitatis in Spiritu sancti superventione : quia ad hoc venit in te, ut de carne tua (ut a multis creditur), quamdam particulam separaret, separatam amplius reliquis emundaret, perfectissime emundatam in corpus formaret, quod Dei Filius assumeret : ideo de Spiritu sancto diceris concepisse.

2. Caro tua benigna et speciosa caruit pruritu, et inquinamento, et impregnatione, quia Spiritus sanctus obumbravit tibi. Caro tua beata caruit fractura virginalis signaculi, concipiens absque defloratione : quia Jesus salvat, non violat; confracta solidat, non confringit solidata; secundum nomen ejus, ita et opus. Caro tua benigna caruit omni gravedinis importunitate, quia virtus Altissimi obumbravit tibi ; id est, umbram in te accepit, hoc est, carnem levem, et a peccato immunem. Peccatum enim pondus est; umbra autem figuram habet corporis, sed non corruptionem, vel ponderositatem. Caro tua sancta caruit omni molestia et dolore in parturitione. Scriptum est enim : *Peperisti sine dolore sæculorum Dominum.* Nec mirum si dolorem non intulit tibi, quia tollere veniebat dolores totius mundi.

3. Caro tua munda caruit omni peccato totius

vitæ præsentis continuatione, quia gratia sancti Spiritus plena fuisti. Non enim venit sanctus Spiritus Virginem corrumpere, sed sanctificare ; nescit Spiritus sanctus munditiam Virginis minuere, sed augere ; nescit fœdare, sed fecundare ; nescit vilificare, sed glorificare. Et ideo caro tua, dignissima fuit Filio Dei, et servitio ejus mancipata ; quando quodlibet membrum tuum Jesu Christo Filio tuo famulabatur ; pedes, supportando ; crura, et tibiæ, sustinendo ; venter, bajulando ; mamillæ, lactando ; manus, nutriendo ; ulnæ, amplexando ; labra, arridendo ; os, deosculando ; lingua, colloquendo ; nares, odorando ; totum corpus, adorando ; quia quem genuisti adorasti.

4. Sed caro mea corruptissima, per multiplicationem criminum concupiscit adversus spiritum, et non subjicitur ejus ditioni. Virgo piissima, constringe illam tuo auxilio, ut animæ meæ caro misera subjiciatur, ut anima illi dominetur ; ut, te juvante, opera virtuosa faciat, per quæ obtineat regnum sempiternum. Amen.

CONTEMPLATIO III.

De pulchritudine animæ gloriosæ Virginis Mariæ.

1. *Tota pulchra es,* o plusquam gloriosa Virgo Maria ; *Tota pulchra es, et macula non est in te.* (Cant. IV, 7.) Tota pulchra es in anima, per virtutum et charismatum omnium perfectam plenitudinem. Tota pulchra es in tua conceptione, ad hoc solum effecta, ut templum esses Dei Altissimi. Tota pulchra es ex generatione Verbi divini, qui est splendor paternæ gloriæ, qui est candor lucis æternæ, et speculum sine macula, in quod desiderant angeli prospicere, cujus pulchritudinem sol et luna mirantur. Tuæ gloriosæ animæ, nihil unquam affuit turpitudinis, vitii aut peccati : et nihil defuit spiritualis pulchritudinis, gratiæ et virtutis. Tot enim habuisti pulchritudines, tot virtutes, et singulas in altiori gradu, quam concessum fuerit post Filium tuum superbenedictum, puræ creaturæ. In his namque, similem primam non habuisti, nec es habitura sequentem.

2. In te omnes virtutes tam activæ quam contemplativæ convenerunt ; et præ cunctis creaturis, te admirabilem reddiderunt. Per virtutes activas, habuisti voluntatem mundissimam ; per contemplativas, mentem purgatissimam. Non defuit tibi puritas angelorum, non fides patriarcharum, non scientia prophetarum, non zelus apostolorum, non patientia martyrum, non sobrietas confessorum, non innocentia aut humilitas virginum. In summa, nullo genere vacasti virtutum, o Virgo plusquam beata. Quodcunque donum alicui sanctorum unquam datum fuit, tibi non fuit negatum, sed omnium sanctorum privilegia omnia habes in te congesta.

3. Nemo æqualis est tibi ; nemo major te, nisi Deus. Quia Spiritus sancti gratia superveniens in te, et virtus Altissimi obumbrans tibi, quæ eras omnium virtutum ornamentis prædecorata ; pulchritudinem, puritatem, sapientiam et omnium virtutum gratiam adauxit et splendorem. Miranda illa obumbratio Spiritus sancti, quæ te uno momento templum Dei irradiavit , et decorem tuum manifestavit et auxit, sicut sol in semper ornatum thalamum incidens, gloriam ejus occultatam, repente nobis ostendit et illustriorem facit.

4. Tota igitur pulchra es, Virgo gloriosissima, non in parte, sed in toto : et macula peccati, sive mortalis, sive venialis, sive originalis, non est in te, nec unquam fuit nec erit : sed adest tibi omnis gratia naturalium bonorum, spiritualium charismatum et cœlestium donorum. Quantum enim distat inter odorem et gustum aromaticæ speciei, tanta est inter contemplationem tuam et aliorum sanctorum distantia. Sicut enim singularem activam a Christo cepisti vitam, videlicet ejus humanam, sed divinissimam naturam portare, lactare, lavare, pannis involvere, fovere, nutrire, lenire, amplecti, osculari, cæteraque eidem humanitatis officia exhibere : sic et dulcedinem suæ divinitatis tibi singulariter degustandam indulsit. Quia *tota pulchra eras, et macula non erat in te.*

5. Sed, o pulcherrima mulierum, qua temeritate audeo venire ad te ? Ego turpis cogitatione et opere, ad te mundam ; ego immundus, ad te immaculatam ; ego maculatus, et non solum maculatus, sed et vulneratus : imo non solum vulneratus, sed etiam in conspectu tuo et benedicti Filii tui mortuus propter innumerabilia peccata, quæ cogitatione, consensu, et opere longis temporum spatiis contraxi : et ita animam meam per susceptionem sacri lavacri purificatam, multipliciter fœdavi, et sordibus vitiorum inquinavi, adeo ut abominabilis facta sit, et tibi et Filio tuo superbenedicto.

6. In tua autem pietate confidens, o præbenedicta, combenedicta, et postbenedicta Virgo Maria, te supplici corde precor, ut animæ meæ pio compatiendo affectu, apud misericordissimum Filium tuum intercedere digneris, quo eam immundam mundet : et sicut ipsam puram fecit per baptismum, ita rursum hoc tempore puram reddat per pœnitentiæ et reconciliationis gratiam, ut tandem cum electis tuis vitam, ad te et superbenedictum Filium tuum laudandum, obtineam sempiternam. Amen.

CONTEMPLATIO IV.

De eadem pulchritudine gloriosæ Virginis Mariæ, sive quibus rebus ea pulchritudo significetur.

1. Speciositas tua, beatissima Virgo Maria, designatur per septuplicem speciem, quæ in sacra Scriptura invenitur. Est namque species olivæ, de qua scribitur : *Quasi oliva speciosa in campis.* (Eccli. XXIV, 19.) Est species columbæ, de qua canitur : *Vidi speciosam, sicut columbam.* (Orat. Eccles. in 1

resp. Assumpt.) Est species Libani, de qua dicitur : *Species ejus ut Libani. (Cant.* v, 15.) Est species cœli, de qua legitur : *Species cœli in visione gloriœ.* (*Eceli.* XLIII, 1.) Est species ignis in nocte, de qua scribitur : *Operiebat tabernaculum quasi species ignis.* (*Num.* IX, 16.) Est species arcus, de qua scribitur : *Vide arcum, et benedic ei qui fecit illum : valde enim speciosus est.* (*Eccli.* XLIII, 12.) Est etiam species solis, de qua scribitur : *Est enim speciosior sole.* (*Sap.* VII, 29.)

2. Species olivæ consistit inter cætera in viroris amœnitate. Sic tua species, o beatissima Virgo Maria, consistit inter alia, in fidei sinceritate. Et sicut viror paciferæ olivæ delectat oculum corporis : sic fides tua, quæ pacem inter Deum et hominem reperit, delectat oculum mentis.

3. Species columbæ consistit in simplicitate, pulchritudine oculorum, colorum mutatione, et varietate circa collum : sic, o beatissima Virgo Maria, species tua consistit in humilitate, pulchritudine sanctorum cogitatuum et doctrinæ veritate, quæ in collo intelligitur ; quia Doctrix fuisti doctorum et Magistra apostolorum. Unde et beatus Lucas, cui inter cæteros evangelistas descriptio Dominicæ Incarnationis attribuitur, Evangelii seriem a te Virgine Maria didicisse traditur.

4. Species Libani consistit in continua virgultorum fecunditate et delectabilium florum candore, et significat, o gloriosissima Virgo Maria, candorem tuæ fecundæ virginitatis ; quia tu es de qua dicitur : *Egredietur virga de radice Jesse, et flos de radice ejus ascendet, et requiescet super eum spiritus Domini.* (*Isa.* XI, 1.) De tua autem supereminenti virginitate, juste dici potest quod scribitur : *Pulchritudinem candoris ejus admirabitur oculus.* (*Eccli.* XLIII, 20.)

5. Species cœli est in visione gloriæ et significat in te, sanctissima Virgo Maria, contemplationis sublimitatem, de qua scribitur : *Species mulieris exhilarat faciem viri.* (*Eccli.* XXXVI, 24.) Per quod intelligere quis possit, altitudinem contemplationis, acceptam esse et placentem in conspectu divinæ pulchritudinis.

6. Species ignis consistit in ardore et splendore. In te autem, o beatissima Virgo Maria, fuit ignis charitatis ardens et splendens ante Deum, et nos miseros peccatores protegens. Et sicut tu Regina virginum nominaris, sic charitas illa tua, regina virtutum appellatur : quia virtus nomen amittit, quæ charitati non famulatur.

7. Arcus cœlestis fit ex radiis solis, in humida nube, et significat Incarnationem Filii tui superbenedicti in te. Tunc enim Sol justitiæ, qui est splendor Patris, ingressurus in mundum, ascendit super nubem levem, id est, sibi univit mundissimam carnem sine pondere peccati, quod factum est de tua carne in tuo virginali utero, et sic facta est visibilis imago Solis justitiæ cum profusionis gratiarum plenitudine : ut sit visibilis imago solis cum

fit arcus, sed non nisi in die profusionis pluviæ.

8. Species solis consistit in splendentium radiorum emissione, et significat in te Advocata nostra Virgine Maria, largam gratiarum effusionem in omnes qui ad te se convertunt, quæ es sole speciosior, et emissione gratiarum fecundior.

9. Tua ergo species, Virgo Maria, fuit in corporis castitate, in conscientiæ puritate, in exteriori conversatione, et in divinorum contemplatione. Munda igitur cor meum immundum et inquinatum, o piissima Virgo Maria : et tuis precibus mihi obtine speciem spiritualem, per quam in servitio tuo et superbenedicti Filii tui, placeam tibi in vitam sempiternam. Amen.

CONTEMPLATIO V.

De eadem pulchritudine gloriosœ Virginis Mariœ.

1. Speciosa facta es, beatissima Virgo Maria, præ filiabus hominum, quæ speciosum forma, non solum præ filiis hominum, sed etiam præ millibus angelorum, tuæ carnis substantia vestivisti, Unigenitum Dei. Natura etiam, quæ per te reparanda erat, in compagnando te, et colorando, studiosissima fuit ; ad membrorum tuorum excellentiam singularem laudes humanas addere non est necesse, cum ex vita tua sanctissima totius virtutis forma resplendeat. Tua quippe in terris conversatio, omnibus sanctis imitanda proponitur, et etiam angelis admiranda efficitur ; quæ, si quis eam aspiceret, non solum delectabat illum, sed ad divinos provocabat affectus : quia Spiritus sanctus, qui tuam beatam animam sui fervore caloris accenderat, membrorum tuorum officia in eamdem habitudinem suspendebat. Unde nihil aliud in tuis moribus resonabat nisi nectar divinæ et humanæ sapientiæ expressum, de ineffabili suavitate majestatis divinæ essentiæ.

2. Ad hujus puritatis excellentiam, nulla alicujus sancti pertingit sanctimonia, nisi tua, gloriosa Virgo Maria ; quæ tanto summæ Divinitati eras vicinior, quanto Spiritus sancti muneribus eras ornatior. Membra enim tua sanctissima, sic sanctitatis integritate custodiebas, ut nulli omnino subjacerent corruptioni ; unde tantus erat splendor tui vultus, quod Joseph sponsus tuus, te aspicere facie ad faciem non poterat.

3. Sed, sanctissima Virgo Maria, omnium, omnia membra mea, peccatorum sordibus fœdavi ; e quæ ad Dei servitium erant ordinata ad perpetranda peccata inclinavi, et animam meam a bon et meritoria operatione retraxi ; cum membra me miserrima essent instrumenta animæ meæ ad ben operandum, et meritum sempiternum divina ass stente misericordia consequendum. Miserere mih piissima Virgo Maria, miserere mihi digneris. De tuis sanctissimis deprecationibus iniquas oper tiones membrorum meorum, quæ miserabile animam meam ad claustra infernalia deduxerun

et potestati inimicorum subjugarunt. Exora Filium tuum benedictum, ut a jugo tam iniquæ potestatis eam liberare dignetur, et omnia membra mea disponere ad ejus servitium ; ut anima mea jugo miseræ servitutis relicto, jugo gloriosi Filii tui,

quod est suave, et oneri ejus, quod est leve, misericorditer subjiciatur : ut hic opera laudabilia et meritoria agendo, gloriam in futurum consequar sempiternam. Amen.

PARS III.

DE NATIVITATE GLORIOSÆ VIRGINIS MARIÆ.

—

CONTEMPLATIO I.

De Nativitate gloriosæ Virginis Mariæ.

1. Inter omnia opera æterni Opificis, post operationem illam qua naturæ nostræ unitus est Filius tuus, speciale opus fuisti, o beatissima Virgo Maria : quia Deus ad hoc te fecit, ut quod de primo opificio fuerat deformatum, per te reformaretur. Hic enim summus Opifex, primo condiderat angelicam naturam, quæ in parte ceciderat ; et humanam, quæ corrupta erat ; et corpoream inferiorem, quæ peccato hominis fuerat deterior effecta : sed ad hæc omnia fecit te Deus, Virgo Maria sanctissima, ut ex tuo superbenedicto fructu, angelica natura reparetur, humana renovaretur, inferior a servitute liberaretur.

2. Ædificavit ergo angelis te Reginam, hominibus medicinam, creaturæ inferiori libertatem. Sed prius ædificavit angelis cœlum, et hæc est domus gloriæ ; dæmonibus et damnatis hominibus, infernum, et hæc est domus justitiæ ; hominibus lapsis, mundum, et hic est carcer miseriæ. Quia emisit Dominus Adam de paradiso voluptatis, ut operaretur terram, de qua sumptus erat. Idem autem carcer, patria fuit bestiarum. Pisces posuit in aquis, aves in aere et stellas in firmamento. Et qui prius cæterorum hospitiis intenderat, nunc suo proprio intendit hospitio. Ideo dicitur : *Sapientia ædificavit sibi domum* (*Prov.* IX. 1) ; id est, te Virginem Mariam, ut in te habitaret per humanæ naturæ assumptionem.

3. Et non solum sibi ipsi soli te fecit, sed te angelis dedit in restaurationem ; hominibus et nostræ naturæ in reparationem ; inferiori creaturæ in liberationem ; sibi in matrem ; dæmonibus in hostem ; detentis in limbo in ereptionem. Nam in principio cum ceciderant angeli, natura erat corrupta, Deus offensus, et diabolus victor. Sed per te, o superbenedicta Virgo Maria, innocentia reparatur, vita angelica reducitur, Deus homini pacificatur et unitur, diabolus vincitur et conteritur ; quia de te scribitur : *Ipsa conteret caput tuum.* (*Gen.* III, 15.)

4. Sapientia igitur te ædificavit in domum. Siquidem amissæ erant animæ, quæ ob nihil aliud factæ erant, nisi ut esset in eis habitatio Sapientiæ ; et hoc, si permansissent sanctæ. Sed, quia

corruptæ erant omnes et peccando vacillaverant, ideo te gloriosissimam Virginem Mariam, ædificavit in domum solidam et fortem, quæ nullo modo vacillare posset. Ideo excidit columnas septem, ad te fortiter et sublimiter sustentandam. Septem columnæ quibus firma semper stetisti, sunt septem dona Spiritus sancti quæ requieverunt in te, et nunquam te deseruerunt : per quæ stetisti firmiter et perseveranter in omni gratia et virtute.

5. Sed benignissima Virgo Maria, licet superbenedictus Filius tuus, animam meam in domum suam elegisset ad habitandum in ea per gratiam, tamen ego proditor et falsus hospes, ipsum ignominiose ejeci per peccatum. Adjuva me ergo, piissima Virgo Maria, ut tuis precibus mundetur hæc misera domus ab omni peccato, et ora illum, ut in ea habitet ; hic per gratiam, et in futuro sæculo per suam præsentiam, ad gloriam suam sempiternam. Amen.

CONTEMPLATIO II.

De eadem.

1. Vinea facta es, electa a Domino, beatissima Virgo Maria, qui te primo plantavit in radicibus, id est, in antiquis Patribus virtutum ipsorum imitatione ; quia præceptum tibi fuerat a Domino : *In electis meis mitte radices.* (*Eccli.* XXIV, 15.) In Abraham, fides et obedientia ; in Isaac, spes et patientia ; in Jacob, charitas ; et in Davide, humilitas. Istæ fuerunt sanctissimæ radices tuæ, dilectissima Virgo Maria. Ex istis radicibus incepisti pullulare mediantibus parentibus tuis Anna et Joachim. Vinea a malis herbis et lapidibus purgatur ; sic tu piissima Virgo Maria, purgata fuisti in tua sanctificatione ab omni fomite peccati, et titillatione ; et inde fuisti nata ex procreatione ipsorum parentum, et tunc incepit tempus plenitudinis. Ideo mense Septembri nata fuisti, quando habetur fructuum plenitudo. Et sicut vinea crescit quotidiana melioratione ; sic tu, benedicta Virgo Maria, crevisti in vineam latiorem, et fructificasti in palmites, et emisisti propagines, id est, crevisti de virtute in virtutem, et de bono in melius, cum magna constantia et simplicitate.

2. Vinea vili discolori cortice tegitur ; sic tu, Virgo Maria sacratissima, quia non habuisti in tui exterioris habitus qualitate mutatoria pretiosa bene

colorata, sed magis exemplo benedicti Filii tui fuisti pannosa, et natum tuum Filium involvisti vilibus panniculis ; quod non fecisses, si pretiosos habuisses. Spiritales cultores tui fuerunt inspiratio divina, Patris potentia, Filii sapientia, Spiritus sancti disciplina, monitio angelica, propria diligentia, et patris ac matris doctrina. Fuisti fossa veræ paupertatis et humilitatis dilectione ; humilitas enim profundavit mentem tuam, ut capax fieres totius bonitatis ; paupertatis amor exclusit a te appetitum totius terrenitatis, et utraque virtus fecit te capaciorem totius divinæ largitatis. Visitata fuisti in angelica missione. Ideo orabas : *Respice de cœlo, et visita vineam istam, et perfice eam, quam plantavit dextera tua.* (*Psal.* LXXIX, 15, 16.)

3. Tu, piissima Virgo Maria, extendisti, et extendis palmites tuos, id est, orationes, beneficia, et exempla usque ad mare, id est, usque ad existentes in qualibet amaritudine. Ego vero impiissimus peccator in amaritudine peccatorum sum. Adjuva me, dulcissima Virgo Maria, extende ad me palmites tuos, id est, orationes et beneficia tua ; ut ad illum perveniam, qui est vitis vera, in quo misericorditer fructum sempiternum reportem, per infinita sæcula sæculorum. Amen.

CONTEMPLATIO III.

De eadem.

1. Inæstimabilis est dilectio charitatis, quam Deus Pater misericordiarum, et Deus totius consolationis, humano generi exhibuit. Nam cum Deus propter nimiam charitatem, qua dilexit nos, dederit nobis Unigenitum suum, eadem charitate dedit nobis et te Matrem ipsius benedicti Filii, quia sine te impossibile secundum legem ordinariam nobis erat habere Filium Dei incarnatum, quia tibi soli, Maria Virgo, tale privilegium debebatur ; et ideo de tua sanctissima Nativitate longe ante dictum fuerat : *Egredietur virga de radice Jesse* (*Isa.* XI, 1) ; in quo designatur suprema humilitas tua, gloriosissima Virgo benedicta ; quia non diceris egredi de stipite, sed de radice Jesse ; quæ latet in humo, quia *humilitas* dicitur quasi *humi latens.* Nam, sicut totum quod habet arbor, de radice procedit ; sic, beatissima Virgo Maria, tota virtus tua et excellentia, a tua humilitate processit, quam Deus respexit : *Respexit* namque, *humilitatem ancillæ suæ,* quasi radicem ; et *ex hoc beatam te dicunt omnes generationes.* (*Luc.* I, 48.)

2. Tu, sanctissima Virgo, non fuisti angelus, ut aliqui errando dixerunt ; sed egressa fuisti de radice Jesse, cujus radix fuerunt Patres antiqui, de quibus angelus natus non est : quia *Christus angelos non apprehendit,* id est, naturam angelicam, *sed semen Abrahæ apprehendit* (*Hebr.* II, 16), id est, naturam humanam de semine Abrahæ in te Virgine Maria. Tu igitur, Virgo Maria, egressa es de radice Jesse, quod interpretatur *incendium,* quia ignis radix est incendii ; et tu, sacratissima

Virgo Maria, ex hoc, quod de incendio ferventissimæ charitatis, quam Deus Pater habuit ad genus humanum, data nobis fuit tua sacratissima Nativitas ad salvationem, et ad exemplum. Ideo dicit Deus : *Gloriam meam alteri non dabo* (*Isa.* XLII, 8) ; Gloriam meam, id est, Filium meum ; quia gloria Patris, est Filius sapiens (*Prov.* XIII, 1) ; alteri non dabo, quam tibi Mariæ Virgini. De radice igitur Jesse processisti, clarissima et incomparabilis Virgo Maria, et, sicut virga de radice egrediens, altior, rectior, subtilior, humidior, flexibilior, viridior, pulchrior est, quam egrediens de stipite, vel de ramo : sic tu, virtuosissima Virgo Maria, altior fuisti, vitæ sanctitate ; rectior, charitate ; subtilior, humilitate ; humidior, pietate ; flexibilior, obedentia et compassione ; viridior, fidelitate ; pulchrior, castitate, et planior simplicitate, omnibus aliis sanctis.

3. Et sicut tu, piissima Virgo Maria, excellis omnes in virtutibus : sic ego impiissimus excello omnes in peccatis. Sed per tuarum virtutum merita, te humiliter deprecor, ut tuis sanctis intercessionibus peccata mea deles, gratiam tribuas, et ad æternam gloriam misericorditer me perducas. Amen.

CONTEMPLATIO IV.

De eadem.

1. Dignissima omni laude, sacratissima Virgo Maria, de te possunt intelligi illa, quæ dicta sunt Noe a Deo : *Fac tibi arcam de lignis levigatis ; mansiunculas in arca facies, et bitumine linies intrinsecus et extrinsecus ; et sic facies eam ;* 300 *cubitorum erit longitudo arcæ,* 50 *cubitorum latitudo, et* 30 *cubitorum erit altitudo.* (*Gen.* VI, 14, 15). Tu, gloriosissima Virgo Maria, es illa arca, quam Deus Pater fieri ordinavit per Noe, id est, Filium tuum ; quia Noe interpretatur *requiescens ;* per quem intelligitur benedictus Filius tuus, qui requievit in utero tuo virginali, et etiam in sepulcro. Fecit etiam te arcam, non solum sibi, sed etiam hominibus et angelis, et toti Trinitati : quia omnibus omnia facta es : in qua fuerunt recondili thesauri sapientiæ cœlestis, thesauri desiderabiles, et virtutum charismata ; et fuisti. omnium virtutum decore ornata.

2. Dignitas ortus tui ostenditur quantum ad progenitorum sanctitatem, cum dicitur , *de lignis levigatis,* id est, politis et bituminatis. Fuerunt autem parentes, de quibus ortum habuisti, Virgo Maria, politi per honestatem conversationis, quia nihil in eis fuit quod offenderet oculos intuentium, licet conversarentur in medio nationis perversæ : nam aspectu, auditu, opere justi erant ; bituminati per fervorem charitatis. Mansiunculæ. fuerunt tres status, scilicet virginum, conjugatorum, et prælatorum, qui sunt in arca, id est, in Ecclesia. Sic etiam fuerunt in te, beata Virgo Maria ; quia tu fuisti virgo et conjux, et habui-

sti quodammodo super benedictum Filium tuum quasi officium prælati, et ideo de Filio tuo benedicto dicitur : *Et erat subditus illis.* (*Luc.* II, 51.)

3. Fuisti linita bitumine intrinsecus et extrinsecus, scilicet quoad Deum et proximum, bitumine scilicet charitatis ferventissimæ, et indissolubilis. 300 cubitorum, id est, decor omnium virtutum fuit longitudo tua, et maxime fides, quæ dicitur longitudo dierum, id est, claritatis visionis divinæ. Fuit in te latitudo charitatis, quæ extendebatur usque ad inimicos; fuit etiam in te, beata Virgo Maria, altitudo, scilicet spes quæ usque ad secreta Altissimi pertingebat : quia spes est certa exspectatio beatitudinis futuræ, ex gratia et meritis præcedentibus proveniens.

4. O benignissima Virgo Maria, ob gaudium tuæ salutiferæ nativitatis, quæ gaudium annuntiavit universo mundo, impetra tuis sanctissimis orationibus a benedicto Filio tuo, pro me despicabili peccatore, gaudium cordis in præsenti, ut in futurum gaudium habeam sempiternum. Amen.

CONTEMPLATIO V.

De eadem.

1. Ab æterno, beatissima Virgo Maria, ordinata, prædestinata et electa a Deo fuisti. Ideo de te canit sancta Mater Ecclesia : *Ab initio et ante sæcula creata sum.* (*Orat. Eccles.* et *Eccli.* XXIV, 14.) Fuisti significata a sanctis Patribus quibusdam operibus. Præfigurata igitur fuisti, in fenestra crystallina, quam Noe fecit in arca (*Gen.* VI, 16), quæ excludebat aquam in quantum fenestra ; et illuminabat arcam in quantum crystallina, suscepta aliunde luce. Tu, beatissima Virgo Maria, Fenestra fuisti, excludens aquam tribulationis generis humani, in qua erat ante ortum tuum, et illuminasti mundum tenebrosum luce inaccessibili, scilicet benedicto Filio tuo, qui est lux vera illuminans omnem hominem venientem in hunc mundum. (*Joan.* I, 9.)

2. Fuisti a sanctis prophetis prænuntiata : *Egredietur virga de radice Jesse* (*Isa.* XI, 1) *, et consurget virga de Israel, et orietur stella ex Jacob* (*Num.* XXIV, 17.) Fuisti sanctissima Virgo Maria, a patriarchis et regibus generata ; unde de te canitur : *Nativitas gloriosæ Virginis Mariæ ex semine Abrahæ, ortæ de tribu Juda* (in fest. Nativ. B. M. V.), quæ fuit dignior tribubus universis, de cujus stipite principes generati sunt. Fuisti benedicta Virgo Maria, in quibusdam sanctis mulieribus Testamenti Veteris figurata, scilicet in virginitate Rebeccæ, de qua legitur quod *erat decora nimis, virgoque pulcherrima, et incognita viro* (*Gen.* XXIV, 16), et tibi Virgini Mariæ dicit David : *Concupiscet Rex decorem tuum* (*Psal.* XLIV, 12), id est, virginitatem tuam. Fuisti, sanctissima Virgo, ad hoc, ut de te Christus carnem assumeret, a tota Trinitate præparata : oportebat enim ut Re-

demptor noster justus esset cum Deo, mortalis cum hominibus ; propterea decebat ipsum matrem habere virginem, ut in matre mortali conciperetur mortalis, et in virgine conciperetur justus.

3. Fuisti etiam, piissima Virgo Maria, aquis Spiritus sancti ad fecunditatem irrigata : *Non enim pluerat Dominus Deus super terram; et homo non erat, qui operaretur terram* (*Gen.* II, 5) ; sed, sicut scribitur, *fons ascendebat de terra, irrigans universam superficiem terræ.* (*Ibid.* 6.) Ita Virgo Maria, fuisti ille fons, qui terram, id est, genus humanum aridum humore gratiæ irrigasti, plenitudine gratiarum. Fuisti etiam, clementissima Virgo Maria, stella gratiæ orta ; ideo de te scribitur : *Orietur stella.* Stella namque stellam emittendo illum radium, qui totum mundum illuminavit. Illum, misericordissima Virgo Maria , exorare digneris, ut tenebras mentis meæ fugare dignetur, et eam illuminare gratia sua, ut lumen æternum aspiciam per infinita sæcula sæculorum. Amen.

CONTEMPLATIO VI.

De eadem.

1. Propheticum oraculum impletum est de te, singularissima Virgo Maria, videlicet : *Orietur stella ex Jacob.* (*Num.* XXIV, 17.) Tu, benignissima Virgo Maria, stella es , fulgida, ratione puritatis ; stella clara, ratione sanctitatis, et stella alta, ratione dignitatis. Ideo de te ipsa dicere potes : *Ego sum stella splendida* (*Apoc.* XXII, 16), cujus sanctissimus ortus claruit ex operatione divina, et operatione angelica, et operatione humana ; claruit ex operatione divina, quia per operationem Dei fuisti concepta ; nam parentes tui, Joachim et Anna ad senilem ætatem pervenerant, et per viginti annos simul steterant, nec prolem inde susceperant.

Tuus ortus claruit ex operatione angelica ; nam angelus singulariter tuis parentibus te nuntiavit, et licet aliqui masculi fuerint parentibus per angelos nuntiati, non tamen aliqua femina fuit nuntiata suis parentibus, nisi tu, gloriosissima Virgo Maria, quia angelus apparens patri tuo Joachim, dixit : *Ego sum angelus missus ad te, quia Anna uxor tua pariet tibi filiam, quam vocabis Mariam, ex qua nascetur Altissimi Filius.* Et sic sanctissimus ortus tuus, claruit ex operatione angelica. Claruit etiam ex operatione humana ; et hoc ratione parentum, quia parentes tui, Virgo gloriosissima , fuerunt nobiles quoad mundum, quia descenderunt ex regali genere David. Propter quod cantat Ecclesia de te : *Regali ex progenie Maria exorta refulget.* (in fest. Nativ. B. M. V.) Sacratissima Virgo Maria, tui parentes fuerunt sancti quoad Deum : legitur enim de sanctis parentibus tuis, quod ambo erant justi ; et sine reprehensione in omnibus mandatis Dei ; et ideo partus debebat esse justus, quia *si radix sancta, et rami sancti. (Rom.* xi, 16.) Sic igitur claruit beatissimus ortus tuus ex operatione parentum; quia sunt nobiles quoad mundum, sancti quoad Deum.

2. Sed, benignissima Virgo Maria, sicut tua sanctissima nativitas gaudium attulit huic mundo, impetra mihi nefandissimo peccatori tuis sanctissimis deprecationibus, gaudium et remissionem omnium peccatorum meorum, et abundantiam gratiarum et bonorum operum ; ut emundatus et purificatus ab omnibus vitiis et peccatis, lætus accedens ad regionem vivorum, gaudium obtineam sempiternum. Amen.

CONTEMPLATIO VII.
De eadem.

1. Gaudium magnum attulit universo mundo, gloriosissima Virgo Maria, tua sacratissima nativitas, quia mundum jacentem erexisti tua immensa bonitate, mundum illuminasti tua summa claritate, et viam vitæ ostendisti, Solem justitiæ modo singulari et mirabili pariendo. Tu ex clara stirpe genita, humilitatem profundam in tuis moribus excellenter demonstrasti, et hoc tibi honorem tribuens, Matrem Filii Dei te fecit ; quia respexit Deus humilitatem tuam : tu maledictum legis non formidans, Deo virginitatem prima vovisti, quam ante partum, in partu et post partum mente et corpore inviolabiliter observasti. A te incepit dignitas virginalis. Tu primitias tuæ sanctissimæ juventutis Deo obtulisti, quia triennio tuæ ætatis completo, templum ascendisti ; nec inde recessisti, sed ibi Deo crebris orationibus, contemplationibus, jejuniis et vigiliis, indefesso animo servivisti. Per Evam cecidimus, et per te stamus ; per Evam prostrati sumus, et per te erecti sumus ; per Evam servituti dati sumus, et per te liberi facti sumus ; Eva pœnam intulit nobis, et tu salutem nobis attulisti.

2. Tua sanctissima nativitas fuit purissima, quia prius fuisti sancta quam nata. Hæc beata nativitas tua fideles illustravit, salutem credentibus dedit. Tu ornata culmine virtutum in tua sanctissima nativitate modum debellandi hostes humani generis, virtuose et exemplariter ostendisti ; et homines docuisti. Fuisti insuper in tua beatissima nativitate stella matutina, dirigens in hujus mundi pelago viatores, illos ab erroris semita revocando. Fuisti aurora splendida atque lucens, quia sicut aurora, quæ est media inter noctem et diem, fugat tenebras, et lucem demonstrat, sic tu, sacratissima Virgo Maria, in tua sanctissima nativitate inter noctem vitiorum et diem virtutum fugando vitia ; diem virtutum, scilicet Filium tuum benedictum de proximo in te venturum indicasti. O beata nativitas, reliquarum festivitatum origo, quæ enim cunctis solemnitatibus est antiquior tempore, nequaquam debet esse

inferior dignitate. O nativitas gloriosa, nativitas pretiosa, nativitas præcelsa, nativitas fulgida, nativitas omni puritate nitens, et decora. Per te infirmi habent medicum salutis ; elisi, sublevatorem ; ignari doctorem ; pigri, sollicitatorem ; pavidi, confortatorem ; afflicti, consolatorem ; indigentes, auxiliatorem ; somnolenti, excitatorem ; debiles, substentatorem ; oppressi, defensorem ; pauperes, protectorem ; amici, delectatorem, et peccatores intercessorem.

3. O beatissima Virgo Maria, hæc et multa alia mihi attulit in te et per te tua beatissima nativitas. Digneris igitur mihi peccatori a beatissimo Filio tuo Domino nostro Jesu Christo impetrare, ut cum jucunditate eam recolam, cum devotione ad memoriam eam reducam, cum humilitate eam in corde habeam, cum gratiarum actione, mente et ore eam referam : nec a memoria mea discedat, ut tuis piis intercessionibus mundatus ab omni crimine, nasci valeam in æternam gloriam, et ibi vivere per infinita sæcula sæculorum. Amen.

CONTEMPLATIO VIII.
De eadem.

1. Excellentia tuæ nativitatis, beatissima Virgo Maria, causatur ex generis claritate, quia descendisti a personis clarissimis, scilicet a stirpe patriarchali, nimirum Abraham ; et ex stirpe regali, nimirum David regis ; et ideo de te, Virgo Maria, cantat Ecclesia : *Nativitas Virginis Mariæ ex semine Abrahæ, ortæ de tribu Juda clara ex stirpe David.* Descendisti etiam, Virgo Maria, ex stirpe prophetali, id est, ex stirpe sacerdotali, quia fuisti cognata Elisabeth uxoris Zachariæ, qui fuit de tribu Levi, et Elisabeth de filiabus Aaron.

2. Causatur tua sanctissima nativitas, clarissima Virgo Maria, ex omni virtute tam in morum compositione, quam in virtutum possessione ; in te namque velut in speculo refulgent mores et virtutes ; a te recipi debet exemplum bene vivendi, quia tu exemplar es et magistra probitatis et bonitatis ; et quid corrigere, quid effugere, et quid tenere et servare quis debeat, tu gratiose ostendis; de te enim scribitur : *In me est omnis gratia viæ et veritatis; in me est omnis spes vitæ et virtutis. (Eccli.* xxiv, 25.) Præcipua autem tua virtus omnium virtutum fuit virginitas cum fecunditate, et fecunditas cum virginitate : præcedentem autem nativitatem carnis, conjunxisti cum claritate morum et virtutum. Ideo es super omnes, post benedictum Filium tuum, laudibus extollenda. Causatur etiam, Virgo Maria, tua nativitas ex divinæ imaginis impressione, quia sacratissima Virgo Maria imaginem Dei in te illibatam servasti, nec aliam imaginem superinduxisti : non iracundiæ, quia fuisti mitissima ; non superbiæ, quia fuisti humillima; ne luxuriæ, quia fuisti castissima ; nec avariti quia fuisti pauperrima. Ideo de te scribitur *Astitit Regina a dextris tuis, in vestitu deaurat*

(*Psal.* xliv, 10) id est, in corpore glorificato nobilis : *circumdata varietate,* id est, virtutum multiplicitate. Ideo sequitur, *concupiscet Rex decorem tuum* (*Ibid.* 12), id est, nobilitatem imaginis, quia tuum decorem Dominus plurimum concupivit.

3.Sed heu ! Virgo Maria, hanc imaginem in me ipso corrupi per peccatum, et alienam imaginem superduxi. Succurre mihi, benignissima Virgo Maria, et intercede pro me apud tuum Filium benedictum ; ut imaginem quam miserabiliter deformavi, in me reformet, et mihi vitam concedat æternam. Amen.

—

PARS IV.

DE NOMINE GLORIOSÆ VIRGINIS MARIÆ.

—

CONTEMPLATIO I
De nomine gloriosæ Virginis Mariæ.

1.Vocabitur tibi nomen novum, beatissima Virgo Maria, quod os Domini nominavit (*Isa.* lxii 2), scilicet Filius Dei, qui est os Patris ; per angelum nominavit, scilicet, *gratia plena.* Postea vero nomen Mariæ expressit, dicens : *Ne timeas, Maria.* (*Luc.* i, 30.) Dedit namque tibi Virgini Mariæ tota sancta Trinitas, nomen *quod est super omne nomen post nomen benedicti Filii tui ; ut in nomine tuo omne genu flectatur, cœlestium, terrestrium et infernorum, et omnis lingua confiteatur* (*Philipp.* ii, 10, 11) hujus sanctissimi nominis gratiam, gloriam et virtutem. Non enim est aliquod aliud nomen datum sub cœlo hominibus, post dulce nomen Jesus, ex quo tanta salus hominibus refundatur. Quia plusquam omnia sanctorum nomina, post sacratissimum nomen Filii tui, nomen tuum reficit lapsos, languidos sanat, illuminat cæcos, penetrat duros, recreat fessos, ungit agonistas, et putrefacit jugum diaboli.

2. Fama tui sanctissimi nominis, clarissima Virgo Maria, prius clausa fuit, quandiu morata fuisti in mundo ; sed post Assumptionem tuam ad cœlum, divulgata fuit per omnia mundi climata. Nam in prædicatione apostolorum, in omnem terram exivit sonus sanctissimi tui nominis, et manifestum fuit toti mundo. Tantæ virtutis et excellentiæ est tuum sanctissimum nomen, beatissima Virgo Maria, quod ad invocationem ipsius, cœlum ridet, terra lætatur, angeli congaudent, dæmones contremiscunt, et infernus turbatur. Tanta est virtus tui sanctissimi nominis, benedicta Virgo Maria quod mirabiliter emollit et penetrat duritiam cordis humani : ideo scribitur : *Lucerna Domini, spiraculum hominis, quæ investigat omnia secreta ventris* (*Prov.* xx, 27) ; sic etiam tibi possumus dicere lucerna Dominæ, id est, Mariæ, quæ *illuminatrix et Domina* interpretatur, *spiraculum hominis ;* quia peccator per te respirat in spe. veniæ et gratiæ : quæ *investigat,* id est, investigare facit, *omnia secreta ventris,* id est, abscondita cordis.

3. O misericordissima Virgo Maria, ego sceleratissimus peccator, talis sum et talem me feci, quod nomen meum præ confusione non audeo nominare: quia nomen Christiani habebam, sed nunc habeo nomen peccatoris, quia opera Christiani non feci, sed potius opera peccatoris. Adjuvare me digneris, piissima Virgo Maria, ut nomen Christiani, re et nomine habeam ; et sic perseverando, vitam obtineam sempiternam. Amen.

CONTEMPLATIO II.
De eodem.

1. *Oleum effusum nomen tuum,* sacratissima Virgo Maria, *ideo adolescentulæ dilexerunt te nimis.* (*Cant.* i , 2.) Oleum, id est, tu, sacratissima Virgo Maria, quæ nominaris oleum, maxime propter misericordiam effusam extra vas tuum, cujus vas est ipse Christus ; cujus plenitudine accepisti, et nobis de tua plenitudine gratiam pro gratia refudisti. Nomen tuum, beatissima Virgo Maria, comparatur oleo propter viriditatem, quia memoria nominis tui, est in generationes sæculorum : nam in virore, perseverantia et diuturnitas designatur. Devota etiam hujus nominis invocatio et recordatio, ducit ad virorem gratiæ in præsenti, et ad virorem cœlestis gloriæ in futuro.

2. Oleum est calidum ab affectu ; sic devota nominatio tui nominis, mirabiliter accendit ad amorem. Ideo de te canitur : *O magna, o pia, o multum amabilis Maria !* Tu ne quidem nominari potes quin accendas, nec recogitari quin recrees affectus diligentium te. Tu nunquam sine dulcedine divinitus tibi insita, piæ memoriæ portas ingrederis. Oleum pingue est : sic nomen tuum, Virgo Maria, subministrat devotionis et gratiæ pinguedinem amatori tuo, ut dicere possit, *impinguasti in oleo* gratiæ et devotionis *caput meum* (*Psal.* xxii, 25) id est, mentem meam. Oleum, liquor suavis est ; sic nomen tuum, Virgo Maria benedicta, suave est per benignitatem ; quia nomen tuum muliebre est mansuetudinem proferens, et commendans. Oleum recreat, sic nomen tuum, gloriosissima Virgo Maria, recreat fessos et laborantes : ideo dicis cum Filio tuo benedicto : *Venite ad me, omnes qui laboratis, et onerati estis ; et ego reficiam vos. (Matth.* xi, 28.)

3. Oleum pascit et impinguat : sic nomen tuum amantissima Virgo Maria, mirabiliter pascit affectum, et impinguat per devotionem ; et quoties

ejus recordamur, toties roboramur. Oleum medicatur; nam si vulnus oleo perungatur, oleum non permittit cicatricem obduci, donec sanies sit abducta : nec tua benignitas, in tuis amatoribus, conscientiam permittit putrificari, donec per confessionem putredo vitii, sit ejecta. Tu si quidem es illud oleum misericordiæ, quod verus Samaritanus, id est, Jesus Christus, infudit vulneribus sauciati, id est, generis humani, per prævaricationem primæ matris, de Jerusalem in Jerico descendentis.

4. O piissima Virgo Maria, vulneratus sum lethaliter vulneribus multis peccatorum : infunde oleum tuæ misericordiæ, ut sanie peccati educta, æternam obtineam sanitatem. Amen.

CONTEMPLATIO III.

De eodem.

1. *Melius est nomen bonum quam divitiæ multæ,* (Prov. xxii, 1) *et quam pretiosa unguenta. (Eccles.* vii 2.) Ista scripta sunt de te, pretiosissima Virgo Maria, quia sanctissimum nomen tuum, longe melius est quam divitiæ corporales; quia angustias relevat paupertatis, et dolori peccatorum medetur, *melius est quam unguenta pretiosa :* nam, si quis pauper est, confugere debet ad beatissimum nomen tuum, et inveniet te pauperrimam, et si devote attendat, reperiet te de hac paupertate exaltatam etiam super angelos; si peccator ad nomen tuum benedictum confugiat, ipsum solum sufficit ad medendum : nulla enim pestis est tam efficax, et nulla sic hæret, quæ ad nomen tuum gloriosissimum non cedat continuo.

Si quis justificatus est, sed forte tentatur acriter, et eo amplius tentatoris timet insidias : si recordatur, quod turris fortissima est nomen tuum, salvabitur, quia non solum potens est ad juvandum confugientes ad te turrem fortitudinis ; sed ad oppugnandum hostes, nos insequentes; quia *terribilis es* contra eos, *ut castrorum acies ordinata ,* (Cant. vi, 9) et non ita metuunt hostes visibiles quamlibet castrorum multitudinem copiosam, sicut hostes invisibiles tuum potentissimum nomen, ut præsentissimum auxilium; exemplo namque cedunt, et pereunt *sicut cera a facie ignis,* (Psal. lxvii, 3) ubicunque invenerint tui sanctissimi nominis assiduam recordationem, devotam invocationem et sollicitam imitationem. Benedicta Virgo Maria, tui sanctissimi nominis excellentiam beatus Lucas reverenter expressit : *Missus est* (inquit) *Gabriel angelus ad Virginem,* cui nomen Maria. (Luc. i, 26, 27.) Non dixit sicut de aliis; sed tanquam divinitus exspectatum, tandem protulit cum pondere ; dicens : *Et nomen Virginis, Maria :* ostendens tuum nomen pretiosum multum habere eruditionis, et gratiæ, et altius memoriæ commendandum, et diligentius investigandum.

3. O gratissima Virgo Maria, nomen tuum salvificum invocatum est super nos, ne derelin-

quas nos (Jerem. xiv, 9) Domina; quia nomen tuum interpretatur *Domina,* sit nobiscum semper nomen tuum, et in ore, et in corde, et præcipue mecum quia nimis ab hostibus infestor. Expugna per virtutem tui nominis, sed et esto mihi *turris fortitudinis a facie inimici* (Psal, lx, 4)et, ut hoc facilius concedere digneris, nomen tuum benignissimum ut *memoriale in desiderio animæ (Isa.* xxvi, 8), et jugi memoria teneam; et ore et corde ipsum laudem, et benedicam in sæcula sæculorum. Amen.

CONTEMPLATIO IV.

De eodem.

1. Tanta est magnificentia et excellentia tui gloriosi nominis, Virgo Maria, quod in Canticis in persona angelorum de te quæritur : *Quæ est ista?* (Cant. vi, 9; viii,5)Non tantum, quia personæ mirarentur excellentiam, quæ nec primam similem visa est nec habere sequentem, sed forsitan quia dulce nomen sibi desiderant responderi : sicut cum antiquis Patribus Isaac, et cæteris, nomen Dei in desiderio erat, ita scilicet inter homines nomen tuum sanctissimum desiderabant nominari, et notitiam effundi ut non intra terræ terminos clauderetur, sed etiam celebre haberetur in cœlis. Unde beatus Lucas publicavit sanctissimum nomen tuum, dicens : *Nomen Virginis Maria. (Luc.* i, 27.) Unde ante immediate jungitur tibi Mariæ virginitas, eo quod non solum nomine præferas, sed etiam aliis præbeas gratiam castitatis ; ita etiam nomini tuo sanctissimo, virginitas et sanctitas, inseparabiliter sunt adjunctæ.

2. Quare cum agit beatus Lucas de pœnitentia Magdalenæ, propter nominis tui reverentiam non ausus fuit eam nominare Mariam, sed mulierem. Et paulo post cum dixit eam justificatam, Domino de suis facultatibus ministrare, vocat eam Mariam, et Susannam, et Joannam adjungit, quæ beatæ sunt, quia Domino de suis facultatibus ministrarunt. At tu, Virgo Maria, longe beatior es ; quia tu sola, et prædictarum trium vocabula de te interpretantur, et eorum officium exercuisti, ibi Maria, hic Maria, Susanna vero interpretatur *lilium;* et nulli alii melius convenit quam tibi, quæ præmium meruisti castitatis. Joanna interpretatur *gratia Dei;* nulla autem dignior hoc nomine quam tu, quæ plena gratia fuisti. Illæ Domino de terrenis facultatibus ministrarunt; tu, Virgo Maria, illi ministrasti de carne propria conceptum, et de proprio lacte virgineo, nutrimentum; unde beatificavit te illa, quæ dicebat ad Dominum ; *Beatus venter qui te portavit, et ubera quæ suxisti. (Luc.* xi, 27.)

3. Quod si beatificabat te mulier, quæ adhuc carni et sanguini tuo communicare non meruit, longe magis a nobis beatificanda es, qui de tua carne et sanguine reficimur in altari. Caro enim, quæ ibi sumitur, de carne tua est ; de cujus carne assumpta est portiuncula (ut a multis dicitur) de qua artificio Spiritus sancti, formatum est corpus

Christi, quem exorare digneris, piissima Virgo Maria, ut sicut illum per fidem hic agnosco in via, sic per speciem apprehendam in patria. Amen.

CONTEMPLATIO V.

De eodem.

1. Sicut beatissima Virgo, nomen benedicti Filii tui effunditur in diversa nomina, quia vocatur nomen ejus, *Admirabilis, Consiliarius, Deus fortis, Pater futuri sæculi ; Princeps pacis (Isa.* ix, 6), sic et nomen tuum dulcissimum per suas interpretationes potest convenienter effundi. Interpretatur enim Maria, *Domina, Mare amarum, Illuminata, Illuminatrix,* et *Illuminans.* Interpretatur *Domina ;* et sic fuit in benedicti Filii tui oblatione, quando ipsum præsentasti in templo, ubi totus conveniebat mundus, quasi totum mundum volens de ipso mittere in possessionem et saisinam : quod etiam designat tua imago Filium tenens, quasi ad dandum ; tu *Domina,* quia Anna genuit te Mariam, id est, gratiæ Dominam ; tu Virgo Maria, omnium creaturarum facta es *Domina,* Creatoris omnium Mater exsistens ; tu *Domina,* quia nos protegis, tanquam turris fortissima, et adversarios nostros reprimis, et expugnas, velut castrorum acies ordinata. Nomen tuum benedictum, interpretatur *Mare amarum,* et hoc in gloriosissimi Filii tui Passione, quando animam tuam sanctissimam pertransivit *doloris gladius.* (*Luc.* ii, 25.) Longe enim plusquam martyres censenda ; quia in te passionis sensum excessit compassionis affectus.

2. Nomen tuum sanctissimum interpretatur *Illuminata,* scilicet *a Patre luminum, a quo descendit omne datum optimum (Jac.* i, 17) ex cujus dono tot habuisti in te luminaria, quot virtutes ; et ita hoc nomen tibi singulariter et excellenter convenit, quia præ omnibus post benedictum Filium tuum dona habuisti gratiarum : *Illuminata* etiam fuisti per gratiam Spiritus sancti, quando in utero sanctificata es, et quando idem Spiritus sanctus supervenit in te ; fuisti etiam illuminata a Filio Dei vero Sole justitiæ, in illius conceptione, quem totum in corde, totum suscepisti et portasti in tuo utero virginali. Nec potuisti esse non *illuminata,* quia Fontem luminis susceperas in te totum. Ideo *Mulier amicta sole* (Apoc. xii, 1), appellaris, et diceris *Luna,* quæ totum lumen suum a sole recipit ; tu etiam operaris tanquam ex Sole, et respectu Divinitatis, benedicta prædicaris a generationibus universis, unde dixisti, *quia respexit humilitatem ancillæ suæ ;* et sic a Sole *illuminata* es, et *ex hoc beatam te dicent omnes generationes (Luc.* i, 48) in hoc est Lunæ pulchritudo et lumen.

3. O misericordissima, et benignissima Virgo Maria, ego iniquissimus peccator ad tuam pietatem venio ; eam humiliter exoro, ut nomen tuum sanctissimum interpretetur in me ; sis mihi *Domina,* comprimendo tentationes, et adversarios meos compescendo ; sis mihi *Mare amarum,* amaricando in me noxias mundi delicias : sis mihi *illuminata,* regendo me per vias periculosas hujus mundi ut claritatem interminabilem percipiam in æternum. Amen.

CONTEMPLATIO VI.

De eodem.

1. Beatissimum nomen tuum, sacratissima Virgo Maria, interpretatur *Illuminatrix ;* quia postquam dicta fuisti *pulchra ut luna* etiam dicta fuisti, *electa ut sol* (Cant. vii, 9), quia sicut sol radiis suæ claritatis illuminat mundum, sic tu, sanctissima Virgo Maria, tuis virtutibus et exemplis populum irradias Christianum. Ideo dicis de te ipsa : *Illuminabo omnes sperantes in Domino (Eccles.* xxiv, 45), alios nequaquam. Tu enim illuminas Ecclesiam militantem, significatam per arcam Noe, quam illuminabat fenestra crystallina figurans te, Virgo Maria. Illuminas etiam triumphantem, ideo dicis : *Ego feci ut in cælo oriretur lumen indeficiens (Eccles.* xxiv, 6), propter hoc de te canitur, *cujus vita inclyta cunctas illustrat Ecclesias,* id est, militantem, et triumphantem. Tu es post benedictum Filium tuum vera *Lux, quæ illuminat omnem hominem venientem in hunc mundum* (Joan. i, 9), quia de te potest dici : *Dedi te in lucem gentium (Isa.* xlix, 6), et ad hoc significandum, media nocte peperisti lucem veram, ut, mediante partu tuo gloriosissimo, illuminares populum in tenebris ambulantem.

2. Tu es lumen oculorum, et pax, et illuminatrix nostra, benedicto Filio tuo mediante, qui fecit lutum ex sputo, quo illuminavit cæcum natum, in quo latet maximum Sacramentum ; nam saliva descendens de capite Jesu, Dei sapientia est, quæ dicit : *Ego ex ore Altissimi prodivi (Eccli.* xxiv, 5); ex hac saliva et naturæ humanæ terra confectum est collirium, quo illuminatum est genus humanum, designatum per cæcum illum, per fidem scilicet Verbi Incarnati, unde canitur : *Et caro nostra lutum. Verbi Sapientia sputum,* et *genus humanum, tali medicamine sanum.* Tu, purissima Virgo Maria, interpretaris *Illuminans ;* quia illuminas servitores et amatores tuos documentis , meritis et exemplis. Docuisti etiam apostolos et evangelistas, maxime beatum Lucam, quia Evangelium a te didicit, præsertim in principio. Impetras etiam peccatoribus tenebrosis a benedicto Filio tuo gratiam, per quam illuminantur ad excludendum vitia, et ad exercitium virtutum.

3. O beatissima Virgo Maria, mens mea est tenebrosa propter multitudinem peccatorum. Illumina eam igne charitatis, ut tuum Filium benedictum et te diligam ; corde pervigili et humili serviam ; laudes et gratiarum actiones, de beneficiis impensis referam, ut Lumen luminum videam per infinita sæcula sæculorum. Amen.

CONTEMPLATIO VII.

De eodem.

1. O admirabile et superlaudabile nomen tuum,

Virgo Maria, a Deo tibi impositum, et ab angelo tuis sanctis parentibus nuntiatum. Virgo Maria, ad nomen tuum cives cœlestes lætantur, infernus tristatur, dæmones contremiscunt, mundus congaudet, et peccatores gloriantur. Virgo Maria, post Jesum, nomen tuum est *super omne nomen ; ut in nomine tuo omne genu flectatur, cælestium, terrestrium, et infernorum. (Philipp.* II, 10.) Virgo Maria nomen tuum *Stella maris* nuncupatur, quia dirigis in hac misera peregrinatione peccatores; errantes per devia, reducis ad viam ; et viarum discrimina ostendis, et defendis viatores. Virgo Maria , nomen tuum admirabile est in universa terra. (*Psal.* VIII, 2.) *Mare amarum* interpretatur, hoc est, pœnitentia, quæ appropinquare facit ad regnum cœlorum ; quia corpus extenuat, animam virtutibus impinguat, mores componit, peccata delet, virtutes ministrat, mundum despicit, cœlestia petit, servitium Deo præparat, carnem spiritui subjungit, inimicos debellat et vincit, divitias temporales contemnit, spiritales amplectitur, mortem non timet, vitam futuram requirit. Nomen tuum, gloriosa Virgo Maria, prædicta significat. Sed quid amplius, Virgo præclarissima ? Dæmones effugat, aufert pericula, homines a malis præservat futuris, dona homini plurima confert. O nomen excelsum! nomen in ore dulce, in corde dulcius, et in opere dulcissimum ; nomen suave bonis, nomen asperum malis ; nomen magni gaudii et exsultationis ; nomen magnæ lætitiæ et consolationis ; nomen magnæ melodiæ, et jucunditatis ; nomen solatii, et securitatis ; nomen magni tripudii, et jubilationis ; nomen magnæ gloriæ et humilitatis ; nomen gratiæ, et contemplationis ; nomen magni consilii, et meditationis ; hoc nomen pretiosum et omni laude dignissimum tibi et non alteri ita bene convenit, Virgo salutifera, tibi debetur, te decet, tibi adaptatur, tibi appropriatur ; quia nomen debet esse consonans rei. In te namque est omnis virtus, omne bonum ; et a te perpetua animæ nostræ salus dependet. Quos odisti, Deus odit ; quos diligis, Deus diligit. Tibi arca divinæ misericordiæ commissa est ; claudis et aperis, quando placet ; thesauri misericordiæ dispensatrix es.

2. O nomen beatificum, non recedas a me : quamvis sim maximus peccator, sis semper laudabile in ore meo, in cogitatione et in omni opere : dormiam aut vigilem , comedam aut jejunem, semper te laudem. Te magnificem semper, te extollam, et semper te benedicam, operetur in me misero peccatore tua magna patientia , gloriosa Virgo Maria , quia pollutus labiis nomen tuum benedictum nomino ; munda me tuis sanctis precibus , et meritis ab omnibus inquinamentis meis, ut te et nomen tuum gloriosissimum honorificem, hic et in futuro, per infinita sæcula sæculorum. Amen.

—

PARS V.

DE GRATIIS GLORIOSÆ VIRGINIS MARIÆ.

CONTEMPLATIO I.

De gratia Virginis Mariæ.

1. *Invenisti gratiam apud Deum (Luc.* I , 30), dulcissima Virgo Maria ; gratiam, inquam, corporalem , quia fuisti virginitatis primiceria, sine corruptione fecunda, sine gravedine gravida, et sine dolore puerpera. Invenisti gratiam mentalem, Virgo Maria , quia fuerunt in tua mente devotio humilitatis , reverentia pudoris , magnitudo credulitatis , et martyrium cordis. Invenisti , Virgo Maria, gratiam cœlestem, quia fuerunt in te sanctificatio in matris utero, angelica Salutatio, Spiritus sancti superventio , et Filii Dei conceptio. Sed qualiter, Virgo præclarissima Maria , istas gratias invenisti ? certe, benedicta Virgo Maria, sicut Eva gratiam amisit per superbiam, inobedientiam, curiositatem vanam ; ita tu per oppositum gratiam invenisti ; per meritum humilitatis, quam habuisti quando *ancillam* te nominasti ; per meritum obedientiæ , quam Deo exhibuisti quando dixisti : *Ecce ancilla Domini , fiat mihi secundum verbum tuum (Ibid* 38) ; nam Eva occidendo obfuit, sed tu , benedicta Virgo Maria , vivificando profuisti : quia pro inobedientia commutatur obsequium , et fides pro perfidia compensatur : per meritum etiam solitudinis reparatur curiositas. Non enim fuisti curiosa , sed Deo et tibi vacasti : unde angelus te non invenit in foro, non in platea.

2. Has autem gratias , humillima Virgo Maria, non tantum propter te invenisti, sed etiam propter nos ; ut multipliciter nos juvares ; et ideo adjuvas in vita præsenti tam bonos quam malos ; bonos in gratia conservando, unde cantamus : *Maria Mater gratiæ* ; malos ad misericordiam reducendo ; ideo dicitur : *Mater misericordiæ.* Adjuvas etiam in morte , ab insidiis diaboli protegendo, ideo subditur : *Tu nos ab hoste protege.* Adjuvas quoque post mortem animas suscipiendo , et eas in cœlum deducendo , et ideo subinfertur : *Et hora mortis suscipe.* (Hymn. *Memento salutis.*) Adjuvas etiam tribulatos, dans eis patientiam ; tentatos, dans eis victoriam , et in Dei amore famelicos, dando eis refectionem æternam.

3. O benignissima Virgo Maria, perversum et iniquum peccatorem me sentio, tentatum et prostratum ab inimicis meis, quibus in multis peccatis consensum præbui , et opere complevi. Ad-

juva me, clementissimâ Virgo; la patientiam in tribulationibus, victoriam in tentationibus, da pœnitentiam agere de commissis; impetra indulgentiam de præteritis et præsentibus, et da fortitudinem resistendi in futurum, ut sic veniam in præsenti, et gaudium obtineam sempiternum. Amen.

CONTEMPLATIO II.

De gratia Virginis Mariæ, sine alicujus contrarii admistione.

1. Non sufficit per se cor humanum, gloriosissima Virgo Maria, cogitare tuam puram gratiam, quam habuisti sine alicujus contrarii admistione. Sancti namque viri in vita præsenti, et si habebant gratiam, eam habuerunt cum admistione, vel timoris, vel doloris, vel laboris. Timent enim an sint in gratia aut odio, aut ne cadant a gratia; quia scriptum est: *Qui se existimat 'tare, videat ne cadat.* (*I Cor.* x, 12.) Tu vero gratissima Virgo Maria, non habuisti istam admistionem timoris; quia certissima eras, te gratiam habere : quia angelus, qui mentiri non potest, hoc tibi dixerat : *Ave*, inquit, *gratia plena* (*Luc.* ii, 28); sciebas etiam, Virgo Maria, te a gratia cadere non posse : ita ut dicere posses : *Usque ad futurum sæculum non desinam.* (*Eccli.* xxiv, 14.)

2. Sancti etiam habuerunt hanc gratiam, cum admistione laboris; quia oportet eos laborare multum ad sensualitatem domandam, et rationi subjiciendam; prout Paulus dicebat : *Castigo corpus meum, et in servitutem redigo.* (*I Cor.* ix, 27.) Sed tu, pretiosissima Virgo Maria, istam admistionem laboris non habuisti, quia nullos motus rationi contrarios unquam persensisti. Ictus impugnationis nunquam pertulisti; imo caput serpentis contrivisti. Sancti etiam habuerunt et habent gratiam cum admistione doloris, quia vident se multos defectus habere. Et si aliquis se defectum habere non crederet, tunc ipse omnes haberet, nam omnia illi desunt, quando nihil sibi deesse putat; sed tu, speciosissima Virgo Maria, istam admistionem doloris non habuisti; quia nullus defectus gratiæ in te fuit, sed omnes gratias et omnes virtutes habuisti. Habuisti namque in ore, gratiam affabilitatis; in ventre gratiam deitatis; in corde, gratiam charitatis; in manu, sive in opere, gratiam misericordiæ, sive largitatis; et sicut in mari est plenitudo aquarum, quarum nec fundum potest aliquis invenire, neque mensurare : sic sanctissima Virgo Maria, in te est omnis plenitudo omnium gratiarum immensurabilis, quam profundare non potest intellectus humanus.

3. O benignissima Virgo Maria, ego sceleratissimus peccator, abjeci a me frequenter gratiam mihi a Deo benigne concessam, et introduxi miserabiliter multa vitia et peccata; succurre mihi, piissima Virgo Maria; exora continue gloriosissimum Filium tuum, pro me iniquissimo peccatore, ut meos reatus deleat, et gratiam mihi conferat, hic

bene vivendi, et in futuro gloriam sempiternam. Amen.

CONTEMPLATIO III.

De pulchritudine gratiæ Virginis Mariæ, sine defectu et diminutione.

1. Plenam gratiam sine aliquo defectu et diminutione habuisti, intemerata Virgo Maria, quia omnibus gratiis universaliter plena fuisti; magnum quippe est habere potentiam receptivam gratiæ, quam habent peccatores, dum sunt in mundo, sed ea carent damnati in inferno. Istud est illud magnum chaos, quod est inter nos et eos, scilicet impotentia ad gratiam recipiendam. Majus est habere guttam gratiæ sicut habent boni, dum adhuc sunt imperfecti; et ista gutta gratiæ valet ad bonorum operum fecundationem, ad vitiorum refrigerationem, et ad sitis mundanæ exstinctionem; quia qui biberit de fluvio paradisi, cujus gutta major est Oceano, restat ut in eo sitis hujus mundi penitus exstincta sit.

2. Maximum est habere plenitudinem gratiæ, quam habuerunt et habent viri perfecti, de quibus dicitur : *Repleti sunt omnes Spiritu sancto* (*Act.* ii, 4); et ista plenitudo gratiæ valet eis ad salutem acquirendam; ad fiduciam de Deo obtinendam, et ad consolationem mundanam oblivioni tradendam. Permaximum est habere fontem gratiæ, quam habuerunt et habent sancti. Et iste fons eos vivificat : *Quoniam apud te est fons vitæ.* (*Psal.* xxxv, 10.) Supermaximum est habere non tantum potentiam receptivam gratiæ, non tantum habere guttam gratiæ, non tantum habere plenitudinem gratiæ, non tantum fontem gratiæ, sed etiam fluvium gratiarum omnium; isto namque modo habuisti gratiam plenam; et ideo de te dici potest quod tu es *Fons hortorum, Puteus aquarum viventium* (*Cant.* iv, 15); in quantum peccatores mortuos vivificas a peccato. Tu es Fluvius vadens cum impetu, in quantum lætificas civitatem Dei.

3. O beatissima Virgo Maria, dum meipsum aspicio oculo mentali, vacuum me sentio gratia divina; et hoc solum, quia ad eam recipiendam non me disposui; carnem meam miserabilem dominari permisi, mundum et ejus oblectamenta secutus fui, hosti antiquo consensum præbui, et sic gratiam divinam repuli, neque ei locum paravi. Auxiliari mihi digneris, misericordissima Virgo Maria, ex plenitudine gratiæ tuæ guttam super me effunde, aurora tuum potentissimum Filium, ut delicta mea deleat, et gratiam mihi tribuat, et in fine gloriam sempiternam. Amen.

CONTEMPLATIO IV.

De superplenitudine gratiæ Virginis Mariæ.

1. Sicut sol super bonos et malos oritur indifferenter; sic tu, sacratissima Virgo Maria, præterita merita non discutiens, clementissimam et exorabilem te exhibes, ac omnibus necessitatibus libera-

liter subvenis; quia habuisti gratiam superplenam cum larga et plena diffusione. Tuam namque gratiam sensit infernus, quia mediante te exspoliatus fuit ; sensit terra, quia mortuos reddidit; sensit cœlum, quia sese aperuit ; senserunt angeli, quia fuerunt reparati ; senserunt peccatores, quia fuerunt justificati. Tanta namque plenitudine gratiarum infusa fuisti, ut copiosissime afflueres circumquaque. In te namque Deus totius gratiæ plenitudinem posuit, ut si quid in nobis fuerit gratiæ vel salutis, a te redundare sciamus.

2. Tu enim, sanctissima Virgo Maria, habuisti gratiæ inventionem; ideo dicit tibi angelus : *Invenisti gratiam apud Deum* (*Luc.* I, 30) · Sed, gloriosissima Virgo Maria, invenisti gratiam, quam quærebas, invenisti namque gratiam, quam ante te invenire non potuit quisquam, videlicet gratiam apud Deum, Dei et hominum pacem, mortis destructionem, peccatoribus veniam, justis gratiam, angelis lætitiam, tentatis fortitudinem, debilibus firmitatem, lapsis relevationem, periclitantibus adjutorium, et liberationem, exsulibus patriam, ægris medelam, pusillis corde robur, et tribulatis consolationem.

3. O suavissima Virgo Maria, quantu gratiam invenisti apud Deum! gratiam supereffluentem, gratiam singularem, gratiam generalem ; gratiam singularem, quia sola hanc meruisti plenitudinem, generalem, quia de tua plenitudine accipiunt universi. Singulariter quidem fructus benedicti ventris tui ad omnium mentes, te mediante pervenit. Possunt igitur peccatores, Virgo Maria, ad te recurrere, et secure dicere tibi; redde nobis gratiam, quam pro nobis invenisti ; quia nisi nos peccatores fuissemus, tu Mater Dei non fuisses, et ideo talem gratiam non invenisses. Tribue nobis miseris, et præcipue mihi indignissimo peccatori, qui plus cæteris indigeo, Virgo Maria, tuam gratiam, et quanto plus dederis, tanto magis plena eris , nunquam enim tua gratia arescit, nunquam descscit : imo est sicut amor, qui semper in suo fluxu crescit, et fluendo augetur; hanc mihi tribue, et tuum Filium benedictum exora, ut mihi concedat misericorditer indulgentiam omnium peccatorum. Amen.

CONTEMPLATIO V.

De gratia Virginis Mariæ, quam habuit repletam.

1. Dicta es *gratia plena* (*Luc.* I, 28), beatissima Virgo Maria, de qua ortus est fons gratiæ, ex cujus plenitudine tu accepisti, et lucem virginitatis in carne, et oleum humilitatis in corde : ut sic ex tuo oleo redundante totus hauriat mundus; sic enim virgines acceperunt oleum in vasis cum lampadibus. Tu, prudentissima Virgo Maria, non tantum habuisti unum vas oleo gratiæ repletum, quo lampadem tuam inexstinguibilem nutrires; sed aliud vas habuisti redundans et indeficiens, ex quo effuso oleo misericordiæ, omnium lampades illuminares,

ut vas omnium usque ad summum repleres, et in eo nihil deficere invenires. Prudens igitur, Virgo Maria, fuisti, ut tibi provideres ; nec timida fuisti, ut aliis subvenires; nec dixisti : *Ne forte non sufficiat* (*Matth.* XXV, 9); scilicet mihi et vobis : sed sciens quod sufficeret tibi et nobis, sufficienter retinuisti, et sufficienter tribuisti; ut ex illius plenitudine effunderetur, quo lampades nostræ exstinctæ illuminarentur. Sic, gloriosa Virgo Maria, repleta fuisti quod de terra carnis tuæ fons erupit, et manavit super omnem terram, et irrigavit aridam, et sterilem fecundavit.

2. O plenissima gratiarum, Virgo Maria, expedivit nobis miseris peccatoribus te fuisse repletam gratia; per quam, quasi per canalem, ille fons divinæ gratiæ ad universitatem humani generis redundaret. Unde, si fideli animæ gratia defuerit, ad plenitudinem gratiæ tuæ recurrere et confugere debebit, quia tu, gloriosissima Virgo Maria, diceris *fons hortorum et puteus aquarum viventium, quæ fluunt impetu de Libano* (*Cant.* IV, 15), et licet de tua plenitudine acceperint omnes non minuetur ; imo quanto magis effluxit, tanto amplius abundat plenitudo. O pius fons hortorum ; si aridum fuerit cor alicujus fidelis, rigari indigens, currat ad te fontem hortorum; qui omnes hortos irrigas; curras ad te puteum aquarum viventium ; nec timere debet laborem extrahendi; nam fluunt semper aquæ propter vivacitatem et fecunditatem; nec potest cor piscinarum exuri incendio.

3. O piissima Virgo Maria, aridum est cor meum, desiccata est mens mea a gratia, propter multa et diversa peccata, quæ commisi et committo. Succurre mihi misero, Virgo Maria, riga cor meum tua pietate, ut cum Deo fonte vivo maneam in æternum. Amen.

CONTEMPLATIO VI.

De gratia Virginis Mariæ, quam habuit cumulatam.

1. Licet alii sancti, speciosissima Virgo Maria, habuerint gratiam cum admistione venialium peccatorum ; tamen tu, Virgo Maria, sic eam habuisti cumulatam, quod nulla peccati alicujus admistio in te fuit. Ideo tibi dicitur : *Pulchra es, amica mea, et macula non est in te.* (*Cant.* IV, 7.) Tu etiam fuisti pulchra, quia sine aliquo peccato, et ab hac gratia, Virgo Maria, nunquam cadere potuisti, ex eo quod divina Sapientia septem columnis te munivit, id est, septem donis Spiritus sancti, quibus plena et cumulata fuisti; et quoniam Deus dat mensuram gloriæ secundum quantitatem humilitatis et gratiæ, ideo Deus immensitatem gloriæ contulit tibi, gloriosissima Virgo Maria; quia in hoc mundo immensam humilitatem et gratiam habuisti.

2. Quia igitur te profunde humiliasti, ideo exaltari promeruisti quantum ad locum et subjectum, et effectum. Nam quia tu recubuisti in novissimo loco, ideo exaltari meruisti super choros omnium angelorum ; quia etiam habuisti humilitatem inte-

rius in corde, et mansuetudinem exterius in corpore, ideo exaltari promeruisti, quantum ad totum tuum subjectum, scilicet corpus et animam; quia anima fuit glorificata, et corpus fuit veste immortalitatis indutum; quia te humiliasti habendo ancillæ officium, gratia tantum fuit in te cumulata, quod officium fuit tibi commissum illuminandi sanctos, qui sunt in via, et illos qui sunt in patria; unde tua præsentia, Virgo Maria, totus illuminatur orbis; adeo ut ipsa cœlestis patria clarius rutilet, tuæ virgineæ lampadis illustrata fulgoribus.

3. Ergo, misericordissima Virgo Maria, tuæ pietatis cumulatam gratiam, quam apud Deum clementer invenisti, notam fac mundo, obtinendo reis veniam, ægris medelam, afflictis consolationem, et præsertim mihi miserabili peccatori, piissima Virgo Maria, qui multis diversis peccatis affligor; in anima multis et diversis hostibus tribulor; quotidie multas et diversas tribulationes patior in corpore; multis necessitatibus involvor assidue, adsis mihi, Virgo Maria, quæ das affluenter tuam gratiam, et non improperas, ut tuo adjutorio suffragante, consolationem habeam sempiternam. Amen.

CONTEMPLATIO VII.

De signis plenitudinis gratiæ Virginis Mariæ.

1. Plenitudo alicujus rei, gratissima Virgo Maria, cognoscitur cum res non resonat, non appetit superfluum, multum ponderat. In te, sacratissima Virgo Maria, hæc signa inveniuntur, quæ manifeste ostendunt plenitudinem gratiæ tuæ. Tu namque non resonasti per impatientiam vel murmurationem aliquam, sed multas et diversas tribulationes perpessa in hoc mundo, de omnibus gratias egisti. Tu enim in persecutionibus et afflictionibus fuisti hilaris; in penuriis et indigentiis, non querula; injuriantibus grata, et non molesta, miseris et afflictis condolebas, et subvenire non pigrescebas. Non appetisti mundana, quia cor tuum repletum erat amore cœlestium : nam despicit omnem amorem terrenorum, qui cœlestem dulcedinem degustavit. Gratiam etiam non cessas influere, sed tuæ gratiæ beneficia in nos semper fluunt. De tua namque plenitudine accipiunt universi, quicunque indigent, et quotiescunque te humiliter invocant : nec est qui se abscondat a calore gratiæ tuæ. Tu, dulcissima Virgo Maria, fuisti ponderosa præ nimia plenitudine gratiæ tuæ, quæ si in statera ponderetur, amplius ponderaret, quam gratiæ aliorum sanctorum : quia quod particulariter alii sancti habuerunt, tu, Virgo Maria, habuisti universaliter.

2. Vere tibi potest dici : *In plenitudine sanctorum detentio mea*. (*Eccli.* xxiv, 16.) Undequaque gratia plena fuisti; quia in corde, et in corpore receperas totum fontem misericordiæ; qui etiam prius replevit mentem tuam, quam ventrem : et cum nasceretur de corpore, ab anima non recessit. O plena *gratia super gratiam mulier sancta et pudorata ·*

(*Eccli.* xxvi, 19) quia in te inculcatæ erant gratiæ et quælibet gratia, te totam implebat et occupabat, et quasi propriam vindicabat. *Gratia* scilicet ventris, *super gratiam* scilicet cordis. Gratia fecunditatis, super gratiam virginitatis; *Gratia super gratiam*, id est, super omnem gratiam : quod enim Mater Dei effecta es, super omnem gratiam est. Gratia tua, Virgo Maria', sublimior est omnibus gratiis angelorum, et hominum, *Gratia super gratiam*, quasi dupliciter gratiosa, quæ tibi et nobis gratiam acquisivisti.

3. O misericordissima Virgo Maria, ad te confugio ego pravissimus peccator; ad te venio, ad te clamo de profundo cordis mei, te humiliter exoro, ut gratiam tuam mihi benigne concedas, per quam valeam regnum acquirere sempiternum. Amen.

CONTEMPLATIO VIII.

Quibus gratiis plena fuit Virgo Maria.

1. Singulariter plena fuisti, benedicta Virgo Maria, gratia bonorum naturalium, spiritalium et cœlestium. Plena fuisti in mente, plena in ventre, plena dignitate, plena sanctitate. Habuisti, sacratissima Virgo Maria, plenitudinem sufficientiæ, plenitudinem excellentiæ, plenitudinem influentiæ : et tantam plenitudinem habuisti, quantam habere potest aliqua creatura non unita Deo. Tu, gloriosissima Virgo Maria, habuisti plenitudinem ad usum quoad te ipsam, plenitudinem ad cumulum quoad nos. Fuisti insuper quoad Deum plena gratia; quia fuisti grata Deo per humilitatem, angelis per virginitatem, hominibus per fecunditatem : quia in te fuit fomitis extinctio, veritatis agnitio, virtutis dilectio ; ut esses plena in effectu, et in intellectu, et in affectu. Tu, clarissima Virgo Maria, sic gratia plena fuisti, quod in te fuit omnis formositatis, decoris et plenitudinis ornamentum ; in te fuit omnis bonitatis, valoris, et plenitudinis complementum : in te fuit omnis dulcoris, odoris, et gratitudinis oblectamentum. Nihil in te, speciosissima Virgo Maria, fuit, quod posset offendere ; quia tota pulcherrima fuisti : nihil in te, quod posset deficere, quia tota plena fuisti : nihil in te, quod posset inficere, quia tota gratissima fuisti. Tu, sanctissima Virgo Maria, gratia plena fuisti, plena omnis munditiei et puritatis; plena omnis opulentiæ et fertilitatis, plena omnis suavitatis. In te nihil fuit offensivum, nihil defectivum, nihil infectivum, imo in te fuit omnis decentiæ pulchritudo, omnis affluentiæ plenitudo, omnis redolentiæ et complacentiæ gratitudo : quia fuisti sine aliqua spurcitia, sine penuria, sine tristitia ; imo fuisti, pretiosissima Virgo Maria, ornata lumine ; repleta numine ; respersa flamine ; luminosa cognitione; speciosa incorruptione ; copiosa sanctificatione.

2. Tu, Virgo Maria, sanas tumorem superbiæ, exemplo tuæ humilitatis; purgas saniem luxuriæ, exemplo tuæ virginitatis. Dignare me sanare, Virgo

Maria, quoniam infirmus sum, multis vulneribus peccatorum sauciatus. Ora tuum Filium benedictum,

ut mihi indulgendo, clementer vitam concedat æternam. Amen.

PARS VI.

DE VIRTUTIBUS SPECIALIBUS GLORIOSÆ VIRGINIS MARIÆ.

—

CONTEMPLATIO I.

Quod Virgo Maria exclusa fuit ab omni miseria.

1. Exclusa fuisti, benedicta Virgo Maria, a miseria inflicta primis parentibus, quæ multiplex fuit. Prima maledictionis, quia dictum est Adæ : *Maledicta terra in opere tuo* (*Gen.* III, 17), scilicet peccato tuo. Tibi vero, gloriosa Virgo Maria, dictum est : *Benedicta tu in mulieribus.* (*Luc.* I, 28.) Secunda, fuit corruptionis, quia Eva non concepit sine corruptione : sed tu, purissima Virgo Maria, concepisti, et peperisti incorrupta ; quia fuisti virgo ante partum, virgo in partu, virgo post partum. Tertia, fuit subjectionis ; quia dictum fuit Evæ : *Sub viri potestate eris.* (*Gen.* III, 16.) Sed, Virgo Maria, benedictus Filius tuus subditus tibi fuit. Quarta, fuit doloris, unde dictum est Evæ : *In dolore paries filios.* (*Gen.* III, 16.) Sed tu, sacratissima Virgo Maria, peperisti in gaudio, quia dictum est pastoribus : *Annuntio vobis gaudium magnum.* (*Luc.* II, 10.) Quinta, fuit incinerationis, quia dictum est Adæ : *Pulvis es, et in pulverem reverteris.* (*Gen.* III, 19.) Sed tu, virtuosissima Virgo Maria, mortis nexibus deprimi non potuisti ; qui sunt, putrefactio, vermes et incineratio.

2. Exclusa insuper fuisti, clementissima Virgo Maria, a triplici væ ; scilicet væ mundi, væ carnis, væ diaboli. Primum evasisti per paupertatem ; secundum, per virginitatem ; tertium, per humilitatem. Imo fuisti absque omni væ alicujus peccati ; quia de te scribitur : *Tota pulchra es, amica mea, et macula non est in te* (*Cant.* IV, 7). Tota pulchra es in opere, per simplicitatem ; quia oculus tuus simplex est , et ideo corpus tuum lucidum. Tota pulchra es in corpore, per virginitatem. Tota pulchra in mente, per veram humilitatem : quod est esse sine macula. Tota pulchra es in aspectu conversationis, tota pulchra in puritate cogitationis : et sic fuisti, gloriosissima Virgo Maria, ab omni væ exclusa, scilicet avaritiæ, in opere ; luxuriæ, in corpore ; superbiæ, in corde ; et ab omni peccato.

3. Sed, misericordissima Virgo Maria, ego peccator miserrimus , inter illos adnumeratum me sentio, de quibus scribitur, *væ, væ, væ, habitantibus in terra* (*Apoc.* VIII, 13) : quia non sum exclusus a vitiis et peccatis cogitationis, delectationis, consensus, locutionis, operationis et omissionis, sed in iis perseveravi, et adhuc persevero, et exclusum me sentio a virtutibus et bonis operibus. Adjuva me, piissima Virgo Maria, ora tuum Filium bene-

dictum, ut ab istis *væ* peccatorum liberet me, indulgentiam de omnibus concedendo, virtutes mihi misericorditer largiatur, ut gloriam obtineam sempiternam. Amen.

CONTEMPLATIO II.

De illuminatione Virginis Mariæ.

1. De te, benignissima Virgo Maria, potest dici, quod tu es illa, de qua scribitur : *Mulier amicta sole, et luna sub pedibus ejus, et in capite ejus, corona stellarum duodecim, et in utero habens.* (*Apoc.* XII, 1.) Quia tu, Virgo Maria, illuminata es a parte superiori, quia habes in capite coronam stellarum duodecim : nam istæ duodecim stellæ, sunt novem ordines angelorum , et tres ordines beatorum , scilicet martyrum, confessorum et virginum ; qui omnes te coronant, et venerantur, et laudant. Tu es etiam illuminata a parte inferiori, quia luna sub tuis pedibus, per quam intelligitur militans Ecclesia, quæ adhuc mutabilitati subjicitur : quam tu, gloriosa Virgo Maria, sub pedibus habes, quia tu ipsam sub tua protectione et defensione tenes ; donec ad pacem æternam deducas ; et tunc omnis mutabilitas auferetur ab ea : scribitur enim : *Orietur in diebus ejus justitia, et abundantia pacis, donec auferatur luna* (*Psal.* LXXI, 7) ; id est, mutabilitas, quæ per lunam designatur.

2. Fuisti illuminata a parte interiori ; quia dictum est : *In utero habens* (*Matth.* I, 18), scilicet splendorem niveum, et speculum immaculatum, de quo scribitur : *Candor est lucis æternæ, et speculum sine macula.* (*Sap.* VII, 26.) Si autem Jesus Christus Filius tuus est *lux vera, quæ illuminat omnem hominem venientem in hunc mundum* (*Joan.* I, 9) ; illuminavit utique te sanctissimam Matrem suam ; quia ex te verum corpus humanum assumpsit, et in tuo utero virginali tandiu habitavit : *Sanctificavit enim tabernaculum suum,* scilicet *Altissimus.* (*Psal.* XLV, 5.) Fuisti etiam illuminata a parte exteriori ; quia amicta sole, id est, immortali corpore. Radius enim solis, clarus est, et agilis, ita ut ab oriente subito in occidentem transeat. Est etiam subtilis, ita ut vitrum sine læsione subintret. Est etiam impassibilis, ita ut nulla violentia lædi possit. Fuisti etiam, gloriosa Virgo Maria, amicta sole, quia tuum sacratissimum corpus, induit agilitatem, claritatem, subtilitatem, impassibilitatem : et sic fuisti plenissime illuminata.

3. Sed, clementissima Virgo Maria, ego nefandissimus peccator in tenebris sedeo, excæcatus

multitudine peccatorum. Illuminare me digneris, sacratíssima Virgo Maria, et ora assidua deprecatione benedictum Filium tuum, ut lumine suæ gratiæ me illustret, tenebras peccatorum fugando, et ad lumen me perducat misericorditer suæ gloriæ sempiternæ. Amen.

CONTEMPLATIO III.

De humilitate Virginis Mariæ.

1. O admirabilis Virgo Maria, respexit Dominus humilitatem tuam (*Luc.* I, 48), quæ inter universas et singulas tuas virtutes obtinere meruit principatum, quia custos fuit et quasi magistra cæterarum virtutum tuarum : non enim didicisti a benedicto Filio tuo cœlos fabricare, non angelos creare, non miracula deitatis insignia operari; sed tantum humiliari, cæteraque documenta virtutum intra custodiam humilitatis aggregare : et ideo divinitatis propitiationem, quam humana natura in primis parentibus per superbiam perdidit, per humilitatem tuam recuperasti. Nam, quia in te Verbum Patris carnis substantiam, quam sibi uniret, assumpsit, quasi ad eam, quam prius abjecerat, naturam sublimandam, per misericordiam respexit.

2. Habuisti, Virgo Maria, humilitatem et humiliationem : humilitatem intus in virtute mentis, humiliationem foris in abjectione humanæ opinionis. Quanto enim fuisti virtutibus eminentior, tanto fuit in te humilitas mirabilior. Fuisti humilis in corde, et sensu, nihil de te sentiens, vel æstimans, aut cogitans magnum; filia et imitatrix Patris tui David, qui dicebat : *Si non humiliter sentiebam ?* (*Psal.* cxxx, 2.) Fuisti humilis in cogitatu, cogitationes humiles semper habens. Fuisti humilis in auditu juxta consilium Spiritus sancti, qui te docuit dicens, *Inclina aurem tuam* (*Psal.* xliv, 11), id est, humiliter audi nuntium Gabrielem. Fuisti humilis in sermone, et voce ; unde audita multitudine et magnitudine promissorum, quæ tibi angelus faciebat, respondisti, tanquam humillima mulierum, *Ecce ancilla Domini.* (*Luc.* I, 38.) Fuisti humilis in opere, ministrando Elizabeth cognatæ tuæ, minori te ; et quia purgationem secundum legem non erubuisti, licet purgatione non indigeres, cum de viro non concepisses : noveras enim quod, *qui facit superbiam, non habitabit in medio domus Dei.* (*Psal.* c, 7.) Fuisti humilis in incessu, quia non ambulasti in magnis, neque in mirabilibus super te. (*Psal.* cxxx, 1.) Fuisti humilis in habitu : noveras enim prohibitionem illam, *In vestitu ne glorieris unquam.* (*Eccli.* xi, 4.)

3. Sed, humillima Virgo Maria, ego, virtutibus vacuus et vitiis plenus, superbus sum, et extollens meipsum, et gloriando in malitiis et peccatis. Humilia teipsam, Virgo piissima, Filium tuum deprecando pro me misero et superbo, ut mei mihi cognitionem donet, qua mediante peccata mea cognoscam, defleam, et emendem in spiritu humi-

litatis, et animo contrito ; ut vitam immortalem obtineam misericorditer in æternum. Amen.

CONTEMPLATIO IV.

De eadem.

1. Virgo prudentissima, gloriosa Virgo Maria, Mater dignissima Filii Dei, regale fastigium, a quo processisti, et ortum habuisti, contemnendo, humilitatis gradum supremum post benedictum Filium tuum in te ipsa ab incunte ætate tua suscepisti; ex quo, et in quo, benedicto Filio Dei habitaculum præparasti; quia super humilem et quietum, et trementem sermones suos pius Pater et Dominus quiescit (*Isa.* lxvi, 2.) Tu sapientia dotata, excelsam fabricam construere decrevisti, ubi thesaurum virtutum tuarum reponeres, quos nec ærugo nec tinea consumeret, nec fures rapere possent. Et ideo ut ædificium perduraret, de magno et profundo fundamento cogitasti, et opere perfecisti : hoc autem ædificium tendit ad æternam gloriam; cujus fundamentum, sine quo ædificium stare non potest, profunda est humilitas, quæ quanto major est et profundior, tanto altius ædificium elevatur, firmumque et stabile perseverat. Hoc fundamentum docuit Filius tuus benedictus, dicens, *Discite a me quia mitis sum et humilis corde.* (*Matth.* xi, 29.)

2. Hæc sancta humilitas homines angelos facit, hominem deificat, de terra ad cœlum sublevat, gratiam confert, quia *Deus superbis resistit, humilibus autem dat gratiam.* (*Jac.* iv, 6 ; *I Petr.* v, 5.) Hæc sancta humilitas perituris rebus non dignatur intendere, sed æterna vult assidue cogitare. Malum cuiquam velle non potest, sed bonum vellet augere. O humilitas sancta, a Christianis diligenter custodienda ! quia Christiani dicuntur a Christo, cujus Evangelium, qui bene intuetur, invenit eum doctorem humilitatis semper esse : o benignissima Domina, similem non habuisti in tua suprema humilitate, quæ cœlos inclinavit, unde descendit benedictus Filius tuus in uterum tuum virginalem. Hæc est scala, per quam ascendisti ad cœlestia regna et super choros angelorum. Tua humilitas superbiam hostis antiqui superavit et prostravit. Tua humilitas vitiosam vitam delevit, et virtutes ostendit. Per ipsam Deo placuisti ; quia respexit humilitatem tuam, et ipsum invenire meruisti. Ista te Matrem virginem fecit, et Deo Patri per amorem conjunxit; ista fuit dos tua, cum qua desponsata fuisti, et cum sancto Spiritu amicitiam contraxisti. Ista cor tuum reddidit speciosum, ista admirabilem te fecit, ista virtutes multiplices tibi acquisivit, ista est via, quæ te duxit ad vitam, quæ non deprimetur, sed exaltabitur. Ista est, quæ peccatores facit sperare in te, ut ad te in suis necessitatibus veniant et recurrant.

3. O gloriosa Domina singularissimæ humilitatis, ego superbus et Deo odibilis venio ad te, tuam humilitatem et misericordiam deposcendo ; qui, licet sim terra et cinis, putredo, et cibus ver-

mium, nullam virtutem possidens, sed multa peccata committens, tamen me finxi magnum esse verbo, scientia, divitiis, et honoribus ; cunctos alios despexi, cupivi laudari ab hominibus omnibus, et bonus volui prædicari, quamvis a bono essem alienus. Nolui unquam subesse, sed inter meos pares, primas tamen volui invadere, et majorem gradum ascendere ; et, quod meritis non poteram obtinere, adulando et detrahendo putavi acquirere. Et sicut navis absque gubernatore jactatur fluctibus, sic levis animus meus fuit instabilis per omnes actus suos : in peccatis iniquum suffragium excusationis perquisivi ; ut talis humano judicio reputarer qualis non eram, nec esse curabam, et talis non judicarer, qualis revera eram, et esse volebam. O misericordissima Domina, quamvis tarde veniam ad te, et tarde miseram vitam recognoscam, et emendem, tamen tu eamdem misericordiam semper habes, nec tempore diminuitur, nec augetur, quia perpetua est. Ad illam humiliter recurro ; illam flebiliter imploro, illam contristato corde flagito, illam crebris singultibus deprecor et exoro ; ut apud tuum Filium benedictum pro me misero et superbo humilitatem impetres, contritionem, et condignam satisfactionem, ac remissionem omnium peccatorum obtineas ; ut hic vivendo per gratiam, in futuro vivam per gloriam, per infinita sæculorum sæcula. Amen.

CONTEMPLATIO V.

De virginitate Virginis Mariæ.

1. O Virgo virginum excellentissima, Virgo Maria, quis tuam laudabilem virginitatem investigare potest? quia nec mentem tuam cogitationes, nec carnem tuam libido, aliqualiter maculaverunt. Dissimilis enim fuit virginitas Evæ, et tua. Eva, virgo scilicet superba, Deo volens parificari in scientia ; cupida, quia concessis sibi non contenta; inobediens præcepto Dei, incredula ejus comminationi, diabolicæ acquiescens tentationi ; et male credula verbis serpentinis, una de numero virginum fatuarum, imo omnium fatuissima. Tu vero, Maria Virgo, non superba, sed humillima, in omnibus te subdens Deo ; paupertatis amatrix, divinæ per omnia obediens voluntati, bene credula angelicæ promissioni, una de numero prudentum virginum, imo omnium prudentissima. Virginitas ergo Evæ superba, virginitas tua humillima ; illa cupida, tu pauperrima ; illa vacillans, tu stabilis ; illa depauperata, tu ditata, quia gratia plena ; illa humiliata, quia sub viri potestate, tu exaltata, quia Dominus tecum ; illa portam paradisi clausit, tu illam aperuisti : quia paradisi porta per Evam cunctis clausa est, et per te, Virgo Maria, iterum patefacta.

2. Superbia quandoque sequitur virginitatem ; cupiditas honoris quandoque sequitur virginitatem ; quia cum quis videt se immunem a delicto carnis, non attendit cocco bis tincto dilectionis : sterilitas sequitur virginitatem. Sed tu, mundissima Virgo

Maria, cum virginitate habuisti fecunditatem, cum integritate habuisti fervidam charitatem, et cum incorruptione habuisti fecunditatem. Tua virginitas fuit a Deo Patre benedicta, a Dei Filio desiderata, a Spiritu sancto virgineo cordi inspirata ; a Deo Trinitate in virginitate fuisti confirmata ; unde dicis : *Et sic in Sion firmata sum* (*Eccli.* xxiv, 15). Fuisti *vas auri solidum, ornatum omni lapide pretioso* (*Eccli.* L, 10). Oportebat enim ut Redemptor noster, justus esset cum Deo, et mortalis cum hominibus. Propter hoc decebat eum habere Matrem virginem, ut in Matre mortali conciperetur mortalis, et in virgine conciperetur justus. Nullus autem peccator salvare poterat alium peccatorem cum in eadem damnatione esset cum reo ; decebat etiam eum, ut non nasceretur, nisi de Virgine : decebat Virginem, ut non pareret, nisi Deum. Ad hoc autem totum, necessario præparabatur virginitas tua, Virgo Maria, quia nulli alii virgini quam tibi hoc privilegium debebatur.

3. Sed, beatissima Virgo Maria, ego, impiissimus peccator, corruptus sum, et abominabilis factus coram Deo, et coram te, cogitatione, consensu et opere ; innocentiam baptismalem violando, et inimicis, quorum pompis et operibus abrenuntiaveram, scienter et voluntarie consentiendo. Adjuva me, Virgo piissima, ora tuum Filium benedictum, ut de immundo faciat mundum, ut me purget ab omni labe peccati, et talem mihi operationem tribuat, ut cum eo vivam in æternum. Amen.

CONTEMPLATIO VI.

De eadem.

1. O Deo placens virginitas, et potens animas Deo præsentare ; virginitas laudabilis, et Deo amabilis, socia angelorum, æternam gloriam secundans ; quo sermone te potero explicare ? qua laude te potero prosequi ? quo digno præconio te potero extollere ? qua cordis puritate dignitatem tuam potero enarrare ? qua lingua digne te potero nominare ? cum in carne mortali posita, angelicam vitam serves ; et fructus tui cæteros quoscunque in cœlesti curia antecedant, et divini consortii sublimitatem consequaris. Tu beatior es nuptias virginum, quam nuptias multiplicando ; tu uberior es, fecundior, atque felicior, non ventre gravescendo, sed mente grandescendo ; non lactescendo pectore, sed corde candescendo ; non visceribus terram, sed cœlum orationibus parturiendo. Tu *Flos lilii* (*Cant.* ii, 2) nuncuparis, quia, sicut flos lilii, cæteros flores candore nivei nitoris præcellit, et odoris jucunditate præpollet ; sic tu cæteras virtutes puritate præcedis, et redoles ante Deum ; et sicut flores lilii a terra alte elevantur, et versus cœlum aperiuntur, et ab intra rutilo flammescunt aspectu ; sic tu ab infimis ad superna ascendens, cor aperis coram Deo, et flammescis interius amore geminæ charitatis ; et sicut inter spinas, lilii flores nasci reperiuntur ; sic tu inter spinas tentationum carna-

lium constanti animo exoriris ; et per hoc a Domino nostro Jesu Christo, *amica inter filias* appellaris.

2. Nunc ad te, gloriosissima Virgo Maria, cor meum converto ; ne contemnas, si pollutis labiis, et lingua impudica tuam sanctam virginitatem audeo nominare, et præsumo laudare ; quia spero quod tua magna misericordia, levius hoc et generosius supportabit, quam si taciturnitate obmute - scerem , aut silerem. Tu sanctam virginitatem super omnem puram creaturam cordis intentione purissima dilexisti ; et perpetuo inviolabiliter observasti : tu prima fuisti, ad servandam eamdem : et tanta mentis dulcedine, ut legis maledictionem non timendo, eam puro corde ,Deo voveris. Et licet desponsata fueris Josepho viro justo, nunquam tamen virginalem pudicitiam amisisti, sed integra mente, et integra corpore, virgo fuisti ante partum, virgo in partu, et virgo post partum permansisti ; aliam in hoc tibi similem non habuisti, nec in futurum habebis. Tanta enim integritate ipsam virginitatem mente et opere conservasti , quod nullius doni ambitus potuit tuum sincerum adulterare affectum. Per hanc placuisti sanctissimæ et individuæ Trinitati, et per dilectionem eidem inseparabiliter conjuncta fuisti ; ut puritati puritas uniretur, et candidissimum exemplum nivei pudoris maculam nesciens, ac, quantum eidem sanctæ Trinitati virginitas placeat, ostenderetur rationabilibus creaturis. O Virgo virginum, Virgo casta, Virgo sancta, Virgo pulchra, Virgo pudica, Virgo mente et opere intemerata, Virgo immaculata, Virgo virum nesciens, Virgo virili amplexu carens !

3. Virgo virginitate singularissima pollens, Virgo virginitatis principium, Virgo virginitatis exemplum : tu sequeris Agnum, quocunque ierit . Virgo sine exemplo, tuam laudabilem virginitatem nullus digne valet extollere, nullus eam digne potest commendare, nullus condigne potest laudare ; deficit cor humanum, deficit lingua, deficiunt sensus, deficiunt vires, deficit memoria : non sufficit fragilitas humana in tantam laudem prorumpere ; præsertim ego sceleratissimus peccator, qui virginitatem ,ore nomino, et virginitatem corde non servo, sed peccata nefandissima commisi, et committo. Adjuva me per tuam piissimam misericordiam, gloriosa Virgo Maria, peccatorum advocata. Ora assidua deprecatione tuum Filium benedictum, ut, quia virginitatem perdidi, indulgere mihi dignetur ; et gratiam mihi concedat, ut castitatem et continentiam observem, de peccatis doleam, et ,condigne satisfaciam ; et de cætero ab istis abstineam firmo corde ; et separata anima mea a corpore in gloria æterna eam suscipiat ; ubi laudes et gratias referat per infinita sæculorum sæcula. Amen.

CONTEMPLATIO VII.

De verecundia Virginis Mariæ.

1. Piissima Virgo Maria, verecundia tua gratissima, virginitatis tuæ fuit custos et paranymphus,

cum audisses angelum te salutantem, præ verecundia turbata fuisti in sermone illius ; quod cum esses verecunda, expavisti ad adventum angeli in viri specie apparentis, videns te in thalamo solam cum solo inclusam. Trepidare enim virginum est, et ad omnes viri ingressus pavere, omnesque viri affatus vereri. Verecunda fuisti ; quia audivisti te laudari : qui enim est humilis, de suis laudibus erubescit ; et cum fere omnes solent lætari, tu turbata fuisti, non exhilarata vel elata. Verecunda fuisti ; quia, cum plena esses omni spiritu prophetico, et scires plenitudinem non esse manentem in lege, quia lex neminem ducit ad perfectum ; mirabaris verecundia, quomodo gratia plenam te dicebat angelus. Verecunda fuisti ; quia benedicta dicebaris inter mulieres, quæ inter virgines benedici semper optabas. Ideo cogitabas *qualis esset illa salutatio* (*Luc.* I, 29), quæ te mulierem dicebat, et benedictam.

2. Verecunda fuisti , quia salutata ab angelo, silentium tuum, quod valde amabas, respondendo infringere, vel orationes tuas interrumpere cogebaris. Ideo antequam responderes, fuit angelus bis locutus. Verecunda fuisti , quia timebas de thesauro tuo, id est, de virginitate : solent enim virgines timoratæ, etiam in tuto pertimescere ; illud recolentes, quod scriptum est : *Habemus thesaurum istum in vasis fictilibus* (*II Cor.* IV, 7) ; quæ scilicet franguntur de facili, nec possunt reparari ; et continentia carnis sine continentia mentis, et consensu voluntatis, nihil est ante Deum. Verecunda fuisti, et turbata pro dictorum incertitudine ; quia nesciebas, si præteritum erat, aut futurum, quod dixerat angelus, *Dominus tecum* (*Luc.* I, 28) ; sed hæc tua turbatio non fuit iræ vel doloris, sed pudoris, pavoris, et admirationis ; et erat pudor duplex ; quia sola cum uno videbaris, et quia tanto præconio commendabaris. Timor erat duplex, ex præsentia angelica, quam horret fragilis natura, et ex ignorantia causa. Admiratio erat pro magnitudine eorum, quæ tibi annuntiabantur. Ideo ex verecundia expavisti ; ex prudentia novam salutationis formam obstupuisti.

3. Sed ego , beatissima Virgo Maria, peccator iniquissimus sum, et inverecundus ad peccandum ; magis rubore confundor aliqualiter peccando propter mundum, quam propter Deum. Ideo tu, Virgo Maria, quæ pietate plena es, ora Filium tuum gloriosum, ut me ab ista verecundia liberet, scilicet ut non peccem, sed secundum suam voluntatem vivam, et in fine gloriam percipiam sempiternam. Amen.

CONTEMPLATIO VIII.

De spe Virginis Mariæ.

1. Spes tua, benedicta Virgo Maria, spes est a juventute tua ; et non fuit de hoc mundo, nec de felicitate qua homines excæcantur, et obliviscuntur Deum, et in rebus labentibus et transitoriis hujus

mundi inhianter sperant. Sed spes tua, gloriosa Virgo Maria, in Deo fuit, in quo respirasti, et sperasti, quem timebas, et quem sperabas; in illo sperasti omni die, omni hora, omni tempore vitæ tuæ; quidquid agere cupiebas, in Deo sperabas; quidquid tibi accidebat, sive bonum esset sive malum, ex toto corde tuo, et ex tota mente tua in Deo sperabas, et non solum in eo sperabas, sed etiam in eo spes tua erat. Habebas duas vitas, unam, in qua eras, et aliam, quam non videbas, cum spe et desiderio exspectabas; una erat in labore, altera in requie; sperabas quod post novissima quæ sunt in hoc sæculo metuenda, succederet tibi requies in altero, quæ finem non habet; non terrebat te, quia elongabatur a te; quia, licet in abscondito esset promissio, in spe tamen tua perseverabat oratio, operum bonorum exercitatio, et virtutum augmentatio; quia, dum spes in te constantia firmabatur, gloria retributionis augebatur. Gloriosissimus et benedictus Filius tuus tua spes etiam fuit; quia in illo vidisti laborem tuum, et mercedem tuam, laborem in passione, mercedem in resurrectione.

2. Nihil de tuis viribus aut virtutibus confidebas; nec de ipsis præsumebas; sed Deo, a quo procedunt omnia bona, in eo sperando, attribuisti, ne alienum faciendo tuum, amitteres quod accepisti. Spes tua in futurum extendebatur, ut quod hic certabas, tunc certasse gauderes; hic enim certamina tibi proposita, ut in futuro sæculo sperando certaminum præmia obtineres. Ab amore hujus sæculi avocata fuisti, ut futurum sæculum sperando diligeres et amares. Spem tantam in Deo habuisti, cogitans, quod, sicut per charitatem tecum ipse fuit in terra, ita per eamdem charitatem secum esses in gloria; et, sicut deorsum fuit compassione charitatis, sic et tu sursum esses spe charitatis; non sperasti in homine, quia *maledictus qui spem suam ponit in homine* (*Jerem.* XVII, 5). Non sperasti de Deo pecuniam, non honores caducos et perituros, neque aliud quodlibet præter ipsum Deum; imo contemptis aliis, pergebas in illum, obliviscens alia, delectabaris in illo et non in alio; quia nihil est tam inimicum spei, quam retro respicere, id est, in iis rebus, quæ retro labuntur et transeunt, spem suam ponere.   —

3. Sed, gloriosissima Virgo Maria, spem meam posui in hominibus, et in mundo; imo etiam in meipso, ac in rebus transitoriis et caducis; et si quando in Deo speravi, non propter hoc peccare desii : sed in peccatis perseveravi, et sic in spe frustratus fui culpa mea, quia sperando peccabam, et peccando sperabam; sed si tua misericordia velit me servare, sicut spero, per tuam intercessionem, spes mea quasi mortua reviviscet, quia in benedicto Filio tuo est portio mea, caro et sanguis : et ubi portio mea regnat, ibi me tuo auxilio regnare spero; ubi caro mea glorificatur, gloriosum me tuo adjutorio spero; ubi sanguis meus dominatur, tuo suf-

fragio dominari me confido et spero. Et si peccata mea prohibent, substantia mea requirit; et si propria delicta excludunt, naturæ communio non repellit. Non enim, sicut spero, immitis est Filius tuus benedictus, ut non diligat carnem suam. Desperare utique potuissem propter nimia peccata mea, quæ quotidie egi, corde, ore, opere, et omnibus modis quibus humana fragilitas peccare potest; sed desperare non audeo; imo spero quod, suffragante tua pietate, benedictus Filius tuus, per suam infinitam misericordiam tollet chirographum peccatorum meorum, ut per ipsum, et cum ipso gloriam percipiam sempiternam. Amen.

CONTEMPLATIO IX.

De oratione Virginis Mariæ.

1. Genitrix Dei et semper Virgo, gratissima Virgo Maria, dum facta tua felicissima mente recolo et contemplor, singulos actus tuos considero, mente concipio, mente pertracto, laudes tuas tacere non debeo; licet *non sit speciosa laus in ore peccatoris* (*Eccli.* XV, 9), qualis ego sum et unus de majoribus; sed tua immensa misericordia, sic est ad miseros inclinata, ut omnibus aperias aures tuæ pietatis. Tu, Virgo Maria, benedicta, a primordiis tuæ juventutis sanctissimæ, et quandiu in hac peregrinatione vitam duxisti, tantam dilectionem habuisti ad Deum, quod nunquam ab eo, saltem mente et animo separari voluisti. Et ideo cum eo spiritus tuus sanctissimus per orationem continue loquebatur; hæc enim sancta oratio tua, sic fuit continua in te, ut necessitate corporali parcissime suscepta, et misericordiæ operibus occupata, reliquum tempus impenderes in orationibus nocturnis pariter et diurnis. Dulce namque tibi erat, per orationem Deo loqui, et esse cum Deo, et non separari a Deo, sed a mundo.

2. Per hanc sanctam orationem tuam universa desideria cordis tui in conspectu majestatis divinæ effundebas, cœlos penetrabas, ut posses Dei aures attingere. Per hanc tuum spiritum recreabas, divinum præsidium obtinebas, peccatoribus misericordiam impetrabas, justos conservabas, peccatores sublevabas, et elisos erigebas. Per hanc temetipsam in prosperis gubernabas. Per hanc habebas fiduciam in adversis. Hæc tibi in gaudiis jucunda erat, et in luctibus suavis. Per hanc lætitiam percipiebas, et tristitiam declinabas. Hæc fuit sedes tibi fidelis, in qua consolabaris. Hæc fuit tibi navis tutissima, universorum desideriorum tuorum mercibus onerata; quæ ad omnipotentem Deum perveniebat cursu prospero et felici. Per hanc sanctam orationem, omnia timoris Domini ornamenta habebas, quidquid in te vera fides inchoavit, spes cumulavit, charitas decoravit, hæc sancta oratio servavit : per hanc omnia tibi utilia data fuerunt a Domino, et cuncta noxia effugata.

3. Sed, heu! benignissima Domina, ego pravus et iniquus peccator non levavi mentem meam per

orationem devotam ad Deum, sed eam inclinavi per sollicitudinem ad mundum; non ad virtutes, sed ad iniquitates; non ad gratiam, sed ad culpam; non ad Dei clementiam, sed ad mundi dementiam; non ad indulgentiam consequendam, sed ad malitiam perpetrandam. Adjuva me, piissima Domina, tuis sanctissimis orationibus; pone lacrymas meas in conspectu benedicti Filii tui, ut perveniat ad eum deprecatio mea. Adesto mihi peccatori, et subveni, atque in manibus tuis commendatum meipsum suscipe; libera me de ore sævissimi draconis, et de manu atrocissimi inferni, colloca me tuis devotis et dignis deprecationibus in caulis tutissimis gregum omnium sanctorum, quorum benignissimus Filius tuus est Pastor bonus, qui requirit, et reducit ovem perditam, tuetur et salvat inventam, fovet et sanat languidam; qui confidentes et sperantes in se, non confundit, requirentes se non respuit, sed exsultando suscipit; ora, ut digne orem illum, et oratio mea in sinu meo convertatur, ut vivam, et gloriam cœlestem possideam per infinita sæcula sæculorum. Amen.

CONTEMPLATIO X.

De silentio Virginis Mariæ.

1. Væ tacentibus de te, beatissima Virgo Maria, quoniam multi muti facti sunt, tua sancta gesta et facta considerare aut contemplari volentes. Et quis potest perfectionem tuæ sanctissimæ vitæ narrare? Aut quis exemplum doctrinæ tuæ digne valet nuntiare? Imo quis dignus est ista solummodo cogitare? Vere non est usque ad unum, Virgo benedicta, nisi omnipotens Filius tuus de indigno potens dignum facere, et cor inquinatum mundare; quem humiliter deprecor, ut me mundare dignetur ab omnibus inquinamentis sive iniquitatibus meis, ut ipsummet et te valeam glorificare, et laudare nunc et in æternum.

2. Inter cætera tuæ sanctissimæ vitæ exempla salutaria, quæ ostendisti, et opere complevisti, fuit, Virgo gloriosa, silentium tuum omni discretione, et summa prudentia temperatum : quia loquenda non tacuisti, nec tacenda protulisti; loquenda dixisti, et tacenda tacuisti; rara fuit tua locutio, sciens quod *in multiloquio non deest peccatum* (*Prov.* x, 19). Semper de Deo, aut cum Deo, aut propter Deum tua verba dulcia proferebas. De Deo locuta es, respondendo sancto archangelo Gabrieli : *Ecce ancilla Domini, fiat mihi secundum verbum tuum* (*Luc.* i, 38). Propter Deum loquebaris, Elisabeth humiliter salutando; cum Deo locutio tua fuit, dum dicebas humiliter : *Fili, quid fecisti nobis sic? ego et pater tuus, dolentes quærebamus te* (*Luc.* ii, 48); et dum pietate et compassione mota, ad nuptias invitata, gloriosissimo Filio tuo, voce charitativa dixisti : *Vinum non habent* (*Joan.* ii, 3).

3. Nunquam ab ore tuo verbum otiosum processit, non malevolum, non blasphemum, non mendosum, non iracundum, non simulatum ; sed utile, mansuetum, benignum, veridicum, et charitativum; et per hujusmodi verba, quæ sunt signa illarum rerum quæ sunt in anima, tui dulcissimi cordis voluntatem ostendebas : et non solum voluntatem, sed etiam opera ; quia qui proximum loquendo ædificat, bonum opus operatur. Nullus unquam de te potuit male ædificari ; nullus potuit verba aut facta tua aliqualiter denigrare, nullus male interpretari, nullus male intelligere ; quia Magister veritatis te docuit, tecum fuit, nec te ullo tempore dereliquit.

4. Sed, heu miser! qui a te exemplum recipere nolui, sed tibi contrarius semper fui ; nam velox fui ad loquendum vana et otiosa, blasphemando, mentiendo, detrahendo, injuriando, maledicendo. Sed, væ mihi iniquissimo peccatori : *Quia tacui, cum vir pollutus labiis ego sim, et in medio populi polluta labia habentis ego habitem* (*Isa.* vi, 5). Jam silui a bonis, a laude Dei et tui, a verbis charitativis et meritoriis, a verbis utilibus et ædificatoriis. Succurre mihi, Virgo pia ; audiat misericordia tua clamorem meum ; subveniat necessitati meæ clementia tua. Exora Filium tuum benedictum, gloriosa Virgo Maria, ut, exstirpatis vitiis, et verbis vanis et otiosis, dignum me faciat laude sua et tua. Repleat os meum laude sua, ut semper sit laus ejus in ore meo, et in corde meo ; ut illi et tibi servire valeam laudabiliter et digne, et regnum cœleste acquirere per infinita sæcula sæculorum. Amen.

CONTEMPLATIO XI.

De actione Virginis Mariæ.

1. Misericordissima Virgo Maria, scriptum est quod *beatus qui intelligit super egenum et pauperem* (*Psal.* xl, 1). Et sic in extremo judicio benedictus Filius tuus remunerabitur opera misericordiæ exercentes. Quanta gloria tu digna es, quæ opera misericordiæ benedicto Filio tuo humiliter et diligenter exhibuisti ? Hospes venit in hunc mundum, et tu, gloriosa Virgo Maria, collegisti eum; scilicet in tabernaculo uteri tui virginalis, in quo novem mensibus habitavit ; sed qualiter intravit tuum uterum virginalem, nemo novit ; et qualiter egressus est, egressio sua sola cognovit ; esurivit benedictus Filius tuus, et tu, gloriosa Virgo Maria, manducare ; et licet esses bonis temporalibus pauperrima, tamen acu et fuso acquirebas unde ipsum et te pascebas ; sitivit, et dedisti sibi potum, scilicet lactis virginei, quod ipse solus bibit, et de quo puer alius nunquam bibit, nec ipse Filius tuus gloriosus alia ubera suxit quam tua, Virgo Maria Mater.

2. Infirmus fuit, et visitasti eum ; infirmabatur benedictus Filius tuus, susceptis in se pœnalitatibus humanæ naturæ, quæ sunt fames, sitis, calor, frigus, glacies, ægritudo et mors ; ut dicere posset, *Infirmata est in paupertate virtus mea* (*Psal.*

xxx, 11). Et sic infirmatum per infantiam, jacentem in cunabulis, tu, pia Mater, non solum visitasti, sed etiam balneando, fovendo, et gestando sustentasti, atque humanitatis obsequia universa, quibus indigebat assumpta natura, devotissime ministrasti. Infirmabatur etiam, quando crucifigebatur pro salute populi, *et vulnerabatur propter iniquitates nostras, et atterebatur propter scelera nostra; et ejus livore*, id est, carne livida doloribus passionis, *sanati sumus* (*Isa*. xli.i, 5). Et tunc, gloriosa Virgo Maria, ipsum visitasti stando juxta crucem. In carcere fuit, et' venisti ad eum, pia Virgo Maria; in carcere fuit, scilicet in tuo utero virginali, et inde exiens verus homo, ad ipsum puerulum veniebas, velut mater ad filium jacentem in cunabulis. Fuit etiam missus in carcerem, scilicet in sepulcrum, et, licet non legatur, non tamen est dubitandum quin ad eum veneris cum aliis mulieribus sanctis, quæ tantam curam habuerunt de Dominica sepultura.

3. Sed, piissima Virgo Maria, quid ego miserrimus faciam in tremendo judicio benedicti Filii tui? quia non solum opera misericordiæ facere contempsi, imo plurima nefandissima peccata commisi. Non restat aliud mihi, nisi contra me audire illam sententiam terribilem : *Ite, maledicti in ignem æternum* (*Matth*. xxv, 41), nisi manus tua misericors, Virgo pia, me suscipiat, et protegat. Exora tuum Filium benedictum, ut ejus misericordia præveniat judicium, suam gratiam mihi tribuendo; ut opera vitiosa relinquam, et opera misericordiæ exerceam; ut pro me sententiam illam audiam : *Venite, benedicti Patris mei, percipite regnum æternum (Ibid*. 34). Amen.

CONTEMPLATIO XII.

De paupertate Virginis Mariæ.

1. O mulierum pauperrima, gloriosa Virgo Maria, paupertate voluntaria. Abdicasti namque temporalia ut spiritualia possideres, sola acu et fuso utendo, inde victum tibi et tuo benedicto Filio acquisivisti. Tanta enim fuit tua paupertas, quod in propria civitate tua, scilicet Bethleem (quæ ex patre tuo David quasi jure hæreditario tibi debebatur), Dei Filium paritura, hospitium non invenisti, nec unde conduceres habuisti : et ideo in stabulo Salvatorem peperisti; et unde illum pellibus cooperires tempore illo hiemali non habuisti, sed solis panniculis involvisti; nec lectum in quo illum poneres habuisti, sed illum in præsepio reclinasti; nec in tua desponsatione dotem, aut magna jocalia habuisti, ideo fabro pauperrimo (qui ubicunque certe pauperes sunt) desponsata fuisti.

2. In hac autem paupertate, largissima inventa fuisti ; quia, licet fusum apprehenderis, ut inde victum quæreres, tamen manum tuam aperuisti inopi, et palmas tuas extendisti ad pauperes (*Prov*. xxxi, 20), non sollicita de crastino. Nam Magi beati reges, qui Filium tuum Regem cœli et terræ Do-

minum cognoverunt, large de suis thesauris, non de bursis obtulerunt munera, quæ ·in usus pauperum et egenorum misericorditer expendisti ; et cum Filium tuum in templum inferres, agnum anniculum, quo eum redimeres, non habuisti. Sanctæ mulieres benedictum Filium tuum sequentes, de suis facultatibus ei ministrabant; sed tu, benedicta Virgo Maria, non habebas unde ministrares ei.

3. Merito ergo paupertatis lucrata es regnum cœlorum. Mirabile enim martyrii genus est voluntaria paupertas. Quid enim mirabilius, et quod martyrium gravius, quam inter epulas esurire, et inter pocula sitire, et inter vestes algere, inter divitias premi paupertate ? Quas divitias ostendit mundus, offert malignus, desiderat noster appetitus. Sed hæc omnia habere potuisses, Virgo Maria, a Filio tuo ; nihil tamen unquam pro teipsa petere voluisti, considerans in te ipsa, magnum esse, ignem tangere, et non uri ; spinas colligere, et non pungi ; lapides transferre, et non lædi. Sunt enim divitiæ ignis, spinæ, lapides.

4. O beatissima Virgo Maria, ego miser peccator, divitias concupivi, non spirituales, sed temporales ; non ad erogandum pauperibus, sed ad conservandum, aut superbiendum, et illas inutiliter expendendum. Adjuva me, Virgo piissima, ne sic finiam miserabiliter vitam meam, sed ora assidue Filium tuum benedictum, qui dives est omnibus qui invocant eum, ut mihi suas tribuat divitias spirituales, cum quibus hic opera meritoria agam, et in fine divitias gloriæ suæ possideam, per infinita sæcula sæculorum. Amen.

CONTEMPLATIO XIII.

De divitiis Virginis Mariæ.

1. O Virgo Maria, scriptum est de te : *Multæ filiæ congregaverunt divitias, tu supergressa es universas* (*Prov*. xxxi, 29). Tuæ divitiæ non fuerunt temporales, non carnales, non corruptibiles, non sæculares ; sed fuerunt æternæ, spirituales, incorruptibiles, et cœlestes. Multæ igitur filiæ, scilicet virtutes angelicæ, et multæ aliæ virgines congregaverunt divitias ; tu supergressa es universas. Si enim virginitas in te fuit, qualis est angelorum, tamen in corpore fragili fuit, quod non angelorum ; unde et omnium divitias te supergressam, evidentius ostendit insigne cœlestis originis ; dum videmus a te et angelicam similitudinem in regione dissimilitudinis retineri, et gloriam cœlestis vitæ in terra a te exule possideri, virgines supergressa es : quia illæ virgines, tu Virgo virginum es Regina virginum. Deinceps omnes vocatæ a te, a te omnes aliæ exemplum recipiunt, tu a nulla. Et, si aliæ sunt humiles, tu humillima, in tantum quod nec primam ante habuisti, nec in posterum similem habebis.

2. Si aliæ misericordes, tu Mater misericordiæ habens duo ubera, quæ debemus petere ad sugen-

dum, sicut filii ubera matris suæ : hæc sunt, puritas carnis, contra luxuriam ; et humilitas mentis,
contra superbiam. Unde petimus : *Nos culpis solutos, mites fac et castos ; unde petimus : Vitam præsta
puram* (Hymn. Eccles.). Si aliæ commendantur
de fide, tu maxime, quia ad primum verbum angeli credidisti, quod in te possit adimpleri quod
nunquam auditum fuerat, ut pareres manens virgo.
Si aliæ commendantur de eo quod angustiantur de
aliorum peccatis, multo plus tu commendanda es ;
quia in tantum compassa es mundo peccatori,
quod libentissime cum Filio tuo benedicto passa
fuisses pro salute mundi. Si aliæ contemplativæ,
tu multo plus contemplativa ; si aliæ perfectæ, tu
perfectissima.

3. Multæ igitur filiæ congregaverunt divitias diversarum virtutum, et operum meritoriorum, et
præmiorum ; tu vero benedicta, supergressa es universas, et hoc simpliciter per sanctificationem,
qua præservata es ab omni petulantia terrenæ
corruptionis ; per cognitionis plenitudinem, qua
ab omni nubilo erroris ; per summam contemplationem, qua ab omni tumultu mundanæ actionis.
Supergressa es igitur universas merito et præmio ;
quia cæteræ per partes habuerunt, et tu, Virgo
pia, plenitudinem habuisti omnium gratiarum et
virtutum.

4. Sed ego miserrimus peccator, spoliatus sum
omni virtute, et factus sum pauper et egenus, divitias spiritales contemnens, et transitorias et ca-
ducas desiderans et amplectens. Communica mihi
servulo tuo indigno, Virgo benignissima, tuarum
virtutum portiunculam, quo benedicto Filio tuo,
et tibi placeam, per operationem virtutum : ut, te
mediante et juvante, gloriam cœlestem consequi
valeam in æternum. Amen.

CONTEMPLATIO XIV.

De largitate et misericordia Virginis Mariæ.

1. Mater misericordiarum, et totius consolationis es, clementissima Virgo Maria, quia, cum sis
summe dives et summe liberalis, constat quod
summe larga et misericors es : *Misereris omnium, quia
omnia potes*, post benedictum Filium tuum, *et dissi-
mulas peccata hominum propter pœnitentiam* (Sap. II,
24). Speciosa est misericordia tua in tempore tribulationis, *sicut nubes pluviæ in tempore siccitatis*
(*Eccli.* XXXV, 26) ; et, velut nubes, misericorditer
abscondis peccatores ab ardore solis, id est, ab
ira Filii tui ; et quia obumbras eis, et ipsos refrigeras, id est, ab æstu concupiscentiarum ; et velut
pluvia quadam, gratia tua fecundas eos ad bene
operandum. Tu non solum es de numero prudentum virginum, sed omnium prudentissima ; habens
oleum misericordiæ in omnibus vasis tuis. In vase
cordis, per affectum ; in vase manuum, per effectum ; et in vase oris, per benignitatem orationum.
Et quia misericordiam genuisti, nihil aliud est

uterus tuus beatissimus, quam ipse misericordiarum thesaurus.

2. Tu es Fons misericordiæ, quia, sicut fons
per subterraneos meatus semper recipit aquam, et
refundit, sic tu, Virgo Maria, *Fons et Puteus es
aquarum viventium* (*Cant.* IV, 15), quæ a Christo
ad te, et a te ad nos peccatores fluunt, impetu
benignitatis utriusque ; ex magnitudine enim divini amoris data es, piissima, peccatoribus ; quia
occasione peccatorum habes gratiam, quam invenisti apud Deum ; quia facta fuisti Mater Dei propter peccatores ; quia non fuisset necesse Filium
Dei carnem assumere, si homo non peccasset. Ideo
parata es expendere in peccatores gratiam, quam
occasione peccatorum invenisti apud Deum. Et
ideo secure possunt accedere ad te peccatores,
tanquam ad sibi datam. Tanta est tua largitas, misericordissima Domina, quod ad diem *usque judicii* non desines succurrere peccatoribus. Ideo de
te ipsa dicis : *Usque ad futurum sæculum non desinam* (*Eccli.* XXIV, 14).

3. Succurre igitur mihi iniquissimo peccatori,
Virgo Maria, largitate et misericordia plenissima.
Reginarum est largitas et liberalitas, pro sceleribus et maleficiis quempiam condemnatum, liberare.
Non æstimo te Reginam cœlorum, in regno Filii tui
benedicti, minorem potentiam habere, vel minoribus privilegiis debere gaudere. Ego peccator maximus, reum mortis perpetuæ me scio propter scelera horribilia quæ commisi. Succurre mihi igitur,
Virgo benignissima : *Monstra te esse Matrem*, et
Reginam. Nosti languorem animæ meæ ; præpara
in dulcedine cibum. Nosti vulnera animæ meæ ;
nosti et medicinam præparare, venenum ejicere,
spem et certitudinem vitæ, et longitudinem dierum dare. Hæc a tua misericordia deposco ; hæc a
tua largitate charitative require, ut, te suffragante,
vitam obtineam sempiternam. Amen.

CONTEMPLATIO XV.

De pietate et compassione Virginis Mariæ.

1. Quasi *oliva speciosa in campis* (*Eccli.* XXIV,
19) facta es, benignissima Virgo Maria. *Oliva es
speciosa*, id est, omnimoda speciositate spirituali
repleta ; per pietatem et compassionem, quæ sunt
virtutum tuarum gloria. Sicut oliva fructum facit
in hieme, sic tu, Virgo Maria, fructum peperisti
tempore hiemali, quo refrigerata erat charitas, et
iniquitas abundabat. Oliva, humore olei plena est :
sic tu, Virgo pia, humore gratiæ perfusa, hujus
vitæ tempore non aruisti, sed vitæ æternæ amœnitatem inter omnes Evæ filias gloriosa suscepisti.
Tu es Oliva, plena pinguedine pietatis, et compassionis. Tu *Oliva speciosa in campis*, id est, in peccatoribus incultis, quibus gratiam sanctissimis tuis
precibus, exemplis, et meritis subministras ; ut
excolantur per fidem et pœnitentiam, et referant
fructum. Tu es *Oliva speciosa in campis*, id est, in
illis, qui sequuntur latitudinem suæ pravæ volun-

tatis, et discurrunt per campos, velut equi infrenes, non retardati freno timoris, seu mundani pudoris, aut vinculis divinorum præceptorum, quando corde toto pœnitentes confugiunt ad te. Tu es *Oliva speciosa in campis*, propter communitatem pietatis et compassionis tuæ, quantum est in te sine acceptione personarum.

2. Tu es oliva per affectum pietatis, speciosa per effectum. Effectus pietatis nihil valet, nisi sit ex affectu. Nam sicut ex oliva fructus, sic ex affectu meritorium opus. Tu es illa mulier, quæ *vasa vacua implevit oleo* ad præceptum Elisæi (*IV Reg.* xiv, 5, 4), id est, Christi ; *vasa vacua*, sunt corda vacuata ab amore terrenorum, et ab immunditia peccati mortalis, lota et sincerata per veram confessionem, et lacrymarum effusionem, clausa inferius per contemptum temporalium, aperta superius per appetitum cœlestium. Capax, per profunditatem humilitatis, et latitudinem charitatis.

3. Sed, piissima Virgo Maria, vas cordis mei non est vacuum, sed plenum sordibus, et spurcitiis peccatorum ; non est capax ad recipiendum oleum gratiæ tuæ, nisi tua pietas et compassio dignetur illud evacuare dignis intercessionibus tuis ad tuum Filium benedictum ; quem ora, Virgo pia, ut infectum et sordidum vas cordis mei, mundare dignetur, oleo pietatis et misericordiæ adimplendo : ut oleum tuum indignationem Dei mitiget, ut cordis mei vas oleo gratiarum suarum impleat, per quas hic opera virtuosa faciendo, veniente sponso Christo cum prudentibus virginibus intrem ad nuptias gloriæ sempiternæ. Amen.

CONTEMPLATIO XVI.

De misericordia Virginis Mariæ.

1. O misericordissima Virgo Maria, quis potest digne tibi impendere gratiarum actiones, quia *tua misericordia plena est terra?* (*Psal.* xxxii, 5.) Fons tuæ misericordiæ irrigat aridam terram nostram ; fons tuæ pietatis emittit rivulos suos ad nos peccatores, quibus continue recreamur. Fons tuæ clementiæ refrigerat peccatorum calorem ; fons tuæ dulcedinis sitim nostram exstinguit ; et clamat quotidie misericorditer ad nos : *Sitientes venite ad aquas* (*Isa.* lv, 1), et bibite cum lætitia ; fons tuæ misericordiæ vivus et indeficiens est, nunquam diminuitur, nec siccatur ; omnibus potabilem se reddit, nulli clauditur, nec negatur ; haurit ex eo bonus, haurit etiam malus ; omnibus prodest, nemini nocet, omnes recreat, omnibus dulcis est, omnes juvat, curat debiles, sanos confortat, miseros lætificat, justos provehit, injustos purificat, ægros sublevat, bellantes tuetur, anxios consolatur, peccatores justificat, peregrinos roborat, inimicos deprimit, virtutes auget, peccata prosternit, pauperes refocillat, divites in humilitate custodit, iracundos mitigat, pacem procurat, immundos abluit, dissolutos retrahit, charitatem multiplicat, corda divisa unit, mentes elevat ad

superna, opera misericordiæ exercere facit, somnolentos excitat ; ad bene operandum cunctos inducit, in periculis defendit, omnibus necessitatibus occurrit, indulgentiam peccatoribus obtinet, Deo illos per amorem conjungit, incipientes dirigit, proficientes illuminat, perfectos inflammat, et timidos fortificat.

2. Hæc et multa alia, Virgo piissima, fons tuæ misericordiæ in nobis peccatoribus operatur ; et quid, Virgo beatissima, peccator faceret, si tuam misericordiam retraheres ab eo ? Sicut tua misericordia juvante peccator perire non potest, sic etiam te tuam misericordiam retrahente, impossibile est ut non pereat. Tua namque misericordia sustinet peccatorem, et Dei mitigat iram erga ipsum. Credo, et expertus sum, Virgo benedicta, quia, nisi misericordia tua mihi subvenisset, et me sustinuisset, indignatio et judicium Dei super me venisset ; quia in peccatis nefandissimis et horribilibus tempus miseræ vitæ consumpsi.

3. O Virgo piissima, Mater consolationis, respice me miserum peccatorem tua misericordia indigentem, non recedat a me tua magna misericordia, tua pietas, tua clementia, tua bonitas, tuum adjutorium sit semper mecum : ut me adjuvet, me defendat, me protegat, et indulgentiam de peccatis meis obtineat ; ita spero et ita confido, in te, gloriosa Virgo Maria, quia scio quod peccatorem ad te venientem non respuis, neque tuam misericordiam ab eo abstrahis, quia sic peccator periret, cujus salvationem tu desideras ; desiderium tuum igitur imple in me, quia inter peccatores majorem me esse cognosco, ut, cum dies extrema vitæ adveniet, suscepta indulgentia peccatorum ad gloriam perveniam sempiternam. Amen.

CONTEMPLATIO XVII.

De dulcedine Virginis Mariæ.

1. O melliflua et amantissima Virgo Maria, tu dulcis es spiritu, quia beatissimus spiritus tuus nihil habet amaritudinis : sed totum dulcedinis ; quia omnis dulcedo, scilicet Filius tuus benedictus, in ventre tuo virginali novem mensibus requievit, et licet ex tuo utero nasceretur, nunquam a spiritu tuo vel mente recessit, spiritus tuus dulcis, quia spiritalis apotheca Spiritus sancti fuit, qui dulcedo Patris et Filii sæpe nominatur, et ideo dicis de te ipsa : *Spiritus meus super mel dulcis* (*Eccli.* xxiv, 27) ; qui transcendit omnem dulcedinem mundanam carnalium voluptatum ; heu ! Virgo Maria, dulcis es cogitatu, quia cogitas cogitationes pacis et non afflictionis (*Jerem.* xxix, 11) ; unde tu es illa princeps de qua dicitur : *Princeps ea quæ digna sunt principe cogitabit.* (*Isa.* xxxii, 8.) Tu dulcis es aspectu, unde oramus : *Illos tuos misericordes oculos ad nos converte ;* facies enim tua plena est gratiarum, quia aspectus tuus pietatis et misericordiæ dulcedine perfusus est.

2. Tu dulcis es auditu, quia libentissime audis

preces peccatorum, ab ipsis fideliter invocata ; unde dicitur tibi : *Præparationes cordis eorum, audivit auris tua* (*Psal.* x, 17). Tu dulcis es gustu, quia dicis : *Qui edunt me, adhuc esurient* (*Eccli.* xxiv, 29) ; tanquam cibum saporis peroptimi : tu enim es manna , habens gustum similem cum melle ; tu es manna absconditum (*Apoc.* ii, 17), quod vincenti promittitur, omne delectamentum in se habens, et omnis saporis suavitatem (*Sap.* xvi, 20). Tu dulcis es tactu, quia tenes Filium tuum, ne statim feriat peccatores, unde dicere potes : *Tenui eum, nec dimittam* (*Cant.* iii, 4). Dulcis es lingua, ideo scribitur : *Mel et lac sub lingua tua* (*Cant.* iv, 11), id est, in verbis tuis est omnis dulcedo spiritualis trascendens mellis et lactis omnem dulcedinem corporalem. Tu dulcis es labiis in efficacia precum; nam a precibus tuis ostendis magnitudinem Filii tui, qui semper exauditur a Patre pro sua reverentia. Unde in favorem tanti Filii, tu Mater digna es exaudiri. Tu dulcis colloquio, ideo scribitur, *Eloquium tuum dulce* (*Cant.* viii, 13), maxime cum pro peccatoribus Filium tuum interpellas. Tu dulcis es memoria ; quia sicut mel delectat gustum comedentis, et quanto plus masticatur, tanto dulcius invenitur; sic memoria tua delectat loquentem ; et quanto plus de te loquitur, tanto magis in tua memoria delectatur.

3. Sed, dulcissima Virgo Maria, ego iniquus peccator, cor habeo non dulce sed amarum, et omnes cogitationes meæ, et omnia mea amaritudine plena sunt; quia inquinata sunt, et contaminata sunt per multitudinem vitiorum. Adjuva me tu, quæ es dulcedo vitæ; ora Filium tuum, ut amaritudinem meam in dulcedinem bonæ vitæ convertat, ut hæreditatem dulcem de qua dicitur : *Hæreditas mea super mel et favum* (*Eccli.* xxiv, 27), percipiam sine fine. Amen.

CONTEMPLATIO XVIII.

De omnipotentia Virginis Mariæ.

1. Omnipotens Virgo Maria, sermo tuus plenus est pietate, quia quæcunque volueris facere, illa facis : consilium tuum stat, voluntas tua impletur. Tu es quæ vitæ et mortis habes potestatem, et deducis ad portas mortis et reducis ; omnia potes ex dono Filii tui a quo omnipotente, omnipotens es effecta, quia non est potestas nisi a Deo ; unde dicere potes : *Data est mihi omnis potestas in cœlo et in terra* (*Matth.* xxviii, 18) : in cœlo, imperandi virtutibus angelicis et animabus sanctis, faciendi ad beneplacitum tuum , et quosvis introducendi. Sicut Filius tuus dicitur Rex regum [et Dominus dominantium (*Apoc.* xix, 16), sic tu, Virgo Mater Christi, Regina es bene se regentium, et Domina eorum qui sibi dominantur : omnia subjecisti sub pedibus tuis, oves et boves, id est, simplices ; pecora campi, id est, luxuriosos vagantes per campos ; volucres cœli, id est, superbos ; pisces maris (*Psal.* viii, 8, 9), id est, cupidos.

2. Tua etiam omnipotentia manifeste ostenditur, quia multos de sua damnatione jam certos, multos in aquis præfocatos, multos ex improviso mortuos, quia, dum caderent, tuo patrocinio se commendaverunt, liberasti ; multos etiam qui sine pœnitentia decesserant in peccato mortali, a diaboli faucibus eripuisti, et ut possent agere pœnitentiam, ad vitam reduxisti. Ita namque ingeniosa es et subtilis ad salvationem peccatorum, sicut diabolus ingeniosus est et subtilis ad damnationem eorum. Qua autem justitia, aut quo jure, tu salvas damnabiles et sine pœnitentia defunctos in mortali, quis ad ista sufficit cogitanda? Constat autem, quia et tu ita facis, et quia salva justitia facis ; integro tamen et illibato sigillo justitiæ, sic ingeniose scis facere misericordiam, quia non frangis justitiam.

3. O misericordissima Virgo Maria, ego pravissimus peccator non habui pœnitentiam contra hostes animæ meæ, sed fragilitatem magnam ; et ideo voluntati eorum me submisi. Imo, ut verius loquar, potentiam et virtutem habui ad resistendum perversis voluntatibus, et tentationibus illorum ; sed ex mera malitia et iniquitate, postposui timorem divinum et salutem animæ meæ miserabiliter tradendo voluntatibus inimicorum. Ostende, Virgo benedicta, in me tuam potentiam, deprecando tuum Filium benedictum. Credo, o Domina piissima, quia te orante pro me peccatore ad tuum Filium, omnes cæteri sancti orabunt , et omnes juvabunt. Te vero tacente , nullus orabit , nullus juvabit. Ora ergo, clementissima Domina; non cesset deprecatio ad Filium tuum, ut talem potentiam donet quæ resistat cum effectu vitiis et peccatis ; et de peccatis digne pœnitentiam agam, ut in fine obtineam gloriam sempiternam. Amen.

CONTEMPLATIO XIX.

De fide Virginis Mariæ.

1. Fides tua te salvam fecit, Virgo Maria plenissima pietate, et non solum te, sed etiam genus humanum, quod per fidem tuam restauratum est ; per te vivit et lætatur, in te confidit et in te sperat ; per te vincit, et per te a morte liberatur ; per te jungitur Deo, per te pacem habuit, per te salvatur, per te regnat, per te veniam obtinet, per te gratiis impletur, per te evadit pœnas, per te angelis sociatur ; hæc omnia et plura alia beneficia, per te a benedicto Filio tuo habemus et possidemus. Sed unde hoc, ut tanta bona per te habuerimus? Ecce, Virgo Maria, hoc fecit fides tua, quia verbis angelicis credidisti ; hoc fuit principium totius boni nostri, nostræ redemptionis, et nostræ salvationis. Fides tua hoc fecit, gloriosa Virgo Maria, fides tua causam dedit, fides tua Filium Dei in tuo utero virginali clausit. Fides tua sanctam Trinitatem inclinavit, ut Filius Dei carnem ex tuo purissimo sanguine assumeret, et Filius tuus fieret. Fides tua Spiritum sanctum cooperatorem hujus sacratissimæ Incarnationis constituit. Fides

tua te Matrem Virginem et Dei filiam fecit. Fides tua sanctam Divinitatem cum humanitate conjunxit; fides tua Deum hominem fecit, et hominem deificavit; fides tua hominem Deo reconciliavit; fides tua inter Deum et hominem pacem fecit, et indignationem mitigavit ; fides tua Deum humiliavit.

2. Sed quid, Virgo Maria, hæc nobis fides profuisset, nisi in ea firmissima permansisses? Fugit namque fides de cordibus hominum in crudelissima captione benedicti Filii tui, cum discipuli relicto eo fugerunt ; lumen fidei tunc exstinctum fuit, cæcitas comprehendit omnes, in tenebris ambularunt, mortua in eis fuit fides ; et omnes erraverunt et a sua credulitate totaliter recesserunt. Sed in te, Virgo fortissima, Virgo cordis firmissimi, tota fides remansit, in te lumen sanctæ fidei, absconsum fuit, te solam illuminavit, in te sola fides sancta radios suos expandit ; in te fides seipsam servavit, et sic latens sub modio, super candelabrum exposita matris et universalis Ecclesiæ, ipsam expandisti ut luceret omnibus; mundum illuminasti, cæcitatem et tenebras fugasti, et errores omnes fudisti, et errantes ad viam fidei reduxisti. Quæ igitur laudum præconia, aut quales gratiarum actiones tibi referre potest digne fragilis conditio humani generis, quam sic dignata es per fidem tuam a tenebris infidelitatis liberare? Ecce nemo ad hoc sufficit, quantacunque virtutum præfulgeat dignitate.

3. Sed tua clementia, Virgo benedicta, nostram fragilitatem patienter supportet, et præcipue meam, qui fidem suscepi, et mortua in me fuit; quia bona opera non implevi ; sed vita mea in peccatis semper fuit. Adjuva me, Virgo gloriosa ; renova in me fidem vivam, ora Filium tuum benedictum, ut sine errore fidem immaculatam sibi servem, ut juxta fidem dignam opera præstem, ut fidem rectam opere pravo non polluam ; ut ipsum, quem in credendo confiteor, male vivendo non abnegem; sed ipsum, quem strenua fide sequor, actu et negligentiæ operibus non offendam, sed mortificatis vitiis per indulgentiam suam, gratiam mihi conferat in præsenti, per intercessionem tuam, et gloriam in futuro, per infinita sæcula sæculorum. Amen.

CONTEMPLATIO XX.

De sapientia Virginis Mariæ.

1. Prudentissima omnium mulierum, beatissima Virgo Maria, de te scriptum est : *Sapientiam omnium antiquorum exquisivi.* (*Eccli.* XXXIX, 1.) Quis enim non miretur opera tua diligenter considerans, et dicta tua, tantam sermonis constantiam, interrogationis prudentiam, fidei facilitatem ? Si quomodo locuta es angelo, attendatur, nimirum quia datum est cordi tuo lumen intelligentiæ, per quod scientiam omnium antiquorum exquisivisti, scilicet doctrinam patriarcharum et prophetarum, et cognitionem cœlestium quam antiqui habuerunt, exquisivisti, Virgo Maria, id est, ex corde quæsi-

visti, et in illo conservasti, unde de te scribitur, quod omnia in corde tuo conservabas (*Luc.* II, 50), id est, in arca memoriæ reponebas omnia verba hæc, non mundana, sed evangelica, scilicet omnia, quæ de Domino vel a Domino dicta, vel facta, cognovisti, vel intellexisti : seu quæ nondum intelligere potuisti, omnia memoriæ commendasti, ut cum tempus prædicandæ seu scribendæ Incarnationis Filii tui advenisset, sufficienter omnia, prout essent gesta, posses explicare quærentibus, et ita quatuor evangelistis multa ostendisti, quæ scripserunt. Tacito igitur corde congruum tempus exspectabas, quo Deus ea vellet divulgari, et ideo de te dicitur : *Sapiens tacebit usque ad tempus* (*Eccli.* XX, 17).

2. Sapiens etiam tu, Virgo Maria, fuisti, quantum ad cognitionem Scripturarum : qui enim aperuit apostolis sensum, ut intelligerent Scripturas, multo fortius te Matrem implevit spiritu sapientiæ et intellectus, superveniente in te Spiritu sancto; imo descendente in te ipsa Sapientia, id est, Filio Dei, qui scientiarum Dominus est (*I Reg.* II, 3), et qui tibi novem mensibus evangelizavit, priusquam aliis civitatibus, et incerta et occulta sapientiæ suæ manifestavit tibi (*Psal.* L, 8) : nec solum novem mensibus, imo et toto tempore, quo juvenis habitabat tecum, manifestavit tibi secreta Scripturarum sanctarum; unde potes dicere : *Præcessi sapientia omnes qui fuerunt ante me, et anima mea contemplata est multa sapienter.* (*Eccle.* I, 16.) Ideo post Ascensionem gloriosam Filii tui facta fuisti Magistra sapiens apostolorum, evangelistarum et prædicatorum.

3. Sed, sapientissima Virgo Maria, ego iniquus et perversus aliqualiter sapiens fui ; et hæc sapientia mundi fuit, quæ stultitia est apud Deum (*I Cor.* III, 19) : sapiens enim fui in oculis meis, quos solum direxi ad mundana, et ad superbiam exterioris hominis. O benignissima Virgo Maria, esto mihi clemens, et propitia apud benedictum Filium tuum. Sapientia tua doceat me qualiter Filio tuo placeam ; illumina mentem meam lumine sapientiæ tuæ, ut quæ agenda sunt videam, et opere adimpleam, ut cum Filio tuo, qui est Sapientia increata, perpetuo requiescam. Amen.

CONTEMPLATIO XXI.

De patientia Virginis Mariæ.

1. Sanctissima ac beatissima Virgo Maria, quibus laudibus efferam tuam admirabilem patientiam, de qua scribitur : *Patientia pauperum non peribit in finem* (*Psal.* IX, 19)? Nulla enim pura creatura a Deo creata, tibi fuit similis in paupertate spiritus; ideo patientia tua non peribit in finem ; non quod patientia sit ibi, ubi nunc cum tuo benedicto Filio gloriaris; cum ibi nulla sit adversitas quæ molestet; sed non peribit, quia infructuosa non est; cum fructum nunc percipias sempiternum. Patientia tua, multa in hoc mundo adversa æquo animo supportavit : namque in hac lugubri vita multa

adversa tuum animum invaserunt : nam vita pauperrima tibi fuit, quia unde viveres, non habuisti; nec unde benedicto Filio tuo nato, in necessariis provideres : nec unde ipsum redimeres, in oblatione Templi, nisi solum pretium egenorum. Victum tuum cum aliunde non haberes, manu et arte quærebas.

2. Vita tua in tribulatione fuit; nisi quantum de Filio tuo consolationes et gaudia suscepisti. Ipso nato oportuit te, ut ipsum a manibus Herodis eriperes, fugere in Ægyptum; ipsius passionem, et mortem acerbissimam et crudelissimam, oculis propriis inspexisti, injurias et contumelias, a Judæis iniquissimis, contra benedictum Filium tuum et te, voce rabida, audivisti : nulla enim prosperitas, nisi de Filio tuo in mundo tibi fuit : quia *qui pie volunt vivere in Christo, persecutiones patientur* (*I Tim.* iii, 12). Sed patienter omnia supportasti, et Deo laudes et gratias reddidisti. Hanc patientiam in laboribus hujus vitæ tolerasti, quia mitis eras corde, et mansueta moribus, et talibus debetur qui non resistunt voluntati divinæ, cujus jugum leve est, et sarcina levis; tu namque ex magna dilectione Dei Patris, non solum consolationes, sed etiam tanquam vera filia, flagella tolerabas, quia quæ non videbas, sperabas, et per patientiam expectabas. Nam mens justa tanto est ad quæcunque fortior, quanto in ea est charitas Dei major. Patientia namque amica est bonæ conscientiæ, non inimica veræ innocentiæ; et hanc in hoc mundo possedisti; quia invicta mentis constantia, nec doloribus nec voluptatibus animum infirmum præbuisti.

3. Sed ego miserrimus et iniquitate plenus, prospera mundi dilexi, et adversa impatienter portavi : o perversa, et Deo odibilis conditio mea! Nam cum Deus peccata mea per patientiam tolerabat, hoc acceptabile et gratiosum mihi erat; sed cum me misericorditer propter peccata mea flagellabat, maxima impatientia ad iracundiam provocabar; et tanto supplicio dignior eram, quanto magis vitiis subdebam justitiam virtutum. O benigna et gloriosa Dei Genitrix Virgo Maria, refugium et spes miserorum; tibi nunquam sine spe misericordiæ supplicatur. Exora Filium tuum benedictum et piissimum, pro me miserabili creatura sua, ut non declinem ad dexteram prosperitatis, nec ad sinistram adversitatis. Da mihi patientiam in afflictionibus et adversitatibus meis; de quibus ipsum laudem, ipsum glorificem, et ipsum benedicam; quia in tribulationibus erudit, in lætitia consolatur, et non solum laudem eum voce, sed et opera cum voce concordent; ut vita præsenti cum patientia, et digna peccatorum emendatione finita gloriam obtineam misericorditer sempiternam. Amen.

CONTEMPLATIO XXII.

De perseverantia Virginis Mariæ.

1. Tuam admirabilem, singularem, et superlaudabilem vitam, gloriosissima Virgo Maria, in corde non sufficio cogitare, quam semper vellem memoriter retinere, semper contemplari, semper prædicare, semper laudare, semper extollere, et in iis, quæ mea modica fragilitas facere potest, ipsam cupio imitari, ut tuo benignissimo Filio, Domino et Salvatori Jesu Christo, et tibi, possem vitam meam dissolutam emendando, toto animo complacere. Tu vero, sanctissima Virgo Maria, sancti Spiritus lumine illuminata, gratia illustrata, ardore sui amoris incensa, et ejus scientia mirifice docta fuisti, per quam scivisti, et memoriæ commendasti, et etiam opere confirmasti, quod omnes virtutes currunt, sed una sola accipit bravium, scilicet perseverantia. Multorum quidem incipere est, paucorum vero finire. Nam multi bene incipiunt, et in fine deficiunt, quia virtutem perseverantiæ non habent; et nisi quisque perseveraverit usque in finem, de sua salute sperare non debet. Sicut enim humilis charitas est fundamentum virtutum, sic perseverantia est gloriosus finis. Hæc sola coronam meretur, quia *non coronabitur, nisi qui legitime certaverit.* (*II Tim.* ii, 5.)

2. Perseverantia gratum facit hominem Deo, aures ejus demulcet, misericordiam obtinet, ostium aperit paradisi : ista mediante Chananæa fuit exaudita, cæcus illuminatus, publicanus indulgentiam obtinuit, centurionis filius sanitatem, Magdalena absolutionem, et omnes sancti perpetuam salvationem. Sed in te, Virgo sacratissima, tanta et tam solida fuit perseverantia, quod scintillam aliquam, quantumcunque modicam alicujus virtutis, doni, aut gratiæ non permisisti excidere a te ipsa; sed omnia tibi peculiariter et universaliter concessa, absque ulla diminutione perseveranter et inviolabiliter usque ad finem conservasti, et illa per tuæ sanctissimæ vitæ merita, augmentasti. O felix perseverantia, et perseverans felicitas! quæ in sexu fragili habitaculum Deo condidisti, imo dicam, et verius loquar, o felix sexus fragilis! qui tanta roboris fortitudine perseverantiam inconcussa mente, et indefesso animo observasti.

3. O felicissima Domina, graviter erubesco, dum præmissa in me ipso contemplor, non quia tu sic virtuose perseverasti; de quo nomen Dei laudo, benedico et glorifico; sed quia ex magna malitia mea, et iniquitate, in bonis et gratiis a Deo gratuito dono mihi datis perseverare nolui; sed invalida et imbecilla mea mens, post divinas aspirationes mihi datas, post bonorum principium, destiti perseverare. Omnia imperfecta reliqui, perdurare nolui : ad tempus credidi et tempore tentationis recessi (*Luc.* viii, 13). O utinam sic cito et absque mora finem imposuissem vitiis in quibus continue et constanti animo miserabiliter perseveravi! ex qua perseverantia peccata peccatis conjunxi, et si sic usque in finem perseveravero, non salvus, sed damnatus ero. O misericordissima Virgo Maria, et omni pietate plenissima, assiste tuis assiduis inter-

cessionibus et deprecationibus tuo gloriosissimo Filio, ut a me auferat istam miserabilem perseverantiam vitiorum, et mihi dona et virtutes ad salutem animæ meæ misericorditer conferat, et in eis perseverantem voluntatem, et animum mihi donet :

iniquitates meas miserando repellat, animam meam sibi gratam faciat, et ipsam, cum soluta carnis vinculo fuerit, in cœlis suscipiat cum sanctis omnibus regnaturam, per infinita sæcula sæculorum. Amen.

—

PARS VII.

DE SALUTATIONE VIRGINIS MARIÆ.

—

CONTEMPLATIO PRIMA.
De Salutatione Virginis Mariæ.

1. Ad te salutandum, gloriosa Virgo Maria, principaliter me invitat archangeli Gabrielis exemplum, qui te primus legitur salutasse. Sed ad hoc faciendum me sentio indignissimum, benignissima Virgo Maria, quia non est speciosa laus et salutatio tua in ore peccatoris (*Eccli.* xv, 9), qualis ego sum. Sed a tua misericordia, piissima Virgo Maria, devota mente et humili corde requiro, ut tuis sanctissimis deprecationibus, mihi misero peccatori misereri digneris, ut salutationem granter recipias, et hoc, beatissima Virgo Maria, faciens, a benedicto Filio tuo mihi impetres vitam angelicam. Nam in angelis est puritas ; quia sicut a carne, sic a carnis illecebris penitus sunt immunes. In ipsis est charitas : quia cœlestis participatio ejus in idipsum ; quia nullus suum aliquid ibi esse dicit ; sed sunt ibi omnia communia. (*Act.* iv, 58.) Nec inter eos major opprimit minorem ; sed omnes in summa pace et quiete ac charitate consistunt. Est etiam in ipsis humilitas et obedientia in ministerio, in quo sine murmure, sine contradictione, sine dilatione Domino obtemperant ; et tanta est eorum humilitas, quod hominem, qui terra et cinis est, non dedignantur custodire, nec inde erubescunt.

2. Hæc tria, beatissima Virgo Maria, invenit in te angelus, dum te humiliter salutavit, dum dicit, *gratia plena* (*Luc.* i, 28), quæ ad humilitatem refertur, quæ sola meretur gratia impleri ; nam *Deus superbis resistit et humilibus dat gratiam* (*Jac.* iv, 6), et dum dicit, *Dominus tecum*, denotat charitatem, quia *Deus charitas est ; et qui manet in charitate, in Deo manet, et Deus in eo* (*I Joan.* iv, 16) ; quod dicit, *benedicta tu in mulieribus*, refertur ad puritatem, quæ perfectissima in te fuit.

3. O sacratissima Virgo Maria, crea in me cor mundum et purum tuis sanctissimis meritis et intercessionibus. Confer charitatem Dei et proximi, et veram cordis humilitatem, ut idoneus servus tuus fiam, te laudem, te benedicam, tibi gratiarum actiones referam sine intermissione : et, sicut archangelus Gabriel non foris stetit, sed ad te fuit ingressus, sic mihi digneris impetrare a tuo gloriosissimo Filio, ut in conclave cœleste, in quod tu assumpta fuisti, ad æthereum thalamum ingrediar, ut ipsum et te laudem in æternum. Amen.

CONTEMPLATIO II.
De primo verbo Salutationis.

1. O sacratissima Virgo Maria, tres salutationes celebriores cæteris Evangelium ostendit. Prima fuit, Gabrielis archangeli ad te. Secunda fuit, tua ad Elisabeth. Et tertia, Christi ad apostolos post resurrectionem. Virgo Maria, ante incarnationem benedicti Filii tui, discordabat Deus ab homine propter peccatum primæ prævaricationis, quia homo a servitio Dei recedens, alienæ se subjecerat potestati : discordabat angelus ab homine, qui primæ apostasiæ, quæ facta fuerat in angelis, ruinam reparare debebat, et tamen in terram corrucrat per peccatum, et cum servus deberet esse in obsequio Dei, homo quasi sponte se subdiderat dominio diaboli. Discordabat etiam homo ab homine, scilicet Judæus a gentili propter diversarum legum æmulationem ; quia Judæus unum Deum, gentilis idola adorabat : erat etiam discordia inter carnem et spiritum, propter mutuam altercationem, quia caro carnalia, spiritus spiritualia appetebat, primo enim spiritus carnem corruperat, et nunc caro spiritum corrumpit.

2. Sed, beatissima Virgo Maria, per salutationem angeli tibi factam, notatur concordia angeli et hominis ; quia per gloriosum partum tuum factus est homo concivis angelorum et domesticus Dei, et facti sunt homo et angelus servi unius Domini, scilicet Christi, et per ipsum Christum de hominibus reparata est angelica ruina : per salutationem tuam, Virgo Maria, ad Elisabeth, designatur concordia Judæi et gentilis, quia Christus lapis angularis, omnes in unam Ecclesiam et fidem unicam convocavit : *Ipse enim est pax nostra, qui fecit utraque unum* (*Ephes.* ii, 4), de quo scribitur : *Ego mittam in fundamentis Sion*, id est, Ecclesiæ, *lapidem angularem* (*Isa.* xxviii,16 ; *I Petr.* ii, 6), id est, Christum ; per salutationem Christi ad apostolos, designatur concordia Dei ad homines ; quia Filius Dei factus est obediens usque ad mortem (*Philip.* ii,8), Deo Patri pro homine satisfecit, ideo nominatur Mediator Dei et hominum. (*I Tim.* ii, 5.) Discordiam ergo, quæ erat inter carnem et spiritum, pacificavit Christus in se utrumque assumens, et pacifice gerens, de quo dicitur : *Simul in unum dives et pauper* (*Psal.* xlviii, 5), id est, spiritus et caro inter se concordes in Christo.

3. Istæ igitur discordiæ per te gloriosam Virginem Mariam pacificatæ sunt, quia Christum nobis genuisti, in quo Deus erat mundum reconcilians sibi (*II Cor.* v, 19); per quem omnes creaturæ rationabiles per charitatem unitæ factæ sunt unius spiritus participes, et regni unius cohæredes. Dicat ergo tibi ipse Deus, dicat angelus, dicat homo, *Ave*, o salutifera Virgo Maria. Ego iniquissimus peccator, discordias commovi inter Deum et me; quia per peccatum subjugavi me potestati hostis antiqui. Fiat pax in virtute tua, piissima Virgo Maria, inter Deum et me tuis devotis orationibus, ut per me tuam salutationem benigne suscipias, et gloriam mihi impetres sempiternam. Amen.

CONTEMPLATIO III.

De secundo verbo Salutationis.

1. *Gratia es plena*, Virgo Maria, quoad Deum per humilitatem, quoad angelos per virginitatem, quoad homines per fecunditatem. Gratia plena es quantum ad quatuor cardinales virtutes, *quibus nihil melius est in vita hominibus.* (*Sap.* viii, 7.) Habuisti namque ex temperantia carnis pudicitiam, sermonis modestiam, cordis munditiam; ex prudentia, siluisti turbata, intellexisti audita, respondisti sapienter ad proposita. Ex justitia reddidisti omnibus quod debebas : ex fortitudine, propositum Virginitatis assumpsisti, assumptum tenuisti, rei tam immensæ fidem adhibuisti, et dixisti : *Fiat mihi secundum verbum tuum.* (*Luc.* ii, 38.)

2. Tu es gratia plena, Virgo Maria, de qua ortus est fons gratiæ, ut manaret super terram, et irrigaret aridam, et sterilem fecundaret; et ad universitatem humani generis redundaret, cujus plenitudo talis fuit, et est, quod quanto plus de tuo fonte gratiæ effluxerit, tanto amplius abundabit, sicut de amore fit : quia quanto quis alium amplius amat, tanto amplius abundat; et quanto amplius amabit, tanto amplius dilectione abundabit. Sic igitur et tu, Virgo Maria, gratia plena es, quia quanto amplius derivas fontem gratiæ tuæ et amoris ad nos peccatores miseros, tanto amplius rivuli tuæ gratiæ superabundant.

3. Tu, benedicta Virgo Maria, fuisti gratia plena ante conceptum, superplena superadveniente Spiritu sancto; plusquam superplena per Filii Dei conceptum; qui sic te totam implevit, ut nec venialis culpa in tua carne vel anima, quantumcunque locum sibi potuerit usurpare. Unde et gratia plena fuisti, quia in corde et opere recepisti totum fontem gratiæ, et ipse fons gratiæ Christus Dominus, tantum de sua immensa plenitudine tibi contulit et replevit quod nihil in te vacuum reliquit. Plenitudo igitur tuæ gratiæ, privavit te omni vacuitate ; unde omnis alia creatura aliquid vacuitatis habuit, quia majorem gratiam habere potuit ; tu nihil vacuitatis habuisti, quia plus gratiæ habere non potuisti, nisi divinitati fuisses unita, hoc est, nisi tu fuisses Deus. Ista est igitur plenitudo,

de qua dicit tibi specialiter Angelus, *Ave, gratia plena (Ibid.* 28), et tuum proprium nomen tacuit ; sed hoc tibi quasi pro nomine posuit, ut *Gratia plena* deinceps nominareris.

4. O beatissima Virgo Maria, ego miser peccator non sum plenus gratia, sed malitia. Indignus sum ut tuam salutationem pollutis labiis referam. Dignare mihi succurrere, Virgo pia, ut te humiliter salutando, sibi placeam, et per te vitam obtineam sempiternam. Amen.

CONTEMPLATIO IV.

De tertio verbo Salutationis.

1. Inviolata Virgo Maria, postquam dicta fuisti *Gratia plena*, dictum tibi fuit per archangelum Gabrielem, *Dominus tecum* (*Luc.* i, 28), qui cum sanctis angelis est per gratiam, et cum sanctis hominibus non solum per gratiam, sed etiam per naturam, ut possit homo dicere *Emmanuel*, id est, *nobiscum Deus* (*Matth.* i, 23), scilicet per naturam, quod dicere non potest angelus, sicut scribitur : *Nusquam angelos apprehendit* (*Hebr.* ii, 16) ; quia angelicam naturam non sibi univit, sed semen Abrahæ apprehendit, quando in te, Virgo Maria, orta de semine Abrahæ, naturam humanam assumpsit. Tecum autem, Virgo Maria, fuit non solum per gratiam et naturam, sed etiam per assumptæ carnis tuæ portionem, sine virilis admistione seminis, ut dicatur tibi, *Dominus tecum*, excluso carnalis patris consortio. Dominus igitur tecum fuit, Virgo Maria, longe excellentius quam cum cæteris sanctis, cum quibus fuit tantum spiritu et in corde, sed tecum fuit spiritualiter in corde, et corporaliter in ventre tuo virgineo.

2. Fuit, Virgo Maria, *Dominus tecum* in ejus Conceptione, quia tunc fuit celebratum conjugium inter divinam naturam et humanam, et hoc in utero tuo virginali. Matrimonium enim consistit in duobus, scilicet in mutuo consensu, qui ibi fuit, quando tu respondisti, *Fiat mihi secundum verbum tuum* (*Luc.* i, 38) ; et in conjunctione naturali, quod ibi fuit, quando *Verbum caro factum est* (*Joan.* i, 14), et tunc, Virgo Maria, tu et divina Sapientia, unus spiritus et una caro facti estis. Si enim Eva dicta est una cum Adam, quia de una costa ejus formata est, ab eo tamen educta, et in nullo ab eo nutrita, multo melius dicitur caro Christi, esse una cum carne tua, quia non de costa, sed de intimis visceribus, imo de tuis purissimis sanguinibus virgineis fuit educta ; et non extra, sed intra gloriosa viscera tua novem mensibus educata ; ex hoc enim vocatum est *nomen ejus Emmanuel* (*Isa.* viii, 14), id est, nobiscum Deus. Quia ex hac unione tua et Dei, factus est Christus Filius tuus humanæ naturæ consors, factus est caro et frater noster ; et in eodem labore et opere nostræ redemptionis, tu, Mater misericordiæ, Patrem misericordiarum adjuvisti, in opere nostræ salutis cooperans.

3. O misericordissima Virgo Maria, considerata

miserabili vita mea, longo peccatorum devio pro-
tracta, Dominus mecum esse non deberet per gratiam, sed per justitiam : sed exora illum tuis
assiduis precibus, ut deleat peccata mea, et sit
mecum per gratiam, qua mediante sic in præsenti
vivam, ut in futuro gloriam percipiam sempiternam.
Amen.

CONTEMPLATIO V.

De quarto verbo Salutationis.

1. *Benedicta tu in mulieribus* (*Luc.* i, 28), sanctissima Virgo Maria, id est, præ mulieribus, quia tu
sola habuisti excellentius, quidquid boni fuit in
mulieribus. Triplex autem fuit status bonus in
mulieribus, conjugalis, vidualis, et virginalis. Tu,
Virgo Maria, statum virginalem habuisti ante desponsationem, conjugalem post desponsationem,
vidualem post benedictam passionem Filii tui. Sic
ergo tu sola habuisti quidquid boni fuit in mulieribus. Ideo Dei Filius singulariter imo mirabiliter in te voluit operari. Ut quæ pretium universitatis debebat parere, cum statu quolibet universitatis haberet aliquid commune. Cum conjugatis
quidem, habuisti partum prolis, cum continentibus
votum castitatis, et cum virginibus perseverantiam virginitatis, ut, dum continentes, conjugatas
et virgines partu tuo redimeres, simul tibi fructus
tricesimus, sexagesimus, et centesimus proveniret,
nec plus meruisti pariendo, quam virginitatem servando.

2. Fuisti, Virgo Maria, benedicta præ omnibus
mulieribus; omnes enim aliæ conjugatæ habuerunt
fecunditatem cum corruptione præcedente, virgines castitatem cum sterilitate. Tu vero, Virgo
Maria, separasti pretiosum a vili, quia habuisti
statum conjugalem et vidualem cum virginitate,
et virginalem cum fecunditate. Ideo benedicta
fuisti super omnes mulieres, quia nulla unquam
accepit, quod tu habuisti ; scilicet quod virgo peperisti, et quod non tantum super omnes mulieres,
sed super omnem naturam et omnem intellectum
fuit, scilicet quod Deum genuisti. Sic ergo, Virgo
Maria, sola habuisti omne bonum quod in mulieribus omnibus fuit, sola non habuisti maledictionem, quam omnis alia mulier habuit, sola habuisti quod nunquam mulier habere potuit, propter
quod de te dici potest : *Maria optimam partem elegit.* (*Luc.* x, 42.)

3. Optimam partem elegisti quantitate, quia
totum habuisti ; optimam qualitate, quia primitias
et excellentiam habuisti; optimam dignitate, quia
dignior pars intelligi non potuit. Igitur optimam
partem elegisti, quia inter omnes quæ partem unquam acceperunt, tu sola, Virgo Maria, optimam
partem elegisti, et habuisti : et sic benedicta fuisti
in mulieribus, id est, præ omnibus mulieribus :
nam antequam tu, Virgo Maria, conciperes Salvatorem, opprobrium erat et ignominia esse mulierem, propter perditionem primæ matris; similiter

et esse hominem propter latrocinium et proditio-
nem Adæ. Eramus enim filii proditoris et latro-
nis, sed, Virgo Maria, opprobrium primorum parentum 'per te a nobis ablatum est ; et insuper
adeo generosi facti sumus, quod Regis et Reginæ
cœlorum effecti sumus fratres.

4. Exora illum, piissima Virgo Maria, pro me
peccatore, quoniam propter perpetrata peccata mea,
a vobis degeneravi, ut me tuis sanctissimis precibus sibi reconciliare dignetur, et sic vitam miseram emendare, ut vitam habeam sempiternam.
Amen.

CONTEMPLATIO VI.

De quinto verbo Salutationis.

1. *Benedictus fructus ventris tui* (*Luc.* i, 42), beatissima Virgo Maria, hoc est, benedictus Filius tuus,
qui in tuo utero virginali fuit flos, quia scriptum
est : *Flos de radice ejus ascendet.* (*Isa.* xi, 1.) In
mundo fuit fructus optimus, sapidissimus, suavissimus et jucundissimus. Sapit enim pro diversitate gustantium. Aliis est manna, propter
dulcedinem ; aliis panis, propter fortitudinem ;
aliis vinum, propter compunctionem; aliis oleum
propter consolationem. Iste fructus crevit in paradiso, id est, in utero tuo virginali, de quo qui
digne comederit, mortem non gustabit in æternum.
Fuit iste fructus, medicina in cruce; panis, in
Sacramento ; vita, in anima ; beatitudo, in cœlo;
quod attendens Elisabeth supplevit quod angelus
non dixerat, scilicet, *Benedictus fructus ventris tui;*
non quia tu benedicta, ideo sit benedictus fructus
ventris tui, in quo benedictæ sunt omnes gentes,
et de cujus plenitudine tu, gloriosa Virgo Maria,
cum cæteris, quanquam differentius a cæteris, accepisti ; et per hoc benedicta es, Virgo Maria, in
mulieribus; ille vero sanctissimus fructus tui uteri
virginalis, benedictus est non in hominibus, non
inter angelos, sed *ipse est per omnia Deus benedictus
in sæcula.* (*Rom.* ix, 5.)

2. Iste suavissimus fructus tuus, benedicta Virgo
Maria, semel digne gustatus, magis excitat appetitum animarum esurientium et sitientium justitiam. Est enim esca et potus ; et tanta est ejus
species, quod in eum *desiderant angeli prospicere*
(*I Petr.* i, 12) ; et ejus pulchritudinem sol et luna
mirantur. Nec est solum speciosus, quantum alii
fructus, sed ut dicitur, *Speciosus forma præ filiis
hominum* (*Psal.* xliv, 3), sic dicendus est speciosus
præ fructibus universis ; unde sicut granum madefactum ex propria substantia germen emittit, a
quo est totus fructus, sine alterius contactu grani :
sic tu, intemerata Virgo Maria, madefacta Spiritu
sancto, sine contactu viri, ex te sola germinasti
Christum, qui est fructus benedictus, et tu benedicta, unde *non potest arbor bona fructus malos facere*
(*Matth.* vii, 8). Iste benedictus fructus latuit sub
flore virginitatis in conceptione, apparuit in nativitate, maturus fuit in prædicatione, et collectus

fuit in arbore crucis, et hoc in passione; dulcis est iste benedictus fructus in ore, prædicantibus; dulcior in palato, meditantibus; sed dulcissimus in corde, gustantibus.

3. O misericordissima Virgo Maria! Ego peccator esurio; justifica me tuis sanctissimis orationibus, et da mihi hunc cibum; sitio, da u ihi hunc potum; infirmor, da mihi hanc medicinam; tribulor, da mihi hanc consolationem; morior, da mihi hanc vitam, quæ me misericorditer, decursis præsentis vitæ miseriis, perducat ad vitam æternam. Amen.

PARS VIII.

DE CONCEPTU VIRGINEO GLORIOSÆ VIRGINIS MARIÆ

CONTEMPLATIO PRIMA.
De conceptu Virginis Mariæ.

1. Umbra refrigerans, sacratissima Virgo Maria, qua virtus Altissimi obumbravit tibi, et per carnem a te assumptam, te in umbraculum Ecclesiæ præparavit, obumbrata, et obumbrans, merito dici possis. Tibi enim ab angelo nuntiante Filium Dei dictum est : *Spiritus sanctus superveniet in te, et virtus Altissimi obumbrabit tibi.* (*Luc.* 1, 35.) Triplex enim væ inflictum fuerat cunctis filiabus Evæ ob demeritum transgressionis ejus; donec Spiritus sanctus *superveniens*, hoc est, *super væ iens*, a te totum illud væ abstulit, ut nec corruptio carnis, impuram; nec prævaricatio mentis, ream; nec damnatio, te miseram constitueret. Antea vero in natura humana erat duplex infirmitas, una procedens ex superabundantia humorum, id est, carnalium desideriorum; altera ex frigiditate, quæ erat desperatio cœlestium promissorum. Has duas infirmitates sanavit Spiritus sanctus medicus suis contrariis; id est, calido, frigidum, et humidum, sicco. Calidum fuit in te, Virgo Maria, ardor et desiderium cœlestium, quo curatum est frigidum desperationis; siccum fuit, propositum continentiæ et virginitatis, quo curavit humidum totius concupiscentiæ carnalis. Ideo dicitur : *Virtus Altissimi obumbrabit tibi*, quia ab æstu carnalium desideriorum, quæ exstinguet in te, præstabit refrigerium.

2. *Obumbrabit* igitur *tibi :* nam omne corpus umbrosum in natura rerum, suam umbram jacit in illud, quod oppositum est ei, a quo claritas procedit. A simili est, Virgo Maria, de tua obumbratione; quia res a qua claritas processit, fuit divinitas Verbi, sed opposita fuit splendori, fragilitas nostræ mortalitatis : Christi vero humanitas in conceptione unita Verbo, suscepit splendorem divinitatis : et sic divinitati et nostræ fragilitati interposita, non solum tibi, Virgo Maria, sed et toti mundo obumbravit; ut obumbratio intelligatur assumptæ carnis mediatio. Et sicut radius solaris jubaris, ad diversa loca, oppositi sibi corporis umbram transmittit, sic Christus Sol justitiæ, suæ humanitatis obumbrationem, ad diversas partes Ecclesiæ transmisit diversis temporibus : ad orientem umbram jecit, cum in sua conceptione de cœlo descendens, et formam servi assumens, dedit humilitatis exemplum; ad occasum, cum in passione contulit remedium; ad aquilonem, cum descendens in infernum, ipsum momordit; ad meridiem, cum ascendens testes suæ gloriæ transvexit in cœlum.

3. O Virgo Mater, ora illum, quem misericorditer accepisti, ut pravos conceptus mentis meæ restinguat, et pios conceptus cum operibus subsecutis tribuat mihi, et gloriam sempiternam. Amen.

CONTEMPLATIO II.
De eodem.

1. O verbum dulcissimum, verbum mellifluum, verbum omni gaudio et exsultatione plenum! dictum est tibi per angelum, o beatissima Virgo Maria, *Spiritus sanctus superveniet in te.* (*Luc.* 1, 35.) Venit namque per sanctificationem tui conceptus virginei; *et virtus Altissimi obumbrabit tibi.* Illa fuit virtus de qua dicitur : *Notam fecisti in populis virtutem tuam* (*Psal.* LXXVI, 15), id est, Christum, qui est virtus Dei. Hæc virtus obumbravit tibi; miscuit autem Dominus divinitatem humanitati, quando fulgorem divinitatis nube humanitatis temperavit. Aliter tantum fulgorem humanus aspectus ferre non potuisset : nam claritatem Solis æterni, nec tuus aspectus, singularissima Virgo Maria, sustinere potuisset, nisi nubes carnis virgineæ primitus obumbrasset. Tibi igitur Virgini Mariæ obumbravit, contra omnem tribulationem protegendo; quia, sicut umbraculo tegitur quis a calore solis, ne ei noceat, sic gratia Spiritus sancti te Virginem protexit ab omni mala infestatione. Obumbravit ergo tibi, non lædendo; sicut non lædit umbra, neque gravat, sed refrigerium præstat.

2. Sed, beatissima Virgo Maria, quid est hoc, *Virtus Altissimi obumbrabit tibi?* Qui potest capere, capiat. Quis enim, te excepta, hoc intellectu capere vel ratione discernere possit, qualiter splendor ille inaccessibilis tuis visceribus virgineis sese infuderit? Soli datum est nosse, cui soli datum est experiri : ergo Spiritus sanctus superveniet in te, qui utique sua potentia fecundabit te; et virtus Altissimi obumbrabit tibi; hoc est illum modum, quo de Spiritu sancto concipies, Dei

virtus, et Dei sapientia Christus sic in suo sacratissimo consilio obumbrando contegit, et celat, quatenus notus habeatur sibi et tibi. Ac si angelus respondeat ad te, Virgo Maria, quid a me requiris, quod in te mox experieris ? scies, scies, et feliciter scies, sed illo doctore, quo et auctore. Ego autem missus sum virginalem nuntiare conceptum, non creare. Non potest doceri nisi a donante, non addisci, nisi a suscipiente ; hanc namque secretam generationem te sola conscia operabitur, ut dicere possis post partum : Sum, quod eram (id est, virgo), nec eram, quod sum (id est mater), modo dicor utrumque, id est mater et virgo.

3. O clementissima Virgo Maria, per operationem tanti et tam sacratissimi mysterii, et per tam ineffabile gaudium, quod inde suscepisti, adjuvare me digneris tuis sanctissimis deprecationibus. Ora illum pro me miserrimo peccatore, quem miraculose operante in te sancto Spiritu, in tuo utero virginali concepisti ; ut qui carnem assumendo humanam, frater noster dignatus est fieri, purgatis meis vitiis et peccatis, gratiam mihi tribuat agendi gratias de tam salutifero dono, humano generi gratiose concesso ; ut soluto carnis vinculo, anima mea in cœlesti gloria collocetur. Amen.

CONTEMPLATIO III.

De eodem.

1. O salutifera, et in æternum benedicta, conceptus tuus virgineus, contrarius reperitur conceptui cujuslibet alterius mulieris ; quia in conceptu usitato omnium mulierum, intervenit carnalis operatio ; sed, beatissima Virgo Maria, in sacratissimo conceptu tuo intervenit solum spiritualis operatio. Unde, cum quæsisses ab angelo : Quomodo fiet istud ? respondit angelus huic quomodo, dicens : Spiritus sanctus superveniet in te, et virtus Altissimi obumbrabit tibi (Luc. 1, 35). Igitur contra carnalem operationem, dicitur : Spiritus, id est, spiritualis operatio. In conceptu alterius mulieris, intervenit integritatis dissipatio. Sed, sacratissima Virgo Maria, nulla dissipatio tuæ virgineæ integritatis fuit in te ; quia opus fuit Spiritus sancti, qui non novit virginem corrumpere, sed sanctificare ; nescit pudicitiam minuere, sed augere ; nescit fœdare, sed fecundare ; nescit vilificare, sed glorificare. Unde te timentem de tua virginitate, assecuravit archangelus Gabriel, dicens tibi : Ecce concipies, et paries Filium, et vocabis nomen ejus Jesum (Luc. 1, 31), id est, Salvatorem ; qui salvat, non violat ; confracta solidat, non confringit solida : secundum nomen ejus, ita et opus ejus. Si igitur te matrem corrupisset in conceptu vel partu, jam non videretur Salvator, sed potius dissipator ; quod absit !

2. Igitur supervenit Spiritus sanctus duobus modis in te, et divinæ potentiæ suæ efficaciam ostendit ; quia et mentem tuam, quantum humana fragilitas patitur, ab inclinatione vitii castigavit, ut cœlesti esses digna partu ; et in utero tuo virgi-

nali illud sanctum ac venerabile Redemptoris nostri corpus, sola sui operatione creavit, id est, nullo virili interveniente actu, carnem de intemerata carne virginea, sacrosanctam, Dei virtus formavit. Quem enim aperte prius Spiritum sanctum dixit, hunc ipsum denuo virtutem Altissimi nominavit. Obumbravit autem tibi virtus Altissimi, quia cor tuum implevit, et ab omni æstu concupiscentiæ temperavit, et emundavit a desideriis temporalibus, ac donis cœlestibus mentem tuam simul consecravit et corpus. Virtus igitur, Virgo Maria benedicta, Altissimi obumbravit tibi. Umbra a lumine et corpore erecto solet formari : Virtus ergo Altissimi obumbravit tibi, dum incorporea lux divinitatis corpus in te suscepit humanitatis.

5. O purissima Virgo Maria, ora pro me impiissimo peccatore illum, qui tibi obumbravit, ut sub umbra sua me recipiat, et a calore et fervore terrenorum et carnalium desideriorum me protegat, et defendat, et umbram gratiæ mihi conferat ; qua mediante, miserabilem vitam meam emendem, de peccatis satisfaciam, nec ad illa ultra redeam ; sed virtuose cogitando, loquendo et operando in fine regnum apprehendam sempiternum. Amen.

CONTEMPLATIO IV.

De eodem.

1. Concepisti, sacratissima Virgo Maria, de Spiritu sancto ; non quod de substantia Spiritus sancti semen partus acceperis, sed per amorem et operationem sancti Spiritus ex carne tua virginea, partui divino substantiam natura ministravit. Nam quia in corde tuo amor Spiritus sancti singulariter ardebat, ideo in carne tua, virtus Spiritus sancti mirabilia faciebat : et cujus dilectio in corde tuo non suscipit socium, id est, amorem alienum, ejus operatio in tua carne virginea non habebat exemplum. Ideo dictum est tibi, Spiritus sanctus superveniet in te, et virtus Altissimi obumbravit tibi (Luc. 1, 35), ut substantiam carnis ministrans carnalis concupiscentia moreretur, redemptio etiam mundi fuit ex benignitate. Benignitas autem attribuitur Spiritui sancto. Venturus igitur in mundum Filius Dei, de Spiritu sancto dicitur incarnandus. Superveniet namque Spiritus, quia vénit desuper, et super cor, super meritum, super cogitatum, super speratum, super desideratum, et super petitum. Non enim potuisses promereri, non ausa fuisses cogitare, non sperare, non desiderare, non petere, ut Filius Dei incarnaretur in te. Virtus ergo Altissimi obumbrabit tibi, quia in te umbram accipiet ; id est, carnem levem, et a peccato immunem. Nam umbra figuram habet corporis sine corruptione. Fuit etiam tibi Virgini gloriosæ, Dominus in conceptione protector potentiæ per Spiritum sanctum ; et propter hoc specialiter missus est ad te Gabriel, qui interpretatur Fortitudo Dei. Fuit etiam tibi Dominus in tegimen ardoris, in conceptu ; quia concepisti sine culpa : nam per obumbrationem

Spiritus sancti, exstinctus est in te ignis totius fomitis, et ita sopius, ut nullus in te posset excitari pruritus. Fuit etiam tibi fundamentum virtutis in partu ; quia non laborasti pariendo, sed sine dolore peperisti Salvatorem omnium sæculorum. Supervenit igitur in te, humillima Virgo Maria, Spiritus sanctus, ut totum, quod carnale erat, absorberet in te, et te totam faceret spiritualem.

3. Ad te recurro, Virgo Maria misericordissima, ad te humiliter recurro, ego iniquissimus, totus terrenis vitiis involutus, et nihil de spirituali, vel modicum ex magna malitia mea possidens. Exora illum, qui supervenit in te, et impetra mihi tuis sanctissimis deprecationibus, ut super me veniat gratia ejus, et ejus misericordia, quæ mentem meam elevet a terrenis et carnalibus, quæ militant adversus animam, et ad superna dirigat, ut in fine illum possideam per infinita sæculorum sæcula. Amen.

CONTEMPLATIO V.
De eodem.

1. O virtuosissima et perfectissima Virgo Maria, dictum est tibi gratiose ab angelo, *Spiritus sanctus superveniet in te*, id est, de superno Patre luminum veniet in te : *Et virtus Altissimi obumbrabit tibi (Luc.* I, 35), id est, ad honorem tuum, *Virtus Altissimi*, id est, Filius Dei Patris, in te umbraculum faciet. Nam de carne carnem assumendo, divinæ naturæ fecit umbraculum ; et sub umbra carnis splendorem divinitatis obtexit, ut præveniendo te in benedictionibus dulcedinis, suavitatem divinæ voluptatis degustares ; *Et virtus Altissimi obumbrabit tibi ;* ut femina et Virgo pavida, contra annos teneræ ætatis, et contra fragilitatem sexus, thesauros sapientiæ et scientiæ in te recipi et recondi non timeres. *Spiritus sanctus superveniet in te*, ut ejus fructificationem experireris, quod *Suavis est Dominus universis*, sed tibi superexcellenter : et quod *Miserationes ejus super omnia opera ejus (Psal.* CXLIV, 9), sed super te incomparabiliter. *Et virtus Altissimi obumbravit tibi*, ut assumptæ carnis velamine interjecto, susceptrix divinæ majestatis efficere ris.

2. *Spiritus sanctus supervenit in te*, ut prima, sub lege contra legis maledictum, virginitatis florem Deo voveres. Secundo, in te supervenit, ut sola omnium feminarum, Virgo conciperes, et pareres Deum et hominem, et Virgo permaneres. *Virtus quoque Altissimi obumbrabit tibi*, ut omnem nitorem temporalis gloriæ, omnem favorem blandientis fortunæ ab affectu et a spiritu tuo præ amore cœlestium excluderes. *Obumbrabit tibi* iterum, ut te ab omni incentivo carnalis illecebræ non dico temperaret, sed super anteriorem statum, et supra humanum modum instar angelicæ puritatis te insensibilem redderet. In superventione ergo Spiritus sancti gustasti et vidisti

quoniam suavis est Dominus, id est Spiritus sanctus, de quo concipiebas. In obumbratione virtutis Altissimi, intellexisti Dei virtutem et sapientiam, id est, Christum Verbum, quod concipiebas ; alioqui quomodo de Spiritu sancto corporaliter conciperes, nisi ejusdem amore spirituali prius et suavius tangereris ? Aut quomodo Verbum in tuum uterum virginalem descenderet, nisi et tu, Virgo Maria, ad intelligentiam Verbi mente rapta fuisses ? Prius ergo factum est tibi sapientia in mente quam caro fieret in tuo utero virginali.

3. O benignissima Virgo Maria, adjuvare me digneris misericorditer, exorando illum assidue, quem in tuo utero virginali concepisti, ut mundare dignetur immundissimum cor meum, quo purificato ab omni labe peccati illum ibidem firma fide concipiam, et conceptum retineam, ut cum ipso vivam per infinita sæcula sæculorum. Amen.

CONTEMPLATIO VI.
De eodem.

O Sacratissima Virgo Maria, *Sicut pluvia in vellus descendit* (*Psal.* LXXI, 6), ita in tuum uterum virginalem, gloriosissimus Filius tuus, cooperante Spiritu sancto, descendit. Namque, sicut pluvia cum summo silentio descendit in vellus sibi expositum, et illud perfundit et replet, sic Verbi divinitas replevit tuum corpus virgineum, et possedit tuam virgineam mentem, quando tu, beatissima Virgo Maria, te totam exponens dixisti, *Ecce Ancilla Domini, fiat mihi secundum verbum tuum*. Et, sicut pluvia perfundens vellus, illud integrum illibatumque conservat, sic Deitas te integram illibatamque, gloriosissima Virgo Maria, conservavit ad ingressum similiter et egressum. Sicut enim te integram invenit, sic et integram nascendo reliquit. Remansit namque genitale secretum clausum et inviolatum, nec concussa sunt tua materna viscera virginea ; sicut nec vellus fœdatur aut corrumpitur, cum impletur aut vacuatur a pluvia.

2. Et sicut stillicidia stillant super terram, et inebriant terram ac germinare eam faciunt (*Psal.* LXXI, 6), ita descendens in te virtus Altissimi, germinare te fecit germen vitæ ; scilicet delectabile germen illud, et non aliud quam quod ex carne tua per infusionem divinæ virtutis erupit. Quid enim aliud, sanctissima Virgo Maria, fuerunt Spiritus sancti obumbratio, plenitudo gratiæ, fervor fidei, castitas virginalis, quam stillicidia quædam gratiarum in te descendentium, ut tu benedicta terra produceres fructum tuum ? Descendit igitur pluvia. Venit Dei Filius in te de sinu Patris, sicut pluvia in vellus placide in placidam, secrete in secretam, benigne in benignam, jucunde in jucundam, utiliter in perutilem, et in fructiferam fructuose. Descendit nam-

que omnis plenitudo gratiæ et abundantia. Ideo sacratissima Incarnatio tui Filii benedicti, dicitur *Plenitudo*. Descendit Filius tuus in tuum uterum virgina'em, ut satisfaceret petitioni Ecclesiæ dicentis, *Utinam dirumperet cælos, et descenderet,* (*Isa.* LXIV, 1).'; descendit, inquam, ut compassionem nobis ostenderet, qua nobis compatiebatur ; et ut nos liberaret de manibus Ægyptiorum, id est, dæmonum, descendit ad nos, quia non poteramus ascendere ad eum, sicut medicus venit ad decumbentem ægrotum. Ideo ejus benedicta Incarnatio dicitur *Visitatio*, quia *visitavit nos oriens ex alto.* (*Luc.* I, 78.)

3. O benignissima Virgo Maria, ego miserabilis peccator infirmus sum, decumbens in lecto peccati et miseriæ : ora illum misericorditer, **vt** descendere dignetur antequam moriar : visitet per suam piissimam gratiam infirmitatem meam gravissimam ; sanet me ægrotum, ob meritum suæ sacratissimæ Incarnationis, ut salvus sim. Amen.

CONTEMPLATIO VII.

De eodem.

1. Desiderium sanctorum Patrum impletum est in te, gloriosissima Virgo Maria, qui dicebant : *Rorate, cæli, desuper, et nubes pluant Justum ; aperiatur terra, et germinet Salvatorem.* (*Isa.* XLV, 8.) In hoc namque desiderio, tria petebant sancti Patres ; scilicet a cœlis, rorem ; a nubibus, pluviam ; et germen, a terra. Per cœlum, angeli ; per nubes, prophetæ ; et per terram, tu, gloriosa Virgo Maria, intelligi debes. Igitur *rorate, cœli, desuper,* id est, veniat archangelus Gabriel, et *roret,* id est, rorem annuntiet, scilicet Dei Filium, qui est *ros Hermon,* quod interpretatur *lumen exaltatum,* quia Christus, qui est lumen, primo exaltatum fuit in candelabro crucis in Passione ; et secundo in cœlo in Ascensione ; *Qui descendit in montem Sion* (*Psal.* CXXX I, 3), id est, in te, Virgo Maria, in Incarnatione, manente in te integritate virginitatis, sicut ros descendit in lilium sine lilii corruptione. Sed qualiter descendit, non capit mens humana ; quia *generationem ejus quis enarrabit?* (*Isa.* LIII, 8) sed quod in te, Virgo Maria, descenderit, credo, et confiteor : et quod ex ejus adventu magis incanduerit fl.s tuæ virginitatis.

2. *Nubes pluant Justum :* nubes tonant, pluunt, fulgurant ; sed hic petimus ut pluant ; non enim possumus sustinere fulgura et tonitrua. O nubes, Christum pluite, id est, pluviam nuntiate, quæ leni ictu percutit, et percutiendo rigat ; *Nubes* igitur *pluant Justum,* id est, veniat, qui justitiam faciat de diabolo seductore, sicut fecit de homine seducto. Juste enim tenebatur homo, et injuste tenebat eum diabolus ; quia non fecerat hominem diabolus, propter quod ei nocere deberet. *Aperiatur ergo terra, et germinet Salvatorem. Aperiatur terra,* id est, fias tu Virgo Maria, porta

cœli, *Intrent ut astra flebiles* quæ porta clausa erat cunctis per Evam. *Aperiatur igitur terra,* id est, tu, Virgo Maria consentias nuntio angelico.

3. Sed cum tu, beatissima Virgo Maria, dicaris ter porta clausa, id est, ante partum, in partu, et post partum, quomodo dicitur *aperiatur terra?* O sanctissima Virgo Maria, tu aperuisti aures ad audiendum verbum angeli, cor ad credendum et consentiendum, os ad consensum exprimendum, et orandum, ut fieret, quod tibi promittebatur. Bene dixisti : *Fiat mihi secundum verbum tuum* (*Luc.* I, 38) ; et sic aperta fuit terra, id est, tu, benedicta Virgo Maria ; et *germinasti,* id est, concepisti Salvatorem, operatione Spiritus sancti ; tamen fuisti clausa ad consentiendum, donec intellexisti, quod postea concipere, et parere manens Virgo : nec incarnatum in te fuisset Verbum Patris, nisi verbis angelicis consensisses.

4. O misericordissima Virgo Maria, ob meritum tanti gaudii et tanti mysterii, adjuvare me digneris, exorando illum, quem sic misericorditer concepisti, ut sic me ordinare et disponere ad suum servitium dignetur, quod ad gratias referendas, de tanto beneficio assidue assurgam, et in fine suum regnum mihi sempiternum concedat. Amen.

CONTEMPLATIO VIII.

De eodem.

1. O purissima Virgo Maria, *ros,* id est, Spiritus sanctus, superveniens in te, in Filii Dei Conceptione, fomitem in te penitus sic exstinxit, quod nullo modo postea peccare potuisti. Iste *ros* ad benedictam prolem suscipiendam te fecundavit, de quo miraculose concepisti. Christus *ros* dicitur, ratione originis ; quia de cœlo est. Unde legitur, *Qui de cœlo venit, super omnes est.* (*Joan.* III, 31.) Dicitur etiam *ros* ratione proprietatis : ros enim occulte et suaviter descendit ; et Filii tui benedicti incarnatio, Virgo Maria, tam secreta fuit, quod multi angeli nescierunt. Unde admirabantur in ejus Ascensione, dicentes : *Quis est iste, qui ascendit?* (*Isa.* LXIII, 1.) Ros ardorem temporis aut exstinguit, aut temperat. Jesus Christus benedictus Filius tuus, Virgo Maria, obvians diabolo venienti ab incendio gehennæ, ubi habitat, et ab ardore desiderii male faciendi, unde venit ad tentandum nos, ut secum comburat in fornace gehennæ (accendit enim peccatores per culpam, ut secum eos comburat per pœnam) ; humilem efficit eum ; quia Christus patiens in cruce, humiliavit calumniatorem. Unde dicitur : *Tu humiliasti, sicut vulneratum, superbum* (*Psal.* LXXXVIII, 11), id est, diabolum ; et minorasti potentiam ejus.

2. Venit etiam in te, Virgo Maria, tuus Filius benedictus, ut *ros,* in sua Incarnatione, ut ardorem peccati, quo mundus flagrabat, exstingueret. Nam ante ejus adventum, æstuabat totus mundus incendio peccati : ad hunc ardorem se'andum misit Dominus

primo, inundationem diluvii; secundo, pluviam, id est, prophetarum prædicationem; et tertio, rorem salutiferum, id est, semetipsum ad refrigerandum incendium vitiorum, et humiliavit superbiam ipsius diaboli humilitate passionis suæ; sed non sic potentiam tentandi depressit, quia adhuc posset tentare, quia totum cedit ad utilitatem hominis. Non enim Filius tuus benedictus, Virgo Maria, percussit inimicum superbum, per potentiam, ne ille posset conqueri de violentia; sed per prudentiam. Ros etiam suavis et levis est; tunc enim lenitas et suavitas Filii tui, benedicta Virgo Maria, fuit ostensa, quando *apparuit benignitas et humanitas Salvatoris nostri Dei* (*Tit.* III, 4), id est, benignus et humanus Deus.

3. O clementissima Virgo Maria, Dei Mater, per ista sancta nomina tua, *Virgo Mater,* te suppliciter exoro, ut tuis sanctissimis deprecationibus hunc rorem mihi mittere digneris, qui ardorem et æstum concupiscentiarum et vitiorum refrigeret in me, et compescat; mentem meam aridam irriget gratuitis donis, ut secundum placitum suum hic vivendo, gloriam mihi tribuat sempiternam. Amen.

CONTEMPLATIO IX.
De eodem.

1. Singularissima Virgo Maria, *Verbum caro factum est* in te, et de te, id est, Dei Filius benedictus caro factus est, ut caro fieret Deus. Ideo dicitur, *Quotquot autem eum receperunt, dedit eis potestatem filios Dei fieri, his qui credunt in nomine ejus.* (*Joan.* I, 12.) Recipiendo enim Filium Dei per fidem, nos carnales, efficimur filii Dei. Gloriosissima Virgo Maria, Verbum caro factum est in te; nam, quia homo factus est ad imaginem et similitudinem Dei secundum animam, unitus est Deus Filius Dei carni nostræ; ideo dicitur : *In similitudinem hominum factus, et habitu inventus ut homo* (*Philipp.* II, 7), ut homo similis esset Creatori, tam in carne quam in anima; et salvaretur in utroque. Beatissima Virgo Maria, Verbum caro factum est in te; quia imago Dei deformata erat, et deleta in homine per peccatum Adæ, qui *cum in honore esset,* quia videlicet creatus ad imaginem et similitudinem Dei, et civis paradisi, *non intellixit; et ita comparatus est jumentis insipientibus, et similis factus est illis.* (*Psal.* XLVIII, 13, 21.) Sed benedictus Filius tuus in te venit incarnari, ut hominem deformatum reformaret, mortuum suscitaret, delelum reficeret, et perditum restauraret. Et quia carnales sumus, et carnem diligimus, *Verbum caro factum est,* Virgo Maria, in tuo utero virginali, quia quodlibet simile suum appetit simile; et factus est nobis similis secundum carnem, ut ipsum appeteremus et diligeremus.

2. Sacratissima Virgo Maria, venit Filius Dei tectus nube carnis tuæ virgineæ, ut videri possit a nobis, et agnosci; qualiter autem ingressus est in tuum uterum virginalem nemo novit, nec qualiter

egressus est. Egressio sola cognoscitur; absque veste Deus (ut ita dicam) ingreditur, qui (ut recte dicam) carne vestitus egreditur; sicut Verbum semel venit ad nos, *et Verbum caro factum est, et habitaret in nobis* (*Joan.* I, 14), sic quotidie venit ad nos in spiritu, ut inhabitet in nobis. Habitavit enim in nobis, ut carnis opprobrium tolleret, quia per peccatum Adæ, factus fuerat omnis homo mendax; et etiam ut tolleret omnem iniquitatem; quia *nemo bonus, nisi solus Deus.* (*Luc.* XVIII, 19; *Marc.* x, 18; *Matth.* XIX, 17.) Ideo dicitur *Verbum* quasi *verum bonum,* contra malitiam, et caro contra fragilitatem; et sicut cibus solidus masticatus a nutrice, reducitur in liquidam substantiam, ut transeat in nutrimentum pueri, sic tu, sanctissima Virgo Maria, nutrix nostra, tuum benedictum Filium emollisti nobis, et fecisti esibilem, et quasi decoxisti igne immensæ charitatis tuæ.

3. O misericordissima Virgo Maria, ego iniquissimus peccator tuum benedictum Filium mihi durum et severum in mea delicta, cum justitia et rigore, timeo, sed tua piissima intercessio reddat eum mihi mollem et misericordem, ut peccata mea cum pietate dolendo, benigna ejus dextera me recipiat in æternum. Amen.

CONTEMPLATIO X.
De eodem.

1. Fecit tibi *magna qui potens est* (*Luc.* I, 49), beatissima Virgo Maria, quia fuit in te aliquid, quod fuit secundum naturam; et aliquid, quod fuit contra naturam; et aliquid, quod fuit supra naturam. Contra naturam infirmitatis nostræ fuit, quod Virgo concepisti; secundum naturam fuit, quia in benedicto utero tuo, fuit tuus Filius formatus et conceptus, et tandem secundum legitima nascendi tempora illum peperisti; supra naturam fuit non solum hujus infirmitatis nostræ, sed etiam supra naturam primæ conditionis quod sine virili semine Virgo concepisti; puritatis namque fuit quia sine concupiscentia seminare potuisti. Honoris fuit, quod prolem a contagio peccati mundam effudisti; gloriæ fuit, quod non de viro, sed de Spiritu sancto concepisti.

2. Sed, sacratissima Virgo Maria, quare gloriosissimus Filius tuus solum nasci voluit ex te, et non de utroque sexu, cum utrumque ad mundam prolem seminandam mundare potuisset? Certe, Virgo Maria benedicta, si de utroque carnem assumpsisset, utique a proprietatis suæ similitudine longius recessisset, et ad nostram minus appropinquasset. Proprietatis suæ fuisset dissimilis si patrem et matrem habuisset in humanitate, qui solum Patrem habebat in divinitate. In hoc etiam dissimilior nobis fuisset, si duos, quod nos non possumus, patres habuisset, sed et ratio hoc exigebat, ut sic unum principium esset in generis nostri reparatione. Oportuit ergo Reparatorem generis nostri, aut de solo viro, aut de sola femina

nasci. Sed si de viro sexum femineum assumpsisset, ordinem naturæ confudisset, qui femineum sexum supra virilem extulisset; et ipse idem diceretur Filius ex divinitate, et Filia ex humanitate. Et si virilis fuisset sexus quem assumpsisset, et virilis de quo assumpsisset, habuisset sane vir, geminum pro hac parte honoris solatium, sed femina nullum. Et certe si de viro formari voluisset, materiam quidem de carnis nostræ substantia traxisset, sed in ejus Incarnatione naturæ operatio nihil habuisset; et sic a naturæ nostræ proprietate longius discessisset. Sed si mul`ebrem de muliebri sexu assumpsisset, ordinem, ut dictum est, naturæ confudisset; quia geminato in hoc muliebris solatio, virilis sexus singularis privilegii nihil simile habuisset.

3. O beatissima Virgo Maria, qualis dignitas ista fuit tibi, ut Virgo et Mater esses ! Mater non solum hominis, sed Dei et hominis, illum concepisti, illum peperisti, illum lactasti et nutrivisti, et cum eo permansisti et permanebis lætissima in æternum. Amen.

CONTEMPLATIO XI.

De eodem.

1. Beatus venter tuus, beatissima Virgo Maria, qui Jesum Christum portavit. Non enim a ventre Filius, sed venter a Filio beatificationis honorem accepit. Beatus venter igitur tuus, quia ibi Deus factus est homo ; Verbum, infans ; Æternus, temporalis ; Immortalis, mortalis ; Immensus, parvulus ; Creator, creatura ; et qui fecit ventrem, factus est in eodem ventre ; qui venter majus aliquid seipso continuit, id est Deum : quem totus non capit orbis ; qui seipsum clausit in tuo utero virginali, et in tuis visceribus virgineis, gloriosissima Virgo Maria. Beatus fuit venter tuus, quoad te, et quoad nos ; quoad te, quia omne bonum tui pretiosissimi ventris fuit integritas virginalis, fecunditas conjugalis, et continentia vidualis ; quia tu, Virgo Maria, inviolata semper permansisti. Fuisti fecunda sine viro, fuisti vidua mortuo sponso ; fuit etiam venter tuus benedictus quoad nos, quia relevavit miseriam nostram, id est nostræ servitutis ; quia contulit nobis thesaurum nostræ redemptionis relevavit etiam miseriam nostræ infirmitatis, et necessitatis ; quia fuit apotheca nostræ curationis.

2. Sanctissima Virgo Maria, beatus est venter tuus, quia concepit cum integritate, portavit cum lenitate, et peperit cum suavitate ; cum e contrario omnis mulier concipiat cum corruptione, portet cum gravamine, et pariat cum dolore. Intemerata Virgo Maria, beatus est venter tuus, quia a Spiritu sancto consecratus, et Filio Dei repletus est : et omne datum optimum, et omne donum perfectum, nobis inde fluxit. Ex eo namque exivit fons vitæ, qui Christus est, tendens ad resurrectionem mortuorum, ad redemptionem perditorum, ad salvationem vivorum, ad erectionem lapsorum, ad ereptionem incarceratorum, ad destructionem inimicorum, ad restaurationem angelorum.

3. Benignissima Virgo Maria, ex tuo utero virginali, processit benedictus Filius tuus medicamentum nostræ curationis, viaticum nostræ peregrinationis, pretium nostræ redemptionis ; et præmium nostræ remunerationis. Et quia tu, misericordissima Virgo Maria, in tuo utero virginali portas nos miseros per compassionem, et quantum in te est, omnibus communicas tuam gratiam per charitatem ; ad tuam pietatem ego nequam peccator recurro, ut fructum virginitatis tui uteri mihi communices, me reconciliando sibi, ut illo misericorditer satier in æternum. Amen.

CONTEMPLATIO XII.

De eodem.

1. Gratiarum plena, Virgo Maria , quamvis tibi non conjungeretur in unitate personæ divina Sapientia, tamen portionem carnis vel sanguinis tui purissimi in unitatem personæ sibi sociavit ipsa divina Sapientia, quando illud impletum est : *Simul in unum dives et pauper* (*Psal.* xlviii, 3) ; et tunc de teipsa dicere poteras : *Dum esset Rex in accubitu suo, nardus mea dedit odorem suum.* (*Cant.* i, 11.) *Dum esset Rex,* id est Christus, qui regit omnia, *in accubitu suo ;* id est, in sinu Patris nondum factus visibilis, *nardus mea,* id est humilis virginitas, *dedit odorem suum,* id est, præcipuum usque in accubitum paterni solii, qui odor suavissimus, scilicet humilitas, et virginitas, Dei Filium illexit, et totum rapuit ; qui illectus, et totus raptus de sinu Patris saliit in tuum uterum virginalem, et a summo cœlo egressio ejus ; quia de eo dicitur : *Omnipotens sermo tuus, Domine, a regalibus sedibus venit.* (*Sap.* xviii, 15.)

2. Non solum in tuo utero virgineo odorem virginitatis, sed etiam in mente odorem humilitatis, reperiens ; et his odoribus odorem suæ divinitatis admiscens, te de ancilla fecit Sponsam, et de creatura Genitricem. Sic nimirum tua humilitas virginalis Regem cœli traxit ad terram, et velut aquilam odore prædæ concupitæ illectam carni tuæ immaculatissimæ copulavit, et nimio pervolans desiderio prævenit nuntium suum ad te Virginem Mariam, quam elegerat et quam amaverat, et cujus decorem concupierat. Et quasi unicornis mansuetissimus in sinu tui uteri virginalis se recepit, deposita iracundiæ ferocitate, quam propter peccatum primorum parentum in genus humanum usque tunc habuerat. Unde sicut ante tecum fuit, velut cum ancilla, sic post tecum fuit, velut sponsus cum sponsa, et velut Filius cum Matre dilectissima ; et tunc celebratum fuit conjugium inter humanam et divinam naturam ; et hoc in tuo utero virginali, scilicet quando respondisti : *Fiat mihi secundum verbum tuum ;* quia tunc conjunctio naturarum facta fuit, quando Verbum caro factum est;

et tunc beatissima Virgo Maria, facta fuisti cum divina Sapientia unus spiritus et una caro. Ideo scribitur, *Erunt duo*, scilicet Christus et tu, *in carne una (I Cor. vi, 16)*, scilicet virginali.

3. Propter hanc convenientiam et multiplicem unionem inter te et divinam Sapientiam, fere omnia, quæ dicuntur de divina Sapientia, exponi possunt de te Virgine benedicta. Exora illum, piissima Virgo Maria, ut dirigat sic vitam meam, quod anima mea per veram dilectionem unita secum vivat, et ab eo nunquam separetur. Amen.

CONTEMPLATIO XIII.
De eodem.

1. Sacratissima Virgo Maria, de te dici potest : *In pinguedine terræ, et in rore cœli erit benedictio tua. (Gen. xxvii, 39.)* Nam per *rorem cœli* tua virginitas intelligitur, et per *pinguedinem terræ* fecunditas tui uteri virginalis. Ideo fuisti benedicta inter mulieres, id est inter matres et virgines; sicut enim lapis angularis in duobus consistit parietibus, sed nec totus in uno, nec totus in altero, sic tu, pretiosissima Virgo Maria, in numero matrum fuisti quoad fecunditatem, et in numero virginum quoad incorruptionem : sed nec omnino in pariete matrum, quia fuisti incorrupta, nec ex toto in pariete virginum, quia fuisti fecunda.

2. Talem quippe decebat esse Matrem Salvatoris, ut Mediatrix Mediatorem, et Lapis angularis Lapidem pareres angularem. Christus Mediator Dei et hominum Lapis est angularis, in quem duæ concurrunt naturæ, divina et humana; stans in utroque pariete, quia Deus et homo, et Mediator Dei et hominum; justus cum Deo, mortalis cum hominibus : quem de te Matre Virgine nasci decuit, ut in Matre mortali conciperetur Mortalis, et in Virgine conciperetur Justus; necesse erat ut quicunque per matris corruptionem conciperentur, in peccato originali conciperetur injustus; nullus autem peccator salvare poterat alium peccatorem, cum in eadem damnatione esset cum reo. Ad hoc præparabatur tua virginitas; quia nulli alii Virgini, quam tibi, hoc privilegium debebatur; ut, sicut primus Adam de terra virgine factus fuerat, ita secundus Adam de Virgine fieret homo. Et, sicut per Evam virginem facta fuerat humani generis perditio, ita per te Virginem Mariam, fieret ejusdem reparatio. Unde canitur : *Paradisi porta per Evam cunctis clausa est, et per te, Virgo Maria, iterum patefacta est : et, ut qui in cœlis habebat patrem sine matre, haberet in terris matrem sine patre; et sic quasi duobus testibus probaretur Christi divinitas, in Matris virginitate, et Patris divinitate.*

3. Voluit itaque te esse Virginem, ut de immaculata immaculatus procederet, omnium maculas purgaturus. Voluit etiam te esse humilem, ut mitis et humilis corde proderet; harum in se virtutum necessarium hominibus saluberrimumque exemplum ostensurus : O purissima Virgo Maria,

hujusmodi exemplum ego maximus peccator non accepi, sed superbus sum, et corruptus, et abominabilis totus factus sum coram Deo et te. Sed, piissima Virgo Maria, compati mihi digneris evorando tuum Filium benedictum, qui mihi indulgere per suam misericordiam dignetur, et gloriam sempiternam concedere. Amen.

CONTEMPLATIO XIV.
De eodem.

1. Tota speciosa facta es, sanctissima Virgo Maria, principaliter ex divini Verbi generatione : quia est *splendor paternæ gloriæ (Hebr. i, 2, 3), candor lucis æternæ, speculum sine macula (cap. vii, 26), in quem desiderant angeli prospicere (I Petr. i, 12)*; cujus pulchritudinem sol et luna mirantur. Sicut enim beatissima Virgo Maria, ferrum ab igne extractum, non solum ignitum, imo totum est ignis, et sicut aer illustratur a sole, qui dum inflammat aerem imprimit ei suum calorem : et velut aquæ gutta dolio vini optimi infusa, tota transit in saporem, odorem et colorem vini : et sicut vitrum candidum et purum illuminatum a sole, totum transit in splendorem solis : sic sanctissima anima tua, Spiritu sancto repleta et maxime luce illa cœlesti, id est, Filio Dei in te descendente, non solum jam divina effecta, sed tota fuit deificata. Et sicut Filius Dei carnem assumpsit ex te, ita tu, benedicta Virgo Maria, quiddam divinum ex Dei omnipotentia mutuasti. Unde dicis : *Dilectus meus mihi, et ego illi. (Cant. ii, 16.) Dilectus meus mihi,* scilicet, *subditus* et obtemperans, sicut Filius Matri; *et ego illi,* scilicet, obediens et obtemperans, sicut filia patri, sicut ancilla domino, sicut creatura Creatori.

2. Si *qui adhæret Deo,* per fidem et dilectionem *unus est spiritus cum illo (I Cor. vi, 17),* unitate scilicet amoris et gratiæ, quare non magis beatissima anima tua, a qua nunquam recessit, et corpus, in quo novem mensibus habitavit incarnata Sapientia, deificata sunt a benedicto Filio tuo qui ignis est, et tota facta sunt ignita. Sicut enim aqua in nuptiis Cana conversa in vinum *(Joan. ii, 9),* ubi non accessit vinum nec recessit aqua, sed alterum factum est aliud, non successionis vice, sed immutationis origine; non rationis expositione, sed admirationis obtentu : sic tu, clementissima Virgo Maria, quæ prius aqua purissima fuisti, Spiritu sancto superveniente, in Filii Dei conceptione conversa fuisti in vinum super omnia, post Christum lætificans cor hominis.

3. Lætifica me igitur, misericordissima Virgo Maria, et tuis piis intercessionibus tribue mihi peccatori aquam lacrymarum pœnitentiæ salutaris, et vinum lætitiæ et consolationis, ut hic vivendo ad Dei et tui beneplacitum, in fine gloriam percipiam sempiternam. Amen.

CONTEMPLATIO XV.

De eodem.

1. Scriptum est etiam de tè, beatissima Virgo Maria : *Femina circumdabit virum.* (*Jerem.* xxxi, 22.) *Femina es* tu, Virgo Maria, *circumdabis* tegmine uteri tui virginalis, *virum*, id est, Christum, qui in ipso momento suæ conceptionis, fuit vir perfectus quoad sapientiam et virtutem, et etiam quoad lineamenta et organisationem membrorum. Tantam enim sapientiam et tantam virtutem habuit conceptus, quantum adultus : quia *Omnis sapientia a Domino Deo est, et cum illo fuit semper, et est ante ævum.* (*Eccli.* 1, 1.) *Circumdabas*, inquam , non aliunde, sed de te : quia de sola substantia tua, sine semine viri, sed sola operatione Spiritus sancti ædificatum est corpus Christi. *Circumdabas virum*, non ab altero viro suscipiens, non humana lege concipiens hominem, sed intra viscera intacta et integra, virum claudens, virum , inquam, incomprehensibilem ; quia : *Quem totus non capit orbis, in tua se clausit viscera factus homo.* Quia dictum fuit tibi per Angelum, benedicta Virgo Maria, *Spiritus sanctus superveniet in te, et virtus Altissimi obumbrabit tibi* (*Luc.* 1, 35) ; quia de Spiritu sancto concipies.

2. Sicut Verbum Dei imago est Patris, sic anima Christi imago est Spiritus sancti. Nec loquor de illa imagine pro qua ad imaginem Dei homo factus esse dicitur. In rebus enim corporalibus, imago alicujus esse dicitur, quod expressam habet formam illius, cujus est imago. Sicut autem corporalia habent formas suas, ita et spiritualia. Forma autem Spiritus sancti, gratia septiformis est ; non forma quæ sit in Spiritu sancto, sed quæ est de Spiritu sancto : sicut claritas, quæ est in pariete, dicitur *claritas solis*, non quæ sit in sole, sed quæ est de sole. Homo ergo Christus de Spiritu sancto conceptus est quia formam Spiritus sancti excellentissimam accepit ; hoc est gratiam septiformem. Christus ergo de Spiritu sancto conceptus est, non cui Spiritus sanctus materiam seminis attulerit : sed cui formam sanctitatis inter omnes creaturas elegantissimam impresserit. Venit igitur Spiritus sanctus ad te, Virginem Mariam, per electionem, festinavit per sanctificationem, appropiavit per allocutionem, et tandem supervenit per illam ineffabilem Incarnationis operationem. Incarnatus est igitur Unigenitus Dei secreto suo mysterio , quod ipse novit : nostrum autem est credere, et illius est nosse.

3. Sed ego pessimus peccator Christianus veram fidem habens de præmissis, ingratissimus fui et sum ; quia gratiarum actiones non retuli Deo, quia sic pro salute mea et totius generis humani humiliando se, dignatus est ad terram descendere, et in utero tuo virginali incarnari. O Virgo Mater, aufer a me misero tantam ingratitudinem tuis sanctissimis deprecationibus, ut me ipsum humi-liem cognoscendo, gratiarum actiones referam corde contrito et humiliato, ut in fine gloriam obtineam sempiternam. Amen.

CONTEMPLATIO XVI.

De eodem.

1. O felicissima super omnes, beatissima Virgo Maria, *Verbum caro factum est* in te, *et habitavit in nobis.* (*Joan.* 1, 14.) Nascens sine dolore, et sine corruptione. Ex te *Verbum caro factum est*, scilicet de carne tua, quæ specialiter caro vocatur Verbi Dei ; et dicitur, *Filius caro factus est*, nec dicitur, *Verbum homo factum*, sed *Verbum caro factum est*, ostendens æternam generationem Filii ; quia Verbum cœternum est menti, et licet Verbum mentale ad hominum notitiam non perveniret, cum in vocem incorporari non posset, factum est caro. Nomine autem *carnis* designatur humana natura, constans ex opere et anima. Et ideo potius dicitur *caro* quam *homo*, ut significaretur quod Verbum totam ex carne una naturam humanam assumpsit : ne, si diceretur Verbum factum homo, ex duplici carne sicut aliorum hominum, ipsius caro generata videretur. *Verbum* igitur *caro factum est*, constans ex corpore et anima, et s'c concurrerunt tria ; scilicet, Verbum, anima, et cáro. Sicut autem in illa summa Trinitate, Trinitas est personarum, et unitas essentiæ, ita et in ista secunda Trinitate est Trinitas substantiarum, et unitas personæ ; et sicut Trinitas personai um, unitatem non scindit essentiæ, nec unitas essentiæ, pluralitatem minuit personarum, ita et hic nec pluralitas substantiarum personæ dividit unitatem , nec unitas personæ, substantiarum resecat pluralitatem.

2. Venit ergo Filius naturalis, ut filios adoptionis præpararet. Venit primus ad novissimum, ut novissimus exaltaretur ad primum, venit splendor gloriæ ad umbram mortis ; venit *figura substantiæ*, sive signaculum quod signavit Pater, ut reformaret similitudinis signaculum. Christus est *splendor Patris*, quia sicut splendor solis nascitur a sole, et ipsum demonstrat, sic Dei Filius a Patre nascitur, et eum demonstrat et notificat ; est etiam Christus *figura substantiæ ejus* (*Hebr.* 1, 3), scilicet Patris ; non tamen *figura ejus*, sed *figura substantiæ ejus*, id est, Patris est Filius, *speculum*, et imago Patris, quia Filius in quo cognoscitur Pater, eadem substantia est cum Patre. Venit igitur *speculum sine macula*, ad formam peccati deformatam. Venit igitur ad illuminandum tenebras peccatorum ; et totum hoc nobis datum est per te Genitricem Dei Mariam.

3. Sed tantum sacramentum et mysterium, ego peccator miserabilis non cogitavi, nec memoria tenui. Imo a memoria recedit ; quia cor vagum et iniquum habui, et habeo ad terrena prostratum, peccatis et vitiis coinquinatum et sordidatum luto concupiscentiæ et iniquitatis. Ora, Virgo pia, tuum natum, meum fratrem factum, ut indulgere digne-

tur; cor meum elevet ad meditandum tantum et tam ineffabile Sacramentum, ut ipsum hic meditando fideliter, in fine ipsum placatum, æternaliter facie ad faciem videam. Amen.

CONTEMPLATIO XVII.
De eodem.

1. O arbor salutifera, et pretiosissima Virgo Maria, *fructus* uteri tui virginalis, scilicet benedictus Filius tuus, *dulcis gutturi meo* (*Cant.* II, 3); quia est optimi coloris et vivifici vigoris; odore alliciens, sapore reficiens, colore jucundans, et vigore corroborans, tactu lenis, aspectu delectabilis, gustu suavis, durabilitate perennis. Hunc appetit esuriens sine tormento, manducat sine fastidio, ipso satiatur sine superfluo, per eum sanatur sine recidivo. Fructus optimus, et sapidissimus, et suavissimus, et jucundissimus, omne delectamentum in in se habens, et omnis saporis suavitatem. Iste fructus suavissimus est, quia prævenit cum Deus Pater in benedictionibus dulcedinis.

2. Ista benedictio fuit immunitas peccati, et impotentia peccandi; caruit enim originali peccato, quod probat tua virginitas; et actuali, quod probat Patris divinitas; ideo vocatur *Agnus immaculatus.* (*I Petr.* I, 19.) Fuit ista benedictio, consummata virtutum perfectio; licet enim in baptismo infundantur virtutes in pueris, non tamen consummatæ sunt; quia non possunt adhuc eas consequi operando : sed benedictus fructus tuus, Jesus Christus, habuit consummatas : et ideo scribitur : *Apprehendent septem mulieres*, id est omnes virtutes ; *virum unum* (*Isa.* IV, 1), id est, Christum, qui in instanti suæ conceptionis fuit vir perfectus. Fuit ista benedictio, omnis sapientiæ et scientiæ plenitudo. Virtus enim perficit affectum, sapientia intellectum : et benedictus fructus tuus, Virgo Maria, perfectus fuit in utroque : ejus enim sapientia uniformiter cognoscit præsentia, præterita, et futura. Fuit ista benedictio plenitudo fruitionis; quia ab instanti conceptionis suæ, Deo plene fruebatur secundum mentem, quæ Deitati personaliter erat unita, et immediate conjuncta; et mirabilius est quod secundum eamdem animæ partem, simul patiebatur, et fruebatur. Fuit ista benedictio diversarum naturarum unio; quæ talis fuit, ut Deum faceret hominem, et hominem Deum. Fructus tuus, Virgo Maria Mater, fuit admirabilis; quia, cum esset dives, voluit pro nobis fieri pauper; cum esset semper in gaudio, voluit pro nobis pati et mori ; cum esset summus Pontifex, voluit iniquus reputari; et, cum uno solo verbo posset salvare mundum, quia ipse dixit, et fecit, tamen tot et tanta voluit sustinere.

3. O benedicta Virgo Maria Mater, intercede pro me nefandissimo peccatore, ut *ascendam ad palmam, et apprehendam fructus ejus* (*Cant.* VII, 8); *ascendam ad palmam*, hoc est elevem mentem ad te, pia Virgo, per devotam orationem, ut tuæ vitæ, quantum humana mea fragilitas sufficiet, imitationem,

et tuum fructum pretiosissimum hic apprehendam per veram fidem, et in gloria per veram cognitionem et fruitionem, per infinita sæcula sæculorum. Amen.

CONTEMPLATIO XVIII.
De eodem.

1. O Dei et hominum benignissima Mediatrix, Virgo Maria, tu tantam gratiam invenire meruisti quod extrema in infinitum distantia adunasti, naturam divinam videlicet et humanam. Nam ante tuum felicem ortum, Virgo Maria, in tantum erant divisæ, quod nullus quantumcunque perfectus, sub natura humana exsistens, poterat post mortem naturam divinam intueri ; quia natura divina erat divisa quamplurimum ab humana. Sed tu, gloriosissima Virgo Maria, per reparationem humani generis, per satisfactionem paterni sceleris, per destructionem æterni funeris, per reformationem supremi fœderis, has duas naturas, sic in infinitum divisas, non in uno regno, castro, vel domo, sed in benedicto utero tuo virginali adunasti; quæ unio tam admirabilis fuit, quod a creatura non valet explicari.

2. Et sic, benedicta Virgo Maria, figurata fuisti per illam clementissimam reginam Esther, quæ pacem reformavit, inter regem Assuerum et populum Judæorum, destruens pessimas Amani cogitationes, quas in mortem Judæorum fuerat machinatus; unde de te cantat Ecclesia : *Virgo Deum et hominem genuit, pacem Deus reddidit, in se reconcilians ima summis.* Tu, sanctissima Virgo Maria, duo extrema per naturam incompatibilia copulasti. Constat namque quod virginitas et maternitas sunt incompatibilia per naturam, imo ex eodem supposito (sicut loquuntur) mutuo se expellunt, tanquam contraria : et tamen tu, pretiosissima Virgo Maria, ista in te adunasti; ideo de te cantatur : *Te deprecor, o clemens Domina, Per te tecta sint mea crimina, De qua sola felici femina, Prædicantur hæc duo nomina, Virgo Mater.* De te cantat etiam Ecclesia, *Genuit puerpera Regem, cui nomen æternum; et gaudia Matris habens cum virginitatis honore, nec primam similem visa est, nec habere sequentem.*

3. Tu, sacratissima Virgo Maria, duo extrema inter se discrepantia adunasti, scilicet misericordiam, et justitiam, seu veritatem : dicebat namque misericordia : Nunquid in finem misericordiam suam abscindet (*Psal.* LXXVI, 9), cum tamen misericordia Domini plena sit terra ? Contra justitia dicebat (*Psal.* XXXII, 5) : Quod Adam peccavit, et mori debebat secundum justitiam; quia scriptum est : *In quacunque hora comederis, morte morieris.* (*Gen.* II, 17.) Sed tu, benignissima Virgo Maria, has duas dominas in tuo sacratissimo utero adunasti, dum Deum Filium concepisti, et inter eas concordiam fecisti. O piissima Mediatrix, intercede pro me miserrimo peccatore ad tuum Filium benedictum, ut secum concordando ei obediam, ut vitam habeam sempiternam. Amen.

CONTEMPLATIO XIX.

De eodem.

1. O benedicta Virgo Maria, te mediante glorio-sissimus Filius tuus suam nimiam nobis charitatem ostendit, nobis, inquam, semini nequam, filiis sce-leratis (Isa. i, 4), et perditis. Cum enim adhuc inimici ejus essemus, cum mors antiqua iniquum exerceret dominium, cui omne semen Adam lege primordialis culpæ erat obnoxium, recordatus est uberis misericordiæ suæ, et prospexit de sublimi habitationis suæ in hanc vallem plorationis et mi-seriæ. Vidit namque afflictionem populi sui, et tactus dolore cordis intrinsecus apposuit cogitare super nos cogitationes pacis et redemptionis. Unde cum esset Filius Dei Deus verus, Deo Patri et san-cto Spiritui coæternus et consubstantialis, in luce habitans inaccessibili, portansque omnia verbo virtutis suæ, non despexit in hoc nostræ mortalita-tis ergastulum suam altitudinem inclinare, ut no-stram absorberet miseriam, nosque repararet ad gloriam; poterat namque, gloriosissima Virgo Ma-ria, si voluisset, ad consummandum opus nostræ salutis unum ex angelis suis destinare, sed ipse ad nos venire dignatus est, per mandatum Patris, cu-jus nimiam charitatem experti sumus in eo.

2. Venit autem non locum mutando, sed præsen-tiam suam nobis per carnem exhibendo. Descen-dit a regali solio sublimis gloriæ in te, humillimam Virginem Mariam, virginalis continentiæ voto sigil-latam, et in tuo sacro utero sola sancti Spiritus inenarrabilis virtus et concipi ipsum fecit, et nasci in vera humanitatis natura, ita ut nec majestatem divinitatis, nec integritatem virginitatis in te Matre benedicta, violaret nativitatis occasio. O immacu-lata Virgo Maria, quam amanda et admiranda est ista dignatio! Deus immensæ gloriæ, vermis fieri voluit! Dominus omnium, conservus conservorum appellari non despexit! et Dominus universorum, qui nullam habet indigentiam, inter ipsa nativitatis initia non horruit abjectissimæ paupertatis degu-stare incommoda! et. quia, benignissima Virgo Maria, locum non habebas in diversorio, neque cunabula, quæ teneritudinem tui benedicti Filii reciperent, in vili præsepio sordentis stabuli, eum humiliter reclinasti, et panniculis involvisti. (Luc. ii, 7.)

3. O misericordissima Virgo Maria, illum digne-ris assidua prece exorare pro me nefandissimo pec-catore, ut peccata mea misericorditer deleat, vitam virtuosam in præsenti mihi concedat, et in futuro sua exuberanti clementia gloriam sempiternam. Amen.

CONTEMPLATIO XX.

De eodem.

1. Unigenitus Dei Patris factus est unigenitus Filius tuus, sacratissima Virgo Maria, illum Virgo concepisti, illum Virgo peperisti. Concepisti Virgo Maria, sine libidine, et peperisti clausa. Vir non transivit per te, sed Dominus Deus imprægnavit te. Ipse generans, ipse generatus est. Auctor fuit gene-rationis nostræ, qui generatur. Ipse creans, ipse creatus; ipse genitor, ipse genitus; ipse factor, ipse factus. O miracula! o prodigia! Deus est, qui generat, Virgo es tu Maria, quæ concepisti, Virgo quæ peperisti. Tu ut mater paris illum, qui de ni-hilo cuncta creavit, sine viro peperisti hominem Deum. Nascitur de te femina homo sine viri semine Deus; et pro nobis efficitur parvulus, dierum An-tiquus.

2. O admiranda dignatio! fit in tempore, qui est ante tempora; nascitur de femina, qui creavit omnia; immensus, fit brevis, excelsus, humilis; factor, factura; et Creator, creatura. Factus est creatura de matre nascendo, qui est æternus Crea-tor, unum cum Patre et Flamine sancto. Hunc pe-peristi, beatissima Virgo Maria, Virgo decora, Virgo speciosa; tota pulchra es, et tota decora, flos flo-rum, pulchritudo virginum, sanctimonialium gem-ma, nuptarum fiducia, viduarum gloria, regina mundi, domina cœli. O gloriosissima Virgo Maria, qualem nobis peperisti! Iste nunquam principium habuit, qui cuncta principia fecit. Verumtamen in stabulo nascitur; et a te, beatissima et felicissima Mater, puellarum gloria, meorum delictorum ve-nia, in præsepio reclinatur; quia non erat tibi cedrina domus, nec lectus eburneus, in quo pare-res Creatorem et Redemptorem nostrum. Sed velut exsul et peregrina in aliena domo mundi Dominum peperisti: et tanquam femina pauper, non sericis eum, sed pannis vilibus involvisti, et in præsepio collocasti: quem ut peperisti, statim ut Deum et Dominum adorasti.

3. O stabulum felix et præsepe beatum! in quo nascitur Christus, et reclinatur omnium Deus. Ibi sunt non obstetrices, sed angelicæ potestates; et pro solatio mulierum, fuit tibi, Virgo Maria, solatium angelorum, et decies centena millia ex-sultantium. Ibi vagiebat Christus in stabulo, et fiebat lætitia magna in cœlo: plorabat ipse in præsepio Christus, et tamen de ipso exsultabat multitudo militiæ cœlestis exercitus, resonans gloriam Deo in altissimis, et in terra pacem nun-tians hominibus bonæ voluntatis. (Luc. ii, 14.) O sanctissima Virgo Maria, impetra a benedicto Filio tuo mihi miserabili peccatori, veniam et re-missionem de peccatis, et gratiam in præsenti bene vivendi, ut æternam gloriam merear obtinere. Amen.

CONTEMPLATIO XXI.

De eodem.

1. O Felix femina, inter cunctas feminas bene-dicta gloriosa Virgo Maria! quia tuus sacratissimus uterus fuit reclinatorium Dei, templum Spiritus sancti, lectus eburneus Christi, thalamus Majestatis divinæ, triclinium regis felicitatis æternæ. Hic est omnium Salvator Jesus de te Virgine Maria natus;

hic est omnium Dominus ; hic est vita quæ nunquam moritur ; hic gloria quæ nunquam finitur ; et tamen, tu, immaculata Virgo Maria, tantam excellentiam, auctorem gloriæ, doctorem vitæ, Creatorem omnium, factorem cunctorum, Dominum universorum, Deum altissimum, Deum, qui benefecit tibi, in stabulo, in pannis et in præsepio concludis.

2. O intemerata Virgo Maria, pacem annuntiavit angelus hominibus bonæ voluntatis ; quia per te bonitas cœli nata est in terris : descendit in te pax vera de cœlo, et inde angeli gratulantes decantant : *Gloria in altissimis Deo.* (*Luc.* ii, 14.) Exsultant angeli, et tu Virgo Maria, contremiscis Mater Dei effecta. Gaudent angeli de Christo tripudiantes secure, ante quem tu Mater stas cum magno tremore. Portas tu Mater Christum, lactas tu Virgo Mater, Filium tuum, et cum timore exsultas, et in exsultatione timida perseveras. Tu portas portantem, lactas lactantem, pascis pascentem, et non solum te, sed omnia, in quibus est spiritus vitæ. O felicissima Virgo Maria, beatus est venter tuus, de quo noster fortis sibi gladium fecit, et inimicum nostræ salutis peremit, populum suum a captivitate perpetua liberavit. Tu tota pulchra Virgo Maria, tu tota delectabilis, tu tota formosa. Nulla macula fuscaris ; omni decore vestiris, omnium sanctitate ditaris : super omnes virgines pulchra in carne, super omnes angelos et archangelos sancta in mente, cunctas feminas vincis pulchritudine carnis ; superas omnes angelos et archangelos excellentia sanctitatis. Tu plena Deo, tu plena Spiritu : illum in corde, illum in ventre, beata Virgo Maria portasti ; illum portasti in ulnis, lactasti uberibus sacris, totius amoris vinculo astrinxisti : in ipsius oscula toties irruisti, quoties voluisti.

3. O beata et vere beata ! o felix, et nimis felix ! Christum in potestate habebas, et faciebas de eo, quidquid in animo tuo sedebat. Totus erat tuus, quia Filius tuus. Credo, propter quod et loquor ; quod præ immensitate amoris de eo, osculis et amplexibus saturari non poteras, et quid dicam, Domina mea ? Per Christum Filium tuum benedictum est tota spes mea, tota salus mea, tota vita mea, et dulcedo mea ; sint mihi, Virgo Maria, ista omnia, te exorante, ad salutem corporis et animæ sempiternam. Amen.

PARS IX.

DE GAUDIIS GLORIOSÆ VIRGINIS MARIÆ, QUÆ HABUIT IN HOC MUNDO, ET ALIIS QUÆ NUNC HABET IN CŒLO.

CONTEMPLATIO PRIMA.

De Annuntiatione Virginis Mariæ.

1. O puella Virginea, non minus mente quam corpore speciosa : Virgo speciosa corpore, sed speciosior mente : flos redolens, et non deficiens, rosa sine spina peccati, fons aquæ salutaris exundans, arbor fructifera peccatores ab æstu tentationis obumbrans, speculum sine macula, virtutum receptaculum, omni laude dignissima, sacratissima Virgo Maria, tibi congaudeo ; gaudium tuum immensum ad memoriam reduco, ipsum refero, de ipso gratias ago Deo ; respexit enim humilitatem tuam, nuntium tibi misit non terrenum, sed cœlestem ; non in vico, non in cubiculo ; non te vagante, sed orante ; illum nempe sanctum Gabrielem jucunda nova ac inaudita portantem, te concepturam Filium Dei non virili semine, sed sancto Spiritu operante.

2. O novitas gaudiosa ! o celebris lætitia ! o immensa jucunditas ! o dulce colloquium ! sanctum solatium ! verba consolatoria ! venit angelus ad te Virginem de cœlo ad terram, ut tu creatura tuum conciperes Creatorem ; ut de filia fieres Mater, et in te esset virginitas et maternitas, humanitas et divinitas, Deus homo ; et in tuo beatissimo et virginali utero clauderetur quem totus mundus capere non potest. O charitas incomparabilis summi Patris ! ut servum redimeres, Filium tuum carnem nostram luteam et mortalem sumere ordinasti ! O humilitas inæstimabilis, quæ digna fuit in sacratis visceribus Dominum recipere dicendo fideliter, *Ecce Ancilla Domini, fiat mihi secundum verbum tuum !* (*Luc.* i, 38.) O verba dulcissima ! verba melliflua, verba salutifera, verba omni suavitate repleta, omni gaudio plena, omni hilaritate aspersa ! humanis gressibus portabatur creatura deifica, et in angusto pudoris cubiculo eum, quem cœli non capiunt, sancta Virgo gestabat inclusum ! cœlestis propago germinabat in utero, et post in eximio partu de virgineo viscere coruscabat.

3. Mortali alvo, Virgo sacrata, suscepisti hospitem immortalem, et in terrestri hospitio cœlestem imperatorem, et unde hoc tibi, Virgo beatissima ! unde hæc tibi tanta credentia, ut Dei Filium conciperes, et post partum Virgo et Mater intacta permaneres. Credidisti verbis angelicis, et perfecta sunt in te tibi dicta ; venit super te Spiritus sanctus, et virtus Altissimi obumbravit te ; et factus est in te, qui fecit te, Deus homo, Filius hominis, Dei Filius, Creator creatura, immortalis mortalis,

impassibilis passibilis; et non solum propter te, Virgo benedicta, neque propter me; sed propter te et me et totum genus humanum. O beata nox, in qua tantum mysterium est celebratum, quam tu, Virgo benedicta, transivisti insomnem cum jucunditate indicibili. Gravidata fuisti hac nocte Filio Dei; Mater inviolata meruisti fieri Salvatoris nostri, qui te principium nostræ redemptionis constituit. O Mater sancta sanctorum. Mater unica, dic mihi, quæso, quibus manibus vel divinitatis articulo in utero tuo formatus est Filius, cujus Deus solus est Pater? dic, obsecro te, per eum qui talem fecit te, ut ipse fieret in te; dic mihi quid boni egisti? quantum pretium obtulisti? quos patronos habuisti? quæ suffragia præmisisti? quo sensu, vel qua cogitatione ad hoc, ut acciperes, pervenisti? ut virtus et sapientia Patris, qui attingit a fine usque ad finem fortiter, et disponit omnia suaviter (*Sap.* VIII, 1), totus ubique manens, et sine sui mutabilitate in uterum tuum veniens, ita castellum castum tui ventris incoleret, et ingrediens non læderet, et exiens incolume custodiret? dic mihi quomodo ad hoc pervenisti? Certe respondere potes, quia munus oblatum sibi fuit virginitatis promissio, non a te tibi data, sed ab Auctore omnium concessa; ac etiam vera humilitas, non enim aspexit in te tunicam auro elevatam, non ornamentum pomposo cultu auri radiantis, sed solum respexit humilitatem tuam.

4. Sed quid faciam ego miser debitor, pluribus creditoribus obligatus? Tibi enim, sancte Gabriel, obligatus fui, quia de cœlo ad terram descendendo nova mirabilia redemptionis, et salvationis meæ gloriosæ Virgini Matri portasti, et humiliter nuntiasti. Tibi, Virgo intemerata, debitor sum, quia in verbis tuis fidelibus et sanctissimis, meam redemptionem in te suscepisti, et ejus principium fuisti; sed quid tibi, dulcissime Jesu? qui propter me sic humiliari dignatus es, quod de sinu Patris, descendens? in utero virginali incarnari voluisti? heu miser, et omni miseria miserior! quid dicam, aut quid faciam? cum sim tot debitis oneratus, et sim pauperrimus et omni inopia plenus, quod, ne dicam omnibus, imo nec uni satisfacere possim? quis mihi accommodabit, ut tantis creditoribus satisfaciam? a quibus non habui dilationem pretii, neque debiti remissionem. Imo quod longe plus damnosum est, gratias non retuli de prædictis, saltem eo modo, quo debebam : et sic me illis amplius obligavi. Sed scio quid faciam : venio ad te, sancte Gabriel, cum rubore : creatura Dei sum, sicut tu ; creatus sum ad ipsum laudandum, sicut tu, et si propter me orare non vis, quia non sum dignus , ora saltem propter Dei honorem, ne laus ipsius perdatur in me. Tu vero, gloriosa Virgo Maria, quæ Mater et Virgo es, Deum et hominem intra tua sacra viscera gestans, orare debes pro me, non propter merita mea, quæ nulla sunt : sed quia advocata peccatorum exsistis. In quorum numero

primatum teneo ego miser. Sed tu, benigne Jesu, carnem tuam odio non habeas, neque perdas in me pretium tuum ; sed descendat super me misericordia tua, quæ ingratitudinem meam deleat, vitam meam emendet, et ad vitam æternam me perducat. Amen.

CONTEMPLATIO II.
De Visitatione Virginis Mariæ.

1. O Virgo Mater, Virgo virginum, Mater intacta, Virgo virum nesciens, Virgo parem non habens, Mater singularis, gloriosissima Virgo Maria, ut tanta dignitate meruisti decorari, ut Filium Dei conciperes, non ex virili semine, sed mystico spiramine. Hic benedictus Filius tuus, quem Spiritus sanctus, prout sibi placuit, compaginavit in tuo utero virginali, subtiliter subtilem inimicum expugnare voluit : et quasi sub esca humanitatis hamum celavit divinitatis : ut ille, qui omnem carnem propter peccati debitum possidebat, carnem inveniret, quæ sibi prorsus nihil deberet, quam dum illicite contingeret, merito eam quam quodammodo licite possidebat, amitteret. Tanta igitur, Virgo benedicta, dignitate dotata, honore sublimata, tanto gaudio repleta, tanta virtute ornata, et tam benefico dono exaltata, profundam humilitatem servasti, et charitatem mutua dilectione, corde et opere ostendisti. Tu festinanter viam ingrediens, in montana ascendisti, domum Zachariæ intrasti, Elisabeth sancto Joanne Baptista fecundatam miraculose, humiliter salutasti.

2. O sancta et charitativa visitatio humilitate repleta! venit puella ad nonagenariam; sanctissima ad sanctam; Mater Dei, ad matrem hominis; Mater incorrupta, ad matrem corruptam; Mater sanctissimi Filii, ad matrem peccatoris; Mater Domini, ad matrem servi; Mater Redemptoris, ad matrem Præcursoris; Mater complexum virilem ignorans, ad Matrem virum cognoscentem. Tu Mater sancto Spiritu omnipotente fecundata; illa Mater virili semine gravidata ; ambæ miraculosæ matres, et ambæ sancto Spiritu repletæ; sed, Virgo benedicta, quid amplius tibi accidit ad gaudium, quia, *ex quo facta est vox salutationis tuæ in auribus Elisabeth, exsultavit in gaudio infans in utero ejus.* (*Luc.* I, 44.) Cognovit nondum natus, Filium tuum benedictum esse suum Dominum, quem gestabas in utero tuo virginali ; quem etiam prædicavit post eum esse venturum. Te matrem cum Filio Mater benedixit, et tu in lætitia cordis canticum *Magnificat* originaliter invenisti. O domus sanctificata! sanctum colloquium! statio beata! verba dulcia! non solatium acediosum, sed consolatorium! Mansisti, Virgo Mater, cum Matre tribus mensibus, orationibus et colloquiis divinis vacando. Non turbatur sponsus tuus Joseph de tanti mora temporis, sed gaudet et lætatur, sciens te Matrem Virginem Dei Filium in tuo utero bajulantem.

3. O gloriosa Domina, non sic est in me misero

peccatore, non sic : quia mea visitatio mundana fuit, non spiritualis ; non humilis, sed superba ; non ad sanctos, sed ad peccatores ; non protuli verba utilia, sed otiosa ; non meritoria, sed detractoria ; non semper vera, sed quandoque mendosa ; non spiritualia, sed carnalia ; non in laudem Dei, sed in laudem hominis, et quandoque mei ipsius. Adjuva me, piisimâ Virgo Maria ; visita me tuis sanctis deprecationibus ; sit mecum tua immensa misericordia tribus mensibus, id est tempore triplici, sanitatis, infirmitatis et mortis : ut anima mea intra corpus exsistens, gaudeat et lætetur de gloriosissimo Filio tuo, ac ipsius infinita misericordia, quam sic in præsenti vita mihi concedat, ut in futura vita secum et tecum gaudeam, et exsultem ; et vobiscum maneam per infinita sæcula sæculorum. Amen.

CONTEMPLATIO III.

De Nativitate Christi, seu partus Virginis Mariæ.

1. O benedicta singulari benedictione Mater, Virgo, Genitrix Dei, Regina cœli, ego miser superbus ad te venio, et tuum locum humilem mente visito, in quo summum gaudium habuisti de gloriosissimo Filio tuo Domino nostro Jesu Christo, quem mundo feliciter peperisti ; et solus ex te natus est, quem sine virili amplexu non per concupiscentiam carnis, sed per obedientiam mentis feliciter concepisti, et in præsepio inter duo animalia reclinasti, et pannis pauperrimis involvisti, et tuis sacratissimis uberibus plenis lacte castissimo de cœlo misso oblectasti. O admiranda novitas ! Deus factus est homo ; Deus meus factus est frater meus. Virgo peperit, et post partum Virgo permansit. Genuit Virgo Filium, ancilla peperit Dominum suum, creatura peperit Creatorem fecundis visceribus, in utero clauso genuit Genitrix suum Genitorem. O admirabilis et inenarrabilis charitas ! propter me superbum Deus voluit humiliari ! Pœnalitates carnis voluit portare, peccato et ignorantia exclusis. Voluit involvi, et includi arcto utero virginali.

2. O inæstimabilis et stupenda humilitas, in stabulo et inter bruta animalia nasci voluit, qui totum mundum continet ! jacet in præsepio, qui in cœlis regnat ! ubera sugit, qui angelos pascit ! pannis involvitur, qui immortalitate nos vestit ! lactatur, qui adoratur ! Locum in diversorio non invenit, qui templum in cordibus credentium sibi fecit ! ut enim fortis fiat infirmitas, facta est infirma fortitudo. Factus est rex servus, regni potestatem non amittens, neque servi passibilitatem : legi se submisit, qui legem condiderat : pauper effectus est Dominus omnium ; minoratus est paulo minus ab angelis, qui angelos creaverat ; natus est temporaliter in terris, qui æternaliter nascebatur in cœlis ; in terris de Matre sine patre, in cœlis de Patre sine matre ; in cœlis sine principio, et in terris initium habens ; factus est obediens,

qui totus mundus obedire debebat. Obligavit se morti qui mortem destruebat, fecundavit Matris uterum sine corruptione ; et formatus inde exiens, Virginis integra viscera reseravit. Hæc omnia fecisti, bone Jesu, pro me misero, ex abundantia tuæ charitatis et humilitatis.

3. O Virgo virginum, Virgo puerpera, quale fuit gaudium tuum in hac hora, qua talem Filium genuisti, et virginalem pudicitiam non amisisti ? Gaudent et lætantur angeli, voce sonora Deum laudant cantando : *Gloria in altissimis Deo, et in terra pax hominibus bonæ voluntatis.* (*Luc.* 14.) Annuntiant sanctis pastoribus tantam gaudii novitatem ; gaudent sancti pastores, festinant ut videant nuntiata. O quam beati fuistis, sancti pastores ! et quam beata fuit vobis ista nox, in qua talem Filium et talem Matrem meruistis videre ! O dulcissima Virgo Maria, communica mihi istud gaudium, particeps efficiar ipsius, gaudeat et lætetur cor meum, evanescant noxia ex corde meo ; recognoscam humiliter tantum beneficium, non solum tibi, sed etiam mihi datum.

4. Dominus tuus et meus, Filius tuus est, et frater meus : de filia te Matrem fecit, et de servo me fratrem fecit. Morti temporali se subjugavit, ut tu et ego æternaliter vivere possemus. Fidem tibi et mihi dedit. Innumerabiles gratias tibi et mihi fecit, et in numero suorum te et me misericorditer aggregavit. Tu omnia suscepisti, et gratias reddidisti, et humilitatem servasti : ego ingratus gratias non reddidi, sed abjecta humilitate superbivi. Ideo in te sunt gratiæ augmentatæ, et in me juste et digne diminutæ : nolui enim benedictionem, et elongabitur a me. (*Psal.* cviii, 18.) O pretiosa Virgo Maria Mater, ob meritum tanti gaudii exora tuum Filium benedictum, quem genuisti, pro me misero peccatore et ingrato : tu enim soror et advocata mea es ; ideo me audis : tu Mater ipsius benedicti Filii es ; ideo exaudieris ab illo. O benedicte Fili, audi et exaudi piissimam Matrem tuam pro me misero fratre tuo. Voca me ad tuum præsepium, ut consoler de tua nativitate sanctissima et purissima : cujus merita me purificent, et mens mea a terrenis segregata, in cœlis nascatur, et reclinetur, ut tibi tecum vivere et lætari valeam per infinita sæcula sæculorum. Amen.

CONTEMPLATIO IV.

De Apparitione, seu Epiphania Christi.

1. O intemerata puerpera, Virgo Maria singularissima, Mater incorrupta, nesciens virum, Creatorem tuum creaturam factum tenens inter sacratissima brachia tua amplexatum, cœlesti angelorum exercitu sociatum ; dies gaudii et lætitiæ, dies consolationis et exsultationis tibi fuit, quando tres reges Orientales, nova stella ducente, tuum benedictum Filium in tuo sancto gremio adorarunt, et in mysticis muneribus sibi oblatis illum esse verum Deum et hominem ostenderunt. (*Matth.* ii,

11.) O Virgo benedicta, te mediante, ille qui prius in sinu Patris latebat, nunc manifestus mundo apparuit, qui prius per ora sacra prophetarum se venturum prædixerat, cum humilitate se personali visione ostendit ; qui prius Dominus erat, se pro nobis servum constituit, cui debitores eramus, pro nobis solvere debitum venit ; non auro nec argento corruptibilibus, sed suo sanguine pretioso.

2. Gaude igitur, Virgo Maria, gaude et lætare ; quia quem in tuo utero virginali meruisti portare, et tuo lacte virgineo lactare, hodie in carne mortali visibilis apparuit ; tanti boni, tanti doni, tanti pretii, tanti honoris et tanti gaudii, tu, Virgo sacratissima, causa fuisti, et causam præbuisti ; quia verbis angelicis humiliter credidisti, et maximam humilitatem habuisti. Sed quantas et quales gratias tuo Filio benedicto, aut tibi retuli ; Virgo Maria, de tanto beneficio et de tanto gaudio mihi hodie demonstratis ? Ecce, ut cum veritate loquar, nullas aut modicas, et indecenter, tuo Filio et tibi non placitas, propter immunditiam cordis mei : et cum cogito istos infideles, et Filii tui benedicti notitiam non habentes, qui ad solum aspectum unius stellæ novæ de longinquis partibus venientes, Filium tuum benedictum adorarunt, munera obtulerunt ; et qualis erat, talem ipsum esse fideliter crediderunt : confundor ego miser rubore, qui te stellam splendidam cognoscens, dirigentem me ad tuum Filium gloriosum, non de longinquis partibus (cum per fidem prope ipsum videam), ad eum recusavi venire. Viam ostendebas, et ad alium me vertebam; viam clarificabas per miraculorum ostensionem, et oculos claudebam, ne lucem viderem ; spiritum meum impellebas, et ego ipsum exstinguebam.

3. O Virgo virginum , Mater pietatis et misericordiæ, erubesco ad te venire, qui tuum Filium benedictum et te illusi, et contempsi : sed in tua misericordia confido, tuam pietatem imploro, tuam clementiam deprecor, ut necessitatem meam aspicias, et aspiciendo subvenias. Duc me ad tuum Filium benedictum, ut ipsum adorando ei munera offeram, hoc est principaliter cor meum ab immundis cogitationibus et operibus, ac peccatis omnibus mandatum. Ora pro me misero jugiter illum, Virgo pia, ut hanc oblationem per ipsum misericorditer mundandam suscipiat, et mundata acceptabilis sibi fiat ; ut non per viam peccatorum incedam sicut, proh dolor ! consuevi ; sed per aliam viam, scilicet virtutum, vadam, et in regionem tuam, in qua tuum Filium placatum videam, et te stellam fulgentem aspiciam, ut gaudio magno complear per infinita sæcula sæculorum. Amen.

CONTEMPLATIO V.

De Purificatione Virginis, et Oblatione Christi.

1. Unde hoc tibi, gloriosissima Virgo Maria , unde hoc tibi ? unde tibi tanta humilitas, ut nobilitate tui generis quodammodo spreta, magnifi-

centia maternitatis, et culmine tuarum virtutum non consideratis, mulierem te ostenderes peccatricem, quæ peccatum non feceras ? maculatam te esse demonstrasti, et peccatorum maculas non novisti, sed macularum expiatorem in tuo utero virginali portasti : et tu ad templum quadragesimo die post partum virgineum more mulierum purgandarum venisti, tuum Filium obtulisti, in sacris manibus justi Simeonis posuisti, oblatione pauperum illum humiliter redemisti (*Luc.* II, 22, 23, 24) : unde hoc tibi, Virgo gloriosa Maria ? quæ repleta Spiritu sancto, et sanctificata antequam nata, purgatione non indigebas. Unde hoc tibi, ut Filium tuum benedictum redimeres, qui tamen venerat redimere totum mundum ?

2. O profunda humilitas utriusque ! o suprema et incomparabilis obedientia ! venistis uterque non solvere sed adimplere legem, exemplum cæteris indigentibus purificandi vos dedistis, qui purificatione non indigebatis, sed puritate omnimoda relucebatis. Tuus Filius benedictus omnis puritatis est auctor, et tu etiam totius puritatis es Mater. Tuus Filius benedictus, puritatem hominibus confert, et, te mediante et suffragante, nobis puritas monstratur. Tuus Filius benedictus pietatem diligit et requirit ; et quia tu Virgo Mater es purissima, te Filius diligit, et tu etiam cæteris bene vivere cupientibus puritatem ostendis. Nihil in te aliud est nisi purum, et fons tuæ puritatis ad nos rivulos suos fluens, et derivans, nos peccatores purificat, et emundat, ut nihil in nobis sordidum remaneat, nisi quantum nostra maxima malitia et iniquitas retinet. Non stat per te, Virgo gloriosa, quin sordes in nobis abluantur ; ad hoc vigilas, ad hoc tendis, ad hoc laboras. Non cesset tua supplicatio exorare tuum Filium gloriosum.

O Virgo purissima, ascendat ad me tua supplicatio pia, quia plus cæteris peccatoribus purificatione indigeo : nam interius et exterius, ex omni parte mea sum sordidatus, maculatus et infectus. Recurro igitur ad lavacrum tuæ pietatis et clementiæ, ut intercedere digneris pro me misero jacente in luto vitiorum, apud tuum Filium benedictum, qui solus potest facere de immundo mundum, ut me mundet et purificet a sordibus vitiorum, et cum justo Simeone psallere valeam canticum lætitiæ, et dicere spirituali consolatione repletus : *Nunc dimittis, Domine, servum tuum in pace , quia viderunt oculi mei salutare tuum* (*Luc.* II, 29) ; ut hic per veram fidem ipsum videndo, in futuro facie ad faciem ipsum placatum et benevolum valeam intueri per infinita sæcula sæculorum. Amen.

CONTEMPLATIO VI.

De Invitatione Christi et Mariæ ad nuptias.

1. Vocata ad nuptias in Cana Galilææ (*Joan.* II, 1), et invitata gloriosa Virgo Maria, cum benedicto Filio tuo non renuisti : domum pauperialem, et

pauperum intrare dignata es; sedes, Regina cœli et terræ inter pauperes et abjectos, stas innocens inter peccatores, Mater Creatoris inter creaturas, Mater Virgo inter matres corruptas, Virgo deifica inter mundanas mulieres. Sedes humilis humiliter, primos accubitus non quærens : suscipis illa pauca, quæ tibi apponuntur cum gratiarum actione, et sine murmure aut querela contenta manes de appositis, nec alia ultra petis. Sed quid amplius, Virgo benedicta, egisti? etiam charitate mota pauperum invitantium ignominiam cooperuisti : vinum deficit, et unde plus habeant, hoc ignorant pauperes invitantes ; sed tu, gloriosa Virgo Maria, compatiendo eisdem, denuntias hoc secrete benedicto Filio tuo, rogans eum humiliter, ut providere dignetur ignominiæ pauperum invitantium et defectum supplere potentia virtutis suæ; qui tuam deprecationem benigne audiens et exaudiens jubet impleri hydrias aqua, quæ mox in vinum conversa est, et pauperes invitantes sunt ab ignominia liberati.

2. O Virgo beatissima, charitate plenissima, hoc tua pietas procuravit, tua bonitas promovit, et tua humilitas impetravit. Tua namque misericordia tanta est, quod semper omnibus necessitatibus subvenis, omnibus occurris, omnibus provides; nec alicui dees te humiliter et devote invocanti, quæ semper manum porrigis adjutricem; imo sic affluens et exuberans est tua immensa pietas, quod etiam non invocanti te præbes, suæ indigentiæ misericorditer succurrendo.

3. Sed, piissima Virgo Maria, ego miser et sceleratus ad tuam clementiam venio, verecundia totus plenus; et tibi querimoniam facio de meipso: vocatus et invitatus sum ad nuptias, quia benedictus Filius tuus per lavacrum sacri baptismatis, me misericorditer vocavit et invitavit ad nuptias paradisi (*Luc.* xiv, 18, 19); sed excusavi me miserabiliter quod villam emi, id est, in magnam superbiam deveni, et juga boum emi, id est in magnam avaritiam terrenorum me prostitui; et uxorem duxi, id est, vita lubrica me turpiter maculavi. Nihil amplius mihi restat nisi ut voluntas invitantis impleatur, id est quod ad illas nuptias ulterius non inviter, neque intrem, nisi tua magna misericordia, Virgo Maria, me durum et rebellem, et turpiter excusantem intrare compellat; sic igitur, beata Virgo Maria, mihi digneris tuis intercessionibus subvenire apud tuum Filium benedictum qui me invitavit, ut sic me vocet, invitet et dirigat, quod ad illas beatissimas et perpetuas nuptias veniam, ibique maneam per infinita sæcula sæculorum. Amen.

CONTEMPLATIO VII.

De Resurrectione Christi.

1. Quis cogitare potest, quæ lingua proferre valet, admirabile et inenarrabile gaudium tuum, beatissima Virgo Maria? Nam more materno post cordiales gemitus et mœrores, post suprema tui animi suspiria et dolores, post varios et internos mentis singultus et labores, post uberes fletus oculorum faciem tuam speciosam irrigantes, post gladium acerbæ tristitiæ animam tuam lamentabiliter et acriter perfodientem, quem de Filii tui Passione in anima et corpore habuisti, hujusmodi gaudium successit tibi quando in die sacratissimo Paschæ, Filius tuus benedictus, resuscitatus tibi apparuit in corpore glorificato, et se ultra nihil passurum ostendit; et ad cumulum gaudii tibi fuit, quod mortem nostram moriendo destruxit, et resurgendo reparavit vitam nostram. In carne, quam ex te susceperat, præbuit nobis exemplum passionis et resurrectionis ; passionis ad firmandam patientiam, resurrectionis ad excitandam spem ; ut duas vitas nobis ostenderet in carne quam suscepit de vita nostra mortali; unam laboriosam, alteram beatam; laboriosam quam tolerare debemus, et beatam quam sperare debemus.

2. Hæc dies magni gaudii tibi fuit, Virgo gloriosa, dies exsultationis, dies lætitiæ, dies consolationis; hæc dies quam fecit Dominus tibi, et benedictus Filius tuus; exsulta et lætare in ea, beatissima Virgo Maria, quia post luctum tibi arrisit jucunditas, post cruciatus te recreavit hilaritas, tristes metus fugavit placidum solatium; voces lugubres conversæ sunt in dulce colloquium; radix tristitiæ emersa est e corde tuo, et magno jubilo repletum est totum O Virgo amarissima, melos penitus exstirpavit planctum oris tui. Discipuli in fugam conversi propter crudelissimam captionem Filii tui benedicti, ad te reversi sunt lætantes, et absconsi præ timore tibi se præsentarunt; omnes tecum gaudent et lætantur de gloriosissima resurrectione benedicti Filii tui; o Virgo gaudens, et summo gaudio repleta, perdideras Filium ex invidia Judæorum, nunc recuperasti eum cum magno triumpho; quia inimicos debellavit, et victos perpetuo dereliquit, infernum spoliavit, et sanctorum Patrum animas ab ejus faucibus liberavit. Lætare igitur, Virgo, et summe lætare, quia quæ seminasti in lacrymis, in exsultatione metis. Risus tuus dolore amplius non miscebitur, nec extrema gaudii tui luctus de cætero occupabit; sed lætitia sempiterna super caput tuum erit; gaudium et lætitiam perpetuo obtinebis.

3. In tanto igitur gaudio et exsultatione, Virgo pia, posita, recipe me miserum peccatorem sub tua protectione, et ora pro me beatum et jucundum Filium tuum ut me dignetur ob meritum suæ sacratissimæ Resurrectionis de morte spirituali resuscitare ad vitam, et de culpa ad gratiam, et immensi gaudii suæ beatissimæ resurrectionis participem me faciat; in die tremendi judicii resuscitem, et glorificatus cum beatissimis sanctis ejus, vivam per infinita sæcula sæculorum. Amen.

CONTEMPLATIO VIII.
De Ascensione Christi.

1. Verba mea auribus percipe, gloriosissima Virgo, Dei Genitrix Maria, quia tibi exsultanti coexsultare desidero, tibi gaudenti, congaudere affecto, lætus et læte ad memoriam reduco ineffabile gaudium, quod de beatissima Ascensione gloriosissimi Filii tui suscepisti in purissimo corde tuo. Reliquit terram, te vidente et contemplante, benedictus Filius tuus, et cœlos petivit, et penetravit, dimisit mundum, et ascendit ad Patrem, ad ejus dextram collocatus; non te derelinquens, quin fuit semper tecum. Ascendit cum magna jubilatione, angelorum psallentium et lætantium exercitibus sociatus: ascendit in altum, cœlo patefacto, et mundo redempto, elevatus candida nube, in voce tubæ cœlestis, ad thronum quietis, ubi sedet in gloria Patris, captivam prædam sanctorum suorum ab infernalibus claustris potenti virtute liberatam ad gloriam secum duxit, paternam perficiens voluntatem. Exierat a Patre, ut genus humanum perditum redimeret et salvaret; et legatione sibi commissa laudabiliter et salubriter completa, triumphali veste indutus, ad Patrem suum rediit, cum ipso perpetuo regnaturus. Pacem tibi, Virgo Maria, ac etiam fidelibus in eum credentibus et sperantibus pia consolatione reliquit.

2. Sed quid amplius nobis fecit benedictus Filius tuus? Ecce portam paradisi olim generi humano per peccatum primorum parentum clausam aperuit, et viam veniendi ad ejus perpetuam gloriam, misericorditer patefecit. O generis humani exaltatio gloriosa! beata mutatio! magnifica deificatio! singulare privilegium! donum inæstimabile! gratia incomparabilis! novitas inaudita! misericordia latissima! merces sine merito! retributio gloriosa! jacebat genus humanum, ac ad inferos miserabiliter descendebat; nunc erectum est, et ad cœlum feliciter ascendit, lætare et exsulta, genus humanum; caro tua exaltata est super choros angelorum, et sedet ad dexteram Patris omnipotentis. Filius tuus, Virgo Maria, frater meus est; fr. ter meus, advocatus meus est, quia *Advocatum habemus apud Patrem* (*I Joan.* ii, 1), scilicet *Jesum Christum* Filium tuum; advocatus meus, judex meus est; quia, *Constitutus est a Deo Patre judex vivorum et mortuorum.* (*Act.* x, 42.) Hæc omnia beneficia per te nobis veniunt, sacratissima Virgo Maria; tu istorum beneficiorum principium fuisti; tu Mediatrix, quia, te mediante, nobis charitative donata fuerunt. O Virgo benedicta, et super omnes benedicta, quale fuit istud gaudium, cum Filium tuum gloriosum, partem scilicet corporis tui, post consolationes multiplices tibi datas, ascendere cum gaudio et gloria tuis beatis oculis suspexisti ad Patris sui omnipotentis dexteram elevatum?

3. Non condemnes, Virgo sacrata, me miserum peccatorem, quia tantum gaudium tuum corde maculato contemplari præsumo, et lingua impudica audeo nominare, quia gaudium tuum, gaudium meum est; consolatio tua, consolatio mea est; quia, si de Filio tuo benedicto gaudes, et ego de fratre, advocato et judice meo gloriosissimo, gaudio immenso gaudere debeo: quem ora, Virgo pia, deprecatione assidua, ut tuis meritis et intercessionibus suffragantibus, cum depositio miseræ carnis meæ adveniet, anima mea ad eum ascendat, qui creavit illam, et secum ac tecum permaneat per infinita sæcula sæculorum. Amen.

CONTEMPLATIO IX.
De missione Spiritus sancti.

1. Laudo et magnifico te, benedicta Virgo Maria, quia summis et immensis donis illustrata fuisti. Quis enim tanti ingenii, tantæ memoriæ, tantæ felicitatis esse potest, ut investigare et enarrare valeat dona tui Filii benedicti? Non donum, sed dona; non pauca numero, sed innumerabilia; non modici valoris, sed pretii inæstimabilis et incomparabilis; non ex debito data, sed gratiose; non vi aut alia violentia, sed amore gratuito et exuberanti charitate. Quæ dies exsultationis tibi fuit, Virgo omni gratia plena, cum te et apostolis in cœnaculo manentibus, in oratione perseverantibus, Filius tuus benedictus tibi et cæteris Spiritum sanctum in linguis igneis misit (*Act.* ii, 1, 2, 3, 4), qui corda omnium inflammans, genera omnium linguarum docuit, timorem et tremorem humanum e cordibus omnium ejecit, corda in sui amorem roboravit, charitatem ad proximum ampliavit, corda a terrenis separavit, et ad cœlestia elevavit.

2. O Virgo deifica, donis cœlestibus repleta, in terris manens corpore, et in cœlis mente, hic vivis solo corpore, sed spiritu in cœlo jam habitas cum illo, qui te in mundo gubernat. Conversatio tua tota in cœlis est: nihil tibi commune cum terra. Nunc te possidet, qui te obumbravit. Jam te tenet spiritu in altissimo cœlo, quem tu genuisti in terris. In illo manes, quem tu in utero tuo virginali bajulasti. Te nutrit gratiis, quem sacro lacte tuo fovisti; tibi custodem specialissimum misit, quem tu maxima diligentia custodisti; gubernatorem assiduum tibi direxit, quem tu multiplici providentia gubernasti; defensorem tibi constituit, ut ab adversis te illæsam præservaret, quem tu diligenti custodia a malis imminentibus præservasti. O Virgo felicissima et omni felicitate felicior, si benedictus Filius tuus cœlum ascendit, non propter hoc te dereliquit, sed etiam supremum consolatorem tibi misit, qui te nunquam desereret, a te non separaretur, te continue consolaretur, et a tuo servitio non cessaret. O Virgo Maria, quam plena es gaudiis et lætitiis! quam præclara virtutibus! quam redundans gratiis! quam referta donis! quam dotata cœlest bus divitiis! Non est tibi similis, nec fuit, nec erit in bonitate, in perfectione, in honore, et fecunda virginitate, in humilitate, et in omni gratiarum affluenti receptione.

Sed ego, Virgo inclyta, propter sordes peccatorum meorum indignum me reddidi susceptione Spiritus sancti, quem indubitanter habuissem, si me ad recipiendum ordinassem. Non remansit in tuo Filio, gloriosa, quin eum miserit, sed in me misero, qui eum renui recipere, peccatis et vitiis me miserabiliter submittendo. Sed, Virgo pia, plena charitate, deliciis spiritualibus affluens, extende super me gratiam tuam,.et exora Filium tuum benedictum, ut sordes cordis mei misericorditer abluat, et gratiam sancti Spiritus super me infundat, ut de peccatis dolendo, conterendo et satisfaciendo, vivam hic per gratiam, et in futuro per gloriam per infinita sæcula sæculorum. Amen.

CONTEMPLATIO X.

De Vita Virginis Mariæ post Ascensionem Christi.

1. Vita tua in hoc mundo post gloriosam Ascensionem Filii tui, benedicta et gloriosa Virgo Maria, fuit sanctissima vita ; non terrena, sed cœlestis ; non inclinata ad mundum, sed elevata ad Deum : corpus quidem hic, sed spiritu Deo vivebas ; plus mentem quam corpus recreabas ; corpus namque solummodo ne deficeret sustentabas, sed spiritum alimonia spiritali replebas. Vita tua super angelicam vitam fuit : quia angeli spiritu, tu vero corpore et spiritu angelicam vitam duxisti ; loca publica fugisti, et in secreto cubiculo permanendo, Deo sine intermissione servisti ; turbas hominum more sanctarum virginum expavisti , non quod de inclinatione perversa dubitares, cum sanctificata sic fuisses, quod inclinari non poteras ad peccatum, sed ut Deo cum majori libertate servires : angelos tecum assidue habuisti comites et custodes ; qui ex præcepto divino consolationes multiplices tibi dabant. Verba tua non otiosa fuerunt, sed omnia ad laudem Dei, et proximi utilitatem. Vita tua tota sic fuit exemplaris, et virtutum radio sic enitebat, quod, solo aspectu tuo sancto a peccatis et perversis cogitationibus retrahebas peccatores ; mens tua sancta, nunquam ab oratione et contemplatione cessabat, quamvis corpus interdum operibus fili et acus vacaret, ut sic de labore manuum tuarum vivendo, bene tibi esset, et proximis onerosa non esses. Vita tua tota in paupertate fuit, quia temporalia despexisti.

2. O Virgo illustrissima, ex clara stirpe procreata, regium statum sprevisti, et humilitatem ac paupertatem dilexisti ; nihil in te fuit sublime vel altum, nisi mens, quæ semper elevata fuit ad Deum. De te ipsa nihil præsumpsisti, sed crescentibus spiritualibus bonis, etiam humilitas in te crevit. Laboribus indefessis tuum sanctum corpusculum, vigiliis, abstinentiis, et meditationibus macerasti ; non ut carnem subjiceres spiritui, cum semper carni spiritus dominaretur, sed ut virtutes et gratiæ divini amoris in te augerentur, et Deo amplius complaceres, ad cujus dilectionem tuus animus ardebat ; et ut etiam populum pretio-

sissimo sanguine Filii tui redemptum in ejus beneplacito conservares , et acceptabilis esses. Loca sacratissima Passionis , Resurrectionis , Ascensionis, et alia benedicti Filii tui Redemptoris nostri, in ejus beneplacito, accessu devotissimo frequentabas, ut ipso sublato et elevato in cœlum ab oculis tuis, saltem ipsa loca, in quibus suam affluentem charitatem humano generi ostenderat, humiliter visitando , referre non cessares gratiarum actiones.

3. Sed, Virgo gloriosa, *Tota die verecundia mea contra me est, et confusio faciei meæ cooperuit me* (*Psal.* xLIII, 16), dum considero vitam tuam arctissimam, qua arctatione non indigebas, cum esses sanctificata, quare peccare non poteras, nec inclinari ad peccatum. Et ego miser peccator, qui continuo pecco, et peccata multiplico, duco vitam meam in corporis voluptatibus, omni pœnalitate, quantum in me est, exclusa. Adjuva me, Virgo piissima, tuis intercessionibus, deprecando tuum Filium benedictum, ut vita mea miserabilis emendetur et in bonum commutetur : peccata mea deleantur, et divina gratia infundatur, et decursis hujus vitæ curriculis, gloria sempiterna misericorditer mihi detur. Amen.

CONTEMPLATIO XI.

De Assumptione Virginis Mariæ.

1. Dignare me laudare te, Virgo sacrata, non spernas me impiissimum peccatorem, non abhorreas me indignum tuis laudibus ; nec claudas labia mea, quamvis multis modis polluta, quæ te volunt laudare. Da mihi virtutem, ut non solum ore, sed et mente te laudem, te magnificem, te extollam, tecum gaudeam de tuis beatissimis gaudiis tibi generose a tuo benedicto Filio concessis. Inter cætera gaudia, maximum tibi gaudium fuit, tua sancta Assumptio, qua mundum immundum reliquisti, mundum vicisti, de mundo triumphasti, et ipsum virtuose superasti et conculcasti, ipsum abjecisti, et in ipso fuisti sine mentis læsione, sine cordis violatione, sine periclitatione, et demum carnis debitum exsolvendo sine dolore, cœlos penetrasti. Filius tuus benedictus tibi obviam venit cum civibus cœlestibus ; cum laudibus et canticis in sinu suo te recepit. O beatum gaudium ! exaltata es, Virgo beatissima, super choros angelorum, et ad dexteram gloriosi Filii tui collocata es : Regina cœli effecta es. Te cives cœlici post sanctam Trinitatem honorant, laudant et glorificant. Quidquid vis, quidquid petis a tuo Filio benedicto, totum habes, totum obtines ; non habes repulsam, non tibi aliquid denegatur, sed in omnibus tua petitio exauditur. Tanta est tua charitas, tua compassio, tua dilectio ad peccatores, quod pro omnibus oras, omnibus intendis, omnibus subvenis ; post Deum non est gloriæ tuæ similis.

2. O gaudium immensum ! gaudium insuperabile ! gaudium sempiternum ! quo gaudes cum bene-

dicto Filio tuo, sine aliqua temporis interpolatione. Nullus tibi invidet, nullus tuos actus depravat, nullus tibi injuriatur, nullus tibi displicentiam facit ; sed de te et in te omnes gaudent et lætantur, serviunt et obediunt. Hoc est placens benedicto Filio, hoc delectabile, hoc consolabile, hoc suavitate plenum, hoc miro odore redolens, hoc dulcedine non vacuum. O Virgo beatissima, gaude, et semper gaudio magno gaude, quia per tuam sanctissimam Assumptionem habes, quod quærebas ; possides, quod volebas ; tenes, quod præstolabaris. Deo in cœlis juncta es, quem in terris posita tota mentis intensione dilexisti ! assumpta es, Virgo Maria, ad vitam perpetuam, ad gaudium indeficiens, ad pacis requiem, ad habitationem securam, ad delicias impassibiles, ad refectionem interminabilem, ad laudem inenarrabilem, ad diem non advesperascentem, ad gloriam inaccessibilem, ad Filium tuum universitatis Factorem.

3. O Virgo virginum, Mater Regis angelorum, assumpta es in cœlum. Gaudent angeli, laudantes benedicunt Dominum. Ego vero miser assumptus sum ad mundum ; de quo gaudent inimici, quia propter peccata mea servituti illorum me subjugavi. Adjuva me, Domina mundi, advocata peccatorum, charitate repleta, gaudium supremum et æternum possidens. Tua sancta deprecatio non me dimittat in luto aquarum multarum, sed subleves mentem meam ad Deum, et ad te continua meditatione. Impetum mearum passionum cohibe ferosque motus compesce, quoniam tu es veraciter Dei Genitrix, vitæ dominatrix, et cunctorum Domina ; ideoque te supplico, preco, deposco, orbem terræ pacifica fidemque corrobora ; et memor tuæ beatæ consuetudinis, propitiatrix mihi semper esto apud tuum Filium gloriosissimum, Salvatorem meum ut animam meam cum a corpore separata fuerit, in cœlis recipiat, ubi secum et tecum permaneat per infinita sæcula sæculorum. Amen.

CONTEMPLATIO XII.

De gaudiis quæ habet Virgo Maria in cœlo.

1. Beatam te dicunt, gloriosa Virgo Maria, omnes generationes in terra et in cœlo. Te laudant, te benedicunt, et te glorificant, tua gaudia spiritualia recolentes. Tu enim in cœlis Regina coronata, exaltata es super choros angelorum ; tu ad dexteram benedicti Filii tui sedes, et collocata exsistis. Tu super omnes cœlicolas post sanctam Trinitatem honorata es, et tibi reginalem reverentiam illi impendunt. Tu tantum propitia es benedicto Filio tuo, et tam dilecta quod quidquid petis, mox impetras ab eodem ; nec unquam repulsa tibi datur, nec aliquid denegatur. Tanta est dilectio gloriosi Filii ad te, quod inter placabilia sibi, qui te honorant et diligunt, placent sibi, et illos diligit singulari amore. Tu super omnes cœli cives sanctæ Trinitati propinquior es, te super omnes san-

ctissimum mysterium ejus nosti, ac ejus beata visione frui digna es.

2. Sed nonne est aliud, de quo, sanctissima Virgo, gaudeas ? Certe sic : quia certissima es quod hujusmodi gaudia nunquam deficient tibi, nunquam illa perdes, nunquam a te subtrahentur, nunquam a te poterunt separari, quin semper illis utaris, illis fruaris, in illis delecteris, et tibi perpetuo durabunt : o Virgo benedicta, gaude et semper gaude; semper gaudebis quia gaudia habes, quibus perpetuo gaudere debes; omnis desolatio a te sublata est, quia gaudia perpetua invenisti. Tua vita tota, gaudia sunt ; nihil aliud habes agere, nisi gaudere ac frui gaudiis sempiternis, et pro peccatoribus tuum benedictum Filium orare.

3. Ora igitur gaudens, Virgo Maria, pro me miserrimo peccatore : quia in hoc miserabili mundo non gaudeo, sed tristor ; non consolor, sed desolatione sum plenus ; non rideo, sed flere debeo calamitates et peccata mea ; et si quando gaudeo, gaudium inane est, et velut fumus evanescens, in luctum convertitur et dolores : non cesses orare, piissima Virgo, tuum Filium benedictum, ut tristitia mea in gaudium convertatur, et gaudium meum nemo tollat a me. Fac me deprecationibus tuis sanctissimis dignum, ut de tuis gaudiis sanctissimis gaudeam; et obtenta venia peccatorum meorum, tuis beatissimis suffragantibus meritis, in cœlo gaudiis perpetuis misericorditer replear, ut tecum et cum omnibus sanctis gaudeam, per infinita sæcula sæculorum. Amen.

CONTEMPLATIO XIII.

De beatitudine Virginis Mariæ.

1. O inter et super omnes mulieres benedicta, sanctissima Virgo Maria, beatitudines tuas nullus mortalium digne explicare valet, præsertim ego iniquus peccator, plenus vitiis et peccatis, quæ sensus meos occupant, et detinent miserabiliter alligatos. Sed tua immensa pietas exuberet in me, ut te laudare valeam, te semper in mente habeam, te diligam, te exorem, tuam misericordiam implorem, tuas beatitudines referam corde puro ; a te non separer, me suscipias, me defendas, ab hoste maligno me protegas, me non desinas adjuvare. Tibi meipsum commendo, curam de salute animæ meæ et corporis habeas, et neminem trepidabo. Si exsurgat adversum me prælium, semper in te sperabo (*Psal.* xxvi, 3) ; in te est spes mea, et fiducia mea, et in beatissimo Filio tuo : a vobis tota salus dependet, et licet tanto patrocinio non sim dignus, tua misericordia deprecans, et benedicti Filii tui misericordia exaudiens, supplebit defectus meos et meam miseriam, et fragilitatem juvabunt.

2. O benedicta et beatitudinibus plena, gloriosa Virgo Maria, tuum Filium benedictum imitando pauper fuisti, non solum bonis temporalibus,

sed etiam spiritu ; et ideo, juxta sententiam Salvatoris, tibi digne debetur regnum cœlorum ; tu nitis in hac peregrinatione constituta fuisti, ut tibi daretur terræ possessio , de qua dicitur : *Portio mea, Domine, in terra viventium.* (*Psal.* cxli, 6.) Tu justitiam observasti , reddendo un icuique quod suum erat, Deo et proximo dilectionem, et tibi ipsi dignam servitutem, declinando a malo, et faciendo bonum : ideo saturari meruisti visione et fruitione divina. Tu desolationes et mala nostra, pietate mota luxisti, et nunc consolatione beatifica repleris. Tu semper misericors fuisti, et misericordiam consecuta es sempiternam. Tu munditiam non solum corporis, sed etiam animæ semper habuisti, digne igitur tibi debetur, ut Deum semper facie ad faciem videas, et ejus fruaris semper visione perpetua. Tu pacifica semper fuisti, et pacificos dilexisti, et ideo digne Dei filia nuncuparis. Tu persecutiones ab iniquis Judæis injuste passa fuisti et eas patienter recepisti; propter quod regnum cœlorum possides, et in æternum possidebis. Et si maledictiones adversum te falsi Judæi mentiendo dixerunt ; gaude et exsulta, gloriosa Virgo Maria, quia merces tua copiosissima est in cœlis quam nunc habes, nunc tenes, nunc possides, nec a te aliquo tempore potest auferri, sed tibi perpetuo perdurabit.

3. O Virgo læta, et lætitia plena, si alii peculiariter beatitudines possident, quanta est exsultatio tua, gaudium tuum, quanta est consolatio tua ? quia non solum particulariter, sed etiam universaliter ipsas beatitudines obtinuisti, et obtinere meruisti. Nec mirum, Virgo beata, quia cæteris datæ sunt virtutes et gratiæ per partes, sed tu omnes generaliter habuisti. Quis enim, Virgo beata, investigare potest tuam gloriam, tuum præmium, tuam mercedem, tuum honorem, tuum decorem, tuam beatitudinem et tuam gloriam immarcessibilem qua in cœlis coronata exsistis ? Ad ista consideranda humana fragilitas attingere non potest, quia, *Oculus non vidit, nec auris audivit, nec in cor hominis ascendit* (*I Cor.* ii,9) quod tibi benedictus Filius tuus donavit in cœlis.

4. Memento mei, piissima Virgo, quæ tantam gloriam meruisti obtinere. Memento mei in hac valle miseriæ positi. Ora benignissimum Filium tuum, ut educat me de carcere peccatorum meorum in quo carceratus et celatus sum, per iniquissimos inimicos meos, et vinculatus teneor. Exora ipsum humiliter, ut me liberare dignetur remittendo et indulgendo, nec ulterius adversum me prævaleant inimici ; sed ipsos devincendo, sibi et tibi placité serviam hic, et in futurum, per infinita sæcula sæculorum. Amen.

CONTEMPLATIO XIV.

De officio Advocatæ quod habet Virgo Maria.

1. Virgo gloriosa, singulari virginitate, et salutari fecunditate præclara, quæ nec primam, nec ultimam similem habuisti, nec in futurum habebis, ad te venire audeo cum in factis meis tibi contrarium me cognoscam. Tu enim bona es, ego malus ; tu humilis, ego superbus ; tu Virgo, ego corruptus ; tu pia, ego impius, tu Dei amica, ego propter peccata mea inimicus ; tu sericordia plena , ego illa vacuus ; tu circumfusa virtutibus, ego omnibus vitiis cogitatione, consensu ,* et opere contaminatus ; tu Deo obediens , ego inobediens ; tu patiens , ego impatiens ; tu Filium Dei mundo dedisti, ego ipsum abstuli mihi ipsi ; tu ipsum glorificasti, ego ipsum blasphemavi ; tu pœnitentiam egisti, ego voluptatibus me dedi ; tu paupertatem temporalium elegisti, ego temporales divitias concupivi ; per te porta Paradisi aperta est, ego mihi ipsi ingressum ipsius prohibui ; tu mundum contempsisti, ego ipsum dilexi ; tu mentem semper ad superna elevasti, ego meam ad terram prostravi ; tu Dei beneficia recognovisti, ego inique oblitus fui ; tu charitate ferves, ego frigidus sum in ipsa ; tu digna es omni laude, ego omni opprobrio ; tibi digne gloria debetur, mihi digne pœna æterna ; tu Deum honorasti, ego ipsum contempsi ; tu laborasti, ut Deo placeres, ego laboravi, ut mundo placerem ; tu innocentiam observasti, ego iniquitatem admisi ; tu peccata abhorruisti, ego me illis immiscui mente prava ; in te est omnis perfectio, ego sum in omnibus imperfectus ; tu pro peccatoribus oras, ut non damnentur, ego meipsum trado damnationi.

2. Ecce, Virgo Maria, qualis sum, nec meam qualitatem possum plenarie explicare. Quomodo confugiam ad te, cum sim tibi et tuis factis dissimilis et contrarius ? quomodo diliges me, cum similis diligat suum similem ? aut quomodo audies me loquentem tibi, si non diligis me ? quia nec juste diligere debes. Sed, Virgo benedicta, quamvis ex prædictis venire ad te non audeam, ex sequentibus tamen cordis fiduciam de tua pietate suscepi : Virgo es, et Dei Genitrix, et propter peccatores effecta es Dei Mater, propter peccatores exaltata es super choros angelorum ; ad tantam gloriam ascendisti, ut pro peccatoribus intercederes ; tu peccatorum advocata existis, et onus hujusmodi officii in te benigne suscepisti ; tu Regina cœlorum et mundi effecta es, habens plenariam potestatem, et quidquid potest facere Filius tuus, tu illud potes ab ipso impetrare tuis precibus ; tu dispensatrix es gratiarum divinarum ; nihil concedit nobis benedictus Filius tuus, quin pertransierit per manus tuas piissimas ; a te dependet vita peccatorum ; per te peccatores benedicto Filio tuo reconciliantur ; tu misericordiæ es Mater ; tu es tutissimum refugium peccatorum ; a te nullus, quantumcunque magnus peccator despicitur, nullus repulsam patitur, nisi ex voluntaria malitia te deserat et fugiat ; omnes peccatores ad te redeuntes manu pia recipis, nec moram in hoc facis, nec dilatio-

nem concedis; sed sinum misericordiæ tuæ aperis omnibus, omnibus exaudibilem aurem præbes,
viam vitæ ostendis peccatoribus, de quorum majoribus me cognosco.

3. Igitur audi me miserum peccatorem, Virgo
pia; exerce tuum officium piissimum advocatiónis

ad Filium tuum benedictum; ipsum humiliter deprecando pro me miserabili peccatore, ut ipso
piissimo officio suffragante, deleantur peccata mea,
et gratia tui benedicti Filii hic me præveniat, ut
in futurum tecum vivam per infinita sæcula sæculorum. Amen.

PARS X.

DE SEPTEM VERBIS VIRGINIS MARIÆ QUÆ REFERUNTUR AD SEPTEM DONA SPIRITUS SANCTI.

CONTEMPLATIO I.

*De primo verbo : « Quomodo fiet istud, quoniam
virum non cognosco? » (Luc. I, 34.)*

1. Spiritus sanctus docuit te, benignissima Virgo
Maria, et verba tua prudentissima justo sermone
ornavit, ut dicere possis : *Justi sunt sermones mei,
et non est in eis pravum quid, neque perversum.*
(*Prov.* VIII, 8.) Ideo primum verbum, quod locuta
fuisti, fuit : *Quomodo fiet istud, quoniam virum non
cognosco?* Et hoc verbum dictavit Spiritus sapientiæ, qui te repleverat, et fuit verbum fortitudinis
et castitatis. In quo primo requiris de voluntate
Dei, nam audito virginitatis periculo, quod Mater
deberes fieri, nec modum reperires, quo hoc posset
fieri salvo virginitatis proposito; non de re dubitans, sed de modo, rupto verecundiæ freno quæsivisti : *Quomodo fiet istud, quoniam virum non
cognosco?* Non enim dubitabas quin adimpleri deberet, quod ab angelo audiveras; sed quomodo
fieret non legeras, neque ab angelo audieras quo
ordine istud deberet adimpleri; et ideo quæsivisti,
quia hoc erat mysterium absconditum a sæculis, a
prophetis non prædictum, angelo reservatum, ideo
dixisti ad angelum : *Quomodo fiet istud, quoniam
virum non cognosco,?*

2. In quo ostendisti, Virgo Maria, magnam constantiam tuæ mentis, quia constanter respondisti :
Quoniam virum non cognosco; et in hoc contraria
fuisti Evæ, quæ levis fuit corde; quia cito credidit,
et nec verbum, nec loquentem discutiens, facile
consensit; duplici funiculo trahebatur, quia promittebatur sublimitas, et suadebatur voluptas : ad
quæ duo, homines facile inclinantur; sed tu Virgo
neutrum voluisti, quia humilis et Virgo fuisti; sed
utilitatem non solum propriam, sed communem
desiderans, prudenter, quæsivisti, *quomodo fiet
istud,* quod tu dicis, ut Virgo concipiam et pariam
Filium? *Quoniam virum non cognosco,* id est, *votum
habeo non cognoscere.* O felix propositum tuum,
Virgo beatissima, in quo firmitas convenit puritati :
et quia utrumque habuisti, id est, propositi puritatem, et consilii firmitatem, scribitur de te :
Fortitudo et decor indumentum ejus. (*Prov.* XXXI, 25.)
Decor est in proposito continentiæ, fortitudo in
consilii firmitate.

3. Sed, piissima Virgo Maria, ego fragilissimus
peccator tuam doctrinam non sui secutus, sed
doctrinam Evæ. Promiseram enim in baptismo servire Deo, et ipsum habere in Dominum; sed ad
modicum verbum tentationis hostis antiqui, credidi,
more Evæ; et Deo inobediens fui, et hostibus consentiendo multa peccata perpetravi inique. Succurre, Virgo piissima, succurre mihi in tantis
periculis constituto; ora benignissimum Filium
tuum, ut abrenuntiatis hostibus ad suam obedientiam me misericorditer trahat, ut sibi digne serviam, et vitam mihi concedat æternam. Amen.

CONTEMPLATIO II.

*De secundo verbo : « Ecce ancilla Domini fiat mihi
secundum verbum tuum. » (Luc. I, 38.)*

1. Clementissima Virgo Maria, secundum verbum,
quod ore tuo virgineo protulisti fuit : *Ecce ancilla
Domini, fiat mihi secundum verbum tuum.* Nam in-
tellecto quod posses concipere, et parere manens
Virgo, respondisti : *Ecce ancilla Domini fiat mihi
secundum verbum tuum.* Verbum est timoris, quia
collactaneus est humilitatis. In hoc verbo, gloriosa
Virgo Maria, ostendisti promptam obedientiam,
quia aperuisti verbis angelicis auditum, et ab auditu tuo initium sumpsit reparatio nostra; ut intraret remedium, unde morbus irrepsit; et per
eadem vestigia sequeretur vita mortem, lux tenebras, veritatis antidotum, serpentis venenum, et
vitæ janua, fieret auditus, per quem intraverat
mors in mundum.

3. Inde per hæc verba, Virgo Maria, ostendisti
promptam fidem et promptum consensum : *Ecce
ancilla Domini non carnis, non mundi, non diaboli,
sed Dei.* Ideo, *fiat mihi secundum verbum tuum,* non
secundum petitionem meam; quia non auderem
petere, ut fierem Mater Dei. Nisi enim, Virgo benignissima, credidisses et sperasses posse fieri ut
futura esses, quod tibi promittebatur, non respon-
disses : *Fiat mihi secundum verbum tuum;* sic fuit
firmatum pactum reconciliationis humanæ, et matrimonium divinæ et humanæ naturæ, quia in hoc
verbo concepisti Filium Dei. Præcessit autem
verbum humilitatis gloriam conceptionis. Hæc est,
Virgo gloriosissima, gloria tua singularis, et excellens prærogativa, quia Filium unum eumdemque

cum Deo Patre meruisti habere communionem. Fiat igitur mihi secundum verbum tuum, id est, cum magna devotione et humilitate promissum angeli impleatur, et reconcilietur mundus in hoc verbo, beatissima Virgo Maria, instruimur humiliando nos coram Deo, ejus gratiam postulare, quia scriptum est : *Indulgentiam illius, fusis lacrymis postulemus et humiliemus illi animas nostras.* (Judith. viii, 14.)

5. Sed, benedicta Virgo Maria, licet instructus fuerim tuo exemplo petendi a Deo cum humilitate, tamen oratio mea non fuit humilis, nec cum humilitate processit, sed cum superbia et jactantia cordis et oris, et ingratitudine operis. Ideo non merui exaudiri, tanquam alienus et separatus a Deo. Sed, Virgo piissima, affectus misericordissimus, quem habes ad peccatores, suppleat defectus meos, et humilitas tua suppleat superbiam meam : ut tuo exemplo ductus humiliter coram Deo, quem assidua oratione deprecari digneris, ut mihi flagitia commissa remittat et indulgeat, vitam humilem et tibi placitam mihi donet, per quam finaliter vitam etiam obtineam sempiternam. Amen.

CONTEMPLATIO III.

De tertio verbo, quando Virgo Maria salutavit Elisabeth.

1. Exsurgens tu, humillima Virgo Maria, in montana cum festinatione ascendisti, et intrando domum Zachariæ, salutasti Elisabeth, quasi gratulans ei de dono quod eam accepisse didiceras. Et hoc fuit tertium verbum, quod locuta fuisti, benedicta Virgo Maria, in quo ostenditur tua magna bonitas et benevolentia : quia *salutare* idem est, quod *aliis salutem optare.* Tu, Virgo Maria, salutem desideras peccatoribus, salutem eis procuras, salutem affectas, pro eis salutem postulas ex abundantia gratiarum tuarum. Sicut enim mare non potest exhauriri, omnes enim aquas recipit, et omnes aquas emittit, et semper plenum remanet : sic tu, Virgo Maria, recipis omnes aquas gratiarum et plenitudinem universorum bonorum, ut ea nobis distribuas sine diminutione plenitudinis tuæ. Sicut guttæ pluviæ dinumerari non possunt, sic neque tuæ gratiæ, maxime ex quo Filius Dei, sicut pluvia in vellus, descendit in uterum tuum virginalem. Et sicut aquæ maris salsæ sunt, et potatæ magis sitim accendunt ; sic aquæ gratiarum tuarum, quas piissime nobis distribuis, potatæ magis accendunt desiderium ; sicut de te ipsa dicis : *Qui bibunt me, adhuc sitient.* (Eccli. xxiv, 29.)

2. Salutasti, igitur, Virgo benignissima, Elisabeth, et est istud verbum intellectus, ad cujus prolationem intellexit Elisabeth te gloriosam Virginem Mariam concepisse Dominum, unde dixit : *Unde hoc mihi, ut veniat Mater Domini mei ad me?* (Luc. i, 43.) Ad tuam etiam salutationem Joannes clausus in utero Dominum suum clausum in utero virginali cognovit, et pro modulo suo gavisus est

in occursum tuum. O benedicta Virgo Maria, in hoc verbo sancto tuo instruimur, quod proximis debemus optare salutem, et cum ipsis loqui de sua salute, quod est *salutare* ; et de beneficiis iis impensis gratulari.

3. Sed ego miserrimus, et omni miseria dignus contrarium confiteor me egisse, quia proximis meis salutem non optavi, sed dolorem ; nec cum ipsis de eorum salute locutus fui, sed frequenter ad peccandum invitavi ; de bonis ipsorum non fui gavisus, sed potius de damno ipsorum, et hoc propter invidiam, aut propter vindictam ; et sic Deum offendi, et præcepta ejus præterivi, non diligendo proximum sicut meipsum. Et sicut egi cum ipsis, dignum et justum est ut mecum agatur ; sed quia salutem peccatoribus procuras, confidentiam et spem in te habeo, Virgo Maria, ut animæ meæ concedas salutem hic, et in æternum. Amen.

CONTEMPLATIO IV.

De quarto verbo : « Magnificat anima mea Dominum. » (Luc. i, 47.)

1. Loquela tua manifestam te fecit, beatissima Virgo Maria, quia, dum Elisabeth salutasses, et ipsa te magnificasset et laudasset : tu, Virgo humillima, humilitatem ostendendo et laudes humanas respuendo, Deum magis magnificare curasti, dicendo : *Magnificat anima mea Dominum* ; et hoc fuit quartum verbum quod locuta es. Et fuit verbum sapientiæ et humilitatis et gratiarum actionis in quo docemur Deo gratias agere de perceptis ejus beneficiis, et tribuere ei totum quod est humilitatis ; et magnificare potentiam ejus, unde dixisti : *Quia fecit mihi magna qui potens est, et sanctum nomen ejus.* (Ibid. 49) Magnum enim fuit tibi, ut Dei Patris Verbum carne tua indutum utero gestares ; magnum fuit, ut dum te ancillam confessa es, tu plasmatoris Mater fieres. Sed hæc omnia, et si magna sunt, impossibilia non sunt ei, a quo facta sunt, scilicet, *ei qui potens est.* Hæc enim sunt magna, ut tu creatura ederes Creatorem, tu famula gubernares Dominum, per te Deus redimeret mundum, et ad vitam mortuos revocaret ; ut per Virginem fieret Deus homo, fieret Verbum caro, essetque Dominator, subditus nascendo suæ ancillæ, quam ipse condiderat, sic quod tu ancilla, in subditum habebas Dominum, et Dominus ancillam in prælatum.

2. Fecit igitur tibi, Virgo Maria, magna ; sed non dixisti qualia, quia cum Dei omnia opera humani sensus capacitatem exsuperent, præcipue sacramentum Redemptionis et Incarnationis Verbi mysterium super omnia ineffabile esse constat. Nihil enim unquam magis mirum factum est, quam ut natura incomprehensibilis, corporis formam ita sibi uniret, ut nec minus in ea esset quod in se erat immensa, nec minor in se exsisteret, quia in illa fuerat tota. Hæc ergo sunt magna

et ineffabiliter magna, quæ in te, Virgo Maria, facta sunt ad omnium salutem ; et tibi facta sunt ad gloriam singularem, idcirco dixisti, *quia fecit mihi magna qui potens est* ; absolute igitur dixisti, *potens*, quia omnia potest. Potentem ergo confessa es, tu, Virgo Maria, Dominum ; nec amplius dixisti, quia credi potest ejus potentia, quia est; sed quanta est, aut qualis comprehendi omnino non potest. Idcirco solum confessa es potentiam, sed discutere non præsumpsisti, quia sciri non potest quanta est. Verissime scitur quod immensa est, summe enim potens est, quia potest omne quod possibile est ; nec ideo minus potest quia impossibilia non potest ; quia impossibilia posse non est posse, sed non posse.

3. Sed, beatissima Virgo Maria, Dominum non magnificavi ego, sed blasphemavi et beneficia mihi collata non suæ gratiæ, sed meis meritis attribui, et de illis non fui humilis, sed superbus. Ora pro me, Virgo Maria, ora, tu, quæ potens es, Omnipotentem, ut suam omnipotentiam ostendat et magnificet, mihi parcendo, et potentem me faciat contra hostes animæ meæ, ut ipsis devictis, mihi tribuat misericordiam æternaliter salutarem. Amen.

CONTEMPLATIO V.

De quinto verbo : « Fili, vinum non habent. »
(*Joan.* ii, 3.)

1. O charitate plenissima, gloriosissima Virgo Maria, benedicto Filio tuo quintum verbum locuta fuisti, dicens : *Fili, vinum non habent* ; et fuit verbum charitatis, pietatis, et compassionis; quia aliorum verecundiam tuam reputans, sustinere non potuisti nec dissimulare vini defectum, et licet increpata fueris a Filio tuo, quoniam dixit : *Quid mihi et tibi, mulier ?* (*Ibid.* 4.) Tamen tu mitis et humilis corde, nihil respondisti, nec tamen desperasti, sed ministros monuisti dicendo : *Omnia quæcunque dixerit vobis, facite.* (*Ibid* 5.) Unde, Virgo Maria, primo pro homine Filium exorasti, sic docemur ab eo petere id quo indigemus, qui est sufficientia omnis boni, quod autem respondit benedictus Filius, *Quid mihi et tibi est, mulier ?* non negabat te Matrem suam, sed discernebat potentiam suam : quia non ex natura quam de te, benedicta Virgo Maria, acceperat ; sed a potentia suæ divinitatis habebat facere miracula.

2. Et tu futura prænoscens in spiritu, tanquam Mater Dei, et Dominicam prævidens voluntatem, sollicite ministros monuisti, dicendo : *Omnia quæcunque dixerit vobis, facite;* et tunc Filius pudorem tuæ increpationis relevans, et jam suam aperiens majestatem exspectantibus ministris dixit : *Implete hydrias aqua*, et tunc aquam mutavit in vinum, quia ab initio eam creavit in vineis, induravit in glaciem, Ægyptiis vertit in sanguinem et Hebræis sitientibus manare præcepit de rupe arida, qua multitudinem innumerorum populorum

stillicidiis novi fontis vice maternorum uberum nutriebat. Sicut igitur, benignissima Virgo Maria, per te impetratum est vinum in nuptiis, sic impetras peccatoribus vinum gratiæ et devotionis, et interioris consolationis ; tenebras illuminas, vias nostras dirigis, tentationes comprimis, et ipsos adversarios compescis, recte vivere cupientes exemplis tuis dirigis, errantes reducis, et periclitantes ad portum salutis deducis.

3. O misericordissima Virgo Maria, ex vulneribus cordis mei defluit sanies peccatorum, corrumpens et sordidans animam meam. Vinum non habeo, vino indigeo ; sine illo curare non possum vulnera cordis mei. Impetra mihi, Virgo piissima, a benedicto Filio tuo istud vinum, scilicet pœnitentiæ et compunctionis, quo mundentur et curentur ipsa vulnera ; ut corde mundato sibi et tibi placide servire valeam, opera virtuosa exercendo, exempla salutaria proximis ostendendo, ut carnis miseræ onere deposito, anima mea ab omni malitia peccati mundata, in cœlis collocetur regnatura cum beatis. Amen.

CONTEMPLATIO VI.

De sexto verbo : « Quodcunque dixerit vobis, facite. » (Joan. ii, 5.)

1. Quis cogitare potest, benignissima Virgo Maria, immensam pietatem tuam, quam non solum deprecantibus te ostendis, sed etiam non petentibus, nec eam quærentibus, tribuis incessanter ? Deficiente namque vino in nuptiis, monuisti ministros ut quæcunque eis diceret benedictus Filius tuus, facerent ; et istud fuit sextum verbum, quod locuta fuisti. Et est verbum consilii, quia Spiritus sanctus te repleverat, quia quidquid locuta es, aut ad tui humiliationem, vel ad Dei laudem, vel ad ædificationem proximorum referebas. Ideo de verbis tuis potest dici : *Favus distillans verba composita*, (*Prov.* xvi, 24) ; quia sicut in favo est cera luminis instrumentum, et dulcedo mellis reficiens justum : sic in verbis tuis erat scientia veritatis illuminans intellectum, et omnimoda veritas, et summa pietas reficientes affectum. Medicinalia etiam erant gratissima verba tua, et conservativa more mellis; quia sanabant, et tollebant verecundiam ministrorum in nuptiis; sanabant etiam languores animarum, et præservabant a peccato. Tu, Virgo Maria, corde benigna, id est, bene ignita igne pietatis et charitatis, opere misericors, sermone modesta, mente et corpore pudica, invitabas ministros ad obediendum benedicto Filio tuo, ut scilicet facerent, quæcunque diceret eis.

2. In hoc verbo modestissimo, Virgo Maria, docemur ad divinæ voluntatis impletionem alios quantum possumus invitare ; hoc est enim consilium sanctorum, hoc est consilium tuum, Virgo Maria, quod in te ipsa prius ostendisti, voluntatem tuam divinæ voluntati per omnia conformando. Nam tu, Virgo Maria, intelligens per angelum

quod Filius Dei de te volebat assumere carnem, statim respondisti obedienter : *Ancilla Domini, fiat mihi secundum verbum tuum.* (*Luc.* i, 38.) Hoc consilium aliis ostendisti, quia misericors et piissima Virgo Maria, cupis salutem omnium : sæpe enim quos juste damnaret tui benedicti Filii justitia, clementer liberat tua misericordia. Ideo collocata es advocata a dextris Filii tui, id est, in potioribus bonis ejus : quia peroptime congruit cum Rege justitiæ, Regina misericordiæ.

3. Sed benignissima Virgo Maria, ego impiissimus peccator sum, quia Filio tuo benedicto et tibi non parui ; consilia audivi, sed non cum affectu recepi. Imo illa inobedienter et protervo animo respui ; et consilia impiorum et inimicorum audivi corde pervigili, et secutus fui, et ex hoc merui malum et non bonum, pœnam et non gloriam, mortem et non vitam æternam ; nisi tua pietas mihi succurrat, Virgo pia. Succurrat igitur mihi, ut consilium tuum semper faciam, tanquam bonus minister animæ meæ, et quidquid mihi præcepit benedictus Filius tuus : ut in fine vitam obtineam sempiternam. Amen.

CONTEMPLATIO VII.

De, septimo verbo : '*t Fili, quid fecisti nobis sic ? ,* (*Luc.* ii, 48.)

1. Mater intemerata, Virgo Maria, septimum verbum, quod secundum Evangelium fuisti locuta, fuit verbum dilectissimo Filio tuo directum, quando dixisti: *Fili, quid fecisti nobis sic?* scilicet, ut remaneres nobis ignorantibus ? *Ecce ego, et Pater tuus* (scilicet putativus,) *dolentes,* scilicet de absentia tua, *quœrebamus te.* (*Ibid.*) Istud verbum est scientiæ, quod magis attribuitur divinis rebus quam humanis. Et in hoc quod præmisisti, *Fili,* notatur in correctione mansuetudo. Et quod ipsum in quantum Deum non ausa fuisses, Virgo benedicta, corripere ; sed in quantum Filium tuum ; ideo dixisti : *Fili,* præmisisti enim, Virgo piissima : *Fili, quid fecisti nobis sic ?* Hoc notatur, Virgo Maria, tua magna discretio, quia statim non increpasti

benedictum Filium tuum, sed tantum quæsivisti, quare sic fecisset. In hoc etiam quod dixisti : *Pater tuus,* cum illum de Joseph non concepisses, sed de Spiritu sancto , claudebas impiis sacramentum Incarnationis divinæ, quia si ipsum cognovissent, non eum crucifixissent, et ita non fuissemus redempti. Unde Filius tuus benedictus respondit humiliter : *Quid est quod me quœrebatis ?* (*Ibid.* 49.) In hoc enim non increpat, quia quæritur, sed indicat ubi potius quæri debet, scilicet in divinis. Unde subdit : *In his quœ Patris mei sunt, oportet me esse.*

2. Sed tu, beatissima Virgo Maria, non intellexisti verbum, quod locutus est benedictus Filius tuus, quia adhuc non capiebas mysteria. Et post descendit benedictus Filius tuus tecum, et venit Nazareth, ut sic exerceret illa quæ sunt Patris, tanquam Filius Dei, et tanquam Filius tuus obedientium tibi servaret. Ideo sequitur : *Et erat subditus illis* (*Ibid.* 51) ; hoc singulariter, Virgo Maria, habuisti, ut videres tibi subditum, quem non solum humana, sed etiam angelica natura veneratur et adorat Altissimum . In his verbis sanctissimis, Virgo Maria, instruimur delinquentes filios corripere, eum tu corripueris non delinquentem ; nec commendare coram eis si quid fecerunt boni, sicut non legitur quod tu Filium commendaveris : ideo quia erat in his, quæ Patris sui erant. In hoc, gloriosa Virgo Maria, quod dixisti: *Dolentes quœrebamus te,* doces et instruis nos quod qui vult benedictum Filium tuum quærere, si ipsum perdiderit per peccatum, debet etiam quærere cum dolore.

3. Sed ego iniquissimus peccator frequenter perdidi eum propter multa peccata quæ nequiter perpetravi, sed ipsum non quæsivi cum dolore de peccatis meis. Sed, misericordissima Virgo Maria, ora illum, ut mihi clementer concedat, quod cum dolore de peccatis meis ipsum quæram, et quærendo ipsum inveniam mihi misericordem, et inventum ipsum custodiam, et facie ad faciem ipso fruar per infinita sæcula sæculorum. Amen.

PARS XI.

DE CHARITATE GLORIOSÆ VIRGINIS MARIÆ.

CONTEMPLATIO I.

De dilectione Virginis Mariœ ad Deum Trinitatem.

1. Tu, beatissima Virgo Maria, Deum dilexisti, sicut omnes Scripturæ prædicant diligendum . Dilexisti etiam Deum ex toto corde ; quia cor tuum ad nullius rei dilectionem fuit inclinatum amplius, quam Dei ; nec delectata fuisti in aliqua spe mundi amplius, quam in Deo ; bonum tibi existimans esse in Deo, ut præ omnibus his diligeres solum Deum: nihil enim dilexisti præter Deum, aut

nisi propter Deum. Dilexisti Deum, Virgo Maria, ex tota anima tua ; non solum ex toto corde, sed etiam ex tota anima tua, quia aliud est amor cordis, aliud est amor animæ. Amor cordis quodammodo carnalis est, ut etiam Deus carnaliter ametur, quod fieri non potest, nisi prius recedatur ab amore omnis mundialis rei ; amor enim cordis non intelligitur, sed sentitur in corde, quia quodammodo carnalis est. Amor autem animæ, non sentitur in corde, sed intelligitur ; quia amor animæ ju dicium est. Dilexisti, Virgo Maria, Deum ex tota mente tua, quia omnes sensus tui Deo vacabant; tuus intellectus Deo ministrabat; tua voluntas circa Deûm versabatur; tua cogitatio, quæ Dei erant pertractabat; tua memoria, ea quæ sola bona erant retinebat, ut diceres cum Apostolo: *Psallam spiritu, psallam et mente.* (*I Cor.* xiv, 15.)

2. Tu, Virgo Maria, dilexisti fortiter Patrem, cui attribuitur potestas; dilexisti sapienter Filium, cui attribuitur sapientia; dilexisti dulciter Spiritum sanctum, qui dulcedo est Patris et Filii. Sicut enim est una substantia in tribus Personis; sic singularis et unica fuit dilectio Virginis Mariæ in tribus proprietatibus supradictis. Tua dilectio, Virgo Maria benedicta, ad Deum fuit inseparabilis, tanquam sponsæ ad sponsum, dilectæ ad dilectum, Matris ad Unigenitum, ut dicere posses: *Tenui eum, nec dimittam.* (*Cant.* iii, 4.) Tua dilectio, Virgo gloriosa, ad Deum fuit insatiabilis; quia erat sicut ignis, de quo scribitur: *Ignis vero nunquam dicit: Sufficit.* (*Prov.* xxx, 16.) Gustaveras enim quia suavis est Dominus, qui dicit: *Qui edunt me, adhuc esurient.* (*Eccli.* xxiv, 29.) Tua dilectio, pretiosa Virgo Maria, ad Deum fuit singularis; quia extra Deum nihil quæsivisti, dicendo: *Unam petii a Domino, hanc requiram, ut inhabitem in domo Domini.* (*Psal.* xxvi, 4.) Tua dilectio fuit incessabilis, id est, perseverans; ideo dicebas: *In charitate perpetua dilexi te.* (*Jerem.* xxxi, 3.) Tua dilectio ad Deum, benedicta Virgo Maria, fuit intenta et intima; intenta, quia per amoris desiderium semper in Deum perrexit, intima non superficialis, quia ad exteriora non effluxit.

3. Sed, dilectione plena Virgo Maria, ego miser peccator Deum non dilexi, sed mundum et carnem; et circa complacentiam ipsorum laboravi, et tempus meum usque nunc expendi, et pro istis, quæ modicum mihi durabunt, Deum reliqui, qui mihi perpetuo duraturus erat. Ora illum, Virgo piissima, ut ad ejus dilectionem me trahat, ut ad hoc meum rebellem animum compellat, ut eum hic et in futuro diligam per infinita sæculorum sæcula. Amen.

CONTEMPLATIO II.

De dilectione Virginis Mariæ ad Unigenitum suum.

1. Filium tuum unigenitum, Deum et hominem verum, beatissima Virgo Maria, naturaliter dilexisti. Plus diligitur Filius ab illo parente, cujus virtus conceptiva superabundavit in conceptu ejus, quam ab alio. Ideo tu, Virgo Maria Mater, naturaliter plus dilexisti unigenitum Filium tuum benedictum, quam aliqua alia mulier; quia totam suæ carnis materiam a carne tua materna traxit Christus.

2. Tu, benedicta Virgo Maria, Filium tuum unigenitum carnaliter in bono sensu dilexisti, quia Christi carnem tanta devotione, et tanto studio fovisti, et nutrivisti, ut amore carnis ejus, ab amore carnis propriæ suspensa, omnes cordis tui affectiones prosterneres, et eum de carne propria administrasti conceptum, et de lacte proprio nutrimentum. Secundum naturam assumptæ humanitatis esurientem pavisti, lacte virgineo sitientem potasti, infirmum pro infantia et jacentem, non solum visitasti, sed etiam balneando, fovendo, et gestando frequentasti; cæteraque ei omnia humanitatis obsequia exhibuisti; tandem comprehenso et crucifixo, quasi in carcere posito, adfuisti.

3. Tu, gloriosa Virgo Mater, unigenitum Filium tuum spiritualiter dilexisti, quod est ex tota anima; quia *Spiritus est Deus, et qui adhæret Deo, unus spiritus est cum eo* (*I Cor.* vi, 18), virtute scilicet, amoris et gratiæ. Hæc enim unio, quæ fit per amorem, spiritualis est; quia omnia ignis est, qui materiam sibi cohærentem ignit, et in sui naturam convertit; et quia tu, pretiosissima Virgo Maria, magis intime quam aliqua alia mater, Filio tuo unigenito per amorem adhæsisti, dicens illi: *Adhæsit anima mea post te* (*Psal.* lxii, 9); ideo spiritualiter unum cum ipso facta es. Unde dixisti: *Adhæsit anima mea,* non caro.

4. Tu, gloriosa Virgo Maria, Filium tuum unigenitum dilexisti charitative; quia tanta fuit dilectio tua ad peccatores, quod quasi gaudenter quodammodo sustinneris mortem Filii tui, et cum ipso desideraveris (si necesse fuisset) mori ob redemptionem generis humani: *Sicut enim Deus propter nimiam charitatem, qua dilexit nos,* dedit Unigenitum suum pro scelere nostro; ita et tu, benedictum fructum ventris tui pro peccatis animarum nostrarum. Unde sicut *sic Deus dilexit mundum, ut Filium suum unigenitum daret* pro mundo; sic tu, beatissima Virgo Maria, dilexisti mundum, ut Filium tuum unigenitum dares pro mundo.

5. Ego vero ingratissimus peccator, oblivioni dans beneficia recepta a benedicto Filio tuo, eum non dilexi, nec in factis, dictis, et cogitationibus ei volui complacere, sed potius mundo, et carni meæ. Sed tu, Virgo pia, compati digneris mihi, et quia charitative unigenitum tuum Filium dilexisti, redde illum placatum mihi, ut ejus misericordia meam ingratitudinem suppleat, et sic me disponat et ordinet, ut sibi placeam, et vitam assequar sempiternam. Amen.

CONTEMPLATIO III.

De dilectione Virginis Mariæ ad proximum.

1. Dilectione plena, beatissima Virgo Maria, præceptum divinum corde et opere observasti; quia proximum dilexisti sicut teipsam, scilicet, ad serviendum Deo, ad videndum Deum, et ad vitam æternam possidendam. Dilexisti, Virgo piissima, proximum gratis, non propter aliquam utilitatem, quam inde consequi deberes; sed ipsum dilexisti cordialiter, sine spe alicujus emolumenti temporalis: quia bonorum meorum non eges, sed desideras ut tibi serviatur, ut in nobis invenias misericordiam, quam retribuere possis. Tu, gloriosis-

sima Virgo Maria, proximum dilexisti, omne bonum nobis desiderando, pro nobis tuum Filium jugiter exorando, tam pro justis ne cadant, quam peccatoribus ut resurgant.

2. Nihil facere posset peccator, benignissima Virgo Maria, neque vivere posset sine tuo adjutorio, sine dilectione tua, sine deprecatione tua; quia semper pro peccatoribus intercedis, et benedictum Filium tuum assidua deprecatione oras: nam misericordia et beneficiis tuis pleni sunt cœli et terra, nec est qui se abscondat a calore tuæ dilectionis: quia quanto magis Deo, qui ignis est, fuisti proxima, tanto magis inflammata fuisti charitate et dilectione, quia ipse *Deus charitas est* (*I Joan.* IV, 16); et quia plus omnibus dilexisti, singulare miraculum Deus Pater in te operatus fuit, ut dicere posses: *Anima mea liquefacta est* (*Cant.* V, 6), scilicet per incendium charitatis et dilectionis ad proximum. Ignis enim charitatis et dilectionis suaviter ardet, sed non lædit; accendit, sed non consumit; et si consumit, hoc facit non ad læsionem, sed ad purgationem; culpam enim consumit, si invenit, non naturam, sed eam purgat, fovet et nutrit. Sicut e contrario, ignis concupiscentiæ nutrit et fovet culpam, et ex magna parte lædit et consumit naturam.

3. O beatissima Virgo Maria, da mihi miserabili peccatori ignem tuæ charitatis et dilectionis; ut me calefaciat in amore Dei et proximi: quia frigidus sum glacie peccatorum; ut me illuminet ad incedendum per viam rectam veritatis; quia tenebrosus sum: ut in me consumat culpam, et eam purget. Dilige me, benignissima Virgo Maria, sicut teipsam, id est, eo quo teipsam scilicet et charitatis affectu et effectu; et in quo teipsam, scilicet in Deo, et propter quod teipsam, id est, ad gratiam in præsenti, et gloriam in futuro: quia qui sic proximum diligit, legem implevit; ut sic per tuam veram dilectionem, hic gratia inflammatus, gloriam obtineam misericorditer sempiternam. Amen.

CONTEMPLATIO IV.

De dilectione Virginis Mariæ ad Deum et proximum.

1. Præceptorum divinorum magnifica observatrix, amantissima Virgo Maria, tanta obedientia Deo subjecta fuisti, et tanta cordis promptitudine ejus voluntati parere et adhærere voluisti, quod de præceptis ipsius nihil penitus detraxisti, sed omnia corde pervigili et opere continuo, absque ulla diminutione, inviolabiliter observasti; Deum super omnia diligendo, et proximum sicut teipsam: *In his duobus, tota lex pendet et prophetæ.* (*Matth.* XXII, 40.) Ista Deo placent, repellunt hostem antiquum, peccata abhorrent, virtutes diligunt, et acquirunt, mundum spernunt, cœlum appetunt, carnis voluptatem rejiciunt, cor mundant, animam exaltant, nulli nocent, omnibus prosunt, iram Dei mitigant, bona spiritualia accu-

mulant, irasci nesciunt, ad misericordiam inclinant, legem implent, prosperis non vincuntur, in adversis per patientiam consolantur, merita augent, justitiam Dei placant, semper gaudent, delectantur: non in sæculo, sed in Deo; non in bonis, sed in malis; non temporaliter, sed æternaliter.

2. Ista ducunt hominem per viam rectam ad civitatem cœlestem, ad quam recurrere quisque debet cum magno desiderio, et amore Dei et proximi. Nam amor per desiderium, de Deo et cum Deo, et in Deum currere potest. De Deo currit, cum de Deo accipit, unde eum diligit; cum Deo currit, cum ejus voluntati in nullo contradicit; in Deum currit, cum in ipso requiescere appetit; hæc namque ad Deum pertinent. Potest etiam amor per desiderium et de proximo, et cum proximo currere, sed in proximum non potest. De proximo, ut de ejus salute et profectu gaudeat; cum proximo, ut eum in via Dei comitem itineris et securæ perventionis habere concupiscat; sed in proximum non potest currere, ut in homine spem, et fiduciam suam constituat. Hæc est ordinata charitas, et præter ipsam, omne quod agitur, non ordinata charitas est, sed inordinata cupiditas.

3. O beatissima Virgo Maria, omnia ista tibi nota fuerunt, et ea in libro purissimi cordis tui affectualiter observasti, quia incomparabilis amor tuus per desiderium tuum de Deo, cum Deo, et in Deum cucurrit; et de proximo, et cum proximo, sed non in proximum. Ista a flore tuæ sanctissimæ juventutis per obedientiam divinam pro lege suscepisti, et ut facilius adimpleres, mundum, et ea quæ in eo sunt totaliter reliquisti; dum in triennis ætatis tuæ complemento, domum propriam deserendo, templum intrasti, et Deo per amorem adhæsisti, a quo te postea, nullo tempore separasti; fiducialiter ad eum accedendo, constanter inhærendo, familiariter percunctando, et nihil aliud corde et animo cogitando nisi de eo, totam te tradidisti in amorem ipsius. Quidquid cogitabas, quidquid loquebaris, quidquid agebas, totum erat de Deo, totum in Deo, et totum cum Deo; nihil aliud tibi sapiebat, nihil aliud quærebas, nisi illum quem misericorditer invenisti. Proximum etiam toto animo et amore dilexisti, quia connexa sunt dilectio Dei et proximi, quia neque dilectio Dei potest esse in aliquo qui non diligit proximum; nec dilectio proximi in eo qui non diligit Deum. Ista dilectio est ab omni mundana dilectione remota; quia est spiritalis, et propria sanctorum, et specialiter super omnia, tua fuit et est, Virgo benedicta.

4. Heu! miser, quid dicam, aut quid faciam? quia miserabilis dulcedo hujus sæculi me separavit ab amore Dei et proximi, cum dilexi mundum et ea quæ in mundo sunt, et ideo ab amore Dei et proximi me voluntarie separavi: *Quia amicus hujus sæculi, inimicus Dei constituitur.* (*Jac.* IV, 4) Hæc

enim dilectio a paradiso deliciarum, in hoc miserabile exsilium Adam et Evam projecit. Nisi Dei
dilectio defecisset, nunquam diligere cœpissent
male suadentis serpentis consilium, imo nec cre-
didissent; hos primos parentes secuta est mala
concupiscentia mea, quæ præcepta divina, ne
adimplerem, impedivit.

5. O clementissima Virgo Maria, impetra mihi
tuis benignis deprecationibus ut benedictum Filium tuum amem et diligam quantum volo, et
quantum debeo. Immensus est, et sine mensura
debet amari; ardeam totus igne sui amoris, dulce-

dine sua; desiderio suo, charitate sua, jucunditate
et exsultatione sua, pietate et suavitate sua, ut
totus sui amoris dulcedine plenus, totus flamma
charitatis suæ vaporatus, diligam eum ex toto corde
meo, ex tota anima mea, ex tota virtute mea, et
omni intentione mea, cum multa cordis contritione, et lacrymarum effusione, et multa reverentia et tremore, habens semper eum in corde et
ore, et præ oculis meis, semper et ubique : ut
nullus in me adulterinis amoribus pateat locus,
sed ipsum facie ad faciem intuendo amem et diligam, per infinita sæcula sæculorum. Amen.

PARS XII.

DE TRIBULATIONIBUS ET DOLORIBUS GLORIOSÆ VIRGINIS MARIÆ.

—

CONTEMPLATIO I.

De desponsatione Virginis Mariæ.

1. Singularis Sponsa, singulari virginitate desponsata, beatissima Virgo Maria, quæ Deo ordi-
nante desponsata fuisti Josepho viro justo, non
lubrica intentione, nec carnali concupiscentia, sed
consensu virgineo, et ut conceptus gloriosus uteri
tui virginalis diabolo celaretur ; et impudicitiæ
infamia a te penitus tolleretur. Gravidata es, Virgo
Maria sanctissima, sancto Spiritu operante; tume-
scit alvus tua virginea, suspicatur senex Sponsus,
unde hoc processit : non vult te traducere, sed
occulte dimittere. O gloriosa Virgo Maria, jam in
tenera ætate positæ, mundus incipit dare tibi
quod suum est, scilicet temeraria, et mala judicia,
et tribulationes.

2. Sed Pater misericordiarum, et Deus totius
consolationis, qui semper tecum fuit, te non reliquit,
tibi non defuit; sed mox tibi voluit subvenire;
misit angelum suum consolatorem, intra secreta
cubiculi; Joseph admonet, ita dicens : Joseph, fili
David, noli timere accipere Mariam conjugem tuam;
quod enim in ea natum est, de Spiritu sancto est.
(Matth. 1, 20). Credit justus verbis angeli, mutat
propositum; traducit te Virginem Sponsam; unitur in Deo amborum animus virgineus, intentione
sincera; unus alteri mutua, et pudica ac incorrupta dilectione devincitur. O sancta conjunctio
animorum! o vera amicitia ! o dilectio virginalis!
exaltaris Joseph in tam deifica conjuge tibi data. O
Virgo virginum, intacta permanent viscera uteri
tui virginalis, ornata conceptu mirabili ; providentia divina adest, ne de te sinistra suspicio
oriatur, qui te fecit, et gravidavit te mente et
corpore præservavit, ut Virgo perpetua permaneres.

3. O Sponsa mente et corpore speciosa, vides
sponsam deformatam, scilicet animam meam,
quod Sponsum suum, scilicet Filium tuum gloriosissimum, dereliquit fornicando, et adulterando

cum inimicis Sponsi benedicti; morte digna est,
lapidari meruit, ultimum supplicium scilicet ignis
infernalis sibi juste debetur, non solum pro uno
adulterio, sed pro multis, non solum pro modico,
sed pro magnis. Sed beatissima Sponsa ; ora
Sponsum animæ meæ, ut sibi indulgeat misericorditer ; et licet frequenter peccaverit, confido tamen
in verbis ipsius Sponsi benedicti, qui dicit non solum indulgendum peccatum usque septies, sed usque
septuagies septies. (Matth. xviii, 22.) Illum jugiter
exorare ne dubita veniam peccatorum; ipsam
Sponsam sibi reconciliet, et in cubiculum æternæ
gloriæ ipsam misericorditer introducat , secum
mansuram, per infinita sæcula sæculorum. Amen.

CONTEMPLATIO II.

De fuga in Ægyptum. (Matth. 11, 13.)

1. Cum te et facta tua aspicio, gloriosa Virgo
Maria, Genitrix Dei purissima, me ipsum conde-
mno, quia mundi prospera diligenti animo perquisivi, et adversa fugi toto posse. Imo ne mihi adve-
nirent, cupivi, et dum se obtulerunt, illa impatien-
tissime portavi; prospera etiam animum meum in
superbiam erexerunt, et adversa per impatientiam
fregerunt; sed te, benedicta Virgo Maria, prospera
humiliaverunt, et adversa patienter in Deo firma-
verunt. Quantum namque in te prosperitatis fuit,
cum Mater Dei effecta es, et propter hoc virginitatem non amisisti : sed teipsam in profundum
humilitatis dejecisti . Quanta etiam in te adversitas
fuit passive, cum propter iniquum Herodem, qui
tuum benedictum Filium quærebat ad perdendum,
de nocte consurgens, cum ipso et Joseph, in Ægyptum fugisti? Ætati tuæ juvenili non parcens,
labores corporis, et timorem mentis, infatigabiliter
sustinuisti; in terra remota, et inter ignotas gentes
diutius permansisti, ubi tecum nihil præter Filium
tuum benedictum et Joseph, nec cum eis unde
viveres habuisti; imo nec ubi cum eis, caput re-
clinares invenisti : et tamen omnia læto corde, et

cum magna patientia suscepisti, et Deo gratias continue reddidisti.

3. O Regina mundi, regnum mundi despiciens, et contemnens, et paupertatem amplectens, non habens unde vivas cum benedicto Filio tuo, qui totum mundum fecerat et creaverat, et sub pugillo tenebat. Timebas regem, quod interficeret Filium tuum benedictum, qui est Rex regum et Dominus dominantium; vigilabas sollicite super custodia ipsius, ne ab aliquo tolleretur. Intra domunculam et tugurium pauperrimum clausa manes, nec prodis in publicum præ verecundia juvenilis ætatis, ignota inter ignotos moram trahis, sine adjutorio humano, et quasi exsulata a patria. Ex his tamen tuus animus non tristatur, sed gaudet; in afflictione Deum laudat et benedicit, et Filium tuum benedictum recommendat devote.

3. Sed, beatissima Virgo, et Mater Filii tui benedicti, ego miser in Ægypto sum positus, hoc est, in tenebris peccatorum, inimicis multipliciter vallatus, quia a patria propria, hoc est a gloria cœlesti exsul factus sum. Quærit et persequitur me Herodes infernalis, ad perdendum me; sed tu, Virgo gloriosa, sis mihi auxiliatrix; resistat ei virtus patientiæ tuæ; educ me de tenebris peccatorum; adjuvet me tua sancta intercessio. Exora tuum Filium gloriosum, ut sua magna misericordia super me descendat, et me liberet a vinculis peccatorum; ut ab omnibus mundatus, placide hic sibi serviam, et in fine gloriam obtineam sempiternam. Amen.

CONTEMPLATIO III.

De amissione Christi in templo.

1. Virgo Dei Genitrix mente et corpore purissima, legem adimplendo cum tuo benedicto Filio Domino nostro Jesu Christo, et justo viro Joseph sponso tuo Hierosolymam ascendisti, templum intrasti, festi solemnitatem diebus statutis ibidem celebrasti, et exinde ad propria humiliter redeundo, Jesus Christus Filius tuus gloriosus, quem in comitatu vicinorum esse credebas in templo remansit. O Virgo •benedicta, anxia et desolata facta es, quia tuum Filium benedictum non invenis; post diem completum quæris diligenter, et non invenis; petis ab omnibus, et non est qui te sciat informare de illo; tristatur cor tuum et dolet, anxiatur mens tua, fundunt oculi tui rivulos lacrymarum; et quid agere debeas, hoc ignoras. Auxilium divinum imploras; Deum Patrem crebris singultibus oras, ut Filium tuum præservet a periculis, et eum incolumem tibi reddat. Festino gressu cum gemitibus retrocedis, Hierosolymam intras, Filium tuum quæris, Filium tuum petis, et illum non vales invenire. Cum celatur in te dolor, tristitia augmentatur, languet corpus tuum, et mens suspirat.

2. Sed pius Pater misericordiarum, et Deus totius consolationis qui tribulatos consolari non cessat, tibi compatitur, tuæ anxietati subvenit,

tuam deprecationem audit et exaudit. Intras, Virgo pia, post triduum, templum Dei, et illico reperis benedictum Filium tuum sedentem in medio doctorum, audientem et interrogantem illos; et dixisti humiliter illi : Fili, quid fecisti nobis sic? Ego et pater tuus, dolentes quærebamus te. (Luc. II, 48.) O Virgo sanctissima, fuit hæc negligentia tua, ut sic Filium tuum relinqueres negligenter? Absit quod unquam fueris negligens circa custodiam ipsius : sed ita voluit, et fieri permisit benedictus Filius tuus. Ideo respondit tibi humiliter obedientia filiali : Et quid est quod me quærebatis? Nesciebatis, quia in iis, quæ Patris mei sunt, oportet me esse? (Ibid. 49.) Sed verba ipsius, Virgo Maria, tunc non intellexisti, sed omnia in corde tuo reservasti.

3. O Virgo sanctissima, et omni pietate plenissima, quid faciam? ego miserrimus peccator perdidi Filium tuum benedictum non solum ex negligentia mea, sed etiam ex iniquitate. Habebam eum in corde, et ipsum expuli per peccatum, et quod mihi gravius est, non quæro illum ex duritia mea. Ora, Virgo pia, illum pro me peccatore; require cum ut veniat ad me; clementer impetra mihi triduum, scilicet contritionem, confessionem et satisfactionem peccatorum meorum, quo ipsum in templo cordis mei sic valeam invenire, et in futurum ipsum placatum et propitium mihi inveniam in æterna gloria, per infinita sæculorum sæcula. Amen.

CONTEMPLATIO IV.

De morte Christi.

1. Quis dabit capiti meo aquam, et oculis meis fontem lacrymarum (Jerem. IX, 1), ut tecum, mœstissima Virgo Maria, plorem et doleam, et tuæ tristitiæ compatiar, corde flebili et compuncto? Fuisti namque plaga crudelissima sic percussa in quacunque parte corporis tui, ut vix vitalis spiritus in te aliquatenus remaneret, nisi quia Deo Patri semper te humiliter commendabas, qui tibi semper in auxilium fuit. O Virgo desolata, dies ista, tibi fuit dies tribulationis et angustiæ, dies adversitatis et tristitiæ, dies calamitatis et miseriæ, dies desolationis et mœstitiæ, dies malignitatis et invidiæ, dies proditionis et blasphemiæ, dies pravitatis et injuriæ, dies rancoris et iracundiæ, dies perversæ voluntatis et injustitiæ. Talis tibi, Virgo Maria, fuit ista dies, cum Filium tuum benedictum perdidisti, qui de sinu Dei Patris advenerat, et in virginalem uterum tuum intraverat, carnem nostram mortalem assumendo.

2. O Virgo Maria, mente et corpore diris aculeis tribulationis cruciata et afflicta! quia vides tuum Filium olim gloriosum, nunc ignominia plenum, olim accusatos excusantem, nunc per invidiam accusatum; olim liberum, nunc inhumaniter captivum et ligatum; olim speciosum præ filiis hominum, nunc sputis et lutis fœtidissimis ac alapis nequissimis in facie crudeliter deturpatum, sic

quod totus leprosus apparebat, olim sanum, nunc ex multiplicatione flagellorum durissimorum infirmum : olim Dominum dominantium, nunc servum servorum; olim Regem regum, nunc spinis acutissimis usque ad cerebrum intrantibus coronatum ; olim humiliter salutatum, nunc turpiter alapis et diris flagellis cæsum et salutatum ; olim fortem, nunc debilem; olim vivum, nunc quasi mortuum, præ multitudine tormentorum ; olim honoratum ab hominibus, nunc reprobatum et vilificatum ; olim judicantem alios, nunc injuste judicatum. Vides eum crucem bajulantem, et ex debilitate in luto cadentem, injuriatum contumeliis et opprobriis, percussum pugnis, lapidibus, baculis, et lutis vilissimis deturpatum, sanguine cruentatum, ductum ad locum fetidissimum tormentorum, spoliatum, nudum, crucifixum, clavis terribilibus conclavatum, felle et aceto potatum, ab omnibus derisum, et pro suis inimicis orantem, testamento Joanni evangelistæ te in matrem, et ipsum tibi in filium dantem.

3. O Virgo Maria, omni tristitia plena, lamentabilis fuit tibi hæc mutatio. Filius Dei Filius tuus erat, nunc Filius tuus filius est piscatoris; Deus homo Filius tuus erat, nunc homo purus filius tuus est; innocens et sine peccato Filius tuus erat, nunc filius tuus in peccato natus est ; dator omnium tuus Filius erat, et datus ab eo, nunc filius tuus est; Dominus omnium Filius tuus erat, nunc servus ejus tuus filius est ; consolator omnium Filius tuus erat, nunc desolatus filius tuus est ; Mater Dei hominis eras, nunc es mater puri hominis. O Virgo Maria, dolore plena, anima tua in amaritudine est, doloris gladius cor tuum transfixit, viscera tua crucientur, animus tuus repletur tristitia, fundunt et emittunt oculi tui irremediabiliter lacrymas, bullit cerebrum præ dolore, corpus tuum cruciatibus afflictum quasi exanimum jacet, dum hanc mutationem filialem consideras.

4. Vides insuper Filium tuum inter duos latrones in cruce pendentem, felle et aceto potatum, et proximum morti, et in omni parte sui corporis vulneratum, rivos sui sacratissimi sanguinis emittentem, latroni confitenti indulgentem, et omnia tormenta patienter portantem, qui Deo Patri suum spiritum commendans, et voce magna clamans, exspiravit; vides etiam postea gravissima lancea latus ejus crudeliter perforatum, unde *continuo exivit sanguis et aqua. (Joan.* xix, 34.)

5. O Virgo Maria Mater, et non Mater, Filium tuum perdidisti. Te præsente, sine causa interfectus est; mortuus est justus pro injustis; non justitia, sed injuria, odio et rancore. Unicus tibi erat, nec alium habueras, neque habere poteras in futurum · in illo tota tua consolatio erat, totus amor, et tota spes tua. Diligenter nutriveras eum, et cum laboribus multis; semper quæ placita fuerunt illi fecisti, nunquam illi displicuisti; semper cum toto corde dilexisti, nunquam ejus mandatum præteriisti,

semper ei obediens fuisti. Et ipse te dilexit super omnem creaturam; subditus tibi fuit; a malis te illæsam servavit; multis donis et gratiis te dotavit Nunquam te irritavit, semper tibi pacem voluit; nunquam te turbavit, sed semper consolationes tibi dedit. Nunc ergo desolata, modico temporis spatio illum amisisti : nunc orbata es, vidua facta es, sola remansisti. Consolatio tua in desolationem conversa est, et gaudium tuum in luctum. Non est dolor similis sicut dolor tuus. Tristitia implevit cor tuum; non est qui consoletur te; omnes amici tui spreverunt te, omnes fugerunt; quia viderunt ignominiam tuam. Facta es in derisum omni populo, facta es eis in opprobrium. Vident te, et movent capita sua, et dicunt : *Non est ei salus in Deo ejus. (Psal.* iii, 3.) Sed, Virgo Maria, hoc futurum sciebas; hoc Filius tuus prædixerat. Relevans mentem tuam ad Deum Patrem, ipsum laudando et glorificando, et gratias referendo, quia illi placuit ut sic per mortem benedicti Filii tui redemptio humani generis fieret; hostis antiquus debellaretur et vinceretur, et infernus sanctis Patribus spoliaretur. Virgo Maria voluntatem tuam voluntati divinæ adjungis ; quod Deo placet, tibi placet : gaudeo de redemptione humani generis, et de charitate ei impensa per benedictum Filium tuum.

6. Hunc ergo exora, piissima Virgo Maria, pro me misero peccatore, ut per merita suæ sacratissimæ Passionis, vivam hic per gratiam, et in futuro per gloriam sempiternam. Amen.

CONTEMPLATIO V.
De eodem.

1. Gloriosissima Virgo Maria, in unigeniti Filii tui passione varias tribulationes et dolores sustinuisti. Voluit namque benedictus Filius tuus, ut universam sanctorum pulchritudinem excederes; et, sicut *Virgo virginum* appellaris, ita et *Martyr martyrum,* debcres appellari; quia vero, quidquid operatum fuit in te, totum novum fuit, et singulare; ideo placuit benedicto Filio tuo, ut gloriosior martyr exsisteres, et mirabilior appareres, et novo et inaudito martyrii genere esses decorata. Et vere novum et inauditum fuit tuum martyrium; quia cum alii martyres passi fuerint in corpore : tu, Virgo Maria, passa fuisti in anima, et in corde juxta prophetiam Simeonis dicentis : *Tuam ipsius animam pertransibit gladius. (Luc.* ii, 33.) Non enim potuisti videre Filium, sine affectu materni doloris : gladius siquidem passionis, qui pertransivit corpus et membra Filii tui benedicti, id est, perfecte transivit, per compassionem pertransivit animam tuam Genitricis Dei : et ejus omnis plaga fuit tribulatio, dolor et tristitia cordis tui. Alii enim martyres, etsi tormenta sentiebant in corpore, interiori tamen consolatione refrigerabantur in mente; etsi enim corpora pertransibant gladii tormentorum pro Christo, tamen animæ eorum delectabantur in Christo. Filius tuus etiam simul patiebatur, et frue-

batur; quia fuit in via comprehensor. Sed benedicta tua anima, Virgo Maria, torquebatur in Christo, et totam tuam animam tribulationis et doloris vehementia possidebat.

2. Fuisti itaque, sacratissima Virgo Maria, plusquam martyr, quia duplex pertulisti martyrium, dum mortem Filii tui benedicti vidisti, et ejus salutifero exemplo tua membra sanctissima super terram mortificasti; quod genus martyrii, alio illo, nimirum quo membra cæduntur ferro, horrore quidem mitius, sed diuturnitate est molestius : et sicut non fuit dolor sicut dolor ille, qui transivit corpus et membra benedicti Filii tui; sicut ipse dicit : *O vos omnes, qui transitis per viam, attendite et videte, si est dolor sicut dolor meus.* (*Thren.* i, 12.) Sic non fuit dolor sicut dolor ille, qui tua viscera virginea, Virgo Maria, per compassionem pertransivit.

3. O benignissima Virgo Maria, sentiam ego durissimus peccator et lapideus hunc dolorem. Ora illum, qui pro me sustinuit tantum dolorem, ut de peccatis meis doleam, et ei ac tibi compatiar de his quæ pro me ambo misericorditer sustinuistis, ut in fine vobiscum gaudere valeam in æternum. Amen.

CONTEMPLATIO VI.

De eodem.

1. Circumdata varietate fuisti, Virgo Maria, scilicet varietate tribulationum, et dolorum, et vere tot quot benedictum Filium vidisti patientem, hinc enim vidisti caput ipsius spinis coronari, hinc genas evelli, hinc vultum conspui, hinc os felle potari, hinc manus et pedes configi, hinc latus post mortem lancea aperiri, caput exspirantis in humeros inclinari. Vere beatissima Virgo Maria, circumdata fuisti varietate tribulationum et dolorum; et poteras dicere cum Susanna : *Angustiæ mihi sunt undique* (*Dan.* xiii, 22); et cum David : *Undique angustiæ me premunt.* (*I Paral.* xxi, 13.)

2. Tunc etiam sicut canitur de te : *Circumdabant te flores rosarum*, id est, infinita martyriorum genera, quæ figurantur in rosis; quarum rubor significat martyrium. Propter hoc appellaris *Rosa plantata in Jericho* (*Eccli.* xxiv, 18); quia in te fuit summa perfectio amoris, et martyrium intensissimi doloris. Quanto enim diligebas ardentius, tanto es vulnerata profundius. Non enim fuit talis Filius, nec fuit talis Mater; non fuit tanta charitas, sicut inter te sacratissimam Matrem, et benedictum Filium tuum. Non fuit tam indigna mors, non fuit dolor tantus. Sciebas namque tu, inviolata Mater, qualis erat tuus gloriosissimus Filius, et unde conceptus, et quomodo; et ideo, quanto ipsum dilexisti tenerius, tanto vulnerata fuisti profundius, nihil habens consolationis, sed totam habens tribulationis et doloris; nam absorpta sunt tua sacratissima viscera maternis doloribus, ultra quod homo vel angelus perpendere posset; non tamen usque ad desperationem. Martyres namque passi sunt

propter fidem; sed tu, piissima Virgo Maria, passa fuisti propter charitatem. Ideo de te scribitur : *Vulnerata charitate ego sum* (*Cant.* ii, 5); et sicut charitas major est quam fides, quia *major horum est charitas :* sic tuum martyrium, patientissima Virgo Maria, excellit martyria sanctorum. Alii martyres diversis gladiis martyrizati sunt. Tu, Virgo Maria, eodem gladio, quo Filius tuus benedictus; alii martyres diversis ictibus, sed tu, beata Virgo Maria, eodem ictu, quo gloriosissimus Filius tuus.

3. O beata Virgo Maria, pro me peccatore ista pertulit benedictus Filius tuus, et tu impetra mihi ab ipso tuis sanctissimis deprecationibus, ut gratias, quantum mea fragilitas patietur, referam sibi et tibi; ut vobis in vita præsenti placeam, et post mortem vitam habeam sempiternam. Amen.

CONTEMPLATIO VII.

De eodem.

1. Compatiendo tibi, gloriosissima Virgo Maria, et tuæ tribulationi et dolori, benedictus Filius tuus fuit tibi umbraculum meridiani : nam in meridie sol fervet et claret; et sol persecutionis, in passione Filii tui fuit, quasi in meridie : quia nulla evidentior et gravior potuit esse persecutio, tibi gloriosæ Virgini Mariæ, quam videre mortem Filii tui proprii benedicti, et maxime talis Filii qui erat unicus tibi, Virgo Maria; fuit namque tibi sanctissimæ Virginis Sol persecutionis in meridiano, quia sol in meridiano exurit terram : sic enim Sol, id est, Christi persecutio, exurit terram; id est, terrenos, scilicet apostolos, qui omnes erant terreni; quia percusso Pastore dispersæ sunt oves gregis.

2. In te sola, Virgo Maria, stetit Ecclesia, nec te combussit fervor meridiani, et tibi Virgo Maria, fuit tunc Filius tuus benedictus umbraculum meridiani. Unde dicere potuisti benedicto Filio tuo suscitato : *Secundum multitudinem dolorum meorum in corde meo, Fili mi, consolationes tuæ lætificaverunt animam meam.* (*Psal.* xciii, 19.) Unde sic stabas juxta crucem Filii tui, ut videres eum salutem hominum procurantem, morientem mundo, sed victurum Deo; non solum considerabas dolorem Filii tui benedicti, sed etiam salutem mundi exspectabas. Licet enim scires benedictum Filium tuum positum in statera crucis, pretium esse sufficiens pro peccatis totius mundi, tamen si quis vellet calumniari pretium, hoc est, esse minus sufficiens dicere, præsto erat teipsam impendere, dum tamen sic posses divinæ voluntati te conformare. Nunquam enim ex quo Filium tuum benedictum concepisti, fuisti nisi in languore, tribulatione et dolore; languisti enim timore a Nativitate Filii tui benedicti usque ad Passionem, cum semper vitam ipsius appeti insidiis cognosceres. Languisti dolore et tribulatione toto tempore Passionis, donec redivivum recepisti. Languisti etiam amore post Ascensionem quodammodo in desiderio, quia ascendentem in

cœlum non tenebas; propter quod dicebas : *Filiæ Jerusalem*, id est, vos virtutes angelicæ, supernam Jerusalem inhabitantes : *Nuntiate dilecto meo*, id est, Filio meo, *quia amore langueo*. (*Cant.* v, 8.)

3. Nunc autem, felicissima Virgo Maria, cum ipso es, et cum ipso habitas sine dolore, sine tribulatione, et sine aliqua tristitia; sed eum magno gaudio, et exsultatione, gloria, et honore. Exora illum, misericordissima Virgo Maria, pro me tribulato peccatore, ut tristitiam et tribulationem meam convertat in gaudium, quod nemo tollat a me in æternum. Amen.

PARS XIII.

DE PRÆROGATIVIS GLORIOSÆ VIRGINIS MARIÆ.

—

CONTEMPLATIO I.

PRÆROGATIVA I. — *Quod Virgo Maria fuit primiceria virginitatis.*

1. Purissima Virgo Maria, cum primo factus est mundus per Creatorem, benedicta fuit fecunditas, ut multiplicarentur homines; postea, cum ab uno populo agnitus est Deus per legem, maledicta fuit sterilitas, ut multiplicarentur fideles : postremo cum instabat tempus, in quo nunc ab omnibus gentibus Deus colitur, benedicta fuit virginitas, ut ad vitam cœlibem relicto carnali opere cuncti provocarentur; nec fecunditas carnis meritum, nec sterilitas dicitur esse culpa; nec per multitudinem filiorum, sed per merita virtutum, antiqui et moderni Domino placuerunt. Non ergo culpanda fuisti, Virgo Maria, nec accusanda de contemptu legis, in qua sterilitas maledicebatur. Imo sola singulariter es laudanda, quia prima legis verba non carnaliter sapienda considerans elegisti, ut abjectio plebis in terra fieres, et opprobrium hominum, ut per munditiam integritatis in cœlo fieres socia angelorum; et prima inter feminas præ amore castitatis maledictum legis in carne tua sustinuisti, quæ illum ex carne tua paritura eras, qui ipse in carne sua maledictum legis pro nobis suscipiens, nos a maledictione legis liberavit. Unde tibi soli datum est, ut Filium Dei pareres, et Virgo permaneres : ut, quia prima fecunditati virginitatem prætulisti, nunc et fecunda esses in carne, et integra in virginitate.

2. Sed quare, gloriosa Virgo Maria, post votum castitatis consensisti virum habere, cum proposito virginitatis nunquam mutaveris, nec in carnalem copulam consenseris? Certe Virgo Maria, parentibus tuis nuptias tibi imperantibus inobediens noluisti esse; et ob hoc viro nubere consensisti spiritali, per Spiritum sanctum, qui te a principio, castitatis amore accenderat, fiducia confirmata et spe quam in Deum habebas, non dubia quod te divina misericordia ita custodiret, ut posses voluntati parentum in matrimonio contrahendo obedientiam exhibere, et tamen nihil in eodem matrimonio inventura esses, pro quo votum virginitatis frangere posses. Suscepisti ergo conjugium, sed non mutasti virginitatis propositum. Et quia castitatem dilexisti et obedientiam tenuisti, inventa est in te, et sine detrimento virginitatis, conjugalis sanctitas, et sine opprobrio sterilitatis fecunda virginitas; et sic veraciter nomen assumpsisti conjugis et perseveranter votum tenuisti virginitatis. O signifera et exemplar virginitatis! hæc est magna prærogativa tibi concessa ut desponsata esses, et Virgo permaneres, cum magna alacritate montana ascendisti cum festinatione, ut Elisabeth ministrares, et Virgo permaneres in opprobrio sterilitatis, sicut tu novum feceras in terra benedicendo virginitatem, sic et in te novum fecit Dominus super terram, quod novum tota terra et totus mundus capere non poterat.

3. O beata Virgo Maria, ob meritum tantæ prærogativæ adjuvare me turpissimum peccatorem digneris, qui non in virtute, sed in peccatis prærogativam accepi. Ora illum qui sic est dignatus te eligere, ut mihi dignetur indulgere et vitam meam miserabilem in virtuosam commutare, per quam venire valeam ad gloriam sempiternam. Amen.

CONTEMPLATIO II.

PRÆROGATIVA II. — *Quod fuit sine corruptione fecunda, et sine gravamine gravida.*

1. Maxima fuit illa prærogativa, Virgo Maria, quia fuisti sine corruptione fecunda, et sine gravamine gravida. Nam in tuæ conceptionis initio, quando cæteræ mulieres miserabilius affliguntur, tu, intemerata Virgo, cum magna alacritate montana ascendisti cum festinatione, ut Elisabeth ministrares, quam ab angelo audiveras concepisse. Ascendisti igitur cum festinatione, id est, non lento gradu, sicut mos est gravatorum aliquo onere; sed leviter ascendisti, tu, beatissima Virgo Maria, ostendendo quod sine gravamine portabas Filium tuum benedictum. In Bethleem ascendisti, et imminente jam sanctissimo partu tuo leviter incedebas, portans in utero tuo virginali pretiosissimum depositum. Portabas namque illum in quantum erat homo, et te portabat, in quantum ipse erat : *Sub quo curvantur, qui portant orbem* (*Job* IX, 13); *Portatque omnia verbo virtutis suæ.* (*Hebr.* I, 3.)

2. Non te gravavit, beatissima Virgo Maria, benedictus Filius tuus in tuo utero virginali exsistens; quia de ipso scribitur, quod *onus ejus leve est.* (*Matth.* XI, 30.) Nec mirum, gloriosa Virgo Maria, si te non gravavit quia unda maris pondus corpo-

ris sui sustinebant potentia virtutis, et tu ipsum solidius in tuo utero virginali sine gravamine portabas. Tu, Virgo Maria, illum portabas, et ille te regebat. O Virgo purissima, intravit tuum uterum virginalem sine corruptione; quia Spiritus sanctus administravit substantiam, et tu, Virgo intemerata, non sensisti concupiscentiam; non suscepisti semen ex viro, sed fecundus fuit tuus venter germinans in Filio. Fuisti, Virgo Maria, electa ut sol; quem ignis non comburit, nec aqua emollit, nec gladius scindit, nec fœtor corrumpit, nec vitium obsistit : sic tu, Virgo Maria, incorruptibilis fuisti, tu porta clausa nominaris (*Ezechiel* XLIV, 2), quia semper fuisti clausa peccato cogitationis, peccato locutionis, et peccato operationis; et ideo scribitur, Virgo beata : *Non intrabit in eam aliquid coinquinatum.* (*Apoc.* XXI, 27.) Hæc est igitur prærogativa tua, pretiosissima Virgo Maria, ut esses fecunda sine corruptione, et gravida sine gravamine.

3. Sed, benignissima Virgo Maria, ego miser et sceleratus fecundus sum multis corruptionibus peccatorum, et gravatus magno pondere vitiorum; ex his prostratus jaceo, vulneratus, et maculatus diversis generibus delictorum. Adjuva me, piissima Virgo Maria, ne sic moriar morte peccatorum, quæ est pessima. Ora tuum Filium benedictum, ut tollat a me gravamen, et pondus peccatorum per contritionem, confessionem et emendationem; ut hic per gratiam, et in fine per gloriam elever ad eum, et cum ipso permaneam in æternum. Amen.

CONTEMPLATIO III.

Prærogativa III. — *Quod sine dolore peperit.*

1. O Virgo puerpera, benedicta Virgo Maria, quæ virum peperisti sine dolore, id est, sine naturalium læsione; virum, inquam, peperisti, scilicet Salvatorem omnium sæculorum, et hoc sine dolore; quia natum statim pannis involvisti et in præsepio reclinasti, cum tamen aliæ matres frequenter pereant in puerperio, aut vix remaneant semivivæ. Ideo Eva non peperit sine dolore, quia non concepit sine libidine; libido enim est causa doloris, et dolor effectus libidinis. Ex effectu igitur causa invenitur in eo quod dicitur : *In dolore paries filios.* (*Gen.* III, 16.) E converso autem, sive e contrario, in conspectu tuo, Virgo Maria gloriosa, ex sublatione causæ perpenditur ipsius effectus sublatio, quia concepisti, Virgo, cum virginitate, et sic concepisti sine libidine; et quia concepisti sine libidine, portasti sine gravamine, et consequenter peperisti sine dolore. Unde dicitur (Ex sancto Ambrosio, et habetur in Breviario Carthusian.) :

> *Veni, Redemptor gentium,*
> *Ostende partum Virginis,*
> *Miretur omne sæculum,*
> *Talis decet partus Deum.*

Non dicit, Virgo Maria : *Ostende conceptum Virginis,* sed *partum;* qui tantus et talis est ut Deum deceat, et quem omne sæculum debeat admirari. Ideo etiam dicit : *Ostende partum Virginis;* quia in partu Virginis plus aliquid declaratur quam in conceptu. In conceptu namque tuo, Virgo Maria fuisti sine coitu gravida, in partu vero tua tota incorruptio fuit ostensa : quia Virgo ante partum, Virgo in partu, et Virgo post partum fuisti. Hinc ergo optatur, ut partus tuus ignorantibus ostendatur; quia, si tu, Virgo Maria, peperisses in sordibus et dolore : nec Deum deceret talis partus, neque esset aliquid de quo mundus deberet admirari.

2. Libere igitur egit, Virgo Maria, benedictus Filius tuus, qui Deus ultionum est (*Psal.* XCIII, 1), libere egit; quia inter omnes liber fuit a culpa, ideo libere egit in nascendo ex te, benedicta Virgo Maria, quia processit ex tuo utero virginali tanquam sponsus procedens de thalamo suo (*Psal.* XVIII, 6) : quia tanquam sponsus alacer et exsultans, et totus festivus ad ducendam uxorem, id est, conjungendam sibi Ecclesiam in sua nativitate; processit de thalamo suo, scilicet de utero tuo virginali, et propter hoc in hora, qua processit de thalamo suo, id est, qua natus est ex te, intemerata Virgo Maria, annuntiatum est pastoribus gaudium magnum ab angelis, et cantatum : *Gloria in excelsis Deo.* (*Luc.* II, 14.) Hæc igitur est, beatissima Virgo Maria, prærogativa tua, ut sine dolore pareres Salvatorem ex tuo utero virginali.

3. Sed ego nefandissimus peccator, peperi vitia et peccata, cogitationes sordidas quæ separaverunt animam meam a Deo, consensus pravos et iniquos, opera maligna omni iniquitate plena. Succurre mihi, Virgo piissima, ob meritum tanti gaudii, quod in partu tuo habuisti. Ora partum tuum, ut mecum misericorditer agat, peccata remittendo, et virtutes conferendo, per quas ei et tibi placide serviam, et in futuro gloriam percipiam sempiternam. Amen.

CONTEMPLATIO IV.

Prærogativa IV. — *Quod fuit Virgo et Mater Dei.*

1. Non est talis mulier, tibi similis super terram, nec fuit, neque erit, sicut tu, beatissima Virgo Maria, quæ gaudia matris cum virginitatis honore habuisti; quia Virgo et Mater Dei fuisti, et non alia. In hac enim prærogativa dignitatis non communicat tibi homo, non angelus, non aliqua creatura; sed sola cum Deo Patre dicere potes Filio Dei : *Filius meus es tu.* (*Psal.* II, 7.) Sola potes dicere de Christo homine : *Hoc nunc os ex ossibus meis, et caro de carne mea.* (*Gen.* II, 23.) Filius autem tuus potest dicere tibi : *Pelle et carnibus vestisti me, ossibus et nervis compegisti me* (*Job* X, 11); quod proprie fuit, cum tu, Virgo Maria, consensisti quod Filius Dei caro fieret in te, et ex te, cum videlicet respondisti : *Fiat mihi secundum verbum tuum.* (*Luc.* I, 38.) Ideo dicitur : *Erunt duo in carne una* (*Gen.* II, 24), duo, scilicet Christus et tu in carne tua virginali; quia Mater et Filius in una carne sunt. Hæc, beatissima Virgo Maria, gloria tua singularis est, et excellens prærogativa, quod

Filium unum eumdemque cum Deo Patre habere meruisti communem ; Deus namque Filium suum, quem solum de corde suo æqualem sibi genitum, tanquam se, diligebat, dedit tibi ; et ex te fecit sibi Filium, non alium, sed eumdem ipsum, ut naturaliter esset unus idemque Filius Dei et tuus.

2. O Virgo Maria, quam singulariter Virgo fuisti, et Mater Dei, et nulla alia ; et si aliqua alia posset esse Virgo et Mater, adhuc tu, gloriosa Virgo Maria, singularis remaneres, quia unicum Dei Filium genuisti; quia sicut est unicus unico Patri, ita est unicus Filius tuus; et ideo nulla alia, etiamsi Virgo pariat, vel eumdem, vel talem generabit. Magnum igitur, Virgo Maria, tibi fuit fuisse Virginem, sed majus et mirabilius in virginitate fuisse fecundam, et post evacuationem tui uteri virginalis, habuisse uterum sigillatum, et hoc fuit *gratia super gratiam;* sed maximum tibi fuit, et ineffabile fuisse Matrem Dei. A sæculo enim non est auditum quod aliqua mulier, excepta te, gloriosa Virgo Maria, dicere Deo potuerit : *Filius meus es tu.*

3. O benignissima Virgo Maria, non potes dicere quod ego sum Filius tuus per gratiam; sed dicere potes quod tuus sum inimicus per peccatum; quia offendi multipliciter Filium tuum benedictum et te; reconciliare me digneris, sacratissima Virgo Maria, apud gloriosissimum Filium tuum, ut dimittat, et deleat misericorditer, quæ inique et dolose commisi ; ut filius adoptionis efficiar, et hæreditatem acquiram sempiternam. Amen.

CONTEMPLATIO V.

PRÆROGATIVA V. — *Quod peccare non potuit, nec mortaliter, nec venialiter.*

1. O sacratissima Virgo Maria, quanta, et qualis, et quantum admirabilis fuit illa prærogativa, quod peccare nequires mortaliter nec venialiter, ex quo Filium Dei concepisti. Ideo de te scriptum est : *Et sic in Sion firmata sum.* (*Eccli.* XXIV, 15.) Sed præmittit, *coram ipso ministravi.* Tu, beatissima Virgo Maria, ministrasti, quando nominando te ancillam, in ipso momento consensum præbuisti, dicendo : *Fiat mihi secundum verbum tuum* (*Luc.* I, 38), concepto igitur Salvatore, dicere potuisti : *Firmata sum,* id est, in bono confirmata ; et hoc *in Sion,* id est, in militante Ecclesia adhuc posita ; quod fuit speciale privilegium, et prærogativa maxima. Alii enim sancti in hac vita non sic firmantur ut de cætero peccare non possint, sed tantum in superna Jerusalem. At Spiritus sanctus superveniens in te, et virtus Altissimi obumbrans tibi, exstinxit in te carnalem concupiscentiam, et abstulit cordis ignorantiam ; et sicut lumen ignis consumit tenebras, sic virtus Altissimi, scilicet idem Filius Dei obumbrans tibi, contra omne incentivum peccati præstitit refrigerium, nam si lucida fuit nubes quæ obumbravit discipulos, quam lucida fuit nubes gratiæ, quæ obumbravit te Matrem Christi ? Et, si illud umbraculum quod fecit tibi Filius vel Spiritus

sanctus, lucidum erat, ergo et lucem et umbram exhibebat : lucem ad pellendam ignorantiam; umbram, ad exstinguendam concupiscentiam.

2. Mira igitur fuit illa obumbratio Spiritus sancti, quæ sub uno momento detersit, et exterminavit a te, tam ignorantiam quam concupiscentiam mali. Et quod integre in te concupiscentiæ fomes exstinctus fuit, probat profecto quod cum virginitatis integritate postmodum concepisti et peperisti ; et quam profunda illuminatio fuit, probat, quod illud tantæ profunditatis sacramentum tam veraciter et tam velociter credidisti, quod sapientibus hujus mundi vix aliquando per tot et tanta miracula persuaderi potuit. Virgo Maria, sic plena fuisti Spiritu sancto, quod locum vacuum in te peccatum non invenit. Spiritus sanctus non te dereliquit ; et ita ad te accessum habere non potuit malignus spiritus, et ideo nihil inquinatum incurrere potuisti; quia impossibile erat quod de cætero posses peccare. Tu etiam, Virgo Maria, Gabrielem ad tui custodiam deputatum habuisti, qui interpretatur *Fortitudo Dei,* quo patrocinante, nihil in te proficere poterat inimicus, nec solum unicum angelum habuisti tecum, sed etiam infinitos. Ideo dicitur : *Angelis suis mandavit de te, ut custodiant te in omnibus viis tuis* (*Psal.* XC, 11), scilicet cogitationibus, locutionibus et omnibus actionibus.

4. Sed, beatissima Virgo Maria, ego peccator præ31rogativam habui discernendi inter bonum et malum; et fortitudinem abstinendi a malo, et faciendi bonum, divina gratia juvante; ut sic saltem præcaverem ab omni peccato mortali : sed sic fui miserabilis quod a bono opere abstinui, et ad peccandum me laxavi ; et sic prærogativam mihi misericorditer a Deo datam non custodivi. Ora pro me, piissima Virgo Maria, ne cum malis operibus meis finiam vitam meam, sed ipsam emendem per meam operationem virtuosam ut vitam obtineam sempiternam. Amen.

CONTEMPLATIO VI.

PRÆROGATIVA VI. — *Quod omnes virtutes et gratias habuit in superlativo gradu.*

1. O virtuosissima Virgo Maria, scriptum est de te : *Omnia poma nova et vetera, dilecte mi, servavi tibi.* (*Cant.* VII, 13.) Virtutes et opera virtutum appellantur *poma* propter refectionem, quia sunt cibus animarum : propter sanitatem, cibus enim sunt infirmantium ; propter odorem, quia delectant, confortant et refovent, audientes curremus in odorem unguentorum, id est, virtutum. Tu, pretiosissima Virgo Mater, universas et singulas virtutes et dona gratiarum habuisti in altiori gradu, sed alii sancti singuli singulas. Unde Noe *justus* dicitur, Abraham fidelis, castus Joseph, Moyses mansuetus, Job patiens, David humilis, Salomon sapiens, Elias zelator legis et hujusmodi. Unde de quolibet sancto canitur illud : *Non est inventus similis illi* (*Eccli.* XLIV, 20); quilibet illorum præcellebat alios san-

rtos sui temporis in aliqua speciali virtute. Sed tu, excellentissima Virgo Maria, supergressa es super omnes sanctos Veteris et Novi Testamenti, non in quibusdam sed in singulis virtutibus.

2. Tu, benedicta Virgo Maria, affluens deliciis angelorum, virtutes singulorum in te habuisti. Cum enim officium angelorum sit ministrare, quodammodo in te angelorum formam expressisti, dum Elisabeth ministrasti : tu, Virgo Maria, ministrasti minora cum angelis, qui minora nuntiant, cum dixisti ministris nuptiarum : *Quodcunque dixerit vobis, facite. (Joan.* ii, 5.) Tu, Virgo Maria, majora cum archangelis ministrasti, cum apostolis deficientibus in Passione Filii tui, imperterrita juxta crucem stetisti, licet gladio Passionis fueris translossa. Tu, Virgo Maria, sanctos Principatus exemplasti, cum per humilitatem, dæmonis superbiam dejecisti. Ideo dicitur quod contrivisti caput serpentis, quod est superbia. Tu, Virgo María, Potestates exemplasti, cum per paupertatem spiritus, cupiditatem totius mundanæ potestatis contempsisti. Tu sanctas Dominationes exemplasti, cum per virginitatis pudicitiam, immunditiam voluptatis calcasti, quia in te spiritus dominabatur carni ; et fomes extinctus erat. Tu, Virgo Maria, Thronos in te descripsisti, cum sedes summi Regis facta fuisti, qui dixit tibi : *Veni, electa mea, et ponam in te thronum meum.*(Orat. Eccles.) Tu, Virgo Maria, Cherubim qui interpretantur *plenitudo scientiæ,* recte transformasti, cum illum in te receperis, in quo sunt omnes thesauri sapientiæ et scientiæ absconditi. Tu, Virgo Maria, Seraphim, qui interpretantur *ardentes* exemplasti ; quia cum desiderio ardenti Filium tuum prosecuta es ascendentem clamans : *Trahe me post te. (Cant.* i, 3.) Et cum visa es dixisse angelis orando : *Nuntiate dilecto meo, quia amore langueo. (Cant.* v, 8.)

3. Hæc est igitur, Virgo Maria, tua maxima præ-rogativa, quod in terra et in cœlo omnes et singulos in virtutibus prævenisti. Sed ego præveni omnes peccatores in peccatis ; et quæ alii particulariter commiserunt, ego miser universaliter aut cogitatione, aut delectatione, aut consensu, aut opere commisi. Adjuva me, virtuosissima Virgo Maria, ut merita tuarum virtutum, demerita peccatorum meorum et pœnas tollant, et auferant ; ut virtuose hic vivendo, virtutem et sapientiam Dei, misericorditer videam, per infinita sæcula sæculorum. Amen.

CONTEMPLATIO VII.

PRÆROGATIVA VII. — *Quod Virginis Mariæ dignitas excellit dignitates omnium sanctorum et cælestium virtutum.*

1. Tua dignitas, dignissima Virgo Maria, excellit non solum dignitates omnium sanctorum, sed etiam omnium cœlestium virtutum ; tu, benedicta Virgo Maria, superior es angelis in gloria, quia plus meruisti. Tu, Virgo Maria, superior es in honore, quia Filius tuus super choros angelorum te colloca-

vit. Tu, Virgo Maria, superior es virginitate, qui in carne fragili, quod non angeli, sine carnis vitio vixisti. Tu, Virgo Maria, superior es revelatione, quia Dominus secretum suæ Incarnationis prius tibi, quam alicui angelorum revelavit, excepto duntaxat Gabriele, qui utique tantæ inter suos inveniri potuit excellentiæ, ut tali et nomine dignus haberetur et nuntio. Tu, Virgo Maria, superior es contemplatione Dei, quia cum sis resuscitata, ut vere creditur, Regem gloriæ in decore suo vident oculi tui, non solum intellectuales, sed etiam corporales, quales angeli non habent, qui oculis intellectualibus solummodo vident. Tu, Virgo Maria, superior es angelis, quia Filius Dei nusquam angelos apprehendit, id est, naturam angelicam, sed semen Abrahæ apprehendit *(Hebr.* ii, 17), in te et ex te, ministerio sancti Spiritus. Tu, Virgo pia, superior es angelis, quia nulli angelorum dixit aliquando Pater : *Filius meus es tu (Hebr.* i, 5), sed hoc dicit Filio tuo in Baptismo et in Transfiguratione. Tu, Virgo Maria, superior es angelis, quia nulli angelorum subjecit Pater orbem terrarum, sed Filio tuo benedicto, de quo scribitur : *Omnia subjecisti sub pedibus ejus (Hebr.* ii, 8) ; et : *Quia omnia subjecit sub pedibus ejus, nihil dimisit non subjectum ei. (Ibid.)*

2. Tota vero tua prærogativa, Virgo Maria, ab excellentissima prærogativa benedicti Filii tui derivatur. Sed unde hoc tibi, sanctissima Virgo Maria? unde tibi tanta prærogativa? Certe, Virgo prudentissima, a Domino est, qui potens est : ideo fecit tibi magna ; magna scilicet in terris, exaltans te super omnes homines ; magna in cœlis, exaltans te super omnes angelos ; magna in infernis, subjiciens tibi universas potestates. Tuum imperium attingit a mari usque ad mare, quod etiam ex dono Filii tui benedicti, *attingit a fine usque ad finem fortiter,* et cum eo *disponit omnia suaviter. (Sap.* viii, 1.)

3. Sed, beatissima Virgo Maria, sicut locus tuus est celsior loco angelorum, sic locus mihi debitus est inferior loco aliorum peccatorum, si justitia mihi mera fiat, secundum peccata nefandissima quæ commisi. Subveniat mihi misero misericordia tua, Regina cœlorum. Ora benedictum Filium tuum, ut ab illo inferiori loco me excipiat misericorditer, et sic ad benefaciendum me compellat, ut locum glo-riæ obtineam sempiternæ. Amen.

CONTEMPLATIO VIII.

PRÆROGATIVA VIII. — *Quod Filius Dei beatæ Virgini similis fuit secundum humanitatem.*

1. O copiosissima spiritualibus deliciis, beatissima Virgo Maria, tu conspicua bonitate, diserta sapientia, tremenda cunctis viventibus potestate, genere illustris, forma desiderabilis, immensitate incomprehensibilis, æternitate indeficiens. Tu, Virgo exsistens, in Matrem Domini electa es, ut Immensus de te mundissima et purissima nasceretur ; et ut,

sicut in cœlo Patrem habebat immortalem, æternus, sic in terra Matrem haberet Virginem incorruptam. Et quia in cœlo qualis Pater, talis Filius; ideo in terra qualis Mater, talis Filius; in cœlo cum Patre æternus et immensus, in terra cum Matre virgo et humilis, in cœlo imago Patris, in terra imago Matris; et ideo beatissima et gloriosissima, Virgo Maria, prærogativa tua ex eo est, quod Filius Dei secundum humanitatem dignatus est fieri tibi consimilis: et ideo etiam te talem fecit Matrem suam, secundum quod Deus, qualis fieri voluit ex te Matre secundum quod homo. Propter hoc de te Matre et benedicto Filio tuo dicitur: *Vitis frondosa, simul fructus adæquatus est ei. (Osee* x, 1.) Vitis frondosa simul, id est, tu, Virgo Maria, fructus, id est, Christus, adæquatus est ei; propter hoc etiam dicitur de Christo: *Non est bonum esse hominem solum: faciamus ei adjutorium simile sibi. (Gen.* II, 18.) Et ut præmissa fierent, Virgo Maria, ab æterno prædestinata fuisti, et electa; quia scribitur: *Ab æterno ordinata sum, et ex antiquis. (Prov.* VIII, 23.) Tu a sanctis patriarchis et regibus fuisti generata, unde canitur: *Nativitas tua ex semine Abrahæ, orta de tribu Juda, clara ex stirpe David. (Orat. Eccles.)* Tu, Virgo Maria, a perditionis massa separata es in utero sanctificata, quia, *Sanctificavit Dominus tabernaculum suum. (Psal.* XLV, 5.) Tu, Virgo Maria, fuisti cum charitate cumulata, ab uno de summis archangelis officiosissime salutata, salva virginitate Mater effecta, virtute fidei omne bonum assecuta, loco summi magistri ad docendos apostolos substituta, in morte temporali, mortis nexibus non depressa.

2. Hæc est, benedicta Virgo Maria, immensa prærogativa tua, quam, dum bene contemplor, in meipso confundor; quia multiplicatis magnis criminibus et peccatis, nec devote, nec ut deberem contemplari valeo. Sed auxiliatrix propitia esto mihi, benignissima Virgo Maria, deprecando Filium tuum benedictum, qui cor meum sic mundare dignetur, ut te et tuas beatissimas prærogativas contemplari valeam, vitamque meam emendem, ut gloriam adipiscar sempiternam. Amen.

CONTEMPLATIO IX.

PRÆROGATIVA IX. — *Quod ab omnibus generationibus Virgo Maria est benedicta.*

1. *Beatam te dicunt omnes generationes (Luc.* I, 48), benedicta Virgo Maria, quia omnibus generationibus vitam et gloriam genuisti; in te angeli gloriam, justi gratiam, peccatores veniam invenerunt in æternum. Merito in te respiciunt oculi totius creaturæ; quia in te, per te, et de te benigna manus Omnipotentis, quidquid creaverat recreavit. Beatam igitur te dicunt omnes generationes, scilicet generationes cœli, id est, angelorum, quia per te sunt redintegrati: generationes terræ beatam te dicunt, Virgo Maria, quæ te præcesserunt, scilicet patriarchæ et prophetæ, quia per te ab inferno

sunt excitati; beatam te dicunt, Virgo Maria, generationes terræ, scilicet apostoli et sancti, qui tecum corporaliter conversati sunt; quia per partum tuum sunt redempti; beatam te dicunt, Virgo Maria, generationes terræ omnes, quæ sequuntur, ut nos, quia sumus per te gratia illustrati. Beatam te dicunt omnes generationes, quæ perierant, prima sine patre et matre, ut in Adam; secunda de patre sine matre, ut in Eva; tertia de patre et matre, ut in Noe; quarta autem generatio de Matre sine patre, quæ fuit in Christo, liberavit tres prædictas.

2. Beatam igitur te dicunt omnes generationes, scilicet generatio cordis, generatio oris et generatio operis; quæ te beatam dicunt, et prædicant, ut tibi dicatur: *Generatio et generatio laudabit opera tua, et potentiam tuam pronuntiabunt. (Psal.* CXLIV, 4.) Generationes enim cordis, quæ sunt fides, spes et charitas, humilitas, et obedientia, timor, et reverentia. Respiciunt, Virgo Maria, ad tuam dilectionem; generationes autem oris, quæ sunt laudatio, honorificentia, prædicatio, salutatio et gratiarum actio, respiciunt ad tuam venerationem, Virgo benedicta; generationes operis, quæ sunt munditia, erogatio, pura manuum elevatio et bona operatio, respiciunt ad tuam imitationem, et bonam operationem, et gloriam nominis tui; ut dicere valeant: *Omnia quæ intra me sunt, benedicunt nomen sanctum tuum. (Psal.* CII, 1.)

3. Sed, beatissima Virgo Maria, generationes cordis mei, te non dilexerunt, sed carnem, et mundum, et peccata plurima dilexerunt; generatio oris mei te non honoravit, sed potius honoravit transitoria et caduca hujus mundi; generationes operis mei te imitari noluerunt per virtuosam operationem, sed ego eas miser dedicavi ad multorum vitiorum iniquam perpetrationem. Succurrere mihi digneris, piissima Virgo Maria; exora Filium tuum benedictum, qui me dignetur sic ab omni sorde mundare, ut omnes generationes meæ, ipsum et te diligant corde, honorent sermone, et per bona opera, quantum poterunt, imitentur, ut hic gratiam et in futuro gloriam percipiam sempiternam. Amen.

CONTEMPLATIO X.

PRÆROGATIVA X. — *De Assumptione Virginis Mariæ.*

1. O inenarrabilis prærogativa tua, beatissima Virgo Maria, de qua scriptum est: *Ingressa est regina Saba in Jerusalem, cum comitatu multo.* (*III Reg.* x, 1.) Tu, gloriosa Virgo Maria, dicta es *Regina Saba,* quæ interpretatur *conversio,* vel *intercessio.* Tu peccatores convertis, et eorum affectus per charitatem incendis; ingressa es igitur in Jerusalem supernam, quæ est conversio peccatoris, in qua facie ad faciem vides illum, qui est pax nostra, scilicet Christus Filius tuus benedictus, qui in effusione pretiosissimi sanguinis sui pacificavit nos Deo Patri. Ingressa

intrasti. Sed mens mea, Virgo Maria, non ascendit ad supernam Jerusalem, sed potius descendit ad terrestrem, hoc est ad terrena vitia et peccata, quæ cogitavit, quibus consensit, ac quæ frequenter opere consummavit; sed tu, pia Virgo, ob meritum istius sanctissimæ prærogativæ, ora tuum Filium benedictum, ut hic sic me misericorditer ordinet et disponat, ut, finito hujus vitæ ergastulo, supernam Jerusalem introeam, ibi sine fine regnaturus. Amen.

CONTEMPLATIO XI.
De eadem prærogativa Assumptionis.

1. Quantum in terris, gloriosa Virgo Maria, adepta es gratiæ præ cæteris, tantum in cœlis obtines gloriæ singularis; quia, sicut *oculus non vidit, nec auris audivit, nec in cor hominis ascendit, quæ præparavit Deus diligentibus se (Isa.* LXIV, 4; *I Cor.* II, 9), ita contemplari non potest, nec investigari humanitus, quid tibi Genitrici et diligenti se præ omnibus præparavit. Si enim in domo Patris mansiones multæ sunt, tibi Matri in tua Assumptione, splendidiorem et sublimiorem locum tuus Filius benedictus concessit; quia dignum erat, et valde dignum per omnia, quod, sicut meritis sic et præmiis antecederes sanctorum ordines universos; ut dicere posses: *Introduxit me Rex in cellaria sua. (Cant.* I, 3.) Nam contentus est cellario suo quilibet ordo sanctorum, id est sua mansione. Sed tu, beatissima Virgo Maria, speciali privilegio in omnia es introducta; quia sicut merita, ita et præmium omnium assecuta fuisti.

2. De tua namque gloriosissima Assumptione canitur : *Vidi speciosam, sicut columbam, ascendentem desuper rivos aquarum.* Aquæ namque istæ sunt virtutes angelicæ, et cœlestes populi, qui invitantur quotidie ad laudes Creatoris sui, sicut scribitur : *Aquæ, quæ super cœlos sunt, laudent nomen Domini (Psal.* CXLVIII, 4). Rivi aquarum sunt ordines angelorum, scilicet Angeli, Archangeli, Principatus, Virtutes, Potestates, Dominationes, Throni, Cherubim et Seraphim; et ordines sanctorum, scilicet Patriarchæ, Prophetæ, Apostoli, Martyres, Confessores, Virgines et omnes Justi. Propter enim privilegium tuæ sanctissimæ Assumptionis gloriosior super ordines universorum sanctorum ascendisti; nec tantum super eos, sed in altiorem quemdam locum desuper ascendisti : unde *ascendisti super Cherubim (Psal.* XVII, 11), quod interpretatur *Plenitudo scientiæ;* quia nulla humana scientia attingere potest quantum ascendis, vel ad quam gloriam non determinat quo ascendisti, sed unde; usque eo enim te prosequi potuit, qui hoc dixit; et tunc quasi evanuisti ex oculis ejus, ut quo ascenderes, capere non potuerit, vel dicere ei non licuerit.

3. *Ascendisti* igitur *super Cherubim, et volasti,* id est, velociter ascendisti; volasti namque ab

humano intellectu, volasti super pennas ventorum, id est in præsenti; volasti super virtutes et merita sanctarum animarum, quæ venti
dicuntur, sicut scribitur : *Qui fecit ventis pondus*
(*Job* xxviii, 25), id est *animabus corpus*. Sed
in tua beatissima Assumptione volasti super pennas angelorum et sanctorum. Nunc audis cum
gaudio : *Maria, ecce Filius tuus;* ecce, quem
genuisti, quem in tanta vides majestate fulgentem. Nam aliquando ab eodem audisti in statu
longe alio tibi dici : *Mulier, ecce filius tuus.*
(*Joan.* xix, 26.) Sed hæc prima jam abierunt;
ideo in tua benedicta Assumptione, cum multo
fenore restituta es, et præsentia benedicti Filii
tui gaudes, et gaudebis in æternum.

4. Sed, misericordissima Virgo Maria, confiteor
me indignum in cœlum ascendere, ac benedicta
Filii tui præsentia frui, cum iniquus peccator sim,
omni descensu infernali dignus. Tu vero, piissima
Virgo Maria, ad tantam gloriam assumpta, ut pro
peccatoribus intercederes. Ora pro me tuum Filium
gloriosum ; qui per suam clementiam, deleat in
me pondus peccatorum meorum, ut ad suam gloriam libere ascendere possim, ibique manere per
infinita sæculorum sæcula. Amen.

CONTEMPLATIO XII.

De eadem Assumptionis prærogativa.

1. Quanta admiratione de tua Assumptione, Virgo
Maria, homo peccator admirari potest, cum angeli
de ipsa admirentur, dicentes : *Quæ est ista, quæ
ascendit de deserto, deliciis affluens, innixa super dilectum suum ?* (*Cant.* viii, 5.) Non quærunt, *qualis
est ista,* vel *quanta,* sed *quæ,* quia de qualitate et
quantitate ipsius, quoad gloriam, ad quam ascendisti, Virgo Maria, ipse Jesus a quo datum est
illis te videre, eos certos effecit. Unde mirando
quærunt, non dubitando, *Quæ est ista?* Id est
quam admirabilis, quam delicata, quam præcellens omnes creaturas, quam magnis præconiis
extollenda, quanta admiratione dignissima, quæ
non solum totum mundum, sed totum cœlum
circumquaque suavitatis inæstimabilis odore perfundit. Ascendisti igitur, Virgo gloriosa, de gratia ad meritum, et de merito ad præmium ; ascendisti de gratia benignitatis ad gloriam Genitricis non cujuslibet, sed Dei ; ascendisti de humilitate ancillæ ad dignitatem Reginæ ; ascendisti

de sterilitate virginitatis ad fecunditatem genitricis, virgo purissima permanens ; ascendisti
de mundo ad cœlum, super choros angelorum,
usque ad dexteram benedicti Filii tui sedentis
in throno ; ascendisti de deserto, cujus contemnens concupiscentias et delectabilia, spiritualibus
adhæsisti deliciis.

2. Ideo dicitur, beatissima Virgo, quod ascendisti *deliciis affluens,* id est abundantia deliciarum,
quæ sunt dona specialium charismatum, et principales Spiritus sancti consolationes ; quibus, Virgo
gloriosa, repleta fuisti ; istæ etiam deliciæ sunt
privilegiatæ misericordiæ opera, quibus refecisti
benedictum Filium tuum, et ei exhibuisti de propria substantia tua; ascendisti, beatissima Virgo
Maria, innixa super Dilectum tuum, quasi superior Dilecto tuo, ut sic te Matrem reverenter
Filius tuus susciperet. Non enim evacuabitur in
præsentia præceptum illud divinum : *Honora patrem et matrem* (*Exod.* xx, 12), sed perfectissime
adimplebitur ; incepit enim Filius tuus facere et
docere. (*Act.* i, 2.) Et tibi, Virgo, vices rependit :
nam innixus tibi Matri, descendit in terram in
Incarnatione ; et tu Mater innixa Filio, ascendisti in cœlum in tua Assumptione. Innixus fuit
Filius tuus super te, quando assumpsit ex te carnem in utero tuo virginali formatus ; et tu innixa
fuisti super eum, dum ad dexteram ejus ascendisti. Tu, Virgo gloriosissima, innixa fuisti super
Dilectum tuum, ei attribuens quidquid boni habebas ; ideo dicebas : *Fecit mihi magna, qui potens est.* (*Luc.* i, 49.) Prius, benedicta Virgo Maria, deliciis affluxisti, et postea innixa es super
dilectum tuum ; nam, ne perderes delicias affluentes, non tuis meritis, sed ipsius innitebari
gratiæ, et in futurum præmium sperabas.

3. Sed, beatissima Virgo Maria, ego nefandissimu
peccator, non deliciis supernaturalibus, sed corpo
ralibus affluo, quæ animam meam miseram a
committendum multa peccata provocant, et incli
nant, et ad ipsorum consummationem me induciun
et ideo indignum me fateor in cœlum ascendere
sed potius descendere ad infernum ; nisi tua mise
ricordia per intercessionem assiduam adjuvare m
digneretur, ut iram benedicti Filii tui mitiges, eju
pietatem et clementiam mihi impetres: adjuva
me igitur digneris, orando ipsum assidue ut peccat
mea deleat, misericorditer gratiam tribuendo i
præsenti, et gloriam in futuro æternam. Amen.

PARS XIV.

DE CÆTERIS VOCABULIS GLORIOSÆ VIRGINIS MARIÆ.

CONTEMPLATIO PRIMA.

Beata Virgo, MATER.

1. O beatissima Virgo Maria, scriptum est de te :
Ego Mater pulchræ dilectionis, et timoris, et agni-

tionis, et sanctæ spei. (*Eccli.* xxiv, 24.) Tu, Virg
Mater es *Dilectionis,* id est Christi, qui dicit
Dilectio, quasi duo ligans quoad duas naturas, s
licet Deum homini, et hominem assumptum Deo

unitate personæ, cum Verbum caro factum est. Per dilectionem enim, quam habuit ad genus humanum, colligavit sibi naturam humanam, quia dilectio est diligentis et rei dilectæ, quasi quædam unio, potissimum in bonis ; et naturaliter illud, quod amatur, in sui naturam suum convertit amatorem ; per dilectionem etiam quam habet ad nos, colligat nos sibi ipsi : quia, *qui adhæret Deo, unus spiritus est cum eo.* (*I Cor.* vi, 17.) Tu, gloriosa Virgo, Mater es etiam *pulchræ dilectionis,* quia dilectores et amicos tuos, Christo Filio tuo, qui est pulcherrimus, facis similes, similitudinem Filii in eis per gratiam refigurans, quam peccando amiserant. Tu, Virgo Maria, *Mater es pulchræ dilectionis,* id est Christi, qui pulcher scilicet splendor gloriæ, et speciosus forma, non solum præ filiis hominum, sed etiam præ millibus angelorum ; qui etiam solus pulchre diligit, et a quo pulchra dilectio, quia charitas forma est deaurata, sive pulchritudo virtutum.

2. Tu, benedicta Virgo Maria, Mater es *timoris,* id est Christi, qui solus timendus est, ut ipsemet dicit : *Nolite timere eos qui occidunt corpus ; sed illum timete qui potest corpus et animam perdere in gehennam.* (*Matth.* x, 28.) Timendus igitur est, ne peccando amittatur. Tu, Virgo Maria, Mater es *timoris,* docens fugere, quod fugiendum est ; quia tu prima non solum peccatum, sed et occasiones peccatorum declinasti ; quod patet per hoc, quod magnificata per conceptum Filii, te humiliasti, et obsequium Elisabethæ præbuisti, illud adimplendo : *Quanto magnus es, humilia te in omnibus.* (*Eccli.* iii, 20.) Tu, Virgo Maria, Mater es *timoris,* qui in te præparavit locum Creatori, et Spiritui sancto, quando expavisti excellentia angelicæ Salutationis : ideo dictum est tibi : *Ne timeas* (*Luc.* i, 30), Virgo Maria.

3. Tu, Virgo, Mater es *agnitionis,* id est Christi, quia Christus dicitur *Agnus,* ab *agnoscendo ;* quia, cum immolaretur in cruce, agnovit Patrem obedientia, Matrem custodia, familiam misericordia. Patrem agnovit obedientia, dicens : *Non mea voluntas, sed tua fiat* (*Luc.* xxii, 42) ; te Matrem agnovit custodia, assignans te Joanni, et dicens : *Mater, ecce filius tuus* (*Joan.* xix, 26) ; familiam agnovit misericordia, cujus peccata, id est pœnam peccatorum, misericorditer pertulit in corpore suo super lignum. Tu Mater es, Virgo Maria, *agnitionis,* id est revelationis fidei ; quæ sola fidei revelatio ad te, et in te facta est : quia tu dedisti exemplum credendi, quod credendum est ; et ideo dictum est tibi : *Beata, quæ credidisti.* (*Luc.* i, 45.) Tu es Luna, exemplo fidei mundum tenebrosum illuminans ; tu es Stella, exemplo fidei Magos ad Christum adducens ; tu es Aurora, terminans noctem infidelitatis ; et diem, id est lucem fidei adducens ; tu Lucerna gratiæ et fidei posita super candelabrum.

4. Tu, Virgo Maria, Mater es *sanctæ spei ;* quia exemplo tuæ spei docuisti quid sperandum ; nosti

enim quod unum est necessarium, et quod primo quærendum est regnum Dei. Tu non solum fuisti exemplum spei, sed sanctæ spei, quod immobilis, cadentibus etiam stellis de cœlo, id est discipulis a fide recedentibus, tu sola remansisti fixa in firmamento, id est in Christo ; non enim exstincta fuit in nocte divinæ Passionis, lucerna tua, id est fides.

5. Ego vero miser peccator, non habui sanctam fidem, quia in iniquitate speravi, committens multa scelera, et confidens ex hoc de divina indulgentia ; et sic dupliciter peccabam. Deprecari digneris pro me peccatore, Virgo Maria, ut filius tuus efficiar per gratiam, per quam hic bene vivam, et in futuro gloriam percipiam sempiternam. Amen.

CONTEMPLATIO II.

Beata Virgo, AMICA.

1. Omnium Dominus dilexit te, gloriosissima Virgo Maria, ideo *Amica* (*Cant.* passim) nominaris ; nam Deo servisti, non in timore, sed in vinculo charitatis ; nullum aliud emolumentum quærens ex tua dilectione quam ipsum Dilectum. Tu, Virgo Maria, amica Dei es, quia voluntatem tuam divinæ voluntati per omnia conformasti ; et in hac conformatione seu conformitate, vera amicitia certissime comprobatur, quia idem velle et idem nolle, vera amicitia est ; unde intelligens per angelum, quod Filius Dei de te volebat carnem assumere, statim angelo respondisti : *Fiat mihi secundum verbum tuum.* (*Luc.* i, 38.) Tu Amica Dei es, beatissima Virgo Maria, quia omnia præcepta amici tui, Jesu Christi, adimplesti, quod proprium amantium. Unde dicitur : *Vos amici mei estis, si feceritis quæ ego præcipio vobis.* (*Joan.* xv, 14.) Tu, Virgo Maria, Amica Dei es, quia tu Filio tuo benedicto ad mundi redemptionem Coadjutrix fidelissima exstitisti : quando ei de carne tua virginali tunicam texuisti, quam pro salute omnium Deo Patri sacrificium in cruce obtulit in odorem suavitatis.

2. Tu, Virgo Maria, Amica Dei es, quia nec in prosperis, nec in adversis benedictum Filium tuum deservisti, nec ab eo deserta es ; unde dicitur, *Omni tempore,* id est in adversis et prosperis, *diligit, qui amicus est* (*Prov.* xvii, 17), re et nomine ; vera enim amicitia est junctura animorum amantium, quæ non solum verbis, sed etiam factis contrahitur ; nec beneficiis exterioribus pascitur, sed amore ; quia totus fructus ipsius est in amore, nec amicum deserit in tempore adversitatis suæ ; sicut etiam egisti, benedicta Virgo Maria, quia verissima Amica Dei fuisti, non deserendo Filium tuum gloriosum ; nam dum in ultima necessitate esset positus, amici et amicæ ipsum dereliquerunt. Sed tu, benignissima Virgo Maria, ipsum non reliquisti ; sed ad pedem ipsius crucis remansisti ; et vulnera quæ ipse receperit in corpore, tu, Virgo Maria, suscepisti in mente ; quia sicut lancea militis perforavit ejus latus, sic doloris gladius tuam animam per-

transivit. Tu, gloriosa Virgo Maria, Amica Dei es,
quia ipsum in omnibus honorasti; et quidquid
boni habuisti, ei totum attribuisti, dicendo: *Gratia
Dei sum id quod sum.* (*l Cor.* xv, 10.) Tu etiam,
Virgo Maria, honorata fuisti ab illo, quando te
exaltavit super choros angelorum, et collocavit ad
dexteram ipsius.

3. Sed, piissima Virgo Maria, ego iniquus peccator, amicum hujus sæculi me feci, diligendo
mundana, et transitoria hujus vitæ; imo, quod
longe mihi damnabilius est, peccata dilexi; peccatis adhæsi, et in peccatis continuavi; et sic
inimicum Dei et tui me miserabiliter constitui.
Reformare digneris tuis sanctissimis precibus, gloriosa Virgo Maria, amicitiam, quam per baptismum
contraxeram cum benedicto Filio tuo; ut in unione
spiritus serviam ei, et opera faciam, quæ cum ipso
veram amicitiam conservent, et meritum augeant,
ut in fine præmium obtineam sempiternum. Amen.

CONTEMPLATIO III.
Virgo Maria, Soror.

1. *Vulnerasti cor meum, Soror mea* (*Cant.* iv, 9):
verba sunt, Virgo gloriosissima, benedicti Filii
tui, loquentis ad te. Vulnerasti namque cor ipsius,
non vulnere doloris, sed vulnere charitatis, ipsum
ad amorem tuum delectabilem attrahendo, ut te
profunde diligeret toto corde. Tu, beatissima Virgo
Maria, Soror Christi es, quia Filius est Dei Patris
per naturam, et tu specialis, imo specialissima
Filia ejusdem Patris es, per gratiam. Ut tanto sis
specialior Soror Christi, quoniam ambo unus sanguis, et una caro effecti estis. Unde dicitur : *Erunt
duo* (scilicet Christus, et tu) *in carne una* (*Gen.*
ii, 24), virginali. Tu, Virgo Maria, Soror Christi
es per castissimam, sinceram et ferventissimam
dilectionem, quæ solet esse inter fratrem et sororem. Tu es etiam per naturæ identitatem conformis
et connaturalis ei, et hæreditatis æternæ compar-
ticeps; summe etiam dilecta ab eo, quia *nemo carnem suam odio habuit* (*Ephes.* v, 29); et simile a
suo simili noscitur, et ab eo diligitur. Quanto
igitur tu, Virgo Maria, naturæ mundioris es, ac
moribus et virtutibus Christo es similior, tanto
amplius ab eo dilecta es tanquam specialis Soror.

2. Tu, benedicta Virgo Maria, Soror es populi
Christiani per naturam, quæ summa gloria est
populo Christiano; si esset, qui adverteret, habere
scilicet Sororem Reginam angelorum et hominum;
imo, quod plus est, habere Sororem Sponsam Patris,
Matrem Filii, Amicam Spiritus sancti, et Reginam
cœlestis regni; ubi plenariam habes potestatem quoscunque volueris introducere, quidquid volueris
impetrare, quidquid a benedicto Filio tuo petieris,
obtinere. Ideo potes dicere cum benedicto Filio
tuo : *Data est mihi omnis potestas in cœlo et in terra*
(*Matth.* xxviii, 18); et, *In Jerusalem,* scilicet superna, *potestas mea.* (*Eccli.* xxiv, 15.)

3. Tu, gloriosa Virgo Maria, Soror es angelorum;

in carne enim præter carnem vixisti, quia tua vita
fuit angelica, non humana; unde angeli dicunt de
te : *Quid faciemus Sorori nostræ in die, quando
alloquenda est* (*Cant.* viii, 8)? in die scilicet illa,
quando eam alloquetur angelus Gabriel. Sed respondent statim dicentes : *Si murus est, ædificemus
super eam.* (*Ibid.* 9.) Tu, Virgo Maria, Murus es,
ad mala fortiter repellenda a te et aliis. Tu Murus
es quantum ad virtutes, quibus malis resistitur, ut
sunt patientia, fortitudo et magnanimitas. Tu
Murus es rursum, quia infamiam non admittis. Tu
Murus es nobis ad defensionem et conservationem.
Tu Murus es propter firmitatem propositi conservandæ virginitatis. Tu Murus es super quo sancta
Trinitas ædificavit.

4. Tu, benedicta Virgo Maria, Soror es patriarcharum et prophetarum, qui dicunt de te : *Soror
nostra parvula est, et ubera non habet.* (*Cant.* viii, 8)
Tu, Virgo Maria, Parvula es per humilitatem mentis,
mundaque et pura tanquam juvencula, quæ ubera
non habet. Sed ego iniquissimus peccator, qui,
licet frater tuus sim (quia ex iisdem parentibus
prioribus descendimus), tuus frater nominari non
debeo, quia degeneravi immiscendo me miserabiliter diversis iniquitatibus et peccatis : sed, Virgo piissima, compati mihi digneris indignissimo filio tuo, et
pro me jugiter Filium tuum exora, ut sic vitam
meam disponat, quod tibi et sibi placeam, et tecum
vivam in æternum. Amen.

CONTEMPLATIO IV.
Virgo Maria, Filia.

1. Spiritus sanctus, dilectissima Virgo Maria, te
familiariter instruens dicebat tibi : *Audi, Filia, et
vide, et inclina aurem tuam, et obliviscere populum
tuum, et domum patris tui* (*Psal.* xliv, 11.) Tu,
prudentissima Virgo Maria, audisti, ut posses credere iis quæ tibi dicenda erant ab angelo; quia
fides ex auditu. (*Rom.* x, 17.) Audisti, Virgo
Maria, non sicut Eva, quæ sibilum serpentis audivit
in paradiso, et ideo in toto mundo pullulavit damnatio, sed audisti verbum Dei, quia *beati, qui audiunt verbum Dei, et custodiunt illud.* (*Luc.* xi, 28.)
Audisti, Virgo Maria, non linguam carnis, quæ suggerit delectabilia; non linguam mundi, quæ suggerit
vana; non linguam diaboli, quæ suggerit iniqua; sed
linguam angeli Gabrielis annuntiantis salutifera,
et dicentis : *Ave, gratia plena, Dominus tecum*
(*Luc.* i, 28): *audi* igitur, *Filia,* nuntiationem Patris,
quia *benedicta Filia tu a Domino.* (*Judith* xiii, 23.)
Et vide; vidisti namque fragilitatem tuam secundum naturam nostram humanam, et sic teipsam
humiliasti in oculis tuis, et Deum exaltasti; vidisti
etiam Scripturas prophetarum, quæ in te comple-
bantur. Vidisti præmia justorum, et supplicia
reproborum; et sic verbis admonita es, et exemplis
instructa. Igitur *Inclina aurem tuam.* Inclinasti
etiam piissimam aurem tuam, ut humiliter obedires
divinæ voluntati; ut sic mediante obedientia con-

ciperes Filium Dei per fidem dictorum.; et ne de te ipsa præsumeres, dictum est tibi : *Obliviscere populum tuum, et domum patris tui.* Quia nec populum augere prolis multiplicatione, nec domui patris relinquere curasti hæredem ; sed quidquid honoris in populo, quidquid de paterna domo terrenarum rerum habere potuisses, omnia arbitrata es ut stercora, ut Christum lucrifaceres ; nec, gloriosa Virgo Maria, fefellit te intentio, quia Christum Filium tibi vindicasti, qui propositum tuæ pudicitiæ non violavit ; ideo fuisti *gratia plena,* quia gratiam virginitatis non perdidisti ; et insuper fecunditatis gloriam acquisivisti ; et in his consistit maxime decor, de quo sequitur : *Concupiscet Rex decorem tuum,* id est te decoram omni pulchritudine virtutum ; quia *tota pulchra es, et macula non est in te (Cant.* iv, 7) ; et ideo subjungitur : *Omnis gloria filiæ Regis ab intus.* Tu, Virgo Maria, filia Regis fuisti secundum carnem, quia de te scribitur : *Regali ex progenie Maria.* Filia es etiam Regis Dei Patris per creationem et gratiam. *Omnis gloria ejus ab intus,* scilicet, quando Christum gestabas in tuo utero virginali. Gloria tua ab intus, id est conscientia tua pura ; si enim gloriam foris quæreres, intus gloriam, quam Rex concupisceret, non haberes. Gloria tua ab intus, Virgo Maria, quia tanquam Virgo prudens, oleum, id est nitorem bonæ conscientiæ, pietatis et misericordiæ, habuisti in vase triplici, scilicet cordis, oris et operis, cum lampade integerrimæ virginitatis.

2. O beata Virgo Maria, natus fui filius iræ, sed misericordia benedicti Filii tui per baptismum factus fui filius gratiæ; sed post ex gravitate et malitia mea, iterum factus fui propter peccata, quæ commisi, filius iræ. Adjuvet me, Virgo pia, tua clementia, orando tuum Filium benedictum, ut me faciat de filio iræ, filium gratiæ, ut cohæres tecum efficiar in hæreditate æterna. Amen.

CONTEMPLATIO V.

Virgo Maria, SPONSA.

1. Virgo prudentissima, et singulari dignitate dotata, gloriosa Virgo Maria, vocat te benedictus Sponsus tuus dicens : *Veni de Libano, Sponsa mea.* (*Cant.* iv, 8.) Tu, benedicta Virgo Maria, Sponsa Dei es ; quia sicut Sponsus eligit Sponsam ut sibi placeat ; sic Deus, Virgo purissima, te elegit, sicut canit Ecclesia dicens : *Elegit eam Deus, et præelegit eam ;* quia sine exemplo placuisti Domino ; et sicut sponsa ornatur diversis ornamentis : sic tu, Virgo Maria, ornata fuisti diversis donis Spiritus sancti ; et tunc *concupivit Rex decorem tuum.* Sicut sponsa conjungitur viro, sic tu, speciosissima Virgo Maria, conjuncta es Jesu Christo per verba de præsenti, cum dixisti : *Ecce ancilla Domini, fiat mihi secundum verbum tuum.* (*Luc.* 1, 38.) Sicut etiam sponsa in thalamum sponsi introducitur, sic tu, benedicta Virgo Maria, introducta es

in thalamum tui Sponsi Jesu Christi, in tua Assumptione. Tu, Virgo Maria, a tuo Sponso dotata fuisti duplici dote. Gratia primo, unde dicta es *Gratia plena,* et tandem gloria in excelsis, quia *Gratiam et gloriam dabit Dominus* (*Psal.* LXXXIII, 12).

2. Tu, Virgo speciosa, Jesu Christo dotem etiam dedisti : scilicet de carne tua purissima et mundissima, carnem in qua passus fuit pro redemptione generis humani. Tu, Virgo Maria, Sponsa Jesu Christi, Sponso tuo benedicto fidem servasti, quia cum tempore Passionis suæ fides apostolorum concussa vacillaret, tu velut Sponsa fidelis, Sponso sine fidei titubatione constanter adhæsisti. Tu, gloriosa Virgo Maria, Sponsa Dei es, non solum propter amoris affectionem, sed etiam propter dominium ; nam sicut sponsa post sponsum secundum locum habet in domo, sic tu Sponsa Virgo Maria, post Christum secundum locum habes in universo ; et in bonis Sponsi majorem obtines portionem. Sic namque te concupivit Sponsus tuus, et tu, Virgo Sponsa, ejus desiderium induxisti, quod ad nostram infirmitatem est humiliatus Omnipotens ; et, qui est vita viventium, tradidit se ipsum sponte ad mortem. Tu, pretiosissima Virgo Maria, desponsata fuisti fabro, ut per hoc innueretur te esse Sponsam illius Artificis, *qui fabricatus est auroram et solem.* (*Psal.* LXXIII, 16.)

3. O beatissima Virgo Maria, Sponsa Dei dignissima, animam habeo mihi datam a Deo, quæ per baptismum sponsa ipsius effecta est, ab omni labe peccati mundata, virtutibus dotata, diversis gratiis adornata, fidei annulo subarrhata ; in Sponsi thalamum, id est in Ecclesiam militantem, introducta. Sed post sceleratissimus peccator, iniquitate plenus, ipsam abstuli Sponso, et in adulteria prostravi, diversa et nefandissima peccata, et vitia committendo ; et ex his separata a Sponso, est infidelis facta, vitiis deturpata, a Sponsi thalamo ejecta, et inimicis Sponsi spontanee subjecta. O piissima Virgo Maria , ora tuum benedictum Sponsum, ut animam meam sibi et tibi reconciliet, et indulgeat ut in ejus thalamum sic introducatur, ut perseverans ipsius thalamum consequatur æternum. Amen.

CONTEMPLATIO VI.

Virgo Maria, VIDUA.

1. Tu, gloriosissima Virgo Maria, *Vidua* nuncuparis, attestante Evangelio, per hoc quod commendata fuisti beato Joanni evangelistæ, et sic tunc Joseph mortuus fuerat, cui prius se et te Matrem commiserat Filius tuus ; non enim grandem te dimisisset, qui te juvenculam conservavit. Tu, Virgo Maria, es illa Vidua designata per illam viduam evangelicam, quæ tantum duo minuta misit in gazophylacium, et plus cunctis divitibus posuit, juxta Dominicam sententiam (*Luc.* xxi, 2). Virgo prudentissima Maria, unum minutum, quod obtulisti, fuit tua admirabilis humilitas, quæ in

reputatione tui ipsius summe minutam te fecit. A'iud minutum, fuit tua fides, comparata grano sinapis. Hæc duo minuta, dulcissima Virgo Maria, posuisti : quia in gazophylacio, id est Christo in quo sunt omnes thesauri sapientiæ et scientiæ Dei, hæc abscondisti. Primum minutum fuit cum dixisti : *Ecce ancilla Domini* ; secundum minutum fuit cum dixisti : *Fiat mihi secundum verbum tuum* (*Luc.* I, 38), et quia plus cæteris obtulisti, benedicta fuisti ; nam omnibus aliis humilior et fidelior fuisti, et ideo plus meruisti ; nam Dominus non considerat quantum datur ei, sed ex quanto ; plus enim attendit dantis charitatem, quam muneris quantitatem ; et secundum charitatis intentionem retribuit gloriam vel coronam.

2. Tu, benignissima Virgo Maria, designata es per illam viduam, quæ vasa vacua implevit oleo ad præceptum Elisæi. (*IV Reg.* IV, 1 seqq.) Ista vasa vacua fuerunt cogitationes tuæ et opera tua, quæ vacua fuerunt amore terrenorum, et immunditia mortalis et venialis peccati. Ista vasa clausa fuerunt inferius per contemptum temporalium, aperta superius per appetitum cœlestium ; hiantia per gratiæ desiderium, et capacia per profunditatem humilitatis et latitudinem charitatis. Ista vasa, piissima Virgo Maria, implesti ad præceptum Elisæi, id est Christi, oleo scilicet pietatis et misericordiæ ; quod vivificat peccatorem. Istud oleum sanat a malo, et instruit in bono, et lætificat in utroque. Tu, misericordissima Virgo Maria, sanas peccatores per oleum gratiæ, instruis incipientes per oleum sapientiæ, proficientes et perfectos per oleum lætitiæ, quod est securitas conscientiæ.

3. O beatissima Virgo Maria, anima mea misera, vidua effecta est per operum mortificationem ; quia opera bona, quæ ipsam satiabant, Deo mortua sunt, quia frequenter in mortalibus peccatis ferebatur. Imo mea misera anima non solum est vidua, sed etiam mortua per peccatum. Resuscita eam, piissima Virgo Maria, tuis sanctissimis intercessioribus, quibus adjuvantibus vivificetur, et Sponso euo Jesu Christo Filio tuo benedicto reconcilietur, et secum maneat per infinita sæcula sæculorum. Amen   .

CONTEMPLATIO VII.

Virgo Maria, MULIER.

1. Benedicta es tu, pretiosissima Virgo Maria, inter omnes mulieres, quia Eva sic fuit infirma mulier, quod expavit Deum, et quasi durum fecit. Et ille quasi oblitus fuit misericordiæ suæ erga naturam humanam : sed tu, Virgo Maria, fuisti Mulier fortis, quia sic Deum emollisti et placasti, quod fere oblitus fuit punitionis et vindictæ erga hominem, quem ut ad eum, a quo per peccatum recesserat, Filius reduceret, ipsum Filium formavit, et creavit Deus Pater ex tuo utero virginali servum sibi. Vere Eva fuit mulier infirma, quæ statim

infirmata fuit ad primum verbum diaboli ; sed tu, Virgo Maria, Mulier fortis fuisti, corroborata ad verbum angeli, et quando ex te virgine formatus fuit Christus considerans humanam naturam etiam in utroque sexu. Oportebat ut de muliere salus procederet ; ut peccato responderet remedium ad honorem Dei et gloriam, et ut ubi abundavit delictum, superabundaret et gratia. (*Rom.* v, 20.) Tu, Virgo Maria, illa Mulier es de qua dictum est serpenti : *Ponam inimicitias inter te et mulierem* (*Gen.* III, 15), quia contrivisti caput serpentis, quod superbe erigebat, exsultans de homine dejecto. Contrivisti caput ipsius, id est vitium capitale, quod est superbia, initium omnis peccati (*Eccli.* x, 14), pede tuæ humilitatis ; et concupiscentiam carnalem pede virginitatis ; et hi duo pedes portant animam fidelem in paradisum.

2. Tu es illa fortis Mulier, quæ a Salomone quærebatur, dicente : *Mulierem fortem quis inveniet ?* (*Prov.* XXXI, 10.) Sed, donec ventum est ad te, non inveniebatur. Tu enim fortis fuisti contra carnem per virginitatem, contra mundum per paupertatem, contra diabolum per humilitatem, contra omne genus peccati per patientiam, quia adversa omnia æquanimiter sustinuisti, et prospera omnia pro amore Sponsi tui, viriliter contempsisti. Tu, Virgo Maria, illa es unica mulier Hebræa, quæ fecit confusionem in domo Nabuchodonosor (*Judith* XIV,16); mulier scilicet una, singularis dignitate et pietate, charitate et præsidio ; es namque mulier *Hebræa*, id est *transiens* ad maternitatem de virginitate ; de ancilla ad Reginam ; de Filia Dei in Matrem ; nec aliqua ita perfecte transiit mundum transeuntem, et concupiscentiam ipsius. Tu, Virgo Mater, fecisti confusionem in domo Nabuchodonosor, hoc est, in inferno cujus limbum evacuasti per Filium, qui captivis cœlum aperuit. Tu es illa mulier Chananæa, egressa de finibus Tyri et Sidonis, id est de profundo sæcularis conversationis ; quæ quotidie clamas ad Dominum pro filia, id est pro peccatrice anima, quam in te misericorditer transformas, dicens : *Miserere mei, Fili David.* (*Matth.* xv, 22.)

3. O immaculata Mulier, et Mater incorrupta, scriptum est : *Ubi non est mulier, ingemiscit egens* (*Eccli.* XXXVI, 27) ; nam ubi tu non es per gratiam, non potest esse nisi miseria, gemitus et egestas. Anima mea, Virgo Maria, misera peccatrix est, multis et innumerabilibus peccatis obnoxia, in magna egestate constituta. Ora pro illa, et clama ad Filium tuum benedictum incessabili deprecatione, ut ab ipso misericorditer audire merearis : *O Mulier, magna est fides tua ; fiat tibi, sicut vis* (*Matth.* xv, 28) ; ut sic, te adjuvante et deprecante, curari valeam a peccatis, et æternam gloriam obtinere. Amen.

CONTEMPLATIO VIII.

Virgo Maria, VIRGO.

1. O Virgo immaculata, et semper Virgo Maria,

tu ferum contra nos monocerotem seu unicornem mansuescere fecisti in tuo utero virginali : sicut enim unicornis est animal sævissimum, et tantæ fortitudinis, quod nulla arte venatorum capi potest, imo unico cornu, quod gestat in fronte, quæque disrumpit obstantia ; sed per virginem tantum mitescit, quod a venatoribus capi potest ; inest enim ei naturaliter quod visa virgine in sinu illius se reclinat, et suæ ferocitatis oblitus cum mansuetudine requiescit : sic Filius Dei Patris cujus potestati, quæ per cornu designatur, nemo resistit, sævus et indomitus videbatur, cum pro sola cogitatione superbiæ, Luciferum cum suis de cœlo ; et pro morsu pomi, Adam et Evam expulit a paradiso, mundum delevit diluvio, Sodomitas igne et sulphure demersit in infernum; sic in cœlo et in terra, iste Unicornis sæviebat, donec tu, gloriosa Virgo Maria, ipsum in hujus mundi castellum intrantem, suscepisti in domum tuam, hoc est in gremium uteri tui virginalis, velut unicornem in sinu, et ipsum vestisti carne virginea, in qua incomprehensibilis secundum divinitatem capi dignatus est a venatoribus gentilibus et Judæis, et addictus spontaneæ occisioni, se passus est crucifigi.

2. Tu, gloriosa Virgo Maria, fuisti Virgo disciplinata in cogitatu, in auditu, in respectu, in olfactu, in gustu, in risu, in loquela, in tactu, in incessu et in omni motu, ut de te dicatur : *Disciplina tua donum Dei est.* (*Eccli.* XXVI, 17.) Quæ disciplina abscondita fuit non solum quoad homines, sed etiam quodammodo quoad angelos. Qui licet sublimius et subtilius intelligant aliis creaturis, Dei sapientiam, et tuam dignitatem; non tamen plene eam percipiunt : quia solus Christus dignitatem Matris suæ plenarie comprehendit. Tu, Virgo Maria, fuisti Virgo constans, et in proposito animi perseverans; quia, sicut incepisti, sic semper in bono proposito perseverasti. Signata es per Annam matrem Samuelis, cujus vultus non sunt in diversa mutati. (*I Reg.* I, 18.) Tu, Virgo Maria, fuisti Virgo modesta, et tua modestia fuit nota omnibus hominibus, in superfluis resecandis per temperantiam, in sensibus refrenandis per prudentiam, in rationabiliter te habendo ad proximum per justitiam, in æquanimiter tolerando adversa per fortitudinem.

3. Sed, Virgo virginum, benedicta Virgo Maria, ego peccator iniquissimus, non sum virgo, sed corruptus in omnibus ; indisciplinatus, inconstans in omni proposito boni; absque modestia quacunque, ad terrena totaliter inclinatus, et a cœlestibus mente et animo multipliciter elongatus. Adjuva me, benignissima Virgo Maria, ut castus fiam tuis intercessionibus, et constans ac perseverans ; ut benedictum Filium tuum placatum videam, et gloriam percipiam sempiternam. Amen.

CONTEMPLATIO IX.
Virgo Maria, PRINCEPS.

1. Tu, benedicta Virgo Maria, Princeps nomina-

ris ; Princeps namque es, quia Filia Principis, id est Dei Patris. Tu, Virgo Maria, Princeps es, id est Mater Principis, scilicet Christi, qui dicitur *Princeps regum terræ* (*Apoc.* I, 5). Tu, benignissima Virgo Maria, Princeps dicta es Ecclesiæ a tota sancta Trinitate ; per te princeps hujus mundi, id est diabolus, qui dicitur princeps, id est principium captivitatis, ejicitur foras, scilicet a cordibus electorum. Iste enim princeps primam mulierem captivavit; sed a te, beata Virgine Maria Principe, captivatus est: quia scriptum est de te, quod conteres caput ejus (*Gen.* III, 15), et non solum semel, sed quotidie etiam id facis, quando tuo adjutorio diabolus expugnatur. Tu, Virgo Maria, Princeps es, quasi principium capiens, id est illum, qui dicit : *Ego sum principium, qui et loquor vobis.* (*Joan.* VIII, 25.) Tu, Virgo Maria, es Princeps, id est primum capiens, scilicet illum, qui dicit: *Ego sum primus et novissimus.* (*Apoc.* I, 17.) Tu, Virgo Maria, Princeps, scilicet a principio ; quia Christo dedisti principium essendi secundum naturam humanam quam assumpsit ex te. Ideo tibi potest dicere : *Pelle et carnibus vestisti me, ossibus et nervis compegisti me.* (*Job* X, 11.)

2. Tu, gloriosa Virgo, Princeps es a principatu ; quia cœlorum sedes Regina in tua sanctissima Assumptione, et sola cum Deo principatum tenes in cœlo et in terra, in mari et in omnibus abyssis. Tu, laudabilis Virgo Maria, es illa Princeps de qua scribitur : *Princeps ea, quæ digna sunt Principe cogitat* (*Isa.* XXXII, 8), scilicet cogitationes pacis et non afflictionis. Unde, sicut Filius tuus benedictus est Princeps regum terræ; sic etiam tu, Virgo Maria, nominaris *Princeps regum terræ,* quia ad tuum principatum sanctissimum pertinent illi, qui ut regnent in cœlo, regnant in terra, et bene regunt se et suos subditos.

3. O clementissima Virgo Maria, Princeps cœli et terræ, quid ego peccator sceleratissimus faciam? quia princeps mei ipsius non fui ad bene operandum, nec ad virtuosa opera exercendum, sed principi hujus mundi me miserabiliter submisi, et subjugavi, diversa et infinita peccata committendo, et ipsius pravas et nequissimas, et tuo benedicto Filio, et tibi odibiles tentationes recipiendo, et executioni ipsas toto posse, cum magna diligentia mandando; nisi tu, piissima Virgo Maria, mihi miserabili peccatori succurras, promissionem mihi factam de æterna hæreditate consequi non potero, neque per justitiam debebo. Sed adjuvare me digneris, misericorditer deprecando tuum Filium benedictum, ut mea flagitia deleat, et virtutes sic mihi tribuat, ut sub utriusque vestrum principatu, hic in terra, et in futurum in cœlo, vivam per infinita sæculorum sæcula. Amen.

CONTEMPLATIO X.
Virgo Maria, REGINA.

1. O semper laudabilis, semper extollenda, sem-

per glorificanda, semper magnificanda, semper veneranda, et semper timenda, beatissima Virgo Maria. Tu Regina mundi appellaris, propter Reginæ largitatem; largiris namque servis tuis dona gratiarum, vestes virtutum, thesauros meritorum, et magnitudinem præmiorum; et ideo potes dicere: *Sunt mecum divitiæ et gloria.* (*Prov.* viii, 18.) Tu, Virgo Maria, Regina es propter protectionem; protegis enim nos sub pallio virginitatis et humilitatis. Nam humilitas tua et virginitas sunt alæ tuæ, latæ per utriusque virtutis plenitudinem; et ideo tibi potest et debet dicere quicumque fidelis: *Sub umbra alarum tuarum protege me, a facie impiorum, qui me afflixerunt* (*Psal.* xvi, 8, 9); quia *in umbra alarum tuarum sperabo, donec transeat iniquitas* (*Psal.* lvi, 2); in umbra virginitatis, contra incendium luxuriæ, protegar, et in umbra humilitatis contra ventum inanis gloriæ, seu tempestatem superbiæ.

2. O Regina cœli et terræ, regnum Dei in duobus consistit, scilicet in misericordia et justitia. Filius tuus benedictus sibi quasi retinuit justitiam, velut dimidiam partem regni; tibi autem, Virgo piissima, concessit misericordiam, quasi aliam dimidiam partem regni. Et ideo benedictus Filius tuus dicitur *Sol justitiæ,* et tu *Regina misericordiæ;* et hæc divisio figurata fuit in regina Esther, cui rex Assuerus obtulit dimidiam partem regni sui. Sic etiam fecit tibi Rex Assuerus, id est Christus, qui, quamvis regnet in misericordia et judicio, tamen ante te, clementissima Virgo Maria, non erat dimidiatum regnum, nec erat dimidiata misericordia cum justitia, quia major sentiebatur severitas justitiæ, quam clementia misericordiæ; nunc autem, Virgo benignissima, dimidiaretur regnum, si æquali libra justitiam sentiremus, et misericordiam: sed quia plus exigit infirmitas, et divinam atque tuam decet largitatem dare plusquam petatur, largitur gloriosissimus Filius tuus, et tu tuis precibus sanctissimis, regnum hic dimidium, ut scilicet misericordia superexaltet judicium.

3. O Regina pietatis et misericordiæ, privatum me sentio hic vivendo, prædicto regno, et in finem subiturus sum alteram partem regni, scilicet judicium; et nisi pars tua ipsius regni, scilicet misericordia, me adjuvet, judicium recipiam, non ad salvationem, sed ad damnationem, propter infinita scelera quæ commisi. O dulcissima Virgo Maria, ora tuum benedictum Natum, ut peccata mea in finem non reservet, sed hic ipsa misericorditer deleat, pœnitere me, et emendare ipsa faciat, ut securus ejus judicium intrando, sententiam reportare valeam salutarem. Amen.

CONTEMPLATIO XI.

Virgo Maria, Cœlum.

1. Excelsa supra sidera, Virgo Maria, de celsitudine tua loquitur benedictus Filius tuus, dicens: *Cœlum et terram ego impleo.* (*Jerem.* xxiii, 24.) *Cœlum,* id est animam tuam per gratiam; *et ter-*

ram, id est corpus tuum per naturam. Nam *Dominus in cœlo,* scilicet in tuo utero virginali, *paravit sedem suam* (*Psal.* cii, 19), scilicet Spiritus sancti. Tu, Virgo Maria, Cœlum nominaris a *cælando,* quia sicut in cœlo arcana Dei cælantur: sic in tua pudicitia virginali custodiens secreta Christi, quæ noveras, nulli divulgare volebas, sed ipsum quando vellet divulgare reverenter exspectabas. Tibi soli datum est scire, quæ tibi soli datum est experiri. Tu Cœlum nominaris, quia sicut *in principio creavit Deus cœlum et terram;* sic tu, Virgo Maria, fuisti primarium opus ipsius, dignitate et præfiguratione.

2. Tu Cœlum nominaris, quia sicut cœlum est altissimum, sic tu, Virgo Maria, altissima fuisti per mundi contemptum; quia quidquid terrenum est, longe deseruisti, et bonis supercœlestibus sublimiter adhæsisti, ut dicere posses: *Cœlum sursum, et terra deorsum.* (*Prov.* xxv, 3.) *Cœlum sursum,* id est anima tua, quæ carni dominabatur; *et terra deorsum,* id est caro tua, quæ animæ famulabatur. Tu, Virgo Maria, Cœlum nominaris, quia cœlum calidissimum est, cum sit igneæ naturæ : sic tu, Virgo Maria, per vehementiam charitatis et abundantiam spiritus, tota facta es ignea, ex quo clausisti illum in utero tuo virginali, qui ignis est illuminans et calefaciens. Tu, Virgo Maria, Cœlum nominaris, quia sicut cœlum decoratum est et ornatum universitate luminarium; sic tu, Virgo Maria, decorata es et ornata universitate gratiarum et virtutum, per quas illuminas intellectum fidelium, et inflammas eorum affectus.

3. Tu, Virgo Maria, Cœlum nominaris, quia sicut cœlum est extensum et dilatatum : sic tu, Virgo Maria, extensa es et dilatata per misericordiæ immensitatem, et beneficiorum largitionem : quia omnibus omnia facta es, ut quantum in te est lucrifacias universos. Tu, Virgo Maria, Cœlum nominaris, quia sicut cœlum pacificum est (fines namque ejus posuit Deus pacem (*Psal.* cxlvii, 14), sic tu, Virgo Maria, pacifica fuisti, et nullus motus sensualitatis repugnans rationi turbavit pacem tuam; et ideo : *In pace factus est locus ejus.* (*Psal.* lxxv, 2.) Et sicut cœlum solidum est, sic tu, Virgo Maria, solida es per mentis constantiam et fidei firmitatem.

4. O beatissima Virgo Maria, ego impurissimus peccator non possum nominari cœlum, sed potius terra, quia totus sum terrenus, et prostratus in terram, lambens terram, cupiens terram, amplexans terram, diligens terram, et ea quæ in ipsa sunt. Sic quod oculos mentis meæ non levo ad cœlum, nec ad ea quæ ibi continentur. Adjuvare me digneris, purissima Virgo Maria, tuis assiduis deprecationibus, ut, relictis terrenis, ad cœlestia mentem elevem, ibi mentem meam teneam, illa diligam, ab illis nunquam me separem : sed sicut illa suffragante tua clementia hic per gratiam contemplabor, sic in futurum illa per gloriam possideam sine fine. Amen.

CONTEMPLATIO XII.

Virgo Maria, FIRMAMENTUM.

1. Immaculata Virgo Maria, scriptum est de te : *Fiat firmamentum in medio aquarum, et dividat aquas ab aquis. (Gen.* I, 6.) Tu, pretiosissima Virgo Maria, Firmamentum nominaris : quia sicut firmamentum in dispositione mundi novissimum fuit et supremum ; sic tu, Virgo Maria, fuisti novissima et ultima creaturarum Dei, in oculis tuis per humilitatem. Ideo suprema facta es, et præcellens omnes creaturas per exaltationem : quia, *Qui se humiliat, exaltabitur.* (*Matth.* XXIII, 12.) Tu, Virgo Maria, ad instar firmamenti, divisisti aquas ab aquis : per *aquas* intelliguntur deliciæ ; divisisti igitur aquas superiores, id est delicias cœlestes, quas semper habuisti super te per desiderium ; aquas vero, id est delicias terrenorum seu carnalium voluptatum, habuisti sub pedibus per contemptum ; quia labiles sunt, nec unquam permanent in eodem statu ; et omnia humana felicitas multis amaritudinibus est respersa.

2. Tu, Virgo Maria, Firmamentum nominaris : quia tuis amatoribus dividis aquas ab aquis, id est illos qui prius erant fluxibiles per peccata et vitia, elevas a fluxu vitiorum ad desiderium æternorum : quando scilicet de pulvere egenum, et pauperem de stercore elevas (*I Reg.* II, 8), pauperem spiritu seu humilem, ut sedeat cum principibus (*Ibid.*), id est cum angelis in cœlestibus. Unde licet Deus semper benedicatur ab omnibus, tamen specialiter in te benedicitur ; sicut scriptum est : *Benedictus es, Domine, in firmamento cœli (Dan.* III, 56), id est in te, Maria ; cum enim ejus opera omnia benedicant ei, quoniam nulla tam despecta creatura est, quæ non aliquo singulari beneficio laudem Dei videatur concinere ; excellentius tamen benedictus est in firmamento cœli, id est in te, Maria ; non solum quia tu cæteris creaturis singulariter præemines, verum etiam quia luminarium tuorum, id est, virtutum ornatu multiplici, instar firmamenti miram Dei potentiam in te mirabiliter ostendis : quæ luminaria producta sunt, non tantum ut nocte luceant, sed ut distinguant diem et noctem, id est vitia et virtutes ; et illuminent terram, id est terrenos, sicut de firmamento dicitur.

3. Sed, gloriosissima Virgo Maria, in omni perfecto proposito et bona operatione firmata, ego nequissimus peccator firmamentum bonum non habui in bonis operibus continuandis, sed potius in vitiis et peccatis ; in illis firmatus fui hactenus, et sum usque ad diem præsentem. Succurrat mihi misericordia tua, Virgo Maria, ut firmamentum tuarum virtutum et misericordiarum, ac tuarum deprecationum me miserum peccatorem adjuvet, ut relicto firmamento malarum operationum et cogitationum, in bonis operibus me confirmet, et faciat perseveranter insistere : ut divina misericordia suffultus, supra firmamentum cœli ascendens, regnum gloriæ obtineam sempiternum. Amen.

CONTEMPLATIO XIII.

Virgo Maria, SOL.

1. *Electa* es *ut sol (Cant.* VI, 9), præclarissima Virgo Maria : quia sicut sol cæteris sideribus claritate luminis et majestate præfertur, sic tu, Virgo Maria, in cœlesti gloria sanctis omnibus honore et gloria superposita es. Tu, Virgo Maria, *Electa es ut sol,* id est ut solis Conditor : quia ille electus est in millibus hominum, tu, Virgo Maria, electa es in millibus feminarum. Tu *Electa* es *ut sol,* ad illuminandum, scilicet intellectum per veram cognitionem ; et ad inflammandum affectum per veram dilectionem. Tu *Electa* es *ut sol ;* quia sola sine exemplo placuisti Domino nostro Jesu Christo : *Electa* es *ut sol* in magnitudine et potestate, in utilitate, in claritate et calore.

2. Tua magnitudo, Virgo Maria, tua est humilitas ; quia in humilitate omnis animæ quantitas mensuratur ; fides tua, potestas tua est ; quia fides potestas animæ est ; nam quantum habet quisque fidei, tantum habet potentiæ. Si parum habet fidei, parum habet potentiæ ; si multum, multum ; si omnem fidem, omnem potestatem. Potens igitur et viva fuit tua fides, Virgo Maria, quia unico verbo operata fuisti illud quod nunquam auditum fuerat, neque in cœlo, neque in terra, quando in Incarnatione benedicti Filii tui, respondisti angelo : *Ecce ancilla Domini ; fiat mihi secundum verbum tuum.* (*Luc.* I, 38.) Utilitas tua est misericordia tua ; qua post misericordiam tui Filii benedicti nihil est utilius humanæ creaturæ. Claritas tua est puritas tua ; calor vero charitas, quia charitas est animæ caliditas.

3. Tu, Virgo Maria, Sol nominaris, qui dicitur quasi *sua omnibus largiens ;* quia tu, Virgo benedicta, quidquid habes, quantum in te est, communicas et bonis et malis. Malis enim veniam impetras, et gratiam justis multiplicas et conservas ; et, sicut sol fulgore suo totum illustrat orbem terrarum - sic tu, piissima Virgo Maria, fulgore miraculorum totum illustras orbem terrarum, et illustrabis usque ad diem judicii. Quia de te scriptum est : *Usque ad futurum sæculum non desinam (Eccli.* XXIV, 14.) Et sicut sol est rex siderum, sic tu, Virgo Maria, Regina virginum, imo sanctorum omnium. Sicut etiam sol non crescit, nec decrescit , sic tu, Virgo Maria, non crevisti per elationem, nec unquam decrevisti per pusillanimitatem. Fuisti etiam clara, velut sol, per sapientiam ; pura, per continentiam ; fulgida, per famam ; calida, per charitatem , et exaltata, per Christi conceptionem.

4. O benignissima Virgo Maria, clarifica me tenebrosum densitate peccatorum ; calefacias me frigidum, liquefacias cor meum asperum et durum, munda me sordidum, ac multis vitiis et peccatis deturpatum : ut finito ergastulo hujus vitæ, Solem justitiæ videam et illo frui valeam per infinita sæcula sæculorum. Amen.

CONTEMPLATIO XIV.

Virgo Maria, LUNA.

1. *Fecit Deus duo luminaria magna : luminare majus*, scilicet Solem, id est Christum ; *ut præesset diei*, id est justis ; *et luminare minus*, scilicet Lunam, id est te Virginem Mariam, *ut præesset nocti* (*Gen.* I, 16), ad illuminandum peccatores. Ideo Filius tuus benedictus dicitur *Sol justitiæ*, quia ab ipso est omnis justitia. Tu, Virgo Maria, Mater misericordiæ diceris, impleta a Deo misericordia erga peccatores,sicut mater erga filios misericors est. Deus autem peccatores non audit, sed, tu,Virgo Maria, Mater Dei ipsos non repellis. In Sole enim,id est, in benedicto Filio tuo, est fervor, id est justitia puniens, et splendor, id est misericordia parcens; in Luna vero, id est in te, gloriosa Virgo Maria, est splendor misericordiæ, sine fervore severitatis ; quia non offendis oculos infirmos te respicientes, sicut fervor solis.

2. Tu, Virgo Maria, Luna nominaris; quia sicut luna crescit et decrescit, sic tu, Virgo Maria, crevisti et decrevisti. Crevisti namque de virtute in virtutem ; sed decrevisti per humilitatem in tua reputatione ; quia quanto major fuisti, tanto amplius te humiliasti, ut coram Deo gratiam invenires. Unde, sicut corporaliter crescebas, sic etiam spiritaliter decrescebas. De bono in melius, de virtute in virtutem crescebas, et implebatur sanctificatio tua, et apparebas corniculata, sicut luna nova. Hæc cornua sunt humilitas mentis et virginitas carnis; quibus, scilicet cornibus, id est virtutibus, tam spiritalia quam corporalia ventilabas. Eras enim semilunium ante conceptum Salvatoris, illustrans alios radiis bonorum exemplorum, quando scilicet nutriebaris in templo; tu vero fuisti Luna plena, quando vocata fuisti ab angelo *gratia plena* ; et maxime quando imprægnata facta es : *Pulchra ut luna* (*Cant.* VI, 9), illuminata respectu Divinitatis, quo meruisti beatificari ab omnibus generationibus.

3. Tu, Virgo Maria, es *Pulchra ut luna*, quæ quasi naturaliter est obscura ; sed recepto in se solari splendore accenditur lumine alieno ; et ideo dicitur Luna quasi *lux aliena*. Sic tu, Virgo Maria, adhuc infirmitate corporis constituta,suscepto in te Spiritu sancto, tanquam illius summæ majestatis radio vero lumine, scilicet Dei Filio fecundata fuisti. Et sicut luna, sole recedente, mundum illuminat ; sic tu, Virgo Maria, Sole justitiæ transeunte de mundo ad Patrem, per mortem corporalem, fide tua totam illustrasti Ecclesiam in triduo Dominicæ sepulturæ.

4. O lucidissima Virgo Maria, in nocte tenebrosa ego miser constitutus sum, obscuritate nimia peccatorum circumseptus ; per viam caliginosam gradior, in qua quotidie inimico procurante cespitare cogor. Adjuva me, Virgo Maria : illumina cor meum obscurum. Duc me lumine claritatis tuæ per viam, in qua ambulo : ut insidiis antiqui hostis procul pulsis, per viam mandatorum Dominicorum incedam, et ad felicissimum terminum veniam præstolatum. Amen.

CONTEMPLATIO XV.

Beata Virgo, STELLA.

1. Stella nominaris, pretiosissima Virgo Maria, Stella namque est fixa in firmamento cœli. Sic tu, Virgo Maria, fixa fuisti in firmamento sacræ Scripturæ per jugem meditationem legis divinæ, et in bonis cœlestibus per desiderium et amorem æternorum, tanquam vera Filia Abrahæ, cui promissum erat:*Multiplicabo semen tuum, sicut stellas cœli.* (*Gen.* XXII, 17.) Tu, Virgo Maria, Stella es, quia clara et lucida sanctitatis exemplo, illuminas mundum multiplici virtutum radio ; clara etiam per vitæ puritatem, non habens in te aliquam maculam. Tu, Virgo Maria, Stella es, quia tota ignea per charitatem, maxime ex quo illum concepisti, qui est ignis ardens. Tota etiam ignea es per virtutum universitatem ; nam virtutes igneæ sunt naturæ, et ideo sursum trahunt ; quia locus ignis, sursum est.

2. Tu, Virgo Maria, Stella es : quia sicut stella se parvam ostendit, sic tu, Virgo Maria, parva apparuisti per humilitatem, cum te obtulisti in ancillam, quæ postulata eras in Matrem. Et sicut stella tempore gelicidii lucet et scintillat clarissime, sic tu, Virgo Maria, tempore gelicidii, id est Passionis benedicti Filii tui, quando cæterorum charitas refriguit, tu sola quasi de nocte totam Ecclesiam illustrasti, et per excellentissimam conversationem semper coruscasti et rutilasti. Et sicut stella aspectum et effectum habet ad terram, sic tu, Virgo Maria, ad terram, id est ad terrenos, quorum procuras negotia, maxime servorum et amatorum tuorum.

3. Tu, Virgo Maria, Stella nominaris ; quia sicut stella habet motum continuum, sic tu continuo motu fuisti de virtute ad virtutem, de uno bono ad aliud, de activa vita ad contemplativam. Sicut stella firmamentum exornat, sic tu, Virgo Maria, totam Ecclesiam tanquam pulcherrimo lumine exornas, siquidem tota pulchra es, et ex omni tui parte lucida. Quia de te scribitur : *Tota pulchra es, amica mea, et macula non est in te.* (*Cant.* IV, 7.) Non enim habuisti maculam, neque rugam ; sed pulcherrima fuisti a planta pedis usque ad verticem capitis. Pulchra namque in tua sanctificatione, pulchrior in tui benedicti Filii Conceptione, et pulcherrima in beatissima Assumptione. Tu, Virgo Maria, Stella nominaris ; quia sicut stella illuminat noctem, sic tu, clarissima Virgo Maria, noctem illam solitariam, nec laude dignam (*Job* III, 7), quæ ab Eva fluxerat, usque ad te, illuminasti : nam in gloriosissimo ortu tuo, omnia meliorari inceperunt, quia tu repleta gratia septiformi, replesti nos, plenitudinem gratiæ refundendo, nisi steterit per nos.

4. O Stella clarissima Virgo Maria, inclina ad me miserum peccatorem humilitatem tuam et charitatem abundantem. Immitte radium tuæ lucis, qui noctem cordis mei illuminet, peccatorum tenebras effugando, ut lumen inaccessibile et æternum facie ad faciem aspiciam, per infinita sæcula sæculorum. Amen.

CONTEMPLATIO XVI.

Virgo Maria, STELLA MATUTINA.

1. O Stella matutina, Virgo Maria splendidissima, lucens antequam diescat; quia ortus tuus præcessit ortum Jesu Christi, benedicti Filii tui, qui Lux est et Dies. Tu, benedicta Virgo Maria, es illa Stella, quæ vincenti promittitur in præmium, Scriptura attestante: *Vincenti dabo Stellam matutinam* (*Apoc.* II, 28), in cujus ortu, scilicet quando gratia et dilectio tua oriuntur in corde justi, fugantur fures, id est dæmones, quibus tu, Virgo Maria, es *terribilis ut castrorum acies ordinata* (*Cant.* VI, 9), et ideo vigiles sunt alacriores, et quicunque de sua salute est sollicitus.

2. Tu, Virgo Maria, Stella nominaris matutina: quia semper fuisti in mane oriens, et nunquam tetendisti ad occasum peccati; sed semper splendida Stella fuisti illuminando populum, qui ambulabat et ambulat in tenebris peccatorum; et licet luna et omnes stellæ superveniente solis lumine non appareant, sed absorbeantur a splendore solis: tamen tu, Virgo Maria, Stella matutina lucebas, et luces cum Sole, nec ad lumen Solis propriam claritatem amisisti. Sed tu, Virgo Maria, quæ peperisti Solem, luces cum Sole, id est benedicto Filio tuo : et, quanto majori dignitate rutilat Filius tuus benedictus, tanto majori dignitate splendes tu Mater, et licet longe sis minor Filio, sicut stella minor sole, hoc tamen gaudes privilegio, quod omnis anima Deo comparata suam reprimit claritatem ; sed quia honor Filii honor est Matris, in excellentia Filii tui benedicti lucet excellentia tua; quia Mater es, quæ tantum Filium meruisti generare.

3. Tu, Virgo Maria pretiosissima, Stella nominaris matutina ; nam stella materia incorrupta est, quia cuncta corpora citra luminaria subjacent corruptioni. Sed sola natura stellarum mundo manente non potest corrumpi. Sic, Virgo, materia tua incorrupta permanet, de qua natus est secundum carnem ille cujus animam Deus non reliquit in inferno, nec dedit Sanctum suum videre corruptionem. (*Psal.* XV, 10 ; *Act.* II, 27.) Tu etiam secundum carnem penitus expers corruptionis fideliter es credenda, quæ incorrupta virginitate de te genuisti eum, qui omnis incorruptionis est causa : et sicut stellæ incorruptibiles sunt de natura, sic tu, sacratissima Virgo Maria, incorruptibilis es de gratia : et etiam sine corruptione putredinis et incinerationis in corpore de mundo, ut pie creditur, assumpta fuisti.

4. Ave, *Stella matutina*, Stella mirabilis, Stella laudabilis, Stella desiderabilis; trahe me corru-

pium ad te incorruptam, me gratia vacuum ad te plenam, ut de plenitudine tua *sicut adipe et pinguedine repleatur anima mea* (*Psal.* LXII, 6). Trahe me imperfectum ad te perfectam, ut, cum venerit quod perfectum est, per te evacuetur quod ex parte est. Trahe me parvum ad te magnam, ut per te in eo crescam, cujus magnitudinis non est finis. (*Psal.* CXLIV, 3.) Trahe me debilem ad te virtuosam ; ut cum deciderim, non collidar ; sed tu, Mater divinæ pietatis, supponas manum tuam nunc et in perpetuum. Amen.

CONTEMPLATIO XVII.

Virgo Maria, STELLA MARIS.

1. Audi me miserum peccatorem, clementissima Virgo Maria, audi me miserum ad te clamantem. Tempore tuæ primæ ac salutiferæ salutationis nominata es Stella maris, quando in cœlis nulli homines erant beati, et in mundo nulli aut paucissimi justi ; sed omnes aut fere omnes in mari, id est in amaritudine peccatorum, ignorantiæ tenebris involuti : et ideo Stella maris, id est miserorum, nuncupata es, quod ad hoc ordinata es ab æterno ut per te Dominus, in quantum in ipso est, omnium misereretur, et omnes miseri fluctuantes in amaritudine criminum in te refugium invenirent, quæ lucem genuisti fluctuantibus in hoc mari.

2. Stella maris nominaris, quod sicut stella, in mari navigantibus est rectæ viæ indicium, sic tu, benignissima Virgo Maria, in hoc mundo fluctuoso viventibus, aliis rectam viam humilitatis, aliis castitatis, aliis bonæ operationis, aliis contemplationis, seu cujuslibet virtutis, ostendis. Tu, gloriosa Virgo Maria, Stella maris nuncuparis, quia navigantes mare mundi spatiosum, ubi sunt reptilia absque numero, et animalia pusilla cum magnis (*Psal.* CIII, 25, 26), te veram Stellam maris inter omnes stellas, id est sanctos, præcipue cognoscunt, ad te frequentius spiritalibus oculis respiciunt, te perditam sollicitus requirunt, secundum te, iter suum dirigunt. Tu namque, Virgo piissima, recte vivere cupientes exemplis tuis dirigis, errantes reducis, et periclitantes ad portum salutis deducis.

3. Tu vera Stella maris, stellis cæteris præeminens altitudine, quia universis cœlis et creaturis altior es ; nam cæteri sancti migrantes a corpore, recipiuntur inter choros angelorum ; sed tu, Virgo Maria, quadam excellenti majestate gloriæ exaltata es super omnes choros angelorum, et super omnes ordines beatorum. Tu, Virgo Maria, es Stella maris cæteris præeminens immobilitate, quoniam quasi in centro firmamenti constituta, cæteris vario motu modo ad ortum solis, modo ad occasum tendentibus, tu immobilis persistis. Videmus namque filios hominum, de quorum numero ego miserabilis sum, sua mobilitate quotidie corruere ; sed tu immobilis et immutata permanes ;

ideo Castelum (*Luc.* x, 38) nominaris, fundatum supra firmam petram quæ est Christus.

4. Adjuva me, benignissima Virgo Maria, quia in hoc mari æstuoso, fluctuo tota die, et per devia incedendo magnis et infinitis periculis quatior. Illumina me radio claritatis, dirige me per rectam semitam ; ut ad portum salutis valeam pervenire. Defende me ab omni periculo mentis et corporis ; ut secure veniam ad judicium, auditurus misericorditer a piissimo Judice sententiam salutarem. Amen.

CONTEMPLATIO XVIII.
Virgo Maria, AURORA.

1. Resplendens Aurora (*Cant.* vi, 9) es, pretiosissima Virgo Maria, Aurora es alba ab albedine dicta, quia tota candida es, et fuisti, interius et exterius per sanctimoniam carnis et spiritus. Tu Aurora ab *auro* dicta; quia fuisti aurum mundum virgineæ puritatis, aurum ignitum ferventissimæ charitatis, et aurum optimum sapientiæ et bonitatis. Tu, Virgo Maria, Aurora es, id est *aurea hora,* quia adduxisti ætatem auream, id est tempus misericordiæ. Tu, Virgo Maria, Aurora nominaris, quasi *aura rorans;* nam precibus et meritis tuis sanctissimis, percipimus auroram, id est refrigerium et rorem gratiæ, contra incentivum vitiorum. Tu, Virgo Maria, Aurora es, quasi *aura roris :* quia in conceptu tuo descendit in te Filius Dei, quasi ros. Tu es illa concha quam Gedeon (*Judic.* vi, 38), id est Christus, implevit rore expresso de vellere, et de illa plenitudine, quam contulit, omnes accepimus gratiam pro gratia. (*Joan.* i, 16.) Ad hæc enim non cessas ipsa cordis concava per humilitatem rore gratiæ adimplere, et Christus qui dicitur ros, venit per te in humanum cor.

2. Tu, Virgo Maria, Aurora es quasi *avium hora ;* quia sicut tunc aves incipiunt garrire et modulari, sic etiam per te incipiunt fideles et tibi devoti cantare laudes Deo, et tibi ; facis etiam obmutescere aves nocturnas, id est dæmones, et malos ac obstinatos peccatores; quia per te *obstructum est os loquentium iniqua* (*Psal.* LXII, 12). Tu, Virgo Maria, es Aurora, quæ noctem finit, et diem inchoat : sic tu fuisti finis legis, et inchoatio gratiæ. Nox quidem longa fluxerat ab Eva usque ad te, quam finisti in beatissimo ortu tuo ; nam per Evam nox præcessit, quia *a muliere factum est initium peccati* (*Eccli.* XXV, 33) ; et per te dies appropinquavit. Ante te, Virgo Maria, erat nox ignorantiæ, et nox culpæ; sed tu inchoasti lucem novi Testamenti contra noctem legis, et illum peperisti, qui manifestavit veritatem contra noctem, et lucem gratiæ contra noctem culpæ; et sic per te, *populus qui ambulabat in tenebris vidit lucem magnam* (*Isa.* ix, 2). Unde sicut impossibile est de tenebris noctis venire ad lucem diei, nisi mediante aurora, sic impossibile est de tenebris vitiorum venire ad lucem gratiæ, nisi mediante intercessione tua.

3. O clementissima Virgo Maria, intercede pro me miserabili peccatore, tenebris peccatorum detento. Educ me de istis tenebris, ut venire possim ad lucem gratiæ, ut luce inaccessibili fruar per infinita sæculorum sæcula. Amen.

CONTEMPLATIO XIX.
Virgo Maria, LUX.

1. O lucidissima Virgo Maria, de te intelligi possunt, quæ dicta sunt a Deo : *Fiat lux, et facta est lux.* (*Gen.* i, 3.) Tu, Virgo Maria, Lux es propter speciositatem tuam : quia nulla creatura post Filium tuum unquam fuit, nec erit, pulchrior te; quia speciosior es sole, et super omnem dispositionem stellarum, luci comparata inveniris prior. (*Sap.* vii, 29.) Nam nihil purius luce reperitur, in qua tua simplicitas et innocentia denotatur; nihil luce jucundius, in qua operum tuorum munditia demonstratur ; nihil luce clarius, in qua lumen exemplorum tuorum ostenditur; et nihil humanæ vitæ jucundius luce, in qua doctrina et sapientia verborum tuorum notantur : ut munditia ad virginitatem, claritas ad opinionem, gratia ad sermonem referatur.

2. Tu, Virgo Maria, lux es propter claritatis diffusionem absque tui diminutione, quia peperisti Christum sine corruptione. Tu, Virgo Maria, lux es propter tuam incorruptibilem puritatem, quia inquinari non potes ; nihil enim inquinatum incurrit in te. Tu, Virgo Maria, lux es, quia visibilia facis ea, quæ prius non apparebant, ante faciem Filii tui misericorditer statuens illos, qui prius longe stabant ab eo. Et sicut lux angustissima foramina illustratione sua manifestat in domo exsistentibus; sic tu, Virgo Maria, minima peccata, tuæ gratiæ infusione facis perceptibilia iis qui convertuntur ad tuum Filium benedictum. Et sicut lux illuminat oculos; sic tu, Virgo Maria, oculos, id est intellectum et affectum, qui sunt oculi animæ, videlicet intellectum cognitione Dei, et tui, et affectum dilectione Dei et proximi. Unde : *Vidit Deus lucem quod esset bona; et divisit lucem a tenebris* (*Gen.* i, 4) ; sicut enim nullus bonus nisi Deus solus (*Matth.* xix, 17), sic nulla femina tibi comparata invenitur perfecta. Nam sicut Deus est super omnia benedictus, sic tu, Virgo Maria, super omnes mulieres es benedicta.

3. Tu, Virgo Maria, figurata es per illam lucem primariam quæ creata creditur ibi, ubi sol oritur, de qua factum est corpus solis : sic de tua substantia formatum est corpus Filii tui benedicti qui est Lux vera illuminans omnem hominem venientem in hunc mundum. (*Joan.* i, 9.) Tu, Virgo Maria, es illa lux, quæ Judæis oriri visa est. Emitte lucem tuam, Virgo clarissima, quæ me tenebrosum peccatorem illuminet, et clarum me reddat ante aspectum Filii tui benedicti, ut stola immortalitatis indui merear per infinita sæcula sæculorum. Amen.

CONTEMPLATIO XX.

Virgo Maria, Dies.

1. *Appellavit Deus lucem diem* (*Gen.* I, 5), beatissima Virgo Maria ; quoniam scilicet placuit ei quod, te Maria Virgine nascente, inciperet mundo diescere tenebroso ; ut per diem de die, id est Filium tuum benedictum de te Matre incorrupta et intacta, illuminaret omnem hominem venientem in hunc mundum. (*Joan.* I, 9.) Unde sicut quasi per trium horarum spatia, scilicet mane, meridie et vespere, dies completur : sic quibusdam gradibus meritorum, quasi quibusdam spatiis horarum, completa est perfectio claritatis et sanctitatis tuæ : ut de te dicatur : *Vespere, mane et meridie narrabo et annuntiabo.* (*Psal.* LIV, 18.)

2. Hujus diei mane, quando celebrior inter homines fieri solet salutatio, designatum est, quando dictum est tibi *Ave*, et ab ista salutatione quasi inchoavit aurora hujus diei coruscare, et incepisti mundo diescere. Quinque millia annorum ambulaverant in tenebris et caligine peccatorum, et ignorantiæ pro delicto primorum parentum : et interea respexit Dominus humilitatem tuam, et tanquam domesticam et familiarem, quasi ex parte sua te fecit ab angelo salutari. Tunc enim Dominus mandavit salutes Jacob (*Psal.* XLIII, 5), id est, tibi Virgini gloriosæ, quæ simul et semel vitia omnia supplantasti. Quasi meridies fuit hujus diei quando dicta es *plena gratia* ; quia sicut meridies plenitudinem caloris habet et lucis, sic tu, gloriosissima Virgo Maria, tunc te ostendisti recepisse omnem plenitudinem charismatum, quæ animam tuam illuminavit per cognitionem, et calefecit per amorem. Vespere fuit hujus diei quando dictum est tibi : *Dominus tecum* (*Luc.* I, 28); qui a primis parentibus recesserat per peccatum, et tu, Virgo Maria, dixisti : *Ecce ancilla Domini, fiat mihi secundum verbum tuum* (*Ibid.* 38) ; et sic, Virgo Maria, per fidem concepisti. Unde sicut ad vesperam sol terris propinquior efficitur : sic in verbis prædictis ventris tui virginei hospitio Deus miraculose illabitur.

3. Et sic *factum est vespere et mane dies unus* (*Gen.* I, 8), id est singularis : vespere in refrigerio carnis Christi, mane in illuminatione Spiritus sancti ; vespere in fine Veteris Testamenti, mane in initio Novi, dies unus, id est singularis et solus, in quo Creator hominis factus est Filius hominis, assumendo nubilum nostræ carnis. Duo dies in die una, sicut duo in carne una : tu Christo carnem offerens, Christus carnem induens. Et sic in te sine exemplo virginitas fuit, et in Filio singularis et unica humilitas. Hujus diei sunt horæ duodecim, per quinque et septem divisæ : quinque pertinent ad sensus tui corporis virginalis, et septem ad mentem tuam virginalem, propter septem animæ tuæ gratias, quæ de fonte Spiritus septiformis processerunt rivulo uniformi.

4. Fac me tuis deprecationibus, Virgo Maria piissima, diescere per gratiam, ne ulterius nocte caliginosa detinear vitiorum, sed ad diem perveniam non vesperascentem ; et cum eo maneam per infinita sæculorum sæcula. Amen.

CONTEMPLATIO XXI.

Virgo Maria, Nubes.

1. Charitate plenissima, Virgo Maria, de te scriptum est : *Expandit nubem in protectionem eorum, et ignem ut luceret eis per noctem.* (*Psal.* CIV, 39.) Tu, benignissima Virgo Maria, es illa Nubes a Deo facta et ordinata, ut peccatores protegeres et defenderes : duo enim officia a Deo tibi data sunt ; quia sicut nubes protegit nos, et defendit a fervore solis : sic tu, piissima Virgo Maria, tanquam Nubes protegis nos a fervore iræ et vindictæ Solis justitiæ : et ideo tanquam suspensa inter terram et solem, nos illuminas tuis beatissimis orationibus et exemplis tanquam ignis ; quoniam tu es Lux ostendens Lucem virtutum. Et etiam nos protegis contra diabolum, quasi igneus Murus, et contra vitia et peccata.

2. Tu, Virgo Maria, es illa Nubes aquosa per gratiarum et omnium charismatum abundantiam ; ideo dicta es *plena gratia.* (*Luc.* I, 28.) Tu, Virgo Maria, es illa Nubes, quæ vento ducitur et agitatur, id est gratia Spiritus sancti, quæ te traxit, reduxit, circumduxit, docuit et custodivit ; onerata aquis sapientiæ salutaris, nam Spiritus sapientiæ docuit te angelo respondentem, Spiritus pietatis traxit te ad Elisabeth, Spiritus intellectus docuit te, et te duxit cum benedicto Filio tuo descendere in Ægyptum. Tu, Virgo Maria, es illa Nubes humectans et fecundans fructus terræ, id est refrigerans ardorem concupiscentiarum, et fecundans homines ad bene operandum. Ardorem etiam Solis justitiæ, id est, iram et indignationem, tuis sanctissimis precibus modificas et refrigeras ; ne peccantes illico feriat. Tu, Virgo Maria, Nubes lucida es per gratiæ illustrationem, et sanctæ conversationis exemplum. Tu Nubes rubicunda per pulchritudinem naturalem, et verecundiam virginalem, ferventissimam charitatem et patientiam singularem. Tu, Virgo Maria, es Nubes nigra per humilitatem : quæ dicitur quasi *humi latens* : et etiam Nubes nigra, id est, obscurata tribulatione, et denigrata ex compassione, et doloribus Filii tui benedicti patientis : quando Filii, Dei, et tui, non erat species, neque decor.

3. Ego vero, sacratissima Virgo Maria, ardorem nimium sentio in cogitatione et opere ; ardorem, scilicet non amoris, sed peccati : ad quem me quotidie inflammat perfidus et antiquus hostis. Adjuva me, gloriosissima Virgo Maria ; obumbra me et refrigera gratia tua ab æstu tanti ardoris, et impetra mihi tuis deprecationibus ardorem tui amoris, ut sub umbra utriusque hic vivendo, terram possideam viventium in æternum. Amen.

CONTEMPLATIO XXII.

Virgo Maria, TERRA.

1. Fructifera et benedicta Terra tu es, beatissima Virgo Maria, quia tu es illa Terra de qua formatus est homo, scilicet novus Adam Jesus Christus Filius tuus benedictus. Tu es illa Terra fluens melle virginitatis, et lacte fecunditatis. Tu es illa Terra promissionis, promissa Judæis, reddita Christianis. Tu es illa Terra, in qua qui seminat, centuplum accipiet : qui enim ibi seminat, scilicet orationes et exempla salutaria in præsenti vita, multam retributionem recipiet : quia tu, benignissima Virgo Maria, convertis quosdam ab errore viæ suæ, quosdam pacificas benedicto Filio tuo, quibusdam das gratiam continendi ; facis quosdam humiles, quosdam largos, quosdam misericordes, quosdam pacificos ; quibusdam largiris vestimenta virtutum, et quosdam sapientes constituis. Ista est, Virgo Maria, centuplatio eorum, qui seminant in tali Terra, qualis tu es.

2. Hanc Terram solus Deus inhabitavit, solus eam coluit, et ipsius Filium, seu Terra benedicta, fructificasti ; ut de te dicatur : Terra dedit fructum suum. (Psal. LXVI, 7.) Et bene suum ; quia nec terra alia digna exstitit portare talem fructum, nec talis fructus terræ alii competebat. Ideo dicitur Fructum suum, id est sibi congruum, quia tibi soli Virgini congruebat parere Deum et soli Deo Matrem habere Virginem. Et sicut terra maledicta in opere Adam, fructus dedit maledictionis, sic e converso, tu Terra benedicta dedisti Fructum benedictum. Tu igitur Terra benedicta dedisti Fructum ; sed non vendidisti, quia non habebamus pretium. Dedisti namque Fructum in tempore suo, id est in tempore gratiæ. Nec solum, piissima Virgo Maria, semel dedisti Fructum, sed jugiter das ipsum peccatoribus remedium.

3. Tu es illa Terra, de qua dicitur, Domini est Terra, scilicet illius propria, et plenitudo ejus (Psal. XXIII, 1), id est virtutes, et dona gratiarum ; quia dicere potes : Gratia Dei sum id quod sum. (I Cor. XV, 10.) Tu es illa Terra, de qua est orta veritas, scilicet humanæ carnis, quam sibi univit benedictus Filius tuus, dante Deo benignitatem nostræ redemptionis. Tu, Virgo Maria, es Terra plena per mansuetudinem et justitiam, et montuosa per summam excellentiam, et convallosa per duplicem humilitatem. Tu, Virgo Maria, Terra es, in qua omne ædificium fundatur, quia quidquid boni facere volumus, in te fundare debemus per fidem Incarnationis, cujus ministra fuisti. Et sicut fere quidquid vivit, vivit de terra ; sic quidquid vivit per gratiam, vivit per te Virginem Mariam, quæ genuisti Vitam.

4. Adjuva me, gloriosissima Virgo Maria, ut omnes cogitationes, locutiones et actus mei fundentur in te, ut hic vivendo per gratiam, in futuro vivam in terra viventium. Amen.

CONTEMPLATIO XXIII.

Virgo Maria, MONS.

1. Mons es dicta, beatissima Virgo Maria, ab eminentia omnium charismatum et virtutum : Montes, inquam, in quo beneplacitum fuit Deo habitare in eo (Psal. LXVII, 17) novem mensibus corporaliter, et in quo, secundum quod Deus, habitabit in finem (Ibid.), id est sine fine, sine termino et sine mensura. Tu, Virgo Maria, es Mons coagulatus per integritatem virginitatis, Mons pinguis (Ibid.), pinguedine charitatis, adipe devotionis, ubertate fecunditatis, oleo misericordiæ et pietatis, et melle contemplationis. Tu es Mons, in quo debent adorare veri adoratores. (Joan. IV, 20.) Tu, Virgo Maria, es ille Mons domus Domini, elevatus super omnes colles, id est sanctos ; quos omnes dignitate transcendis, et qui omnes inferiores te sunt. Tu, Virgo Maria, es Mons præparatus in novissimis diebus, Mons domus Domini in vertice montium (Isa. II, 2), scilicet elevatus super omnia, ad quem fluunt omnes gentes.

2. Tu, Virgo Maria, es Mons latus in pede per humilitatem, quæ est fundamentum tuum, latius et profundius quam omnium sanctorum. Tu, Virgo Maria, es Mons augustus in cacumine propter Filii Nativitatem, cujus modus incomprehensibilis est, et sine exemplo singularis. Sicut Mons exaltatur super terram, sic tu, Virgo Maria, exaltata fuisti super omnes puras creaturas in imprægnatione benedicti Filii tui, per quem fuisti, Virgo Mater. Sicut enim Mons quidquid venit de sursum, prius suscipit, et inde descendit ad valles propinquas ; sic tu, gloriosissima Virgo Maria, in Incarnatione benedicti Filii tui, suscepisti prior omne datum optimum, et de plenitudine tua accipiunt humiles propinquiores tibi per veram dilectionem. Mons namque est receptaculum ferarum ; quia, Montes excelsi cervis, petra refugium. (Psal. CIII, 18.) Sic tu, piissima Virgo Maria, es tutissimum refugium illorum qui fugiunt a facie arcus, id est divini judicii, et illorum, qui mundum fugiunt, quia de mundo non sunt : quos mundus exagitat detractionibus et maledictis. Tu, Virgo, es Mons Oliveti, sic dictus propter copiam olivarum : sic tu, Virgo Mariâ, copiosissima es in misericordia copiosa, quia Deus te cumulavit plenitudine gratiarum, et fecit te Matrem misericordiæ.

3. Tu, Virgo Maria, es ille Mons, de quo sine manibus, id est opere virili, abscissus est lapis (Dan. II, 34), id est Christus Jesus Filius tuus benedictus, quem, sacratissima Virgo Maria, exora devotis precibus pro me miserrimo peccatore qui non sum mons per elevationem mentis ad Deum, sed potius sum vallis per inclinationem ad mundum, et ad ea quæ in mundo sunt, ut suffragantibus tuis precibus et meritis, ad Montem qui est Christus, valeam pervenire. Amen.

———

CONTEMPLATIO XXIV.
Virgo Maria, Fons.

1. *Fons patens es*, benignissima Virgo Maria, patens amicis et pœnitentibus per misericordiam et charitatem, et subministrans plenitudinem gratiarum. Tu es ille fons, *Qui ascendebat de terra irrigans superficiem terræ.* (*Gen.* II, 6.) Sicut enim fons ille est abyssus aquarum multarum, ex qua fontes et flumina oriuntur, sic tu, benignissima Virgo Maria, es Abyssus multarum gratiarum, ex qua peccatores hauriunt gratiam incessanter. Tu, Virgo Maria, es *Fons signatus* (*Cant.* IV, 12) a tota Trinitate. *Fons signatus*, quia Christum ita signasti quod diabolum, et multos angelos latuit ejus miraculosa Incarnatio. Tu, Virgo Maria, es ille *Fons Siloe cujus aquæ fluunt cum silentio* (*Isa.* VIII, 6), id est intermissive; quia tua beneficia non jugiter fluunt ad quemlibet, sed quando vis et quantum vis. Et sicut fons quantum descendit, tantum ascendere potest, sic tu, humillima Virgo Maria, inferius omni creatura descendisti per humilitatem, et exaltata fuisti in conspectu Dei in tua Assumptione beatissima super omnem creaturam puram post benedictum Filium tuum.

2. Tu, misericordissima Virgo Maria, es Fons scaturiens, ab imo sursum lapillos elevans, sed non grandes lapides : lapillos elevans, scilicet humiles peccatores, quos elevas de profundo peccatorum ad statum gratiæ, sed non elevas grandes lapides, id est obstinatos peccatores, et grandes superbos in oculis suis. Et ideo de te dici potest : *Esurientes* gratiam conversationis *reples bonis, et divitas*, qui non credunt se gratia indigere, *dimittis inanes.* (*Luc.* I, 53.) Et sicut fons modicus longo fluento innotescit, sic tu, clementissima Virgo Maria, modica es per exuberantem humilitatem, sed longa fluenta tui fontis sunt maxima copia beneficiorum, quæ derivas et exhibes omnibus creaturis invocantibus te devote. Fons aquam prius latentem in terra manifestat; sic dulcissima Virgo Maria, per te apparuit nobis benignitas et humanitas Salvatoris mundi, qui est terra viventium, et nobis erat Deus absconditus. Tu, Virgo Maria, pietate plenissima, Fons nominaris, quia sicut fons habet temperatam aquam quolibet tempore, sic piissima Virgo Maria, temperatam gratiam habes, qua fervorem refrigeras vitiorum, et calefacis corda peccatorum congelata, et spem veniæ tribuis desperatis. Ex te beatissimo Fonte emanant rivuli gratiarum recreantes quoscunque ex eis haurire humiliter aquam gratiæ cupientes.

3. O Fons pietatis et misericordiæ, Fons dulcedinis ac clementiæ, irriga terram aridam et siccam cordis mei ; fluant rivuli gratiarum ad me immundissimum peccatorem ; abluantur sordes animæ meæ, ut omnibus mundatus, Fontem vivum et indeficientem perenniter apprehendam. Amen.

CONTEMPLATIO XXV.
Virgo Maria, Puteus.

1. Misericordissima Virgo Maria, *Puteus aqua-*

rum viventium (*Cant.* IV, 15) potes appellari, quia a *potatione* puteus dicitur ; et de te scribitur : *Qui biberit me adhuc sitiet.* (*Eccli.* XXIV, 29.) Puteus namque es, Virgo Maria, aquarum viventium, id est gratiarum et doctrinarum, quæ vitam præstant hic per gratiam, et per gloriam in futuro. Puteus profundus est ; sic tu, prudentissima Virgo Maria, profunda es per sapientiam inattingibilem, et per gratiarum miram profunditatem, quàm fragilitas humanæ conditionis non attingit. Puteus obscurus est : sic tu, beatissima Virgo Maria, obscura es, quia nec oculus vidit, nec auris audivit, nec in cor hominis ascendit, nec lingua hominis effari potuit, quantum gratiæ, quantum charitatis, quantum pietatis largitus est Deus gloriosæ Virgini Mariæ.

2. Puteus formatur lapidibus ab imo usque ad summum ; isti lapides in te sunt, Virgo Maria, virtutum universitas, bitumine charitatis, et cæmento humilitatis indissolubiliter colligata : quibus virtutibus, tu, Virgo Maria, eras confirmata in omni bono. Hunc Puteum foderunt multipliciter Patres antiqui, tuam historiam sub figuris et ænigmatibus revelando, inter quæ omnia maxime profundum est mysterium Incarnationis. Tu, benedicta Virgo Maria, Puteus altus es, super quem requievit et quasi humiliatus resedit Jesus Christus Filius tuus benedictus, fatigatus ex itinere nostræ redemptionis. (*Joan.* IV, 6, 11.) Puteus in viscera terræ descendit ; sic tu, gloriosa Virgo Maria, profundius omni creatura descendisti per humilitatem ; ideo copiosius plena fuisti a Spiritu sancto, plenitudine gratiarum.

3. O clementissima Maria, quomodo ego miserabilis peccator extrahere potero aquam a tali Puteo ? scio quod Puteus altus est, id est profundus ; ad quam profunditatem humanæ conditionis fragilitas non attingit. Sed quid faciam ego iniquissimus peccator, gloriosissima Virgo Maria ? quia sitio, et aqua ista, id est gratia, indigeo, et non habeo, cum quo hauriam istam aquam (*Ibid*) ; da mihi, piissima Virgo Maria, situlam seu hydriam, cum qua hanc aquam haurire valeam de isto beatissimo Puteo, hydriam seu situlam concavam humilitate, quæ capax est gratiæ, et sola meretur impleri, ut tibi, Virgo Maria, dicam per humile cordis mei desiderium : *Sitivit in te anima mea* (*Psal.* XLI, 5), quæ es Fons et Puteus aquæ vivæ. Da mihi hydriam humilitatis, ut possim recogitare omnes annos meos in amaritudine animæ meæ, et loqui ad te, licet sim pulvis, id est imbecillis ; et cinis, id est consumptus peccatis ; ut hic ista aqua repletus, aquam vitæ habeam in æternum. Amen.

CONTEMPLATIO XXVI.
Virgo Maria, Flumen.

1. Tu Flumen es, beatissima Virgo Maria, de quo dicitur : *Fluminis impetus lætificavit civitatem Dei.* (*Psal.* XLV, 5.) Tu, Virgo Maria, lætificas civitatem Dei, id est utramque Ecclesiam et fide-

lem animam. Et sicut flumen loca vicina fecundat, sic tu, bonorum largissima Virgo Maria, fecundas conscientias tibi per amorem adhærentes. Fecundas namque eas verbis sanctarum Scripturarum, cogitationum et meditationum, floribus honestorum desideriorum, foliis sanctorum verborum, fructibus bonorum operum, virore vernantium exemplorum. Et sine isto Flumine omnia arescunt; et sicut flumen nutrit pisces et maxime squamosos : sic tu, Virgo Maria, nutris viros justos, habentes squamas et pinulas virtutum. In hoc sanctissimo Flumine, scilicet in te natus est ille Piscis unicus, et sempiternus Jesus Christus Filius tuus benedictus, qui quasi piscis, captus est in aquis generis humani, hamo nostræ mortalitatis, ut vitam nobis conferret sempiternam. In quo inventus est stater redemptionis nostræ. *Piscis* enim dicitur *a pascendo;* quia caro ejus noster est cibus. Flumen exsistentes in navi vehit : sic etiam tu, Virgo Maria purissima, exsistentes in navi Ecclesiæ sanctæ catholicæ per fidem veram, vehis ad portum salutis æternæ.

2. Tu, Virgo Maria, Flumen es Phison (*Gen.* II, 11), habens ortum a paradiso et in arenis ejus gemmæ pretiosæ inveniuntur : sic tu, sacratissima Virgo, ortum habes ab eo qui est Paradisus deliciarum, et in te gemmæ pretiosæ inveniuntur, et dona gratiarum, per quarum opera præmia æterna donantur. Flumen in suo ortu parvum est, sed postea multum augmentatur : sic tu, inviolata Virgo Maria, parva fuisti in tuo principio per humilitatem ; sed tandem supergressa es angelicam dignitatem. Nec ex augmento Alveum, qui est misericordia, unquam mutasti, sed jugiter defluis, quia in gratia sancti Spiritus perseverans, continuo nos irrigas. Tu, incontaminata Virgo Maria, es illud Flumen Jordanis, in quo Naaman septies se lavando curatus fuit a lepra (*IV Reg.* v, 10), quia peccatores a lepra peccati curantur, si septies in te laventur ; primo scilicet tibi obsequium impendendo, secundo nomen tuum magnificando, tertio totam spem in te ponendo post Deum, quarto amicorum tuorum defectus supplendo , quinto per orationem devotam se tibi humiliter ostendendo, sexto sua negotia tibi commendando , septimo omnes virtutes optando.

3. O misericordissima Virgo Maria, tuis deprecationibus lava me a lepra peccati, in tuo sanctissimo Flumine; et mundatum me repræsenta tuo Filio benedicto, ut gloriam possideam sempiternam. Amen.

CONTEMPLATIO XXVII.
Virgo Maria, AQUÆDUCTUS.

1. Tu, sacratissima Virgo Maria, omni pietate plenissima, es quasi *Aquæductus exiens e paradiso.* (*Eccli.* xxiv, 41.) Tu namque, Virgo Maria, exivisti de duplici Paradiso. Nam tanquam Aquæductus a Patre, qui est Paradisus cœlestis, exivisti per creationem, a quo nobis attulisti aquam vivam, id est Jesum Christum Filium tuum bene-

dictum Deum et hominem. Exivisti, Virgo Maria, e Paradiso terrestri, hoc est ab Ecclesia militante per mortem corporis directa in cœlum; velut quidam Aquæductus aquas miseriarum et tribulationum totius generis humani illuc ducens, benedicto Filio tuo exponens, et pro eis intercedens.

2. Tu, benedicta Virgo Maria, es Aquæductus longissimus, excellentia meritorum; nam vehementis desiderii fervore, devotionis puritate, et orationis assiduitate Fontem attingis tam sublimen, cujus plenitudinem tanquam Aquæductus de corde Patris excipiens, nobis dedisti illum non prout est, sed prout capere poteramus. Vere longissimus Aquæductus fuisti, cujus summitate aquarum quæ super cœlos sunt, Fontem potuisti attingere, ut haurires super angelos, et refunderes hominibus aquam vivam, id est fluenta gratiarum ; quarum nondum norant homines Aquæductum.

3. Tu, gloriosissima Virgo Maria, es Aquæductus integerrimus, per inviolatam fidem; mundissimus, per integritatem et omnimodam castitatem; occultus, per solitudinis dilectionem; concavus, per veram humilitatem; fecundus, id est abundans aquis, per gratiarum plenitudinem; jucundus, per æternitatis desiderium et amorem; non plumbeus, sed magis aureus, per regiam nobilitatem et eximiam charitatem. Per hunc Aquæductum venit ad nos Christus occultus in tuo utero virginali, ut mysterium diabolo celaret. Ad hoc venit , ut nos mundaret, reficeret, et potaret aqua sapientiæ salutaris (*Eccli.* xv, 3). Sicut per occultum aquæductum deducitur aqua ad necessaria civitatis , per hunc etiam aquæductum, quod de fonte superno hauris, Virgo Maria, assidue influis vinum compunctionis, lætitiæ et devotionis in cellarium nostræ mentis. Tu, clementissima Virgo Maria, es ille Aquæductus, quem præcepit Holophernes incidi; quia per illum influebat fons quidam in civitatem Bethuliæ, qui interpretatur *Domus doloris.* Tu igitur, Virgo Maria, pretiosissima fuisti velut Aquæductus in Ecclesiam et fidelem animam derivans dona gratiarum, quæ diabolus incidere conatur, cum tuum auxilium nobis auferre nititur. Invidet autem non quoad te solum, sed quoad nos, et hoc maxime, quia es Aquæductus superior, quia per te derivatur ad nos gratia a Deo.

4. Ego vero, benignissima Virgo Maria, sum domus doloris, propter multitudinem peccatorum meorum, propter quæ aruit cor meum. Fluat igitur ad me miserrimum tua gratia, Virgo pia, qua fecundetur cor meum et irrigetur, ut fontem vivum æternaliter apprehendam. Amen.

CONTEMPLATIO XXVIII.
Virgo Maria, PISCINA.

1. Piscina, quæ est aquarum collectio, tu es, excellentissima Virgo Maria, quia sicut piscina est collectio aquarum sine piscibus, sic tu, splendidissima Virgo Maria, es velut Piscina; quia in te fuit congregatio omnium aquarum, id est gra-

tiarum et scientiarum sine piscibus mundanarum curiositatum. Tu, speciosissima Virgo Maria, es illa Piscina probatica, in quam *angelus Domini descendebat secundum tempus, et movebatur aqua, et sanabatur unus. (Joan.* v, 3, 4.) Tempore enim Incarnationis, *descendit Angelus* magni Consilii in te, Virgo Maria; et *mota est aqua*, quoniam ad novam salutationem turbata fuisti, Virgo Maria; et *sanatus est unus*, id est quotquot crediderunt Deum·trinum et unum, et *uni*, id est Christo, adhæserunt per fidem suæ Incarnationis. Et ideo de te cantatur intemerata Virgine Maria :

> *Tu Piscina puritatis,*
> *Rore plena pietatis,*
> *In quam Deus majestatis,*
> *Voluit descendere.*
> *In quam reus et conversus,*
> *Si contritus est reversus,*
> *Se disponat, erit tersus*
> *A peccati vulnere.*

2. Tu, purissima Virgo Maria, Piscina es quinque porticus habens, id est quinque principalia genera misericordiæ. Primum quod convertis errantes in via; secundum quod illuminas in tenebris ambulantes, cum sis Stella et Luna; tertium quod vivificas mortuos, cum sis Vena vitæ, id est dilectionis; quartum quod spem infundis desperatis; ideo dicis : *In me est omnis spes vitæ (Eccli.* XXIV, 25); quintum quod multis, quorum lata erat sententia, impetrasti ab altissimo Filio tuo spatium pœnitendi. O misericordissima Virgo Maria, in iis quinque porticibus jacebat multitudo langüentium, cæcorum, claudorum qui dirigi, aridorum qui humectari desiderabant, et exspectabant aquæ motum, id est motum tuæ misericordiæ, ut sanarentur a languoribus suorum peccatorum.

3. Sed, benignissima Virgo Maria, ego infirmus sum non solum triginta octo annos habens in infirmitate mea, imo etiam quinquaginta : et hæc infirmitas ad mortem est. Sum namque cæcus, viam salutis nolens aspicere; sum claudus, nolens per viam mandatorum Dei incedere; et sum aridus, non habens humorem alicujus devotionis aut contritionis. Multis infirmitatibus subjaceo peccatorum; et in hoc corruptissimo meo corpore jacet languens misera anima mea. Non invenio qui me languentem mittat in Piscinam, ut sanari possim; et, ut verius loquar, tantæ indurationis et rebellionis sum, quod frequentius invitatus ut intrarem, intrare distuli, malens hanc miserabilem infirmitatem et periculosam sustinere. Adjuva me, clementissima Virgo Maria, tuis sanctissimis intercessionibus, ut Piscinam intrem et sanitatem recipiam ab istis periculosis infirmitatibus peccatorum; moveatur aqua, id est tua misericordia, et veniat super me miserum, ut me sic dignetur curare ut vivere valeam in æternum. Amen.

———

CONTEMPLATIO XXIX.

Virgo Maria, ARCA.

1. Virgo Maria, tu *Arca* es *fœderis Domini (Exod.* XXV, 10), quia fœderasti nos Trinitati. Nam Patri attribuitur majestas, Filio sapientia, Spiritui sancto benignitas sive bonitas. Patrem offenderamus per superbiam, Filium per insipientiam, Spiritum sanctum per malitiam ; quæ omnia in primo peccato concurrerunt. Scilicet superbia, qua Adam voluit esse sicut Deus; insipientia, qua credidit fieri sicut Deus; malitia, qua contradixit ei quod præceperat Deus, vel consensit ei, quod prohibuerat Deus. Sed tu, beatissima Virgo Maria, Arca fœderis fuisti; nam per humilitatem reconciliasti nos Patri, quoniam ipse respexit humilitatem ancillæ suæ. (*Luc.* I, 48.) Filio nos univisti et junxisti, quoniam credendo, ipsum concepisti ; et per te Spiritu sancto nos replevit, qui te implevit, ut de plenitudine tua omnes acciperemus gratiam pro gratia. Sic, gloriosissima Virgo Maria, Arca fœderis es, quia per te Dei fœdus ad nos firmatum est ; nam antequam fieret hæc Arca, id est tu, Virgo Maria, eramus inimici, et firmatum erat chaos magnum inter nos et Deum; ut qui vellent hinc transire ad eum non possent (*Luc.* XVI, 26); et ideo per te Virginem Mariam venit Dei Filius ad nos ; factus est Emmanuel, id est *Nobiscum Deus (Matth.* I, 23), ut tam Filius quam tu, Mater inviolata, reduceres nos ad Patrem ; et reduxisti, et sic fœdus sempiternum conclamatum est, scilicet pax hominibus bonæ voluntatis : quia *Christus est pax nostra, qui fecit utraque unum* (*Ephes.* II, 14,) id est et quæ in cœlis, et quæ in terris : in se reconcilians ima summis.

2. Tu, piissima Virgo Maria, es *Arca propitiationis*, quia Mater es et Regina misericordiæ : Mater illius et Filia qui est Pater misericordiarum, et Deus totius consolationis (*II Cor.* I, 3), et qui est propitiatio pro peccatis nostris. (*I Joan.* II, 2.) Tu es, Virgo Maria, Arca propitiationis, quia tuis precibus, meritis et intercessionibus propitiatur Dominus omnibus iniquitatibus nostris : cum enim pro peccatoribus tuo benedicto Filio te semper opponas, nihil tibi potest negare tuus benedictus Filius, aut enim jubes Nato, aut oras Patrem, et semper exaudiri mereris pro tua reverentia.

3. Tu, sancta Virgo Maria, es *Arca Testamenti*, de qua scribitur : *Apertum est templum Domini in cœlo, et visa est Arca Testamenti ejus in templo ejus.* (*Apoc.* XI, 19.) Et sicut arca dicitur ab *arcano*, sic tu, Virgo Maria, es Arca, id est secretum Dei, qui te Arcam clausit; clausit et nemo aperit. In hac Arca, id est in te Virgine Maria, Jesus Christus custoditus et celatus fuit diabolo et sæculi principibus; quia, *Si eum cognovissent, nunquam Dominum gloriæ crucifixissent.* (*I Cor.* II, 8.) Tu, Virgo Maria, es illa Arca, in qua sunt omnes the-

33

sauri sapientiæ et scientiæ Dei absconditi (*Coloss.* II, 3), ideo de te canitur,

Ave, dives Arca Christi,
Quæ thesaurum effudisti
Quo ditantur omnia.

4. O clementissima Arca, pauper et egenus sum : communica mihi illum thesaurum indeficientem, ut anima mea ditetur in æternum. Amen.

CONTEMPLATIO XXX.

Virgo Maria, THRONUS.

1. O dilectissima Virgo Maria, gloriosissimus Filius tuus te humiliter vocavit, dicens : *Veni, Amica mea, et ponam in te thronum meum.* Tu, benedicta Virgo Maria, *Thronus* nominaris : quia, sicut thrònus firmiter et apte est compactus; sic tu, Virgo Maria, indissolubili internarum virtutum concatenatione compacta fuisti, quæ connexæ mutuo se roborabant. Hæ sunt virginitas, simplicitas, sollicitudo, et omnes cardinales et theologicæ virtutes. In hoc *Throno*, Virgo Maria, Regem æternum, qui cum in forma Dei esset, exinanivit semetipsum (*Philipp.* II, 7), in carne humiliatum per Incarnationem beatissima suscepisti, et in te hominis formam assumpsit, in qua judiciariam potestatem suscepit.

2. Tu, gloriosa Virgo Maria, es ille Thronus grandis, quem sibi fecit Salomon de ebore (*III Reg.* x, 18); ebur est os sine carne : sic tu, Virgo Maria, fuisti sine carne, id est sine vitiositate aut concupiscentia carnali. Nam in carne præter carnem vixisti. Ebur est os sine pelle. Sic tu, Virgo Maria, fuisti sine pelle, quia nunquam gloriata fuisti in pellibus, id est in exterioribus. Nam gloriam mundi sprevisti cum suis oblectationibus. Ebur est os sine pilis; sic tu, Virgo piissima, fuisti sine pilis, id est sine superfluitatibus, per quos signantur fatui respectus, risus indiscreti, verba otiosa, tactus illiciti, discursus errônei; fuisti etiam sine pilis, id est superfluitate corporali, quia fuisti pauperrima. Ebur est siccum : sic tu, virtuosissima Virgo Maria, fuisti sicca; quia in tua sanctificatione, et Spiritus sancti superventione, qui ignis est, nihil relictum est humoris noxii, nihil caloris adusti; nec de semine viri, sed mystico spiramine concepisti. Ebur est os durum : sic tu, constantissima Virgo Maria, dura fuisti ; quia es impenetrabilis omnibus jaculis inimici, et faciem tuam posuisti ut petram durissimam ad verbera, quæ patiebaris in benedicto Filio tuo flagellato. Ebur est os candidum. Sic tu, pretiosissima Virgo Maria, fuisti candida interius per humilitatem, innocentiam et puritatem ; et exterius per perfectam castitatem. Tu Thronus es Salomonis, sanctissima Virgo Maria, qui interpretatur *Pacificus :* quia ille Rex pacificus novem mensibus in te Throno beatissimo requievit. Ideo dicitur : *Thronus ejus, sicut dies cœli* (*Psal.* LXXXVIII, 30), qui æterni sunt; et qui incircumscriptibilis

erat secundum divinitatem, in te sedit, et circumscriptus evasit.

3. Accedam igitur ego miserabilis peccator, non ad tribunal judicis, sed ad *Thronum gratiæ*, id est ad te Virginem Mariam plenam gratiæ, ut gratiam inveniam in auxilio opportuno (*Hebr.* IV, 16); hic, te miserante ac intercedente, gratiam inveniam, et remissionem omnium peccatorum, et in futuro inveniam, te adjuvante, gloriam sempiternam. Amen.

CONTEMPLATIO XXXI.

Virgo Maria, THALAMUS.

1. Thalamus, qui est locus nuptiarum, nominaris tu, sacratissima Virgo Maria, quia in utero tuo virginali, Dei Filius humanæ naturæ tanquam Sponsus Sponsæ absque fœditate et immunditia copulatus est. Thalamus tuus interior, Virgo Maria, est mens tua virginalis, quam tota sancta Trinitas inhabitavit. Thalamus tuus exterior est tuus uterus immaculatus, per quem venit Deus in mundum. Thalamus tuus superior est vita beata, in qua amplexata a Sponso tuo benedicto, resides æternaliter. Tu, Virgo Maria, es Thalamus pulchre dispositus, in quo sunt duo parietes sese e regione respicientes, scilicet virginitas et maternitas. Hic Thalamus habet profundum humilitatis, longum fidei, altum spei, et latum charitatis. Habet etiam ostium ab oriente, per quod ingressus est verus Oriens, qui nos visitavit ex alto. Fuit clausus ab aquilone, a quo panditur omne malum : quia nihil coinquinatum aut nocivum in te potuit intrare Fuit grandis ad suscipiendum eum, qui replet cœlum et terram. Fuit excelsus, quia ab omni terrenitate remotissimus, et cœlo propinquissimus, multoque decore venustus : *Non enim fuit tale opus factum in universis regnis.* (*III Reg.* x, 20.) *Tale,* id est similis subtilitatis, similis admirationis, similis speciositatis, similis famositatis, similis fortitudinis, et similis sanctitatis gloriæ et honoris.

2. Fuit etiam hic Thalamus clausus et munitus tam fortiter, quod leo rugiens ei nocere non potuit. Nec unam quidem rimulam invenire potuit, qua posset introspicere subtilis astutia inimici. Fuit iste Thalamus admirabilis ratione eorum quæ facta sunt in eo. Ibi enim facta est illa beatissima copula divinæ naturæ et humanæ. Factus est Leo, agnus ; Deus, homo ; Æternus, temporalis ; Antiquus dierum, puer ; Verbum, infans ; Immortalis, mortalis ; Immensus, parvulus ; Creator, creatura ; qui fecit hoc, quod factus est ; et qui primo fecerat hunc Thalamum, postea factus est in eodem Thalamo : quia homo natus est in te, et ipse fundavit te Altissimus (*Psal.* LXXXVI, 5); et processit ex te, tanquam Sponsus de Thalamo suo (*Psal.* XVIII, 6). Fuit insuper mundus iste Thalamus, virginitatis decore, adornatus virtutibus diversis, quietus, quia nihil ibi fuit contradictionis inter carnem et spiritum ; nihil rebellionis inter rationem et sen-

sualitatem. Fuit aromaticus, quia repletus omnibus aromaticis speciebus, id est donis et virtutibus, ut toti Trinitati esset odoriferus.

3. O salutifera Virgo Maria, erubesco loqui de te, quia thalamum cordis habeo corruptissimum, et fœdissimum ob multitudinem peccatorum meorum : non sum dignus te nominare, de te loqui, aut cogitare. Sed compati mihi digneris orando pro me illum quem in sanctissimo tuo thalamo portasti, ut sic thalamum mentis meæ purgare a peccatis, et ornare virtutibus dignetur, et vitam ingrediar sempiternam. Amen.

CONTEMPLATIO XXXII.
Virgo Maria, Domus.

1. Domus es sumptuosissima, Virgo Maria ; Domus, inquam, quam sibi fecit verus Salomon, id est Christus Rex pacificus ; quia *Sapientia ædificavit sibi Domum.* (*Prov.* ix, 1.) Cujus fundamentum fuit suprema paupertas ; quadratura fuit, timor, quia dictum fuit tibi : *Ne timeas, Maria* (*Luc.* i, 30) ; desiderium, quia dixisti : *Fiat mihi secundum verbum tuum* (*Ibid.* 38) ; dolor in Filii tui Passione, unde dictum est tibi : *Tuam ipsius animam pertransibit gladius* (*Luc.* ii, 25) ; gaudium de tui benedicti Filii Resurrectione. Paries orientalis, fuit spes æternæ beatitudinis ; occidentalis, fuit memoria mortis ; meridionalis, temperantia in prosperis ; aquilonaris, patientia in adversis. Profundum domus, fuit humilitas, longum, fidei perseverans firmitas, latum, charitas, altum spei proceritas, et excessus contemplationis. Tectum, patientia contra aeris intemperiem, et sicut domus est defensio a caumatibus, ita tu protegis a tentationibus diaboli invisibilibus, et a pluviis, id est a tentationibus carnis fere continuo spiritum impugnantibus. Ab his enim defendimur, quasi sub tegmine hujus Domus tuæ. Ostium hujus Domus Virgo piissima, fuit mentis obedientia. Per hoc ostium intravit ille verus Rex Salomon Jesus Christus benedictus Filius tuus in te.

2. Tu, beatissima Virgo Maria, es Domus orationis, de qua dicit benedictus Filius tuus : *Domus mea,* scilicet tu, Virgo, *Domus orationis est* (*Luc.* xix, 46), quia tu, benignissima Virgo Maria, assidue oras pro populo Christiano. Tu, sanctissima Virgo Maria, es Domus continens medicinam, id est Christum contra morbos peccatorum, et arma virtutum contra carnem, mundum et diabolum ; contines ergo arma humilitatis contra superbum diabolum ; arma paupertatis contra cupidum mundum ; et arma virginitatis contra lubricam carnem. Tu, Virgo Maria, es Domus speciosissima carentia omnis mali, et ornatu omnis boni, et etiam ornatu omnis virtutis interioris, et omnis bonæ operationis exterioris.

3. O beatissima Virgo Maria, miserabilis domus mentis meæ ruinam minatur ; quia quotidie per inimicos debellatur. Plena est spurcitiis diverso-rum vitiorum, ignis validus ibi accensus est cupiditatis et lubricitatis. Sed, piissima Virgo Maria, confido et firmiter spero, quod in multitudine misericordiæ tuæ introibo in *Domum* tuam, per veram fidem et dilectionem ad tuum Filium et ad te. Maxima siquidem misericordia est Dei, infundere gratiam diligendi te Matrem suam. Sic exoro, ut te diligam et Domum cœlestem possideam in æternum. Amen.

CONTEMPLATIO XXXIII.
Virgo Maria, Porta.

1. O felix cœli Porta, felicissima Virgo Maria, tu es illa Porta, quæ respiciebat ad orientem (*Ezech.* xl, 22) ; quæ erat clausa, et antequam tu, Virgo Maria, Porta fieres, eras quasi Murus continuus dividens inter nos et Deum ; et ideo pauca aut nulla commercia celebrabantur angelorum et hominum. Sed postquam, tu, Virgo Maria, fuisti facta Porta, factum est admirabile commercium, et deinceps terrena fuerunt cœlestibus sociata. Eva fuit porta occidentalis, quæ fuit principium ortus nostri ad occasum et mortem ; quia a muliere initium peccati factum est (*Eccli.* xxv, 33), et per illam omnes moriuntur. Sed tu, superlaudabilis Virgo Maria, Porta fuisti orientalis : quia per te ingressus est in mundum verus Oriens, id est Christus ; et per te nobis oritur gratia, et patet accessus ad verum Orientem, qui ortus est ex te. Tu etiam es principium ortus nostri ad vitam. Tu Porta cœli, quia per te cœli Rex venit in mundum. Ideo canitur de te : *Tu Regis alti Janua .*

2. Tu, clarissima Virgo Maria, Porta lucis es ; quia per te verus Sol justitiæ terram, id est Ecclesiam illustravit, et fidelem animam radiis gratiarum. Unde dicitur de te, *Porta lucis fulgida.* Eva siquidem fuit porta tenebrarum, quia per eam intraverunt tenebræ culpæ, et pœræ, et totius miseriæ. Nobis etiam Porta lucis es, benignissima Virgo Maria, quia per te egredimur ab illis tenebris, et ingredimur ad lucem, quæ est Christus ; et ad lucem gratiæ, et virtutis, et meritorum, et beatitudinis æternæ. Et ideo de te Virgine Maria cantatur :

> *Ave, lucis Janua,*
> *Portarum præcipua,*
> *Patens Regis gloriæ ;*
> *Qui servavit veniens,*
> *Non confregit exiens,*
> *Portas pudicitiæ.*

3. Ecce, speciosissima Virgo Maria, designata es per illam Portam templi, quæ dicebatur Speciosa, ad quam debemus sedere exemplo illius claudi quem sanavit ibi beatus Petrus, dicens ei, : *In nomine Jesu Christi Nazareni, surge et ambula.* (*Act.* iii, 6.) Hæc namque duo, benignissima Virgo Maria, summe sunt duo nobis necessaria, scilicet surgere a peccato, et ambulare de virtute in virtutem passibus fidei et bonorum operum ; qui claudicamus a semitis nostris.

4. O largissima Virgo Maria, per portam Evæ frequenter ingressus sum, et ingredior omni die, tenebris vitiorum me involvens, et sic te Portam lucis et misericordiæ mihi clausi, et ejus ingressum mihi ipse prohibui. Nunc me sentio extra civitatem, et pluviæ expositum, et luporum dentibus lacerandum. Adjuva me, piissima Virgo Maria, aperi mihi januam pietatis et misericordiæ, ut introductus in eam ab omni malo perpetuo sim securus. Amen.

CONTEMPLATIO XXXIV.

Virgo Maria, FENESTRA.

1. Cœli Fenestra facta es, gloriosissima Virgo Maria; Fenestra, inquam, ferens Lucem, et Fenestra quasi ferens nos omnes. Tu siquidem, benignissima Virgo Maria, tuis precibus, meritis et exemplis educis ab angustia et tenebris peccatorum in latitudinem et lucem virtutum, servientes tibi et tuos amatores. Et sicut, mediante fenestra, illustratur solari jubare domus interior: sic te aperiente os tuum ad orandum pro nobis, illustrantur conscientiæ nostræ glorioso lumine Salvatoris.

2. Tu, Virgo Maria, figurata es per fenestram crystallinam, quam fecit sibi Noe in arca. Quia sicut crystallus rore humectata et soli subjecta incorrupta parit igniculum: sic tu, gloriosissima Virgo Maria, rore Spiritus sancti madefacta, salvo flore virginitatis, peperisti Christum, lumen Ecclesiæ. Ideo canitur de te :

Sic crystallus fit humecta,
Atque soli sic subjecta,
Scintillat igniculum.
Nec crystallus solvitur,
Nec in partu frangitur,
Pudoris signaculum.

Per hanc fenestram transitum habuit columba (Gen. VIII, 8), quæ cessationem indicavit diluvii; et tu cunctis Ecclesiæ fidelibus, quæ Arca est, attulisti spem salutis. Tu, benedicta Virgo Maria, vitrea Fenestra es, illuminans totam Ecclesiam exemplo tuæ puritatis, quæ notatur in vitro: quia ad instar fenestræ vitreæ, sine tuæ læsione integritatis, suscepisti in conceptu et emisisti in partu Solem justitiæ; de quo canitur,

Ut solis radius intrat innoxius
Fenestram vitream : sic Dei Filius,
Imo subtilius, aulam virgineam.

3. Tu, beatissima Virgo Maria, figurata es per fenestras templi obliquas, id est arcuatas desuper : quarum exterioritas erat angustior propter tempestatum repulsionem, et interioritas diffusior propter luminis illustrationem. De te, benignissima Virgo Maria, canit sancta Mater Ecclesia,

Intrent ut astra flebiles,
Cœli Fenestra facta es.

4. O clementissima Virgo Maria, ego miserabilis peccator, non audeo pulsare ad Ostium, quod est Filius tuus benedictus, et ejus janitor est justitia : sed ad te Fenestram piissimam clamo, et ut inde eleemosynam accipiam, paupertatem meam notifico. Nuda est omnibus virtutibus anima mea, famelica cibi spiritualis, infirma et sauciata vulneribus peccatorum, ac spoliata armis spiritalibus. Sic enim nuda, famelica, infirma, sauciata, spoliata jacet, inimicis vallata, ad te Fenestram clamo ; porrige eleemosynam, et si non de ferculis, saltem de micis quæ cadunt de mensa Domini. Id est, tribue aliqua fragmenta gratiarum, ut taliter vivens per gratiam, ad convivium cœleste valeam pervenire. Amen.

CONTEMPLATIO XXXV.

Virgo Maria, SCALA.

1. Illa Scala tu es, gratissima Virgo Maria, quam vidit Jacob, quæ stabat super terram, et cacumen ejus tangebat cœlos: et angeli descendebant et ascendebant per eam, et Deus erat innixus super scalam. (Gen. XXVIII, 12.) Tu, gloriosissima Virgo Maria, fuisti Scala, cujus pes fuit paupertas, qua contempsisti omnia carnalia et mundana : cacumen fuit excelsa contemplatio usque ad cœlum, non solum aereum, sed etiam sidereum et empyreum ; scilicet usque ad Sedentem in throno divinæ Majestatis ; latera sunt virginitas et maternitas, quæ non facerent Scalam, nisi conjungerentur scalones, sive gradus, qui fuerunt fides, spes, charitas, puritas, voti firmitas, humilitas, obedientia, prudentia, modestia, misericordia, compassio, pietas, benignitas et cæteræ virtutes. Unde, sicut mediante scala, de alto descenditur ad imum, et ab imo ascenditur ad summum; sic te mediante, Dei Filius benedictus descendit ad nos illectus humilitate tua, et ideo de te dicit sancta Mater Ecclesia : Facta es, Maria, Scala cœlestis, per quam Deus descendit ad terram. Per te autem, piissima Virgo Maria, nos misericorditer ascendimus in cœlum, qui per Evam cecidimus in miseriam hujus mundi.

2. Tu, purissima Virgo Maria, Scala cœlestis es, tangens cœlum et per tuas sanctissimas orationes hauris aquam vivam superius de fonte vitæ, qui apud Deum est ; et inde refunditur inferius misericorditer nobis miseris. Sicut illa Scala, scilicet Jacob, stans super terram, tangebat cœlum: sic te mediante, terrena cœlestibus uniuntur. Per Scalam, Virgo benedicta, ascendebant et descendebant angeli, id est propter Scalam. Angelus enim descendit ad te visitandum et nova nuntiandum ; quia missus est angelus Gabriel a Deo in civitatem Galilææ. (Luc. I, 26.) Angeli etiam ascendebant, sancta tua desideria, sanctas orationes, et pias locutiones Domino nuntiantes, quod est officium angelorum. Per hanc Scalam, id est per tuas preces et intercessiones piissimas, merita et exempla, ascendunt contemplando, et descendunt strenue operando. Et sicut tu, Virgo Maria, bea-

tissima, innixa fuisti super dilectum tuum in Annuntiatione ; sic et ipse in Incarnatione innixus fuit tibi. Et qui imitantur te in præsenti, in morte ruunt ad amplexandum eum qui erat innixus Scalæ, quasi tenens eis Scalam per gratiam, ne a servitio vel dilectione tua, impulsu vel tentatione aliqua corruant ; et sicut juvas servientes tibi : sic negligentes et parvipendentes servitium tuum, de quorum numero me esse sentio, permittis cadere prius in peccatum, deinde in infernum.

3. Sed, Virgo piissima, sicut necesse est ascendentes scalam se tenere manibus et pedibus; sic fac me tenere pedibus, id est affectibus, ut te diligam : et manibus, id est operibus, ut quandiu vixero, operer tibi placita ; et per te Scalam ascendam in cœlum, ibique maneam in æternum. Amen.

CONTEMPLATIO XXXVI.
Virgo Maria, Civitas.

1. Quam gloriosa dicta sunt de te, Civitas Dei. (Psal. lxxxvi, 3.) Tu, sanctissima Virgo Maria, es Civitas quam beatam dicunt omnes generationes (Luc. i, 48), quæ nominaris Civitas quasi civium unitas, id est sensualitatis et rationis plena concordia. Cives hujus Civitatis sunt sanctæ cogitationes, devotæ affectiones, ferventia desideria ; et hujusmodi cives regebantur consilio Spiritus sancti, quia cives sunt consilio regendi, et adversarii fugandi et fugiendi. Fuit igitur in te, sacratissima Virgo Maria, civium unitas, quia caro non concupiscebat adversus spiritum, nec spiritus adversus carnem (Galat. v, 17) : nec aliquid rebellionis aut contradictionis fuit in corpore tuo vel anima : et ideo summus Habitator in te pacifice est hospitatus, et ibi factus est in pace locus ejus (Psal. lxxv, 3) : et sic tu, Virgo sacratissima, Civitas sancta digna fuisti tanto Rege, tanto Pontifice, tanto Fundatore, et tanto Habitatore.

2. Fundamenta hujus Civitatis in montibus sanctis (Psal. lxxxvi, 1) fuerunt, id est in patriarchis, prophetis et regibus, de quibus, Virgo Maria sanctissima, originem traxisti. Fundamentum etiam, Virgo Maria, fuit ipse Christus, qui est Lapis angularis (Psal. cxvii, 22) : qui te sustentavit in gratia et virtute. Murus civitatis fuit prudentia contra luxuriam, sobrietas contra gulam, paupertas contra avaritiam, fortitudo contra acediam, benignitas contra iram, charitas contra invidiam, et humilitas contra superbiam. Fuit murus defensionis tibi Christus, quia, si Dominus in circuitu populi sui, multo fortius in circuitu Matris suæ. Murus fuit angelicæ custoditionis : quia angelis suis mandavit de te, ut custodiant te. (Psal. xc, 11.) Fuit murus omnimodæ virtutis, quia virtutes muri sunt custodientes animam et munientes eam.

3. Fossatum fuit profundum, paupertate, timore et humilitate ; vacuum prosperitate mundana, dilatatum charitate, superius latum deside-

rii extensione, Civitatem circuiens forti defensione. Nam tale fossatum non timet incursiones diaboli. O Civitas sanctissima, Civitas secura ! Beatus qui in te habitat, qui in te vivit ; quia in te est pax, pietas, et bonitas, virtus, lux, honestas, gaudium, lætitia, dulcedo, amor, concordia et nulla indigentia. Et sicut lætantium omnium habitatio est in te (Psal. lxxxvi, 7), o jucunda Civitas supra montem posita, ad illuminandum nos ! qui te respicit oculo interiori, cognoscit mundi vanitatem, suam vilitatem, Dei bonitatem.

4. Sed ego impiissimus peccator hactenus non inspexi te, sed miseros oculos cordis mei clausi, ne viderem Dei bonitatem et meam fragilitatem . sed bene corde pervigili aspexi mundi vanitatem. O beatissima Civitas, Civitas refugii, suscipe me errantem, custodi me trementem, salva me ad te redeuntem : ut ad Civitatem supremam Jerusalem perveniam, tuis meritis et intercessionibus benedictis. Amen.

CONTEMPLATIO XXXVII.
Virgo Maria, Turris.

1. Esto mihi, potentissima Virgo Maria, Turris fortitudinis a facie inimici (Psal. lx, 4) : quia tu, benignissima Virgo Maria, Turris nominaris propter altitudinem. Quia sicut turris altissima est, sic tu altissima fuisti et eminens propter contemplationem cœlestium et eminentiam scientiæ de æternis, nam in cœlo mente conversabaris cum angelis, et cœlos attingebas stans in terra. Turris etiam rectitudinem habet ; et tu, dignissima Virgo Maria, rectitudinem et dilectionem intentionis ad Deum semper habuisti, et rectitudinem justitiæ ; quia nunquam ad sinistram per adversa, et nunquam ad dexteram per prospera declinasti ; nunquam retro reflexa fuisti ad mundana, nunquam aliqua tentatione inflexa. Turris habet fortitudinem ; et tu, sanctissima Virgo Maria, fortis mulier fuisti, et tibi tota innititur Ecclesia militans, et per fortitudinem fidei, spei et charitatis, totam sustentas Ecclesiam ; et tuis sanctis deprecationibus das lapso virtutem et robur multiplicas, sicut Turris munit et roborat exsistentes in ea.

2. Turris habet quadraturam, et aliquando rotunditatem : sic tu, benignissima Virgo Maria, quadraturam habuisti, quæ fides fuit integra, spes firma, charitas fervens, et una operatio perseverans. Et ista latera æqualia sunt : quia quantum quis credit, tantum sperat ; quantum sperat, tantum diligit ; quantum diligit, tantum operatur. Habuisti etiam rotunditatem : quia quemadmodum cœlestia corpora sunt rotunda, sicut est cœlum, sol, luna et stellæ, per quæ figuratur æternitas principio carens et fine, cujus appetitum et desiderium rotunditas figurat : hujusmodi appetitum et desiderium tu, dilectissima Virgo Maria, habuisti præ omnibus creaturis.

3. Turris est præsidium et est defensio habitan-

tium in civitate : sic tu, prudentissima Virgo Maria, es Præsidium et Defensio peccatorum, qui in cunctis necessitatibus et angustiis necesse habent ad Turrem inexpugnabilem confugere et dicere : *Sub tuum præsidium confugimus, sancta Dei Genitrix.* Tu es, piissima Virgo Maria, Turris defendens pauperes, humiles, et amatores pacis et concordiæ. Tu, humillima Virgo Maria, es illa Turris, quam ædificavit Dominus in medio vineæ suæ (*Matth.* xxi, 33), id est ad defensionem totius Ecclesiæ catholicæ, ne diriperentur racemi ejus, id est fideles vel fructus bonorum operum.

4. Sed, clementissima Virgo Maria, ego pravissimus peccator, dissipatus sum, et fructus operum meorum reductus est ad nihilum : quia in peccatis exsistens, operatus sum ea, et frequenter non recta intentione. Suscipe, Virgo pia, et introduc me in Turrim, hoc est in memoriam deprecationum tuarum, ut protectus a te, gloriam percipiam sempiternam. Amen.

CONTEMPLATIO XXXVIII.

Beata Virgo, Murus.

1. Muro tuo inexpugnabili circumcinge me (*Cant.* viii, 10), gloriosissima Virgo Maria, quia Murus nominaris. Murus namque dicitur, quia munit et tuetur interiora civitatis, ne ab hostibus diripiantur. Tu, sacratissima Virgo Maria, es Murus muniens Civitatem Dei, id est Ecclesiam catholicam, ne bona interna ejus, scilicet opera bona gratiæ et virtutis diripiantur a dæmonibus, vel vitiis ; et ne fideles Ecclesiæ ducantur a diabolo captivi in peccatum, vel infernum ; aut ne spolientur armis et vestimentis virtutum. Tu, benedicta Virgo Maria, es Murus inexpugnabilis, qui non potest suffodi, perfodi, aut transcendi. Non potest suffodi, quia fundatus est super firmam Petram, id est Christum ; non super arenam in terra per amorem terrenorum. Tu, beatissima Virgo Maria, Murus inexpugnabilis non potes perfodi, propter patientiæ firmitatem, quam ostendisti in Passione benedicti Filii tui. Nec etiam potest transcendi, propter humilitatis altitudinem cœlos attingentem. Ideo inexpugnabilis Murus nominaris.

2. Tu, piissima Virgo Maria, es Murus firmissimus propter propositi servandæ virginitatis firmitatem. Tu Murus quantûm ad virtutes quibus malis resistitur ; Murus ad mala fortiter repellenda a te, et aliis, per fortitudinem et magnanimitatem. Tu Murus, deorsum infima non admittens. Tu Murus, ut sis aliis in defensionem et conservationem. Tu Murus tantæ defensionis et firmitatis, quod super te ædificavit tota sancta Trinitas. Tu, speciosissima sancta Maria, es ille igneus Murus in circuitu Jerusalem, id est Ecclesiæ, de quo tu dicis cum Filio tuo benedicto : *Ero Murus igneus in circuitu ejus* (*Zachar.* ii, 5) ; quia tu Ignis appellaris, illuminans cæcos, calefaciens frigidos,

incurvans duros, desiccans humidos in terrenis et restringens fluidos ad peccandum.

3. Tu, amantissima Virgo Maria, es ille Murus aqueus propter abundantiam gratiarum, quando filiis Israel transeuntibus mare Rubrum, aquæ erant pro muris a dextris et a sinistris. (*Exod.* xiv, 29.) Per has aquas significantur gratiæ, quas habemus per te, quæ veros Israelitas, id est veros Christianos, videntes benedictum Filium tuum et te, fide et dilectione duplici muro custodis contra Ægyptios, id est dæmones et peccata, et ipsos Ægyptios interficis et submergis.

4. Sed, piissima Virgo Maria, vilipendendo te, Murum fortissimum, me exposui ipsis Ægyptiis dæmonibus, ipsorum tentationes recipiendo voluntarie, et ad effectum perducendo. Pœnitet me, Virgo pia, sic egisse ; sed non pœnitet ut debet. Adjuva me per tuam misericordiam, eruendo me a faucibus eorum, et muni me tuo Muro inexpugnabili, in quo tutus ab hostibus maneam in æternum. Amen.

CONTEMPLATIO XXXIX.

Virgo Maria, Navis.

1. In miserabilibus fluctibus et periculis maris hujus mundi constituti sumus, beatissima Virgo Maria. Impugnamur quotidie principaliter a quatuor ventis tentationum. Ab oriente insufflat ventus superbiæ, qui non permittit ut originem et nativitatem nostram videamus. Ab occidente impugnat nos ventus negligentiæ, ut mortem nostram nobis propinquam, et incertam non cogitemus ; neque vitam nostram, quæ vento et fumus est, emendemus. Ab austro flat ventus prosperitatis, desideriorum mundanorum] et carnalium, longævam vitam nobis promittentium, ut de salute animæ ac de cœlestibus non cogitemus, neque de peccatis pœnitentiam agamus. Ab aquilone insufflat ventus adversitatis, nos inducens ad impatientiam, tristitiam, et desperationem, ad blasphemiam Dei et ad vindictam proximi. Inde insurgunt dæmones ventos diversos undique adducentes diversarum tentationum, malarum cogitationum, et consensuum, ac pravarum operationum. Et sic hinc inde agitati in hoc tempestuoso mari miserabiliter submergimur.

2. Sed tu, gloriosissima Virgo Maria, facta es Navis per quam possumus feliciter navigare per hoc mare, unde de te scribit Sapiens : *Facta est quasi Navis institoris de longe portans panem suum.* (*Prov.* xxxi, 14.) Tu, Virgo Maria, Navis facta es a divina Trinitate compaginata omnium virtutum firmitate, ac plenitudine omnium gratiarum, et omnium bonorum operum. Institor fuit Spiritus sanctus, qui te gubernavit et ornavit virtutibus pretiosis, scilicet auro sapientiæ, argento eloquentiæ, pomis odoriferis sanctæ opinionis, cibariis omnium Scripturarum, et mandatorum Dei, carnibus Agni immaculati, oleo misericordiæ

et pietatis, sale discretionis, lacte benignitatis et doctrinæ, speciebus aromaticis omnium virtutum, igne divini amoris, operto tamen humilitatis cinere, lignis bonæ operationis. Et ad istas merces custodiendas fuit in te cor humile, spiritus mansuetus, mens tranquilla, verecunda frons, demissa supercilia, oculi columbini, auditus obediens, os taciturnum, labia sine morsu, lingua veridica, gustus moderatus, tactus promptus ad bona opera, modestus incessus, pedes prohibiti ab omni via mala, et sensualitas ex toto subjecta rationi. Tu, Virgo Maria, Navis, portasti Panem de longe; quia de cœlo venit Panis angelorum, et fuit coctus in clibano tui uteri virginalis igne Spiritus sancti, et secundo fuit coctus in ara crucis, ubi induruit per ignem Passionis : et sic fuit bis coctus, qui competit navigantibus.

3. O Navis tutissima, sine qua nullus pòtest evadere pericula hujus maris! suscipe me, ne submergar impulsu tantorum ventorum qui undique me concutiunt et impellunt, et velut arundinem agitant hinc et inde. Fac me in te per devotionem et dilectionem intrare, ut tute navigando per hoc mare, cum tranquillitate ad portum perveniam salutis. Amen.

CONTEMPLATIO XL.

Virgo Maria, Hortus conclusus.

1. *Hortus conclusus* (*Cant.* IV, 12) es, beatissima Virgo Maria, conclusus namque et firmatus illa clave veri David; qui claudit et nemo aperit. (*Apoc.* III, 7.) Hac clave firmavit cor tuum contra omnem concupiscentiam, quando inspiravit tibi votum et desiderium perpetuæ virginitatis ; aperuit etiam tibi intellectum ad credendum et affectum ad diligendum. Aperuit aurem tibi quando verba angelica audivisti, et prudenter cogitasti qualis esset illa salutatio (*Luc.* I, 30), id est quam nova, dulcis et admirabilis. Aperuit etiam cor tuum ad credendum verbis angelicis. Aperuit etiam cor tuum ad consensum exprimendum, et humiliter exorandum, ut fieret quod tibi promittebatur, et ad gratias agendum de beneficiis perceptis, et ad totum attribuendum datori quando dixisti : *Fecit mihi magna, qui potens est.* (*Ibid.* 49.) Tu, pretiosa Virgo Maria, Hortus es plantatus : nam Deus Pater plantavit in te lignum vitæ, id est Christum in Incarnatione, secus decursus aquarum nostræ mortalitatis, ut in te operaretur fecunditatem, et custodiret illæsam virginitatem.

2. Tu, gloriosa Virgo Maria, es hortus planus, et æqualis, ut facilius irrigari possis imbribus gratiarum. Planus etiam per mansuetudinem, humilitatem, simplicitatem et benignitatem; quarum virtutum merito, fluentis omnium gratiarum es irrigata et infusa. Tu, piissima Virgo Maria, es Hortus aromaticus, et flante austro, jugiter fluunt ad nos aromata tua. Austrum est spiratio Spiritus sancti, quo perflante hujusmodi Hortum, defluunt

ad nos aromata tuorum beneficiorum. Tu, piissima Virgo Maria, es Hortus humidus, humectatus et madefactus omnium liquoribus gratiarum : quasi lignum transplantatum super aquas, quod ad humorem mittit radices suas; et non timebit cum venerit æstus.

3. Tu, speciosa Virgo Maria, es Hortus umbrosus : ad hoc enim obrumbavit tibi virtus Altissimi, in Filii Conceptione, ut tuis precibus, meritis et exemplis obumbrares peccatoribus contra fervorem divinæ iracundiæ, et æstum cujuslibet pravæ concupiscentiæ. Tu, excellentissima Virgo Maria, Hortus es mirabilis super omnes, quia Virgo peperisti Deum. Fuisti mirabilis in flore, quæ retinuisti florem, fructum proferendo, nec propter fructum florem amisisti. Fuisti in fructu mirabilis, cujus fructus fuit Jesus Christus, qui ex te sola, et in te sola Matre conceptus est sine pruritu et fœtore coitus.

4. Tu, sacratissima Virgo Maria, es Hortus securus, qui non patet malignantibus, id est dæmonibus et vitiis ; ut inde violenter possint extrahere eos qui ad te confugiunt. Non enim est, qui de manu tua possit eruere. Custodi me igitur, misericordissima Virgo Maria, a laqueis dæmonum et vitiorum : ut in te et per te Hortum bonorum operum, ad illum perveniam lætus, qui tribuit misericorditer gaudia sempiterna. Amen.

CONTEMPLATIO XLI.

Virgo Maria, Flos.

1. O Flos florum, speciosissima Virgo Maria! Tu Flos mundissimus et odoriferus in virginitate quoad carnem, in humilitate et devotione quoad animam, et in utroque quoad Divinitatis inhabitationem. Tu Flos tenuis in triplici substantia, scilicet corporali, per abstinentiam et carnis macerationem; spirituali scilicet in anima, per summam humilitatem; terrena, per voluntariam paupertatem. Tu Flos ter es, per mansuetudinem, per peccatorum compassionem, per dilectionem præcipuam. Tu Flos speciosus, id est omnimoda speciositate plenus, quia superlative participas pulchritudinem omnium florum : quia quidquid pulchritudinis habent cæteri sancti in parte, habes tu, pretiosissima Virgo Maria, in toto. Tu Flos concavus per humilitatem ; in hac autem concavitate, id est merito humilitatis tuæ, quam respexit Deus, attulisti nobis mel divinitatis. Per humilitatem enim, et virginitatem placuisti Domino, sed per fidem concepisti : nam per aurem concepisti, id est per fidem auditorum a te, quia *fides ex auditu.* (*Rom.* x, 17.) Ideo *mel et lac sub lingua tua.* (*Cant.* IV, 11.)

2. Tu es Flos vernalis, et concepisti florem in tempore florum, hoc est in vere. Unde ad te concepturam Dei Filium dirigitur sermo : *Surge, propera, Amica mea, et veni : jam enim hiems transiit; flores apparuerunt in terra nostra. Ostende mihi faciem tuam ; sonet vox tua in auribus meis.* (*Cant.* III,

10-14.) Post hiemem namque, id est nivem, beatissima Virgo Maria, concepisti benedictum Filium tuum, et ostendisti faciem tuam, cum in voce angeli verecundata fuisti et turbata. Sonuit vox tua in auribus Domini, cum dixisti : *Ecce ancilla Domini, fiat mihi secundum verbum tuum.* (*Luc.* i, 38.) Et in hoc ;verbo concepisti : in hac autem responsione melliflua, inæstimabiliter delectatus fuit Dominus ; et ideo sequitur : *Vox enim tua dulcis.* Conceptus etiam fuit Flos iste et nutritus in Nazareth, qui interpretatur *Flos.* Congruum enim fuit, Florem in Flore concipi, de Flore nasci, et in Flore nutriri, et in tempore florum, hoc est in vere nuntiari.

3. Tu, sanctissima Virgo Maria, es Flos lenis et suavis ad tangendum, lenitate et mansuetudine ; quæ maxime patet in advocatione peccantium. Revocas enim dulciter aversos a te, suscipis hilariter revertentes ad te; et semper pro peccatoribus oras libenter ; et tibi supplicantibus das gratiam affluenter. Tu Flos levis peccati immunitate ; fuisti namque sine pondere peccati, quod animam deprimit in gehennam. Fuisti etiam'levis obedientiæ adimpletione. Tu es Flos tempora venustans; quia de te canitur : *Cujus vita inclyta cunctas illustrat Ecclesias,* scilicet militantem et triumphantem. Tu , Virgo Maria, sicut Flos es, qui non visus spargit odorem ; et licet tu non videaris in præsenti intuitu corporali, spargis tamen odorem gratiarum et virtutum tuarum super nos.

4. O piissima Virgo Maria, sparge super me misero peccatore odorem gratiæ tuæ, quo recreari valeam in æternum. Amen.

CONTEMPLATIO XLII.
Virgo Maria, LILIUM.

1. Mundissima Virgo Maria, benedictus Filius tuus de te dixit : *Sicut lilium inter spinas, sic Amica mea inter filias.* (*Cant.* ii, 2.) Lilio te comparat ratione candoris, qui significat innocentiam; et peccati immunitatem. Et sicut lilium spinis, inter quas nascitur, præstantius est absque comparatione; sic tu, Virgo Maria, Judæis, de quibus nata es. Et ideo de te canitur : *Sicut spina rosam, genuit Judæa Mariam.* Imo in tua comparatione spinæ reputantur animæ sanctæ et virtutes angelicæ. Et sicut lilium candorem suum retinet inter spinas, et quanto magis ab illis pungitur, meliorem emittit odoris fragrantiam : sic, candidissima Virgo Maria, dum a nequam Judæis in Filio tuo benedicto pungebaris, semper retinuisti mentis innocentiam, et animi puritatem, non reddens malum pro malo, nec pro maledicto retribuens maledictum. Imo cum tuam mentem pertransiisset gladius Passionis, et tota perpuncta fuisti, ut diceres : *Angustiæ sunt mihi undique* (*Dan.* xiii, 22), tunc visa es dixisse : *Cum esset Rex in accubitu suo,* id est in humiliatione crucis, *nardus mea dedit odorem suum* (*Cant.* i, 11), scilicet patientiæ et virtutum; et compassio tui

cordis pro summo martyrio tibi reputatur. Et hoc secundum illa verba : *Sicut lilium inter spinas, sic Amica mea inter filias.* Quasi dicat Filius tuus bene.dictus : Sicut ego, qui sum lilium innocens inter spinas, id est Judæos, qui circumdederunt me sicut apes, et exarserunt igne iræ et odii adversum me, sicut ignis in spinis (*Psal.* cxvii, 12) : sic, Amica mea, id est tu, Virgo Maria, inter filias, id est inter Synagogam et gentilitatem, quæ me crucifixerunt ; et animam Matris meæ confixerunt, dilaceraverunt et compunxerunt.

2. Sicut lilium totum quod habet odoris, fructus, et amœnitatis transmittit ad summum, et collocat in capite suo : sic tu, sanctissima Virgo Maria, divinæ Trinitati, quidquid boni habuisti, attribuisti, dicens : *Fecit mihi magna qui potens est.* (*Luc.* i, 49.) Sicut lilium dolores mitigat, et ardores exstinguit : sic tu, clementissima Virgo Maria, precibus tuis et exemplis nobis peccatoribus et miseris servis tuis, noxias refrenas et exstinguis concupiscentias, et mitigas dolores animæ, consolationes transfundendo in eam, ut tibi verissime dici possit: *Secundum multitudinem dolorum meorum in corde meo, consolationes tuæ,* piissima Virgo Maria, *lætificaverunt animam meam.* (*Psal.* xciii, 19.)

3. Sic igitur, Virgo Maria, a te peto, sic flagito, sic humiliter exoro, corde flebili deposco, ut me amaritudine dolorum et peccatorum plenum, consolari digneris, tuum Filium deprecando, ut peccata remittat, virtutes mihi tribuat, et in fine gloriam æternam. Amen.

CONTEMPLATIO XLIII
Virgo Maria, ROSA.

1. Tu Rosa aromatica es, purissima Virgo Maria, propter odorem unguentorum tuorum, id est tuarum virtutum. Tu Rosa rubicunda, per verecundiam virginalem, et per pulchritudinem naturalem ; quia *tota pulchra es, et macula non est in te.* (*Cant.* iv, 7.) De spina nascitur rosa non spinosa , et tu, sanctissima Virgo Maria, nata es de Judæis incredulis bene credula. Tu, Virgo Maria, Rosa es rubicunda per Dei et proximi charitatem ; nam igneus color designat charitatem. Rosa frigida es et tu, beatissima Virgo Maria, frigida es per exclusionem pravi amoris ; et quia omnibus tuis exemplis et meritis malarum concupiscentiarum fervorem refrigeras, maxime in servitoribus tuis. Rosa in granis est crocea ; sic et tu, Virgo Maria, affectu intimæ charitatis, quia tibi cura est de omnibus : quia dicis : *Testis est mihi Deus, quomodo vos omnes cupiam in visceribus Christi* (*Philipp.* i, 8), filii mei benedicti. Rosa restringit ; et tu, Virgo Maria, restringis tuis orationibus fluxum cujuslibet vitii, maxime in amatoribus tuis. Rosa est capitis confortativa ; sic tu, Virgo Maria, confortas caput, id est mentes peccatorum, qui ad te devote, et ad tuam misericordiam recurrunt. Rosa est oculorum · clarificativa; sic tu, Virgo Maria, clarifi-

cas oculum mentis dirigendo nos in viam mandatorum Dei.

2. Rosa est regina omnium florum, quia purpurei coloris est, et purpura regibus convenit; sic tu, piissima Virgo Maria, es Regina virginum et decus mulierum, sicut rosa florum; et ideo de te dicitur : *Ostende mihi faciem tuam, quia facies tua decora.* (*Cant.* II, 14.) Rosa est omnium florum suavissima ; sic tu, Virgo Maria, omnium mulierum et hominum es suavissima ; ideo de te scribitur : « Quid ad Mariam trepidet accedere humana fragilitas ? Nihil austerum in ea, nihil terribile : tota suavis est omnibus. » (D. Bernard. Serm. in *Signum magn.*) Rosa est omnium florum delicatissima ad olfaciendum ; sic tu, Virgo Maria, quia dicitur de te: *Speciosa facta es,* scilicet ad intuendum, *et suavis,* scilicet ad tangendum et olfaciendum. Rosa spinis adhæret, licet omnino dissimilis ; et tu, gloriosa Virgo Maria, peccatoribus, qui sunt spinæ, adhæres pietate et compassione, licet omnino a peccato sis immunis. Rosa prius clausa, ad solis radium aperitur ; sic etiam tu, beatissima Virgo Maria : nam cum vovendo virginitatem consensum omni conceptioni clausisses et generationi ; Soli tamen justitiæ aperuisti, cum intellexisti quod Filium Dei posses concipera et parere, manens Virgo. Rosa antequam marcescat, carpitur ; et tu, benignissima Virgo Maria, antequam benedicta caro tua putredine marcesceret, ad utriusque stolæ immortalitatem de mundo assumpta, ut pie creditur, fuisti.

3. O misericordissima Virgo Maria, Rosa fragrantissima, sentiam ego putridus et infectus odorem tuarum orationum, per quas mundari valeam ab omni infectione peccati, et fragrantiam virtutum redoleam, in præsenti per gratiam tuam, et in futuro gloriam obtineam sempiternam. Amen.

CONTEMPLATIO XLIV.

Virgo Maria, VIOLA.

1. *Flos campi* (*Cant.* II, 1) tu nominaris, beatissima Virgo Maria ; flos namque campi, qui proprie est viola, miri odoris dicitur. Tu vero, gloriosissima Virgo Maria, redoles et fragras propter multitudinem unguentorum tuorum, id est virtutum, et gratiarum tuarum, et charismatum, quæ redolent inter universos fideles Christianos ; et maxime inter tuos servitores devotos. Viola ante omnes flores apparens, serenitatem temporis venientem designat, quia nascitur, incipiente tempore vernali, de terra inculta : similiter tu, beatissima Virgo Maria, prima votum emisisti perpetuæ virginitatis, et quasi in principio nascentis Ecclesiæ apparuisti in tempore vernali ; quando omnia e terra nascentia quodammodo renovantur : nam a te incepit reparatio mundi. Viola est flos parvulus et inclinis : sic tu, perpetua Virgo Maria, parvula fuisti per humilitatem, et inclinis per obedientiam. Viola terræ adhæret : sic tu, dulcissima Virgo Maria, terræ

adhæres, id est terrenis peccatoribus per compassionem, pietatem et affectum misericordiæ.

2. Viola subtilis et suavis odoris est : similiter tu, amœnissima Virgo Maria, subtilis et suavis es per suavem et redolentem opinionem Deum et angelos et homines delectantem. Viola temperatæ proprietatis est : sic tu, sanctissima Virgo Maria, temperatæ complexionis fuisti, per omnimodam modestiam : quia regebaris cum moderatione rationis. Viola ardores febrium refrigerat : sic tu, benignissima Virgo Maria, ardores vitiorum et quarumcunque tentationum hostilium refrigeras ; incentiva fomitis domas ; calorem iracundiæ, avaritiæ, ac cæterorum vitiorum tollis et aufers de cordibus tibi devote famulantium.

3. Viola noxios et corruptos purgat humores : sic tu, Virgo Maria, malos humores, scilicet peccata, quæ corrumpunt animam, tuis sanctis orationibus et exemplis purgas et evellis a mentibus spiritualiter languentium infirmorum. Viola membra desiccata et arida humectat : sic tu, piissima Virgo Maria, corda et membra arida et frigida tepore, pigritia et desidia, ad bene operandum humectas, et emollis ad exercitium bonorum operum ; et devotionis et charitatis pinguedinem subministras. Viola solidam radicem habet, et nihil aliud habet durum : radix solida tua, Virgo Maria, fuit fides, cujus solidissima constantia apparuit in Passione benedicti Filii tui. Ex viola fit et componitur scyrupus violaceus, qui singulis ægritudinibus est medicinalis, ac summum et inæstimabilis pretii medicamentum. Tu, misericordissima Virgo Maria, ægros sanas, debiles juvas, sanos conservas, et ab omni infirmitate liberas.

4. Liberare me digneris, o piissima Virgo Maria, quoniam infirmus sum, et anima mea propinqua est morti. Sana eam, ut tuo pio interventu, hic et in æternum vivat. Amen.

CONTEMPLATIO XLV.

Virgo Maria, CEDRUS.

1. Tu, excellentissima Virgo Maria, Cedrus appellaris ; quia de te ipsa dicis : *Quasi cedrus exaltata sum.* (*Eccli.* XXIV, 17.) Nam cedrus arbor est procera, et eminentissima super omnes arbores, et dicitur rex arborum. Tuæ dignitati hoc competit, laudabilis Virgo Maria, quia Mater Dei facta fuisti, nec prius similem habuisti, nec in futurum habebis. Hæc est singularis gloria tua, et excellens prærogativa. Cedrus est arbor annosa : sic etiam tu, benedicta Virgo Maria, quæ, licet in exordio Novi Testamenti, et in conceptu benedicti Filii tui fueris juvencula, tamen in figuris Veteris Testamenti et prophetiis, quasi senex eras et annosa. Cedrus arbor est medulosa : similiter tu, Virgo Maria, per pinguedinem charitatis et ubertatem pietatis. Cedrus fuit materia templi construeti : sic tu, purissima Virgo Maria, materia templi fuisti,

scilicet corporis Dominici, de purissimo sanguine tuo fabricati manu sapientiæ Dei, et operatione Spiritus sancti : in quo scilicet templo habitavit Divinitatis plenitudo corporaliter. (*Coloss.* ii, 9.) Ideo dicis : *Quasi cedrus,* id est quasi Christi Mater.

2. Sed quia *domum Dei decet sanctitudo* (*Psal.* xxii, 5), oportuit quod sine corruptione conciperes ; quod competit cedro, quæ est imputribilis. Ideo excellis omnes mulieres, sicut cedrus omnes arbores. Cedrus magnas et profundas habet radices, et profundissime radicatur : sic tu, magnifica Virgo Maria, magnas radices habuisti, id est parentes, de quibus orta es secundum carnem, scilicet Abraham, Jesse, et cæteros, qui magni fuerunt in populo et coram Deo. Radices tuæ spirituales fuerunt excellentissimæ virtutes, quas omnes habuisti in superlativo. Radix enim humilitatis tuæ, sic in profundo radicata est, quod in immensum creverit, scilicet usque ad conceptionem Filii Dei, qui erat in sinu Patris.

3. Cedrus est præcipui odoris : similiter et tu, odorifera Virgo Maria, nam tui odoris suavitas non solum mundum circumquaque perfundit, sed etiam totam supernam Civitatem aspersit, usque ad nares Domini perveniens, usque ad illum, qui in sinu Patris exspectaverat et desideraverat hunc odorem ; quia in aliquo angelorum talem non poterat invenire. Cedrus odore et succo fugat et exstinguit serpentes : sic odor et succus tuarum virtutum, gratiarum et orationum, salutifera Virgo Maria, fugant dæmones et prædam auferunt ab eis, id est peccatores, quos ducunt captivos peccatis et vitiis. Succus etiam est pietas tua, Virgo Maria, quam nobis tribuis omni die.

4. Erue me, misericordissima Virgo Maria, ex manibus hostium, qui me multis peccatis ligatum conantur deducere ad infernum. Sentiam suavitatem odoris, scilicet gratiarum tuarum, quibus hic protectus, in fine ad gloriam perveniam sempiternam. Amen.

CONTEMPLATIO XLVI.

Virgo Maria, Palma.

1. De te ipsa dicis, altissima Virgo Maria : *Quasi palma exaltata sum.* (*Eccli.* xxiv, 18.) Nam plenitudo sanctitatis in duobus consistit : unum est rei mutabilis contemptus, aliud est rei immutabilis affectus. Per ista duo, Virgo Maria sanctissima, meruisti sicut palma exaltari ; quia corporalia perfecte contempsisti, et Deum perfecte amasti ; quia sicut palma in altum crevisti per altissimam contemplationem et dilectionem. Palma figuram habet aspersorii aquæ benedictæ. Tu, Virgo Maria beatissima, aspersorium fuisti repletum aquis gratiæ Spiritus sancti. Hoc est, aspersorium aquæ, id est te, Jesus Christus Sacerdos secundum ordinem Melchisedech, quia in te semen Abrahæ apprehendit ; et prædicta aqua aspersorium implens,

populum undique aspersit, sicut promiserat : *Effundam super vos aquam mundam* (*Ezechiel.* xxxvi, 25), quia de plenitudine ejus omnes accepimus. Palma amarissima est in radice, sed dulcissima est in fructu : similiter tu, gloriosissima Virgo Maria, amarissima fuisti in radice Judæorum, quæ Deo suo erat gens amarissima, sed fructus tui uteri virginalis, scilicet benedictus Filius tuus, fuit nobis dulcissimus in amaritudinibus peccatorum nostrorum dulcorandis.

2. Palma est arbor victoriosa et designat victoriam ; similiter tu, potentissima Virgo Maria, victoriosissima fuisti : quia mundum paupertate, carnem virginitate, et diabolum vicisti humilitate. Pro nobis etiam pugnas quotidie contra hostes invisibiles, et tuo adjutorio de ipsis triumphamus ; nam ante te nunquam apparuit victoria, sed omnes tanquam devicti in carcerem trudebantur. Tuus etiam uterus virginalis fuit arbor victoriæ, ex quo processit propugnator noster ad salvandum. Palma inferius est aspera, et contemptibilis, et rugosa : sic tu, Virgo Maria, in hoc mundo fuisti humillima, et aspera in abstinentia vitæ, et multas sustinuisti asperitates et miserias, tribulationes et contemptus, præsertim in benedicti Filii tui acerbissima Passione. Palma inferius angustatur, et superius dilatatur : sic etiam, deifica Virgo Maria, angusta fuisti inferius, et stricta circa pœnas corporis, et contemptum mundanorum ; sed superius dilatata et ampliata fuisti, in his quæ pertinent ad animam, et ad dilectionem Dei et proximi. Tuus intellectus dilatabatur æterna cogitando, affectus ea amando ; et de bonis proximi congaudendo, et de malis compatiendo, dicendo semper : *Meditatio cordis mei, in conspectu Domini* (*Psal.* xviii, 15), et *Omne desiderium meum ante eum.* (*Psal.* xxxvii, 10.)

3. Sed, clementissima Virgo Maria, ego nefandissimus peccator diffusus sum, et largus inferius per inclinationem et appetitum inordinatum et voluntarium ad terrena et carnalia, et restrictus sum superius de cœlestibus ac salute animæ meæ modice cogitando. Adjuvare me digneris, piissima Virgo Maria, ut oppositum operando, cor meum ab inferis suspensum dilatetur, et elevetur ad superna, quæ in fine possideat per infinita sæcula sæculorum. Amen.

CONTEMPLATIO XLVII.

Beata Virgo, Cypressus.

1. *Quasi cypressus in monte Sion* (*Eccli.* xxiv, 17), beatissima Virgo Maria, nominaris. Cypressus namque arbor medicinalis est, et medetur corporibus : similiter tu, piissima Virgo Maria, medicinalis es, quia genuisti salutem animarum fidelium, scilicet Jesum Christum Filium tuum benedictum, qui est Medicus vulnerum nostrorum : quia ipse intima charitate motus languores nostros tulit super lignum crucis. Cypressus proprietatis est calidæ : sic tu, gloriosissima Virgo Maria, es com-

aromatizans : unde, cum sis armarium singularum
et universarum virtutum, et habeas ignem ferventissimæ charitatis, necesse habes odorem tuum
procul diffundere. Et ideo charitas tua dicitur,
Balsamum aromatizans. Odorem enim dedisti, sed
non vendidisti ; volens ut omnes gustent gratis
odorem tuæ charitatis, et currant in odorem unguentorum tuorum, quæ sunt super omnia aromata. Et sicut odor balsami excedit odorem omnium unguentorum, sive aromatum : sic tu odores
excedis omnium angelorum et sanctorum. Nam
per te, et in te facta est conclusio totius maledictionis, quam Eva induxit in mundum ; sed per te
et in te, Virgo Maria, venit plenitudo totius benedictionis, de qua omnes accepimus ; et, si non accipimus, non stat per te, sed per nos.

2. Igitur odor tuus, id est delectabilis et jucunda
opinio sanctitatis tuæ comparatur *balsamo non
misto (Ibid.* 21), sed purissimo. Miscetur enim
balsamum et corrumpitur cum oleo cyprino vel
melle : sic vita nostra miserabilis corrumpitur,
cum geritur pro oleo laudis humanæ. Sed tu,
piissima Virgo Maria, dixisti et dicere potuisti :
Oleum peccatoris non impinguet caput meum. (Psal.
cxl, 5.) Sicut balsamum facit corpus mortuum, si
inde ungitur, videri quasi vivum, et nulla putredine permittit illud corrumpi : sic odor misericordiæ, et virtutum et exemplorum tuorum, beatissima Virgo Maria, facit per peccatum mortuos in
spe veniæ respirare, et quamcunque virtutem habet balsamum purum et merum ad conservandum
corpus, habet odor virtutum tuarum ad vivifican-
dam animam, et conservandam a putredine vitiorum. Perducis etiam amatores et servitores tuos
ad gloriam resurrectionis, quæ incorruptibilitatem
veram tribuit corporibus mortuis.

3. O misericordissima Virgo Maria, ego peccator
sum corruptus, et quasi mortuus ; vivifica me, et
salva me tuis sanctissimis precibus et meritis.
Conserva me a putredine peccatorum, nec me
deserat odor gratiarum tuarum, ut gloriam resurrectionis percipiam sempiternam. Amen.

CONTEMPLATIO XLIX.

Virgo Maria, Arbor.

1. Arbor illa tu es, beatissima Virgo Maria, de qua
scribitur : *Quia erat arbor in medio terræ, et ejus
altitudo nimia ; magna arbor, et fortis , et proceritas
ejus contingens cœlum : aspectus ejus usque ad universos terminos terræ ; folia ejus pulcherrima , et
fructus ejus nimius : et esca universorum in ea :
subtus eam habitabant animalia et bestiæ, et in
ramis ejus conversabantur volucres cœli ; et ex ea
vescebatur omnis caro. (Dan.* iv, 7-9.) Tu, sanctissima Virgo Maria, es *Arbor in medio terræ,* id
est in medio Ecclesiæ, omnibus communis, sine
personarum acceptatione : tu es namque Lignum
vitæ in medio paradisi. Altitudo tua fuit humilitas
nimia ; nam altum commune est ad sursum et

deorsum. Ideo dicitur *Puteus altus*, id est *profundus*. Altitudo igitur, sive profunditas, est tua humilitas nimia; profunde enim eras radicata, et inde humorem gratiæ plus habebas et firmius stabas. Tu es Arbor *magna et fortis*, magna, meritis; fortis, operibus bonis; alta, fide et humilitate; magna, charitate; fortis, patientia; alta, spe. Tu es *Arbor cujus proceritas tangit cælum*, spe videlicet et cœlesti conversatione; quia in corpore humano angelicam ducebas vitam.

2. Tu es *Arbor cujus aspectus usque ad terminos universæ terræ;* quia oculi tuæ miserationis etiam ultimos peccatores non despiciunt, sed eos benigne respiciunt; etiam usque ad terminos universæ terræ, id est in quibus finita et terminata est omnis terrenitas, ut in sanctis et pauperibus spiritu. Tu es *Arbor cujus folia sunt pulcherrima*, id est verba tua irreprehensibilia, in quibus non fuit aliquid pravum neque perversum. Pulchritudo igitur foliorum, fuit discretio verborum tuorum, quæ operabantur salutem peccatorum.

3. Tu es *Arbor cujus fructus nimius;* quia, Virgo Maria, *Quem totus non capit orbis, In tua se clausit Viscera, factus homo.* Tu es *Arbor, in qua est esca universorum*, id est angelorum et hominum, quia per te homo manducavit Panem angelorum. (*Psal.* LXXVII, 25.) Esca est etiam magna scientia tua, et abundans doctrina. Tu es *Arbor subter quam habitabant animalia et bestiæ;* quia quantumcunque animalis et bestialis per peccatum quis fuerit, si ad te toto corde confugit ipsum protegis ab æstu Solis, id est ab ira benedicti Filii tui, et incendio gehennæ, et fervore concupiscentiarum carnalium et desideriorum sæcularium. Tu es *Arbor, in cujus ramis conservabantur volucres cœli*, id est spirituales viri, quorum conversatio in cœlis est. Rami etiam sunt virtutes et exempla tua. Tu es *Arbor, ex qua pascebatur omnis caro;* quia, scilicet sanctissimis uberibus tuis, nutritus est ille qui dat escam omni carni (*Psal.* CXXXV, 25); imo ille, qui dedit se escam timentibus se. (*Psal.* CX, 5.)

4. O beatissima Virgo Maria, fac me miserrimum peccatorem requiescere subter te Arborem pulcherrimam, ut ibi refrigerari valeam ab incendio vitiorum, quæ animam meam urunt et inducunt ad gehennam perpetuam. Da mihi, Virgo Maria purissima, refrigerium, ut, exclusis vitiis, sub tua pietate quiescam, et, te miserante, opera meritoria agam, per quæ obtineam vitam æternam. Amen.

CONTEMPLATIO L.

Virgo Maria, LIGNUM.

1. Benedictus Filius tuus, sacratissima Virgo Maria, sic loquitur de te : *Exaltavi lignum humile* (*Ezech.* XVII, 24), id est te Virginem Mariam in Matrem suam, et Reginam paradisi. Et hoc merito tuæ humilitatis : sicut humiliavit *lignum sublime* (*Ibid.*), id est diabolum, qui superbiendo voluit exaltari. Tu es, gloriosissima Virgo Maria, *Lignum*

vitæ quod viridius erat cæteris lignis : sic tu sanctior es cæteris sanctis, quia viror designat sanctitatem. Non enim data est ad mensuram tibi gratia, sed surperexcellenter datum est tibi a Filio tuo quidquid dari potuit puræ creaturæ. Tu, benedicta Virgo Maria, es Lignum, quo dulcorata est aqua amara (*Exod.* xv, 25), id est multiplex miseria, vel tribulatio, qua totum mundum respersit prima mater; sed tu, Virgo piissima, amaritudinem nostræ perditionis convertis in dulcedinem salutis æternæ, Filio tuo benedicto mediante.

2. Tu, benedicta Virgo Maria, es *Lignum plantatum secus decursus aquarum* (*Psal.* 1, 3), id est secus peccatores fluxibiles, quasi aquæ, penes quos firmiter radicata es affectu compassionis et misericordiæ. Lignum esse diceris propter soliditatem constantiæ, plantatum per stabilitatem secus decursus aquarum, per sapientiam et gratiam; Scriptura siquidem nomen *aquæ* sumit pro sapientiæ magnitudine, pro gratiarum multitudine, pro Scripturarum diversitate. Tu igitur Lignum fructiferum dedisti, Pomum salutiferum, id est Christum contra pomum intoxicatum toxico inobedientiæ, de quo dictum fuerat Adæ : *In quacunque die comederis morte morieris.*(*Gen.* II, 17.) Sed in tuo gloriosissimo Pomo inventa est theriaca, qua toxicum illud effugatum est. Istud benedictum Pomum est pulcherrimum visu, delectabile tactu, suavissimum olfactu, sanum gustu, et sanativum effectu. Tu, Virgo Maria purissima, hoc Pomum benedictum obedientia fidei concepisti, quo sublatum est de medio nocumentum pomi illius noxialis.

3. Tu, sanctissima Virgo Maria, hujusmodi fructum benedictum produxisti juxta genus suum, id est benedictum. Tu enim eras benedicta in mulieribus, et ideo digna fuisti illum fructificare, qui est super omnia benedictus in sæcula. (*Rom.* IX, 5.) Produxisti igitur illum, tu pulchra, pulcherrimum; tota dulcis, dulcissimum; tota suavis, suavissimum; tota delicata, delicatissimum; tota colorata, coloratissimum; tota vivifica, vivificentissimum; et tota sapida, sapidissimum. Ora igitur illum, clementissima Virgo Maria, tuis assiduis intercessionibus; ut a me mortiferum venenum peccati auferat, et illo Fructu benedicto frui merear per infinita sæcula sæculorum. Amen.

CONTEMPLATIO LI.

Virgo Maria, VIRGA.

1. Tu virgo, beatissima Maria, a *viriditate* seu virore dicta es. Nam egrediens a virga viriditatem sanctitatis et munditiem habuisti; quia sanctificata in utero fuisti, et ideo nata fuisti tota sancta; nec postea inclinata per peccatum vel amorem terrenorum. Virga de terra modicum occupat, sic tu, Virgo Maria, modicam terram occupasti; quia in paupertate semper vixisti. Virga tenuissimo cortice tegitur : sic, gloriosissima Virgo Maria, tecta fuisti

dicitur *electa :* quæ sine vulnere manat ab arbore, et illam amaram carnis mortificationem designat, quam præfert anima nullo peccati vulnere sauciata. Talem myrrham distillasti tu, odorifera Virgo Maria, quæ licet peccati vulnus non haberes, temetipsam tamen multipliciter mortificare voluisti. Myrrha corpora peruncta servat a corruptione : sic tu, sanctissima Virgo Maria, per gratiam meritorum et exemplorum, et orationum tuarum, servitores tuos, et alios tibi devotos a corruptione vitiorum.

2. Myrrha restringit humores a capite affluentes, similiter tu, beatissima Virgo Maria, cogitationes et tentationes, quæ sunt caput peccati, per assiduas deprecationes evellis et restringis. Myrrha consumit putredinem vulnerum : sic tu, piissima Virgo Maria, animas peccatorum putrefactas iteratione multiplici vitiorum, sanas et in eis consumis putredinem et fœtorem tuis sanctissimis orationibus, et exemplis, et a recidivis defendis. Myrrha spinæ est similis, et per spinas intelliguntur peccatores : tu vero, gloriosissima Virgo Maria, apparuisti quasi spina, quando legem totam de mulieribus quæ de viris conceperant, et consuetudinem observasti. (*Luc.* ii, 22, 23, 28.) Myrrha est arbor in Arabia quæ interpretatur *vespera*, et myrrha interpretatur *amaritudo.* Tu, benedicta Virgo Maria, interpretaris *Mare amarum*, propter multas amaritudines quas sustinuisti in Filio, et fuisti arbor myrrhæ in vespera sacratissimæ Passionis benedicti Filii tui.

3. Myrrha est arbor quinque cubitorum, quæ crescit in altum : sic tu, pretiosissima Virgo Maria, per quinque cubitos crevisti in altum. Primus cubitus fuit sanctificatio tua in utero materno; secundus fuit tua Nativitas beatissima; tertius fuit gloriosa Annuntiatio tibi facta per Gabrielem archangelum, quod benedictum Filium Dei conciperes in utero tuo virginali, operante Spiritu sancto; quartus fuit quando more purgandarum mulierum post partum ad templum accessisti, et benedictum Filium tuum obtulisti, et in manibus sancti Simeonis tradidisti; quintus fuit quando, devictis hostibus, transitoria hujus miseri mundi reliquisti, et ad cœlum ascendisti. Isti quinque cubiti te levaverunt, et ad dexteram tui benedicti Filii collocaverunt.

4. O Myrrha electa, da mihi Myrrham amaritudinis, ut de commissis doleam et pœnitentiam agam; et anima mea a putrefactione peccatorum conservetur. Da mihi odorem suavitatis gratiarum et misericordiarum, et piarum orationum tuarum; quæ me in altum per contemplationem elevent, et finaliter mihi regnum tribuant sempiternum. Amen.

CONTEMPLATIO LIII.

Virgo Maria, Lectulus.

1. Designata et figurata es, beatissima Virgo Maria, per lectulum Salomonis, quem *sexaginta fortes* ambiebant *ex fortissimis Israel, tenentes gladios, qui erant ad bella doctissimi, uniuscujusque ensis*

super femur suum propter timores nocturnos. (*Cant.*
III, 7.) Lectulus Salomonis, id est veri et pacifici
Jesu Christi tu es, sanctissima Virgo Maria; quia
in te deitatis inclinato capite Dei Filius requievit
velut in lectulo. Cum autem omnes spiritus cœlestes sint administratorii et mittantur in ministerium propter eos qui hæreditatem capiunt salutis
(*Hebr.* I, 14); et non solum ad ministerium hominum minores mittantur, sed etiam superiores de
ordine Seraphim, qui propter charitatis ardorem
dicuntur : *Flamma ignis* (*Psal.* CIV, 4), vel *ignis
urens;* ostendis tu, Virgo Maria, quod ad tui custodiam et obsequium, non inferiores, sed superioris
dignitatis angeli deputati sunt; cum Lectulum, id
est te, ambiant *sexaginta fortes de fortissimis Israel*
diligenti custodia et obsequiosa reverentia : angelici nempe spiritus, fortes inter fortissimos spirituum, qui pro eo quod assidua contemplatione
Deum intuentur, Israelis nomine designantur. Quorum fortitudo, prudentia, et obsequii promptitudo
demonstratur, cum dicitur : *Omnes tenentes gladios* : in quibus significatur potestas debellandi
spiritus malignos. Et cum dicitur, *ad bella doctissimi*, ostenditur eorum prudentia ad obviandum
contra omnes insultus dæmonum; et sic per ministerium angelorum repulsa est a te, Virgo Maria,
omnis tentatio inimicorum.

2. *Lectulus tuus*, id est uterus tuus virginalis,
sacratissima Virgo Maria, floridus est per intemeratam virginitatem; in quo benedictus Sponsus beatissimam copulam celebravit, qua humanæ naturæ
dignatus est misericorditer copulari. Tu es, Virgo
Maria, Lectulus, non Lectus, propter humilitatem.
Floridus fuisti Lectulus, omnium florum, id est
virtutum varietate. Ibi rosa excellentissimæ charitatis, ibi lilium singularissimæ castitatis, ibi viola
omnimodæ humilitatis. In hoc sanctissimo Lectulo
Jesus Christus gloriosissimus requievit sine strepitu pravorum motuum, aut aliquarum malarum
cogitationum. Tu, benignissima Virgo Maria, es
Lectulus sacratissimus, quoad nos : quia sicut in
lectulo quiescimus, ita per te ad virtutes attingimus, in quibus anima requiescit, quæ prius in via
laborabat.

3. O misericordissima Virgo Maria, audi me
miserum peccatorem. Lectulum meum, id est
animam meam ex divina ordinatione fortes angeli
custodiebant : sed ex mea malitia, ipsos quantum
fuit in me ejeci, et inimicos capitales intromisi,
qui circumdederunt animam meam et non per-
mittunt me quiescere, sed urgent adversus commoda animæ laborare. Adjuva me, clementissima
Virgo Maria, expelle illos a me vi tuarum deprecationum, et introduc mihi ordinatos a Deo,
quibus suffragantibus anima mea in virtutibus
requiescens, in æterna æterni Regis tabernacula
finaliter collocetur. Amen.

veniam ad Fontem vivum, a quo recipiam perpetuo aquam salutarem. Amen.

CONTEMPLATIO LV.
Virgo Maria, CASTELLUM.

1. Tu, Castellum (*Luc.* x, 38) nominaris, sacratissima Virgo Maria, propter humilitatem; quia castellum dicitur a *castro* diminutive, in quo humilitas designatur. Et licet tu, beatissima Virgo Maria, Castrum esse dicaris, magis tamen Castellum appellaris propter humilitatem; quia virtus humilitatis fuit tibi specialissimum, potentissimum et fortissimum munimentum. Tu, beatissima Virgo Maria, Castellum nominaris a fortitudine; ratione maximæ charitatis, quæ in te fuit. Ideo scribitur quod *fortis est, ut mors, dilectio.* (*Cant.* viii. 6.) Tu, sanctissima Virgo Maria, Castellum es, quia casta et humilis, et in charitate fundata et firmata. Tu, benedicta Virgo Maria, Castellum es propter uteri virginalis diversorium augustissimum contra impetum inimici tyranni; munitissimum et fundatum super firmam petram, quæ est Christus. Tu, dilectissima Virgo Maria, Castellum es, quoad te, et Castrum quoad nos; quia omnibus impugnatis a triplici concupiscentia, vel ab hoste multiplici, fidele et inexpugnabile refugium es; si ad te refugitur sapienter.

2. Castellum etiam fuisti ipsi Christo, in quo ipse se recepit propugnator veniens ad salvandum nos et ad debellandum hostem, qui custodiebat atrium suum. Rogaverat autem genus humanum propugnatorem cœlestem, dicens : *Apprehende arma et scutum, et exsurge in adjutorium meum* (*Psal.* xxxiv, 2) et exaudita est oratio ipsius. In ingressu hujus Castelli apprehendit etiam tunc arma, et scutum, id est animam et carnem, ut contra diabolum exsurgeret nobis in adjutorium : carnem et animam, ad hoc ut se a diabolo vindicaret. Retribuit enim indignationem, et vicem reddidit pro vice. Nam, sicut diabolus indignatus quod homo locum haberet a quo ceciderat, duxit eum in perditionem : sic Dominus indignatus quod homo locum haberet ad quem ceciderat diabolus, ipsum reduxit a perditione ad salutem. Vicem quoque pro vice reddidit; quia deprædatus fuit diabolum, de potestate ejus hominem eripiendo; sicut diabolus ipsum fuerat deprædatus.

3. Tu, pretiosa Virgo Maria, es Castellum, quia castellum dicitur quælibet turris, et murus in circuitu ejus, quæ duo ad invicem se defendunt, ita ut hostes per murum ab arce, et a muro per arcem arceantur. Tale igitur Castellum fuisti tu, potentissima Virgo Maria, quia 'virginitas mentis et corporis, quasi murus ita te vallavit undique, ut nullus unquam esset libidini accessus; nec sensus tuus aliqua carnis corrumperetur illecebra.

4. O benignissima Virgo Maria, gravissime impugnor ab hostibus, diversis tentationum telis; non valeo eis resistere propter eorum nimiam impor-

tunitatem; nescio quo fugiam, quia undecunque me sequuntur et adversantur. Ad te confugio, Virgo Maria, refugium miserorum. Introduc me in domum misericordiæ tuæ, ut ibi salver, et inimici mihi non noceant, sed in gratia benedicti Filii tui et tua vivens, gloriam obtineam sempiternam. Amen.

CONTEMPLATIO LVI.
Virgo Maria, VIRGULA FUMI.

1. Comparata es, beatissima Virgo Maria, *virgulæ fumi ex aromatibus* (*Cant.* iii, 6), quia sicut *virgula fumi* gracilis est, sic tu, benedicta Virgo Maria, gracilis fuisti per paupertatem, quia omnia corporalia contempsisti; vel, si ea aliquando habuisti, largiter erogasti. Gracilis fuisti per carnis extenuationem; quia, licet nunquam peccaveris, semper in pœnitentia permansisti. Gracilis fuisti, quia cœlestibus extenuata disciplinis et subtilis vita contemplativa fuisti; ut sine obstaculo transires per arctam viam, et intrares portam angustam quæ ducit ad vitam. (*Matth.* vii, 14.) *Virgula fumi* libere alta petit : sic tu, pretiosissima Virgo Maria, alta petisti per subtilitatem contemplationis et rectitudinem intentionis. Virgula agilis est; sic tu, gloriosissima Virgo Maria, agilis fuisti. Levi enim cursu, et levi saltu omnes vitiorum spinas et foveas transilisti. Virgula levis est : sic tu, sanctissima Virgo Maria, levis fuisti, id est sine ponderositate peccati, et ideo continuo ferebaris desiderio æternorum. Virgula flexibilis est : sic tu, humillima Virgo Maria, flexibilis fuisti per humilitatem, quoad te, per obedientiam, quoad Deum; et per compassionem et pietatem, quoad proximum.

2. Virgula fumi obscura est : sic tu, benignissima Virgo Maria, obscura fuisti per tribulationum multitudinem, quas passa fuisti amore benedicti Filii tui, et ideo dicebas : *Nolite me considerare quod fusca sum; quia decoloravit me Sol* (*Cant.* i, 5), id est, gloriosissimus Filius meus. Tu, dulcissima Virgo Maria, es *Virgula fumi ex aromatibus*, scilicet per bonam operationem et devotionem Dei et proximi. Unde virgula fumi de igne procedit; quia desiderium ex amore venit. Tu enim ardore Spiritus sancti accensa, sic ascendendo profecisti in gratia, sic ascendisti in gloria, quod velut evanescens, omnem humanam cogitationem excessisti. Ideo dicta fuisti Virgula fumi, quæ naturaliter ascendit, et quasi occulte; quia visibiliter ascendens disparet in momento. Similiter et tu, Virgo Maria, disparuisti, quia quantum ascenderis, ratio humana non capit. Modus enim ascendendi occultus fuit, quia utrum in sola anima, an in anima simul et corpore ascenderis, præelegit Ecclesia plus nescire, quam temere definire; tamen pie creditur quod in corpore et anima glorificata ad dexteram benedicti Filii tui collocata exsistis.

3. O misericordissima Virgo Maria, fumus vitiorum

excæcavit oculos mentis meæ, fumus tribulationum spiritalium et corporalium lacrymosum reddiderunt cor meum : ne cognoscerem meipsum, et in quibus deficio vel proficio. Adjuva me, piissima Virgo Maria ; tolle et aufer a me hujusmodi fumum, ut videam quæ agenda sunt, et illa opere compleam, ad laudem et honorem tui benedicti Filii, ac utilitatem animæ meæ sempiternam. Amen.

CONTEMPLATIO LVII.

Virgo Maria, VAS.

1. *Vas admirabile* et novum es, sacratissima Virgo Maria, quia nunquam tale inventum est, in quo fuerunt multa mirabilia et multæ novitates. Tu, Virgo beatissima, es Vas eximium, propter continentiam, quia tu continebas tuum continens ; et licet nullum aliud Vas possit se majus continere, tu, tamen, Virgo Maria, continuisti illum, quem totus non capit orbis, et a quo tu ipsa continebaris. Tu Vas admirabile propter continendi modum : quia, cum Deus sit in omni creatura per essentiam, et in solis justis per gratiam, his duobus modis in te fuit ; et novo et mirabili modo per unionem. Tu es, Virgo Maria, Vas admirabile, propter operositatem quæ superat materiam. Fuerunt namque in te omnes varietates virtutum et donorum, omnes sculpturæ desideriorum sanctorum, et omnes picturæ sanctarum cogitationum. Tu, Virgo Maria, es Vas admirabile, propter recipiendi et emittendi modum ineffabilem et singularem : quia contra morem aliorum vasorum, nec fractum, nec apertum est in recipiendo vel emittendo ; recepisti enim et emisisti cum integritate, ut stella radium, et flos odorem. Tu, Virgo Maria, es *Vas admirabile, opus Excelsi* (*Eccli.* XLIII, 2), in quo bene fabricando studuit excelsus Dominus.

2. Tu es Vas illius Artificis, qui fabricatus est auroram et solem (*Psal.* LXXIII, 14) ; opus excogitatum ante sæcula, consummatum in fine sæculorum. Vas profundissimum, per humilitatem ; solidissimum, per patientiam ; integerrimum, per virginitatem ; amplissimum, per charitatem ; purissimum, per omnimodam puritatem ; capacissimum, per desiderium ; et ideo balsamum divinæ gratiæ dignum et congruum est continere. Vas capax gratiæ adeo, et maxime per humilitatem, quod sola meruisti impleri, ut tibi et toti mundo sufficeres copiose. Vas quod se ipsa implevit operata Dei sapientia, et ob vasis inæstimabilem pulchritudinem, in te novem mensibus corporaliter habitavit. Vas, inquam, de quo dicitur : *A Domino factum est istud, et est mirabile in oculis nostris* (*Psal.* CXVII, 23) ; quia in te fuit consors contrarietas contrariorum, scilicet mortalitatis et immortalitatis, virginitatis et fecunditatis : et quod mirum fuit, rationis et fidei.; Tu, benedicta Virgo Maria, Vas es admirabile, quod cœlestis aurifaber, qui sapientia sua de luto aurum fecit, formavit de luto humanæ naturæ, non tamen luteum, sed vere aureum : de quo etiam vase manente integro, ineffabiliter formavit postea Vas corporis sui, et in hoc opere sapientia Dei vicit malitiam diaboli, qui in primis parentibus aurum humanæ naturæ redegerat in lutum.

3. O Vas misericordiæ, ad te recurro ego vas contumeliæ, plenum luto fœtidissimo diversorum : sed, piissima Virgo Maria, scio te habere tantam misericordiam, ex qua qui plus haurit, plus ex ea in te inveniet. Digneris mihi eam dare, per quam mundare possim vas meum immundum ; ut de vase contumeliæ fiat vas gratiæ, et in fine cum omnibus sanctis gloriam obtineam sempiternam. Amen.

PARS XV.

DE BONIS QUÆ HABEBIMUS PER GLORIOSAM VIRGINEM MARIAM.

—

CONTEMPLATIO PRIMA.

De primo bono quod habebimus per Virginem Mariam.

1. Per te, clementissima Virgo Maria, eligimur et intramur ad cœnam magnam illius cœlestis Patrisfamilias, de quo scribitur : *Homo quidam fecit cœnam magnam.* (*Luc.* XIV, 17.) Homo iste singularis est, qui veram carnem de te assumpsit. Singularis, quia solus Deus et homo, quia solus sine peccato, solus sine læsione maternæ virginitatis conceptus, solus sine gravamine materni ventris portatus, solus natus ex utero Matris absque dolore parientis ; quia solus morte sua genus humanum potuit redimere, solus morte sua, mortem potuit occidere, solus ab inferis electos suos subtrahere, solus in sepulcro corruptionem non videre, solus inter mortuos esse liber, solus

semetipsum a mortuis suscitare, solus virtute propria corporaliter in cœlum ascendere. Soli datum est a Patre ad Patris dexteram residere.

2. Ibi etiam suis electis cœnam paravit. Nam sicut cœna est refectio vespertina circa finem diei ; sic cœna beatitudinis æternæ, plenarie dabitur electis post judicium quod erit in fine mundi. In illa cœna electi manducabunt panem, qui de cœlo descendit et habet in se omne delectamentum, et omnis saporis suavitatem (*Sap.* XVI, 20) ; et est manna absconditum, quod Deus electis suis repromisera t. (*Apoc.* II, 17.) In illo delectabitur sensus inferior in contemplatione deitatis, et sensus exterior in visione humanitatis. Vinum hujus cœnæ erit illud de quo scribitur : *Sanguinem uvæ bibent meracissimum.* (*Deut.* XXXII, 14.) Nam Uva Christus

est, quæ nata est ex beatissima Vite, id est, ex te gloriosissima Virgine Maria, quæ dicis : *Ego quasi Vitis. (Eccli.* xxiii, 24.) Hæc Uva pressata fuit in torculari crucis, et inde eliquatum est mustum nostræ redemptionis, de quo David dicebat : *Calix meus inebrians quam præclarus est (Psal.* xxii, 5) ! quod scilicet mustum vel sanguinem uvæ meracissimum, modo sumimus in Sacramento, et tunc sumemus ineffabili modo, quoniam dicetur cuivis : *Bibite et inebriamini (Cant.* v, 1) ; fructus hujus cœnæ erit ille benedictus fructus, de quo Elisabeth dixit tibi, beatissimæ Virgini Mariæ : *Benedictus fructus ventris tui.* (*Luc.* i, 42.) Hic fructus, modo emendus est pretio bonorum operum, ut ibi charius et delicatius comedatur ; ut tunc animæ bonæ negotiatrici dicatur : *Date illi de fructu manuum suarum* (*Prov.* xxxi, 31), id est, bonorum operum.

3. O benignissima Virgo Maria, laborem tuum vacuum reddidi ; quia ad hanc cœnam vocare me fecisti ad quam venire possem, si vellem, gratia Dei adjuvante : sed propter peccata mea, ingressum in ipsam mihi prohibui. Adjuvare me digneris, purissima Virgo Maria, ora tuum Filium gloriosissimum, ut mihi peccatori miserabili indulgere dignetur, meam vitam emendando, peccata remittendo, virtutes tribuendo misericorditer, per quas virtuose operando, regnum consequi valeam sempiternum. Amen.

CONTEMPLATIO II.

De secundo bono.

1. Potentissima Virgo Maria, te mediante, in illa cœna cœlesti finitæ erunt miseriæ omnium. Unde scribitur : *Auferet Deus omnem lacrymam ab omni facie,* id est, omnem causam lacrymationis ; *auferet etiam opprobrium populi sui (Isa.* xxv, 8), id est, servitutem diaboli : tunc enim finientur peccata, et claudentur in inferno velut in proprio loco, et ibi continebuntur cum operariis suis. Ibi finientur dolores, sicut scribitur de beatis : *Non cadet super illos sol, neque ullus æstus. (Apoc.* vii, 16.) Finietur memoria impiorum, quia nomen impiorum delebitur ; de quo scribitur : *Nomen eorum delesti in æternum, et in sæculum sæculi.* (*Psal.* ix, 6.) Finietur omne maledictum ; quia *Maledictum non erit amplius (Apoc.* xxii, 3.) Tunc etiam sancti confirmabuntur in bono, sicut angeli post casum Luciferi ; quia de cætero non peccabunt, nec volent, nec valebunt peccare.

2. Tunc erit ibi plenitudo omnium gaudiorum : quia tunc veniet quod perfectum est, et evacuabitur quod ex parte est. (*I Cor.* xiii, 10.) Ideo dicit Dominus fidelibus universis : *Gaudete et exsultate, quoniam merces vestra copiosa est in cœlis. (Matth.* v, 12.) Tunc replebitur in bonis desiderium electorum, quibus Deus ostendet omne bonum, sicut promisit Moysi et Abrahæ ; et tantum bonum, quod oculus non vidit, nec auris audiit, nec in cor hominis ascendit (*I Cor.* ii, 9), nec propter immensitatem potest comprehendi, nec propter pretiosita-

tem potest æstimari, nec propter pluralitatem potest dinumerari, nec propter ponderositatem potest ponderari, nec propter æternitatem potest finiri. Veniet namque beatis gaudium a superiori de æterni Dei visione, ab inferiori de corporis glorificatione, a posteriori de fine omnis miseriæ, ab anteriori de æterna illius gaudii durabilitate, a dextris et a sinistris de jucunda societate, de qua cantabunt : *Ecce quam bonum et quam jucundum habitare fratres in unum ! (Psal.* cxxxii, 1.) Tanta namque erit ibi plenitudo gaudii, quod homines undique circumdabit et cinget. Sed nunc fide non attingitur, spe non comprehenditur, charitate non capitur : desideria et vota transgreditur ; acquiri potest, æstimari non potest.

3. O benignissima Virgo Maria, ego iniquissimus peccator, privatum me sentio plenitudine tanti gaudii propter infinitas iniquitates meas et delicta innumerabilia, quæ commisi ; quæ me tanto gaudio reddiderunt indignum. Deprecare ergo pro me peccatore, Virgo piissima, tuum Filium benedictum, ut, sicut hoc gaudium fidelibus tuis procurasti, sic tuis sanctissimis deprecationibus, finita hujus vitæ miseria, ad illud ineffabile gaudium me introducat misericorditer, ubi vivam et maneam sine fine. Amen.

CONTEMPLATIO III.

De tertio bono.

1. Omne bonum per te, sacratissima Virgo Maria, habemus, et habere perpetuo speramus : si enim in hoc mundo ad senium veniamus, tamen in futuro sæculo te mediante, senectus nostra in juventutem convertetur, quia ibi non erit senectus, neque senectutis miseria, sed omnes occurrent in virum perfectum, in mensuram ætatis plenitudinis Christi (*Ephes.* iv, 13) ; hoc est, in ætate quasi triginta annorum. Erit tunc *Mensura hominis quæ est angeli Dei (Apoc.* xxi, 17), qui apparet in ætate et specie juvenis, non senis aut pueri. Tunc erit ibi vita sine morte ; quia *justi in perpetuum vivent (Sap.* v, 16), et *mors ultra non erit (Apoc.* xxi, 4) ; quia oportet corruptibile hoc induere incorruptionem et mortale hoc induere immortalitatem (*I Cor.* xv, 55) ; unde promittit Dominus suis electis : *Ego vivo, et vos vivetis (Joan.* xiv, 19) ; et *secundum dies ligni,* vitæ scilicet, *erunt dies populi mei (Isa.* lxv, 22) ; quia in ætate, qua Christus resurrexit, resurgemus omnes. Et tunc erit requies sine labore ; ideo scribitur : *Amodo jam dicit Spiritus ut requiescant a laboribus suis. (Apoc.* xiv, 13.) Spiritus, id est, tota Trinitas beata dicit suis electis, ut requiescant amodo, id est, adepta beatitudine gloriosa, a laboribus suis, id est, non alienis ; quia, sacratissima Virgo Maria, labor meus sanabit me, quia *bonorum laborum gloriosus est finis (Sap.* iii, 15) ; id est, bene laboranti. Ideo promittitur fideli animæ : *Requiem dabit tibi Dominus Deus tuus sem-*

per, et implebit in splendoribus animam tuam. (Isa.
LVIII, 11.)

2. Cum hoc obtinebit electus, habebit ibi securitatem sine timore et perturbatione. Dominus enim
dextera sua tenet electos suos, et brachio sancto
suo defendit illos (*Sap.* v, 17), ut requiescant, nec
sit qui exterreat eos. Per te, beatissima Virgo Maria,
gaudium etiam habebunt sine tristitia, sine inter-
ruptione, et sine diminutione. Propter hoc dicitur :
Sicut lætantium omnium habitatio est in te (Psal.
LXXXVI, 7), o superna Jerusalem : et quia delectatio hujus gaudii non potest sufficienter exprimi,
ideo dicitur : *Sicut lætantium omnium.* Et scio,
Virgo Maria, quod principaliter concipietur illud
gaudium de visione Dei ; unde scribitur : *Videbo
vos, et gaudebit cor vestrum. (Joan.* XVI, 22.)

3. O beatissima Virgo Maria, immenso dolore
tristari deberet cor meum ; quia tanta beneficia
per te obtenta, propter peccata mea, si justitia
mihi fiat, perdidi. Ad laudes tibi referendas non
surrexi. Indulgere mihi digneris, purissima Virgo
Maria, exora Filium tuum benedictum, qui tantum
bonum præparavit diligentibus se, ut mihi remittere dignetur delicta mea, de quibus pœnitentiam
agam, et condigne, ejus misericordia adjuvante,
satisfaciam ; et sic vitam meam in virtutem commutem, ut illa gaudia electis suis promissa consequar in æternum. Amen.

CONTEMPLATIO IV.

De quarto bono.

1. Pacem inter Deum et homines in mundo re-
formasti tu, Virgo Maria misericordissima : quam
etiam in futuro electi obtinent, et perpetuo obtinebunt sine discordia et perturbatione quacunque.
Nam ibi nihil adversi quisquam, vel a se, vel ab
alio patietur ; sed omnes delectabuntur in multitudine pacis, quæ erit perpetua : quia regnum Dei
regnum est sempiternum, et potestas ejus potestas
æterna, et misericordia ejus in miserationibus, non
in meritis nostris. Non erit ibi amplius sol ad lucendum per diem, sed erit electis Dominus in lucem
sempiternam ; nec ultra erit ibi nox. Quando autem damnatis æternaliter advesperascet, tunc æternaliter orietur Sol justitiæ, qui non deficiet eis.
Ideo scribitur : *Qui sequitur me, non ambulat in tenebris; sed habebit lumen vitæ (Joan.* VIII, 12), qui
est Deus Rex; cujus splendidissima contemplatione
Fulgebunt justi, sicut sol, in regno Patris eorum.
(*Matth.* XIII, 43.) Deus enim lux est, quam non capit oculus; odor, quem non spargit flatus; cibus,
quem non diminuit edacitas; amplexus, quem non
divellit satietas. Est namque perenne solatium, lumen meridianum, temperies vernalis, venustas æsti-
valis, abundantia autumnalis, quies et terminatio
hiemalis. Ibi etiam erit pulchritudo sine deformitate ; quia justi splendent, sicut splendor firmamenti ; et quod modo refulget diversis luminibus,
tunc lucebit diversis remunerationibus.

2. Tunc, id est, post judicium, *Fulgebunt justi sicut
sol,* cujus splendor nescit defectum; quia Christus est
sol, cui justi configurabuntur; et ideo scribitur : *Salvatorem exspectamus Dominum nostrum Jesum Christum, qui reformabit corpus humilitatis nostræ configuratum corpori claritatis suæ. (Philipp.* III, 21.) Sed
quid amplius, sanctissima Virgo Maria, erit tibi? Corpus glorificatum cujuslibet electi non detinebitur
propria gravitate, vel alterius corporis oppositione;
sed ubi volet spiritus, ibi statim erit corpus. Anima
siquidem movebit corpus suum, ubicunque voluerit
in instanti ab oriente in occidentem, non propter
indigentiam, sed ad suæ nobilitatis ostensionem.
Motus etiam corporis tunc erit, sicut nunc motus
animi. Tanta enim erit sanctorum agilitas, et libertas, quod omnia elementa erunt eis pervia et pene-
trabilia ; nec ipsos aliqua creatura poterit retinere.
Sicut corpus Dominicum post Resurrectionem, nec
sepulcrum potuit retinere, nec lapis superpositus
obsistere, quin exiret. Erit enim tunc corpus justi
leve, sicut coruscatio : nec pedes ibit, sed more
solaris radii qui in momento ab oriente paret in
occidentem.

3. Hæc et multa alia habebimus per te, gloriosissima Virgo Maria ; sed nisi tuis sanctissimis orationibus me adjuves, a tanto bono ero alienus.
Exora pietatem et misericordiam tui benedicti Filii,
qui pondus peccatorum meorum auferat, ut ad
illum locum beatificum velociter ascendam, et ibi
quiescam per infinita sæcula sæculorum. Amen.

CONTEMPLATIO V.

De quinto bono.

1. O dilectissima Virgo Maria, tu plenam et perfectam Dei dilectionem nobis procurasti in superna
Jerusalem. Nam amovebitur multiplex impedimentum, quod modo est in dilectione nostra; nam ibi
erit illa perfecta dilectio sine velamine, sine dilecti
avolatione. Cum dilecti et optati secura possessione, cum delectabili ejusdem fruitione, cum omnimoda securitate : cum illa perfecta Dei dilectione
erit sempiterna ipsius laudatio, quia : *Beati qui
habitant in domo tua, Domine; in sæcula sæculorum
laudabunt te.* (*Psal.* LXXXIII, 5.) *Exsultationes Dei
in gutture eorum.* (*Psal.* CXLIX, 6.) Erit namque
laus ista in ore justorum sine labore et tædio,
sine fictione et fastidio.

2. Erit ibi ista perfecta dilectio expressissima dilecti Dei assimilatio. Unde scribitur : *Scimus quod
cum Christus apparuerit, similes ei erimus. (I Joan.*
III, 2.) Erit autem hæc assimilatio, exterior quoad
corpus ; quia ipse *reformabit corpus humilitatis
nostræ, configuratum corpori claritatis suæ. (Philipp.*
III, 21.) Erit etiam hæc assimilatio interior quoad
animam ; unde scribitur : *Nam quos præscivit, et
prædestinavit conformes fieri imagini Filii sui. (Rom.*
VIII, 29.) Ex ista perfectissima dilectione, resultabit
etiam dulcedo absque amaritudine juxta illud :
Quam magna multitudo dulcedinis tuæ, Domine,

quam abscondisti timentibus te. (Psal. xxx, 20.) De.qua scribitur : Non erit ultra domui Israel offendiculum amaritudinis et spina dolorem inferens undique per circuitum, et scient quod ego Dominus Deus. (Ezech. xxviii, 24.) Erit etiam ibi æterna benedictio absque maledictione; unde dicitur supernæ Jerusalem : Confortavit Dominus seras portarum tuarum, benedixit filiis tuis in te (Psal. cxlvii, 13); et, Mandavit Dominus benedictionem et vitam usque in sæculum (Psal. cxxxii, 3); et Omne maledictum non erit amplius. (Apoc. xxii, 3.) Quia sicut fons semper scaturit aquas novas, sic ille Fons dulcissimus pietatis et misericordiæ, novas dilectiones, benedictiones et consolationes electis suis jugiter subministrat. Unde electi mirantur, nec deficiunt in illum quem prospiciunt, fruuntur nec fastidiunt, quo frui magis sitiunt.

3. O benignissima Virgo Maria, unde hoc mihi, ut sic fuerim corde purus, oculo cæcus, mente prostratus, memoria hebetatus, et circa salutem animæ sic remissus, quod tanta bona non cogitaverim, tanta dona mente non conceperim, tot cœlestes delectationes electis promissas non fuerim contemplatus, nec ad illas cogitatione et operatione advolaverim toto corde, nec pro ipsis habendis laboraverim toto posse? Heu! piissima Virgo Maria, expavesco : quia promissa in oblivionem dando, miserabilem vitam duxi. Et animum meum solum ad terrena et diversa peccata totaliter inclinavi; succurre tantæ necessitati meæ, Virgo Maria, exorando pretiosissimum Filium tuum qui me elevet de terrenis, et ad superna pervehat; atque, soluto miseræ carnis vinculo, misericorditer me perducat. Amen.

CONTEMPLATIO VI.

De sexto bono.

1. Ineffabile et inæstimabile gaudium per te nobis datum est, pretiosissima Virgo Maria, de Filii tui visione, cujus decorem divinitatis videbunt animi, et oculi glorificationem humanitatis. Hæc autem visio erit intellectualis primaria et comprehensiva : quia, Hæc est vita æterna, ut cognoscant vere Deum et Jesum Christum. (Joan. xvii, 3.) Tunc enim cognoscent, quomodo Filius in Patre, et quomodo Pater in Filio; et quomodo Spiritus in utroque. Cognoscetur Trinitas personarum, et unitas substantiæ. Quidquid autem deliciarum fuit in hoc mundo a principio ejus usque ad finem, est ad illas delicias, et ad illud gaudium, quasi gutta aquæ, respectu totius maris. Tanta namque est illa species visionis divinæ, gloriosissima Virgo Maria, quam nobis obtinuisti; quod damnati mallent, si fieri posset, esse in omnibus pœnis inferni, et videre faciem Dei, quam omnibus pœnis carere, et ejus speciem non videre. Absorberet enim delectatio illius visionis omnem etiam summam miseriam quæ excogitari posset. Et ideo gravius erit damnatis, audire dicentem : Ite a me, maledicti, in ignem

æternum. (Matth. xxv, 41.) Tanta enim erit delectatio videre faciem Dei, quod si quis staret ante faciem ejus, et ipsum videret, non reflecteret oculos ad alia intuendum per momentum : et ejus visio mille annorum, videtur visio unius horæ.

2 O sanctissima Virgo Maria, si posset quis in hoc sæculo per mille millia annorum gaudere in juventute quæ non senesceret, et in pulchritudine quæ non marcesceret, in fortitudine quæ non decresceret, in agilitate quæ non pigresceret, in subtilitate quæ non grossesceret, in amicitia quæ non tepesceret, in abundantia quæ non deficeret : tanto minus esset hoc gaudium, momentaneo gaudio de visione Dei, quanto minor una guttula roris toto mari. Erit enim illa beatissima visio sine omni impedimento, sine oblivione, sine errore, sine ignorantia, sine caligine, sine discontinuatione, sine medio. Ista visio Dei est salus animarum, vita animarum, pastus animarum, gaudium cordis, divinæ laudis materia, et illuminatio beatorum, quia splendidissima contemplatione fulgebunt justi sicut sol, in regno Patris. (Matth. xiii, 43.)

3. O felicissima procuratrix, Virgo Maria, quæ tanta gaudia nobis procurasti, et adhuc non desinis quotidie procurare ; ora tuum Filium benedictum, ut me miserrimum peccatorem, ejectum et separatum a tantis gaudiis cœlestibus reconciliare digneter, et misericorditer reducere ad illum beatissimum locum, quem propter mea peccata perdidi : ut illi et tibi serviam per infinita sæcula sæculorum. Amen.

CONTEMPLATIO VII.

De septimo bono.

1. Scio, purissima Virgo Maria, quod tua humilitate et fide mediantibus, gaudium electorum provenit a jucundissima visione glorificatæ humanitatis Christi. Perfectissimum namque et omnimoda suavitate et dulcedine plenum erit illud gaudium, videre hominem hominis conditorem. Tunc enim cognoscent electi, quomodo tu, intemerata Virgo Maria, facta fuisti Mater, manens virgo ; quomodo sine corruptione fecunda fuisti, et sine gravamine gravida, et sine dolore puerpera. Proveniet insuper, Virgo Maria, illud inenarrabile gaudium a consideratione unionis humanæ naturæ ad divinam : quia tunc electi cognoscent quod frater eorum secundum carnem, Deus est. Tanta etiam erit unitas capitis et membrorum, quod membra honorem sui capitis, proprium reputabunt, et multiplicabitur hujusmodi immensitas gaudii ex jucunda societate ; et hæc societas constabit ex hominibus et angelis.

2. O gloriosissima Virgo Maria, quale gaudium erit te videre Matrem Domini, choris comitatam virgineis, et exaltatam super choros angelorum. Ibi enim tunc tanta erit charitas inter electos, quod gaudia singulorum, universi et singuli, pro-

pria reputabunt. Et illa cœlestis hæreditas omnibus erit una, et singulis erit tota : quia regnum cœleste quanto a pluribus participatur, tanto uberius possidetur. Nam illa beatorum civium supernorum societas, et admirabilis charitas eorum, facit ut nemo angelorum, nemo archangelorum, sive aliorum sanctorum, alicujus sancti invideat gloriæ : sed totum in alio possidet unusquisque, quod gratis præstatur omnibus. Ut honorificetur Deus in omnibus, adoretur ab omnibus, ab omnibus glorificetur. Nam non sexus, non ætas, non dignitas generis, sed sola discernitur qualitas meritorum.

3. O sanctissima Virgo Maria, augmentabitur istud ineffabile gaudium ex corporis glorificatione cum suis dotibus ; quæ erunt claritas, subtilitas, agilitas, et impassibilitas. Claritas erit in corpore respectu ejus quod erit juxta se, ut scilicet alia corpora clarificata in ejus aspectu delectentur ; quia fulgebunt sicut sol. (Matth. xiii, 43.) Subtilitas erit respectu ejus, quod erit infra se, ut corpora inferiora cedant corpori glorificato ; quia corpus glorificatum illud non dividit, per quod transit, nec ab illo dividitur, sicut nec sol materialis. Agilitas erit respectu ejus, quod erit supra se, ut ad spiritum suum perfectam habeat obedientiam : ex hinc caro non concupiscet adversus spiritum, nec spiritus adversus carnem (Galat. v, 17), sicut modo. Impassibilitas erit respectu ejus, quod erit contra se, ne scilicet ab aliquo possit lædi : ideo dicitur : Non esurient, neque sitient amplius, et non cadet super illos sol, neque ullus æstus ; et mors ultra non erit. (Apoc. vii, 16 ; xxi, 4.)

4. O misericordissima Virgo Maria, fac me tuis sanctissimis meritis et deprecationibus participem tantorum bonorum, ut hic justificatus per gratiam, in judicio glorificatus appaream et gloriam possideam sempiternam. Amen.

CONTEMPLATIO VIII.

De octavo bono.

1. Quid amplius ad cumulum gaudii, sacratissima Virgo Maria, electis fecisti, ut perpetuo gaudeant, et gaudium eorum nemo tollat ab eis ? (Joan. xvi, 22.) Ecce, Virgo Maria, gaudium electorum augmentatur ex eo quod vident se evasisse pœnas infernales. Ideo dicitur : Eruisti animam meam ex inferno inferiori (Psal. lxxxv, 13) ; et quia vident hostes suos ibi cruciari, unde scribitur : Lætabitur justus, cum viderit vindictam. (Psal. lvii, 11.) Ex eo etiam, quia peccatum, quod maxime modo nocet hominibus, tunc clausum erit in inferno, quasi in proprio loco suo. Non enim post judicium poterit peccatum remanere in cœlo, vel in terra ; sed cum damnatis descendet ad infernum. Omne enim ponderosum tendit ad centrum, et infernus est centrum pec-

cati. Ideo scribitur : Conterentur cum delinquente delicta. (Eccli. xxvii, 3.)

2. Adhuc, beatissima Virgo Maria, te adjuvante, electorum gaudium augetur, ex eo quod a mundi miseria tunc erunt liberati. Nam transisse a morte ad vitam, vitæ gaudium duplicat, et hoc gaudium inveniebat ille, qui cum fletu et gemitu dicebat : Heu mihi ! quia incolatus meus prolongatus est. (Psal. cxix, 5.) Ideo fiunt mihi lacrymæ meæ panes die ac nocte. (Psal. xli, 4.) Quando veniam, et apparebo ante faciem Domini ? (Ibid. 3.) Non eorum minuetur gaudium, sed augmentabitur ex eo quod a mundi naufragio liberati sunt. Si enim naufragantes in pelago corporaliter, tantum gaudent ex evasione sua, electi in infinitum plus gavisuri sunt, tam corporis quam animæ periculum evadentes.

3. O clementissima Virgo Maria, periculum probat transeuntium raritas, et pereuntium multitudo. Electorum etiam cumulatur gaudium ex hoc, quod cum tantæ infirmitatis essent, tamen de fortissimo et terribili hoste triumpharunt, sicut est inimicus humani generis, scilicet diabolus, de quo scribitur : Non est super terram potestas, quæ comparetur ei ? qui factus est ut nullum timeret. (Job xli, 24.) Nos enim sumus ut locustæ, et hostes nostri ut gigantes ; et ideo, quia virtuose prævaluerunt contra eos, ad maximum gaudium cedit eis ; quia quanto majus periculum est in prælio, tanto majus gaudium est in triumpho.

4. O benignissima Virgo Maria, non sic est de me misero peccatore. Adhuc inter meos hostes habito, a quibus me poteram defendere gratia benedicti Filii tui et tua intercessione succurrentibus : sed nolui intelligere, ut bene agerem, et me defenderem : sed eorum voluntatibus frequenter me submisi, et sic gaudium per te mihi procuratum perdidi. Adjuva me, piissima Virgo Maria, redde me strenuum et virtuosum contra adversarios meos ; ut eos vincendo, te suffragante, gaudium sempiternum possideam cum beatis. Amen.

CONTEMPLATIO IX.

De nono bono.

1. O quanta felicitas est, clementissima Virgo Maria, in regno cœlorum, te adjuvante, nobis parata ! ubi nullum erit malum, nullum aberit bonum. Vacabitur Dei laudibus, qui omnia erit in omnibus (I Cor. xv, 28) : nulla erit ibi desidia, nulla indigentia. Ibi vera gloria erit, ubi nec laudantis errore quisquam, nec adulatione laudabitur. Erit ibi verus honor, qui nulli negabitur digno, nulli deferetur indigno, sed nec illum ambiet quisquam indignus. Ibi erit vera pax , ubi nihil adversi quisquam vel a se, vel ab alio patietur. Præmium virtutis erit ipse, qui virtutem dedit ; et qui seipsum, quo melius et majus nihil esse potest, promisit. Ipse finis erit deside-

riorum nostrorum, qui sine fine videbitur, sine
fastidio amabitur, sine fatigatione laudabitur. Ibi
erit tanta requies, et tanta tranquillitas pacis,
tantaque charitas et dilectio, quod nulli superiori nullus inferior invidebit : sicut non invi-
dent archangelis angeli cæteri : sicut unum membrum modo non invidet alii gloriam suam, vel
honorem. Ibi vacabimus, et videbimus ; videbimus, et amabimus ; amabimus, et laudabimus.

2. Ecce quod erit in fine sine fine. Nam quid
aliud est noster finis, nisi pervenire ad regnum,
cujus nullus est finis ? Illud gaudium a præsenti
differt ; quia hic non est perfectum gaudium, sed
ibi erit plenum et perfectum. Ideo scribitur : *Petite et accipietis, ut gaudium vestrum plenum sit*
(*Joan.* xvi, 24) ; præsens gaudium non est securum,
sed futurum securum erit, quia summum gaudium
tale debet esse quod non amittat homo invitus.
Nemo quippe potest confidere de tali gaudio, quod
sibi eripi posse sentit, etiamsi retinere illud am-
plectique voluerit. Quisquis autem non confidit de
gaudio quo fruitur , in tanto timore amittendi
beatus esse non potest, sicut est de gaudio præsenti,
cujus risus dolore miscetur, et cujus extrema luctus
occupat. (*Prov.* xiv, 13.) Visio igitur Dei qua videbit electos, et videbitur ab electis, summum et
perfectum, et æternum gaudium est. Ideo dicitur :
Videbitis me ; quia ego vivo, et vos vivetis (*Joan.*
xiv, 19) ; et, *Videbo vos, et gaudebit cor vestrum*
(*Joan.* xvi, 22) ; et quia Deus æternus est, et ejus
visio æterna, et gaudium erit æternum. Ideo
scribitur : *Et gaudium vestrum nemo tollet a vobis.*
(*Ibid.*)

3 O misericordissima et piissima Virgo Maria,
fac me gaudere tuis sanctissimis deprecationibus
suffragantibus. Ora illud supremum et sempiternum
Gaudium, quod in tuo virginali utero humiliter
portasti, ut mihi talem gratiam hic vivendi concedere dignetur misericorditer, ut eo frui valeam per
infinita sæcula sæculorum. Amen.

CONTEMPLATIO X.

De decimo bono.

1. Gloriosissima Virgo Maria, quis humanitus
cogitare potest, quanta erit unio et concordia electis in æterna gloria, quam te operante et auxi-
liante, videbimus ? Ibi namque tanta erit tunc concordia electorum, quanta nunc est in oculis nostris;
quo enim unus oculus respicit, mox et illuc alius
oculus necessario intendit; et quo se vertit unus,
statim flectitur alius. Sic credo esse, piissima
Virgo Maria, in gloria cœlesti. Quidquid enim vult
Deus, volunt homo et angelus; quidquid vult angelus, volunt homo et Deus; quidquid vult homo, volunt
Deus et angelus : tanto siquidem amore adhærent
beati Creatori suo, et tanta est ibi unio voluntatum,
quod si Pater videret filium in tormentis, vel e converso; vel vir uxorem, vel e converso ; non tamen

dolebunt, sed gaudebunt, et grates referent justitiæ divinæ; si enim vel ad modicum dolere possent,
jam non esset gaudium consummatum. Propterea
scribitur electis : *Confortamini, et nolite timere :
ecce Deus vester ultionem adducet retributionis.* (*Isa.*
xxxv. 4.)

2. Ibi etiam erit mutua electorum cognitio, sicut
apparuit in transfiguratione Domini, quando Petrus, Jacobus et Joannes sine alicujus indicio cognoverunt facies Moysis et Eliæ, quos nunquam
antea viderant. (*Matth.* xvii, 1-23.) Universi et singuli justi cæterorum justorum cognoscent nomina,
gratiam, et merita, quasi cum illis semper habi-
tassent. Cognoscent etiam damnatos in tormentis,
et propter quod demeritum damnati sunt; et tam
clausis oculis quam apertis, cæteros electos, angelos et seipsos contemplabuntur, facies singulorum,
omnia quæ erunt in novo cœlo et in nova terra,
delectabiliter aspicient. Nihil enim opertum, quod
non reveletur ; nihil absconditum, quod tunc non
sciatur (*Matth.* x, 26) ; et nihil clausum, quod tunc
non aperiatur. Mali etiam cognoscent tam bonos
quam malos; et tam expressa cognitione, ut ipsorum etiam merita noverint, et nomina ; sicut dives epulo cognovit Abraham et Lazarum in
sinu ejus. (*Luc.* xvi, 23.) Post judicium reprobi
non videbunt bonos in gloria, secundum illud :
Tollatur impius, ne videat gloriam Dei. (*Isa.* xxvi,
11 sec. LXX.) Unde de mutua cognitione electorum
scribitur : *Omnes, qui viderint eos, cognoscent illos :
quia isti sunt semen cui benedixit Dominus* (*Isa.*
lxi, 9) ; et de cognitione etiam Dei scribitur : *Omnes cognoscent me, a minimo usque ad maximum, ait
Dominus ; quia propitiabor iniquitatibus eorum, et
peccati eorum non ero memor amplius* (*Jerem.*
xxxi, 34) ; et, *In illa die cognoscetis, quia ego sum
in Patre meo, et vos in me, et ego in vobis.* (*Joan.*
xiv, 20.)

3. O sanctissima Virgo Maria, exora illum tuis
devotis et humilibus deprecationibus, ut mihi donare dignetur per suam misericordiam, gratiam
cognoscendi hic omnia peccata mea, et ea emendandi, ut in æterna gloria ipsum placatum mihi
videam, et sicuti est, cognoscam. Amen.

CONTEMPLATIO XI.

De undecimo bono.

1. Dum ad memoriam reduco, corde concipio, et
mente contemplor, beatissima Virgo Maria, qualiter gloriosissimus Filius tuus gloriam suam intravit, et suos electos intrare fecit, dolore æstuo, et
quasi deficio in meipso : quia occulta fide me video
ejus viam quodammodo abhorrere. Intravit namque
beatissimus Filius tuus gloriam suam, ignominia
crucis et tormento amarissimæ Passionis ; quia
scriptum est : *Oportebat Christum pati, et ita intrare
in gloriam suam.* (*Luc.* xxiv, 26.) Sic etiam, benedicta Virgo Maria, electi per multas passiones, tribulationes, et angustias, beatificum ipsius regnum.

intraverunt; Petrus et Andreas crucis suspendio intraverunt, Paulus capitis truncatione, Bartholomæus sui corporis excoriatione, Laurentius craticula, Vincentius equuleo, Blasius chardis ferreis, Joannes Baptista capitis resectione, cæterique martyres diverso supplicio tormentorum : alii contemptu rerum temporalium, alii afflictionibus, abstinentiis, et diversis pœnitentiis corporum.

2. S', purissima Virgo Maria, sacratissimus Filius tuus promisit talia operantibus, gloriam suam, quid igitur faciam ego, Virgo Maria ? aut qualem spem habere possum de intrando gloriam sempiternam ? cum nullum genus martyrii in me suscipiam, animi voluntate, nullam pœnam corporalem, nullam rerum temporalium abjectionem, vix aliquam mentis ad cœlestia elevationem : sed semper habeo prostratam ad mundana et ad peccata diversa : illa appeto, illa requiro, et ad habendum laborare non desino : illa amplector, et in illis delector; complacentiam et delectationem corporalem perquiro, et eam totis viribus concupiscendo, suscipio, et susceptam pro posse, ad effectum perduco. Unde hic deliciis temporalibus et corporalibus, et in futuro spiritalibus frui cupio.

3. O piissima Virgo Maria, quanta est fatuitas mea ! imo, ut verius loquar, dementia mea ! Vita mea miseria est, ignominia et stultitia plena, tota criminibus, non 'virtutibus exposita; desperationi, non consolationi; quia non in via, sed per devia ambulavi usque nunc. Reduc me, misericordissima Virgo Maria, ad viam directam, quæ ducit ad gloriam æternam. Amen.

CONTEMPLATIO XII.

De duodecimo bono.

1. Salutifera Virgo Maria, electi in æterna gloria sine vestibus ornati apparebunt, quem ornatum a Deo pro meritis recipient : non enim vestiti erunt, sed erunt nudi ; sed omni decore fulgebunt; nec plus de genitalibus membris, quam nunc de gloriosis oculis erubescent. Universi enim et singuli amicientur lumine, sicut vestimento ; virtutes etiam electorum, et operum merita erunt eorum indumenta. Unde ratione virtutum dicitur Lucifero, habito respectu ad creationem ejus : *Omnis lapis pretiosus, operimentum tuum.* (*Ezech.* xxviii, 13.) Ratione etiam operum ipsius, et aliorum similium, dicitur : *Telas araneæ texuerunt; telæ eorum non eis erunt in vestimentum, nec operientur operibus suis* (*Isa.* lix, 5, 6), videlicet sicut justi, sed potius operientur sicut diploide confusione sua, (*Psal.* cviii, 29). Salus etiam et justitia erunt electorum vestimenta, sicut scribitur : *Induit me Dominus vestimento salutis, et indumento justitiæ circumdedit me.* (*Isa.* lxi, 6.) Induentur enim corpora eorum vestimento salutis, et animæ indumentis justitiæ. Et sicut hic diversa est gratia, sic erit ibi diversa gloria in corporibus electorum. Et alium colorem habebunt martyres, alium confessores, alium vir-

gines, alium pœnitentes, et alium continentes.

2. Et hoc est quod eis promittit benedictus Filius tuus, Virgo Maria, dicens : *Venient, et videbunt gloriam meam, et ponam in eis signum.* (*Isa.* lxvi, 18.) Habebunt etiam martyres coronas roseas ; casti et continentes, liliaceas ; humiles, violaceas ; contemplatores, hyacinthinas; et qui sibi et aliis prosunt, purpureas. Universi enim et singuli coronabuntur in reges, ex quo congregati erunt ad Christum, et ex quo convenerint in unum ; et singulis erit ipse corona. Unde scribitur : *In die illa erit Dominus exercituum corona gloriæ, et sertum exsultationis residuo populi sui* (*Isa.* xxviii, 5); erit etiam *corona gloriæ in manu Domini, et diadema regni in domo Domini.* (*Isa.* lxii, 3.)

3. Sed, Virgo Maria, scio quod tunc non coronabitur, nisi qui legitime certaverit (*II Tim.* ii, 5) : a quorum numero, Virgo Maria misericordissima, me sentio alienum : quia contra hostes et adversarios animæ meæ non certavi legitime, sed frequenter ex mea malitia succubui, et eorum perversis voluntatibus me exposui : et sic nudus apparebo. Succurre mihi, piissima Virgo Maria, exora tuum Filium benedictum, qui vestimentis virtutum me exornet, ut sibi exoptabilis fiam in gloria sempiterna. Amen.

CONTEMPLATIO XIII.

De decimo tertio bono.

1. Te mediante, beatissima Virgo Maria, vulnera mentis meæ hic sanantur et in futuro perfecta sanitas sine ægritudine aliqua præparatur. Ibi enim non caligabunt oculi videntium, sed salus erit sempiterna. Tunc aperientur oculi cæcorum, et aures surdorum patebunt (*Isa.* xxxv, 5) ; et sanabitur in nobis plaga septemplex, quæ est fames, sitis, frigus, cauma, labor, ægritudo, et mors. Tunc erit lætitia sine tristitia ; ideo scribitur : *Adimplebis me lætitia*, Virgo Maria, *cum vultu tuo* (*Psal.* xv, 11), id est cum Filio tuo benedicto. Quoniam scilicet *videbo eum sicuti est* (*I Joan.* iii, 2) ; et *cognoscam, sicut et cognitus sum.* (*I Cor.* xiii, 12.) Nec dicitur *in vultu*, sed *cum vultu*. Angelos enim implebit, sed homines adimplebit ; *cum vultu*, propter conformitatem hominis ad Christum ex parte animæ, et ex parte corporis.

2. Non erimus tantum pleni, sed impleti, et adimpleti : pleni enim erimus lætitia pro gloria proximorum, impleti pro gloria nostra, adimpleti pro gloria Christi. Ibi namque erit abundantia absque indigentia ; quia ibi nihil deest, nihil obest, nihil superfluit, nihil defluit ; nihil exterius, quod appetatur; nihil interius, quod fastidiatur ; nam ibi erunt æternales divitiæ absque ulla inopia, quas Dominus promittit amatoribus suis, dicens : *Meæ sunt divitiæ et gloria* (*Prov.* viii, 18), id est, divitiæ gloriosæ, quæ possessores suos faciunt gloriosos : quæ bene operando in præsenti acquiruntur, ut æternaliter habeantur in futuro. Istæ autem divitiæ, maxime per contemptum tempora-

lium et largam crogationem acquiruntur : et erit omnium bonorum remuneratio largiflua, quam Dominus promittit, dicens : *Euge, serve bone et fidelis ; quia super pauca fuisti fidelis, supra multa te constituam.* (*Matth.* xxv, 21.)

3. Hæc est æterna remuneratio, scilicet in tribus quoad animam, quia videbimus, amabimus et laudabimus : et hæc tria sunt perfectio trium virtutum animæ. Ex parte vero corporis erunt claritas, agilitas, subtilitas, impassibilitas, libertas, voluptas et longanimitas. Et tunc erit ibi æterna consolatio ; quia scribitur : *Sicut Mater consolatur filios suos, ita consolabor vos, dicit Dominus, et in Jerusalem,*scilicet cœlesti, *consolabimini, et videbitis, et gaudebit cor vestrum.* (*Isa.* LXVI, 13.)

4. O misericordissima Virgo Maria, quis tibi hic, quacunque perfectione fulgeat, gratiarum actiones referre potest de tantis bonis nobis præparatis? Ego ingratus tibi fui, et sum, piissima Virgo Maria, quia non solum tibi gratias non retuli, sed tibi displicere curavi per vitam perversam, quam longo tempore duxi. Auxiliari mihi ligpetur, Virgo Maria, tua immensa pietas ; et exora illum, cujus misericordia plena est terra, ut reatus meos diluat, virtutes tribuat, et ad tanta bona cœlestia me sua benignitate perducat. Amen.

CONTEMPLATIO XIV.

De decimo quarto bono.

1. Invitati sumus, speciosissima Virgo Maria, ad nuptias cœlestes per gloriosissimum Filium tuum, qui voce sua dulcissima vocat electos suos, dicens : *Venite, benedicti Patris mei, percipite regnum quod vobis paratum est ab origine mundi.* (*Matth.* xxv, 34.) Et finito hoc, subjunget secundum verbum terribile reprobis, dicens : *Ite, maledicti, in ignem æternum* (*Ibid.* 41) ; et hæc erit mala auditio (*Psal.* CXI, 7) et verbum asperum (*Psal.* XC, 3) : sed expost, tu, beatissima Virgo Maria, cum sanctis virginibus quasi in recessu a judicio, cantabis istud canticum : *Cantemus Domino : gloriose enim honorificatus est ; equum,* id est, cœtum damnatorum, *et ascensorem,*

id est, diabolum *projecit in mare (Exod.* xv, 1), id est, in profundissimam amaritudinem æternæ miseriæ. In istis sanctissimis nuptiis cantabit generalis Ecclesia : *Fortitudo mea et laus mea Dominus ; et factus est mihi in salutem. Iste Deus meus, et glorificabo eum : Deus Patris mei, et exaltabo eum.* (*Ibid.* 2.)

2. Contemplata autem civitate tantarum nuptiarum cantabunt omnes sancti : *Sicut audivimus, sic vidimus in civitate Dei nostri. Deus fundavit eam in æternum.* (*Psal.* XLVII, 9.) Et, *Ecce quam bonum et quam jucundum habitare fratres in unum !* (*Psal.* CXXXII, 1.) Et tunc implebitur, quod Dominus promittit electis suis, dicens : *Canticum erit vobis, sicut nox sanctificatæ solemnitatis. et lætitiæ cordis.* (*Isa.* XXX, 29.) Alii cantabunt : *Dignus es, Domine, aperire librum, et solvere signacula ejus ; quia occisus es, et redemisti nos Deo in sanguine tuo, ex omni tribu, et lingua, et populo, et natione : et fecisti nos Deo nostro regnum.* (*Apoc.* v, 9.) De cantico angelorum dicitur : *Vidi, et audivi vocem angelorum multorum dicentium voce magna : Dignus est Agnus, qui occisus est, accipere virtutem, et divinitatem, et sapientiam, et fortitudinem, et honorem, gloriam et benedictionem.* (*Ibid.* 12.) De cantico Innocentium dicitur : *Agnus stabat super montem Sion, et cum eo centum quadraginta quatuor millia, habentes nomen ejus et nomen Patris ejus scriptum in frontibus suis ; et cantabant quasi canticum novum ante sedem Dei.* (*Apoc.* XIV, 1.)

3. O benignissima Virgo Maria, quomodo ad istas beatissimas nuptias potero invitari, ego pauper et inops omni bonitate, qui non habeo vestem nuptialem alicujus virtutis ? sed, si justitia fiat mihi, dicetur : *Ejicite eum foras, et mittite in tenebras exteriores : ubi erit fletus et stridor dentium.* (*Matth.* xxv, 30.) Adjuva me, pretiosissima Virgo Maria, exora benignissimum Filium tuum, ut mihi misericorditer donet vestes nuptiales virtutum, cum quibus ad ipsius beatissimas et cœlestes nuptias intrem, et cantando, ipsum laudem per sæcula sempiterna. Amen.

PARS XVI.

DE HIS QUÆ DEBEMUS GLORIOSÆ VIRGINI MARIÆ.

—

CONTEMPLATIO PRIMA.

Quod beatæ Virgini debemus fidem.

1. Debitores tui sumus, fidelissima Virgo Maria, quia tibi debemus fidem, signiferam omnium virtutum : quia speciale Dei opus es in utero matris sanctificata, nata tota sancta ; ex qua immaculatam et sine peccato vitam duxisti in mundo, purificata a sapientia Dei, quæ non intrat in animam malevolam, nec habitat in corpore subdito peccatis. (*Sap.*

1, 4.) Te namque velut pupillam oculi semper ab omni nocivo, Deus Trinitas custodivit. Tu virginitatis primiceria exstitisti, sine corruptione fecunda, sine gravamine gravida, sine dolore puerpera ; sola Virgo et Mater Dei et non alia, quia tibi soli hoc privilegium debebatur ; nec peccasti, nec peccare potuisti, ex quo Filium Dei concepisti.

2. In te et per te forma divina sponte venit in hominem sponte deformatum, gratia gratis ad gratiæ ingratum, medicina non rogata ultro venit ad

ægrotum, virtus ad infirmum, sapientia ad fatuum, sanctificatio ad immundum, veritas ad mendacem, pietas ad immisericordem, pax ad rebellem, misericordia ad impium, charitas ad inimicum, justitia ad injustum : non ut cum secundum justitiam judicaret et damnaret, sed ut eum a sua injustitia justificaret, et secundum se formaret; ut formatum secundum se, tandem glorificaret in se. Ad id enim forma Dei venit in carnem, ut prius in spiritu, post etiam in carne illos sibi conformaret, quos præscivit, et prædestinavit Deus Pater conformes fieri imagini Filii sui. (*Rom.* viii, 29.) Hæc igitur forma tam formosa, ex pietate sola se univit materiæ tam informi; nec modo informi, sed et deformi ; nec modo deformi, sed et deformatæ, non quidem ex ulla necessitate, sed ex sola propriæ voluntatis voluntaria perversitate. De te insuper, sanctissima Virgo Maria, credi debet, quidquid boni et honoris cogitari, credi, aut dici potest de pura creatura post Filium tuum benedictum ; quod omnia in te perfectissime sunt, quorum multa excedunt intellectum humanum.

3. O benignissima Virgo Maria, licet hanc fidem de te habuerim, et habeam, tamen fides mortua fuit propter defectum bonorum operum, et multiplicationem vitiorum ; quæ inique a juventute mea usque nunc perpetravi, nec adhuc desino perpetrare ; de quibus non dolui, neque condignam pœnitentiam egi. Adjuva me, benignissima Virgo Maria, sanctissimis tuis deprecationibus, ut fides prædicta non moriatur in me per prava opera, sed potius vivificetur per exercitium bonorum operum, ut quod hic de te fideliter credo, in cœlesti gloria misericorditer apprehendam. Amen.

CONTEMPLATIO II.

Quod beatæ Virgini debemus dilectionem.

1. Diligenda es a nobis, amantissima Virgo Maria, præcipue, quia diligentes te diligis. Tua namque dilectio, cunctorum est singula, et singulorum tota : quæ neque participatione decrescit, nec usu deficit, nec tempore veterascit : est enim affectu desiderabilis, experientia dulcis, fructu æterna, jucunditate plena, reficiens et satians, nec unquam fastidium generans. Idcirco quisque fidelis te diligere debet, et dicere cum Sapiente : *Super salutem et speciem dilexi eam ; et proposui pro luce habere illam : quia inexstinguibile est lumen illius : venerunt mihi omnia bona pariter cum illa, et innumerabilis honestas per manus illius.* (*Sap.* vii, 10, 11.) *Super salutem,* scilicet corporis, *et speciem,* scilicet cujuslibet rei temporalis, *dilexi eam,* scilicet te, gloriosam Virginem Mariam. Nam omnis istorum temporalium dilectio deficit homini necessitate extrema ; sed tu, beatissima Virgo Maria, nec in vita, nec in morte deficis amatoribus et servitoribus tuis. Imo frequenter ipsorum animas de cor-

poribus exeuntes, suscipis, et protegis ab incursu malignorum spirituum, *inexstinguibile est lumen tuum,* quo scilicet lumine, tu, piissima Virgo Maria, illuminas tuos amatores et imitatores, dicens cum Filio tuo benedicto : *Qui sequitur me, non ambulat in tenebris ; sed habebit lumen vitæ (Joan.* viii, 12), quod est inexstinguibile. *Venerunt igitur mihi omnia bona pariter cum illa.* Omnia ergo bona scilicet gratuita, venerunt, scilicet a Deo bonorum omnium largitore qui quidquid boni dat creaturis suis, per manus tuas, sacratissima Virgo Maria, vult quod transeat. Unde sequitur : *Et innumerabilis honestas per manus illius.* Nam te aperiente manum tuam, implemur omni benedictione, id est, bona ratione.

2. O benignissima Virgo Maria, qui te perfecte cognosceret, perfecte te diligeret, et amator tuus fieret ; et, te mediante, omne bonum necessarium in præsenti reciperet a tuo Filio benedicto, et vitam æternam in futuro, cujus arrhæ sunt gratiæ et virtutes. Unde de te loquens Sapiens dicebat : *Hanc amavi, et exquisivi a juventute mea ; et quæsivi eam mihi sponsam assumere, et amator factus sum formæ illius. (Sap.* viii, 2.) *Hanc igitur,* id est, Virginem Mariam, dicit Sapiens, *amavi,* scilicet toto corde ; *et exquisivi,* id est, ex toto quæsivi, studendo in Scripturis, quæ de te loquuntur ; investigando diligenter magnalia tua ; de te meditando, te jugiter exorando, ad honorem tui operando. *Et quæsivi sponsam mihi eam assumere,* id est, te amore casto et fructuoso et individuo mihi copulare ; et talis dilectio spiritalis est, non carnalis. Unde *amator factus sum formæ illius,* id est, illius, cui dictum est per Sponsum : *Tota pulchra es, amica mea, et macula non est in te. (Cant.* iv, 7.)

3. O gloriosissima Virgo Maria, frigidus fui, et sum in amore tuo ; quia ad diligendum mundum et carnem me cum affectu disposui, et in hoc perseveravi. Sed auxiliari mihi digneris, piissima Virgo Maria ; aufer a me amorem mundanum, et carnis ; et impetra mihi ut tuum benedictum Filium et te diligam et timeam, pariterque utrique puro corde serviam, ut in præsenti gratiam, et in futuro gloriam obtineam sempiternam. Amen.

CONTEMPLATIO III.

Quod beatæ Virgini debemus obedientiam.

1. Tibi obedire tenetur omnis fidelis Christianus, potentissima Virgo Maria, propter reverentiam virginalem, et propter periculum nostrum, qui inter dæmones et alios hostes habitamus, et vivimus in peccatis. Qui enim justus est, tibi obediendo debet ad te confugere, ut dicere possit : *Sub umbra illius quam desideraveram sedi (Cant.* ii, 3) ; et sic erit securus per auxilium tuum. Si peccator est, ad te confugere debet, quia tu es civitas refugii, ut salvos facias peccatores tibi obedientes, revertendo ad te ; quibus tu, piissima

Virgo Maria, humiliter et benigne dicis : *Qui audit me, non confundetur.* (*Eccli.* xxiv, 30.) Qui audit, id est, obedit ; vel audit me in paupere vociferante, vel prædicatore docente ; vel *audit*, id est, devote auscultat sermonem meum ; vel *audit me*, id est, acquiescit consilio meo, de quo scribitur : *Consilium ejus, quasi fons vitæ permanet* (*Eccli.* xxi, 16), id est, quasi fons vivus semper scaturiens. Qui igitur, benedicta Virgo Maria, audit te, id est, obedit tibi, non confundetur per auditum illius verbi asperi : *Ite, maledicti, in ignem æternum.* (*Matth.* xxv, 41.) Vel *non confundetur*, id est, non patietur repulsam, nec confusionem, sed per te semper exaudietur, et pro illo semper orabis ; vel *non confundetur*, scilicet, mala confusione, qua soli impii confundentur in judicio tui Filii benedicti, sed astabis pro eo. Nam obedientibus tibi Matri Virgini, dicturus est Filius tuus benedictus in judicio : *Venite, benedicti Patris mei.* (*Ibid.* 33.)

2. Qui igitur audit te, tua opera, et exemplum recipiendo, tanquam verum fundamentum vitæ cœlestis, *non confundetur.* Unde ut tibi obediat, sicut tu archangelo Gabrieli obedivisti, dicendo sibi : *Ecce ancilla Domini* (*Luc.* i, 38) ; ut etiam fugiat strepitum mundi, sicut tu eum fugisti, quia in cella orabas tota solitaria quando angelus ingressus est ad te ; ut etiam vereamur magis quam exsultemus, quando laudamur, et cogitemus, utrum digne, sicut tu cogitabas qualis esset salutatio illa angelica ; ut constanter persistat quisque in statu suæ professionis, sicut tu post votum virginitatis constanter respondisti : *Quomodo fiet istud, quoniam virum non cognosco ?* (*Ibid.* 34.) Ut etiam voluntatem suam quisque conformet voluntati divinæ, sicut tu fecisti respondendo : *Ecce ancilla Domini ;* cujus est velle, quod vult Dominus ejus, ut spretis terrenis appetat cœlestia, sicut tu fecisti quando concepto Filio Dei in montana ascendisti ; et etiam se minoribus serviat et ministret, sicut tu humiliter ministrasti Elisabethæ. Sic igitur, sacratissima Virgo Maria, obediendum est verbis tuis, consiliis tuis, et exemplis tuis.

3. Sed ego pravissimus peccator, corde durus tibi nolui obedire : sed te contempsi. Ideo dignum est ut mihi dicas : *Despexisti omne consilium meum ; et ego in interitu tuo ridebo.* (*Prov.* i, 25, 26.) Non sic, piissima Virgo Maria, sed oculis pietatis et misericordiæ me aspicias ; et Filium tuum misericordem, tuis intercessionibus inclines, ut mihi indulgeat, et vitam largiatur æternam. Amen.

CONTEMPLATIO IV.

Quod beatæ Virgini debemus reverentiam et timorem.

1. Excellentissima super omnes mulieres, pretiosissima Virgo Maria, tibi timor et reverentia debetur, ne coram oculis tuis aliquid indecens cogitare, desiderare, consentire, aut facere, aliquis audeat : ne illos misericordes oculos, qui non possunt respicere iniquitatem, avertas a nobis. De quibus scribitur : *Mundi sunt oculi tui, ne videas malum, et respicere ad iniquitatem non potes.* (*Habac.* i, 13.) Ideo de te, quæ vere es mulier fortis, scribitur : *Consideravit semitas domus suæ.* (*Prov.* xxxi, 17.) *Semitas,* id est, sanctas cogitationes conscientiarum. *Domus suæ,* id est, familiæ suæ ; perversæ enim cogitationes separant hominem a te, et benedicto Filio tuo. (*Sap.* i, 3.) Quales cogitationes sunt superborum, invidorum, avarorum, luxuriosorum, et aliorum peccatorum qui impediunt adventum gratiæ, et fugant a corde gratiam jam acceptam. Nec est præsumendum de mitissima humilitate tua, et pietate ; quin te timere debeamus, et summæ dignitati tuæ timor et reverentia debeatur. Quamvis enim tu dixeris : *Ecce ancilla Domini* (*Luc.* i, 38), tu etiam Regem gloriæ et Dominum majestatis sic allocuta fuisti ; *Fili, quid fecisti nobis sic ?* (*Luc.* ii, 48.) Tu namque, Virgo Maria, es speciale sacrarium Domini. Unde sicut, *oculi Domini super metuentes eum,* sic oculi tui, id est, respectus misericordiæ, super timentes te, id est, super humiles, qui timent et cavent offendere te ; sed quia timor solus sine spe non est bonus, ideo sequitur, *Et in eis qui sperant super misericordia ejus* (*Psal.* xxxii, 18).

2. Sed quid timendum et sperandum sit de te Virgine Maria, sequitur, *ut eruat a morte,* scilicet culpæ præsentis, et pœnæ æternæ, *animas eorum ;* non solum corpora a pœna præsenti ; *et alat eos in fame* (*Psal.* xxxii, 18, 19), scilicet verbi Dei, vel inopia famis æternæ, sicut scribitur : *Ecce servi mei comedent, et vos esurietis.* (*Isa.* lxv, 13.) Timentes te, purissima Virgo Maria, protegis potenter ab omni adversitate ; das eis potentiam ad bene agendum , et declinandum a malo ; das etiam firmamentum in virtutibus, quas eis tuis orationibus impetras a benedicto Filio tuo ; et misericorditer in eis refrigeras concupiscentias, quas diabolica suggestio inflammat : et insuper deprecabilis es super offensione ipsorum, et pro ipsis tuum benedictum Filium exoras, ut ipsos præservet, ne cadant in peccatum, vel infernum ; et si forte ceciderint in peccatum, erigis eos, et illuminas oculos mentium ipsorum, ad cognoscendum et diligendum Deum, te, et proximum.

3. O benignissima Virgo Maria, aperi mihi oculos mentis, quibus hactenus clausis, te non timui, neque in te reverentiam habui, ut te videam, diligam, et timeam : et tibi contrito et humili corde serviam, et vitam mihi impetres sempiternam. Amen.

CONTEMPLATIO V.

Quod beatæ Virgini debemus continuam memoriam.

1. Scriptum est de te, beatissima Virgo Maria : *Memoria mea in generatione sanctorum* (*Eccli.* xxiv, 28), id est hominum, quorum una est ge-

neratio. Si enim *memoria justi cum laudibus* (*Prov* x, 7), quanto magis memoria tui, Virgo Maria, per quam nobis factus est Christus justitia ? Ideo *memoriam abundantiæ suavitatis tuæ eructabunt.* (*Psal.* cxliv, 7.) Debet namque, gloriosissima Virgo Maria, cor meum te assidue cogitare et meditari ; quia cor tuum assidue et effectualiter meditatur et cogitat de misericordia, pace et salute. De cogitatione enim tua, qua cogitas nobis bonum, scriptum est : *A mari abundat cogitatio tua*, et non potest a sensu humano conprehendi, sicut nec mare potest exhauriri ; *et consilium tuum*, quo saluti humanæ provides, *in abysso magna* (*Eccli.* xxiv, 29), quia investigari non potest. Quis enim investigari potest efficaciam verbi tui, quo providisti nobis infirmis salubriter, quando omnium medicinam verbo concepisti mirabiliter ? *A mari* igitur, id est, plusquam mare *cogitatio tua* ; quia, sicut impossibile est humano sensui cogitare vel dinumerare guttas maris, vel videre totum mare, sic impossibile est et longe amplius humano capere intellectu, charitatem, pietatem, humilitatem, et cætera quæ pertinent ad te : et facilius posset mare exhauriri, quam tua bonitas perfecte cogitari.

2. Memoria igitur et cogitatio, quæ est de te, major, melior, et excellentior est omni cogitatione, aut memoria. Quis enim sufficit cogitare, et ad memoriam reducere profunditatem humilitatis tuæ, quæ cum Dei Mater esses nominata, te ancillam nominasti? Et quis apprehendere valeat excellentiam charitatis tuæ, quæ cum a benedicto Filio tuo increpata fuisses, *Quid mihi et tibi, mulier ?* tamen verecundiæ ministrorum compatiens, eis consuluisti dicens: *Quæcunque dixerit vobis, facite ?* (*Joan.* ii, 4.) Quis æstimare posset immensitatem pietatis tuæ, cum Filium crucifigi videres, nec reclamasti, sciens Passionem benedicti Filii tui ad humani generis salutem operari? Et ideo, benedicta Virgo Maria, quisquis fidelis, quantum permittit humana fragilitas, debet frequenter et assidue de te cogitare, et cogitatu pertractare, de his quæ pertinent ad tuam gloriam, et honorem ; et sicut scribitur : *In omnibus viis tuis cogita illum*, scilicet, Deum, *qui diriget tuos gressus* (*Prov.* iii, 6), id est, reget opera, hoc idem debet dici de te, piissima Virgo Maria, quia scribitur, quod *immortalis est memoria tua.* (*Sap.* iv, 1.)

3. O misericordissima Virgo Maria, tua memoria non fuit semper in corde meo, sed cogitatio sordida et infecta diversorum vitiorum. Respice me, piissima Virgo Maria, et imprime teipsam in mente mea, ut exclusis noxiis cogitationibus, te semper cogitem, tua beneficia memoria teneam, gratias de ipsis tibi referam, ut vitam consequar sempiternam. Amen.

CONTEMPLATIO VI.

Quod beatæ Virgi i debemus gratulationem.

1. Sicut benignissimum et piissimum cor tuum,

beatissima Virgo Maria, gaudet et exsultat de nostra commendatione, sic cor meum congratulari tibi assidue debet de gratia, quam invenisti apud Deum, et de omnibus bonis, quæ data sunt tibi per eum. Unde designata es per Saram, quæ dixit: *Risum fecit mihi Dominus, et quicunque audierit, corridebit mihi.* (*Gen.* xxi, 5.) O beatissima Virgo Maria, risum fecit tibi Dominus, in salutifera Conceptione benedicti Filii tui, Salvatoris nostri, qui tibi et in te arrisit, et tam tibi, quam nobis miseris peccatoribus, dedit ridendi et gaudendi materiam. Unde in virgineo partu tuo dixit angelus ad pastores : *Annuntio vobis gaudium magnum, quod erit omni populo.* (*Luc.* ii, 10.)

2. O benignissima Virgo Maria, tribue nobis indignis servitoribus tuis, et impetra tuis sanctissimis deprecationibus apud gloriosissimum Filium tuum, ut congratulatio tuæ beatitudinis semper sit apud nos, et compassio miseriæ nostræ sit apud te. De te et in te semper gaudere debemus, quia de ancilla, facta es Regina ; Mater, de Filia ; Recreatrix, de creatura ; de virgine, Genitrix, manens virgo. Per te enim, Virgo misericordissima, multa beneficia a benedicto Filio tuo accepimus, et speramus multo majora percipere. Ideo in te et de te gaudere debemus, et cantando dicere cum Psalmista : *In te cantatio mea semper.* (*Psal.* lxx, 6) *In te*, non *in me*, non in mundo, non in vitiis. Non enim in me, quia non invenio in me peccatore unde gaudendum neque cantandum, sed potius unde lugendum ; justum enim est, et vere dignum, ut in me dolorem et pœnam inveniam, quia relicto hactenus vero gaudio, gaudium triste et miserabile in meipso quærebam, et de meipso ac transitoriis hujus mundi habebam.

3. Ad te igitur, beatissima Virgo Maria, accedo cum fletu et gemitu cordis mei ; ad te suspiro gemens et flens ; gaudio vacuus et mœrore plenus; non hilaris, sed tristis ; non exsultans, sed ejulans; non lætus, sed dolens propter iniquissimam vitam meam, quam usque nunc protraxi in vitiis et peccatis. Adjuvare me digneris, clementissima Virgo Maria, tuis piissimis intercessionibus apud tuum Filium misericordem, qui dignetur convertere luctum meum in gaudium, ut de ipso, et de te, ac operibus utriusque gaudeam, et nunquam gaudium a me auferatur. Amen.

CONTEMPLATIO VII.

Quod beatæ Virgini debemus orationem.

1. Tu, misericordissima Virgo Maria, es fratrum amatrix, et populi Israel, id est, Christianorum videntium Deum per fidem. Tu, piissima Virgo Maria, es illa, quæ multum oras pro populo, et universa civitate sancta Jerusalem (*II Mach.* xv, 14), id est, Ecclesia militante. Designata namque es, gloriosissima Virgo Maria, per illam Bersabee quæ impetravit suis precibus a Davide regnum Israel pro filio suo. (*III Reg.* i, 30.) Sic tu, Virgo

Maria, impetras tuis sanctissimis precibus a vero David, id est, a Deo, pro filiis, id est, imitatoribus tuis, Israel regnum, scilicet visionis divinæ. Tu es illa, quæ in Novo Testamento, primo pro homine benedictum Filium tuum exorasti. Tu esurienti f angis panem tuum : quoniam particulariter distribuis gratiam cor hominis confortantem. Inducis egenos et vagos in domum tuam (*Isa.* LVIII, 7), scilicet in paradisum ; nudos operis vestimentis virtutum ; et carne tua purissima vestisti Filium tuum benedictum.

2. Tu, benedicta Virgo Maria, designata es per templum Salomonis, de quo loquitur Deus : *Oculi mei erunt aperti, et aures meæ erectæ ad orationem ejus, qui in loco isto oraverit, elegi enim et sanctificavi locum istum.* (*II Paral.* VII, 15.) Tu facile im petras, Virgo Maria, quidquid petis a benedicto Filio tuo ; ideo de te potest dici : *Ora pro nobis, quoniam mulier sancta es,* et timens Deum (*Judith* VIII, 29), figurata per illam reginam Esther, cui dicebatur : *Invoca dominum, et loquere pro nobis regi, et libera nos de morte.* (*Esther* IV, 8.) Tu enim, Virgo Maria, detines iram Dei, ne statim vindicet in nos ; unde dicis : *Tenui eum, et non dimittam.* (*Cant.* III, 4.) Conquerebatur enim Deus antequam, Virgo Maria, tu esses nata, dicens : *Non est qui surgat, et teneat me.* (*Isa.* LXIV, 7.) Sed tu facta es advocata nostra, et allegas pro nobis fideliter omnia benedicto Filio tuo. Sicut igitur, clementissima Domina Virgo Maria, assidue non cessas orare pro nobis, sic etiam assidue debemus tibi sacrificium puræ et devotæ orationis, ut de te Matre dicatur, sicut dicitur de benedicto Filio tuo, *Qui reminiscimini Dominum, ne taceatis, et ne detis silentium ei* (*Isa.* LXII, 7), et, *Sine intermissione orate.* (*I Thess.* V, 16.) Ideo de te cantavit Ecclesia :

> Omnis homo, omni hora
> Ipsam ora, et implora
> Ejus patrocinium.

3. O benedicta Virgo Maria, mutus fui ; quia te non oravi ; aut si oravi, hoc solum feci ore, non corde. Adjuva me, Virgo Maria, ostende pietatem tuam ; ne reddas mihi vicem pro vice, sed ora pro me jugiter Filium tuum benedictum, ut mihi dimittat quod conscientia metuit, et adjiciat quod oratio non præsumit, ut ipsum et te laudem in æternum. Amen.

CONTEMPLATIO VIII.

Quod beatæ Mariæ debemus benedictionem.

1. Quantum humana fragilitas potest, te, benedicta Virgo Maria, benedicere debemus : quamvis humana fragilitas nostra digne non valeat, non desinet te benedicere. Nam per virginalem partum tuum, maledictio Evæ in benedictionem conversa est, quando dictum est tibi : *Ave, gratia plena.* (*Luc.* I, 28.) Sic igitur incessanter corde et voce te benedicere debemus, ut benedicendo benedici mereamur a Domino. Si enim Abrahæ dictum· est

a Domino : *Benedicam benedicentibus tibi, et maledicam maledicentibus te* (*Gen.* XII, 3) ; et si dictum est Jacob : *Qui maledixerit tibi, sit maledictus ; et qui benedixerit tibi, benedictionibus repleatur* (*Gen.* XXVII, 29) : multo fortius est tibi dictum. Virgini Mariæ, istud, quia filia es Abrahæ et bene designata per Jacob, qui interpretatur *Supplantator,* quia tu, gloriosa Virgo Maria, simul et semel omnia vitia supplantasti.

2. Benedicentes ergo tibi, habitabunt terram viventium, maledicentes autem tibi disperibunt, id est, in diversas partes peribunt, scilicet in corpore et anima : quales sunt infideles et iniqui Christiani, et blasphemi. Voluntas namque tui benedicti Filii est, ut te benedictam Matrem suam et Dominam nostram dignissimam benedicamus in omni tempore, scilicet nocte et die, in prosperis et adversis, ut laus tua semper versetur in ore et corde nostro : de te continuo meditando, te laudando, propter te operando, benedicendo, tibi gratias agendo, tua magnalia prædicando, vitam tuam nuntiando, Scripturas de te elucidando ; ut laus tua sit quasi frenum in maxillis nostris nos refrenans a vitiis linguæ. Unde, Virgo Maria sanctissima, tu promisisti cum benedicto Filio tuo, laudatori, quod scribitur : *Laude mea infrenabo te, ne intereas* (*Isa.* XLVIII, 9) ; et omnia quæ intra me sunt benedicant nomen sanctum tuum in sæculum sæculi. (*Psal.* CII, 1 ; CXLIV, 21.)

3. Sed quid faciam, o benignissima Virgo Maria, ego sceleratissimus peccator, qui te non benedixi, sed blasphemavi ; non solum te, sed etiam benedictum Filium tuum : opera utriusque non feci, sed opera nequissimi hostis. Succurrat mihi pietas tua, Virgo Maria, exora tuum Filium gloriosissimum, ut vitam meam miserabilem emendare dignetur, peccata misericorditer indulgendo, et virtutes tribuendo, quibus mediantibus ipsum et te assiduo laudem et benedicam per infinita sæcula sæculorum. Amen.

CONTEMPLATIO IX.

Quod beatæ Virgini debemus prædicationem.

1. Sacratissima Virgo Maria, de te scriptum est : *Surrexerunt filii ejus, et beatissimam prædicaverunt.* (*Prov.* XXXI, 28.) Tu, Virgo Maria, es beata propter carentiam omnis mali ; tu es beatior propter abundantiam omnis boni, quia cum securitate possides omne bonum. *Surrexerunt* igitur *filii,* id est omnes fideles Ecclesiæ catholicæ ad prædicandum te, et tua opera miraculosa, et virtutes. Sed primo surrexerunt, quia qui digne vult prædicare te aut tibi servire, prius debet surgere a peccato per pœnitentiam ; quia *non est speciosa laus in ore peccatoris.* (*Eccli.* XV, 9.) Ideo prius dicitur : *Surrexerunt.* Nec dignus est, qui in peccato mortali est, vocari filius tuus.

2. *Surrexerunt* igitur *filii,* id est imitatores, maxime in castitate, largitate et humilitate ; filius enim

esse probatur, qui facit patris opera, quia qui genitoris non facit opera, negat genus. Filii ergo tui, Virgo Maria, id est imitatores esse probantur, si sint mansueti, benigni, humiles, casti, misericordes, et hujusmodi. Et si sic fuerint filii in præsenti, in futuro erunt hæredes; quia scriptum est : *Si filii, et hæredes.* (*Rom.* viii, 17.) Unde tibi loquens Deus dixit : *Effundam Spiritum meum super semen tuum, et benedictionem meam super stirpem tuam.* (*Isa.* xliv, 3)

3. Sed, benignissima Virgo Maria, dum in mente mea contemplor te, quæ es Soror Dei, Amica Dei, Electa Dei, Mater Dei, ab angelo salutata, Dei gratia repleta, a Domino comitata, in mulieribus benedicta, benedicto fructu fecundata, a Magis et pastoribus cum Filio adorata, Joseph virgini commendata, in throno Filii super angelicas virtutes exaltata; dum etiam considero, quod beatus Joseph sponsus tuus, vir justus, pavescens gravidationem tuam voluit te occulte dimittere, et Elisabeth se indignam judicans adventu tuo dixit : *Unde hoc mihi ut veniat Mater Domini mei ad me* (*Luc.* i, 43) ? quomodo ego miserrimus peccator, cinis et pulvis, indignissimus laude tua, audebo te prædicare ? quin potius vociferando clamem cum suspirio et gemitu cordis : *Exi a me,* o Domina, *quia homo peccator sum.* (*Luc.* v, 8.) Sed, misericordissima Domina, de tua immensa pietate confisus venio ad te, supplicans, ut non abhorreas me peccatorem quæ Advocata peccatorum exsistis. Sed ora Filium tuum benedictum, ut peccata mea deleat, vitam meam miserabilem emendet, virtutes tribuat, ut resurgam virtuose a peccatis, et ipsum et te laudem et glorificem, utriusque dicta et facta contempler; et, quantum humana fragilitas patietur, mutari possim, et mutatus prædicare te et exaltare valeam, ut in fine obtineam gloriam sempiternam. Amen.

CONTEMPLATIO X.

Quod beatæ Virgini debemus gratiarum actiones.

1. *Quid faciam tibi,* o *Custos hominum* (*Job* vii, 20), id est, o tu, sacratissima Virgo Maria, quæ custodis omnes fideles] Christianos? Quid faciam tibi? id est, quid retribuam tibi pro omnibus beneficiis tuis? *Bonorum meorum non eges.* (*Psal.* xv,

2.) Quid ergo faciam tibi? cum nihil boni ex me possim facere; et, si quid facio, quod videatur bonum, nihil est coram te, et vere, nihil respectu bonorum, quæ jugiter facis mihi. Sed fac, misericordissima Virgo Maria, non solum mihi, sed etiam omnibus fidelibus tuis, ut in omni oratione et obsecratione, cum gratiarum actione de beneficiis jam perceptis, petitiones nostræ apud te innotescant. (*Philipp.* iv, 6.) Omnimodas enim gratias debemus tibi reddere : quia in te, et per te, factus est Deus homo, unde accrevit nobis prærogativa maxima honoris et dignitatis, amoris et fortitudinis : propter quos Filius Dei minoratus est paulo minus ab angelis quoad conditionem naturæ; quia non sunt carnei, nec mori possunt, sed Verbum caro factum est, et Immortalis mortalis.

2. Magnificet te igitur omnis anima, et gratias tibi referat, o Mater dulcedinis, unde salus nostra profluxit. Collaudet te omnis lingua piorum in sæcula sæculorum : quia per te reducti sumus de tenebris ad lucem, de invio ad viam, de morte ad vitam, de corruptione ad integritatem, de luctu ad risum, de mœrore ad gaudium, de terra ad cœlum, de carcere ad regnum, de servitute ad libertatem, de pœna ad gloriam, et de ore sævissimi draconis ad sinum piissimi Patris. Idcirco gratiarum actio non debet cessare, sicut etiam non cessas nobis benefacere ut ad locum unde exeunt, flumina revertantur ut iterum fluant. In hymnis et confessionibus laudent Deum, qui magna fecit in Israel, id est, in te Virgine Maria; sicut tu dicis : *Fecit mihi magna, qui potens est.* (*Luc.* i, 49.) Et etiam per te magna fecit in Israel, id est, in populo Christiano.

3. O piissima Virgo Maria, ego pravissimus peccator, ingratissimus fui tibi; quia de immensis beneficiis tuis, quæ jam suscepi, et jugiter suscipio, gratias tibi non retuli; neque tibi complacere volui, sed potius displicui propter innumerabilia peccata quæ commisi, et adhuc non desino committere. Succurre mihi, clementissima Virgo Maria, indulgendo mihi, et orando tuum Filium benedictum ut ingratitudinem istam auferat, et me effectualiter disponat ad serviendum utrique, ut regnum in fine obtineam sempiternum. Amen.

PARS XVII.

QUALIS DEBET ESSE SERVUS GLORIOSÆ VIRGINIS MARIÆ.

—

CONTEMPLATIO PRIMA.

Qualis debet esse servus beatæ Virginis Mariæ.

1. Mundissima Virgo Maria, mundi et immaculati debent esse servi et laudatores tui : quia tu es Hortus conclusus, et Fons signatus. (*Cant.* iv, 12.) In hortum floridum et deliciosum non est intran-

dum pedibus immundis; aqua purissimi fontis non est haurienda sordidis manibus; ad tibi igitur serviendum et te laudandum non est accedendum, nisi puro corde, et purificatis cogitationibus, ut tecum dicere valeat : *In habitatione sancta coram ipso* (id est, Filio tuo benedicto), vel *coram te,* Virgine Maria, *ministravi.* (*Eccli.* xxiv, 11.) Sancta enim habitatio idem est quod, munda, a terra elevata, et firma conversatio.

2. Ministris et servis tuis, qui digne et placite cupiunt tibi servire sunt hæc necessaria, ut tibi ministrent et serviant in munditia et abjectione voluptatum, in contemptu temporalium, in patientia adversorum, et in desiderio æternorum, simpliciter, humiliter, et perseveranter, ut dicere valeant : *Serviamus illi in sanctitate et justitia coram ipso omnibus diebus nostris.* (*Luc.* i, 75.) In sanctitate, id est, in munditia, quia scribitur : *Ambulans in via immaculata hic mihi ministrabat* (*Psal.* c, 6); et in justitia, ut non credat tibi serviens dare gratuitum, sed reddere debitum. Debet igitur serviens servire tibi *omnibus diebus*, id est perseveranter, ut non sit serviens tuus alteri Domino obligatus, quia *nemo potest duobus dominis servire.* (*Matth.* vi, 24.) Non sit obligatus mundo, qui servientem sibi non remunerat, imo in discessu totaliter spoliat ; non diabolo, quia quanto affectuosius ei serviunt, tanto contra tales gravius exacerbatur ; non carni, quæ de servitio, quod ei fit, non reddit nisi fæces. Idcirco, purissima Virgo Maria, tibi serviendum est in munditia carnis, voluntatis et cordis. Carnis quidem, abstinendo ab omni immunditia exteriori voluntatis, ab omni illicito consensu ; cordis, abstinendo ab illicitis cogitationibus, et perversis, quæ sicut separant a Deo (*Sap.* i, 3), ita etiam a te.

3. O beatissima Virgo Maria, ego miser servus tuus, immundus fui et sum, hostibus meis obligatus, quibus voluntarie servivi, cum displicentia tua et benedicti Filii tui, multa peccata committendo. Adjuva me, piissima Virgo Maria, ut servitio hostium meorum renuntiem cum effectu, et tuo benedicto Filio, et tibi, serviam mundo corde, et corpore, nunc et in perpetuum. Amen.

CONTEMPLATIO II.
De eodem.

1. Virtuosissima Virgo Maria, necesse est servienti tibi, ut sit aromaticus per fragrantiam bonæ opinionis, et per exemplum castitatis, pietatis et humilitatis. Nam quanto es purior, tanto magis fœtet tibi luxuriosus, quia cum tu comparata sis api, fugaris fœtore. Cum sis Mater pietatis, amplius fœtet tibi impius et avarus. Cum sis exemplar humilitatis, plus displicet tibi superbus, et sic potest dici tibi de cæteris abominationibus vitiorum ; unde servientibus tibi, et laudantibus nomen tuum dicitur : *Florete, flores, sicut lilium : date odorem, et frondete in gratiam : et date nomini ejus magnificentiam.* (*Eccli.* xxxix, 19.)

2. Et sic allicis servientes tibi, primo ad redolentiam et fragrantiam virtutum, et postea ad te laudandum et magnificandum ; et hanc fragrantiam debet habere tibi serviens digne, in corde contra fœtorem pravorum desideriorum, sordidarum cogitationum et recordationum et imaginationum.

Debet etiam habere hanc fragrantiam virtutum in ore, laudes tuas, quæ sunt aromaticæ species assiduæ ruminando, et ab omni impudico et detractorio sermone sollicite abstinendo. Debet etiam habere hanc redolentiam virtutum in opere et sensibus, ut pro honore tuo, et utilitate ipsius abstineat ab omni opere polluto, et sensus suos, et omnia membra sua sollicite custodiat ab omni actu illicito : scilicet oculos, ne defigat eos in aliquam vanitatem ; aures, ne pro posse suo audiat linguam nequam ; nares, ne delectentur odoribus meretriciis : os, ne gustet quod gustatum affert mortem (*Job* vi, 6) ; tactum similiter et incessum a voluptatibus illicitis custodiat.

3. O gloriosissima Virgo Maria, ego infelicissimus peccator omnia prædicta novi et scivi, et in corde meo habui : et multos servientes tibi sic dispositos vidi tibi servire : et ad tibi simili modo serviendum inspirationes frequenter habui, sed sic durus, et lapideus ac ingratus fui, quod ad serviendum tibi, dare operam nolui, sed in magna pigritia , peccata tamen plurima committendo, mansi. Respice me, piissima Virgo Maria, oculo misericordiæ et compassionis ; et ora tuum Natum, cui benigne, digne et humiliter servisti, ut delendo peccata mea, virtutibus me exornet, per quas utrique serviam devoto et humili corde, ut in fine gloriam assequar sempiternam. Amen.

CONTEMPLATIO III.
De eodem.

1. Te gloriosam Virginem multi laudant et benedicunt, cum benefacis eis : alii ut benefacias eis, quorum laus, etsi tendat ad te, tamen recurvatur ad ipsos , de quibus scribitur : *Semitæ eorum incurvatæ sunt eis* (*Isa.* lix, 8), et reflexæ ad eos, id est, ad suum commodum recurvatæ. Non sic, Virgo Maria, non sic, sed servientes tibi debent esse recti, et eorum intentio ad te propter te est dirigenda ; quæ non debet incurvari ad amorem terrenorum : quia fecit Dominus hominem rectum. (*Eccli.* vii, 30.)

2. *Spiritum rectum innova in visceribus meis* (*Psal.* l, 12), suavissima Virgo Maria, ut per rectam intentionem quæram, quæ sursum sunt, non quæ super terram ; nam quærere et meditari, quæ sunt super terram, curvitas est animæ, et quia tu recta es, debet etiam rectus esse serviens tibi ; et sicut rectus Redemptor est, ita debet esse rectus redemptus. *Videbunt te namque recti, et lætabuntur.* (*Psal.* cvi, 42.) Videbunt te, inquam, recti ; id est, qui per desiderium ad cœlestia eriguntur, et ad terrena per amorem non incurvantur : et tales serviunt tibi digne, qui non excæcantur pulvere mundanorum, nec fæcibus peccatorum, nec porrigunt se ante, ut bona præsentia concupiscant ; nec retro, ut ante acta mala per delectationem respiciant ; non dextrorsum, ut in prosperis per insolentiam se effundant ; non sinistrorsum,

ut in adversis per impatientiam se contrahant; sed sursum proferunt incrementum, et sursum habent cor, ubi Christus est in dextera Dei sedens. (*Coloss.* III, 1.) Tales igitur, Virgo Maria, tibi digne et devote serviunt; et te digne magnificant et laudant, et non soli ipsi, sed cum aliis, dicendo : *Magnificate* Dominam, id est te, *mecum; et exaltemus nomen ejus in idipsum.* (*Psal.* XXXIII, 4.)

5. O misericordissima Virgo Maria, audi me miserum peccatorem. Totus fui et sum incurvatus ad consentiendum tentationibus inimicorum meorum, et ad perpetrandum et multiplicandum vitia et peccata. Non servivi tibi debite, ut debebam, neque digne ad rectitudinem ; sed, si quando servivi tibi, hoc feci, non propter te, sed propter me, ut benefaceres mihi : et cum mihi benefecisti, te laudare, et tibi gratias referre non curavi, et sic vitam meam miserabilem perduxi. Auxiliari mihi digneris, piissima Virgo Maria, et de curvo facias me rectum, meam intentionem sursum continue erigendo ad te laudandum, et digne tibi serviendum, ut regnum æternum valeam possidere. Amen.

CONTEMPLATIO IV.

De eodem.

1. O humillima et omni humilitate plena, clementissima Virgo Maria, qui tibi placide desiderat servire, debet humilitate ornari, et cum aliqua laudabilia fecerit, ad laudem, gloriam, et honorem nominis tui, dicat : *Servus tuus inutilis sum* (*Luc.* XVII, 10) ; nam *minister* dicitur *minor statu; ministrare,* idem quod *minorem stare,* in quo notatur humilitas, vel *minister* quasi *minis territus,* scilicet per timorem, qui est frater humilitatis. Cum enim simus pauperes, et egeni, et abjecti, de natura nostra, necesse est ut paupertatem et humilitatem pro benedicto Filio tuo et te Virgine Maria, voluntarie assumamus ; maxime cum delectabiliter sit amplectendum, quod naturæ est consonum : et hæc naturæ nostræ sunt valde consona : quia pauperes et viles nascimur, et morimur, exemplo benedicti Filii tui ; qui cum dives esset, factus est pauper; et cum esset Dominus omnium, voluit servire universis.

2. O sanctissima Virgo Maria, tibi serviens necesse est sibi habeat cum humilitate devotionem; qui est pius et humilis affectus ad benedictum Filium tuum et ad te, ex contritione generatus. Est etiam teneritudo cordis, et mentis, qua quis de facili resolvitur in lacrymas; hæc est medulla holocaustorum. Unde scribitur : *Holocausta medullata offeram tibi.* (*Psal.* LXV, 15.) Et quia, benedicta Virgo, sæpe per vehementiam fervoris, admittitur virtus discretionis, ideo *honor regis judicium diligit* (*Psal.* XCVIII, 4), id est discretionem. Sed expedit servienti tibi habere discretionem, ut in omni sacrificio, quod tibi voluerit beneplacitum offerre, sal discretionis studeat apponere, ne quid nimis sit, vel parum : sed rationabile sit obsequium impendendum tibi.

3. O piissima Virgo Maria, succurre mihi misero infelici , qui non habui, nec habeo humilitatem, sed superbiam ; non devotionem, sed mundi lasciviam ; non discretionem, sed fatuitatem in omnibus actibus meis. Ideo servitium meum non debuit tibi placere, nec mihi proficere. Sed exora Filium tuum gloriosissimum , ut misericorditer mecum agat, delicta mea omnia cum pietate remittendo, et ad suum servitium atque tuum me ordinando ; ut cum vera humilitate, prompta devotione, et debita discretione, utrique perseveranter serviam nunc, et in perpetuum. Amen.

CONTEMPLATIO V.

De eodem.

1. Quia tu, pretiosissima Virgo Maria, mater es veritatis; quia *Veritas de terra orta est* (*Psal.* LXXXIV, 12), id est, benedictus Filius tuus, qui est Via, Veritas, et Vita : *de terra,* id est, de te Virgine Maria natus est ; et tu fallere non intendis, neque falli potes : ideo necesse est ut servientes tibi habeant veritatem, quia viri mendaces non erunt apud te, et viri veraces invenientur in te (*Eccli.* XXV, 8); quibus necessarium est, si tibi digne et placide volunt servire, ut habeant veritatem cordis, et veritatem oris, et veritatem operis. Debent namque habere veritatem cordis sine duplicitate, quia scriptum est : *Vir duplex animo, inconstans est in omnibus viis suis* (*Jac.* I, 8), id est, actionibus suis. Debent habere veritatem or s, sine falsitate; quia *os, quod mentitur, occidit animam.* (*Sap.* I, 11.) Tales enim vitam gratiæ perdunt in præsenti, et vitam gloriæ in futuro. Debent etiam habere veritatem operis, sine vanitate, ut non in laudibus hominum delectentur hic, sed aliam retributionem exspectent a Deo, non sicut il de quibus dicitur : *Amen dico vobis, receperunt mercedem suam.* (*Matth.* VI, 16.) Qui enim propter humanum favorem bonum facit, tacente populo mercedem amittit.

2. Nec confidant tibi servientes in multiloquio, sed debent esse taciturni : quia, *in multiloquio non deest peccatum.* (*Prov.* X, 19.) A te gloriosa Virgine Maria, debent sumere exemplum, et te pro posse imitari in taciturnitate ; quia secundum Evangelium septies solummodo locuta fuisti. Ideo a servientibus tibi exoranda es assidue, ut quisque dicat tibi cum devotione et humilitate cordis : *Pone,* mea dulcissima Domina, *custodiam ore meo, et ostium circumstantiæ labiis meis, ut non declinet cor meum,* id est, non permittas illud inclinari a rectitudine virtutum, *in verba malitiæ, ad excusandas excusationes in peccatis.* (*Psal.* CXL, 3, 4.)

3. O virtuosissima Virgo, ego peccator mendax et iniquus non habui veritatem in ore meo, nec in corde, nec in opere : sed in vitiis et peccatis habui multiloquium, imo prava opera assidue, et sic tibi non servivi placide, ut debuissem. Parce mihi, purissima Virgo Maria, parce mihi : et exora tuum Fi-

lium benedictum, ut mihi indulgeat, et peccata remittat, servum placitum sibi et tibi me faciat hic et in sempiternum. Amen.

CONTEMPLATIO VI.
De eodem.

1. Sicut tu, misericordissima Virgo Maria, fervens es ad salvandum nos, sic etiam fervere debemus, ut tibi assidue et humiliter serviamus, ferventes namque debent esse servientes tibi, et non pigri, nec tepidi, et negligentes, ne eis dici possit : *Utinam frigidus esses aut calidus : sed quia tepidus es, incipiam te evomere ex ore meo.* (*Apoc.* III, 15, 16.) Calidi enim sunt spiritualibus ferventes desideriis, frigidi horrore peccatorum suorum et æternæ damnationis contriti : et istæ affectiones optabiles, et acceptabiles, sunt benedicto Filio tuo. Tepidi autem sunt utriusque hujus affectionis expertes; et ideo dicitur : *Incipiam te evomere ex ore meo,* id est, a societate fidelium, qui sunt os Domini, separare turpiter : sicut, quod evomitur, turpiter ejicitur. Sed, beatissima Virgo Maria, mirabilis est tui gloriosissimi Filii patientia, qui multoties vomitum resumit per misericordiam, cum de cibo evomito nullus hoc facere dignaretur. Ideo dicit : *Incipiam te evomere;* sed non plene vomit, nisi in morte; et in hoc quod dicit *Incipiam* quodammomodo præmonet timidum, ut præcaveat sibi : quæ est misericordia magna.

2. Necesse etiam est tuo servienti quod sit pius; quia, sicut tu, Virgo Maria, es Mater pietatis et misericordiæ, sic serviens tibi necesse habet ut et ipse sit pius et misericors, cum tu sis refugium misericordium, et avertas illos tuos misericordes oculos ab eo, quem vides immisericordem, cum tibi sit omnino dissimilis. Debet insuper serviens tibi esse patiens ad contumelias verborum, ut pro honore tuo patienter toleret subsannationes impiorum et bibat, exemplo Jobi, subsannationem sicut aquam (*Job* XXXIV, 7), nec respondeat contumeliosis, sed sit mansuetus ad omnia ; etiam

patiens ad damna rerum temporalium ; ut dicat cum Jobo : *Dominus dedit, Dominus abstulit.* (*Job* I, 21.) S t etiam patiens ad læsionem membrorum, et hæc patientia perfectior est duabus primis. Hanc exhibuit benedictus Filius tuus, dicens : *Corpus meum dedi percutientibus.* (*Isa.* L, 6.)

3. Istis omnibus carui, et adhuc careo, piissima Virgo Maria, ideo servus inutilis tibi fui, et sum indignus te nominare. Sed fac mecum misericordiam, Mater misericordiæ, deprecando tuum gloriosissimum Filium, ut defectus meos misericorditer emendet ; ut tibi et sibi placeam, fideliter serviam, et in bonis operibus virtuose perseverem, et vitam sempiternam acquiram. Amen.

CONTEMPLATIO VII.
De eodem.

Laudo, glorifico, et magnifico nomen tuum in æternum, piissima Virgo Maria, quia, te mediante, sublatum est jugum captivitatis antiquæ; pacificata est ira indignationis divinæ, et deleta est nota iniquitatis humanæ, quia homo, qui captivus tenebatur, liberatus est; et qui offensam Dei incurrerat reconciliatus est. O dulcissima Virgo Maria, nihil dulcius libertate post captivitatem, justificatione post impietatem, reconciliatione post offensam.

Idcirco tota justorum vita, devota desideria, sanctæ meditationes, justæ operationes, crebræ gratiarum actiones, et cætera hujusmodi cogitari et operari debent, ut ex his omnibus præcipue, post beatam Trinitatem, honoreris præ cæteris sanctis omnibus : quia causam æternæ salutis operata es in nobis. Igitur lætifica animam servi tui, lætitia et spiritali gaudio, Virgo Maria, ut laudes, quas tibi indignus obtuli, acceptabiles sint semper in conspectu tuo, ut a gratiarum actionibus pro beneficiis tuis universis nunquam cesset cor meum, ut in ipsis perseverando, ad gloriam perveniam sempiternam. Amen.

PARALIPOMENA.

INCIPIUNT LAUDES BREVES ET SINGULARES GLORIOSÆ VIRGINIS MARIÆ, QUOTIDIE DICENDÆ CUM DEVOTIONE.

Primo dicatur hæc oratio.

ORATIO. — *Dirige cor meum, et linguam meam, Domine Jesu Christe, ad laudandum gloriosam Virginem Mariam Matrem tuam, ut utrique digne et placite serviendo, laudare te valeam in æternum. Qui vivis,* etc.

Deinde dicatur ad ejus conceptionem et sanctificationem, ad quamlibet, *Ave, Maria* :

ORATIO. — *Tuæ misericordiæ opem fer nobis,*

Mater misericordiæ, ut qui tuæ conceptionis et sanctificationis memoriam recolimus, tua pia miseratione præveniamur. Per Christum Dominum nostrum. Amen.

Ad tres potentias animæ, ad quamlibet dicatur, *Ave, Maria.*

ORATIO — *Benedicta Virgo Maria, animæ tuæ potentiæ potentes nos faciant, ut partes justitiæ adimplendo, gloriosi Filii tui potentia misericorditer protegamur. Qui vivit et regnat.*

Ad Nativitatem, *Ave, Maria.*

ORATIO. — *Nativitas tua, gloriosa Virgo Maria, gaudium attulit universo mundo : fac ut tuis sanctissimis precibus gaudium obtineamus sempiternum. Per Christum.*

Ad nomen ejus dicantur quinque Psalmi ; pro qualibet littera nominis dicatur unus psalmus, scilicet *Magnificat, Ad Dominum, Retribue, In convertendo, Ad te levavi,* et in fine cujuslibet dicatur, *Ave, Maria.*

ORATIO. — *Propter nomen tuum, Virgo Maria, quæ Stella maris nominaris, dirige nos in hac via, ut tecum habitemus in patria. Per Christum.*

Ad quinque sensus corporis, pro quolibet, *Ave, Maria,* dicatur :

ORATIO. — *Guberna sensus nostros, Virgo singularis; et sicut tuos sensus ad Dei bene placitum ordinasti, sic nostros, tua pietate favente, ad ejus servitium continue præparemus. Per Christum.*

Ad omnia membra ejus singulariter dicatur, *Ave, Maria.*

ORATIO. — *Laudamus et benedicimus pia membra sacri corporis tui, Virgo Maria intemerata : ut sicut pie credimus ea in cœlis glorificata, sic te propitiante nostra perenniter glorificentur. Per Christum.*

Pro septem donis Spiritus sancti, quibus dotata fuit, pro quolibet, *Ave, Maria.*

ORATIO. — *Intercede pro nobis, Virgo Maria, ut dona sancti Spiritus tibi a Deo concessa nostris cordibus infunduntur, per quæ hic bonisoperibus insistentes, cœlestem gloriam consequamur. Per Christum.*

Pro septem virtutibus, quibus ornata fuit, contra septem vitia criminalia, dicatur, *Ave, Maria.*

ORATIO. — *Gratias tibi referimus, Virgo benedicta, quæ ornata septem virtutibus, septem vitia criminalia abjecisti; exora, quæsumus, Filium tuum benedictum, ut vitiis expulsis nobis virtutes 'nferat, et ad æternam gloriam nos perducat. Per Christum.*

Pro tribus virtutibus theologicis, et quatuor cardinalibus, pro quolibet, *Ave, Maria :*

ORATIO. — *Beatam te dicunt omnes generationes, Virgo Maria, quæ virtutibus theologicis et cardinalibus illuminata fuisti, easdem in nobis tua pietate imprime, ut ad tuam gloriam pervenire mereamur. Per Christum Dominum.*

Pro articulis fidei, pro quolibet, *Ave, Maria,* dicatur.

ORATIO. — *Precibus assiduis exora tuum Filium, gloriosa Virgo Maria, ut articulos fidei, quibus ornata fuisti, credamus firmiter corde et opere, in vita et morte, ut vitam æternam consequamur. Per Christum.*

Pro præceptis divinis, pro quolibet, *Ave, Maria.*

ORATIO. — *Obedientiam, quam circa præceptorum divinorum observationem, Virgo Maria, habuisti, fac*

nos tua interventione tenere, ut sub obedientia Filii tui perpetuo collocemur. Qui vivit.*

Pro septem operibus miseri ordiæ spiritualibus, pro quolibet, *Ave, Maria.*

ORATIO. — *Spiritualia misericordiæ opera, quibus exuberas, Virgo benedicta, extende ad nos miseros peccatores, ut ipsis adjuti, mentis et corporis salute fruamur. Per Christum.*

Pro septem operibus corporalibus misericordiæ, pro quolibet, *Ave, Maria.*

ORATIO. — *Exora Filium tuum, Virgo gloriosa, ut insistendo operibus misericordiæ, quæ operata es, optatam sententiam ad dexteram ejus collocati in tremendo judicio reportemus. Qui vivit.*

Pro septem sacramentis Ecclesiæ, pro quolibet, *Ave, Maria.*

ORATIO. — *Subveniat nobis misericordia tua, Regina cœlorum, ut sacramenta Ecclesiæ credendo firmiter et tenendo, nunquam a benedicto Filio tuo separemur. Qui vivit.*

Pro septem gaudiis quæ hic habuit de Filio suo, pro quolibet, *Ave, Maria.*

ORATIO. — *Perfice in cordibus nostris, Virgo Maria, per gaudia quæ hic de Filio tuo suscepisti æternaliter, ut tecum gaudere perpetuo valeamus. Qui vivit.*

Pro dotibus animæ, pro quolibet, *Ave, Maria.*

ORATIO. — *Virgo gloriosa, invoca Filium tuum, qui dives est omnibus, qui invocant illum, ut animas nostras propter peccata suis dotibus privatas restituat, et divites faciat misericorditer in æternum. Qui vivit.*

Pro dotibus corporis ejus, pro quolibet, *Ave, Maria.*

ORATIO. — *Ut hic vivendo in præsenti mundo gloriosis dotibus corporis in futuro non privemur, Virgo Maria, exora assidua prece tuum Filium benedictum. Qui vivit.*

De beatitudinibus ejus, pro quolibet, *Ave, Maria.*

ORATIO. — *Non cesset deprecatio tua ad Filium tuum, Virgo Maria, ut tuarum beatitudinum participes efficiamur. Qui vivit.*

De septem gaudiis, quæ habet in gloria, pro quolibet, *Ave Maria.*

ORATIO. — *Vita nostra a Filio tuo sic dirigatur, te adjuvante, Virgo Maria, ut tecum de tuis cœlestibus gaudiis æternaliter gratulemur. Qui vivit.*

CONCLUSIO LAUDUM.

ORATIO. — *Quamvis nequissimum peccatorem me sciam, Virgo Maria, preces meas non abhorreas, quæ misericordia plena es, et Advocata peccatorum exsistis ; sed laudes, quas indignus tibi obtuli, placide suscipias, ad laudem et gloriam tui Filii benedicti ; cum quo vivis et regnas, per omnia sæcula sæculorum. Amen.*

EXPLICIUNT LAUDES BREVES ET SINGULARES GLORIOSÆ VIRGINIS MARIÆ.

ORATIO POST *Ave Maria,* DE SERO. — *Saluta-*

tionem angelicam hac hora, trina prolatione oblatam gloriosæ Virgini Mariæ, suscipe, Trinitas benedicta, ut tribus inimicis, te adjuvante devictis, triplicis hierarchiæ gloriam consequamur. Per Christum Dominum nostrum.

Oratio post Ave Maria, de mane. — Pacem in
præsenti oratione, ac Salutatione angelica nunc
petitam, tribue nobis, Salvator mundi, ut in beneplacito tuo hic viventes, pacem perpetuam tua misericordia consequamur. Qui vivis.

III. SERMONES.

(Vide hujusce Summæ aureæ part. IV, sect. 3 : PARÆNETICA MARIANA, n. 2.)

—

IV. EXEMPLA ET MIRACULA.

(Vide part. V, sect. unic. : MIRANDA MARIANA.)

III. QUINDENA MARIANA

SIVE

ORATIONES XV AD SODALES MARIANOS DICTÆ.

—

PRÆFATIO.

Quindenam Marianam hic damus, sic inscriptam quod xv Orationes complectatur de beata Virgine.
Sub hoc titulo jam olim prodierunt cardinalis Sfondrati Sermones totidem, ad Virginis sodales dicti quidem,
sed non de Beata Dei Genitrice. Cœlestinus ille card. Sfondratus toti erudito orbi jamdudum notus.
Illorum vero Sermonum pretium si quæras, lege et intelliges : liber quidem exiguus, magna tamen in se
complectitur.
    In hac Quindena Mariana quinque tantummodo card. Sfondrati Orationes de novo edimus, utpote
de gloriosa Virgine Maria argumentum præ se ferentes, atque erga Deum et Deiparam devotionis
eximiæ sensum spirantes. Primo loco positas invenies. Secundo loco decem addimus Orationes Marianas
ex opere luculento, cui titulus : Orator Marianus, desumptas. Sicque, candide Lector, habebis xv sermones pro singulis quindenæ Marianæ diebus.

J.-J. B.

—

I. QUINQUE ORATIONES CARDINALIS SFONDRATI

DE GLORIOSA VIRGINE MARIA.

—

ORATIO PRIMA.

DE IMMACULATA CONCEPTIONE B. VIRGINIS.

*Virgo sine macula concepta, Immaculata divinæ
Bonitatis Imago.*

ARGUMENTUM.—Totus mellifluus ac cœlestis prope
Cœlestinus est, ubi de Virgine Immaculata cumprimis, et sine labe concepta, agit. Crederes ambrosiam
loqui, et melle, non atramento, calamum tinxisse.
Scilicet, quo cor abundat, os loquitur, manus scribit. Testem habes universum, qua patet, orbem ;
qui de vindicata Virginis innocentia Cœlestino jamdudum applausit. Quod si ea ad manus tibi non sit,
vel ex hac, et sequenti oratione, velut ex ungue
leonem, Apellem ex linea metire. Binas hæc prior
partes complectitur, in quarum prima totus est auctor, ut evincat, omnes quidem creaturas condidisse

Deum, ut imago quædam essent suæ bonitatis ; at
inter omnes nonnisi unam, et solam Virginem, ut
esset imago sine omni, etiam originali, macula,
sine nævo. In altera non minore eloquentia omnem
ingenii nervum eo intendit, ut sodalibus Marianis
(ad quos Salisburgi, dum indulgentiæ ab Innocentio XI iis indultæ promulgarentur, tum forte dicebat) suadeat persuadeatque, conarentur singuli,
huic tam pulchro illibatoque Prototypo se pro viribus conformare, immaculatique filii esse Immaculatæ Matris.

THEMA.—*Tota pulchra es, amica mea, et macula non
est in te.* (Cant. iv, 7.)

EXORDIUM. — I. — Totum hoc mundi opificium,
omnesque creaturæ, quas divina mens concepit

35

manus elaboravit, bonitas perfecit, sui Conditoris imaginem, velut notam, et characterem impressum gestant, et quemadmodum de heliotropio gemma Plinius lib. xxxvii, cap. 10, scribit, « in illa, velut speculo , solis imaginem resplendere , » ita in creaturis omnibus divini imago Solis perpetuo relucet, toties amanda , quoties videnda, dicente Paulo : *Videmus nunc per speculum in ænigmate* (*I Cor.* xiii, 12) ; et Sapiente : *A magnitudine speciei, et creaturæ, cognoscibiliter poterit Creator horum videri* (*Sap.* xiii , 5). Ergo, quot creaturæ, tot sigilla, tot simulacra, et imagines Divinitatis ; sed nulla tam exquisite perfecta, cui non macula, et nævus aliquis pulchritudinem defloret ; nulla quidem pictoris culpa, sed suo potius ingenio, magno tamen imaginis infortunio. Quam pulchra Dei imago cœlum, tot radiis, tot stellis, velut in cæruleo holoserico commicantibus ? Et tamen suas habet maculas , suasque eclypses. Hinc illud Jobi (cap. xv, vers. 15) admirantis suspirium : *Et cæli non sunt mundi in conspectu ejus.* Et cap. xxv, vers. 5 : *Cui luna etiam non splendet, et stellæ non sunt mundæ in conspectu ejus.* Quam pulchræ sunt Dei imagines angeli ? Vidit illas Ezechiel propheta, et plenus admiratione in hæc encomia prorupit, cap. xxviii, vers. 12 : *Tu signaculum similitudinis, plenus sapientia, et perfectus decore.* O imaginem ! o parælium ! o florem pulchritudinis divinæ ! Sed in tam venusto opere quam deformes maculæ ! *Ecce, qui serviunt ei, non sunt stabiles, et in angelis suis reperit pravitatem.* (*Job* iv, 18.) Pulchra Dei imago est homo : *Faciamus hominem ad imaginem et similitudinem nostram.* (*Gen.* i, 26.) Imago artificiis et miraculis plena, et Artifice tantum minor ! Intelligit, ut Deus ; amat, ut Deus ; ut Deus, permanet ; ut Deus, non cogitur ; ut Deus, non satiatur ; ut Deus, non expletur. Sed ecce ! pulcherrimæ hujus imaginis infelicissimam tineam agnosco, et deploro maculas , et una cum Doctore gentium exclamo : *Omnes peccaverunt, et egent gloria Dei.* (*Rom.* iii, 23.)

II. Narrat de Apelle Plinius, lib. xxxv, cap. 10, unum in illo imitari neminem potuisse, quod absoluta opera atramento illiniebat, idque ut a pulvere et sordibus picturam custodiret, et colores nimium floridos mitigaret. Sic Deus suarum imaginum perfectiones , hominis præcipue, peccato velut atramento obduci voluit, ne se efferret, et semper ante oculos umbram haberet, quam suis coloribus opponeret. Hæc causa, cur uno homine in paradiso peccante, omnes cum illo peccaverint, et maculam cum vita induerint. Unam tantum inter imagines Dei reperio totam pulchram, ut cœlos in amorem rapiat, et tamen omni atramento sit libera. *Candor,* inquit Sapiens (*Sap.* vii, 26), *est lucis æternæ, et speculum sine macula Dei majestatis, et imago bonitatis illius.* Valete, Apellis tincturæ, fuligines, atramenta ! Imago est Maria, sed bonitatis, sed candore, non atramento perfusa. Inter-

rogate oculos Sponsi (quis enim Dilectæ imaginem examinet attentius, aut melius definiat ?) Interrogate, inquam, et continuo respondebit : *Tota pulchra es, amica mea, et macula non est in te.* Maculæ in cœlo, maculæ in terra, maculæ in luna, maculæ in stellis, maculæ in angelo, maculæ in homine : *Omnes peccaverunt ;* sed quid in te ? *Macula non est in te.*

Confirmatio. — Pars prima. — III. Ne cogitetis, MM. SS., me gratis, et sine ratione in Maria Patrona, hoc est in imagine bonitatis divinæ, omnem maculam et peccatum inficiari ; provoco ad ipsam peccati naturam et originem ! Contraxerat Deus pactum cum omnium hominum parente Adamo, ut abstineret pomo arboris vetitæ, scientiæ videlicet boni et mali ; hoc si faceret, et ipse, et totum genus humanum ex illo natum duplici regno, et paradiso voluptatis donaretur, terrestri videlicet et cœlesti : si autem præcepto tam facili morem non gereret, et ipse, et sui nepotes mortis sententiam subirent. Pactum utique justissimum ! Si enim pacta cum testatore, cum curatore, cum procuratore contracta obstringunt, cur non æque pactum illud cum Patre et Curatore generis humani nos obligaret? Sic cum caput solum gladio appetitur et feritur, contremiscit totum corpus, et dolet : sic radice a verme aut corrosa, aut infecta, impalescunt continuo rami, fructus, floresque decolorantur, et concidunt : maxime cum cuilibet, Deo præsertim, concessum fuerit gratiam suam, amicitiam suam , gloriam suam, bona sua, sub hac aliave conditione aut concedere, aut subducere. Fuit etiam hoc pactum benignissimum ! Quid enim in paradiso tot bonis affluente, tantaque voluptatum copia, homini tot dotibus instructo, et ad maxima nato minus prohiberi poterat? Levissima ergo fuit conditio, duos cœlos, et immortalem felicitatem unius pomi abstinentia taxare. Ipsa mortis comminatio pars magna beneficii fuit : terruit, ne auderet, et mortiferam voluptatem, qua noceret minus, minusque gulam provocaret, mortis succo, velut absynthio, tinxit, et præcipitium suppliciis obstruxit. Hoc est ergo illud peccatum, cujus meminit Oseas, cap. vi, v. 7 : *Ipsi autem, sicut Adam, transgressi sunt pactum, ibi prævaricati sunt in me.* Hæc est infelix illa peccati genesis, de qua sanctus Paulus ad Ephes. ii, v. 3 : *Eramus natura filii iræ, sicut et cæteri.* Nego tamen hanc ad Mariam pertinere. Non inficit hæc tinctura illam animam, quæ est *Speculum sine macula , Imago bonitatis, Candor lucis æternæ ;* mihi credite, *Tota pulchra est.* Pactum et peccatum Adami filios tantum, et posteros complectitur : quod si nec filii, nec posteri ; ergo nec hæredes pœnæ et supplicii. At Deipara Virgo, etsi filia Adami secundum carnem, Mater tamen est et Domina Adami secundum gratiam et prædestinationem. Priusquam enim ex Adam nasceretur, imo priusquam Adam ipse nasceretur, imo antequam de Adamo cogitaret Deus, jam prædesti-

nata hæc erat Mater Dei; jam prædestinata et designata Mater, et Domina peccatorum; jam ante
Adamum nata. Si quæris, ubi prædestinata; ubi designata; ubi nata ? in sinu misericordiæ et prædestinationis divinæ. Si enim prædestinatio nativitas
quædam non esset, nunquam dixisset Joannes :
*Qui natus est ex Deo, non peccat, sed generatio
Dei conservat eum, et malignus non tangit eum*
(*I Joan.* v,18). Maria ergo dupliciter|concepta et nata
est, et secundum carnem, qua ratione filia est : et
secundum electionem et prædestinationem, quo
modo Mater est Adæ et totius generis humani. Plus
ergo Mariæ profuit conceptio ex Deo, ut effugeret
peccatum, quam conceptio ex homine, ut mereretur supplicium.

IV. Et hæc ipsa mens fuit Spiritus sancti, cum
in persona Matris diceret : *Ab æterno ordinata sum,
et ex antiquis, antequam terra fieret.* (*Prov.* viii,
23.) Si *antequam fieret terra; ergo et antequam
A'am fieret*, qui ex terra compactus est. Si *primogenita ante omnem creaturam; ergo non Adæ*
filia, et hoc ipso nec ejus culpæ hæres, quæ ad
posteros et filios, non Matrem et Dominam pertinebat ex pacto. Merito igitur, o Imago divinæ bonitatis, o Candor lucis æternæ, o Speculum sine
macula ! de te licebit mihi exclamare, et mecum
omnibus : *Tota pulchra es, amica mea, et macula
non est in te.* Et vero ut intelligatis, quam ad
amussim hæc imago divinæ bonitatis et innocentiæ,
quam ostendit, respondeat,in mentem revocate,quod
de Zeuxidis pictura historiæ produnt. Pinxerat hic
inter serpentes pampinos ex vite pendentem botrum, tanto artis ingenio, ut etiam aves coloribus
deceptæ advolarent, et rostro rubentes acinos fi-
gerent. Vitem se appellari amat incarnatus Deus :
Ego sum Vitis vera. (*Joan.* xv, 1.) Et ne putetis
vitem infecundam, et fructibus nudam : *Botrus*,
inquit, *cypri Dilectus meus mihi, in vineis Engaddi*,
vel ut Hebræus textus habet : *Botrus balsami.* (*Cant.* i,
13.) Sed hujus *Botri divini* similitudinem hodie in
Annæ materno sinu, velut in tabula, invenio. Alium
illa Botrum, Mariam dico, non coloribus, sed gratiis pinxit, Deo tam similem, ut etiam volucres
cœli deceperit ; verbo, *Imaginem bonitatis divinæ*
expressissimam. Si enim *Vitis vera* est Deus :
et Maria de se ipsa : *Ego quasi vitis.* (*Eccli.*
xxiv, 23.) Si Deus est *Botrus Engaddi*, seu *Bal
sami*. Et hæc, Eccli. xxiv, 21 : *Quasi balsamum non mistum odor meus.* Notate verba, signate mysteria ! *Balsamum* est divina gratia, qua a
peccatorum morbis anima sanatur, et qua quicunque
perfunditur, potest cum Paulo dicere : *Christi bonus
odor sumus Deo.* (*II Cor.* ii, 15.) Jam vero hoc
gratiæ Balsamum in aliis sanctis omnibus mistum,
corruptumque fuit peccati alicujus veneno : teste
siquidem Paulo : *Omnes peccaverunt, et egent gloria
Dei.* (*Rom.* iii, 23.) Sola Dei Mater incorruptum
immistumque Balsamum spirat, et in conceptu
purissima, vera utique Imago bonitatis divinæ, in

quam nullus cadit peccati fœtor : *Botrus* ergo *balsami dilecta mea*. Hæc Imago vitis adeo colluce-
scit, ut quod botro Zeuxidis evenit, illa etiam cœli
avibus imposuerit. Cœlestis utique aquila fuit et
phœnix theologorum Dionysius Areopagita, qui in
Virginis conceptu admissus, tanta hujus venustissimæ Imaginis admiratione raptus est, ut Imaginem
D i ipsum Deum crederet : ad hunc Solem hæc
aquila, ad hunc Ignem hic phœnix, ad hunc Botrum hic argus, deceptis oculis, aciem pene,
mentem fidemque amisit. Ipsum audite! « Testor
Deum, quod ad ejus conspectum, tantus me splendor circumfulsit exterius, et irradiavit interius,
tantaque odorum fragrantia in me redundavit :
quod nisi divina præcepta me inhibuissent, hanc
omnino deam esse credidissem. » (*Epist. ad Paul.*)
En! ad istam divinæ bonitatis Imaginem tam expressam, ad hunc Botrum Balsami delusam, de-
ceptamque volucrem paradisi !

V. Sed quid Virgini sine macula conceptæ cum
vite? dicet aliquis. Refert Plinius, lib. xiv, nefarium, et sacrilegii instar fuisse apud Romanos, in
deorum sacrificiis vinum ex vite litari, quam aut
fulmen strinxisset, aut pes hominis vulnerati cal-
casset. Et cap. 3 : « Mirum est, inquit, vitem reperiri, quæ cum sole circumagitur; et ob id stre-
phos, hoc est solsequium appellari. » Cum igitur
Christus Matth. xxvi, 29, se ipsum *Genimen vitis*
dicat, nominetque, hoc est, vinum illud sacramen-
tale et eucharisticum, quo *virgines*, teste Zacharia
(ix, 27) *germinantur*, quodque in sacrificiis, non
Jovi, aut Mercurio, sed vivo et vero Deo litamus :
negandum omnino Vitem illam Virginem, ex qua divinum hoc Nectar stillavit, fulminali decreto peccati
perculsam esse; sed intactam porro, illæsamque, et
innocentem suo Soli semper adhæsisse fatendum est.

VI. Cur enim hoc privilegium Reginæ angelorum
denegemus? Hoc potuit Deus, hoc voluit, hoc decuit.
Nam Levit. xxi, 13, sic habemus : Pontifex sacerdos maximus *virginem ducet uxorem : viduam
autem, et repudiatam, et sordidam, atque meretricem
non accipiet*. Quanto magis Sacerdotem illum Maximum decuit, de quo sanctus Paulus ad Hebræos
vii, 26 : *Habemus Pontificem sanctum, innocentem,
impollutum*; quanto magis, inquam, illum decuit,
ex matre aliqua *non sordida non sordida* concipi nascique? An
non *sordida*, si peccatum originis, sordium omnium
sentina, illam infecit? Annon *repudiata*, si principi tenebrarum peccato, velut fœdere nuptiali,
aliquando in prædam et sinum cesserat? An *virgo*,
si in complexum prædonis animarum aliquando
venit, si illam corrupit? Non potuit, mihi credite,
non potuit in Matre, Sponsa Maximus ille Pontifex
tantum dedecus sustinere.

VII. Arcebantur laici et profani omnes ingressu
Sancti sanctorum, idque ob Arcæ Testamenti, et
oraculi venerationem : quanto minus credendum,
in animam Virginis purissimæ, in Sanctam sanctorum, ubi Arca Divinitatis, ubi thesaurus omnium

divinarum perfectionum, ubi Verbum, et Oraculum Patris cœlestis conquievit, non profanos tantum, sed peccatum ipsum, et percussorem angelum, et perduellem irrupisse? Decuit ergo, decuit omnino, in hanc Imaginem innocentissimam peccati originalis sententiam non intonare; in hanc lauram hoc fulmen · non sævire, et quia decuit; potuit, voluit, debuit : potuit, quia Deus; voluit, quia Amor; debuit, quia Filius. Nec mihi justitiam opponatis. Inter · parentes enim, et filios justitiæ locus non est, sed reverentiæ et cultus tantum. Et Maria Imago est bonitatis divinæ, non justitiæ, non rigoris.

Pars secunda. — VIII. Ad vos jam convertor, MM. SS. Audistis, adorastis in concepta nostra Virgine divinæ bonitatis Imaginem, Candorem lucis æternæ, Floremque illibatum innocentiæ. Superest, ut imitemini. Alloquor vos verbis Apostoli I ad Cor. xv, 49 : *Igitur sicut portavimus imaginem terreni, portemus et imaginem cœlestis.* Imago cœlestis est illa gratia, quam in lavacro baptismatis per manus sacerdotis, velut internuntii divini, solemniter accepistis. Ad hanc imaginem solemni vos juramento obstrinxistis; et quemadmodum Thebanis in aciem profecturis clypeum cum hoc dicto imperator porrigebat : *Aut cum hoc, aut in hoc;* id est, aut cum hoc victores e prælio redite, aut in hoc fortiter, et pro patria occumbite : ita et vobis, cum Dei loco, ad sacrum illum fontem, imaginem hanc cœlestem, non ex collo, sed in anima sacerdos appenderet : Aut cum hoc, dixit, vivite, aut in hoc mortem oppetite ; sine hoc nemo in cœlestem regiam admittitur. Audivit cœlum ; audivit angelus ; audivit Deus, cum in militiam Christi recepti, ad hanc Imperatoris æterni imaginem solemni vos pacto obligastis, et pacto, quod non aquæ, non arenæ, sed adamanti insculptum hæret, nunquam delendum.

IX. Felices vos, MM. SS., si ad exemplum Reginæ vestræ hanc imaginem adhuc gestatis, et ad tribunal æternitatis citati, Deo Judici incorruptam exhibebitis. Magno illa constitit Dei Filio labore, quam tot annis absolvit, nec succo, sed lacrymis ; nec coloribus, sed sanguine ; nec penicillo, sed spinis et lanceis pinxit ; nec arte, sed morte perfecit. Magnum hujus imaginis pretium ex Paulo intelligite : *Empti enim estis pretio magno.* (*I Cor.* vi, 20.) Et quam magno? *Sic Deus dilexit mundum , ut Filium suum unigenitum daret.* (*Joan.* iii, 16.) Si pro vobis, vestraque salute, MM. SS., dedisset mille cœlos, mille mundos ; dedisset utique pretium magnum. Si omnes seraphinos, omnesque creaturas quas condidit ; o quam dedisset pretium magnum! Sed nihil horum dedit. Nimis parum hoc erat amori suo, nimis parum vestræ necessitati. Non poterant debita nostra, et peccata exsolvi, nisi pretio magno, imo divino. Sic ergo *Deus dilexit nos,* ut pro nobis illud daret, quo nihil habuit charius, nihil majus, nihil melius ; verbo, *ut uni-*

genitum suum Filium daret. Et quid dico : daret? Imo expenderet, effunderet, exinaniret : *Exinanivit enim semetipsum,* inquit Paulus. (*Philipp.* ii, 7.) Audite, audite, MM. SS., quanti vos, vestrasque animas æstimaverit Deus! *Exinanivit semetipsum.* Quid est hoc, *exinanivit semetipsum?* Ut vos emeret ; ut peccatis vestris quæ, ah! nimio constant, mederetur; ad paupertatem, ad incitas redactus est Deus. Nihil habuit amplius omnipotentia ejus, quod posset ; nihil Majestas, quod daret ; nihil Amor, quod vellet ; nihil ejus oculi amplius, ut flerent ; nihil ejus venæ amplius, quod spargerent ; nihil ejus corpus amplius, quod doleret. Verbo : *Exinanivit semetipsum* pro vobis ; *unigenitum suum Filium dedit* pro vobis ; expendit *pretium magnum* pro vobis.

X. Quid ergo vos pro illo? et quid dico, pro illo? Vobis ille non indiget ; plenus est. Quid ergo vos pro vobis? Obsecro vos cum Paulo (*I Cor.* xv, 50) : *Sicut portavimus imaginem terreni, portemus et imaginem cœlestis. Hoc autem dico, fratres : quia caro et sanguis regnum Dei possidere non possunt: neque corruptio incorruptelam possidebit. Abjiciamus ergo,* subinfero cum eodem ad Rom. xiii, 12 et seqq., *abjiciamus,* inquam, *opera tenebrarum, et induamur arma lucis. Non in comessationibus , et ebrietatibus, non in cubilibus , et impudicitiis,* etc. *Sed induimini Dominum Jesum Christum, et carnis curam ne feceritis in desideriis.*

XI. Invitat vos hodie Vicarius Christi Innocentius XI, Pontifex Maximus, qui, apertis Ecclesiæ thesauris, peccatores omnes ad veniam, ad pacem, ad osculum vocat, impletque illud Isaiæ vaticinium (lxi, 1) : *Spiritus Domini super me, eo quod unxerit Dominus me.* Et in quem finem, Innocenti, *unxit te Deus?* Ut percutias, ut ferias, ut dissipes peccatores? Non, inquit ; sed *ut mederer contritis corde, et prædicarem captivis indulgentiam,* etc., *et consolarer omnes lugentes.* Videtis ? omnia pacem, libertatem, indulgentiam spirant. Invitat vos Verbum incarnatum, quod apud Joannem , cap. x, v. 10 : *Ego* inquit, *veni, ut vitam habeant, et abundantius habeant.* Et ad quos venit ? et cur venit! dicet aliquis. Ipsius apud Matthæum cap. ix, v. 13, oraculum audite! *Non veni,* ait, *vocare justos, sed peccatores.* Ad peccatores igitur venit ; et quo fine, nisi *ut vitam habeant, et abundantius habeant?* Peccato enim mortui erant. Nam sicut vita corporis est anima ; ita vita animæ est gratia. Amissa gratia, vitam amiserunt, exspirarunt, mortui sunt! Ah infelices! Sed hodie ad vitam provocantur. Oh! quisquis venenum hausisti, et lethali morbo consumptus, animam efflasti, hodie ad vitam invitaris : *Lazare, veni foras !* (*Joan.* xi, 43.) Stat Medicus ad tumbam, et per me tibi inclamat : *Ego veni, ut vitam habeant;* evigila, et vive !

Epilogus. — XII. Invitat vos denique magna gratiarum Mater, quæ omnes admittit, repellit neminem. Audite Zachariam, cum quo orationi meæ

Unem, et digitum ori imponam. Ergo Zacharias cap. IV, 7, de templo Hierosolymitano sic vatici_ natur : *Et educet lapidem primarium, et exæquabit gratiam gratiæ ejus.* Ubi Hebraica versio : *Et edu_ cet lapidem primarium cum clamoribus : Gratia ! gratia !* Hoc de templi Judaici primis fundamentis propheta sacer edixit. Hoc ego de te, tuaque con_ ceptione, virginum sanctissima. Templum Dei sumus omnes, tu præsertim ! Fundamur, cum concipimur; cum nascimur, fatale illud carmen et edictum proclamatur : *Filii mortis estis vos.* (*I Reg.* XXVI, 16.) Nascimur omnes *filii iræ;* ut merito huic fundamento, *primoque lapidi* indigna_ tus propheta exclamaverit, Job III, 2 et seqq. : *Pereat dies in qua natus sum ; et nox in qua dictum est : Conceptus est homo,* etc. *Sit nox illa solitaria, nec laude digna !* Non, non sic tecum, Filia Prin_ cipis, cujus cum hodie *primum lapidem* jaceret Ar_ chitectus Deus, auditi continuo clamores, vo_ cesque toto cœlo aggratulantium : *Gratia ! gratia !* Floreat illa dies, in qua nata es ; et nox, in qua dictum est : *Concepta est Maria !* Sit nox illa bene_ dicta, et tripudiis plena : *Gratia ! gratia !* Hoc de te angeli, cum conceptam viderent; hoc hodie Ecclesia tot miraculis completa cum clamoribus acclamat : *Gratia ! gratia !* Decuit te illibatam nasci, et nunquam peccato infectam. Potuit te Christus communi illa lege eximere ; potuit, in_ quam, quia Dêus ; et voluit, quia Amor; et debuit, quia Filius. *Gratia! gratia !* Hoc in cœlis angeli, in scholis doctores, in pulpitis sacerdotes, in san_ ctuario pontifices, in palatiis principes, ubique, nec aliud fideles omnes ; quia sine nævo, sine ma_ cula, sine peccato : *Gratia ! gratia !*

XIII. Hoc a te, virginum purissima, sodales tui primo loco, nec aliud exoptant : cum ex hoc mundo ad Judicem, et æternitatem descendent, tu libellum supplicem offer, tu pro filiis et Mater, et Advocata perora : *Gratia ! gratia !* Et cum lethalis ille, mortisque prementis sudor faciem infundet ; cum occident oculi ; cum fatale illud lumen, vitæ hesperus, in manu ardebit ; cum luctuante inter dolores anima, sol ultimus occumbet : tu succurre, et adjuva : *Gratia ! gratia !* Cum, demisso capite, depressisque oculis, sententiam a Judice exspe_ ctahunt ; cum appendentur in statera, et delicta juventutis toties repetita, nunquam deplorata, cen_ sebuntur ; tu veniam impetra, tu lacrymas tuas expone : *Gratia ! gratia !* Quando peccata vindi_ ctam exposcent, tu para indulgentiam ; quando perçundum illis erit, tu sinum aperi, tu recipe, Mater : et tandem, cum conscientia, et accusatores conclamabunt : *Reus est mortis*; Mortem I mortem ! Supplicium ! supplicium ! dic : Sodales mei sunt : Vivant I vivant ! *Gratia! gratia !* Dixi .

ORATIO II.

De eadem Immaculata Conceptione B. Virginis.

ARGUMENTUM.— « De Dilecta nunquam satis.» Vox erat, non millies tantum seu ore, seu calamo Cœ_ lestini lapsa. Nec vacua illa quidenr; quippe cui, ubi posset, par opus respondebat. Hac ipsa certe Oratione, etiam jurejurando se devovet, animam prius, quam arma, pro *Innocentia* Virginis ponere; non tam loqui pro Dilecta sua, quam mori promptus. Ipse eam *Duellum* inscribit, eaque, velut alter Da_ vid, contra Tigurinum illam Goliam Heideggerum, qui infami nuper libello Virginem (ut est tenera fama pudoris) prostituere veritus non erat (ad sin_ gulos videlicet adversarii ictus, et objectiones sin_ gulis retorsionibus, velut totidem partibus ora_ tionis, ex adverso oppositis, vibratisque), ita in acie decertat, ut flore nescias, an rationum, atque argumentorum vi miserum sternat, prosternatque. et orator scilicet et theologus, utrobique pro suo ingenio summus, et purpura, quam lauro dignior.

THEMA. *Date mihi virum, et ineat mecum singulare certamen.* (*I Reg.* XVII, 10.)

EXORDIUM. — I. Sextum decimum jam volvitur sæculum ab edito Virginis vaticinio, quod pri_ mum in montanis Judææ auditum est ; jam vero totum orbem terrarum, et quid dico, orbem ter_ rarum? omnes orbes cœlorum implevit : *Ecce enim ex hoc beatam me dicent omnes generationes !* (*Luc.* I, 48.) *Omnes* utique : nam ubicunque fue_ rit prædicatum Jesu Evangelium, illic, o virginum Sanctissima ! *beatam te dicunt omnes generationes.* Beatam te Africa , beatam Europa, America, Asia ; beatam te scholæ; beatam te pulpita, templa, laureæ, fasces, coronæ, fora, plateæque ; beatam te conjugatorum thalami, virginum solitudines, infantia, adolescentia, senectus, angeli ; omnes denique generationes.

II. Sed ecce ! inter tot cœli, terræque Virginem beatam acclamantium, prodiit nuper, non ex valle Terebinthi, sed ex antris, et spelæis Calvini, ex Babylone Tigurina homo spurius, et extra veræ Ecclesiæ sinum illegitimo toro natus ; prodiit, inquam, et ausus est beatam hanc, et regiam Virginem, non tantum *non beatam*, sed etiam mi_ seram et infelicem proclamare ; hoc est, pecca_ tis mortalibus, velut ulceribus, et lue defœdatam, ac peccati originalis turpissimo carcinomate exe_ sam corruptamque. Quod si ita est, non jam illa felix et beata, sed infelix plane, et miserrima; cum nulla major sit infelicitas, quam peccatum ; et præstet æternum miserum esse, imo nihil esse, quam vel semel, vel momento Deum peccato of_ fendisse. Dicit ergo infelicem, inauspicatam, mi_ seramque, qui dicit peccatricem. Ad has igitur tam ineptas, tam nefarias voces, tactus ego do_ lore cordis intrinsecus : *Quis est*, inquam, *Phili_ sthæus iste incircumcisus , qui ausus est maledicere* (*Matri*) *Dei viventis ? vadam ego, et auferam ca_ put illius, et auferam opprobrium ex Israel.* (*I Reg.* XVII, 26, 36.)

III. Certamen igitur pro Innocente, pro Dilecta, Domina, Matre deposco; et quemadmodum solemni ritu duellantium mos est ut edito libello certaminis sui causam edicunt, hoc mei esto conflictus diploma : quia Joannes Heideggerus homo Zwinglianus, et doctor Tigurinus infami convicio ausus est non vocibus tantum, sed sparsis etiam ubique foliis, Reginam cœlorum, ejusque regiam majestatem defœdare, tanquam peccatorum mortalium et originalis convictam, turpisque cum principe tenebrarum et repetiti compertam adulterii : ego tam gravi, atrocique injuria in supremam illam Majestatem jure merito et implacabiliter offensus, solemni juramento me devoveo, obstringoque, non prius arma positurum, quam barbarum illum, et perduellem,ac violatæ Majestatis convictum, publico solemnique duello prosternam obtruncemque. Sic me Deus adjuvet, et illa,cujus catenas in corde gesto,amorum et virginum Regina!

IV. Eligunt deinde certamini arma, symbola, leges. Hæc igitur in conflictu mihi pro armis sint. Primo caput nudum et apertum, ac liliorum textu, pro galea, incinctum; causam videlicet tueor non erubescendam, et pro illa, cujus innocentia, et puritas liliorum nives multo superat : pro mucrone in manibus, romphæa flammis, et ignibus armata, duplicique acie instructa, verbi videlicet, et rationis humanæ : pro lorica thorax e solido, limpidoque adamante, infracto videlicet, et constanti in Dilectam amore. Ergo in corde amantis thorax adamantis, ad malleum, ad incudem, ad flammas usque duraturus ; in læva clypeus orbe duplici, tinnulo, tersoque chalybe fusus : utroque videlicet jure, civili et canonico conflatus. Æquum quippe est, ut duplicem Dominæ meæ injuriam duplici jure confutem : incivilem civili, caninam canonico ; symbolum in clypeo hujusmodi ; quercetum multis densisque in orbem quercubus coronatum ; singulas fulmen incendit. Una in medio Laurus perpetuum virens, et illæsa. Epigraphe : *Non tangitur una*. Quercus natura humana ; fulmen peccatum originale ; Laurus pulchræ Dilectionis Mater. Hanc flammæ peccati originalis nunquam afflaruot: *Non tangitur una*. Leges certaminis hæ sunto ! Pugna cominus punctim, cæsimque gladio gerenda ; non eminus jaculis et missilibus ; volo dicere : oratione, non vaga, et rhetorica, sed argumentosa, et pressa, et ad leges argumentationis formata. Si me Philisthæus straverit, orbe toto theologico proscriptus, in potestate, et arbitrio victoris ero. Si ego illum : catenatis post terga manibus, nudato, et in pectus deflexo capite, ad aras Virginis procumbet, et in altum ter voce sublata : *Tota*, clamabit, *tota pulchra es*, Maria, *et macula non est in te* ! (*Cant.* IV, 7.) Tum vero mancipium provocatæ, et violatæ Majestatis in catenis perpetuum vivet. Hoc armorum, hoc legum delectu, inter arma me claudo, mucronem stringo, clypeum

obtendo, et ad paradisum voluptatis hostem præstolor ; certus, pro Virginis innocentia aut animam ponere, aut hostem prosternere. Tu amazonum et virginum fortissima, pro cujus illibata puritate hoc certamen ingredior, vires suggere, animos adde, victoriam juva !

CONFIRMATIO. — V. Et ecce ! prodit monstrum Tigurino-Babylonicum (monstrum si non esset, amaret Virginem tam amabilem), prodit, inquam, lento gradu, vasto incessu, elato supercilio, barbatum, pellatum, spathatum, lanceatum, cristatum. Cristatum phrasibus, et linguis versicoloribus; lanceatum conviciis et calumniis ; spathatum mendaciis et fraudibus sacræ Scripturæ in alienum sensum detortis. Agedum, pugnam invadamus. Ferrum jam denudat ; mucro jam coruscat ; ictum parat. Maria, custodi. Audite !

PARS I. *Primus Heideggeri ictus retunditur.* — VI. Si, inquit, Maria cœli terræque Domina est, ut dicitis, cur tam diuturnas de conceptu suo lites non componit ? cur pacem non reducit ? cur patitur Dominicanorum et Franciscanorum acies per tot scandala et rixas, bello civili concurrere ? cur denique Bonzium Romanum non urget, et cogit efficaciter, ut pro Maria pronuntiet, et ita finem discordiis imponat ? Aut Mariæ curæ est, ut immaculatam credamus, aut non est. Si curæ est; cur innocentiam suam et causam non aperte et clare producit in lucem? Si curæ non est; cur nos curamus, quod illa non curat ? cur magis nos curamus de illa, quam illa pro se ? Illic primus Heideggeri ictus : Deo laudes, quod vanus, et in aerem lapsus, sine vulnere, sine sanguine! Sed hunc ictum ictu pari illudamus.

VII. Tu dicis: si Maria cœli terræque Regina, et Domina est, cur pacem non reducit ? Dico ego : Si Christus cœli terræque Dominus est, cur ipse veritatem Ecclesiæ non reddit ? Tu dicis : Cur de conceptu suo tot opiniones Maria permittit ? Dico ego : Cur Christus non tantum de conceptu, sed de sua etiam divinitate, de suo corpore, de sua providentia tot opiniones, hæreses et atheismos patitur ? Tu dicis : Cur suis controversiis, et intestinis bellis nullum Maria finem imponit ? Dico ego : Cur tot sectis et schismatibus Lutheranorum, Calvinistarum, Zwinglianorum, etc., et tot inde secutis incendiis, rapinis, cædibus nullum finem Christus imponit ? Aut Christo sua fides, sua veritas, sua religio, suæ animæ curæ sunt aut non sunt. Si sunt ; cur tandem tot erroribus æternam aut vitam, aut mortem spectantibus finis non imponitur ? Si non sunt, cur nobis curæ est fides Christi, quam ipse non curat ? cur nos cordi ducimus, quod ille non ducit ? cur nos disputamus, scribimus, docemus religionem ; Christo in causa, et negotio suo altum dormiente et connivente ? Videtis, quam infirmus sit Heideggeri ictus; qui si validus esset, Christum magis feriret, quam Mariam.

VIII. Permittit ergo Deus has de conceptu Virginis discordias, neque eas, seu *gladio spiritus*, seu *spiritu oris sui* terminari hactenus, dirimique voluit ; et quod saluti æternæ nihil officerent, fide intacta, nec aliquo de ejus articulis in discrimen ac dubium vocato : et quod dici vix possit, quantum hoc conflictu, et pugnantium studiis immaculata Deiparæ conceptio sit illustrata. Nam si omnium de ea sententiæ, ut de illius nativitate, maternitate, partu virgineo, cæterisque, quæ in ea *completa esse*, ipsa fides et Scriptura docent, mysteriis, fuissent concordes, nunquam de illa tot editi libri, tot decantatæ laudes, tot sodalitia instituta : nunquam tanto pro ea ingenio, tanta eruditione, tanta copia, liberalitate, pietate, ac pro nullo alio fidei articulo, pugnatum certatumque esset. Hoc igitur efferunt discordiæ, quod nulla unquam pax effecisset, ut videlicet concepto Virginis præ aliis martyriis claresceret. Nec potuit Deus suæ Matris innocentiam magis curare, quam permittendo, ut impugnaretur. Audi Ecclesiasten cap. xxxiii, 15 : *Contra malum*, inquit, *bonum est, et contra mortem vita Sic et contra virum justum peccator. Et sic intuere in omnia opera Altissimi : duo et duo, et unum contra unum.* Ita nimirum, ita altissimus rerum Conditor in omni opere creationis suæ : solem contra eclypses, noctem contra diem, lucem contra umbras, *unum contra unum*. Æstates, hiemes ; calores, frigora ; ignes, aquas ; levia, gravia ; tarda, velocia ; generationes, corruptiones ; formas, deformia : *Duo, et duo, et unum contra unum*. Ita sapientissimus pereuntis creaturæ Reparator in toto opere redemptionis nostræ : *Unum contra unum*. Innocentiam, calumnias ; miracula, mendacia ; beneficia, persecutiones ; ignominiam, gloriam ; laudes, infamiam ; ortum, occasum ; funera, triumphos : *Duo, et duo, et unum, contra unum.* Ita denique providentissimus operum suorum Æstimator in conceptione Virginis, et Matris suæ : *Unum contra unum*. Angelicum contra subtilem ; seraphicum contra Dominicum ; pietatem contra rigorem ; Catholicos contra hæreticos : *Duo, et duo, et unum contra unum :* quo eventu ? ut tanto longius titulus *Immaculatæ* personaret, tantoque plures tuerentur, et crederent *Virginem sine labe conceptam esse*, quanto id negaretur, impugnareturque a pluribus. Certe, nulla fornax tantum auro profuit, nullus malleus tantum ferro ; quantum puritati Mariæ nostrorum pugnæ.

IX. Quod si denique Heideggero ex me sciscitanti : Cur Deus Conceptionis Immaculatæ mysterium non palam tandem revelet, et ita contentionibus finem imponat? hoc, inquam, ex me sciscitanti, responderem me nescire, quid poterit in hac responsione merito reprehendere ? Job providentiæ divinæ secreta non satis intelligenti, hanc Deus proponit quæstionem : *Nunquid ingressus es thesauros nivis ?* (*Job* xxxviii , 22.) Quasi dicat Deus : Quid thesauros consiliorum et providentiæ meæ inquiris ; cum nondum *thesauros nivis sis ingressus?* Nivem, quam vides, quis fullonum tanto pinxit candore ? quis textorum, lanæ instar, et bombycis, tanta mollitie texuit ? Quæ netricum, subtilissimi instar staminis, difflavit ? Hoc cum ignores, quid in thesauros sapientiæ meæ irrumpis, qui nondum *thesauros nivis es ingressus?* Nivi potest inn centia Virginis merito comparari. Nix, ut candicet, non tinctura, non penicillo opus habet ; cum candore nascitur. Ita Virginis anima cum candore gratiæ et puritatis nata, creataque est. Ilos thesauros nivis et innocentiæ nunquid es ingressus, Heideggere? Quid quæris : Cur Deus non revelarit Ecclesiæ Immaculatam Conceptionem? dicat, qui consiliarius Dei fuit ; me, qui non fui, latet ; *nunquid adis thesauros nivis ?* Ut igitur concludam, male argumentaris, Heideggere ; permittit Deus immaculatam Deiparæ conceptionem a multis impugnari ; ergo Deo curæ non est, quid de illa sentiamus : imo maxime tunc curat, quando non curat. Curat medicus secando ; curat vinitor putando ; curat aurifex aurum inter flammas purgando : ita Deus curat omnium justorum et præ omnium justorum, Matris suæ innocentiam, eam persequi permittendo.

PARS II. — *Alter adversarii ictus, seu objectio retorquetur.* — X. Sed cum hoc dico, secundum ictum vibrat adversarius meus. Scriptura, inquit, non dicit Conceptionem Virginis immaculatam fuisse, et a labe originali immunem. Cur ergo, quod illa non dicit, vos dicitis ? Quod Isaias non dicit, quod Paulus tacuit, quod Joannes non edixit, cur vos proclamatis, et per tot libros ac voces iterum iterumque repetitis? Hæc ille. At neque hic ictus lethalis est, ac præter sonum, quo pugnantis pro Virgine animum terrere possit, nil mortis habet. Tu dicis : Cur vos asseritis quod Scriptura non asserit? Ego respondeo : Cur vos negatis quod Scriptura non negat? Non asserit sanctam Virginem omni macula etiam originali caruisse ; demus : sed neque asserit maculam contraxisse. Nos sine Scriptura Virginis innocentiam absolvimus : vos sine Scriptura Virginis innocentiam condemnatis. Uter nostrum majori culpa obstringitur? Fatemur itaque nullum apertum et evidens testimonium in Scriptura exstare, quo privilegium hoc immunitatis comprobemus. Nam si exstaret, non jam esset opinio, quam defendimus ; sed esset fidei articulus. Jam vero, cum Scriptura nihil aperte dicat, neque nos opinionem nostram pro fide jactamus ; sed cujuslibet arbitrio permittimus, quid credere in hac parte, quid sentire velit. Quod Deus in Scriptura revelat, fide divina credimus ; quod non revelat, fide divina non credimus ; quid hoc impium, aut nefarium adeo, ut tam Heideggero bilem et stomachum moveat?

XI. Illu ! tamen negari non potest, multos esse in sacra Scriptura textus, ex quibus, accedente ratione humana, per legitimam consequentiam, ut vocant, plus quam probabiliter, et quasi evidenter immunitatis privilegium deduci possit. Sic Deus ipse Genes. cap. III, vers. 15, ad serpentem : *Inimicitias ponam inter te, et mulierem, et semen tuum, et semen illius: ipsa conteret caput tuum, et tu insidiaberis calcaneo ejus.* — *Insidiaberis*, inquit, non mordebis: morsus peccatum, insidiæ debitum, et potentia peccandi, nisi Deus præservass·t. Sic Levit. XXI, vers. 13, Pontifex sacerdotum maximus *virginem ducet uxorem ; viduam autem, et repudiatam, et sordidam, atque meretricem non accipiet.* Quanto magis Sacerdos ille, de quo Paulus: *Habemus Pontificem sanctum, innocentem, excelsiorem cœlis factum*, debuit *Virginem* non in uxorem, sed in Matrem sibi accipere longe innocentissimam ab omni labe, imo peccati specie immunem? Et vero non *sordida* sit, quam peccatum originale infecit, omnium sordium et peccatorum sentina? Annon *repudiata*, quæ semel dæmoni juncta, et copulata fuit peccato, velut fœdere nuptiali? An *virgo*, quæ in complexum principis tenebrarum venit, et quam ille corruperat? Nisi forte dicas, minorem in Verbo incarnato ex Virgine nascituro puritatem fuisse necessariam : aut sordes animæ minus Deo, qui Spiritus est, quam corporis displicere : aut majori pretio apud Deum carnis integritatem esse, quam spiritus : aut minori denique dedecore fuisse dignam, quæ hominem maritum habuit, quam quæ Filium Deum.

XII. In libris Regum legimus, ob templi et oraculi sanctitatem, voluisse Deum ut omnia auro splenderent, et essent in fundis lapides pretiosi. Quanto magis in Templo Verbi incarnati decebat, omnia splendere auro gratiæ, et sordes procul esse? Sancta sanctorum prohibebantur omnes laici ingredi, idque ob arcæ et oraculi venerationem : quanto minus credendum est, in Sanctam sanctorum, ubi Arca Divinitatis et thesaurorum Dei, non laicos tantum, sed ipsum exterminatorem angelum irrupisse? Noluit Deus sepeliri, nisi in monumento novo, et linteo novo, intactoque : quanto minus incarnari, nisi in Virgine intacta prorsus et illibata?

XIII. Jubet Deus parentes a filiis honorari; et profitetur Christus, in mundum se venisse, non, ut *legem* solveret, sed adimpleret (*Matth.* v, 17): si ergo Filius Christus, et hanc legem filiorum, non ut solveret, sed impleret, venit ; honorare utique Matrem debebat. Quomodo vero honorasset, si cum posset illam summo malo eripere (quale peccatum originale, et illud tantum, ut se præoplasset Matrem Dei non esse, quam illo obstringi, inficique), tanto, inquam, malo, si non eripuisset, cum facile id posset? Quis nostrum, si posset, matrem non eligeret sine macula? At ille potuit ; cur ergo non voluit? An ut justitiæ præceptum imple-

ret? at potuit sine injustitia præservare ; cur **ergo** non voluit? An, quia fœdere cum Adamo contracto etiam illa concludebatur? At poterat Deus non includere ; cur ergo non voluit? An, ut ex illa peccati macula tanto redderetur humilior ? At poterat humillimam præstare, etiam sine peccato ; cur ergo non voluit ? Imo 'cum humilitas tanto præstantior sit, quanto persona dignior, peccatum sicut personæ dignita·em minuit, ita derogat humilitati : cum ergo sine peccato poterat Matrem humiliorem reddere, cur non voluit? An, quia Matrem redimi decebat ab eo, qui omnium Redemptor est? At poterat Matrem redimere, non solum liberando a peccato, sed etiam (quæ nobilior longe est Redemptio) præservando, et peccandi legem, ac debitum in Maria, pretio sui sanguinis, redimendo ; cur ergo non voluit? Cum igitur ratio assignari aliqua haud possit, cur Deus voluerit Matrem suam originali macula defœdari : aut dicendum est Deum hoc non voluisse, quod nos ostendimus ; aut illud voluisse, non tantum sine ratione, sed etiam contra rationem, quod procul absit ab eo, de quo Regius Propheta, Psal. CIII, 24 : *Omnia in sapientia fecisti*. Et vero cum sapientia sit ratio rationum ; aut ratio, cur Deus Matrem voluerit defœdari, reddatur ; aut si ratio reddi non potest, penitus taceatur. Atqui isti et complures alii sunt textus illi, illa pronuntiantis pro innocentia Virginis Scripturæ loca, et oracula, de quibus ego ad Heidèggerum ejusque asseclas : *Scrutamini Scripturas, quia vos putatis in ipsis vitam æternam habere; et illæ sunt, quæ testimonium perhibent* de Maria (*Joan.* v, 39.)

XIV. Sed ut Heideggerum suo demum gladio conficiam, argumentum pressius adhuc urgeo. Quoniam dicis immaculatæ Conceptionis privilegium in verbo Dei expressum non esse, et ideo non credendum ; aut vis nihil esse credendum, ne quidem fide humana, quod non legitur in verbo Dei? aut tantum non esse credendum fide divina et infallibili? Si de fide divina tantum loquaris, demus hoc ; sed jam vicimus. Nemo enim nostrum in catholica Ecclesia immunitatem Virginis fide divina et penitus infallibili credendum esse contendit. Cur ergo, qui fide divina non credimus, superstitionis damnamur? Sin vero dicis, nihil credendum esse, ne quidem fide humana, quod in Scriptura non legam, iterum vicimus, iterum, Heideggere, conclamatus es ! Quam multa enim credenda non erunt, quæ nisi fide humana credantur, vix homines sumus? Credendum non erit, Innocentium XI ad clavum Romanæ Ecclesiæ sedere ; quia Scriptura expresse non dicit. Credendum non erit Joannem Heideggerum inter vivos agere, nec doctorem, sed spectrum esse, et ideo annuis stipendiis ac decimis non alendum. At, inquis, hæc videmus et audimus, et ideo fide humana credi possunt: Virginis porro immaculatam Conceptionem nec visu hactenus, nec auditu, et per Scripturas accepimus. Sed quæ Scriptura dicit, hæc, quæ videmus, vera esse, et non potius verorum spectra aliqua et simulacra, et oculos videndo non falli? Quemadmodum, cum cœlum, et littus currere videmus, errores sunt, et ludibria oculorum. Demum, si oculus, si auris fidem meretur humanam, cur non et meretur ipsa ratio, et lumen naturale intellectus? at vero hæc fidei conjuncta apertissime suadet intactam fuisse a lue originali animam Virginis : nisi forte dicas majorem fidem humanam oculum mereri, quo etiam formicæ et muscæ utuntur, quam oculum intellectus, quo etiam cum angelis jungimur, et a quo omnia fidei humanæ munimenta procedunt, juramenta, contractus, fœdera. Teneris ergo, Heideggere, in quamcunque partem te vertas ; nec aliud superest, quam ut tandem una mecum latearis : *Tota pulchra es, Maria, et macula non est in te.* Sed ad tertium congressum me jam accingo.

PARS III. *Reliqui adversarii ictus eluduntur.* — XV. Heideggerus itaque ambobus brachiis ferrum stringit, et ictum palmarium, quibus potest, viribus intentat. Repugnat, repugnat, inquit, innocentia Virginis testimoniis Scripturæ ; et quod Mariæ conceditur, detrahitur veritati. Lege Paulum, Rom. III, 23 : *Omnes,* inquit, *peccaverunt, et egent gloria Dei.* Si omnes? ergo etiam Maria, quæ est una de omnibus. Lege eumdem, cap. v, vers. 12 : *Sicut,* ait, *per unum hominem peccatum in hunc mundum intravit, et per peccatum mors ; et ita in omnes homines mors pertransiit, in quo omnes peccaverunt.* Si in omnes? ergo et in Mariam. Lege rursum II Cor. v, 14 : *Si unus,* succlamat, *pro omnibus mortuus est ; ergo omnes mortui sunt* Quomodo *omnes mortui sunt,* si non et Maria? Quomodo non Maria, si omnes? Hic ille Heideggeri ictus palmarius ; sed ictus sine vulnere: vires exhausit, et clypeum vix strinxit!

XVI. Et possem equidem hic multa reponere. Possem dicere: Omnes in Adam peccaverunt, qui erant membra Adami, de Adami familia, et eodem cum Adamo pacto involuti. At beatissimam Virginem dicimus, privilegio nativitatis Dei, etsi ab Adam progenitam corpore, Dominam potius et Caput Adami fuisse quam Filiam, et ideo eo fœdere promiscuo minime comprehensam. Possem deinde dicere: Omnes quidem ex parte Adami, et quantum ex lege, debitum et captivitatem peccati contraxisse, etiam Mariam. At non quærimus, an *debuerit ,* sed an debitum *solverit,* cum in utero matris concepta est. Et negamus *solvisse ;* quippe Matrem, et ideo exemptam. Non, inquam, quærimus, quid *ex natura sua* fuerit, sed quid *ex gratia et privilegio* Dei.

XVII. Verum ut tanto clarior evadat responsio : scias velim, Heideggere , illud *omnes* non ita universaliter in Scripturis, atque *illimitate* semper intelligi, ut *singulos* complectatur, nemine excepto, Virgine præsertim, persona adeo eximia, privile-

giata, ac tot titulis exempta. Quod si mihi negare velis, ad logicam, ad theologiam, ad jura, ad Scripturam ipsam provoco. Dicat logicus, imo tyronum quispiam, et qui in vestibulo logicæ etiamnum hæret, summulista dicat : Quid suppositio il'a *universalis* quidem, sed *accommoda ?* qualiter intelligat, si dicam : *Deus creavit omnia ?* an absolute, adeoque etiam seipsum? *Cœlum tegit omnia ?* an nullo excepto, ne seipso quidem ? *Omne animal est in terra ?* nulla igitur aquila in aere ? nulla in aquis cete? in igne salamandræ? Dicat theologus, quis verborum suorum sensus, dum dicit : *Omnia, quæ habet Pater, dedit Filio ?* An igitur etiam relationem ? *Omnia opera Trinitatis ad extra sunt communia ?* An Incarnationis quoque? Dicat jurista quid sibi illæ regulæ juris tam canonicæ quam civiles velint : *Omnis regula, quantumvis generalis, patitur exceptionem ?* Omnino *universalis restringitur ad idoneos et aptos ?* Verificaturque, etiamsi *duæ,* aut tres personæ illa *non comprehendantur ? In clausula generali non ea veniunt, quæ speciali nota digna sunt ?* neque *ea clauduntur, quæ fuerat legislator verisimiliter excepturus ?* Dicat denique Scriptura ; ipse Paulus dicat, qui in Adam omnes peccavisse dixit, an illud *omnes* universim adeo velit intelligi, ut neminem excipiat ? Quid igitur ? *Omnes,* inquit, *quærunt quæ sua sunt, non quæ Jesu Christi ;* ergo ipsi etiam apostoli ? ipse Petrus , et Joannes , et Paulus? *Omnis homo mendax ;* igitur et patriarchæ , et prophetæ , et evangelistæ? *Omnibus omnia factus sum ;* nunquid etiam hæreticis hæreticus , ludionibus ludio, latronibus latro? Sed cur, inquies, excipitur beata Virgo, quam Scriptura non excipit ? Retorqueo : Cur includitur beata Virgo, quam Scriptura non includit ? Et ubi excipit Scriptura beatam Virginem a lege peccati actualis et corruptionis , num ideo actualiter peccavit, et post mortem corrupta est? Plane si aliquid præter Scripturas dicendum est , æquius fuerit, Dei Matrem præter Scripturas absolvere, quam præter Scripturas damnare.

XVIII. Atque ut jura demum cum Scriptura et theologia componam, regem Assuerum audi : *Non morieris* (ait ad reginam) ; *non enim pro te, sed pro omnibus hæc lex constituta est.* (Esther xv, 13.) Si *non pro te,* quomodo *pro omnibus ?* Si *pro omnibus,* quomodo *non pro te ?* Quia videlicet non pro uxore, non pro sponsa, pro matre. Nimirum, ut jura loquuntur : ‹Augusta gaudet privilegiis imperatorum. Et licet legibus sit subdita, princeps tamen eadem privilegia ei concedit quæ ipse habet.› (L. *Princeps,* ff. *De leg.*) Certe si quis imperator legem ferat, qua omnes ad tributum, aut ad terram comportandam adversus hostem obsidentem obligantur, nunquid ea quoque imperatrix ligabitur ? nunquid filia quoque imperatoris ? nunquid et mater ? Impie agis igitur, Heideggere, si, cum satius esset omnem potius solvere legem quam Dei Matrem condemnare, tu tamen contra omnes logicæ, theologiæ, juris, et Scripturæ leges ac regulas, cam non excipis, quam omnes illæ excipiunt; eam condemnas, quam omnes illæ absolvunt. Verum, ut arctius te stringam : Cur Dei Matrem peccati originalis accusas? Quia Scriptura hoc dicit. Quid dicit Scriptura? *Omnes.* Non hoc quærimus, non hoc disputamus, an dicat, *Omnes*; nam et nos, et vos fatemur, dicere, *Omnes.* At hoc quæritur, hoc disputatur : an, cum dicit, *Omnes*, neminem excludat? Vel dicit Scriptura, se ab *omni* neminem excludere; vel non dicit. Si dicit, ostende; si non dicit, quomodo tu contra principia tua, contra doctrinam tuam includis, quam illa non includit? accusas, quam illa non accusat; morti addicis, quam illa non addicit? At magnum, inquis, hoc privilegium est. Fateor equidem; at non majus Dei Matre, non Maria *Opus namque grande est; neque enim homini præparatur habitatio, sed Deo.* (*I Paral.* XXIX, 1.)

XIX. Crederes, prostratum denique adversarium herbam porrigere, et vel suo ipsius gladio jugulatum, ad aram innocentiæ procumbere, Virginis victimam; at contra ipse audentior, ferire pergit, et novo pugnandi artificio, quanquam irrito eventu : jam etiam sanctos Patres, hostis ipse sanctorum Patrum et osor implacabilis, secum veluti patronos ac patrinos pugnæ suæ in aciem educit. Mira res, Heideggere ! Patres non audis, cum votá legamus; cum virginitatem præferimus; cum monachatum inducimus; sanctos invocamus; veneramur reliquias : at quando agitur de Matris Dei injuriis, Patres compellas. Sed esto ! Patres fuisse, non nego, qui hoc privilegium Dei Matri negarent; sed fuerunt etiam, qui concederent, numero, antiquitate, doctrina et pietate pares : inter quos Andreas apostolus, Athanasius, Origenes, Chrysostomus, Ambrosius, Augustinus, Hieronymus, et alii. Jam igitur Patribus diversa sentientibus, cur non illis potius subscribis, qui sententiam pro Dei Matre, quam qui contra Matrem tuentur? Si de fundo tuo, patrimonio, hæreditate agitur, judicibus diversa sentientibus, nunquid ea potest valere sententia quæ contra fundum, hæreditatem, patrimonium tuum, et non illa potius quæ pro patrimonio, pro hæreditate, pro fundo tuo suis nititur argumentis? Jam ergo, cum non de fundo aliquo, aut hæreditate agitur, sed de Dei Matre; tu in eam potius sententiam concedis, quæ Matrem morti addicit, quam quæ libertati. Hoccine est Matrem diligere ? hoc cœli, terræque Reginam venerari?

XX. Sed ut magis premam, et insistam pressius : *E duobus malis minus est eligendum.* At vero minus malum est, Patres aliquos errasse, quam Deiparam peccasse. Et utique minus est malum error et ignorantia, quam peccatum et culpa : cur ergo non minus malum eligimus, et Patres errasse dicimus, quam peccasse Dei Matrem? Vel Patres errare possunt, vel non possunt. Si possunt, testes adducis

suspectos fidei, et quos errasse dicam. Si errare non possunt, quanto satius est dicere, nec Mariam Patrum Dominam et Magistram errare potuisse?

XXI. Sed urges : Mors est pœna peccati : *In quocunque enim die comederis,* inquit Deus (*Gen.* II, 17), *morte morieris.* At mortua est Virgo; igitur et peccasse necesse est. Imo si, quia mortua, peccasse, quanto magis non peccasse necesse est; quia *omnium viventium,* et ipsius *Vitæ* est *Mater* ? Quippe si tu ex eo quod filia mortis, bene infers peccasse, ego melius inferam, non peccasse, quia *Mater viventium.* Deinde non ob peccatum duntaxat, sed etiam aliis ex causis, meriti, inquam, patientiæ, constantiæ, exempli, charitatis, satisfactionis pro peccato aliorum, etc., mori quis potest. Ex tot causis mori cum potuerit, cur potius ex culpa quam ob aliam causam mortuam dicis? nisi quia ad alios non pertines, quibus dictum : *Ecce Mater tua !* At, inquis, nos *non adoramus quod nescimus.* Imo vero *adoratur* a nobis *conceptio,* quia magnum bonum ; et ipsa *persona concepta,* quia sancta. Hoc scimus, hoc adoramus, reliqua opinamur : non colimus ipsam opinionem, non peccatum.

XXII. His ita demum constitutis, peto pro Matre quod latronibus conceditur. Peto, inquam, ut eo dem jure quo latrones gaudent, uti possit Mater : et quanto indignius, si ne hoc quidem conceditur et pejor conditio Matris, quam latronum ? Si de capite, si de supplicio latronum agitur, accusatore nihil probante, absolvitur : cum igitur accusator nihil probet, absolvatur, absolvatur rea, innocens proclametur Maria. Enimvero non peto pro Maria gratias, non privilegia, sed jura ! *In dubiis favendum est illi parti quæ magis facit pro religione;* sed magis facit pro religione, si negemus Dei offensam et pro sanctitate Dei Matris pronuntiemus. *Ambigua semper in meliorem partem interpretanda. In dubiorum jurium probabilitate magis velle debemus ut actus valeat, quam pereat. Cum partium jura sunt obscura, reo magis favendum. In criminalibus debent esse probationes luce meridiana clariores.* Cum igitur Virgo non probetur rea, cum actoris probationes, et argumenta non tantum luce meridiana non clariora, sed obscura plane, imo nulla sint, faveatur reæ; stetur pro Virgine; pronuntietur pro innocente; pendeat edictum; sententia esto : *Tota pulchra es, Maria, et macula non est in te !*

EPILOGUS. — XXIII. Dum ego interim ad aras innocentiæ tuæ, virginum sanctissima, pro te hoc duello perfunctus, arma pono, sudoresque detergo, et Epilogi loco illud Sophoniæ III, 17, accino : *Dominus Deus tuus in medio tui fortis, ipse salvabit; gaudebit super te in lætitia, silebit in dilectione sua.* Chaldæus : *Abscondet delicta tua* (originalem noxam intelligo) *in misericordia sua, in corde suo aperto claudet misericors.* Et vero felices labores mei, optimeque collocata stipendia, quando præmium suscepti certaminis, *libertas,* et *absolutio* Virginis est ! Dixi.

ORATIO III.

Pro festo Purificationis B. Virginis.

REGNUM MARIÆ REGNUM MISERICORDIÆ.

ARGUMENTUM. — Lacte, non atramento, exaravit hanc Orationem eminentissimus orator; tam tota lactea est, nec tot apices, quot miseris erga misericordiæ Matrem fiduciæ motiva instillat. Crederes illam cum mellifluo Bernardo ab ipso Virginis ubere suxisse. Ejus synopsis est : quod, sicut duobus regnis Christi in homines imperium distinguitur, justitiæ et misericordiæ ; ita justitiæ regno sibi ceu Judici reservato, regnum misericordiæ totum Mariæ cesserit, quia Matri.

THEMA. — *Pulchra ut luna.* (*Cant.* VI, 9.)

EXORDIUM. — I. Mutat habitus amor, et sæpe velata forma, larvam vultui inducit : non ut fallat, sed ut placeat, dum latet et prosit, dum tegitur. Optime Seneca :

> *Hic jubet cœlo superos relicto,*
> *Vultibus falsis habitare terras :*
> *Induit formas quoties minores*
> *Ipse, qui cœlum, nebulasque ducit ?*

(Seneca in *Hypot.*)

II. Sic et, MM. SS., videtur mihi, cœli, terræque Reginam innocentiæ oblitam, et peccatricis larva, suppressa majestate, hodie templum ingressam : *Postquam impleti sunt,* inquit evangelista, *dies purgationis* Mariæ. (*Luc.* II, 22.) Quid dicis, evangelista sancte ? Illa, quæ *Candor est lucis æternæ* et *Speculum sine macula :* quæ *Lilium* est *inter spinas :* quæ Lucem ipsam, imo Solem peperit, illa purgetur ? Nivem prius, aut radium solis, quam Mariam purgabis : *Tota pulchra est, et macula non est* in illa. Imo, inquit evangelista, sic opportuit, ut, quæ misericordiæ et peccatorum est Regina, peccatri - cis habitum accipiat, et misera non sit, sed appareat ; ut invitet, et prosit ; non culpa, non necessitas, sed amor majestatem et innocentiam obnubat.

CONFIRMATIO. — III. Lego Genes. I, Deum fecisse duo luminaria magna : *Luminare majus,* id est solem , *ut præesset diei, et luminare minus,* hoc est lunam, *ut præesset nocti.* Imperium ergo lucis in duo regna divisit : diurnæ solem, nocturnæ lunam præfecit ; sic tamen, ut quidquid lucis regina noctis diffunderet, totum a sole acciperet : hic lunam, hæc tenebras pingeret. Totum ergo penes lunam staret imperium noctis : *Luminare minus ut præesset nocti.* Et ideo hujus sideris faciem maculis quibusdam et umbris aspersit, non ut candidum illud et innocens lumen fœdaret, sed ut ex nævis agnosceres, lunam tenebris imperare : *Luminare minus ut præesset nocti.*

IV. Sic omnino, MM. SS. : duo sunt regna quibus totum Christi in homines imperium distinguitur : justitiæ videlicet et misericordiæ. *Misericordiam.* inquit Psalmista Regius, *et judicium cantabo tibi, Domine!* (*Psal.* C, 1.) Regno justitiæ Luminare majus præfecit, Christum videlicet, justitiæ Solem. Regnum misericordiæ Lunæ, et Mariæ cessit, ut præ-

sit nocti et peccatoribus Quisquis hanc amat, ad regnum misericordiæ pertinet, non justitiæ : non peribit. Quid enim ? *Non intres in judicium cum servo tuo, Domine.* (*Psal.* CXLII, 2.) Non sum tuus, sed Mariæ ; non ad justitiam, sed misericordiam specto ; illa me judicet, quæ præest nocti ; exceptionem Judicis competentis oppono ; a Sole ad Lunam appello, non quia melior, aut major ; sed quia peccatoribus data : *Luminare minus , ut præesset nocti.*

V. Mihi credite, MM. SS. : fatale est Justitiæ tribunal, et quisquis, etiam innocentissimus, coram illo causam dicit, quis est, ut reus non appareat et pereat ? Judicis majestas, gravitas culpæ, rigor Justitiæ nihil impunitum relinquentis tot sunt crpita accusationis, quæ justos etiam condemnant ; quanto magis impium et peccatorem ? Justus testimonio ipsius veritatis erat Job : *Et erat vir ille simplex, et rectus ac timens Deum, et recedens a malo* (*Job* I, 1). et tamen ad Justitiæ tribunal raptus, quid abfuit, ut causa caderet ? Ipsum audite : *Scribis,* inquit. *contra me amaritudines, et consumere me vis peccatis adolescentiæ meæ.* (*Job* XIII, 26.) Quasi dicat : Credebam peccata mea jam dudum deleta, aut oblita : sed, ut video, scripta illa adhuc sunt, imo sculpta ; et quid dico, sculpta ? adeo illa memoriæ impressisti, ut nullum scribendi finem facias, et velut per otium, et nihil aliud animo verses, sedendo scribis, et calamum Justitiæ non aquæ saltem, aut lacti, sed absynthio intingis, et amarissimam contra me sententiam meditaris. Et quid scribis tandem ? Homicidia, adulteria, latrocinia, perjuria ? Non ista, sed *peccata adolescentiæ meæ ;* illas noctes, illos amores, illas adolescentiæ mortiferas voluptates, ah ! illas , quas tot lacrymis, et pœnis , ut credebam, exstinxeram : et tamen *consumere me vis peccatis adolescentiæ meæ.* O forum Justitiæ attentæ nimis, et implacatæ !

VI. Aliud rigoris exemplum apud Jeremiam invenio. Peccaverant cives Jerusalem peccatum grande, et Dei vindictam repetitis culpis provocaverant : ergo ad æternum supplicium petiti et destinati. Quid faceret propheta ? Occurrit ad fores Justitiæ, et supplicem libellum lacrymis exaratum offert, veniamque precatur : quis non crederet impetraturum hominem tam sanctum, et in matris utero adhuc innocentem ? Nec tamen impetravit. Sic Justitiæ rescriptum sonabat : *Tu ergo noli orare pro populo hoc, et non obsistas mihi, quia non exaudiam te.* (*Jerem.* VII, 16.) Non destitit tamen, sed ardentius intercessit. Responsum iterum est severius : *Si steterit Moyses et Samuel coram me, non est anima mea ad populum istum, ejice illos a facie mea, et egrediantur.* (*Jerem.* XV, 1.)

VII. Videtis, MM. SS., inflexissimam divinæ Justitiæ lancem, quæ nec lacrymis, nec precibus ad veniam urgeretur. *Si steterit,* inquit, *Moyses et Samuel coram me, non exaudiam illos.* Sed quid,

Domine, si Maria steterit coram te, et oraverit pro me, quid tunc facies? exaudies, an excludes? Cum ille oculus, qui toties tui gratia lacrymis immaduit; cum illud labrum, quod toties tibi osculum impressit; cum illæ manus, quæ toties te amplexibus strinxere; cum ille sinus lacte pro te exhaustus; cum hæc omnia, et Mater pro peccatoribus causam perorarit; admittes, inquam, an repelles? parces, an perimes? Responsum habemus, Esther cap. vii, vers. 2, ubi, cum Esther Assuerum regem deprecatura pro populo jam morti addicto convenisset, prius impetravit, quam petiit : *Quæ est,* inquit, *petitio tua, Esther, ut detur tibi? Et quid vis fieri? etiamsi dimidiam partem regni mei petieris, impetrabis.* In quem locum D. Thomas : « Dimidia pars regni imperium est Misericordiæ. » Hoc totum Mariæ cessit Deus : Filio nonnisi partem alteram, et imperium Justitiæ; non quod Filius misericors non sit; sed quia et judex est, et ut quantum deferret Matri, ostenderet. Hinc apposite Anselmus in illud Eccli. xxiv, 8 : *Gyrum cœli circuivi sola :* « Te, Domina, inquit, tacente, nullus orabit, nullus adjuvabit; te autem orante, orabunt omnes. et omnes adjuvabunt. » Et D. Damian.: « Accedis ad thronum Justitiæ secura veniæ : nec enim oras, sed jubes; nec impetras, sed imperas; Domina, non ancilla. »

VIII. Ferunt Antipatrum multas magnasque querelas ad Alexandrum contra Olympiadem detulisse, quas ubi Alexander audivisset : « Vera sunt, inquit, Antipater, quæ dicis; sed matris una lacryma delebit omnia. » Paveo, MM. SS., et contremisco, quoties illa dies querelarum in animum venit, quam Joelis ult. descriptam lego : *Congregabo omnes gentes, et deducam eas in vallem Josaphat, et disceptabo cum eis ibi.* (*Joel* iii, 2.) Illic, illic aperientur libri querelarum pleni, disceptantibus creaturis omnibus contra insensatos. Quoties vos abusi estis mea luce? dicet sol : quoties meis radiis? dicet luna : quoties meis frugibus? dicet terra : quoties meis vocibus? dicet lingua : quoties meis stellis? dicent oculi : quoties meis gratiis? dicet cœlum : « sed una Matris lacryma delebit omnia. »

IX. *Instauras testes tuos contra me,* dicebat Jobus (x, 17), *et multiplicas iram tuam adversum me, et pœnæ militant in me.* Quasi dicat : In illa valle querelarum, et foro Justitiæ omnia contra peccatores testibus resonabunt. Prodibit ille Musicus coronatus, et dicet : Ego et rex et miles eram; et tamen hostibus peperci : vos nec reges, nec milites vindictas anhelastis : quid obtenditis dignitatem, honorem, famam? Enicabit in medium formosus ille, et venditus in Ægyptum adolescens : Et ego, dicet, pulcher eram et juvenis : amabar, urgebar, tegebat facinus solitudo : domina, quæ rogabat; servus, qui rogabatur : carceres et supplicia, et quod utrisque pejus, infamia, ni parerem, instabant, et tamen evolavi, et post incitamenta, imo

peccandi necessitatem, triumphata cupidine, innocentiam eduxi : frustra ergo juventutem, insidias, veneres accusatis. Quid ad has querelas, MM. SS? Si Mariæ servitis, in promptu est responsio : Fateor, agnosco, nec excuso; « sed una Matris lacryma delebit omnia. » Feci, sed Mariam dilexi : ad illius sinum, et lacrymas appello!

X. Cum ipse Judex in testem conversus, sic impios alloquetur, teste D. Augustino (lib. *De Symb.*) : « Ecce hominem, quem crucifixistis! videtis vulnera quæ inflixistis? agnoscitis latus quod pupugistis? per vos apertum est, et propter vos; et tamen intrare noluistis : » hic sane silebunt omnes; unum supererit votum : Oh! si Mariæ servissem « una Matris lacryma deleret omnia! » Atque hanc puto, MM. SS., unicam fuisse causam, cur voluerit Deus Virginem, et Matrem in Valle Josaphat, teste Nicephoro, sepeliri. Cur enim in valle cadaveribus infami, et non potius in monte aliquo sublimi, ut Moysen, et Catharinam? aut inter liliorum, et rosarum fasces? sic enim Virginem decebat. Voluit nimirum, ut illic esset Advocata, ubi aliquando et judicium, et rei : non quod aliquis aut precibus, aut veniæ futurus sit locus, sed ut omnibus constet multa mortalium millia inter reprobos futura, si pro illis Maria non intercessisset : nec aliquem damnatum, qui illam dilexerit : « una Matris lacryma delente omnia. »

XI Et ideo hodierna die, cum Simeon futurorum præsagus dixisset : *Ecce positus est hic in ruinam, et in resurrectionem multorum in Israel,* illico subjunxit : *Et tuam ipsius animam pertransibit gladius.* (*Luc.* ii, 34, 35.) Quæ, rogo, hæc connexio? *Positus est hic in ruinam multorum : et tuam ipsius animam pertransibit gladius?* quid ruinæ, inquam, multorum cum gladio Mariæ? plurimum omnino. Quasi diceret : Domina, hic Filius tuus Luminare est majus, et Sol justitiæ, multos irradiabit, multos excæcabit. aliis solatio, aliis dolori futurus; sic enim judicem decet : tu vero Luminare es minus, nocti, et peccatoribus datum : memento te Matrem, et illos filios esse; si pereant illi, ah! quantus gladius tuam animam pertransibit, et feriet? Illorum ruina tuum vulnus, et gladius erit : ergo, ne illi pereant, tu lacrymas, et preces oppone : te enim, ut aliquando, Anselmus tuus scribebat : « Te, Domina, tacente, nullus orabit, nullus adjuvabit : te autem orante, orabunt omnes, et omnes adjuvabunt. Sicut enim, o Misericordissima, omnis a te aversus, necesse est ut intereat; ita omnis ad te conversus, et a te respectus, impossibile est ut pereat. » (Anselmus, *De laud. Virginis.*)

Epilogus. — XII. Auditis, MM. SS. : « Omnis ad Mariam conversus, et ab illa respectus, impossibile est, ut pereat. » Quid si latro, quid si adulter, quid si homicida? *Impossibile est, ut pereat.* Non dico, ut peccetis; sed si peccastis, Advocatam ostendo; non ego, sed Anselmus hoc dicit, et sanctus, et doctor : quia doctor, non potuit; quia sanctus, non voluit veritatem excedere. Ergo *impossibile est, ut pereat*. Postquam, MM. SS, me vobis præfectum video, non possum vobis aliud aut certius, aut melius, quam Mariam prædicare. Quisquis post naufragium in hanc tabulam evadit, *impossibile est, ut pereat.*

XIII. Sed mementote hoc privilegium non illis concedi, qui sodales vocantur, sed qui sunt; qui, inquam, Virginis conventus adeunt; qui Virginem Rosario frequenter salutant; qui Officia Virgini sacra devote percurrunt; qui illius festa sacramentis, aliisque exercitiis adornant; qui denique istius Virginis tutelaris quotidie patrocinium implorant : istis, inquam, non ego, sed Anselmus, et tot sæculis firmata experientia promittit : *Impossibile est, ut pereant.* Dixi.

ORATIO IV.

Pro festo Visitationis B. Virginis.

FESTINATUM MARIÆ ITER, FESTINANTIS EJUSDEM ERGA
MISEROS MISERICORDÆ SYMBOLUM.

ARGUMENTUM. — Brevis est hæc Oratio ; sed suis tamen absoluta numeris, et Cœlestini in divam Virginem spiritu ac amore plena. Festinatum in ea, moræque impatiens miserentis Mariæ auxilium exponit, probatque ex triplici motus, seu velocitatis in rebus naturalibus causa, videlicet, 1° ex centro, quod sunt peccatores ; 2° ex pondere, quod est ipsius Virginis misericordia ; 3° ex figura, quæ est ejusdem potentia et majestas. Singula sigillatim, et, ut solet, in pondere expendit, movetque, dum docet.

THEMA. — *Abiit in montana cum festinatione.*
(*Luc* 1, 39.)

EXORDIUM. — I. Ubi cor loquitur, MM. SS., lingua non tacet ; et facilius mihi cygnum sine cantu, mare sine vento reperies, quam amantem sine voce. Et vos, et ego Mariam diligimus : vos, quia filii ; ego, quia servus. Servus, inquam, obsequio et reverentia ; filii amore. Non possum ergo tacere, illa in montes properante, ac castissimo amplexu et cognatam, et nepotem tot beneficiis implente. Comitabor et ego, et dum illa in montes ad beneficia et gratias festinat (*Abiit in montana*), ego hujus tam festinati itineris causas pertexam, vobisque ostendam, MM. SS., velocissimum esse Mariæ auxilium, nec moras admittere, cum misereretur : *Abiit in montana cum festinatione.*

CONFIRMATIO. — II. Videtis, MM. SS., in mundo agitari et moveri omnia, nec ullum tam iners, pigrumque reperies elementum, quod motu non gaudeat : levia sursum, gravia deorsum feruntur ; feruntur, dico , uno præcipitant. Et si quæras, unde hæc pronitas tam rapidæ agitationis ? tria ad motum necessaria invenio : *centrum* videlicet , *pondus* et *figuram.* Quidquid enim movetur, ad aliquid movetur, et hoc est centrum ; ab aliquo movetur, et hoc est pondus (innata scilicet cuilibet rei, et impressa quædam cupido, locum sibi a natura destinatum obtinendi). Tertium denique est figura, per quam celerius movetur. Quanto enim

figura motui aptior, tanto et motus concitatior. Aptissima vero circularis et globosa ; quo enim minus spatii transeundo implet, eo minus tenetur, et impedimentis offenditur, ne pervadat.

III. Sic, MM. SS., nullum est in terra, nullum in cœlis velocius auxilium, quam Mariæ. Vocate, sperate, accipite : non lento illa, et deliberato, suspensoque gradu incedit, sed plumeo et alato : amat amantes, et ideo festinat : *Abiit in montana cum festinatione.* Centrum hujus motus peccator ; pondus, misericordia ; figura, perfectio, et majestas, qua potest et jubet quod vult. Vult autem, quia misericors ; et misericors, quia miseris data et peccatoribus. Ergo ex *centro peccati,* ex *pondere misericordiæ,* ex *figura majestatis* ille motus conflatur, quo Maria peccatoribus, sed amantibus, succurrit : si enim non amant, nec movent, nec moventur. Singula explicabo.

PARS I. *Centrum miserentis Virginis peccator.* — IV. Quid est centrum, philosophi ? cujus gratia aliquid agitur, et in quo, velut fine, quiescitur. Sic centrum gravium est terra ; quia hujus causa gravia moventur, ut hic quiescant. Centrum oculi color ; ad hunc volat, hic pascitur, hæretque. Centrum cordis est amor ; huc cor agitur. Centrum amoris est bonum ; ad hoc, velut escam, decurrit, hic figitur, quisquis amat. Centrum denique hominis cœlum ; quia homo propter cœlum creatus, nec esset homo, si cœlum non esset.

V. Sic ergo, et merito dixerim : Centrum Mariæ peccator ; Deus siquidem propter peccatores Mariam creavit, nec ista esset, si peccatores non essent. Ignoscite, angeli, justi, innocentes : non vobis Maria, sed peccatoribus data. Tolle enim peccatum, non est opus redemptione : tolle redemptionem, non est opus Redemptore : tolle Redemptorem, nec erit amplius Mater Redemptoris. Ergo, ut sit Mater Redemptoris, peccata, et peccatores fecerunt : infelices, quia peccatores ; felices, quia fecerunt. Videtis, quantum vobis Maria debeat ? Magna est, Regina est, Mater est : hæc omnia, sublatis peccatoribus, non esset. Quid mirum ergo, si istos, velut centrum respiciat, eorumque auxilio quidquid majestatis et amoris habet, impendat. Cum ideo et majestatem et amorem acceperit, ut peccatoribus subveniat ? « Tolle debita, inquit Augustinus, tolle morbos, tolle vulnera ; et nulla causa est medicinæ, et veniendi Christum in hunc mundum. » Ergo plagæ, infirmitates et ærumnæ nostræ sunt centrum Mariæ. Huc festinat, ut prosit : *Abiit, inquit Lucas, in montana cum festinatione.*

VI. Sed quid in montanis factura vallis modestiæ ? in mariti ac puerperæ domo et pudica, et Virgo ? quo tanta festinatio, partu necdum effuso et immaturo ? Illic nimirum suum centrum habebat : Joannem peccatorem. Accurrit, moratur, nec prius discedit, quam sanet. *Mansit,* inquit evangelista. *tribus mensibus.* Videtis elementum misericordiæ in centro miseriæ ? Nec tantum peccaiorem invisit, sed etiam invento adhæret, et lutum in aurum, puerum in prophetam, peccatorem in angelum, mutum in cygnum, anum in vatem transformat. ¡Tanti est Mariam habere! quæ balsami instar fragrat, et prodest, ubi hæret : hæret, ubi amat ; amat, ubi miseros et peccatores agnoscit.

VII. Venit mihi in mentem, quod Genesis cap. viii, de arca Noetica Spiritus sanctus notat. Hæc depresso purgatoque pluviis mundo, diu inter aquas, immensumque Oceanum luctata, cum reliquis tandem, et spe generis humani in montibus Armeniæ consedit. *Requievitque arca mense septimo super montes Armeniæ.* Hebraice : *In montibus Ararat.* Si historiam spectes , ideo in montibus Armeniæ, hoc est Caucaso, Tauroque arca defixa est; quia montes illi sunt omnium toto orbe altissimi, et primum, recedente diluvio, emersere. Si figuram et mysticum sensum attendas, fuit arca, ex omnium Patrum consensu, præludium quoddam, et imago Deiparæ Virginis. Ararat vox est Hebraica, et Latine *maledictionem tremoris* sonat. Montes ergo Ararat sunt montes *maledictionis* et *tremoris*, symbolumque hominis peccatoris et maledicti, quique et flagitii conscientia et metu pœnarum quas meretur, semper, et merito tremit : et tamen in his montibus statio est et centrum Mariæ. Ubi enim magis Arca misericordiæ figatur, quam *in montibus maledictionis et tremoris?* Hic hæret, ut sanet : Advocata inter reos ; Lilium inter spinas ; Iris inter nubes ; Luna inter noctes ; Anchora inter fluctus ; Laurus inter fulmina ; Tabula inter naufragia ; Maria inter peccatores, quo merito centrum hujus Virginis dixi ; cum illis præsertim sit nata, illis velocius adsit, non quia merentur, sed quia indigent : et ideo *abiit in montana cum festinatione.*

PARS II. *Pondus miserentis Mariæ misericordia.* — VIII. Si ergo peccatores et miseri centrum hujus Virginis sunt, pondus, quo ista movetur, et festinat, erit misericordia ; adeo ut huic cordi nihil æque proprium innatumque sit, quam misereri et prodesse. Sicut enim soli, quia factus est propter lumen, nihil magis naturale inditumque est, quam lucere : et quia oculus propter colorem, nihil gratius illi, quam videre ; et cor propter amorem, nihil pronius quam amare : eadem ratione, cum sacratam hanc Virginem Deus propter miseros condiderit, et reos, nihil magis ex illius genio et natura fuerit, quam misereri et parcere, urget illam hoc pondus, et ideo festinat. Non est hæc mea tantum, sed Bernardi quoque sententia, sic loquentis serm. 4, super *Missus :* « Sileat misericordiam tuam, Virgo beata, si quis est, qui invocatam te in necessitatibus suis sibi defuisse senserit. Nos quidem servuli tui in cæteris virtutibus congaudemus tibi ; sed in hac potius nobis ipsis. Laudamus virginitatem, humilitatem miramur ; sed misericordia miseris sapit dulcius ; misericordiam amplectimur charius ; recordamur sæpius ; crebrius invoca-

mus. » Pondus ergo Mariæ magnitudo misericordiæ.

IX. « Ponderibus suis , inquit sanctus Augustinus, moventur omnia ; » levia sursum , gravia deorsum. Quo movetur Maria? ad peccatores. Quo pondere? rigoris , vel justitiæ? Ah ! non sunt hæc Matris; sed amoris et clementiæ. Qui enim aliter posset , quam ut Matrem accepimus? *Ecce*, inquit Jesus, cum inter dolores occumberet, sui tantum, non nostri oblitus : *ecce*, inquit , *Mater tua !* non Regina, non Domina , sed Mater : non ut judicem, non ut vindicem agat, sed ut parcat ; non ferrum, non pœnæ, sed amplexus , et oscula , et blanditiæ ad Matrem pertinent : *Ecce Mater tua !* « Nonne vides, ait Seneca, quanto aliter matres indulgeant? Fovere in sinu , continere in umbra filios volunt; nunquam flere , nunquam laborare. » Hoc votum Mariæ. Amat illa quidem labores , suspiria et lacrymas pœnitentium, sed , ut æternum rideant et quiescant, fovet in sinu, continet in umbra misericordiæ.

X. Quærit D. Thomas , plus filium mater, an pater diligat ? Decidit pro matre, allegato Aristotele, *Ethicor.* ix. Nam, ut Clemens Alexandrinus ait : « Aluisse , et lactasse incitamenta amoris plura sunt. » Errarem , MM. SS., si dicerem , minus Deum clementem esse , quam Mariam : hujus clementia est gutta ; illius, mare. Sed illud salva dicam inoffensaque veritate : voluisse Deum per Matrem misereri , nec alios ad regnum admittere, quam quos ista deduceret. Huic claves Amoris, et Indulgentiæ datæ ; intrabis per Matrem ad regnum Misericordiæ : sine illa reus es Justitiæ, et filius iræ. Et hoc ingentis clementiæ fuit , voluisse Deum gratiis et beneficiis Matrem præesse ; cui non potestas tantum , sed officium , et necessitas esset misereri : tantoque magis crescere peccatoribus fiducia impetrandi , cum se reos et filios meminissent : dabitur filio, quod reo non potest. Si ergo tantum est in Maria pondus misericordiæ , quantum in peccatoribus centrum miseriæ : velocissimus erit hujus Virginis motus , ut subveniat ; et ideo *abiit in montana cum festinatione.*

PARS III. *Figura in Virgine perfectio est et majestas illius.* — XI. Sed , ut dixi, figura adjuvat motum, qui in rotundis pernicissimus est, et tunc maxime, cum impedimentum et remoras non offendit : quæ causa est nihil cœlo incitatius agi, quia et perfectissime globosum , nec habet quod motum sistat et se devolventi opponat. Rotunditas Mariæ perfectio est , et majestas ; ut enim creaturas omnes meritis et perfectione vincit, ita omnibus imperat : summos , medios , infimos velut circulo complexa. Deo imperat ut Filio : angelis, ut servis ; homini , ut reo : et ideo impetrat quidquid vult ; quia velle, imperium est. Quid enim tantæ Virgini , si velit , obsistat ? Non magnitudo, nec multitudo delicti : quanto enim hoc majus, tanto illa clementior, medicinam invitante plaga, et medicum morbo. Non Justitia toties provocata, quia Deum nec leges, nec justitia ligat, et Matris voluntas jus totum absolvit. Nihil ergo hujus Virginis cursum, et gratias moratur; potest, et vult, utrumque, quia Mater : sed illud, quia Deum; istud, quia hominem genuit.

XII. Ipsam appello ! *Gyrum cœli*, inquit, *circuivi sola; et in omni terra steti. (Eccli.* xxiv, 8, 9.) Videtis motum, et circulum misericordiæ? Terram, hoc est peccatorem, habet pro centro, et circa istud beneficiis agitur. Videt alium ferrei et indomiti cordis, quem non æternitas, non infernus exterret; hoc uno inter tot mala felix, quod Mariam diligit : tangit hunc illa, et flectit, et lacrymas pœnitentiæ ex oculis exprimit. Videt alium tot jam annis peccato immortuum, qui tamen anguem in sinu tegit, nec audet sacerdoti, imo Deo, quod fecit, fateri : tacet ergo, et perit. Sed interim Mariam invocat : adest illa, et fatale silentium solvit : et ecce ! tactus dolore cordis intrinsecus, pudet illum pudoris, et ad pedes sacerdotis venenum exspuit, dum aperit. Videt alium amoribus victum, animam perdere inter voluptates, tanto certius, quanto dulcius. Miserum ! sed Mariam colit : non peribit; derepente mutabitur in virum alterum, cupidinemque, ac veneres exsecratus, castitati deinceps et liliis militabit. Dicam verbo : Quæso, MM. SS., audite et timete ! Si Maria non esset, ex mille adolescentibus vix unum, credo, salvum fore et ad cœlos perventurum; adeo hanc ætatem occultum perdit, sed certum præcipitium !

EPILOGUS. — XIII. Videtis, MM. SS., quantum intersit, venerari Mariam, illam colere, illam obsequiis et amoribus constanter demereri? Constanter dico; non heri tantum, et hodie; nec hodie tantum, et cras; nec cras tantum; sed in omnem vitam, et vitæ æternitatem. Irritant illam profugi et desertores : nunc calent, nunc frigent : hodie seduli, cras inertes : jam frequentes, jam rari, jam nulli. Et quod pudor est dicere : dedignantur aliqui tam magnæ, et præpotentis Virginis sodales agere, et insignia ferre Imperatricis cœlorum. Non vos sic, MM. SS., quos per animam, quam unam habetis : per æternitatem, quam exspectatis; per momentum illud ultimum, extremumque halitum, quo animam emittetis, oro, obtestor, adjuro, amate Mariam, et servite ! Felices, si me audistis : miseri, si neglexistis. Recordamini ! Dixi.

ORATIO V.
De Immaculata Conceptione B. Virginis.

MATRIS PULCHRÆ DILECTIONIS ILLIBATA CONCEPTIO, PRÆCIPUUS EJUSDEM DILIGENDÆ STIMULUS.

ARGUMENTUM. — Jam tertium de Immaculata Dilectæ suæ Conceptione loquitur eminentissimus

orator; et id quidem nova prorsus eloquentiæ ac verborum pompa, quamvis iisdem pene rationibus et momentis Potissimus ipsius finis hoc loco est; ut, qua fungi se cum Paulo ait (*II Cor.* v, 20; *Ephes.* vi, 20), legatione pro Matre pulchræ Dilectionis integre perfunctus, illius amorem sodalibus suis omni, quo possit, meliori modo persuadeat. Stylus more suo suavis, et efficax, parique robore argumenta; nec unquam sic pro Domo sua Tullius, uti hic iterum iterumque pro Mariæ Inviolato Conceptu Cœlestinus. Favo illum, et ambrosia linguam dixerim, calamumque linxisse; quoties de Virgine sine labe concepta scriberet, diceretve.

THEMA. — *Quæretur peccatum illius, et non invenietur. (Psal.* ix, 36.)

EXORDIUM. — I. Exordiar cum beato Paulo II ad Cor. v, 20 : *Pro* Matre igitur pulchræ Dilectionis *legatione fungimur, tanquam Deo exhortante per nos. Obsecramus per Christum*, adamate Mariam. Hæc est summa legationis meæ, hoc compendium votorum meorum : Adjuro vos, obsecro per Christum, adamate Mariam. Quod si quæratis ex me : Qualis est Dilecta tua ex dilecta, quia sic adjurasti nos? fateor, non habeo quid respondeam. Interrogaris me : Qualis est? At ego nec habeo colores, quibus rem tam venustam depingam : nec voces, quibus rem tam sublimem exponam : nec mentem, qua rem tam cœlestem concipiam : pro me Spiritus sanctus loquatur, et an digna sit Maria, quæ a nobis adametur, expromat. Quid est Maria? *Vapor est,* inquit, *virtutis Dei, et emanatio quædam claritatis omnipotentis Dei sincera : et ideo nihil inquinatum in eam incurrit.* (*Sap.* vii, 25.) *Vapor* tenuis; quia humilis, et in oculis suis parvula : sed *vapor virtutis Dei,* quia *fecit* per illam *magna, qui potens est* : sed et *nihil inquinatum in eam incurrit,* quia nunquam peccavit, nunquam sordidata cœli Regina apparuit. Quid amplius Maria? *Sαculum est sine macula Dei majestatis, et Imago bonitatis illius.* (*Ibid.* 26.) Audisti iterum : *Sine macula?* Speculum igitur, quia si naturam consideres, fragilis, ut vitrum, ex Adami cineribus, et mortali carne conflata : sed si gratiam spectes, hoc tam fragile vitrum, et ex cineribus tam sordidis compactum, factum est Speculum, et *Speculum sine macula,* sine sorde, sine culpa : Speculum, in quo non imago Adam terreni, non imago massæ damnatæ, nec imago tenebrarum et mortis; sed imago gratiæ, bonitatis et misericordiæ divinæ semper eluxit.

II. Quid denique est Maria? *Candor est Lucis æternæ.* (*Ibid.*) Candor est, quia pura et incoinquinata; sed qualis candor? Lucis, inquit; non candor nivium, qui luto sordidatur; non candor liliorum, qui tempore deflorescit; non candor lactis, qui a vermibus appetitur et verminat; sed Candor lucis, nec lucis qualiscunque, quæ aut occidat, aut deficiat, aut nubibus obumbretur, qualis lux fuit gratia omnium sanctorum; sed Lucis æternæ, Lucis, quæ semper in Maria luxit, quæ nunquam occidit : hoc est privilegium Mariæ, non dabitur alteri. Clementi VIII globum crystallinum pro symbolo fuisse ferunt, cum lemmate : *Candor illæsus :* talis candor solius Virginis. Candor utique, Joannes Baptista, de quo : *Replebitur Spiritu sancto ex utero* (*Luc.* i, 15), sed non illæsus ; nam *Joannes surrexit.* Ergo cecidit, ergo læsus, et violatus fuerit. Candor utique propheta ille, ad quem : *Priusquam te formarem in utero, novi te, et antequam exires de vulva, sanctificavi te.* (*Jerem.* i, 5.) Sed nec iste Candor illæsus. Audite quid ipse de se : *Maledicta dies in qua natus sum : dies in qua peperit me mater mea, non sit benedicta.* (*Jerem.* xv, 14.) Ecce diem lugubrem, decretoriam, et fatalem, in qua nullus candor satis securus, satis illæsus : *Dies in qua peperit me mater mea.* Candor erat utique ille *vir simplex, et rectus, et timens Deum, cujus cor non reprehendebat illum in tota vita ejus :* (*Job* i, 1), et tamen, quam graviter hic Candor læsus et contaminatus fuerit, ipse testatur, cum exclamat : *Pereat dies in qua natus sum, et nox in qua dictum est : Conceptus est homo : dies ille vertatur in tenebras, et non illustretur lumine, obtenebrentur stellæ caligine ejus.* (*Job* iii, 3 et seqq.) Nulla stella tam candida, tam lucens, nullus sanctus tam eximius, qui non obtenebretur caligine illius noctis, in qua dicitur : *Conceptus est homo.* Et denique quis, rogo, Candor erit illæsus, cum legamus : *Ecce inter sanctos ejus nemo immutabilis, et cœli non sunt mundi in conspectu ejus ?* (*Job* xv, 15.) Sola Maria candor est, et candor illæsus ; est enim candor *Lucis æternæ :* si Candor æternus, ergo illæsus. Repeto igitur, et dico : Pro Matre pulchræ Dilectionis ; pro vapore virtutis Dei ; et emanatione claritatis Dei sincera ; pro Speculo sine macula majestatis Dei, et Imagine bonitatis illius : pro Candore Lucis æternæ ; pro Virgine Immaculata, *legatione fungimur, tanquam Deo exhortante per nos. Obsecramus per Christum,* adamate Mariam !

Confirmatio — III. Atque ut ex suis radicibus hoc privilegium purissimæ Virginis astruamus, inspiciamus, oportet, MM. SS., naturam peccati originalis, de quo Augustinus : « Hoc peccato antiquo nihil est ad prædicandum notius, nihil ad intelligendum secretius. » Quare Pelagiani eidem : Non peccat, aiebant, qui nascitur ; non peccat, qui generat ; non peccat, qui condit : per quam igitur rimam, inter tot præsidia, peccatum intravit in mundum ? Quid quæritis rimam, cum totum ostium pateat ? *Per unum hominem peccatum in hunc mundum intravit, et per peccatum mors, et ita in omnes homines mors pertransiit.* (*Rom.* v, 12.) Sed quomodo *in omnes mors pertransiit ?* Explicat Oseas cap. vi, 7 : *Ipsi autem, sicut Adam, transgressi sunt pactum ; ibi prævaricati sunt in me.* Ecce quomodo *in omnes homines mors pertransiit ;* ecce rimam, per quam peccatum intravit : *Transgressi sunt,* inquit, *pactum.* Pactum iniit Dominus cum Adam ; ut si non gusta-

ret de ligno vetito, de arbore scientiæ boni et mali, viveret amicus Dei, filius Dei in terrestri paradiso ; et de terrestri paradiso translatus in cœlestem patriam, viveret vitam gloriosam, vitam æternam : si vero gustaret de ligno vetito, et ita præcepto divino morem non gereret, morte moreretur : et quidem eadem die, qua gustaret pomum, gustaret et mortem. Sed hoc pactum transgressus est Adam, et eadem hora qua comedit, mortuus est. At dicet aliquis, Quomodo mortuus est eadem hora, cum scriptum sit : *Vixit Adam nongentis annis, et mortuus est ?* Sed repeto et dico : eadem hora qua comedit, mortuus est : mortuus est, inquam, morte, et fato animæ. Quid est mori anima? Gratiam perdere per quam anima vivit Deo, vita ejus est, quæ nunquam moritur : mortuus est ergo anima. Et parum dico : Mortuus est Adam ; eadem hora qua mortuus est Adam, cum eodem mortuum est totum genus humanum . et hæc mors est peccatum illud originale, quod instar fermenti acidissimi infecit, corrupit, venenavit totam massam conditionis humanæ.

IV. Sed dicet aliquis : Quare, cum solus Adam comederit, totum genus humanum mortuum est, punitum est? Nunquid, teste Veritate, *filius non portabit iniquitatem patris ?* (*Ezech.* xviii, 20.) Quare igitur, peccante patre, pereunt filii ? Sed ego vicissim interrogo : Quare, cum os solum venenum glutiat, omnia membra corrumpuntur ? Quare, cum caput solum vulneratur, totum corpus contremiscit et dolet? Quare, cum sola radix a verme corroditur, omnes rami pallescunt, omnes flores, fructusque decolorantur et concidunt ? Audi Oseam : non solus Adam culpam commisit, non solus divinam legem contempsit, sed una nos omnes *Ipsi,* inquit, *sicut Adam, transgressi sunt pactum : ibi prævaricati sunt in me.* Quando mecum pactus est Deus? Quando cum patre meo, cum testatore meo, cum tutore meo pactus est? Pacta et contractus cum testatoribus initi obligant etiam hæredes, quamvis infantes, quamvis nondum natos. Quod si adhuc expostules, et dicas : Ubi transgressus sum pactum Dei? respondet propheta : *Ibi.* Quid est *Ibi?* in paradiso : nondum natus eras, et jam *ibi* cum Deo pactus eras ; *ibi* prævaricatus eras . *ibi* mortuus eras.

V. Et sane nemo de hoc pacto juste conqueri potest ; fuit enim et justissimum, et benignissimum. Nam de violata Principis majestate non a parente solum, vel deliquit, sed etiam a filiis et hæredibus justissimæ repetuntur pœnæ : et si contra procuratorem pronuntiata sententia etiam Dominum procuratoris percellit, quantumvis innoxium ; et si pupillo nocet rerum suarum alienatio a tutore facta, quamvis læso subveniat beneficium restitutionis : cur non potuerit posteros obligare primi parentis mala causa , et perduellio, qui tutor, procurator et parens totius generis humani constitutus fuerat ? Maxime cum liberum fuerit Deo et Domino rerum omnium, gratiam suam, amici-

tiam suam, gloriam suam, bona sua, cum hac aliave
conditione, mortalibus aut concedere, aut subtrahere. Fuit ergo hoc pactum justissimum ; fuit
et benignissimum. Si enim conditionem aspicias,
ea levissima erat : Relinque pomum et accipe cœlum. Non dixit, Morere ; non, Quadraginta diebus
jejuna ; non, Monachum profitere ; sed, De omni
ligno quod est in paradiso comede, a pomo tantum
abstine : quid facilius? Fuit etiam benignissimum
ex parte præmii. In hac vita habebat hortum voluptatis, in altera torrentem voluptatis ; pro simplici pomo, accipiebat duplicem paradisum, et
voluptatem post voluptatem ; hic hortum, illic torrentem : potuitne benignius pactum aliquod excogitari ex parte præmii ? Fuit iterum benignissimum
ex parte supplicii, et adjunctæ pœnæ : ut enim tanto
minus placerent vetiti fructus, et minus gulam
provocarent, illos venenavit, et mortis metu velut
deformavit : *Quacunque hora comederis, morte mo-*
rieris. Fuit item hoc pactum benignissimum ex
parte hominis, cum quo contraxerat Deus ; ut
enim non posset conqueri, a Deo se circumventum,
nec satis gnarum fuisse, quam parva postularen-
tur, et quam magna promitterentur : aut ne posset
posteritas lamentari, non satis humanæ conditioni
consultum fuisse de tutore tam simplici, et capite
tam ignaro, Deus primum illum parentem ornavit
omnimodo scientiarum apparatu ; ita ut infra naturam angelicam nulla mens sapientior, nulla sanctior posset excogitari, teste ipso Spiritu veritatis,
Eccli. xvii, 1 et seqq. : *Deus creavit de terra homi-*
nem, etc. *Creavit illi scientiam spiritus, sensu imple-*
vit cor illius, et mala et bona ostendit illi. Quis,
rogo, nostrum, huic si fœderi interfuisset, rogatus
sententiam, non approbasset, voluissetque, ut
quidquid homo ille tam sapiens et sanctus, et
inter tot virtutum munimenta vallatus, adversus
hostem tam modicum, et imbellem, adversus, inquam, pomuli unius voluptatem, aut vinceret, aut
vinceretur ; sibi etiam pari conditione, parique
fato, aut prodesset, aut noceret : quis, inquam,
certissimus victoriæ, conditionem illico non approbasset ? Nullus jam ergo excusationi locus nullus
querelæ superest.

VI. Et hæc quidem de pacto illo, cujus meminit
Osee : *Ipsi, sicut Adam, transgressi sunt pac-*
tum : ibi prævaricati sunt in me. Cujus meminit
etiam Eccli. xvii, 10 : *Testamentum æternum con-*
stituit cum illis ; et Gen. xvii, 14 : *Masculus, cujus*
præputii caro circumcisa non fuerit, delebitur anima
illa de populo suo ; quia pactum meum irritum fecit.
Quando? et ubi? in paradiso ; ubi, ut ait B. Paulus : *Unius delicto regnavit mors,* etc. Hæc est infelix illa genesis peccati originalis, de qua idem
Apostolus ad Ephes. ii, 3 : *Eramus natura filii iræ,*
sicut et cæteri. Jam videamus, an hæc aura pestilens, an hic sibilus reguli infernalis afflaverit etiam
illam Filiam Principis, illam Sponsi Amicam, de
qua ipsemet Sponsus : *Quam pulchri sunt gressus*

SUMMA AUREA DE B. V. MARIA. IV.

tui in calceamentis, Filia Principis ! (*Cant.* vii, 1.)
Primus gressus hujus Filiæ Principis est ingressus
in hunc mundum, in uterum maternum, quando
videlicet concepta est : et de hoc gressu et ingressu exclamat Sponsus: *Quam pulchri !* sine deformitate, sine nævo peccati, non capio, non explico,
sed admiror : *Quam pulchri !* Unde id probem,
postulatis, MM. SS. Audite et intelligite!

VII. Ideo peccavimus in Adamo, quia pactum
cum illo Dominus contraxerat, ut eo peccante, omnes ejus filii et posteri peccasse censerentur, et
jacturam fecisse gratiæ et gloriæ cœlestis ; hoc
igitur pactum filios et posteros complexum est :
quod si non filii, aut posteri ; ergo nec hæredes
culpæ et supplicii. At vero Mariam nego fuisse ex
posteris et filiis Adæ. Horretis? Miramini ? Attendite ! Nego iterum, iterumque, Mariam cœlestis Principis Filiam fuisse ex posteris et filiis Adæ ; sed
potius Adæ Matrem, Adæ Dominam, et iis minime
obstrictam legibus et pactis quæ servum tenebant.
Priusquam enim ex Adam nasceretur, imo priusquam ipse Adam nasceretur, imo priusquam
quidquam de Adamo cogitaret Deus : jam erat
prædestinata Maria Dei Mater, jam prædestinata
Mater peccatorum. Prius igitur nata erat Maria,
prius Mater peccatoribus, prius Domina designata,
quam Adam nasceretur, quam Adam prævaricare-
tur. Si quæris : Ubi nata? ubi designata? in sinu
misericordiæ et prædestinationis divinæ. Si enim
prædestinatio nativitas quædam non esset, non
diceret Joannes : *Qui natus est ex Deo, peccatum*
non facit. (*I Joan.* iii, 9.) Et : *Dedit eis potestatem*
filios Dei fieri : his, qui non ex sanguinibus, neque
ex voluntate carnis, neque ex voluntate viri, sed ex
Deo nati sunt. (*Joan.* i, 12 et 13.) Cum igitur prius
Maria esset nata, prius Mater, prius Domina totius
generis humani, et ipsius etiam Adami, quam hic
formaretur, seduceretur ; quomodo poterat esse de
filiis et posteris ? Quod si neque de filiis, neque
de posteris ; ergo non tenebatur aut delicto, aut
pacto protoparentis, quod solum ejus posteros et
filios obstringebat. Sed dicet aliquis : Quomodo
non ex posteris Adæ Maria, quæ utique nata est
ex Joachim et Anna, et nata lege, et modo quo nascuntur omnes? Quare, si est filia hominum, utique
filia est et Adæ? Respondeo : Christum, quamvis ex
Virgine natum, fuisse tamen *Filium hominis,* ut
toties se ipse compellat, fuisse filium Abrahæ,
filium David ; nec tamen contraxisse maculam peccati originalis, quæ non omnes illos corrumpit,
qui ex Adam nascuntur ; sed qui nascuntur, ut
puri filii, ut subjecti, ut servi, ut membra. Sic omnino Maria, licet secundum carnem filia sit, secundum electionem tamen, et æternam nativitatem in
Deo procedit, ut Domina, ut Mater, ut Caput ipsius
etiam Adæ. Maria igitur dupliciter nata est : et
secundum carnem, quo modo filia est Adæ : et *se-*
cundum electionem, quo modo Mater est Adæ, et
totius generis humani. Quæro ergo, et totum or-

bem compello : Cur non potius Mariæ prosit nativitas ex Deo, ut effugiat mortem, quam nativitas
ex homine, ut mereatur supplicium ?

VIII. Et hoc est quod nos docuit Spiritus sanctus,
quodque eodem dictante Spiritu, in persona Virginis Scriptura clamat : *Ab æterno*, inquit, *ordinata
sum, et ex antiquis, antequam terra fieret. (Prov.
viii, 23.)* Si ordinata est, *antequam terra fieret;*
ergo etiam, antequam Adam fieret, qui de terra
factus est : quomodo igitur Adæ filia, quæ nata est
ante terram ex qua formatus est Adam? *Nondum
erant abyssi, et ego jam concepta eram. (Ibid. 24.)*
Quid *abyssi* nomine, nisi peccatum intelligimus,
quod abysso simile, inscrutabilis profunditatis et
deformitatis est? Si concepta ante abyssum; ergo
nulla peccati abyssus purissimam ejus animam
inundavit. *Ego ex ore Altissimi prodivi, Primogenita ante omnem creaturam. (Eccli. xxiv, 5.)* Si
Primogenita omnium creaturarum, non ergo filia
Adæ; nam si Adæ filia, prior Adam pater, deinde
Maria ejus filia : si Maria post Adam, jam non
primo, sed secundo genita ; at Spiritus sanctus :
Primogenita, inquit, *ante omnem creaturam;* ergo
non Adæ filia; ergo nec hæres ejus culpæ, quæ
solum illos obstrinxit, quorum caput Adamus fuerat. *Dominus possedit me in initio viarum suarum.
(Prov. viii, 22.)* Signate verba, notate mysteria!
Nemo nescit aliud esse possessionem, aliud dominium : aufert forte quis principi suo annulum aureum, pretiosa gemma insignem : alius est annuli
possessor, alius est dominus. Furis est possessio,
principis dominium. Ita est in animabus prædestinatorum ; quotquot ad æternam vitam præordinati
sunt, pertinent ad dominium Dei! quandiu tamen
in peccato versantur (et quis est tam justus, quem
peccatum non inquinaverit aliquando, dicente apostolo : *Si dixerimus, quia peccatum non habemus,
ipsi nos seducimus, et veritas in nobis non est (I Joan.
i, 8)* : quandiu, inquam, in peccato versantur, sunt
in possessione principis tenebrarum. At vero de
beatissima illa et semper electissima Principis Filia, quæ *primogenita* fuit *ante omnem creaturam :*
quæ *concepta est ante abyssos;* de illa, inquam, dicitur : *Dominus possedit me in initio viarum suarum.* Semper a Deo possessa fuit per gratiam, et
possessa quidem *in initio viarum suarum;* hoc est
in momento conceptionis. Merito igitur de Maria
exclamavero : *Maria prior in dono, major in imperio.* Prior igitur patre suo Adam ; non ergo illius
delicto, illius pactis comprehensa, quæ ad illos solum pertingunt, qui membra sunt, et filii, et rami
radicis illius infelicissimæ.

IX. De Christo Domino nostro aperte Scriptura,
impeccabilem illum, et sine peccato fuisse : *Qui peccatum non fecit, nec inventus est dolus in ore ejus.
(I Petr. ii, 22.) Talis enim decebat, ut nobis esset
Pontifex, sanctus, innocens, impollutus, segregatus
a peccatoribus, et excelsior cœlis factus. (Hebr. vii,
26.)* Quærunt theologi : Unde impeccabilis? Re-

spondent : Propter unionem ad Verbum : hanc
fuisse illud balsamum cœleste, quod reddidit sanctissimam illam animam immunem ab omni peccati corruptione. Unde Daniel, ix, 24 : *Ut unga-
tur Sanctus sanctorum :* unde *Sanctus sanctorum?*
Quia unctus. Quo balsamo ? Divinitatis. Hinc *Sanctus sanctorum*, hinc *innocens* et *impollutus.* Quod
si Christus, quia Filius Dei, necessario impollutus;
cur non Maria, quia Mater Dei? Maternitas est
illud balsamum, quo redditur incorrupta : *Quasi
balsamum*, inquit, *non mistum odor meus. (Eccli.
xxiv, 21.)* Balsamum est gratia, qua sanatur anima
a morbis peccatorum; sed hoc balsamum in aliis
sanctis mistum fuit, mistum variis peccatorum sordibus; sola Maria gloriari potest : *Quasi balsamum
non mistum odor meus.*

X. Admonet me mentio odoris facta illius sententiæ divi Pauli, qua dicit : *Aliis sumus odor mortis in mortem. (II Cor. ii, 16.)* Quare *odor mortis?*
propter legem illam quam in paradiso voluptatis
tulerat Deus : *Quacunque hora comederis, morte
morieris :* ecce unde *odor mortis*, quo mortales omnes, etiam sanctissimi, aspersi sunt : *Morieris!* Sed nego huic legi Matrem vitæ fuisse obnoxiam : *Morieris*, non pertinet ad illam quæ peperit Vitam. Vox est in omnibus theologorum cathedris pervulgata, principem et principis uxorem
non teneri legibus, quæ sunt illo statu et majestate
imperatoria indignæ. Tulerat Assuerus legem, ut
nemo nisi vocatus ad regem ingrederetur; at illa
lege non tenebatur regina, cum illa libertati et
charitati conjugali repugnaret. Unde cum Esther
regina ad maritum regem accessum moliretur, et
tamen metu mortis trepida palleret, et pene mortua
concideret, exclamavit Assuerus : *Quid habes, Esther? Ego sum frater tuus : noli metuere, non morieris; non enim pro te, sed pro omnibus hæc lex
constituta est. (Esther xv, 12, 13.)* Annon putatis,
cum anima illa benedicta jamjam mundum ingrederetur, jamjam momento conceptionis corpus subiret, multumque sibi a fulmine originalis culpæ
metueret; horridoque illo decreto : *Morte morieris :*
non putatis, inquam, vocem cœlitus emissam esse :
*Quid times, Maria? Ego sum Filius tuus; noli me-
tuere, non morieris; non enim pro te, sed pro omnibus hæc lex constituta est. Sed quare non pro te?
Est statui tuo nimium indecora, tantaque, ad quam
electa es, dignitate plus nimio indigna.* Si noluit
Verbum puritatis increatæ nasci de corpore, nisi
penitus virgine et incorrupto; quomodo non hor-
reret animam defloratam, impudicam et adulteram? Nisi forte pluris apud Deum, qui spiritus est,
sit integritas carnis, quam puritas mentis : et quasi
non magis Matrem Dei dedeceat, virginitatem
animæ prædoni infernali in prædam cessisse, quam
corpus humanis amoribus defœdasse. Nunquam
audistis illud Levit. xxi, a v. 10 : *Pontifex, id est
sacerdos maximus, super cujus caput fusum est unctionis oleum, virginem ducet uxorem : viduam au-*

tem, et repudiatam, et sordidam, atque meretricem non accipiet : quia ego Dominus, qui sanctifico eum; quanto igitur magis indecentissimum fuisset, si ille, cui Dominus juravit : Tu es Sacerdos in æternum (Psal. cix, 4), aut si Spiritus ille sanctitatis, qui supervenit in Virginem, eamque obumbravit, eam animam sibi despondisset. quæ non hominis modo, sed ipsius etiam principis tenebrarum vidua relicta esset, illique aliquando per peccatum copulata? Viduam, inquam, angeli apostatæ, et perduellis, sordidam a peccato, meretricem inferni, a candore lucis æternæ in Matrem, a Spiritu veritatis, et sanctitatis in Sponsam delectam fuisse, quis unquam, non dico, credat, sed vel cogitare non perhorrescat? Non igitur pro illa; sed pro aliis omnibus, lex illa mortis prolata est.

XI. Cum David destinasset templum ædificare, ubi esset Sanctum sanctorum, ubi reconderet arcam fœderis, eamque cogitationem collaudasset propheta Nathan : mox a Deo monitus, regem repetit, ad eumque : Multum sanguinem effudisti; non poteris ædificare domum nomini meo, tanto effuso sanguine coram me. (I Paral. xxii, 8.) Quæsivit Deus Templum, in quo reconderet unigenitum Filium suum, Sanctum utique sanctorum, in quo reponeret Arcam illam pretiosissimam, in qua complacuit Divinitati corporaliter habitare : elegit vero sanctissimum Mariæ uterum. Sed si peccatum illa contraxisset originale, multum sanguinem effudisset coram Deo. Rea videlicet fuisset torrentis illius sanguinis, quem in expiationem peccati præsertim originalis, Dei Agnus effudit. Quod si noluit Deus arcæ fœderis templum ab eo construi, qui multum effuderat sanguinis hostilis; quis credat passurum esse, non arcæ fœderis, sed pacis Principi, Regi pacifico Templum ab ea, et in ea parari, quæ tantum sanguinis innocentis profudisset. Repeto igitur, et dico : Noli timere, Maria : non pro te, sed pro omnibus lex illa, Morieris, prolata est.

XII. De eodem Templo legimus, III Reg. vi, 7 : Domus autem, cum ædificaretur, de lapidibus dolatis atque perfectis ædificata est : et malleus, et securis, et omne ferramentum non sunt audita in domo, cum ædificaretur. Et id merito; quia non decebat eo loco ferrum, et malleum perstrepere, ubi Deus decreverat habitare, qui semper quietus tranquillusque est. Cœpit ædificari Maria, cum cœpit concipi : non credo illic sonuisse terribilem eum, et plus quam ferreum, culpæ malleum, quem Paulus appellat (II Cor. i, 9) Responsum mortis : non credo, in illa anima perstrepuisse serram illam infelicem delictorum, quæ separat inter Deum et animam : cur enim magis in anima suæ Matris pateretur Deus malleum et securim, quam in saxis et marmoribus sui templi? nisi forte dicamus plus Deo cordi fuisse templum quam Matrem. Non igitur pro te, sed pro omnibus pronuntiata est lex illa, et decretum supplicii : Morieris. Neque enim, ut omnia recolligam,

lex ulla imperatricem aut reginam obligat, cum est dignitati et statui regio indecora : at vero non decuit in templo Virginis malleum mortis et securim audiri : non decuit ab illa Templum ædificari Regi pacifico, quæ tantum sanguinis coram Deo effuderat; non decuit animam constupratam, et meretricio congressu a principe tenebrarum possessam, summo Sacerdoti desponderi; nec decuit, nec debuit ea corrumpi anima, quæ balsamo impermisto maternitatis Dei adversus omnem corruptionem delibuta fuerat; non decuit, nec debuit illa pacto et legibus cum Adamo initis comprehendi, quæ potiori jure Adæ caput, Adæ tutrix, Adæ mater, Adæ domina, quam filia prædestinata erat.

XIII. At, inquis, justitiæ divinæ id ratio postulabat ut, cum omnes ea peccati lege includi voluerit, nec Matrem exciperet, et omnibus in Adam peccantibus etiam Maria illo originali nævo teneretur. Esto. At gratiæ et clementiæ erat, ne id fieret, impedire. Quid igitur ? dicamusne voluisse Deum cum Matre justitia potius et severitate, quam clementia experiri ? Servis et mancipiis justitia, Matri gratia debetur! Imo si Matri non parceret cum posset, lædi justitia videretur : hæc enim jubet, quantum licet et fas est, parentes a filiis honorari. At poterat Filius, et licebat ut Matrem a dedecore et casu servaret; hoc ergo justitiæ fuit. Deinde annon satis justitiæ datum, quod ob unam, et uno momento peractam perduellionis culpam, plus mille angelorum legiones cœlo proscripserit, et ad mortem damnaverit, et mortem æternam ? Annon satis justitiæ, quod tot mortibus, et funeribus, et cladibus nobilissimorum spirituum cœlos impleverit? De Adamo, ejusque infelicissima progenie, ac posteritate quid dicam? Fluunt adhuc, post sexaginta annorum sæcula, torrentes lacrymarum, grassantur adhuc mortes, fumant incendia, et in suppliciis pergitur, quibus vetiti pomi unum morsum nondum expiavimus. Et adhuc justitiæ non satis ? et sub prætextu justitiæ, Mater ad pœnas exposcitur? Mater ad mortem, imo ad malum morte crudelius postulatur ? Hæc est justitia, an potius crudelitas? Hic est rigor, an potius furor? Ignoscite dolori justo, et vocibus forte liberioribus ! sed me cogunt hæc dicere, qui Matris immunitatem invadunt : hæc, inquam, est justitia. et non potius crudelitas, Matrem damnare, cum possis absolvere ? Matrem plectere, cum possis parcere ? Matrem perdere, cum possis servare ? Hæc non est justitia bonitatis divinæ; sunt hæ leges draconum sanguine scriptæ : sunt hæ leges tigridum et leonum : sunt hæc viperarum et aspidum jura! Sic in Africa, sic in Thracia, sic inter barbaros vivitur, et anthropophagos : non sic in cœlis, et inter divos. Quanquam quid dico, sic in Africa, sic inter Barbaros vivitur ? Quænam Africa tam crudelis; quinam barbari tam inhumani, qui ferrum etiam in matres mergant et materno sanguine delectentur ? Hoc si verum est, ignoscite

mihi, cœlites, quod justus dolor extorquet ! Si sic
vivitur in cœlis ; quomodo non vivitur in Africa,
in Thracia ? quomodo non vivitur inter aspides et
basiliscos, inter tigrides et leones ? Et hæc est
deinde illa bonitas Dei, quam mihi narrant prophetæ : *Sentite de Domino in bonitate*. (*Sap.* i, 1.) Miserum me ! video cædes, strages, mortes, sanguinem, proscriptiones, supplicia, incendia, et quis
hoc credat ? etiam parricidia, matricidia, imo matricidia tanto graviora, quanto malum gravius morte
peccatum est, et peccatum illud, quod peccatorum omnium fons est et sentina ; verbo : Angelus
ardet, homo proscribitur, venia negatur, æternitas
indicitur, Deus crucifigitur, Filius occiditur, et adhuc justitia expetitur ? et adhuc Mater ad mortem,
caput Mariæ ad cædem postulatur ? Hoc nisi fiat,
patitur et violatur justitia ? Si hæc, cogor iterum
iterumque exclamare : Si hæc justitia, quid ergo
crudelitas est ? aut si hæc est æquitas, quid ergo
est rabies ? *Crudelitas* dico et *rabies*, non Dei, qui
hæc nunquam voluit (avertat a me blasphemas voces !), sed crudelitas et rabies eorum qui hæc Deo
imponunt.

XIV. Et vero cum hæc ita sint, non desunt tamen
qui quærant nodum in scirpo, pilum in lacte, myrrham in melle, umbram in sole, vermem in cedro,
maculam in Maria : sed quo eventu ? Propheta respondet : *Quæretur peccatum illius, et non invenietur.* Accidit Mariæ, quod ejus Filio. Quærebant
testimonium adversus Jesum, et, cum multi testes
accessissent : *Non erat conveniens testimonium illorum.* (*Marc.* xiv, 59.) Adducunt in medium, contra Mariæ Immaculatam pulchritudinem, doctorem
Mellifluum, doctorem Angelicum, doctorem Seraphicum : sed quæso, quorsum tot doctores contra
unam Puellam ? mihi credite : *Non est conveniens
testimonium illorum.* Primo , quia filii matrem in
jus vocare, et contra matrem deponere prohibentur
legibus cœli et terræ. Deinde non constat , an adversum, an secundum Matrem pronuntient. Tandem
nondum illi viderant et audierant quæ nos hodie
et videmus et audimus, miracula, revelationes,
Pontificum decreta, consensum Ecclesiæ, omniumque fere fidelium : quæ si jam viderent et audirent, mutarent illico sententiam et dicerent, quod
Christus mulieri : *Nemo te condemnavit ? nec ego te
condemnabo.* (*Joan.* viii, 10, 11.) Virgo, te jam
cœlum absolvit ; te jam terra purgavit ; te jam
Ecclesia per tot decreta innocentem agnovit ; te
jam consensus omnium fidelium ut purissimam
adorat ; te Scripturæ per tot eruta et producta in

lucem authentica instrumenta illibatam constestan-
tur ; te omnes scholæ Immaculatissimam pronuntiant. Virgo, ubi sunt hostes tui? *Ubi qui te accusa-
bant ? Nemo te condemnavit ?* Diceret Angelicus
Theologus : *Nemo te condemnavit ? Nec ego te condemnabo.*

Epilogus. — XV. Quod felix igitur, faustumque !
Vicit Virginis innocentia, eamque illibatam totus
jam mundus et agnoscit et adorat ; ipso etiam
doctorum Angelo, non tantum non accusatore et
hoste, sed protectore etiam et advocato. Dum ego
interim legatione mea, pro Matre pulchræ dilectionis, ex animi sententia perfunctus, finio unde
exorsus sum, vobisque, MM. SS. , non tam voce
quam corde iterum atque iterum, *tanquam Deo
exhortante per nos,* inclamo et obsecro : Adamate
Mariam ! Mariam dico, Matrem illam pulchræ dilectionis, quam immaculatam , ac lilio candidiorem,
et vel ideo a filiis, imo et ab hostibus amandam,
clamant omnia templa, omnia suggesta, omnes aca-
demiæ, omnes calami, omnes linguæ, omnes pontifices, cœlum ipsum et mundus clamat universus.
Et quis non amet Virginem tam amabilem ? Amatis
solem, et non amabitis Mariam, *amictam sole ?*
Amatis lunam ? *Luna sub pedibus ejus* ; stellas ?
In capite ejus corona stellarum duodecim (*Apoc.*
xii, 1); flores et lilia ? *Circumdant eam flores
rosarum, et lilia convallium* (*Cant.* ii, 1); opes, et
honores? *Gloria, et divitiæ in domo ejus.* (*Psal.*
cxi, 3.

XVI. Amatis denique, nisi tigrides estis, qui vos
amant : audite ergo, quid Maria dicat : *Ego diligentes me diligo* (*Prov.* viii, 17); hoc præmium amoris,
diligi a Maria. Satis dictum; intelligit, qui diligit :
Ego diligentes me diligo : sufficit mihi ut Virginem
amem, amari a Virgine. Nec enim *amat et deserit,*
inquit Augustinus ; nec possum amores meos in
digniorem ac majorem virginem, majorique præmio collocare. Sanus sum ? non deserit. Infirmor ?
non deserit. Periclitor adversis? non deserit. Jactor
fluctibus tentationum ? non deserit. Urit caro ? fu-
rit dæmon ? blanditur mundus ? non deserit. Denique cum lethalis sudor faciem inundabit : cum in
bivio beatæ, aut miseræ æternitatis fluctuabit animus : cum peccator et mille scelerum reus irato
Judici assistam, non deserit. Non enim amat, et
deserit. Amabo ergo, dum sanguis bulliet in venis ;
dum palpitabit cor ; dum spirabit anima ; amabo,
inquam, et vos mecum, obsecro, sodales mei, ex
toto corde, ex tota mente, ex tota anima, *adamate
Mariam !* Dixi.

II. ORATIONES MARIANÆ

EX OPERE CUI TITULUS : *ORATOR MARIANUS.*

ORATIO PRIMA.

In festo Immaculatæ Conceptionis.

MARIA SODALIUM SUORUM SOLATIUM, PRÆSIDIUM ET DOCUMENTUM.

Ego Mater pulchræ dilectionis, etc. *In me omnis spes vitæ et virtutis. (Eccli.* xxiv, 24, 25.)

Innumerabiles, quibus humana jactatur vita, miserias consideranti, flere potius liberet quam dicere. Quid enim verbis explicare sit opus, quod ipsi quotidianis experimentis gementes discimus ? Quæ unquam dies tam prospera nobis obtigit, quæ non rei cujuspiam nos aut egentes, aut inopes invenerit, tum quoque, cum quibusdam felices videbamur ? Semper videlicet aliquo indigemus, semper requirimus aliquid, postquam felici illa per primi parentis errorem hæreditate excidimus. Sive enim pungentibus animi curis districti, quid agamus, quid omittamus, hæremus anxii; sive repentina tristitiæ nebula mentem obfuscamur ; sive ab amicis deserti, vel æmulorum invidia vexati in solitudinem nos redactos sentimus : quis nostrum est ea constantia, ut ad solatium, quo dolorem mitiget, · non aspiret? sive hominum iniquorum scelere fortunarum periculum patiamur, sive ægram corporis valetudinem inopina vis morbi perturbet, sive conjuratis quasi viribus in nosmetipsos, in amicos, in facultates elementa conspirare videantur, quis non præsidium requirit, quo vel venientem calamitatem arceat, vel jam muris insultantem depellat? Atque ut cætera omnia salva sint, quisnam etiam sapientissimus eo usque superbiet, ut se non errori obnoxium, atque in multis halluccinari posse fateatur ? Non enim ad excusandas tantum culpas, aut leniendum qui ex culpa nascitur pudorem, sed ad ostendendam quoque communem humani generis imbecillitatem edita est illa sapientissimorum hominum vox ; *Humanum est errare.* Quod si ita est, neminem arbitror facile inveniri posse, qui non consilio, qui non utili quandoque documento indigeat. Sed talia vitæ incommoda profundius aliqui considerantes, nulli unquam risui indulgendum, sed assiduis cum Heraclito lacrymis innatandum esse putaverunt. Lugeant enimvero, et acerbo fletu sibi oculos eruant, qui, ubinam vel in luctu ac mœrore solatium, vel in rebus adversis præsidium, vel in ambiguis consilium, documentumve requirendum sit, nesciunt. Nobis, Parthenii domini domini sodales, qui augustissimæ cœlorum Reginæ sacramento auctorati sumus, ac nobilissima eidem serviendi prærogativa supra regum Cæsarumque titulos gloriamur , gaudendum est et

exsultandum : nam apud eamdem illam, quam hodie sine originaria labe conceptam, adeoque nitidam totam, immaculatam, formosamque juravimus, eo ipso, quod sine labe sit, diligentius requirentes, ea in promptu inveniemus omnia, quæ nobis vel ad solatium, vel ad præsidium, vel ad documentum futura desideramus. Consideremus hæc paulo attentius, et non solum metu fletuque absolvemur, sed nostram quoque sub tantæ Virginis imperio felicitatem læti admirabimur.

Cum nihil videatur illustrius, atque ad immortalitatem nominis magnificentius, quam hostem multitudine innumerabilem, potentem viribus, victoriis diu comparatis insolentem denique debellare, atque ita opprimere, ut deinceps hiscere, mutire, cervicem erigere non audeat : tum certe nihil calamitosius, atque desperationi proximius, quam ab eo superari, quem antea contempseras, quem spe jam devoraveras, de quo jam pene ante victoriam triumphum agere meditabaris. Hoc Brutos et Cassios, viribus, divitiis, exercitibus numerosissimis feroces, cum sese victos, debellatosque vel crederent, vel audirent, ad consciscendam sibi mortem impulit, ut victoris insolentiæ, suæque verecundiæ se subtraherent. Hoc illud constantiæ stoicæ oraculum Catonem induxit , ut post profligatas in campo Pharsalico Pompeii copias, Uticam profugus, adacto in pectus pugione exstingui mallet, quam tantæ suorum cladi superesse. Hoc unum rebus desperatis remedium erat, quo post Actiacam pugnam superba pudori suo Cleopatra consulebat, quem in Romano triumpho circumducenda ut effugeret, admotis nudo pectori viperis animam ejecit. Nihil scilicet superbo hosti acerbius, quam vinci : nihil assueto, aut jam apud animum suum certo victori intolerabilius, quam se tandem debellari, enectumque confiteri. Nunc mihi, quæso, paulo attentius animum advertite, Parthenii domini domini sodales, et non dico plenam gloriæ victoriam, quam Regina nostra retulit, sed ignominiam Stygii serpentis, quem Virgo prostravit, altius considerate. Quanto, putatis, fastu illum mortalium omnium cervicibus insultasse, cum videret omnes omnino, qui ex Adamo descenderent, clauso per illius culpam cœlorum ostio, ad inferos detrudi specus, quos ille vel suamet deceptus superbia, vel numine quodam excæcatus nullo unquam ævo aperiendos existimabat. Neque vero eum ambitio sua recordari minarum permittebat, quas ex ore Tonantis fulminatas jam in paradiso audierat, mulieris videlicet impresso pede caput sibi quondam contritum iri : neque obducto quasi glaucomate videbat, variis antiqui testamenti figuris stragem sibi suam portendi, dum vel a Juditha Holophernem, vel a Jahele Sisaram fortiter trucidari conspexit. Tunc furebat, tunc ringebatur, tunc fremebat dentibus et tabescebat, cum non jam in figura, sed reapse videret Jeremiam in utero Matris hæredi taria primi parentis noxa, totiusque humani generis pœna absolvi, nihilque jam suas in illum insidias, ac machinas posse. Et tamen cum illius animum spiculis suis jam inviolabilem cerneret, quid non molitus est, ut corpus ejus omnibus odiorum acerbitatibus, omnibus irridentis populi ludibriis, omnibus tormentorum cruciatibus, atrocissimæ demum morti objiceret ? Quid illum cogitasse, in quos fremitus prorupisse, quibus furiis desæviisse censebimus, cum a femina ita se devictum profligatumque conspiceret, ut ne procul quidem accessus illi ad eam pateret, ut superatum se citius, confusumque videret, quam illa veniret ad pugnam ? ut eam non omni solum culpa, et irritamento culpæ, sed morbo quoque omni, ac ipsa morte, nisi quam divini amoris ardor afferret, liberam exemptamque intueretur ? Si Abimelech in urbis oppugnatione, quemadmodum Judicum testatur historia, jacto a femina molari saxo percussus cerebrum, servum rogavit, ut gladio se perimeret, ne manu feminæ diceretur occisus, quid superbissimum spiritum sensisse doloris pudorisque existimabimus, dum, exemplo per quatuor annorum millia inaudito, intemerata unius Virgunculæ planta tumidam sibi cervicem elidi, frangique sensit ? Est hæc incredibilis atque propria unius Reginæ nostræ augustissimæ gloria, quæ, ut immensum terrorem juratissimo nostri generis inimico conscivit, ita nobis maximo solidoque solatio esse debet : qui dum sub tantæ Dominæ signis fideliter pro viribus militamus, non habemus, cur in iis, quas offert et affert humana vita, calamitatibus magnopere contristemur, paratum deterioris fortunæ levamen vel in sola illibatæ victricis nostræ memoria reperturi.

Quis enim solatium sibi præsentibus in ærumnis defuisse conqueratur, cum contra omnes tristitiæ causas promptissimum habeat ex amplissimo Virginis triumpho præsidium ? Non ego dicam hoc loco, fractas jam ab illo momento, quo Virgo sine labe concepta est, inferni vires, atque, ut gladiatorio verbo utar, hebetatam hostis aciem, ut illis, qui tantæ Reginæ patrocinio ac tutela nituntur nocumenti afferre nihil admodum possit : non dicam eum vel solo victricis suæ prolato nomine mirum in modum contremiscere, ac tantæ lucis impatientem, velut colubrum, suis se recondere tenebris ; hoc unum commemorabo, nihil nos, sanis quidem sanctisque precibus, Virginis Immaculatæ nomine a Deo ter Optimo Maximo postulare posse, in quo non promptissimum illum, atque, ut ita dicam, cereum in nostra vota inveniamus. Manet æternumque manebit Regina nostra terribilis, ut castrorum acies ordinata, neque in tantas unquam

angustias redigi patietur Deus illos, qui sub hujus purissimæ Virginis vexillis militant, ut non præsentissimam implorantibus opem ferat. Haud mihi difficile foret, certissimos plurimosque eam in rem testes producere, nisi et vestræ patientiæ, et meo tempori, quod ad dicendum præfixum est, parcendum arbitrarer : unum Mariani præsidii testimonium vel ideo præterire non possum, quod vir omni exceptione major, uti scientia et virtute, ita purpura et dignitate eminentissimus, hujus universitatis olim illustrissimum sidus et etiamnum singularis gloria, cardinalis Sfondratus ad vindicandam ab originariæ labis reatu Virginis innocentiam satis validum firmumque putavit. Scyllam inter et Charybdim conclusa hærebat Bomelia, Hispanici in Belgio juris, insula ; quippe quam hinc late redundans Mosa fluvius, inde Batavorum hostium tormenta premebant foris, intus atrocior fames cruciabat. Rebus jam pene desperatis repentinum trepidantibus offertur præsidium : pulcherrima, ac ceu recenti colore picta Deiparæ effigies, quam fossor militaris e terra eruerat, cæterique conspectam non aliter, quam cœlitus demissum liberationis suæ pignus venerabantur. Ipse insulæ præfectus auctor militibus fuit, atque ex ipso tempore arrepto fiduciæ argumento (nam pervigilium virgineæ Conceptionis agebatur) suasit facileque persuasit, solemni ut omnes sacramento Virginis Immaculatæ milites se deinceps fore et appellari velle promitterent. Factum, juratumque. Videte, et admiramini præsentis e vestigio præsidii celeritatem. Proxima, quæ imminebat, nocte, ventus adeo vehemens frigidusque invalescebat, ut solidatis Mosæ Vahalisque fluentis, vix Batavis horæ, manusque suppeterent, quibus constrictas repentina glacie naves tarde laborioseque subducerent. Hispanus vero miles præsenti Virginis ope firmatus animum capesseret per obductam fluminibus crustam erumpendi, ac fugitivum hostem telorum jactibus, qua poterat, persequendi. O admirabilem Virginis coram divino Numine gratiam ! o stupendam in suos, nostrosque adversarios potestatem ! Eritne nostrum quispiam animo tam abjecto, ut arma deponat, ut herbam porrigat, ut victoriam desperet, tantæ Dominæ præsidio securus, dummodo illam suppetias rogare non pigeat ? An vero illam, quæ arcem et insulam orthodoxæ fidei deditam contra Batavos tam prompte defendit, segniorem putabimus in anima, Filii sui sanguine redempta, contra inferorum insultus defendenda ? nonne credemus illam, quæ supremum corporum discrimen una nocte depulit, immortalis animæ periculum, quanto hæc corpore nobilior, tanto celerius promptiusque, si modo invocata fuerit, propulsaturam ?

Neque tamen eo hæc dixerim, quo quis occasionem arripiat arbitrandi, si tanta invocato Mariæ præsidio vis, dormitare sibi licere, roburque ac vigilantiam remittere. Non enim solatio solum atque præsidio, sed documento etiam illibatam Conceptionem nobis esse in dicendi principio affirmabam. Cui documento? non nemo fortasse inquiet! nam vitam quidem Virginis plenam maximarum virtutum exemplis fuisse, nemo est qui inficias eat. Admirantur illius ardentissimam in Deum charitatem, dum relicta dulcissimorum parentum domo, trimula adhuc puella in templum Deo consecranda se contulit. Laudamus admirandam obedientiam, dum intellecta ex angelo Numinis voluntate, parere divino imperio maluit, atque inter constrictas matrimonio feminas numerari, quam pulcherrimam virginitatis famam tueri. Celebramus invictam illius patientiam, qua tot ærumnas in Ægyptum cum Filio profuga pertulit, ut suum generi humano Servatorem servaret. Obstupescimus inconcussam ejus constantiam, qua Filium innocentissimum, ferocium luporum furori traditum, fugientibus metu discipulis, ipsa mœrore consternata non deseruit, sed ad atrocissimum crucis supplicium imperterrito gradu est prosecuta. Humilitatem porro, mansuetudinem, castitatem, religionem illius quis digna unquam oratione explicabit? Verum utut summa quæque hinc virtutum documenta capiamus, maximum tamen ex Immaculata Virginis Conceptione, quodque profundissime penetrare animos, intimis insidere mentibus debeat, capiendum esse arbitror. Quænam enim est, quam hodie sine labe conceptam juravimus? Nonne il'a, cujus innocentissimæ carni cum primum infusa cœlitus anima fuit, jam non omnis solum noxæ, sed etiam pruritus ad noxam immunis fuit? nonne illa, ad cujus mentem adversus divinas leges sollicitandam ne procul quidem accessus dæmonibus patuit? nonne illa, cujus oculi non solum pravo violari aspectu non poterant, sed virtutem etiam habebant, quos aspexisset ipsa, mirabili quodam castitatis amore accendendi? nonne illa, quæ privilegio singulari non solum peccatum, sed peccati quoque umbram et irritamenta nescivit? Quid ergo causæ est, cur tam sollicite semetipsam custodierit? Semper in solitudine, in penetralibus, procul ab omni cœtu, hominumque conventu se abstinuerit? cibi, potusque temperantissima, loquendi parcissima, legendi orandique studiosissima, ipsius quoque archangeli, juvenili specie se alloquentis, adventu colloquioque perterrita? Sane nil aliud causæ invenio, nisi ut salubrem nobis pudorem timoremque injicetet, quo perculsi salutis nostræ pericula cavere disceremus. Illa, quæ ab omni dæmonis suggestione, ab omni naturæ pravitate, ab omni peccandi discrimine erat alienissima, commorandum domi, recedendum a cœlibus, nihil indulgendum genio, vacandum meditationi, orationique judicavit: nos, qui nostrapte natura in vitium proni non sensuum modo nostrorum irritamentis, sociorum illecebris, pravorum ho-

minum exemplis, sed inferi prætcrea serpentis insidiis facillime ad lapsum impellimur, otiandum nobis, oscitandumque, et non potius timide vigilandum putabimus? Non infirmitatis nostræ conscii tenuissimum auræ sibilum pertimescemus? An salutis nostræ prorsus incurii in pestifera nos consortia immittemus, genio frena laxabimus, idem, quod libitum, licitum quoque judicabimus, oculos splendidis basiliscis, aures blandis sirenibus, gulam omnibus epularum lautitiis, animum quibusvis deliciis accommodabimus? nos, qui perpetuos illibatæ Virgini servos imitatoresque ad omnem ejus nutum intentissimos nos fore spopondimus, tam longe ab illius pulcherrimo exemplo recedemus, ut quantum ipsa, quæ minime indigebat, ad servandam animi innocentiam attulit, tantum nos, qui quotidie in præcipitium propendemus, de industria curandæ salutis remittamus?

Averte, Regina augustissima eademque Virgo purissima, averte tam enormem a clientibus tuis vecordiam! Eam te nobis præbe, quam in Dominam, in Patronam, in Sospitatricem et Advocatam sponte, volentesque elegimus. Et quoniam non minus nosmetipsos, quam aut fallacis mundi insidias, aut stygii serpentis sibila pertimescimus, quoties primum nos ipsa hæc, quam tot periculis obnoxiam ducimus, vita perturbabit, tristitiæque barathro quodam haurire nos velle videbitur, dulce nobis refrigerium, solatiumque præsta, quo recreati ad serviendum Deo nostro alacriter accingamur: deinde cum seu venenata cupidinis, seu ignea Tartari tela cervicibus, pectoribusque nostris minabuntur, clypeum nobis protectionis tuæ quaquaversum ostende, ut nunquam nos, sub tuum confugisse præsidium, pœnitere possit. Præcipue vero omnem ab oculis nostris cæcitatem absterge, ut sicut oculi servorum in manibus dominorum suorum assidue defigi solent, ita oculi nostri in sanctissima vitæ tuæ documenta, exemplaque intendi nos servos tuos omni labe purgatos et immaculatos recto tramite per viam mandatorum Dei ad te Reginam Immaculatam perducant. Dixi.

ORATIO II.

In festo Immaculatæ Conceptionis.

Fortitudo et decor indumentum ejus.
(*Prov.* xxxi, 25.)

Postquam felicissimus idemque sapientissimus regum Salomon, magnificentissimum Deo ter Optimo Maximo templum ædificare constituerat, principem sibi curam in eo collocandam putavit, ut non solum illustre quidpiam, decorum, ac splendidum, sed solidum quoque, firmum, atque perenne construeret. Cum enim non eorum tantum, qui tum vivebant, sed eorum quoque, qui seris sæculis Hierosolymas venturi essent, tum religioni tum admirationi consulere statuisset, eam operi dandam firmitatem judicabat, quæ ævum ferret, neque temporum aut tempestatum injuriis cederet : cumque nihil ardentius cuperet, quam ut universum orbem sedibus quodammodo suis evulsum Hierosolymas ad adorandum Numen pertraheret, eam ædificio afflandam pulchritudinem censuit, quæ dulci illiciq advenarum oculos ad se spectandam non tam perduceret, quam raperet. Et sane quæ ad firmitatem facerent, ligna non e silvis patriis, sed peregrinis, Tyro usque petivit, quique cedros, qui pinus cæderent, triginta fabrorum millia constituit ; qui cædentibus ministrarent, qui onera deveherent, millia virorum septuaginta ; qui marmora de latomiis eruerent, quadrarent, perpolirent, millia lapicidarum octoginta ; totius autem operis architectos atque magistros tria millia trecentos. (*III Reg.* vi, 1 seqq.) Ad concilliandam vero pulchritudinem nulli neque patrio neque peregrino auro parcebat : omnia tabulata, omnes parietes, altare, ac pavimentum ipsum, præter tabernaculum arcæ imminens, duosque prægrandes cherubinos, omnia aureis laminis obtegebantur, laminæ ipsæ aureis clavis firmabantur. Ne multa, quidquid cerneres, quidquid attrectares, ad perpetuam firmitatem, et inusitatam pulchritudinem conferebatur.

Quid vero erant hæc omnia, nisi domus cujuspiam longe amplioris atque splendidioris præsagia, quam sibi æterna Dei Sapientia sub exitum Veteris Testamenti fabricare decreverat ? *Sapientia ædificavit sibi domum* (Prov. ix, 1), in qua nasci, in qua educari, in qua æternum habitare desideraret. Et quæ domus illa, nisi Maria sine labe concepta, quæ ex unanimi sanctorum Patrum sententia Templum Dei, Tabernaculum sanctissimæ Trinitatis appellatur, quæ a nobis inter Lauretana encomia *Domus aurea* salutatur? Quantum porro, ut humano more loquar, quantum ingenii, quantum artis ac diligentiæ, quantum cœlestium divitiarum ac liberalitatis impendit æternus Artifex, ut Domum hanc et firmissimam et pulcherrimam faceret ! *Fortitudo, et decor indumentum ejus.* (Prov. xxxi, 25.) Et profecto cum futura esset Mater Salvatoris, neque id nominis sine magnis cruciatibus posset expleri, opus fuit incredibili fortitudine ac firmitate : cumque eadem fieri deberet Mater, et Refugium peccatoris, qua iratum nobis Deum placaret, opus fuit pulchritudine, cui similem extra ipsum Deum nec cœlum, nec terra conspexisset. Atque hæc est, Parthenii DD. sodales, hodierna festivitas, festivitas magna atque sanctissima, qua Deus ter Opt. Max. per illibatam Conceptionem Mariæ eam firmitatem, et pulchritudinem contulit, quæ eam Templum efficeret Deo Filio inhabitante dignissimum, nobis vero asylum et refugium longe securissimum. Quod dum uberius comprobatum eo, vestram attentionem efflagito, ut, quæ dicturus

sum, omnium nostrum solatio cedant et admirationi.

Maria facta est Mater Salvatoris : id muneris sustinere ut posset, eo robore ac firmitate opus fuit, quam ipsi Deus ter Optimus in Conceptione tantam contulit, quantam omnes inferni furiæ, omnes Eumenidum machinæ, omnis Tartari furor ac rabies non labefactare, imo ne accessum quidem ad eam labefactandam possent uspiam invenire. Equidem Satanas invidia lividus coram Deo quondam adversus Jobum conqueri ausus est : *Nonne tu vallasti eum, et domum ejus, et omnem substantiam ejus per circuitum ?* (*Job* i, 10.) Intolerabile nimirum tartareo cani videbatur, munitum, obfirmatum, vallatum omni ex parte Jobum cernere, neque ullum sibi ad inferendum illi detrimentum aditum patere. Cogitate, Parthenii DD. sodales, quantum infremuerit, quantum excanduerit, quamque miserabili livore pœne contabuerit Satanas, dum virgineum Dei Templum, purissimam et omnis labis expertem Matrem tantis ex omni parte præsidiis roboratam vidit, ut ne originaria quidem labe conspergi potuerit, qua tamen, velut infelici cauterio notatos, cæteros omnes, qui ab Adamo descenderant, suo quondam sub mancipatu gemuisse meminerat.

Quemadmodum ædificium, cui magna incumbit sustentanda moles, multum quoque roboris ac firmitatis desiderat, ita plane Reginam nostram, cui, donec moreretur Christus, tanti dolores erant exantlandi, eoque mortuo tot sponte perditæ miserorum hominum causæ suo patrocinio fulciendæ, plurimum habere roboris ac fortitudinis oportebat. Quantam vero hanc firmitatem fuisse existimabimus ? Consideremus cum eruditissimo sacrarum Litterarum interprete Sebastiano Barradio, consideremus, quam solidum virginei templi hujus fundamentum, quam immoti parietes, quam validæ columnæ, quam juncta sit et firma testudo. (Barrad. tom. I, lib. vi, cap. 3). Potuitne huic ædificio solidius subjici fundamentum, quam quod positum fuit, cum Deus primo momento omnem humorem noxium sustulisset, fomitem concupiscentiæ non dico exstinxisset, sed ne accendi quidem in Virgine passus fuisset ; unde metus nullus integerrimo templo immineret, ne fundamenta nutarent, ne structura cederet, et in ruinam subsideret ? Potueruntne parietes fieri meliores, quam cum Maria primo creationis momento perfectum rationis usum accepit, quo divinitus illustrata omnes inferni technas et fraudes, quamprimum nosceret, sperneret et superaret ? Potuitne Templum virgineum validioribus columnis niti, quam cum Maria primulum creata, jam omnibus exornata virtutibus, jam in divina gratia perpetuo stabilita fuit ? Potuitne denique testudo celsius erigi, aut contra tempestatum quarumcunque injurias firmius defendi, quam cum Maria primo creationis suæ momento, amore Dei ardentissimo inflammata, jam colligere·merita, jam ea in horas et momenta geminare occœpit? *Mulierem fortem quis inveniet (Prov. xxxi, 10)* ? imo quis fortiorem ?

Viam viri in adolescentia tam imperscrutabilem regum sapientissimus censuit, quam viam colubri in deserto, viam aquilæ in cœlo, viam navis in Oceano. Hanc si nusquam alibi, in Virgine nostra deteximus, quæ Virago, mulier nempe fortis, non ideo, sicut Eva dicitur, quoniam de viro sumpta est, sed quia ipsa est mulier, quæ circumdedit virum, illum némpe virum, qui *exsultavit ut gigas ad currendam viam suam. (Psal.* xviii, 6.) Non commemorabo, quam fortiter relicta patris domo puella trimula ad templum properarit ; quam prompta ad omne virtutis documentum fuerit ; quam æquanimis ad adversa, quam misericors erga pauperes, quam reverens erga præpositos, quam mansueta versus æquales, quam fervens ad orandum, quam religiosa ad divinum obsequium. Unum illud altissimum ardentissimumque Virginis desiderium admiror ; quo accensa sicut Auriemma refert, unice Deum obsecrabat : « liceret sibi Virginem illam, dum ipsa viveret, intueri, de qua Messias esset nasciturus. » (*Theatro Muriano*, p. i, c. 22.) Ô votum prudens ! o desiderium sanctissimum ac sapientissimum ! perge, o Virgo innocentissima, perge obsecrare, perge desiderare : nisi speculum, tanquam vanitatem, abhorreas, videbis illam ipsam, quam desideras ; tu enim illa es ipsa , quam Redemptoris Matrem prophetæ prædixerunt : tu es, quæ compatiendo patieris, quidquid ille passurus est ; tu es, cui debetur tanquam indumentum fortitudo illa, quæ ad transmittendum doloris oceanum requiretur.

Liceat, liceat mihi cum Jeremia exclamare : *Cui assimilabo te, aut cui exæquabo te, Virgo Filia Jerusalem ?* quis unquam dolores pares, quis ærumnas tuis æquales sustinuit ? *Magna est velut mare contritio tua.* (*Thren.* ii, 13.) Imo immensum quoddam diluvium est, cujus causa innocentissimus Filius tuus acerbissimæ morti tradendus, anima tua acutissimo doloris gladio transfodienda est : hoc oceano, velut arca Noemitica, jactaberis, donec Jesus illum funditus exhauserit, et mundum scelerum sordibus squalentem suo sanguine repurgarit. O quanti fluctus te concutient ! quanto murmure procellæ consurgent, cum illum a discipulo hostibus venditum, ab altero perfide negatum, vinculis constrictum, juratissimis inimicis traditum audies ! quanta tempestas virgineas circum aures tonabit, cum attonita infandas contumelias, mendacissimas accusationes, cruentos flagellorum ictus, iniquissimam mortis sententiam, ferreos clavorum et malleorum sonitus, suprema morientis verba, extremos spiritum exhalantis gemitus excipies !

Mirum certe videri nemini debeat, si animus constantissimus tantis procellis minus, quam totus orbis horribili motu in Domini morte fuit, concutiatur : si pectus vel adamantinum, quemadmodum tunc petræ, in partes rumpatur : si cor utcunque fortissimum, veluti velum templi, medium discindatur. Quis facile credat, tenerrimam Virginem et Matrem tanta doloris argumenta stantem, ut ait evangeliographus, sustinere potuisse, nisi jam dudum, idque hodierno Conceptionis die, uberrimo gratiæ suæ robore, tanquam Salvatoris Matrem, Deus ter Opt. Maximus idemque potentissimus confirmasset ? *Fortitudo indumentum ejus.*

Gratias sane Deo debemus immortales, qui Filio suo Matrem dederit tam fortem tamque constantem. Quam enim multi cecidissemus, nisi stetisset illa ? quam multi ad æterna damnati fuissemus incendia, nisi illa tam fortiter cum Filio passa tantos sibi meritorum thesauros comparasset ? Illibatæ Virginis Conceptioni debemus fortitudinem, quæ faceret Matrem Salvatoris : debemus et pulchritudinem, qua fieret Mater et Refugium peccatoris. *Et decor indumentum ejus.* Quo nomine ipse illius eam Filius commendavit : *Tota pulchra es, amica mea, et macula non est in te. (Cant.* iv, 7.)

Maria, quod mihi secundo loco dicendum proposui, Maria, inquam, est Mater et Refugium peccatoris, quia pulchra, quia decora, quia immaculata est. Quis enim, Parthenii DD. sodales. quis cœlestium spirituum, quis electorum tantum pro causa nostra posset efficere, quantum Maria ? et quomodo hæc, nisi tam pulchra esset, et tam formosa ? Si enim, Jobo asserente, Deus (iv, 18) *et in angelis reperit pravitatem,* quis sanctorum parem angelis, ne dicam, Virgini puritatem afferet, parem pulchritudinem, parem ab omni macula libertatem, cujus aspectus iram divinam peccatis nostris provocatam leniat, et pœnas sceleribus debitas avertat ? Incredibilem quidem in Virgine corporis pulchritudinem fuisse, Dionysio teste, accepimus , qui, nisi fides persuaderet aliud, deam se fuisse crediturum asseruit : et ipso etiam tacente, argumenta plura dubios· confirmarent. Verumtamen major animi, quam corporis, decor enituit : *Omnis, ut excludantur omnia cætera, omnis gloria Filiæ Regis ab intus (Psal.* xliv, 14). omnis Mariæ pulchritudo in animo sita est. Quis vero vel dicendo explicet, vel cogitando assequatur, quantam ad impetranda nobis divina beneficia vim, quantam ad placandam nobis irati Numinis indignationem virtutem hæc Virginis pulchritudo habeat ? Effare, sanctissime Ecclesiæ doctor, et illuminatissime præsul Ansel u ¹, effare, et explica nobis, quantum spei, quantum fiduciæ in potentissimæ Reginæ nostræ pulchritudine collocandum existimes ? Arrigamus aures, erigamus et mentes, Parthenii DD. sodales, et plenum admiratione viri sanctissimi oraculum audiamus (1) : « Velocior est nonnunquam salus, memorato nomine Mariæ, quam invocato nomine Domini Jesu, unigeniti Filii sui. » Itane, doctor illustrissime, velocior quandoque salus per Mariam, quam per sacrosanctum Salvatoris nomen inveniri possit ? Tolerabilis certe sententia tua videri queat, si æque promptam, æque paratam per Virginem nobis, quam per Filium salutem dixisses ; simile quidpiam divina Mater sanctæ Birgittæ legitur revelasse : « Sicut Adam et Eva perdiderunt mundum, ita Filius meus et ego redemimus mundum , quasi uno corde. » At vero non æque velocem, sed velociorem invocato Mariæ nomine salutem quis tam patiens audiat ? quis tam facile credat ? Nonne enim, dum ad Christum confugimus, ad illum appellamus, cui ab æterno Patre data est omnis potestas, qua nos calamitate quacunque eximat ? nonne ad illum appellamus, qui, ut laborantes et onerati ad eum veniremus, ipse nos a se reficiendos suavissime invitavit ? nonne ad illum appellamus, qui, ut nos ab interitu vindicaret, dedit animam suam dilectam in manus inimicorum, nihil ardentius quam salutem nostram desiderans ? quis inficias iverit ? At vero non ad Salvatorem solum, sed ad judicem eumdem accedimus ; ad eum, qui potest et corpus et animam perdere in gehennam ; ad eum, qui legum suarum contemptoribus severissimam comminatur sententiam ; ad eum, qui non a sola semper misericordia, sed a justitia quoque sua suffragium repetit. Væ nobis, nisi mitiorem quandoque sententiam Regina nostra evinceret ! Ad hanc igitur dum confugimus, nihil in ea rigidum, nihil austerum invenimus ; mera hic lenitas, mera clementia ; hic pectus vere maternum, quod improborum quoque filiorum miseratione tangitur, neque continere se unquam solet, quin iratum nobis Judicem mitigare contendat. Et quid non efficiat, quæ ad Judicem accedit, tota pulchra, tota immaculata, sine peccato, sine labecula, imo cum ornatu regio virtutum omnium ? quis dubitet, Judicem, quem fœtens peccatorum nostrorum halitus offenderet , facile Matris suæ vicem nostram, causamque suscipientis pulchritudine mitigari ?

O diem igitur auspicatissimam, o diem et cœlo et terris jucundam ac salutarem ! quam merito gratulatur potentiæ suæ Pater, qua tantam Filiæ suæ fortitudinem contulit, ut locupletissimo gratiarum cœlestium apparatu munita stygium draconem vinceret, et sola de serpentis invidia triumpharet ! quam merito gratulatur sapientiæ suæ Filius, qua tantam Matri suæ dignitatem adjecit ut in ea concipi non erubesceret, ex ea nasci etiam gauderet ! quam merito gratulatur bonitati amorique suo Spiritus sanctus, quo tantam sponsæ suæ pulchritudinem aspiravit, ut ejus intuitu omnia divinæ iracundiæ spicula, jam in reorum interi-

tum librata. atque vibrata, facile mitigentur et confringantur ! Adeste, quicunque vel domesticæ rei angustia compressi, vel animi mœrore tristitiaque dejecti solatium, et calamitatum levamen requiritis : ecce Matrem Salvatoris in omnibus ærumnis fortissimam; hanc appellate, ad hanc properate. Fortitudo indumentum ejus est ; apprehendite vel minimam ejus laciniam : omnia adversa et aspera ab illa roborati superabitis. Adeste, qui criminum fœditate turbati de recuperanda salutis spe periclitamini ; adeste, quos veterum recordatio delictorum perterrefacit et in profundum desperationis barathrum pene demergit : ecce refugium peccatoris ; hac protegente, stricta in cervices vestras æterni Judicis fulmina evitabitis ; hujus pulchritudine perorante, gratiam veniamque consequemini. Adeste, qui variis tentationum motibus agitati in dies et momenta singula miserum innocentiæ naufragium reformidatis : ecce firmissima salutis anchora Virgo Deipara, cui si fidenter commiseritis dubiam animæ vestræ naviculam, inter medias procellas immoti, tutique perstabitis, et demum felici sidere sine periculo, certe sine naufragio, ad portum enatabitis. Sed et vos adeste, qui integri vitæ scelerumque puri , pulcherrima virtutum luce toti renitetis : ecce Maria, quæ amicta sole, pulchra ut luna, speculum sine macula, nihil sic cordi habet, quam candida pectora, animas prima fulgentes innocentia : clientes suos ad se confugientes ubique et semper fortiter defendet, et ne adversarius vester diabolus, qui tanquam leo rugiens circuit, quærens quem devoret (I Petr. v, 8), decore animæ, tam sollicite hactenus custoditæ, vos turpiter spoliet, casta lilia et candorem vestrarum mentium usque ad ultimum illum articulum quo ex hac vita ad beatiorem illam commigrandum erit, inexpugnabili scuto tuebitur.

Tum ad te , o Virgo purissima, quotquot sumus, tota mente, fiduciaque summa confugimus : et sicut pueruli solent, iratum patrem metuentes, matrum suarum vestibus se implicare, ita nos pulchritudinis tuæ indumento involuti, per te evitare cœlestis Patris iracundiam desideramus. Tuo Filio, Judici nostro, nos reconcilia, quem peccatis nostris lacessivimus ; tuo Filio , Salvatori nostro, nos commenda, cujus pretioso sanguine in spem salutis erecti sumus ; tuo Filio, Agno immaculato, Virgo immaculata, pœnitentiæ lavacro emaculatos nos repræsenta, ut cum illo regnare, tecum illum laudare liceat in perpetuas æternitates. Dixi.

ORATIO III.
In festo Immaculatæ Conceptionis.
MARIA SODALES SUOS SIBI SIMILES VULT.

Tota pulchra es, amica mea, et macula non est in te.
(Cant. IV, 7.)

Si hodierna die cum iis mihi agendum esset,

---

(1) S. Anselm. De excel. Virg. cap. 6, apud Bevenesium Art. bonæ mortis. 22 Jan.

qui rebus divinis parum imbuti de privilegiis et elogiis Deiparæ, de primordiali ejusdem conceptu, eoque nulla macula notato, nihil unquam audiverint, vel si audiverint, fluctuantes animo id ipsum adducant in dubitationem, aut impia pervicacia mysterium hoc omnino negent : nihil prius, nihil antiquius haberem, quam ut contra hos tales omni contentione propugnarem honorem illibatæ Virginis, et docerem argumentis, et momentis gravibus, quorum pleni sunt libri, a communi hominum fato, et propagato in posteros omnes Adami nævo, Matrem Dei fuisse exemptam.

Quoniam vero ad vos, Parthenii DD. sodales, sermonem facio, quibus a prima ætate , et ab incunabulis proposita, commendata, et inculcata est pietas erga Patronam nostram, sine labe conceptam, qui obfirmato in hoc mysterium animo indubitanter tenetis, paradoxum esse asseverare, quod illa, per cujus Filium genus humanum assertum est in veram libertatem, inferorum tributaria, et cacodæmonum mancipium exstiterit aliquando ; quod illa, in qua humanæ cum Deo pacis et reconciliationis conclusum est fœdus , ipsa fuerit antea hostis, et inimica Dei ; quod illa, quæ mundo vitam genuit, prius morti turpissimam servitutem servierit ; qui ipsi perspectum exploratumque habetis, per divinum Legislatorem ab universali lue Virginem, quam Matrem eligeret exceptam esse, et excipi debuisse, ne prolem macularet, dum conciperet, eamque illo ipso tempore vidisse Deum, quo alii privantur jure videndi, et eo momento fuisse beatam, quo omnes miseri sumus : quoniam, inquam, ad vos, qui hæc omnia probe intelligitis, quorumque animis hæc de Patrona nostra sententia jam a primis annis insedit, atque inveteravit, sermonem facio : ab argumentis, quibus id ipsum stabilirem, mihi penitus abstinendum esse existimavi, ne de hoc privilegio ter beatæ Virginis aliunde certos, viderer supervacua contentione velle redderę certiores.

Præsertim cum hodie primum ad unum omnes, vel unus et alter nomine omnium, et sibi proposuerint, et promiserint, interposito etiam jurejurando, quod non solum apud se tenere, sed etiam contra quosvis hujus mysterii inimicos velint defendere, nisi aliud Romanum oraculum jusserit, illibatum Virginis Mariæ conceptum ; in quod jurare minime potuissetis, vel debuissetis, nisi de eo, in quod jurandum erat, probe instructi fuissetis, ut adeo post dictum jam hoc sacramentum sero nimis afferrem, quibus ea veritas stabilitur, argumenta.

De alio proin disserere, cum vestra licentia et benevolentia statui, et recte me facturum existimavi, si qua potissimum ratione Patronæ nostræ accepta, nobisque ipsis proficua, festum hodiernum celebrare deberemus, et quid ex eo ipso, quod Præses nostra et sit et semper fuerit sine macula, a nobis ejusdem sodalibus, requiratur, explicarem.

Tota pulchra es, amica mea, et macula non est in te. Verba hæc dicta esse et intelligi debere de beatissima Virgine, nemo hactenus vero spiritu, et divina illuminatus sapientia, dubitavit. Illa enim, et nulla alia, nullusque alius tantæ fuit pulchritudinis, tantæque puritatis, ut si totum ejusdem vitæ cursum, finem et originem consideremus, nullam maculam contraxerit. Abstinuerunt aliqui, quamvis paucissimi, a peccato, quod solum est, et dici macula jure potest, dum viverent ; alii etsi immortui non sint , sæpius se per curriculum vitæ variis sceleribus inquinarunt : quidam, et horum ingens est numerus, animam suam pessime maculatam omnino æternitati intulerunt. Nemo , quotquot sunt, aut fuerunt, sine labe illa exstitit, quam Adam in suos posteros infelici traduce propagavit, præter Mariam, quæ sola inter filios Adæ et a communi miseria, dum conciperetur, præservata est, et per reliquum vitæ tempus nulle se nævo contaminavit. Ipsa fuit, et sola fuit rosa sine spinis, lilium sine labe, candor sine macula, venustas et pulchritudo sine exceptione : in qua nihil culpæ in ortu, nihil fomitis in vitæ meridie, nihil labis et tabis in occasu, seu egressu ex hac terra, oculatissimus etiam hostis poterat invenire : vere tota pulchra.

Si vero hoc, si Præses nostra tanta excellat venustate, ita aliena sit ab omni nævo et iniquitate : quo nos, qui illius sodales et clientes dici volumus, animo esse debemus, quanto studio , et quam circumspecta sollicitudine mentes nostras a peccatorum sorditie oportet custodire ? Ego enim sic statuo : Si illam, quam gloriamur congregationis nostræ esse Præsidem, et sub cujus vexillo profitemur nos velle militare, tanta fulgeat puritate, tam remota sit ab omni macula, omnino etiam nos oportet, quanto possumus conatu maximo, illa omnia a nobis avertere, quibus fœde possemus contaminari, ne a pulchritudine Matris degeneres filii non tantum longe excidisse videamur, sed etiam ipsa Patrona nostra suos clientes, turpiter conspurcatos, erubescat, et erubescens, quos noverit sibi longe dissimiles, a suo præsidio velit esse remotos. Quæ laus, quæ gloria militi, si fortissimi ducis auctoratus sit signis, si dux per varia belli discrimina exercitatus , et ordinare aciem sciat, et pugnare manu audeat : ipse vero ignavus, quavis umbra hostium terreatur, promptior semper ad fugam, quam ad pugnam ? erubescet sane hoc tale ignavum pecus, suæque virtutis minime æmulum strenuissimus belli imperator : optabitque non alios commilitones, quam sibi similes, et quo ipse præiverit exemplum, ut cæteri eadem fortitudine sequantur. Si jam illustris virtute militari imperator omnes in suo exercitu deposcat strenuos, paratos ad certandum, constantes ad vincendum , sibique simillimos : profecto etiam nos, qui candidis illibatæ Deiparæ vexillis auctorati sumus, ejusdem virtutem, et exemplum vita et moribus oportebit æmulari.

Et quare in unam congregationem, beatæ Virgini dedicatam, coiverunt antecessores nostri, et nos eorum exemplum secuti facimus idem ? nonne ex eo potissimum fine, ut hanc cœli Reginam peculiari cultu reverentes, eam nobis faciamus amicam, et, quia potens est, ejusdem favores mercamur? sed nunquid amicitia pares desiderat, et tunc demum illius favoribus videbimur digni, quando integri vitæ, scelerumque puri ad eam, ab omni nævo purissimam accedimus? Si illa sit tota pulchra, nos vero essemus variis maculis inquinati; si illa splendeat omni decore virtutum, nos immersi essemus vitiorum cœno; si illa sit altare Domini, in quo cœlestis Pater Filium suum, tanquam purissimam hostiam, omnium primo consecravit, nos turpe essemus latibulum, in quo impio dæmonibus sacrificio litaretur; si illa sit Radix Jesse, de qua Flos vitæ procedit, nos horridus essemus dumus, progignens non nisi spinas, lethali vulnere animam sauciantes; si illa sit Hortus conclusus, in quo infernali contritum est caput serpenti, nos venenatus essemus ager, in quo emissi ab inferis angues nidificant; si illa sit Turris fortitudinis, quam concutere nulla vis hostium potuit, nos levis essemus arundo, ad ruinam usque ab insultibus dæmonum conquassata; si illa demum sit amicta sole, Tabernaculum supremi Numinis, omni ornatu decoratum, Mater divinæ gratiæ, nos atris circumdati essemus tenebris, latibulum teterrima caligine squalidum, et filii iniquitatis : quæ tunc esset inter Præsidem nostram, et nos ipsius sodales similitudo? An possemus ullo jure eidem comparari, et quod consequens, eam nobis fore Amicam, cum amicitia desideret pares, nobis polliceri? Si vero illam non habeamus Amicam, an persuadere sibi quisquam potest, eam nos suo favore, sua in periculis tutela, in ultima lucta, quando pugnandum erit pro tota æternitate, suo præsidio esse dignaturam? Memores proin finis, ex quo in unum corpus congregati sumus, Præsidi nostræ totis viribus nos reddamus similes, et hac ipsa ratione illam nobis amicam vel faciamus, vel conservemus; celebramus festum Immaculatæ Virginis : imitari non pigeat, quod celebrare delectat.

Sed quid, dicet fortasse aliquis, an intemeratam Virginem, quæ in primo suo conceptu jam erat gratia plena, nunquam contaminata est aliqua macula, libera semper exstitit fomite et concupiscentia, nos, qui in peccato concepti sumus, perpetuis in malum stimulis agitamur, intus et foris in pessima quæque urgemur, et incitamur, poterimus quocunque demum conatu, ac industria imitari? et qui licuit nobis primam illam maculam a protoparente nostro in omnes propagatam, primam illam omnis mali originem evitare? Non diffiteor, neminem nostrum assecuturum unquam celsitatem eminentis illius pulchritudinis et san-

ctimoniæ, qua refulget intemerata Virgo, nec quemquam habere aut habuisse facultatem eximendi se a lege, qua statutum est ut trahamur omnes in miserrimum participium commissi ab Adamo delicti, et qui per generationem ab eo secundum naturam descendimus, etiam simus hæredes iniquitatis : sed tamen est, quod reponam. Præter privilegium illud, quo beatissima Virgo præservata est, et sola quidem, a peccato originali; præter plenitudinem gratiæ, qua a primo vitæ momento impleta est; præter celsitatem eminentis sanctimoniæ et pulchritudinis, qua exsuperat quidquid infra Deum est, alia in eadem attente sunt consideranda. Ac licet et hæc secundum illam perfectionis eminentiam, quam possedit beatissima Virgo, assequi non possimus, attamen singulari studio nitendum esse videtur, ut dum illa, quanta sunt in se tota, exprimere in moribus nostris non valemus, saltem eorum partem nobis aliquam comparemus. Interrogantibus vero, quænam illa alia tam attente in Deipara consideranda, et nobis ut virtutis exempla ad sequelam proponenda sint, respondet hodie divus Ambrosius : « Fuit illa, inquit, corde humilis, verbis gravis, animo prudens, loquendi parcior, legendi studiosior, intenta operi, verecunda sermone, solita bene velle omnibus, fugere jactantiam, rationem sequi, amare virtutem; non fuit in illa gestus fractior, non incessus solutior, non vox petulantior, ipsaque corporis species erat simulacrum mentis, et figura probitatis. » In his, Parthenii DD. sodales, oportet nos imitari Præsidem congregationis nostræ. Ut habeamus singularia Dei dona, quibus locupleta est Virgo Deipara, in facultate nostra non est, non fuit; ut vero simus corde humiliores, verbis graviores, legendi et orationis studiosiores, verecundi sermone, fugientes jactantiam, amantes virtutis, repugnantes tentationibus, turpitudinem omnem aversantes, et sic sine macula, quæ solum peccatum est, et liberrimus in idem consensus, viventes, quæ causa prohibebit, quæ excusatio erit, ut in his non possimus Patronam nostram sequi, et in partem saltem aliquam imitari?

Et hæc si ita sint, si ex ipsa honestate nobis imponatur necessitas, ut, qui profitemur singulari titulo pietatem erga Dei Matrem sine labe conceptam, studeamus vivere vitam remotam a macula, alienam a peccatis : si illius nobis non liceat polliceri amicitiam, nisi quantum in nobis positum est, similibus moribus sequamur exemplum; si sperare non valeamus, ipsam nobis fore propitiam, suoque nos dignaturam esse præsidio, nisi eam integritate vitæ nobis fecerimus amicam; quisque nostrum facile intelligit, quo studio, qua cura debeamus vacare virtutibus, quas ipsa per curriculum vitæ in se expressit, et abominari peccata, a quibus ipsa a primo suo conceptu usque ad egressum ex hoc mundo fuit alienissima. Præses nostra orta est tanquam lumen indeficiens; non ambulemus nos in tenebris iniquitatum; ipsa ab initio mundi habitavit in altissimis, ejusque thronus fuit in columna nubis : etiam nos vilipenso caducarum rerum cœno, sursum in operibus nostris oculos attollamus ; ipsa exaltata est, sicut cedrus in Libano, et quasi cupressus in monte Sion : simus et nos magnitudine virtutis tanquam celsissimæ arbores, fructus gratiæ centuplicato fenore proferentes : et tunc fiet, ut Patrona nostra suos clientes, Præses nostra suos sodales, Dux nostra suos milites, Magistra nostra suos discipulos, Mater nostra suos filios non erubescat. Dixi.

ORATIO IV.

In festo Annuntiationis.

DIGNITAS MARIÆ, QUIA EST MATER DEI.

Paries filium. (Luc. 1, 31.)

Divinæ Matris dignitatem explicaturo, cum opus sit non unius diei, sed mensium et annorum, illud sane agendum videtur, quod promissæ Hebræis felicissimæ regionis exploratores fecisse accepimus. Cum aut ubertatem terræ, rerumque illius redundantem copiam verbis assequi desperarent, aut, ne fide majora narrantibus parum crederetur, metuerent, omissis cæteris omnibus, etsi relatu dignissimis , asportarunt secum palmitem cum uva, quem tulerunt in vecte duo viri, ut liber Numerorum testatur. Simile quidquam mihi hodie contingere experior ; nam etsi de fide vestra, Parthenii dd. sodales, minime dubitem, certusque sim, quidquid excelsum atque magnificum de augustissima cœli terræque Domina prædicavero, promptissimis id animis non excepturos solum, sed etiam firmiter credituros ; tamen tanta est in Virgine virtutum omnium copia, tanta gratiarum redundantia, tanta prærogativarum sublimitas, ut ne cogitando quidem comprehendere, ne dicam, enumerando assequi præsumam. Id ipsum igitur agendum mihi, quod exploratores illi palmitem cum uva reportantes egerunt, ut Israelitis de felicitate promissæ terræ fidem facerent: palmitem cum uva, Mariam cum Filio prædicabo ; nec rectiorem me regulam normamque certiorem invenire posse existimo, Virginis dignitatem explicaturus, quam si hodierno pro viribus declarare contendam, quantæ sit excellentiæ, Dei Matrem esse. Atque hoc ipsum dum aggredior, laborem jam viribus majorem mihi suscepisse, pluraque, quæ dici possent, omissurus, quam verbis assecuturus videor. Sed tamen etiam longo post intervallo relinqui honorificum est, nec etsi, pauca dixero, humile quidquam aut exiguum dixisse videri debeo, dum nihil parvum est, quidquid de tanta Matre dicatur. Atque in hoc astronomorum mihi exemplum est imitandum, qui etsi unicam novam stellam longa tandem speculatione deprehenderint, majori tamen id sibi gloriæ ducunt, quam si geographus in globo terraqueo vastissimas provincias et regna oculis exhibuerit. Conabor igitur oratione hac explicare, quanta sit

Mariæ dignitas vel eo solo nomine, quod sit Mater Dei. Vos promptis et mentibus et auribus dicentem sublevate.

Felicissimam se olim Cornelia Gracchi Sempronii uxor existimabat, quod filios duos genuisset, educassetque ad omnem eruditionem, prudentiam et virtutem excultos, totamque sibi rempublicam, cujus commodo istos enutriverat, devinxisse arbitrabatur.

Nec domi suæ, quanquam ea et splendore et magnificentia cæteras plurimas superabat, quidquam se nobilius aut pretiosius putabat habere, quam filios. Quare cum ad eam matrona Campana seu petitum aliquid , seu salutatum venisset, et, quod placere solere illustribus feminis non ignorabat, cimelia ut sua sibi visenda monstraret, Corneliam rogasset ; hæc non aureos annulos Indicis gemmis graves, non margaritarum corollas, non peregrinæ conchæ pignora, non alias oculorum delicias ostentabat, filios solum Tiberium et Caium Gracchos producebat : Hi quos vides, inquiens, pretiosissimus et unus meus thesaurus sunt. Erant profecto adolescentes in patriæ spem, in paternæ domus gloriam, in totius imperii, ut tum videbatur, emolumentum nati factique ; nam et morum gravitas, et oris facundia, et ingenium omni eruditione refertum tales fore spondebat. Verum iidem, ut fallaces sunt hominum spes, cum auram popularem captarent avidius, atque res novas et inimicas libertati molirentur, Tiberius in concione, Caius in Capitolio, ille a Publio Nasica, iste Opimii consulis jussu interfecti sunt. O quam felicior Mater Maria est ! Venite, inquirite, quisnam beatissimæ hujus Matris thesaurus sit : quanquam illa cœli terræque Regina salutetur, quanquam ipso sole tanquam amictu vestiatur, quanquam fulgurantibus stellis ceu magnifico diademate coronetur, quanquam luna sub pedibus ejus pavimenti vice fungatur, non illa hæc vobis ornamenta jactabit, sed Filium suum divinum, unicum illum, maximumque totius universi Thesaurum ostendet : regnum mundi, et omnem ornatum sæculi contemnet propter amorem Filii sui Jesu Christi. Equidem et iste violenta morte tolletur, sed innocens ; et iste res novas molietur, sed peccatum destruens ; sed libertatem filiorum restituens ; sed orbem universum ex antiqua et diuturna servitute ad novi imperii majestatem attollens.

Sed quid ego in re maxima exemplis tam humilibus utor? Facessat Cornelia, quæ si mille etiam filios omnium virtutum apparatu instructos peperisset, locum tamen inter magnas matres ne postremum quidem meruisset, utpote quæ terris solum, non cœlo fecunditatem suam fuerat probatura. Quantis vero et divini Codicis oraculis, quantis sanctorum Patrum encomiis, quantis omnium gentium linguis, quantis omnium temporum historiis celebratur magnanima illa septem Machabæorum parens! Imo quantis ipsa incedebat referta

gaudiis, dum excitatos hortatu suo filios non se-
quius videbat ad sustinendos acerbissimos cruciatus, quam ad opiparum convivium properare ?
Dum videbat eos exquisitissimis tormentis non
modo non superari, sed etiam recreari ? dum audiebat fortissimis verbis non modo tyranni jussa
contemnentes, sed etiam irritæ crudelitati insul-
tantes ? Felicem profecto matrem, quæ gloriosum
septem filiorum manipulum eodem judicio, eodem
hortatu, eodem etiam die cœlestibus horreis inferri, proprio singulorum cruore consecratum, conspexit ! Quid si hæc eadem phalangem illam decem
millium martyrum ex utero protulisset, qui in
celeberrimo monte Ararat longa serie suffixi crucibus pependerunt, et, ut Adriani Fabritii verbis
utar, «ipsas Armeniæ silvas pluribus victoriæ palmis, quam unquam Palæstina viderit, suo sanguine
fecundarunt? » Quantum putamus gloriæ in hanc
matrem redundaturum, quæ tantam filiorum turbam uno sinu complexa fortius cœlo transmiserit,
quam felicius in terram effuderit? Nondum tamen
et hæc mater Mariæ dignitatem æquasset. Quid si
hæc eadem peperisset quatuordecim illos sanctissimorum martyrum milliones, quos Genebrardus ab
Ecclesia condita ad suam usque ætatem divorum
catalogis insertos computat? Quanta hæc foret unius
matris dignitas ! Nondum tamen et tam fecunda
mater Mariæ dignitatem æquasset. Verum age,
eamdem tibi matrem uberrimis gignentem partubus
imaginare, omnes patriarchas, quorum de sanguine
propagata est usque ad Christum ducem sanctissima majorum progenies ; omnes prophetas, qui
quod hominum vitia reprehenderent, susceptis
malorum odiis extrema sæpe supplicia pertulerunt ;
omnes Christianæ pietatis professores, qui, sæviente
tyrannorum rabie, tum ipsi honorum jacturam
fortiter perpessi, tum eos, qui rapiebantur ad
pœnas, in cruciatibus consolati cohortatique sunt ;
omnes vastissimarum solitudinum | incolas, qui,
relictis mundi divitiis, vitam in silviis ac rupibus
victu asperam, diuturnitate molestissimam tradu-
xerunt ; omnes virgines, quæ, contemptis magno
animo regum Cæsarumque thalamis, aut abditam
in claustris vitam elegerunt, aut strenuæ virginitatis suæ vindices nullam tenerrimo corpore carnifi-
cinam non suscipiendam putaverunt? Imaginare,
inquam, tibi, unam horum omnium matrem esse :
nonne putas angustum unius genitricis prolibus
cœlum videri posse? Et tamen nondum tam felix
mater Mariæ dignitatem æquasset, imo ne digna
quidem videretur, quæ Matri Dei ancillæ munere
fungeretur. Quid enim putamus, quid dignitatis in
eo inesse censemus, quod Maria Dei sit Mater?
Mater illius, qui cæteros omnes, quos recensui,
ipse creavit? Mater illius, qui infinitis intervallis
omnes sanctitate præcellit? Mater illius, qui cum
sit ipse immensus, æternus, omnipotens, et (quid
multis opus est ?) omnia, Genitricem suam ad eum
dignitatis apicem sustulit, ut ejus magnitudo nullo

alio cœlitum ordine comprehendi possit, sed singularem sibique proprium sola constituat et propria
amplitudine compleat ? Mater illius, qui... Sed
quid ego molior plura dicere, non mei solum ingenii viribus, sed sanctorum quoque Patrum, qui
cœlitus alias hausere plurima, cogitationibus altiora? Nam neque Isaias amplius quidquam habuit,
quod hac de Matre diceret, nisi hoc unicum:
Novum creavit Dominus super terram: mulier cir-
cumdabit virum. (*Jerem.* xxxi, 22.) Et Ignatius martyr imposito labris digito hanc divinæ Matris
excellentiam *Mysterium silentii* appellat. Et sanctus
Bernardinus *Miraculum miraculorum* nominat,
tantamque Virginis dignitatem judicat (tom I, serm.
61), *ut soli Deo cognoscenda relinquatur.* Adeo-
ne et ipsis angelis impenetrabilem hanc divinæ
Matris sublimitatem existimemus? Sine metu hoc
affirmare audeo ; nam ipsa Regina nostra, ut di-
sertis verbis magnus ille Augustinus asserit, *nec*
ipsa explicare potuit, quod capere potuit.

O incredibilem, vastissimoque intellectu ampliorem dignitatem ! ipsa, cum Deum hominem sinu
potuerit capere, intelligere tamen non potuit,
quantæ sit excellentiæ Deum sinu complecti. At
relinquamus plane altioribus ista, ac cœlestibus
animis penetranda: mihi vero alia, eo ipso quod
hæc divinæ Matris sublimitas comprehendi non
possit, multo, quam ante, mirabiliora videntur.
Video enim maternitatem hanc neque sterilem,
fructuque ac usu vacuam fuisse ; et ideo quoque
Reginæ nostræ magis honorificam, quod ipsa se
tanto dignitatis culmine dignam præstiterit. Num
enim otiosam, soloque nomine, non etiam imperio
splendidam hanc maternitatis gloriam arbitrabimur?
Efferatur in cœlum usque laudibus, et tum divinis
tum humanis monumentis celebretur fortissimus
ille Hebræorum dux Josue, qui, cum numerosissi-
mos quinque regum exercitus, arcta Gabaonitas
obsidione prementes debellare statuisset, tanta in
Dei potentiam fiducia fuit, ut imperatoria voce
rapidissimum solis cursum inhibere, integræque
diei perpetuam stationem indicere auderet, donec
hostes suos funditus perdidisset. Mirum fuit, quis
negaverit ? *Obediente Domino voci hominis :* ordinem
naturæ perturbari. Verum quanto illud mirabilius,
quod idem, qui solem, qui lunam, qui sidera creavit omnia, uni Virgini, Matri suæ, obtemperarit ?
Jussit Deus, jubente Josue, obedire solem hunc,
inanimem, et si naturam spectes, non quovis solum
homine, sed quavis herba, flore, arbore ignobi-
liorem : quid magni hoc miraculi est, si cum Virginis potestate comparetur ? Jussit Deus, pariente
Virgine Filium suum, ejusdem secum naturæ,
substantiæ, majestatis, obedire Matri, testante
Evangelio : *Et erat subditus illis.* (*Luc.* ii, 51.) Jussit Deus subsistere solem istum spatio unius diei :
Quid vero mandavit Filio ? Non uno die, non
mense, sed integris triginta annis Reginæ nostræ
libens volensque obedivit. Fecit Deus stu; endo

ille solstitio, ut quinque Hebræorum hostes debellarentur : fecit Deus, Filium Matris imperio subjiciens, ut ad salutem orbis universi custodiretur, et exercitaretur mundi Redemptor, qui omnes omnium gentium reges et principes sanctioris doctrinæ imperio subjugaret.

Quantum vero illud est gloriæ in Virginem redundantis, quod hæc supra omnes feminas dignitas, hæc in ipsum Dei Filium potestas non gratis illi ac fortuito, sed ex merito, justaque electione obvenerit. Norunt theologi, quid *de condigno*, quid *de congruo* conferatur : de alterius generis merito loquor. Certe non sicut aureus imber in sinum Danaes, aut sicut aurea illa concha, quam nonnulli ad Iridis in terras descensum inveniri fabulantur, forte fortuna hæc dignitas atque potestas Matri Virgini est collata ; sed ipsa longo virtutum usu ita se dignam præbuit, ut Mater Dei non fuerit inventa, sed electa. Apage hinc infelicissimam Agrippinam, quæ cum a filio imminere sibi mortem, si perveniret ad imperium, audivisset, stolida ambitione filium imperantem videre cupiens dixit : *Perimat, dum imperet.* Apage Bethsabæam, quæ licet per adulterium ad regii throni societatem ascendit, summos tamen a Salomone filio honores est consecuta. Et illa, quod Neronem, et hæc, quod Salomonem pepererit, nihil dignitatis suæ sibi merito possunt arrogare. Tu vero, o divina divini Filii Mater, o quantis per omnem vitam virtutum operibus te ad istud dignitatis culmen præparasti! Quanto studio Redemptoris adventum, cujus te Matrem fore tum ignorabas, desiderasti! Quanta fortitudine, cum id jam cognovisses, te ad omnes pro eo contumelias, dolores, cruciatus perferendos promptam obtulisti! Haud immerito mellifluus Filii tui collactaneus de te affirmavit (S. Bern.) : « Virginitate placuit, humilitate concepit. » Haud immerito universa tibi decantat Ecclesia : *Regina cœli, lætare, Quia quem meruisti portare, Resurrexit, sicut dixit.*

Non arbitror, qui oratorum mos est, ut in fine dicendi acriores motus excitare contendant, non arbitror, inquam, necessarium plura jam addere, intelligentibus utique vobis, Parthenii DD. sodales, et quidquid de Regina nostra magnificum dicitur, avido auditu combibentibus. Mater Dei est, nec dignitate solum super omne id, quod Deus non est, eminente; sed et potestate in ipsum Deum se extendente : et talis est Mater, quæ si electa non fuisset, potuit tamen meruisse videri. Ah! parce nimium de tanta Domina dixisse me judicatis, ac timeo, ne jam succensere mihi occipiatis. Finio itaque, et vela jam contraho. Id unum restat, quod obsecrem, ut quam aliquando Reginam vestram adoptastis, eam diligendo Matrem, obediendo Dominam vestram ostendere nunquam desinatis. Dixi.

ORATIO V.
In festo Annuntiationis.

DOLORES DEIPARÆ ANTE PASSIONEM, IN PASSIONE, POST PASSIONEM FILII.

Ecce ancilla Domini. (*Luc.* 1, 38.)

Si quis forte vestrum est, Parthenii DD. sodales, cui admirabile videatur, quod, cum alii, qui præcesserunt me, aut alibi hodierno die ad concionem dicunt, vel in explicando Redemptionis beneficio maxime occupantur, vel in commendanda Virginis humilitate desudant, vel potentissimum ejusdem patrocinium manifestissimis argumentis demonstrare contendunt ; ego contra, de acerbissimis Reginæ nostræ doloribus sermonem instituam : is si mei consilii ac propositi causam cognoverit, simul et id, quod facio, probabit, et me, si aliter fecissem, justam piorum Christoque devotorum reprehensionem nullo pacto effugere potuisse existimabit. Ego enim sic sentio, Servatoris nostri cruciatus, quos nuperrime ex parte cœpi explicare, cum virgineæ Matris doloribus ita esse conjunctos, ut qui eos distrahere ac divellere conaretur, eum vel Christo Domino ingratum, vel in Patronæ nostræ luctibus nimis immisericordem fore arbitrarer. Nam cum natura ita comparati simus, ut parentes filios, filii parentes tenerrime diligamus, necesse est, ut, cum alterutris sinistri quidpiam accidisse audimus, vehementissime animo commoveamur : idque eo magis tum, cum et matrem et filium, gravissimo utrumque fato prostratos mutuis confici doloribus cernimus, ambosque non tam suo, quam alterius cruciatu configi. Quanto majus esse utriusque desiderium agnoscamus oportet, ut utrique nos misericordes præstemus, quod uterque solatium alteri præstitum, sibi exhibitum, alteri negatum, sibi subtractum esse arbitretur. Intelligor, puto, neque, quin proposito meo faveatis omnes, ullatenus dubito : unam igitur a vobis veniam posco, ut non Latinissime loquentem in hac materia patienter feratis, atque illud Edmundi Campiani privilegium tantisper usurpare concedatis, qui, quidlibet sibi eripi se passurum profitebatur, quam sanctissimas Incarnationis aut Passionis voces ornatæ eloquentiæ, et Ciceronis studio extorqueri. Fretus igitur ea, quam frequenter experior, benevolentia, ad ingerendum animis præstantissimæ patientiæ exemplum explicare contendam, Mariam ante Passionem, in Passione, post Passionem Filii sui acerbissimos dolores pertulisse, totamque ipsius vitam, donec a tumulo Christus resurgeret, continuam fuisse passionem. Adeste animis, mecumque afflictissimæ Matris dolores expendite.

Atque ut inde exordiar, unde hodiernæ lucis solemnitas ducitur, cum archangelus Virgini, alia omnia exspectanti supervenisset, nominibus amplissimis salutasset, æternum et admirabile Dei consilium exposuisset, ipsam, si vellet, Servatoris omnium gentium temporumque Matrem fore denun-

tiasset; nonne totis illam artubus contremiscere
oportuit? Neque enim ignorare, quantum esset divinæ Matris officium, potuit, quæ a tertio ætatis
anno in templo educata, quidquid Moyses, quidquid prophetæ de Messia scripserant, non solum
assidua lectione pervolverat, sed indefesso quoque
studio cæteris clarius intellexerat, altius imbibe-
rat, firmius comprehenderat. Quo mihi mirabilior,
optatissima quidem cœlo, nobis omnibus saluberrima, Virgini vero difficillima, vox illa videtur, qua
dixit : *Ecce ancilla Domini.* Quod, quæso, calamitatum, perpessionum, ærumnarum genus hoc verbo
exclusit, cui tolerando ac perferendo non se promptissimam obtulisse videatur? Quid aliud uno compendio dixit, quam nihil tam asperum, nihil tam
rigidum, tam horribile sibi occursurum, quod non
paratissima velit excipere? Visne, o Deus, ut Filii
tui ex me nascituri causa, innumeras sollicitudines
curasque suscipiam? *Ecce ancilla Domini.* Vis, ut
pro illo et cum illo patria expellar, periculis obji-
ciar, timores terroresque sustineam, famem, sitim,
egestatem patiar? *Ecce ancilla Domini.* Vis, ut propter illum dolores, opprobria, sannas, odia, infinitos animi cruciatus perferam? *Ecce ancilla Domini.*
Et certe, priusquam adolescere, Passionique ma-
turum fieri Filium cerneret, quid potuit illa perpeti, quod non sit perpessa? Infantem divinum
asperrima hieme, tempore alienissimo, loco peregrino, deserto abjectissimoque stabulo, longe a
dulci patria, exclusum hospitio nasci, non molli-
bus plumis, non purpura et holoserico, sed stipu-
lis et paleis excipi, non alio præter parentis brachia et amplexus calore foveri, quam quem pauperrimæ supellectilis pars optima, tenues fasciæ, et
asellus cum bove ministrarent, hæc tanta sunt,
quæ amantissimæ Matris animum gravissimo dolore
confodere debuerunt. Quis vero tunc Virgini animus, quæ mens, quæ cordis convulsio fuisse credatur, cum videret, innocentissimum Puerum, vix
vitæ ingressum primordia, jam lethalibus insidiis
ad mortem inquiri ; sanguinem ejus, qui primulum
bullire cœperat, ad exsaturandam ambitiosæ tyran-
nidis sitim expeti ; mandata regia gladiis, hastis,
securibus armata in inermem Infantulum expediri?
Quis ærumnarum modus? quis curarum exitus
ostendebatur, quandiu molestissimis itineribus
Ægyptum peragrabat, mille timoribus apud barba-
ras, ac veri Numinis et pietatis ignaras nationes
agitabatur, victum pro se, pro dulcissima Prole
ostiatim non raro flagitabat, sæpe in silvis atque
desertis cruda alimenta quærebat? Quid quod nec
ipsa reversio, quæ exsulibus jucundissima esse
debuit, dolore suo metuque ac sollicitudine caruit?
quæ enim in Judæa salutis aut quietudinis spes,
cum eidem pro crudelissimo Herode Archelaus uti
sanguine frater, ita regni non magis quam sævitiæ
hæres præesset? cum in primo ingressu, jam viarum quærenda diverticula, et in Galilæam esset
declinandum, si sanctissimæ Soboli consultum

vellet? Non commemorabo mœrores illos, qui pluribus post annis tenerrimum Virginis animum
vulnerarunt, cum jam Adolescentulum in itinere
Solymitano amisisset, et frustra inter cognatos et
notos requisitum jam pene perditum crederet, perditum eheu! oculorum suorum delicium, miseriarum solatium, totius orbis Redemptorem? Neque
plurimos illos dolores proferam, cum videret jam
virum, modestia, mansuetudine, larga in omnes
pietate conspicuum, sanctissimis documentis homines instruentem, tanta tamque mirabilia, omni
humana virtute majora perpetrantem, ut vel cæci
divinam in illo potestatem agnoscerent; cum,
inquam, videret, hunc ipsum amicorum ludibriis
peti, phreneticum haberi, urbibus ejici, præcipitiis
exponi, Judæorum invidia sæpius ad mortem requiri, doctrinam ejus derideri, contemni, lacerari,
vitam reprehendi ; miracula malis artibus ac præstigiis ascribi? Ecce ancillam Domini, quemadmodum innumeris confixam doloribus, ita in doloribus
perpetuum · patientiæ constantiæque documentum.

Vidimus, quibus animi mœroribus Virgo dulcissima Christi Passionem præceperit ; nunc ad illam
propius oculos attentionemque convertamus. Videor mihi renovatam in una Virgine luctuosissimam
illam, quæ patientissimo Jobo contigit, rerum omnium eversionem intueri. Possederat vir ille inter
Orientales locupletissimus immensam fere divitiarum vim ; non difficilius singula pecora, quam
tota armenta numerabat ; amplissimam familiam,
et copiosos alebat servorum greges ; egregia prole
filiorum filiarumque in spem posteritatis gaudebat :
cum ecce alius ex alio nuntius ingruit, fatalem
quisque ruinam ac calamitatem denuntians : hic
attonito vultu herum obruens, abactos a prædonibus boves asinosque referebat ; alter percussas
repentino fulmine combustasque cum pastoribus
oves ingeminabat ; mox alius camelos omnes in
prædam, custodes in captivitatem abstractos esse
clamabat ; postremus maximo paternum pectus terrore concussit, dum ventorum impetu emotam cardinibus domum, eversamque , atque sub illius
ruinis omnes filios et filias uno tumulo consepultos
nuntiavit. Verum si Jobo gloriosissimum fuit im-
moto atque infracto animo tot funestos excipere
nuntios, neque aliud interea vocis emittere, nisi ut
Sit nomen Domini benedictum : quid de Virginis
constantia dicemus, quæ cum se ancillam Domini
meminisset, longe tristiores magno animo nuntios
accepit? Ac primus quidem eorum, quod maximo
amantissimæ Genitrici dolori esse debuit, ipse Filius fuit, cum expletas jam temporis laborisque
sui metas, ultimumque nunc restare actum expo-
neret, non nisi in cruce denuo visurus Matrem,
atque inter castissimos amplexus sensusque animi
tenerrimos supremum valedicens. Hæc ego cogitanda cuilibet relinquam potius, quam verbis explicanda suscipiam ; tanta enim sunt, ut fortissimum

quemque commovere ad gemitus et lacrymas debeant. Interea nondum noctis concubium venerat,
cum trepidantes pallentesque metu discipuli, qui
ex eis constantiores erant, captum jam Filium
Matri nuntiant : nec multo post ipse Petrus, perfusus amarissimis lacrymis genas supervenit, Magistri coram impio tribunali vexationes, suumque
fœdissimum lapsum confessus : diluculante jam
cœlo Joannes advolat, injurias, contumelias, rapta-
tiones, carcerem narrat, in quem conjecto Domino
omne Judæorum consilium unam illius mortem
spectaret, et postremam perniciem quæreret. O
nuntios fatales, et materno pectori, si vel aheneum
sit, intolerabiles ! At Maria nondum confracta, etsi
afflicta, concussaque gravissime, jam ipsa progreditur, Filii scrutatur vestigia, eum ad tribunalia
sequitur, oculis immotis in ipsum prætorium penetrat : et heu ! quam calamitosam ibi rerum faciem,
quam luctuosam catastrophen videt ! concisum flagris, coronatum spinis, liventem colaphis, niten-
tem sputis, perfusum sanguine vix alio indicio
Filium, nisi sola mansuetudine, agnoscebat : videbat omnes furere, ferocire, sævire, odio rabieque
rugire ; ipsum vero unum tacere. O dolorem animi,
ovem inter atrocissimos lupos, columbam inter
cruentos accipitres intueri, exagitatam, vexatam,
atque discerptam ! Davidem legimus, cum Absalonis cædem percepisset, immenso luctu convulsum,
suæque jam dignitatis oblitum ejulasse : *Absalon
fili mi ! fili mi Absalon !* (*II Reg.* xix, 4.) Si ille
impium, rebellem , sceleratum filium tantopere
lugendum deplorandumque putavit, quos Virginis
gemitus, quas lacrymas, quin tamen in vocem la-
mentationis erumperet , fuisse existimabimus ?
quem illi fuisse animum, cum innocentissimus Filius palam populo ad excitandam misericordiam
exhiberetur ? cum nihilominus ad mortem expetitus
condemnaretur ? cum sub gravissimo crucis onere
ad supplicium, suppliciis jam omnibus confectus
raperetur ? cum denique suffixum cruci ultima loquentem verba, ultimos gemitus exaudiret, ultimas
spiritus reliquias exhalantem intueretur ?

At quas ego reliquias memoro ? Tibi, o Virgo,
tibi exhauriendæ erant Passionis reliquiæ ! tibi,
si quid in amarissimo calice residuum esset, funditus ebibendum ! Exspiravit Filius tuus, consummavit humanæ salutis negotium, nihil jam amplius
doloris ad ipsum penetrat. Perfecit ille amorem
suum, nondum impietas furorem suum, nondum
dolorem tuum, afflicta Mater. Vides, ut ferro instructi carnifices jam incipiant crucifixorum crura
confringere ? At pepercit hæc sævities Filio tuo,
cum jam exstinctum inveniret ; non pepercit lancea militis, qui barbara immanitate nec mortuo
parcendum existimans impacta crudeli cuspide
sanctissimum latus aperuit, sanguinem et aquam
proliciut, eoque vulnere animam tuam profundissime sauciavit. Patiebatur hactenus tecum et Filius
tuus ; at hoc vulnus, quantum est, totum est

SUMMA AUREA DE B. V. MARIA. IV.

tuum, cui soli facultas superest id sentiendi.

Verum non hoc tantum vulnus, quod exanimi
corpori fixum est haud sentientis amplius Filii, in
tuum solius animum barbara crudelitate penetravit, sed sunt et alia gravissima atque acerbissima,
quæ post mortem Filii es perpessa. Quid enim
gravius parentibus, quam intueri coram filium
unicum morte sublatum ? quid acerbius , quam
cognoscere eum ipsum violenta morte per summum nefas esse trucidatum ? Tu, Virgo Deipara,
coram es intuita, tuis oculis aspexisti Filium tuum
unigenitum, dilectissimum, innocentissimum, morte, imo crudelissima nece per cuncta tormentorum genera, contra omne jus et æquum, a flagitio-
sissimis hominibus, quorum nullum vel ictu oculi
offendit unquam, quos plurimis et maximis affecit
antea beneficiis, quibus ad regnum cœleste parare
viam in terras venit, esse sublatum. Tu vidisti
(quod dolores tuos immensum augere debuit) unigenitum hunc Filium tuum, medium inter duos
latrones infami patibulo affixum, et non tantum
pessimis et perniciosissimis reipublicæ hominibus
comparatum, sed etiam latronibus pejorem, cum
inter illos penderet medius, fuisse judicatum. Or-
batis alias progenie sua parentibus inter ipsos
dolores id solet esse solatio, quod intelligant, prolem suam occubuisse pro salute patriæ, proptereaque laudatam omnibus mortem oppetiisse : tibi,
afflictissima Parens , nec id solatii concessum ,
relictumque est, cum summi- et infimi Filio tuo
etiam post mortem immania flagitia exprobrarent,
et jam crudelissime trucidato, tanquam seductori
populi, antiquarum legum eversori, deceptori, præ-
stigiatori certatim contumelias et opprobria dicerent. Hæc omnia quantum doloris afferre debuerint
afflictissimæ Matri, vix possumus intelligendo assequi, minus ergo dicendo explicare.

At nos, o Parthenii DD. sodales, dum hæc intue-
mur, dum contemplamur ab una Virgine, a Regina
nostra exantlata, tam acerba, tam funesta, quorum
vel minima pars animos nostros effringeret, quo
sensu usse debemus ? quanta gratitudine et Filio
et Matri obstringimur ? quantum in rebus adversis
solatium habemus nos rei, dum innocentiam tam
atrocia perpessam esse revolvimus ? Plura non
addam : ecce ancilla Domini ! nos in ærumnis, in
calamitatibus maximum fructum referemus , si
cum Davide dixerimus : *Ego servus tuus, Domine,
et filius ancillæ tuæ.* (*Psal.* cxv, 16.) Dixi.

ORATIO VI.
In festo Purificationis.

SOLA MARIA SUPER OMNES GRATIA ET GLORIA EXCELLIT.
Una est columba mea. (*Cant.* vi, 8.)

Si tanta esset in inveniendis retinendisque honorum titulis utilitas, quantus in humanos oculos
illorum splendor illabitur, mirum nemini videretur, tantis illos laboribus, tanta sollicitudine et
cura, tantaque contentione quæri, quanta vix defen-

dendæ vitæ, minus custodiendæ conscientiæ, impenditur. Nunc cum eorum non utilitas modo nulla, sed ipse etiam splendor vanissimus sit, ut homini, majora sapienti remque penitius inspicienti, non modo ambiendi, sed abjiciendi quoque videantur, quis posthac in titulis novum aliquid, aut ignotum inveniet, cujus gratia etiamnum censeat ambiendos? Etenim Carolomannos et Carolos, Ludovicos et Rachisios si quis consulat, gravissimis argumentis ab eis titulos confutatos conculcatosque videbit. Quid enim quantivis tituli, quid diffusa latissime fama, quid nomen ubique inclytum, nisi ea sulsint nomini, quæ evanescere nesciant, quæ ævum ferant, et æternitatem? Vanum est retinere titulum, cum regnum amiseris, vocari divitem, cum nudus in tumulum descenderis, Magnum appellari, cum in exuviis tuis vermes pabulantur.

Quanto felicior beatissima cœlorum Regina est, quæ, quibus olim splendebat titulis, eos non modo ereptos sibi unquam, aut imminutos non vidit, sed hodiedum quotidianis atque incredibilibus augmentis amplificatos retinet, retentosque amplificari videbit in æternum. Permittite, Parthenii DD. sodales, me brevitatem hodie sectari, et veniam date, si pauca nimium pro vestro in Dominam augustissimam affectu et amore dixero. Non ibo per singulos dignitatum titulos (quis illud audeat?), sed unicum proferam, et quantum hoc sit, quod una sit, brevi oratione explicabo.

Ne mirum cuiquam videatur, quod unum unius titulum hodie deprædicandum susceperim, hodierna me solemnitas eo perduxit, et dum pullos columbarum a Virgine oblatos legi, ipsam, quæ obtulit, columbam fuisse in mentem venit : *Una est Columba mea*, inquit divinus Sponsus, cumque alias dicere soleat, formosa est, immaculata est, pulchra est, perfecta est, in hoc modo nomine delicias quærit, cum affirmat : *Una est*. Et profecto tam insignis titulus, nomen tam eximium, et prærogativa tam singularis hæc Mariæ sit, ut cæteris ejus dignitatibus non æquiparanda modo, sed multis etiam parasangis anteferenda esse videatur. Quantum enim est, hanc unam habere, quod nulla mens alia, nec humana, nec angelica vel habere, vel unquam habuisse inveniatur. Nonne enim hæc una est, quæ nec similem visa est, nec habitura sequentem vel multitudine gratiæ, vel magnitudine gloriæ? Quantum cœlestium gratiarum una præ cæteris omnibus Maria sit adepta divinitus, ne et me dicentem, et vos, Parthenii DD. sodales, mihi attendentes rerum maximarum moles obruat, facilius intelligetur, si hinc quibus ante partum, inde quibus a partu fuerit exornata gratiis, consideremus. Fuerint igitur, fuerint homines quidam sanctissimi, qui per omnem vitam nulla unquam lethifera labe mentem inquinaverint; fuerint, qui neque illarum quasdam, quas venia digniores judicamus, macularum integra voluntate contraxerint;

fuerint, qui ab ipsa originis culpa intra materni uteri claustra purgati, ante sanctificati, quam nati, in hanc lucem velut lucidissima, minimeque nebulosa sidera prodierint, una est Columba mea, una est Maria, quæ horum omnium sanctitatem incredibili puritate transcendit. Illi ipsi, quorum primum meminimus, testentur, etsi alienam ab omni vitio vitam duxerint, quantis eorum victoriæ dimicationibus, quantis palmæ sudoribus, quanta adversus animæ hostes colluctatione, quanto sæpe sanguine steterint. Una est Maria, quæ et summam innocentiam retinuit sine metu, et summam puritatem sine periculo, et summam sanctitatem sine angustiis et difficultate. Hæc una est, quæ non tantum ut Joannes Baptista, et Jeremias propbeta cum sanctitate nata, sed etiam in sanctitate concepta est; nunquam tartareo tyranno subdita, nunquam pestifero serpentis halitu afflata, citiusque laureata victrix incessit, quam alii, jam in lucem editi, de prælio cogitarent. Illos aut ambitio, libido, avaritia, nunc vanæ supra cæteros dignitatis appetitu, nunc vetitæ voluptatis illecebra, nunc auri argentive cupiditate poterat sollicitare : aut certe tyrannorum furor metu percellere, calamitatibus, mortibus objicere : una est Maria, quam nulla tentationum irritamenta ad peccandum allicere poterant, nullæ tyrannorum minæ, nullæ furiæ ab animi constantia dimovere. Sero, ah! sero, alii ad amorem Dei se surrexisse querebantur, serius pervenisse, cumque quotidianis in se exercitationibus amplificasse : una est Maria, quæ in primo Conceptionis suæ momento non jam scintilla, sed incendium divini amoris fuit, quod actum in momenta singula, novisque ac maximis accessionibus cumulatum jam tunc, cum nasceretur, omnium, quotquot aut fuerunt olim, aut esse in posterum potuerunt, sanctorum ardentissimos amores amoris sui immensa quadam magnitudine superavit. Libens omitto quod piissimi eruditissimique auctores hoc loco faciunt, ut Mariæ gratias, quantum vel unius diei spatio creverint, ad calculum revocare magno pioque labore conentur : actum enim cum illis agam, et immensum mare nullis unquam, si etiam millena concedantur, sæculis exhauriam. Ad alia me verto, eaque multo majora. Fortunatæ, et millies beatæ matres Symphorosa, Felicitas, atque illa Machabæorum celeberrima, quæ integros sanctissimorum liberorum manipulos protulerunt; fortunata, et millies beata Reginæ nostræ genitrix Anna, quæ sanctorum omnium Reginam peperit; longe fortunatissima foret, omniumque beatissima, quæ omnium omnino sanctorum se Matrem esse posset gloriari, cum vel hoc maximum sit, vel unum æterna gloria dignum genuisse : verumtamen omnes illæ nonnisi hominum matres essent. Una est columba mea, una est Maria, quæ electa ex millibus Deum nobis protulit et hominem. O Virgo, o Mater! quis hanc gratiarum in te effusarum amplitudinem, non dico, dicendo explicet, sed vel cogi-

tando partem illarum assequatur ! tu una es, quæ
innumerarum animarum exercitum, virtutum
tuarum exemplo stimulatum, cœlo intulisti ; tu una
es, quæ præter Matris dignitatem Virginis illibatam
integritatem conservasti ; tu una es, quæ principatum supra martyres sine sanguine retulisti ; tu una
es, quæ omnes cœlitum spiritus in carne humana
transcendisti ; tu una es, quæ sanctorum omnium
non socia, sed Regina coronari immortali diademate meruisti.

Quantam tantis gratiis gloriam porro respondisse
existimemus, Parthenii DD. sodales? Parum est eam
virginum Archistrategam, confessorum Magistram,
martyrum Imperatricem, apostolorum Dominam,
ipsorum angelorum Reginam fuisse constitutam,
omniumque dignitatem unius dignitati subditam.
Regnum regnorum est, esse Matrem Dei, et eam
Matrem, quæ non fiduciam tantum habeat Filium
quidlibet rogandi, sed etiam potestatem quamdam
imperandi. Non capit animus tantæ in cœlis gloriæ
magnitudinem, qua Maria potitur una : in terram
descendamus, ejusdemque imperii latitudinem,
longitudinemve metiamur. Numeremus aras ejus
honori consecratas, templa illius laudibus noctes
atque dies frequentata, urbes ejus præsidio unice
suffultas, provincias ab imperatoribus, regibus,
principibus ejus tutelæ, custodiæque commissas.
Recenseamus summorum Pontificum Bullas, conciliorum ac synodorum decreta, erectas principum
munificentia statuas, depictas Appellæa manu imagines, suspensa muris omnibus anathemata, transmissa ad posteros sanctorum Patrum, virorumque
doctissimorum elogia : omnium Cæsarum, regum,
principum, tantam neque gloriam, neque potestatem inveniemus. Una est Columba, quæ aquilarum
quoque gloriam superat, leones sibi subjicit, omnium amorem, ab omnibus honorem sibi uni, uno,
omnique jure potest vindicare.

Cum tanta sit Dominæ nostræ dignitas, Parthenii
dd. sodales, facile capiemus, quanta sit et nostra,
qui tantæ Dominæ servimus, discemusque præstare,
ut quis toti mundo displiceat, modo huic uni placeat. Dicamus et nos : Una est Columba mea, quam
diligo. Ambitio nos præter divinas leges ad inqui-
rendos honores excitat? Dicamus : Servire Deo,
placere Mariæ, regnare est : Una est Columba mea.
Egestas urget, et auri, opumqne amplificandarum
cupiditas? terreni thesauri transeunt, respondeamus,
cœlestium gazarum custos Maria est : Una est Columba mea. Juventutis importunus ardor, sociorum
invitatio, pulchritudo mortalis ad voluptatem nos
incitat? omnibus deliciis, quæ aut turpes sunt, aut
vanæ, potior est amor Mariæ : Una est Columba
mea. Hanc cum unam amavero, immortalibus divitiis abundabo, quas nemo eripiet ; huic si me
subjecero, dignitatibus potiar, quas nemo invidebit ; hanc si dilexero, purioribus deliciis sine periculo innatabo, et erit una Columba mea Maria in
æternum.

ORATIO VII.
In festo Purificationis.

MARIA SOL EST JUSTIS, AURORA POENITENTIBUS, LUNA
PECCATORIBUS.

*Quæ est ista, quæ progreditur, quasi Aurora consur-
gens, pulchra ut luna, electa ut sol, terribilis ut
castrorum acies ordinata ? (Cant. vi, 9.)*

Ritus iste sanctissimus, quo Ecclesia solemnes
hodie processiones collucentibus undique cereis
adornat, tum gratulationis causa institutus esse videtur, tum publicæ lætitiæ gratia. Quid enim aliud
egisse nos arbitrabimur, cum facem candidam manibus præferremus, quam ut Reginæ nostræ, servatæ post partum virginitatis triumphum cele-
branti, atque ad Solymæum templum procedenti
splendidum præstaremus comitatum? Aut ut noto
Salvatori nostro, publica nunc primum pompa in
templum delato, non tam cereos, quam animos
nostros offerremus, quos ipse, qui venerat, tanquam lumen ad illustrationem gentium, sanctiori
divinæ charitatis igne succenderet, et testaremur
gaudium, quo corda nostra propter conspectam post
tot sæculorum tenebras lucem intime demulce-
rentur?

Ego vero tametsi Virgini triumphanti modis omnibus gratulandum, Christi vero novum humanitatis
suæ jubar in umbra mortis tandiu sedentibus osten-
dentis gratia gaudendum, et exsultandum non solum existimem, sed etiam contendam, tamen alia
me causa mirabiliter affici, ac singulari præterea
fiducia me excitari sentio. *Quæ enim est ista, quæ
progreditur, quasi Aurora consurgens, pulchra ut
luna, electa ut sol, terribilis ut castrorum acies ordinata ?* Nonne Regina nostra augustissima, quæ sacrorum Voluminum commendata oraculis, quidquid
amœnæ lucis rerum conditor Deus ostendit mortalibus, una et sola complectitur? Sane Innocentius
III, doctissimus idem atque sanctissimus Pontifex,
hosce honorum titulos in Mariam transfert. « Luna
enim, inquit, lucet in nocte, aurora in diluculo,
sol in die. Nox est culpa, diluculum pœnitentia,
dies gratia. Qui ergo jacet in nocte culpæ, respiciat
Lunam, deprecetur Mariam, ut ipsa per Filium cor
ejus ad compunctionem illustret. Qui autem ad
diluculum pœnitentiæ surgit, respiciat Auroram,
deprecetur Mariam, ut ipsa per Filium cor ejus ad
satisfactionem illuminet. Qui divinæ gratiæ die lætatur, respiciat Solem, invocet Mariam, ut ipsa per
Filium cor ejus in virtute stabilit. Quem non Lux
tanta, utcunque sollicitum, ac trepidantem confirmet? Quem non in spem erigat virgineus splendor
in omni periculo, in quocunque utut acerbo nobis
tempore, solatio, præsidio, saluti futurus. »

Consideremus hæc paululum attentius Parthenii
DD. sodales, et in hac triplici luce unam beatitudinis nostræ ducem Deiparam veneremur.

Atque, ut a die gratiæ ordiamur, quem Sol iste
Marianus illustrat, quis, quæso, metuat sibi *a sagitta volante in die, ab incursu, et dæmonio meridiano*

(*Psal.* xc, 6), qui oculos suos in Virginem constanter intenderit, de qua Regius affirmat Psaltes (*Psal.*
xviii, 6), quod in ipsa, tanquam in Sole posuerit
tabernaculum suum Altissimus? Hæc illa est, quæ
clientes suos, peccatorum sordibus expurgatos, dura
criminum servitute liberatos, atque in admirabile
ac jucundissimum gratiæ lumen eductos errare,
claudicare, impingere non sinit. Hæc illa est, quæ
fallacis orci insidias, quocunque eas loco posuerit,
fideliter detegit, labendi pericula ostendit, structas
in via decipulas manifestat, blanda venena prodit,
salubri horrore ab omni scelere abripit, perpetuam
contra infernos hostes victoriam tribuit. Hæc illa
est, quæ filios suos per amœnissima virtutum
viridaria deducit, quæ dilectos suos in hortum omni
florum selectu consitum educit, prementesque sanctitatis suæ, atque considerantes vestigia omnibus
animi ornamentis coronat. Hæc illa est, quæ alios
candidissimo castitatis lilio, alios profundæ humilitatis viola, alios ignea charitatis rosa, alios variarum virtutum tulipa exornatos gratissimum Deo,
et hominibus facit odorem spargere, pietatis exemplo ad lætitiam cœlitum, ad proximorum salutem
largiter redundante. O ter beatos, qui cum Jacobo
patriarcha pondus diei hujus, et æstum Partheniæ
charitatis constanter perferentes eadem denique
Rachele potiantur, cujus astricti legibus, cujus
excitati exemplis, cujus inflammati amore nec oculum ab ejus aspectu, nec pedem a vestigio sibi unquam deflectendum putaverint! Non solum illi,
veluti marpesia cautes inter decumanos tentationum
infernalium fluctus inconcussi persistent, sed magnis etiam passibus ad virtutum culmina, ad intimam cœlitum Reginæ familiaritatem, ad cœlestes
delicias, in hac etiam vita degustandas, progre-
dientur. Nolite a me ejus rei testes requirere; prodibit enim me non vocante Hermannus quidam,
Præmonstratensis familiæ decus, qui cum adolescens unice sequeretur hunc Solem, dignus est habitus, cujus cubiculum ipsa Virgo effuso pulcherri-
morum florum calatho spargeret: prodibit me non
jubente Emericus Hungariæ princeps, qui conspecta Mariæ pulchritudine, paratam sibi nobilissimam Sponsam repudiavit; prodibit me tacente
mellifluus ille Bernardus pro suo in Deiparam amore
factus Christi ipsius collactaneus; prodibit me non
rogante, Thomas Angelicus, cœlesti castitatis cingulo per Virginem honoratus : prodibit me non
hortante Casimirus virgineæ integritatis studio
mortuus, atque Solis hujus virtute in ipso sepulcro
post plura sæcula incorruptus : prodibunt me non
implorante plurimi, qui divinæ gratiæ diem Mariani
Solis lumine sibi conservatam confirmatamque
testentur.

Neque vero justis solum, et innocentibus electa
ut sol affulget Virgo, sed pœnitentibus etiam velut
aurora consurgens jucundissimum ad emendandos
mores, inveniendamque gratiam diluculum spargit.
O quam innumeros illa, quos peccatorum aut multitudo, aut fœditas in desperationis barathrum
præcipitare minabatur, ex profunda tristitiæ abysso
protractos suavissimis et doloris, et spei lacrymis
inundavit! Quam multos post delicta gravissima ad
emendationem vitæ aspirantes, suppositis, ut aiunt,
brachiis ipsa suffulsit, ac ne scelerum pondere
depressi laberentur, fortiter valideque sustentavit!
Quam multos ad eluendas animi noxas a divitiarum
quæstu ad spontaneam paupertatem, ab epularum
deliciis, ad diuturna jejunia. a dignitatibus ac muneribus publicis ad vastam solitudinem, a vivendi
mollitie ad summam austeritatem ac rigorem perduxit! Quam multos impios antea sceleratorum
coryphæos, virtutum deinde, ac sanctitatis fecit
antesignanos! O quisquis es, quem adolescentiæ,
pravorum hominum insidiis irretitæ, pudet, quem
juventutis inter Adonidis hortos turpiter transactæ
pœnitet, noli, ah! noli, quæso, de te ipso humiliter
nimium abjecteque sentire! noli abjicere spem re-
staurandi damna quæ passus es, implendi quas fecisti ruinas, reparandi quod subiisti, naufragii
miserabilia detrimenta. Utere diluculo, ad Auroram Marianam oculos animosque converte. Orietur
certe Lucifer in corde tuo, et quot pœnitentiæ
lacrymis, veluti rore matutino, maculas laveris,
tot pretiosis margaritis, non peccatorum solummodo veniam, sed magnos etiam gratiæ meritorumque thesauros comparabis. Illa te Aurora ad
aperiendas et frequentius et candidius animi labes
excitabit, ad colligendum crebrius cœleste manna,
eucharisticum nempe panem, hortabitur, ad suscipienda pœnitentiæ opera stimulabit, superbos ac
insolentes spiritus humilitate supprimet, virtutis
amorem accendet, ad iterandas preces, exercen-
damque erga superos religionem traducet, procul a
periculis tanquam a conspectu colubri fugere compellet, vanitatis tædium, pietatis gustum ingeret,
teque amantis instar Magdalenæ multo, quam alium,
qui nunquam forte gravius aliquod delictum admisit, frigidius tamen dilexit, divina charitate arden-
tiorem efficiet.

An vero parciorem vigilantibus auroram nostram
existimabis, quæ profunda scelerum nocte sepultis,
altissimoque peccatorum somno depressis pulchra
apparet ut luna, et mortiferum non raro lethargum
excutit? Cum plurima et sanctorum Patrum, et
historicorum calamis recensentur beneficia Reginæ
nostræ patrocinio in omne genus hominum collata,
tum nulla vel multitudine crebriora, vel magnitudine clariora reperiri videntur, quam quæ per
ipsam in sceleratissimos quosque non tam dispertita,
quam dispersa, atque effusa referuntur. O quam
amplum illa lararium, aut musæum implerent, si
vel Praxitelis scalpro, vel Parrhasii penicillo expressa spectare concederetur! Videres hos per violenta patrum funera, per incestatos matris thalamos,
per trucidatos fratres, ad immania progressos flagitia, cum cœli spem pariter ac Tartari metum
abjecissent, mutato repente animo ad salutem re-

spirasse. Videres illos cruentis adhuc innocentum sanguine manibus, recentique cæsorum tabo squalentibus Mariam invocasse, totoque commotos pectore ad pœnitentiam rediisse. Videres alios ejurato Numine, impio dæmonibus sacramento auctoratos, cum nihil de salute cogitarent, ad salutis januam pertractos atque compulsos venisse.

Quos inter cerneres, quem salvum fore per omnia desperares, adolescentem nobilem genere, vitiis nobiliorem. Is amicorum illustrium opera ad sacrarum etiam dignitatum spem cum honore primario evectus, cum et humanioris litteraturæ et philosophiæ laudem fuisset non exiguam consecutus, in omnia cœpit vitia diffluere, ac medicinæ studium nequitiæ suæ ratus aptissimum, Lutetias Parisiorum iter intendit. At vero deprehensum in via personatum dæmonem, ut vidit, ut audivit, magistrum accepit, qui compendio se multa docturum cum promitteret, ab incurio juvene fidei juramentum quam primum petiit, obtinuit. Septem ipsos annos, alienus a Deo, mancipatus orco, transegerat miser, omni flagitiorum genere sordidus, fama tamen artis medicæ tam celeber, ut Parisiis postea doctoris laurea insigniretur. Ruenti deinceps in atrocissima scelera divina bonitate submissus eques cataphractus apparuit, vibrata lancea formidabilis, ac : Desine tandem, inclamans, desine hanc vitam, ad mentem redi. Terruit, non permovit obduratum pectus, donec iterum reversus lanceam in pectus, relicto summa in cute vulnere, torserit: quo saucius exclamavit denique: Dedo me, faciam, quidquid jusseris. Nunc vero jam serio resipiscentem, jam religiosæ familiæ ascriptum, jam virtutibus eo profectum, ut novitius veteranis esset exemplum, magna, justaque sollicitudine charta illa premebat, quæ sacrilegi testis juramenti adhuc in unguibus Cerberi avernalis hærebat. Ubi solatium quæreret, ubi spem suam infelix reponeret, nisi in Matre sanctæ spei? Hæc ardentibus implorata precibus draconem Stygium compulit, multa licet conquerentem, exsecrandum schediasma reddere, et trepidantem omni deinceps metu liberare. Quis, quæso, non videt et potestatem et bonitatem Virginis, quæ cum exiguis a puero precibus delinita adolescentem in vitia, juvenem in flagitia, virum in horrenda scelera præcipitem videret, primum cœlestes a Deo minas ad infelicis salutem obtinuit, dein etiam damnationis arrham ex Ditis unguibus vindicatam exstinxit, hominemque suo jam crimine perditum materna sane benevolentia ad animi tranquillitatem reduxit? Quis non videt majorem esse Reginæ nostræ in expugnanda scelerum nocte potentiam, quam sceleratissimorum hominum in impugnando cœlo, Deoque lacessendo proterviam ?

Requiret fortasse nonnemo hujus, quam attuli, historiæ fidem? nam, ut aiunt, sine die, sine consule est relata, nil de nomine, nil de patria, nil de ordine, nil de tempore commemoratum. Faciam interroganti satis : Ægidius is est, nativitate Boncelensis, patria Lusitanus, ditione Conimbricus, ordine Dominicanus, cognomine Santarenus, quod ipsi non familia, sed locus imposuit, quem sanctitate vitæ, beatissima morte, virtutibus, ac miraculis illustriorem reddidit, quam invenit. Auctorem id desiderus, est idem non in referendis vitiis parcior, quam in enarrandis laudibus largior, veritatis certe studiosissimus Ferdinandus de Castillo, atque hanc historiam prima parte *Historiæ ordinis Prædicatorum*, lib. II, cap. 72, recenset, annum mortis post mille ducentos sexagesimum quintum designans.

Verum quid egemus testibus? universa conclamat Ecclesia, ipsam misericordiæ Matrem, Christianorum Auxilium, afflictorum Solatium, peccatorum Refugium, Virginem esse clementissimam. Quæcunque sit animæ nostræ facies, ad ipsam confugiamus, ipsi conqueramur necessitatem, proponamus egestatem, exhibeamus penuriam nostram. Sive, quod Deus ter optimus a quovis sodale Parthenio alienissimum velit, profunda peccati nocte sepultus quis jaceat, nullamque se habere existimet de sentina scelerum emergendi facultatem, oculos in hanc Virginem luna pulchriorem defigat ; non negabit illa favoris radium, quo animi caligo dissipetur. Sive quis vero jam peccati horrore concussus vincula quidem jugi sui disruperit, noxas suas erubuerit, pœnitudine convulsum seniat pectus, hanc Auroram diligat, animum fiducia erigat, perfectumque speret divinæ gratiæ diem. Sive quis munere Numinis singulari, nihil unquam tenebrarum expertus, in candida primævæ innocentiæ luce semper ambulaverit, non avertatur a Sole virgineo, sed ejus ardoribus accendendum, ejus fulgoribus illustrandum cor præbeat, ut in timore et amore Dei stabilitum, non moveatur in æternum. Nemo sit omnium, qui non quidlibet ejus a Deo precibus se impetraturum confidat. ‹ Omnibus omnia facta est, inquit mellifluus Doctor, sapientibus et insipientibus copiosissima charitate debitorem se fecit, omnibus misericordiæ sinum aperit, ut de plenitudine ejus accipiant universi. › Dixi

ORATIO VIII.

In festo Assumptionis.

MARIA IN COELUM ASSUMPTA GAUDIUM CREAVIT ANGELIS, SANCTIS OMNIBUS, ET TOTI SS. TRINITATI.

Hæc est dies, quam fecit Dominus: exsultemus et lætemur in ea. (Psal. cxvii, 24.)

Nihil habuit antiquus orbis augustius, quod miraretur, nihil magnificentius, ad quod intuendum toto desiderio raperetur, nihil ad splendorem amplius, quo aures, quo oculi, quo animi mira quadam et incredibili voluptate exsaturarentur, quam festivas illas triumphantium pompas, quas Roma, terrarum domina, imperatoribus suis, gentium exterarum victoribus, consueverat adornare.

Quid enim jucundius, quam longo geminatoque
hinc atque illinc incedentes videre milites :
Io triumphe ! magnis vocibus inclamantes ? Videre,
et admirari captivos reges, et principes dejectis
in terram vultibus, catenis constrictos, et ante
triumphalem currum raptatos ? Videre, dinumerare
lanceis atque perticis suffixas devictarum urbium,
ac provinciarum, superatorum hostium atque
fluminum, captarum navium, cæterarumque præ-
darum imagines ? Videre, et sine periculo expavescere elephantes, tigrides, rhinocerotes, aliasque
peregrinarum gentium belluas ? Videre, præsen-
temque spectare venientem equis candidis, eburneo-
neo deauratoque curru universi populi cervicibus
sublimiorem victorem, pro quo cum antea solli-
citis votis tota civitate fuisset supplicatum, eo nunc
is majore lætitia excipitur, quo ardentius et chara
conjux cum liberis, cognati omnes, et necessarii,
respublica demum tota incolumem ejus reditum
cum victoriæ gloria exspectarant ? Tantus porro
erat captivorum in illa festivitate pudor, ut Cleopatra admotis pectori viperis præcipere mortem,
quam viva illam comitari pompam maluerit : tanta
triumphantium lætitia, ut ipse victoris parens gaudii magnitudine, quod ex filii gloria hauserat,
oppressus, et repente exstinctus fuisse legatur.

Verum quid universa illa pompa, quid nisi umbra est ad iliam solemnitatem, qua cœlum et terra
triumphantem hodie Virginem honorat ? Non ex
sola huc Dalmatia, Epiro, Græcia, aliisque vici-
nioribus provinciis, sed ex toto terrarum orbe, ex
toto etiam cœlo concurritur. Non illius currum
unius, alteriusve regis præcedit captivitas, sed
omnes totius orbis principes, reges, imperatores
Victricis sese mancipia profitentur. Non una civitas, non unus exercitus triumphanti lætum pæana
adjubilat, sed omnes etiam cœlorum copiæ certantibus studiis obviam properant venienti. Dies me
cum sermone deficeret, si quot nominibus Mariæ
triumphus Romanas illas pompas antecellat, explicare contenderem. Quare ut partem saltem aliquam
illius gloriæ, quantum humanus capere oculus potest, intueamur, sufficiat angelorum primum,
deinde reliquorum cœlitum, denique totius divinæ
Trinitatis gaudia in gloriosissima Virginis Assumptione contemplari. Adeste animis atque auribus,
Parthenii dd. sodales, et triumphanti Reginæ nostræ mecum applaudite.

Cum Isabella imperatrix una cum augustissimo
conjuge Carolo IV Lubecam, imperii civitatem imprimis nobilem, ingredi pararet, duo viri consu-
lares frenum equi, quo tanta domina vehebatur, a
latere venerabundi apprehendebant : quatuor insuper ex fortunatioribus juvenes umbellam ferebant,
ne solis ardor imperatrici molestius immineret.
Quis dubitet magnam tunc inter senatores, et
primarios civitatis contentionem, inter juvenes,
eorumque parentes etiam æmulationem fuisse, ut

alter præ altero hoc honore potiretur, reginam
augustissimam deducendi, et quocunque demum
obsequii genere manus suas quodammodo consecrandi ? Ea est enim populorum erga reges, et maxime Cæsares reverentia, ut quod illis servitii honorisque præstiterint, quasi divinitati cuidam præstitisse se arbitrentur.

Nunc quantam angelorum lætitiam in festivo Reginæ suæ ad cœlos ingressu fuisse necesse si-
consideremus. Incredibilis profecto gaudii argumentum erat, eam excipere, quæ ipsorum Regem
pepererat, quæ ipsos splendore, munditiaque superabat, ad quam hierarcham ex ipsis quempiam
legatione functum meminerant, quam sibi Reginam
a suprema Majestate designatam intelligebant, cujus apud Filium auctoritate, precibusque vacua cœlestis regni subsellia implenda possessoribus prævi-
debant, ut alia innumera taceam, quibus excitati
cœlestes spiritus immensis perfusi gaudiis incedebant. Quantum vero illud gaudii, justissimæque
lætitiæ, sua opera, non frenum triumphalis equi
capessere, non umbellam fronti imminentem gestare, sed ipsam portare ? sua opera integerrimum
corpus in aera sublevare ? sua opera Dei Matrem,
cœli terræque Reginam empyreo inferre palatio ?
credatne quispiam, nisi purissimos spiritus omni
perturbatione vacare sciret, contentiones tunc
fuisse abfuturas, cum hanc portandæ tantæ Reginæ
dignitatem nonnisi nobilissimus quisque angelorum requireret ? Glorietur, per me licet, Marcus
Tullius Cicero, se, cum consulum et senatus auctoritate ab exsilio revocatus esset, a Brundusio, extremo Italiæ portu, Romam usque, toto itinere
fuisse a civitatibus, a colonis, ab oppidis salutatum,
innumeroque stipante populo deductum, imo, ut
ipse confirmat, humeris Italiæ in patriam reporta-
tum. Quanto major est gloria Virginis, Reginæ nostræ, cui reportandæ ad cœlum non una Italia,
non alia, utut amplissima, quædam orbis provincia,
sed integri milliones angelorum ex vastissima cœlorum amplitudine concurrentes, humeros, ut ita
dicam, suos subjicere contendebant ! Vos, Tartari
monstra, damnati ad perpetua inferni vincula spiritus, quibus sua semper supplicia secum portantibus, aeris hujus potestatem, et locum quempiam
concessit Deus, vos, inquam, interrogo, quæ vobis
trepidatio, quis pudor tunc fuit, cum per vestras,
ut putatis, regiones Mariam tanta cum gloria ascendentem videretis ? Vidistis illam, quæ publicis humani generis exempta legibus, nunquam vestro
sub imperio gemuit, nunquam potestatis infernæ
mancipium fuit. Vidistis illam, quæ principis militiæ
vestræ superbia tumefactum caput illæso pede calcavit, atque contrivit. Vidistis illam, quæ non de
toto solum inferno, sed omnibus ejus funestis partubus, vitiis, inquam, atque hæresibus, semper
triumphavit. Quo dolore, quo pudore, qua indignatione vestra ? Ila videlicet, quam Regius describit
Psaltes : *Peccator videbit, et irascetur, dentibus suis*

fremet et tabescet, desiderium peccatorum peribit.
(*Psal.* cxi, 10.)

Quantum ex adverso reliquorum cœlitum, quorum plurimi ante sanctissimam Deiparæ mortem tum a resurgente Christo ex limbi tenebris ad æternam lucem, tum imperatorum, regumque tyrannide trucidati ad immortales in cœlo laureas velocius pervenere, quantam, aio, illorum lætitiam fuisse existimabimus? Ego quidem, ut humanæ rationi sermonem meum accommodem, illos promulgato Deiparæ adventu mutuis contulisse sermonibus consilia arbitror, qua pompa, quo splendore ordo quisque sanctorum suæ Imperatricis solemnem ingressum adornaret. Videtur mihi quispiam eorum reliquos, etsi sua sponte paratissimos, exhortatus : adeste, virgines, candida virginitatis et mentis vestræ lilia advenientis Dominæ pedibus substernite, cujus imprimis merito, deinde et exemplo, et verbo integrum verecundiæ florem servare didicistis. Adeste, martyres, huc palmas, huc laureas vestras conferte, viridemque triumphanti Dominæ viam præparate, cujus intuitu animati sævissima tolerando supplicia hanc felicitatem estis consecuti. Adeste, seniores sanctissimi, quos in Apocalypsi Joannes viderat, porrigite coronas vestras ad splendidiorem Imperatricis occursum. Venite, patriarchæ, quorum illa de sanguine oriunda majorem vobis splendorem reddidit, quam accepit. Venite, prophetæ, vestrisque jam oculis manifestam aspicite, quam alii sub nubis, alii solis, aut lunæ, alii sub auroræ, vel sideris cujusdam figura mortalibus prædixistis, cum ipsi eam nunquam videritis. Concurramus omnes, et ultima demum spei, lætitiæque nostræ summa perfruamur. Verum non indigebant beatissimi cœlorum cives adhortatione : sua quisque sponte in occursum Dominæ properavit. Cæsares quidem Magnum illum Carolum subsecuti, translato ad Germanos imperio, priusquam e summi Pontificis manu auream summæ Majestatis coronam acciperent, ad Padum locatis castris, præalto ex stipite scutum suspendebant, quo conspecto omnes subditi ad præstanda Cæsari obsequia, homagiaque vocabantur, nisi intra tridui spatium comparuissent, bonis omnibus certo multandi. Ah! nullum ad præstanda Virgini ascendenti homagia præceptum, nullus clypeus populis convocandis erat necessarius. Festinabant patriarchæ, eam, quam genuerant, Reginam nunc suam salutare; excipiebant prophetæ vivam oraculorum suorum Testem, venerabantur apostoli virgineam Magistri sui Genitricem; martyres patientiæ suæ Hortatricem;.anachoretæ pœnitentium Advocatam; virgines integritatis Speculum; omnes sancti felicitatis suæ et Fundamentum et Complementum.

Verum jam altius erigamus oculos, et sub imagine humana summæ Trinitatis gaudium, quantum hominibus licet, modeste timideque speculemur, ne qui scrutator velit esse Majestatis, opprimatur a gloria. Potentissime cœli terræque Conditor, rerumque creatarum omnium Pater, ignosce, si divinare audeam, miro te gaudio exsultasse, cum Filiam tuam innocentissimam, purissimam, sanctissimam in regnum vocasses tuum, jamque venientem exciperes. Quænam enim primogenita tua ante omnem creaturam ex ore tuo, Deus altissime, prodivit? Quodnam est illud Luminare minus a cœli laquearibus suspensum, ut præsit nocti? Quænam illa Mulier, cujus pede conterendum serpentis caput, mundo vix dum condito, minabaris, et genus humanum parato suis temporibus pharmaco solabaris? Quæ alia, nisi Maria. Quod nisi tot viri sapientia, et sanctitate eximii, nisi tot piissimi, præstantissimique doctores, nisi ipsa Ecclesia tuo Spiritu congregata, servata, illustrata me docerent, asserere non præsumerem. Credamne igitur, nisi bonitati tuæ injurius esse velim, parum calide, imo non ardentissime filiam tam dilectam a te fuisse exceptam?

De divino vero Filio quid loquar? hæret oratio, sensus deficit, ingenium hebescit. Benedictus XI, humili loco genitus, cum matrem ad se pretiosis amictam vestibus venire cerneret, nosse se eam negavit, nec in conspectum admisit, nisi aptis pauperrimæ conditioni centonibus convestitam. Laudo Pontificis modestiam, nec originem suam erubescentis, nec matri plura meritis indulgentis. At vero æternus Dei Filius Genitricem suam ante primas mundi origines electam, sub rerum pulcherrimarum figuris per prophetas significatam, ducum, regumque illustri sanguine propagatam, divinarum gratiarum torrente inundatam, propriis virtutibus supra omnes viros et feminas exornatam, despectam admittere potuerit? Et quamvis ipsa quondam sese ancillam dixerit, non omni apparatu, non omni ornatu regio, non amplissimo comitatu excipiendam putaverit? Eam, ex cujus virgineo sanguine carnem ipse suscepit, a cujus castissimo pectore lactens pependit, cujus cura educatus, inter pericula defensus, ad mortem usque stipatus, cujus potentissimis precibus tot animarum millia suo redempta sanguine recepit, et deinceps est recepturus; eam, inquam, non inusitata lætitia salutarit? eam non suis ipse brachiis implexam in solio sibi proximo collocarit? Quid de te dubitem, Christe! Manet, æternumque manebit verissimum, etsi dignitate Matris tuæ longe inferius, Davidis oraculum : *Astitit Regina a dextris tuis in vestitu deaurato, circumdata varietate.* (*Psal.* xliv, 10.)

Divinus denique Spiritus, cujus immensæ, admirabilique fecunditati testimonium vivum suis ex visceribus virginea Mater perhibuit, quanto Sponsam illibatissimam gaudio excepisse videatur! Hanc ipse sibi nondum genitam in Genitricis utero præparavit, hanc contra originariæ pestis maculam præmunivit, hanc uberrimis gratiarum rivis inundavit, hujus exemplo ad castitatis studium, omnisque voluptatis contemptum eruditas, plurimas sibi Sponsas conciliavit, per hanc Ecclesiam

Christi, quam ipse vivificat, inter crudelissimas tyrannorum minas, inter atrocissima supplicia inconcussam, inter mundanæ felicitatis illecebras, crescentemque cultorum suorum potentiam constanter firmam, inter stygias fraudes, et innumeras hæreses unam, concordem, indivisam retinuit, cui ipse merito splendidum illum pæana decantari jusserit : *Gaude, Maria Virgo, cunctas hæreses sola interemisti in universo mundo.*

Veni igitur, veni, pulcherrima Sponsa de Libano, veni et accipe coronam, quam tibi tota divina et sanctissima Trinitas præparavit in æternum. Omnes te sancti exspectant, omnes angeli gestare desiderant, procede, augustissima Domina, occurre populo electorum, solare exercitum angelorum : ex altissimo tamen solio ad nos quoque miseros, juxta calamitosa Babylonis flumina sedentes plenam dignatione faciem reflecte. Cœli terræque Regina quidem es; sed non ideo nobis Mater esse cessabis. Veneramur majestatem tuam amplissimam : *Salve, Regina.* Verum et imploramus clementiam tuam, *O Mater misericordiæ.* Nos inter præsentis ærumnas vitæ instabiles sumus, continuo deficimus, quotidie morimur, utinam non et Deo! Tu proxima Deo, qualem te Ildephonsus tuus appellat, secura jam es æternæ vitæ. Nos perpetuis miseriarum tentationumque fluctibus agitati amara multa et acerba patimur : tu inebriaris ubertate domus Dei, et torrente voluptatis potaris. Nos ambigui salutis nostræ, inter frequentissima cum teterrimis hostibus tam exteris, quam domesticis prælia, inter continua peccandi pericula, inter quotidiana æternum pereundi discrimina versamur : tu triumphans in cœlo, ut inimico juratissimo nunquam succubuisti, ita in clientes tuos, semper tuos, vim fortitudinis ac potestatis in dæmonem tuæ refundere potes, qua redundas: *Vita, Dulcedo, et Spes nostra, Salve.* Salve : ita meo, et omnium, quos hic congregatos vides, ultimo in hoc loco, cultui et honoribus tuis destinato, hoc anno litterario exclamo : Salve, Regina ; Salve, Mater misericordiæ; Spes nostra, Salve. Sed vicissim et tu nos, sodales tuos, domi et foris, abeuntes, et redeuntes incolumes semper esse jube, et salvos. Sed quid hodie triumphum tuum querelis, non inutilibus quidem, sed importunis turbamus ? *Hæc dies, quam fecit Dominus;* fecit Deus solemnem hominibus, quibus in cœlo constituit Advocatam : jucundam sanctis, quibus ostendit sanctitatis suæ Prototypon, celebrem angelis, quibus tam augustam dedit Reginam. Fecit Pater gloriosam Filiæ ; Filius jucundissimam Matri ; Spiritus sanctus dulcissimam Sponsæ suæ. *Hæc dies, quam fecit Dominus: exsultemus et lætemur in ea.* Dixi.

***

ORATIO IX.
In festo Assumptionis.
MARIA CASTELLUM EST ALTUM, PROFUNDUM ET AMPLUM.

Intravit Jesus in quoddam castellum. (*Luc.* x, 58)

Si aurea illa viveremus sæcula, quæ vel Adamo non peccante sperare poteramus, vel poetæ gentiles Saturno Latium gubernante, Astræa populos moderante, Cerere atque Triptolemo frugum copiam, vitamque securam afferentibus, fluxisse fingebant; nihil esset causæ, cur editarum arcium molitionibus, murorum substructionibus, aggerum vallorumque munimine, securitati nostræ contra quoscunque hostium impetus consuleremus. Nunc cum et Scriptura teste perdita, primorum parentum vitio, innocentia, et, profanis quoque vatibus similia occinentibus, terras Astræa reliquerit, vix ullum satis munitum, incolumitati nostræ, ad propulsandas aliorum injurias, dignitatemque nostram tuendam, propugnaculum reperiri posse putamus. At vero erubescendus est metus noster, si nunc formidamus, Parthenii dd. sodales, postquam propugnaculo nos insuperabili clausimus, cujus præsidium, et defensionis officium Deus ipse suscepit. *Intravit Jesus in quoddam castellum,* nunquam illud derelicturus, eidem semper inhæsurus, semper idem fortissimum validissimumque præstiturus. Triumpha, Virgo gloriosissima, Regina cœli, terror dæmonum, Domina inferorum, totius mundi Imperatrix augustissima. Tibi privilegio singulari concessum est, ut non aliorum, qui Deo quidem fidelissime famulabantur, servorum more, intrares in gaudium Domini tui ; sed ut ipse Dominus intraret in te, veluti castrum non minus capax, quam firmum ; firmum certe, cum per progeniem tuam cæteri omnes suum robur acceperint : capacissimum vero, quia eum, quem cœli capere non poterant, tuo gremio contulisti. Nostrum est, cum Deus major sit corde nostro, felicitatem summam putare, si liceat in ejus gaudium ingredi : tuæ vero dignitatis culmen est, quod ex angelici Doctoris sententia sit dignitas quædam infinita, ut adeo capacitate quadam inusitata complectaris Deum, et ipse ingrediatur totus in te, Filius in Matrem, Deus in Virginem, causa victoriæ in triumphatricem : *Intravit Jesus in quoddam castellum.*

O Castellum firmissimum, omniumque nostrum saluti tutissimum ac munitissimum ! Videamus, Parthenii DD. sodales, quanta hujus castelli sublimitas, quanta profunditas, quanta sit amplitudo, perspicueque discemus, nullam neque Reginæ nostræ splendidiorem, neque nostri commodis insigniorem esse solemnitatem, quam hodiernæ Assumptionis, qua non ipsa magis in gloriam Dei, quam Deus cum omni, cujus quidem creatura est capax, gloria in ipsam intravit: *Intravit Jesus in quoddam castellum.*

Cum de sublimitate Castelli hujus me dicturum

exspectatis, nemo, quæso, humile quidquam atque abjectum cogitatione præcipiat. Non quid Alexander Magnus Olympiadi matri honoris exhibuerit; non quibus idem officiis Sisigambim Darii Codomanni genitricem sit prosecutus; non quantum dignitatis sapientissimus Salomon Bethsabeæ tribuerit, vel, ut verius loquar, de sua majestate in ejus gratiam remiserit; non, inquam, non hæc, quæ vulgaria sunt oratorum negotia, cogitate me cum Virginis augustissimæ gloria collaturum. Quid enim? terrenis ego dignitatibus immortalem illius gloriam ac majestatem comparabo? Quis terrenorum regum satis late imperare se putat, nisi aliorum detrimentis regni sui ampliaverit spatia? quis novum unquam ditionibus suis regnum adjecit, quin alios solio suo dejectos viderit exsulare? O quam alia regni cœlestis conditio est! Tritum est illud: « Servire Deo regnare est. » Quod si hoc in hac lacrymarum valle caste integreque viventibus vere et recte tribuitur, quam æquius illis tribuetur, qui exantlatis vitæ hujus laboribus ad æternum illud regnum transferuntur, ubi, quotquot admissi fuerint, reges sunt; nec supremo Domino decedit quidpiam, sed accedit : nec alteri alterius gloria præjudicat, sed addit: nec temporis lapsu quidquam deteritur, sed augetur. Compone mihi nunc terrenorum quemquam principum, si vel toti cuidam totius mundi parti imperet, compone vel omnes cum unico cœlorum cive : pauperior Codro est, ipso infelicior Iro. Quod si tanta singulorum in cœlo civium magnificentia est, ut nullum vel totius orbis imperium illi valeat comparari, quid æquum est nos de augustissima Regina nostra credere, quæ Regina est sanctorum omnium, non dico, auctoritate sola, prærogativa, majestate, sed imperandi etiam potestate. Non exspectabitis, credo, ejus rei argumenta, cum suppetant exempla, quibus convictum Doctorem mellifluum asseruisse arbitror, quod quidquid gratiæ, quidquid virtutis Deus mortalibus ægris timidisque tribuerit, totum nos habere voluerit per Mariam.

Nonne enim hæc ipsa est, quæ Joannem evangelistam altissimo cœlo demisit, ut Gregorium Thaumaturgum de mysterio sacrosanctæ Trinitatis instrueret? Testis est in illius vita Gregorius Nicænus. Nonne hæc est, quæ fortissimum martyrem sanctum Mercurium commisso cœlitus imperio ablegavit, qui Julianum Apostatam, ultimam pestem Ecclesiæ minitantem, in acie contra Persas flammea hasta confoderet? Testis est in secunda contra tyrannum hunc oratione Gregorius Nazianzenus. Nonne hæc est, quæ Gregorio Magno Ecclesiam gubernante, cum per lethiferam luem tota Roma jam in sepulcrum demigratura videretur, suos ipsa de cœli culmine angelos misit, qui percussoris gladium vagina recondi imperarent? Testis est omni exceptione major ipse Magnus Gregorius, qui additum Reginæ cœli : Ora pro nobis Deum, Alleluia, toti Ecclesiæ cantandum reliquit. Videamus igitur, quam

excelsum et sublime castellum Maria sit, quæ super omnium angelorum et sanctorum sese vertices erigit.

Consideranda secundo loco est Castelli nostri profunditas; interest enim arcium munitarum, ne vel earum fundamenta concuti tormentis possint, vel insidiosis cuniculis suffodi : thesauri præterea, annonæ, armamenta subtus terram demittuntur, ut accuratissime conserventur custodianturque. Quid dicam ego de castello nostro, in quod hodie intravit Jesus? asseramne, ad solas purgatorii specus descendere? Nimis me parum de illius dignitate dicturum arbitror. Quantos illuc thesauros Regina nostra præmittit? quantas gazas recondit per sodales et clientes suos? Toto terrarum orbe, qua catholicus est, quot in publicis templis nectuntur amœna rosaria, quot in privatis domibus texuntur? quam crebra pro defunctis vita fidelibus cœlites ipsi suffragia interponunt? Atque hi si nollent, quod tamen nequeunt, quanta facerent ad impetium Reginæ suæ? Imo si facerent nihil, si nihil ipsa imperaret, quanta facere non posset vel sola ipsa, cui quoddam in Filium Deum esse imperium nemo hucusque sanctorum Patrum negavit? Profundum igitur Castellum hoc est, quod tantis ad redimendos e profundo carcere captivos divitiis opibusque redundat. Verum, ut profundius descendamus, et, quod ait poeta Neapolitanus, audiamus Lethæos cominus amnes, nonne armamentarium Maria habet profundissimum ad subruendos evertendosque omnes inferni cuniculos? Non producam hoc loco historias, quæ majore pietate quam fide referuntur, nonnullos jam demortuos, et pro sceleribus suis orco dignos Virginis patrocinio ad vitam et pœnitentiam suscitatos : at vero, vos ipsos consulo, Parthenii DD. sodales, quam multi sunt ex nobis ipsis, qui vel occultis dæmonum cuniculis sollicitati, integritatem tamen animi salvam et incolumem conservarunt! quam multi, qui cladem et ruinam passi denuo sese inferni scrobibus eruerunt, et in lucem divinæ gratiæ emerserunt! quam multi, atque utinam plurimi, qui cupiditatem gleba obruti atque oppressi hodiedum evadere, et molem, qua premuntur, perrumpere nituntur! Nemo est horum omnium, qui non vel elusas jam dæmonum fraudes Reginæ nostræ in acceptis referat, vel salutem libertatemque suam non unius illius patrocinio se speret obtenturum. In profundum profecto descendit Castellum istud, et omnibus in profundo jam ferme consepultis opportuna porrigit adjumenta.

Restat ut de amplitudine Castelli hujus pauca, et reverenter pro rei dignitate dicamus. Non vero amplitudinem in spatio ponimus, quo arx ipsa continetur, sed in prospectu lato atque amplo, qui procul longeque se porrigat ad prævertendas non tam hostium irruptiones, quam ad suscipienda principum advenarum homagia. Quid ais, castellum sanctissimum, augustissima Regina, Deique Mater Maria? Imo quid prospectu tam amplissimo vides?

Video, inquis, ab omnibus Orientis et Occidentis imperiis reginam me vocatam iam pridem, et hodieque salutari. Video Constantinum Magnum, qui, priusquam supremo Pontifici Romam antiquam cederet, novam Byzantii de nomine suo conditurus, in editissimo Urbis loco meis templum honoribus ædificavit, et Aram Cœli nuncupavit. Video Heraclium imaginem meam manibus inter prælia gestantem suis, et triumphantem. Video Theodosios, Martianos, aliosque, victoriarum suarum decimas mihi persolventes. Quod si ad Orientis spolia Occidentem quoque adjiciam, video, inquit Regina nostra, primum, qui a Græcis, Romanisque imperium ad Francos ac Germanos transtulit, Carolum, non tam nomine, quam virtute magnum, quantus erat, tantum se, totumque obsequiis meis fuisse devotum, et præter Ecclesias cæteras, quarum totum Alphabetum fundaverat, primam earum mihi, videlicet Aquisgranensem ædificasse.

Quæ imperatorum nostrorum pietas, ut ad vos revertar, Parthenii DD. sodales, adeo constans ad hoc usque sæculum fuit, ut nemo eorum, etsi atrocissima regnum inter et sacerdotium schismata intercesserint, a sincero fervidoque virgineæ Matris cultu recessisse legatur : suppeterent exempla, tum illorum, qui pœnitentia tacti palinodiam nonnisi cantu Parthenio cecinerunt ; tum aliorum, qui ærumnis emendati Reginæ nostræ amplissimas, atque in hunc diem celeberrimas Ecclesias erexerunt. Amplissimum porro Castelli nostri prospectum emensurus tot provincias, tot regna, tot imperia percurram oportet : at audientibus me hodie importune. Satis ergo sit Castellum nos habere in Virgine, sublimitate, profunditate, amplitudine admirandum.

Triumpha, Virgo, Mater, Domina augustissima, et quam toti cœlo hodie festivitatem facis, nobis quoque tot in ter ærumnas fluctuantibus communem esse perm.tte. Triumpha, Virgo, quæ puritate tua ipsos angelos, omnesque cœli potestates transcendis ; utere, utere, quæso, imperio tuo, quo in omnes electos polles, eosque mitte in subsidium nostrum, futuros in calamitate solatium, in adversitate præsidium. Triumpha, Mater, et si quos clientum sodaliumve tuorum purgantibus etiamnum flammis cruciari, aut vitiorum ligari captivitate cognoscis, inferni claves a Filio tuo mutuas accipe, et illos ignium, hos criminum libera servitute. Triumpha, Domina, quam totus orbis tot templis, tot donis, tot sermonibus, tot sumptibus, tot voluminibus celebrat ; cui imperia omnia coronas suas substernunt ; per quam reges imperant, et legum conditores justa decernunt (Prov. viii, 15) ; triumpha, inquam, et nos omnes, quos tibi regnum fecisti, in cultu tuo, amorisque ac pietatis erga te nostræ studio constantes, æternæque salutis pignore fretos per potentissimam tuam intercessionem custodi. Dixi.

ORATIO X.

In festo Assumptionis.

ASSUMPTIO VIRGINIS ET IPSI ET NOBIS TAM HONORIFICA, QUAM UTILIS EST.

Maria optimam partem elegit. (*Luc.* x, 42.)

Cum eos maxime, quos seu fortunarum nostrarum præsidia, seu honorum agnoscimus adjumenta, diligere soleamus, mirum sane videri possit, tam festivam nos agere solemnitatem qua die majora luctus, quam lætitiæ occurrunt argumenta. Quod enim, post ereptum oculis cœloque insertum Redemptorem, unicum habebamus in terris solatium, id nobis hodie ademptum sublatumque est totum : amisimus Matrem, ex cujus uno aspectu in ærumnis refrigerium, in periculis fiduciam, in pugnis animi robur hauriebamus ; amisimus Virginem a qua sola inter tyrannorum minas, inter lascivientis sæculi lenocinia, inter millenas vitiorum illecebras, ad conservandam Christianæ virtutis arcem omnium egregiarum rerum exempla peterentur : et hanc, quod justissimi mœroris caput est, amisimus totam ; tolerabilis saltem jactura videretur (quanquam quis ea quoque conditione proposita temperet a lacrymis?), tolerabilis tamen jactura, si sola Virginis anima ad capiendam meritorum coronam abiisset ; haberemus enim corpus illud integerrimum, in quo, uti cæterorum sanctorum exuviis, gloriari possemus, quod terra nostra tam pretioso thesauro digna esset : quod pignore potiremur divinæ in genus humanum pietatis : quod ad illius sepulcrum velut aram salutis omnibus gentibus perfugium panderetur. Nunc cum et animæ sanctissimæ, et corporis purissimi Assumptio uno velut ictu omne nobis solatium præcidat, quid est, quod tam festive gaudeamus? quod in templis ubique hymni lætitiæ indices decantentur? quod frequentissimi cœtus veluti ad spectandum triumphum concurrant? quod altaria holoserico, quod auro, quod argento, quod ipsi parietes peristromatis exornentur? Recte omnia, Parthenii DD. sodales, prudenterque geruntur, quæ videmus hodie ex Ecclesiæ magistræ imperio sanctissime instituta, atque ita quidem, ut ex ipsa Virginis Assumptione non modo luctus argumentum nullum, plurima vero lætitiæ, solemnitatisque multo, quam possumus, splendidioris, nobis proposita videantur. Maria optimam partem elegit, eam videlicet, quæ et sibi et nobis non honorificentissima solum esset, sed cum summa etiam utilitate conjuncta. Meum igitur erit, gravissima, quæ possum, gaudendi argumenta explicare : vestrum vero, Parthenii dd. sodales, dicentem me attentione adjuvare, et, quod nobis omnibus de tantæ festivitatis pompa ad gloriam Reginæ deest, piis animi gratulationibus supplere.

Duo sunt præcipua capita, quibus ad persuadendum, ad excitandos animos, ad commovendos, quos volunt, affectus uti oratores solent : honestas et utilitas. Illa ingenuas mentes, hæc minus libera‑

liter cultas movet; ubi vero et honestas et utilitas conjunguntur, tunc certa dicentis videtur esse victoria. Utroque igitur ariete ad solvenda in lætitiam pectora, quæ Mariæ discessus dolore constrinxerat, utar, et primum, quam utilis illi, deinde quam honorifica, corporis simul et animæ assumptio fuerit, demonstrabo.

Atque in primis neminem esse arbitror, qui sanctissimæ Virginis animæ gloriam quam pridem merebatur, invideat, imo qui non eam quam citissime illi tributam velit, quam eadem dignam fecerant et innumeri quos vivens Filii causa dolores exhauserat, et incredibilis amor quo nemo unquam ardentius in Deum rapiebatur, et pulcherrimæ virtutes aliæ, quas qui recensere velit, Oceani facilius guttas et littorum arenas numeraverit. De corpore agitur ; hoc unicum saltem relinqui nobis solatium cuperemus. At vero, si rem accurate perpendimus, nostram magis, quam ipsius Reginæ nostræ utilitatem desideramus : imo gravissimis et ipsam, et ejus Filium injuriis exponendos judicamus; quod judicium abesse a nobis longissime, et decet et debet. Quid enim, per Deum immortalem, injuriosius inferri Virgini posset, quam ut integerrimum illius corpus communi cæterorum hominum fato terræ crederetur ? Neque terræ servandum solummodo, sed etiam vermibus, lacertis atque bufonibus depascendum ? Horresco referens ; tantamque injuriam Thyestæo magis hospitio detestor. Neque enim tolerabile est, ut ea lex, quæ corporibus nostris ob assiduam adversus animam rebellionem in justissimam pœnam dictata est, Reginæ nostræ corpus afficiat, quod nulla unquam libidinis adustum face, nulla voluptatis labe contaminatum, perpetuum spiritui fidelissimumque famulatum præstiterat : non est tolerabile, ut illa sub terræ gremio computrescat, quæ beatæ nobis immortalitatis Conditorem protulerat : « Innoxiam affligi non decuit, ait Cyprianus (*De card. Christi virt.*), nec sustinebat justitia, ut illud Vas electionis communibus lassaretur injuriis, quoniam plurimum a cæteris differens, natura communicabat, non culpa. » Quid quod non in solam Virginem, sed in Christum quoque redundatura videatur injuria? « Non enim, rotunde enuntiat Augustinus (apud Mansi), non decebat ex eadem Virginis carne Dei Filium procreari, ac vermes. » Utilissima igitur fuit Reginæ nostræ Assumptio, quæ tanta illam injuria liberavit.

Quid vero, nonnemo inquiet, magnum dicitur, cum tantorum meritorum Virgo injuriæ libera dicitur? Malorum principum ac tyrannorum hic mos est, beneficio imputare, si non injuriam fecerint : mitius reges boni ac principes agunt, qui diem se perdidisse existimant, quo non insigni beneficio se reddiderint clariores : mitissime vero et liberalissime Deus, qui tenuibus atque extrema jam hora præstitis placatus obsequiis et injurias gravissimas ignoscit, et præmia æterna dispensat. Nihilne igitur Regina nostra, latrone saltem, qui

ob malefacta cum Christo affixus cruci, sero sapuit, amplius referet ? Quid ait, quid cogitat orator? Non gloriosas saltem virginei corporis dotes proferet, largius illi, quam cœlitibus cæteris, attributas ? Attendite, quæso, Parthenii DD. sodales, et vestræ pietati, et hujus, si quis tamen est, obmurmurationi satisfaciam : atque ita quidem, ut nimium humiliter pro Reginæ nostræ dignitate dixisse, videri velim, si sola gloriosi corporis dona proferam, imo si non eadem omnino censeam prætereunda ; sunt enim alia multo majora, quæ Virginis utilitati immensam quamdam gloriam, magnificentiamque adjiciant. Omitto, quanti fuerit honoris, effusos angelorum exercitus in illius occursum properare : omnes cæteros cœlitum ordines innumerabili agmine venientem illam salutare : singulari perfusos gaudio prioris ætatis patres ac progenitores suos Messiæ ac Redemptoris sui Genitrici occurrere : hæc, inquam, aliaque, quæ magnifice vel ab aliis dicta sunt, vel dici possent, libens omitto ; quamvis omnes Romanorum triumphos, ad quorum spectaculum emotus quasi cardinibus suis terrarum orbis festinabat, hæc una Virginis gloria superaret. Plus audeo dicere : video splendoris aliquid in Assumptione hodierna Virginis, quod in illa Christi ad cœlos Ascensione non vidi. Non hic inibo numerum tot felicium animarum, quæ post Redemptorem cœlos ingressum, priusquam obdormiret et assumeretur Virgo, corporibus solutæ, sideribusque insertæ multis accessionibus obvias Reginæ nostræ cohortes auxerunt. Ipsum, ipsum Jesum considero, divinæ Genitrici suæ occurrentem. Ille, cum in cœlum ascenderet, summa, qua potuit, gloria, et propria quidem virtute ascendit : at non erat in cœlo alius Jesus, qui illi posset occurrere, et triumphi magnificentiam ac splendorem augere : triumphus vero Virginis infinitam ex occursu Filii lucem accepit. In Ascensione Christi omnes, etiam primæ magnitudinis, stellæ Solem justitiæ coronabant : at vero assumptam Virginem non solum omnes stellæ, sed ipse divinus justitiæ Sol omni radiorum suorum plenitudine illustrabat.

Cogitate nunc, sodales Parthenii, cum ad superna venientis Reginæ nostræ tantus sit splendor, quanta jam in solio suo sedentis sit gloria. Habuit in funere Theodosii imperatoris orationem orator ille, cujus ab ore, ut Homerus de Nestore canit, melle dulcior fluebat oratio, magnus ille Mediolanensium antistes Ambrosius, tamque mirabilia de terreno principe dixit, ut mihi eadem de divina Matre dicenti irasci nemo possit, nisi qui se huic inimicissimum fateri voluerit. Theodosium igitur ab angelis, eum cœlo recipientibus, interrogatum Ambrosius ait : « Quid fecisti, cum esses in terris ? » Quid responsuram fuisse putamus Virginem, tali interrogatione provocatam? Quidquid responsuram dixerimus, multo meritis inferiora dicemus. Ego, poterat illa sine fuco, sine fastu, sine ostentatione dicere, ego a primo, quo fueram concepta, momento ferventissima protinus in Deum charitate ferebar, et amoris ardore maximos etiam Seraphinos superavi. Ego patriarchis, qui mihi sanguinis auctores fuerant, salutis suæ ac libertatis auctorem progenui. Ego virgineo partu meo prophetarum oracula complevi. Ego apostolis sapientiæ, patientiæ, sanctitatis Magistrum peperi. Ego Filium meum, fugientibus discipulis, ad mortem usque prosecuta inconcussæ fortitudinis exemplum martyribus dedi, ut non iniquo animo corporis cruciatus perferre discerent, cum me tam acerbos in ipsa anima dolores pertulisse conspicerent. Ego prima illibatæ virginitatis signum extuli, ac innumeras ex utroque sexu myriadas ad sectandam, conservandam, reparandam corporis animique puritatem traduxi. Ego Regem ac Servatorem omnium meo sinu gestavi, meo lacte servavi, meis brachiis bajulavi, meis curis educavi, ejusque doloribus ad restaurandas angelorum ruinas, ad effringendos inferni carceres, ad amplificandum cœlorum regnum patientis, meos sociavi. Hæc dicentem Virginem si omnis illa cœlitum curia audisset, nonne merito, ut faciunt fecceruntque, unanimi voce omnes eam ordines Reginam suam salutassent? Gaudeamus igitur, Parthenii domini sodales, Matrique nostræ augustissimæ tam copiosos Assumptionis suæ fructus, tam immensam gloriam gratulemur.

Quid in nos quoque et incredibilis gloria, et summa utilitas ex Virginis Assumptione redundet, quod mihi secundo loco dicendum proposui? Atque ut de gloria primum dicam, quam ex Virginis triumpho capimus, quid optabilius Filio, quid honorificentius videri debet, quam habere Matrem, cui omnes non mortalium solum, sed et cœlitum ordines maxima cum reverentia assurgant, eam venerentur, diligant, adorent? Referunt Græcorum historiæ, patrem quempiam, cum filium suum in Olympicis ludis victorem adorea coronatum accepisset, gloriæ hujus magnitudinem adeo capere non potuisse, ut ad primum ejus nuntium oppressus gaudio exspirarit. Quo jam animo nos esse oportebit intuentes inexplicabilem dulcissimæ Matris nostræ majestatem, in cujus verticem non unam, sed omnes omnium sanctorum coronas collatas, imo cumulatas esse conspicimus? Parumne ex tanta Matris gloria in nos, qui filios ejus et clientes nos profitemur, honoris ac dignitatis redundare putabimus?

Neque vero, si utilitatis etiam nostræ ratio consideretur, plorandum hodie, sed magnopere ab iis quoque, quibus propria emolumenta Virginis honore potiora sunt, lætandum atque gaudendum est; non enim amisimus illam, sed præmisimus futuram, quæcunque nos tempora premerent, Patronam potentissimam: non illa nos deseruit, sed eo discessit, unde nobis quotidie rebus in angustis possit esse præsentior: non reliquit nos illa

solos, sed eo rediit, unde denuo ad nos conversa largius liberalitatis suæ divitias in cultores suos effunderet. Quemadmodum si Nilus ad fontem suum redeat, ut ab origine sua singulis quasi passibus crescens in immensam sese latitudinem explicet, totamque Ægyptum largiore fluento fecundet. Non solum igitur nihil detrimenti, sed plurimum emolumenti ac præsidii nobis in Virginis Assumptione collatum est, atque ita, Parthenii DD. sodales, ut, si Reginæ nostræ fidem servemus, non modo periculorum securi, sed hostibus etiam nostris terribiles esse possimus. An vero minorem in tanta Virginis dignitate, quam in Romanorum olim potestate vim ac fiduciam reponemus? Solum illorum nomen, non dico, integris regnis atque provinciis, numerosis civitatibus aut urbibus opere naturaque munitis, sed minimis quoque insulis securitatem ab hostium irruptione præstabat: « Cum insula Delos (Ciceronis verba recito, *Pro. L. Man.*) tam procul a nobis in Ægæo mari posita, quo omnes undique cum mercibus atque oneribus commeabant, referta divitiis, parva, sine muro, nihil timebat. » Nihilne Delos timeat? et nos timeamus, quibus assumpta in cœlos Virgo majorem, quam Romani, et omnes mundi principes, securitatem promittit?

Abrumpo jam orationis extremum filum, neque pertexere molior, quæ novas, iterumque alias telas occuparent. Non lugemus, Regina augustissima, discessum a nobis tuum, sed de incredibili gloria tua exsultamus, et tecum totis animis triumphamus; si catenis vinctos jusseris in triumphi tui augmentum trahi, non, ut superba Cleopatra, supplicium putaturi, sed summi beneficii loco habituri. Non tristamur, sed gratulamur immensa felicitatis tuæ emolumenta, virtutum tuarum justissima præmia. Gratulamur nobis ipsis honorem, quem opinando conjicere, non intelligendo assequi possumus, miseros nos filios te habere Matrem, indignos tanta Domina subditos te habere Reginam in cœlis; in illa gloriæ magnitudine, cui omnium cœlitum splendor, velut umbra, decedit; in illo Majestatis solio, quo nullum aliud, nisi solius Dei, sublimius; nullum æquale invenitur. Licet vero procul a nobis te positam intelligamus, non perinde commodis quidquam nostris decessurum formidamus: *Nihil timemus*, sed magnis accessionibus auctum iri fortunas nostras speramus. Parva sumus insula, in periculosissimo mari collocata, veruntamen tuo freti præsidio *nihil timemus*. Licet sine muro patere hostium insultibus videamur, tu es civitas refugii, turris mille clypeis obmunita: quandiu tu non relinquimus, *nihil timemus*. Eris igitur nobis præcipuum in omni periculo præsidium, in omni calamitate solatium, in omnibus, quas orcus, quas omnes animæ hostes commovere possunt, pugnis auxilium: *Maria, optimam partem elegisti*. Dixi.

IV. NOVENDIALIA EXERCITIA

PRO FESTIS VII PRINCIPALIORIBUS B. V. MARIÆ

JUXTA ORDINEM, QUO PER ANNUM OCCURRUNT IN OFFICIO ECCLESIASTICO, DISTRIBUTA,

CUM PRÆVIIS OBSERVATIONIBUS HISTORICIS DE ORIGINE,
ET CELEBRITATE CUJUSLIBET FESTI,

IN SEPTEM PARTES,

QUARUM I^a AGIT DE PURIFICATIONE ; — II^a DE ANNUNTIATIONE ; — III^a DE VISITATIONE ; — IV^a DE ASSUMPTIONE ; — V^a DE NATIVITATE ; — VI^a DE PRÆSENTATIONE IN TEMPLO ; — VII^a DE IMMACULATA CONCEPTIONE,

DISTINCTA, ET CONCINNATA

A P. BEDA SEEAUER, ORD. S. P. BENEDICTI,

IN ANTIQUISSIMO MONASTERIO AD SANCTUM PETRUM SALISBURGI SACERDOTE PROFESSO.

LECTORI SALUTEM.

Nullus dubito, Mariophile ! quin benevolo suscepturus sis animo præsentes istas, quas tibi offero, pagellas Marianas; non enim me latent tua sancta, quibus flagras, desideria, pretiosissimam Dei Matrem a te jam a teneris tenere dilectam majori semper cultu prosequendi. Paucis ergo accipe scribentis intentionem. Cœperam superiorum jussu sesquiennio abhinc pro una et altera festivitate Mariana parvos edere libellos, ubi per considerationes ascetico-morales materiam subministravi, qualiter pia anima se per novem dies antecedentes ad illud festum ad instar parvæ recollectionis novendialis condigne præparare, vel, si cuiquam melius visum fuerit, per novem dies subsequentes, aut etiam alio tempore quocunque festi jam celebrati memoriam devote possit recolere. Primis hisce, et parvulis laboribus meis ad calcem perductis, ulterior aliorum suasu incessit animus, pro singulis saltem magis principalibus festis Partheniis similes parandi considerationes, easque una cum illis, quæ jam typis erant impressæ, in una integra opella Mariano lectori proponendi. Quapropter, cum passim juxta communem sensum festa Virginis magis principalia sint septem, in quibus tota vita Mariæ relucet, de his quoque pro viribus meis disserere constitui. Anxius diu hæsitaveram, qualem materiam pro considerationibus in singulis septem partibus subministrarem, non quod ex defectu laudis Marianæ hoc factum sit, ubi copia scriptores reddit inopes (de Dilecta enim nunquam satis), sed quæ per novem dies apposite possit extendi, et continuari, servata ubique in

hisce opusculis saltem aliquali proportione, et connexione, et qualis simul sit in laudem Mariæ, simulque pro reformatione vitæ nostræ; non enim stiti calamum in enarrandis excellentiis et prærogativis Marianis, et quis, amabo, illas explicet, in quibus tot SS. Patres, et celebratissimi desudarunt scriptores ? Sed ubique sollicite attendi, ut Considerationibus istis Partheniis doctrinas quasdam asetico-morales pro reformandis moribus, pro implantandis veris virtutibus intermisceam. Poterunt etiam intermisti hinc inde conceptus Partheniæ laudis præconibus aliquo modo esse utiles, ut de Virgine beata panegyrice, et pro suis auditoribus prædicent utiliter, et fructuose. Pace ergo mecum facta in primis tribus partibus textum evangelicum, qui in illis festis legitur, ascetico-moraliter exposui; pars quarta beatam Dei Genitricem in cœlos assumptam ut Reginam; et pars sexta trimulam Virgunculam in templo virtutum maxime solidarum exhibet Magistram; in parte autem quinta Virginem natam jacentem in cunis per Canticum piis affectibus hyperduliis plenissimum *Salve, Regina* salutavi, et pro festo demum Conceptionis Immaculatæ hymnum *Ave, maris Stella*, non minus laudibus Partheniis, et doctrinis asceticis abundantem, parvulo conatu meo explanavi, atque in variis locis has materias, de se ad beatissimam Virginem indifferentes, magis ad dictas festivitates applicare studui, quantum nempe hinc inde fieri potuit. Placuit etiam cuilibet festo historicas quasdam præmittere observationes de celebritate et origine ejusdem festivitatis, quas ex antiquis non minus ac modernis historicis synoptice collegi, cujus rei notitia non nocebit lectori erudito, maxime si amans sit historiæ ecclesiasticæ. Si autem nec hoc, nec illo modo tibi, candide lector !

satisfecerim, saltem intentionem meam, quam optimam esse puto, boni consule, Deum et Mariam pro me exora, et vale.

PARS PRIMA.

EXERCITIA PRO FESTIVITATE BEATISSIMÆ VIRGINIS MARIÆ PURIFICATÆ,

UBI PRO MATERIA CONSIDERATIONUM ASCETICO-MORALITER EXPONITUR TEXTUS EVANGELICUS LUC. II, A VERSU 22 USQUE AD VERSUM 40.

Surge, propera, amica mea, columba mea, formosa mea. (*Cant.* II, 10.).

Quam pulchra es, amica mea, quam pulchra es ! Oculi tui columbarum. (*Cant.* IV, 1.)

Pulchræ sunt genæ tuæ, sicut turturis; collum tuum, sicut monilia. (*Cant.* I, 9.)

———

Purissimæ Columbæ, de qua in sacro Epithalamio divinus Columbus :
« *Una est Columba mea,* » etc. ;

Sanctissimæ Virgini Mariæ, cujus « *Oculi sicut columœ super rivulos aquarum, quæ lacte sunt lotæ, et resident juxta fluenta plenissima ;* »

Puritati in templo purificatæ :

Has de festo Purificationis pagellas offert D. D. D.

P. B. S.

PRÆLUDIUM HISTORICUM

DE ORIGINE PARTHENIÆ HUJUS FESTIVITATIS.

Multifariam, multisque modis festiva hujus diei celebritas olim appellari consuevit : dicebatur *Exceptio Salvatoris, Festum Simeonis et Annæ, Ingressus Domini nostri in templum, Præsentatio*, et quod hodiernis usibus magis receptum est, festivitas *Purificationis;* a Græcis autem *Hypopante,* seu *Hypante,* quod nobis denotat *Occursum* seu *Obviationem,* quem sensum etiam retinet Ecclesia, dum ait in Invitatorio Officii nocturni : *Ecce venit ad templum sanctum suum Dominator Dominus ; gaude et lætare, Sion, occurrens Deo tuo.* De origine hujus festi sane plurima exstant auctorum placita , ut adeo res oppido difficilis videatur genuinam rei seriem pertexere, ubi tot calami dissentiunt, tot disputant historiographi.

Placet nonnullis asserere hanc festivitatem incepisse sub Vigilio I papa, cui sententiæ subscribit Illescas *De Purificatione B. Virginis ;* alii, inter quos Nicephorus, lib. XVII, cap. 28, Justinianum imperatorem, multi Constantinum pro auctore allegant, quidam Gelasio, iterum alii Sergio papæ festi hujus astruunt primordia, aliquibus etiam apostolicæ institutioni tribuentibus. Rati habeo narrationem, quam probati auctores antiqui non minus ac moderni subministrant, cujus syn-

opsim breviter propono : Ex historiis compertum habemus, Romam gentilem singulis annis celebrasse Lupercalia ; erant autem tria Luminarium festa, quibus deorum conciliare favores, vel futuram avertere indignationem intendebat. Primum festum erat sacrum Proserpinæ, quam Pluto supremus inferorum princeps insano ejusdem amore fascinatus rapuit, deamque fecit, dum omnes mulieres Romanæ deferentes luminaria participatam a Plutone deitatem congratulabantur. Alterum dedicabatur in honorem Februæ Martis genitricis, de quinquennio in quinquennium luminaribus totum orbem lustrantis. Tertium in honorem deorum infernalium celebratum est, ut ipsos ad misericordiam, animasque damnatorum mitius puniendas commoverent. Nefanda hæc superstitio adeo diuturnis moribus invaluit, ut etiam nonnulli Romani, postquam divinum veræ fidei lumen iis jam illuxerat, festa Luminarium consueverint celebrare. Verum Gelasius I Pontifex magnus non tantum in Lupercalia acerrime invehebatur, sed etiam, uti testatur Innocentius III, serm. *De Purif.* istis abrogatis anno 494, eodem mense, quo superstitiosa prius veneratio fictis diis exhibebatur, festum Purificationis instituit, ut posthac in Ecclesia Latina

Occidentali ad diem 2 Februarii, quo Christus in templo fuit præsentatus, ad honorem non Proserpinæ Dei infernalis sponsæ, sed supremi Numinis Sponsæ, non Februæ matris Dei belli, sed Genitricis Dei pacis, quæ nobis verum lumen peperit, lumina deferamus. Et huic solemnitati Sergius papa qui anno 688 claves tenuit, Litanias quotannis ex templo S. Adriani ad S. Mariam Majorem in processione hac die decantandas adjecit, quod communius ex Ordine Romano allegato Pontifici tribuitur, quamvis non desint aliqui, inter quos est Edmundus Martene in tractatu De ant. Eccl. disc pt. c. 15, qui Gelasio papæ duobus sæculis priori hujus processionis primordia ascribit; interim certum tenet Baronius in Notis ad Martyr. Rom. 2 Febr. quod usus cereorum sit longe antiquior Sergio Pontifice, quia et sanctus Eligius, qui vixerat ante tempora Sergii, et obiit anno 665, in serm. hoc festo Purif. habito multa disserit de mysterio cereorum. Ita quidem sentiunt Baronius, l. cit.; Petrus Spinellus tract. De festis Deip. n. 7, et plurimi auctores moderni. Jam ab Ecclesia Occidentali transiit hæc festa dies ad Orientalem, cujus institutioni ansam dedit ingruens gravissima necessitas, in qua medela exposcebatur a beatissima Virgine. Referunt namque Procopius, lib. II De bello Persico; Nicephorus lib. XVII, cap. 28; Sigebertus in Chron. anno Christi 542; et Baronius tam in Notis ad Martyr. Rom. 2 Febr. quam etiam Annal. tom. VII, ad annum 544, in fin., quod circa annum 542, in Oriente sævissima lues debaccharetur, quæ adeo invaluit, ut nulli sexui, nulli pepercerit ætati, sed per quinquaginta annos fuerit propagata, et urbem Constantinopolim ita occupavit malum hoc pestiferum, ut ab initio quidem pauci, succedentibus vero annis per singulos dies quinque, vel etiam decem hominum millia fatali mortis spiculo fuerint interempta. In hac proin calamitate constitutos respexit misericordiæ suæ oculis beata Virgo, sanctoque viro revelavit, malum hoc ocius cessaturum, si festum Purificationis posthac celebraretur. Justinianus ergo imperator, ait Nicephorus, lib. XVII, cap. 28, peracta sancta synodo universali, Servatoris Exceptionem toto orbe terrarum festo die celebrari instituit, quod ubi factum, beneficio Deiparæ non sine optato fructu sedata est lues.

Huic opinioni astipulari nolunt alii historiographi, inter quos cit. Edmundus Martene, cit. loc., et Antonius Pagi in Critica Hist. Chronolog., qui utramque originem vocant in dubium, existimantes, et non absque fundamento, Purificationis festivitatem esse magis antiquam, quia exstant De Occursu Domini homiliæ SS. PP. Gregorii Nysseni, Joannis Chrysostomi, qui omnes ante Gelasium papam et imperatorem Justinianum floruerunt in sæculo quarto, neque sermones isti tractabant de Purificationis mysterio, sed de ipsa festivitate, quia Gregorius Nyssenus in terminis formalibus habet sequentia : Cujus hodie nos mysterii memoriam ce-

lebrantes. Ergo jam tum temporis festum Occursus Domini fuit celebratum. Sed utramque sententiam suo modo sustineri et conciliari posse existimant eruditi quidam auctores moderni, dum dicunt, festum hoc, jam ante in quibusdam locis celebratum, auctoritate tamen Gelasii et zelo Justiniani magis in utraque Græca et Latina Ecclesia dilatatum, communi cultu et novis cæremoniis auctum fuisse. Porro cum in hac die ab Ecclesia instituatur processio, et fideles eamdem cum luminibus comitentur, placet nonnulla afferre de mysterio cereorum, cur nempe eosdem geramus in hoc Hypopantes festo? Refero verba Innocentii III, serm. De Purif. B. V. M.: « Primum, ait, ut mos ethnicus cum Christiano ritu commutetur, et quod a stultis idolorum cultoribus ad honorem Cereris et Proserpinæ agebatur, id prudenter a piis ad honorem laudemque Virginis Mariæ convertatur. Deinde, ut, qui per Christi gratiam sunt purificati, hac cæremonia moneantur prudentes illas virgines imitari, quæ, ut evangelica docet parabola, non sine lampadibus accensis ad Christi Sponsi nuptias ingrediuntur. » Hæc ille. Accedit D. Antoninus, IV part. tit. 55, cap. 24 : « In festo Purificationis candelas accensas gestamus in manibus, lumen ardentissimæ charitatis Virginis designantes, et eam vivam in nostris operibus habere protestantes. » Multi præterea candelas a piis fidelibus ideo deferri volunt, ut Deiparam, quæ tota instar fulgentissimæ lucis rutilabat, purificatione minime indiguisse profiteantur; advertimus enim quatuor singulares proprietates et prærogativas in Virgine beata resplendentes : Integritas scilicet in carne, quæ signatur per ceram apum industria factam: istæ namque, sicut nullo inter se miscentur congressu, nulloque capiuntur libidinis sensu, ita ex Virgine Maria Salvatorem nostrum uteri integritate constantissime servata prodiisse tenemus. Et sicut cera e pulcherrimis, quos terra germinat, floribus delibata fructus est castissimæ apis ; ita Christi caro e carne suavissimo virtutum odore referta desumpta purificationem Matris salvam et integram conservavit. Per lychnum denotatur puritas in mente. Denique sanctificatio in utroque per candelæ benedictionem exprimi videtur. Ita nonnemo eleganter perorat, de hac Parthenia festivitate et cereorum usu mystice discurrens.

De hac celebritate scripsit sermonem Authbertus abbas Cassin.; alium sanctus Bruno episc. Signiæ. Exstant præterea tres homiliæ sancti Bernardi, totidemque Absol. abbatis, et sex a Guerrico conscriptæ. Agunt etiam de hujus solemnitatis mysterio Rupertus abbas, De divin. Offic. lib. III, cap. 43, nec non hujus celebritatis meminit can. 36 concilium Mogunt. quod celebratum est sub Carolo Magno.

Si ulterius eruditus lector scire desiderat, quis et qualis fuerit ritus Purificationis legalis, qualesque intercesserint cæremoniæ, et quomodo speciatim beatissima Puerpera (licet nulla fuerit purificationis necessitas, quæ supponebat immunditiam legalem, qualis procul aberat a divina Matre) adamussim easdem observaverit, sequentia ex celebratissimis Litterarum interpretibus deservire possunt : ‹ Die secunda Februarii anni Juliani 43 quæ incidebat in feriam secundam, uti computant chronologi, divina Puerpera Bethleemo progressa venit Hierosolymam suo comitata divino sponso, portans vel propriis, vel Josephi ulnis pretiosum Filium suum Jesum, secum ferens geminos quoque vel turturum, vel columbarum, tanquam destinatam sacrificiis legalibus victimam, conscensoque jugo montis Moria, templi fabricam sustentantis, in exteriori primum templi atrio substitit; puerperæ enim, quæ nondum erat legaliter purificata, non erat fas ulterius progredi, censebatur namque in oculis hominum immunda. Obtulit exinde unum turtur, seu columbæ pullum pro peccato, et aspersa aqua cinerea vitulæ rufæ, quæ erat lustralis (Num. xix, 9), post fusam sacerdotis orationem una cum Filio suo, qui erat ipsa puritas, purificata est semper Virgo purissima Maria. Processit jam Deipara ad mundorum Israelitarum atrium, quo ubi pervenit, summa cum reverentia provoluta in genua, Filium suum dilectissimum, primogenitum primogenitorum, obtulit Patri æterno, tradens et consignans eum in manus stantis sacerdotis, a quo numerato 5 siclorum argenti lytro redemit ipsum mundi pretium, humani generis Redemptorem. Siclus autem unus Hebræus in nostra moneta pro statu moderno valeret unum florenum cum uno Bazio, ut adeo mundi Salus 5 Florenis et 5 Baziis fuerit redempta. Eodem, in loco, Israelitarum atrio, alterum quoque protulit Virgo pullum in holocaustum, quem traditum sacerdoti in intimiori sacerdotum atrio juxta ritum legis Levit. i, retorto ad collum capite, ruptoque vulnere mactatum, deplumatum, et post extractam vesiculam gutturis super ara holocaustorum crematum spectavit eminus, semetipsam interea sacratione amoris flamma offerens holocaustum Deo in odorem suavitatis. › Atque hic erat ritus purificationis legalis a divina Puerpera pro nostro exemplo, ut pluribus dicemus, exactissime observatus. Jam ad textum Evangelii ascetico-moraliter exponendum accingimur, postquam præmisimus praxes pias singulis novem diebus applicandas.

PRAXES GENERALES PRO SINGULIS NOVEM DIEBUS.

I. Cum Deus voluerit, quod unigeniti Filii sui præsentatio facta sit per manus Mariæ, sic etiam maxime his diebus opera tua diurna quantumcunque levia in unione oblationis Jesu Christi offer per manus Mariæ. Unde sæpius roga purificatam Dei Matrem, ut, sicut ipsa Filium suum præsentavit in templo, ita quoque et te post hoc exsilium Filio suo præsentare dignetur ; ex hac causa familiarem tibi redde hanc precatiunculam : *Domina nostra, Mediatrix nostra, tuo Filio nos reconcilia, tuo Filio nos commenda, tuo Filio nos repræsenta.* (Eccl. in Liturg.)

II. In honorem Neonati et in templo præsentati parvuli Jesu dic singulis diebus Corollam, quæ consistere potest in duodecim Salutationibus angelicis; honorabis per hanc devotionem infantiam Jesu, et singulares propterea experieris favores. Pia quædam matrona horribilibus contra fidem et castitatem tentationibus, et illusionibus fuit divexata, ita quidem, ut etiam valetudinis suæ propter colluctationem spiritus in tantis angustiis fecerit jacturam ; postquam autem ex suggestione vener. sor. Margarithæ di Bona, ut in ejus Vita legitur, hanc devotionem usurpabat, ab insultibus dæmoniacis liberata, et sanitati ex integro fuit restituta.

III. Ut tuam gratitudinem et affectum demonstres erga mundissimam Puerperam, cujus viscera meruerunt portare Dominum Jesum, ideo antiphonam ab Ecclesia usurpatam frequentius recita : *Beata viscera Mariæ Virginis, quæ portaverunt æterni Patris Filium, et beata ubera, quæ lactaverunt Christum Dominum.* Et quia beatissima Virgo in hac sui Purificatione singulare dedit specimen puritatis, cujus proprietas est semper magis et magis purificari, ideo puritatem tuam, quam inter mille pericula in fragili corporis vase circumfers, purificatæ Virgini frequenter commenda.

IV. Sicuti sanctus senex Simeon maximo ferebatur desiderio in hac vita videndi Christum Dominum, quæ gratia etiam ipsi contigit, ita et tu omni quidem tempore, maxime tamen his diebus frequentes, eosque ferventes elice actus desiderii aspectum Dei videndi in altera vita, cum in hac mortalitate ejusmodi gratia tibi nequeat obtingere. Scribit de quodam devoto Dei famulo Vincentino Ferrarius eumdem per aliquod tempus passum fuisse pœnam damni, eo quod non habuerit efficax ex parte sua desiderium Visionis beatificæ. Insuper :

V. Quia textus evangelicus mentionem facit de Anna prophetissa, quæ non discedebat a templo, jejuniis et obsecrationibus serviens nocte et die : ideo etiam tu his diebus te in quodam opere pietatis, abstinentiæ et mortificationis exerce.

VI. Solet hæc festivitas dici *Occursus* seu *Obviatio*, quia Simeon et Anna ad templum occurrebant et obviabant Salvatori ; quapropter quia et nostro tempore in templum venit Jesus in sanctissimo Sacramento cum divinitate et humanitate veraciter præsens, sæpius cum spirituali gaudio et desiderio ipsum videndi, stringendi et osculandi occurre Deo tuo.

CONSIDERATIONES.

DIES PRIMUS.

PUNCTUM I. — *Postquam impleti sunt dies purgationis ejus secundum legem Moysi, tulerunt illum in Jerusalem, ut sisterent eum Domino.* (*Luc.* II, 22.) Considera, quod expletis post Nativitatem quadraginta diebus divina Puerpera Maria, et purissimus immaculati tori consors sanctus Josephus thesaurum suum eousque sub stabuli caligine absconditum, infantem neonatum, et mundi Salvatorem tulerint in Jerusalem, tanquam Regem Judæorum in regiam hanc gentis metropolim, non tamen, ut illi imponerent regium diadema et purpuram, sed *ut sisterent eum Domino;* quare beatissima Virgo Filiolum suum manibus tenens, flectens genua, cum summa reverentia et devotione obtulit Deo, dicens : En, Pater æterne! hic est Filius tuus, quem pro salute hominum ex me carnem sumere voluisti; ego tibi eum reddo et in solidum offero, ut disponas quod tibi placuerit, atque per eum redimas mundum. Tuus est, accipe illum, apud quem melius collocatus erit, quam apud me. Offero illum pro totius mundi salute et redemptione in odorem suavitatis ; accipe, Deus meus! oblationem hanc, Abelis illa pretiosiorem , Noe suaviorem, Abrahami sanctiorem, et omnibus, quas Moyses offerri jussit, excellentiorem; supplico igitur, ut mortalibus omnibus condones, eosque in gratiam et amicitiam recipias. Hæc dicens obtulit eum sacerdoti, quasi Dei vicario, a quo deinde quinque siclis juxta legis præscriptum eumdem redemit.

Amplissima tibi præsto est materia, cliens Parthenie, sanctas et pias cogitationes formandi de beatissima Virgine, quæ in hac purificatione singulares virtutum radios spargebat. Erat quidem in lege cautum, Levit. XII, quod mulier, si suscepto semine pepererit masculum , immunditia quadam legali quadraginta diebus esset inquinata , et dies isti dicebantur dies purificationis. Verum lex ista minime obligabat Mariam ; nam beata Virgo concepit non suscepto semine, sed virtute Spiritus sancti ; lex autem purificationis disponebat : *Mulier si suscepto semine pepererit masculum.* Præterea lex purificationis posita est propter immunditiam et sordes, quæ contingebant in partu; uti legitur Levit. XII : *Et sic mundabitur mulier a profluvio sanguinis.* Istæ autem sordes in partu Virginis non habuerunt locum, quia partus Virginis fuit purissimus. Sicut enim Virgo concepit ex operatione Spiritus sancti , sic etiam peperit Virgo, clauso scilicet utero, ita ut Christus nascens eum non aperuerit, sed penetrarit. Denique lex mandabat , quod mulier in diebus purificationis suæ omne sanctum non tangeret , quod de Virgine dictum non erat ; hæc namque, ut ait Eusebius Emiss., ipsum Sanctum sanctorum tenebat in gremio,

SUMMA AUREA DE B. V. MARIA. IV.

nio, et virgineo lacte nutriebat. Unde bene inquit mellifluus Bernardus, serm. 3, *De Purific.* : « Nihil in hoc conceptu, nihil in hoc partu impurum fuit, nihil illicitum, nihil purgandum ; nimirum cum proles ista fons puritatis sit, et purgationem venerit facere delictorum, quid in me legalis purificet observatio, quæ purissima facta sum ipso partu immaculato? Vere, beata Virgo , vere non habes causam, nec tibi opus est purificatione. » Accedit Guerricus abbas, serm. 1 *De Purific.* ita scribens : « Quid in ea purificandum permansit, imo quæ ipso conceptu plene purificata fuit? » Nullam ergo causam purificationis habuit Maria, et tamen voluit magis purificari, ut nobis manifestet eximiam suam et excellentem, qua pollebat, puritatem. Sanctissima Deipara semper quidem in magno puritatis vertice erat posita : « decuit namque beatissimam Virginem, ait D. Anselmus, ea puritate nitere, qua major sub Deo nequit intelligi ; » nihilo secius tamen , cum Dei Mater videret, se in brachiis portare Sanctum sanctorum, eumdemque fovere gremio, et lactare uberibus, purificari voluit, ut nobis relinquat exemplum, quod anima, etsi pura et sancta , ut ad Deum accedat, magis et magis debeat præparari et mundari. Quapropter hoc exemplum sanctissimæ Matris nostræ Mariæ stimulus esse debet ad puritatem et sanctitatem per nostram pœnitentiam comparandam. Si enim Maria, cum non egeret, se purificaverit, quanto magis nos, qui tot peccatis sumus oppressi, debemus nos mundare et purificare. « Quid est autem, ait eleganter pro nostra doctrina sanctus Bernardus, serm. 6, De parvis, quod dicimus beatissimam Virginem purificari? quid vero, quod ipsum Jesum dicimus circumcidi? Illa enimvero tam non indiguit purificatione, quam neque ille circumcisione. Nobis vero et hic circumciditur, et illa purificatur, præbentes exemplum pœnitentibus, ut a vitiis continentes primum per ipsam continentiam circumcidamur, deinde a commissis per pœnitentiam purificemur. » Quod ipsum etiam insinuant verba Guerrici abbat. serm. *De Purif.* : « Mater prævaricationis peccavit, et excusavit procaciter ; Mater redemptionis non peccat, et satisfacit humiliter, ut filii hominum, qui de matre vetustatis traducunt necessitatem peccandi, de Matre saltem novitatis trahant humilitatem purgandi. »

PUNCTUM II. — Considera et alias causas plurimas, propter quas purissima Virgo voluit purificari. « Voluit Maria dignissima subjici legi, ait Dionysius Carth., et quasi purgari in templo, ad dandum obedientiæ et humilitatis exemplum, ad vitandum scandalum Judæorum, ad conformandum se aliis mulieribus in licitis et honestis, et quoniam vidit Filium suum legi circumcisionis subjectum. Perfecta obedientia plus pergit, quam tenetur. » Fuit ergo Maria perfecte in sua purificatione *obediens ;* submisit enim se legi purificationis, cui non obligabatur'; imitabatur Unigenitum suum circumcisioni sponte se offerentem, et legem etiam pro se non 'latam adamussim implevit, et id, quod aliæ puerperæ ob vulgarem morem vel ex timore legis in obeundo templo, offerendo munere, redimendo filio, et observando legali ritu faciebant, id Maria singulari obedientiæ amore succensa sibi faciendum putabat. Transcendebat Maria obedientiam Saræ, quæ laudem promeruit (*I Petr.* III, 6), quia *obediebat Abrahæ , dominum enm vocans;* hæc enim, ut tanquam uxor marito, et femina viro subjecta esset, tenebatur lege ; Maria vero calex paret legi modo perfectissimo, prompte et cæce ; *prompte:* post illum diem in lege præscriptam, neque horam moratur, quo ferebat spiritus , non quo Moyses cogebat; gradiebatur *cæce,* cum nonnullo suo ac Filii probro, quasi non ex Spiritu sancto superveniente concepisset, vel non ex virtute Altissimi obumbrante peperisset Filium. « Sed nec mirum, ait D. Ambrosius, *De Purif.,* si Mater observet legem, quam ejus Filius non venerat solvere, sed adimplere ; sciebat enim, quo ordine conceperat, quo usu pepererat, et quis esset, quem genuerat; sed legem communem observans exspectavit purgationis diem. » Voluit etiam Maria evitare *scandalum ;* nam omnes eam filium peperisse viderant ; ejus autem excusationem, quod nimirum sit **Mater Dei,** non noverunt. Ne ergo scandali daretur occasio, legi se subjecit, ac aliis mulieribus conformatur, suaque exemptione et privilegio non utitur. Alia iterum purificationis causa fuit, ut novis secreti sigillis obsignaretur mysterium Incarnationis, illudque celaretur diabolo; hic enim versutissimus spiritus facillime potuisset habere notitiam, si beata Virgo præter vulgarem morem hanc purificationis consuetudinem declinasset. Per hoc autem docuit universum mundum, secreti nobis commissi sigillum, quantum fieri potest, esse obsignandum. Denique Petrus Blesensis, serm. *De Purif.,* postquam quærit, cur Dominus præsentetur, et Virgo purificetur, cum non essent astricti, ait : « Docuit nos debitis supererogare indebita, quia quanto indebita, tanto magis gratiosa. » Ex his ergo adductis causis, quæ magis principales sunt, cur beata Puerpera voluerit purificari, salutares decerpe doctrinas; disce præprimis a Maria obedientiam omnibus numeris absolutissimam, et qui hucusque non quidem debita præcipientis Dei et vicariorum ejus mandata explevisti, nunc ad exemplum purificatæ Matris etiam in supererogatoriis te exerce ; noli avarus esse erga Deum, qui quotidie tam luculenta tibi præstat liberalitatis suæ testimonia. Confundi te etiam oportet, si consideres humilitatem Virginis Mariæ. Tu enim sæpe sæpius erubescis talis apparere, qualis es in veritate; desideras videri pius et doctus, cum tamen in corde tuo improbitas et vitia nidulantur:

V.re peccator es , et opera tua, quæ alias justa videntur, sunt quasi *pannus menstruatæ* (*Isa.* LXIV, 6), qui impurissimi sanguinis maculis fœdatus nauseam movet aspicienti. Tolle ergo fastum, et deplora superbiam.

PUNCTUM III. — Postquam beata Virgo extradidit Filiolum suum sacerdoti, eumdem iterum redemit per quinque siclos; ita enim (*Exod.* XIII, 2 seqq.) lex erat posita, *omne primogenitum hominum de filiis Israel pretio redimi.* Quod pretium, ut constat Num. III, erant quinque sicli. Plura hic tibi consideranda occurrunt, cliens Parthenie ! Facta quidem fuit Patri æterno oblatio Filii sui, sed eamdem iterum reddidit mundo et hominibus, idque *venditione,* infinitam suam ea ratione liberalitatem confirmans; tantum enim abest, ut prioris donationis pœniteat, ut potius novis titulis eamdem confirmet. Hunc æterni Patris Filium emit beata Virgo, non etiam, ut sibi tantum reservet, sed redemit, ut ille in totum commodum nostrum se possit impendere. Redemit, inquam, pretio quinque siclorum, et non amplius, ex quibus agnoscere potes bonitatem Patris æterni, eo quod res adeo pretiosa Jesus Dei Filius tam levi et vili vendatur pretio, qui nos pretiosissimo sanguine suo et quinque sanctissimis vulneribus redemit et liberavit. Si reliquæ proles redimuntur siclis quinque, annon primogenitus Dei Filius plus quam millibus redimendus, quia infinite illos omnes excedit? Porro Jesus non ob alium finem emitur et redimitur, quam ut fiat hominum servus ; neque in hoc tantum stitit amor suus erga nos miseros homines : etiam paratus est suo tempore extradi et vendi a perfido discipulo inimicis suis, qui vitam ipsi auferunt, ut redemptioni nostræ finis imponatur. Vides utique, anima devota ! immensam Dei erga nos charitatem, quæ nunquam defatigatur, aut satiatur nobis bene faciendo ; age gratias pro hac liberalissima donatione Filii Dei nobis facta ; simul etiam moraliter disce, quod, si desideres tibi comparare divinæ Sapientiæ aurum *ignitum, probatum,* ipsum scilicet Christum Dominum, ut dives fias et locuples, ille quinque siclis possit acquiri, sub quibus mystice designantur, ut ait pientissime Lud. de Ponte, *quinque* sensus nostri *mortificati,* necnon quinque insignes virtutum actus, quæ nos ad gratiam, ejusque perfectionem obtinendam disponunt, viva nimirum *fides , timor Dei, dolor* de peccatis, *confidentia* de misericordia divina, et firmum Deo obediendi, ejusque voluntatem exsequendi propositum. Suadeo ergo tibi, ut emas Christum Dei Filium, et licet iste nec auro, nec argento possit comparari, et emi, poterit tamen, ne dubita, his quinque siclis. Hoc exsolve Deo Patri, et dabit tibi Filium suum unigenitum.

Cum hodie de oblatione Christi in templo instituta fuerit consideratio, ubi tam beata Virgo Infantulum Jesum, quam hic semetipsum obtulit Deo Patri ; ideo hanc oblationem ad teipsum applica, et cum magno gratitudinis affectu recogita, quod, licet Christus pro omnibus hominibus fecerit hanc oblationem, pro te tamen in particulari se obtulit, quem in memoria et corde habebat præsentem. Unde intra animæ tuæ templum æterno Patri in spiritu te præsenta, simulque cum beata Virgine et ipsomet Infantulo te offer in gratiarum actionem, quod eumdem tibi Redemptorem dederit ac Magistrum. Rogabis etiam supplex, ut oblationem hanc acceptare, et te per eam sibi reconciliare, et donorum suorum participem facere dignetur. Poteris hoc peculiare exercitium pietatis instituere sub Missæ sacrificio, ubi idem Dei Filius offertur a sacerdote, qui Patri æterno a Maria oblatus est in templo

Patronus sit sanctus Josephus, qui hujus oblationis, ad quam faciendam cum conjuge sua immaculata ivit in Jerusalem, factus est particeps.

DIES SECUNDUS.

Punctum I. — *Sicut scriptum est in lege Domini, quia omne masculinum adaperiens vulvam sanctum Domino vocabitur. (Luc.* ii, 23.) Considera, quod beatissima Virgo, et sanctus Josephus omnia perficiant secundum legem, quæ dictata est Moysi et universo Israeli (*Exod.* xiii), ut nimirum omne masculinum adaperiens vulvam, id est, primogenitus masculus, qui primo exibat de utero matris naturali modo, divinis honoribus, cultui et servitiis devoveretur in templo. Licet autem Christus Dominus sub lege præsentationis primogenitorum in templo non conprehenderetur, quia ipse subsistebat in persona Verbi, quæ nullis ligatur legibus, tum quia ipse non aperuit vulvam Matris, sed ea clausa exibat ; nihilominus tamen præceptum adimplere, et in templo præsentari voluit ob humilitatem et obedientiam, sicut voluit subjici legi circumcisionis, cui non erat astrictus : « O profunditatem scientiarum sapientiæ et scientiæ Dei ! ait D. Cyrillus in Catena D. Thomæ : offert hostias, qui per singulas hostias honoratur cum Patre, figuras legis custodit Veritas, qui legis est conditor, sicut Deus, legem custodivit ut homo. » Porro autem, sicut Deus posuit in antiquo Testamento legem, ut ipsi offerantur *primogenita;* ita etiam tu, lector Christiane! hanc obligationem tibi applica in sensu spirituali, et primogenita tua offer Domino Deo; significantur autem per illa bona opera nostra, ut observat Venerabilis Beda *in Exod.* cap. xiii, et *Luc.* ii, de primogenitis ita disserens : « Primogenita nostræ fuerunt devotionis indicium, qui omnia bonæ actionis initia, quæ quasi corde gignimus, Domini gratiæ deputare, male autem gesta redimere debeamus, dignos videlicet pœnitentiæ fructus pro singulis quinque corporis vel animæ sensibus offerentes. » Huic sanctæ Ecclesiæ doctori accedit Rabanus, qui lib. ii *super Exod.*, cap. i, hanc nobis reliquit doctrinam : « Primogenita nostra, ait, Domino offerimus, cum primordia ope-

rum nostrorum illi sanctificamus; quidquid enim ex vulva bonæ voluntatis ac bonæ cognitionis in apertum sani sermonis et bonæ operationis processerit, jure Domino competit, qui dedit ipsum bonum velle et perficere pro bona voluntate. » Quapropter, anima devota , non tantum mane primulas cogitationes tuas et opera diurna, sed etiam interdiu sæpius, quæcunque inchoas et perficis opera, offer Deo tuo, ut cedant in laudem ejus, honorem, et gloriam. Imo totum cor tuum consecra et immola toti sanctissimæ Trinitati, quod nomine primogeniti pie interpretatur Cornelius a Lapide *in Exod.* cap. xiii, vers. 2 : « Primogenitum, ait, nostrum est cor, quia illud ante alia membra primo in embryone formatur. Accipitribus dari solet cor avium, quas prædantur ; Christus e cruce prædatus est cor nostrum. Ipsi ergo illud offeramus; ipse illud nobis reddet purum, sanctum, quietum, lætum et beatum. » Hæc ille.

Punctum II. — *Et ut darent hostiam, secundum quod dictum est in lege Domini, par turturum, aut duos pullos columbarum. (Luc.* ii, 24.) Considera, quod prima quidem causa et occasio fuerit Mariæ et sancto Josepho adeundi Hierosolymam divini Pusionis legalis oblatio; altera vero, *ut darent hostiam* pro Matris simul ac Sobolis legali purificatione, secundum quod dictum et sancitum in lege Domini, Levit. xii. Dederunt autem host'am non agnum anniculum ritu divitum, sed, prout matribus pauperibus dispensavit Deus, cit. l. vers. 8, non nisi geminas levis pretii volucres, par turturum, aut duos pullos columbarum, unum in holocaustum, et alterum pro peccato pro abolenda legali immunditia tam matri, quam proli ex partus sordibus juxta communem naturæ sortem contracta. Ecce, cliens Parthenie ! in tantum supremus cœli terræque Moderator cum Matre sua sanctissima dilexit ultroneam legum, quibus non stringebatur, obedientiam ; in tantum Ditissimus voluntariam paupertatem ; in tantum Virgo nobilis de radice Jesse, et Joseph conjux ejus, de domo regia David, gerebant animum ab omni terreno cultu, pompa et ostentatione alienum. « In tantum pauper Virgo, ait beatus Odilonius, serm. *De Purif* , ut agnum, qui pro peccato offerebatur, non haberet, in tantum dives, ut Agnum peccata mundi tollentem salva virginitate generare posset. » Expende insuper mysticum sensum turturum et columbarum. Turtures et columbæ figurabant gemitum et compunctionem pœnitentis : « Quia enim, ait Beda Ven. *in Luc.* cap. ii , vers. 24, volucres istæ pro cantu habent gemitus, non immerito lacrymas humilium designant, quibus plurimum etiam in ipsis operibus indigemus. Quia, etsi bona esse, quæ egimus, noverimus, quia tamen districtius a Domino examinanda, qua a nobis perseverantia sint consummanda, nescimus. » Sicut autem duæ turtures et duæ columbæ debuerunt offerri pro holocausto et pro peccato, ideo etiam duo nobis sunt genera compunctionis consideranda, unum timoris pro peccato, alterum holocaustum amoris erga Deum et cœlestia totaliter accensum. Accedit doctor Angelicus, iii part., quæst. 37, art. 3 ad 4, hos turtures seu columbas ita exponens : « Nihilominus tamen, ait, hujusmodi aves figuræ congruunt ; turtur enim, quia est avis loquax, prædicationem et confessionem fidei significat ; quia vero est animal castum, significat castitatem. Columba vero est animal mansuetum et simplex, mansuetudinem et simplicitatem significans. Est etiam animal gregale, unde significat vitam activam : et ideo hujusmodi hostia figurabat perfectionem Christi, et membrorum ejus. Utrumque etiam animal propter consuetudinem gemendi præsentes sanctorum luctus designat ; sed turtur, quæ est solitaria, significat secretas orationum lacrymas : columba vero, quæ est gregalis, significat publicas orationes Ecclesiæ ; utrumque vero animal duplicatum offertur, ut sanctitas sit non solum in anima, sed etiam in corpore. » Licet autem evangelista non expresserit, an turtures, vel columbæ fuerint oblatæ, hoc ipsum sua non caret significatione spirituali animæ nostræ perutili ; citatus namque Vener. Beda in hunc discurrit modum : « Quia æque utraque Conditori accepta est hostia, consulte Lucas, utrum turtures, an pulli columbarum fuerint pro Domino oblati, non dixit, ne unum alteri ordinem vivendi præferret, sed utrumque sequendum, utrumque divinis cultibus doceret offerendum. » Ex his omnibus, cliens Parthenie ! salutares cape doctrinas ; exerce te in sancto pœnitentiæ luctu, geme sicut columba, et continuis suspiriis fatiga cœlum ; indue simplicitatem columbarum, neque tamen vitæ activæ opera, si salus proximi expetierit, respue.

PUNCTUM III. — Considera, quòd beatissima Virgo Maria in sua purificatione perfectissimo modo possit assimilari columbæ, de qua jam pridem divinus Columbus : *Una est columba mea, perfecta mea.* (*Cant.* ii, 10.) Columba singulariter commendatur a solitudine, munditie, simplicitate ; unde etiam ille locus, ubi columbæ includuntur, poliri debet albo tectorio, cum hoc genus avium mire albo colore delectetur, ex quo haud levis ejusdem munditiæ conjectura oritur. Quis dubitet, has proprietates columbæ optime purificatæ Virgini convenire ? Solitaria hucusque habitabat trimula Virgo in templo, postea in Nazareth, et hinc ad angeli ingressum veluti columba trepidat ; puritatis enim signum est turbari et timere, cum solus cum sola agat. Nunc vero in urbe Solimæa inter homines versatur, proceditque moribus columbinis : nam, ut notat Ælianus, lib. iii, cap. 15, licet columbæ, ubi ab hominum frequentia solitudo est, timeant et aufugiant, in multitudine tamen hominum confidentes sunt, seseque ibi nihil grave passuras plane sciunt ; sic etiam Virgo beata in adventu quidem angeli pavebat ; dum vero in publi-

cum prodit, ad templi atrium sine timore portat Filium Dei. Neque illa præcipua columbarum proprietas (de qua oraculum æternæ Veritatis : *Estote simplices sicut columbæ* [*Matth.* x, 16]) defuit purificatæ Deiparenti : lex quidem purificationis generaliter lata est ; pro Maria tamen hæc lex non est constituta : *Non enim pro te, sed pro omnibus hæc lex est constituta.* (*Esther* xv, 13.) Unde Deipara summa cum simplicitate generaliter se submisit legi, et cum esset mundissima, immunda comparere voluit, necnon vi ejusdem virtutis sacratissimum Incarnationis arcanum occultavit, purgationis opinionem patiens, ut homines sub misera peccati et dæmonis servitute oppressos emanciparet et redimeret, nostram salutem propriæ dignitati et privilegio præferens. Hæc omnia hactenus dicta confirmat Bernardinus de Bust., serm. 1 *De Assumpt.* ita discurrens : « Columba (Maria), propter simplicitatem et puram intentionem, super rivos aquarum propter gratiæ plenitudinem, lacte lota propter maximam puritatem. » Tu, cliens Parthenie, unam columbæ proprietatem pro exemplo tibi reserva ; aiunt enim, columbam balsamo, aut alio liquore aspersam agmen columbarum suo odore post se trahere. Ecce ! beatissima Virgo purificata, mundissima columba, divinæ gratiæ balsamo, et virtutum liquore perfusa, ad templum volat ; quapropter necessum habes, ut insequens virtutis exemplum non tam curras quam voles in odorem unguentorum suorum, ut misericordiam Dei in medio templi certo consequaris.

Ut hodie specialiter observes legem de offerendis Deo *primogenitis,* tuum cor, quod in homine, ut supra exposui, *primogenitum* est, singulari affectu sub Missæ sacrificio consecra, et offer Domino Deo cum efficaci desiderio, ut illud soli Deo dicatum permaneat, sitque veluti conclave mundum ab omnibus imaginibus profanis, et imperfectis cogitationibus, atque ornatum sanctis considerationibus et virtutibus Filii Dei Redemptoris nostri, necnon calidum per incessantes amoris affectus et sanctissima desideria, nihil, quod legi Dei contrarium est, admittens.

In patronam elige sanctam virginem Scholasticam, cujus vitæ integritas et innocentia in eo enituit, dum germanus frater sanctus Benedictus in cella consistens elevatis sursum oculis vidit ejus animam in *columbæ* specie cœli secreta penetrare.

DIES TERTIUS.

PUNCTUM 1. — *Et ecce homo erat in Jerusalem, cui nomen Simeon, et homo iste justus et timoratus.* (*Luc.* ii, 25.) Ut de Christo Domino commendabilius reddatur testimonium, illo ipso tempore, dum hoc grande mysterium spectante cœlo gerebatur in templo, aliud quoque memoratu dignum contigisse describit evangelista : *Homo erat in Jerusalem,* in regali hac civitate, in qua alias omne turpe vitium grassabatur, *justus,* justitia nimirum non tantum speciali, sed etiam generali, quæ virtutum omnem secum fert ornatum , *et timoratus*, timore sancto reverentiali et filiali divinam reveritus Bonitatem, veritus omnes gressus suos, nil magis cavens, quam ne in verbo, facto, vel cogitationibus offenderet Deum : verbo : *Vir simplex et rectus, timens Deum, et recedens a malo. (Job* ı, 1.) Considera, lector Christiane, quod Simeon non solum fuerit *justus*, sed etiam *timoratus*, quia difficulter justitia sine timore custoditur ; unde recte Sapiens dixit : *Beatus homo, qui semper est pavidus. (Prov.* xxvııı, 14.) In quæ verba pulchre pro nostra doctrina commentatur ven. Gallfridus in *Allegor. Titellm. :* « Ne mireris, inquit, quod timuerit justus, in quo Spiritus sanctus erat ; non enim erat vacuus coram latrone viator, et quomodo non timeret ? » Et postea subdit : « Tua, credo, securitas aut de inopia aut de ignorantia est : aut enim deest, quod possit auferri, aut deesse jam putas, quod possit auferri ; time vel ob hoc ipsum, quia te non invenis timentem. » Hoc ille. Accipe ergo documentum, anima devota , quod ille, qui multum possidet, multum timere habeat necesse, ne forte illud bonum, quod habet, et de quo non timet, aliqua occasione illi auferatur. Si sanctus Simeon timebat, ne perderet donum Spiritus sancti, profecto nos timere oportet. Unde semper in sancto timore ambula coram Deo ; time omnes gressus, et actiones tuas, ne illis forte benignum offendas Deum. Si magnas a Deo accipis gratias et illustrationes internas, time, ne illas amittas. Si te jam multum in spiritu profecisse existimas, time : si te cum Deo intime unitum esse persentis, time, non est vacuus coram latrone viator ; nescis, an gratia, an odio dignus sis coram Deo. Salutaris iste timor conservabit te in sancta compunctione ; erit causa, quod sis exactissimus etiam in minimis legum observator : non enim *timoratus* dicendus est, nisi qui minimas etiam culpas devitat, juxta illud Sapientis, *Qui timet Deum, nihil negligit. (Eccle.* vıı , 19.)

PUNCTUM II. — *Exspectans consolationem Israel, et Spiritus sanctus erat in eo. (Luc.* ıı, 25.) Inter jam recensitas justitiæ et timoris proprietates, de Simeone memorat evangelista, quod exspectaverit consolationem Israel, adventum scilicet Messiæ, qui consolaturus erat, et libertati asserturus populum suum Israel. Conceperat senex iste venerabilis ferventia adventus Christi desideria, quibus ferventes et continuas preces adjungens Christi adventum instantissime petierat ; hæc una erat ejus cogitatio, in qua totam vitam suam expendebat. Sciebat enim Simeon ex prophetiis, Christi adventum instare, ut Israelem, id est fideles ab omnibus malis eriperet, puta, tam a peccatis, quam a miseriis omnibus, partim in hac vita, partim in futura. Hanc ergo consolationem per Messiam faciendam exspectabat Simeon, cæterique pii Israelitæ. His autem virtutum ornamentis dignum se reddidit Simeon, quod Spiritus sanctus habitaret in eo non tantum

per gratiæ gratum facientis charisma, sicut in aliis justificationibus, sed per donum gratiæ gratis datæ, nimirum prophetiæ. Tria hic disce, anima Christiana ! imprimis, quod nullibi, quam in Christo, quærenda et invenienda sit consolatio fidelium ; extra Christum enim non est spes salutis, sed mera desperatio et desolatio. Unde Isaias variis in locis Christi adventum promittens, nos ad consolationem hortatur : *Consolamini*, inquit (xʟ, 1), *consolamini, popule meus, dicit Deus vester, Loquimini ad cor Jerusalem.* Et cap. ʟı, vers. 3 : *Consolabitur Dominus Sion.* Et cap. ʟxı, vers. 2 : *Spiritus Domini super me*, etc., *ut consolarer omnes lugentes.* Quod ipsum confirmat Paulus apostolus II Cor. ı, 5 : *Sicut*, ait, *abundant passiones Christi in nobis, ita et per Christum abundat consolatio nostra.* Ab exemplo autem Simeonis duas accipe doctrinas. Erat ille vir justus et sanctus, et ideo non tam sui, quam totius populi exoptabat et exspectabat salutem ac consolationem ; quocirca Cassianus, lib. ıı, cap. 21, sic ait : « Non propriam, sed totius populi exspectabat salutem, præferebat commune bonum proprio, velut qui per justitiam noverat meliora decernere. » Imo sanctus vir iste charitate fervidus tunc pro totius Israelis consolatione ac lætitia habuit Christum, cum illum in omnium gentium salutem vidit egressum, quia justus intendit bona omnibus communicari. Denique exemplo Simeonis docemur, quod magna vitæ puritas et sanctitas magnam quoque afferat homini fiduciam ad multa et magna desideranda et petenda a Deo. Sic etiam Moyses ausus est petere *(Exod.* xxxııı, 13), ut ostendat illi *faciem* et *gloriam* suam. Et Sponsa in Canticis fiducialiter petit : *Indica mihi, quem diligit anima mea, ubi pascas, ubi cubes in meridie. (Cant.* ı, 6.) Hæc æmulare charismata, hanc amplectere in Deum fiduciam : « Magna enim fides, ait mellifluus Bernardus, serm. 33 *in Cant.*, magna meretur, et quo magis confidentiæ pedem dilataveris in bonis Domini, eo a liberali ipsius manu obtinebis majora. »

PUNCTUM III. — *Et responsum accepit a Spiritu sancto. non visurum se mortem, nisi videret Christum Domini. (Luc.* ıı , 26.) Simeon, vir iste justus et timoratus, accepit responsum, seu promissum a Spiritu sancto eidem inhabitante, quod non visurus sit mortem, seu ex hac mortalitate transiturus, nisi prius per insigne privilegium, quod nec Moysi, nec Abrahæ, nec ulli veterum patriarcharum, aut prophetarum concessum erat, videre Christum Domini, tanto temporis intervallo præstolatum Messiam, Dei viventis Filium humana carne indutum. Considera, qualiter Spiritus sanctus exaudiat piarum mentium desideria. Ut enim divinus Spiritus hunc sanctum senem consolaretur, ipseque probitatis suæ præmium ferret, ejus desideriis suavi et amica respondit promissione, non visurum se mortem, nisi videret Christum Domini. Ex quo discere debemus, quanta felicitas sit, intra se habere cum gratiæ plenitudine Spiritum sanctum : *ipse* enim

Spiritus, ait Apostolus (*Rom.* viii, 26), *postulat pro nobis gemitibus inenarrabilibus*, dans nobis securitatem, quod oratio, quæ ab ipso procedit, exaudienda, et suo tempore sit expedienda. Quapropter desideria tua, et preces commenda Spiritui sancto : licet vero subinde exsecutio petitionis suæ non nihil differatur, sicut sancto Simeoni evenit, noli despondere animum propterea ; vult enim Deus nos in spe esse longanimes et fortes, ut ad illa, quæ petimus, accipienda tanto melius disponamur.

Cum in hac consideratione de desideriis videndi Christum, et factis desuper a Spiritu sancto promissis factus sit sermo, ideo te scire velim, quod hæc gratia visionis Dei, quæ justis animabus promittitur post hanc vitam, interdum ferventissimis animabus etiam in hac vita concedatur, quatenus nimirum vident ipsum Christum oculis contemplationis juxta illam beatitudinem, de qua Christus dixit : *Beati mundo corde, quoniam ipsi Deum videbunt.* (*Matth.* v, 8.) Quapropter pro praxi speciali multiplica hodie desideria tua videndi per contemplationem Christum Domini ; suspira cum D. Augustino, *Soliloq.* cap. 1, præcipue sub meditatione, sub Missæ sacrificio, dum visitas venerabile Sacramentum : suspira, inquam : « Moriar, ut te videam, et videbo, ut hic moriar. » *Videam te*, nimirum in hac vita per contemplationem, ut mihi ipsi per mortificationem perfecte *moriar*, *et moriar* hac felici morte, ut te postea videam in æterna felicitate.

Patronum elige sanctum Simeonem, cujus virtutes hic expositas te oportet imitari.

DIES QUARTUS.

Punctum I. — *Et venit in Spiritu in templum.* (*Luc.* ii, 27.) Considera, quod Simeon quidem multoties venerit in templum, id tamen, ad quod tanto desiderio anhelabat, nunquam, nisi modo, invenit, quia non propria voluntate et justitia, sed Spiritu sancto movente et excitante venit in templum visurus visionem magnam. « Sæpenumero, ait sanctus Chrysologus serm. *De occursu Dom.* in Homiliario, jam ante eo venerat (Simeon), sed propriæ voluntatis proposito ; tunc autem, quasi Spiritu sancto manuductus, opportuno venit, nempe ut factæ promissionis fidem tandem aliquando expletam videret. » Ex hoc autem docemur, bene advertit Hugo cardinalis, quod debeamus ire ad templum non propriæ cupiditatis instinctu, sed spiritu Deum venerandi; non ex nostra voluntate tantum, sed per instinctum Dei interne moti, incitati et suaviter tracti. Insuper hoc exemplum nos instruit, quod benignus Dominus sanctorum suorum mentes et gressus dirigat, ut occurrat eis res bona a Deo ipsis decreta, sicut Simeoni occurrit Christus. Quapropter etiam tu, anima Christiana, in via, qua ingrederis, pro hac directione ferventer exora Deum, ut te a malis præservet incursibus. In hunc finem exclama cum Psalte regio : *Vias tuas demonstra mihi, et se-*

mitas tuas edoce me. (Psal. xxiv, 4.) Et iterum : *Gressus meos dirige secundum eloquium tuum. (Psal.* cxviii, 76.)

Punctum II. — *Et cum inducerent Puerum Jesum parentes ejus, ut facerent secundum consuetudinem legis pro eo, et ipse accepit eum in ulnas suas. (Luc.* ii, 27, 28.) Postquam Puerum Jesum gestatum brachiis intra templi adyta introduxerant parentes ejus, Maria Mater, cujus viscera meruerunt portare Dominum Christum, et Joseph pater ipsius putatitius, qui, licet non erat pater jure naturalis generationis, gaudebat tamen hoc nomine ex communi hominum opinione, necnon adoptionis, justarum nuptiarum, et nutritionis titulis, ut facerent secundum sanctionem et consuetudinem legis : hoc, inquam, cum fieret, ecce Simeon vir iste justus, timoratus, et Spiritu sancto plenus, sive ex prodigioso quodam externo signaculo, fulgore forte cœlesti, vel Infantis vultum, vel Infantis bajulam Matrem irradiante, sive ex divini Spiritus intus loquentis instinctu, statim agnovit *Christum Domini* suis promissum oculis, et anhelatum votis, non autem, quod amoris est indoles, satis habuit vidisse, sed limites divini oraculi prætergressus manibus gestiit contrectare Filium Dei unigenitum; illum ipsum enim qui portat orbem, in ulnas suas accepit, strinxit amplexibus, appressit ori et cordi, certantibus inter se fidei ardore et amoris teneritudine neonatum Infantem Messiam salutavit ante tot sæcula promissum, et nunc tandem inventum et manutentum. Expende hic inprimis, anima devota! quam liberalis et fidelis sit Spiritus sanctus in explendo quod Simeoni promiserat; plus enim fecit quam promisit. Dixerat enim, non visurum ipsum prius mortem, quam videret Christum, nunc vero etiam illi facit facultatem accedendi ad ipsum, accipiendi in ulnas, stringendi, exosculandi, et cum magno solatio animæ suæ tenendi. Vere *potens est Dominus*, ait Apostolus (*Ephes.* iii, 20), *omnia facere superabundanter, quam petimus et intelligimus.* Annon etiam tibi vires crescunt et animus tanto Domino fideliter serviendi, qui in promittendo adeo largus est, et in reddendo adeo exsistit liberalis? Imo, si recipiens suam ostendit fidelitatem, plura præstat, quam promittit. Alterum, quod consideratione dignum, est ingens hujus viri lætitia, superabundans gaudium, et amabilis affectus, dum Puerum Infantem vidit, tetigit et amplexatus est. Certe mirabilem in animo persensit satietatem, sufficiens hoc æstimans præmium laborum omnium prolixæ vitæ præteritæ, ut adeo nil amplius, nisi vitæ finem in pace exspectarit. Per hoc autem salutare reliquit documentum, quod solus Deus nobis debeat sufficere, propter quem omnia, cum Apostolo (*Philip.* iii, 8) debemus arbitrari ut stercora, ut ipsum lucrifaciamus; in ipso enim habemus omnia, quæ possumus desiderare : si viva fide illum respicimus , quid amplius cupimus videre? Si arcta charitate amplectimur, quid aliud possumus possidere? si noster est totus quantus , nihil sane nobis potest deesse. Denique etiam suo non caret fructu animæ nostræ applicabili , quod, licet in templo , in quod a parentibus inductus est Puer Jesus, varii fuerint omnis status et conditionis homines, nobiles, plebei , legisperiti ; de nullo tamen legitur, quod Christum agnoverit, et desideraverit, quam solus Simeon cœlesti lumine illustratus : sic etiam nostris temporibus multi quidem veniunt in templum ; sed pauci Jesum in sanctissimo Sacramento præsentem debite agnoscunt , et ita venerantur, ut mererentur eum in cordibus recipere , et donorum ejus cum gaudio participes fieri. Quapropter tu imitare Simeonem , et spiritu veni in templum , ubi vere Jesus est; fruere ipsius felici aspectu , et vehementer exopta eumdem in ulnas tuas accipere , stringere et osculari.

Punctum III. — Considera ulterius, quod sanctus Simeon, præterquam quod Jesum corporaliter portaverit in ulnis suis, eumdem stringendo, amplectendo et osculando, insimul etiam spiritualiter portaverit, quatenus ejus virtutes imitabatur. Emicabat humilitas et mansuetudo Jesu in Simeone ; zelus divini honoris, quem Parvulus Jesus ostendit in templo, erat etiam in Simeone. Verbo : Totum in se ferebat Jesum non tantum corporaliter in ulnis, sed etiam spiritualiter in toto corpore per imitationem suarum virtutum. O anima Christiana! etiam nos oportet portare Filium Dei, quod a nobis exigit Paulus apostolus (I Cor. vi, 20): Glorificate, et portate Deum in corpore vestro. Possumus autem portare Jesum tam corporaliter per frequentem sacram communionem, ubi nos sacerdotes ad instar Simeonis in ulnas nostras recipimus, vel saltem cuilibet communicanti per manus sacerdotis in ulnas extrahitur, quam spiritualiter, imitando virtutes Jesu. « Christus audiatur in lingua, ait sanctus Petrus Dam. tom. II, serm. 8, Christus videatur in vita : Christus in corde, Christus in voce. » Porta ergo Christum in corpore tuo ; porta illum in oculis per puritatem ; porta Christum in genis per verecundiam ; porta Christum in ore per silentium ; porta Christum in manibus per modestiam ; porta Christum in omnibus moribus tuis per honestam et religiosam conversationem ; porta Christum in verbis et sermonibus per veritatem ; porta Christum in mente per mansuetudinem, in corde per humilitatem, in omnibus membris per aequelam et imitationem, donec totus in te formetur Christus. Si ita spiritualiter et corporaliter cum Simeone portaveris Jesum in corpore tuo, etiam de te verificabitur, quod hic sanctus senex expertus est : Factum est ut moreretur et portaretur ab angelis in sinum Abrahæ. (Luc. xvi, 22.)

Cum non sit dubitandum, sanctum Simeonem

illud tempus, quo Puerulum Jesum portabat in ulnis, magno animæ suæ fructu inter heroicos virtutum, amoris præcipue, actus impendisse , sic etiam, quia in sacrificio Missæ vel propriis manibus, vel in sacra communione ex manu sacerdotis recipis, et corporaliter portas Dei Filium veraciter sub speciebus panis contentum, ideo et tu illa aurea temporis momenta post sacram communionem diligenter impende ; cogita quod Jesum portes in ulnis tuis, et in corpore tuo. Quapropter noli negligere tam opportunam occasionem ; elice ferventes amoris actus, deplora coram Puero Jesu tua peccata et imperfectiones, pete novas gratias, propone tuas tam corporales, quam spirituales necessitates ; et hæc sit praxis specialis, quam et omni die quoties celebras, vel ad mensam accedis eucharisticam, sancte poteris observare.

Multis sanctis animabus Jesus Infantulus a Deipara Virgine datus est in ulnas, quo tempore magnas a Deo acceperunt gratias, et mirifice profecerunt in spiritu. Hæc gratia inter alios obtigit sancto Antonio Paduano, sancto Cajetano, sancto Felici de Cantal, sancto Stanislao, sanctæ Rosæ, et aliis, ex quibus tibi elige patronum.

DIES QUINTUS.

Punctum I. — Et benedixit Deum, et dixit : Nunc dimittis servum tuum, Domine, secundum verbum tuum in pace. (Luc. ii, 28, 29.) Simeon, inter brachia sua amplexans, et ad sinum pectusque suum ardentissime et suavissime applicans divinum Infantulum, benedixit Deum, ex abundantia cordis eructans verba divinæ laudis et glorificationis. Et sicut cygnus candidus jamjam moriturus suavissime canit, ita Simeon canitie sancta candidus jamjam moriturus cygneum et suavissimum edit canticum ; dixit enim : Nunc dimittis servum tuum, Domine, secundum verbum tuum in pace. Quasi diceret : Nunc jam obsecro, Domine, dimitte me servum tuum liberum a corpore mortis hujus, solutum a carnis vinculis, ut moriar in pace, translatus ex hac miserarum valle ad pacem et quietem, qua Patres perfruuntur in sinu Abrahæ; jube me migrare de hoc ergastulo secundum verbum tuum, quo mortalem vitam eo usque, nec ultra prorogandam condixeras, usquedum hi oculi mei natum intuerentur Christum Dominum; nunc enim libens et lætus morior ; satiatus est animus meus in omni re, quam videre cupiebat ; vidi Christum quem unice amplecti desiderabam, nil jam amplius in hoc mundo exopto. Expertus ergo sanctus Simeon in hac vita divinas promissiones impleri, et centuplum se recepisse pro omnibus, ideo per hanc experientiam plurimum in spe confirmatus de promissis in futura vita cupiebat dissolvi, ut citius perveniat ad præmium. Certe cum Davide dicere potuit : In pace in idipsum dormiam, et requiescam, quoniam tu, Domine, singulariter in spe constituisti me. (Psal. iv, 9, 10.) Discamus et nos exemplo Simeonis, et aliorum, habere desiderium transeundi ex hac vanitate, et vitæ ærumnis ad veram et beatam vitam in cœlis ; assuescamus sæpe sæpius multiplicare desideria ad visionem in cœlis, et postulemus maxime in sacra communione, sacrificio Missæ, tempore meditationis, psalmodiæ a Deo in pace, seu, ut exponit Origenes, in gratia et amicitia cum Deo, sicut justi mori solent, dimitti : ‹Qui autem vult dimitti, › ait sanctus Ambrosius apud Cornelium a Lapide, hoc loco, ‹ veniat in templum, veniat in Jerusalem, exspectet Christum Domini, accipiat in manibus verbum Dei, complectatur operibus, velut quibusdam fidei suæ brachiis ; tunc dimittetur, ut non videat mortem, quia viderit vitam.

PUNCTUM II. — *Quia viderunt oculi mei Salutare tuum, quod parasti ante faciem omnium populorum.* (*Luc.* II, 30, 31.) Assignat causam sanctus Simeon cur a Deo petat, et desideret *in pace* dimitti, *quia* nimirum ait, quod votorum et desideriorum præsentis vitæ summa erat, *viderunt oculi mei* diu desideratum *Salutare tuum*, salutis Reparatorem, quem misisti in mundum, et pro salutis signo statuisti *ante faciem*, ante oculos in conspectu non unius Hebrææ gentis, sed *omnium*, quotquot orbis concludit, *populorum*, ut quicunque antiqui serpentis morsu percussi obtutum fidei in eum defigerent, salutem hauriant, et vitam æternam. Hoc Salutare, scilicet Salvatorem Christum, quem solus vidit Simeon, contrectavit, et amplexus est ; hoc, inquam, Salutare prisci Patres ferventissimis exoptarunt desideriis. Ita desiderabat Jacob (*Gen.* XLIX, 18) : *Salutare tuum* (Salvatorem nempe ex Juda, et posteris meis nasciturum) *exspectabo, Domine*. Et pluribus in locis Psalmographus : *Defecit in Salutare tuum anima mea. Oculi mei defecerunt in Salutare tuum, Domine*. (*Psal.* CXVIII, 81.) Et : *Redde mihi lætitiam Salutaris tui*. (*Psal.* L, 14.) *Ostende nobis misericordiam tuam, et Salutare tuum da nobis*. (*Psal.* LXXXIV, 8). Hæc ardentia suspiria et desideria sint tibi documentum, qualiter te præparare debeas per affectus ardentes ad sacram communionem, ubi tibi obtingit gratia, et facultas videndi hoc *Salutare* , quod pro solatio animæ nostræ præparavit Deus, ut non tantum illius perfruamur aspectu, sed illum etiam omnino (quæ gratia Simeoni non contigit) intra cor nostrum vere recipiamus.

PUNCTUM III. — *Lumen ad revelationem gentium, et gloriam plebis tuæ Israel.* (*Luc.* II, 32.) Priusquam canticum suum finiat sanctus Simeon, magnalia deprædicat de Salutari, quod viderat ; volebat enim dicere : Messiam et Salvatorem Christum dedisti, parasti, et misisti, o Deus ! ut sit *Lumen ad revelationem gentium*, ut detracto idololatriæ errorum et vitiorum velamine revelaret, aperiret, illuminaret oculos cæcorum gentilium, juxta vaticinium Isaiæ (XLII, 6, 7) dicentis : *Dedi te* (o Christe) *in fœdus populi, in lucem gentium, ut aperires oculos*

cæcorum, et educeres de conclusione vinctum, de domo carceris sedentes in tenebris. Et iterum (cap. XLIX, 6) : *Ecce dedi te in lucem gentium, ut sis salus mea ad extremum terræ*. Sed dedisti Filium tuum non tantum ut lumen, sed insuper tanquam singularem *gloriam*, decus, et ornamentum plebis tuæ *Israel*, populi nimirum Judaici, cum nihil magis gloriosum, lætum et honorificum accidere poterat plebi Israeliticæ, quam suscepisse Messiam Dei Filium, suis promissum patribus, suo stemmate natum, contribulem suum et consanguineum, qui cœlesti doctrina, vita, et miraculis cohonestaret, sanguine proprio purpuraret, Resurrectionis et Ascensionis gloriosis mysteriis cœlo prope æquaret solum patrium, terram Juda, ibidemque prima jaceret Ecclesiæ fundamenta. Disce ex his, anima Christiana, quod Jesus sit verum lumen ad illuminandas cæcas hominum mentes, ad dispellendas tenebras peccatorum : quod maxime applicari potest ad Jesum in sanctissima Eucharistia, de quo Christi discipulus : *Erat lux vera, quæ illuminat omnem, hominem venientem in hunc mundum.* (*Joan.* I, 9.) Et licet hoc lumen aliquantulum obscuratum, et sub nube accidentium panis contectum esse videatur, nihilominus tamen est ille Sol, qui in terris natus est de Virgine, et modo in cœlis ad Dei Patris dexteram lucet gloriosus. Beatissimum hoc Lumen longo verius et perfectius nos illuminat, quam omnis lux corporea, quæ umbra potius, aut obscuritas esset in comparatione Lucis hujus spiritualis, a qua omnes fideles et sancti suum fidei, et gratiæ lumen hauserunt, hauriunt et haurient usque ad sæculi consummationem, ut adeo quilibet suæ tribuat culpæ, qui hoc Lumen recusat accipere. Est autem tibi magna necessitas ab hac luce illustrari ; cæcus enim es ; tenebræ, et cæcitas circumdederunt oculos tuos, quoties audes offendere Deum, tuamque animam æternæ salutis periculo exponere, et adhuc dices, te non esse miserum et cæcum ? Non est major cæcitatis materia, quam tenebræ peccati : ‹ Cæcus est, ait D. Gregorius, I p. *Pastor.* cap. 11, qui supernæ contemplationis lumen ignorat, qui præsentis vitæ tenebris pressus, dum venturam lucem nequaquam diligendo conspicit, quo gressus operis dirigat, nescit. › Necessum ergo habes, o peccatrix anima ! ut aperiantur oculi tui. Quapropter tempore sacrificii Missæ, sacræ communionis, quotidianæ visitationis, cum cæcitatem expone Christo Domino, et insimul ferventissimis insta precibus, ut te tanquam lux fulgentissima illuminet, specialiter autem huic Lumini commenda tuam ultimam mortis horulam, quia in hac majori opus habemus illustratione ; quot enim, amabo ! alias illuminatissimæ animæ, in ultima vitæ lucta, nescio quo inscrutabili Dei judicio, densis ignorantiæ tenebris impletæ, cæcitate cordis pervertebantur, suæque æternæ salutis fecerunt dispendium ? Dic confidenter cum regio Psalte :

Illumina oculos meos, ne unquam obdormiam in morte, ne quando dicat inimicus meus : Prœvalui adversus eum. (Psal. xii, 4.)

Refectus hodie divino epulo devote suspira cum Simeone, quasi præ gaudio moriturus : *Nunc dimittis servum tuum in pace, quia viderunt oculi mei,* imo fauces meæ gustarunt, et stomachus meus intra se recepit *Salutare tuum.* Si autem pro te non sit dies communionis, hoc exercitium saltem aliis diebus in praxin deducito. In *Vita sanctæ Mariæ Ægyptiacæ* legitur, quod tempore mortis suæ a sancto Zosimo Eucharistiam (quam per 40 annos, quibus vixerat in deserto, non suscepit) percipiens, præ devotione lacrymans et jubilans cantaverit : *Nunc dimittis, Domine, servam tuam secundum verbum tuum in pace.* Post quæ verba animam statim suo Creatori reddidit.

Dies hodierna sit sub patrocinio sancti Pauli apostoli, qui ex desiderio ad æterna suspirabat, dicens : *Cupio dissolvi, et esse cum Christo. (Philipp.* i, 23.)

DIES SEXTUS.

Punctum I. — *Et erant pater ejus et Mater mirantes super his, quæ dicebantur de illo. (Luc.* ii, 33.) Absolvit venerabilis Simeon inter neonati Messiæ amplexus suum exstaticum canticum, quod omnium quidem astantium aures tenebat attentas, et animos, Mariæ tamen præprimis, et sancti Josephi, utpote qui de divinæ Incarnationis arcanis jam ante eruditi altius perspiciebant, ait quidam Litterarum interpres, Simeonici de Parvulo oraculi sensum, vim et energiam. Quapropter et evangelista teste erant ipsi, pater nimirum ejus nutritius, et Mater mirantes super his, *quæ* dicebantur de illo, non quasi nova forent illis, et prius incognita, sed quod cum tanto spiritu palam a Simeone prædicarentur, et quia de Dei magnalibus toties admiratio, quoties memoria, renovatur. Considera igitur, quod res divinæ, altaque mysteria, dum nostrum superant intellectum, licet nota sint, denuo tamen renovata, et mentibus nostris impressa admirationem causent. « Transcendentium rerum notitia, ait auctor Græcus in *Catena,* quoties in memoriam venerit, toties renovat in mente miraculum. » Quapropter, quotiescunque legis, vel audis sermonem de divinis mysteriis, et ejusdem magnalibus, reassume occasionem illa novo spiritu tacite laudandi, admirandi et magnificandi, quamvis jam prius horum mysteriorum habueris notitiam et scientiam. Imitaberis proin Mariam, quæ quidem jam antea per angelicam Annuntiationem, vel per Spiritus sancti revelationem optime agnoscebat omnia ; quia tamen hæc Dei mysteria novo proponebantur modo, et hæc audierat in templo coram omnibus publice et manifeste a Simeone, prophetico spiritu loquente, ideo admirata est super his, quæ dicebantur de tuo Filiolo amantissimo Christo Jesu.

Punctum II. — *Et benedixit illis Simeon, et dixit ad* Mariam Matrem ejus : *Ecce positus est hic in ruinam, et in resurrectionem multorum in Israel. (Luc.* ii, 34.) Postquam sanctus Simeon in suo cantico cum Patre cœlesti collooutus est, verba facere incipit ad temporales parentes Jesu ; unde in suis propheticis eloquiis ulterius pergit, quia linguam ipsius insidens Spiritus sanctus reddebat disertam, prius tamen illis benedixit, beatam prædicans Mariam, quod talem et tantum edidisset Filium ; beatum Josephum, quod divinam educaret Prolem, hujusque sit constitutus nutritius ; gratulabatur utrique felicem sortem, et tam prosperum initiis exitum precatus toti orbi fortunatum, per hanc lætam, et suavem allocutionem præparabat et confortabat animum ad tristia, et amara statim proponenda : quia tamen ista non tangebant sanctum Josephum, ad tempus Passionis non supervicturum, ideo *dixit ad Mariam Matrem ejus : Ecce positus est hic in ruinam, et in resurrectionem multorum in Israel.* Quasi diceret : Hic Filius tuus, o Maria ! datus quidem et paratus in salutem omnium populorum, ita tamen positus et constitutus est Salvator omnium, ut salva mortalium libertate in effectu suo indirecte futurus sit in ruinam, exitium et damnationem multorum, et, uti prædixit Isaias, viii, 14 : *In lapidem offensionis, et petram scandali,* illis nimirum, qui humilitate, paupertate, passione et crucis supplicio offensi, absterriti et scandalizati recusant eum agnoscere et suscipere Messiam. Nihilo secius tamen a contrario positus est etiam *in resurrectionem multorum in Israel,* qui credentes in ipsum, ejus erecti meritis, a morte peccati ad novam gratiæ vitam, ad spem salutis, et beatam filiorum Dei sortem resurgent. Considera ex his, quod sanctus Simeon solum de ruina *in Israel* faciat mentionem ; quamvis enim non tantum ex solo Judaico populo, sed ex gentibus universis aliis ruinæ occasio, aliis salutis causa futurus erat, Israelitico tamen populo promissus Messias venit primario ad salvandas oves, quæ perierunt, domus Israel. (*Matth.* xv, 24.) Illorum autem ruinas maxime dolet Christus, quibus tot impendit gratias et beneficia, ex quorum numero etiam tu es, anima dilecta ! Cave, ne per culpam tuam hic Redemptor positus sit in ruinam.

Punctum III. — *Et in signum, cui contradicetur.* (*Luc.* ii, 34.) Positus est insuper Filius Dei, insinuat ulterius sanctus Simeon, in signum, cui contradicetur, sive, ut de eo prædixit in suis Lamentis Jeremias (*Thren.* iii, 12), quasi signum ad sagittam, quasi meta et scopus suspensus super palo crucis, in quem Judæorum contradictiones tam verbales, quam reales, velut nequissima tela collimabunt, et quem instar signi sagittarii expositi confIgent atque confodient. Inter plures expositiones, quas hic agglomerant de signo contradictionis Litterarum interpretes, unam tibi ad fructum spiritualem elige : *Signum* hoc, cui a multis fuit contradictum, fuit Crux, Crucifixio, et Passio Domini nostri Jesu Christi de quo

signo contradicto Apostolus scribit : *Nos autem præ-dicamus Christum crucifixum, Judæis quidem scanda-lum, gentibus autem stultitiam (I Cor.* i, 23). Et Beatus Presbyter, lib. i, apud Sylv. hoc loco ait :
« Quid est hoc signum, cui contradicetur, nisi Crux, nisi Passio, sputa, probra, vincula, colaphi, alapæ, clavi, amaritudo fellis, mors, laneea, sepultura? Sicut et ipse Dominus signum mortis suæ annuntians ait (*Matth.* xvi, 4) : *Generatio mala et adultera signum quærit, et signum non dabitur ei, nisi signum Jonæ prophetæ.* » Examina te, anima Christiana, an non fortassis sæpenumero contradixeris huic signo, Christo Domino, qui in ligno crucis suspensus factus est signum, meta et scopus omnium malevolarum contradictionum? Si audes peccato gravi Deum offendere, de novo tibi Christum velut signum exponis in palo crucis, ad quod, quantum est ex te, nequissima tela evibras malitiæ tuæ, juxta illud Apostoli : *Rursum crucifigentes sibimetipsis Filium Dei, et ostentui habentes (Hebr.* vi, 6).

Quoties pertransis imaginem Crucifixi, paululum subsiste, et devota mente recogita, hic affixum esse signum, quod olim quidem non tantum malevoli Judæi Scribæ et Pharisæi per opprobria, calumnias, blasphemias, per flagella, spinas, clavos et lanceas confodiebant, sed cui, proh dolor ! in hunc usque diem multi per vitia et peccata, per difformem a moribus et vita Christi conversationem contradicunt. Quapropter compatere Jesu patienti, et novos reassume spiritus, nunquam per aliquod peccatum huic signo contradicendi, sed semper amandi crucem, quæ est signum nostræ salutis. Insimul etiam pio affectu precare Christum crucifixum, ut sanctissima Passio sua tibi non sit posita in ruinam, sed resurrectionem gloriosam, et vitam æternam.

Patronus optime eligi potest sanctus Joannes evangelista, qui solus sub cruce (aliis discipulis aufugientibus, et saltem aliquo modo contradicentibus) cum Matre Dei huic signo in cruce suspenso non contradixit.

DIES SEPTIMUS.

Punctum I. — *Et tuam ipsius animam pertransibit gladius, ut revelentur ex multorum cordibus cogitationes. (Luc.* ii, 35.) Impositurus finem suis eloquiis vaticidus Simeon dicere voluit ad Mariam : Non tantum hic Filius tuus in virum dolorum evadet, despectum, et novissimum virorum, et tandem sicut ovis ad occisionem ducetur, sed et tuam ipsius animam pertransibit ipse Passionis gladius utraque parte acutus, gladius linguæ et contradictionis in probra et calumnias exacuendus, hic tuam animam, non tantum corpus, intimo compassionis dolore sauciabit, replebit amaritudine, inebriabit absinthio, eritque magna, velut mare, contritio tua. Præterea etiam tota amarissima Filii tui Passio id quoque efficiet, *ut revelentur ex multorum cordibus cogitationes,* ut palam fiat, quo quisque in Messiam sit animo, an pio et fideli cum

Josepho Arimathæo, Nicodemo, apostolis et mulieribus Christi sequacibus (de his enim, ut interpretatur inter alios illuminatus Sylveira, locutus est Simeon, qui moti exemplo beatissimæ Virginis, quæ Christum in Passione sua comitabatur, ei etiam associati sunt), an vero impio, incredulo, perfido cum hypocritis, Scribis et Pharisæis, principibus sacerdotum, et perfidis Judæis. Recogita hic, cliens Parthenie, filiali in Matrem tuam amantissimam affectu, quam profunde cor tenerrimum Virginis tam amara de Passione Filii sui penetrarint; hie enim gladius, de quo Mariæ per Simeonis prophetiam prædictum est, erat dolor acerbissimus posthac ex Passione Christi in anima beatissimæ Virginis causatus, et hic dolor vehementissimus exstitit de tota Christi Passione, tum, quando eum vidit crucem bajulantem, et in ea pendentem, tum etiam, quando audivit latam mortis sententiam, quando conspexit flagellationem aliaque, quibus obrutus erat, tormentorum genera. Hanc dolorum acerbitatem expendentes sancti Patres Mariam non solum martyrem, sed plusquam martyrem deprædicant. « Alii namque sancti, ait eleganter D. Hieronymus serm. *De Assumpt.,* etsi passi sunt in carne, tamen in anima, quia immortalis est, pati non potuerunt; beatissima vero Dei Genitrix, quia in ea parte passa est, quæ impassibilis habetur, ideo, ut fatear, quia spiritualiter, et ejus caro passa sed gladio Passionis Christi, plusquam martyr fuit. » Similiter D. Ildefonsus, serm. 2, *De Assumpt. Virginis :* « Etsi corpora martyrum, inquit, pro Domino supplicia pertulerunt, nihilominus hæc admirabilis Virgo in anima passa, teste Domino, comprobatur; ait enim Simeon : *Et tuam ipsius animam pertransibit gladius.* Quod si gladius usque ad animam pervenit, quando ad crucem stetit fugientibus apostolis, cum videret Dominum pendentem, etiam plusquam martyr fuit, quia in animo non minus amoris, quam mœroris est, intus gladio vulnerata. » Et profecto intensum hunc Virginis dolorem facile metiri licet ; erat enim Christus passus Filius ejus unice dilectissimus, quem propriis oculis vidit tam longo tempore acerbissimos pati cruciatus, totque in eum conjici blasphemias; si ergo mensura et æstimatio doloris est amor, quantus non erat cruciatus, videre illum inter tot atrocia tormenta illusum, flagellatum, condemnatum, crucifixum, imo in ipsa cruce ab omnibus derelictum! illum, inquam, quem summe, et plusquam seipsam amabat, ita ut longe maluisset illa pati et crucifigi; unde magis doluit de ejus Passione et cruce, quam de sua propria doluisset. Quapropter compatere afflictissimæ Deiparenti, Mariophile, et pete humillime ab illa, ut tibi quamdam doloris particulam communicet, vi cujus etiam, velut illa, possis compati Dei Filio ; valde enim salutare est, dolores crucifixi Domini nostri sæpius doloroso et amaroso affectu meditari, illisque compati.

Punctum II. — Considera, cur Deus permiserit tam amaram de gladio Passionis prophetiam, quæ in sua amantissima Matre tam exacte fuit adimpleta. Plures causæ nobis sunt expendendæ. Primo : Deus voluit, beatissimam Virginem tam graves perpeti dolores, ut fiat manifestum, quod non nisi per pressuras et labores perveniatur ad æternæ felicitatis resurrectionem ; unde nec propriæ Matri pepercit Deus, quin gravissimas sustineat ærumnas. « O Domine Jesu ! exclamat D. Amadeus hom. 5, De martyrio, terribilis in consiliis super filios hominum, nec Matri tuæ pepercisti, quin gladius animam suam pertransiret. Hac nobis per igneum gladium atque versatilem transeundum omnibus in communi ad lignum vitæ, quod est in medio paradisi.» Secundo : Ostendere voluit Deus, quod suis dilectis animabus pro singulari favore et gratia mittat dolores et labores; hi etenim magni æstimantur a Deo, et non nisi pro singulari beneficio conceduntur. Quam causam nobis insinuat card. Petrus Damiani lib. VIII, epist. 14, et ult. Ad sor. : « Et tuam, ait, ipsius animam pertransibit gladius; si enim omnipotens Deus hujus vitæ prospera magni penderet, nullatenus ipsam singularem, et perpetuam Virginem, ex qua incarnari dignatus est, affici doloribus permisisset. » Præterea, licet beatissima Virgo fuerit immunis ab omni macula originali, et eo ipso dolores non fuisset promerita, nihilominus tamen pati voluit cum Filio, et illa sustinere ob ejus amorem, quæ innocentissimus Agnus iste pro nobis portavit, ut ex his nos habeamus documentum, ut ob Christum passum omnia in mundo contemnamus, et ipsum imitantes omnes dolores et labores suavissime amplectamur. Hæc patiendi motiva altius cordi tuo imprime, Mariophile ! gaude, et lætare in Domino, si tibi adversa obtigerint, noli esse impatiens, noli querelas effundere, sed exosculare manum Dei, qui omnia permittit ad tuam salutem, et tunc semper cum Paulo apostolo superabundabis gaudio in omni tribulatione tua.

Punctum III. — Considera, quod sub beatissima Virgine in Passione Filii sui gladio doloris transverberata mystice intelligi possit sancta Mater Ecclesia, quæ etiamnum de spirituali filiorum suorum morte et interitu acerbissime dolet. « Sed et usque hodie, ait Ven. Beda in Luc. cap. II, 36, et usque ad consummationem sæculi præsentis Ecclesiæ animam gladius durissimæ tribulationis pertransire non cessat, cum signo fidei ab improbis contradici, cum audito Dei verbo multos cum Christo resurgere, sed plures a credulitate ruere gemebunda pertractat, cum revelatis multorum cordium cogitationibus, ubi optimum Evangelii sevit semen, ibi zizania vitiorum vel plus justo prævalere, vel etiam, quod dictu grave est, sola germinare et regnare conspicit. » Hæc ille. Fortassis et propter te, tuamque malam vitæ conversationem sæpenumero animam Matris nostræ Ec-

clesiæ gladius doloris pertransiit : si resistis divinis inspirationibus, si negligis Ecclesiæ ejusque vicariorum admonitiones, et multo magis si Deum gravi peccato audes offendere, Mater tua acerbissime dolet de morte tua spirituali, et manifesto periculo interitus. Quapropter nullam præbe ex parte tua dolendi causam, sed vitam tuam ita institue, ut sis et permaneas tam sanctæ Matris filius obediens, et filius magnæ consolationis.

Sicut in priori die pertransiens imaginem crucifixi de Christo Domino, velut signo in palo crucis exposito, tuam fecisti considerationem, ita hodie pro praxi speciali, quoties pertransis imaginem dolorosæ Matris, vel stantis sub crucem, vel alio quocunque modo cum gladio doloris propositæ, subsiste paululum, et primo quidem tenerrimum compassionis affectum elice, postea beatissimam Virginem per dolores in morte Filii sui exantlatos obsecra, ut te in extrema tuæ mortis horula defendere dignetur, utque tibi infundat divini amoris dulcedinem, ex qua omnis amaritudo mortis reddetur dulcis et suavis. Hæc petitio per ejus dolores erit valde efficax : quam efficaciam, ut testatur P. Paulus Barry S. J. in An. Marian., beata Angela de Fulginio experta est.

Patronus sit sanctus Bernardinus Senensis, qui de hoc doloris gladio meditatur, et ita scribit hom. 2, serm. 61, art. 3, cap. 2 : « Tantus, ait, fuit dolor Virginis, quod, si in omnes creaturas divideretur, omnes subito interirent. »

DIES OCTAVUS.

Punctum I. — Considera, quod sub persona hujus sancti et venerabilis senis (qui hucusque prophetaverat, et cujus verba ad calcem perduximus) mysticus nobis proponatur sensus consideratione dignissimus. In Simeone namque sene et justo denotatur vetus et animalis homo, justitia imperfecta, quæ ex lege est, nec non sæculum inveteratum. Econtra in Infante Christo novus homo secundum Deum creatus significatur. « Sed et tropice, ait mysticus interpres Beda Venerab. in Luc. cap. II, 27, accipit Simeon Christum, veteranus Infantem, ut doceat nos exuere veterem hominem, qui corrumpitur cum actibus ejus, et renovato spiritu mentis nostræ induere eum, qui secundum Deum creatus est in justitia, et sanctitate, et veritate, hoc est deponentes mendacium, loqui veritatem, et cætera, quæ ad novi hominis statum pertinent, ore, corde et opere perficere. Accipit senior justus secundum legem et timoratus Puerum Jesum in ulnas suas, ut significet justitiam operum, quæ ex lege erat (quis enim nesciat, opera per manus et brachia solere figurari?), humili quidem, sed salutari fidei evangelicæ gratia mutandam. Accipit senior Infantem Christum, ut insinuet, hoc sæculum, quasi senio jam et longæva ætate defessum, ad innocentiam, et, ut ita dixerim, infantiam Christianæ conversationis rediturum, et, sicut aquilæ, juventutem illius esse renovandam. » Utinam caperes et intelligeres sensum hujus mysterii, anima Christiana! tempus est, ut exuas veterem hominem cum actibus et operibus suis, novumque induas, et renoveris spiritu mentis tuæ. Si ergo cum veterano Simeone accipis Infantem Jesum in ulnas tuas, imo et in cor tuum, quod fit toties, quoties reficeris epulo eucharistico, recogita, quæso, omne periculum esse in mora, si non ocius ex antiquis peccatis et defectibus tuis, quasi ad novam vitam, ut ita dicam, resurgas, et ad novam Christianæ conversationis innocentiam elucleris. Væ tibi, si post sacram communionem nullâ in moribus tuis emendatio appareat, sed potius antiqua et inveterata peccata novis augeantur et accumulentur.

Punctum II. — *Et erat Anna prophetissa, filia Phanuel, de tribu Aser, et hæc processerat in diebus multis, et vixerat cum viro suo annis septem a virginitate sua.* (*Luc.* ii, 36.) Postquam prophetaverat Simeon, adducitur testimonium vetulæ Annæ, quia omnis ætas et sexus Christi adventum testatur : «Nam non solum ab angelis, ait divus Ambrosius, et prophetis, et a pastoribus, et a parentibus, sed etiam a senioribus, et justis generatio Domini accepit testimonium. Omnis ætas et uterque sexus, eventorumque miracula fidem astruunt. Virgo generat, sterilis parit, mutus loquitur, Elisabeth prophetat, Magus adorat, utero clausus exsultat, vidua confitetur, justus exspectat. » Erat ergo sub id tempus Hierosolymis matrona ipso nomine gratiosa ; Anna enim Hebraice interpretatur *Gratia*, et ipsa prophetissa, bonis nata parentibus, filia Phanuel, viri, cujus nomen vel post ipsam habebatur celebre, nobili prosapia de tribu Aser, de qua patriarcha Jacob moriturus vaticinatus est: *Aser*] *pinguis panis ejus, et præbebit delicias regibus* (*Gen.* xlix, 20). Hæc Anna processerat in diebus multis ; erat enim jam grandæva et senex, quam non levitas juvenilis, sed sapientia matura, quæ senibus inest, loqui faceret, et vixerat olim cum viro suo in sancto connubio annis septem a virginitate sua, quam usque ad nuptiale fœdus caute et sancte custodivit. Considera, quod hæc Anna prophetissa exactissime fuerit a sancto historico descripta, maxime autem laudatur a sanctitate ; qui enim Deum vult laudare, ejus deprædicare magnalia, sanctum esse oportet, quia *non est speciosa laus in ore peccatoris.* (*Eccli.* xv, 9.) Laudatur Anna primo, *a gratiositate*, quia eximiam habebat gratiam in verbis, quod maxime conduxit, ut omnium animos faceret attentos. Commendatur *a sapientia*, quia prophetissa. « Anna enim, ait Origenes, donum prophetiæ meruit longa castitate et jejuniis. » Extollitur *a bonitate* parentum, et generis nobilitate ; quia « hoc maxime, ut inquit Hugo cardinalis, in nobilitate appetendum est, quod quadam quasi necessitate astringitur homo, ne a majorum nobilitate degeneret ; » *a senectute*, quia *in antiquis est sapientia* (*Job* xii, 12.) Specialiter autem pro nostra servit doctrina, quod insinuet evangelista, illam processisse in diebus suis, ut nos exinde moraliter discamus, justas animas semper ad ulteriora ante faciem suam progredi, in peccatoribus autem tempus inaniter consumi, de quibus Sapiens testatur, Sap. ii, 5 : *Umbræ enim transitus est tempus nostrum, et non est reversio finis nostri.* Ultimo laudatur *a continentia* ; fuit tantum semel nupta, et septem annis solum, nec secundis nuptiis, quod admodum de illa deprædicat sanctus Ambrosius, tradita. Hæc omnia multis abundant mysteriis, quæ optime suis circumstantiis quælibet anima devota poterit applicare, ut discat cum Anna per totam vitam suam usque ad grave senium *procedere* in via virtutis et Christianæ perfectionis.

Punctum III. — *Et hæc vidua usque ad annos octoginta quatuor, quæ non discedebat a templo, jejuniis et obsecrationibus serviens nocte et die.* (*Luc.* ii, 37.) Ut evangelista in hac muliere testem producat divinæ Incarnationis omni exceptione majorem, ulterius magnis laudum encomiis illam deprædicat ; dicit enim, quod hæc vidua, in ipso ætatis flore orbata viro, ad secundas nuptias transire noluerit, sed manserit vidua in anilem canitiem usque ad annos vitæ octoginta quatuor, raro continentiæ exemplo, raro religiositatis et omnigenæ virtutis specimine, utpote quæ non tantum non discedebat de templo, sed etiam jejuniis et obsecrationibus assiduis Deo Optimo Maximo servivit nocte et die. Considera ex his, quod Anna non tantum de die, sed etiam nocte multis obsecrationibus servierit Deo, ut exinde appareat, orationem nocturnam summopere esse commendandam ; de hac enim pulchre disserit sanctus Chrysost. hom. 42, *Ad populum* : «Vide, ait, stellarum choream, altum silentium, multam quietem, Dominique tui dispositionem admirare. Anima tunc est purior, levior, et subtilior, magis sublimis, et agilis. Ipsæ tenebræ, multumque silentium ad compunctionem inducere possunt. » Et post pauca subdit : « Flecte genua, geme, Dominum tuum ora tibi fieri propitium, plus nocturnis placatur orationibus, cum quietis tempus tu luctuum tempus facis. » Quid pulchrius, quid magis ad tuam consolationem dici posset, o anima religiosa ! cui ex vocatione tua, et Ecclesiæ instituto incumbit nocturnis horis laudes decantare Deo. Si vero difficultatem quamdam persentis, et minus arrideat palato tuo, tempus dulci quieti destinatum applicare ad vigilias et orationem, audi ulterius aurea eloquentia prædicantem divum Chrysostomum : «Regis, ait, memento, qualia verba dicebat : *Laboravi in gemitu meo, lavabo per singulas noctes lectum meum, lacrymis meis stratum meum rigabo* (*Psal.* vi, 7). Quantumcunque sis delicatus, non es illo delicatior ; quantumcunque sis dives, non es ditior Davide, qui rursum dicebat (*Psal.* cxviii, 62) : *Media nocte surgebam ad confitendum tibi*

evangelista facta ejus meruit præsentiam nuntiare. ›
Si ergo Anna sine exemplo et adhortatione ad
tantum pervenit jejunii, continentiæ et orationis
culmen, quanto magis nobis desidiosis reddenda
erit ratio, si post tot sanctorum exempla, post tot
innumeras factas adhortationes in servitio Dei sumus negligentes? Insuper conceditur Annæ videre
Christum, eumdemque velut evangelista annuntiare,
ut tali modo, ait Cassianus, lib. ii, cap. 21, hæc pia
vidua esset, et fieret honorata; illa enim Deum
colebat die ac nocte, suisque obsecrationibus Deum
laudabat, ideo etiam a Deo honorata est, ut prima
post beatissimam Virginem inter mulieres annuntiet. Ubi discere potes, lector Christiane, quod
Deus honorificantes se honoret, adeoque si a Deo
percupis honorari et exaltari, esto tu fervidus in
quærendo ipsius honore, nihil neglige, quod conducit ad Dei gloriam promovendam.

PUNCTUM II. — *Et loquebatur de illo omnibus qui
exspectabant redemptionem Israel.* (*Luc.* ii, 39.)
Considera, quod Anna non tantum Deum laudaverit, sed et aliis fuerit concionata; loquebatur enim
de Puero Christo, contestans et dicta confirmans,
ipsum esse verum Messiam, et perditæ salutis Restauratorem, ejusque fidem et sequelam graviter
suadens, et commendans omnibus fidelibus qui in
venturum Messiam credebant, et per ipsum redemptionem Israelis a peccato, morte, gehenna omnique malo præstandam præstolabantur. Ubi advertere debes, quod prudens hæc vidua non cum omnibus, sed cum fidelibus tantum exspectantibus
redemptionem Israel fuerit locuta de Messia; nam
*animalis homo non percipit ea, quæ sunt Spiritus
Dei.* (*I Cor.* ii, 14.) Quibus autem verbis Anna locuta sit, evangelista non sine ratione suppressit,
ut nimirum nobis denotetur pro doctrina, quod
omnis gratiarum actio pro beneficio Incarnationis,
omniaque Christi Domini facta et magnalia ab humana lingua satis explicari et recenseri non possint
sed piis et sanctissimis cogitationibus nostris re-
linquantur, cum semper alia et alia dicenda super-
sint.

PUNCTUM III. — *Et ut perfecerunt omnia secundum
legem Domini, reversi sunt in Galilæam in civitatem
suam Nazareth.* (*Luc.* ii, 40.) Post audita elogia, et
præconia Messiæ tam a Simeone, quam ab Anna
prophetissa exposita, et postquam Maria et Josephus insigni religione perfecerunt omnia, ne quidem
apice intermisso, quæ secundum legem Dei sive
circa oblationem Parvuli, sive circa purificationem
Matris fieri conveniebat, relicto templo, et urbe
Hierosolyma, relicta Judææ provincia, cui 40 dierum spatio tanquam advenæ et peregrini fuerant
immorati, reversi sunt in Galilæam in civitatem
suam Nazareth. Considera hic, quod Maria et Josephus cum divino Puerulo non qualicunque modo,
sed consummate et perfecte ea quæ legis erant
impleverint; quia *perfecerunt omnia secundum legem Domini.* Unde revoca in memoriam maximam

hanc perfectionem, quæ in observatione oblationis et purificationis legalis fuit ad nostram doctrinam relicta. Verbo : Hæc facta divini Filii in templo oblatio, et virgineæ Matris purificatio sit, tibi posthac stimulus ad virtutes , calcar et incitamentum ad currendum fortiter in via mandatorum Dei. Maria nullam habuit causam purificationis ; et tamen voluit magis purificari, ut nobis manifestet eximiam suam et excellentem, qua pollebat, puritatem. Unde practice imitare amorem puritatis in purificata Virgine. Maria voluit se subjicere legi purificationis ad dandum obedientiæ et humilitatis exemplum, ad vitandum scandalum, ad conformandum se aliis mulieribus in licitis et honestis, ad præstanda etiam supererogatoria et indebita. Quapropter præter alia disce præprimis absolutissimam a Maria obedientiam, et, qui hucusque ne quidem debita præcipientis Dei mandata explevisti, ad exemplum purificatæ Virginis etiam in supererogatoriis te exerce ; admirare etiam humilitatem Virginis, et ab hujus præclarissimæ virtutis exercitio nunquam desiste.

Sicut Christus cum beatissima Matre tua non vulgari modo observavit legem purificationis, ita et tu opera tua quotidiana non obiter et perfunctorie, sed cum magno spiritu perfice. Metire autem perfectionem cujuslibet operis ex eo, si singulæ tuæ actiones sint *secundum legem*, seu præscriptum religiosæ obedientiæ.

Patronus eligi potest sanctus Ignatius martyr, cujus hodie festum in Vigilia purificatæ Virginis ab Ecclesia celebratur. ·

FESTA DIES

OCCURSUS DOMINI, SEU PURIFICATIONIS B. V. MARIÆ IN TEMPLO.

Consideratio, quæ est quasi synopsis priorum.

THEMA. — *Postquam impleti sunt dies purgationis, secundum legem Moysi, tulerunt illum in Jerusalem, ut sisterent eum Domino.*

PUNCTUM 1. — Considera, quam præclaro variarum virtutum exemplo præluxerit purissima Dei Mater in hodierna sua purificatione. Humilis erat Maria, quia licet erat purissima, impura tamen suo modo videri voluit, et quasi puritatis indiga purificari. Obediens erat modo perfectissimo ; submisit enim se legi purificationis, cui non obligabatur, et sic liberalissima exstitit Deo suo, faciens plura quam lex stringeret. Relucebat insuper in Maria ineffabilis amor puritatis, quæ, ut ut erat ab omni prorsus labe immunis, et munda tota, mundari nihilominus in votis habuit. Disce a Deiparente hodie purificata serio humilitatem colere ; tu enim erubescis apparere coram aliis, qualis es in veritate, et videri cupis pius et devotus, in cujus tamen corde improbitas et vitia nidulantur. Disce a Puritate purificata puritatem semper majorem diligere, qui, proh dolor ! forte usque adhuc in impuro peccatorum

cœno sordescis et putrescis. Disce a Maria omnibus numeris absolutissimam obedientiam, et quamvis frequentius ne quidem debita præcipientis Dei et vicariorum ejus mandata expleveris, nunc ad exemplum Mariæ etiam in supererogatoriis te exerce, et noli avarus esse erga Deum, qui quotidie tam luculenta tibi præstat liberalitatis suæ testimonia.

PUNCTUM II. — Considera, quod Maria impletis purgationum diebus in materna brachia susceperit dilectissimum Filiolum suum, et tulerit illum in Jerusalem, ut sisteret eum Domino. Obtulit ergo illum Patri cœlesti spiritu et devotione intensissima ; obtulit illum pro salute et redemptione totius generis humani, quæ oblatio a beata Virgine erat Deo gratissima. Nulla enim unquam oblatio ab orbe condito præcessit dignior, aut acceptior tam quoad oblatum , quam quoad offerentem, et oblationis perfectionem ; offerebat enim Mater Dei, quod erat ipsi charissimum et pretiosissimum, Filium suum unigenitum. Age igitur gratias beatæ Virgini, quod in hodierna præsentatione apud Patrem cœlestem negotium salutis tuæ tractaverit, et pro peccatis tuis Filium suum in reconciliationem æterno Patri obtulerit ; offer etiam tu frequenter vel in Missæ sacrificio, vel in sacra communione inter tenerrimos affectus pro peccatis tuis Jesum in sacrificium reconciliativum Deo, quem peccando ad iram provocasti : sacrificium hoc summe honorificabit Patrem cœlestem, et erit longe gratius, longe pretiosius quam sacrificium Abelis, quam holocaustum Noemi, quam victima Abrahami. Adverte autem bene : sicut Deus voluit ut hodierna unigeniti Filii sui præsentatio fieri debuerit per manus Mariæ, sic etiam tuæ oblationes, tua opera, quamvis levia, Deo quoque erunt grata, si per manus Mariæ et in unione oblationis Christi Jesu illa offeras ; nam quemadmodum Deus Filium suum, ita et alia bona nos habere voluit per Mariam.

PUNCTUM III. — Quamvis beatissima Maria Virgo præstantissimum hodie obtulerit sacrificium, nullam tamen aliam recepit mercedem, quam cruces et afflictiones ; ita enim per beatissimum senem Simeonem ipsi prædictum est : *Tuam ipsius animam doloris gladius pertransibit.* Ecce ! sic procedit Deus cum intimis amicis suis. Dilexit Pater æternus Jesum et Mariam ; et tamen nemini majorem crucem imposuit. Sunt ergo afflictiones et dolores manifesta divinæ gratiæ et amoris indicia. Lætare proin, si tibi adversa obtigerint, noli esse impatiens, aut propterea querelas fundere ; si enim afflictus eris, etiam Deo eris gratus et dilectus.

ODE PARTHENIA.

Pro hodierna Præsentationis Christi in templo, et Virginis purificatæ festivitate.

Magna rursus exsultandi,
Et devote jubilandi
   Promunt se mysteria,

Multa, quæ hic venereris,
Plura, propter quæ lætcris,
    Audies, o anima !

Eia veni, nec cunctare,
Perge Dei salutare
    Subsequi cum gaudio ;
Ecce ! Jam se viæ dedit,
Et cum dulci te præcedit
    Læta Mater Filio.

O ut plaudit et lætatur,
O ut sibi gratulatur
    Tam felici pignore !
O quam pie maternali,
Quam devote virginali
    Fovens stringit pectore

Ecce ! quanta cautione
Pergit, ne qua ratione
    Dormientem excitet.
Quanta rursus excitatum,
Et in ulnas reclinatum
    Suavitate detinet.

Jam salutans veneratur,
Mox arridens amplexatur,
    Et infigit oscula.
Jam ab ubere pendentem,
Et in se respicientem
    Sic affatur blandula :

O mi Jesu, Fili Dei,
O Thesaure cordis mei,
    Meum o Delicium !
O quam pulcher es et suavis,
Totus dulcis, nihil gravis,
    Merum, merum Gaudium !

En ! in domum Patris tui
Imus. Tu, ut horti sui
    Afferas primitias.
Ego, ut benignitati,
Et illius majestati
    Pias agam gratias.

Nunquid gaudes et lætaris,
Nunquid tibi gratularis,
    Fili mi dulcissime ?
O quam munus eris gratum,
Et quam Patri acceptatum
    Præ quocunque munere !

Tali se Virgo devota
Occupat in via tota
    Mentis exercitio.
Hoc in urbem plausu vadit,
Hisce votis templum adit,
    Et se sistit Domino.

Nos huc quoque procedamus,
Et, quid agat, videamus,
    Virgo sacratissima :
Ecce ! qua humilitate
Mater plena majestate
    Stat ad templi limina.

Quam devote, quam profunde
Instar feminæ immundæ
    Ibi se humiliat.
En ! ut pro oblatione,
Et sui mundatione
    Sacerdoti supplicat.

Eia, eia imiteris,
Quisquis tantam intueris
    Virginis modestiam,
Discas te humiliare,
Dei leges observare,
    Frangere superbiam !

Sed in templum penetremus,
Et ibi consideremus
    Virginale gaudium.
Audiamus Simeonis

Cœlicis repleti denis
    De Jesu præconium.
En ! cum quanta suavitate
Hunc ex brachiis beatæ
    Virginis excipiat,
En ! ut eo delectetur,
Et in illo se soletur,
    Jamque mori cupiat.

Hunc agnoscat suum Numen,
Gentium futurum lumen,
    Plebis suæ gloriam,
Multos in hoc surrecturos,
Et per illum transituros
    Ad cœlestem patriam.

Quin tu simul hic lætaris,
Et te pariter solaris,
    O peccatrix anima !
Nam quæcunque hic contingunt,
Ad te spectant, te attingunt,
    Pro te fiunt omnia.

Pro te Puer præsentatur,
Idem jam pro te precatur
    Patrem, ut indulgeat,
In se ponat mala tua,
Tibi donet bona sua,
    Gratiam restituat.

Tu pro tam ingenti bono
Venerare vultu prono
    Salutare Domini,
Deo Patri da honorem,
Filio refer amorem,
    Gratias Spiritui.

Genitrici te commenda,
Illam roga per tremenda
    Cordis sui spicula,
Ut dignetur ad altare
Domini te præsentare
    In cœlesti gloria. Amen.

℣. Diffusa est gratia in labiis tuis.
℟. Propterea benedixit te Deus in æter-
    num.

Oremus. — Omnipotens sempiterne Deus, majestatem tuam supplices exoramus, ut sicut Unigenitus tuus cum nostræ carnis substantia in templo
est præsentatus, ita nos facias purificatis tibi mentibus præsentari. Per Christum Dominum nostrum.
Amen.

EXERCITIUM DEVOTIONIS PRO HOC IPSO FESTO.

Gaudeamus omnes in Domino diem festum celebrantes in honorem Mariæ Virginis, de cujus
purificatione gaudent angeli et collaudant Filium
Dei.

Ecce venit ad templum sanctum suum Dominator Dominus ; gaude, et lætare, Sion, occurrens
Deo tuo. Adorna thalamum tuum, et suscipe Regem Christum, quem Virgo concepit, Virgo peperit, Virgo post partum, quem genuit, adoravit.

Suscepimus, Deus, misericordiam tuam in medio
templi tui, secundum nomen tuum Deus, ita et
laus tua in fines terræ, justitia plena est dextera
tua.

Hodie beata Virgo Maria Puerum Jesum præsentavit in templo , et Simeon repletus Spiritu
sancto accepit eum in ulnas suas, et benedixit
Deum, dicens :

Nunc dimittis servum tuum, Domine, secundum verbum tuum in pace.

Quia viderunt oculi mei Salutare tuum.

Quod parasti ante faciem omnium populorum.

Lumen ad revelationem gentium, et gloriam plebis tuæ Israel.

Gloria Patri, etc.

℣. Senex Puerum portabat.

℟. Puer autem senem regebat.

Oremus. — Domine Jesu Christe, qui hodierna

die in nostræ carnis substantia inter homines apparens a parentibus in templo es præsentatus, quem Simeon, venerabilis senex, lumine Spiritus tui irradiatus agnovit, suscepit et benedixit : præsta propitius, ut ejusdem Spiritus sancti gratia illuminati atque edocti te veraciter agnoscamus, et fideliter diligamus, qui cum Deo Patre in unitate ejusdem Spiritus sancti vivis, et regnas Deus per omnia sæcula sæculorum. Amen.

PARS SECUNDA.

EXERCITIA PRO FESTIVITATE BEATISSIMÆ VIRGINIS MARIÆ ANNUNTIATÆ,

UBI PER CONSIDERATIONES ASCETICO-MORALES EXPLANATUR TEXTUS EVANGELICUS
LUC. I, A VERSU 26 USQUE AD VERSUM 39.

Vox Dilecti mei pulsantis : Aperi mihi, Soror mea, Amica mea, Columba mea, Immaculata mea. (*Cant.* v, 2.)

Surrexi, ut aperirem Dilecto meo. (*Ibid.* 5.)

Dilectus meus descendit in hortum suum, ad areolam aromatum, ut pascatur in hortis, et lilia colligat. (*Cant.* vi, 1.)

Sanctissimæ Triadi creatæ ;

Verbo æterno, Filio Patris Unigenito, ex purissima Virgine in tempore nato, Sapientiæ increatæ, Sapientiæ incarnatæ ;

Matri divinæ, ad perficiendum hoc grande opus, altissimo consilio electæ, et ordinatæ, semper candidæ, et immaculatæ Virgini Mariæ, Filii æterni naturam humanam sibi despondentis mundissimo Thalamo ;

Virgineo patri nutritio, eminentissimæ Hypostaseos Excellentiæ et virtutum Theandricarum in divino suo cliente, sapientissimo moderatori,

Sancto Josepho, Patrono suo sanctissimo, gloriosissimo,

Tenues hosce de annuntiato Incarnationis mysterio labores consecrat D. D. D.

P. B. S.

DISQUISITIO PRÆLIMINARIS

SUPER SENSUM LITTERALEM TEXTUS EVANGELICI, NECNON DE ANTIQUA CELEBRITATE HUJUS
PARTHENIÆ FESTIVITATIS.

In mense autem sexto, ait sacer historicus (*Luc.* 1, 26), *missus est angelus Gabriel a Deo in civitatem Galilææ, cui nomen Nazareth, ad Virginem desponsatam viro, cui nomen erat Joseph, et nomen Virginis Maria.* In mense nimirum a conceptu Joannis Præcursoris sexto, cum venisset jam plenitudo temporis, quo ter felici Salvatoris adventu salus mundi ex miserentis Numinis decreto erat reparanda, Gabriel, cœlestis hic tabellio, qui ante sex menses Zachariæ astiterat a

dextris altaris, a Deo Optimo Maximo ad humilem fabri ædiculam, ad Virginem desponsatam missus est. Duo non inconvenienter hic quærunt scriptores interpretes. Primo : Cur Gabriel potius, et non alius e supremis angelis legatus mittatur ad Virginem ? Ratio una satis apposita esse potest, quia, teste sancto Hieronymo hom. 34, nomen Gabriel idem est ac *Fortitudo Dei ;* unde recte electus est ad illum annuntiandum, qui est Rex fortis et potens, qui fortitudine et potentia sua infernum devicit. Huic opinioni astipulari videtur Beda Venerabilis qui *in Luc.* cap. I, sequentibus discurrit verbis : « Ad Mariam Virginem Gabriel mittitur, qui *Dei Fortitudo* nominatur ; illum quippe nuntiare veniebat, qui ad debellandas aereas potestates humilis apparere dignatus est. » His accedunt aliæ rationes, quæ magis quadrant ad litteram. Sanctus Petrus Dam. orat. 1 *De Nativ.* existimat Gabrielem fuisse angelum custodem beatissimæ Virginis ; quapropter decuit illum hæc nobius legationis sparta, qui alias pervigili custodia aderat intemeratæ Virgini Mariæ. Porro et aliam adducit congruentiam divus Julianus archiepiscopus Toletanus, lib. I *Contra Jud.* ab initio : « Quia Gabriel prædixerat Incarnationis mysterium futurum, Daniel. IX, adeoque conveniebat ut illud jam præsens annuntiaret, factasque per se promissiones impletas ipsemet comprobaret. »

Quæsitum alterum ad id devolvitur : Cum textus evangelicus asserat Virginem fuisse *desponsatam*, num id de contractis solum cum Josepho sponsalibus, an vero de ipso matrimonio rato sit intelligendum ? Qui sentiunt tempore Annuntiationis tantum fuisse contracta sponsalia, non vero matrimonium ratum jam intercessisse, hisce fundamentis stabiliunt placita sua : Angelus dixit Josepho post reditum Mariæ ab Elisabeth, Matth. I, 20 : *Noli timere accipere Mariam conjugem tuam.* Ex quibus verbis erui potest illam nondum accepisse in conjugem, sed solum in sponsam. Præterea cit. loc. vers. 18, beatissima Virgo dicitur inventa habere in utero, *antequam convenirent.* Ergo id factum est ante conjugium. Verum ly *accipere* non debet sumi pro actu inchoato, sed continuato, qui loquendi modus usitatus est in sacris Paginis. Sic etiam, Joan. II, 11, dicuntur discipuli credidisse in Jesum post visum miraculum aquæ conversæ in vinum : quod non intelligendum, quasi prius fidem non habuissent, sed quod in hac fide perseverarint. Similiter, dum Evangelista dicit : *Antequam convenirent, inventa est in utero habens de Spiritu sancto ;* τὸ *convenire* non denotat matrimonium ratum, et consummatum per actum maritalem, ut ostendatur illibata Deiparæ Virginitas, et Verbi divini Incarnatio ab omni concursu virili immunis, ut explicat Cornelius a Lapide, in Matth. cap. I, v. 10, et alii passim. Per hoc tamen pessime cum impio Helvidio quis inferret, postea ita convenisse Mariam cum sancto Josepho ? nam, ut ait sanctus Hieronymus, sanctus Chrysostomus, sanctus Thomas, et alii apud Sylveiram, lib. I, cap. 10, pag. mihi 181, iste hæreticus, et virginitatis Marianæ adversarius, non sapit usitatum loquendi modum : quoties enim dicimus aliquid non esse factum, minime significari per hoc, factum esse postea. Sic Deuteron. XXXIV, 6, dicitur : *Non cognovit homo sepulcrum Moysis usque in præsentem diem :* ex hoc tamen non

significatur post illum diem netum esse sepulcrum Moysis ; sic neque, quod postea Maria et Joseph convenerint. Cum ergo allatæ rationes non obstent, dicendum est cum sancto Hieronymo, Ambrosio, Theophylacto, Suarezio, et Cornel. a Lap., beatissimam Virginem, dum angelus illam salutavit, non solum desponsatam, sed et vere fuisse conjugatam ; beata enim Virgo statim post conceptum in utero Deum abiit cum festinatione ad cognatam suam Elisabetham : vel ergo nuptiale fœdus iniit ante abitum ? De quo nulla in Litteris mentio, et ipsi contrariæ sententiæ patroni volunt sanctum Josephum fuisse admonitum per illa verba : *Noli timere accipere conjugem tuam ;* quod primum post reditum contigit. Non etiam id factum est tempore commorationis apud suam cognatam ; nimis enim incertum est, an sanctus Josephus super montana fuerit comitatus beatam Virginem Mariam. Quod negant magni nominis, et magna eruditione conspicui viri, inter alios Cornelius a Lapide et Toletus ; videtur etiam id probabilius, cum de hac comitiva nullum eluceat Scripturæ vestigium, aliæque suppetant rationes ponderosæ satis, queis probari potest sanctum Josephum non fuisse in hac via comitem Mariæ, pluribus tamen id demonstrare pagellarum angustiæ prohibent. Non etiam in reditu, qui contigit post trimestre, matrimonio primum juncta est beata Virgo, quia intra tantum temporis spatium sanctus Josephus debuisset advertere gravedinem Virginis, qua apparente ante verum matrimonii contractum, et citius subsecuto partu, nec ipsa a nota fornicationis nec Christus a nota illegitimi ortus fuisset præservatus contra finem principalem in hoc conjugio intentum. Quod autem desponsata potius vocetur beata Deiparens, quam conjugata, sanctus Chrysostomus, quem auctor quidam modernus adducit, rationem subministrat ; quia Maria erat viro incognita, intacta et inviolata, sicut est sponsa de futuro.

Ulterius, si nosse velis, quibus ex causis Virginem nuptam sibi elegerit providens Numen : ille a doct. Ang. p. III q. 29, art. 1, ad tria potissimum reducuntur capita, quorum aliquæ se tenent ex parte Christi, aliæ ex parte beatæ Virginis Mariæ, et rursum aliæ ex parte nostra possunt considerari.

Ex parte Christi sunt : 1° Ne Christus a Judæis tanquam spurius, et illegitime natus contemneretur. 2° Ut haberetur vir, per quem Christi genealogia posset describi. 3° Ut haberet Christus nutritium in sancto Josepho virgineo hoc Matris suæ sponso. 4° Ut divinæ Incarnationis mysterium celaretur diabolo, dum Infantem putat non de Virgine, sed de uxore natum, et hanc ultimam rationem fuisse sancti Ignatii martyris refert sanctus Hieronymus, et sanctus Thomas.

Ex parte Dei Matris erant istæ convenientiæ : 1° Ut præservaretur a nota infamiæ. Adeo solicitus erat Deus consulere honori Matris suæ, ut et ipse haberi maluerit Filius fabri, quam Matrem suam conjicere in periculum deperdendæ bonæ famæ. 2° Ne lapidaretur a Judæis tanquam adultera, quæ lapidatio etiam tangebat illas, dum peccabant in statu soluto, quando in domo paterna custodiebantur aliquando nupturæ. Quam observationem facit doct. Ang. cit. q. ad 4, probatque expositionem suam per legem sancitam in Deuteron. xxii, 20, 21. 3° Ut sanctus Josephus beatissimæ Virginis esset custos, et solatium in vitæ necessitatibus.

Demum ex parte nostra sequentes statui possunt rationes : 1° Ut sanctus Josephus, tanquam maritus, esset testis virginitatis Mariæ. 2° Ut ipsius Virginis verba, virginitatem suam asserentis, redderentur magis credibilia. 3° Ne aliæ virgines, et mulieres, dum per incautam suam conversationem incurrunt infamiam propria culpa, excusationem possent prætendere, dicendo, etiam Virginem virginum talem infamiam innocenter sustinuisse.

Ita quoad substantiam doctissimus Sylveira, lib. i, cap. 1, q. 18. Ad hanc ergo nuptam, et purissimam Virginem *ingressus angelus dixit : Ave, gratia plena,* etc. (*Luc.* i, 28.) Ingressus, inquam, seu potius illapsus in clausum Virginis cubiculum per fenestram, vel per ostium. In qua autem specie apparitio hæc facta sit, Sylveira respondet, lib. i, cap. 5, q. 10, citatque pro se divum Hieronymum, *Epist. ad Eustochium;* et divum Augustinum, serm. 14, *De Nativ.,* aliosque Patres, quod angelus humana ac sensibili specie indutus, pulcherrima et decora facie, et candida veste or‑ natum se videndum præbuerit; nam iste modus erat suavior, et humanæ naturæ congruentior. Erat quoque conveniens, ait cit. auctor, ut Deus incarnandus per angelum apparenti corpore indutum annuntiaretur. Verum in hac salutatione facta per angelum *Maria turbata est in sermone ejus, et cogitabat qualis esset ista salutatio.* (*Ibid.* 29.) Turbata est, inquam, non tam ex aspectu angeli (Maria enim, ut tradunt SS. Patres, Hieronymus, Augustinus, Petrus Damiani, Bernardus, Laurentius Just., erat jam assueta colloquiis angelicis), sed potius ex honorifica ejus salutatione. *Turbata est in sermone ejus,* ait sacer textus. Quamvis improbabile non sit ipsam quoque visionem archangeli causam saltem inadæquatam exstitisse turbationis hujus angelicæ, quia nunquam vidit angelum tanta cum majestate apparentem, nunquam audiverat cum tantis honorum titulis salutantem. Cum ergo a Virginea humilitate omnis exaltatio esset aliena, prudenter secum cogitare potuit, ait auctor quidam modernus, an non tantis encomiis illusio diabolica subesset, probe gnara, non omni credendum esse spiritui? Si enim stygius impostor Christum ipsum postea tentando aggredi præsumpsit; quis succensebit Deiparæ, si nec ipsa ab ejusmodi fraudulentis incursibus se credidit penitus secu-

ram? Supersunt et aliæ quoque observationes super sensum hunc litteralem fieri solitæ, inter quas scire oportet, quo anno, mense, et die beatissimæ Virgini Mariæ hoc sanctissimum Incarnationis mysterium fuerit annuntiatum? Fuit ergo annus Conceptionis Christi in utero Virginis idem cum anno Nativitatis, quod omni caret controversia; nam Christi Nativitas incidit in mensem ultimum Decembris, Incarnatio autem non nisi novem mensibus antecessit; annus autem Nativitatis Christi juxta computationem Martyrologii Romani erat post mundi creationem quinquies millesimus centesimus nonagesimus nonus, a diluvio vero annus bis millesimus nongentesimus quinquagesimus septimus, a nativitate Abrahæ bis millesimus quintodecimus, a Moyse et egressu populi de Ægypto annus millesimus quingentesimus decimus, ab unctione David in regem millesimus tricesimus secundus. Similiter, sicut Christus natus est 25 mensis prædicti in solstitio hiemali, ita ante novem menses 25 Martii (qui mensis vocabatur ab Hebræis Nysan, et erat primus in mensibus anni, Exod. xii), conceptus quoque fuit in utero virgineo circa æquinoctium vernum. Sic suadet ratio temporis, sic docemur ex antiqua Patrum traditione. Temporis punctum autem, quo Christus fuit incarnatus, erat illud momentum quo humillima Virgo post præstitum angelo consensum recta illa submissionis protulit, ac finivit : *Ecce ancilla Domini, fiat mihi secundum verbum tuum* (*Luc.* i, 38.) Hoc ipso, inquam, instanti Spiritus sanctus immaculatum Christi corpus formavit, organizavit, animavit, et Verbo divino hypostatice univit. Ita Cornel. a Lap. hoc loco, qui etiam aliorum opiniones refellit. Formatum est autem Christi corpus non ex semine, sed ex purissimo Virgineo sanguine; quod docet sanctus Thomas p. iii, q. 31, art. 5, et sancta Mater Ecclesia id affirmat cantans in festo Circumcisionis : *O admirabile commercium! Creator generis humani animatum corpus sumens de Virgine nasci dignatus est, et procedens H. mo sine semine largitus est nobis suam deitatem.*

Contraria vero sententia, asserens formatum esse ex semine, inter doctrinas et propositiones male sonantes, et piarum aurium offensivas est rejicienda. Et sanctus Bonaventura, in iii dist. 4, art. 2, quæst. 1, ait hanc opinionem non multum in ore esse ventilandam, cum saltem species quæ‑ dam turpitudinis appareat, quæ illibatæ Virgini repugnare videtur. Peracto jam legationis officio, et facta Incarnatione *discessit ab illa angelus,* a Virgine nimirum suo divino fetu jam fecunda, apud quam, ut nonnulli ex factis a beata Virgine revelationibus testantur, per integras novem horas mansit, Verbumque incarnatum adoravit, illique omne obsequium obtulit, et reipsa exhibuit. Verum hoc ultimum pie asseritur, certam tamen, et plenam fidem non habet, ait recte citatus Litterarum interpres. Omnia ista acciderunt in Nazareth, qui est viculus, ut observat sanctus Hieronymus, *De locis Hebraicis*, juxta montem Thabor; unde et Dominus noster Jesus Christus Nazarenus vocatus est. Creditur autem quod apostoli post ascensionem Christi domicilium beatæ Virginis, in quo ab angelo salutata Christum Salvatorem concepit, sacris usibus dedicaverint, et nonnunquam etiam sacris ibidem fuerint operati. Hoc autem domicilium ex Palæstina, Christianam religionem repudiante, ab angelis admiranda ratione delatum est in Dalmatiam circa oppidum Flumen. Tandem vero delatum est in agrum Picenum, ubi Lauretana urbs possidet hunc thesaurum, et decima dies Decembris sacra est translatæ huic ædiculæ Marianæ.

Restat jam, ut lectori Parthenio nonnulla proponam de antiqua celebritate hujus Partheniæ festivitatis. « Festum hoc solemne, ait Bollandus, tom. III Martii, § 1, in princ., in tanta antiquitate eminet, ut liceat pie meditari, originem ejus debere ascribi gratissimo affectui Deiparæ Virginis, quæ singulari veneratione, ac devotissimo cultu quot annis recolere solita fuit divinum beneficium, hoc die sibi et toti humano generi præstitum, quando Verbum Dei in suo virginali utero caro factum est, et ipsa, Annuntiationi angelicæ assensum præbens, Mater Dei est constituta. Hanc piissimæ gratitudinis consuetudinem in sanctissima Deipara intuiti apostoli debitam agnoverunt obligationem, et venerabili imitatione observarunt, et ubique terrarum observari debere sanxerunt. » Hæc ille. Fuit ergo hæc solemnitas celebrari cœpta ab ipsa Virgine Deipara, quam prosequebantur apostoli, cujus apostolicæ constitutionis vestigium elucet in antiquissimis monumentis, quæ a SS. Patribus, cum Ecclesia in sua quasi adolescentia adhuc sub imperatoribus gentilibus, et veritatis Christianæ hostibus ingemisceret, conscripta supersunt. Eminet inter alios sanctus Gregorius Thaumaturg. Neocæsareæ in Ponto, sæculo Christi tertio, episcopus. Hujus sancti in hanc diem exstant tres homiliæ, quas ab 'hoc sancto episcopo habitas edidit ex Vaticani exemplaribus Gerardus Vossius. Exordium primæ homiliæ ex ejus interpretatione est sequens : « Hodie ab angelicis choris laudes divinæ celebrantur, et lumen Christi adventus fidelibus illucescit. » Secundæ hujus sunt verba initialia : « Cunctas quidem festorum celebritates, atque hymnodias decet nos sacrificiorum instar offerre Deo, primum autem omnium Annuntiationem sanctissimæ Dei Genitricis. » Tertius sermo ita incipit : « Rursus bona faustaque gaudii nuntia, rursus libertatis indicia, rursus revocatio, rursus reversio, rursus lætitiæ promissio, rursus a servitute liberatio, angelus cum Virgine loquitur, ut non amplius cum muliere serpens loquatur. » Verum hanc tertiam homiliam Lippomanus, et Surius tribuunt sancto Chrysostomo; Antonius Riccardus in notis, pag. 247, credit hanc dictionem

potius esse a sancto Proclo archiepiscopo Constantinopolitano : cui controversiæ immorari non libet, cum tantum sit animus antiquam festivitatem ex antiquis Patrum scriptis comprobandi. Porro cit. Bollandus longum antiquorum Græcorum Patrum texit Catalogum in cit. loc. et § 2, n. 5, quibus enarrandis brevitatis gratia supersedemus, ex quibus tamen colligere licet, apud Ægyptios et alios Orientales, festum hoc fuisse celebratissimum. Quod ipsum confirmant Menologia Græca, Menæa, et vetusta Synaxaria, quorum omnium amplior notitia hauriri potest apud dictum Bollandum, quo lectorem remitto. Nec minor est hujus mysterii solemnitas apud Latinos 25 Martii, aliisque diebus, quod tradit sanctus Augustinus, lib. IV *De Trinit.*, cap. 5, de Christo Redemptore ita pronuntians : « Sicut a majoribus traditum suscipiens Ecclesiæ custodit auctoritas, octavo Kal. Aprilis conceptus creditur, quo et passus. » Consentiunt quoque antiquissima Martyrologia, Breviaria, et Missalia.

Verum in Hispania hoc festum olim fuit celebratum 18 Decembris ex decreto concilii Tolet. x, anno 656, quia, ut refert dictum concilium, illa die, qua invenitur angelus Virgini Verbi incarnationem annuntiasse, eadem festivitas non potest condigne celebrari, cum interdum Quadragesimæ dies, vel festum Paschale videtur incumbere, ubi nihil convenit celebrari de solemnitatibus sanctorum. Addunt etiam alii hanc rationem, quia illo quadragesimali tempore potius luctui et lacrymis indulgendum quam gaudio, cum quo tantam solemnitatem oportet excipere. Nihilominus in ipsa Ecclesia Toletana festivitas hæc iterum 25 Martii resumpta est, ut Romanæ Ecclesiæ, quæ Magistra et Mater est Ecclesiarum, observetur consuetudo; retinuit tamen simul Toletana Ecclesia diem 18 Decembris pro hac solemnitate celebranda, quia eo ipso die sanctissima Virgo Toletanum templum sua præsentia consecrare dignata est, et famulum Ildephonsum sacris muneribus exornare. Mirabilis quoque est mos per Belgium, ubi hoc festum Marianum in maxima habetur veneratione, quod feria quarta Temporum in Adventu Missa solemnis antelucana de Annunt. beatæ Virginis Mariæ cantetur, quæ ob excellentiam vocatur *aurea Missa*, in qua diaconus Evangelium cantans pronuntiat verba Ecclesiæ, et duo symphoniaci, unus indutus habitu beatissimæ Virginis Mariæ, alter angeli Gabrielis, recitant verba cuique propria, et cum dicitur clausula : *Ecce ancilla Domini, fiat mihi secundum verbum tuum;* dimittitur multis in locis ex alto columba, aut species columbæ cum lumine copioso Spiritum sanctum designans. Verum dicendi finis non foret, maxime si particulari veneratione in variis Ecclesiis, vel locis esset agendum. Ad honorem hujus festi spectat etiam ordo Annuntiatarum virginum a beata Joanna Valesia regina Franciæ institutus, et cœptus in Gallia. Alius quoque institu-

tus est ordo Annuntiatarum sanctimonialium Ge-
nuæ a Maria Victoria Fornera, quæ primo juncta
matrimonio, defuncto viro, de manibus archiepiscopi suscepit sacræ conversationis habitum, vestem
scilicet albam, et scapulare cum pallio coloris
ætherei. Unde etiam Cœlestinæ dicuntur. Similiter
in honorem hujus festivitatis introductus est ordo
equestris sub titulo Annuntiatæ Deiparæ Virginis,
ab Amadæo ejus nominis VI, comite Sabaudiæ,
cœpta anno 1562, qui elegit quatuordecim de prima
nobilitate viros, qui portabant torques aureas,
quibus deinde imaginem Deiparæ imprimi fecit
Carolus Bonus, Sabaudiæ dux. Ita discurrit laudatus Bollandus, cujus longiorem narrationem intra
hos limites placuit constringere. Coronidis tandem
loco adnotare volui, die 25 mensis Martii multa
contigisse mirabilia, quæ ex antiquissima traditione
his comprehenduntur vetustis versiculis :

Salve, festa dies, quæ vulnera nostra coerces,
Angelus est missus, est Christus in cruce passus,
Est Adam factus, et eodem tempore lapsus,
Ob meritum decimæ, cadit Abel fratris ab ense,
Est decollatus Christi Baptista Joannes,
Est Petrus ereptus, Jacobus sub Herode peremptus,
Corpora sanctorum cum Christo multa resurgunt,
Latro dulce tamen per Christum suscipit Amen.

PRAXES GENERALES PER SINGULOS NOVEM DIES ADHIBENDÆ.

I. Quotiescunque his diebus legis, aut legi audis
hæc sanctissima verba : *Verbum caro factum est;*
toties provolutus in genua, si tamen et aliæ admittunt circumstantiæ, age gratias sanctissimæ Trinitati, dein etiam beatissimæ Virgini pro hoc ineffabili Incarnationis mysterio; ad minimum inclinatione capitis cum reflexione ad tantum beneficium
tuam contestare gratitudinem, et roga simul humillime Deiparentem Mariam, ut a Deo Filio suo gratiam tibi impetret, ne per culpam tuam fructu et
effectu sanctissimæ Incarnationis destituaris. Refert Franciscus Labbata Hispanus, tract. *De Incarn.*,

in quadam ecclesia sub sacrificio Missæ altius hæc
dicta verba : *Verbum caro factum est,* fuisse pronuntiata : ad qualem pronuntiationem omnes præsentes flexis genibus, et inclinato capite suum te-
stati gratitudinis affectum, uno solo excepto, qui ad
tam sacratissima verba immobilis stetit, cui tamen
in specie visibili dæmon sonantem impegit colaphum,
additis hisce verbis : « Ingrate! audis Deum pro te
caro factum, et te non inclinas? Si pro me hoc Deus
fecisset, in æternum me illi inclinarem. »

II. Cum pie credatur sanctum Gabrielem archangelum flexis genibus salutasse Virginem, atque
hoc situ toto legationis tempore permansisse, tum
ut Virginem Deiparam venerareotur, tum ut Verbum
in ea incarnatum adorarent, quocirca ejus exemplo
sancta Margarita Hungariæ regis filia, et sancta
Maria Œgniacensis, quoties angelicam Salutationem
recitabant, toties ante imaginem Deiparæ genua
flectebant; ita et tu, lector Parthenie! hæc diebus
frequentius per hæc angelica verba : *Ave, gratia*
plena, Matrem tuam Mariam, et quidem flexis genibus salutabis.

III. Singulis diebus in honorem beatæ Virginis,
quæ in Annuntiatione Mater Dei effecta est, recita
novem Salutationes angelicas, atque per has honorabis novem menses, quibus incarnatus Dei Filius
in utero Virgineo delituit ; cuilibet Salutationi adjunge illa verba : *Beata viscera Mariæ Virginis, quæ*
portaverunt æterni Patris Filium, et beata ubera
quæ lactaverunt Christum Dominum. Poteris etiam
in hunc finem indies recitare hymnum Ambrosianum : *Te Deum laudamus,* genuflectendo, vel
saltem profunde inclinando ad illa verba : *Tu ad*
liberandum suscepturus hominem non horruisti Vir-
ginis uterum. Legitur in Vita sancti Odilonis, abbatis ordinis Sancti Benedicti, prono semper in
terram corpore hæc sanctissima verba pronuntiasse.

CONSIDERATIONES.

DIES PRIMUS.

Punctum I. — *Missus est angelus Gabriel a Deo*
in civitatem Galilææ, cui nomen Nazareth. (*Luc.* 1,
26.) Considera, quam liquido argumento benignus
Deus in hac legatione suam erga nos miseros homines patefecerit misericordiam. Fuissemus omnes,
utpote rebelles et ingrati Creatori nostro, ad irre-
missibiles inferni pœnas ex justissimo Dei consilio
damnati ; strages enim illa deploranda, quam per
esum pomi vetiti intulere toti humano generi infe-
licissimi parentes, omnem intercludebat appellationem ; actum erat de homine, et divina Justitia
meritissimam hominis damnationem statim evicit,
sicut nec angelis pepercit, ad quorum primum et
unicum lapsum successit ruina in æternum non reparanda. Sed pius et misericors Dominus de cœlo

prospexit super filios hominum, et postquam Dei
Filius in assumpta carne, et humana natura decreverat satisfactionem præstare divinæ Justitiæ, et
pro homine peccatore fieri Homo-Deus, « missus
est Gabriel, ait sanctus Gregorius Thaumaturg.
serm. 3 *De Annunt.,* ut dignum purissimo Sponso
thalamum pararet : missus est Gabriel, ut inter
Creatorem et creaturam sponsalia contraheret.
Missus est Gabriel ad Virginem quidem desponsatam Joseph, sed Jesu Filio Dei servatam. Missus
est lychnus, qui Solem justitiæ indicaret. » Contemplare hic, pia anima! quam magna dignatio sit,
quod omnipotenti Deo ex abundantia bonitatis suæ
complacuerit ad homines mittere legatos, et nobilissimos spiritus angelicos, qui *omnes,* ut ait Apostolus (*Hebr.* 1, 14), *sunt administratorii Spiritus,*

in ministerium missi propter eos, qui hæreditatem capiunt salutis; quorum officium est descendere et ascendere : descendendo quidem mandata Dei deferunt ad homines, ascendendo precantium vota et preces offerunt Majestati æternæ. Legatus hic cœlestis erat angelus Gabriel, qui est Fortitudo Dei, ut demonstret fortitudinem illius, a quo missus est, fortitudinem et potentiam ejus, qui venturus est in mundum, et qualiter illos omnes ministros oportcat esse fortes Dei virtute, et potentes, qui per Dei voluntatem et vocationem ad promulganda SS. Incarnationis, et reparatæ nostræ salutis negotia destinantur. Porro in sua legatione quærebat liberum et spontaneum consensum Virginis, quod Mater Dei velit effici, quem etiam obtinuit. Admirare imprimis, et profunde adora altissima consilia, queis tota sanctissima Trinitas decernendo SS. Incarnationem Verbi divini, et mittendo pro hujus exsecutione cœlestem nuntium nostræ prospicere voluit saluti. Ulterius autem ex hac legatione fructum decerpe moralem. Quoties non benignissimus Deus ad te, o chara anima! dignatur invisibiles mittere legationes, volo dicere inspirationes pias, quæ, ut refert Seraphicus Bonaventura tract. De septem donis Spiritus sancti , cap. 6 , sunt quasi nuntii, et Dei legati, per quos voluntatem suam aperit, et ingressum petit in animam. Ecce ego mitto angelum meum, ait Deus (Exod. xxiii, 20): observa eum, et audi vocem ejus. Dolendum autem magnopere , hasce legationes et missiones sæpe sæpius a te vilipendi, neque admitti ad interiora cordis tui penetralia, a quibus tamen haud infrequenter fructus noster spiritualis, imo salus nostra dependet. Huic malo, ut mature prospicias, noli obdurare cor tuum, quoties audiveris in mente tua angelum custodem voluntatem Dei tibi annuntiantem, sed dic humiliter : Loquere, Domine, quia audit servus tuus. (I Reg. iii, 9.) Nescis enim, an non sit hæc ipsa aurea hora, et incomparabilis ter felix, quo tuam in arduis præcipue rebus probare vult obedientiam pius Dominus, quam, si a te fuerit expertus, gratiis excellentissimis et donis spiritualibus remunerabitur.

Punctum II. — Ad Virginem legatio isthæc angelica fuit instituta. « Missus est angelus ad Virginem, ait sanctus Bernardus hom. 2 super Missus, Virginem carne, Virginem mente, Virginem professione, Virginem denique, qualem describit Apostolus (I Cor. vii, 1 seqq.), mente et corpore sanctam, nec noviter nec fortuito inventam, sed a sæculo electam, ab Altissimo præcognitam, et sibi præparatam, ab angelis servatam, a Patribus præfiguratam, a prophetis promissam. » Speciali dignum est expensione, cur Deus ad Virginem hunc nuntium angelicum destinaverit, et ex eadem carnem voluerit assumere, et nasci. Inter alias causas, quas referunt SS. Patres, duæ præcipue eminent. Prima est maxima condecentia, et dignitas illius qui in purissimo Virginis corde quiescere voluit· con-

veniebat enim Deo tam admirabili modo Majestati suæ consentaneo nasci sine læsione Matris. « Decebat ejusmodi partus, ait sanctus Ignatius M. in Epist. ad Heronem, ex sola Virgine Deum, decebat Creatorem non consueto, sed peregrino, et admirando uti partu, utpote omnium Opificem. » Oportuit ergo cor illud esse vere virgineum, quod ipsum Deum ad terram de cœlo attraxit, illum, inquam, qui pascitur inter lilia (Cant. vi, 2), id est, ut exponit Cornelius a Lap., inter virgines. « Non erat autem in terris locus dignior, ait sanctus Bernardus, serm. 1 De Assumpt , uteri virginalis templo, in quo Filium Dei Maria suscepit, nec in cœlis regali solio, in quo Mariam Filius ejus sublimavit. » — « Quæ enim vel angelica puritas, pergit idem Mellifluus serm. 4, virginitati illi audeat comparari, quæ digna fuit Spiritus sancti Sacrarium fieri, et Habitaculum Filii Dei! » Altera causa est, ut ostendat Deus quantus sit amator virginitatis, et quam pretiosa sit illa in oculis Dei anima, quæ est mente et corpore virgo. Diligamus castitatem, inquit sanctus Augustinus serm. 7, De Nativ., quia, ut hanc solam placere Deus indicaret, pudicitiam uteri Virginalis elegit. Christus ergo voluit habere Matrem virginem, ut homines, dum virginitatem in tantam elatam vidissent sublimitatem, eam quoque amplecterentur. « Christus virgo (refero verba sancti Gregorii Naz. orat. 10, De laudibus Basilii) ex Matre virgine concipitur, virginitatem velut lata lege sanciens. » Ex his, cliens Mariane! duplicem excerpe fructum spiritualem. Primo, quam mundum et vere virgineum debeat esse cor tuum, ad quod toties in epulo eucharistico intrat, et quasi per gratiam suam renascitur incarnatus Dei Filius; si enim arca illa testamenti, in qua manna cum virga Aaronica asservabatur, non solum aurea per circuitum redimita corona, sed et extrinsecus, atque intrinsecus auro purissimo vestita et ornata fuit : Et deaurabis eam auro mundissimo intus et foris (Exod. xxv, 11) : quanto magis animata arca cordis tui ab omni macula et nævo debet esse aliena! Alterum cape documentum, quod, ubi virginitas reperitur, omnis quoque ratio boni, et gratia Dei inveniatur, et sicut ubi sunt inquinamenta impuritatis, omne malum timeri potest et formidari ; ita, ubi adest virginitatis puritas, omne bonum potest sperari. Utinam nosses, anima Christiana, excellentiam et dignitatem virginitatis, adhiberes haud dubie diligentiam longe majorem pro conservanda hac gemma, quam minimus etiam halitus potest obscurare ! scito enim , virgines, quas animi et corporis integritas commendat, esse illas animas felices, quæ tot singulares experiuntur favores, totque gratiis cœlestibus locupletantur.

Punctum III. — Ad Virginem desponsatam viro, cui nomen erat Joseph, de domo David. Quamvis Deus pro Matre sibi elegerit Virginem, quæ jam antea votum virginitatis prima voverat, et etiam ad illam angelum suum miserit, ut eidem voluntas

Dei annuntietur : nihilo secius tamen providens Numen voluit Virginem desponsatam, partim, ne, si extra conjugium pareret Christum, mundo redderetur suspecta, partim, ut in sponso suo haberet virginei pudoris custodem, in adversis consolatorem, in necessariis adjutorem, in qua ordinatione singularis elucet Dei providentia, quæ dilectis animabus suis adeo benigne providet, ut illarum honor conservetur illæsus, et in temporalibus auxiliis et necessitatibus solatio non destituantur. Verum ille ipse sponsus, cui beata Virgo, et Dei Mater in matrimonium est tradita, erat virgo, sponsus vere virgineus. *Vir, cui nomen erat Joseph, de domo David*, pauper quidem conditione, quia faber lignarius, sed dives virtutibus, quia justus. Erat ille ab ipso Spiritu sancto in dignissimum beatæ Virginis ac Matris Dei Mariæ sponsum electus; cum enim sacratissima Virgo Maria, hactenus educata in templo, nunc ad nubilem pervenisset ætatem, eidemque more Hebræorum a pontifice indicaretur, ut se pro more legis ac patriæ pararet ad nuptias, purissima Virguncula respondit, tali mandato se parere non posse, cum perpetuam Deo voverit virginitatem ; propter quam mirabilem Virginis responsionem pontifex, et alii sacerdotes statuerunt Deum consulere, ut quid consilii in hac re sit capiendum dignaretur manifestare. « Nec mora! scribit sanctus Hieronymus in *Hist. de ortu Mar* , cunctis audientibus, de oraculo et de propitiatorii loco vox facta est, requirendum esse, cui Virgo illa commendari et desponsari deberet, cunctosque de domo David nuptui habiles, non conjugatos, virgas suas allaturos ad altare, et cujus virga floresceret, atque in ejus cacumine Spiritu Domini in specie columbæ consedisset, eum esse, cui Virgo commendari et desponsari deberet. Quod cum in Josephum feliciter cecidisset, liquido omnibus patuit, Virginem ei desponsandam fore, et sic divina sorte tanquam magis idoneus justus Joseph fuit electus. » Voluit ergo Deus pro Matre sua sponsum non alium, quam virgineum, qualis erat sanctus Josephus, quem candida vitæ integritas tanta gratia, et tam sancto connubio dignum reddidit ; nam, ut ait cancellarius Paris. Gerson, serm. *De Nativ.* : « Sicut decuit ut Maria tanta puritate niteret, qua sub Deo major nequit intelligi ; ita decuit ut sanctus Josephus tanta polleat prærogativa, quæ similitudinem et gratiam exprimeret talis sponsi ad talem sponsam. » En novum argumentum , ex quo satis aperte liquet, quantum æstimetur virginitas coram Deo. Vides etiam, quod Sponsam virgineam non alius deceat sponsus, quam etiam virgineus. Quapropter, si et tu sponsus Mariæ esse cupis, minimos per Dei gratiam impuritatis pulvisculos dispelle, quia ille, qui non est castus, nec Deo gratus est, nec Mariæ, sed Maria te tantum amabit, quantum tu dilexeris angelicam puritatem. Excita ingens tam angelicæ virtutis desiderium, et, si non in perpetuum, saltem ad

tempus aliquod pro ratione status tui vove castitatem. Pretiosum foret tale holocaustum toti sanctissimæ Trinitati, et virgineæ Sponsæ tuæ.

Cum hac die de legatione angelica factus sit sermo, in qua angelus Dei ad manifestandam voluntatem divinam designatus est, ideo pro praxi speciali huius diei sæpius per diem amico interno colloquio angelum tuum custodem consule, quid in obviis actionibus et functionibus tuis tibi sit agendum ? Annuntiabit tibi, ne dubita, bonus spiritus per piam inspirationem voluntatem Dei, quod facile colliges, si talis actio magis tendat ad internam mentis recollectionem conservandam ; qui enim frequenter loquitur cum Deo et angelis, proficiet in omni bono et virtute.

Patronus sit nuntius ille cœlestis, cujus dignitas ex nobili legationis officio elucescit, sanctus nimirum archangelus Gabriel ; et quia ipsius nomen Fortitudinem Dei significat, ita etiam tu ad illius imitationem, adjuvante Dei gratia, fortitudinem indue ad voluntatem divinam in omnibus observandam.

DIES SECUNDUS.

Punctum I. — *Et nomen Virginis Maria.* Considera, quod sanctissimæ Virgini, quam Deus ab æterno in Matrem suam elegerat, non aliud impositum fuerit nomen, quam *Maria.* Non fuit hæc benedicta Joachimi et Annæ filia appellata Rachel, quæ genuit Joseph, *filium accrescentem (Gen.* xlix, 22), etc , per omnia typum Christi Domini. Non Esther, quæ populum Hebraicum liberavit. (*Esther* viii.) Non Abigail, quæ iratum Davidem placavit. (*I Reg.* xxv.) Non Rebecca, quæ duplex mater exstitit gignendo Jacobum et Esau (*Gen.* xxv), sicut beatissima Virgo est duplex Mater, Christi, et peccatoris. Nec ista, nec illa nomina placuerunt SS. Trinitati, quæ voluit ut hæc purissima Virgo vocetur, et nominetur Maria, quod nomen sanctissimum, sicut in sua legatione , et annuntiatione Verbi incarnati expressit angelus Gabriel, Luc. i, 30 : *Ne timeas, Maria;* ita etiam, ut passim ex traditione Patrum pie creditur, nobilissimus iste Spiritus hoc nomen parentibus beatæ Virginis prænuntiavit, dicens ad Joachim assidue plorantem, ut refert sanctus Vincentius Ferr. serm. 1 *De Nativ. Deip.* , et plures alii : « Conjux tua hactenus infecunda pariet tibi filiam, et vocabis nomen ejus Mariam. » Hoc sanctissimum nomen plures nobis pie meditandi materias subministrat. Maria *Dominam* significat; sermone autem Syro, inquit sanctus Isidorus, lib. vii *Etym* . cap. 10, Maria *Domina* nuncupatur. Et merito quidem ; si enim Creator ac Dominus, universorum erat *subditus illi*, recte inferre licet Mar'am esse Dominam omnium creaturarum. Porro hoc nomen, Maria, exponitur *Stella maris* a Doctore mellifluo, hom. 2 super *Missus :* « *Nomen Virginis Maria*, inquit, quod interpretatum *maris Stella* dicitur.... Ipsa est præclara et

eximia Stella super hoc mare magnum et spatiosum sublevata, micans meritis, illustrans exemplis. »
Quod ipsum confirmat auctor antiquus, Eusebius
Emyss., hom. *De Epiph. Dom.:* « Veniunt, ait, Magi
Bethlcem, stat supra domum illam, in qua erat
Virgo Maria, stat stella supra Stellam; Maria enim
Stella maris interpretata est. » Denique, ut observat Hugo apud P. Sylveiram hoc loco, ob quatuor
præcipue causas beata Virgo vocatur Stella. Primo,
quia, cum magna esset, ad modum stellæ modica
apparebat propter humilitatem. Secundo, sicut
stella lucet in nocte; sic beatissima Virgo his
lucet, qui sunt in tenebris peccatorum. Tertio, quia
naufragantes hujus mundi ad portum salutis dirigit. Quarto, quia ad modum stellæ ex se profert
radios virtutum et bonorum exemplorum. Tu,
cliens Mariane! 'duplicem hanc nominis Mariæ expositionem spirituali profectui tuo applica, utraque
addit stimulos ad Mariæ devote et ferventer serviendum. Maria est *Domina :* ergo disce reverentiam, ait pius quidam asceta, disce amorem erga hoc
sanctissimum nomen; si enim est *Domina,* quæ peperit nobis mundi Dominum, ubi est amor? ubi cultus? ubi obsequium erga Mariam? si in sanctissimo
nomine Jesu, ut ait Apostolus, Philipp. ii, 10, *omne
genu flectitur cœlestium , terrestrium et infernorum,*
æquitati sane consentaneum est, ut etiam sanctissimum nomen Mariæ, summa, qua decet, demissione
veneremur. Dixerat olim Deus Malachiæ i, 6 : *Si
ego sum Dominus, ubi est honor meus ?* Quod tibi
a Matre et Domina nostra Maria dictum existima,
quoties illam in precibus tuis vocare soles Dominam. Ubi autem est honor ejus ? qualiter te exhibes in cultu et servitio Mariano ? annon aliquod
menses prætereunt, quin debitum aliquod obligationis tuæ testimonium erga Dominam tuam fueris
contestatus ? quale impendis studium ad ejusdem
virtutes imitandas? annon in festis Dominæ tuæ,
et diebus eidem sacris aliquid adjungas ad solitum
pensum servitutis tuæ? Circa quæ te examina, et,
si quæ emendanda fuerint, emenda. Præterea, si
Stella maris est Maria, cogita, quæso, mundum nil
aliud esse, quam mare periculosissimum, in quo,
proh dolor! tot incautæ pereunt animæ; in hoc
mundi pelago usque ad dies vitæ tibi est decertan-
dum, ubi continua pugna, et rara victoria ; per
hoc mare est tibi navigandum inter scopulos et
syrtes, inter Scyllas et Charybdes ; si feliciter pervenire velis ad portum, per hanc *maris Stellam*
eo debes perduci. « O quisquis te intelligis, ait
sanctus Bernardus hom. 2 super *Missus,* in hujus
sæculi profluvio magis inter procellas, et tempestates, quam per terram ambulare, ne avertas oculos a fulgore hujus sideris, si non vis obrui procellis. Si insurgant venti tentationum, si incurras
scopulos tribulationum, respice Stellam, voca Mariam. Si jactaris superbiæ undis, si ambitionis, si
detractionis, si æmulationis, respice Stellam, voca
Mariam. Si iracundia, aut avaritia, aut carnis ille-

cebra naviculam concusserit mentis, respice ad
Mariam. » Sequere ergo hoc melliflui Doctoris
consilium, et sicut olim Petrus fluctibus pene
abreptus clamavit ad Dominum: *Domine, salvum
me fac (Matth.* xiv, 30) : adde tu, Mariophile ! et ad
Dominam nostram clamare non cessa: *Domina
Maria, salvum me fac.* Tali modo Mariam simul in
mari invocabis ut Stellam, et veneraberis ut Dominam.

PUNCTUM II. — Considera, quod sanctissimum
nomen *Maria* ex sua etymologia alium quoque subministret devotionis sensum, ex quo pie de beata
Virgine licebit meditari. Maria, ut exponit sanctus
Ambrosius, lib. *De instit. virg.* cap. 5, et alii SS.
Patres, significat *Mare amaritudinis* seu *Amaritudinem maris.* Fuit ergo sancta Virgo mare amarum,
et pelagus omnium dolorum ; doloris namque
gladius pertransivit animam ejus. Et licet in mare
diversa se effundant flumina ac desuper dulcibus
rigetur cœli pluviis, mare tamen amarum persove-
rat; ita et in Mare mysticum Mariam, quamvis
omnia flumina, id est, teste sancto Bonaventura,
gratiæ et charismatum dona intrare soleant, mare
tamen hoc *amarum* permanet. « Sicut nulla in mari
gutta est, piissime scribit Adrianus Lyræus in
Tris. pausa 9, quæ amara non sit, sic nullum Marianæ vitæ momentum, quod plurimarum afflictionum et ærumnarum non imbuit amaritudo. » Neque
de hac veritate superest dubitandi locus : dum
enim Mater Dei ante crucifixionem partim spectavit,
partim audivit ineffabiles injurias, contumelias et
maledicta sine numero, quæ omnia dilectissimus
Filius ejus passus est in domo Annæ, Caiphæ,
Pilati et Herodis, postea vero illum ipsum (qui
speciosus est præ filiis hominum [*Psal.* xliv, 3], et
in cujus faciem desiderant angeli prospicere [*1 Petr.*
1, 12]) videret plagis horridum, et novissimum virorum, pendentem in patibulo, derelictum ab omnibus discipulis suis, an aliter fieri potuit, quod non
in animo Mariæ integer compassionis oceanus con-
fluxerit? Potest etiam beatissima Virgo dici *Mare
amarum* per respectum ad dæmonem, et fidei catholicæ inimicos. « Mare amarum est, ait sanctus
Bonaventura in *Speculo Virg.* cap. 1, quemadmodum mare Rubrum amarum fuit Ægyptiis in ipso
submersis. O quam amarum, et timendum est
hoc mare Ægyptiis ! o quam amara, et timenda est
Maria dæmonibus ! » Si ergo legis et audis hoc
sanctissimum nomen Maria, quod tibi amaritudinem, afflictiones et ærumnas beatæ Virginis denotat, resume piam occasionem et ansam compatiendi
afflictissimæ Deiparenti, et pete humiliter ab illa,
ut tibi quamdam doloris particulam communicet,
vi cujus etiam, velut illa, possis patienti Dei Filio
compati; valde enim salutare est dolores crucifixi
Domini nostri sæpius amaroso affectu meditari.
Præterea, quia Maria est *Mare amarum* ad sub-
mergendos infernales piratas idoneum, ut ex SS.
Patribus ostendi, hostiles autem ejusmodi insultus

diu noctuque nos miseros infestant homines, ut sane opus habeamus fortissimo propugnaculo, ecce ! in promptu est sanctissimum nomen Maria, sub cujus patrocinio secure quiescent Parthenii clientes et amatores nominis Mariani, ad cujus sanctissimi nominis sonum et auditum exhorrescunt et tremunt Stygii impostores ; quod pro omnium nostrum solatio ipsa sanctissima Deipara revelavit sanctæ Birgittæ, lib. 1 *Revel.* cap. 9, dicens : « Omnes dæmones verentur hoc nomen, et timent, qui audientes hoc nomen *Maria!* statim relinquunt animam de unguibus, quibus tenebant eam. »

PUNCTUM III. — Considera, quod pluribus ex causis sacratissimum nomen Maria singulari cultu et observantia sit colendum et venerandum. Ita præivit exemplo Ecclesia triumphans, quam secuta est militans. Nam, ut pie scribit quidam auctor Mariophilus, hæc religio, veneratio nimirum nominis Mariæ, cœpit cum mundo, quia spiritus angelici divini Verbi Incarnationem vel in statu viæ edocti, vel in beatitudine clara visione consecuti statim tenuere, dum eam, quam Dominam, ac Reginam perpetuo habituri erant, vel fide, vel clare in Verbo sunt venerati, ejus nomen adorantes, quam post annorum certa quædam spatia nascituram terris sperabant. In Ecclesia vero militanti perpetua annorum serie nomen hoc sanctissimum ædificatis templis, aris positis, fixis tabellis, cæterisque veræ pietatis, ac religionis indiciis cœpit venerari, quibus omnibus cultus ac reverentia sanctissimi nominis Mariæ aliqua ex parte cultui sanctissimi nominis Jesu, venerationique conformis reddita fuit. Licebit proin dicere, quod in nomine Mariæ etiam suo modo, sicut in nomine Jesu, omne genu flectatur cœlestium, terrestrium et infernorum. (*Philipp.* II. 10.) Genu flectunt hoc audito sanctissimo nomine non tantum mortales, qui vivunt in terris, sed etiam beatæ mentes, quæ regnant in cœlis, et quæ purgantur in igne ; et quidni etiam impii, et dæmones, qui sempiterno cruciantur incendio ? Sunt autem et plurimæ aliæ rationes, quæ nos debent stimulare ad colendum et venerandum hoc sanctissimum nomen Maria. Una est dignitas Matris unigeniti Filii Dei, quæ, velut nobilis quædam prærogativa, illam exornat. Altera : quia, ut audivimus, nomen hoc significat *Dominam*, penes quam residet dominium quoddam et imperium ; si autem nomina regum, principum et magnatum subditis sunt venerationi et cultui, dignum sane et justum est, ut Mariæ Augustæ rerum Dominæ sanctissimum nomen tam ab angelis, quam ab hominibus speciali observantia colatur, quibus a Deo data fuit in Reginam ac Dominam. Alia iterum est præstans illa sanctitatis et innocentis vitæ integritas, in qua beata Virgo supra omnes mortales eminuit ; nam si de cultu sanctorum agitur, nomen illius sancti in eo majori habetur cultu ac veneratione, quo magis ipsius vitæ sanctitas commenda-

tur. Quapropter, cliens Mariane ! cum tanta te impellant motiva sanctissimum hoc nomen reverendi et colendi, ab hujus venerationis exercitio nunquam desiste. Scito autem devotam venerationem vel maxime consistere in frequenti hujus nominis invocatione, ac filiali confidentia in occurrentibus quibuscunque casibus adversis, sive quoad Deum, sive quoad sæculum sint. « In periculis, in angustiis, ait sanctus Bernardus, hom. 2 super *Missus*, in rebus dubiis Mariam cogita, Mariam invoca. Non recedat ab ore, non recedat a corde, et, ut impetres ejus orationis suffragium, non deseras conversationis exemplum ; ipsam sequens non devias, ipsam rogans non desperas, ipsam cogitans non erras, ipsa tenente non corruis, ipsa protegente non metuis, ipsa duce non fatigaris, ipsa propitia pervenis, et sic in temetipso experiris, quam merito dictum sit : *Et nomen Virginis Maria.* »

Praxis specialis secundæ diei sit, ut semper profunda capitis inclinatione filialem affectum, et venerationem contesteris, quoties audis, vel ipsemet devote legis nomen Maria. Osculare non minus frequenter hoc sanctissimum nomen et præcipue hodie nulli quidquam denega, si preces suas proponat in nomine Mariæ. De beato Gerardo legitur, illum nunquam aliquid denegasse petenti in nomine beatæ Virginis. De venerabili Hyacintha de Marescotti ord. Sancti Francisci scribit P. Paulus Barry S. J. in *Anno Mariano*, quod sanctissimum Mariæ nomen aureis chartulis inscriptum deglutiverit, quod ipsi dulcius videbatur super mel et favum, neque aliquid in domestica supellectili habere voluit, quod non erat insignitum nomine Mariæ. De sancto Joscione monacho ord. S. Benedicti ad diem 30 Nov. refert P. Cherle in Martyr. Bened. quod indies recitarit quinque psalmos, litteris initialibus nomen Mariæ exprimentes ; et ecce post mortem beati Joscioni duæ rosæ ex oculis, duæ ex auribus, et una ex ore excreverunt ; harum autem rosarum folia nomen Maria repræsentabant. De venerabili Anna a Jesu ord. Carmelitarum narrat auctor anonymus, quod solita fuerit de lecto surgere, quotiescunque noctu evigilabat, et sanctissimum nomen Mariæ devote pronuntiare. Quod ipsum etiam beata Maria OEgniacensis per diem subinde millies vicibus, et quidem genibus flexis præstitit.

Ex his Mariani nominis cultoribus elige tibi patronum, vel patronam.

DIES TERTIUS.

PUNCTUM I. — *Ingressus angelus ad eam.* Considerandum hic occurrit, quod ingressus iste angelicus ad omnem et summam modestiam fuerit com positus, et quod angelus cum maxima reverentia et gravitate accesserit, vel potius illapsus fuerit in cubile, in quo erat beatissima Virgo Maria. Ostendebat bonus hic angelus, et cœlestis legatus eam in vultu sanctitatem, quam intus latentem tenuerat, et absconditam. Ex hoc ingressu angeli nunc cape doctrinam. Fungebatur hic angelus officio legati cœlestis, et ideo oportebat illum, ut emineret in externa assumpti corporis compositione, et modestia; quid vero aliud sunt viri apostolici, qui, ut loquitur Paulus, *legatione pro Christo* funguntur? (*II Cor.* v, 20.) Quid aliud sunt religiosi, nisi qui vitam angelicam profitentur? Ex quibus satis perspicue colligendum est, quanta modestia et externa gravitate pollere debeant omnes illi, quibus ex vocatione sua incumbit Christi fidelibus voluntatem divinam quocunque modo manifestare et annuntiare. Profecto externa compositio, gravitas et modestia adeo necessaria est personis ecclesiasticis et religiosis, ut absque illa inter sæculares, et illos difficulter quis possit discernere; nam, cum ad magna Dei mysteria simus destinati, non condecet nos dejicere ad vilia sæcularium commercia, nec eorum cœtibus immiscere, sed cum gravitate, honore et respectu manutenere decorem nostri habitus, et characteris. Ob hanc causam sanctus Paulus dilecto discipulo suo Timotheo inculcatam habere voluit hanc nobilem doctrinam, scribens eidem : *Exemplum esto fidelium in verbo, et conversatione.* (*I Tim.* iv, 12.) Simile etiam Tito subministravit consilium, scribens : *Teipsum præbe exemplum bonorum operum in gravitate.* (*Tit.* ii, 7.) Præterea, cum nos vi ministerii nostri effecti sumus familiares, et domestici Dei, nulla quoque virtus nobis magis conveniens, populo accommodatior, pro ædificatione utilior esse potest, quam modestia. Docemur etiam ab ipsa experientia, quod sæculares morum suorum normam sumant ex moribus nostris; nam, ut ait perbene sanctus Augustinus, serm. 109, De tempore : « Ministrorum altaris vita aliorum debet esse eruditio, et continua prædicatio. » Quapropter, lector Parthenie! maxime si sacerdos sis, aut religiosus (nobis enim primario incumbit exemplari vita, et annuntiatione, vel prædicatione verbi divini lucrari Deo animas), disce, inquam, ex hoc considerationis puncto, in quo angelum ad Virginem Mariam cum summa modestia, gravitate, et morum compositione ingressum fuisse considerasti, ut etiam nostra modestia juxta monitum D. Pauli (*Philipp.* iv, 5), *nota sit omnibus hominibus*. Advertere enim debemus, quod laici actus nostros internos, amoris Dei, compunctionis, humilitatis, continentiæ, zeli, mansuetudinis, obedientiæ non videant, nec etiam videre possint, ac scire; ideo pro illorum ædificatione, pro practica instructione, necessario in nobis requiritur suavis quædam, et affabilis modestia, et exterior compositio morum, ut in illa velut in speculo videant virtutem, et interiorem perfectionem, nec non suavi quadam violentia manuducantur in stadio virtutum, ut in eodem tandiu currant indefessi, usquedum accipiant bravium.

PUNCTUM. II. — *Dixit : Ave.* Postquam angelus

Gabriel ingressus fuit ad Virginem, jam loqui cum illa incipiebat. Sicut autem ingressus ejusdem fuit pacificus, et ad omnem modestiam compositus; ita non minus loquela et modus loquendi singulares virtutis angelicæ radios spargebat, ut nec superfluum quid, nec verbum minus modestiæ conveniens possit notari ac deprehendi. Ex quo discere debemus, quod apud nos præcipue sit loquela, ubi ecclesiastica resplendere debet gravitas ac modestia, ut non tantum a malis, perversis, inhonestis, et detractoriis, sed de illis quoque, ubi non redolet modestia et gravitas, sedulo abstineamus eloquiis. Quocirca quemlibet nostrum salubriter monet sanctus Anselmus Med. i, cap. 35 : « Os tuum, ait, os Christi est : non debes, non dico, ad detractiones, sed nec ad otiosos sermones os aperire, quod ad solas laudes Dei, et ad ædificationem proximi debes patulum habere. » Dixit vero angelus : *Ave.* Quod idem est, ut exponunt Litterarum interpretes, ac *Salvet te Deus, pax tecum, gaude, esto secura*; nuntium enim pacis et prosperitatis tibi affero. Potest etiam pie credi, quod angelus Virginem hoc verbo, *Ave*, salutaverit; quia litteris inversis idem reddit, quod *Eva*. Ad quod alludere videtur Ecclesia, dum canit : *Sumens illud Ave, Mutans Evæ nomen*. Sicut enim omnia mala venerunt in mundum per Evam ; ita per Mariam mutata sunt in bonum ; et quemadmodum Evæ intimata fuit tristitia, Gen. iii, 16 : *Multiplicabo ærumnas tuas* ; sic Mariæ nuntiatur gaudium et lætitia. Huc optime quadrat elegans illa comparatio, quam instituit sanctus Augustinus, serm. 18 *De sanct.*, inter Evam et Mariam : « Mater generis nostri, ait, pœnam intulit mundo, Genitrix Domini nostri salutem attulit mundo : auctrix peccati Eva, auctrix meriti Maria : Eva occidendo obfuit, Maria vivificando profuit ; illa percussit, ista sanavit. » Et iterum idem Ecclesiæ doctor, cit. loc. : « Impleta est (Maria) gratia, et Evæ vacuata est culpa, maledictio Evæ in benedictionem mutatur Mariæ. » Observandum etiam venit, quod in veteri Testamento raro aliquis Salutatione angelica fuerit honoratus. Non salutatur Abraham, cum extollitur titulo fidei ; non salutatur Jacob, nec Moyses, nec Daniel, nec Ezechiel, nec etiam Zacharias, et multo minus in Scriptura legitur ab angelo fuisse salutatam mulierem : non Saram, non Agar salutavit angelus, quamvis eis apparuerit, quia totus femineus sexus propter Evæ peccatum invisus exstitit ; tantum Mariam honorificis verbis salutavit angelus, ut indicaret, minime contraxisse peccatum, et totum damnum esse ablatum, et gratiam reparatam. Sicut ergo salutationes indicant spem, et bonorum communicationem, ita nosse debemus, quod in Annuntiatione Christi Domini, facta beatissimæ Virgini Mariæ, omnis quoque in mundum venerit spes gloriæ, et restitutio gratiæ. Gratulemur ergo omnes, quotquot Mariam filiali affectu prosequimur, felicissimæ Deiparenti, quod Salutatione angelica fuerit honorata. O vere excellentissima Virgo! toto cordis affectu te salutamus, et Ave dicimus. Per te nostra incepit salus, dum Redemptorem mundi et Salvatorem concepisti. Tu Evæ nomen feliciter commutasti, tu calamitates nostras dissolvisti, et replevisti miseros Evæ filios misericordia tua. In *Eva* omne malum, per te omne bonum sumpsit initium. Tu gratiæ, illa nos serpenti subjecit, cujus tu caput contrivisti. Gaude, o beatissima! ob felicem, quæ tibi obtigit, sortem, innova corda nostra, ut nova laudum tuarum cantica novo in dies spiritus fervore tibi decantemus.

Punctum III. — *Gratia plena.* Considera, quod angelus Dei recte et optime hoc præstanti elogio salutarit beatissimam Virginem Mariam, quod nimirum sit *gratia plena;* omnes enim Maria gratias complectebatur, omni ex parte fuit *gratia plena,* plena gratia increata, plena gratia sanctificante, plena gratiis gratis datis. Exstitit Maria plena gratia increata; quia, licet non fuerit assumpta ad unionem hypostaticam, tamen in se realiter habuit ipsum gratiæ Auctorem. « Sancta Maria, ait sanctus Hieronymus, epist. 140, in Expos. Psal. XLIV, quia conceperat eum, in quo omnis plenitudo divinitatis corporaliter habitat, plena gratia salutatur. » Fuit Maria plena gratia sanctificante; nam ex ejus dignitate, ad quam a Deo electa est, communiter inferunt SS. Patres, plus gratiæ, meriti ac virtutum fuisse in Maria, quam in omnibus aliis sanctis simul sumptis, sive angelis, sive hominibus. « Solo Deo excepto, inquit divus Hieronymus, *De laud. Virg.,* cunctis superior exstitit beatissima Virgo. » Et doctus Idiota, lib. VI : « Sanctorum omnium privilegia, o Virgo, omnia habes in te conjecta, nemo æqualis est tibi, nemo major te, nisi Deus. » Fuerunt in Maria gratiæ gratis datæ, seu dona Spiritus sancti, ratione quorum homo est acceptus ad opera supernaturalia, ut patranda miracula, actum prophetiæ, his, inquam, donis plena erat Maria; nam, ut ait divus Athanasius, serm. *De Deip.* vel quicunque demum hujus sermonis auctor sit, ut observat Cornelius a Lap. loc. cit., « Spiritus sanctus descendit in Virginem cum omnibus essentialibus suis virtutibus, quæ illi per rationem divini principatus adsunt, imbuens tam in gratia, ut omnibus gratiosa esset. Atque idcirco *gratia plena* cognominata est, eo quod impletione Spiritus sancti omnibus gratiis abundaret » Licet autem Maria non exercuerit omnium usum, dum erat in vivis, id maxime ob ejus humilitatem factum fuisse asserit angelicus Thomas, p. III, q. 27, art. 5, ad 3. Tandem etiam beatissima Virgo gratia plena est, gratiam nobis communicando, partim, quia « pariendo gratiæ Auctorem beatissima Virgo quodammodo gratiam ad omnes derivavit, » ait divus Thomas loc. cit. art. 5, ad 1; partim, quia gratias a Filio suo suis precibus nobis impetrat : nam sicut Christus Dominus plenus gratia dicitur, de cujus plenitudine nos omnes accepimus; ita etiam

beatissima Virgo plena gratia est, de cujus redundantia omnes ditamur, cum hac quidem diversitate, quod a Christo accipiamus gratiam, tanquam ab Auctore illius, a Maria autem, ut patrona impetrante et deprecante. Merito proin Mariæ applicari potest illud Eccli. XXIV, 25 : *In me gratia omnis viæ, et veritatis.* Gratias age, cliens Marianæ! toti SS. Trinitati, quod tantam gratiarum plenitudinem huic Virgini contulerit, et simul ferventibus insiste precibus, ut et tibi Auctor gratiæ minimam aliquam partem donare dignetur, vi cujus animæ tuæ vas, licet parvum, juxta suam repleatur capacitatem. In hac quoque consideratione de gratia Dei ulterius progredere, anima mea, et expende, qualis causa subesse debeat, quod tam parum gratiæ Dei possideas in corde tuo? Certe non aliam causam latere judico, quam quod nimis adhæreas mundo, et gratias hominum nimis sollicite exquiras, mundique favores avida mente aucuperis; quid mirum, si non sis plenus gratia Dei? Gratia apud homines, et gratia apud Deum simul stare non possunt; nam *amicitia hujus mundi inimica est Dei,* ait sanctus Jacobus cap. IV, vers. 4. Neque bene conveniunt Christus et Belial, nec bona comparatio est inter lucem et tenebras. Quapropter, si apud Deum in gratia esse cupis, fortiter gratias, et respectus hominum contemne, noli esse ex numero illorum, apud quos sæpenumero, proh dolor! pro captandis mundi gratiis, gratia Dei venalis prostat. Unice allabora, ut apud Deum in gratia permaneas, hoc unum est necessarium : *Si adhuc hominibus placerem, servus Dei non essem,* optime ad doctrinam nostram scripsit gentium Doctor, ad Galat. I, 10. Quod salubre monitum stylo ferreo deberet esse impressum cordibus nostris.

Praxis specialis hodiernæ diei in eo consistat ut frequenter salutes beatam Virginem *gratia plenam,* maxime, dum imaginem, aut statuam ejusdem pertransis. Similiter illam devote precare, ut quia tantis a Deo gratiis fuit decorata, precibus quoque suis a Filio suo dilectissimo impetret nobis gratias efficaces, maxime gratiam finalem nobis omnibus indebitam, et tamen ad salutem unice necessariam. Poteris, si velis, hac vel simili formula Mariam gratia plenam alloqui : *Ave, Maria, gratia plena, Mater misericordiæ, immensum gratiarum mare! si flumina ex mari exeunt, in quod fuerant ingressa, exeat, quæso, o Virgo! o Mater gratiarum! aliquod flumen, quo animæ meæ vacuitas repleatur, et opera mea coram Deo plena sint ac perfecta.*

Patronus sit sanctus Bernardinus Senensis, qui plenitudinem gratiæ in Maria deprædicat, tom. I, serm. 6 : « Excepto Christo, inquit, tanta gratia Virgini a Deo data est, quantum uni puræ creaturæ dari possibile esset. »

DIES QUARTUS.

Punctum I. — *Dominus tecum.* Ut angelus Dei

indicaret causam admirandæ gratiarum plenitudinis in Maria, subjungit alterum speciosum encomium, salutans Virginem hisce verbis : *Dominus tecum.* Omnis enim plenitudo gratiæ ex eo est, si Dominus sit nobiscum, si semper cum Regio Psalte dicere possumus : *Providebam Dominum in conspectu meo semper.* (Psal. xv, 8.) Cum ergo Maria in solo quiescebat Deo, præ omnibus quoque creaturis affluebat gratia ; et sic bene ab angelo dictum est : *Dominus tecum.* Quasi diceret cœlestis legatus : *Tecum, o Maria! Dominus* non tantum est per essentiam, præsentiam, et potentiam, ut in cæteris hominibus, nec per solam gratiam, ut in justis animabus, sed eminenti quadam, et speciali amicitia, gratia, arctaque familiaritate est intra te. *Tecum* est, omnes animæ facultates sibi mirabiliter conjungens ; est in *intelligentia,* eam, ut continuo ipsum agnoscat, illustrans ; est *in memoria,* eam, ut semper de ipso cogitet, ad se rapiens ; est *in voluntate,* eam, ut semper ipsum amet, inflammans. *Dominus tecum* est, res tuas providentia mirabili, et protectione prorsus speciali gubernans. *Dominus tecum,* quasi in suo cœlo, in suo thalamo, in suo templo, in sua deliciarum domo, et mox etiam ut Filius erit in utero tuo. *Dominus tecum,* quia plenissima gratia super omnes creaturas te sanctificavit : quapropter pleno ore tibi dico : *Dominus tecum.* Dignum autem est observatione, quod angelus non dixerit ad Mariam : *Dominus est tecum, fuit, aut erit,* sed sine ulla limitatione, *Dominus tecum,* ut omnis includatur temporis differentia, quia cum Maria semper erat Dominus jam a primo conceptionis suæ instanti. Erat insuper cum Maria Dominus in corde per amorem, erat in ore per assiduam orationem, erat in opere per purissimam ipsi placendi intentionem, et modo quidem longe eminentiori, quam in aliis sanctis. Quod expendit Franconius abbas, lib. vi *De gratia,* ita scribens : « Dominus tecum est, o Virgo! non generali tantum benedictionis gratia, qua et cum cæteris sanctis est, verum et singulari prærogativa gratiæ, sicut cum Matre Filius, Dominus tecum, ut viscera tua sanctificet, ut in carne tua humanam carnem sibi associet. » Hoc ipsum pluribus exaggerat divus Augustinus, serm. 18, De Temp. : « Dominus tecum, inquit, sed plusquam mecum, Dominus tecum, ut sit in corde tuo, sit in utero tuo, adimpleat mentem tuam, adimpleat carnem tuam. » His adjungo doctorem mellifluum Bernardum, qui serm. 3 super *Missus,* docet cum beatissima Virgine fuisse totam SS. Trinitatem ; unde ait : « Nec tantum Dominus Filius tecum, quem carne tua induis, sed et Dominus Spiritus sanctus, de quo concipis, et Dominus Pater, qui genuit, quem concipis. Pater, inquam, tecum, qui Filium suum facit tuum. Filius tecum, qui ad condendum in te mirabile sacramentum miro modo et sibi reservat genitale secretum, et tibi servat virginale signaculum. Spiritus sanctus tecum, qui cum Patre et Filio tuum sanctificat uterum. » Gratulare jam,

cliens Parthenie! Matri tuæ sanctissimæ ad excellentem prærogativam, quod Dominus sit cum illa, et quod tam dulci gaudeat societate cum Deo suo. Desideras et tu tantam felicitatem, incipe, quæso, ad exemplum Mariæ magis conversari cum Deo, et erit *Dominus tecum;* non enim mirum est, quod omni gustu, et advertentia gratiæ divinæ te sentias spoliatum, quia totus adhæres mundo, et pro deliciis animi, quæ gustantur ex præsentia Dei, exquiris tibi delicias corporis a creaturis. Nisi evanida mundi gaudia dimittas, ad delicias præsentiæ divinæ pervenire non potes. Credis hoc? Utique, ais, credo. Sed credere non sufficit, si non datur experiri. Abjuratis proin transitoriis vanitatibus soli Deo te junge ; experieris, ne dubita, quod dulcis et suavis sit Dominus, exclamabis præ consolationis affluentia cum Vate coronato : *Mihi adhærere Deo bonum est.* (Psal. LXXII, 28.)

PUNCTUM II. — *Benedicta tu in mulieribus.* Tertium elogium, per quod angelus Dei salutationi suæ finem imposuit, erat non minus præstans et excellens, dum nimirum illam deprædicaret *Benedictam in mulieribus.* Legimus quidem in sacris paginis Veteris Testamenti hoc encomio fuisse honoratas duas fortissimas mulieres Jahel, et Judith. De illa, quæ occidit Sisaram, refert sacer textus Judic. v, 24 : *Benedicta inter mulieres Jahel uxor Haber Cinæi, et benedicatur in tabernaculo suo.* Istam vero a cæde Holophernis redeuntem Joachim pontifex cum toto populo salutavit, Judith. xv, 10, 11 : *Tu gloria Jerusalem, tu lætitia Israel, tu honorificentia populi nostri, quia fecisti viriliter, et confortatum est cor tuum, eo quod castitatem amaveris,* etc. *Ideo manus Domini confortavit te, et ideo eris benedicta in æternum.* Verum longe excellentius idipsum per angelum dicitur beatissimæ Virgini Mariæ, quod sit *Benedicta in mulieribus;* ipsa enim Jahelem, Judith, cæterasque virgines et matronas mille benedictionibus, donis, et gratiis superavit. Voluit ergo dicere cœli nuntius : *Benedicta tu in mulieribus,* o Maria! tu sola omnium mulierum es singulariter benedicta, quia, uti Virgo es, sic eris et Mater, et sicut sine libidine concipies, sic et sine dolore paries unigenitum Filium tuum, cum posteræ Evæ cum voluptate concipiant, et cum dolore pariant misellos infantes. Eris in universis mulieribus Benedicta, quia ut femina una omnibus *maledictionibus,* quæ universos homines comprehenderunt, initium dedit, ita tu *benedictionibus* cœlestibus quæ hominibus supervenient, benedicto ventris tui Fructu initium dabis. Fuit ergo Maria ex triplici capite præprimis Benedicta. Benedicta ratione fecunditatis tanti ac talis Filii ; quia concepit, et peperit, et una cum Deo Patre unum habet Filium. Benedicta, quia in ea omnis fuit benedictio, virginitas, et excellentia omnium virtutum et donorum quæ esse possunt. Benedicta, quia omnis maledictio, per Evam inducta, per Mariam autem soluta est. Audi beatum Petrum

Chrysologum, serm. 145, in hæc verba ita scribentem : « Vere Benedicta, quæ fuit major cœlo, fortior terra, orbe latior; nam Deum, quem mundus
non capit, sola cepit. » Similia refert ad laudem
Benedictæ Virginis Andreas Hierosol. in eadem
verba : « Vere Benedicta tu, inquit, quam Ezechiel
verum Solis ortum proclamavit; sola vere Benedicta es, quam Montem magnum vir ille desiderabilis
Daniel vidit... Benedicta tu, quam Zacharias vir divi-
nissimus aureum Candelabrum septem vidit lychnis
ornatum, nimirum illis septem Spiritus sancti donis
clarum ac lucidum. Vere Benedicta tu vividi nostri
ligni paradisus, » etc. Cum ergo Maria tam eminentem obtinuerit felicitatem, quod sit *in mulieribus Benedicta*, dignum sane et justum est ut et nos
omnes, quotquot Mariæ servi sumus, ipsam laudemus ac benedicamus, præterea autem suppliciter
exoremus, ut benedictionum dulcissimi Filii sui,
Capitis nostri, quas per illam tanquam per collum
suum Ecclesiæ communicat, nos faciat participes,
liberetque a maledictis culpæ et pœnæ, ut aliquando a dilecto Filio suo benedici, et felicissimam
illam vocationem, *Venite, benedicti (Matth.* xxv, 34),
audire mereamur.

PUNCTUM III. — Considera, quod beatissima Virgo
hoc felici tempore, quo angelus illam recensitis
titulis deprædicavit, et salutavit, fuerit in solitudine ab omni turba remota : hærebat in angulo
ædiculæ Nazarethanæ, erat soli Deo devota, et pro
humani generis redemptione ardentissimis precibus, contrito corde, cum lacrymis exorare, promis-
sumque Messiam e cœlo advocare non desistebat.
Ad hanc solitariam Virgunculam missus est angelus, hanc *gratia plenam* salutat, huic *Dominus tecum*
annuntiat, hanc *in mulieribus Benedictam* deprædicat. O anima! si saperes et intelligeres, quanta sit
felicitas hominis, præcipue religiosi, ad solitudinem
vocati, qui abstractus a strepitu solus potest agere
cum solo Deo, non dubito, quin majoribus a Deo
gratiis , et supernaturalibus donis jam dudum fuisses repletus : si pro creaturis te adjunxisses soli
Deo, experimento disceres, quod puræ ac dulces
sint illæ deliciæ, quas Deus assolet communicare
solitariis animabus, quæ in abstractæ vitæ proposito perseverant, agentes vitam absconditam cum
Christo in Deo, gustares, quam suavis sit Dominus
animæ illum quærenti; sine solitudine autem similes gratias non datur experiri. « Nemo dignus est
cœlesti consolatione, ait aureus asceta Gerson,
lib. i, cap. 20, *De Imit. Christi*, nisi diligenter se
exercuerit in sancta compunctione; si vis corde
tenus compungi, intra cubile tuum, et exclude
tumultus mundi, sicut scriptum est : *In cubilibus
vestris compungimini (Psal.* iv, 5). In cella invenies,
quod deforis sæpius amittes. Cella continuata dulcescit, et male custodita tædium generat, et vilescit.
Si in principio conversionis tuæ bene eam incolue-
ris, et custodieris, erit tibi postea dilecta amica, et
gratissimum solatium. In silentio et quiete proficit

anima devota, et discit abscondita Scripturarum. »
Hæc ille. Serio tamen te hic admonitum velim de
lapide quodam offensionis, ne illum incurras. Bona
quidem, et proficua, imo non raro homini religioso
necessaria est solitudo corporalis; si tamen eidem
non conjungatur solitudo mentis et cordis, parum
aut nihil conducit ad veram perfectionem. « Quid
prodest, ait sanctus Gregorius cit. a divo Bonaventura, lib. iv *Ph.*, cap. 18, solitudo corporis, si solitudo defuerit mentis? qui enim corpore remotus
vivit, sed tumultibus humanæ conversationis terrenorum desideriorum cogitatione se ingerit, non est
in solitudine. » Debes ergo solitudinem tuam ex eo
metiri et æstimare, in quantum disponit ad solitudinem cordis, et intimam familiaritatem cum Deo.
In tali solitudine degebat Maria, dum ab angelo
tot tantisque mysteriis fuit imbuta, gratiis divinis
cumulata, et electa in Dei Matrem. Hanc felicitatem
obtinuit Maria, dum erat in amabili solitudine cum
Deo. Sed non minus et aliis animabus amplissimas
gratias promittit Deus, si in claustris et locis
solitariis ad amorosa cum Deo colloquia aspirant,
suasque tam corporis, quam animæ necessitates
cupiunt exponere; in solitudine namque loquitur
Deus ad cor nostrum, juxta illud Oseæ ii, 14 :
Ducam eam in solitudinem, et loquar ad cor ejus.
Esto ergo familiaris in tali colloquio. Si autem
cupis scire artem conversandi cum Jesu, et ut ille
apud te maneat in tua quieta solitudine, regulas
præscribit cit. auctor libelli *De Imit.* : « Esto humilis
et pacificus, ait lib. ii, cap. 8, et erit tecum Jesus;
sis devotus et quietus, et manebit tecum Jesus;
potes cito fugare Jesum et gratiam ejus perdere, si
volueris ad exteriora declinare. »

Praxis specialis ponatur in eo, ut solito magis
observes solitudinem, et colloquia minus necessaria cum hominibus devites, ut eo capacior fias
ad recipiendas illustrationes internas, queis dilectus animæ Sponsus continuo loquitur ad cor nostrum.

Patronum elige virgineum Sponsum Mariæ, sanctum Josephum, cujus festam diem (si ordinem
servas in novenna) celebrat sancta Ecclesia. Hic
namque sanctus ex tot aliis a Deo electus est, ut
acciperet Sponsam illam, quæ sola erat *Benedicta
in mulieribus.*

DIES QUINTUS.

PUNCTUM I. — *Quæ cum audisset, turbata est
in sermone ejus, et cogitabat, qualis esset ista salutatio. (Luc.* i, 29.) Ex aspectu angeli tanto fulgore
apparentis, et ex honorifico et insolito sermone
turbata est Virgo, ut cogitaret secum, *qualis esset
ista salutatio.* Opinabatur enim de sua persona humilis Virgo longe diversa, imo contraria; cogitabat namque intra se : Ego mihi videor indigna
omnis gratiæ; quomodo ergo angelus me vocat
gratia plenam? Ego paupercula cum pauperibus
virginibus dego, et conversor; quomodo ergo

angelus mihi insonat : *Dominus tecum ?* Ego me
æstimo feminarum omnium minimam et vilissimam;
qromodo ergo angelus mihi ait : *Benedicta tu in
mulieribus?* Ex his ergo sanctis cogitationibus,
quas tacita mente beatissimam Virginem credi
potest revolvisse, orta fuit turbatio, quæ magnam
tam verecundiam, quam prudentiam in Virgine in-
digitabat. « Turbata est, sed non perturbata, ait sanctus Bernardus, hom. 3 super *Missus,* turbata est, et
non est locuta, sed cogitabat qualis esset ista salutatio. Quod turbata est, verecundiæ fuit virginalis; quod non perturbata, fortitudinis ; quod tacuit
et cogitavit, prudentiæ. » Verum, anima dilecta !
pensiculatius nonnihil expende principales causas
et rationes hujus Virgineæ turbationis, omniaque
applica ad reformandos mores tuos, et ad fructum
spiritualem. Primo igitur eam timoris causam existimant sanctus Bernardus hom. 3 super *Missus ;*
Andreas Cretensis, serm. *De Annunt.* Quia dubitabat beatissima Virgo, an ille esset angelus lucis,
vel Satanæ ; sciebat enim beatissima Virgo, quod
aliquando se Satanas transfiguret in angelum lucis.
(*II Cor.* xi, 14.) Unde cit. mellifluus doctor ait :
« Quidquid novum, quidquid subitum fuerit ortum,
suspectas habet insidias ; idcirco Maria turbata. Sciebat quod sæpe angelus Satanæ transfiguret se in
angelum lucis. » Disce ergo, Mariophile ! non omni credere spiritui et instinctui. Si Maria se liberam non esse existimabat, quomodo nos miselli
erimus securi, quos tot infestant dæmonis insidiæ
et fraudes, pietatis speciem redolentes, quibus
Stygius alastor sæpenumero sub vano sanctitatis
et austeritatis prætextu totis viribus conatur animas perducere in ruinam? Secundo affirmant divus
Ambrosius hic, lib. ii, *De Virg.,* et D. Hieronymus,
in epist. 7, *Ad Lætam,* cum aliis Patribus, dictam
perturbationem fuisse ortam ex subita angeli apparitione in forma viri insolita et admirabili ;
unde eleganter cit. divus Ambrosius, lib. *De Virg.* :
« Beatissima Maria, ait, ita peregrinata est in viro,
quæ non est peregrinata in angelo, ut cognoscas
aures religiosas, oculos verecundos. » En iterum
aliquod cape documentum spirituale. Virgo verecunda aspectum viri timuit ; cautarum enim virginum est, ad cujusque viri aspectum, verbumque
turbari, sicut viri casti est, oculos suos avertere,
ut exemplo Jobi, cap. xxxi, 1, *ne cogitet quidem de virgine.* Quapropter disce, et imitare castitatem. « Imitetur Mariam (verba sunt sancti
Hieronymi cit. Epist. *ad Lætam*) quam Gabriel
solam in cubiculo suo reperit ; et ideo forsan timore est perterrita, quia virum, quem non solebat, aspexit. » Aliam porro causam astruit divus
Chrysostomus, serm. 143 : « Maria, ait, ut vidit angelum, turbata est ; quia in angeli ingressu sensit ingressum Divinitatis. » Si ergo nulla creatura
tam pura est, quæ non pavere debet ad Dei præsentiam, et ipsa beatissima Virgo, quæ purissima,
et ab omni immunis erat macula, et peccato, ti-

mebat, cum ex salutatione cognoverit Deum intra
se suscipiendum ; qualiter nos homines peccatores
oportet timere et pavere, dum ad mensam eucharisticam accedimus, et Verbum incarnatum in cor nostrum suscipimus? Denique causa turbationis Marianæ oriebatur ex insolito salutandi genere, ex honorifica salutatione, quæ cedebat in sui laudem et
gloriam ; audierat enim tanta de se magnalia, et
ideo prudenter timebat. Omnis enim prudens, dum
laudatur ore, torquetur in corde. Patefecit autem
per hanc verecundam turbationem insignem animi
sui demissionem et humilitatem, et non minus
etiam summam prudentiam, quod audita salutatione
non statim responderit, vel angeli sermonem inter-
ruperit, sed ad sibi charum confugerit silentium,
potius externo humilis turbationis indicio, quam
verbo respondendum rata. « Cogitat Virgo, ait
divus Chrysologus, serm. 140, quia cito respondere
est facilitatis humanæ, cogitare vero ponderis
est maximi et judicii præmaturi. » Prudens ergo
non cito respondet. Unde pro cautela tibi sit,
Mariophile ! ad rem auditam et propositam sine
examine, nec prius, quam ejus scopum et finem
cognoscas, non temere, aut præcipitanter dare
responsum ; sed observa illud Eccli. xi, 8 : *Priusquam audias, ne respondeas verbum, et in medio
sermonum ne adjicias loqui.*

PUNCTUM II. — *Ait angelus ei : Ne timeas, Maria ; invenisti enim gratiam apud Deum.* (*Luc.*
i, 30.) Quia beatissima Virgo, audita salutatione,
ob sui humilitatem sensum illius investigabat,
et in responsione cunctabatur ; ideo angelus legationem suam clarius exprimere voluit, et primo
quidem conatur ab illa expellere timorem, et pa-
vorem, et amicitiæ ac benevolentiæ causa eam
proprio nomine vocat : *Ne timeas, Maria ;* et rationem deponendi timorem assignat : *Invenisti
enim gratiam apud Deum.* Quasi dicere voluisset angelus : Noli, o Maria ! mirari, pavere et stupere tam
insolitos honoris titulos, quibus te salutavi ; quia,
licet tu in oculis tuis parva sis et humilis, et te
ex te ipsa illos non mereri agnoscas, Deus tamen,
qui humiles exaltat, iisdem te ornavit et exaltavit.
In hæc verba meditatur sanctus Petrus Chrysologus,
et angelum ad Mariam loquentem ita introducit
serm. 144 : « *Ne timeas, Maria.* Quid timet, quæ
suscepit eum, quem timent omnia, quæ timentur ?
quid timet, cui judex causæ est assertor, integritas testis innocentiæ. » Verum maximam meretur
reflexionem adjecta ab angelo causalis : *Invenisti
enim gratiam apud Deum.* Potest hoc intelligi,
primo, de gratia sanctificante, quam genus humanum peccando amiserat ; et hanc Maria invenit, ut
omnibus restituat. Quod eleganti Parænesi in hunc
locum deducit Hugo cardinalis, inquiens : « Quia
non sibi soli retentura erat gratiam, ideo angelus
dixit : *Invenisti.* Currant ergo peccatores ad Virginem, qui gratiam amiserunt peccando, et eam
invenient apud eam, eam salutando, et secure di-

cant : Redde nobis rem nostram. » Secundo, et quidem magis principaliter sermonem fecit angelus de gratia Incarnationis, quam beatissima Virgo maxime optabat ; ideo angelus explicat gratiam, quam invenit per verba statim alleganda : *Ecce concipies, et paries filium.* Invenit autem Maria hanc gratiam apud Deum ob virtutes in eximio gradu sibi a Deo infusas, easque omnes ob tres tamen præcipue. Prima erat profunda humilitas : « Humilitate concepit, » ait sanctus Bernardus, hom. 1 super *Missus.* Altera angelica virginitas, per quam Deum, qui Spiritus purissimus est, et Virgo increatus, velut rhinocerotem, ut ait quidam Litterarum interpres, in sinum suum rapuit. Tertia erat charitas ardentissima, qua beatissima Virgo pro redemptione hominum, et pro adventu Messiæ sollicita assiduis precibus fatigabat cœlum. Confirmat hoc cit. mellifluus Doctor, hom. 3 super *Missus :* « Invenisti, ait, quod quærebas ; invenisti quod nemo ante te potuit invenire ; invenisti gratiam apud Deum. Quam gratiam ? Dei et hominum pacem, mortis destructionem, vitæ reparationem. » O vere felix et millies fortunata est illa anima quæ gratiam invenit apud Deum! si enim apud regem terrenum gratiam invenire tribuitur felicitati, quanto major illa censenda est, quæ invenitur apud Regem cœlestem ? Subeunt forte animum tuum ardentia desideria, cliens Parthenie! gratiam inveniendi apud Deum? Verum scias velim, quod, licet optimus Deus tantis favoribus ex magna misericordia sua animas dignetur cumulare , nihilominus tamen ad gratiam inveniendam multum confert cum aliis virtutibus profunda animi humilitas. Ita dixit Spiritus sanctus ore Eccli. III, 20 : *Quanto magnus es, humilia te in omnibus, et coram Deo invenies gratiam.* Esto ergo humilis, sicut Maria, ut gratiam invenies : *Humilibus enim dat gratiam Deus, qui superbis resistit. (Jac.* IV, 6.)

PUNCTUM III. — *Ecce concipies in utero, et paries filium.* Depulso a Virgine timore angelus legationem suam clarius jam proposuit, dicens illi, et annuntians, quod conceptura sit in utero, et Filium paritura. Quasi dixisset apertius : Ecce! licet magnus sit iste Salvator, et Rex æternus, eo tamen se dimittet, ut Majestatem suam ad parvitatem infantuli, qui in utero matris concipitur, contrahat, ex qua parvitate magnitudo ejus sumet initium. O res mirabilis! Dixit hæc angelus ad Virginem, quod sit conceptura et paritura. Ex quo discere debemus, quod virginitas non sit sterilis, sed fecunda et fertilis , quæ genuit Deum creatorem omnium. « Talis partus, inquit sanctus Bernardus, serm. 2 *De Advent.*, congruebat Virgini, ut non pateret, nisi Deum, et talis nativitas decebat Deum, ut nonnisi de Virgine nasceretur. » Hanc fecunditatem promittit Deus virginibus, Isaiæ LVI, 3 : *Non dicat eunuchus : Ecce ego lignum aridum ; quia hæc dicit Dominus eunuchis : Qui custodierint Sabbata*

mea, et elegerint quæ ego volui, et tenuerint fœdus meum, dabo eis in domo mea, et in muris meis locum, et nomen melius a filiis et filiabus. Sub his verbis intelliguntur quidem ad litteram eunuchi naturales et castrati, sed symbolice veniunt eunuchi spontanei et spirituales, qui seipsos proposito aut voto castraverunt propter regnum cœlorum; talibus enim promittit Deus in Ecclesia, et in cœlo nomen gloriosius et diuturnius , quam possent habere a filiis suis, ut explicant apud Cornel. a Lap. in cit. Isaiæ cap. LVI, SS. Patres, Hieronymus, Cyrillus, Augustinus, lib. *De virg.* cap. 24, et lib. XIV *Contra Faustum,* cap. ult., et plurimi alii. Tales autem spirituales eunuchi sunt specialiter religiosi, monachi et clerici; qui enim magis *custodiunt Sabbata,* nisi monachi et religiosi, qui perpetuum Deo Sabbatum celebrant, dum noctes et dies psalmodiæ, orationi, meditationi et lectioni sanctæ Scripturæ impendunt? Hi sunt, qui *elegerunt* ea, quæ magis Deo placent, qui non tantum præcepta, sed et consilia Dei amplectuntur. Hi sunt, qui *tenuerunt fœdus;* veri enim monachi, et religiosi, ne fœdus Dei in minimis violent, arctiori disciplina se communiunt, et per vota professionis se ei obstringunt, et quasi spirituale connubium cum eo ineunt. Quapropter illis *dabit Deus in domo sua et in muris suis locum,* honorificum nempe, et primum præ regibus et principibus in hac vita, et illustrem inter angelos in cœlo, *et nomen melius filiis et filiabus,* memoriam nimirum, famam et gloriam, quam filii alias parentibus conciliant; filii enim splendescere faciunt parentum memoriam. Hinc a parentibus per filios quæritur, et sæpe acquiritur nominis æternitas. Hoc autem nomen virgines et cœlibes obtinent modo longe meliori et perfectiori, quia assequuntur majus nomen a virtute religionis et virginitatis, quam a filiorum copia et præstantia ; virtus enim perennat commendatque nomen, magis quam soboles, præcipue cum sit degener, quæ sæpe facit ut exsecrabilis et probrosa sit tota progenies. Gratulare ergo tibi, Mariophile! et gratias age Deo, si ipso adjuvante ad tantam jam pervenisti felicitatem, et votum virginitatis deposuisti, eris fecundus coram Deo, et nomen tuum illustrius, et sempiternum, quam si genuisses filios et filias; defendet te etiam idem ipse Deus, qui tanta promittit virgineis animabus contra carnis, mundi et diaboli insultus, ut fortiter stes pro virginitate tua, eamque serves semper incorruptam et immaculatam.

Praxis specialis sit, ut singulari affectu gratulemur beatissimæ Virgini, quod gratiam invenerit apud Deum. Et quoniam Esther regina, quod gratiam invenisset apud regem Assuerum, causa fuit ut ejus etiam populus apud eumdem esset in gratia : sic etiam clementissima Mater et Mediatrix nostra esse velit, ut et hic apud Deum gratiam inveniamus, et illam tandem consummatam , quæ gloria est æterna, consequamur.

Patronum invoca sanctissimum genitorem illius Virginis, quæ gratiam invenit apud Deum, sanctum Joachimum.

DIES SEXTUS.

PUNCTUM I. — *Et vocabis nomen ejus Jesum.* (*Luc.* ı, 31.) Postquam ab angelo Virgini Mariæ fuit indicatum, quod paritura sit Filium, ex mandato quoque Patris cœlest's idem cœli nuntius exposuit, quo nomine Filius iste sit vocandus. Et dixit : *Vocabis nomen ejus Jesum.* Hoc dulcissimum et sanctissimum Jesu nomen, cum tot in se contineat mysteria, excellentias et utilitates, sane specialiter expendi meretur. Hujus nominis auctor est ipse Pater æternus, qui, licet alia nomina potuisset eligere, hoc solum nomen elegit, quod proprie spectabat *ad finem*, ob quem fiebat homo, et *officium*, quod qua homo erat obiturus; Jesus enim *Salvator* interpretatur, quia venit ad nos salvandos : *Nec enim est aliud nomen sub cœlo datum hominibus, in quo oporteat nos salvos fieri* (*Act.* ıv, 12), quam hoc venerabile nomen Jesu. Jesus eminenter meretur vocari *Salvator*, non corporum tantum, sed etiam animarum ; salvat enim et liberat nos ab omni malorum genere, ab ignorantia, erroribus, culpis et pœnis temporalibus et æternis. Sed non tantum a malis nos salvat et liberat, verum etiam eximia nobis bona largitur, ut salvatio nostra copiosa sit et perfectissima ; quare gratiam, cœlestem sapientiam, virtutes et dona Spiritus sancti, meritorum abundantiam ad consequendam gloriæ coronam impertitur, donec in terram promissionis lacte et melle æternarum deliciarum manantem nos introducat. Hanc autem nominis Jesu propriam esse significationem ex verbis angeli ad Josephum Matth. ı, 21, deducitur : *Vocabis nomen ejus Jesum ; ipse enim salvum faciet populum a peccatis eorum.* Gaudeamus ergo in Domino, et gratulemur nobis de tanto Salvatore ; dicat quilibet nostrum cum propheta : *Ego autem in Domino gaudebo, et exsultabo in Deo Jesu meo.* (*Habac.* ııı, 18.) In gratitudinis vero nostræ contestationem caveamus sedulo, ne hoc sanctissimo nomine Jesu abutamur, illudque assumamus in vanum, sed semper cum maxima devotione et reverentia illud audiamus, et pronuntiemus. ‹ Majus peccatum est, ait Abulensis paulo ante q. 7 *in Exod.* c. xx, accipere nomen Jesu in vanum, quam istud nomen Deus, ‹ additque hanc rationem ; ‹ quia Ecclesiæ communis et laudabilis consuetudo magis honorat istud nomen Jesus, quam nomen Deus : unde audito nomine Jesus devoti fideles ad caput inclinant, aut genua flectunt, quod non faciunt audito nomine Deus. Qui ergo contra hoc offendit, dehonorando nomen Jesus, magis peccat quam si dehonoraret nomen Deus. › Ita Abulensis. Porro qualis obligatio sit in nomine Jesu genu flectendi, Paulus apostolus id scriptum reliquit, Philipp. ıı, 10 : *Ut in nomine Jesu omne genu flectatur cœlestium*, id est, eorum, qui in cœlis sunt, angelorum et beatorum ; *terre-*

strium, hominum nempe, qui adhuc degunt in terris, *et infernorum*, puta eorum, qui expiantur in purgatorio, et eorum qui damnati sunt in inferno, sive homines sint, sive dæmones, ait divus Anselmus; hi enim, licet inviti, genu flectunt, agnoscunt, tremunt, et reverentur nomen Jesu, id est, Jesum Deum et Salvatorem, Redemptorem bonorum, impiorum vero et suum Dominum, Judicem ac Vindicem. Quapropter et tu, anima Christiana ! erga Salvatorem tuum Jesum obligationem tuam agnosce, et si hæc dulcissima vox Jesus tuis auribus insonat, cum interno quodam mentis jubilo flexis genibus reverentiam et adorationem exhibe. Imitaberis in hoc exemplum magnæ Deiparentis Mariæ, et divi Josephi, de quibus pie meditatur devotus quidam asceta, quod reverenter hoc sanctissimum nomen Jesus protulerint, quod in circumcisione Filii prima vice factum est : ambo in genua prociderunt, et cum magno animi sensu nominarunt infantem Jesum, hoc est, *Salvatorem*.

PUNCTUM II. — Considera, quod ex sanctissimo nomine Jesu plurimæ nobis proveniant utilitates et commoda. Nomen Jesus est unicum et certissimum ad peccatorum veniam obtinendam medium; quod enim latro ille Dismas, qui per annos quadraginta scelestissimam duxit vitam, adhuc in ultimo agone a mitissimo Jesu in gratiam fuerit receptus, rationem hujus conversionis assignat Arnoldus Carnotensis, serm. *De verbis Dom.*, Joan. xıx : Quia latro sanctissimum nomen Jesu in titulo crucis Dominicæ rubeis litteris exaratum observavit : *Jesus Nazarenus rex Judæorum.* Ex cujus nominis consideratione ad contritionem peccatorum dispositus veniam petiit et impetravit. Neque aliud quid, nisi sanctissimum nomen Jesu, ex Saulo fecit Paulum, ex vase perditionis vas electionis, ex lupo agnum, ex peccatore sanctum : *Ego sum Jesus, quem tu persequeris.* (*Act.* ıx, 5.) Profecto, si Judas, pessimus ille traditor, teste sancto Leone, hoc salvificum nomen Jesus devote invocasset, omnium sine dubio noxarum veniam obtinuisset : ‹ Nam longe, ait sanctus Euthymius, est desperatio, ubi est hujus nominis invocatio.› Insuper nomen Jesus est lux in nostris ignorantiis. ‹ Unde putas, ait sanctus Bernardus serm. 15, *in Cant.*, in toto orbe tanta, et tam subita fidei lux, nisi de prædicato Jesu? Nonne in hujus nominis luce Deus nos vocavit in admirabile lumen suum, quibus illuminatis, et in lumine isto videntibus lumen dicat merito Paulus (*Ephes.* v, 8): *Fuistis aliquando tenebræ, nunc autem lux in Domino ?*› Nomen Jesus etiam est cibus animas nostras confortans. Quod ulterius deducit idem mellifluus Doctor, cit loc. dicens : ‹ Nec tantum lux est nomen Jesus, sed est et cibus. An non toties confortaris, quoties recordaris? quid æque mentem cogitantis impinguat ? quid ita exercita os reparat sensus, et virtutes roborat, vegetat bonos mores atque honestos, castas fovet affectiones ?› Est porro omnium spiritualium *ægritudinum* optima medela. « Sed et est medicina, pergit ille. Tristatur aliquis nostrum? veniat in cor ejus Jesus, et inde saliat in os : et ecce ad exortum nominis lumen nubilum omne diffugit, redit serenum. Labitur quis in crimen, currit insuper ad laqueum mortis desperando ; nonne si invocet nomen vitæ, confestim respirabit ad vitam ? » Denique sanctissimum Jesu nomen est clypeus defensivus , et telum offensivum adversus omnes dæmonum insidias, et in periculis omnibus protectio, stimulus ad virtutes, solatium in adversis, quod sanctissimos apostolos, martyres, et electos omnes inter tot pericula constitutos conservavit : *Ibant enim gaudentes a conspectu concilii, quoniam digni habiti sunt pro nomine Jesu contumeliam pati.* (*Act.* v, 41.) O dulce et sanctissimum nomen Jesu, cœlo venerabile, et inferno terribile ! Tu vero, anima Christiana, ut veniam peccatorum impetres, elige pro remedio piam sanctissimi nominis Jesu invocationem, fixum retine hoc nomen in memoria tua, ut ejus semper recorderis ; in intelligentia, ut de eo cogites, in voluntate, ut semper diligas. Serva in corde insculptum, ut frequentius in illo delecteris ; in lingua, ut frequenter laudes et benedicas. Si periculosa sunt vulnera animæ tuæ, si lethaliter decumbis cum periculo extremo mortis æternæ, principiis obsta, infunde oleum, applica medicinam, sanctissimum et venerabile nomen Jesus : *Oleum effusum* est et non minus medicina, quæ animam conservat a morte. Tandem, ut in die mala stare possis contra principes tenebrarum, apprehende et tu arma et scutum ; non est autem clypeus magis præstans, quam sanctissimum nomen Jesus. Hoc nomen dulcissimum erit tibi magnum solatium in ultima mortis horula. *Omnis*, inquit Joel propheta (ii, 52), *qui invocaverit nomen Domini, salvus erit.* Et sanctus Bernardinus, tomo I, serm. 40 : « Quicunque peccator debite invocaverit in ultimo vitæ nomen Jesu , salvabitur. » Quibus accedit patriarcha Venetus sanctus Laurentius Just. serm. *De Circumcis.:* «Si tentaris, ait, a diabolo, si ab omnibus hominibus opprimeris, si conficeris ægritudine , si doloribus fatigaris, si desperationis spiritu agitaris, nomen Jesu dicito.» Quia autem *nemo* nostrum, ut testatur gentium Doctor (*I Cor.* xii, 3), *potest dicere Dominus Jesus, nisi in Spiritu sancto,* ideo Patrem æternum rogabimus, ut per gratiam ipsius præveniamur et adjuvemur.

PUNCTUM III.— Considera ulterius, quod nomen Jesus sit optimus titulus, ob quem in orationibus nostris apud Patrem cœlestem exaudiri meremur : quod a S. Matre nostra Ecclesia observari videmus quæ suas preces publicas non aliter nisi per Jesum præsentat Patri æterno. Et quomodo aliter fieri potest, nisi ut Pater ille misericors nostram petitionem exaudiat, si proponitur in nomine Jesu Filii sui dilecti, in quo sibi adeo complacuit, et cui tam sacrosanctum nomen tot continens excellentias et prærogativas imponere dignatus est ? Accedit, quod

negotia nostra, et actiones non aliter nisi in nomine Jesu peragere oporteat , ad quod nos hortatur Apost. ad Coloss. iii, 17 : *Omne, quodcunque facitis in verbo, aut in opere, omnia in nomine Domini nostri Jesu Christi , gratias agentes Deo, et Patri per ipsum.* Quapropter, ut digne concludas hanc de nomine Jesu considerationem, age gratias imprimis Deo Patri, quod per hoc sanctissimum nomen Jesus, quod cœlestis nuntius Virgini indicavit, adeo prospicere voluerit saluti nostræ, cum tanta nobis proveniant commoda et utilitates. Secundo : Preces tuas offer Deo Patri in nomine Jesus dilecti Filii sui, ut eo majorem obtineant vim et efficaciam impetrandi id, quod animæ tuæ proficuum est, et salutare. Tertio denique : Fixum serva propositum omnia faciendi in nomine Jesu. Lege, ora, scribe, labora, sed nihil ex his, et similibus actionibus tibi sapiat, nisi quod fit in nomine Jesu ; sit tibi omnis cibus aridus, si non oleo isto perfunditur, insipidus, si non hoc sale conditur.

Loco praxis specialis pro hac die non tantum capitis inclinatione, aut genu flexo tuam ostende reverentiam, quoties legis, audis, aut pronuntias nomen Jesus, sed frequentius etiam suspira, ut Jesum, qui in terra tuum debet esse gaudium, brevi etiam ut præmium possidere valeas in omnem æternitatem. Quapropter ingemina :

> *Sis , Jesu, nostrum gaudium,*
> *Qui es futurus præmium.*

Patronus sit mellifluus sanctus Bernardus, cui nihil magis sapiebat, nisi nomen Jesus ; unde dicit serm. 15 *in Cant.:* « Si scribas, non sapit mihi nisi legero ibi Jesum ; si disputes et conferas, non sapit mihi, nisi sonuerit ibi Jesus. Jesus in ore mel, in aure melos, in corde jubilus.»

DIES SEPTIMUS.

PUNCTUM I.— *Hic erit magnus, et Filius Altissimi vocabitur, et dabit illi Dominus Deus sedem David patris ejus, et regnabit in domo Jacob in æternum, et regni ejus non erit finis.* (*Luc.* i, 32.) Indicato nomine Jesu, quo erat vocandus nasciturus Dei Filius, illius quoque conditiones incipit explicare angelus et nuntius cœli : *Hic erit magnus,* inquit ; ille nimirum, o Maria ! quem tu modo concipies, erit magnus in omni virtute, potestate et miraculis, et licet, o beatissima Virgo ! hic Puer Jesus tibi parvulus videatur corpore et membris, quidquid tamen cogitaveris in eo, magnum et altum est. Exposuit autem angelus hanc magnitudinem per frequentia verba, quibus duplicem naturam declaravit, divinam scilicet, quia *vocabitur Filius Altissimi*, et humanam, dum appellavit Filium David. *Dabit illi Dominus Deus sedem David patris ejus,* sedem non regni temporalis, sed spiritualis ; quod prædictum est a prophetis de Messia ; et hic Filius Altissimi, et Filius David *regnabit in domo Jacob* non solum per tribum Juda , ut regnabant filii David, sed regnum Christi erit super duo .

decim tribus, per quas totus orbis intelligitur, et hoc non erit ad tempus, sed æternum ; nam *regni ejus non erit finis*, sed in omnem perennabit æternitatem. Est ergo Filius Dei magnus tam qua homo, tam qua Deus : magnus in sapientia et sanctitate ; magnus vita et doctrina, verbo et exemplo. « Qui magnus Deus erat, magnus homo futurus est, ait sanctus Bernardus, hom. 3 super *Missus*, magnus Doctor, magnus Propheta, imo Messias, mundi Salvator.» Institue, anima devota ! super allegata ab angelo verba reflexiones morales. Vis magnus esse coram Deo ? esto parvus in oculis tuis, tolle peccata, tolle malignas passiones, quæ nidulantur in corde tuo, et implanta virtutes. « Peccatum enim, ait divus Cyrillus Alexand. lib. xii *in Lev.*, hominem parvum facit et exiguum, virtus eminentem præstat et magnum.»

Dixit porro angelus de Christo, quod regnaturus sit in *domo Jacob*, non in domo Abraham, aut Isaac. Ex quo plura sunt consideratione digna. Primo : quia in domo Abraham et Isaac duo nati sunt filii, et unus tantum assecutus est benedictionem ; in domo Jacob vero duodecim progeniti sunt filii, et omnes propriis benedictionibus ditati sunt a patre ; ideo in hac domo præfigurabatur regnum Christi, ubi omnes indiscriminatim benedictione repleti sumus. Secundo : sicut Jacob moriturus transpositis manibus benedixit nepotibus (*Gen.* xlviii, 1 seqq.), ita per hoc figuram crucis expressit, ut adeo merito dicatur Christus regnare *in domo Jacob*, ubi crucis figura apparet, quia regnum suum in cruce collocavit. Tertio : Jacob pro uxoris dilectioné formam servi accepit ; sic Christus, ut Ecclesiam sibi in Sponsam acciperet, servi conditionem non recusavit. Quarto : Jacob erat tanta sanctitate præditus, ut, cum audiisset filium suum in Ægypto regnare, dixerit : *Sufficit mihi, si Joseph filius meus vivit.* (*Gen.* xlv, 28.) Ex quibus verbis pulcherrimum cape documentum spirituale. Sufficere tibi potest, ac debet, o anima ! si in domo cordis tui vivit Jesus, qui figurabatur in Joseph. « O vocem fidelem, ait Guerricus abb. serm. 1 *De Resurrect.*, et plene dignam amicis Jesu ! o castum affectum ! qui sic loquitur : Sufficit mihi, si Jesus vivit ; si vivit, vivo, cum de ipso pendeat anima mea, imo ipse sit vita, ipse sufficientia mea. »

Denique in hoc verbo mentionem facit angelus, quod *regni ejus non erit finis.* Ubi moraliter discere possumus, quod Christus etiam in anima nostra regnare velit sine fine. Dolendum autem est, de pluribus Christianis verificari, quod apud dilectam famulam suam Birgittam conquestus est Christus, dicens : « Nunc ex toto oblitus sum, et neglectus, et tanquam rex a proprio regno expulsus, in cujus locum latro pessimus, diabolus, electus et honoratus est. In homine regnum meum esse volui, ut super eum de jure Dominus esse deberem ; sed fregit et profanavit fidem,

sprevit leges meas, quas ego proposui. » Quapropter, anima chara ! ut regnum Christi sit firmum ac stabile in corde tuo, suspira cum melleo Bernardo, qui hom. 4 super *Missus est*, in hæc verba tropologice scribit : « Veni, ait, Domine Jesu ! aufer scandala de regno tuo, quod est anima mea, ut regnes tu, qui debeas, in ea ; venit enim avaritia, et vindicat in me sibi sedem, jactantia cupit dominari mihi, superbia vult mihi esse rex, luxuria dicit : Ego regnabo. Ambitio, detractio, invidia, et iracundia certant in meipso, cujus potissimum esse videat, etc., et dico : Non habeo Regem, nisi Dominum Jesum. Veni ergo, Domine ! disperge illos in virtute tua ; regnabis in me, quia tu ipse es Rex meus, et Deus meus, qui mandas salutes Jacob (*Psal.* xliii, 5). »

Punctum II. — *Dixit autem Maria ad angelum : Quomodo fiet istud, quoniam virum non cognosco?* (*Luc.* 1, 54.) Audivit beatissima Virgo cum magna advertentia angeli propositionem, et in nullo loquentis sermonem interrupit ; nunc vero aliquando loquendum rata, paucis et modestis verbis quæstionem angelo proposuit, dicens : *Quomodo fiet istud, quoniam virum non cognosco ?* Per quæ verba non dubitavit de omnipotentia Dei ejusque promissis, sed tantum instrui cupiebat, qua ratione illis, quæ dicta sunt, liceat obtemperare. « Non dubitat de facto, ait divus Bernardus, hom. 4 super *Missus est*, sed modum quærit, et ordinem. » Quasi diceret : Ego quidem plane credo, et nullus dubito de promissis tuis, o Gabriel ! quæ mihi annuntias ex ore Dei ; credo quod concipiam, et pariam Jesum Filium Dei, sed de modo dubito, quoniam virum non cognosco ; feci namque votum virginitatis. Dubito ergo, an salvo voto, an soluto id fiet. Si Deus velit in hoc dispensare, etsi mihi hoc durum sit, volenti tamen Deo obediam ; candide autem profiteor, me summe optare virginitatem conservare illæsam, quam voto meo obtuli, et quod ille mihi inspiravit, qui est purissimus Spiritus, et primus Virgo : imo, si res voluntati meæ committitur, potius nolo in Dei Matrem eligi, quam jacturam aliquam pati virginitatis. Ex hac responsione facta ad angelum plurimæ nobis notandæ sunt doctrinæ spirituales.

Verba Mariæ fuerunt pauca, nec plura, quam essent necessaria, in occasione magni momenti, modo humili et valde decenti prolata ; nec prius locuta est, quam bis angelus loqueretur ; et licet non deesset occasio sua interrogatione pergendi, nihil tamen nisi quod fuerit necessarium tetigit, non immemor consilii Sapientis : *Adolescens, loquere in causa tua vix. Si bis fueris interrogatus, habeat caput responsum tuum. In multis esto quasi inscius, et audi tacens, simul et quærens.* (*Eccli.* xxxii, 10, 11.) Sint ergo tua verba, cliens Parthenie ! succincta, præmeditata, cum quiete et humilitate prolata. Interrogat etiam beata Virgo modum mysterii, quæ, licet ipsa magno ingenio esset prædita,

non tamen hac in re voluit proprio captu ratiocinari , sed modum exquirit a cœlesti nuntio, ut
nos discamus non altum sapere, nostroque confidere judicio, et aliorum consilia parvipendere.
« Non in proprio studio, » ait Hugo cardin. apud
Sylveiram, hoc, « loco commentata est, quomodo
fieret Mater Dei, credens quod omnia possibilia
essent apud Deum : *Qui confidit in cogitationibus
suis, impie agit* (Prov. xii, 2). Unde maxime ar-
guendi sunt illi, qui propter tumorem et elationem animi , cum sibi satis sapere videantur, aliorum hortamenta respuunt. » Principaliter vero
beata Virgo per addita verba : *Quoniam virum
non cognosco*, elegans dedit specimen, quanto
amore feratur in virginitatem. « *Virum non cognosco*,
ait Maria , quod profecto non diceret, glossator
sanctus August. apud Cornel. a Lap. hoc loco, nisi
Deo Virginem se antea vovisset. » Castitatis enim
servandæ tanto tenebatur studio, ut grave illi futurum esset , cum ejus jactura etiam tantæ Prolis
Matrem constitui ; et quamvis Messiæ Matrem ex
Isaia cap. vii, vers. 14, Virginem futuram non
ignoraret, quæsivit tamen prudenter ex angelo,
ita disponente divina Providentia, non propter se,
sed propter nos , ut de perpetua virginitate sua
manifestum daretur testimonium , et impia hæreticorum ora obmutescerent. Ad hujus ergo castæ
Virginis exemplum concipe magnum amorem, et
æstimationem castitatis cum efficaci proposito fugiendi omnes occasiones huic virtuti inimicas.
Insimul etiam disce, qualiter melius sit cordis
sinceritate et virtutibus animi resplendere, quam
sublimi dignitate insigniri ; sicut beatissima Virgo
potius noluisset condecorari titulo divinæ maternitatis, et ad tantam promoveri dignitatem , quam
non implere votum promissum virginitatis. Unde
sequitur, quod firmiter in omni facto bono proposito standum sit , ac persistendum, nec unquam
ex respectu quodam , qualicunque , aut superveniente incommodo recedendum.

PUNCTUM III. — *Respondens angelus dixit ei : Spiritus sanctus superveniet in te, et virtus Altissimi
obumbrabit tibi ; ideoque et quod nascetur ex te sanctum, vocabitur Filius Dei.* (Luc. i, 35.) Considera,
qualiter angelus sollicitam de voto virginitatis
suæ Virginem hisce verbis de ratione et modo
mysterii instruat et edoceat. Noli quærere, o Maria ! naturæ modum et ordinem, quando supra
naturam sunt quæ fiunt, non naturali, sed supernaturali via fecundaberis, Spiritus sanctus
superveniet in te, et virtus Altissimi obumbrabit
tibi, virtus divina te proteget, ut nullum virginitatis patiaris detrimentum ; ideoque, quod nascetur ex te sanctum, vocabitur Filius Dei, Filius non adoptione ut cæteri justi, sed natura
propter humanæ naturæ cum divina conjunctionem ; ideoque sanctum futurum, non privilegio,
sed virtute tantæ ipsius Conceptionis. In hac
informatione data beatæ Virgini inter alia sin-

gulariter expende, quomodo Spiritus sanctus potuerit supervenire in Virgine, si jam per gratiam erat in ipsa, ita ut ei diceretur, *Gratia
plena : invenisti gratiam apud Deum.* Audi Bernardum, hom. 4, ita scribentem super *Missus :*
« Si autem jam Spiritus sanctus in ea, quomodo
adhuc tanquam noviter superventurus repromittitur? An forte ideo non dixit simpliciter, *veniet in te,*
sed addidit, *super*, quia et prius quidem in ea fuit
per multam gratiam, sed nunc supervenire nuntiatur propter abundantioris gratiæ plenitudinem,
quam effusurus est super illam ? » Accedit divus Amadeus, hom. 3, *De Incarn. :* « In alios, inquit, sanctos venit Spiritus sanctus, sed in te
superveniet ; quia præ omnibus, et super omnibus elegit te, ut superes universos, qui ante
fuerunt, vel post te futuri sunt plenitudine gratiæ. » Ex quo discere debemus, quod necessaria fuerit abundans gratia Spiritus sancti ad hoc,
quod beatissima Virgo conciperet ; quanto magis
ergo opus habemus divino Spiritu in abnegan-
dis passionibus et sensualitatibus nostris, ut
similiter stemus in cunctis periculis et tentationibus, ut et nos *concipiamus spiritum salutis* in
anima nostra, per quem filii Dei adoptivi effici
mereamur?

Cum admirandum hoc Incarnationis opus, quod
ex maximo Dei amore proveniebat, Spiritui sancto potius tribuatur, quam Patri et Filio, quia
Spiritus sanctus, ut ait divus Thomas iii p., q.
32, art. 1, in C., est Amor Patris, et Filii : ideo
pro praxi speciali humilem tuam petitionem dirige ad Spiritum sanctum, ut ex alto veniat in
pauperem animam tuam, et divinas suas in te
spargat inspirationes. Ideo precatiunculæ instar
suspirare potes : O Spiritus divine ! O Virtus
Altissimi ! sub umbra alarum tuarum protege me,
obumbra super caput meum in die belli et tentationis, ne infernus contra me prævaleat, et ne
omittam mea culpa, quod in me inchoasti tua
gratia.

Singulis quidem diebus Patrona tua sit magna
Deiparens ; hodie tamen specialiter ejus patrocinium implora, tanquam *Sponsæ Spiritus sancti.*

DIES OCTAVUS.

PUNCTUM 1. — *Et ecce Elisabeth, cognata tua, et
ipsa concepit filium in senectute sua, et hic mensis
sextus est illi, quæ vocatur sterilis.* (Luc. i, 36.)
Licet beatissima Virgo non dubitaverit de promissis et dictis angelicis, sed jam a principio
fidem præbuerit firmissime, nihilominus tamen
angelus proponit factum Elisabeth ad majorem
confirmationem et stabilimentum eorum, quæ
dicebat. Ita etiam sæpenumero in sacris Litteris, ubi
factæ fuerunt promissiones, signa adjunguntur,
non quod dubitaverint, sed ad magis roborandam
dictam veritatem. Ita IV Reg. xix, 20 ; Isa. xxxvii, 1,
Isaias pollicetur regi Ezechiæ liberationem ab

exercitu inimicorum ; et tamen ipsi credenti et non dubitanti datur signum. Pastoribus Nativitatem Christi credentibus, et non desuper dubitantibus additum est Luc, ii, 12 : *Et hoc vobis signum.* Ita passim obtinuit consuetudo, ut, quæ credimus, multis rationibus et exemplis confirmemus. Sic etiam angelus ad magis roborandum id quod dicebat, exemplum Elisabeth adducit, quod ipsa in senectute sua jam effeta conceperit filium, quæ antea publica fama vocabatur sterilis. Non adduxit angelus Saram et Rebeccam, quæ non minus erant steriles et vetulæ, sed factum Elisabeth proposuit, quia hoc exemplum erat domesticum, et facile oculis poterat videri ; quia fortius movent præsentia quam præterita ad fidem inducendam. Sunt vero præter hanc rationem, quæ magis quadrant ad litteram, et aliæ, ex quibus nonnulla salubria documenta haurire licet. « Ideo, ait sanctus Bernardus, hom. 4 super *Missus*, sterilis conceptus Virgini nuntiatur, ut, dum miraculum miraculo addidit, gaudium gaudio cumuletur. » Ut ergo gaudium beatissimæ Virginis de hac electione in Matrem Dei perfectissimum, et undique plenum esset, aliorum bonum ei debuit manifestari ; justi namque tunc opera sua perfecta reputant, quando aliis communicata vident. Accedit Glossa card. Hugonis, qui ita scribit : « Ut audiens cognatam vetulam gravidam, juvencula cogitet de obsequio ei impendendo. » Sicut ergo beatissima Virgo gaudebat de bonis alterius; ita etiam proximum suum adjuvare voluit, ut ambo de beneficiis Dei gaudeant et gratias agant.

PUNCTUM II. — *Quia non erit impossibile apud Deum omne verbum.* (*Luc.* i, 37.) Dum cœlestis Præco duplex grande, et mirabile mysterium Virgni sanctissimæ annuntiaverat, quod nimirum *Virgo* sit conceptura, et *sterilis* paritura, his omnibus dictis suis ultimum quasi pondus addidit, et fundamentum aperuit, inquiens : *Non erit impossibile apud Deum omne verbum.* Quasi diceret : Mirabile tibi quidem videbitur, o Maria! quod Virgo concipiat, et sterilis pariat; sed scias velim, quod Deus omnia possit facere quæ promisit, quia omnipotens est; et proinde etiam in opere præstabit, quia fidelis est in suis promissis. Nulla res tam grandis, tam difficilis, hominique incredibilis est, quam Deus implere non potest ; nominatim vero duplex miraculum mundo proponet : *Virginis conceptum*, et *sterilis partum.* O cliens Parthenie ! cape ad tuam specialem consolationem binas doctrinas morales. Elisabeth post longam suam et inveteratam sterilitatem potuit concipere et parere, quia omnia possibilia sunt, si Deus auxilium subministrat et gratiam suam. Ex quo discere volumus, quod omnis anima, licet multo tempore fuerit sterilis ad opera bona et spiritualia, per Dei omnipotentiam possit mutari et fecundari. Valde timeo

de 'te, annon per plures annos deploranda hac laboraveris sterilitate, tuæque vocationi non correspondentes protuleris fructus? Noli tamen propterea despondere animum, sed confide in Dei auxilio, cui nihil est impossibile ; tuam diligentiam adhibere non intermitte, et tunc securus esse poteris, quod ipse ad hoc, quod minus in te natura habet possibile, gratiæ suæ adjutorium impendat. Alterum documentum : Quod, sicut beatissima Virgo in virtute Spiritus sancti concipere 'potuit, ac parere unicum Filium, qui omnibus filiis meretur antcferri ; ita etiam illi, qui voverunt Dei amore suam virginitatem, et etiam servant ad exemplum virgineæ Matris, spirituales quoque concipiant filios, qui multis parasangis filios carnales antecellunt, ut supra, die quinto, puncto 3, pluribus ostendi.

PUNCTUM III. — Legationi suæ jam finem imposuit cœlestis tabellio, avide exspectans responsum et Virginis consensum, quem consensum etiam exspectabant omnes patriarchæ et prophetæ, qui solliciti erant de adventu Messiæ et salute hominum. « Exspectat angelus responsum, ait sanctus Bernardus, hom. 4 super *Missus* ; tempus est enim ut revertatur ad eum, qui misit illum. Exspectamus et nos, o Domina ! verbum miserationis, quos miserabiliter premit sententia damnationis. Et ecce offertur tibi pretium salutis nostræ: statim liberamur, si consentis. In sempiterno verbo facti sumus omnes, et ecce morimur ; in tuo brevi responso sumus reficiendi, ut ad vitam revocemur. Hoc supplicat a te, o Virgo pia! flebilis Adam cum misera sobole sua exsul de paradiso, hoc Abraham, hoc David : hoc cæteri flagitant SS. Patres, patres scilicet tui, qui et ipsi habitant in regione umbræ mortis. Hoc totus mundus tuis genibus provolutus exspectat. Nec immerito ; quando ex ore tuo pendet consolatio miserorum, redemptio captivorum, liberatio damnatorum, salus denique universorum filiorum Adam, totius generis tui. » Siste hic aliquantulum, anima devota! et in spiritu te confer ad Nazarethanam ædiculam, ibidemque inter pios affectus apud beatissimam et purissimam Virginem, de mysterio Incarnationis cœlitus jam edoctam, humillimis insta precibus, ut consensum suum, quem totus desiderat orbis, quantocius impertiatur. In quem finem dilectissimam Matrem tuam filiali confidentia Bernardi verbis alloquere : « Da, Virgo ! responsum festinanter ; o Domina ! responde verbum, quod terra, quod inferi, quod exspectant et superi. Ipse quoque Rex et Dominus, quantum concupit decorem tuum, tantum desiderat responsionis assensum, in qua nimirum proposuit salvare mundum. Et cui placuisti in silentio, jam magis placebis ex verbo, cum ipse tibi clamet de cœlo : O'pulchra inter mulieres ! *fac me audire vocem tuam.* (*Cant.* viii, 13.) Si ergo tu cum facias audire vocem tuam, ipse te faciet videre salutem nostram. Responde verbum, et suscipe Verbum ; profer tuum, et concipe divinum : emitte transitorium, et amplectere sempiternum. Quid tardas ? quid trepidas ? Crede, confitere, et suscipe. Sumat humilitas audaciam, verecundia fiduciam. Aperi, Virgo beata ! cor fidei, labia confessioni, viscera Creatori. Ecce Desideratus cunctis gentibus foris pulsat ad ostium, surge, curre, aperi. Surge per fidem, curre per devotionem, aperi per confessionem. » (S. Bernardus.)

Commenda hodie tuas afflictiones tam corporis, quam animæ singulari fiducia beatæ Virgini, et licet nonnullas patiaris difficultates in via perfectionis, quæ tibi insuperabiles videntur, nunquam tamen animo cadas, velim : sed potius hodie fiduciam firmamque spem in Deum renova, quia nihil est impossibile, si gratia sua accedat, et auxilium, quod omnibus illis qui faciunt id quod est in se, non denegabit. Atque hæc sit praxis specialis.

Patrona sit sancta Theresia, in cujus vita mirabiliter ostenditur, multa, quæ hominibus videbantur impossibilia, facta fuisse possibilia.

DIES NONUS.

PUNCTUM 1. — *Dixit autem Maria : Ecce Ancilla Domini. (Luc. 1, 38.)* Intellexerat jam beatissima Virgo et electa Dei Mater totum negotium, quod angelus annuntiaverat ; unde sermonem suum ad angelum direxit, et consensum præbuit, dicens cum summa humilitate : *Ecce Ancilla Domini.* Locutio isthæc Virginis profundissima humilitate plena est ; et quamvis omni. tempore Maria fuerit humilis, maxime tamen ejus ingens animi demissio apparebat in Incarnatione, ubi inter tot excellentes, quæ simul sibi offerebantur, dignitates se Domini Ancillam, ac proin indignam, quod esset Dei Mater, professa est : « Quæ ista, ait sanctus Bernardus, hom. 4 super *Missus*, sublimis humilitas, quæ honori cedere nescit, insolescere gloria non novit? Dei Mater eligitur, et Ancillam se nominat. Non magnum est, humilem esse in abjectione, magna vero, prorsus rara virtus humilitas honorata. » O cliens Parthenie ! si ad humilem Virginis loquelam te reflectis, non deerit tibi materia, quin ex hoc pulcherrimo exemplo partim te possis confundere et humiliare, partim etiam spiritualem fructum haurire. Nosse cupis, o anima, cur etiam tu in sensu mystico non conceperis Deum, cui Maria quidem placuit virginitate, humilitate tamen illum concepit? Humilitas tibi defuit, sine qua nemo potest Deum concipere, et parere. Nullus dubito, quin jam dudum in cor tuum venisset Jesus, si pro inordinata honorum appetentia, pro vana promotionis et præcedentiæ affectatione tuum nihilum agnosceres, et te infra omnes humiliare didicisses. Quapropter magnam hanc divinæ gratiæ jacturam compensare allabora, sperne applausus humanos, fuge

honores, corporis commoditates, prælationes, et spiritum præcedentiæ contemne fortiter : et si omnia hæc feceris, in memoria fixam tene illam æternæ Veritatis sententiam : *Cum feceritis omnia, quæ præcepta sunt vobis, dicite : Servi inutiles sumus ; quod debebamus facere, fecimus. (Luc.* xvii, 10). Profecto, si tantam humilitatem Deus in corde tuo invenerit, erit dulcissimus hospes tuus et inquilinus.

PUNCTUM II. — *Fiat mihi secundum verbum tuum.* Considera, quod beatissima Virgo per hæc et priora pauca verba consensum suum absolverit ; ipsius namque prudentia ita disposuit, ut breviter et compendiose responderit ad omnia illa quæ angelus annuntiaverat, ut nos discamus in gravissimis negotiis caute et magna circumspectione loquendum esse. Per hæc tamen licet pauca verba beata Deiparens plus meruit, ait sanctus Bernardinus Sen., serm. 15 *De festivit. Virg.*, quam omnes reliqui sancti meritis suis, ut adeo de Maria dici possit illud Prov. xxxi, 29 : *Multæ filiæ congregaverunt divitias, tu supergressa es universas.* Verum plures aliæ eminent virtutes in allegato verbali consensu, quarum singulæ mererentur expendi. Enituit Imprimis fides. Si enim assensum præbet, ut fiat secundum verbum angeli ; ergo Maria credidit omnia quæ ei dixerat cœlestis iste nuntius, mysterium nempe SS. Trinitatis, Incarnationis, Redemptionem generis humani. Resplenduit charitas in Deum et proximum. Dum beatissima Virgo cognoscebat se eligi in Dei Matrem, charitatis igne accensa non de honore, sed de obsequio cogitavit, quatenus tanquam Mater Filium suum velit nutrire, lactare, pannisque involvere ; unde se profitetur Ancillam, ut suis clientibus etiam relinquat salutare documentum, quod in dignitatibus non tam honores, quam onera debeamus ante oculos ponere, ut eis debita obligatione correspondeamus. Ostendit etiam Maria charitatem erga proximum, quia per suum responsum Redemptionem nostram tam avide a mundo exspectatam procuravit. Magna quoque apparuit obedientia, qua se divinæ commisit voluntati, ut faciat id quod sibi magis placuerit ; unde dixit : *Fiat mihi secundum verbum tuum ;* quasi vellet significare, quod non promissionis magnitudine, sed ab omnipotentia Dei imperantis attracta consensum præberet : « *Fiat mihi*, ait Hugo cardinalis, *secundum verbum tuum :* in quo multorum inobedientia reprehenditur, qui in his, quæ sibi placent, obediunt, in aliis vero murmurant. » Quæ verba pro regula teneto et cynosura in actionibus tuis ab obedientia præscriptis. Radiabat porro in hoc actu magnanimitas et fortitudo. Noverat enim perbene Maria Messiæ Matrem magnis doloribus et ærumnis esse exponendam ; his tamen etiam prævisis, nihilominus fortiter consentit : *Fiat mihi ;* offero me ad omnia dura et acerba, licet suo tempore in consideratione Filii mei Christi conspuendi, flagellandi et crucifigendi fateri debeam : *Non est dolor sicut dolor meus. (Thren.* i, 12.) Splendebat denique etiam amor puritatis; quia non aliter dedit consensum nisi ad concipiendum juxta verbum et modum præscriptum ab angelo sine copula viri. Licet autem optime sciret se sine ope viri concepturam, amor tamen castitatis impulit quod hoc diceret. Habes ergo, Mariophile! in hisce verbis, post quæ sanctissima contigit Incarnatio, absolutissimum pulcherrimarum virtutum ectypon; et domuncula Nazarethana nil aliud est, quam schola virtutum, ubi Magistra sapientissima electa Dei Mater docet saluberrima documenta, quæ nos omnes, si profectus animæ nobis cordi est, debemus circumstantiis nostris applicare, ut de die in diem magis proficiamus in via perfectionis religiosæ et Christianæ virtutis.

PUNCTUM III. — *Et discessit ab illa angelus. (Luc.* i, 38.) Defunctus legatione sua angelus, postquam, ut pie creditur, per plures horas incarnatum Dei Verbum adoravit, discessit a Maria, quæ suo divino fetu jam erat gravida et fecundissima Mater. *Discessit;* per quæ verba sacer scriptor indicare videtur, quod ita ob incredibilem Virginis modestiam, et majestatem, et ob divini Verbi carne induti præsentiam, in admiratione raptus fuerit, et propter rerum novitatem, et magnitudinem ita obstupefactus hæserit, ut avelli nequiret, donec tandem re exigente quodammodo invitus a loco discessit, et ad cœlum reversus est, jucundus utique et hilaris de accepto Virginis responso; qui etiam, ut pie meditari licet, ex legatione sua revertens, sociis suis humilitatem, sapientiam, sanctitatem sanctissimæ Virginis deprædicavit, magno omnium applausu, quod talis tamque grata Deo Virgo reperiatur in orbe terrarum. Sicut ergo proprium sanctorum est exsultare in Domino, dum alios vident proficere in omni virtute et perfectione, ut eo major acerescat Deo honor et gloria, ita et nos gaudeamus, et singulariter ostendamus lætitiam, si a piis et sanctis animabus Deus laudetur, et glorificetur; a contrario vero semper tristemur, dum videmus ab iniquis peccatoribus Deum vilipendi, ipsiusque honorem et gloriam magnis offensis diminui. Pro fine autem considerationis, quia angelus ob rei magnitudinem diutius maxima demissione adorabat Deum incarnatum; sic et ad hujus exemplum in humili consideratione tam grandis mysterii persevera, *Verbum caro factum* in spiritu veritatis adora.

Beatissima Virgo Maria gloriabatur, quod esset Ancilla Domini. Quapropter, si Mariam imitari cupis, Mariophile, in vicem praxis specialis pro hac ultima die exsulta in Domino, et frequenter suspira cum Davide : *O Domine! ego servus tuus, et filius Ancillæ tuæ. (Psal.* cxv, 16.) O Deus animæ meæ! gloriam mihi reputo, quod sim servus tuus, quia me creasti; et iterum servus tuus, quia me redemisti; filius sum Ancillæ tuæ, Virginis sanctissimæ Matris tuæ me filium profiteor, cujus meritis et precibus in tuo servitio vivere cupio, et mori.

Patrona sit sancta Agatha virgo et martyr, quæ licet ingenua esset et de nobili parentela, non in suo spectabili genere, sed in servili conditione, et ancillatu Christi gloriabatur : « Summa ingenuitas ista est, in qua servitus Christi comprobatur : ancilla Christi sum, et ideo me ostendo servilem habere personam. »

FESTA DIES B. V. MARIÆ ANNUNTIATÆ.

CONSIDERATIO DE SANCTISSIMA INCARNATIONE.

THEMA. — *Verbum caro factum est. (Joan.* i, 14.)
PUNCTUM I. — Postquam humilis Dei Mater hæc verba protulit : *Ecce Ancilla Domini, fiat mihi secundum verbum tuum (Luc.* i, 38); statim in illo temporis puncto Spiritus sanctus ex purissimo Virginis sanguine corpus Christi formavit, et simul etiam eodem instanti perfecte organizavit, animavit, et Verbo hypostatice univit. Adeoque decrevit Deus, quod hoc mysterium prius non fuerit exsecutioni mandatum, nisi interveniente Virginis Mariæ consensu; Marianum *Fiat* Redemptorem nostrum procuravit e cœlo : consequenter ab ope et consensu Virginis Deus voluit nostram dependere salutem. Considera ergo quibus ex causis Deus voluerit consensum Virginis Mariæ ad perficiendum hoc grande opus et mysterium. Asserunt multi sanctissimi et graves Patres : divus Augustinus, serm. *De Nativ. Domini;* divus Gregorius Magnus, hom. 38, in Evang et alii, quod in hoc mysterio Dei Patris cum natura humana, Christi cum Ecclesia, spiritualia celebrata fuerint sponsalia, de quo Cant. iii, 11, legimus : *In die desponsationis illius.* Cum ergo in sponsalibus consensus utriusque requiritur, etiam consensum Virginis Mariæ exspectavit Deus. Aliam subministrat divus Chrysologus, serm. 142 : « Audistis, inquit, agi, ut homo cursibus iisdem, quibus dilapsus fuerat ad mortem, rediret ad vitam; agit cum Maria angelus, quia cum Eva angelus egerat de ruina, ut nostræ perditioni conveniens nostræ reparationis principium responderet. » Sicut ergo per feminæ consensum ruina intravit in mundum, ita Deus oriri voluit salutem nostram per consensum alterius feminæ. Tertio : Etiam Deus perfectissime condecorare voluit beatissimam Virginem, ut Mater esset cum maximis meritis, qualia sibi collegit, dum præbuit assensum angelo; dignitas namque parum nobilitat sine meritis. « Pius Dominus, ait sanctus Bernardus, hom. 4 super *Missus,* qui omnes homines vult salvos fieri *(I Tim.* ii, 4), merita extorquet a nobis, et dum nos prævenit tribuendo, quod retribuat gratis, agit, ne gratis tribuat. » Porro præter alias rationes nobis Mariæ clientibus maxime cordi debet esse, quod Deus ideo decreverit beatissima Virgine libere consentiente homo fieri, ut huic Virgini Mariæ, velut Matri nostræ, maxime nos profiteamur esse obligatos, cujus arbitrio omnium nostrum salus commendata est. « Per ipsam, et in ipsa, et de ipsa, inquit Petrus Damianus serm. *De Nativit.,* totum hoc faciendum decernitur.

ut sicut sine illo nihil factum, ita sine illa nihil refectum sit. » Vides igitur, Mariophile! quod Deus ab ope Virginis jam tunc voluerit dependere salutem tuam; quanto magis nunc est voluntas Dei Patris, postquam genuit Filium suum et nostrum Salvatorem? Voluit Deus salutis tuæ Procuratricem, antequam esset Mater Dei; utique idipsum sumus magis intendit, postquam in illa reveretur Matrem suam, postquam suam in illa respicit Genitricem, Agnosce, quæso, obligationem tuam, recurre in necessitatibus ad Mariam, ejusdemque implora opem et auxilium. Vis Deo placere? honora et ama Mariam; ita namque Deo placuit, qui nos totum habere voluit per Mariam. O Virgo! o Mater! suscipe nos in filios et clientes: quia tamen indigni sumus et magni peccatores, suscipe saltem in mancipia, juramus et spondemus, quoadusque licebit vivere, te semper filiali prosequi amore et affectu.

PUNCTUM II. — Considera, quod in hoc sanctissimo Incarnationis mysterio plurimæ fuerint manifestatæ perfectiones divinæ, quæ clamant ad laudandum tam liberalem Deum, nobisque ad illum ex toto corde amandum calcaria addunt et stimulos. Emicat in Incarnatione infinita Dei bonitas, vi cujus sese nobis communicabat infinito modo, quando in una divina hypostasi divinam humanamque naturam sociavit. Splendescit clarissime admirabilis sapientia, dum potentissime duo prorsus extrema, infinitoque divisa intervallo arctissime conjunxit, Deum scilicet et hominem, Verbum æternum et carnem mortalem, Matrem et Virginem. Sic namque statuit supremum Numen, ut *quemadmodum per unum hominem peccatum in hunc mundum intravit, et per peccatum mors, et in omnes homines mors pertransiit (Rom.* v, 12), sic etiam gratia Dei et donum in gratia unius hominis Jesu Christi in plures abundet, mortique succedat vita; et sicut sumus condemnati superbia unius, qui, mortalis cum esset, illicite ambiit immortalitatem, sic unius humilitate redimi nos voluit qui, *cum in forma Dei esset, exinanivit semetipsum formam servi accipiens, et habitu inventus ut homo.* (*Philipp.* II, 6.) Admirare ulterius justitiam et misericordiam. Profecto *misericordia et veritas obviaverunt sibi, justitia et pax osculatæ sunt.* (*Psal.* LXXXIV, 11.) Magnus enim fuit divinæ Justitiæ rigor, utpote quod sibi Deus satisfieri voluerit pro peccatis hominum expiandis lytro adeo pretioso, quod ipsiusmet Filii sui probrosissima acerbissimaque morte persolveretur; quia alias nulla prorsus res creata huic rigoroso debito sufficientem, et debitam satisfactionem potuisset præstare. Verum quanto rigidior et severior fuit censura, et justitia in Dei Filium, tanto admirabilior est erga nos divina misericordia; hæc enim eo progressa est, ut Dei Filius, humana carne indutus, tot tantosque pertulerit cruciatus. Potestne fieri, o anima! ut non redames amantem te? ut non gratissimo cognoscas affectu tam ineffabilem Dei bonitatem, quæ propter miseras vices nostras

lytro tam pretioso ad ignem æternum jam destinatos redemit? Non equidem credo, quod adeo expers sis omnis sensus et humanitatis, quod cor tuum sit adeo adamantinum et ferreum, ut hoc igne amoris non liquescat. Quapropter incipe agnoscere obligationem tuam, et omnia hæc divinæ benevolentiæ argumenta sint tibi fortes stimuli, ut tanti beneficii semper memor sancte, juste et pie vivas in hoc sæculo.

PUNCTUM III. — Considera denique, quanta lætitia fuerit totius sanctissimæ Trinitatis peracto hoc admirando Incarnationis opere. Lætus erat Pater æternus, quod Filium suum, et cum ipso omnia nobis donaverit, quem etiam ut incarnatum tanto amore prosequitur, ut eumdem multo amplius diligat quam angelos hominesque simul sumptos, ex qua causa eidem dedit nomen, quod est super omne nomen. Verbum æternum non minus gaudebat, cum se vidit hominem factum, in qua assumptione naturæ humanæ tam arctus intercessit amor, ut statuerit nunquam dimittere, quod semel assumpsit, sed optabat omnes homines tanquam sibi cognatos complecti, et in intima viscera sua immittere. Expendendum est etiam gaudium Spiritus sancti, eo quod maximi amoris opus, quod facere potuit, perfecerit. Invenit etiam in Verbo divino Spiritus sanctus requiem et gaudium perfectum, tanquam in re sibi præ omnibus aliis chara et dilecta, de quo prædixit Isaias cap. I, 1, 2: *Egredietur Virga de radice Jesse, et flos de radice ejus ascendet, et requiescet super eum Spiritus Domini.* Exsultabat præterea ipsa humanitas, cum se ad tantam dignitatem vidit evectam, ut ex profunditate nihili ad altissimum Divinitatis culmen ascenderit. Tandem ineffabili gaudio fuit repleta beatissima Virgo, et Sponsa Spiritus sancti; in ipso enim Incarnationis momento insolitam copiosamque lucem, et magnam bonorum plenitudinem Deus illi communicavit, et quæ antea jam erat *gratia plena,* multo tunc plenior, omnibusque gratiis superfluens effecta est. Indulge jam piis affectibus, anima devota! et imprimis quidem congaude Patri æterno, simulque pro hoc collato beneficio gratias age. Unde suspira ad Patrem æternum: O Pater cœlestis! qui in cœlis es, respice in faciem Christi tui, in quo tibi tantopere complaces, et illi, qui in nostra natura similis factus est, nos fac similes in gratia. Ad Verbum divinum, et Spiritum sanctum hoc vel simile institue colloquium: O fortitudo Patris æterni! qui cognationem cum hominibus contraxisti, conjunge me tibi in fide et charitate, osculare me osculo oris tui, et ita me in gratia tua conserva, ut nulla res creata me separet ab amicitia tua. Et tu, divine Spiritus! cujus proprietas est bonitas et amor, igne divini amoris tui me ita inflamma, ut hoc mysterium, quod ex ineffabili amore compositum est, reciprocis amoris et gratitudinis affectibus semper tota vita mea agnoscam. Humanitati Christi quoque gratulare de tam felici sorte, et tam justo ex ea orto gaudio. Humillimis quoque precibus Matri tuæ te commenda. O Virgo sanctissima, et amantissima Mater mea ! suscipe me jam in filium tuum, effecta es modo Dei Mater, et simul incipis esse hominum ; respice ergo nos miseros et exsules Evæ filios oculis misericordiæ tuæ, et monstra te esse Matrem. Ultimo tandem tuam agnosce dignitatem, ad quam elevata es, anima dilecta! omnes enim consanguinei Dei facti sumus, in hujus vero dignitatis consideratione firmum concipe propositum, ut vitam tuam, sicut decet cognatos tanti Regis, instituas, et nullo tempore a tanta degeneres nobilitate.

EXERCITIA PIETATIS ET DEVOTIONIS PRO IPSA FESTIVITATE ANNUNTIATIONIS B. V. MARIÆ.

Gaudeamus omnes in Domino, diem festum celebrantes, in honore Mariæ Virginis, de cujus Annuntiatione gaudent angeli, et collaudant Filium Dei.

Hæc est dies, quam fecit Dominus. Hodie Dominus afflictionem populi sui respexit, et Redemptionem misit. Hodie mortem, quam femina intulit, femina fugavit. Hodie Deus homo factus est ; id quod erat, permansit, et quod non erat, assumpsit. Ergo exordium nostræ Redemptionis devote recolamus, et exsultemus, dicentes : Gloria tibi, Domine.

Rhythmus Parthenius.

Psalle, plaude, mens devota,
Prome laudes, funde vota
    Virgini sanctissimæ.
Quantum potes, collætare,
Quantum vales, gratulare
    Matri beatissimæ.

Hæc ut cunctas dignitate,
Animæque sanctitate
    Creaturas superat :
Sic quoque post Creatorem
Primam laudem et honorem
    Jure sibi vindicat.

Pulchrior est luce solis,
Altior est mundi polis
    Major cœli spatio;
Nam quem nullus locus stringit,
Et quem nullum cœlum cingit,
    Suo claudit gremio.

Hæc est illa gloriosa,
Illa Virgo speciosa,
    Expers omnis maculæ,
Quam e cunctis Deus legit,
Et in qua summe peregit
    Rem misericordiæ.

Nisi foret hæc Puella,
Sempiterna, heu ! flagella
    Remanerent homini :
Sed dum credit Gabrieli,
Placat nobis Regem cœli ;
    Sit laus suo nomini.

Eia, salve, Sponsa Dei,
Salve, plena sanctæ spei,
    Virgo potentissima !
Quæ per unum Fiat solum
Reseramo nobis polum
    Pandis cœli limina.

Tu es Thronus Salomonis

Tu es Vellus Gedeonis,
    Sedes sapientiæ,
Paradisus voluptatis,
Et Conclave Trinitatis,
    Fons divinæ gratiæ.

Te in Natam Pater Deus,
Te in Matrem Natus ejus,
    Te in Sponsam Spiritus
Sanctus sibi cooptavit,
Et immensis exornavit
    Gratiarum dotibus.

Tamen inter tot favores,
Inter tantos et honores,
    Quibus felix emicas,
Tu nonnisi te pusillam,
Vilem, humilem ancillam
    Domini te prædicas.

O humilitas profunda !
O professio jucunda
    In divinis auribus !
Propter istum, Virgo, verbum
Dominam te Patris Verbum
    Rebus dedit omnibus.

Propter hoc de throno suo
Descendit, et claudi tuo
    Voluit in gremio,
Et ad te humiliari,
Ex te simul incarnari.
    O quanta dignatio !

Omnes ergo collætemur,
Et devote gratulemur
    Tam felici Virgini :
Totum cœlum admiretur,
Omnis lingua veneretur
    Hanc Ancillam Domini.

Quæ fit prægnans sine viro,
Et humana modo miro
    Carne Deum induit :
Dicant omnes : Ave, pia,
Ave, Domina Maria,
    Plena Dei gratia!

Ave, summe benedicta,
Virgo Mater simul dicta
    Inaudita gloria !
Ego per hanc dignitatem
Et per hanc humilitatem,
    Obsecro te, Domina!

Fac me mitem, fac me castum,
Omnem de me pelle fastum,
    Cuncta tolle crimina ;
Fac, ut Verbi incarnati
Pro me sic humiliati
    Charitatem recolam,

Et pro suo hoc amore
Illum humili fervore
    Tecum semper diligam.
      Amen.

℣. Angelus Domini nuntiavit Mariæ.
℟. Et concepit de Spiritu sancto.

Oremus. — Deus, qui de beatæ Virginis utero Verbum tuum, angelo nuntiante, carnem suscipere voluisti ; præsta supplicibus tuis, ut, qui vere eam Dei Genitricem credimus, ejus apud te intercessionibus adjuvemur.

Omnipotens sempiterne Deus, qui gloriosæ Virginis Matris Mariæ corpus et animam, ut dignum Filii tui habitaculum effici mereretur, Spiritu sancto cooperante, parasti : da, ut cujus commemoratione lætamur, ejus pia intercessione ab instantibus malis, et a morte perpetua liberemur. Per Christum Dominum nostrum. Amen.

Gratiarum actio pro SS. Incarnationis beneficio, hac die humano generi impenso.

Altissime, potentissime ac clementissime Pater, hominum Creator et amator Deus, immensæ Majestati tuæ gratias ago, qui nos iræ filios, Satanæ servos, et æternæ damnationis reos misericordiæ tuæ oculis respexisti. Gratias ago tibi, omnipotens Deus, qui propter inenarrabilem dilectionem tuam Jesum Christum unigenitum in terram de sinu tuo misisti, eumque mundi Redemptorem donasti perditis, nil tale merentibus. Gratias ago pro sancta ejus Incarnatione, et Nativitate, qui, sicut Deus verus de Deo vero tecum ab æterno erat, ita verus etiam homo, ex homine Virgine Matre genitus, mortalem et servilem nostram naturam assumpsit. Gratias tibi ago pro ejusdem laboribus, afflictionibus, ærumnis, per omnem vitam nostri causa in carne susceptis, et exantlatis. Gratias ago pro ejusdem Passione, cruce, et morte acerbissima, quam Agnus ipse innocens pro peccatis nostris ex mero amore pertulit. Gratias ago ardentissimæ illius charitati, per quam pretiosum sanguinem ad nos redimendos, et tibi reconciliandos ubertim effudit Gratias ago pro illius descensu ad inferos, et a mortuis resurrectione, ut mortui ad vitam perpetuam animæ et corporis resuscitemur. Gratias ago pro miranda ejus in cœlum Ascensione, et augusta sede Majestatis illius ad dexteram tuam, qui et Spiritum sanctum secundum promissionem suam in filios adoptionis effudit, talemque Doctorem, et Rectorem dedit Ecclesiæ. Gratias ago pro incomparabili gratia, quod, ut servum redimeres, Filium sævissimis hostibus tradidisti, ac sacrosancto ejus sanguine nos immundissimos abluisti, illudque præstare pergis, ut sacrosancto et vivifico mysterio corporis ejus quotidie in Ecclesia pascamur, et summæ Divinitatis participes efficiamur. Gratias demum ago tibi, munificentissime Pater! qui secundum paternæ misericordiæ tuæ viscera nos visitare, et mundum hunc totum in maligno positum ita diligere voluisti, ut Unigenitum tuum illi

dares, mundique propitiatorem et Salvatorem faceres, qui nos non solum in anima, sed etiam in corpore perfecte restitueret. Tibi laus, tibi gloria, Pater misericordiarum, et Deus totius consolationis, qui tanta nos gratia cumulare, et cœlestem æternamque gloriam per Filium nobis promittere et procurare voluisti. Amen.

Alius Hymnus pro festivitate Annuntiationis B. Virginis Mariæ.

O felicem Genitricem,
Cujus casta viscera
Meruere continere
Continentem omnia

Felix venter, quo clementer
Deus formam induit:
Felix pectus, in quo tectus
Rex virtutum latuit.

Felix alvus, quo fit salvus
Homo fraude perditus;
Felix sinus, quo divinus
Requievit Spiritus.

Hac in domo Deus homo
Fieri disposuit,
Hic absconsus pius Sponsus
Novam formam induit.

Hic natura frangens jura
Nova stupet ordine,
Rerum usus fit exclusus
In præsenti Virgine.

O maxilla, cujus stilla
Fuit ejus pabulum,
Qui dat terræ fructum ferre,
Pascens omne sæculum!

O Maria Mater pia,
Finis et exordium!
Posce Natum, ut optatum
Det nobis remedium,

Quo sanati sauciati
Sine sorde vulnerum
Transferamur et ducamur
In sanctorum numerum. Amen.

Sancta Dei Genitrix, dulcis et decora, Regem morti traditum Filium tuum dulcissimum nostrum Jesum Christum pro nobis exora, ut ipse per suam piissimam clementiam, et virtutem sanctissimæ Incarnationis, et mortis ipsius acerbissimæ nobis indulgeat peccata nostra. Amen.

PARS TERTIA.

EXERCITIA PRO FESTIVITATE B. V. MARIÆ COGNATAM SUAM ELISABETHAM VISITANTIS,

UBI PER CONSIDERATIONES ASCETICO-MORALES EXPLICATUR TEXTUS EVANGELICUS LUC. I, A VERSU 39 USQUE AD VERSUM 56.

—

Quam pulchri sunt gressus tui in calceamentis, Filia
Principis! (*Cant.* VII, 1.)
Viderunt eam filiæ, et Beatissimam prædicaverunt.
(*Cant.* VI, 8.)
Beata, quæ credidisti, quoniam perficientur ea in te,
quæ dicta sunt tibi a Domino. (*Luc.* I, 45.)

—

Sanctissimæ Viatrici, quæ curru Ezechielis, « ubi erat impetus Spiritus, » ad cognatam suam Elisabetham gradiebatur, et velut « Nubecula parva, quæ quasi vestigium hominis ascendebat de mari, » divino imbre gravida ascendebat, de Nazareth « in montana » ut plenitudo gratiæ descendat ad vota Patrum : «Rorate cœli desuper, et nubes pluant Justum;»

Huic cœli et terræ Reginæ, et admirabili Virgini Mariæ

Præsentes parvos labores de festo Visitationis in levidense gratitudinis testimonium
consecrat

P. B. S.

ANIMADVERSIONES

SUPER SENSUM LITTERALEM TEXTUS EVANGELICI, NECNON REFLEXIONES HISTORICÆ DE ORIGINE ET CELEBRITATE HUJUS FESTIVITATIS.

—

Jam suo erat fecunda divino fetu electa Dei Mater, atque ille intra virginei uteri angustias se concluserat, quem cœli cœlorum non capiunt. Ecce! *In diebus illis,* id est post duos dies, aut tres, quos Maria Virgo post factam Verbi divini Annuntiationem in amorosa peracti mysterii contemplatione, affectuosa gratiarum actione, et dilecti intra se præsentis dissuaviatione transegerat, *exsurgens Maria* a contemplationis sacro otio, e domo et mansione sua, e Nazareth Galilææ urbe *abiit in montana cum festinatione, in civitatem Juda.* Disquirere hic erudite solent Litterarum interpretes, an etiam sanctus Josephus virgineus Mariæ sponsus fuerit comes beatissimæ Virginis in hoc itinere ad cognatam suam Elisabetham, cum sacer historicus nullam prorsus faciat mentionem ? Quapropter desuper disceptatur, et utriusque sententiæ patroni suis non sunt destituti rationibus et motivis probabilitatis. Quibus ergo placet sententia affirmans, sequentibus potissimum rationibus moventur, unde suam sententiam probant. 1. Beatissima Virgo providente sic supremo Numine fuit desponsata sancto Josepho, ut ab illo ministerium, adjutorium et consolationem acciperet : hac autem fuisset destituta, et privata, si sola ivisset ad Elisa-

betham super montana ; unde videtur, sanctum Josephum fuisse comitem, qui tam teneram sponsam utique non permisisset tam longum iter capessere. 2. Indecens videtur, beatissimam Virginem solam ivisse sine sponso, maxime, quia alium tanquam comitem, utpote pauperrima Virgo, habere non potuit. 3. Illo tempore, quo beata Virgo abiit in montana, instabat proxime Pascha Judæorum, ad quam solemnitatem omni masculino Hierosolymis erat comparendum ex lege Exod. XXIII et Deut. XVI. Ergo credendum non est, quod sanctus Josephus primum post paucos dies fuerit secutus, sed potius, quod illam deduxerit in domum Zachariæ, et exinde velut e propinquo remeaverit Hierosolymam ad solemnia Paschæ. Huic opinioni favent Isidorus de Insulanis, *De donis sancti Josephi,* part. II, cap. 6 ; Carthagena, *De SS. arcanis,* lib. VI, hom. 1, n. 7 ; Salmeron ; Sylveira tom. I, cap. 6, q. 8, et alii etiam moderni, quos omnes veneramur. Sententiæ tamen eorum astipulari non possumus, aliis rationibus et fundamentis persuasi.

Unde, ut tenet Cornelius a Lapide litterarum interpres omni exceptione major, Toletus et alii, probabilius videtur, sanctum Josephum non fuisse comitem beatissimæ Virginis ad Elisabetham, et probat. **1.** Si sanctus Josephus fuisset comes hujus itineris, et illam deduxisset in domum Zachariæ, audire debuisset salutationem per titulum divinæ maternitatis factam : *Unde mihi hoc, quod veniat Mater Domini mei ad me?* (*Luc.* ii, 43.) Quæ salutatio statim in primo ingressu et adventu facta est, cui salutationi non potuisset se subducere, atque debuisset audire mysterium de maternitate divina manifestatum : sed hanc salutationem non audivit, quia alias sanctus Josephus, quando vidit conjugem suam post reditum gravidam, non habuisset occulte dimittendi causam, et desuper mirandi; neque debuisset reddi anxius, sed potius jam tunc erupisset in Dei laudes, dum erat præsens salutationi. Cum ergo hoc factum non sit, verisimile videtur, comitem non fuisse. **2.** Sanctus evangelista nihil prorsus memorat, quod sanctus Josephus fuerit comitatus Mariam, adeoque vestigium prorsus nullum relucet ex sacris Paginis, quæ tamen alias, quoties sanctus Josephus beatissimam Virginem fuit comitatus, cum omnibus circumstantiis hanc comitivam memorant, ut Lucæ ii, ubi Josephus profectus est cum Maria ad solvendum tributum; Matth. ii', 13 , quando fugit in Ægyptum. Idem, quando Jesum duodennem ambo dolentes quæsiverunt et invenerunt in Jerusalem. Cum ergo historiographus evangelicus nihil prorsus memorat in facta visitatione beatissimæ Virginis, etiam a nobis gratis diceretur; quia nullum suppetit fundamentum in Scriptura. Et certe, si sanctus Josephus fuisset comes, et præsens visitationi et salutationi, haud dubie excurrisset in Dei laudes, et deprædicasset tanta magnalia non minus, quam Elisabetha; consequenter verisimiliter de hac re non tacuisset evangelista, de quo credi potest omnia scripsisse quæ erant ad ædificationem et laudem Dei Matris in illa salutatione *qua talis*, et hoc excellenti titulo honoratæ. Insuper, si sanctus Josephus fuisset comes in abitu, fuisset etiam in reditu; imo non minus degisset *illis tribus mensibus* in domo Zachariæ cum Sponsa sua, cum eædem rationes, quæ adversarii adducunt pro abitu, sir ngant etiam pro reditu et permanentia apud Elisabetham. Quod autem nec hoc, nec illud sit factum, inde videtur, quia sanctus Josephus tanto tempore debuisset advertere sponsam suam tenerrimam esse gravidam, et sic jam tunc sibi prospexisset de fuga, quod tamen primum in Nazareth post ejus reditum attentare voluit. A primo ergo ad ultimum, sanctus Josephus non fuit comes.

Sed jam respondeamus ad argumenta contraria. Ad primum ergo dicendum quod, quamvis sanctus Josephus non fuerit comes in itinere, non illico tamen sequitur beatissimam Virginem omni 'fuisse destitutam consolatione et custodia ; quis enim dubitet Reginam angelorum non ab innumeris angelis fuisse invisibiliter stipatam, qui illam custodiebant illuc euntem, et ibi commorantem, et

inde revertentem? Imo beatissima Virgo seipsam custodiebat sua puritate, modestia et sanctitate, ut nihil eidem fuerit opus ; si enim antiqui Testamenti arca, ut expendit Clemens Alexand., lib. v *Stromatum,* nulla sera, aut ferreo instrumento fuit clausa, quia seipsam religione custodiebat, certe etiam de beatissima Virgine Maria dici potest, tanquam Arca longe excellentiori, nullum fuisse eidem necessarium comitem, saltem ex hac ratione. Unde probabilius sanctus Josephus domi vacabat curæ domesticæ, et quia non nisi operibus manuum victitabat, et alebat sponsam suam, credendum est, ne illis quid desit a necessaria sustentatione, mansisse in Nazareth. Neque propterea Mater Dei privata fuit solatio, ad quod sanctus Josephus illi fuerat attributus; erat enim per breve temporis intervallum absens ab illo. — Ad alterum responderi potest : Si adeo fuisset indecens beatissimam Virginem ivisse solam ad Elisabeth, certe sanctus Evangelista quidquam adnotasset, qui ne quidem scrupulum de minima indecentia beatissimæ Virgini imputanda voluit relinquere. Deinde, quia aliis hæc sanctissima Virgo erat incognita, et ideo fortassis pro ædificatione externa esset magis conveniens ire cum comite, admodum credibile est, ait Cornelius a Lapide, beatissimæ Virgini fuisse attributam aliquam matronam quamdam gravem, quæ esset illi fidelis comes, adjutrix, et testis actionum. Neque hoc, ut putat Sylveira, præjudicat paupertati. Potuit utique talis honesta matrona ex amica quadam humanitate hoc benevolentiæ signum exhibere tam amabili Virgini? Per quod tamen non probatur, fuisse quasi a famulitio et servitio Mariæ. Ad ultimum denique negare non volumus, hanc posse esse aliquam congruentiam, vel causam impulsivam, vi cujus sanctus Josephus potuisset comitari suam Sponsam, sicut tamen hoc factum fuisse in Scriptura non legimus, et aliæ rationes in contrarium allatæ præponderare videntur. Ideo probabilius asserere licet, sanctum Josephum Sponsam suam in hoc itinere non fuisse comitatum.

Peracto ergo itinere, intravit Maria in domum Zachariæ sacerdotis, et salutavit Elisabeth cognatam suam Zachariæ conjugem, quam sancto Joanne Christi Præcursore gravidam ab angelo intellexerat. Factum est autem prodigium hucusque nunquam auditum : *Ut audivit salutationem Mariæ Elisabeth, exsultavit infans in utero ejus.* (*Luc.* i, 41.) Quæri hic potest, an motus iste subsultationis, quem fecit sanctus Joannes intra uteri materni repagula contentus, fuerit mere animalis, vel rationalis, seu, quod idem est, an sanctus Joannes cum vel sine rationis usu exsultaverit. Ubi tanquam certum præmitto, hunc motum exsultationis non fuisse mere naturalem, uti somniabat Calvinus, sed supernaturalem, prout docent uno ore omnes SS. Patres et doctores catholici, hanc exsultationem manifesto miraculo tribuentes. Dico ergo, omissis controversiis, probabilius hanc exsultationem sancti Joannis Baptistæ processisse ex accelerato rationis usu, imo ex communicato tunc spiritu prophetico. Ita SS. Patres Ambrosius, Chrysostomus, Bernardus, et plurimi alii. Inter alios dictus sanctus Ambrosius hæc loquitur *in Lucam* de sancto Joanne : « Habebat intelligendi sensum, qui exsultandi habebat affectum. » Et sancta Mater Ecclesia in hymno sancti Joannis Baptistæ canit :

> *Ventris obstruso recubans cubili*
> *Senseras Regem thalamo manentem :*
> *Hinc parens nati meritis uterque*
>   *Abdita pandit.*

Utrum autem usus rationis transeunter, vel permanenter fuerit communicatus sancto Joanni, iterum in utramque partem disputatur, et illa sententia videtur probabilior, quæ asserit fuisse permanentem, cui sententiæ patrocinantur celebratissimi Litterarum interpretes, Origenes, Theophylactus, Euthymius, Suarez, Cornelius a Lapide, Tirinus, et alii. De reliquis mysteriis in hoc textu evangelico pluribus ascetice agemus in decursu hujus opellæ. Et licet quidem adhuc alia hic soleant vocari in dubium, nimirum, an sanctus Joannes Baptista fuerit purgatus ad salutationem beatissimæ Virginis a peccato originali ; item, an exstinctus simul fomes peccati, et similes quæstiunculæ ; ad pagellarum tamen angustias attendentes his diutius explicandis immorari non possumus. Ut tamen brevis habeatur notitia, sciendum est constantem esse sensum sanctorum Patrum, quod sanctus Joannes purgatus sit a peccato originali in utero materno ; prædixit enim angelus de Joanne : *Spiritu sancto replebitur adhuc ex utero matris suæ* (*Luc.* 1, 15), id est in utero, ut communiter exponunt interpretes, et legit etiam textus Arabicus. Clarius autem exprimit Syrus in hæc verba : *Et replebitur Spiritu sanctitatis adhuc ipse in utero matris exsistens.* Quod si vero gratia Spiritus sancti repletus fuerit sanctus Joannes exsistens in utero matris, ergo justificatus et purgatus a labe originalis peccati : quod utique compatibile non est cum gratia Spiritus sancti. Longe aliter autem sentiendum de fomite peccati, qui non fuit sublatus in Joanne ; quia fomes peccati intrinsece sequitur ex culpa originali et carentia originalis justitiæ, ita ut culpa originali contracta et ipse fomes contrahatur. Econtra vero secundum legem ordinariam fomes non tollitur, quando tollitur, seu remittitur peccatum originale, ut constat in sacramento baptismi. Licet ergo tempore visitationis Marianæ fuerit Joannes purgatus ab originali, non illico licebit dicere, exstinctum fuisse fomitem peccati, maxime, cum nullum etiam id asserendi suppetat fundamentum in Scripturis, vel sanctis Patribus, vel ex ratione.

Procedamus jam ad hujus festi primordia. Contigit hæc Mariana visitatio ad finem Martii, vel initium Aprilis, quod eruitur ex verbis evangeli-

stæ : *In illis diebus*, post Annuntiationem, scilicet Incarnationis mysterium, *exsurgens Maria abiit in montana*, et tamen hujus annua memoria non hoc tempore, sed 2 Julii recolitur, cujus dilationis causa est quod sancta Mater Ecclesia prius aliis recolendis Christi mysteriis sit occupata; unde cum hoc festum celebrare non possit in principio visitationis Marianæ, distulit eamdem ad tempus postremum, quo illa finem accepit per reditum ex domo Zachariæ, qui contigit initio Julii, vel ad finem Junii. Colligitur hoc ex verbis concilii Basi·leensis, sess. 43, Kal. Junii celebrati 1441. Sic enim sonant circa finem dictæ sessionis : « Ideoque decernit, et statuit eadem sancta synodus ad honorem ipsius Virginis Dei Genitricis, ut post expleta Resurrectionis Dominicæ, Pentecostes, gloriosæ Trinitatis, SS. Corporis Christi, beatorum Joannis Baptistæ et apostolorum Petri et Pauli solemnia, in quibus Ecclesia post solemnitatem Annuntiationis Dominicæ, quam præfata visitatio temporis ordine confestim sequebatur, est occupata, per singulas Christianorum Ecclesias quolibet anno vi Nonas Julii festum hujusmodi Visitationis gloriosæ Virginis celebretur. » Ex his tamen allegatis concilii verbis non sequitur, primitus ab eodem fuisse institutum ; nam aliud est, repetitis vicibus, et denuo promulgare et præcipere, aliud primitus instituere. Prius quidem fecit synodus Basileensis ; posterius vero Urbanus VI et Bonifacius IX. Pro majori autem hujus institutionis notitia breviter adnoto illa, quæ Joannes Pinius, continuator Bollandi, tom. I Julii, pag. mihi 295, recenset : « Ut primævam, ait, festi hujus institutionem a primis ejus exordiis, quam possumus, altissime repetamus, revocandum est in memoriam spatium præteriti temporis, quo Ecclesiæ catholicæ concordia, atque unitate fœde et misere distracta tunica Christi inconsutilis pernicioso pariter ac diuturno schismate in partes avulsa, dissecta et dilacerata fuit versus finem sæculi xiv, sedente Clemente VII Gebenensi Avenione, contra Urbanum VI Ecclesiæ gubernacula Romæ moderantem. Ad componendas Ecclesiæ turbas, et famosum schisma exstirpandum solemnitatem hanc primus instituit Urbanus VI prædictus, vi Idus Aprilis, anno Christi 1389, Pontificatus sui 11, ut amicum in fœdus annuente et patrocinante Arca fœderis, sanctissima Dei Genitrice, divisa coirent Ecclesiæ membra, et pax unice necessaria a cœlorum Regina et Domina peteretur, quam manibus dare non poterat. Sublato e vivis Urbano VI antequam decretum hoc de colenda hac festivitate more debito quaquaversum potuerit promulgari, Bonifacius IX ejus successor illud publicavit anno supra citato. » Hæc citatus Joannes Pinius, qui etiam in forma authentica producit Diploma, quod pro celebranda hac festivitate a Bonifacio IX fuit editum v Idus Novembris, anno pontificatus ejusdem primo. Fuit ergo primitus ab Urbano VI institutum, a Bonifacio IX ejus successore promulgatum, nec non additis indulgentiis, ut habet tenor Bullæ, stricte publicari et celebrari jussum. Officium autem ecclesiasticum, ait cit. historiographus, quo tenore et ritu vulgatum apparuit a tempore Clementis VIII, auctorem habuit Petrum Ruisium de Visitatione, ord. S. Francisci de Paula religiosum, qui adhibitus fuerat ad reformationem Kalendarii Romani sub Gregorio XIII, et ad correctionem Missalis et Breviarii, id est totius Liturgiæ Romanæ sub Clemente VIII. Fuerunt etiam exemplo et titulo beatissimæ Virginis Visitantis multæ congregationes ad visitandos pauperes, hospites, infirmos, incarceratos institutæ, et non ita pridem hoc titulo insignium religiosarum congregationem, quæ ægris serviat, per totam Galliam instituit divus Franciscus de Sales, vir magnæ pietatis et zeli, ea ratione adductus, ut observat Motherius apud citatum auctorem, quod persuasum haberet istius ordinis religiosas per orbem terrarum debere propagari, ut servirent proximo. Sed postquam cardinalis de Marquemont, archiepiscopus Lugdunensis, aliam ei mentem injecisset, evicissetque claustrum esse conveniens quinimo necessarium filiabus, Franciscus institutum suum stabilivit sub ea forma, quam hodiedum habet, relicto ipsi priori nomine. Vide plura apud dictum Bollandi continuatorem P. Joannem Pinium sacri juris theologum, qui etiam § 2, pag. 298, antiquitatem hujus festi ex antiquis Kalendariis et Breviariis deducit et probat. Pro coronide ad propositum serviunt, quæ cardinalis Baronius in notis refert ad Martyrologium Romanum ; dicit enim imprimis, quod de hac festivitate exstent Diplomata excusa in secunda parte Legendæ in bibliotheca Vaticana plut. 4, n 226. Nactus sum etiam, ait idem Baronius, tractatum ms. Joannis Pragensis contra Adalbertum hujus solemnitatis impugnatorem, in quo, cum plura erudite disserat, texit etiam nonnulla

divina miracula et certas revelationes, quibus Deus dictam sacratissimam solemnitatem comprobavit.

PRAXES GENERALES PRO SINGULIS NOVEM DIEBUS COMMUNES, ET NON FACILE OMITTENDÆ.

I. Recita frequenter et devote canticum *Magnificat*, ut tu pariter hoc Mariano cantico benedicas Deum, qui nobis tot gratias per Mariam elargiri dignatus est.

II. Singulis diebus exerce te in corporali quadam mortificatione subtrahendo aliquid in cibo et potu, vel faciendo disciplinam, aut gestando cilicium. Caveto tamen, ne unquam ex quodam pietatis prætextu circa hoc punctum limites obedientiæ transgrediaris.

III. Sicut beatissima Virgo Maria per sanctissimam visitationem suam ad cognatam Elisabeth partui vicinam te docuit, quod omnino in aliqua necessitate adjuvandus sit proximus ; ita quotidie aliquem actum charitatis erga proximum exercebis, vel consolando afflictos, visitando infirmos, aut alio simili modo, ita tamen, ut omnia dependeant a directione Patris spiritualis.

IV. Derelictas in purgatorio animas, quæ hoc sacrosanctum festum avide exspectant, pio misericordiæ opere consolare. Erit hoc Mariæ Virgini gratissimum obsequium.

V. Evita, quantum potes, conversationes sæculares. Si tamen, ut dictum est, ex charitate erga proximum visitationes instituere debeas, institue simul discursum de laudibus et excellentiis Virginis Mariæ, ut tali modo Deum et beatissimam Virginem Mariam glorifices.

VI. Pauperibus et afflictis amore beatissimæ Virginis eleemosyna succurre. Si vero ipsemet pauper es, precibus apud Deum, et beatam Virginem Mariam id supplere satage.

CONSIDERATIONES.

DIES PRIMUS.

PUNCTUM I. — *Exsurgens autem Maria in diebus illis abiit in montana cum festinatione in civitatem Juda.* (*Luc.* 1, 39.) Considera, quod beatissima Virgo Maria omnis virtutis pietatisque exemplum nobis monstraverit per sanctissimam suam visitationem. Abiit enim Maria, ut Verbum in virgineo utero suo conceptum aliis annuntiaret, ut Joannem expiaret a peccato originali, eumque impleret cum matre sua Elisabetha omni gratia et cœlesti benedictione. — Abiit Mater Dei, et purissima Virgo, ut cognatæ suæ Elisabethæ de concepto per miraculum Joanne gratularetur, eique gravidæ et seni posset inservire. Voluit insuper omnibus hominibus per hunc abitum suum insigne charitatis exemplum relinquere, vi cujus ipsa Mater Dei dignatur visitare et adjuvare Elisabetham partui vicinam.

Agnoscis, o cliens Mariane ! tam præclara exempla Matris tuæ ; hæc etenim per suum laboriosum iter te instruere voluit, quod non deserendus sit proximus, si indigeat solatio et auxilio. Erat quidem Maria jam gravida benedicto ventris sui Fructu, et in omni felicitate constituta ; abiit tamen foras, ut præclarissimos erga proximum charitatis fructus decerperet. Æmulare ergo tam sancta Dei Matris exempla, non deerunt tibi occasiones consolandi, visitandi et adjuvandi infirmos, afflictos, pauperes, angustiatos, in carceribus et vinculis detentos. Succurre, quantum vales, proximo tuo ; secus enim faciendo præceptum charitatis Dei non servas, quod cum præcepto charitatis proximi est connexum.

PUNCTUM II. — Quamvis cor Mariæ divini amoris flamma erat succensum, dum abitum super montana parare cogitabat, relucebat tamen insuper aliud motivum institutæ visitationis suæ, vi cujus humili ancillæ Domini non suffecit accedere Elisabetham congratulationis, et tantum aliquo tempore ex charitate eidem inserviendi gratia, sed insuper statuit humillima Virgo servire usque ad tempus Elisabethæ residuum usque partum, existimans, decere juvenculam ætate graviori famulari; cum tamen Elisabeth potius Reginæ mundi ancillare et inservire debuisset. Sed ita placuit humili Virgini Mariæ. Nam sicut Filius illius Jesus, Deus Maximus, voluit fieri infirmus, et non venit ministrari sed ministrare; ita et Mater ejus sanctissima exemplo nobis prælucere voluit, ut nos superbi deponamus arrogantiam, et tumores excelsos, et vel nunc tandem videamus, quam longe remoti simus a spiritu Jesu et Mariæ.

Punctum III. — *Abiit Maria in montana cum festinatione.* Considerandum hic occurrit, quod beata Virgo hunc Spiritus sancti instinctum secuta sit cum *festinatione*, id est, ut exponunt interpretes, cum studio, diligentia et sedulitate. ‹ Festinavit ergo Virgo, ait sanctus Ambrosius, .ib. II *in Lucam*, partim, ne extra domum diu in publico moraretur, partim, quia plena erat gaudio, et Spʼritu sancto; nescit enim tarda molimina Spiritus sancti gratia, › partim etiam, ut ait Origenes in hunc locum, quia Christus in utero Virginis Joannem a peccato purgare et sanctificare festinabat. Maria proin festinavit in publico, ‹ ut nos discamus, ait divus Ambrosius, non demorari in platea, non aliquos in publico miscere sermones. Cum festinatione ivit in civitatem Juda; festinanter › enim et adhuc in tenella ætate serviendum est Deo, festinanter obtemperandum est piis inspirationibus, ‹ festinanter adjuvandus est proximus. › O quam verecundari nos oportet, qui sumus pigri et tardi ad viam mandatorum Dei! Bonum propositum semel prudenter conceptum festinanter est exsequendum, et quod semel statutum est, non amplius est difficrendum. Desere ergo, o anima! cum Matre Dei volubilis mundi Galilæam, et festina cum Virgine ad montana; nam ad altiora et sublimiora provehendum est iter perfectionis. Ardua quidem ad montana est via, et forte tibi arduus mons erit custodire sensus, abstinere a variis concupiscentiis, mortificare inordinatas passiones. Verum cogita viam arctam esse ad salutem, et non nisi anhelo spiritu et magno conatu esse superandam.

Praxis hujus diei in eo consistit, ut hodie humile quoddam charitatis obsequium exhibeas proximo tuo, idque non tepide, aut tarde, sed libenter, et festinanter; bis enim dat, qui cito dat.

Patronus diei sit B. Isabella ord. S. Claræ, quæ singulis diebus Sabbatinis peregrinationem quamdam Marianam instituit.

DIES SECUNDUS.

Punctum I. — *Intravit in domum Zachariæ*, instinctu nimirum Spiritus sancti, ex motivo non vano, sed sublimi et spirituali, ex motivo charitatis et zelo animarum, ut famularetur cognatæ suæ, atque voluntatem Dei perfectissime adimpleret. O felix introitus divinæ Matris in domum Zachariæ! Tuas visitationes nunc examina, o Mariane cliens! Quoties, proh dolor! intras domus, reclamante Spiritu sancto, et lacrymante sancto angelo custode. Maria intravit ad personas, quæ ambulant in Dei mandatis sine querela; tu vero multoties visitas socios perversos, quos cane pejus et anguc fugere oporteret. Emenda ergo tuas visitationes, fuge pravas societates : si tamen aliorum domus visitare et intrare necessum habeas, institue ejusmodi visitationes ad exemplum magnæ Matris Mariæ.

Punctum II. — Considera, quod beata Virgo Maria non intraverit domum Zachariæ, nisi præmissis præstantissimarum virtutum actibus. Erat enim beatissima Virgo Maria sub ipso itinere excellens in obedientia, quia præceptum expressum hujus introitus non exspectavit, sed cognita Dei voluntate satis ei fuit exsequi beneplacitum voluntatis divinæ. Erat Maria pura in intentione, tantum Dei gloriam, et ejus voluntatis exsecutionem quærens, absque terreni cujusdam finis admistione; non enim *curiositate* mota, ait divus Ambrosius, aut *explorandi causa* verumne esset quod angelus dixerat, profecta est; sed cum id certum haberet, intrare voluit, ut inspecto opere quod Deus fecerat, ipsum glorificaret. Ipse denique profectionis modus singularem in Maria commendabat modestiam; nunquam enim in transeuntes oculos curiose conjiciebat, sed illi potius, qui suos in eam conjicerent, ad sanctitatem et puritatem excitabantur. Erat Maria toto itinere cum divino Filio suo unice occupata, dulcissima miscens colloquia, hisque amorose intenta, nec ullam persensit itineris molestiam et asperitatem, in hoc etiam peculiaris patientiæ relinquens exempla.

Punctum III. — *Intravit in domum, et salutavit Elisabeth.* (*Luc.* I, 40.) Quamprimum beatissima Virgo intravit in domum Zachariæ sacerdotis, salutem, seu pacem precata est Elisabethæ, in qua salutatione insigne dedit specimen humilitatis; prior enim Maria salutavit Elisabetham non tantum ob virgineam modestiam, sed insuper ut daret humilitatis exemplum in honorata Elisabetha ætate majori. Erat hæc amica humilitas, per quem humilitatis spiritum Maria Virgo confundere voluit perversum hujus mundi genium, cujus superbi amatores prius salutare recusant, et nonnisi salutati resalutant. Virtutis ergo est prævenire apprecando pacem et salutem; tales enim humilitatis et virtutis officium anticipant, alterique præripiunt, domant insuper tam propriam, quam etiam alienam superbiam, tollunt denique lites, simultates et odia. Tales virtutum fructus decerpes, cliens Mariane! si juxta spiritum Marianum magis subdi et humiliari, quam præesse et extolli cupias. Sequere ergo monitum Sapientis (*Eccli.* III, 20) : *Quanto major es, humilia te in omnibus, et coram Deo gratiam invenies.* Sic egit Maria ad Elisabeth, omnibus relinquens documentum pacatæ indolis, et genuini spiritus humilitatis.

Praxis diei sit in eo, ut caveas omnes malas pravasque societates, quæ mores corrumpunt, et Deum offendunt. Ad honestas autem visitationes nonnisi præparatus accede, ut in conversatione vivum virtutis speculum, et velut altera Maria appareas, omnesque tua conversandi affabilitate ædifices.

Pro patrono invoca sanctum Joannem Baptistam, qui ad Mariæ adventum omnibus cœli donis repletus est.

DIES TERTIUS.

PUNCTUM I. — *Factum est, ut audivit salutationem Mariæ Elisabeth, exsultavit infans in utero ejus.* (*Luc.* I, 41.) Considera, quantam efficaciam habuerit salutatio Virginis Mariæ. Sensit imprimis hujus efficaciæ effectum sanctus Joannes : quapropter exsultavit in utero materno, transcenditque naturæ terminos. Vidit Joannes Jesum cum Maria, et non exspectavit tempus nascendi, sed ob vim et virtutem salutationis Marianæ saltibus loquitur, et cui clamare non permittebatur, per facta auditur. Etsi solem non videat, Solem tamen prædicat, rumpere gestiens ventrem matris, ut indicet adventum Salvatoris. Agnosce hic, o cliens Mariane! duplex ad salutem tuam documentum. Primo, quod ineffabilis fuerit in hoc mysterio omnipotentia, et liberalitas Salvatoris nostri, qui tam grandia fecit in Joanne nullis ejus præcedentibus meritis. Hic enim Rex regum in throno virginalis uteri sedens misericordiæ suæ oculis suum aspexit Præcursorem, quo solo aspectu, quidquid in eo erat culpæ dissipavit. Secundo, hæc specialia cœli dona conferre voluit Dei Filius mediante sanctissima Matre sua Maria, ut nimirum in nobis excitet fiduciam, vi cujus secure sperare possumus, quod ejusdem Matris intercessione a divina misericordia præveniamur et adjuvemur. Habeto ergo fiduciam quod et tui Deus misereatur, suamque omnipotentiam et liberalitatem in te ostendat, eruens te ab omnibus malis, et replens omnibus bonis ; ad quod facilius impetrandum sanctissimam Dei Matrem in auxilium voca. Dabit tibi Deus peccatorum veniam, Incarnationis suæ cognitionem et spiritualem in suo obsequio lætitiam.

PUNCTUM II. — *Et repleta est Spiritu sancto Elisabeth.* Considera, quod non tantum sanctus Joannes, dum exsultavit in utero materno, repletus sit sancto Spiritu, sed insuper mater ejus Elisabetha. Hæc, licet antea jam erat justa et sancta : *Erant enim justi ambo,* Zacharias et Elisabetha, *ante Deum incedentes in omnibus mandatis, et justificationibus Domini sine querela* (*Luc.* I, 6), facta est adhuc longe justior et sanctior, repleta est dono

prophetiæ, et cœpit in virtute Spiritus sancti revelare arcanam Verbi Incarnationem factam in beatissima Virgine, eique futura prædicere. O felix visitatio Matris Dei, quæ sublimia cœli munera attulit tam sancto Joanni quam etiam matri ejus Elisabethæ! Utilis profecto et efficax est salutatio, et precatio sanctorum, præcipue autem beatissimæ Virginis Mariæ, quæ unico salutationis verbo tam Joannem, quam et matrem ejus replevit Spiritu sancto ; beata enim Virgo erat plena igneo charitatis Spiritu, et ideo eumdem ex oculis, ore et vultu astantibus inspiravit. Quapropter, si forte ex officio tuo per conciones, exhortationes et admonitiones alios spirituales debes efficere, ipsemet te divino Spiritu replere necessum habes : *ex abundantia enim cordis os loquitur* (*Matth.* XII, 34), et stomachus illud, quo plenus est, eructat. Deus insuper, tanquam plenissimus et efficacissimus Spiritus, ad tam magna et spiritualia potenter operanda, nonnisi zelosos et spirituales solet adhibere ; uti sua beatissima Matre, tanquam plena spiritu, uti voluit ad manifestanda in Joanne et ejus parentibus altissima omnipotentiæ et liberalitatis suæ arcana.

PUNCTUM III. — Sicut Jesus Dei Filius per immensam benignitatem suam adhuc intra materna viscera clausus visitare dignatus est sanctum Joannem, et parentes ejus, ipsisque augmentum divinæ gratiæ suæ abundanter conferre, ita multoties per sacram communionem in modica panis formula cum divinitate et humanitate sua inclusus cor nostrum visitare dignatur; estque hæc mystica animarum visitatio nunquam sine gratiis et maximis cœli donis, dummodo cor nostrum a peccato lethali liberum offeramus divino Hospiti. Noli negligere, o anima! tam magnos ex tali cœlesti visitatione emanantes fructus spirituales, replebit te Filius Dei non minus, quam Joannem et parentes ejus, gratia sua divina. Nunc oportet te sedulo inquirere, qua mentis præparatione tam sanctam excipias visitationem Dei Filii. Deberet cor tuum esse cor Mariæ, ut Hospes divinus condignum reperiat reclinatorium, in quo absque displicentia requiescere, et velut in throno gratiæ cœlestes gratiarum thesauros liberalissime possit dispensare. Invoca ergo beatissimam Virginem, ut sicut ipsa gratia plenissima in virgineo utero suo gestavit Dei Filium, ita quoque apud eumdem impetret, ut ad tanti Hospitis visitationem, quæ in sanctissima communione tibi obtingit, gratia Spiritus sancti repleri merearis.

Exercitium speciale pro hac die sit fervens desiderium, ut Jesus et Maria per gratiam veniant in cor tuum, faciantque animam tuam subsilire in Deo. Quapropter frequenter ingeminra, præcipue dum imaginem Marianam pertransis. Nos cum Prole pia benedicat Virgo Maria.

In patronum elige sanctum Joannem ex ordine S. Benedicti, qui nullam præterivit imaginem Virginis Mariæ quam non salutavit, ob quam causam multis a Maria gratiis et beneficiis fuit locupletatus.

DIES QUARTUS.

PUNCTUM I.—*Exclamavit* (Elisabeth) *voce magna, et dixit : Benedicta tu inter mulieres, et benedictus fructus ventris tui. (Luc.* 1, 42.) Considerandum hic venit, quod mater Joannis a Spiritu sancto excitata statim in Dei ejusque Matris laudes proruperit, elataque voce quasi parturiens divina dixerit : *Benedicta tu in mulieribus, et benedictus fructus ventris tui.* Vere enim benedicta est Maria præ omnibus mulieribus, quia fortunatissima, quia electa in Dei Matrem. « *Benedicta tu in mulieribus*, verba sunt sancti Augustini serm. 18, *De sanctis*, quæ vitam et viris et mulieribus peperisti. Mater generis nostri pœnam intulit mundo, Genitrix Domini nostri salutem attulit mundo: auctrix peccati Eva, auctrix meriti Maria ; Eva occidendo obfuit, Maria vivificando profuit; illa percussit, ista sanavit. » Hoc igitur elogio prædicare voluit Matrem Dei Elisabetha, quod sit *benedicta* inter mulieres, et vel ideo benedicta, quia *benedictus fructus ventris tui ;* solus enim Christus erat præ omnibus benedictus, quia non erat filius naturalis Adæ, sed supernaturaliter conceptus est in Spiritu sancto. Ad exemplum ergo Elisabeth Mariam Dei Matrem benedicendo extolle. O Maria! tu sola omnium mulierum es singulariter benedicta, quia uti Virgo es, ita et Mater eris, et sicut sine libidine concepisti, sic et sine dolore paries unigenitum Dei Filium. Gratulare insuper beatæ Virgini ad hanc prærogativam, illamque enixe roga ut tibi a dilecto Filio suo impetret; ut etiam aliquando ab eodem benedici, et felicissimam illam vocationem, *Venite, benedicti (Matth.* xxv, 41), audire merearis.

PUNCTUM II. — *Unde mihi hoc, ut veniat Mater Domini mei ad me? (Luc.* 1, 43.) Duo in his verbis notanter veniunt expendenda. In primis hæc verba sunt summæ humilitatis et reverentiæ, « quibus non hoc sui meriti, sed muneris fatetur divini, » ait sanctus Ambrosius: suam proin respexit humilitatem Elisabeth, et exinde visitantis Virginis excellentiam admirans hæc verba protulit, moxque Dei magnalia gratitudinis affectu confessa apud ipsam beatam Virginem Mariam aperuit, dicens : *Ecce enim, ut facta est vox salutationis tuæ in auribus meis, exsultavit infans in utero meo. (Luc.* 1, 44.) Alterum in prioribus verbis expensione dignum est, quod hoc ipso Visitationis tempore excellentissimum beatæ Virginis nomen fuerit promulgatum, quod sit *Mater Dei.* Utrumque documentum applica ad fructum tuum spiritualem, o cliens Mariane! Unum respicit Dei Filium, alterum Matrem ejus sanctissimam Mariam. Humiliavit se Elisabeth, dum eamdem visitabat Maria : ita quoque te humilia, dum te Filius æterni Patris interius per sanctam communionem visitare dignatur. Excita tali tempore visitationis actus humilitatis et reverentiæ, et respiciens tuam vilitatem, ipsius

vero Dei bonitatem stupore plenus exclama : *Unde hoc mihi, ut veniat Dominus meus ad me?* Ad me vile mancipium, ad me adeo ingratum et miserum peccatorem, ad me venit Dominus meus, Dominus infinitæ Majestatis, ut me visitet, ut pauperem domum ingrediatur, unde mihi tantus Dei favor, num ex meritis, aut obsequiis meis? num ex mera industria? Per hos et similes actus humilitatis, et reverentiæ cum divino Hospite conversari poteris tempore visitationis Eucharistiæ. Secundo, gratulare beatissimæ Virgini de insigni nominis prærogativa; saluta quoque illam ut Matrem tuam, et ita vitam institue, ut nunquam filius degener tam sanctæ Matris efficiaris.

PUNCTUM III. — Considera, quod visitatio beatissimæ Virginis, ac Dei Genitricis Mariæ præter alias, quas supra adduxi, qualitates etiam hoc speciale habuerit, quod non nisi pía et sancta colloquia in illa fuerint instituta. Elisabetha enim deprædicando Dei laudes et beatissimæ Virginis per allata verba : *Benedicta tu in mulieribus, et benedictus fructus ventris tui*, nobis omnibus reliquit exemplum, nostras visitationes et conversationes debere esse immunes a vanis et inutilibus colloquiis; sanctæ enim et perfectionis studiosæ animæ singulariter delectantur, si audiant sermones de suo Dilecto et amabilissima Matre, a quibus se tot donis et cœlestibus gratiis sciunt locupletari.

Praxis specialis in eo consistit, ut hodie non tantum beatissimæ Virgini ad titulum divinæ maternitatis gratuleris, sed illam quoque ut Matrem tuam eligas dicendo, et suspirando : *Monstra te esse Matrem.* Similiter etiam sæpius in conversationibus loquere de laudibus et excellentiis Mariæ.

In patronum elige beatum Bernardinum Senensem, qui in conversationibus ob insignem suam pietatem et verecundiam tantæ fuit æstimationis, ut ejus sodales in ipsius præsentia nullum verbum minus honestum ausi fuissent proferre, sed potius ad ipsius adventum ad pia colloquia se invicem adhortabantur (Ribadeneira, in Vita, ad 19 Maii).

DIES QUINTUS.

PUNCTUM I. — *Beata, quæ credidisti, quoniam perficientur ea in te, quæ dicta sunt tibi a Domino. (Luc.* 1, 44.) Considera, quod his verbis sancta Elisabeth beatissimam Virginem *in fide*, et proposito suo confirmarit, et insuper insigne donum prophetiæ quod acceperat a Spiritu sancto, patefecerit. Agnovit enim, quæcunque beatissimam Virginem concernebant; agnovit præterita, quæ illi angelus fuerat locutus; agnovit præsentia, quod sit Mater Dei, et Verbum pro salute hominum incarnatum portet in utero suo virgineo; agnovit futura, quæ erant implenda, et ab angelo prædicta sunt : *Paries Filium, et vocabis nomen ejus Jesum; hic erit magnus, et Filius Altissimi vocabitur, et dabit illi Dominus Deus sedem David patris ejus (Luc.* 1, 36). Cognovit ergo Elisabetha per Spiritum sanctum, beatissimam

Virginem credidisse angelo nuntianti Conceptionem et Nativitatem ; et ideo fidem Mariæ deprædicat, eamdemque adhuc magis confortat et roborat. Ex quo discere licet, quod in more habeat Spiritus sanctus justis animabus, in quibus habitat, inspirare, ut ipsius donis in proximorum utilitatem utantur, eos tum in fide, tum in charitate, quæ Deo debetur, confirmando. Examina te, o cliens Mariane! qualiter applices tua a Deo collata talenta et insignia dona Spiritus sancti. Forte vocatus es a Deo ut tua talenta adhibeas ad lucrandas animas, ut vacillantes in fide confortes, pusillanimes in spem et fiduciam erigas, debiles in charitate tuis admonitionibus et bonis exemplis accendas. Tu vero talenta abscondis in terram, quæ gravissima negligentia coram divino Judice magnam de te postulabit rationem, vel adhibes illa ad usus profanos et inutiles, qui Dei gloriam non concernunt. Stude ergo pro viribus imitari Elisabetham, eamdemque rogare non desine, ut ab ipso Domino gratiam ad id præstandum tibi velit impetrare.

PUNCTUM II. — *Beata, quæ credidisti.* (*Luc.* 1, 45.) Beatam deprædicavit Elisabetha Mariam Virginem. Vere enim beata est Maria non tantum ob fidei suæ excellentiam, ob quam a sanctis Patribus vocatur Magistra fidei, Mater credentium, Mater agnitionis, sed insuper jam tunc tempore visitationis suæ beata fuit Maria in re, quia, quem cœli non capiunt, in ejus se clausit viscera factus homo. Beata fuit Maria in spe, quia paritura erat mundi Redemptorem, qui omnes in eum credentes beatos in cœlo efficiet. Beata fuit Maria apud Deum et homines, et beata erit per omnem sæculorum æternitatem ; est enim omnium hominum et angelorum beatissima et felicissima. O vere beata Dei Mater Maria! fac me tuæ beatissimæ felicitatis participem, et impetra mihi a Filio tuo dilectissimo, qui te Matrem suam sanctissimam in tam sublimi beatitudinis gradu collocavit, ut æternæ quoque beatitudinis præmia merear, nec unquam a Jesu et Maria separari valeam in perpetuas æternitates.

PUNCTUM III. — *Perficientur omnia in te, quæ dicta sunt tibi a Domino.* (*Luc.* 1, 45.) Speciosa prærogativa hic obtigit Mariæ a sancta Elisabeth revelata ; quæ enim major felicitas, quæ major beatitudo, aut quæ sors beatior potuisset obtingere Mariæ Virgini, quam parere omnium Parentem, qui Matrem et omnes credentes reddidit beatos, totique humanæ genti attulit salutem? Moraliter hic discere potes, cliens Mariane! quod Deus nos omnes beatos velit habere per Matrem suam ; nemo enim beatitudinis fit particeps, nisi mediante Virgine beatissima, et Deiparente Maria. Commenda ergo salutis tuæ negotium beatæ Virgini, quæ sicuti ipsa præ omnibus est beatissima, ita quoque omnes filios suos humiliter ad se confugientes non deserere, sed per præpotens suum patrocinium post

hoc mortalis vitæ exsilium ad gaudia Paradisi perducere solet.

Pro speciali hujus diei exercitio beatissimam Virginem titulo *Virginis beatissimæ* frequenter, et devote saluta, tuæque beatitudinis negotium illi ferventer commenda.

Patrona sit beata virgo Maria OEgniacensis, quæ ad nomen Mariæ sæpius flectebat genua, quod illa quandoque una die millies præstitit. (Jacobus Vitriacus ordinis S. Dominici, in Vita.)

DIES SEXTUS.

PUNCTUM I. — *Ait Maria : Magnificat anima mea Dominum.* (*Luc.* 1, 46.) Postquam sancta Elisabeth laudes Mariæ adeo magnifice celebravit, humillima Virgo, ac Dei Mater Maria nihil sibi tribuens, sed, quod vere congenitum est humilitati, omnem laudem et gloriam in fontem originalem Deum suum refundere voluit, et admirabile canticum luscinia hæc virginea suavissime decantare incepit : *Magnificat anima mea Dominum* ; dicere volens : Tu me magnificas, Elisabeth, tanquam Matrem Domini, dum magnalia Dei mihi collata celebras, sed potius Dominum magnificat, laudat, extollit et benedicit anima mea. Tu me, Elisabeth, magnificis titulis exornas, sed ego celebro Deum, qui me magnam fecit, dum magnum mihi dedit Filium, scilicet Deum, ipsum, ac tam magnum Incarnationis Verbi mysterium in me operari dignatus est. « Magna præconia, ait mellifluus Bernardus, serm. *in Apoc.* cap. XII, sed et devota humilitas nil sibi passa retinere, in eum magis universa refudit, cujus in se beneficia laudabuntur. Tu, inquit, magnificas Matrem Domini, sed *magnificat anima mea Dominum*, etc. » Insigne profecto humilitatis exemplum! Plurima hic discere potes, cliens Mariane! Imprimis observa quod, licet beatissima Virgo multa de propriis laudibus audivisset, non tamen responsum in laudantem direxit, uti tamen vulgaris hominum mos est, qui gratitudinis intuitu eos vicissim laudare student, a quibus suas laudes audierunt, sed omnia verba retorquebat Maria ad Deum et Dominum nostrum, ut nos doceret qua ratione et quomodo nos gerere debeamus cum illis qui nos aut nostra opera solent extollere et laudibus celebrare. Optimum enim nobisque securissimum est sermonem ad alia convertere, et loqui de Deo, a quo omnia illa, ob quæ laudamur, proveniunt. Secundo, expendendum tibi est, quod, licet beatissima Virgo tam cum angelis, quam cum hominibus loqueretur parcissime, liberiorem tamen se cum Deo, et de ipsius magnalibus loquentem ostendit, dum ob amoris excessum tam amabile carmen Dei affectibus plenissimum ore suo protulit.

PUNCTUM II. — *Magnificat anima mea Dominum.* Considera, quod beatissima Virgo non tantum sola lingua, sed tota anima sua magnificare voluerit Deum ; voluit enim dicere, ut pientissime scribit in hunc locum Cornelius a Lapide : « Ipsa anima mea, tota quanta est, magnificat Deum, ego ex intimis animæ meæ penetralibus, sinibus et sensibus, totis mentis meæ facultatibus laudo et glorifico Deum, omnes meæ vires in ejus laudem expromo et exhaurio : ut intellectus meus nonnisi ipsum consideret; voluntas nullum nisi ipsum amet et celebret; memoria nil nisi ipsum cogitet; os meum nil nisi ipsum loquatur et prædicet; manus mea nonnisi ea quæ ad cultum ejus spectant, operetur; pedes mei nonnisi ad ea quæ ad gloriam ejus pertinent, progrediantur et procedant. Ita nempe perfecte ex anima sua magnificare voluit Dominum suum : primo Deum Patrem, qui illam evehere dignatus est ad generationis suæ consortium, ut ejusdem Filii sit Mater, cujus ipse est Pater et quem ipse genuit ut Deum, ipsa generavit ut hominem. Secundo, magnificavit Dei Filium, qui ex suo sanguine carnem assumere, ipsiusque Filius fieri dignatus est. Tertio, magnificabat Deum Spiritum sanctum, qui eamdem sua sanctitate replevit, et tantum Incarnationis Verbi mysterium in illa sola operari elegit. Utinam, o cliens Mariane! ita magnificare possit anima tua Deum! Dic saltem ad cumdem toto, quo potes, mentis affectu : O Deus Majestatis infinitæ! parum te possum magnificare, parum tuas laudes deprædicare, sed quo possum modo, laudo et exalto te, humiliter confidens te majorem esse omni laude, supra quam vel dicere, vel sentire possim. Similiter suspira ad Dei Matrem Mariam : O Virgo excellentissima! cujus semper anima Dominum magnificabat, impetra mihi, quæso, ut anima mea idem faciens semper se in divinis laudibus decantandis occupet !

PUNCTUM III. — Quamvis quidem Deum debito modo magnificare non valeas, uti tamen benignissimus Dominus nos homines excellentibus modis magnificat, et magnos efficit, dum magnis opibus, honoribus, gratiis et donis nos cumulat et extollit : nihilominus tamen nonnulli tibi suppetunt modi, quibus Deum magnificare, et magnum prædicare potes. « Deus, inquit Origenes, magnificatur, quando ejus imago grandis efficitur, cum scilicet anima ad Dei imaginem facta magnis humilitatis, charitatis, gratiæ, cæterarumque virtutum operibus, incrementis et meritis augetur. » Sanctus Basilius, in verba Psal. xxxiii, 4 : *Magnificate Dominum mecum*, ita salutarem præscribit doctrinam: « Magnificat Deum ille, qui magno mentis proposito, celsoque animo et erecto pro pietate, tentationes tolerat. » Sanctus Augustinus, serm. 2 *De Assumpt.*, asserit : « Quæcunque anima sancta Verbum concipere potest credendo, parere prædicando, magnificare amando, ut dicat : *Magnificat anima mea Dominum.* » Sufficientem hic habes considerandi materiam, cliens Mariane! examina actiones tuas, an tendant ad Deum laudandum et magnificandum super omnia ?

Hodie in honorem et venerationem novem mensium, quibus Christus infans in utero Virgineo delituit, novies canticum *Magnificat* devote recita. Ita fecit, ut testatur Virgilius Ceparius, in Vita, Berchmannus Soc. Jesu, qui propterea magnas a Matre Dei expertus est gratias.

In patronos eligantur dicti SS. Patres et Ecclesiæ doctores, Basilius et Augustinus, qui nobis Deum magnificandi' modum præscribunt.

DIES SEPTIMUS,

PUNCTUM I. — *Et exsultavit spiritus meus in Deo salutari meo.* (*Luc.* i, 47.) Considera, qualiter beatissima Virgo Maria gaudium suum collocarit in illo quem diligebat anima ejus. Non enim in corporeis rebus, sed spiritualibus gavisa est Mater Dei ; lætabatur non tam in donis ipsi collatis, quam in ipso largitore Deo. Causa hujus lætitiæ, et exsultationis Marianæ non erat alia, quam quod gestaret in corde suo delicias æternas, fasciculum rosarum, et lilii olentem. Ob hanc felicem sarcinam spiritus, et omnia exsultabant in Maria, omnesque sensus mirum in modum erant superfusi integro divinæ consolationis profluvio. O felix lætitia, et spiritus exsultatio, quæ in tam sancta fundata est origine ! O anima! si saperes, et intelligeres, quam pura gaudia tibi tribuat ille, Qui desideria et petitiones cordis tui implebit (*Psal.* xxxvi, 4); Qui facit, ut gaudium tuum sit plenum, et nemo illud tollat a te (*Joan.* xvi, 22), donec intres in gaudium Domini tui (*Matth.* xxv, 21) ! Nonne frequenter expertus es, cliens Mariane! mundana gaudia relinquere aculeum, et remorsu affligere conscientiam? Aliter afficiunt corpus et animam gaudia spiritus, ob quæ multæ sanctissimæ animæ assumebant pennas, sicut aquilæ volantes. Utinam taliter exsultaret cor et caro tua in Deum vivum, experientia disceres quam dulcis et suavis sit Dominus! Sed sero cognovisti, et dulcissimum dulcorem hunc gustasti, ollis Ægypti, aliisque cepis carnis distentus. Desere ergo sensus et sensibilia, ut illi jungaris, qui est super omnia. Nempe Spiritu sancto exsultandum est cum Jesu ; beatus enim ille, qui gaudens in Deo contemnit visibilia, et cujus spiritus cum Maria Virgine exsultat in Deo salutari.

PUNCTUM II. — *Quia respexit humilitatem ancillæ suæ : ecce enim ex hoc beatam me dicent omnes generationes.* (*Luc.* i, 48.) Considera, quod beata Virgo per hæc verba causam afferre voluerit, cur exsultarit spiritus ejus in Deo salutari suo. Ideo nimirum lætabatur, eo quod benignus Dominus, qui *humilia respicit, et alta a longe cognoscit* (*Psal.* cxxxvii, 6), misericordiæ suæ oculis respexerit, et approbarit humilitatem, seu vilitatem Virginis Mariæ. « Hæc gratia exsultationis suæ, ait sanctus Augustinus super *Magnificat* : *Quia respexit humilitatem ancillæ suæ.* » Voluit namque Maria dicere : Ego magnifico Deum, et in illo exsulto, quia, cum sit ipse maximus summusque omnium Dominus, me feminarum, imo

41

creaturarum omnium minimam, vilissimam, pauperrimam et abjectissimam oculis benignitatis suæ respicere, et in Matrem eligere dignatus est; et ob hanc gratiam mihi collatam, pergit ulterius Maria : *Beatam me dicent omnes generationes.* «Quasi diceret, ait hic sanctus Augustinus apud Cornel. : «Tu, o Elisabeth ! de me dicis : *Beata, quæ credidisti ;* sed ego dico : *Ex nunc,* quo concepi Dei Filium, *beatam me dicent omnes generationes,*» omnes nempe ætates, omnia sæcula, omnes fideles futuri. Bina hic cape documenta moralia, o cliens Mariane ! Primo, insigne humilitatis specimen, quod dedit Maria Virgo. Nam sicut agnovit se esse electam in Dei Matrem, ita pariter agnovit se per humilitatem ad tantam dignitatem fuisse dispositam, et congrue ornatam ; humilis enim suam vilitatem, miseriam, paupertatem, imo suum nihilum agnoscit, ac totum quod est et habet, ascribit Deo, dicens cum Psalte Regio, Psal. cxiii, 1 : *Non nobis, Domine, non nobis, sed nomini tuo da gloriam.* Verum cave hic lapidem offensionis. «Multi enim, ait sanctus Augustinus, *De Assumpt.,* multi enim videntur in conspectu hominum humiles esse, sed eorum humilitas a Domino non respicitur ; si enim veraciter humiles essent, deinde ab hominibus non se laudari vellent; non in hoc mundo, sed in Deo eorum spiritus exsultaret.» Non ergo nimium fide humilitati tuæ, de qua tibi forte blandiris. Ulterius beatam prædica illam, quæ per allata verba de se ipsa prophetavit omnibus sæculis celebrandam esse et invocandam, cujus prophetiæ veritas ex eventu clara est, cum videamus beatissimam Virginem Mariam ab omnibus nationibus et sæculis tot votis, tot supplicationibus, et sacellis, totque religionibus coli ac celebrari. Alloquere ergo Mariam illis elegantissimis verbis, quæ Joan. Gerson in tr. iv, notula 1, sup. *Magnificat,* tibi subministrat; ait enim : « Dignare nos laudare te, Virgo sancta, o ter quaterque beata! Beata, quæ credidisti ; beata, quia gratia plena secundum Gabrielis salutationem ; beata et benedicta, quia benedictus fructus ventris tui ; beata, quia fecit tibi magna, qui potens est ; beata, quia Mater Domini ; beata, quia fecundata cum virginitatis honore ; beata, quia nec primam similem visa es, nec habere sequentem. »

PUNCTUM III. — *Quia fecit mihi magna, qui potens es , et sanctum nomen ejus.* Prosequitur Maria Virgo recensere magnalia quibus ab illo, qui potens est, fuit magnificata; estque credibile in hoc momento revocasse in memoriam omnia mirabilia, quæ Deus in Maria a puncto conceptionis suæ fuit operatus. Hujusmodi magna beneficia numero duodecim recenset Hugo cardin. « Primum, inquit, fuit in utero matris sanctificatio ; secundum, angeli salutatio ; tertium, gratiæ plenitudo ; quartum, Filii conceptio ; quintum, fecunda virginitas ; sextum, virginalis fecunditas ; septimum, honorata humilitas; octavum, obedientiæ promptitudo, nonum, filialis devotio; decimum, prudens vere-

cundia; undecimum, verecunda prudentia; duodecimum, dominium cœli.» Has ergo admirandas gratias deprædicavit Maria sibi ab omnipotenti Deo suo fuisse collatas, volens hæc omnia referri in Deum, ut suum Auctorem, qui nominatissimam suam tum potentiam, tum sanctitatem, pietatem et misericordiam ita in illa ostendit, ut non tam ipsa quam ipse omnibus sæculis· laudari ac prædicari mereatur. Disce hic gratias tuas et talenta tam naturalia quam supernaturalia a nemine alio quam a Deo provenire ; hunc lauda, hunc deprædica, ut laudetur Dominus Deus omnipotens, qui erat, qui est, et qui venturus est.

Pro particulari pietatis exercitio lauda Deum, eumdemque specialiter magnifica, quod adeo mirabilis ac omnipotens fuerit in conferendis gratiis et donis beatissimæ Virgini, præcipue, quod illam ut Matrem suam elegerit ; nam incarnatione Verbi nil præstantius facere potuisset Deus, quia Deo ipso nihil potest esse majus et melius, ob quem finem singulariter gaudere debet spiritus tuus in Deo salutari.

Patroni eligantur SS. apostoli principes, Petrus et Paulus, quorum hodie festivitatem annuam colit sancta Mater Ecclesia.

DIES OCTAVUS.

PUNCTUM I. — *Et misericordia ejus a progenie in progenies timentibus eum.* (*Luc.* i, 50.) Considera quomodo beatissima Virgo magnificet divinam misericordiam non tantum liberalissime in se effusam, sed et in omnes justos et fideles Deum timentes abundanter effundendam ; sancti namque Dei homines ita confidunt in Dei misericordia, ut licet ab eadem magna acceperint dona, majora adhuc exspectare soleant : dicentes cum Apostolo (*II Cor.* i, 10) : *Qui de tantis periculis nos eripuit, et eruit, in quem speramus, quoniam et adhuc eripiet.* Hoc ipsum præstitit Deiparens Virgo. Sciebat equidem magnas gratias per Dei misericordiam illi fuisse præstitas, ob quam causam de divina misericordia exsultat ; quia vero Mater Dei firmiter credidit Solem divinæ misericordiæ non tantum sibi, sed et aliis illucescere, quod se ad multos alios per omnia sæcula extendat, protinus addidit : *Misericordia ejus a progenie in progenies timentibus eum,* continuanda nimirum, infinita et sempiterna. Speras et tu, cliens Mariane! misericordiam Dei tibi unice necessariam, esto timens Deum, esto obediens Dei mandatis, semper dilige, et filiali timore prosequere quem semper dilexit et timuit Virgo Maria, cui semper in omnibus studiose obtemperavit humilis ancilla.

PUNCTUM II. — *Fecit potentiam in brachio suo, dispersit superbos mente cordis sui.* (*Luc.* i, 51.) Postquam beata Virgo Deum ob beneficia sibi soli collata magnificaverat, communia omnibus fidelibus præstita jam in priori versu recensere conata est per admirabile canticum suum, et per verba re-

ata eadem prosecuta est, dicens : *Fecit potentiam
n brachio suo, dispersit superbos mente cordis sui.*
'rius extollebat et laudabat Dei Mater clementiam
t misericordiam in fideles se timentes, nunc ex
dverso laudat ejusdem severitatem, et justitiam
in impios ipsum contemnentes. Quasi diceret,[1] ut
interpretes exponunt : Deus potenti sua fortitudine ab omni ævo multa operatus est, hostes suos
prosternendo et subjugando ; principaliter autem
idem Deus potenter in me incarnari fecit Christum
per quem potenter debellavit Luciferum, infernum,
mortem, peccatum, omnesque impios, et ob eamdem causam dispersit superbos, eosque severissime
semper castigavit, dissipans illorum machinas, et
cordis cogitationes. Recolebat hic beata Virgo quo
pacto Deus superbissimi Luciferi machinamenta
illa dissolverit, quæ sine fundamento contra Deum
suum in corde suo fabricaverat ; revolvebat Maria,
quomodo illorum conatus repressit, qui, Gen. xi,
turrim Babylonicam stulte cœperunt ædificare ; cogitabat insuper Dei Mater magna illa supplicia
Pharaoni , Nabuchodonosori , aliisque superbis
illata, propter quæ omnia Deum magnificavit. Similem sortieris vindictam, cliens Mariane ! nisi
superbas tuas, quas mente foves, cogitationes illico
represseris : *Superbis enim Deus resistit, et humilibus dat gratiam. (Prov. iii, 34 ; Jac. iv, 6.)*

PUNCTUM III. — *Deposuit potentes de sede, et exaltavit humiles.* Expende ulteriores causas, quibus
Mater Dei potentiam Dei exaltavit; Deus enim
ostendit potentiam suam, dum e thronis suis potentes deturbavit, regna et dignitates abstulit ,
in quorum locum abjectos, et humiles elevare
solet, et' exaltare : cujus rei veritatem Jobus testatur, dicens cap. v, vers.11-13 : *Qui ponit humiles
in sublime, et mœrentes erigit sospitate ; qui dissipat
cogitationes malignorum, ne possint implere manus
eorum , quod cœperant ; qui apprehendit sapientes
in astutia eorum, et consilium pravorum dissipat.*
Sicut autem potentes deponit Deus, sic humiles et
pauperes elevat et exaltat, ut indicat coronatus
Propheta, Psal. cxii, 7, dicens : *Suscitans a terra
inopem, et de stercore erigens pauperem, ut sedeat
cum principibus, cum principibus populi sui.* Quod
ipsum de Domino Anna, I Reg. ii, 7, 8, depræedi-
cat. Ait enim : *Dominus pauperem facit, humiliat,
et sublevat, suscitat de pulvere egenum et de stercore elevat pauperem, ut sedeat cum principibus,
et solium gloriæ teneat.* Vis ergo tu exaltari a Deo ?
humilitatem cole præ aliis virtutibus : *Excelsus*
enim *Dominus humilia respicit. (Psal. cxii, 6.)* Et
æterna Veritas ait : *Qui se exaltat, humiliabitur, et
qui se humiliat, exaltabitur. (Luc. xviii, 14.)* « Est
insuper humilitas, ut sanctus Basilius ait in *Constit. monast.* cap. 17, tutissimus virtutum omnium
thesaurus, radix et fundamentum.» Virtutem hanc
exercendi occasionem superabunde subministrant
peccata tua, ob quæ continuo te humiliare, et infra omnium pedes te deprimere oporteret; nescis

enim, an gratia, an ira dignus sis, quæ ignorantia
perpetuo tibi potest esse incitamento, ut semper
humiliter de te sentias, nihilumque tuum contri.
to pectore agnoscas. Humilitas proin et abjecta
tui ipsius æstimatio adeo tibi necessaria est, ut
sine illa tanquam basi et fundamento super arenam ædifices structuram tuam asceticam. Humilia
ergo te, libenter gaude et lætare, si ab aliis de-
spiciaris et vilipendaris; si alii extollantur, tu
vero tanquam inutilis et indignus judiceris, eris
per juge humilitatis exercitium genuinus humilis
ancillæ filius, quæ ob suam humilitatem super omnes angelorum choros meruit exaltari.

Praxis specialis in eo consistit ut coram Deo in
spiritu humilitatis et animo contrito te minimam et indignissimam creaturam profitearis, quæ
dudum jam ob peccata sua a Deo derelinqui me.
ruisset. In hunc finem invoca beatissimam Virginem in virtute humilitatis adeo excellentem,
ut nonnisi illum, quem virtute genuit, humilitate
sua e cœlis ad terram pertraxerit pro salute nostra
incarnandum.

In patronum elige sanctum ,Bernardum, qui in
mellifluis scriptis suis specialem beatissimæ Virgini præerogativam attribuit, ejusdem humilitatem
deprædicando, dum dicit, hom. 1 super *Missus :*
« Si placuit ex virginitate, ex humilitate tamen
concepit. »

DIES NONUS.

PUNCTUM I. — *Esurientes replevit bonis, et divites
dimisit inanes. (Luc. i, 53.)* Novam rursus Deum
laudandi causam adinvenit Maria Virgo, quod optimus Deus esurientes et pauperes, qui se tales
esse fatentes esuriunt et sitiunt justitiam, bonis
impleat spiritualibus, explens eorum desideria ; ita
enim divina misericordia esurientem et sitientem
justitiam pavit Verbo incarnato, ac eodem omnes
fideles pascit in sanctissima Eucharistia, magisque pascet in cœlo. A contrario autem divites,
qui se abundare existimant et nullius indigere,
dimittit inanes, juxta illud effatum Regii Psaltis :
*Divites eguerunt et esurierunt ; inquirentes autem
Dominum non deficient omni bono. (Psal. xxxiii, 11.)*
O cliens Mariane ! magnifica cum Matre Dei divinam misericordiam ; exsulta in Deo salutari, qui
te coronat in misericordia et miserationibus, qui replet in bonis desiderium tuum. (Psal. cii, 4, 5.) Glo-
riare, et gratulare tibi, si sis pauper et abjectus,
esuriens et egenus ; pius Dominus enim te satiabit
bonis divinæ gratiæ suæ. Cave autem, ne superbe
in divitiis glorieris, deficies in singulis, spoliaberis
Dei gratia, esuries et sities, cum divite epulone se-
peliendus in inferno : *Divites* enim *eguerunt et esurierunt.*

PUNCTUM II. — *Suscepit Israel puerum suum,
recordatus misericordiæ suæ. (Luc. i, 54.)* Deprædi
cat in hoc versu beatissima Virgo divinam providentiam et sollicitudinem, quam habet Deus de
illis quos semel in domesticos et filios suscepit,

occurrens ipsemet ad eos adjuvandos ; et quamvis subinde oblivisci videatur, nunquam tamen dese- rit. Quod Deus manifeste ostendit, dum populum Israeliticum, quem quasi puerum, sive filium tenere dilexit, jam quasi collapsum manu iterum appre- hendit et restituit, omnique benevolentiæ et bene- ficentiæ genere prosecutus est. Maxime autem in- dicare vult beatissima Virgo, hoc factum fuisse, dum Deus Israeli misit Messiam promissum, qui ex illa carnem suscipere dignatus est. Dum ergo eodem tempore pontifices et sacerdotes suis lucris et commodis intenti populi salutem negligerent, divina Providentia opportune misit Christum ut ex iis omnibus suum Israelem, id est, omnes fideles tam ex Judæis quam ex gentibus, ad se conversos eriperet. « Suscepit Israel, loquitur sanctus Au- gustinus, non, quem invenit Israel, sed, ut faceret, Israel suscepit, sicut medicus ægrotum, ut sanaret infirmum et redimeret captivum, ut justificaret impium, et salvaret justum. » Suscepit autem Deus, pergit Mater Dei, *recordatus misericordiæ suæ*, indi- cans causam, quæ non erat alia quam totius humani generis morti et inferno propter peccata sua addicti miseria et calamitas, cujus intuitu misericors Deus misit Christum, ut misericors a periculo gehennæ liberaret et cœlo restitueret. « Causa reparationis nostræ, ait sanctus Leo, serm. 1 *De Jejunio dec. mens.*, non est nisi misericordia Dei. » Adora, o cliens Mariane ! divinam Providentiam, quæ nos omnes ad inferni flammas destinandos tam cle- menter eripuit, mittendo nobis per Mariam pro- missum Messiam. Admirare Dei misericordiam, quæ benigne semper solet succurrere opportuno adhuc tempore, dum maxime indiget humana mi- seria. Forte gravis adeo peccator es, ut desperatio- nis barathro sis proximus. Confide in Dei miseri- cordia, suscipiet te filialiter confugientem, et pecca'a deplorantem ; sicut *suscepit Israel puerum suum, recordatus misericordiæ suæ*.

Punctum III. — *Sicut locutus est ad patres no- stros, Abraham et semini ejus in sæcula.*(*Luc.* 1, 55.) Nondum finem imposuit divina Mater deprædi- candi Dei magnalia ; extollit enim adhuc veritatem, et fidelitatem in promissis, quæ facta est patribus nostris. In quibus verbis Maria Virgo insinuare voluit quod Incarnatio Christi non sit res fortuita, sed ab æterno a Deo ad salutem Israelis totiusque mundi magno consilio provisa et decreta, et in tempore ab origine mundi patriarchis omnibus promissa. Unde Deus recordabatur etiam *Abraham et semini ejus in sæcula*. Et ideo quidem Abrahæ recordatus est ; quia hic fide excelluit et ab ipso Deo Pater credentium nuncupatus est, in quo omnes gentes et fideles forent benedicendæ. His proin encomiis in suo cantico magnificabat Deum Virgo Maria, ipsius incarnati Verbi, quod visceribus suis clausum portabat, inspiratione excitata ; quia vero tu, o Mariane cliens ! condigne divinam lau- dem præstare nescis, ipsum Verbum incarnatum

ferventer ora, velit te, ut Matrem suam docuit, instruere. Beatam autem Deiparentem rogare non desine, ut intercessione sua apud Filium suum dilectum salutis tuæ negotium impense commen- dare dignetur, ut et tui recordetur in tempore, et æternitate.

Punctum ultimum. — *Mansit autem Maria quasi tribus mensibus, et reversa est in domum suam.* Postquam beata Virgo in amabili Cantico suo ma- xima tam sibi, quam toti humano generi exhi bita Dei beneficia deprædicavit, mansit adhuc tribus mensibus, et inserviebat Elisabethæ co- gnatæ suæ partui vicinæ, eamque suis sanctis elo- quiis et obsequiis recreabat et sanctificabat, non minus, ac Joannem in matris clausula contentum ; ut enim docet Origenes hic hom. 9 : « Tam Joannes quam Elisabetha ex præsentia Virginis mire in sanctitate profecerunt. » Si enim olim Deus ob commorantem in domo Obededom arcam Testa- menti ipsi, totique ejus domui benedixit, ac bonis multis ita replevit, ut coronatus Propheta sancta quadam æmulatione, ut benedictionem a Deo acci- peret, dixerit : *Ibo, et reducam arcam cum benedictione in domum meam* (*II Reg.* vi, 12) : quanto magis credendum est, tam diuturnam divinæ hujus Testa- menti novi Arcæ, in qua ipse Christus contineba- tur, in domo Elisabethæ mansionem mille eam benedictionibus replevisse ? Exopta ergo et conare omni mentis conatu, ut et in anima tua non tantum per tres menses, sed per totam vitam tuam excelsæ hujus Virginis devotio permaneat, quo cœlesti be- nedictione repleri valeas. Considera ulterius, quali- ter Maria Virgo sanctissima conversatione sua, raræque modestiæ, humilitatis et charitatis exem- plo præluxerit ; si enim in ejusmodi visitationis adventu tanta fecit mirabilia, quanto magis opor- tet credere eadem trium mensium spatio auxisse, præcipue in sancta Elisabetha, sæpius cum ea de his mysteriis conferendo ? Disce hic a Maria mo- dum in conversatione humana. Translucebat in Maria humilis amabilitas, omnia verba tendebant ad Dei honorem et gloriam et ad proximi instru- ctionem. Fac et tu similiter, et nunquam aliquid facito, nisi quod sapiat humilitatem et Marianam modestiam.

Hodie in Marianæ hujus Visitationis pervigilio in conversatione tua ita mores institue, ut nihil agas aut loquaris, nisi quod ageret aut loquere- tur beata Virgo Maria, et quidem eo modo humili, et amabili, verecundo et perfecto, ut, sicut Maria in domo Elisabethæ omnibus fuit ædificationi, ita et tu sis omnibus vivum speculum Marianæ mo- destiæ et conversationis.

Pro patronis elige SS. Zachariam et Elisabe- tham, quæ felices personæ a beata Virgine Maria visitando tot dona cœlestia et supernaturales gra- tias acceperunt.

FESTA DIES VIRGINEÆ VISITATIONIS.

CONSIDERATIO QUÆ EST QUASI SYNOPSIS PRIORUM.

THEMA. — *Exsurgens Maria abiit in montana cum festinatione in civitatem Juda, et intravit in domum Zachariæ et salutavit Elisabeth.* (*Luc.* 1, 39.)

CONSIDERA I, — Quod beatissima Mater Dei per hodiernam Visitationem suam, qua abiit in montana ad Elisabeth, pulcherrimum tibi omnis pietatis exemplum subministret ; vult te nimirum per hoc laboriosum iter suum instruere, qualiter adjuvari debeat proximus, si solatio et consolatione indigeat, ita quidem, ut ex hac causa Deus etiam propter proximum suo modo sit relinquendus. Erat quidem Maria tunc temporis, utpote ter benedicto ventris sui fructu jam gravida, in consummatæ felicitatis statu constituta ; abiit tamen foras, non ut majores sibi extra Deum quæreret delicias, sed ut præstantissimas obedientiæ erga Deum et charitatis erga proximum palmas meteret. Erat insuper cor Mariæ divini amoris flamma succensum ; quia tamen præceptum charitatis Dei connexum est cum præcepto charitatis proximi, hujus quoque erga proximum amoris testimonium exhibitura abiit hodie cum festinatione in montana ad cognatam suam Elisabeth partui vicinam, ut illam in partu adjuvet et solatio spirituali abundanter reficiat. Perpendis, Mariane cliens ! perfectissimam dilectionem erga proximum ; noli gloriari, quod Matris hujus sis filius, nisi pro viribus hanc tibi summe necessariam virtutem æmulari studeas. Vis tu amare Deum, ama et proximum : ille non amatur, si iste despicitur. Etiamsi ergo in amica religiosæ quietis solitudine solus cum Deo præ gaudio difflueres, proximo tamen tuo succurrere non neglige, visita, salva tamen obedientia, infirmos, consolare afflictos et angustiatos, erige pusillanimes, rudes instrue et cum promptitudine, cum festinatione in singulis necessitatibus singulos, si potes, adjuva. Sic faciendo amabis Deum perfecte modo Mariano.

CONSIDERA II, — Quod in hodierna Visitatione, quando Maria intravit in domum Zachariæ et salutavit Elisabeth, varia contigerint miracula ; ut enim audivit salutationem Mariæ Elisabeth, exsultavit infans in utero, Elisabeth vero repleta est Spiritu sancto. Hos Deus voluit sanctificare in adventu ter benedictæ Matris suæ ; quia omnia nos habere vult per Mariam. O felix Mariæ adventus ! quam suavis est vox Mariæ in auribus nostris ! Roga Matrem Dei ut sonet vox ejus in auribus tuis ; etiam te, si vere Marianus es, visitabit et salutabit Maria. Noli obdurare cor tuum, sed audi, quid loquatur ad te Domina nostra.

CONSIDERA III, — Quod hæc Visitatio, quam admirabilis Virgo Maria instituit ad Elisabeth, fuerit prorsus sanctissima et omnibus qualitatibus sanctæ visitationis instructa. Intravit domum duce et instinctu Spiritus sancti, visitavit personas sanctas, et quidem ex motivo charitatis, et zelo animarum ; colloquia in hac visitatione non erant alia , nisi de Deo , et rebus divinis : Elisabeth salutavit Mariam ut Matrem Dei , et benedicebat illam inter mulieres ; benedicebat sanctissimum Fructum ventris sui , deprædicavit illam *Beatam* , quod crediderit : Maria vero in hac Visitatione sua illo cantico, *Magnificat anima mea Dominum* , omnem gloriam Deo attribuit. Nunc ad trutinam revoca visitationes tuas. Quoties, proh dolor ! intras domus reclamante Spiritu sancto, et lacrymante sancto angelo custode tuo ? quoties visitas perversos socios tuos, quos cane pejus et angue te fugere oporteret ? quot pretiosas horas dilapidasti visitationibus tuis , in quibus nulla alia , quam vana, inutilia, imo sæpe detractoria , turpia , scandalosa instituebas colloquia ? Si quæ tamen visitationes sunt instituendæ , institue illas ad exemplum Matris Dei Mariæ.

JUBILUS MARIANUS.

Anima, consurge, pia,
  Perjucunda tibi via
    Est agenda hodie ;
Surge, veni, jam decora
  Per montana, se Aurora
    Suo monstrat lumine.

Jam serena maris Stella,
  Sole pulchrior Puella
    Summa transit montium ;
Quaqua pergit, quaqua meat
  Sua luce cuncta beat,
    Dat ubique gaudium.

Tu currentem comitare,
  Et plantarum osculare
    Devotus vestigia ;
Eia curre in suorum
  Suavitate unguentorum
    Humili lætitia.

O quam pulchræ ejus viæ ,
  Quam jucundæ sunt , et piæ
    Virginales semitæ !
Quam sunt plenæ charitate ,
  Quam refertæ suavitate
    Harmoniæ cœlicæ !

Circumcirca beatorum
Chori gyrant angelorum ,
  Et certatim jubilant :
Jam adorant Verbum Patris
Jam beatum ventrem Matris
  Venerantes prædicant.

Clarius et sol splendescit,
  Terra pulchrius virescit
    In honorem Domini ;
Auræ spirant mitiores ,
  Umbræ favent gratiores ,
    Cuncta plaudunt Virgini.

Ego quoque tibi plaudo ,
Alma Virgo ! te collaudo ,
  Et devote veneror ;
Simul et procumbens pronus
Te per suave ventris onus
  Toto corde deprecor.

Siste parum , et morare ,
Dies cœpit inclinare,
  Instat jam crepusculum ;
Instat jam nox tenebrosa,
Tempus est, o gloriosa !
  Quæras hospitiolum.

Eia ! precor, huc te verte ,
Et ad meum cor diverte ,
   Moram hic fac parvulam ,
Donec unam de tuorum
Suavitate gaudiorum
   Gustem saltem guttulam.

Scio quidem in me multa
Depravata , et inculta ,
   Sordes scio plurimas ;
Sed tu , quæ per salebrosa ,
Dura , fasta , et silvosa
   Loca fidens ambulas ,

Non contemnes paupertatem ,
Non horrebis vilitatem ,
   Nec affectus devios ;
Sed , quæ prava sunt , planabis ,
Fœda tolles , et mundabis,
   Motus reges noxios.

Ecce vix in Zachariæ ,
Et Elisabethæ piæ
   Domum fers vestigia ,
Vix et salutationis
Vocem promis , o quot bonis
   Reples statim omnia !

Infans mox sanctificatur,
Et in ventre contestatur
   Adventum Altissimi ;
Mater Spiritu repletur,
Et beatam te fatetur
   Genitricem Domini.

Ipse quoque te præsente
Voce loquelæ retentæ
   Zacharias recipit ;
Multaque de nato suo ,
Plura pariter de tuo
   Prophetizans concinit.

En! quam pia sis , et bona ,
Quanta feras illis dona ,
   Quos dignaris visere ;
En ! quot gratiis ditentur
Omnes illi , qui merentur
   Te , Virgo ! suscipere.

Ergo, Mater benedicta,
Non ob mea me delicta ,
   Nec ob sordes deseras ;
Sed me quoque visitare ,
Et pro me tuum rogare
   Filium non differas.

Ut quos in Joanne plausus
Sacro tuo ventre clausus
   Te loquente fecerat,
Hos in me cliente tuo
Ex amore in te suo
   Te rogante faciat.

Tunc cor meum jubilabit,
Tunc et meus exsultabit .
   Spiritus præ gaudio,
Et in Deo salutari
Non cessabit collætari ,
   Fiat , fiat , obsecro.

**EXERCITIUM PIETATIS, ET DEVOTIONIS PRO IPSA FESTI-
VITATE BEATISSIMÆ VIRGINIS MARIÆ VISITANTIS.**

Gaudeamus omnes in Domino , diem festum celebrantes, in honorem beatæ Virginis Mariæ , de
cujus Visitatione gaudent angeli , et collaudant
Filium Dei.

Gloriosæ Virginis Mariæ visitationem dignissimam recolamus, quæ et Genitricis dignitatem
obtinuit, et virginalem pudicitiam non amisit, suaque dignitate , et vita cunctas illustrat Ecclesias.

Surge , propera, amica mea, formosa mea , columba mea , et veni, sonet vox tua in auribus
meis ; vox enim tua dulcis , et facies tua decora.

Beata viscera Mariæ Virginis , quæ portaverunt
æterni Patris Filium , et beata ubera , quæ lactaverunt Christum Dominum.

Hodie Maria visitavit Elisabeth, et ipsa ad Mariam Spiritu sancto revelante : *Benedicta*, inquit,
*tu in mulieribus , et benedictus fructus ventris
tui.*

Hodie Joannes Spiritu sancto repletus Dominum,
quem verbis laudare non potuit, corporis obsequio recognovit.

Hodie Joannes in utero matris spiritum sanctificationis accipiens Præcursoris officium inchoavit.

Beata sterilis, quæ Præcursorem Domini senio
gravescente concepit ; beatior Virgo, quæ Deum,
atque hominem genuit. Utraque miraculum sentit, mysterium recognoscit ; sed Elisabeth suum
vertit in præconia visitantis, Maria utrumque refert in gloriam Conditoris.

O quanta vis amoris illibatæ tunc mentem
accenderat Virginis, ut in Spiritu sancto rapta
jubilans cantaret : *Magnificat anima mea Dominum.*

℣. Visitatio est hodie beatæ Mariæ Virginis.

℟. Cujus vita inclyta cunctas illustrat Ecclesias.

℣. Ut facta est vox salutationis tuæ in auribus meis.

℟. Exsultavit præ gaudio infans in utero.

Oremus. — Famulis tuis, quæsumus, Domine,
cœlestis gratiæ munus impertire, ut, quibus beatæ Virginis partus exstitit salutis exordium, Visitationis ejus votiva solemnitas pacis tribuat
incrementum.

Omnipotens sempiterne Deus, qui ex charitatis tuæ abundantia beatæ Mariæ Filio tuo gravidæ, ut cognatam Elisabeth visitaret, per Spiritum sanctum inspirasti, simulque Joannem Baptistam in matris utero sanctificasti ; præsta,
quæsumus, ut qui sanctam et salutarem Mariæ Visitationem celebramus, ejusdem precibus ab
omnibus liberemur adversis, et visitatione cœlesti in vita, et morte recreemur. Per eumdem Jesum Christum Filium tuum Dominum nostrum. Amen.

O mitissima, clementissima, humillima Virgo Dei
Mater Maria, quæ per montana Judææ propera-
sti, et Rege gloriæ gravida cognatam tuam Elisabeth visitasti, eique prompte serviisti ; visita,
quæso, animam meam, o Maria ! et da, ut digne tibi serviam, et toto corde semper diligam.
Amen.

PARS QUARTA.

EXERCITIA PRO FESTIVITATE GLORIOSÆ IN COELOS ASSUMPTIONIS BEATÆ VIRGINIS MARIÆ,

UBI PER CONSIDERATIONES ASCETICO-MORALES TANQUAM EXALTATA CŒLORUM REGINA NOVEM REGIIS TITULIS DEPRÆDICATUR.

In nidulo meo moriar, et sicut palma multiplicabo dies. (*Job* xxix, 18.)

Quæ est ista, quæ ascendit per desertum sicut virgula fumi ex aromatibus myrrhæ, et thuris, et universi pulveris pigmentarii? (*Cant.* iii, 6.)

Veni de Libano, Sponsa mea, veni de Libano, veni : coronaberis. (*Cant.* iv, 8.)

—

Virgini cælesti, quæ cælum animatum in terris, in morte vitam, in letho invenit lætitiam ; cujus sepulcrum non erat fatalis lectulus, sed natalis nidulus,

Ex quo gloriosa triumphatrix Maria cælum ascendit innixa super Dilectum suum ;

Et tanquam aquila alarum magnarum ad triumphalem nidum evolavit, ut filios suos velut pullos evocet ad volandum, et videndum divinum Solem :

Huic gloriosæ in cœlis Reginæ hunc pusillum conatum offert D. D. D.

P. B. S.

DISCURSUS PRODROMUS

DE FELICI TRANSITU BEATISSIMÆ VIRGINIS MARIÆ, EJUSQUE GLORIOSA IN CŒLOS ASSUMPTIONE, NECNON DE CELEBRITATE HUJUS FESTIVITATIS.

—

Quod in sancto Epithalamio tam ardenter petiit Sponsa a suo Dilecto : *Trahe me post te : cvrremus in odorem unguentorum tuorum* (*Cant.* i, 3) : hoc etiam beatissima Virgo, ait Dionysius Carthusianus, instanti sua Assumptione, diutius separationem non ferens, affectuosissime postulabat, in hæc verba erumpens : *Trahe me post te.* Christus namque Salvator noster ascendens in cœlum Matrem suam et Dominam nostram secum non assumpsit, ne Ecclesia catholica orbata utroque Parente multum redderetur afflicta et desolata. Unde eam reliquit tanquam Lunam, ut hoc hemisphærium illuminaret absente Sole, et ut tanquam pia et benigna Nutrix Ecclesiæ adhuc teneræ, recensque natæ lac propinaret et alimentum. Reliquit eam Christianis omnibus ut vivum veræ virtutis ectypon, quo erudirentur apostoli, instruerentur evangelistæ, martyres roborarentur, confessores et virgines ad integritatem puritatis virgineæ sectandam stimulos caperent et incitamenta. Reliquit eam in terris, ut per continuæ virtutis exercitium perennis gloriæ merita et præmia augerentur, ut tanto major esset ejus in cœlis honor, quanto major ejus exstitisset in terris charitas, et quanto fortius ejus

fuisset in adversis prælium, tanto nobilius consequeretur bravium. Quapropter transactis post Christi Passionem pluribus annis, quibus Hierosolymis vixerat, vel sublimibus rerum commentationibus, vel mysteriis ab ipso Christo in terra patratis, vel visitandis quæ Filius suo vestigio sacraverat locis, vel confirmandis Ecclesiæ neophytis occupata, postquam vidisset passim florere fidem, suique Filii nomen jam longe lateque fuisse propagatum, ejus videndi desiderio accensa rogavit eumdem, vellet se fluctuantis mundi vitæque hujus tempestatibus subducere, ut ad securum æternæ felicitatis portum possit pervenire. Audiit ergo piissimæ Matris preces Filius, cœloque angelum demisit, qui finem humanæ miseriæ designaret, brevique nuntiaret morituram. Incidenter hic quæri potest, cur Dominus Matrem suam, quam tot cumulavit favoribus, et ab aliis pœnis præservavit et miseriis, voluerit morti subjectam, cum mors sit pœna peccati, Maria vero nil unquam peccavit, tantisque obvallata fuit gratiis, ut neque genitalis, neque alterius cujusvis peccati labe fuerit inquinata : cur ergo illam non transtulit sine morte ad immortalitatem ? Verumenimvero, licet Maria non sit mortua in pœna peccati, sed cum mortuus esset Dei Filius, non decebat, ut aut ejus Mater, aut quisque mortalium mortis foret expers. Conveniebat etiam, ut Maria non tantum vivens sed et moriens omnes triumpharet hæreses ; Manichæi namque postea docebant, beatissimam Virginem fuisse angelum, non feminam, Christumque habuisse corpus phantasticum, non humanum. Dogma aliud hæresis Collyridianæ asserebat beatissimam Virginem fuisse naturæ divinæ, et mortis prorsus expertem ; ut docet Epiphanius hæres. 78 et 79 : cum tamen naturæ humanæ fuisse profiteatur Ecclesia catholica. Si ergo Maria mortem non subiisset, confirmari potuissent in eorum doctrina ; adeoque decebat, illam coram multis testibus exspirare, terræque mandari, ut eorum labefactetur error qui angelica vel divina præditam fuisse natura crediderant, si extremum vitæ diem non obiisset. Decebat etiam illam mori, quo majus ejus meritum et gloria augeretur ; quia negari non potest, mortem patienter juxta divinam' voluntatem exceptam maximi esse coram Deo meriti. Unde Psalmographus : *Pretiosa in conspectu Domini mors sanctorum ejus.* (*Psal.* cxv, 15.) Sed historiam obitus Mariani, quam texere incepimus, prosequamur. Excepit Maria miro gaudio cœlestem illam legationem, quam sancto Joanni clienti suo dilectissimo mox exposuit, a quo paulatim ad omnes Christianos, qui Hierosolymis, viciniosque degebant locis, rei fama dimanavit. Quapropter magnus Christianorum concursus factus est in domum beatæ Virginis, quæ non erat alia, quam cubiculum spatiosum, ubi sanctissimum Eucharistiæ sacramentum a Christo institutum, et quod Spiritus sanctus in die Pentecostes coruscantibus super apostolos igneis linguis collustraverat. Ingens huc a piis collecta cereorum, unguentorum aromatumque copia, quibus ex solemni gentis ritu Dominæ justa persolverentur, funebres etiam neniæ, threnique, quibus funus honestaretur, fuerunt compositi. Desideraverat beata Virgo in hoc ultimo vitæ suæ actu sanctissimos apostolos coram intueri, qui tunc adhuc superstites Filii ejus victorias, et gloriam per varias orbis plagas deprædicabant ; cupiebat Maria tanquam pia Parens illis maternam impertiri benedictionem, et ecce Dominus, cujus nutui cuncta in terris parent, opera Cœlitum, aut quacumque demum ratione apostolos eidem præsentes stitit, qui cum aliis viris apostolicis Hierotheo, Timotheo, et Dionysio Areopagita morti beatæ Virginis interfuere, quod ipsemet Dionysius, aliique graves testantur auctores.

Jam quis explicet, quantis gaudiis repleta sit Dei Mater, quando præsens vidit sacrum, felixque apostolorum collegium ? Explicabat filiis suis hinc emigrandi, et magnum videndi Dilectum suum desiderium, quo tristi nuntio omnes commoveri visi sunt, quamvis eidem gloriam et beatitudi-

nem gratularentur. Accensi ergo sunt cerei a Christianis allati, moxque beatissima Virgo humili se grabatulo composuit, circumstantesque divino potius quam humano contemplata obtutu jussit propius accedere, et ita propius astantibus materne benedixit, qua benedictione data Filium enixe, et submissis rogabat precibus : Vellet hanc benedictionem habere in cœlo ratam, vellet omnes præsentes olim beatorum cœlitum choris asciscere. Ad hæc omnes, perinde ut pii adversus piissimam Matrem filii, charum adeo funus certatim deflere, imo undantia lacrymarum flumina funditare cœperunt, quod ejusmodi orbarentur Matre, quod ipsam quasi solis jubar, a quo mundus hic illuminabatur, ad occasum properare viderent. Verum Maria, Valete, inquit, non flete, filii charissimi, dilecta pignora ! facessant lacrymæ vestræ, cedant suspiria, gaudete potius mecum, et exsultate, imo congratulamini mihi, quod vadam ad Filium meum, Deum meum, et Deum vestrum. Mox testamentum de paupertina supellectili condidit, et ad sanctum Joannem conversa geminas vestes suas duabus puellis astantibus, quibus familiariter usa fuerat, erogari jussit, et ecce Filium suum innumera cœlestium procerum corona circumdatum conspicata in hasce voces erupit : Benedico te, Domine, omnis Fontem boni, Lumen de Lumine, quod in utero meo humana te vestire natura non sis dedignatus ; de tuorum fidelitate verborum nil ambigo, quidquid pollicitus es, haud dubie præstabis. Dixerat : cum toto porrecta lectulo, et decenter composita sublatis in cœlum manibus, fixisque in Filium ad cœlestia gaudia invitantem oculis, *Ecce*, inquit, *Ancilla Domini, fiat mihi secundum verbum tuum.* Quibus dictis dormienti similis nullo prorsus edito doloris signo spiritum reddidit Creatori, cui suam de carne carnem dederat, et quidem sub vesperam ante xviii Kal. Sept. anno a partu divini Filii 57, post Christum crucifixum 23, cum in tota vita sua annos septuaginta duos, quatuor et viginti diebus exceptis, secundum veriorem, et magis verosimilem sententiam exegisset. Porro de ætate beatæ Virginis Mariæ nonnulli disceptant, et alii, ut refert Baronius in notis ad Martyr., tantum annos quinquaginta novem, vel sexaginta attribuunt ; hoc tamen ex eo refellitur, quia sanctus Dionysius Areopagita, ipsomet testante, præsens aderat ; ipse vero prius non erat conversus, ut ait Baronius, tom. I, pag. mihi 385, nisi postquam Paulus prædicaturus Evangelium appulit Athenas : appulit autem anno a partu Virgineo secundo et quinquagesimo, ubi beatissima Virgo jam ageret annum ætatis suæ septimum supra sexagesimum.

Egressa jam de corpore virginea anima recta via evolavit ad cœlum, quam stipabat innumera cœlitum cohors, quæ non tristes threnodias, lugubresve lessus, sed lætissima epicinia, superatisque pro-

cellosis mundi scopulis cœlestem jam portum te-
nenti cclenmata decantabat. Verum nec suo'defuere
officio, qui prope virgineas Dominæ exuvias, sacrumque funus astabant ; imo et ipsorum angelorum
concinentium voces, ut graves auctores testantur,
clare omnibus præsentibus sunt auditæ. Cæterum
apostoli et discipuli Domini in genua provoluti,
magna reverentia eí pietate sacras illas exuvias
exosculati, amantissimæ Parenti parentarunt. Virgineum ejus corpus pro solemni gentis ritu pretiosis fuit delibutum unguentis, niveaque sindone
involutum, multis quoque floribus ornatum, et odoribus aspersum ; sed nullus odor fuit suavior, quo
Virginis ipsius corpus fragravit. Magnus erat concursus ad hoc venerabile funus, multique variis
affecti morbis integram retulere sanitatem illius
meritis, quæ toti mundo salutem Salvatoremque
pepererat. Porro apostoli, XVIII Kalend. Sept. sub
ipsum primæ lucis exortum, suis exceptum humeris funus per nobiliores urbis plateas concinentibus
Christianis, multisque in spectabili forma prosequentibus exsequias angelis, ad hortum Gethsemani
detulere ; et ubi deventum est, cum sacrum pignus
esset terræ mandandum, iterum cœperunt omnes
suspiria repetere, lamenta iterare, lacrymis habenas concedere, pia sacris exuviis oscula libare, et
illuc etiam, ubi quisque cor suum affixum senserat,
etiam oculos defigere. Parentatum etiam Mariano
funeri cœlitum obsequiis et canticis ; quia, ut scribunt Sophronius, serm. *De Assumpt. ;* Euthymius,
lib. III *Hist. ;* Venerab. Beda, *De locis SS.* cap. 2,
et alii, integro triduo, postquam Virgineum corpus
suo conditum est sepulcro, cœlestis audita est
harmonia. Hic quoque opportunum ducimus enarrare, quod in deportatioue funeris Mariani ad hortum Gethsemani mirabiliter contigisse referunt
auctores antiqui, sanctus Damascenus, et Metaphrastes, orat. *De Assumpt. beatæ Virginis ;* Nicephorus,
lib. II, cap. 22. Ausus est pertinax quidam Hebræus
sacrum funus invadere, et cum violentas et sacri-
legas manus ei injecisset, divinitus a suis divulsas
brachiis sacro illi, quod profanare tentaverat, feretro affixas reliquit. Tanto affectus infortunio
suam damnavit impietatem miser, pœnamque edoctus dirum facinus veris deflevit lacrymis delevit-
que cum venia, pristinæ quoque sanitati restitutus :
nam, cum infelicem propius accedere, feretroque
brachia admovere jussisset sanctus Petrus, affixæ
feretro manus protinus admotis, truncisque brachiis coaluere ; nec enim die tam festo, lætitiæque
pleno quemquam decuit Mariani favoris immunem
relinqui. Requiescebat ergo jam per triduum in
suo sepulcro Virgineum corpus, et ecce tibi ! Thomas apostolus, qui solus non erat præsens morti
Virginis beatæ, delatus Hierosolymam miro Virginei corporis videndi venerandique desiderio accensus non sine Numinis instinctu, ut prodigiosa
Matris in cœlum Assumptio reveletur, sepulcrum
recludi postulaverat, quod ubi repertum fuit va-

cuum, et sola visebatur sindon, aliaque, quibus hoc
sanctissimum corpus involutum fuerat, linteamina.
Hisce linteis ergo pia oscula fideles Christiani im-
pertiti, sepulcroque , quod fragrantissimos exhalabat odores, obsignato, in urbem reversi, virgineum
illud corpus redanimatum, cœloque sublatum firmissime crediderunt omnes. Qualiter autem sanctissimæ Virginis corpus revixerit, et quomodo
animus ejus beatus denuo corpori cohæserit, sacra
Pagina non explicat, sicut nec reliqua, quæ hactenus adduximus ; cum autem id scriptum graves
reliquere auctores , sancte licet credere, triduo
post ejus gloriosum obitum, quamvis alii plus mi-
nusve temporis tribuant, quo nempe per omnia
similis esset Filio, in monumento hæsisse, eumdemque Filium ejus cum sanctissima Matris anima innumera cœlitum multitudine obseptum cœlo descendisse, vitamque exanimi corpori impertiisse,
et admirabili claritate donasse, aliasque communicasse dotes gloriosis corporibus debitas, videlicet
impassibilitatem, agilitatem, subtilitatem, majoremque venustatem, et modo quidem longe perfectiori, quam possit aut verbis explicari, aut humano cogitatu comprehendi. Licet autem hoc
Ecclesia non definiverit, non tamen hæc veritas a
fidelibus in dubium vocari debet, sed omnino tanquam certissima est habenda, quia etiam ab ipsa
Ecclesia recepta est, utpote quæ sub titulo Virginis
Assumptæ festum celebrat ; et fundatur etiam in
auctoritate plurium sanctissimorum Doctorum
Græcorum et Latinorum, veterum et modernorum,
necnon in concordi pietate populi Christiani, atque
omni ratione. Et profecto, si sanctissimum corpus
Virgineum adhuc haberet tellus, benigna Dei Providentia non sivisset sacrum pignus hoc adeo occultum, nec permisisset hoc eo cultu privari, quem
Christiani cæteris aliorum sanctorum reliquiis deferunt, maxime, cum Dominus ipse multorum
sanctorum corpora, quæ jacuerant incognita, pro
consolatione fidelium, et Ecclesiæ defensione, ipsorumque sanctorum gloria revelaverit. Cum hic de
sepulcro beatæ Virginis factus sit sermo, sciendum,
juxta probatos auctores, durasse in illa Gethsemani, in valle Josaphat, usque ad tempora Titi et
Vespasiani , a quibus imperatoribus Jerusalem
eversa, omnis Judæa vastata, omnisque hujus sanctissimi monumenti memoria apud Christianos
obliterata fuit. Hinc sanctus Hieronymus, dum
epist. 27, monumenta sanctorum patriarcharum et
prophetarum recenset, quæ tunc temporis exstabant,
quæque magno pietatis affectu a sancta Paula fuere
visitata, omnino Mariani sepulcri non meminit,
tanquam rei jam prorsus abolitæ, penitusque igno-
tæ. Postea tamen divino plane nutu Marianum
sepulcrum fuit revelatum ; et Burchardus, p. I, c. 7,
§ 47, tanquam oculatus testis affirmat, adeo fuisse
aliorum ruinis opertum, ut ad illud per 60 gradus descendere fuerit necessum. Sic etiam Beda
Venerabilis, *De Locis sanctis,* scribit, id suo tem-

pore fuisse vacuum monstratum, et hodie ad loca sancta in Palæstinam peregrinantibus excisum in petra ostenditur; sicut illi, qui pietatis ergo Jerusalem proficiscuntur, recensent.

Hanc narrationem, cujus hic dedimus synopsin, longius producunt celebratissimi scriptores ecclesiastici Simeon Metaphrastes, orat. *De Ortu et Dormit. B. Virginis*; Nicephorus, lib. ii, cap. 21 et 22; Andreas Cret. orat. 1, *De Dormit. Deip.*; sanctus Damascenus in orat. *De Assumpt. B. Virg.*; Venerab. Beda, lib. *De locis SS.*; Petrus Canis., lib. vi, *De B. Virgine*, cap. 1, 2 et 3. Præter citatos Græcos et Latinos doctores, suis quoque scriptis Assumptionis solemnitatem celebravere sanctus Bernardus, Absalon abbas, Petrus Dam., Honorius Augustodunensis, Guerricus abbas Igniacensis, Laurentius Justinianus, et alii plurimi, quorum Catalogum texit cit. Baronius tam loc. cit. quam et in suis Adnot. ad Martyr. Rom.

Ordo narrationis nostræ jam postularet, ut gloriosissimum Assumptæ Virginis triumphum adornemus; verum, quid nullo prædita lumine incipiat talpa, ubi cæcutiunt aquilæ? Certe sanctus Bernardus, qui semper mellifluo ore et lingua angelica disseruit, hic animo cecidit, serm. 4 *De Assumpt.* dicens: « Non est equidem, quod me magis delectet, sed nec est, quod terreat magis, quam de gloria Virginis Mariæ habere sermonem. » Profecto, dum corpus fuit redanimatum, solemnissima cœpit processio, et inæstimabilis Virginis triumphus ab ejus sepulcro usque ad summum cœli fastigium, ipsumque SS. Triados thronum. Ibat innixa super Dilectum suum, cujus virtute sicut et animæ suæ jam beatæ, et glorificati corporis velocissime aera penetrabat. Fuit a Filio æterni Patris obtutibus oblata, ejusque amplexibus velut Filia amantissima excepta, fuit honore et gloria coronata, et cœli terræque Regina, ac Domina constituta. Advenere cœlites proceres ei reveritum, et obedientiam eidem tanquam suæ Reginæ solemni forma delatum; omnes obstupuere illam super omnes adeo exaltatam, quin et inusitatum hoc spectaculum admirati succlamaverunt : *Quæ est ista, quæ ascendit de deserto, deliciis affluens, innixa super Dilectum suum ?* (*Cant.* viii, 5.) Nonnulli virtutum ejus fragrantiam quodammodo odorati, vehementerque mirati in has erupere voces : *Quæ est ista, quæ ascendit sicut virgula fumi ex aromatibus myrrhæ et thuris, et universi pulveris pigmentarii* (*Cant.* iii, 6) ? quæ sunt omnis generis virtutes. Alii splendore ac pulchritudine stupefacti dixere : *Quæ est ista, quæ progreditur quasi aurora consurgens, pulchra ut luna, electa ut sol, terribilis ut castrorum acies ordinata ?* (*Cant.* vi, 3.) Taceo Seraphinos, Cherubinos et Thronos : illi etenim Virginem tam ardentem, et divino amore flagrantem; isti ejusdem intellectum et sapientiam admirati : Throni vero quasi exstasin passi viderunt in ea, velut in Arca viva, SS. Triadem multo perfectius, quam in semetipsis residen-

tem. Quid memorem reliquos choros, et angelorum hierarchias, qui se in ejus obsequium et nutum obtulerunt promptos, sibique de tanta Domina et Regina ut plurimum sunt gratulati? Gavisi sunt patriarchæ suam hanc Filiam intuiti, cujus vel sola memoria eos consolabatur, dum adhuc cœlesti patria exsularent, cujus vel sola spes eorum vitam sustentabat. Prophetæ non minus singulari lætitia sunt circumfusi, qui suspicati hanc sublimem gloriam, quam tot figuris et symbolis adumbraverant. Apostoli, martyres, confessores et virgines cum inenarrabili cœlesti exercitu tantos gratulabantur triumphos, professi omnes, dignam tantis virtutibus tantam coronam, dignos tantis ejus præliis tantos triumphos, dignam denique inæstimabili gloria, qua in omnem perfruetur æternitatem. Fuit etiam quodammodo, ut ait Petrus Dam. serm. *De Assumpt.*, triumphus Marianus aliquanto solemnior ipso triumpho Christi, quo in cœleste capitolium fuit invectus; huic etenim ascendenti soli obviavere cœlites, eumque tanquam mortis triumphatorem exceperunt : beatissimæ Virgini autem ipse Sanctus sanctorum obviam processit, eamque in cœlis sublatam sanctissimæ Triadi stitit, suoque solio collocavit. Si nos se cupis, ad quantum gloriæ gradum evecta sit beatissima Deiparens, id quidem curiosius nolo indagare; certissimum tamen est, et indubitatum eam super omnes choros angelorum evectam, eorum denique Reginam, cui nullus ex omnibus possit comparari, fuisse cónstitutam. Nonnulli plus audent pie asserere, aiuntque, Virginem plus habere gloriæ, quam cœlites universos, adeoque si omnis angelorum, hominumque jam beatorum gloria conflaretur in unam massam, atque hæc ita compacta in unam conjiceretur lanceam, et in alteram deponeretur solius Virginis gloriæ, aiunt, inter quos est sanctus Ildephonsus, serm. 2 *De Assumpt.*, hanc solam plus omnino habituram ponderis, quam iliam sanctorum gloriam universam.

Verum, ne limites instituti nostri transgrediamur, sciendum brevissime, unde hæc festa solemnitas sua ducat primordia. Nicephorus Callistus, *Hist.* lib. xvii, cap. 28, auctor est, Virginis Assumptæ solemnitatem tempore Mauricii imperatoris institutam, qui festa, atque universaria eam memoria jussit celebrari, non quod imperator hic eam instituerit primitus, sed, ut ait Baronius in Not. ad Martyr., quod ab Ecclesia institutam jusserit publicari, et in Oriente, ubi moderabatur, celebrari. Unde sanctus Bernardus ad Lugdunenses scribens ait, se hanc solemnitatem ab Ecclesia accepisse; cujus etiam meminit Gregorius papa in Sacramentario. Porro antiquitus Romæ præsertim hanc festivitatem celebrari consuevisse argumento est, ait idem Baronius lib. ii, quod Nicolaus papa scribens ad consulta Bulgarorum, cap. 4, dum commemorat jejunia antiquitus observari solita a sancta Romana Ecclesia, recenset inter ea jejunium celebrari consuetum ante solemnitatem Assumptionis beatæ Virginis Mariæ. Insuper hanc festivitatem solemnem, et magis celebrem reddidit Mariæ beneficium, et Leonis IV Constitutum, quo sancitum est ut additis septem diebus Assumptionis memoria per octiduum in Ecclesia celebretur, cujus hoc erat argumentum ex Platina in Vita Leonis IV, quod basiliscus, cujus venenoso halitu seu aspectu multi Romanorum interierant, hujus pontificis precibus, et præprimis sanctæ Virginis patrocinio in ipso festo Assumptionis, aut, ut vult Anastasius Bibliothecarius, in octava ejusdem festi e fornice S. Luciæ fuerit expulsus. Dignatus est etiam Deus singularibus miraculis festum assumptæ Virginis diem illustrare; nam, ut scribit Petrus Cluniacensis, lib. II *De Mirac.*, raræ vir auctoritatis et coætaneus sancti Bernardi, Romani offerre solebant in Assumptionis Vigilia grandes quosdam cereos, qui sub vesperam accendebantur, cumque usque ad posteram arsissent lucem, post Missarum solemnia ejusdem ponderis esse notati sunt, cujus antea fuere, quando fuissent accensi. Atque hæc præliminariter dicta sufficiant.

PRAXES GENERALES SINGULIS NOVEM DIEBUS UTILITER ADHIBENDÆ.

I. In dies recita magna cum devotione antiphonam *Salve Regina*, ut beatissima Mater Dei, et cœlorum Regina, quæ super choros exaltata, et ad perpetuam Filii sui visionem cum ineffabili gaudio et triumpho fuit admissa, tibi quoque post mortalis vitæ exsilium benedictum ventris sui fructum demonstrare dignetur. De sancto Stanislao Kostka soc. Jesu religioso legitur, quod peculialiter huic mysterio de gloriosa Virginis Assumptione fuerit addictus; unde etiam in Vigilia hujus festi beata Virgo Filiolum suum Jesum in ejus manus ad amplectendum, et deosculandum extradidit.

II. Frequentius his diebus excita fervens desiderium intuitive videndi SS. Trinitatem, necnon augustam gloriam, et triumphum beatissimæ Virginis. Suspira subinde ex hac misera lacrymarum valle: *Trahe me post te, o sanctissima Virgo, et*

Mater nostra Maria! Vel: *Ostende mihi faciem tuam.* Henricus de Castro, vir pietatis fama conspicuus, semel nocturno tempore studiis vacans exstincta candela advertit cellam suam subito illuminatam, in qua etiam virginea et tenerrima vox resonabat: *Ego sum Mater Christi.* Hac voce mire delectatus Henricus, cum nihil videret, ardentissimis instituit precibus, ut pulcherrimam faciem suam ostendere dignetur. Cui sancta Virgo reposuit: Adhuc puer es, cresce, et me videbis. Quasi dicere vellet, illum eo usque nondum pervenisse per vitæ suæ, licet alias piæ, conversationem, quod glorioso ejusdem conspectu perfrui mereatur, adeoque necessarium esse ut magis proficiat in virtute et studio perfectionis. Verba tibi imprimas, velim, Mariophile! *Adhuc puer es* in vita sancta et perfecta, cresce in virum, et pro Dei et Matris ejus honore et gloria fortiter laborare non cessa, et tunc videbis Jesum, et Mariam.

III. Revoca sæpius in memoriam, et inter temetipsum judica, an hoc momento, si mori contingeret, in tali statu foret constituta anima tua, ut secure sperare possis felicem ex hac vita transitum, et secuturam felicitatem æternam? Ubi, si animam tuam ab omni culpa lethali liberam existimas, lauda Deum, et adhuc magis labora, ut etiam per opera satisfactoria, et heroicos virtutum actus pœnas temporales peccatis tuis quoad pœnam nondum remissis debitas exsolvas, vi cujus eo citius pertingas ad videndum Deum, et ineffabilem gloriam sanctissimæ Dei Genitricis Mariæ.

IV. Commenda sæpius beatissimæ Deiparenti ultimam mortis horulam, ut nimirum in hac materne assistere, et omnes inimicorum insidias a te longe velit repellere. Hunc in finem in recitatione Salutationis angelicæ ad illa verba, *In hora mortis nostræ*, specialem fac reflexionem; redde tibi etiam familiarem præsentem precatiunculam :

Maria Mater gratiæ,
Mater misericordiæ,
Tu nos ab hoste protege,
Et hora mortis suscipe.

CONSIDERATIONES.

DIES PRIMUS.
BEATA VIRGO IN COELOS ASSUMPTA REGINA.

PUNCTUM I. — Considera, quod beata Virgo Maria omnibus consideratis sit Regina; ita namque Christiana pietas sentit, credit, et prædicat. Est Maria Virgo Regina jure naturali, quia procedit a regibus, attestante id divino historiographo: *Liber generationis Jesu Christi Filii David.* (*Matth.* I, 1.) Desponsata insuper sancto Josepho, qui fuit ex stemmate regio : *Joseph, fili David.* Unde etiam ejusdem generis debuit esse Maria, quia lege cautum fuit, ut de sua quisque tribu et familia duceret uxorem. (*Num.* XXXVI, 7, 8.) Præterea, si

juxta verissimum populi sensum *ventrem sequitur partus*, nimirum qualis fuerit partus, talis et venter; si regius partus, regius et uterus, cujus familiæ proles, hujus et familiæ parturiens: quis sanæ mentis dubitare potest Mariam Virginem non esse Reginam, quæ genuit Jesum Christum, Christum Dei Filium, de quo omnes clamant Scripturæ, fuisse Regem, ex semine David dux'sse progeniem? Unde de ipso dicitur in Psalmis : *Ego autem constitutus sum Rex.* (*Psal.* II, 6.) *Ecce in justitia regnabit.* (*Isa.* XXXII, 1.) *Rex regum, et Dominus dominantium.* (*Apoc.* XII, 16.)

Est Maria Virgo Regina jure divino, quia Mater

Dei Regis omnium est singulariter electa, unde a Christo Filio suo regnandi et imperandi jus participavit tanquam ejus Mater ; Regis namque Mater Regina sit, oportet ; quamobrem, sicut Christus jure divino est Rex et Monarcha totius mundi, eodem jure beatissima Virgo est Regina cœli et terræ, et quod Christus (*Matth.* xxviii, 18) asserebat de semetipso : *Data est mihi omnis potestas in cœlo et in terra*, idem suo modo beatissima Virgo dicere potest, ut sanctus Petrus Damianus, serm. *De Nativ. beatæ Virginis* confirmat : «Fecit, inquit ille, qui potens est, in te magna, et data est tibi omnis potestas in cœlo et in terra.» Et divus Bonaventura in *Specul.* cap. 3 : «Virgo, ait, est revera Domina cœlestium, terrestrium et infernorum.»

Est Maria Virgo Regina jure humano ; nam sicut jure humano pluribus modis acquiritur regnum, nimirum vel jure hæreditario, vel labore bellico, vel emptione, vel donatione, vel electione : ta etiam beatissima Virgo Regina est hujus universi, et quidem primo jure hæreditario, quia legitima hæres regni Israelitici, utpote ex progenie David orta. Et si Christus non solum qua Deus, sed etiam qua homo est hæres universorum, juxta Apostolum, *Hebr.* i, 2 : *Quem constituit hæredem universorum ;* ratione cujus hæreditatis absolutum habebat dominium, non tantum spirituale, sed et temporale super regna totius mundi, consequen- ter etiam Maria ejus Mater eodem gaudet jure, et dominio directo. Secundo, quia beatissima Dei- parens laboris bellici, quem Christus verus Bellator in se suscepit, dum devicit diabolum, mortem, mundum, peccatum, et infernum, testante id gen- tium Doctore Coloss. ii, 15 : *Exspolians principatus, et potestates traduxit confidenter palam in semetipso :* quia, inquam, Maria Virgo hujus laboris et victo- riæ facta est particeps, et in nativitate, infantia, fuga, itineribus, laboribus, et Passione Christo Salvatori cooperata, imo et arma subministravit, quibus ille indutus contra hostem humani generis processit in aciem, eumque stravit, debellavit, et superavit ; ideo etiam jure belli, sicut Christus Dominus fuit Rex, ita Maria dici potest Regina. Est etiam Mater Dei Regina per emptionem; nam Christus Filius ejus per Redemptionem, et infinitum meritum suum meruit hoc dominium, et nominis sui exaltationem , ad quam beatissima Virgo simi- liter multis occurrebat modis, maxime dum ipsum Redemptorem genuit, lactavit et nutrivit. Quarto, meretur dici Regina per donationem ; quia Christus Filius dilectissimus, qui a primo Conceptionis suæ instanti constitutus est Rex super omnes gentes, monarchiam, et regimen totius orbis, licet de mul- tis testamentum condiderit, nemini alteri, quam beatissimæ Virgini in testamento reliquit, quia nullus alius in terris esset, qui tanto dominio esset dignior, excepta sola Matre sua sanctissima, quam, quia Christus summe honoravit, hac de

casua etiam dominium ultro et liberaliter eidem concessit, ut hac via legem a semetipso promulga- tam : *Honora patrem et matrem* (*Exod.* xx, 12), observaret. Denique : Sicut in electionibus regum præcipue attenduntur natalium splendor, scientia, sapientia, prudentia, pulchraque corporis disposi- tio, sane beatissima Virgo his omnibus qualitati- bus erat instructissima ; si enim quæras natalium splendorem, scias, velim, a regibus processisse ; si sapientiam, scientiam et prudentiam requiras, audi eam loquentem in Proverbiis, viii, 14-16: *Meum est consilium et æquitas, mea est prudentia, mea est fortitudo, per me reges regnant, et legum conditores justa decernunt, per me principes imperant, et potentes decernunt justitiam.* Si attendas pulchri- tudinem corporis, eamdem summis deprædicat elo- giis in sacris Canticis Regius Sponsus: *Quam pul- chra es, amica mea, quam pulchra, oculi tui colum- barum, absque eo quod intrinsecus latet.* (*Cant.* iv, 1.) *Sicut vitta coccinea labia tua, sicut fragmen mali punici, ita genæ tuæ.* (*Ibid.* 3.) *Pulchra es et decora, charissima in deliciis.* (*Cant.* vii, 6.) *Suavis es et decora, o pulcherrima inter mulieres.* (*Cant.* vi, 3.) Verbo : a primo ad ultimum, beatissima Virgo Maria est omni jure Regina, ut adeo hoc titulo eam merito extollant SS. Patres. Sic sanctus Ephrem, orat. *De beata Virgine,* eam vocat « Do- minam principum, atque Reginam præstantissimam.» Et iterum : « Reginam ac Dominam cunctis subli- miorem. » Sanctus Antoninus, p. iv, tit. 15, § 22, beatissimam Virginem appellat « Imperatricem, et Monarcham totius mundi. » Quibus astipulatur ipsa Ecclesia, dum Mariam his salutat elogiis : *Ave, Regina cœlorum ; Salve, Regina ; Regina cœli, læ- tare.* In hac proin consideratione, cliens Parthe- nie! ubi vides Virginem et Matrem nostram esse Reginam, ejusque regnum esse tam amplum et vastum, ut in totum terrarum orbem protenda- tur, omnesque cœlos contineat et sæcula, sicut regnum Dei, de quo Psalmographus : *Regnum tuum, regnum omnium sæculorum* (*Psal.* cxliv, 13) : hic, inquam, expende, quibus modis et tu pervenire possis, ut sis rex in cœlo, et regia po- tiaris dignitate, quæ a Deo omnibus electis est præparata. Et licet tua vivendi ratio id non præ se ferat, ideo eamdem deplora, illasque reassume virtutes, quibus mediantibus promereri potes co- ronam vitæ æternæ.

PUNCTUM II. — Considera, quod hæc gloriosa cœli terræque Regina, quæ quidem in terris exa- ctissime observavit consilium Filii sui, Luc. xiv, 10 : *Recumbe in novissimo loco ;* per gloriosissimam suam Assumptionem ad ineffabilem triumphi gloriam evocata a Filio suo dulcissimo audire sit prome- rita : *Ascende superius.* Nam hæc beatissima Virgo post felicem ex hac vita transitum super omnes beatorum et angelorum ordines Regina potentis- sima est constituta, quo pulcherrimus ille Sponsus quondam allusit, Cant. iv, 8 : *Veni de Libano,*

Sponsa mea, veni de Libano, veni, coronaberis de capite Amana, de vertice Sanir et Hermon, de cubilibus leonum, de montibus pardorum. Utinam nobis omnibus, Mariophile! licuisset per cœlorum rimas incomparabilem illum spectare triumphum, quo gloriosissima Virgo, et Mater pulchræ dilectionis, timoris, et agnitionis et sanctæ spei, innixa super Dilectum suum inter archangelorum et cœlestium spirituum myriades, ad cœlos fuit assumpta, et a SS. Trinitate cum ineffabili gloria coronata! Quam tener animi sensus filiales occupasset animos, videre amantissimam Matrem adeo gloriose triumphantem! Legimus quidem in sacris Paginis inter alios triumphos, et gloriosas coronationes, quod magna cum pompa et magnificentia, ac grandi cum majestate, formosissima Esther in reginam Assyriorum allecta, inaugurata fuerit, atque coronata : *Adamavit eam rex,* ait sacra Historia, *plus quam omnes mulieres, habuitque gratiam, et misericordiam coram eo super omnes mulieres, et posuit diadema regni in capite ejus, fecitque eam regnare in loco Vasthi.* (*Esther* II, 17.) Et mox subjungit : *Jussit convivium præparari permagnificum cunctis principibus, et servis suis pro conjunctione, et nuptiis Esther, et dedit requiem universis provinciis, ac dona largitus est juxta magnificentiam principalem.* (*Ibid.* 18.) Hæc quidem omnia, ut fateri debemus, erant pompa, gaudio, et festivitate plenissima, sed nihil facienda in comparatione eorum, quæ non in Susan Assyriorum metropoli, sed in suprema cœli curia in solemnissima cœli Reginæ atque Imperatricis inauguratione contigerunt, quæ cum nec lingua nec animo prosequi possumus, quandiu in hac vita degimus exsules Evæ filii, et lucem non aliter nisi per umbras conspicere fas est, venerabundo silentio tu, cliens Parthenie! hanc gloriam contemplare. Quis enim, amabo! dicet, quo animo et affectu excepta sit hæc gloriosa cœli Regina a sanctissima Triade? Certe Pater æternus illam benedixit : *Benedicta es tu, Filia, a Domino Deo excelso præ omnibus mulieribus super terram,* etc. (*Judith.* XIII, 23.) Credo, et firmiter mihi persuadeo, ad hanc benedictionem, quam olim acclamante populo Judaico dedit Ozias princeps victrici Judithæ, totam cœlestem curiam augustissimæ Imperatrici acclamasse : Fiat, fiat! *Et dixit omnis populus : Fiat, fiat!* (*Ibid.* 26.) Tum illam oleo supernæ unctionis inunxit, attestante id Vate Regio : *Dilexisti justitiam, et odisti iniquitatem; propterea unxit te Deus tuus oleo lætitiæ præ consortibus tuis.* (*Psal.* XLIV, 8.) Cui et coronam imposuit : *Posuit diadema regni in capite ejus.* Denique in vestitu deaurato in throno collocata est Regina universorum, quam omnes angelorum chori et beatorum ordines maxima cum submissione et hyperduliæ cultu adorarunt, omnemque promisere fidelitatem, inter quos non ultimi erant viginti illi quatuor seniores Apoc. IV, 10, *Qui mittebant coronas suas ante Thronum.* Per quem thronum mystice intelligit Petrus

Cluniacensis, lib. V, epist. 1, beatissimam Virginem, confirmatque sanctus Bonaventura, dum eam vocat *Thronum gratiæ Dei.* In admiratione tantæ gloriæ, quam nonnisi rudi adumbravimus penicillo, morales facito reflexiones, anima Christiana! profectui tuo spirituali perutiles. Sicut Christum oportuit pati, et ita intrare in gloriam suam; ita et Virgo beatissima non aliter ingressa est ad triumphum, nisi per labores et ærumnas : hactenus enim in terra per totum vitæ suæ curriculum inter hostes, et persecutores, in cubilibus leonum et montibus pardorum habitavit, Filii infamis apud Judæos infamis Mater innumeris circumdata doloribus, et cum crucifixo Filio suo per omnem vitam suam fuit crucifixa, et tunc primum ad gloriam et coronationem invitata est : *Veni de Libano, veni, coronaberis.* Quomodo ergo tu, delicatule! aliam viam quæras? Christus, et Maria per tribulationes illuc pervenere; et tu per requiem vis ire? quomodo ergo sequeris non sequens? quomodo coronaberis, si non certaveris? « Delectat mentem magnitudo præmiorum, ait divus Gregorius, sed non deterreat certamen laborum ; ad magna præmia perveniri non potest, nisi per magnos labores. » Quapropter, si undique es afflictus, et angustiatus, persecutionibus et doloribus pressus, respice, quæso, in cœlum, et recogita, quod magna te gloria exspectet; si non cadas animo, et inter labores non succumbas, spes præmii sit semper dulce solatium in tuo labore; Regina cœli et Mater tua amantissima Maria in manibus portat coronam, capiti tuo, si fortiter pugnaveris, in æterna felicitate imponendam.

PUNCTUM III. — Considera, hanc gloriosam cœli terræque Reginam omni honore et cultu a fidelibus esse honorandam. Certe Filius ejus sanctissimus, qui, *plusquam Salomon* (*Matth.* XII, 42), Matri suæ ad cœlos ingredienti omni honoris significatione occurrebat. *Surrexit rex* (Salomon) *in occursum ejus* (matris suæ Bethsabeæ) *adoravitque eam.* (*III Reg.* II, 19.) Si ergo Salomon tantum impendit honorem matri suæ; quanto magis Christus dignissimam Matrem suam honorat in cœlis? Profecto, cur non veneremur omnes hanc exaltatam in cœlis Reginam, quam Deus ipse ab æterno speciali honore prosequi dignatus est, dum eam singulari modo prædestinavit? cur non veneremur eam quam Ecclesia catholica multis laudibus et obsequiis ab initio laudavit, honorificavit, hodieque laudat, et veneratur? cur non omnes impendamus huic Reginæ obsequium, quam omnium gentium, ætatum et ordinum homines colunt, adornant, prædicant, celebrant; quam antiqua gentium oracula tot obscuris designarunt ænigmatibus, quam tot Sibyllarum vaticinia, tot divinorum prophetarum oracula miris extulere laudibus; quam vetus et novum Testamentum, quasi duo Seraphim, alternis vocibus collaudant; quam Evangelica tuba semper alta voce deprædicat; quam nondum natam libri Hebræorum repræsentabant; quam natam mundus universus adorat, laudat, et celebrat, et miris lætitiis in ejus gloriosa Assumptione cœlum, et terra lætatur, atque exsultat? Ubi est ergo, tepide Christiane! ubi, obsecro, est honor noster, et amor erga talem, et tantam cœli terræque Reginam, et gloriosissimam Imperatricem? Dignissima Mater Dei ista; et quid ultra requiris? an quid ultra post Deum excellentius, aut sublimius prædicari potest? « Hoc solum, ait sanctus Anselmus lib. *De excell. Virg.* cap. 2, de sancta Virgine prædicari, quod sit Genitrix Dei, excedit omnem altitudinem, quæ post Deum dici et cogitari potest. » O! si scires, Mariophile! quam beati sint illi clientes, et fideles servi, qui hanc Reginam digne colunt, amant et venerantur, crediderim, quod nullo tempore desisteres a servitio Mariano. Audi Seraphicum Doctorem in *Psalt. Virg.* loquentem : « Qui illam, ait, digne coluerit, justificabitur, et qui neglexerit illam, in peccatis morietur. » Neque etiam obsequia tua. et servitia, quæ huic impendis Reginæ, optato carebunt præmio, uti multoties solet mundus suos lactare servos, nec dignum tamen rependit minerval; nam huic Reginæ præpotens est in cœlis patrocinium; et sicut olim Arca fœderis, cujus ectypon est Maria, populo Israelitico in omni necessitate erat commune asylum et refugium : ita multo plus Maria animata Dei Arca suis prodest cultoribus et clientibus. *Vir mortis es,* dicebat quondam Salomon ad Abiathar (*III Reg.* II, 26), *sed hodie te non interficiam, quia portasti Arcam Domini.* Idem et tibi eveniet; non interficieris, non damnaberis, si hanc mysticam Arcam Mariam devote colueris, huicque Reginæ, et Augustæ cœli Dominæ omne impenderis obsequium. Ad Mariam ergo Reginam nostram currite jam, vasalli Mariani! congratulamini eidem tam nobilem spartam, tam perennem felicitatem, et insimul huic Dominæ vestræ in humili submissione homagium fidelitatis deponite, ejusdemque servitiis vos immolate et consecrate. Licebit cuilibet nostrum pro coronide hujus considerationis, ubi Mariam velut Reginam venerabundi suspeximus, ad cœlum suspirare : O pientissima Domina! o gloriosissima Regina! inter tot supernorum civium exsultantium applausus gratulamur et nos tibi miselli, servi, et subditi obstrictissimi, memento omnium nostrum, succurre miseris, juva pusillanimes, *ora pro nobis, quia mulier sancta es.* (*Judith* VIII, 29.) Scimus, tibi tanquam Dominæ universi, tanquam cœli et terræ Imperatrici datam esse omnem potestatem, et in manu tua esse vitam et mortem : *Dic, obsecro, quod Soror nostra sis, ut bene sit nobis propter te, et vivat anima nostra ob gratiam tui.* (*Gen.* XII, 13.)

Cum beatissima Virgo sit tua Regina, in vicem praxis specialis eidem de novo promitte omnem fidelitatem cum efficaci desiderio, quod perpetuum hujus Reginæ mancipium in vita et morte manere velis.

Hac die patrocinabuntur sancti reges et reginæ, in quorum vita cultus hyperduliæ singulariter enituit, et quorum numerus soli cœlo est cognitus. Sanctus Ludovicus rex Galliæ beatæ Virgini singulariter devotus inter alia Marianæ pietatis signa quolibet die Sabbati in honorem magnæ Dei Genitricis in separato cubiculo pedes pauperum lavabat, tergebat, osculabatur, eisdemque cibum flexis genibus ministrabat. Plura alia de hoc sancto rege vide apud Turselinum, *De æde Lauret.* Sanctus Stephanus Ungarorum rex regnum suum et seipsum in Deiparæ tutelam obtulit, et ab eo tota Ungarorum gens *Familia Dominæ* appellari cœpta est, tantaque devotione erga beatam Virginem flagrabat, ut nomen ejus nonnisi cum submissa capitis inclinatione audiret et proferret. In eadem pietate hic piissimus rex sanctum Emericum filium instruxit, et non solum regni, sed etiam devotionis suæ hæredem reliquit, qui simili pietate et cultu veneratus est beatissimam Virginem. (Surius 20 Augusti.) His et innumeris aliis adjungi possent ex sexu femineo imperatrices, reginæ, ducissæ et principissæ. Tales erant sancta Radegundis regina Galliæ, sancta Elisabetha Lusitaniæ, sancta Kunegundis, et plurimæ aliæ, quibus enarrandis amore assuetæ brevitatis supersedeo.

DIES SECUNDUS.

BEATA VIRGO IN COELOS ASSUMPTA, REGINA ANGELORUM.

Punctum I. — Considera, quod sancti angeli, sicut Christum Dominum agnoscunt ut suum caput et Regem, qui illis secundum veriorem sententiam meruit prædestinationem, vocationem, auxilia excitantia, adjuvantia, sufficientia et efficacia, omne meritum, omne augmentum gloriæ, omnia denique dona gratiæ ; sic etiam beatissimam Virginem ex consequenti reverentur ut suam Matrem et Reginam. Quidquid enim Christus gratiæ ac sanctitatis Ecclesiæ contulit, totum operatus est mediante Virgine Maria, ut adeo sanctus Bernardinus, tom. III, serm. 11, art. 2, cap. 1, beatissimam Virginem non tantum *Reginam* sed et *Matrem angelorum* appellet. « Beatissima Virgo, ait, ab ipso Patre æterno recepit fontalem fecunditatem ad generandos omnes electos, et etiam ipsos angelos in aliquo gradu et experientia divinorum. » Quod ipsum optima firmat ratione sanctus Antoninus, p. IV, tit. 15, cap. 14, § 3 : « Si angeli, inquit, recipiunt illuminationem, perfectionem et beatificationem a Jesu, per quem restaurantur omnia in cœlo et in terra ; ergo beatissima Virgo, cum sit Mater Jesu, causa est aliquo modo gloriæ angelorum, ut apte dicatur Mater eorum. » Hæc sanctus Antoninus. O cliens Mariane! si nosses quanto cultu venerentur nobilissimæ hæ creaturæ, spiritus nimirum angelici, beatissimam Virginem! Certe sancti angeli serenissimæ Reginæ suæ thronum, licet vacuum, præterire non audent, nisi inclinato eidem capite, et poplite flexo reverentiam fecerint, ut merito di-

cere possint illud IV Reg. x, 5: *Servi tui sumus, quæcunque jusseris, faciemus.* Accedit, quod sancti angeli
summa afficiantur lætitia, dum vident illam adeo
exaltatam, et in cœlis gloriosam. Unde canit Ecclesia : *Assumpta est Maria in cœlum, gaudent angeli,
laudantes benedicunt Dominum.* Profecto verecundari nos oportet, qui in præstandis Mariæ obsequiis
sumus adeo tepidi et languidi : plures nos admo-
nent tituli, plures obligationes, quam sanctos angelos; hi namque, licet jam tunc in omnigenæ felicitatis statu essent constituti, priusquam nasceretur Virgo, nihilo secius tamen, cum sit Mater
Christi, ex cujus meritis sunt felices et perenniter
beati, et hoc exigat mandatum magnum Regis sui
cœlestis, qui Matrem etiam per administratorios
spiritus suos vult coli et honorari, gaudent atque
lætantur non tantum se esse servos Dei, sed et
Mariæ, in cujus famulatu certatim unus alteri palmam præripere conatur. Quanto magis ergo arctior
stringit obligatio ac necessitas, per omnem vitam
nostram deferendi obsequia nostra Mariæ angelorum Reginæ, a qua in dies tot maternis locupleta-
mur gratiis ac beneficiis, quæ non obtigere sanctis angelis , et cujus materna ope et assistentia inter tot vitæ nostræ pericula, et maxime in
hora mortis opus habemus, quibus omnibus non
indigent sancti angeli. Cum ergo nos miseri Adæ
filii plus sanctis angelis in hoc mundo a beatissima Virgine accepisse summa gratiarum actione
fateri debeamus, strictius etiam et gravius de negligentia nostra judicabimur : « Cum enim augentur
dona, ait sanctus Gregorius , hom. 9 in Evang.,
rationes etiam crescunt donorum. »

PUNCTUM II.—Nobilissimi isti spiritus non tantum
beatam Virginem ex hac vita migrantem ad cœlos
una cum Christo magno cum triumpho exceperunt,
et multo magis Reginam suam in cœlo regnantem
omni prosequuntur veneratione, cujus veritatis
testes sunt septem illi spiritus, de quibus sanctus
Joannes (*Apoc.* IV, 5) : *De throno,* ait, *procedebant
fulgura, et voces, et tonitrua, et septem lampades ardentes ante thronum, qui sunt septem spiritus Dei :*
per quem thronum apte intelligitur beatissima
Virgo : ita sensit Amadeus, ut habet *Chron. S.
Franc.* lib. VI, cap. 20, vir sanctitate illustris, et
prophetiis miraculisque conspicuus, qui in suis
revelationibus, cum in primo raptu cœlestem curiam vidisset, audivit Gabrielem hæc sibi dicentem :
« Septem angeli sumus, qui Genitricem Dei nostri
veneramur : » non tantum, inquam, sancti angeli
modo in cœlis, sed jam olim in terris Reginæ
suæ famulabantur. Et licet alias isti spiritus, maxime tunc temporis, dum nata fuit beata Virgo,
non assueverint nimio honore, et familiaritate
homines deperire, partim, quod excellentioris sint
naturæ, utpote puri spiritus, partim, quod polleant
majori lumine gratiæ, utpote consummatæ; quamprimum autem instabat tempus Conceptionis, et
Nativitatis beatæ Virginis, repente ipsi principes

angelorum e cœlo delapsi ad servitium hujus Infantulæ se inclinant, ipsiusque præsentiam ambiunt,
eamque reverentur, adorant, eidemque obsequia
præstant. Quapropter ortus ejusdem parentibus suis
SS. Joachimo et Annæ fuit ab angelo nuntiatus ;
oranti namque Joachimo pro avertenda sterilitatis
nota angelus Domini cum immenso astitit lumine,
et preces ejus a Deo exauditas esse nuntiavit, Filiamque procreandam, quæ Saræ et Rachelis prolem mysterii magnitudine superaret. Dum ergo in
terris fuit nata, angeli eam nuncuparunt Mariam,
ut refert Divus Hieronymus lib. *De Nat. Virg.* et ab
illius Nativitate, ut docent celebres SS. Patres : Ildephonsus, serm. 5, *De Assumpt.*; divus Hieronymus,
serm. *De Assumpt.*; Petrus Damianus, et alii, archangelus Gabriel unus ex septem principibus, qui
Dei throno astant, pro custodia deputatus est.
Porro, dum degebat trimula in templo, angelus cibum ministrabat , ut cit. docet sanctus Hieronymus : imo toto vitæ suæ tempore angelos, tanquam fideles ministros, serviisse beatæ Virgini,
tanquam suæ Dominæ et Reginæ, constanti Patrum
traditione compertum habemus, ut adeo merito
prædicari mereatur beatissima Virgo, quod sit angelorum Regina. Si ergo angeli sibi gloriæ ducunt
et honori posse servire huic gloriosissimæ suæ Reginæ, qui tamen alias tam nobiles creaturæ intellectuales nos misellos in natura longe superant, et
isti insuper in aula Dei sint familiares maxima
splendentes dignitate, utique et tu non recusabis
omnibus, quibus potes, prosequi obsequiis hanc
Reginam, quam Seraphim et Cherubim, omnesque
angelorum ordines tam submisse reverentur?

PUNCTUM III. — Considera, quod beata Virgo
etiam ex eo sit appellanda Regina angelorum, quia
omnibus angelis in gratia est superior. Hoc ut penitius cognoscas, cliens Parthenie ! perlustra in
honorem magnæ Matris, et ad hauriendum exinde
spiritualem fructum omnes angelorum choros, expende eorum officia et virtutes ; et invenies beatissimam Virginem multis gradibus eos antecellere.
Angelorum officium est ut custodiant homines ; beatissimæ autem Virgini longe eminentior demandata
fuit custodia, quæ non hominis tantum, sed Christi
Domini Dei pariter ac hominis Mater exstitit, illum
non tantum custodivit, quia communis omnium
nostrum amantissima Mater, proinde omnes sub
sua habet tutela et custodia. Disce ergo agnoscere
Matrem, quæ te ubique custodit, protegit atque
defendit ; commenda te frequenter maternæ custodiæ. De archangelis notum habemus, illos præesse
civitatibus, de quibus, Isa. LXII, 6 : *Super muros tuos,
Jerusalem, constitui custodes.* id est archangelos, ut
interpretatur Glossa; sed beatissima Virgo omnes
ubique civitates, earumque Ecclesias tuetur atque
defendit : unde conditores regnorum, civitatum,
arcium, ipsius nomine regna, urbes et arces ex-
struxerunt, ejusdemque Virginis honoribus consecrarunt et dedicarunt. Principatus præficiuntur

provinciis ; præfuit autem Maria et ipsi regum Regi, et dominantium Domino : *Et erat subditus illis.* (*Luc.* ii, 51.) Deinde non unam provinciam, sed universalem Ecclesiam sub suo tenet patrocinio. *Luna,* id est Ecclesia, *sub pedibus ejus* (*Apoc* xii, 1), sub patrocinio nimirum Virginis conspicitur; quod cnim sub pedibus tenemus, nullatenus nobis inseiis auferri permittimus. Potestates coercent dæmones, at beata Deiparens caput serpentis stygii contrivit : *Inimicitias ponam inter te, et inter mulierem, et semen tuum, et semen illius, ipsa conteret ceput tuum.* (*Gen.* iii, 15.) Quare, cum ejus potestas sit regia, superat Potestates angelicas. Hoc autem tibi sit pro salutari admonitione, ut scias in tuis periculis, quæ ad ruinam tuam per varias illusiones excitant hostes Tartarei, quærere refugium apud beatissimam Virginem, cui data est potestas repellendi tenebrarum potestates, suosque clientes liberos et immunes conservandi ab insidiis hostis infernalis. Virtutes operantur miracula super naturam ; quid aliud tota Virgo beatissima, nisi miraculum ? « Sacratissimum Monstrum, et cœleste Prodigium » appellat eamdem sanctus Ignatius M. ; « præstantissimum orbis terræ Miraculum, » sanctus Ephrem ; « miraculorum Abyssum et Officinam, » sanctus Joannes Damascenus. Et nunquid omne excessit miraculum quod creatura Creatorem, Filia genuerit Parentem, et ille quem cœli cœlorum non capiunt, in ejus viscera se conclusit factus homo ? Accedit quod nullus sit in mundo locus, qui non gloriosis miraculis per beatam Virginem clarescit. Dominationes præsident angelis sibi inferioribus, beatissima autem Dei Genitrix omnium angelorum præsidet choris, ut Domina servis, et Regina subditis. Throni sunt in quibus Deus familiariter inhabitat, sua judicia per eos disponit ; certe autem beata Virgo excellentior est Thronus præ omnibus angelis, quia in ipsa Deus peculiari ratione inhabitavit. Cherubim fulgent scientia, qua plenissima est ipsa Virgo beatissima, quæ divinæ Sapientiæ abyssum in utero gestans penetravit, et familiariter conversabatur cum eo, *in quo sunt absconditi omnes thesauri sapientiæ et scientiæ Dei.* (*Coloss.* ii, 3.) Denique Seraphin ardent charitate, Virgo autem sanctissima majori æstuabat dilectione ; certum est enim et indubitatum beatissimam Virginem plus cæteris creaturis dilexisse Deum. Ilæ etenim ut Creatorem et Parentem suum amant ; Maria autem ut Mater Filium.

Hanc igitur Reginam venerantur et admirantur omnes angelorum ordines. Angeli mirantur tantam super omnes homines custodiam ; archangeli tantam de omnibus locis diligentiam ; Principatus de omnibus regnis providentiam ; Potestates tantam super dæmones virtutem ; Virtutes tantam miraculorum vim et efficaciam ; Dominationes tantam super angelos eminentiam ; Throni pacem et quietem in Deo tranquillam ; Cherubini profundam scientiam et sapientiam ; Seraphini ardentissimam

charitatem. Superest igitur, ut hanc angelorum Reginam unice colamus, ad cjus thronum humiliter accedamus, et qua possumus virium contentione, cultus religione Mariam honoremus. Hac igitur die sæpius ad eamdem juvabit aspirare : O Regina super omnes angelorum choros elevata ! custodi nos, ut angeli ; excelsa nobis annuntia, ut archangeli ; de nobis omnibus habeto providentiam, ut Principatus ; dæmonum vim reprime, ut Potestates ; miranda in nobis operare, ut Virtutes ; nobis præesse velis, ut Dominationes ; sedes Dei nos efficias, ut Throni ; sapientia intellectum illumina, ut Cherubini ; amoris affectum inflamma, ut Seraphim ; ut post hujus vitæ cursum ad illorum sedes admitti te intercedente mereamur. Atque hæc suspiria serviant etiam pro praxi speciali hujus diei.

Pro patrocinio elige omnes novem sanctorum angelorum Ordines.

DIES TERTIUS.

BEATA VIRGO IN COELOS ASSUMPTA, REGINA PATRIARCHARUM.

PUNCTUM I. — Considera, quod beatissima Virgo tanquam Regina angelorum non solum angelicos spiritus in dignitate præcedat, sed etiam omnibus sanctis, qui ab initio mundi creati sunt, antestet : inter quos primi sunt patriarchæ, per quos principes familiæ cujusdam, et multo magis primos humani generis satores intelligimus, ut adeo Maria optimo jure appellanda sit *Regina patriarcharum;* quidquid cnim de Adam, Abel, Enoch, Noe, Abraham, Jacob, Joseph præclari dicitur vel legitur ; quidquid in Moyse, Josue, Gedeone, aliisque patriarchis excellens est et laude dignum ; quidquid gratiæ, quidquid virtutis in eis reperitur, quidquid præclare dictum, quidquid heroice gestum est ab illis, si quid in lege memorabile, si quid in templo Salomonis speciosum, si quid in sacrificiis Deo gratum, id omne commendatur in Maria. Unde, cliens Parthenie ! tres præcipue in hac consideratione patriarcharum principes eligito. Percurre illorum virtutes et qualitates, confer easdem cum Matre nostra Maria ; esto autem ubique memor fructus spiritualis, quem ex singulis decerpere, et convenienter tuis circumstantiis poteris applicare. Omnium patriarcharum princeps et auctor, imo et totius humani generis sator est Adamus, et ipse sanctus, conditus hic omnium primo ad imaginem et similitudinem Dei, mundi princeps, pater, dominus, et magister totius humani generis ; in quo jam vides quod Adamum excellat beatissima Virgo, quæ non solum ad imaginem et similitudinem Dei creata, sed et in Matrem Filii divini ab æterno prædestinata, non tantum hominum Princeps, et Domina, sed et angelorum Regina fuit effecta.

Insuper Adamus de terra minime polluta formatus, et in gratia creatus est ; beatissima Virgo ex

castissimis parentibus Joachimo et Anna, quos
non libidinis morbus, non concupiscentiæ ardor,
non illecebrosus carnis stimulus, sed divina voluntas per angelum intimata ad progenerandam
Virginem impulit, divina gratia omnibusque virtutibus locupletata in lucem prodiit. Adamus in
suo ortu sapientia et scientia fuit plenissimus;
beatissima Virguncula nondum in lucem edita,
ante ortum adhuc inter materni uteri repagula
exsistens, juxta verosimilem sententiam, non tantum sapientiam et scientiam infusam, sed etiam
altissimæ contemplationis donum habuit. « Tanto
lumine, ait sanctus Bernardinus Sen., tom. I,
art. 3, cap. 3, illustrata fuit beatissima Virgo,
cum esset in ventre matris, quod non tantum
plena fuerit lumine rationis, sed etiam altissimæ
contemplationis. » Accedit, quod Adam creatus
sit in justitia originali, quamvis dolenter eam
amiserit, et per hoc totum humanum genus in
deplorandam traxerit ruinam ; in hoc autem multis parasangis excellit beatissima Virgo, quæ, ut
constans est Ecclesiæ et fidelium sensus, et traditio, per specialissimum privilegium, sine labe
concepta, semper Dei Filia, nunquam diaboli exstitit. Adam post sui creationem deductus est in
paradisum voluptatis (*Gen.* ii, 1 seqq.); beatissima
Virgo, præterquam quod ipsa sit Paradisus voluptatis vivus, et per Deum cunctarum
exempla virtutum, cunctarum odoramenta operationum produxit : qua de causa SS. Patres eamdem appellant Paradisum : sanctus Jacobus in
Liturg. illam alloquitur : *Tu es Templum sanctifi-*
catum, Paradisus spiritualis ; sanctus Ephrem,
orat. *De Deip.*, illam salutat : « Ave, Paradise deliciarum, totiusque amœnitatis et immortalitatis : »
præter hoc, inquam, quod Maria sit mysticus ille
Paradisus, ubi egressus est fluvius in quatuor
Evangelia divisus, orbis faciem irrigans, attestante
Ruperto, dum mystice scribit, *In Cant.* lib. iv :
« Per te, Virgo! initium accepit sanctum Evangelium, ut per te universum mundum, spiritualem
irriget paradisum : » insuper gloriosa Virgo post
transactos dies vitæ, in paradisum non illum terrestrem ubi positus erat Adam, sed perennem
vitæ æternæ translata est, ubi per omnia sæcula
sine fine regnabit augustissima cœli Regina. Inter
alia collata Adamo [divinæ benevolentiæ testimonia
erat etiam, quod eidem fuerit commissa paradisi
custodia et cultura : *Posuit Deus hominem in para-*
diso voluptatis, ut operaretur, et custodiret illum.
(*Gen.* ii, 15.) Beatissimæ Virgini imprimis commissa fuit cura Christi Domini, quem suscepit,
peperit, brachiis strinxit, lactavit et custodivit.
Præterea, cum Ecclesia militans sit suo modo paradisus, et arboretum, ubi fideles videntur velut
arbores ambulantes (*Marc.* viii, 24), quæ indigent
custodia et cultura, beatissima autem Virgo materna custodia tuetur has arbores, suos nimirum
clientes et filios; ideo plurima hic adest materies,

anima Christiana! faciendi reflexiones morales,
piisque indulgendi affectibus. Apprime tibi notes
velim, te esse plantam cœlestem per sanctum baptismum in pomarium sanctæ Ecclesiæ per gratiam Spiritus sancti translatam, sæpenumero cœlesti rore præventam, supernis inspirationibus,
velut radiis solaribus, illustratam, divinarum gratiarum imbre irrigatam. « Quicunque fideles arbores sumus, ait sanctus Petrus Damianus, intra
sanctum Ecclesiæ nemus summi Agricolæ dispositione plantati. » Quapropter sedulo cave ne
Matrem tuam, quæ tam sollicitam hujus paradisi
gerit curam et custodiam, per tuam voluntariam
et malitiosam sterilitatem contristes, et dum a te
dulces gutturi suo fructus exspectat, nonnisi
spinas deprehendat, consequenter etiam in te
terribile illud cadat fulmen : *Omnis arbor, quæ non*
facit fructum bonum, exscindetur, et in ignem mit-
tetur (*Matth.* vii, 19). Sequere ergo potius illud
Pauli monitum, suis Colossensibus traditum : *Ut*
ambuletis digne, Deo per omnia placentes, et in
omni opere bono fructificantes (*Coloss.* i, 10). Denique inter alia plura, ubi semper, ut consideranti
patebit, beatissima Virgo magis excelluit, Deus
Adamo benedixit, ut cresceret, et multiplicaretur,
et repleret terram (*Gen.* i, 28). Certe magis benedixit Mariæ, quæ Mater erat illius, in quo omnes
gentes benedicerentur, fierentque per ejus intercessionem amici et filii Dei. Unde Matrem hanc
benedictam devotis implora suspiriis, ut et tu sis
ac mercaris esse inter filios suos, qui aliquando
replebunt cœlum, et illam felicem percipient benedictionem : *Venite, benedicti Patris mei, perci-*
pite regnum, etc. Ex quibus haud obscure vides,
Mariam superasse qualitates Adami, patriarcharum patriarchæ. Si ergo superavit, ergo Regina
est patriarcharum.

PUNCTUM II. — Post Adamum pro considerationis materia mentis tuæ oculis siste Abrahamum,
et singula, quæ in eo deprehenderis, justa et sancta
opera, applica ad beatissimam Virginem, et
omnium non otiosus laudator, sed fidelis imitator esse allabora. Ecce enim Abraham, ut tantum
de ipso memorem virtutes theologicas, multum
eminuit in fide, quam admirabilem fuisse ostendit, dum in medio depravatæ nationis, quæ cæco
impetu ad idola rapiebatur, constanter veram
fidem retinuit illibatam et integram : qua de causa
multos habuit suæ fidei præcones : Moysen,
Gen. xv, 6; Isaiam, li, 2; Paulum apostolum,
Rom. iv, 3; sanctum Jacobum, ii, 5. Non minus,
imo magis deprædicanda est fides Mariæ. Erat
enim tanta, ut ejus uterum in Dei habitaculum
præparaverit, et ejusdem, fidei nimirum latitudine, hospitii angustiis occurrerit; nam auditis
angeli verbis statim credidit, et Dei Mater effecta
est. Fides hoc præstitit; nam ex magnitudine fidei,
qua credidit, quod Deum posset parere Virgo, illa
verba protulit : *Ecce ancilla Domini, fiat mihi*

42

secundum verbum tuum (*Luc.* i, 38). Magna fuit per totam reliquam vitam Mariæ fides, quia nunquam ne levissimum quidem contra fidem motum habuit, quo solent etiam fidelissimi Dei servi aliquando præter voluntatem eorum concuti et tentari. Quibus ex causis cognata ejus Elisabetha, *Beata*, inquiebat, *quæ credidisti* (*Ibid.* 45), quasi fidei tribuens tantum beneficium ipsi a Deo collatum. Et non minus ob ejus fidei excellentiam SS. Patres variis eam extollunt elogiis, dum sanctus Ignatius Mart. illam *religionis Christianæ Magistram*, D. Augustinus *credentium Matrem*, sanctus Athanasius *hæresum Interemptricem*, sanctus Cyrillus *fidei Sceptrum* appellaverint. Hanc igitur Mariæ fidem congrua devotione sectare, atque exemplo Mariæ in quibuscunque tribulationum fluctibus et adversitatum procellis, in fide esto firmus, constans et permanens. Porro magna fuit spes et fiducia in Deum, quam prætulit Abraham, dum plenus fiducia in Deum parva famulorum manu quatuor regibus bellum intulit, et victor evasit. (*Gen.* xiv, 1 seqq.) Cum ex sterili uxore et effeto sene filium benedictionis se accepturum credidit, speravit et obtinuit, dum prodigiosa quadam in Deum spe ex filio propriis manibus jugulando immensam filiorum multitudinem sperabat.

Certe hanc spei virtutem, licet non in qualicunque, sed valde eminenti perfectionis gradu positam superavit firmissima spes , et certissima fiducia qua ferebatur in Deum suum beatissima Virgo. Ostendit illam maximopere, dum Joseph sponsum suum adeo turbatum vidit, ut de ea deserenda cogitaret, nec tamen Josephum cœlestis conceptus certiorem fecit. Qua, putas, in Deum spe tunc cor ejus rapiebatur, dum ne verbulo quidem dilecto sponso suo mentis suæ arcana patefaceret, sed ex solo divino arbitrio suspensa hæreret, firmissima spe freta, Deum ex illo animi cruciatu et angore Joseph sponsum suum liberaturum, suamque pudicitiam ab omni infamiæ nota defensurum ? Præterea, cum in Cana Galilææ vinum advertisset deficere, magna Filium suum interpellata est fiducia, et licet nondum viderit miracula patrantem, spem tamen certissimam concepit, eum tantæ inopiæ per divinitatis suæ potentiam subventurum. Adverte autem hic pro te, cliens Mariane! aliquam doctrinam moralem. Beatissima Virgo tam sublime negotium non importunis extorquet precibus , sed tantum necessitatem indicat : *Vinum non habent* (*Joan.* ii, 3), ut nos exinde discamus, magnæ esse in Deum fiduciæ argumentum, postquam fecerimus quæ officii nostri sunt, reliqua divinæ voluntati committere : scientes nihil aliud nos posse efficere, quam quod divinæ complacitum fuerit dispositioni. Cæterum hoc Virgineo exemplo edoctus non gloriæ mundanæ, non roberi corporis, non alicui creaturæ, sed Deo fide, in ipso solo spem tuam colloca, ab ejus arbitrio et nutu totus quan-

tus depende. In Abrahamo erat eximius in Deum amor, cum parentes, amicos et cognatos deseruit; ut unius Dei frueretur amicitia, cum filium suum unigenitum, amabilissimum, ætate florentem, tot promissionum hæredem, gaudium cordis sui, ligavit in sacrificium, utque divino satisfaceret mandato, brachium armatum in necem filii extulit, quod maximum erat dilectionis Dei super omnia argumentum. Quis jam explicet religiosissimum amorem Virginis erga Deum? « Una est Mariæ et Christi caro, unus spiritus, una charitas, » ait Arnoldus Carnot., tract. *De laud. Virg.* Jam in primula ætate tenellum Mariæ cor divinæ charitatis flamma erat succensum, dum tertio ætatis anno reliquit suos parentes, eo facilius in templo soli Dilecto suo vacatura. Amor etiam beatæ Virginis in Deum superabat dilectionem Abrahami, quod iste, et omnes alii sancti non ita pure dilexerint Deum, quin aliquando diligerent aliquid præter ipsum, et quod non esset secundum ipsum, cum constet eos saltem peccasse venialiter; Deipara autem ita amavit Deum, ut nihil unquam præter Deum dilexerit, et quod non esset secundum Deum, et propter Deum, ut adeo singulariter impleverit illud Apostoli, I Cor. xvi, 14 : *Omnia opera vestra in charitate fiant.* Imo non alio morbo correpta, quam amore divino, ex hac vita discessit, ut apud Amorem suum perenniter vivat in gloria æterna. Voca nunc ad examen amorem et dilectionem tuam erga Deum. Quoties, proh dolor! tua ignita desideria, quæ subinde sentis, in pristinum solent abire frigus? Profecto, si charitatem Dei non habeas, *nihil* es, attestante Apostolo : Eris *sicut æs sonans et cymbalum tinniens* (*I Cor.* xiii, 1, 2). Quapropter a beata Virgine, quæ omnium patriarcharum charitatem excedebat, discere te oportet, qualiter cor nostrum amori divino sit consecrandum, qualiter omnia opera tua debeant procedere ex unico motivo Deum super omnia amandi , ipsiusque gustum quærendi, et gloriam absque ullo etiam præmii cœlestis habito respectu.

PUNCTUM III. — Ex patriarcharum principibus tertium tibi siste Jacob patriarcham, Abrahami nepotem, ejus virtutum, promissionum et benedictionum hæredem cum beata Virgine comparandum, minime tamen adæquandum. Jacob nondum natus in utero materno luctatur cum Esau, et victoriam obtinet ac principatum ; beatissima Virgo caput serpentis Tartarei conterit, peccati originalis ab instanti Conceptionis suæ immunis. Jacob sua humilitate et muneribus placat fratrem iratum, sibique conciliat, et pronum ad sibi benefaciendum reddit; beatissima Virgo Maria, sua inæstimabili humilitate et meritis, Deum iratum nobis placavit, et usque in hanc horam in cœlo suis precibus propitium reddere non cessat. Quod pro tuo solatio dictum velim, cliens Mariane! si propter peccata tua desperationis abysso sis proximus, curre ad Matrem tuam Mariam, placabit illa Filium suum, placabit precibus suis maternis ; et nunquid repulsam dabit Filius divinus tam sanctæ et meritissimæ Matri? Ulterius Jacob quasi perditum deplorabat filium suum Joseph. (*Gen.* xxxvii, 34.) Et multo magis deplorandi causam habuit Virgo beatissima, dum Filium suum Unigenitum non jam audiens, ut Jacob, sed propriis oculis a bestiis, intellige, Judæis et inimicis suis, de quibus Psaltes regius ait : *Circumdederunt me sicut canes* (*Psal.* xxi, 17), lacerari et devorari vehementissimo doloris sensu aspexit, in quibus tristissimis circumstantiis integer dolorum oceanus in corde Mariæ confluxit, nosque filios suos tenerrimæ admonet compassionis Matri nostræ tota vita exhibendæ. Econtra Jacob, accepto nuntio de filio suo, quod, quem a fera pessima devoratum existimavit, viveret, incredibili gaudio perfusus dixit: *Sufficit mihi, si adhuc filius meus vivit.* (*Gen.* xlv, 28.) Sic longe majori lætitia exsultavit beatissima Virgo Maria, cum unicum Filium suum unice dilectum, quem prius viderat in cruce inter duos latrones suspensum, irrisum, contemptui expositum, post gloriosam resurrectionem gloria corporis sui insignem vidit, cui data est omnis potestas in cœlo et in terra (*Matth.* xxviii, 18), in cujus nomine omne genu flectitur cœlestium, terrestrium, et infernorum. (*Philipp.* ii, 10.) Certe beatissima Virgo in abundantia gaudii sui cum vate regio exclamare potuit : *Secundum multitudinem dolorum meorum consolationes tuæ lætificaverunt animam meam.* (*Psal.* xciii, 19.) Tandem Jacob moriens adoravit fastigium virgæ Joseph dominantis in Ægypto, ut refert Apost., Hebr. xi, 21, in qua virga figuratam esse asserunt beatissimam Virginem graves Ecclesiæ doctores, SS. Hieronymus, Bonaventura et alii. Sicut ergo huic virgæ Jacob magnus hic patriarcha se inclinavit, et in spiritu videns *Reginam patriarcharum* adoravit; ita et nos hujus prophetæ exemplo instante mortis horula hanc Reginam adoremus, imo non exspectemus tempus mortis nostræ pro cultu et veneratione beatæ Virginis impendendum, sed, dum adhuc vegetus spiritus nostros regit artus, nulla transeat dies, in qua non peculiare quoddam filialis amoris nostri specimen exhibeamus huic Reginæ, quæ virtutes et perfectas patriarcharum qualitates superavit.

Gratulare hodie specialiter beatissimæ Virgini ad hanc dignitatem, quod sit *Regina patriarcharum;* sive enim natalium splendorem spectes, sive gratuita Dei munera, utrobique Maria inclaruscit, Satage etiam peculiarem quemdam exercere virtutis actum, in quo dicti prophetæ magis excelluere, v. gr., imitare patriarcham Jacob in sua mansuetudine et humilitate, quam exercuit erga fratrem suum Esau, ut et tu ita procedas cum adversariis tuis, qui sinistro erga te feruntur affectu ; stude eisdem reconciliari, quod maxime per humilem subjectionem et mansuetudinem, uti patuit in Jacob, fieri potest.

Patronos invoca sanctos utriusque Testamenti patriarchas.

DIES QUARTUS.

BEATA VIRGO IN COELOS ASSUMPTA, REGINA PROPHETARUM.

Punctum I. — Considera, beatissimam Virginem aptissime compellari posse prophetissam, ut exinde gradatim ascendas , et clarius perspicias fuisse etiam *prophetarum Reginam.* Nomen *prophetæ* varias subit acceptiones, ex quibus luce clarius patet beatissimam Dei Genitricem optimo jure dici *Prophetidem.* Propheta est homo sanctus, religiosus, divinis laudibus addictus, jugiter Dei laudes decantans ; quo sensu, in libris Regum, filii prophetarum vocantur illi, qui psalmis et divinis laudibus vacabant. *Obvium habebis gregem prophetarum,* ait Samuel ad Saul, *descendentium de excelso, et ante eos psalterium, et tympanum, et tibiam, et cytharam, ipsosque prophetantes,* seu, ut exponunt Litterarum interpretes apud Abulensem, *divinas laudes canentes.* (*I Reg.* x, 5.) Certe beatissima Virgo hanc promeretur laudem, utpote sanctissima, religiosissima, Dei laudibus unice addicta , jam a tenera infantia inter pias virgines in templo Dei servitio consecrata. Propheta est etiam doctor, qui alios instruit in via virtutis et servitio Dei, qui alios exhortatur ad pietatem, et quidem non qualicunque modo, sed virtute Spiritus sancti. Unde gentium doctor Paulus, I Cor. xiv, 3, doctores et similes, qui alios pie adhortantur, vocat prophetas: *Qui prophetat,* ait, *hominibus loquitur ad ædificationem et exhortationem.* Sic etiam beata Virgo non tantum doctrix et magistra fuit apostolorum et evangelistarum, sed et alios fideles de divinis instruebat mysteriis, et maxime neophytos, post mortem et ascensionem Christi usque ad tempus gloriosæ assumptionis, in fide confirmavit et stabilivit. Propheta est insuper miraculorum patrator; sic namque Christo Domino, dum a mortuis per miraculum suscitavit filium unicum matris suæ in civitate Naim (*Luc.* vii, 16), acclamavit populus: *Propheta magnus surrexit in nobis.* Maria Virgo patravit magnum illud miraculum, et pietatis sacramentum, scilicet, ut Virgo conciperet et pareret Filium, qui simul sit Deus et homo. Denique *prophetæ* vocabulo genuine talis intelligitur, qui ex instinctu Dei rem, antequam eveniat, prædicit, quod etiam præstitit sanctissima Deiparens; futura enim prædixit, dum cecinit in suo cantico *Magnificat* (*Luc.* i, 48) : *Beatam me dicent omnes generationes.* Quod vaticinium suos vidit effectus; et quidem mulier illa evangelica, Luc. xi, nascente primum Ecclesia, inter conciones Christi Domini e media populi turba exclamavit : *Beatus venter qui te portavit, et ubera quæ suxisti.* (*Luc.* xi, 27.) Quam mulierem sequitur jam totus fidelium chorus, Virginem Mariam per omnes generationes prædicans, et palam faciens, beatissimam Dei Genitricem vere de futuris filiis et clientibus suis in toto mundo propagandis propha-

tasse. O cliens Mariane! cogita nunc, qualiter beatissimam Virginem imitari possis, qua Prophetidem,
ut et tu suo modo filius propheta dici merearis
tam sanctæ Matris Prophetissæ; non equidem sine
temeritatis nota præsumere potes à te posse patrari
miracula, vel futuros prædici eventus, saltem stude
imitari quæ potes. Sicut Maria fuit Prophetissa
per sanctam et incontaminatam vitæ conversationem, per assiduum studium orationis et contemplationis, semper laudes decantans Filio suo,
ipsumque glorificans; ita etiam ad hujus Matris
exemplum vitæ tuæ conversationem et mores ita
institue, ut nihil agas, nihil loquaris, nisi quod
ageret aut loqueretur Virgo beatissima, et eo quidem modo humili, amabili, verecundo, et interne
affectuoso, esto assiduus in oratone cum Deo,
poteris ore, poteris et corde continuo laudare et
glorificare Deum tibi intime præsentem. Noli etiam
negligere occasiones, maxime si tuo incumbit
officio et charitas id exigat fraterna, alios erudiendi
et instruendi, qualiter nos oporteat amare Deum,
et in mandatis ejus inoffenso pede die ac nocte
decurrere. Si in corde proximi tui sentis igniculum
divini amoris, excita flammam, subjice ligna, pia
et sancta de Deo colloquia, et tali modo teipsum et
proximum tuum inflammabis, et accendes ad Deum
amandum et diligendum super omnia : quo modo
saltem unum et alterum adimple munus proprium
prophetis, erisque filius propheta Matris tuæ Mariæ
Prophetissæ.

Punctum II. — Beatæ Virgini etiam quoad omnes
gradus et modos donum prophetiæ, quo erat imbuta excellentiori modo, quam aliis prophetis fuit
communicatum. Infimus gradus prophetiæ est,
quando aliquis ex interiori instinctu movetur ad
aliqua exterius facienda. Sed beatissima Virgo præter hoc quod habuerit interiores instinctus, expressas quoque habuit revelationes ab angelis, qui
illam jam ab infantia sua tenerrima visitaverant.
Alius iterum prophetiæ gradus est, dum aliquis ex
interiori lumine illustratur ad cognoscendum aliquid, quod tamen excedit limites cognitionis naturalis ; verum beatissima Deiparens non tantum per
divinas illustrationes rerum naturalium perfectissimam habuit cognitionem, sed et ipsa fidei arcana
clarissime cognovit. Insuper de aliis prophetis
compertum habemus, illos quidem prophetasse et
vere aliquid enuntiasse, nesciisse tamen sæpius
quid dixerint et prophetaverint. Sic Daniel,
cap. VII, vidit visionem quatuor bestiarum, sed
illam non intellexit, priusquam ab angelo petierit
et acceperit explicationem. Quod frequentius huic
sancto prophetæ accidit, uti et ipsemet fatetur,
cap. XII, vers. 8 : *Et ego audivi, et non intellexi, et
dixi : Domine mi! quid erit post hæc?* Zacharias,
cap. IV, vidit candelabrum cum septem lucernis,
et duas olivas, nec tamen cognovit quid hæc sibi
vellent ac significarent. Unde dixit angelo, ibid. 5 :
Quid hæc sunt, Domine mi? Et audivit : *Isti sunt*

et ad illum tota lex et prophetæ referebantur, consentaneum est Matrem Dei quoque esse finem a prophetis intentum, quia relativa simul sunt natura et cognitione. Meretur etiam dici *Archiprophetissa*, quia nobis genuit summum orbis Prophetam Christum Dominum, qui, licet ut Deus proprie non habuerit prophetiæ donum, ad quod requiri videtur obscuritas cognitionis, qualis non erat nec esse potuit in Deo : erat tamen Propheta qua viator, ut fidem facit Angelicus doctor III p., q. 78, a. 8. Quapropter beata Virgo tanquam Mater hujus summi Prophetæ omni jure dicto encomio venit honoranda. Est Maria *prophetarum Regina*, quia omnes prophetæ prædicaverunt de illa. Quid enim apud Moysen rubus ardens incombustus, quid fœderis arca, quid virga Aaronis significat, nisi Mariam ? Quid regius Propheta per Reginam a dextris (*Psal.* XLIV, 10), vellus pluvia profusum (*Psal.* LXXI, 6) ; per civitatem et domum Dei (*Psal.* LXXXVI, 3; XCII, 5), designare voluit, nisi Mariam? Quid apud Salomonem per virgulam fumi ex aromatibus (*Cant.* III, 6) ; per hortum conclusum, fontem signatum, fontem hortorum, puteum aquarum viventium (*Cant.* IV, 12, 15); per auroram consurgentem, castrorum aciem ordinatam (*Cant.* VI, 9, 10); sapientiæ domum (*Prov.* IX, 1); nobis præfiguratur, nisi Maria? Quid apud Isaiam significat Virgo concipiens et pariens, Liber grandis, Prophetissa, Virga de radice Jesse, Nubes levis, Liber obsignatus, Terra germinans Salvatorem (1)? quid hæc et alia plurima prophetarum vaticinia : quid, inquam, aliud sunt, nisi tituli honorifici, queis in spiritu deprædicabant suam Principem et Reginam, futuram Dei Matrem SS. prophetæ? Atque his conformiter SS. Patres beatam Virginem extollunt prophetarum Reginam, quia illorum finis, illorum directio, illorum regimen. Ita sanctus Ephrem vocat Dei Genitricem, serm. *De laudibus Virginis, Decus prophetarum;* sanctus Hieronymus, *In Mich.* cap. VI : *Vaticinium prophetarum;* Andreas Cret., orat. 2, *De Dormit. beatæ Virginis : Summam divinorum oraculorum, de qua resonant omnes spiritus prophetantes;* et orat. *De Assumpt.: Prophetarum et patriarcharum omnium Ornamentum, et investigabilium Dei oraculorum Præconium verissimum.* Vides jam, Mariophile! allegata prophetarum præconia quasi tubas exaltare voces suas, per quas auribus nostris insonant, Mariam in antiquo Testamento per tot figuras et laudum titulos adumbratam, ab omnibus, quotquot Mariæ clientes sumus et filii genuini, tanquam *prophetarum Reginam* summa veneratione, omnique honore esse venerandam et deprædicandam.

Praxis specialis sit proportionaliter eadem ferme, ut in die præcedenti.

Dies hodierna sit sub patrocinio sanctorum prophetarum et prophetissarum utriusque Testamenti ;

neque enim novum Testamentum caruit suis prophetis, quales erant apostoli, aliique apostolici viri, de quibus Paulus, Ephes. IV, 11 : Dominus noster Jesus Christus in Ecclesia quosdam posuit apostolos, quosdam prophetas, quosdam doctores, et quidam fuerunt simul apostoli et prophetæ, ut divus Joannes evangelista, divus Paulus et alii. Fuit etiam donum prophetiæ non tantum viris, sed et feminis concessum; et sicut erant multæ prophetides in Testamento antiquo, ut Maria soror Moysis, Debbora, Anna Samuelis mater, Elisabetha mater Joannis Baptistæ; sic et novum Testamentum vidit plurimas, quales erant sancta Birgitta, sancta Catharina Senensis, sancta Gertrudis, sancta Theresia, et aliæ divinis illustrationibus imbutæ virgines.

DIES QUINTUS.

Beata virgo in cœlos assumpta, regina apostolorum.

PUNCTUM I. — Considera, quod Christus Dominus suis apostolis, quos ad constituendum novæ fidei fundamentum ex toto humano genere elegit, ut in omnem terram exiret sonus eorum, et in fines orbis terræ verba eorum (*Psal.* XVIII, 5), sanctissimam Matrem suam veluti Dominam ac Reginam constituerit, quæ illos superaret in *dignitate, et munere*, quæ illos semper *dirigeret, consolaretur* et *confirmaret* in quibuscunque casibus dubiis et adversis, et quæ etiam denique illos doceret tum *verbo*, tum *exemplo*. Tu, cliens Mariane! per sequentia puncta ordinate singula expende, et ubique quamdam institue observationem pro reformatione morum vel pro augendo filiali erga Matrem honore et obsequio perutilem. Maria superat apostolos in *dignitate*, quæ quidem non qualiscunque est apud apostolos; hi etenim sunt præcones Christi, athletæ Dei, organa Spiritus sancti, religionis præsides, et Ecclesiæ principes; nihilominus tamen multis parasangis hanc dignitatem excedit dignitas beatissimæ Deiparentis. Eo ipso enim, quod sit Mater Dei, nihil dignius, nihil majus, nihil excellentius non tantum dici, sed ne quidem potest excogitari ; tam sublimis est dignitas maternitatis Dei, ut eam nullus intellectus humanus vel angelicus non tantum explicare, sed nec attingere queat. Unde sanctus Bernardus hanc divinæ Matris dignitatem contemplans dubitat, an et ipsa Virgo Maria hanc penetraverit prærogativam et dignitatis excellentiam? « Quid est, ait hom. 4 super *Missus: Et virtus Altissimi obumbrabit tibi?* (*Luc.* I, 26.) Qui potest capere, capiat; quis enim (excepta fortassis illa, quæ hoc sola in se felicissime meruit experiri) id intellectu capere, vel ratione discernere possit? » Divus Augustinus vero sine dubitatione pronuntiat, *super Magnif.*, nec ab ipsa Deiparente hanc dignitatem fuisse agnitam : « Audacter pronuntio, inquit ille, quod nec ipsa plene explicare

(1) Isa. VII, 14; VIII, 1, 3; XI, 1 ; XIX, 1; XXIX, 11; XLV, 8.

poterit, quod capere potuit. » Ut adeo merito
asserat Andreas Cret., orat. 1 *De Dormit. beatæ
Virginis Mariæ*, « a solo Deo » dignam laudem de
hac dignitate ei deferri posse. Hanc proin dignitatem in Matre Dei, et Matre tua altius contemplare;
nam, licet comprehendere non sit datum, contemplari tamen non est negatum. Hac occasione etiam
cogita, qualiter vitam tuam instituere oporteat, ut
nunquam sis filius degener tam sanctæ Matris, quæ
tam eximia splendet dignitatis excellentia. Porro
Maria excedit apostolos in suo *munere*. Apostolatus
est tantum ministerium; unde Apostolus ait I Cor.
iv, 1 : *Sic nos existimet homo, ut ministros Christi.*
Et II Cor. iii, 6 : *Qui et idoneos nos fecit ministros
novi Testamenti.* Serviebant enim apostoli Deo et
Christo, in promulgatione et propagatione legis
evangelicæ; quia Christum per mundum detulerunt et ejus legem prædicarunt : sed beatissima
Virgo Maria non est ministra, sed Domina, non
ancilla, licet ex humilitate talem se nominaverit,
sed Mater Regis regum. Tibi autem, o Mariophile !
et omnibus nobis sit summum decus et gloria,
esse ministros et servos Mariæ. Gratulemur nobismetipsis de hac nobili sparta, quam etiam spiritus
angelici sancta quadam sibi invidia sibi vindicant,
dum huic Dominæ cœli et terræ summa reverentia, ut supra fusius ostensum est, famulantur et
inserviunt.

Punctum II. — Relicta est Maria a Christo Domino suis apostolis, ut illos *dirigeret, consolaretur
et confirmaret.* Sanctissimi apostoli post gloriosam
Christi Domini in cœlos ascensionem erant novæ
plantulæ nondum satis in sua rectitudine firmatæ,
quapropter opus habebant directore; sed nunquid
melior esse potuit, quam Virgo beatissima, quæ
erat vera imago, in qua apostoli quasi ipsum
Christum viventem in terris, et cum hominibus
conversantem conspiciebant ? Porro, cum Christus
Dominus per suum abitum militantem Ecclesiam
magna affecerit tristitia, ideo illos imitabatur,
qui, quando a suis amicis et charis discedere solent, aut prolem aut imaginem loco sui relinquunt,
ut, si non præsentem amicum, umbram saltem illius possint intueri; qua de causa et Christus Dominus dilectis filiis, apostolis et discipulis suis,
quos velut orphanos reliquerat, dedit pro solatio
ad temperandum luctum Matrem suam Virginem
Mariam, in qua velut in viva imagine expressa erat
tota virtus, humilitas, benignitas, charitas, modestia, patientia Christi Filii sui. Hanc Matrem
ipsis pro solamine constituit, ut sit ipsis Luna in
media afflictionum nocte, Stella maris in tempestate, Arca fœderis in medio exercitu, vi cujus
erigerentur ad pugnandum fortiter pro gloria Dei
et corona vitæ æternæ. Insuper Maria apostolos
confirmabat ; multa namque pati oportebat
illos pro Christi nomine post ejus ascensionem, ubique eos exspectabant vincula et tribulationes, nullibi erant tuti a calumniis, irrisioni-

disciplinæ, norma virtutum, totius figura probitatis.» O anima pia! ad hanc apostolorum Magistram accede, velut ignara discipula; propone imprimis tuas tenebras spirituales, pete illuminationem cordis tui, docebit te Maria et illuminabit in omnibus quæ spectant ad tuam salutem. Porro autem, sicut Christus Mariam Matrem apostolis et aliis fidelibus reliquit in exemplum, tum ut vitam moresque ejus in ea velut viva imagine contemplarentur, tum ut puderet viros non præstare, quod femina sexu fragili, beatissima nimirum Virgo Maria, ad normam Evangelii vitam agens docuit in Evangelio non impossibilia præcipi, sed perfecta; ita et juxta hujus exemplum per ejus imitationem mores tuos frequenter examina, et in exemplo Mariæ, velut in lapide lydio, proba quid habeas virtutis et solidæ perfectionis.

Ut hodie praxin quamdam specialem observes, imitare sanctos apostolos, et sicut illi in sua prædicatione cultum ejus mirifice propagarunt, ita ut apostolorum studio ascribendum sit, quod omnes sancti per omnes ætates jam ab initio nascentis Ecclesiæ addicti fuerint beatæ Virgini, consequenter et tu modum excogita qualiter amorem et cultum divinæ Matris aliorum cordibus possis implantare, exerce munus apostolicum, instrue rudes et juventutem in scientia colendi Mariam. Si vero omnis tibi desit occasio et copia, poteris precibus ad Deum fusis, poteris solus in cellula plus apostolico fungi officio et sæpenumero 'multo plus mereri apud Deum, et salutem promovere proximi quam publici Partheniæ laudis præcones in cathedris; si non potes prædicare verbo, prædica exemplo vitæ vere Marianæ, et haud dubie, si omnes actiones tuæ sint compositæ ad exemplum Mariæ, instillabis suavi quadam violentia aliis amorem erga beatam Virginem, cujus saltem aliqua repræsentatio sunt tui mores et vitæ conversatio. Hoc genus apostolice prædicandi erat valde familiare sancto Francisco, qui sola modestia· cum sociis suis per publicas plateas in humili silentio ivit prædicatum.

Patrones invoca sanctos apostolos et evangelistas, quorum beata Virgo Maria fuit consolatrix, magistra, et adjutrix, verbo, *Apostolorum Regina.*

DIES SEXTUS.

BEATA VIRGO IN COELOS ASSUMPTA, REGINA MARTYRUM.

Punctum I.—Sicut beata Virgo ob insignem puritatem et vitæ castimoniam, dicitur Regina angelorum, et ob profundam divinorum mysteriorum cognitionem Regina patriarcharum, prophetarum et apostolorum; ita non minus, ob gravissimos, quos in morte Filii sui perpessa est, dolores, *Regina martyrum* appellari meretur, cujus animam acutissimus doloris gladius pertransivit. Tribus autem præcipue ex causis superavit reliquos martyres; unde et eorum Regina venit deprædicanda. Superavit Maria martyres in magnitudine passionis, in diuturnitate, et in forti,

eaque invicta, constantia. Igitur primo considera magnitudinem passionis Virgineæ in eo clarescere, quod beata hæc Virgo passa sit in anima sua innocentissima, sanctissima, spiritui promptissima; dolores autem animæ semper superant dolores corporis : dum econtra alii martyres passi sint in propria carne, quæ interdum fuit illis occasio et illecebra peccati; non enim a veritate abludit illud Apostoli, *Caro concupiscit adversus spiritum, spiritus autem adversus carnem.* (*Galat.* v, 17.) Præterea aliorum martyrum dolores erant particulares; beatissimæ autem Virginis dolor fuit universalis. Sicut enim in corpore Christi Filii a planta pedis usque ad verticem capitis non erat sanitas (*Isa.* i, 6), ita etiam in corde Mariæ, quod cruciabatur per compassionem, non erat sanitas; imo tantæ tristitiæ et angustiæ penetraverunt animam ejus, ut, si Deus semper cum illa non fuisset, haud dubie præ dolorum vehementia fuisset consumpta. Alii etiam martyres habebant subjnde solatium et refrigerium, quod ipsis acciderat ex ferventi charitate, qua flagrabant in Deum : unde plurimi athletæ Christi glorianter ibant ad carceres, ex abundantia superni solatii sæpenumero ægre tulerunt ex gravissimis extrahi cruciatibus; *ibant* enim *gaudentes pro nomine Jesu contumeliam pati.* (*Act.* v, 41.) Verum in Virgine beatissima magnitudo charitatis non leniebat dolorem, sed illum augebat magis; sicut enim dulce est gravia pati pro eo quem diligimus, ita valde grave et acerbum est, illum aspicere, quem tenere diligimus, indigna patientem, sicuti res se habebat in dolore et passione Matris divinæ. Hanc proin passionis magnitudinem considerantes SS. Patres, eam *Decus martyrum, et plusquam Martyrem* deprædicabant. « Tuam animam, inquit sanctus Bernardus in serm. qui incipit : *Signum magnum* (*Apoc.* XII, 1), pertransivit vis doloris, ut plusquam martyrem non immerito prædicemus, in qua nimirum corporeæ sensum passionis excesserit compassionis affectus. » Profecto et alia argumenta liquido demonstrant, dolorem Deiparæ in Passione Filii fuisse vehementissimum, et in sua magnitudine et intensione excessisse dolores aliorum martyrum. Divinæ hujus Matris complexio erat nimis tenera, quæ suos dolores tanto magis reddebat sensibiles, maxime cum Virgo beata ad omnem semper mansuetudinem fuerit educata, et nunquam fortassis vidit aliquem flagellis cædi, vel in crucem suspendi, quod primum exerceri vidit in Filio; et ideo hæc res insolita in dilectissimo Filio suo conspecta ineffabili dolore ejus animam cruciabat. Accedit, quod vehementioris etiam doloris in Deipara argumentum fuerit locus plagæ, ipsum scilicet cor, quod vitæ centrum est, et vulnera semper sunt eo acutiora, quo in locis sunt magis delicatis. Et quid, amabo ! delicatum, ac tenerum magis erat in mundo, quam cor Virginis beatissimæ, quod igne compassionis præ amoris teneritudine ferme penitus erat consumptum? Taceo, extremam doloris causam fuisse amorem erga Filium, cujus teneritudinem, qualis semper in matribus reperitur erga filios, et multo magis in tanta Matre erga tantum Filium, quis, inquam, explicet? quis cogitatu comprehendat? Certe plusquam omnes martyres dilexit Christum Filium suum propria Mater; ergo et majoris ponderis erat dolor, et consequenter ob passionis suæ magnitudinem dignissime eidem occinitur, quod sit *Regina martyrum*.

O cliens Mariane! annon moveris ad filialem compassionem erga Matrem tuam innocentissimam? Nunquam illa peccavit quidquam, et tamen Filius ejus sanctissimus tanto dolorum pondere eamdem oppressit, ut martyres in passione superaverit. Disce, quæso, dolores et cruciatus de cœlo missos non esse mala omina, sed maxima paternæ benevolentiæ specimina; disce, rem esse prorsus indignam, et minime statui tuo convenientem, si recusare velis dolores et passiones; cum enim tu sis filius Matris dolorosæ, cum sis vasallus *martyrum Reginæ*, nunquid decet afflictissimæ Matris filium esse delicatum? nunquid servus melior sit Regina ac Domina? Hodie adhuc, dum hæc legis et expendis, firmam concipe resolutionem, quod non tantum tanquam filius genuinus tuæ sanctissimæ Matri omni vitæ tempore per sanctum luctum et spiritum compunctionis velis compati, sed et cum gaudio acceptare dolores omnes, quos tibi in hoc sæculo immittit providens Numen, ut eo magis conformeris Matri tuæ, quæ, licet in maximis erat gratiis apud Filium suum, maximos tamen habuit dolores; imo etiam ipsemet vehementer exopta pati pro Christo, et repleri doloribus; semper indignum te æstima, si dolores et cruciatus tibi immiserit pius Pater de cœlo, ut imiteris illas sanctas animas, quæ vehementer desiderabant aut pati, aut mori pro Christo, imo non mori, sed plurima pati.

PUNCTUM. II. — Considera, quod beatissima Virgo etiam martyres superaverit in passionis *diuturnitate*. Cruciatus sanctorum martyrum terminabantur eorum morte; dum econtra a Christi nativitate usque ad mortem suam dolor intensissimus in corde Virginis hæsitaverat. Prævidebat namque, quia erat Prophetissa, mortem Filii sui, eamdemque continuo habebat'præ oculis, dum fovebat in sinu, gestabat in ulnis, lactabat uberibus; ab illa hora, qua illum genuit, statim cognovit se esse Matrem illius qui debebat pati, crucifigi et mori pro nobis peccatoribus, ut adeo singulis horis et momentis Christi sui mortem intueretur. Audi, Mariophile! Virginem loquentem apud Rupertum abbatem, qui ita scribit, lib. I *In Cant.*, in persona Matris dolorosæ : « Nolite solam attendere horam, vel diem illam, in qua vidi Dilectum ab impiis comprehensum male tractari, illudi, spinis coronari, flagellari, crucifigi, felle et aceto potari, lanceari, mori et sepeliri : nam tunc quidem gla-

dius animam meam pertransivit, sed, antequam sic pertransiret, longum per me transitum fecit; Prophetissa namque eram, et ex quo Mater ejus facta sum, scivi eum ista passurum. Cum igitur talem Filium in sinu meo foverem, ulnis gestarem, uberibus lactarem, et talem ejus futuram mortem præ oculis haberem, qualem, quantam, quamque prolixam me putatis materni doloris pertulisse passionem? » Atque hanc Ruperti doctrinam confirmat sancta Birgitta hisce verbis *In Serm. Ang.* cap. 16 et 17, ita discurrens : « Melius quam prophetæ præscivit (Maria) Filii sui Passionem : ideo eum lactans, cogitabat, quod felle et aceto esset potandus in cruce; quando eum manibus gestabat, videbatur illi quod crucis brachiis esset confixus; quando dormiebat, cogitabat mortuum ex cruce depositum; quando osculabatur, Judæ osculum meditabatur; quando fasciis involvebat, cogitabat funes, quibus ligandus ab impiis carnificibus; quando manu ducebat, ducendum ad tribunalia, ut impiis judicibus sisteretur. » Fuerunt insuper dolores Mariæ diuturni, non tantum ideo, quia Passionem Filii, antequam esset, cognovit, sed quia cogitavit etiam postquam præterivit. « Omni tempore, ait beata Virgo apud sanctam Birgittam lib. VI *Revel.*, cap. 65, quo post Ascensionem Filii mei vixi, visitavi loca in quibus ipse passus est,et mirabilia ostendit; sic quoque Passio sua in corde meo fixa erat, quod, sive comedebam, sive laborabam, quasi recens erat in memoria.»Plurima tibi nunc præsto est considerationis materia. Disce imprimis ad exemplum Mariæ in diurnis tuis actionibus pie et sancte meditari Dominicæ Passionis mysteria. Si legis, si studes, si laboras, si corporaliter te reficis, si cubitum vadis, multo magis, si præsens es sacrificio Missæ, si oras et intus conversaris cum Deo, si aliis inservis, sive sanus sis,autægrotus, imo omnes actiones de se prorsus indifferentes poterunt esse occasio ad pias formandas de Passione Christi cogitationes; si tuam impenderis diligentiam, cætera supplebit unctio et gratia Spiritus sancti. Eris ex consequenti per sanctam compunctionem intime unitus cum Deo, et genuinus filius tantæ Matris, quæ dolores Filii sui jugiter meditabatur in corde suo. Porro diuturnitatis dolorum, quos perpessa est Virgo beatissima, sit tibi etiam pro documento, ut nunquam sis querulus in tuis afflictionibus, licet nulla solatii aut refrigerii spes affulgeat, sed te ita consigna divinæ voluntatis dispositioni, ut etiam usque ad finem vitæ tuæ velis permanere in cruce, ut imiteris Virum dolorum et Filium Mariæ, qui de cruce non descendit, sed in illa perennans suum pro nostra salute spiritum commendavit in manus Patris sui cœlestis.

PUNCTUM III. —Considera, quod beatissima Virgo martyres superaverit *in fortitudine et constantia*. Omnes dolores forti animo sub cruce despexit, et seipsam una cum Filio suo Patri cœlesti immolavit;

nunquam erat in adversis dejecta, nunquam in doloribus fracta, nunquam in prosperis immoderate gaudens : erat Maria illa *fortis mulier*, quam sapientissimus Salomon sollicite quæsivit : *Mulierem fortem quis inveniet* (*Prov.* xxxi, 10)? dum unicum Filium suum, non qualemcunque, sed Deum et hominem, pro totius mundi peccatis in cruce suspensum videns tanta animi fortitudine dolorem illum vehementissimum pertulit, ut nihil indecorum, nihil quod non summam animi moderationem atque constantiam præ se ferret, egerit ; sed, uti dicit Evangelista (*Joan.* xix, 25), *Stabat juxta crucem. Stabat*, nullo adversitatum, anxietatum atque dolorum turbine commota, nullo impatientiæ motu agitata. *Stabat* in conspectu totius orbis terrarum, et in medio illo terræ, in quo Dominus spectaculum omnibus factus patiens salutem operabatur. *Stabat*, et ipsa spectaculum omnibus facta, inter medios gladios lanceasque militum crucifigentium, inter iras et injurias Judæorum *stabat*, et plagas, opprobria, vulnera Filii sui in se recipiebat ; astabat *Regi martyrum martyrum Regina*, vulnerato convulnerata, crucifixo concrucifixa, eodem doloris gladio transverberata, ut posset dicere, melius quam Paulus: *Christo confixa sum cruci.* (*Galat.* ii, 19.) Pallebat Mater cum Filio pallente, sauciabatur cum saucio, lacrymabatur cum lacrymante, morienti etiam suo modo commoriebatur. Aspiciebat hiantia Filii vulnera, et tamen recta *stabat* cum magna animi fortitudine, admirabili et invicta constantia. Turbatus est mundus, tota terra tremebat, sol obscurabatur, sed cor fortissimæ Matris remanebat integrum.

O cliens devote! disce fortitudinem, disce constantiam a Matre tua. Quoties tibi proponis, quod velis esse fortis et constans in tuis tribulationibus ! Et fortassis tibi desuper blandiris de virtute quadam constantiæ in adversis, quia absente occasione magnanima quædam persentis patiendi desideria, et dicis forte cum Psalte regio : *Dixi in abundantia mea : Non movebor in æternum.* (*Psal.* xxix, 7.) Verum, dum experiri datur, dum Deus faciem suam a te avertit, et varias immittit tribulationes, nunquid repente fis conturbatus ? nunquid et levissimum verbum tuam enervat consuetudinem, et ad innumeras te provocat querimonias ? imo, quod maxime dolendum et nocivum est tuæ animæ, turbaris etiam in ipso Dei servitio, desipiunt præ tristitia et tædio spiritualia exercitia. Et quænam hujus mali causa, nisi quod nondum solida in schola crucis posueris fundamenta, imo ne quidem prima hauseris principia ? Quapropter, ut impetres a Deo gratiam fortiter et constanter perennandi in cruce et in tuis afflictionibus, ut obtineas donum salubriter compatiendi Filio suo, Regi martyrum, et Viro dolorosissimo, ad hanc Mulierem fortem, ad hanc constantiæ Magistram, ad hanc *Reginam*, cui

gloriose in cœlos exaltatæ sanctissimi martyres humili obsequio genua curvant, te filialiter converte, et humillimis precibus ad illam suspira :,O nobilissima martyrum Regina! o constantissima mulierum ! o Heroina invictissima ! supplices ad te extendo manus , dignare et mihi supplicanti Filio tuo quidquam participare de tua fortitudine et constantia, ut nullo tempore inter brachia Crucifixi, inter varias ærumnas succumbam ; infunde, quæso, vel minimam guttulam lacrymarum, quas habuisti dum stares sub cruce, ut et ego tibi et Filio tuo possim condolere et compati, et una tecum beatissima illius præsentia perfrui.

Hæc pia suspiria ad Mariam martyrum Reginam pro obtinenda fortitudinis et filialis compassionis gratia servient hac die in vicem praxis specialis, et ut hanc tuam petitionem facilius in memoria poteris retinere, et sæpenumero per diem Mariæ proponere, dic confidenter :

> *Sancta Mater, istud agas,*
> *Crucifixi fige plagas*
> *Cordi meo valide !*

Dies hodierna sit sub patrocinio sanctorum martyrum, speciatim sancti Joannis evangelistæ , quem etiam ut martyrem colit Ecclesia; hic namque dilectus Christi discipulus et individuus beatæ Virginis in sua Passione comes optime de doloribus Virginis, quos in cruce præcipue exantlabat, testari potest, ex quibus Mariam *Reginam martyrum* fuisse probavimus.

DIES SEPTIMUS.

BEATA VIRGO IN COELOS ASSUMPTA, REGINA CONFESSORUM.

Punctum I. — Considera, quomodo beatissima Virgo dicenda sit *Regina confessorum ;* si etenim recto ordine sequuntur sanctos martyres; nam, quemadmodum athletæ Christi sanguinem fuderunt pro Christo Domino, ita confessoribus propter insignem vitæ sanctimoniam animus martyrii non defuit ; propter assiduas enim preces, jejunia, vigilias, cilicia, disciplinas, aliasque corporis castigationes ad carnem macerandam, vel viventes in mundo, vel in eremis, in claustris et monasteriis degentes, ultro susceptas, per quas se vivas victimas omnipotenti Deo mactarunt, martyres dici et esse possunt. Horum sancta Dei Genitrix Maria dicitur *Regina ;* quia his sanctis confessoribus velut Antesignana præivit in præstantissimis virtutibus, quas sancti illi viri æmulabantur, et in humilitate evaserunt magni, divites in paupertate, imperantes in obedientia, et angeli terrestres, feliciores, ut ait sanctus Bernardus, virtute angelis in cœlo : « Differunt quidem (sunt verba ipsius epist. 42) inter se homo pudicus et angelus, sed felicitate, non virtute ; etsi enim hujus castitas felicior, illius tamen fortior dignoscitur. » Sicut autem sancti confessores fabricam perfectionis suæ stabiliverunt in fundamento humilitatis, et demum maxime illi, qui vivebant in claustris sub disciplina et subjectione, qui omnes, sæculi divitias et honores propter Deum relinquentes, semetipsos castraverunt propter regnum cœlorum, per tria sanctissima vota, paupertatis nimirum, obedientiæ et castitatis, ad celsitudinem perfectionis pervenerunt; ita beatissimam Virginem, quam *Reginam confessorum* contemplandam propono, in his recensitis quatuor virtutibus alios confessores et Dei servos superasse paucis expende, et, dum vides Matrem tuam, cujus filium et clientem te profiteris, adeo excellere in assignatis virtutibus, etiam tu æmulare materna charismata, tuosque defectus in virtute humilitatis, et sanctis votis, si religiosus es, serio emenda. Igitur præter alia quæ variis in locis de paupertate, humilitate, castitate et obedientia Mariæ Virginis diximus, et adhuc dicemus in decursu libelli, beata Virgo fuit vere humilis, et humilium Dux et Regina, atque sequentia dedit solidæ humilitatis specimina.

Magnum humilitatis argumentum est conversari cum hominibus vilis et abjectæ conditionis, cujus exemplum dedit Maria Dei Mater, dignitate personæ suæ omnes alios, quotquot vixerunt, vivunt et vivent usque ad mundi finem, superans et antecellens. Interfuit nuptiis in Cana Galilææ, quæ erant pauperum hominum, quibus inter medias epulas defecit vinum; has nuptias non aspernata est, sed venit invitata. Neque etiam Magdalenæ abhorruit præsentiam, licet omnibus aliis exosa, et ante conversionem contemptibilis fuerit peccatrix; Maria tamen illam postea, dum jam erat fidelis Christi discipula, ad montem Calvariæ pergens individuam sibi comitem adjunxit. Humiles etiam delectantur in sui contemptu, in opprobriis, et ludibriis, quod beatissima Virgo excellenti modo præstitit. Et primo quidem stabulum illud Bethleemiticum, dum carebat meliori hospitio, cum Josepho sponso suo ingressa, Salvatorem mundi peperit, pannis involvit, in præsepio reclinavit, tantumque in illo vili tugurio delectata est, ut ibidem per dies quadraginta maneret usque ad purificationem, et tres reges ab Oriente cum muneribus venientes ibidem exciperet. Delectabatur Virgo in sui contemptu, et sinistra aliorum de se opinione, dum purganda templum accessit, et sacrificium pro se Filioque suo obtulit, ubi omnes homines credebant, illam esse feminam vulgarem, immundam et peccatricem, quæ indigeret sacrificio et oratione sacerdotis, tanquam remedio pro expiando peccato. Insuper, dum Filium suum multis conviciis, contumeliis et opprobriis a Judæis vidit onerari; appellabatur enim passim Samaritanus, dæmoniacus et blasphemus; dum sæpius etiam audivit illam vocari feminam vilem et pauperem, multoties audiens id, quod dicebant Judæi : *Nonne hic est fabri filius? nonne mater ejus dicitur Maria* (*Matth.* XIII, 55)? *Nonne hic est faber filius Mariæ*

(*Marc.* VI, 3)? has et similes loquelas profunda animi submissione excepit humilis Virgo, imo sibi gratulabatur, et quasi incomparabili affecta beneficio exsultabat, ut hac ratione ignominiæ, et crucis Filii sui fieret particeps. Porro, sicut humilium natura et conditio est in hominum cœtu infimum tenere locum, juxta doctrinam Salvatoris : *Cum invitatus fueris ad nuptias, recumbe in novissimo loco* (*Luc.* XIV, 10) ; ita et Virgo beatissima hanc fecit observationem ; postquam enim Christus ascendisset in cœlum, et apostoli in cœnaculum quoddam convenissent ad orationem, ut ait sacer historicus in Actis apostolorum (I, 14) : *Hi omnes erant perseverantes unanimiter in oratione cum mulieribus, et Maria Matre Jesu :* ecce Maria novissima ponitur, quæ tamen apostolorum fuit Magistra, imo et Regina, ut supra ostendimus. Quamvis autem negare non velim, plura exstare solidæ humilitatis specimina apud sanctos confessores, monachos et eremitas : scias tamen, velim, virtutem humilitatis esse eo magis perfectam et excellentem, quo nobilior, excellentior et illustrior est persona quæ humilitatem præ se fert. Certe Maria omnes in hoc superavit; si genus spectas, stemmata regum, tiaras pontificum, virgas patriarcharum, tropæa ducum, insignia prophetarum præferebat; si dignitatem attendas, ut paucis multa dicam, Mater Dei erat, mundi Domina benedicta non tantum inter mulieres omnes tam terrestres, quam cœlestes generationes : « Maria, quanto major erat, ait sanctus Bernardus, serm. super *Signum Magnum* (*Apoc.* XII, 1), humiliavit se non modo de omnibus, sed et præ omnibus merito facta est novissima prima, quæ, dum prima erat, omnium novissimam se faciebat. » Ex quibus facile vides Mariam fuisse *Reginam confessorum*, qui etiam super fundamentum solidæ humilitatis suum exstruxere perfectionis ædificium.

Multa te hic oportet discere, o Mariophile! si in numero illorum es, qui, laudibus evecti, honore aliquo insigniti, de ignobilibus nobiles, de pauperibus divites facti subito intumescunt, pristinæ abjectionis obliti genus suum dedignantur, et infimos parentes, consanguineos, amicos non amplius venerantur, nec aspicere volunt, qui, dum punctum honoris tangitur aut præcedentiæ, statim sensibiles fiunt, et vehementer excandescunt. Erubesce, quæso, pulvis et cinis; non habes causam quod superbias. Disce a Maria humilitatem, si cupis esse filius hujus Matris, et humilis ancillæ.

PUNCTUM II. — Inter alia arma, quibus sancti confessores, monachi et eremitæ expugnarunt regnum cœlorum, fuerunt, ut diximus, sacra vota paupertatis voluntariæ, castitatis et obedientiæ, in quibus iterum excelluit beatissima Virgo, *Confessorum Regina.* Et primo quidem, suppositis aliis, quæ de his diximus, et adhuc dicemus, virtutibus, considera, beatissimam Virginem fuisse valde excellentem in paupertate, qdæ apud Mariam minime fuit coacta, sed voluntaria; erat enim ex stirpe regia, de domo et familia David ; parentes ejus Joachim et Anna erant di. vites, et tripartita ipsorum substantia, partem in suum victum, partem in victum familiæ, partem in pauperes disposuerunt; laborabat ipsa Virgo lana et lino, serico et bysso, erat conjux Josephi opificis. Unde paupertas Virginis fuit voluntaria, et profecta est ex voluntaria rerum temporalium abdicatione. Reluxit autem multifariam. Primo in desponsatione : ubi elegerat sponsum non nobilem et divitem, sed pauperem, officio fabrum, qui manu et arte victum quærebat quotidianum : in partu quo tempore venit regia Virgo in Bethleem, comitante sancto Josepho sponso suo, et non inveniebant hospitium ; unde amore paupertatis divertebant in speluncam bestiarum : ibi natus est Rex angelorum, ibi reclinatus Fabricator cœlorum, et pannis involutus est Ditator pauperum. Pauperem se exhibuit Maria Virgo in Purificatione: quando more pauperum obtulit par turturum, aut duos pullos columbrarum, non ex necessitate, quia ante paucos dies ingentem auri vim pauperibus exinde distributam a tribus Magis accepit, sed amore paupertatis. In cultu corporis : pretiosarum enim vestium nullus unquam tetigit amor, nulla cura. « Beata Virgo non curabat de ornamentis, » ait sanctus Vincentius Ferrerius, serm. *In Virg. Nativ.* Qui sanctus censebat, eam paucis ac simplicibus vestibus usam, adeo ut frigus a se arcere non posset ; unde Filium suum mox natum volens calefacere, non pectori admovit, sed animalibus anhelitu calefaciendum dedit, id non factura, si eum sinu suo fovere potuisset. Beata Virgo habebat pauperes vestes, easque paucas ; dum exspectaret regum orientalium adventum, non illa se ornavit tanquam Regina, non auro, gemmis pretiosisque lapidibus, splendore vestium gloriam suam ostentavit, sed tres Magi *invenerunt Puerum cum Maria Matre zjus.* (Matth. II, 11.) Invenerunt, ait auctor Operis imperf. in cap. II Matth., Matrem ejus vix unicam tunicam habentem, non ad ornamentum corporis, sed ad tegumentum nuditatis proficientem. Unde et in Canticis (IV, 11) dicitur de vestimentis Mariæ : *Odor vestimentorum tuorum sicut odor thuris.* Odorem thuris exhalabant vestimenta Mariæ, quia nihil in eis exquisitum, nihil vanum, nihil profanum apparebat. « Talis, inquit Gregorius Nyssenus, hom. 9 *in Cant.,* est odor vestimentorum tuorum, ut sit similis thuri, quod Dei honori est dicatum. » Quæ verba nobis serviant pro salutari documento : qui enim utuntur veste profana, et incedunt ornati et culti, non ad Dei honorem, sed ad captandam honoris auram, illa vestimenta non spirant thuris odorem, sed superbiam olent et jactantiam, non Domino Deo deferunt honorem, sed ipsimet cupiunt honorari. Non equidem de te sperare volo , cliens Mariane ! quod et tu appetas vestes pulchras et ni-

tidas, quod studeas ornatui vano et sæculari ; quia tamen, ut tristis docet experientia, inter ipsos etiam ecclesiasticos, sacerdotes et religiosos hoc grassatur vitium, ideo et te cautum volo, ne in hanc deplorandam incidas miseriam. Audi divum Bernardum, qui, postquam hom. 4, super *Missus,* illorum superbiam et vanitatem, qui se in schola humilitatis discipulos esse profitentur, valde detestatur, hisce verbis parænetice discurrit : « Quid de ipso habitu dicam, in quo jam non calor, sed color requiritur , magisque cultui vestium, quam virtutum insistitur ? Pudet dicere ! vincuntur in suo studio muliercula, quando a monachis pretium affectatur in vestibus, non necessitas. Nec saltem forma religionis retenta in habitu; ornari, non armari cupiunt milites Christi, qui, dum se præparare ad prælium, et contra aereas potestates prætendere paupertatis insigne debuerant, quod utique adversarii valde formidant, in mollitie vestimentorum pacis potius præferentes indicium ultro se hostibus sine sanguine tradunt inermes. » Hæc verba devoti abbatis, si nos non tangunt, sint saltem pro cautela, sint pro doctrina in futurum, ut imitemur antiquos Patres nostros monachos, aliosque sanctos confessores , eorumque Reginam Virginem beatissimam gloriose jam in cœlis regnantem, quæ, dum vivebat in terris, vili et aspero gaudebat amictu, et non quæsivit splendida et profana vestimenta. Quod autem de paupertate in amictu dictum est, intellige etiam de paupertate in victu, aliisque utensilibus ; nam sicut et in his sanctissimi confessores excelluere, ita et multo magis eorum Regina esse potest nobis incitamentto, ut hanc virtutem evangelicam ambabus ulnis amplectamur, nostrosque defectus tandem serio amore salutis nostræ emendare allaboremus.

PUNCTUM III. — Considera denique, quod sancti confessores virtutem obedientiæ in sua structura ascetica velut lapidem angularem observaverint. Hinc communis SS. Patrum doctrina est, quod in tantum aliquis in omnibus virtutibus profectum faciat, in quantum proficiet in obedientia ; unde eam omnium virtutum matrem et originem vocant. « Obedientia, inquit sanctus Augustinus, lib. I *Contra advers. leg.* cap. 14, maxima est virtus, et, ut sic dixerim, omnium origo materque virtutum. » Et Cassianus, lib. IV *Instit.* cap. 30, ait : « Obedientia inter cæteras virtutes primatum tenet. » Aureæ etiam sunt senioris cujusdam de obedientia sententiæ, quæ habentur in Vitis PP. lib. III, libel. 14, n. 19. « Obedientia, inquit, salus est omnium fidelium ; obedientia regni cœlorum inventrix est ; obedientia cœlos aperiens, et homines de terra elevans est ; obedientia cohabitatrix angelorum est ; obedientia sanctorum omnium cibus est ; ex hac enim omnes ablactati sunt, et per hanc ad perfectionem pervenerunt. » In hac proin virtute eminuisse beatissimam Virginem et alios sanctos superasse, claris probatur argumentis. Verus obediens non tantum Deo, sed et hominibus obedit ; utrumque præstitit beata Deiparens. Obediit Deo, dum auditis et perceptis angeli verbis certior facta de voluntate Dei credidit et paruit, dicens : *Fiat mihi secundum verbum tuum.* (*Luc.* 1, 38.) Ac si diceret, ait Titus Bostrensis : En tabula sum, quamvis scripturam recipere idonea, scribat in me scriba ille, quodcunque visum fuerit, faciat de me universorum Dominus quidquid libuerit. Quod ipsum confirmat beata Virgo apud sanctam Birgittam, lib. 1 *Revelat.* cap. 4, sic inquiens : « Habui obedientiam, quia studui obedire Filio meo in omnibus. » Fuit Maria obediens hominibus; et primo quidem parentibus promptissima in omnibus eisdem lætissima voluntate obsecundavit. « Ab infantia patri et matri, ait sancta Mechtildis lib. *Revelat.* vii, cap. 15, usque adeo obsequens, et morigera erat, ut nulla unquam re eos offenderet aut contristaret. » Sed nedum parentibus, sed et omnibus aliis, maxime sacerdotibus in templo, omnem impendit obedientiam; obedivit sponso suo sancto Josepho in Nazareth, in Bethleem, necnon secedendo cum ipso in Ægyptum, imo et hominis ethnici Cæsaris Augusti imperium observavit et mandatum, cum a Nazareth in Bethleem nonaginta millia passuum itinere partui jam vicina profecta est, *ut profiteretur* (*Luc.* ii, 5), ut nomen suum inscribi faceret, et nummum census capiti suo impositum penderet, per quam præclaram obedientiam nobis omnibus insigne reliquit documentum, non tantum obedientiæ bonum impendendum esse superioribus piis et bonis, sed et imperfectis et dyscolis ; ad quod nos hortatur Petrus apostolus : *Servi, subditi estote in omni tempore dominis, non tantum bonis et modestis, sed et dyscolis* (*I Petr.* ii, 18). Fuit etiam Maria specialiter obtemperans legi purificationis, cujus non erat indiga, de quo tamen virtutis specimine, cum alibi facta sit mentio, plura hic adjicere supersedeo. Tacendum tamen non est , obedientiam beatæ Virginis fuisse maxime exhibitam in rebus valde duris, quæ nobilis qualitas præcipue requiritur in obedientia, ut nos discamus obedientiam exhibere non tantum in rebus nobis gratis et valde acceptis, sed et duris, et contrariis rebus ac casibus, vel etiam irrogatis injuriis; durum namque erat, et valde arduum intemeratæ Virgini gestare uterum, cui tamen virginitas in animo erat ac desiderio; obsequitur tamen audiente Deo, et ancillam se præbet : *Ecce,* ait, *Ancilla Domini.* (*Luc.* 1, 38.) Durum erat incorruptam et impollutam Matrem ire ad templum pro sui purgatione, ibidemque inter corruptas et pollutas puerperas comparere ; et tamen, postquam impleti sunt dies purgationis, beata Virgo non moras nectebat, non prolongabat tempus suæ purgationis, statim manus operi, pedes itineri paravit, et assumpto in materna brachia Filio ad templum processit. Durum erat censum pendere pro illo, qui toto jure erat exemptus ; va-

dit tamen in Bethleem, et censu capiti imposito se et recens Natum subjectum profitetur. Durum erat non habere locum in diversorio, et tolerare illum ejici in stabulum jumentorum, qui implens cœlum inter medios sedet Cherubinos ; et tamen declinat in specum Filiolum suum amantissimum, quem cœli cœlorum non capiunt, et medium inter bovem et asinum collocat Dominum universorum, in cujus faciem desiderant angeli prospicere. Durum erat ingratæ illius civitatis experiri inhumanitatem, et in misero spelæo inter bruta animantia famem et sitim, frigus et squalores tolerare; tolerat tamen, et Verbum caro factum, quantum potuit, suo calore fovit. Durum erat innocenti Parvulo manus injicere , tenerumque corpusculum vulnerare, et Principem salvationis signo damnatorum insignire ; sustinuit tamen illum in circumcisione vulnerari, qui propitiatur omnibus iniquitatibus nostris, et sanat omnia vulnera animæ nostræ. O anima pia ! quam dura fuit obedientia, quam profitebatur beatissima Virgo ! Inspice ergo, et fac secundum exemplar Matris tuæ, tuamque maxime in duris et arduis rebus proba obedientiam ; exhiberi hæc debet sine differentia non tantum superioribus bonis, sed et imperfectis, imo et æqualibus, et quidem sine mora cum plena abnegatione judicii proprii et voluntatis, cæce, hilariter et expedite « Fidelis obediens, ait divus Bernardus, serm. *De obed.,* nescit moras, fugit crastinum, ignorat tarditatem, præripit præcipientem, parat oculos visui, aures auditui, linguam voci, manus operi, itineri pedes, totum se colligit, ut imperantis colligat voluntatem. » Et beatus Albertus Magnus, lib. *De virtut.,* ait : « Verus obediens nunquam præceptum exspectat, sed solum voluntatem prælati sciens, vel credens, firmiter exsequitur pro præcepto. » Hæc puncta observa, sicut eadem exemplo suo docuit beata Deiparens, et cum nullo unquam tempore in obedientia exstiterit defectuosa, leves autem defectus quoad modum majoris perfectionis pro fragilitate humanæ naturæ vix omni tempore evitari potuerunt a sanctis confessoribus, qui alias per obedientiæ virtutem sibi viam straverunt ad regnum cœlorum, ideo merito dicitur *Regina confessorum.* De castitate dictum aliqua die sequenti, et plura inferius parte vi et vii.

Pro praxi speciali hac die exerce actum quemdam submissæ humilitatis. Noli autem putare, humilitatis virtutem in eo sitam esse, quod aliquis dicat vel cognoscat se esse magnum peccatorem, sed in hoc, quod agnoscens se talem ex virtute pœnitentiæ et justitiæ vindicativæ libenter suscipiat, et ferat omnia adversa, præsertim increpationes, reprehensiones, confusiones, contemptus, imo hæc omnia ex desiderio satisfaciendi et placendi Deo appetat, desideret, quærat prompte, et integre se accuset, prodat, ac prodi non ægre ferat, multo minus amarum erga correctores et reprehensores animum gerat. Discute insuper, si monachus sis, aut alius religiosus professus, defectus tuos hucusque in paupertate et obedientia commissos; de his enim strictissimam quondam reddere debes rationem, et in tuis votis oportet te esse perfectum, si sanctis confessoribus aliquando in cœlo cupias annumerari.

Omnes sancti confessores, monachi et eremitæ eligantur in patronos hujus diei.

DIES OCTAVUS.

BEATA VIRGO IN COELOS ASSUMPTA, REGINA VIRGINUM.

Punctum 1. — Considera, quod, sicut Christus Dominus est primus dux virginitatis et magister, qui non modo ex Patre citra congressum ab æterno est genitus, sed etiam carnem ex Virgine sine virili congressu in tempore assumpsit; ita beatissima Virgo est virginum Regina, utpote Christi Mater verissima, præit omnibus in virginali castitate et integritate, non tantum hominibus, verum et angelis. Superat Maria omnes angelos in puritatis virginitate: nam angeli virtutem habebant in solo spiritu : beatissima Virgo eamdem possidebat in corpore et spiritu. Virginitas angelis est naturalis, et gratuita : Mariæ virginitas voluntaria, consequenter et meritoria. Insuper angelis virginitas est quasi necessaria, et sine pugna : beatissimæ Virginis virginitas est voluntaria, et cum victoria. Homines quoque in virginitate sanctissima Dei Genitrix longe superat ; nam in hominibus virginitas est cum pugna fomitis, et cum possibilitate cadendi in peccatum : in beata Virgine virginitas fuit sine pugna fomitis, et sine periculo cadendi in peccatum, nequidem veniale. Quapropter, cum Maria præ cæteris virginitatem perfectius servavit, eo perfectiorem quoque præ reliquis coronam virginitatis fuit adepta, ut merito dici possit *virginum Regina*. Unde variis elogiis eamdem extollunt SS. Patres, et sanctus Jacobus vocat illam in Liturg. quod sit *Gloria virginum*; sanctus Ambrosius, *De instit. virg.*, cap. 6, appellat *Magistram virginitatis;* et lib. II *Imaginem virginitatis*, et *Speculum castitatis;* sanctus Ildephonsus, serm. 1 *De Assumpt.*, *Fastigium omnium virginum;* divus Chrysostomus, serm. 143, *Reginam totius castitatis;* sanctus Bernardus, serm. in *Signum Mag.* (Apoc. XII, 1): *virginitatis Primiceriam;* quia ipsa suo exemplo omnes ad cultum virginitatis excitavit, necnon suo patrocinio, meritis et precibus ad eamdem servandam adjuvit. O cliens Mariane! si desideras esse filius tantæ *Reginæ*, quæ virginitatis corona splendescit, oportet te esse purum et castum, debes et minimos impuritatis pulvisculos pellere, et tunc eris per gratiam Dei in numero illorum, quos vidit divus Joannes Apoc. XIV, et seqq., supra montem Sion cantantes canticum novum, habentes nomen Agni et nomen Patris ejus scriptum in frontibus suis : *Vidi*, ait, *et ecce Agnus stabat supra montem Sion, et cum eo centum quadraginta quatuor millia, habentes nomen ejus et nomen Patris ejus scriptum in frontibus suis,... et cantabat quasi canticum novum*

ante sedem, et ante quatuor animalia et seniores, et nemo poterat dicere canticum, nisi illa centum quadraginta quatuor millia, qui empti sunt de terra; hi sunt, qui cum mulieribus non sunt coinquinati; virgines enim sunt, et sequuntur Agnum, quocunque ierit. Agnus autem iste est Christus tum propter innocentiam, tum propter mansuetudinem ; Christus enim, ut ait Petrus apostolus, *Cum malediceretur, non maledicebat ; cum persequeretur, non comminabatur* (I Petr. II, 23). Et iste Agnus stat supra montem Sion, seu super Ecclesiam, cujus caput est. Stantes vero penes ipsum supra montem, id est, supra castitatem virginalem, quæ omnem mundanæ fabricæ multitudinem superat, sunt virgines innumerabiles ferme, quæ ex utroque sexu ab initio nascentis Ecclesiæ per tot annorum sæcula in omnibus mundi partibus propter Christum Dominum virginitatem nuptiis prætulerunt. Hi omnes habebant nomen Agni et nomen Patris ejus scriptum in frontibus suis, qui Christo Domino et Patri ejus sunt familiares, in ejus aula quasi primi et principes cantant quasi canticum novum, et laudant Deum ob tam insigne donum castitatis; virginitas quippe est valde rara, ejus nobilitas et præstantia veteri Testamento erat incognita. Empti etiam sunt de terra, quia præ cæteris hominibus hanc corporis et animæ puritatem pretio sanguinis Christi obtinuerunt. Neque cum mulieribus sunt coinquinati, quia amore Dei superatis propriæ carnis tentationibus cœlibem vitam duxerunt, et castimoniam virginalem conservarunt. Atque hi sequuntur Agnum quocunque ierit, quia sunt sponsæ Agni; unde, sicut sponsa sponsum, ita virgines comitantur Christum, qui illas similiter amat, sicut sponsus dilectas sponsas. Triplex hic excerpe documentum spirituale, et primo quidem disce, quod ille, qui *virgo* esse cupit, *supra montem* altissimum ascendere, cœlitum et angelorum vitam æmulari, alterum sexum fugere, in cellas, claustra et montes secedere debeat. Alterum est, ut addiscas præstantiam virginitatis; non enim nisi illa centum quadraginta quatuor millia potuerunt dicere illud canticum, in quo specialis gratia relucet solis virginibus propria; et licet et alii sancti avidi sint hujus cantici, illud tamen decantare non possunt, cum virginitas semel amissa nequeat reparari. Quapropter, si religiosus es, et votum emisisti castitatis, illamque per summam Dei gratiam hucusque conservasti illæsam, adhuc, dum in terra es, decanta Domino canticum novum, eidemque speciales repende grates pro maximo hoc beneficio. Tertio denique, cum beatissima Virgo hunc Agnum virginum Ducem, et Regem proxime sequatur tanquam *virginum Regina*, quam demum omnes aliæ sequuntur virgines; ideo et tu, o anima pia! omnem impende conatum, ut hujus virginum Magistræ sis discipula, hujus Dominæ ancilla, hujus Principis et Reginæ serva, hujus Matris genuina filia.

Punctum II. — Considera, quod beata Virgo ex eo quoque valde apte et congrue dicatur *virginum Regina*, quia ipsius virginitas non est qualiscunque, sed rara et unica, vere singularis et illustris, atque omnibus sæculis inaudita. Ejus virginitas est *rara*; quia simul Genitrix et Virgo, habens Filium, et nesciens virum, semper clausa, prole tamen non destituta, homini nupta, et Spiritu sancto fecundata, sine corruptione gravida, sine dolore puerpera. Unica Virgo est Maria, quæ sola non sterilis, sed fecunda, sola sine viri consortio concepit; sola sine corruptione, sine dolore peperit.; sola inter mulieres morbos et affectus uterinos non sensit; sola virginitatis coronam maternitatis fecunditate ornavit; sola Virgo et Mater, Mater Dei, Virgo perpetua, Virgo sine exemplo, sine pari, vere singularis et illustris, qualem natura, imo et gratia nunquam produxit, mens non tantum humana, sed nec angelica nunquam concepit, tota undique Virgo, Virgo carne, Virgo et mente, Virgo aspectu, Virgo contactu, Virgo affectu, Virgo sermone, Virgo spiritu, Virgo et sensu; atque hoc a sæculo auditum est nunquam, quod Virgo esset, quæ pareret, et quod Mater esset quæ Virgo permansit: nunquam juxta rerum ordinem virginitas, ubi prædicatur fecunditas; nec fecunditas, ubi virginitas conservatur intemerata. Equidem scio, o Mariophile! et tibi quoque, si virginitatis perfectissimæ desiderio flagras, perspectum erit, quod virginitas quæ reperitur inter homines, tam sublimes gradus attingere non possit, sed solum ac unice reperiantur in *virginum Regina*; nihilominus tamen, cum virginitas possit considerari quoad ejus substantiam, et secundo quoad ejus perfectionem et intensionem virtutis, nolim ut virginitas tua et castitas sit qualis qualis, tibique sufficiat, graves declinare defectus huic virtuti graviter repugnantes, sed ut etiam leves evitare studeas imperfectiones, quæ hanc pulcherrimam virtutem vel in minimo possunt inquinare; etiam hominibus concessum est per Dei gratiam, ut sint *virgines* corpore et spiritu in gradu valde eminenti. Quapropter, ut et tu hanc adjuvante Deo consequaris felicitatem, præprimis diffidens tuis viribus auxilium Dei frequenter implora, et exercitio humilitatis constanter insiste, quia superbos non legimus fuisse castos et mente puros; magnum semper hujus virtutis fove amorem et æstimationem, primulas cogitationes et desideria quæ solum vana et otiosa, licet non statim mala et turpia videantur, velut ignis scintillam excute, idque per memoriam præsentiæ divinæ, et sanctas cogitationes internas. Specialiter vero magna cum diligentia sensus tuos custodi externos, oculos præcipue et tactum, per negligentem horum sensuum custodiam, maxime si non ipsa substantia, quod absit facillime, tamen violatur hujus virtutis perfectio. Amore igitur Dei, castissimæ Virginis, virginum Reginæ, hujusque virtutis acquirendæ desiderio omnia et singula evitare stude,

quæ vel a longe honestati et puritati adversari videntur; oculis et manibus frenum imponito, ne per curiositates etiam in se non malas tandem ad pœnitenda deveniatur, levitates, manuum injectiones, quemvis curiosum aspectum, et attactum alieni corporis in parte quantumcunque honesta, aut joci causa tantum devita, nihil in sermone, incessu, oculis, risu, aut quovis corporis motu [molle et effeminatum appareat. Teipsum ubique reverere, et sive sis in lecto, sive te exuas, sive aliud quid agas, ita facias ut etiam in præsentia virorum gravium, si talia essent agenda, non erubesceres; et licet nullus sit præsens, ubique te tamen observat intima penetrans oculus divinus. Juxta hæc te examina, et si observaveris, præcipuos habebis gradus virginitatis, quæ te ferme angelis reddet æqualem, erisque in numero illorum, de quibus æterna Veritas locuta est: *In resurrectione neque nubent, neque nubentur, sed erunt sicut angeli Dei in cœlo.* (*Matth.* xxii, 30.)

Punctum III. — Considera, quod omnes illi, qui sub *virginum Reginæ* vexillo merentur stipendia, et amore Dei castitatem desiderant retinere illibatam, in præliis quoque et bellis secure possint, imo et debeant quærere refugium sub patrocinio præpotenti hujus Reginæ. Non sit admirationi hæc pia reflexio, quod constanter sit bellandum in palæstra hujus virtutis. An putas, te esse liberum et exemptum ab hisce molestiis, quo exemptionis privilegio nec ipsum vas electionis Paulus apostolus gaudebat? Quanto hæc virtus in oculis Dei est pulchrior, tanto quoque pluribus amittendi periculis est exposita; nunquam desunt hostes in omnem occasionem intenti et pervigiles, ut hanc virtutem vel omnino auferant, vel saltem purissimæ ejusdem formæ maculam aspergant; continua est pugna, et rara, proh dolor! victoria; ex omni parte, quocunque aspiciamus, hostium machinis nos obvallatos experimur, nequissimus dæmon omnes intendit vires, omnes rimatur aditus, omnem movet lapidem, ut nos ad lapsum et ad deserenda castra, ubi militant sub virginum Regina virgines, impellat. Dolos ad extra machinantur oculorum illicia, insidias struunt blanda aurium lenocinia, dolosa noxiarum familiaritatum irritamenta fraudulenter nos illaqueant; imo, si hæc omnia deessent, adhuc in nobis est, unde tentari possumus et vinci. Insurgit in membris nostris bellum contra legem mentis nostræ, militat rebellis caro semper concupiscens adversus spiritum, et quod maxime dolendum est, hunc hostem ex toto delere non possumus, sed potius stipendiis nostris alere cogimur; inquilinus est et domesticus, jure naturæ sibi vindicat possessionem. Quod valde deplorat mellifluus Bernardus; serm. 3, *De Ev. sept. pan.:* « Hostem hunc, ait, crudelissimum nec fugere possumus, nec fugare; circumferre illum necesse est, quoniam alligatus est nobis; nam, quod periculosius est et miserabilius, hostem nostrum cogimur ipsi sustentare,

perimere eum non licet. » Quapropter, o Mariophile! cum hoc certamen sit valde periculosum,
filialem colloca fiduciam in virginum Regina, quæ
non derelinquet fortiter pugnantes sub militia virginum; terribilis est hæc Regina hostibus suis, ut
castrorum acies ordinata. Si Maria te defendit,
certus esse potes te in his periculosis castitatis
præliis triumphaturum.

Pro praxi speciali frequentius excita desiderium,
quod velis esse purissimus. In hunc finem consecra
Deo et beatæ Virgini oculos, linguam, manus et
omnes sensus tuos, ut nunquam aliquid facias, quod
puritati angelicæ adversatur. P. Nadasi refert, in
Anno Mariano, de juvene quodam, qui mane et
vespere his verbis allocutus est beatissimam Virginem Mariam : « Sanctissima Virgo! dono tibi
oculos meos, aures, os, manus et cor meum, ne
unquam offendam Deum, et te præsidium meum ;
cum fuero tentatus, clamabo : Succurre, Domina!
Ego sum Jesu et Mariæ, quibus me donavi. » Imitare ergo illum. Insuper cum Sapiens dicat : *Ut
scivi, quoniam aliter non possem esse continens, nisi
Deus det, adii Dominum et deprecatus sum illum*
(*Sap.* VIII, 21) ; ideo et tu hodie Christum Dominum
in venerabili sacramento, qui Sponsus virginum
est, humiliter roga, ut quod minus habet natura
possibile, jubeat ipse gratiæ suæ adjutorio ministrari. Poteris etiam tibi familiarem reddere hanc
Ecclesiæ oratiunculam : *Ure igne sancti Spiritus
renes nostros et cor nostrum, Domine, ut tibi casto
corpore serviamus, et mundo corde placeamus.*

Hac die patronas elige omnes virgines, speciatim sanctam Gertrudem M. ord. nostri, et sanctam Magdalenam de Pazzis, ord. Carmel. De
prima legitur, quod tam illibatam semper custodierit innocentiam, et ita libera fuerit a stimulis
carnis, ut propterea crederet, aut timeret, se ex
sua puritate non habere meritum. (Lib. IV, *Insin.
div. piet.* cap. 44.) De sancta Magdalena de Pazzis
testatur Puccinus, *Act. SS.* 25 Mai, in Vita, cap.
11, n. 120, quod in extremo vitæ suæ articulo
facie serena dixerit, quod Deo gratias agat, quia
in vita sua nunquam cognovit quidnam esset
castitati contrarium.

DIES NONUS.

BEATA VIRGO IN COELOS ASSUMPTA, REGINA SANCTORUM OMNIUM.

PUNCTUM I. — Considera, quod Deus tanquam
Rex, et quidem regnorum omnium Rector, in Ecclesia velut in curia sua eligere voluerit Reginam,
quæ gratiarum amplitudine et meritorum præstantia omnes transcenderet, et invenit sacram
unigeniti Filii sui Genitricem Mariam, quam tot
muneribus cumulavit, tot donis amplificavit, tot
gratiis auxit, et demum ad tantam gloriam evexit, ut omnes sanctos tanquam cœli proceres,
principes, magnates, duces, marchiones, legatos
et senatores incomparabiliter excedat in singulis,
maxime in auctoritate et potentia, divitiis et

gloria cœlesti, ut adeo sit et prædicari mereatur
omnium sanctorum Regina, cui subdita sunt universa. Excedit Maria *auctoritate ;* omnes enim omnino sanctos in gratia et dignitate, etiam Cherubinos superat et Seraphinos, ita ut nulla creatura possit cum illa comparari. « Solo Deo excepto,
cunctis superior exsistis, » Virginem alloquitur
divus Epiphanius in orat. *De laud. Virg.* Et insuper dignior omnibus sanctis, tam angelis quam
hominibus, esse convincitur; quia ipsa in cœlo
veluti Materfamilias, cæteri vero sancti sunt filii
et servi summi Patrisfamilias Christi Domini.
Porro et *potentia* superat alios sanctos; dum enim
Christus partitus est regnum Patris sui, regnum,
inquam, quod duas vias habet, *misericordiam*
nimirum, et *veritatem,* seu justitiam : sibi ergo
reservavit veritatem, Matri vero suæ concessit
misericordiam; ille regnat per justitiam, Mater
ejus per clementiam; ipse constitutus est Judex
vivorum et mortuorum, Mater vero Advocata
omnium peccatorum et quibusvis calamitatibus
oppressorum. « Data est tibi omnis potestas, ait
ad Virginem beatissimam sanctus Petrus Damiani,
serm. 1, *De Nativ.,* in cœlo et in terra; quid tibi
negabitur ? Nihil tibi impossibile est. » Licet
autem hanc potestatem habeat in cœlo et in
terra, excellenter tamen potens est in cœlo, ubi
angeli et omnes cœli incolæ se subjiciunt, ejusque se subditos, sive servos profitentur, per quam
felicitatem æternam adeptos esse sponte agnoscunt. Hinc beata Virgo a beato Alberto Magno
Mater sanctorum, etiam angelorum, appellatur :
« Omnium sanctorum, ait ille super *Missus,* quos
per specialem gratiam regeneravit Deus, dicitur
Mater ipsa Virgo, imo etiam angelorum dicitur
Mater, quia etiam ipsa mediante eorum restaurata
est ruina. » Nullus itaque in cœlo est, qui sanctitatem non sit adeptus, vel in sanctitate perseveravit sine beatissima Virgine. Unde et tu, o
Mariophile! non cessa in via virtutis et profectus spiritualis implorare auxilium hujus Reginæ,
quæ tanta pollet potentia et auctoritate, et de
semetipsa perorat: *In plenitudine sanctorum detentio mea.* (*Eccli.* XXIV, 16.) Quia non solum in
plenitudine sanctorum detinetur, sed etiam in
plenitudine sanctos detinet, ne eorum plenitudo
minuatur ; detinet virtutes eorum, ne fugiant;
detinet merita, ne pereant ; detinet dæmones, ne
noceant : detinet Filium, ne percutiat peccatores.

PUNCTUM II. Considera, quod sanctissima Dei
Genitrix omnes sanctos etiam excedat in *divitiis*
et *splendore;* divitiis, inquam, non mundanis, sed
quæ dona Dei, gratiam nimirum , et virtutes
et merita significant. Hæ namque sunt « veræ
divitiæ, » ut sanctus Gregorius, hom. 15 *in Evang.*
scribit : « solæ divitiæ veræ sunt, quæ nos divites
virtutibus faciunt. » His divitiis abundabat omnium sanctorum Regina, quia gratia sua suisque
virtutibus, ut pluribus jam diximus, omnium an-

gelorum et hominum merita et gratias, non seorsim, sed simul sumptas, superavit. Multæ quidem
filiæ, hoc est, sancti angeli et animæ sanctæ
congregaverunt divitias, scilicet virtutes, angeli
puritatem, patriarchæ fidem, prophetæ spem, apostoli charitatem, martyres fortitudinem, confessores patientiam, doctores sapientiam, religiosi
humilitatem, paupertatem et obedientiam, anachoretæ austeritatem, virgines continentiam, conjuges fidem conjugalem; Maria autem hos omnes
fuit supergressa. O cliens Parthenie! si servus
es Reginæ tam divitis, quæ ergo causa subest,
quod adeo sis egenus et pauper? Temporalium
quidem bonorum copia fortassis abundas; verum
quid sunt hæc bona, aut quid proderunt in fine
vitæ? Illa bona sunt vera bona, quibus anima
locupletatur; sed pauca habes talia, parum virtutis, parum devotionis, exiguum de thesauro
gratiæ Dei, et si esses in peccato mortali, horum omnium haberes nihil. Qualem ergo præ-
tendis paupertatis excusationem? An vacuatos putas thesauros cœlestes, quos beata Virgo clientibus suis solet dispensare? Certe, sicut Deus
juxta Apostolum (*Rom.* x, 12): *Dives in omnes,
qui invocant illum;* ita et in Virgine sanctissima, ut loquitur sanctus Petrus Dam., est potestas
dispensandi gratiarum thesauros. « In manibus
tuis, ait serm. *De Nativ.,* sunt thesauri miserationum Domini; quin ergo te, beata Virgo! Thesaurariam cœli vocem? » Quibus verbis addo
Bernardinum Senensem, lib. *De Exalt. Virg.* :
« Omnia dona, inquit ille, virtutes et gratiæ Spiritus sancti, quibus vult, et quomodo vult, et
quantum vult, per manus Mariæ administrantur. »
Absque dubio ergo ipsemet in culpa es. Servitia tua huic diviti Reginæ impensa adeo exigua
sunt et nullius fervoris, ut nulla mercede digna judicentur. Quapropter coram tua Regina in
genua te prosterne, fatere palam : *Ego vir videns paupertatem meam.* (*Thren.* iii, 1.) Agnosce
tuam miseriam et paupertatem, utque in posterum divitiis locupleteris, gratiis nempe et donis cœlestibus, novum concipe in servitio Mariano fervorem, omnemque tepiditatem hucusque
exhibitam serio emenda.

PUNCTUM III. — Considera tandem exaltatam
Dei Reginam, Virginem nimirum, et Dei Genitricem sanctissimam transcendisse etiam omnem
gloriam et beatitudinem omnium sanctorum. Si
enim pro aliis sanctis tanta est gloria, quæ in
illa ineffabili visione divinæ essentiæ consistit, ut
oculus nunquam viderit, nec auris audiverit, nec in
cor hominis ascenderit, quod præparavit Deus illum
vere amantibus, ut Apostolus ait (*II Cor.* ii, 9) : si,
inquam, tanta paravit Deus illum vere amantibus, ut
nequeant explicari et cogitata comprehendi, quantam
gloriam censendus est præparasse Matri suæ, quæ
cum genuit et præ omnibus dilexit, quem concepit,
quem peperit? « Quid de tuis deliciis, o Maria!

ait sanctus Thomas archiepiscopus Valentinus,
conc. 2, *De Assumpt. Virg.* : si *oculus non vidit,
neque auris audivit, neque in cor hominis ascendit,
quæ præparavit diligentibus se;* quid præparavit
gignenti se, et procul dubio præ omnibus diligenti, quis loquatur? » Unde et nonnulli graves Patres asserere non formidant, gloriam beatæ Virginis cum gloria Christi non tam communem esse, quam eamdem. Ita namque discurrit inter alios Arnoldus Carnot., qui tract. *De
laudibus Virginis,* ita loquitur : « Est illa constituta super omnem creaturam, et quicunque Jesu
curvat genu, Matri quoque pronus supplicat et
acclivis, nec a dominatione vel potentia Filii Mater potest esse sejuncta. » Una est Mariæ et
Christi caro, unus spiritus, una charitas, et ex
quo dictum est ei, *Dominus tecum,* inseparabiliter perseveravit promissum et donum, et Filii gloriam cum Matre non tam communem judico, quam
eamdem. Cum ergo omnibus expensis beatissima
Virgo sit omnium sanctorum Regina, ideo et nos
pro coronide, velut ejusdem mancipia fidelitatis
juramentum renovantes, filiali affectu ad illam
suspiremus :

O Regina cœli et terræ, quæ potentia et auctoritate, divitiis et gloria beatitudinis omnes
excellis sanctos, ecce tuis pedibus prosternimur
indigni clientes, te invocamus, te veneramur, tuis
servitiis nos ex toto consecramus, respice subditos, respice famulos tuos, eosque gloriæ cœlestis effice participes. Amen.

Ultima hac die preces tuas dirige speciali fiducia ad omnes sanctos pro obtinendis veris et
solidis virtutibus, quibus ipsi Deum et beatissimam Virginem coluerunt in terris, et modo Regem regum, gloriosissimam cœli Reginam in omnem felices æternitatem debito cultu prosequuntur in cœlis.

In patrocinium voca omnes sanctos, qui ex
utroque sexu Reginam suam gloriose in cœlis regnantem venerabundi suspiciunt, eidemque cum
gaudio obsequia sua deferunt in spiritu humilitatis et subjectionis.

DIES FESTIVA ASSUMPTIONIS B. V. MARIÆ.

THEMA. — *Maria optimam partem elegit, quæ non
auferetur ab ea.* (*Luc.* x, 42.)

PUNCTUM I. — Considera, qualiter beatissima Virgo Maria gloriose in cœlos assumpta omni tempore
optimam partem elegerit. Pars optima, quam Maria elegit ante assumptionem et mortem suam,
erat fervens desiderium æternorum, vi cujus ardentissime mortem anhelabat, non quidem ex
tædio vitæ, sed ex amore sui Dilecti, cui uniri
unice cupiebat in cœlo, et ad quem continua
mittebat suspiria, ejusque vultum desideravit ardentius, quam cervus fontes aquarum. Huic suo
desiderio pro præparatione ad tam vehementer
concupitam mortem adjungebat omnium prorsus

virtutum exercitium. O Mariane cliens! quam
præclarum tibi dedit exemplum sanctissima Mater
Dei, ante gloriosam Assumptionem suam : Maria
nil aliud desideravit, quam æterna gaudia, et
ideo mortem, quæ bonorum est initium, vehementer concupivit. Quæ ergo causa est, quod
mortem adeo timeas, ita ut minimam umbram
exhorrescas? Scito autem, hujus timoris causam
non esse aliam, quam quod nondum satis Deum
diligas, nec sufficienter sis desiderius æternorum;
nam illi tantum de corpore exire trepidant, qui
per ægritudinis molestias pulsantem Judicem con-
tempsisse recordantur : dum e contra ferventes et
devotæ animæ, si tempus propinquæ mortis advenerit, de gloria retributionis suæ hilarescunt.
Elige ergo, dum adhuc vivis, cum Matre Dei
Maria optimam partem ante mortem tuam, et tam
sancta mortis desideria sæpius concipere assuesce;
desidera cum Apostolo (*Philipp.* i, 23) *dissolvi, et
esse cum Christo* ; et dic cum regio Psalte :
Concupiscit, et deficit anima mea in atria Domini.
(*Psal.* LXXXIII, 3.)

Punctum II. — Considera, quod beatissima Virgo
Maria similiter in morte sua optimam partem elegerit. Erat Maria in morte sine dolore; non enim
tam morbo, quam amoris vehementia exspiravit.
Erat Maria in morte sine tristitia; nulli enim adhæ-
rebat creaturæ, cujus derelictio ipsi tristis potuisset accidere. Erat Maria sine timore; quia vixerat
sine peccato, et de beatitudine sua erat certissima.
O vere pretiosa mors in conspectu Filii sui! Non
angebant Mariam præterita, minus sollicitam reddiderunt futura. Vis tu cum Maria optimam partem
habere in morte? elige illam adhuc, dum vivis;
qualis enim est vita, mors est ita. Institue vitam
tuam ad exemplum Mariæ Virginis, et ambula in
constanti timore Dei ; nam *timenti Deum bene erit
in extremis, et in die defunctionis suæ benedicetur.*
(*Eccli.* i, 13.)

Punctum III. — Considera, quod denique etiam
post mortem Mariæ optima pars fuerit attributa ;
quamprimum enim anima fuit separata a corpore,
illico in sinum ipsius Divinitatis fuit deportata.
Ipse enim cœlestis Pater collocavit ad thronum
Reginam, reposuit amantissimus Filius ad dexteram pretiosissimam Matrem suam, et suavissimus
Sponsus Spiritus sanctus reclinavit in æternæ
quietis thalamo suam dilectissimam Sponsam.
Verbo : Mariam hodie post gloriosam mortem
ejus, accinentibus omnibus angelis, immarcescibili
ineffabilis gloriæ corona coronavit beatissima Trinitas. O quanto gaudio afficiebatur Maria intuitive
videre ipsam sanctissimam Trinitatem, et omnes
ejusdem perfectiones, arcana Dei mysteria, nec non
frui summo et incommutabili bono in omnem felicitatem ! Gratulare Matri tuæ Mariæ hanc ineffabilem felicitatem, et cogita, quod et tu ad hunc
finem fueris creatus; perditio tua ex te erit, si,
quod absit, maximam hanc Deo æternum fruendi

felicitatem amittis. Vive proin pro viribus ad exemplum Mariæ, et securus esto, si in hac vita partem
semper optimam sis electurus, attribuetur quoque
et tibi in morte, et post mortem pars optima cum
Maria a te non amplius auferenda.

ODE PRO FESTO ASSUMPTIONIS BEATISS MÆ VIRGINIS
MARIÆ.

Quisquis servus es Mariæ,
Omni loco, quovis die
  Recordare Virginis ;
Non graveris, nec lasseris,
Semper illam venereris
  Hymno novi carminis.

Parum erit, quidquid audes,
Nunquam tuo versu claudes
  Illius encomia ;
Quidquid pulchrum et mirandi
Aut post Deum est laudandum
  Juncta sunt hic omnia.

Super hanc est solus Deus,
Infra, quidquid non est Deus,
  Nil est illi simile ;
Omnem illa creaturam,
Omnem superat naturam,
  Nil est tam mirabile.

Sancta, cum conciperetur,
Summa, cum salutaretur,
  Maxima, cum pareret ;
Mater cum Virginitate,
Virgo cum Maternitate,
  Quis hæc comprehenderet ?

Sed in tanto laudum mari
Libet modo contemplari
  Exspirantis gaudia ;
Quanto plausu, quo honore,
Quanto gloriæ fulgore
  Intravit cœlestia.

Erat illa pridem digna,
Ut post tot amoris signa
  Hinc exiret citius ;
Et cum Filio dilecto,
Statu gloriæ perfecto
  Jungeretur propius.

Sed et istud se decebat,
Ut, quam Deus statuebat
  Universi Dominam,
Illa regnum inchoaret
Terris, et post æternaret
  Supra cœli machinam.

Nulli dura, nulli gravis,
Cunctis pia, cunctis suavis,
  Omnibus amabilis ;
Quam benigna, cum moneret,
Quam miranda, cum doceret,
  Quam in cunctis humilis.

Nullus ad hanc tristis ivit,
Qui non hilaris redivit
  Consolatus cœlitus ;
Nemo quidquam flagitabat,
Quod non statim impetrabat
  Voti compos redditus.

Discant hinc mundi rectores,
Et Ecclesiæ pastores,
  Discant magnæ Dominæ,
Quomodo sint gubernandæ,
Adjuvandæ et tractandæ
  Subditorum animæ.

En ! quam fuit gratiosum,
Et quam cunctis fructuosum
  Regnum hujus Virginis,
Plenum omnis charitatis,

Sanctitatis, æquitatis
Plenum mansuetudinis.

Sed jam choros angelorum
Tanta quoque meritorum
  Penetravit suavitas;
Jam et ipsi reposcebant
Opes, quæ terris latebant,
  Pridem si i debitas.

Nihil mundum tam præclaræ
Par virtuti posse dare,
  Nil par tantis meritis;
Cœlo solum præmianda,
Et æternis compensanda
  Ista diadematis.

Placuit hic beatorum
Christo zelus angelorum,
  Et in Matrem studium;
Sed præ cæteris placebat,
Et divinum cor tangebat
  Matris desiderium.

Quæ jam nil sic exoptabat,
Nil sic suo suspirabat
  Virginali pectore,
Quam dissolvi, et exire,
Et cum Deo se unire,
  Æternumque vivere.

Ergo celer ablegatur
Gabriel, et hoc mandatur
  Nuntiare Virgini;
Ad cœlestes se pararet
Nuptias, et properaret
  In amplexus Domini.

Illa tam desiderato
Totiesque suspirato
  Lætabunda nuntio,
Se in laudes Creatoris
Tam sui Benefactoris
  Pleno vertit gaudio.

Jam adorat Majestatem,
Jam exaltat charitatem,
  Jam misericordiam;
Quantam sibi præstitisset,
Cum nil tale meruisset,
  Gratiarum copiam.

Dum sic ardet præ amore,
Et liquescit præ dulcore,
  Seque pascit dulciter,
Inter hymnos gratiarum,
Inter fontes lacrymarum
  Obdormiscit suaviter.

Adest mox angelicarum
Multitudo catervarum
  In occursum animæ,
Adest, et se pronum sternit,
Ubi tantas opes cernit
  Tam præcelsæ Dominæ.

Ili mirantur charitatem,
Illi canunt sanctitatem,
  Istos rapit puritas;
Spectant, laudant, venerantur,
Nec spectando satiantur,
  Tanta subest suavitas.

Interim aperiuntur,
Et profunde dividuntur
  Cœli penetralia;
Unde rursus ascendenti
Virgini plausu recenti
  Funduntur encomia.

Quæ est ista gloriosa,
Tam decora, tam formosa?
  Clamant omnes angeli,
Quæ est ista, quæ ascendit,

Universaque transcendit
  Gratia mirabili?

Hem! quis odor unguentorum,
Quis splendor vestimentorum,
  Quantus candor animæ?
Quam pulchri sunt ejus gressus,
Quam decorus est incessus,
  Quam est plena Numine?

Ipsum quoque Verbum Patris
Ad ingressum charæ Matris
  Assurgens de solio,
Ad se vocat subsistentem,
Intimaque deligentem
  Loca, more proprio.

Veni, inquit, huc, dilecta,
Veni præ cunctis electa
  Genitrix dulcissima!
Propera, Formosa mea,
Tota pulchra, nunquam rea,
  Omni carens macula!

Scande huc ad Patrem meum,
Patrem tuum, tuum Deum.
  Intuere gloriam,
Intuere, delectare,
Gusta, bibe, venerare
  Inexhaustam copiam.

Mox accedens amplexatur,
Adorantem osculatur,
  Et locat in dextera;
Illa nixa super Natum
Totum cœli principatum
  Summa transit gratia.

Spectat choros angelorum,
Et stupet in singulorum
  Mira pulchritudine,
Nunc salutat dulci nutu,
Nunc se figit in obtutu
  Turbæ tam innumeræ.

Mox in Filium intendens,
Et ab ejus ore pendens,
  Hæc subinde explicat:
Fili mi! quam es formosus,
Quam suavis ac gloriosus,
  Nihil hic te similat!

Fortunati, qui spectare,
Et se tuo satiare
  Vultu possunt, Domine!
Jam te fruor, nec dimittam
Vitæ meæ dulcem vitam,
  Meæ lumen animæ.

Sic propinquans throno Dei,
Et divinæ faciei
  Gloriam intuita,
Mira cum humilitate
Coram summa Trinitate
  Se prosternit cernua.

En tibi tuam ancillam,
Summe Deus! en pusillam
  Tuam, ait, famulam!
Totam tibi me committo,
Totam tibi me submitto,
  Ne repelle parvulam.

Surge, Nata, refert Pater,
Chara mei Nati Mater,
  Sponsa sancti Spiritus!
Surge, gaude, dilatare,
Nostræque inebriare
  Gloriæ torrentibus!

Hic mens mea, Virgo! sistit,
Et sub tanta contremiscit
  Mole tui gaudii;
Quod in te nunc inundabat,

Et totam supernatabat
　Ad instar diluvii.

Quando Deo replebaris,
Et repleta tuebaris,
　Nec teipsam caperes;
Cum hanc tibi voluptatem
Omnem in æternitatem
　Permansuram nosceres.

Fateor, me nil hic posse,
Nihil scire, nihil nosse,
　Nec plus ultra tendere;
Nullus ista penetrabit,
Nemo gustat, aut gustabit,
　Sola potes dicere.

Interim hunc, quem sum ausus
Inter angelorum plausus
　Meditari jubilum,
Acceptare ne graveris,

Et pro me trinum digneris
　Exorare Dominum,
Ut in charitate recta,
Fide firma, spe perfecta,
　Hinc exire valeam,
Et te cœlo triumphantem,
Et cum sanctis exsultantem
　Lætus quoque videam. Amen.

℣ Exaltata est sancta Dei Genitrix
℟ Super choros angelorum ad cœlestia
regna.

Oremus. Famulorum tuorum, quæsumus, Domine, delictis ignosce, ut, qui tibi placere de actibus nostris non valemus, Genitricis Filii tui Domini nostri intercessione salvemur. Per eumdem Dominum, etc. Amen.

PARS QUINTA.

EXERCITIA PRO FESTO NATIVITATIS BEATÆ VIRGINIS MARIÆ,

UBI PRO MATERIA CONSIDERATIONUM EADEM DE REGIA STIRPE NATA, ET IN CUNIS JACENS VIRGUNCULA SALUTATUR PER ANTIPHONAM ECCLESIÆ : SALVE, REGINA.

Quæ est ista, quæ progreditur quasi Aurora consurgens, pulchra ut luna, electa ut sol? (*Cant.* vi, 9.)

Orietur Stella ex Jacob, et consurget Virga de Israel, et percutiet duces Moab. (*Num.* xxiv, 17.)

Nativitas tua, Dei Genitrix Virgo, gaudium annuntiavit universo mundo. (Eccles. in Offic.)

Sanctissimæ Virgini, cujus ortus erat exspectatio gentium, jam in antiquæ Legis nocte per figurarum umbras adumbratus,

Magnæ Infantulæ, quia Mater futura magni Numinis, quæ in ter felici sua nativitate quasi Aurora consurgens, prænuntiata tot sæculis Solis divini præambula,

et humanæ salutis fuit prænuntia,

Cujus Natalis implevit prophetarum effata, patriarcharum vota:

Huic natæ Virgini levidenses hosce labores de ipsius Nativitate consecrat D. D. D.

P. B. S.

NOTITIÆ PRÆLIMINARES

DE NATIVITATE BEATISSIMÆ VIRGINIS MARIÆ, NECNON DE CELEBRITATE ET ORIGINE FESTI.

Recte et optime sancta Mater Ecclesia, quæ a Spiritu sancto regitur, gloriosa canit : *Nativitas tua, Dei Genitrix Virgo, gaudium annuntiavit universo mundo; ex te enim ortus est Sol justitiæ Christus Deus noster, qui solvens maledictionem dedit benedictionem, et confundens mortem donavit nobis vitam sempiternam.* Profecto, si Gabriel legatus ille cœlestis Zachariæ prædixit de sancti Joannis Baptistæ, Christi Præcursoris, nativitate : *In nativitate ejus multi gaudebunt* (*Luc.* I, 14); quanto jure potiori mundus universus exsultare potest in natali Virginis die, quæ castissimo utero concepta erat

Redemptorem nostrum, qui nostra carne se vestiret, naturam divinam uniret humanæ, nobisque benedictionem, salutem, vitamque donaret sempiternam? Totum hoc universum densissimis ignorantiæ tenebris erat involutum: sed, ut hujus Auroræ lux cœpit, totum gaudio exsultavit, eo quod sciret brevi orituram perfecti diei, verique Solis claritatem, qui illud collustraret, et ab omnibus quas patiebatur pœnis et miseriis. In hac Nativitate Pater æternus de sua Filia, Filius de sua Matre, Spiritus sanctus de sua Sponsa gloriabatur. Angeli de sua Regina, patriarchæ et prophetæ, qui eamdem tot prædixere vaticiniis, totque depinxere figuris, de suæ salutis Restauratrice, et omnis ordinis, ætatis et conditionis homines gaudebant de sua Domina et Advocata. Quibus autem potiór gaudiorum causa in hac solemnitale suppetit, sunt ipsius parentes Mariæ, quibus a Deo gratia est præstita adeo singularis, per quos tanta lætitia in mundum fuit derivata. Pater hujus natæ Virginis fuit Joachimus Nazarethes, mater fuit Anna Bethlemitis, ambo de tribu Juda et stirpe David, divites, nobiles, sanguine illustrissimo sati, utpote qui genus ducerent a multis regibus, invictis ducibus, sapientissimis judicibus, et gubernatoribus gentis Hebrææ, imo a sanctissimis sacerdotibus, patriarchis, Deique amicis. Hi piissimi conjuges, ut pluribus discussi in præliminari instructione de Præsentatione beatæ Virginis in templo, annis omnino viginti improles convixerant in matrimonio, eo quod esset Anna sterilis; atque ob hanc causam graviter affligebantur, et summis Dominum precibus sollicitabant, ut sibi donaret sobolem, Dei obsequio mancipandam. His precibus addebant jejunia et eleemosynas, atque in his perseverabant tanta confidentia in Deum, ut eis angelum de cœlo miserit, utrique nuntiaturum, exauditas esse preces eorum, Filiamque habituros, et appellandam Mariam, Messiæ mundi Servatoris Matrem. Divinus itaque hic favor Joachimum et Annam mire recreavit, et Anna sanctissimam Virginem concepit Nazarethi, atque in villa, ut auctor est sanctus Joannes Damascenus, quam rure habebant, inter pecorum balatus, festosque pastorum cantus in hanc edidit lucem; dies autem Nativitatis, ut notat Carthagena, lib. II, hom. 2, *De Natal. beatæ Virginis*, erat dies Sabbati, et nono die post, secundum consuetudinem Hebræam, nominata est Maria, quod in Hebræo, et in Syro est *Domina*, *Illuminatrix*, et *Stella maris*. Hæc nata gloriosa Virguncula tenerrimæ, venustissimæ et gratiosissimæ fuit constitutionis, quibus dotibus omnia creata (Christo semper excepto) superavit, secundum animam autem fuit adeo pura, perfecta, omnibusque gratiæ virtutisque numeris absoluta, ut Cherubim et Seraphim quodammodo attoniti stuperent.

Priusquam de origine hujus Festi et ejusdem institutione quidquam asseramus, unum et alterum erudite potest indagari. Primo : Cur beata Virgo nata fuerit ex matre sterili. Secundo : Qua ex causa in mense Septembri, et quidem illucescente aurora, ut advertit cum P. Pinello, tract. *De fest.* n. 3., Azorius. Utrumque singularem meretur reflexionem.

Quapropter dico Deum voluisse nasci Mariam ex sterili, ut hujus sanctæ Virginis Nativitas miraculo illustraretur, nec ortus ejus tribueretur naturæ, sed gratiæ; et quemadmodum sanctus Joannes Damascenus ait, ut hoc miraculo ad aliud omnium miraculorum mirissimum, videlicet ad Incarnatio-

nem Filii Dei quædam quasi methodus expediretur; dein, ut intelligeremus eam, cujus festa hic narratur solemnitas, natam non esse opera sensibilis cupidinis, sed summi Numinis, atque gratiæ divinæ. Præterea, ut noverimus, subinde claudi a Domino portam, quo majore miraculo recludatur, ut novo hoc miraculo eam, quæ sic nata est, pluris faciamus et æstimemus. Voluit etiam. Deus Annam esse sterilem, et ejus conjugem effetum senem, ut ejus Virgo nascitura precibus et lacrymis esset impetrata, ad eum modum, quo Samuel filius illius alterius Annæ, quem illa suspiriis, jejuniis et lacrymis obtinuit. Alterius quæsiti causas nunc expediamus.

Non sine mysterio, ait nonnemo præclari nominis auctor, nascitur beatissima Virgo mense Septembri. Nam, ut testatur gravibus ex motivis Natalis Alex. in *Hist. eccles.* tom. I, a. 8, mundus hoc tempore et mense fuit conditus, arbor vitæ paradiso insita, Eva, quæ gerebat typum Deiparæ, a supremo Artifice ædificata; unde, sicut mense Septembri tam magnificum primo homini, a quo cæteri vitam acciperent, præparavit habitaculum, ita eo tempore beatissimam Virginem condidit futurum Christi habitaculum, adjutorium persimile, Matrem viventium. Nascitur etiam sanctissima Virgo illo mense, quo sol recedens a signo Leonis Virginem ingreditur, ut intelligatur divinum justitiæ Solem, qui priscis illis temporibus Leonem inhabitabat, atque rugitu terrifico pœnas, romphæas, ignes, diluvia, etc., continuo ingeminabat, tunc signum Virginis, unde nasceretur, fuisse ingressum, ubi deposita justa vindicta, et plectendi justitia deposita Agnum induit mansuetissimum, qui peccata mundi tollit, atque in sinu Virginis instar unicornu absque ferocia quiescit. Nascitur beatissima Virgo vinearum et vindemiæ felici tempore, cujus fructus toto anno a cultoribus anxie exspectantur; nempe priscorum Patrum toto veteris legis tempore unice in votis erat : *Justum nubes pluant, germinet terra Salvatorem* (Isa. XLV, 8), et mille alia suspiria, etc. Sic et in autumno, vindemiæ tempore, beatissima Virgo Vitis vera, quam alii arboris viæ loco substitutam credunt, apparet in terra nostra, botrum cypri promittens, unde postea *Vinum germinans virgines*. (*Zachar.* IX, 17.) Congruum etiam erat, ut Mariani Natales in id temporis inciderent, ubi Salomon templum Domino dedicare incepit, Hebræi vero tabernaculorum festa peragunt; nam nascente Virgine nascitur novum Salomonis templum prius dedicatum Deo quam exstructum, prodit in lucem novum tabernaculum, nascitur in autumno arbor vitæ, fructus salutis proferens, videlicet in signo Virginis Virgo virginum. Nascitur denique beatissima Virgo illucescente aurora, quæ, teste Damasc. serm. *De Assumpt. Virg.* sic dicta, quia *aurea hora*, et a poetis *hora latitiæ*, quia Virginis Nativitas sæculum aureum advexit, et gaudium annuntiavit universo mundo; sic enim pergit præfatus sanctus loc. cit. : « Sicut aurora terminum noctis, diei principium adesse testatur, sic et Virgo noctem expulit sempiternam, et de die in diem terræ suæ virginitatis exortum effudit. »

Nunc jam de origine hujus gloriosissimi festi auctorum placita producamus in medium, illisque opinionibus, quæ probabiliores videntur, astipulabimur. Visum est nonnullis, Marianæ Nativitatis diem institutam fuisse ab Innocentio IV, circa annum Christi 1250, et aiunt hanc fuisse institutionis causam : Vacabat longo tempore mensibus viginti et uno Sedes apostolica, postquam Cœlestinus IV decessisset. Quapropter cardinales emiserunt votum, ut, si cito crearetur SS. pontifex, dies festus Marianæ Nativitatis solemniter celebraretur. Repente ergo unanimi calculo electus est cardinalis Sinibaldus, qui postea se nominavit Innocentium IV, jussisseque dicitur hanc agi tota Ecclesia solemnitatem. Aliis placet asserere hanc solemnitatem jam tempore sancti Augustini fuisse celebratam, decepti forsitan quodam sermone ejusdem, qui legitur in Officio hujus diei, in quo sunt hæc verba : *Cum summa exsultatione gaudeat terra nostra tantæ Virginis illustrata Natali.* Verum nec hoc, nec illud verosimile videtur, et utrumque improbat cardinalis Baronius in Adnotat. ad Martyr. Rom., quia ex Petro Damiani, Damasceno, Ruperto et aliis qui floruerunt multo ante Innocentium IV, SS. pontificem, colligitur, ipsorum ævo hanc solemnitatem fuisse celebratam. Sed et in Sacramentario sancti Gregorii, qui his fuit multo antiquior, singularis exstat Præfatio de beatæ Virginis Nativitate, et ejusdem etiam meminit sanctus Ildephonsus, lib. *De Virg.* Hoc certius credi potest, a dicto SS. pontifice Innocentio IV huic festivitati adjunctam fuisse octavam, et sic ad ritum solemnem magis deductam. Alterum quod attinet, ex illo capite refellitur, quia, licet dictus sermo sit genuinus partus sancti Augustini, nequaquam tamen in Natali Dei Genitricis habitum, sed perpaucis mutatis, eidem celebritati accommodatum, qui est sermo secundus *De Annuntiatione*, ubi verba illa : *Gaudeat terra nostra tantæ Virginis illustrata solemni die*, ita pie mutata leguntur in Breviario : *Gaudeat terra nostra tantæ Virginis illustrata Natali.* Neque mirum est, quod hanc festivitatem accommodaverit ; nam idipsum in antiphonis et responsoriis agere consuevisse satis apparet, dum, quæ sunt alicui solemnitati peculiariter accommodata, iisdem utatur in aliis. Ut autem eo magis omnis tollatur dubitandi occasio, quasi hoc festum tempore sancti Augustini fuisset celebratum, clarissimum adest ipsius sancti testimonium, qui serm. 21 et 22 *De sanctis* testatur, nullius natalem, quam solius Domini nostri Jesu Christi, et sancti Joannis Baptistæ in Ecclesia celebrari consuevisse. De reliquo ipse Baronius in ecclesiastica historia versatissimus, fatetur quod nusquam expressum invenerit, adeo-

que certi quidquam non audeat affirmare, quonam potissimum tempore ejusmodi solemnitas fuerit instituta ; asserit tamen, quantum ex historiis ecclesiasticis colligi potest, admodum credibile et probabile esse, quod post concilium Ephesinum, in quo damnatus est Nestorius, qui sacrilega lingua sua negavit, beatissimam Virginem appellandam esse Deiparam, cum qua occasione toto orbe beatissimæ Virginis cultus auctus fuit et amplificatus. Non desunt, et quidem etiam non improbabiliter, qui primam originem, cur in Septembri et in octavo die celebretur hæc festivitas, ascribunt cuidam revelationi, quæ viro cuidam eremitæ facta est, inter quos Carthagena, tom. IV, hom. 11 seq. ex Vincentio Bellovacensi refert : « Solitarius quidam sanctæ vitæ fuit, dicunt aliqui fuisse ex ordine Carmelitarum, qui singulis annis harmoniam in cœlo nocte Nativitatis Deiparæ audivit ; hic, cum miraretur, quod hoc alio tempore non audiret, rogavit Deum, ut sibi ostenderet, quid hoc significaret? Cui angelus apparens talia retulit : Virgo perpetua, quæ Deum genuit, hac nocte nata fuit, quoi, licet ab hominibus ignoretur, ab angelis tamen celebratur. Quapropter monitu hujus religiosi eremicolæ solemnitas hæc cœpta in Ecclesia celebrari. » Fieri potest, ait Ribadeneira *In flore SS.* ad 8 Decembris diem, quod res ita se habeat ; censet tamen certius esse illud, quod supra retulimus. Pulchre canit de hoc visu exstatico celebris poeta Baptista Mantuanus, *De sacris diebus*, lib. IX :

Dumque stat admirans, vox est audita per auras,
Talia verba ferens : Divi annua festa frequentant,
Et modo, quando rubens terris aurora propinquat,
Incipiunt celebrare diem, quo maxima Mater
Edita venturo fecit primordia sæclo.
Fac igitur, fac ista palam solemnia mundo,
Carmelita, tuum est vulgando incumbere festo.
Per Siculos tandem Romam perlata secuntum
Movit fama ; dies sic est ea nacta favorem.

De hac revelatione etiam agit Petrus de Natal. lib. VIII, cap. 51, in fin.

Ex hactenus autem dictis, quæ adeo certa non sunt, certissimum est, et hoc satis sit scire, hanc festivitatem Natæ Virginis esse antiquissimam, utpote ab antiquis Græcis Latinisque Patribus apprime celebratam.

PRAXES GENERALES PRO SINGULIS NOVEM DIEBUS ANTE DICTAM FESTIVITATEM.

I. Ut gratitudinem tuam contesteris erga sanctissimam Trinitatem pro Nativitate beatæ Mariæ Virginis, quia per illam salus mundi omnibus credentibus apparuit, in dies recita hymnum Ambrosianum : *Te Deum laudamus.* Sancta Francisca Romana audivit aliquando in festo Natæ Virginis in raptu, quod sanctissimi angeli pro Nativitate cœlorum Reginæ Deum laudaverint, eidemque gratias egerint.

II. Dum mane evigilas, et per diem ad horæ sonitum filiali affectu gratulare beatæ Virgini de ipsius Nativitate, et hanc sanctissimam natam

Virgunculam pro Advocata et Patrona tibi elige in ultima mortis lucta. Cultum Marianæ Nativitatis esse gratissimum eadem beatissima Virgo revelavit sanctæ Gertrudi, promisitque illos, qui speciali affectu fuerint addicti, fore participes aliquando in cœlo illius gaudii, quo Maria fruebatur in utero sanctæ Annæ matris suæ.

III. Cum Nativitas Mariæ juxta testimonium Ecclesiæ gaudium annuntiaverit toti mundo, ideo singularem adhibe conatum, quod etiam cum gratia Dei fieri potest, ut ab omni peccato magis delibarato, et quod lædit charitatem proximi, sollicite abstineas, ne per tales offensas contristes beatam Virginem, sanctissimos angelos, et proximum tuum.

IV. In honorem novem mensium, quibus beata Virgo delituit in utero, poteris quotidie recitare novies *Pater* et *Ave*, et semper adjungere : *Beata viscera Mariæ Virginis, quæ portaverunt æterni Patris Filium, et beata ubera, quæ lactaverunt Christum Dominum.* Hæc devotio erat familiaris sanctæ Gertrudi, quæ dividebat menses in dies, et in ipsa Natæ Virginis festivitate trecentas septuaginta Salutationes angelicas recitare consuevit.

V. Sicut in aulis magnorum principum, dum eorum liberi nascuntur, pretiosa solent offerri munera, ita et tu ad cunas de regia progenie David nascituræ Virginis his diebus præpara aliquod munus, quod ingeniosus amor tuus dictaverit. Crediderim, gratissima fore pia quædam proposita circa quotidianos tuos defectus, et quænam tibi scis maxime necessaria esse.

VI. Quia tempore hujus recollectionis novendialis pro considerationis materia elegimus canticum *Salve Regina*, quod valde gratum est beatæ Virgini,

ut ex pluribus patet exemplis hinc inde adducendis per decursum, nulla quoque elabatur dies, quin sæpius hanc Antiphonam recitaveris, de qua, ut aliquam habeas notitiam, scias, velim, auctorem esse virum illustrem sanctum Hermannum Contractum. Hic in Suevia de comitum Veungensium prosapia natus ab ineunte ætate membris omnibus fuit captus, atque ob eam causam nomen *Contracti* habere meruit: scientiam ille accepit divinitus : cum enim monachus Benedictinus factus esset, multis precibus beatissimam Virginem Mariam rogare non desiit, ut ipsum eo morbo liberaret; illa vero clara voce ei se visendam præbens optionem dedit, utrum e duobus mallet fieri sanus, vel esse rudis et indoctus, ut erat antea. Cum ergo beatus Hermannus eligeret scientias, incomparabiles quotidie in illis fecit progressus. Igitur singulari erga Virginem Deiparam amore succensus hoc canticum composuit et dedicavit circa annum 1040. (Trithemius in *Catalog. vir. illust. S Bened.* cap. 84.) Hoc Parthenium canticum, ubi in piorum manus delatum est, sancta Romana Ecclesia, quia piissimis Virginis Mariæ laudibus refertum est, divinis esse adjungendum precibus decrevit. Gregorius IX, pontifex maximus, illud auctoritate pontificia approbavit, et per omnes totius orbis Ecclesias cantari jussit. Innocentius IV, teste Michoviensi, discurs. 299, in magno illo turbine, quem Fridericus II in Ecclesia excitaverat, remedia quærens, clero præcepit ut quodidie sub Completorio canticum *Salve Regina* decantarent Numini per beatissimam Virginem propitiando. Insuper Paulus V, præsentibus in templo Prædicatorum, dum hæc antiphona canitur, eodem cit. auctore teste, ducentos dies indulgentiarum concessit.

CONSIDERATIONES.

DIES PRIMUS.

SALVE, REGINA.

PUNCTUM I. — Considera, quod Virgo beatissima non tantum admittat sui Salutationem a nobis miseris peccatoribus factam, sed eam velim expetat ac desideret, idque magno humilitatis suæ argumento a moribus hujus mundi alieno, ubi potentes principes salutare non cuicunque ex plebe concessum est, qui dedignantur salutantes resalutare, neque dignum æstimant cum pauperibus aliisque abjectæ conditionis hominibus alloquium admittere. Non ita procedit Virgo beatissima; hæc namque, licet sit cœli et terræ Regina, et mundi potentissima Domina, ita tamen humilitate est comparata, ut nullum, quantumcunque sit miser et inops, contemnat, ejusque fiducialem salutationem repudiet. Et sicut sol nulli hominum subtrahit radios suos, ita hæc sancta Mulier amicta sole (*Apoc.* XII, 1), imitatur Filium suum, qui *solem suum facit super bonos et malos* (*Matth.* V, 45), et omni-

bus sine personarum acceptione benignitatis suæ splendorem distribuit, sive sint boni vel mali, pauperes vel divites, justi vel peccatores. « Omnibus sese exorabilem, ait D. Bernardus serm. in *Sig. mag.*, et omnibus clementissimam præbet, omnium necessitates amplissimo quodam miserari affectu. » Cape ergo documentum, neminem a salutatione esse excludendum. Facile esse potest, te aliquo occulto superbiæ spiritu esse affectum, ut non digneris humiles et abjectæ sortis homines salutare. Multum hoc repugnat Christianæ, ne dicam, religiosæ et Marianæ humilitati. Quapropter omnibus precare salutem in Domino, imo et alios amica quadam affabilitate præveni in apprecando pacem et salutem; qui enim tales sunt, humilitatis et virtutis officium laudabiliter anticipant, alterique palmam præripiunt, domant superbiam suam, tollunt denique lites, simultates et odia. De reliquo assiduus esto in salutanda Virgine beatissima : *Salutate Mariam, quæ multum laboravit in vobis,* scripsit ad Romanos gentium Doctor, cap. XVI. Quæ verba Lyranus in hoc loco apposite explicat de Virgine et Dei Genitrice Maria, quæ inter homines maxime pro salute humani generis laboravit, ut adeo merito sit a nobis salutanda, et quidem *frequenter*, ait Ven. Thomas Kemp. serm. 21, ad Novembr., quia valde libenter audit hanc vocem.

PUNCTUM II. — Salutatio nostra, quam ad beatissimam Virginem Mariam dirigimus, non debet esse qualis qualis, non debet fieri cum mentis evagatione, et inter cogitationes distractivas, sed Dei Mater salutanda est, ita ut a corde salutatio exeat, non a labiis duntaxat. « Corde et opere salutetur, ait Richardus a S. Laurentio, lib. III *De laud. Virg.*, ne merito beata Virgo possit illud respondere (*Isa.* XXIX, 13) : *Populus iste ore suo et labiis suis me glorificat, cor autem ejus longe est a me.* » Unde, ut valde cautus fias in devote salutando Virginem, omnesque irreverentias eo certius removeas, imaginare tibi, juxta monitum sancti Bernardi, serm. 1 super *Salve Regina*, Virginem Mariam semper astare præsentem : « Oportet, ait mellifluus doctor, ut nobis præsentem esse dicamus, quam præsentem salutamus. » Secus enim, si nulla sit ad verba reflexio, si absque devotione et humili affectu Maria salutatur, quale obsequium 'præstabis Virgini, qualem mercedem reportabis ab illa? Non salutat, sed illudit, ac decipit, qui externe tantum salutat. Extra cor salutatio nequit consistere, vera salutatio in corde radices agit. Extra cor coalescere non potest, cum salutare nil aliud sit, quam salutem precari ex animo. Hanc quidem Mariæ optare non possumus, cum ipsa jam pervenerit ad omnis gratiæ, gloriæ, et felicitatis plenitudinem : neque indigeat votis et apprecationibus nostris, quas includunt salutationes in humanis fieri solitæ; nihilominus tamen, ut nostra salutatio sit Mariæ grata, nobisque meritoria, interna reflexione opus erit, quatenus nimirum per devotum *Salve* memores simus gratiarum et beneficiorum, quæ exhibita sunt a Deo sanctissimæ Matri, eidemque propterea gratulemur. Per hoc autem nostrum contestabimur affectum et amorem erga hanc mundi Dominam. Insuper, sicut, dum concessum est pauperculo subdito suam salutare Reginam, hæc salutatio sibi annexam habet tacitam petitionem pro dono quodam et gratia, ita salutando Virginem beatissimam pete, et simul exspecta maternum quemdam favorem ; non enim vacuos abire patitur suos clientes, qui condigne et debita cum reverentia, humilitate et devotione eamdem salutaverint.

PUNCTUM III. — Considera, quod apte et congrue Virgo beatissima salutari possit ut Regina, cui non tantum hic titulus competebat, quando in sua gloriosa Assumptione super omnes angelorum choros exaltata, a Regio Sponso audire promeruit : *Veni de Libano, Sponsa mea ; veni de Libano, veni,*

coronaberis (Cant. IV, 8), et etiamnum competit, dum actu coronata in cœlis, portat in capite coronam stellarum duodecim (*Apoc.* XII, 1): sed jam in sua Nativitate hoc præconio potuit, et debuit honorari ; processit enim ex regibus, attestante id sacra Pagina : *Liber generationis Jesu Christi, Filii David.* (*Matth.* I, 1.) Idque confirmat sancta mater Ecclesia, in festo Nataæ Virginis decantans : *Nativitas gloriosæ Virginis Mariæ ex semine Abrahæ, ortæ de tribu Juda, clara ex stirpe David.* Et iterum in ea 'em solemnitate : *Regali ex progenie Maria exorta refulget.* Fuit ergo Maria adhuc in cunis regia Filia, de qua demum natus est Jesus, qui vocatur Christus, Rex Judæorum (*Joan.* XIX, 19), Rex regum, et Dominus dominantium (*Apoc.* XIX, 16). Ad has igitur regias cunas properemus, clientes Parthenii ! et Virginem natam ex stirpe regia his diebus frequenter filiali salutemus affectu : Salve, tenella Infantula, sed magna cœli terræque Regina ; salve, clara regum Progenies, Regis regum Mater, Sponsa, Filia, salve ; salve, angelorum hominumque Domina; quam superi colunt, observant inferi, cui ancillatur terra, cui serviunt elementa; salve, Regina.

Redde tibi per diem familiarem hanc pulchram Salutationem ad beatissimam Virginem multoties per modum filialis suspirii, et quidem, quantum fieri potest, flexis genibus faciendam : *Salve, Regina.* Hujus salutationis, imo et totius cantici insignis cultor fuit mellifluus sanctus Bernardus, qui magnam eidem conciliavit auctoritatem; non enim illud tantum devote recitavit, sed etiam per sermones multis illustravit elogiis. Hoc pium et sanctum ejus exercitium etiam miraculo comprobatum est. Spectabilis est in Brabantia Afflegemii in cœnobio nostri ordinis imago Deiparæ, quæ, cum salutaretur a divo Bernardo : *Salve, Regina ;* intelligibili voce resalutavit sanctum Bernardum : *Salve, Bernarde.* (Ribaden. ad diem 20 August.) Insuper hic sanctus aliquando Spiræ in ecclesia cathedrali *Salve Regina* devotius recitans, æstu devotionis abreptus illa postrema verba : *O clemens, o pia, o dulcis Virgo Maria!* proferens, tribus diversis locis ter genua flexit, ad quorum contactum lapis pavimenti cessit, et vestigia recepit. In cujus rei memoriam hæc ipsa verba tribus æreis incisa laminis iisdem locis humi positis etiamnum Spiræ visuntur. (Guillelmus Eysengrinus, lib. XII *Chron. de urbe Spirensi.*) Imo et sanctos angelos cantasse antiphonam, *Salve, Regina*, refert Martinus Navarrus abbas Roncæ-Vallis in *Man. de orat.* cap. 19, n. 183 : « Fama est, inquit, sapidam illam orandi 'ormam, *Salve, Regina*, olim in nostra Ronca-Valle Sabbatis solitam ab angelis cantari apud quemdam fontem, quem ab eo tempore in hoc præsens Angelorum fontem appellant. »

In patronum eligatur dictus sanctus Bernardus.

DIES SECUNDUS.

MATER MISERICORDIÆ.

Punctum I. — Considera, beatissimam Virginem omni jure salutari posse, quod sit Mater; eodem namque merito, quo meruit esse Mater Dei hominis, ex consequenti adepta est ut esset Mater omnium hominum, angelorum et omnium creaturarum; Christus namque in mundo nasci voluit, ut sit *ipse primogenitus in multis fratribus. (Rom.* viii, 29.) « Sed hunc fratrem, ait sanctus Bernardus, serm. 1, *De aquæductu,* Maria dedit. Ergo Maria est Mater nostra. » Cui etiam accedit divus Ambrosius, lib. *De Virgin.,* cap. 13, inquiens : « Benedictus Frater, per quem Maria est nostra Mater et benedicta Mater, per quam Christus est Frater noster. » Quod etiam confirmat divus Bonaventura, in *Speculo beatæ Virginis,* cap. 8, dicens : « Maria non solum est Mater Christi singularis, sed etiam Mater omnium fidelium universalis. » Hoc tamen cum hæreticis non intelligo, quasi secundum carnem, et naturam plures genuisset filios Maria, quam solum Christum Dominum, quem per obumbrationem sancti Spiritus divina virtute concepit, et in reliquo vitæ suæ tempore virum nunquam cognovit; sed Maria secundum generationem specialem peperit filios plurimos. Et sicut prima mater nostra Eva fuit *Mater cunctorum viventium (Gen.* iii, 20), quæ tamen nobis non aliam dedit vitam, nisi temporalem, imo potius mortem causavit et ruinam; ita Virgo beatissima fuit Mater dans nobis vitam spiritualem et vitam gratiæ, ut ait Richardus a S. Laurentio : « Eva mater viventium vita naturæ; Maria Mater viventium vita gratiæ. » Est ergo Maria Mater nostra spiritualis et adoptiva. Et sicut olim filia regis Pharaonis adoptavit Moysen infantulum juxta aquas; ita Filia Regis æterni Maria omnes baptizatos, seu pœnitentes, et in aquis lacrymarum vagientes assumpsit, et in hodiernam usque diem materna assumit clementia, et per angelos fecit nutriri et educari : maxime autem sub cruce Filii sui Mater omnium viventium effecta est, cui Christus Dominus, ut graves testantur auctores, Rupertus Tuitiensis, B. Albertus Magnus, sanctus Antoninus, et recentiores omnes, in persona Joannis, qui interpretatur *gratia,* omnes fideles in filios dedit et curæ maternæ commisit, dicens ad illam : *Mulier, ecce filius tuus!* Et ad Joannem : *Ecce Mater tua!* (*Joan.* xix, 26, 27.) Ut nimirum illa, quos ipse Filius Patris æterni, et in tempore natus ex Virgine tunc inter maximos crucis dolores parturiebat, hos omnes ipsa, tanquam pia Mater, sua charitate fovendos, suoque patrocinio tuendos susciperet : *Et ex illa hora,* inquit ipsemet sanctus Joannes, *accepit eam discipulus in sua.* (*Ibid.*) Non dixit : *Joannes accepit eam,* sed, *discipulus,* ut intelligamus sub hoc nomine, quod commune est omni homini, qui Christi discipulus est, beatissimam Virginem in Matrem fuisse traditam. « Intelligimus in Joanne, verba sunt sancti Bernardini Sen. tom. I,

serm. 55, cap. 3, omnes animas electorum, quorum beatissima Virgo facta est Mater. » Atque hæc fuit causa, quod Maria steterit juxta crucem, ubi sensit « dolores quasi parturientis, » ait sanctus Rupertus abbas, lib. xiii *in Evang. S. Joan.* cap. xix, quia in Passione Unigeniti omnium nostrum salutem peperit. Sit ergo tibi magna consolatio, o Mariophile! te habere Matrem in cœlis, eamque piissimam, benignissimam, et Deo gratissimam, cujus tanta est dilectio et charitas, ut omnem superet nostræ naturæ affectum, multoque magis nos diligat, quam illæ ipsæ, quæ nos genuerunt carnaliter. Insimul autem cogita dignum et justum fore tuam vitam ita omni tempore esse instituendam, ut nunquam sis filius degener tantæ Matris, quæ clientes suos nunquam derelinquit, sed illorum commodis prospicit diligenter, et Deo eosdem sæpissime reconciliat.

Punctum II. — Sicut munus est, et officium cujusdam matris post generationem filiorum curam habere, eos amare, muneribus augere, beneficiis cumulare, et magna cum diligentia et studio educare, ita et beatissima Virgo, quam *Matrem* nostram esse diximus, hæc omnibus fidelibus suis et devotis filiis abunde præstitit, et præstat. Inter alia, quæ magis exemplis probantur quam verbis, beatissima Virgo filios suos materno affectu complectitur; unde ipsa ait (*Eccli.* xxiv, 24) : *Ego Mater pulchræ dilectionis, et timoris, et agnitionis, et sanctæ spei.* Est Maria Mater pulchræ dilectionis; quia ab amore carnalium et terrenorum nos avellit, et ad amorem cœlestium exemplis suis nos provocat. Est Mater timoris; quia per filialem et castum timorem nos regit atque gubernat. Est Mater agnitionis; quia ad cognitionem Dei suis meritis et intercessione continuo nos vocat, et invitat. Est etiam Mater sanctæ spei; quia singulare patrocinium et defensionem nostri suscepit. Insuper vere amat hæc Mater filios suos, licet indignos; quia nos dirigit in via Domini, in tribulationibus et afflictionibus consolatur, in perplexitatibus instruit, sub protectionis suæ amplissimo pallio nos recipit atque fovet, pœnas, quas Deus nobis juste pro peccatis minatur, misericorditer avertit. Porro et muneribus auget, ac beneficiis cumulat maternis : sine numero sunt illa, quæ jam accepimus, et quæ adhuc exspectamus. Annon ingens beneficium est, quod Incarnationem Verbi, a qua salus nostra promanat, de congruo promeruerit, quod Dei Filium de cœlo in terram traxerit, quod eum uteri sui hospitio exceperit, quod ex suis castissimis visceribus corpus eidem ministraverit, quod eum in salutem nostram aluerit, Passioni obtulerit, patientique ipsa compassa fuerit? Quod in sanctissima Eucharistia carne Christi pascamur, merito post Christum debemus Virgini beatissimæ. Unde hæc beneficia a tanta Matre filiis impensa meditans divus Augustinus, serm. 10 *De sanctis* exclamat : « O beata Maria! quis tibi digne valeat justa gratiarum, et lau-

dum præconia rependere, quæ singulari tuo assensu
mundo succurristi perdito? quas tibi laudes fragilitas humani generis persolvet, quæ solo tuo com-
mercio recuperandi aditum invenit. » Denique hæc
Mater singulari studio ac diligentia educat, ac nutrit suos devotos clientes; quia illos per inspira-
tiónes, illustrationes, et revelationes, intercessiones, impetrationes, gratiarum distributiones fovet,
promovet et bonis operibus adauget. Cum ergo
Maria expleat officia veræ matris, tuæ obligationi
etiam incumbit, Mariophile! ut de illis conditionibus, quæ verum filium probant, nec apicem inter-
mittas; genuini autem filii non magis probantur,
nisi dum parentum suorum virtutes imitari conspi-
ciuntur. Imitare ergo Matris tuæ virtutes præcipuas, et eidem magis acceptas, humilitatem præprimis, et angelicam puritatem, in quibus hæc Mater nostra sanctissima adeo excelluit, ut per geminas has virtutes Dei Mater fieri sit promerita.
« Placuit ex virginitate, ait sanctus Bernardus,
hom. 1 super *Missus*, humilitate tamen concepit. »

PUNCTUM III. — Considera, quod Virgo beatissima salutari quoque possit, quod sit *Mater misericordiæ*; sicut enim Deus Pater dicitur *Pater misericordiarum, et Deus totius consolationis* (*II Cor.*1,3),
quia ab æterno genuit Filium, qui est et dicitur
misericordia, uti explicat divus Augustinus *in
Psal.* LXXXIV, ubi pro hac misericordia ad Deum
clamavit Psaltes regius : *Ostende nobis, Domine,
misericordiam tuam;* super quæ verba inquit
cit Ecclesiæ doctor : « Christum tuum da nobis;
in illo enim est misericordia tua : » ita et sanctissima Deiparens dicitur optimo jure *Mater misericordiæ;* quia peperit nobis eumdem Filium, *de qua
natus est Jesus, qui vocatur Christus* (*Matth.* 1,16),
fontem scilicet misericordiæ, qui in Scripturis vocatur misericordia, uti pluribus in locis adducit allegatus Psalmographus : *Suscepimus, Deus, misericordiam tuam.* (*Psal.* XLVII, 10.) Et iterum : *Salvum
me fac in misericordia tua.* (*Psal.* XXX, 17.) Ulterius
Maria vocatur *Mater misericordiæ;* quia materna
cura invigilat, ut eamdem nobis impetret a Filio
suo dilectissimo, et quia ipsa est misericors erga
omnes sine differentia. « Videns nostram miseriam,
ait divus Bonaventura in *Speculo B. Virginis*, est
festinans ad impendendum suam misericordiam. »
Et iterum cit. loc. cap. 8 : « Quis est, super quem
sol non luceat? et quis est, super quem misericordia Mariæ non resplendeat? » Et divus Bernardus,
serm. *Signum magnum* hisce verbis diserte loquitur :
« Omnibus misericordiæ sinum aperit, ut de plenitudine ejus accipiant universi, captivus redemptionem, æger curationem, tristis consolationem, peccator veniam, justus gratiam, angelus lætitiam. »
Si ergo habemus Matrem misericordiæ et totius
consolationis, nolite fieri tristes et pusillanimes, o
Mariophili? si variæ vos affligunt miseriæ, sive
animam spectent vel corpus, currite tanquam filii
ad Matrem : « Quis enim est locus miseriæ, ait

divus Bernardus in Opusc. de beata Virg., quem
excludat Mater misericordiæ? » Inter omnes virtutes Mariæ tempore pusillanimitatis et tristitiæ
spiritualis nulla magis sapiat, quam *misericordia*.
« Nos servuli, inquit cit. mellifluus auctor, laudamus
virginitatem, miramur humilitatem ; sed misericordia miseris sapit dulcius, misericordiam amplectimur charius, recordamur sæpius, crebrius invocamus. »

Dum hodie decantas hanc antiphonam, singulari
affectu ad hæc verba : *Mater misericordiæ*, reflexionem facito, partim tibi gratulando, filium esse
Matris adeo misericordis, partim ab hac misericordiæ Matre implorando misericordiam, maxime in
tempore mortis tibi impendendam ; unde etiam
per diem poteris uti hac forma : *Maria, Mater gratiæ,
Mater misericordiæ, tu nos ab hoste protege, et hora
mortis suscipe.* Refert Gerardus Lemov. part. 1, cap.7,
in fin. sequentia : « Quidam frater ord. Prædicator.
in Anglia, cum in gravem incidisset infirmitatem,
nec a Completorio conventus remaneret, cum cantaret cum aliis, ut poterat, *Salve, Regina,* in illo
verbo, *Misericordiæ*, compunctus rogabat Dominam,
ut in illa infirmitate ejus misericordiam sentiret,
statimque raptus in spiritu vidit ipsum Filium suum
quasi sanguinolentum in cruce sibi ostendentem,
et dicentem : Vide, quanta pro te passus est, ut,
cum non pateris, pusillanimis flas; rediens autem
frater, et sanatum se sentiens, Deo et Matri
misericordiæ gratias egit, et magistro ordinis hoc
secrete conscripsit. » Testatur et hoc exemplum
allegatis verbis Justinus Michoviensis, disc. 231,
num. 219.

In patronum eligatur quidam ex illorum numero,
quibus beatissimam Virginem prorsus singularia
maternæ benignitatis specimina exhibuisse compertum habemus. Sunt autem et matrum, præter ea
quæ supra diximus, officia erga proles suas, *lactare,
vestire, et sanare;* quod etiam aliquibus materno
favore præstitisse sanctissimam Dei Genitricem
legimus. Certum est, ut refert eminentiss. Baronius
ad annum 1028, sanctum Fulbertum, episcopum
Carnotensem, a beatissima Virgine ipsius lacte
fuisse potatum ; cum enim ille beatissimæ Virgini
addictissimus esset, in ejusque laudem conscripsis-
set librum, et ædificasset basilicam, hoc præmii
loco ab ea accepit, ut ægrotanti appareret per visum, sugenda ubera præberet, et una cum lacte
spiritum prophetiæ infunderet. Divo quoque Bernardo in os uberum suorum stillicidia infundebat
Virgo, ut testantur probati auctores in ejus Vita.
Notum est etiam beatissimam Virginem Mariam
sancto Ildephonso vestem sacram donasse ad sacri-
ficandum. Idem quoque sancto Bonito, episcopo
Alvernensi, præstitisse tota civitas Alvernensis testatur, quæ in hodiernum diem vestimentum illud
cœleste demonstrat, cujus materiæ et contexturæ
modus a nullo hominum potest dignosci, et est
eximii candoris miræque levitatis; uti narrat Vin-

centius Bellov. in *Spec. hist.* lib. ii, cap. 97. Similia legimus de ord. Prædicator. et Cisterciens. Quod
autem sanet filios suos Maria, inter exempla innumera testis est sanctus Joannes Damascenus, de
quo notissimum est toti orbi, quod eidem manum
ob defensionem sanctarum imaginum abscissam
restituerit.

DIES TERTIUS.

VITA, DULCEDO.

Punctum I. — Considera, quod Christus Dominus
quidem per essentiam proprie dicendus sit Vita :
In ipso enim vivimus, movemur, et sumus. (*Act.* xvii,
28.) Qui de se quoque testatur : *Ego sum via, veritas, et vita.* (*Joan.* xiv, 6.) Et iterum : *Ego sum
resurrectio et vita.* (*Joan.* ii, 25.) Similiter Apostolus ad Coloss. iii, 4 : *Cum apparuerit Christus vita
vestra.* Unde Christus est causa principalis vitæ,
qui per Passionem et mortem suam vitam animæ
attulit, gratiam promeruit, et vitam æternam præparavit. Insuper Christus nobis est Vita, et insuper illam largitur per sanctissima sacramenta ,
speciatim Eucharistiæ, de cujus sumptione ipsemet
dedit promissionem : *Qui manducat me, et ipse vivet propter me. Qui manducat hunc panem, vivet in
æternum.* (*Joan.* vi, 58, 59.) Licet, inquam, Deus
sit Vita nostra proprie et principaliter, optime tamen et ipsa Virgo beatissima dici potest *Vita nostra,* et quidem pluribus ex causis, maxime autem,
quia nobis peperit Christum, qui est Auctor vitæ
nostræ. Unde canit Ecclesia : *Benedicta Filia tu a
Domino, quia per te fructum Vitæ communicavimus.*
Et divus Bonaventura scribens super *Salve Regina :*
« O Maria ! inquit, Vita vero, quæ Vitam genuisti. » Secundo dici potest *Vita nostra,* quia per
ipsius intercessionem filiis suis multoties *vitam*
tam corporis, quam animæ conservat, aut deper-
ditam iterum restaurat. Et denique Maria est *Vita
nostra,* quatenus ipsius vitam et vivendi rationem
pro regula, ac cynosura nobis debemus præ oculis
ponere. Salve igitur, Maria, *Vita nostra,* quæ mortem superasti, Vitam gratiæ impetrasti, Vitam gloriæ genuisti. O Vita mirabilis, quæ mortuos vivificas ! o Vita amabilis, quæ mortales immortales
constituis ! o Vita delectabilis, quæ solem illuminas,
terram exhilaras, mortem calcas, perditos in salutis
regnum vocas ! « Ave, Lignum Vitæ, inquit sanctus
Ephrem, *De laudibus Virginis,* gaudium et voluptas. » Et divus Bernardus, serm. 2 *De Adventu :*
«O vere Lignum Vitæ, quod solum dignum fuit portare Fructum salutis ! » Ad hoc ergo Lignum Vitæ,
ad hunc Fontem aquæ vivæ properate, Mariophili !
haurietis aquas, quæ conducant ad vitam æternam,
et accipietis fructum vitæ et salutis sempiternæ.
Si quis mortem timeat, ad Vitam confugiat, ad Virginem beatissimam , quæ de seipsa testatur : *In
me omnis spes vitæ.* (*Eccli.* xxiv, 25.) Et iterum
(*Prov.* viii, 35) : *Qui me invenerit, inveniet vitam,
et hauriet salutem a Domino.* Quid dulcius hac voce

materna ? « Audite ergo omnes, » verba refero
sancti Bonaventuræ in *Psalterio Virginis,* « qui ingredi cupitis regnum Dei, Virginem Mariam honorate, et invenietis vitam æternam. »

Punctum II. — Est quoque Maria *Dulcedo nostra;*
quamvis enim causa principalis, et primaria totius
dulcedinis et consolationis nostræ sit ipse Deus,
de quo Apostolus : *Deus totius consolationis* (*II
Cor.* i, 3), nihilominus Maria ex pluribus argumentis hanc participat prærogativam, quod sit nostra Dulcedo, quia Maria dulcissimum ventris sui
Fructum produxit, suavissimumque salutis antidotum generi humano propinavit ; et sicut Eva amarum pomum posteritati tradidit, ita Virgo beata
dulcem Fructum, orbis delicias, Panem vitæ mundo
effudit. Est Maria illa Dulcedo, quæ a tot sæculis
exspectata, et veterum Patrum votis ardentissime
desiderata tristem orbem exhilaravit. *Dulcedo ;*
quia in Maria nihil amarum, nihil acerbum, nihil
austerum, nihil terribile , nihil venenosum tam
culpæ, quam pœnæ conspicitur. Est Maria Dulcedo,
quæ expellit amaritudinem peccati, impetrando
veniam, et per dulcedinem gratiæ introducendo ad
vitam, quæ quotidie consolatur afflictos, mœstisque
præbet lætitiam ; ubi enim angulus est in orbe, in
quo non aliqua reluceat beneficiorum ejus memoria? Est item Dulcedo Ecclesiæ Christi, quam piissimis suis moribus, piissimaque conversatione, et
verbis, et exemplis dulcore plenissimis recreat.
Quapropter in Canticis deprædicatur : *Favus distillans labia tua, Sponsa, mel et lac sub lingua tua.*
(*Cant.* iv, 11.) Denique est *Dulcedo ;* quia in omnibus suis actibus et sermonibus erat semper man-
suetissima, lenis et benigna. Dulciter locuta est
cum Filio, quem in templo quæsivit : *Fili! quid
fecisti nobis sic ? Pater tuus et ego dolentes quærebamus te,* (*Luc.* ii, 48.) Similiter dulces miscebat
sermones in domo Nazareth, dulciter salutabat
Elisabetham in domo Zachariæ ; et quis dulcem
exprimet conversandi modum, quem illo tempore,
quo morabatur, observavit ? Atque per hanc dulcedinem omnes Christi fideles suavissime trahit ad
Deum, per exempla nimirum virtutum suarum, ut
omnes ad eamdem suspirent : *Trahe nos post te,
curremus in odorem unguentorum tuorum.* (*Cant.* i,
3.) Hanc autem Mariæ dulcedinem non tantum
admirari possumus, sed etiam degustare, dum ejusdem virtutes præclarissimas in memoriam vocamus, dum mente illam suavitatem revolvimus,
quam Virgo beatissima inter amplexus, et materna
oscula Filii sui unigeniti persensit ; maxime autem
peccatori dulcedinem in anima affert sola recogi-
tatio, superesse pro solatio suæ afflictionis Virginem
Mariam inter se et Deum vindicem Mediatricem
potentissimam, quæ, sicut curam gerit pro suis
clientibus, ita et cuilibet peccatori, qui ad eamdem
confugit fiducialiter, remissionem suorum peccatorum impetrabit. Infelix ergo ille, qui hanc Dulcedinem non sentit, qui ejus dicta, facta et consola-

tiones sensu intimo non gustat. Ut vero ulterius
salutarem haurias doctrinam, Mariophile ! scias,
velim, ut omni conatu et studio te oporteat inducere aliquo modo dulcedinem Matris tuæ Mariæ,
quæ maxime relucere potest in amabili morum
compositione, quæ dulcedinem quamdam transpi-
ret, et omnium animos suavi quadam violentia rapiat ad imitationem. Unde semper esto in oculis
et ore serenus, hilari, quieto, dulci et amabili
affectu semper manifeste plenus ; loquela sit pauca
et rara, et hæc amabilis et benigna procul ab
omni asperitate in verbis et vultu. Atque hoc modo
tuus conversandi et loquendi modus erit gratus
Deo, et dulcis hominibus, simulque te genuinum
ostendes filium illius Matris, quæ est inter hujus
mundi afflictiones post Deum nostra unica Consolatrix et Dulcedo.

Punctum III. — Considera, quod Virgo beatissima non tantum sit Dulcedo hominum, sed et ipsius
Dei et angelorum ; certum enim est Mariam sua-
violentiâ et dulcedine suæ innocentiæ, puritatis,
castitatis et humilitatis Dei Filium traxisse in
terram, quod ipsa ostendit in amoris Cantico cap.
ı, vers. 11 : *Dum esset Rex,* inquit, *in accubitu suo,
nardus mea dedit odorem suum.* Quæ verba explicans divus Bernardus *in Cant.* ait : « Accubitus
Regis sinus est Patris, quia semper in Patre Filius. » Cum ergo Dei Filius esset in sinu Patris,
nardus Mariæ, hoc est humilitas ejus, dedit odorem
suum, quæ Dei Filium adeo oblectavit, ut ipsum in
terram detraheret. Angelorum quoque Jucunditas
est et Dulcedo, quia illis peperit Restauratorem
illius ruinæ, quæ facta est per angelos malos. Hinc
multorum SS. Patrum sententia est, omnes angelos
Virgini in cœlum ascendenti obviam processisse,
et cum ingenti gaudio, gloria et triumpho eam ad
dexteram Filii collocasse, imo jam in sua Nativitate,
dum hæc Virguncula jaceret in cunis, sancti angeli gaudio sibi duxerunt, ac gloriæ, huic Natæ
Infantulæ sua deferre obsequia, eamdemque venerari. Demum et in cœlis oritur dulcedo, et lætitia
sanctissimis angelis, dum faciem dulcissimæ Dei
Matris venerabundi conspiciunt ; hujus enim dulcis
Virginis aspectu læti sunt, ipsiusque præsentia pascuntur, satiantur, et quodammodo beantur. « Virgo Regia specie, inquit divus Bernardus, hom. 2
super *Missus,* et pulchritudine sua cœli civium in
se provocavit aspectum. » Consentitque sanctus
Petrus Dam. serm. 45 : « Felices, ait, spiritus, qui
beatæ Virginis habent præsentiam. » Ad hanc ergo
Virginem, quæ vera est Dulcedo, omnes filiali confidentia accedamus, enixe supplicantes, ut maxime
in horula mortis nostræ dulcedinem amoris sui ita
nobis infundat, ut omnis amaritudo, quæ plerumque hoc tristi tempore in nobis solet prædominari,
in suavitatem mutetur ac dulcedinem.

Ut et hodie praxim quamdam specialem observes,
ascuesce in omnibus tuis actionibus semper prius
consulere sedentem in animæ throno Deum, an,

quod facere, vel loqui intendis, ipsa quoque faceret beatissima Virgo, si tui loco esset ? Atque hoc
modo fiet, ut semper in moribus, conversatione,
ac tuis verbis non tantum modestus efficiaris, sed
et alios quoque amabili modo attrahas ad virtutis
sequelam.

Patronus eligatur sanctus Bonaventura, qui hoc
dulcissimum carmen. *Salve, Regina,* ducentis annis, postquam erat a sancto Hermanno conditum,
piis meditationibus et versibus illustravit, et videntur apud Vincentium Hensbergium, in *Viridario
Mariano,* p. ı.

DIES QUARTUS.

ET SPES NOSTRA, SALVE.

Punctum I. — Recte et optime Virgo beatissima
a nobis salutatur, quod sit *Spes nostra.* Si enim in
homine carnali licet confidere, qui vix aliquod
auxilium potest ferre : talem autem spem etiam
homines sanctos habuisse legimus, Tob. x, 4, qui
filium suum vocat *spem posteritatis,* et Paulus apostolus suos Thessalonicenses *spem suam* appellat
et gaudium : *Quæ est,* inquit, *spes nostra, aut gaudium, aut corona nostra ; nonne vos ante Dominum
nostrum Jesum Christum (I Thess.* ıı, 19) : quanto
magis licebit sperare in Virgine sanctissima, quæ
est supra alios homines, quæ est Soror, Advocata
et Mediatrix nostra, pia Mater, sedula Mater, amans
Mater, fidelissima et potentissima Patrona, quæ
omnium, præsertim vero suorum devotorum clientum apud Deum causas fidelissime agit, quæ vult
juvare, quia mundi Regina, quia Aquæductus gratiarum, per quem omnia dona a Deo descendunt.
Unde SS. Patres varie nos hortantur, in Maria
spem nostram esse collocandam ; quia Virginem
beatissimam unicam post Deum spem et fiduciam
deprædicant. « Spes mea, et omnium Christianorum, » ait sanctus Ephrem. serm. *De Deip.* Et
alibi : « Non est mihi, inquit, alia fiducia, o Virgo !
nisi in te. » Et in orat. ad Virg. his eam salutat
verbis : « Ave, pax, gaudium et salus mundi ; ave,
Mediatrix gloriosissima ; ave, universi terrarum
orbis Conciliatrix. » Sanctus Petrus Dam. tractans
illud Psal. xxıı, 4 . *Virga tua, et baculus tuus ipsa
me consolata sunt;* « In Virgine, inquit, virga, baculo, cruce, peccatorum spes et consolatio sita est. »
Consentit divus Bernardus, serm. *De Aquæduct. :*
« Filioli ! inquit, hæc tota ratio spei meæ. » O
cliens Parthenie ! spes in Mariam Matrem tuam te
non confundit, sed adjuvat ; unde ad illam tota
cum animi fiducia accede, et tam solidæ, tam perfectæ, tam beatæ spei tota animi devotione, et
mentis fervore insiste, imo rem tuam desperatam
existima, cum patrocinium non speraveris Mariæ.

Punctum II. — Considera, quod et aliæ plurimæ
causæ nos impellant, et motiva satis ponderosa,
quæ suadent et hortantur, in Maria Virgine spem
nostram esse collocandam. Et primo quidem : Hæc
est voluntas ipsius Dei, ut nos per illam, tanquam

a ii Vicariam, tanquam per Aquæductum, tanquam per Colium, per Advocatam, et Matrem, omnia bona habeamus, cum nulla melior supersit via, quam per Mariam ; hanc enim Viam regiam tenuere SS Patres, et omnes alii servi Dei, tenet et universa Ecclesia ab ipso Christo edocta, et quæ infallibili regitur assistentia Spiritus sancti. Secundo : nihil potest Deo esse gratius, quam cum ab eo per Mariam gratias petimus et beneficia ; ideo enim in illa omnis boni plenitudinem posuit, et totum nos habere voluit per Mariam, ut inquit mellifluus auctor, serm. cit. : « Si quid spei in nobis est, ait, si quid gratiæ, si quid salutis, ab ea noverimus redundare. » Tertio : Maria est nobis vicinior. Christus est Sol, Maria Luna. Quapropter ad Mariam tanquam Sidus nobis familiarissimum, et magis vicinum currendum est, ut ibi Solem Solisque claritatem melius contueamur ; Lucem enim in Luna renitentem commodius aspicimus, cum ad Mariam illius misericordiam implorantes confugimus. Denique, in Maria collocanda est Spes nostra, quia magis audemus ad illam accedere ; in accessu namque ad Deum Patrem gravitas peccatorum nos arguit, et ab illius majestate et gravitate deterret et repellit, sed neque apud Christum Dominum timere desistimus, qui, licet homo factus sit, Deus tamen esse non desiit, proinde in scelera et iniquitates animadvertere non omittit ; judicaturus aliquando orbem terrarum in æquitate armabit omnem creaturam adversus insensatos. (Sap. xv, 21.) Superest igitur in spe pro nobis peccatoribus Maria Virgo : nihil in ea austerum, nihil terribile ; pura siquidem humanitas est in Virgine, non modo pura ab omni contaminatione, sed et pura singularitate naturæ, in cujus puræ humanitatis consideratione accedimus ad thronum ejus clementiæ ; clementiæ, inquam, puræ non admistæ severitati. Miraris forsan, Mariophile !.. quod sæpenumero petitionis tuæ, quam fecisti ad Deum, non factus sis particeps, ut jam quasi deficias in spe tuaque fiducia minuatur in dies ? Certe Deus non avertit faciem a petitionibus nostris ; ipse enim est, qui dixit : Petite, et accipietis (Joan. xvi, 24) ; sed vult, ut per Mariam petamus. Mavult ipse severus videri, quam ut Maria non efficax videatur ad omnia ; itaque se ex industria subtrahit, ut ad Mariam curramus, et quasi stimulati ad thronum gratiæ citius accedamus.

PUNCTUM III.—Considera, quod tibi in hac materia sedulo cavendum sit de lapide quodam offensionis. Maria quidem est Spes nostra, ad quam omnes confugiant, quotquot de læsa conscientia sibi conscii desperationis barathro proximi esse videntur ; in hac tamen spe non insolescant illi, qui nec student, nec conantur peccandi habitus deponere, sed in antiquo remanent miseriæ statu. Quisquis enim in sordibus peccatorum jacet, et tamen sub tutela Dominæ nostræ se esse gloriatur, mendax est, et in eo veritas non reperitur, nec talis de

numero clientum Mariæ esse potest, quandiu in peccato perseverare intendit. Scriptum est enim, Sap. 1, 4 : *In malevolam animam non introibit sapientia, nec habitabit in corpore subdito peccatis.* Rursus Eccli. xv, 9 : *Non est speciosa laus in ore peccatoris.* Et Joan. viii, 34 : *Qui facit peccatum, servus est peccati. Peccati,* ait : ergo non purissimæ hujus Virginis, et ab omni peccati contagione alienæ. Hanc doctrinam tibi bene imprimas, velim, Mariophile ! Muta opinionem, si opinaris tanto magis audacter peccari posse, eum Spes nostra sit Maria, quæ veniam omnium impetrabit peccatorum ; hæc namque dicta sunt, ut pusillanimes non desperent peccatores, non ut eo liberius peccetur. Intellige, quæso, quod nec Rosaria, jejunia, preces, austeritates, non corporis macerationes Virgini quidquam placere possint, si adsit intentio et voluntas peccandi. Illa quidem facere non omitte ; sed ut Spes tua magis sit efficax et solida, Virginem imitari stude in castitate, patientia, obedientia, humilitate, mansuetudine, et devotione, cæterisque virtutibus. Satis enim veneraris Mariam, si studeas pro viribus æmulari virtutes ; nam summa religio est, ait divus Augustinus, imitari quod colimus. » Talem igitur spem in Maria, quæ est *Spes nostra,* collocemus, ut per ipsius suffragium gratiam in præsenti, et vitam æternam in futuro consequi mereamur.

Loco praxis specialis commenda Virgini beatissimæ tuam ultimam mortis horulam, ut in spe et fiducia ita confortet animam tuam, ut nulla superveniente tristitia aut pusillanimitate turberis, sed confidens de gratia Dei, et materna ejusdem assistentia absque turbella spiritum tuum reddas Creatori.

Patronus diei sit sanctus Dominicus ord. Prædicat. fundator, beatissimæ Virgini devotissimus, cujus ordinis filios Virgo beatissima, dum cantabant antiphonam *Salve, Regina,* miris favoribus sæpe recreabat. Memorabile est, quod scribit Gerardus Lemovicensis, p. 1, c. 7, cujus historiæ hæc est synopsis. Massiliæ fuit quædam mulier devota, natione Lombarda, quæ, cum quadam die in æde Prædicatorum interesset antiphonæ *Salve, Regina,* corporeis nudata sensibus quatuor mirabilia mentis oculis vidit. Primo, cum cancretur *Spes nostra, salve,* vidit delapsam cœlitus Deiparam placido vultu canentes resalutantem. Deinde, cum fratres exclamarent : *Eia ergo, Advocata nostra,* procumbentem cum Filio in genua suppliciter et pro canentibus exorantem conspexit. Postea, cum dicerent : *Illos tuos misericordes oculos ad nos converte,* vidit Deiparam plenissime eos intuentem, et dum supplicarent : *Et Jesum benedictum fructum ventris tui nobis post hoc exsilium ostende,* illam tanquam puellaribus restitutam annis, atque lactantem Parvulum Jesum velut recenter natum singulis offerentem animadvertit. Postremo, dum canerent, *O dulcis Virgo Maria!* leniter caput submisit, et recedentibus illis ipsa quoque in cœlum migravit.

DIES QUINTUS.

AD TE CLAMAMUS EXSULES FILII EVÆ

PUNCTUM I. — Considera : Sicut in nostris necessitatibus tam animæ quam corporis, si tamen adjuvari velimus, necessario pro imploratione auxilii debemus clamare ad Deum, qui clamantes ad se non derelinquet, sed exaudiet, quia misericors est, et benignus, et desuper divinum suum dedit promissum : *Si clamaverit ad me, exaudiam eum, quia misericors sum* (*Exod.* xxii, 27) : ita etiam, cum Virgo beatissima sit Mater misericordiæ, et post Deum *Vita, Dulcedo, et Spes nostra*, apte et congrue sancta Ecclesia nos instruit, ut et huic Virgini, et Matri nostræ tanquam filii ejus cum clamore preces nostras proponamus, dicentes : *Ad te clamamus*. Ad te nimirum, quæ es Mater nostra, quæ genuisti Filium Dei, et fratrem nostrum secundum naturam humanam ; ad te, quæ inter Deum et nos Mediatrix es constituta ; ad te, quæ nos consolaris in tribulationibus, imo jam in cunabulis vagientes, clamamus angustiati ; afflicti, doloribus pressi ; clamamus, inquam, ut miserias nostras manifestemus, clamandi necessitas nos compellit ; surge, exaudi nos, Domina ; si multum tardaveris, vocem clamando amittimus, et ad te amplius vociferari non valemus ; quid faciemus, si nos nec exaudire poteris nec audire ? Curre, festina, o Mater ! succurre clamantibus, et indignissimos licet servulos tuos ad te clamantes parcendo adjuva, et eripe de insidiis inimicorum tuorum : si aliud te non alliceret ad exaudiendos clamantes ad te, id solum sufficiat, quia hostes tui nos audent fraudulenter invadere ; curre, et libera nos de manu inimicorum, ne dicant : Ubi est eorum Domina, in quam confidebant ? O Mariophile ! hic situs, hæc mentis tuæ intentio esse debet, dum ad Mariam clamas his verbis : *Ad te clamamus*. Profecto clamore valido opus est, quia sumus *exsules*, versamur in regione longinqua, dissipavimus substantiam nostram, sumus a Matre nostra Maria nimium quantum elongati, sumus exsules a patria, exsules a visione divina, et, utinam non ! exsules a gratia, et consolatione materna. Clama ergo ad Mariam, et noli cessare, quasi tuba exalta vocem tuam. Hujus tamen clamoris tui individua comes sit humilitas ; ex valle namque humilitatis nos exsules, et adeo remote viventes, ad montem ubi Christus est cum Matre sua, clamare debemus. Insuper hæc virtus efficiat, ut in humili confessione dolores nostros, miserias, afflictiones et necessitates filiali confidentia cum clamore exponamus.

PUNCTUM II. — Considera, quod clamor noster duplicem subeat significationem : « Clamor est alius oris, alius cordis, inquit sanctus Bernardus serm. 2 super *Salve Regina* : clamor oris alta vociferatio, clamor cordis valida et supplex ad Deum intentionis directio : Deus intus, homo foris ; ad

eos qui foris sunt, clamor oris, ad Deum, et qui cum eo intus sunt, clamor cordis. » Hunc clamorem Deus maxime exaudit. Quapropter ad illum non sine causa hortatur Galatas Apostolus (iv, 6) : *Clamantes in cordibus vestris*. Et Psaltes regius de semetipso testatur : *Clamavi in toto corde meo.* (*Psal.* cxviii, 145.) Quod ipsum confirmant SS. Patres, nobis hanc salutarem relinquentes doctrinam, ut clamemus intus in corde ad Dominum. « Cum oras, inquit sanctus Augustinus, clama non voce, sed mente. » Et divus Ambrosius, serm. 19, *in Psal.* cxviii : « Cor prius clamet, ut sermo possit audiri. » Deus enim, sicut est inspector cordis, ita et auditor est non vocis, sed cordis. Simili modo, o cliens Mariane ! debemus clamare ad Dominam Mariam. Cor prius clamet, ut sermones tostros exaudiat. Si in contrito corde et spiritu compunctionis necessitates nostras exponimus misericordiæ Matri, satis valide clamamus, et absque dubio gratiis cœlestibus et consolationibus internis locupletabimur, quas Deus nonnisi per manus Mariæ vult dispensare hominibus. « Nihil habere nos Deus voluit, inquit mellifluus doctor, serm. *De Nat. B. Virginis*, quod per manus Mariæ non transiret. » Unde, cum ipsa sit, teste Idiota, *gratiarum Thesauraria*, ad illam, o Mariophile ! clama non voce, sed mente, festinabit te adjuvare, et necessitati tuæ succurrere. Ipsa enim est, de qua sanctus Bonaventura in *Spec. virg.* cap. 4, asserit, quod sit « videns nostram miseriam, et festinans ad impendendum suam misericordiam. » Laudatur in Canticis, quod *manus illius tornatiles* (*Cant.* v, 14), et ideo magis velox et prompta ad nobis subveniendum ; nam « sicut ars tornaturæ (verba sunt Richardi a S. Laur. lib. ii *De laud. Virginis*, cap. 2) promptior est aliis artibus celeriter operando, sic Maria velocior cæteris sanctis omnibus, miseris subveniendo. » Quod et ipsum alius confirmat Richardus a S. Victore, lib. i, part. i, inquiens : « Velocior (Maria) occurrit, quam invocetur, et causam miserorum anticipat. » Ut adeo Maria jure merito dicere possit cum Isaia (lxv, 24) : *Antequam clament, ego exaudiam.*

PUNCTUM III. — *Ad te clamamus exsules filii Evæ.* Justissima ad Mariam clamandi causa hic proponitur, quia sumus in exsilium relegati, elongati a patria, viventes in calamitatibus, repleti multis afflictionibus ; nam, *Homo natus de muliere*, ait Job (xiv, 1), *repletur multis miseriis*. Atque in hoc exsilio sumus, et peregrinamur, quoadusque vivimus nos *filii Evæ*, et ideo quidem *filii Evæ*, quia superbi, præsumptiosi, ambitiosi, avari, gulosi et carnales, inobedientes et breviter in omnibus eam sequentes. « Sumus enim sicut Eva proni ad malum, inquit sanctus Bernardus Medit. sup. *Salve Regina*, difficiles ad bonum, et si contingat aliquem filium bonorum operum generare, cum quodam cordis dolore et tristitia parturimus, sed malum cum lætitia pepetra-mus ; nec nobis sufficiunt mala nostra, sed sicut ipsa Eva, ita et nos alios inclinamus ad malum, et etiam sicut ipsa Eva, ita et nos in defectibus excusamus, aut saltem, si possumus, in alios retorquemus. » Cum ergo, o anima dilecta ! in hoc mundo vivamus velut in exsilio, cum simus *exsules filii Evæ*, qui exspectamus brevi venire in patriam ad Deum Patrem nostrum et amantissimam Matrem Mariam, ideo omne removeamus obstaculum, quo minus illuc possimus pertingere. In hunc finem admonet nos dilectus Christi discipulus Joannes : *Nolite diligere mundum, neque ea quæ in mundo sunt* (*I Joan.* II, 15); et gentium doctor ad Coloss. III,1, 2: *Quæ sursum sunt, quærite; quæ sursum sunt, sapite, non quæ super terram.* — Non enim, ut in alio loco dicit (*Hebr.* XIII, 14), *habemus hic manentem civitatem, sed futuram inquirimus.* Has igitur doctrinas fideliter observa, ubique te æstima peregrinum et exsulem. Quæ pia consideratio erit tibi suave solatium in tuo labore, dum recogitas exsilium tuum in dies properare ad finem; ideo non minus occurrentes in hac misera vita calamitates tolerabis patienter, quia meliora præstolaris in patria : facile etiam poteris contemnere terrena omnia, et dicere cum principe Husitarum : *Nudus egressus sum de utero matris meæ, et nudus revertar illuc.* (*Job* I, 21.)

Loco praxis specialis multiplica hodie desideria tua ad patriam cœlestem, et quoties requiem vis capere in sedendo, observa monitum quod dedit beatus abbas Olympius, teste Sophronio, in *Prato spir.* cap. 12 : « Ubicunque sederis, dic : Peregrinus sum. » Quæ reflexio sit tibi stimulus, ut adversa omnia patienti sustineas animo, mente cogitans, leve et momentaneum tribulationis in hoc exsilio æternum gloriæ pondus operari in patria.

Patronus eligatur sanctus Thomas Cant. episc. in Anglia, qui his novem diebus ante festum Virginis natæ corpus suum cingebat cilicio, quod ipsi Virgo beatissima donaverat.

DIES SEXTUS.

<small>AD TE SUSPIRAMUS GEMENTES ET FLENTES IN HAC LACRYMARUM VALLE.</small>

PUNCTUM I. — *Ad te suspiramus gementes.* Ut ostendamus clamorem nostrum non esse tantum clamorem oris, sed et cordis, ex cujus abundantia os loquitur, apte in hoc Parthenio *Salve* subnectimus : *Ad te suspiramus gementes.* Quasi dicere vellemus : Ad te, o Virgo beatissima ! non tantum clamamus ore, qui clamor sæpe fictitius esse solet ; ut apud Isaiam (XXIX, 13) conquestus est Dominus : *Populus iste labiis suis glorificat me, cor autem eorum longe est a me.* Ideo etiam omnino ex profundo cordis nostri *suspiramus gementes ;* quia suspiria et gemitus ex sua natura indicia sunt doloris et afflictionis internæ. Porro autem considera, quod plurimis ex causis suspirare nos oportet ; sicut enim peregrini et exsules suspirant ad patriam, ita nos

exsules filii Evæ merito suspiramus ad cœlestem patriam, suspiramus, Patrem nostrum in cœlis videre exoptantes, suspiramus ad Mariam Matrem nostram, de ipsius absentia vehementer afflicti. « Annon merito ingemiscendum, inquit sanctus Chrysostomus, hom. *in Psal.* cxv, quod sumus *in regione aliena, et in coloniam procul a patria amandati?* » Et divus Bernardus semetipsum alloquens serm. 59, *in Cant.* : « Quidni moveat, ait, mihi crebras lacrymas, et gemitus quotidianos Christi absentia? » Licet autem primario suspirandum nobis ad Deum, a quo suspiria et gemitus cordis nostri non sunt abscondita, qui gementes et ad se suspirantes velociter exaudit : *Ingemiscentes filii Israel propter opera vociferati sunt, ascenditque clamor eorum ad Deum ab operibus, et audivit gemitum eorum* (*Exod.* II, 23) ; qui, teste Psalte regio, ipsemet exsurgit ad juvandos illos, qui suspirant et gemunt : *Propter miseriam inopum, et gemitum pauperum nunc exsurgam, dicit Dominus* (*Psal.* XI, 6) : licet, inquam, sæpenumero suspirare debeamus ad Christum, ante quem est et esse debet omne desiderium nostrum, de cujus plenitudine omnes accepimus, in quo principaliter »peramus salutem nostram; nihilominus sancte et utiliter *suspiramus gementes* ad Mariam, Matrem Dei, Matrem misericordiæ, et Matrem nostram, quotquot in hac degimus exsilio, undique afflictionibus circumdati, et angustiis oppressi. Sicut autem clamamus ad illam, ut nos quasi adjuvet in clamore nostro (habemus enim sæpe *labia polluta* [*Isa.* VI, 5], et non meremur exaudiri in clamoribus nostris, sicut de Judæis testatur Jeremias [XI, 11]: *Clamabunt ad me, et non exaudiam*), ita etiam ad illam *suspiramus gementes*, ut et ipsa pro nobis apud Filium suum maternum offerat obsequium, quod majoris erit efficaciæ quam preces et suspiria omnium sanctorum ; nam quis facilius quidquam impetrabit apud Filium, quam Mater, quia Filius Dei præceptum illud generale : *Honora patrem, et matrem,* non venit solvere, sed adimplere ? His ergo diebus, o Mariophile ! ubi Virginem sanctissimam speramus nascituram, vel jam natam recolimus, in spiritu vos conferte ad cunas, et ad ibi jacentem Virgunculam Matrem Dei, et Matrem nostram clamate, et suspirate cum divo Bernardo Med. super *Salve Regina* : « *Ad te suspiramus gementes,* quia nimius amor, o beata Virgo ! quo erga te sumus inebriati intrinsecus, cogit nos ad te, Domina ! suspirare ; omnibus es amabilis, omnibus delectabilis, Sedes Sapientiæ, Fluvius Clementiæ, Radius Deitatis; quis ad te, Domina ! non suspirabit? Amore suspiramus etiam et dolore, undique nos angustiæ premunt ; quomodo ergo ad te non suspiremus, Solatium miserorum, Refugium expulsorum, Liberatio captivorum, Regina bellatorum, Domina universorum? *Ad te suspiramus gementes.* »

PUNCTUM II. — *Et flentes.* Sicuti suspiramus ad Deum et beatissimam Virginem, ita etiam flendi et lacrymandi causam nobis suppeditant mala plurima, quibus, proh dolor ! subjecti sumus, et oppressi. Quapropter intus sumus gementes, exterius flentes ; gemimus onerati peccatis, flemus repleti miseriis, gemimus sauciati, flemus spoliati, et undique derelicti, gemimus Solem justitiæ videre desiderantes, flemus inimicis servientes, præpotens Matris nostræ auxilium implorantes. O Mariophile! si bene causas expenderes, quas habemus nos exsules filii Evæ flendi et lacrymandi, continuo cum Vate regio contristatus incederes : *Tota die contristatus ingrediebar*. (*Psal.* xxxvii, 7.) Non saperet tibi ulla delectatio, quas mundus offerre solet amatoribus suis. Sunt autem tria præcipue mala, propter quæ merito suspiramus gementes et flentes. Primum est offensa Dei, seu peccatum nunquam sufficienter amaris lacrymis deplorandum. Alterum est inclinatio, et prona voluntas ad malum, quatenus continuo ex depravata natura nostra ab una imperfectione transimus ad aliam. Tertium carentia summi boni, et privatio visionis Dei ; et hoc ultimum maxime affligit animas jam magis perfectas, et in via virtutis constitutas, quibus unice in votis est dissolvi et esse cum Christo ; si autem, dilecta anima ! eo usque nondum perveneris, quod te ad lacrymas commoveri sentias propter absentiam Dilecti tui, lacrymare saltem de peccatis, et quotidianis imperfectionibus tuis, deplora miseram tuam conditionem, quod adeo proclivis sis ad malum, atque ex viribus tuis nil aliud possis, quam peccare et Deum offendere : « O quanta fragilitas humana, inquit aureus libellus *De Imit. Christi*, lib. i, cap. 22, n. 6, quæ semper prona est ad vitia ! Hodie confiteris peccata tua, et cras iterum perpetras confessa; nunc proponis cavere, et post horam agis, quasi nihil proposuisses. » Unde bene tibi notes, velim, quod tuæ lacrymæ pro suo fine et scopo non debeant habere terrenam quamdam miseriam. Noli flere, si in hoc mundo quidquam patiaris : « Flendum solummodo est, ait Petrus Cell., lib. *De pœn.* cap. 12, aut pro peccato commisso, aut pro paradiso amisso; sterilis est omnis effusio lacrymarum, quæ non effunditur propter regnum cœlorum. » Exaudiet, ne dubita, pius Dominus lacrymas tuas. *Exaudivit Dominus vocem fletus mei*, de semetipso testatur coronatus Propheta, qui per singulas noctes lectum suum rigabat lacrymis suis. (*Psal.* vi, 7, 9.) Sunt insuper lacrymæ apud Deum magis efficaces, quam preces et petitiones verbales. « Lacrymæ tacitæ preces sunt, inquit sanctus Ambros. serm. 46, *De pœnit. Petr.*; utiliores lacrymarum preces, quam sermonum, veniam non postulant, sed merentur ; causam non dicunt, et misericordiam consequuntur. » Ut autem eo majorem vim lacrymæ tuæ obtineant, ad Virginem Mariam illas dirige, quæ per suam maternam clementiam singulas stillas præsentabit Filio suo, teque participem efficiet illius divini promissi : *Beati, qui nunc fletis, quia ridebitis*. (*Luc.* vi, 21.)

Punctum III. — *In hac lacrymarum valle*. Considera quod et ipse locus, mundus nimirum, in quo vivimus exsules filii, nobis debeat esse stimulus ad lugendum et lacrymandum. Juste vallis est mundus ; sicut enim vallis locus est undique vallatus, in quem velut in sentinam omnes confluunt sordes, ita et in mundum per peccatum omnia mala, omnes mi-eriæ et calamitates intraverunt : *Peccatum in hunc mundum intravit, et per peccatum mors.* (*Rom.* v, 12.) Utinam nosses, anima pia ! omnes miserias, quibus scatet hæc vallis lacrymarum ; diceres cum Sapiente: *Vidi cuncta sub sole, et ecce universa vanitas, et afflictio spiritus.* (*Eccle.* i, 14.) Væ autem tibi, si non cognoscis humanam miseriam ! et amplius væ, si diligis hanc miseram et corruptibilem vitam ! Quapropter, cum hic non sit tempus ridendi, sed flendi : « Nunc est flendi tempus, ait sanctus Gregorius Nyss. *In Eccle.* hom. 6, illud autem ridendi in spe repositum est : » ideo te sancto luctui et compunctioni totum appone, suspira frequenter cum Jeremia (ix, 1) : *Quis dabit oculis meis fontem lacrymarum?* Implora non minus Virginem beatissimam pro dono compunctionis, et dic filialiter ad illam : Ciba me, Domina , *pane lacrymarum, et potum da in lacrymis et mensura.* (*Psal.* lxxix, 6.)

Praxis specialis sit ferme eadem ut in die præcedenti, elige tibi ex sacris Paginis quædam suspiria sæpius per diem animo volvenda, et quæ te in hac lacrymarum valle stimulent ad desideranda gaudia paradisi et ad continuo suspirandum ad patriam cœlestem. Talia suspiria esse possunt ex Psalmis: *Quam dilecta tabernacula tua, Domine ! concupiscit et deficit anima mea in atria Domini.* (*Psal.* lxxxiii, 1.) *Heu mihi, quia incolatus meus prolongatus est !* (*Psal.* cxix, 5.) *Domine, ante te omne desiderium meum et gemitus meus a te non est absconditus.* (*Psal.* xxxvii, 10.) Vel applica illud Psal. xii, 1, 2, et suspira ad B. Virginem : *Usquequo, Domina, obliviscaris mei in finem; usquequo avertis faciem tuam a me?* Vel dic cum Apostolo : *Infelix ego homo ! quis me liberabit de corpore mortis hujus ?* (*Rom.* vii, 24.)

In patronum diei eligatur sanctus Augustinus, qui omnes in hac lacrymarum valle degentes ad frequenter suspirandum adhortatur in *Man.* cap. 24, dicens : « O anima ! suspira ardenter et desidera vehementer, ut possis pervenire ad illam supernam civitatem, ubi nullum erit malum, nullum latebit bonum. »

DIES SEPTIMUS.

Punctum I. — Considera, quod Virgo beatissima merito sit appellanda *Advocata nostra*. Sicut enim advocatus reum defendit et ipsius causam agit fideliter , ita et sanctissima Deiparens causam et negotium salutis nostræ apud Filium suum Domirum nostrum Jesum Christum sedulo et diligenti cura pertractat. Unde sanctus Bernardus eamdem appellat *Negotium omnium sæculorum*, serm. 2, *De Pent.* « Ad illam, inquit, sicut ad negotium omnium sæculorum respiciunt universi. » Et doctus Idiota : « Advocata nostra apud Filium, sicut Filius apud Patrem, imo apud Patrem et Filium procurat negotia et petitiones nostras. » Quod ulterius explicat citatus mellifluus doctor : « Mater stat ante Filium, Filius ante Patrem ; Mater ostendit Filio pectus et ubera, Filius ostendit Patri latus et vulnera. » O quam felicem sortientur effectum, cliens Mariane ! negotia tua, dum tractantur in curia cœlesti a tam potenti Advocata, qualis est Virgo Maria. « Ibi nulla poterit esse repulsa,» sermonem suum continuans ait idem mellifluus auctor, «ubi tot sunt amoris insignia. » Scias autem, velim, quod tu indigeas Advocatæ hujus fideli assistentia et quidem non tantum in hac vita, sed etiam eo tempore, quando actiones tuæ appenduntur in statera, dum anima e corpore egressa stat coram divino tribunali cum timore et tremore exspectans sententiam finalem, quæ te adjudicabit æternitati, vel felici inter superos, vel, quod pius Dominus avertat! æternum infelici apud inferos. Summopere, inquam, opus habes, ut hæc Advocata causam tuam defendat: astabunt adversarii dæmones, accusantes te apud Judicem cœlestem de innumeris iniquitatibus et infidelitatibus tuis. O quam pavebis et contremisces, ne, dum appensus es in statera, forte inventus sis minus habens ! Quapropter hanc Advocatam in hac vita tibi redde propitiam, sæpenumero eidem filialiter expone causam tuam, omnesque, quibus pressus es, necessitates, maxime quæ spectant ad animam, tuamque respiciunt salutem anïmæ.

PUNCTUM II. — *Illos tuos misericordes oculos ad nos converte.* Cum Virgo beatissima, ut diximus, merito Advocata nostra sit vocanda, et nos hujus Advocatæ patrocinio et favore maxime indigeamus, apte subnectimus, humiliter supplicantes, ut oculos suos misericordes ad nos convertat: *Illos tuos misericordes oculos ad nos converte.* Quasi diceret tota Ecclesia cum filiis et clientibus : Scimus, o Domina ! quod sis nostra Advocata, et ideo non est timendum quin miserearis. Nihil ergo restat, nisi ut illos misericordes oculos ad nos convertas, non dubitamus quin, si nostras aspexeris miserias, non statim nobis succurras et auxilium maternum impendas. In allegatis verbis singulæ voces excitare in nobis possunt pium et devotum sensum: rogamus Virginem, ut oculos suos ad nos convertat; oculos, inquam, quos Sponsus illa in Canticis deprædicat : *Oculi tui columbarum.* (*Cant.* I, 14.) Illos oculos, quorum pulchritudine captus et vulneratus æterni Patris Filius de cœlo descendit in terram : *Vulnerasti cor meum in uno oculorum.* (*Cant.* IV, 9.) O felices oculi Mariæ, qui prima vice vidistis Salutare Dei, qui estis vigilantes ad sublevandas et aspiciendas

humanas miserias ! « Etsi corpus tuum dormiat, ait sanctus Germanus, serm. *De Dormitione beatæ Virginis*, non dormitabit, neque dormiet custodiens nos oculus tuus. » Huc ergo properate, Evæ oculi venenati ! cur non offertis vos oculis Virginis, si vultis perfectam recipere medicinam? nam suorum claritas oculorum tenebras expellit, effugat catervas dæmonum, purgat vitia mentium, corda congelata accendit, et demum ad cœlestia trahit. O quam beati, quos viderint hi oculi sanctissimæ Virginis Mariæ ! Insuper supplicamus Virgini, ut hos oculos ad nos convertat ; ad nos, qui sumus ejusdem filii, clientes et servi, undique autem afflictionibus pressi et ideo maxime indigentes, ut adjuvemur et in adversis robur accipiamus et solatium. Ut autem eo certius, cliens Mariane ! hæc pia Mater oculos suos ad nos convertat, etiam tu ad hanc Virginem te converte frequentius, sub laboribus et negotiis tuis per pia suspiria eamdem sæpenumero saluta, dic subinde cum Dilecto ad hanc Virginem Sponsam : *Ostende mihi faciem tuam, sonet vox tua in auribus meis ; vox enim tua dulcis et facies tua decora.* (*Cant.* II, 14.)

PUNCTUM III. — Considera, oculos Mariæ singularem hanc Mariæ promereri prærogativam, quod sint *misericordes.* « Oculi ejus misericordes, ait Richardus a S. Laurentio, lib. XII *De Laudibus Virginis ;* etiam ultimos peccatores non despiciunt, sed benigne respiciunt. » Quod melius exprimit in sacro Epithalamio cœlestis Sponsus, dum oculos suæ Sponsæ comparat piscinæ in Hesebon : *Oculi tui sicut piscinæ in Hesebon, quæ sunt in porta filiæ multitudinis.* (*Cant.* VII, 4.) Ut nobis indicetur oculos ejusdem esse ordinatos ad lavanda crimina et peccata nostra. Quod ulterius explicat cit. Richardus, lib. IX *De laudibus Virginis*, disserens : «Oculi Mariæ sicut piscinæ, id est, respectu misericordiæ ejus multiplex lavatorium.»Cum ergo oculi Mariæ pleni sunt misericordia, et illi continuo respiciant tuas calamitates et miserias, ideo hujus Virginis misericordiam sæpius implora ; expone eidem tuas infirmitates, novit illa eisdem subvenire, cum perbene tanquam multocula omnes intime agnoscat et perspiciat : « Non enim convenit tantæ misericordiæ, ait sanctus Petrus Damïanus, serm. 1 *De Nativitate beatæ Virginis*, tantam miseriam oblivisci, nihil te retardet, tota misericors est, plena oculis, qui, dum aspiciunt, miserentur. »

Pro speciali praxi Virginem implora, ut in fine vitæ tuæ tibi tanquam advocata dignetur assistere ; in illo enim momento decidetur causa salutis tuæ a Judice supremo. Unde, ne forte desperes de felici exitu, in recitatione hujus antiphonæ, *Salve, Regina*, ad illa verba : *Eia ergo, Advocata nostra, illos tuos misericordes oculos ad nos converte*, singularem fac reflexionem et opem a Matre Dei implora, atque eamdem pro hora mortis tacitus efflagita. Refert Rutilius Benzonus, *In Magnif.* lib. I, cap. 28, de canonico quodam regulari, qui, cum in extremis vitæ de sua salute erat valde sollicitus, per revelationem accepit se per recitatam frequenter et devote antiphonam. *Salve Regina*, esse salvandum, et mox, quiete spiritus accepta, animam Deo reddidit.

Hac die pro patronis eligantur sancti parentes Joachimus et Anna, ex quibus nata est Virgo Maria, Advocata nostra.

DIES OCTAVUS.

ET JESUM BENEDICTUM FRUCTUM VENTRIS TUI NOBIS POST
HOC EXSILIUM OSTENDE.

Punctum I. — *Et Jesum nobis ostende.* Quia nos omnes ad gloriam æternam et claram visionem Dei sumus creati, salubriter, imo et necessario petimus, ut Maria Dei Mater nobis ostendat Jesum Salvatorem nostrum et ipsam Salutem animarum nostrarum, vitam et resurrectionem mortuorum; Jesum, qui speciosus est præ filiis hominum (*Psal.* xliv, 3), qui amore nostrum de cœlo descendit, laboravit, sudavit, crucem et mortem subiit; Jesum, qui est Sapientia Patris (*I Cor.* i, 24) æterna et increata, Gaudium et Lætitia nostra, Justitia sempiterna, justificans et sanctificans omnes credentes, et in se sperantes; Jesum, qui est Vita æterna (*Joan.* xvii, 3), sanctorum Felicitas et Beatitudo. Hunc Jesum videre desideramus, quem jam olim antiqui Patres et patriarchæ sibi petierunt ostendi; unde clamabant : *Rorate, cœli, desuper, et nubes pluant Justum: aperiatur terra et germinet Salvatorem.* (*Isa.* xlv, 8.) Quod et ipsum confirmavit Christus Dominus dicens ad Judæos : *Abraham pater vester exsultavit ut videret diem meum, vidit et gavisus est.* (*Joan.* viii, 56.) Et discipulorum suorum oculos felices ac beatos esse pronuntiavit, quia ipsum videbant non ænigmate, ut Abraham in filio suo Isaac, sed de facie ad faciem : *Beati oculi qui vident quæ vos videtis! Multi prophetæ et reges voluerunt videre quæ vos videtis, et non viderunt.* (*Luc.* x, 23, 24.) Disce ex his, anima Christiana! quomodo desiderare debeas videre Jesum, in cujus faciem desiderant angeli prospicere (*I Petr.* i, 12), et qualiter a Virgine beatissima petere debeas ut eumdem tibi ostendat. Sicut enim officium Filii est, ut ostendat Patrem ; quob probe agnovit Philippus apostolus, dum Patrem cœlestem videndi desiderio accensus rogavit Dominum : *Domine, ostende nobis Patrem, et sufficit nobis* (*Joan.* xiv, 8); ita spectat ad Patrem ut ostendat Filium suum unigenitum Jesum Christum Salvatorem nostrum ; hic namque erat prius absconditus, et primum per Matrem suam Mariam factus visibilis, dum Verbum in Maria caro factum est, quo felici tempore *pastores loquebantur ad invicem : Transeamus usque Bethleem et videamus hoc Verbum. Et invenerunt Mariam, et infantem in præsepio.* (*Luc.* ii, 15, 16.) Quod nobis serviat ad doctrinam, quod Jesum Filium sine Matre nonvideamus. «Falleris, inquit sanctus Ber-

nardus, serm. super *Sig. mag.*, si Jesum intueri et eo gaudere te putas, prætermissa Maria. »

Punctum II. — *Benedictum Fructum ventris tui.* Petimus a Virgine beatissima ut nobis ostendat Jesum, qui est solus præ omnibus *benedictus*, utpote Dei benedicti Filius, cui cœlum et terra benedicit, quem omnes videre desideramus, quem invocamus, ad quem suspiramus, cujus divinitate et humanitate frui et beari affectamus. At hic Jesus *benedictus* est *fructus*, ex quo scaturiunt fontes aquæ salientis in vitam æternam (*Joan.* iv, 14); fructus, ex quo vitalis ille panis, corpus, inquam, Dominicum producitur, et immortalitatis salutaris potio exhibetur; fructus dulcissimus, cujus dulcedo Stephano lapides, Laurentio craticulam dulcem fecit, præ cujus dulcedine ibant apostoli gaudentes a conspectu concilii (*Act.* v, 41), ibat Andreas ad crucem, Paulus ad gladium, Petrus ad patibulum, Joannes ad dolium : fructus autem iste processit ex ventre Virginis purissimæ, cujus venter vere mirabilis, qui potuit capere Salvatorem, vere laudabilis, qui potuit recipere Redemptorem, cujus venter vere desiderabilis, et animæ dulcedo, mentium elevatio, cordium inebriatio, et sanitas peccatorum. Gratulare, o cliens Mariane! beatissimæ Virgini ad hanc maximam prærogativam, quod sit tam excellens Mater, cujus ventris fructus est per omnia et super omnia benedictus ; cum autem omnes indigeamus ab hoc Filio benedici, ideo hanc Matrem insimul enixe roga ut aliquando ab eodem benedici, et felicissimam illam vocationem, *Venite, benedicti* (*Matth.* xxv, 34), percipere merearis.

Punctum III. — *Post hoc exsilium.* Sicut Virgo beatissima Filium suum Jesum olim ostendit pastoribus in præsepio, tribus Magis in Bethleem, Simeoni seni et doctoribus in templo, in nuptiis architriclino et invitatis, Deo Patri, angelis et hominibus in monte Calvariæ et in cruce, ita nos exsules filii rogamus a Dei Matre, ut nobis Jesum ostendat *post hoc exsilium*, ut nobis precum suarum efficacia impetret, ut ad illam perennem felicitatem, patriam nostram, admittamur, et Fructu ventris sui omnem saporis suavitatem continente tanquam nectare, et suavissima ambrosia repleamur, saturemur, inebriemur. Considerandum hic venit, quo hoc exsilium finem suum attingat in horula mortis, tempore periculosissimo, ut ex consequenti tunc maxime indigeamus, ut Maria nobis ostendat Jesum Filium suum. *Erit tunc tribulatio, qualis non fuit ab initio.* (*Matth.* xxiv, 21.) Quapropter dignum et justum est, o Mariane cliens! ut de talibus mediis tibi providens, in quorum virtute tuum exsilium feliciter et sancte poteris ad finem perducere. Unde confugiamus ad Virginem Mariam, enixe illam implorantes, ut *post hoc exsilium*, in ultima vitæ lucta, dum dolores mortis nos circumdant, benedictum fructum ventris sui Jesum nobis ostendat.

Sicut sanctus apostolus Philippus petiit ex desiderio videndi Patrem cœlestem a Christo Domino, ut eumdem sibi ostendat : *Ostende nobis Patrem, et sufficit nobis :* ita loco praxis specialis hodie per diem sæpius vel transeundo, vel osculando imaginem Virginis Mariæ dic confidenter : *O Maria ! ostende nobis Jesum, et sufficit nobis.* Refert Valerius Venetus in *Prat. florid.* part. ii, lib. ii, cap. 33, de Petro Faverio Carthusiano priore, et raræ pietatis viro, in sua mortis hora vidisse dæmonem cum libro grandi aperto, in quo omnes etiam minimos defectus adnotatos esse conspexit, propter quos ad infernum esse rapiendum ab hoste infernali cognovit. Cujus visu ita perterritus, quasi de sua salute desperans, gravissimis angustiis fuit oppressus : sed ecce ! Mater Maria ostendit illi Filium Jesum; eidem namque Filiolum suum in brachiis maternis gestans apparuit, dicens : Noli timere, fili mi ! noli desperare de bonitate et misericordia Dei; ecce enim, sicut multoties a me petiisti ut ostendam tibi Jesum, ita et nunc eumdem Filium meum Unigenitum tibi ostendo, qui per infinitam suam clementiam tibi condonat omnia peccata tua. Qua responsione accepta hilari vultu spiritum suum emisit Creatori.

Patronus eligi potest supra dictus sanctus Philippus apostolus.

DIES NONUS.

O CLEMENS, O PIA, O DULCIS VIRGO MARIA !

Punctum I. — Considera, quod hoc triplex elogium, per quod finitur Parthenia hæc salutatio, optime conveniat Virgini beatissimæ. Est Maria clemens ut Domina, pia ut Mater, dulcis ut Virgo; clemens in subditos, pia in filios, dulcis in sibi peculiariter devotos ; clemens indigentibus, pia exorantibus, dulcis diligentibus; clemens peccatoribus, et insipientibus, pia justis et proficientibus, dulcis perfectis, eamdem assidue contemplantibus; clemens imperando, pia liberando, dulcis se donando; clemens consolando, pia blandiendo, dulcis osculando ; clemens subjectis, pia correctis, dulcis prædilectis. Has prærogativas ulterius magis expende, et ubique tuum excerpe fructum spiritualem. Clemens est Virgo Maria, et Dei Mater, quia apud Christum Filium suum pro condonandis vel minuendis pœnis, quæ juste sceleribus nostris debentur, intercedit : Dei flagella efficacissimis suis precibus vel omnino avertit, vel saltem mitigat. Unde Virgini beatissimæ illa verba Salomonis, Prov. xxxi, vers. 26, optime possunt applicari : *Lex clementiæ in lingua ejus.* Ut autem hanc clementiam Virginis eo magis perspicias, eamdem juxta quatuor dimensiones quantitatis poteris metiri. « Longitudo, ait divus Bernardus, est usque ad novissimum diem invocantibus eam. » Revolve tempora præterita, nullum reperies sæculum, annum, mensem, diem, horam, imo ét momentum, in quo non exstent Virginis Matris beneficia, quæ ex ejus in nos amore velut ex perenni fonte promanant. « Latitudo, in-

quit idem mellitus Auctor, replet orbem terrarum; » nam, si beneficiorum multitudinem consideremus, nullum erit vel corporeum, vel spirituale, quod acceptum illi referri non debeat. In corporalibus, ait illuminatus quidam Mariophilus, puerperas juvat, steriles fecundat, morbos sanat, vulnera curat, famæ et inopiæ providet , ex carceribus vinctos educit, in periculis protegit, victorias triumphosque parat. In spiritualibus multa quoque præstat beneficia, baptismum procurat, ad sacramentorum dignum usum hortatur, ad dignam confessionem, et pœnitentiam manuducit, sanctissimam Eucharistiam sancte et salubriter sumere facit, religiosas familias in Dei Ecclesiam intromittit, natura hebetes ingeniis et scientiis donat, in castitatis pugna juvat, in desperatione succurrit, amissos honores reddit, depravatos mores corrigit, salutem nostram variis modis procurat, peccatores convertit, conscientias eorum serenat, morientibus præsto adest, periculo damnationis expositis patrocinatur, et ad beatitudinem viam ostendit. Altitudo clementiæ Virginis non se terræ limitibus detineri patitur, sed in cœlorum fastigium usque penetrat; ibi angelos lætificat, beatos recreat, sanctissimæ Trinitatis gloriam decorat. « Per hanc, inquit sanctus Petrus Dam. serm. *De Nativ. beatæ Virginis,* non solum amissa olim vita hominibus redditur, sed etiam beatitudo angelicæ sublimitatis augetur. » Et divus Anselmus, lib. *De excellentia Virginis Mariæ,* cap. 8 : « Omnia, inquit, quæ in cœlo sunt, per glorificationem tuam inæstimabiliter decorantur. » Denique profunditas clementiæ Marianæ etiam in purgatorium descendit, et animabus illis, quæ piacularibus flammis torquentur, opem fert et refrigerium ; et licet omnes soletur, eos tamen præcipue protegit, qui in hac vita ejus obsequio et cultui fuerunt addicti. Ex his igitur vides, Mariophile ! quod magna sit Virginis bonitas, magna clementia ; nunc autem simul inquire, qualiter hanc clementiam implorare debeas, ut fructum ejus merearis assequi. Erit autem medium optimum, ut detestemur peccata nostra, et divina mandata accurate observemus, in cujus rei signum olim ministros monuit in Cana Galilææ : *Quodcunque dixerit vobis, facite (Joan.* ii, 5), « ne nimirum precum suarum fructus eorum contumacia impediretur. »

Punctum II. — *O pia !* Quamvis pietas, quæ est donum Spiritus sancti, sit virtus, per quam proprie Dei cultus solet intelligi, « more tamen vulgi, ait divus Augustinus, lib. x *De civitate Dei,* cap. 1, nomen pietatis in operibus misericordiæ frequentatur. » Unde sæpenumero in SS. Paginis ipse Deus vocatur pius : *Pius et clemens est Dominus Deus noster.* (*II Paral.* xxx, 9.) Et Syracides : *Pius et misericors est Deus.* (*Eccli.* ii, 13.) Imo et divus Joannes se audivisse affirmat, quod pius sit Dominus : *Magna et mirabilia sunt opera tua, Domine, quia solus pius es.* (*Apoc.* xv, 4.) Hanc virtutem pius Dominus suis sanctis, et maxime suæ Matri præ omnibus dilectæ elargitus est, quæ, cum sit Mater misericordiæ, ut supra ostendi, omni pollet benignitate et pietate , ut adeo digne et sancte repetitis vicibus salutetur, et deprædicetur de sua misericordia, clementia, benignitate et pietate. Nemo intelligit, nemo etiam poterit cogitatu comprehendere, quanta Deus hominibus beneficia per piam Matrem suam conferat : vix opem postulata miseris subvenit; quid faciet, si instantissime fuerit compellata? inimicis frequentissime præsens adfuit; quid faciet amicis ? extraneis subvenire solet; quomodo domesticos deseret? Ex quo tibi, cliens Mariane ! discendum erit, quod Maria dilectis suis filiis specialiter maternæ pietatis specimina exhibeat : *Nunquid enim mulier potest oblivisci infantem suum, ut non misereatur filio uteri sui? (Isa.* XLIX, 15.) Si igitur quemdam divina terret potentia, Mariæ pietatem imploret, nihil in ea austerum, nihil terribile, tota suavis, tota *pia* est omnibus.

PUNCTUM III. — *O dulcis Virgo Maria !* Considera, quod recte et optime Mater Dei appelletur, quod sit *dulcis.* Cum enim Maria sit Mater illius, de quo Psaltes Regius : *Dulcis, et rectus Dominus (Psal.* XXIV, 8); et Petrus apostolus inquit : *Dulcis est Dominus (I Petr.* II, 3).; quomodo aliter fieri potuit, et ipsam esse dulcedine plenissimam ? « in qua, ut ait Petrus Dam. serm. *De Annunt.*, dulcis Dominus cum omni sua dulcedine supervenit. » Unde et cœlestis Sponsus illam deprædicat : *Vox tua dulcis, et eloquium tuum dulce.* (*Cant.* II, 14 et IV, 3.) Et (*ibid.* 11) : *Favus distillans labia tua, Sponsa, mel et lac sub lingua tua.* Hanc autem dulcedinem maxime sensit Virgo beatissima ex constanti præsentia Filii sui, ut nos discamus, quod non habet amaritudinem præsentia illius : *Non habet amaritudinem conversatio illius, nec tædium convictus illius.* (*Sap.* VIII, 16.) O si scires, anima devota ! quantam dulcedinem in se contineat familiaris amicitia cum Jesu, totum te applicares huic sanctissimo exercitio præsentiæ divinæ. « Quando Jesus adest, ait aureus Gerson, lib. II, cap. 8, totum bonum est, nec quidquam difficile videtur; quando vero Jesus non adest, totum durum est. Quando Jesus non loquitur, consolatio vilis est ; si autem Jesus unum tantum verbum loquitur, magna consolatio sentitur. » Et post pauca idem pergit : « Quid potest tibi mundus conferre sine Jesu ? Esse sine Jesu est gravis infernus, et esse cum Jesu dulcis paradisus. » Hæc ille. Ut ergo ad hanc dulcedinem degustandam pertingas, ad dulcem Virginem confugias velim, quæ ex abundantia dulcedinis, qua in cœlis fruitur, omnem depellet amaritudinem, et in vicem hujus dulcedinem instillabit et suavitatem.

Loco praxis specialis roga beatissimam Virginem, ut non tantum in vita, sed maxime in horula mortis , tanquam pia Mater, clementiam tibi ostendat, omnemque mortis amaritudinem tanquam dulcis Virgo, tibi efficiat dulcem et suavem. Clementiam Virginis abunde testari possunt plures

visiones, quæ apud probabilissimos auctores hinc inde referuntur. Adduci potest una et altera. Vidit semel sanctus Dominicus Christum Dominum contra peccatores iratum, ternas lanceas in orbem terrarum vibrantem ; occurrit vero Deipara pro peccatoribus deprecans, et obtulit duos servos fideles sanctum Dominicum, et sanctum Franciscum , qui mortales ad pœnitentiam revocarent ; atque ita placatus fuit divinus Judex. (S. Antoninus, III part. tit. 23, cap. 3.) Alia visio facta fuit cuidam religioso, qui tridui spatio extra se raptus vidit sacram Dei Genitricem flexis genibus, et junctis manibus Deum pro humano genere deprecantem. Cui Filius, cum beneficia a se in homines collata, et eorum nequitiam commemorasset, victus tandem Matris precibus missurum se dixit prædicatores, quorum opera converterentur. (Apud auctorem *Vitæ sancti Dominici*, quæ legitur apud Surium, 4 Aug., lib. I, cap. 12.)

Patrona eligatur sancta Birgitta. Huic Christus aliquando ingenue confessus est dicens : « Nisi preces Matris meæ intervenirent, non esset spes misericordiæ.» (Lib. VI *Revel.*, cap. 26.) Ex quibus Christi verbis abunde liquet, Matrem Dei per suam clementiam intercedere pro delictis et peccatis populi.

DIES NATALIS B. VIRGINIS MARIÆ.

THEMA.— *Quæ est ista, quæ progreditur velut aurora consurgens, pulchra ut luna, electa ut sol ? (Cant.* VI, 9.)

PUNCTUM I.— Considera, quod beatissimæ ac gloriosissimæ Virginis Mariæ Nativitas ineffabile gaudium attulerit universo mundo; sicut enim depulsis tenebris aurora futuræ diei prænuntia totum recreat terrarum orbem, ita quoque hodierna Aurora divini Solis præambula per suum ortum abstersit tandem omnes tristitiæ tenebras, in quibus hucusque gemebat humanum genus. Gaudent Patres in limbo, eo quod nata sit illa, ex qua tot mille votis exoptatus Redemptor foret nasciturus; gaudent parentes Mariæ, quia nata est gloria Jerusalem, honor Davidicæ prosapiæ ; gaudent peccatores, quia nata est hodie eorum Mediatrix et Advocata ; gaudent animæ justæ, quia nata est illis Domina, et Mater potentissima : imo non tantum omnes gaudent in terra, sed et ipsum cœlum lætatur in nativitate Virginis Mariæ. Pater cœlestis gaudet natam esse Filiam suam ; Filius Patris gratulatur sibi, quod nata sit ejus dilectissima Mater ; gaudet Spiritus sanctus, quod nata sit ejus amantissima Sponsa ; lætantur demum omnes angelorum catervæ, quod nata sit cœlorum Regina super omnes angelorum choros exaltanda. O diem omni consolatione plenissimam ! Nata est hodie beatissima Virgo Maria, per quam salus mundi credentibus apparuit. Junge et tu hodiernæ festivitati filialis cordis tui jubilum, et cum spirituali gaudio celebra Nativitatem divinæ Matris. Ut vero superabundet gaudium in corde tuo, renascere hodie cum Maria per seriam pœnitentiam, et serium emendationis propositum, quæ spiritualis Nativitas erit gratissimum munus, quod ad cunas Mariæ hodie poteris offerre.

PUNCTUM II. — Considera, quod beatissima Virgo Maria statim in sua Nativitate se commiserit promptissime divinæ Providentiæ, offerens se ad omnia quæcunque circa illam disposuerit voluntas Dei ; et hanc ipsam indifferentiam erga beneplacitum divinum non tantum in prosperis, sed et in maximis adversitatibus toto vitæ suæ tempore semper in animo retinuit. En præclarum a virginea Matre tua jam in sua Nativitate exemplum ! Esne tu promptus et paratus ad id omne, quod circa te immiserit beneplacens Dei voluntas ? commisistine te aliquando sine ulla reservatione suavissimæ Dei Providentiæ ? an vero solum consolationem paratus es recipere, ita, ut tempore tribulationis murmures et turberis ? Scito autem, tam tribulationem, quam consolationem esse maximum Dei donum : proin semper exosculare sanctissimam Dei voluntatem, et sine differentia te committe Providentiæ Dei.

PUNCTUM III. — Considera, quod beata Virgo Maria in Nativitate sua summopere etiam dilexerit solitudinem ; dum enim fasciis arctissime ligata fuerat, has non considerabat aliter, quam amabilem solitudinem, in qua tempus suæ infantiæ cum Deo deberet transigere. Huic vero solitudini corporali adjunxerat solitudinem cordis, in qua unice immersa in Deo æterna atque cœlestia meditabatur. Qualiter tu diligis solitudinem mentis, et corporis tibi adeo necessariam ? Solitudo corporis parum prodest, nisi mens quoque interna conversatione cum Deo jugiter sit occupata. Disce ad exemplum Mariæ conversari cum Deo, et experieris, quod tam interna, quam externa solitudo omnem consolationem sit allatura.

EXERCITIUM PIETATIS ET DEVOTIONIS PRO HODIERNA NATÆ VIRGINIS MARIÆ FESTIVITATE.

Gaudeamus omnes in Domino diem festum cele-brantes in honore Mariæ Virginis, de cujus Nativitate gaudent angeli, et collaudant Filium Dei.

Nativitas tua, Dei Genitrix Virgo, gaudium annuntiavit universo mundo ; ex te enim ortus est Sol justitiæ Christus Deus noster, qui solvens maledictionem dedit benedictionem, et confundens mortem donavit nobis vitam sempiternam.

℣ Cum jucunditate Nativitatem beatæ Mariæ celebremus.

℟ Ut ipsa pro nobis intercedat ad Dominum nostrum Jesum Christum.

Oremus. — Famulis tuis, quæsumus, Domine, cœlestis gratiæ munus impertire, ut, quibus beatæ Virginis partus exstitit salutis exordium, Nativitatis ejus votiva solemnitas pacis tribuat incrementum.

Supplicationes servorum tuorum, Deus miserator, exaudi, ut, qui in Nativitate Dei Genitricis et Virginis Mariæ congregamur, ejus intercessionibus ab instantibus periculis eruamur ; per Christum Dominum nostrum. Amen.

AD VIRGINEM NASCENTEM SUPPLICATIO.

(Ex *Medit.* Vincent. Bruni.)

O Virgo nobilissima ! o nostra resplendens Aurora quæ felici ortu tuo bonum illum nuntium attulisti de nostri veri Solis adventu, Salvatoris nimirum tantopere desiderati, et ab omnibus gentibus exspectati ; oro te per hanc eximiam et singularem gratiam, qua te elegit in suam Matrem, ut intimum devotionis erga te affectum mihi impetrare velis, et in meo quoque corde oriri, ac pariter salutari tui ortus luce totam animam meam reformare, mortificando meos sensus, mundando meos affectus, et ab omnibus terrenis cupiditatibus cor expurgando, amoreque cœlestium rerum illud accendendo, ut ita præparata anima digna reddatur adventu Solis illius justitiæ, qui, sicut non dedignatus est per te ad nos descendere, sic quoque per te ad illum mereamur pervenire, et gloriæ ejus in cœlo participes fieri, qui cum Patre, et Spiritu sancto vivit, et regnat in sæcula sæculorum. Amen.

PARS SEXTA.

EXERCITIA PRO FESTIVITATE B. VIRGINIS MARIÆ IN TEMPLO PRÆSENTATÆ,

UBI PER CONSIDERATIONES ASCETICO-MORALES EADEM TRIMULA VIRGO EXHIBETUR VIRTUTUM MAXIME SOLIDARUM MAGISTRA.

—

Audi, fili mi! ne dimittas legem Matris tuæ, ut addatur gratia capiti tuo. (*Prov.* i, 8.)

Nunc ergo, filii! audite me : Beati, qui custodiunt vias meas. (*Prov.* viii, 32.)

Audite disciplinam, et estote sapientes, et nolite abjicere eam. (*Ibid.* 33.)

Admirabili Virgini Mariæ non tam a parentibus, quam a seipsa, in templo præsentatæ,

ubi in domo Dei plantata instar olivæ fructiferæ « virtutum omnium Domicilium

efficitur (1), » *doctrinæ cælestis jam in tenella ætate Magistræ saluberrimæ,*

suavissimo amoris holocausto et purissimæ Hostiæ, Matri suæ

sanctissimæ, ac potentissimæ Patronæ

Has de festo Præsentationis pagellas offert D. D. D. infimus cliens P. B. S.

SYNOPTICA NARRATIO

DE PRÆSENTATIONE MARIÆ IN TEMPLO, ET FESTÆ HUJUS SOLEMNITATIS INSTITUTIONE.

Postquam lectissima Joachimi conjux et summis laudibus digna mulier Anna multos in sterilitate annos transigeret, neque conveniens reperiret medicamentum, quod mederetur ejus calamitati, ad eum confugit, qui solus potens est, et ea reddit facilia, quæ hominibus impossibilia videntur. Ad hunc igitur cum luctu cordis et lacrymis clamavit : O Domine! qui dolore affectas animas exaudis; cur me fecisti parabolam in genere meo, et motionem capitis in tribu mea? cur maledicti tuorum prophetarum me fecisti participem, dans mihi matricem filios non producentem, et ubera arida? Cur fecisti, ut mea dona non essent accepta, quia sum sterilis? sivisti subsannari a notis meis, irrideri a famulis, et vicinis haberi opprobrio? Respice, Domine! exaudi, Domine! miserere, o sancte! Hæc cum dixisset sancta mulier, votum vovit Domino, quod in gratiarum actionem donum velit illi soli dedicare, si quamdam dederit sobolem, ut hæc sit, et maneat in suo sanctuario, tanquam sacrum donarium, et speciosissimum munus, quia datum est ab illo, qui est perfectissimus Dator pretiosorum donorum. Fundebat autem istas ad cœlum preces sancta Anna sub dio in horto suo elevatis in cœlum oculis, et pectus suum manibus verberans clamavit ad Deum, qui in cœlis est. Ipsius vero

sanctissimus maritus Joachimus erat solus in monte jejunans per quadraginta dies, et pro eadem gratia supplex exoravit Dominum. Flexus igitur ille, qui paratus est ad misericordiam, misit angelum suum, qui prænuntiaret filiæ Conceptionem, et illico concepit Anna, et Gratia (hoc enim sonat Annæ vocabulum) peperit *Dominam* (id namque Mariæ nomine significatur). « Quia vere, ait sanctus Joannes Damasc. lib. iv *De fide orth.*, rerum omnium conditarum Domina facta est, cum Creatoris Mater exstitit. » Triennio igitur exacto sancta mater Anna reddidit vota sua Domino, quæ distinxerunt labia sua, et locutum est os ejus in afflictione. Fuit proinde trimula Virgo a parentibus in Jerusalem adducta, in templo præsentata, oblataque æternæ Patri tanquam Filia, Filio tanquam Mater, Spiritui sancto tanquam Sponsa, angelis tanquam Regina, hominibus tanquam Advocata. Indicaverunt parentes suum votum sacerdoti, eumdemque precati, ut suam filiam haberet commendatam, tanquam rem jam Deo sacram, et ut eam educaret reliquas inter virgines, quæ in Parthenone quadam templo conjuncta, atque in hunc finem constructa Deo serviebant, ubi virgines ejusdem templi redditibus alebantur, poterantque ad id intrare, preces ad Deum fundere, et se in omnibus sacris exercitiis occupare

(1) S. Joan. Damascen. *De fide orthod*, lib. iv, cap. 15.

procul ab omni strepitu remotæ. Suscepit oblatam Virginem Zacharias sacerdos (qui tunc temporis ex communi traditione hoc fungebatur officio) et solo ejus aspectu stupefactus hæsit propter ejus singularem pulchritudinem, statimque allecutus est Annam : Benedicta, aiebat, est radix tua, o femina veneranda! glorificata est matrix tua, o amans conjugis! gloriosa est oblatio tua, o pia, et Dei amans! Deinde teneram Virginem idem sacerdos lætus manu tenens prompto et alacri animo collocavit in primo gradu cujusdam scalæ quindecim gradibus distinctæ, atque ad aram conscendendam confectæ, quam amabilis Virguncula mirabili gracilitate, alacritate et celeritate sine cujusquam adminiculo percurrit, et omnibus aspectantibus neoplantata in templo Virgo dilectissimis parentibus supremum vale dixit, seque Domino consecravit. Permansit autem tenella Virgo usque ad quartum decimum ætatis annum in templo, cumque jam nubilis esset, et parentes ejusdem jam erant defuncti, sacerdotes eamdem ad nuptias designarunt, quas quidem refugisset integerrima Virgo, utpote quæ virginitatem suam per suum, et parentum votum Deo jam consecraverat : divinitus autem edocta, ut obediret sacerdotibus, curamque deponeret, quia ejus virginitas divina gratia esset defendenda, post tredecim annos, et trimestre cum virgineo sponso Josepho, profectæ jam ætatis viro, contraxit sponsalia, suoque exinde sponso tradita est, ut ab illo curetur et custodiatur.

Hujus historiæ telam de præsentata Virgine longiori filo pertexunt sanctus Germanus archiepiscopus Constantinopolitanus, sanctus Gregorius Nicomediensis, et habetur per Simeonem Metaphrasten in tomis Aloysii, et apud Surium tom. VI, ad diem 21 Novembr., quam intra limites propositæ narrationis constringere placuit. Accedunt Petrus Canisius, lib. i De beata Virgine, cap. 12 ; Ribadeneira ad diem 21 Nov. et alii.

Non desunt equidem Mariani cultus adversarii, Centuriatores præcipue (de quibus late Petrus Canisius, lib. cit.), qui ecclesiasticæ hujus traditionis fidem penitus abolere, aut saltem in dubium apud simplices vocare conati sunt, ne quid a piis animabus de Præsentatione, et admiranda pueritia Virginis credatur aut cogitetur : sed, præterquam quod hæc historia a veteribus semper tradita et approbata sit, etiam optime congruit cum historiis Veteris Testamenti ; quemadmodum antiqui iique celebres scriptores, ut Gregorius Nyssenus episcopus, et Joannes Damascenus, lib. iv De fide orthodoxa, cap. 15, ante Nicephorum annotarunt, et ex ipsis antiqui Testamenti litteris confirmarunt. Etenim, ait Petrus Canisius citans allegatos PP. in dict. lib., quod in libris Regum (I Reg. i et ii) de Samuele puero, ejusque matre traditur, multis modis huic negotio affine est, quod de Maria puella, et parente ejus tractamus ; nam sicut de Anna Joachimi conjuge, sic etiam de Samuelis

matre, et Helcanæ uxore scribitur, quod multo tempore sterilis vixerit, quod prolis magno teneretur desiderio, quod pro fecunditate Deum sedulo precaretur, quod libenter versaretur in templo, quod honesta esset, et religiosa Matrona, quod voto se obstrinxerit, prolem natam offerendi Deo, sacroque ministerio in templo consecrandi, demum quod post ablactationem promissum exsolverit, suamque prolem in templo obtulerit, ut pie illic educaretur. Tam pulchre hæ duæ matres inter se consentiunt, totque modis similia faciunt, ut non frustra eodem etiam dici nomine, et quasi germanæ sorores, et ejusdem fere classis esse viderentur. Quod prior Anna ob sterilitatem contempta precibus a Deo contendit, et exoravit, ut Deo charam haberet, offerretque in templo sobolem, id nostra etiam Anna, cum simili modo laboraret, ac eodem remedii genere uteretur, feliciter est consecuta, pro Samuele Mariam summo Deo dedicans, et in templo instituendam relinquens. Ita laudatus Mariophilus. Porro autem, quales fuerint in templo Mariæ occupationes, et qualiter ibidem vita transacta sit, per decursum opellæ ascetice pro viribus explanabo ; placet tamen prius apponere, quod de moribus et vita Mariæ in templo non minus vere quam eleganter canit Baptista Mantuanus, lib. i Parthen. Marian. :

Assiduis veterum studiis oracula Divum,
Pervigilique legens cura Mosemque, piumque
Isaiam, mœstisque virum qui versibus urbem
Plorat, ab ingenio curas, a lumine somnos
Sedulo pellebat, parvo sua vota sacello
Supplicibus palmis narrabat. et ore supino
Otia nulla die carpens, nulla otia nocte,
Cura cibi, somnique brevis, quæ pasceret artus,
Pauperibus mensis genium fraudabat, et ora,
Et castigato tolerans jejunia ventre
Carmina discebat, sanctisque Poemata Regis,
Qui tetricis olim fidibus cantabat ad aras,
Sacraque vatidico psallebat ad organa cantu.

Et paulo post idem ita canit :

Nunc lanam pingebat acu, nunc pensa trahebat
Serica, et immensis per licia pendula filis
Vela sacerdotum sacros texebat in usus ;
Terrenum nil ore sonans, inclusa, latensque
Plena Deo pectus, toti gratissima cœlo,
Nemosæque animo vires : semperque voluntas
Justitiæ, rectique memor moderamine certo
Discordes animæ motus, luxumque domabat,
Qualis purpureo radians carbunculus ore
Obscuros inter lapides, gemmasque minores
Splendet.

Hæc celebris ille poeta.

Cæterum, ut de hujus festæ solemnitatis institutione pauca disseram, in primis sciendum est, de hoc festo facere mentionem Martyrologia tam Romanum, quam et Usuardi xiii Kal. Decemb. Quando autem isthæc festivitas fuerit instituta, Molanus tradit in Addit. ad Usuardum, fuisse introductam a Pio hujus nominis II, et Paulo II, hosque concessisse indulgentias iis, qui prædictam solemnitatem celebrassent. In Gallia vero hæc festivitas jam tempore Caroli V eorum regis fuit celebrata ; uti patet ex ejus Epistola ad Nicolaum

Antissiodorensem episcopum directa anno Christi 1375. Ita auctor Molanus, quem refert P. Ribadeneira soc. Jesu, in lib. cui tit. *Flos Sanctorum* ad diem **21** Nov. in fin. fol. mihi 556. Hæc Molani opinio omnino admittenda videtur, si procedit de ritu magis solemni, quo præfati SS. Pontifices Pius II et Paulus II festum virgineum in Ecclesia per concessas indulgentias celebrari mandarunt. Interim omni caret controversia, præsentatæ Virginis solemnitatem quoad privatas fidelium devotiones longe esse antiquiorem, uti etiam in Gallia prius, quam temporibus horum Pontificum hæc festivitas locum obtinuit. Nam Pius II, circa annum 1460, et ejus successor Paulus II, circa annum 1464, sedit in pontificatu ; in Gallia vero, ut diximus, anno 1375 virgineæ Præsentationis Commemoratio sua sumpsit initia. Dictæ autem assertionis luculenta præsto sunt testimonia ; nam Græci (verba sunt P. Ribad. cit. loc. interprete Jacobo Canisio) ejus meminerunt in suo Menologio, et Constitutione quadam Emmanuelis imperatoris, quam Theodorus Balsamon allegat in *Nomocan.* Photii tit. 7, cap. 1. Multæ quoque exstant orationes sancti Gregorii Nyss., sancti Germani patriarchæ Constantinop. et Gregorii Nicomed. quas Simeon Metaphrastes, atque ex hoc Lippomanus, et Surius tom. VI *De vitis SS.* recensent. Hæc ille. Unde liquet hanc præsentatæ Virginis solemnitatem in Orientalibus Ecclesiis, et ex Constitutione dictorum Pontificum etiam in Latina Ecclesia fuisse admodum celebrem : verum piissimæ memoriæ Pontifici Pio V visum est sanctorum ferias contrahere, ut illa-

rum minor numerus majori cum fructu retineatur ; unde circa annum 1565, Ecclesia Romana hunc diem festum non celebravit, alios tamen fideles tam privatim quam publice celebrantes nec improbavit, nec vituperavit. Ita scribit eruditus vir Petrus Canisius, c. l. *De beata Virgine*, cap. 12, quod opus circa tempora Pii V erat conscriptum et compilatum. Tandem vero Sixtus hujus nominis V , hanc præsentatæ Virginis solemnitatem toto orbe Christiano jussit celebrari, Diplomate in hunc finem vulgato Romæ Kal. Sept. anno 1585, qui erat annus ipsius pontificatus, et ab illo tempore festa hæc Mariæ Virginis dies in tota Ecclesia pie colitur et celebratur.

PRAXES DEVOTIONIS PRO SINGULIS NOVEM DIEBUS ADHIBENDÆ.

I. Offer frequentius beatissimæ Virgini Mariæ cor tuum adjuncta humillima petitione, ut illud per proprias manus suo dilectissimo Filio præsentare dignetur. Hac cordis sui oblatione frequenter usus est castissimus quidam juvenis, Guillelmus nomine, qui etiam hac devotione seipsum in mortis articulo consolabatur, et ad beatam Virginem Mariam conversus dixit : Tu scis, Domina mea, quoties tibi cor meum obtuli.

II. Ut honores, et magis reverearis triennalem ætatem præsentatæ Virginis, in dies recitabis tres Salutationes angelicas.

III. Actiones tuas quotidianas offer Deo per manus Virginis Mariæ præsentatæ in unione illius perfectissimæ intentionis, qua sancti parentes Joachimus et Anna Mariam, et hæc semetipsam obtulit in templo.

CONSIDERATIONES.

DIES PRIMUS.

MARIA VIRGO IN TEMPLO PRÆSENTATA, MAGISTRA AMORIS.

THEMA. — *Ego sum Mater pulchræ dilectionis.* (*Eccli.* XXIV, 24.)

PUNCTUM I. — Considera, quod beata Virgo in templo oblata ferventis in Deum amoris specimina dederit, et jam tunc temporis tanquam ab æterno præordinata Dei Mater promerita sit singulari hoc honorari elogio, quod sit *Mater pulchræ dilectionis.* Si enim tibi, o cliens Mariane ! licuisset tempore Præsentationis suæ introspicere in purissimum corculum illibatæ hujus Virgunculæ, certe nil aliud vidisses, quam fornacem ignis ardentis, de qua sanctæ flammulæ assidui in Deum amoris velut ab igne perpetuo jugiter volabant in cœlum. Hæc, inquam, præsentata in templo Virgo mystice adimplevit illud in Levitico a Deo datum præceptum : *Si autem obtuleris munus primarum frugum tuarum Domino de spicis adhuc virentibus, torrebis igni.* (*Levit.* II, 14.) Implevit ad unguem legem istam incontaminata Virgo, dum cor suum tempore Præsentationis suæ velut frugum primitias igne divini amoris tostas

toti sanctissimæ Trinitati obtulit in sacrificium. Trimulæ hujus Virginis amor fuit adeo excellens, ut in purissimo ejus corde nil aliud sentiret, nisi ignem divinæ charitatis ; nam, ut perbene scribit sanctus Ildephonsus, serm. 1 *De Assumpt.* : « Velut ignis ferrum, sic Spiritus sanctus illud cor totum decoxit, incanduit et ignivit, ita ut in illo nihil sentiretur, nisi tantum ignis amoris Dei. » Rarus erat iste beatæ Virginis in Deum amor, in cujus consideratione confundi nos oportet, qui adeo tepidi sumus in amando Deum. Persentis forsan, o anima ! inflammata et ignita desideria, et de his tibimet ipsi blandiris ac gratularis ; sed quoties, proh dolor ! in pristinum frigus solet abire cor tuum, ut non immerito illud triste possis formidare : *Quia tepidus es, et nec frigidus, nec calidus, incipiam te evomere ex ore meo.* (*Apoc.* III, 16.) Nisi ergo animæ vestita sit charitate erga Deum, omnes aliæ virtutes parum tibi prosunt : « Sola charitas sufficit, si adsit ; cætera omnia nihil prosunt, si sola charitas desit, » ait divus Augustinus lib. LX *Homiliarum*, hom. 50. Charitas est virtutum gemma, quæ reliquis virtutibus singularem impertit splendorem et ornatum, hæc conscientiam mundat, et animam lætificat. De charitate scribit Apostolus : *Si linguis hóminum loquar et angelorum, charitatem autem non habeam, factus sum velut æs sonans, et cymbalum tinniens.* (*I Cor.* xiii, 1.) Æmulare ergo tam sancta amoris exempla, quæ beata Virgo in sua Præsentatione tibi subministrat, dum se in suavissimum amoris holocaustum consecravit. Ab hac amoris Magistra addiscere potes, qualiter cor nostrum soli Deo sit consecrandum ut illi soli jugiter ardeat, et nullo tempore in servitio suo deficiat, aut tepefiat.

Punctum II. — Considera, speciali dignum esse expensione, quod ardentes divini amoris flammulæ jam in tenera ætate exarserint apud beatissimam Virginem. Agebat Maria annum ætatis suæ tertium, et non tardabat primitias amoris sui eidem reddere, quem solum amare, et diligere oportet. O, quam acceptæ fuerunt istæ amoris primitiæ, quas tenera Virguncula ex toto pectore reddidit omnipotenti Deo ! Virginea hæc Sponsa mature quæsivit in templo illum ipsum, quem diligebat anima ejus, ut nos instruat et doceat, non in senio, sed a primis unguiculis Deum esse super omnia amandum et diligendum. Sufficiens tibi nunc occurrit considerationis materia, o cliens Mariane ! Sicut enim beata Virgo, statim quam primum erat ab uberibus maternis ablactata, corpus animumque suum obsequio Sponsi sui obtulit, et seipsam in sacrificium dilectionis consecravit ; ita et tu in flore ætatis incipe perfecto ardentique amore Deum prosequi. Cogita, quod, si semel in corde concipiatur ignis ferventis in Deum charitatis, hic etiam in senectute permaneat in sua vi et virtute ; ut enim habet Scripturæ Proverbium : *Adolescens juxta viam suam, etiam cum senuerit, non recedet ab ea.* (*Prov.* xxii, 6.) Præterea obsequium, quod præstatur mature, et cum celeri hilaritate, Deo magis placet, quam quodcunque aliud, si offertur post vitæ longioris decursum ; nam (ut pie quidam scribit ascela) quemadmodum fructus recentissimus, et noviter ab arbore collectus suo tum odore, tum flore, tum sapore plus placet, quam putridus, et passim jactatus ; sic obsequium teneris ab annis prompte læteque exhibitum plus Domino placet, quam quod offert senectus. *Primitias tuas,* monet Scriptura, *non tardabis reddere Domino.* (*Exod.* xxii, 29.) Sequere ergo tam sancta consilia, quæ adimpleta vides in Virgine tenella in templo præsentata, consecra primitias ætatis tuæ servitio divino ; secus enim, si bona facere differre velis ad senectutem, periculo te expones, an illa grata sint, et accepta in conspectu Dei ? « Non est satis recta facere, nisi maturare adjicias ; uberiores enim fructus habet maturata devotio, » ait sanctus Ambrosius. (*De Cain.* lib. i, cap. 3.) Deplorandum est, si forsan plurimos vitæ tuæ annos jam transegisti absque ferventi in Deum amore,

et serio eidem serviendi conatu. Quisquis talis es, saltem nunc omnem tolle moram, et festina amare illum, quem tam sero amare didicisti. Sit tibi in senili ætate tua pro solatio, quod benignus ac pius Dominus etiam sacrificium vespertinum admittat, et illos non repellat, qui ultima hora in ejus vinea laborant.

Punctum III. — Considera, quod præsentatæ Virginis amor, quo flagrabat erga Deum, præter alias optimas qualitates non fuerit otiosus, sed constanter laboriosus ; erat enim Maria jam tum temporis in lege Domini incessanter occupata, et sanctissimis exercitiis suum comprobavit amorem toto illo tempore, quo degebat in templo. Omnes suas actiones divino amore condire solebat amabilis Virgo, et ad mandatorum observantiam sine cujusquam commodi respectu eamdem fortiter impellebat solus, isque vehemens Dei amor, et purissimum eidem placendi desiderium. Ita enim beata Virgo de seipsa revelavit beatæ Birgittæ, dicens : « Ego a principio, cum audirem et intelligerem, Deum esse, semper sollicita et timorata fui de salute et observantia mea, et intime dilexi Deum, et omni hora timui, et cogitavi, ne eum verbo, vel facto offendam. » (*Lib.* i *Revel.,* cap. 10.) Hæc Deipara. Ubi satis ostendit, quantus jam Dei amor in suo pectore exarserit a primis ætatis suæ annis, utpote continuo divinæ legis observationi intenta. Disce , cliens Mariane ! qualis debeat esse amor, qui acceptus est in conspectu Dei. Velles quidem Deum amare, sed refugis laborem, despicis illius mandata : amor iste vanus est coram Deo. Attende, quid moneat æterna Veritas]: *Qui habet mandata mea, et servat ea, ille est qui diligit me.* (*Joan.* xiv, 21.) Et dilectus discipulus exclamat : *Filioli mei !non diligamus verbo , neque lingua, sed opere , et veritate.* (*I Joan.* iii, 18.) Est igitur de ratione veri amoris, ut sic diligas Deum, quod velis in omnibus ipsius mandata fortiter adimplere : « Quidquid enim contrariatur præceptis divinis, contrariatur charitati, » ait divus Thomas, 2-2, quæst. 24, art. 12. Secundum has charitatis leges tuum examina amorem, et diligenter cave de lapide quodam, ad quem plerique jam offenderunt ; multi enim Deum se amare arbitrantur, quia quosdam ferventes Dei affectus persentiscunt, vel pia afficiuntur devotionis teneritudine, cum tamen genuinus Dei amor ex eo non probetur, si quis dulcius afficiatur ad Deum, aut majorem in oratione percipiat suavitatem, bene vero, dum quis majori conatu præcepta Dei custodit, purius vivit, et melius se in omnibus divinæ voluntati accommodat.

Praxis specialis sit hac die, ut omnia opera tua facias ex purissimo desiderio Deum super omnia amandi sine cujusquam proprii commodi aut utilitatis respectu. In quem finem ante quamlibet actionem eleva cor tuum ad Deum, et ad illius amorem pio quodam affectu te excita, ut sic omnia opera tua, quamvis de se vilia et abjecta, nobilitentur, et accepta reddantur coram oculis Dei.

Patroni eligantur felices Mariæ parentes SS. Joachimus et Anna, qui suam sanctissimam Filiam omnipotenti Deo in suavissimum amoris holocaustum consecrarunt.

DIES SECUNDUS.

MARIA VIRGO IN TEMPLO PRÆSENTATA, MAGISTRA CONTEMPTUS MUNDI.

Thema. — *Audi, Filia, et vide, et inclina aurem tuam, et obliviscere populum tuum, et domum patris tui, et concupiscet Rex decorem tuum.* (*Psal.* XLIV, 11.)

Punctum I. — Considera, quomodo beata Virgo in templo oblata hunc Spiritus sancti instinctum cum magna animi lætitia fuerit secuta, ut derelinquat jam in tenera ætate domum patris sui, suoque exemplo doceat, quomodo etiam amantissimi parentes amore Dei debeant relinqui, et qualiter mundus forti animo debeat contemni. Effecta est, inquam, Maria per sui Præsentationem præstans contemptus mundi Magistra; quamvis enim propter votum emissum a suis oblata fuerit parentibus, ad hanc tamen voti fidem solvendam SS. Joachimum et Annam invitabat, et quasi stimulo quodam urgebat ipsius Filiæ vita, singularis virtus et fervor, vi cujus unice cupiebat sepositis mundi vanitatibus se divinis impendere servitiis. Numerabat quidem paucos annos Maria, sed pollebat multa prudentia, et rationis usum statim a sua conceptione (quæ erat sine labe peccati) perfecte obtinuit. Quapropter horrebat mundum, ne eamdem ab unione sui Dilecti posset abstrahere et separare. Nunquid te frequenter docuit experientia, o anima! quod inter mundi strepitus facile perdatur optimus Deus? Sequere ergo Mariam, et si hucusque nec corpore, nec animo reliquisti sæculum, saltem pro status tui convenientia satage moderari affectum ad res et facultates temporales; non enim repugnat, quo minus etiam sub habitu sæculari animus spiritualis possit tegi et occultari. Si autem per Dei gratiam sæculum relinquere, et per sacra vota mundum, et omnem sæculi pompam contemnere didicisti, age gratias Deo, sed noli amplius retrospicere ad illa, quæ semel deseruisti; quia *Nemo mittens manum suam ad aratrum, et respiciens retro aptus est regno Dei.* (*Luc.* IX, 62.) Parum proderit deseruisse mundi amictum, et induisse togam monasticam, nisi cum vestitu sæculari omnem quoque mundi affectionem et cupiditatem descrere allabores; si in religione adhuc mundi amicus esse, et mundanas sectari velis vanitates, periculo te exponis, ne inimicus Dei efficiaris. *Nescitis*, ait sanctus Jacobus apostolus, *quia amicitia hujus mundi inimica est Dei? Quicunque voluerit esse amicus hujus sæculi, inimicus Dei constituitur.* (*Jac.* IV, 4.) Quantæ autem considerationis sint ista verba apostoli, Dionysius Carth. nos instruit de arctiori

via salutis, art. 8, ita scribens : « Si omnis qui diligit mundum, Dei inimicus efficitur, videtur quod mundi contemptus sit de necessitate salutis. » Noli igitur pœnitudine tangi, o anima pia! si mundum reliquisti, sed potius ita in animo tuo esto constituta, ut lubens, et libens adhuc mundum velles deserere, et te arctiori vinculo obsequio Dei mancipare.

Punctum II. — Considera, quod Maria Virgo non tantum in facta sua oblatione mundum deseruerit, sed etiam cum hominibus mundanis nullam, toto tempore quo degebat in templo, habuerit singularem conversationem, bene vero conversabatur cum aliis personis Deo devotis, quales erant illæ virgines, quæ in Parthenone quadam templo conjuncta, atque in hunc finem constructa, Deo famulabantur. Licet igitur fortassis corpore deseruisti sæculum, si tamen frequentius cum hominibus mundanis, qui parum percipiunt ea quæ sunt spiritus Dei, converseris, patenter te expones perversionis periculo; quod autem facile evitabis, si homines spirituales convenias, quorum corda amore Dei inflammata alios quoque accendunt. Hujus testimonium affert Regius Propheta : *Cum sancto sanctus eris, et cum viro innocente innocens eris, et cum electo electus eris, et cum perverso perverteris.* (*Psal.* XVII, 26.) Maria sanctissima Virgo, et nullo tempore ulla peccati labe infecta, sed singulari Dei privilegio conservata, non indigebat aliarum personarum devotarum exemplo; nihilominus tamen amabat personas spirituales, et Deo devotas, ut exemplo suo doceat, quantum oporteat homines mundanos et sæculi amatores fugere. Sequere ergo, cliens Mariane! Matrem tuam Mariam, et quia natura tua aliunde ad peccatum prona perfacile ad aliorum pravos mores sectandos flectitur et trahitur, conversationes mundanas totis viribus evitare allabora.

Punctum III. — Considera, quod beatissima Virgo per suam a sæculo et mundanis abstractionem visitationes angelicas sit promerita, imo nec divinarum expers fuerit apparitionum. Frequenter Mariam in templo præsentatam visitabant et recreabant angelici spiritus, uti de eadem scribit sanctus Gregorius Nicom. sermone *De exitu Virginis in templum*, dicens : « In dies procedente ætate crescebant in ea dona Spiritus, et versabatur cum angelis, nec divinarum erat expers apparitionum. » Porro, ut constans habet Patrum traditio, Maria in templo a spiritibus angelicis accepit nutrimentum, uti inter alios testatur sanctus Germanus archiepiscopus Constantinop. in *Encomio B. Virginis præsentatæ*, quod habetur apud Surium, tom. VI, qui sequentia ponit verba : « Mansit autem (Maria) in Sanctis sanctorum, seu in templi penetralibus, ambrosium nutrimentum accipiens per angelum usque ad secundam ætatem. » Hæc igitur est merces illorum, o anima! qui, contemptis mundi vanitatibus, soli Deo cupiunt servire. Utinam magis contemneres illud omne, quod sapit mundum ! non dubita, quin plura sentires mentis solatia, quæ piis animabus largiri solet intime præsens Deus. Magnus honor est, magna gloria servire Deo, et omnia propter ipsum contemnere ; habebunt enim, qui tales sunt, gratiam magnam, invenient suavissimam Spiritus sancti consolationem; qui amore Dei omnem carnalem abjecerint delectationem, consequenter magnam mentis libertatem, qui omnem mundanam neglexerint curam. Has, similesque de contemptu mundi doctrinas sedulo expende, cliens Mariane! noli amplius esse de mundo, sed eumdem cum omnibus annexis deliciis pro status tui possibilitate contemnere jam nunc serio propone.

Praxis specialis hujus diei sit in eo, ut activas et passivas mundanorum hominum conversationes fugias, et frequentius gratias Deo agas, si jam per ipsius gratiam sæculum deseruisti : osculare etiam mane et vesperi sanctum habitum, tanquam pignus æternæ vitæ.

In Patronam elige sanctam Magdalenam de Pazzis. De hac legitur in ejus Vita, quod præ gaudio parietes et muros claustrales fuerit exosculata, quando recordabatur, quod a mundo penitus abstracta vivat, et separata; in quem finem etiam filias suas spirituales ad risum et hilaritatem hortabatur, dicens : « Ridete, filiæ ! quia tam feliciter mundi fallacias evasistis. »

DIES TERTIUS.

MARIA VIRGO IN TEMPLO PRÆSENTATA, MAGISTRA HUMILITATIS.

THEMA. — *Respexit humilitatem ancillæ suæ.*
(*Luc.* 1, 48.)

PUNCTUM I. — Considera, quod Maria Virgo in sua tenera ætate, quam Deo per sui oblationem consecravit, magna profundæ humilitatis dederit specimina. Hæc erat illa cœlestis virtus, per quam hæc pulcherrima Virguncula immensum cœli terræque Numen ad terram attraxit pro salute generis humani incarnandum. « O vera humilitas, inquit sanctus Augustinus, serm. 2 *De Assumpt.*, quæ Deum hominibus peperit, vitam mortalibus edidit, cœlos innovavit, mundum purificavit, paradisum aperuit, et hominum animas liberavit! Facta est Mariæ humilitas scala cœlestis, per quam Deus descendit ad terras. » Hæc ille. Templum, ubi degebat hæc humilis ancilla, erat amabilis officina, in qua hæc Deo beneplacens virtus ad ipsius gustum fuit per undecim annos elaborata. Multas alias in sacris Paginis celebratissimas mulieres Deus inanes dimisit, nec ad divinæ maternitatis titulum elevavit, quales erant Sara, Rebecca, Rachel, Judith, Susanna, Abigail, Debbora, aliæque non paucæ; sed nec istæ, nec aliæ placuerunt divinis oculis, solum Virgo trimula, meritis tamen, et virtutibus jam gravida in templum deducebatur, quam mox Pater cœlestis in Filiam, Filius Dei in Matrem, et

Spiritus sanctus in Sponsam adoptarunt. Vis scire causam, o cliens Mariane! Respondet ipsamet Dei Mater in suo virgineo cantico, quod post egressum e templo, postquam pretiosum thesaurum intra sua viscera jam reclusum haberet, decantavit : *Quia respexit humilitatem ancillæ suæ.* Supra quæ verba pulchre scribit sanctus Ildephonsus, serm. 2, *De Assumpt. beatæ Virginis :* « Mira devotione, inquit, plena vox, qua dicitur : *Quia respexit humilitatem ancillæ suæ*, non enim ait : Quia respexit humilitatem meam, aut innocentiam, aut alium quarumlibet virtutum gradum, sed solum, humilitatem suam respexisse Deum humiliter fatetur. » Est igitur humilitas pretiosa illa in oculis Dei virtus, quam tanti favores et gratiæ cœlestes solent comitari. Prius debuit Maria esse humilis, antequam ad dignitatem maternitatis divinæ eveheretur; humilitas debuit præcedere, et ob hanc virtutem super omnes angelorum choros meruit exaltari. « Nunquam, ait mellifluus Mariophilus, *De prec. ad glor. Virginis Mariæ*, super omnes angelos glorificata ascendisses, nisi prius infra omnes homines humiliata descendisses. » Solet ergo Deus singulares gratias eisdem largiri, qui solidæ student humilitati : *Deus namque superbis resistit, humilibus autem dat gratiam.* (*Jac.* IV, 6.) Ab humilitate proin metire gradus sanctitatis et favoris cœlestis : quantum humilis es, tantum sanctus, et Deo gratus eris; sit tibi pro exemplo parvula humilitatis Antesignana, quæ de seipsa gloriari potest : *Congratulamini mihi, quia, cum essem parvula, placui Altissimo.* (Ecclesia in Præs.) Parvula nimirum propter summam et profundissimam humilitatem. Nisi ergo talis efficiaris parvulus, non eris particeps regni cœlestis, juxta æternæ Veritatis oraculum : *Nisi efficiamini sicut parvuli, non intrabitis in regnum cœlorum.* (Matth. XVIII, 3.)

PUNCTUM II. — Considera, beatam Virginem non tantum interno affectu coram Deo fuisse humilem, sed in suis externis quoque actionibus splenduisse radiis bene fundatæ humilitatis. Humiles etenim animæ erga omnes se exhibent affabiles, charitatis obsequia aliis libenter impendunt, jactantiam fugiunt, neminem lædunt, proximum odire nesciunt, quæ omnia præsentata, et in templo degens Virguncula adamussim adimplevit. Quam veritatem probat magnus Ecclesiæ doctor sanctus Ambrosius, dum Mariæ pueritiam, quam intra templi penetralia transegerat, sequentibus depingit verbis lib. XI *De virginibus* ita scribens : « Solita nullum lædere, bene velle omnibus, assurgere majoribus natu, æqualibus non invidere, fugere jactantiam, rationem sequi, amare virtutem. Quando ista vel vultu læsit parentes? quando dissensit a propinquis, quando fastidivit humilem? quando derisit debilem? quando vitavit inopem? Eos solos solita cœtus virorum invisere, quos misericordia non erubesceret, neque præteriret verecundia. » Hæc sanctus Ambrosius. Ex quibus liquet, quod altas radices egerit in tenello corculo Mariæ profunda

humilitas, vi cujus tot gratias cœlestes, tamque
sublimem exaltationem fuit promerita; uti testatur
sanctus Ildephonsus, serm. 3, *De Assumpt.* : « Fundata erat, inquit, Dei Genitrix profunda humilitate,
et dilatata in charitate; propterea hodie est sublimiter exaltata. » Examina te igitur, cliens Mariane!
secundum hos gradus Marianæ humilitatis; erit
hæc lapis lydius ad quem tuam, de qua tibi forte
blandiris, humilitatem serio potes probare, an re-
quisitis conditionibus sit instructa et qualificata?
annon etiam de te verificetur illud divi Augustini
assertum serm. 2, *De Assumpt.*: « Multi videntur in
conspectu hominum humiles esse, sed eorum humilitas a Domino non respicitur; si enim veraciter
essent humiles, deinde se ab hominibus non laudari vellent, non in hoc mundo, sed in Deo spiritus
eorum exsultaret. »

Punctum III. — Considera, quod humilitatem
Matris tuæ Mariæ præ aliis virtutibus oporteat imitari, per hujus imitationem probabis te genuinum
humillimæ Matris filium; quid enim, amabo, juvabit te scire aut cognoscere, in quam altum humilitatis abyssum se demiserit humilis ancilla, nisi
pro viribus coneris hanc pulcherrimam æmulari
virtutem? « Summa religio est imitari quod colimus, » ait recte Augustinus. Et mellifluus Bernardus ad humilitatis Marianæ imitationem te hortatur, ita scribens hom. 1 super *Missus* : « Imitare,
inquit, humilitatem Virginis, si non potes virginitatem humilis; laudabilis virtus virginitas, sed magis necessaria humilitas; illa consulitur, ista præcipitur; sed si placuit ex virginitate, tamen ex
humilitate concepit. Unde constat, quia etiam, ut
placeret virginitas, humilitas procul dubio fecit. »
Et post pauca subjungit : « Si igitur virginitatem
in Maria non potes nisi mirari, stude humilitatem
imitari, et sufficit tibi. » Hæc aurea verba altius
tuo cordi imprime, et ab exercitio humilitatis nullo
unquam tempore desiste. Occasionem humiliandi
abunde subministrant peccata tua, quia nescis, an
gratia sis dignus, an odio apud Deum? Similes piæ
considerationes docebunt te qualiter oporteat se
coram Deo humiliare, qualiter adversa, injuriæ,
opprobria æquo animo sint toleranda.

Pro praxi speciali rogabis frequenter Mariam
Virginem per breves et pias aspirationes pro dono
humilitatis, virtutis tibi summe necessariæ.

Patronus diei sit beatus Bernardinus Senensis,
qui Virgini Mariæ speciale hoc tribuit elogium,
tom. II, art. 1, cap. 3, dicens : « Sicut nulla post
Filium Dei creatura ascendit gratiæ dignitate, sic
nec tantum descendit in abyssum humilitatis. »

DIES QUARTUS.

MARIA VIRGO IN TEMPLO PRÆSENTATA, MAGISTRA VOLUN-
TARIÆ PAUPERTATIS.

Thema. — *Beati pauperes spiritu, quoniam ipsorum
est regnum cœlorum.* (Matth. v, 3.)

Punctum I. — Considera, quod beata Virgo, dum
se in templo præsentaret, plura obtulerit donaria
omnipotenti Deo, et sicut regina Saba, quæ, audita
Salomonis sapientia, *ingressa Jerusalem multo cum
comitatu, et divitiis, et camelis portantibus aromata,
et aurum infinitum nimis, et gemmas pretiosas venit ad
Salomonem* (*III Reg.* x, 2 seqq.) : ita trimula Virgo,
perspecta veri Salomonis omnipotentia, bonitate et
perfectione, regalem domum, templum videlicet Hierosolymitanum, accessit, ibidemque se stitit Deo copiosissimis virtutum gemmis ornata et locupletata.
Tales divitiæ et gemmæ erant nobilissimæ illæ
virtutes, quibus splendebat jam tum temporis
tenella Joachimi Filia; erat etenim constantissimæ
fidei, plena cœlestibus desideriis, ignea vestita
charitate ; erat invictæ fortitudinis, cœlestis prudentiæ, mansuetudinis et humilitatis, aliarumque
incomparabilium virtutum apparatu stipata et circumdata. Verum inter has Deo factas oblationes tres
potissimum hostias sacrificavit præ reliquis omnibus Deo acceptissimas, paupertatis nimirum voluntariæ, castitatis perpetuæ, atque obedientiæ inviolatæ,
quæ sacratissima vota inter virgines et mulieres, uti
passim fidem faciunt SS. Patres, omnium prima Deo
vovit Maria. Imprimis ergo per votum voluntariæ
paupertatis beatissima Virgo obtulit res omnes terrenas, et omnes, quas habere potuit, possessiones,
uti de semetipsa testata est apud sanctam Birgittam,
lib. I, cap. 10 *Revel.*, ubi sic ait : « A principio
vovi in corde meo, si esset Deo acceptabile, observare virginitatem, et nihil unquam possidere in
hoc mundo. » O cliens Mariane! expende, quam
gratum debuerit esse hoc emissum a tenella Virguncula voluntariæ paupertatis votum in conspectu Dei. Certe 'gratum magis, quam erat illud
Abelis (*Gen.* iv, 1 seqq.) qui obtulit Deo de primogenitis gregis sui, et de adipibus eorum. Hoc sacrificium, quod paupertatem voluntariam præfigurare
videtur, erat Deo omnino gratum, quia *respexit
Dominus ad Abel, et munera ejus*; nihilominus tamen Abel tantum 'partem possessionum suarum
immolavit Domino : præsentata autem in templo
Virgo omnibus possessionibus suis perfectissime
renuntiavit. O si saperes et intelligeres, anima
religiosa ! quam grata sit in oculis Dei paupertas,
non illa, quam multi patiuntur ex necessitate, sed
quæ rerum omnium ob amorem Dei, et desiderium
perfectionis voluntaria est abdicatio. Hanc sicut
sibi elegit electa a Deo Mater Maria, ita et ipse
æterni Patris Filius natus in tempore ex utero hujus Virginis hanc habuit individuam tota vita sua
comitem. Cordicus gaude, si ad tantam pertigisti
felicitatem, et votum voluntariæ paupertatis jam
emisisti; nam, ut ait sanctus Laur. Just. : « Quid
paupertate melius, quid securius? quid jucundius ?
Tristentur omnes, cuncti gemant, formident universi, hæc semper hilaris, semper eodem vultu,
eodem animo perseverat, bonum cœleste præstolatur possidere in cœlo, dum nihil habet quod
amittere possit in terra, frequenter evolat ad supernam patriam, ubi suam remunerationem esse

cognoscit. › Si vero in mundo opibus abundas, id saltem conare, ut cor tuum ab omni avellas affectu inordinato rerum terrenarum, et divitiis tuis non aliter utaris, nisi juxta Dei voluntatem et dispositionem. Noli tristari, si varios subinde etiam in necessariis patiaris defectus, imo ipsemet sæpius similem inquire occasionem, quæ nunquam tibi deerit, si ferventer cupias aliquo saltem modo assequi doctrinam illius, qui voluntariam paupertatem velut necessarium Christianæ perfectionis remedium præscripsit, dicens : *Si vis perfectus esse, vade, et vende omnia quæ habes. (Matth.* xix, 21.)

Punctum II. — Considera, quod hæc paupertas, cujus votum beata Virgo emisit in tenera ætatula sua, toto vitæ suæ tempore post egressum e templo perseveraverit, hujusque Marianæ paupertatis luculentum nobis præbet testimonium sanctum Evangelium, quando in vili et abjecto stabulo Bethleem supremum cœli Regem parere, et laceris pauperrimisque panniculis involvere debuit. Accedit, quod beatissima Virgo etiam a principio factæ suæ Præsentationis, et tota vita sua omnibus illis bonis paternis, quorum hæres facta est (habebant enim teste sancto Joan. Damasceno parentes ejus sufficientissima bona, agros, hortos, pecora, et similia) ultronee se abdicarit, et vitam egerit pauperrimam ; uti in allegatis testatur Revelationibus, dicens : ‹ Omnia, quæ habere potui, dedi indigentibus, nihilque nisi tenuem victum et vestitum reservavi. › Et iterum, lib. vii, cap. 25 *Revel* , sanctæ Birgittæ eadem diva Virgo dicit : ‹ Ego et Joseph nihil reservavimus nobis, nisi necessaria vitæ. › Unde et illud aurum, quod eidem oblatum fuerat a tribus Magis, teste Bonaventura, in *Vita Christi,* cap. 10, non penes se retinuit, aut vineas, vel agros mercata est, sed intra paucorum dierum intervallum totum pauperibus distribuit. Similiter eadem Dei Mater in die Purificationis suæ non agnum more divitum, sed par turturum more pauperum offerre voluit. Hujus ergo sanctæ paupertatis fundamina posuit in templo, tam solide quidem, ut toto vitæ tempore hæc sancta virtus fuerit continuata, et quam perfectissime adimpleta. Ab hac proin paupertatis Magistra addiscere potes , o pia anima! qualiter jam a primis unguiculis nos omnia oporteat relinquere propter Deum, et amore ejusdem effici pauperem spiritu ; verum multi etiam in flore ætatis suæ tam sancta æmulantur charismata, et succedentibus annis ejusmodi proposita derelinquunt incurii suæ obligationis, qua se per voluntariam paupertatem emisso voto Deo nuncuparunt. Contrarium aperte habes in Virgine Maria, quæ etiam, cum senesceret, ab illa via, quam ut trimula Virgo per voluntariam ingressa est rerum omnium abdicationem, nunquam amplius recessit. Hanc sequere Matrem, et sanctam paupertatem, quam semel vovisti, haud amplius desere , sed potius crescentibus annis tuæ vitæ religiosæ semper

in hac virtute magis et magis proficere allabora.

Punctum III. — Considera, quam largiter Deus remuneratus fuerit paupertatem hujus teneræ Virginis, quam in sua jam vovit infantia ; erat namque promissio ista adeo grata Deo, ut Mariæ non tantum regnum cœlorum contulerit (quo præmio omnes pauperes spiritu esse remunerandos asseveravit ipsa Veritas æterna *(Matth.* v, 3) : *Beati pauperes spiritu, quoniam ipsorum est regnum cœlorum*), sed illam cœli pariter, ac terræ Reginam, et mundi Dominam constitueritumiversi. Est igitur terrenarum rerum abdicatio gratissimum coram oculis Dei holocaustum, et omnes illi qui amore Dei bona sua terrena reliquerint, *centuplum accipient, et vitam æternam possidebunt.* (Matth. xix, 29.) Hoc autem centuplum, quod pauper spiritu accepturus est, tam de acceptione in hac vita, quam de altera in futuro danda intelligendum esse asseverat incarnata Veritas: *Nemo reliquerit domum,* etc., *qui non accipiat centies tantum in tempore hoc, et in sæculo futuro vitam æternam. (Matth.* x, 30.) Desideras, o anima! tam in hac, quam et vel maxime in altera vita locupletari, esto amator voluntariæ paupertatis, et disce forti animo res omnes terrenas amore Dei contemnere : sit tibi pro documento, quod religiosus, vel quicunque alius evangelicæ paupertatis zelotes, dum cunctas opes mundanas spernit et relinquit, evadat in virum omnino ditissimum. Quo alludere videtur gentium Doctor (*II Cor.* vi, 10), dum tales appellat tanquam *nihil habentes, et omnia possidentes.* Taliter avulsus a rebus terrenis senties mirificam requiem, et tranquillitatem in anima tua, dum econtra terrenarum rerum asseclæ variis discrucientur angoribus, a quibus pauperes spiritu liberi sunt et exempti.

Praxis specialis sit hac die, ut cum magna cordis liberalitate renoves sacratissima vota tua non tantum tempore communionis, vel sacrificii Missæ, sed etiam, uti ferventiores solent aliqui religiosi, tribus vicibus per diem, ad quemlibet nimirum Salutationis angelicæ pulsum, renovando votum castitatis ad illa verba : *Angelus Domini*; votum obedientiæ, dum dicunt : *Ecce ancilla*; votum paupertatis, dum orant : *Et Verbum caro factum est.* Si vero sacratissimorum votorum nexu non obstrictus es, saltem ad aliquod tempus, vel dies vove castitatem, et voluntarium quemdam defectum in rebus necessariis libenter sustine, non minus etiam tuis præpositis, vel etiam æqualibus cum quadam subjectione obsequia servitutis, et charitatis impende.

Patronus diei sit sanctus Josephus, qui hujus sanctæ Virginis post templi egressum sibi desponsatæ sanctam paupertatem non tantum testari potuit, sed eamdem etiam ut individuus comes pro viribus studuit imitari.

DIES QUINTUS.

MARIA VIRGO IN TEMPLO PRÆSENTATA, MAGISTRA
CASTITATIS.

THEMA. — *Adducentur Regi virgines post eam.*
(*Psal.* XLIV, 15.)

PUNCTUM I. — Considera, quam excellens fuerit
et eminens in angelica virtute castitati; præsentata in templo Virgo Maria, ut merito omnium
virginum Dux et Magistra possit compellari ; hæc
enim trimula Virgo erat omnium prima, quæ sub
castitatis vexillo, per voti religionem, suam Deo
virgineam integritatem consecravit, suoque exemplo cunctis ejus vestigia æmulantibus viam ostendit. « Maria, inquit sanctus Ambrosius (lib. *De
virg.*), signum sanctæ virginitatis extulit, et inte-
meratis virginibus pium Christi vexillum levavit. »
Et sanctus Rupertus Tuit. lib. III *in Cant.* ait :
« Maria votum virginitatis prima vovit. » Hæc, inquam, tenella Virguncula fuit prima, quæ raræ
hujus et angelicæ virtutis cognovit dignitatem,
quam ipsa tanti æstimaverat, ut ad eam perpetuo
illibatam retinendam voto sese obstrinxerit, adeo
ardenter, tantoque desiderio placendi Deo, ut potius angelus aliquis corporis expers, quam Virgo
mortali corpore induta esse, et in templo degere
videretur. Porro autem, quod beata Virgo jam tertio ætatis anno votum virginitatis voverit, ex ipso
quoque colligitur Evangelio, ubi archangelo Gabrieli respondit : *Quomodo fiet istud, quoniam virum
non cognosco ?* (*Luc.* I, 34.) « Quod profecto, inquit sanctus Augustinus, non diceret, nisi prius se
virginem Deo vovisset. » Hæc est igitur illa castitatis Antesignana, quam tot felices jam secutæ sunt
animæ, quæ, despecta mundi vanitate, sub hujus integerrimæ Reginæ labaro militare constituerunt, ut adeo merito de ea dici possit : *Adducentur Regi virgines post eam.* Ex hac quoque
causa ab Ecclesia salutatur *Virgo virginum.* A sancto
Jacobo apostolo in Liturgia, vocatur *virginum Gloria,
Magistra virginitatis.* Item, *Imago virginitatis* , et
Speculum castitatis. A divo Ambrosio, *Princeps virginitatis.* A divo Epiphanio , *virginitatis Corona.* A
divo Cyrillo Alexandr. et denique a sancto Ildephonso , *Decus perfectæ virginitatis.* Quia nempe
trimula Virgo fuit Princeps omnium illarum virginum et animarum, quæ ratione tam grata Deo
famulari inceperunt. Omnia monasteria, quotquot
toto orbe erecta sunt, omnes devotarum in Christo
virginum Parthenones, quotquot jam sunt, vel fuerunt, vel posteris erunt sæculis, omnes, inquam,
sunt fructus Mariani virgineique floris, et integerrimæ castitatis. O cliens Mariane ! Annon fervet
cor tuum desiderio tam cœlestis angelicæ virtutis ?
annon crescunt tibi vires militandi hanc Marianam
militiam sub pulcherrimo virginitatis vexillo ? Si
vero per Dei gratiam tuam virginitatem jam Deo
consecrasti, et te illis sociasti animabus, quæ mundi
calcarunt illecebras, seque in religiosis absconderunt latebris, ut æternum vivant in Christo Jesu,

ecce ! Dux et Magistra tua est Maria Virgo, quam ut
vivum virginitatis speculum omnes sacerdotes,
religiosi, et sanctimoniales omnes, imo et sæculares pro ratione status sibi ob oculos debent ponere,
et pro viribus imitari. « Sit vobis, sunt verba sancti
Ambrosii, *De virg.* lib. II, tanquam in imagine descripta virginitas, vitaque beatæ Mariæ, de qua
velut in speculo refulget species castitatis et forma
virtutis. »

PUNCTUM II. — Considera quantum placuerit
omnipotenti Deo purissimum cor Mariæ, hocque
emissum virginitatis votum, per quod suam mundissimam carnem novo Sponso suo quasi in perfectissimum et integerrimum immolavit holocaustum;
ab hoc etenim incitatus Salvator noster velut gigas
acceleravit ad currendam viam Redemptionis. Si
enim illud sacrificium Noe, qui post generale diluvium *ædificavit altare Domino, et tollens de cunctis
pecoribus, et volucribus mundis obtulit holocausta*
(*Gen.* VIII, 21), adeo gratum erat, et acceptum
Deo, ut solus Noe humanum genus propter immunditias hominum deletum per suam oblationem *de
volucribus mundis* (quod sacrificium præfigurabat
castitatem) restauraret, omniumque deinceps futurorum hominum pater exsisteret; certe multo
acceptius fuit Deo hoc virginitatis Deiparæ sacrificium , propter quod humani generis Reparatrix,
et omnium Mater effici promeruit. Quod ipsum
aperte testatur sanctus Ildephonsus *De Assumpt.
beatæ Virginis* ita scribens : Quia prima omnium
feminarum virginitatem Deo obtulit, idcirco promeruit ut Dei Filius, angelo nuntiante, ex ea corpus
Redemptionis nostræ susciperet. Præterea , sicut
Deus per illud sacrificium Noe humano generi fuit
reconciliatus, ut fœdus cum illo inierit sempiternum , et omnino etiam juraverit, quod haud amplius punire vellet genus humanum universali ca-
taclysmo, quod nobis indicat Scriptura : *Odoratusque est* , inquit , *Dominus odorem suavitatis*
(qui nimirum spirabat ex sacrificio Noe), *et ait :
Nequaquam ultra maledicam terræ propter homines* (*Gen.* VIII, 21) : eamdem prorsus gratiam Deus
largiri dignatus est ob votum castitatis beatæ
Virginis in templo emissum ; dum enim antea iram
suam velut inundationem aliquam effudisset super
terram , ut primum odoratus est suavitatem virginei istius sacrificii , iram suam cohibuit , atque
ipsam sacratissimam Virginem velut arcum in
cœlo constituit , ad cujus intuitum hominibus misereretur, ne illos disperderet. Perpendis ex his, o
anima Christiana ! quantum Deo placeat cor mundum et castum, atque ab omni mundana et carnali sorde alienum. *Non enim* , ait Ecclesiasti-
cus (XXVI , 20) *est digna ponderatio continentis
animæ.* Et sanctus Bernardus, epist. 42 , inquit :
«Differunt quidem inter se homo pudicus et angelus , sed felicitate , non virtute ; etsi enim hujus
castitas felicior, illius tamen fortior dignoscitur. »
Omnem ergo impende operam, ut illibatum ser-

ves cor tuum ab omni etiam minima impuritatis macula , ad quod cœleste donum consequendum assiduis precibus cœlum fatigare non desine, quia nemo potest esse purus, aut continens, nisi dederit Deus.

Punctum III. — Considera : sicut beatissima Virgo , dum tertio ætatis anno suam Deo voverat virginitatem, Dux et Magistra tibi facta est ad tam sancta charismata æmulanda; ita non minus Dux et Magistra esse. debet in præliis castitatis, quæ sicut salebrosa, ita et omni homini extreme sunt periculosa. Sub hujus intemeratæ Virginis vexillo eluduntur insidiæ, quas nocte dieque struit depravata carnis concupiscentia animæ nostræ. Hæc trimula Virgo navigantibus ad portum intemeratæ castitatis Stella est , quam sequendo haud patieris puritatis naufragium. Audi, quid moneat mellifluus Bernardus hom. super *Missus* : « O ! quisquis te intelligis in hujus sæculi profluvio magis inter procellas et tempestates fluctuare, quam per terram ambulare : ne avertas oculos a fulgore hujus Sideris, si non vis obrui procellis. Si insurgant venti tentationum, si incurras scopulos tribulationum, respice stellam , voca Mariam; si carnis illecebra naviculam concusserit mentis, respice ad Mariam.» Verum scias velim , ut etiam præter filialem in Virginem Mariam fiduciam tuam non negligas adhibere industriam, in quem finem , ut purissimæ Virginis genuinus effici merearis filius , esto accuratus sensuum tuorum custos , auxilium Dei frequenter implora , mortificationis et humilitatis præcipue exercitio sine cessatione insiste; superbos enim , quibus Deus semper solet resistere, nunquam castos fuisse. reperimus. Hæc si observaveris , inter illos quoque per Dei gratiam eris computandus, quibus incarnata Veritas æternam promisit felicitatem : *Beati mundo corde , quoniam ipsi Deum videbunt. (Matth.* v, 8.)

Praxis specialis sit eadem , ut in die præcedenti notatum est.

Patronus diei sit sanctus Edmundus ex ord. D. Bened., episcopus Cantuariensis. Hic virgineus Mariæ famulus ad exemplum Mariæ votum castitatis emisit in sua infantia , beatamque Virginem annulo tanquam arrha sibi despondit , cumque Salutatione angelica inscriptum imaginis ejusdem digito adaptavit, ut eum beata Virgo suum sponsum agnoscere dignaretur.

DIES SEXTUS.

MARIA VIRGO IN TEMPLO PRÆSENTATA, MAGISTRA OBEDIENTIÆ.

Thema. — *Fiat mihi secundum verbum tuum.* (*Luc.* 1, 38.)

Punctum I — Considera : sicut beatissima Virgo illo tempore , dum missus de cœlo angelus sanctissimam æterni Filii incarnationem eidem annuntiaverat, per adducta verba satis ostendit perfectissimæ suæ erga divinam voluntatem obe-

dientiæ testimonia : *Fiat mihi secundum verbum tuum* : ita hujus præclarissimæ virtutis jam longe prius, in sua nimirum Præsentatione, et vita peracta in templo , gratissima Deoque acceptissima dedit præludia. Imprimis enim trimula Virgo obedientem se exhibuit dilectis parentibus suis; dum enim isti ad solvendam voti sui fidem natam Filiam suam dilectissimam Deo offerre cogitarent, hæc amabilis Virguncula ineffabili promptitudine voluntati parentum obtemperabat, certe in tenello corde suo suspirans cum Psalmographo : *Lætata sum in his, quæ dicta sunt mihi : In domum Domini ibimus. (Psal.* cxxı , 1.) O anima pia ! duplex erue documentum apprime tibi necessarium. Unum est, quam fideliter Deo, cui nos promissis obligavimus, exsolvenda sit fides; ad hoc namque faciendum felices Mariæ parentes Filiæ suæ ad obediendum promptitudo quasi quodam stimulo promovit et incitavit. Alterum , qualiter omnia opera nostra procedere debeant ex virtute obedientiæ . quam tenera nostra obedientiæ Magistra primis jam annis suis adeo coluit, ut non nisi hac virtute comitante adire voluerit templum Hierosolymitanum, ibidemque se servitio divino consecrare. Primum quod attinet, illud Spiritus sancti, teste Salomone, oraculum altius cordi tuo imprimas velim : *Si quid vovisti Deo, ne moreris reddere; displicet enim infidelis et stulta promissio, sed , quodcunque voveris ; redde. (Eccle.* v, 3.) Secundum quod concernit , communis SS. Patrum doctrina est , quod in tantum aliquis in omnibus virtutibus profectum facturus sit , in quantum proficiet in obedientia ; ut adeo hæc virtus virtutum omnium mater et origo passim audiat. « Obedientia , inquit sanctus Augustinus, lib. ı *Contra advers. leg.* cap. 14, maxima est virtus, et , ut sic dixerim , omnium origo materque virtutum. » Et juxta sanctum Gregorium, lib. xxxv *Moral.*, cap. 10, « Obedientia sola virtus est, quæ cæteras virtutes menti inserit, insertasque custodit. »

Punctum II. — Considera, quod præsentata in templo Virgo non tantum obediens fuerit parentibus in egressu domus paternæ, et persolvenda voti obligatione Deo facta, sed per integros etiam undecim annos, quibus degebat in templo, per opera et actiones suas docuit obedientiam omnibus imitandam, quam hæc tenerrima Virgo sacerdotibus templi, nec non æqualibus suis virginibus hilari promptoque animo impendit. Hæc autem in templo toto sanctissimæ infantiæ suæ tempore exhibita obedientia tantas egit radices in corculo beatæ Virginis Mariæ, ut per totam vitam suam hanc virtutem non deseruerit, sed potius amabilem sparserit odorem obedientiæ in cunctis suis actionibus. Erat Maria obediens, ut supra memini, in ipsa divini Verbi Incarnatione, ubi angelo annuntianti respondit : *Fiat mihi secundum verbum tuum.* Super quæ verba divus Augustinus serm. 2 *De Annunt.*, loquitur : « O felix obedientia, ait, o insignis gratia, quæ, dum fidem humiliter dedit, cœli in se Opificem incorporavit ! » Erat Maria obediens non tantum virgineo sponso suo sancto Josepho, sed et gentili imperatori Cæsari Augusto, ad cujus imperium, quantumvis gravida, absque ulla contradictione a Nazareth in Bethleem profecta est. (*Luc.* II, 1.) Erat Maria obediens, quando cum dilectissimo Filiolo suo Jesu ex mandato Dei per sanctum Josephum insinuato per molestissimum iter in Ægyptum recessit. Hæc et plura alia obedientiæ specimina erant felices fructus, qui pullulabant ex illa obedientia, quam intra templi adyta Maria Virgo non tantum inspirante Spiritu sancto didicit, sed etiam docuit exemplo suo, quod omnes, quibus profectus animæ cordi est, pro viribus imitari deberent. Examina te nonnihil, cliens Mariane! quam longe adhuc distet obedientia tua ab illa quam te docet præsentata Virgo Maria. Nisi enim actiones tuæ procedant ex motivo supernaturali, ac si divinitus imperetur, nisi tua obedientia sit conjuncta cum humilitate et constantia in duris et contrariis rebus, vel etiam irrogatis injuriis, nisi post superiores etiam exhibeatur æqualibus, et quidem velociter sine mora cum plena abnegatione proprii judicii et voluntatis, cæce, hilariter et expedite; nisi, inquam, his qualitatibus instructa sit tua obedientia, nondum mereris vocari genuinus filius et discipulus illius scholæ, in qua tam salutares doctrinas præscribit de obedientia tenerrima Virgo Maria præsentata in templo.

PUNCTUM III. — Considera, quam magnas gratias fuerit promerita a Domino Deo beatissima Virgo Maria per accuratissimam suam, quam exhibuit, obedientiam, et cujus votum illa emisit in templo. Si enim Abraham obedientia sua adeo placuit Deo, ut hic eidem dixerit : *Per memetipsum juravi, quia fecisti hanc rem,* — *benedicam tibi, et multiplicabo semen sicut stellas cœli, et velut arenam quæ est in littore maris; possidebit semen tuum portas inimicorum suorum, et benedicentur in semine tuo omnes gentes terræ, quia obedisti voci meæ* (*Gen.* XXII, 16 seqq.) : certe multo magis, et amplius tantam promeruit cœli promissionem sua obedientia trimula Virgo, quæ revera illa fuit, per quam in semine Abrahæ benedictæ fuerunt omnes gentes terræ, ubi nempe Mater effecta fuit illius, de quo archangelus Gabriel ait : *Ecce concipies in utero, et paries Filium, et vocabis nomen ejus Jesum ; hic erit magnus, et Filius Altissimi vocabitur, et dabit illi Dominus Deus sedem David patris ejus, et regnabit in domo Jacob in æternum, et regni ejus non erit finis.* (*Luc.* I, 31.) O vere beata obedientia, quæ hic amatores suos remuneratur, in altera vero vita coronat ! Quæ igitur causa subest, o cliens Mariane ! quod tam parum merearis tua obedientia ? Certe haud alia latet, quam quod tua, quam præstas, obedientia regulis asceticis minus reperiatur conformis. Quapropter notanter tibi imprimas velim, præter jam allega-

tas conditiones trinam esse maxime præcipuam. Primum requisitum est, ut sit cæca, taliter nimirum, ut aliquis rationes præcepti, seu motiva, quæ superiorem induxerunt ad præcipiendum, non perscrutetur, satisque ei sit, quidquid præcipiatur, dum illicitum esse non constat. Alterum est, ut sit prompta, ut aliquis nec præceptum differat, nec tergiversetur, neque excuset, nec lente, et cum torpore ad opus accedat. Tertium est, ut sit fortis et constans, vi cujus nemo propter rei difficultatem ab obediendo resiliat; nam « verus Christi amator, ait sanctus Basilius in *Reg. brev.*, nil grave detrectat, sed potius ultra quid appetit. » Taliter obediendo cœlestes favores et gratias supernaturales promereberis, evades de hostibus victor; quia *obediens vir loquetur victorias.* (*Prov.* XXI, 28.)

Praxis specialis sit eadem, ut in binis diebus præcedentibus.

Pro patrono eligatur sancta Gertrudis virgo ord. S. Benedicti, cujus hodie annua festivitas colitur.

DIES SEPTIMUS.

MARIA VIRGO IN TEMPLO PRÆSENTATA, MAGISTRA SOLITUDINIS.

THEMA. — *Mulier fugit in solitudinem, ubi habebat locum paratum a Deo.* (*Apoc.* XII, 6.)

PUNCTUM I. — Considera, quod beatæ Virgini properanti e domo paterna ad templum Hierosolymitanum haud inconvenienter applicari possint allegata verba : *Mulier fugit in solitudinem, ubi habebat locum paratum a Deo.* Fugit enim Maria (quam sub nomine *Mulieris* intelligi posse exponit cum aliis Sylveira in hunc locum) relictis parentibus a sæculi strepitu ad templum, ubi velut in solitudine juxta regularis vitæ observantiam undecim transegit annos. Nam locus iste erat eidem a Deo paratus, in quo teneros atque primævos vitæ suæ annos ex divino instinctu transigere voluit. Fugit autem Maria ad hanc amabilem solitudinem eidem pro sua tenera ætatula paratam, et non tantum ad illam ivit, aut profecta est, sed fugit ad eamdem, ut nos doceat virginea hæc solitudinis Magistra non morose, aut pedetentim, sed festinanter a sæculi tumultibus ad solitariam vitam esse confugiendum, ut libere et expedite Deo vacare valeamus. « Non cunctanter fugiendum, » ait Cælius Pannonius in hanc fugam, super allegatum textum parænetice scribens, « non timide, non pigre, non quasi recusanter, sed strenue, sed festinanter.» Et post pauca subdit : « Clamat Propheta, ut fugiamus de medio Babylonis ; exitus de Ægypto fuga vocatur, et mulier hæc fugisse in solitudinem memoratur, non sensim migrasse. » In hac igitur solitudine sua beatissima Virgo nunquam quoad corpus erat otiosa, sed, ut constans Patrum traditio est, didicit Maria in templo stamina ducere e lana, lino, serico, didicit acu pingere, amictus sacerdotales elaborare, et denique, quidquid 'ad ornatum templi pertinebat, conficere, didicit litteras Hebraicas, et in divinis Scripturis legendis erat frequens et diligens, eas- que in solitudine sua meditabatur, et perfecte intelligebat divino lumine adjuta. Omnia hæc con- firmat sanctus Epiphanius presbyter Constant. in *Vita Deiparæ* ita scribens : « Erat, inquit, do- cilis et amans doctrinam, et non solum in SS. Litteris, sed etiam cum lana, lino, serico, et bys- so laborabat : erat præterea in sapientia et in- telligentia super omnes illius sæculi adolescentu- las cunctis admirationi, quæ et vere consuerit ea, quorum usus in templo erat sacerdotibus. » Has lectiones tibi de vita solitaria prælegit tenella Ma- gistra, qualiter imprimis amplectenda sit solitudo, et qualiter in eadem corpus continuo debeat oc- cupari. Primum quod attinet, recogita, quæso, cellulam tuam esse locum paratum a Deo, in quo, relictis sæculi curis, soli Deo et animæ tuæ va- care debeas, esse paradisum voluptatis, quem fre- quentes cœlestium gratiarum imbres solent irri- gare, verbo, esse terram sanctam ; uti testatur mellifluus Bernardus, *De vita solit.* cap. 4, in solitudinis laudem ita excurrens : « Cella terra sancta. et locus sanctus est, in qua Dominus et servus sæpe colloquuntur, sicut vir ad amicum, in qua crebro fidelis anima Verbo Dei conjungitur, Sponso Sponsa sociatur, terrenis cœlestia, et hu- manis humana uniuntur. » Ne vero tua solitudo unquam sit otiosa, et hoc ipso summe perniciosa, et animæ tuæ inimica, in eadem velut in virtu- tis officina continuo et sedulo labora : laborandi occasionem continuam suppeditabunt opera tua diurna ab obedientia præscripta; per laborem et- enim, et constantem in laborando diligentiam so- litudo tua efficietur meritoria, Deoque longe gra- tissima.

Punctum II. — Considera : quamvis beatissima Virgo per suam vitam in templo peractam accu- rata fuerit custos solitudinis corporalis, ea quo dubitari non potest, multo magis tamen eidem so- litudinem quoque cordis jungere statuit. « Hæc solitudo, ait sanctus Ansbertus, ad quam mulier fugiens locum a Deo præparatum invenit, est quies mentis, quæ inordinatos motus desideriorum a se- creto cordis ejiciens solatium in Deo invenit. » Quis enim satis explicet, quanto desiderio non tantum hanc cordis solitudinem expetierit, sed et illam quoque ineffabili perfectione observarit? Certe in solo egressu e domo paterna jam suspira- bat cum Davide : *Quis dabit mihi pennas sicut co- lumbæ, et volabo, et requiescam?* (*Psal.* LIV, 7.) Et fruendo tandem dilecta sua, et quæsita solitudine haud dubie lætabatur, dicendo : *Ecce! elongavi fugiens, et mansi in solitudine, exspectabam eum, qui salvum me fecit.* (*Ibid.* 8.) Quæ ultima verba in- dicare possunt mysticum illum mentis secessum, in quo illum ipsum, qui talem locum eidem para-

verat, per amabilem conversionem, et avulsionem a creaturis in anima exspectavit. Hanc doctrinam, o anima! altius imprime cordi tuo, et noli tibi persuadere, quod tota quodammodo perfectio in secessu materiali et corporali consistat ; licet enim hæc abstractio homini religioso proficua et salutaris sit, imo non raro ad animæ profectum necessaria, quod si tamen non conjungatur áltera solitudo cordis, qua cor a rerum caducarum amore sic avocatur, ut soli Deo pateat, parum aut nihil prodest animæ ad virtutis accessionem. « Quid prodest, ait sanctus Gregorius cit. a divo Bonaventura, lib. IV *Pharetræ*, cap. 18, solitudo corporis, si solitudo defuerit mentis? qui enim corpore remotus vivit, sed tumultibus humanæ conversationis terrenorum desideriorum cogita- tione se inserit, non est in solitudine. » Ita sanctus Gregorius. Et sanctus Chrysostomus monet : « So- litudo non facit esse solum, sed mens, quæ tenetur amore et studio sapientiæ; ita etiam, qui habitant in mediis urbibus, foris et strepitibus, poterunt esse homines singulares, dum corruptos cœtus fu- giunt, et se justorum conciliis adjungunt. » Hanc cordis solitudinem cole et dillge, quam etiam in publico poteris servare, dummodo cor ab homini- bus terrenis ita sit alienum, ut in medio volupta- tum nihil volupe censeas, quam quod cedit in honorem Dilecti, qui summopere in mystica hac cordis solitudine delectatur, ibidemque tanquam verus animæ Dominus habitare desiderat. Unde etiam, probe advertas velim, exteriorem solitudi- nem, cui te forte jam mancipasti per statum reli- giosum, omnino quidem cedere in bonum animæ, si debita suscepta sit intentione, sed non aliter, nisi quantum hominem disponat ad solitudinem cordis tutius et tranquillius peragendam, ut adeo ejusdem valor ac pretium ex hac solitudine mentis debeat desumi. Porro, qui solummodo solitarius corpore esse cupit, et solitudinem mentis negligi- ret, merito timere potest illud Eccle. IV, 10, as- sertum : *Væ soli, quia, cum ceciderit, non habet sublevantem se!* Qui autem adjungit solitudinem cordis cum Deo suo, liber est ab hac ruina ; nam, *cum ceciderit,* ait Psalmista, *non collidetur, quia supponit Dominus manum suam.* (*Psal.* XXXVI, 24.)

Punctum III. — Considera, quod ad cor virgi- neum, quando Maria morabatur in hac solitudine intra templum, Deus continuo fuerit locutus, ut adeo huic Virgini applicari possint illa verba pro- phetæ Osee (II, 14) : *Ducam eam in solitudinem, et loquar ad cor ejus.* Vocavit nempe Dominus ele- ctam hanc ab æterno amantissimam Matrem ad hanc quietem, et ad locum solitarium, ubi eamdem tot cœlestibus instruebat mysteriis, in qua solitu- dine velut in conclavi divini Amoris eidem tot altissima de futura Redemptione arcana revelavit. Hanc felicitatem experta est Maria ; et non minus idem Deus has promittit gratias omnibus anima- bus, quæ in claustris et remotis solitudinis locis ad suavissimos affectus cum animæ Sponso anhelant, ibique amorosa desideria, necessitates et vota candidius exponere cupiunt. Utinam scires et intelligeres, quam copiosis consolationibus, et divinis colloquiis recreentur illæ animæ, quæ in solitudine conversantur cum Deo ! *Lætabitur deserta, et invia*, ait Isaias propheta (xxxv, 1), *et exsultabit solitudo, id est, solitudinis incola, et florebit quasi lilium*. Sanctus Augustinus quoque suavitatem spiritus quæ gustatur in solitudine expendens, ita ad Deum clamat : « Introducis me, Domine! in solitudinem et dulcedinem, quæ, si perficiatur in me, si illa non est vita æterna, nescio quid aliud sit vita beata. » Vis ergo et tu, cliens Mariane! ejusmodi abundare deliciis spiritus? elige beatam solitudinem, et juxta monitum divi Bernardi, serm. 40 *in Cant.*, « Secede, sed mente, non corpore, sed intentione, sed devotione, sed spiritu. »

Praxis specialis sit hac die, ut non tantum diligenter magis custodias cellulam tuam, sed etiam ut frequenter in corde converseris cum tuo Dilecto, omnemque deponas affectum ad creaturas, et sic faciendo solitudinem corporis conjunges cum solitudine mentis, sine qua altera nihil prodest.

Patrona hujus diei sit sancta Catharina Senensis. Edocta fuit hæc virgo divinitus, ut, quia a cella sua abesse cogebatur, in mente sibi erigeret solitariam cellulam, e qua nunquam egrederetur, sed ibidem semper cum suo cœlesti Sponso conversaretur.

DIES OCTAVUS.

MARIA VIRGO IN TEMPLO PRÆSENTATA, MAGISTRA TACITURNITATIS.

THEMA. — *Sedebit solitarius, et tacebit, quia levavit se super se.* (Thren. VIII, 28.)

PUNCTUM I. — Considera : sicut silentium et solitudo sunt gemellæ sorores, et una, altera deficiente, in sua vi et virtute haud diu valet persistere : ita et tenella nostra præsentata Virgo in sua solitudine intra templum perfectissime servavit taciturnitatis regulam, sciens perbene vitam vere Deo gratam, et quæ sit amussis perfectionis religiosæ, institui non posse sine observatione silentii, per quod omnibus aliis illius convictus virginibus amabili exemplo præluxit. O cliens Mariane! jam iterum alia et summe necessaria ad tuum profectum spiritualem doctrina tibi præscribitur a tenera virtutum Magistra Maria; est namque silentium medium præstantissimum et efficacissimum ad congregandas et conservandas virtutes, est omni religioso ad perfectionem anhelanti summe necessarium, est fulcrum vitæ religiosæ, et auctrix, et conservatrix internæ devotionis : « Silentium res est omnino præclara, et nihil aliud, quam mater sapientissimorum cogitatuum, » ait sanctus Diadochus *Bibl. PP.* tom. III, lib. *De perfect.*, cap. 11. Cole ergo silentium, si vis progredi

in statu virtutis. *Nunquid vir verbosus justificabitur ?* quærit Job (xi, 2). Ad quod respondet divus Gregorius, lib. x *Moral.* cap. 2, rem esse certissimam, « virum loquacem nunquam esse justificandum, nec multum profecturum. » Quocirca mellifluus Bernardus, in serm. *De modo bene vivendi*, sororem suam his monet verbis : « Linguam tuam refrena, et eris religiosa, quia, si cam non refrenaveris, religiosa non eris; sed si forsitan mihi non credis, audi Jacobum dicentem (I, 26) : *Si quis putat se religiosum esse, non refrenans linguam suam, hujus vana est religio.* »

PUNCTUM II. — Beata Virgo in templo raro loquens cum hominibus, eo frequentius cum dilecto suo animæ Sponso amabiliter conversabatur ; nam per geminæ hujus virtutis, nimirum solitudinis et silentii, perfectionem, levavit se super se, a terrenis nimirum ad cœlestia, a creaturis ad Dilectum in corculo suo intime præsentem. Quis dubitet hanc Virgunculam non sæpenumero sui velut immemorem in excessu mentis dixisse : *Quid mihi est in cœlo, aut a te quid volui super terram? Defecit caro mea, et cor meum : Deus cordis mei, et pars mea Deus in æternum (Psal. LXXII, 25, 26). Introduxit me Rex in cellam vinariam, ordinavit in me charitatem (Cant. II, 4). Inveni, quem diligit anima mea (Cant. III, 4). Ego Dilecto meo, et Dilectus meus mihi (Cant. VI, 2).* Sunt ergo ejusmodi sancta colloquia felices effectus solitariæ et taciturnæ mentis. Unde beatus Petrus Damianus super allegata Jeremiæ verba commentatur, epist. 130 : « Solitarius, ait, plane dum tacet se elevat super se, quia mens humana, dum intra silentii claustra circumcluditur, in superiora sublimis erigitur, ad Deum per cœleste desiderium rapitur, et in amorem ejus per ardorem spiritus inflammatur. » Si proin, o cliens Mariane! ad compunctionem cordis anhelas, abstine a frequenti alloquio humano, et mereberis admitti ad divinum. Ita enim meditatur sanctus Joannes Clym., grad. 11, dicens : « Studiosus silentii est familiaris Deo, et arcano quodam modo, dum cum illo familiariter colloquitur, a Deo illustratur. » Utinam scires, chara anima! quam suave et dulce sit degustare divinas consolationes, quas nemo magis percipit, quam custos silentii ! Non dubito, quin ocius relinqueres colloquia cum hominibus, quæ plerumque amaritudinem in conscientia solent relinquere.

PUNCTUM III. — Considera, qualiter etiam, dum loquendum est, taciturnitatis perfectio possit observari, in qua regula iterum eminuit docens, et utens Magistra nostra virginea in templo præsentata; illa namque exacte adimplevit illud Prophetæ Regii effatum : *Lingua mea meditabitur justitiam tuam (Psal. XXXIV, 28).* Quamvis enim linguæ non sit proprium meditari, nihilominus tamen, sicut id bene asseruit Propheta, ita et suo exemplo ostendit beatissima Virgo, quæ, uti de ipsa testatur sanctus Bernardus, adeo erat exornata discretissima taciturnitate, ut nihil fuerit locuta unquam, quod non fuerit præmeditata, cujus virtutis continua illi erat occasio, quando ad Dei honorem opus erat conversandi cum illis virginibus, quæ in illa Parthenone templo conjuncta Deo famulabantur. Vidisses hanc purissimam Virginem circa modum loquendi adeo fuisse perfectam, ut omnia verba protulerit leniter et suaviter, temperate et placide, sine risu, non tetrice et morose, sed cum modesta hilaritate; ipsa verba erant pauca, sed rationabilia, cum maturitate, prudentia et consideratione. O cliens Mariane! capesse animum Matrem tuam amantissimam Mariam quoad omnes gradus perfectæ taciturnitatis imitandi. Primus igitur silentii gradus est, ut linguam tuam ab illicitis verbis refrenes. Secundus est, ut aliquis a licitis, sanctis, et bonis verbis silentii causa abstineat exemplo Psaltis Regii: *Obmutui et humiliatus sum, et silui a bonis* (*Psal.* xxxviii, 3). Tertius est, ut a necessariis quoque verbis, quietis et virtutis amore, nonnunquam abstineas, maxime, si ad propriam pertineat defensionem. Quibus denique gradibus maximum imponunt pretium amorosa, et frequentia colloquia cum Deo intime præsenti, quæ quasi nutriunt et conservant taciturnitatem externam.

Quoties te hodie per humanam fragilitatem lapsum esse cognoveris in lingua, animum propterea non desponde, sed mox resurge, propositum innova, veniam a Patre misericordiarum efflagita, et tibimet levem quamdam imponito pœnitentiam. Et hæc sit praxis specialis pro hac die.

Patronam invoca beatam Mariam OEgniacensem, quæ a festo exaltatæ S. Crucis usque ad Christi Natalem ita silentium coluit, ut ne ullum quidem verbum fuerit locuta. Hoc silentium tam gratum fuit Deo, ut ex Spiritus sancti revelatione didicerit isthac linguæ mortificatione fuisse promeritam, quod post mortem sine purgatorio sit ad cœlum migratura. Ita refert Surius in ejus Vita.

DIES NONUS.

MARIA VIRGO IN TEMPLO PRÆSENTATA, MAGISTRA ORATIONIS.

THEMA. — *Vox turturis audita est in terra nostra.* (*Cant.* ii, 12.)

PUNCTUM I. — Beata Virgo in templo præsentata in plurimis sane turturi potest comparari. Sicut enim turtur est prænuntius æstatis; ita hæc trimula Virgo novi Testamenti, et temporis gratiæ erat signum. Sicut turtur est symbolum solitudinis et puritatis: ita præsentata hæc Virguncula utriusque virtutis, ut in prioribus latius ostendimus, erat perfectissima Magistra. Sicut turtur in summis montium et arborum apicibus nidulatur: ita beata Virgo fundamenta, et quasi sedem posuit in montibus sanctis: nulli enim tunc temporis inter feminas licuit ascendere ad sublimitatem templi, et ingredi Sancta sanctorum, quæ sublimis gratia obtigit Mariæ, quia erat Sacrarium Spiritus sancti,

vera Arca Testamenti, Porta Ezechielis reliquis omnibus occlusa, et nonnisi reclusa Christo Domino. Sicut Deus elegit turturem, tanquam munus hostiæ castæ; ita beatissimam Virginem quoque castissimum turturem afferri in templum præcepit. Inter alias etiam proprietates turturis est, quod soleat gemere, sub quo gemitu haud incongrue oratio, et contemplatio adumbratur. Hunc quoque gemitum jugiter exhibuit castissimus turtur, oblata in templo Virgo Maria; hæc etenim vel in cubili, vel etiam in sanctuario a reliquorum hominum consortio separata, diu, noctuque Deo ferventissimis spiritus ardoribus inserviebat. « Hanc sibi regulam, ait sanctus Hieronymus citatus a sancto Bonaventura in *Medit.*, cap. 3, beata Virgo statuerat, ut a mane usque ad horam tertiam orationibus insisteret; a tertia vero usque ad horam nonam externo opere se occuparet: a nona vero iterum ab oratione non recedebat, quousque illi appareret angelus. » Inter orandum Maria triplici præcipue modo se offerebat Domino Deo; et quidem imprimis se obtulit, quia erat ejus creatura, quæ, sicut omnes gratias ab eodem recepit, ita et per sui factam Præsentationem omnia pro viribus reddere conabatur. Secundo, quia esse voluit ipsius ancilla, omnia opera sua ad ejus honorem consecraverat. Tertio, seipsam, et primitias vitæ suæ immolavit in holocaustum matutinum, quod Deo nonnisi gratissimum et acceptissimum esse potuit. Disce hic modum orandi, cliens Mariane! et quomodo loquendum sit cum Deo in oratione, quæ nonnisi sanctis cogitationibus et suspiriis ab Deum abundare debet; unde orationem oportet esse alienam ab omni illo, quod ad Deum non elevat, aut disponit. Quapropter tibi erit probe notandum, per vocem exteriorem orationis essentiam neutiquam subsistere, nisi eidem interna attentio, piique affectus correspondeant. Unde et Apostolus de seipso testatur, dicens: *Orabo spiritu, orabo et mente, psallam spiritu, psallam et mente.* (*I Cor.* xiv, 15.) Satage proin, o anima! ut oratio tua vino internæ devotionis sit condita, et si hoc vinum tibi deficit, emendica illud a Deo per intercessionem beatæ Virginis, quæ omnibus petentibus solet impetrare, prout testatur sanctus Bernardus, serm. *De aqua in vinum mutata in Cana Galilææ*, dicens: « Ipsa, inquit, si pulsata fuerit, non deerit necessitati nostræ, quoniam misericors est, et Mater misericordiæ. »

PUNCTUM II. — Beatissima Virgo in orationibus suis, teste sancto Bonaventura in *Vita Christi*, cap. 3, quem allegat Dionysius Luxenb. in festo Præsentationis beatæ Virginis Mariæ, singulis diebus septem gratias particulares a Deo petiit, quas ad ejus honorem, et propriam proximique salutem maxime proficuas esse existimabat. Primo quidem, ut Deum semper perfectissime posset amare; et secundo, proximum omni eo modo perfecto, quo Deus ab illa id potest exigere; tertio, ut omni tempore possit habere summum horrorem et displi-

centiam a peccatis, et offensis divinis. Quarto, po·
stulabat profundam humilitatem, patientiam invictam, puritatem angelicam, generosum mundi
contemptum, omnesque virtutes alias, quibus suo
dilecto animæ Sponso possit magis esse grata et
accepta. Quinto, ferventer precabatur pro hac
gratia, vi cujus agnosceret Virginem illam, quæ
mundi Salvatorem esset paritura, quam petitionem
tandiu prosequebatur, usquedum certa fuisset reddita, illam ipsam esse hanc Virginem, quæ ab
æterno in Dei Matrem fuit electa. Sexto, orabat pro
virtute obedientiæ, vi cujus sacerdotibus templi,
aliisque ibidem degentibus personis, et templi ministris promptissime posset obtemperare, in qua
etiam promptitudine semper eminenter excelluit.
Septimo, quotidie suspirabat ad cœlum pro delictis,
et peccatis populi, utque promissum Messiam ad
salvandas animas ocius mitteret, et humanum genus redimeret ac liberaret. Ex his omnibus petitionibus, quas Deo offerebat præsentata Virgo, satis
liquet, quod Maria nihil aliud in sua oratione a
Deo postulaverit, quam talia, quæ spectabant ad
Dei gloriam, salutem tam suam, quam totius generis humani. Ita profecto orationes nostræ deberent
esse instructæ; si enim temporalia bona petimus,
mirum non est, tam raro nos exaudiri a Deo. Sequere ergo, cliens Mariane! tuam Matrem, et orationis Magistram, quæ te docet modum orandi, ut
omnia, quæcunque petis, ordinata sint ad Dei honorem, salutem proximi et animæ profectum.

PUNCTUM. III. — Beata Virgo suis precibus vocalibus sublimem etiam conjunxit orationem mentis,
et contemplationem. Hæc namque pientissima Virguncula non singulis duntaxat diebus ordinario
sacrificio matutino, sed et vespertino cum maximo
spiritus fervore interfuit, per quæ cruenta sacrificia velut in speculo futuram Messiæ Passionem, et
cruentam crucis mortem prævidit, quam non sine
lacrymis et suspiriis jam tunc tenella Virgo meditabatur; omnia enim ista legalia sacrificia Christum
Jesum crucifixum, et patientem juxta sacræ Scripturæ interpretes præfigurabant. Jungebat proin
Maria orationi vocali profundissimam contemplationem, in qua penitus absorpta frequenter ad Deum
suspirabat : Indica mihi, quem diligit anima mea,
ubi pascas, ubi cubes, hoc est ubi pascere, ubi cu-
bare constitueris in meridie (Cant. 1, 6), tuæ nimirum in hoc mundo apparitionis. Utinam tibi, cliens
Mariane! perspecta esset præstantia orationis internæ, a qua oratio vocalis debet desumere succum et pretium! tantam sentires animi lætitiam,
ut merito dicere posses cum Apost. ad Philipp. iii,
29 : Nostra conversatio in cœlis est. Certe sancta
Theresia non sine fundamento scribit in Itin. perf.,
cap. 28, quod oratio mentalis sit omnium virtutum
comparandarum principium, et in qua omnium
Christianorum vita sit constituta, cujus vel unicus
quadrans legitime insumptus, teste sancto Ignatio

Loyola, sufficit ad hominem brevi tempore ad apicem perfectionis perducendum.

Pro praxi speciali offer Domino Deo preces, et
orationes tuas in unione illius perfectionis, cum
qua beata Virgo suas obtulit SS. Trinitati, simulque
roga frequenter per diem beatam Virginem pro
gratia orandi et meditandi omni eo modo perfecto, quo illa scit ad Dei gloriam, tuamque condu-
cere salutem.

Patrona sit sancta Theresia, quæ in libris suis
nil magis commendat, quam orationem.

DIES PRÆSENTATIONIS VIRGINEÆ IN TEMPLO.
CONSIDERATIO, QUÆ EST QUASI SYNOPSIS PRIORUM.

THEMA. — Congratulamini mihi omnes, qui diligitis
Dominum, quia, cum essem parvula, placui Altissimo. (Eccles. in Offic.)

PUNCTUM I. — Considera, quod beatissima Virgo
jam ut parvula infans summopere placuerit toti
sanctissimæ Trinitati, et tunc quidem vel maxime,
dum hæc Puella vix mundo nata, Virgo trimula, et
annum tertium nondum complens, non tam a parentibus, quam a seipsa in templo fuit præsentata.
Quomodo enim non placere potuit hæc oblatio Patri æterno, qua se ad Altare stitit in hostiam potentissima ejus Filia? quomodo non placere potuit
divino Unigenito ista Præsentatio, qua futura ejus
sanctissima Mater jam ut parvula infans toto ardore
et desiderio se obtulit in suavissimam amoris victimam? quomodo non gaudere potuit Spiritus san-
tus, quando suavissima ejus Sponsa in perpetuum
Dei holocaustum se immolavit? Congratulare ergo
hodiernæ purissimæ hostiæ, quod jam ut parvula
placuerit Altissimo. Verum ne sistas, velim, in nuda
gratulatione Mariæ, sed huic adjungito imitationem
ejusdem. Cadit hodie Maria in optatam Dei victimam, et ab hac sui immolatione Mariam retardat
nihil. O quam felix esses, cliens Mariane! si te totum Deo jam ab adolescentia tua consecrares! si
enim te, et omnia tua in tenella ætate præsentares
Deo, ipse quoque se tibi quam citissime per gratiam suam communicaret; nescit enim tarda molimina Spiritus sancti gratia.

PUNCTUM II. — Considera, beatissimam Virginem
maxima cum alacritate properasse ad templum,
et in auditu auris obediisse divino instinctui; lætabatur enim in Domino, quod occasionem nacta sit
Deo se totam offerendi et consecrandi. Hæc mira
ad spiritualia alacritas proveniebat ex amore et
zelo honoris divini, quo Maria jam in hac ætatula
mirum in modum flagrabat. Utinam tu tanto cum
gaudio festinares ad ecclesiam et ad chorum,
quando te vocat campanæ pulsus, divinæ voluntatis
prænuntius! utinam majori fervore spiritualibus
tuis exercitiis incumberes, et ad omne id, quod
honorem Dei concernit, serio animum tuum applicares! Imitare ergo exemplum Mariæ, et cum spirituali gaudio curre, et propera ad templum Dei,

qui omnes passus tuos millecuplo in altera vita compensabit.

Punctum III. — Considera, quod Oblatio, et Præsentatio beatissimæ Virginis Mariæ præter hoc, quod jam in juventute tempore Deo gratissimo facta fuerit, aliis adhuc nobilissimis conditionibus fuerit qualificata; et quidem Maria se totam obtulit Deo sine ulla exceptione, reservatione, aut divisione cordis sui cum creaturis. Secundo, hoc suum sacrificium voluit esse perpetuum, ita ut a Dei servitio, cui se aliquando mancipaverat, non amplius recedere voluerit. Suntne tua sacrificia, tuæ communiones, tuæ oblationes, tua proposita his Marianis qualitatibus instructa? Offers quidem fortasse multoties cor tuum Deo, sed nonnisi dimidium, ita ut alteram cordis partem dones creaturis, vanitatibus et mundanis deliciis. Peccata tua forte emendare proponis, sed affectum ab hoc vel illo vitio deponere recusas; variasque adhuc malignitatis naturæ inclinationes et affectus in corde foves, qui inordinati affectus impediunt, quo minus cor tuum ex integro potes Deo consecrare. Circa has igitur conditiones te examina, an sint instructæ tuæ, quas Deo facis, oblationes? Si enim mediam cordis partem Deo immolas, et insuper in tuis factis propositis et votis inconstans es, non placebunt tam imperfectæ oblationes Altissimo, qui cor divisum et sacrilegam inconstantiam detestatur.

EXERCITIA PIETATIS, ET DEVOTIONIS PRO IPSA FESTIVITATE VIRGINIS IN TEMPLO PRÆSENTATÆ.

Gaudeamus omnes in Domino, diem festum celebrantes in honorem Mariæ Virginis, de cujus Præsentatione gaudent angeli, et collaudant Filium Dei.

Novæ laudis adest festivitas grata mundo, ac cœli civibus, qua beatæ Mariæ sanctitas patefacta est a parentibus, ut olivæ pinguis suavitas uberibus redundet fructibus.

Felix Virgo, quæ nondum edita Matris alvo repletur gratia, et in templo Dei reposita illustratur summa peritia.

Beata Dei Genitrix Maria, Virgo perpetua, templum Domini, Sacrarium Spiritus sancti. sola sine exemplo placuisti Domino nostro Jesu Christo, ora pro populo, interveni pro clero, intercede pro devoto femineo sexu, sentiant omnes tuum juvamen, quicunque celebrant tuam sanctam Præsentationem.

HYMNUS.
(Ex antiquis Breviariis.)

O gloriosa Domina,
   Prævisa ante tempora,
Totius expers criminis,
   Plena divini Numinis.

Tuis sanctis parentibus,
   Ex more se parantibus,
Ter quinos gradus hodie
   Scandis sine juvamine.

Rem cunctis difficillimam
   Inauditam a sæculo

Facis, dum castimoniam
   Voves Deo Altissimo.

Mancipata Dei servitio,
   Dei miro judicio,
Viro justo et simplici
   Joseph sponsaris virgini.

Dignitatem angelicam
   Excellis, super cœlicam
Vitam ducens, et Filium
   Paris, qui sanat sæculum.

Gloria tibi, Domine,
   Qui natus es de Virgine,
Cum Patre et sancto Spiritu
   In sempiterna sæcula. Amen.

℣ Virgo Dei Genitrix, quem totus non capit orbis,

℟ In tua se clausit viscera factus homo.

Oremus. — Deus, qui beatam Mariam semper Virginem, Spiritus sancti habitaculum, hodierna die in templo præsentari voluisti, præsta, quæsumus, ut ejus intercessione in templo gloriæ tuæ præsentari mereamur.

Omnipotens sempiterne Deus, cujus Filii unigeniti futura Mater Maria in templum majestatis tuæ ascendens tuo perpetuo ministerio in templo dedicata atque præsentata est, ibidemque vitam ducens angelicam Virginem se tibi consecravit, et virtutum cunctis exemplar se præbuit, fac, ut ipsius interventu, humilitate præditi, castitate nitidi, et omnium copia virtutum adornati tibi feliciter in regno cœlesti præsentari mereamur, per eumdem Dominum nostrum Jesum Christum, etc.

Oratio in eodem festo ad beatam Virginem, Justi Landsp.

O puella pulcherrima! o Virgo immaculatissima, quæ a parentibus in templo oblata Domino consecraris, quis digne queat æstimare, quanta devotione temetipsam tunc Deo obtuleris, quanta humilitate commendaveris? O quantum hæc tuæ sanctissima, ac gratissimæ servitutis professio Deo placuit! o quam odorifera hæc oblatio in conspectu Dei summi fuit, nimirum redolens præ omnibus sacrificiis et holocaustis, ab initio mundi oblatis! o quæ mox dona cœlitus recepisti, quas gratias, illustrationes supernas, sublimes contemplationum accessus, spirituale Sabbatum, divinæ dulcedinis gustum, angelorum familiare ministerium, et conscientiæ puræ tanquam paradisi gaudium! Impetra mihi, o Virgo beatissima, professionis meæ oblationem in dies devotius renovare, fidelius exsequi, consummareque felicius. Ecce! en denuo Filio tuo per te, o benedicta Mater! offero, iterum atque iterum me illi commendo, illi me soli dedicare totis viribus cupio. Eia igitur et tu, dulcis Jesu! ob hujus felicissimæ Virginis merita da mihi veram, plenam, perfectissimamque meiipsius abnegationem, ut meipsum omnino relinquens in te projiciam, me totum tibi devoveam in omnibus, adeo ut in me jam non sit velle, vel nolle aliud quam tuum, imo ut jam non solum in templo sim oblatus tibi, verum etiam ipse, quod inhabites, templum efficiar. Amen.

PARS SEPTIMA.

EXERCITIA PRO FESTIVITATE B. VIRGINIS MARIÆ SINE LABE ET MACULA CONCEPTÆ,

UBI ASCETICO-MORALITER EXPONITUR EX OFFICIO ECCLESIASTICO HYMNUS PARTHENIUS AVE, MARIS STELLA.

—

Non pro te, sed pro omnibus hæc lex constituta est.
(*Esther* xv, 13.)

Sicut lilium inter spinas, sic Amica mea inter filias.
(*Cant.* ii, 2.)

Tota pulchra es, Amica mea, et macula non est in te.
(*Cant.* iv, 7.)

—

Ter sanctæ, ter augustæ, ter maximæ Reginæ, Principi, Dominæ Mariæ,

Quæ in suo Conceptu jam candida, priusquam esset hujus vitæ Candidata, « sicut lilium inter spinas, » quod erat pulchrius quam Salomon « in omni gloria sua, » effloruit,

Cujus Immaculata Conceptio erat divinus Conceptus,

Quia Filius ille candidissimus, qui Sapientis oraculo « Candor Lucis æternæ, et speculum sine macula, » ex Matre candidissima, et sine macula concepta pro mundi salute nasci voluit,

Huic Immaculatæ Virgini præsentes de ejusdem Immac. Conceptione pagellas offert **D. D. D.**

P. B. S.

—

INSTRUCTIO PRÆAMBULA

DE CONCEPTIONE IMMACULATA BEATÆ VIRGINIS, NECNON DE CELEBRITATE ET INSTITUTIONE HUJUS FESTI.

Principem locum inter festivitates Parthenias huc usque obtinere omnibus visa est solemnitas Conceptionis Immaculatæ, cujus nomine intelligenda venit infusio animæ in instanti debitæ organisationis facta cum omnimoda exclusione peccati originalis ; licet enim infelices protoparentes nostri gustando fructum vetitum, et sic violando divinum mandatum subito perdiderint innocentiam et dotes illas admirabiles, quas percepissent, et in has etiam miserias redegerint posteros suos, cum quilibet Adæ filius, ut veritate docemur catholica, hominis opera conceptus mox genitali inficiatur peccato, nihilosecius tamen gloriosa Virgo, non obstante, quod tanquam Adæ Filia, viaque naturali ex patre Joachimo, et matre Anna concepta habuerit debitum saltem remotum contrahendi peccatum originale, subeundique ærumnas ab hoc quasi fonte derivatas ; illud tamen non contraxit, neque has miserias subiit, sed præservata, præventaque fuit a copiosa Domini gratia, qui eam ab æterno prædestinaverat Matremque sibi elegerat, et privilegio prorsus speciali exemerat ab hac lege, quæ totum humanum genus complectebatur. Ita conveniebat divinæ Matris excellentiæ, ita decebat Filii, Matrisque dignitatem ; ut primum enim Deus illam benedictam beatæ Virginis animam creavit, eamque corpori in utero sanctæ Annæ formato infudit, in eodem momento temporis eam superna sua gratia venustavit, præservavitque, ne peccati originalis maculam contraheret, et eamdem adeo gratam, placidamque effecit, ut in ea nihil omnino juris obtineret malignus ille spiritus, neque gloriari posset, illam fuisse unquam ejusdem mancipium, quæ Domini Mater, æterna Sponsa Patris, et templum audit Spiritus sancti. Hæc veritas, utut nondum ab Ecclesia definita fuerit, et decisa, ut moraliter tamen certa habetur, hancque festivitatem Romana Ecclesia celebrandam præcepit, et adversæ sententiæ Romani Pontifices Paulus V et Gregorius XV perpetuum indixere silentium. Huic mysterio patrocinatur in variis locis sacra Scriptura, accedunt SS. Patrum testimonia, neque deficiunt solida rationum fundamenta, ex quibus saltem aliqua intra has pagellarum angustias placet constringere. Primus locus ex illo Geneseos (iii, 15) desumitur : *Inimicitias ponam inter te et inter mulierem, et semen tuum, et semen illius ; ipsa conteret caput tuum.* Hanc sententiam pronuntiavit Dominus, priusquam damnaret hominem, et SS. Patres optimi divinæ voluntatis interpretes hæc verba de gloriosissima Domina nostra Maria interpretantur, quod nimirum illa sit Stygii serpentis caput calcatura, ut, sicut serpens iste per infirmam mulierem mundum triumphavit, alterius fructu mulieris triumpharetur. Idem Dominus, et amantissimus ejus Sponsus de illa dicit : *Sicut lilium inter spinas, sic amica mea inter filias.* (*Cant.* ii, 2.) Omnes reliquæ mulieres, si Virgini comparentur, sunt quasi totidem spinæ propter originale peccatum ab Adamo contractum ; Maria vero est instar candidissimi lilii inter has spinas coram illo, qui *plusquam Salomon.* (*Luc.* xi, 31.) In alio loco Sponsus illam hoc elogio extollit : *Tota pulchra es, amica mea, et macula non est in te.* (*Cant.* iv, 7.) Quæ verba solemnitati gloriosæ Virginis sine labe conceptæ attribuit sancta mater Ecclesia. Rursus : *Una est columba mea, perfecta mea, una est matris suæ, electæ genitrici suæ.* (*Cant.* vi, 8.) Quibus sacrarum Paginarum testimoniis præter plurimas alias Antiqui Testamenti figuras, quibus recensendis supersedemus, accedit celebris illa sub persona reginæ Estheris adumbratio Virgini Immaculatæ appropriata. De illa refert sacer textus : *Non pro te, sed pro omnibus hæc lex constituta est* (*Esther.* xv, 13). Quæ verba in quodam Responsorio Officii a Sixto IV summo Pontifice in Extrav. *Cum præ excelsa*, De reliq. et ven. sanctissim. beatissimæ Virginis, sic applicantur : *Omnes moriemini, quia in Adam peccastis, tu vero ne timeas, o Maria! invenisti gratiam apud Deum ; non enim pro te, sed pro omnibus hæc lex constituta est.*

Recto ordine nunc sequerentur SS. Patres, qui vel id aperte docent, vel habent verba, de quibus id potest elici et colligi ; verum difficile videtur hujus rei narrationem ordiri, cujus finem inter tantas angustias non reperio. Longum SS. Patrum Catalogum a sæculo usque ad sæculum pertexit eminentissimus Cœlestinus Sfondrati, § 6, n. 4, in sua elucubratione vere Parthenia, cui titulus : *Innocentia vindicata*, ubi probat Immaculatam Conceptionem jam in apostolorum concilio assertam, apostolica doctrina confirmatam, nec non successu temporis a SS. Patribus et Ecclesiæ doctoribus strenue defensam fuisse et propugnatam. Confirmat hoc etiam Velasquez, lib. ii *De Immacul. Concept.* fol. 309, qui refert, in Monte sancto prope Granatam inter alios plumbeos libros unum reperiri a sancto Ctesiphonte Magno, et sancti Jacobi discipulo exaratum, in quo hæc verba leguntur : « Illa Virgo, illa Maria præservata fuit a peccato originali in primo instanti suæ conceptionis, et libera ab omni culpa. » Unus tamen et alter audiatur sanctus Pater, qui in variis floruerunt sæculis, et beatam Virginem sine labe conceptam docuerunt.

In sæculo iii, sanctus Cyprianus lib. *De card. Christi operibus*, de Nativit., ita loquitur de beatissima Deiparente : « Spiritu sancto obumbrante incendium originale exstinctum est, nec sustinebat

justitia, ut Vas illud electionis communibus lassaretur injuriis, quoniam plurimum a cæteris differens natura communicabat, non culpa. »

Sæculo iv, circa annum 370, floruit beatus Hieronymus, in cujus Martyrologio mentio est festi Conceptionis. Quamvis autem Baronius neget esse sancti Hieronymi, constat tamen ex Græco vertisse in Latinum, et ideo plures, ut Beda, Usuardus, Bollandus, et alii hoc Martyrologium ascribunt dicto Ecclesiæ doctori, qui etiam explicans illa verba Psal. lxxvii, 14 : *Eduxit eos in nubem diei ;* per *nubem diei* intelligit sanctissimam Virginem, quia semper fuit in luce, in tenebris nunquam.

Sæculo v vixit sanctus Andreas Cretensis, qui in Can. Eccles. ode 50, ait :

> *Anna concepit puram sobolem.*

Et post, oden 3 :

> *Anna sterilis intemeratam,*
> *Castamque puellam concepit,*
> *Hanc hodie, ceu solam immaculatissimam,*
> *Omnes nos beatam dicamus,*
> *Ejus nos sanctam Conceptionem colamus.*

Sæculo vi, sanctus Ildephonsus, archiepiscopus Toletanus, lib. *De partur. Virginis*, hæc refert : « Constat illam ab omni peccato originali fuisse immunem, per quam non solum maledictio matris Evæ soluta est, verum etiam et benedictio omnibus condonatur. »

Sæculo vii, Beda Venerabilis in suo Martyrologio 8 Decembris posuit festum Conceptionis beatæ Virginis. Et sanctus Germanus, archiepiscopus Constant., in suis Meneis dixit, « Deiparam esse conceptam Filiam Dei. »

His accedunt auctoritates plurimæ SS. Patrum, qui in sequentibus floruerunt sæculis, quales sunt Fulbertus Carnotensis, Petrus Damianus, Anselmus, Bernardus, Albertus Magnus, Bonaventura, Vincentius Ferrerius, Bernardinus Senensis, Laurentius Justinianus, et alii ferme innumeri, qui postea pro Immaculata Virgine scripserunt. Cum hoc loco de SS. Patribus et doctoribus Ecclesiæ mentio facta est, sciendum breviter magnam quondam fuisse controversiam, an theologorum princeps, et Doctor angelicus sanctus Thomas non fuerit assertor sententiæ contrariæ? Quod si verum erat, non poterat non Virginis innocentia vehementer reddi suspecta ; quis enim tanto teste tantoque accusatore non crederet ream ? Et profecto hæc opinio nonnullis theologis adeo insedit, ut crediderint Mariam in originali peccato fuisse conceptam, quia non poterant existimare illam esse innocentem, quam angelus Thomas accusaret. Verum tantum abest sanctum Thomam Doctorem angelicum Immaculatæ Conceptioni fuisse adversatum, quod potius de illa recte senserit, scripserit, et in pluribus locis solide probaverit et defenderit. Cum autem amplior hujus dissidii notitia intra hos limites, ubi tantum synoptice procedo, per impossibile constringi non possit, lector magis eruditus consulat citatum opus eminentissimi Sfondrati, ubi ex instituto, per 11 §§, id per longum et latum deducit, et probat sanctum Thomam in variis locis docuisse, idque etiam ex testimonio insignium theologorum ordinis S. Dominici ostendit, præfatum angelicum Doctorem Immaculatæ Conceptioni fuisse patrocinatum, qui laudatus eminentissimus Mariophilus etiam nervose satis, et solide post adductas innumeras probationes ad omnes tum ex sacris Paginis, SS. Patribus et sancto Thoma ab adversariis oppositos textus ad speciem contrarios respondet, et præclarissimis argumentis responsiones suas firmat, stabilit et roborat. Inter alios obvios textus placet ille, quem statim primo loco ponit purpuratus ille Aquinatensis innocentiæ vindex, et habetur ı *Sent.* dist. 44, quæst. 1, art. 3, in quo articulo quærit sanctus Thomas, an beatissima Virgo fuerit omnium creaturarum purissima, ita ut major esse non potuerit ? Et respondet sic : « Puritas attenditur per recessum a contrario ; et ideo potest aliquid creatum reperiri, quo nihil purius esse possit in rebus creatis, si nulla contagione peccati infectum sit : et talis fuit puritas beatæ Virginis, quæ a peccato originali et actuali immunis fuit ; fuit tamen sub Deo, quatenus fuit in potentia ad peccandum. » Quid clarius pro Immaculata Conceptione dici possit?

Transeamus jam a SS. Patribus ad summos Pontifices, eorumque decreta, et constitutiones. Sanctissimus Pontifex Sixtus IV, anno 1476, in Extrav. *Cum præ excelsa*, De reliq. et venerat. SS., sic loquitur : « Statuimus et ordinamus quod singuli Christi fideles, qui Missam, et Officium Conceptionis virgineæ in die festivitatis ejusdem Virginis, et per octavas ejus devote celebraverint, indulgentiam et remissionem peccatorum consequantur.» Et init. Extrav. ait : « Dignum et debitum reputamus, singuli Christi fideles, ut omnipotenti Deo, etc., et de ipsius Immaculatæ Virginis mira Conceptione gratias et laudes referant. » Innocentius VIII in Diplomate, cujus initium : *Inter munera*, eximie laudat Reginam catholicam *ob singularem, quem ad Conceptionem beatæ Virginis gerit, devotionis affectum.* Concedit etiam monasterium sanctimonialium sub invocatione Conceptionis ædificari. Julius II, Diplomate : *Ad statum*, 1511, Regulam constituit observandam a monialibus sub invocatione Conceptionis, ubi inter alia : « Immaculatam Conceptionem venerantes voveant semper vivere sine proprio, » etc. Adrianus VI, in bulla : *Romanus Pontifex*, anno 1522, confirmat confraternitatem Toletanam in honorem Immaculatæ Conceptionis, in qua œconomus et primus confrater Carolus V imperator. Clemens VII Officium Conceptionis approbavit. Paulus III confirmat omnia privilegia religionis Immaculatæ Conceptionis, et in concilio Trid. sess. 5, negat beatissimam Virginem comprehendi generalibus Scripturæ locutionibus de peccato originali. Julius III, Paulus IV, et Pius IV, indulgentias concesserunt sanctimoniali-

bus Conceptionis. Sanctus Pius V confirmat Extravagantes Sixti IV, et Officium Immaculatæ Conceptionis in eam formam reducit, quæ modo in Ecclesia catholica obtinet, et ubi Conceptio *dignissima et sancta* pronuntiatur. Gregorius XIII variis Diplomatibus quam plura monasteria Conceptionis beatissimæ Virginis in Hispania Indiisque ædificari concedit. Sixtus V, in Bulla : *Ineffabilia,* ann. 1588, vocat Conceptionem *Purissimam.* Clemens VIII confirmat Sixti IV et Pii V constitutiones de Immaculata Conceptione, jubet tota Ecclesia celebrari, evehitque ad classem duplicis majoris de quo videatur Gavantus, tom. II, sect. 7, cap. 2 Paulus V, in generali congregatione S. Inquisitionis, anno 1617, considerans, ex opinione asserentium beatam Virginem conceptam fuisse in peccato originali, oriri in populo Christiano cum magna Dei offensa scandala, jurgia et dissensiones, ideo prohibuit, ne in lectionibus, concionibus, conclusionibus, et aliis actibus publicis hæc opinio doceatur. Gregorius XV, anno 1622, prohibuit primo ne quis in privatis etiam colloquiis audeat affirmare quod beatissima Virgo concepta fuerit in peccato originali ; secundo, ut constitutiones prædecessorum firmæ permaneant et illibatæ; tertio, ne quis in Officio divino alio nomine, quam *Conceptionis* utatur. Urbanus VIII confirmat religionem militarem sub invocatione Conceptionis, quam constituit Nivernensis, et postea dux Mantuanus. Alexander VII, anno 1661, renovat Diplomata Sixti IV, Pauli V, Gregorii XV, in favorem sententiæ asserentis animam beatæ Virginis in sui creatione et in corpus infusione, a peccato originali præservatam fuisse ; fatetur etiam Alexander VII veterem esse Christianorum sententiam, beatissimæ Virginis animam in primo creationis instanti a peccato originali præservatam, et omnes fere Catholicos id amplecti. De his SS. Pontificum decretis et constitutionibus fusius discurrit sæpe laudatus eminentissimus, auctor, qui etiam addit SS. Pontifices loqui ex cathedra, quia omnes fideles alloquuntur, eisque imperant, prohibent, festa instituunt, etc., quæ omnia ex pontificia potestate dependent. Ergo et id sentiunt SS. Pontifices.

Quibus accedunt celeberrimæ universitates, seu flos omnium doctorum, et idem purpuratus scriptor universitates triginta et duas recenset, quibus etiam adjungo archiepiscopalem universitatem Salisburgensem, cujus membra singulis annis in hac festivitate jam ab anno 1697 solemni juramento in facie Ecclesiæ renovato se obstringunt, quod publice et privatim velint pie tenere, asserere, et defendere, beatissimam Virginem Mariam Dei Genitricem absque originalis peccati macula conceptam esse ; prout jam antea celeberrimæ universitates, et integri ordines fecerunt, atque in specie jam a sæculo XIV, teste citato eminentiss. Sfondrati, facultas Parisiensis solemni decreto statuit, ut omnes hujus facultatis doctores Conceptionem Immaculatam farent. Universitatibus astipulantur omnes sancti ordines ; sic| enim militat Immaculatæ Virgini ordo Benedictinus, Carthusianus, Augustinianus, Carmelitanus, Cisterciensis, Cœlestinus, Præmonstratensis, SS. Trinitatis, Hieronymitanus, Seraphicus, societatis Jesu, et certe etiam hoc ævo nostro, ut indubie credendum, totus ordo Prædicatorum, quamvis jam omni tempore, etiam tunc, quando hæc agitabantur litigia, multa sacræ · Dominicanæ familiæ lumina, quorum longissimam seriem producit cit. auctor, § 5, Immaculatam Conceptionem defenderint et propugnaverint. Sequuntur theologi omnium nationum, Itali, Hispani, Galli, Germani, Poloni, Scoti, Angli, Belgæ, Lusitani, Græci, uti videre est apud Theophilum. Raynaud. in tract. De piet. Lugdun. Ex tot autem, tantisque auctoribus utique sole clarius liquet unanimem esse sensum Ecclesiæ, beatissimam Virginem esse sine labe conceptam. Vel quisnam alius sensus Ecclesiæ, nisi ille, quem omnes populi, omnes principes, omnes doctores, omnes pontifices non tantam in scholis, sed etiam in ecclesiis palam decantant ?

Sed inquis ab Ecclesia hanc sententiam nondum definitam, nec non Patres obstare, et Scripturas ?· Verum tu solus omnes Patres non intelligis, neque Scripturas. Certe melius intellexerunt omnes universitates, omnes doctores, omnes pontifices, omnisque Ecclesia. Neque ideo omnia incerta sunt, quia non definita ; quid enim, amabo ! excepta fide, certius atque prudentius credi potest, quam quod omnes sentiunt, omnes credunt, quod omnes scribunt, quod omnes vovent ? Verum quod hæc propositio : *Maria sine peccato originali concepta est ;* in terminis formalibus apud Patres antiquos non reperitur, imo nec sequentibus sæculis in conciliis œcumenicis, Tridentino præcipue, nihil desuper decisum et definitum fuerit, ad utrumque respondemus. Ad primum ait laudatissimus iste cardinalis, § 6, n. 1, quia tunc temporis nondum quæstione excitata, et hæreticis Christi divinitatem, aliaque religionis capita impugnantibus, nulla necessitas fuerat, imo nulla utilitas, aut novas lites excitandi, cùm tot aliæ ferverent, aut defendendi quæ nemo impugnaret. Aut ergo tacebant, cum nemo cogeret loqui, aut obscurius scribebant, nemine facem præfucente, aut saltem nullo metu insidiantium ; nam mari quoque tranquillo, et aura velum implente vel dormiunt nautæ, vel feriantur. Ad alterum dubium expediendum servire possunt erudito lectori, quæ veneras. P. Nicolaus Lancicius, oper. xi, cap. 13, fol. mihi 49, adnotavit. Sic enim scribit modestissimus hic auctor, pietate non minus quam doctrina conspicuus : « Legi, et descripsi, ait ille, anno 1599, ex Actibus originalibus concilii Tridentini (quæ asservabantur in castro S. Angeli Romano, et cum expressa licentia Clementis VIII fuerunt R. P. Petro de Arubal professori theologiæ in collegio Romano, et mihi ejus socio ad aliquot horas exhibita a cardinale

Cæsio) ex aliquot decadibus episcoporum deputatorum ad tractandum de hoc puncto Conceptionis beatæ Virginis Mariæ, omnes asseruisse illam esse conceptam sine originali peccato, sed ob instantissimas preces aliquot episcoporum et theologorum S. Dominici, qui illi concilio aderant, rogantium, ne hac vice propter notam, quæ inureretur ordini S. Dominici, hoc decreto illud ederent, sed supersederent, et ad aliud tempus illud rejicerent, concilium supersedit, decretum illud non vulgavit hanc solam ob causam. Ita habetur in Actis concilii, quæ diligentissime legi et exscripsi. » Hæc P. Lancicius.

Hactenus dictis adjicimus etiam quædam miracula, quæ manifestarunt beatissimam Virginem esse sine labe conceptam. Prius autem probe sciendum est miracula fieri non posse, nisi in testimonium doctrinæ veræ ; ait enim doctor Angelicus, *Quodl.* II, art. 6 : « Contingere non potest, quod quis falsam doctrinam annuntians vera miracula faciat, quæ nisi virtute divina fieri non possunt ; sic enim Deus esset falsitatis Deus, quod fieri non potest. » Refert autem Spondanus veracissimus auctor, ad annum 1350, num. 24, quod monachus quidam, Paulus nomine, ausus sit Cracoviæ in sancta ad populum concione dicere beatissimam Virginem esse in peccato originali conceptam, et subito exstinctus est in cathedra sermone nondum finito, eaque res aliis multis de eadem materia disputantibus grandem incussit timorem. Theophilus Raynaudus, in *Piet. Lugd.* fol. 524, narrat, quod 1657 cardinalis Rappaciolus laboraverit stranguria, horas jam centum et septem hærente urina ; quapropter omnibus sacramentis provisus tanquam conclamatus mortem in momenta expectabat ; subiit vero confessarii animum, qui morienti aderat, implorare Virginem. Schedam ergo hac inscribit precatione : *In tua Conceptione Immaculata fuisti, ora pro nobis Patrem, cujus Filium genuisti ;* porrigitque ægroto deglutiendam. Nec mora ! Laxatis aquæ ductibus, dejectis septem calculis, quorum unus chirographo involutus erat, momento æger redditus est sanitati, et tota Roma fuit testis miraculi, ubi hoc contigit. Idem Raynaudus, fol. 274, in *Piet. Lugd.* scribit, quod anno 1484, Beatrix de Sylva Lusitana e Parthenone ord. Cisterciensis migrans in regias Toleti ædes novum ordinem Immaculatæ Conceptionis fuerit auspicata, sed Diplomate pontificio, dum Roma in Hispaniam vehitur, aquis merso, magnus mœror piissimam virginem occupavit. Interpellatione tamen Deiparæ per Immaculatam suam Conceptionem Diploma pontificium in scrinio, aliisque chartis admistum tanta omnium admiratione reperit, ut episcopus Accitanus decernente archiepiscopo Toletano solemni pompa Diploma convexerit in novum Virginis Immaculatæ Parthenonem, in qua dicta Beatrix pridie, quam emitteret professionem, beata Virgine præmonente, obdormivit, et in fronte cadaveris stella aurea eximii splendoris effulsit. P. Pexenfelder prolixe describit historiam quamdam in *Concion. Hist.*, historia 99, cujus hæc est synopsis : Invitaverat anno 1653 sodalitas beatissimæ Virginis in cœlos Assumptæ in regno Valentiæ theologum quemdam Antonium de Guero ex congreg. S. Philippi Nerii, ut in urbe Xantiva festam diem panegyrica oratione ex suggestu exornaret. qui acceptavit, et pro illibato Conceptu in illa Cant. (ii, 2) verba, *Sicut lilium inter spinas*, disseruit, quæ oratio omnium applausu fuit excepta. Sequenti et serena nocte amœnam vallem inambulans reputare animo cœpit lilia inter spinas non crescere, et ecce! talia volventi candidissimum lilium inter spinas visendum se offert : accedit, carpitque florem, eumque attentius spectanti apparet imago Immaculatæ Conceptionis bulbo floris eleganter impressa, pallio, radiisque vestita, et dracone ad pedes jacente. Testis miraculi est tota Hispania, hujusque rei historia prodiit Leodii anno 1665. Fuit etiam in illo loco, ubi lilium apparuit, sacra ædes ædificata.

Pluribus recensendis miraculis supersedeo, pauca tantum adduxisse placuit. Miraculis merito adnumerantur revelationes cœlitus factæ ; nam et istæ vires naturæ superant. Occurrit ergo sancta Birgitta, cujus revelationes maximæ fuerunt auctoritatis, et approbatæ a SS. Pontificibus Urbano VI, Martino V, et Gregorio IX. Hæc ergo sancta, lib. vi, cap. 49, ita loquentem Virginem introducit : « Veritas est, quod ego concepta fui sine peccato originali : quia sicut Filius meus, et ego nunquam peccavimus, ita nullum conjugium fuit, quod honestius esset, quam illud, de quo processi. » Narrat etiam Trithemius in *Chron. Hirsaug.* anno 1369, quod sancta Birgitta a quodam docto viro de Immaculata Conceptione quæsita responderit : « Si Matri placuerit misericordiæ, interrogabo eam, et, quidquid mihi responderit, indicabo tibi. » Quadam igitur vice in exstasin rapta Dominam interrogavit, et tale responsum accepit : « Crede, filia! quoniam recte sentiunt omnes, qui me præservatam ab originali macula, et credunt, et confitentur, male autem, qui contrarium sentiunt, præsertim cum temeritate. » Tandem post auctoritates adeo convincentes unam, et alteram breviter assignamus causam ex ratione, cur Deus ab originali peccato exemerit, et præservaverit Matrem suam. Hoc enim decebat Filii majestatem, Matris dignitatem ; et quisnam mortalium foret, cui, si detur optio, non velit præclarissima, cunctisque gratiæ donis ornatissima matre prognasci, præsertim cum matris honor in filium redundet? Jam vero, cum Christus Dominus noster potuerit hunc honorem Matri conferre, cur non credamus, eum illi contulisse? Porro, si teste sapientum principe, *in malevolam animam non introibit sapientia, nec habitabit in corpore subdito peccatis* (Sap. i, 4), quomodo credere possumus, æternam Sapientiam habitasse in utero virgineo, in ipsius corpore et anima, quæ

vel minimo temporis puncto fuerit peccato subjecta ? quis credat illa ubera lactasse diabolum, quæ fuerant lactatura Deum? quomodo æternus Pontifex, qui, ut Paulus dicit, Hebr. vii, 26, *Sanctus, innocens, immaculatus, segregatus a peccatoribus*, ita separatus fuisset, et segregatus, si sanctissima Mater ejus, cum qua fuit eadem quasi caro, fuisset peccato subjecta? Decebat ergo vel maxime a Filio honorari Matrem ; nam, cum posset. par erat, ut id faceret ; quomodo enim alias credemus ipsum Legislatorem, qui in primo Decalogi secundæ tabulæ mandato amorem et reverentiam parentibus deferendam præscripsit et imperavit, suæ satisfecisse legi, si Matrem suam non præservasset ab omni macula, et non omnibus favoribus, et gratiis, quibus potuit, exornasset? Nam honor, quem filius debet parentibus, non tantum consistit in verbis et nuda reverentia, sed in omnibus bonis, quibus cumulare potest, et quorum capaces sunt, liberaliter conferendis.

Præterea, ut a minori ad majus argumentemur, si Adamus, et Eva creati sunt in gratia, et innocentia perfecta, eademque et angelis communicata sit gratia perfectæ prorsus innocentiæ sine cujusquam culpæ macula ; cur idem beneficium negemus Dominæ, Reginæque cœlitum, damnorumque ab Adamo et Eva derivatorum Reparatrici? Si fatemur eam liberam fuisse a fomite concupiscentiæ, omnique motu inordinato, neque sensibili affectam voluptate concepisse, omnis etiam doloris expertem peperisse ; cur eam negemus expertem fuisse peccati originalis, quod horum effectuum fons, origo et causa est, et quidem præprimis abominanda. Certe etiam tanto plures tribuendi sunt gratiæ gradus sanctissimæ Virgini, quam sancto Joanni Baptistæ. Quanto disjunguntur intervallo Mater Dei, et ejusdem servus, et Præcursor? Si autem sanctus Joannes fuit in utero sanctificatus, quando vocem Virginis audivit, par est, ut credamus eamdem Virginem nobiliore quodam modo fuisse sanctificatam, et singulari privilegio in primo Conceptionis instanti ab originali peccato fuisse præservatam. Crede ergo, quod auctoritas docet, et ratio confirmat. Melius creditur omnibus, quam singulis ; singuli enim decipere, et decipi possunt, nemo omnes, et neminem omnes fefellerunt. Neque dicas, parum interesse , etiamsi dicamus beatissimam Virginem vel unico momento peccato originali fuisse infectam, sed tamen statim mundatam. Profecto, si nihil interest, vel unico momento fuisse peccatricem, multo minus interest, si dicamus nunquam fuisse peccatricem. Si alii dicunt, saltem uno momento, nos dicamus *nunquam* fuisse. Si parum interest, pergit idem sæpe cit. eminentissimus auctor, illam damnare; cur ergo non potius absolvis, quam damnas? Et si de momento tantum res agitur, cur non potius velis, illo momento potius innocentem fuisse, quam ream? Scire autem nos oportet, in libra Dei et veritatis etiam momenta esse summi momenti, et ponderis, quanti momenti fuit illud unicum momentum, in quo Lucifer deliquit. Non mora in peccato, sed fœditas æstimatur. Et certe ipsa beata Virgo mallet esse non Dei Mater, non beata, non cœli, terræque Regina, quam vel uno momento esse Deo exosam, et peccato fœdatam. Verum non foret finis singula producendi in medium, quæ viri sancti, et doctrina illustres prædicant de beatæ Virginis Immaculata Conceptione. Quapropter, qui plura hujus veritatis moraliter certæ testimonia desiderat, legat, si placet, et vacat, citatum opus Parthenium eminentissimi cardinalis Sfondrati, et celeberrimi nominis theologum Suarezium, qui fuse et docte hanc materiam fuit exsecutus, nec non P. Petrum Ribadeneira interprete Jacobo Canisio in *Flore SS.* ad diem 8 Decembris, plurimosque alios.

Brevitatis nostræ limites nonnihil ob amorem magnæ Matris sine labe conceptæ prætergressi breviter adhuc inquiramus, quando, et a quibus festum Immaculatæ Conceptionis sumpsit exordium? Pro hujus ergo notitia sciendum, valde probabile, imo et verisimile esse, hoc festum traditione apostolica fuisse institutum; nam Flavius Dexter, qui vixit circa finem sæculi IV, in libro, quem inscripsit : *Perpetua historia,* cujus etiam Historiæ meminit P. Hieronymus, lib. *De script. eccles.*, ad annum 368, sic habet : « Jacobi prædicatione celebratur in Hispania festum Immaculatæ, et illibatæ Conceptionis Dei Genitricis Mariæ. » Quod assertum sæpe laudatus auctor per longum deducit, et probat, § 3, n. 4. Dictam celebritatem celebrant tam Græci quam Latini, isti VI Idus Decembris, Græci vero V Idus Decembris, ut constat ex Constit. Emmanuel. imp. quam recitat Theodorus in *Nomoc.* Photii, tit. VIII, cap. 1. Exstat etiam Leonis imperatoris sermo *De Concept. beatæ Mariæ* in mss. codice bibliothecæ Sfortianæ, n. 61. Alius insuper sermo Gregorii episc. Nicomed. eodem codice habetur. Putarunt aliqui cœpisse celebrari in Ecclesia Latina jussu Sixti IV. Sed est multo antiquior, quamvis dictus Pontifex de ea dederit Decretalem Extrav. lit. *De reliq. et veneratione SS.* cap. *Cum præexcelsa* Cœpit in Britannia vivo adhuc sancto Anselmo, qui decessit anno 1109. Licet autem auctores de tempore plurimum sint dissidentes, et non minus etiam, cuinam præcipue debeatur gloria propagatæ festivitatis ; hoc tamen ex Petro Natali, Jacobo de Voragine, Wyonio, Baronio, aliisque auctoribus, quos allegat Joannes Carthagena ord. Min. in tomo IV, hom. 11, clare colligitur præsentem Immaculatæ Conceptionis festivitatem, ejusdemque propagationem nostro Benedictino ordini esse ascribendam, idque occasione cujusdam revelationis abbati Benedictino factæ, quem Petrus de Natalibus credit fuisse Anselmum, Baronius vero in notis ad Martyrologium Rom. 8 Decemb., vult fuisse abbatem Elsinum, seu Elpinum, Anglum abbatem, qui jam ante Anselmum anno 1070, cum regnaret

in Anglia Guillelmus Nortmannorum dux, floruit. Hujus autem revelationis historia est, quod iste abbas Elpinus dicto anno gravi jactatus tempestate maris, periculoque proximus, videre sibi visus est hominem splendidum, pontificio indutum amictu, suadentemque ut anniversariam deinceps Immaculatæ Conceptionis beatæ Virginis memoriam ageret, et ad hanc agendam etiam reliquos invitaret mortalium animos, sic a periculo liberatum iri, navique ad quietum, desideratumque portum protinus appulsurum. Interrogatur porro quis esset, et quisnam dies hæc anniversaria solemnitate foret celebrandus ; respondit se Nicolaum vocitari episcopum, a Virgine cœlo demissum, ut periclitantibus subveniret, atque hanc solemnitatem celebrandam VI Idus Decemb. quo die beatissima Virgo fuit concepta. Emisit sanctus abbas, aliique, qui erant in navi, votum, polliciti facturos se, quod divinitus intellexerant, moxque senserunt se periculo ereptos. Nihilominus tamen certum est sanctum Anselmum, virgineum doctorem, Immaculatæ Conceptioni fuisse addictissimum, eamque ritu magis solemni induxisse in Angliam, « quam tamen, verba sunt Joannis de Carthagena, solemnitatem fovit postea sanctus Anselmus Cantuariensis episcopus, qui obiit anno salutis 1109, eamque amplexa est Ecclesia Lugdunensis propter scriptum supernæ cujusdam revelationis. » Intellige ista de ritu solemni : quia negari non potest Immaculatam Conceptionem fuisse celebratam longe prius in Anglia ; quod patet ex supra allegato Martyrologio Ven. Bedæ, qui ad diem VIII Decemb. habet : *Conceptio S. Mariæ perpetuæ Virginis.* Hæc omnia autem primo asserto nostro non obstant, quin dici possit originem habere hanc festivitatem ex traditione apostolica ; potuit enim in aliquibus Ecclesiis aliquo tempore fuisse intermissa, usquedum semper magis et magis in omnibus Ecclesiis, et provinciis per zelosos Mariæ cultores fuerit promota. Accessit demum concilium Tridentinum, et sanctus Pius V Pontifex, qui hanc festivitatem, ut ait Baronius cit. loc., servandam esse præceperunt, quæ celebritas tanta sumpsit incrementa, ut experientia doceat pios fideles sancta quadam æmulatione et invidia contendere, quisnam alteri in cultu Virginis sine labe conceptæ possit palmam præripere. Cum ergo Ecclesia celebrat festum Immaculatæ Conceptionis, nullum autem festum juxta regulam certissimam sancti Thomæ, Augustini, Bernardi, aliorumque SS. Patrum celebratur a sancta Matre Ecclesia nisi de sancto, suapte sequitur ipsam Conceptionem beatæ Virginis esse sanctam ; si vero sanctam, ergo omnis peccati expertem. De his vide plura § 3, num. et seq. apud cit. eminen. Sfondrati.

PRAXES GENERALES PRO SINGULIS NOVEM DIEBUS UTILITER ADHIBENDÆ.

1. Redde tibi familiarem sequentem precatiunculam, et maxime his diebus ad horæ sonitum, aut

quoties placuerit, vel ore, vel saltem corde ad beatissimam Virginem sine labe conceptam pro dono puritatis suspira : *Per sanctam virginitatem, et Immaculatam Conceptionem tuam, o purissima Virgo, emunda cor meum, et carnem meam in nomine Patris †, et Filii †, et Spiritus † sancti.* Devotione hac usus est quidam juvenis, de quo P. Nadasi in *Anno Mariano*, ad impetrandam gratiam puritatis, qui vigore hujus precatiunculæ tam singularem expertus est effectum, ut jurejurando affirmarit se per reliquam vitam nunquam amplius ejusmodi stimulis fuisse agitatum.

II. Institue subinde data, imo et quæsita occasione discursus, colloquia de Immaculato Conceptu Virginis Mariæ, hancque veritatem semper defende, alios desuper præcipue juventutem instrue, et nihil intermitte, quod ad immaculatæ Virginis gloriam promovendam conducit. Hunc namque cultum beatæ Virgini valde gratum esse, et acceptum, plurima testantur beneficia ; quamprimum enim in concilio Basileensi , anno 1439, opinio de Conceptione Immaculata fuit approbata, ocius desi_t pestilens malum, quod per illa loca vicina grassabatur. Simile quoque beneficium per honorem, et cultum Immaculatæ Conceptionis accepisse testatur Genua anno 1579, Messina 1650, Neapolis 1656, Roma tempore Alexandri VIII, uti pluribus aliis exemplis probat Ambrosius Catharinus lib. IV *Contra Caj.*

III. Fac in dies firmum propositum, imo juramento te obstringe, quod tota vita tua velis tueri Immaculatam Conceptionem, nec aliquid facere, scribere, aut docere, quod beatæ Virginis exemptioni ab originali peccato repugnat.

—

CONSIDERATIONES.

DIES PRIMUS.

Ave, maris Stella,
Dei Mater alma,
Atque semper Virgo.

PUNCTUM I.— *Ave, maris Stella.* Considera, quod sancta Ecclesia Virginem beatissimam recte, et optime salutet ut *Stellam;* ipsa enim nobilis illa stella est nata ex Jacob, de qua vaticinabatur Balaam (*Num.* XXIV, 17) : *Orietur stella ex Jacob,* cujus radius orbem universum illuminat, cujus splendor præfulget in supernis, et inferos penetrat, terras etiam perlustrans, et calefaciens magis mentes quam corpora, fovet virtutes, excoquit vitia. Est autem, et salutatur Maria *Stella maris* ex pluribus causis, quas breviter expende, et ex singulis fructum quemdam decerpe moralem, et per digressionem quamdam mysticam singula applica statui, et profectui animæ tuæ. *Stella maris* est Maria, quia sicut per stellam maris navigantes diriguntur ad portum , ita Christiani per Mariam diriguntur ad gloriam. Porro autem stella maris a quibusdam dicitur *polaris ;* quod si verum est, recte Maria *Stella maris* appellatur. Primo, quia, sicut stella polaris supremum locum in nostro habet hemisphærio , ita Maria super omnes angelos et beatos exaltata est in cœlo. Unde canit : *Ego in altissimis habito.* (*Eccli.* XXIV, 7.) Secundo, stella polaris immobilitatem habet in situ, cum cæteræ stellæ moveantur ; sic Virgo beata consummatam habet gloriam, proinde quietem in corpore, et anima, cum cæteri sancti corporum suorum resurrectionem exspectantes nondum sint plene quieti. Tertio, stella polaris habet volubilitatem in ambitu suo, licet locum mutare non videatur ; ita Maria motum charitatis perfectæ circa nos exercet, licet locum mutare non dignoscatur. Demum præter alia hæc stella habet discretionem in suo ductu, navigantes enim in mari dirigit, et periclitantes adjuvat, ut ad portum venire possint incolumes; sic Maria præclara illa, et eximia Stella super hoc mare magnum et spatiosum, quo mundus iste totus in maligno positus significatur, sublevata, splendore suarum virtutum nos hic navigantes a multiplici periculo dirigit, exemplo vitæ viam nobis ostendit, ut incolumes, tuti et securi perveniamus ad portum salutis æternæ.

Vides igitur, o Mariophile! quod Virgo beatissima sit Stella, et quidem maris, mundi nimirum hujus, quod merito mare appellatur periculosissimum ; sicut enim in mari mille sunt syrtes, et naufragii pericula, ita in mundo sunt scopuli malarum occasionum, syrtes tentationum, Scyllæ peccatorum, Charybdes concupiscentiarum, inter quas, proh dolor ! tam incautæ jam perierunt animæ. Quapropter, cum in hoc mari tibi continuo per dies vitæ sit navigandum, et hæc navigatio plurimis est obnoxia periculis, nullibi autem magis, quam inter carnalis concupiscentiæ syrtes naufragium æternum deplorandis exemplis compertum habemus; unde et tu Virginem beatissimam pro stella tibi elige, cujus officio maximopere fungitur sub titulo *Conceptionis suæ Immaculatæ.* Hæc Virgo sine labe concepta, est illa juxta divum Bernardum, hom. super *Missus,* « præclara et eximia stella super hoc mare magnum et spatiosum necessario sublevata, micans meritis, et illustrans exemplis.» Unde monet ulterius : « Si insurgant venti tentationum, si incurras scopulos tribulationum, respice stellam, voca Mariam, » Quod ipsum confirmat gravibus verbis Seraphicus Bonaventura doctor, et Virginis cultor eximius, in *Spec. beatæ Virginis* inquiens : « Legitur, et verum est, quod nautarum mos est, ut, cum in aliquam terram navigare disponant, unum sidus eligant, cujus signo luce radiante in eam, quam desiderant, partem possint sine errore adduci ; tale certe officium est stellæ nostræ

Mariæ, quæ navigantes per mundi mare in navi innocentiæ et pœnitentiæ dirigit ad littus cœlestis patriæ.» Nolo autem, hic sistas, lector Parthenie! si religiosus es, sed ex hac consideratione plures decerpe pios sensus, variisque devotis tam erga Deum, quam Matrem ejus sanctissimam indulge affectibus; ecce enim! dum audiisti, sæculum esse mare periculosissimum, et valde turbulentum, ubi manifestis naufragii periculis exponuntur navigantes, ideo magno affectu tuam erga Deum contestare gratitudinem, qui te ex his malis majori ex parte per statum religiosum eripuit. Sit autem tibi beneficium pro magna cautela, ne mundanis tentationibus, quæ etiam religiosos infestant, veluti in portu demergaris, edoctus multorum incautorum religiosorum naufragiis; Poteris etiam pie meditari, in bono sensu religionem esse mare, et quidem mare Rubrum, partim, sicut mare cadavera, ita religio malos ejicit, et incorrigibiles, partim propter alias prærogativas, quas habuit mare Rubrum, per quod Deus Israelitas salvavit, collatas cum gratiis religionis; et per hanc considerationem Deo frequenter ages gratias, quod te ad hunc statum vocaverit, petesque ab eo ut ejus aquis semper abluat sordes tuas, et te secure vehat ad portum beatitudinis æternæ. Denique, sicut Virgo beatissima est Stella maris mundani respectu hominum in sæculo viventium, quibus varia beneficia confert spiritualiter, quæ etiam tu, dum esses in sæculo, percepisti; ita et sanctissima Dei Mater est stella in mari ordinis tui, dum filios genuinos sacrorum ordinum a multis tentationibus et peccatis liberet eorumdemque intellectum illustret, voluntatem ad peccati odium et virtutis amorem moveat: pro quibus gratiis age gratias Virgini Mariæ, et humillimis precibus ab illa pete, ut te quoque faciat instar stellæ lucere in gloria sempiterna. Unde his diebus, ubi in suo ortu immaculato hanc nobilem Stellam prima vice illuxisse colit sancta Mater Ecclesia, frequenter, pariter et devote poteris suspirare: O Maria! o fulgida maris Stella! ex alto nos respice, tot fluctibus hujus turbulenti pelagi concussos recrea. Exorere igitur, et jubar lucis tuæ exere, radiis tuis densam peccatorum nostrorum caliginem discute, quatenus in hoc periculoso mundi oceano non abripiamur æternum naufragi, sed inoffensa navigatione ad salutis portum perveniamus.

PUNCTUM II. — *Dei Mater alma.* Considera, quod hic titulus sit principium, et fecundissima vena, ex qua omnia cœlestia charismata, divina beneficia et portensa privilegia in Mariam profluxerunt. Tam sublimis est dignitas maternitatis Dei, ut eam nullus intellectus humanus, vel angelicus, nedum explicare, verum nec attingere queat; ut adeo sanctus Bernardus dubitaverit, an ipsamet Virgo beatissima, supremo lumine præ omnibus aliis illustrata, plene hanc dignitatem agnoverit: «Quid est, ait hom. 4 super *Missus: Et virtus Altissimi*

obumbrabit tibi ? Qui potest capere, capiat; quis enim, excepta fortassis illa, quæ hoc sola in se felicissime meruit experiri, id intellectu capere, vel discernere possit ?» Quod ipsum sine dubitatione asserit divus Augustinus super *Magnificat*, scribens, quod hæc dignitas ab ipsa Virgine agnita non fuerit : «Audacter, ait, pronuntio, quod nec ipsa plene explicare poterit, quod capere potuit. » Oritur autem hæc Matris Dei dignitas ex Filii excellentia. Quemadmodum enim Christi dignitas omnem tam angelicam, quam humanam dignitatem longe transcendit : ita Virginis beatæ dignitas omnium creaturarum dignitatem longo superat intervallo. Accedit, quod maternitatem beatæ Virginis valde commendabilem reddant sequentia, quæ prorsus stupenda sunt, et inaudita, quod nimirum creatura superior sit suo Creatore, quod homo honoretur a Deo, quod Dominus obediat, et in omnibus morem gerat ancillæ suæ ; mater enim est superior filio, matri debetur honor a filio, matri tenetur obedire, et morem gerere filius, quæ omnia Christus præstitit Mariæ, attestante evangelista (*Luc.* II, 51) : *Et erat subditus illis:* « Quis? quibus? » quærit sanctus Bernardus, et respondet : « Deus hominibus, Creator creaturis, cui omnia subdita sunt subditus erat subditis.» Mariæ nimirum, et Joseph. Quid, quæso, sublimius in condemnatiónem Virginis Mariæ et Dei Matris dici potest, quam quod ille, qui est prima Regula omnium actionum humanarum, et per essentiam suam indefectibilis, voluntatem suam voluntati Matris creaturæ subjiciat, eamque sibi pro regula proponat, et ab illa se gubernari permittat ? Porro hæc Matris Dei dignitas optime declaratur per comparationem ad angelos, et totius curiæ cœlestis incolas. Quid sunt angeli, nisi Dei ministri ? *Omnes sunt administratorii spiritus propter eos, qui hæreditatem capiunt salutis.* (*Hebr.* I, 14.) Ad hos ergo dicit Deus : Vos ministri mei estis. Ad Virginem Mariam autem : Tu es Mater, quæ me concepisti, peperisti, lactasti Infantulum, nutrivisti Puerum, educasti Adolescentem, et toto vitæ tempore Matris officium mihi impendisti. Quid autem de reliquis sanctis loquar? Certo Deus in Ecclesia, sicut rex in curia, officia sua distribuit. Quid enim sunt apostoli, nisi Christi senatores et legati ? *Cum sederit Filius hominis in sede majestatis suæ, sedebitis et vos super sedes duodecim, judicantes duodecim tribus Israel.* (*Matth.* XIX, 28.) Et : *Pro Christo legatione fungimur.* (*II Cor.* V, 20.) Quid prophetæ, nisi Dei secretarii? *Incerta, et occulta sapientiæ tuæ manifestasti mihi.* (*Psal.* L, 8.) Quid evangelistæ, nisi thesaurarii? *Dedit illis thesauros absconditos.* (*Isa.* XLV, 3.) Quid martyres, nisi milites et duces Christi exercitus? quid confessores, nisi aulæ præfecti? quid virgines, nisi famulæ cœlestis regiæ? Solum Mariæ Virginis est dignitas Matris, non ministrantis, sed dominantis ; Mater enim Regis in aula regia non famula, sed Domina ; non ancilla, sed Regina. O Mater Dei alma!

o donum ingens! o encomium singulare! o titulum admirabilem! Sileat laus omnis humana, sileant veteris Scripturæ typi Virginem gloriosissimam adumbrantes, sileant omnes honorum tituli, cum Virgo beata dicitur *Mater Dei*. Tu, cliens Parthenie! qui hæc consideras, in admiranda hac Matris Dei excellentia progredere ulterius, et duplicem pro animæ profectu excerpe doctrinam spiritualem. Primo : sicut Maria erat quadruplici, eoque prorsus speciali modo sanctissima Mater Dei; imprimis erat Mater sine opera alterius creaturæ, erat Mater salva virginitate, erat Mater Spiritus sancti influxu supplente, quod deerat ad cursum ordinarium maternitatis, et denique Mater sine ullis molestiis, quæ maternitatem ordinariam antecedunt et consequuntur. Ideo puro animi intuitu expende, quomodo Deus Filium suum in carne nasciturum ex Virgine sanctissima voluerit esse mundum, ut ne extrinsecos quosdam, ut ita dicam, humanæ fragilitatis et infirmitatis nævos admiserit ad conceptum, et ortum Filii sui in carne, ut nos discamus, quantam munditiem a nobis exigat Deus, et quantum velit vitari a nobis omnem etiam remotissimam speciem impuritatis, qui tantam puritatem etiam extrinsecam Filium suum habere voluit. Quapropter te humilia propter sordes tuas, et multiplicem fœditatem, nec non diligenter attende, qualiter in futurum minimos etiam pulveres impuritatis ex mente tua possis abstergere. Secundo : quia beata Virgo est Mater Dei, jus in nos obtinuit, vi cujus exigit obsequium et amorem, utrumque in gradu majori, quam ulla alia persona creata, quia omnem superat sua maternitate, et inde orta excellentia. Igitur te examina, an tali obsequio colas Matrem Dei et privatim et publice, in iis occasionibus, quæ se tibi offerunt, an etiam tali affectu amoris eam prosequaris, quantum est in te, qui condecet, vel saltem non dedecet ejus excellentiam et dignitatem?

PUNCTUM III. — *Atque semper Virgo*. Considera, quod hæc alma Dei Mater virginitatis excellentiam in perfectissimo habuerit gradu, et quidem ante partum, in partu, et post partum, ut adeo juste et digne deprædicetur *semper Virgo*. Fuit Maria purissima, et castissima *Virgo* ante partum tam quoad corpus, quam quoad animam; in anima namque Mater Dei summum habuit puritatis gradum per recessum ab impuritate, ita ut nunquam sit datus major puritatis gradus in pura creatura, quia caruit non tantum peccato etiam originali, uti nobis tanquam sine labe conceptam celebrare præcipit sancta Ecclesia, sed etiam quovis pravo affectu, terreno desiderio, perturbatione, passione inordinata, quæ eam inclinare possit ad peccatum. Huc respexit divus Anselmus lib. *De Concept. Virginis*, cap. 18, cum dixit : « Decuit Virginem ea puritate nitere, qua major sub Deo nequeat intelligi. » Et sanctus Thomas, 1 *Sent.* dist. 17, quæst. 2, art. 1 ad 3 : « In beata Virgine, inquit, fuit depuratio ab

omni peccato; ideo pervenit ad summum puritatis gradum, sub Deo tamen, in quo non est aliqua potentia deficiendi, quæ est in qualibet creatura, quantum in se est. » Sed et in anima, et corpore Dei Mater omnes vicit virgines per suam castitatem virginalem. Erat enim imprimis hæc voto perfectissimo firmata; est autem melius, ut constanter cum divo Thoma 2-2, q. 88, art. 6, docent theologi, et Deo gratius aliquid facere cum voto, quam sine voto; Deus enim consulit facere vota, et res per votum promissas reddere : *Vovete, et reddite.* (*Psal.* LXXV, 13.) In multis etiam Scripturæ locis vota commendantur : *Vota justorum placabilia.* (*Prov.* XV, 8.) Et : *In illo die*, hoc est tempore novæ legis, *colent Deum hostiis et muneribus, et vota vovebunt Domino, et solvent.* (*Isa.* XIX, 21.) Similiter Psaltes Regius inquit : *Reddam tibi vota mea.* (*Psal.* LXV, 13.) Et Anna, I *Reg.* 1, vovens Samuelem in perpetuum Dei obsequium a Deo exaudita est. Secundo : fuit etiam castitas virginalis almæ Deiparentis ex majore Dei charitate servata; quis enim inter puras creaturas præter Matrem Dei majori in Deum amore erat succensus? si similitudo generat amorem, quis magis similis Deo, quam Maria? si bonorum communio nutrit amorem, cui bona majora communicavit, quam Mariæ? si amor succenditur amore, sed quem magis Deus amavit, quam Mariam? Unde, Cant. II, 4, ipsamet de se ait : *Ordinavit in me charitatem.* Tertio : Virginalis castitas Mariæ fuit ab omni contrario libera. Terra nostra, seu corpus nostrum spinas germinat et tribulos; unde, proh dolor! tot tentationum aculei, tot malarum cogitationum sentes, quibus semper pungitur et laceratur castitas nostra : beatissima *semper Virgo*, ne minimam unquam protulit spinam, quia peccati fomitem nunquam sensit; rosis enim undique ac liliis odoriferis circumdata, in corpore integerrimo velut in lectulo florido quievit : *Lectulus noster floridus.* (*Cant.* I, 15.) Quarto : Virginitas Mariæ aliis quoque virtutibus, quæ ejus perfectionem augere poterant, fuit stipata. Sunt autem istæ : Primo, humilitas : «Decet enim, ut quanto castior virgo, tanto humilior sit, » ait divus Ambrosius, lib. II *in Lucam.* Secundo, pudor : « Nomen virginitatis titulus est pudoris. » Idem lib. I *De virg.* Tertio, devotio : *Virgo cogitat, quæ Domini sunt*, ait gentium Doctor. (*I Cor.* VII, 34.) Quarto, abstinentia : « Fames amica est virginitati, inimica lasciviæ. » Divus Hieronymus, epist. ad Fur. Quinto, modestia, quæ tollit levitatem, petulantiam, insolentiam et garrulitatem; unde modestia mulieres castas maxime ornat. Et sanctus Petrus, I Epist. cap. II easdem instruens *modesti spiritus* esse præcipit. Denique virginitas Mariæ propter altissimum finem fuit a Deo ordinata, nempe ad generationem Filii Dei; decuit enim fontem puritatis nasci ex tali Virgine, quæ virginitatis gloriam nunquam amisit; unde etiam, virginem fuisse in partu, nos Catholici fatemur omnes :

virgo, inquam, in partu, quæ virginitas in hoc cognoscitur, cum in effusione infantis claustra pudoris materna integra, intacta permanent et inviolata Hujusmodi Mater erat Deipara Virgo Maria; licet enim concepisset atque peperisset, nullam tamen violationem passa est; nullus enim illam unquam cognovit, et Christum pariendo claustra pudoris illæsa, prorsus intacta conservavit. Licet autem in omnibus matribus hanc claustrorum apertionem et violationem fieri necesse est, sola tamen Domina nostra, alma Dei Mater, et *semper Virgo* per privilegium speciale ab hac violatione fuit immunis, quia in Christi Nativitate ejus clausuræ Virgineæ intactæ permanserunt, nec unquam quovis modo postea reseratæ sunt, sed semper integræ perstiterunt, sicut ante conceptionem constiterant inviolatæ. Quare sancta Mater Ecclesia hanc Virginem laudat in Litaniis, quod sit *Mater inviolata*, hoc est in partu minime læsa, semper incorrupta et integra puerpera. Tandem Maria semper Virgo fuit etiam post partum Virgo. Quæ veritas, quamvis in divinis Litteris nullibi clare exprimatur, est tamen fidei articulus necessarius, et certissimum Ecclesiæ dogma, quod Christianus orbis magno semper consensu comprobavit. Probat hoc *Virginis* nomen, quod absolute pronuntiatum soli Deiparæ ab Ecclesia quasi per antonomasiam solet tribui. Probat Symbolum apostolorum, quod Christiani homines sæculis omnibus profitentur, et in articulo tertio dicunt : *Natus ex Maria Virgine*. Probat antiquorum Patrum una vox, qua tradunt, beatam Virginem perpetuam virginitatem coluisse, neque virum cognovisse unquam. Probat solemnis Ecclesiæ cantus, qui in templis auditur quotidie : *Post partum Virgo inviolata permansisti*. Et iterum : *Genuisti, qui te fecit, et in æternum permanes Virgo*. Nec non in confessione generali : *Confiteor Deo omnipotenti, beatæ Mariæ semper Virgini*. O cliens Parthenie ! gratulari tibi quidem potes, quod sis filius hujus Matris, quæ fuit semper Virgo; nisi autem et tu mente, et corpore virgo esse allabores, tuamque virginitatem semper illæsam conservare studeas, quomodo placebis Matri Virgini, si tu filius tot fœditatibus es inquinatus ? Quapropter exardesce in amorem hujus virtutis, et desiderium angelicæ puritatis, deplora magna confusione, et animi sensu tuam infelicitatem, vi cujus fortasse defectum commisisti excellentiæ virginalis.

Loco praxis specialis, sæpius commenda Matri Dei, semperque Virgini Mariæ virginitatem tuam, quam inter mille pericula in fragili corporis vase circumfers; ideo mane, et vesperi dices : *Per sanctissimam Virginitatem et Immaculatam Conceptionem tuam, purissima Virgo ! emunda cor, et carnem meam, in Nomine Patris, et Filii, et Spiritus sancti.* Idem facies in tentationibus et occasionibus peccati. Juvenum quidam a P. Nicolao Zucchio fœdæ, cui immersus erat, consuetudinis remedium requisivit. Suasit Pater, ut aliquot diebus mane et ve-

speri oculos, aures, manus, totumque corpus et animam Virgini offerret Immaculatæ, rogaretque, dignaretur hæc ea die illum custodire; in quem finem etiam recitationem Salutationis angelicæ confessarius iste præscripsit. Paruit juvenis, cœpitque, quas adeo adamaverat horrere voluptates, ut ipsemet miraretur, et aliquot post annos ex peregrinis regionibus redux P. Zucchio confessario suo gaudens testatus est se per illius devotionis usum ab omni ejus generis peccato vixisse immunem. (In Vita P. Zucchii.) Imitare hoc exemplum, si aliqua prava consuetudine es implicitus, nihil facilius, nihil salubrius.

Patronus eligatur sanctus Bernardus, Doctor mellifluus, cujus stylum, quantum ex conjecturis vaticinari possumus, redolet hic hymnus Parthenius : *Ave, maris Stella*, qui inter cæteros principem locum tenet ; certo tamen, inquit Michoviensis, disc. 272, non scitur, quis eumdem composuerit.

DIES SECUNDUS.

Felix cæli Porta,
Sumens illud Ave
Gabrielis ore.

PUNCTUM I. — *Felix cæli Porta*. Sicut rex Salomon in templo illo toto orbe famoso, quod construxerat, fecit oraculum, et in ingressu oraculi ostiola de lignis olivarum, teste sancto Eloquio, II Reg. vi : ad eumdem modum Christus verus Salomon in templo gloriæ suæ fecit portam de lignis olivarum, suam nimirum charissimam et sanctissimam Matrem Mariam. Ipse est ostium, quo ingredimur in secreta cubicula cœli, juxta quod ipse ait, Joan. x, 9 : *Ego sum ostium*. Maria autem est porta, per quam ingredimur ad interiora domus Dei. Est Maria *Porta cæli* plurimis ex causis. Primo : manifestum est Deum hominem per eam venisse in mundum. Ante Christi adventum nemo cœlum ingredi potuit ; nec Abraham, nec Isaac, nec Jacob, nec prophetæ, nec alii viri justi id potuerunt consequi. Primus ingressus in cœlum per Mariam fuit ; per ipsam enim Filius Dei primo intravit in hoc sæculum, et venit ad homines, nec non trabea carnis indutus interiora cœli nobis reseravit. Unde divus Augustinus, serm. 14, *De Nativ. Domini*, in persona Virginis ait : « Porta facta sum cœli, janua facta sum Filio Dei. » Est insuper Maria *Porta cæli*, quia omnibus misericordiam Dei implorantibus omni loco et tempore est aperta ; et sicut olim in veteri lege justitia fuit administrata in urbium portis, uti patet Deut. xvi, Ruth iv, Amos v, Psal. lxviii et cxxvi, ita et pius Dominus ac Redemptor, quando per sacra vulnera cœlum nobis aperuit, tribunal justitiæ suæ in misericordiæ Porta, hoc est in Maria constituit, quæ omnibus tum justis, tum peccatoribus, Christi misericordiam implorantibus, omni tempore ac loco pateret. Ulterius est Maria *Porta cæli;* quotquot enim cœlum ingrediuntur, per Mariam ingrediuntur. Quocirca Christus eam omnibus electis præfeest, voluitque , ut nemo salvetur,, cœlumque conscendat, nisi ipsa consentiente, imo adjuvante et dirigente. Quod plurimi SS. Patres perspicuis docent verbis. Sanctus Germanus, patriaicha Constantinop., serm. *De zona beatæ Virginis :* « Nullus est, ait, qui salvus fiat, o Virgo sanctissima ! nisi per te ; nemo est, cui donum concedatur, nisi per te, o castissima ! cujus misereatur gratia, nisi per te, o honestissima ! » Et sanctus Antoninus, p. iv, tit. 15, cap. 14, § 7, dignam observatione sancti Anselmi sententiam refert : « Ut impossibile est, ait, quod illi, a quibus Virgo Maria oculos misericordiæ suæ avertit, salventur; ita necessarium, quod hi, ad quos convertit oculos suos, pro eis advocans, justificentur et glorificentur. » Cui subscribens, sanctus Bernardus, hom. super *Missus :* « Sicut a te despectus, et aversus, o Virgo ! necesse est ut pereat ; ita ad te conversus, necesse est ut salvetur. » Qui igitur cœlum sibi reserari cupit, qui vitam amat immortalem, et veras quærit delicias, qui cœlum desiderat ingredi, Mariam colat, Mariam veneretur, Mariæ sequatur vestigia. Ipsa est *felix cœli Porta*, Janua paradisi, per quam homines perveniunt ad Deum. Unde ad hanc Portam, o Mariophili ! in continua stemus devotione, hanc assidue pulsemus precibus, confidenter clamantes : O felix cœli Porta, te nobis aperi, ut per te gloriam illam cœlestem, perpetuamque felicitatem consequi mereamur !

Punctum II. — *Sumens illud Ave.* Considera, quod magno mentis affectu Virgo beatissima tunc temporis, quando nuntius cœlestis ut gratia plenam salutaverat, hanc insolitam et singularem prorsus Salutationem exceperit ; *cogitabat enim, qualis esset ista salutatio.* (*Luc.* i, 29.) De sua namque persona humilis Virgo longe diversa existimaverat : videbatur sibi omnis gratiæ esse indigam ; et tamen audire meruit, plenam esse gratia divina. Putabat seipsam pauperculam, et feminarum minimam et vilissimam ; et tamen eidem insonabat præco cœlestis : *Dominus tecum* Benedictamque deprædicabat inter mulieres. Atque ex his, et pluribus sanctis cogitationibus, quas tacita mente Virginem revolvisse credi potest, omnino etiam sancto evangelista teste orta fuit turbatio, per quam magnam verecundiam et prudentiam ostendit ; ut pluribus ascetice explicavi, art. 2, die 5, punct. 1. Ut autem ulteriorem de laudibus Virginis pie considerandi materiam habeas, hoc dulcissimum *Ave* pensiculantius expende, et ubique tuos filiales conjunge affectus erga Matrem tuam divina hac salutatione honoratam. Dixit angelus : *Ave.* Hoc est : Gaude, Virgo sanctissima ! ut hoc Ave explicant SS. Patres, Basilius, Nyssenus, hom. *De hum. Gen. Christi*, et plurimi alii. Gaude, Virgo gloriosa ! quia es *gratia plena*, quia *Dominus tecum*, quia *benedicta inter mulieres*, quia invenisti gratiam apud Deum, quia *Spiritus sanctus superveniet in te, et virtus Altissimi obumbrabit tibi,* quia concepisti in utero, et peperisti Jesum Filium

Altissimi. Gaude, lætitiæ organum ! quod gaudium universo mundo attulisti, cunctasque hæreses sola in toto mundo contrivisti. Gaude, quæ non sensisti fomitem peccati, quæ peperisti sine dolore, nec ulla unquam culpa levissima, ne originali quidem, fuisti inquinata, et multo minus in carne vidisti corruptionem. Gaude de tota massa corruptæ propaginis per te reparata. *Ave, gratia plena.* Maria est gratia plena, gratia, inquam, justificante, ac virtutibus, quæ illam comitantur, una cum donis Spiritus sancti in eminenti gradu plena, superexfluens et redundans; quidquid enim honoris, quidquid felicitatis singuli habuere sancti, hæc sola possidet. Plena, quia gratiarum est abyssus ; plena, quia de plenitudine ejus accipiunt universi, captivus redemptionem, cæcus illuminationem, æger curationem, tristis consolationem, peccator veniam, justi gratiam, angeli lætitiam, Filius Dei carnis substantiam, et tota Trinitas gloriam. Plena, quia nullus peccato relictus est locus, nullus iniquitati patuit accessus. Bene etiam Maria salutatur per *Ave ;* quia hoc vocabulum inversis litteris migrat in *Eva*, ut nobis detur intelligi quod Maria sit nova Eva, veteri Evæ prorsus opposita, quæ Evæ maledictionem in benedictionem, mœrorem in gaudium, ærumnas in consolationem, miseriam in felicitatem, mortem in vitam, peccatum in veniam, pœnam in gloriam commutavit. Unde et SS. Patres Virginem ita salutant : « Ave, Paradise deliciarum, inquit sanctus Ephræm serm. *in Laud. Virginis*, totiusque amœnitatis ! ave, Lignum vitæ ! ave, Clavis regni cœlestis ! ave, præclarum et electum Vas Dei ! ave, Domina mea, gratia plena ! ave, inter mulieres Virgo benedicta ! ave, Stella fulgentissima, ex qua Christus processit ! » Et Chrysippus Hierosolymitanus, serm. *De Deip. :* « Ave, ait, solus Ortus, qui nullum potes ferre occasum ! ave, Armarium vitæ ! ave, quæ es Ortus Patris ! ave, quæ es Pratum totius fragrantiæ sancti Spiritus ! ave, Radix omnium bonorum ! ave, Specimen gemmæ omne pretium excedentis ! ave, Vitis uvas pulchras producens ! ave, Nubes pluviæ potum animabus sanctorum exhibentis ! » Hanc ergo salutationem, o Mariophile ! ab angelo edoctus tibi redde familiarem ; est enim hæc Salutatio ab ipso cœlo nobis præscripta. Cum enim pro Mariæ honore Deus adeo sollicitus fuerit, ut, ne quis in titulis errorem committeret, ipsemet rationem et compellandi, et conveniendi, et invocandi præscriptis verbis docuit, suamque Matrem honorificentissime ab omnibus salutari jussit. Abundat autem occasio hac Salutatione sæpenumero utendi, maxime dum et ipsa Ecclesia in singulis orationibus post Orationem Dominicam præmittat hoc suavissimum *Ave*, et per hoc suum negotium, quod postulat, apud Deum promovendum et curandum eidem tanquam patronæ commendet. Taceo, quod et in Rosarii precatione a majoribus instituta per sæpius repetitum *Ave*, castissimæ Virgini quasi sertum pulcherrimis contextum rosis, diversisque

mysteriorum floribus distinctum, mireque exorna-
tum conficiatur, non sine utili ad laudem Virginis,
nostrumque spirituale emolumentum significatione.
Antequam autem pium Salutationis angelicæ obsequium Virgini deferas, cum sancto Epiphanio, orat.
De Deip., saltem in mente recogita : « Reple os
meum gratia dulcedinis tuæ, o Domina! et illumina
mihi mentem, o gratia plena ! move linguam meam,
et labia ad laudes tibi alacriter, lætoque animo
decantandas, et præsertim dulce illud melos angelicum longe celebratissimum, quod angelus Gabriel
in Nazareth servili habitu ad te Virginem, Matremque Dei mei integerrimam clamans cecinit, Salutationem, inquam, maxime congruentem, atque de-
centem, et dignissimam mundi salutem, cuncta-
rumque animarum medelam atque tutelam. »
Admittet exin haud dubie grate et benigne hanc
Salutationem, per quam dignitatis ejus magnitudinem pro viribus nostris pusillis conamur demonstrare.

PUNCTUM III. — *Gabrielis ore.* Sicut fuit initium
damnationis ab alloquio et salutatione serpentis,
qui Evam matrem nostram juxta vetitam arborem
sapientiæ boni et mali oberrantem aggressus allo-
quendi occasionem quæsivit, et per sermonem
venenum instillavit : ita initium quoque salutis
nostræ ab angeli cum Virgine sermone sumptum
fuit, et Virgo beatissima in meditatione promissi
Messiæ occupata in Dei amorem tota exardescens
sese divino arbitrio humillime submisit, cumque
ingressus angelus illud *Ave* protulit, Deique nomine
Virginem salutavit, multa quidem hæc cogitavit,
non elate, sed demisse de se sentiens, contraria
prorsus, quod Eva mente pertractans. Porro per
os Gabrielis loquebatur tota sanctissima Trinitas,
ad eum fere modum, quo in sacramentis Ecclesiæ
loquitur per os sacerdotis. Erant verba non inania,
sed efficacia, quæ simul, atque proferuntur, efficiunt ; nam Dei dicere etiam est facere. Unde Spiritus sanctus gratiarum dator, Virginem salutans
gratia plenam, simul etiam uberrimam largiebatur
gratiam ; Filius per os angeli dicens, *Dominus tecum*, adventui suo dignum præparavit habitaculum ; Pater denique hac voce, *Benedicta tu in mulieribus*, eam præficiebat orbi universo Reginam et
Dominam. Disce ex his primo, anima Christiana !
quod, sicut os sancti Gabrielis, quo Virginem salutavit, nunquam alia re fuit occupatum, nisi
spirituali sermone, qui nimirum vergebat in Dei
laudes, et quamdam hominibus afferebat utilitatem ; ita et tu ,in materia sermonum tuorum conformare debeas os tuum ori sanctissimo spirituali
sancti Gabrielis. Alterum cape documentum, quod
cœlestis hic tabellio hanc salutationem tanti auctoris cum summa veneratione de cœlis ad Virginem
detulerit, ut etiam tu non leviter, sed cum metu,
et tremore Matrem tuam Mariam divinis hisce verbis consalutes. Profecto, si ex instituto Ecclesiæ,
ait pius quidam auctor antiquus et devotus Mario-

philus, ad sacrorum Evangeliorum lectionem accensi cerei præferantur, si Evangelium in mem-
brana descriptum, collo dependens, ad suam
tutelam Christiani olim gestare solebant, ut auctor
est sanctus Chrysostomus, hom. 43 *Oper. imperf.
in Matth.*, si sacræ Scripturæ verbis honor a nobis
exhibetur ; qua reverentia erit tibi salutanda tam
sanctis verbis tanta Domina, Deique Mater,
quæ verba nonnisi angelico ore ab ipso Deo dicta
sunt Virgini? Quapropter sollicite caveto, ne ad
imitationem Evæ præbeas aurem salutationi, sug-
gestioni serpentis, qui verbis suis in animum tuum
illapsus efficiet te filium diaboli, sed imita e Dei
Matrem, promptusque attende ad verba ore Gabrielis prolata, et inspirationes divinas. Atque
tunc, desuper interna et pia admonitione percepta,
serio cum Maria cogitabis, quæ sit ista Salutatio.

In vicem praxis specialis non tantum per diem
sæpenumero salutabis Virginem Mariam devote
et attente, ut superius exposui, sed etiam roga Dei
Matrem, ut ad se salutandam os tuum purget, animumque Spiritus sancti gratia illustret, atque ab
ore tuo salutationem suscipiat. Sicut enim angelica Salutatio accepta fuit Virgini, quia a Deo per
os angeli proferebatur ; ita etiam acceptissima erit
omnis salutatio, quam ad eam per os tuum fundet
in te inhabitans Spiritus sanctus.

Patronus diei eligatur sanctus Gabriel, qui erat
unus ex primis principibus, cum ex nomine ipso,
quod denotat *Fortitudo Dei*, tum ex causa, pro qua
mittebatur, constare potest ; nam summus Deus
ad supremam dignissimamque creaturam in summo negotio hunc nuntium destinavit. Ages etiam
sæpius gratias huic tuo patrono pro legatione bene
expedita, et roga, ut tibi impetret fructum uberri-
mum tam salutaris legationis.

DIES TERTIUS.

*Funda nos in pace,
Mutans nomen Evæ,
Solve vincla reis.*

PUNCTUM I. — *Funda nos in pace.* Petimus, et
rogamus ea, quæ pacis sunt, a Virgine beatissima,
partim, quia eidem angelus pacis divina Salutatione pacem attulit, dicens : *Dominus tecum.* Et iterum : *Ne timeas, Maria ! invenisti enim gratiam
apud Deum.* (*Luc.* i, 30.) Rogamus *pacem ;* quia
Christus ex hac Virgine nascens mundo pacem per
angelos nuntiari jussit, cum cantarent : *In terra
pax hominibus bonæ voluntatis.* (*Luc.* ii, 14.) Clamamus pro *pace ;* quia Filius Mariæ non tantum, antequam moreretur, ex Passione et morte sua pacem nos habituros esse prædixit, inquiens : *Pacem
relinquo vobis, pacem meam do vobis, non quomodo
mundus dat, ego do vobis* (*Joan.* xiv, 27) : ed
etiam a Passione redivivus prima vice, qua loquebatur ad discipulos, precatus est pacem : *Venit
Jesus, et stetit in medio, et dixit eis : Pax vobis.*
(*Joan.* xx, 19.) Petimus autem a Matre Dei, et san-

ctissima Virgine Maria *pacem* non qualemcunque, sed solidam, bene fundatam, bono nitente fundamine, stabilem et perpetuam, quæ nulla vi, et incursu unquam moveri potest, et concuti; non enim omnis pax est solida, sed multoties fucata, fallax et impia. Unde bene consideres, velim, quod tres sint classes hominum, qui habent pacem. Sunt aliqui, qui videntur habere pacem, sed non habent, quibus dicitur: *Pax, pax, et non erat pax.* (*Jerem.* vi, 14.) Quia, *Non est pax impiis, dicit Dominus.* (*Isa.* lvii, 21.) Illi nimirum, *qui habent pacem in substantiis suis* (*Eccli.* xli, 1), qui peccatis onusti, et prægravati, qui quasi lethargo consopiti non advertunt læsæ et turbatæ conscientiæ querelas: isti non habent pacem veram, sed simulatam, cujus defectus cito advertitur, quando quis ad cor reversus conscientiæ statum perlustrat, et de actionibus suis init rationem. Tunc enim adest inquietudo mentis, perturbatio, et undique bellum. Talis quidem mentis inquisitio est valde salutaris, et nobis spem facit ad veram pacem fundandam; sed ipsa hæc pax impiorum nobis cavenda est, quia cito turbatur, et ad mortis memoriam, futurique judicii ac gehennæ mentionem evanescit. *O mors,* ait Siracides (*ibid.*), *quam amara est memoria tua homini pacem habenti in substantiis suis, viro quieto, et cujus viæ directæ sunt in omnibus!* Aliam pacem habent justi, qui quidem cum Deo redierunt in gratiam, et cum conscientia propria inierunt pacem, nullius sibi conscii noxæ lethalis; nihilominus tamen hæc pax varie turbatur, neque tales pacem habentes quocunque eventu, et casu adverso firmi consistunt, et immobiles quia sæpius committunt animo magis deliberato peccata venialia, variisque inordinatorum affectuum motibus ex mero defectu debitæ mortificationis hinc inde agitantur, ideo impossibile est, ex his fontibus non sequi amarum conscientiæ remorsum, ac proinde pacis dulcedinem non perire. Pax denique perfectorum est, vi cujus perfectæ animæ ad omnem Dei voluntatem, nutumque parati grato animo suscipiunt singula, quæ ipsis immittuntur de manu Domini; et hanc pacem comitari soiet gaudium, et cordis lætitia in Spiritu sancto. Ut ergo hanc solidam pacem, o Mariophile! dum adhuc vivis, obtineas, et post hanc pertingas ad pacem semper quietam in cœlesti Jerusalem, cui posuit Deus fines ejus pacem, ubi fundamenta sunt in montibus sanctis, et altissimum est refugium ejus, ideo clama ad Virginem: *Funda nos in pace.* Et licet Christus sit principaliter Auctor pacis et Amator, qui nobis sanguine suo Patrem reconciliavit, pretiumque sanguinis et mortis ad peccatorum obtinendam condonationem liberaliter solvit, qui solus est Pax nostra, Mediator Dei et hominum, Christus Jesus; nihilominus Virgo Maria, quamvis modo ab hoc diverso, nos fundat in pace. Si enim *multum valet deprecatio justi assidua* (*Jac.* v, 16), ad Dei nimirum iram placandam et pacem cum Deo conservandam, plurimum uti-

que valebit Matris Dei apud Filium oratio, et intercessio. Porro, si creaturæ dant pacem aliis: sic principes belli devincunt hostes, afferuntque pacem toti reipublicæ, et angeli non solos prosternunt homines, sed cum ipsis dæmonibus ineunt certamen; sane plus poterit Dei Mater in homines, et dæmones, quam ulli alteri creaturæ sit permissum; plus valebit ad frangendos hostes tam visibiles, quam invisibiles, illisque devictis ad fundandam pacem, quam valeant mortales principes, vel spiritus beati, angeli pacis in ministerium missi. Amplius enim potest Regis Mater, quam minister, amplius Regina cœlorum, quam incolæ cœli et terræ.

PUNCTUM II. — *Mutans nomen Evæ.* Considera, qualiter Virgo beatissima nomen *Evæ* mutaverit, et in plurimis sit opposita Evæ matri nostræ tam infelici, quæ, licet vocata sit *mater cunctorum viventium* (*Gen.* iii, 20), occidit tamen omnes per originale peccatum, cujus ipsa fuit occasio. Potius ergo *Maria,* quam *Eva,* Mater viventium dici potest, partim, quia est Mater Christi, qui omnibus dat vitam, et de semetipso ait, Joan. xiv, 6: *Ego sum via, veritas et vita;* partim, quia, sicut Eva tantquam naturalis mater suis filiis, et filiabus materiam, spiritus animales, et vitales per generationem naturalem subministravit: ita Virgo Deipara omnibus, qui in Christo nascuntur, tanquam vera illorum Mater spiritualis, virtutes, dona et merita, gratiam et perseverantiam a Deo impetrat; partim denique, quia, sicut Eva fuit mater naturalis omnium viventium, ita Maria prædestinatorum. Insuper autem Maria mutavit *Evæ* nomen, quia Maria prorsus dissimilis Evæ. Eva superba, Maria humilis; illa immoderate appetiit excellentiam audito serpentis promisso: *Eritis sicut dii, scientes bonum et malum* (*Gen.* iii, 5); ista multum se humiliavit: nam perceptis angeli verbis: *Ecce concipies in utero, et paries Filium, et vocabitur Altissimi Filius* (*Luc.* i, 31); tam magno et repentino promisso exaltata non est, sed dixit: *Ecce ancilla Domini.* (*Ibid.* 38.) Eva infidelis, quia de veritate divinæ sententiæ, qua dictum fuit ad Adam: *In quocunque die comederis ex eo,* de ligno nimirum scientiæ boni et mali, *morte morieris* (*Gen.* ii, 17), dubitavit, et dixit ad serpentem: *Ne forte moriamur.* (*Gen.* iii, 3.) Maria autem fidelis: nam de Gabrielis archangeli verbis, qui jussu Dei mysterium Incarnationis annuntiavit, minime dubitavit, sed Spiritus sancti opera se concepturam mox credidit. Eva quasi insipiens venenum a serpente propinatum accepit; Maria autem Mater, et Sedes sapientiæ ab omni peccati veneno abhorruit, in sua Conceptione Immaculata caput serpentis calcavit, et contrivit. Eva per suam inobedientiam totum mundum maledictione implevit; Maria autem sua obedientia Dei gratiam, lætitiam, gaudiumque conciliavit, et ab humano genere maledictionem, in quam devenerat, fugavit. Eva cum dolore et ærumna peperit; Maria vero cum gaudio et lætitia enixa est Puerpera Regem cœli et terræ. Eva in mulieribus male, Maria vero inter mulieres benedicta ; illa sibi odium publicum conciliavit, ista omnes in sui amorem attraxit. Eva primo corrupta virginitatem amisit, et hominem peccatorem genuit ; Maria in primo ortu jam incorrupta, Virgo et Mater permansit, et Dei Filium gignere promeruit. Cum ergo Maria tibi, o Mariophile! data est pro Eva, Mater vitæ pro matre mortis, prudens pro fatua, humilis pro superba, fidelis pro infideli, obediens pro inobediente, sancta et immaculata pro corrupta et peccatrice, sic et maxime condecet, ut tu vitam taliter instituas, quæ te probet non filium Evæ, sed Mariæ. Esto humilis, esto obediens, esto amator virginitatis, omneque peccatum magis deliberatum detestare, esto fidelis in divino servitio, et implevisti conditiones, quæ spectant ad genuinum filium Mariæ. Clamemus proin ad hanc novam Evam miseri nos Evæ filii : O pia Mater! o benigna Mater! te deprecamur, ut per illud honorificum *Ave*, quo initium habuit nostra redemptio, liberes nos ab omni *Væ*, mutans nomen *Eva* in *Ave*, Evæ maledictionem in benedictionem, mœrorem in gaudium, ærumnas in consolationem, miseriam in felicitatem, peccatum in gratiam, mortem in vitam sempiternam.

PUNCTUM III. — *Solve vincla reis.* Considera, quod Deipara potestatem habeat non tantum solvendi vincula, et catenas reis, et captivis in carceribus detentis, et qui gemunt et plorant sub servitute Barbarorum, sed multo magis potestatem hanc exerceat erga omnes illos, qui ligati et constricti sunt vinculis peccatorum, quod Maria facit impetrando per bonas inspirationes, quibus a peccatis abstrahimur, et ipsum odium peccatorum, et realem fugam a peccatis, et peccatorum expiationem per sacramenta, et alios modos. Sunt autem vincula omnium gravissima peccata mortalia, quæ non tantum manus et pedes constringunt, atque a progressu et opere remorantur, sed totam etiam animam sic complectuntur, ut homo, nisi peculiari gratia Dei adjutus, nullo sensu ad salutem valeat uti. Et de his inquit Regius Psaltes : *Funes peccatorum circumplexi sunt me.* (Psal. CXVIII, 61.) Et iterum : *Iniquitates meæ, sicut onus grave, gravatæ sunt super me.* (*Psal.* XXXVII, 5.) Væ homini! qui tale vinculum non solvit in vita, et qui non liberatur de hac captivitate diebus vitæ suæ ; conjicietur enim in tenebras exteriores, in squalidissimum nempe inferni carcerem, ubi fletus est, et stridor dentium, ubi nulla in æternum amplius speranda est redemptio. Avertat Deus, quod tu sis de hoc numero captivorum, qui gemunt sub durissima servitute dæmonis ; si tamen, quod absit! noxæ mortalis vinculo fores ligatus, aut saltem timeres, te esse constitutum in simili miseria, curre cito ad Mariam, quæ solvit vincula reis, hanc implora, ut tibi spiritum impetret pœnitentiæ, quo me-

diante iterum te reconciliare potes optimo Deo tuo, cujus suave jugum peccando recusasti. Est et aliud vinculum, nostra nimirum interna concupiscentia, quod vinculum est molestissimum bonis, sævissimum malis, periculosum omnibus, quod eo stringit arctius, et ad dæmonis voluntatem facilius impellitur, quo pluribus, et gravioribus obnoxii sumus peccatis. Sed neque venialia peccata aliud quid sunt, quam vincula, quibus equidem dæmon non tenet nos actu constrictos, solet tamen per hæc peccata, tanquam per quosdam funiculos, nos pertrahere ad mortalia. Ligant insuper hæc, licet minora vincula, Deo manus, ne nobis largiatur ea dona, quæ largiretur, si inveniret corda nostra munda, et vacua a peccatis. Coarctant præterea ipsum peccantem, ne expedite currat in stadio virtutum, et via perfectionis, ita ut hæreat in uno loco cum nullo, vel exiguo progressu. His, inquam, vinculis undique sumus ligati, et constricti, quia sumus homines rei in conceptione, rei a nativitate, rei per omnem vitam, quia post baptismum novis iniquitatibus deturpavimus animam nostram, novisque peccatis Deum offendimus, atque nos reos sua pœna, et indignos gratia effecimus. Quapropter rogemus illam Virginem, quæ nunquam fuit rea, non tantum ab omni peccato actuali per totam vitam immunis, sed neque in sua Conceptione nævo originali maculata, sed semper sine labe purissima exstitit, nullo unquam tempore mancipium diaboli, neque vinculo protoparentis nostri constricta, ad hanc, inquam, suspiremus : *Solve vincla reis*, solve precibus, o Maria! solve meritis, solve auctoritate, solve imperio ; scimus enim quod tanta apud Deum Filium tuum polleas auctoritate, ut nobis pœnitentiæ donum, sine quo peccata non remittuntur, et beneficium sacramenti obtineas. Injice nobis, quæsumus, o Domina! pro funibus peccatorum vincula charitatis, reosque vinculis solutos transfer in Dei filios monilibus et torquibus pretiosis in æterna vita exornandos.

Quia Virgo beatissima reis solvit vincula, et in hujus veritatis confirmationem ipsa Ecclesia festum aliquod celebrat de beata Virgine Maria sub titulo Redemptionis captivorum, ideo loco praxis specialis hac die, ubi considerasti, quod reis vincula dissolvat Mater Dei, tria poteris utiliter observare. Primo : Siste te coram Virgine beatissima in spiritu tanquam reum, et multis peccatorum catenis constrictum maleficum. Secundo : Rogabis Virginem Mariam, ut brevi succurrat fidelibus defunctis, qui adhuc in pœnali purgatorii carcere detinentur multisque vinculis ligati sunt, quibus obstantibus ad libertatem filiorum Dei nequeunt pertingere. Tertio : Commenda Matri Redemptionis captivorum omnes sub Saracenorum jugo gementes fideles, ut eorum vincula ocius dissolvat, vel saltem gratiam a Deo illis impetret, vi cujus suas ærumnas cum patientia possint tolerare, hasque in satisfactionem pro peccatis suis Deo sine jactura veræ fidei offerre.

In patronum elige sanctum Petrum Nolascum, vel sanctum Joannem de Matha ord. Redempt. captivorum, quibus Dei Mater noctu apparuit, indicavitque fore acceptum sibi, et unigenito Filio suo, si in suum honorem institueretur ordo religiosorum, quibus cura incumberet captivos liberandi e Turcarum aliorumque Barbarorum tyrannide.

DIES QUARTUS.

Profer lumen cæcis,
Mala nostra pelle,
Bona cuncta posce.

PUNCTUM I. — *Profer lumen cæcis.* Considera, quod nobis miseris sit valde necessaria hæc petitio, quam facimus ad Virginem beatissimam, ut nimirum illa, quæ nunquam ulla, ne quidem originali peccati, cæcitate fuit involuta, nobis undique cæcis etiam deleta jam culpa protoparentis Adami proferat lumen summe necessarium ; qui enim ambulat in tenebris, qui destitutus, et privatus est lumine naturali, illustrari et illuminari habet opus. Unde, sicut olim cæci illi evangelici, de quibus refertur Matth. xx, 30, magno clamore petierunt lucis usum ab illo, qui lucem separavit a tenebris : *Clamaverunt dicentes : Domine, miserere nostri, fili David !* ita et nos clamamus ad Virginem, ut proferat lumen cæcis per summam illam auctoritatem, qua ut Mater Dei, et Domina mundi in genus humanum pollet, quia precibus et meritis suis obtinere nobis valet, quæ alias in Dei solius sunt potestate. Precamur, inquam, Virginem, ut proferat lumen, ut recte credamus, ut credentes justificemur, et justificati gustemus, videamusque, quam suavis sit Dominus, et videntes tota in eum dilectione, et ardenti charitate feramur. Hoc lumen nos petimus a Virgine illuminatissima Maria, qui sumus cæci. Utinam nosses, anima Christiana! in qua magna verseris caligine, et cæcitatis miseria ! Hæc cæcitas est eo magis periculosa, et nociva, quia a nobis non advertitur, imo, quod maxime dolendum, tanquam acutissime videntes de tali cæcitate multoties gloriamur. In tam misera cæcitate non tantum versantur illi, qui carent veræ fidei lumine, uti sunt infideles, Judæi, hæretici, sive dein illos excæcatos teneat ignorantia, sive voluptas et licentia male vivendi, sed etiam Catholici inter cæcos sunt computandi, qui fidei quidem lumine, et quasi videndi sensu donati in densissimis tamen versantur tenebris, vel, quia per privationem divinæ gratiæ amissa omni pulchritudine luminis cœlestis ad dæmonis similitudinem accedunt, partim, quia in animo sunt adeo insensibiles, eo quod fidei veritates non quidem ignorent, ab his tamen non commoveantur, sed quasi nunquam morituri in utramque aurem multis obruti peccatis securissime dormiunt, qui bona temporalia magis æstimant, quam bona æterna, pluris faciunt gratiam, laudes et favores hominum, quam gratiam, laudes et favores Dei, qui magis laborant pro assequendis rebus temporalibus, quam æternis, magis tristantur, si quod temporale bonum perdunt, quam si perdant æternum. Magnæ revera sunt istæ tenebræ, quibus animus offunditur ! Examina te in singulis, annon in corde tuo similis stabuletur tenebrarum miseria, et, si quid inveneris, pete a Virgine sanctissima, ut illas pellat, ut te liberet. Quocirca sæpius suspira magno cum animi sensu, dicens : *Profer lumen cæcis.*

PUNCTUM II. — *Mala nostra pelle.* Considera, quod in hoc mundo varia sint mala, et quidem aliqua sunt vere talia, nonnulla vero ut mala nobis apparent, dum a contrario mala vera potius æstimamus in numero bonorum, et deliciarum. Mala hujus vitæ vere talia sunt peccata, et omnia illa, quæ ad peccandum nos inducunt. Nunquid enim omne illud grande reputandum est malum, quod adversatur Deo infinito bono, quod omnis boni, et gratiæ inducit carentiam, puniturque malo infinito ? Hoc malum, scilicet peccatum, omnes miserias et calamitates mundo intulit, Deum ipsum adegit in crucem, inferni pœnas sicuti excitavit, ita et conservavit in æternum. Mala apparentia sunt tribulationes et adversitates ; istæ quidem malæ sunt illis, qui pretium ab intrinseco latens ignorant, multum autem emolumenti afferunt, qui ex voluntate Dei illas admittunt et Dei manum exosculantur pro omnibus, quæcunque ipsis adversa immiserit in tempore, ut eo feliciores sint in æternitate, qui frequenter ac pie meditantur, mundi esse conditionem, ut fluat, transeat, fluctuet, vi ventorum agitetur, in quo, qui plura sustinent incommoda, felicius ac citius portum attingunt vitæ æternæ. Disce ex his, o Mariophile ! mala separare a bonis, pretiosum distinguere a vili. Scias etiam, velim, absque tua voluntate nunquam tibi posse obtingere vera mala ; mala enim nostra non sunt alia, nisi quæ nobis ipsimet causamus, peccata nobis nulla imputantur, nisi ubi consentit voluntas, tametsi vel intus animum fœdis cogitationibus irritent et continuas piis mentibus causent afflictiones spirituales. Tribulationes autem malæ non sunt, nisi cum iracundia et impatientia feramus tales molestias, et ultro volumus subterfugere id, quod nobis proficuum est et salutare. Quo minus in hac vita aliquis adversitatum susceperit pro peccatis, tanto diutius torquebit ignis purgatorius, atque ab ingressu portus cœlestis remorabitur. Consulto ergo rogamus illam Virginem, quæ nullo unquam tempore malum sensit, vel culpæ, vel pœnæ, malo illi originali, per quod omnis intravit in mundum calamitas, neque in instanti Conceptionis suæ obnoxia. Ad hanc Virginem ab omni malo semper præservatam quilibet nostrum supplices extendat palmas, ut vera mala non tantum propria, sed et aliena omnia, communia nostræ famili e, religioni, omnium subditorum, reipublicæ, et totius Ecclesiæ nostræ pellat, a familia et congregatione omnem amoveat dissensionem, a nobis commissis nostræque curæ concreditis omnia peccata, et a Christi Ecclesia omnem repellat nequitiam, defunctorum quoque animas ab omnibus malis, ac pœnis eripiat, illisque veniam obtineat peccatorum ; Maria enim præclarior maris Stella, quam cœleste illud sidus, quod maris stellam vocamus, quæ equidem aspectu suo nautas exhilarare, mala tamen Oceani depellere non potest, non solum spem præbet tranquillitatis, sed et ipsa mala nostra pellit, et tempestatem sedat ; depellit enim peccata a nobis, quibus delictorum condonationem impetrat, tollit pœnas peccatorum, avertitque occasiones peccandi, denique conterens caput serpentis omnes illius insidias detegit, et vires frangit. *Mala nostra pelle*, o Virgo sanctissima ! pelle oratione, meritis apud Filium, et materna intercessione, impetra nobis apud dulcem Natum, ut ipsi depellamus mala nostra, peccatorum occasiones declinemus, peccata jam commissa defleamus, salutari pœnitentia expiemus, et sacra confessione deponamus, nihil præter Dei gloriam aut spectemus, aut in animos nostros influere patiamur.

Punctum III. — *Bona cuncta posce.* Sicut in diversa classe sunt mala, ad quæ pellenda rogavimus beatissimam Virginem : ita et diversimode spectari possunt bona, quæ a Virgine petimus, ut poscat, ut impetret et obtineat. Nostra quidem voluntas nihil potest velle, nisi bonum verum, aut apparens, bonum autem apparens non habet rationem veri boni, sed Bonum verum est solus Deus, et omnia illa, quæ ipsius promovent honorem, et ad nostram salutem conducunt æternam. In cœlo est omne bonum, ut gloria cœlestis, præmiumque meritorum ; in terra autem bona multis malis sunt permista : quædam enim sunt bona quæ nullo modo mala esse possunt, ut gratia, amicitia Dei, virtutes, pax et tranquillitas conscientiæ ; alia sunt de se indifferentia, uti divitiæ, honores, loqui, studere, scribere, et similia, quæ ex usu, et hominis intentione vel bona sunt, vel mala ; alia quidem de se mala sunt quoad speciem, uti afflictiones corporis, persecutiones, aut alia adversa, quæ tamen in magna permutantur bona, si æquo animo ac patienti quis ob Dei amorem illa sustineat. Ex quo tu discere potes, quod nullum sit in hac vita malum, quo non possimus uti ad bonum, ut exinde etiam colligas hominis Christiani felicitatem, cui omnia, si velit, cedunt in bonum, imo et ipsa peccata a nobis commissa, licet de se nunquam convertantur in bonum, ex Dei tamen misericordia non parum prosunt peccatoribus, qui eorum recordatione stimulos addunt ad virtutem, et ad frequens incitant humilitatis, et propriæ confusionis exercitium. Pro veris ergo bonis Matrem Dei humiliter rogamus, ut nobis poscat ; ipsa enim pro bonis et gratiis poscendis est aptissima, tum quia valde chara, et dilecta Deo, tum quia preces ejus sunt valde ardentes, et finis suarum precum præstantissimus. Hæc Virgo, quæ cuncta bona

est plenissime assecuta, quæ Deum bonorum omnium fontem jam possidet, bona cuncta pro nobis poscet apud Filium suum, impetrabit nempe nobis intellectus illustrationem, ut depulsa cæcitate fœditatem peccatorum intueamur, et res hujus vitæ non aliter, quam par sit, æstimemus, atque voluntas ad malitiam inclinata, a Deo aversa, in Dei amorem transmutetur ; ipsa poscet Dei gratiam, et remissionem peccatorum, constantiam in bono, ut affectus noster nonnisi in Deum feratur, nullaque re alia, quam summo Bono delectetur, et rebus omnibus, seu prosperis, seu adversis ad Dei solius honorem utatur. Hæc potens Virgo poscet post hanc vitam gloriam beatorum, in qua sola asservantur cuncta bona, imo, ut ad illa bona statim avolemus, iisdem sine fine in omnem frituri æternitatem.

Cum omnes in hac vita simus inopes et pauperes, et nihil magis indigeamus, quam veris bonis, ac divitiis, quæ nobis prosunt ad vitam æternam, ideo loco praxis specialis a Virgine sanctissima, quæ mala nostra pellit, et bona cuncta poscit, pete cum filiali fiducia bona cuncta, speciatim autem vitam æternam, in qua est omne bonum, quia beatitudo est status omnium bonorum aggregatione perfectus. Secundo, bona corporis et animæ. Tertio, ut bonis indifferentibus non aliter utamur, nisi ad Dei honorem, nostramque salutem. Quarto, ut omnia adversa nobis cooperentur in bonum. Quinto denique, pete etiam a Virgine bona conducentia ad aliorum spirituale auxilium, uti sunt conversiones peccatorum, media ad incitandos alios ad virtutes, honestum et pacificum vivendi modum, qui serviat ad eo facilius lucrandas animas. Plures petitiones dictabit tua conscientia, cui erit perspecta, quibus bonis maxime indigeat.

Patronus eligatur sanctus Petrus de Morono fundator Cœlestinorum. De hoc refert Petrus de Aliaco card. in ejus Vita, cap. 4, quod in tenera juventute ipsius oculus dexter fuerit perforatus aculeo, et cum de hujus restitutione desperarent omnes medici, tandem supervenit cæcitas ; illa autem Virgo, quæ *profert lumen cæcis*, huic cæco parvulo lumen restituit : dum enim deportatus fuerat a sua matre in ecclesiam, et collocatus supra altare Virginis Mariæ, mater hujus pueruli ardentissimis precibus pro restitutione visus rogabat Dei Genitricem, et ecce ! sub precibus clamavit triennis parvulus : *Video Mariam.* Refert et aliud mirabile exemplum Locrius ex lib. mss. *Miraculorum Montis Serrati*, miracul. 1 ; et ex illo Justinus Michoviensis, disc. 252, n. 2, cujus verba hæc sunt : « Pictor quidam nomine Andreas, cum sacram beatæ Virginis iconem, quæ apud Montem Serratum religiose colitur, pictura exornare et illustriorem reddere conaretur, ubi penicillum admovit, illico cæcus factus est, noluit Deipara humano artificio pulchrior effici. Tribus mensibus lumine oculorum privatus sacram Dei Genitricem assiduis fatigabat precibus, ut lumen oculorum adeo desideratum sibi restitueret. Nec fuit irritum votum, nec vacua postulatio ! cum enim religiosi ibidem canerent hymnum : *Ave, maris Stella* ; ipso pariter ferventissime Deum deprecante, atque ad ea verba pervenissent : *Profer lumen cœcis* ; repente visus facultas ei est restituta. ›

DIES QUINTUS.

Monstra te esse Matrem,
Sumat per te preces,
Qui pro nobis natus.

Punctum I. — *Monstra te esse Matrem.* Considera : Sicut de fide catholica omnes credimus, et confitemur, quod Maria sit vera et germana Mater unigeniti Filii Dei ; ita non debemus ignorare quod hæc Mater nobis data sit a Christo Domino, qui de cruce loquens fideles omnes dedit in filios adoptionis, hosque sub persona dilecti discipuli commendavit: *Mulier,* inquiens, *ecce filius tuus !* et ad discipulum Joannem : *Ecce Mater tua !* (*Joan.* xix, 26, 27.) Qui enim per Spiritum sanctum suum, quo vivificat corda nostra, nos effecit filios Dei Patris sui, *in quo clamamus : Abba, Pater,* ut ait Apostolus (*Rom.* viii, 15), et a quo jubemur dicere: *Pater noster, qui es in cœlis* (*Matth.* vi, 9) : idem ille Christus Dominus voluit nos filios adoptivos esse Mariæ Matris suæ, quam fecit Matrem vera vita viventium. Unde et post resurrectionem nos fratres suos appellavit, dicens mulieribus : *Ite, nuntiate hæc fratribus meis* (*Matth.* xxviii, 10) ; ut Maria nos agnosceret filios, et nos illam veneraremur ut Matrem. Porro autem, quemadmodum officium est matris, ut se mediam interponat inter patrem iratum , et filium, paternamque iram et flagella filio intentata impediat ; ita et Maria nostra Mediatrix, media inter Solem justitiæ, et mutabilem lunam, iram Dei a nobis avertit. Insuper, sicut matres singulari affectu diligunt filios , fovent, tuentur et exhilarant, de ipsis sunt solliciti. varia bona procurant, ut Rebecca filio Jacobo paternam benedictionem, Bethsabee Salomoni regnum, Monica Augustino sanctitatem et doctrinam : ita V.r̥ģo Maria vera Mater, Consolatrix, Vita, Dulcedo, et Spes nostra maternum filiis affectum declarat, et se nobis Matrem esse monstrat, qui sub ejus fugiunt præsidium, magnaque cura sollicita est de clientibus, ac filiis, suisque precibus, et meritis cœlestem demittit benedictionem, errantibus succurrit, et demum pinguem communicans hæreditatem in regnum suscipit cœleste. O magna felicitas illorum, qui tantæ Matris sunt filii, qui hanc Matrem venerantur, diligunt et colunt ! Tales enim Maria semper protegit, illos virtutibus ornat, favorem Filii conciliat, eisdem ut pia Mater occurrit, et denique post mortem Filio suo ostendit et præsentat. Precare igitur hanc purissimam, et sine labe conceptam Virginem, ut monstret se non tantum fuisse, sed etiamnum esse Matrem tuam. Si autem illa per internam inspirationem tibi respondeat se quidem

hactenus Matris in nos officium non neglexisse, filii autem obligationem a te fuisse neglectam, et prætermissam, quapropter, ut semper te ostendas genuinum Mariæ filium, impedimenta remove, et amplectere media quæ probant te esse filium adoptivum, qui dignus sit ut Maria se monstret esse Matrem.

Punctum II. — *Sumat per te preces.* Considera, qualiter continuo Virginem Mariam rogare oporteat, ut per ipsam preces nostras Filius divinus sumat, nostræque petitionis nos faciat participes, et, quæ proficua nobis sunt et salutaria, benigne concedat. Unde sancta Ecclesia filios suos instruit, ut frequenter clament ad Virginem : *Sumat per te preces.* Ubi singula verba bene sunt examinanda. Rogamus enim hanc Virginem, quæ se Matrem esse monstrat, ut pro materna sua in Filium auctoritate efficiat, ne Filius preces nostras repudiet, sed *sumat,* et clementer admittat ; magna enim hujus Matris est auctoritas, a cujus voluntate Filius nunquam dissentit ; si enim voluntatem timentium se facit, ut ait Regius Psaltes (*Psal.* cxliv, 19), an Matris, quæ eum genuit, negliget voluntatem? Atque ob hanc causam in hac precatiuncula superaddimus : *Sumat per te ;* Filius nimirum per Matrem, per quam progredimur ad Filium, quæ est Mediatrix longe efficacior , quam fuerat Moyses, qui se (*Deut.* v, 5) appellat Sequestrum, eo quod preces populi ad Deum deferret, et Dei voluntatem annuntiaret populo; quæ Mater est illa scala Jacob, quæ materna auctoritate penetrat cœlos, profunda humilitate attingit terram nostram. Est in hoc mystico corpore, quod collum in homine, medium inter caput et corpus, per quod et voces ascendunt ex corpore, et nutrimenta descendunt de capite. Alia iterum causa est, cur desiderare debeamus. ut Filius sumat preces per Mariam; cum enim ignoremus annon preces nostræ et actiones multis humanæ infirmitatis sordibus sint contaminatæ, quia vix sine evagatione mentis precamur, sine inani gloria bene operamur, sine impatientiæ sensu hortamur, sine aliis vitiosis motibus vel loquimur, vel aliquid perficimus, ideo recte et optime rogamus Mariam : *Sumat per te ;* ut nimirum illa de manibus nostris suscipiat, maculas suis manibus purget, suis meritis ornet, suis orationibus promoveat; Deus enim, cum infinitæ sit perfectionis, nil acceptat, quod non est purgatum, nitidum et mundum. Denique petitio nostra eo devolvitur, ut Deus per Mariam sumat *preces ;* preces enim offerimus, qui merita non habemus. preces enim non a nobismetipsis, sed per Dei gratiam mereamur operibus bonis, bene dicimus, quod opera nostra, quatenus a nobis proveniunt, sint *preces ;* accedente autem gratia divina sint *merita.* Ex his igitur, o Mariophile ! salutarem accipe doctrinam, eamque duplicem. Primo, quod beati et felices simus, si Matrem habeamus propitiam, ad quam pertinet ut per ipsam sumat Filius preces notras ; infelices autem omnes illi, quibus hæc Mater indignatur, precesque illorum ab accessu Filii repellit. Secundo, quia omnes actiones nostræ ex Dei amore susceptæ, et quibus honorem ejus, sive mente, ore et opere promovemus, sunt preces, ideo laborandum est, ut tam istæ preces ex fideli corde proficiscantur, quia sine corde nostro, in quo solo complacet, nihil acceptum est Deo, qui petit in Proverbiis (xxiii, 26) : *Præbe, fili mi! cor tuum mihi,* quam etiam ut omnes actiones, et opera nostra sint veræ preces, ut sive manducemus, sive bibamus, sive aliud quid faciamus in verbo, aut in opere, omnia faciamus in Dei gloriam (*I Cor.* x, 31) ; atque hoc modo, ut monet Christus (*Matth.* vi, 6 seqq.) et ejus Apostolus (*I Thess.* v, 17), sine intermissione orabimus, quando nimirum sine voce per nostras actiones mendicorum instar quasi manus ad eleemosynam Deo attollimus. Utinam scires, anima Christiana! magnam hanc felicitatem tuam, vi cujus per tuas actiones singulis momentis orare potes, atque mereri! nam etiam corporis refectio, animi relaxatio, somnus et lusus, si honeste instituuntur, precantur apud Deum, atque merentur. Si autem has preces omnes sumat Christus per Mariam ; quantus erit acervus felicitatis, quantum gloriæ pondus opera nostra operabuntur in cœlis ?

Punctum III. — *Qui pro nobis natus.* Ut apud Virginem Mariam tanto efficacius petitionem nostram proponamus, cujus nempe finis est, ut per ipsius manus sumantur preces nostræ, simul etiam illum denominamus, *qui sumat preces,* ille nimirum, *qui pro nobis natus,* ubi incarnationis mysterium grata mente recolimus et eo facilius, dum consideramus beneficia divina præterita, novas quoque gratias sperare possumus et obtinere. Quapropter cum magna gratitudine animi expende, quibus ex causis Christus pro nobis fuerit natus? Natus est pro nobis, ut esset nobis exemplar omnis sanctitatis. Secundo, ut esset Redemptor noster per proprium sanguinem. Unde agnoscere debemus beneficii hujus magnitudinem et considerare magnitudinem mali, a quo nos redemit ; nobis namque fuisset impossibile illud propriis viribus evadere, nisi excellentia vitæ suæ per amarissimam mortem fuisset data in pretium. Est porro *pro nobis natus,* ut esset noster verus cibus, pasceretque nos suo corpore et sanguine in sanctissimo Eucharistiæ sacramento, quod grande beneficium fuit inauditæ divinæ charitatis inventio. Denique *pro nobis natus,* ut esset noster in cœlis, partim juvando nos hic certantes in mundo, uti juvit sanctum Stephanum, sanctum Paulum, et alios; partim, ut esset objectum nostræ beatitudinis, nos ibi exspectans, ut transacto hoc vitæ cursu non jam in ænigmate, sed facie ad faciem ipsum videamus sine fine felices et beati. Pro tot tantisque gratiis, o anima Christiana ! gratias age Redemptori tuo, et cogita quid ei offerre debeas ad compensanda pro viribus tuis similia beneficia.

Posses autem nil gratius offerre, quam si coneris habere id, quod ille prætendit, fugam nimirum peccati et perseverantiam in vita bona.

Observa pro praxi speciali ante singulas actiones, qualescunque illæ sint, sive spirituales, sive in materia indifferenti, ut prævie easdem commendes Virgini Mariæ, dicens cum quadam elevatione mentis : O Maria! *sumat per te preces.* Quasi diceres : O Maria! conabor modo precari Filium tuum, conabor aliquid operari cum virtute ad laudem et honorem ipsius, quæso! *Sumat per te preces.* Tu, o Mater amantissima! promove, quod rogavi, sumat de manibus tuis preces nostras a te purificatas et commendatas, qui forsan ad preces meas a me oblatas vultum averteret.

In patronam elige sanctam Mechtildem ex ordine D. Benedicti. Hæc sancta virgo, ut refert P. Petrus Penequin, S. J. p. iii, cap. 21, in Irag. ad Ancor. div. cœlestes illos cives aliquando proclamantes audivit : O bellæ animæ, quæ in terris degitis, quam fortunatæ estis, quod singulis momentis in charitate Dei crescere et gloriosa vestra merita augere potestis! Si homo, æque ac nos, cognosceret, quantum gratiæ uno die lucrari possit, statim mane e somno excitatus totus in obsequium Dei , et virtutum actus incumberet, atque ex omni eventu et occasione gradum sibi faceret ad sancti amoris opes augendas. Hæc doctrina conformis est illi, quæ supra, puncto 2, allata est, ut discamus, quantum singulis momentis per actiones nostras possumus precari Deum, et una cum gratia in hac vita promereri correspondentem gradum gloriæ in vita æterna.

DIES SEXTUS.

Tulit esse tuus,
Virgo singularis,
Inter omnes mitis.

Punctum I. — *Tulit esse tuus.* Considera, quod variis modis, iisque quatuor præcipue, Christus Dominus fuerit beatissimæ Virginis, atque ex singulis decerpe salutarem fructum, tuamque vitæ rationem ita institue, ut Christus Dei Filius sit semper *tuus.* Fuit igitur primo Christus beatæ Virginis, quia erat verus et naturalis Filius, ex ejus purissimo sanguine, opera Spiritus sancti quoad suum corpusculum conceptus, absque ope patris terreni et statim animatus; qualiter nunquam in aliis contingit hominibus. Modo ergo prorsus speciali erat Christus beatæ Virginis, qualis non est ullus filius alterius matris. Unde beatæ Virgini ex animo gratulare ad hanc dignitatem adeo insignem, atque humillimis insta precibus, ut per ipsius merita et intercessionem Christus Jesus sit semper tuus in tempore et æternitate. Secundo; Erat Christus beatissimæ Virginis per gratiam sanctificantem ; nullum enim fuit temporis instans, quo Christus non fuerit hujus sanctissimæ Matris. Nunquam enim peccato mortali, imo ne quidem culpa originali, fuit fœdata, quæ utraque mala causant,

ne Deus sit noster. O Mariophile! licet post baptismum et deletam labem nostri protoparentis
Deus statim inceperit esse tuus, timeo tamen valde,
annon successu temporis Christus per gratiam
tuus esse cessaverit, ita ut per contractum mortale
peccatum ex tua expulsus sit anima. Si te reum
inveneris, amaris deplora lacrymis et in futurum
in timore sancto te conserva, ne amplius subeas
tantum vel ad instans dispendium, quod Jesus non
sit tuus per gratiam suam. Insuper Christus fuit
Virginis beatissimæ per similitudinem morum ; non
enim inter creaturas puras fuit tanta similitudo
sanctimoniæ, quanta fuit inter Christum et ejus
sanctissimam Matrem, sive actus virtutum spectes,
sive fomitis refrenationem omni motu inordinato
carentem. Demum Christus erat Virginis beatissimæ per vicinitatem cultus, quia in catholica Ecclesia nullus sanctorum tantopere colitur a fidelibus, qualiter Mariam Virginem ob intrinsecas suas
perfectiones et dona gratiarum a Deo collata venerantur fideles animæ. Si ergo Mariam sincere diligis, ob tantum cultum excita gaudium et desidera
in spiritu conjungi omnibus, qui in toto terrarum
orbe venerantur et colunt beatissimam Virginem.
Tandem etiam ab illa petes, ut te efficiat gratum
et dilectum Filio suo in hac vita, ut tandem in cœlo
semper sine amissionis periculo tuus esse valeat.

Punctum II. — *Virgo singularis.* Considera, quod
Dei Mater, quam ut Virginem pluribus in locis
jam commendavimus, mereatur etiam jure optimo
deprædicari, quod sit *Virgo singularis,* non tali
modo, uti nonnullos *singulares* vocamus, qui se
vel aliorum moribus nolunt accommodare, vel
communibus legibus vivere recusant, vel se cæteris præferunt, dicentes cum Pharisæo : *Non sum
sicut cæteri homines.* (*Luc.* xviii, 11.) Nam Virgo
Maria omnibus omnia facta est, ut lucrifaceret omnes, a legibus communitatis abhorruit nunquam,
sed easdem exacte observans omnibus cum magno
obedientiæ ac humilitatis exemplo se submisit.
Ex aliis igitur causis Maria est *Virgo singularis.*
Primo, quia admirabilis in illa reperitur castimonia
et puritas, qua non solum homines vicit, sed et
ipsos superavit angelos, sine labe concepta, ab
omni peccato originali semper præservata, nullum
unquam sensit motum, concepta in justitia et
copiosa gratia Dei modo longe diverso, quam
Psaltes Regius dicere potuit: Ego sine iniquitatibus
in justitia concepta sum, et sine peccatis in gratia
concepit me Mater mea. Votum virginitatis prima
vovit et perfectissime semper observavit, quæ nec
primam similem habere visa est, nec habere sequentem. Tanta fuit puritas hujus Virginis singularis, quod nullo tempore cogitationes fœdasque tentationes fuerit passa, nunquam propius ad illam
accesserunt dæmones ; unde ad ipsum pertigit culmen non modo puritatis, sed et virtutum omnium,
quod nulli alteri ex hominibus in hac vita concessum est, quia etiam apostoli senserunt in membris

suis legem repugnantem legi mentis suæ, neque
ullus dicere potuit se ab omni iniquitate esse
mundum et exemptum. Secundo, beata Deiparens
fuit *Virgo singularis,* quia fuit Mater salva virginitate ; hæc Mater et tamen simul Virgo Patrem suum
et Creatorem tenuit, inviolata concepit, sine fastidio
gestavit, sine dolore peperit. Hanc singularem Virginis et Matris prærogativam jam olim admirabantur prophetæ, eamdemque variis depinxere figuris.
Sic porta Orientalis semper clausa, per quam apud
Ezechielem Dominus exercituum ingressus est,
de hac singulari Virgine intelligenda est, per quam
Deus ipse in hanc Ecclesiam suam intravit. (*Ezech.*
xliv, 2); Virga Aaron (*Num.* xvii, 8), sine terræ
succo florens eamdem sine opera viri parientem ;
et vellus Gedeonis (*Judic.* vi, 38) sine strepitu ma-
didum rore, eamdem secreto Spiritus sancti interventu cœlesti prole gravidam demonstravit. Tertio
denique, Maria est *Virgo singularis,* quia in cœlis
singulari eminet gloria ; hæc enim Virgo singularis,
quia sine labe concepta et Virgo semper purissima, et ipsum Jesum Dei Filium concepit sine macula, locum obtinet in domo Dei et in muris ejus
longe sublimiorem, nomenque melius a filiis et filiabus, utpote quæ assistit a dextris Salomonis Regis pacifici in vestitu deaurato, circumamicta varietatibus. Ex hac igitur triplici Matris tuæ Mariæ
singulari præeminentia triplex documentum tuis
breviter applica circumstantiis. Sicut Maria fuit
Virgo singularis propter singularem suam puritatem et mentis castimoniam, ita agnosces tuam quoque felicitatem, si persona es voto castitatis ob-
stricta, quod ad talem vocatus sis statum, ubi per
observationem castitatis illibatæ præparatum virginitatis præmium secura mente poteris præstolari.
Secundo, quamvis magnus sit honor esse Dei Matrem, exsequi tamen Dei mandata, ait sanctus Augustinus, felicius est quam esse Matrem Dei. Cum
ergo per gratiam Dei eo possis pertingere, ex parte
tua illa remove impedimenta, illa inquire media,
quæ te ad hanc perducunt felicitatem. Tandem
quia Virginem singularem singularis condecet misericordia, vi cujus e cœlo in hanc miseram vitam respiciat ; ideo eamdem obsecra, ut, quæ de
sublimi solio Majestatis suæ contemplatur gloriam
sanctorum omnium, civium et beatorum, ita et
oculis misericordiæ suæ te tanquam clientem et
filium respicere, tuique misereri dignetur.

Punctum III. — *Inter omnes mitis.* Sicut omnes
motus tam interni quam externi, qui mansuetudini
sunt adversantes, et quos sæpe sæpius in nostris
cogitationibus et actibus voluntatis experimur,
quibus tanquam mare turbidum fluctibus exagi-
tamur, sicut, inquam, omnes defectus mansuetudinis sunt miseræ reliquiæ peccati originalis, ita
Virgo illa sine peccato et macula originali concepta
caruit hujusmodi defectibus, qui mansuetudini adversantur ; consequenter fuit *inter omnes mitis.*
Mitis in animo ; quia nullos sensit affectus volun-

tatis mansuetudini repugnantes, habens per singulare Dei privilegium perfecte frenatum concupiscentiæ fomitem. Mitis in sermone; nullum unquam verbum mansuetudini adversum, imo nec ipsa vocis inflexione, et sono vehementi quidquam immite præ se tulit. Mitis in opere; quia nihil fecit unquam, quod mansuetudinem non saperet. Fuit Maria *inter omnes mitis;* quia Davidis patris mansueti Filia exstitit, et licet filii non semper sint successores paternarum virtutum, ut ait Apostolus : *Non omnes, qui ex Israel sunt, hi sunt Israelitæ, neque, qui geniti ex Abraham, hi sunt filii Abrahæ* (*Rom.* ix, 6), alienum tamen est hoc a Virgine beatissima, quæ progenita ex David, qui erat vir mitis et mansuetus : *Memento , Domine , David , et omnis mansuetudinis ejus* (*Psal.* cxxxi, 1), hujus etiam paternæ virtutis exstitit hæres. Et profecto, si Moyses internuntius, et mediator legis antiquæ, quæ ob continuas minas lex iræ appellata est, omnium hominum fuit mitissimus (*Num.* xii, 3), quanto magis igitur convenit inter omnes esse illam, per quam lex mansuetudinis, misericordiæ et charitatis ad nos pervenit? Unde et in Cant. vi, 8, *una columba*, et quidem *perfecta*, ob insignem, qua cæteris præcellit, mansuetudinem prædicatur; et sicut Christus fuit mansuetissimus Agnus, Matrem quoque decuit habere mansuetam et mitissimam columbam. Cum ergo tranquillitatem mitissimæ animæ virgineæ contemplaris, o Mariophile ! admirare illam, extolle laudibus, gratias age Domino, qui Matri tuæ Immaculatæ tam rarum concessit privilegium : beatæ autem Virgini gratulare hanc insignem virtutem, humillime supplicans, ut et tibi impetret talem quietem et animi tranquillitatem. Ut vero etiam ex tua parte nihil deficiat, pro obtinenda mansuetudinis virtute optimum remedium tibi erit humilitas, ardentissima charitas; sicut enim æmulationis, invidiæ, iracundiæ mater est superbia, cum inter superbos semper sint jurgia; ita mansuetudinis et modestiæ mater est humilis charitas, quæ non æmulatur, non inflatur, non irritatur, non cogitat malum, sed patiens est, et benigna, omnia suffert, omnia sustinet. Per has geminas virtutes obtinebis in anima tua pacem et tranquillitatem, quam promisit Veritas æterna, dum dixit : *Discite a me, quia mitis sum, et humilis corde, et invenietis requiem animabus vestris.* (*Matth.* xi, 29.)

Ut imiteris Virginem, quæ fuit *inter omnes mitis*, satage in vicem praxis specialis, ut omnem cohibeas impetum in actionibus, maxime autem in loquela; omnis enim vehementia in verbis, et actionibus valde dedecet perfectionis studiosum.

Patronus diei sit sanctus Ignatius M. qui etiam nobis testatur Virginem Mariam jam olim, dum viveret, fuisse inter omnes mitem ; mitibus enim libenter convivunt homines. Unde Psalmographus : *Mansueti hæreditabunt terram.* (*Psal.* xxxvi, 11.) Scribit autem præfatus auctor, Epist. ad beatum Joan-

nem, quod Virginem Mariam, priusquam ex hac vita migraret, ob placidos mores omnes videre desideraverint, ut vel solo fruerentur colloquio, vel mansuetissimum vultum contemplarentur, in quem finem multi longissimum iter gaudenti et libenti animo perficiebant.

DIES SEPTIMUS.

Nos culpis solutos,
Mites fac, et castos,
Vitam præsta puram.

Punctum I. — *Nos culpis solutos.* Considera, quod magna sit necessitas ut petamus culparum solutionem; sumus enim undique per culpas nostras velut vinculis, et compedibus ligati et constricti. Vincula ista sunt nostra peccata, quæ omnibus catenis hujus mundi sunt fœdiora, arctiora, fortiora, et magis molesta; nam peccatum, si mortale sit, omnem aufert ab anima pulchritudinem gratiæ, tollit a Dei imagine ipsius similitudinem, imo diabolicam inducit fœditatem. Quod autem insuper culpæ nostræ sint vincula arctissima, ex eo colligitur, quia etiam intus animam, ejusque vires stringunt, et fortissime ligant. Sicut enim gratia Dei in animæ essentia totum hominem restituit libertati, et filium Dei facit gratissimum ; ita peccatum totum vincit hominem, et Deo reddit exosum. Sunt etiam fortissima et gravissima ; miser namque peccator ad nutum diaboli huc illucque impellitur, et denique, nisi gratia Dei solvantur compedes isti, suo pondere et gravitate demergunt constrictas animas in profundum inferni. Tandem ista vincula sunt adeo molesta, ut nullam peccanti pacem permittant et quietem ; conscientia enim adeo tenera est, ut nunquam quiescat, si gravata sit cum tali pondere peccati. Utinam nosses, o anima Christiana ! utinam sensibus posses percipere, quam abominabilis sit fœditas in peccatore, tibimetipsi gravis fores et abominabilis ! Deus quidem avertat, quod tu sis culpis mortalibus ligatus : verum scias, velim, quod et noxæ veniales, maxime si deliberato animo fiant, suo modo nos stringant; minuunt enim fervorem charitatis, impediunt promptitudinem recte agendi, trahunt homines per ambages et diverticula, quo minus in tramite recto procedant, sed hinc inde hæreant, et tardius veniant ad Deum. Unde et ab istis culpis debemus esse soluti, si ad divinæ naturæ contemplationem cupimus pervenire. Quapropter te imprimis examina, quales in te reperiantur culpæ, et qualiter iisdem mederi possis ac debeas. Cogita autem insuper, quod te tanquam Christianum valde dedeceat, culparum vinculis constringi; sumus enim filii Dei, quorum vincula et culpas Deus in se suscepit, et ipsemet in sua amarissima Passione magis voluit ligari funibus, quam animas nostras culparum vinculis fœdari. Magna profecto est dignitas tua, o anima! ad Dei effigiem efformata. Adoptata es in filiam Dei, ornata fuisti Christi sanguine, assumpta in sponsam Filii Dei ; non permitte, quæso, rem tam nobilem vinciri culpis, quam Sponsus liberavit a vinculis, et sibi mystico hymenæo despondit. Quod iterum magis in specie tibi applicandum est, si sacerdotali splendeas honore, et ad secretiora evangelicæ perfectionis consilia fuisti introductus, si verseris in schola virtutis et religionis, utique longe fœdior et molestior erit Christo Domino tua servitus. Imo, si tuum secum ferat officium, ut humiles erigas, captivos liberes a servitute; quomodo cum culpa aliorum culpas dissolves, si ipsemet sis ligatus et constrictus? Porro, si Christus animas religiosas, velut nobile peculium, in religionem, velut in arcam, instar pretiosissimi thesauri recondidit, si tales per propriam culpam ligantur, qualem excusationem habebunt coram Deo? Consule igitur tuæ saluti, et disce cautius ambulare in futurum, ne amplius devenias in manus hostium, qui te undique stringunt ac ligant, quam miserrimam servitutem commenda Virgini sanctissimæ Mariæ, quæ nullo tempore fuit ligata per aliquam culpam, utpote etiam a culpa originali libera, et ideo hæc sine culpa concepta Virgo variis modis solvere nos potest a culpis (licet principaliter conveniat Deo, et Christo, qui solvit illa septem signacula, omnia nempe peccata nostra), nam Dei Mater impetrat per sui intercessionem remissionem culparum præteritarum, nec non dona et gratias Dei, quæ propter merita suæ Matris largitur Deus nobis illam implorantibus, atque simili modo liberat nos a pœnis, quas meremur ob culpas remissas. Denique etiam efficit per maternam suam custodiam pias inspirationes et suggestiones, ne in eas relabamur voluntarie, et deliberate. Suspira proin, o Mariophile! frequenter ad illam Virginem : *Fac culpis solutos*; impetra peccatorum nostrorum detestationem, horrorem et dolorem, sumus tui clientes et sponsæ Christi nobilissimo pretio redemptæ, noli permittere, o Maria! ut tam nobiles animæ tam fœde deturpentur, et quæ tanto labore et sanguine steterunt unigenito Filio Dei, tam temere objiciantur hostibus, solve filios tuos a culpis, ut in libertatem filiorum Dei asserti tibi quoque libera mente serviamus.

PUNCTUM II. — *Mites fac, et castos.* Considera quod utraque virtus, mansuetudo nimirum et castitas, tantæ sint æstimationis et pretii apud Deum, ut omnino digne hoc nobile par postulemus a Virgine beatissima, quæ, ut superius demonstravimus, non tantum fuit castissima Virgo, sed etiam inter omnes mitis. Eximia, inquam, virtus est mansuetudo, quæ commendata in Christo Domino, qui, ut ait Psaltes Regius (*Psal.* XLIV, 5), propter veritatem et mansuetudinem jubetur prospere intendere, procedere et regnare, qui venit etiam nobis Rex mansuetus, et quasi Agnus mansuetus portatus est ad victimam, qui suo exemplo nos docuit illam : *Discite a me, quia mitis sum, et humilis corde.* (*Matth.* XI, 29.) Et cui virtuti in sacris Paginis plurima sunt attributa privilegia; nam *humilium*

et mansuetorum semper Deo placet deprecatio. (*Judith.* IX, 16.) In mansuetudine etiam servatur anima, non aliter, atque vas vitreum lana undique involutum. (*Eccli.* X, 31.) Porro *mansueti hæreditabunt terram, et delectabuntur in multitudine pacis.* (*Psal.* XXXVI, 11.) Magna sane felicitas est hominis mitis et mansueti, gratus est Deo et hominibus. Mitis est homo lenis, maturus, sedatus, qui neque conviciis movetur, neque adversis frangitur, neque prosperis extollitur, qui per suam morum suavitatem omnibus se charum facit et acceptum, ipsius consuetudine gaudent socii, superiores sine molestia talem mitem subditum velut ceram mollissimam tractant, atque ad nutum suum efformant; homo mitis est pius in parentes, observans majorum, obediens superioribus, affabilis, comis et jucundus omnibus, gratus erga beneficos, et bene meritos, sibi moderatus, prudens in verbis et actionibus, magnaque in Deum fiducia omnia sua bona habet reposita. Non dubito, o Mariophile! quin non satis agnoscas pretium tam hujus virtutis, mansuetudinis nimirum, quam et alterius, scilicet castitatis, de qua sanctus Gregorius (hom. 13 *in Evang.*) docet bonum opus non esse aliquid sine castitate ; sicut castitas non est magna sine bono opere. Superest solum, ut per gratiam tuam ex parte Dei nihil desit, atque requisita pro his virtutibus obtinendis applices media. Unde inter alia frequenter invoca illam Virginem, quæ homines facit mites tam exemplo et doctrinis Filii, quam et suo exemplo, nec non precibus et sua intercessione ; quæ Virgo, cum etiam faciat castos, eidem non minus tuam animi, corporisque castimoniam commenda, ut castum tibi conservet corpus, castamque animam, et ut Filio suo Sponso castissimo fidem serves inviolatam.

PUNCTUM III.—*Vitam præsta puram.* Ut aliquando mereamur introduci in cœlestis aulæ regiam, vita pura nobis est maxime necessaria, quia nihil in cœlum intrat coinquinatum aut immundum. Sicut enim a palatio Assueri regis arcebatur, quisquis cilicio et sacco indutus erat, et ad regis conclave multis unguentis et vario ornatus genere præparabantur virgines; ita etiam omnem hujus mundi pulchritudinem vincere debet anima, quæ in regiam cœli est ingressura. Consistit autem hæc vitæ puritas in eo, ut simus mundi a peccato, reliquiisque peccatorum, quæ mundities animi plane non est differenda in horam mortis, vel exspectanda post mortem, quia timendum, ne in hora mortis tempus non sit amplius purgandi sordes. Quoties enim, proh dolor! contingit, ut homines præter opinionem citius evocentur, et pleni sordibus sistantur Deo ; post mortem vero a culpis mortalibus nulla est purgatio, a venialibus vero aspera, severa et diuturna. Quapropter, o Mariophile! omnem impende diligentiam, ut totus vitæ tuæ cursus semper purissimus sit, quam puritatem multiplicem esse scias, velim. Una est essentialis, quæ consistit in carentia omnis peccati mortalis. Altera in eo est posita, ut quis sit mundus a peccatis venialibus magis deliberatis. Tertia demum piis, et Deo vere dilectis animabus magis propria in hoc sita est, ut homo ad res etiam non malas nimio non feratur affectu, sed quantum fieri potest, privet se etiam amore Dei illarum usu, qualis est mortificatio in removendis a se etiam licitis oblectationibus sensuum et animi ipsius. Juxta hanc triplicem puritatem tuum metire animæ statum, o anima Christiana! excita affectum et desiderium ardentissimum hujus puritatis. Et quamvis nos miseri homines omnino in hac vita peccatis carere non possumus; caveri tamen possunt peccata gravia, et peccata venialia deliberato animo commissa. Quam puritatem, ut a Deo obtineas, Mediatricem invoca illam ab omni macula, et labe purissimam Virginem, ut suas apud Deum pro te interponat preces, ut tibi sit auxilio in peccatorum obtinenda remissione, quæ Filii ejus sanctissimi sanguine abluuntur. Unde in occasionibus peccandi tuis diffidens viribus, vel post commissam culpam veniam a Deo petens auxilium quoque Virginis implora, fiducialiter ingeminans : *Vitam præsta puram.*

In vicem praxis specialis duplicem hodie gratiam postulabis a purissima Virgine. Primo, quia in hoc pulvere sine pulvere non ambulatur, ut tibi impetret Virgo, et Dei Mater donum lacrymarum, quibus peccata quotidie defleas. Secundo, ut Maria Virgo tibi per sua merita facere dignetur occasionem, et facultatem ante finem vitæ tuæ culpas tuas confitendi sacerdoti, perfectamque absolutionem a culpis omnibus et poenis obtinendi. Sic per Dei gratiam, et Mariæ intercessionem ab omnibus culpis eris solutus, et cum requisita animi puritate vitam mereberis ingredi sempiternam.

Patronos elige SS. Joannem Baptistam, et Joannem evangelistam, qui ambo ob singularem suam puritatem et castimoniam commendari merentur. De primo canit Ecclesia : *Antra deserti teneris sub annis civium turmas fugiens petisti, ne levi saltem maculare vitam famine posses.* Sanctum Joannem evangelistam autem diligebat Jesus, quoniam specialis castitatis prærogativa ampliori dilectione fecerat dignum, quia virgo electus ab ipso, virgo in ævum permansit.

DIES OCTAVUS,

Iter para tutum,
Ut videntes Jesum
Semper collætemur.

Punctum I. — *Iter para tutum.* Considera in primis, quod vita nostra nil aliud sit quam iter ad mortem ; quamprimum vitam accepimus, properamus ad vitæ terminum, mori incipimus, et viam aggredi ad æternitatem. Sicut ergo boni et prudentes viatores, dum ex longa peregrinatione redeunt in patriam, in viis non faciunt moras, sed domum festinant, quærunt viarum compendia, externis rebus non moventur, animus est in patria, de qua

cogitant et loquuntur, ad quam unice anhelant ; ita et nos non debemus delectari in hac vita fragili et caduca, sed sicut vivendo properamus ad mortem, ita animo debemus properare ad coelum, nec non quærere compendia viarum, ut statim a morte sine longis purgatorii intervallis recta via evolemus in patriam coelestem. Est autem hoc iter nostrum ad æternitatem valde periculosum, et plane non tutum ; undique feræ, latrones et hostes grassantur in via ; « In præsenti etenim vita, quasi in via sumus, ait sanctus Gregorius (hom. 11 *in Evang.*), qua ad patriam pergimus ; maligni autem spiritus iter nostrum, quasi quidam latrunculi obsident. » Hoc iter nostrum non est tutum, primo propter invisibiles dæmones, qui variis tentationum modis nostrum impediunt progressum, bonaque nostra supernaturalia diripiunt, quorum vis est quidem admodum vehemens et fortis : erimus tamen ab his securi, partim si primum ingressum et egressum hostium excludamus, per accuratam custodiam sensuum et malarum cogitationum repulsionem ; partim etiam, si juxta Christi consilium nostra bona opera, quibus isti hostes insidiantur, occultemus, ut non sciat sinistra, quid faciat dextera nostra ; nam sicut prædones non nudant pauperes, sed divites, ita dæmones illa bona furantur, quæ per jactantiam, et vanam gloriam produntur. Alii iterum hostes, qui iter nostrum impediunt, sunt sæculares, imo sæpe inimici hominis sunt domestici ejus, qui vel malis exemplis, blanditiis et sermonibus coeli iter infestant, nobisque occasio sunt ad varios defectus et Dei offensas. Tertii denique hostes nosmetipsi sumus, quorum caro concupiscit adversus spiritum, spiritus vero recalcitrat Deo, et utitur naturalibus affectibus in nostram ruinam, abutitur creaturis in nostrum damnum, et negligit tot media, quæ nobis præsto sunt, ut iter hoc longe melius et utilius possit confici. Vides igitur, anima Christiana! quam necesse sit, ut hoc iter nostrum ad æternitatem fiat tutum. Porro autem, quemadmodum officium magistratus est vias purgare a prædonibus et hostibus ; ita magistratum gerit Virgo Maria Regina coelorum, et Domina mundi, ad quam proin post Deum maxime pertinet iter hoc parare tutum, quod ipsi etiam facillimum est absque molestia et difficultate. Hæc mundi Domina, quæ in sua vita semper ambulavit iter tutum, nullus enim hostis eamdem læsit, quando prima vice in sua Immaculata Conceptione viam hujus vitæ fuit ingressa : hæc, inquam, purissima Virgo sola præsentia sua fugat diabolum, qui etiam post Christum, ipsiusque Passionem, et crucem nihil magis pertimescit quam Virginem Matrem ; partim quia illa corpus et sanguinem Filio suo tanquam arma, quibus dæmon frangeretur, subministravit ; partim etiam, quia nemo tam copiose abundat Christi meritis, quibus victus est dæmon, quam Mater Christi, quæ non sibi tantum, sed nobis etiam communicanda hæc merita accepit.

SECTIO II. — CULTUS MARIANUS.

Ad Mariam igitur confugiamus in hoc itinere tot hostibus et prædonibus septo, ut iter nobis paret tutum, et a periculis securum. Quia autem maxime in horula mortis hoc iter est periculosum, cujus omnia latera obsident infernales latrones, ideo pro hoc itinere reddenda nobis est propitia Virgo Maria, ut sit Patrona et Advocata, ut sit Dux in tantis periculis, ut nos protegat ab hoste, suscipiat in hora mortis, et denique manibus suis animas nostras præsentet Filio suo dilectissimo.

Punctum II.—*Ut videntes Jesum.* Considera quod finis et scopus hominis Christiani, non alius sit, nec esse debeat, quam ut videamus Jesum. Unde ad ejus visionem suspiria cordis ac desideria nostra debent collimare; quia, *Hæc est vita æterna, ut cognoscant te solum Deum verum, et, quem misisti, Jesum Christum.* (Joan. xvii, 3.) Hujus visio et aspectus unice nos satiat. Quapropter noli æmulari illos, qui longas molestasque peregrinationes suscipiunt, ut videant regiones, homines diversos, res novas et vanas, qui gaudent formis creaturarum, qui multarum rerum notitia, et divitiarum contemplatione delectantur, quæ tamen omnia non sunt satiativa, sed non raro æmulationem excitant, aut tristitiam; sed potius quære videre Jesum, in quo semper collæteris, quære salutem, quæ in Jesu est posita, imitare Moysen, qui olim montem ascendit. nubem ingressus, ut nihil terrenum vel oculis, vel auditu perciperet : ita et tu in hac vita desiderio salutis accensus nihil præter salutem, et Jesum in rebus omnibus contemplare. Si, inquam, post hanc vitam vis videre Jesum, in hac vita solum quære ea, quæ Jesum demonstrant, et salutem promovent, suscipe hic in pauperibus Jesum, obtempera hic Jesu per tuos superiores, assuesce per vitam internam familiaritati cum Jesu, noli cum aliis hujus esse opinionis, ad te nihil pertinere Jesum, vel procul abesse, vel salutem tuam diutius esse differendam; est enim tibi intime præsens, est totus tuus, si velis, quia tibi datus est, tibi est effusus in Passione, tibi vicinus, januam cordis tui pulsans, et salutem offerens. Cum autem Jesus in hac mortali vita videri non possit, sicuti est, seu in sua essentia, in cujus contemplatione beatitudo consistit hominum, et angelorum, quæ visio nullis in hoc mundo viventibus concessa est, nisi forte paucissimis, et obiter, minimoque tempore, ideo scias, velim, alium, eumque duplicem præcipue superesse modum, quo Jesus videtur in hac vita, ut etiam vivens possis delectari in visione Jesu. Sic videtur Jesus in Eucharistiæ sacramento aliena velatus specie, ubi bonæ et piæ animæ Jesum vident cum magna animi suavitate, quam vel ipse devotus Sacramenti conspectus excitat.

Secundo, videtur Jesus in hac vita per fidem et piam meditationem, quomodo Dominus dixit de Abraham : *Abraham pater vester exsultavit, ut videret diem meum, vidit, et gavisus est.* (Joan. viii, 56.)

Ad hanc visionem conabatur etiam Christus Dominus introducere Philippum, cui roganti, *Domine! ostende nobis Patrem,* respondit : *Philippe, qui videt me, videt et Patrem meum; et quomodo tu dicis, Ostende nobis Patrem? Non credis, quia ego in Patre, et Pater in me est?* (Joan. xiv, 8-10.) Quasi diceret pius Salvator : Non est opus, Philippe! quod in hac vita videas Patrem, sicuti est, qui dixit : *Non videbit me homo, et vivet* (Exod. xxxiii, 20), quia divinæ essentiæ contemplatio in futuram vitam reservatur, sed sufficit, si videas eo modo, quo a meis fidelibus videri cupio, non oculis tantum corporeis, sed mente, ut credar verus Deus, ut cognoscar mansuetus, justus, sapiens et potens ; ut sciar æqualis Patri, unus cum Patre, et consubstantialis Patri; si quis taliter me videt per fidem et contemplationem, is videt et Patrem, a quo sola persona differo, non natura, nec ulla naturali proprietate.

Delectare ergo, o Mariophile ! in visione Jesu Eucharistici, necnon in visione ejusdem per piam contemplationem, et internam conversationem cum illo, cui visioni et meditationi adjunge ardens desiderium post hujus mortalis vitæ exitum videndi Jesum, sicuti est in gloria sua ; sicuti enim ardens sitis est optima ad bibendum præparatio, ita nulla re magis præparatur animus ad Jesum videndum in cœlis, quam vehementi amore et desiderio. Porro autem, cum non facilius videatur Jesus, quam per Mariam, ideo sæpenumero in hac vita eamdem rogabimus, ut post emensum hujus vitæ iter dignetur nobis demonstrare Filium suum Jesum, utque in hac vita avertat oculos nostros, ne videant vanitatem, sed Jesum in rebus omnibus contemplentur. Quo pacto demum fiet, ut et in hora mortis nobis videndum præbeat Jesum, ne videant diabolum, quia ad ostium mortis exspectat circumiens, et quærens quem devoret, sed potius fugatis insidiis per Mariam videntes Jesum semper collætemur in omnem æternitatem.

Punctum III. — *Semper collætemur.* Quia hujus vitæ gaudia tantum durant ad breve vitæ tempus, et neque solida sunt, nec honesta, possuntque ab aliis impediri et auferri, ideo a Virgine beatissima precamur gaudia perfecta, et æterna alterius vitæ, in qua videntes Jesum semper collætemur, gaudia illa secura, quæ nulla tristitia obscurantur, ad quæ non habet accessum hostis, aut ulla adversitas, quæ nullo unquam momento interrumpuntur. His gaudiis abundant beatæ animæ in cœlo ; nullis enim tristantur casibus, sed potius in dies novi gaudii nova accedit materia. Præterquam enim, quod semper maneat gaudium essentiale, quod ex divinæ essentiæ contemplatione oritur, nonnunquam nova accedunt gaudia. Gaudent sancti super peccatore pœnitentiam agente, gaudent novo aliquo cive in cœlos admisso, gaudent, quoties a viventibus vel doctrina, vel exemplis boni aliquid ad Dei gloriam præstatur. Denique lætantur quotidiana misericordia, sapientia, potentia, qua Deus cœlum et terram moderatur, et quidquid alicui sanctorum novi gaudii occasionem præbet, illud omne in cæterorum omnium beatorum redundat. Dum ergo, o Mariophile! tam perfecta gaudia expendis, in quibus sancti Dei homines in cœlis collætantur, utique ardebis desiderio his sanctis animabus associandi? Nunquid sordet terra, dum cœlum aspicis? annon desipiunt gaudia mundi, quæ non ex virtute, sed vanitate proveniunt, si vel obiter consideras, quantis gaudiis abundent beati cœli cives? Ad quæ omnes sumus creati, et quidem illi majori gloria et gaudio afficientur in cœlis, qui plus molestiarum pro Christi nomine fuerint perpessi in hac vita. Cum ergo beatissima et sanctissima Dei Mater sit illa felix cœli Porta, per quam ad felicia gaudia introducimur, ideo eamdem filialiter obsecrabimus, ut sit Mediatrix nostra, nosque ad hanc sempiternam solidamque lætitiam admittat. Est etiam Maria illa scala Jacob, per quam in cœlos ascenditur. Est illa Aurora consurgens, quæ Solem justitiæ adducit; ideo nobis supplicantibus erit benigna, deducetque nos clientes suos in gaudia Filii sui, ut videntes Jesum semper collætemur, illisque fruamur gaudiis, quibus fruitur Deus, quibus ipsamet abundat, quibus sancti omnes sunt beati et perenniter felices.

Quia in hodierna consideratione de felici et tuto itinere, necnon de consequenti visione Dei factus est sermo, pro praxi speciali hujus diei observes, velim, ut in primis Deo Eucharistico tuam horulam mortis impense commendes. In quem finem hodie una et altera vice sanctissimum Sacramentum visita, et quasi jam moriturus, et aggressurus iter æternitatis sacro Viatico te obarnia, id est, si fieri possit et circumstantiæ admittant, sacro epulo te refice, vel saltem spiritualem institue communionem, idque fiat juxta privatam tuam devotionem pro modum Viatici. Secundo, beatissimam Virginem hodie speciatim voca in auxilium, ut sit comes itineris, teque materne manuducat ad patriam cœlestem ; et ideo per modum brevis suspirii sæpius illam alloquere :

Iter para tutum,
Ut videntes Jesum
Semper collætemur.

Patronus eligatur sanctus Pater Benedictus, morientium patronus, qui etiam in gratiam singularem, ut graves testantur auctores, essentiam Dei vidit adhuc viator, cujus anima post mortem sine diverticulo recta via tendebat in cœlum, ut adeo iter tutissimum ambulaverit. Ita namque refert sanctus Gregorius Magnus, cap. 37, lib. II *Dialog.*, quod duo fratres viderint viam stratam palliis, atque innumeris lampadibus, per quam dilectus Deo Benedictus cœlum ascendit : « Viderunt namque, sunt verba ipsius, quia strata palliis, atque innumeris lampadibus via recto Orientis tramite ab ejus cella in cœlum usque tendebatur. Cui venerando habitu Vir desuper clarius assistens, cujus esset via, quam cernerent, inquisivit. Illi autem se nescire professi sunt. Quibus ipse ait : Hæc est via, qua dilectus Domino cœlum Benedictus ascendit. »

DIES NONUS.

Sit laus Deo Patri,
Summo Christo decus,
Spiritui sancto,
Tribus honor unus. Amen.

PUNCTUM I. — *Sit laus Deo Patri.* Considera, quod toti sanctissimæ Trinitati laus et gloria sit tribuenda ; et quidem singulis personis honor æqualis habendus est, quia nihil majus aut minus est in una persona, quam in altera. Cum ergo origine prima persona sit Pater cœlestis, qui ejusdem naturæ Filium genuit ab æterno, gignitque in æternum, ideo Pater hic cœlestis est a nobis laudandus, non modo, quia Pater est Christi, sed quoniam misericordia sua nos homines in filios adoptavit, et, quantum fieri poterat, imaginem naturamque suam nobis communicavit. Hic Pater noster in cœlis adeo comparatus est, tantoque in nos filios suos fertur animo et studio, ut, licet plures habeat filios adoptatos, omnes nimirum homines, ita tamen dat operam singulis, ut uni vacare videatur. O anima Christiana ! nos omnes sumus valde beati et felices, quod habeamus tam amabilem et suavissimum Parentem, qui dedit nobis potestatem filios Dei fieri. In nobis est positum, ut hujus Patris efficiamur filii, nos jus habemus hunc optimum Patrem conveniendi, orandi, necessaria et utilia postulandi, et tandem hæreditatem ipsam adeundi ; cur ergo ab eo solo non pendemus, cur non in eo solo quiescimus, cur non in omnibus ei morem gerimus, ejus hæreditatem exposcimus? Agnosce, quæso, tuam dignitatem ! filius es Dei, ad te spectat dignitati honorique Patris studere ; quod Christus germanus Dei Patris Filius copiose præstitit, qui nihil præter laudem fuit locutus, qui Patris nomen manifestavit hominibus, Patri usque ad mortem crucis obtemperavit, nihil præter Patris gloriam quæsivit. Quapropter et tu in singulis actionibus tuis labora, ut in omnibus sit laus Deo Patri, quæ laus non ore tantum, sed et omnibus viribus nostris est peragenda, ut os, lingua, mens, vigor, confessionem personent. Sit laus plena, sit sonora, sit jucunda, sit decora mentis jubilatio. Laus, inquam, quam defers Deo Patri, debet esse plena, ut nullum tempus sit vacuum laude, sicut nullum est vacuum divinis beneficiis. Debet esse sonora magno affectu et devotione, ut, licet vox foris non audiatur, animus tamen desiderio et amore Dei flagrans clamet ; qualiter sancti in cœlis dicuntur vocem edere similem tonitruorum magnorum, et aquarum multarum. (*Apoc.* VI, 10 seqq.) Debet esse jucunda; Deus Pater enim a nobis filiis suis petit, ut eumdem laudemus hilari animo, non coacti, sed læti et alacres. Promptus namque et hilaris animus magna dulcedine afficit laudes Dei. Denique laus nostra debet esse decora et honesta. Erit autem optima et valde decora, si cor omnibus terrenis amoribus, desideriisque vacuum nihil præter Deum cogitet et possideat, quia suavitas cordis ex cordis pendet affectu et libertate. Ecce ! his qualitatibus debet esse instructa laus divina, cui semper vacandum est; maxime, si sis religiosus, aut sacerdos ad promovendam Dei laudem astrictus, tibi maxime incumbit, ut piis desideriis et affectibus constanter verseris in divina laude, et frequentibus orationibus jaculatoriis Deum cogites; poteris laudare Deum non tantum orando, sed et studendo, scribendo, laborando, corpus moderate reficiendo, imo omnibus aliis actionibus de se non malis, si illas referas ad Deum, et non raro in mediis etiam occupationibus mentem eleves in Deum, ut tali modo sit semper laus in ore tuo. Ad quam felicitatem, ut eo certius pertingas, voca in auxilium beatissimam Virginem, *Filiam Patris æterni*, cujus omnis vita fuit laus Dei, cujus anima semper exsultavit in Deo salutari, quæ præter Deum nihil unquam quæsivit, amavit et voluit ; hanc enixe roga, ut pro te laudem Deo tribuat, referatque gratias pro innumeris beneficiis in te collatis ; ut laudes tuas suis meritis ornatas Deo offerat, quatenus semper in casibus sive prosperis, sive adversis cum magna animi resignatione Deum possis laudare, benedicere et glorificare.

PUNCTUM II. — *Summo Christo decus.* Considera, quod Christo Domino decus, et summa veneratio sit habenda, maxime ob beneficia redemptionis, quæ in se includunt ejus incarnationem, nativitatem , vitam sanctissimam tot bonis exemplis, doctrinis, meritisque plenam. Unde etiam justissime illi tribuendus est titulus, quod sit summus ; si enim, ut inquit Apostolus (*Ephes.* iv, 9), qui descendit, ipse est, qui ascendit, hoc est si humilitate suique contemptu ascenditur, Christus sane, qui adeo excelluit in virtute humilitatis, ad suprema ascendere debuit, ut nos exinde discamus ne unquam huic summo Dei Filio nos anteponamus, spernendo ejus consilia et mandata, et si velimus ascendere in cœlum, in hac vita per contemptum et humiliationem descendere, et infra omnes nos abjicere oporteat; nam, *qui se exaltat, humiliabitur, et qui se humiliat, exaltabitur.* (*Luc.* xviii, 14.) Sicut autem rex profanus maxime decoratur nobilitate suorum principum, fortitudine militum, et bellica victoria ; ideo etiam, ne nos Christiani summo Regi nostro simus dedecori, magnum decus erit Christo, si nobilitatem nostram Christianam, quam Christus Rex noster sanguine suo nobilitavit, per virtutes magis exornemus, si fortiter in tentationibus dimi-

cemus, et hostem a se tanquam Duce in amarissima Passione prostratum exstinguamus. Juvabit hic quoque invocare illam Virginem et summi Christi Matrem, quæ Filio suo semper fuit honori, nunquam dedecori, quæ jam ab æterno præordinata in Genitricem, quam utpote Matrem summi Dei, summa quoque animi et corporis puritate etiam in primo conceptionis instanti præditam fuisse decuit ; hanc pro materna assistentia imploramus, ut Filio suo maxima semper laus et veneratio a nobis deferatur, atque ab omni creatura in æternum dicatur: *Summo Christo decus.*

PUNCTUM III.— *Spiritui sancto tribus honor unus.* Amen. Considera quod et Spiritus sanctus, tertia Deitatis persona, æquali honore, gloria et laude sit colenda. Hujus Spiritus sancti mirabiles sunt proprietates. Ejus virtute humiliantur superbi, fugantur dæmones, sancti apostoli demoliti sunt idolorum templa, elatosque peccatores de se submisse sentire docuerunt. Divinus iste Spiritus per sanctas inspirationes commovet fluctuantia hominum corda, eaque salutari concutit timore, obtemperantes sibi sine mora ad portum æternæ salutis perducit, omnia bona operatur in nobis; reluctantes vero docet, quam durum sit contra stimulum calcitrare. Penetrat intimas hominum cogitationes, discernit intentiones cordis et nostras voluntates, imo et bona etiam desideria æstimat, lacrymas movet recordatione peccatorum, contemplationeque divinæ bonitatis, necnon tranquillam causat conscientiam ; demum confirmat inconstantes, et flammam divini amoris excitat in cordibus nostris Unde hic Spiritus recte dicitur sanctus, tum, quia ipsa est sanctitas, tum, quia auctor omnis sanctitatis, sine ipso nihil est sanctum, nihil bonum, nihil justum. Unde sequitur huic sancto Spiritui tribuendam esse laudem, decus, gloriam et gratiarum actionem. Quapropter tibi serio cavendum est, anima Christiana ! ne contristes Spiritum sanctum ac pulsantem cordis nostri ostium repellas, ne admissum indecenter suscipias, ne semel pie susceptum impie excludas; nam ista omnia contristare dicuntur Spiritum sanctum, non quod vera tristitia afficiatur, cum impatibilis sit, sed quod peccata tantæ sint malitiæ , ut Spiritus sanctus illis velut contristatus recedat ex corde nostro. Tribues autem honorem huic Spiritui divino, si utaris illius donis, si charitate ejus impulsus actiones tuas aggrediaris, si nihil impuro amore, inordinato affectu, prava dæmonis suggestione motus, sed divini solius honoris proximorumque salutis indui tu integre sincereque omnia suscipias, atque ad exitum perducas. Hoc autem, et omnia alia quæ hucusque petendo proposuimus, nobis donari petimus a tribus sanctissimis personis per Virginem beatissimam , Filiam Patris æterni, Matrem Filii, et purissimam Sponsam Spiritus sancti. In quem finem ad Mariam pro coronide filiali affectu suspiramus : O Virgo sanctissima ! o nobile Triclinium sanctissimæ et individuæ Trinitatis ! esto nobis auxilio, orationes nostras benigne suscipe ex ore et corde nostro ; rogamus te maris Stellam in suo ortu Immaculatam, ut nos quiete deducas per æstuosum hoc mare sæculi hujus, ne nos absorbeant fluctus, ne patia- mur naufragium. Precamur te almam Dei Matrem, ut Filio tuo nos reconcilies, et præsentes in æter- nitate, in hac vita ante ipsius favorem conserves et augeas. Obsecramus te Virginem singularem, semper puram, nunquam, nec in primo conceptu per culpam originis maculatam, ut nos tuearis in tentationibus nostris, nostramque defendas animi, corporisque castimoniam. Tandem te oramus feli- cem cœli Portam, ut per te post hujus vitæ miseræ exitum vitam ingredi meieamur sempiternam. Amen.

Cum beatissimæ Virgini valde gratum sit obse- quium eamdem frequenter salutare ejusmodi elogiis in quibus tota sanctissima Trinitas laudatur, et be- nedicitur, est enim Maria Filia Patris, Mater Filii, et Sponsa Spiritus sancti : ideo loco praxis specia- lis hujus diei, ubi laudem, decus et honorem de- dimus Deo uno, et trino, sæpenumero, maxime dum transis imaginem Virginis, illam taliter saluta. Sancta Gertrudis virg. lib. iii, cap. 19, solebat Ma- riam alloqui : *Salve, candidum Lilium SS. Trinitatis !* De sancto Alberto Magno refertur, quod eidem sa- lutanti : *Salve , Maria, nobile Triclinium SS. Trini- tatis !* Maria pro hoc honoris officio gratias egerit. Qua benevolentia etiam dignus est habitus Adamus de Sancto Victore, ut scribit Cantipratanus, lib. ii , cap. 2, dum Mariam his verbis allocutus est : *Salve, Mater pietatis, et totius Trinitatis nobile Triclinium !* Simon Garzias ord. Minim. honorabat Mariam his encomiis : *Ave, Filia Dei Patris ; ave, Mater Dei Filii ; ave, Sponsa Spiritus sancti; ave, Templum to- tius sanctissimæ Trinitatis !* Accedunt et plurimi alii, qui his et similibus laudibus Virginem Mariam extulere, quales sunt sanctus Thomas de Aquino , serm. *De beata Virgine*, ex Evang. Dom. iv Qua- drag.; sanctus Bernardinus Senensis tom. II, serm. 51 ; Hugo a S. Victore, lib. iv *De propr.* cap. 2, et plurimi alii. Præterea, cum etiam omne obse- quium, quod defertur sanctissimæ Trinitati, miri- fice recreet beatissimam Virginem ideo te admo- nitum velim, ut ultimos Hymnorum et Psalmo- rum versiculos, ubi laus, honor et gloria tribuitur singulis in divinitate personis, non obiter, sed cum magna devotione, imo cum desiderio marty- rii juxta doctrinam sanctæ Magdalenæ de Pazzis pronunties. Observatione dignum est, quod scri- ptum reliquit P. Nadasi in *Dom. Sanct.* Viderat quondam Jordanus generalis ord. Prædic. suos religiosos in choro cum magna attentione, capite discooperto, corpore inclinato, vultu ad angeli- cam modestiam composito, *Gloria Patri*, etc., can- tantes, et ecce ! in throno conspicuam se præbuit huic ordinis generali Virgo beatissima sedens in throno tenensque Filiolum suum Jesum, cujus

manum levavit, eamdemque in signum crucis fe- rens per aerem, una cum illa cantantibus religiosis benedictionem cœlestem fuit impertita.

In patronos eligantur sanctæ duæ virgines ex ordine D. Bened. Gertrudis, et Mechtildis. Prior inter alias revelationes a beatissima Virgine fuit edocta, lib. vi, cap. 12, ut sæpius sanctissimæ Tri- nitati gratias agat pro singulis beneficiis, quæ a tribus divinis personis Mariæ Virgini fuerunt collata. Beata Mechtildis quadam vice rogabat Virginem Mariam, ut sibi in hora mortis assisteret. Cui illa : « De hoc certa sis, si mihi in dies trinam Salutationem persolveris ; et quidem in prima me- mor sis, quod sim post Deum Patrem potentissima ; in secunda, quod sim post Dei Filium sapientissi- ma ; et demum in tertia, quod sim benignissima post Spiritum sanctum. » (Lib. *De beata Virgine*, cap. 10.)

DIES FESTIVA B. VIRGINIS SINE MACULA CONCEPTÆ.

THEMA. — *Tota pulchra es, amica mea, et macula non est in te.* (Cant. iv, 7.)

PUNCTUM I. — Considera, quod nec nodus origi- nalis, nec cortex actualis culpæ fuerit in Maria Virgine ; ita enim maxime condecebat Mariam, quia titulo Matris Dei gloriabatur. Quomodo enim hæc purissima Virgo parere potuisset Jesum Chri- stum, qui est sanctus, innocens, impollutus et se- gregatus a peccatoribus (*Hebr.* vii, 26), si ipsa fuis- set damnationi et maledictioni subjecta ? quomodo Filius Dei potuisset sugere ubera Matris suæ si hæc fuissent peccato originali, tam gravi et dete- stando malo, infecta ? Est enim originale peccatum infamia fœdissima, mancipatus diaboli, et dedecus gravissimum. Porro, si Deus potuit, et voluit an- gelos, primumque hominem creare in gratia, potuit utique, et voluit etiam Matrem suam sanctissimam, quam ab æterno plus et intensius tota reliqua crea- turarum multitudine dilexit, et ab hoc inquinamento liberare. Jam si Deus, ut nemini sine nefario crimi- ne dubitare licet, potuit Mariam ab hoc peccato eximere, et insuper etiam, ut dicit sanctus Ansel- mus, præcipuus Immaculatæ Virginis defensor, de- cuit Virginem, quæ Deum esset paritura, ea puritate nitere, qua major sub Deo nequit intelligi, bene utique licebit inferre, Mariam hac exemptionis prærogativa gloriari. Gratulare igitur, Mariane cliens ! Matri tuæ, et omnium nostrum amantissimæ ad hanc puritatis excellentiam. Vere, o Maria ! tota pulchra es, et macula non est in te, triumphat puritas, et innocentia tua, quæ, sicut ab omni originali peccato fuit immunis, sic etiam Evæ ma- ledictionem non tantum solvit, sed omnem insu- per cœlestem benedictionem nobis impetravit.

PUNCTUM II. — Sicut beatissima Virgo Maria est excellentissima in puritate, utpote ab omni etiam nævo immunis et libera ; ita etiam singularis Pro- tectrix est castitatis nostræ, et puritatis conscien-

tiæ, quam in fragili vase inter mille pericula cir-
cumferimus. Immaculata Mariæ Conceptio debet tibi
esse post Dei auxilium fortissimus clypeus, quo te
contra omnes castimoniæ tuæ adversarios munire
et defendere valeas. Oh ! si tu scires, quanta felicitas sit a peccato, maxime virginitati contrario,
immunem vivere, et quanta miseria sit obnoxium
esse peccato, clamares instanter diu noctuque ad
Immaculatam Virginem pro gratia puritatis et immunitatis ab omni saltem graviori peccato ! Noli
ergo moras nectere, et hodie præcipue in ejus
gloriosissima Immaculatæ Conceptionis solemnitate
pro hac gratia Mariam invoca, ut, sicut illam Deus
omni peccato immunem fore decrevit, ita quoque
et tibi ab omni saltem gravi, et quocunque etiam
puritati angelicæ tam materiali, quam formali
peccato immunitatem apud suum dilectissimum
Filium exorare dignetur.

PUNCTUM III. — Quamvis ad tantam mentis et
corporis puritatem nequeas pertingere, quam tamen
Mariam habuisse tenet constans sanctæ Ecclesiæ
et SS. Patrum consensus, scilicet immunitatem a
peccato originali, quod nos miseri in Adamo con-
traximus; in alio tamen sensu a peccatis originalibus stude te immunem conservare. Talia origina-
lia sunt mala exempla, scandala, pravi habitus, et
neglectus gratiarum divinarum. Ex his peccatis
innumera alia peccata suam solent trahere
originem, imo a quibusdam gratiis divinis talis est
dependentia, ut, si illas negligas, actum sit de
tua salute. Prospice hic saluti tuæ, et ne forte
hujus, quod benignissimus avertat Deus, detrimentum patiaris æternum, commenda totam causam
tuam Immaculatæ Virgini, quæ erit omnibus illam
invocantibus optima Patrona.

**EXERCITIUM PIETATIS ET DEVOTIONIS PRO FESTO VIRGINIS
MARIÆ SINE LABE CONCEPTÆ.**

Gaudeamus omnes in Domino, diem festum
celebrantes in honore Mariæ Virginis, de cujus
Conceptione gaudent angeli, et collaudant Filium
Dei.

> Gaude, Mater Ecclesia,
> Nova frequentans gaudia,
> Lux micat de caligine,
> Rosa de spinæ germine.

Conceptio tua, Dei Genitrix Virgo, gaudium annuntiavit universo mundo ; ex te enim ortus est
Sol justitiæ, Christus Deus noster, qui solvens
maledictionem dedit benedictionem, et confundens
mortem donavit nobis vitam sempiternam.

HYMNUS EX JOANNE ADELPHO.

> Dies læta celebretur,
> In qua pia recensetur
>   Mariæ Conceptio,
> Cujus laudes prosequamur,
> Qui tantoque gratulamur,
>   Dei beneficio.
>
> Felix quidem est Conceptus,
> Per quem mundus est adeptus
>   Salutis remedia ;

> Hanc prophetæ prædixerunt,
> Patriarchæ præviderunt,
>   Inspirante gratia.
>
> Virgo Florem conceptura,
> Stella Solem paritura
>   Hodie concipitur,
> Flos de Virga processurus,
> Sol de Stella nasciturus,
>   Christus intelligitur.
>
> O quam felix, quam præclara,
> Mundo grata, Deo chara
>   Fuit hæc Conceptio !
> Qua salute destitutis
> Redit veræ spes salutis,
>   Justis dantur gaudia.
>
> Virga Jesse floruit,
> Christum Virgo genuit,
>   Virgo, mundi Domina.
> Novo quidem ordine
> Absque viri semine
>   Patrem parit Filia.
>
> Novus ortus sic orditur
> Novo partu, qui fulcitur
>   Gratia Spiraminis ;
> Nova salus dat salutem,
> Virtus nova fert virtutem
>   Officio Flaminis.
>
> Nova Mater novam Prolem,
> Nova Stella novum Solem,
>   Nova profert gaudia.
> Nova prorsus genitura,
> Creatorem Creatura,
>   Patrem parit Filia.
>
> Admirandam novitatem,
> Novam quoque dignitatem,
>   Dicat Matris castitatem
>   Filii Conceptio.
>
> Gaude, Virgo gratiosa,
> Virgo flore speciosa,
> Mater prole gloriosa,
>   Plena pleno gaudio !
>
> Tu spes certa miserorum,
> Vera Mater orphanorum,
> Tu Levamen oppressorum,
> Medicamen infirmorum,
>   Omnibus es Domina.
>
> Te laudamus voce pari,
> Laude digna singulari,
> Ut errantes in hoc mari
> Nos in portu salutari
>   Sistat tua gratia. Amen.

℣. Conceptio est hodie sanctæ Mariæ Virginis,
℟. Cujus vita inclyta cunctas illustrat Ecclesias.

Oremus. — Famulis tuis, quæsumus, Domine,
cœlestis gratiæ munus impertire, ut, quibus beatæ
Virginis partus exstitit salutis exordium, Conceptionis ejus votiva solemnitas pacis tribuat incrementum.

Deus, qui pro salute humani generis carnem
gloriosæ Virginis Mariæ assumere dignatus es,
et ipsam sine macula concipiendam ante sæcula
in Matrem elegisti, concede propitius, ut, qui
de ejus Conceptione, quæ fuit nostræ Redemptionis exordium, lætamur, ejus piis intercessionibus ab instantibus periculis, et a morte perpetua
præservemur. Qui vivis, et regnas in sæcula sæculorum. Amen.

*Explicit pars VII, quam una cum sex prioribus sanctæ Matris Ecclesiæ judicio humillime submitto,
« Ut in omnibus glorificetur Deus. » (S. Reg. cap. 57.)*

V. HEBDOMADA MARIANA

SEU

SEPTEM DIERUM OPUS

COMPLECTENS PIA SEPTEM EXERCITIA LECTIONESQUE IN VII PRINCIPALIORIBUS FESTIS B. V. MARIÆ,
PRO SINGULIS HEBDOMADÆ DIEBUS.

HOC OPUS MARIOLOGI BOHEMI DE NOVO PRODIT EMENDATUM AC SEDULO RECOGNITUM.

DOMINICA.

CONCEPTIO B. VIRGINIS MARIÆ.

HYMNUS.

Salve, decora et limpida
  Ut pura fontis unda
Nullaque labe livida,
  O Virgo tota munda.

Tu sola ut Esther, ferrea
  Non comprehensa lege,
Cœlestis es, non terrea,
  Regina digna Rege.

Dum te Creator incipit
  Cœlum nitet serenum :
Nec ulla labes inficit,
  Vel aspidis venenum.

Infectus a quo dicitur
  Mundus nimisque sordet,
Calcatus a te vincitur
  Serpens, humumque mordet.

Caput scelestum conteris,
  Castaque matris alvo
Concepta palmas conferis
  Decore læta salvo.

Ut margarita rorido
  Concepta de liquore
Et absque spina florido
  Plantata cum virore.

Hæc prima mundo redditæ
  Fuit salutis hora :
Genti Redemptor perditæ
  Ut sit benignus, ora.

Per te triumphem Tartarum,
  Et impium draconem :
Hostem salutis barbarum,
  Et gratiæ latronem.

Sint pura cordis intima
  Tuo, Maria, more,
Quam summa, nec non infima,
  Uno precantur ore.

Laudetur alma Trinitas !
  Sit æqua laus, ac dignitas
Patri, parique Nato
Cum Spiritu beato. Amen.

Argumentum Prosæ. — Summa hujus , seu argumentum est diadema, quo Matrem suam coronavit Salvator in die Conceptionis illius, tanquam in die desponsationis animæ atque corporis , et in die lætitiæ cordis ejus, juxta illud, quod de coronato a matre sua Salomone dicitur Cant. III , 22. Inter cætera, cum et armilla diadematis aliquando usum præbuerit, offertur hic pro diademate aurea illa armilla Cæsarea, cui inclusæ exuviæ serpentis, et ad coronandum quidem sacrum Virginis immaculatæ pedem ; cum in pede gestatum etiam diadema Romano memoretur Apophthegmate. Post hæc de insigni quoque illa equestris Regii ordinis Anglorum Periscelide , ejusque inscriptione disseritur , ac de symbolico regis Hispani diademate, diem valoris maximi denotante : deque corona civica singulare quidpiam hic pro coronanda Salvatoris Matre , atque hominum Salvatrice affertur, composita nempe ex rosa et quercu aurea corona.

PROSA.

De Conceptione beatæ Virginis Mariæ.

§ I. *Sacra corporis et animæ in purissima Virginis Deiparæ conceptione desponsatio.* — Si ad novum modo spectaculum, quo in terra alterum quasi cœlum oritur, cœlestes etiam licet invitare Sionides, egredimini, filiæ Sion, et videte non regem Salomonem , uti quondam , a matre sua coronatum, sed ipsam Salomonis sanctioris Matrem in novo, neque antea viso diademate , quo coronavit illam Filius suus in die desponsationis illius , et in die lætitiæ cordis ejus. Novum sane spectaculum ! Etsi enim novum forte non sit regia inter Porphyrogenitos fortunæ augustioris sponsalia vel in primis adhuc incunabulis celebrari; nova tamen atque miranda hodie intra ipsum etiam Matris uterum celebrata fuit desponsatio , in qua electam a se Matrem futurus ejus Filius , divinus ille Salomon coronavit. Dies enim vero ipse conceptæ primum Virgini Deiparæ sacer, quidni appelletur dies desponsationis , quocum intaminato corpore conjuncta fuit anima immaculata? Digna profecto desponsationis titulo illa et animæ corpus in suum , et corporis animam in suam accipientis copulatio, cum ex solo eo corporis animæque composito absque alio conjugali consortio concepta deinde nataque fuerit proles virginea ; et hic ipse Marianæ hujus desponsationis dies, annon etiam dies lætitiæ ? quia immunis est ab illo omnibus communi exitio, quo ad lethum damnata humana mortalitas, ne vel ipsum quidem vitæ initium lætum habet. Oh ! non desponsationis, sed condemnationis , non lætitiæ , sed tristitiæ appellandus ille quasi novissimus cunctis infaustæ adeo conceptionis dies, quo vix initiati vitæ novitii jam rei sunt mortis, prius fere mortui , quam vivi , quorum anima dum corpus animare incipit, ipsa exanimatur. Et hinc singularis illa cordis Mariani lætitia, ob quam præcipue dicendus est hic dies lætitiæ cordis ejus. Nam si prima vitæ atque animæ sedes est cor, et in corde anima suas vitæ celebrat primitias ; quanta Mariani cordis jam tum ratione pollentis exsultatio, cum id vitalis primum impleret Spiritus , tamque beata illi anima vitam daret! Credo equidem jam tum in ipso sui principio Mariæ animam secundum illud Cantici sui exordium magnificasse Dominum , et in Deo salutari suo spiritu ejus exsultavisse! Cum ad spectandam autem jam in diademate Matrem Salomonis vestras ego mentes , Sodales Mariani , evocaverim ; prævio prius alio brevi spectaculo quasi oculos præparaturi , ipsum etiam modo patriæ nostræ , regni Bohemiæ diadema obiter intueamur ; atque pretiosi quidem lapides tot in aurea illa regum nostrorum corona , tanquam gemmei auro inserti oculi spectantur, quot in oculo humano morbos, centum nempe atque dudecim numeravit medicorum princeps Galenus. At vos auditores , imo spectatores Parthenii , quot in sacrum Mariæ diadema oculos conjicietis , vivis totidem gemmis coronam Reginæ vestræ illuminabitis , quam vel aspiciendo oculi vestri gemmæ fient. Adeste et videte, vivete et favete.

§ II. *Diadematis atque Patrum conscriptorum notatio ad hoc primi parentis elogium :* ‹ *Adam Dei.* › — Duæ me hic imprimis legum Romanorum Glossæ advertunt, quas in magno illo Juris utriusque corpore tanquam duas oculorum ejus pupillas ad hoc sacrum a me propositum diei hujus spectaculum observo , siquidem et in Clementinis Juris Pontificii Constitutionibus Glossa capitis *Romani* nomen *Diadema* compositum ait cum ex Græco δύο quod est *duo*, tum ex Latino verbo *demo*, quod id videlicet duo demat , cum ex sui rotunditate principium finemque demat, et in Codice Justiniani, altera Juris Cæsarei Glossa, imperatoris olim diademati inscripta fuisse inquit nomina Patrum conscriptorum , atque hinc , si Accursio credimus, illam *Patribus conscriptis* impositam esse nomenclaturam. Ego hic de neutrius veritate disputo, quod ab utraque autem relata modo Glossa asseritur , atque illa utriusque veluti Juris tuba edicitur, hoc in augustiore Virginis Immaculatæ diademate mira respondentium sibi rerum congruentia tanto pulchrius quanto verius certiusque video repræsentari. Ac de duobus quidem illis extremis dicetur inferius ; quod si autem patricium in hoc scriptum diademate nomen desideratur, unum instar omnium esto ipsum primi omnium parentis nomen, idque sacro divi Lucæ calamo exaratum,

qui in sua Filii Virginis genealogia dum a virgineo Deiparæ sponso Joseph ad ipsum usque protoparentem Adam omnium progenitorum nomina conscribit, hunc non alio patre genitum, sed a Deo ipso conditum singulari , eique soli proprio primi hominis, patrumque omnium patris epitheto vocat *Adam Dei.* Ecce igitur Adam , qui ut sacer ille divini Spiritus amanuensis scribendo loquitur, *fuit Dei*, primus mortalium pater in hoc conscriptus diademate , quandoquidem eisdem litteris *diadema*, quibus scribitur idem protoparentis nostri titulus *Adam Dei.* Quid quod princeps ille mundi patricius , magnus generis humani progenitor Adam non in diademate tantum scribendus, verum etiam nostra ipse corona fuerit, caputque posteritatis ? Sed , proh dolor ! cecidit corona capitis nostri , quando caput in pedes , aurum in testam , vita in mortem degeneravit. Videor enim vero in Adam illam mihi statuam videre , cujus caput aureum , ac post deteriora partium inferiorum metalla fictiles demum et ex testa compositi pedes erant. O quam præclarum mortalium caput Adam ! quod si Roma caput mundi , nova Romanorum sive Italica loquatur lingua , annon congruente ipsi nomine recte appellabitur Testa ? caput sane testaceum , et vas fragile , quod si fictilem libet vocare urnam , dicam esse urnam cinerum ; aut si vilius loquendo licet ollam dicere, annon etiam *mors in olla ?* unde namque nisi ab hac capitis nostri testa, quasi testamento posteris relicta fragilis atque laboriosa illa generis humani mortalitas ? Non hic igitur Adam nomine suo sacrum illud Mariæ hodie coronatæ diadema coronat, cum quo adeo nullam derivatæ transfusæque ab eo in omnes posteros infelicitatis partem habet Maria, ut et in ipso fatali omnium vitæ mortalis principio nullam anima ejus passa fuerit corruptionem ; et in fine pariter incorruptum ejusdem corpus beatam mox a morte induerit immortalitatem. Quis non igitur *diadema* meruisse dicat Mariam, cum tam fatalia *duo* mortalibus extrema *demat* , eximia ejus ab his exempta prærogativa ? Et hoc diadema suo ipse coronat nomine , *cujus caput aurum optimum*, ipse, inquam , qui est corona sanctorum omnium , Jesus Mariæ Filius , novus ille atque cœlestis *Adam Dei*, qui quod alter infeliciter deformavit , admirabiliter reformaturus, initium tanti operis fecit hodie, dum hoc plusquam humano Immaculatæ Conceptionis privilegio tanquam eminentiore quodam, solaque Deipara digno diademate concepturam sese Virginem Matremque suam piissimus ipse Filius coronavit.

§ III. *Armilla loco diadematis adhibita, ipsaque Virgo Deipara armillæ quoque nomine ornata.* — Sed jam ego nomenclatorem desidero, qui de diademate disserenti, fidemque memoriæ desideranti opportune suggerat, quisnam imperatorum cum ad subitam ejus inaugurationem desideraretur diadema, supplente defectum mundo muliebri, caput gem mata uxoris armilla redimiverit? An hoc igitur fortassis exemplo etiam ipsam hodie initiatam Deiparam mundi totius Imperatricem sive armilla diadematam, sive diademate armillatam fuisse dicam? Et in Cæsarea quidem, quia pretii prorsus Cæsarei, armilla illa regia, atque armillarum quasi regina, illa pretio juxta atque specie memoranda novæ instar Chicleæ felici auctoris sui ingenio adornatæ Argenidis armilla (Vide *Argenidem* Barclaii, lib. II) cujus si de specie rogas, variarum ea ferarum iras fugasque admirabili gemmarum serie repræsentat : si de pretio quæris, quinquaginta illud auri talenta explet, tantique Cæsar cum a piratis captus esset, primus ipse Cæsarum, redemptus fuit. Verum facessant inania hæc ad veri similitudinem efflictæ, expolitæque politicæ quasi poeseos ornamenta, digniores enim Maria, ejusque hodie desponsata primum corpori suo anima illæ sacro epithalamio laudatæ *murenulæ*, id est in similitudinem serpentis ita dictæ secundum Hieronymum flexuoso auri virgulatim lentescentis ordine contextæ catenulæ; aptæ scilicet serpentina ea tortuosæ torquis specie illum, de quo hodie triumphatur, serpentem cunctis animantibus callidiorem, ac ejus quidem non iras, sed insidias, nec fugas, sed exuvias repræsentare. *Faciemus tibi,* inquit nuptialis ita mysticæ illi sponsæ accinentium chorus, *murenulas aureas argento vermiculatas* (*Cant.* I, 10), et sex quidem versus iste verba complectitur, sed nec universus ipse mundus, quem sex dierum opere fecit Deus, capit, quod hoc Sponsæ ornatu celatur mysterium : quadraginta et sex litteris idem versus componitur, sed vel ipso etiam templo Hierosolymitano annis totidem ædificato sanctius, augustiusque in his aliquid universa miratur Ecclesia; quibus vermiculato quasi etiam modo anagrammate hoc de paritura Deum Virgine sine labe hodie concepta elogium consignemus : *Virgo sine macula est, ac libens futura Mater Jesu, Maria.* Imo ut a præsule Antiocheno sic Ignatio virgines nuncupantur *pretiosa Christi monilia ;* annon Maria, seu pro sua adhuc parvulæ primumque esse incipientis *teneritate* blandius forte appellanda *Marilla ;* pariter vel hac etiam sui forma nominis arma illa pulchritudinis sive ornamenta sibi vindicans appellari poterit *armilla?* Pretiosissima sane armilla Christi Maria, cujus pretium ipse fuit Christus, si non *Cæsar,* Cæsare certe major, quia *Æsar,* id est Deus : eademque omnibus una pretiosior, ita ut si alii quinque gloriantur talentis, decumano ipsa pretio sola universos superans jubilæo decies quinque talentorum numero gloriari possit.

§ IV. *Armilla aurea Agrippinæ et Neronis, cum inclusis ei serpentis exuviis.* — Sed quid ego hic jam pretia rerum computo, ubi sermo est de re inæstimabili? aut cur non ago id quod ago, qui non Mariam esse Armillam, sed hanc armilla tanquam diademate coronatam paulo ante dicere incipiebam? Cum hæc igitur a Filio coronata Mater

jam a nobis spectanda sit in novo illo sacri festique hujus diei diademate, armillam ecce aliam propter conjunctam insignem filii matrisque memoriam proposito nostro congruentiorem Romana offert historia, qua nunc nostra sive armillata, sive diademata quasi oratio Marianam adornet coronationem. Ut ex oppositis ergo contrariis amplius elucescat amplissima Matris optimæ Mariæ, Filiique optimi Jesu prærogativa , liceat modo Agrippinam matrem atque Neronem filium memorare, quibus memorabiliorem quidem neque matrem neque filium Romanus unquam antea vidit orbis. Cui enim ignota illa sive Agrippinæ vox de filio ipsam occisuro, *Occidat dummodo imperet?* sive illa Neronis vox de matre interfecta, *Nescivi me tam pulchram habere matrem?* Tantine vero est, o infausta atque tali digna filio Agrippina, imperium, ut non verearis tuimet in te filii parricidium? modo mater audias imperatoris? Hæccine tua, Nero, pietas, cujus ostentatione imperare cœpisti, quando primo imperii die signum excubanti tribuno dedisti *optimam matrem?* Aliam Matrem optimam optimus honoravit Filius, quando Jesus totam pulchram sine macula esse voluit Mariam, et ut immaculabilis esset Mater, Filius, fuso pro matre sanguine, peperit hanc de serpente, fatali illo generis humani hoste Virgini sese parituræ victoriam. Vicit Maria, vicit! caput serpentis contrivit, super aspidem ambulavit, draconem conculcavit, io victoria! triumphanti applaude, totus terrarum orbis, tuque inprimis gloriosa triumphorum patria, Roma, et ex Cæsareo pretiosæ antiquitatis gazophylacio aiceam illam Neronis armillam, quam ex matris voluntate inclusis ei serpentis exuviis aliquandiu gestavit, tandemque tædio maternæ memoriæ abjectam rursus extremis suis rebus frustra requisivit, tanquam opimum quoddam spolium Mariæ dedica, quod et anathema sit, et diadema ipsi, adeo felici fortique divæ, serpentis triumphatrici sacrum.

§ V. *Deorum, capita serpente redimita, Mariæ autem pedes simili diademate coronati.* — Grande nescio quod a chymicis quidem auriferæ artis arcanum illis celatur verbis, quibus draconem illi suum caput caudamque suam aiunt vorare ; inter sacra Ægyptiorum mysteria solemne fuit capita deorum serpente caudivoro tanquam *suam ore caudam sorbente* mystico quodam diademate, diisque propriæ æternitatis hieroglyphico coronare. Felix ego itaque inventor vix non Archimedeum illud εὕρηκα lætus exclamo, qui tam exquisitum Mariano hodie honori diadema invenerim, dum et auream ipse armillam, et in armilla serpentis simul inveni exuvias, ut hoc divino quasi diademate Virgo Deo proxima coronetur, quam et sacræ ornant armillæ, et per orbem aræ mille coronant. Sed quæ (ita fere obnuntiantem mihi aliquem audire videor), quæ tam præpostera agendi ratio? quæ tam inconsulta rerum electio? quæ tam indigna denique decori plane omnis oblivio, ut quæ caput serpentis conculcavit, sacratissimum ejusdem Virginis caput detractis serpenti exuviis coronetur? Proh! quam sine capite excogitata ista capitis Mariani coronatio! Audio ista equidem, sed quod dixi, dixi; neque meam ob hanc objectionem muto sententiam, quia pridem utramque conciliavit Favonius ille Romanus, qui cum Pompeium Magnum candidam cruri circumligatam ferre vidisset fasciam, quod hoc in capite gestatum signum, regium olim fuerit diadema, id in affectati regni invidiam trahens, nihil referre dixit, qua in parte corporis, capitene, an in pede diadema ferretur. Et quis nostræ jam de *Maria* serpentis exuviis coronanda sententiæ refragabitur, cum hoc serpentium videlicet diadema vindicemus non capiti, sed pedibus *Mariæ*? O quam pulchri sunt gressus tui, concepta hodie Princeps generis humani filia, non in calceamentis tantum, sed in diademate quoque pedum tuorum, dum in mundum calceato simul atque coronato ingressa pede, prima pedis positione ipsum serpentis tuo insidiantis calcaneo caput conculcasti!

§ VI. *Numerus nominis* MARIA, *duorumque immanium serpentum mensura pedum* 120. — Et hoc ecce diadema, quod in pedibus gerit coronata hodie a Filio, per quem vicit, fortissima atque felicissima Virgo Dei Mater *Maria*, cujus nomen, quia numero suo unum supra centum atque viginti complectitur, in hoc etiam ipso quasi tropæo litterario insigne victoriæ hujus cernitur monumentum. Duo vos jam, auditores Parthenii, prodigiosæ anguium magnitudinis monumenta, tanquam colubrinas monstrificæ naturæ machinas meminisse velim, quorum alterum Roma, alterum Roma altera sive Constantinopolis mirabatur. Ostentabat Roma antiqua pellem immanis illius serpentis, quem in Africa Regulus imperator uti oppidum aliquod ballistis atque tormentis totoque exercitu expugnavit centum viginti pedum longitudine; intestinum draconis ostentabat Nova Roma Constantinopolis, centum pariter atque viginti pedes longum, ingens suæ totidem librorum millia complexæ bibliothecæ miraculum, in quo tota Homeri *Ilias*, atque *Odyssea* litteris aureis descripta erat. Dignum poemate augustiore volumen, in quo virginea hæc de serpente victoria scriberetur, nisi divinius ea Virginis ipsius visceribus uno inscripta verbo utramque Deo paginam fecisset. Quænam autem peculiaris illa adeo cum hoc pari utroque numero serpentis sive draconis connexio? utrum enim ut e cœlo tertiam stellarum, sic ex anno tertiam quoque dierum partem trahere dicendus draco; ut ex rotundo nempe trecentorum sexaginta dierum anni numero, quot in cœlesti etiam mundi totius circulo gradus numerantur, centum viginti draconis præda occupet? Disquirant ista alii, ego inpræsentiarum hoc de nominis Mariani numero, immanisque belluæ mensura pronuntio, supra centum videlicet atque viginti pedes magno illi Draconi unum quasi addere *Mariam*, quando victorem ipsa ejus capiti

pedem imponit. Quod dum ego jam de sacro *Mariæ* victum a se hostem conculcantis pede affirmo, majus sane pondus habet hæc de victoria loquendi forma, quam cum in suis Fastorum libris eadem verborum phrasi perapposite usus poeta ingeniosissimus Romam etiam ipsam ait *victorem terris imposuisse pedem*; Romam, inquam, Italiæ caput, Italia quippe est, quæ suo terrarum situ, ut in geographica ejus tabula patet, cruris pedisque humani speciem imitatur: et ut sileam, quod de Italia Romanus idem Magnus, quem in crure regium gestasse diximus diadema, magnifica nimis voce jactavit, ubi terram pede pulsaverit, armatas se ex ea legiones suscitaturum: minus est quod hæc terrarum victrix domitum olim infra pedes suos viderit orbem, quam quod flexo ipsa poplite victoriosam hodie veneretur *Mariam*, quæ dum Tartareum illud caput suis subegit pedibus, supplantatum ab hoc prostratumque antea toto orbe humanum genus, gloriosissime resuscitavit.

§ VII. *Ordo periscelidis, ejusque tessera : et ex nomine* DIADEMA *duo hæc verba,* DA, *et* ADIME. — Ast ne vetera tantum, nostrisque sæculis antiquiora memorem, nimium sane sive ignarus rerum, sive immemor videri possem, si post cruralem Romani ducis fasciam nil de regio nunc in Anglia ordine Equitum Periscelidis memorarem, quorum cæruleo sinistræ tibiæ ligamento litteris aureis, verbisque Gallicis intexta est hæc heroum suorum tessera : *Hony soit, qui mal y pense : « Male ei vertat, qui male cogitat. »* Prævertitis, uti animadverto, cogitationes meas, auditores Parthenii, beneque vobis vertat, quia bene cogitatis. Cogitatis enim fortasse quod ut suam inclytus ordo hic a levi Anglicæ nescio cujus heroidis casu habet originem, cum de tibia ejus delapsa forte fascia, et a rege peramanter collecta esset; ita ipsa etiam plusquam angelica Virgo, quia angelorum Regina majore hodie suaque virtute digno eventu meruerit, ut in ejusdem sive diademate, sive Periscelide heroicum idem symbolum scriberetur. Male cogitavit callidior cunctis animantibus serpens, primusque mulieris hostis; male ei vertit, quia calcaneo ejus insidiando, palmari virgineæ plantæ victoria supplantatus est et conculcatus. Male cogitavit, cujus invidia intravit mors in mundum; male ei vertit, quia victrix ejusdem Virgo Dei Genitrix vitam mortalibus peperit immortalem : male cogitavit pater mendacii, atque capitalis bonorum omnium hostis, dum ad boni malique scientiam humanum provocavit desiderium : male ei vertit, quia contrito capite atque Cerbereo eliso cerebro confusum fuit ingenium diabolicum. Ita nequissimus ille (nam ut Siracides ait [*Eccli.* xxv, 22], *non est caput nequius super caput colubri, maledictus inter omnia animantia serpens* (*Gen.* i.1, 14), super pectus suum gradi jussus toto sine pedibus serpendo corpore, totus ipse factus est pes (*o pes superbiæ!*) et qui victu vetito victum a se in capite genus humanum prostravit, victus prostratusque ipse ter-

ram momordit, quando terram comedere jussus, et
sub immaculato Virginis triumphantis pede capite mi-
nutus est; hoc habet! Io triumphet coronata draconis
victrix *Maria* in hoc victoriosi sui pedis diademate,
quod, ut supra diximus, duo demere, ita secundum
aliam ejusdem nominis notationem, dicenda jam sunt
duo : dignumque notatu hic est, dum de serpente loquimur, quod de scorpione apud Plinium affirmat At-
talus, cohiberi videlicet ipsum, neque vibrare ictus,
si quis eo viso dicat *duo*. Ut de conculcato igitur jam
a Virgine serpente dicam, quod ad exarmandum
quasi scorpionem dicitur, *duo*, duo, inquam, sunt,
quæ diademata tanquam maxima, unde omnia pendent, duo axiomata nuncupatione sua complectitur,
duo ista verba *da* et *adime*, ad quæ præsente nunc
in Deiparæ laudem panegyrico exponenda utinam
duo Græcorum Romanorumque oratorum principes
suam mihi commodarent eloquentiam, quorum
alteri nihil addi, alteri nihil adimi posse videbatur.
Digna diademate duo illa *dandi* atque *adimendi* verba,
quibus tanquam polis duobus omne diadema sive
regnum imperiumque omne innititur, quo maxima
illa divinæ omnis atque humanæ gubernationis
principia, dare bona, adimere mala. Beata igitur
tuoque digna diademate Regina nostra (per hanc
te ego diadematis tui gloriam oro) id quod universa
mecum precatur Ecclesia,

> *Mala nostra pelle,*
> *Bona cuncta posce;*

imo da, quæ poscimus, bona; adime, quibus pre-
mimur mala, tu, o singularis adeo Virgo! ut cum
omnia bona tibi dederit Deus, nullum tamen a te
ademerit malum, quia Virgo semper immaculata
nihil in te unquam indignum Deo habuisti.

§ VIII. *Diadema dies maximi valoris dies immaculatæ Conceptionis, ejusque corona quernorosea.*
— O quam felix, faustus, fortunatusque sacer ille
purissimi conceptus dies, quo sunt præcipue cœpta
dari humani generi bona redemptionis, atque adimi
mala perditionis; dum a primigenio illo, unde
nostra cœpit perditio, communique omnibus malo
immunis, concepta Deipara, et hoc tanto ipsi mortalium soli collato divinitus bono redemptio salusque nostra incepta fuit! Dies sane aureus, quia
aureum novi sæculi principium, dignusque aureo
dies diademate, quo ut Partheniam diei hujus
gloriam coronemus, Marianum modo vexillum basi-
lico Ferdinandi IV Legionis nec non Castellæ regis
emblemate exornemus. Diademate ergo regium auro
pingat Apelles; Apollo aureis scribat litteris hoc
pro lemmate verbum : *Valer;* ita ut hæc Hispano
sermone cum ex pictura tum e scriptura, componatur sententia; *Dia de mas valer*, id est, *Dies
maximi valoris*. Quidni enim valoris maximi d es
pretiosissimus ille secundum cœlestes divæ Birgittæ
assertiones *Aureus* ipsismet redemptionis humanæ
primitiis dedicatus *dies*, quo ex prævisa Filii sui
morte Maria est ab omni labe præservata! Matrem
servavit Filius Servator omnium, ac præ omnibus

servavit præservavitque Matrem, qualem ergo,
quantamque illi mundus civicam dabit coronam?
Cessent illæ Romanæ laudes, quibus Africani pietas
coronatur, quod de patre, quem in prælio servavit,
coronari noluerit; Servator enim noster civicam
ipsi a se hodie servatæ Matri coronam imposuit,
dum hanc communi secum gloria humani quoque
generis esse voluit servatricem. Cedat ipsa etiam
cui aliæ quanquam aureæ, cedebant coronæ, querna
illa, quæ ob cives servatos dabatur, corona civica;
nobilior enim inclyto præservatæ adeo servatricis
nostræ capiti debetur corona, quam ut inveniamus,
aliam quidem Romani moris gratia quernam etiam,
eamdem vero simul auream perquiramus.

§ IX. *Corona civica alias querna, sed hic quernorosea simulque aurea.* — Ad hanc igitur inveniendam, *este duces*, non ut Trojano quondam heroi
aureum quærenti ramum, Idaliæ matris ejus columbæ; sed vos eruditæ scriptorum pennæ, histo-
riæque imprimis ecclesiasticæ, quasi pennæ columbæ deargentatæ. Taceo hic de ilice illa, querni
generis arbore, ex qua Æneas auream Proserpinæ
ferendam decerpsit virgam, etsi Plinio teste civica
corona fuerit primo filignea : sileo et de alia si non
ilice, certe *illice* paradisi arbore, cujus illicito
nimis illicio male illecta, atque decepta infelix illa
pomilega Eva legit inde mala, sed non aurea, neque lectis digna argenteis; ac ne longis utar
ambagibus, felici ecce pennarum eruditarum ductu
jam in aurea sanctaque Urbe sacram aureamque
Romæ invenio quercum, ibi Sixtus IV Pontifex
Maximus, roborea sic a robore, sive quercu, quam
pro insignibus gessit, appellata familia ortus, fru-
ticem roseæ aureæ, quæ ex mere institutoque
majorum Dominica *Lætare* dicta solemni summorum antistitum ritu benedicitur, immutatum, et
ad instar gentilitiæ suæ arboris efformatum rite
sacravit, novaque illatum in aviti cognomenti favorem assumpta præter morem aureæ rosæ specie,
auream urbi orbique Romano quercum repræ-
sentavit. Sanctissimis ergo Roborei Papæ auspiciis,
cujus decreto præsens Immaculatæ Conceptionis
festum sæculari altero abhinc anno sacris ascriptum Fastis celebrat Christiana orbis totius respublica, auream hanc in robore rosam, et in rosa
robur quoque aureum, sive ut sic loquar, *querno-
roseam* hanc ex auro gemmisque compositam Mariæ novam coronam civicam consecremus, ut et in
quercu fortitudo, et in rosa pulchritudo Virginis
demonstretur, cujus immaculabilem pulchritudinem dilexit Deus, atque insuperabilem fortitudinem contritus sensit hostis.

§ X. *Corona coronatæ hodie Mariæ cunctis aliarum coronarum titulis decoratur.* — O digna hoc
pulcherrimæ ac fortissimæ, quasi roseæ roboreæ-
que Virginis festo corona , quod est velut altera
Dominica Lætare, quia dies *Dominæ*, id est Mariæ,
diesque *Lætitiæ* cordis ejus! Civicam ego Marianam antea appellavi coronam, illa vero tanquam

omnium Regina omnibus earum titulis coronanda est, quæ coronando Matrem Patriæ Mariam totum terrarum orbem coronavit. *O Corona vallaris !* quia Maria carneum materni uteri vallum prima immaculato calle intravit. *O Corona muralis !* quia Maria] murus est cum propugnaculis argenteis, muro Semiramidis inexpugnabilior. *O Corona castrensis !* quia Maria ipsi, qui ut nullum timeret, factus est, ut castrorum acies ordinata fuit terribilis. *O Corona navalis !* quia Maria facta quasi navis institoris, imo quasi altera navis victoria, non quæ prima totum emensa fuit Oceanum, sed quæ sola totius terrarum orbis evasit naufragium. *O Corona obsidionalis !* quia Maria matris clausa visceribus quasi arctissima obsidione cincta prima statim accessione hostem vicit, a quo totum in his angustiis obsidetur genus humanum. *O triumphalis* denique *Corona*, quia corona lætitiæ, dumque læta jam vox triumphum canit, merito ista sæpius a me repetitur vox *O Corona!* Quia enim rotundo exclamationis charactere quasi litterali quodam diademate coronata hæc vox Pythagorico sive cabalistico litterarum calculo ducentorum septuaginta quatuor dierum numerum repræsentat, quos ut gemma conchæ inclusa intra uterum Virgo Mater explevit, secundum Fastos ecclesiasticos, annon symbolico quasi vocis ejusdem præconio indicatur ipsum novimestris illius temporis principium hoc, quod hodie celebramus, Immaculatæ Conceptionis festum esse diem Coronationis? Triumpha igitur hoc a Filio tuo diademate coronata hodie, cœlestis Salomonis Mater! Lætetur tuum hodie cor de contrito hostis tui capite triumphans! atque utinam, ut hic tam lætus tibi dies, sit et mihi dies lætitiæ cordis mei ! utinam (hoc per triumphalem illam cordis tui in hanc victoria tua exsultantis lætitiam tuus te jam orator suppliciter oro, tuisque substrato pedibus corde submississime precor), utinam, inquam, conteratur et cor meum, ut quod non despicit Optimus atque Maximus ipse humilitatem tuam respiciens Deus, contritum sit cor et humiliatum!

ANNOTATIO. — Rosam auream, de qua sub finem prosæ hujus agitur, solemni Pontificum ritu consecrari solitam ipsa Theophili Raynaudi verba illustrent : *Rosam* dico, inquit ille, quia ita passim appellatur a forma rosæ aureum hoc arte factum, tametsi præter morem Sixtus IV, anno 1478, transmittens rosam media Quadragesima a se benedictam ad patriam suam Savonam, et rosam appellans munus quod mittebat, non formam rosæ transmisit, sed auream plantam quercinam aureis instructam glandibus (Ruvereæ nempe suæ familiæ insigne gentilitium), quod munus inter ecclesiæ cathedralis cimelia asservatur. Ita ex Vercellino magnus hic scriptor, tomo X, in quo Pontificia pertractat, tractatu IV *De Rosa mediana* in prolusione, pag. 407. Cæterum inter *Curas remissiores* Maximiliani Rudolphi Baronis Schleinicensis, Lito-

mericensium in Bohemia primi episcopi, insigne etiam exstat epigramma et de auctoris ipsiusmet rosis gentilitiis, et de quercu aurea in stemmate olim Julii II, Ruverei, bellicosi Pontificis, nuper vero et in Alexandri VII insignibus exsistente, num. 9 et 33. Quod de armilla uxoris a quo nescio imperator loco diadematis usurpata nostra superius frustra requisivit memoria, ejus modo defectum ratione aliqua compenset aurea gemmataque illa a Blanca Borbonia Petro Castellæ regi marito suo donata zona, quæ cum ea rex aliquando præcingeretur, visa fuit referre speciem horribilis draconis; ut in *Annalibus* suis narrat Spondanus, tom. I, pag. 524, anno 1353. Imo ecce cum ad inaugurandum solemni ritu Julianum Augustum diadema desideraretur, ac in ejus vicem uxoris primum monile posceretur, negante ipso primis illud convenire auspiciis, draconarii demum, militis Mauri nomine torques capiti ipsius impositus fuit loco diadematis, ut in Ammiani Marcellini Historia lib. xx, narratur : et hinc forte illud , quod de coronaria quasi illa mundi muliebris armilla vacillanti antea memoriæ occurrit.

FERIA SECUNDA.

Felix parentum Filia,
  Honor decusque nostrum,
Candore vincens lilia,
  Rubensque sicut ostrum.

Aurora Mater luminis,
  Cœlo soloque grata,
Parens futura Numinis
  Anna parente nata.

Mundi Jubar clarissimum,
  Dignum Davide stemma ;
Gentis decus charissimum,
  Flos stirpis atque gemma.

Maria quovis cultior
  Formosiorque flore
Amica melle dulcior,
  Mellifluoque rore.

Mundum renidens aspice,
  Puella pulchra visu ;
Natale munus accipe,
  Matremque nosce risu.

Quod mille votis poscitur
  Per te, tuumque nomen,
Venisse tandem noscitur
  Certum salutis omen.

Natalis o quam nobilis
  Quo gaudet atque plaudit
Quidquid vel æthra mobilis
  Vel terra firma claudit.'

Ut nascereris, actio,
  Quam longa singulorum
Est natalis, factio
  Antiqua sæculorum!

Lætetur orbis edita
  Deo favente prole,
Salusque mundo reddita
  Novo beanda sole.

Laudetur alma Trinitas ;
  Sit æqua laus, ac dignitas

Patri, parique Nato
Cum Spiritu beato. Amen.

Argumentum Prosæ. — Tractatur hic de tempore quo nata, et de nomine, quo nuncupata est Virgo Deipara, et ad temporis quidem observationém facit imprimis Roma, ubi Natali Mariæ anno dedicatum est ab Augusto templum Quirini cum tot columnis, quot ab Adamo generationes sunt ad Mariam; deinde Hierosolyma eodem eversa die, quo in eadem urbe Bono publico nata fuerat Maria, suavis et decora sicut Jerusalem, eademque ut ordinata acies castrorum terribilis (*Cant.* vi, 3). Neque inter hæc de natali etiam mense tacetur, ubi sermo est de Vite aurea, atque Libra cœlesti, ejusque æquinoctio. Quod ad nominis vero notationem pertinet, ejus præcipue acrostichis numerusque expenditur, ac post peculiarem utriusque combinationem Summaria quasi dictorum epitome additur solemnis clausula. Amen.

PROSA.

De Nativitate beatæ Virginis Mariæ.

§ I. *Beatissimæ Virginis Natalis, proque eo certasse dicuntur sæcula.* — Tullianam omnem superat facundiam unum hoc de nata hodie Deipara effatum quod a Deo nascens animus, id est, anagrammatico veterumque philosophorum sententiis celebratissimo hoc ex Deo quasi decerptæ mentis humanæ encomio dignissimus ipse divus, nataeque hodie divorum omnium Reginæ Encomiastes celeberrimus Joannes Damascenus, magnum sæculi sui lumen, magnifice pronuntiavit, certavisse nimirum sæcula, quodnam ortu Virginis gloriaretur, idque perpetuam quidem sæculorum omnium memoriam meretur, et hoc præcipue natali Virginis die, ad quem, tanquam propositam certamini plusquam Olympico metam, tot ab orbe condito olympiades decurrerunt. Sed quid ego, Marianus scilicet nascentis Deiparæ sacris initiatus inter sodales Parthenios cliens, tanti diei gloria dignum hodie prædicabo, quo cum bono publico nasceretur Salvatoris Mater Maria, renovata tum per illam quodammodo mundi senescentis natura totum humanum genus renascebatur? Fulgentissimum puellæ Britannicæ ortum narrat Fulgosus, cujus mater cum ex utero suo egredientem visa sibi fuisset videre lunam, filiam enixa fuit, quæ in lucem postea Alestunum regem Britannorum edidit; dicamne pariter Mariam sanctæ parentis unigenitam ipsam Deiparam, sicut lunam egressam utero, cœlesti lumine universam terram illustravisse? Splendidissima nascituro quoque Augusto Cæsari signa præluxisse Romani testantur historici, cujus et mater sua in condito ferri viscera, et pater sólem ex ea nasci somniaverat; dicamne igitur ipsam etiam imperante Augusto natam Augustissimam cœlorum Imperatricem, Leatissimam sanctorum parentum sobolem instar solis editam ortu suo totum terrarum orbem illuminasse? Sanctissimos imo ipsos Genitricis Dei Virginis parentes ego tanquam magna duo mundi lumina, Joachimum ut solem, Annam ut lunam suspicio, et ex utriusque tanti sideris conjunctione

natum hodie lumen, jubarque clarissimum quis non miretur, Mariamque veluti lunam ipsa luna pulchriorem, atque clariorem sole orientem hodie solem adoret? *Salve, o bonum lumen!* ita te, o serenissima cœli terræque illuminatrix, solemni Græcorum solem salutantium ritu affari liceat, et ut communicata tecum Filii tui gloria novis jam ex angélico illo sacræ utriusque Nativitati cantato cœlitum hymno conceptis anagrammatice verbis alloquar, *Bona vis orbi proles, Dei Genitrix, ex Anna ut lunâ, ex Joachim ut sole!* Ita sole lunaque pulchrior solis, lunæque Filia, cujus hodie ortum colimus, bono publico nata, sit ut est, eritque perpetuo *Bona orbi,* quam dum regali ortam stemmate *Bonam orbi* nuncupo, optimam sane Christianorum omnium Matrem; regio ferme Christianissimorum nomine mihi videor compellare *Borboniam,* cum ex eisdem videlicet elementis et hoc basilicum prorsus elogium *Bona orbi,* et hoc regnantis apud Francos familiæ cognomen *Borbonia* componatur. Verum ne in ipso prope dicendi exordio nostra aliorsum evagando peregrinetur oratio, duce imprimis atque auspice laudato superius Damasceno natalem ego præcipue divæ Virginis annum quasi annulum magno illi certantium sæculorum cursui propositum observabo; quem si aureum forte quispiam appellarit annulum, diem ego natalem gemmam fuisse dicam : ac in annulo quidem annum, diesque anni describat novus aliquis Archimedes; sed in gemma, qua hic merito signandus dies, cœleste sculpat *Mariæ* nomen Pyrgoteles. Duo namque ista, tempus, atque nomen natæ Deiparæ, mihi jam et de Natali ejus dicturo erunt omnia, quæ dum mea ego dictione celebro, defectum eloquentiæ omnem suppleant ipsi divinæ Infantulæ vagitus, omni Tullio atque Tulliola disertiores.

§ II. *Natalis Deiparæ annus Romæ denotatus columnis dedicati tunc ab Augusto templi.* — Et ex magno ecce longoque illo omnium, quæ de ortu Virginis certarunt, sæculorum ordine longe optatissimus idemque mundo auspicatissimus natalis ipse Virginis annus Romæ magnificentissime triumphat, annus (ut de antiquioribus mundi annis sileam) urbis conditæ octavi sæculi septimus supra vicesimum; annus Augusti Cæsaris et ab eo conditi novi imperii vicesimus octavus; annus quacunque demum alia æra vere aureus totique orbi secundissimus, Romæ, inquam, Romæ triumphat natalis Mariæ annus, ubi Augustus imperator novæ Romanorum monarchiæ conditor Quirino Urbis conditori erectum a se templum, neque sine Augusto electi ad hoc numeri sui mysterio sex et septuaginta columnis decoratum eodem cunctis sæculis exspectatæ adeo Nativitatis anno solemnissime dedicavit. Templum augustum, ingens, urbis orbisque inclytum ornamentum! Divinasse putabat Cæsarem Romana superstitio, vitæque annos illo totidem columnarum numero designuasse, cum post quinque amplius inde lustra, sive tria prope decennia suam ipse mortalitatem sexto supra septuagesimum ætatis anno terminasset. Fabulæ! nam cum idem moriens vitam se ut fabulam egisse fassus fuerit, ecquis adeo vanus, et cum columnis tantam vitæ mortalis vanitatem ulla ratione comparandam fuisse existimet? Tota imperii Romani potentia, ad quam tremere videbatur orbis, sicut arundo vento quassata intremuit, cum ad Cannas quasi canna fragilis, adverso tum in acie vento victa, pene penitus confracta fuit; et qui ego labiles unius quantumvis magni Romanorum imperatoris annos, quem non secus atque arundinem ventus, cladis Varianæ nuntius ita perculit, ut ad fores caput allideret, columnis quidquam simile habuisse mihi persuadeam? Maximus idem monarcha, ut de breviore ejus statura sileam, quam ut procerior videretur, altiusculis ipse cothurnis attollebat, præter alias graves crebrasque invaletudines infirmis adeo membris erat, ut ad ea, teste Suetonio, confirmanda arenarum atque arundinum remedio uteretur; et tam imbecillis corporis fragilisque vitæ principi quisquam eam ætatis mensuram, qua cum columnis æquantur anni, recte congruenterque attribuat? Arundinea sane ista nimiumque columnis impar est de illo Quirini sui templo Quiritum sic de annis Augusti opinantium divinatio; majus enim vero sanctiusque necnon Augusto ipso augustius rei divinioris mysterium pandit alia de hoc alias inter veteres Romanæ superstitionis ritus numquam pandi solito Quirini templo tempori cumprimis suo respondens operis numerique ejusdem contemplatio, qua et in templo mundus, et in columnis templi princeps mundi familia repræsentatur. Nam cum eadem Quirinalis illius templi, arcano altioris forte mentis instincta tot, quot diximus columnis decorati dedicatique anno, gratia obstetricante, natura obstupescente nata sæculorum omnium Reparatrix atque Gloria patriarcharum, majoribusque suis major Maria, in tam augusta, ipsumque per tot sæcula Deum parturiente prosapia sextum supra septuagesimum nacta gradum Deipara augustalem illum sex et septuaginta columnarum numerum sua nascendi sorte consecraverit; annon ipsa Romani illius templi saxa, ipsæque imprimis columnæ clamant postrema lamdem ante promissam generi humano divinam progeniem, ipsique omnium in hac tantæ exspectationis serie generationum scopo proxima, id est septuagesima sexta sacræ adeo, cœloque congenitæ stirpis hujus propagine ipsam Dei Genitricem Virginem mundo exortam esse?

§ III. *Ob jam dictum Augusti annum Maria illud Dei opus dicitur, quod « in medio annorum vivificandum erat. »* (*Habac.* III, 2.) — Sit hæc nimirum Reginæ gentium, atque terrarum Dominæ urbis gloriosissimæ Romæ prærogativa, ut quæ futura olim Sedis apostolicæ sedes, et Arx religionis, Caputque orbis Christiani, *Aram primogeniti Dei*, quam in Capitolio Augustus erexerat, instane ha-

buit Nativitatis Dominicæ monimentum; eadem vel in gentili etiam Quirini, hoc est *Pacifici*, sic a pacificatis quondam Romanis atque Sabinis, et ex utriusque facto uno Quiritum populo appellati Romuli conditoris sui delubro habeat illustre aliquod Nativitatis Partheniæ argumentum. Nihil ego hic de augustiore pace alia Deum inter atquehominem composita, cum in gremio Virginis, in quo cum partu integritas fœdera pacis habet, divina atque humana natura arctissimo utriusque nexu componeretur : nihil ego hic de diviniore alio Quirino, sacro inter Romanos martyres heroe, qui, pro religione fuso sanguine, ipso tantæ pacificationis die cœlum adiit; quo in terram descenderatDeus ima cum summis compositurus; nihil, inquam, de his, neque jam de Quirino quidquam ultra inquiro; sed cum Augustus imperator, idemque imperatorum princeps, quia monarchiæ Romanæ parens, diuturno sex et quinquaginta annorum imperio memorandus, omnium jam post eum imperaverunt, uti felicissimus ita longævissimus,·anno imperii sui duodetricesimo, id est in medio annorum suorum, quibus imperans aurea Romæ sæcula condebat, suum illud Romuli templum dedicaverit; quis? quis, oro, jam non Quirinale, sed Virginale, sanctius vivumque Divinitatis templum in hoc augustorum adeo annorum medio mecum hodie admirando adorandoque suspiciens neget esse impletum sacrum illud veteris prophetæ, *dein medio annorum vivificando notoque faciendo Dei opere* votum atque vaticinium? Nam quod aliud est tam singulare, tamque eminens inter creata omnia divinæ omnipotentiæ opus, nisi quod in vivis hodie esse cœpit, ipsa Conditoris sui Genitrix, Dei atque hominum Mediatrix, salutis nostræ optima maxima cooperatrix Maria? Ingens opus, grande negotium, soloque omnium auctore inferius, quod sol ingeniorum Augustinus, *opus æterni consilii*; et flos sui sæculi Bernardus *negotium sæculorum* appellavit. Et hoc æternitatis consilio, sæculorumque negotio perfectum opus, omnium Dei operum perfectissimum, ecce ut in ipso Cæsaris Augusti, a quo novam mundi Romani æram auspicati fuere chronologi; supremi tum in orbe terrarum monarchæ annorum medio vivificavit, notumque adeo fecit Deus, ut vel ipsa illud tempora, mutaque marmora urbi orbis Dominæ annuntiarit.

§ IV. *Princeps autumni mensis September, mensium Jasoniorum medius, quo ut vitis est nata Maria.* — Verum ut a medio annorum jam ad mensium quoque medium quoddam transeat oratio, memorandus præcipue Natalis Augustissimæ cœlorum Imperatricis mensis, primisque vitæ ejus auspiciis, quam ad orbis Romani imperium nati fortunatique Augusti ortu augustior September, inter Jasonios, quinque videlicet illos anni provectioris menses medius, quorum primis litteris tanquam Kalendis nominum suo Julii, Augusti sequentiumque ordine designatur

Græcus inter Romana nomina heros ipse Argonautarum princeps *Jason*; et ut navem Argo sileam, vellusque aureum, dum, in Maria Septembri edita Marianus hic jam merito appellandus mensis sacratiorem mundi naufragi Arcam, et plusquam aureum Agni divinioris Vellus miratur : ut hæc, inquam, aliaque cum de Jasone, tum de Jasonia quoque ipsa Tragœdiis nata Mede taceam, illud hic præ omnibus, quod ad Medeam supplex aliquando dixisse legitur Jason, sanctius ego jam ad Mariam, mea vestraque, sodales Parthenii, causa suppliciter dictum volo :

O Virgo, miserere mei, miserere meorum ;
Effice me meritis tempus in omne tuum.

Imo ut a Jasoniis illis heroibus Argonautis magnifice exstructam, atque ut a Cedreno aliisque cedro dignis scriptoribus memoratur, oraculo jussam Deiparæ dedicari ædem sacram præteream ; a nominata jam nave ad libram, et a vellere ad vitem auream, duo sibi propria Marianis modo incunabulis consecranda decora vocat Genethliacus idem magnæ sæculorum Reginæ mensis, cujus cum in cœlo signum est ad æquam lucis noctisque dispensationem dicata Justitiæ cœlestis Zodiaci Libra ; tum in terra insigne decus, nobile atque vitale illud, quia cordi hominis recreando natum germen vineæ, quod *a vitæ* quasi nomine dignum *vite* obtinet nomen : et cum unius fere tantum litteræ trajectione *nata vitis* dicatur ipsa *Nativitas ;* annon merito nova mundo *nata vitis* asseritur, ubi sacra Mariæ Nativitas celebratur ? nunquid enim non de Maria quoque accipitur hoc ab ipsa 'Sapientia pronuntiatum de se oraculum : *Ego quasi vitis fructificavi* ? (*Eccli.* xxiv, 23.) Et hanc nimirum vitem Hierosolymæ tum in maternis ædibus natam, cum in urbem sanctam religionis ergo profecta sancta Parens, divinum ibidem cultum sacro auxisset partu, designavit celebratissima, vereque gemmans, quia gemmeos ferens botros aurea illa vitis, quam rex Herodes, cum is Salomonis forte magnificentiam æmulatus, eodem Partheniæ hujus Nativitatis anno, Augusti imperantis vicesimo octavo, sui vero regni decimo sexto, uti Magnum notat Chronicon, Hierosolymitanum illud toto terrarum orbe celeberrimum templum magnificentissime decoraret, tanquam palmare tanti operis ornamentum supra vestibuli columnas mille talentum pondere collocavit. O digna vite aurea, ac vel aurea quoque Pori Indorum regis vinea nobilior, quia sacratioris illius vitis umbra, cujus propagine non pars aliqua orbis terrarum Asia, ut de Mandane futuri Cyri parente somniarat antiquitas, sed cum universo cœli terræque orbe incomprehensa mundi totius immensitas inumbratur ! O digna vite aurea Virgo, cujus Natali sacram ego almam sodalitatem nostram tanquam vitem auream, et quot sodales, tot in ea gemmeos quasi racemos intueri mihi videor, Virgo, inquam, digna vite aurea, quia vitæ prorsus aureæ, cujus

ipsa nimirum ætatis plenitudo, quot in Romanæ justitiæ statera solidi sive aurei nummi libram auri constituunt, ex tot solidis sane etiam atque aureis, quia plenis gratia annis componitur !

§ V. *Libra æquinoctiale Septembris signum duorumque hic in laudem Deiparæ notatorum antithetorum æquilibritas.* — Sacra profecto cœloque digna annorum Libra, in qua maximum momenta omnia pondus habent ! cum in cœlesti autem illa Zodiaci Libra, quam hic autumnalis sibi mensis, temporumque cardo vindicat, sole tum ex æquo lucem utrique dispensante orbi, justissima diei noctisque fiat æquatio ; ut in eadem tantæ æquitatis bilance pateat quoddam etiam festæ hujus modo lucis æquilibrium, appendatur bipartitum hoc e mystico Salomonis epithalamio depromptum Sponsæ Sulamitis elogium, quo e contrariis quasi effatis composito, suavis ea atque decora sicut Jerusalem, eademque sicut castrorum acies ordinata terribilis pronuntiatur. Inscribatur ergo alteri harum lancium, *castrorum acies ordinata*; alteri *decora sicut Jerusalem,* quanta ecce ad hanc cœli stateram, quantique discriminis atque ponderis appensa moles, hinc ad bellum instructa castrorum acies, inde pacis ipsius civitas gloriosissima ! sed quæ est ista sicut castrorum acies ordinata ; aut quæ illa sicut Jerusalem decora ? Et en ipsæ utriusque hujus pacificæ juxta atque bellicæ, imo bellissimæ inscriptionis litteræ in hæc anagrammatica duo, suoque etiam libræ hujus pondere digna Parthenii natalis, natæque magnæ Virginis elogia resolvuntur, quibus et ab ipso quasi Salomone *castrorum acies ordinata, sancta Maria decori ortus;* et a Sulamite, *decora sicut Jerusalem, Mater Jesu Cardo sæculi* prænuntiari visa fuit. O quam decori ortus Maria, quæ ut aurei novi sæculi Aurora exoriens fuit aurea mundi Hora ! Et quis eam sæculi neget cardinem, pro qua ingens, uti diximus, inter ipsa mundi sæcula certamen fuit ? Aliud porro est, quod æquo stateræ examine in hac veluti toga et sago inclyti sacri elogii distinctione, et ex apposita belli pacisque specie adornata Deiparæ nascentis laudatione hujus modo etiam diei æquinoctium observamus : cum hic enim dies beatæ, instar pulcherrimæ quondam ornatissimæque urbis Jerusalem decoræ, Virgini Dei Genitrici Natalis, idem tantæ parentis patriæ urbi Jerusalem, hostili Romanorum acie cinctæ captæque tandem fuerit fatalis ; ingens sane extra astrorum annique ordinem non ab astrologia cœli interprete, sed ab historia vetustatis nuntia, in hac salutis publicæ cladisque ultimæ comparatione æquinoctium demonstratur.

§ VI. *Eo die Septembris eversa est a Romanis Hierosolyma, quo, et in eadem quidem urbe, nata erat Deipara.* — O quam contraria diei ejusdem fata, lucisque hodiernæ spectaculum inexspectatum ! Hæccine illa adeo prædicata *Visio pacis,* id est secundum nominis sui interpretationem ita nuncupata illa perfecti decoris civitas terræ gloria, gemma urbium, atque Asiæ pupilla Jerusalem, in qua horrenda belli facies luctuosissima urbis eversæ imagine plusquam Trojanum hodie nobis excidium repræsentat? Hodie Maria in hanc emissa lucem felici ortu mundum ingreditur, et urbs Jerusalem igni ferroque vastata, infausto nimium occasu evertitur: hodie Maria ritu nascentium de terra, in quam cecidit, levatur ; et urbs Jerusalem, muris turribusque dejectis, nunquam iterum erigenda humi prosternitur ; hodie sparsis inter amicorum plausus floribus coronantur prima Mariæ incunabula ; et urbs Jerusalem armis hostium expugnata sua solo æquari videt propugnacula ; hodie Maria in hac nostra lacrymarum valle risu incipit matrem cognoscere, et urbs Jerusalem ipsis quoque hostibus lacrymanda extremum suorum deflet interitum ; hodie Maria, dulcedo nostra, maternis primum lactatur uberibus, et urbs Jerusalem cladibus suis satians iram hostium suomet sanguine inundatur. O quam contraria fatorum sorte memorabilis idem Virgini Dei Matri Natalis, atque urbi Jerusalem fatalis dies! dies suavis atque decora, quando exoritur Maria : dies sicut acies ordinata terribilis, quando Jerusalem expugnatur. At, o ingrata Mariæ patria, infelix, iterumque infelix civitas, quia tuam merita infelicitatem, digna excidio, indigna nomine tuo Hierosolyma, non jam ex Græco nomenclationis tuæ epitheto sacra sive sancta Solyma, sed ab Indica voce *Hiero* quæ vox Americanis illis barbaris *ferrum* denotat, ferrea ferroque durior appellanda ; *ferrea*, inquam, quia nimium est *fera*, et rea Hierosolyma, quæ ut *fera pessima* sæviisti, dum ne innocentissimo quidem ipsi Virginis Unigenito pepercisti, tantique parricidii rea cœlestem illam sanctissimæ Matris animam adacto vel per Filii latus gladio doloris crudelissime confodisti! Digna igitur, ut quæ sacerrimo illi generis humani delicio tantorum causa dolorum exstitisti ; ipsum etiam Titum Cæsarem, quem urbs Roma orbisque Romanus suas vocabat delicias, missum divinitus ultorem sentias, tuique habeas eversorem ; illud insuper malo tuo merita, ut, qui dies beatam mundo attulit Mariæ Nativitatem, idem tuo decretus excidio vindex ultimam tui viderit eversionem. Hic est itaque magnus ille magni ortus atque occasus magni conscius dies, qui et parituræ Deum Virginis ortum, et a Romanis eversæ Hierosolymæ occasum vidit; nec hoc sine Numine factum, ut quo die evertenda, et de medio terræ tollenda delendaque erat Jerusalem: eodem nova, quæ de cœlo descendit Jerusalem Maria Virgo Deipara nasceretur; hæc est enim animata illa civitas, de qua dicebat Propheta: *Gloriosa dicta sunt de te, Civitas Dei!* (*Psal.* LXXXVI. 3.) At ne nimium Tito imperatori suo Romanus plaudat exercitus, quod ut memoriæ traditum est a Suetonio, natali filiæ suæ urbem cepetit; majori namque animæ illa debetur gloria,

ut hæc natali suo parta victoria, natalibus ejusdem auspiciis vindicetur ; et hæc est Flavia progenie nobilior Davidicæ stirpis Filia, magna illa mundi totius Anima, communi omnium saluti nata, Natalemque nacta illum anni vertentis diem, quem, ut ducenta quinquaginta illa sacro Numerorum libro memorata thuribula, totidemque prævia quasi pompa, feliciore omine antecedentes sileam dies, numero suo tanquam gemma cabalistica signat augustum hoc ex aureis pietatis, uti vocant, montibus ædificatum, præterque alias illustres ejusdem notationes, magnis Augustarum titulis atque virtutibus coronatum dignumque Matre misericordiæ nomen *Eleonora*.

§ VII. *Mariæ nomen, pervulgata quinque illustrium sacrarum heroidum acrostichide peculiarius concinnatur.* — Nobile hoc e Græcia oriundum nomen uti *montem*, ita alia ejusdem etymologia tempus quidem etiam, quia *horam* denotat *misericordiæ ;* sed post multa jam de tempore dicta tempus nunc est dicendi et de nomine natæ hodie mundi Dominæ, cujus sicuti natalem ducenti quinquaginta præcurrunt phosphori, sic vel simplice ductu calami exaratum ejusdem nomen totidem quoque superat *siclos calami* inter odorata pretiosaque illa divino jussu designata sacri tot é speciebus compositi unguenti aromata, quot hoc sanctissimum, idemque instar olei effusi suavissimum, ac ne ducentenis quidem quinquagenisque amplius a me calamis linguisque satis deprædicandum nomen componitur elementis. Imo ut hanc cum unguentario illo viri divinissimi Moysis opere cum paratam modo nominis compositionem suo etiam ipsa Moysis soror insigniat charactere ; ante alias sacras heroides, magnæ Dei Parentis archetypas, suis idem nomen litteris componentes, prodeat ipsa imprimis, primumque in hac onomastica quasi structura lapidem ponat insignis illa nominis Mariani signifera, Erythræa Hebræorum sibylla, sic a maris Rubri transitu cognominanda virgo vates, prima omnium nuncupata Maria! prodeat benedicta illa Carmelitana, ingens sui gloria sexus Abigail, et cum quinque puellis pedissequis suis totidem Mariæ, communis Dominæ litteras veneretur ! Prodeat ad hoc litterarum quoque spicilegium laudata illa spicarum collectrix Ruth, ac suam etiam ipsa tesseram quasi debitam Virgini cœlesti Spicam contribuat ! prodeat fortissima mulierum Juditha, et de Holophernis capite triumphans majori, quam quam adhuc parvulæ, triumphatrici sui ipsa nominis caput offerat ! prodeat denique illa quasi altera Davidis senio laborantis vita atque anima, lectissima virgo Abisag, et hanc Mariæ acrostichin completura Alpha virginum adoret! Hic est heroidum sacrarum Flos ac Pentaphylla lectissimarum quinque mulierum Rosa, quarum primis nominum elementis argumentosa instar apis magnorum Deiparæ cultorum pietas, ut in Maria collectas omnium dotes adumbret, pulchrius quam e pulcherrimis

quinque virginibus pictorum aliquis omnes pin-
gendæ quondam Helenæ collegerit pulchritudines,
aptiusque Marianam in hac nominum atque virtutum epitome concinnat nomenclaturam. Ac non
desunt totidem quidem alia sacris quoque Paginis
celebrata illustrium feminarum nomina, quorum
aliis alii Marianam solent acrostichin condecorare;
imprimisque (ut in *myrrhæ* quasi *fasciculum* suo
illa ordine collecta exhibeam) Michol, soror Jonathæ, sponsa Davidis amantissima; Jahel, famula
quidem nomine, opere autem leæna fortissima;
Rebecca, puella decora nimis, virgoque pulcherrima; Rachel, formosi pecoris custos, formosior
ipsa; Anna denique Samuelis mater piissima, ex
hoc lacrymarum suarum partu clarior, quam si
filios decem, vel ipsum cum novem Musis Apollinem peperisset.

§ VIII. *Nomina ad hanc nominis Mariani compositionem assumpta reddunt numerum* 999, *eoque adumbratur Mithatheron.*—Sed jam quærat forte quispiam,
quam ob causam in hoc bis quinque nominum clarissimorum censu priora ego relictis cæteris sacro
Mariæ nomini initianda elegerim? nunquid enim,
ut ex decem virginibus quinque tantum prudentiæ
laude conspicuas cœlo receptas divina narrat parabola; ita hic in pari heroidum a me recensitarum
numero paris discriminis parem quoque rationem
credere par est? Absit hæc a nobis censuræ nota!
utinam vero cum hunc etiam diem sacra divi
Adriani ornet memoria, sub hoc ego auspice ipsum
meæ habeam, quam in medium modo proferam,
observationis judicem Adrianum Lyræum, religiosissimum juxta atque eruditissimum nominis Mariani vindicem, quo de sacratissimo eo nomine
nemo fecundius facundiusque disputavit! Luculentum hic in trisagio suo Mariano illustrium aliquot
scriptorum notat errorem, quo cum celebri illa
apud Hebræos Idearum principe *Mithatheron* appellata Mariam rerum creatarum perfectissimam comparantes utriusque nomen æqualibus aiunt sibi
numeris respondere, atque pari utrinque mysteriis-
que pleno calculo numerari *nongenta nonaginta
novem.* Etsi autem sanctum hoc, quod hodie veneramur, nomen nequaquam ulla cabalæ suæ mensura
numerum attingat undemillesimum, unde præsens
pendet animadversio; ne tam singularis tamen
piorum doctorumque virorum omnino frustretur
assertio, placet assertos ab his Mariæ numeros
quasi librando attentius ponderare. Sint pro bilance
igitur duo exquisitissimi illi semisses, in quos alter
unionum Cleopatræ, altero jam per luxum assumpto,
dissectus, et in Pantheo Romano utrisque veneris
auribus appensus fuit; hisque adeo pretiosis libræ
novæ lancibus imponatur hinc ab Hebræis concinnata illa principis Ideæ descriptio, cujus verborum
primis litteris coalescit hæc vox *Mithatheron :* inde
Latinis descripta formis illa nominum quinta quasi
essentia, qua per acrostichin nostram delecta quinque nomina sacro Mariæ nomini mancipantur. Hæc

quæ oculis quidem nunquam auribus subjicere
malim, si ad stateram appendimus, appensaque
attendimus, quid in horum libratione, nisi æquali
utrinque pondere perfectum utriusque æquipon-
dium, quia summarium utrobique totius cabalæ
complementum, totamque numerorum ejus plenitudinem, id est tribus novenariis signatam novem
monadum, novem decadum, novemque hecatonta-
dum. Summam inveniemus ? ita prorsus, ut cum
ipsum tanti ponderis in hoc numero nomen Maria
Chaldæo interprete *perfectam* significet, Mariæ perfectio jure merito tanquam proprio ejus elogio
dicatur omnibus vere numeris absoluta. Ac in
Romanarum quidem supplicationum pompa, ut nos
Livianæ docent historiarum decades, solemne aliquando carmen a ternovenis virginibus canebatur.
At quis e Sibyllina illa adeo apud veteres decantata
virginum fatidicarum decuria Erythræam jam ad
superos vatem revocet, ut quæ inter divina sua
carmina augustissimum nomen Jesu tribus designatum octonariis prænuntiavit, ea Mariæ modo etiam
nomen elucidans sacros totidem ejus novenarios
interpretetur? *Abyssus Mariæ* (ut hoc tam ingens
arcanum idoneo, quia Isopsepho, sive æqualis
numeri verbo eloquar), *Abyssus,* inquam, *Mariæ* est
in hac e triade naturam trium enneadum summa,
numero numerorum mysteriosissimo, dignoque illa
præcipue diva hieroglyphico, quam non inani præconio sanctorum Patrum aliquis compellat divinissimæ Triadis complementum.

§ IX. *Amen, primum et ultimum est verbum, cujus
hic numerus et litteræ Marianis laudibus aptantur.*—
Ego autem, ne jam finem dictionis meæ respiciens,
in hoc magno Mariani nominis mari abyssum ingrediar infinitam, contentus scilicet illum a tot tantisque ante auctoribus desideratum in hac nomenclatura numerum ratione aliqua demonstravisse; uno
tandem omnia complectens verbo concludam; et
quod in mundi exordio, ipsoque creationis principio dixit Deus, jam in orationis epilogo dicam,
Amen, hoc est, *Fiat.* Quia enim solemne istud
claudendis rite sacris precibus dicatum verbum
calculi sui numero sex et septuaginta reddit; sit
hoc videlicet ipsum tanquam mysticum quoddam
Marianæ totidem generationum seriem complexæ
genealogiæ compendium, et ex eo compendiosa
pariter hæc in gloriosæ nunquam satis laudandæ
Virginis Mariæ laudem secundum quatuor illos
solemnis adeo verbi apices notata encomiorum
epitome *Amen.* — AMEN! id est, *Ave, Mutans Evæ
Nomen,* — *Absque Macula Et Nævo,* — *Auferens
Mala Exsilii Nostri.* — AMEN! id est, *Anna Matre
Excellentior Nata,* — *Anima Mundi Exsuperans
Naturam,* — *Auctoris Maximi Effectus Nobilissimus.*
— AMEN! id est, *Adventus Mariæ Exspectatio
Nostra,* — *Adsit Mater Electa Numinis,* — *Affe-
ctum Maternum Exhibens Nationibus.* — AMEN! id
est, *Apis Mellificans Emmanueli Nascitur,* — *Aurora
Mundo Exoritur Nova,* — *Aureus Matris Excellen-*

tissimæ Natalis. — AMEN! id est, *Auspicatissima Mundo Effulget Nativitas,* — *Augeat Maria Electorum Numerum,* — *Angeli Marianum Exaltent Nomen!* Ita, ut hic tandem desinam, ita, inquam, angeli, tanquam cœlestes cygni sanctum magnumque illud cantantes sublime ferant super æthera nomen; atque ut in Romanis quondam Cæsarum inaugurationibus læta faustàque acclamantium solemnis erat hæc vox *Augusto feliciòr! Trajano melior!* ita nunc ad eamdem nòstram acrostichin aptato similiter *Mariæ* maximæ majorum suorum gloriæ, et ad primos generis humani progenitores, Marianæ totius genealogiæ principes ante lapsum optimos atque nobilissimos respiciente præconio, communi angelorum hominumque Deiparæ nascenti applaudentium voce, sine numero, sine fine dicatur :

Adamo Melior, Eva Nobilior!
A.　　M.　　E.　　N.

ANNOTATIO. — Quirinus idem est ac *Pacificus,* ut in *Æde virtutis et honoris* inquit R. P. Arnoldus Angelus 51, Poemati quarto proludens, pag. 48, ut a gentili autem illo Quirini templo ad sacrum Deiparæ Natalem argumentemur, exemplo simili præivit, præluxitque nobis Christophorus Castrius, qui in Isagoge suis super xii prophetas Commentariis præmissa libro ii, cap. 13 : « Animadversum est, inquit, non sine admiratione, referente Plinio lib. x, c. 43, M. Servilio, et C. Sextio coss. anno uno aut altero post passum Dominum, funus corvi cum celebribus exsequiis, novo et inusitato facinore à populo Romano curatum; significante Spiritu sanctv corvum, id est, atrum Satanam mox exstinctum iri Romæ, ubi præcipua ejus erat sedes et garritus. Et ut taceam eo quoque circiter anno, quo post Augusti Liviæque nuptias aquila ex alto in hujus gremium demisit gallinam albam, ramum lauri rostro tenentem, anno nempe Urbis conditæ 715, sanctam Annam Virginis Deiparæ matrem nupsisse, ut in Annalibus Saliani anno eodem legitur num. 12; ut hoc, inquam, taceam, quemadmodum jam dictus de morte Christi Castrius, ita nos de ortu Mariæ pariter argumentamur; et hanc quidem Hierosolymæ natam asserimus juxta communem Orientalium, præcipueque sancti Joannis Damasceni sententiam, quam in *Elucidario* suo maxime illustrat, atque confirmat Joannes Poza toto tractatu octavo super hoc de patria nativitatis Deiparæ argumento disputans. Si ad formandum præterea nomen *Maria* hæc a quibusdam assignata sumantur nomina, *Michol, Abigail, Ruth, Judith,* et *Abisai* (ut pro *Abisag* passim fere impressum legère est in minore sæpissime recuso Immaculatæ Conceptionis Officio), ex his quoque ita scriptis unaque computatis nominibus coalescit supradictus idem nongentorum nonaginta novem numerus, 999. »

FERIA TERTIA.

PRÆSENTATIO BEATÆ VIRGINIS MARIÆ.

HYMNUS.

Gnatam parentes dedicant
Altissimo placentem

Deumque grati prædicant,
　Mortalibus faventem.
Ut clara primo lumine
　Aurora Virgo lucet,
Matura nato Numine
　Gentes ad astra ducet.
O pulchra castis moribus
　Modestiæque norma,
Ornata tanquam floribus
　Diviniore forma!
Tam gratioso cultui
　Nec stella certet una,
Et virginali cultui
　Cedit serena luna.
Decore quo non prædita,
　Quem summus ornat auctor;
Post dona cui tot præbita
　Se donat ipse fautor.
Te, Virgo, vivum credimus
　Templum Tonantis esse
Tibique vota reddimus,
　O sacra Virga Jesse.
Tu sancta nobis impetra
　Et sempiterna dona
Tuisque quidvis impera
　Clientibus Patrona.
Tu rite, sicut aurea
　Es ara dedicata :
Cui prima voti laurea
　Est jure vindicata.
Ingressa nunc es Hospita
　In templum ut Arca viva ;
Tu nos beando sospita
　O major orbe Diva.
Laudetur alma Trinitas
　Sit æqua laus, ac dignitas
Patri, parique Nato
Cum Spiritu beato. Amen.

Argumentum Prosæ. — Ista Prosa cum præcedente participat illa argumenti sui parte, qua de columnis agitur. Nam post specialem ex hoc Sibyllinæ illius Eclogæ Virgilii versu : *Jam redit et Virgo,* etc., de die Præsentatæ Virginis, postque aliam de sequentibus quinque diebus observationem tot a festo Nativitatis Mariæ ad festum Præsentationis numerantur dies, quot in genealogica ejusdem serie progenitores, quibus adnumerata ipsa Virgo Deipara complet memorabilem illum sex et septuaginta columnarum numerum. Et ex generationum harum numero recensentur quædam ejusmodi quasi columnæ patriarchalis familiæ, inscribendo singulis *Plus ultra,* ad ultimatum usque, cui inscribitur, *Non plus ultra.* Postremo denique illa sacræ mensæ a Justiniano et Theodora Augustis oblatæ in templo Sophiæ inscriptio aptatus SS. Joachimo et Annæ Mariam Deo offerentibus.

PROSA.

De Præsentatione B. Virginis Mariæ.

§ I. *Hac e Virgilio notata* JAM, *jam tria ista nomina notantur* JOACHIM, ANNA, MARIA. — *Jam redit et Virgo,* redivivus modo canat Virgilius, *redeunt Saturnia regna,* dum in templum hodie venit præsentanda Virgo virginum, diesque mundo affert plusquam Saturnios. Virgo vere Saturnia, cui sacrati dies Saturni aurea pietati Marianæ Sabbata pepererunt ; Virgo aurei sæculi parens, cujus prima, qua in rebus creatis esse cœpit, hora, fuit aurea mundi hora : Virgo, non quæ *ultima cælicolum terras reliquit,* sed quæ prima accersivit e cœlo, quod imitaretur in terris. *Jam, jam,* inquam, redit et cum Virgine aureum Saturni sæculum; et

Jamnova progenies cœlo demittitur alto.
Ultima Cumæi venit jam carminis ortas.

Nam quid ista toties, atque pluries in hoc plusquam poetico, quia Sibyllino, poetarum principis *paulo majora canentis,* poemate repetita vox *jam* præsentis index temporis, atque hodiernæ sacræ Præsentationis compendiosa quasi tessera tribus litteris suis aptius apertiusque indigitando denotat, quam hæc auspicatissima tria diei hujus nomina *Joachim, Anna, Maria?* Jam die, Mariane Maro aliquis, venisse ultimam Cumæi carminis ætatem, dum jam præsentatur Virgo paritura, quam tot priscorum vatum oracula prænuntiarunt; jam die novam cœlo demitti progeniem, dum hanc novo Gratiæ partu editam cœlestem plane, quia nihil terrenæ labis habentem, prolem, electam Dei Genitricem sancti offerunt progenitores. Jam die redire Virginem, beatam illam aureæ ætatis auspicem, dum in templo hodie oblata Virgo, postquam innumeræ afferentur, et in templum Deo castarum mentium Regi, adducentur virgines, prima omnium, immortali virginum Sponso perpetuam vovit virginitatem. O ter auspicata ergo tria hæc jam nomina *Joachim, Anna, Maria!* et, o beata horum trinitas, *Trias una* plusquam *Saturnia,* quia supremæ Triadi conjunctissima! mirentur modo alii velut aureum Saturni numerum inter superstitiosa planetarum sigilla Saturno dicatum *Ternarium,* et ex eo in se ducto emanantem *Novenarium,* ipsumque novem numerorum abacum ita dispositum, ut e qualibet eorum serie quaquaversum producatur *Quindenarius;* mirentur, inquam, alii numero illos Saturnios, et hæc insinuata modo arithmologiæ mysteria, dum tres illæ inter mortales proximæ Divinitati personæ jam ad templum divinæ Triadi munus creatorum omnium rerum præstantissimum oblaturæ procedunt; occurrite vos in novem hierarchiæ ordines distributa angelorum agmina, et jam præsentandam Deo virginum Reginam inter cœlestes choros deducite; assurgite jam in ascensu offerendæ Deo Virginis vos per quindecim templi gradus magnifice strata marmora, et in sublime gradientem attollite! Equidem nunc per eosdem etiam gradus orationem quodammodo meam attolli, ac in laudes Marianas altiore stylo efferri cuperem, nisi quoniam inter Mariana quoque decora, neque sua humilitati deest gratia, satis mihi foret vel ad imum gradum procumbere, illumque primo Mariæ, cum in templum ascenderet, vestigio consecratum mille basis adorare, qui de ipsa hodie præsentata Virgine Maria, oblatione Deo dignissima, digne nequeo perorare.

§ II. *Sibyllinorum illorum Virgilii carminum cabala secundum horarum numerum huic festo accommodata.* — Redeamus ergo imprimis jam ad memoratum Virginis reditum, reditumque regni Saturnii,

de quo recitatum superius poetæ Parthenii carmen, quia secundum cabalisticos, sic a cabala priscis tradita illa litteraturæ arcanioris doctrina dictos, litterarum atque numerorum suorum calculos, collecta summa mille septingenta septuaginta septem complectitur (felix sit et aureus ille posteris nostris proximo post nos sæculo tot a partu Virginis annos numeraturis, dignusque Virgine annus supra mille septingentesimus septuagesimus septimus), quia Virgiliano, inquam, virgineoque illo carmine dicta numeri summa continetur, mensuram modo etiam pondusque in hoc numero perquiramus : atque mensuram quidem aliquam invenisse mihi videor, sed an alicujus futuram ponderis eorum esto judicium, quorum æquis doctisque auribus tanquam geminis modo lancibus illa temporis mensura atque numerus ponderabitur. Quia enim præsens hic jam Præsentationis Deiparæ dies est a celebrata nuper ejusdem Nativitate dies septuagesimus quintus, feliribus sane festi hodierni auspiciis prima Mariani hujus diei Hora est in illa per tot hucusque dies deducta horarum serie, hora supra mille septingentas septuagesima septima, ipsum Marianæ, quam nunc agimus solemnitatis principium, atque horarum hodie princeps, diei hora aurea gemmea, non jam hora sexaginta minutorum, verum gemma sexaginta elegantiarum. Imo, quid de ipsorum etiam dierum numero dicam? exquisitam certe in hoc mensuram temporis, ac non leve observationis novæ pondus invenio. Cum in veteri lege auctore Deo sic de puerperarum olim mundatione, prolisque genitæ oblatione sancitum fuerit, ut post partum masculum dies quadragesimus; altero autem sexu edito dies octogesimus sacer esset; congruentissime quidem, si ab ipso conceptus die numerus ineatur, legitimo illo Purificationis beatæ Annæ, necnon præsentationis *Mariæ* tempore lunaris completur annus (ut ex Fastis ecclesiasticis ambo conceptæ, natæque Deiparæ festa supputanti, legalisque illos octoginta dies adnumeranti patebit) trecentorum videlicet necnon quinquaginta quatuor dierum spatium. quo et a luna cœlestis suus cursus absolvitur, et quo completo ipsa demum etiam nuper exorta nova mundi Lucina, lucis divinioris parens, Virgo *gratia plena* sicut *Luna perfecta* meruit præsentari.

§ III. *Quintidui festum istud antecedentis observatio a die 22 Novembris ad diem 26 ejusdem.* — At cum sacra ejusdem Præsentatio, oblatioque hodie quinque ante supra dictum legis antiquæ terminum celebretur, si quis hujus forte rationem discriminis quærat, an ut ex decerptis singulorum anni dierum partibus intercalares quinque dies, quibus Rhea deorum mater, paritura scilicet extra anni tempora, deos totidem distincto cujusque diei partu eniteretur, astu atque arte Mercurii compositos olim Ægyptii fabulabantur, ita versa ego vice sequentes quinque dies, in hunc præsentem mirabili quodam compendio, ignotoque philosophis ipsas quoque continua successione labentis temporis partes invicem penetrandi modo coaluisse dicam? Insignia certe singulorum quintiduani hujus intervalli dierum, atque suorum cujusque divorum divarumque decora unus hic jam Præsentationis Partheniæ dies subtiliore quodam modo conjuncta, totumque adeo sacrum illud Penthameron lux hæc unica repræsentat. Primam in hoc ordine divam mihi nominas Cæciliam? quod de Cæcilia, hoc de daria mutato nomine canit Ecclesia: *Maria famula 'ua, Domine, quasi apis tibi argumentosa deservit.* Mystica vere apis Virgo sanctissima, quæ tam dulciter Deo, tamque utiliter mundo mellificabit! Clementis forte Agnum atque Anchoram requiris? Imo ipsa est hic clementia, et quæ Clementis etiam festo colitur ipsa felicitas. Maria nempe Mater misericordiæ, sacra spei nostræ Anchora, et quæ Agnum Dei peperit, Agna immaculata. Chrysogoni et cum eo laudatæ simul Anastasiæ signum forte aliquod exspectas? ipsum certe *Chrysogoni* nomen *partum aureum,* et a resurrectione dicta Anastasia illam generis humani reparatricem denotat, per quam e cinere quasi suo fortuna salusque mortalium resurrexit. Catharinam prædicas, illam suomet lacte candidatam Partheno martyrem? Agnosco genuinum in hoc nomine puritatis encomium, purissimæ illi Virgini dedicandum, cujus beata ubera lactando Dei Filium lacteam nobis ad sidera viam aperuerunt. Petri denique Alexandrini, sanguine suo purpurati antistitis, insignem poscis memoriam? Dignus suprema sacri hujus quintidui luce patronus qui ut sacerdos magnus suo imprimis die præsentatam suscipiat Mariam. Et qui præcipue exsecratus Arium, neminem suorum esse voluit Arianum, is se peculiari diei sui felicitate gaudeat esse Marianum.

§ IV. *Amplior observationis hujus illustratio per explicata quinque illa sanctorum festa.* — Sed quid supervacanea verborum prolixitate de hoc dierum discrimine disputamus, cum hac ante Kalendas Decembris undecima festi præsentis luce aliam die isto factam Mariæ præsentationem celebrari palam sit ex Annalibus Fastisque ecclesiasticis, sacram videlicet illam divinæ Genitricis Annæ oblationem, qua non trimestrem, farique adhuc nesciam Verbi parentem infantulam, sed jam triennem sexus sui principem, verbisque rite conceptis Deo jam tum in perpetuum sese dedicantem: non ab uberibus pendentem, matrisque adhuc ulnis gestantem, sed jam ablactatam, atque majoribus virtutum quidem tunc quam pedum passibus, sua tamen se per vestigia templo suismet gressibus inferentem: non ex communi sacræ puerperarum legis consuetudine, sed ex singulari voti spontanei religione, uti altera quondam Anna Samuelem, ita (quanquam dispare admodum partus utriusque gloria) Mariam Deo obtulit dedicavitque? Atque utinam, uti Samuelem quondam suscitatum fuisse legimus, ita

Samuelis modo etiam genitricem resuscitare liceat! ut cum beatissimæ matri Annæ Mariam hodie præsentanti nullus forte piorum dubitet adfuisse Annam prophetissam, quæ quod in templo esset assidua, Mariæ etiam ipsi postea Jesum offerenti adesse meruit: ad hanc modo celebritatem tertia quoque adsit Anna, triumque adeo. Gratiarum præsentia Mariana gratiis omnibus plena præsentatio condecoretur. Imo ut ad trimulam modo Virginem, virginumque primulam, dum ejus in templum introitus celebratur, singularius tanquam virginitatis primiceriam honorandam laudata antea divorum nomina, repetita denuo veneratione memorem, et e cœlestibus illis jam per proximas sacri adventus ferias solemnius decantandis Salutationis angelicæ verbis, quæ in Deiparæ laudem sexcentis aliis modis variarum, nova aliqua depromens elogia speciali virginalium primitiarum titulo Marianum hodie festum concelebrem; prima iterum in hoc cœlitum quinque numero adsit, digna angelo suo diva virgo, Cæcilia et hoc suis quoque organis digno litterarum concentu ita primam virginem avere jubeat! *Ave, a me prima ortu casti mundi Angela,* nam quot virgineæ mentes, tot sunt profecto velut angelæ, quia semper angelis cognata virginitas. Clemens Pontifex Maximus sacro divini Agni spectaculo recreatus, ita præsentatæ nunc in templo clementissimæ Patronæ nostræ accinat: *Ave, altare Domini, prima secuta Agnum;* nam et Agnum singulari prærogativa, quocunque ierit sequuntur virgines, et Dux virginum præit Maria. Chrysogonus suo cœlum inaurans nomine, cujus Græcum etymon *partus aureus* nobilitavit, hoc jam inaurato quasi elogio honoret illam aureo novo sæculo dignam progeniem: *Ave, mitis, primum colenda Gnata aurea,* per quam nova oritur χρυσογονία, vere aurea, quia casta generatio. Catharina lactea illa Alexandriæ patriæ suæ purpura, pictis purpura lacteque litteris scribendum hoc ex iisdem verbis conceptum eidem decantet encomium: *Ave, munda, lactea prima virago mentis.* Deo sane castarum mentium amatori tanto charior quanto purior, atque columbis lacte lotis similior. Petrus denique altera Alexandriæ gloria, Petrus, inquam, id est Petra; et Petra quidem melliflua (ut nos modo etiam ipsi, quod de populo quondam suo Moyses cecinit: *Sugamus mel de Petra*) hoc jam præconio dulcissimam salutet Virginem: *Ave, ut mel emanans prima dicata Virgo;* hæc est enim dulcedo et spes nostra, una omnium beatissima Virgo Maria, cujus prædulce nomen est in aure melos, et mel in ore. O nova non Minervæ, sed Mariæ sacra Quinquatria, quibus adeo quinque sancti cœlites sua per hos totidem dies junguat auspicia, et cum Catharina Cæcilia et cum Clemente Chrysogonus, et cum utrisque Petrus Alexandrinus pontifex sua diei Parthenii sorte tanto dignior quanto firmius: *Ceu petra stat ipsa,* ipsa, inquam, etiam hoc e tituli sui litteris exsculpto

symbolo atque lemmate consignata, primoque hodie magnæ Virginis voto consecrata *Castitas perpetua.*

§ V. *Quot in Deiparæ genealogia secundum Lucam generationes, tot a Nativitate ejus dies sunt ad
Præsentationem.* — Ut jam autem hic a Natali
Deiparæ quintus (uti antea dictum) supra septuagesimum dies, hodiernæ illi, de qua verba facimus,
ejusdem oblationi sacer amplius illustretur, ad
hunc demum clarius elucidandum numerum *adsit
suavi luce angelus,* id est ipse sub hac transformati
sui nominis umbra, ita nunc a nobis merito invo-
candus divus Lucas evangelista; et ad manifestiorem
festi præsentis gloriam magnificentiore quadam
specie præsens diei hujus observatio jam a luce
divi Lucæ splendidius elucescat. Tolle! lege! tolle
Evangelium, lege caput tertium, Christi genealo-
giam perlege, generationum gradus numera, et a
Joseph sponso Virginis, credito Salvatoris patre, ad
ipsum usque mortalium omnium protoparentem,
recta ascendentium linea tot in humana illa Filii
Dei prosapia invenies progenitores, quot ab ejusdem
Genitricis natali hucusque numerantur dies totidemque in hac ad Joachim ipsum Deiparæ genitorem deducta, Mariæ tabula, avitæ ejusdem familiæ
Patres conscriptos numerando comperies secundum
ea, quæ de sanctæ Dei Genitricis genealogia tradidit
ipse, ut sic loquar, primi parentis Adam conterra-
neus, quia Damascenus, divus Joannes, quin et alii
sacræ ejusdem theogoniæ explanatores, qui in diversas licet abeant sententias, ut cum ea, quæ a
divo Luca pertexitur, aliam divi Matthæi seriem
concilient; nequaquam tamen illa opinionum diversitas nostræ numeri hujus observationi præjudicat,
quam in majorem etiam modum confirmat, atque
illustrat eorum auctoritas, qui ad conciliandas utras-
que divinæ stirpis tabulas Mariæ patruum fratremque Joachimi statuit Josephum. O par beatum
ergo, quemadmodum Damascenus idem cœli civis
exclamat, o par, inquam, beatum Joachim atque
Anna! par in sacra Deiparæ genealogia septuagesimum quintum, cui nullum inter omnia majorum
paria, par ab orbe condito fuit connubium. O par
suo dignum numero! quod si geminato septuaginta
quinque generationum numero tota illa serie patres matresque pariter numeraveris, sacrum Psalmorum explet numerum; magnum sane atque perfectum Psalterium, dignumque Psalterio Mariano
mysterium. Nunc, o David magne, regieque ipsius
ex te oriundæ Virginis Deum parituræ archipater,
nunc, nunc tuum exsurgere jube Psalterium, ac bis
septuagesimo quinto Psalmorum tuorum ultimo
tanquam cygneo cantico jube laudare Dominum in
sanctis ejus, quia quos præ omnibus sanctis Genitricis sui ipse Filii parentes esse voluit, Joachim
ab Adam septuagesimus quintus pater, Anna ab
Eva septuagesima quinta mater, mysticum illum

Psalmis tuis dedicatum numerum beata sui sorte
conjugii tanquam *præparata* in id secundum suum
suum *Gratia* auspicatissime impleverunt. Hæc, o
sancta mater Anna, nomine tuo insignita *Gratia,* et
hic, o sancte pater Joachim, tui quoque nominis
apparatus illo genealogiæ vestræ graduum, et a
natali faustissimæ prolis ad hanc ejusdem oblationem dierum numero denotatur, vos a divina
nimirum Providentia in hoc tam grandi sæculorum
negotio per tot majorum vestrorum seriem peculiari tantæ prærogativæ *gratia* fuisse *præparatos,*
quorum conjugio nata Deipara completo per vos
illo patrum matrumque stirpis suæ numero, novo
ipsa virginei partus miraculo, mirando supra naturam omnem compendio, matris simul patrisque titulum esset meritura.

§ VI. *Genealogicus idem numerus Augustali totidem columnarum numero illustratur.* — Sileat jam
urbs *Roma,* quam ad quatuor ejus nominis elementa
aptato encomio nimii fere aliqui rerum Romanarum
admiratores, *Rerum Omnium Maxime Admirandam*
prædicant; neque inter miranda sua Augustum illud, ipsoque (ut a nobis alibi dictum) Natali Deiparæ anno dedicatum Quirini sui templum celebret,
quod cum alter ille, novusque marmoreæ suæ Romæ conditor Augustus, sex et septuaginta columnis
decorasset, Romana superstitio supra omnem operis totius magnificentiam divinam quasi in hoc numero principis sui sapientiam admirabatur; quod
cum ipse anno ætatis septuagesimo sexto inter
homines esse desiisset, fatorum nempe suorum
gnarus, mortalitatis suæ terminum prænovisse,
annosque vitæ columnis totidem designasse videretur. Sileat, inquam, aut si adeo sua miratur opera,
augustiore nominis sui omine ROMA *Reginam Omnium Mariam Augustissimam* adoret, et hoc avito
ejus honori templum dedicet, singulisque in hoc
Mariano quasi Pantheo columnis sua singulorum
stirpis Marianæ progenitorum nomina inscribat;
suprema vero, in hoc columnarum atque Colum-
nensis quasi familiæ patriarcharum, procerumque
Columniorum numero, sexta videlicet supra septuagesimam columna aureo magnæ Virginis Mariæ
nomine ins ribatur; hæc est enim sacro Ernesti
primi Boemiæ primatis, atque archiepiscopi Pragensis, magni Deiparæ encomiastis effato (1) .
Sicut Virgo virginum, ita columnarum. Qualis
quantaque, si non corruisset, ac in ruinam secum
traxisset posteritatem, prima ingensque illa in hoc
divino naturæ humanæ ædificio columna, caput
omnium Adamus! sed, o felix ruina, cui succurrit
Maria, per quam a casu ipse suo, totumque humanum genus surrexit altius! qualis item, ut ex omnibus extremas tantum duas nominem, quantaque
in hac Dei Domo columna ipsius Deiparæ pater,
magnus, quia Deo nepote dignus, patriarcha Joachim,
quem in hodierna Filiæ suæ oblatione merito sum-

(1) Vide *Mariale* Ernesti, cap. 119, col. 2.

mus ipse sacerdos, templique antistes maximus ap-
.plaudente sacerdotum omnium choro illis salutet
verbis, quibus, ut in *Vitis Patrum* legimus magnum
illum Antonium magnus salutavit Hilarion : *Pax
tibi, columna lucis, quæ sustines orbem terrarum!* At
ne inofficiosus nimis orator, ubi inter columnas
nominatur *Joachim,* Annam ego ejusdem meriti
atque gloriæ consortem silendo præteream, duas
utrique sacrandas hic jam nomino columnas, quas
ex ære fusas, auro textas immensoque pretio summoque opere perfectas, cum in vestibulo templi
erexisset Salomon, dexteram vocavit *Joachin,* alteram *Booz,* utramque sic a firmitate, atque fortitudine appellando. Illam igitur vel ob ipsam nominis
affinitatem *Joachim,* et hanc alteram domus suæ
columen *Anna* dignum virtute sua monumentum
suo a me honori dedicatum habeat; etsi autem
sapientissimus idem atque magnificentissimus rex,
ad geminas item jam tum famosissimas illas Herculis columnas (uti eruditissimus, nec non ingeniosissimus censet Alcasar), ea columnarum suarum
erectione alluserit, quo per earum nempe gloriam
profana fama Herculis obscuraretur, liceat tamen
nunc de Hercule mihi aliquid interfari. Pace igitur
tua, o Rex pacifice, dum jam tuas ego plusquam
Herculeas columnas, sacro Joachimi Annæque ho ·
nori dedicatas cupio, fas sit mihi Herculeum
modo illis lemma inscribere : *Non plus ultra.* ·

§ VII. *Enumerantur quidam e majoribus Deiparæ
tanquam columnæ familiæ patriarchalis.* — Quot in
una omnium nobilissima Salvatoris genealogia lego
progenitores, tot in iis clarissimæ cœloque ipsi
cognatæ familiæ columnas cerno; sed tam felix par
in tota illa velut altera columniorum procerum
stirpe nullum invenio, cui geminæ istæ ita inscri-
ptæ columnæ dignius justiusque conveniant. Non ut
antiquiora, primaque illa cum ab orbe imprimis
condito Adami tum ab orbe postea renovato ipsa
etiam Noe sæcula omittam, nobilissimæ quidem
duæ mundi columnæ erant Abraham atque Sara,
electæ tum a Deo familiæ principes, e qua humano assumpto corpore Dei Filius nasceretur. Sed
plus ultra! Nam in multa posteritatis sæcula
exspectanda illa adeo beata Deum hominem mundo
datura generatio. Columnæ erant Isaac cum Rebecca, et Jacob cum Rachele ; sed plus ultra, nam
et Isaac, sic a *risu matris* appellatus, procul a Matre illa, quam e cœlo dandus terris Parvulus incipiat risu cognoscere : et Jacob procul a Stella
quam orituram ex eo palam olim propheta Balaam
prænuntiaverat. Columna erat Judas, et cum eo
maculosi quasi marmoris columna Thamar, sic a
palma, nobili nativæ instar columnæ arbore nuncupata ; sed plus ultra ! nam post multas adhuc
palmas sive sæculares palmarum ætates mittendus
tribui Judæ promissus Leo, longa adhuc erit gentium exspectatio. Columna fuit vel ob ipsum etiam
columnæ Salomonicæ nomen merito inter columnas
memorandus Booz et Ruth; sed plus ultra ! nam

et Booz ipse agri messorumque dominus, et quæ
in Bethleem celebre nomen habuit (*Ruth.* IV, 11),
benedicta illa spicarum collectrix Ruth a cœlesti
illa spica Virginis, ex qua post multas ibidem
aristas germinaturum erat *Electorum frumentum*
(*Zachar.* IX, 17), longissimis adhuc spatiis abfuerunt.
O quam nobiles atque magnificæ, quia basilicæ, ac
in regia sua purpura vere porphyreticæ duæ columnæ David rex, et regina Bethsabea ! Sed plus
ultra, fuerat namque David filius quidem Jesse quæ
vox Hebræis *Ens* vel *exsistens* sive etiam *munus
oblationemve* denotat ; procul autem et ab oblato
hodie Deo munere omnium ei acceptissimo, et ab
ipsa Floris ex Virga Jesse germinaturi exsistentia :
atque Bethsabea quidem *Domus juramenti* dicitur ;
procul autem ab hoc sacro juramento, quo in domo
Domini Maria hodie prima perpetuam sese Virginem divino Numini consecravit. Et quid plures
modo alias stirpis ejusdem nominemus columnas ?
cum ex æquo idem omnibus signum congruat, Caroli nempe Maximi, metasque Herculis supergressi
imperatoris symbolum sive tessera, *plus ultra;* quia
ultra exspectandum, et ultra, donec tandem Beatum
illud par per tot sæcula exspectatum, *jamjam,* inquam, auspicatissimo Joachim, Annæ, Mariæ nomine,
designatum affulsit ; quando Joachim et Anna tanquam sacræ animatæque duæ columnæ singulari
Dei gratia præparatæ humanis naturæ per tot sæcula Deum parturientis generationibus genita ex se
Deipara metas ultimas posuerunt. O præ omnibus
ergo electæ plusquam Herculeæ, quia solæ Hercu-
lea illa tessera dignæ mysticæ duæ Salomonis columnæ, quarum capitella etiam ipsa sive capitum
ornamenta quid sunt nisi sacra quædam virtutum
vestrarum symbola, signaque hieroglyphica ? quidve
aliud sive catenulæ atque retiacula, nisi conjugalis
vinculi nexum atque arctissimam inter conjuges
charitatem ? sive malogranata, nisi piorum operum
fructus , meritorumque fructuosissimam ubertatem ? sive liliatus, ac in modum lilii perfectus ope ·
ris totius apex, nisi purissimum ipsum ex tam
casto sanctoque connubio natum virginitatis florem
adumbrat ?

§ VIII. *Justiniani et Theodoræ Augg. comparatio
cum SS. Joachimo et Anna offerentibus Mariam.* —
Porro jam et orationi ego meæ solemne illud, *Non
plus ultra,* inscriberem, nec plus dicendo ultra pro-
grederer, nisi Salomonis æmulator magnificus Justinianus imperator sui etiam templi gloriam jure
quodammodo suo posceret memorari. Cum ab eo
ergo condita duo maxime templa celebrentur, alterum *Sapientiæ divinæ,* cujus ornamenta, ut de Dia-
neo Ephesiorum scribit Plinius, plurium librorum
instar obtinent ; alterum *Justitiæ Romanæ* quod e
multis librorum millibus pulcherrimo a se opere
exstructum Justinianus ipse prædicat, ita videlicet
corpus juris auctoritate sua compositum appellando ; duo quasi minuta jam ex utriusque *thesauro*
proferam, offeramque ad hanc modo etiam ornan-

dam divæ Virginis oblationem. Quia enim, ut in suo imprimis illo Justitiæ templo, ac in authenticis quidem suismet Constitutionibus idem loquitur imperator : *Sola castitas potis est cum fiducia Deo animas hominum præsentare*, quanta Præsentationis hodiernæ dignitas, quanta animæ præsentatæ gratia, ubi sanctissimorum parentum Joachim, atque Annæ castitas, castissimam offerendo Virginem, ipsum ex se productum offerunt thesaurum virginitatis ! O quam pulchra est hæc tam casta generatio, et o beata sic per ipsas castitatis manus præsentata Deo anima, hoc e suo atque matris simul patrisque nomine concinnato digna elogio, ipsiusmet *animi chara anima Maria !* Deinde inter Sophiani quidem sic a *Sophia*, id est *Sapientia* nuncupati augustissimi illius templi miranda, quo se Salomonem etiam ipsum superasse credebat Justinianus, sacra præcipue mensa celebratur, opus cum a materia, tum ab arte pretiosissimah, et hæc pretiosior ipsa ejusdem inscriptio : *Tua de tuis offerimus tibi, Christe, famuli tui, Justinianus et Theodora*. Annon autem sub tam gloriosis sacræ Cæsareæ utriusque majestatis nominibus et in divo Joachim, viro justo, *Justinianum*, et in diva pariter Anna, donis Dei ornatissima, veram suspicimus *Theodoram ?* dumque augustius ipsi, quam cum Theodora Augusta, Augustus Justinianus, digniusque Deo donum offerunt, annon etiam rite eadem usurpetur confirmeturque forma verborum solemnium : *Tua de tuis offerimus tibi, Deus, famuli tui Joachim et Anna ? Tua de tuis* ; o justa pietas, et pia justitia, nihil suum dicere, totum Deo tribuere, et in acceptis ei ferre omnia ; cujus donum est et quod offertur, et qua sola apud Deum divites sumus, ipsa offerendi voluntas ; atque ita sanctissimi parentes Deo charissimam votorum suorum filiam offerentes, non ut suum ipsorum munus, sed ut suum ipsius donum offerunt Mariam. *Offerimus tibi*, o pretiosa et Deo digna oblatio, immensis cum a Davide, tum a Salomone oblatis templo thesauris pretiosior ! Supra Samuelem Annæ, supra Isaacum Abrahæ, supraque alias ante illam omnes omnium oblationes, qua ut *Amans Decus*, id est *Damascenus* decore loquitur : « Creatura obtulit Creatori donum donorum omnium præstantissimum, quia matrem obtulit dignam Creatore. » Famuli tui : *Mihi autem amici tui nimis honorati sunt, o Deus !* (Psal. cxxxviii, 17.) Quidni enim tanta Deo propinquitate juncti, amicorum potius loco habendi sunt quam servorum ? o quam gloriosi servi, atque famuli Dei, parentes Deiparæ, qui dum offerunt Ancillam Domini , mundi Dominam præsentant. Quantaque illorum dignitas patriam in hanc habere potestatem, cui tanquam Matri Filius, ipse universorum Dominus obtemperabit ? Joachim et Anna : o par cœleste turturum, magna duo utriusque sexus lumina, duæ sanctitatis atque castitatis pupillæ, duæ olivæ misericordiæ, duo candelabra lucentia ante Dominum, duæ ante animatum Dei

templum columnæ, argenteæ duæ alæ aureæ illius columbæ, quæ in domum Domini læta hodie advolavit : duo maximi Patroni, qui pro maximo beneficio Deo bonorum omnium collatori maximo Mariam Virginem, ipsamque virginitatis primiceriam præsentarunt.

§ IX. *Summarias quæ hic retexuntur Deiparæ laudes claudit hoc lemma :* Non plus ultra. — O ter, iterumque ter, ac tertio auspicata, beataque illa sanctarum mentium trias *Joachim, Anna, Maria !* « Hi tres enim, ut de sacra ista triade affirmat divus Epiphanius, Trinitati palam sacrificium laudis offerebant, » quod cum neque apertius unquam, neque solemnius, quam hac Præsentation:s luce obtulerint, Trinitatis equidem hoc jam festum dicerem, nisi quoniam illustrissimus, splendidissimus sive secundum nomen suum ἐπιφανέστατος idem magnæ Deiparæ Encomiastes Mariam Matrem simul templumque Dei nuncupat, Dedicationis fere potius festum vocandum esset. Præsentatur in templo, et ipsa est templum ; adducitur ad aram, et ipsa est ara, ipsa templum, ipsa altare, ipsa munus est, et omnia. *Magnum Deitatis Templum* aureo eam sermone laudans sanctus Chrysologus, similique laudandi methodo *Altare animatum* appellat sanctus Methodius. Ipsa Templum Sapientiæ Incarnatæ, cujus lampas inexstincta virginitas ; ipsa Templum Justitiæ, sed in quo Princeps ara clementiæ, ipsa denique gemina simul illa superius dilaudata Salomonis Columna, quia Virgo Dei Mater, corporeque integerrima ; cujus florem virginitatis, lilia ; fructum maternitatis, mala punica : catenulæ atque retiacula, arcanos admirandosque illos nexus designant, quibus captus amore hominum Dei Filius, virgineaque intra viscera conceptus, carneis sese humanitatis vinculis illigavit. Quæ cum omnia tanta sint, ut nihil majus, nihil perfectius, nihil admirabilius dici cogitarique possit, Marianis nempe etiam his jam columnis utramque nobis paginam facientibus, tanquam ultimo divinæ humanæque expectationis termino, in quo et ego orationi tandem meæ metam statuo, inscribat ipse Salomon plusquam Herculeum illud : *Non plus ultra*.

Annotatio. — Quod in hac Prosa iterum iterumque asseritur, beatam Virginem *Mariam* jam tum cum in templo præsentaretur, votum perpetuæ virginitatis emisisse, probabile censet Salianus, neque causam differendi apparere, ait anno mundi 4041, num. 4. Et hunc e plurimis unum allegasse sufficiat, seu tum illud primum ipsa emiserit, seu jam ante emissum singulari devotione renovaverit. Ipso certe Virginis Præsentatæ festo sanctimoniales ordinis, qui ab ejusdem Visitatione nuncupatur, quotannis (ut in *Triduo Hagiophilæ* prælatur Stephanus Barii) religiosa vota sua restaurant. Quin et primam absolute omnium vovisse virginitatem, quod nos ibidem iterato asserimus, concors est, et constans Patrum, theologorumque sententia, ut in *Diptychis Marianis* probat Theophilus Raynaudus, parte ı, puncto 3, § 3 et 4, neque huic ejus prærogativæ præjudicat prætensa ordinis Carmelitani antiquitas, de qua videantur *Acta sanctorum* Bollandiana, die 11 Maii, pag. 715 et 756. Nisi forte quis et ante ipsum Carmelitarum patriarcham Eliam prophetam illas quoque mulieres, quæ in ostio tabernaculi excubabant (*Exod.* xxxviii, 8), Deo castitatem vovisse velit dicere, sive Aventino credere dicenti ipsam plane uxorem Noe, quam is Vestam quoque nominat, Vestales instituisse virgines, quæ cum voto castitatis perpetuæ ignem perpetuum custodirent. Quinque porro illa in laudem primi voti Parthenii, primæque dicatarum Deo virginum Mariæ contexta angelicæ Salutationis anagrammata, varie retexta totidem argumenti ejusdem centuriis multiplicavit litteratus quidam Mariophilus.

FERIA QUARTA.

HYMNUS.

Ave, Maria, gratiis
   Favoribusque plena,
Castis colenda basiis,
   O ! Sponsa Nazarena,

Tibi dicati servuli
   Dum te jubent avere.
Dilecta Mater Jesuli
   Ne desinas favere.

Tu, Virgo, digna conspici
   Super creata cuncta,
Qua Numen optat concipi,
   Verbum caroque juncta,

En Gabriel cum nuntio
   Faustissima perorat,
Ac neminem par functio
   Ex angelis honorat.

Orator hic non irritus
   Quod postulat, vovetque
Divinus ipse Spiritus
   Hoc adjuvat, fovetque ;

Dei potentis osculum,
   Verbum perenne Patris
Ut carne tanquam flosculum
   Ornet figura Matris.

Commune votum suscipe
   Ne perditum feratur;
Cœlestis Aula (suspice)
   Ut annuas precatur.

Tuo ecce jam nunc omnium
   Salus ab ore pendet,
Sic terra (non est somnium
   Spes ista) in astra tendet,

Dic Fiat ! et quod unico
   Verbo Deus creavit
Hoc digna malo punico
   Vox una recreavit.

Laudetur alma Trinitas,
   Sit æqua laus ac dignitas
Patri, parique Nato
   Cum Spiritu beato. Amen.

Argumentum Prosæ. — Loquendo secundum verbum secundum angeli Mariam salutantis disseritur hic *de Gratia*, atque proposita imprimis lingua universæ ipsiusmet naturæ suum laudantis Auctorem ipsa Verbi incarnati Parens dicitur Lingua; quæriturque, quid sit facere gratiam, secundum Justiniani interpretem Baldum. ipsumque Gratia-

num imperatorem, et quam eminenter gratiam Mariæ fecerit Deus, ostenditur. Ad hæc refertur duplex Venetiarum, nec non Mediolani celebritas, isthic ducalis, die Annuntiationis facta, inauguratio, illic die Ascensionis fieri consueta maris desponsatio : infaustumque ex his syllabis *Ve, Mi, Venetias* atque *Milanum*, sive Mediolanum denotantibus omen Marianis auspiciis in bonum convertitur signum *Misericordiæ* et *Veritatis*, quæ in medio terræ obviaverunt sibi ; quapropter Augustales duæ statuæ eriguntur, una *Eudociæ*, altera *Eudoxiæ* : et hoc denique verbum *Ave* varie in laudem Deiparæ enuntiatur.

PROSA.

De Annuntiatione beatæ Virginis Mariæ.

§ I. — *Præmissa propter opposita diei ejusdem mysteria dubitatione secundum verbum angeli pro themate assumitur*. — Læta inter atque tristia constitutus anceps hæreo, positusque jam in medio, quo me vertam nescio ac in eodem versor dubio, quod ne ipse quidem ingeniorum Augustus solvere sibi potuit Augustinus, quando medius Jesum inter atque Mariam, sacras cœlestium amorum suorum delicias, hinc se ab ubere lactari, inde se a vulnere pasci sentiebat, hærebatque anceps animi utram potius se in partem converteret, an ad beata illa ubera, quæ Dei Filium lactaverunt? an ad beata illa vulnera, quæ mundum perditum redemerunt ? simili ego dubitatione nescio dicamne nunc de Jesu, an de Maria? an de Jesu crucifixo hodie Salvatore? an de salutata item hodie Maria? Idem enim utrique fastis æternis digno actui communis est hic octavus ante Kalendas Aprilis dies, quo et missus cœlo nuntius incarnandum Dei Verbum Virgini annuntiavit, et in cruce moriens ipse Virginis Deique Filius morte sua salutem generi humano peperit immortalem. Dicamne igitur, si de Maria tamen Mariano jam hoc festo dicendum est ad Marianos, dicamne, inquam, nunc de cœlesti illa venerandæ Virginis salutatione ? an de humana forte aliqua Matris dolorosæ consolatione, quanquam quis hanc mortalium digne valet consolari, quæ ab angelo sola meruit salutari? Imo quia festum hoc est dies boni nuntii, ipsaque adeo Regina nostra, quæ se ancillam Domini vocat, hoc tam auspicato suæ Annuntiationis festo infandum vetat renovare dolorem; absit ut a væ luctuosum hodie dicendi argumentum humana sumat oratio, quando angelica divini oratoris lingua gaudiosum annuntiat Ave! Postulatus igitur, etsi muneri tanto impar, ad hoc argumentosissimum sane Mariani gaudii festum encomiastes, ne in eligendo nunc ex affluentissima dicendorum copia argumento diu anceps dubitator hæream, dicam de verbo, quod ab ipso hodie Incarnato Dei Verbo electa Mater, Virgo prudentissima elegit, quando dixit, *Fiat mihi secundum verbum tuum!* Etsi autem nullum divinæ Paginæ verbum ac ne unum quidem iota, sive apicem unum irritum fore suo ipsa Veritas edicat oraculo, salvis tamen sacris Litteris unum modo apicem mutare fas sit, et ex illo Virginis Deo annuentis responso solum tollere vocis accentum, notamque adverbii, ut cum illa divinæ annuens voluntati velit, jubeatque fieri secundum verbum salutantis eam angeli. Salutationis porro angelicæ verbum secundum sit hoc cœlesti Gabrielis ore pronuntiatum nomen *Gratia*, Gratiam nimirum denotet illa ipsa Mariæ gratia plena responsio; atque ita secundum verbum Virginis fiat verbum secundum angeli, quod est gratia. O quam conceptis rite omnia verbis aguntur, cum de Verbo, quod in æterna Numinis mente conceptum adorat ipsa æternitas, jam in mortali Virginis carne concipiendo tractant angelus atque Virgo! Magnus profecto hic et ipsa Verbi mundum creantis Incarnatione, et ut sacri perhibent Fasti, ipsius etiam mundi creatione insignis dies, quo ut primum dicendo *Fiat* Deus omnia creavit, ita Virgo alterum dicendo *Fiat* omnia recreavit, ita ut hæc facto, reparatoque magno illi omnia complexo naturæ, Gratiæque opere addi possit inscriptio : *Natura fecit, Gratia reparavit*. Atque de hac quidem præcipue nunc ad majorem Mariæ gratia plenæ gloriam verba facturus, ante omnia oro, auditores gratiosissimi, ut et mihi favore vestro dicendi hodie secundum illud Salutationis angelicæ Verbum fiat.

§ II. — *Universo sive mundo magno Dei omnium auctoris operi sua neque lingua, neque gratia deest.* — Quoniam Deus, uti Hebræus ait Sapiens (*Eccle.* III, 11), mundum tradidit disputationi hominum, referenda imprimis Hebræorum super eo sententa, qui ut doctissimus ipsorum Philo memorat, commenti sunt ad absolutam universi hujus perfectionem angelos desiderasse creandam insuper linguam, quæ per totum volans orbem perpetuis ubique laudibus Deum tanti operis auctorem deprædicaret. Verum otiosa sunt hæc rabbinorum verba; neque enim elinguis indisertusque adeo mundus, ut hanc in eo linguam, nisi mentis inops, quisquam desideret; siquidem ut a Regio Psalte canitur : *Cœli enarrant gloriam Dei, atque opera manuum ejus annuntiat firmamentum* (*Psal.* XVIII, 2); ita ut quot in firmamento stellæ, tot in eo hujusmodi linguæ cœlorum esse videantur. Imo quod ab annone nescio quo ad conflandam nomini suo famam divinitatis carmen edoctæ fuerant aves, suæ quasi apotheosis futuræ auspices atque testes doctæ dicere : *Annon est Deus*, id vel muti etiam pisces, cunctæque cæteræ animantes clamant : *Annon est Deus ?* Annon enim Deum esse omnia clamant, neque clamare cessant : *Annon est Deus ?* clamat cœlum, clamat terra, clamant elementa omnia, et quis nisi surdus, planeque brutus ad has clamantis adeo totius naturæ voces percipiendas neque aure, neque mente præditus, mundo linguam Conditoris Dei prædicatricem deesse credat? Aliud est quod ego in hoc universo desiderari potuisse affirmem, idque non ex rabbino aliquo Appella, sed ex Apelle ipso picturæ principe adumbrandum. Quemadmodum

nempe divinus plane hic in pingendo artifex maximorum aliquando pictorum opera admiratus collaudata omnium arte unam illis deesse gratiam dicebat; sic in ipso antea mundo, magno illo, perfectoque Dei opere admirari quidem licuit naturam; sed in ea quoque ipsa gratiam desiderare. Quanquam enim cuncta in hoc sex dierum opere facta Deus ipse viderit esse valde bona; tota tamen quasi inanis erat natura, quandiu *gratia plena* mundo deerat *Maria :* per quam hodie naturam replevit gratia, quando ipsum, per quod sunt facta omnia, Verbum *plenum gratiæ* caro factum est in Virgine, quæ cum incarnati fuerit Verbi Mater, tota nimirum etiam ipsa fuit lingua, lingua plusquam angelica, quia protulit Verbum divinissimum. Angelicus quidem etiam dicendus merito Mariæ sermo, quia numerum, quem in nomine suo gerit Gabriel verbis suis, quæ in sacra Evangeliorum historia numerantur, implet Maria ; sed cum divinius modo ejus eloquium admiremur singulare insuper nunc ex ipso linguæ nomine mysterium revelatur, quo e nominis hujus cabala productus numerus ipsum scilicet ab hoc Annuntiationis angelicæ die ducentesimum septuagesimum septimum Nativitati Dominicæ sacrum designare videtur diem, quo hæc divina sane, nullisque unquam sive hominum, sive angelorum linguis satis laudanda lingua Dei sacratissima conceptum hodie Verbum editura in lucem, et pariendo quodammodo (ita loqui liceat) elocutura erat.

§ III. — *Gratiam facere quid sit, ex Baldi jurisconsulti, ipsiusque Gratiani imperatoris sententia declaratur.* — Verum mittamus ista jam de numero; et cum sermo noster sit de gratia, quid est? quærat forte aliquis, quid est, inquam, gratia? quæ ut fieret, secundum illud angeli verbum ipsam diximus dixisse *Mariam?* vestra nunc, o theologi ! quorum alias est de gratia disputare, vestra, inquam, pace fiat, si vos ego præteriens, solos jam de gratia consulam jurisconsultos. Inter clarissimos porro illos sapientiæ, per quam principes justa decernunt (*Prov.* VIII, 15), antistites præsidesque, jurisprudentiæ celeberrimus ipse Baldus : *Gratiam*, inquit, *facere videtur quis id faciendo, ad quod naturali ratione tenetur.* Ita hic a Justinianeis pene omnibus appellatus *omniscius* legum humanarum doctor eo commentariorum suorum loco loquitur, quo de allodiis inter usus feudorum disputat, num. 118, mihi fol. 101. Sed hac illiberali nimis, et a Parcis potius, quam a Gratiis subscribenda gratiæ definitione Justiniano sane plusquam Gratiano tribuisse videtur Baldus. Quis hoc enim quantumvis benefactum gratiæ dignetur nomine, ad quod faciendum ipsa naturæ jura obligant. Debitum est, non gratia, quod ex innata omnibus naturæ lege obligationeque præstatur. Nisi eximia quædam forte humanitas severiora hæc in speciem Baldi verba benignius ita interpretetur, ut qui gratiam facit, id quod ratio naturæ postulat, facere sese existimet ; magistra enim humanitate illam beneficia dandi accipiendique legem didicimus, dare gratuita quasi debita, debita vero accipere quasi gratuita. Et hæc quidem non ex schola, sed ex aula Gratiani Augusti nomine suo dignissimi imperatoris, cujus augusta illa ipsoque cui addebatur, beneficio major, et in gratiarum actione Ausonii jure meritoque laudata vox est, *Solvere se quod debebat, et quod solverit, adhuc debere. O! mentis aureæ dictum bracteatum!* exclamat Ausonius; *o! de pectore candidissimo lactei sermonis alimoniam!* Et quid aliud, oro, humanissimus ipse Virginis Deique Filius Mariæ divina in se collata beneficia admiranti, quid hic, inquam, cœlestis etiam ipse Gratianus, sive auctor gratiæ Deus aliud Matri gratias agenti respondere credatur, quam quod eximiis ejus meritis debebatur, solutum esse, quodque solutum esset, adhuc deberi, nunquam utriusque neque merito, neque debito exhauriendo? O! non bracteatum hoc, sed auro contra non æstimandum, quia incarnatum mentis æternæ Verbum, lactea vere candidissimi, quia virginei pectoris alimonia pascendum, quo se Virginis debitorem constituit, cum hanc sibi eligens Matrem ejusdem voluit esse Filius ipse omnium Pater, atque largitor Deus, dignus Matre Filius! digna Filio Mater! Et hic admirandus est in Deipara ingens ille gratiæ semetipsam superantis excessus, quo in debitum transiisse ipsa fere videtur gratia, quia divinam meritæ maternitatem omnis debetur gratiæ plenitudo. Vere itaque plena gratia Virgo Dei Genitrix, infraque mensuram gratiæ illius est, quod quantumvis magnifico gratiosi sane quia Joannei encomiastis, Joannis nempe Damasceni præconio dictum est de Maria, sterili parentum senio prodigiose genita Dei Genitrice naturam minime, ausam gratiæ fetum antevertere tantisper exspectasse donec suum gratia fructum produxisset. Parum namque est non anteverti natura gratiam, nisi quodammodo et in gratiam natura, et in naturam transeat ipsa gratia, ut sit gratia quasi altera natura: imo sive concipiat, sive concipiatur, sive pariat sive parturiatur Maria, tota adeo plena est in utroque sive partu, sive conceptu gratia, ut non habere tantum gratiam, verum ipsa esse Gratia videatur.

§ IV. — *Dies Ascensionis Domini urbi Venetæ solemnis, cujus Natalis est hic Annuntiationis dies.* — *Ascendamus* porro, ut nos anagrammatica sui nominis voce laudatus modo excitat Damascenus, et hoc descensionis Dominicæ die illuc feramur animo, ubi solemnis maxime triumphat dies Ascensionis, Venetiarum intelligo urbem, quam si orbis terrarum esset annulus, gemmam merito vocaret mundus. Sed quam annuli nos huic gemmæ imaginem attribuamus? Procul hinc Nero, procul et Pyrrhus, quorum hic in gemma sui annuli Apollinem inter Musas, ille Plutonem Proserpinæ raptorem, magnum uterque alter naturæ, alter artis specimen ostentabat; augustior, de qua loquimur,

Christianæ reipublicæ Gemma, marisque sui Domina atque Sponsa Oceani, neque inferni raptoris equos, sed in cœlum ascendentis hominum Salvatoris triumphum : nec cum suo Musas Apolline, sed his unam omnibus potiorem vindicat sibi Virginem, cum qua major hodie Apollo cœlestis ipse mentium purissimarum Musageta esse cœpit. Magnus divini utriusque mysterii dies, magnæ uterque urbi auspicatissimus, alter Natalis, quo de cœlo in terras Deus homo factus descendit; alter triumphalis, quo e terris in cœlum immortalis idem triumphator Homo Deus ascendit; et quod festo Ascensionis die Veneta solemni ritu agit respublica, jacto tum in mare annulo urbi suæ desponsans Oceanum, id hoc sacro etiam descensionis die ipsa egisse videtur Divinitas, cum in mare gratiarum Mariam quasi annulum demisit plusquam aureum illum circulum, cujus centrum ubique, circumferentia nusquam, Gemma vero ipsa omni charior unione, unio hypostatica. Macte animo magnæ Venetiæ, quæ cum ipsum etiam anni annulum in hoc per orbem celebri vestro nomine geratis, cujus nempe numerus annalem illum tercentum sexaginta quinque dierum recurrentem in se circulum repræsentat, hunc ex omnibus urbi vestræ auspicatissimum, quia Natalem, quo hæc in mari, stupente terrarum orbe primum fundata fuit, Fastorumque vestrorum auspicem, immortali hodie incarnato Numini, magnæque Deiparæ sacrum diem vestra præcipue signate gemma; ut cum Olympiæ magnum Alexandrum parituræ uterum leonis imagine signatum fuisse superstitiosa Græcorum somniarit antiquitas, majoribus modo auspiciis festus etiam ipse Virginis Deum concipientis dies nobiliore, quia aligero, leone Veneto consignetur.

§ V. — *Primus Mediolani dux est inauguratus die Incarnationis Domini,* etc. *de Ve. et Mi.* — Ab hoc leone quo me rectius vertam, quam ad alterum die quoque isto maximo memorandum leonem, fortissimum clarissimumque sæculi sui heroem Franciscum Sfortiam, primum Insubriæ ducem, cujus fortia facta, pulcherrimaque decora uti præclare indicat gentilitius ejusdem prosapiæ leo, insignem præferens rosam; ita symbolica quasi eadem sacræ lucis hujus imagine adumbratam mihi videre videor, cum in rosa florum pulcherrima Mariæ gratia plenæ Virginis pulchritudinem, tum in leone bestiarum fortissimo ipsam, quam in nomine suo præfert Gabriel, fortitudinem; dignus sane Rhodophoro suo heroicus ille princeps, de quo jure dubites, plusne splendoris hic tam inclyto duci dies, an dux ipsi adeo auspicato diei attulerit, dum, quod bonum, felix, faustum fortunatumque esse voluerunt superi, Jubilæo sive quinquagesimo sæculi sui anno Mediolani solemnissime inauguratus ducalia primum indueret ornamenta. O tam nobili die digna principis tanti gloria, dignusque hic tam forti bonoque principe dies, quem ab optimo licet

maximoque cœli nuntio vocemus diem Annuntiationis, liceat tamen Encœniorum dicere diem. Nam
si secundum veterem illam, quæ in sacra hodiernæ
feriæ lectione recitatur, parœmiam, is qui novam
induit vestem, encæniare dicitur; quis jam inficiari
audeat, die isto maxima mundi totius facta fuisse
encænia, quando eodem fere tempore, quo sol
etiam ipse astrorum princeps cœleste Arietis ingressus signum aureo quasi vellere induitur; et a
Deo primus mortalium parens pelliceam indutus
tunicam, primum hoc e brutæ animantis exuviis
habuit paludamentum, et a Virgine Deus, qui ut
homo indueret Deum, induit ipse hominem humanum assumens corpus, carnea quasi naturæ nostræ
trabea suam vestiit divinitatem? O! quam dispar
utraque perinsignis, et ad universum pertinens
orbem ista Dei atque hominis (ut hic feudali utar
verbo) *Investitura*, ad quam peculiariter sua etiam
tortuosi colubri, hærentisque intra belluæ fauces
infantis imagine insignita vexilla explicet Mediolanum, quoniam et in Tartarei serpentis fauces in-
fausti, miserique omnes, priusquam nati, mortales
primi parentis lapsu incidimus; et a Virgine concepti hodie Salvatoris virtute fatalibus humano
generi ejusdem faucibus erepti sumus. Magnus itaque, magnus, iterumque magnus est hic encæ-
niantis quasi hodie, sive ut e divi Augustini sententia dixi, novam hodie vestem indutæ divinitatis dies;
ad quem cum in sacris etiam Fastis referatur
cœlestis illa Michaelis draconem debellantis victoria; si nunc triumphante angelorum exercitu inter
triumphales victorum acclamationes solemnius in-
geminetur illa militiæ divinæ tessera : *Quis ut Deus?*
alma ista duce atque auspice quoque archangelo
divo Gabriele militans Dei Matri sodalitas, et sub
umbra alarum ejus adorans corporatum jam in
Virgine Numen, pie secureque ita stupente simul
atque plaudente cœlo terraque, acclamando respondeat : *Ecce homo sicut Deus!* Et huc jam nostra
sive ascendendo descendit, sive descendendo ascendit oratio, dum a laudato superius Damasceno
venit ea quidem dicendo Venetias atque Mediolanum; etsi autem patrio urbis utriusque sermone
Milanum scilicet appellatae Mediolanum, male
quondam ominata Venetæ atque Milanensis nomenclaturæ denotatio distinctis Venetorum atque Mi-
lanensium aureorum loculis inscripta Ludovico
Mauro Milani sive Mediolani principi Ludovici
postea regis Franciæ captivo perpetuo, triste illud
Ve Mi, hoc est, *væ mihi* visa fuerit denuntiare,
nihil tamen sinistri ominis inde Marianis mentibus
timendum est sub angelico ejus præsidio, a quo
hodie dictum est : *Ne timeas, Maria!* nam si Mau-
rum, sic a fusca oris specie cognominatum, infelicem illum principem, ita terruit aurum, in quo
Venetum ipse atque Milanense signum legerat, ut
hac tam ominosa voce *Ve, Mi,* ferreum ejus auribus
sonum edere nummi aurei viderentur; nos haud
equidem Mauriani, verum Mariani candidiore signi

ejusdem omine diem istum signemus, ut hac quasi
tessera denotetur geminus ille Mariæ titulus, venerabilis Virgo, mirabilis Mater; absit enim, ut *Væ*
aliquod diem istum funestet, quo ab angelo salutata Parens salutis mutans nomen Evæ, convertit
Væ in *Ave.*

§ VI. — *Supradictæ duæ syllabæ Mi et Ve refe-*
runtur ad notam Misericordiæ et Veritatis. — Imo
in his duabus ego vocibus duas mihi gemmas invenisse videor, duobus illis tanto opere celebratis
Cleopatræ unionibus nobiliores, quos in sua *mundi*
Historia Plinius tanquam *maxime singulare vereque*
unicum naturæ opus admiratur, sed cum majore
gratia, quia veritate majore aliud modo plusquam
aure:s gemmeisque illis syllabis denotatur vere
unicum, et maxime singulare Gratiæ atque Naturæ
opus. Exsurge nunc non solum Davidis psalterium,
atque cithara, sed ex regio mausoleo tuo, in quo
inter congestos auri thesauros maximus ipse regni
tui thesaurus conditus fuisti, mansuetissime David
rex, ac regum Pater exsurge, et ad celebrandam
modo Jesseæ stirpis progeniem, promissique semini tuo, Salvatoris Parentem Virginem Mariam,
psalterium citharamque tuam excita, latensque in
his litteris mysterium nobis pande, et te supra
Salomonem filium tuum, sua magnæ illi philoso-
phæ reginæ Sabæorum, solventem ænigmata; supra
Danielem prophetam inclytum, magnumque illum
divinæ steganographiæ interpretem venerabimur,
mirabimurque. Et jam ecce ad has geminas quasi
Musicæ notas accinentem audire mihi videor harmoniam Davidicam, qua de hodierno Virginis Matris, Deique hominis mysterio gemmeus ille Psalmi
aurei versus accinitur : *Misericordia et Veritas ob-*
viaverunt sibi. (*Psal.* LXXXIV, 11.) O quam non obvia
est hæc obviatio, ubi obviant sibi *Veritas* atque
Misericordia! magna omina sunt hæc nomina, quæ
non ob suæ tantum nuncupationis principia duæ
illæ amplissimæ clarissimæque urbes, sed ob communia humano generi salutis publicæ auspicia, totus
veneretur atque miretur orbis! Si cum Pilato
quæritis : *Quid est Veritas* (*Joan.* XVIII, 38)? nulli
nota non est vulgata hæc de Jesu responsio : *Est*
vir qui adest. Verum quid est Misericordia? ipsa
forte Misericordiæ Mater Maria. Si non acquiescat
adhuc ingenium, piaque sciendi cupido quærat
ulterius, quid est Veritas et Misericordia? ipsa
de qua jam quæritur, Misericordia et Veritas loquatur; ipsas enim vocum atque virtutum harum
litteras consulte, ac per anagramma hoc ex iis
responsum accipe : *Cordi erit Jesus et Maria,*
Jesus et Maria cordi erit!

§ VII. — *Misericordia et Veritas obviaverunt sibi in*
medio terræ. — Etsi autem nihil fere ultra dicendum superest ori, postquam duo optima maxima
ista nomina cordi futura dixi; quod si tamen adhuc
etiam quæratur, ubi beatus ille occursus factus
fuerit, ubi duo ista mundi lumina convenerint, ubi
Misericordia atque Veritas sibi obviaverint; ne hanc

ego quæstionem jam in medio relinquam, obviationem hanc in ipso terræ medio factam esse pronuntio. Quod cum dico, vos ut eruditas cogitationes
vestrum amat ingenium, cogitatis forte nunc de
duabus illis aquilis, quæ cum ab Oriente una, ab
Occidente altera, æquo utrinque volatu pariter
emissæ, Delphis occursu mutuo convenissent. eo
scilicet argumento, Jove arbitro, inventum esse
terræ medium credebatur ; et cum ista jam de
aquilis loquor, cogitationes modo etiam meas vestro
prævolatis ingenio, divinamque forte, nec non humanam cogitatis naturam, tanquam mysticas duas
aquilas, quarum mortalis nempe hominis, quasi
aquila Occidentalis ; illa immortalis, ipsismet Numinis, quasi aquila Orientalis, utraque ipsum orbis
attigere meditullium, dum in beato Virginis illius
gremio convenerunt, quam, ut medium quoque
istud Tullium suum habeat, mellifluus ipse orator,
Clarævallensis ille laudum Marianarum Tullius,
Terræ medium appellavit. Sed quid ego jam de
aquilis loquar, cum non tantum aquilæ, Jovis scilicet, et qui cum Jove divisum imperium habent,
Cæsarum ministræ atque armigeræ, verum augustæ etiam ipsæ aquilarum Romanarum dominæ,
atque imperatrices ad hoc sacrum, imo cœleste
cœleque ipso sanctius Terræ medium venientes
illud obsequiose ambiant, in quo cum in Maria
mediatrice nostra virginitas et fecunditas, ac in
Jesu mediatore nostro divinitas et humanitas, verbo
denique Verbum convenisset et caro ; obviaverunt
sibi Misericordia sive Gratia, et Veritas, quia Verbum *plenum gratiæ et veritatis.* (*Joan.* 1, 14.)

§ VIII. — *Duæ Augustarum statuæ, altera Eudociæ,
altera Eudoxiæ, Virgini ab angelo salutatæ dicantur.*
— Sint pro duabus ergo aquilis duæ Augustarum
statuæ, quæ ad honorandam perpetuo, ac e medio
nunquam tollendam beati hujus medii Mariani memoriam ante Nazarethanam, in qua admirabilis
illa, cœlo terræque stupenda mundi mediatio facta, sacram Deiparæ ædem, una Eudoxiæ, altera
Eudociæ inscripta nomine dedicentur; et ut piissimi quondam Cæsares, Constantini Magni, imperatoris Christianissimi exemplo, juxta bracteatum
illud oris aurei dictum, apostolorum fieri optabant
ostiarii, dum ad sacra eorum vestibula sua jubebant corpora sepeliri ; ita Regina quoque apostolorum, quæ se hodie dixit *ancillam Domini*, ostiarias
item suas quasi ancillas habeat Augustas etiam
ipsas Romani orbis dominas imperatrices. Eudo-
xiam dum hic nohuino, nolim eam intelligi cujus
statua statione sua movit columnam Ecclesiæ dum
in exsilium egit cœlo, quam terra digniorem præ-
sulem divum Chrysostomum ; sed quæ piissimæ
ipsiusmet Eudociæ imperatricis filia Valentiniano
nupta imperatori, matri se non imparem ostendit
religione ; utriusque enim, matris filiæque pariter
pietati religiosissimæ debetur Romanum illud Vin-
culorum Sancti Petri miraculum, tantique miraculi
monumentum, quo vel solo utraque Orientis al-

tera, altera Occidentis Augusta dignam eo loco
statuam meretur, ubi hoc tam prodigioso catena-
rum duarum nexu admirabilior naturarum duarum
concatenatio Deum homini, Verbumque corpori
indissolubiliter colligavit. Imo ut de Bethlemiano
Eudociæ secessu sileam, annon forte, quoniam si
hæc utpote Græca Augustæ utriusque imperatricis
nomina vel ab ipso aureo illo Ecclesiæ Græcæ ore
Joanne Chrysostomo interpretanda forent Eudoxia
bona quidem *gloria*, *bona* vero *voluntas* diceretur
Eudocia; annon, inquam eadem utriusque statua
natali potius ipsi partus virginei solo vindicanda,
ubi nascente Salvatore Genethliacis angelorum
plausibus Deo gloria, bona voluntas hominibus
accinebatur? Bella quidem, fateor, hæc pro Bethleem ex hoc ita combinato utroque nomine argumentatio ; sed ex eodem quanto clarius nunc pro
Nazareth sacra diei hujus repræsentatur Annuntiatio! Salutat Gabriel, audit Maria ; et in *Eudocia*
ecce salutatio, et in *Eudoxia* ipsa cernitur audientia. Congruit enim sua et angelo salutanti, et Virgini audienti nominis utriusque transformatio, quæ
per anagrammaticam litterarum operam animatæ
quasi Memnoniæ illæ statuæ suas utrique aptissimas edunt voces; *Eudocianæ* namque statuæ vox
est *dico Ave* : statuæ autem *Eudoxianæ* vox est
Exaudio.

§ IX. — *Finis dictioni imponitur per has salutationis
atque responsionis voces,* AVE *et* DEO GRATIAS. — O !
digna tantæ Virginis audientia tam meditata angeli Salutatio ! *Dominicus* vere angelus, quia angelus Domini ; imo *Omnidicus*, qui tam exquisito,
nec in sacris usquam Paginis usurpato antea usus
verbo, miro compendio dixit omnia dicendo, Ave.
Ave hoc est secundum *suam* tribus hisce verbi ejusdem elementis aptatam acrostichin *Augusta Vere
Eudoxia*, quia gloriosissima, nec non *Augusta Vere
Eudocia*, quia benevolentissima. *Ave!* hoc est,
Animata Verbi Epistola, Afferens Verum Evangelium.
Epistola Dei plusquam laconica, quia unico, et
hoc quidem abbreviato conscripta verbo, eademque
utpote plena boni nuntii, vivum verumque Christi Evangelium. Ave, hoc est *Anima Universum Exor-
nans, Aureo Vellere Exornata :* imo plusquam aureo
donata Agno Dei, in quo mundi totius pretium orbisque præcipuum ornamentum. *Ave!* hoc est, *Admirandæ Virgo Excellentiæ, Aquila Volucrum Excellentissima ;* exaltata vere Aquila, non quæ nidum
suum inter sidera, vel in Jovis gremio pullos suos
posuisse fingatur ; sed quæ demissum cœlo ipsum
Dei Filium suo excepit sinu. *Ave!* hoc est, *Arca
Vetere Excellentior, Absolutissima Universi Epitome ;*
quia continens in se continentem omnia, quæ pro
duabus legum divinarum tabulis ipsum jam e duabus naturis compositum in se habet Legislatorem.
*Ave! Altera velut Esther, Auream Virgam Exoscu-
lans ;* imo omnium ipsa osculis adoranda, quam,
ut devotissimus ei loquitur Bernardus, toties oscu-
lamur quoties salutamus, ut sit idem dicere *Ave*

Maria, atque ferre osculum Mariæ. *Ave!* hoc est. *Audi Virgo Eloquentissima, Accipe Verbum Eminentissimum ;* quot a Persarum provinciis Esther salutabatur regina, tot a primo Pragensium hierarcha, regnique Bohemiæ primate, cujus calculo nostrum libenter submittimus, numerantur Mariæ verba, unico autem ipsa hodie concepto Verbo, omnem dicendi copiam superavit.

Quoniam ergo præcelsa Mariæ divinum Verbum concipientes eminentia humanam imo creatam omnem angelicarum quoque linguarum excedit eloquentiam, finem equidem dicendi faciam, silentium mihi indicente ipsa dicendorum reverentia ; prius- quam autem tacendi a me fiat initium, mille saltem adhuc lineas audire longum ne sit, vestram oro patientiam. Nulla dies sine linea, sed hæc insignis adeo dies mille omnino lineis, et his quidem gemmeis notanda, quibus bellissime illam signavit Isabella Austriaca, Belgarum princeps, quando ad hoc videlicet ipsum Incarnati, et ex Virgine Immaculata carneam mortalitatis chlamydem induti Numinis festum, Lauretanæ ipsa Divæ gemmatum pretii immensi pallium, sacrum Deiparæ indumentum, dicavit, quod ter mille adamantibus, atque vicies mille unionibus scintillabat. Quot in alphabeto exarantur litteræ, tot in pretioso illo magnæ Virgini dicato hodie dono gemmarum chiliades emicabant ; annon igitur mille gemmeas Marianæ gloriæ quasi lineas, qua mille gemmea alphabeta modo videor repræsentasse ? Et quid superest, nisi cum per Marianum hodie fiat ineffabilis illa generi humano fuerit facta gratia, per quam reparata fuit natura ; quid post dicta, inquam, superest, nisi Mariana modo etiam illa litteris, lineisque gemmeis digna, atque millies milliesque amplius repetenda gratiarum actionis formula, qua ut omnia coronem, nostrum jam de Maria disserendo huc usque locutum *os de gratia*, solemne tandem dicat : *Deo gratias.*

ADNOTATIO. — Francisci Sfortiæ primi ducis Mediolani leonem gentilitium appellavi *ροδοφόρον ;* sic a floris specie eum vocando, quam in Francisci cardinalis Sfortiæ comitis S. Floræ insigni leonem præferre alias vidi apud Ciacconium, sed est aliquod forte inter gentilitia Sfortiarum insignia discrimen, nosterque ille Sfortianus leo appellandus forte potius a malo, quod præfert μηλο- φόρος; magnus enim ille bellator Sfortia, primi antea nominati ducis Mediolani genitor in stemmate suo gessit insigne Attendulæ gentis pomum Cydo- nium, pomique ejus latorem postea leonem nactus est a Roberto Boicæ familiæ Germano principe, ut ex Jovio narrat Masenius in *Speculo imaginum symbolicarum,* cap. 28, § 5. Sed ut rosa, ita etiam pomum nostro servit argumento, cum et pomum formæ pulcherrimæ tribuatur, ita ut si rosæ substituendum hic sit pomum, æque hoc in laudem pulchritudinis aptari possit. Imo cum pro illo pulchritudinis quondam præmio, pomo nempe

aureo, tres hæ juxta poetarum fabulas pulcher- rimæ deæ certaverint Juno, Minerva, Venus, tria modo ista hic ex primis alibi quoque superius pari litterarum metathesi mutatis Salutationis an- gelicæ verbis producta, pulchrioris diviniorisque Virginis Mariæ ascribamus encomia : *Magna primæ Almæ virtus : cedat Juno ! Vivat ampla Virgo : cedat amens Minerva ! Jo alma Mater Agni, cedat impura Venus !* Cæterum, quod de ominosis hisce syllabis *Ve, Mi,* gemino aureorum loculo inscriptis attuli, Italice id in sua *Universali Historia* narrat Gaspar Bugatus, lib. VI, pag. 691.

<h3 style="text-align:center">FERIA QUINTA.</h3>

VISITATIO BEATÆ VIRGINIS MARIÆ.

HYMNUS.

Festina jam per culmina
    Tanquam citata cerva,
It missa vincens fulmina
    Dei benigna serva.

Vocem salutis audio;
    Elisabetha, gaude !
Domusque tota gaudio
    Exuberante plaude !

Quis læta sensa disseret,
    Quæ tum tibi creata,
Cum te Maria viseret,
    Mater Dei beata ?

Vix carne Verbum vestiens
    Mater venit Tonantis ;
Exsultat Infans gestiens
    Instar novi gigantis ;

Vivente clausus carcere
    Quo fertur atque crescit
Cursu inchoando parcere,
    Morasque ferre nescit.

Res mira, non ad singula
    Tunc optimum parentem
Rupisse linguæ vincula
    Divinitus tacentem.

Nec ore verbum reddere
    Quit absque voce mutus,
Pro voce, quam vult edere,
    Sunt gestus atque nutus.

O Mater electissima
    Tonante digna prole !
O Virgo dilectissima
    Aurora plena sole

Sic nos ab alto dissita,
    In patria laboris
Hic spiritali visita
    Cum gratia favoris.

Laudetur alma Trinitas
    Sit æqua laus ac dignitas
Patri parique Nato
    Cum Spiritu beato. Amen.

Argumentum Prosæ. — Laudando Mariam visitantem, nec non Elisabetham visitatam singularis hic in utriusque honorem, quanquam admodum dispar instituitur comparatio, qua ad Elisabetham reginam Angliæ, veniens Maria Scotiæ regina introducitur. Ac de sacro in primis illo adamante dicitur, qui a summo Hebræorum sacerdote gestatus futura portendebat ; tum de reginæ utriusque invicem missis adamantibus, deque regni utriusque signo gentilitio, rosa atque cithara. Hinc sex etiam hymni Joannei notæ musicæ præsenti aptantur argumento ; et dum quæritur, qualiter Maria salutaverit Elisabetham, Japonica illa ejusdem honori inducitur salutatio, qua flos trium quasi ætatum salutavit S. F. Xaverium. Imo quatuor ætatum summa in hac voce P. J. U. S. hic in Zachariæ etiam Laudem proponitur, et ad adamantem, a quo fere cœpit, reversa denique finitur oratio.

PROSA.

De Visitatione B. Virginis Mariæ.

§ I. — *Mariæ Elisabetham visitantis gratia laudatur, et Maria soror, nec non Elisabetha uxor Aaronis.* — Linguis animisque favete AA : quando maximæ duæ Verbi Vocisque matres conveniunt :· Maria Elisabetham visitat, Mariani sacræ Visitatricis nostræ comites, atque sodales Parthenii ; Elisabetham, inquam, visitat Maria, per quam oriens nuper ex alto Dominus nos in visceribus misericordiæ ejus visitavit. Et quam cœlesti ore missus nuper divini Numinis orator angelus salutavit, hæc jam ipsa intrans domum Zachariæ Elisabetham, dignam conjuge tali conjugem, dignam hospite tali hospitem, matrem Vocis Mater Verbi voce virginea, verbis humanissimis salutat. Sed si angelicum nuper *Ave* audiens Maria tacita cogitabat, *qualis esset ista salutatio (Luc.* 1, 29); quidni admirabundi etiam ipsi cogitemus hodie, qualisnam illa Mariæ ipsius Elisabetham invisentis fuerit salutatio? cujus vox ut in auribus Elisabethæ sonuit, mox præ gaudio infans tum in utero matris gestiens exsultavit; ut non solum magna illa Deumque magnificans Mariæ anima, mutato Evæ nomine avere jubens Elisabetham, pacem illi atque salutem totique domui Zachariæ annuntiasse, sed cum ipsa beati adeo infantis matrisque anima sui etiam ipsa exsultantis tum in Deo salutari suo spiritus partem , tanquam divinæ particulam auræ communicasse videatur. Verum qualis ea fuerit salutatio, indagaturi sumus postea, nunc dum montana Judææ, in quæ cum festinatione abiit plena Numine Virgo, sacra utriusque cum visitantis, tum visitatæ divæ exsultatione quodammodo exsultant, *Aaroni* quidem, id est secundum Hebræum nomenclatorem, *Montano* etiam ipsi cognata illustria duo nomina, Maria nempe alia, atque alia item Elisabetha nostram advertunt memoriam, utraque uti gemina luna, illa fratris, ista mariti sui radiis coruscans : taceo autem de hac prima omnium Aaronis Elisabetha, quod et uxor et mater summi pontificis filium genuerit tanto parenti dignum Eleazarum; neque alteram, de qua hodie sermo est, cum ea confero Elisabetham, quæ ut Patrum aliqui censent, magni quoque sacerdotis honorata conjugio, Zachariæ magnum virum genuit, quo non surrexit major inter natos mulierum ; taceo et de sorore Aaronis, prima illa omnium Maria, prophetissa virgine, Erythræa quasi Hebræorum Sibylla, quod post maris Rubri transitum triumphale ipsa mulierum ducens choros Deo cantarit epinicion; neque cum ea alteram, cujus hodie festum agimus, benedictam inter mulieres comparo Mariam, quæ in hodierna visitatione magnificans Dominum, suo quoque cantico divinam

gloriam celebravit; taceo, inquam, hæc tam clara sacræ antiquitatis nomina atque lumina, tanquam utriusque hodie celebrandæ divæ archetypa; et ut Mariæ Elisabetham visitantis honori mea famuletur oratio, aliud sub hac nomenclatura illustrium, quia regiarum, quanquam admodum dispar heroidum par in medium producam, ac in tabula quasi proposito Mariæ Reginæ cognatam quidem etiam, at non amicam suam Elisabetham reginam adeuntis exemplo sacram beatæ illius, quæ hoc festo recolitur, visitationis imaginem adumbrabo : quia porro dicturus sum de adamantibus vos, o commilitones Parthenii, quæ ad majorem Dominæ nostræ gloriam dicentur (ut vos pontificia ego Gregorii Papæ IX, Frederico Cæsari augusta imperatori ornatus mysteria exponentis phrasi alloquar) : *Hæc in adamantino cordis vestri ungue stylo ferreo exarate.*

§ II. — *De sacro divinoque adamante, ac de Maria Scotiæ, necnon Elisabetha Angliæ regina.* — Si quæ itaque dies albo signanda lapillo, candido certe calculo gemmarumque principe adamante notanda est hæc Mariæ visitantis, et ab ea visitatæ Elisabethæ dies, cujus diei gaudia portendisse videtur sacer divinusque ille magni Hebræorum sacerdotis adamas, qui, dum cœleste consuleretur oraculum, mutatione coloris signa dabat, et pro sperandorum, sive timendorum eventuum conditione mutans speciem, rubescebat, si bella, nigrescebat, si mortes, candicabat, si læta et fausta portenderet : atque ut de duodecim gemmis scribens divus affirmat Epiphanius Zachariæ temporibus, ipso sacris operante (forte cum a cœlesti genio nasciturus ei filius nuntiaretur) candidus apparuit. Imo quia prodigiosus hic in pectore summi sacerdotis adamas, ut in Hieroglyphicis suis notat Pierius, duos inter smaragdos, medius gestabatur, ipsum ego hodie Zachariam inter Elisabetham, Mariamque medium inter smaragdos duos dicerem adamantem, nisi ambæ illæ inter mulieres benedictæ, adamantes etiam ipsæ potius dicendæ essent : nam si inter pretiosa naturæ miracula prægnantes etiam conceptumque intra sese partum ferentes legimus adamantes; o quam admirabiles duo adamantes duæ illæ beatissimæ matres, ingens utraque fecunditatis, hæc in longæva sterilitate, illa perenni virginitate prodigium ! At jam alios ecce vere gemmeos, eosque regios adamantes, quibus Maria illa, necnon alia item Elisabetha, ista Angliæ, illa Scotiæ regina suam, dispare nimis utriusque fama, memoriam signaverunt. Quodnam enim sive speciosius, sive pretiosius unquam fuit monumentum pignusque amicitiæ, quam ab utraque invicem missis contestatum, confirmatumque adamantibus, cum in duas quidem æquales partes divisum adamantem Mariæ mittens Elisabetha promisit se in quocunque ejus discrimine advolaturam auxilio, quandocunque ad se ipsa semissem hujus sui pignoris, missura esset; vicissim vero Maria, ut tam amico, uti credebat, charoque muneri responderet, adamantem cordis effigie sculptum, annuloque insertum Elisabethæ misit, reginale sui monumentum et pignus amoris. O quam illustria vereque basilica reginarum symbola amicitiæ, nisi altera earum fuisset corde adamantino, imo adamante durior, quæ ne sanguine quidem potuit emolliri. Venit e regno suo ad Elisabetham confugiens Maria, sed in Scyllam incidit fugiendo Charybdim, dum in regina tyrannam, et in Elisabetha Jezabelem invenit : imo et in Anglia invenit Scotiam; nam si σκότια Græco nomine appellantur *tenebræ*, annon tenebrarum tum in Angliæ regno erat potestas, cum in eo exstincta fidei luce, lumen quoque Scotiæ regina ipsa catholica, exstingueretur? Poterat sane, uti *Anglos* quondam *angelos* appellavit magnus Gregorius, sic a magno quoque altero ævi sui Gregorio, Romano Pontifice ipsa Anglorum regina innupta scilicet perpetuaque, uti gloriabatur, virgo, appellari *Angela*, Angela non lucis, sed tenebrarum. Adamantem, quia forte acuminatus, ac in mucronem turbinatus nascitur, eodem Hebræi atque spinam nomine *Samir* appellant, quod a radice *Samar* sibi cavere significat. O si illa Scotiæ rosa ab hac adamantina sibi Angliæ spina cavisset! Rosas fert pro insigni suo Anglia, sed o qualis quantaque rosarum suarum spina, ipsa Angliæ regina Elisabetha! quæ dum Anglicanæ se dixit Ecclesiæ caput, o quam cruenta ipsa divini, spinis coronati, capitis spina fuit! Diva, cœloque digna Portugalliæ regina Elisabetha pecunias vertit in rosas.

O quam dispar, quantumque dissimilis illi Elisabetha Anglica, quæ in ferrum suas convertit rosas, quando ferro persecuta Ecclesiam, neque regio Mariæ capiti pepercit : quis tum ipsas Angliæ rosas ad hunc sanguinem neget erubuisse! Mariæ porro regnum Scotia gentilitio insignitur decachordo, Davidico illo sic a numero chordarum dicto musices instrumento, insigni politicæ regnantium harmoniæ symbolo ; quin et Davides quondam habuit reges Scotia magni hujus decachordi moderatores ; et nec Maria etiam suo caruit citharœdo Davide, cujus ea consiliis Scotiam quasi citharam suam moderatur. Sed ut Orpheum lymphatæ Mænades, ita Bacchantes perduellium hæreticorum Furiæ Orpheum quoque istum non ex *Thracia*, quo in nomine ipsa Orphei adhuc quasi sonat *cithara*, sed ex Italia oriundum *Davidem Riccium*, tanquam erycium obseptum mucronibus confoderunt. Imo celebris ille Thraciæ citharœdus Orpheus tantum cithara quidem valuit, ut et saxa moverit, et ab inferis Eurydicem suam reduxerit : et hæc citharæ suæ domina Scotiæque regina, neque adamantinum Elisabethæ pectus movere, nece decennovennali carcere sese potuit liberare : alter citharœdorum princeps Arion obsequentes citharæ suæ habuit delphines et hæc nobilissima, ut sic loquar, orbis Christiani citharistria, regina Scotiæ Maria, nubendo ipsum quidem etiam traxit Delphinum Fran-

ciæ Franciscum, at non potuit immanem illam maris Britannici balænam Annæ Bolenæ progeniem mitigare. Mirabile profecto infestam adeo Mariano Nomini fuisse illam infaustæ memoriæ Jezabelem, ut non solum Mariæ sorori suæ catholicæ Anglorum reginæ vitam insidiis appetiverit, et hanc Mariæ quoque alteri propinquæ suæ, catholicæ Scotorum reginæ iniquo supplicio eripuerit; sed ex fastis etiam sacrum Deiparæ Mariæ Natalem expunxerit, suumque ipsa eodem videlicet die, malo publico nata substituerit : Deleantur, o Deus, de libro tuo in cœlo, qui nomen Matris tuæ delent in terra !

§ III. — *Maria visitans, atque Elisabeth visitata, cum jam dictis Scotiæ Angliæque reginis comparantur.* — Sed ut beatiorem Elisabethæ sanctioris hospitem Mariam revisamus, Anglia Scotiaque relicta jam in domum Zachariæ redeamus, ubi neque sua etiam Mariæ cithara, neque rosa deerit Elisabethæ, imo utrumque simul illud reginarum insigne, et cum cithara rosas Maria, et cum rosis cithram quoque habet Elisabetha. Nam si David Psaltes ille Regius, atque citharœdorum Rex in luna habitare, cantuque suo trahere astra vulgo fingitur ; Ecce pulchror luna alia Maria, et in ea cœlestis alius David, quia ipse Davidis filius Jesus, quem ut adesse sensit Præcursor Domini, arcana ejus citharæ vi ad saltum excitatus prodigiose mox in utero exsultavit, quidni enim citharœdum dicam Deum Hominem, cujus omnis actio tanquam citharæ divinioris cantus totum trahit cœlum ; siquidem, ut in anagramma digestæ accinunt ipsæ litteræ, *cithara canit Deo Actio Theandrica.* Taceo hic de *cithara Jesu, Eucharistia*, quæ in viva hodie spiranteque hierotheca delata est in domum Zachariæ; ubi autem Maria sacro suo versuum decemcantico Deum magnificat, annon Davideum auditur decemchordarum psalterium, psallendis Deo laudibus dedicatum ? O quam nobile, plusquam regium decachordum, in quo non cum novem Musis decimus ipse Apollo, sed cum totidem choris angelicis divinus ipse Spiritus transiisse visus est in chordas, dum id ipso Dei intra Virginem latentis corde cordi Virginis respondente, ut hoc familiari musicis verbo eloquar, concordatum esset. Beatæ aures, quæ tam beatas Marianæ hujus citharæ voces audierunt, quam ut coronemus etiam rosis, quis et Mariam suas nescit habere rosas, cujus honori florens Partheniorum pietas sacrum illud candidis, rubicundis aureisque distinctum rosis dicavit Rosarium ? Imo ipsa est Rosa, et Rosa quidem dignitate aurea, puritate candida, novaque Numinis Incarnati consanguinitate purpurea. Ita nec in Maria citharam aures, neque oculi rosas desiderant, quæ ne desint Elisabethæ, unus omnia præstat Joannes.

Gratiarum flos est rosa, ita ut si rosa deesset gratiis, ipsa eis gratia deesse videretur, annon igitur ibi rosa, ubi *Dei gratia Joannes* ? Præcursor est ad parandam viam Domino, ecquis igitur felici illo voto dignior est, *ut quidquid calcaverit, rosa fiat ?* Baptista est per baptismum pœnitentiæ ; quæ ut spina compungens animum, instar rosæ facit erubescere pœnitentes ; annon igitur totus est in rosis Joannes ? clamantis denique vox est in deserto Joannes, et quid ipsa hæc vox nisi rosam clamat esse Joannem ? *Joannes in deserto ! Quid est Joannes in deserto ?* sive Joanneus hic a me titulus scribendo exaretur, sive legendo alibi scriptus offendatur, sive mea loquentis voce proferatur, sive alterius ore prolatus audiatur, sive tacito quoque animo cogitetur, una illa ex his tituli ejusdem litteris composita vox ut echo aliqua hoc de Joanne mihi identidem insonare videtur : *Nonne iste rosa Dei ?* Iste, id est Baptista ; iste, id est Præcursor ; iste, id est Joannes ; iste, inquam, digito monstrari dignus, qui ex cœlo demissum mortalibus Agnum Dei primus digito monstrare dignus fuit. O quam nobile illud desertum, tanquam floridum totius orbis sertum, ex quo ista Dei rosa effloruit ! At ne ego jam de deserto loquens, desertam videar relinquere Elisabetham ; Elisabetha nimirum ipsa est tam florens illud Elysiisque campis florentius desertum, cujus adeo speciosus flos est Joannes. Hæc est enim deserta atque invia solitudo, quæ ut vaticinando dixerat Isaias, lætabitur et exsultabit, florebitque quasi lilium : germinans germinabit, et exsultabit lætabunda et laudans. Annon deserta, quia sterilis, nec in suo unquam matrimonio mater facta ? Annon invia, quia nunquam ulli per hanc in mundum veniendi patuit via ? Annon denique solitudo, quia sine individuo huc usque corporis sui comite semper sola ? At jam neque sola, quia suum in seipsa secum habens Joannem : neque invia, quia matér Præcursoris, a quo parandæ viæ Domini : neque deserta, quia visitata, totaque hodie diserta, dum se ita germinantem florentemque conspiciens lætatur laudatque venientem salutando Deiparam, atque lætando spirat lilia, laudando rosas loquitur ; ut jam exsultanti adeo beatæ illi solitudini neque rosæ, neque lilia desint, cujus exsultationi neque cithara deest, cum non desit suus illi Joannes ; qui in deserto baptizans novus erat et in silvis inter feras Orpheus, et in aquis inter delphinas Arion ; imo major Orpheo, quia vipereas ferisque ipsi feriores animas peccatorum : major Arione, quia cœlestem ipsum Delphinum, omnium amantissimum, Salvatorem : utroque denique major, quia totam ad se Hierosolymam Judæamque ad se omnem traxit, ut non erraverit, a quo anagrammatice verso hoc de illo alterius divi Joannis præconio, *ominose* hic non est sinistræ significationis : *Ominose sane omnia movens cithærœdus,* sive, *animose movens animos neocithærœdus* appellatus fuit : *Homo missus a Deo, cui nomen erat Joannes.*

§ IV. — *Musicæ notæ istæ* UT, RE, MI, FA, SOL, LA, *exsultanti in utero Joanni accommodantur.* — Sed hæc ad

Jordanem acta seriora sunt, quam præsens postulet dies, quo ne canora Joannis cithara, sive Joanneus musicæ concentus desideretur, Joanneæ modo vocis vicem subeant prima musicarum vocum elementa sacro illo Ecclesiæ hymno initiata, quo *Ut queant laxis Resonare fibris, Mira gestorum Famuli tuorum Solve polluti Labii reatum, sancte Joannes.* Quid his ego hodie notis denotari dicam ? quid ex musicis hisce elementis componam ? quid de ipsa clamantis voce per has cantantium voces enuntiabo ? *Fa re* prima composita hinc vox fari jubet : *Ut sol,* altera illustrem solis ostendit similitudinem ; *Mi la* denique Græca quidem significatione opportunissime offert mala, quia *Verbum in tempore mala aurea in lectis argenteis* ; eademque vox, si patriæ quoque linguæ locus hic est, dilectam, sive gratiosam significans, dignum utraque hodie colenda Matre titulum repræsentat ; sed ut Latinis cuncta vocibus complectar, neque peregrina iis verba immisceam, *Fare* nunc, o *Sancte* atque *Tacens* sacræ vocis Genitor ; *Fare* vocalissimi infantis infans pater ; *Fare,* inquam, nec si tacere jussit angelus, ipsam modo angelorum Dominam relinque insalutatam. Tacet Zacharias, nec ut Matrem Verbi salutet, verbum loquitur, magnique instar miraculi est ne maximo quidem illo, quod ex adventu Deiparæ percepit, gaudio linguæ vinculum rumpere seu non voluisse, seu non valuisse. At non indisertum est hoc ejus silentium ; nam si aliis disertissimis viris lingua est pro cithara, ut de Elpidio suo, in quadam ad ipsum epistola scripsit Libanius ; Zachariæ loco citharæ est cor ; et hic ecce *Benedictus inter viros Zacharias,* ita testantibus ipsis tituli hujus litteris. *Beatus est vir in corde citharizans. Fare,* nunc et tu, puer propheta Altissimi, magne omnia movens cithærœde, patrisque non de thalamo in corde suo tacite citharizantis delicium. Fare, o vox clamantis, quam in silentio taciturnus quasi parturit parens ; fare, et ex vitali tuo illo materni uteri deserto responde quæ tam beatæ salutationis vox in auribus Matris tuæ sonuerit, ut ad eam mox in ipso adhuc vitæ quasi carcere præcursor sane avidus, jam ad cursum exsultaveris. *Ut sol,* solem imo ipsum superaveris, quando non de thalamo tuo, procedens uti Sponsus, quod de sole prædicat Psaltes Regius (*Psal.* XVIII, 6), sed in maternis adhuc clausus visceribus jam ad currendam viam exsultavisti sicut gigas ! Imo vero quia Joannes non est ipse *Ut sol,* sed ut Solis præcursor atque phosphorus, *Fa re Ut sol,* alter exoriens, qui ex alto oriens nos in misericordiæ, id est Mariæ misericordissimæ Genitricis tuæ visceribus visitasti, divinissime Infans jam sub candida latens nube *Ut sol.* Et en cœleste beatumque hoc par infantum tacite quasi invicem fari audio, cum ex utero in utero alter alterum aspicientes, geminas hasce voces *Mi* et *La,* mutua sui compellatione reciprocant. *Mi* ad Joannem inquit Jesus, *Mi* ad

Jesum ait Joannes, suum uterque, iste Dominum, ille servum appellans. Quid hæc autem infantiæ quasi propria vox : *La, la,* inquam, ecquid aliud geminis suis litterarum notis indicat, nisi geminum illum utriusque titulum, quo ut Jesus *Leo* et *Agnus,* ita *Lucens* et *Ardens* appellatur Joannes ?

§ V. — *Qualis fuerit salutatio, qua in visitatione sua Elisabetham salutavit Maria.* — Hæc de Joanneis musicisque illis vocibus parum fortassis harmonice ; quamvis autem et de silentio nimis elinguem, et de infantia loquens infantem nimis meam ego sentiam esse facundiam ; fari tamen adhuc liceat, ipsamque Marianæ salutationis vocem, tanquam sacræ hujus visitationis animam fando amplius indagare. Pulcherrimam Mariæ visitantis imaginem pinxit et penna, et penicillo de Matre Domini bene meritus evangelista, quando illam et in via festinasse, et in domum Zachariæ intrasse, et in ea Elisabeth salutasse scripsit : sed quod Apelleis aliorum tabulis, idem isti quoque iconi, sola nempe vox deest : vox quæ ore Virginis prolata Elisabetham cœlesti implevit Spiritu : vox, qua totus ipse Vox in utero Joannes quasi nova donatus fuit anima ; vox, qua totam gaudio implente domum quod et Zachariæ silentium solutum non sit in vocem, miraculi instar fuit. Imo ne hanc quidem ego vocem sacræ illi divi Lucæ Paginæ deesse video, quam hic divinior Apelles conjecturæ quasi nostræ relinquens ingenioso verborum compendio non tam omisisse, quam in præmissa alia salutatione indicasse videtur. Cum is enim ante visitationem Virginis narret, Salutationem angeli, an hoc ipso facile idem forte innuit eadem verborum forma salutem Elisabethæ impertivisse Mariam, quam a cœlesti nuntio salutata primum ipsa audiit didicitque ? Annon enim 'humanissimæ illud humillimæque Virgini ad amussim congruit, ut quos accepit honoris titulos, eosdem amice impendens alteri, salutanda etiam forte ipsa beatæ dicat Elisabethæ. *Ave gratia plena, Dominus tecum !* Ave, id est secundum ipsas salutatoriæ hujus vocis litteras, *Amica Venerabilis Elisabetha: Gratia plena,* quia Spiritu sancto repleta, ipsaque *Dei gratia,* id est *Joanne plena; Dominus tecum,* quia manus Domini est cum Joanne ; quidni igitur et cum ipsa Joanni intime conjuncta Elisabetha ? Mariam certe salutans angelus nec de Elisabetha siluit, quando Virgini conceptúræ nuntiavit quoque sterilem concepisse ; ipsamque ego Mariam credo postremis illis angelicæ Salutationis verbis *Benedictum inter mulieres* appellasse salutando Elisabetham, atque ut cum Matre pariter Prolem benediceret, suismet etiam verbis *benedictum ventris ejusdem fructum* pronuntiasse. Et hinc videlicet illa Joannis tum in utero gestientis exsultatio, illaque matris ipsius Elisabethæ exclamatio, qua dum voces clamantis Genitrix quasi echo salutanti sese

Virgini respondet, suasque in hanc refundit laudes, inde sacræ illæ resonant voces *benedicta et benedictus.*

§ VI. — *Japonica S. Francisci Xaverii salutatio ad hæc Marianæ visitationis officia transfertur.* — Utinam nostra benedicendi arte instructior esset oratio, ut ipsam etiam cum a Zacharia, tum a Joanne salutatam dicamus, suam pariter ejus infantiæ atque illius silentio vocem tribuamus, et cum neuter adhuc fari possit, petita aliunde voce, formaque salutandi, tacitum utriusque affectum interpretemur. Te hic, o magne Indiarum Baptista, Francisce Xaveri, quo non surrexit major inter filios sanctæ matris tuæ minimæ societatis Jesu, te, o altera clamantis vox in orbe altero, magne orbis Apostole appello, ut te auspice ea verborum pompa excipiatur hodie Maria visitans Elisabetham, qua te in regiam venientem tanquam virum cœlo demissum aula Japonica salutavit. Primum attigit aulæ atrium magnus ille Indiæ Pater, et in nobilium ecce virorum corona primus salutator occurrit raræ indolis puer, fortunatum ejus adventum regi perinde charum jucundumque fore nuntians, ut per æstatem segeti sitienti imber tempestivus esse solet : hinc ad aulam ulteriorem disertissimus idem parvulus quasi phosphorus novum illum Japoniæ solem deducit, et hic procerum ecce filii, prima juventutis lumina, venientem venerantur Xaverium, felicemque ejus celebrant adventum regi perinde gratum, ut est infantis dulcissimi risus matri ubera præbenti. Inde ubi ventum est ad aulæ interiora, ecce hic cum proceribus regni, virisque principibus ipse regis frater veneratus novum gentis suæ apostolum, regem tanti viri adventu beatiorem prædicat, quam si secundum Japonicam nempe parœmiam, tribus atque triginta Sinarum thesauris auctus esset. Ita Franciscus per hos trium quasi ætatum ordines triumphantis instar exceptus, ipsum Fianciscum quoque postea lustrali nomine appellatum Bungi regem convenit, tamque illi gratus advenit, quam sunt thesauri regibus, infantum risus matribus, imbres agris sitientibus. Sed jam de alio loquamur adventu, et in eo admiremur imbrem omni imbre optabiliorem : infantem cunctis infantum deliciis amabiliorem. thesaurum denique omnibus thesauris æstimabiliorem, quia inæstimabilem. Maria venit ! venientem, saluta Elisabeth ! Mater Domini venit, occurre Præcursor parvule Joannes ! intrat domum Zachariæ, et tu beate senex intrantem quibus potes, cum verbis non possis, excipe lætus officiis, cujus præsentia ipsi domus tuæ parietes lætantur et exsultant. Nunquid non, o beata, cum te Maria visitat, o tam beata visitatione digna Elisabeth, sicut irriguo terra sitiens imbre, ita præsente gaudes Deipara, quia cœlestem illum rorem imbremque ipsa secum attulit, quem

ut rorarent cœli, nubesque pluerent, pia priscorum Patrum cum ad sidera cœli clamantibus,
Rorate reddita quasi echo responderet : *Orate ;*
imo tua etiam nuper vota desiderarunt? Et tu
Puer, propheta Altissimi, Joannes, qui nunc in
matris quidem utero taces , sed non lates, quia
exsultando te prodis; dumque ita quia totus es
vox, toto quasi corpore, loqui gestis, nunquid
non, o beate infans, illud forte videris dicere ; ju-
cundiorem tibi esse tantæ hospitis adventum,
quam sit tuus matri tuæ futurus risus, ubi ince-
peris risu cognoscere matrem? Tuque annis atque virtutibus, necnon silentio quoque tuo ve-
nerande, tantoque gaudio digne Zacharia, nunquid non hic Dominæ, Dominique adventus tibi
charior, quam tres ac triginta regni opulentissimi
thesauri, quia ipse in quo inexhaustus bonorum
omnium thesaurus, tuam modo illatus est in domum, ac ter triginta diebus tuis tecum futurus
est in ædibus immensus ille adhuc absconditus
regni cœlorum Thesaurus, ipse mundi Salvator,
cujus tres ac triginta acti inter homines anni
ætatis, quid sunt nisi inæstimabiles totidem thesauri æternitatis ? ·

§ VII. — *Quatuor ætates hominis sacris Zachariæ
laudibus initiantur in hac dictione* Pius.   Hæc sunt
memorabilia illa Xaveriano quondam honori, Marianis modo laudibus a me dicata tria verba ; verum ut ad ætatum omnium decus atque gloriam
majus aliquid dicam, tui nunc, o tacite Pater, silentii linguam, vicarias linguæ tuæ tabellas, tuos ego
postulo pugillares. Libet igitur hic non quadripar-
tita anni tempora suis circensium quondam ludo-
rum factionibus celebrata ; neque quatuor mundi
sæcula, quæ per totidem metallorum titulos distinxit
antiquitas, sed vel sæculis majores, quia virtute
plenas, quatuor ætates hominis, et has quidem
beati nunc in honorem. Mariæ hospitis suæ merito
laudandi Zachariæ, easque omnes aureas, quia
sibi semper similes, nec a virtute, unico ætatum
omnium ornamento, unquam degeneres adnotare.
Et dum ecce quaternos illos *Pueri, Juvenis, Viri,
Senisque* scribo titulos, suum cuique ordine suo
elogium ascripturus; principes harum quatuor
vocum litteræ hunc ex quatuor illis veluti elementis composita voce titulum *Pius* repræsentant, tanquam pius videlicet puer, pius juvenis, pius vir,
et pius denique senex prædicaretur. Præclarum
sane et nulla a tate oblitterandum hoc e litteris,
neque litterarium tantum, sed reipsa ponderosis-
simum argumentum, vitæ totius officium esse pie
vivere, perditamque esse ætatem, nisi vindicem
sui habeat pietatem. Et has vitæ, tanquam officii
sui partes, quis de Zacharia dubitet quin per omnia pius cumulato impleverit, quia secundum
irrefragabile illud Historiæ sacræ testimonium
justus, et in omnibus sine querela ? Pius inter pueros, dignus illo pueritiæ angelicæ, ipsique olim
Tobiæ dato elogio : *Nihil puerile gessit.* (*Tob.* i, 4.)

Pius inter juvenes, quem hoc ipsa annis moribusque florentissima, juventus coronet encomio :
Juvenis *nescivit delicta juventutis* ; pius inter viros,
quem hac Oniæ summi sacerdotis laude virtus
ipsa *Virum bonum* prædicet, *et a puero in virtutibus
exercitatum.* Pius inter senes, de quo ipsa denique
venerabilis senectus dignissime sacrum illud Sapientiæ effatum pronuntiet : *Ætas hominis vita
immaculata.* (*Sap.* iv, 9.) O flos pueritiæ, juventutis speculum, virorum gloria, senectutis corona,
decus ætatum omnium Zacharias ! et, o nobilis, ce-
droque digna illa quatuor ætatum notas complexa
inscriptio , quia dignum ostendit Maria hospite Zachariam ! Nam is adeo Nasicam nescio quem e Sci-
pionibus superstitiosa profanæ quia paganæ antiquitatis fama celebrat, quod præ omnibus ipse tanquam virorum optimus publico senatus populique
Romani judicio eligi meruerit, cujus ædibus adve-
cta tum in Urbem Cybele mater deorum excipere-
tur ; quanta Zachariæ virtus atque gloria, cujus
pietas eam meruit felicitatem, ut in domum ejus
ultro veniret veri Numinis Parens, ac in ea velut
amico sibique percharo hospitio trimestri spatio
sive quarta anni parte commoraretur ? Et hanc
quidem auream beatiorum temporum partem pius
ille quatuor ætatum cursus meruit ; sed an illam a
canis forte nivibus Zachariæ, sive niveo venerandi
ejus capitis candore *Hiemem ?* An sub igneo arden-
tissimoque nati interea Joannis novi Eliæ spiritu
Æstatem ? An ab Elisabetha diu antea infructuosa,
tumque optimum ferente fructum arbore *Autum-
num ?* An *Ver* a Virgine Floreque virginum Maria,
per quam ipsa refloruit natura appellabimus ? Quid
de tribus beatæ illius commorationis mensibus dicam, quorum stellata quasi emblemata insculpta
Zodiaco signa Marianæ quoque visitationi serviunt,
ubi *Taurus* inter sidera divum Lucam designat,
qui hanc Mariæ visitantis historiam sua plusquam
Pegasea penna exaravit : *Gemini*, cœleste prorsus
illud beatissimorum parvulorum par in ipso matrum utero sese salutantium, quibus nihil majus
unquam vidit Majus; *Cancer* denique regredientis
iter Virginis, quæ ut exeunte nuper Agni cœlestis
mente Martio domo abiit ita modo ineunte Leonis
mense Julio domum rediit ipsum et in Leone Agnum,
et in Agno Leonem secum ferens.

§ VIII. — *Epilogus de valedictione loquitur : totiusque tandem dictionis summam adamante consignat.* — Ita nimirum, cum jam de reditu loquor,
non jam salutationis amplius tempus est, sed vale-
dictionis, auditores Parthenii, et, o quantum utriusque discrimen ! Antea elinguis infansque fuerat
muto inter gaudia ore Zacharias; at jam soluto
linguæ vinculo, quis vel cogitare, nedum eloqui
possit, quam hunc disertum feecrit tanta cordis
gaudio exundantis lætitia ? Antea clausus utero
Joannes exsultando gestientis dedit animi signa ;
quantis jam in lucem editum incessisse lætitiis ;
quantumque putamus magnum illum, ac seipso

majorem parvulum tripudiasse ? Sanctissimis ejus certe parentibus Zachariæ, nec non Elisabethæ, quibus adeo dulcis fuerat Mariæ præsentia, quis non tristem credat ejusdem absentiam, nisi suas ipsi tum in suo pleno gratia Joanne habuissent delicias ? Erat namque inter Zachariam nec non Elisabetham Joannes quasi charissima domus paternæ gemma, si non ut supra dictus ille inter smaragdos duos adamas, certe uti smaragdus, unicum oculorum delicium, inter duos adamantes patrem matremque sui adamantissimos. Macti animo, sodales Parthenii, cum de adamante rursus loquimur, a quo nostra fere cœpit nunc in eodem desitura oratio. Tres in sacro illo adamante colores dispare lætorum atque tristium signo futura vidimus portendisse : et en bono faustoque omnes omine sibi vindicat pietas vestra prorsus adamantina, cujus adamas sive niveo lucis candore radiet, sive cruento quasi sanguine perfusus rubeat, sive nigro veluti luctu atratus appareat, candidam semper Marianis auspiciis affert felicitatem. Rubuit hesterno festæ hujus lucis pervigilio adamas vester, quando pia in vos sævitiæ indicto corpori bello terga hostis vestri cædendo flagellatione publica sanguinem fudistis, nunquam candidiores animæ, quam cum ex animo ita erubescitis. Crastina velut atra, die nigrescet adamas vester, quando nigro mortualium sacrorum apparatu piis defunctorum commilitonum manibus justa anniversaria persolvetis ; sed nec candidior illis unquam illucescit dies, quam cum ita atrati perpetuam eis lucem comprecamini. Hodierna denique luce, annon niveo candore conspicuus vester effulsit adamas, quando divinæ accumbentes mensæ, candidam instar nivis accepistis buccellam convivæ Eucharistici : ut in illo cœlesti suo epulo Deus Optimus Maximus non jam crystallum sicut buccellas, verum bucellas suas sicut adamantes mittere videatur ? Et quid superest, nisi ut his cœlestibus pasti adamantibus ipsi etiam fiatis adamantes ? Amate, imo adamate Mariam, et quot Mariani sodales, tot a Deo, Deique Matre, adamandi eritis adamantes, etc

Adnotatio. — Sola, de qua in Prosa ita agitur Visitatio beatæ Mariæ Virginis inter septena illa laudatæ superius basilicæ Boleslaviensis Mariana altaria, quæ in Boleslaviensi sua Historia, libro capiteque ultimo Balbinus enumerat, et ex eo nostra opusculi hujus dedicatoria, sola, inquam, Visitatio desiderari videtur, cum ex iis præter illud sacelli Czerniniani summum etiam, quod est Martinitzianum, templi altare Annuntiationis mysterium repræsentet. Sed est connexa admodum Annuntiationi Visitatio, et in ipsa angeli Salutatione Mariæ laudibus conjuncta quoque mentio Elisabethæ. Cæterum dicta est hæc Panegyris eo anno, quo in regno Angliæ atrox iterum contra Catholicos concitata persecutionis tempestas desævit, et hinc præsens hoc de Elisabetha Angliæ, necnon Maria Scotiæ regina argumentum assumere placuit. Quod

de adamante alium ex se gignente supra dicitur, illustret mirabilis Francisci Rui, qui de gemmis singularem scripsit tractatum, narratio : « Nempe Dominam Heverensem, e Lucemburgorum illustri genere, duos habuisse hæreditarios adamantes, qui alios crebro producerent, ut qui statis temporibus eos intueretur, congenerem sibi prolem enixos videret. » Ita is apud Balbinum in Vita Ernesti, folio penultimo. Cum autem hæc de Anglia, et de adamante notentur, suo illa nomine tanquam gemma pretiosa consignet illustrissimus necnon excellentissimus D. D. Carolus comes a Waldstein, Cæsareus tunc ad Carolum item Angliæ regem legatus, hodie supremus Cæsareæ majestatis camerarius, cui merito inter inclyta sui decora enixos suspiciendo ita ipsæ nominis sui plaudant litteræ : Clarus in sæculo tuo adamas.

FERIA SEXTA.
PURIFICATIO BEATÆ VIRGINIS MARIÆ.
Hymnus.

Occursor ecce Numinis
  Huc gestiens anhelat,
Ubi auctor ipse luminis
  Se gentibus revelat.

Quam lætus ulnis accipit
  Christum videre dignus
Psallitque sicut accinit
  Instante morte cygnus.

Ne quis ministram dixerit
  Huic mortis esse Parcam
Quod imo sancte vixerit
  Pandi salutis arcam.

Præsente cœli munere
  Affectus obstupescit
Et jam propinquo funere
  Amore colliquescit.

O quam beatus emigrat
  Nec sentiens dolorem,
Quem culpa nulla denigrat :
  Ut diceres Olorem.

In pace nunc dimittitur
  Beatus ille servus,
Ad astra dum connititur,
  Ut ad fluenta cervus.

O ter, quaterque visio
  Tali beata sorte !
O invidenda missio
  Tali peracta morte !

Sic in salutis osculo
  Mortalitate fungi,
Vitaque functus postulo
  Cum Simeone jungi ;

Ubi sacrata noscitur
  Cum Matre Dius Agnus,
Donatque, quidquid poscitur,
  Homo, Deusque magnus.

Laudetur alma Trinitas
  Sit æqua laus, ac dignitas,
Patri, parique Nato
  Cum Spiritu beato. Amen

Argumentum Prosæ. Ex eo, quod in festi hujus Evangelio Virgo Deipara juxta legem purificationis par turturum, aut duos pullos columbarum obtulisse legatur, assumuntur hic in argumentum dictionis illa Psal. LXVII, 14, verba. Pennæ columbæ deargentatæ, et posteriora dorsi ejus in pallore auri, præmissæque de Simeone et Anna huic oblationi præsentibus observatione, litteralis imprimis sensus ejusdem versus exponitur. Et hinc ad Semiramidem reginam, cujus nomen *columbam* significat, eique coævam Saram sacræ Dei Genitricis familiæ originariam deducto sermone dicitur et de *gladio columbæ*, deque Marianis contra Mauros atque Turcas victoriis, præcipue Naupactæa et Viennensi. Unde ad Semiramidem redeundo transitus fit ad ipsam etiam reginam Esther, alteram in hac columbam quoque regiam repræsentando : ac post alia quædam cum de columbis, ramoque aureo, tum de Februario, festique hujus origine dicta, pia demum memoria mortis tota finitur dictio, cujus præcipue summa est jam dictum regium illud par columbarum, totiusque protasis atque apodosis argumentum complectitur unum hoc nomen *Sem*, id est, *Semiramis, Esther Maria.*

PROSA.

De Purificatione beatæ Virginis Mariæ.

§ I. – *Audientia gratiosa ex nomine et omine Simeonis et Annæ.* — Ecce secundus hodie mensis secundi dies sane fecundissimus ; neque enim ullus unquam facultati oratoriæ, et ad conciliandam præcipue auditorum benevolentiam verba facienti eloquentiæ auspicatior illuxit dies, quam hoc ipsum, quod nunc agimus, supremum sacræ adorandæque Salvatoris nostri infantiæ festum, hodiernus scilicet ipsa Incarnati Verbi divini oblatione consecratus, auspicatissimusque hic ab ejus natali quadragesimus dies, quo cum facunda juxta , atque fecunda Virgo Deipara ipsum, quod ex ea caro factum, natumque fuit, Verbum verbis rite conceptis Deo æterno Verbi ejusdem Patri obtulit, singulare plane hujus sorte diei, sacræ miræque adeo oblationi simul adfuit corporata quoque ipsa quasi Gratia atque Audientia. Nam cum oblati tunc in templo immensi illius Parvuli nobis dati, nobisque nati Pueri Jesu, Mariæ Filii solemnitatem Simeon atque Anna, magna duo sanctitatis lumina, sua illustrarint præsentia : atque alterius quidem nomen secundum Latinos linguæ sacræ interpretes *auditionem*, alterius vero *gratiam* sive *gratiosam* significet ; annon singularis plane, propriaque festæ hujus lucis gratia utroque hoc tam bene ominato nomine ultro quasi offert *gratiosam audientiam ?* O ad dicendum juxta, atque audiendum auspicatissimus dies, quo (ut argumento nostro illa Canticorum verba accommodem)eadem auspice nomenclatura gratiose adeo *audita* est *vox turturis,* Annæ nimirum castissimæ illius viduæ, atque prophetissæ sanctissimæ, quæ de oblato tunc a Virgine Matre Jesulo loquebatur : necnon alterius quoque turturis, Simeonis item vidui, vatisque sacratissimi, miranda tunc de ipso maximo eodem Parvulo vaticinantis ; nisi hunc ob ipsum, qui in eo erat, Spiritum sanctum, venerandamque caniticm malimus forte dicere Columbam sane candidissimam; vel ob cygneum illud canticum, quod in modum candidissimi item cygni suæ ipse morti præcinuit, Cygnum potius appellare. Mirabatur auditam tunc de

divinissimo suo Infante fatidicam illam utriusque hujus sive turturis, sive columbæ vocem Maria ; ego Mariam miror, quod cum Simeonis Annæque dicta memorat sacra hodierni festi Historia, nullum ipsa ad hæc protulisse legatur verbum. Quanquam quid est, quod nunc tacitæ quasi Virginis miremur silentium, quæ non byssino tantum, cujusmodi verbis reges uti debere reginarum aliqua(1) dixit; sed ut dicam, *carneo* instructa *verbo*, corporatum scilicet ipsum obtulit Verbum, per quod ipse universi hujus conditor Deus dixit, fecitque omnia.

§ II. — *Quare par turturum aut duo pulli columbarum oblati.* — Obtulit præterea suo comitato Josepho, individuo vitæ consorte, duos pullos columbarum, seu par turturum, quo ex more rituque legis divinæ oblatam a se Prolem suam redimeret ; cur non eadem nempe etiam lege designatum agnum anniculum? Imo Christus ipse Redemptor noster Agnus fuit, neque ulla eguit redemptione, et ut sancta canit Ecclesia : *Agnus redemit oves, Christus innocens Patri reconciliavit peccatores.* Hinc in eligenda forte oblationis hodiernæ hostia Parthenium hoc par Parentum uti castissimum , ita modestissimum, quo se potius ipsum oblata a se victima designaret, binariam hujusmodi speciem elegit, hoc est par turturum, sive duos pullos columbarum; cum et pulli columbarum virginalem utriusque integritatem, tanquam perpetuam sponsi sponsæque adolescentiam, et par turturum conjugalem pariter indicarent societatem. Pulcherrimum sane utrumque Mariæ Virginis, virique ejus Josephi symbolum, alterum casti inter virgines sponsos connubii, alterum connubialis inter compares virginitatis hieroglyphicum. Utrum autem columbinum, sive turturinum hujusmodi munus, beatum incomparabileque Partheniorum hoc par conjugum rite obtulerit; cum sub forma disjunctionis alterutrum solum esse oblatum, historia affirmet evangelica ; absolute quidem neutrum liquet, estque par pro parte utraque ratio atque auctoritas, et in columbarum denique turturumque medio quasi suspensa (ut cum poeta loquar) :

Inter utrumque volat dubiis sententia pennis.

Sed ut dubium hoc in medio relinquam, nihil equidem aberravero, si nunc Mariam ego ipsam columbam, atque columbam quidem auream appellavero. *Sedebo* itaque ut id modo agam, quod de ipso cœli Domino, Deoque nostro hodierna Missæ lectione Malachias prædixerat (III, 3) *Sedebo,* inquam, *conflans quasi aurum atque argentum,* et ut ibidem Deus filios Levi purgaturus, eosque quasi aurum atque argentum colaturus dicitur, ita ego ipsam semper purissimam Matrem Domini hodierno ejus Purificationis festo laudaturus, mysticam jam ex auro atque argento Columbam conflabo, ut in pulcherrima illa, Psalmo LXVII, versu 14

(1) Parysatis, Cyri junioris mater apud Cœlium Rhodiginum, in *Lectionibus antiquis*, lib. XXIII, cap. 8.

descripta nempe aurea argenteaque columbæ specie Mariæ gloria adumbretur. Vos, o sacræ hujus Columbæ pulli, dilecti Mariophili, multo sane feliciores, quam pro fortunatissimis quondam habiti profani nescio quinam *albæ gallinæ filii*, supra dictorum memores bono Simeonis Annæque omine, date utroque auspicatam nomine *Gratiosam*, mihi *Audientiam*.

§ III. — *Duplex supradicti illius de columba versus Davidici expositio.* — Quis jam mihi det non ad volandum pennas columbæ, id quod in votis habuit propheta Regius David, verum ipsam Davidis mentem ad hoc genuine intelligendum, quod de columba ejusque pennis deargentatis nobili illo Psalmo (LXVII, 2.) *Exsurgat Deus* penna plusquam argentea exaravit ? Inter illustriores enim, quin et obscuriores divini Codicis locos est hic communi commentatorum omnium confessione pulcherrimus juxta, atque difficillimus Psalmi modo dicti versiculus (*Ibid.* 14) *Si dormiatis inter medios cleros pennæ columbæ deargentatæ, et posteriora dorsi ejus in pallore auri*, sive, uti priorem ejus partem doctor Dalmata, posteriorem vero Syriacus vertit : *Si dormitatis inter terminos, alæ columbæ tectæ argento pennæque ejus auro purissimo.* Atque (ut hic alias loci ejus versiones taceam) communis quidem sacrorum interpretum sententia est de extremi cujusque discriminis evasione generaliter hæc a Psalte Vateque Regio dici, quasi diceret : Si vel dormientes (ut in carcere vinctus scilicet Petrus inter duos milites) *inter medios cleros*, id est medias inter sortes versemini, ita ut jam de vobis sortiantur hostes, missisque sortibus jacta jam sit de capite vestro alea, vos e mediis tamen periculis salvi atque liberi evadetis, perinde ac si vobis essent pennæ columbæ pulcherrimæ, candore argenteo, atque fulgore aureo picturatæ. Specialius vero alii, interque eos eximius ille Ezechielis commentator Hieronymus Pradus, verba eadem eo sensu accipiunt, ut in hunc ea fere modum exponant. Si, o Israelitæ, vosmet adeo extrema inter discrimina periclitari contigerit, ut de vobis fatales denique sortes vitæ mortisque arbitræ, jaciantur inter capitales inimicos vestros milites Babylonicos, qui pro vexillo gestant columbam argentatam, cujus dorsum quasi aurum fulvum rutilat, mirabiliter divina inde virtute eripiemini, et vos eorum potius ipsi spolia dividetis. Consentit cum hac expositione illa Chaldæi paraphrastis interpretatio, qua pro sortibus atque terminis nominat ipse *acies*, ac si diceret : Si et medias inter acies columbæ Assyriorum atque infesta Babyloniorum arma versabimini, Deo vobis propitio mira inde felicitate eruemini. Sive denique : Si in medio regionis hostilis, gentilitiæ ejusdem inimicæ adeo vobis columbæ captivi habitabitis, ex hac Babylonica nempe etiam captivitate liberi, id est *de terra Assyriorum* (ut cum Osea (XI, 11) sacro altero vate, divinoque præcone loquar) *quasi columba avolabitis*.

§ IV.— *Columba insigne Assyriorum, figurata imago Semiramidis.*—Quemadmodum certe *auream* Romani *aquilam*, ita multis ante eos sæculis *columbam auream* gestasse traduntur Assyrii inter suæ signa militiæ; atque Romani quidem aquilam tanquam fulminatricibus eorum legionibus suam Jupiter ipse armigeram concessisset; sed non inermem, licet imbellem specie, columbam Assyrii, quæ sub columbina nempe effigie aquilinam simul præ se ferret ferociam : et ut Cæsarea inter Romani hodieque imperatoris signa aquilæ visuntur ensiferæ, ita stricto etiam ferro armata suam pariter columba iram ostenderet, fulmineumque, vibrans gladium cunctis hostibus formidabilis appareret. Nam quid, oro, aliud illa sæpius iterata Jeremiæ verba indicant, ubi sanctissimus idem propheta patriæ, populique sui clades vaticinando memorans : *Et a facie iræ columbæ desolatam esse terram* (*Jerem.* XXV, 38) *et a facie gladii columbæ omnes fugituros* affirmat ? (*Jerem.* XLVI, 16.) Quod in Babyloniorum porro vexillis super armatas eorum acies picturata ejusmodi, sive auro argentoque picta volitarit columba, factum id ob memoriam venerationemque famosissimæ, interque mirabilia mundi celebratissimæ reginæ Semiramidis, cujus videlicet nomen patria ipsius lingua columbam significat; cum a columba enim (uti fertur) enutrita fuerit, hoc ex eventu imposuisti sibi nomen accepit, et in columbam demum etiam ipsa credebatur esse conversa, unde postea in gentilitium quasi gentis suæ, regnique Babylonici insigne adoptata, et in vexillis regiis, signisque militaribus usurpata columbæ species, quod in ea velut altera suimet effigie non in hominis, sed in volucris depicta imagine superstitiosis populis ipsa quodammodo repræsentari Semiramis videretur.

§ V.— *Sara magna Deiparæ familiæ parens quam cum Semiramide connexa.* — Ecce autem cum de supradictis ego *cleris* sive *sortibus*, atque *terminis*, deargentatisque columbæ aureæ pennis neque ore aureo, neque argentea voce dissero, hodiernæ ipse sortis meæ immemor quasi columbinis etiam quibusdam pennis longe extra terminos provolasse mihi videor, qui de Maria dicere instituens, tantum scilicet jam de Semiramide dixi, ut nil minus forte quam id, quod ago agere et a proposito mihi scopo nimis volatico quodam dicendi genere sive longius quam par esset, evagari, sive penitus fere videar aberrare. At cum supremo ipsi rerum omnium Conditori sapientissima mundum providentia gubernanti, infinitaque sapientia universa cum in cœlo; tum in terra providentissime ordinanti placuerit, ut (quod merito annotarunt veterum scriptores Annalium) magnam illam maximi lectissimique populi matrem, imo gentium plurimarum parentem, principisque inter mortales familiæ principem Saram, eximiam sexus sui gloriam, primamque gignendo inter homines Dei Filio consecratæ Abrahamidum prosapiæ progenitricem eodem in hanc lucem anno mundi produxerit, quo ad regium evecta thronum regnare cœpit Semiramis; ecquis alienum a re nostra esse censeat, quod in Mariano videlicet argumento, laudibusque Deiparæ ipsa quoque Semiramis commemoretur ? Memorabile profecto est in paucis singulare, istud divinæ cœlum terramque pariter gubernantis providentiæ documentum, quod tam dispares duæ, ut hanc terrestrem, illam cœlestem diceres, inter maxima primaque sexus sui exempla memorandæ mulieres altera sacris, altera profanis quibusque scriptoribus celebratissimæ, idem adeo ævum suismet altera vitæ, altera regni initiis auspiciisque illustraverint, ut quo anno Semiramis nova naturæ prævaricatione, muliebri prima imperio viris dominata regnare cœpit, eodem Sara, id est Latina hujus sui nominis interpretatione Domina, patriarchæ maximi uxor dignissima, viro suo ita subdita, ut hunc suum ipsa Dominum appellarit ; Sara, inquam maxima sacræ, Deiparæque illius tunc ad gignendum inter mortales Dei Filium divino primum, oraculo consecratæ familiæ archimater, quia post jam dictum de hac cœlo cognata stirpe oraculum prima inter majores genituræ Deum Virginis progenitrix nata fuit. O ad majorem ergo hodie Mariæ Dei Matris gloriam jure merito commemoranda duo sane mira adeo conjuncta nomina Sara, atque Semiramis, ut si singulas utriusque notas interpreter, responsione quasi mutua legatur et in nomine Sara, Semiramis, Assyriorum Regina Ambitiosissima : et in nomine Semiramis, Sara Electa Mulier Juncta Rite Abrahamo Mater Israelitarum Sanctissima.

§ VI. — Columbina Semiramidis prædicata eminentius complectitur MARIA. — Imo facessat modo illa nimium profana, et ut sui oblita sexus, ita suo etiam indigna nomine, atque potius harpyiæ, quam columbæ similis regina Semiramis, cujus si (ut dixi) hanc in patria Syrorum lingua nomenclaturam sua insignit columbæ significatio ; quanto diviniore Canticorum sacrorum elogio Maria duos hodie columbarum pullos offerens una nominatur Columba, ubi eadem una simul appellatur Perfecta! annon enim Chaldæo interprete idem Maria atque Perfecta significat? si a columbis (uti fertur) nutrita fuit Semiramis, et hinc postea nomen, unde prima habuit alimenta; quanto ista columbarum alumna angustior ipsa altoris omnium altrix Maria, parens que vivæ atque viviticæ illius animarum nostrarum alimoniæ, seu in cœleste immortalitatis pabulum datæ mortalibus annonæ eucharisticæ, quæ in columba quondam argentea, antiqua sacri forma ciborii asservabatur! si in columbam denique, quando inter homines esse desiit, conversam fuisse Semiramidem fabulosa credebat superstitio, quanto religiosius nos in sacra Columbæ icone divinum veneramur Spiritum, de quo a Virgine conceptus,

et cum pullis columbarum hodie oblatus Dei Filius ipsi nempe etiam Bar-Jonæ, id est Filio Columbæ suas commisit vices regendæ Ecclesiæ, ac in terris supremum sui vicarium esse jussit! Et hæc ecce Perfecta adeo Columba duos hodie pullos columbarum obtulisse legitur, imo unicum ipsum Dei suumque Filium (nisi et hunc geminum velim dicere, quia Deum atque hominem) illum unice dilectum columbino plane animatum spiritu nobis nuper cœlitus datum nobisque natum parvulum, quanquam singularem divinissimæ columbæ pullum obtulit columba profecto perfectissima.

§ VII. — Gladius columbæ, Marianæque belli sacri contra infideles victoriæ. — Sed cum superius dictum sit de gentilitiæ illius Assyriorum columbæ ira atque gladio ; neque suus quidem etiam sacratissimæ nostræ hodie columbæ deest gladius, de quo hodiernum templi Hierosolymitani oraculum, quantoque Delphico nempe tripode veracior, tanto Delphico quoque gladio acutior hæc vox : Tuam ipsius animam pertransibit gladius (Luc. II, 35), fatidico Simeonis mira adeo vaticinantis ore prolata jam tum sensu doloris incredibili cor, et animam audientis ista Deiparæ tanquam mucrone ferreo acerbissime convulneravit. Imo vero (neque enim beatissima ipsa, quam nunc læti colimus divum atque hominum Regina dolorem infandum renovare jubet) alia modo, eaque triumphalia magnæ ejusdem Deiparæ arma dicamus, et quam cœlestis etiam hujus Columbæ ira hostibus fuerit formidabilis ostendamus

Hæc est illa dies, quæ magni conscia partus.

Jacobum regem (2) magnum illum Maurorum late occupata tum in Hispania regnantium triumphatorem, atque Christiani imperii, cultusque Mariani propagatorem amplissimum dedit Aragoniæ, qui hac Purificationi Deiparæ sacra luce sane luminosissima, quia ipso sacrorum luminarium die natus, simulque tunc a Regina Matre augustissimæ cœlorum Imperatrici, Regisque regum omnium Genitrici votiva pietate consecratus, magnis Mariæ, summæ singularisque Patronæ suæ auspiciis tanta deinde bella gessit, ut ex pugnis atque victoriis gloriosum Præliatoris atque Expugnatoris cognomentum retulerit, ipso etiam Græcorum Poliorcete; sic ab expugnatione urbium cognominato Demetrio rege admirabilior. Signis collatis dimicavit triciesies, semper victor, ducesque Romanorum pugnacissimos Marcellum atque Cæsarem, quorum ille undequadragies, iste quinquagies dimicaverat, non numero, sed gloria superavit, bellator tanto utroque clarior, quanto causa bellandi sanctior. Tria Mauris regna eripuit, et bis mille templa honori optimæ maximæ Divæ, per quam vincebat, Dominæ atque Patronæ suæ condidit (quis non miretur plura ab hoc uno exstructa templa, quam

(2) Maximilianus Schmidt, in Triumphis Marianis, num. 49 et 50, pag. 43; et in Annalibus Spondanus, ann. 1276, num. 11.

ab Ils immolatæ legantur victimæ?), et quot Deiparæ templa, tot 15 victoriarum statuit tropæa.
Fugite Mauri, fugite Turci, fugite Tartari, fugite
hostes Barbari, fugite, inquam, partes adversæ,
fugite inimicæ nobis Mahometanæ acies a facie iræ,
et a facie gladii columbæ nostræ, id est Mariæ,
triumphalis Christianorum auxiliatricis, quia ubi
Maria, ibi victoria! Aderat superiore sæculo Christianæ adversus Turcicam prope Lepantum, sive
Actium promontorium prælianti classi Maria, quæ
in imperatorio depicta labaro spectabatur, et en
nobis illa, celebrique inde quotannis festo insignis
victoria! Aderat Christianis item nuper copiis,
quæ ad liberandam obsidione Turcica Viennam
venerant, et en suppar alteri eadem auspice ipso
sacri ejusdem nominis festo parta, rituque simili
quotannis recolenda victoria!

§ VIII. — *Naupacteæ victoriæ neque columbæ,
neque sua columbæ Oliva defuit.* — Hæc ex innumeris, infinitisque aliis duo sane lectissima Marianæ terra marique partæ victoriæ exempla sufficiant, quibus veluti alis geminis victrix trium-
phalisque sacræ Columbæ nostræ gloria altissime
evehatur; pace autem vestra, o immortalem
rerum toto orbe gestarum memoriam nati scriptores, quorum pennis perennat illa nunquam satis
laudata vetustatis nuntia, testis temporum, atque
magistra vitæ Historia, pace, inquam, vestra illustres historici, qui dum Naupacteam illam partibus nostris auspicatam adeo pugnam navalem gloriose describitis, Christianæ classis contra lunatam
navium Turcicarum aciem directæ ordinem expansis late alis volantis quasi aquilæ formam habuisse
testamini, liceat eamdem mihi aciem, ordinemque
navium nostrarum columbina potius hic, quam
aquilina, ornare specie, formaque similitudinis;
columbina enim, quia Mariana, erat fœderata illa
Christianæ militiæ classis ducentarum amplius
triremium, neque auspici ejus Mariæ, tanquam
auspicatissimæ toti orbi Columbæ sua quoque defuit *oliva*: siquidem ipsum Marianæ hujus victoriæ
diem omnibus memorandum sæculis, octogesimum
nempe supra ducentesimum anni vertentis diem,
hoc est diem mensis Octobris septimum. *Oliva,
Oliva,* inquam, felicissima mundi arbor, et qua in
Sacris augurio columbæ Noeticæ, qua in profanis
præsidio tutelæ Palladiæ ante alias, quasque arbores commendatissima, ipso nominis sui numero,
summaque cabalæ suæ, optimo diei eventusque
ejusdem homine consignat et coronat.

§ IX. — *Viennensi item contra Turcas victoriæ sua
adfuit columba.* — Ecquis autem Marianam quoque
alteram, Viennensem nempe illam dubitet columbinam appellare victoriam, ubi super exercitus
Christiani aciem visa fuit non jam dubiis volare
pennis victoria, quando candida super eam columba felici omine tanquam cœlitus missa boni eventus nuntia inter Cæsareas militarium signorum
aquilas volitavit. O ad omnium sæculorum memo-

riam consecrata merito illa nobis fortunatissima
tantæ victoriæ dies, dies certe niveo signanda
lapillo, quam et *niveo candore columba* suo insignit
auspicio, et hoc ex triumphantis ipsiusmet Viennæ
nomine depromptum candidæ atque prosperæ significationis nomen *N vea*, suo item numero, suarum-
que litterarum calculo ita consignat, ut hæc in
Fastis dies proprio prærogativæ suæ titulo nobis
antonomastice dies *Nivea* dici possit. Imo ne hic
ego jam de Sacra, et in deserto suo diserta illa
clamantis voce divum ipsum Joannem sileam, qui
in columbæ specie demissum cœlo aperto divinum
vidit Spiritum, sicut magni ejusdem divi, nempe
Joannis, hæc ad indicandum mortalibus Salvatorem auspicatissima est vox : *Ecce Agnus?* ita per
hoc Joannei quoque nominis anagramma *En Jonas,*
si hoc ex nomenclatore Hebraico interpretemur,
simili quasi designatione dicitur *Ecce columba!*
Et en duæ pariter columbæ, quia maximi duo Joannes, in jam dictis supra geminis victoriis, quarum
altera Joannem Austriacum, principem generosis-
simum toti præfectum classi habuit navalis ejus
prælii architectategum; alterum (ut sic dicam)
Joannem Samarticum, ipsum Poloniæ regem, supremum Cæsarei, atque reliqui omnis tunc ad
profligandos Barbaros conjuncti exercitus imperatorem. O par heroum plusquam Jasonium, quia
Christianum, quorum gloriosissimum nomen merito
inscribatur velleri aureo, quia alia litterarum ejus
metathesis ipsum quoque in his Jasonem demonstrat; duo sane lectissimi heroes cœlestibus divini
Agni, et quæ ipsum genuit, Columbæ hodie laudatæ
auspiciis (ut hic Davidico, id est summe heroico
eos ornem elogio) : *Et Leonibus fortiores, et aquilis
velociores Joannes!*

§ X. — *Regina Esther altera columba ad quam
refertur ille versus Psal.* LXVII. — Porro ut ad Babyloniorum reginam Semiramidem, ipsamque sacræ Israelitarum gentis progenitricem Saram
redeam; annos quidem tres et sexaginta vixisse
fertur Semiramis, estque Deiparæ sacer idem numerus angelicis totidem Rosarii Mariani consecratus Salutationibus; Sara autem uti virtute, ita
ætate grandior, geminatam etiam illam annorum
summam uno excessit anno, vixitque annis centum
viginti septem, numero (ut de totidem Dianæ
Ephesiæ columnis sileam) eo augustiore, quod et
regina Esther, pulcherrima illa monarchiæ Per-
sicæ luna, atque splendidissima Marianæ gloriæ
umbra, totidem quoque fuerit domina provinciarum. Quoniam autem præter *columbas* hodiernum
turtures quoque memorat Evangelium, peroppor-
tune inter cæteras gloriosi nominis Esther interpretationes apud Hebræos etiam *medela turturis*
locum habet; ipsa enim salutaris maxime *turtur*
exstitit, quæ in extrema populi sui calamitate rebus
afflictis unice mederetur, quando gemebunda scilicet instar turturis suo apud regem interventu
gentem patriam a jam parato exitio, præsentis-

simoque internecionis periculo liberavit. Et ut felicem adeo fortunatamque *turturem* hanc in parili quoque *columbæ* specie proponamus, ipsum iterum, quod de *pennis columbæ deargentatis* supra recitavimus, regis Hebræi vaticinium paulo attentius perpendamus : *Si dormiatis*, inquit (*Psal.* LXVII, 14), *inter medios cleros*, etc. *Si*, est conjunctio conditionalis, eaque velut Apolline ipso oraculorum principe digna tessera Delphici quondam templi foribus inscripta, solemnis maxime loquendi formula certam aliquam, a qua eventus pendeat, conditionem significans ; et quam ingens *conditionatæ* nimirum etiam (uti eam aliqui vocant) divinæ hujusmodi futurorum præsciæ cognitionis objectum ille, de quo nunc loquimur, eventus sane admirabilis! *Si dormiatis :* et sane dormivistis tanquam securi, quia periculi vestri plane ignari, Israelitæ, ita ut nec in somnis objectam animo tantæ sibi unaque vobis omnibus imminentis cladis imaginem Mardochæus ipse intelligeret ; nam quis vel somnians credidisset posse fieri, ut cum regina Persarum , tori thronique regii consors, esset origine Judæa, universæ tunc per omnes regni provincias dispersæ Judæorum genti communis impenderet interitus? *Si dormiatis inter medios cleros,* id est inter *sortes,* sive *terminos :* ecquando autem extrema adeo sorte actum est de capite vestro, quam cum ad vos e medio tollendos, planeque exterminandos instituta fatali omnibus sortitione *missa est sors in urnam coram Aman, quo die, et quo mense gens Judæorum deberet interfici ? (Esther* III, 7.) Actum, actum est! at ecce pennæ columbæ deargentatæ, *et in pallore auri dorsum ejus !* quænam autem hæc tam speciose, tamque pretioso adornata columba, qua vos auspice jamjam alias perituri omnes liberemini? *Induta est Esther regalibus vectimentis.* (*Esther* V, 1.) *Et circumdata est gloria sua.* (*Esther* XV, 4.) Ecce columba auro argentoque decora, neque ea sine suo etiam *pallore auri ;* nam, ut sacer ibidem textus loquitur : *Regina corruit, et in pallorem colore mutato lassum super ancillulam caput reclinavit.* (*Ibid.* 10.) At cum ea veluti columba *nimio timore pene exanimata* (uti sacra ejusdem narrat Historia) rex in signum clementiæ *virgam auream posuit super collum ejus;* sive secundum alia idem narrantis Flavii Josephi verba *cervicem ejus virga permulsit aurea,* annon videlicet tunc *in pallore auri dorsum* tenerrimæ hujus columbæ? et cum pro salute Judæorum novæ postea, sicut reginæ placuit, regis nomine scriberentur epistolæ, annon ipsæ etiam salutares adeo pennæ scribentium quasi *pennæ columbæ deargentatæ?*

§ XI. *Columbinæ aliæ combinationes et cum Esthera et cum ipsa denique Roma.* — En quam salutaris æque turtur atque columba exstitit regina Esther! cujus nomen si e Persico ejus etymo pro-

tectricem significat, annon suis illa curis tanquam alis populum suum tanquam charissimos sibi pullos protexit? regia sane ista nomenclatura tanto dignior, quanto augustior ipsa exstitit Mariæ, communis regnorum omnium, atque Christiani maxime imperii protectricis figura. Columbam certe merito quisque dixerit Estheram, cum et in *Esthera Theresam,* et in *Theresa Estheram* mutuo utriusque anagrammatismo depingat Belgicus novi *cœli empyrei* Ecclesiastes; annon enim columba, sacra Virgo Theresa, sive Theresia, *quæ sub columbæ specie* purissimam animam Deo reddidit; ac ne suus columbæ etiam isti viridis deesset ramus, mox sub idem tempus arbor arida cellæ ejus proxima statim effloruit. Felix istud columbæ, atque arboris ostentum vidit *Alba,* ipso nomine bene ominata civitas Hispaniæ, in qua mire etiam quondam germinans palma nidisque columbarum frequentata, felix Cæsari omen præbuit apud alteram paris nominis civitatem, *Mundam* scilicet ultima præcipue pugna Cæsaris atque victoria mundo memorabilem. Et ad hodiernum quidem columbarum nempe etiam pullis celebre festum, quando *munda,* imo, *mundissima* Virgo, mundique (ut hoc candido, id est bono lætoque dicam omine) *Alba domina* (3) purissima ipsa Deipara purificatur; vocalis quasi reddita *palina* repercusso nominis sui sono supremum hodie *Mariæ Alma* accinit : postquam autem celeberrimas duas geminæ orbis monarchiæ reginas, tanquam lectissimum columbarum par ad majorem magnæ ejusdem Divæ, divorum omnium Reginæ gloriam columbina regiæ majestatis specie jam in medium produxi, ipsumque demum Cæsarem, primum Romani imperii monarcham nominavi; opportune modo etiam Romam, ut in ipso mundi capite hodierni originem festi quæramus, Romam nos ad illam orbis principem urbem præsens vocat festivitas, Romam, inquam, sacram illam Sedis apostolicæ sedem, quæ a divino illo veritatis vitæque inspiratore Spiritu, quem in mystica eidem propria columbæ icone veneramur, et a supra dicto columbæ Filio, Petro apostolorum principe consecrata, columbinis jam sub auspiciis latius præsidet religione divina, quam sub aquilinis olim dominatione terrena; cum in signis ea suis aquilam gessit, et hac Tonantis (scilicet) Jovis archideastri sui armigera armatis stipata legionibus ita orbem terruit, ut in præliis Romana etiam tonare arma, suisque belli fulminibus domare omnia viderentur.

§ XII. *Romanus gentilium Februarii sacrorum ritus, festique Purificationis origo.* — Imo si in retro acta pridem sæcula reflectens mentis aciem prisca Romanæ quondam superstitionis tempora, moresque intueor, veterem illum ineunte quondam Februario usitatum videor mihi ritum videre, cum in memoriam et a Plutone raptæ, et a Cerere accensis facibus quæsitæ Proserpinæ *Festum Luminum* cele-

(3) *Alba Domina*, triste alias nomen Manium, qui in familiarum nonnullarum arcibus ominose comparent.

brantes Romanæ mulieres cum ardentibus noctu cereis urbem ambiendo lustrabant, et quo omnis populus accensis item ardentibusque circa sepulcra cereis atque facibus eodem sic a *Februis* sive piaminibus dicto, ipsique *Februo*, id est Plutoni, cæterisque diis inferis dicato mense mortualibus præcipue sacris vacabant, sed ut nocturnas aurora fugat tenebras, ita cæcam illam superstitionis antiquæ noctem cœlesti sua luce discussit vera fidei, pietatisque Christianæ religio. Nam ut in melius mutaret dictum lustrandi morem, sanctior divini cultus magistra Ecclesia, hodiernum ipsa Purificationis beatissimæ Dei-Genitricis festum, quo cum ardentibus nempe etiam rite hodie sacratis cereis templa pie lustrans clerus populusque Christianus procedit, tanquam verius sanctiusque *Luminum Festum* instituit; quo ad revelationem gentium paratum ante faciem omnium populorum salutare illud lumen apparuit, quod in templum hodie primum intulit Virgo Deipara, quodque oculis suis cernens Simeon tantopere exsultavit, ut post tantam videndi felicitatem, ne jam suismet Christi ipsius, qui est lux mundi, conspectu consecratis quasi oculis indignum quidquam cerneret, vivendi finem desiderarit.

§ XIII. *Ramus aureus Æneæ, ipsoque Ænea felicior Simeon pieque moriens Mariophili.* — Ubi profanus ille nimium decantatus veterum heros pius scilicet, et (ut heroica poctarum principis tuba cecinit) *fama super æthera notus* Æneas? Cedat hic cum suo illo Junoni infernæ sacro ramo aureo, quem ad inferos descensuro necessarium, munus scilicet ferendum Proserpinæ (ut in *Æneide* sua fingit Virgilius) ductu suo maternæ ipsi aves, columbæ geminæ demonstrarunt; melioribus ecce auspiciis non ab Æneæ matre Venere, sed a Virgine Deiparente oblatos hodie duos columbarum pullos vidit, tulitque ramum aureum non ad inferos, sed ad superos abiturus Simeon, cum in ulnas ipse suas puerum Jesum accepit. Quia enim quadragesima lux erat hodie, cum ex Virgine Maria natus inter homines esse cœpit Dei Filius Salvator noster : quadraginta purificandæ nimirum divinæ Puerperæ sacros hosce dies totidem signemus litteris, singulasque singulis eo inscribamus ordine, ut in tota dierum litterarumque serie legatur ; *Jesus Christus Salvator Dei atque Mariæ Filius :* et in novum ecce tituli hujus applausum ipsi quodammodo dies hac ex iisdem elementis composita voce ita quemlibet nostrum compellare videntur : *Vides? Qualis hic est fati lætioris ramus aureus?* O vox aureis digna litteris, dignumque suo themate anagramma! et o aurea vere columba Virgo Deipara! quæ ad Simeonem attulit feliciori longe augurio nunc, quem dixi, mysticum paradisi cœlestis *ramum aureum*, quam ad magnum illum renovati orbis terrarum generisque humani patriarcham Noe virentem olivæ ramum columba quoque auspicatissima apportarit. O ter quaterque beatus Si-

meon, qui cum *inter medios cleros*, sive duos inter terminos, inter Vetus videlicet Novumque Testamentum quasi medius, postquam ipsum utriusque Testamenti auctorem suis excepisset manibus, jam in Domino esset obdormiturus, mysticam illam columbam adeo benignam habuit fati sui auspicem, ut si pretiosa ejus mors cum argentea comparetur columba, ipsius nempe etiam extrema suo mortis pallori junctum habeant fulgorem aureum perpetuæ felicitatis! o non tantummodo parem, sed non paulo etiam beatiorem sodalium Marianorum sortem, qui cum inter ultimas æternitatis utriusque sortes quasi lævam inter atque dexteram jam in extremo vitæ mortisque confinio jacent, puram instar candidæ columbæ animam emittunt, cui sacra ante excessum rite suscepta Eucharistia, ceu ex ipsa *Vitæ Arbore* decerptum beatæ immortalitatis germen plusquam aureum sit pro virenti olivæ ramo, quam ex quondam portans columba novam *Neo-Cosmo*, sive renovato tunc per Noe toti terrarum orbi portendit felicitatem!

§ XIV. *Piæ defunctorum animæ, argenteæ paradisi columbæ.* — Et jam finis ipse, de quo loquimur, terminusque vitæ ultimus monet, ut nunc nostra demum etiam terminetur finiaturque dicto : eam igitur bono argumenti hujus omine suo claudat modo nomine *columba*, cujus litteræ si ad Pythagoricos, sive cabalisticos revocentur calculos, reddunt plane numerum *sextum supra trecentesimum :* adeoque congruentissime diem anni *trecentesimum sextum*, id est secundum mensis Novembris diem annuæ fidelium defunctorum omnium memoriæ sacrum, diem sane omnibus, atque Marianis præcipue clientibus secundissimam designat, si (quod equidem nobis cunctisque apprecor) quocunque demum excedendum die sit e vita, ita columbinam Deo reddant animam, ut, quam simili adumbratam hodie figura laudavimus : *Beata Virgo sine omni macula Mater Deipara Maria* dignos reperiat, quos ceu genuinos ipsa gratiæ suæ pullos agnoscat, sitque Marianus quisque cliens sub hac recitati modo tituli Mariani umbra juxta istud eisdem litteris consignatum, ac in summa totum de quo egimus, argumentum complectens ultimis hisce verbis præconium : *Argentea imo et aurea paradisi Mariani columba.*

ADNOTATIO. — Si ad piam quamque animam referre placet illam beatæ Virgini Mariæ præcipue dicatam isthic argenteam atque auream columbæ formam, apte argenti candor gratiam, aurique splendor gloriam designet. Gratiam dat in præsenti Deus, et in futuro gloriam; hinc *in pallore auri posteriora*, apteque etiam argento puritas, auroque charitas, atque ipso denique *pallore* timor Domini denotari potest. Cæterum quod de mense Februario, festique Purificationis origine affertur, id in *Rationali divinorum Officiorum*, lib. VII, tradit Guillelmus Durandus ; notandumque insuper, quod et duodecimus ille Hebræorum mensis quo in eotum cædem decreto pereundum omnibus erat, nisi regina Esther intercessisset, Februario nostro, ipsique adeo mensi Mariani hujus festi Purificationis respondeat. Præterea notatu etiam dignum est, quod utraque illa cum Naupactæa, tum Viennensis de Turcis victoria singulari Odescalcorum merito insigniatur. Nam quod ad Naupactum classis Christiana conflixerit, hostesque devicerit, Joannis Pauli Odescalci Pennensis episcopi, nuntii apostolici, ad hoc a Pio V Pontifice missi adhortationibus debetur : et quid ad Viennam parta nuper ingens victoria, solemnisque necnon perennis ejus memoria Innocentio Papæ XI, dicto antea *Benedicto Odescalco* debeat, nemo nescit. Ita secundum Psalmi ejusdem initium ex quo ipsum Prosæ hujus thema desumpsimus : *Exsurgat Deus, et dissipentur inimici ejus*, etc.

SABBATUM.

ASSUMPTIO BEATÆ VIRGINIS MARIÆ.

HYMNUS.

Salve, coronis aureis
    Regina gloriosa,
Et mille digna laureis,
    Patrona gratiosa.

Regina cunctis ditior,
    Quot sunt, erunt, fuere ;
Patrona cunctis mitior,
    Cum Prole nos tuere.

Te Phœbus, atque cætera
    Mirantur sidera
Quæ sparsa sunt per æthera
    Ut ordinata castra.

A labe semper libera,
    Amica pulchra tota,
Assumpta supra sidera
    Columba lacte lota.

Ne nos pusillos despice,
    Clientulosque sperne,
Sed nos benigna respice
    Humaniterque cerne.

Fac nos carere crimine
    Ac ne sinas perire ;
Vitæ supremo limine
    Ad te jube venire.

Per quam supernis civibus
    Speramus aggregari,
Nec a cupitis finibus
    Post fata segregari.

Stellata nobis atria
    Fac, quæsumus, patere ;
Ac in beata patria
    Perenniter manere.

Ubi exsulante funere
    Cives beante cœlo
Deus perennis munere
    Spectatur absque velo.

Laudetur alma Trinitas,
    Sit æqua laus ac dignitas
Patri, parique Nato
    Cum Spiritu beato. Amen.

Argumentum Prosæ.—Regina superorum *Maria* hic in cœlum assumpta, quasi navis cœlestem ingressa portum proponitur instar fortis illius mulieris, quæ est facta quasi navis institoris (*Eccli.* xxxi, 14) ; cujus pretium quia est de ultimis finibus, dicitur et de fine terræ, sive columnis Herculis, deque novo

Argonauta Christophoro Columbo, qui *plus ultra* progressus, navigatione Indica novum invenit orbem, ac de triumphali illa nave *victoria*, quæ prima Oceanum emensa totum circumivit orbem terrarum. Hinc de aliis Victoriæ, aliisque præcipue aquilinis, nec non cæteris Victoriæ ornamentis, palma, laurea, atque oliva. Imo dum hæc ipsa Navis Institoris tota etiam esse dicitur *pretiosa una Margarita*, simul ex his gemmeis quasi litteris concinnato elogio : *Nova apis migrat a terra*. Et post alia quædam interim dicta, postremo tandem mysteriosum eidem cœlum ingredienti accinitur, *Alleluia*.

PROSA.

De Assumptione B. Virginis Mariæ.

§ I. *Exordium abeunti e terris in cœlum Virgini navem et vela Logographice adornat.* — Redeunte nunc in cœlum augusta mense Augusto Virgine. solventeque jam ex orbe terrarum, ac per liquida cœlorum spatia ceu per superum mare ex hoc infero mari nostro beatam superorum patriam adeunte suprema cœli, terræque Dominatrice *Maria*, cœlum quidem omnem Reginæ suæ navans operam, navem venienti obviam mittit, instructissimam nempe illam, atque licet prora puppique carentem, perfectissimam tamen plusquam Dædaleo logographi ingenio fabricatam, uno angeli verbo constructam *navem*, id est faustam festamque Salutationis suæ tesseram *Ave ;* dum hac solemni salutantium voce cunctis saperis *Mariam* avere jubentibus, felicem ei adventum universus ille beatorum senatus, populusque cœlestis triumphali æternis cœlitum fastis festisque digna lætitiæ pompa officiosissime gratulatur. At in excessu magnæ ejusdem divæ Virginis tanquam sacratioris, terrasque iterum relinquentis, et in astra revolantis Astrææ fuga orbatus dulci ejus præsentia orbis noster triste aliud inclamat verbum, dum nos miseri fragilesque mortales ex hac naufragosa lacrymarum nostrarum valle abeuntem voce novissima compellantes *vale ; vale*, inquam, dicimus, et hoc supremo valedicentium verbo pium illud sanctæ Parentis nostræ Ecclesiæ ita Deiparam precantis votum gementes ingeminamus : *Vale, o valde decora, Et pro nobis Christum exora !* O quam compendiosa suoque apta tempori tanquam diu præmeditata, diuturno sane plusquam diurno omnium totius hucusque provecti anni dierum opere elucubrata ista uno comprehensa verbo valedictio ! nam cum hæc ipsa dictio, *vale*, Pythagorico rei litterariæ algorismo ducenta viginti sex in suo repræsentet numero, quot in supremo Deiparæ inter mortales anno soles ante ultimam ei lucem occubuerunt ; annon ab ipso novissimi illius anni exortu ad hoc ipsum, quod nunc agitur, usque festum, sive pridianum ejus pervigilium occidentes quotidie dies per jam elapsam septem mensium hebdomadem tacite quasi *Mariæ* omni die valedicebant ? Valedixit animatæ cœli Januæ janitor anni Januarius ; valedixit Divæ Maximæ mensis minimus Februarius ; valedixit Ordinatæ castrorum aciei Martius ; valedixit Aperienti terris cœlum Aprilis ; valedixit Flori virginum Maius mensium florentis-

simus; valedixit Renovanti juventutem mundi Ju-
nius ; valedixit Matri cœlestis Julii Julius ; Augustus denique mensis octavus, quasi mensium Octa-
vianus, Augustæ rerum Dominæ partim, et in terris supremum *vale*, et in cœlis beatum eidem dixit
ave. Augustum sane magnumque tot et diebus compositum, et a totidem mane Phosphoris, sero Hes-
peris ingeminatum quotidie *Vale, Vale Maria !*
Quia porro, ut in *navem* cœleste superius *ave* ingeniosus transtulit logographus, ita hic ex opposito
eidem *vale* ipsa etiam *vela* argutus explicat ana-
grammatismus, belle profecto utraque ista congruunt, ut ad Marianam scilicet profectionem neque
navem, neque vela quisquam dixerit desiderari. De
hac igitur jam etiam cœlum velificante Nave, dicturus, seu de assumpta hodie supra cœlos Virgine
verba facturus, ut et meis ipse velis auram, imo
aurem faventem habeam, vos a quorum ego aure
pendeo, secundos ultro Favonios aspirate ; dumque provectam jam in altum *Mariam* prosequi mea
vilis remisque contendet oratio, favore etiam vestro portum placidum præparate.

§ II. — *Maria mulier fortis facta quasi navis
institoris singulares alias naves excellens.* — Digna
panegyrico est a Salomone laudata illa pane onusta
navis, cum qua mulierem ipse fortem comparans,
sacramque illam heroidem magnifice laudans, procul et de ultimis finibus pretium ejus esse dixit.
Rara avis est hæc navis, ipso etiam fere phœnice,
unica semper ave, rarior ; et quis illam inveniet?
Inveniet quisquis invenerit Mariam. Pertransierunt
innumeræ quidem aliæ, verum *quasi naves poma
portantes*, et cum prima omnium Eva pomo uno
perdita evanuerunt ; at hæc *de longe portans panem*,
cœlestem attulit vitæ immortalis annonam, cumque illa ipsum etiam nobis, totique terrarum orbi
regnum cœlorum appropinquavit. O admiranda navis, et vera, ut nove dicam, *admiralia*, sive archi-
thalassa, navis plusquam imperatoria, quia ipsa
Cæsaris suam secum vehentis fortunam nave admirabilior, quæ non Cæsarem, sed ut Iletrusco utar
verbo, *Æsarem*, id est Deum, et cum ipso nostram
omnium vehit felicitatem. Salus nostra in hac navi-
gat nave, quæ hoc vectore simul atque portitore
suo beata suum ipsa secum ubique portat portum.
Ubique insulæ Fortunatæ, ubique promontoria
Bonæ Spei, ubique mare Pacificum, ubicunque
Navis ista maris Domina, spei Mater, fortunæ Arbi-
tra, afflante divino Spiritu velificatur. Descendat
nunc de cœlo famosa, imo famulosa nimium illa
Græcorum navis, Argo-Jasonia aureas arietis Col-
chici ferens exuvias, cedatque digniori sideribus
navi, quæ in terras plusquam aureum Dei Agnum
advexit : cedat Romana illa magnam, scilicet, deorum Matrem Cybelen apportans navis, quam ad
excipiendam digne tantam hospitem electo virorum
optimo, vestalis virgo Claudia, prodigioso pudicitiæ
experimento, suo tum in Urbem cingulo perduxit.

Major quia vera Dei deorum Mater, eademque Virgo
integerrima, navi nostra vehitur, quæ cum ipso
Optimo Maximo, Deo æternum meruit habitare :
cedat rara etiam miraque illa inter vetustas Cliviæ
ducum origines memoratu digna, quia cycnæa navis, quæ per Rhenum portentoso Cycni catena eam
argentea trahentis ductu atque auspicio appulsa
ignotum nescio quem, aut unde delapsum heroem ,
primum familiæ Clivlensis auctorem exposuisse
fertur : auspicatior navis Maria, in qua immortalis
ipse Dei Filius hominem indutus ad nos descendit ;
nec hic catenam *argenteam* ubi pretiosior nexus
divinitatem devinxit humanitati ; neque Cycnum
quisquam desideret, ubi angeli Assumptam evehunt
super astra Virginem Dei Parentem, quam dum
cœlestes quasi olores chori extollunt angelici, cantantes sublime ferunt ad sidera Cycni. Ecce Navis,
ecce Mulier, quam rex sapientum, regumque sapientissimus tantopere admirabatur ! scribatur hoc
a sanctis Patribus prædicatum sæpe elogium :
Mulier fortis est Virgo Maria ; et ex ipsis hisce litteris alterum ecce illud emerget encomium : *O gravis,
o multifera Triremis!* Gravis quia plena eo pondere,
quo in terras descendens Deus inclinavit cœlos;
multifera, quia portans portantem omnia, et quas
multæ congregaverunt divitias, una supergressa est
universas (*Prov.* xxxi, 29) : vera denique, ac ter
maxima *Triremis*, quia divinissimæ ipsi tota eam
gratiæ suæ plenitudine inhabitanti Triadi consecrata. Duæ quidem tantum alias numerantur bonæ,
sive fortes (neque enim bonæ, nisi fortes, suamque
superantes imbecillitatem) mulieres ; quarum altera
amissa, altera nec dum inventa dicitur argute
Gallorum adagio: tertiam imo unicam, singularem
prorsus illam solamque nos jam ostendimus, quam
cum parabolæ Salomonis factam esse affirment
quasi navem institoris, quem tam laudatæ, tamque
felicis ego navis institorem esse dicam? Ecquem
alium, nisi cœlestem illum Negotiatorem quæren-
tem bonas margaritas, qui ut inventam unam pretiosam margaritam emeret, omnia vendidit? Imo
sua ipsa negotiatrix est hæc Navis, eademque Margarita pretiosissima ; una universis pretiosior Maria,
quæ si vestrarum, auditores Parthenii, pace aurium
id nunc phrasi quidem minus virginea, mente autem
prorsus angelica ita eloqui fas est, admirandum
corpore intemerato quæstum fecit, dum in carne
sine carne vivens tantum meruit, ut in purissimis
suis visceribus concepto Deo Homine infinitum
ipsam unionis hypostaticæ thesaurum quo nec in
mundo Deus, nec in Deo mundus pretiosius quidquam habet, unionem totius universi unicum, digna
fuerit possidere. Ita videlicet et in Maria suam Deus
margaritam, et in Deo suum etiam unionem habet
Maria ; cujus titulis si ut gemmiferam concham
hanc e Siracide non nemo appendat epigraphen :
Gratia super gratiam, mulier sancta et pudorata.
(*Eccli.* xxvi, 19.) Ego hanc ceu gemmam inde
depromptam totidem ecce litteris descriptam ad-

jungo sententiam : *Ut pretiosa cultus margarita ter magna Deipara.*

§ III. *Comparatur duabus illis navibus, quarum altera novum orbem invenit, altera totum orbem prima circumivit.* — Sed ut nunquam navis abundanter satis instructa, neque mulier satis unquam ornata, ita neque Maria satis quoque unquam laudata censeri potest; cujus quia pretium proeul, et de ultimis finibus esse dictum fuerat, fines quidem terræ ultimos, extremumque orbis terminum esse Gades, erectasque Gadibus columnas Herculis, ignara veri credebat antiquitas. Sed plus ultra Herculeas illas Gaditanorum angusto nimis limite clausi antea mundi metas progressa posteritas, novum tandem etiam orbem invenit, quando magnus ipsoque mundo major Christophorus Columbus, neque uno contentus orbe primus ille novorum Argonautarum dux per ignota priscis maria vectus novas detexit terras, et in lucem alterum quasi produxit orbem. Peculiare prorsus mirabileque cum primis columbinæ hujus nomenclaturæ factum, ut et renovati olim orbis, ac e diluvio emersæ iterum terræ auspicium ferret columba, et tot sæcula latentem mundo alterum quoque mundum ostenderet Columbus; atque ut jam nominatus ille adeo auspicatus Argonauta Christophorus Columbus novarum in hoc orbe terrarum, orbisque novi inventor fuit; sic ab eodem nomine pari assumpto omine ipsa etiam nostræ plusquam Argonauticæ navis *Columba Christifera* novum non in terris, sed in cœlis hodie orbem ingressa, novas jam in Deo Indias invenit, neque tantum invenit, verum etiam æternam earum plenamque accepit possessionem, quas nec Occidentales equidem, neque Orientales, sed a perpetuo Solis divini sua illas luce beantis meridie malim dicere Meridionales. Sed quod ego jam ex alto portum intrantium, victoriamque læta voce acclamantium ac de ipso quasi Oceano triumphantium triumphale plane audio celeusma? *Victoria, victoria* est, quam gloriosa novarum, atque magnarum rerum buccinatrix Fama toto mirante orbe prædicat, *victoria*, inquam, ita auspicatissime appellata Navis illa navium Regina, atque immensi stupor Oceani, quæ cum prima omnium audacia atque fortuna incredibili maria omnia circumvecta, immensumque emensa Oceanum totum circumvisset orbem, stupendum, nullisque tacendum sæculis triumphum reportavit. Verum si hanc miramur, quod, ut perennatura semper, illa archinaucleri ejus testatur tessera, *prima orbem circumdederit;* quanta Mariæ gloria, circumdedisse illum, a quo ipse factus est orbis! Totius terræ ambitum cosmographia dimensa est in quadraginta supra quinquies mille milliaria; totidemque aurea atque argentea templi Salomonæi sacra vasa sacro Esdræ calamo enumerantur; quanta Mariæ dignitas, membra ejus omnia esse

adeo consecrata, ut in sidera sanctum ejusdem corpus merito translatum fuerit tanquam viva veraque divini corporis hierotheca! Alia de hoc numero Marionis apta præconiis observanda aliorum relinquo ingenio, atque ut de triumphali modo illa navi victoria loquar, annon ipsa etiam consummato hodie cursu suo cœlum ascendens *divina Virgo Sancta Maria,* suismet tituli hujus litteris, tanquam argutis quibusdam sirenulis, ita nunc per geminum illi anagramma plaudentibus *mira Indica Navis aut Argo,* atque *ad mira navigans Victoria* consalutatur?

§ IV. *Cum a Victoria nomen habeat illa orbem emensa navis, dicitur hic et de aliis Victoriæ.* — Mariam ergo jam de Victoria celebrantes, ut in Mariana modo etiam Nave ipsam Victoriæ, a qua navalium more insignium in prora quasi fronte depicta victoriosa illa Oceani, orbisque totius enavigatrix nomen omenque habuit, imaginem repræsentemus, alata nimirum, ut a Romanis mundi victoribus effingebatur, Victoriæ subjecto pedibus orbe, dextra lauream sive oleaginam coronam, sinistra palmam præferentis, et hac quidem fortitudinem, ut quæ non cedat ponderi, illa honorem fortiter gestorum præmium, designantis imago evolantis est in cœlum triumphantisque hodie magnæ omnium victricis Mariæ figura congruentissima. At si alas habet victoria, ut et suas utrinque alas ordinata habet acies, aquilinas fere alas dixerim, cum et victricia legionum Romanarum signa aquilas prætulerint, et a suo Græcorum quoque exercitu Pyrrhus militari victoriæ plausu appellatus Aquila, magno vicissim animo ipse milites suas esse alas responderit. Aquilinas certe alas Mariæ nemo negaverit, cui sacra nempe Joannis etiam sui servit aquila; annon enim hæc est cœlestis illa mulier, cui datæ sunt, ut aquilina dilecti ejusdem discipuli penna testatur, alæ duæ aquilæ magnæ, non ut fugeret, quia *fugam Victoria nescit,* sed ut volaret? nisi uti Davidem, sic non degenerem quoque ipsam Davidis progeniem hinc in cœlum evolaturam columbæ potius pennas optasse crediderim, quas ut volaret atque requiesceret, forte ideo generosissimus ille cordis divini pullus optavit, quod ut Pliniana *Naturæ Historia* docet, propria quædam, præcipuaque sit in volatu gloriatio columbarum. Etsi autem neget poeta imbellem feroces progenerare aquilas columbam; ecquis tamen præter aquilinas Victoriæ alas columbinas eidem etiam amicas ambigat esse pennas, cum in castris quoque Cæsaris imperatoris omnium victoriosissimi (ut de Semiramidis columba, militari Assyriorum signo sileam) nidificantes super palma (1) columbæ palmarem non tam portendere visæ sint quam parere ipsi victoriam? quid, quod ipsa etiam inter minores pennigeri gregis animas pusilla quidem, atque admodum exilis, at non ingloria et a laude nomen merita *Alauda* subhac alarum umbra gloriosam divæ nostræ hodie; hodie, inquam, sublime volantis Victoriæ ambiat societatem? Hodie namque septimum atque vicesimum supra ducentesimum anni vertentis diem cœlesti supra superos omnes evectæ Virginis luce, quam hoc nobis brutisque animantibus communi solis lumine illustriorem agimus, quem tam beati diei numerum inter litterata cabalæ mysteria suo quoque nomine *Alauda* reddit. Bellum sane, imo bellissimum, ipsaque belli corona, victoria dignum evolantis jam in cœlum Mariæ, Deumque incessanter laudantis Hieroglyphicon! At ne inter leviores hujusmodi litterarum, atque numerorum aucupationes alio forte longius evagando digrediar, avium fere me, ac devium ad se revocat avium regina aquila ; cum ad sacratissimam enim Virginem, cujus corpus ipsa eo suscepta Divinitas consecravit, ex hoc mortalium orbe excessuram universi, qui per orbem dispersi erant, sancti apostoli, cœlestes illi terrarum duodecim viri, momento temporis tam in sublime elati convenerint, quis non miretur sacrum illud corporatæ Veritatis oraculum (*Matth.* xxiv, 28), quod ad corpus, ubicunque fuerit, congregabuntur aquilæ? O non aquilis tantum, sed et phœnicibus ambiendum, neque humanis solum, verum angelicis quoque piarum mentium officiis, obsequiisque colendum Virginis Immaculatæ corpus, ex qua divina Majestas mortali suscepto corpore nostram induit humilitatem! Felices quasi phœnices beatæ illæ cœlestium aquilarum animæ, quibus hoc in cœlum die recipi, et ad virgineum illud Deiparæ corpus contigit congregari? Felix ante alias orbis terrarum plagas ipso nomine *polo* affinis Polonia, quæ ut gentilitia sua gloriatur aquila, ita aquilinas sane duas animas, tanquam duas aquilæ magnæ alas dic hoc ad superos emisit, Hyacinthum atque Stanislaum, sacris utrumque beatorum, sanctorumque cœlitum fastis adnumeratum! O par nobile aquilarum celebri illa apud Seston aquila felicius, quæ a virgine illic educata in defunctæ rogum immisit, et cum altrice sua communibus utrique flammis conflagravit; imo erravi dicendo aquilam, quia phœnicem dicere debebam, quæ sic conflagrando quasi renata si non vitam, famam certe sibi peperit immortalem.

§ V. *Post jam explicatas Victoriæ alas, nunc de lauro ejusdem atque palma, nec non et de oliva disseritur.* — Suas igitur habet alas, quæ sibi caret aquilis Maria, estque adeo alata etiam ipsa Victoria nostra, nisi quia semper mansura cœlum intravit, ubi æternam adiit mansionem, alas eam hodie deposuisse dicamus; et quam modo alatam ostendimus, eidem neque cætera sua desunt signa victoriæ, sive laurum, sive palmam, quin et oleam desideremus. Atque lauro quidem gaudere, quis hanc dubitet Divam, quæ ut habitaret inter lauros, sacram etiam ædem suam Lauretum voluit transportari, admirandum prorsus portatile, di-

gnumque illa miraculum, a qua ipse omnia portans portatus fuit. Cum hæc igitur Nazarena Laureti Diva, magna piorum omnium Parens, et ad volandum sicut aquila pullos suos provocet, et sub alis eosdem suis sicut gallina congreget ; jure ipsa quidem pietas laureom illum ramum Mariæ consecret, quem ab aquila demissæ quondam gallinæ candidæ rostro Liviæ Augustæ gremio illatum mirabatur triumphans Roma ; ut jam autem palmata etiam cernatur victoria, palmaris ecce mulier fortis Maria, quæ ut *palma exaltata est in Cades*, ubi cadens in terram quasi granum mortua atque sepulta est in deserto altera, quæ hanc ut umbra veritatem antecessit, Maria ; verum enim vero hodie apparuit Maria, id est Hebræo nominis hujus etymo, *Exaltata*, et quidem *in Cades*, id est ut hoc quoque alma quasi palma Virgine dignum sit nomen, *in sanctitate*. Sed non satis ego insignitam ornatamque mihi videor videre victoriam, nisi victoriosa etiam oliva videro coronatam ; ut in majoribus enim quondam triumphis laurea, sic in minoribus, qui ab ovando nomen duxere, olea triumphabat. Et hanc ecce victricem arborem suam Minerva, olivam nempe paciferam, qua de Neptuni equo æquissime triumphavit, vestra illa, viri Athenienses, antistes sapientiæ ; castiori jam et fortiori dedicet Divæ, cui hæc cum divina ipsa Sapientia communis est laus, *quasi oliva speciosa*. (*Eccli.* xxiv, 19.) Imo quia, ut de vobis dixit Apostolus, vos per omnia quasi superstitiosiores esse video (*Act.* xvii, 22), novorumque audiendorum percupidos, novi modo aliquid audite. Quid est illa tanto vobis studio celebrata Parthenia vestra tutelaris, quam vos colitis, Casta Minerva? ut, quod res est, eloquar, et hanc vobis veritatem ipso nunc in anagramma converso Castæ Minervæ titulo adumbrem, est ; est, inquam, *manca veritas*. Vere *manca veritas*, quia vana superstitio; etsi enim Phidias magnus ille simulacrorum artifex manum ejus dexteram hasta, manumque lævam clypeo armatam effinxerit, habet tamen illa Phidiæ plus, quam fidei, quia *manca* denique imo nulla *veritas*, ubi superstitiosus numinis imaginarii cultus ipsam prostituit religionem. Sacratiorem itaque jam in Maria Minervam colite, quæ ex ipso etiam Minervæ nomine laudanda tanquam *Virgo singularis* recte appellabitur *mire una*; et hanc singulariter uniceque colentes, Areopagitam sacri ejusdem cultus ducem sequimini magnum vestrum Dionysium, qui in tenebris vestris, vestrasque inter noctuas primus veram vidit lucem, et ex noctua factus aquila, cum cæteris sacris aquilis congregatus est ad divinæ Virginis corpus, cum id apostolicis elatum humeris humaretur. Ita fortis illa mulier, ita navis illa inclyta, ita gloriosa illa triumphet victoria! ac in trium quidem horum admiratione tria sigillatim adhuc verba dicam.

§ VI. *Tria singulariter adhuc amplius illustrantur de muliere forti, de Navi deque Victoria.* — *Fortis illa mulier* Deo similis, quia conformiter affirmante et in Psalmis Davide, et in Proverbiis Salomone, utriusque dicitur *indumentum fortitudo et decor;* quemadmodum autem Deus, ita sacra etiam illa Heroina, cujus pretium est ab ultimis finibus, *a fine usque ad finem fortiter attingit* (Sap. viii, 1) ; fines porro istos quosnam esse alios definiamus, nisi duo ipsiusmet extrema, primum scilicet atque novissimum vitæ actum? et quid in utroque illo agone suo fortius Maria? Maria enim ut in primo caput, sic in novissimo minitantem etiam serpentis contrivit caudam, et in ortu sine labe concepta, et in occasu sine morte quasi defuncta ; ex qua ne ullum mors in terra spolium haberet, incorruptum ipsa corpus cœlo intulit, immortale mortis superatæ tropæum. Atque utinam nostræ non in terras curvæ animæ ita cœleste illud corpus sequantur quasi aquilæ, ut in cœlum suam ipsius animam corpus secutum fuit. *Navis illa inclyta* ipso digna vectore simul atque rectore Deo, quanquam singularis hæc sit ejus gloria, omni carere malo ; suo tamen præcipue malo nobilitatur, quia ipsum pro malo habet, qui est *inter filios hominum sicut malus inter ligna silvarum.* (Cant. ii, 3.) Idemque Navis hujus Institor, cœlestis ille Negotiator, a quo quæritur *pretiosa una Margarita.* Et en mirabilem metamorphosin, qua ex gemmeo illo trium verborum lemmate novo litterarum quodammodo partu edita *Nova Apis migrat a terra!* o mira et grata, quia versa in apem hæc *Margarita,* et digna quæ margaritis in cœlo efformetur, epigraphe, dum a terra in cœlum migrat ut apis dulcis Virgo Maria, ipsa beatarum mentium quasi apum cœlestium Regina! mirentur alii illam semetipsa majorem magni nescio cujus minimorum artificis navem unius apiculæ alis tectam ; at nos novam hodie et in Ape Navem velificantem, et in Nave Apem mellificantem admiremur. *Gloriosa illa Victoria* alata, supraque omnes cœlites elata Diva, quæ *in perpetuum coronata triumphat* (Sap. iv, 2), digna, ut hunc cœlestis ejus coronationis diem coronatus magnæ Patronæ cliens, servusque Dominæ cœli, ac rex Ungariæ Stephanus, qui hoc Marianæ Assumptionis die tertius excessit regio nominis sui diademate coronet. Quod si autem præsentatæ superius neque frondes arborum, quia terrenæ ; neque pennæ volucrum, quia cœlo inferiores, dignæ videantur triumphante hodie supraque cœlum evecta *Magna Dei Matre,* digniores ecce illa cum pro alarum remigio senæ Seraphinorum cœlestium alæ, tum in coronam capitis bissenæ dispositæ stellæ, sacris utræque Litteris celebratissimæ. Neque vero hic in sextili sane etiam hujus mensis gloriam modo relatus a me sextilis numerus suo festi hujus caret mysterio ; sive enim sex in duodecim, sive duodecim ducantur in sex, producta utriusvis numeri summa conficit *Septuaginta duo,* quot in terra videlicet annos egit inter mortales nihil mortale agens augustissima Dei Mater. Cum in extrema

vero veste poderis, in qua, ut ait Sapientia (xviii, 24) : *Totus erat orbis terrarum,* seu in talari summi primique olim Pontificis toga totidem quidam numerent alterno circum ordine appensa mala punica, aureaque tintinnabula, nihil absonum ego dixero, si hæc sacratissimæ Virginis sua Deum ipsum, carne vestientis factorum atque dictorum dicam fuisse hieroglyphica ; ejus enim opera plena meritis quasi referta granis mala punica, verbaque omnia digna Verbi divini Matre effata, tanquam aurea fuere tintinnabula. O si vel fimbriam vestimenti ejus tangere mihi detur, cujus corpus, cultumque omnem composuere virtutes, ac in humum defluens cœleste ejusdem syrma humillimo saltem basio venerari! Adorarem ego sacram hanc a dexteris jam in vestitu deaurato assistentis Regi æterno Reginæ purpuram, ac vel extremam oræ ejusdem umbram, ipsumque Augustæ cœlestis umbra sacratum humi pulverem pulvis ipse ac umbra ore avidissimo reverentissime exoscularer.

§ VII. *Digressio ad sanctum Paulum de numero* 276; *totaque demum dictio clauditur solemni ejusdem numeri verbo Alleluia.* — Ita quidem nostra quoque jam ad oram, finemque suum pervenit oratio, priusquam autem hujus ego navigationis meæ cursum finiam, velaque colligam, ingens sacræ illius, de qua dixi, Navis pretium amplius cognoscendi studio, libet nunc ad magnum illum animarum institorem tantisper excurrere, qui et tertium raptus est in cœlum, et de profundo pelagi quoque tertio liberatus. Alexandrina nave, cujus erat insigne Castorum, Romam vehebatur Paulus, apostolus, et ad Melitam passus fuit naufragium, salvis, ut ab ipso prædictum fuerat, cunctis vectoribus, erantque uti apostolorum Acta (xxvii, 37) memorant, *universæ ducentæ septuaginta sex in navi animæ.* Quid (ut cætera modo sileam) hic tam insignis, ipsaque vectorum omnium salute felix numerus habet mysterii? Numerate sacros illos toti æternitati stupendos novem mensium dies, quibus Virgo clausum utero gessit Deum ; simulque in hoc totidem dierum numero illud, quod hic quæritur, mysterium invenistis. Sacrum profecto numerum, quia ipso Numinis incarnati corpore consecratum, atque innumeris plenum mysteriis divini plane numeri Sacramentum! cum hæc ipsa enim patri, matrique communis appellatio *parens,* si ad libellam cabalæ expendatur, eamdem dicti modo numeri summam pariat, quam a concepti Numinis die numerari cœptam complevit partus virgineus ; annon jure merito sicut optima maxima Parens Virgo Deipara appellanda est per excellentiam *Parens,* quia sola pleno Parentis titulo digna, Virgo absque viro genuit ; ita cumdem illi numerum tanquam mysticum quoddam Virginis Parentis symbolum, atque virgineæ parentelæ hieroglyphicum attribuemus? Salve itaque Parens optima, Parensque maxima Maria, quia sancta illius *Parens,* cui (ut de summo Ente loquens ita nunc. in verbo ludam) nullum est *par ens*, nec esse potest. Salve, inquam, Salve, sancta Parens, dumque ita tuus te jam Filius, Salvator noster, toto plaudente cœlo salutat, ac pro augusto sibi a te quondam concesso uteri virginalis hospitio, augustum sua, tuaque majestate dignum cœlestis regni offert palatium, imo immensum totumque tibi hodie donat cœlum; triumphantis quidem universæ cœlitum beatorum Ecclesiæ triumphales modo illas videor mihi audire voces, quibus suæ plaudens Reginæ lætum festumque tibi accinit *Regina cœli, lætare* : at quid ego indisertissimus, et ad tacendum potius, quam ad dicendum natus orator, laudatorum tuorum infimus, tuique indignissimus encomiastes ? Solemne unicum addo verbum, verbum eodem etiam illo dierum Virginis prægnantis numero insignitum; dumque gloriosum Reginæ cœli toto cœlo canitur *lætare*, ego non tam e characteribus, quam e beatitudinibus octo compositum, atque veteri novoque sacrorum ritu divinis laudibus dicatum accino : *Alleluia*.

ADNOTATIO. — Sacra illa superius laudata Heroina *facta quasi navis institoris*, juxta Hebraicum textum facta legitur *sicut navis circumeuntis* (*Prov.* XXXI, 14), apta itaque huic argumento supradicta illa navis *Victoria*, cujus navarchus totum terrarum orbem primus omnium circumivit, atque orbem quidem terræ aquis circumdatum cum hac inscriptione, *Primus circumdedisti me*, in symbolis regum Portugalliæ Jacobus Masenius quarto *Speculi* sui libro, cap. 9, § 8, ait tribui regi Emmanueli, quia, ut inquit, sub ipso cœptæ navigationes Indicæ, quibus deinde totus orbis circumcirca aditus fuit. Quin et ipse Salomon Neugebaverus a quo gemina electorum symbolorum heroicorum centuria enotata, et enodata Francofurti anno 1659, excusa fuit, ubi ejusdem regis symbolum idem exhibet atque explicat, terra, inquit, κατὰ προσωποποιΐαν introducitur loquens, quasi fateatur primos fuisse Lusitanos rerum potiente Emmanuele, qui classem aliquoties in Indiam circumnavigata Africa misit, classe Oceanum ingressos. Ita Salomon iste pag. 145 ; sed præ cæteris ejus ævi Argonautis memorabilis ille Sebastianus de Cano, qui primus dicta superius nave *Victoria* orbem circumvectus fuit, dignissimum sese idem insigne habuit, orbem terræ scilicet cum hac eadem epigraphe, ¦*Primus circumdedisti me* : ut ex Officina Elzeviriana, anno 1634 Lugduni Batavorum edita, reipub. statusque imperii Romano-Germanici Descriptio testatur, pag. 342. Ac post Emmanuelis quidem regis excessum, primo illa omnibus retro sæculis inaudita, anno Christi 1519, mense Augusto, Augustis Caroli V, auspiciis cœpta, annoque 1522, mense Septembri, completa hujusmodi navigatione totus terrarum orbis circumdatus fuit.

HYMNODIA RHYTHMOMETRICA ,

BREVITER FESTA SINGULA PROLIXIUS CELEBRATA SUPERIUS SINGULIS STROPHIS RECOLENS.

I. — *De Conceptione.*

Pura Mariæ gaudeat
  Conceptione cœlum ,
Contraque nullus audeat
  Atrum ciere zelum.
Quantum una cunctis obfuit,
  Infausta mater Eva :
Tantum Maria profuit
  Nulli nocendo læva.

II. — *De Nativitate.*

Maria Virgo nascitur,
  O sancta mater Anna,
Tuoque lacte pascitur,
  Ut melle, sive manna.
Cunas coronent lilia
  Cum jam patente porta,
Nascente tali filia
  Lux est salutis orta.

III. — *De Præsentatione.*

Quocunque demum consule,
  Quam prospere litatur !
Cœlestis instar Sponsulæ
  Dum Numini dicatur
Maria Virgo parvula,
  Electa Mater alma :
O sacra crescat plantula,
  Ut cedrus atque palma.

IV. *De Annuntiatione.*

Avere jussa cœlitus,
  Est plena gratiarum
Per quam Redemptor editus
  In valle lacrymarum
Maria pulchro nomine ¡
  Ut germinante flore
Bono vocatur omine
  A Gabrielis ore.

V. — *De Visitatione.*

I, perge felix, visita,
  O gemma sanctitatis
Cui tota virtus insita,
  Et forma castitatis.
Elisabetham visere
  Dignata Virgo prægnans,
Priorque salve dicere,
  Tuere cuncta regnans.

VI. — *De Purificatione.*

O digna tali Filio,
  Quem Virgo Mater offers,
Florentiorque lilio,
  Quæ dona cuncta profers.
Fecunda sat vel unico
  Partu tot es bonorum
Quot grana malo punico
  Sunt omnium locorum.

VII. — *De Assumptione.*

En angelis gaudentibus
  Cœlum Maria scandit,
Et omnibus plaudentibus
  Se sacra porta pandit.
Sic Diva, propter annuam
  Tui celebritatem
Patere nobis januam
  Fac ad beatitatem.

VIII. — *Conclusio, et complexio omnium.*

Concepta, Nata puriter,
  Oblata sicut Agna ;

Annuntiata, jugiter
Canenda Virgo magna
Et visitans, et offerens,
Quod sancta poscit ædes ;
Assumpta, regnum proferens
Summas ad usque sedes.
Fac, salvet ut nos Trinitas,
Pater, Patrisque Natus,
Et par utrique dignitas,
Paraclitus beatus. Amen.

HYMNUS COMMUNIS

AD BEATAM VIRGINEM, MARIAM.

Salve, Parens humillima,
Cœlestis Imperatrix,
Nato tuo simillima,
Mundique recreatrix.

Quod Eva longo perdidit
Collacrymanda luctu
Fortuna per te reddidit
Feliciore fructu.

Strages per illam est edita,
Qua tota stirps perempta ;
Salusque per te reddita,
Qua tota gens redempta.

Ex te Parente natus est
Qui cuncta recreavit

Tuoque lacte pastus est,
Quod ipse præparavit.

Sanctos favores exsere,
Tonantis alma Nutrix,
Tuosque nunquam desere,
Benigna nostra Tutrix.

Te matre facta germinat
Felicitas renata
Quam fine nullo terminat
Perennitas beata.

Mater, tuam clementiam
Nos supplices vocamus,
Per te piam sententiam
A Filio rogamus.

Tu chara monstres ubera,
Exaudietque Matrem :
Natusque monstret vulnera,
Delinietque Patrem ;

Ne nos perenne puniat,
Cœli negando dona ;
Sed cum beatis uniat
In cœlitum corona.

Sic sancta regnet Trinitas
Cui summa, et æqua dignitas,
Pater, Patrisque Natus,
Et Spiritus beatus. Amen.

ORDO RERUM

QUÆ IN HOC TOMO CONTINENTUR.

—

Parisiis. — Ex Typis J.-P. MIGNE.

Lightning Source UK Ltd.
Milton Keynes UK
UKHW011045181218
334174UK00007B/371/P